Johannes Rux

Direkte Demokratie in Deutschland

Rechtsgrundlagen und Rechtswirklichkeit der unmittelbaren Demokratie in der Bundesrepublik Deutschland und ihren Ländern

 Nomos

Die Deutsche Nationalbibliothek verzeichnet diese Publikation in
der Deutschen Nationalbibliografie; detaillierte bibliografische Daten
sind im Internet über http://www.d-nb.de abrufbar.

ISBN 978-3-8329-3350-0

1. Auflage 2008
© Nomos Verlagsgesellschaft, Baden-Baden 2008. Printed in Germany. Alle Rechte,
auch die des Nachdrucks von Auszügen, der fotomechanischen Wiedergabe und der
Übersetzung, vorbehalten. Gedruckt auf alterungsbeständigem Papier.

Direkte Demokratie in Deutschland

Rechtsgrundlagen und Rechtswirklichkeit
der unmittelbaren Demokratie in der
Bundesrepublik Deutschland und
ihren Ländern

von

Privatdozent Dr. jur. Johannes Rux

Stand: 29. November 2007

Für Ulrike, Lucie und Nora

Vorwort

Bei der folgenden Darstellung handelt es sich um die überarbeitete und aktualisierte Fassung einer Habilitationsschrift, die im Oktober 2006 von der Juristischen Fakultät der Eberhard-Karls-Universität Tübingen angenommen worden ist. Ihre Entstehung war nur möglich, weil mit im Rahmen meiner Tätigkeiten an den Universitäten Tübingen, Hagen und Bochum genügend Freiraum blieb. Daher habe ich vor allem Prof. Dr. Dr. h.c. Günter Püttner, der auch die Mühen des Erstgutachtens auf sich genommen hat, sowie Prof. Dr. Stefan Huster zu danken. Dank schulde ich weiterhin Herrn Prof. Dr. Dr. h.c. Wolfgang Graf Vitzthum für sein Zweitgutachten und zahlreiche darüber hinaus gehende wertvolle Anregungen, sowie dem Dekan der Juristischen Fakultät der Eberhard-Karls-Universität Tübingen, Prof. Dr. Joachim Vogel.

Die Drucklegung eines so umfangreichen Textes stellt einen erheblichen Aufwand dar, den ich ohne die reibungslose Zusammenarbeit mit dem Nomos-Verlag nicht hätte leisten können. Der Landtag von Baden-Württemberg hat die Publikation mit einem Zuschuss gefördert.

Diese Arbeit hat eine lange Geschichte. Nachdem meine Familie mich nicht nur unterstützt, sondern auch mit mir gelitten hat, widme ich dieses Werk meiner Frau und meinen beiden Töchtern. Ich danke Euch für Eure Geduld!

Literatur, Gesetzgebung und Rechtsprechung wurden bis Dezember 2006 berücksichtigt. Wo dies möglich war, auch noch darüber hinaus. Mir ist bewusst, dass mein Text trotz aller Sorgfalt nicht frei von Fehlern ist. Nicht jede These wird die ungeteilte Zustimmung der Leser finden – Kritik und Anmerkungen sind daher jederzeit willkommen. Darüber hinaus muss ich leider davon ausgehen, dass sich bei der ständigen Überarbeitung des Textes trotz aller Sorgfalt die eine oder andere Unstimmigkeit ergeben hat. Und schließlich ist die allerletzte Fassung des Manuskriptes zu allem Unglück einem Computer-Diebstahl zum Opfer gefallen. Einige Satzfehler, die alleine ich selbst zu verantworten habe, konnten daher nicht mehr korrigiert werden. Auch insofern bin ich aber für jeden Hinweis dankbar. Wie Sie mich erreichen können, erfahren Sie auf meinen Internet-Seiten unter www.staatsrecht.info, auf denen ich bei Gelegenheit auch die allfälligen Korrekturen publizieren werde.

Filderstadt, im Januar 2008   Johannes Rux

Inhaltsübersicht

Direkte Demokratie in Deutschland	35
1. Teil: Einführung und Grundlagen	38
1. Kapitel: Begriffliche Klärungen und Eingrenzung des Untersuchungsgegenstandes	38
I. Direktdemokratische Verfahren	38
II. Politische Willensbildung	45
III. Interesse, Gemeinwohl und der Begriff der hinreichenden Mehrheit	47
IV. Neuere und ältere Landesverfassungen	55
2. Kapitel. Motive für die Einführung direktdemokratischer Verfahren	58
I. Zur Aussagekraft einer systemvergleichenden Argumentation	63
II. Zur Funktion der direktdemokratischen Verfahren im politischen System der Bundesrepublik Deutschland	68
2. Teil: Die Entwicklung der direkten Demokratie in Deutschland von 1919 bis 1945	108
1. Kapitel: Die direktdemokratischen Verfahren in der Weimarer Republik	108
I. Zur Entstehungsgeschichte	109
II. Die direktdemokratischen Verfahren in der Weimarer Reichsverfassung	116
III. Die Praxis der direktdemokratischen Verfahren	144
IV. Zur bleibenden Bedeutung des Verfassungsrechts und der Verfassungspraxis in der Zeit der Weimarer Republik	181
2. Kapitel: Die „direktdemokratischen Verfahren" in der Zeit des Nationalsozialismus	196
3. Teil: Die direktdemokratischen Verfahren im Bund und in den älteren Landesverfassungen	200
1. Kapitel: Die direktdemokratischen Verfahren auf der Ebene des Bundes	200
I. Zur Entstehungs- und Entwicklungsgeschichte des Grundgesetzes	201
II. Die Abstimmungen im Zusammenhang mit der Neugliederung des Bundesgebietes – Artt. 29 und 118 f. GG	225
III. Die Schlussbestimmung des Grundgesetzes – Art. 146 GG	233

IV. Die Vorgaben des Grundgesetzes in Bezug auf die Verfassungsordnungen der Länder 237

2. Kapitel: Die direktdemokratischen Verfahren in den älteren Landesverfassungen 259
    I. Zur Entstehungsgeschichte 260
    II. Zusammenfassende Darstellung der Verfahren 265
    III. Die praktischen Erfahrungen mit den direktdemokratischen Verfahren 336
    IV. Zur Bewertung der Regelungen über die direktdemokratischen Verfahren in den älteren Landesverfassungen 392

4. Teil: Die direktdemokratischen Verfahren in den neueren Landesverfassungen 404

1. Kapitel: Zusammenfassende Darstellung 405
    I. Die Volksinitiative 405
    II. Das Verfahren bis zum Volksentscheid 413
    III. Referenden und andere Sonderregelungen 435
    IV. Schluss 436

2. Kapitel: Schleswig-Holstein 439
    I. Zur Entstehungsgeschichte 439
    II. Die Volksinitiative nach Art. 41 SH-V 441
    III. Das Verfahren bis zum Volksentscheid nach Art. 42 SH-V 462
    IV. Verfahrenspraxis und verfassungspolitische Bewertung 480

3. Kapitel: Brandenburg 503
    I. Zur Entstehungsgeschichte 503
    II. Die Volksinitiative nach Art. 76 BbgV 509
    III. Das Verfahren bis zum Volksentscheid 521
    IV. Die Wahl einer Verfassungsgebenden Versammlung nach Art. 115 BbgV 532
    V. Exkurs – Die übrigen Mitwirkungsrechte der Bürger 533
    VI. Verfahrenspraxis und verfassungspolitische Bewertung 534

4. Kapitel: Sachsen 555
    I. Zur Entstehungsgeschichte 555
    II. Das Volksgesetzgebungsverfahren 560
    III. Das Referendum 579
    IV. Verfahrenspraxis und verfassungspolitische Bewertung 579

5. Kapitel: Sachsen-Anhalt 593
    I. Zur Entstehungsgeschichte 593
    II. Die Volksinitiative nach Art. 80 LSA-V 597
    III. Das Volksgesetzgebungsverfahren nach Art. 81 LSA-V 604
    IV. Verfahrenspraxis und verfassungspolitische Bewertung 619

6. Kapitel: Niedersachsen 630
   I. Zur Entstehungsgeschichte 630
   II. Die Volksinitiative nach Art. 47 NdsV 632
   III. Das Volksgesetzgebungsverfahren 637
   IV. Verfahrenspraxis und verfassungspolitische Bewertung 648

7. Kapitel: Mecklenburg-Vorpommern 660
   I. Zur Entstehungsgeschichte 660
   II. Die Volksinitiative nach Art. 59 MV-V 663
   III. Das Volksgesetzgebungsverfahren nach Art. 60 MV-V 668
   IV. Verfahrenspraxis und verfassungspolitische Bewertung 677

8. Kapitel: Thüringen 692
   I. Zur Entstehungsgeschichte 692
   II. Die Volksinitiative – Der „Bürgerantrag" nach Art. 68 ThürV 696
   III. Das Volksgesetzgebungsverfahren nach Art. 82 ThürV 702
   IV. Verfahrenspraxis und verfassungspolitische Bewertung 712

9. Kapitel: Bremen 720
   I. Zur Entstehungsgeschichte 720
   II. Die Volksinitiative – Der „Bürgerantrag" nach Art. 87 BremV 723
   III. Das Verfahren bis zur Volksabstimmung nach Artt. 70 ff. BremV 727
   IV. Die Referenden 741
   V. Verfahrenspraxis und verfassungspolitische Bewertung 743

10. Kapitel: Berlin 758
    I. Zur Entstehungsgeschichte 758
    II. Die Volksinitiative – Die „Einwohnerinitiative" nach Art. 61 VvB 764
    III. Das Volksgesetzgebungsverfahren 767
    IV. Das Referendum 777
    V. Verfahrenspraxis und verfassungspolitische Bewertung 778

11. Kapitel: Hamburg 788
    I. Zur Entstehungsgeschichte 788
    II. Die Volksinitiative – Die „Volkspetition" nach Art. 29 HambV 801
    III. Das Volksgesetzgebungsverfahren nach Art. 50 HambV 803
    IV. Verfahrenspraxis und verfassungspolitische Bewertung 821

12. Kapitel: Rheinland-Pfalz 847
    I. Zur Entstehungsgeschichte 847
    II. Die Volksinitiative 852
    III. Das Verfahren bis zum Volksentscheid 856
    IV. Das Referendum und der Antrag auf Auflösung des Landtags 863
    V. Verfahrenspraxis und verfassungspolitische Bewertung 864

13. Kapitel: Nordrhein-Westfalen	867
I. Entstehungsgeschichte	867
II. Die Volksinitiative nach Art. 67a NRW-V	872
III. Das Verfahren bis zum Volksentscheid	876
IV. Verfahrenspraxis und verfassungspolitische Bewertung	882
14. Kapitel: Zusammenfassende Bewertung der Regelungen über die direktdemokratischen Verfahren in den neueren Landesverfassungen	890
I. Zur Funktion der direktdemokratischen Verfahren in den neueren Landesverfassungen	890
II. Die direktdemokratischen Verfahren als Artikulations- und Korrekturinstrument	893
5. Teil: Zusammenfassung und Ausblick	**903**
1. Kapitel: Zusammenfassung der Ergebnisse	903
2. Kapitel: Einige Vorschläge für eine Optimierung der Verfahren	908
I. Direktdemokratische Verfahren in den Ländern	908
II. Direktdemokratische Verfahren im Bund	923
III. Zum Verfahren der weiteren Diskussion über eine Erweiterung der unmittelbaren Mitwirkungs- und Entscheidungsrechte der Bürger	928
Anhang: Übersicht über die direktdemokratischen Verfahren in den Ländern von 1991 bis 2006	930
Literaturverzeichnis	938
Abkürzungsverzeichnis	970
Schlagwortverzeichnis	974

Gliederung

Direkte Demokratie in Deutschland 35

1. Teil: Einführung und Grundlagen 38

1. Kapitel: Begriffliche Klärungen und Eingrenzung des Untersuchungsgegenstandes 38
    I. Direktdemokratische Verfahren 38
        A. Direktwahlen 39
        B. Volksabstimmungen 39
            1. Volksabstimmungen über Gesetze und andere Entscheidungen im Zuständigkeitsbereich des Parlamentes 40
                a. Volksentscheid, Volksbegehren und Volksantrag 41
                b. Referendum, Referendumsbegehren 42
            2. Weitere Möglichkeiten für Volksabstimmungen 43
            3. Volksbefragung, Petition und Volksinitiative 44
    II. Politische Willensbildung 45
    III. Interesse, Gemeinwohl und der Begriff der hinreichenden Mehrheit 47
        A. Das Interesse und die Fähigkeit zur Selbstbestimmung 47
        B. Das Gemeinwohl und der Begriff der hinreichenden Mehrheit 51
    IV. Neuere und ältere Landesverfassungen 55

2. Kapitel: Motive für die Einführung direktdemokratischer Verfahren 58
    I. Zur Aussagekraft einer systemvergleichenden Argumentation 63
        A. Die Bedeutung der friedlichen Revolution in der DDR für die jüngste Verfassungsdiskussion 63
        B. Zur Aussagekraft der Erfahrungen außerhalb Deutschlands 65
    II. Zur Funktion der direktdemokratischen Verfahren im politischen System der Bundesrepublik Deutschland 68
        A. Die strukturellen Probleme der repräsentativ-parlamentarische Demokratie 69
            1. Der Ausgangspunkt: Die Notwendigkeit zu einer weit reichenden politischen Arbeitsteilung 69
            2. Zum plebiszitären Charakter der Parlamentswahl 70
            3. Zur Gemeinwohlorientierung der Parteiprogramme 72
                a. Die systemimmanente Parteilichkeit der Parteiprogramme 73
                b. Zur Gefahr einer Manipulation der innerparteilichen Willensbildung 74
                c. Zu den Sonderproblemen des Verhältniswahlrechts und der Koalitionsregierungen 76
            4. Zusammenfassung 76

B.	Zu den systemimmanente Korrekturmechanismen	77
	1. Die Unabhängigkeit der Abgeordneten	78
	2. Die regelmäßigen Wahlen	80
	3. Die Gewaltenteilung	81
	4. Zusammenfassung	82
C.	Zur Funktion und den Strukturproblemen der unmittelbaren Demokratie	83
	1. Zur Funktion des unmittelbaren Einflusses der Bürger auf politische Sachentscheidungen	83
	2. Exkurs – Zum Rang der unmittelbaren Entscheidungen der Bürger	87
	3. Strukturprobleme der direktdemokratischen Verfahren – Zur Überzeugungskraft der Argumente gegen eine stärkere Einbeziehung der Bürger in den Prozess der politischen Willensbildung	91
	a. Zur These der fehlenden Kompetenz der Bürger	94
	b. Zur These der Gefahr einer „Diktatur der Minderheit"	97
	c. Zur These der Gefahr einer „Diktatur der Mehrheit"	99
	d. Zur These von der Anfälligkeit für Demagogie	100
	e. Zur These von der höheren Qualität der Ergebnisse des parlamentarischen Prozesses	101
	f. Zur These der destabilisierenden Wirkung der direktdemokratischen Verfahren	103
	g. Zu den besonderen Problemen der Volksinitiative	105
	4. Ergebnis – Zu den Folgerungen im Hinblick auf die Ausgestaltung der direktdemokratischen Verfahren	106

2. Teil: Die Entwicklung der direkten Demokratie in Deutschland von 1919 bis 1945   108

1. Kapitel: Die direktdemokratischen Verfahren in der Weimarer Republik		108
I.	Zur Entstehungsgeschichte	109
II.	Die direktdemokratischen Verfahren in der Weimarer Reichsverfassung	116
	A. Die Wahl und Abwahl des Reichspräsidenten	117
	1. Die Wahl des Reichspräsidenten	117
	2. Die Abwahl des Reichspräsidenten	118
	B. Die Volksabstimmungen	118
	1. Der Volksentscheid	118
	a. Der Volksentscheid über ein einfaches Reichsgesetz	118
	(1). Der Volksantrag	119
	(2). Zeitliche und inhaltliche Schranken	119
	(3). Durchführung des Volksbegehrens	123
	(4). Behandlung eines erfolgreichen Volksbegehrens	124
	(5). Der Volksentscheid	124
	b. Der Volksentscheid über eine Verfassungsänderung	126

		2. Die Referenden	127
		a. Das Referendum auf Antrag eines Drittels des Reichstages	127
		b. Die Referenden auf Anordnung des Reichspräsidenten	128
		c. Das Verfassungsreferendum auf Verlangen des Reichsrates	130
	C.	Die direktdemokratischen Verfahren in den Ländern	130
		1. Die frühen Verfassungen	131
		2. Die späteren Verfassungen	136
III.	Die Praxis der direktdemokratischen Verfahren		144
	A.	Die Verfahren auf Reichsebene	144
		1. Die Wahlen des Reichspräsidenten	144
		2. Die Volksbegehren und Volksentscheide	146
		a. Die beiden Verfahren des Reichsbunds für Siedlung und Pachtung 1922 und 1923	146
		b. Das Verfahren des Sparerbundes 1926	147
		c. Das Verfahren zur Fürstenenteignung 1926	148
		d. Das Verfahren der Reichsarbeitsgemeinschaft der Aufwertungsgeschädigten 1927	152
		e. Das Verfahren gegen den Bau von Panzerkreuzern 1928	152
		f. Das Verfahren gegen den Young-Plan 1929	153
		g. Das Verfahren gegen die Notverordnung vom 4. September 1932	155
		3. Die übrigen direktdemokratischen Verfahren	156
		a. Die Abstimmungen infolge des Versailler Vertrages	156
		b. Die Verfahren zur Neugliederung des Reichsgebietes	157
		c. Die Versuche zur Einleitung von Referenden	157
	B.	Die Erfahrungen auf der Ebene der Länder	158
		1. Die drei Verfahren zur Verabschiedung von Gesetzen	158
		a. Das Volksbegehren in Hamburg 1921	158
		b. Der Volksentscheid in Bayern 1924	158
		c. Das Volksbegehren in Lippe 1928	160
		2. Die Verfahren zur plebiszitären Parlamentsauflösung	161
		a. Der Volksentscheid in Schwarzburg-Sondershausen 1920	161
		b. Das Referendum in Bremen 1921	161
		c. Das Volksbegehren in Sachsen 1922	163
		d. Das Referendum in Lübeck 1924	164
		e. Das Volksbegehren in Sachsen 1924	165
		f. Das Volksbegehren in Bayern 1924	166
		g. Der Volksentscheid in Schaumburg-Lippe 1924	167
		h. Das Volksbegehren in Braunschweig 1924	167
		i. Das Volksbegehren in Mecklenburg-Schwerin 1925	168
		j. Der Volksentscheid in Hessen 1926	169
		k. Das Volksbegehren in Lippe 1929	169
		l. Das Volksbegehren in Baden 1930	170
		m. Der Volksentscheid in Lippe 1931	170
		n. Das Volksbegehren in Anhalt 1931	171
		o. Das Volksbegehren in Thüringen 1931	172

			p. Der Volksentscheid in Braunschweig 1931	172
			q. Der Volksentscheid in Preußen 1931	174
			r. Der Volksentscheid in Oldenburg 1932	176
			s. Der Volksentscheid in Sachsen 1932	178
			t. Das Volksbegehren in Bremen 1932	179
		3.	Die übrigen Verfahren	180
			a. Das Verfassungsreferendum in Baden 1919	180
			b. Das Referendum über den Anschluss an Preußen in Schaumburg-Lippe 1926	181
			c. Das Volksbegehren zur Ministeranklage in Mecklenburg-Schwerin 1928	181
	IV.	Zur bleibenden Bedeutung des Verfassungsrechts und der Verfassungspraxis in der Zeit der Weimarer Republik		181
		A. Zur Funktion der direktdemokratischen Verfahren im System des Verfassungsrechtes		182
			1. Der Reichspräsident als pouvoir neutre und Gegenpol des Parlaments?	183
			2. Die Funktion der Volksabstimmungen	185
			3. Besonderheiten auf der Ebene der Länder	187
		B. Zur Bewertung der direktdemokratischen Verfahren der Weimarer Reichsverfassung		188
			1. Der Reichspräsident	188
			2. Die Volksabstimmungen	189
			3. Besonderheiten auf der Ebene der Länder	192
		C. Zur Aussagekraft der Ergebnisse für die aktuelle Diskussion		194

2. Kapitel: Die „direktdemokratischen Verfahren" in der Zeit des Nationalsozialismus   196

3. Teil: Die direktdemokratischen Verfahren im Bund und in den älteren Landesverfassungen   200

1. Kapitel: Direkte Demokratie und Grundgesetz   200
    I.   Zur Entstehungs- und Entwicklungsgeschichte des Grundgesetzes   201
        A. Die Vorgeschichte – Die Verfassungsberatungen in den Ländern in den Jahren 1945 bis 1948   201
        B. Die Beratungen des Parlamentarischen Rates   205
        C. Die späteren Diskussionen über eine Erweiterung der unmittelbaren Mitwirkungsrechte der Bürger auf der Ebene des Bundes   211
            1. Die Beratungen der Enquête-Kommission Verfassungsreform 1976   211
            2. Die Wiederaufnahme der Diskussionen am Ende der achtziger Jahre   212
                a. Der Zentrale Runde Tisch   213
                b. Der „Hofgeismarer Entwurf"   215

		c.	Das Kuratorium für einen demokratisch verfassten Bund deutscher Länder	216
		d.	Die Kommission Verfassungsreform des Bundesrates	217
		e.	Die Gemeinsame Verfassungskommission von Bundesrat und Bundestag	219
	3.		Die aktuelle Diskussion über eine plebiszitäre Ergänzung des Grundgesetzes	220
II.	Die Abstimmungen im Zusammenhang mit der Neugliederung des Bundesgebietes – Artt. 29 und 118 f. GG			225
	A. Der Verfassungsauftrag des Art. 29 GG und seine Umsetzung bis zum Jahre 1976			226
		1.	Das Verfahren zur Gründung Baden-Württembergs	227
		2.	Die Verfahren zur Neugliederung von Rheinland-Pfalz und Niedersachsen	227
	B. Die aktuelle Fassung des Art. 29 GG			229
	C. Die Sonderregelung des Art. 118a GG			230
	D. Zur bleibenden Bedeutung der Bestimmungen über die plebiszitäre Sanktionierung einer Neugliederung des Bundesgebietes			232
III.	Die Schlussbestimmung des Grundgesetzes – Art. 146 GG			233
	A. Die ursprüngliche Fassung des Art. 146 GG			233
	B. Die Änderungen infolge der Herstellung der deutschen Einheit			236
IV.	Die Vorgaben des Grundgesetzes in Bezug auf die Verfassungsordnungen der Länder			237
	A. Die Kompetenzordnung des Grundgesetzes und der Anwendungsbereich der direktdemokratischen Verfahren in den Ländern			237
	B. Die Vorgaben des Art. 28 I GG			242
		1.	Art. 28 I 2 und 4 GG und das Bekenntnis zur repräsentativ-parlamentarischen Demokratie	242
			a. Die Grundentscheidung für die repräsentativ-parlamentarische Demokratie	242
			b. Der notwendige Ausschluss des Haushaltsgesetzes vom Anwendungsbereich der direktdemokratischen Verfahren	243
			c. Die Arbeitsfähigkeit des Parlamentes als Schutzgut der Verfassung	246
		2.	Art. 28 I 1 GG und die Quoren für das Volksbegehren und den Volksentscheid	247
			a. Zur Notwendigkeit der demokratischen Legitimation eines Volksbegehrens	247
			b. Zur These von der Prävalenz der parlamentarischen Gesetzgebung	249
			c. Zur Notwendigkeit einer institutionellen Absicherung des Vorrangs der Verfassung	251
		3.	Der Begriff des „Volkes" in Art. 28 I 2 GG und die Beteiligung von Ausländern	253
	C. Zusammenfassung			258

17

2. Kapitel: Die direktdemokratischen Verfahren in den älteren Landesverfassungen 259
  I. Zur Entstehungsgeschichte 260
 II. Zusammenfassende Darstellung der Verfahren 265
     A. Das Verfahren bis zum Volksentscheid 267
         1. Der Anwendungsbereich der Verfahren 267
             a. Volksbegehren und Volksentscheid über die Änderung der
                Verfassung und über die Auflösung des Landtags 267
             b. Die Inhaltlichen Beschränkungen der Verfahren 271
                 (1). Geltung der Beschränkungen für das Volksbegehren 272
                 (2). Zur Reichweite der inhaltlichen Beschränkungen 273
                     (a). Bayern 273
                         (aa). Der Haushaltsvorbehalt des Art. 73 BayV 273
                         (bb). Die Rechtsprechung des Bayerischen
                               Verfassungsgerichtshofes 276
                         (cc). Exkurs – Die Disponibilität des Haushalts-
                               vorbehaltes 279
                     (b). Baden-Württemberg 282
                     (c). Hessen 286
                     (d). Saarland 286
                     (e). Zusammenfassung 287
         2. Der Volksantrag 287
             a. Zur Zulässigkeit der Einführung eines Volksantrags 288
             b. Die Entscheidung über die Zulässigkeit des Antrags 292
                 (1). Zuständigkeit für die Entscheidung 292
                 (2). Maßstab für die Zulässigkeitsentscheidung 295
                 (3). Zur Zulässigkeit einer umfassenden präventiven
                      Normenkontrolle 295
             c. Die Koppelung mehrerer Anliegen 303
             d. Die Sperrfristen 305
         3. Das Volksbegehren 306
             a. Das Eintragungsverfahren 306
             b. Rechtsschutzmöglichkeiten vor und während des Verfahrens 310
             c. Die Voraussetzungen für das Zustandekommen des
                Volksbegehrens 314
             d. Die Behandlung erfolgreicher Volksbegehren 316
         4. Der Volksentscheid 319
             a. Das Verfahren bis zum Volksentscheid 319
             b. Rechtsschutzmöglichkeiten vor der Abstimmung 322
             c. Die Quoren beim Volksentscheid 324
                 (1). Abstimmungen über einfache Gesetze 324
                 (2). Abstimmungen über Verfassungsänderungen und über
                      die Auflösung des Landtages 325
                 (3). Inkurs – Zur Problematik des Art. 2 II 2 BayV –
                      „Mehrheit entscheidet" 326
             d. Die Ausfertigung und Verkündung von Volksgesetzen 330
             e. Der Rechtsschutz gegen Volksgesetze 331

		B. Referenden und andere Besonderheiten	332
		1. Baden-Württemberg	333
		2. Bayern und Hessen	333
		3. Nordrhein-Westfalen	334
		4. Rheinland-Pfalz	335
III.	Die praktischen Erfahrungen mit den direktdemokratischen Verfahren		336
	A. Baden-Württemberg		336
		1. Die Verfahren bis 1991	336
		2. Die Verfahren ab 1991	338
		a. Das Verfahren zur Wiedereinführung des Pfingstmontag als gesetzlichem Feiertag	338
		b. Das Verfahren gegen die Rechtschreibreform	339
		c. Das erste Verfahren für „Mehr Demokratie" in Kreisen und Gemeinden	339
		d. Das zweite Verfahren für „Mehr Demokratie" in Kreisen und Gemeinden	342
	B. Bayern		344
		1. Die Verfahren bis 1991	344
		a. Das Verfahren für das „Waldsicherungsgesetz"	344
		b. Die drei Verfahren über die christliche Gemeinschaftsschule	345
		c. Das Verfahren gegen die Gebietsreform	346
		d. Das Verfahren für die Garantie des öffentlich-rechtlichen Rundfunks	346
		e. Das Verfahren gegen die Einschränkung der Lernmittelfreiheit	347
		f. Das Verfahren für eine demokratische Gebietsreform	348
		g. Das Verfahren für eine Erweiterung des Bayerischen Senats	348
		h. Das Verfahren für eine Neuregelung der Abgeordnetenbezüge	349
		i. Das Verfahren für die Einführung des Bürgerbegehrens	349
		j. Das Verfahren für den „Naturpark Bodenwöhrer Senke"	349
		k. Das Verfahren für ein Gesetz über Standorte kerntechnischer Anlagen in Bayern	350
		l. Das Verfahren für das „Bessere Müllkonzept"	350
		2. Die Verfahren ab 1991	352
		a. Das Verfahren zur Einführung der Volksinitiative	352
		b. Die zwei Verfahren zur Schulpolitik	353
		c. Das Verfahren für „Mehr Demokratie in Kreisen und Gemeinden"	354
		d. Das Verfahren „Gleiches Recht – Auch für Bayerns Frauen"	358
		e. Das erste Verfahren gegen die Rechtschreibreform	358
		f. Das Verfahren für die Wiedereinführung des Buß- und Bettages	359
		g. Das Verfahren zur Abschaffung des Senates	359
		h. Das Verfahren „Gentechnikfrei aus Bayern"	360
		i. Das zweite Verfahren gegen die Rechtschreibreform	362
		j. Das Verfahren „Die bessere Schulreform"	362

k.	Das Verfahren zum Schutz des kommunalen Bürgerentscheids	362
l.	Das Verfahren für „Mehr Demokratie in Bayern"	364
m.	Das Verfahren „Macht braucht Kontrolle – für ein unabhängiges Verfassungsgericht und die demokratische Richterwahl in Bayern"	366
n.	Das Verfahren gegen neue AKW-Standorte	368
o.	Das Verfahren „Menschenwürde ja – Menschenklonen niemals!"	368
p.	Das Verfahren „Wer bestellt, muss auch bezahlen"	369
q.	Das Verfahren „Aus Liebe zum Wald"	370
r.	Das Verfahren „Gerecht sparen – auch an der Spitze"	370
s.	Das Verfahren „Für Gesundheitsvorsorge beim Mobilfunk"	371
t.	Das Verfahren zur Erhaltung des neunjährigen Gymnasiums	372

    3. Die Verfassungsreferenden   373
C. Berlin   374
D. Bremen   374
E. Hessen   376
    1. Die Volksbegehren und Volksentscheide   376
        a. Die Verfahren bis 1991   376
        b. Die Verfahren ab 1991   377
            (1). Das Verfahren zur Wiedereinführung des Buß- und Bettages .   377
            (2). Das Verfahren gegen die Privatisierung der Universitätskliniken   378
    2. Die obligatorischen Verfassungsreferenden   378
    3. Die Gruppenklage vor dem Staatsgerichtshof   379
F. Nordrhein-Westfalen   381
    1. Die Verfahren bis 1991   381
    2. Die Verfahren ab 1991 bis 2002   385
        a. Das Verfahren zur Abschaffung der kommunalen Doppelspitze   385
        b. Das Verfahren für „Mehr Demokratie"   386
G. Rheinland-Pfalz   387
H. Saarland   389
    1. Die Verfahren bis 1991   389
    2. Die Verfahren ab 1991   390
        a. Das Verfahren zur Direktwahl kommunaler Funktionsträger   390
        b. Das Verfahren zur Änderung des Hochschulgesetzes   390
        c. Die beiden Verfahren zur „Rettung der Grundschulen"   391
IV. Zur Bewertung der Regelungen über die direktdemokratischen Verfahren in den älteren Landesverfassungen   392
    A. Die direktdemokratischen Verfahren als Artikulations- und Korrekturinstrument   392
        1. Die Quoren für das Volksbegehren   393
        2. Die Fristen für das Volksbegehren   394

	3.	Die Beschränkungen des Anwendungsbereichs der Verfahren	394
	4.	Die Quoren für den Volksentscheid	396
	5.	Zusammenfassung	396
B.		Die direktdemokratischen Verfahren als „außerparlamentarische Waffe der Opposition"	398
C.		Exkurs – Zur Bewertung der Referenden	400
D.		Zur Aussagekraft der Untersuchungsergebnisse	402

4. Teil: Die direktdemokratischen Verfahren in den neueren Landesverfassungen 404

1. Kapitel: Zusammenfassende Darstellung 405
   - I. Die Volksinitiative 405
     - A. Der Anwendungsbereich der Volksinitiative 406
     - B. Das Verfahren der Volksinitiative 407
     - C. Die Einreichung der Volksinitiative 409
     - D. Die Behandlung der Volksinitiative im Landtag 412
   - II. Das Verfahren bis zum Volksentscheid 413
     - A. Zum Anwendungsbereich der Verfahren 413
     - B. Das Volksbegehren 414
       - 1. Der Volksantrag 415
         - a. Das Verfahren des Volksantrags 416
         - b. Die Entscheidung über die Zulässigkeit des Volksantrags 417
         - c. Behandlung des Volksantrags im Landtag 421
       - 2. Das Verfahren beim Volksbegehren 422
         - a. Einleitung des Volksbegehrens 422
         - b. Durchführung des Volksbegehrens 422
         - c. Die Behandlung des Volksbegehrens im Landtag 428
     - C. Der Volksentscheid 428
   - III. Referenden und andere Sonderregelungen 435
   - IV. Schluss 436

2. Kapitel: Schleswig-Holstein 439
   - I. Zur Entstehungsgeschichte 439
   - II. Die Volksinitiative nach Art. 41 SH-V 441
     - A. Der Anwendungsbereich der Volksinitiative 441
       - 1. Die möglichen Gegenstände der Volksinitiative 442
         - a. Die Volksinitiative als Teil des Gesetzgebungsverfahrens 443
         - b. Die Volksinitiative als Instrument für Personalentscheidungen 444
         - c. Die Volksinitiative als Kontrollinstrument 445
       - 2. Die inhaltlichen Beschränkungen des Anwendungsbereiches 445
         - a. Ausschluss bestimmter Angelegenheiten 446
           - (1). Ausschluss von Dienst- und Versorgungsbezügen sowie von Abgaben 446
           - (2). Ausschluss des Landeshaushaltes 447

| | | b. | Bindung des Volkes an bestimmte Strukturprinzipien der Verfassung | 451 |
| | | c. | Die Vereinbarkeit mit höherrangigen Rechtsnormen als Zulässigkeitsvoraussetzung | 452 |

    B. Das Verfahren der Volksinitiative   453
       1. Der Antrag auf Behandlung der Volksinitiative   453
       2. Die Vertrauenspersonen der Initiatoren   454
       3. Die Rücknahme der Volksinitiative   455
    C. Die Entscheidung über die Zulässigkeit der Volksinitiative   456
       1. Die Prüfung der Volksinitiative   456
       2. Die Möglichkeit der Nachbesserung durch die Initiatoren   457
       3. Der Rechtsschutz gegen die Entscheidung des Landtags   458
    D. Die Behandlung der Volksinitiative im Landtag   460
       1. Die Frist für die Behandlung der Volksinitiative   460
       2. Die Anhörung der Initiatoren   461
       3. Der Beschluss des Landtags   462
III. Das Verfahren bis zum Volksentscheid nach Art. 42 SH-V   462
    A. Das Volksbegehren   462
       1. Der Anwendungsbereich von Volksbegehren und Volksentscheid   463
       2. Die Möglichkeit von Änderungen gegenüber der Volksinitiative   464
       3. Die Entscheidung über die Zulässigkeit des Volksbegehrens   464
          a. Die Entscheidung über den Antrag auf Durchführung eines Volksbegehrens   465
          b. Die Entscheidung über die Beachtung der inhaltlichen Beschränkungen des Anwendungsbereiches   466
          c. Zur aufschiebenden Wirkung der Überprüfung   468
       4. Die Durchführung des Volksbegehrens   469
       5. Rechtsschutzmöglichkeiten   471
       6. Die erneute Überprüfung eines Volksbegehrens gemäß Art. 42 II 3 Nr. 2 SH-V   473
       7. Die Behandlung des Volksbegehrens im Landtag   475
    B. Der Volksentscheid   476
       1. Das Verfahren bis zur Abstimmung   476
       2. Die Durchführung der Abstimmung   478
       3. Zu den Quoren   478
IV. Verfahrenspraxis und verfassungspolitische Bewertung   480
    A. Zur Praxis der Verfahren   480
       1. Das Verfahren für die Direktwahl der Bürgermeister, Oberbürgermeister und Landräte   480
       2. Das Verfahren zur Reduzierung der Zahl der Abgeordneten   481
       3. Das Verfahren zur Widereinführung des Buß- und Bettages   482
       4. Das Verfahren gegen eine Schankerlaubnis- und Getränkesteuer   484
       5. Das Verfahren zur Wiedereinführung der Polizei-Reiterstaffel   485
       6. Das Verfahren gegen die Rechtschreibreform   486
       7. Das Verfahren für „Schule in Freiheit"   488

	8. Das Verfahren für die Sonntagsöffnung von Videotheken	492
	9. Das Verfahren „Pflege in schlechter Verfassung?"	492
	10. Das Verfahren „Gegen die ‚Bildungswüste Grundschule"	493
	11. Das Verfahren „Für eine gentechnikfreie Region in Schleswig-Holstein"	494
	12. Die Verfahren für den Erhalt eines gebührenfreien Studiums sowie für den Erhalt und den Ausbau der Autonomie der schleswig-holsteinischen Universitäten	494
	13. Das Verfahren gegen den Waldverkauf	495
	14. Das Verfahren gegen die zwangsweise Zusammenlegung von Kreisen	495
	B. Zur Bewertung der Verfahrensregelungen	496

3. Kapitel: Brandenburg 503
   I. Zur Entstehungsgeschichte 503
   II. Die Volksinitiative nach Art. 76 BbgV 509
      A. Der Anwendungsbereich der Volksinitiative 509
      B. Das Verfahren der Volksinitiative 511
         1. Der Antrag auf Behandlung einer Volksinitiative 511
         2. Die Erweiterung des Kreises der Zeichnungsberechtigten 513
            a. Beteiligung von Ausländern 514
               (1). Die Initiative als Ausfluss des Petitionsrechtes 514
               (2). Die Initiative als erste Stufe des Volksgesetzgebungsverfahrens 515
            b. Herabsetzung des Beteiligungsalters 516
      C. Die Entscheidung über die Zulässigkeit der Volksinitiative 516
         1. Die Prüfung der Volksinitiative 517
         2. Die mögliche Wiederholung der Volksinitiative unter Verwendung der alten Unterschriftsbögen 519
      D. Die Behandlung der Volksinitiative im Landtag 520
   III. Das Verfahren bis zum Volksentscheid 521
      A. Das Volksbegehren nach Art. 77 BbgV 522
         1. Die Überprüfung der Zulässigkeit des Volksbegehrens 522
            a. Maßstab der Überprüfung 522
            b. Zur aufschiebenden Wirkung der Überprüfung 523
         2. Die Durchführung des Volksbegehrens 524
         3. Die Behandlung des Volksbegehrens im Landtag 527
      B. Der Volksentscheid nach Art. 78 BbgV 528
         1. Das Verfahren bis zur Abstimmung 528
         2. Die Durchführung der Abstimmung 529
         3. Zu den Quoren 530
         4. Feststellung des Ergebnisses und Ausfertigung der Beschlüsse 531
   IV. Die Wahl einer Verfassungsgebenden Versammlung nach Art. 115 BbgV 532
   V. Exkurs – Die übrigen Mitwirkungsrechte der Bürger 533
   VI. Verfahrenspraxis und verfassungspolitische Bewertung 534
      A. Zur Praxis der Verfahren 534

		1. Die sechs Verfahren zur Kreisreform	534
		2. Die zwei Verfahren gegen den Wasserstrassenausbau	536
		3. Das Verfahren für die sozialverträgliche Überleitung in das Vergleichsmietensystem	538
		4. Das Verfahren gegen die Schnellstrasse im Finowtal	539
		5. Das Verfahren zur Förderung der Jugend- und Jugendsozialarbeit	539
		6. Das (erste) Verfahren zur Förderung der Musikschulen	540
		7. Das Verfahren für sozial verträgliche Wasser- und Abwassergebühren	541
		8. Das Verfahren gegen den Transrapid	541
		9. Das Verfahren gegen den Ausbau des Flughafens Berlin-Schönefeld	542
		10. Das Verfahren für eine Verbesserung der medizinischen Versorgung	543
		11. Das (zweite) Verfahren zur Förderung der Musikschulen	544
		12. Das Verfahren gegen die Kürzungen bei den Kindertagesstätten	545
		13. Das Verfahren für ein pferdefreundliches Waldgesetz	547
		14. Das Verfahren „Für Volksentscheide in das Grundgesetz"	547
		15. Das Verfahren „Für faire Abstimmungsrechte"	548
		16. Das Verfahren „Zur Stärkung der Grund- und Bürgerrechte gegenüber der Polizei"	549
		17. Das Verfahren gegen die Fusion von ORB und SFB	549
		18. Das Verfahren „Pro Asyl"	549
		19. Das Verfahren gegen die Fusion von Gemeinden	550
		20. Das Verfahren für die Direktwahl der Landräte	551
	B.	Zur Bewertung der Verfahrensregelungen	551
4.	Kapitel: Sachsen		555
	I.	Zur Entstehungsgeschichte	555
	II.	Das Volksgesetzgebungsverfahren	560
		A. Der Volksantrag nach Art. 71 SächsV	560
		1. Der Anwendungsbereich des Volksantrags	561
		a. Die formellen Beschränkungen	561
		b. Die inhaltlichen Beschränkungen	561
		2. Das Verfahren der Antragstellung	563
		3. Die Entscheidung über die Zulässigkeit des Antrags	565
		a. Überprüfung der Zulässigkeit	565
		b. Zur Zuständigkeit und Frist für die Feststellung der Unzulässigkeit	567
		4. Die Veröffentlichung des zulässigen Volksantrags und seine Behandlung im Landtag – Zur Vereinbarkeit der §§ 13, 16 I SächsVVVG mit Art. 71 II 4 SächsV	570
		B. Das Verfahren bis zum Volksentscheid nach Art. 72 SächsV	572
		1. Das Volksbegehren	572
		a. Änderungen gegenüber dem Volksantrag	572
		b. Durchführung des Volksbegehrens	573

	2.	Der Volksentscheid	575
		a. Das Verfahren bis zur Abstimmung	575
		b. Die Durchführung der Abstimmung	577
		c. Die Quoren für den Volksentscheid	578
III.	Das Referendum		579
IV.	Verfahrenspraxis und verfassungspolitische Bewertung		579
	A. Zur Praxis der Verfahren		579
	1.	Der Antrag auf ein Verfassungsreferendum	579
	2.	Das Verfahren gegen die Kreisreform	580
	3.	Das erste Verfahren zur Novellierung des Schulgesetzes	580
	4.	Das Verfahren „Für ein demokratisch verfasstes Sachsen"	580
	5.	Das zweite Verfahren zur Novellierung des Schulgesetzes	581
	6.	Das Verfahren der „Bürgerinitiative für ein soziales Sachsen"	582
	7.	Das Verfahren über die Gemeindegebietsreform	582
	8.	Das Verfahren gegen die Rechtschreibreform	584
	9.	Das Verfahren für die Erhaltung der Sparkassen	584
	10.	Das Verfahren „Zukunft braucht Schule"	586
	11.	Das Verfahren „Kurze Wege für kurze Beine"	589
	12.	Das Verfahren „Courage zeigen"	589
	B. Zur Bewertung der Verfahrensregelungen		590

5. Kapitel: Sachsen-Anhalt 593
 I. Zur Entstehungsgeschichte 593
 II. Die Volksinitiative nach Art. 80 LSA-V 597
  A. Der Anwendungsbereich der Volksinitiative 597
  B. Das Verfahren der Volksinitiative 599
  C. Die Entscheidung über die Zulässigkeit der Volksinitiative 600
  D. Die Behandlung der Volksinitiative im Landtag 602
 III. Das Volksgesetzgebungsverfahren nach Art. 81 LSA-V 604
  A. Das Volksbegehren 604
   1. Der Anwendungsbereich des Volksbegehrens 604
   2. Der Volksantrag 604
    a. Zur Zulässigkeit der Einführung eines Volksantrags 605
    b. Das Verfahren des Volksantrags 607
    c. Das Verhältnis zwischen Volksantrag und Volksinitiative 608
    d. Die Entscheidung über die Zulässigkeit des Volksantrages 609
     (1). Das Verfahren der Prüfung 609
     (2). Der Maßstab der Prüfung 610
     (3). Zum Rechtsschutz gegen die Entscheidung der Landesregierung 610
    e. Rücknahme des Antrags 611
   3. Das Verfahren beim Volksbegehren 612
    a. Bekanntmachung und Werbung für das Volksbegehren 612
    b. Sammlung der Unterschriften, Abbruch des Verfahrens 613
    c. Feststellung über die „Zulässigkeit des Volksbegehrens" 614
   4. Die Behandlung des Volksbegehrens im Landtag 615

			5.	Die Erledigung des Volksbegehrens	615

		B.	Der Volksentscheid	616

	IV.	Verfahrenspraxis und verfassungspolitische Bewertung	619

        5.   Die Erledigung des Volksbegehrens   615
    B. Der Volksentscheid   616
  IV. Verfahrenspraxis und verfassungspolitische Bewertung   619
    A. Zur Praxis der Verfahren   619
       1. Das Verfahren gegen unsoziale Mieten   619
       2. Das Verfahren für die Südharz-Autobahn   620
       3. Die Volksinitiative gegen die Förderstufe und das 13. Schuljahr   620
       4. Die Volksinitiative „Für die Zukunft unserer Kinder"   621
       5. Das Volksbegehren „Für die Zukunft unserer Kinder"   623
       6. Das Volksbegehren „Für ein kinder- und jugendfreundliches Sachsen-Anhalt"   623
       7. Die Volksinitiative „Jugend braucht Zukunft"   625
       8. Das Verfahren „Kreisstadt Lutherstadt Eisleben"   625
       9. Das Verfahren gegen die Bildung von Einheitsgemeinden   626
    B. Zur Bewertung der Verfahrensregelungen   626

6. Kapitel: Niedersachsen   630
   I. Zur Entstehungsgeschichte   630
  II. Die Volksinitiative nach Art. 47 NdsV   632
    A. Der Anwendungsbereich der Volksinitiative   632
    B. Das Verfahren der Volksinitiative   633
       1. Die Anzeige der beabsichtigten Sammlung von Unterschriften   633
       2. Die Sammlung der Unterschriften   634
    C. Die Entscheidung über die Zulässigkeit der Volksinitiative   635
    D. Die Behandlung der Volksinitiative im Landtag   637
  III. Das Volksgesetzgebungsverfahren   637
    A. Das Volksbegehren nach Art. 48 NdsV   637
       1. Der Anwendungsbereich des Volksbegehrens   637
       2. Das Anzeigeverfahren nach § 15 NdsVAbstG   639
       3. Die Sammlung von Unterschriften für das Volksbegehren   639
       4. Der Antrag auf Entscheidung über die Zulässigkeit des Volksbegehrens   640
           a. Die Überprüfung der Zulässigkeit durch die Landesregierung   641
           b. Rechtsschutz gegen die Entscheidung der Landesregierung   641
           c. Möglichkeit der Änderung des Antrags   642
           d. Zum Problem der Fristen nach dem NdsVAbstG   642
       5. Die Feststellung über das Zustandekommen des Volksbegehrens   644
       6. Die Behandlung des Volksbegehrens im Landtag   645
    B. Der Volksentscheid nach Art. 49 NdsV   645
  IV. Verfahrenspraxis und verfassungspolitische Bewertung   648
    A. Zur Praxis der Verfahren   648
       1. Die Volksinitiative „Verantwortung für Gott"   648
       2. Die Volksinitiative für kommunale Beitragsgerechtigkeit und Umweltschutz   649
       3. Die Volksinitiative für die Verbesserung der Unterrichtsversorgung   650
       4. Die Volksinitiative für Jugendgemeinderäte   650

		5. Die Volksinitiative gegen den Verkauf der Harzwasserwerke	651
		6. Die Volksinitiative für die Erhaltung des Rettungshubschraubers „Christoph 30"	651
		7. Das Volksbegehren gegen die Rechtschreibreform	651
		8. Das Volksbegehren gegen den EURO	652
		9. Das Volksbegehren für ein „Gütesiegel gentechnikfrei"	652
		10. Die Volksinitiative für eine Patientenschutzstelle	653
		11. Das Volksbegehren „Keine Kürzung bei den Kurzen"	653
		12. Das Volksbegehren gegen das Zuwanderungsgesetz	655
		13. Das Volksbegehren gegen Unterrichtsausfall	656
		14. Die Volksinitiative für ein gebührenfreies Studium und Teilzeitstudium	656
		15. Die Volksinitiative für Lernmittelfreiheit und freie Schülerbeförderung	656
		16. Die Volksinitiative für eine Verkleinerung des Landtags	657
		17. Die Volksinitiative gegen die Rechtschreibreform	657
		18. Das Volksbegehren für die Einführung des Blindengeldes	657
	B.	Zur Bewertung der Verfahrensregelungen	658
7. Kapitel: Mecklenburg-Vorpommern			660
I.	Zur Entstehungsgeschichte		660
II.	Die Volksinitiative nach Art. 59 MV-V		663
	A. Der Anwendungsbereich der Volksinitiative		663
	B. Das Verfahren der Volksinitiative		664
		1. Beratung der Initiatoren und Vorprüfung durch den Landeswahlleiter	665
		2. Der Antrag auf Zulassung einer Volksinitiative	665
		a. Die Entscheidung über die Zulässigkeit der Initiative	666
		b. Behebung von Mängeln	666
		c. Rechtsschutz gegen die Entscheidung über die Zulässigkeit	667
	C. Die Behandlung der Volksinitiative im Landtag		667
III.	Das Volksgesetzgebungsverfahren nach Art. 60 MV-V		668
	A. Das Volksbegehren		668
		1. Das Verfahren des Volksbegehrens	669
		a. Das formelle Eintragungsverfahren	669
		b. Die freie Sammlung von Unterschriften	670
		2. Die Prüfung der Zulässigkeit des Volksbegehrens	671
		a. Verfassungsrechtliche Vorgaben	671
		b. Zur Verfassungsmäßigkeit des § 14 MV-VaG	672
		3. Die Behandlung des Volksbegehrens im Landtag	673
		4. Die Möglichkeit der Erledigung des Volksbegehrens	674
		a. Annahme eines gegenüber dem Volksbegehren geänderten Entwurfes	674
		b. Erledigung durch die Antragsteller	674
	B. Der Volksentscheid		675
IV.	Verfahrenspraxis und verfassungspolitische Bewertung		677

      A. Zur Praxis der Verfahren   677
          1. Das Verfahren für soziale Grundrechte   677
          2. Das Verfahren für die Verbesserung der Kinderbetreuung   678
          3. Das Verfahren für die sozialverträgliche Überleitung in das Vergleichsmietensystem   679
          4. Das Verfahren zur Förderung des Öffentlichen Nahverkehrs   680
          5. Die beiden Verfahren gegen die Schließung des Studiengangs Zahnmedizin und der Zahnklinik der Universität Rostock   681
          6. Das Verfahren für den schnelleren Bau der Küstenautobahn A 20   683
          7. Das Verfahren für einen Rechtsanspruch auf eine Lehrstelle   683
          8. Das Verfahren zur unverzüglichen Fertigstellung der Autobahn A 241   684
          9. Das Verfahren gegen die Rechtschreibreform   685
          10. Das Verfahren gegen eine Zwei-Klassen-Medizin im Osten   685
          11. Das Verfahren „Zukunft der Bahn in Mecklenburg-Vorpommern"   686
          12. Das Verfahren „Für eine bessere Verkehrsinfrastruktur in Ostvorpommern"   687
          13. Das Verfahren „Gegen die Ausweisung weiterer FFH-Gebiete"   687
          14. Das Verfahren „Zur Verbesserung des Kiga-Gesetzes"   687
          15. Das Verfahren für ein neues Schulgesetz   688
          16. Das Verfahren „Pro Jura"   688
          17. Das Verfahren für ein weltoffenes, friedliches und tolerantes Mecklenburg-Vorpommern   689
      B. Zur Bewertung der Verfahrensregelungen   690

8. Kapitel: Thüringen   692
   I. Zur Entstehungsgeschichte   692
   II. Die Volksinitiative – Der „Bürgerantrag" nach Art. 68 ThürV   696
      A. Das Verfahren des Bürgerantrags   697
          1. Zum Erfordernis eines ausgearbeiteten Gesetzentwurfes   698
          2. Die Sammlung von Unterschriften   699
      B. Die Überprüfung der Zulässigkeit des Bürgerantrags   700
      C. Die Behandlung des Bürgerantrags im Landtag   701
   III. Das Volksgesetzgebungsverfahren nach Art. 82 ThürV   702
      A. Das Volksbegehren   702
          1. Der Anwendungsbereich des Volksbegehrens   702
          2. Der Volksantrag und das Volksbegehren   703
              a. Das Verfahren des Volksantrags   703
                  (1). Die Sammlung von Unterschriften   704
                  (2). Die Entscheidung über die Zulässigkeit des Volksantrags   705
              b. Das Verfahren des Volksbegehrens   706
                  (1). Die Sammlung von Unterschriften   706
                      (a). Die freie Sammlung   707
                      (b). Das amtliche Eintragungsverfahren   707

		(2). Die Entscheidung über die Zulässigkeit des Volksbegehrens	708
		(3). Die Behandlung des Volksbegehrens im Landtag	709
	B.	Der Volksentscheid	710
IV.	Verfahrenspraxis und verfassungspolitische Bewertung		712
	A.	Zur Praxis der Verfahren	712
		1. Das Volksbegehren „Für Arbeit in Thüringen"	712
		2. Das Volksbegehren des Mieterbundes	713
		3. Die beiden Volksbegehren für „Mehr Demokratie"	713
		4. Das Volksbegehren „Für eine bessere Familienpolitik"	716
	B.	Zur Bewertung der Verfahrensregelungen	717

9. Kapitel: Bremen — 720
I. Zur Entstehungsgeschichte — 720
  A. Die Rechtslage bis 1994 — 720
  B. Die neuere Entwicklung — 721
II. Die Volksinitiative – Der „Bürgerantrag" nach Art. 87 BremV — 723
  A. Der Anwendungsbereich des Bürgerantrags — 723
  B. Das Verfahren des Bürgerantrags — 725
  C. Die Prüfung der Zulässigkeit des Bürgerantrags und seine Behandlung in der Bürgerschaft — 726
III. Das Verfahren bis zur Volksabstimmung nach Artt. 70 ff. BremV — 727
  A. Das Volksbegehren — 727
    1. Der Anwendungsbereich des Volksbegehrens — 728
      a. Zur Anwendbarkeit der inhaltlichen Beschränkungen des Art. 70 II BremV auf das Volksbegehren — 728
      b. Zur Reichweite der inhaltlichen Beschränkungen — 729
    2. Der Volksantrag — 732
      a. Zur Zulässigkeit des Volksantrags — 732
      b. Das Verfahren des Volksantrags — 732
        (1). Die Einreichung des Volksantrags — 732
        (2). Die Prüfung der Zulässigkeit des Volksantrags — 733
        (3). Die Möglichkeit der Änderung und Rücknahme des Antrags . — 736
    3. Die Durchführung des Volksbegehrens — 736
    4. Die Behandlung des Volksbegehrens in der Bürgerschaft — 738
  B. Der Volksentscheid — 738
    1. Vorbereitung und Durchführung der Abstimmung — 739
    2. Zu den Quoren nach Art. 72 BremV — 740
    3. Ausfertigung und Verkündung von Volksgesetzen — 741
IV. Die Referenden — 741
  A. Die Verfassungsreferenden — 742
    1. Das Referendum bei Eingriffen in die Selbständigkeit der Stadtgemeinden — 742
    2. Das fakultative Verfassungsreferendum — 742
  B. Das Referendum über andere Fragen — 742

V.	Verfahrenspraxis und verfassungspolitische Bewertung	743
A.	Zur Praxis der Verfahren seit der jüngsten Änderung der Landesverfassung	743
1.	Verfahren im Land Bremen	743
a.	Die drei Verfahren zur Verbesserung der Schulausstattung und der Unterrichtsversorgung	743
b.	Das erste Verfahren gegen Tierversuche	745
c.	Das zweite Verfahren gegen die Tierversuche	746
d.	Das Verfahren für die Verkleinerung der Bürgerschaft	746
e.	Das Verfahren für „Mehr Demokratie"	747
f.	Die beiden Verfahren gegen die Rechtschreibreform	748
g.	Das Verfahren gegen Affenversuche an der Universität Bremen	749
h.	Das zweite Verfahren „Gesundheit ist keine Ware"	750
i.	Das Verfahren für eine „Reform des Wahlrechts"	751
2.	Verfahren in der Stadtgemeinde Bremen	752
a.	Das Verfahren zur Sicherung von angemessenem Wohnraum	752
b.	Das Verfahren zur „Flächen-Verkehrs- und Baupolitik"	753
c.	Das erste Verfahren „Gesundheit ist keine Ware"	754
B.	Zur Bewertung der Verfahrensregelungen	755

10. Kapitel: Berlin 758
- I. Zur Entstehungsgeschichte 758
  - A. Vorgeschichte bis 1990 758
  - B. Die Verfassungsdiskussion der Jahre 1990-1995 760
- II. Die Volksinitiative – Die „Einwohnerinitiative" nach Art. 61 VvB 764
- III. Das Volksgesetzgebungsverfahren 767
  - A. Das Volksbegehren nach Art. 62 VvB 767
    - 1. Der Volksantrag 770
    - 2. Das Volksbegehren 773
    - 3. Die Behandlung des Volksbegehrens im Abgeordnetenhaus 774
  - B. Der Volksentscheid nach Art. 63 VvB 775
- IV. Das Referendum 777
- V. Verfahrenspraxis und verfassungspolitische Bewertung 778
  - A. Zur Praxis der Verfahren 778
    - 1. Das Verfahren „für ein gastfreundliches Berlin" 778
    - 2. Das Verfahren gegen den Transrapid 779
    - 3. Das Verfahren für „Mehr Demokratie" 779
    - 4. Das Verfahren gegen die Rechtschreibreform 780
    - 5. Das erste Verfahren zur Auflösung des Abgeordnetenhauses 782
    - 6. Das Verfahren „Schluss mit dem Berliner Bankenskandal" 782
    - 7. Das Verfahren „Schluss mit den Kürzungen im Kita-Bereich" 783
    - 8. Das Verfahren „Sicherstellung von Kita-, Schul- und Hochschulstudienplätzen" 784
    - 9. Das zweite Verfahren zur Auflösung des Abgeordnetenhauses 784
    - 10. Das Verfahren für den Erhalt des Flughafens Tempelhof 785
  - B. Zur Bewertung der Verfahrensregelungen 786

11. Kapitel: Hamburg 788
  I. Zur Entstehungsgeschichte 788
     A. Die erste Phase: 1992-1996 788
     B. Die zweite Phase: 1997-2001 791
     C. Die dritte Phase: Die Entwicklung seit 2004 799
  II. Die Volksinitiative – Die „Volkspetition" nach Art. 29 HambV 801
  III. Das Volksgesetzgebungsverfahren nach Art. 50 HambV 803
     A. Der Volksantrag –Die „Volksinitiative" 803
        1. Der Anwendungsbereich der Volksinitiative 804
        2. Das Verfahren der Volksinitiative 806
        3. Die Entscheidung über die Zulässigkeit der Initiative 807
        4. Die Behandlung der Volksinitiative in der Bürgerschaft 809
     B. Das Volksbegehren 810
        1. Die Frist für die Durchführung des Volksbegehrens und die Änderung des Antrags nach § 6 III und IV HambVAbstG 810
        2. Die Rücknahme des Volksbegehrens 811
        3. Die Vorbereitung und Durchführung des Volksbegehrens 812
        4. Die Behandlung des Volksbegehrens in der Bürgerschaft 814
        5. Die (nochmalige) Änderung des Antrags gemäß § 18 III HambVAbstG 815
     C. Der Volksentscheid 816
        1. Die Festlegung des Abstimmungstermins 816
        2. Die Vorbereitung und Durchführung der Abstimmung 818
        3. Der Anspruch auf Kostenerstattung und die Pflicht zur Rechenschaftslegung 819
        4. Die Quoren 820
        5. Die Sperrfrist des Art. 50 IV HambV 821
  IV. Verfahrenspraxis und verfassungspolitische Bewertung 821
     A. Zur Praxis der Verfahren 821
        1. Die beiden Verfahren für „Mehr Demokratie" 821
        2. Die Volksinitiative „Halloween for Holiday" 823
        3. Die Volksinitiative „Für wirksame direkte Demokratie" 823
        4. Die Volksinitiative für die Sonntagsöffnung der Videotheken 823
        5. Die Volksinitiative „Zur Reform des Wahlrechts" 824
        6. Die Volksinitiative „Zur Reform der Volksgesetzgebung" 824
        7. Die Volksinitiative gegen die Sonntagsöffnung im Einzelhandel 824
        8. Die Volksinitiative gegen die Privatisierung der landeseigenen Krankenhäuser 825
        9. Die zweite Volksinitiative „Zur Reform des Wahlrechts" 827
        10. Die Volkspetition „Bildung ist Menschenrecht" 831
        11. Die Volksinitiative „Für eine kinder- und familiengerechte Kita-Reform" 832
        12. Die Volksinitiative „Unser Wasser Hamburg" 833
        13. Die Volksinitiative „Bildung ist keine Ware" 833
        14. Die Volkspetition „Rettet den Offenen Kanal" 835
        15. Die Volksinitiative „Rettet den Rosengarten" 836

16.	Die Volksinitiative „Volxuni – Rettet die Bildung"	837
17.	Die Volkspetition „Kopflos sparen gefährdet die innere Sicherheit"	838
18.	Die Volksinitiativen „Rettet den Volksentscheid" und „Stärkt den Volksentscheid"	839
B.	Zur Bewertung der Verfahrensregelungen	843

12. Kapitel: Rheinland-Pfalz 847
    I.   Zur Entstehungsgeschichte 847
        A. Die Rechtslage bis zum Jahr 2000 847
        B. Der Weg bis zur Verfassungsreform im Jahre 2000 849
    II. Die Volksinitiative 852
        A. Der Anwendungsbereich der Volksinitiative 852
        B. Das Verfahren der Volksinitiative 854
        C. Die Entscheidung über die Zulässigkeit der Volksinitiative 854
        D. Die Behandlung der Volksinitiative im Landtag 855
    III. Das Verfahren bis zum Volksentscheid 856
        A. Der Volksantrag 856
            1. Der Anwendungsbereich des Verfahrens gemäß § 61 RP-LWG 856
            2. Das Verfahren des Volksantrags gemäß § 63 RP-LWG 858
            3. Die Entscheidung über die Zulässigkeit des Volksantrags 859
            4. Die Rücknahme des Antrags 859
        B. Das Volksbegehren 859
        C. Der Volksentscheid 861
    IV. Das Referendum und der Antrag auf Auflösung des Landtags 863
    V. Verfahrenspraxis und verfassungspolitische Bewertung 864
        A. Zur Praxis der Verfahren 864
            1. Das Volksbegehren 864
            2. Das Verfahren bis zum Volksentscheid 865
        B. Zur Bewertung der Verfahrensregelungen 865

13. Kapitel: Nordrhein-Westfalen 867
    I.   Entstehungsgeschichte 867
        A. Die Rechtslage bis 2002 867
        B. Die Diskussion um eine Verfassungsreform seit 2000 869
    II. Die Volksinitiative nach Art. 67a NRW-V 872
        A. Das Eintragungsverfahren für die Volksinitiative 872
            1. Das frühere formelle Eintragungsverfahren und der Antrag auf Zulassung der Listenauslegung 872
            2. Das neue Verfahren der freien Unterschriftensammlung 874
                a. Die Sperrfrist 874
                b. Anforderungen an den Entwurf/Der Kostendeckungsvorschlag 874
                c. Die Vertrauenspersonen – und die Möglichkeit, sie auszutauschen 875
                d. Die Prüfung der Zulässigkeit der Volksinitiative 875

		B. Die Behandlung der Volksinitiative im Landtag	876
	III.	Das Verfahren bis zum Volksentscheid	876
		A. Der Volksantrag	877
		B. Das Volksbegehren und der Volksentscheid	878
		1. Das Volksbegehren	878
		2. Das Verfahren bis zum Volksentscheid	879
		3. Die Quoren	881
		C. Die Referenden	882
	IV.	Verfahrenspraxis und verfassungspolitische Bewertung	882
		A. Zur Praxis der Verfahren	883
		1. Die Volksinitiative gegen die Planungen für neue forensische Kliniken	883
		2. Die Volksinitiative gegen Studiengebühren	883
		3. Die Volksinitiative „Jugend braucht Zukunft"	883
		4. Die Volksinitiative „Ein Porz – Ein Wahlkreis"	884
		5. Die Volksinitiative „Diätenreform"	885
		6. Die Volksinitiative „Videosonntag"	886
		7. Das Verfahren für „Sichere Wohnungen und Arbeitsplätze"	886
		8. Das Verfahren für den gesicherten Umgang mit gentechnisch veränderten Organismen	887
		B. Zur Bewertung der Verfahrensregelungen	887

14. Kapitel: Zusammenfassende Bewertung der Regelungen über die direktdemokratischen Verfahren in den neueren Landesverfassungen   890
   I. Zur Funktion der direktdemokratischen Verfahren in den neueren Landesverfassungen   890
   II. Die direktdemokratischen Verfahren als Artikulations- und Korrekturinstrument   893
      A. Die Quoren für das Volksbegehren   893
      B. Die Fristen für das Volksbegehren und das Eintragungsverfahren   894
      C. Die Beschränkungen des Anwendungsbereichs der Verfahren   896
      D. Die präventive Normenkontrolle und die Bedeutung der Verfassungsgerichtsbarkeit   896
      E. Die Quoren für den Volksentscheid   898
      F. Die Besonderheiten der Volksinitiative   902

5. Teil: Zusammenfassung und Ausblick   903

1. Kapitel: Zusammenfassung der Ergebnisse   903

2. Kapitel: Einige Vorschläge für eine Optimierung der Verfahren   908
   I. Direktdemokratische Verfahren in den Ländern   908
      A. Die Volksinitiative   908
         1. Zum Anwendungsbereich des Verfahrens   908

	2. Zur Organisation und Durchführung der Volksinitiative und zum Quorum für dieses Verfahren	911
	3. Zur parlamentarischen Beratung über die Volksinitiative und zum Übergang zum Volksbegehren	912
B.	Das Volksbegehren	913
	1. Zum Anwendungsbereich des Verfahrens	913
	2. Zur Organisation und Durchführung des Volksbegehrens und zum Quorum für dieses Verfahren	914
	3. Zur parlamentarischen Beratung über das Volksbegehren und zum Übergang zum Volksentscheid	915
C.	Der Volksentscheid	916
	1. Zur Ermittlung der Mehrheitsverhältnisse bei Volksentscheiden	917
	2. Zur Bindungswirkung der unmittelbaren Entscheidungen der Bürger	921
II. Direktdemokratische Verfahren im Bund		923
A. Zur Mitwirkung der Länder an der Gesetzgebung des Bundes		924
B. Zu den Quoren für die Volksinitiative, das Volksbegehren und den Volksentscheid		926
C. Zum unmittelbaren Einfluss der Bürger auf die Außenpolitik und völkerrechtliche Verträge		927
III. Zum Verfahren der weiteren Diskussion über eine Erweiterung der unmittelbaren Mitwirkungs- und Entscheidungsrechte der Bürger		928

Anhang: Übersicht über die direktdemokratischen Verfahren in den Ländern von 1991 bis 2006   930

Literaturverzeichnis   938

Abkürzungsverzeichnis   970

Schlagwortverzeichnis   974

Verzeichnis der Tabellen im Text
- Typen direktdemokratischer Verfahren nach den älteren Landesverfassungen   266
- Der Volksantrag nach den älteren Landesverfassungen   292
- Das Volksbegehren nach den älteren Landesverfassungen   316
- Die Fristen nach den älteren Landesverfassungen   321
- Die Quoren nach den älteren Landesverfassungen   324
- Die Referenden nach den älteren Landesverfassungen   332
- Die Volksinitiative nach den neueren Landesverfassungen   410
- Der „Volksantrag" nach den neueren Landesverfassungen   418
- Das Volksbegehren nach den neueren Landesverfassungen   426
- Die Fristen nach den neueren Landesverfassungen   430
- Die Quoren nach den neueren Landesverfassungen   434
- Die Häufigkeit der Verfahren in den einzelnen Ländern von 1991 bis 2006   892

„Nichts ist stärker als eine Idee, deren Zeit gekommen ist. Sie dringt durch alle Ritzen, lockert jeden Widerstand, tritt an unerwarteten Stellen hervor. Da kommt Freude auf. Sogar Deutschland, das Land des Reformstaus und der schlechten Laune ist nicht dagegen gefeit: Derzeit erfrischt die Idee der direkten Demokratie die Szenerie."[1]

> „Mehr Volksentscheide – Mehr Demokratie?
> Und bessere Demokratie?
> Wer's glaubt, wird selig."[2]

Kaum ein anderes Thema hat in der verfassungspolitischen Diskussion der letzten Jahre eine so große Rolle gespielt wie die Frage, ob und gegebenenfalls auf welche Weise die Bürger stärker als bisher in den Prozess der politischen Willensbildung einbezogen werden können – und zwar auf allen Ebenen des Staates. In immerhin vierzehn der sechzehn Länder wurden Verfassungskommissionen eingesetzt, die unter anderem über die Frage zu verhandeln hatten, ob Regelungen über Volksinitiativen, Volksbegehren, Volksentscheide und andere direktdemokratische Verfahren in das Verfassungsrecht eingeführt bzw. ob die bestehenden unmittelbaren Mitwirkungsrechte der Bürger erweitert werden sollten.[3] Als Ergebnis dieser Beratungen finden sich mittlerweile in den Verfassungen aller Länder entsprechende Regelungen.[4]

Während es in den ersten 50 Jahren nach der Gründung der Bundesrepublik Deutschland kaum mehr als 20 Versuche gegeben hatte, die direktdemokratischen Verfahren tatsächlich zu nutzen, sind seit 1991 fast 200 Verfahren eingeleitet oder zumindest ernsthaft angegangen worden.[5] Dadurch hat sich nicht nur die Grundlage für eine verfassungspoliti-

---

1 *Jean Heuser/Gero v. Randow/Ute Watermann*: „Jetzt werden wir direkt"; Die Zeit, 8. April 1998, S. 17.
2 *Robert Leicht*: „Einspruch"; Die Zeit, 29. April 1998, S. 9.
3 In Baden-Württemberg, Berlin, Brandenburg, Bremen, Hamburg, Mecklenburg-Vorpommern, Niedersachsen, Nordrhein-Westfalen, Rheinland-Pfalz, dem Saarland, Sachsen, Sachsen-Anhalt, Schleswig-Holstein und Thüringen. Nur in Baden-Württemberg und dem Saarland wurde diese Frage verneint, vgl. dazu unten S. 263 f.
   In Hessen hatte das Bündnis 90/Die Grünen mehrfach erfolglos versucht, eine Verfassungsdiskussion anzuregen, vgl. zuletzt LT-Drs. 14/1573, mit der Forderung, das Quorum für Volksbegehren von 20 auf 10 Prozent abzusenken. Im Jahr 2003 wurde jedoch aufgrund einer erneuten Initiative der Grünen eine Enquête-Kommission eingesetzt, die Vorschläge für eine Reform der entsprechenden Verfassungsbestimmungen unterbreitet hat, vgl. HessLT-Drs. 16/3700 und dazu S. 264.
   In Bayern wurde die Thematik im Zusammenhang mit einem Volksbegehren erörtert, das allerdings vom *BayVerfGH* für unzulässig erklärt worden ist, vgl. dazu ausführlich unten S. 364.
4 Einen extrem knapp gefassten und nicht mehr ganz aktuellen Überblick bietet *B. Hartmann*, DVBl. 2001, S. 776 ff. Eine Einführung aus politikwissenschaftlicher Sicht findet sich bei *Schiller*, passim, vgl. auch *Rehmet*, S. 103 ff..
5 Vgl. dazu die Übersicht unter http://dd.staatsrecht.info. Zu den praktischen Erfahrungen mit den neueren Landesverfassungen und den einschlägigen Ausführungsbestimmungen vgl. *Jung*, ZfG 1998, S. 295 ff.; sowie *Hufschlag*, S. 212 ff., der sich allerdings auf diejenigen Verfahren beschränkt, die formal eingeleitet wurden.

sche Bewertung der entsprechenden Regelungen stetig verbreitert. Vielmehr deutet diese Entwicklung darauf hin, dass die direktdemokratischen Verfahren, nachdem sie zuvor über Jahrzehnte hinweg nur eine Art von Mauerblümchen-Dasein für die politische Willensbildung gespielt haben, mittlerweile zu praktikablen Instrumenten der Politik geworden sind – wobei nicht klar ist, ob diese Häufung auf die konkrete Ausgestaltung der Verfahren zurückzuführen ist, oder auf das mit dem Begriff der „Glokalisierung" treffend bezeichnete Bedürfnis der Menschen, angesichts der immer weiter fortschreitenden Globalisierung und der damit einhergehenden Verlagerung von Entscheidungskompetenzen auf überstaatliche Institutionen alle Möglichkeiten auszuschöpfen, um ihr unmittelbares Lebensumfeld eigenverantwortlich zu gestalten.

Im Mittelpunkt des *ersten* Teils der vorliegenden Darstellung wird – nach einer Einführung in die Terminologie – der Versuch stehen, die (potentielle) Funktion der direktdemokratischen Verfahren im System der Staatsorganisation der Bundesrepublik Deutschland und ihrer Länder herauszuarbeiten. Gegenstand des *zweiten* Teils ist die Geschichte der direkten Demokratie in Deutschland von 1918 bis 1945. Im *dritten* Teil wird die Entwicklung seit dem Ende des Zweiten Weltkrieges bis zum Jahr 1989 nachgezeichnet. Im Zentrum des *vierten* Teiles stehen die einschlägigen Bestimmungen der neueren Landesverfassungen einschließlich der dazu gehörigen Ausführungsbestimmungen. Im *fünften* Teil wird schließlich eine zusammenfassenden Bewertung der geltenden Verfahrensregelungen erfolgen, auf deren Grundlage einige Vorschläge für eine Optimierung der Verfahren auf der Ebene des Bundes und der Länder unterbreitet werden können.

Bereits diese Grobgliederung lässt erkennen, dass der vorliegenden Untersuchung ein anderer methodischer Ansatz zugrunde liegt, als dem Gros rechtswissenschaftlicher Studien, in denen es um die korrekte Auslegung von Rechtsnormen und damit entweder darum geht, die Vereinbarkeit bestimmter Maßnahmen mit höherrangigen Rechtsvorschriften zu überprüfen oder die Rechtsfolgen bestimmter Maßnahmen herauszuarbeiten. Zwar spielen die Motive der Gesetzgeber bei der Auslegung von Rechtsnormen durchaus eine Rolle. Diese Motive werden jedoch nur in Ausnahmefällen in Frage gestellt und es ist auch nicht üblich, Gesetze daraufhin zu überprüfen, ob es dem Gesetzgeber gelungen ist, die von ihm angestrebten Ziele zu erreichen. Dennoch gehört die Bewertung der Effektivität und Effizienz von Rechtsnormen und anderen Rechtsakten schon deshalb zum genuinen Erkenntnisgegenstand der Rechtswissenschaft, weil die Rechtsordnung kein hermetisches System darstellt, sondern eine Funktion innerhalb der Gesellschaft erfüllt. Rechtsnormen müssen sich daher daran messen lassen, ob und in wie weit die Ziele des Gesetzgebers erreicht wurden.

Dies ist keine neue Erkenntnis. Vielmehr zeigt sich nicht zuletzt im Rahmen der Verhältnismäßigkeitsprüfung von Hoheitsakten, dass Rechtsakte seit jeher auch in ihrem gesellschaftlichen Wirkungszusammenhang betrachtet werden. Denn im Rahmen dieser Prüfung kommt es unter anderem darauf an, ob mit der betreffenden Maßnahme ein legitimes Ziel verfolgt und ob sie dazu geeignet ist, dieses Ziel zu erreichen. Auch wenn dabei zwischen der Rechtmäßigkeit und der Zweckmäßigkeit von Rechtsakten unterschieden werden muss, lassen sich beide Bereiche nicht trennscharf voneinander abgrenzen. Denn zum einen ist jedenfalls eine in jeder Hinsicht unzweckmäßige Maßnahme zugleich auch ungeeignet. Zum anderen ist eine Maßnahme auch dann rechtswidrig, wenn ihre (mittelbaren) Auswirkungen für den Betroffenen eine übermäßige Belastung mit sich bringen würde – bei dieser Prüfung sind aber nicht nur die Rechtsfolgen sondern auch faktische Wirkungen einzubeziehen.

Es ist kein Grund dafür ersichtlich, wieso für die Gesetzgebung grundsätzlich etwas anderes gelten sollte. Zwar kann der Gesetzgeber in den durch die Verfassungsordnung gezogenen Grenzen frei darüber entscheiden, welche Ziele er in Angriff nehmen will. Noch größer ist der Spielraum des Verfassungsgebers. Wurde jedoch einmal eine Norm erlassen, so muss sich auch der Gesetzgeber daran messen lassen, ob die von ihm verabschiedeten Regelungen geeignet und erforderlich sind, die von ihm angestrebten Ziele zu erreichen oder ob sie zu übermäßigen Beeinträchtigungen der Grundrechte oder anderer durch die Verfassung geschützter Rechtsgüter führen. Diese Fragen lassen sich aber nicht durch abstrakte Deduktion, sondern nur auf Grundlage der praktischen Erfahrung mit der Anwendung dieser Normen beantworten. Dementsprechend wird im Rahmen der vorliegenden Untersuchung nicht nur auf die Auslegung der einschlägigen Rechtsvorschriften, sondern auch auf den empirischen Befund und damit auf die praktischen Erfahrungen mit der Anwendung dieser Vorschriften einzugehen sein.

1. Teil: Einführung und Grundlagen

Wie bereits ausgeführt wurde, soll zunächst der Versuch unternommen werden, die (potentielle) Funktion der direktdemokratischen Verfahren im System der Staatsorganisation der Bundesrepublik Deutschland und ihrer Länder herauszuarbeiten. Es liegt auf der Hand, dass bei der Suche nach der Antwort auf die Frage, ob und in wie weit die Bürger dazu berechtigt werden sollen, auch außerhalb der regelmäßigen Wahlen Einfluss auf die Handlungen und sonstigen Maßnahmen der Staatsorgane zu nehmen, politischen Wertungen eine maßgebliche Bedeutung zukommt. Dennoch ist es kein Gebot der wissenschaftlichen Objektivität, sich auf die Widergabe derjenigen Motive zu beschränken, die sich den Materialien zur Entstehungsgeschichte der einschlägigen Rechtsvorschriften entnehmen lassen. Vielmehr setzt eine angemessene Würdigung der Effektivität und Effizienz der Regelungen über die direktdemokratischen Verfahren eine kritische Auseinandersetzung mit der verfassungspolitischen Diskussion und mit den Argumenten der Befürworter und Gegner weitergehender unmittelbarer Mitwirkungs- und Entscheidungsrechte voraus, da nur auf diese Weise ein sachgerechter Maßstab für die Bewertung der Verfahrensregelungen entwickelt werden kann. Die folgende Darstellung dient zugleich dazu, das eigene Vorverständnis des Verfassers offen zu legen und die Untersuchungsergebnisse damit der sachlichen Kritik zugänglich zu machen.

1. Kapitel: Begriffliche Klärungen und Eingrenzung des Untersuchungsgegenstandes

Bevor auf die Funktion der direktdemokratischen Verfahren eingegangen werden kann, sind im Folgenden allerdings zunächst einige Begriffe zu erläutern, die in der weiteren Untersuchung eine große Rolle spielen werden.

I. Direktdemokratische Verfahren

Als „direktdemokratisch" sollen im Rahmen der vorliegenden Untersuchung alle Verfahren bezeichnet werden, die innerhalb des Staates zu einer unmittelbaren Sach- oder Personalentscheidung durch das Staatsvolk führen.[1] Diese Begrifflichkeit unterscheidet sich von dem herkömmlichen Verständnis, nach dem unter „direktdemokratisch" ausschließlich solche Verfahren verstanden werden, die auf eine unmittelbare Sachentscheidung durch die Bürger

---

1   Auch wenn es im Folgenden vor allem um die Entscheidungsverfahren auf der Ebene des Staates gehen und daher vom „Volk" und den „Bürgern" die Rede sein wird, sei an dieser Stelle darauf hingewiesen, dass der Anwendungsbereich der direktdemokratische Verfahren nicht notwendigerweise auf die Gebietskörperschaften beschränkt ist. Vielmehr lassen sich die folgenden Ausführungen grundsätzlich auch auf andere Arten von Körperschaften übertragen.

zielen, während unmittelbare Personalentscheidungen der „repräsentativen Demokratie" zugeordnet werden.

A. Direktwahlen

Zu den direktdemokratischen Verfahren in dem hier zugrunde gelegten weiten Sinne gehören auch die Direktwahlen, also diejenigen Personalentscheidungen, die unmittelbar durch die Angehörigen einer bestimmten Körperschaft getroffen werden. Durch Direktwahlen können sowohl einzelne Ämter als auch Gremien besetzt werden. Das Gegenstück zur Direktwahl ist die Abwahl bzw. die Auflösung des Parlaments oder eines anderen direkt gewählten Gremiums durch eine unmittelbare Entscheidung der Bürger.

In einer repräsentativen Demokratie sind Direktwahlen das wichtigste, unter Umständen sogar das einzige Mittel, mit dem die Angehörigen einer Körperschaft Einfluss auf die Handlungen und Entscheidungen der Organe dieser Körperschaft nehmen können – wobei zu beachten ist, dass die gewählten Entscheidungsträger regelmäßig keinen Weisungen in Bezug auf die Ausübung ihres Amtes oder Mandates unterliegen. Ihre Entscheidungen sind daher nicht mehr unmittelbar demokratisch legitimiert, sondern nur noch mittelbar dadurch, dass die handelnden Personen ein Mandat zur Wahrnehmung bestimmter Befugnisse erhalten haben. Dies ändert jedoch nichts daran, dass die Entscheidung über die Besetzung bestimmter Funktionsstellen innerhalb des Staates durch eine unmittelbare Wahl und damit im Rahmen eines direktdemokratischen Verfahrens getroffen wurde.

Gewisse Abgrenzungsschwierigkeiten ergeben sich bei der Parlamentswahlen: Auf der einen Seite handelt es sich nach dem hier zugrunde gelegten weiten Verständnisses des Begriffes „direkte Demokratie" um direktdemokratische Verfahren, da die Bürger unmittelbar entscheiden. Auf der anderen Seite zeigt eine genauere Betrachtung, dass diese Annahme für die modernen Massendemokratien tatsächlich nur bedingt zutrifft, da hier den politischen Parteien eine ganz entscheidende Scharnierfunktion zukommt. Durch die Ausarbeitung von Parteiprogrammen und die Rekrutierung geeigneter Kandidaten mediatisieren die Parteien den Prozess der politischen Willensbildung, so dass die Parlamentswahlen selbst dann nicht mehr als Formen der direkten Demokratie angesehen werden können, wenn die Wähler formal nicht auf die Entscheidung zwischen den Kandidaten bzw. Kandidatenlisten der Parteien beschränkt sind. Hierauf wird später noch ausführlicher einzugehen sein.[1]

B. Volksabstimmungen

In einem engeren Sinne wird der Begriff der direktdemokratischen Verfahren für Volksabstimmungen verwendet, also für unmittelbare Sachentscheidungen durch die Bürger. Solche Volksabstimmungen lassen sich danach unterscheiden, ob eine Entscheidung in einer konkreten Einzelfrage oder über eine abstrakt- generelle Regelung ergehen soll. Weiterhin muss danach differenziert werden, welchem Organ des Staates die betreffende Angelegenheit normalerweise zur Entscheidung zugewiesen ist.

---

1 Vgl. dazu auch unten S. 70 ff. zum plebiszitären Charakter der Parlamentswahlen.

Teilweise wird auch noch danach unterschieden, ob den Bürgern die Initiative gegebenenfalls wieder aus der Hand genommen werden kann. So spricht man etwa in der Schweiz als dem Musterland der direkten Demokratie nur dann von direkter oder (sach-)unmittelbarer Demokratie, wenn in jedem Fall eine Abstimmung statt finden muss. Von plebiszitären Verfahren ist hingegen die Rede, wenn das Verfahren nicht von den Bürgern selbst eingeleitet werden muss oder durch das Parlament oder ein anderes Staatsorgan erledigt werden kann. Plebiszite wären danach minderwertige Formen der direkten Demokratie. Im deutschen Sprachgebrauch hat sich diese Differenzierung allerdings nicht durchgesetzt. Daher werden Begriffe direkte, unmittelbare und plebiszitäre Demokratie im Folgenden synonym verwendet.

1: Volksabstimmungen über Gesetze und andere Entscheidungen im Zuständigkeitsbereich des Parlamentes

Die klassische Form der direkten Demokratie ist die Volksgesetzgebung. Der Anwendungsbereich der direktdemokratischen Verfahren muss allerdings nicht zwingend auf die Rechtsetzung beschränkt werden. Schließlich haben auch die Parlamente heutzutage eine große Zahl von Entscheidungen zu treffen, die nicht in der Form eines Gesetzes ergehen. Zu denken ist dabei zum einen an besonders wichtige Einzelfallentscheidungen, wie z.B. über Auslandseinsätze der Bundeswehr.[1] Zum anderen kann das Parlament unter Umständen die jeweilige Regierung zu einem bestimmten Verhalten anregen oder sogar verpflichten. Dies betrifft beispielsweise das Verhalten der jeweiligen Landesregierung im Bundesrat oder der Bundesregierung in den Gremien der Europäischen Union. In diesem Zusammenhang ist weiterhin zu beachten, dass das Parlament auch die Aufgabe hat, die Regierung zu kontrollieren und politische Diskussionen zu institutionalisieren. Und schließlich hat das Parlament auch über die Besetzung bestimmter Ämter zu entscheiden. Es ist aber nicht grundsätzlich ausgeschlossen, dass die Bürger auch auf diese Funktionen des Parlamentes unmittelbar Einfluss nehmen, indem sie über eine bestimmte Einzelfrage von grundsätzlicher Bedeutung entscheiden, die Regierung zu einem bestimmten Verhalten auffordern, die Einsetzung eines Untersuchungsausschusses oder einer Enquête-Kommission erzwingen oder eine Personalentscheidung an sich ziehen.

Bei Abstimmungen, die die Bürger anstelle des Parlaments treffen, ist vor allem danach zu differenzieren, von wem die Initiative ausgeht. Initiieren die Bürger selbst die Abstimmung, dann handelt es sich um einen Volksentscheid.[2] Wird ihnen der Entwurf hingegen durch ein (anderes)[3] Organ der Körperschaft zur Entscheidung vorgelegt, so spricht man von einem Referendum.

---

1   Vgl. dazu *BVerfGE* 90, S. 286.
2   Diese Terminologie führt in die Irre. Denn es wird nie das ganze Volk aktiv, sondern immer nur eine mehr oder weniger große Zahl von Bürgern. Da die Begriffe „Bürgerbegehren", „Bürgerentscheid" etc. aber schon anders besetzt sind, soll hier an der herkömmlichen Terminologie festgehalten werden. Dies dient auch der Verständlichkeit der Arbeit.
3   In Ausübung seiner verfassungsrechtlichen Mitwirkungs- und Entscheidungsrechte ist auch „das Volk" ein Organ des Staates, vgl. dazu ausführlicher unten S. 87 ff.

In Bezug auf das Abstimmungsergebnis ist dabei zwischen Beteiligungsquoren, die darauf abstellen, welcher Anteil der Stimmberechtigten sich an einer Entscheidung beteiligt, und Abstimmungsquoren zu unterscheiden, die sich auf den Anteil der Abstimmenden oder Stimmberechtigten beziehen, der einem Vorschlag zustimmen muss.

a. Volksentscheid, Volksbegehren und Volksantrag

Jedenfalls bei den Volksentscheiden gehört nicht nur die Abstimmung selbst zu den direktdemokratischen Verfahren, sondern auch die diesem zwingend vorgelagerten weiteren Verfahrensschritte.

Aufgrund des nicht unerheblichen Aufwandes, der mit einem Volksentscheid verbunden ist, wird diesem stets ein Antragsverfahren vorgeschaltet. Da nicht jeder Einzelne die Möglichkeit haben soll, eine Frage, die unter Umständen nur ihn selbst interessiert, dem gesamten Volk zur Abstimmung vorzulegen, dient das Volksbegehren in erster Linie als Nachweis dafür, dass ein hinreichender Teil der Bürger eine unmittelbare Entscheidung für erforderlich hält.[1] Zugleich ermöglicht es den zuständigen Organen die Prüfung der Voraussetzungen für die Zulässigkeit eines Volksentscheids. Darüber hinaus kann dieses Verfahren auch dazu genutzt werden, um dem Parlament vor der Abstimmung eine Möglichkeit zu geben, das weitere Verfahren zu erledigen, indem es sich den – unter Umständen veränderten – Antrag zu eigen macht.[2]

Allerdings zeigt sich bei einer näheren Betrachtung, dass der Begriff des Volksbegehrens zumindest missverständlich ist. Schließlich verlangt nicht „das Volk" eine Abstimmung, sondern nur eine mehr oder weniger große Zahl von Bürgern.[3] Da mit dem an sich zutreffenden und vorzugswürdigen Begriff des „Bürgerbegehrens" aber herkömmlicherweise das mit dem Volksbegehren vergleichbare Verfahren auf der Ebene der Kommunen bezeichnet wird, soll im Folgenden die übliche Terminologie beibehalten werden.

Dem Volksbegehren geht unter Umständen noch ein weiterer Verfahrensschritt voraus. Ein Volksantrag, der wiederum durch einen gewissen Anteil oder eine bestimmte Anzahl der Unterstützungsberechtigten unterzeichnet sein muss, ist insbesondere dann erforderlich,

---

1   Dieser Zweck des Volksbegehrens wird in der Praxis dadurch verdeckt, dass nur die Unterstützer des betreffenden Antrags das Volksbegehren unterzeichnen (sollen). Zumindest theoretisch ist es vorstellbar, dass auch die Gegner des Antrags eine unmittelbare Abstimmung befürworten und daher das Volksbegehren unterstützen.

2   In der einschlägigen Literatur findet sich seit einigen Jahren die These, dass das Volksbegehren auch den „Gemeinwohlbezug" herstellen müsse, da überhaupt nur solche Anträge zur Abstimmung gebracht werden dürfen, die für einen hinreichenden Anteil der Bürger von Interesse sind; vgl. etwa *Gröschner*, ThürVBl. 2001, S. 193, 200 f.; *ThürVfGH*, ThürVBl. 2002, S. 31, 35 f. = LKV 2002, S. 83, 88; die nicht darauf eingehen, dass der Gegenstand des Verfahrens durchaus auch dann für eine überwiegende Mehrheit der Bürger von Interesse sein kann, wenn der konkrete Antrag nur durch eine kleine Minderheit der Bürger unterstützt wird. Zudem ist es nicht nachvollziehbar, wieso für das parlamentarische Verfahren dann nicht dieselben Grundsätze gelten sollen.
Wie später noch aufzuzeigen sein wird, kann diese These nicht überzeugen, da Gesetzgebungsverfahren völlig unabhängig davon durchgeführt werden können oder sogar müssen, auf wie viele bzw. welchen Anteil der Bürger sich die betreffende Regelung tatsächlich auswirken wird; vgl. dazu unten S. 917 ff.

3   Vgl. in diesem Sinne auch schon *Pestalozza*, LKV 1995, S. 344, 349 (Fn. 36); zustimmend *Ziekow*, LKV 1999, S. 89, 92.

41

wenn auch Behörden am Verfahren des Volksbegehrens beteiligt sind.[1] Denn diese Behörden müssen ausreichend Gelegenheit haben, sich rechtzeitig auf das Verfahren vorzubereiten. Der mit der Vorbereitung eines Eintragungsverfahrens verbundene Aufwand ist aber nur dann gerechtfertigt, wenn es zumindest nicht ausgeschlossen ist, dass der betreffende Antrag beim Volksbegehren erfolgreich sein wird.[2]

Ein Vorverfahren ist weiterhin dann erforderlich, wenn das Volksbegehren seinerseits nur unter bestimmten Voraussetzungen zulässig ist oder wenn der Antrag vor Einleitung des Verfahrens umfassend auf seine Vereinbarkeit mit höherrangigen Rechtsnormen geprüft werden soll. Allerdings würde hierfür unter Umständen auch eine einfache Anzeige durch die Initiatoren ausreichen. Eine solche Anzeige genügt auch dann, wenn es nur darum geht, den Beginn und das Ende einer Eintragungsfrist für das Volksbegehren zu bestimmen. Ist weder eine parlamentarische Befassung noch ein formelles Eintragungsverfahren für das Volksbegehren vorgesehen, besteht daher kein Bedarf für einen eigenständigen Volksantrag.

b. Referendum, Referendumsbegehren[3]

Mit dem Begriff des Referendums werden Volksabstimmungen bezeichnet, die nicht auf die Initiative der Bürger zurückgehen, sondern auf einen Antrag und/oder eine Entscheidung eines anderen Organs der betreffenden Körperschaft.[4] Zu unterscheiden sind dabei zunächst fakultative und obligatorische Referenden: Im ersten Fall steht es den Antragsberechtigten frei, ob sie ein Abstimmungsverfahren einleiten, im zweiten Fall ist die Abstimmung zwingend vorgeschrieben.

Weiterhin müssen konstitutive und deklaratorische Referenden voneinander abgegrenzt werden. Beim konstitutiven Referendum ist die Zustimmung des Volkes Voraussetzung für die Wirksamkeit der Entscheidung. Das deklaratorische Referendum bestätigt hingegen nur eine vorausgegangene Entscheidung. Es unterscheidet sich also (nur) dadurch von einer Volksbefragung,[5] dass sein Ergebnis gegebenenfalls verbindlich ist. Stimmt das Volk der früheren Entscheidung zu, so bleibt deren Wirksamkeit unberührt. Lehnen die Bürger die Entscheidung hingegen ab, so tritt die betreffende Entscheidung zwar nicht automatisch

---

1 Diese können etwa verpflichtet sein, die Öffentlichkeit über das Begehren zu informieren, die Unterschriftslisten auszulegen oder die Unterschriftsberechtigung zu überprüfen.

2 Auch auf dieser Stufe des Verfahrens kann das Parlament dazu verpflichtet werden, sich mit dem Anliegen der Initiatoren auseinander zu setzen.

3 Ausführlich zum Begriff des Referendums *Rommelfanger*, Referendum, S. 28 ff.

4 In der Schweiz wird mit dem Begriff des Referendums hingegen jede nachträgliche Abstimmung über die Entscheidung eines anderen Staatsorgans bezeichnet; vgl. dazu ausführlich *Trechsel*, Institutioneller Vergleich, S. 12 ff. Eine Mischform zwischen Initiative und „Referendum" im schweizerischen Sinne ist das so genannte „konstruktive Referendum" in den Kantonen Bern und Nidwalden, wo die Bürger nicht nur gegen ein vom Parlament beschlossenes Gesetz vorgehen können, sondern jedenfalls dann, wenn das Parlament seinerseits darauf verzichtet, eine konkurrierende Vorlage mit zur Abstimmung zu stellen, selbst einen Alternativentwurf zu dem ursprünglich vom Parlament beschlossenen Gesetz einbringen können. Damit haben sie gegebenenfalls auch die Möglichkeit, den ursprünglichen Beschluss zu ergänzen; vgl. dazu ausführlich *Sägesser*, S. 41 ff.

5 Dazu siehe unten S. 44.

außer Kraft. Das zuständige Organ der Körperschaft ist aber aufgrund des Abstimmungsergebnisses verpflichtet, diese Entscheidung wieder aufzuheben.¹

Auch einem Referendum können gegebenenfalls weitere direktdemokratische Verfahrensschritte vorgeschaltet sein. Insbesondere kann die Durchführung einer Abstimmung davon abhängig gemacht werden, dass sich ein bestimmter Teil der Stimmberechtigten der Vorlage des antragstellenden Organs anschließt. Dieses Verfahren ähnelt zwar in gewisser Weise dem Volksbegehren. Angesichts der unterschiedlichen Initiatoren ist dennoch eine begriffliche Abgrenzung geboten. Am sinnvollsten erscheint insofern der Begriff des „Referendumsbegehrens",² da dieser einerseits die Parallele zum Volksbegehren deutlich werden lässt, andererseits aber zeigt, dass das Verfahren eben nicht von den Bürgern ausgeht.

2. Weitere Möglichkeiten für Volksabstimmungen

Die Bürger müssen nicht notwendigerweise darauf beschränkt werden, anstelle des Parlaments zu entscheiden, vielmehr ist es durchaus vorstellbar, dass Ihnen auch das Recht eingeräumt wird, im Einzelfall über die Umsetzung und Durchsetzung von Rechtsnormen zu entscheiden.

Zur Unterscheidung zwischen unmittelbaren Entscheidungen der Bürger über Gesetze und über Einzelfragen hat Christian Pestalozza den Begriff „Verwaltungsaktreferendum" geprägt. Dieser Begriff ist zum einen schon deshalb ungenau, weil die Verwaltung nicht nur auf die Handlungsform des Verwaltungsaktes beschränkt ist.³ Zum anderen kann die Initiative auch von den Bürgern ausgehen. Präziser erscheint daher die Unterscheidung nach „Verwaltungsbegehren" und „Verwaltungsentscheid" auf der einen, sowie „Verwaltungsreferendum" auf der anderen Seite.⁴ Dabei ist allerdings zu beachten, dass der Begriff der Verwaltung hier sehr weit verstanden werden muss und nicht nur die Zuständigkeitsbereiche der untergeordneten Verwaltungsbehörden und anderer Träger der Verwaltung betrifft, sondern auch und gerade Entscheidungen, die ansonsten in der Regel den Ministerien oder der Regierung übertragen sind.

Eine Sonderform des Verwaltungsreferendums ist das so genannte „Finanzreferendum", das es in der einen oder anderen Form in fast allen Schweizer Kantonen gibt.⁵ Während es

---

1 Im Falle einer Volksbefragung könnte es sich hingegen entschließen, dennoch an seiner früheren Entscheidung festzuhalten.

2 Diesen Begriff verwendet auch *Steinberg*, ZRP 1982, S. 113, 117 f.; *W. Jellinek*, HdBDtStR § 72, S. 175, sprach im Zusammenhang mit der Regelung des Art. 73 II WRV von „Volksantrag", so auch *Berger*, S.76; *Kaisenberg*, HdBDtStR § 75, S. 204 nannte dieses Verfahren „Antrag auf Volksentscheid". *Schmitt*, Volksentscheid, S. 9, hat im Zusammenhang mit Art. 73 II RV den Begriff der „Referendumsinitiative" geprägt. Dieser ist missverständlich, da die eigentliche Initiative diesem Verfahren vorgelagert ist.

3 Vielmehr ist es auch denkbar, dass die Bürger unmittelbar über Rechtsverordnungen entscheiden.

4 Diese Terminologie entspricht dem Sprachgebrauch in der Schweiz, vgl. dazu *Trechsel*, Institutioneller Vergleich, S. 31 ff., und schon *Brunner*, S. 31 ff. Auf der kommunalen Ebene werden in der Regel andere Begriffe verwendet. In den Kommunalverfassungen ist vom *Bürgerantrag*, dem *Bürgerbegehren* und dem *Bürgerentscheid* die Rede.

5 Vgl. dazu *Trechsel*, Institutioneller Vergleich, S. 37 ff. und passim. Nur im Kanton Waadt gibt es keine solchen Referenden.

bei den normalen Verwaltungsreferenden um eine Sachentscheidung geht, steht bei den Finanzreferenden regelmäßig die Entscheidung über die Finanzierung bestimmter Maßnahmen im Mittelpunkt.[1]

Auch im Bereich der Jurisdiktion kann die direkte Demokratie über die in einigen ausländischen Rechtsordnungen vorgesehene Volkswahl der Richter hinaus eine Rolle spielen. Zwar erscheint ein „modernes Scherbengericht" praktisch kaum vorstellbar. Eine so genannte Popularklage ist aber jedenfalls dann mit den hier dargestellten Verfahren des Volksantrags und des Volksbegehrens vergleichbar, wenn es nicht schon einem einzelnen Bürger, sondern nur einer bestimmten Anzahl der Stimmberechtigten möglich ist, eine Entscheidung des Gerichtes herbeizuführen.[2]

3. Volksbefragung, Petition und Volksinitiative

Die bisher dargestellten direktdemokratischen Verfahren zielen sämtlich auf eine verbindliche Entscheidung der Bürger ab. Die direktdemokratische Mitwirkung kann aber auch auf anderen Ebenen der Willensbildung und Entscheidungsfindung innerhalb einer Körperschaft erfolgen.

Volksbefragungen unterscheiden sich von den Volksabstimmungen durch die Unverbindlichkeit ihrer Ergebnisse. Sie können einerseits dazu dienen, dem Parlament oder einem anderen Organ der Körperschaft ein Bild von den Meinungen und Mehrheitsverhältnissen innerhalb des Volkes zu geben. Andererseits ist es möglich, auf diese Weise eine bereits getroffene Entscheidung nachträglich zu sanktionieren. Anders als beim deklaratorischen Referendum[3] entfaltet die Befragung jedoch keine rechtliche Bindungswirkung.

Mit einer Petition können sich einzelne oder mehrere Bürger gemeinsam mit Bitten und Beschwerden an das Parlament wenden. Sie dient dazu, das Parlament auf akute oder drohende Missstände aufmerksam zu machen und institutionalisiert damit in gewisser Weise die Kommunikation zwischen den Bürgern und dem Parlament. Im Mittelpunkt des Petitionsrechtes steht allerdings der Schutz individueller (Grund-)Rechtspositionen. Da das Petitionsverfahren außerhalb der förmlichen Rechtsbehelfs- und Gerichtsverfahren steht, kann eine Petition unabhängig davon eingereicht werden, ob das Parlament berechtigt ist, in dieser speziellen Frage selbst eine unmittelbar wirksame Entscheidung zu treffen.

Während das Parlament eine Petition nur zur Kenntnis nehmen muss, wird es durch eine Volksinitiative verpflichtet, sich mit einem bestimmten Anliegen zu befassen und die Initiatoren zumindest in den Ausschüssen anzuhören. Sie bedarf der Unterstützung durch eine bestimmte Zahl bzw. einen bestimmten Anteil der Bürger. Die Volksinitiative erweist sich damit als eine Art qualifizierter Petition.[4] Als Gegenstand einer solchen Initiative kommen

---

1 Auch hier ist die Terminologie nicht ganz einheitlich. So werden in den Schweizer Kantonen nicht nur Abstimmungen über Ausgaben ab einer bestimmte Höhe oder die Aufnahme von Anleihen als „Finanzreferenden" bezeichnet, sondern auch die Abstimmungen über die Erhebung von Steuern, die Beteiligung an Unternehmen oder über Immobiliengeschäfte.
2 Nach Art. 131 II 1. Alt. HessV kann eine Gruppe von mindestens einem Prozent der Stimmberechtigten das Verfassungsgericht des Landes anrufen.
3 Dazu siehe oben S. 42.
4 In diesem Sinne auch *Röper*, ZParl 1997, S. 461 f.; dagegen *Grube*, ThürVBl. 1998, S. 217, 222, der die

nicht nur Anträge zur Gesetzgebung in Frage. Unter Umständen ist es auf diesem Wege auch möglich, andere Entscheidungen des Parlaments anzuregen, etwa über die Einsetzung eines Untersuchungsausschusses, einer Enquête-Kommission oder eine einfache Resolution des Landtags.[1]

Auch wenn der Anwendungsbereich dieses Verfahrens in der Praxis stets auf den Zuständigkeitsbereich des Parlaments beschränkt wird, ist dies nicht zwingend geboten. Vielmehr ist es durchaus vorstellbar, dass die Bürger auch das Recht bekommen, ein anderes Staatsorgan zu einer Entscheidung in einer bestimmten Angelegenheit anzuregen.

Schon hier sei darauf hingewiesen, dass der Begriff der Volksinitiative im deutschen Verfassungsrecht nicht immer in diesem Sinne verwendet wird.[2] Auf der einen Seite wird dieses Institut in einigen Landesverfassungen mit anderen Begriffen bezeichnet.[3] Auf der anderen Seite unterscheiden nicht alle Verfassungen zwischen dem Volksantrag, also der ersten Stufe auf dem Weg zu einem Volksentscheid und der Volksinitiative.[4] Ersetzt die Volksinitiative aber einen Volksantrag als erste Stufe auf dem Weg zu einem Volksentscheid, so verändert sie ihren Charakter und ist mit einer bloßen „Massenpetition" nicht mehr vergleichbar.[5]

II. Politische Willensbildung

In seiner grundlegenden Entscheidung zur Zulässigkeit einer Volksbefragung über die Bewaffnung der Bundeswehr mit Atomwaffen[6] hat das Bundesverfassungsgericht im Jahre 1958 streng zwischen der „Öffentlichen Meinung" und der „politische Willensbildung des Volkes" auf der einen Seite und der „staatlichen Willensbildung" im Sinne der Äußerung der Meinung oder des Willens eines Staatsorgans in amtlicher Form unterschieden. Während sich die im gesellschaftlich-politischen Raum erfolgende Bildung der öffentlichen Meinung und die Vorformung der politischen Willensbildung des Volkes „ungewollt und durch alle verfassungsrechtlich begrenzten Kompetenzräume hindurch unter Mitbeteiligung

---

Unterschiede zwischen den beiden Verfahren hervorhebt und dabei verkennt, dass es doch auch wesentliche Gemeinsamkeiten gibt. Auch *Engelken*, BayVBl. 2002, S. 289 ff., sieht einen Unterschied zwischen Volksinitiative und Petition, da erstere ein größeres „Drohpotential" entfalte. Er verkennt dabei jedoch den Unterschied zwischen dem politischen Druck, der ggf. auch im Rahmen einer informellen Unterschriftenaktion aufgebaut werden kann, und der rechtlichen Wirkung einer Volksinitiative.
In der Schweiz wird zwischen der „Volksinitiative" als Antrag auf eine Volksabstimmung und einer „Volkspetition" unterschieden, vgl. dazu *Brunner*, S. 37 ff.

1 In diesem Sinne auch *Grube*, ThürVBl. 1998, S. 217, 221.
2 In der Schweiz mit diesem Begriff das Volksbegehren bezeichnet, also der Antrag eine Volksabstimmung über einen Gesetzentwurf oder einen anderen Antrag abzustimmen, vgl. dazu ausführlich *Trechsel*, Institutioneller Vergleich, S. 65 ff. Davon zu unterscheiden ist wiederum das Referendum, das sich gegen ein bestehendes Gesetz richtet.
3 „Bürgerantrag" in Bremen und Thüringen, „Einwohnerinitiative" in Berlin.
4 In Brandenburg und Schleswig-Holstein hat die Volksinitiative eine solche Doppelfunktion. In Hamburg wird der Volksantrag als Volksinitiative bezeichnet.
5 Insofern ist *Engelken*, BayVBl. 2002, S. 289 ff. zuzustimmen.
6 BVerfGE 8, 104.

aller lebendigen Kräfte nach dem Maße ihres tatsächlichen Gewichtes und Einflusses" vollziehe, sei das Tätigwerden des Volkes als Staatsorgan – gleichgültig in welcher Form und mit welcher Wirkung dies geschehe – „im freiheitlich-demokratischen Rechtsstaat durch Kompetenznormen verfassungsrechtlich begrenzt". Diese Differenzierung sei bereits im Grundgesetz angelegt, da Art. 21 I GG die politische Willensbildung des Volkes betreffe, Art. 20 II GG hingegen die Ausübung der vom Volk ausgehenden und unter Umständen auch vom Volk selbst als Staatsorgan wahrgenommenen Staatsgewalt.[1]

Nach dieser Unterscheidung müsste man auch heute noch zwischen Veranstaltungen des gesellschaftlich-politischen Bereichs und Veranstaltungen des staatsorganschaftlichen Bereichs unterscheiden, wobei nur in dem zuerst genannten Bereich die Bildung des politischen Willens erfolgt. Da die Bürger im Rahmen der in den Verfassungen und den einschlägigen Ausführungsbestimmungen geregelten direktdemokratischen Verfahren als Organ des Staates auftreten, wären diese Veranstaltungen somit nicht der *politischen* Willensbildung zuzurechnen, sondern der *staatlichen* Willensbildung.

Tatsächlich kann diese Differenzierung schon deshalb nicht überzeugen, weil sie auf der überholten und allzu artifiziellen Dichotomie von Staat und Gesellschaft beruht. Dass sich die gesellschaftlich-politische und die staatliche Willensbildung nicht in der vom Bundesverfassungsgericht geforderten Art und Weise voneinander abgrenzen lassen, zeigt sich nicht zuletzt an den politischen Parteien, denen eine gewisse Scharnierfunktion zukommt. In einem demokratisch organisierten Staat haben die Staatsorgane auf der einen Seite die Aufgabe, die Ergebnisse des gesellschaftlichen Willensbildungsprozesses aufzunehmen und umzusetzen. Auf der anderen Seite wird dieser Prozess ganz maßgeblich von den Verhandlungen und Entscheidungen der Staatsorgane geprägt.[2]

Wenn die Staatsorgane aber integraler Bestandteil der Gesellschaftsordnung sind, dann erscheint es gerechtfertigt, die vom Bundesverfassungsgericht abgegrenzte „staatliche Willensbildung" als ein Teilelement des politischen Willensbildungsprozesses anzusehen. Dies gilt auch und insbesondere für die direktdemokratischen Verfahren, da hier die Grenzen zwischen beiden Bereichen endgültig bis zur Unkenntlichkeit verschwinden:[3] Die gesellschaftlich Willensbildung des Volkes wirkt hier auch nach der vom Bundesverfassungsgericht vertretenen Ansicht unmittelbar in die staatliche Willensbildung hinein, so dass sich die beiden Bereiche nicht mehr abgrenzen lassen.

Angesichts dieser Abgrenzungsschwierigkeiten erscheint es aber angemessen, den Begriff der politischen Willensbildung weiter als das BVerfG zu fassen und nicht nur auf

---

1   *BVerfGE*, 8, 104, 113 f. Das geplante Volksbegehren wurde für unzulässig erklärt, da die Bürger in ihrem „status activus", also als Glied des Staatsvolkes, bei der Ausübung von Staatsgewalt auf der Ebene des *Landes* in einer Angelegenheit an der Bildung des Staatswillens teilhaben sollten, die nach der Kompetenzordnung des Grundgesetzes in die ausschließliche Regelungskompetenz des *Bundes* fällt, wobei es nach Ansicht des BVerfG nicht darauf ankommt, dass es sich de jure nur um eine unverbindliche Befragung handeln sollte.

2   Dies erkennt auch *Stolleis*, VVDStRL 44 (1985), S. 7, 14 f. an, der dennoch eine Differenzierung für notwendig hält.

3   So ist es für einen unbefangenen Beobachter nicht erkennbar, ob derjenige, der ihn im Zusammenhang mit einer Unterschriftensammlung für ein Volksbegehren anspricht und um seine Unterstützung bittet, einer der Initiatoren dieses Verfahrens oder „nur" ein politisch interessierter Zeitgenosse ist, der sich spontan entschlossen hat, an der Unterschriftensammlung mitzuwirken.

den formalisierten Entscheidungsprozess innerhalb des Staates anzuwenden, sondern auch auf das Vorfeld und den Rahmen dieses Prozesses, nämlich auf die Artikulation eines politischen Anliegens und auf die Diskussion über die Notwendigkeit und die verschiedenen Möglichkeiten zur Lösung des jeweiligen Problems.

Dieses Begriffsverständnis schließt es keineswegs aus, überall dort, wo dies erforderlich ist, sehr genau zwischen politischen Prozessen im Allgemeinen und formalisierten Verfahren im Besonderen zu unterscheiden. Denn im Ergebnis verdient die Rechtsprechung des Bundesverfassungsgerichts jedenfalls insofern Zustimmung, als das Gericht betont hat, dass die Bürger jedenfalls dann, wenn sie die Beteiligungs- und Entscheidungsrechte wahrnehmen, die ihnen durch die Verfassung oder einfachgesetzliche Bestimmungen eingeräumt wurden, als Staatsorgan handeln und daher ebenso wie alle anderen Staatsorgane auch an die Grenzen gebunden sind, die ihnen durch das Recht und die Verfassung gezogen werden.[1] Als „Souverän" im engeren Sinne der ungebundenen Staatsgewalt tritt das Volk demgegenüber nur im Prozess der Verfassunggebung auf.[2] Unabhängig davon, dass der „Volkswille" auch in einem solchen revolutionären Prozess sogleich durch – wie auch immer legitimierte – Repräsentanten mediatisiert wird, erfolgt dieser Prozess typischerweise[3] gerade außerhalb der geltenden Verfassungsordnung, so dass eine Bindung an die geltende Verfassung von vorne herein ausscheidet.

Das hier zugrunde gelegte weitere Verständnis des Begriffes der politischen Willensbildung darf weiterhin nicht in dem Sinne verstanden werden, dass die für die Entscheidungsfindung innerhalb des Staates und seiner Organe geltenden Verfassungsprinzipien auf den gesamten Prozess der Willensbildung angewendet werden müssten.[4]

III. Interesse, Gemeinwohl und der Begriff der hinreichenden Mehrheit

Im Rahmen der folgenden Untersuchung werden immer wieder die Begriffe „Interesse" und „Gemeinwohl" verwendet, die angesichts ihrer Vielschichtigkeit einer genaueren Erläuterung bedürfen.

A. Das Interesse und die Fähigkeit zur Selbstbestimmung

Mit dem Begriff des Interesses diejenigen materiellen und immateriellen Bedürfnisse oder Motive bezeichnet, die dem konkreten Verhalten eines einzelnen Menschen tatsächlich zugrunde liegen.

---

1 In diesem Sinne wird der Begriff der Souveränität heute allgemein verwendet. Souveränität bedeutet keine schrankenlose Gewalt, sondern „höchste Gewalt von Rechts wegen"; vgl. dazu *Dagtoglou*, Evangelisches Staatslexikon, „Souveränität", Sp. 2325; *Randelzhofer*, HdBStR § 14, Rn. 23.
2 Vgl. hierzu grundlegend Kriele, VVDStRL 29 (1970), S. 46, 58 ff.
3 Eine Ausnahme von diesem Grundsatz ist der Versuch die Revolution in gewisser Weise zu institutionalisieren, wie es in Art. 146 GG geschehen ist, vgl. dazu etwa Sachs-*P. M. Huber*, Art. 146 GG, Rn. 13, m.w.N.; und schon früher *Blumenwitz*, ZfP 1992, S. 1; *Roellecke*, NJW 1991, S. 2441; sowie ausführlich *Huba*, S. 47 ff.
4 Andernfalls würde sich aus Art. 20 GG eine Pflicht zur Demokratisierung aller Lebensbereiche ergeben.

Dem Grundgesetz liegt die Annahme zugrunde, dass grundsätzlich jeder Mensch zur Selbstbestimmung in der Lage ist, also dazu, seine Interessen zu erkennen und sich dementsprechend zu verhalten. Zumindest ergibt die in Art. 1 I GG statuierte Unantastbarkeit der Menschenwürde nur dann einen Sinn, wenn man davon ausgeht, dass jeder Mensch „Kraft seines Geistes, der ihn abhebt von der unpersönlichen Natur [...] aus eigener Entscheidung dazu befähigt [ist], seiner selbst bewusst zu werden, sich selbst zu bestimmen und sich und die Umwelt zu gestalten."[1] Dementsprechend hat auch das Bundesverfassungsgericht immer wieder betont, dass Art. 1 I 1 GG die Vorstellung vom Menschen als einem geistig-sittlichen Wesen zugrunde liege, das „darauf angelegt ist, in Freiheit sich selbst zu bestimmen und sich zu entfalten".[2]

Die Fähigkeit zur Selbstbestimmung lässt sich empirisch nicht belegen.[3] Dennoch führt die Erkenntnis, dass Menschen permanent wider ihre „wohlverstandenen Interessen" handeln, nicht dazu, dass das Axiom der Selbstbestimmungsfähigkeit gleich wieder aufgegeben werden müsste. Vielmehr ist zu beachten, dass eine bestimmte Entscheidung grundsätzlich überhaupt nur dann objektiv interessengerecht sein kann, wenn derjenige, der eine Entscheidung zu treffen hat, die tatsächlichen Rahmenbedingungen sowie die sozialen und naturgesetzlichen Zusammenhänge kennt und daher die Folgen seiner Entscheidung beurteilen kann. Tatsächlich sind insbesondere bei Entscheidungen mit langfristigen und weitreichenden Auswirkungen allenfalls Prognosen über diese Auswirkungen möglich.[4] Diese Prognosen können sich aber als falsch erweisen, wobei die Wahrscheinlichkeit dafür, dass sich der Einzelne über seine „wohlverstandenen Interessen" oder über den besten Weg irrt, wie diese Interessen durchgesetzt werden können, zum einen von der Komplexität der Entscheidungssituation abhängt, also von der Menge an Informationen, die für eine interessengerechte Entscheidung theoretisch berücksichtigt werden müssten, und zum anderen von der Zeit, die für den Prozess der Entscheidungsfindung zur Verfügung steht. Geht man nun aber davon aus, dass alle Entscheidungen unter dem Vorbehalt des Irrtums ergehen, dann wird deutlich, dass Selbstbestimmung auch und insbesondere die Fähigkeit voraussetzt, fehlerhafte Entscheidungen als solche zu erkennen und gegebenenfalls zu korrigieren – wobei diese Korrektur wiederum fehlerhaft sein kann.

Aus der Fähigkeit zur Selbstbestimmung kann auch auf die Kompetenz zur Beteiligung an staatlichen Entscheidungen geschlossen werden, da die einzelnen Angehörigen einer bestimmten Körperschaft, also etwa die Bürger eines Staates, auch ein Interesse an der Existenz und dem Fortbestand dieser Körperschaft sowie daran haben, die Funktionsfähigkeit ihrer Organe zu gewährleisten. Dieses Interesse an der „inneren" und „äußeren Sicherheit" von Körperschaften lässt sich letzten Endes auf das allen Menschen inne wohnen-

---

1 *Dürig*, AÖR 1956, S. 117, 125; vgl. dazu auch *Fleiner-Gerster*, § 3, Rn. 6, und *Doehring*, Rn. 348.
2 BVerfGE 45, S. 187, 227 f.
3 Vgl. dazu schon *Scheuner*, FS Hans Huber 1961, S. 222 f., der auf den „axiomatischen Charakter" dieser anthropologischen Grundannahme hingewiesen hat, sowie MD-*Herzog*, Art. 20 GG, Rn. II.17 („normative Forderung der politischen Ethik"); *Doehring*, Rn. 348 („Fiktion staatsbürgerlicher Reife").
4 Vgl. dazu *Zolo*, S. 21 ff./31 ff. und passim, oder auch schon *Pestalozza*, Popularvorbehalt, S. 9. Eine Einführung in die Problematik von Entscheidungen in komplexen Situationen findet sich bei *Dörner*, passim und besonders S. 58 ff. und S. 156 ff. zur Schwierigkeit, progressiv verlaufende Entwicklungen abzuschätzen.

de Bedürfnis zurück führen, dauerhaft in der Gemeinschaft mit anderen, also in Gruppen[1] zu leben:[2] Da niemals alle Interessen aller Mitglieder einer bestimmten Gruppe ohne weiteres miteinander vereinbar sind, hängt die Stabilität einer Gruppe maßgeblich davon ab, ob es gelingt, die konkurrierenden Interessen ihrer Mitglieder untereinander auszugleichen. In aller Regel erfolgt dieser Ausgleich informell auf Grundlage der gemeinsamen Wertvorstellungen der Gruppenmitglieder – also ihrer (subjektiven) Ansichten über Recht und Unrecht.[3]

Je größer eine Gruppe wird, desto geringer ist die Wahrscheinlichkeit dafür, dass das, was ein bestimmtes Mitglied als „gerecht" empfindet, auch von jedem anderen Mitglied ebenso bewertet wird. Zumindest in der modernen arbeitsteiligen und hochkomplexen Gesellschaft reicht der informelle Interessenausgleich daher nicht mehr aus, um in jedem Fall einen angemessenen Interessenausgleich zu gewährleisten. Dies gilt erst recht für die Vertretung der jeweiligen Gruppe nach außen. Damit entsteht das Bedürfnis, den Interessenausgleich und die Konfliktlösung innerhalb sozialer Gruppen und zwischen solchen Gruppen zu institutionalisieren: Zum einen treten an die Stelle der gemeinsamen Wertvorstellungen Rechtsnormen, die zumindest auch deshalb befolgt werden, weil sie „Recht" sind, und nicht oder jedenfalls nicht nur deswegen, weil sie als „gerecht" empfunden werden.[4] Zum anderen wird die Durchsetzung dieser Rechtsnormen einschließlich der Außenvertretung auf bestimmte Einrichtungen übertragen. Wenn sich der Prozess der Konfliktlösung und des Interessenausgleiches auf diese Weise verselbständigt, dann entsteht aus der

---

1 Gruppen sind mehr oder weniger enge, auf eine gewisse Dauer angelegte Zusammenschlüsse von Individuen, die sich dadurch von einer zufälligen Ansammlung von Menschen unterscheiden, dass die Gruppenmitglieder durch (zumindest) ein gemeinsames Interesse miteinander verbunden sind, das entweder nur oder doch zumindest besser im Zusammenwirken mit den anderen Gruppenmitgliedern verwirklicht werden kann; vgl. dazu *Hettlage*, in *Görres-Gesellschaft*, Staatslexikon, Band 2, „Gruppe", S. 1139; vgl. auch *Olson*, S. 7.

2 Dabei kommt es zumindest im Ergebnis nicht darauf an, ob der Mensch ein „soziales Wesen" ist, das ein Bedürfnis nach Zugehörigkeit zu einer sozialen Gemeinschaft verspürt, die lediglich oder vor allem Geborgenheit vermitteln (sog. „supportive groups"). Selbst wenn diese Bedürfnis nicht vorhanden sein sollte, liegt die Existenz stabiler Gruppen dennoch im Interesse aller Menschen, da zahlreiche wichtige Lebensaufgaben überhaupt nur in Kooperation mit anderen bewältigt werden können (in sog. „task groups"; vgl. dazu *Hettlage*, in *Görres-Gesellschaft*, Staatslexikon, Band 2, „Gruppe", S. 1139). Daher kann auch der „egoistische" Mensch einen größeren Teil seiner Bedürfnisse befriedigen, wenn er sich die Vorteile der Arbeitsteilung und der Synergieeeffekte in der Gruppe zunutze macht.

3 Die Bereitschaft, andere Interessen zurückstehen zu lassen, um die Stabilität der Gruppe nicht zu gefährden, ist selbstverständlich umso größer, je höher das verbindende Interesse von den Gruppenmitgliedern bewertet wird; vgl. ausführlich zum „Recht" in vorstaatlichen Gesellschaften *Wesel*, Frühformen, passim und zusammenfassend *ders.*, Geschichte, S. 18 ff.

4 Vgl. dazu auch *Fleiner-Gerster*, § 6, Rn. 2; sowie *Wesel*, Geschichte, S. 46 ff., zum Übergang vom vorstaatlichen zum staatlichen Recht.
Dabei ist festzuhalten, dass sich Rechtsnormen und Wertvorstellungen nicht vollkommen trennscharf voneinander abgrenzen lassen: Die gemeinsamen Wertvorstellungen sind – jedenfalls in einer Demokratie – Grundlage für die Entwicklung einer Rechtsüberzeugung und damit für die Normsetzung. Die existierenden Normen prägen aber wiederum die Wertvorstellungen. Zum Verhältnis von Rechtsbewusstsein und Normen vgl. *Th. Geiger*, S. 347 ff., und schon *G. Jellinek*, S. 337 ff., zur „normativen Kraft des Faktischen".

Gruppe eine Körperschaft,¹ die den institutionellen Rahmen für die hochdifferenzierten Arbeitsteilung innerhalb der jeweiligen Gruppe zur Verfügung stellt, indem sie einen angemessenen Interessenausgleich innerhalb der Gruppe gewährleistet,² die gemeinsamen Interessen der Gruppenmitglieder nach außen vertritt und zahlreiche Aufgaben übernimmt, die von den Einzelnen nicht (mehr) geleistet werden (können). Die größte praktische Bedeutung haben insofern die Gebietskörperschaften, also in der Bundesrepublik Deutschland der Bund, die Länder und die Kommunen.³

Aus dieser Perspektive wird aber deutlich, dass die Bürger nicht nur ein Interesse daran haben, die Existenz des Staates an sich und die Funktionsfähigkeit seiner Organe zu erhalten. Vielmehr ist aufgrund der engen und vielschichtigen Verflechtungen innerhalb der Gesellschaft davon auszugehen, dass die Maßnahmen der Staatsorgane zur Rechtssetzung und Rechtsdurchsetzung ebenso die Interessen aller Bürger zumindest mittelbar berühren, wie die Entscheidungen über die Verwendung der beschränkten Ressourcen des Staates: Die Angelegenheiten des Staates sind damit aber stets auch Angelegenheiten seiner Bürger und aus dem Axiom der Selbstbestimmungsfähigkeit ergibt sich die Fähigkeit und der Anspruch jedes einzelnen Bürgers, zumindest mittelbar an den Entscheidungen der Organe der jeweiligen Körperschaft beteiligt zu werden.⁴

Aus dem Umstand, dass die Bürger das Recht haben, an den Entscheidungen innerhalb des Staates beteiligt zu werden, kann wohlgemerkt nicht notwendigerweise geschlossen werden, dass sie dieses Recht auch tatsächlich in Anspruch nehmen. Vielmehr stellt sich angesichts der großen Zahl von Wahlberechtigten und dem daraus resultierenden minimalen Einfluss der einzelnen Stimme auf das Wahlergebnis⁵ die Frage, wieso ein rational denkender Mensch seine beschränkten Ressourcen überhaupt auf die Vorbereitung der Wahlentscheidung und die Teilnahme an der Wahl verwenden sollte.⁶ Dieses Phänomen lässt sich wohl nur damit erklären, dass

---

1   Zum Staat als Gebietskörperschaft vgl. schon *G. Jellinek*, S. 181 ff.; *Preuß*, Gemeinde, Staat, Reich, passim und insbesondere S. 199 ff. und 233 ff.

2   Dies geschieht wiederum dadurch, dass die Organe der Körperschaft die Interessen der Individuen steuern. Auf die vielfältigen Interdependenzen kann und soll an dieser Stelle allerdings nicht eingegangen werden.

3   Diese sehr vereinfachte Darstellung soll weder darüber hinwegtäuschen, dass die modernen Nationalstaaten, die den Kategorien der von *G. Jellinek*, (S. 183) begründeten klassischen Drei-Elemente-Lehre entsprechen, ihre Existenz nicht der „Selbstorganisation" ihrer Bewohner zu verdanken haben; vgl. dazu ausführlich und sehr anschaulich *Schulze*, passim; *Hobsbawm*, S. 59 ff.

4   Umgekehrt kann dem Axiom der Selbstbestimmungsfähigkeit nur dann Rechnung getragen werden, wenn den einzelnen Ebenen des Staates nur jeweils genau diejenigen Angelegenheiten zugewiesen werden, deren Entscheidung für alle Bürger von Interesse ist. Darüber hinaus können – und müssen – gegebenenfalls weitere Institutionen der funktionalen Selbstverwaltung geschaffen werden, um klar abgrenzbaren Gruppen eine Möglichkeit zu verschaffen, wie sie ihre inneren Angelegenheiten autonom regeln können.

5   Ex ante kann allerdings niemand wissen, ob nicht doch gerade seiner Stimme eine wahlentscheidende Bedeutung zukommen wird: So fehlte dem Kandidaten Hermann Arndt in Wickede/Ruhr bei den Kommunalwahlen am 26.9.2004 nur eine einzige Stimme zum Wahlsieg.

6   Schließlich entstehen ihm durch die Wahlbeteiligung Kosten, da er Zeit und Geld aufwenden muss, um sich über die Kandidaten zu informieren und seine Stimme abzugeben; vgl. dazu *Downs*, passim, und aus jüngerer Zeit z.B. *Ursprung*, S. 61 ff.

das Verhalten eines Menschen nicht nur durch seine materiellen Interessen bestimmt wird. Die relativ große Bereitschaft der Bürger, sich aktiv am Prozess der politischen Willensbildung zu beteiligen, ist daher nicht nur auf die irrationale Hoffnung zurück zu führen, dass das Ergebnis der Abstimmung eben doch von der eigenen Stimme abhängen könnte,[1] sondern auch und insbesondere darauf, dass die Abstimmenden damit eine „staatsbürgerliche" Pflicht erfüllen wollen.[2] Im Übrigen haben sie es in der Hand, ihrer Indifferenz in Bezug auf den jeweiligen Entscheidungsgegenstand dadurch Ausdruck zu verleihen, dass sie sich der Stimme enthalten.

B. Das Gemeinwohl und der Begriff der hinreichenden Mehrheit

Geht man wie hier davon aus, dass Körperschaften in erster Linie dazu dienen, die konkurrierenden Interessen der Körperschaftsangehörigen untereinander auszugleichen und ihre gemeinsamen Interessen nach außen zu vertreten, so wird deutlich, dass sich die Organe einer Körperschaft bei ihren Handlungen und Entscheidungen am Aggregat der individuellen Interessen der Angehörigen dieser Körperschaft orientieren müssen.[3] Mangels einer sinnvollen Alternative muss dieses Aggregat mit dem schillernden und ideologisch aufgeladenen Begriff des Gemeinwohls[4] bezeichnet werden.[5]

Nachdem sich die individuellen Interessen ständig verändern, liegt es auf der Hand, dass auch das Gemeinwohl einem permanenten Wandel unterliegt. Tatsächlich ist es schon wegen der Vielzahl von Beteiligten und der unermesslichen Vielfalt möglicher Konstellationen praktisch ausgeschlossen, den konkreten Inhalt des Gemeinwohls auch nur für einen bestimmten Moment mit letzter Sicherheit zu definieren.[6] Diese Unsicherheit wird durch

---

1 Allerdings lässt sich durchaus feststellen, dass die Wahl- und Abstimmungsbeteiligung umso niedriger ausfällt, je klarer sich das Ergebnis schon im Vorfeld abzeichnet: Besonders deutlich wird dies etwa dann, wenn bei Bürgermeisterwahlen der bisherige Amtsinhaber als einziger Bewerber wieder antritt.

2 In diesem Sinne *Musgrave/Musgrave/Kullmer*, S. 115 f. Kritisch zum rein ökonomischen Ansatz der von Downs begründeten Rational Choice-Theorie auch *Röhrich*, S. 129 ff. und *Zolo*, S. 41 f.

3 *Zolo*, S. 64 ff. und S. 75 ff., sieht den Zweck des Staates hingegen darin, dass dieser „Angst" verhindern soll. Im Ergebnis meint er damit aber nichts anderes als das Gemeinwohl, da Angst lediglich die Befürchtung widerspiegelt, dass ein bestimmtes Interesse nicht verwirklicht werden kann. Ähnlich wie *Zolo* argumentiert auch *Wehner*, S. 7 f., der „die Vermeidung „gesellschaftlicher Katastrophen, von denen sich jeder Bürger sichtbar bedroht fühlt" als Zeichen für den Erfolg eines (demokratischen) Verfahrens sieht.

4 Wie unklar dieser Begriff ist, wurde zuletzt in dem durch *Grawert*, Der Staat 2003, S. 434 ff., erstatteten „Literaturbericht" deutlich. Ausführlich zum Begriff des Gemeinwohls auch schon *von Arnim*, Gemeinwohl, der indes auf den S. 5-9 überzeugend darlegt, dass und warum dieser Begriff trotz seiner Unschärfe verwendet werden kann.

5 So im Ergebnis auch *Bleckmann*, Demokratieprinzip, S. 104 ff.; anders hingegen *Hassemer*, in Görres-Gesellschaft, Staatslexikon, Band 3, „Interesse", S. 126, der aus den individuellen Interessen nur einen Legitimations*kontext* für die staatlichen Handlungen ableiten will, da sich aus diesen alleine keine abstrakte „Gerechtigkeit" ergebe.

6 Dies ist letzten Endes der Grund für die Entwicklung einer pluralistischen Gesellschaft, vgl. dazu grundlegend *Fraenkel*, Strukturdefekte, S. 12 ff.; *ders.*, 45. DJT, S.B 5 ff. Vgl. auch *Schumpeter*, S. 399, der ausführt, dass „verschiedenen Individuen und Gruppen das Gemeinwohl mit Notwendigkeit etwas

das Irrtumsrisiko noch verschärft, da keineswegs sicher gestellt ist, dass das, was die Beteiligten als interessengerecht ansehen auch ihrem „wohlverstandenen Interesse"entspricht. Dieses Dilemma löst sich jedoch weitgehend auf, wenn man berücksichtigt, dass es in arbeitsteiligen Gesellschaft keine isolierte Selbstbestimmung geben kann.[1] Selbst und gerade dann, wenn man unterstellt, dass der einzelne Mensch zunächst und in erster Linie daran interessiert ist, seinen eigenen Nutzen zu maximieren, wird er sich im Rahmen seiner Beteiligung am Prozess der politischen Willensbildung nicht ausschließlich an dem orientieren, was ihm selbst bei einer isolierten Betrachtung kurzfristig den größten Nutzen bringen würde. Vielmehr ist davon auszugehen, dass er sich am Gemeinwohl orientieren wird, oder zumindest an dem, was er für das Gemeinwohl hält, da dies für ihn auf lange Sicht vorteilhafter ist.

Der zuletzt genannten Einschränkung kommt deshalb entscheidende Bedeutung zu, weil sich auch die individuellen Vorstellungen über den konkreten Inhalt des Gemeinwohls als falsch herausstellen können. Insbesondere besteht eine gewisse Tendenz zu einer „egozentrischen Verzerrung" der Entscheidungsperspektive, die im Ergebnis dazu führt, dass der einzelne Bürger trotz des Bemühens, sich im Rahmen seiner Beteiligung an der politischen Willensbildung am Gemeinwohl zu orientieren, seinen eigenen unmittelbaren Interessen doch eine größere Bedeutung zumessen wird, als dies ein unbefangener Dritter tun würde. Diese Tendenz lässt sich auf verschiedene Faktoren zurückführen:

- Zu beachten ist insofern zunächst die in der Natur des Menschen begründete Hierarchie seiner Bedürfnisse. Ebenso wie alle anderen Lebewesen, stellt auch der Mensch grundsätzlich den Erhalt seiner eigenen Person in den Mittelpunkt. Erst wenn die Selbsterhaltung gesichert ist, entfaltet das Interesse an Fortpflanzung und am Schutz der Nachkommen Wirkungen.[2] Auch dann, wenn die Grundlagen für das physische Überleben gesichert sind, ist die Wahrscheinlichkeit, dass ein Mensch bei seinen Entscheidungen die Interessen anderer – zumindest mittelbar – berücksichtigt, umso geringer, je weniger ihn mit dieser anderen Person verbindet.
- Diese Tendenzen werden durch die Neigung verstärkt, den Arbeitsaufwand für die Vorbereitung der Entscheidung möglichst gering zu halten: Im Vorfeld der Entscheidung werden daher vor allem diejenigen Informationen verwertet, die demjenigen, der diese Entscheidung zu treffen hat, besonders leicht zugänglich sind. Das werden aber in der Regel diejenigen Erkenntnisse sein, die er aus seinem eigenen unmittelbaren Lebensumfeld gezogen hat.[3]

Verschiedenes bedeuten muss". Allerdings beruht diese These auf den Klassengegensätzen, die *Schumpeter* selbst zuvor als Grund für die pluralistische Gesellschaft herausgearbeitet hatte (a.a.O., S. 31).

1 Vgl. dazu zusammenfassend *Kielmansegg*, S. 234 ff oder auch *BVerfGE* 45, S. 187, 227 f.

2 Was nicht ausschließt, dass ein Mensch seine eigene Existenz gefährdet oder sogar opfert, um seine Nachkommen zu schützen. Dies ist aber nur dann zu erwarten, wenn diese Nachkommen bereits existieren.

3 Schon *Schumpeter*, S. 411 ff., hat darauf hingewiesen, dass sich die Rationalität von Entscheidungen umgekehrt proportional zum persönlichen Bezug des Entscheidenden zu der betreffenden Frage verhält. Der private Bürger verwende „auf die Meisterung eines politischen Problems weniger disziplinierte Anstrengung als auf ein Bridgespiel." (a.a.O., S. 415).

– Und schließlich ist in diesem Zusammenhang zu beachten, dass die Menschen ohnehin dazu neigen, nur oder vor allem diejenigen Informationen bewusst wahrzunehmen, die ihnen geeignet erscheinen, ihre eigenen Auffassungen zu bestätigen. Erkenntnisse, die im Widerspruch zu diesen Überzeugungen stehen, werden hingegen regelmäßig verdrängt oder durch Immunisierungsstrategien neutralisiert.[1]

Obwohl diese Verzerrungen durchaus beachtlich sein können, heben sie sich beim Abstimmungsvorgang zumindest teilweise gegenseitig auf.[2] Dies gilt jedenfalls dann, wenn nur über eine einzelne Sachfrage und nicht über komplexe Programmpakete abgestimmt wird. In Ermangelung eines besseren Kriteriums kann und muss man dann aber davon ausgehen, dass eine bestimmte Entscheidung eines Staatsorgans dann mit hinreichender Wahrscheinlichkeit dem Gemeinwohl entspricht, wenn sie unter denselben Umständen[3] auch bei einer unmittelbaren Abstimmung von einer hinreichenden Mehrheit der Bürger angenommen worden wäre.[4]

Mit dieser Feststellung wird das Problem allerdings nur auf eine andere Ebene verlagert. Denn nun muss geklärt werden, unter welchen Umständen eine Mehrheit „hinreichend" ist. Ausgangspunkt ist dabei der Grundsatz der Gleichheit des Stimmrechts, aus dem sich ergibt, dass jeder Stimmberechtigte einen gleich großen Einfluss auf das Ergebnis einer Abstimmung haben muss. Entscheidend ist also nicht der „Zählwert" einer Stimme, sondern vielmehr ihr „Erfolgswert". Würde man bei Abstimmungen stets Einstimmigkeit oder auch nur die Zustimmung durch eine qualifizierte Mehrheit der jeweils Stimmberechtigten verlangen, dann hätten die Stimmen der Gegner einer Vorlage aber gegebenenfalls einen höheren Erfolgswert als die Stimmen der Befürworter. Denn die zuerst genannte Gruppe kann ihr Anliegen zwar nicht aus eigener Kraft durchsetzen, aber immerhin den status quo bewahren, indem sie verhindert, dass überhaupt eine Entscheidung ergeht.[5] Der Minderheit

---

1 Tatsächlich kann es für den einzelnen Menschen sogar von Vorteil sein, an seinen irrationalen Vorstellungen festzuhalten, da er im Gegenzug das durchaus angenehme Gefühl von Sicherheit genießen darf. Dies gilt jedenfalls dann und so lange, wie seine Irrationalität nicht sanktioniert wird – etwa durch soziale Ausgrenzung.

2 Würden sich die Bürger strikt rational verhalten, dann wäre bei einer hinreichenden Zahl von Wahlberechtigten sogar zu erwarten, dass sich die Verzerrungen vollständig ausgleichen. Tatsächlich ist dies jedoch nicht der Fall, da es für den einzelnen Bürger durchaus „attraktiv" sein kann, sich irrational zu verhalten – und sich z.B. an Glaubenssätzen oder Vorurteilen zu orientieren, vgl. dazu *Caplan*, Kyklos 2001, S. 3 ff.; *ders.*, Rationality and Society 2003, S. 218 ff.

3 Dies bedeutet vor allem, dass die Stimmbürger über dieselben Informationen verfügen müssten.

4 Im Ergebnis entspricht diese Anforderung der vom Bundesverfassungsgericht geforderten „sachlich-inhaltlichen" Legitimation der betreffenden Entscheidung; vgl. dazu *BVerfGE* 83, S. 60, 72, *BVerfGE* 93, S. 37, 67; und schon früher *Böckenförde*, HdBStR § 22, Rn. 21. Zustimmend Dreier-*ders.*, Art. 20 GG (Demokratie), Rn. 107.
Häufig wird insofern allerdings lediglich darauf abgestellt, dass das staatliche Handeln auf einem Parlamentsgesetz beruhen oder durch Weisungen kontrolliert und gesteuert werden muss, vgl. etwa von Münch/Kunig-*Schnapp*, Art. 20 GG, Rn. 20 GG oder von Mangoldt/Klein/Starck-*Sommermann*, Art. 20 GG, Rn. 161. Dabei wird jedoch nicht berücksichtigt, dass das Handeln des Staatsorgans *deshalb* sachlich-inhaltlich legitimiert ist, weil das Parlament durch das Volk gewählt wird.

5 Vgl. *Heun*, S. 101 ff. Anders hingegen *Sartori*, S. 221, der darauf abstellt, dass die Macht, zu blockieren eben nicht identisch mit der Macht sei, eine Entscheidung zu treffen.

käme auch dann ein unverhältnismäßig großes Stimmgewicht zu, wenn eine Entscheidung gegebenenfalls schon durch weniger als die Hälfte der Stimmberechtigten getroffen werden könnte. Dem Grundsatz der Gleichheit des Stimmrechts scheint somit nur dann Genüge getan zu sein, wenn bei Wahlen und Abstimmungen die Zustimmung durch eine absolute Mehrheit der Stimmberechtigten verlangt wird, da nur unter dieser Voraussetzung jeder der zur Abstimmung gestellten Vorschläge dieselbe Erfolgschance hat.[1]

Allerdings stellt sich in diesem Zusammenhang die Frage, ob und gegebenenfalls welche Bedeutung dem Umstand zukommt, dass sich gegebenenfalls nicht alle Stimmberechtigten an der Abstimmung beteiligen. Richtigerweise muss hier nochmals zwischen den unmittelbaren Entscheidungen der Bürger und den Entscheidungen ihrer Repräsentanten unterschieden werden. Die Repräsentanten haben aufgrund ihres Mandates nicht nur das Recht, sondern sogar die Pflicht, Entscheidungen an Stelle der Bürger zu treffen. Daher bleibt grundsätzlich kein Raum für die Stimmenthaltung. Konsequenterweise wird die „Mehrheit der Mitglieder" des Parlamentes als „Mehrheit der gesetzlichen Mitgliederzahl" dieses Staatsorgans verstanden.[2]

Bei unmittelbaren Abstimmungen der Bürger stellt sich die Lage hingegen anders dar: Hier ist zunächst zu beachten, dass die Bürger schon deshalb das Recht haben müssen, sich der Stimme zu enthalten, weil die Wahl oder Abstimmung ansonsten nicht wirklich frei wäre.[3] Aus dem Umstand, dass sich ein Stimmberechtigter der Stimme enthält, lässt sich grundsätzlich darauf schließen, dass er dem Abstimmungsgegenstand indifferent gegenüber steht und daher kein Interesse daran hat, wie diese spezielle Frage konkret entschieden wird. Aufgrund dieser Indifferenz-Vermutung darf die Stimmenthaltung aber grundsätzlich weder für noch gegen den zur Abstimmung gestellten Vorschlag gewertet werden.[4] Dabei kommt

---

1 In diesem Sinne auch *Heun*, S. 101 f.; vgl. auch *Engelken*, DÖV 2000, S. 881, 886; Friauf/Höfling-*Volkmann*, Art. 20 GG – Demokratie, Rn. 16/26.

2 So ausdrücklich Art. 121 GG.

3 So auch *BayVfGHE* 21, S. 110, 117 ff.; *Przygode*, S. 226 f.; und zumindest im Ergebnis auch *Roschek*, S. 61, der allerdings davon ausgeht, dass sich der Verfassungsordnung das objektive Ziel entnehmen lasse, dass die Aktivbürger von ihrem Stimmrecht auch Gebrauch machen.
Interessanterweise hat der *BayVfGH* diese Erkenntnis mittlerweile wieder vergessen. Zumindest schließt er in einer jüngeren Entscheidung aus dem Umstand, dass Entscheidungen des Parlamentes grundsätzlich der Zustimmung durch eine Mehrheit der Abgeordneten bedürfen darauf, dass auch bei Volksentscheiden an sich immer eine Mehrheit des Volkes (und nicht etwa der Abstimmenden) zustimmen müsste, vgl. *BayVfGH*, NVwZ-RR 2000, S. 401, 404 f. Nur eine Seite weiter betont das Gericht dann aber wieder völlig zu Recht, dass sich das parlamentarische und das Volksgesetzgebungsverfahren grundlegend voneinander unterscheiden.

4 In diesem Sinne auch *Degenhart*, ThürVBl. 2001, S. 201, 207; *Jung*, ZPol 1999, S. 863, 875 ff.; *ders.*, BayVBl. 1999, S. 417, 423; vgl. auch *Berlit*, KritVjschr. 1993, S. 318, 357; *Sampels*, S. 189; *Thum*, BayVBl. 2000, S. 33, 39 f. Dies wird von den Befürwortern qualifizierter Abstimmungs- und Beteiligungsquoren regelmäßig verkannt, vgl. z.B. *Krause*, JÖR 1980, S. 393, 459, der das nach Art. 100 III SaarV erforderliche Zustimmungsquorum von 50 % der Stimmberechtigten zwar für sehr hoch aber notwendig hält, weil der Stimmenthaltung andernfalls zu große Bedeutung zukomme. Ähnlich auch *von Mangoldt*, Bürgerpartizipation, S. 197, 210; *ders.*, Verfassungen, S. 81, und auch *Starck*, Verfassungen, S. 28; *ders.* ThürVBl. 1992, S. 10, 13, der ein Beteiligungsquorum von 25 % als Minimum für die demokratische Legitimation der Entscheidung fordert. Er geht dabei allerdings nicht auf die praktischen Erfahrungen vor allem in Bayern ein; ebenso *Engelken*, DÖV 2000, S. 881, 888 f. Noch krasser formuliert *Schieren*, StWissStPrax 1997, S. 63, 76/78, der meinte, dass die Demokratie ohne diese

es nicht darauf an, ob sich ein Stimmberechtigter „ausdrücklich" der Stimme enthalten hat, oder ob er nur der Abstimmung ferngeblieben ist.[1] Als Basis für die Ermittlung der Mehrheitsverhältnisse ist dann aber nicht die absolute Zahl der Stimmberechtigten heranzuziehen, sondern lediglich die Zahl der gültig abgegebenen Stimmen,[2] und ein Vorschlag ist unabhängig vom Grad der Abstimmungsbeteiligung angenommen, wenn er die (absolute) Mehrheit der abgegebenen gültigen Stimmen erhält.[3]

Zwar sind auch damit noch nicht alle Fragen beantwortet. Insbesondere ist noch unklar, ob und unter welchen Umständen es gegebenenfalls gerechtfertigt ist, jedenfalls für bestimmte Entscheidungen doch die Zustimmung durch eine qualifizierte Mehrheit der Abstimmenden oder gar der Stimmberechtigten zu verlangen. Die Antworten auf diese Fragen können indes einstweilen offen bleiben.[4] An dieser Stelle reicht die Feststellung aus, dass sich das in diesem Sinne verstandene Mehrheitsprinzip[5] als notwendiger Bestandteil eines jeden demokratisch organisierten Systems erweist – und keineswegs nur als „bloßer Notbehelf für Massendemokratien".[6]

IV. Neuere und ältere Landesverfassungen

Im Rahmen der vorliegenden Untersuchung wird zwischen den „neueren" und den „älteren" Landesverfassungen unterschieden. Diese Differenzierung beruht auf dem Umstand, dass die einzelnen Landesverfassungen selbstverständlich nicht völlig losgelöst von den bereits in dem jeweiligen Bundesland bzw. den in anderen Ländern geltenden vergleichbaren Regelungen und den praktischen Erfahrungen mit diesen Bestimmungen formuliert worden sind. Um die einschlägigen Bestimmungen angemessen würdigen zu können, ist es daher

---

Quoren ad absurdum geführt werde.

1 Zumindest ist nicht ersichtlich, welcher „besondere Aussagewert" einer „ausdrücklichen Stimmenthaltung" zukommen sollte. Es ist nicht erkennbar, dass derjenige, der sich ausdrücklich der Stimme enthält, „zum Ausdruck bringen will, dass er nach seinem Dafürhalten zwar grundsätzlich die angestrebte Regelung eher befürwortet", jedoch für verbesserungswürdig erachtet. So aber *Przygode*, S. 223 f., der sich aber auf die bloße Behauptung beschränkt, durch die fehlende Möglichkeit der „ausdrücklichen" Stimmenthaltung würde die Abstimmungsfreiheit der Bürger eingeschränkt.

2 Es kann daher keine Rede davon sein, dass das Erfordernis einer Zustimmung durch die *absolute* Mehrheit der *Stimmberechtigten* zum Kernbestand des demokratischen Prinzips gehört, der durch Art. 79 Abs. 3 oder Art. 28 Abs. 2 S. 1 GG geschützt wird; in diesem Sinne aber *Isensee*, Verfassungsreferendum, S. 67, der in seinem Bemühen, den bayerischen Senat zu retten, weit über das Ziel hinausschießt; vgl. dazu *Jung*, BayVBl. 1999, S. 417 ff.

3 Vgl. dazu ausführlich *Rux*, ThürVBl. 2002, S. 48, 49 f.

4 Vgl. dazu unten S. 249 f.

5 Der Begriff „Mehrheitsprinzip" ist allerdings insofern mehrdeutig, als er sich auch in dem Sinne verstehen lässt, dass es darauf ankommen soll, auf welche von mehreren Vorlagen die *meisten* Stimmen entfallen sind.

6 So zu Recht *Jesse*, S. 11, der allerdings zu Unrecht davon ausgeht, dass die Befürworter direktdemokratischer Verfahren auf Grund ihres identitären Demokratieverständnisses die Existenz von Partikularinteressen und damit die innere Legitimation des Mehrheitsprinzips grundsätzlich ablehnen würden (a.a.O., S 11 ff.).

nicht nur sinnvoll, sondern sogar geboten, sie soweit wie möglich in der chronologischen Reihenfolge ihrer Entstehung darzustellen.

Dabei lassen sich in Bezug auf die Bestimmungen über die direktdemokratischen Verfahren (mindestens) zwei Entwicklungsphasen unterscheiden. Zu den „älteren" gehören von den heute geltenden Landesverfassungen nur noch diejenigen von Bayern[1] und Hessen[2], wo die Bestimmungen über direktdemokratische Verfahren bereits im Jahre 1946 formuliert wurden und seitdem unverändert gelten, und diejenigen von Baden-Württemberg[3] und dem Saarland,[4] wo die einschlägigen Regelungen in den siebziger Jahren des vorigen Jahrhunderts in Kraft getreten sind.[5] Zu den älteren Landesverfassungen sind weiterhin die ursprünglich ebenfalls in den ersten Nachkriegsjahren verabschiedeten, mittlerweile aber außer Kraft getretenen Bestimmungen der Verfassungen von (West-)Berlin,[6] Bremen[7] Nordrhein-Westfalen[8] und Rheinland-Pfalz[9] zu zählen.

In Hessen gibt es derzeit eine Diskussion über eine umfassende Verfassungsreform, in deren Rahmen auch die Bestimmungen über die direktdemokratischen Verfahren überarbeitet werden sollen. Wenn die Vorschläge der Enquête-Kommission Verfassungsreform vom April 2005 umgesetzt werden sollten,[10] würde daher auch die Hessische Verfassung zu den „neueren Landesverfassungen" gehören.

Die zweite Entwicklungsphase begann mit der im Jahr 1990 in Kraft getretenen neuen Verfassung von Schleswig-Holstein,[11] wo nach einer umfassenden Verfassungsreform erstmals Regelungen über direktdemokratische Verfahren eingeführt worden sind. Zu den neueren Landesverfassungen gehören weiterhin die Verfassungen der neuen Länder Bran-

---

1 Verfassung des Freistaates *Bayern* vom 2.12.1946, BayRS 100-1-S, zuletzt geändert durch Gesetze vom 10.11.2003, GVBl. S. 816 und 817 (BayV).

2 Verfassung des Landes *Hessen* vom 1.12.1946, GVBl. S. 229, zuletzt geändert durch Gesetz vom 18.10.2002, GVBl. S. 626 (HessV).

3 Verfassung des Landes *Baden-Württemberg* vom 11.11.1953, zuletzt geändert durch Gesetz vom 23.5.2000, GBl. S. 449 (BW-V).

4 Verfassung des *Saarlandes* vom 15.12.1947, BS Saar 100-1, in der Fassung des Gesetzes Nr. 1478 vom 5.9.2001, ABl. S. 1630 (SaarV).

5 Vgl. das Gesetz zur Änderung der BW-V vom 16.5.1974, GBl. S. 186, und das Gesetz Nr. 1102 zur Änderung der SaarV vom 4.7.1979, ABl. S. 650. In Baden-Württemberg hatte es – ebenso wie in den drei Ländern Baden, Württemberg-Baden und Württemberg-Hohenzollern, aus denen Baden-Württemberg im Jahre 1953 hervorgegangen ist – schon zuvor Regelungen über direktdemokratische Verfahren gegeben.

6 Verfassung von *Berlin* vom 1.9.1950, letztmals geändert am 8.6.1995, GVBl. S. 329, 339 (VvB-1950).

7 Verfassung der Freien Hansestadt *Bremen* vom 21.10.1947, SaBremR 100-a-1, in der Fassung vom 8.9.1987, GBl. S. 93, ber. S. 292.

8 Verfassung für das Land *Nordrhein-Westfalen* vom 28.6.1950, GS NW 100 S. 3, in der Fassung vom 3.7.2001, GVBl. S. 456.

9 Verfassung für *Rheinland-Pfalz* vom 18.5.1947, VOBl. S. 209; in der Fassung vom 12.10.1995, GVBl. S. 405.

10 Vgl. dazu *Dreßler*, S. 133, 140; HessLT-Drs. 16/3700, sowie unten S. 264 ff.

11 Verfassung des Landes *Schleswig-Holstein* vom 13.12.1949 in der Fassung der Bekanntmachung vom 13.6.1990, GVOBl. S. 391, zuletzt geändert durch Gesetz vom 17.10.2006, GVOBl. S. 220 (SH-V).

denburg,[1] Mecklenburg-Vorpommern,[2] Sachsen,[3] Sachsen-Anhalt[4] und Thüringen[5] sowie des wieder vereinigten Berlin[6] und auch die Verfassungen von Hamburg[7] und Niedersachsen,[8] wo im Laufe der neunziger Jahren erstmals Regelungen über direktdemokratische Verfahren eingeführt wurden. Und schließlich sind auch die aktuellen Verfassungen von Bremen,[9] Nordrhein-Westfalen[10] und Rheinland-Pfalz[11] zu den neueren Landesverfassungen in diesem Sinne zu zählen, da in diesen Ländern die einschlägigen Bestimmungen vor kurzem grundlegend überarbeitet worden sind.[12]

1 Verfassung des Landes *Brandenburg* vom 20.8.1992, GVBl. S. 99, zuletzt geändert durch Gesetz vom 16.6.2004, GVBl. I S. 254 (BbgV).
2 Verfassung des Landes *Mecklenburg-Vorpommern* vom 23.5.1993, GVBl. S. 372, zuletzt geändert durch Gesetz vom 14.7.2006, GVOBl. S. 572 (MV-V).
3 Verfassung des Freistaates *Sachsen* vom 27.5.1992, GVBl. S. 243 (SächsV).
4 Verfassung des Landes *Sachsen-Anhalt* vom 16.7.1992, GVBl. S. 600, zuletzt geändert durch Gesetz vom 27.1.2005, GVBl. S. 44 (LSA-V).
5 Verfassung des Freistaats *Thüringen* vom 25.10.1993, GVBl. S. 625, zuletzt geändert durch Gesetz vom 11.10.2004, GVBl. S. 745 (ThürV).
6 Neue Verfassung von *Berlin* vom 29.11.1995, zuletzt geändert durch Gesetz vom 6.7.2006, GVBl. S. 446 (VvB).
7 Verfassung der Freien und Hansestadt *Hamburg* vom 6.6.1952, SaHambR 100-a, zuletzt geändert durch Gesetz vom 16.10.2006, GVBl. S. 517 (HambV).
8 Verfassung des Landes *Niedersachsen* vom 19.5.1993, GVBl. S. 107, zuletzt geändert durch Gesetz vom 27.1.2006, GVBl. S. 57 (NdsV).
9 Verfassung der Freien Hansestadt *Bremen* vom 21.10.1947, SaBremR 100-a-1, zuletzt geändert durch Gesetz vom 16.5.2006, GBl. S. 271 (BremV).
10 Verfassung des Landes *Nordrhein-Westfalen* vom 28.6.1950, GVBl. S. 127, zuletzt geändert durch Gesetz vom 22. Juni 2004, GVBl. S. 360 (NRW-V).
11 Verfassung für *Rheinland-Pfalz* vom 18.5.1947, VOBl. S. 209; zuletzt geändert durch Gesetz vom 16.12.2005, GVBl. S. 495 (RP-V).
12 In Baden-Württemberg und dem Saarland scheiterten vergleichbare Reformvorhaben, vgl. dazu unten S. 263 f.

2. Kapitel: Mögliche Motive für die Einführung direktdemokratischer Verfahren

Die Frage, warum direktdemokratische Verfahren in die Verfassungsordnung eingeführt werden sollten, spielt in der verfassungspolitischen Diskussion nur eine vergleichsweise untergeordnete Rolle. Häufig findet sich insofern allein der Hinweis auf den zumindest heutzutage[1] nicht mehr ernsthaft in Frage gestellten Grundsatz der Volkssouveränität[2], dem am besten dadurch entsprochen werde, dass möglichst jede Entscheidung innerhalb des Staates unmittelbar von den Bürgern getroffen wird.[3] So haben auch die Regierungsparteien SPD und Bündnis 90/Die Grünen ihre Forderung nach Einführung von Volksbegehren und Volksentscheiden auf der Ebene des Bundes nicht zuletzt damit begründet, dass das Volk als Träger der Staatsgewalt einen unmittelbaren Einfluss auf deren Ausübung haben solle.[4]

Geht man wie einige besonders aktive Befürworter der direktdemokratischen Verfahren davon aus, dass diese Entscheidungsverfahren per se ein „Mehr" an Demokratie mit sich bringen, dann erscheint in der Tat nicht etwa die Forderung nach weitergehenden unmittelbaren Mitwirkungs- und Entscheidungsrechten der Bürger rechtfertigungsbedürftig, sondern die Mediatisierung des Bürgerwillens durch die Institutionen der repräsentativen Demokratie.[5]

Allerdings wird die Notwendigkeit einer weitgehenden politischen Arbeitsteilung und die Leistungsfähigkeit des repräsentativ-parlamentarischen Systems auch von den eifrigsten Befürwortern direktdemokratischer Verfahren nicht grundsätzlich in Frage gestellt. Zudem erscheint es bei einer näheren Betrachtung mehr als zweifelhaft, ob das Volk im Rahmen der direktdemokratischen Verfahren wirklich als „Souverän" im Sinne des keinen Restriktionen unterworfenen ursprünglichen Trägers aller Staatsgewalt handelt, oder nicht doch als eines von mehreren Organen des Staates.[6] Damit stellt sich aber eben doch die Frage, ob und welche Funktion den Instrumenten der direkten Demokratie in einer hochkomplexen modernen Gesellschaft überhaupt zukommen kann.

---

1 Nicht wenigen Staatsrechtlern schien es noch in der zweiten Hälfte des 19. Jahrhunderts schlicht undenkbar, dass sich die Staatsform der Demokratie in Deutschland und Europa durchsetzen könnte. So hatte *Robert von Mohl*, S. 463, im Jahre 1860 festgestellt. „[...] so ist es keineswegs so sicher, als es Viele annehmen und als eine einseitige Anschauung der Sachlage glauben machen kann, dass die repräsentative Demokratie bleibend und allgemein der Staat der Zukunft sein wird. Für Europa ist es jeden Falles sehr zweifelhaft. Wenigstens sind die bisherigen Versuche nicht gut ausgefallen und haben zu weiterer Fortsetzung wenig Lust gelassen."

2 Vgl. dazu statt vieler *Böckenförde*, HdBStR² § 22; *Randelzhofer*, HdBStR³ § 17; *Stern*, Staatsrecht I, § 18.

3 Besonders deutlich wird dies etwa bei *von Arnim*, Staatslehre, S. 248 ff.; *Maihofer*, Rn. 49 ff.; *Wassermann*, Zuschauerdemokratie, S. 181 ff.

4 Vgl. BT-Drs. 14/8504, S. 4.

5 Auf diesen Umstand weist auch *Müller-Franken*, DÖV 2005, 489 hin, der zu Recht moniert, dass nicht mehr der Veränderer darzutun habe, dass das von ihm Gewollte das Bessere sei. Vgl. in diesem Sinne auch *Scholz*, S. 83, 86.

6 Vgl. dazu unten S. 87 ff.

Bei einer näheren Betrachtung wird schnell deutlich, dass die Forderungen nach einer Erweiterung der unmittelbaren Mitwirkungsmöglichkeiten der Bürger in einem untrennbaren Zusammenhang mit dem massiven Vertrauensverlust stehen, den die professionellen Akteure und Institutionen der Politik in den letzten Jahren erlitten haben. Auch wenn diese Entwicklung häufig mit dem Begriff der „Politikverdrossenheit" gekennzeichnet wird, ist das Interesse an politischen Fragen tatsächlich kaum geringer geworden. Vielmehr deuten die sinkende Wahlbeteiligung, die Erfolge von Protestparteien[1] und der Umstand, dass die jeweilige Opposition nur bedingt vom Ansehensverlust der jeweiligen Regierung profitieren kann,[2] darauf hin, dass ein immer größerer Anteil der Bürger die Problemlösungskompetenz der politischen Institutionen grundlegend in Frage stellt.[3]

Die Kritik richtet sich dabei nicht nur gegen die Parlamente und Regierungen, sondern auch und vor allem gegen die politischen Parteien, die „machtversessen auf den Wahlsieg und machtvergessen bei der Wahrnehmung der inhaltlichen und konzeptionellen Führungsaufgabe." seien,[4] „auf gesellschaftliche Konflikte lediglich reagieren (und das nicht selten zu spät), bestehende Machtverhältnisse bestenfalls stabilisieren und abweichendes Verhalten, etwa im Parlament zunehmend disziplinieren".[5] Bei der Formulierung ihrer Programme

1   Vgl. dazu etwa *Feist*, APUZ 1994, B 51-52, S. 35 ff.; *Immerfall*, APUZ 1998, B 1-2, S. 3 ff.; *Patzelt*, APUZ 1994, B 11, S. 14; *Wiesendahl* APUZ 1998, B 1-2, S. 13 ff.; *ders.*, APUZ 1992, B 34-35, S. 3; jeweils m.w.N. In jüngster Zeit war dieses Phänomen vor allem im Zusammenhang mit dem geradezu kometenhaften Aufstieg der so genannten „Schill-Partei Rechtsstaatliche Offensive" in Hamburg zu beobachten; wobei diese Partei ebenso wie die ebenfalls in Hamburg äußerst erfolgreiche „Statt-Partei" mittlerweile wieder im politischen Orkus verschwunden ist. Ob der DVU und der NPD, die im September 2004 bei den Landtagswahlen in Brandenburg und Sachsen extrem erfolgreich waren, ein ähnliches Schicksal beschieden sein wird, ist noch nicht abzusehen.

2   So meinten im August 2001 zwar 65 % der Befragten, dass sie mit der Politik der rot-grünen Bundesregierung „weniger" oder „gar nicht" zufrieden seien. Gleichzeitig gaben aber 77 % an, dass sie auch mit der Arbeit der CDU/CSU-Opposition „weniger" oder „gar nicht" zufrieden seien, vgl. „Deutschlandtrend", StZ 8.9.2001, S. 6.
An dieser Einschätzung hat sich auch drei Jahre und eine Bundestagswahl später nicht viel geändert. Zwar waren mittlerweile sogar 84 % der Befragten mit der Arbeit der Regierungskoalition aus SPD und Bündnis 90/Die Grünen unzufrieden. Dennoch meinten nur 35 % der Befragten, dass die CDU/CSU die Probleme besser lösen könnte, vgl. „Deutschlandtrend", StZ, 5.6.2004, S. 6.

3   Vgl. dazu auch Oscar W. Gabriel: „Trotz großer Unzufriedenheit ist die Demokratie nicht in Gefahr", StZ 6.4.2005, S. 20: Die erste Auswertung der Ergebnisse einer Langzeitstudie zeigt, dass die Unzufriedenheit der Bürger in den letzten Jahren tendenziell auf hohem Niveau stagniert. So stimmen ca. 60 % der Befragten der Aussage „Bürger haben kaum Einflussmöglichkeiten auf die Politik" zumindest tendenziell zu. Deutlich ber 70 % gehen tendenziell davon aus, dass es den Parteien nur um die Macht gehe und ca. 60 % stimmen der These „Politiker kümmern sich nicht um die Anliegen einfacher Leute" tendenziell zu. Allerdings wurden die Daten bereits 2002 erhoben.
Bei alldem wird durchaus zwischen den Institutionen unterschieden: So hat das Bundesverfassungsgericht mit einem Wert von 4,5 auf einer Skala von -10 bis +10 ein besonders hohes Ansehen, die Bundesregierung kommt hingegen nur auf einen Wert von 0,7, die Bundestagsabgeordneten sogar nur auf -0,1.

4   Mit diesen harschen Worten hatte der frühere Bundespräsident Richard *von Weizsäcker* noch während seiner Amtszeit seinem Unmut Ausdruck verliehen (*Hofmann/Perger*, S. 164). Er hat sich dabei an den Untertitel eines Buches des Bonner Politikwissenschaftlers Hans-Peter *Schwarz* angelehnt („Die gezähmten Deutschen – von der Machtbesessenheit zur Machtvergessenheit", Stuttgart 1985).

5   *H.-P. Schneider*, FS Simon, S. 243, 248; *ders.*, HdBVerfR, § 13, Rn. 136. Dies war schon der Kern der

würden sich die Parteien bzw. ihre Funktionäre nicht am Gemeinwohl orientieren, sondern an den Interessen ihrer jeweiligen Klientel und den Forderungen der mächtigen Interessenverbände, von deren Unterstützung der Erfolg bei den nächsten Wahlen abhänge. Da die jeweiligen Regierungsparteien ihre Programme ohnehin nicht an langfristigen Zielvorstellungen ausrichteten, sondern am jeweils nächsten Wahltermin, würden sie selbst die als unabdingbar notwendig erkannten Reformen über Gebühr verzögern oder gar ganz unterlassen, wenn sie befürchten müssten durch die Umsetzung oder auch nur durch die Ankündigung solcher Reformen ihre Wiederwahlchancen zu beeinträchtigen.[1] Verschärfend komme hinzu, dass die Parteien mittlerweile auch die Verwaltung und die Gerichte unter ihre Kontrolle gebracht hätten.[2] Kaum eine Führungsposition innerhalb des Staates und der staatlich kontrollierten Unternehmen werde ohne Rücksicht auf die Parteizugehörigkeit der Bewerber besetzt.[3] Die äußerst großzügigen Dienst- und Versorgungsbezüge von Abgeordneten, Regierungsmitgliedern und politischen Beamten und die umfassende Finanzierung der Parteien und der ihnen nahestehenden Organisationen durch den Staat zeigten, dass der Staatshaushalt mittlerweile zu einer Art von Selbstbedienungsladen geworden sei. Das Quasi-Monopol der Parteien für die politische Willensbildung gefährde somit die Effizienz und Stabilität des gesamten politischen Systems.[4]

Hinter dieser massiven Kritik an den politischen Parteien und ihrer Vormachtstellung im Prozess der politischen Willensbildung steht letzten Endes die Unzufriedenheit mit der von diesen Parteien betriebenen Politik.[5] Wären die Bürger mit den Vorschlägen zufrieden, die ihnen für die Lösung politischer Probleme unterbreitet werden, dann hätten sie keinen

---

   von *Schumpeter*, S. 427 ff., begründeten neueren Demokratietheorie, wonach die politische Willensbildung in erster Linie davon geprägt wird, dass die (Berufs-) Politiker versuchen, ihre eigene Stellung zu erhalten oder gar noch zu verbessern.

1 Vgl. dazu auch *Dettling*, „Auf den Bürger kommt es an", Die Zeit, 2.1.1998, S. 4; *Hennis*, „Deutschland ist mehr als ein Standort", Die Zeit, 5.12.1997, S. 5 ff.

2 Dazu statt vieler *Maihofer*, HdBVerfR, Rn. 27, 31 ff.; *Wassermann*, Zuschauerdemokratie, S. 181 ff.; und besonders prägnant *ders.*, FS Ridder, S. 15 ff.; vgl. auch *Bugiel*, Volkswille, S. 58 ff.; *ders.*, ZParl 1987, S. 394, 395; und schon *Obst*, S. 13 ff., zur verfassungspolitischen Diskussion (jeweils m.w.N.).

3 Sehr kritisch insofern *von Arnim*, Staat ohne Diener, S. 133 ff.; *P. M. Huber*, JZ 1994, S. 689, 695 f.; *Wassermann*, NJW 1999, S. 2330, 2331; *Janssen/Winkelmann*, JöR 2004, S. 303, 304 ff.; sowie *Schmidt-Hieber/Kießwetter*, NJW 1992, S. 1790; *Bohlander/Latour*, ZRP 1997, S. 437 ff., zum Zusammenhang zwischen Parteizugehörigkeit und der Besetzung von Richterstellen. Einen Extremfall von Ämterpatronage schildern *Scheuch/Scheuch*, passim. Allgemein zur Bedeutung des Einflusses der Parteien auf Personalentscheidungen *Grimm*, HdBVerfR, § 14, Rn. 75; *Stolleis*, VVDStRL 44 (1985), S. 7, 23 ff.

4 Statt vieler *Heussner*, S. 76 ff., m.w.N.; *von Arnim*, Staat ohne Diener, passim und besonders S. 79 ff.; *ders.*, ZRP 1998, S. 138 ff. und *ders.* ZRP 2002, S. 223 ff. jeweils m.w.N. Die Grundlagen seiner Parteienkritik hatte *von Arnim* bereits in seiner Habilitationsschrift „Gemeinwohl und Gruppeninteressen" gelegt und in der „Staatslehre der Bundesrepublik Deutschland" (S. 246 ff.) ausgebaut.

5 Besonders deutlich wird dies etwa *von Arnim*, Staat ohne Diener, S. 16; vgl. auch *ders.*, ZRP 1998, S. 138, 139 ff.; wenn er ausführt, dass die Politik den Eindruck erwecke, vor der Lösung dringender Sachprobleme zu versagen. Zur Illustration verweist von Arnim dann allerdings darauf, dass sich kaum jemand dem Charme einer Steuerreform nach dem Vorbild der Reformen unter US-Präsident *Reagan* im Jahre 1986 entziehen, könne (*von Arnim*, ZRP 1998, S. 138, 139). Tatsächlich kann mann die sozialen Folgen dieser Steuerpolitik aber sehr kritisch beurteilen und es ist durchaus fraglich, ob eine vergleichbare Reform in Deutschland eine ähnliche Wirkung entfalten würde.

Grund, die Problemlösungskompetenz dieser Institutionen und Personen grundsätzlich in Frage zu stellen, und zumindest einige ihrer „Privilegien" würden lediglich als angemessene Gegenleistung für den nicht unerheblichen Aufwand und die großen Belastungen angesehen, die mit der Wahrnehmung eines Mandates oder der Ausübung eines politischen Amtes verbunden sind.[1] Die Unzufriedenheit der Bürger ist nun aber weder ein Beleg für die mangelhafte Leistungsfähigkeit des politischen Systems im Allgemeinen noch indiziert sie die fehlenden Gemeinwohlorientierung der Parteien und Berufspolitiker im Besonderen. Vielmehr kann diese Frustration auch in einer übersteigerten Erwartungshaltung begründet sein. So kann und muss man etwa davon ausgehen, dass ein nicht geringer Teil der Bürger dem Staat und seinen Organen die (Haupt-)Verantwortung für die wirtschaftliche und soziale Entwicklung zuweist,[2] obwohl sich diese Entwicklung in einer modernen hochkomplexen Gesellschaft im Zeitalter der Globalisierung nur in sehr engen Grenzen vom Staat steuern lässt.

Damit werden aber gleich zwei mögliche Motive für die Einführung bzw. Erweiterung direktdemokratischer Verfahren deutlich. Zum einen könnten diese Verfahren dazu genutzt werden, die angeblich so verkrusteten Strukturen der parteienstaatlichen Demokratie aufzubrechen[3] – wobei sich allerdings sogleich die Frage stellt, ob und wie solche Verfahren überhaupt ohne die organisatorische Hilfe der Parteien durchgeführt werden können. Zum anderen kann es bei der Einführung solcher Verfahren darum gehen, die Bürger stärker in die Entscheidungsprozesse einzubinden – und damit auch in die Verantwortung für die Ergebnisse dieser Prozesse.[4]

Besonders eindrücklich wurden diese Zusammenhänge vor kurzem von Birger Priddat formuliert:

„[W]enn wir uns von den Medien dazu verleiten lassen, eher die Politiker als den Politikprozess zu beobachten, bekommen wir mehr menschliche Schwächen serviert, als wir eigentlich beobachten wollten, ohne deswegen ein Jota mehr von Politik zu verstehen. In Wahrheit kann die Regierung den Politikprozess nur moderieren, mitnichten aber steuern, [...]

Jede Regierung wird von den Wählern wegen diffuser Programmpakete, ihres Images wegen, nach einer one-issue-Kampagne oder aufgrund persönlicher Sympathien gewählt. Was die Parteien vor der Wahl versprechen, können sie nicht im Ernst versprechen, weil sie nach der Wahl, falls sie in die Regierung kommen, nicht wissen, welche Politik sie tatsächlich durchsetzen müssen, welche Drohpotenziale die Oppositionsparteien oder außerparlamentarischen Meinungsführer haben werden.

---

1 Auch *Gusy*, DVBl. 1998, S. 917, 918, betont, dass die Kritik an den Parteien nicht nur verfassungsrechtlich, sondern auch politisch motiviert sei.

2 Vgl. dazu auch *Patzelt*, Polit. Vierteljahresschrift 1998, S. 725, 737/751 f., der überzeugend dargelegt hat, dass die Bürger das politische System nach Kriterien bewerten, die für das System des Konstitutionalismus angemessen waren, dem modernen parlamentarischen Regierungssystem jedoch nicht gerecht werden.

3 Beispielhaft insofern *H. Meyer*, S. 47 ff.

4 Auch dieser Aspekt wurde in der Begründung für den Vorschlag der Regierungskoalition aus SPD und Bündnis 90/Die Grünen zur Einführung direktdemokratischer Verfahren in das Grundgesetz angesprochen, da diese Verfahren das Engagement und die Bereitschaft der Bürger zu Mitverantwortung wecken und das demokratische Bewusstsein festigen und zu beleben sollen, Vgl. BT-Drs. 14/8504, S. 4.

Der Regierungsprozess ist jedenfalls zum Teil erheblich entkoppelt vom Politikprozess, wie er im Wahlkampf gehandelt wurde. [...]
Die Schwierigkeit der Demokratie, wie sich an den Reformprozessen zeigt, liegt nicht am Abstimmungsverfahren und der Ausstattung jedes Bürgers mit gleicher Stimmenzahl, sondern an der mangelnden Inklusion der Bürger. Anstatt ihnen die Distanz zu erlauben, sollten sie involviert werden in die Komplexität der Politik, die dann diejenige ihrer eigenen Handlungen wäre. Alle Fehler, Probleme, aber auch Lösungen wären dann kein Gegenstand mehr, über den man jammert und schimpft, sondern *our own thing* oder, altmodisch. *res publica*."[1]

Die Gegner weiterreichender unmittelbarer Mitwirkungs- und Entscheidungsrechte der Bürger verweisen demgegenüber auf die Leistungsfähigkeit der repräsentativ-parlamentarischen Entscheidungsverfahren. Trotz aller Unzulänglichkeiten seien diese immer noch wesentlich besser geeignet, einen angemessenen Interessenausgleich herzustellen, als Volksabstimmungen, bei denen die Bürger nur mit „Ja" oder „Nein" abstimmen können. Ohnehin seien sie mit der Entscheidung über komplexe Sachfragen überfordert. Die Feststellung von Theodor Heuss, dass Volksentscheide eine „Prämie für Demagogie" seien, sei heute noch so richtig, wie zur Zeit der Entstehung des Grundgesetzes.[2] Dabei sei zu beachten, dass ein unmittelbar vom Volk beschlossenes Gesetz aufgrund der höheren Weihen einer „plebiszitären Volkssouveränität" nur bedingt durch die Verfassungsgerichte kontrolliert und nur in Ausnahmefällen durch das Parlament aufgehoben oder auch nur abgeändert werden könnte.[3]

Selbst wenn man unterstelle, dass die Bürger gegen populistische Verführungen weitgehend immun sind, sei doch zu beachten, dass Volksabstimmungen tendenziell konservativ wirken. Wenn das Parlament nun aber stets damit rechnen müsse, dass seine Entscheidungen nachträglich durch eine Volksabstimmung aufgehoben werden könnten, dann würde es noch schwieriger oder gar ganz unmöglich, die als notwendig erkannten tiefgreifenden Reformen durchzusetzen.[4]

In einer Stellungnahme zu den Plänen für die Einführung von Volksbegehren und Volksentscheiden auf der Ebene des Bundes hat Helmut Schulz-Schaeffer die Kritik folgendermaßen zusammengefasst:[5]

„Wenn man die Abhängigkeit des Rechtes vom Gemeingeist anerkennt, dann kann kein Staatsorgan beliebig Recht setzen, in diesem Sinne also nicht ‚souverän' sein, auch das Wahlvolk nicht. [...] Die Demokratisierung der Gesetzgebung kann also im Flächenstaat von der Größe und Verantwortung der Bundesrepublik nicht in der unmittelbaren Gesetzgebung durch Volksentscheide bestehen. [...] Komplexe Probleme können nur unter Berücksichtigung von Sachverstand in einem parlamentarischen Verfahren mit dem oft erforderlichen Kompromiss, auch zwischen den Län-

---

1 *Priddat*, „Signale aus dem schwarzen Loch", Die Zeit, 3.6.2003, S. 3. Hervorhebungen im Original.
2 Exemplarisch hierzu *Müller-Franken*, DÖV 2005, 489 ff.; *Schulz-Schaeffer*, JZ 2003, S. 554 ff./558 f.
3 *Schulz-Schaeffer*, JZ 2003, S. 554, 559; vgl. dazu auch MD-*Scholz*, Art. 20, Rn. I.45.
4 So etwa Bundestagspräsident *Norbert Lammert* Ende Dezember 2006 in einem Interview mit der Zeitschrift „Focus". Lammert ging dabei sogar noch einen Schritt weiter und forderte eine Verlängerung der Wahlperiode des Bundestages auf 5 Jahre.
5 *Schulz-Schaeffer*, JZ 2003, S. 554, 557 ff. Ähnlich harsch auch *Müller-Franken*, DÖV 2005, 489 ff.

derinteressen, gelöst werden. [...] Die größere Chance der freiwilligen Unterordnung der überstimmten Minorität liegt in der Aufgabe und Tendenz der Institutionen des inhaltlichen Rechtsstaates, für überzeugende, gerechte Entscheidungen zu sorgen. Gelingt es, das Vertrauen in eine solche Verfassung zu erreichen, so ist das ‚volksnäher' als jede Sachentscheidung durch eine formelle Mehrheit der Bürger. [...]"

Im Folgenden soll der Versuch unternommen werden, die potentielle Funktion direktdemokratischer Verfahren im Prozess der politischen Willensbildung im politischen System der Bundesrepublik Deutschland und ihrer Länder herauszuarbeiten (II). Im Anschluss daran wird dann auf die Überzeugungskraft der Argumente einzugehen sein, die in der verfassungspolitischen Diskussion gegen den unmittelbaren Einfluss der Bürger auf Sachentscheidungen vorgebracht werden (III).

I. Zur Aussagekraft einer systemvergleichenden Argumentation

Zunächst soll jedoch in aller gebotenen Kürze auf die Aussagekraft einer systemvergleichenden Argumentation eingegangen werden. Dies ist deshalb geboten, weil die Forderung nach „Mehr Demokratie" sehr häufig durch den Hinweis darauf untermauert wird, dass sich direktdemokratische Verfahren außerhalb der Bundesrepublik bewährt hätten. Umgekehrt verweisen die Kritiker auf eben jene ausländischen Erfahrungen, um ihre Thesen von der konservativer Wirkung dieser Verfahren und der Gefahr ihrer Instrumentalisierung durch Demagogen zu untermauern.

Wie im Folgenden aufzuzeigen ist, kommt einer systemvergleichenden Betrachtung allerdings nur eine vergleichsweise geringe Aussagekraft zu, da sie zwar auf der einen Seite durchaus geeignet ist, einige der Argumente der Gegner direktdemokratischer Verfahren zu entkräften, und auf der anderen Seite deutlich macht, dass bei der Ausgestaltung der Verfahren in der Tat akribisch darauf geachtet werden muss, dass diese nicht von Demagogen für ihre Zwecke instrumentalisiert werden können.[1] Sie geben aber keine Antwort auf die zentralen Fragen, ob und warum es auch und gerade im politischen System der Bundesrepublik Deutschland und ihrer Länder einen konkreten Bedarf für die Einführung bzw. Erweiterung solcher Verfahren gibt und welche Folgen von der Einführung solcher Verfahren beziehungsweise der Ausweitung der bereits bestehenden unmittelbaren Mitwirkungs- und Entscheidungsrechte der Bürger für den Prozess der politischen Willensbildung zu erwarten wären.

A. Die Bedeutung der friedlichen Revolution in der DDR für die jüngste Verfassungsdiskussion

Im Rahmen der jüngsten Verfassungsdiskussion wurde die Einführung oder Erweiterung der unmittelbaren Mitwirkungsrechte der Bürger vor allem in den fünf neuen Ländern[2] nicht

---

1 Vgl. dazu etwa *Jung*, Forschungsstand und Perspektiven, S. 22, 27 ff./33.
2 Zusammenfassend zur Geschichte der Verfassungsdiskussion in den neuen Ländern *Berlit*, KJ 1992, S. 437; *Feddersen*, DÖV 1992, S. 989; *von Mangoldt*, Verfassungen, S. 25 ff.; *Rux*, NJ 1992, S. 147; *ders.*, ZParl 1992, S. 291; *Starck*, ZG 1992, S. 1; *ders.*, Verfassungen, S. 1 ff. ; *Vogelgesang*, DÖV 1991,

zuletzt mit den unbestreitbaren Erfolgen der Bürgerbewegungen während der friedlichen Revolution des Jahres 1989 begründet. Da das Ende des autoritären Block-Parteien-Systems der DDR durch die Bürger herbeigeführt worden war, sollten dem Volk nun auch formelle (Mit-)Entscheidungsrechte eingeräumt werden.[1] Die Erfahrungen aus der Endphase der DDR haben ohne Zweifel auch die Beratungen über Verfassungsreformen geprägt, die in den letzten Jahren in einigen der alten Länder und im Bund geführt worden sind.[2] Tatsächlich ist der jüngste Schub zugunsten der direkten Demokratie ohne die friedliche Revolution in der DDR kaum zu erklären.

Wären die Regelungen über die direktdemokratischen Verfahren in den neueren Landesverfassungen allerdings nur eine „Hommage an die Bürgerbewegung", dann wären sie bestenfalls überflüssig, möglicherweise aber sogar kontraproduktiv und eine Gefahr für die Stabilität des politischen Systems. Schließlich unterscheiden sich die staatsorganisatorischen und gesellschaftlichen Rahmenbedingungen der Bundesrepublik grundlegend von denen der DDR in ihrer Endphase.[3] Was notwendig gewesen sein mag, um das autoritäre Ein-Parteien-Regime der SED in der DDR abzulösen, ist aber keineswegs zwangsläufig ein taugliches politisches Instrument in einer pluralistischen Mehr-Parteien-Demokratie wie der Bundesrepublik.[4]

Auch aus einem weiteren Grund bestehen gravierende Bedenken dagegen, die Einführung weitergehender unmittelbarer Mitwirkungsrechte der Bürger mit den Erfahrungen

S. 1045.

[1] Vgl. in diesem Sinne etwa *Bachmann*, Warum enthält das Grundgesetz, S. 75; *Dahnke*, S. 119, 124; *Dietlein*, NWVBl. 1993, S. 401, 405; *Häberle*, JöR 1990, S. 319, 346; *ders.*, JöR 1995, S. 355, 366; *Hinds*, ZRP 1993, S. 149, 151; *Jung*, Siegeszug, S. 103, 105; *Kirchgässner/Frey*, S. 42; *Klages/Paulus*, S. 13 ff.; *Kühne*, ZG 1991, S. 116, 121; *Malinka*, S. 75, 86; *von Mangoldt*, Verfassungen, S. 59; *Paulus*, S. 189; *Schöneburg*, NJ 1992, S. 384, 385; *Simon*, NJ 1991, S. 427, 429. Der damalige Vorsitzende der SPD-Landtagsfraktion und heutige Ministerpräsident des Landes Sachsen-Anhalt Reinhard *Höppner* formulierte auf einem Kongress der Friedrich-Ebert-Stiftung im März 1991 in Bonn. „Die Erfahrungen der DDR-Bürger haben gezeigt, dass man Geschichte mitgestalten kann." („Ein runder Tisch über Verfassungsfragen", Die Welt, 18.3.1991); ähnlich äußerte sich auch der stellvertretende SPD-Vorsitzende Wolfgang *Thierse*, vgl. „Umweltschutz soll Staatsziel werden", FAZ 16.5.1992. Auch die damalige Präsidentin des BVerfG Jutta *Limbach* forderte im Zusammenhang mit dem fünfzigsten Jubiläum der Verabschiedung des Grundgesetzes die Einführung direktdemokratischer Verfahren mit dem Argument „Die Leipziger Montagsdemonstrationen mit dem Motto ‚Wir sind das Volk' waren ja ein geglücktes Plebiszit." („Exporthit Grundgesetz", Die Zeit 18.2.1999, S. 10).
Die Anknüpfung an die Erfahrungen aus der „Wende-Zeit" wird auch in den Präambeln der Verfassungen von *Brandenburg*, („...gründend auf den friedlichen Veränderungen im Herbst 1989...") und *Sachsen* („...dank der friedlichen Revolution des Oktober 1989...") deutlich.

[2] Die SPD begründete ihre Forderung nach Verankerung von Volksinitiative, Volksbegehren und Volksentscheid unter anderem mit den Erfahrungen aus der „friedlichen Revolution in der DDR" (BT-Drs. 12/6323, S. 27). Auch in der Begründung des Gesetzentwurfes von Bündnis 90/ Die Grünen zur Einführung von direktdemokratischen Verfahren auf Bundesebene wurde ausdrücklich auf die Ereignisse des Jahres 1989 Bezug genommen (BT-Drs. 12/3826); ebenso die PDS in ihrem Entwurf für eine neue Bundesverfassung (BT-Drs. 12/6570, S. 40).

[3] So auch *Karpen*, JA 1993, S. 110, 113.

[4] Ohnehin lässt sich nicht mit Sicherheit sagen, ob das Ende der DDR in erster Linie auf die zahlreichen Demonstrationen gegen das SED-Regime zurückzuführen ist oder auf den faktischen Zusammenbruch des Warschauer Paktes, durch den der bisherigen Regierung die Machtbasis entzogen wurde.

des Jahres 1989 zu begründen. Mit den Rufen „Wir sind das Volk" wurde nämlich eine Revolution eingeleitet, also die Ablösung der bisherigen Verfassungsordnung durch ein neues politisches und staatsorganisatorisches System. Ein solcher singulärer Akt ist aber kaum mit einem „direktdemokratischen Verfahren" vergleichbar, das in eine bestimmte Verfassungsordnung eingebettet ist.

Und schließlich ist in diesem Zusammenhang zu beachten, dass nach dem Sturz des SED-Regimes sehr schnell die Strukturen einer parlamentarischen Demokratie eingeführt worden sind. Die unmittelbare Mitwirkung der Bürger spielte nach dem November 1989 nur noch eine sehr untergeordnete Rolle.[1] Daher eignen sich die Erfahrungen aus den letzten Tagen und Monaten der DDR bei einer näheren Betrachtung eher als Beleg für die Leistungsfähigkeit der Institutionen der repräsentativen Demokratie, nicht jedoch als zwingendes Argument für die Einführung oder Erweiterung unmittelbarer Mitwirkungsrechte der Bürger.

B. Zur Aussagekraft der Erfahrungen außerhalb Deutschlands

Die Forderung nach Einführung bzw. Erweiterung direktdemokratischer Verfahren in die Verfassungsordnung der Bundesrepublik und ihrer Länder kann auch nicht mit den (angeblich) positiven Erfahrungen mit solchen Verfahren in anderen Staaten – insbesondere in der Schweiz[2], in Italien[3] und in einzelnen Bundesstaaten der USA[4] – begründet werden.[5]

---

1   Auch *Püttner*, S. 192, 193, und *von Mangoldt*, Bürgerpartizipation, S. 197, 208, haben darauf hingewiesen, dass schon kurz nach der Wende der „Alltag" wieder an die Stelle der spontanen Bürgermitbestimmung getreten sei. Tatsächlich wurden die einzelnen Entscheidungen im Zusammenhang mit der Neukonstituierung der DDR, ihrer Umwandlung in einen Föderalstaat und die Eingliederung der auf diese Weise geschaffenen fünf neuen Länder in die Bundesrepublik Deutschland nicht unmittelbar durch das Volk getroffen, sondern von durch Direktwahlen demokratisch legitimierten Gremien.

2   So jedoch etwa *Obst*, Chancen, S. 225 ff.

3   Zur Rechtslage und Rechtspraxis in Italien vgl. *Capretti*, passim, und *Ridola*, JöR 2001, S. 369 ff.

4   Dazu vor allem *Glaser*, S. 7 ff.; *Heußner*, Volksgesetzgebung, S. 7 ff.; *Stelzenmüller*, S. 26 ff.

5   Ausführlich zur Rechtslage im europäischen Ausland *Butler/Danney*, S. 258 ff. und passim, insbesondere die Beiträge von *Kobach* (S. 96 ff.) zur Schweiz sowie *Bogdanor* (S. 24 ff.) zum übrigen Europa; *Luthardt*, Direkte Demokratie, passim; *Möckli*, Direkte Demokratie, passim; *ders.*, ZParl. 1998, S. 90 ff.; dessen Darstellung der Rechtslage ist allerdings nicht immer ganz exakt, so behauptet er etwa, dass es in Deutschland auf der Bundesebene ein obligatorisches Referendum gebe (a.a.O., S. 93); vgl. daneben auch *Bugiel*, Volkswille, S. 267 ff.; *ders.* ZParl 1987, S. 394, 398 ff.; *Groß*, passim; *Grote*, StWissStPrax 1996, S. 317 ff.; *Hölscheidt/Putz*, DÖV 2003, S. 737, 738 ff. zu den Europareferenden in den EU-Mitglieds- und Beitrittsstaaten; sowie *Müller-Elschner*, ZParl 1996, S. 75 ff., der auch aktuelle Reformvorhaben eingeht.
Zur Rechtslage in der Schweiz umfassend, *Linder*, passim; vgl. auch *Manfred G. Schmidt*, S. 111 ff.; sowie *Lutz/Strohmann*, S. 111 ff., *Trechsel*, Institutioneller Vergleich, passim, die die Rechtslage in den Kantonen darstellen. Zu den Regelungen der Österreichischen Bundesverfassungen vgl. *Stelzer*, S. 1019, 1021 ff.
Grundlegend zur Rechtslage und -praxis in den USA *Heußner*, Volksgesetzgebung, passim, *ders.* Ein Jahrhundert Volksgesetzgebung, passim; *Stelzenmüller*, passim, sowie *Möckli*, JöR 1996, S. 565 ff. Zur plebiszitären Praxis in Kalifornien vgl. auch *Billerbeck*, S. 206 ff., *Magleby* in. *Butler/Danney*, S. 218 ff.
Zur direkten Demokratie in den Staaten Lateinamerikas vgl. *Thibaut*, ZParl 1998, 107 ff.

In diesem Zusammenhang ist zunächst darauf hinzuweisen, dass in den meisten ausländischen Verfassungen nur Referenden vorgesehen werden, also Volksabstimmungen, die nicht durch die Bürger selbst initiiert werden.[1] In der in Deutschland geführten verfassungspolitischen Diskussion stehen jedoch seit jeher die Verfahren der Volksinitiative beziehungsweise des Volksantrags, des Volksbegehrens und des Volksentscheides im Mittelpunkt.[2]

Auch die Schweiz als vielgerühmtes „Musterland der direkten Demokratie" nur bedingt als Vorbild für Deutschland: Zum einen hatte die Bürger auch dort bis vor kurzem[3] keine

1 Nur in fünf Mitgliedsstaaten des Europarates hat das Volk die Möglichkeit, selbst einen Volksentscheid herbeizuführen. Neben der Schweiz handelt es sich um Liechtenstein, Litauen, die Slowakei und Ungarn, vgl. *Möckli*, ZParl. 1998, S. 90, 100 ff.
   Auch in Italien, das von Größe und Wirtschaftskraft her mit der Bundesrepublik einigermaßen vergleichbar ist, gibt es nur eine imperfekte Gesetzeinitiative und Regelungen über Referenden, wobei nur das „referendum abrogativo" nach Art. 75 der Verfassung, mit dem Parlamentsgesetze wieder aufgehoben werden können, in der Praxis größere Bedeutung erlangt hat. In Österreich gibt es zwar Regelungen über ein „Volksbegehren" und den „Volksentscheid". Tatsächlich handelt es sich bei diesen Verfahren aber um eine „Volksinitiative" und ein „Referendum"; vgl. dazu *Stelzer*, S. 1019, 1025 ff./1028 ff.

2 Genau aus diesem Grund stellt sich die Lage in Bezug auf die Einführung von Referenden etwas anders dar. Hier könnte der rechtsvergleichenden Perspektive durchaus eine maßgebliche Bedeutung zukommen. Und tatsächlich wurden die Forderungen, auch in Deutschland ein Referendum über den Europäischen Verfassungsvertrag oder die Aufnahme der Türkei in die Europäische Union durchzuführen, nicht zuletzt damit begründet, dass solche Referenden in vielen anderen Mitgliedstaaten der Union bereits durchgeführt wurden oder in absehbarer Zeit durchgeführt werden sollen; vgl. dazu *Hölscheidt/Putz*, DÖV 2003, S. 737 ff.
   Auch der Vorschlag der Regierungsparteien SPD und Bündnis 90/Die Grünen, im Grundgesetz eine Möglichkeit für Referenden über die Zustimmung zu völkerrechtlichen Verträgen festzuschreiben, wurde nicht zuletzt damit begründet, dass solche Referenden auch in vielen anderen EU-Mitgliedstaaten üblich sind. Allerdings wurde dabei allenfalls am Rande auf die praktischen Erfahrungen mit solchen Abstimmungen eingegangen, die ein durchaus ambivalentes Bild ergeben.
   Einem unbefangenen Beobachter drängt sich ohnehin der Eindruck auf, dass es denjenigen, die ein Referendum über die Zustimmung zur Europäischen Verfassung fordern, in erster Linie darum geht, dieses Verfahren in eine Abstimmung gegen die Erweiterung der Europäischen Union im Allgemeinen und gegen den Beitritt der Türkei im Besonderen umzufunktionieren. Darauf deutet zumindest der Umstand hin, dass es zunächst in erster Linie Politiker aus den Reihen der CDU/CSU waren, die ein Referendum einforderten. Kurz darauf wurden innerhalb der Union Forderungen laut, eine Unterschriftenaktion gegen den EU-Beitritt der Türkei durchzuführen.
   Umgekehrt haben die Regierungsparteien SPD und Bündnis 90/Die Grünen die Forderungen nach einem EU-Referendum vor allem aufgenommen, um die Unionsparteien dazu zu bewegen, auch der Einführung weiterer direktdemokratischer Verfahren auf der Ebene des Bundes zuzustimmen. Gerade weil sich abzeichnete, dass das Referendum auf die soeben beschriebene Art und Weise umfunktioniert werden könnte, wurden die Pläne dann aber wieder zurück gezogen.

3 Das so genannte „fakultative Referendum" kann nur gegen ein bereits vom Parlament verabschiedetes Gesetz gerichtet werden und die „Initiative" ist auf Vorschläge für Verfassungsänderungen beschränkt. Interessanterweise wurde seit Mitte der achtziger Jahre in der Schweiz eine ganz ähnliche Diskussion wie in Deutschland geführt – allerdings mit umgekehrten Vorzeichen. Im Vorfeld einer umfassenden „Nachführung der Bundesverfassung" war insbesondere vorgeschlagen worden, eine „Allgemeine Volksinitiative" durch 100.000 Bürger einzuführen, der zwar kein Gesetzentwurf, aber ein Gesetzgebungsauftrag zugrunde gelegt werden konnte. Im Ergebnis hätte dieses Verfahren in etwa dem in den deutschen Ländern üblichen Volksentscheid aufgrund eines Volksbegehrens entsprochen, wobei es jedoch dem

Möglichkeit, einen Entwurf für ein einfaches Gesetz zum Gegenstand einer Volksinitiative oder eines Volksbegehrens zu machen. Zum anderen unterscheiden sich nicht nur die sozialen und ökonomischen Rahmenbedingungen des Prozesses der politischen Willensbildung deutlich von den deutschen Verhältnissen, sondern auch und vor allem der staatsorganisationsrechtliche Rahmen, in dem die direktdemokratischen Verfahren gegebenenfalls zur Anwendung kommen. Dies betrifft sowohl das Verhältnis von Parlament und Regierung, als auch die Verteilung der Zuständigkeiten zwischen dem Bund und den Kantonen und schließlich auch die Ausgestaltung des parlamentarischen Gesetzgebungsverfahrens.[1] Da es bei den Diskussionen, die in den letzten Jahren und Jahrzehnten im Bund und den Ländern über eine Erweiterung der unmittelbaren Mitwirkungs- und Entscheidungsbefugnisse der Bürger geführt worden sind, aber nicht um einen generellen Systemwechsel nach dem Vorbild der Schweizer Konkordanzdemokratie ging, ist der Blick auf die Schweizer Verhältnisse zumindest für die Suche nach einer Antwort auf die Frage unergiebig, welche Funktion den direktdemokratischen Verfahren im politischen System der Bundesrepublik Deutschland zukommen soll.[2]

Dies betrifft wohlgemerkt nicht nur die nationale Ebene. Zwar gibt es in den Kantonen der Schweiz[3] ebenso wie in zahlreichen US-Bundesstaaten seit langer Zeit direktdemokratische Verfahren, die zumindest bei einer oberflächlichen Betrachtung einige Gemeinsamkeiten mit den in Deutschland üblichen Verfahren der Volksgesetzgebung aufweisen; ins-

---

Parlament obliegt, einen konkreten Gesetzentwurf zu formulieren. Bei einer Abstimmung sollten die Bürger gegebenenfalls auch über Details der vorgelegten Entwürfe separat abstimmen können. Außerdem sollten auch bestimmte, besonders wichtige Verwaltungsentscheidungen, etwa über die Errichtung eines Atomkraftwerkes, einem Referendum unterzogen werden können; vgl. zu alldem *Koller*, S. 25 ff.

Die Reformvorschläge beruhen auf der Erkenntnis, dass das Institut der Verfassungsinitiative in der Vergangenheit häufig umfunktioniert worden war. So war die Abstimmung über die Zukunft des Alpentransitverkehrs nur möglich geworden, weil man die Entscheidung über den Bau der Alpentransversalen (NEAT) als „allgemeinverbindlichen Bundesbeschluss" interpretierte, der nach der geltenden Rechtslage Gegenstand eines Referendums sein kann; vgl. dazu *Kolb*, S. 78 ff.

Die Reformvorschläge wurden heftig kritisiert. Auf der einen Seite brachte *Borner*, S. 13, 21 ff., die Befürchtung zum Ausdruck, dass die Volksherrschaft („rule of the people") den Rechtsstaat („rule of law") aushebeln könnte. Auf der anderen Seite wurde der Vorschlag, im Zuge der Reform auch das Quorum für Referenden – entsprechend der gestiegenen Zahl der Wahlberechtigten – zu erhöhen, in der Öffentlichkeit aber als Versuch gewertet, die Volksrechte abzubauen. Nicht zuletzt aus diesem Grund wurde das Thema zunächst aus der allgemeinen Verfassungsdiskussion ausgeklammert.

Erst im Jahre 2003 kam es zu einer weiteren Revision der Verfassung, mit der die Allgemeine Volksinitiative eingeführt und die Bestimmungen über die Initiativen zur Verfassungsänderung modifiziert wurden. Die Quoren blieben unverändert. Da das erforderliche Ausführungsgesetz bisher nicht erlassen wurde, ist die Verfassungsänderung noch nicht wirksam.

1 *Obst*, Chancen, S. 225 ff., berücksichtigt etwa nicht hinreichend, dass die Verfassungsordnung der Schweiz darauf ausgerichtet ist, möglichst alle im Parlament vertretenen Parteien in die Regierung und damit in die politische Verantwortung einzubeziehen. Diese Konsensdemokratie beruht nicht zuletzt darauf, dass schon 50.000 Stimmberechtigte einen Gesetzentwurf blockieren können. Daher werden alle Betroffenen frühzeitig in den Entscheidungsprozess eingebunden, vgl. dazu *Brunetti*, S. 167, 173 ff.; und schon *Hernekamp*, S. 326 ff. Auch *Rittger*, S. 7, betont zu Recht, dass die Verfahren im Hinblick auf ihre konkrete Stellung im politischen System untersucht werden müssen.

2 In diesem Sinne auch *Glaser*, S. 381; *Manfred G. Schmidt*, S. 111, 121 f.

3 Vgl. dazu zusammenfassend *Häfelin/Haller*, §§ 9 ff. und umfassend *Lutz/Strohmann*, passim.

besondere haben die Bürger dort die Möglichkeit, selbst Gesetzentwürfe in das Verfahren einzubringen. Unabhängig von den erheblichen Unterschieden in Bezug auf die konkrete Ausgestaltung des Staatsorganisationsrechts in diesen Gebietskörperschaften ist insofern aber zu beachten, dass die US-amerikanischen Bundesstaaten und die Kantone der Schweiz über ganz andere und wesentlich weiter reichende Kompetenzen verfügen als die deutschen Länder.[1] Dies gilt insbesondere in Bezug auf das Recht, eigene Steuern einzuführen oder sich andere Einnahmequellen zu erschließen, und die Möglichkeiten, die Vergütung der Beschäftigten des Öffentlichen Dienstes eigenständig zu regeln.[2]

Dies alles bedeutet zwar nicht, dass einer system-und rechtsvergleichenden Betrachtung keinerlei Bedeutung für die verfassungspolitische Diskussion in Deutschland zukommen würde. Vielmehr kann es im Hinblick auf die konkrete Ausgestaltung der Verfahren und ihre Auswirkungen durchaus geboten sein, einen Blick über die Landesgrenzen hinaus zu werfen. Die Forderung, in der Bundesrepublik Deutschland und ihren Ländern Regelungen über die Volksinitiative, das Volksbegehren und den Volksentscheid einzuführen, bzw. die Voraussetzungen für die Zulässigkeit dieser Verfahren abzusenken, kann jedoch nicht allein mit dem Verweis auf die Erfahrungen mit anderen Formen der unmittelbaren Demokratie in anderen Rechtssystemen begründet werden.

II. Zur Funktion der direktdemokratischen Verfahren im politischen System der Bundesrepublik Deutschland

Die Einführung bzw. Erweiterung unmittelbarer Mitwirkungsrechte der Bürger ist nur dann legitim, wenn es im politischen System der Bundesrepublik und ihrer pluralistischen Gesellschaft einen Bedarf für Regelungen über die Volksinitiative, das Volksbegehren, den Volks-

---

1 *Heußner*, Volksgesetzgebung, S. 7 ff., stellt in erster Linie darauf ab, dass die sozio-ökonomischen Rahmenbedingungen der Länder der Bundesrepublik mit denen der US-Bundesstaaten vergleichbar seien. Die deutlichen Unterschiede des politischen Systems berücksichtigt er hingegen nicht. Tatsächlich wären die von ihm herausgestellten Gemeinsamkeiten allenfalls als Grundlage einer Untersuchung über die Frage geeignet, ob das politische System der USA *insgesamt* dem der Bundesrepublik – respektive der jeweiligen Länder – vorzugswürdig ist. Es ist aber ausgeschlossen eine Stärkung der unmittelbaren Mitwirkungsrechte der Bürger im ansonsten unveränderten politischen System der Bundesrepublik mit den Erfahrungen in den US-Gliedstaaten zu begründen.
Denselben Vorwurf müsste sich auch *Stelzenmüller*, S. 26 ff., gefallen lassen – wenn ihre Bezugnahme auf die aktuelle Diskussion in Deutschland nicht ohnehin nur eine Klammer darstellen würde, die das eigentliche Thema ihrer Arbeit eher verdeckt. Nämlich die (exzellente) Darstellung der Rechtslage in den US-amerikanischen Bundesstaaten und die Auseinandersetzung mit der einschlägigen höchstrichterlichen Rechtsprechung.

2 Letzten Endes aus dem selben Grund lassen sich auch die Erfahrungen mit den direktdemokratischen Verfahren in den österreichischen Bundesländern nicht auf die deutschen Länder übertragen. Da die österreichischen Bundesländer nur minimale Kompetenzen haben, laufen die auf der Ebene dieser Länder vorgesehenen direktdemokratischen Verfahren letzten Endes ins Leere. Dies gilt auch für die relativ weit gehenden Regelungen in Vorarlberg, Oberösterreich, der Steiermark und Salzburg. Dabei ist zusätzlich zu beachten, dass nach Art. 75 I 1 des Bundesverfassungsgesetzes (nur) die Parlamente in den Ländern über Gesetze beschließen sollen. Diese Vorgabe ist allerdings mit dem auch in Österreich geltenden Grundsatz der Eigenstaatlichkeit der Länder unvereinbar; vgl. dazu ausführlich *Lehner*, S. 65 ff und S. 87 ff., zum so genannten „Vorarlberger Modell".

entscheid und ähnliche Verfahren gibt. Im Folgenden soll daher die Funktion herausgearbeitet werden, die die direktdemokratischen Verfahren in diesem System erfüllen können.

A. Die strukturellen Probleme der repräsentativ-parlamentarische Demokratie

1: Der Ausgangspunkt – Die Notwendigkeit einer weit reichenden politischen Arbeitsteilung

Es liegt auf der Hand, dass unter keinen Umständen *alle* Bürger an *allen* Entscheidungen innerhalb des Staates bzw. seiner Organe beteiligt werden können. Dies ist schon wegen der Fülle von Informationen unmöglich, die gesammelt und verarbeitet werden müssten, damit diese Entscheidungen auch nur annähernd interessengerecht sind. Um sich die erforderlichen Informationen in jedem Einzelfall selbst zu verschaffen, müssten die Bürger einen so großen Aufwand betreiben, dass ihnen schlicht keine Zeit mehr für andere, produktive Tätigkeiten bliebe. In einer modernen hochkomplexen Gesellschaft besteht daher das Bedürfnis für eine weit reichende „politische Arbeitsteilung",[1] und die unmittelbare Mitwirkung der Bürger beschränkt sich in der Regel auf die Auswahl ihrer Repräsentanten. In den meisten demokratischen Systemen kommt insofern dem Parlament eine Schlüsselfunktion zu,[2] teilweise werden aber auch bestimmte Führungsämter innerhalb der Exekutive durch Wahlen bestimmt.

Zwar ist grundsätzlich davon auszugehen, dass die Wähler dazu in der Lage sind, sich in Bezug auf jeden einzelnen Kandidaten zu entscheiden, ob dieser aufgrund seiner individuellen Qualifikation *überhaupt* für die Wahrnehmung des zu besetzenden Amtes geeignet ist und ob er dazu *besser* in der Lage sein wird als alle seine Konkurrenten. Dies setzt allerdings voraus, dass sich die Wahlberechtigten vor der Wahl die notwendigen Informationen über die Persönlichkeit und die fachliche Kompetenz der einzelnen Kandidaten verschaffen konnten. Dies ist ihnen in der Praxis aber allenfalls in kleineren Körperschaften ohne übermäßigen Aufwand möglich – und auch dort nur dann, wenn es um die Besetzung eines einzelnen Amtes geht.

Aus diesen Grund kommt in allen modernen Gebietskörperschaften den politischen Parteien eine entscheidende Funktion zu, da diese Organisationen den Aufwand drastisch

---

1 Vgl. dazu *Achterberg*, NJW 1978, S. 1993; *Heun*, S. 217; und ausführlich *Kielmansegg*, S. 250 f. Schon *Schumpeter*, S. 389 ff., hat herausgearbeitet, dass es sich um eine Form der Arbeitsteilung handelt. Dieser Prozess ist allerdings nicht umkehrbar. Vielmehr muss immer wieder neu geprüft werden, welche Sach- und Personalentscheidungen unmittelbar von den Bürgern getroffen und welche dieser Entscheidungen auf die Organe des Staates übertragen werden sollen; vgl. dazu etwa *Luthardt*, RuP 1988, S. 40, 45 ff., m.w.N., *ders*, in. Klingemann/Luthardt (Hrsg.), S. 168, 178 ff.

2 *Wehner*, S. 89 ff., hat allerdings eine Aufspaltung der „Ordnungspolitik" in ein differenziertes System von Fach-Parlamenten und „Räten" vorgeschlagen. Auf diese Weise solle sichergestellt werden, dass über politische Fragen in erster Linie von den dafür kompetenten, bzw. aufgrund der Wahl für kompetent geltenden Experten entschieden werde. *Wehner* geht allerdings nicht auf das zentrale und praktisch wohl unüberwindbare Problem der Koordinierung der einzelnen Politikbereiche ein. Im Anschluss an *Wehner* haben sich auch *H. H. Klein* FS Kriele, S. 573, 582, und *Lutz*, S. 467, 489, für das Konzept einer „mehrspurigen Demokratie" ausgesprochen. Einen ähnlichen Entwurf hat schließlich vor kurzem auch *Heinrich*, passim, vorgelegt, der zwar wesentlich konkretere Vorschläge als *Wehner* formuliert, damit aber auch die Schwächen der „Zergliederung" deutlich macht.

reduzieren, den die Bürger für die Vorbereitung ihrer Wahlentscheidung betreiben müssen.[1] Tatsächlich handelt es sich bei den politischen Parteien ursprünglich um Wahlvorbereitungsorganisationen, die auf Grundlage einer mehr oder weniger bestimmten Vorstellung über den konkreten Inhalt des Gemeinwohls[2] ein (Wahl-)Programm entwerfen und Kandidaten für die Besetzung öffentlicher Ämter aufstellen, die dieses Programm wiederum in ihrer Person repräsentieren.[3] Da sie damit den Aufwand, den die Bürger für die Vorbereitung ihrer Wahlentscheidung leisten müssen, ganz erheblich verringern, haben sie jedenfalls de facto[4] das Monopol für die Aufstellung von Kandidaten für die Parlamentswahlen.[5] Über dieses Monopol dominieren sie aber die gesamte Willensbildung innerhalb des Staates und seiner Organe:[6] Auf der einen Seite schließen sich die aufgrund des Vorschlags einer bestimmten Partei gewählten Abgeordneten innerhalb des Parlaments zu Gruppen und Fraktionen zusammen, deren Haltung zu konkreten politischen Problemen maßgeblich von den Vorgaben der Partei beeinflusst wird. Auf der anderen Seite vermitteln die Abgeordneten, die nicht selten zugleich eine exponierte Funktion innerhalb ihrer Partei inne haben, die Ergebnisse des innerfraktionellen und parlamentarischen Willensbildungsprozesses in die Parteigremien.[7] Den Parteien kommt damit eine ganz entscheidende Brückenfunktion im Verhältnis zwischen den Bürgern und ihren Repräsentanten zu.

Obwohl diese Entwicklung dem legitimen Bedürfnis nach einer Reduktion des Aufwands für politische Entscheidungen entspringt, birgt sie erhebliche Probleme in sich, da in einem rein repräsentativen System nicht hinreichend sicher gestellt ist, dass sich die Parteien und die auf ihren Vorschlag gewählten Amts- und Mandatsträger am Gemeinwohl oder zumindest an dem orientieren werden, was eine hinreichende Mehrheit der Bürger für das Gemeinwohl hält.

2. Zum plebiszitären Charakter der Parlamentswahl

Nach einer von Gerhard Leibholz begründeten Lehre soll die moderne Demokratie allerdings gerade wegen der tragenden Rolle der politischen Parteien im Grunde plebiszitär sein,[8] da sich die Bürger nicht in erster Linie an der Person der Kandidaten orientieren,

1   Vgl. dazu etwa *Sartori*, S. 156 f., der die maßgebliche Rolle der politischen Parteien ebenfalls auf die Notwendigkeit für eine politische Arbeitsteilung zurückführt.
2   Auch Sachs-*J. Ipsen*, Art. 21 GG, Rn. 25, nennt die Erstellung konkurrierender Gemeinwohlentwürfe als Hauptaufgabe der Parteien.
3   Wobei die Kandidaten nicht selten maßgeblichen Einfluss auf die Formulierung des Parteiprogramms nehmen.
4   Dieses Monopol wird nicht selten institutionalisiert, indem diesen Organisationen das ausschließliche Recht zugestanden wird, Wahlvorschläge einzureichen; vgl. § 18 BWahlG für die Listenwahl zum Bundestag.
5   So auch schon *von Arnim*, Staatslehre, S. 246.
6   Vgl. dazu auch *Stolleis*, VVDStRL 44 (1985), S. 7, 14 f.
7   Dies hat mittlerweile auch das Bundesverfassungsgericht anerkannt, als es die Regelungen der Parteienfinanzierung von der Wahlkampfkostenerstattung abgekoppelt hat, vgl. BVerfGE 85, 264.
8   *Leibholz*, 38. DJT, S. C 2 ff.; *ders.*, DVBl. 1951, S. 1 ff.; *ders.*, Strukturprobleme, S. 78 ff.; vgl. auch *Schmitt*, Hüter, S. 87.

sondern an ihrer Zugehörigkeit zu einer bestimmten Partei. Im Ergebnis seien die Wahlen zum Parlament damit aber nichts anderes als eine Abstimmung über die Programme der angetretenen Parteien.[1]

Sollte diese These zutreffen, dann würde das Wahlergebnis in der Tat eine Vermutung dafür begründen, dass auch die nachfolgenden Entscheidungen der Parlamentsmehrheit oder der auf Vorschlag einer Partei direkt gewählten Amtsträger bei einer unmittelbaren Abstimmung (jedenfalls) von den Wählern der Regierungspartei unterstützt würden, und aus dem Wahlergebnis könnte geschlossen werden, dass die Regierungspolitik zumindest dem entspricht, was eine Mehrheit der Wähler für das Gemeinwohl hält.

Tatsächlich ist dieser Schluss aber schon deshalb unzulässig, weil Wahlen allenfalls als Abstimmung über die künftige Richtung der Politik angesehen werden können. Schließlich müssen sich die Programme der einzelnen Parteien notwendigerweise auf Aussagen zu denjenigen Problemen beschränken, die zum Zeitpunkt der Wahl bereits erkennbar sind. Dementsprechend müssen diese Programme ständig modifiziert werden, um der rapiden Veränderung der tatsächlichen und rechtlichen Rahmenbedingungen der Politik Rechnung zu tragen.[2] Diese Änderungen sind für den einzelnen Bürger zum Zeitpunkt seiner Wahlentscheidung aber noch nicht absehbar.

Ohnehin ist angesichts der fast unendlichen Vielfalt individueller Vorstellungen über den konkreten Inhalt des Gemeinwohls bestenfalls[3] zu erwarten, dass sich die einzelnen Wahlberechtigten für diejenige Partei entscheiden werden, deren Programm ihren eigenen Vorstellungen am nächsten kommt. Dies bedeutet aber keineswegs, dass sie diesem Parteiprogramm in jeder Hinsicht zustimmen würden. Vielmehr werden sie sich zunächst an den Aussagen der verschiedenen Parteien zu denjenigen politischen Problemen orientieren, deren Lösung ihnen persönlich am wichtigsten erscheint und Übrigen lediglich darauf bedacht sein, dass die anderen Programmaussagen ihren Interessen nicht völlig zuwiderlaufen.[4]

---

1   Vgl. in diesem Sinne auch *Achterberg*, Parlamentsrecht, S. 90; vgl. dazu auch *P. M. Huber*, JZ 1994, S. 689 f.; oder BK-*Badura*, Art. 38 GG, Rn. 26, der von den Wahlen als „Surrogat der unmittelbaren Demokratie im Flächenstaat" spricht.
2   So hat etwa die deutsche Einigung im Bundestagswahlkampf des Jahres 1987 ebensowenig eine Rolle gespielt, wie die im Vertrag von Maastricht beschlossene Europäische Union im Wahlkampf des Jahres 1990.
3   Wie die Ergebnisse der Wahlforschung zeigen, legt die überwiegende Mehrheit der Wähler ihrer Entscheidung konsequenterweise keinen detaillierten Vergleich der Parteiprogramme zugrunde. Teilweise spielen die Parteiprogramme sogar überhaupt keine Rolle; vgl. dazu *Wefelmeier*, S. 155 ff., m.w.N.; eine Analyse der Bundestagswahlen 1994 findet sich bei *Jung/Roth*, APUZ 1994, B 51-52, S. 3 ff.
    Eine weitere Vereinfachungsstrategie besteht darin, sich an den Spitzenkandidaten der Parteien orientieren, die in ihrer Person in gewisser Weise das Parteiprogramm oder zumindest die programmatische Ausrichtung der Partei repräsentieren. Diese Entwicklung wird durch die Berichterstattung in den Medien noch befördert, da diese einzelne profilierte Politiker als „Gladiatoren", die für ihre Partei stehen, besonders stark herausstellen, vgl. *Sarcinelli*, S. 37, 53 f., der allerdings anerkennt, dass eine Personalisierung der Politik auch in der Demokratie unvermeidbar ist.
4   Zumindest theoretisch ist es möglich, dass eine Partei die Mehrheit der Stimmen erhält, obwohl keine der von ihr vorgeschlagenen Lösungen für die politischen Probleme von einer Mehrheit der Bürger unterstützt wird. Zu diesem sog. *Ostrogorski-Paradox* und seiner Bedeutung für die Demokratietheorie

Welche Aussagen der Parteien im konkreten Fall wahlentscheidend sind, hängt unter diesen Umständen aber maßgeblich von den individuellen Präferenzen der einzelnen Wähler ab. Zwar kann man davon ausgehen, dass die meisten Wähler die Wirtschafts- und Sozialpolitik in den Mittelpunkt ihrer Entscheidung stellen werden.[1] Insbesondere dann, wenn sich die entsprechenden Aussagen der einzelnen Parteien nicht nennenswert voneinander unterscheiden, kommt aber daneben oder statt dessen auch ihren Forderungen und Vorschlägen zu anderen Politikfeldern entscheidende Bedeutung zu.[2]

Damit sollte aber endgültig deutlich geworden sein, dass die These vom plebiszitären Charakter der Parlamentswahlen nicht überzeugen kann. Aus der Tatsache, dass eine bestimmte Partei bei einer Wahl eine Mehrheit der Stimmen auf sich vereinigen konnte, kann nicht ohne weiteres darauf geschlossen werden, dass auch jede Einzelaussage des Parteiprogramms bzw. die Handlungen und Entscheidungen der Staatsorgane, mit denen dieses Programm durchgesetzt werden soll, im Falle einer unmittelbaren Abstimmung von allen Wählern der betreffenden Partei unterstützt würde.

3. Zur Gemeinwohlorientierung der Parteiprogramme

Die relativ geringe Aussagekraft des Wahlergebnisses wäre allerdings dann unproblematisch, wenn andere Mechanismen sicher stellen würden, dass die Parteien ihr Programm am Gemeinwohl ausrichten. Zwar wird ihnen diese Fähigkeit immer wieder bestritten:[3] Am Gemeinwohl würden sich allenfalls die (großen) Volksparteien orientieren, nicht aber die (kleinen) Interessenparteien. Dieser These liegt wiederum die Vorstellung zugrunde, dass sich die einzelnen Wähler bei ihrer Wahlentscheidung ausschließlich an ihren eigenen unmittelbaren Interessen orientieren und diejenige Partei unterstützen werden, die sich genau der besonderen Förderung dieser Partikularinteressen verschrieben hat. Dieses Menschenbild steht aber nicht nur im Widerspruch zur Rechtsprechung des Bundesverfassungsgerichtes, das davon ausgeht, dass sich jeder Mensch der Unmöglichkeit isolierter Selbstbestimmung bewusst ist und die Freiheit zur Selbstbestimmung daher zu Recht als die Freiheit eines „gemeinschaftsbezogenen und gemeinschaftsgebundenen Individuums" definiert hat.[4] Darüber hinaus lässt sich auch kaum mit dem empirischen Befund vereinbaren, nach dem die real existierenden Parteien bzw. ihre Repräsentanten durchaus der Überzeugung sind, dass ihr Programm dem Gemeinwohl am besten entspricht: Erhebt der politischen Gegner im Wahlkampf den Vorwurf einer gezielten Förderung von Partikularinteressen, so wird die angegriffene Partei stets Gründe dafür anführen, dass und warum gerade die besondere Förderung dieser Interessen dem Gemeinwohl besonders förderlich ist. Nichts anderes gilt aber auch für die einzelnen Bürger, die sich bei ihrer Entscheidung

vgl. *Offe*, Politische Legitimation, S. 163.
1 Bzw. deren Auswirkungen auf sich oder ihre unmittelbaren Angehörigen.
2 Für den einen mag etwa die Sicherung der Renten im Vordergrund stehen, für die andere die Senkung der Spitzensteuersätze, für einen Dritten der Schutz der Umwelt und für eine Vierte die Straflosigkeit des Schwangerschaftsabbruchs.
3 Vgl. etwa von Mangoldt/Klein-*Achterberg/Schulte*, Art. 38 GG, Rn. 17, m.w.N. oder noch deutlicher *von Arnim*, Gemeinwohl, passim und S. 136 ff.
4 BVerfGE 45, S. 187, 227 f.

eben nicht nur an ihrem eigenen Vorteil orientieren, sondern zumindest auch an dem, was sie für das Gemeinwohl halten. Dementsprechend geht es beim Streit zwischen den Parteien in einer modernen pluralistischen Gesellschaft nicht mehr um Partikularinteressen sondern um Gemeinwohlkonzepte, so dass die ohnehin willkürliche Unterscheidung zwischen Volks- und Interessenpartei obsolet ist.

Geht man nun aber wie hier davon aus, dass das demokratische Entscheidungsverfahren dazu dient, die konkurrierenden Interessen der einzelnen Individuen – bzw. ihre unterschiedlichen Gemeinwohlentwürfe – untereinander auszugleichen, so scheint die Gemeinwohlbindung der Parteiprogramme aber durch die von Art. 21 I 2 GG gebotene demokratische Organisation der parteiinternen Entscheidungsverfahren gewährleistet zu werden.

a. Die systemimmanente Parteilichkeit der Parteiprogramme

Bei einer näheren Betrachtung wird allerdings deutlich, dass die demokratische Binnenstruktur schon deshalb nicht ausreicht, um die Gemeinwohlbindung der Parteiprogramme zu gewährleisten, weil nur ein relativ geringer Teil der Wahlberechtigten überhaupt Mitglied einer Partei ist und von diesen wiederum nur ein kleiner Teil aktiv an der innerparteilichen Willensbildung mitwirkt. Tatsächlich sind unter den aktiven Parteimitgliedern – und erst recht in den auf Vorschlag der Parteien besetzten Parlamenten – regelmäßig bestimmte (Berufs-) Gruppen überrepräsentiert, andere hingegen gar nicht vertreten.[1]

Selbst wenn man davon ausgeht, dass sich diejenigen Personen, die für die programmatische Ausrichtung der einzelnen Partei verantwortlich sind, nicht nur von ihren eigenen unmittelbaren Interessen leiten lassen, sondern sich nach bestem Wissen und Gewissen mühen, das Programm der Partei am Gemeinwohl auszurichten, ändert dies doch nichts daran, dass es sich bei den politischen Parteien um Zusammenschlüsse politisch Gleichgesinnter handelt. Wenn sich aber die Gemeinwohlentwürfe derjenigen Personen relativ ähnlich sind, die sich an der innerparteilichen Willensbildung beteiligen, dann ist aber zu erwarten, dass sich diese Personen gegenseitig die Richtigkeit ihrer Vorstellungen bestätigen werden – und dabei möglicherweise andere Interessen übersehen oder zumindest nicht hinreichend würdigen, obwohl diese durchaus gesellschaftlich relevant sind und an sich berücksichtigt werden müssten. Damit wird aber deutlich, dass die Unterschiede zwischen den individuellen Gemeinwohlentwürfen im Rahmen des innerparteilichen Willensbildungsprozesses nicht etwa nivelliert, sondern eher noch verstärkt werden. Dementsprechend kann und muss man eine gewisse systemimmanente „Parteilichkeit der Parteiprogramme" unterstellen.[2]

1 Besonders deutlich zeigt sich dies an der Zusammensetzung der Parlamente; vgl. dazu etwa *H.-P. Schneider*, FS Simon, S. 243, 248 f. und schon *Kaack*, S. 646 ff. Überrepräsentiert sind insbesondere die Mitarbeiter des öffentlichen Dienstes, da diese durch umfassende Freistellungsregelungen sehr gut gegen das Risiko eines Mandatsverlustes abgesichert sind. Ähnlich gut vertreten sind Rechtsanwälte und andere Angehörige freier Berufe, die neben der politischen Tätigkeit ihren Beruf zumindest in gewissen Grenzen weiter ausüben können. Zu beachten ist aber auch, dass die Berufswahl häufig schon im Hinblick auf eine mögliche politische Karriere getroffen wird.

2 Noch deutlicher werden diese Verzerrungen, wenn man von einer reinen Konkurrenzdemokratie ausgeht, in der es den einzelnen Beteiligten vor vorne herein nur darum geht, ihre eigenen Interessen durchzusetzen. In diesem Fall wären die Parteien von vorne herein „nur" eine besondere Form der

Diese Tendenzen werden dadurch noch verstärkt, dass die innerparteiliche Demokratie nicht selten weitgehend leer läuft, da die von der Parteibasis benannten Delegierten auf den Parteitagen lediglich den Vorlagen zustimmen können, die zuvor von den Führungsgremien der Partei ausgearbeitet worden sind. Dies gilt gleichermaßen für Sach- wie für Personalentscheidungen. Zwar ist den formellen Entscheidungsverfahren ein permanenter innerparteilicher Diskussionsprozess vorgelagert. Jedoch wird auch dieser innerparteiliche Diskussionsprozess in der politischen Praxis im wesentlichen von der jeweiligen Parteiführung geprägt. Da es somit im Ergebnis ganz entscheidend von den Führungsgremien der jeweiligen Partei abhängt, ob und in wie weit diese bereit sind, sich für die Anregungen und Forderungen der „einfachen Parteimitglieder" zu öffnen, besteht die Gefahr, dass die innerparteiliche Demokratie durch eine Art von Selbstreflexion der Parteifunktionäre ersetzt wird.[1]

b. Zur Gefahr einer Manipulation der innerparteilichen Willensbildung

Von der soeben dargestellen systemimmanenten Parteilichkeit zu unterscheiden ist die *bewusste* Manipulation eines Parteiprogramms im Sinne bestimmter Partikularinteressen. In der verfassungspolitischen Diskussion wird insofern vor allem der übergroße Einfluss der Interessenverbände auf die programmatische Ausrichtung der Parteien moniert: Da die Parteien auf die Unterstützung durch solche Verbände angewiesen seien, würden sie den von diesen Verbänden vertretenen Interessen zumindest tendenziell und gegebenenfalls auch wider besseres Wissen ein allzu großes Gewicht zumessen, um auf diese Weise die Mitglieder der entsprechenden Interessengruppe fest an sich zu binden.[2] Unter diesen Umständen käme es für das Gewicht, das einem bestimmten Interesse im Prozess der politischen Willensbildung zukommt, aber nicht mehr darauf an, ob die Förderung dieses Interesses dem Gemeinwohl entspricht, sondern vor allem darauf, ob eine Partei befürchten muss, *andere* Wählergruppen zu verlieren, wenn sie sich die Förderung dieses bestimmten

---

Interessenverbände.
1   Wegen schwerwiegender Mängel bei der Aufstellung von Kandidaten wurde etwa die Wahl zur Bürgerschaft in Hamburg im Juni 1991 für ungültig erklärt (*HambVfG*, NVwZ 1993, S. 1083), nachdem sich herausgestellt hatte, dass die Kandidaten der CDU sämtlich aufgrund eines Vorschlags durch den Parteivorstand en bloc gewählt wurden, ohne dass es die Möglichkeit für Kandidaturen durch Dritte gegeben hätte (dazu a.a.O., S. 1085 f.). Die auf dieselben Gründe gestützte Anfechtung der Bundestagswahlen 1990 blieb allerdings erfolglos, *BVerfGE* 89, S. 243.
    Gegen Manipulationen der innerparteilichen Willensbildung von *außen* gibt es allerdings keine Rechtsmittel. Im baden-württembergischen Landtagswahlkreis Hechingen-Münsingen traten etwa vor den Wahlen im Jahre 1993 etwa 120 neue Mitglieder in die CDU ein. Diese waren allesamt bei der im Wahlkreis liegenden Firma Trigema beschäftigt. Firmenchef Wolfgang *Grupp* hatte das bürgerschaftliche Engagement seiner Beschäftigten mit 25 DM pro Neumitglied gefördert und war selbst CDU-Mitglied geworden. Er sorgte auch dafür, dass die Mitarbeiter auf Kosten der Firma mit Bussen zur Nominierungsveranstaltung nach Jungingen gebracht wurden. Dort wurde anstelle des bisherigen Abgeordneten *Götz Paul-Stefan Mauz* – der Sohn des Prokuristen der Firma Trigema – zum Kandidaten gewählt. *Grupp* und viele andere Trigema-Mitarbeiter sind kurz darauf wieder aus der CDU ausgetreten; vgl. „Vorwahlen im Hinterzimmer", Der Spiegel, 22.3.1993, S. 102.; „Der Freundschaftsdienst des Paul-Stefan Mauz", StZ, 6.3.1998, S. 6.
2   In diesem Sinne wohl *P. M. Huber*, JZ 1994, S. 689, 693.

Partikularinteresses zur Aufgabe macht, bzw. ob sie eine Wählergruppe verlieren wird, wenn sie dieses Interesse nicht (mehr) vertritt.

Insofern ist zunächst festzuhalten, dass es geradezu zum Wesen der politischen Willensbildung gehört, dass sich die Angehörigen von Interessengruppen zusammenschließen, um ihre gemeinsamen Interessen zu befördern. Denn erst durch diese organisatorische Verselbständigung wird es der Gruppe möglich, ihre gemeinsamen Interessen zu artikulieren und den politischen Akteuren zur Kenntnis zu bringen. Um einen angemessenen Ausgleich der konkurrierenden Interessen sicher zu stellen, muss daher vor allem die Chancengleichheit der einzelnen Interessengruppen gewährleistet sein.

Genau diese Voraussetzung scheint in der Praxis jedoch nicht gegeben zu sein, da sich auf der einen Seite gerade solche Interessen besonders gut organisieren lassen, die nur von einer kleinen Minderheit geteilt werden, während auf der anderen Seite nur ein geringer Anreiz dafür besteht, sich für die Förderung „allgemeiner Interessen" zu engagieren, die alle oder doch ein großer Teil der Bürger gemeinsam haben.[1] Käme es daher für den konkreten Einfluss auf die politische Willensbildung auf die *Organisierbarkeit* der einzelnen Interessen an, so wäre in der Tat zu befürchten, dass bestimmten Partikularinteressen zumindest tendenziell ein übermäßig großes Gewicht zukommt, während die allgemeinen Interessen eher vernachlässigt werden.

Bei einer genaueren Betrachtung wird jedoch deutlich, dass die These vom „Übergewicht" der Interessen kleiner Gruppen zumindest in dieser Pauschalität nicht haltbar ist. Schließlich kann und muss man davon ausgehen, dass es die Wähler einer Partei durchaus zur Kenntnis nehmen werden, wenn diese die „allgemeinen Interessen" nicht hinreichend berücksichtigt. Zumindest diejenigen Parteien, die eine eigene Mehrheit anstreben, werden daher sehr wohl auf die Vereinbarkeit ihrer Vorschläge mit den „allgemeinen Interessen" achten – auch wenn diese Interessen bei der Ausgestaltung des Parteiprogramms und seiner Präsentation möglicherweise nicht unbedingt im Vordergrund stehen werden.[2]

Wenn dennoch nicht mit letzter Sicherheit ausgeschlossen werden kann, dass sich die Parteien der Förderung bestimmter Partikularinteressen verschreiben, dann muss dies wohlgemerkt nicht notwendigerweise darauf zurückzuführen sein, dass die Parteifunktionäre die Wahlprogramme absichtlich manipulieren würden, um ihre Wahlchancen zu verbessern und auf diese Weise die eigene Position zu stabilisieren. Vielmehr lassen sich solche Fehlgewichtungen auch damit erklären, dass die meisten Amts- und Mandatsträger und auch die meisten Parteifunktionäre ihrerseits in bestimmte Interessenverbände eingebunden sind oder dort sogar Führungspositionen inne haben – umgekehrt werden Kandidaten für öffentliche

---

[1] Grundlegend dazu *Olson*, S. 13 ff. und S. 126 ff.; vgl. dazu auch *von Arnim*, Staatslehre, S. 293 ff. Die von *von Arnim* immer wieder genannten Interessen der Steuerzahler sind allerdings nicht „allgemein". Zwar sind alle Bürger steuerpflichtig, aber nur ein Teil zahlt tatsächlich Steuern und nur dieser Teil ist unmittelbar an einer möglichst sparsamen Verwendung der Steuereinnahmen interessiert. Ganz anders stellt sich die Lage jedoch für diejenigen dar, die von den steuerfinanzierten Transferzahlungen des Staates profitieren.

[2] Ohnehin lässt sich der in der tagespolitischen Auseinandersetzung immer wieder erhobene Vorwurf des „Klientelismus" empirisch kaum belegen, da sich der Behauptung, den Interessen einer bestimmten Gruppe sei in einem Einzelfall zu große Bedeutung zugemessen worden, regelmäßig durchaus nachvollziehbare Argumente dafür gegenüberstellen lassen, warum genau die besondere Förderung der Interessen dieser Gruppe zumindest im Ergebnis eben doch dem Gemeinwohl entspricht.

Ämter und Parlamentswahlen nicht zuletzt aus dem Kreis der Verbandsfunktionäre rekrutiert. Diese personellen Verschränkungen können sich auf der einen Seite positiv auswirken, da sie die Parteien in der Gesellschaft verankern und den Informationsaustausch zwischen der Gesellschaft und den politisch Verantwortlichen gewährleisten. Auf der anderen Seite verschärfen sie aber unter Umständen die im vorigen Abschnitt dargestellte systemimmanente Parteilichkeit der Parteiprogramm noch weiter.

c. Zu den Sonderproblemen des Verhältniswahlrechts und der Koalitionsregierungen

Unter den besonderen Bedingungen des in Deutschland üblichen Verhältniswahlrechtes ergeben sich weitere Probleme: Auf der einen Seite haben in einem solchen Wahlsystem auch kleinere Parteien eine reelle Chance, ihre Kandidaten bei Wahlen durchzusetzen. Damit besteht aber eine größere Wahrscheinlichkeit dafür, dass sich die individuellen Präferenzen der Wähler dieser Partei mit den Programmaussagen decken. Auf der anderen Seite entfällt mit der Notwendigkeit, zumindest in einem bestimmten Wahlbezirk eine Mehrheit der Wählerstimmen auf sich vereinigen zu müssen, auch das wichtigste Motiv für den partei-internen Ausgleich der individuellen Gemeinwohlentwürfe.

Unter diesen Umständen wird aber der letzte Schritt des Interessenausgleichs in die Phase nach den Wahlen verlagert. Maßstab für die konkrete Politik der Regierung und der Parlamentsmehrheit ist nicht das Programm derjenigen Partei, die bei den Wahlen den größten Anteil der Stimmen auf sich vereinigen konnte, sondern das Ergebnis der – in der Regel nicht-öffentlichen – Koalitionsverhandlungen, das von den zuständigen Parteiorganen allenfalls abgenickt werden kann. Auch danach werden die wichtigen Entscheidung nicht im Rahmen eines transparenten und demokratischen innerparteilichen Entscheidungsverfahrens getroffen, sondern in kleinen „Koalitionsrunden". Je kleiner der Kreis derjenigen Personen ist, die an der Entscheidung tatsächlich beteiligt sind, desto geringer ist jedoch die Wahrscheinlichkeit dafür, dass wirklich alle relevanten Interessen angemessen Berücksichtigung finden.

In diesem Zusammenhang ist auch zu beachten, dass die Verhandlungsposition der kleineren Koalitionspartner umso stärker ist, je knapper die Mehrheitsverhältnisse ausfallen. Wenn es auf ihre Stimmen ankommt, dann haben kleine Parteien daher einen weitaus größeren Einfluss auf das Regierungsprogramm, als dies nach dem Wahlergebnis gerechtfertigt wäre. Zwar muss auch in diesem Fall ein Interessenausgleich hergestellt werden und es ist durchaus üblich, dass sich die Beteiligten auf ein Regierungsprogramm einigen, das für alle Beteiligten akzeptabel ist. Dennoch besteht unter diesen Umständen endgültig kein Anlass mehr für die Vermutung, dass alle Wähler derjenigen Parteien, die nach den Wahlen die Regierung bilden, das gesamte Regierungsprogramm und sämtliche Entscheidungen der Parlamentsmehrheit und der Regierung unterstützen würden.

4. Zusammenfassung

Zusammenfassend lässt sich damit festhalten, dass es in einer parlamentarischen Demokratie keine Gewähr dafür gibt, dass die Entscheidungen der Staatsorgane stets dem Gemeinwohl oder zumindest dem entsprechen, was eine hinreichende Mehrheit der Bürger für das Gemeinwohl hält. Zunächst begründet schon das Wahlergebnis keine Vermutung dafür, dass alle Wähler einer bestimmten Partei deren Programm *in jeder Hinsicht* unterstützen würden. Vielmehr ist eine solche Vermutung allenfalls in Bezug auf die zentralen Aussagen der Parteiprogramme gerechtfertigt, wobei einschränkend zu beachten ist, dass sich die einzelnen Wähler von sehr heterogenen Motiven leiten lassen, so dass aus dem Wahlergebnis nicht einmal mit hinreichender Sicherheit geschlossen werden kann, dass alle Wähler einer Partei deren Aussagen zur Wirtschafts- und Sozialpolitik in vollem Umfang akzeptieren würden.

Auch der Prozess der innerparteilichen Willensbildung bietet keine Gewähr dafür, dass die Partei ihr Programm am Gemeinwohl, respektive an den Vorstellungen ihrer Wähler über dessen konkreten Inhalt ausrichtet. Selbst wenn man unterstellt, dass sich die Verantwortlichen innerhalb der Parteien nicht allein deshalb bestimmte Partikularinteressen zu eigen machen, um auf diese Weise ihre Wahlchancen zu verbessern, wird die Gemeinwohlbindung der Parteiprogramme schon dadurch gefährdet, weil sich in den Parteien Individuen mit vergleichsweise homogenen Interessen zusammen finden und daher zu erwarten ist, dass das Programm einer Partei tendenziell zu stark von den Partikularinteressen ihrer jeweiligen Mitglieder geprägt wird. Dies wirkt sich dann aber auch auf die konkrete Politik der Regierungsparteien aus,[1] da nicht sicher gestellt ist, dass alle entscheidungserheblichen Informationen in die Entscheidungsprozesse einfließen.

B. Zu den systemimmanente Korrekturmechanismen

Kein moderner demokratisch verfasster Staat kann auf die organisatorische Vorarbeit der Parteien verzichten, da nur sie allein dazu in der Lage sind, den unabdingbaren gesellschaftlichen Diskussionsprozess zu institutionalisieren und zu kanalisieren.[2] Zwar können Interessenverbände die zu beachtenden Interessen möglicherweise effizienter artikulieren und die politischen Kraftzentren liegen daher auch nicht in den Parteien, sondern in diesen Verbänden, den Führungsetagen der Großunternehmen und in den Massenmedien.[3] Erst durch die Parteien werden die divergierenden Partikularinteressen aber in den größeren Zusammenhang eines politischen Gesamtkonzeptes gestellt.

Die im vorigen Abschnitt dargestellten strukturellen Probleme der parlamentarischen Demokratie können daher nicht durch die Entmachtung oder sogar die völlige Ausschaltung

---

1 Als problematisch stellt sich die Lage dabei vor allem für die Angehörigen ethnischer, sprachlich-kultureller und konfessioneller Minderheiten dar, deren Anliegen sich gegebenenfalls so weit von denen der Mehrheit unterscheiden, dass sie von keiner der Parteien aufgenommen werden; vgl. dazu schon *Heun*, S. 233 ff.
Zu den strukturellen Minderheiten gehören weiterhin diejenigen Gruppen, die – zumindest derzeit – vom Prozess der politischen Willensbildung ausgeschlossen sind und die daher letzten Endes darauf hoffen müssen, dass sich genügend Wahlberechtigte ihre Interessen zu eigen machen – und sei es auch nur aus dem Bedürfnis heraus, den sozialen Frieden zu erhalten; vgl. dazu *Rux*, Öko-Diktatur, S. 301 ff. sowie *Lutz*, S. 462 ff., und insbesondere S. 484 ff..
2 Auch *Jochum*, S. 68 ff., betont die Notwendigkeit eines breiten öffentlichen Diskurses.
3 Vgl. dazu auch schon *Stolleis*, VVDStRL 44 (1985), S. 7, 13/20 f., m.w.N.

der Parteien aus der Welt geschafft werden.[1] Statt dessen sollen verschiedene systemimmanente Korrekturmechanismen sicher stellen, dass das Gemeinwohl auch in einer durch die politischen Parteien dominierten repräsentativ-parlamentarischen Demokratie Maßstab der Politik bleibt.

1: Die Unabhängigkeit der Abgeordneten

Als zentrales Instrument, um die Gemeinwohlorientierung der Politik sicherzustellen, wird seit jeher die Unabhängigkeit der Abgeordneten angesehen,[2] die in Art. 38 I 2 GG und den vergleichbaren Bestimmungen der Landesverfassungen verankert ist.[3]

In der Tat macht Art. 38 I GG den Abgeordneten ihre persönliche Unabhängigkeit zum Auftrag.[4] Auch wenn sie als Kandidat einer Partei gewählt worden sind, sollen sie nicht strikt an das Parteiprogramm und die Vorgaben der Parteiführung gebunden sein. Vielmehr müssen sie vor jeder Entscheidung abwägen, ob die Vorgaben der Partei- bzw. Fraktionsführung tatsächlich dem Gemeinwohl entsprechen.[5] In der Realität sind die Abgeordneten über die Fraktionen dennoch fest in ihre Partei eingebunden.[6] Sie weichen daher nur in Ausnahmefällen von den Vorgaben der Fraktionsführung ab – und dies in der Regel auch nur dann, wenn die Abstimmung zuvor ausdrücklich frei gegeben wurde.[7]

---

1 Wie auch immer diese zu bewerkstelligen wäre.

2 Vgl. etwa *Leibholz*, DVBl. 1951, S. 1, 6 f. und ausführlicher *ders.*, 38. DJT, S. C 16 ff. Besonders deutlich formuliert hier etwa *Schäuble*, FS Benda, S. 221, 225.

3 Artt. 27 III 1 BW-V, 13 II BayV, 38 IV VvB, 56 I BbgV, 83 BremV, 7 HambV, 77 HessV, 22 I MV-V, 12 NdsV, 30 II NRW-V, 79 S. 2 RP-V, 66 II 1 SaarV, 39 III SächsV, 41 II LSA-V, 11 I SH-V, 53 I ThürV

4 Dabei ist zu beachten, dass der Wahlakt selbst den Abgeordneten nicht die Stellung eines Repräsentanten des gesamten Volkes vermittelt. Schließlich werden sie bei einer Wahl nach Wahlkreisen nicht durch das ganze Volk gewählt und bei einer Listenwahl nicht als Person, sondern lediglich als Kandidat einer bestimmten Partei. Daher begründet Art. 38 I GG einen Auftrag und eine Verpflichtung der Abgeordneten, die sich des Vertrauens der Wähler erst würdig erweisen müssen; vgl. ähnlich etwa von Mangoldt/Klein-*Achterberg/Schulte*, Art. 38 GG, Rn. 38.

5 In diesem Sinne auch *von Arnim*, Gemeinwohl, S. 389 f.

6 Wenn *P. M. Huber*, JZ 1994, S. 689, 691, darauf abstellt, dass die Fraktionen keine „Parteien im Parlament" seien, verkennt er die Realität der politischen Willensbildung.

7 Die Stärke der Fraktionsbindung wurde anlässlich der Abstimmung über das „Staatsziel Umweltschutz" in der Gemeinsamen Verfassungskommission von Bundesrat und Bundestag deutlich. Die CDU/CSU-Fraktionsführung hatte unmissverständlich klargemacht, dass jeder, der für den vom Kommissionsvorsitzenden Rupert *Scholz* (MdB/CDU) vorgeschlagenen Kompromiss stimmen würde, aus der Kommission abberufen werde, da in den Ausschüssen des Parlamentes „Fraktionszwang" gelte; vgl. dazu das Sten. Prot. der 18. Sitzung der GVK am 4.3.1993, S. 2 ff., und dort die Äußerungen von Hans-Jochen *Vogel* (MdB, SPD) und Wolfgang *Ullmann*, (MdB, Bündnis 90/Die Grünen), a.a.O., S. 4 f.; ausführlich zur Vorgeschichte „Recht auf Sonnenschein", Der Spiegel, 8.2.1993, S. 29 f.; „Rüttgers sucht die Versöhnung mit Scholz", FAZ, 17.2.1993, S. 4.
Erst nachdem *Scholz* erklärte, den Vorsitz der Kommission ruhen lassen zu wollen, lenkte die Parteiführung ein – zumindest wurden entsprechende Pressemeldungen nicht dementiert; vgl. „Turbulente Kommissionsarbeit", Handelsblatt, 3.3.1993.

Die Ursachen für dieses Phänomen können hier nur in Grundzügen dargestellt werden. Entscheidende Bedeutung kommt insofern dem Umstand zu, dass die meisten Abgeordneten zugleich Führungspositionen innerhalb ihrer Partei wahrnehmen. Dementsprechend setzen sie im Rahmen ihres Mandates nicht nur die Ergebnisse des innerparteilichen Willensbildungsprozesses um, sondern sie prägen diesen Prozess selbst und müssen daher keineswegs immer dazu gezwungen werden, der Parteilinie zu folgen.[1]

In diesem Zusammenhang ist wiederum die bereits erwähnte Notwendigkeit für eine politische Arbeitsteilung zu beachten, die sich auch innerhalb des Parlamentes und der Fraktionen fortsetzt. Da kein Abgeordneter dazu in der Lage ist, sich in alle Sachgebiete gleichermaßen einzuarbeiten, sind die einzelnen Abgeordneten darauf angewiesen, im Vertrauen auf die Kompetenz der zuständigen Fraktionskollegen den Vorgaben der Fraktionsführung zu folgen, die ihrerseits die Aufgabe hat, die Aktivitäten der einzelnen Abgeordneten zu koordinieren.[2]

Dennoch kann es vorkommen, dass der einzelne Abgeordnete in Einzelfragen eine andere Auffassung vertritt als seine Partei. Wenn er sich dennoch der Fraktionsdisziplin beugt, dann lässt sich das vor allem auf die unvermeidbare Professionalisierung der Politik zurück führen,[3] die dazu geführt hat, dass sowohl die Abgeordneten des Bundestages als auch die Landtagsabgeordneten ihr Mandat als Vollzeittätigkeit ausüben,[4] und daher zur Sicherung ihres Lebensunterhaltes in der Regel auf die Abgeordnetenentschädigung angewiesen sind. Wollen die Abgeordneten die mit der Wahrnehmung des Mandates verbundenen Einkünfte und ihre soziale Stellung nicht gefährden, so müssen sie sich das Vertrauen ihrer Partei erhalten, da diese über das faktische Monopol für die Kandidatenaufstellung zumindest im Ergebnis die Funktion eines Arbeitgebers wahrnimmt.

Die Notwendigkeit zur politischen Arbeitsteilung legitimiert somit nicht nur die Einführung der parlamentarischen Demokratie, sondern sie erweist sich zugleich auch als Grund für das Versagen des wichtigsten systemimmanenten Korrekturmechanismus' dieses Systems.[5]

---

1 *Wefelmeier*, S. 162 ff., hat überzeugend dargelegt, dass Art. 38 I 2 GG nur rechtliche Bindungen ausschließt, nicht aber dem faktischen Druck entgegensteht, dem jeder Abgeordnete aufgrund seiner persönlichen Einbindung in gesellschaftliche Gruppen ausgesetzt ist.

2 Vgl. *von Arnim*, Gemeinwohl, S. 392 f. *Heun*, S. 159 f. und S. 217.

3 So auch die vom Bundestag eingesetzte „Unabhängige Kommission zur Überprüfung des Abgeordnetenrechtes" in ihrem Schlussbericht vom 3.6.1993, BT-Drs. 12/5020, S. 6. Schon *Schumpeter*, S. 452 ff., hat auf die Notwendigkeit zur Professionalisierung hingewiesen und festgestellt dass „Politik unweigerlich eine Karriere ist." (a.a.O., S. 453).

4 Ausnahmen gelten lediglich für die Angehörigen freier Berufe, für Unternehmer sowie für die Beschäftigten von Verbänden etc. Dabei ist allerdings zu beachten, dass auch diese Abgeordneten in der Regel für die Ausübung des Mandates freigestellt sind und ihre übrige berufliche Tätigkeit auf ein Minimum beschränken.

5 Dies verkennt *Schäuble*, FS Benda, S. 221, 223 ff., der zwar das Phänomen der Professionalisierung der Politik beschreibt, dann aber darauf abstellt, dass auch die modernen Abgeordneten den *Wählern* Rechenschaft ablegen müsse, wenn er wieder gewählt werden wolle. Tatsächlich muss er sich nur der Partei stellen, die ihn wieder aufstellen soll. Eine individuelle Zurechnung der Verantwortung für eine politische Entscheidung ist nicht möglich.

In diesem Zusammenhang ist abschließend festzuhalten, dass die Unabhängigkeit der Abgeordneten dort in keinem Fall weiterhilft, wo diese selbst „Partei" sind, weil sie in eigener Sache zu entscheiden haben. Da die individuellen Interessen der Abgeordneten sich hier im wesentlichen decken, existiert keine „echte" Opposition. Statt dessen besteht die Gefahr der „Kartellbildung", und der Eindruck der „Selbstbedienung der Abgeordneten" wird unvermeidbar.[1] Eine ganz ähnliche Konstellation ergibt sich in Bezug auf die Regelungen über die Rechte und Pflichten der Parteien, insbesondere über ihre unmittelbare[2] und mittelbare[3] Finanzierung. Das bedeutet zwar nicht, dass die entsprechenden Entscheidungen stets gemeinwohlwidrig wären,[4] die Abgeordneten, die hier in eigener Sache entscheiden müssen, stehen aber stets unter dem Verdacht, dass sie sich in erster Linie von ihren eigenen Interessen leiten lassen würden. Dies kann schlimmstenfalls zu einer vollständigen Reformblockade führen.[5]

2. Die regelmäßigen Wahlen

Wie soeben deutlich wurde, läuft die Unabhängigkeit der Abgeordneten vor allem deshalb leer, weil diese in der Regel ein sehr großes Interesse daran haben, für die nächsten Wahlen erneut von ihrer Partei aufgestellt zu werden. Daraus darf nun aber selbstverständlich nicht ohne weiteres darauf geschlossen werden, dass dem Gemeinwohl durch eine Verlängerung der Wahlperiode oder gar durch die Abschaffung der periodischen Wahlen gedient werden könnte, weil es Abgeordneten, die nicht auf ihre Wiederwahl angewiesen sind, wesentlich leichter fallen würde, sich ihre persönliche Unabhängigkeit zu bewahren. Vielmehr gehören die regelmäßigen Wahlen zu den Kernelementen einer repräsentativen Demokratie, da die jeweilige Regierung bzw. Regierungsmehrheit erst und nur im Rahmen dieser Wahlen für ihre bisherige Politik zur Verantwortung gezogen werden kann.

Allerdings stellt sich die Frage, ob und welche Bedeutung den regelmäßigen Wahlen für die Gemeinwohlbindung der zukünftigen Politik zukommt. Grundsätzlich ist davon auszugehen, dass die Regierungsmehrheit nicht befürchten muss, bei den nächsten Wahlen zur Verantwortung gezogen und abgewählt zu werden, solange ihre Politik den Vorstellungen ihrer Wähler hinreichend Rechnung getragen hat und – daher – zu erwarten ist, dass dies auch in Zukunft der Fall sein wird. Ob den Interessen bestimmter Personen oder Gruppen bei einzelnen Entscheidungen ein zu geringes Gewicht eingeräumt wird, spielt dabei grundsätzlich keine Rolle. Wenn die Wähler einer Partei das Vertrauen ausgesprochen haben,

---

1 Vgl. dazu statt vieler *von Arnim*, Partei, S. 1 ff, und S. 251 ff.; *ders.*, ZRP 1998, S. 138, 140 ff. und schon *ders.*, Staatslehre, S. 276 ff.

2 Etwa durch Wahlkampfkostenerstattung, die Steuerbegünstigung von Spenden und sonstige Finanzhilfen.

3 Etwa durch die Mittel, die Abgeordneten und Fraktionen für ihre politische Arbeit zur Verfügung gestellt werden, oder über Zuschüssen an die parteinahen Stiftungen.

4 Zu beachten ist in diesem Zusammenhang insbesondere, dass sich die Stellung der Abgeordneten im Zuge der zunehmenden Professionalisierung der Politik mehr und mehr derjenigen der übrigen „Staatsdiener" angenähert hat. Daher ist es angemessen, dass nicht nur die Regierungsmitglieder, sondern auch die Parlamentsabgeordneten durch den Staat alimentiert werden. Dies betrifft sowohl die Bezüge während der Amtszeit als auch die Versorgung nach dem Ende der politischen Laufbahn.

5 Beispielhaft sind die Diskussionen über eine Reform der Versorgungsbezüge von Abgeordneten.

obwohl deren Programm nicht in jeder Hinsicht dem Gemeinwohl entspricht, dann werden sie die Regierung gegebenenfalls auch dann im Amt bestätigen, wenn sie das Programm insofern auch umgesetzt hat.

Die regelmäßigen Wahlen sollen somit nicht oder zumindest nicht in erster Line die Gemeinwohlbindung der Politik gewährleisten, sondern vor allem verhindern, dass sich die Regierung bzw. die Regierungsmehrheit von ihren Wählern abkoppelt. Tatsächlich *verstärken* die regelmäßigen Wahlen unter diesen Umständen aber die systemimmanente Tendenz zur übermäßigen Gewichtung bestimmter Partikularinteressen, da die jeweilige Regierungspartei oder Regierungskoalition diejenigen Interessen, deren Förderung sie sich in ihrem Programm verschrieben hat, auch praktisch umsetzen muss, wenn sie bei den nächsten Wahlen keine Stimmenverluste riskieren will. Im Grunde ist in jedem demokratischen System daher die Gefahr einer „Diktatur der Mehrheit" angelegt, die umso größer ist, je deutlicher sich die Interessen der verschiedenen Gruppen innerhalb der Gesellschaft voneinander unterscheiden.

3. Die Gewaltenteilung

Das klassische Instrument, um einen Machtmissbrauch durch die Staatsorgane zu verhindern, ist die Teilung und gegenseitige Kontrolle der Gewalten. Insofern ist zunächst zu beachten, dass der Begriff der Gewaltenteilung irreführend ist, da er die Existenz verschiedener Institutionen mit klaren Zuständigkeiten impliziert, die sich gegenseitig kontrollieren. Tatsächlich handelt es sich bei der Gewaltenteilung um ein hoch komplexes System von „check and balances", das besser durch den Begriff der Gewaltenverschränkung beschrieben wird.

Auch wenn hier nicht auf die Details des Verhältnisses zwischen den einzelnen Staatsorganen eingegangen werden kann und auch nicht muss, ist festzuhalten, dass die Gewaltenteilung durch den dominierenden Einfluss der Parteien überspielt wird, die über ihr Kandidatenaufstellungsmonopol zumindest die Exekutive und die Legislative dominieren: Im politischen System der Bundesrepublik Deutschland und ihrer Länder ist die Regierung zwar vom Vertrauen der jeweiligen Parlamentsmehrheit abhängig. Die Parlamentsmehrheit ist aber schon deshalb kaum dazu in der Lage, die Regierung wirklich zu kontrollieren, weil die meisten Regierungsmitglieder zugleich Abgeordnete des Parlamentes sind und sich daher im Grunde selbst kontrollieren. Selbst wenn man diesen Konflikt durch Inkompatibilitätsvorschriften beseitigen würde, bleibt der Umstand bestehen, dass die Regierung regelmäßig (teil-)identisch mit den Führungsgremien der Regierungsparteien ist. Da die Wahlchancen einer Partei aber nicht zuletzt davon abhängen, ob sei nach außen geschlossen auftritt, werden die Angehörigen der Mehrheitsfraktionen nur sehr zurückhaltend öffentlich Kritik an der Regierung üben.

Nachdem die jeweilige Parlamentsmehrheit unter diesen Umständen aber nur bedingt dazu in der Lage ist, die Regierungstätigkeit zu kontrollieren, ist die klassische Gewaltenteilung zwischen dem Parlament und der Regierung mittlerweile weitgehend durch die Konkurrenz zwischen der Regierungsmehrheit und der Opposition ersetzt worden.[1] Die

---

1 In diesem Sinne etwa *P. M. Huber*, JZ 1994, S. 689, 691. Grundlegend *H.-P. Schneider*, Opposition,

Opposition allein kann die Regierung aber nicht zur Verantwortung ziehen oder ihr gar bestimmte Änderungen der Politik vorschreiben. Sie ist im wesentlichen darauf beschränkt, die Öffentlichkeit zu mobilisieren und kann nur darauf hoffen, bei den nächsten Wahlen selbst die Mehrheit zu erreichen, um dann eine nach ihrer Ansicht verfehlte Politik zu korrigieren.[1]

Unter diesen Umständen wird die Verfassungsgerichtsbarkeit zum wichtigsten Instrument für die Kontrolle der Entscheidungen und sonstigen Maßnahmen des Parlamentes und der Regierung. Die Gerichte sind jedoch nicht dem Gemeinwohl verpflichtet, sondern an Recht und Gesetz gebunden und können daher nur dann korrigierend eingreifen, wenn und insoweit das Gemeinwohl durch die Rechtsordnung konkretisiert worden ist.

4. Zusammenfassung

Zusammenfassend lässt sich damit festhalten, dass die systemimmanenten Korrekturmechanismen weitgehend leer laufen:[2]

– Die Unabhängigkeit der Abgeordneten wird durch die (notwendige) Professionalisierung der Politik faktisch aufgehoben. Selbst dann, wenn diese im Einzelfall zu dem Ergebnis kommen sollten, dass die Vorgaben der Partei- bzw. Fraktionsführung nicht mit ihren Vorstellungen vom Gemeinwohl vereinbar sind, werden sie sich nur in extremen Ausnahmefällen der Fraktionsdisziplin entziehen.
– Das Erfordernis regelmäßiger Wahlen kann lediglich die Bindung der Regierung an ihre Wähler gewährleisten. Eine effiziente Kontrolle oder gar Steuerung der Regierungspolitik ist auf diese Weise jedoch nicht möglich.
– Durch die dominante Stellung der Parteien wird auch die Gewaltenteilung faktisch unterlaufen. Die Kontrolle der Regierung obliegt im Ergebnis allein der jeweiligen Opposition – Diese ist aber nur sehr bedingt dazu in der Lage, die Regierung zur Verantwortung zu ziehen.

Die eingeschränkte Rückkoppelung zwischen den Bürgern auf der einen Seite und ihren Repräsentanten bzw. dem Staat und seinen Organen auf der anderen Seite kann auf der einen Seite zu Fehlgewichtungen im politischen Prozess führen, da nicht sicher gestellt ist, dass alle entscheidungserheblichen Interessen mit einem angemessenen Gewicht berücksichtigt werden. Auf der anderen Seite besteht für die Regierung und das Parlament unter diesen Umständen keine zwingende Notwendigkeit, den Bürgern die Motive zu vermitteln, die hinter der Regierungspolitik stehen. Diese Entfremdung kann schlimmstenfalls zu einer tiefgreifenden Legitimationskrise führen, obwohl alle Beteiligten für sich in Anspruch nehmen, das Gemeinwohl befördern zu wollen.

passim.
1 Jedenfalls auf der Ebene des Bundes hat die Opposition allerdings zumindest derzeit noch ein sehr effektives Mittel, um Einfluss auf die Regierungspolitik zu nehmen, wenn und so lange sie den Bundesrat dominiert. In der Realität führt diese Verflechtung allerdings keineswegs zu einer effektiven Kontrolle, sondern verstärkt die Tendenzen zur Entparlamentarisierung der Entscheidungsprozesse und dazu, „Kompromisspakete" zu schnüren.
2 Zusammenfassend dazu auch *Heußner*, Volksgesetzgebung, S. 76 ff., m.w.N.

C. Zur Funktion und zu den Strukturproblemen der unmittelbaren Demokratie

Angesichts der objektiven Notwendigkeit für eine weit reichende politische Arbeitsteilung erscheint die Einführung direktdemokratischer Verfahren dann und nur dann sinnvoll, wenn diese Verfahren auf der einen Seite geeignet sind, die im vorigen Abschnitt dargelegten strukturellen Defizite eines repräsentativen Systems der politischen Willensbildung zumindest teilweise auszugleichen *ohne* dabei auf der anderen Seite selbst vergleichbar schwer wiegende strukturelle Defizite aufzuweisen. Im Folgenden soll daher der Versuch unternommen werden, die potentielle Funktion der direktdemokratischen Verfahren im Parteienstaat herauszuarbeiten und auf diese Weise die eher banale Feststellung mit Leben zu erfüllen, dass die direktdemokratischen Verfahren das repräsentativ-parlamentarische System nicht ersetzen, sondern nur ergänzen sollen.[1]

1: Zur Funktion des unmittelbaren Einflusses der Bürger auf politische Sachentscheidungen

Wie im bisherigen Verlauf der Untersuchung deutlich wurde, ist in einem repräsentativ-parlamentarischen System der politischen Willensbildung nicht mit hinreichender Sicherheit gewährleistet, dass die Entscheidungen und sonstigen Maßnahmen der Staatsorgane dem Gemeinwohl oder zumindest dem entsprechen, was eine Mehrheit der Bürger für das Gemeinwohl hält. Auch wenn diese Verzerrungen zu einem Teil auf gemeinwohlwidrige Manipulationen des Prozesses der politischen Willensbildung oder auf die zielgerichtete Förderung bestimmter Partikularinteressen zurückzuführen sein mögen, besteht das weitaus größere Problem darin, dass nicht alle entscheidungsrelevanten Informationen in den Prozess der politischen Willensbildung einfließen und dort angemessen berücksichtigt werden.

Den direktdemokratischen Verfahren kann daher zum einen dann eine Schlüsselfunktion im politischen Prozess zukommen, wenn sie auch vergleichsweise kleinen Gruppen von Bürgern die Möglichkeit verschaffen, sich gegenüber dem Parlament und der Regierung zu artikulieren. Zwar haben die einzelnen Bürger bereits mit dem Petitionsrecht eine Möglichkeit, unmittelbar an das Parlament heranzutreten, um diesem einzelne Probleme oder Möglichkeiten zu deren Lösung aufzuzeigen.[2] Das Parlament, i.e. seine Mehrheit, ist aber nicht gezwungen, diese Anregungen auch nur zur Kenntnis zu nehmen, da Petitionen ebenso wie die Anträge der parlamentarischen Opposition ohne nähere Begründung zurückgewiesen werden können. Das Petitionsrecht ist daher kein Instrument der politischen Willensbildung, das den Bürgern eine quasi-plebiszitäre Einflussmöglichkeit auf die staatliche Entscheidungsfindung eröffnen würde.[3] Durch die Volksinitiative und gegebenenfalls auch durch ein Volksbegehren wird das Parlament jedoch zu einer intensiveren Auseinanderset-

---

1 Vgl. etwa *Berlit*, KritVjschr. 1993, S. 318, 337.
2 Ausführlich zur kommunikativen Funktion von „Massenpetitionen" *Würtenberger*, Massenpetitionen, S. 92 ff.
3 Vgl. dazu *J. Burmeister*, HdBStR § 32, Rn. 2 bzw. 17 ff., m.w.N., der allerdings zu weit geht, wenn er im Hinblick auf Petitionen zu allgemein-politischen Angelegenheiten von einer möglichen „Erschleichung" plebiszitärer Gestaltungsbefugnisse" spricht und insofern schon den *Schutzbereich* des Petitionsrechtes nicht eröffnet sieht; vgl. *J. Burmeister*, HdBStR § 32, Rn. 20.

zung mit dem Anliegen der Initiatoren verpflichtet, insbesondere dazu, diese anzuhören. Auf diese Weise können auch und insbesondere jene Themen zum Gegenstand der Diskussion gemacht werden, die bisher noch von keiner Partei aufgegriffen worden sind oder bei denen ein „Allparteien-Kartell" eine differenzierte Diskussion verhindert hat.[1]

Wenn die direktdemokratischen Verfahren aber zunächst und in erster Linie dafür genutzt werden sollen, den öffentlichen Diskurs über Sachfragen zu institutionalisieren und zu kanalisieren,[2] dann müssen diese Verfahren von Anfang an darauf ausgelegt sein, die *Kommunikation* zwischen den Bürgern und ihren Repräsentanten zu verbessern. Dabei geht es nicht nur darum, den Bürgern ein Artikulationsinstrument in die Hand zu geben, sondern vielmehr auch darum, dem Parlament, der Regierung oder anderen Staatsorganen, die – zumindest mittelbar – als Adressat einer solchen Initiative in Betracht kommen eine Möglichkeit zu verschaffen, um den Bürgern im Rahmen des Verfahrens die Motive nahe zu bringen, die hinter der jeweiligen Regierungspolitik stehen: Schließlich ist die Tatsache, dass ein bestimmter Anteil der Stimmberechtigten ein direktdemokratisches Verfahren eingeleitet hat, ein Beleg dafür, dass es der Regierungsmehrheit bisher nicht gelungen ist, den Bürgern die Notwendigkeit der bisherigen Regierungspolitik zu vermitteln. Um den Informationsfluss in beide Richtungen zu gewährleisten, erscheint es daher geboten, die direktdemokratischen Verfahren von Anfang an möglichst eng mit dem parlamentarischen Beratungsverfahren zu verzahnen. Insbesondere entspricht es der Funktion der direktdemokratischen Verfahren als Kommunikationsinstrument, wenn das Parlament das Verfahren erledigen kann, indem es sich das Anliegen der Initiatoren zu eigen macht. Geschieht dies nicht, dann müssen aber auch die Initiatoren eine Möglichkeit haben, ihren Antrag nochmals abzuändern, um auf die Argumente des Parlamentes und der Regierung einzugehen.

Entspricht das Parlament einer Volksinitiative oder einem Volksbegehren nicht und gelingt es ihm auch nicht, die Bürger davon zu überzeugen, dass die derzeitige Regierungspolitik dem Gemeinwohl entspricht, dann kommt die zweite Funktion der direktdemokratischen Verfahren zum Tragen, nämlich die eines *Korrektivs* der Regierungspolitik.[3] Allerdings kann die Einführung des Volksentscheides nicht einfach damit begründet werden, dass diese eine Möglichkeit haben sollten, um gemeinwohlwidrige Entscheidungen ihrer Repräsentanten zu korrigieren. Denn selbst wenn man davon ausgehen würde, dass die Gemeinwohlbindung der Staatsorgane theoretisch daran gemessen werden kann, ob die

---

1 In der Literatur findet sich häufig die These, dass die Bürger die direktdemokratischen Verfahren nutzen könnten, um der angeblichen „Selbstbedienungsmentalität" der Politiker und Parteien entgegen zu wirken; vgl. dazu statt vieler besonders plakativ *von Arnim*, „Für eine legale Revolution", Sonntag aktuell, 8.2.1998, S. 2 f. und etwas zurückhaltender *ders.*, ZRP 1998, S. 138, 141 f./146 f.; *Fliegauf*, JR 1992, S. 486, 492 f.; *Heußner*, Volksgesetzgebung, S. 76 ff., m.w.N.; *U. K. Preuß*, ZRP 1993, S. 131, 136. In diesem Sinne auch *Kirchgässner/Frey*, S. 42, 49, die davon sprechen, dass das Volk die Rolle der Opposition ausfüllen soll.

2 So schon *Ritterbach*, S. 53; vgl. auch von Mutius/Wuttke/*Hübner*, vor Art. 41 SH-V, Rn. 4; *Kampwirth*, S. 17, 32 ff. und 58 ff.; *Maurer*, S. 32; *U. K. Preuß*, ZRP 1993, S. 131, 137. Auch der *Verfasser* selbst hat sich schon in diesem Sinne geäußert (*Rux*, ZParl 1992, S. 291, 304 f.).

3 Diese Funktion wird regelmäßig in den Vordergrund gerückt, vgl. dazu *Bugiel*, Volkswille, S. 101 ff., *Heußner*, Volksgesetzgebung, S. 80 ff., jeweils m.w.N. Die unmittelbare Mitwirkung der Bürger setzt allerdings nicht notwendigerweise voraus, dass das Parlament zuvor eine Entscheidung getroffen hat. Unter Umständen führt vielmehr gerade die Untätigkeit der Volksvertretung dazu, dass ein direktdemokratisches Verfahren eingeleitet wird.

Entscheidungen dieser Staatsorgane bei einer unmittelbaren Abstimmung die Zustimmung durch eine hinreichende Mehrheit der Bürger erhalten würde,[1] bedeutet dies keineswegs, dass die Ergebnisse unmittelbarer Sachentscheide unter allen Umständen eine höhere Qualität aufweisen würden, als die Entscheidungen des Parlamentes, der Regierung oder der anderen Staatsorgane. Diese Annahme wäre nämlich nur dann gerechtfertigt, wenn sich die Bürger beim Volksentscheid aufgrund derselben oder zumindest vergleichbar aussagekräftige Informationen über die entscheidungsrelevanten Umstände entscheiden könnten, die auch den Staatsorganen zur Verfügung stehen. Diese Voraussetzung lässt sich in der Realität der politischen Willensbildung aber nur in seltenen Ausnahmefällen erfüllen, da die einzelnen Bürger gegebenenfalls einen ganz erheblichen Aufwand betreiben müssen, um sich in Bezug auf den jeweiligen Abstimmungsgegenstand hinreichend sachkundig zu machen.[2] Unter diesen Umständen kann aber keine Rede davon sein, dass unmittelbare Entscheidungen der Bürger stets und unter allen Umständen dem Gemeinwohl entsprechen oder auch nur „besser" als Entscheidungen des Parlamentes wären. Vielmehr besteht auch hier ein ganz erhebliches Irrtumsrisiko.

Angesichts der oben dargestellten strukturellen Probleme des parlamentarischen Verfahrens besteht auf der anderen Seite aber auch kein Anlass dafür, den Ergebnissen dieses Verfahrens generell eine höhere Qualität und eine größere Nähe zum Gemeinwohl zuzumessen. Vielmehr kommt es entscheidend auf die Ausgestaltung des Verfahrens und eine angemessene Information der Bürger an.[3]

Obwohl die direktdemokratischen Verfahren dementsprechend nicht darauf ausgelegt werden sollten, die Hürden auf dem Weg bis zum Volksentscheid so weit wie möglich abzusenken, ist auf der anderen Seite zu beachten, dass das kommunikative Potential der direktdemokratischen Verfahren gegebenenfalls entscheidend davon abhängt, ob eine realistische Chance dafür besteht, dass ein auf dem Wege des Volksbegehrens eingebrachter Entwurf tatsächlich zum Volksentscheid gebracht und im Rahmen dieses Verfahrens auch angenommen werden kann. Denn nur dann wird gegebenenfalls schon die Ankündigung eines direktdemokratischen Verfahrens genügen, um einen Kurswechsel der Regierungspolitik herbeizuführen.[4] Tatsächlich setzt die „präventive Wirkung" der direktdemokrati-

1   Vgl. dazu oben S. 47 ff.
2   Daher ist es wenig überzeugend, wenn etwa *Obst*, Chancen, S. 283 f. oder *Wassermann*, Zuschauerdemokratie, S. 120 ff. auf die unwiderlegbare Vermutung abstellen, dass die Bürger reif genug seien. Kritisch dazu schon *Bugiel*, Volkswille, S. 467 f.
3   Vgl. dazu unten S. 94.
4   Vgl. etwa *Evers*, APUZ 1991, B 23, S. 3, 11; *Jung*, ZParl 1995, S. 658, 651 f.; *Maurer*, S. 32; oder zum Beispiel der Schweiz *Blankart*, StWissStPrax 1992, S. 509, 520 ff. und schon früher *Hernekamp*, S. 327, m.w.N., sowie *Niclauß*, Polit.Vjschr. 1967, S. 126, 138, der vom „Damoklesschwert-Effekt" spricht. Diese „präventive Wirkung" der direktdemokratischen Verfahren wird häufig mit dem Begriff „fleet in being" gekennzeichnet (so etwa *Berlit*, KritVjschr. 1993, S. 318, 339; von Mutius/Wuttke/*Hübner*, Vor Artt. 41 f. SH-V, Rn. 4; *Püttner*, S. 192, 196), der aufgrund seiner martialischen Herkunft allerdings wenig angemessen für die Beschreibung einer politischen Wirkung erscheint. Der Begriff wurde erstmals im Jahre 1690 von *Arthur Herbert Earl of Torrington* anlässlich der Beschreibung der Seeschlacht von Beachy Head verwendet. Schon die bloße Möglichkeit, dass die an sich unterlegene englisch-niederländische Flotte den französischen Schiffen Schaden zufügen könnte, habe diese zurückschrecken lassen; vgl. dazu den Eintrag „fleet" in. „Oxford English Dictionary", 2. Auflage, Band V, Oxford 1989, S. 1039.

schen Verfahren unter diesen Umständen sogar noch früher ein, weil die Staatsorgane von vorne herein sehr viel stärker darauf bedacht sein werden, den Bürgern die Motive zu vermitteln, die hinter der Regierungspolitik stehen, wenn die Parlamentsmehrheit und die Regierung fürchten müssen, dass ihnen andernfalls das Heft aus der Hand genommen werden könnte. Mittelbar wird das kommunikative Potential der direktdemokratischen Verfahren damit also deutlich gestärkt.

Aufgrund der bisherigen Ausführungen erscheint es demgegenüber zweifelhaft, ob und gegebenenfalls welchen Zweck die Einführung von Referenden und Volksbefragungen hätte: Da es der Parlamentsmehrheit und der Regierung grundsätzlich ohne weiteres möglich ist, ihre Politik auf „normalem" Wege durchzusetzen, gibt es keinen nachvollziehbaren Grund, sie aus der politischen Verantwortung für die Folgen ihrer Entscheidungen zu entlassen, indem man diesen Organen die Möglichkeit verschafft, die Bürger – nur scheinbar unverbindlich – zu befragen[1] oder selbst entscheiden zu lassen.[2] Dies gilt auch dann, wenn (nur) die jeweilige Opposition das Recht erhält, solche Verfahren einzuleiten:[3] Zwar scheint sich die Lage etwas anders darzustellen, wenn die Referenden als Instrument der parlamentarischen Opposition ausgestaltet werden.[4] Zum einen kann aber auch in diesem Fall kaum verhindert werden, dass die Mehrheitsfraktionen die Verfahren für ihre Zwecke instrumentalisieren. Zum anderen ist zu beachten, dass sich die Opposition nicht nur innerhalb des parlamentarischen Verfahrens artikulieren kann, sondern gegebenenfalls auch die Möglichkeit hat, ein ganz normales Volksbegehren zu initiieren.[5]

Eine andere Bewertung erscheint allenfalls in Bezug auf solche Entscheidungen angemessen, für die im parlamentarischen Verfahren besondere Mehrheitserfordernisse gelten:[6] Da die (normale) Parlamentsmehrheit hier regelmäßig auf die Unterstützung durch

---

1 Wohl kein Parlament könnte es sich leisten, das Ergebnis eines Referendums oder einer Volksbefragung zu ignorieren. Der Grund hierfür ist weniger in der höheren Legitimation einer unmittelbaren Meinungsäußerung der Bürger zu suchen (so aber wohl *Krause*, HdBStR § 39, Rn. 17 und im Anschluss daran *Stiens*, S. 224), als in der Tatsache, dass das Parlament *selbst* die „Befragung" anberaumt und damit seiner Bereitschaft Ausdruck verliehen hat, deren Ergebnis zu respektieren. Diesen Umstand verkennt etwa *Bugiel*, Volkswille, S. 425 ff., wenn er meint, die Abgeordneten seien de facto nicht an der Ergebnis der Befragung gebunden und zur Begründung darauf abstellt, dass sie auch sonst dem Druck durch Interessengruppen etc. ausgesetzt seien.

2 Vgl. *Schieren*, StWissStPrax 1997, S. 63, 73 f. Eine andere Auffassung vertritt *Stiens*, S. 220, die im Anschluss an *Pestalozza*, Popularvorbehalt, S. 25, den Appell der Parlamentsmehrheit für sinnvoll hält, um „Unsicherheiten bei Entscheidungen in Sachfragen oder umstrittener Gesetze" zu beseitigen. Sie geht dabei auch von der unzutreffenden Annahme aus, dass dies nur in Bremen möglich sei. Tatsächlich kann sich aber selbstverständlich auch die Parlamentsmehrheit der Minderheitenrechte bedienen und ein Referendum beantragen.

3 Dies ist dann der Fall, wenn schon eine qualifizierten Minderheit der Abgeordneten eine Abstimmung herbeiführen kann. In diesem Sinne fordert etwa *H.-P. Schneider*, FS Simon, S. 243, 258 f. die Einführung einer „Volksenquête".

4 Indem einer qualifizierten Minderheit der Abgeordneten das Recht eingeräumt wird, ein Referendum oder zumindest ein Referendumsbegehren einzuleiten.

5 *Greifeld*, S. 57; *Pestalozza*, Popularvorbehalt, S. 24; *A. Weber*, DÖV 1985, S. 178, 183. Allgemein gegen die Einführung von Referenden wenden sich auch *von Danwitz*, DÖV 1992, S. 601, 605 f.; *Schlaich*, Evangelische Kommentare 1983, S. 481, 482 f.

6 Vgl. dazu *Hernekamp*, S. 332 ff. Beispielhaft dazu war die Diskussion über ein Referendum über die

die Opposition angewiesen ist, könnte diese ihre Zustimmung davon abhängig machen, dass ihr die Regierung bzw. die Parlamentsmehrheit in anderen Bereichen stärker entgegenkommt als sie das sonst tun würde. Räumt man der Parlamentsmehrheit hingegen das Recht ein, die betreffende Frage gegebenenfalls dem Volk zur Entscheidung vorzulegen, dann könnte eine solche Blockade verhindert werden.[1]

2. Exkurs – Zum Rang der unmittelbaren Entscheidungen der Bürger

Geht man wie hier davon aus, dass den direktdemokratischen Verfahren nur eine ergänzende Funktion zukommen kann und dass sie daher gegebenenfalls eng mit den „regulären Verfahren" der repräsentativ-parlamentarischen Demokratie verzahnt werden müssen, stellt sich die Frage nach dem Rang der unmittelbaren Entscheidungen der Bürger.

Entscheidende Bedeutung kommt insofern der Stellung des Volkes im System des Staatsorganisationsrechtes zu. Ein demokratisch organisierter Staat zeichnet sich dadurch aus, dass sich alle Handlungen und Entscheidungen der Staatsorgane letzten Endes auf eine unmittelbare Entscheidung des Volkes zurückführen lassen müssen. Zumindest auf den ersten Blick scheint das Volk daher über den Staatsorganen zu stehen. Seine Entscheidungen könnten dann aber nur von ihm selbst geändert oder gar aufgehoben werden. Auch könnte der Anwendungsbereich der direktdemokratischen Verfahren kaum beschränkt werden.[2]

Tatsächlich ist jedoch eine differenzierte Betrachtung geboten. Handelt „das Volk" – was auch immer darunter zu verstehen sein mag[3] – als *verfassunggebender* Gesetzgeber, so ist es keinerlei Bindungen unterworfen. Seine Entscheidungen stehen über der Verfassung und liegen ihr zugleich zugrunde. In dieser Funktion wird das Volk allerdings grundsätzlich

---

Verfassung des vereinigten Deutschland; vgl. dazu *Heckel*, HdBStR § 187, Rn. 33 ff., m.w.N.

1 Dies übersieht *Greifeld*, S. 57, der schlicht darauf abstellt, dass die Regierungsmehrheit damit aus der Verantwortung entlassen werde, sich im Parlament die fehlenden Stimmen zu verschaffen.

2 In diesem Sinne äußern sich etwa *Elicker*, ZRP 2004, S. 225, 226/227 f. (dagegen wiederum überzeugend *Herbst*, ZRP 2005, S. 29); *Frohn*, Souveränität, S. 45, 64 f.; *Greifeld*, S. 68; ähnlich *Krause*, HdBStR § 39, Rn. 17; aus dieser Perspektive erscheinen dann allerdings auch alle Einschränkungen des Anwendungsbereiches der direktdemokratischen Verfahren unzulässig. Dies betrifft sowohl die Beschränkung auf den Zuständigkeitsbereich des Parlamentes als auch und vor allem den Ausschluss bestimmter Sachbereiche, vgl. dazu etwa *Geitmann*, ZRP 1988, S. 126, 130 und besonders nachdrücklich *Elicker* a.a.O. Zumindest missverständlich *Storr*, S. 262, der die verfassungsrechtliche *Zulässigkeit* direktdemokratischer Verfahren in den Ländern aus der Stellung des Volkes als pouvoir constituant ableitet, wobei er verkennt dass „das Volk" im Rahmen der direktdemokratischen Verfahren eben nicht in dieser Funktion auftritt.

3 Schließlich wird das „Staatsvolk" erst infolge der Verfassunggebung als die Summe der stimmberechtigten Bürger definiert.

nur dann tätig, wenn die bisherige Verfassung durch einen revolutionären Akt ihre Geltungskraft verloren hat.[1] Und selbst dann ist es nicht völlig frei in seinen Entscheidungen.[2] Nachdem einmal eine Verfassung in Kraft getreten ist, sind die Bürger hingegen auf die Ausübung derjenigen Mitwirkungs- und Entscheidungsrechte beschränkt, die ihnen die Verfassung ausdrücklich einräumt. Dies gilt zumindest dann, wenn diese Verfassung wie das Grundgesetz in seinem Art. 79 GG ein besonderes Verfahren für Verfassungsänderungen vorsieht und damit klar stellt, dass die Verfassung auch vom Volk nicht ohne weiteres geändert werden kann. Damit wird aber deutlich, dass das Volk im Rahmen der direktdemokratischen Verfahren nur eines von mehreren Organen des Staates ist.[3] Nur deshalb ist es dem Verfassunggeber überhaupt möglich, den Anwendungsbereich der direktdemokratischen Verfahren auf den Zuständigkeitsbereich des Parlaments zu beschränken und es damit dem Prinzip der Gewaltenteilung zu unterwerfen.[4] Stünde das Volk hingegen über der Verfassung, so könnten seine Mitwirkungsbefugnisse nicht beschränkt werden.

Aus dieser Perspektive wird aber deutlich, dass die unmittelbaren Entscheidungen der Bürger jedenfalls dann, denselben Rang haben wie die Entscheidungen der anderen Staatsorgane, wenn die Verfassung keine höhere Bindungswirkung statuiert.[5] Daraus ergibt sich

1   Vgl. dazu grundlegend *Kriele*, VVDStRL 29 (1970), S. 46, 58 ff. Als Verfassunggeber handelt das Volk weiterhin dann, wenn die Verfassung eine „institutionalisierte Revolution" vorsieht – wie bereits deutlich wurde, kann Art. 146 GG n.F. in diesem Sinne verstanden werden, vgl. dazu oben S. 47, Fn. 3. Allerdings stellt sich auch dann die Frage, ob das Volk wirklich vollständig ungebunden ist oder nicht doch bestimmte zwingende Vorgaben zu beachten hat, wie z.B. Art. 79 III GG.

2   Neben den Regelungen über die Staatsangehörigkeit (durch die „das Volk" definiert wird) und den Grenzen des Staatsgebietes sind jedenfalls die völkerrechtliche Verpflichtungen zu berücksichtigen, in die der neue Staat im Wege der Rechtsnachfolge eintritt.

3   Diese Einordnung steht nicht im Widerspruch zur Rechtsprechung des Bundesverfassungsgerichtes zur Antragsberechtigung im Organstreitverfahren. Dieses hat zu Recht festgestellt, dass das Volk nicht zu den obersten Bundesorganen im Sinne des Art. 93 I Nr. 1 GG gehört (*BVerfGE* 13, S. 54, 84 f.), weil es sich um keine „stets präsente handlungsfähige Einheit" handelt, und nicht selbst dazu in der Lage wäre, seine Rechte vor dem Bundesverfassungsgericht zu verfolgen. Später hat das Gericht die Frage ausdrücklich offen gelassen, ob die Vertrauenspersonen der Unterzeichner eines Volksbegehrens als Vertreter eines (Landes-)Volkes in Frage kommen (*BVerfGE* 60, S. 175, 202).

4   Diese Beschränkung des Anwendungsbereiches der direktdemokratischen Verfahren wird merkwürdigerweise fast immer als selbstverständlich vorausgesetzt. Dabei wird verkannt, dass die Gewaltenteilung nur Mittel zum Zweck, aber kein unverzichtbares Grundprinzip des demokratischen Staates ist.

5   So im Ergebnis auch *HambVfG*, DVBl. 2005, S. 439, 441 f.; *HambVfG*, NordÖR 2007, 301; *Borowski*, DÖV 2000, S. 481 ff.; *Bull*, NordÖR 2005, S. 99, 101; *Engelken*, DVBl. 2005, 415, 410; *Heußner*, Volksgesetzgebung, S. 102 ff.; *Huber/Storr/Koch*, S. 42; *Isensee*, DVBl. 2001, S. 1161, 1166; *Schliesky*, SchlHA 1999, S. 225; und etwas unklar auch *Przygode*, S. 427 ff.; sowie – allerdings ohne nähere Begründung – *Stern*, Staatsrecht II, S. 16; ihm folgend *Stiens*, S. 218; *Starck*, NdsVBl. 1994, S. 2, 5. Anders *K. Müller*, Art. 74 SächsV, S. 357 f. und Art. 72 SächsV, S. 353 f., der alleine darauf abstellt, dass das Volk als Souverän Inhaber der gesamten Staatsgewalt sei.
Die hier vertretene Ansicht war im Übrigen schon in der Zeit der Weimarer Republik herrschend, vgl. dazu aus der Frühzeit der Weimarer Republik schon *Anschütz*, WRV¹, S. 133; *Fetzer*, S. 56, m.w.N. Sie wurde allerdings später in Frage gestellt, da das Volk zwar die Rechte des Parlamentes beschneiden oder gänzlich beseitigen könne, ein Beschluss des Parlamentes zur Abschaffung der direktdemokratischen Verfahren nach der Weimarer Reichsverfassung jedoch durch einen Volksentscheid wieder aufgehoben werden könne, vgl. grundlegend *Heyen*, S. 59 ff., und *Jacobi*, S. 240, 256 ff.; im Anschluss daran auch *Hartwig*, S. 59 ff.; *W. Jellinek*, HdBDtStR § 72, S. 172; *Thoma*, HdBDtStR § 71, S. 113 ff. Dieser

zum einen, dass das Volk an die Verfassung und die dort festgeschriebenen Grundrechte und Staatsziele gebunden ist.[1] Zum anderen unterliegen seine Entscheidungen der Kontrolle durch die Verfassungsgerichte,[2] wobei keine zwingende Notwendigkeit besteht, diese Kontrolle auf evidente Verfassungsverstöße zu beschränken.[3] Vielmehr gelten für die gerichtliche Überprüfung der unmittelbaren Entscheidungen der Bürger grundsätzlich dieselben Maßstäbe wie sie auch bei der Kontrolle der vergleichbaren Entscheidungen anderer Staatsorgane angewendet werden. Und schließlich zeigt sich spätestens hier, dass das Parlament verfassungsrechtlich durch nichts daran gehindert ist, die Entscheidungen der Bürger sofort wieder aufzuheben oder zu ändern.[4] Dies gilt dann aber auch umgekehrt und die direktdemokratischen Verfahren können selbstverständlich dazu benutzt werden, um Entscheidungen des Parlamentes wieder aufzuheben oder abzuändern.[5] Will der Verfassunggeber eine

Umstand hinderte den Reichstag allerdings allenfalls daran, das Institut der Volksgesetzgebung zu beseitigen. Aus dem systematischen Zusammenhang der Regelungen über die Gesetzgebung ergibt sich jedoch eindeutig,dass der Reichstag – gegebenenfalls zusammen mit dem Reichsrat – das primäre Organ der Gesetzgebung sein sollte. *Obst*, Chancen, S. 119, weist zu Recht darauf hin, dass Volksabstimmungen nach der Reichsverfassung nur fakultativ waren. Mangels eines entsprechenden ausdrücklichen Rangvorbehaltes waren Volks- und Parlamentsgesetze daher grundsätzlich gleichrangig, so ausdrücklich schon *Anschütz*, WRV14, Art. 76, Anm. 3, S. 404 f.; ähnlich *Giese*, S. 183; *Liermann*, S. 150 ff.; *Schmitt*, Verfassungslehre, S. 98.

1   Diese Feststellung bedarf imGrunde keiner Begründung: Nach Art. 20 III 1 GG ist „die Gesetzgebung" an die verfassungsmäßige Ordnung gebunden,welches Organ die Gesetzgebungsfunktion im konkreten Fall ausübt, spielt dabei keine Rolle, vgl. dazu auch *Bernd J. Hartmann*, DVBl. 2006, 1269, 1272, der allerdings zu weit geht, wenn er hieraus den Schluss zieht, dass die Bürger nicht zugleich auf die Grundrechte berufen könnten.

2   In diesem Sinne auch *Berlit*, KritVjschr. 1993, S. 318, 344 f.; vgl. dazu auch *Peine*, Der Staat 1979, S. 375 ff. Diesem Rangverhältnis widerspricht es, wenn die unmittelbaren Entscheidungen der Bürger in der Schweiz nur einer beschränkten Kontrolle durch die Verfassungsgerichte unterworfen werden, vgl. dazu *H. Fischer*, S. 23, 40.

3   So auch *Heußner*, Volksgesetzgebung, S. 144; anders aber wohl *von Danwitz*, DÖV 1992, S. 601, 607 m.w.N., der darauf abstellt, dass durch die parlamentarische Gesetzgebung der Volkswillen stärker mediatisiert werde. Auch *Engelken*, VBlBW. 1995, S. 217, 221 und *Stiens*, S. 218 f., gehen von einer höheren Legitimation des Volksgesetzes aus.

4   So auch *Jürgens*, S. 135 ff.; *Schlenker*, VBlBW. 1988, S. 121, 122 und dort Fn. 21 m.w.N. Vgl. aus der jüngsten Verfassungsdiskussion auch die Begründung der Landesregierung von Schleswig-Holstein zu § 26 II SH-VAG, LT-Drs. 13/1973, S. 33; sowie *Borowski*, DÖV 2000, S. 481 ff.; kritisch *Jung*, FS *Schefold*, S. 145 ff.; vgl. auch *Püttner/Kretschmer*, § 22, S. 97, die sich anstelle einer Begründung nur aufThoma, HdBDtStR § 71, S.114 f., berufen, dabei aber weder herausarbeiten, warum Volksentscheide Parlamentsentscheiden vorgehen müssten, noch ihre Ansicht begründen, dass dieser Vorrang nur bis zum Ende der jeweiligen Wahlperiode gelten solle.

5   Wenn Franz-Joseph *Peine*„ Der Staat 1979, S. 375, 398 f. (unter Berufung auf *Fleiner/Giacometti*, S. 761, die diese Auffassung allerdings nicht ausdrücklich vertreten) aus der Gleichrangigkeit von Volks- und Parlamentsgesetzen darauf schließen will, dass nur das Volk selbst die von ihmselbst beschlossenen Gesetze wieder ändern kann, dann übersieht er, dass dieser Schluss dann auch im umgekehrten Fall gelten müsste.
Genau dies fordert (de constitutione ferenda) *Heußner*, Volksgesetzgebung, S. 88. Um dem Gesetzgeber die Möglichkeit zu geben, die Bürger von der Qualität seiner Entscheidungen zu überzeugen, sollen diese bis zu zwei Jahren nicht Gegenstand direktdemokratischer Verfahren sein dürfen. Letzten Endes würden die direktdemokratischen Verfahren auf diese Weise völlig entwertet. Schließlich vergeht bis zum

höhere Bindungswirkung der Volksentscheide oder die Sperrwirkung eines Volksbegehrens erreichen, so muss er dies ausdrücklich in der Verfassung regeln.[1]

Ein anderes Ergebnis lässt sich auch nicht aus dem Grundsatz der Organtreue herleiten.[2] Selbst wenn man nämlich mit dem BVerfG davon ausgeht, dass die Verfassungsorgane bei der Inanspruchnahme ihrer Kompetenzen auf die die Interessen der anderen Verfassungsorgane Rücksicht zu nehmen haben,[3] bezieht sich dies in erster Linie auf den Fall, dass sich die Zuständigkeitsbereiche der beiden Staatsorgane nur berühren, so dass die Entscheidung eines Staatsorgans in den Zuständigkeitsbereich eines anderen Staatsorgans hineinwirkt. Für den Fall, dass sich die Kompetenzen überschneiden, stellt sich die Lage jedoch anders dar, da in diesem Fall beide Staatsorgane mit demselben Recht die Entscheidungsbefugnis für sich in Anspruch nehmen können. Hier muss die Verfassung selbst eine Lösung des Konfliktes vorsehen. Schweigt sie, gelten die allgemeinen Grundsätze zur Auflösung von (Norm-)Kollisionen, so dass insbesondere die jeweils neuere Regelung das ältere Recht verdrängt.

Geht man nun aber wie hier davon aus, dass die unmittelbaren Entscheidungen des Volkes grundsätzlich denselben Rang genießen, wie die vergleichbaren Beschlüsse des Parlamentes oder anderer Staatsorgane, dann entkräftet dies, wie sogleich noch deutlich werden wird, zumindest einige derjenigen Bedenken, die gegen die Einführung direktdemokratischer Verfahren vorgetragen werden.

Volksentscheid gegebenenfalls nochmals sehr viel Zeit.
Ebensowenig kann die von *Jung* (FS Schefold, S. 145, 159 ff.) aufgestellte These überzeugen, wonach sich daraus eine „konkludente Aufhebungssperre" ergeben soll, dass das Parlament keine Möglichkeit habe, die Abstimmung über einen auf dem Wege des Volksbegehrens eingebrachten Entwurf zu verhindern. Dies trifft zwar zu, soll aber lediglich sicher stellen, dass das Parlament das Volksbegehren nicht ganz einfach dadurch „abwürgen" kann, indem es während des laufenden Verfahrens vollendete Tatsachen schafft. An einer Entscheidung in der Sache ist das Parlament aber weder während des laufenden Volksgesetzgebungsverfahrens noch danach gehindert. Das Verfahren muss in diesem Fall bis zum Volksentscheid weiterbetrieben werden.
Allerdings hat der *SaarVfGH*, NVwZ 1988, S. 245, ein Volksbegehren für unzulässig erklärt, weil der Landtag während des laufenden Verfahrens das betreffende Gesetz geändert und dem Volksbegehren damit die Grundlage entzogen hatte, vgl. dazu unten S. 390. Vgl. auch *Przygode*, S. 417 ff., der für die Zeit zwischen dem Zustandekommen eines Volksbegehrens und dem Volksentscheid eine Sperrwirkung für den Landtag annimmt, da er zu Unrecht davon ausgeht, dass das Verfahren mit der Verabschiedung des Gesetzes durch den Landtag in jedem Fall erledigt ist (a.a.O., S. 421).

1 Entgegen der von *Engelken*, DVBl. 2005, 415, 418, vertretenen Ansicht kann die Sperrwirkung nicht durch eine einstweilige Anordnung im Rahmen eines Organstreitverfahrens erreicht werden, da ein Anordnungsanspruch nur dann gegeben wäre, wenn die Vorstufen eines Volksentscheides eine Sperrwirkung entfalten. Zudem müssen die Initiatoren des Verfahrens überhaupt antragsberechtigt in einem solchen Organstreitverfahren sein. Eine Ausnahme gilt jedoch dann, wenn die zuständigen Stellen die Behandlung des Antrags über Gebühr verzögert und damit erst die Möglichkeit geschaffen haben, dass vollendete Tatsachen geschaffen werden können; in diesem Sinne ist etwa die Entscheidung des *OVG Bremen*, NordÖR 2004, S. 240, zu verstehen, vgl. dazu auch *Röper*, ZParl. 2005, S. 152, 156 ff.
2 So aber *Mahrenholz*, NordÖR 2007, 11.
3 *BVerfGE* 35, 193, 199; *BVerfGE* 45, 1, 39.

3. Strukturprobleme der direktdemokratischen Verfahren – Zur Überzeugungskraft der Argumente gegen eine stärkere Einbeziehung der Bürger in den Prozess der politischen Willensbildung[1]

Wie bereits deutlich wurde, werden die direktdemokratischen Verfahren im einschlägigen Schrifttum, aber auch und vor allem von den Landesverfassungsgerichten äußerst skeptisch beurteilt. Im Mittelpunkt der Argumentation steht dabei die These, dass das parlamentarische Entscheidungsverfahren aufgrund der Notwendigkeit für eine möglichst weit reichenden politischen Arbeitsteilung eben doch mit einer höheren Wahrscheinlichkeit zu gemeinwohlorientierten Ergebnissen führt.[2] Zunächst fehle den Bürgern in der Regel die nötige fachliche Kompetenz für eine sachgerechte Entscheidung.[3] Aufgrund ihrer vielfältigen anderweitigen Verpflichtungen bleibe ihnen auch nicht genügend Zeit, um sich im Einzelfall die notwendigen Informationen zu verschaffen. Dabei sei zu beachten, dass es für die Bürger angesichts der geringen Bedeutung ihrer Stimme ohnehin wenig attraktiv sei, ihre sehr begrenzte Zeit für die Vorbereitung und die Teilnahme an einer politischen Entscheidung zu opfern.[4]

Da über einzelne Sachfragen entschieden werde, ohne dass die Bürger gezwungen wären, diese in den Zusammenhang der gesamten Politik zu stellen, sei die Wahrscheinlichkeit einer Fehlentscheidung besonders groß.[5] Die Neigung, die eigenen Interessen in den Vordergrund zu stellen, werde dadurch noch verstärkt, dass die Bürger – anders als die Abgeordneten des Parlaments – für die Folgen ihrer Entscheidung nicht verantwortlich

---

1 Eine ausführliche kritische Darstellung der verfassungspolitischen Diskussion findet sich schon bei *Obst*, Chancen, S. 267 ff.; später dann *Bugiel*, Volkswille, S. 97 ff. und noch ausführlicher S. 465 ff.; vgl. auch *Jesse*, S. 22 ff. und *Paterna*, S. 128 ff., die allerdings oberflächlich bleiben.

2 Vgl. dazu etwa *H. Schneider*, GS Walter Jellinek, S. 155 ff, 164 und 169; vgl. auch *Achterberg*, Parlamentsrecht, S. 90 ff.; *Böckenförde*, Demokratie, S. 8 ff; *ders.*, HdBStR § 30, Rn. 4 f./30; *H. H. Klein*, Repräsentation, S. 41, 44 f.; *Krause*, HdBStR § 39, Rn. 25 ff.; *Kloepfer/Merten/Papier/Skouris*, S. 85, 98 f. *Zippelius*, Staatslehre, § 23.I und vor allem II.7. Sehr kritisch auch MD-*Herzog*, Art. 20 GG, Rn. II.40 f. Einen Überblick über die Argumente der Gegner geben auch die Beiträge von *H. H. Klein* und *Jesse* in. *Rüther* (Hrsg.), S. 33 ff. bzw. S. 170 ff., sowie *Scholz*, S. 83, 85 ff.
Heußner, Volksgesetzgebung, S. 83 ff., hat die Argumente mit ausführlichen Nachweisen zusammengefasst.

3 Besonders deutlich MD-*Herzog*, Art. 20 GG, Rn. II.41, der die Frage stellt, ob die Komplexität der Entscheidungen „nicht überhaupt den intellektuellen Rahmen sprengt, der Voraussetzung echter politischer Entscheidung durch das Staatsvolk selbst ist." Kritisch äußerten sich auch *Bugiel*, Volkswille, S. 465 ff., m.w.N. und in jüngster Zeit vor allem *Isensee*, Verfassungsreferendum, passim.
Noch weiter geht *Schmitt*, Volksentscheid, S. 34 f., der davon auszugehen scheint, dass die Bürger sich ohnehin nur von ihren Emotionen leiten ließen. Würde diese These zutreffen, dann wäre der Demokratie an sich die Legitimation entzogen.

4 Grundlegend dazu *Downs*, passim. Eine zusammenfassende Darstellung dieses Problems aus (mikro-)ökonomischer Sicht findet sich bei *Ursprung*, S. 61 ff.; vgl. auch *Brunetti*, S. 167, 169 ff.; *Kirchgässner*, ORDO 2001, 155, 158 ff, der auf S. 162 allerdings darauf hinweist, dass die durchschnittlichen Abgeordneten vor ihrer Beteiligung an einer Abstimmung auch kaum besser informiert seien.

5 Vgl. *Berlit*, KritVjschr. 1993, S. 318, 342 f.; sehr kritisch auch *Bugiel*, Volkswille, S. 468 ff.

gemacht werden können.¹ Im schlimmsten Fall könnten sich Demagogen die Unkenntnis der Bürger zunutze machen.²

Schließlich sei zu beachten, dass sich die Bürger auch hier die Vorteile der politischen Arbeitsteilung zunutze machen und sich an den Aussagen der von ihnen jeweils bevorzugten Partei bzw. der Interessenverbände orientieren würden.³ Die Einführung von Volksabstimmungen berge daher stets die Gefahr eines permanenten Nebenwahlkampfes in sich.⁴ Auf diese Weise werde aber die Stabilität der parlamentarischen Demokratie untergraben.⁵

1 Vgl. in diesem Sinne schon *H. Schneider*, GS Walter Jellinek, S. 155 ff.; besonders deutlich auch *Jesse*, S. 24; *Karpen*, JA 1993, S. 110, 113 f.; *Müller-Franken*, DÖV 2005, 489, 494; *Offe*, Vox Populi, S. 81, 87; *Schäuble*, FS Benda, S. 221, 225.
Auch in der Rechtsprechung spielen diese Befürchtungen eine große Rolle. So begründen die Verfassungsgerichte die Notwendigkeit einer weiten Auslegung der „Haushaltsvorbehalte" in Bezug auf die direktdemokratischen Verfahren regelmäßig mit dem Verweis auf die Gefahr eines möglichen Missbrauchs der Verfahren. Allein das Parlament soll dazu in der Lage sein, sachgerecht über finanzwirksame Vorlagen zu entscheiden; vgl. etwa besonders deutlich *ThürVfGH*, ThürVBl. 2002, S. 31, 40 = LKV 2002, S. 83, 92; für den die Gefahr des Missbrauchs offensichtlich zu sein scheint; sowie schon früher *BayVfGH*, BayVBl. 1977, S. 143, 149; *BayVfGH*, DVBl. 1995, S. 419, 426; *BayVfGH*, NVwZ-RR 2001, S. 401, 403 f.; *BremStGH*, NVwZ 1998, S. 388 = LVerfGE 6, S. 123; *BremStGH*, NVwZ-RR 2001, S. 1; sowie *BVerfGE* 102, S. 176 – als Staatsgerichtshof für Schleswig-Holstein.

2 Immer wieder zitiert wird die These von Theodor *Heuss* wonach das Plebiszit eine „Prämie für Demagogen" sei (Parl. Rat. Hauptausschuss, Sitzung vom 9.9.1948, Sten. Prot. S. 30 und Sitzung vom 8.12.1948, Sten. Prot. S. 264). Sehr kritisch äußern sich insofern auch *Böckenförde*, Demokratie und Repräsentation, S. 379, 385; *H.-P. Schneider*, FS Simon, S. 243, 257 f.; *Zippelius*, Staatslehre, § 23.I, der sich allerdings zu Unrecht auf *Michels*, S. 28 f., beruft, dessen Thesen über die Psychologie der Massen sich auf eine *physische* Volksversammlung beziehen; vgl. auch *von Danwitz*, DÖV 1992, S. 601, 603 und 607, *Degenhart*, Der Staat 1992, S. 77, 94, die die Manipulationsgefahr allerdings nicht als Argument gegen die Einführung direktdemokratischer Verfahren werten, sondern als Grund für deren inhaltliche Beschränkung.
Aus der politischen Diskussion etwa Norbert *Geis*, vgl. „Umweltschutz soll Staatsziel werden", FAZ 16.5.1992, oder Wolfgang *Schäuble*, vgl. „Schäuble warnt vor Verfassungs-Spielereien", SZ, 17.2.1992. Der Vorsitzende der CSU-Fraktion des bayerischen Landtags Alois *Glück* hatte nach der Abstimmung über das „Bessere Müllkonzept" gefordert, über die Abschaffung der direktdemokratischen Verfahren nachzudenken, da die Abstimmung „eindeutig bewiesen" habe, dass solche Fragen „nicht dafür geeignet sind, auf diese Art und Weise entschieden zu werden."; vgl. „Zweifel am Volksentscheid", SZ, 21.2.1991.

3 In diesem Sinne etwa *H. H. Klein*, Repräsentation, S. 41, 45; *Maunz/Zippelius*, § 11 V; vgl. auch *Kühne* ZG 1991, S. 116, 122 f.; *Karpen*, JA 1993, S. 110, 114.

4 So etwa *Karpen*, JA 1993, S. 110, 114; *Krause*, HdBStR § 39, Rn. 28, und auch *Püttner*, S. 192, 195.

5 Skeptisch äußert sich insofern auch *Luthardt*, in. Klingemann/Luthardt (Hrsg.), S. 168, 186 f. oder auch *Zacher*, BayVBl. 1998, S. 737, 741 f., der allerdings keine grundsätzlichen bedenken gegen direktdemokratische Verfahren hat, sofern sichergestellt wird, dass sie nicht von Minderheiten für ihre Zweck instrumentalisiert werden. Der *ThürVfGH*, ThürVBl. 2002, S. 31 = LKV 2002, S. 83, 84, hat vor kurzem sogar eine „Prävalenz" der parlamentarischen Gesetzgebung angenommen; in diesem Sinne auch *Müller-Franken*, DÖV 2005, 489, 495 ff.
Im Rahmen der jüngsten verfassungspolitischen Diskussion wurde der frühere Bundestagspräsident und CDU-Politiker Rainer *Barzel* besonders deutlich. „Wer das ändern will, daran rüttelt, will die Basis unserer erfolgreichen Demokratie – des wichtigsten Friedenswerkes der deutschen Geschichte – verändern. Das Plebiszit lädt ein zu Radikalismus, Instabilität und Unberechenbarkeit. Die föderative, parlamentarische, rechtsstaatliche Demokratie in Deutschland ist die Grundlage des Erfolgs (...) Wer das

Eine nähere Betrachtung zeigt, dass sich diese Argumente in den letzten hundert Jahren kaum verändert haben. Tatsächlich finden sich im Grunde sämtliche Thesen, die heute gegen die verfassungspolitische Zweckmäßigkeit der Einführung direktdemokratischer Verfahren vorgebracht werden, bereits im monumentalen Hauptwerk Max Webers ‚Wirtschaft und Gesellschaft'.[1] Und auch Robert Michels hat bereits 1915 ausführlich dargelegt, dass und warum sich direktdemokratische Verfahren nicht als Korrektiv gegen oligarchische Tendenzen im Parteienstaat eignen.[2] Dieser sehr skeptischen Bewertung schlossen sich in der Zeit der Weimarer Republik insbesondere Carl Schmitt und – allerdings aus einer ganz anderen Perspektive – Joseph A. Schumpeter an.[3] Nachdem Hans Schneider die Argumente kurz nach der Verabschiedung des Grundgesetzes nochmals zusammengefasst hat,[4] ist im Grunde kein neues Argument mehr ins Spiel gebracht worden.[5] Die Tatsache, dass bestimmte Argumente bereits seit sehr langer Zeit immer wieder vorgebracht werden, ist zwar für sich genommen weder ein Beleg für ihre Antiquiertheit noch für ihre Überzeu-

bessere will, darf das Gute nicht zerstören." (*Barzel*, „Plebiszit lädt ein zu Radikalismus, Instabilität und Unberechenbarkeit", Die Welt, 26.10.1990). Weniger scharf aber im selben Sinne auch *Badura*, „Direkte Teilhabe oder mittelbare Demokratie", FAZ 8.12.1991; *Burger*, „Wenn ‚das Volk' entscheidet", Die Welt, 19.2.1991; *Kriele*, „Plebiszite in das Grundgesetz?", FAZ 10.11.1992. Eher skeptisch hat sich auch *Leicht* geäußert („Einspruch!", Die Zeit, 29.4.1998, S. 9), der seine Meinung mittlerweile allerdings geändert zu haben scheint (vgl. „Die Parteien haben immer Recht"; Die Zeit, 13.6.2002, S. 6.).

1 S. 865 ff. *Weber* weist zunächst darauf hin, dass bei der Abstimmung nur mit „Ja" oder „Nein" entschieden werden könne. Da das Abstimmungsverfahren keine Möglichkeit biete, einen Kompromiss auszuarbeiten, sei ein Interessenausgleich unmöglich. Die „plebiszitären Prinzipien" würden die Verantwortlichkeit der Beamten und das Eigengewicht der Parteiführungen schwächen. Jedes Plebiszit sei ein potentielles Misstrauensvotum gegen das Parlament. Die direktdemokratischen Verfahren seien denkbar ungeeignet zur Auswahl von Fachbeamten wie zur Kritik ihrer Leistungen. Die Macht und die „Stoßkraft des von (finanzkräftige Interessengruppen) gestützten demagogischen Apparates" würden auf diese Weise ins Kolossale anwachsen. Eine zu große Häufigkeit der Verfahren fördere die Abstumpfung und die Gefahr der Irreleitung. In Großstaaten könnten die direktdemokratischen Verfahren ohnehin nur eine Ausnahme sein. *Weber* sieht die staatspolitische Gefahr der Massendemokratie „in allererster Linie in der Möglichkeit starken Vorwiegens emotionaler Elemente in der Politik. Die ‚Masse' als solche (einerlei, welche sozialen Schichten sie im Einzelfall zusammensetzen), denkt nur bis übermorgen. Denn sie ist, wie jede Erfahrung lehrt, stets der aktuellen rein emotionalen und irrationalen Beeinflussung ausgesetzt." (*M. Weber*, S. 868).

2 *Michels*, S. 321 ff. Schon auf S. 47 bringt er im Zusammenhang mit der Darstellung des innerparteilichen Willensbildungsprozesses seiner Auffassung Ausdruck, dass bei der Mehrzahl der Bürger der Sinn für die inneren Zusammenhänge zwischen dem Wohl des Einzelnen und dem Wohl des Ganzen nicht eben stark ausgebildet sei. Interessanterweise zitiert er in diesem Zusammenhang die englische Schriftstellerin George *Sand* mit der Aussage, das Plebiszit sei „ein Attentat auf die Freiheit des Volkes, *solange* es nicht die Kompetenz der Massen zum Gegengewicht hat." (a.a.O., S. 322, Hervorhebung durch den Verf.).

3 *Schmitt*, Volksentscheid, S. 38; und noch deutlicher *ders*, Verfassungslehre, S. 246 ff.; *Schumpeter*, S. 389 ff. sowie nochmals auf S. 468 f., wo sich die bemerkenswerte Feststellung findet. „Die Wähler außerhalb des Parlamentes müssen die Arbeitsteilung zwischen ihnen selbst und den von ihnen gewählten Politikern respektieren. Sie dürfen diesen zwischen den Wahlen nicht allzu leicht das Vertrauen entziehen und müssen einsehen, dass *wenn sie einmal jemanden gewählt haben, die politische Tätigkeit seine Sache ist und nicht die ihre.*" (Hervorhebung durch den Verf.).

4 *H. Schneider*, GS Walter Jellinek, S. 155 ff, 164 und 169.

5 Auch Josef *Isensee*, der sich in den letzten Jahren als einer der schärfsten Kritiker der direkten Demokratie profiliert hat, arbeitet letzten Endes mit denselben Argumenten.

gungskraft. Allerdings fällt ins Auge, dass die Kritiker kaum jemals auf die Verfahrenspraxis eingehen. Wenn überhaupt, dann finden sich Verweise auf die „Weimarer Erfahrungen", auf die im Rahmen dieser Untersuchung noch ausführlicher einzugehen sein wird. Die mittlerweile auch im deutschsprachigen Schrifttum ausführlich dokumentierten Verfahren in der Schweiz[1] oder einigen US-amerikanischen Bundesstaaten[2] spielt jedoch so gut wie keine Rolle. Außerdem wird schon bei einer oberflächlichen Betrachtung der skeptischen Äußerungen deutlich, dass sich diese fast durchweg auf den Volksentscheid und damit auf die letzte Phase der direktdemokratischen Verfahren konzentrieren und deren Funktion als Korrektiv der Ergebnisse des parlamentarischen Prozesses in den Vordergrund stellen. Das kommunikative Potential der Verfahren, das hier als entscheidender Grund für ihre Einführung herausgearbeitet worden ist, wird demgegenüber vollständig ausgeblendet.

Tatsächlich halten auch die eifrigsten Befürworter der Einführung bzw. Erweiterung direktdemokratischer Verfahren die Bürger keineswegs für unfehlbar. Sie gehen allerdings davon aus, dass es in erster Linie auf die Einbindung der Verfahren in das übrige System der politischen Willensbildung ankommt.[3] Im Folgenden soll daher zum einen untersucht werden, ob und in wie weit die Befürchtungen der Skeptiker begründet sind und zum anderen auf die Möglichkeiten eingegangen werden, diesen Befürchtungen bei der Ausgestaltung der Verfahren Rechnung getragen werden.

a. Zur These der fehlenden Kompetenz der Bürger

Schon das zentrale Argument der Kritiker, wonach den Bürgern schlicht die Kompetenz für die Entscheidung komplexer Sachverhalte fehle, kann nicht überzeugen. Obwohl bei einer näheren Betrachtung schnell deutlich wird, dass die Kritiker hier regelmäßig eine Idealvorstellung des Prozesses der parlamentarischen Willensbildung mit der (verzerrten) Realität der direktdemokratischen Verfahren vergleichen, reicht es insofern allerdings nicht aus, darauf hinzuweisen, dass sich schließlich auch die Abgeordneten[4] bzw. die Experten, die

---

1   Vgl. dazu *Linder*, passim; *Lutz/Strohmann*, S. 111 ff., *Trechsel*, Institutioneller Vergleich, passim.

2   Vgl. dazu etwa *Heußner*, Volksgesetzgebung, passim, *ders*. Ein Jahrhundert Volksgesetzgebung, passim; *Stelzenmüller*, passim; *Möckli*, JöR 1996, S. 565 ff. Zur plebiszitären Praxis in Kalifornien vgl. auch *Billerbeck*, S. 206 ff., *Magleby* in. *Butler/Danney*, S. 218 ff.

3   Beispielhaft für die Befürworter sind die Ausführungen von *Jung*, ZParl 1990, S. 491, 499 ff.; *ders.*, ZParl 1995, S. 659, 673 ff.; *Maihofer*, HdBVerfR, S. 1713 ff.; *Mayer*, ZRP 1993, S. 330, m.w.N.; *Obst*, Chancen, S. 312 ff.; *U. K. Preuß*, ZRP 1993, S. 131, 135 ff. Wesentlich plakativer *von Arnim*, Staat ohne Diener, S. 357 ff. Zusammenfassend *Luthardt*, in. Klingemann/Luthardt (Hrsg.), S. 168, 173 ff.

4   So aber *Obst*, Chancen, S. 280 ff., der entscheidend darauf abstellt, dass auch den Abgeordneten regelmäßig die fachliche Kompetenz fehle. Die „These, der gesellschaftlichen Komplexität sei nur durch die Entscheidungen sachverständiger Eliten beizukommen", sei ihrer inneren Logik nach geeignet, „repräsentative und plebiszitäre Formen der Demokratie gleichermaßen zu treffen" (*Obst*, Chancen, S. 285), hat tatsächlich keinerlei Aussagekraft. Zum einen kann es nicht darum gehen, den „Teufel mit Beelzebub auszutreiben". Zum anderen und vor allem verfügen die Bürger regelmäßig nicht über die Informationsvorgaben durch die Bürokratie, Verbände und Parteien, die den Abgeordneten die Entscheidungsfindung erleichtern. Dabei ist davon auszugehen, dass die Abgeordneten sich durchaus darüber im Klaren sind, dass diese Informationen ihrerseits nicht wirklich objektiv sind, sondern von den Interessen der Informierenden geprägt werden.
    Aus demselben Grund vereinfacht auch *Pestalozza*, Popularvorbehalt, S. 9, das Problem zu stark, wenn

das Parlament und die Regierung beraten,¹ irren können. Denn daraus lässt sich keineswegs eine höhere oder auch nur eine vergleichbare Qualität der unmittelbaren Entscheidungen der Bürger ableiten. Vielmehr stellt sich durchaus die Frage, wie die Bürger überhaupt zu einer sachgerechten Entscheidung in der Lage sein sollen, obwohl sie wegen des unabdingbaren Bedürfnisses für eine politische Arbeitsteilung in der Regel über weniger fundierte Kenntnisse über die wirtschaftlichen, sozialen und technischen Rahmenbedingungen der Politik verfügen als die professionellen Amts- und Mandatsträger.

Sind die Bürger zu einer Entscheidung über Grundsatzfragen der Politik aufgerufen, so bedürfen sie allerdings keines besonderen Sachverstandes, sondern in erster Linie ihres allgemeinen politischen common sense, der auch Grundlage für die Wahlentscheidung ist.² Besondere Fachkenntnisse sind in der Regel auch dann nicht erforderlich, wenn kein bis ins Detail ausgearbeiteter Gesetzentwurf Gegenstand des Verfahrens ist, sondern eine Rahmenregelung, die erst noch der Ausfüllung durch das Parlament oder andere Staatsorgane bedarf.³

Aber auch dann, wenn im konkreten Fall eine Entscheidung über komplizierte und detaillierte Einzelfragen Gegenstand des Verfahrens sein sollte, ist es nicht von vorne herein ausgeschlossen, den Bürgern die für eine sachgerechte Entscheidung erforderlichen Informationen zu vermitteln.⁴ Insbesondere muss eine angemessene Information der Stimm

er dem Einwand, die Bürger seien nicht hinreichend kompetent, mit dem Argument entgegentreten will, dass das Problem darin bestehe, dass wir mit Fragen konfrontiert würden, auf die niemand eine eindeutige Antwort weiß. In letzter Konsequenz könnte man die Lösung des Problems dann dem Zufall überlassen.

Auch *Jung*, Siegeszug, S. 103, 125, macht es sich zu einfach, wenn er nur darauf abstellt, dass sich die Entscheidungen des Parlamentes ebenfalls diskreditieren ließen, wenn man von jedem Abgeordneten die unerreichbare Fachkompetenz eines Experten verlange.

1 So aber wiederum *Obst*, Chancen, S. 282 f. Er beruft sich dabei auf *Biedenkopf* („Die Akzeptanz einer Friedenssicherung mit Waffen"; in. Würzbach, Peter-Kurt (hrsg.). „Die Atomschwelle heben", Koblenz 1983, S. 64), der gefordert habe, dass „anstelle der so genannten Experten Menschen mit normalem Sachverstand die Führung der Politik und die Bestimmung des Schicksals der Völker übernehmen" sollen. Damit will *Biedenkopf* aber keineswegs einer stärkeren Beteiligung der Bürger das Wort reden, sondern er verlangt von den (Berufs-)Politikern, dass diese wieder die Verantwortung für die Entscheidung der wichtigsten politischen Fragen übernehmen, anstelle sich ausschließlich dem Rat von Experten zu unterwerfen.

2 Dazu etwa schon *Obst*, Chancen, S. 280; vgl. auch *Fijalikowski*, S. 236 ff.; *H.-P. Schneider*, FS Simon, S. 243, 252 f. Anders hingegen *Stolleis*, VVDStRL 44 (1985), S. 7, 38, der die unmittelbare Mitwirkung der Bürger (zunächst) auf den kommunalen Bereich beschränken und die Entscheidung über abstrakte Grundsatzfragen den Repräsentanten überlassen will.

Steinberg, ZRP 1982, S. 113, 117 f., hält die Bürger sogar für kompetent genug, Planungsentscheidungen über Großvorhaben zu treffen. Auch hierbei handele es sich um keine technische Frage, sondern um ein politisches Werturteil. Allerdings möchte *Steinberg* die Bürger auf die Grundsatz- oder Rahmenentscheidung beschränken und den Fachleuten die Umsetzung überlassen, vgl. *Steinberg*, Verwaltung 1983, S. 464, 482.

3 Obwohl die politische Entscheidung bei den Bürgern liegt, kann auf diese Weise die fachliche Kompetenz der Abgeordneten und vor allem der Bürokratie nutzbar gemacht werden.

4 Vgl. etwa *Berlit*, KritVjschr. 1993, S. 318, 342 f.; *Jung*, ZParl 1992, S. 48, 68, *ders.*, Siegeszug, S. 103, 125; ausführlicher *ders.*, Volksgesetzgebung, S. 1073 ff.; *Krafczyk*; S. 129 ff.; *U. K. Preuß*, ZRP 1993, S. 131, 135 f. Auch *G. Burmeister*, Verwaltung 1996, S. 187, 210, und *Siekmann*, S. 181, 184, wenden

berechtigten über den Abstimmungsgegenstand und die konkreten politischen Zusammenhänge gewährleistet sein.[1] Daher muss zum einen genügend Zeit für die öffentliche Diskussion unter den Bürgern einerseits und zwischen den Bürgern und dem Parlament bzw. der Regierung andererseits zur Verfügung stehen.[2] Zum anderen müssen sowohl die Antragsteller als auch das Parlament, i.e. die Regierungsmehrheit, die Möglichkeit haben, den Bürgern ihre jeweilige Sicht der Dinge nahe zu bringen.[3]

Zwar ist ein umfassendes Informationsangebot noch keine Garantie dafür, dass die Bürger diese Informationen auch tatsächlich nutzen werden. Vielmehr ist ganz im Gegenteil davon auszugehen, dass die Bürger auch hier versuchen werden, den Aufwand auf ein Minimum zu reduzieren. Obwohl die Bürger auf den ersten Blick als „rationale Ignoranten" erscheinen mögen,[4] ist in diesem Zusammenhang allerdings zu beachten, dass sie bei ihren Entscheidungen gegebenenfalls auf ihre allgemeine (auch aber nicht nur politische) Bildung zurück greifen können, die sie dazu in die Lage versetzt, politische Probleme zu erkennen und die verschiedenen Wege zur Lösung dieser Probleme ohne großen Aufwand zu bewerten.[5] Zudem hängt die Bereitschaft der Bürger, sich über politische Fragen zu informieren, nicht zuletzt davon ab, ob und in wie weit sie Einfluss auf die entsprechenden Entscheidungen nehmen können. Geht man nun aber davon aus, dass sich die Bürger bei Wahlen und Abstimmungen gegebenenfalls nach einer vergleichsweise kurzen Analyse der Entscheidungsalternativen regelmäßig für denjenigen Vorschlag entscheiden werden, der auch bei einer sorgfältigeren Prüfung des Sachverhaltes ihre Zustimmung gefunden hätte,[6] so besteht durchaus Anlass für die Vermutung, dass sie sich im Rahmen eines direktdemokratischen Verfahrens sachgerecht entscheiden werden. Dies gilt wohlgemerkt für alle

    sich gegen die Ansicht, dass allein das Parlament dazu in der Lage sei, verantwortungsvoll und sachgerecht über die Einnahmen und Ausgaben des Staates zu entscheiden.

1 So zu Recht *U. K. Preuß*, ZRP 1993, S. 131, 136.

2 An dieser Stelle wird erneut deutlich, dass es durchaus zweckmäßig ist, den Anwendungsbereich der Verfahren auf den Zuständigkeitsbereich des Parlamentes zu beschränken. Diejenigen Entscheidungen, die sich aufgrund ihrer Eilbedürftigkeit nicht für unmittelbare Abstimmungen der Bürger eignen, obliegen nämlich in erster Linie der Regierung.

3 Dabei kommt den Massenmedien eine Schlüsselfunktion zu, da nur diese in der Lage sind, den Bürgern diejenigen Informationen zu vermitteln, die sie für eine sachgerechte Entscheidung benötigen.

4 Der Begriff der „rational ignorance" stammt aus der politischen Ökonomie und bezeichnet den Umstand, dass es für den einzelnen Wähler an sich „rational" erscheint, sich nicht zu informieren, da er selbst dann, wenn er selbst über alle relevanten Informationen verfügen würde, keinen messbaren Einfluss auf das Wahlergebnis hätte; vgl. dazu grundlegend *Downs*, passim; und auch *Caplan*, Kyklos 2001, S. 3 ff., und vertiefend *ders.*, Rationality and Society 2003, S. 218 ff., der überzeugend dargelegt hat, dass es für den Bürger angesichts seines minimalen Einflusses auf das Ergebnis durchaus rational sein kann, sich bei Wahlen und Abstimmungen irrational zu verhalten.

5 Vgl. dazu auch *Schulz*, S. 159 ff., der darauf hinweist, dass sich die Bürger vor Abstimmungen regelmäßig an den einschlägigen Aussagen der ihnen bekannten Parteien und Interessengruppen zum Abstimmungsgegenstand orientieren.

6 Einen Versuch, die Richtigkeit dieser These aus mikroökonomischer Sicht zu belegen, hat vor kurzem Tobias *Ursprung* (zusammenfassend S. 61 ff.) unternommen. Er verkennt dabei allerdings die Bedeutung immaterieller Interessen. Damit folgt er aber einer großen Tradition der ökonomischen Theorie des Rechts. Schließlich hatte schon *Schumpeter* dem *materiellen* Eigennutz zu große Bedeutung zugemessen, kritisch dazu auch *Röhrich*, S. 128 ff.

Ebenen des Staates. Daher besteht kein zwingender Grund, den Anwendungsbereich der direktdemokratischen Verfahren von vorne herein auf kleinräumige Körperschaften zu beschränken.[1]

Zur Bestätigung dieser Thesen kann auf die Erfahrungen mit direktdemokratischen Verfahren in der Schweiz und ihren Kantonen, in Italien sowie in vielen US-Bundesstaaten verwiesen werden.[2] Völlig unabhängig davon, an welchem Maßstab man die Qualität politische Entscheidungen beurteilen will, belegen diese Erfahrungen, dass auf dem Weg der Volksabstimmung durchweg solche Vorlagen angenommen wurden, die auch das Ergebnis eines parlamentarischen Verfahrens hätten sein können.[3] Zumindest gibt es keinen empirischen Nachweis für die Behauptung, dass den Bürgern die Kompetenz für politische Entscheidungen fehle und dass die Ergebnisse eines Volksentscheides daher tendenziell von einer „schlechteren Qualität" sein müssen.[4]

Allerdings bestätigen die Erfahrungen in denjenigen US-amerikanischen Bundesstaaten, in denen Volksabstimmungen zu Routineverfahren geworden sind, die durchaus nahe liegende Vermutung, dass die Bürger tendenziell damit überfordert sind, wenn sie an einem einzigen Tag gleichzeitig über eine Vielzahl teilweise höchst komplexer Entwürfe abzustimmen haben[5] oder der Abstimmungstermin gleichzeitig mit einer allgemeinen Wahl stattfindet.[6]

b. Zur These der Gefahr einer „Diktatur der Minderheit"

Die Gegner der direktdemokratischen Verfahren argumentieren weiterhin damit, dass diese Verfahren im Ergebnis zu einer „Diktatur der Minderheit" führen könnten, in der sich eine kleine und gut organisierte Minderheit über die Interessen der schweigenden Mehrheit

---

1 So aber *Achterberg*, NJW 1978, S. 1993; MD-*Herzog*, Art. 20 GG, Rn. II.40. Dagegen etwa *Obst*, Chancen, S. 269 f., der zu Recht auf die Vergleichbarkeit mit Parlamentswahlen abstellt.
2 Vgl. dazu oben S. 65 m.w.N.
3 Vgl. dazu *Schmid*, FS Zacher, S. 933, 943 f.; und insbesondere die umfassende Untersuchung von *Kirchgässner/Frey/Savioz*, S. 71 ff., die aufgezeigt haben, dass Kantone und Gemeinden, in denen die Bürger über Finanzfragen abstimmen können, tendenziell geringere Staatsausgaben, eine geringere Staatsverschuldung, effizientere öffentliche Betriebe und ein höheres Bruttoinlandsprodukt haben; zustimmend hierzu *Tiefenbach*, S. 85 ff.
Heußner, RuP 1999, S. 92 ff., hat dargelegt, dass es keinen Zusammenhang zwischen der Geltung der Todesstrafe und der Möglichkeit direktdemokratischer Verfahren in den US-Bundesstaaten gibt. Auch *Glaser*, S. 366, betont, dass die direktdemokratischen Verfahren das parlamentarische System keineswegs destabilisiert hätten.
4 Vgl. dazu *Manfred G. Schmidt*, S. 111, 114 ff, der auf S. 116 ff. allerdings zu Recht darauf hinweist, dass sich vor allem Stimmberechtigte mit höherem sozioökonomischen Status an den Abstimmungen beteiligen und dass der Anteil der schlecht informierten Stimmberechtigten mit 40 Prozent immer noch recht hoch ist.
5 Dies ist vor allem deshalb bedenklich, weil dies auch im Parlament zu einer Verflachung der Diskussion führen kann. Vgl. dazu vor allem die umfassende Analyse der Verfassungspraxis durch *Glaser*, passim und vor allem S. 111, 381, die durch die Arbeit von *M. Bauer*, S. 277, ergänzt wird.
6 Vgl. dazu *Schulz*, S. 111 ff. und 160 f.

hinweg setzt.[1] Dieser These liegt wiederum die – in der Regel unausgesprochene – Vermutung zugrunde, dass diejenigen Stimmberechtigten, die sich nicht an einer Abstimmung beteiligen, zumindest tendenziell die Beibehaltung des gegenwärtigen Rechtszustandes bevorzugen würden.

Tatsächlich besteht kein Anlass für diese Vermutung: Geht man von der Mündigkeit der Bürger aus, dann gibt derjenige, der sich der Stimme enthält, damit zu erkennen, dass das Ergebnis der Abstimmung für ihn nicht relevant ist. In diesem Fall muss er das Ergebnis der Abstimmung aber auch akzeptieren. Dabei kann man unterstellen, dass die Neigung, sich zu engagieren immer dann besonders groß sein wird, wenn es darum geht, einen Eingriff in bestehende Rechte abzuwehren. Unter dieser Voraussetzung besteht aber kein Grund für die Annahme, dass die Mehrheit die Initiative einer aktiven Minderheit auch dann schweigend hinnehmen würde, wenn ihre Interessen durch diese Initiative tatsächlich bedroht werden. Vielmehr besteht umgekehrt eine große Wahrscheinlichkeit dafür, dass allzu radikale Forderungen beim Volksentscheid keine Mehrheit erhalten werden. Eine strukturelle Minderheit kann die direktdemokratischen Verfahren daher bestenfalls dafür nutzen, auf ihre Interessen aufmerksam zu machen. Sie wird sich mit diesen Interessen aber nur dann durchsetzen, wenn dies für die Mehrheit akzeptabel ist.[2]

Zwar lässt sich diese These nicht verifizieren, da sie auf dem nicht beweisbaren Axiom der politischen Mündigkeit beruht. Allerdings wird sie durch den empirischen Befund der praktischen Erfahrungen in anderen Ländern bestätigt: Insbesondere in der Schweiz ist seit jeher eine eher konservative Wirkung der direktdemokratischen Verfahren zu erkennen.[3] Auch ist nicht erkennbar, dass es einer Minderheit jemals gelungen wäre, ihre spezifischen Partikularinteressen im Wege eines Volksentscheides gegen die Interessen der Mehrheit durchzusetzen.

Allerdings wird an dieser Stelle erneut deutlich, dass die direktdemokratischen Verfahren nur dann eine sinnvolle Ergänzung des Systems der parlamentarischen Demokratie sein können, wenn die Bürger zum einen über eine hinreichende politische Grundbildung verfügen und wenn es zum anderen möglich ist, sie im Laufe des Verfahrens vor einem Volksentscheid angemessen zu informieren. Insbesondere sollten die direktdemokratischen Verfahren eng mit dem parlamentarischen Entscheidungsverfahren verzahnt werden, da das Parlament gegebenenfalls die Möglichkeit haben muss, sich öffentlich mit der Frage auseinander zu setzen, ob und in wie weit sich das Anliegen der Initiatoren in das Regierungsprogramm integrieren lässt. Sind diese Voraussetzungen erfüllt, dann können die Bürger erkennen, dass und in wie weit ihre Interessen im Falle der Annahme des betreffenden Antrags berührt werden und sich auf dieser Grundlage sachgerecht entscheiden, ob sie überhaupt an der Abstimmung teilnehmen und welcher der verschiedenen Vorlagen sie gegebenenfalls zustimmen wollen.

---

1   In diesem Sinne etwa *Müller-Franken*, DÖV 2005, 489, 494.
2   Vgl. hierzu auch *Abromeit*, S. 95, 104, die darauf hinweist, dass unmittelbare Sachentscheidungen ein Instrument des Minderheitenschutzes sein können.
3   Vgl. dazu etwa grundlegend *Brunetti*, S. 167, 169 ff., der insofern von einem „Status-Quo-Bias" spricht.

c. Zur These der Gefahr einer „Diktatur der Mehrheit"

In einem gewissen Gegensatz zu dem soeben abgehandelten Einwand, steht die ebenfalls häufig vorgebrachte These, nach der es im Falle der Einführung direktdemokratischer Verfahren bzw. bei einer Erleichterung dieser Verfahren zu einer „Diktatur der Mehrheit" kommen könnte, in der die Interessen von Minderheiten nicht angemessen berücksichtigt werden. Die Kritiker der direktdemokratischen Verfahren sehen diese Gefahr vor allem darin begründet, dass es nicht möglich sei, den Bürgern die Verantwortung für die Folgen ihrer Entscheidung zuzuweisen.[1] Damit werde aber die Neigung befördert, den eigenen Interessen tendenziell ein zu großes Gewicht zumessen.

Dieser Behauptung kann nun nicht entgegengehalten werden, dass die Bürger gegebenenfalls selbst unmittelbar von den Folgen ihrer Entscheidung betroffen werden.[2] Denn schließlich hätte die jeweilige Mehrheit nur dann unter den Folgen ihrer Entscheidung zu leiden, wenn sie sich über die Auswirkungen der Entscheidungen geirrt haben.

Ebenfalls wenig überzeugend ist der Einwand, dass auch die Abgeordneten kaum persönlich zur Verantwortung gezogen werden können: Dabei ist zu beachten, dass die einzig wirklich wirksame Sanktion eines eventuellen Fehlverhaltens in der Abwahl besteht.[3] Die Entscheidung, welche Abgeordneten in das Parlament einziehen, entzieht sich aber in der Regel dem Einfluss der Wähler,[4] weil sich das Wahlergebnis in erster Linie auf die Machtverhältnisse innerhalb des Parlaments auswirkt.[5] Auch wenn unter diesen Umständen nur sehr bedingt von einer höheren Verantwortlichkeit der Abgeordneten die Rede sein kann,[6] ist die Erkenntnis, dass ein Kontrollmechanismus in der Praxis versagt, jedoch noch lange kein Grund dafür, die Notwendigkeit der Kontrolle insgesamt in Frage zu stellen.

Entscheidende Bedeutung kommt in diesem Zusammenhang jedoch dem Umstand zu, dass der Verweis auf die angeblich fehlende Verantwortlichkeit der Stimmberechtigten bei näherer Betrachtung ebenso gut geeignet ist, die Legitimation der Parlamentswahlen in Frage zu stellen: Denn was sollte einen Wähler daran hindern, genau derjenigen Partei seine Stimme zu geben, die sich explizit der Förderung seiner eigenen Interessen verschrieben und sich in der Vergangenheit als fähig erwiesen hat, diese Interessen auch durchzusetzen?

1 Vgl. dazu die Nachweise in Fn. 6 auf S. 91. In diesem Sinne besonders deutlich *Zacher*, BayVBl. 1998, S. 737, 742; und nun *Müller-Franken*, DÖV 2005, 489, 495.
2 So aber *Pestalozza*, Popularvorbehalt, S. 9 f.; *Steinberg*, ZRP 1982, S. 113, 117 f.
3 Was wiederum voraussetzt, dass der Abgeordnete überhaupt wiedergewählt werden möchte; vgl. dazu *Jung*, ZParl 1990, S. 491, 503.
4 *Kaack*, S. 565 ff., hat schon für die Bundestagswahlen 1969 nachgewiesen, dass der „Wahl vor der Wahl", also der Aufstellung von Kandidaten entscheidende Bedeutung zukommt. Seither ist das Wahlergebnis eher noch vorhersehbarer geworden. Die allermeisten Wahlkreise sind fest in der Hand einer der beiden großen Parteien SPD und CDU/CSU. Diejenigen Kandidaten, die nicht in einem solchen „sicheren Wahlkreis" aufgestellt werden, sind in der Regel über einen vorderen Platz auf den Landeslisten abgesichert. Um ihr Mandat bangen müssen also in erster Linie die Kandidaten derjenigen Parteien, die möglicherweise an der Sperrklausel („5-%-Hürde") scheitern.
5 In diesem Sinne besonders deutlich *Zolo*, S. 147 ff. und 153 ff., der damit im Grunde an das von Robert *Michels*, S. 366, entwickelte „*eherne Gesetz der Oligarchie*" anknüpft.
6 So auch *Jung*, ZParl 1990, S. 491, 503; *Obst*, Chancen, S. 281 und im Ergebnis *Pestalozza*, Popularvorbehalt, S. 9 f.

Zumindest ist kein Grund dafür erkennbar, warum er sich hier „verantwortlicher" verhalten sollte als im Rahmen einer unmittelbaren Abstimmung.[1] Spätestens hier wird aber deutlich, dass mit der These von der fehlenden Verantwortlichkeit der Bürger letzten Endes die Grundlage des demokratischen Staatsaufbaus in Frage gestellt wird: Denn schließlich beruht das Bekenntnis zur Demokratie auf der Überzeugung, dass sich die einzelnen Menschen im Rahmen ihrer Mitwirkung an der politischen Willensbildung eben nicht ausschließlich an ihren eigenen, unmittelbaren Interessen orientieren werden sondern auch dazu bereit sind die legitimen Interessen anderer zu berücksichtigen.[2]

Zwar ist trotz alledem nicht mit letzter Sicherheit auszuschließen, dass sich bei der Abstimmung eine Mehrheit über die legitimen Interessen einer Minderheit hinweg setzt. Auch in diesem Fall ist die Minderheit aber jedenfalls dann nicht schutzlos, wenn man wie hier davon ausgeht, dass die Ergebnisse einer Volksabstimmung grundsätzlich keinen höheren Rang genießen als vergleichbare Entscheidungen der anderen Staatsorgane.[3] Denn daraus ergibt sich, dass auch die Bürger im Rahmen der Ausübung ihrer verfassungsmäßigen Beteiligungsrechte an die in der Verfassung festgeschriebenen Grundrechte und Staatsziele gebunden sind[4] – und damit auch dem Schutz von Minderheiten verpflichtet.[5] Sofern die Minderheit die Möglichkeit hat, eine Verletzung ihrer Rechte gerichtlich geltend zu machen, genießen die Angehörigen dieser Minderheit dann aber im Ergebnis denselben Schutz, wie er ihnen auch gegenüber Entscheidungen des Parlamentes zusteht.

d. Zur These der Anfälligkeit für Demagogie

Auch die weitere These der Gegner der direktdemokratischen Verfahren, die in diesem Zusammenhang immer wieder auf die angebliche Anfälligkeit der Bürger für Demagogie verweisen, läuft im Ergebnis ins Leere.[6] Zwar ist es durchaus nicht unwahrscheinlich, dass kleine, gut organisierte Interessengruppen versuchen werden, sich die direktdemokratischen Verfahren zunutze zu machen, um auf diesem Wege ihre Ziele durchzusetzen.[7] Der Umstand, dass die direktdemokratischen Verfahren in der Praxis häufig von Parteien oder Interessenverbänden initiiert werden, bedeutet jedoch nicht notwendigerweise, dass diese Verfahren grundsätzlich nur dazu dienen würden, bestimmte Partikularinteressen durchzusetzen. Vielmehr ist in diesem Zusammenhang auf der einen Seite zu beachten, dass sich

---

1 Vgl. dazu auch *Jung*, ZParl 1990, S. 491, 501 f.
2 Wobei es grundsätzlich nicht darauf ankommt, ob man davon ausgeht, dass sich die einzelnen Menschen von vorne herein an ihren individuellen Vorstellungen über den konkreten Inhalt des Gemeinwohls orientiereren oder ob sie sich „nur" von der Erkenntnis leiten lassen, dass ihren eigenen Interessen auf lange Sicht am besten dadurch gedient ist, dass sie auch den Interessen ihrer Mitmenschen Rechnung tragen.
3 In der Schweiz gibt es allerdings nur eine eingeschränkte verfassungsgerichtliche Kontrolle, vgl. *H. Fischer*, S. 23, 40.
4 Vgl. dazu oben S. 89, Fn. 1 f.
5 In diesem Sinne auch *Berlit*, KritVjschr. 1993, S. 318, 344 f.; *Fliegauf*, LKV 1993, S. 181, 184; vgl. dazu auch *Peine*, Der Staat 1979, S. 375 ff.; *Heun*, S. 227 ff.
6 Vgl. dazu die Nachweise in Fn. 1 auf S. 92.
7 Vgl. dazu etwa *Borner/Brunetti/Straubhaar*, S. 129 ff. und *Brunetti*, S. 167, 177 ff.

die Verfahren ohne die logistische Unterstützung bestehender Verbände kaum organisieren lassen. Auf der anderen Seite wird es den Bürgern gerade wegen der Beteiligung bestimmter Parteien oder Interessenverbände wesentlich leichter, die eigentliche Zielsetzung der Initiatoren zu erkennen. Dies setzt lediglich voraus, dass die Bürger erkennen können, wer hinter dem Verfahren steht.[1]

Auch der Umstand, dass sich „radikale"[2] Gruppierungen möglicherweise propagandistischer Mittel bedienen werden, um die öffentliche Meinung in ihrem Sinne zu beeinflussen, spricht nicht grundsätzlich gegen die Einführung direktdemokratischer Verfahren. Zwar kann man ohne weiteres davon ausgehen, dass die jeweiligen Initiatoren im Rahmen ihrer Möglichkeiten darauf hinwirken werden, dass die Bürger im Vorfeld einer Abstimmung möglichst nur diejenigen Informationen erhalten, die geeignet sind, ihr eigenes Anliegen zu befördern. Auch ist insbesondere in Krisenzeiten damit zu rechnen, dass im Rahmen der Diskussionen vor einer Volksabstimmung sachfremde Erwägungen und die allgemeine Unzufriedenheit mit der Regierungspolitik eine Rolle spielen werden. Wenn die direktdemokratischen Verfahren zu einer Emotionalisierung der Politik führen, dann ist dies für sich genommen jedoch noch kein Anlass, die Bürger insgesamt von der unmittelbaren Mitwirkung an der politischen Willensbildung auszuschließen. Denn schließlich ist nur die Diktatur „schnell und einfach",[3] und es besteht kein Grund für die Annahme, dass die Bürger schlechthin unfähig wären, populistische Radikalforderungen als solche zu erkennen – und abzulehnen.[4] Allerdings zeigt sich hier erneut die Notwendigkeit, die Stimmberechtigten angemessen zu informieren und das Verfahren mit dem parlamentarischen Prozess zu verzahnen.

Tatsächlich wird auch die These von der Verführbarkeit des Volkes und seiner Anfälligkeit für demagogische Agitation nicht durch den empirischen Befund gestützt. Wie später noch aufzuzeigen sein wird, geht insbesondere der in diesem Zusammenhang regelmäßig vorgebrachte Hinweis auf die angeblich so schlechten Erfahrungen mit den direktdemokratischen Verfahren in der Zeit der Weimarer Republik ins Leere.[5]

e. Zur These von der höheren Qualität der Ergebnisse des parlamentarischen Prozesses

Die Gegner der Einführung direktdemokratischer Verfahren begründen die angeblich höhere Qualität der parlamentarischen Entscheidungen nicht zuletzt damit, dass es nur im Rahmen des parlamentarischen Beratungsverfahrens möglich sei, auf einen Kompromiss hinzuarbeiten. Das Parlament könne sich im Rahmen der ausführlichen Beratungen den Sachverstand der Bürokratie, unabhängiger Experten und auch der betroffenen Interessengruppen und -verbände zunutze machen. Bei einem Volksentscheid stehe die Vorlage, über die abge-

---

1 Daher erscheint es durchaus sinnvoll, die antragstellenden Organisationen in Bezug auf ihre Finanzierung ähnlich zu behandeln wie politische Parteien; vgl. dazu auch die Abwägungen in *BVerfGE* 85, 264.
2 Wobei „radikal" auch bedeuten kann. „ausschließlich mehrheitsorientiert".
3 So die damalige Bundestagspräsidentin *Süßmuth*, SPIEGEL vom 5.7.1993, S. 38.
4 Vgl. dazu *Berlit*, KritVjschr. 1993, S. 318, 344; *Krafczyk*, S. 144 ff., der jedoch auf S. 149 ff. durchaus die Gefahr einer Manipulation des Willensbildungsprozesses sieht..
5 Vgl. dazu unten S. 108 ff.

stimmt werden soll, demgegenüber von Anfang an fest und die Initiatoren hätten durch das Recht, über die Abstimmungsfrage zu bestimmen, im Ergebnis die Möglichkeit den Ausgang des Verfahrens in ihrem Sinne zu manipulieren.[1]

In der Tat hat derjenige, der einen Antrag formuliert, einen großen Einfluss auf das Ergebnis der Abstimmung – ebenso wie derjenige, der über die Reihenfolge zu entscheiden hat, in der gegebenenfalls über konkurrierende Vorlagen zum selben Gegenstand abgestimmt wird. Dies ist allerdings kein spezifisches Problem der *direkt*demokratischen Verfahren. Denn schließlich kann bei jeder Abstimmung nur mit „Ja" oder „Nein" gestimmt werden. Vielmehr wird hier erneut deutlich, dass der Ausgestaltung des Verfahrens im Vorfeld der Abstimmung eine ganz entscheidende Bedeutung für die Qualität der Ergebnisse dieses Verfahrens zukommt: Der erste Schritt, um eine sachgerechte Diskussion zu gewährleisten, besteht in der Einführung einer umfassenden Begründungspflicht, mit der es den Initiatoren unter anderem zur Aufgabe gemacht wird, konkrete Vorschläge zu machen, wie ihr Anliegen gegebenenfalls in das Gesamtkonzept der Regierungspolitik eingefügt werden kann.[2] Von entscheidender Bedeutung ist weiterhin eine möglichst enge Verzahnung der direktdemokratischen Verfahren mit der parlamentarischen Beratung.

Dies allein reicht aber jedenfalls dann nicht aus, wenn es keine Möglichkeit gibt, den ursprünglichen Antrag nachträglich zu ändern und auch das Parlament keine Möglichkeit hat, einen konkurrierenden Entwurf mit zur Abstimmung zu stellen.[3] Schließlich ist eine breite öffentliche Diskussion über die auf dem Wege der Volksinitiative oder des Volksbegehrens eingebrachte Vorlage nur dann sinnvoll, wenn die Ergebnisse dieser Diskussion dann auch *konstruktiv* genutzt und bei der Formulierung derjenigen Vorlagen berücksichtigt werden können, die dem Volk schlussendlich zur Abstimmung gestellt werden.[4]

Vergleichsweise einfach hat es hier das Parlament, dessen konkurrierender Entwurf gegebenenfalls erst am Ende des Diskussionsprozesses formuliert wird.[5] Für die Vertreter eines Volksbegehrens stellt sich die Lage in diesem Fall zwar schwieriger dar, da nicht fest steht, ob die ursprünglichen Unterstützer des Volksbegehrens auch einen geänderten Antrag befürworten würden. Daher können sie nicht völlig frei über den Gegenstand der Abstimmung disponieren. Auch dieses Problem lässt sich aber durch eine entsprechende Ausge-

---

1 *Böckenförde*, Demokratie und Repräsentation, S. 379, 382 f.; *Bugiel*, Volkswille, S. 472; *von Danwitz*, DÖV 1992, S. 601, 606; *Heun*, S. 151; *Karpen*, JA 1993, S. 110, 114; *Kriele*, „Plebiszite in das Grundgesetz?", FAZ 10.11.1992, S. 12; *H. Schneider*, GS Walter Jellinek, S. 155, 171; ähnlich hatte sich schon *Schmitt*, Volksentscheid, S. 36 geäußert.

2 Dies erübrigt sich allerdings dann, wenn die Bürger ohnehin nur über einen Rahmenentwurf abstimmen sollen, der noch der Ausfüllung durch das Parlament oder andere Staatsorgane bedarf.

3 Auch *Berlit*, KritVjschr. 1993, S. 318, 344, geht davon aus, dass die mögliche Vorlage eines Konkurrenzentwurfes durch das Parlament ein wirksames Mittel gegen zu radikale Forderungen darstellt.

4 Andernfalls bleibt den Bürgern nur die Möglichkeit, den Antrag abzulehnen, wenn sich im Lauf der Diskussion herausstellen sollte, dass der Entwurf doch (noch) nicht ausgereift ist.

5 Dabei kann unterstellt werden, dass das Parlament bei der Formulierung seiner Vorlage jedenfalls dann auch dem Anliegen der Initiatoren des Volksbegehrens Rechnung tragen wird, wenn aufgrund der öffentlichen Diskussion eine hinreichende Möglichkeit dafür besteht, dass andernfalls der radikale Entwurf des Volksbegehrens angenommen werden könnte.

staltung des Verfahrens lösen.[1] Damit ist aber auch der Behauptung, die direktdemokratischen Verfahren seien per se nicht kompromissorientiert, die Grundlage entzogen.

f. Zur These der destabilisierenden Wirkung der direktdemokratischen Verfahren

In einem engen Zusammenhang mit der These von der Anfälligkeit der Bürger für demagogische Verführungen steht auch die weitere Behauptung, dass die direktdemokratischen Verfahren von der jeweiligen (inner- oder außerparlamentarischen) Opposition instrumentalisiert würden, wodurch im Ergebnis die Stabilität und Leistungsfähigkeit des parlamentarischen Systems gefährdet werde.[2/3]

Insofern ist zunächst nochmals darauf hinzuweisen, dass die Einleitung und Durchführung eines direktdemokratischen Verfahrens einen erheblichen organisatorischen Aufwand mit sich bringt. Die Initiatoren eines solchen Verfahrens bedürfen daher in der Regel zumindest der logistischen Unterstützung durch Interessenverbände und Parteien, da in der Regel nur solche Organisationen über eine hinreichende Infrastruktur verfügen.[4] Das Bedürfnis, Parteien einzubinden, hängt aber maßgeblich davon ab, ob die Initiatoren gegebenenfalls die Kosten des Verfahrens bzw. seiner Vorbereitung unter allen Umständen selbst zu tragen haben. Wird den Antragstellern jedenfalls unter bestimmten Voraussetzungen ein Anspruch auf Ersatz ihrer Aufwendungen eingeräumt, dann hindert das die Parteien und

---

1   Zum einen kann den Vertretern der Initiatoren von vorne herein das Recht eingeräumt werden, über den Antrag zu disponieren. Dies erscheint allerdings nur dann akzeptabel, wenn der Antrag selbst nur von einem geringen Anteil der Bürger unterstützt werden muss, denn nur dann besteht eine hinreichende Wahrscheinlichkeit dafür, dass auch die geänderte Version von einer hinreichenden Zahl der Bürger unterstützt wurde. Dieses Verfahren eignet sich dementsprechend vor allem für Änderungen, die *nach* einer Volksinitiative bzw. einem Volksantrag aber *vor* einem Volksbegehren erfolgen.
    Ansonsten ist es denkbar, den ursprünglichen Unterzeichnern das Recht zu geben, das Verfassungsgericht anzurufen und überprüfen zu lassen, ob der geänderte Antrag im wesentlichen der ursprünglichen Fassung entspricht. Als Quorum könnte man auf eine bestimmte Zahl bzw. auf einen bestimmten Anteil der Bürger abstellen – oder darauf, dass der ursprüngliche Antrag ohne die Zustimmung der nun klagenden Unterzeichner unzulässig gewesen wäre: Liegt das Quorum für die Volksinitiative bei 20.000 Unterschriften und es wurden 21.500 Unterschriften eingereicht, dann müsste der Antrag an das Verfassungsgericht von mindestens 1.501 der Erstunterzeichner unterstützt werden.
2   So etwa *Frotscher*, DVBl. 1985, S. 915, 922; *Krause*, HdBStR § 39, Rn. 28; oder besonders deutlich *von Mangoldt*, Verfassungen, S. 81, der die Möglichkeit der Instrumentalisierung der Verfahren durch die jeweilige Opposition allerdings als unvermeidbare Begleiterscheinung in Kauf nehmen will.
3   Eine ähnliche Diskussion wird auch in Österreich geführt. Nach dem Referendum über den EU-Beitritt im Jahre 1994 und einigen nachfolgenden Volksbegehren, die sich zumindest mittelbar gegen den Beitritt Österreichs zur Europäischen Union richteten, besteht dort Einigkeit darüber, dass die in der Bundesverfassung vorgesehenen direktdemokratischen Verfahren allenfalls ein partei-politisches Instrument der parlamentarischen Opposition sind, das häufig populistisch gebraucht wird – und daher nicht geeignet sei, das Spannungsverhältnis zwischen den etablierten Machtkartellen von Parteien und Interessenverbänden auf der einen Seite und der (außerparlamentarischen) demokratischen Opposition auf der anderen Seite auszugleichen; vgl. dazu insbesondere *Pelinka*, S. 16 und passim; sowie *Stelzer*, S. 1019 ff., der direktdemokratische Verfahren dennoch grundsätzlich für eine sinnvolle Ergänzung des repräsentativ-parlamentarischen Systems hält, sofern diese Verfahren nicht von vorne herein als Instrumente der parlamentarischen Opposition ausgestaltet werden; a.a.O. S. 1030 ff.
4   Dazu etwa *Bugiel*, Volkswille, S. 472., m.w.N., und aus ökonomischer Sicht *Ursprung*, S. 99 ff.

Interessenverbände zwar nicht an dem Versuch, sich die direktdemokratischen Verfahren zunutze zu machen. Ein solcher Kostenerstattungsanspruch ermöglicht es aber auch weniger fest organisierten Gruppen, diese Verfahren zu nutzen.[1] Die kommunikative Funktion der Verfahren kann damit deutlich verstärkt werden.

In diesem Zusammenhang ist weiterhin zu beachten, dass die aktive Beteiligung der Parteien und Interessenverbände auch für die Stimmberechtigten von großer Bedeutung ist, da realistischerweise davon auszugehen ist, dass sich zumindest ein relativ großer Teil der Stimmberechtigten auch hier die Vorteile der politischen Arbeitsteilung zunutze machen und sich für ihr Abstimmungsverhalten in erster Linie an den Aussagen der politischen Parteien orientieren wird.[2] Dies ist keineswegs ein Grund, die Eignung der direktdemokratischen Verfahren grundsätzlich in Frage zu stellen:[3] Zum einen erscheint es durchaus legitim, wenn die Bürger den Aufwand für die Vorbereitung einer (politischen) Entscheidung möglichst gering halten wollen.[4] Zum anderen und vor allem ist zu beachten, dass die Bürger die Vorschläge der Parteien nicht ungeprüft übernehmen werden, sondern (zumindest) einer Plausibilitätskontrolle unterwerfen.[5] Es ist daher keineswegs selbstverständlich, dass sie stets den Vorgaben genau derjenigen Partei folgen werden, der sie bei den letzten Wahlen ihre Stimme gegeben haben.[6]

Schließlich ist in diesem Zusammenhang darauf hinzuweisen, dass es der oben herausgearbeiteten Funktion der direktdemokratischen Verfahren als Korrektiv der Regierungspolitik entspricht, wenn diese Verfahren auch und gerade von der jeweiligen Opposition genutzt werden. Denn schließlich ist es die genuine Aufgabe der parlamentarischen Opposition, Alternativen zur Regierungspolitik zu formulieren und alle Möglichkeiten zu nutzen, um diese Alternativen durchzusetzen. Auch die Interessenverbände sind für die Einleitung und Durchführung der Verfahren geradezu prädestiniert: Zwar können sie innerhalb des repräsentativen Systems gegebenenfalls sehr effizient für die von Ihnen vertretenen Interessengruppen werben, indem sie auf die Abgeordneten der Regierungsparteien zugehen.[7] Bleibt diese Lobbyarbeit jedoch erfolglos, dann müssen sie nach anderen Wegen suchen, um für Ihr Anliegen zu werben und der Öffentlichkeit zu vermitteln, dass die besondere

1 Wohl aus diesem Grund fordert auch *Schieren*, StWissStPrax 1997, S. 63, 75, eine Regelung über die Kostenerstattung. Schon *Hernekamp*, S. 331, hat darauf hingewiesen, dass die Wahrscheinlichkeit einer Instrumentalisierung der Verfahren durch Parteien und Verbände umso größer ist, je höher die Hürden auf dem Weg zu einem Volksentscheid sind.

2 Vgl. dazu etwa *Bugiel*, Volkswille, S. 470 f.; *Kühne*, ZG 1991, S. 116, 122 f.; oder schon *Ritterbach*, S. 47 f.

3 So schon *Luthardt*, in. Klingemann/Luthardt (Hrsg.), S. 168, 184 f. und auch *Maurer*, S. 30 f.

4 Dabei kann die Frage offen bleiben, ob die Einführung direktdemokratischer Verfahren den Bürgern einen Anreiz gibt, sich mehr als bisher selbst zu informieren, anstatt auf die Vorarbeit von Parteien und Verbänden zu vertrauen. Dies erwarten etwa *Kirchgässner/Frey*, S. 42, 59 ff. Eine ähnliche Vermutung findet sich bei *Obst*, Chancen, S. 287 (in Fn. 6).

5 Wie *Ursprung*, S. 61 ff., darlegt, ist die Wahrscheinlichkeit, dass ein Bürger aufgrund *unvollkommener* Informationen einer bestimmten Vorlage zustimmt, umso größer, je höher die Wahrscheinlichkeit ist, dass er bei *vollkommener* Information ebenfalls dieser Vorlage zustimmen würde.

6 Dies übersieht etwa *Eberling*, S. 129, der meint, die Verfahren dürften weder von der Regierung noch von der parlamentarischen Opposition angestrengt werden.

7 So auch *Frey*, S. 183, 186.

Förderung dieses Anliegen dem Gemeinwohl in besonderem Maße entspricht. Die direktdemokratischen Verfahren sind aber geradezu prädestiniert, diesen Zweck zu erfüllen.

In diesem Zusammenhang ist aber auch noch ein weiterer Umstand zu beachten: Zwar bedeutet der Erfolg eines Antrags beim Volksentscheid stets eine „Ohrfeige" für die Parlamentsmehrheit, so dass es für die jeweils Opposition auf den ersten Blick durchaus attraktiv zu sein scheint, die Verfahren zu nutzen, um sich bei den Wählern zu profilieren. Allerdings bekommen die Wähler auf diese Weise ein Mittel in die Hand, um ihrem Unmut in Bezug auf einzelne Punkte der Regierungspolitik Ausdruck zu verleihen. Den direktdemokratischen Verfahren kann unter diesen Umständen aber die Funktion eines Ventils für diesen Unmut zukommen – was sich im Ergebnis wiederum zugunsten der bisherigen Parlamentsmehrheit auswirken würde, da sich tendenziell weniger Wähler veranlasst sehen, der Regierung bei den nächsten Wahlen eine „Quittung" zu erteilen, indem sie sich für eine der bisherigen Oppositionsparteien entscheiden oder der Stimme enthalten. Im Ergebnis würde den direktdemokratischen Verfahren damit aber sogar eine stabilisierende Wirkung zukommen – und zumindest die größeren Oppositionsparteien hätten kein allzu großes Interesse mehr an diesen Verfahren, weil ihnen mehr daran gelegen sein muss, dass sich der Unmut bei den Landtagswahlen entlädt.

Um diese These zu überprüfen, soll im Verlauf der weiteren Untersuchung auch herausgearbeitet werden, ob und gegebenenfalls unter welchen Umständen die jeweilige Opposition bei anschließenden Neuwahlen von dem Umstand profitieren konnte, dass es ihr zuvor gelungen war, die Regierungsmehrheit im Wege der direktdemokratischen Verfahren zu einer Kurskorrektur zu zwingen.

g. Exkurs – Zu den besonderen Problemen der Volksinitiative

Die bisherigen Ausführungen haben sich vor allem auf unmittelbare *Entscheidungen* der Bürger bezogen. Allerdings wird teilweise auch verfassungspolitische Zweckmäßigkeit von Volksinitiativen grundsätzlich in Frage gestellt. Die Kritiker befürchten vor allem, dass durch diese Verfahren ein übermäßiger Druck auf die Parlamente ausgeübt werden könnte.[1]

Insofern ist nun aber zunächst zu beachten, dass sich die politische Wirkung eines Verfahrens, das von den Bürgern selbst angeregt wurde grundlegend von denen einer Volksbefragung durch das Parlament unterscheiden,[2] bei der das Parlament zwar recht

---

[1] *Eyermann*, BayVBl. 1995, S. 622, äußert etwa die Befürchtung, dass die Volksinitiative harte Lösungen verzögern und „zu falscher Weichheit, Weichlichkeit" führen könne. *Engelken*, VBlBW. 1995, S. 217, 221, meint, schon durch das Rederecht der Vertreter einer Volksinitiative werde unzulässigerweise Druck auf das Parlament ausgeübt.
Sehr kritisch äußerte sich auch *von Mangoldt*, Bürgerpartizipation, S. 197, 211 f. der allerdings die kommunikative Funktion dieses Verfahrens überhaupt nicht berücksichtigt. Zudem ist seine Kritik widersprüchlich, wenn er zunächst behauptet, eine Volksinitiative könne sich nur auf Angelegenheiten beziehen, die außerhalb des Entscheidungsbereiches des Landtags liegen und die verfassungsrechtliche Zulässigkeit der Volksinitiative dann in Frage stellt, weil das Recht des Landtags zur „regierungsbegleitenden Parlamentskontrolle" berührt werde. *Von Mangoldt* nennt allerdings keine Gründe dafür, warum das Volk nicht auch eine Entscheidung treffen darf, die an Stelle eines schlichten Parlamentsbeschlusses tritt. Soweit ersichtlich, hat er seine Kritik am Institut der Volksinitiative später allerdings auch nicht mehr wiederholt.

[2] Das *BVerfG* (*E* 8, S. 105) hat bekanntermaßen eine in Bremen geplante Volksbefragung unter anderem

lich nicht gebunden ist, sich aber kaum gegen den erklärten Willen der von ihm selbst befragten Bürger stellen kann. Weiterhin muss berücksichtigt werden, dass das Quorum für diesen ersten Verfahrensschritt regelmäßig bei etwa einem Prozent der Stimmberechtigten liegt. Dann kann aber keine Rede davon sein, dass bereits durch eine Volksinitiative Druck auf das Parlament ausgeübt würde – Dies ist vielmehr erst dann der Fall, wenn die Initiative von einem deutlich größeren Anteil der Stimmberechtigten unterstützt wurde. Unter dieser Voraussetzung ist aber zu vermuten, dass die Forderungen, die der Initiative zugrunde liegen, auch sonst in den politischen Willensbildungsprozess eingebracht worden wären. Der einzige Unterschied besteht dann aber darin, dass die Bürger nicht darauf angewiesen sind, dass sich eine Partei ihr Anliegen zu eigen macht, sondern selbst an das Parlament herantreten können und auch selbst vom Parlament angehört werden müssen.[1]

Zwar stellt sich die Lage etwas anders dar, wenn es infolge einer Volksinitiative zu einem Volksentscheid kommen könnte. Unter dieser Voraussetzung wird eine Volksinitiative in aller Regel eine deutlich stärkere politische Wirkungen entfalten als etwa eine Massenpetition oder eine informelle Bürgerinitiative.[2] Dennoch gibt es keinen verfassungsrechtlich zwingenden Grund, das Parlament von dem politischen Druck einer öffentlichen Auseinandersetzung mit dem Anliegen der Initiatoren zu entlasten.

4. Ergebnis – Zu den Folgerungen im Hinblick auf die Ausgestaltung der direktdemokratischen Verfahren

Zusammenfassend lässt sich damit feststellen, dass den direktdemokratischen Verfahren in einem auf eine weitgehende politische Arbeitsteilung ausgelegten politischen System nur eine ergänzende Funktion zukommen kann. Wenn die direktdemokratischen Verfahren die oben herausgearbeiteten strukturellen Defizite des repräsentativ-parlamentarischen Systems der Bundesrepublik Deutschland und ihrer Länder zumindest teilweise ausgleichen sollen, dann müssen sie auf eine möglichst breite und intensive öffentliche Diskussion angelegt sein: Indem sie den Kommunikationsprozesses zwischen den Bürgern und ihren Repräsentanten institutionalisieren, geben sie auf der einen Seite den Bürgern eine Möglichkeit, mit ihren Anliegen an das Parlament und die Regierung heranzutreten und auf diesem Wege die politische Tagesordnung zu beeinflussen. Auf der anderen Seite sind das Parlament und die Regierung dazu verpflichtet, sich mit dem Anliegen auseinander zu setzen und es sich entweder zu eigen zu machen oder den Initiatoren des Verfahrens die Gründe dafür zu vermitteln, warum ihr Anliegen auch in Zukunft nicht stärker berücksichtigt werden kann.

Nur dann, wenn ihnen das nicht gelingt, kommt die Korrekturfunktion der direktdemokratischen Verfahren zum Tragen und es kommt zum Volksentscheid. Zwar besteht kein Anlass für die Vermutung, dass das Ergebnis eines Volksentscheides per se von höherer Qualität wäre als eine Entscheidung des Parlamentes, da sich auch die Bürger über den

---

deswegen für verfassungswidrig erklärt, weil die Bürgerschaft durch das Ergebnis faktisch gebunden wäre.

1 Daher handelt es sich bei der Volksinitiative keinesfalls um eine „überflüssige Verfahrenshürde"; so aber etwa *Hufschlag*, S. 274, der die kommunikative Funktion der Verfahren ignoriert und überdies verkennt, dass auch sonst dem Volksbegehren ein Vorverfahren vorgeschaltet wird.
2 Vgl. dazu auch *Engelken*, BayVBl. 2002, S. 289 ff.

Inhalt des Gemeinwohls irren können. Auf der anderen Seite halten aber auch die gegen die Einführung bzw. Erweiterung der unmittelbaren Mitwirkungsrechte der Bürger vorgebrachten verfassungspolitischen Argumente in ihrer Pauschalität keiner kritischen Überprüfung stand. Vielmehr kommt es ganz entscheidend auf die konkrete Ausgestaltung der Verfahren und darauf an, die Bürger im Vorfeld der Abstimmung angemessen zu informieren.

Was dies genau für die konkrete Ausgestaltung dieser Verfahren, insbesondere für die Bestimmung ihres Anwendungsbereiches, die Festlegung der Quoren für die einzelnen Verfahrensschritte und die Verzahnung mit dem parlamentarischen Beratungsverfahren impliziert, lässt sich nicht im Wege der Deduktion aus abstrakten Grundsätzen entwickeln. Vielmehr erscheint es insofern geboten, die bisherigen Regelungen im Kontext der Verfassungsordnung und des politischen Systems der Bundesrepublik Deutschland und ihrer Länder zu betrachten, um auf dieser Grundlage die verschiedenen Möglichkeiten zu bewerten, wie die einzelnen Verfahrensschritte ausgestaltet werden können, und gegebenenfalls nach Optimierungsmöglichkeiten zu suchen. Dabei kann zugleich festgestellt werden, ob die Bedenken der Gegner einer Erweiterung der unmittelbaren Mitwirkungsbefugnisse der Bürger zutreffen bzw. ob und in wie weit diesen Bedenken durch eine entsprechende Ausgestaltung der Verfahren Rechnung getragen werden kann.

Diese Methode verspricht auch und vor allem deshalb Erfolg, weil es trotz aller Gemeinsamkeiten eine geradezu atemberaubende Regelungsvielfalt gibt – und damit die Möglichkeit besteht, die Effizienz der verschiedenen Regelungsmodelle miteinander zu vergleichen.

2. Teil: Die Entwicklung der direkten Demokratie in Deutschland von 1919 bis 1945

Die heute im Bund und den Ländern geltenden Regelungen über Referenden, das Volksbegehren und den Volksentscheid beruhen durchweg auf Vorbildern aus der Zeit der Weimarer Republik. Um die aktuell geltenden Regelungen angemessen würdigen zu können, ist es im Rahmen dieser Untersuchung daher geboten, sich zunächst mit der Geschichte der direkten Demokratie in Deutschland seit dem Ende des Kaiserreichs auseinander zu setzen.

1. Kapitel: Die direktdemokratischen Verfahren in der Weimarer Republik

Die Erfahrungen mit den direktdemokratischen Verfahren in der Zeit der Weimarer Republik sind aus zwei Gründen auch heute noch von Bedeutung. Auf der einen Seite sind die heute in den Ländern geltenden Bestimmungen nach dem Vorbild der einschlägigen Regelungen der Weimarer Reichsverfassung und der Landesverfassungen aus der Zeit der Weimarer Republik formuliert worden. Sie lassen sich daher überhaupt nur dann sinnvoll auslegen, wenn man den Bezug zu den Vorläuferregelungen aus der Zeit der Weimarer Republik herstellt.[1]

Auf der anderen Seite wurde die Einführung von Regelungen über das Volksbegehren, den Volksentscheid und andere direktdemokratische Verfahren in das Grundgesetz schon im Parlamentarischen Rat nicht zuletzt wegen der praktischen Erfahrungen mit vergleichbaren Regelungen in der Zeit der Weimarer Republik abgelehnt.[2] Bis heute werden die direktdemokratischen Verfahren der Weimarer Reichsverfassung als „Spielwiese für Demagogen" und „Tummelplatz für politische Demagogie"[3] bezeichnet. Sie hätten zur Radika

---

1 Besonders deutlich wurde dies im Zusammenhang mit einem Beschluss des Bundesverfassungsgerichts vom 3.7.2000 (2 BvK 3/98; DVBl. 2001, S. 188), in dem dieses für die Auslegung der einschlägigen Regelungen der schleswig-holsteinischen Verfassung von 1990 maßgeblich auf die Weimarer Reichsverfassung zurückgegriffen hat – wobei die Entscheidung des Gerichts weder in der Begründung noch im Ergebnis überzeugen kann; vgl. dazu schon ausführlich *Rux*, DVBl. 2001, S. 549 ff.; sowie *Jung*, NVwZ 2002, S. 41.

2 Insbesondere durch den späteren Bundespräsidenten *Heuss* (Parlamentarischer Rat, Hauptausschuss, Stenographisches Protokoll, 22. Sitzung am 8.12.1948, S. 264 und schon zuvor am 9.9.48, Sten. Prot. S. 30) und den SPD-Abgeordneten *Katz* (Stellungnahmen in den Debatten des Hauptausschusses des Parlamentarischen Rates am 1.12.48, Sten. Prot. S. 145 und auch schon am 9.9.48, Sten. Prot. S. 245), der in erster Linie mit den Erfahrungen bei der Abstimmung über den Young-Plan („Freiheitsgesetz", vgl. dazu unten S. 153) argumentierte, vgl. *Obst*, Rezeption, S. 71, 75; sowie *Schwieger*, S. 278 ff.

3 Schon *Apelt*, S. 380, hatte 1946 das Volksgesetzgebungsverfahren als „gefährliches Mittel, Unruhe in das Volk zu tragen... dazu hat es den Demagogen gedient." bezeichnet; *Fraenkel*, Repräsentative Komponente, S. 52, sprach 1958 davon, dass sich die Weimarer Republik in ihrer Geburtsstunde zu einem plebiszitären Typ der Demokratie bekannt und in ihrer Todesstunde die Quittung dafür erhalten habe; vgl. auch *H. Schneider*, HdBStR § 4, Rn. 56; noch *Zippelius*, Verfassungsgeschichte, S. 127 spricht von einer „Spielwiese politischer Agitation". Weitere Nachweise der Literatur vor 1990 finden sich bei

lisierung der Gesellschaft geführt und damit maßgeblich zur Destabilisierung des politischen Systems beigetragen.[1]

Zwar unterscheiden sich die heutigen gesellschaftlichen und wirtschaftlichen Rahmenbedingungen der Politik grundlegend von den Verhältnissen in den zwanziger und frühen dreißiger Jahren des vorigen Jahrhunderts. Da die heute in Deutschland geltenden Regelungen über direktdemokratische Verfahren ebenso wie die entsprechenden Vorschläge zur Reform des Grundgesetzes aber an eine in der Zeit der Weimarer Republik begründete Regelungstradition anknüpfen, liegt es durchaus nahe, in der aktuellen Diskussion immer noch auf die praktischen Erfahrungen mit diesen Regelungen abzustellen.

I. Zur Entstehungsgeschichte[2]

Nachdem die Entstehungsgeschichte der Weimarer Reichsverfassung hinreichend dokumentiert ist, kann die folgende Darstellung sehr kurz gefasst werden. Im Laufe des Jahres 1918 wurde immer deutlicher, dass Deutschland den von ihm zumindest maßgeblich mit zu verantwortende Ersten Weltkrieg nicht gewinnen würde. Da sich nach vier Kriegsjahren die Verhältnisse immer weiter verschlechtert hatten, kam es in vielen Teilen des Reiches zu Unruhen. In dieser Situation sahen die Reichsregierung und der Kaiser keinen anderen Ausweg mehr, als dem Reichstag weitergehende Befugnisse einzuräumen – und ihn damit in die Verantwortung für das weitere Geschehen einzubinden. Die im Oktober 1918 errichtete parlamentarische Monarchie war allerdings nur von kurzer Dauer. Schon im November 1918 brach das Kaiserreich endgültig zusammen. Zu Beginn dieses Monats bildeten sich überall in Deutschland Arbeiter- und Soldatenräte. Da noch keine zentrale Organisation

---

Bugiel, Volkswille, S. 82, Fn. 14, und jetzt noch umfassender bei *Schwieger*, S. 315 ff.
Aus der Diskussion um die Reform des Grundgesetzes z.B. *Schulz-Schaeffer*, JZ 2003, S. 554 passim; *Badura*, AU-GVK Nr. 46, S. 10; vgl. auch *von Danwitz*, DÖV 1992, S. 601, 602, *Matthiesen*, S. 128; *Scholz*, S. 83, 85 f.. Forderungen der SPD nach einer Einführung von Volksentscheiden auf Bundesebene trat schon 1989 der damalige parlamentarische Geschäftsführer der CDU/CSU-Bundestagsfraktion *Bohl* unter Hinweis auf die Weimarer Erfahrungen entgegen, vgl. „Mit Einführung von Volksentscheid schlüge die Stunde der Demagogen", Die Welt, 16.8.1989. Auch in der Diskussion über die plebiszitären Elemente der Verfassung des Landes Brandenburg wurden die „Weimarer Erfahrungen" als zentrales Argument gegen die relativ weitgehenden unmittelbaren Einflussmöglichkeiten der Bürger angeführt, vgl. dazu *Sampels*, S. 80 f.

1 Vgl. z.B. *Haus*, RuP 1994, S. 10, 12 f.; *Badura*, AU-GVK Nr. 46, S. 4; *Krause*, HdBStR § 39, Rn. 8; *Kriele*, VVDStRL 29, S. 46, 60; *Löwer/Tettinger-Mann*, Art. 68 NRW-V, Rn. 4; *Matthiesen*, S. 128.; *Schambeck*, S. 17; *H. Schneider*, GS Walter Jellinek, S. 155, 156; *W. Weber*, S. 245, 249, und auch den Schlussbericht der Enquête-Kommission Verfassungsreform des Bundestages BT-Drs. 7/5924, S. 13; im Zusammenhang mit der jüngsten Diskussion um die Reform des Grundgesetzes wies *Holzbach*, Die Zeit, 21.2.02, S. 92, nochmals auf die „historische Erfahrung" mit der Abstimmung über den Young-Plan des Jahres 1929 hin, die nach wie vor zur Vorsicht rate und daher nicht vergessen werden sollte. Ausführlich zur Rezeption der „Lehren von Weimar" *Bugiel*, Volkswille, S. 177 ff. m.w.N.
In gewissem Widerspruch hierzu steht die Behauptung, dass die Verfahren sich wegen der Komplexität der Fragestellungen ohnehin als unpraktikabel erwiesen hätten; so etwa *H. Schneider*, a.a.O. Ähnlich äußert sich allgemein für alle direktdemokratischen Verfahren auf der Ebene des Bundes MD-*Herzog*, Art. 20 GG, Rn. II.40 f.

2 Dazu ausführlich *Gusy*, Weimarer Reichsverfassung, S. 1 ff. und S. 62 ff.

dieser Räte bestand, übernahm zunächst der Vollzugsrat der Arbeiter- und Soldatenräte der Reichshauptstadt Berlin die Führung. Am 9. November 1918 erklärte Reichskanzler Prinz Max von Baden eigenmächtig die Abdankung des Kaisers[1] und übergab seine Befugnisse an den SPD-Vorsitzenden Friedrich Ebert. Die Mehrheitssozialdemokraten nahmen daraufhin Verhandlungen mit der USPD über die Bildung einer sozialistischen Regierung auf. Nachdem die USPD ihre Forderung nach Errichtung einer „Diktatur des Proletariats" aufgegeben hatte, ging die gesamte Staatsgewalt des Deutschen Reichs am 10. November 1918 auf den so genannten Rat der Volksbeauftragen über, der die Funktionen der Exekutive und Legislative in sich vereinigte.[2]

In den folgenden Wochen kam es zu heftigen Auseinandersetzungen über die künftige Staatsform. Während sich die (M)SPD schon sehr früh für das allgemeine und gleiche Wahlrecht und die Einführung direktdemokratischer Verfahren ausgesprochen hatte,[3] wollten die USPD[4] und innerhalb dieser wiederum vor allem der Spartakusbund[5] die Parlamente auflösen und durch Arbeiter- und Soldatenräte ersetzen. Ganz ähnlich war das Bild auf der „rechten" Seite des parteipolitischen Spektrums. Die DDP und das Zentrum[6] unterstützten

1 Dies war von den Alliierten als Voraussetzung für die Beendigung der Kriegshandlungen gefordert worden. Wilhelm II. hatte zunächst gezögert, da er zwar als Kaiser abdanken, aber weiterhin König von Preußen bleiben wollte.

2 Die 6 Mitglieder des Rates der Volksbeauftragten wurden vom Vollzugsrat der Arbeiter- und Soldatenräte der Reichshauptstadt ernannt, abgesetzt und kontrolliert. Jeweils 3 Mitglieder gehörten der „alten" SPD und der radikal-sozialistischen USPD an. Zum Rat der Volksbeauftragten und seiner Funktion ausführlich *Gusy*, Weimarer Reichsverfassung, S. 43 ff.; *Winkler*, Weimar, S. 36 ff.

3 Bereits im Eisenacher Programm der Sozialdemokratischen Arbeiterpartei von 1869 findet sich die Forderung die direkten Gesetzgebung durch das Volk und das allgemeine, gleiche, direkte und geheime Wahlrecht für alle Männer vom 20. Lebensjahr an einzuführen.
Im Gothaer Programm der Sozialistischen Arbeiterpartei Deutschlands von 1875 wurden darüber hinaus auch das Frauenwahlrecht und die obligatorische Stimmabgabe gefordert. Außerdem solle die Rechtsprechung durch das Volk erfolgen, das auch über Krieg und Frieden zu entscheiden habe.
Im Erfurter Programm der Sozialdemokratischen Partei Deutschlands von 1891 findet sich schließlich die Forderung nach Einführung des Proportionalwahlrechtes und zweijähriger Legislaturperioden. Neben dem Vorschlags- und Verwerfungsrecht sollte dem Volk auch das Recht auf Selbstbestimmung und Selbstverwaltung auf allen Ebenen eingeräumt werden. Die Behörden sollten durch das Volk gewählt werden. Interessanterweise wurde die Entscheidung über Krieg und Frieden nunmehr der Volks*vertretung* zugewiesen.
Auf Ihrem Parteitag im März 1919 berief sich die (M)SPD nochmals ausdrücklich auf dieses Programm, vgl. *Mommsen*, S. 444.

4 Von der USPD wurde die Forderung erhoben, dass die „gesamte exekutive, legislative und jurisdiktionelle Macht ausschließlich in den Händen von gewählten Vertrauensmännern der gesamten werktätigen Bevölkerung und der Soldaten sein" solle (vgl. *Mommsen*, S. 429).

5 Aus dem Spartakusbund, der sich 1917 zunächst der USPD angeschlossen hatte, ging Ende 1918 die KPD hervor. Nach dem Programm der Kommunistischen Partei Deutschlands (Spartakusbund) vom Dezember 1918 sollten nur die „erwachsene Arbeiterschaft beider Geschlechter in Stadt und Land nach Betrieben" bzw. die „Mannschaften unter Ausschluss der Offiziere und Kapitulanten" wahlberechtigt sein, vgl. *Mommsen*, S. 436.

6 Nach den Leitsätzen der Deutschen Zentrumspartei vom 30.12.1918 sollte das gleiche Wahlrecht mit Verhältniswahl, Frauenwahlrecht und Wahlpflicht in Reich, Bundesstaaten und Gemeinden eingeführt werden. Die Volksregierungen mit starker Vollzugsgewalt sollten des Vertrauens der Volksvertretung

die Forderung nach Einführung einer parlamentarischen Demokratie, die DVP[1] und die DNVP[2] hielten dies hingegen für einen Irrweg und sprachen sich für die Wiederherstellung der Monarchie aus.[3]

Angesichts dieser Konflikte wurde für den 16. Dezember 1918 der „Allgemeine Kongress der Arbeiter- und Soldatenräte Deutschlands" nach Berlin einberufen,[4] der am 19. Dezember 1918 beschloss, einen Monat später Wahlen für eine Nationalversammlung abzuhalten, die in völliger Unabhängigkeit über eine Verfassung für das Deutsche Reich verhandeln sollte. Indem für die Wahlen zur Nationalversammlung am 19. Januar 1919 das allgemeine Wahlrecht eingeführt wurde,[5] stürzten letzten Endes die Räte selbst das Rätesystem.[6/7]

    für ihre Amtsführung bedürfen, vgl. *Mommsen*, S. 483.
    Ganz ähnlich hatte sich auch die Bayerische Volkspartei in ihrem Allgemeinen Parteiprogramm vom November 1918 geäußert. In diesem Programm findet sich bemerkenswerterweise auch die Forderung nach Volksabstimmungen, vgl. *Mommsen*, S. 502 f.

1   Noch in Ihren Grundsätzen vom Oktober 1919 betonte die Deutsche Volkspartei, dass die „freiwillige vertrauensvolle Gefolgschaft, die das Volk seinen selbstgewählten Führern leistet, eine wesentliche Vorbedingung für Deutschlands Freiheit und Aufstieg" sei, vgl. *Mommsen*, S. 520.
    Unter der Führung *Stresemanns* fand sich die DVP aber allmählich zur positiven Mitarbeit im Weimarer Staat bereit.

2   Nach den Grundsätzen der DNVP von 1920 sollten das Reich und die Länder wieder zu Monarchien werden. Zwar sollte es eine aus allgemeinen, gleichen, unmittelbaren und geheimen Wahlen beider Geschlechter hervorgegangene Volksvertretung geben. „Zumal bei der jetzigen parlamentarischen Regierungsform" verlange der „starke Staat, den unser Volk jetzt braucht" aber eine kraftvolle vollziehende Gewalt.

3   Sie knüpften damit an die Haltung der Konservativen Partei im Kaiserreich an, die sich noch im Juli 1917 für die Beibehaltung des preußischen Drei-Klassen-Wahlrechtes ausgesprochen hatten. „Das gleiche Wahlrecht entspricht nicht der Eigenart und der historischen Vergangenheit des preußischen Staates und nicht den der preußischen Gesetzgebung vorbehaltenen gesetzgeberischen und sonstigen Aufgaben. Es ist vielmehr geeignet, das fest Gefüge Preußens zu erschüttern und auch diesen Staat der völligen Demokratisierung auszuliefern." (Zit. nach *Mommsen*, S. 404 f.),

4   Zu dem Kongress vgl. *Winkler*, Weimar, S. 50 f.. Über 300 der 514 Delegierten rechnete sich der SPD zu, nur etwa 100 der USPD, der Rest tendierte zum linksliberale Lager oder war parteilos.

5   Aktiv und passiv wahlberechtigt waren alle (deutschen) Männer und Frauen, die älter als 20 Jahre waren. für das passive Wahlrecht kam es zudem darauf an, ob die betreffende Person seit mindestens einem Jahr Deutscher war; vgl. §§ 2, 5 der Verordnung über die Wahlen zur verfassunggebenden deutschen Nationalversammlung vom 30.11.1918 (RGBl. S. 1345). Diese Altersgrenze lag somit noch unter der von 1949 bis 1979 im Grundgesetz festgelegten Grenze für das aktive Wahlrecht von 21 Jahren.
    Die Altersgrenze für das aktive Wahlrecht wurde in Art. 22 I 1 WRV beibehalten. Das passive Wahlrecht hatten hingegen nach § 4 des Reichswahlgesetzes (RWG vom 27.4.1920, RGBl. S. 627) nur diejenigen Wahlberechtigten, die erstens mindestens 25 Jahre alt waren und zweitens seit mindestens einem Jahr deutsche Staatsangehörige.

6   *Gusy*, a.a.O., S. 51, spricht von einer „Räteordnung auf Abruf". Tatsächlich existierte der vom Kongress gewählte, nunmehr rein mehrheitssozialdemokratisch besetzte Zentralrat bis zu einem zweiten Kongress im April 1919. Nach der Wahl zur Nationalversammlung hatten die Räte aber praktisch keine Bedeutung mehr.
    Wie *Winkler*, Weimar, S. 51, ausführt, stand hinter der Entscheidung gegen das „reine Rätesystem" neben dem abschreckenden Beispiel der Sowjetunion auch die Einsicht, dass es praktisch nicht möglich sein würde, die Massen auf Dauer zu mobilisieren – genau dies wäre aber nach der Aufhebung der

Diese Entwicklung war durchaus konsequent. Angesichts der monarchistischen Prägung der Gesellschaft wäre nach der Abdankung des Kaisers an und für sich der Übergang zu einer konstitutionellen Monarchie zu erwarten gewesen. Nur die Kommunisten lehnten die Monarchie grundsätzlich ab.[1] Sie waren von der erfolgreichen russischen Revolution des Jahres 1917 beflügelt und strebten einen bolschewistischen Staat nach dem Muster der Sowjetunion an. Unterstützung fanden sie dabei vor allem bei der USPD, die sich 1917 von den Mehrheitssozialdemokraten abgespalten hatte. Die meisten übrigen Parteien neigten hingegen zur Fortsetzung der parlamentarischen Monarchie, die erst im Oktober 1918 eingeführt worden war. Dies galt auch für große Teile der SPD, einschließlich ihres Vorsitzenden Friedrich Ebert. Dass sich angesichts dieser Ausgangslage dennoch für einige Wochen ein Rätesystem etablieren konnte, lag wohl vor allem daran, dass die USPD und auch ein Teil der Mehrheits-Sozialdemokraten den Forderungen der KPD zunächst nahe stand. Allerdings wurde schon nach kurzer Zeit deutlich, dass selbst unter den Befürwortern einer Räterepublik kein hinreichender Konsens über die politischen Grundauffassungen bestand. Da sich parallel dazu die anderen politischen Kräfte formiert hatten und Anspruch auf die Übernahme der politischen Macht oder zumindest auf die Beteiligung an der Regierung erhoben, war klar, dass dem Rätesystem keine lange Zukunft beschieden sein würde.

Bei den Wahlen am 19. Januar 1919 erreichten diejenigen Parteien, die sich am deutlichsten für eine demokratische Staatsordnung ausgesprochen, eine große Mehrheit.[2] Da aber weder die sozialistisch-sozialdemokratischen Fraktionen noch die bürgerlich-konservativen Fraktionen die Nationalversammlung dominieren konnten, bildete sich die so genannte „Weimarer Koalition" aus (M)SPD, DDP und Zentrum.[3]

   Gewaltenteilung zur Kontrolle der Mandatsträger notwendig gewesen.

7 Schon die Mehrheitsfraktionen des alten Reichstages hatten gefordert, dass alle Frauen und Männer, die das 24. Lebensjahr vollendet hatten, wahlberechtigt sein sollten; der Antrag ist abgedruckt bei *E. R. Huber*, Dokumente, S. 308. Der Antrag wurde allerdings erst am Abend des 8.11.1918 eingebracht, der Reichstag hat über ihn nicht mehr verhandelt.
   Auch im Programm der Volksbeauftragten vom 12.11.1918 war das gleiche, geheime, direkte und allgemeine Wahlrecht für alle mindestens 20 Jahre alten männlichen und weiblichen Personen gefordert worden, vgl. *Winkler*, Weimar, S. 65.
   Interessanterweise führt *Anschütz*, WRV[14], Art. 22, Anm. 1, S. 186, die Einführung des Frauenwahlrechts nicht auf den Grundsatz der Gleichheit der Wahl zurück, sondern auf eine „Forderung der Sozialdemokratie" in ihrem „Erfurter Programm" von 1891.

1 Die Sozialdemokraten waren zwar eindeutig für die Demokratie, jedoch keineswegs strikt antimonarchisch.

2 Die SPD erreichte 163 Sitze, die DDP 79, das Zentrum 91. Die USPD hatte nur 22 Sitze errungen, die DVP 19, die DNVP 44. 7 Sitze wurden von kleineren Parteien besetzt. *Rosenberg*, S. 72, weist darauf hin, das damit immerhin 85 Prozent der Wähler die Tatsache der Revolution gebilligt hatten, denn nur die 15 Prozent Anhänger der DVP und der DNVP tendierten zu einer Rückkehr zur Monarchie. Wenn *Gusy*, Weimarer Reichsverfassung, S. 59, die These aufstellt, das Wahlergebnis sei eine „klare Absage an die Fortsetzung der Novemberrevolution" gewesen, ist dies missverständlich, denn tatsächlich wurde gleichzeitig mehr als deutlich, dass auch eine Rückkehr zum alten System undenkbar war.

3 Diese skizzenhafte Darstellung soll nicht darüber hinwegtäuschen, dass der Übergang von der Monarchie über die Räterepubliken zur ersten deutschen Demokratie keineswegs friedlich vonstatten ging. Insbesondere in München und Berlin gab es heftige Auseinandersetzungen; dazu sehr kurz *Kimminich*, S. 482 f.

Unmittelbar nach den Wahlen zur Nationalversammlung war der erste amtliche Entwurf
¹für eine neue Reichsverfassung veröffentlicht worden.² Autor war der linksliberale Hugo
Preuß, der bis dahin als Professor an der Berliner Handelshochschule gewirkt hatte.³ Schon
dieser Entwurf enthielt Regelungen über direktdemokratische Verfahren.⁴ Insbesondere
sollte der Reichspräsident direkt vom Volk gewählt werden.⁵ Das Volk sollte jedoch keine
Möglichkeit haben, selbst solche Verfahren einzuleiten.⁶

Am 6. Februar 1919 trat die Nationalversammlung im Theater von Weimar zusammen.
Nur vier Tage später wurde das Gesetz über die vorläufige Reichsgewalt erlassen, das in
seinem § 4 II 2 eine Regelung über ein Referendum auf Anordnung des Reichspräsidenten
für den Fall enthielt, dass sich die Nationalversammlung und der aus den Vertretern der
Länder gebildete Staatenausschuss⁷ nicht auf einen Gesetzentwurf einigen konnten.

1 Daneben gab es noch einige private Entwürfe, die von einem großen Misstrauen gegen das Parlament und die politischen Parteien geprägt waren und daher den plebiszitären Elementen als Korrektiv eine größere Bedeutung zumaßen. Diese Entwürfe haben in der weiteren Diskussion jedoch kaum eine Rolle gespielt, vgl. dazu *Schwieger*, S. 30 ff.

2 Reichsanzeiger vom 20. Januar 1919, *Triepel*, Quellensammlung, S. 10 ff. (als Entwurf II); der 1. amtliche Entwurf beruhte auf einem Vorentwurf, den Hugo *Preuß* zusammen mit einer von ihm selbst berufenen Kommission aus Hochschullehrern, Vertretern der Landesregierungen und der Volksbeauftragten im Auftrag des Rates der Volksbeauftragten erarbeitet hatte und der am 3. Januar 1919 veröffentlicht worden war, abgedruckt bei *H. Preuß*, Denkschrift; und bei *Triepel*, Quellensammlung, S. 8 ff. (als Entwurf I).

3 Dieser war kurz zuvor vom Volksbeauftragten und künftigen Reichspräsident Friedrich *Ebert* als Staatssekretär zum Leiter des Reichsamtes des Inneren berufen worden.

4 – Die Neugliederung des Reichsgebietes aufgrund eines Volksentscheids (§ 11 III)
– Ein obligatorisches Verfassungsreferendum (§ 51 II), diese Regelung sollte allerdings erst 5 Jahre nach dem In-Kraft-Treten der Verfassung anwendbar werden. (*H. Preuß*, Denkschrift, S. 27, hielt diese befristete Erleichterung von Verfassungsänderungen für nötig, da nach der Revolution weitere Umwälzungen zu erwarten waren)
– Ein Referendum auf Antrag des Reichspräsidenten (§ 60 II) für den Fall eines Konfliktes zwischen den beiden Häusern des Reichstages (Vorgesehen war ein Volkshaus und ein Staatenhaus, vergleichbar etwa den beiden Häusern des US-amerikanischen Kongresses).

5 §§ 58, 67 II. Der Vorschlag, das Staatsoberhaupt direkt wählen zu lassen, ist wohl vor allem dem Einfluss Max *Webers* auf *Preuß* zu verdanken. *Weber* sah den direkt gewählten Reichspräsidenten allerdings als Bindeglied zwischen dem Volkswillen und der Bürokratie (die Skepsis *Webers* gegenüber unmittelbare Sachentscheidungen der Bürger, wurde bereits erwähnt, dazu siehe oben S. 93, Fn. 1). *Preuß* hielt ihn hingegen als Gegenpol zum Parlament für notwendig, vgl. dazu *Apelt*, S. 57; *Schiffers*, S. 119 ff.; *Schwieger*, S. 28 ff., und auch *Wehr*, JuS 1998, S. 411, der allerdings verkennt, dass die Motive der Beteiligten durchaus nicht völlig übereinstimmten.

6 *Preuß* selbst hat sich in der Denkschrift zum Vorentwurf (*H. Preuß*, Denkschrift, S. 28) ausdrücklich gegen die Möglichkeit von Gesetzesinitiativen gewandt. Volksentscheide seien zu teuer und zu aufwendig. Vor allem brächten sie die Gefahr einer Destabilisierung mit sich. Später warnte er ausdrücklich davor, das „Damoklesschwert der reinen Demokratie" über das parlamentarische System zu hängen, vgl. das Sten. Prot. der 28. Sitzung des Verfassungsausschusses der Nationalversammlung am 11.4.1919 (Verhandlungen des Reichstages Bd. 336), S. 309.

7 Diese Länderkammer war auf Druck der Gliedstaaten des Reiches eingerichtet worden. Sie wurde an den Verfassungsberatungen beteiligt, musste der endgültigen Verfassung aber nicht notwendigerweise zustimmen.

Am 17. Februar 1919 legte der nunmehrige Innenminister Preuß der Nationalversammlung und dem Staatenausschuss seinen zweiten amtlichen Entwurf vor.[1] Dieser zeigte die Skepsis der neuen Reichsregierung gegenüber den direktdemokratischen Verfahren. Aus dem ersten Entwurf wurden lediglich die direkte Wahl und Abwahl des Reichspräsidenten,[2] sowie das Referendum auf dessen Antrag für den Fall eines Konfliktes zwischen Reichsrat und Reichstag[3] übernommen. Die Abstimmungen über eine Neugliederung des Reichsgebietes und das obligatorische Verfassungsreferendum waren hingegen gestrichen worden.

Die Bedenken der Reichsregierung konnten sich in der Nationalversammlung jedoch nicht durchsetzen. Insbesondere die Sozialdemokraten beharrten – trotz der Warnungen Karl Kautskys vor der tendenziell konservativen Wirkung von Volksabstimmungen[4] – darauf, die in ihrem Parteiprogramm seit langem geforderte unmittelbare Gesetzgebung durch das Volk in der Verfassung zu verankern.[5] Unterstützung fanden sie dabei zum einen von Seiten der DDP, aber auch von Teilen der Deutschnationalen, die sich von diesen Verfahren konservative Wirkungen versprach.[6] Zwar scheiterte die SPD, in der der württembergische Abgeordnete Wilhelm Keil insofern eine maßgebliche Rolle spielte, mit ihren Vorschlägen zur Einführung eines obligatorischen Verfassungsreferendums[7] und der plebiszitären Parlamentsauflösung.[8] Die Forderung nach Einführung eines Volksentscheides aufgrund eines Volksbegehrens konnte jedoch durchgesetzt werden – allerdings erst, nachdem die SPD ihren Widerstand gegen die Direktwahl des Reichspräsidenten und seine umfassenden Befugnisse aufgegeben hatte.[9]

Wenn sich die Befürworter weiter gehender unmittelbarer Mitwirkungsrechte der Bürger in der Nationalversammlung durchsetzten, dann lag dies sicherlich auch daran, dass die kurz zuvor erlassenen Verfassungen von Baden[10] und Württemberg[11] ebenso wie in die in

1 Abgedruckt bei *Triepel*, Quellensammlung, S. 18 ff. (als Entwurf III).
2 Artt. 61, 71 II.
3 Der Reichspräsident konnte ein Gesetz nur dann gegen den Widerspruch des Reichsrates in der vom Reichstag verabschiedeten Fassung verkünden, wenn dieser mit der für Verfassungsänderungen notwendigen Mehrheit entschieden hatte (Art. 26 III).
4 Vgl. dazu *Schiffers*, S. 24 f.; *Winkler*, Revolution, S. 233 f. unter Verweis auf die Kritik von Karl *Kautsky* (Der Parlamentarismus, die Volksgesetzgebung und die Sozialdemokratie, Stuttgart 1893, S. 135 ff.). Allgemein zur Haltung der SPD auch *Heußner*, Volksgesetzgebung, S. 57 f. m.w.N.; *Schiffers*, S. 147 f.
5 Dahinter stand in erster Linie das Bedürfnis, ein Gegengewicht zur starken Stellung des Reichspräsidenten zu schaffen, vgl. dazu *Schwieger*, S. 40 ff.
6 Dazu *Bühler*, S. 181; *Fetzer*, S. 35; *Liermann*, S. 154; vgl. dazu auch *Winkler*, Weimar, S. 101 f. und schon ders., Revolution, S. 232 ff.
7 Wie es zuvor in Baden eingeführt worden war, vgl. dazu unten S. 136.
8 Diese war in der einen oder anderen Form in allen Landesverfassungen vorgesehen vgl. dazu unten S. 133.
9 Vgl. dazu *Winkler*, Revolution, S. 234.
10 Badische Verfassung vom 21.3.1919; GVBl. S. 279; abgedruckt bei *Wittreck*, Landesverfassungen, S. 79 ff.
11 Verfassungsurkunde des freien Volksstaates Württemberg vom 20.5.1919; RegBl. S. 85, abgedruckt bei *Wittreck*, Landesverfassungen, S. 698 ff.; vgl. auch die kurz danach erlassenen Verfassungen von Oldenburg (Verfassung für den Freistaat Oldenburg vom 17.6.1919; GBl. S. 391, abgedruckt bei *Wittreck*,, Landesverfassungen, S. 444 ff.), Anhalt (Verfassung für Anhalt vom 18.7.1919; GS Nr. 10,

den meisten anderen Ländern seit Kriegsende in Kraft gesetzten Übergangsverfassungen[1] Regelungen über direktdemokratische Verfahren aufgenommen worden waren.[2] Tatsächlich beruhten die Anträge, die der württembergische SPD-Abgeordnete Wilhelm Keil in die Nationalversammlung einbrachte, nicht zuletzt auf den Erfahrungen, die er kurz zuvor im Rahmen der Verfassungsberatungen in Württemberg gemacht hatte. Dort hatte sich vor allem Wilhelm von Blume für die Einführung direktdemokratischer Verfahren als Instrument gegen die von ihm befürchtete Übermacht des Parlamentes eingesetzt.[3] Eine große Rolle spielte auch eine Denkschrift, die der damalige Vorsitzende der Heidelberger Ortsgruppe der „Deutschen liberalen Volkspartei"[4] und spätere Reichstagsabgeordnete, Reichswirtschafts- und Außenminister Julius Curtius im Vorfeld der badischen Verfassungsberatungen veröffentlicht hatte.[5] Curtius hatte sich schon in der Zeit des Kaiserreiches intensiv mit den direktdemokratischen Verfahren in der Schweiz und den Bundesstaaten der USA auseinander gesetzt und sprach sich nun dafür aus, auch in Deutschland direktdemokratische Verfahren als Instrument zur Durchsetzung der Volkssouveränität einzuführen.[6]

Am 18. Juni 1919 legte der Verfassungsausschuss der Nationalversammlung[7] einen nochmals überarbeiteten Entwurf vor,[8] der die endgültigen Regelungen der Weimarer Reichsverfassung über die direktdemokratischen Verfahren im wesentlichen bereits enthielt. Zwar wiesen die SPD-Abgeordneten Fischer und Katzenstein in den folgenden Beratungen nochmals auf die Gefahr eines „bonapartistischen Missbrauchs" der Volksabstimmungen durch den Reichspräsidenten hin.[9] Da die beiden Abgeordneten damit aber selbst innerhalb ihrer eigenen Fraktion allein standen, änderte diese Kritik am Ergebnis der Beratungen nichts mehr und am 14. August 1919 wurden weltweit zum ersten Mal in einem souveränen Flächenstaat[10] Regelungen über den Volksentscheid in Kraft gesetzt.[11]

    S. 79, abgedruckt bei *Wittreck*, Landesverfassungen, S. 59 ff.) und Bayern (Verfassungsurkunde des Freistaates Bayern vom 14.8.1919; GVBl. S. 531, abgedruckt bei *Wittreck*, Landesverfassungen, S. 106 ff.)

1 Vgl. dazu die Nachweise in Fn. 4 auf S. 131.

2 Vgl. dazu ausführlicher unten S. 130 f. Interessanterweise geht *Schwieger* in seiner umfassenden Darstellung zur wissenschaftlichen und verfassungspolitischen Diskussion über die direktdemokratischen Verfahren auf der Ebene des Reiches nicht auf die parallelen Diskussionen in den Ländern ein.

3 Vgl. dazu *Schiffers*, S. 55 ff. Diese Funktion spielte auch bei den Verfassungsberatungen in den übrigen Ländern die Hauptrolle; vgl. etwa für Lippe *Witte*, S. 77 f.

4 Das war der badische Verband der DVP.

5 Vgl. dazu *Schiffers*, S. 51

6 Vgl. dazu *Schiffers*, S. 42 ff.

7 Diesem Ausschuss gehörten insgesamt 28 Mitglieder an (11 SPD, 6 Zentrum, 5 DDP, 3 DNVP, 2 DVP). Er verhandelte auf der Grundlage eines dritten Entwurfs vom 24.2.1919 (abgedruckt als Entwurf IV bei *Triepel*, Quellensammlung, S. 28 ff.). Dieser enthielt in Bezug auf die direktdemokratischen Verfahren keine Veränderungen.

8 Drucksachen der Nationalversammlung von 1919, Nr. 391, abgedruckt bei *Triepel*, Quellensammlung, S. 39 ff (als Entwurf V). Die Vorschläge des Verfassungsausschusses unterscheiden sich bis auf die Regelungen über die Neugliederung des Reichsgebietes nicht wesentlich von den endgültigen Regelungen der WRV (vgl. allgemein *Anschütz*, WRV[14], S. 29).

9 Vgl. dazu *Winkler*, Revolution, S. 233 f.

10 In der Schweiz und einigen Staaten der USA hatte es schon früher die Möglichkeit für Volks-

115

Diesem Ergebnis der Verfassungsberatungen kommt auch und vor allem deshalb Bedeutung zu, weil diese Beratungen vor dem Hintergrund erheblicher Unruhen statt gefunden hatten, die durchaus Zweifel an der demokratischen Reife des Volkes gerechtfertigt hätten. Umso bemerkenswerter erscheint es daher, wenn eine große Mehrheit der Abgeordneten der Nationalversammlung gegen den Willen der Reichsregierung für die Einführung direktdemokratischer Verfahren stimmte.

Die einschlägigen Verfassungsbestimmungen sind in der Folgezeit durch das Gesetz über den Volksentscheid vom 27. Juni 1921 (VEG)[1] und die Reichsstimmordnung vom 14. März 1924[2] konkretisiert worden.

II. Die direktdemokratischen Verfahren in der Weimarer Reichsverfassung[3]

Im Mittelpunkt der folgenden Darstellung sollen die Regelungen über die Wahl und Abwahl des Reichspräsidenten und über den Volksentscheid stehen.[4] Auf die Bestimmungen über Referenden, sowie über Abstimmungen über eine Neugliederung des Reichsgebietes wird hingegen nur am Rande einzugehen sein, da diese für die aktuelle Verfassungsdiskussion allenfalls von marginaler Bedeutung sind und auch kaum praktische Bedeutung erlangt haben.

---

abstimmungen gegeben.

11 Auf den experimentellen Charakter der Regelungen haben schon *H. Preuß*, Republikanische Reichsverfassung, S. 84, *Thoma*, Sinn und Gestaltung, S. 113, und *Wittmayer*, S. 49, hingewiesen. Anders als etwa *Wehr*, JuS 1998, S. 411, 412, meint, handelte es sich aber nicht nur um eine „Neuerung im deutschen Staatsrecht" – schließlich war das Bekenntnis zur Demokratie insgesamt „neu".
Vor dem Ende des deutschen Kaiserreiches gab es nur wenige rechtswissenschaftliche Stellungnahmen zur plebiszitären Demokratie in Deutschland. *Schwieger*, S. 68 ff., weist insofern insbesondere auf die Werke von *Moritz Rittinghausen*, Die direkte Gesetzgebung durch das Volk, 4. Auflage, Köln 1877, und *Karl Kautsky*, Der Parlamentarismus, die Volksgesetzgebung und die Sozialdemokratie, Stuttgart 1893, hin, die jedoch kaum Beachtung fanden, da beide Autoren der Sozialdemokratie zugerechnet wurden. Der Beitrag von *Theodor Curti* (Der Weltgang des Referendums – Ursprung, Untergang und Wiedergeburt der germanischen Volksfreiheit, AöR 1912, S. 1 ff.) bezog sich nicht auf aktuelle Reformvorhaben, sondern auf die Verfassungsgeschichte. Ob und in wie weit die Literatur zu den in der 2. Hälfte des 19. Jahrhunderts in der Schweiz durchgesetzten Volksrechten in Deutschland rezipiert wurde, bleibt bei *Schwieger* allerdings offen.

1 RGBl. S. 790. Im Vorfeld der Verabschiedung dieses Gesetzes hatte es im Reichstag und dessen Rechtsausschuss heftige Diskussionen gegeben. Der erste Entwurf für ein Ausführungsgesetz (Beilage Nr. 2 zum Reichsanzeiger Nr. 69 vom 1.4.1920) war wegen des Kapp-Putsches nicht behandelt worden. Der zweite Entwurf vom 19.9.1920 scheiterte, weil dort zugleich das Verfahren für die Abstimmungen nach Art. 18 WRV geregelt werden sollte. Erst der dritte Entwurf vom 12.4.1921 (RT-Drs. 1921 Nr. 1832) wurde dann zum Gesetz; vgl. dazu *Schwieger*, S. 43 ff.

2 RGBl. S. 173.

3 Ausführlich dazu *Gusy*, Weimarer Reichsverfassung, S. 90 ff., und sehr kurz *Wehr*, JuS 1998, S. 411 ff.

4 Die Parlamentswahlen sollen im Folgenden hingegen ausgeblendet werden, da es sich zwar um Formen der direkten Demokratie im weiteren Sinne handelt. Tatsächlich treten jedoch die politischen Parteien zwischen die Bürger und die Abgeordneten, vgl. dazu schon oben S. 70 ff.

A. Die Wahl und Abwahl des Reichspräsidenten

Die Weimarer Reichsverfassung enthielt nur zwei Regelungen über die direkte Wahl eines Amtsträgers, deren Bedeutung allerdings kaum überschätzt werden kann.[1] Nach Art. 41 I 1 WRV wurde der Reichspräsident unmittelbar vom Volk gewählt, nach Art. 43 II WRV konnte er auf Antrag des Reichstages vom Volk auch wieder abgewählt werden.

1: Die Wahl des Reichspräsidenten

Die Verfassung beschränkte sich auf ein Minimum von Regelungen über die Voraussetzungen und das Verfahren der Wahl des Reichspräsidenten. Es findet sich nur noch eine einzige Einschränkung in Bezug auf das passive Wahlrecht, nämlich ein Mindestalter von 35 Jahren.[2/3]

Da es der Nationalversammlung nicht einmal gelungen war, sich auf ein Wahlquorum zu einigen, bedurften die Regelungen der Reichsverfassung dringend der Ergänzung und Konkretisierung durch ein Ausführungsgesetz. Dennoch dauerte es fast ein drei viertel Jahr bis am 4. Mai 1920 endlich das Gesetz über die Volkswahl des Reichspräsidenten[4] erlassen werden konnte. Nach heftigen Diskussionen hatte man sich schließlich darauf verständigt, dass für die Wahl grundsätzlich die Hälfte der abgegebenen gültigen Stimmen notwendig sein sollte.[5] In einem eventuellen zweiten Wahlgang entschied hingegen die einfache Mehrheit der abgegebenen gültigen Stimmen.[6] Hier konnten auch Kandidaten antreten, die sich im ersten Wahlgang nicht zur Abstimmung gestellt hatten.

Unmittelbar vor den ersten Reichspräsidenwahlen wurde das Gesetz über die Volkswahl des Reichspräsidenten mit Wirkung zum 13. März 1925[7] kurzfristig geändert. Danach

---

1 Auch *E. R. Huber*, Verfassungsgeschichte, Bd. VI, S. 38, nannte die direkte Wahl das „wichtigste plebiszitäre Moment" der WRV.

2 Der Verfassungsausschuss der Nationalversammlung (vgl. dazu oben S. 115, Fn. 8) hatte vorgeschlagen, dass der Reichspräsident seit mindestens 10 Jahren Deutscher sein sollte. Die Nationalversammlung folgte diesem Vorschlag nicht, damit nach der erhofften Vereinigung Österreichs mit dem Deutschen Reich auch ein Österreicher Reichspräsident werden können sollte. Bekanntermaßen kam es gerade umgekehrt.

3 Interessanterweise wurde in der Literatur zur Reichsverfassung zum Teil die Auffassung vertreten, der Reichspräsident könne nur ein Mann sein. Er hatte nach Art. 47 WRV den Oberbefehl über die gesamte Wehrmacht des Reiches, und könne daher „rationell" (*Hubrich*, S. 92; gemeint ist wohl „rational") nur ein Mann sein, alles andere wäre „unvernünftig" (*Finger*, S. 314). Gegen diese durch nichts außer einem pauschalen Vorurteil gegenüber Frauen begründete Auslegung spricht vor allem Art. 109 II WRV, wonach Männer und Frauen grundsätzlich (Ausnahmen sind also nur durch ein Gesetz möglich, *Anschütz*, WRV[14], Art. 109, Anm. 3) dieselben staatsbürgerlichen Rechte und Pflichten treffen. So zu Recht *Anschütz*, WRV[14], Art. 41, Anm. 3; auch *Poetzsch-Heffter*, Art. 41 WRV, Anm. 2, anders aber noch *ders.*, in der 2. Auflage.

4 RGBl. 1920, S. 849, neu verkündet RGBl. 1924, S. 168.

5 In Art. 41 III des Entwurfes des Verfassungsausschusses (dazu siehe oben S. 115, Fn. 8) war noch die relative Mehrheit für ausreichend erachtet worden.

6 § 4 I bzw. II des Gesetzes.

7 2. Gesetz über die Volkswahl des Reichspräsidenten RGBl. S. 19.

bedurften Wahlvorschläge zwar grundsätzlich der Unterschrift von 20.000 Stimmberechtigten. Lediglich 20 (!) Unterschriften waren hingegen notwendig, wenn der Vorschlag von einer Partei eingereicht wurde, die bei der letzten Reichstagswahl mindestens 500.000 Stimmen erhalten hatte. Begründet wurde die Änderung damit, dass die Volkswahl des Reichspräsidenten ohne die Organisationskraft der Parteien unmöglich sei. De facto war nun aber nur noch Parteien die Aufstellung von Kandidaten möglich.[1]

2. Die Abwahl des Reichspräsidenten

Das Volk hatte nicht nur die Macht, den Präsidenten zu wählen, sondern konnte ihn durch ein „destruktives Misstrauensvotum" nach Art. 43 II WRV auch wieder absetzen. Allerdings konnte es nicht selbst die Initiative ergreifen, sondern war darauf angewiesen, dass der Reichstag mit einer Mehrheit von zwei Dritteln der abstimmenden Abgeordneten einen entsprechenden Antrag stellte.[2]

Bei der Abstimmung sollte die einfache Stimmenmehrheit entscheiden.[3] Wurde der Reichspräsident abgesetzt, mussten Neuwahlen durchgeführt werden. Scheiterte der Antrag des Reichstages hingegen, so galt die Abstimmung als Neuwahl und die Amtsperiode nach Art. 43 I WRV begann von neuem zu laufen.

B. Die Volksabstimmungen

1: Der Volksentscheid

a. Der Volksentscheid über ein einfaches Reichsgesetz

Die Volksabstimmungen in der Weimarer Reichsverfassung waren allesamt auf Abstimmungen über Gesetzentwürfe beschränkt. Die am weitesten reichende Möglichkeit für das Volk, unmittelbar auf die Gesetzgebung Einfluss zu nehmen, war der Volksentscheid nach Art. 73 III WRV. Dieser setzte voraus, dass zuvor ein Volksbegehren von zehn Prozent der Wahlberechtigten unterstützt worden war. Dem Begehren musste ausdrücklich ein „ausgearbeiteter" Gesetzentwurf zugrunde liegen. Diese Anforderung wurde allerdings nicht allzu streng verstanden. Zwar durfte das Begehren sich nicht auf ein bloßes Schlagwort beschränken.[4] Zulässig sollten aber auch Entwürfe für „Rahmengesetze" sein, die durch den ordentlichen Gesetzgeber erst ausgefüllt werden mussten.[5]

---

1 *Schiffers*, S. 173 f.
2 Wie viele Abgeordnete sich an der Abstimmung beteiligten, war somit gleichgültig, *Poetzsch-Heffter*, Art. 43 WRV, Anm. 6.
3 §§ 2, 21 I VEG sollte ; vgl. dazu *Anschütz*, WRV[14], Art. 43, Anm. 3; *Jacobi*, S. 246.
4 *Anschütz*, WRV[14], Art. 73, Anm. 8.
5 *Kaisenberg*, HdBDtStR § 75, S. 207.

(1). Volksantrag

Durch das VEG wurde dem Volksbegehren ein Volksantrag vorgeschaltet, der beim Reichsminister des Innern einzureichen war und nach § 27 I VEG grundsätzlich von 5.000 Stimmberechtigten unterzeichnet sein musste.[1] Von der Beibringung dieser Unterschriften konnte abgesehen werden, sofern der Vorstand einer Vereinigung den Volksantrag stellte und glaubhaft machte, dass dieser von 100.000 der stimmberechtigten Mitglieder dieser Vereinigung unterstützt wurde.[2] Diese Regelung erleichterte es den Parteien erheblich, sich das Instrument des Volksbegehrens zunutze zu machen.[3]

Nach § 30 I VEG entschied der Reichsminister des Innern über die Zulässigkeit des Volksantrages. Seine Entscheidung war unanfechtbar.[4] In der Praxis nahm er für sich das Recht in Anspruch, nicht nur die formellen Voraussetzungen des Volksbegehrens zu überprüfen, sondern auch dessen materielle Recht- bzw. Verfassungsmäßigkeit.[5]

(2). Zeitliche und inhaltliche Schranken

Nach § 29 VEG war ein Volksantrag nur zulässig, wenn seit dem letzten entsprechenden Antrag ein Jahr vergangen war. Gemäß Art. 73 IV WRV waren Volksentscheide zum Haushaltsplan, zu Abgabengesetzen und Besoldungsordnungen unzulässig.[6/7] Diese Regelung fand allgemeine Zustimmung, ohne dass ihr Sinn und Zweck jemals näher begründet worden wäre.[8] Dieser Umstand ist vor allem deshalb erstaunlich, da es in der Schweiz als

---

[1] Im Gesetzgebungsverfahren hatte die DDP gefordert, das Quorum auf 100.000 Stimmberechtigte festzuschreiben, vgl. dazu *Schwieger*, S. 45.

[2] § 27 II VEG.

[3] In der Zeit der Weimarer Republik wurde die Einführung eines eigenständigen Volksantrags von keiner Seite kritisiert oder auch nur problematisiert, obwohl damit eine in der Verfassung nicht vorgesehene weitere Hürde auf dem Weg zum Volksentscheid errichtet wurde. Zu diesem Problem ausführlicher unten S. 288 und S. 605 ff.

[4] *Anschütz*, WRV[14], Art. 73, Anm. 12 b; *Kaisenberg*, HdBDtStR § 75, S. 208; Reformbemühungen, ein Rechtsmittel einzuführen, blieben erfolglos, *Poetzsch-Heffter*, Art. 73 WRV, Anm. 14. Vgl. zur Diskussion in der Zeit der Weimarer Republik *Schwieger*, S. 109 ff.

[5] Dies war keineswegs unumstritten. *Schmitt*, Volksentscheid, S. 23, ging etwa selbstverständlich davon aus, dass alleine die *Reichsregierung* im Rahmen ihrer Stellungnahme zu dem Begehren gegenüber dem Reichstag die materielle Rechtmäßigkeit eines Volksbegehrens überprüfen durfte.

[6] Ebenfalls ausgeschlossen waren Volksentscheide über die Zustimmung zu (völkerrechtlichen) Staatsverträgen, für die nach Art. 45 III WRV kein Zustimmungs*gesetz* notwendig war, sondern nur ein zustimmender *Beschluss* des Reichstages; vgl. *Liermann*, S. 151.

[7] Diese Einschränkung ergibt sich als Umkehrschluss aus der Vorgabe, dass nur der Reichspräsident einen Volksentscheid über diese Themen veranlassen konnte. *Kühne*, ZG 1991, S. 116, 118, meint, es habe sich hierbei um eine Eigenentwicklung der Nationalversammlung gehandelt. Dies stimmt allenfalls, wenn man nur die nationale Ebene betrachtet. In den früher erlassenen Landesverfassungen fanden sich ähnliche Einschränkungen.

[8] *Anschütz*, WRV[1], S. 134, befürwortete die Schranken; *H. Preuß*, Republikanische Reichsverfassung, S. 85, hielt sie „aus naheliegenden Gründen" für nötig; auch *Wittmayer*, S. 433, 439, äußerte sich ähnlich und stellte dabei vor allem auf die Größe des deutschen Reiches ab. Allein *Hartwig*, S. 27, sprach offen aus, dass befürchtet wurde, die Bürger könnten hier als „Betroffene" allein aus egoistischen Motiven

„Mutterland der direkten Demokratie" keine vergleichbaren Beschränkungen gab. Vielmehr sahen mehrere Kantonsverfassung sogar obligatorische Finanzreferenden vor, nach denen Steuererhöhungen nur mit Zustimmung der Bürger durchgesetzt werden konnten.[1] Allerdings lässt sich die Zurückhaltung der Weimarer Nationalversammlung möglicherweise dadurch erklären, dass sich die deutschen Parlamenten erst in der zweiten Hälfte des 19. Jahrhunderts unter großen Anstrengungen die Budgethoheit erkämpft hatten und die Abgeordneten nicht dazu bereit waren, diese Befugnisse wieder aufzugeben.[2]

Der Begriff der Abgaben wurde in Art. 73 IV WRV nicht definiert. Aus dem Gesamtzusammenhang der Weimarer Reichsverfassung ergibt sich allerdings, dass dieser Begriff weit verstanden werden muss, da er in der Verfassung als Oberbegriff für Steuern, Zölle, Gebühren und Beiträge verwendet wurde.[3] Entscheidend für die Einordnung als Abgabe ist der Finanzierungszweck: Dient eine Geldleistungspflicht in erster Linie dazu, auf das Verentscheiden.

Die Beratungen innerhalb der Nationalversammlung hat *Rosenke*, S. 37 ff., detailliert nachgezeichnet. Der Verlauf der Diskussion deutet darauf hin, dass die besonderen Beschränkungen in Bezug auf Abgaben- und Besoldungsgesetze vor allem im Hinblick auf die Referenden diskutiert worden sind: Da die Beschlüsse des Parlaments in der Regel auf einem Kompromiss beruhten, sei es nicht sinnvoll, wenn das Volk die Möglichkeit bekäme, diesen Kompromiss durch ein (isoliertes) Referendum über die Abgaben- bzw. Besoldungsregelungen aufzuschnüren. Im Übrigen zeigt sich anhand der Protokolle der Nationalversammlung und ihres Verfassungsausschusses, dass sich die Abgeordneten bewusst gegen eine offenere Formulierung entschieden haben, nach der „Finanzgesetze" vom Anwendungsbereich der Verfahren ausgeschlossen sein sollten.

Wenn *Rosenke*, S. 62 ff., zu dem Ergebnis kommt, dass die Finazausschlussklausel eigentlich nur für die Referenden gelten sollte, dann ist ihm zwar zuzugestehen, dass diese Klausel in den Beratungen vor allem im Zusammenhang mit den Referenden diskutiert worden ist. Dennoch muss man davon ausgehen, dass sich die Nationaversammlung bewusst dazu entschlossen hat, die Ausschlussklausel so zu formulieren, dass sie auf alle Formen der Volksabstimmung anwendbar war – genau damit unterscheidet sich die Rechtslage nach der WRV von früheren Vorbildern in Baden, der Schweiz und einigen US-Bundesstaaten, wo der Anwendungsbereich des Volksentscheides bewusst weiter gefasst worden war, als derjenige des Referendums.

1 *Heußner*, Volksgesetzgebung, S. 170 f.; hält es allerdings für wahrscheinlich, dass die Besoldungsordnungen deshalb vom Anwendungsbereich der Verfahren ausgenommen worden sind, weil sich die Bürger bei entsprechenden Abstimmungen in der Schweiz als „allzu sparsam" gezeigt hätten.

2 Spätestens an dieser Stelle wird deutlich, dass es entscheidend auf den Rahmen der Verfassunggebung ankommt. In Deutschland waren die Verfassungsberatungen von parlamentarischen Versammlungen geführt worden, deren Mitglieder zu einem großen Teil schon in der Zeit des Kaiserreiches Parlamentsabgeordnete gewesen waren und die sich durchaus berechtigte Hoffnungen machen konnten, auch in Zukunft wieder einen Sitz im Reichstag oder einem der Landtage einzunehmen. In der Schweiz waren die im wesentlichen bis heute geltenden Bestimmungen über die direktdemokratischen Verfahren demgegenüber seit der Mitte des 19. Jahrhunderts auf Druck der oppositionellen „Demokratischen Bewegung" durchgesetzt worden, die diese Verfahren als Instrument gegen die politische Dominanz des liberalen Bürgertums verwenden wollte. Die demokratische Bewegung konnte sich dabei nicht zuletzt deshalb durchsetzen, weil Verfassungsänderungen im Bund und auf der Ebene der Kantone ihrerseits in einem Referendum bestätigt werden mussten. Die regierenden liberalen Parteien waren daher zu Kompromissen mit der Opposition gezwungen, wenn sie ihre eigenen Reformvorschläge – etwa zur Erweiterung der Bundeskompetenzen – durchsetzen wollten.

3 In Art. 11 WRV wird deutlich, dass zu den Abgaben zumindest Steuern, Zölle und Gebühren gehören. In Art. 99 werden Beiträge als Abgaben bezeichnet. Diese Auslegung entspricht auch der bereits seit dem Kaiserreich üblichen juristischen Terminologie, vgl. dazu etwa *Fleiner*, § 27.

halten der Adressaten – oder Dritter – einzuwirken, handelt es sich um keine Abgabe im Sinne des Art. 73 IV WRV. Dies betrifft etwa Geldbußen, Geldstrafen oder Zwangsgelder.[1] Obwohl sich dies nicht aus der Verfassung ergibt, wurde Art. 73 IV WRV auch schon auf Volksbegehren und Volksanträge angewandt.[2] Dies erscheint indes nur auf den ersten Blick konsequent. Zwar diente das Volksbegehren allein der Vorbereitung eines Volksentscheids. Zu beachten ist jedoch, dass unter Geltung der Weimarer Reichsverfassung Verfassungsdurchbrechungen für zulässig erachtet wurden.[3] Konsequenterweise hätte ein mit Art. 73 IV WRV unvereinbares Volksbegehren nicht als unzulässig, sondern vielmehr als Antrag auf ein verfassungsdurchbrechendes Gesetz angesehen werden müssen, mit dem die Geltung des Art. 73 IV WRV für diesen Einzelfall aufgehoben werden sollte. Im Ergebnis hätte dies lediglich dazu geführt, dass beim Volksentscheid die Bestimmungen für eine Abstimmung über eine Änderung der Verfassung anzuwenden gewesen wären.[4]

Die Reichweite der inhaltlichen Beschränkungen und insbesondere des Haushaltsvorbehaltes war heftig umstritten.[5] Während insbesondere Heinrich Triepel und später auch Wilhelm Merk die Auffassung vertraten, Art. 73 IV WRV sei als Ausnahmeregelung restriktiv auszulegen,[6] ging die Reichsregierung[7] davon aus, dass nicht nur der Haushaltsplan

1   Abschöpfungs- und Lenkungsabgaben haben in der Zeit der Weimarer Republik noch keine Rolle gespielt.

2   *Anschütz*, WRV[14], Art. 73, Anm. 10; *W. Jellinek*, HdBDtStR § 72, S. 169; *Kaisenberg*, ZöR 1926, 169, 170; *ders.*, HdBDtStR § 75, S. 207; *Schmitt*, Volksentscheid, S. 12 f.; *Triepel*, AöR 1920, S. 456, 495.

3   Das Reichsgericht formulierte etwa. „Für die Wirksamkeit einer Verfassungsänderung ist nicht erforderlich, dass sie vom Gesetzgeber ausdrücklich als solche bezeichnet oder gar in die Verfassung als solcher aufgenommen wird." (*RG*, JW 27, S. 2198; vgl. auch *Anschütz*, WRV[14], Art. 76, Anm. 2 und Anm. 3, S. 403; *Apelt*, S. 243; *Kaisenberg*, ZöR 1926, S. 169, 186; *Thoma*, ZöR 1928, S. 489, 492) Erst seit 1929/30 wurden allmählich Stimmen laut, wonach Verfassungsänderungen nur durch eine ausdrückliche Änderung des Wortlautes möglich sein sollten. Dies sei zum einen aufgrund des Grundsatzes der Klarheit der Verfassung geboten und zum anderen erforderlich, um Missbräuche zu verhindern, so z.B. *Schmitt*, Verfassungslehre, S. 109; vgl. dazu auch *H. Schneider*, HdBStR § 4, Rn. 82 m.w.N.; *Anschütz*, WRV[14], Art. 76, S. 402, Fn. 1, hielt hier allerdings eine Verfassungsänderung für notwendig. In der Rechtswirklichkeit konnte sich diese Auffassung jedoch nicht durchsetzen.

4   Ohne die Möglichkeit der Verfassungsdurchbrechung müsste man allerdings der herrschenden Auffassung zustimmen: Da das Volksbegehren integraler Bestandteil des Verfahrens bis zum Volksentscheid war, mussten grundsätzlich dieselben Beschränkungen gelten.
Anders hingegen *Jung*, Der Staat 1999, S. 41, 45 ff., m.w.N., der der schon in der Weimarer Zeit von *Clemen* vertretenen Auffassung zuneigt, wonach auch ein „imperfektes" Volksbegehren zulässig sein sollte. Dies steht aber im Widerspruch zum Wortlaut der Verfassung, nach dem das Volksbegehren ausschließlich dazu dient, einen Volksentscheid herbeizuführen.

5   Ausführlich zur Diskussion *Jung*, Der Staat 1999, S. 41, 60 ff.; *Rosenke*, S. 69 ff.

6   *Triepel*, DJZ 1926, Sp. 845; und schon *ders.*, AöR 1920, S. 456, 507; vgl. auch *Merk*, AöR 1931, 83, 89 ff., der durch diese enge Auslegung die Zulässigkeit des Volksbegehrens gegen den Young-Plan retten wollte. Ähnlich auch *Fetzer*, S. 40, 73 f.; *Hartwig*, S. 28 f.; *Wittmayer*, S. 426 ff., 433 ff.; *Liermann*, S. 151, hielt die inhaltlichen Beschränkungen insgesamt für nicht gerechtfertigt.
Interessanterweise wird diese Auslegung des Art. 73 IV WRV von *Krafczyk*, S. 176 ff., nicht erwähnt – damit entsteht aber der Eindruck, dass Art. 73 IV WRV seit jeher weit ausgelegt worden sei. Ganz anders hingegen *Schwieger*, S. 133 ff., der die Auslegungsgeschichte minutiös nachzeichnet, und *Rosenke*, S. 37 ff., zur Entstehungsgeschichte der Norm, die ebenfalls eine enge Auslegung impliziert.

7   Bei der Entscheidung über das Volksbegehren des „Sparerbundes Dr. Best", dazu siehe unten S. 147.

121

an sich vom Volksbegehren und Volksentscheid ausgeschlossen sei, sondern jedes Gesetz, das einen unmittelbaren und bedeutenden Einfluss auf den Haushaltsplan haben würde. Sie konnte sich dabei vor allem auf Carl Schmitt stützen, der die Auffassung vertreten hatte, dass jedes Gesetz von wesentlicher budgetrechtlicher Bedeutung de facto „Haushaltsgesetz" sei und daher aus dem Anwendungsbereich der Verfahren ausscheide.[1] Zur Begründung stützte sich Schmitt dabei allerdings nicht auf den Wortlaut des Art. 73 IV WRV, sondern auf die fragwürdige These, dass sich die Nationalversammlung bei der Formulierung dieser Bestimmung über ihre Reichweite im Unklaren gewesen sei.[2] Damit sei eine teleologische Auslegung erforderlich. Da dem Staat die Finanzhoheit zustehe, die von der Gesetzgebungskompetenz zu trennen sei, müsse jedes „Geldgesetz", das dem Staat Einnahmen verschaffe oder Ausgaben auferlege, dem Anwendungsbereich des Volksbegehrens und des Volksentscheids entzogen bleiben.[3] Aufgrund der Abgrenzungsschwierigkeiten, die mit dem Begriff der „Geldgesetze" notwendig verbunden waren, wollte Schmitt es der Reichsregierung überlassen, hier eine Entscheidung zu treffen, bevor sie das Volksbegehren dem Reichstag vorlegte.[4] Eine ähnliche Auffassung vertrat auch Walter Jellinek, der allerdings die Zuordnung zum Geschäftsbereich des Finanzministeriums für maßgeblich erachtete.[5]

Obwohl diese extrem weite und methodisch kaum haltbare Auslegung des Art. 73 IV WRV bereits in der Zeit der Weimarer Republik heftig umstritten war,[6] wurde diese Frage niemals endgültig entschieden, da es kein Rechtsmittel gegen die Entscheidung des Reichsministers des Inneren über die Zulässigkeit eines Volksantrags gab.[7] Allerdings hat die Reichsregierung ihre restriktive Haltung später stillschweigend wieder aufgegeben: Zumindest wurde das Volksbegehren gegen den Young-Plan ohne weiteres für zulässig erklärt, obwohl das beantragte Gesetz im Falle seiner Annahme zweifellos ganz erhebliche Auswirkungen auf den Staatshaushalt gehabt hätte.[8]

---

1 *Schmitt*, Volksentscheid, S. 18 ff.; ähnlich *Anschütz*, WRV[14], Art. 73, S. 389 f., Fn. 1; *Hatschek/Kurtzig,*, S. 344.; *Kaisenberg*, ZöR 1926, S. 169, 191; *ders.*, HdBDtStR § 75, S. 207; *Poetzsch-Heffter*, Art. 73 WRV, Anm. 21; auch *Apelt*, S. 250, stellte dies nach 1945 als herrschende Auffassung dar.

2 Vgl. dazu *Schmitt*, a.a.O.

3 *Schmitt*, Volksentscheid, S. 22 f.

4 *Schmitt*, a.a.O., S. 23.

5 *W. Jellinek*, HdBDtStR § 72, S. 169. Damit wären die ausgeschlossenen Gesetzesmaterien relativ klein gewesen.

6 Vgl. dazu nur *Glum*, JW 1929, S. 1099, 1100; *Hartwig*, S. 28 f.; *Merk*, AöR 1931, 83, 89 ff.; sowie *Jung*, Der Staat 1999, S. 42, 61 ff., der zurecht darauf hinweist, dass Schmitt den Kompromisscharakter der Vorschrift völlig verkennt.

7 *Anschütz*, WRV[14], Art. 73, S. 389 f. und *Kaisenberg*, ZöR 1926, S. 169, 188 ff., referierten lediglich die Rechtsansicht der Reichsregierung. *Merk*, AöR 1931, S. 83, 89 ff., widersprach ihr, um die Zulässigkeit des Volksbegehrens gegen den Young-Plan zu retten, das dann allerdings ohnehin ohne weiteres für zulässig erklärt wurde; vgl. dazu ausführlich *Rux*, DVBl. 2001, S. 549, 550; sowie *Schwieger*, S. 142 f.

8 Dabei ist zu beachten, dass die Ablehnung des Young-Planes zunächst zu einer deutlichen Mehrbelastung geführt hätte, weil die höheren Reparationsverpflichtungen aus dem früheren Dawes-Plan bestehen geblieben wären. Zwar forderten die Antragsteller, diese Reparationszahlungen insgesamt einzustellen. An den völkerrechtlichen Verpflichtungen des Reiches hätte dies jedoch nichts geändert.

(3). Durchführung des Volksbegehrens

Erklärte der Reichsminister des Inneren den Antrag für zulässig, so veröffentlichte er ihn im Reichsanzeiger und setzte gleichzeitig den Beginn und das Ende der Eintragungsfrist fest. Diese durfte frühestens zwei Wochen nach der Veröffentlichung beginnen und sollte in der Regel 14 Tage betragen.[1] Nach der Zulassung waren Änderungen des Antrags unzulässig. Zurückgenommen werden konnte er nur vom Vorstand der antragstellenden Vereinigung oder von mindestens der Hälfte der Antragsunterzeichner.[2]

Den Antragstellern fielen sämtliche Kosten des Verfahrens bis zu dem Zeitpunkt zur Last, in dem die Listen bei den Gemeinden eingingen.[3] Es oblag ihnen, die Eintragungslisten, auf denen der Antrag im Wortlaut abgedruckt sein musste, herzustellen und den Gemeinden zukommen zu lassen. Das Volksbegehren musste aber nicht in allen Gemeinden durchgeführt werden.

Eintragungsberechtigt waren alle Personen, die am Tag der Eintragung zum Reichstag wahlberechtigt gewesen wären. Beamte waren unbeschränkt zur Teilnahme berechtigt,[4] durften aufgrund ihrer beamtenrechtlichen Pflichten allerdings keine Werbung für ein Volksbegehren machen.[5]

Die Gemeinden hatten nach Ablauf der Eintragungsfrist zu prüfen, ob die Eintragungen korrekt waren.[6] Der Abstimmungsausschuss ermittelte das Ergebnis und teilte es dem Reichswahlleiter mit. Der Reichswahlausschuss stellte schließlich das Ergebnis für das Reich fest, das im Reichsanzeiger veröffentlicht wurde.[7]

---

1 § 31 II VEG.

2 § 32 VEG; anders *Triepel*, AöR 1920, S. 456, 497, der allerdings das VEG noch nicht kannte und allein auf Grundlage der Regelungen der WRV argumentierte.

3 Vgl. §§ 27, 30, 31, 44 VEG. In der Verordnung über die Kosten eines Volksbegehrens vom 14.2.1924 RGBl. I, S. 110 war festgesetzt, dass die Antragsteller zudem auch die baren Auslagen für die Durchführung des Volksbegehrens pauschaliert zu tragen hatten. Eine Erstattung wäre nur erfolgt, wenn das erstrebte Gesetz angenommen worden wäre. Diese Verordnung war aber nur bis zum 1.10.1924 befristet und galt danach wegen des Widerstandes von Reichstag und Reichsrat nicht mehr weiter, *Berger*, S. 80.

4 Entscheidung des Staatsgerichtshofes für das Deutsche Reich vom 19.12.1929, *StGH*, RGZ 127, Anh. 1, S. 19; so auch *Kaisenberg*, HdBDtStR § 75, S. 207; *Merk*, AöR 1931, S. 83, 117 ff.
Wolff, AöR 1930, S. 411, 435, wollte die Beteiligungsmöglichkeiten von Beamten an Volksbegehren dennoch einschränken.

5 *StGH*, a.a.O., S. 27; *Kaisenberg*, HdBDtStR § 75, S. 210.

6 § 40 I VEG.

7 *Schwieger*, S. 117 ff., geht auf den Streit um die Frage ein, ob das Wahlgeheimnis bereits für das Volksbegehren gelte. Da die Stimmberechtigung der Unterzeichner in jedem Fall geprüft werden muss, kann das Wahlgeheimnis auf jeden Fall nicht vollständig durchgreifen. Auf anderen Seite ermöglicht es ein formelles Eintragungsverfahren den Gegnern eines Volksbegehrens, die Befürworter dieses Begehrens zu identifizieren. Dies wurde jedoch hingenommen.

(4). Behandlung eines erfolgreichen Volksbegehrens

War das Volksbegehren zustande gekommen, so leitete die Regierung den Gesetzentwurf mit ihrer Stellungnahme an den Reichstag weiter. Lehnte der Reichstag den Entwurf ab, modifizierte er ihn oder verabschiedete er gar ein vollkommen anderes Gesetz zum selben Gegenstand, kam es zum Volksentscheid, bei dem der Entwurf des Reichstags gegebenenfalls konkurrierend zur Abstimmung gestellt wurde.[1] Bei dieser Regelung handelt es sich um eine verfassungsändernde Modifizierung des Art. 73 III WRV, der keine konkurrierende Abstimmung vorgesehen hatte.[2] Nahm der Reichstag den Entwurf des Begehrens hingegen unverändert an, unterblieb nach Art. 73 III 4 WRV der Volksentscheid.[3] Dem Reichstag war für seine Entscheidung weder in der Weimarer Reichsverfassung noch im VEG eine Frist gesetzt, was es ihm möglich machte, das Verfahren praktisch unbegrenzt zu verschleppen.[4]

Der Reichsrat war vor der Entscheidung des Reichstages nicht am Verfahren beteiligt und wurde nicht einmal angehört.[5] Nach einer zustimmenden Entscheidung des Reichstages hatte er allerdings das Einspruchsrecht nach Art. 74 I WRV.[6]

(5). Der Volksentscheid

Das Verfahren beim Volksentscheid unterschied sich grundsätzlich nicht von dem bei einer Parlamentswahl. Die Abstimmenden konnten sich entweder für einen einzigen Entwurf entscheiden oder alle Entwürfe ablehnen. Nach § 15 VEG war es ausgeschlossen, bei mehreren Entwürfen mit „Ja" zu stimmen.[7] Dies wurde vor allem damit begründet, dass das Verfahren sonst für die Masse unverständlich würde.[8]

Als Gesetz angenommen war grundsätzlich derjenige Entwurf, dem die Mehrheit der Abstimmenden zugestimmt hatte. Nach der herrschenden Lehre[9] und Praxis[10] wurde auch

1 § 3 I VEG.
2 *Fetzer*, S. 42; *Schmitt*, Volksentscheid, S. 12.
3 Dies betraf aber nur den Volksentscheid i.S.v. Art. 73 III WRV. Die „normalen" Möglichkeiten, den Gesetzentwurf einem Referendum zu unterwerfen, Artt. 73 I und II, 74 III, 76 II WRV, galten uneingeschränkt. So zu Recht *Anschütz*, WRV[14], Art. 73, Anm. 9.
4 Auf diesen Umstand hat schon *Wittmayer*, S. 435, hingewiesen.
5 *W. Jellinek*, HdBDtStR § 72, S. 170.
6 So zu Recht *Anschütz*, WRV[14], Art. 74, Anm. 2. *W. Jellinek*, HdBDtStR § 72, S. 174, vertrat hingegen die Auffassung, dann müsse in jedem Fall eine Volksabstimmung durchgeführt werden. Also auch dann, wenn der Reichstag den Einspruch durch erneuten Mehrheitsbeschluss zurückwies. Aus Art. 74 III 3 WRV ergibt sich jedoch, dass der Reichspräsident das Gesetz verkünden *konnte*, wenn der Reichstag den Einspruch des Reichsrates mit qualifizierter Mehrheit zurückwies.
7 *Kaisenberg*, ZöR 1926, S. 169, 179; *ders.*, HdBDtStR § 75, S. 214; *Poetzsch-Heffter*, Art. 73 WRV, Anm. 18 a.
8 *Kaisenberg*, a.a.O.; Schon *Finger*, S. 377, hat aber erkannt, dass mehrere zur Abstimmung stehende Entwürfe sich nicht notwendigerweise ausschließen müssen und daher zu Recht betont, dass die Abstimmung auf diese Weise zum Lotteriespiel werde.
9 *Anschütz*, WRV[14], Art. 75, Anm. 2; *Fetzer*, S. 43; *Finger*, S. 376; *W. Jellinek*, HdBDtStR § 73, S. 184; *Kaisenberg*, ZöR 1926, S. 169, 183; *ders.*, HdBDtStR § 75, S. 215; *Merk*, AöR 1931, S. 83, 122 ff.; *Triepel*, AöR 1920, S. 456, 501; uneingeschränkt auch noch *Thoma*, ZöR 1928, S. 489, 492, der

die Ablehnung eines Volksbegehrens durch den Reichstag als „Beschluss" im Sinne von Art. 75 WRV angesehen. Der dem Volksbegehren zugrunde liegende Entwurf war somit nur dann als Gesetz angenommen, wenn sich die Mehrheit der Stimmberechtigten sich an der Abstimmung beteiligt hatte. Gegen diese pauschale Anwendung des Art. 75 WRV wandten sich vor allem Ottmar Bühler und Werner Hartwig,[1] nachdem bei der Abstimmung über die Fürstenenteignung[2] erkennbar geworden war, dass die strikte Anwendung des Art. 75 WRV es den Gegnern eines Volksbegehrens ermöglichte, ihre Ziele durch einen Boykottaufruf zu erreichen.[3] Wenn sich nämlich tatsächlich nur die Befürworter eines Volksbegehrens an der Abstimmung beteiligten, dann war für dessen Erfolg im Ergebnis die Zustimmung durch eine Mehrheit der Stimmberechtigten notwendig. Das Quorum für den Volksentscheid über ein einfaches Gesetz war damit im Ergebnis fast[4] ebenso hoch, wie das für eine Abstimmung über eine Verfassungsänderung nach Art. 76 I 4 WRV.[5] Die einfache Stimmenmehrheit reichte damit im Grunde[6] nur noch dann aus, wenn der Reichstag einen konkurrierenden Entwurf zur Abstimmung gestellt hatte. Denn dieser Entwurf war gegebenenfalls auch dann erfolgreich, wenn er die Mehrheit der abgegebenen Stimmen erhielt.[7] Darüber hinaus wurde infolge dieser Auslegung das Abstimmungsgeheimnis prak

allerdings später (Sinn und Gestaltung, S. 113) de constitutione ferenda eine Änderung forderte.

10 Vgl. insbesondere die Entscheidungen des Wahlprüfungsgerichtes zu den beiden Volksentscheiden „Fürstenenteignung" (Dazu siehe unten S. 148; Entscheidung vom 17.10.1927, RuPrVBl. 50, S. 419, 420), und „Young-Plan – Freiheitsgesetz" (Dazu siehe unten S. 153; Entscheidung vom 14.3.1930, RuPrVBl. 51, S. 507).

1 *Bühler*, S. 100 f.; *Hartwig*, S. 50 f.; ähnlich schon *Wittmayer*, S. 435, sowie *Jacobi*, S. 251 f., *Kaisenberg*, HdBDtStR § 75, S. 216, die allerdings nur eine Änderung des nicht gelungenen Art. 75 WRV forderten; auch *Apelt*, S. 249 f., vertrat 1946 die Auffassung, die strenge Auslegung des Art. 75 sei fehlerhaft gewesen.
Schwieger, S. 131 ff., geht ohne weiteres davon aus, dass die Forderung nach einer engeren Auslegung des Art. 75 WRV politisch motiviert gewesen sei, um das Scheitern des Volksentscheides gegen den Young-Plan zu verhindern.

2 Siehe dazu unten S. 148.

3 Diese Gefahr erkannte auch *W. Jellinek*, HdBDtStR § 73, S. 184, ohne allerdings deswegen eine Änderung des Art. 75 WRV zu verlangen.

4 Das Quorum des Art. 76 I 4 WRV ist trotz der Möglichkeit des Boykottaufrufes strenger als das bloße Beteiligungsquorum des Art. 75 WRV. Zum einen ist nicht zu erwarten, dass alle Gegner des Volksbegehrens tatsächlich der Abstimmung fernbleiben. Zum anderen sind auch ungültige Stimmen bei der Berechnung der Abstimmungsbeteiligung zu berücksichtigen. Trotz der Anwendung des Art. 75 WRV wäre also bei einem Volksentscheid über ein einfaches Gesetz nicht die Mehrheit der Stimmberechtigten erforderlich gewesen.

5 *Apelt*, S. 251; so schon *Hartwig*, S. 50.

6 Art. 75 WRV entfaltete weiterhin in einem weiteren – praktisch kaum vorstellbaren – Fall keine Wirkungen. Hätte der Reichstag ein Volksbegehren übernommen und wäre die Abstimmung lediglich aufgrund des Einspruchs des Reichsrates nach Art. 74 I WRV durchgeführt worden (dazu siehe oben S. 124), dann wäre ebenfalls nur die einfache Stimmenmehrheit erforderlich gewesen (*W. Jellinek*, HdBDtStR § 72, S. 174).

7 Art. 75 WRV fand in Bezug auf diesen Entwurf keine Anwendung. Dies führte zu einer höchst bemerkenswerten Konsequenz. Der vom Reichstag verabschiedete Gesetzentwurf wäre sogar dann angenommen gewesen, wenn ihm kein einziger der Abstimmenden zugestimmt hätte, sofern die

tisch aufgehoben, da die Gegner einer Vorlage durch einen Boykottaufruf erreichen können, dass sich nur die Befürworter dieser Vorlage an der Abstimmung beteiligen.[1]

Bühler und Hartwig argumentierten vor allem mit dem Sinn und Zweck des Art. 75 WRV. Dieser solle verhindern, dass der Reichstag bei einem Volksentscheid desavouiert würde, indem einer seiner Beschlüsse durch eine verschwindende Minderheit der Stimmberechtigten aufgehoben wurde. Habe der Reichstag lediglich ein Volksbegehren zurückgewiesen, könne er durch das Ergebnis des Volksentscheids aber nicht desavouiert werden, da er keine Entscheidung in der Sache getroffen habe.[2] Tatsächlich gibt es jedoch keinen Anlass, danach zu differenzieren, ob ein Parlamentsgesetz aufgehoben wird oder ein Beschluss des Parlaments, einen bestimmten Gesetzentwurf nicht (unverändert) zu übernehmen.[3] Denn in beiden Fällen wird eine Mehrheitsentscheidung des Parlaments aufgehoben. Daher entsprach es durchaus dem Sinn und Zweck des Art. 75 WRV, wenn dieser strikt angewendet wurde. Da der Verfassunggeber entschieden hatte, dass das Parlament dieses Schutzes bedurfte, konnte seine Entscheidung nur durch eine Verfassungsänderung rückgängig gemacht werden.

b. Der Volksentscheid über eine Verfassungsänderung

Die Nationalversammlung hat den Bürgern auch eine Möglichkeit zur Änderung der Verfassung eingeräumt.[4] Das Verfahren unterschied sich grundsätzlich nicht von dem für den Volksentscheid über einfache Gesetze. Allerdings kam es gemäß Art. 76 I 4 WRV bei einem Volksentscheid aufgrund eines Volksbegehrens nur dann zur Verfassungsänderung, wenn die Mehrheit der Stimmberechtigten dem Antrag zugestimmt hatte.[5]

Die Bedeutung dieses Verfahrens darf nicht unterschätzt werden. Wie schon dargelegt wurde, waren unter der Geltung der Weimarer Reichsverfassung Verfassungsdurchbrechungen ohne ausdrückliche Änderung des Wortlautes der Verfassung zulässig.[6] Jedes Volksgesetz, das materiell nicht mit den Regelungen der Weimarer Reichsverfassung vereinbar war, wäre daher eine solche Verfassungsdurchbrechung gewesen. Ein Volksbegehren auf

Abstimmungsbeteiligung insgesamt 50 % nicht überschritt.

1   *Obst*, Chancen, S. 117 f.; Auf diesen Umstand hat schon *Hartwig*, S. 50, hingewiesen, vgl. auch *Poetzsch-Heffter*, Art. 73 WRV, Anm. 18 e, der dies allerdings für eine systembedingte Ausnahme des Grundsatzes der geheimen Abstimmung nach Art. 125 WRV hielt, vgl. Anm. 5 zu Art. 125 WRV.
2   *Bühler*, S. 100 f.; *Hartwig*, S. 51 f.; So auch *E. R. Huber*, Verfassungsgeschichte, Bd. VI, S. 433.
3   *Anschütz*, WRV[14], Art. 75, Anm. 3.
4   Nach Art. 76 I des Entwurfes des Verfassungsausschusses sollten Änderungen der Verfassungen hingegen „nur" durch eine Entscheidung des Reichstages beschlossen werden könne. Das obligatorische Verfassungsreferendum, das *Preuß* in seinem ersten amtlichen Entwurf noch vorgesehen hatte, wurde hingegen nicht wieder übernommen.
5   Wurde die Abstimmung hingegen zur *Bestätigung* einer von Reichstag und Reichsrat verabschiedeten Verfassungsänderung auf Anordnung des Reichspräsidenten oder aufgrund eines Referendumsbegehrens einer Reichstagsminderheit durchgeführt, reichte gegebenenfalls die einfache Stimmenmehrheit aus; vgl. *Poetzsch-Heffter*, Art. 76 WRV, Anm. 5.
    Zur *Verwerfung* eines solchen Beschlusses, musste demgegenüber wiederum das Beteiligungsquorum des Art. 75 WRV erreicht werden.
6   Dazu siehe oben S. 121 f.

ein Abgabengesetz, gegen die Zustimmung zu einem völkerrechtlichen Vertrag oder mit dem Ziel der Abänderung einer Gerichtsentscheidung hätte daher nicht unbedingt[1] als unzulässig zurückgewiesen werden dürfen. Vielmehr änderte sich lediglich das Quorum,[2] und beim Volksentscheid wäre die Zustimmung durch die Mehrheit der Stimmberechtigten notwendig gewesen.[3] Diese Konsequenz der Möglichkeit von Verfassungsdurchbrechungen wurde in der Zeit der Weimarer Republik durchaus erkannt.[4] Dennoch wurden in der Praxis Volksbegehren, die den inhaltlichen Schranken der Weimarer Reichsverfassung nicht entsprachen, als unzulässig zurückgewiesen.[5]

2. Die Referenden

Auch wenn in der Weimarer Reichsverfassung jede Volksabstimmung als „Volksentscheid" bezeichnet wurde, handelt es sich bei allen Verfahren, außer dem nach Art. 73 III WRV, um Referenden, die mindestens einen Antrag eines Drittels des Reichstages oder eine Anordnung des Reichspräsidenten voraussetzten. Zwar finden sich in den älteren Landesverfassungen der Bundesrepublik Regelungen, die an die entsprechenden Normen der Weimarer Reichsverfassung anknüpfen,[6] in den neueren Landesverfassungen spielen Referenden jedoch so gut wie keine Rolle. Schon von daher kann sich die folgende Darstellung auf die Grundzüge beschränken. Dies gilt umso mehr, als die Verfahren auch in der Zeit der Weimarer Republik keinerlei praktische Bedeutung entfaltet haben.[7]

a. Das Referendum auf Antrag eines Drittels des Reichstages

Ein Referendum konnte nach Art. 72 I WRV zunächst dann durchgeführt werden, wenn „ein Drittel des Reichstages", also ein Drittel seiner Mitglieder,[8] verlangte, dass die Verkündung eines vom Reichstag beschlossenen Gesetzes um zwei Monate ausgesetzt wird.

[1] Voraussetzung wäre allein, dass die Tatsache der Verfassungsdurchbrechung erkennbar war, vgl. *E. R. Huber*, Verfassungsgeschichte, Bd. VII, S. 644 ff.
[2] Nunmehr war nicht mehr Art. 75 WRV anwendbar, sondern Art. 76 I 4 WRV.
[3] Zum Verhältnis von Artt. 75 und 76 I 4 WRV siehe oben S. 125.
[4] *Kaisenberg*, ZöR 1926, S. 169, 186, hielt das Aufwertungsvolksbegehren des „Sparerbundes Dr. Best" (dazu siehe unten S. 147) etwa für eine Verfassungsdurchbrechung. Nach 1945 wiesen *Apelt*, S. 238 ff., 243, und *Berger*, S. 90, auf dieses Problem hin.
[5] Darauf weist auch *Gusy*, JURA 1995, S. 226, 227 hin.
[6] Vgl. Artt. 114 f. RP-V oder auch 68 III NRW-V, die auch nach den jüngsten Reformen weiter gelten.
[7] *Schwieger*, S. 75 ff., nennt 12 Fälle, in denen der Reichsrat Einspruch gegen ein vom Reichstag beschlossenes Gesetz eingelegt hatte und sieben Fälle, in denen der Reichstag Haushaltsposten die Zustimmung verweigert habe. Zu einer Abstimmung ist es in keinem Fall gekommen.
[8] Vgl. *Anschütz*, WRV[14], Art. 72, Anm. 2, m.w.N. Allerdings wollten *W. Jellinek*, HdBDtStR § 72, S. 176; *Poetzsch-Heffter*, Art. 72 WRV, Anm. 4 b und auch der Rechtsausschuss des Reichstages (Entscheidung vom 15.12.1925, zitiert nach *Anschütz*, a.a.O.) den Antrag durch ein Drittel der *anwesenden* Mitglieder ausreichen lassen. Im Ergebnis hatte der Streit keine praktischen Konsequenzen, da in den vier Fällen, bei denen Art. 72 WRV angewendet wurde, ohnehin entweder mehr als ein Drittel der Mitglieder des Reichstages oder weniger als ein Drittel der anwesenden Abgeordneten für die Aussetzung gestimmt hatte, dazu *Anschütz*, WRV[14], Art. 72, Anm. 4 und unten S. 157, Fn. 3.

In Art. 72 WRV war dem Reichstag keine ausdrückliche Frist gesetzt, innerhalb derer die Aussetzung der Verkündung beantragt werden musste. Aus dem Zusammenhang mit Art. 70 WRV ergibt sich aber, dass dieser Antrag grundsätzlich[1] innerhalb der Frist von einem Monat gestellt werden musste, die dem Reichspräsidenten für die Verkündung eines Gesetzes zustand.[2]

Erklärten der Reichstag und der Reichsrat das angegriffene Gesetz einvernehmlich für dringlich, hing es vom Reichspräsidenten ab, ob dieser die Verkündung aussetzen und damit den Weg für das Referendumsbegehren und eine eventuelle Volksabstimmung frei machen wollte.[3] Unterblieb diese Dringlichkeitserklärung oder setzte der Reichspräsident die Verkündung trotz der Dringlichkeitserklärung aus, dann wurde dasselbe Verfahren durchgeführt wie bei einem Volksbegehren und Volksentscheid aufgrund eines Volksantrages nach Art. 73 III WRV.[4] Der wesentliche Unterschied bestand darin, dass das Referendumsbegehren nur von fünf Prozent der Stimmberechtigten unterstützt werden musste. Die Unterschriften mussten innerhalb der Zwei-Monats-Frist des Art. 72 I WRV vorgelegt werden.[5]

b. Die Referenden auf Anordnung des Reichspräsidenten

Zu Beginn sei darauf hingewiesen, dass der Reichspräsident für alle seine Amtshandlungen die Gegenzeichnung durch die Reichsregierung benötigte.[6] Auch die Anordnung einer Volksabstimmung bedurfte daher der vorherigen Zustimmung durch den Reichskanzler.[7] De facto konnte der Reichspräsident also kein Referendum gegen den Willen der Reichsregie-

---

1 Außer der Reichspräsident verkündete das Gesetz nicht innerhalb dieser Frist, dazu siehe unten S. 157.
2 *Poetzsch-Heffter*, Art. 72 WRV, Anm. 3.
3 Verkündete er das Gesetz, wurde das Referendumsbegehren nicht durchgeführt. Setzte er trotz der Dringlichkeitserklärung die Verkündung aus, konnte der Antrag auf ein Referendumsbegehren gestellt werden. Dem Reichspräsidenten stand es selbstverständlich auch frei, selbst gem. Art. 73 I WRV eine Volksabstimmung anzuordnen (dazu siehe unten S. 129). In diesem Fall war kein Referendumsbegehren notwendig.
4 Insbesondere war auch hier ein gesonderter Zulassungsantrag i.S.v. § 27 VEG notwendig, der von 5.000 Stimmberechtigten bzw. dem Vorstand einer Vereinigung unterschrieben sein musste. Dieser Antrag war gem. § 28 VEG innerhalb von zwei Wochen nach dem Tag zu stellen, an dem im Reichstag die Aussetzung der Verkündung verlangt worden war. Auch galten die sachlichen Beschränkungen des Art. 73 IV WRV und das Beteiligungsquorum für die Abstimmung, Art. 75 WRV.; *Anschütz*, WRV[14], Art. 73, Anm. 3, S. 390; *Poetzsch-Heffter*, Art. 72 WRV, Anm. 1.
5 2 Wochen nach dem Antrag im Reichstag musste gem. § 28 VEG der Zulassungsantrag für das Referendumsbegehren gestellt sein. Der Reichsminister des Innern musste den zulässigen Antrag veröffentlichen und den Beginn und das Ende der Eintragungsfrist festlegen. Da die Eintragungsfrist frühestens zwei Wochen nach der Veröffentlichung beginnen und 14 Tage umfassen sollte, lagen zwischen dem Antrag nach Art. 72 I WRV und dem Ende der Eintragungsfrist mindestens 6 Wochen. Für die Sammlung der Unterschriften für den Zulassungsantrag und die Zulässigkeitsprüfung standen daher nur gut 2 Wochen zur Verfügung, wenn die 2-Monats-Frist eingehalten werden sollte.
6 *Anschütz*, WRV[14], Art. 73, Anm. 6, 10; *Hartwig*, S. 37; *Hubrich*, S. 109.
7 Im Verfassungsausschuss der Nationalversammlung hatten sich Vorschläge, die Anordnung von Referenden, die Ernennung des Reichskanzlers und die Auflösung des Reichstages von der Gegenzeichnungspflicht auszunehmen, nicht durchsetzen können, dazu *Poetzsch-Heffter*, Art. 50 WRV, Anm. 3 a.

rung anordnen. Auf der anderen Seite unterlag der Reichspräsident den inhaltlichen Beschränkungen des Art. 73 IV WRV nicht. Er konnte daher über alle Arten von Gesetzen[1] eine Volksabstimmung anordnen.[2]

Nach Art. 73 I WRV konnte der Reichspräsident jedes vom Reichstag verabschiedete Gesetz vor der Verkündung zur Volksabstimmung bringen. Er konnte von diesem Recht jedoch nur innerhalb der Verkündungsfrist von einem Monat Gebrauch machen. Dieses Recht des Reichspräsidenten stellt nichts anderes als ein qualifiziertes Vetorecht dar.[3] Für die Abstimmung galt dasselbe wie beim Volksentscheid nach Art. 73 III WRV.[4] Das Gesetz des Reichstags war abgelehnt, wenn die Mehrheit der Abstimmenden es abgelehnt hatte und sich mindestens die Hälfte der Stimmberechtigten an der Abstimmung beteiligt hatte (Art. 75 WRV). Ansonsten musste das Gesetz verkündet werden.[5]

Der Reichspräsident konnte dem Volk weiterhin nach Art. 74 III 2 WRV einen Gesetzentwurf zur Abstimmung vorlegen, wenn der Reichsrat gegen ein Gesetz des Reichstags Einspruch erhoben hatte und der Reichstag diesen Einspruch zurückgewiesen hatte.[6] Hier sollte das Referendum also ein Schiedsspruch zwischen den beiden „regulären" Organen der Gesetzgebung sein. Der Reichspräsident hatte drei Monate Zeit für seine Entscheidung. Legte er dem Volk das Gesetz nicht innerhalb dieser Frist zur Abstimmung vor, so galt das Gesetz als nicht angenommen. Bestätigte der Reichstag nach einem Einspruch des Reichsrates seinen Gesetzentwurf mit einer 2/3-Mehrheit, dann war der Reichspräsident nach Art. 74 III 4 WRV allerdings zu einer ausdrücklichen Entscheidung gezwungen. Das gleiche Verfahren wie bei einem Einspruch des Reichsrates gegen ein vom Reichstag beschlossenes Gesetz sollte gemäß Artt. 85 IV i.V.m. 74 III WRV anwendbar sein, wenn der Reichsrat einer vom Reichstag beschlossenen Erhöhung von Ausgaben die Zustimmung verweigert hatte.[7]

---

1 Nicht aber über andere Entscheidungen des Reichstages.
2 Auch über den Haushaltsplan etc.; *Anschütz*, WRV[14], Art. 73, Anm. 10.
3 Wie *Poetzsch-Heffter*, (Art. 73 WRV, Anm. 6) zu Recht festgestellt hat, setzte sich der Reichspräsident aber nicht notwendigerweise in Widerspruch zur Mehrheit des Reichstags, wenn er von seinem Recht Gebrauch machte. Er bekam vielmehr auch die Möglichkeit, eine Entscheidung zu korrigieren, die nicht dem Willen der Reichstagsmehrheit entsprach und nur deswegen zustande gekommen war, weil bei einer Abstimmung nicht alle Abgeordneten anwesend waren.
4 Dazu siehe oben S. 124 ff.
5 Also gegebenenfalls auch dann, wenn sich die Mehrheit der Abstimmenden gegen das Gesetz ausgesprochen hatte.
6 Die Zurückweisung konnte nicht in der Form eines einfachen Beschlusses ergehen. Vielmehr wurde verlangt, dass der Reichstag die Vorlage nochmals vollständig, also ggf. in drei Lesungen behandelt, vgl. dazu statt vieler *Hartwig*, S. 42; *Anschütz*, WRV[14], Art. 74, Anm. 7; sowie *Schwieger*, S. 85 ff., der auf das Verfahren zur Änderung der gesetzlichen Ausführungsbestimmungen zur Fürsorgepflichtverordnung verweist, in dem der Reichstag am 12.8.1925 versucht hatte, den Einspruch des Reichstages vom 27.7.1925 zur Seite zu wischen. Nachdem der Reichsrat am 27.8.1925 erneut Einspruch eingelegt hatte, verzichtete der Reichspräsident im Einvernehmen mit dem Reichstag auf die Ausfertigung und Verkündung des Gesetzes.
7 *Schwieger*, S. 81, nennt sieben Fälle, in denen der Reichsrat Haushaltsposten die Zustimmung verweigert hatte. In keinem Fall kam es zum Volksentscheid.

c. Das Verfassungsreferendum auf Verlangen des Reichsrates

Bei einem Streit zwischen Reichstag und Reichsrat über ein verfassungsänderndes Gesetz hatte der Reichsrat eine stärkere Position. Verlangte der Reichsrat binnen zwei Wochen nach der Bestätigung einer Verfassungsänderung durch den Reichstag eine Volksabstimmung, dann durfte der Reichspräsident nach Art. 76 II WRV das Gesetz nicht in der vom Reichstag verabschiedeten Fassung verkünden und ihm blieb somit nur noch die Möglichkeit, ein Referendum anzuordnen.[1]

Bis zum Ende der Weimarer Republik umstritten, blieb die Frage, welches Quorum für den Einspruch des Reichsrates gelten sollte. Während im Schrifttum überwiegend die vorzugswürdige Auffassung vertreten wurde, dass es ausreiche, wenn eine entsprechende Vorlage durch ein Drittel der Stimmen des Reichsrates unterstützt wurde,[2] hielten einige Autoren den Einspruch selbst für einen Beschluss über eine Verfassungsänderung und wollten daher das Quorum auf zwei Drittel der Stimmen des Reichsrates festlegen.[3] Da es in keinem Fall zu einem Einspruch des Reichsrates kam, konnte die Frage aber auch offen bleiben.[4]

C. Die direktdemokratischen Verfahren in den Ländern[5]

In der Zeit der Weimarer Republik gab es nicht nur auf der Ebene des Reiches direktdemokratische Verfahren. Vielmehr enthielten auch sämtliche Landesverfassungen vergleichbare Regelungen, die durch Ausführungsgesetze näher konkretisiert worden sind. Der Versuch, diese Regelungen hier in ihrer ganzen Breite umfassend darzustellen, würde den Rahmen der Untersuchung allerdings sprengen. Daher sollen im Folgenden vor allem die wesentlichen Gemeinsamkeiten und Unterschiede der Verfahren herausgearbeitet werden.[6] Dabei erscheint es geboten, zwei Phasen der Verfassunggebung zu unterscheiden. Nämlich die Zeit vor der Verabschiedung der Reichsverfassung und die Zeit danach.

---

1 In diesem Fall musste der Reichstag ohnehin mit 2/3-Mehrheit entscheiden. Dieses Quorum galt dann selbstverständlich auch für die Bestätigung eines Gesetzes nach einem eventuellen Einspruch des Reichsrates. Damit waren aber die Voraussetzungen des Art. 74 III 4 WRV in jedem Fall gegeben und der Reichspräsident konnte nicht einfach untätig bleiben. Vielmehr hätte er nur noch die Möglichkeit gehabt, entweder die Verfassungsänderung entsprechend dem Beschluss des Reichstages zu verkünden oder aber ein Referendum anzuordnen.

2 Vgl. in diesem Sinne statt vieler *Anschütz*, WRV[14], Art. 76, Anm. 5c/d.

3 Vgl. in diesem Sinne etwa *Poetzsch-Heffter*, Art. 76 WRV, Anm. 4/7; *Wittmayer*, S. 398.

4 Vgl. dazu *Schwieger*, S. 91 ff.

5 Auf die direktdemokratischen Verfahren in den Kommunen kann und soll hier nicht näher eingegangen werden, vgl. dazu ausführlich *Witte*, passim.

6 Ausführlich dazu *Hartwig*, S. 62 ff.; *Kaisenberg*, HdBDtStR § 75, S. 218 ff. und aus der Zeit nach 1945 *Hernekamp*, S. 238 ff.; *Wittreck*, Landesverfassungen, S. 16 ff. m.w.N.; sowie grundlegend *Schiffers*, S. 37 ff. Für Sachsen hat *Mester* vor kurzem eine umfassende Darstellung vorgelegt, die auch frühere Vorschläge aus dem 19. Jahrhundert mit berücksichtigt, vgl. zur Rechtslage in der Weimarer Republik insbesondere *Mester*, S. 104 ff.
Die Verfassungen sind im Folgenden durchweg nach der Sammlung von *Wittreck*, Landesverfassungen, zitiert.

1: Die frühen Verfassungen

Wie bereits ausgeführt wurde,[1] fanden die Beratungen der Nationalversammlung nicht völlig isoliert sondern in einem engen Wechselspiel mit den Verhandlungen der verfassunggebenden Versammlungen in den Ländern statt. Von besonderer Bedeutung waren dabei die frühen Verfassungen von Baden und Württemberg,[2] die schon im März bzw. im Mai 1919 erlassen worden waren, aber auch die noch während der Beratungen der Nationalversammlung verabschiedeten Verfassungen von Oldenburg, Anhalt und Bayern[3]. In den übrigen Ländern waren nach dem Zusammenbruch des Kaiserreiches zunächst Übergangsverfassungen[4] erlassen worden.

1 Vgl. dazu schon oben S. 115 und insbesondere Fn. 2.
2 Badische Verfassung vom 21.3.1919 (= **BadV**); GVBl. S. 279; abgedruckt bei *Wittreck*, Landesverfassungen, S. 79 ff.
 Verfassungsurkunde des freien Volksstaates Württemberg vom 20.5.1919 (= **WürttV-1**); RegBl.. S. 85, abgedruckt bei *Wittreck*, Landesverfassungen, S. 698 ff. Diese Verfassung wurde nach dem Inkrafttreten der Reichsverfassung neu gefasst, wodurch sich die Nummerierung der einschlägigen Bestimmungen verschob. In Bezug auf die direktdemokratischen Verfahren ergeben sich allerdings keine inhaltlichen Veränderungen (Verfassung Württembergs in der Neufassung nach Inkrafttreten der Reichsverfassung vom 25.9.1919, RegBl. S. 281, abgedruckt bei *Wittreck*, a.a.O., S. 710 ff. = **WürttV-2**).
3 Verfassung für den Freistaat Oldenburg vom 17.6.1919 (= **OldbV**); GBl. S. 391, abgedruckt bei *Wittreck,*, Landesverfassungen, S. 444 ff.
 Verfassung für Anhalt vom 18.7.1919 (= **AnhV**); GS Nr. 10, S. 79, abgedruckt bei *Wittreck*, Landesverfassungen, S. 59 ff.
 Verfassungsurkunde des Freistaates Bayern vom 14.8.1919 (= **BayV-1919**); GVBl. S. 531, abgedruckt bei *Wittreck*, Landesverfassungen, S. 106 ff.
4 Fast alle dieser Übergangsverfassungen, hatten Regelungen über direktdemokratische Verfahren enthalten.
 – § 3 des Staatsgrundgesetzes der Republik Bayern vom 4.1.1919 (GVBl. S. 1, abgedruckt bei *Wittreck*, Landesverfassungen, S. 101 ff.); vgl. auch § 3 des Vorläufigen Staatsgrundgesetzes des Freistaats Bayern vom 17.3.1919 (GVBl. S. 109, abgedruckt bei *Wittreck*, Landesverfassungen, S. 104 ff.);
 – § 7 der Vorläufigen Verfassung von Mecklenburg-Strelitz vom 29.1.1919 (Amtlicher Anzeiger S. 147, abgedruckt bei *Wittreck*, Landesverfassungen, S. 415 ff.);
 – § 10 der Vorläufigen Verfassung für Lippe vom 12.2.1919 (GS S. 913, abgedruckt bei *Wittreck*, Landesverfassungen, S. 274 f.);
 – § 9 der Vorläufigen Verfassung des Freistaates Schaumburg-Lippe vom 14.3.1919 (abgedruckt bei *Wittreck*, S. 531 ff.);
 – § 6 des Landesgrundgesetzes für Schwarzburg-Sondershausen vom 1.4.1919 (GS S. 41, abgedruckt bei *Wittreck*, Landesverfassungen, S. 572 ff.);
 – § 3 des Gesetzes über die Vereinigung der beiden Freistaaten Reuß zum Volksstaat Reuß, sowie über die vorläufige Verfassung und Verwaltung vom 4.4.1919 (GS S. 27, abgedruckt bei *Wittreck*, Landesverfassungen, S. 588 ff.);
 – § 26 der Verfassung für den Freistaat Sachsen-Weimar-Eisenach vom 19.5.1919 (RegNBl. S. 149, abgedruckt bei *Wittreck*, Landesverfassungen, S. 614 ff.);
 – § 16 des Vorläufigen Grundgesetzes für den Freistaat Sachsen vom 28.2.1919 (GVBl. S. 37, abgedruckt bei *Wittreck*, Landesverfassungen, S. 509 ff.) sah zumindest die Möglichkeit von Referenden auf Antrag des „Gesamtministeriums", also der Landesregierung vor;
 – Auch Artt. 13 und 23 des Sachsen-Altenburgischen Gesetzes über die vorläufige Regelung der Verfassung vom 27.3.1919 (GS S. 25, abgedruckt bei *Wittreck*, Landesverfassungen, S. 608)

Dass die Verfassungsberatugen nicht isoliert stattfanden, zeigt sich nicht zuletzt an dem Umstand, dass die Regelungen über das Volksbegehren und den Volksentscheid weitgehend dem entsprachen, was kurz darauf oder zeitgleich auf Reichsebene eingeführt wurde. Dies gilt auch und insbesondere für die Beschränkungen des Anwendungsbereiches dieser Verfahren. Insbesondere verweigerten auch die Verfassunggeber in den deutschen Ländern den Bürgern das Recht, das Haushaltsgesetz und Abgabengesetze zum Gegenstand eines Volksentscheides zu machen.[1] In Anhalt, Bayern und Oldenburg kam noch das Besoldungsrecht hinzu.[2]

Etwas anders stellte sich die Lage in Baden dar: Hier sah § 23 III BadV vor, dass das Haushaltsgesetz und Abgabengesetze nicht zum Gegenstand eines Referendums gemacht werden durften. Zudem hatte der Landtag die Möglichkeit, Gesetze zur Gefahrenabwehr der Volksabstimmung zu entziehen, indem ein solches Gesetz mit Zwei-Drittel-Mehrheit für dringlich erklärt wurde.[3] Im Zusammenhang mit der Bestimmung des § 22 BadV über den Volksentscheid finden sich hingegen keine vergleichbaren Vorgaben. Da die für beide Formen der Volksabstimmung geltenden allgemeinen Verfahrensbestimmungen nun aber in § 24 BadV enthalten sind, impliziert dies, dass die in § 23 III BadV formulierten inhaltlichen Beschränkungen des Anwendungsbereiches nicht für den Volksentscheid aufgrund eines Volksbegehrens gelten sollten.[4] Diese Auslegung wird auch durch die Entstehungsgeschichte der Bestimmungen bestätigt, deren Formulierung maßgeblich durch den bereits mehrfach erwähnten Julius Curtius geprägt worden war.[5] Denn Curtius hatte sich wiederum an Vorbildern aus der Schweiz und den USA orientiert, wo ebenfalls streng zwischen Volksentscheid und Referendum unterschieden und – wenn überhaupt – nur der Anwendungsbereich des zuletzt genannten Verfahrens beschränkt wurde.[6]

    enthielten Regelungen über das Volksbegehren (ohne Volksentscheid) und Referenden auf Antrag des Staatsministeriums.
Keine direktdemokratischen Verfahren waren hingegen in den folgenden vorläufigen Verfassungen vorgesehen.
- Vorläufige Verfassung für den Freistaat Hessen vom 20.2.1919 (RegBl. S. 23; abgedruckt bei *Wittreck*, Landesverfassungen, S. 250 f.);
- Vorläufige Verfassung für den Freistaat Braunschweig vom 27.2.1919 (GVS S. 47, abgedruckt bei *Wittreck*, Landesverfassungen, S. 147 f.) war noch eine reine Räteverfassung;
- (Preußisches) Gesetz zur vorläufigen Ordnung der Staatsgewalt vom 20.3.1919 (GS S. 53; abgedruckt bei *Wittreck*, Landesverfassungen, S. 464 ff.).

1 Vgl. § 66 WürttV-1 bzw. § 45 WürttV-2.
2 Vgl. § 9 III AnhV; § 65 II OldbV sowie § 77 I Nr. 1 BayV-1919, der zusätzlich Staatsverträge, Gesetze über Grenzregelungen, die Einrichtung von Behörden, Ausführungsgesetze zu bindenden Reichsgesetzen und vom Landtag für dringlich erklärte Gesetze ausnahm.
3 Vgl., § 23 III BadV. Gesetze zur Erhaltung des öffentlichen Friedens, der öffentlichen Gesundheit, Sicherheit und Ordnung.
4 Auch in Württemberg waren die Beschränkungen zunächst ausschließlich im Zusammenhang mit den Referenden diskutiert worden. Hier hat der Verfassunggeber allerdings durch die systematische Stellung der einschlägigen Bestimmung eindeutig klar gestellt, dass diese für alle Formen der Volksabstimmung gelten soll; vgl. dazu § 66 WürttV-1 bzw. § 45 WürttV-2.
5 Vgl, dazu oben S. 114.
6 Vgl. dazu ausführlich *Rosenke*, S.58 ff.

Diese Beschränkungen des Anwendungsbereiches der Verfahren waren durchaus nicht selbstverständlich: Denn schließlich gab es in vielen Kantonen der Schweiz und einigen US-Bundesstaaten so genannte „Finanzreferenden". Der Staatshaushalt selbst war allerdings auch dort vom Anwendungsbereich der direktdemokratischen Verfahren ausgeschlossen, da der Haushalt nicht durch ein formelles Gesetz, sondern durch einen Parlamentsbeschluss festgestellt werden musste. Gegenstand eines direktdemokratischen Verfahrens konnte jedoch nur ein Gesetzentwurf sein. Wenn die Mitglieder der verfassunggebenden Versammlungen darüber hinaus weitere Beschränkungen des Anwendungsbereiches der Verfahren festgeschrieben haben, dann hing dies sicher auch damit zusammen, dass sich die deutschen Parlamente erst kurz zuvor die Budgethoheit erobert hatten.

Ein wesentlicher Unterschied zur Verfassungsrechtslage im Reich bestand darin, dass in allen fünf Ländern die Möglichkeit zur plebiszitären Parlamentsauflösung vorgesehen war,[1] wobei in Anhalt und Württemberg insofern bemerkenswerterweise auch die – an sich ja dem Parlament gegenüber verantwortliche – Landesregierung antragsberechtigt war und ein entsprechendes Referendum erzwingen konnte.[2] Hier wird besonders deutlich, dass die direktdemokratischen Verfahren in erster Linie als Instrument gegen die befürchtete Übermacht des Parlamentes gedacht waren.

In Baden und Bayern konnten die Bürger im Wege des Volksbegehrens auch die Einberufung des Parlamentes verlangen.[3] Im Grunde handelte es sich bei diesem Verfahren um eine Vorform der modernen Volksinitiative, da die Bürger ein solches Begehren nur dann einleiten würden, wenn sie damit erreichen wollen, dass sich das Parlament mit einem ganz bestimmten Anliegen auseinander setzt.

Während man sich in Baden und Oldenburg in Anlehnung an das Schweizer Vorbild[4] beim Volksbegehren noch mit der Unterstützung durch 80.000 bzw. 20.000 Stimmberechtigte begnügen wollte, was in beiden Ländern einem relativen Quorum von etwas mehr als 6,5 Prozent entsprach,[5] betrug das Quorum in Württemberg und – für Anträge zu einfachen Gesetzen – auch in Bayern 10 Prozent,[6] in Anhalt sogar 25 Prozent.[7] In den beiden zuletzt

---

1 § 46 I BadV; § 55 I OldbV, in Bayern, Oldenburg und Württemberg galten insofern für das Volksbegehren höhere Quoren. §§ 10 I Nr. 3, 30 IV 1 BayV-1919; § 11 I und II AnhV und § 34 I und II WürttV-1 bzw. § 16 I und II WürttV-2.

2 § 11 II AnhV; § 34 II WürttV-1 bzw. § 16 II WürttV-2.

3 § 45 S. 4 BadV; hier mussten – wie sonst auch – 80.000 Stimmberechtigte das Volksbegehren unterzeichnet haben; in Bayern mussten gemäß §§ 10 I Nr. 3, 30 I BayV hingegen 20 % der Stimmberechtigten das Volksbegehren unterstützen.

4 Vgl. zu diesem entstehungsgeschichtlichen Hintergrund *Hartwig*, S. 63. Auch *Schiffers*, S. 37 ff., weist darauf hin, dass die in der Schweiz und den USA geltenden vergleichbaren Regelungen für die Verfassungsberatungen in Baden Vorbildcharakter hatten. Bei den Verhandlungen in den anderen Ländern verlor sich dieser Zusammenhang jedoch, a.a.O., S. 88 ff.

5 § 21 BadV („Volksinitiative"); § 65 I OldbV. Absolute Quoren waren für das Volksbegehren auch in den beiden später in Thüringen aufgegangenen Ländern Sachsen-Weimar-Eisenach (§ 28. 40.000 Unterstützer) und Schwarzburg-Sondershausen (§ 6 I. 4.000 Unterstützer) vorgesehen gewesen.

6 § 65 I WürttV-2 bzw. § 44 I WürttV-2; § 10 II BayV-1919.

7 § 9 II 1 AnhV.

genannten Ländern galten für Volksbegehren mit dem Ziel der Landtagsauflösung noch höhere Quoren,[1] in Bayern auch für Anträge mit dem Ziel einer Verfassungsänderung.[2]

In Baden, Oldenburg und Württemberg gab es neben dem „Normalfall" des Volksbegehrens über einen Gesetzentwurf auch die Möglichkeit, im Wege eines Volksbegehrens eine Abstimmung über ein vom Parlament verabschiedetes Gesetz zu erreichen.[3] Dieses Veto-Verfahren entsprach dem Vorbild des in der Schweiz üblichen „Referendums"[4] und wirkte eher destruktiv als konstruktiv. Auf der anderen Seite konnten die Parlamente diese Verfahren nicht durch die Übernahme des Anliegens – also durch die Rücknahme des von ihm zuvor beschlossenen Gesetzes – erledigen. Anders als beim Regelfall eines Volksbegehrens[5] musste bei diesen Verfahren daher in jedem Fall eine Abstimmung statt finden.

Im Übrigen hatte man nur in Württemberg das Schweizer Modell der „Volksinitiative" übernommen. Nach den klaren Vorgaben der Verfassung musste in diesem Land aufgrund eines erfolgreichen Volksbegehrens in jedem Fall ein Volksentscheid durchgeführt werden.[6] Im entsprechenden Ausführungsgesetz wurde diese Vorgabe allerdings missachtet, da dem Landtag dort jedenfalls für den Fall das Recht eingeräumt wurde, das Begehren durch die unveränderte Übernahme des Gesetzentwurfes zu erledigen, wenn nur ein einziges Volksbegehren zum fraglichen Gegenstand eingegangen war.[7]

In Bezug auf die Volksbegehren zur Landtagsauflösung ist zu beachten, dass die Landtage in Bayern und Oldenburg das Recht zur Selbstauflösung hatten.[8] Sie konnten einem Volksentscheid über die Auflösung des Landtags daher gegebenenfalls zuvorkommen. In Anhalt, Baden und Württemberg musste bei diesen Volksbegehren hingegen stets eine Abstimmung stattfinden.

In Anhalt, Baden, Bayern und Württemberg konnte durchweg auch die Regierung Gesetze zur Volksabstimmung bringen.[9] In Anhalt und Oldenburg gab es Regelungen über

---

1 § 11 II 1 AnhV. ein Drittel der Stimmberechtigten; § 30 IV 1 BayV-1919. 20 % der Stimmberechtigten.

2 § 10 II BayV-1919. 20 % der Stimmberechtigten.

3 Vgl. § 23 II BadV, § 67 OldbV, § 64 I WürttV-1 bzw. § 43 I WürttV-2, nach dem auf der einen Seite auch Teile eines Gesetzes zum Volksentscheid gebracht werden konnten, während der Landtag auf der anderen Seite die Möglichkeit hatte, durch die Erklärung der Dringlichkeit ein entsprechendes Volksbegehren abzublocken. In Baden war dies ebenfalls möglich, setzte aber eine Zwei-Drittel-Mehrheit im Landtag voraus. In diesem Fall bestand in beiden Ländern nur die Möglichkeit, eines „regulären" Volksbegehrens, dem dann ein Antrag zur Änderung des vom Parlament beschlossenen Gesetzes zugrunde gelegt werden musste.

4 Diese Terminologie unterschiedet sich von der in der vorliegenden Untersuchung verwendeten, da diese „Referenden" nicht durch ein Staatsorgan sondern durch ein Volksbegehren eingeleitet werden konnten. In der Schweiz wird seit jeher zwischen dem „Referendum" und der den deutschen Volksbegehren entsprechenden „Initiative" unterschieden. Zu den unterschiedlichen Formen der unmittelbaren Demokratie vgl. auch *Erne*, S. 76, 78 ff., der den Volksentscheid entsprechend dem Schweizer Sprachgebrauch als „fakultatives Referendum" bezeichnet.

5 Vgl. § 9 II 3 AnhV; Art. 22 III BadV; § 76 III 1 BayV-1919; § 66 IV 1 OldbV.

6 Vgl. dazu *Hernekamp*, S. 241.

7 Vgl. Art. 17 III des Gesetzes über das Volksbegehren und den Volksentscheid, dazu *Hernekamp*, S. 241.

8 § 31 BayV-1919; § 55 I OldbV.

9 § 9 I AnhV; § 23 II BadV; § 77 II 1 BayV-1919; § 64 I WürttV-1 bzw. § 43 I WürttV-2. In Bayern hatte der Landtag darüber hinaus aufgrund von § 77 III 2 BayV-1919 ausdrücklich das Recht, beim

ein fakultatives Gesetzesreferendum bei einem Streit zwischen dem Landtag und der Landesregierung. In Anhalt war insofern nur die Landesregierung antragsberechtigt,[1] in Oldenburg auch der Landtag,[2] der für die Verabschiedung von Gesetzen ansonsten auf die Zustimmung der Regierung angewiesen war.[3] Diese Verfahren konnten sich auch auf verfassungsändernde Gesetze beziehen.[4] Anders als für das Volksbegehren galten für die Referenden in Anhalt und Oldenburg keine Beschränkungen des Anwendungsbereiches. Daher hätte auf diesem Wege gegebenenfalls auch das Haushaltsgesetz zur Abstimmung gebracht werden können.

Bei Abstimmungen über einfache Gesetze wurde nur die Zustimmung durch die Mehrheit der Abstimmenden verlangt.[5] Für Abstimmungen über Verfassungsänderungen sollte hingegen ein Abstimmungsquorum von zwei Dritteln gelten.[6] In Bayern wurde darüber hinaus verlangt, dass sich ein bestimmter Anteil der Stimmberechtigten an der Abstimmung beteiligt.[7] Nur in Baden und Bayern war für Abstimmungen über einen Antrag zur Auflösung des Parlamentes ein qualifiziertes Quorum vorgesehen,[8] in den übrigen Ländern reichte auch hier die Zustimmung durch die Mehrheit der Abstimmenden aus.[9]

Eine Besonderheit fand sich in der badischen Verfassung, die zumindest bis zum 25. August 1932[10] voraussetzte, dass jede Verfassungsänderung durch eine Volksabstim-

Volksentscheid aufgrund eines Volksbegehrens eine konkurrierende Vorlage mit zur Abstimmung zu stellen.

1 § 42 S. 3 AnhV.
2 § 35 I 1 OldbV.
3 Vgl. § 34 III 1 OldbV und zu dieser in Deutschland wohl einzigartigen Bestimmung *Günther*, S. 187, 193.
4 Vgl. dazu *Hernekamp*, S. 238 f., der auf die besonders weitgehenden Möglichkeiten in Oldenburg hinweist, wo sogar eine vom Parlament abgelehnte Verfassungsänderung Gegenstand des Referendum sein konnte.
  In Anhalt war die Rechtslage insofern nicht ganz eindeutig, da § 53 AnhV lediglich ein qualifiziertes Quorum für die Verfassungsänderung im „ordentlichen Wege der Gesetzgebung" durch den Landtag statuierte. Es ist jedoch nicht erkennbar, dass die Verfassung vom „außerordentlichen Weg" der Volksgesetzgebung ausgeschlossen sein sollte.
5 Vgl. § 24 II BadV; § 65 I OldbV; § 44 I WürttV. In Anhalt gab die Verfassung keine Quoren für den Volksentscheid vor. Vielmehr wurde der Gesetzgeber in § 4 II AnhV zur Regelung des „Näheren" ermächtigt.
6 § 24 II, 1. Alt. BadV; § 68 II OldbV; § 5 III WürttV-1 bzw. § 5 III WürttV-2.
7 § 10 III BayV-1919. Bei Abstimmungen über einfache Gesetze mussten sich 20 % der Stimmberechtigten beteiligen, bei Abstimmungen über eine Verfassungsänderung 40 %. Bei Abstimmungen über die Landtagsauflösung wurde sogar die Beteiligung von 50 % der Stimmberechtigten und die Zustimmung durch zwei Drittel der Abstimmenden vorausgesetzt, § 30 IV 2 BayV-1919.
8 In Baden wurde insofern die Zustimmung durch die Mehrheit der Stimmberechtigten verlangt, § 46 I BadV. in Bayern die Beteiligung durch die Hälfte der Stimmberechtigten und die Zustimmung durch zwei Drittel der Abstimmenden, § 30 IV 2 BayV-1919.
9 So ausdrücklich § 5 III WürttV-1 und WürttV-2.
10 An diesem Tag verabschiedete das Staatsministerium die dritte Haushaltsnotverordnung (GVBl. S. 193), mit der § 23 BadV in dem Sinne abgeändert wurde, dass nur noch bei einer Änderung der Bestimmungen der §§ 1, 2, 6, 18-24, 46 und 48 III BadV eine Abstimmung erforderlich war. Dies erfasste im wesentlichen die Bestimmungen über die direktdemokratischen Verfahren selbst und das Erfordernis

mung bestätigt werden musste.[1] Zudem konnte sie erst in Kraft treten, nachdem sie am 13. April 1919 in einem Referendum bestätigt worden war.[2]

In Anhalt, Bayern und Württemberg galten Sperrfristen für die Wiederholung eines Volksbegehrens, wenn ein Antrag im Volksentscheid gescheitert war.[3]

Vergleicht man diese Bestimmungen mit denen der kurz danach bzw. gleichzeitig in Kraft getretenen Weimarer Reichsverfassung, so werden einige bemerkenswerte Unterschiede deutlich. Während in den Ländern die Regierung, die ja ihrerseits vom Vertrauen des Parlamentes abhängig war, gegebenenfalls darüber zu entscheiden hatte, ob ein vom Parlament verabschiedetes Gesetz einem Referendum entzogen werden sollte, lag diese Entscheidung auf der Ebene des Reiches beim direkt gewählten Reichspräsidenten. Neu war auch, dass auf der Ebene des Reiches eine Minderheit der Abgeordneten ein Referendumsbegehren über ein von der Parlamentsmehrheit verabschiedetes Gesetz initiieren konnte. Hingegen hatten die Bürger im Reich – anders als in der Schweiz oder auch in Baden, Oldenburg und Württemberg[4] – keine Möglichkeit, das Volksbegehren als „Veto"gegen ein Parlamentesgesetz zu nutzen und eine Abstimmung über dieses Gesetz zu erzwingen. Der deutlichste Unterschied bestand jedoch darin, dass die Quoren für den Volksentscheid auf der Ebene des Reiches höher waren als in den fünf Ländern, die sich zuvor Verfassungen gegeben hatten. Für Verfassungsänderungen wurde generell die Zustimmung durch die Hälfte der Stimmberechtigten verlangt; bei Abstimmungen über einfache Gesetze war – zumindest nach der später überwiegend vertretenen Auslegung des Art. 75 WRV – jedenfalls dann die Beteiligung durch die Hälfte der Stimmberechtigten erforderlich, wenn der Reichstag ein Volksbegehren abgelehnt hatte.

2. Die späteren Verfassungen

Angesichts dieser Vorgaben ist es kaumerstaunlich, dass sich für die nach demInkrafttreten der Reichsverfassung verabschiedeten endgültigen Verfassungen von Hessen,[5] Mecklen-

---

einer qualifizierten Mehrheit für verfassungsändernde Beschlüsse des Parlamentes, aber auch die Bestimmungen über die Glaubens- und Gewissensfreiheit (§ 18 BadV), das Schulwesen (§ 19 BadV) und die kommunale Selbstverwaltung (§ 20 BadV).

1 § 23 I BadV; vgl. dazu *Hartwig*, S. 76 f.; *Thoma*, ZöR 1928, S. 489, 498. In Hessen galt später zeitweilig eine ähnliche Regelung, die allerdings nur dann eingriff, wenn der Landtag eine Verfassungsänderung nicht mit mindestens 80 % beschlossen hatte, vgl. dazu unten Fn. 3 auf S. 138.

2 § 69 BadV.

3 Vgl. § 77 IV BayV-1919 (1 Jahr, bei Anträgen auf Verfassungsänderung 3 Jahre), sowie die Bestimmungen in den Ausführungsgesetzen in Anhalt (§ 26. 1 Jahr) und Württemberg (Art. 18. 1 Jahr). Dazu *Hernekamp*, S. 251, Fn. 1. Diese Fristen galten nicht für die Begehren auf Landtagsauflösung.

4 Vgl. dazu oben S. 134.

5 (Hessische) Verfassung vom 12.12.1919 (= **HessV-1919**), RegBl. S. 439, abgedruckt bei *Wittreck*, Landesverfassungen, S. 252 ff. Art. 24 HessV wurde durch das Gesetz vom 28.3.1930 (= **HessV-1930**), RegBl. S. 49, abgedruckt bei *Wittreck*, Landesverfassungen, S. 265 f.) geändert. Die Bestimmungen über den Volksentscheid zur Auflösung der Bürgerschaft blieben dabei jedoch inhaltlich unverändert.

burg-Schwerin,[1] Bremen,[2] Sachsen,[3] Preußen,[4] Lippe,[5] Hamburg,[6] Thüringen,[7] Braunschweig,[8] Schaumburg-Lippe[9] und Mecklenburg-Strelitz[10] eine deutliche Tendenz feststellen lässt, die Verfahren restriktiver auszugestalten und die Hürden auf dem Weg bis zum Volksentscheid zu erhöhen.

Lediglich in Waldeck-Pyrmont waren die Bürger insgesamt auf die Teilnahme an den Wahlen beschränkt. Dies lag vor allem daran, dass die innere Verwaltung schon seit Mitte des 19. Jahrhunderts durch Preußen ausgeübt wurde. Der entsprechende Vertrag vom 2. März 1887[11] und auch die meisten Bestimmungen der Verfassungs-Urkunde für die Fürstenthümer Waldeck und Pyrmont vom 17. August 1852[12] galten daher nach § 1 II des Gesetzes zur vorläufigen Ordnung der Staatsgewalt[13] bis zur formellen Vereinigung Pyrmonts und Waldecks mit Preußen in den Jahren 1922[14] bzw. 1929[15] fort.

---

1 Verfassung des Landes Mecklenburg-Schwerin vom 17.5.1920 (= **MSchwV**), RegBl. S. 653, abgedruckt bei *Wittreck*, Landesverfassungen, S. 387 ff.

2 Verfassung der Freien Hansestadt Bremen vom 18.5.1920 (= **BremV-1920**), GBl. S. 183, abgedruckt bei *Wittreck*, Landesverfassungen, S. 170 ff.

3 Verfassung des Freistaates Sachsen vom 4.11.1920 (= **SächsV-1920**), GVBl. S. 445, abgedruckt bei *Wittreck*, Landesverfassungen, S. 513 ff.

4 Verfassung des Freistaates Preußen vom 30.11.1920 (= **PrV**), GS S. 543, abgedruckt bei *Wittreck*, Landesverfassungen, S. 466 ff.

5 Verfassung des Landes Lippe vom 21.12.1920 (= **LippeV**), GS S. 341, abgedruckt bei *Wittreck*, Landesverfassungen, S. 276 ff.

6 Verfassung der Freien und Hansestadt Hamburg vom 7.1.1921 (= **HambV-1921**), GVBl. S. 9, abgedruckt bei *Wittreck*, Landesverfassungen, S. 225 ff.

7 Verfassung des Landes Thüringen vom 11.3.1921 (= **ThürV-1921**), GS S. 57, abgedruckt bei *Wittreck*, Landesverfassungen, S. 641 ff.; die vorläufige Verfassung vom 12.5.1920 (GS S. 67, abgedruckt bei *Wittreck*, Landesverfassungen, S. 629 ff.), hatte in den §§ 8, 24 ff. bereits identische Regelungen enthalten.

8 Verfassung des Freistaates Braunschweig vom 6.1.1922 (= **BSV**), GVS S. 55, abgedruckt bei *Wittreck*, Landesverfassungen, S. 153 ff.

9 Verfassung des Freistaats Schaumburg-Lippe vom 24.2.1922 (= **SchLippeV**), abgedruckt bei *Wittreck*, Landesverfassungen, S. 531 ff.

10 Landesgrundgesetz von Mecklenburg-Strelitz vom 24.5.1923 (= **MStrV**), MStr-, abgedruckt bei *Wittreck*, Landesverfassungen, S. 429 ff.

11 Preußische GS 1887, S. 177, abgedruckt bei *Wittreck*, Landesverfassungen, S. 677 ff.

12 RegBl. S. 141, in der Fassung der Bekanntmachung vom 5.2.1878, RegBl. S. 1, abgedruckt bei *Wittreck* Landesverfassungen, S. 663 ff.

13 Gesetz vom 15.4.1919, RegBl. S. 157, abgedruckt bei *Wittreck*, Landesverfassungen, S. 680.

14 Reichsgesetz über die Vereinigung von Pyrmont mit Preußen vom 24.3.1922, RGBl. S. 281, abgedruckt bei *Wittreck*, Landesverfassungen, S. 689.

15 Reichsgesetz über die Vereinigung von Waldeck mit Preußen vom 7.12.1928, RGBl. S. 401, abgedruckt bei *Wittreck*, Landesverfassungen, S. 696.

In der Hansestadt Lübeck[1] hatten die Bürger zwar keine Möglichkeit, selbst ein Verfahren einzuleiten. Volksabstimmungen waren hier aber als Stichentscheid für den Fall eines Streits zwischen dem Senat und der Bürgerschaft vorgesehen.[2] Zwar enthielten auch diese Verfassungen durchweg Regelungen über direktdemokratische Verfahren. Während sich die nur wenige Monate nach der Reichsverfassung verabschiedete hessische Verfassung in Bezug auf den Anwendungsbereich der Verfahren und die Quoren beim Volksbegehren und Volksentscheid noch weitgehend[3] am Vorbild der frühen Landesverfassungen orientierte und das Quorum für das Volksbegehren – ebenso wie noch etwas später auch in Preußen in Bezug auf Volksbegehren zu einfachen Gesetzen – sogar bis auf 5 % absenkte,[4] wurde zumindest in einigen[5] der danach verabschiedeten Verfassungen selbst für ein Volksbegehren über ein einfaches Gesetz die Unterstützung durch ein Sechstel[6] oder gar ein Fünftel der Stimmberechtigten verlangt.[7] Für Volksbegehren mit dem Ziel einer Verfassungsänderung galten nur in einigen Ländern – ebenso wie in Bayern – qualifizierte Quoren,[8] in Lippe und Schaumburg-Lippe auch für Begehren zur Landtagsauflösung.[9]

---

1 Lübeckische Landesverfassung vom 23.5.1920, GVBl. S. 135 (= **LübV-1920**), abgedruckt bei *Wittreck*, Landesverfassungen, S. 340 ff. Die Verfassung wurde am 4.4.1925 neu bekannt gemacht, GVBl. S. 57 (= **LübV-1925**), abgedruckt bei *Wittreck*, Landesverfassungen, S. 362 ff. Dabei änderte sich auch die Nummerierungen einiger Vorschriften.

2 Vgl. Artt. 67 ff. LübV-1920 bzw. Artt. 14 I 5-6, 69 III LübV-1925; zunächst war nur ein Stichentscheid bei Meinungsverschiedenheiten vorgesehen. Ab Oktober 1923 wurde zusätzlich vorgesehen, dass je nach dem Ergebnis der Abstimmung der Senat zurück zu treten hatte bzw. die Bürgerschaft aufgelöst wurde; vgl. dazu ausführlich unten S. 164.

3 In Art. 12 V HessV-1919 war vorgesehen, dass gegebenenfalls eine konkurrierende Abstimmung stattfinden sollte, wenn das Parlament die Vorlage des Volksbegehrens in einer veränderten Fassung angenommen hatte. Die Regierung konnte gemäß Art. 14 S. 2 HessV-1919 auch Gesetze über Steuern, sonstige Auflage und die Besoldung zur Abstimmung bringen. Darüber hinaus hatte Art. 13 II HessV-1919 zunächst ein obligatorisches Verfassungsreferendum für den Fall vorgesehen, dass ein Antrag zur Änderung der Verfassung im Parlament weniger als 80 % Zustimmung gefunden hatte. Diese Bestimmung wurde jedoch durch das Gesetz vom 28.3.1930, RegBl. S. 49, abgedruckt bei *Wittreck*, Landesverfassungen, S. 265 f., gestrichen.

4 Dabei kam es nicht darauf an, ob sich der Antrag auf ein einfaches Gesetz, eine Verfassungsänderung oder die Auflösung des Parlamentes bezog, vgl. Artt. 12 I bzw. 24 I HessV-1919 (= Art. 24 Nr. 2 HessV-1930).

5 Das bis dahin übliche Quorum von 10 % wurde in Braunschweig (Art. 41 II BSV), Hamburg (Art. 58 II HambV-1921), Thüringen (Art. 25 I ThürV-1921) und auch in Sachsen (Art. 36 I SächsV-1920) übernommen.

6 In Mecklenburg-Schwerin wurde regelmäßig die Unterstützung durch ein Sechstel der Stimmberechtigten vorausgesetzt, § 45 III MSchwV.

7 In Bremen, Lippe, Mecklenburg-Strelitz und Schaumburg-Lippe lag das Quorum bei einem Fünftel. § 4 V BremV-1920; Art. 10 III LippeV; § 32 I MStrV; § 10 II SchLippeV.

8 In Preußen wurde die Unterstützung durch ein Fünftel der Stimmberechtigten verlangt, Art. 6 II 3 PrV; in Mecklenburg-Strelitz durch ein Viertel, § 33 II MStrV; in Lippe, Mecklenburg-Schwerin und Schaumburg-Lippe durch ein Drittel, Art. 10 VI LippeV; § 45 III MSchwV; § 10 VI SchLippeV.

9 Art. 10 II LippeV; § 11 I SchLippeV. Ein Drittel der Stimmberechtigten.

Lässt sich dies noch damit erklären, dass es sich hier um relativ kleine Länder handelte, in denen es vergleichsweise einfach war, genügend unterstützungswillige Bürger zu mobilisieren, gibt es außer dem Wunsch, die Mitwirkungsmöglichkeiten der Bürger einzuschränken, keinen nachvollziehbaren Grund dafür, warum in den nach 1920 verabschiedeten Verfassungen beim Volksentscheid überwiegend[1] die Beteiligung durch 50 Prozent der Stimmberechtigten vorausgesetzt[2] und bei Abstimmungen über Verfassungsänderungen mit wenigen Ausnahmen[3] sogar die Zustimmung durch (mindestens) die Mehrheit der Stimmberechtigten verlangt wurde.[4] Auch für Abstimmungen über die Landtagsauflösung reichte nur in Hessen und Mecklenburg-Schwerin die Zustimmung durch die Mehrheit der Abstimmenden aus.[5] In allen übrigen Ländern, in denen ein solches Verfahren vorgesehen war,[6] musste demgegenüber – ebenso wie in Baden und Bayern – ein qualifiziertes Quorum

---

[1] Lediglich in Hamburg, Hessen und den beiden mecklenburgischen Ländern gab es keine entsprechende Vorgabe, so dass ggf. die Zustimmung durch die Mehrheit der Abstimmenden ausgereicht hätte.

[2] Art. 42 I BSV; § 6 I BremV-1920; Art. 4 II LippeV; Art. 6 IV PrV; Art. 38 II SächsV-1920; § 4 I SchLippeV; § 27 II ThürV-1921.

[3] In Bremen reichte insofern zumindest theoretisch die Zustimmung durch zwei Drittel der Abstimmenden, § 6 II BremV-1920. Praktisch lief die Klausel wegen des in § 6 I BremV-1920 festgeschriebenen Beteiligungsquorums von 50 % der Stimmberechtigten aber leer.
Nichts anderes galt in Sachsen, wo der Verfassunggeber in Art. 38 II SächsV-1920 nicht zwischen Abstimmungen über einfache Gesetze, Verfassungsänderungen und die Landtagsauflösung differenziert und generell die Beteiligung durch die Hälfte der Stimmberechtigten und die Zustimmung durch eine Mehrheit der Abstimmenden verlangt hatte. Das qualifizierte Quorum für Verfassungsänderungen in Art. 41 SächsV-1920 galt nur für Verfassungsänderungen durch den Landtag. Dem Wortlaut der Norm lässt sich jedoch nicht entnehmen, dass nur das Parlament dazu berechtigt gewesen wäre, verfassungsändernde Gesetze zu erlassen, in diesem Sinne aber wohl *Wittreck*, Landesverfassungen, Übersicht 4, S. 47.
In Hessen und Mecklenburg-Schwerin gab es demgegenüber kein Beteiligungsquorum, daher reichte hier ggf. tatsächlich die Zustimmung durch zwei Drittel der Abstimmenden aus. Art. 15 HessV-1919; § 82 II MSchwV.

[4] Art. 42 III BSV; Art. 55 II HambV-1921; § 10 VI LippeV; Art. 6 VI PrV; § 10 VI SchLippeV; § 27 III ThürV-1921.
Noch etwas höher war das Quorum in Mecklenburg-Strelitz, wo die Beteiligung von zwei Drittel der Stimmberechtigten und die Zustimmung von zwei Drittel der Abstimmenden verlangt wurde, § 33 II MStrV.

[5] Dies ergibt sich im Umkehrschluss daraus, dass in den Landesverfassungen keine qualifizierten Quoren vorgesehen waren.

[6] Vgl. Art. 23 BSV; § 18 BremV-1920; Art. 24 I 1 HessV-1919; Art. 11 I LippeV; Artt. 30 II 1, 45 II MSchwV; Artt. 6 I Nr. 3, 14 I 1 PrV; Art. 9 II SächsV-1920; § 11 I 1 SchLippeV; Art. 25 I ThürV-1921. In Bezug auf Lübeck und Mecklenburg-Strelitz ist in diesem Zusammenhang die Möglichkeit eines Stichentscheids durch Volksabstimmung im Falle eines Konfliktes zwischen der Bürgerschaft und dem Senat zu erwähnen. Sofern sich eine Mehrheit für die Regierung aussprach, kam es auch hier zu Neuwahlen, vgl. dazu oben S. 164 und § 22 MStr-V. Damit gab es nur in Hamburg überhaupt keine Möglichkeit zur plebiszitären Parlamentsauflösung.

erreicht werden.[1] Die Wahrscheinlichkeit, dass ein Antrag beim Volksentscheid Erfolg haben könnte, wurde damit aber drastisch reduziert.

Im Übrigen entsprachen die Bestimmungen weitgehend dem Vorbild der Reichsverfassung bzw. der frühen Landesverfassungen. Dies gilt zunächst für den Anwendungsbereich der Verfahren und die Einschränkungen in Bezug auf den Haushaltsplan, Abgaben- und – mit einer Ausnahme – Besoldungsgesetze.[2] In Preußen und Braunschweig wurde der Finanzvorbehalt insofern noch weiter gefasst, da hier sogar alle „Finanzfragen" vom Anwendungsbereich der Verfahren ausgeschlossen wurden.[3] Zwar wurden hierunter zunächst nur solche Gesetze verstanden, mit denen die Regierung zu bestimmten Ausgaben ermächtigt wird.[4] Spätestens ab 1926 setzte sich in der Literatur jedoch die Auffassung durch, dass der Begriff der „Finanzfragen" weiter gehe als der des Haushaltsplanes[5] und daher alle Vorlagen erfasse, welche die Finanzen des Staates materiell beeinflussen.[6]

In allen Ländern konnte das Parlament das Verfahren durch die unveränderte Übernahme des dem Volksbegehren zugrunde liegenden Entwurfes erledigen.[7] In Braunschweig, Hessen und Preußen kam es insofern darauf an, ob der Landtag dem Begehren „entsprochen" hatte.[8] In Thüringen reichte es gegebenenfalls sogar aus, wenn der Antrag vom Landtag mit „unwesentlichen Änderungen" übernommen wurde.[9] In den meisten Ländern konnte das Parlament einem Volksentscheid über die Parlamentsauflösung durch die Selbstauflösung zuvor kommen.[10] Nur in Hessen, Lippe und Schaumburg-Lippe, musste es – ebenso wie in Anhalt, Baden und Württemberg – nach dem Volksbegehren in jedem Fall zur Abstimmung kommen.

1 In Braunschweig, Bremen, Preußen und Thüringen musste die Mehrheit der Stimmberechtigten dem Antrag zustimmen. Art. 42 III 1 BSV; § 18 I 4 BremV-1920; § 6 VI 1 PrV; § 27 III ThürV-1920. In Lippe, Sachsen und Schaumburg-Lippe reichte es aus, wenn sich die Hälfte der Stimmberechtigten an der Abstimmung beteiligte, vgl. Art. 4 II LippeV; Art. 38 II SächsV-1920; § 4 II SchLippeV.

2 Vgl. Art. 41 III BSV; § 4 II BremV-1920; Art. 14 S. 1 HessV-1919; Artt. 10 V, 20 VIII LippeV; § 46 MSchwV; Art. 6 III PrV; Art. 37 SächsV-1920; § 26 ThürV-1921; vgl. auch Art. 58 III HambV-1921, der das Haushaltsgesetz nicht ausdrücklich nennt und § 32 II MStrV, in dem die Besoldungsgesetze nicht erwähnt sind.

3 Vgl. Art. 41 III BSV; Art.6 III PrV, vgl. auch Art. 42 IV 3 PrV, nachdem es bei einem Streit über die Bewilligung von Ausgaben keinen Stichentscheid durch eine Volksabstimmung geben sollte. Zur Diskussion in Preußen ausführlich *Rosenke*, S. 81 ff., der darauf hinweist, dass sich den Materialien der Verfassungsberatungen nicht entnehmen lasse, wieso sich der Begriff der „Finanzfragen" durchgesetzt hat.

4 Keine Stellungnahme findet sich in den Kommentierungen von *Arndt, Laut, Stier-Somlo* und *Waldecker*.

5 Vgl. *Drews*, S. XIX; *Giese/Volkmann*, S. 59; *Hatschek/Kurtzig*, S. 343 f.; vgl. schon früher *Hatschek*, Preussisches Verfassungsrecht, S. 102 und *ders.*, Deutsches und Preußisches Staatsrecht, S. 285.

6 Vgl. dazu *Rosenke*, S. 84 f., m.w.N.

7 Vgl. § 4 V 3 BremV-1920; Art. 58 II 3 HambV-1921; Art. 10 IV 1 LippeV; § 45 I 4 MSchwV; § 32 I 2 MStrV; Art. 36 III 2 SächsV-1920; § 10 III SchLippeV.

8 Vgl. Art. 42 II BSV; Art. 12 IV 1 HessV-1919; Art. 6 V PrV.

9 Vgl. § 25 IV 2 ThürV-1921.

10 Vgl. Art. 24 BSV; § 17 S. 1 BremV-1920; § 30 II 1 MSchwV; Art. 14 I PrV, Art. 9 I SächsV-1920; § 16 ThürV-1921.

In allen Ländern gab es die Möglichkeit für Gesetzes- und Verfassungsreferenden. Während die Regierungen in Hessen, Mecklenburg-Schwerin, Mecklenburg-Strelitz und Thüringen – ebenso wie in Baden, Bayern und Württemberg – jedes vom Parlament verabschiedete Gesetz zur Abstimmung bringen konnten,[1] hatten die Regierungen der meisten anderen Länder – ebenso wie in Anhalt und Oldenburg – dieses Recht nur im Falle eines Konfliktes mit dem Parlament.[2] In Bremen bedurfte der entsprechende Antrag des Senates zusätzlich der Zustimmung durch ein Drittel der Bürgerschaftsabgeordneten.[3] In Braunschweig konnte überhaupt nur der Landtag einen Stichentscheid durchsetzen.[4] Dies galt auch in Preußen, wo das Referendum allerdings keinen Konflikt zwischen der Regierung und dem Landtag lösen sollte, sondern einen Streit zwischen dem Parlament und dem aus Vertretern der preußischen Provinzen gebildeten Staatsrat.[5] Die inhaltlichen Beschränkungen, die für das Volksbegehren galten, waren auf diese Referenden nur in Bremen, Hamburg und Thüringen insgesamt anwendbar.[6] In Hessen war zumindest das Haushaltsgesetz ausgeschlossen.[7] In den übrigen Ländern hätte hingegen theoretisch – ebenso wie im Reich, Anhalt oder Oldenburg[8] – auch der Haushaltsplan zum Gegenstand einer Abstimmung gemacht werden können.

Während das Volk bei diesen Referenden in gewisser Weise als „Schiedsrichter" für Streitigkeiten zwischen der Regierung bzw. dem Staatsrat in Preußen auf der einen Seite und dem Parlament auf der anderen Seite fungierte, konnte die – an sich ja dem Parlament gegenüber verantwortliche – Landsregierung in Bremen, Hessen und Lippe ebenso wie in Anhalt und Württemberg sogar eine Abstimmung über die Auflösung des Parlamentes

---

1 Vgl. Art. 13 S. 1 HessV-1919 (= Art. 13 HessV-1930), § 44 II MSchwV; § 22 I MStrV, der sämtliche Beschlüsse des Landtags betraf; § 24 ThürV-1920.

2 Vgl. Art. 4 IV 3 BremV-1920 und Art. 53 III 3 HambV-1921, wo die Abstimmung allerdings nur dann beantragt werden konnte, wenn die Bürgerschaft das fragliche Gesetz nicht mit einer verfassungsändernden Mehrheit bestätigt hatte; Art. 20 V LippeV; Art. 67 LübV-1920 (= Art. 69 I LübV-1925), nach dem ggf. auch die Bürgerschaft ein Referendum herbeiführen konnte, vgl. dazu oben Fn. 2 auf S. 164; Art. 35 II SächsV-1920; § 44 S. 5 SchLippeV, vgl. aber auch S. 6 dieser Bestimmung, nach dem auch die Landtagsmehrheit ein Referendum herbei führen konnte, wenn das beanstandete Gesetz nicht mit einer Zwei-Drittel-Mehrheit bestätigt worden war.
Vgl. in diesem Zusammenhang auch § 44 III 3 MSchwV, der allerdings kaum praktikabel war, da die Regierung nach § 44 II MSchwV ohnehin jedes vom Parlament verabschiedete Gesetz zur Abstimmung bringen konnte und daher kaum riskieren würde, dass dieses Gesetz zuvor noch einmal vom Landtag bestätigt würde.

3 Vgl. § 4 IV 3 BremV-1920

4 Vgl. Art. 42 I BSV.

5 Vgl. Art. 42 III 3 PrV. Sofern ein Gesetz nach dem Einspruch des Staatsrats mit Zwei-Drittel-Mehrheit bestätigt worden war, konnte es ohne weiteres in Kraft treten (Art. 42 III 2 PrV). Wurde diese qualifizierte Mehrheit nicht erreicht, konnte die Landtagsmehrheit die Abstimmung verlangen.

6 Vgl. § 4 III BremV-1920; Art. 58 III HambV-1921; § 26 ThürV-1921.

7 Art. 14 HessV-1919.

8 Vgl. oben S. 135 zur vergleichbaren Rechtslage in Anhalt und Oldenburg und Art. 73 IV WRV.

veranlassen.[1] In Preußen stand dieses Recht zwar nicht der Regierung, aber dem aus den Vertretern der einzelnen Provinzen gebildeten Staatsrat zu.[2]

Hingegen hatten die Bürger selbst außerhalb des „normalen" Volksbegehrens auf Änderung eines Gesetzes in keinem weiteren Land mehr die Möglichkeit, eine Abstimmung über ein bereits vom Parlament beschlossenes Gesetz zu erzwingen.[3] Lediglich in Hamburg gab es zusätzlich zur Abstimmung auf Antrag des Senates eine mit Art.73 II WRV vergleichbare Regelung, nach der es gegebenfalls auch aufgrund eines Antrags einer qualifizierten Minderheit der Bürgerschaft und eines anschließenden Referendumsbegehrens zu einer Abstimmung über ein von der Bürgerschaftsmehrheit beschlossenes Gesetz kommen konnte.[4]

In einigen Ländern finden sich noch besondere Verfahren. So hatte das Volk in Mecklenburg-Schwerin auch das Recht, den Staatsgerichtshof anzurufen.[5] Und in Bremen konnte die Bürgerschaft jede zu ihrer Zuständigkeit gehörende Frage – also nicht nur Gesetzentwürfe – dem Volk zur Abstimmung vorlegen.[6] Hier war auch vorgesehen, dass die Bürgerschaft einen durch Volksentscheid gefassten Beschluss erst nach Neuwahlen wieder ändern durfte.[7] Umgekehrt konnte ein Antrag, der beim Volksentscheid abgelehnt worden war, auch erst nach Neuwahlen wieder im Wege des Volksbegehrens eingebracht werden. In Hamburg galt insofern eine Sperrfrist von einem Jahr.[8] In den übrigen Ländern, deren Verfassungen nach der WRV verabschiedet wurden, waren hingegen keine solchen Sperrfristen vorgesehen.[9]

Die in den Verfassungen vorgesehenen Verfahren wurden auch in den Ländern erst durch die einschlägigen Ausführungsbestimmungen wirklich praktikabel. Wie gering die Bereitschaft der Parlamente war, den Bürgern tatsächlich unmittelbare Mitwirkungsmöglichkeiten zu eröffnen, zeigt sich nicht zuletzt daran, dass es teilweise mehrere Jahre dauerte, bis diese Ausführungsbestimmungen tatsächlich in Kraft treten konnten. So wurde das einschlägige Ausführungsgesetz für Preußen erst am 8. Januar 1926 erlassen, also gut sechs Jahre nachdem die Verfassung selbst in Kraft getreten war.[10]

---

1 § 18 I 3 BremV-1920, der allerdings zusätzlich die Unterstützung durch ein Drittel der Bürgerschaftsabgeordneten voraussetzte und in Abs. 2 eine Sperrfrist von 2 Jahren für die Wiederholung eines entsprechenden Antrags vorsah; Art. 24 I 2 HessV-1919; Art. 11 II 1 LippeV.

2 Art. 14 I 2 PrV.

3 Vgl. dazu oben S. 134 zu den dem Schweizer Vorbild entsprechenden Regelungen in Baden, Oldenburg und Württemberg.

4 Ein Gesetz war nach Art. 58 I HambV-1921 auch dann zur Abstimmung zu bringen, wenn 60 der 160 Abgeordneten die Aussetzung der Verkündung eines Gesetzes verlangt und danach 5 % der Bürger im Wege eines Referendumsbegehrens die Durchführung einer Abstimmung verlangt hatten.

5 § 70 MSchwV. bei Verfassungsstreitigkeiten und zur Ministeranklage; vgl. dazu *Hartwig*, S. 67.

6 § 4 III BremV-1920.

7 Vgl. § 8 BremV-1920.

8 Vgl. § 26 des Ausführungsgesetzes zu Volksentscheid und Volksbegehren, dazu *Hernekamp*, S. 251, Fn. 1.

9 Vgl. aber oben S. 136 zur Rechtslage in Anhalt, Bayern und Württemberg.

10 Vgl. dazu *Schiffers*, S. 202.

Die Regelungen der Ausführungsgesetze entsprachen weitgehend denen des VEG auf Reichsebene. Allerdings lassen sich auch hier wieder einige bemerkenswerte Unterschiede feststellen. So konnten die Antragsteller in Baden und Hessen die Unterschriften für alle Arten von Volksbegehren selbst sammeln.[1] In den übrigen Ländern musste hingegen ein förmliches Eintragungsverfahren bei den Gemeinden durchgeführt werden, wobei die Fristen in der Regel sehr knapp bemessen waren und die Gemeinden häufig nur dazu verpflichtet wurden, die Listen während der Amtsstunden auszulegen, so dass nicht gewährleistet war, dass alle Stimmberechtigten die Gelegenheit hatten, das Volksbegehren durch ihre Unterschrift zu unterstützen.[2] Zudem war – im Gegensatz zur Schweiz aber ebenso wie auf der Ebene des Reiches – in allen Ländern mit Ausnahme Badens, Hessens und Oldenburgs ein gesondertes Zulassungsverfahren vorgesehen.[3] Immerhin hatten die Initiatoren zumindest in Preußen, Sachsen, Thüringen und Württemberg die Möglichkeit, Beschwerde beim Staatsgerichtshof bzw. beim Oberverwaltungsgericht[4] gegen die Entscheidung über die Zulässigkeit eines Volksantrags einzulegen.[5] In den übrigen Ländern sollte im Zweifel zumeist das Parlament entscheiden. Lediglich in Hamburg gab es ebenso wie im Reich überhaupt keine Rechtsschutzmöglichkeiten.

In diesem Zusammenhang sei darauf hingewiesen, dass auch die Verfassung der Freien Stadt Danzig,[6] die infolge des Versailler Vertrages nicht mehr zum deutschen Reich gehörte, Regelungen über direktdemokratische Verfahren enthielt, die weitgehend mit denen in den Ländern des Reiches vergleichbar waren.[7] Es gab hier jedoch keine Möglichkeit für eine plebiszitäre Parlamentsauflösung.

---

1 Vgl. dazu *Hartwig*, S. 63, In Baden galt eine Frist von 3 Monaten für die Sammlung, in Hessen gab es keine solche Frist.

2 Vgl. dazu *Hernekamp*, S. 249, der auch auf die Ausnahmen eingeht.

3 Vgl. dazu *Hernekamp*. S. 240/250.

4 In Sachsen.

5 Vgl. dazu *Hernekamp*, S. 250; sowie schon *Kaisenberg*, HdBDtStR § 75, S. 219.

6 Verfassung der Freien und Hansestadt Danzig vom 15./27.11.1920 (= **DanzV-1920**), Staatsanzeiger S. 344, abgedruckt bei *Wittreck*, Landesverfassungen, S. 789 ff. Die Verfassung wurde als Verfassung der Freien Stadt Danzig am 14.6.1922 (= **DanzV-1922**, GBl. S. 144, abgedruckt bei *Wittreck*, Landesverfassungen, S. 812 ff.) und am 17.9.1930 (= **DanzV-1930**, GBl. S. 181, abgedruckt bei *Wittreck*, Landesverfassungen, S. 834 ff.) neu bekannt gemacht, um Änderungen einzuarbeiten. Infolge der ersten Neubekanntmachung änderte sich die Nummerierung der Vorschriften. Die Regelungen über die direktdemokratischen Verfahren blieben jedoch inhaltlich unverändert.

7 Art. 46 DanzV-1920 (= Art. 47 DanzV-1922/1930) sah den Volksentscheid über Gesetzesvorlagen aufgrund eines Volksbegehrens durch mindestens 10 % der Stimmberechtigten vor. Gemäß Art. 47 I DanzV-1920 (= Art. 48 I DanzV-1922/1930) waren der Haushaltsplan, Abgabengesetze und Besoldungsordnungen vom Volksentscheid ausgeschlossen, konnten aber vom Senat zum Gegenstand einer Abstimmung gemacht werden. Beim Volksentscheid kam es gem. Art. 47 II 2 DanzV-1920 (= Art. 48 II 2 DanzV-1922/1930) grundsätzlich auf die Zustimmung durch die Mehrheit der Abstimmenden an. Allerdings enthielt S. 3 eine Art. 75 WRV entsprechende Vorschrift, so dass ein Beschluss des Volkstages nur außer Kraft gesetzt werden konnte, wenn sich die Mehrheit der Bürger an der Abstimmung beteiligt hätte. Bei Abstimmungen über eine Verfassungsänderung war gem. Art. 48 II DanzV-1920 (= Art. 49 II DanzV-1922/1930) stets die Zustimmung durch eine Mehrheit der Stimmberechtigten erforderlich.

III. Die Praxis der direktdemokratischen Verfahren

Die Folgen der konkreten Ausgestaltung der direktdemokratischen Verfahren lassen sich nur anhand der praktischen Erfahrungen aufzeigen. Daher soll im Folgenden zumindest kursorisch auf die Wahlen zum Reichspräsidenten 1925 und 1932 eingegangen werden, sowie auf die Versuche, ein Gesetz auf dem Weg des Volksentscheids zu verabschieden (A). In einem zweiten Abschnitt (B) sollen dann die Erfahrungen mit Referenden, Volksbegehren und Volksentscheiden auf der Ebene der Länder dargestellt werden.

A. Die Verfahren auf Reichsebene

1: Die Wahlen des Reichspräsidenten

Der erste Reichspräsident, Friedrich Ebert war nicht vom Volk, sondern – aufgrund des Gesetzes über die vorläufige Reichsgewalt – von der Nationalversammlung gewählt worden. Die Reichsverfassung enthielt keine bindende Vorgabe für den Termin für die ersten unmittelbaren Wahlen. Durch § 2 des Gesetzes über die Volkswahl des Reichspräsidenten erlegte der Reichstag sich selbst die Pflicht auf, den Wahltermin zu bestimmen.[1] Obwohl Friedrich Ebert darauf drängte, Neuwahlen anzusetzen, blieb das Parlament allerdings zunächst untätig. Zur Begründung wurde darauf verwiesen, dass noch nicht klar sei, ob die Bewohner Oberschlesiens wahlberechtigt sein würden. Nach den Abstimmungen in den Jahren 1921 und 1922[2] wurden die Reichspräsidentenwahlen dann zunächst für den 3. Dezember 1922 angesetzt. Aus Angst vor Unruhen beantragten jedoch die Fraktionen des Zentrums, der SPD, der DDP, der BVP und der DVP im Reichstag, dass Ebert – ohne Wahl – bis zum 30. Juni 1925 im Amt bleiben sollte. Am 27. Oktober 1922 wurde Art. 180 Satz 2 WRV dementsprechend geändert.[3]

Als nach Eberts Tod im Februar 1925 Wahlen unvermeidbar geworden waren, stand keiner der Parteien eine Persönlichkeit zur Verfügung, die als Staatsoberhaupt eines demokratischen Deutschen Reiches ohne weiteres in Frage kam.[4] Die Politiker waren zum größten Teil schon in der Monarchie aktiv gewesen und daher sozusagen allenfalls „gelernte" Demokraten. Im ersten Wahlgang am 29.3.1925 erreichte der Oberbürgermeister von Duisburg Karl Jarres als Kandidat von DVP und DNVP immerhin 10,4 Millionen und damit 38,8 Prozent der Stimmen. Der von der SPD aufgestellte preußischen Ministerpräsident

---

1 Vgl. zur Vorgeschichte *Hufschlag*, S. 161 ff., der darauf hinweist, dass das Gesetz erst nach dem „Kapp-Putsch" verabschiedet worden war.

2 Vgl. dazu unten S. 159.

3 In der Folgezeit wurde gefordert, den Reichspräsidenten vom Reichstag wählen zu lassen, da es nicht sinnvoll sei, diesen zwar vom Volk wählen zu lassen, seine Handlungen aber von der Gegenzeichnung der Regierung abhängig zu machen. Entsprechende Reformbemühungen endeten aber abrupt, als *Ebert* am 28.2.1925 starb. Vgl. dazu *Schiffers*, S. 161 ff.

4 So auch *Schiffers*, S. 176 f. Aus der Sicht des Nachgeborenen erscheint allenfalls Walter Rathenau als glaubhafter Vertreter eines demokratischen Deutschland – Rathenau war jedoch bereits am 24. Juni 1922 ermordet worden. Aussenminister Gustav Stresemann, der sich in den folgenden Jahren als wesentliche Stütze des demokratischen Systems erwies, gehörte 1925 als Vorsitzender des DVP noch zu den maßgeblichen Unterstützern Hindenburgs.

Otto Braun lag 2,5 Millionen Stimmen zurück.[1] Um ihre Chancen im zweiten Wahlgang zu verbessern, einigte sich die „Weimarer Koalition" aus SPD, DDP und Zentrum auf einen gemeinsamen Kandidaten, den früheren Reichskanzler Wilhelm Marx (Zentrum). Als Reaktion hierauf stellten die Rechts-Parteien DNVP, DVP und NSDAP den früheren Generalfeldmarschall Paul von Hindenburg auf. Dieser konnte den zweiten Wahlgang am 26. April 1925 wohl vor allem deshalb mit 48,5 Prozent der Stimmen für sich entscheiden, weil er auch von der BVP unterstützt wurde und die KPD mit Ernst Thälmann einen eigenen Kandidaten aufgestellt hatte.[2]

Zum Glück für die Weimarer Republik ließ sich Hindenburg nicht dazu missbrauchen, die Grundlagen der Verfassung auszuhöhlen. Im Jahre 1932 schien er daher plötzlich vom Relikt des Kaiserreiches zum einzigen Garanten der Weimarer Republik geworden zu sein.[3] Nur so ist die Tatsache zu erklären, dass er nun die Unterstützung durch das Zentrum, die SPD, die Deutschen Staatspartei,[4] der DVP[5] und der BVP erhielt.[6] Wären diese nicht gemeinsam aufgetreten, so wäre die Wahl Adolf Hitlers zum Reichspräsidenten wohl kaum zu verhindern gewesen.[7] Im ersten Wahlgang am 13. März 1932 verfehlte Hindenburg die notwendige absolute Mehrheit der Stimmen knapp.[8] Im zweiten Wahlgang am 10. April 1932 konnte er dann 53 Prozent der Stimmen auf sich vereinen. Immerhin 47 Prozent der

---

1   10,4 gegenüber 7,8 Millionen Stimmen.
2   Dazu *Schiffers*, S. 177 ff.
3   Bezeichnend ist insofern ein persönliches Manifest des preußischen Ministerpräsidenten Otto Braun (SPD) im „Vorwärts" vom 10.3.1932, in dem dieser betonte, dass Hindenburg nicht nur deshalb die Stimmen der Sozialdemokraten verdiene, weil andernfalls Adolf Hitler zum Reichspräsidenten gewählt würde, sondern auch deshalb, weil er Hindenburg „als einen Menschen reinen Wollens und abgeklärten Urteils, erfüllt von kantischem Pflichtgefühl" kennen gelernt habe, zit. nach *Winkler*, Weimar, S. 447.
4   Die 1930 aus der DDP hervorgegangen war.
5   Diese hatte sich unter der Führung des Außenministers *Stresemann* mittlerweile zur politischen Mitte hin orientiert.
6   Befördert wurde die Entscheidung, *Hindenburg* erneut aufzustellen, durch ca. 3 Millionen Unterschriften, die aufgrund von privaten Initiativen bis zum 16.2.1932 für seine Wiederwahl gesammelt worden waren; dazu *Schiffers*, S. 181 ff. Zur Vorgeschichte der Kandidatenkür vgl. *Winkler*, Weimar, S. 445 ff.
7   Wie schon in den Jahren nach 1919 wäre es die leichteste Möglichkeit aus der Krise gewesen, die Amtszeit des Reichspräsidenten zu verlängern. 1931 waren Forderungen laut geworden, die Amtszeit von Reichspräsident *Hindenburg* auf Lebenszeit zu verlängern. Der Reichskanzler *Brüning* griff diesen Gedanken auf und schlug vor, die Amtszeit um zwei Jahre zu verlängern. Dieser Vorschlag fand sowohl die Unterstützung der konservativen Parteien als auch der SPD. Die notwendige 2/3-Mehrheit wäre aber nur mit Hilfe der KPD oder der NSDAP zu erreichen gewesen; vgl. dazu *Hufschlag*, S. 166. Obwohl Brüning Hitler als „Gegenleistung" für die Zustimmung zu einer parlamentarischen Verlängerung der Amtsperiode „die Führung der Politik" und damit de facto das Kanzleramt angeboten hatte, lehnte dieser nach Rücksprache mit Hugenberg dankend ab – und konnte sich in der Folge als „Hüter der Verfassung" aufspielen; vgl. *Winkler*, Weimar, S. 444.
8   Auf ihn entfielen 49,6 % der Stimmen. *Hitler* hatte 30,1 % erreicht und Ernst *Thälmann* als Kandidat der KPD 13,2 %, Theodor *Duesterberg* erhielt als Kandidat von DNVP und „Stahlhelm" 6,8 % der Stimmen; die restlichen Stimmen entfielen auf Kandidaten kleinerer Parteien, vgl. *Hufschlag*, S. 167; *Kimminich*, S. 560.

Wähler hatten sich damit gegen das politische System der Weimarer Republik ausgesprochen.[1]

Die Unterstützer Hindenburgs hatten außer Acht gelassen – oder möglicherweise in Kauf genommen –, dass dieser schon bei seiner Wiederwahl gebrechlich war. Sein Zustand verschlechterte sich zusehends, so dass nicht mehr er selbst die Befugnisse des Reichspräsidenten wahrnahm, sondern die so genannte „Kamarilla", der insbesondere sein Sohn Oskar von Hindenburg und General Kurt von Schleicher angehörten. Nachdem Reichskanzler Otto Brüning gestürzt und durch Franz von Papen ersetzt worden war, wurde Schleicher selbst zunächst Reichswehrminister. Bei der Reichstagswahl am 31. Juli 1932 wurde die NSDAP zur weitaus stärksten Fraktion. Zwar musste die NSDAP bei den kurz darauf folgenden Neuwahlen im November wieder deutliche Stimmenverluste hinnehmen. Da aber weder von Papen noch Schleicher einen Weg aus der Krise weisen konnten, war die Ernennung Adolf Hitlers zum Reichskanzler im Januar 1933 praktisch unvermeidbar geworden.

2. Die Volksbegehren und Volksentscheide

In der Zeit von 1919 bis zur Machtübergabe an die Nationalsozialisten haben auf Reichsebene insgesamt acht ernsthafte[2] Versuche stattgefunden, einen Volksentscheid nach Art. 73 III WRV herbeizuführen. Kein einziges Gesetz wurde durch einen Volksentscheid beschlossen.[3]

a. Die beiden Verfahren des Reichsbunds für Siedlung und Pachtung 1922 und 1923

Ende 1922 leitete der Reichsbund für Siedlung und Pachtung ein Volksbegehren ein, mit dem die Möglichkeit für eine entschädigungslose Bodenreform geschaffen werden sollte.[4] Der Volksantrag wurde am 28. Dezember 1922 zugelassen, dann aber nicht mehr weiter betrieben. Dieser Fall war im VEG nicht vorgesehen. Erst nach einer entsprechenden Änderung des § 32 II VEG konnte der Reichsminister des Inneren das Verfahren einstellen.[5]

Im Jahre 1923 wiederholte der Reichsbund seinen Antrag. Der ursprüngliche Gesetzentwurf war um eine Klausel erweitert worden, nach der zugunsten der Kriegsbeschädigten eine einmalige Vermögensabgabe und laufende Leistungen an die „Notgemeinschaft für Kriegsgeschädigte" gewährt werden sollten. Dieser Antrag wurde als unzulässig zurückgewiesen, da es sich bei dem vorgeschlagenen Gesetz um eine Abgabenregelung handele, die

---

1 *Hitler* hatte seinen Stimmenanteil auf 36,8 % steigern können, *Thälmann* musste leichte Verluste hinnehmen und erreichte nur noch 10,2 %.
2 Daneben gab es ca. 25 Anläufe zu weiteren Volksbegehren, die zu einem sehr frühen Zeitpunkt im Sande verliefen und daher hier nicht dargestellt werden sollen. Dazu *Bugiel*, Volkswille, S. 190, *Schiffers*, S. 218 ff.
3 Die Vorgeschichte und Durchführung von Volksbegehren und Volksentscheiden in der Weimarer Republik hat *Jung*, Weimarer Republik, S. 37 ff. zusammenfassend und sehr gründlich dargestellt; vgl. auch *Bugiel*, Volkswille, S. 189 ff..
4 Durch eine Änderung des Reichssiedlungsgesetzes vom 11.8.1919.
5 *Berger*, S. 83.

nicht mit dem Art. 73 IV WRV in Einklang zu bringen sei.[1] Da den Initiatoren gegen die Zulässigkeitsentscheidung keinerlei Rechtsmittel zur Verfügung standen, war das Verfahren damit endgültig beendet.

b. Das Verfahren des Sparerbundes 1926

Infolge der Inflation in den Jahren 1922/23 wurden Millionen von Menschen praktisch enteignet. Sparguthaben waren plötzlich ebenso wertlos wie Staatsanleihen.[2] Die Inflationsgeschädigten schlossen sich zu Interessengemeinschaften zusammen, deren größte der so genannte „Sparerbund" unter Vorsitz von Dr. Best war.[3] Die DNVP nahm sich der Anliegen des Sparerbundes an. Bei der Reichstagswahl im Dezember 1924 steigerte die DNVP darauf ihren Stimmenanteil erheblich und zog mit 103 statt bisher 95 Abgeordneten in das Parlament ein. Dennoch fügte sie sich im Parlament den Forderungen der Industrie, des Handels und der Banken und unterstützte das Aufwertungsgesetz vom 16. Juli 1925.[4] Danach sollten die Privatvermögen lediglich um 25 Prozent aufgewertet werden, die Kriegsanleihen gar nur um 2,5 Prozent.[5] Dr. Best verließ daraufhin unter Protest die DNVP.

Am 27. April 1926[6] reichte der Sparerbund einen Volksantrag beim Reichsminister des Inneren ein, um eine allgemeine Aufwertung von 50 Prozent zu erreichen. Die Reichsregierung wollte das Anliegen des Sparerbundes nicht aufnehmen. Sie befürchtete aber, dass die Aufwertungsgeschädigten nach einer deutlichen Ablehnung des Antrages dem Vorschlag zur Fürstenenteignung zustimmen würden, der Gegenstand eines parallelen Volksgesetzgebungsverfahrens war. Um das Volksbegehren abzublocken, brachte die Reichsregierung daher das so genannte „Abdrosselungsgesetz" ein, durch das die Ausschlussklausel des Art. 73 IV WRV um Aufwertungsfragen erweitert werden sollte, was das Volksbegehren des Sparerbundes zweifellos unzulässig gemacht hätte.[7] Nachdem der Volksentscheid zur Fürstenenteignung am 20. Juni 1926 gescheitert war, zog die Reichs-

---

1 *Berger*, S. 83 f.; *Schnurr*, S. 131.
2 Dies betraf insbesondere die Kriegsanleihen in Höhe von insgesamt 60 Mrd. RM aus den Jahren 1914 bis 1918, mit denen das Kaiserreich den ersten Weltkrieg finanziert hatte. Aus der immensen Geldentwertung gingen der Staat und die Wirtschaftsunternehmen als Gewinner hervor. Denn die von ihnen angehäuften „Schuldenberge" waren mit einem Schlag verschwunden.
3 Schützenhilfe bekamen sie durch das Reichsgericht, das feststellte, der Grundsatz „Mark gleich Mark" könne nicht uneingeschränkt gelten. Wer in vollwertigem Geld Verbindlichkeiten begründet habe, dürfe diese nicht durch die Bezahlung mit wertlosem Papiergeld tilgen, *RGZ*, 107, S. 78, 85 ff.
4 Dazu siehe auch unten S. 162.
5 Der Begriff „Aufwertung" ist etwas irreführend. Tatsächlich sollten die Vermögensinhaber vom Staat einen „Nachschuss" auf ihre entwerteten Vermögen bekommen.
6 Die Arbeiten am Gesetzentwurf hatten sich wegen der komplexen Materie und wegen Abstimmungsproblemen innerhalb des Sparerbundes verzögert.
7 Dazu ausführlich *Schiffers*, S. 206 ff., und *Jung*, Weimarer Republik, S. 40 f.
Der Reichstag hätte dieses Gesetz verabschieden können, obwohl es Gesetz auf eine Erweiterung der inhaltlichen Beschränkungen des Anwendungsbereiches der direktdemokratischen Verfahren zielte. Zur Wirksamkeit dieser Verfassungsdurchbrechung (vgl. dazu oben S. 121) wäre allerdings eine verfassungsändernde Mehrheit erforderlich gewesen; in diesem Sinne auch *W. Jellinek*, HdBDtStR § 73, S. 185; *Kaisenberg*, ZöR 1926, S. 169, 186; dagegen *Triepel*, zitiert bei *Kaisenberg*, a.a.O.

regierung prompt den Entwurf für das „Abdrosselungsgesetz" zurück, und der Reichsinnenminister erklärte den Antrag des Sparerbundes am 18. August 1926 für unzulässig, da die Aufwertung öffentlicher Anleihen den gesamten Haushaltsplan umstoßen würde.[1] Da die Entscheidung des Reichsinnenministers unanfechtbar war, konnten die Antragsteller den Streit über die Auslegung des Art. 73 IV WRV nicht durch die Gerichte klären lassen.[2]

c. Das Verfahren zur Fürstenenteignung 1926

Die Bedeutung, aber auch die Probleme der direktdemokratischen Verfahren nach der Weimarer Reichsverfassung werden am Beispiel des Volksbegehrens und des Volksentscheids über die Enteignung der ehemaligen Fürsten im Jahre 1926 am deutlichsten.[3] Nach der Revolution von 1918 musste eine Lösung gefunden werden, wie mit dem Grundbesitz der ehemaligen Landesherren umgegangen werden sollte. Die Domänen der Fürsten wurden gegen – zum Teil sehr großzügige[4] – Entschädigungen enteignet. Ihr Privatvermögen wurde ihnen belassen. Damit sollte die Revolution auf verfassungsmäßige Weise zu Ende gebracht werden. Allerdings erwies sich die Abgrenzung beider Bereiche in der Praxis als extrem kompliziert. Im Ergebnis behielten die Fürsten die profitablen Ländereien, während die Länder die Museen, Schlösser etc. übernahmen – und unterhalten mussten. Außerdem hatten die Länder für die Versorgung der ehemaligen Hofbediensteten aufzukommen.[5] Die Volksbewegung gegen die Fürsten entstand aus dem Unmut der Bürger nach der Inflation. Während die „kleinen Leute" durch die Geldentwertung oft ihr gesamtes Vermögen verloren hatten, hatten die riesigen Ländereien der Fürsten noch an Wert gewonnen. Im Jahre 1925 kochte der „Volkszorn" endgültig über. Zwar waren zu diesem Zeitpunkt die meisten Auseinandersetzungen mit den früheren Fürstenhäusern bereits abgeschlossen. Fast gleichzeitig mit dem bereits erwähnten Aufwertungsgesetz vom 25. Juni 1925, wurde aber eine Entscheidung des Reichsgerichts bekannt, in der die Konfiskation des Vermögens des Hauses Sachsen-Gotha aufgehoben wurde. Kurz danach drangen Informationen über einen Vertrag zwischen dem preußischen Staat und dem Hause Hohenzollern an die Öffentlichkeit, aufgrund dessen den früheren Landesherren der größte Teil ihrer beschlagnahmten Ländereien wieder zurückgegeben werden sollte.[6] Im Ergebnis bedeutete dies eine hundert-

---

1   *Schiffers*, S. 209 f.; *Schnurr*, S. 135 ff. Zur Problematik der Auslegung des Art. 73 IV WRV siehe oben S. 121 ff. und *Jung*, Weimarer Republik, S. 43 f.

2   Vgl. dazu schon oben S. 119.

3   Ausführlich *Jung*, Weimarer Republik, S. 37, 45 ff.; *Kluck*, S. 29 ff. und 33 ff.; *E. R. Huber*, Verfassungsgeschichte, Bd. VII, S. 579 ff., 590 ff.; vgl. auch *Winkler*, Weimar, S. 312 ff.

4   Nach *Kimminich*, S. 533 f., wurden zwischen 2,6 und 3 Milliarden Goldmark bezahlt.

5   *D. Hartmann*, S. 19.

6   Vgl. dazu *Kluck*, S. 32 f., der in Fn. 39 darauf hinweist, dass der Vertrag erst im Mai 1926 durch das Haus Hohenzollern veröffentlicht wurde, während die Landesregierung immer noch auf Geheimhaltung drängte. Verhandlungsführer auf Seiten des Landes Preußen war übrigens der spätere Präsident des BVerfG und damalige preußische Finanzminister Hermann Höpker-Aschoff.

prozentige Aufwertung.¹ Erst jetzt machten sich auch die KPD, die SPD und der linke Flügel der DDP das Anliegen der Fürstenenteignung zu eigen.

Den Anfang machte die DDP, die am 23. November 1925 den Entwurf für ein Gesetz in den Reichstag einbrachten, nach dem die Länder ermächtigt werden sollte, die Auseinandersetzungen „unter Ausschluss des Rechtsweges" durch Gesetz zu regeln. Dies entsprach einer früheren Forderung der SPD.² Nur zwei Tage später brachte die KPD einen Gesetzentwurf ein, der eine entschädigungslose Enteignung der Fürsten vorsah. Die auf diese Weise verstaatlichten Vermögen sollten den Erwerbslosen, Kriegsbeschädigten, Inflationsopfern und anderen Benachteiligten zukommen. Die SPD, die ursprünglich eine (geringe) Entschädigung vorgesehen hatte, war gezwungen, sich dem Vorschlag der KPD anzuschließen, da man weder der KPD das Feld allein überlassen, noch die Befürworter einer Enteignung durch einen zweiten Entwurf spalten wollte.³ Dabei hoffte man darauf, dass sich möglicherweise im parlamentarischen Verfahren doch noch ein Kompromiss finden lassen würde. Diese Hoffnungen zerschlugen sich jedoch, als die SPD im Januar 1924 eine große Koalition ablehnte. Die bürgerlichen Parteien, die hinter dem Kabinett Luther standen, legten daraufhin einen eigenen Entwurf vor, nachdem die Entscheidung über die vermögensrechtlichen Auseinandersetzungen einem Sondergericht übertragen werden sollte, wobei allerdings die seit 1918 geschlossenen Vergleiche nicht mehr in Frage gestellt werden sollten.⁴

Im März und April 1926 trugen sich 12,5 Mio. Bürger⁵ in die Listen für das Volksbegehren ein.⁶ Dabei fiel auf der einen Seite auf, dass weitaus mehr Menschen das Begehren unterstützt hatten, als bei den vorigen Wahlen für die SPD und die KPD gestimmt hatten. Insbesondere in den Hochburgen des Zentrum fand das Begehren große Zustimmung. Auf der anderen Seite war es in den ostelbischen Gebieten nur durch wenige Stimmberechtigte unterstützt worden – was sich nur dadurch erklären lässt, dass die Grundherren Druck auf die von ihnen abhängigen Landarbeiter ausgeübt hatten.⁷

Im Reichstag begründete die SPD das Volksbegehren damit, dass das, was die Fürsten als Privateigentum ansahen, in Wirklichkeit Volkseigentum sei. Die DNVP als damals zweitstärkste Reichstagsfraktion schloss sich demgegenüber der Auffassung der Reichsregierung an und lehnte den Antrag strikt ab. Die übrigen Parteien strebten erfolglos einen Kompromiss an, nach dem die Enteignung gegen eine Entschädigung erfolgen sollte. Diese

---

1 Vgl. dazu *D. Hartmann*, S. 18; *Kluck*, S. 31 ff. Dabei war es nur ein geringer Trost, dass sie im Gegenzug auf weitergehende Ansprüche verzichteten.
2 Vgl. dazu *Winkler*, Normalität, S. 270 f.
3 *Schiffers*, S. 212 f.
4 Allerdings kam es auch in der Folgezeit zu keiner echten Kooperation zwischen Kommunisten und Sozialdemokraten. Vielmehr war insbesondere die SPD sehr auf Distanz bedacht und versuchte, gemeinsame Veranstaltungen der beiden Parteien zu vermeiden; vgl. dazu *Winkler*, Normalität, S. 275.
5 12.523.939 Unterschriften, das waren 31,77 % der 39.421.617 Wahlberechtigten – und wesentlich mehr Stimmen als SPD und KPD zusammen bei den letzten Reichstagswahlen auf sich hatten vereinigen können; zu den Zahlen *Berger*, S. 41 f.
6 *Winkler*, Weimar, S. 313, weist darauf hin, dass das Volksbegehren auch in den Hochburgen des Zentrums große Unterstützung erfahren hatte.
7 Vgl. dazu *Winkler*, S. 276, der auch auf die administrativen Behinderungen hinweist.

Bemühungen scheiterten jedoch letzten Endes daran, dass Reichspräsident von Hindenburg auch den Kompromissentwurf als verfassungsändernd ansah[1] und daher die Zustimmung durch zwei Drittel der Abgeordneten verlangte – diese Mehrheit war aber ohne die SPD und die DNVP nicht zu erreichen.[2] Am 6. Mai 1926 lehnte der Reichstag das Volksbegehren gegen die Stimmen der SPD und der KPD ab.[3] Damit musste der Volksentscheid durchgeführt werden.

Vor der Abstimmung am 20. Juni 1926 warben die Gegner des Volksbegehrens massiv gegen den Antrag. Sie konnten insbesondere den Reichspräsident Paul von Hindenburg und die Kirchenleitungen[4] gegen das Volksbegehren mobilisieren.[5] Auf der anderen Seite wurde deutlich, dass das Begehren nicht mehr nur von der SPD und der KPD getragen wurde, da insbesondere die Jugendverbände des Zentrum als auch Teile der DDP sich deutlich für den Antrag aussprachen.[6]

Die Reichsregierung und der Reichspräsident hatten schon zuvor die Auffassung vertreten, das Volksbegehren verstoße gegen den Rechtsstaatsgrundsatz. Zwar seien entschädigungslose Enteignungen zum Wohle der Allgemeinheit nach der Weimarer Reichsverfassung zulässig. Der bloße Umstand, dass der Staat durch die Enteignungen dazu in die Lage versetzt werde, in größerem Maße für die Allgemeinheit tätig zu werden, sei aber kein dem „Wohle der Allgemeinheit" dienender Zweck, da es andernfalls kein Privateigentum mehr gebe. Daher handele es sich bei dem Volksbegehren um eine unzulässige Konfiskation – und damit um ein verfassungsänderndes Gesetz, dem bei der Abstimmung die Hälfte der Stimmberechtigten zustimmen müsste.[7] Zwar konnte sich diese Auffassung nicht durchsetzen.[8] Darauf kam es aber zumindest im Ergebnis nicht an, da nach der zu diesem Zeitpunkt herrschenden Auslegung Art. 75 WRV zur Anwendung kam, da sich der Reichstag das Volksbegehren nicht zu eigen gemacht hatte.[9] Da sich somit die Mehrheit der Stimmberechtigten an der Abstimmung beteiligen musste, konnten die Gegner des Antrags zur Fürstenenteignung einfach zum Boykott der Abstimmung aufrufen und Posten vor den Abstimmungslokalen aufstellen, die sich die Namen der Abstimmenden notieren sollten. Damit war das Abstimmungsgeheimnis praktisch aufgehoben. Insbesondere in ländlichen

---

1   Diesem Umstand kam deshalb Bedeutung zu, weil das Parlament auf die Ausfertigung des Gesetzes durch den Reichspräsidenten angewiesen war.
2   Vgl. dazu *Winkler*, Normalität, S. 277.
3   Vgl. dazu *D. Hartmann*, S. 21 ff.
4   Ausführlich zur Haltung der katholischen und evangelischen Kirchen *Kluck*, S. 47 ff. bzw. 77 ff.
5   *D. Hartmann*, S. 23, vgl. auch *Kimminich*, S. 534; dieser Faktor darf in einer obrigkeitshörigen Gesellschaft keineswegs unterschätzt werden.
6   Vgl. dazu *Winkler*, Normalität, S. 278.
7   Vgl. dazu *Kaisenberg*, HdBDtStR § 75, S. 207, 214; *Winkler*, Weimar, S. 313, der darauf hinweist, dass die SPD dem Antrag der KPD zunächst aus genau diesem Grund sehr skeptisch gegenüberstand, da man davon ausging, die erforderliche Mehrheit nicht erreichen zu können, vgl. dazu *Winkler*, Normalität, S. 272 f.
8   Anders hingegen *Winkler*, Weimar, S. 313; *ders.*, Normalität, S. 272 f.
9   Vgl. dazu schon oben S. 124 ff.

Gegenden, in denen die ehemaligen Fürsten als Großgrundbesitzer immer noch großen Einfluss hatten, führte zu einer extrem niedrigen Abstimmungsbeteiligung.[1]

Letzten Endes stimmten ca. 14,5 Millionen Bürger der Fürstenenteignung zu.[2] Dies entsprach einer Abstimmungsmehrheit von ca. 92,5 Prozent. Eine durchschnittliche Wahlbeteiligung zugrunde gelegt, wäre mit dieser Stimmenzahl die absolute Mehrheit der Sitze im Reichstag erreicht worden.[3] Wie empirische Untersuchungen der Ergebnisse gezeigt haben, war der Antrag keineswegs nur von den Wählern der Linksparteien und bisherigen Nichtwählern unterstützt worden, sondern auch von den bürgerlichen Schichten.[4] Da das Quorum des Art. 75 WRV jedoch verfehlt wurde, war das Volksbegehren zur Fürstenenteignung gescheitert.[5]

In der Folge scheiterte ein weiterer Versuch, ein Gesetz über die Fürstenabfindung im parlamentarischen Verfahren zu verabschieden. Die Reichsregierung hatte sich zwar den Entwurf der Koalitionsparteien zu eigen gemacht. Innenminister Külz (DDP) gelang es jedoch nicht, die Auffassung von Hindenburgs zu erschüttern, nach der auch dieses Gesetz verfassungsändernden Charakter habe. Die SPD wollte dem Entwurf aber nur dann zustimmen, wenn zumindest einige der Richter an den Sondergerichten, die nach den Vorgaben des Gesetzentwurfes über die Höhe der Entschädigung zu entscheiden gehabt hätten, nicht aus der Justiz rekrutiert würden. Zudem wollte man auch die bereits mit einigen Fürstenhäusern geschlossenen Vergleiche in den Anwendungsbereich des Gesetzes einbeziehen. Da die Regierungsfraktionen nicht bereit waren, diesen Ansinnen Rechnung zu tragen und die SPD-Fraktion das Angebot ausschlug, dem Antrag zuzustimmen und dafür in die große Koalition mit der DVP, der DDP und dem Zentrum einzutreten, war das Verfahren gescheitert.[6]

Immerhin konnte kurz danach eine Einigung zwischen dem Lande Preußen und dem Haus Hohenzollern erzielt werden, wobei man vermuten kann dass das Haus Hohenzollern nicht zuletzt wegen des Volksbegehrens auf einige seiner Forderungen verzichtet hatte[7] – im Ergebnis stellte sich das Land Preußen allerdings schlechter als es im Falle der Annahme des Regierungsentwurfes für das Gesetz zur Fürstenentschädigung der Fall gewesen wäre.[8]

---

1 *Jung*, Volksgesetzgebung, S. 1005; *Schiffers*, S. 213. Die These *Hufschlags*, S. 150, dass die „Parteinahme v. Hindenburgs [...] einen beträchtlichen Teil der bis dahin Unentschlossenen zur Stimmenthaltung veranlasst [...] haben dürfte", kann nicht wirklich überzeugen. Schließlich hätten die Gegner des Antrags ihre Meinung auch dadurch deutlich machen können, dass sie beim Volksentscheid mit „Nein" stimmen.

2 14.447.891 stimmten für das Volksbegehren, 585.027 dagegen, ungültig waren 559.590 Stimmen, *Berger*, S. 85.

3 *Jung*, Weimarer Republik, S. 37, 48; *Schiffers*, S. 214.

4 Vgl. dazu *Winkler*, S. 282 ff. und vor allem *Schüren*, S. 228 ff.

5 39,2 % der 39.707.919 Stimmberechtigten hatten für den Antrag gestimmt. Ausführlich zu diesem Volksgesetzgebungsverfahren und seiner Vorgeschichte, *Jung*, Volksgesetzgebung, passim.

6 Vgl. dazu *Winkler*, Normalität, S. 284 ff.

7 Vgl. dazu *Schiffers*, S. 214.

8 Vgl. dazu *Winkler*, Normalität, S. 287.

d. Das Verfahren der Reichsarbeitsgemeinschaft der Aufwertungsgeschädigten 1927

Wie bereits dargelegt wurde, hatte die Reichsregierung nach dem Misserfolg des Volksentscheides über die Fürstenenteignung keine Skrupel mehr, das Volksbegehren des Sparerbundes Dr. Best wegen des angeblichen Verstoßes gegen Art. 73 IV WRV für unzulässig zu erklären. In der Folgezeit kam es innerhalb des Sparerbundes zu Streitigkeiten über das weitere Vorgehen. Schließlich spaltete sich die „Reichsarbeitsgemeinschaft der Aufwertungsgeschädigten" ab, um einen erneuten Anlauf zu nehmen. Zusammen mit einigen Mietervereinigungen reichte die Arbeitsgemeinschaft am 28. Februar 1927 einen Volksantrag ein, in dem eine Aufwertung um 100 Prozent gefordert wurde. Die 2,5 Prozent übersteigenden Zinserträge aus den aufgewerteten Vermögen sollten einer Überleitungsstelle zur Verfügung gestellt werden, die aus diesen Mitteln Beihilfen gewähren sollte.

Auch dieses Volksbegehren wurde wegen eines Verstoßes gegen Art. 73 IV WRV nicht zugelassen, da die von der Überleitungsstelle zu erhebenden Zinsanteile als öffentliche Abgaben qualifiziert wurden.[1] Ob die von den Initiatoren geforderte Aufwertung selbst ein zulässiger Gegenstand eines Volksbegehrens gewesen wäre, blieb allerdings offen.

e. Das Verfahren gegen den Bau von Panzerkreuzern 1928

Nach dem Versailler Vertrag war das Deutsche Reich starken Rüstungsrestriktionen unterworfen. Insbesondere die Marine versuchte, ihre Schlagkraft dennoch zu erhöhen. Von 1928 an sollte jedes Jahr einer von insgesamt vier Panzerkreuzern auf Kiel gelegt werden.[2] Der Öffentlichkeit stellte sich dieses Vorhaben in erster Linie als Prestigeprojekt der Admiralität dar. Während eine halbe Milliarde Reichsmark in das scheinbar nutzlose Rüstungsprojekt fließen sollten, wurden gleichzeitig Sozialleistungen gestrichen. Die SPD machte sich den Unmut zunutze und warb vor den Reichstagswahlen am 20. Mai 1928 mit dem Wahlspruch „Kinderspeisung statt Panzerkreuzer". Diese Strategie war auch erfolgreich.[3]

Als die SPD nach den Wahlen Koalitionsverhandlungen führte, wurden die Panzerkreuzer allerdings zum Hauptstreitpunkt. Da die SPD-Minister schließlich dem Bau des ersten der geplanten Schiffe zustimmten, führte dies verständlicherweise zu Protesten innerhalb der SPD und ihrer Wählerschaft.[4] Die KPD sah eine Chance, sich zu profilieren und veröffentlichte am 18. August 1928 den Entwurf eines Gesetzes gegen den Bau von Panzerkreuzern, der nur aus einem Satz bestand.

„Der Bau von Panzerschiffen und Kreuzern jeder Art ist verboten."
Unmittelbar danach stellte die Parteiführung einen entsprechenden Volksantrag beim Reichsminister des Inneren. Der Antrag wurde für zulässig erklärt.[5] Das Volks

---

1 Vgl. dazu *Berger*, S. 87 f.; *Bugiel*, Volkswille, S. 195 f.; *Schnurr*, S. 138.
2 Diese neue Schiffsklasse war im Friedensvertrag nicht erwähnt.
3 Dazu *Jung*, Weimarer Republik, S. 37, 50 ff.
4 Zur Vorgeschichte auch *D. Hartmann*, S. 30 ff.
5 *E. R. Huber*, Verfassungsgeschichte, Bd. VII, S. 644 ff. hält diese Entscheidung für zweifelhaft. Der Antrag sei als Eingriff ins Haushaltsrecht nach Art. 73 IV WRV unzulässig gewesen. Des weiteren habe der Antrag einen Befehl an die Exekutive enthalten und damit gegen den Grundsatz der Gewaltenteilung verstoßen. Da der Antrag als Verfassungsdurchbrechung nicht erkennbar gewesen sei, sei die

begehren wurde neben der KPD allerdings nur von einigen pazifistischen Gruppierungen unterstützt. Die anderen Parteien konnten es sich wegen der Radikalität der Forderung der KPD einfach machen und das Begehren schlicht totschweigen. Im Ergebnis wurde das Volksbegehren nur von 2,9 Prozent der Stimmberechtigten unterzeichnet – und war damit gescheitert.[1]

f. Das Verfahren gegen den Young-Plan 1929

Das letzte Mal wurde das Quorum für das Volksbegehren beim Verfahren gegen den „Young-Plan" erreicht.[2] Nach dem verlorenen ersten Weltkrieg musste das Deutsche Reich Reparationszahlungen in erheblicher Höhe leisten.[3] Als sich im Jahre 1924 die internationale Lage entspannte, wurde der Versuch unternommen, die faktisch unerfüllbare Höhe der Reparationsverpflichtungen des Deutschen Reiches auf ein realistisches Maß zu senken. Durch die Vermittlung der USA, die an einer Verbesserung ihrer wirtschaftlichen Beziehungen zu Deutschland interessiert waren, entwarf ein internationales Sachverständigengremium den so genannten „Dawes-Plan",[4] nach dem Deutschland bis 1928 insgesamt 5,4 Milliarden Reichsmark zahlen sollte, und ab 1928 jährlich 2,5 Milliarden. Ein Ende der Verpflichtung war nicht vorgesehen. Erneute Verhandlungen führten 1930 zum so genannten „Young-Plan",[5] der vorsah, dass Deutschland bis zum Jahre 1988 insgesamt 34,5 Milliarden Goldmark zahlen sollte.

Die DNVP und der „Stahlhelm"[6] initiierten daraufhin ein Volksbegehren gegen die Ratifikation des Young-Plans. Auch die NSDAP schloss sich der so genannten „Nationalen Opposition" an und konnte damit erstmals ihre innenpolitische Isolation durchbrechen.[7] Ausgangspunkt des Volksbegehrens war nicht die wirtschaftspolitische Frage, ob Deutschland durch den Young-Plan gegenüber dem Dawes-Plan schlechtergestellt werde.[8] Der

Abstimmung unzulässig gewesen. Auch *Gusy*, JURA 1995, S. 226, 227 wertet das Volksbegehren als Verfassungsdurchbrechung.

1 Vgl. dazu *Hufschlag*, S. 151 ff.; *Schnurr*, S. 138.
2 Dazu ausführlich *Jung*, Weimarer Republik, S. 37, 61 ff.; *Hufschlag*, S. 154 ff.
3 Ursprünglich handelte es sich um Ansprüche in Höhe von 132 Milliarden Goldmark.
4 Benannt nach dem Vorsitzenden der Sachverständigenkommission, dem amerikanischen Politiker und Bankier Charles Gates *Dawes*.
5 Benannt nach dem Vorsitzenden der Sachverständigenkommission Owen D. *Young*, dem Präsidenten des Verwaltungsrates der General Electric Company.
6 Der „Stahlhelm" war 1918 als Verband der Frontkämpfer des 1. Weltkrieges gegründet worden. Während der Weimarer Republik entwickelte er sich zu einer im heutigen Sinne rechtsradikalen Gruppierung mit zahlreichen Verbindungen zur NSDAP. Auf der anderen Seite konnte der Verband Reichspräsident von Hindenburg zur Annahme des Ehrenvorsitzes bewegen. Im Jahre 1933 wurden die „aktiven" Mitglieder in die SA eingegliedert.
7 Die „Nationale Opposition" wurde nicht nur durch den DNVP-Vorsitzenden *Hugenberg* unterstützt, sondern auch durch Vertreter der deutschen Großindustrie, etwa *Thyssen*, vgl. D. *Hartmann*, S. 38.
8 Die nach dem Young-Plan insgesamt bis 1988 zu zahlenden 34,5 Milliarden Goldmark wären nach dem Dawes-Plan innerhalb von nur knapp 14 Jahren fällig geworden. Da der Dawes-Plan aber kein Ende der Zahlungspflicht vorgesehen hatte, wäre es immerhin vorstellbar gewesen, dass bereits vor Ablauf weiterer 14 Jahre eine neue Vereinbarung über das Ende der Reparationsverpflichtungen zu erreichen

Entwurf für ein „Gesetz gegen die Versklavung des Deutschen Volkes – Freiheitsgesetz", widersprach vielmehr der These von der Kriegsschuld Deutschlands. Es sollte zum Staatsziel erklärt werden, die im Versailler Vertrag abgetretenen Gebiete wieder an Deutschland anzuschließen. Jede neue Verpflichtung, die auf der vorgeblichen Kriegsschuld beruhe, solle ausgeschlossen sein, also auch die Unterzeichnung des Young-Plans. Nach § 4 des Entwurfes, sollte die Unterzeichnung von Abkommen wie dem Young-Plan durch Minister und deren Bevollmächtigte zur landesverräterischen Untreue erklärt und unter Strafe gestellt werden. Die auf Verständigung ausgerichtete Außenpolitik Gustav Stresemanns wäre damit zum Verbrechen gestempelt worden.[1]

Der Volksantrag wurde am 30. September 1929 zugelassen. Ihre Bedenken gegen die Zulässigkeit des Antrages, der im materiellen Sinne kein Gesetz, sondern eine Weisung zur Außenpolitik an die Regierung beinhaltete und zudem das Haushaltsrecht berührte,[2] stellte die Reichsregierung zurück, da sie den politischen Streit nicht hinter formalen Einwänden verbergen wollte.[3] Allerdings vertrat sie die Auffassung, das Volksbegehren sei verfassungsändernd, da es in die Richtlinienkompetenz des Reichskanzlers und in das Recht des Reichspräsidenten eingreife, für das Reich völkerrechtlich verbindliche Erklärungen abzugeben.[4]

Die Reichsregierung und die Regierungsparteien – mit Ausnahme der DVP[5] – befanden sich nun in einer Zwickmühle. Trotz der nach außen vertretenen Entspannungspolitik teilten sie grundsätzlich ebenfalls die Auffassung, dass Deutschland keine Schuld am Ausbruch des 1. Weltkrieges treffe. Sie konnten und wollten sich daher nicht offen gegen den Gesetzentwurf stellen. Statt dessen wurde der (staatliche) Rundfunk angewiesen, Propaganda gegen das Volksbegehren zu machen.[6] Außerdem wurden Beamte disziplinarisch belangt, die sich an dem Begehren beteiligen wollten – dies wurde vom Staatsgerichtshof des Deutschen Reichs allerdings auf eine Klage der Fraktion der DNVP hin für unzulässig erklärt.[7]

Auch die so genannte „Nationale Opposition" betrieb einen massiven Propagandaaufwand,[8] wobei sie vor Lügen nicht zurückschreckte.[9] Zu ihren Gunsten wirkte sich zum

gewesen wäre.

1 *D. Hartmann*, S. 39 f.
2 Vgl. *Berger*, S. 89 f.; *Gusy*, JURA 1995, S. 226, 227; *Schnurr*, S. 140.
3 *D. Hartmann*, S. 40; auch *E. R. Huber*, Verfassungsgeschichte, Bd. VII, S. 698 f., der zu Recht darauf hinweist, dass bei einer Zurückweisung des Antrages die Agitation gegen den Young-Plan fortgesetzt worden wäre.
4 *Anschütz*, WRV[14], Art. 56, S. 328 f. m.w.N.; *D. Hartmann*, S. 43; *Schnurr*, S. 140.
5 Diese unterstützte einerseits die Politik ihres Vorsitzenden Gustav Stresemann und musste sich andererseits gegen die rechte Opposition abgrenzen. Daher sprach sie sich ausdrücklich für den Young-Plan aus.
6 *Berger*, S. 90, *Jung*, Weimarer Republik S. 37, 65; *Schiffers*, S. 232 f.
7 Entscheidung vom 19.12.1929, StGH, RGZ 127, Anh. 1, S. 19; so auch *Kaisenberg*, HdBDtStR § 75, S. 207, 210; *Merk*, AöR 1931, S. 83, 117 ff.; *Wolff*, AöR 1930, S. 411, 435 wollte hingegen die Beteiligungsmöglichkeiten der Beamten am Volksbegehren dennoch beschränken.
8 Die Medien des DNVP-Vorsitzenden *Hugenberg* warben für das Volksbegehren ebenso wie die geschulten „Gauredner" der NSDAP.
9 Es wurde etwa behauptet, nach dem Young-Plan dürften die Alliierten deutschen Männer und Frauen zur

einen aus, dass mit dem langjährigen Außenminister Gustav Stresemann zwei Wochen vor Beginn der Eintragungsfrist die Symbolfigur für die bisherige Außenpolitik des Reiches gestorben war. Zum anderen stürzten fünf Tage vor Fristablauf am 24. Oktober 1929 die Börsenkurse an der Wall-Street ins Bodenlose und es war offensichtlich, dass auch Deutschland infolge des „Schwarzen Freitags" in den Strudel der Weltwirtschaftskrise geraten würde. Obwohl die Gegner des Volksbegehrens in den Eintragungslokalen die Namen aller Unterzeichner notiert hatten, um potentielle Unterstützer abzuschrecken,[1] unterzeichneten immerhin 10,02 Prozent der Stimmberechtigten das Volksbegehren.[2]

Der Gesetzentwurf wurde vom Reichstag mit überwältigender Mehrheit abgelehnt.[3] Nachdem die Gegner des Volksbegehrens zum Boykott der Abstimmung aufgerufen hatten,[4] nahmen am Volksentscheid am 22. Dezember 1929 – wie schon zuvor bei der Abstimmung über die Fürstenenteignung – wiederum praktisch nur diejenigen teil, die den Antrag des Volksbegehrens unterstützen wollten. Der Antrag fand zwar die Zustimmung von 94,5 Prozent der Abstimmenden. Da dies aber nur 13,8 Prozent der Stimmberechtigten entsprach,[5] war der Entwurf gescheitert.[6] Am 12. März 1930 nahm der Reichstag daraufhin den Young-Plan an.[7]

g. Das Verfahren gegen die Notverordnung vom 4. September 1932

Das letzte Mal wurde in der Weimarer Republik von der SPD Gebrauch von den direktdemokratischen Verfahren gemacht. Am 4. September 1932 hatte der Reichspräsident eine Notverordnung nach Art. 48 WRV erlassen, mit der die Arbeitgeber dazu ermächtigt wurden, bei Neueinstellungen die Löhne um 12,5 Prozent zu kürzen. Wenn die Belegschaft gleichzeitig um mehr als ein Viertel vergrößert wurde, waren sogar Kürzungen um 20 Prozent möglich.

Zwangsarbeit in ihre Kolonien verschleppen, wenn das Deutsche Reich zu Reparationszahlungen nicht in der Lage sein sollte, *D. Hartmann*, S. 40.

1   Das *Wahlprüfungsgericht*, erklärte die damit verbundene Aufhebung des Abstimmungsgeheimnisses für zulässig, vgl. DJZ 1930, Sp. 1037. Begründet wurde die Entscheidung mit der Öffentlichkeit des Volksbegehrens.
2   4.135.300 der 41.278.897 Stimmberechtigten, *Berger*, S. 91.
3   Dabei stimmten nicht einmal alle Abgeordneten der DNVP für den Antrag, vgl. *Winkler*, Normalität, S. 737.
4   Sie machten sich damit die Taktik zunutze, die sich schon beim Volksentscheid über die Fürstenenteignung als erfolgreich erwiesen hatte, vgl. *Jung*, Volksgesetzgebung, S. 1048.
5   In einigen Gebieten des Reichs konnten die Antragsteller deutlich mehr Unterstützer auf ihre Seite bringen. So stimmten in Pommern fast ein Drittel der Stimmberechtigten für den Antrag des Volksbegehrens„ in anderen Regionen immer noch mehr als ein Fünftel; vgl. dazu *Winkler*, Normalität, S. 738, der darauf hinweist, dass es sich um sehr unterschiedliche Regionen handelte, in denen die NSDAP kurz darauf ebenfalls überdurchschnittliche Ergebnisse bei den Wahlen erreichen konnte.
6   6.177.085 beteiligten sich an der Abstimmung, 5.838.890 (14,59 % der 42.323.473 Wahlberechtigten) stimmten für das Freiheitsgesetz, 338.195 (0,8 %) dagegen, 131.493 Stimmen waren ungültig; *D. Hartmann*, S. 44.
7   *Schnurr*, S. 142.

Die SPD beantragte daraufhin die Zulassung eines Volksbegehrens. Noch während des Zulassungsverfahrens hob der Reichstag am 17. Dezember 1932 den mit dem Volksantrag angefochtenen zweiten Teil der Notverordnung auf.[1] Damit hatte sich der Antrag erledigt.

3. Die übrigen direktdemokratischen Verfahren

Außer der Direktwahl des Reichspräsidenten und den Volksbegehren und Volksentscheiden nach Art. 73 III WRV haben die direktdemokratischen Verfahren der Weimarer Reichsverfassung nur eine geringe praktische Bedeutung erlangt.

a. Die Abstimmungen infolge des Versailler Vertrages

Zunächst mussten infolge des Versailler Vertrages in einigen Gebieten des Reichs Abstimmungen über die Frage durchgeführt werden, ob diese Gebiete in Zukunft zum Deutschen Reich, zu Polen oder zu Dänemark gehören sollten. In den betreffenden Gebieten in Ost-[2] und Westpreußen,[3] Niederschlesien[4] und Süd-Schleswig[5] sprach sich eine deutliche Mehrheit der Stimmberechtigten für den Verbleib im Deutschen Reich aus. Lediglich in Nord-Schleswig ergab sich eine Mehrheit für den Anschluss an Dänemark[6] und in der besonders großen Provinz Oberschlesien stimmten immerhin etwas mehr als 40 Prozent der Abstimmenden für die Zuordnung zu Polen.[7]

In der zuletzt genannten Provinz fand am 3. September 1922 noch eine weitere Volksabstimmung über die Frage statt, ob Oberschlesien in Zukunft selbständig bleiben sollte.[8] Dabei sprach sich eine große Mehrheit der Abstimmenden für die Eingliederung Oberschlesiens nach Preußen aus.[9]

---

1 *Berger*, S. 93; *Bugiel*, Volkswille, S. 200; *Schnurr*, S. 142. Schon *Schiffers*, S. 218 f., hat darauf hingewiesen, dass dies angesichts der praktischen Handlungsunfähigkeit des Reichstages ein sehr großer Erfolg war.
2 Für den Verbleib im Deutschen Reich stimmten am 11.7.1920 insgesamt 363.159 Bürger (= 97,9 %), dagegen 7.924 (= 2,1 %).
3 Für den Verbleib im Deutschen Reich stimmten am 11.7.1920 insgesamt 96.895 Bürger (= 92,4 %), dagegen 7.947 (= 7,6 %).
4 Für den Verbleib im Deutschen Reich stimmten am 10.3.1920 insgesamt 51.724 Bürger (= 80,2 %), dagegen 12,800 (= 19,8 %).
5 Für den Verbleib im Deutschen Reich stimmten am 20.3.1921 insgesamt 5.348 Bürger (= 97,6 %), dagegen 133 (= 2,4 %).
6 Dafür stimmten am 10.3.1920 insgesamt 75.431 Bürger (= 74,9 %), dagegen 25.329 (= 25,1 %).
7 479.232 der Abstimmenden (= 40,6 %) stimmten am 20.3.1921 für die Zuordnung zu Polen, 702.045 (59,4 %) für die Zuordnung zu Deutschland, alle Ergebnisse zit. nach *Falter/Lindenberger/Schumann*, S. 118.
8 Diese Abstimmung beruhte nicht auf einem Antrag nach Art. 18 WRV. Vielmehr waren dem Art. 167 WRV durch das verfassungsändernde Gesetz vom 27.11.1920 (RGBl. S. 1987) zwei neue Absätze hinzugefügt worden, wonach in Oberschlesien in jedem Fall eine Abstimmung stattfinden musste, sobald dieses Gebiet wieder unter deutscher Verwaltung stehen würde.
9 Vgl. dazu *Anschütz*, WRV[14], Art. 18, Anm. 13, S. 155 f.

b. Die Verfahren zur Neugliederung des Reichsgebietes

In der Zeit der Weimarer Republik gab es nur einen einzigen Versuch, mit Hilfe der direktdemokratischen Verfahren eine Neugliederung des Reichsgebietes zu erreichen. Am 18. April 1924 kam es zu einer (erfolglosen)[1] Vorabstimmung nach Art. 18 IV WRV über einen Antrag der deutsch-hannoverschen Partei, die Provinz Hannover mit Ausnahme des Regierungsbezirkes Aurich aus dem Land Preußen herauszulösen und ein selbständiges Land Hannover zu bilden.

Die fünf Gesetze über Gebietsveränderungen erfolgten hingegen allesamt mit Zustimmung der beteiligten Länder – und daher gemäß Art. 18 II WRV ohne Volksabstimmung.[2]

c. Die Versuche zur Einleitung von Referenden

Schließlich wurde insgesamt fünfmal versucht, die Verkündung von Gesetzen aussetzen zu lassen, um ein Referendum nach Artt. 73 II i.V.m. 72 WRV herbeizuführen. Sämtliche Versuche scheiterten.[3]
- Ein Antrag der KPD auf Aussetzung des Zustimmungsgesetzes zum „Dawes-Plan"[4] verfehlte am 29. August 1924 die notwendige Mehrheit.
- Aus dem gleichen Grund scheiterte am 3. Dezember 1925 ein Antrag zur Aussetzung der Verkündung des Zustimmungsgesetzes zum „Locarno-Pakt".
- Hingegen wurde das Quorum für die Aussetzung der Verkündung des Aufwertungsgesetzes vom 16. Juni 1925 erreicht.[5] Allerdings erklärte die Mehrheit des Reichstages das Gesetz daraufhin für dringlich i.S.v. Art. 72 S. 2 WRV. Nachdem sich auch der Reichsrat dieser Auffassung angeschlossen hatte, machte Reichspräsident Hindenburg von seinem Recht, die Verkündung auszusetzen, keinen Gebrauch.[6]
- Ein weiterer Aussetzungsantrag wurde am 18. März 1926 zu dem am 3. Februar 1926 vom Reichstag beschlossenen Gesetz zur Vereinfachung des Militärstrafrechtes gestellt, mit dem unter anderem ein Duellverbot für Offiziere eingeführt werden sollte. Parado-

---

1 Das Quorum von einem Drittel der Stimmberechtigten im abzutrennenden Gebiet wurde nicht erreicht, vgl. *Anschütz*, WRV[14], Art. 18, Anm. 13, S. 156. *Hernekamp*, S. 382, spricht von 553.559 Ja-Stimmen bei der Vorabstimmung am 18. April 1924.
2 Am bedeutendsten war dabei sicherlich die Vereinigung der thüringischen Kleinstaaten zum neuen Land Thüringen (Gesetz vom 30.4.1920, RGBl. S. 841, abgedruckt bei *Wittreck*, Landesverfassungen, S. 628). Weiterhin wurden Coburg mit Bayern (Gesetz vom 30.4.1920, RGBl. S. 842, abgedruckt bei *Wittreck*, Landesverfassungen, S. 604) sowie Pyrmont und Waldeck mit Preußen zusammengeschlossen (Gesetze vom 24.3.1922, RGBl. S. 281 bzw. vom 7.12.1928, RGBl. S. 401, abgedruckt bei *Wittreck*, Landesverfassungen, S. 689 bzw. 696). Außerdem wurde im Jahre 1928 ein Gebietsaustausch zwischen Thüringen und Sachsen vorgenommen (Gesetz vom 30.3.1928, RGBl. S. 115).
3 Dazu *Poetzsch-Heffter*, Art. 72 WRV, Anm. 8, der allerdings nur die vier ersten Verfahren darstellt. Das Verfahren des Referendums bei einem Konflikt zwischen Reichstag und Reichsrat nach Art. 74 III WRV bzw. nach Art. 85 V i.V.m. 74 III WRV wurde niemals ernsthaft genutzt. Sämtliche Einsprüche des Reichsrates wurden auf andere Weise erledigt, vgl. dazu *Schwieger*, S. 85 ff.
4 Dazu siehe oben S. 153.
5 RGBl. S. 117, dazu siehe oben S. 147 und die Darstellung bei *Schwieger*, S. 96.
6 Vgl. *Anschütz*, WRV[14], Art. 72, Anm. 4 a.

xerweise fand dieser Aussetzungsantrag sogar eine Mehrheit im Reichstag. Nachdem der Reichspräsident am 27. März 1926 die Aussetzung der Verkündung angeordnet hatte, wurde das Gesetz geändert und in der geänderten Fassung verkündet.[1] Dabei ist zu beachten, dass der Aussetzungsantrag des Reichstages unzulässig war, da die Frist für die Verkündung des Gesetzes (Art. 70 WRV) bereits am 3. März 1926 abgelaufen war, also 2 Wochen vor dem Antrag des Reichstages. Der Umstand, dass das Gesetz zum Zeitpunkt des Antrags noch nicht in Kraft getreten war, ist somit ausschließlich darauf zurückzuführen, dass der Reichspräsident, dem die Neuregelung ebenfalls nicht behagte, seinen verfassungsmäßigen Pflichten nicht nachgekommen war.[2]

– Der letzte Versuch, ein Referendum herbeizuführen, fand im Winter 1929/1930 statt. Zwar erreichte ein Antrag, die Verkündung des Zustimmungsgesetzes zum Young-Plan auszusetzen, die erforderliche Mehrheit. Allerdings erklärte die Mehrheit des Reichstages dieses Gesetz wiederum für dringlich, so dass die Volksabstimmung unterblieb.[3]

B. Die Erfahrungen auf der Ebene der Länder

Auch auf der Ebene der Länder haben die direktdemokratischen Verfahren in der Zeit der Weimarer Republik eine gewisse Bedeutung erlangt.[4]

1: Die drei Verfahren zur Verabschiedung von Gesetzen

Soweit ersichtlich hat es allerdings nur drei ernsthafte Versuche gegeben, die direktdemokratischen Verfahren als Instrument der Gesetzgebung zu benutzen, und zwar 1921 in Hamburg, 1924 in Bayern und 1928 in Lippe.

a. Das Volksbegehren in Hamburg 1921

Bereits kurz nach der Verabschiedung der Verfassung wurden im Mai 1921 auf Initiative des Mieterverbandes Hamburg Unterschriften für ein Volksbegehren gesammelt, das darauf abzielte, die Mieten in Zukunft amtlich festlegen zu lassen. Während der Eintragungsfrist vom 18. bis zum 27. Mai unterstützen aber nur etwas weniger als 10 Prozent der Stimmberechtigten den Antrag durch ihre Unterschrift. Zum Volksentscheid kam es daher nicht.[5]

b. Der Volksentscheid in Bayern 1924

In Bayern war es nach der Revolution zu heftigen Auseinandersetzungen gekommen. Zwischen November 1918 und April 1919 hatten Linkssozialisten und Kommunisten mehrere

---

1 Vgl. *Anschütz*, WRV[14], Art. 72, Anm. 4 b.
2 Vgl. *Anschütz*, WRV[14], Art. 70, Anm. 9; dagegen ohne jede Begründung *Poetzsch-Heffter*, Art. 72 WRV, Anm. 3. *Schwieger*, S. 96, geht auf die Problematik nicht ein.
3 Vgl. dazu *Jung*, Weimarer Republik, S. 128.
4 Dazu *Krause*, HdBStR § 39, Rn. 9, und ausführlich *Hartwig*, S. 120 ff.
5 Vgl. dazu *D. Hartmann*, S. 123; *Hernekamp*, S. 379.

Versuche unternommen, in München eine Räterepublik nach dem Vorbild der Sowjetunion zu errichten. Nachdem Ende April 1919 Freikorps in die Kämpfe eingegriffen hatten, bekamen die konterrevolutionären Kräfte allmählich die Oberhand. Auch nach der Verabschiedung der Verfassung im August 1919 und der Bildung einer Koalitionsregierung aus (M)SPD, DDP und BVP unter dem sozialdemokratischen Ministerpräsidenten Johannes Hoffmann kam das Land jedoch nicht zur Ruhe. Am 4. November 1919 wurde daher der Ausnahmezustand verhängt, der erst nach einer Einigung mit dem Reich am 15. Oktober 1921 wieder aufgehoben werden konnte.

Bereits im März 1920 war die SPD-geführte Regierung zurückgetreten und durch eine rechtsgerichtete Koalition unter Gustav Ritter von Kahr abgelöst worden, die sich zunehmend radikalisierte und heftigen Widerstand gegen jeden Versuch der Einflussnahme durch das Reich leistete. Die Zustände ließen sich dennoch nicht stabilisieren. Von Kahr trat im September 1920 als Ministerpräsident zurück und wurde durch den liberal-konservativen früheren Gesandten der Reichsregierung in Darmstadt Graf Hugo Max von Lerchenfeld-Koefering ersetzt.[1] Dieser blieb immerhin knapp zwei Jahre im Amt, bis er wegen der fehlenden Unterstützung durch die BVP im November 1922 zurück trat.[2] Auch der neue Ministerpräsident, der frühere königliche Kultusminister Eugen von Knilling (BVP) bekam die Lage jedoch nicht in den Griff.

Am 11. Januar 1923 marschierten französische und belgische Truppen ins rechtsrheinische Ruhrgebiet und in die zu Bayern gehörende Pfalz ein, um ihre Reparationsforderungen durchzusetzen.[3] Nachdem die Reichsregierung am 26. September 1923 den Abbruch des „Ruhrkampfes" erklärt und damit gezeigt hatte, dass sie der Besetzung des Ruhrgebietes nichts entgegenzusetzen hatte, ernannte der bayerische Ministerrat noch am selben Tag Gustav Ritter von Kahr zum Generalstaatskommissar mit quasi-diktatorischen Vollmachten. Zugleich wurde erneut der Ausnahmezustand für Bayern erklärt.[4] Diese Entwicklungen nahm Reichspräsident Ebert, der – nicht ohne Grund – einen rechtsgerichteten Putsch befürchtete, wiederum zum Anlass, seinerseits den Ausnahmezustand für das gesamte Reich zu verhängen. In den folgenden Wochen und Monaten wurden innerhalb der bayerischen Reichswehrverbände konkrete Pläne für einen Umsturz vorbereitet, die jedoch in dem Moment Makulatur wurden, als Adolf Hitler mit dem „Marsch auf die Feldherrnhalle" in der Nacht vom 8. auf den 9. November 1923 einen Putschversuch unternahm.

In dieser Situation wiederholte die BVP ihre Forderungen nach Errichtung einer zweiten Kammer und der Einführung des Amtes eines bayerischen Staatspräsidenten. Dieses Vorhaben wurde von den Linksparteien – wohl nicht zu Unrecht – als Versuch gewertet, in Bay-

1 Anlass für den Rücktritt war ein Streit zwischen der Regierung dem Landtag über die Frage gewesen,. ob und in wie weit Bayern mit der Reichsregierung verhandeln sollte. Von Kahr hatte Verhandlungen kategorisch abgelehnt, der Landtag stellte sich auf den Standpunkt, dass der Bruch mit dem Reich gegebenenfalls vom Parlament beschlossen werden müsste; vgl. dazu *Zorn*, S. 247 ff.

2 *Zorn*, S. 258 f.

3 Diese Entwicklung kam vor allem der NSDAP zugute, die mit der SA mittlerweile eine schlagkräftige und schwer bewaffnete Miliz gebildet hatte. Die NSDAP war allerdings nur ein Teil der „Vaterländischen Verbände". nach dem „Deutschen Tag" am 1. und 2.9.1923 in Nürnberg wurden die drei radikalsten dieser Verbände (NSDAP, Reichskriegsflagge und Bund Oberland) zum „Deutschen Kampfbund" unter der Führung Hitlers und Ludendorffs vereinigt.

4 Vgl. *Zorn*, S. 271.

ern eine „Quasi-Monarchie" zu errichten.[1] Die Anträge der BVP auf Änderung der Verfassung wurden daher erneut im Landtag abgelehnt.[2] Da die BVP dies nicht hinnehmen wollte, beantragte sie ein Volksbegehren auf Änderung der Landesverfassung, mit dem der Landtag dazu ermächtigt werden sollte, Verfassungsänderungen in Zukunft mit einer einfachen Mehrheit zu beschließen. Dieses Volksbegehren, das auch von den Rechtsparteien unterstützt wurde,[3] erreichte im Februar 1924 zwar das erforderliche Quorum.[4] Beim Volksentscheid im April 1924[5] stimmte jedoch eine Mehrheit der Bürger gegen die beantragte Verfassungsänderung.[6]

Das gleichzeitig von der BVP eingeleitete und ebenfalls erfolgreiche Volksbegehren zur Landtagsauflösung hatte sich schon zuvor durch die Selbstauflösung des Landtags erledigt.[7]

c. Das Volksbegehren in Lippe 1928

Im Jahre 1928 kam es in Lippe zum dritten und wohl letzten Versuch, die direktdemokratischen Verfahren als Instrument der Gesetzgebung zu nutzen. Im Mittelpunkt des Verfahrens stand ein Antrag zur Änderung des Tierzuchtgesetzes. Im August 1928 war das Volksbegehren erfolgreich. Bei der Abstimmung am 2. Dezember des Jahres wurde jedoch das Beteiligungsquorum von 50 % der Stimmberechtigten nicht erreicht.[8]

Ergänzend sei an dieser Stelle angemerkt, dass im Jahre 1928 in Danzig, das formal nicht mehr zum Deutschen Reich gehörte, zwei Anträge zu einer weitgehenden Verfassungsreform gescheitert waren. Im Rahmen dieser Abstimmung wurden die Manipulationsmöglichkeiten besonders deutlich. Die beiden Anträge waren unabhängig voneinander eingereicht worden. Der Senat bestimmte einen gemeinsamen Abstimmungstermin für den 9. Dezember 1928. Kurz vor der Abstimmung ordnete er dann aber an, dass die Stimmberechtigten nicht für beide Entwürfe mit „Ja" stimmen durften. Das Abstimmungsergebnis deutet darauf hin, dass ohne diese Regelung zumindest einer der Entwürfe angenommen worden wäre.[9]

---

1 Vgl. dazu Frankfurter Zeitung, 2. Morgenblatt, 10.4.1924, S. 3.

2 Ein Antrag zur Einführung des Amtes eines bayerischen Staatspräsidenten war bereits am 28. Februar 1923 im Landtag gescheitert, vgl. *Zorn*, S. 263.

3 Vgl. Frankfurter Zeitung, 1. Morgenblatt, 22.2.1924, S. 2.

4 Vom 18.1. bis zum 17.2.1924 wurde es durch 1.158.340 Bürger unterzeichnet, vgl. *Hernekamp*, S. 378; Frankfurter Zeitung, 2. Morgenblatt, 10.4.1924, S. 3.

5 Die Wahlen und die Abstimmung fanden im größten Teil des Landes am 6. April 1924 statt; in der Pfalz jedoch erst am 4. Mai.

6 1.495.481 Ja- gegenüber 1.377.389 Nein-Stimmen, vgl. Schulthess' Europäischer Geschichtskalender für 1924, S. 28; *Hernekamp*, S. 378, und zum Verfahren ausführlich *Hartwig*, S. 120 f.

7 Vgl. dazu unten S. 166.

8 Vgl. *Hernekamp*, S. 380, der allerdings keine weiteren Angaben zum Verfahren macht. Bei *Schiffers* fehlt jeder Hinweis auf dieses Verfahren.

9 Für den weitergehenden Entwurf „Volkswillen" hatten etwa 58.500 Stimmberechtigte gestimmt, für den Entwurf „Bürgerschutz" etwa 73.200. Die geringe Zahl der ausdrücklien Gegenstimmen für beide Entwürfe (950 bzw. 560) deutet darauf hin, dass sich die meisten Bürger den jeweils anderen Entwurf

2. Die Verfahren zur plebiszitären Parlamentsauflösung

Die weitaus meisten Volksbegehren, die in der Zeit der Weimarer Republik in den Ländern eingeleitet wurden, richteten sich auf die vorzeitige Beendigung der Wahlperiode des Parlamentes. Allerdings wurde nur ein einziges Mal ein Landesparlament im Wege des Volksentscheides aufgelöst, und zwar im April 1932 im Land Oldenburg. In zwei weiteren Fällen kam es in Bremen und Lübeck nach einer Volksabstimmung zu Neuwahlen, weil sich die Bürger in einem Referendum für den Senat ausgesprochen hatten. Und in drei Fällen hat sich das Parlament nach einem erfolgreichen Volksbegehren selbst aufgelöst. Alle anderen Verfahren scheiterten hingegen an den Quoren für den Volksentscheid oder sogar schon auf der Ebene des Volksbegehrens.

a. Der Volksentscheid in Schwarzburg-Sondershausen 1920

Das erste Verfahren war im Jahre 1920 in Schwarzburg-Sondershausen eingeleitet worden.[1] Bei den Landtagswahlen am 19. Januar 1919 hatte hier ein Bündnis aus SPD und USPD eine deutliche Mehrheit erreicht und stellte 10 der 16 Abgeordneten. Nachdem sich die DVP und die DNVP mit diesem Zustand nicht abfinden wollten, strengten sie ein Volksbegehren an, das auch erfolgreich war. Unmittelbar vor der Vereinigung der thüringischen Kleinstaaten zum Freistaat Thüringen[2] scheiterte ihr Antrag am 25. April 1920 jedoch beim Volksentscheid.[3]

b. Das Referendum in Bremen 1921

Zum ersten Referendum kam es 1921 in Bremen. Auch hier hatten die linken Parteien zunächst eine deutliche Mehrheit der Bürgerschaftsabgeordneten gestellt,[4] sich allerdings nicht auf eine Regierungskoalition verständigen können. Daher stellten die bürgerlichen Parteien DDP und DVP den Senat unter dem parteilosen Präsidenten (und damit ersten Bürgermeister) Martin Donandt und dem (zweiten) Bürgermeister Theodor Spitta (DDP).[5]

Am 26. November 1920 beschloss die Bürgerschaft, die „Stadtwehr" aufzulösen.[6] Diese war nach der Niederschlagung der Räterepublik durch Reichstruppen im Februar 1919 als Schutztruppe für die Regierung gegründet worden. Jeder wehrfähige Mann – mit Ausnahme

---

zumindest für akzeptabel gehalten haben, vgl. dazu *Hartwig*, S. 128, der sich sehr kritisch zu den Anordnungen des Senates äußert.

1 Bereits Ende 1919 hatte die DVP ein Volksbegehren zur Auflösung des hessischen Landtags angekündigt, das dann aber nicht eingeleitet wurde, vgl. *Schiffers*. S. 219.
2 Ab dem 1.5.1920 wurden die Landtage der bisher selbständigen Kleinstaaten zu „Gebietsvertretungen" in Form von Kommunalverbänden, die am 31. März 1923 endgültig aufgelöst wurden, vgl. dazu *Lengemann*, S. 46 f., der den Volksentscheid mit keinem Wort erwähnt.
3 16.861 „Nein"-Stimmen standen 13.473 „Ja"-Stimmen gegenüber; vgl. Schulthess' Europäischer Geschichtskalender für 1920, S. 115, sowie *Schiffers*, S. 219.
4 Die SPD stellte 22 der insgesamt 120 Abgeordneten, die USPD 37 und die KPD 6.
5 Spitta gehörte dem Senat bereits seit 1911 an und wurde nach 1945 bis 1955 wieder Bürgermeister.
6 Vgl. dazu Frankfurter Zeitung, Abendblatt, 10.1.1921, S. 2.

der Mitglieder der KPD und der USPD[1] – wurde aufgefordert, in die Stadtwehr einzutragen und dort einen Tag in der Woche Dienst zu leisten. Ihr gehörten am Ende etwa 2.400 Mann an, von denen jeweils 300 Dienst taten und dabei polizeiliche Aufgaben wahrnahmen. Die Stadtwehr rekrutierte sich größtenteils aus „gutbürgerlichen Kreisen".[2]

Daneben existierte noch eine paramilitärische „Regierungsschutztruppe" unter Führung des früheren Freikorps-Kommandeurs Walter Caspari. Diese Schutztruppe wurde im Juli 1919 aufgelöst und teilweise in die Reichswehr eingegliedert. Im Übrigen wurden die Aufgaben der Regierungsschutztruppe durch die neu geschaffene Sicherheitspolizei übernommen, zu deren Kommandeur wiederum Caspari ernannt worden war.[3] Da die Stadtwehr in der Folge der Sicherheitspolizei unterstellt wurde, erschien sie immer mehr als Instrument des Bürgertums, so dass die USPD am 26. November 1920 ihre sofortige Auflösung beantragte. Da auch die (M)SPD die Auffassung vertrat, dass die Voraussetzungen für den Erhalt der Stadtwehr nicht mehr gegeben seien, wurde der Antrag der USPD in der Bürgerschaft mit einer deutlichen Mehrheit angenommen.[4]

Obwohl die „Einwohnerwehren" im Reich auf Anordnung der Siegermächte ohnehin bis zum 1. März 1921 aufgelöst werden mussten, weigerte sich der Senat, den Beschluss mit sofortiger Wirkung umzusetzen. Daraufhin stellten die Abgeordneten der USPD einen Misstrauensantrag gegen den Senat, der am 7. Dezember 1920 noch vor der Abstimmung über diesen Antrag zurück trat. Drei Tage später beantragten die bürgerlichen Abgeordneten die Durchführung eines Referendums über die Frage, ob der Senat zurücktreten oder die Bürgerschaft neu gewählt werden soll.[5]

Bei der Abstimmung am 9. Januar 1921 stimmte eine Mehrheit der Bürger für die Politik des Senates.[6] Daraufhin wurden für den 20. Februar 1921 Neuwahlen angesetzt. Zwar konnten die Mehrheits-Sozialdemokraten und die Kommunisten Gewinne verbuchen. Diese reichten jedoch nicht aus, um die massiven Verluste der USPD auszugleichen.[7] Der bürgerliche Senat blieb daher im Amt.[8]

Der eigentliche Streitpunkt hatte sich mittlerweile von selbst erledigt. Die Stadtwehr war bereits seit Ende 1920 allmählich aufgelöst worden. Am 28. Februar 1921, also nur eine Woche nach den Neuwahlen, wurde das Abschiedsfest gefeiert.[9]

1 Durch diese Einschränkung wurde den Bedenken der (M)SPD Rechnung getragen, die befürchtete, dass die Stadtwehr zu einem Machtfaktor bürgerlicher Kreise werden könnte.
2 Vgl. dazu *Schwarzwälder*, S. 95 f.
3 Vgl. dazu *Schwarzwälder*, S. 97 f./241 f.
4 Vgl. dazu *Schwarzwälder*, S. 276.
5 Vgl. § 53 IV BremV-1920.
6 100.471 Bürger sprachen sich für den Senat aus, 74.926 für die Bürgerschaft, vgl. *Hernekamp*, S. 379; *Schwarzwälder*, S. 279, spricht demgegenüber von 99.783 Stimmen für den Senat und 75.814 für die Bürgerschaft.
   Aus dem Vergleich mit den Wahlergebnissen ergibt sich, dass auch Wähler der Mehrheitssozialisten für den Senat gestimmt haben müssen, vgl. dazu Frankfurter Zeitung, Abendblatt, 10.1.1921, S. 2.
7 Zwar konnten sich Sozialdemokraten und Kommunisten auf 28 (bisher 21) bzw. 6 (bisher 5) Mandate steigern, die USPD verlor jedoch 14 ihrer bisher 37 Mandate und stellte nur noch 23 Abgeordnete.
8 Vgl. dazu *Kessler*, S. 13 f. sowie *Hartwig*, S. 122 f.
9 *Schwarzwälder*, S. 281.

c. Das Volksbegehren in Sachsen 1922

Nach den Wahlen vom 14. November 1920 hatten die Parteien der Weimarer Koalition auch in Sachsen ihre Mehrheit eingebüßt.[1] Die sozialdemokratische Minderheitsregierung war daher auf die Unterstützung der offen verfassungsfeindlichen KPD angewiesen. Dieses durchaus labile Bündnis hielt bis zum Mai 1922, als die KPD zunächst das Gesetz über die Neuordnung des Polizeiwesens und dann den Etat des Justizministers ablehnte.

In dieser Situation beantragten die DVP und DNVP, dass sich der Landtag selbst auflösen und den Weg zu Neuwahlen frei machen solle. Nachdem dieser Antrag im Parlament gescheitert war und die linken Parteien zudem ein Gesetz beschlossen hatten, durch das der 1. Mai[2] und der 9. November[3] zu Feiertagen erklärt wurden, beantragten die beiden Parteien ein Volksbegehren über die Landtagsauflösung.[4]

Innerhalb der Eintragungsfrist vom 6. bis zum 19. Juni 1922 kamen weitaus mehr Unterschriften zusammen, als erforderlich gewesen wären. Insgesamt unterstützten 818.797 Stimmberechtigte das Volksbegehren,[5] notwendig gewesen wären nur etwa 300.000 Unterschriften.

In den folgenden Wochen versuchten die Sozialdemokraten noch, einen Ausweg zu finden, um wenigstens die laufenden Vorhaben noch zu Ende bringen zu können. Im Landtag fand sich jedoch keine Mehrheit für ihren Antrag auf Verfassungsänderung, mit der dem Landtag das Recht zugestanden werden sollte, die Selbstauflösung unter Festsetzung einer Übergangsfrist zu beschließen.[6] Vielmehr beschloss der Landtag am 14. September 1922 mit den Stimmen der KPD gegen die beiden sozialdemokratischen Parteien die Selbstauflösung, so dass sich das Volksbegehren auf Landtagsauflösung erledigt hatte.

Bei den Neuwahlen am 5. November 1922 änderten sich die Mehrheitsverhältnisse allerdings nur geringfügig,[7] so dass im Ergebnis zunächst alles beim Alten blieb. Die sozialdemokratische Regierung bedurfte weiterhin der Duldung durch die Kommunisten.

Schon kurz darauf eskalierte die Situation allerdings erneut, als die KPD am 30. Januar 1924 einen Misstrauensantrag gegen Innenminister Lipinski einbrachte, der auch von den bürgerlichen Parteien unterstützt wurde. Die Regierung von Ministerpräsident Buck trat zurück. Erst im März 1924 konnte eine neue Regierung unter Ministerpräsident Zeigner gebildet werden, nachdem sich die SPD die weitere Duldung einer Minderheitsregierung

1   In der „Volkskammer" hatten (M)SPD und USPD 57 der 97 Mandate erhalten. Im Landtag stellten sie nur noch 43 der 96 Abgeordneten.
2   Tag der Arbeit.
3   Zur Erinnerung an die Abdankung des letzten deutschen Kaisers im Jahre 1918.
4   Vgl. dazu *Apelt*, AöR 1924, 107, 109 ff.; *Hartwig*, S. 126.
5   Vgl. dazu *Hernekamp*, S. 383.
6   vgl. dazu *Apelt*, AöR 1924, S. 107, 111.
7   Während die DVP im Vergleich zu den Wahlen 1920 einen Sitz hinzu gewann, verlor die DNVP ein Mandat. Zusammen erreichten beide Parteien nur etwa 957.000 Stimmen – und damit nur wenig mehr, als das von ihnen initiierte Volksbegehren unterstützt hatten. Die nunmehr vereinte SPD musste leichte Verluste hinnehmen und erreichte nur noch 40 Mandate gegenüber den bisherigen 27 Mandaten für die SPD und 16 für die in zwei Fraktionen gespaltene USPD. Das Zentrum verlor den einzigen Sitz. Als einzige Partei konnte die KPD ihren Anteil ausbauen und erreichte 10 statt wie bisher 6 Mandate.

durch weit reichende Zugeständnisse an die KPD erkauft hatte.[1] Am 10. Oktober 1924 trat die KPD dann formell in die Regierung ein. Bereits gut zwei Wochen später wurde die „proletarischen Revolutionsregierung" allerdings durch Reichspräsident Ebert wieder abgesetzt, der den früheren Ministerpräsidenten Karl Rudolf Heinze (DVP) zum Reichskommissar ernannte und den Einmarsch der Reichswehr nach Sachsen veranlasste.[2]

d. Das Referendum in Lübeck 1924

Zu einem ähnlichen Verfahren wie es 1921 in Bremen durchgeführt worden war, kam es knapp drei Jahre später in Lübeck. Auch hier stellten die Linksparteien seit den Wahlen am 13. November 1921 die Mehrheit der Bürgerschaft,[3] während der Senat unter dem Regierenden Bürgermeister Johann Martin Andreas Neumann durch die bürgerlichen Parteien dominiert wurde. Diese Diskrepanz kam dadurch zustande, dass die Senatoren zum größten Teil bereits in der Zeit des Kaiserreiches aus dem Kreis der Juristen und Kaufleute gewählt worden waren.[4] Sozialdemokraten und Demokraten konnten daher erst allmählich in freiwerdende Stellen nachrücken. Dies führte zu Konflikten, die sich im Lauf der Zeit immer weiter verschärften. Da die SPD unter Führung von Julius Leber in der Bürgerschaft zwar die größte Fraktion stellte, mit ihren Reformvorhaben aber regelmäßig am Senat scheiterte, eskalierte die Situation im Jahre 1924, als die Verlängerung der Amtszeit Neumanns anstand.

Zwar sah die Verfassung seit jeher vor, dass der Senat oder die Bürgerschaft bei einem Streit darüber, „was das Staatswohl erfordert", gegebenenfalls die „Entscheidung der Volksgemeinde" beantragen konnte.[5] Zunächst war jedoch noch offen, welche Konsequenz einer Niederlage für das jeweilige Staatsorgan haben würde. Im Oktober 1923 wurde daher durch einen Nachtrag zur Landesverfassung[6] dem Senat das Recht gegeben, nach einem Misstrauensvotum des Parlamentes gegen den ganzen Senat oder einen einzelnen Senator einen Volksentscheid über die Frage herbeizuführen, ob der Senat zurückzutreten hat.[7] Für den Fall, dass sich eine Mehrheit für den Senat aussprach, war die Neuwahl der Bürgerschaft vorgesehen.[8] Zugleich wurden die Voraussetzungen für eine Volksabstimmung bei einem Streit zwischen dem Senat und der Bürgerschaft neu geregelt,[9] wobei es der Bürger-

---

1 Vgl. dazu *Apelt*, AöR 1924, S. 107, 114 ff., der auch auf die Frage eingeht, ob und in wie weit die Vereinbarungen zwischen der KPD und der SPD verfassungsrechtlich haltbar sind.

2 Zur weiteren Entwicklung vgl. unten S. 165.

3 Auf die SPD waren 39 der 80 Mandate entfallen, auf die KPD 6 Mandate. In der 1. Bürgerschaft von 1919 hatte die SPD noch 42 Abgeordnete gestellt.

4 Nach 1918 wurde allerdings das Lebenszeitprinzip zu Gunsten einer Wahlperiode von 10 Jahren abgeschafft und vorgesehen, dass die Senatoren von der Bürgerschaft gewählt werden mussten – und nicht, wie bisher auch der Senat an der Wahl neuer Senatoren beteiligt war, vgl. dazu *G. Meyer*, S. 677, 686.

5 Vgl. Art. 67 LübV-1920, die Details des Verfahrens waren in den Artt. 68-71 LübV-1920 geregelt.

6 Gesetz vom 10.10.1923, GVBl. S. 417, abgedruckt bei *Wittreck*, Landesverfassungen, S. 357 f.

7 Vgl. Art. 14 I 5 LübV-1925.

8 Vgl. Art. 14 I 6 LübV-1925.

9 Vgl. Art. 69 LübV-1925.

schaft deutlich erleichtert wurde, eine Abstimmung herbeizuführen. Nun reichte nämlich ein Antrag von 20 der 80 Abgeordneten aus,[1] während bis dahin ein Antrag durch die Hälfte der Bürgerschaftsmitglieder erforderlich gewesen war, der dann noch bei einer Abstimmung durch zwei Drittel der Abgeordneten angenommen werden musste.[2]

Es kam, wie es kommen musste. Unmittelbar nach der Verfassungsänderung beantragten die Bürgerschaftsfraktionen der SPD und der KPD eine Volksabstimmung, um die Verlängerung der Amtsperiode von Bürgermeister Neumann zu verhindern, den Senat zu stürzen und auf diese Weise den Weg für Neuwahlen frei zu machen.[3] Das Ergebnis konnte die beiden Parteien allerdings kaum zufrieden stellen. Denn bei der Abstimmung am 6. Januar 1924 sprach eine Mehrheit der Bürger dem Senat das Vertrauen aus.[4] Entsprechend den Vorgaben der soeben geänderten Verfassung wurde die Bürgerschaft aufgelöst.

Bei den anschließenden Neuwahlen am 10. Februar 1924 musste die SPD gravierende Verluste hinnehmen. Demgegenüber gewannen die KPD und die „Völkischen", hinter denen sich die zu diesem Zeitpunkt verbotene NSDAP verbarg, deutlich hinzu.[5] Auch hier blieb der bürgerlich dominierte Senat unter Bürgermeister Neumann im Amt. Erst nach dem Rücktritt Neumanns am 2. Juni 1926[6] übernahm mit Paul Löwigt ein Sozialdemokrat das Amt des Bürgermeisters.

e. Das Volksbegehren in Sachsen 1924

Das nächste Verfahren wurde wiederum in Sachsen angestrengt. Wie bereits dargelegt wurde,[7] war der frühere Ministerpräsident Karl Rudolf Heinze am 29. Oktober 1923 als Reichskommissar eingesetzt worden. Allerdings gelang es ihm nicht, eine stabile Regierung zu bilden. Statt dessen wurde schon am 31. Oktober 1923 der bisherige Wirtschaftsminister Alfred Fellisch (SPD) mit den Stimmen von DDP und SPD zum Ministerpräsidenten gewählt. Seinem Minderheitskabinett gelang es jedoch nicht, das Verhältnis zum Reich und zu Bayern wieder zu verbessern, dessen rechtsgerichtete Regierung im Oktober die Beziehungen zum sächsischen Nachbarn abgebrochen hatte. Anfang April 1924 trat Fellisch wegen eines von der DDP gestellten Misstrauensantrages zurück, blieb aber noch geschäftsführend im Amt.

Nachdem sich abzeichnete, dass sich der Finanzminister Max Heldt (SPD) mit den Stimmen von DDP, DVP und einem Teil der SPD-Abgeordneten zum Ministerpräsidenten

1 Vgl. Art. 69 III LübV-1925.
2 Vgl. Art. 68 II 1 und 5 LübV-1920.
3 Vgl. dazu *Hartwig*, S. 125; sowie *G. Meyer*, S. 677, 692 f.
4 Bei einer Wahlbeteiligung von 87,5 % stimmten 42.734 Bürger für den Senat, 30.193 dagegen; vgl. Schulthess' Europäischer Geschichtskalender für 1924, S. 4.
5 Die SPD verlor 11 ihrer bisher 39 Mandate, die Kommunisten gewannen 4 Mandate hinzu, die „Völkischen" zogen mit 6 Mandaten erstmals in die Bürgerschaft ein.
6 Im Mai 1926 war bekannt geworden, dass Neumann in den Umsturzplänen des Vorsitzenden des Alldeutschen Verbandes Heinrich Claß als Reichskanzler vorgesehen war. Zwar hatte Neumann dieses Ansinnen abgelehnt, in der Bürgerschaft sprach ihm dennoch eine Mehrheit der Abgeordneten das Misstrauen aus, vgl. *G. Meyer*, S. 677, 693.
7 Vgl. dazu oben S. 163.

einer großen Koalition wählen lassen würde, reichte der „Landesarbeitsausschuss der SPD Sachsens" unmittelbar vor der entscheidenden Sitzung des Landtags am 4. Januar 1924 ein Volksbegehren zur Landtagsauflösung ein. Zu Beginn der Sitzung erklärte der noch amtierende Ministerpräsident Fellisch, dass seine Regierung den Antrag zulassen werde, da der Landesarbeitsausschuss 10 % der Stimmberechtigten repräsentiere.[1] Dennoch wurde Heldt von 25 der 40 SPD-Abgeordneten unterstützt und blieb auch im Amt, nachdem ihn eine deutliche Mehrheit der Delegierten des SPD-Parteitages am 6. Januar 1924 zum Rücktritt aufgefordert hatte.[2]

Am 10. Februar 1924 hob die Regierung Fellisch die Zulassung des Volksbegehrens wieder auf, da der „Landesarbeitsausschuss der SPD" kein geeigneter Antragsteller sei.[3] Die SPD verfolgte das Verfahren danach nicht weiter.

Der Konflikt war damit keineswegs beendet. Im März 1926 wurden 23 SPD-Abgeordnete, die Max Heldt unterstützten, aus der Partei ausgeschlossen. Sie bildeten die „Alte sozialdemokratische Fraktion" und gründeten im Juni desselben Jahres die „Alte sozialdemokratische Partei Sachsens" (ASPS, später ASPD), die bei den Wahlen im Oktober 1926 allerdings nur 4 Mandate erreichte (gegenüber 31 Mandaten für die SPD). Heldt blieb dennoch bis zum Juni 1929 Ministerpräsident einer Regierungskoalition aus ASPD und den bürgerlichen Parteien.

f. Das Volksbegehren in Bayern 1924

Das zweite im Ergebnis erfolgreiche Verfahren zur vorzeitigen Auflösung eines Landtags fand im Februar 1924 parallel zu dem bereits erwähnten Volksbegehren der BVP statt,[4] mit dem dem Landtag das Recht verschafft werden sollte, die Verfassung mit der Mehrheit seiner Mitglieder zu ändern.

Nachdem die beiden Volksbegehren erfolgreich gewesen waren,[5] gab es im Landtag zwar immer noch keine hinreichende Mehrheit für die Verfassungsänderung. Allerdings erledigte der Landtag das Begehren zur vorzeitigen Beendigung der Wahlperiode schlicht dadurch, dass er sich am 21. Februar 1924 kurz vor dem regulären Ablauf der Wahlperiode[6] selbst auflöste.[7]

---

1 Vgl. dazu Frankfurter Zeitung, 1. Morgenblatt, 5.1.1924, S. 2 und 2. Morgenblatt, 5.1.1924, S. 1.
2 Vgl. dazu Frankfurter Zeitung, Morgenblatt, 7.1.1924, S. 1 und 1. Morgenblatt, 8.1.1924, S. 1. 77 Delegierte hatten Heldt zum Rücktritt aufgefordert, nur 16 sprachen sich für ihn aus.
3 Vgl. dazu Frankfurter Zeitung, Morgenblatt, 11.2.1924, S. 1.
4 Vgl. dazu oben S. 158 f.
5 Das Begehren zur Landtagsauflösung war von 1.212.415 Bürgern unterstützt worden, vgl. *Hernekamp*, S. 378.
6 Diese hätte ohnehin am 17. März geendet.
7 Die Entscheidung fiel noch bevor das Ergebnis des Volksbegehrens bekannt gegeben wurde, vgl. Frankfurter Zeitung, 1. Morgenblatt, 22.2.1924, S. 2.

Bei den Neuwahlen, die gleichzeitig mit dem Volksentscheid über die Verfassungsänderung am 6. April 1924 statt fanden, musste die BVP deutliche Verluste hinnehmen.¹ Immerhin stellte sie weiterhin die stärkste Fraktion.²

g. Der Volksentscheid in Schaumburg-Lippe 1924

Am 26. März 1924 wurde in Schaumburg-Lippe von einem „Ordnungsblock" aus dem Landbund und dem Handwerkerbund ein Volksbegehren eingeleitet, das sich mittelbar gegen die Pläne der Landtagsmehrheit richtete, das Land mit Preußen zu verschmelzen.

Zwar wurde der Antrag beim Volksbegehren von etwa einem Drittel der Stimmberechtigten unterstützt.³ Beim Volksentscheid am 24. August 1924 stimmten dann aber nur wenig mehr Stimmberechtigte für die Landtagsauflösung.⁴ Da die Zustimmung durch die Hälfte der Stimmberechtigten notwendig gewesen wäre, war auch dieses Verfahren gescheitert.⁵

h. Das Volksbegehren in Braunschweig 1924

Das dritte Mal kam es am 11. November 1924 in Braunschweig zur Selbstauflösung eines Landtags infolge eines Volksbegehrens oder genauer gesagt einer „Vorabstimmung" die in Braunschweig an Stelle eines Volksbegehrens vorgesehen war.

Bei den Wahlen vom 16. Juni 1920 hatte die USPD allein genau so viele Mandate errungen, wie der „Landeswahlverband" der bürgerlichen Parteien und eine Koalition mit der (M)SPD gebildet. Zum Ministerpräsidenten wurde – als einziger USPD-Politiker im ganzen Reich – Sepp Oerter gewählt, der allerdings im November 1921 der Bestechlichkeit beschuldigt wurde und zurück treten musste.⁶

Bei den Neuwahlen zum Landtag, die nach der Verabschiedung der endgültigen Verfassung notwendig geworden waren, verloren die beiden sozialdemokratischen Parteien im Januar 1922 ihre Mehrheit und waren nunmehr auf die Duldung durch die KPD angewiesen. Die Koalition der beiden sozialdemokratischen Parteien scheiterte jedoch schon nach wenigen Monaten nicht zuletzt deshalb, weil die DVP im Mai 1922 bereit war, zusammen mit der DDP und der (M)SPD eine „Große Koalition" einzugehen. Allerdings war dieser

---

1   Der Abwärtstrend setzte sich auch bei den folgenden Reichstagswahlen im Mai 1924 fort, bei denen die BVP nur noch 32,7 % der Stimmen erreichte, vgl. dazu *Zorn*, S. 302.

2   Bei den Wahlen von 1920 hatte die BVP 39,39 % der Stimmen erreicht und 65 der 155 Abgeordneten gestellt. Nun war sie nur noch auf 32,84 % der Stimmen und 46 der 129 Abgeordneten gekommen. Gewinner war demgegenüber der „Völkische Block", der auf Anhieb 17,12 % der Stimmen erreichte und ebenso wie die SPD 23 Abgeordnete stellte. Der „Völkische Block" war eine Tarnorganisation der NSDAP, die nach dem gescheiterten Putschversuch zunächst verboten worden war.

3   *Witte*, S. 150 nennt 11.000 Unterschriften; vgl. auch *Hernekamp*, S. 383.

4   Vgl. dazu die Angaben in Schulthess' Europäischen Geschichtskalender für 1924, S. 77; *Hartwig*, S. 127; Genauere Angaben finden sich bei *Hernekamp*, S. 383; und *Witte*, S. 150. 11.588 Ja-Stimmen, 618 Nein-Stimmen.

5   Zwei Jahre später erreichte aber auch ein von der Landtagsmehrheit eingebrachter Antrag, das Land tatsächlich mit Preußen zu vereinigen, keine Mehrheit; vgl. dazu unten S. 181.

6   Er schloss sich Ende 1923 der NSDAP an.

Schritt innerhalb der (M)SPD heftig umstritten. Nachdem einige (M)SPD-Abgeordnete angekündigt hatten, einen von der USPD eingebrachten Misstrauensantrag gegen Finanzminister Kaefer (DVP) unterstützen zu wollen,[1] brach die „Große Koalition" bereits nach gut einem Monat wieder auseinander.

In dieser Situation blieb den Mehrheitssozialdemokraten nichts anderes übrig, als wieder auf die USPD zuzugehen und im September 1922 erneut eine von der KPD geduldete Minderheitsregierung zu bilden. Dieser Entschluss wurde sicherlich dadurch befördert, dass sich die beiden Parteien schon im Herbst 1922 wieder zur SPD vereinigt hatten.[2]

In den folgenden Monaten arbeiteten die Regierung und die Parlamentsmehrheit insbesondere darauf hin, die konservativ geprägte Verwaltung zu entmachten.[3] Entscheidende Bedeutung kam dabei der Reform der Kommunalverfassung im Jahre 1924 zu, mit der die Kommunalparlamente gegenüber der Verwaltung aufgewertet wurden. Die DNVP nahm dieses Gesetz zum Anlass, die Landtagsauflösung durch Volksentscheid zu beantragen.[4] Bei der „Vorabstimmung" am 13. Juni 1924 unterstützen etwa 23 % der Bürger den Antrag.[5] Dennoch wollte sich der Landtag zunächst nicht selbst auflösen. Kurz vor der Volksabstimmung änderte die Landtagsmehrheit ihre Meinung dann aber doch noch und beschloss am 11. November 1924 die Selbstauflösung.[6]

Bei den Neuwahlen am 7. Dezember 1924 konnte die DNVP ihr Ergebnis zwar verbessern.[7] Zu einem Regierungswechsel kam es jedoch vor allem deshalb, weil die DVP nun wieder mit der DNVP und den anderen bürgerlichen Parteien kooperierte.[8]

i. Das Volksbegehren in Mecklenburg-Schwerin 1925

Nachdem im Vorfeld der Beratungen über eine Reform der Amtsordnung von Mecklenburg-Schwerin klar wurde, dass einige der bisherigen Ämter zusammengelegt und daher einige Städte den Status einer Amtsstadt verlieren würden, versuchten einige Einwohner der Stadt Bützow im Dezember 1925 durch einen Antrag auf Auflösung des Landtags den Verlust des Amtssitzes zu verhindern. Im Rahmen des Eintragungsverfahrens vom

---

1   Anlass für den Antrag, war der Umstand, dass Kaefer den „Stahlhelm" mit gegründet hatte, der für die Ermordung des Reichsaußenministers Walter Rathenau mitverantwortlich gemacht wurde.
2   Das bedeutet jedoch nicht, dass alle Streitigkeiten damit bereinigt gewesen wären. Vielmehr verlagerten sich die Konflikte lediglich auf eine andere Ebene.
3   Vgl. zu alldem *Rother*, S. 945, 951 ff.
4   Vgl. zu alldem *Rother*, S, 945, 958.
5   *Hernekamp*, S. 379, spricht von 75.144 Stimmen.
6   Vgl. dazu ausführlich *Hartwig*, S. 121 f.
7   Die Parteien, die bei den Wahlen im Januar 1922 im „Landeswahlverband" zusammengeschlossen gewesen waren (BNP, DNVP und DVP) konnten ihren Stimmenanteil zwar insgesamt nur geringfügig von 37,97 % auf zusammen 38,78 % steigern. Im Parlament stellte die DNVP aber nach wie vor 10 Abgeordnete – obwohl die Gesamtzahl der Mandate von 60 auf 48 reduziert worden war.
8   Der Erfolg war jedoch zunächst nur von relativ kurzer Dauer. Bei den nächsten Landtagswahlen im November 1927 konnte die SPD wieder deutliche Gewinne verbuchen und erreichte mit 46,2 % der Stimmen die Hälfte der Mandate.

5. bis zum 19. Dezember wurde das Quorum von einem Sechstel der Wahlberechtigten jedoch nicht erreicht.[1]

j. Der Volksentscheid in Hessen 1926

Am 17. Juni 1926 legte der so genannte „Ordnungs- und Wirtschaftsblock" aus DVP, DNVP und dem „Landbund" ein Volksbegehren zur Auflösung des hessischen Landtags vor. Bei der Sammlung der Unterschriften hatten die Initiatoren seit April vor allem die angeblich viel zu hohe Steuerbelastung angeprangert, für die die aus den Parteien der Weimarer Koalition bestehenden Landesregierung mitverantwortlich sei.[2]

Nachdem die Prüfung der Unterschriften zahlreiche Fehler ergeben hatte, wurden die Listen zunächst an die Antragsteller zurückgereicht. In der Folge entbrannte eine heftige Diskussion über die Frage, ob es zulässig sei, die Mängel zu korrigieren. Da aber jedenfalls knapp 62.000 der etwa 169.000 Unterschriften mangelfrei waren[3] und das Quorum damit erreicht worden war, wurde am 5. Dezember 1926 der Volksentscheid durchgeführt.

Es beteiligte sich nur knapp die Hälfte der Stimmberechtigten, von denen wiederum knapp mehr als die Hälfte die Landtagsauflösung ablehnten.[4]

k. Das Volksbegehren in Lippe 1929

In Lippe nahmen die DNVP, die DVP, das Landvolk und die Wirtschaftspartei die Zustimmung des Landtags zur Ernennung eines „Dissidenten" zum Oberschulrat zum Anlass, die Auflösung des Parlamentes zu fordern. Vom 25. Juli bis zum 7. August 1929 wurden Listen ausgelegt, parallel dazu fand bis zum 7. Oktober 1929 eine freie Sammlung von Unterschriften statt.[5]

Das Quorum von einem Drittel der Wahlberechtigten wurde zwar nicht erreicht.[6] Allerdings verfügte die Landesregierung die Absetzung des umstrittenen Oberschulrates.[7]

---

1 Vgl. dazu *Hartwig*, S, 126; *Witte*, S. 104, nennt 30.000 Unterschriften; *Hernekamp.*, S. 381, von 30.167. Notwendig wären etwa 66.000 Unterschriften.
2 Vgl. Frankfurter Zeitung, Morgenblatt, 6.12.1926, S. 1.
3 *Hernekamp*, S. 380 spricht von 61.999 Unterschriften.
4 219.845 Nein-Stimmen standen 202.326 Ja-Stimmen gegenüber; vgl. *Hernekamp*, S. 380. Insbesondere in den ländlichen Gebieten hatte es eine Mehrheit für die Landtagsauflösung gegeben, vgl. dazu Frankfurter Zeitung, Morgenblatt, 6.12.1926, S. 1, sowie *Hartwig*, S. 124.
5 Von *Witte*, S. 78, werden unter *Berufung* auf Schiffers, S. 211 ff., noch ein (gescheitertes) Volksbegehren zur Auflösung der Lippischen Handwerkskammer im Jahre 1927 und ein (ebenfalls gescheiterter) Volksentscheid gegen das Tierzuchtgesetz erwähnt, die jedoch bei Schiffers tatsächlich nicht aufgeführt sind.
6 Es kamen nur 33.195 Unterschriften zusammen, vgl. *Hernekamp*, S. 380.
7 Vgl. dazu *Hartwig*, S. 124 f.

l. Das Volksbegehren in Baden 1930

Nachdem es die NSDAP im Jahre 1929 geschafft hatte, einen Bürgerentscheid über die Auflösung des Stadtrats von Coburg[1] durchzusetzen und bei den anschließenden Neuwahlen die Mehrheit im Stadtparlament und einen von drei Bürgermeisterposten erreicht hatte,[2] begann sie, dieses Verfahren auch auf der Ebene der Länder systematisch zu nutzen.

Der erste Versuch wurde 1930 in Baden unternommen.[3] Hier hatte die NSDAP bei den Landtagswahlen am 27. Oktober 1929 fast 7 Prozent der Stimmen erreicht und stellte nun 6 Abgeordnete. Nachdem die Partei auch bei den folgenden Wahlen in anderen Ländern deutliche Gewinne verbuchen konnte und in Thüringen sogar an der Regierung beteiligt worden war, sah man in Neuwahlen eine Möglichkeit, die eigene Situation noch weiter zu verbessern. Daher wurde im Jahre 1930 ein Volksbegehren vorbereitet. Ein formeller Antrag wurde jedoch nicht eingereicht.[4]

m. Der Volksentscheid in Lippe 1931

Nach diesem Verfahren dauerte es eine Weile, bis die NSDAP erneut versuchte, die Möglichkeit der plebiszitären Parlamentsauflösung für ihre Zwecke zu instrumentalisieren. Hier hatte seit jeher die SPD regiert, zumeist in einer Koalition mit der DDP und wechselnden bürgerlichen Parteien. Seit Dezember 1920 hatte der SPD-Politiker Heinrich Drake das Amt des Ministerpräsidenten inne gehabt.[5] Auch nach den Wahlen am 6. Januar 1929 war wieder eine Koalition aus SPD, DDP und der Volksrechtpartei[6] gebildet worden, die im Herbst desselben Jahres bereits ein von der DNVP und der DPV initiiertes Volksbegehren zur Landtagsauflösung überstanden hatte.[7]

Nachdem die Regierungsparteien bei den Reichstagswahlen am 14. September 1930 auch in Lippe deutliche Verluste erlitten hatten, startete die NSDAP, die zu diesem Zeitpunkt zwar noch nicht im Landtag vertreten war,[8] zusammen mit der DNVP im Frühjahr 1931 ein neues Volksbegehren zur Auflösung des Lippischen Landtags. Diesmal wurde das

---

1 Coburg war seit den zwanziger Jahren ein Zentrum des Nationalsozialismus gewesen. jeher eine
2 Vgl. *Schiffers*, S. 223. In der Folgezeit wurden in Coburg viele Methoden „ausprobiert", die später im ganzen Reich zur Anwendung kamen. So wurden spätestens seit 1930 immer wieder Juden überfallen, auf der Straße niedergeschlagen und ermordet. Die städtische Polizei, die diesen Maßnahmen ohnehin tatenlos zusah, wurde immer stärker durch die SA verdrängt. Bereits 1932 wurde Adolf Hitler zum Ehrenbürger der Stadt.
3 Vgl. *Schiffers*, S. 223.
4 Es ist nicht erkennbar, ob bereits mit der Sammlung von Unterschriften begonnen worden war. Dabei ist zu beachten, dass es in Baden kein formalisiertes Eintragungsverfahren gab.
5 Drake wurde nach 1945 wieder Landespräsident und handelte die Bedingungen für den Anschluss des Landes Lippe an das neu gegründete Nordrhein-Westfalen aus.
6 Die (Reichs-)Partei für Volksrecht und Aufwertung war 1926 als Sammlungsbewegung der Aufwertungsgeschädigten gegründet worden.
7 Vgl. dazu oben S. 169.
8 Bei den Landtagswahlen am 6.1.1929 hatte die NSDAP nur 3,35 % der Stimmen erreicht.

Quorum bei der Unterschriftensammlung vom 26. Februar bis zum 12. März 1931 erreicht.[1]
Am 26. April 1931 scheiterte der Antrag jedoch beim Volksentscheid, da er nur von etwa 32.000 der insgesamt 108.000 Stimmberechtigten unterstützt worden war.[2] Dies entsprach in etwa der Zahl der Wähler der beiden Parteien bei den letzten Reichstagswahlen.
Bei den nächsten Landtagswahlen am 15. März 1933 konnte die NSDAP in Lippe ihren Stimmenanteil gegenüber dem Ergebnis von 1929 mehr als verzehnfachen und stellte mit 9 der 21 Mandate die größte Fraktion.

n. Das Volksbegehren in Anhalt 1931

Ebenfalls erfolglos war ein weiteres gemeinsam von der NSDAP, der DNVP und der DVP betriebenes Verfahren zur Landtagsauflösung in Anhalt. Auch hier hatte die SPD bis dahin durchgängig die stärkste Fraktion gestellt und zusammen mit der DDP – mit Ausnahme einer kurzen Unterbrechung im Jahre 1924[3] – seit 1918 eine Regierungskoalition gebildet.[4] Seit den Wahlen vom 20. Mai 1928 handelte es sich allerdings um eine Minderheitsregierung, da die beiden Parteien zusammen nur noch 17 der 36 Mandate stellten und daher auf die Unterstützung der KPD oder einer der bürgerlichen Parteien angewiesen waren.

Obwohl die NSDAP bei den Reichstagswahlen im September 1930 im Land Lippe über 22 Prozent der Stimmen erreicht hatte und DNVP und DVP zusammen nochmals über 15 Prozent der Wähler auf ihre Seite gebracht hatten,[5] scheiterte das Volksbegehren Anfang August 1931 am – allerdings extrem hohen – Quorum von einem Drittel der Stimmberechtigten.[6]

In der Zeit nach dem Volksbegehren kippte die politische Stimmung im Lande endgültig. Bei den regulären Landtagswahlen am 24. April 1932 konnte die NSDAP, die bis dahin nur mit einem Abgeordneten im Parlament vertreten war, 40,88 Prozent der Stimmen und 15 Mandate auf sich vereinigen[7] und im Mai 1932 als nunmehr größte Fraktion zusammen mit der DNVP eine Regierung unter dem Rechtsanwalt und späteren Leipziger Oberbürgermeister Alfred Freyberg bilden, der damit zum ersten nationalsozialistischen Ministerpräsidenten eines deutschen Landes wurde.

1 Vgl. dazu *Hernekamp*, S. 380.
2 Vgl. Frankfurter Zeitung, Abendblatt, 27.4.1931, S. 2. Dieses Verfahren wird bei *Schiffers* nicht erwähnt.
3 Bei den Wahlen am 22.6.1924 hatte die bisherige Regierungskoalition wegen dramatischer Verluste der DDP, die 5 ihrer 6 Mandate abgeben musst, die Mehrheit verloren. Die Minderheitsregierung aus DNVP und DVP unter Ministerpräsident Willi Knorr (DNVP) blieb jedoch nur bis zu den Neuwahlen am 9. November 1924 im Amt, bei denen die DDP wieder 3 Mandate erreichte und zusammen mit der SPD wieder 18 der 36 Abgeordneten stellte.
4 Ministerpräsident war seit Juli 1919 der SPD-Politiker Heinrich Deist, Staatsminister seit 1922 Ernst Weber (DDP).
5 Die NSDAP hatte 20.490 Stimmen erhalten (= 22,38 %), die DNVP 7.485 (= 8,18 %) und die DVP 6.627 (= 7,24 %).
6 Die Eintragungsfrist lief vom 19.7. bis zum 1.8.1931; vgl. *Schiffers*, S. 219, *Hernekamp*, S. 378, die beide keine Angaben über das Ergebnis machen. Für den Erfolg des Antrags wären auf dieser Stufe etwas mehr als 37.500 Unterschriften notwendig gewesen. Zusammen hatten die drei Rechtsparteien bei der Reichstagswahl im Jahr zuvor etwas mehr als 35.500 Stimmen erhalten.
7 Bei den Reichstagswahlen drei Monate später erreichte die NSDAP in Anhalt sogar 45,2 % der Stimmen.

o. Das Volksbegehren in Thüringen 1931

Im Frühjahr 1931 versuchten nicht nur die Rechtsparteien, die direktdemokratischen Verfahren für ihre Zwecke zu nutzen. Vielmehr hat auch die KPD zwei Verfahren eingeleitet, die jedoch ebenfalls erfolglos blieben.

Nach den Wahlen vom 8. Dezember 1929, bei denen die NSDAP über 11 Prozent der Stimmen erreichen konnte, hatte sich im Januar 1930 in Thüringen zunächst eine Koalition aus dem Landbund, der DVP, der DNVP, der Wirtschaftspartei und der NSDAP gebildet, die damit zum ersten Mal in eine Landesregierung eintrat. Diese Entwicklung wurde nicht zuletzt dadurch befördert, dass die NSDAP zu diesem Zeitpunkt zusammen mit der DVP und der DNVP auf der Reichsebene das Verfahren gegen den „Young-Plan" betrieben hatte.

Zum Innen- und Volksbildungsminister wurde der spätere Reichsinnenminister Wilhelm Frick ernannt, der in der Folge eine rigorose „Nazifizierungs"-Politik betrieb,[1] die insbesondere vom Koalitionspartner DVP kritisch beobachtet wurde. Gut ein Jahr später, im Frühjahr 1931 eskalierte die Lage. Als die DVP am 1. April 1931 einen von der SPD eingebrachten Misstrauensantrag gegen die beiden von der NSDAP gestellten Minister Frick und Marschler unterstützte, traten diese zurück.[2]

In dieser Situation versuchte die KPD, aus der Schwäche der Rechtsparteien Kapital zu schlagen, indem sie ein Volksbegehren mit dem Ziel der Landtagsauflösung beantragte. Das Verfahren scheiterte jedoch im Mai 1931 am Quorum von 10 %,[3] was nicht zuletzt darauf zurückzuführen sein wird, dass die SPD dem Begehren zuvor ihre Unterstützung verweigert hatte.[4]

p. Der Volksentscheid in Braunschweig 1931

Das zweite von der KPD initiierte Verfahren fand im Frühjahr 1931 in Braunschweig statt. Hier war seit Ende 1927 eine von der KPD geduldete[5] SPD-Regierung an der Macht gewesen, die insbesondere das Bildungswesen grundlegend reformiert hatte.[6]

1 So wurde an den Schulen des Landes unter anderem ein „nationalsozialistisches Schulgebet" eingeführt.
2 Die übrigen Parteien setzten die Koalition ohne die NSDAP fort. DVP und DNVP gingen danach eine Koalition
3 Die Eintragungsfrist lief vom 19.4. bis zum 2.5.1931.
4 Vgl. dazu Frankfurter Zeitung, 2. Morgenblatt, 10.4.1931, S. 3. Hinter der Weigerung der SPD stand vermutlich die Befürchtung, dass die NSDAP bei Neuwahlen noch stärker werden könnte. In Braunschweig hatte sie im September 1930 über 22 % erreicht, zwei Monate später in Bremen sogar 25,4 %.
5 Die SPD hatte bei den Wahlen am 27.11.1926 mit 46,2 % der Stimmen die Hälfte der Mandate erreicht. Am 24.12. wurde Heinrich Jasper mit den Stimmen der beiden KPD-Abgeordneten zum Ministerpräsident gewählt.
6 Zunächst war Anfang 1928 die vollständige Säkularisierung des Schulwesens verordnet worden. Religiöse Inhalte sollten nur noch im Religionsunterricht zulässig sein. Kurz darauf wurden die Bestimmungen über die Schulaufsicht reformiert. Die Rechtsregierung unter Gerhard Marquordt hatte im September 1925 alle Schulen zu evangelischen Bekenntnisschulen erklärt und die übrigen Schüler in Sammelklassen bzw. -schulen zusammengefasst.

Bei den Wahlen am 14. September 1930 hatte sich die NSDAP hier von 3,7 % auf 22,2 % gesteigert und stellte nunmehr neun statt wie bisher nur einen Abgeordneten im Parlament. Da die SPD zugleich ihre Mehrheit verloren hatte und selbst zusammen mit den beiden KPD-Abgeordneten nur noch auf 19 der 40 Mandate kam, bildete die „Bürgerliche Einheitsliste" (BEL) aus Zentrum, Wirtschaftspartei, DVP und DNVP zusammen mit der NSDAP eine Regierungskoalition unter dem Ministerpräsidenten Werner Küchenthal (DNVP). Zum Minister für Inneres und Volksbildung wurde der Kieler Jurist und Reichstagsabgeordnete Anton Franzen (NSDAP) ernannt, der sofort nach seinem Amtsantritt damit begann, die wichtigsten personal- und bildungspolitischen Entscheidungen der Vorgängerregierung unter Heinrich Jasper wieder aufzuheben.

Bereits am 13. Oktober 1930 kam es zu einem Eklat, nachdem bekannt wurde, dass Franzen in Berlin versucht hatte, einen Parteigenossen vor der Festnahme zu bewahren, indem er ihn als Reichstagsabgeordneten ausgegeben hatte. Zwar stand die BEL trotz der Vorwürfe zur Koalition und nahm es hin, dass Franzen sämtliche Umzüge und öffentlichen Versammlungen unter freiem Himmel verbot und alle Flugblätter und Plakate der SPD beschlagnahmen ließ, mit denen diese sein Verhalten am 13. Oktober anprangerte. Dennoch trug der Skandal sicher auch dazu bei, dass die Rechtsparteien bei den Kommunalwahlen im März 1931 nicht wie erwartet noch weiter zulegen konnten.

In dieser Situation hegte die KPD die Hoffnung, durch Neuwahlen die Verhältnisse auch auf der Ebene des Landes wieder zu ihren Gunsten verschieben zu können.[1] Bei der Vorabstimmung, die in Braunschweig anstelle eines Volksbegehrens vorgesehen war, wurde am 21. Juni 1931 das Quorum von 10 Prozent der Stimmberechtigten erreicht. Kurz danach schien der Weg zu Neuwahlen frei, da Minister Franzen am 27. Juli 1931 zurück trat – allerdings nicht etwa wegen seines Meineids, sondern weil er es ablehnte, als Landesminister Notverordnungen umzusetzen, die die NSDAP auf Reichsebene strikt ablehnte. Da die BEL daraufhin mit dem Gedanken spielte, eine Minderheitsregierung zu bilden und Ministerpräsident Küchenthal im Wege einer Notverordnung die Verfassung dementsprechend geändert hatte,[2] drohte nun auch die NSDAP mit der Landtagsauflösung. Da die BEL in diesem Fall mit deutlichen Verlusten rechnen musste, lenkte sie ein und stimmte am 15.

Ebenfalls im Februar 1928 wurde das Schulgeld für die höheren Schulen verringert. Ein Jahr später verabschiedete der Landtag im Januar 1929 ein Berufsschulgesetz, nach dem diese Schulen von den Gemeinden auf das Land überführt werden sollten. Kurz darauf wurde ein Geschichtsbuch an den Schulen eingeführt, das auch die Arbeiterbewegung berücksichtigte. Im März 1930 wurde schließlich ein Bildungs- und Verwaltungsplan für die Volksschulen vorgestellt, der auch hier umfangreiche Reformen vorsah.

Bereits im Juni 1929 war die Einrichtung eines „Forschungsinstituts für Erziehungswissenschaften" an der TH Braunschweig beschlossen worden. Das Institut wurde im Februar 1930 eröffnet. Nach der Schließung und der Entlassung des Institutsleiters sollte die freie Stelle für die Berufung Hitlers an die TH Braunschweig verwendet werden (vgl. dazu gleich mehr).

1 Dabei ist zu beachten, dass es in Braunschweig auf der kommunalen Ebene in dieser Zeit durchaus zu einer konstruktiven Zusammenarbeit zwischen SPD und KPD kam, vgl. *Rother*, S. 945, 973.
2 Durch die Verordnung vom 3.9.1931 (GVS S. 165) wurden die Bestimmungen über die zweiköpfige Landesregierung durch eine Regelung über die Befugnisse des (einzigen) Ministers ersetzt. Diese Änderungen wurden nach der Wahl Klagges' durch eine weitere Verordnung vom 4.10.1931 (GVS S. 189) rückwirkend zum 16.9.1931 wieder aufgehoben.

September 1931 der Wahl des früheren Volksschullehrers und jetzigen Regierungsrates im Volksbildungsministerium Dietrich Klagges zum Nachfolger Franzens zu.[1]

Klagges setzt die Politik seines Vorgängers nahtlos fort, hatte aber keine Skrupel, die umstrittenen Notverordnungen umzusetzen, da er – ebenso wie Adolf Hitler – davon ausging, dass dies im Ergebnis dem Ansehen der Reichsregierung schaden würde. In der Folgezeit sorgte Klagges zum einen dafür, dass Adolf Hitler die deutsche Staatsbürgerschaft erwerben und zur Reichspräsidentenwahl antreten konnte.[2] Zum anderen erlaubte er kurz nach der Gründung der „Harzburger Front" aus NSDAP, Stahlhelm und DNVP ein Treffen von 100.000 SA-Leuten in Braunschweig, das erwartungsgemäß in blutigen Straßenschlachten mit Anhängern der KPD und der SPD endete.

Nach dieser Machtdemonstration der NSDAP kippte die Stimmung endgültig. Daher war es kaum noch erstaunlich, dass beim Volksentscheid über den Antrag der KPD, der wohl[3] am 15. November durchgeführt wurde, keine hinreichende Mehrheit für die Landtagsauflösung zustande kam. Anders als im Reich konnte die KPD bei den darauffolgenden Wahlen nicht auf Kosten der SPD zulegen.[4]

q. Der Volksentscheid in Preußen 1931

Nachdem sich im Rahmen der Verfahren in Anhalt, Braunschweig, Lippe und Thüringen gezeigt hatte, dass Volksbegehren, die nur von der äußersten Rechten oder nur von der KPD betrieben wurden, keine Aussicht auf Erfolg hatten, kam es ab dem Sommer 1931 zu bemerkenswerten Bündnissen der antidemokratischen Kräfte.[5]

1 Vgl. zu alldem *Rother*, S. 945, 973 ff.
2 1930 war in Thüringen ein Versuch des dortigen Innen- und Volksbildungsministers Frick gescheitert, Adolf Hitler zum Gendarmeriekommissar von Hildburghausen und damit zum deutschen Staatsbürger zu machen.
Der erste Versuch Klagges' scheiterte am Widerstand des Landtags, da sich auch die bürgerlichen Parteien der Berufung Hitlers zum außerplanmäßigen Professor für „Politik und organische Gesellschaftslehre" an der Technischen Hochschule Braunschweig entgegen stellten. Am 25. Februar 1932 wurde Hitler jedoch zum Regierungsrat beim Landeskultur- und Vermessungsamt der Stadt Braunschweig ernannt und „mit der Wahrnehmung der Geschäfte eines Sachbearbeiters bei der Braunschweigischen Gesandtschaft in Berlin" vor allem mit der Wirtschaftsförderung beauftragt; vgl. dazu *Overesch*, Professor Hitler, passim; *ders.*, VfZ 1992, S. 543; *Pollmann/Ludewig*, S. 559; sowie „Wie der staatenlose Hitler Deutscher wurde", Braunschweiger Zeitung 25.2.2002.
3 Die Abstimmung ist nur in der Übersicht bei *Hernekamp*, S. 379, ohne weitere Angaben zum Ergebnis erwähnt. *Schiffers*, S. 218, nennt überhaupt nur das Volksbegehren, wobei allerdings zu beachten ist, dass in Braunschweig im Falle eines erfolgreichen Volksbegehrens die Abstimmung durchgeführt werden musste, so dass ein „isoliertes Volksbegehren" nicht vorstellbar ist.
Wie gering die Bedeutung dieses Verfahrens war, wird nicht zuletzt daran deutlich, dass es weder bei *Rother* noch bei *Pollmann/Ludewig* auch nur erwähnt wird.
4 Bei den beiden Reichstagswahlen 1932 blieb sie in Braunschweig bei ca. 10 % während sie auf Reichsebene jeweils 5 Prozentpunkte besser abschnitt.
5 Wenn sich die KPD seit Mitte 1931 mehrfach zur faktischen Kooperation mit den Rechtsparteien verleiten ließ, dann lag dies insbesondere an den Vorgaben der Kommunistischen Internationale (KOMINTERN). Insbesondere Stalin und Molotow waren weniger am Erfolg der KPD interessiert, als daran, die deutschen Sozialdemokraten und Reichskanzler Brüning zu schwächen, *Winkler*, Katastrophe,

Zum ersten Mal geschah dies nach dem Volksbegehren zur Landtagsauflösung, das im April 1931 in Preußen durch den „Stahlhelm" initiiert[1] und zunächst nur durch die NSDAP, die DNVP und die DVP unterstützt worden war, also durch die „Nationale Opposition", die auch schon das Volksbegehren gegen den Young-Plan auf Reichsebene organisiert hatte.[2] Innerhalb der Eintragungsfrist vom 8. bis zum 21. April 1931 hatten sich immerhin 5.955.996 Stimmberechtigten in die Listen eingetragen. Das entsprach einem Anteil von 22,56 Prozent – was zwar viel erscheint, aber immer doch deutlich unter dem Stimmenanteil lag, den die drei Rechtsparteien bei der Reichstagswahl im September 1930 erreicht hatten.

Der Landtag lehnte das Begehren am 9. Juli 1931 ab. Am 22. Juli forderte dann überraschenderweise auch das Zentralkomitee der KPD, die sich gegenüber dem Volksbegehren noch ablehnend geäußert hatte,[3] die Werktätigen auf, den Antrag auf Landtagsauflösung zu unterstützen, wobei der Umstand, dass man sich damit einem Verfahren der äußersten Rechten anschloss, mit keinem Wort erwähnt wurde.[4] Da es damit nicht mehr vollkommen aussichtslos schien, dass der Antrag bei der Abstimmung Erfolg haben würde, konnte die preußische Staatsregierung das Verfahren nicht wie bisher einfach ignorieren. Drei Tage vor der Abstimmung veröffentlichte sie daher in sämtlichen Zeitungen einen Aufruf, beim Volksentscheid mit Nein zu stimmen.[5]

Bei der Abstimmung am 9. August 1931 wurde der Antrag zwar von mehr als 9,7 Millionen Bürgern unterstützt,[6] aber eben nicht von der notwendigen absoluten Mehrheit.[7] Insbesondere die früheren Wähler der KPD hatten sich den Vorgaben der Parteiführung

---

S. 386 f.

1 Vgl. Frankfurter Zeitung, 2. Morgenblatt, 6.3.1931, S. 1; sowie oben Fn. 6 auf S. 153 zum „Stahlhelm".

2 *Schiffers*, S. 235; vgl. dazu oben S. 153.

3 *D. Hartmann*, S. 49.

4 Dem Aufruf war ein Ultimatum der KPD-Fraktion im Landtag an Innenminister Severing vorausgegangen, in dem dieser unter anderem dazu aufgefordert wurde, die Presse- und Demonstrationsfreiheit wieder herzustellen und das Verbot des Roten Frontkämpferbundes wieder aufzuheben. Nachdem von vorne herein klar war, dass diese Forderungen in der Koalition aus SPD, Zentrum und der aus der DDP hervorgegangenen Staatspartei nicht durchsetzbar waren, kann man davon ausgehen, dass das Ultimatum nur eine Fassade darstellte, hinter der lediglich verdeckt werden sollte, dass die KPD bereits fest entschlossen war, dem Begehren zur Landtagsauflösung zum Erfolg zu verhelfen, vgl. dazu *Winkler*, Katastrophe, S. 385 f.

5 Vgl. dazu *Winkler*, S. 389. Problematisch war dabei zum einen, dass die preußische Regierung die Wähler vor einem „faschistischen Preußen" warnte – während sich Reichskanzler Brüning auf einem Staatsbesuch im faschistischen Italien befand. Zum anderen nutzte die Regierung eine vom Reichspräsidenten erlassene Notverordnung, die alle Zeitungen verpflichtete, amtliche Erklärungen kommentar- und kostenlos abzudrucken – dies war deshalb problematisch, weil der Reichspräsident zugleich Ehrenvorsitzender des „Stahlhelm" war, und damit eines der Verbände, die das Verfahren initiiert hatten (vgl. dazu auch oben Fn. 6 auf S. 153). Brünig konnte immerhin verhindern, dass der Reichspräsident dies zum Anlass nahm, um selbst in das Verfahren einzugreifen. In der Folge wurde die Notverordnung allerdings geändert.

6 *Hernekamp*, S. 382, spricht von 9.793.603.

7 Vgl. dazu *Hufschlag*, S. 159 ff.; *D. Hartmann*, S. 51, weist darauf hin, dass bei den vorigen Reichstagswahlen die Parteien, die für die Landtagsauflösung waren, mehr als 11 Mio. Stimmen erzielt hatten, also mehr als sie bei der Volksabstimmung erreichen konnten.

verweigert, aber auch die Rechtsparteien hatten ihr Potential bei weitem nicht ausschöpfen können.

Bei den nächsten regulären Landtagswahlen am 24. April 1932 avancierte die NSDAP mit 36,3 % der Stimmen und 162 der 432 Mandate des Landtags auch in Preußen zur stärksten Fraktion.[1] Da die KPD 57 Mandate erreicht hatte, gab es keine Möglichkeit mehr, ohne die Beteiligung zumindest einer der beiden radikalen Parteien eine Mehrheit im Parlament zu erreichen. Der weitere Verlauf der Geschichte ist bekannt. Am 19. Mai 1932 trat die Regierung von Ministerpräsident Otto Braun (SPD) zurück, blieb aber entsprechend den Vorgaben der Verfassung zunächst geschäftsführend im Amt. Nachdem die Verhandlungen über die Bildung einer Koalition der Rechtsparteien an den Forderungen der NSDAP gescheitert waren, ließ sich Reichskanzler Franz von Papen durch Reichspräsident von Hindenburg im Wege einer Notverordnung nach Art. 48 WRV zum Reichskommissar für Preußen ernennen und erklärte am 20. Juli 1932 die preußische Regierung für abgesetzt.[2] Zugleich wurde der militärische Notstand über Preußen verhängt. Damit war auch die letzte Regierung entmachtet, an der die SPD noch beteiligt war. Zwar konnte die preußische Regierung im Oktober 1932 einen Teilerfolg erringen, da der Staatsgerichtshof ihre Absetzung für rechtswidrig erklärte und sie wieder in ihre Rechte gegenüber dem Landtag und den Organen des Reichs einsetzte. Faktisch blieb die Regierung jedoch machtlos, da das Gericht gleichzeitig die Reichsexekution über Preußen für zulässig erklärte.[3]

r. Der Volksentscheid in Oldenburg 1932

Knapp ein Jahr später waren die Berührungsängste der Radikalen aller Couleur offenbar deutlich geringer geworden. Eines der letzten Verfahren in der Zeit der Weimarer Republik war zugleich das erste, in dem zumindest aus Sicht der Initiatoren alle Stufen „erfolgreich"[4] durchlaufen werden konnten. Dass der Landtag von Oldenburg im Mai 1932 durch einen Volksentscheid aufgelöst werden konnte, lässt sich allerdings nur verstehen, wenn man sich die besondere Situation in diesem Bundesland vor Augen führt.

Obwohl die Parteien der „Weimarer Koalition" aus SPD, DDP und Zentrum bei den ersten Landtagswahlen im Land Oldenburg am 6. Juni 1920 trotz empfindlicher Verluste vor allem der DDP im Gegensatz zum Reich mit insgesamt 57,2 % der Stimmen noch eine deutliche Mehrheit erreicht hatten, forderte das Zentrum die Einbeziehung der anti-demo-

---

1 Bei den letzten Landtagswahlen im Mai 1928 hatte sie mit 1,84 % der Stimmen gerade einmal 6 Abgeordnete gestellt.

2 Unmittelbarer Anlass war der „Altonaer Blutssonntag" vom 17.7.1932, bei dem kurz nach der Aufhebung des SA-Verbotes durch Reichskanzler von Papen bei einer Schießerei zwischen Kommunisten, Nationalsozialisten und der Polizei 18 Menschen getötet und 285 verletzt worden waren. Die Reichsregierung behauptete daraufhin, dass das Land Preußen nicht mehr in der Lage sei, die innere Sicherheit zu gewährleisten.

3 Vgl. *RGZ* 138, Anh. S. 1 ff.

4 Maßstab für den „Erfolg" ist die Perspektive der Antragsteller. Zumindest die NSDAP konnte das Verfahren damit als Erfolg verbuchen, da sie nach den Neuwahlen die Mehrheit im Landtag stellte, vgl. in diesem Sinne auch *D. Hartmann*, S. 17. *Gusy*, Weimarer Reichsverfassung, S. 97, betont aber zu Recht, muss auch dieser Maßstab noch relativiert werden muss. Tatsächlich konnten wohl nur „Kommunisten des Jahres 1932" das Ergebnis der Abstimmung als „Erfolg" begreifen.

kratischen DVP in die Koalition. Nach langen Verhandlungen konnte dann aber doch noch eine Koalition aus SPD, DDP und Zentrum unter dem bisherigen Ministerpräsidenten Tantzen (DDP) gebildet werden.

Die Situation eskalierte kurz vor den nächsten Wahlen, die nach den Vorgaben der Verfassung im Juni 1923 statt finden mussten. Die Landesregierung wollte dem Wunsch der Reichsregierung entsprechend die Legislaturperiode verlängern, damit die Wahlen in allen Landesteilen gleichzeitig durchgeführt werden könnten – also auch in dem zum damaligen Zeitpunkt von französischen Truppen besetzten süddeutschen Landesteil Birkenfeld um Idar-Oberstein. Im Gegensatz zur Haltung der Reichspartei verweigerte sich die Oldenburger DVP jedoch einer entsprechenden Verfassungsänderung. Da sie dabei auch von einem Teil der Mitglieder der Zentrums-Fraktion unterstützt wurde, brach die Regierungskoalition auseinander und es kam zu einer Patt-Situation zwischen Links- (SPD und DDP) und Rechtsparteien (DVP und DNVP) im Parlament.

Da sich das Zentrum keiner der beiden Seiten anschließen wollte, wurde schließlich der geheime Oberregierungsrat Eugen von Finckh zum Ministerpräsidenten eines „Beamtenkabinetts" gewählt.[1] An diesem Zustand änderte sich auch in den folgenden Jahren nichts, weil es den im Parlament vertretenen Parteien auch nach den Wahlen in den Jahren 1925, 1928 und 1931[2] nicht möglich war, sich auf eine hinreichend stabile Regierungskoalition zu verständigen.[3] Nicht zuletzt aus diesem Grund konnte die NSDAP bei den Wahlen am 20. Mai 1928 bereits über 7,5 Prozent der Stimmen auf sich vereinigen.

Ende 1931 sahen die radikalen Parteien eine Chance, die Mehrheitsverhältnisse zu ihren Gunsten zu verändern. Daher wurde das Volksbegehren auf Landtagsauflösung sowohl von der KPD als auch von der NSDAP unterstützt[4] und vom 19. Dezember 1931 bis zum 15. Januar 1932 trugen sich insgesamt 80.384 Stimmberechtigte in die Listen ein. Beim

---

1 Vgl. zu all dem *Günther*, S. 187, 193 ff.

2 Nach dem Tode von Finckhs am 13.7.1930 hatte es vier Monate gedauert, bis endlich ein Nachfolger gewählt werden konnte, und zwar der Regierungspräsident in Eutin Friedrich Cassebohm. Und dies war auch nur möglich, weil sich die Abgeordneten des Zentrums bei der letzten Abstimmung der Stimme enthalten hatten, vgl. dazu *Günther*, S. 185, 201 f.

3 Vgl. dazu *Günther*, S. 187, 188 und passim, der auf S. 193 überzeugend darlegt, dass diese Entwicklung letzten Endes darauf beruhte, dass die Regierung gemäß der einzigartigen Regelung des § 40 OldbV nicht gezwungen war, nach einem Misstrauensvotum des Parlamentes zurück zu treten, sondern vielmehr in diesem Fall das Recht hatte, ihrerseits den Landtag aufzulösen. Von dieser Möglichkeit machte Ministerpräsident von Finckh am im März 1925 Gebrauch nachdem er zuvor erfolglos die – in der Verfassung nicht vorgesehene! – *Vertrauensfrage* gestellt hatte. Am 21.4.1925 entschied der oldenburgische Staatsgerichtshof, dass die Regierung die Vertrauensfrage stellen durfte, obwohl § 40 VII OldbV an sich nur ein *Misstrauensvotum* auf Antrag eines Drittels der Abgeordneten vorsah, vgl. Zeitschrift für Verwaltung und Rechtspflege in Oldenburg 1925, S. 169 ff.; zustimmend *Schmitt*, Verfassungslehre, S. 358.

4 *Günther*, Freistaat, S. 403, 438, weist darauf hin, dass zunächst die NSDAP einen entsprechenden Antrag stellen wollte, nachdem ihr Kandidat für das Amt des Ministerpräsidenten Böhmcker und ein Antrag auf Auflösung des Landtags im November 1931 gescheitert waren. Allerdings zögerte die Parteiführung der NSDAP zunächst, so dass Anfang Dezember die KPD vorpreschen wollte – auch die musste ihren Antrag allerdings verschieben, da am 8. Dezember 1931 sämtliche Versammlungen und Umzüge im Reich verboten worden waren. Am 14. Dezember konnte dann die NSDAP den Antrag einreichen.

Volksentscheid unterstützten dann etwa 95,5 % der 131.432 Abstimmenden den Antrag auf Landtagsauflösung,[1] was etwa einem Drittel der Stimmberechtigten entsprach.[2]
Bei den anschließenden Neuwahlen am 29. Mai 1932 konnte allerdings nur die NSDAP profitieren, die zum ersten Mal bei einer Landtagswahl die absolute Mehrheit der Mandate erreichen konnte[3] und in einer Koalition mit der DNVP und dem „Landvolk" eine Regierungskoalition bildete. Zwar zerbrach diese Koalition schon nach kurzer Zeit wieder,[4] da die NSDAP aber auch allein über eine hinreichende Mehrheit verfügte, konnte sie in Oldenburg bereits im Sommer 1932 zahlreiche Maßnahmen „testen", die nach der Machtübergabe an die Nationalsozialisten am 30. Januar 1933 dann im ganzen Reich zur Anwendung kamen.

s. Der Volksentscheid in Sachsen 1932

Gleichzeitig mit der Oldenburger Abstimmung wurde am 17. April 1932 auch in Sachsen über einen gemeinsam von der KPD, der NSDAP, der DNVP und dem Landvolk unterstützten Antrag zur Landtagsauflösung abgestimmt. Wie knapp ein Jahr zuvor in Preußen scheiterte dieser Antrag jedoch wegen der wesentlich höheren Quoren.
Bei den Landtagswahlen am 12. Mai 1929[5] hatten sich in Sachsen nur relativ geringfügige Veränderungen der Stimmenanteile ergeben, denen im Ergebnis allerdings große Bedeutung zukam, da zum einen die ASPD des bisherigen Ministerpräsidenten Heldt[6] zwei ihrer vier Mandate verloren und zum anderen die NSDAP ihren Stimmenanteil deutlich ausbauen und nun fünf statt wie bisher zwei Abgeordnete stellen konnte.[7] Damit hatte die bisherige Koalition aus ASPD und den bürgerlichen Parteien keine Mehrheit mehr.

---

1 Vgl. dazu Frankfurter Zeitung, Morgenblatt, 18.4.1932, S. 1; sowie die Angaben bei *Hernekamp*, S. 381, der von 125.365 Ja-Stimmen und 5.796 Nein-Stimmen berichtet..

2 Wie sich dem Ergebnis entnehmen lässt, hatten die die Gegner des Antrags wie schon bei den vorhergehenden Abstimmungen auf der Ebene des Reichs und in den anderen Ländern zum Boykott der Abstimmung aufgerufen und damit das Abstimmungsgeheimnis faktisch außer Kraft gesetzt. Diese Taktik erscheint vor allem deshalb bemerkenswert, weil in Oldenburg die Mehrheit der Abstimmenden für den Erfolg des Antrags ausreichte und somit kein qualifiziertes Quorum erfüllt werden musste. Der Boykottaufruf kann daher als Indiz dafür angesehen werden, dass die übrigen Parteien ohnehin nicht mehr damit rechneten, genügend Unterstützer für die Ablehnung des von der KPD und der NSDAP unterstützten Antrags zu mobilisieren: Tatsächlich haben die übrigen Parteien bei den folgenden Parlamentswahlen zusammen nicht einmal 125.000 Stimmen auf sich vereinigen können.

3 Mit 48,38 % der Stimmen konnte die NSDAP 24 der 46 Sitze des Parlamentes besetzen.

4 Am 16.6.1932 war Carl Röver zum Ministerpräsidenten gewählt worden. Bereits im August verließ die DNVP die Koalition wieder, nachdem es wegen der Personalpolitik zu Protesten innerhalb der Beamtenschaft und zu massiven Konflikten mit den Kirchen gekommen war. Bereits seit Anfang Juli hatte es keine Landtagssitzungen mehr gegeben. Dies änderte sich auch bis zum Ende der Weimarer Republik nicht mehr.

5 Diese Wahlen wurden später annulliert, da die ASPD und nicht die SPD an erster Stelle auf dem Stimmzettel gestanden hatte.

6 Vgl. dazu oben S. 166.

7 Bei den Wahlen 1926 hatte noch die „Nationalsozialistische Freiheitsbewegung" kandidiert, die nach dem verbot der NSDAP im Jahre 1923 als Tarnorganisation gegründet worden war.

Am 25. Juni 1929 wurde der frühere Justiz- und Volksbildungsminister Wilhelm Bünger (DVP) mit den Stimmen der NSDAP zum Ministerpräsidenten gewählt. Schon im Februar des folgenden Jahres trat Bünger nach einem von der SPD, der KPD, der DNVP, dem Landvolk und auch der NSDAP unterstützten Misstrauensantrag wieder zurück.

Erst im Mai 1930 konnte eine neue Regierung unter Führung des parteilosen[1] bisherigen Präsidenten des Staatsrechnungshofes Wilhelm Schieck gebildet werden. Ebenso wie in Oldenburg handelte es sich bei der neuen Landesregierung also um ein „Beamtenkabinett", dem allerdings zunächst keine lange Regierungszeit beschieden zu sein schien. Denn bereits nach einer Woche trat auch diese Regierung nach einem von der KPD, der SPD und der NSDAP unterstützten Misstrauensantrag wieder zurück. Kurz danach löste sich der Landtag auf.

Bei den Neuwahlen am 22. Juni 1930 konnte die NSDAP ihren Stimmenanteil auf Kosten der bürgerlichen Parteien fast verdreifachen. Sie stellte nun 14 statt wie bisher fünf Abgeordnete. Da unter diesen Umständen keines der politischen Lager über eine hinreichende Mehrheit verfügte, blieb das Beamtenkabinett unter Wilhelm Schieck weiter geschäftsführend im Amt.

Ebenso wie in Preußen sahen die radikalen Parteien zur Jahreswende 1931/1932 ihre Chance gekommen, die Mehrheitsverhältnisse zu ihren Gunsten zu beeinflussen. Anfang des Jahres 1932 war ein von der KPD initiiertes, später aber auch von der NSDAP, der DNVP und dem Landvolk unterstütztes Volksbegehren erfolgreich. Immerhin 733.000 Stimmberechtigte unterstützten den Antrag.[2] Beim Volksentscheid am 17. April 1932 scheiterte der Antrag jedoch, da nur 36 Prozent der Stimmberechtigten für die Landtagsauflösung stimmten.[3] Anders als in Oldenburg und ebenso wie in Preußen wäre jedoch die Zustimmung durch die absolute Mehrheit der Stimmberechtigten erforderlich gewesen.

Bis zur Machtübergabe an die Nationalsozialisten haben in Sachsen keine Landtagswahlen mehr stattgefunden. Daher blieb die Regierung unter Walter Schieck bis zur Gleichschaltung der Länder geschäftsführend im Amt.

t. Das Volksbegehren in Bremen 1932

Kurz darauf kam es dann in Bremen zum soweit ersichtlich letzten, wiederum von der KPD initiierten Verfahren. Hier war bei den Bürgerschaftswahlen am 13. November 1927 die SPD stärkste Partei geworden. Obwohl sie zusammen mit der KPD über die Hälfte der Mandate verfügt hätte, kam eine Koalition der Linksparteien oder auch nur eine Duldung einer SPD-Minderheitsregierung durch die KPD wegen deren zunehmender Radikalisierung nicht in Frage. Nach langwierigen Verhandlungen konnte im Mai des folgenden Jahres eine

---

1 Teilweise wird Schieck auch der DNVP zugeordnet. Ob er zum Zeitpunkt seiner Wahl Mitglied dieser Partei war oder später eingetreten ist, lässt sich nicht feststellen. Gewählt wurde er jedenfalls aufgrund seiner bisherigen Funktion.
2 Vgl. *Hernekamp*, S. 383.
3 Auch hier war es den Initiatoren nicht einmal gelungen, ihre eigenen Wähler zu mobilisieren. Für die Auflösung hatten 1.318.322 Bürger gestimmt; *Hernekamp*, S. 383. Bei den Reichspräsidentenwahlen hatten die Kandidaten der betreffenden Parteien hingegen noch ca. 1.700.000 Stimmen auf sich vereinigen können, vgl. dazu Frankfurter Zeitung, Morgenblatt, 18.4.1932, S. 1.

Koalition aus SPD, DDP und DVP gebildet werden; der parteilose erste Bürgermeister Martin Donandt blieb weiter im Amt. Zum zweiten Bürgermeister wurde der SPD-Politiker Karl Deichmann gewählt, der bereits 1919 und 1920 das Amt des Senatspräsidenten bekleidet, dem Senat danach aber nicht mehr angehört hatte.

An diesen Verhältnissen änderte sich auch nach den nächsten Bürgerschaftswahlen am 30. November 1930 nichts, obwohl alle drei Regierungsparteien Verluste erlitten und zusammen nur noch 60 der 120 Mandate erreicht hatten.[1] Im Mai 1931 und im März 1932 scheiterten zwei Anträge der NSDAP, die Bürgerschaft aufzulösen. Aufgrund des Ergebnisses der zweiten Abstimmung liegt die Vermutung nahe, dass dieser Antrag auch von den Abgeordneten der KPD unterstützt worden war.[2] Jedenfalls beantragte die KPD kurz darauf die Durchführung eines entsprechenden Volksbegehrens. Während der Eintragungsfrist vom 17. bis zum 24. Mai 1932 trugen sich jedoch nur 5.214 Stimmberechtigte in die Listen ein.[3] Dieses doch sehr dürftige Ergebnis lässt sich zum einen damit erklären, dass die NSDAP das von der KPD eingeleitete Verfahren nicht unterstützt hat. Möglicherweise hat aber auch der Umstand eine Rolle gespielt, dass es der KPD wegen des bereits am 11. Juni 1931 erlassenen Verbots sämtlicher politischer Veranstaltungen unter freiem Himmel nicht möglich war, auch nur ihre eigene Wählerschaft für das Volksbegehren zu mobilisieren.

3. Die übrigen Verfahren

Die übrigen direktdemokratischen Verfahren haben nur eine vergleichsweise geringe Bedeutung erlangt

a. Das Verfassungsreferendum in Baden 1919

In Baden wurde am 13. April 1919 als einzigem Land des deutschen Reiches die Verfassung selbst durch eine Volksabstimmung angenommen. Zugleich wurde die bisherige Nationalversammlung als Landtag bestätigt, so dass erst 1921 Neuwahlen erforderlich waren.[4]

Wenn in den übrigen Ländern auf ein solches Referendum verzichtet wurde, dann lag dies wahrscheinlich nicht zuletzt daran, dass sich in Baden nur etwa 35 % der Stimmberechtigten an der Abstimmung beteiligt hatten. Die legitimatorische Wirkung eines Verfassungsreferendums schien daher durchaus zweifelhaft.

---

1 Die NSDAP war hingegen mit 25,4 % der Stimmen zur zweitstärksten Fraktion geworden. Auch die KPD hatte geringfügig hinzugekommen und immerhin 10,7 % erreicht.
2 46 Abgeordnete hatten für den Antrag gestimmt; die NSDAP stellte 32 Abgeordnete, die KPD 12.
3 Erforderlich wären etwa 10-mal so viele Unterschriften gewesen, vgl. dazu *Schwarzwälder*, S. 621, und auch *Hernekamp*, S. 379, sowie *Schiffers*, S. 218, allerdings ohne weitergehende Angaben über dieses Verfahren.
4 Vgl. dazu *Hernekamp*, S. 378. 355.096 Bürger stimmten für die Verfassung, 20.042 dagegen. Für den Vorschlag, die Nationalversammlung als Landtag zu bestätigen, stimmten 354.123 Bürger, dagegen 20.985.

b. Das Referendum über den Anschluss an Preußen in Schaumburg-Lippe 1926

Im Land Schaumburg-Lippe scheiterte im am 6. Juni 1926 ein vom Landtag veranlasstes Referendum über den Anschluss an Preußen.[1] Dabei ist zu beachten, dass das Parlament nach den Vorgaben der Verfassung überhaupt nicht dazu berechtigt war, eine Volksabstimmung herbeizuführen.[2] Daher musste vor der Abstimmung erst ein verfassungsänderndes[3] Gesetz über eine Volksabstimmung zur Frage der Aufgabe der staatlichen Selbständigkeit des Landes Schaumburg-Lippe erlassen werden.[4]

c. Das Volksbegehren zur Ministeranklage in Mecklenburg-Schwerin 1928

Im April 1928 leitete der „Landbund" in Mecklenburg-Schwerin ein Verfahren ein, um drei Minister der Landesregierung vor dem Staatsgerichtshof zu verklagen. Den Ministern wurde vorgeworfen, dass sie die nach einer Unwetterkatastrophe im Sommer 1927 bereit gestellten Hilfsmittel erst im Frühjahr 1928 und nach Abzug der ausstehenden Steuern und Pachten ausbezahlt hätten. Das Quorum von einem Sechstel der Stimmberechtigten wurde knapp verfehlt.[5]

IV. Zur bleibenden Bedeutung des Verfassungsrechts und der Verfassungspraxis in der Zeit der Weimarer Republik

Damit kann versucht werden, eine Antwort auf die Frage zu finden, ob und gegebenenfalls welche Bedeutung die Erfahrungen mit den direktdemokratischen Verfahren der Weimarer Reichsverfassung und der Verfassungen der Länder aus der Zeit der Weimarer Republik heute noch haben. Wiederum wird dabei zunächst die Reichsebene im Vordergrund stehen, bevor auf die Besonderheiten auf der Ebene der Länder eingegangen werden soll.

---

1   11.270 Nein-Stimmen standen 9.882 Ja-Stimmen gegenüber, vgl. dazu *K.-H. Schneider*, S. 145, 157; *Hartwig*, S. 127. *Hernekamp*, S. 383, spricht von 11.288 Ja- und 9.858 Nein-Stimmen.
    Wie bereits dargelegt wurde, hatte zwei Jahre zuvor noch eine Mehrheit der Bürger dem Landtag bei einer Volksabstimmung das Vertrauen ausgesprochen, bei der es im Grunde um dasselbe Anliegen ging, da die Initiatoren des Verfahrens dem Landtag vor allem vorgeworfen hatten, den Anschluss des Landes an Preußen zu betreiben, vgl. dazu oben S. 167.
2   Nach § 44 S. 4 SchLippeV konnte lediglich die Landesregierung ein Referendum veranlassen und dies auch nur über ein Gesetz, das der Landtag zuvor gegen ihren Widerspruch erlassen hatte.
3   In der Einleitungsformel des Gesetzes vom 11.5.1926 war ausdrücklich auf die Bestimmung des § 57 SchLippeV über die Verfassungsänderung Bezug genommen worden.
4   Gesetz vom 11.5.1926, LVO S. 81, abgedruckt bei *Wittreck*, Landesverfassungen, S. 547 f.
5   Vgl. dazu *Hartwig*, S. 126. Nach Angaben von *Hernekamp*, S. 381, hatten vom 23. April bis zum 7. Mai 1928 insgesamt 62.258 Bürger das Begehren mit ihrer Unterschrift unterstützt. Geht man von ca. 412.000 Wahlberechtigten aus, wären etwa 68.500 Unterschriften notwendig gewesen.

A. Zur Funktion der direktdemokratischen Verfahren im System des Verfassungsrechtes

Zunächst ist festzuhalten, dass es keinen Anlass dafür gibt, die Einführung direktdemokratischer Verfahren als Beleg für das große Vertrauen der Mitglieder der Nationalversammlung in die Kompetenz der Bürger anzusehen. Zwar hatte die Nationalversammlung durchaus Mut bewiesen, als sie sich trotz der Vorbehalte der Reichsregierung[1] und angesichts der extrem angespannten politischen Situation dazu entschlossen hat, solche Verfahren in die Reichsverfassung einzuführen. In diesem Zusammenhang ist auch und insbesondere zu beachten, dass es zumindest mit den Regelungen über das Volksbegehren und den Volksentscheid Neuland betreten wurde. Da es für die einschlägigen Bestimmungen kein Vorbild in der Verfassungsordnung eines anderen, ähnlich großen und inhomogenen Staates gab, war zum Zeitpunkt der Verabschiedung der Reichsverfassung völlig unklar, welche Wirkungen diese Verfahren haben würden.[2]

Eine genauere Betrachtung macht jedoch deutlich, dass die konkrete Ausgestaltung des Staatsorganisationsrechtes nicht etwa von dem Bemühen geprägt war, den Bürgern möglichst weit reichende unmittelbare Mitwirkungs- und Entscheidungsbefugnisse zu verschaffen. Zum einen war man sich selbst in denjenigen Parteien, die sich ausdrücklich zur Demokratie bekannten, alles andere als sicher, ob sich die „ungebildeten Massen" bei der Stimmabgabe am Gemeinwohl orientieren würden.[3] Zum anderen und vor allem ist in diesem Zusammenhang aber zu beachten, dass die politischen Parteien selbst von vielen Mitgliedern der Nationalversammlung – die ihr Mandat ja letzten Endes der Unterstützung durch eine dieser Parteien zu verdanken hatten – als Gefahr für die Demokratie und für die Durchsetzung des Gemeinwohls im Sinne der „volonté générale" angesehen wurden.[4] Zwar wurde die Existenz gesellschaftlicher Interessenkonflikte nicht geleugnet. Diese Konflikte wurden aber als bloße Verirrungen angesehen, die es langfristig zu überwinden gelte.[5]

1   Wie schon dargelegt wurde, hatte die Reichsregierung wesentlich geringere Einflussmöglichkeiten für die Bürger vorgesehen, dazu siehe oben S. 109 ff.

2   Vgl. dazu schon *Anschütz*, WRV¹⁴, Art. 73, Anm. 4, S. 387; *W. Jellinek*, HdBDtStR § 73, S. 185; *Thoma*, Sinn und Gestaltung, S. 114, hielt Volksabstimmungen nur für kurze, einfache Gesetze von einleuchtender Wichtigkeit für möglich; *Stapel*, S. 46, sah die Gefahr einer Vereinfachung und Verflachung des Gesetzgebungsverfahrens; ähnlich auch *W. Weber*, S. 247, 249.

3   Vgl. zur demokratieskeptischen Haltung der Mitglieder der Nationalversammlung *Schiffers*, S. 147 f., S. 152 ff.; sowie *Gusy*, Weimarer Reichsverfassung, S. 63 ff., der auch detailliert auf die Haltung der einzelnen politischen Parteien eingeht.
    Wenn *Hufschlag*, S. 186, dennoch vom „demokratischen Optimismus der Weimarer Reichsverfassung" spricht, dann ignoriert er den Umstand, dass die direktdemokratischen Verfahren nicht als Instrument für die Bürger, sondern als Instrument gegen das Parlament in die Verfassungsordnung eingeführt worden sind.

4   Diese Skepsis spiegelt sich etwa in den Stellungnahmen von *Bühler*, S. 187, und *H. Preuß*, Republikanische Reichsverfassung, S. 83, zur Einführung des Verhältniswahlrechtes, mit dem die Macht der Parteien noch vergrößert werde. *H. Preuß*, a.a.O., wollte den Wählern daher Einfluss auf die Aufstellung der Wahllisten und auf die Reihenfolge der Listenplatzierung geben.
    Zur Haltung der Parteien, *Schiffers*, S. 130 ff., insbesondere, S. 133; vgl. auch *Fraenkel*, Repräsentative Komponente, S. 51 ff.

5   So besonders deutlich z.B. *Schmitt*, Hüter, S. 78 ff., 84, 86, der durch das Verhältniswahlrecht den Grundsatz der Gleichheit der Wahl aufgehoben sah. Die überstimmte Minderheit müsse sich dem

Angesichts dieser Ausgangslage ist es aber nicht weiter verwunderlich, dass das Staatsorganisationsrecht der Weimarer Republik in erster Linie von dem Bemühen geprägt war, den Einfluss der Parteien zu beschränken. Auch wenn insofern der in Art. 21 WRV statuierten Unabhängigkeit der Abgeordneten eine zentrale Bedeutung zukam, vertrauten die Mitglieder der Nationalversammlung keineswegs darauf, dass sich die von den Parteien aufgestellten und mit ihrer Hilfe gewählten Abgeordneten tatsächlich ihre Unabhängigkeit bewahren würden. Vielmehr wurde mit den direktdemokratischen Verfahren eine weitere Sicherung gegen den befürchteten „parlamentarischen Absolutismus" in die Verfassungsordnung eingebaut.[1] Es ging also nicht darum, den Bürgern mehr Einfluss zu verschaffen, sondern darum, die Macht des von den Parteien dominierten Parlamentes zu beschränken.

1: Der Reichspräsident als pouvoir neutre und Gegenpol des Parlaments?

Besonders deutlich wird die antiparlamentarische Funktion der direkten Demokratie in den Bestimmungen über den Reichspräsidenten. Durch die direkte Wahl sah man im Reichspräsidenten in gewisser Weise den „hypothetischen Volkswillen" – die volonté générale im Sinne Rousseaus – verkörpert.[2] Er sollte als neutrale Instanz jedem Machtmissbrauch durch das Parlament – und die dieses beherrschenden Parteien – entgegenwirken und diesem daher zumindest ebenbürtig sein.[3] Obwohl Hugo Preuß im Amt des Reichspräsidenten Elemente des US-amerikanischen Präsidenten mit denen des Präsidenten nach der damaligen französischen Verfassung verbunden sah,[4] erschien er zumindest auf den ersten Blick

---

Wahlergebnis stets fügen. *Schmitt*, (a.a.O., S. 79) sah den „Totalen Staat" als notwendige Konsequenz der Demokratie an, ähnlich auch *Forsthoff*, (im Vorwort zur 2. Auflage, S. 9). Zwar vertreten beide Autoren Extrempositionen, ihre Grundauffassungen wurden jedoch von einer breiten Mehrheit geteilt.

1   Zu dieser Funktion der direktdemokratischen Verfahren. *Bühler*, S. 181; ähnlich auch *Giese*, S. 54; *H. Preuß*, Republikanische Reichsverfassung, S. 84; *Thoma*, HdBDtStR § 16, S. 196; ders., ZöR 1928, S. 489 f.; ders., Sinn und Gestaltung, S. 113 f.; *Triepel*, AöR 1920, S. 456, 500; *von Schmettow*, S. 23, 29; *Schmitt*, Hüter, S. 130; vgl. auch *Schiffers*, S. 141 ff., m.w.N. zu den Motiven der Parteien in der Nationalversammlung.
    Aus der Literatur nach 1945. *Fraenkel*, Deutschland, S. 115; *Gusy*, Weimar, S. 36; ders., Weimarer Reichsverfassung, S. 94; *Schambeck*, S. 15; *Strenge*, ZRP 1994, S. 271, 272.

2   Der Reichstag repräsentiere demgegenüber den empirischen Volkswillen im Sinne der volonté générale; vgl. *Fraenkel*, Repräsentative Komponente, S. 52; *Rosenberg*, S. 79, sah die direkte Wahl des Reichspräsidenten zu Recht als wichtigste Form der unmittelbaren Mitwirkung der Bürger. Ausführlich zur Stellung des Reichspräsidenten im System der WRV vgl. *Gusy*, Weimarer Reichsverfassung, S. 101 ff.

3   *H. Preuß*, Republikanische Reichsverfassung, S. 70; auch *Giese*, S. 80, der allerdings die Legitimation des Reichstages geringfügig höher einschätzte. Nach *Schmitt*, Hüter, S. 132 ff. und 159, war der Reichspräsident als „Hüter der Verfassung" dem Reichstag hingegen mehr als nur gleichgeordnet. Er sollte das ganze Volk vertreten, das sich für einen Augenblick über „pluralistische Zerteilungen hinweg" zusammenfinde.

4   Republikanische Reichsverfassung, S. 70; so auch *Giese*, S. 41, 53, 79; *Gmelin*, S. 67; *Hartwig*, S. 35; *Thoma*, HdBDtStR § 16, S. 196, bezeichnete die Regelungen über das Amt des Reichspräsidenten als einen „originellen und also kühnen Entwurf". Anders als *Wehr*, JuS 1998, S. 411, meint, war die US-Verfassung offensichtlich nicht das einzige Vorbild.

tatsächlich mehr als ein „Monarch auf Zeit",[1] da er nicht nur das Recht hatte, den Reichskanzler zu ernennen und den Reichstag aufzulösen, sondern auch den Oberbefehl über die Streitkräfte.[2]

In diesem Zusammenhang ist allerdings zu beachten, dass der Reichspräsident über die Gegenzeichnungspflicht des Art. 50 WRV zumindest mittelbar gegenüber dem Parlament verantwortlich war.[3] Hätten der Reichskanzler oder ein Minister eine Anordnung des Reichspräsidenten gegengezeichnet, die dem Willen des Parlaments widersprach, dann wäre zu erwarten gewesen, dass der Reichstag diesen Affront zum Anlass nehmen würde, von seinem Recht nach Art. 54 WRV Gebrauch zu machen – und dem Reichskanzler, dem jeweiligen Minister oder gar der Regierung als Ganzes das Vertrauen zu entziehen. Solange der Reichstag entscheidungsfähig war, konnte der Reichspräsident daher nicht mit der erforderlichen Gegenzeichnung rechnen.[4] Damit wird aber deutlich, dass der Reichspräsident entgegen dem ersten Anschein keineswegs als permanenter Gegenpol zum Parlament gedacht war. Vielmehr sollte ihm das Notverordnungsrecht des Art. 48 WRV lediglich die Möglichkeit verschaffen, in extremen Krisensituationen den Staat zu dominieren und als eine Art „deus ex machina" die Ordnung wieder herzustellen.[5] Insbesondere sollte er jede Bemühung zunichte machen können, das Reich durch Interessenkämpfe zu teilen.[6]

Genau diese Funktion des Reichspräsidenten wurde jedoch durch das 2. Gesetz über die Volkswahl des Reichspräsidenten vom 13. März 1925[7] entscheidend beeinträchtigt. Denn mit diesem Gesetz wurde den Parteien de facto das ausschließliche Vorschlagsrecht für die Reichspräsidentenwahl zugewiesen. Ein (partei-)unabhängiger Kandidat hatte damit aber

---

1 So zu Recht *Eschenburg*, S. 41 f.; vgl. auch *Gusy*, JURA 1995, S. 226, 228. Die Funktion des Reichspräsidenten als „Ersatz-Kaiser" entsprach dabei durchaus den starken monarchistischen Tendenzen innerhalb der Gesellschaft, vgl. dazu *Kimminich*, S. 498 f.

2 Die „Weimarer Republik" stellt sich damit in gewisser Weise als „konstitutionelle Wahlmonarchie" dar. Dies bestreitet *Willoweit*, S. 292, der allerdings ausschließlich auf die Motive der Verfassunggeber abstellt. *Gusy*, JURA 1995, S. 226, 231, weist darauf hin, dass es sich tatsächlich um keine bewusste Entscheidung der Nationalversammlung gehandelt hat.

3 Dass der Reichspräsident fest in das parlamentarische System eingebunden wurde, ist wohl nicht zuletzt darauf zurückzuführen, dass die Arbeit der Nationalversammlung trotz der soeben dargelegten Grundstimmung von den Parteien dominiert wurde. Die Skepsis gegenüber den Parteien bezog sich daher selbstverständlich in erster Linie auf die jeweiligen politischen Gegner. Die eigene Partei respektive ihr Programm repräsentierte demgegenüber selbstverständlich die volonté générale. Alle Parteien hofften darauf, die Wahlen für sich entscheiden zu können und hatten verständlicherweise kein Interesse daran, in diesem Fall durch einen allzu mächtigen Reichspräsidenten an der Umsetzung der eigenen Politik gehindert zu werden.

4 Besonders deutlich *Hartwig*, S. 37 f. und *Liermann*, S. 155; auch *Fetzer*, S. 46, *Thoma*, ZöR 1928, S. 489, 494, und *Wittmayer*, S. 431, wiesen auf dieses Problem hin. Vgl. dazu auch *Schwieger*, S. 75 ff.

5 *Rosenberg*, S. 79 f., weist darauf hin, dass das Notverordnungsrecht, wie es seit der Reichsregierung unter Brüning als „Ersatzgesetzgebungsverfahren" genutzt wurde, nicht dem Sinn der WRV entsprochen hat.

6 Vgl. *Eschenburg*, S. 42; *Schmitt*, Hüter, S. 131, schrieb etwa. „Ist das zum Schauplatz des pluralistischen Systems gewordene Parlament dazu (sich als maßgebenden Faktor der staatlichen Willensbildung durchzusetzen) nicht imstande, so hat es nicht das Recht, zu verlangen, dass auch alle andern verantwortlichen Stellen handlungsunfähig werden."

7 Dazu siehe oben S. 117 und dort Fn. 7.

keine realistische Chance mehr und die Volkswahl diente nun lediglich der Entscheidung darüber, welcher von den Kandidaten der verschiedenen Parteien zum Zuge kommen sollte.[1] Die Idee, der Reichspräsident könne tatsächlich Vertreter des ganzen Volkes sein und in seiner Person die volonté générale verkörpern, hatte sich spätestens jetzt als Illusion erwiesen. Er war vielmehr zu einer „autoritären Alternative zum Parlament" geworden.[2] Daher hat der Staatsrechtslehrer Leo Wittmayer den Reichspräsidenten wohl zu Recht als das seltsamste politische Wesen bezeichnet, das je die deutsche Erde betreten hat.[3]

2. Die Funktion der Volksabstimmungen

Auch die Regelungen über die Volksabstimmungen waren keineswegs in erster Linie darauf angelegt, dem Volk weitgehende unmittelbare Einflussmöglichkeiten zu geben. Vielmehr stellen sich die in der Reichsverfassung vorgesehenen Referenden in erster Linie als Instrumente zur Beschränkung der Macht des Reichspräsidenten dar. Wenn dieser – oder ein anderes Staatsorgan[4] – ein Gesetz des Parlaments ablehnte, so sollte er es nicht selbst zu Fall zu bringen können, sondern vielmehr zunächst das Volk anrufen müssen.[5] Der Volksentscheid aufgrund eines Volksbegehrens erweist sich aus dieser Perspektive aber als eine Art „Notbremse" für den Fall, dass sowohl der Reichstag als auch der Reichspräsident den „wahren Willen" des Volkes unberücksichtigt lassen würden. Dann (und nur dann) sollte dem Volk ein Weg offenstehen, selbst als außerordentlicher Gesetzgeber[6] zu handeln und den Reichstag auf ein zu lösendes Problem hinzuweisen[7] oder seine Entscheidungen sogar zu korrigieren.[8]

Obwohl die direktdemokratischen Verfahren damit auf der einen Seite in erster Linie dazu dienen sollten, der volonté générale zur Durchsetzung zu verhelfen, änderte dies auf der anderen Seite nichts an der tiefen Skepsis der Nationalversammlung in Bezug auf die

---

1 Vgl. *Schiffers*, S. 173 f.
2 *Willoweit*, S. 300; vgl. auch *Schmitt*, Hüter, S. 159, der die Befürchtung äußerte, dass die Parteien das Amt des Reichspräsidenten für sich instrumentalisieren und damit „unschädlich" machen könnten – wie sie es zuvor schon mit den Regelungen über das Volksbegehren und den Volksentscheid getan hatten.
3 *Wittmayer*, S. 355 f.
4 Der Reichsrat oder eine qualifizierte Minderheit des Reichstages.
5 Auch die Referenden zur Schlichtung von Streitigkeiten zwischen Reichstag und Reichsrat sind letzten Endes gegen den Reichstag gerichtet. Der Reichspräsident konnte nur dann ein Referendum anordnen, wenn der Reichsrat Einspruch erhoben hatte und der Reichstag das Gesetz danach nochmals bestätigt hatte.
6 *Schmitt*, Volksentscheid, S. 10 f.
7 Durch einen Volksantrag oder ein Volksbegehren konnten die Bürger den Reichstag aufmerksam machen. Handelte das Parlament daraufhin, dann erübrigte sich das weitere Verfahren der Volksgesetzgebung.
8 Aus dieser Perspektive ist es auch ohne weiteres nachvollziehbar, wieso in der Nationalversammlung zu keinem Zeitpunkt ernsthaft über die Frage diskutiert wurde, ob die Verfassung selbst durch ein Referendum vom Volk bestätigt werden sollte: Für eine unmittelbare Entscheidung der Bürger bestand schon deshalb kein Anlass, weil sich die Reichstagsmehrheit, die Reichsregierung und der Reichspräsident einig waren; vgl. dazu *W. Jellinek*, HdBDtStR § 73, S. 185; und *Wittmayer*, S. 428, der deswegen herbe Kritik an der Nationalversammlung übte.

„politische Reife" der Bürger. Wie groß die entsprechenden Befürchtungen waren, zeigt sich nicht zuletzt, an den zahlreichen Hürden, die nach den Vorgaben der Verfassung bis zur Annahme eines Antrags beim Volksentscheid zu überwinden waren. Entscheidende Bedeutung kam insofern den in Art. 73 IV WRV enthaltenen Beschränkungen des Anwendungsbereiches der direktdemokratischen Verfahren zu. Die volle Bedeutung dieser Vorschrift erschließt sich erst dann, wenn man sich vor Augen führt, dass sie in einer Zeit entstanden ist, als sich der Staat noch weitgehend auf die so genannte Eingriffsverwaltung und die Durchführung von Infrastrukturmaßnahmen konzentrierte. Geldwerte Leistungen des Staates zugunsten einzelner Bürger waren eine seltene Ausnahme und beruhten in der Regel nicht auf einem gesetzlich normierten Anspruch.[1] Da die Abgaben zur Finanzierung der Staatsaufgaben dienten und die Aufwendungen für die Besoldung der Beamten den wesentlichen Kostenfaktor darstellte,[2] wurde den Bürgern durch Art. 73 IV WRV im Ergebnis jede Möglichkeit genommen, in Bezug auf die Staatsfinanzen die Initiative zu ergreifen. Diese Einschränkung stellt bei einer näheren Betrachtung daher nichts anderes dar, als ein Misstrauensvotum gegenüber dem Volk durch die von ihm eingesetzten Organe.[3]

Die nächste große Hürde waren die extrem hohen Quoren, die im Ergebnis dazu geführt haben, dass die direktdemokratischen Verfahren nur von den Parteien genutzt werden konnten. Schon die notwendigen Unterschriften für das Volksbegehren waren praktisch nur mit Hilfe der Organisationskraft einer Partei zu erreichen.[4] Endgültig unterlaufen wurde die Funktion der direktdemokratischen Verfahren als Instrument gegen den befürchteten Parlamentsabsolutismus durch Art. 75 WRV – wobei die prohibitive Wirkung dieser Bestimmung noch nicht in der Verfassung selbst angelegt war, sondern erst aus der allzu weiten Auslegung dieser Vorschrift in der politischen Praxis folgte.

---

1   Wobei zu beachten ist, dass bereits ein System der Sozialversicherung existierte, das allerdings kaum dazu in der Lage war, auch nur die Versorgung der Kriegsbeschädigten abzusichern. Noch viel weniger konnte das noch sehr grobmaschige „soziale Netz" diejenigen auffangen, die aufgrund der Geldentwertung und der anhaltenden Wirtschaftskrise ihre materielle Lebensgrundlage verloren hatten. Wenn es keine Versuche gab, die direktdemokratischen Verfahren zu nutzen, um solche Leistungsangebote auszubauen, dann liegt das wohl nicht zuletzt daran, dass die Bürger sich über die Unfähigkeit des Staates klar waren, diese Probleme aus eigener Kraft zu lösen.
2   Unter denselben Prämissen wie 1918/1919 müssten heutzutage daher auch alle „Leistungsgesetze" ausgeschlossen werden. Diese Konsequenz wurde nach 1945 allerdings nur in Rheinland-Pfalz und dem Saarland gezogen. In Rheinland-Pfalz sind nach Art. 109 III 2 der Landesverfassung Volksbegehren über „Finanzfragen, Abgabengesetze und Besoldungsordnungen" unzulässig, im Saarland nach Art. 99 I 3 der Landesverfassung über „finanzwirksame Gesetze, insbesondere Gesetze über Abgaben, Besoldung, Staatsleistungen und den Staatshaushalt". Diese Beschränkungen wurden in Rheinland-Pfalz auch bei der jüngsten Verfassungsreform beibehalten und auch auf Volksinitiativen ausgedehnt, die einen Gesetzentwurf zum Gegenstand haben, vgl. Art. 108a I 2 RP-V.
3   *Kühne*, ZG 1991, S. 116, 118; vgl. auch ähnlich zu den heute in den Ländern geltenden Beschränkungen *von Arnim*, „Deutschland – eine Demokratie der Funktionäre", Die Zeit vom 26.6.1992; *von Danwitz*, DÖV 1992, S. 601, 607; *Heußner*, Volksgesetzgebung, S. 161 ff/198 f.; *Pestalozza*, Popularvorbehalt, S. 32.
4   So im Ergebnis auch schon *Wittmayer*, S. 427. Dies liegt nicht nur an der hohen Zahl der erforderlichen Unterschriften, sondern auch und vor allem daran, dass diese innerhalb von nur zwei Wochen gesammelt werden mussten.

Durch das VEG wurden die Anforderungen noch weiter verschärft. Insofern ist vor allem § 30 VEG zu nennen, wonach die Zulässigkeitsentscheidung des Reichsministers des Inneren unanfechtbar war. Auch mussten die Initiatoren eines Volksbegehrens einen großen Teil der Verfahrenskosten tragen, wodurch sie gegenüber dem Reichstag erheblich benachteiligt wurden.[1] Wie sehr die Funktion der Volksabstimmungen als Mittel gegen einen möglichen Machtmissbrauch durch die Parteien inzwischen in den Hintergrund gerückt war, wird aber vor allem dadurch deutlich, dass mit dem VEG gerade die Möglichkeiten für die Parteien erweitert wurden, Volksbegehren zu beantragen.

3. Besonderheiten auf der Ebene der Länder

Grundsätzlich lassen sich die bisherigen Ausführungen auch auf die Ebene der Länder übertragen. Auf der einen Seite sollten die direktdemokratischen Verfahren auch hier in erster Linie dazu dienen, die befürchtete Übermacht des Parlamentes und der politischen Parteien zu beschränken. Das Volksbegehren und der Volksentscheid waren in gewisser Weise der letzte Notanker für den Fall, dass die Regierung nicht bereit oder in der Lage sein sollte, ein Referendum herbei zu führen. Auf der anderen Seite hatten die Verfassunggeber aber auch in den Ländern kein allzu großes Vertrauen in die Entscheidungskompetenz der Bürger. Daher schlossen sie zum einen insbesondere finanzwirksame Anträge weitgehend vom Anwendungsbereich der Verfahren aus. Zum anderen stellten sie durch hohe Quoren sicher, dass eine unmittelbare Entscheidung durch die Bürger eine seltene Ausnahme bleiben würde.

Wie bereits im Zusammenhang mit der Darstellung der Entstehungsgeschichte der einschlägigen Verfassungsbestimmungen deutlich wurde, sind die Anforderungen im Laufe der Zeit allerdings immer höher geworden. Während die frühen Verfassungsberatungen in Baden und – mit gewissen Einschränkungen auch in Württemberg – zumindest auch von dem Wunsch geprägt waren, der Volkssouveränität nach dem Vorbild der Schweiz und ihrer Kantone zum Durchbruch zu verhelfen,[2] geriet dieser Aspekt im Laufe der Zeit immer weiter in den Hintergrund.

Vergleicht man die Rechtslage in den Ländern mit den Vorgaben der Reichsverfassung, so werden vor allem zwei Unterschiede deutlich. Auf der einen Seite gab es in den Ländern kein direkt gewähltes Staatsoberhaupt als „Gegenpol" zum Parlament. Vielmehr wurde diese Funktion regelmäßig der Regierung zugewiesen, die häufig das Recht hatte, Referenden über Parlamentsgesetze anzuordnen. Zwar war unter normalen Umständen wiederum nicht zu erwarten, dass die Regierungen diese Befugnisse nutzen würden, da sie ja vom Vertrauen des Parlaments bzw. der jeweiligen Parlamentsmehrheit abhängig waren. In Krisensituationen hatten die Regierungen aber die Möglichkeit, ihre Politik unmittelbar durch das Volk bestätigen zu lassen.

Der zweite wesentliche Unterschied besteht darin, dass es in den Ländern fast durchweg die Möglichkeit zur plebiszitären Parlamentsauflösung und damit dazu gab, die Politik der Regierungsmehrheit insgesamt in Frage zu stellen. In der Regel richteten sich die Verfahren auch gegen die jeweilige Regierung. Teilweise hatte diese aber auch selbst das Recht, eine

1 So zu Recht *Bühler*, S. 181; *Thoma*, Sinn und Gestaltung, S. 114; auch *Obst*, Chancen, S. 118.
2 Vgl. dazu ausführlich *Schiffers*, S. 37 ff.

entsprechende Abstimmung zu erzwingen – und war daher noch unabhängiger von der Legitimation durch das jeweilige Parlament.

B. Zur Bewertung der direktdemokratischen Verfahren der Weimarer Reichsverfassung

Damit stellt sich abschließend die Frage, ob und in wie weit die direktdemokratischen Verfahren der Weimarer Reichsverfassung die in sie gesetzten Erwartungen erfüllt haben. Die Antwort auf diese Frage ist von entscheidender Bedeutung dafür, ob und inwiefern die Erfahrungen mit diesen Verfahren tatsächlich für die verfassungspolitische Diskussion in der Bundesrepublik Deutschland von Bedeutung sein können.

1: Der Reichspräsident

Paul von Hindenburg war als Reichspräsident im Grunde genau der Wahlmonarch, den die Weimarer Reichsverfassung vorgegeben hatte.[1] Wie kaum ein anderer repräsentierte der Sieger der Schlacht von Tannenberg die Traditionen des Kaiserreiches. Indem die Wähler sich für ihn entschieden und nicht für den Kandidaten der „Weimarer Koalition" aus SPD, DDP und Zentrum, den früheren Reichskanzler Wilhelm Marx (Zentrum), zeigten sie, dass die Republik die in sie gesetzten Hoffnungen bis dahin offenbar nicht erfüllt hatte.[2]

Zwar erfüllten sich die Erwartungen der Nationalversammlung jedenfalls insofern, als es dem Reichspräsidenten über sein Notverordnungsrecht zumindest eine Zeit lang möglich war, die Schwäche des Parlaments zu überspielen. Allerdings hatte Reichspräsident Hindenburg selbst maßgeblich zu dieser Schwäche beigetragen, da er allzu freizügig von seinem Recht Gebrauch gemacht hatte, das Parlament aufzulösen und auf diese Weise die Arbeitsfähigkeit des Reichstages immer weiter geschwächt hatte.[3]

Von entscheidender Bedeutung ist jedoch, dass sich die Stellung, die dem Reichspräsidenten im Verfassungsgefüge zugedacht war, kaum mit der Realität der Weimarer Republik in Einklang bringen ließ. Als Einzelperson konnte der Reichspräsident unter keinen Umständen die gesamte Gesellschaft repräsentieren. Paul von Hindenburg war zwar nicht einer einzigen Partei verpflichtet, sehr wohl aber einer bestimmten politischen Richtung. Als der Reichspräsident allmählich zum zentralen Staatsorgan wurde, setzte sich daher entgegen den Erwartungen der Nationalversammlung keineswegs die volonté générale durch, sondern vielmehr wurde die Polarisierung der Gesellschaft weiter verschärft.[4] Die

1 *Schiffers*, S. 180.
2 *Gusy*, JURA 1995, S. 226, 231 f.
   Daher kann man es fast als eine glückliche Fügung ansehen, dass die Parteienlandschaft der Weimarer Republik so zerklüftet war. Hätte eine Partei(engruppe) sowohl die Mehrheit im Reichstag gestellt, und damit die Reichsregierung, als auch den Reichspräsidenten, dann wäre es ihr schon lange vor der Machtübergabe an die Nationalsozialisten möglich gewesen, das politische System der Weimarer Republik auch ohne eine formelle Änderung der Verfassungsordnung nach ihren Vorstellungen umzugestalten.
3 So auch *Gusy*, JURA 1995, S. 226, 228.
4 In diesem Sinne ist auch *Hufschlag*, S. 183 ff., zu verstehen der ebenfalls betont, dass nicht die Volkswahl des Reichspräsidenten entscheidend war, sondern seine Stellung im Verfassungsgefüge der Weimarer Republik.

Erfahrungen aus der Zeit der Weimarer Republik bestätigen daher eindrucksvoll, dass die politische Macht in einer pluralistischen Gesellschaft auch in Krisensituationen in erster Linie dem Parlament zukommen muss.[1] Insbesondere besteht kein Bedarf für Referenden gegen die Entscheidungen des Parlaments.[2]

2. Die Volksabstimmungen

Tatsächlich waren die Regelungen der Weimarer Reichsverfassung über Referenden von vorne herein zur praktischen Bedeutungslosigkeit verdammt. Dies gilt zunächst für die Referenden auf Antrag des Reichspräsidenten. Schließlich betraf die Gegenzeichnungspflicht des Art. 50 WRV auch die Anordnung eines solchen Referendums.[3] Unabhängig von der Frage, ob der Reichspräsident überhaupt jemals Anlass für ein Referendum gesehen haben mag, konnte er daher jedenfalls so lange nicht damit rechnen, die Gegenzeichnung durch den Reichskanzler zu erhalten, wie der Reichstag handlungsfähig blieb und die Regierung daher vom Vertrauen des Parlamentes abhing. Als dies schließlich nicht mehr der Fall war, gab es aber auch keine Entscheidungen des Parlaments mehr, die überhaupt als Gegenstand eines Referendums in Frage gekommen wären. Schließlich und vor allem ist in diesem Zusammenhang aber zu beachten, dass der Reichspräsident mit dem Recht zur Parlamentsauflösung nach Art. 25 WRV ein weitaus effizienteres Instrument zur Verfügung hatte, um Konflikte mit dem Reichstag in seinem Sinne zu entscheiden.[4]

Aber auch das Recht einer qualifizierten Minderheit der Reichstagsabgeordneten, die Aussetzung der Verkündung eines von der Parlamentsmehrheit beschlossenen Gesetzes zu verlangen, um dann Unterschriften für ein Volksbegehren sammeln zu können, lief im Ergebnis leer, da die Mehrheit dieses Recht ganz einfach dadurch unterlaufen konnte, dass sie das betreffende Gesetz für dringlich erklärte. Damit kam es wiederum auf den Reichspräsidenten an, der für die Aussetzung der Verkündung aber auf die Gegenzeichnung durch die Reichsregierung angewiesen war.

In der Praxis haben daher nur das Volksbegehren und der Volksentscheid eine nennenswerte Rolle gespielt. Allerdings wurden diese Verfahren lediglich bis zur Mitte der zwanziger Jahre in dem Sinne genutzt, den die Nationalversammlung ihnen ursprünglich zugedacht hatte. Nur die beiden Verfahren des Reichsbundes für Siedlung und Pachtung und des Sparerbundes wurden von Gruppierungen initiiert, die nicht selbst im Reichstag vertreten waren und die Möglichkeit des Volksbegehrens nutzen wollten, um ihr Anliegen gegen das Parlament durchzusetzen. Nachdem diese Initiativen gescheitert und klar geworden war, dass außerparlamentarische Gruppierungen nicht in der Lage sein würden, den mit der Vorbereitung und Durchführung eines Volksbegehrens verbundenen organisatorischen Aufwand zu schultern, wurden die Verfahren in der Folgezeit immer mehr zu einem In-

---

1   Dazu ausführlich oben S. 69 ff. Grundlegend dazu bereits *Fraenkel*, Repräsentative Komponente, S. 48 ff., der von einer „plebiszitär-autoritären Verfassung" spricht; zustimmend *Winkler*, Weimar, S. 106.
2   Ob das Parlament selbst durch ein Referendum seine Kompetenzen an das Volk zurückgeben können sollte, lässt sich aufgrund der Weimarer Erfahrungen nicht beurteilen.
3   Dazu siehe oben S. 128.
4   Auf diesen Umstand weist auch *Gusy*, Weimarer Reichsverfassung, S. 94, hin.

strument der parlamentarischen Opposition – wobei es den Antragstellern aber wohl nur beim Volksentscheid über die Fürstenenteignung in erster Linie darum ging, ihr jeweiliges Anliegen auf diesem Wege durchzusetzen. Bei den beiden weiteren großen Verfahren zur Panzerkreuzerfrage und dem Young-Plan stand bei den Initiatoren demgegenüber das Bedürfnis im Mittelpunkt, die eigene Klientel enger an sich zu binden und das eigene Profil zu schärfen. Darüber hinaus konnten in diesen Verfahren die Chancen einer Kooperation mit anderen Gruppierungen ausgelotet werden, die ähnliche politische Ziele verfolgten.[1]

Obwohl die tatsächlich eingeleiteten direktdemokratischen Verfahren wegen der praktisch kaum zu überwindenden Hürden selbst dann, selbst dann, wenn das entsprechende Anliegen von einer der großen politischen Parteien unterstützt wurde, von Anfang an zur Erfolglosigkeit verdammt waren,[2] findet sich teilweise die These, dass die Regelungen über direktdemokratische Verfahren zumindest „präventive Wirkungen" entfaltet hätten.[3] Empirisch lässt sich diese These jedoch kaum belegen, da es keine Anhaltspunkte dafür gibt, dass die Reichsregierung ihre Politik aufgrund der Ankündigung eines Volksbegehrens geändert oder auf bestimmte Maßnahmen allein aufgrund der Befürchtung unterlassen hätte, dass diese gegebenenfalls zum Gegenstand eines Volksbegehrens gemacht werden könnten. Vielmehr deuten die Erfahrungen aus der Zeit der Weimarer Republik darauf hin, dass ein Parlament und eine Regierung nur dann vor nicht mehrheitsfähigen Entscheidungen hüten werden, wenn sie aufgrund der Ausgestaltung der Verfahren realistischerweise damit rechnen müssen, durch ein Volksgesetz korrigiert zu werden.[4]

---

1   Besonders beim Volksbegehren gegen den Young-Plan wurde zugleich eine mögliche Kooperation der traditionellen Rechtsparteien mit der NSDAP erprobt. Auch *Matthiesen*, S. 128, und *Kershaw*, S. 405 ff., weisen darauf hin, dass die NSDAP das Verfahren nutzen konnte, um sich als einzige wirklich nationale Kraft zu profilieren. In der Folgezeit konnte sie daher bei Landtagswahlen erhebliche Stimmengewinne verbuchen und bei der Reichstagswahl 1930 von einer nahezu unbedeutenden Splitterpartei zur zweitstärksten Partei werden. Allerdings stellt sich die Frage, ob tatsächlich gerade die *Institutionalisierung* des Konfliktes im Rahmen eines Volksbegehrens und Volksentscheids einen nennenswerte Rolle gespielt hat. Viel wahrscheinlich ist es doch, dass die NSDAP die politische Stimmung auch sonst zu ihren Gunsten ausgenutzt hätte.

2   Zur prohibitiven Wirkung vor allem der Quoren schon in der Weimarer Republik insbesondere *Hartwig*, S. 131 ff. und *Liermann*, S. 151 f., vgl. auch *H. Preuß*, Republikanische Reichsverfassung, S. 85; *von Schmettow*, S. 33; *Tannert*, S. 33, 37 f.; *Wittmayer*, S. 426 ff.; in Bezug auf Verfassungsänderungen auch *Thoma*, HdBDtStR § 16, S. 193. Diese Bewertung wird auch in zahlreichen Untersuchungen nach dem zweiten Weltkrieg bestätigt. *Apelt*, S. 379, *Berger*, S. 279 ff.; *Fliegauf*, JR 1992, S. 485, 486; *E. R. Huber*, Verfassungsgeschichte, Bd. VI, S. 432 f.; *Jung*, Volksgesetzgebung, S. 1081; *Obst*, Chancen, S. 117 ff.; *Rosenberg*, S. 80; *Schnurr*, S. 148.

3   So aber *Obst*, Chancen, S. 116; *ders.*, Rezeption, S. 70, 87; *W. Weber*, S. 245, 248; ähnlich auch schon *Wittmayer*, S. 436.

4   Gegen diese Einschätzung spricht auch nicht der Erfolg des letzten Antrages auf Durchführung eines Volksbegehrens im Jahre 1932 (dazu siehe oben S. 155). Zwar wurde der 2. Teil der Notverordnung vom 2.9.32 auf den Antrag der SPD hin aufgehoben. Diese Notverordnung wäre aber als Gesetz im Reichstag wahrscheinlich nicht mehrheitsfähig gewesen. Das Instrument des Volksbegehrens wurde hier also nicht seiner eigentlichen Bestimmung gemäß gegen den Reichstag angewandt, sondern gegen die Reichsregierung und den Reichspräsidenten. Die Nationalversammlung hatte die Regelungen über den Volksentscheid aber kaum als Instrument angesehen, um gegen eine Notverordnung vorgehen zu können, sollte der Reichstag handlungsunfähig werden (vgl. *Schiffers*, S. 219).

Obwohl Leo Wittmayer die entsprechenden Regelungen der Weimarer Reichsverfassung nach alldem bereits im Jahre 1922 völlig zu Recht als bloße „Scheinzugeständnisse an die unmittelbare Demokratie" bezeichnet hat,[1] ist auf der anderen Seite zu beachten, dass den tatsächlich durchgeführten Volksbegehren und Volksentscheiden kein maßgeblicher Anteil an der Destabilisierung des Weimarer Systems zugekommen ist.[2] Zwar wurden die Verfahren von den Gegnern der Demokratie durchaus demagogisch gebraucht.[3] Sie ließen dabei aber lediglich die ohnehin bestehenden Konflikte noch deutlicher hervortreten und waren daher ein Symptom der Krise der Weimarer Republik, nicht aber Ursache dieser Krise. So folgte auf den Volksentscheid über die Fürstenenteignung eine vergleichsweise lange Phase innenpolitischer Stabilität. Die demokratischen Parteien, insbesondere die SPD, gingen gestärkt aus dem Verfahren hervor,[4] wobei die SPD durch ihre Weigerung, dem Regierungsentwurf für ein Gesetz zur Fürstenabfindung zuzustimmen, gleich wieder die Chance verspielte, erneut an der Regierung beteiligt zu werden.[5] Beim Volksentscheid über das „Freiheitsgesetz" erlitten die Initiatoren trotz der geballten Medienmacht Alfred Hugenbergs, der beispiellosen demagogischen Propaganda der NSDAP und der beginnenden Weltwirtschaftskrise eine empfindliche Niederlage.[6] Zwar führte dieses Verfahren im Ergebnis zu einer deutlichen Stärkung der NSDAP geführt, die nun als einzige wirklich „nationale" Partei erschien – während sich die demokratischen Parteien durch ihre Boykott-

---

1   *Wittmayer*, S. 70, ähnlich deutlich bezog auch *Liermann*, S. 151 f., Stellung; auch *Schmitt*, Hüter, S. 159, sah durch die Funktionalisierung des Volksbegehrens und Volksentscheids durch die Parteien diese Verfahren als „unschädlich gemacht" an.

2   Dies belegen zahlreiche rechtswissenschaftliche, politikwissenschaftliche und historische Untersuchungen; vgl. insbesondere *Berger*, S. 279 ff.; *Bugiel*, Volkswille, S. 177 ff. und S. 200 ff.; *D. Hartmann*, S. 27 ff.; *Hufschlag*, S. 170 ff.; *Jung*, Volksgesetzgebung, S. 1080 ff.; *Obst*, Chancen, S. 110; *ders.*; Rezeption, S. 70, 84 f.; *Schnurr*, S. 144 ff.; *Schiffers*, S. 214; vgl. auch *Berlit*, KritVjschr. 1993, S. 318, 340 ; *Fliegauf*, LKV 1993, S. 181, 184; *Gusy*, JURA 1995, S. 226, 231 f.; *Jung*, APUZ 1993, B 45, S. 16; *Schieren*, StWissStPrax 1997, S. 63, 69 f.; *Strübel*, APUZ 1982, B 42, S. 17, 29; *Vogel*, Die Zeit, 2.10.92, S. 14; *Wassermann*, RuP 1986, S. 125, 128; vgl. auch *Frotscher*, Direkte Demokratie, S. 26, 29, der die Weimarer Erfahrungen allerdings in DVBl. 1985, S. 917, 922, durchaus als Argument gegen eine Einführung vergleichbarer Verfahren in das Grundgesetz anführt. Weitere Nachweise finden sich bei *Bugiel*, Volkswille, S. 99, Fn. 122.
    Schon *Bühler*, S. 189 hatte destabilisierende Wirkungen der tatsächlich durchgeführten Verfahren ausdrücklich bestritten. Auch andere Autoren hielten die heftigen Auseinandersetzungen im Vorfeld der Volksabstimmungen für typische Begleiterscheinung der Demokratie, vgl. *Thoma*, ZöR 1928, S. 489, 491; *ders.*, HdBDtStR § 16, S. 196; ähnlich *Hartwig*, S. 114.

3   Grundlegend insofern *Fromme*, Weimarer Verfassung, S. 149 ff. Vgl. auch *E. R. Huber*, Verfassungsgeschichte, Bd. VI, S. 430; *Schambeck*, S. 17; *Schiffers*, S. 216 f.; ähnlich *Schmidt-Jortzig*, S. 2; *Winkler*, Weimar, S. 313 f.; Sehr ausführlich *Bugiel*, Volkswille, S. 239 ff., der zu Recht betont, dass dies nicht notwendigerweise mit einem „Missbrauch" der Verfahren gleichzusetzen ist; so auch *Kühne*, ZG 1991, S. 116, 120.

4   *Berger*, S. 260 f.; *Jung*, Volksgesetzgebung, S. 1080 f.; *Obst*, Rezeption, S. 70, 87; *Schiffers*, S. 214, hält es für möglich, das die Einführung der Arbeitslosenversicherung und der Arbeitsgerichtsbarkeit im Jahre 1927 durch den relativen Erfolg des Volksbegehrens gefördert wurden, ähnlich *Berger*, S. 261; auch *Bühler*, S. 189, sah positive Wirkungen des Volksentscheids.

5   *Winkler*, Normalität, S. 289, kommt daher zu einer eher skeptischen Bewertung des Verfahrens.

6   *Berger*, S. 269.

strategie selbst diskreditiert hatten.¹ Dennoch ist festzuhalten, dass sich „das Volk" bei den Volksbegehren und Volksentscheiden keineswegs von den Demagogen hat verführen lassen.²

Tatsächlich ist die Weimarer Republik nicht an der Ausgestaltung der demokratischen Entscheidungsverfahren gescheitert, sondern vor allem daran, dass es weder unter den Bürgern im allgemeinen³ noch innerhalb der politischen Eliten im besonderen eine Mehrheit für das demokratische System gab. Nachdem die demokratischen Parteien noch die Verhandlungen über die Reichsverfassung dominiert hatten, konnten sie im Reichstag zu keinem Zeitpunkt eine Mehrheit erreichen.⁴ Da sich die Reichsregierungen regelmäßig nicht auf die Unterstützung durch eine hinreichende Mehrheit im Parlament stützen konnten, waren sie vom Reichspräsidenten abhängig und das Verhältnis der Staatsorgane geriet völlig aus dem Gleichgewicht. In dieser Lage konnte die ohnehin nur sehr schmale Basis für den Erhalt des Weimarer Systems aber nicht erweitert werden.⁵

3. Besonderheiten auf der Ebene der Länder

Wiederum stellt sich die Frage, ob und in wie weit sich diese Bewertung auch auf die entsprechenden Bestimmungen der Landesverfassungen übertragen lassen. Insofern ist zunächst festzuhalten, dass die direktdemokratischen Verfahren auf dieser Ebene eine noch geringere praktische Bedeutung erlangt haben. In den meisten Ländern⁶ wurden nur ein⁷ bis zwei⁸ ernsthafte Versuche unternommen, ein solches Verfahren einzuleiten.

Weiterhin zeigt schon eine oberflächliche Betrachtung, dass in den Ländern nicht etwa die Volksbegehren und Volksentscheide als Instrument der Gesetzgebung im Mittelpunkt standen, sondern vielmehr die auf Reichsebene nicht vorgesehenen Verfahren zur plebiszitären Parlamentsauflösung. Diese Verfahren wurden mit ganz wenigen Ausnahmen durchweg von den jeweiligen Oppositionsparteien initiiert, die sich im Fall von Neuwahlen Stimmengewinne erhofften. Mit dem Verfahren zur vorzeitigen Beendigung der Wahlperiode hatten sie ein Mittel in der Hand, um die diffuse Unzufriedenheit mit der Regierungspolitik zu kanalisieren und für sich nutzbar zu machen, ohne dabei zu einer sachlichen

---

1   So zu Recht *Matthiesen*, S. 128, der allerdings zu weit geht, wenn er behauptet, dass die Wahlerfolge Hitlers ohne das Volksbegehren nicht denkbar gewesen seien. Das Verfahren hat die Entwicklung vielmehr nur beschleunigt.

2   So auch *Bugiel*, a.a.O., S. 239 ff.; *D. Hartmann*, S. 46 f., *Gusy*, JURA 1995, S. 226, 229; *ders.*, Weimarer Reichsverfassung, S. 97 f.

3   Insbesondere fehlte den Bürgern die politische Bildung, die notwendig gewesen wäre, damit die (direkt-)demokratischen Verfahren überhaupt positive Wirkungen entfalten hätten können; dies war schon in der Weimarer Republik unbestritten. *Bühler*, S. 187; *Finger*, S. 372; *H. Preuß*, Republikanische Reichsverfassung, S. 86; *Stapel*, S. 46.

4   Also SPD, DDP und Zentrum. Später wurde das demokratische System auch von der DVP

5   *Eschenburg*, S. 36.

6   Völlig ungenutzt blieben die Verfahren in Mecklenburg-Strelitz und Württemberg. In Lippe und Sachsen kam es zu drei Verfahren.

7   In Anhalt, Hamburg, Hessen, Lübeck, Oldenburg, Preußen und Thüringen.

8   In Baden, Bayern, Bremen, Braunschweig, Mecklenburg-Schwerin und Schaumburg-Lippe.

Auseinandersetzung gezwungen zu sein. Selbst dort, wo es angesichts der exorbistanten Quoren praktisch ausgeschlossen schien, dass ein entsprechender Antrag beim Volksentscheid Erfolg haben könnte, boten die Verfahren insbesondere den radikalen Parteien die Möglichkeit, ihre Anhängerschaft zu mobilisieren. Es ist daher alles andere als erstaunlich, dass sich die entsprechenden Verfahren gerade in den Krisenjahren 1923 und 1924 sowie in der Endphase der Weimarer Republik gehäuft haben – und es erscheint durchaus nachvollziehbar, wenn die Volksbegehren und Volksentscheide im Nachhinein als Symbol für den Niedergang des Weimarer Systems interpretiert wurden.[1]

Auf der anderen Seite ist aber festzuhalten, dass es mit Ausnahme des Oldenburger Verfahrens von 1931 kein einziges Mal gelungen ist, die Legislaturperiode eines Landtages auf diesem Wege vorzeitig zu beenden.[2] Mehr noch. Bei den allermeisten Verfahren zur plebiszitären Parlamentsauflösung gelang es den radikalen Parteien nicht, auch nur diejenigen Bürgerinnen und Bürger zu mobilisieren, die ihnen bei den jeweils vorausgegangenen Wahlen ihre Stimme gegeben hatten.

Zwar ist grundsätzlich davon auszugehen, dass ein Volksbegehren zur Landtagsauflösung eine größere Destabilisierungswirkung entfaltet, als ein Verfahren zur Volksgesetzgebung, da die Arbeitsfähigkeit des Parlamentes während eines solchen Verfahrens massiv beeinträchtigt wird oder gar ganz zum Erliegen kommt. In den meisten Fällen, in denen ein solches Verfahren tatsächlich betrieben wurde, war das Parlament aber ohnehin schon handlungsunfähig. Damit lässt sich aber auch für die Länder festhalten, dass die Volksbegehren und Volksentscheide zumeist lediglich die ohnehin bestehende Krise des politischen Systems deutlich gemacht und möglicherweise geringfügig verstärkt haben. Eine etwas andere Bewertung erscheint allenfalls für die aufsehenerregenden Verfahren in Preußen, Oldenburg und Sachsen in den Jahren 1931 und 1932 gerechtfertigt, bei denen es zu Bündnissen der radikalen Parteien kam. Dies war aber nur deshalb möglich, weil die im Übrigen kaum zu überbrückenden politischen Differenzen zwischen den politischen Zielen der Rechtsparteien und der KPD in einem Verfahren zur plebiszitären Parlamentsauflösung durch das gemeinsame Ziel verdeckt wurde, die Demokratie auf demokratischem Wege zu beseitigen. Nachdem bei den infolge des Volksentscheids durchgeführten Neuwahlen in Oldenburg jedoch deutlich geworden war, dass tatsächlich nur die Rechtsparteien von der vorzeitigen Parlamentsauflösung profitieren konnten, kam es aber zu keinen weiteren Bündnissen der antidemokratischen Kräfte mehr. Dennoch zeigt sich an diesen Beispielen, dass den Verfahren zur plebiszitären Parlamentsauflösung gegebenenfalls durchaus eine destabilisierende Wirkung zukommen kann, da sich die Antragsteller den allgemeinen Unmut gegenüber der Regierungspolitik zunutze machen können, ohne selbst eine tragfähiges Alternative zur bisherigen Regierungspolitik anbieten zu müssen.

---

1 So etwa besonders deutlich *Bracher*, Entstehung, S. 13, der sich allerdings später (*Bracher*, Machtvakuum, S. 109, 117) differenzierter geäußert und dem Verhältnis zwischen Reichstag und Reichspräsident maßgebliche Bedeutung zugemessen hat; vgl. auch *Fraenkel*, Repräsentative Komponente, S. 29/52 sowie die weiteren in Fn. 3 auf S. 108 erwähnten Stellungnahmen.

2 In den wenigen Fällen, in denen sich Landtage infolge eines Volksbegehrens selbst aufgelöst haben, wäre es – in Bayern – wegen des bevorstehenden Endes der Legislaturperiode sicher und in Sachsen und Braunschweig zumindest mit an Sicherheit grenzender Wahrscheinlichkeit ohnehin alsbald zu Neuwahlen gekommen.

C. Zur Aussagekraft der Ergebnisse für die aktuelle Diskussion

Zum Abschluss dieses Abschnitts stellt sich nun die Frage, ob und welche Aussagekraft den bisherigen Ergebnissen für die aktuelle Diskussion zukommt. Auf den ersten Blick deuten die „Weimarer Erfahrungen" mit Volksbegehren und Volksentscheiden darauf hin, dass sich diese Verfahren nicht dazu eigenen, die im ersten Teil dieser Untersuchung aufgezeigten strukturellen Defizite der parlamentarischen Demokratie auszugleichen. Auch wenn man nämlich auf der einen Seite wie hier davon ausgeht, dass die direktdemokratischen Verfahren entgegen einer nicht nur im staatsrechtlichen Schrifttum und der politischen Diskussion, sondern auch in der Geschichts- und Politikwissenschaft immer noch weit verbreiteten Auffassung[1] keinen maßgeblichen Anteil am Niedergang der Weimarer Republik gehabt haben, kann auf der anderen Seite doch keine Rede davon sein, dass die Volksbegehren und Volksentscheide in der Zeit der Weimarer Republik dazu beigetragen hätten, die Kommunikation zwischen dem Parlament und den Bürgern zu verbessern. Ebensowenig ist erkennbar, dass diese Verfahren überwiegend oder auch nur teilweise dafür genutzt worden wären, um bestimmten Sachentscheidungen des Parlamentes zu korrigieren. Vielmehr stand spätestens ab dem Ende der zwanziger Jahre das Bemühen im Vordergrund, die jeweilige Regierung zu stürzen. Und schließlich besteht kein Anlass für die Vermutung, dass die Bürger durch die Möglichkeit, sich unmittelbar an Entscheidungen innerhalb des Staates beteiligen zu können, tatsächlich in die Verantwortung für die Folgen dieser Entscheidungen eingebunden worden wären.

Völlig unabhängig davon, ob und in wie weit sich die praktischen Erfahrungen mit den direktdemokratischen Verfahren in der Zeit der Weimarer Republik angesichts der völlig anderen Ausgestaltung des Verhältnisses der Staatsorgane und der Stellung von Parlament und Regierung im System der Weimarer Reichsverfassung überhaupt auf die Bundesrepublik Deutschland und ihre Länder übertragen lassen,[2] ist in diesem Zusammenhang zu beachten, dass sich die gesellschaftlichen Rahmenbedingungen der Politik in den vergangenen Jahrzehnten grundlegend verändert haben. Insbesondere kann heutzutage von einem wesentlich höheren (allgemeinen und politischen) Bildungsniveau und davon ausgegangen werden, dass eine deutliche Mehrheit der Bürger hinter den Grundprinzipien der Verfassung steht.

Dennoch ist die Auseinandersetzung mit dem Verfassungsrecht und der Verfassungswirklichkeit der Weimarer Republik kein bloßes Glasperlenspiel. Denn die Regelungen der Weimarer Reichsverfassung, des VEG und der Länderverfassungen der Weimarer Republik illustrieren eindrucksvoll, was man nicht tun darf, wenn man den Bürgern mit der Einführung direktdemokratischer Verfahren nicht nur einen „plebiszitären Spielplatz" schaffen will. Denn die praktischen Erfahrungen mit diesen Verfahren belegen, dass jede einzelne Hürde auf dem Weg zu einem Volksentscheid daraufhin überprüft werden muss, ob das Verfahren unter realistischen Bedingungen ein praktikables Instrumente der Politik bleibt.

---

1   Vgl. dazu ausführlich *Schwieger*, S. 315 ff. und insbesondere S. 326 ff., der zwischen der „herrschenden Meinung" und den „revisionistischen Tendenzen" unterscheidet, dabei aber durchaus klar stellt, dass die „herrschende Meinung" auf einer sehr schmalen Basis beruht.
2   Auf die Schwierigkeiten eines verfassungsvergleichenden Ansatzes wurde bereits hingewiesen, dazu oben S. 63 f.

Dies betrifft unter anderem die Festlegung des Anwendungsbereiches der Verfahren, die Einführung von Fristen, Quoren, die Ausgestaltung des Vorverfahrens und der Rechtsschutzmöglichkeiten und nicht zuletzt auch die Frage, wer die Kosten des Verfahrens zu tragen hat.

2. Kapitel: Die „direktdemokratischen Verfahren" in der Zeit des Nationalsozialismus[1]

In einer Untersuchung über die direkte Demokratie in Deutschland dürfen auch die Volksbefragungen nicht fehlen, die in der Zeit des Nationalsozialismus durchgeführt werden, um besonders wichtigen Entscheidungen nachträglich zumindest den Anschein demokratischer Legitimation zu verschaffen.

Obwohl durch das Ermächtigungsgesetz vom 24. März 1933[2] auch der Reichsregierung das Recht eingeräumt wurde, Gesetze zu beschließen und ungeachtet der Tatsache, dass dieses Verfahren in der Folgezeit zum Regelfall der Gesetzgebung wurde, blieb die Weimarer Reichsverfassung auch nach der Machtübergabe an die Nationalsozialisten formell in Kraft. Dies galt grundsätzlich auch für die Vorschriften über die Gesetzgebung. Da auch das einschlägige Ausführungsgesetz über den Volksentscheid nicht formell aufgehoben wurde,[3] wäre es theoretisch auch weiterhin möglich gewesen, ein Volksbegehren einzuleiten.[4] In der Praxis konnten die Institute des Volksbegehrens und des Volksentscheides jedoch keine Rolle mehr spielen, da sich der Volkswille nach der Ideologie des Nationalsozialismus im Führer widerspiegelte. Ein Widerspruch zwischen der Meinung des Führers und dem Willen des Volkes war daher schlechthin unvorstellbar.[5]

Allerdings wurde mehrfach der Versuch unternommen, den Entscheidungen des Führers durch nachträgliche Abstimmungen den Anschein einer hohen demokratische Legitimation zu verschaffen. Grundlage für diese Referenden war das bereits am 14. Juli 1933 erlassene und verkündete „Gesetz über Volksabstimmung",[6] mit dem die Voraussetzungen für Volksbefragungen durch die Regierung geschaffen wurden.[7] Gegenstand eines solchen Verfahrens konnte jede „von der Reichsregierung beabsichtigte Maßnahme" sein. Der Anwendungsbereich war also nicht nur Gesetzentwürfe beschränkt. Gemäß § 2 Satz 1 des Gesetzes genügte bei der Abstimmung die Zustimmung durch eine Mehrheit der abgegebenen gültigen Stimmen, wobei Satz 2 ausdrücklich klarstellte, dass dieses Quorum auch für verfas-

---

1 Zusammenfassend dazu *Jung*, Volksabstimmungen der Nationalsozialisten, passim.
2 RGBl. I S. 141.
3 Die entsprechenden Bestimmungen der Länder sind hingegen mit dem Gesetz über den Neuaufbau des Reiches vom 30.1.1934 (RGBl. 1934 I, S. 75) automatisch außer Kraft getreten, da die Hoheitsrechte der Länder damit endgültig auf das Reich übergeleitet wurden.
4 Vgl. dazu auch *Schwieger*, S. 237 ff.
5 Vgl. dazu *Berger*, S. 94 f.
6 RGBl. I S. 479. Dazu ausführlich *Jung*, Plebiszit und Diktatur, S. 21 ff.; sowie *Schwieger*, S. 203 ff., der auch ausführlich auf den Prozess der Entstehung des Gesetzes eingeht, das von Reichsinnenminister Frick und Reichsfinanzminister Popitz formuliert worden war.
7 *Berger*, S. 95, vertritt die Ansicht, dass dieses Gesetz die Regelungen des VEG verdrängt habe. Geht man jedoch davon aus, dass die Bestimmungen der Artt. 68 ff. WRV von dem neuen Gesetz unberührt blieben, so kann auch für die einschlägigen Ausführungsbestimmungen grundsätzlich nichts anderes gelten. Zumindest theoretisch bestand daher weiterhin die Möglichkeit für Volksbegehren und Volksentscheide.

sungsändernde Maßnahmen gelten sollte.[1] Da das Ergebnis der Abstimmung jedoch nur dann verbindlich war, wenn das Volk der Maßnahme zugestimmt hätte,[2] und die Reichsregierung im Falle der Ablehnung daher nicht daran gehindert gewesen wäre, die betreffende Maßnahme dennoch umzusetzen, handelte es sich bei den „Volksabstimmungen" nach diesem Gesetz tatsächlich um reine Volksbefragungen.[3]

Obwohl der Umstand, dass die Reichsregierung das „Gesetz über Volksabstimmung" relativ rasch in Kraft gesetzt hat, darauf hindeutet, dass man beabsichtigte, diese Verfahren nicht nur in seltenen Ausnahmefällen zu nutzen, kam es in den folgenden Jahren nur zu drei Volksbefragungen.[4] Zunächst wurde den Bürgern am 12. November 1933 im Zusammenhang mit der Reichstagswahl die Frage gestellt, ob das Volk den Austritt aus dem Völkerbund billige.[5] Schon damit war der Anwendungsbereich des Gesetzes über Volksabstimmung überschritten worden, da es sich jedenfalls zum Zeitpunkt der Abstimmung nicht mehr um eine „beabsichtigte Maßnahme" der Reichsregierung handelte. Schließlich hatte das Deutsche Reich bereits am 19. Oktober 1933, also nur 5 Tage nach der Anordnung der Abstimmung,[6] seinen Austritt aus dem Völkerbund erklärt.[7] Die Abstimmung diente somit nur noch zur nachträglichen Legitimation der bereits vollzogenen Entscheidung. Bei der Abstimmung stimmten 95,1 Prozent der Stimmberechtigten mit „Ja". Auffallenderweise befürwortete damit ein noch größerer Anteil der Stimmberechtigten den Austritt aus dem Völkerbund als bei den Reichstagswahlen auf die Einheitsliste der NSDAP entfallen war.[8]

Nur 10 Monate später wurde das Volk am 19. August 1934 zu der Frage befragt, ob es damit einverstanden war, dass Adolf Hitler neben dem Amt des Reichskanzlers auch das Amt des Reichspräsidenten übernommen hatte. Wiederum konnten die Bürger nur den bereits vollzogenen Akt bestätigen. da die Reichsregierung bereits unmittelbar vor dem Tode Paul von Hindenburgs am 2. August 1933 beschlossen hatte, dass das Amt des Reichspräsidenten mit Wirkung zum Zeitpunkt des Ablebens des Reichspräsidenten mit

---

1 Vor kurzem hat *Jung* herausgearbeitet, dass es sich bei dieser Regelung um eine (späte) Reaktion auf Art. 75 WRV handelte, die sich auf die Bestrebungen des zuständigen Referenten im Innenministerium Georg *Kaisenberg* zurückführen lässt, der einer Sabotage der Abstimmung entgegenwirken wollte, vgl. dazu die Wiedergabe der Begründung zum Gesetz über Volksabstimmung bei *Jung*, Plebiszit und Diktatur, S. 25.
2 Nur für diesen Fall war die Ausfertigung und Verkündung im Reichsgesetzblatt vorgesehen, vgl. § 3 des Volksabstimmungsgesetzes i.V.m. Art. 3 des Gesetzes zur Behebung der Not von Volk und Reich („Ermächtigungsgesetz") vom 24.3.1933, RGBl. I S. 141.
3 Zur Abgrenzung zwischen deklaratorischem Referendum und Volksbegehren siehe oben S. 42.
4 Vgl. zusammenfassend *Schnurr*, S. 152 ff.
5 Ausführlich dazu *Jung*, Plebiszit und Diktatur, S. 35 ff.; vgl. auch *Berger*, S. 98.
6 Vgl. den Aufruf der Reichsregierung an das Deutsche Volk vom 14.10.1933, RGBl. I S. 730 f., sowie dazu *Schwieger*, S. 215 ff./242 ff.
7 Insofern kommt es nicht darauf an, dass die Kündigung gemäß Art. 1 Abs. 3 des Völkerbundpaktes erst zwei Jahre später wirksam wurde. Entscheidend ist vielmehr, dass durch die Austrittserklärung schon *vor* der Abstimmung eine verbindliche Entscheidung getroffen worden war.
8 Bei der Reichstagswahl waren alle Stimmen, die nicht für die NSDAP abgegeben wurden, ungültig, Bei der Abstimmung gab es hingegen die Möglichkeit, „offiziell" mit „Nein" zu stimmen. Eine ausführliche und überzeugende Analyse der Abstimmung hat vor kurzem *Jung*, Plebiszit und Diktatur, S. 50 ff. veröffentlicht.

dem des Reichskanzlers vereinigt werden sollte.[1] Obwohl die Reichsregierung nichts unversucht ließ, um die Wähler in ihrem Sinne zu beeinflussen, stimmten letzten Endes nur 89,93 Prozent der Abstimmenden der Ämterverschmelzung zu.[2] Damit hatten immerhin mehr als zehn Prozent der Abstimmenden die Möglichkeit genutzt, um sich gegen die Politik der Reichsregierung auszusprechen.[3]

Angesichts dieses aus der Sicht der NSDAP enttäuschenden Ergebnisses erscheint es nicht weiter erstaunlich, wenn die Reichsregierung in der Folgezeit darauf verzichtet hat, weitere Volksbefragungen durchzuführen.[4] Die einzige Ausnahme war die Befragung über den „Anschluss" Österreichs an das Reich, die am 10. April 1938 – wiederum im Zusammenhang mit einer Reichstagswahl – allerdings wohl nur deshalb durchgeführt wurde, weil der österreichische Bundeskanzler Kurt von Schuschnigg schon am 9. März 1938 ohne vorherige Absprache mit Adolf Hitler für den 13. März 1938 eine Volksbefragung über die Unabhängigkeit Österreichs angekündigt hatte – und zwar mit dem Ziel, den „Anschluss" Österreichs an das deutsche Reich doch noch zu verhindern. Zwar war diese Abstimmung zunächst wieder abgesagt worden, nachdem Adolf Hitler Vorbereitungen für einen Einmarsch in Österreich angekündigt hatte.[5] Allerdings war es nunmehr unabdingbar geworden, zumindest das österreichische Volk zu befragen, um jeden Anschein zu vermeiden, dass der „Anschluss" gegen den Willen der Bürger erfolgt sei.[6] Da die Abstimmung aber nicht auf einen Teil des neuen „Großdeutschen Reiches" beschränkt werden konnte, wurde sie im gesamten Reichsgebiet durchgeführt. Diesmal konnte die Regierung formal einen überwältigenden Erfolg verbuchen. Angesichts der vergleichsweise niedrigen Zahl ungültiger Stimmen spricht jedoch einiges dafür, dass das Ergebnis von 99 Prozent „Ja"-Stimmen nur durch Manipulationen erreicht worden ist.[7] Auch ist wiederum festzuhalten, dass sich die Abstimmung auf eine bereits vollzogene Maßnahme bezog, da die Vereinigung

---

1 Vgl. das Gesetz über das Staatsoberhaupt des Deutschen Reich vom 1.8.1934, RGBl. I S. 747. Dieses Gesetz stand im Widerspruch zu den Regelungen des „Ermächtigungsgesetzes", nach dem das Amt des Reichspräsidenten an sich nicht angetastet werden sollte, vgl. dazu auch *Schwieger*, S. 220 ff.
Erst einen Tag später, nachdem Hindenburg tatsächlich verstorben war, ordnete die Reichsregierung die Volksabstimmung über das Gesetz an, vgl. den Aufruf der Reichsregierung vom 2.8.1934, RGBl. I S. 752.

2 95,71 % der Stimmberechtigten beteiligten sich, *Berger*, S. 99.

3 Ausführlich zur Abstimmung und der Analyse des Ergebnisses, *Jung*, Plebiszit und Diktatur, S. 61 ff.

4 So die überzeugende Darstellung von *Jung*, Plebiszit und Diktatur, S. 82 ff., der damit der negativen Bewertung des Verfahrens in der staatsrechtlichen Literatur entgegen tritt, vgl. MD-*Herzog*, Art. 20 GG, Rn. II.39.

5 Hitler hatte gefordert, dass der Vorsitzende der österreichischen Nationalsozialisten Seyß-Inquart als Bundeskanzler eingesetzt werden sollte. Nachdem sich der Bundespräsident Miklas geweigert hatte, dieser Forderung nachzugeben, wurde ein Hilferuf Seyß-Inquarts fingiert, und am 12.3. überschritten deutsche Truppen die Grenzen des Nachbarlandes.

6 Vgl. dazu *Jung*, Plebiszit und Diktatur, S. 110 ff.

7 Zu diesem Ergebnis kommt auch *Jung*, Plebiszit und Diktatur, S. 123; vgl. auch *D. Hartmann*, S. 54; *Berger*, S. 99. Dies kündigte sich schon auf dem Abstimmungszettel an, auf dem die Frage gestellt wurde. „Bist Du mit der am 13. März 1938 vollzogenen Wiedervereinigung Österreichs mit dem Deutschen Reich einverstanden und stimmst Du für die Liste unseres Führers Adolf Hitler?" Für das „Ja" war ein großer Kreis in die Mitte des Stimmzettels gedruckt, für das „Nein" nur ein kleiner in der Ecke.

Deutschlands und Österreichs bereits am 13. März 1938 beschlossen und tatsächlich vollzogen worden war.[1]

Zusammenfassend lässt sich damit festhalten, dass es sich bei den Volksbefragungen im Dritten Reich tatsächlich um keine direktdemokratischen Verfahren im engeren Sinne handelte, da sie lediglich zur Legitimation bereits vollzogener Entscheidungen dienten. Schon von daher haben diese Verfahren keine nennenswerte Bedeutung für die aktuelle Diskussion über die Einführung bzw. Erweiterung der unmittelbaren Mitwirkungsmöglichkeiten der Bürger. Sie illustrieren allenfalls die Gefahren, die mit einer Volksbefragung oder einem Referendum über eine an sich bereits beschlossene Maßnahme verbunden sind: Da ein solches Referendum ausschließlich dazu dient, die betreffende Maßnahme nachträglich zu legitimieren und ihr auf diese Weise die „höheren Weihen" der unmittelbaren Zustimmung durch das Volk zu verschaffen, müssen die Initiatoren – also die Regierung oder die Parlamentsmehrheit – sehr darauf bedacht sein, dass sich ein möglichst großer Teil der Bürger an der Abstimmung beteiligt und ein möglichst großer Anteil der Abstimmenden der betreffenden Maßnahme auch zustimmt. Umgekehrt müssen sie befürchten, dass die Bürger die Möglichkeit der Abstimmung nutzen, um ihrer allgemeinen Unzufriedenheit mit den politischen Verhältnissen Ausdruck zu verleihen. Angesichts dieser Risiken liegt es für die Initiatoren aber nahe, alle ihr zur Verfügung stehenden Mittel zu nutzen, um das Verfahren in ihrem Sinne zu beeinflussen. Die Grenze zur Manipulation des Verfahrens wird unter diesen Umständen nur allzu leicht überschritten.

---

1 Vgl. dazu auch *Schwieger*, S. 225 ff.

3. Teil: Die direktdemokratischen Verfahren im Grundgesetz und in den älteren Landesverfassungen

Im Mittelpunkt des folgenden Teils soll die nächste Entwicklungsphase der direkten Demokratie in Deutschland stehen, die unmittelbar nach dem Zusammenbruch des Dritten Reiches im Jahre 1945 begann und die im wesentlichen in der Mitte der siebziger Jahre des 20. Jahrhunderts abgeschlossen war. Dabei lassen sich (mindestens) drei Teilphasen unterscheiden. Während sich in sämtlichen der in den Jahren 1946 und 1947 entstandenen Länderverfassungen Regelungen über direktdemokratische Verfahren finden, die durchweg an Vorbilder aus der Zeit der Weimarer Republik anknüpfen, zeichnet sich das im Jahre 1949 verabschiedete Grundgesetz durch ein klares Bekenntnis zur repräsentativ-parlamentarischen Demokratie aus. Dieses Vorbild scheint wiederum die in einigen Ländern noch andauernden Verfassungsberatungen beeinflusst zu haben, da auch in den meisten der danach Kraft getretenen Landesverfassungen zumindest zunächst keine unmittelbaren Sachentscheidungen der Bürger vorgesehen waren. In der Mitte der siebziger Jahren lebte die Diskussion dann in einigen Ländern nochmals auf – mit ganz unterschiedlichen Ergebnissen.

Obwohl sich angesichts dieser Entwicklung eine chronologische Darstellung anzubieten scheint, soll im Folgenden zunächst auf die Rechtslage im Bund und dann im 2. Kapitel auf die einschlägigen Bestimmungen der älteren Landesverfassungen eingegangen werden. Diese Vorgehensweise erscheint schon deshalb geboten, weil das Grundgesetz nicht nur einige rudimentäre Regelungen über direktdemokratische Verfahren auf der Ebene des Bundes enthält, sondern über das so genannte „Homogenitätsgebot" des Art. 28 GG auch die Verfassungsordnungen der Länder prägt.

Ausgangspunkt der folgenden Überlegungen ist die Erkenntnis, dass sich die Kommissionen, Verfassungsausschüsse und Parlamente, die seit dem Ende der achtziger Jahre des 20. Jahrhunderts über die Einführung oder Erweiterung der unmittelbaren Mitwirkungs- und Entscheidungsrechte der Bürger zu beraten hatten, auf der einen Seite an den Vorgaben des Grundgesetzes und auf der anderen Seite am Vorbild der einschlägigen Bestimmungen der älteren Landesverfassungen orientiert haben – und an den praktischen Erfahrungen mit diesen Bestimmungen.

1. Kapitel: Direkte Demokratie und Grundgesetz

Obwohl Art. 20 II 2 GG neben Wahlen auch Abstimmungen des Volkes als eine Form der unmittelbaren Ausübung von Staatsgewalt erwähnt, hat sich der Parlamentarische Rat bekanntermaßen gegen die Aufnahme von Bestimmungen über das Volksbegehren und den Volksentscheid in das Grundgesetz entscheiden. Auch alle weiteren Versuche, die unmittelbaren Mitwirkungs- und Entscheidungsbefugnisse der Bürger auf der Bundesebene zu erweitern, sind gescheitert (I). Derzeit sind unmittelbare Entscheidungen der Bürger daher außerhalb der Bundestagswahlen nur im Zusammenhang mit der Neugliederung des Bundesgebietes vorgesehen (II). Darüber hinaus findet sich in Art. 146 GG ein kryptischer Hinweis auf eine „freie Entscheidung des deutschen Volkes" (III). Und schließlich enthält das Grundgesetz einige Vorgaben, die von den Verfassunggebern in den Ländern zu beachten sind (IV).

I. Zur Entstehungs- und Entwicklungsgeschichte des Grundgesetzes

Von Anfang an hat die Frage, ob und gegebenenfalls auf welche Weise die Bürger unmittelbar an der politischen Willensbildung auf der Ebene des Bundes beteiligt werden sollten, eine große Rolle in der verfassungspolitischen Diskussion gespielt. Da die Beratungen des Verfassungskonvents vom Herrenchiemsee und des Parlamentarischen Rates maßgeblich von den Verfassungsdiskussionen geprägt, die kurz zuvor in den Ländern geführt worden waren oder dort nach andauerten, soll jedoch zunächst auf die Vorgeschichte eingegangen werden.[1]

A. Die Vorgeschichte – Die Verfassungsberatungen in den Ländern in den Jahren 1945 bis 1948

Nach dem Zusammenbruch des Dritten Reiches und dem Ende des Zweiten Weltkrieges wurden in den westlichen Besatzungszonen neue Länder konstituiert, deren Grenzen weder den historischen Grenzlinien noch den wirtschaftlich-sozialen Gegebenheiten folgten, sondern vor allem militärischen Gesichtspunkten und den Bedürfnissen der Besatzungsmächte. Lediglich die beiden Stadtstaaten Bremen und Hamburg sowie Bayern blieben in ihrem Gebietsbestand weitgehend unverändert.

- Die noch bis 1933 zu Bayern gehörende Pfalz wurde allerdings der französischen Besatzungszone und dem neu gegründeten Land Rheinland-Pfalz zugeschlagen, das außerdem den südlichen Teil der preußischen Rheinprovinz, die linksrheinischen Gebiete der preußischen Provinzen Rheinhessen und Nassau sowie die Oldenburgische Exklave Birkenfeld an der Nahe umfasste. In der französischen Besatzungszone entstanden südlich der Autobahnverbindung Karlsruhe-Stuttgart-Ulm[2] weiterhin die Länder Baden und Württemberg-Hohenzollern. Das Saarland bekam einen Sonderstatus.
- In der amerikanischen Besatzungszone wurden die restlichen Gebiete der früheren Länder Württemberg und Baden im neuen Land Württemberg-Baden zusammen gefasst. Darüber hinaus erfasste die amerikanische Besatzungszone das Land Bayern, das aus dem früheren Volksstaat Hessen und den rechtsrheinischen Gebieten der früheren

---

1 Wiederum erstaunt es, dass *Schwieger* in seiner umfassenden Darstellung der wissenschaftlichen Diskussion über die direktdemokratischen Verfahren auf der Ebene des Bundes nicht auf die Querverbindungen zu den parallelen Verhandlungen in den Ländern eingeht.
2 Obwohl die französischen Truppen zunächst bis Karlsruhe und Stuttgart vorgestoßen waren, hatten die USA später durchgesetzt, dass die strategisch wichtige Autobahnverbindung von Frankfurt nach München ihrer Besatzungszone zugeschlagen wurde.

preußischen Provinzen Kurhessen und Nassau gebildete Land Hessen sowie mit dem Stadtstaat Bremen einen direkten Zugang zum Meer.
- In der britischen Besatzungszone waren zwar nach dem Kriegsende zunächst die Länder Oldenburg, Braunschweig und Schaumburg-Lippe wieder gegründet worden. Diese wurden jedoch schon 1946 mit der früheren preußischen Provinz Hannover zum neuen Land Niedersachsen vereinigt. Gleichzeitig wurde aus dem nördlichen Teil der preußischen Rheinprovinz und der ebenfalls preußischen Provinz Westfalen das Land Nordrhein-Westfalen gebildet, das ein Jahr später mit dem ebenfalls zunächst wieder gegründeten Land Lippe vereinigt wurde. Nördlich der Elbe entstand aus früheren preußischen und oldenburgischen Gebieten sowie der alten Hansestadt Lübeck das Land Schleswig-Holstein. Hamburg blieb selbständig.

In den Ländern der amerikanischen und der französischen Besatzungszonen wurden die Verfassungsberatungen sehr zügig aufgenommen.[1] In den Jahren 1946 und 1947 traten die Verfassungen von Baden,[2] Bayern,[3] Bremen,[4] Hessen,[5] Rheinland-Pfalz[6] und Württemberg-Hohenzollern[7] in Kraft, die den Bürgern durchweg die Möglichkeit gaben, im Wege des Volksbegehrens einen Volksentscheid über Gesetzentwürfe herbeizuführen.[8] Nichts anderes galt für die ebenfalls in den Jahren 1946 und 1947 verabschiedeten Verfassungen der Länder Mark Brandenburg,[9] Mecklenburg-Vorpommern,[10] Sachsen,[11] Sachsen-Anhalt[12] und

1 Vgl. dazu ausführlich unten S. 260 ff.
2 Vgl. Artt. 63 und 92 ff. der Verfassung des Landes Baden vom 19.5.1947 (Reg.Bl. Nr. 21) und dazu Fn. 3 auf S. 262.
3 Vgl. Artt. 71 ff. der Verfassung des Freistaates Bayern vom 2.12.1946, BayRS 100-1-S; die einschlägigen Bestimmungen der Verfassung gelten bis heute unverändert.
4 Vgl. die Verfassung der Freien Hansestadt Bremen vom 21.10.1947 (SaBremR 100-a-1); dazu unten S. 720 ff. zu den mittlerweile erfolgten Neuregelungen.
5 Vgl. Artt. 123 ff. der Verfassung des Landes Hessen vom 1.12.1946, GVBl. S. 229. Die einschlägigen Bestimmungen der Verfassung gelten bis heute unverändert.
6 Vgl. die Verfassung von Rheinland-Pfalz in der Fassung vom 18.5.1947; dazu unten S. 847 ff. zu den mittlerweile erfolgten Neuregelungen. Die einschlägigen Bestimmungen waren auf Druck des Landtags gegen den Willen der Landesregierung in die Verfassung eingefügt worden; vgl. dazu Geller/Kleinrahm-Dickersbach, Art. 68 NRW-V, Anm. 1.a.
7 Vgl. Artt. 23 und 71 der Verfassung für Württemberg-Hohenzollern vom 31.5.1947 (Reg.Bl. S. 1) und dazu Fn. 5 auf S. 262.
8 In Bayern und Rheinland-Pfalz hatte man zudem die Möglichkeit eines Volksentscheides über die Parlamentsauflösung vorgesehen.
9 Vgl. dazu Fn. 2 auf S. 503. Die Mark Brandenburg umfasste den ehemaligen preußischen Regierungsbezirk Potsdam und die westlich der Oder gelegenen Teile des Regierungsbezirkes Frankfurt an der Oder.
10 Vgl. dazu Fn. 2 auf S. 660. Das Land Mecklenburg-Vorpommern wurde aus dem Gebiet der beiden früheren mecklenburgischen Länder und dem westlichen Teil des preußischen Regierungsbezirkes Stettin gebildet
11 Vgl. dazu Fn. 2 auf S. 555. Das Land Sachsen war aus dem früheren Freistaat Sachsen und den westlichen der Oder gelegenen Teilen des früheren preußischen Regierungsbezirkes Schlesien gebildet worden.
12 Vgl. dazu Fn. 2 auf S. 593. Das Land Sachsen-Anhalt war aus den preußischen Regierungsbezirken Magdeburg und Halle-Merseburg, dem früheren Land Anhalt und einigen braunschweigischen und

Thüringen.[1] Und schließlich beschloss auch der nordrhein-westfälische Landtag noch im Jahre 1948 mit großer Mehrheit, solche Verfahren auch in diesem Bundesland einzuführen.[2] Etwas anders stellte sich die Lage in Hamburg[3] und Groß-Berlin[4] dar, wo die 1946 erlassenen Verfassungen überhaupt keine direktdemokratischen Verfahren vorsahen. Auch im Saarland[5] und in Württemberg-Baden[6] blieben die Bürger auf die Teilnahme an Referenden beschränkt. In Württemberg-Baden bestand darüber hinaus die Möglichkeit zur plebiszitären Parlamentsauflösung aufgrund eines Volksbegehrens. Unmittelbare Sachentscheidungen der Bürger aufgrund eines Volksbegehrens waren hingegen in diesen beiden Ländern nicht vorgesehen.

Trotz – oder möglicherweise gerade wegen – der Erfahrungen in der Zeit der Weimarer Republik sahen die Verfassunggeber in den Ländern somit zunächst offensichtlich keinen Grund, die Bürger auf die Teilnahme an den Wahlen zu beschränken. Auch der Umstand, dass die einschlägigen Bestimmungen der neuen Landesverfassungen nach dem Vorbild der Vorläuferregelungen aus der Zeit der Weimarer Republik formuliert worden sind, spricht gegen eine ausschließlich negative Bewertung der „Weimarer Erfahrungen" mit den direktdemokratischen Verfahren. So hatte man sich in Hessen und im Saarland bei der Formulierung der einschlägigen Regelungen vor allem an der Weimarer Reichsverfassung orientiert, in Bayern und Bremen[7] konnte man auf die Regelungen der früheren Landesverfassungen zurückgreifen,[8] und die einschlägigen Regelungen der Verfassung von Rheinland-Pfalz beruhen ursprünglich[9] auf dem Vorbild des § 6 der Preußischen Verfassung vom 30.11.1920.[10]

Im Laufe des Jahres 1948 änderte sich die politische Großwetterlage jedoch grundlegend. Nachdem sich die vier Besatzungsmächte Ende 1947 nicht über die Zukunft Deutsch-

thüringischen Gebieten gebildet worden.

1 Vgl. dazu Fn. 2 auf S. 692. Das Land Thüringen war aus dem früheren Freistaat Thüringen, dem preußischen Regierungsbezirk Erfurt und der ebenfalls preußischen Herrschaft Schmalkalden gebildet worden.
2 Vgl. zur Entstehungsgeschichte der Landesverfassungen ausführlich unten S. 259 ff.
3 Verfassung vom 15.5.1946 (GVBl. S. 51 ff.).
4 „Vorläufige Verfassung von Groß-Berlin" vom 13.8.1946 (VOBl. S. 294 ff.).
5 Vgl. Art. 101 der Verfassung des Saarlandes vom 15.12.1947 (ABl. S. 1077). Hier spielte sicherlich der Umstand eine Rolle, dass eine Abstimmung über die (Wieder-) Eingliederung des Saarlandes verhindert werden sollte.
6 Vgl. Artt. 58 und 82 der Verfassung für Württemberg-Baden vom 30.11.1946 (Reg.Bl. S. 277) und dazu Fn. 4 auf S. 262.
7 Vgl. §§ 3 bis 9 der Landesverfassung vom 18. Mai 1920, die sich wiederum am Vorbild der Weimarer Reichsverfassung orientierte; Dazu *Spitta*, vor Art. 69 BremV (a.F.) und zu Art. 70 BremV (a.F.), S. 154; *Stuby*, HdBBremV, S. 288, 289 f., und ausführlich *Kringe*, passim.
Die Regelungen der Verfassung wurden im Gesetz über das Verfahren beim Volksentscheid konkretisiert = BremVBG a.F., vom 1. April 1969, GBl. S. 39, zuletzt geändert durch Gesetz vom 5.7.1994, BremGBl. S. 200.
8 Dazu *Jung*, Grundgesetz, S. 140.
9 In beiden Ländern wurden die Verfassungen mittlerweile grundlegend überarbeitet, vgl. dazu unten S. 867 ff. bzw. S. 847 ff.
10 Vgl. dazu auch *Süsterhenn/Schäfer*, Art. 76 RP-V, Anm. 2.a.

lands einigen konnten, beschlossen die drei Westmächte zusammen mit den Benelux-Staaten im Rahmen der Londoner Sechsmächtekonferenz im Frühjahr 1948 die Gründung eines westdeutschen Staates, der eine Art von „Pufferzone" zwischen dem Einflussbereich der Sowjetunion und Westeuropa bilden sollte. Angesichts dieser Entwicklung versuchte die Sowjetunion, die ihrerseits daran interessiert war, ihren Machtbereich bis zum Rhein und von da aus weiter über ganz Europa auszudehnen, sich das Bedürfnis nach einer Wiederherstellung der deutschen Einheit zunutze zu machen. Noch vor dem Abschluss der Londoner Verhandlungen hatte der „Zweite Deutsche Volkskongress" bereits am 18. März 1948 beschlossen, dass in der Zeit vom 23. Mai bis zum 13. Juni in allen vier Besatzungszonen ein „Volksbegehren für eine unteilbare deutsche demokratische Republik" durchgeführt werden sollte.[1] Da die West-Alliierten die Auslegung von Listen verboten, blieb das Verfahren allerdings im wesentlichen auf die sowjetisch besetzte Zone beschränkt. Dort kamen nach einem massiven Propagandaaufwand über 12 Millionen Unterschriften zusammen. Dies entsprach etwa 90 % der Stimmberechtigten. Auch in Berlin hatten immerhin über 800.000 Menschen das Begehren unterstützt, was – bezogen auf die Gesamtbevölkerung – einem Anteil von 35 % entsprach.[2] Zu einer Volksabstimmung ist es in der Folgezeit jedoch nicht gekommen, da erwartungsgemäß nur die sowjetische Militäradministration für eine solche Abstimmung eintrat.

Nachdem der erste Schritt zur Gründung eines westdeutschen Staate bereits mit dem Beitritt Frankreichs zur „Bizone" am 8. April 1948 vollzogen worden war, kündigten die Militärgouverneure der Westalliierten am 18. Juni 1948 eine Währungsreform für die drei westlichen Besatzungszonen an. Diese Reform sollte nur zwei Tage später, also am 20. Juni 1948 wirksam werden. Obwohl zunächst nicht beabsichtigt war, die Reform auch auf die westlichen Sektoren Berlins auszudehnen, musste die Sowjetunion befürchten, dass der von ihr besetzte Teil Deutschlands mit alten Reichsmarkbeständen aus dem Westen überschwemmt würde. Sie unterband daher den Reiseverkehr zwischen Ost- und Westdeutschland und kündigte ihrerseits für den 23. Juni 1948 eine Währungsreform für die sowjetisch besetzte Zone und Groß-Berlin an. Diese Maßnahme veranlasste die Westalliierten wiederum dazu, die (West-)Deutsche Mark am 24. Juni 1948 doch noch zum alleinigen Zahlungsmittel für die westlichen Sektoren Berlins zu erklären. Die Sowjetunion reagierte hierauf mit der totalen Blockade aller Transitwege von und nach Berlin.[3] Damit drohte der kalte Krieg zu einem Waffengang zu eskalieren.

---

1 Das Gesetz, das vom Volk beschlossen werden sollte, bestand aus zwei Paragraphen. „§1. Deutschland ist eine unteilbare demokratische Republik, in der den Ländern ähnliche Recht zustehen sollen, wie sie die Verfassung des Deutschen Reiches vom 11. August 1919 enthielt.
§ 2. Dieses Gesetz tritt mit seiner Verkündung in Kraft."; vgl. „Neues Deutschland" (B-Ausgabe), 16. April 1948.

2 Dabei kann nicht mehr festgestellt werden, wie viele dieser Unterschriften von Bürgern aus den westlichen Sektoren stammten. Im amerikanischen Sektor war das Volksbegehren am 20.5. formell untersagt worden, in den französischen und britischen Sektoren behinderten die offiziellen Stellen die Eintragungen, vgl. dazu *Keiderling*, S. 47, 50.

3 Die Hoffnung, dass sich die Westalliierten nun aus Berlin zurückziehen würden, wurde allerdings enttäuscht, da amerikanische und britische „Rosinenbomber" über die Luftbrücke die Versorgung des Westteils der Stadt sicher stellten. Die Blockade Berlins wurde daher am 11. Mai 1949 beendet.

Wie im Folgenden aufzuzeigen sein wird, war diese Eskalation nicht nur Anlass für die Beratungen des Verfassungskonventes von Herrenchiemsee und des Parlamentarische Rates, sondern auch ein, wenn nicht sogar der entscheidende Grund für die bemerkenswerte plebiszitäre Abstinenz des Grundgesetzes.

B. Die Verhandlungen des Parlamentarischen Rates

Im Angesicht der soeben beschriebenen, extrem angespannten Lage übergaben die drei alliierten Militärgouverneure den westdeutschen Ministerpräsidenten am 1. Juli 1948 in Frankfurt drei Dokumente. Im ersten dieser „Frankfurter Dokumente" wurden die Ministerpräsidenten dazu aufgefordert, bis zum 1. September des Jahres eine verfassungsgebende Verfassung einzuberufen, die eine demokratische und föderalistische Verfassung schaffen sollte. Das zweite Dokument zielte auf eine Neugliederung des Bundesgebietes. Die entsprechenden Vorschläge sollten so rechtzeitig vorgelegt werden, dass die Bürger gleichzeitig mit der Wahl der Mitglieder der verfassunggebenden Versammlung über die künftigen Ländergrenzen abstimmen könnten. Im dritten Dokument wurden schließlich die Richtlinien für das künftige Besatzungsstatut vorgegeben.

Obwohl sich die Ministerpräsidenten auf der einen Seite schnell darüber klar wurden, dass sie diese Forderungen kaum ablehnen konnten, wollten sie auf der anderen Seite die Teilung Deutschlands nicht noch weiter verfestigen. Nach langwierigen Verhandlungen verständigten sie sich am 26. Juli 1948 mit den Militärgouverneuren darauf, dass anstelle einer frei gewählten Nationalversammlung ein von den Landesparlamenten besetztes Gremium, der „Parlamentarische Rat" über ein provisorisches Grundgesetz beraten solle.

Noch bevor der Parlamentarische Rat zusammentrat, kamen auf Einladung der bayerischen Landesregierung jeweils ein Vertreter der elf westdeutschen Länder[1] und – mit beratender Stimme – der Vorsitzende der Berliner Stadtverordnetenversammlung Otto Suhr auf der Herreninsel im Chiemsee zusammen. In knapp zwei Wochen erarbeiteten die Mitglieder dieses Verfassungskonventes im August 1948 einen Vorentwurf für das Grundgesetz. Im Gegensatz zu den bis dahin verabschiedeten Landesverfassungen enthielt dieser Entwurf keine Regelungen über Volksentscheide und fakultative Referenden. Zwar sah Art. 106 I des Herrenchiemsee-Entwurfes ein obligatorisches Verfassungsreferendum vor. Diese Regelung sollte aber erst fünf Jahre nach dem In-Kraft-Treten der Verfassung wirksam werden.

In den anschließenden Verhandlungen des Parlamentarischen Rates und seiner Ausschüsse spielte die Frage, ob die künftige Verfassung Regelungen über das Volksbegehren und den Volksentscheid enthalten sollte, nur eine sehr untergeordnete Rolle.[2] Zwar forderten die Zentrums-Abgeordneten Helene Wessel und Johannes Brochmann sowie der Abgeordnete Heinz Renner von der KPD im Rahmen der ersten Lesung des Entwurfes, solche

---

1   Baden (Paul Zürcher), Bayern (Josef Schwalber), Bremen (Theodor Spitta), Hamburg (Wilhelm Drexelius), Hessen (Hermann Brill), Niedersachsen (Justus Danckwerts), Nordrhein-Westfalen (Theodor Kordt), Rheinland-Pfalz (Adolf Süsterhenn), Schleswig-Holstein (Fritz Baade), Württemberg-Baden (Josef Beyerle) und Württemberg-Hohenzollern (Carlo Schmid).

2   Vgl. dazu *Niclauß*, APUZ 1993, B 45, S. 3, 9; im Herrenchiemseer Verfassungskonvent hat diese Frage überhaupt keine Rolle gespielt, vgl. dazu *Jung*, APUZ 1992, B 45, S. 16, 26 f.; *Paterna*, S. 38 f.; ausführlich zur Rezeption der Lehren von Weimar *Bugiel*, Volkswille, S. 177 ff. m.w.N.

Verfahren auch in das Grundgesetz einzuführen.[1] Die überwiegende Mehrheit der Abgeordneten des Parlamentarischen Rates lehnte die Einführung von Referenden, Volksbegehren und Volksentscheiden in die Verfassung der künftigen Bundesrepublik jedoch kategorisch ab.[2] Konsequenterweise fiel auf Vorschlag des so genannten „Fünferausschusses", der die letzten Streitfragen klären sollte, vor der dritten Lesung des Grundgesetzes im Hauptausschuss des Parlamentarischen Rates auch noch das obligatorische Verfassungsreferendum ohne jede Diskussion und ohne Begründung ersatzlos weg.[3] Nachdem ein letzter Versuch der Zentrums-Fraktion, doch noch eine Regelung über direktdemokratische Verfahren einzufügen, am 5. Mai 1949 gescheitert war,[4] blieb damit als einziges direktdemokratisches Verfahren die in Anlehnung an das Vorbild des Art. 18 WRV formulierte Regelung über die Neugliederung des Bundesgebietes in Art. 29 GG übrig – wobei Art. 118 GG eine Sonderbestimmung für die Vereinigung der drei südwestdeutschen Länder vorsah, die im Zweifel auch ohne eine Volksabstimmung möglich sein sollte.[5]

Folgt man den Materialien zur Entstehungsgeschichte des Grundgesetzes, so scheint die ablehnende Haltung des Parlamentarischen Rates – wie bereits zu Beginn der Ausführungen zur Rechtslage und Rechtspraxis in der Zeit der Weimarer Republik erwähnt wurde[6] – vor allem in den Erinnerungen an die „Weimarer Erfahrungen" begründet gewesen zu sein. Da den Mitgliedern des Parlamentarischen Rates die Verführbarkeit des Volkes nur zu genau im Gedächtnis war, herrschte ein sehr pessimistisches Bild von den Menschen und der

1   Zunächst hatten Wessel und Brockmann im Rahmen der ersten Lesung des Grundgesetz-Entwurfes den Antrag gestellt, einen Volksentscheid aufgrund eines Volksbegehrens durch 10 % der Stimmberechtigten einzuführen, vgl. das Sten. Prot. der Sitzung vom 8.12.48, S. 263. Auf ihre These, der Entwurf enthalte wohl nur aufgrund eines Versehens keine entsprechende Regelung antworteten die Abg. *Katz* und *Heuß* mit der Behauptung, dass diese Frage bereits durch den Organisationsausschuss geklärt sei. Daher bedürfe es keiner weiteren Diskussion mehr – Tatsächlich trifft diese Aussage jedoch nicht zu, da der Organisationsausschuss sich ausweislich seiner Protokolle überhaupt nicht mit der Thematik befasst hatte, vgl. dazu mit überzeugenden Belegen *Jung*, Grundgesetz, S. 284.
    Nachdem der Antrag der Zentrumsfraktion abgelehnt worden war, legte der KPD-Vertreter Renner einen eigenen Vorschlag vor und bat nur um Überweisung in die Ausschüsse. Auch dieser Antrag wurde abgelehnt, vgl. a.a.O. und die Darstellung bei *Bachmann*, Warum enthält das Grundgesetz, S. 75, 78 f.
2   Vgl. dazu ausführlich die Darstellung bei *Jung*, Grundgesetz, S. 281 ff., der insbesondere auf die schwankende Haltung der SPD eingeht, in der sich vor allem Rudolf Katz gegen jede plebiszitäre Öffnung ausgesprochen hatte; dazu auch *Schwieger*, S. 272 ff.
3   Vgl. die Stenographischen Protokolle der Sitzungen vom 1.12.48, S. 144 ff., vom 12.1.49, S. 454, und vom 9.2.49, S. 656. Auf diesen Umstand hat auch schon *Paterna*, S. 40 f., hingewiesen. Dass keine Begründung gegeben wurde, hatte durchaus System. Der „Fünferausschuss", der die letzten Streitfragen klären sollte, wollte die Diskussion bewusst beenden. Daher haben sich seine Mitglieder jeder Begründung für ihre Änderungsvorschläge enthalten, vgl. dazu *Jung*, Grundgesetz, S. 278 ff.
    Schon bei den Beratungen des Verfassungskonventes war die Befürchtung geäußert worden, das obligatorische Referendum würde Verfassungsänderungen übermäßig erschweren, vgl. die Stellungnahmen von *Berger* und *Schmid*, in der Plenarsitzung vom 23.8.48, Parlamentarischer Rat, Bd. 2, S. 447. Beide forderten statt dessen bzw. zusätzlich die Möglichkeit der Verfassungsänderung durch Volksentscheid.
4   Vgl. Parl. Rat Drs. Nr. 818, sowie *Bachmann*, Warum enthält das Grundgesetz, S. 75, 80.
5   Auf diese Regelungen und ihre praktische Bedeutung wird im folgenden Abschnitt noch näher einzugehen sein; vgl. dazu unten S. 225 ff.
6   Vgl. dazu oben S. 108.

Gesellschaft vor.[1] Am deutlichsten wurde insofern wohl der spätere Bundespräsident Theodor Heuß, der im Hauptausschuss des Parlamentarischen Rates ausführte.

„(...) Die ganze Frage hat gleich zu Anfang eine Rolle gespielt, ob man den Volksentscheid und die Volksinitiative nicht wieder in die Verfassung aufnehmen soll oder nicht. Ich fand das sehr weise vom Parlamentarischen Rat, dass er das nicht getan hat. Das ist kein Problem der Demokratie, sondern ein Problem der soziologischen Situation, in der sich ein Volk befindet. Wir haben die Initiative und das Referendum[2] in den kleinräumigen Demokratien, wo sie wunderbar funktionieren. Hier aber wären sie nach den Erfahrungen nichts anderes als eine Prämie auf Demagogie (...) Es war immer eine blamable Situation, wenn Dinge künstlich gemacht worden sind, denen man von vorne herein ansah, dass sie nicht zum Zuge kommen werden, die aber – ich denke an den Young-Plan – eine politisch-psychologische Wirkung gehabt haben, die für Deutschland gefährlich wurde, weil eine komplizierte Sache in vereinfachter Darstellung an das Volk herangetragen wurde und die ganze politische Erziehungsarbeit, die in der Demokratie geleistet wurde, überrannt worden ist. (...)"[3]

Wie im ersten Kapitel dieses Abschnitts dargelegt wurde, gibt es zwar tatsächlich keinen Grund für eine solch ausschließlich negative Bewertung der „Weimarer Erfahrungen" mit Volksbegehren und Volksentscheiden. Den Mitgliedern des Parlamentarischen Rates lagen allerdings noch keine empirischen Untersuchungen über die Verfassungswirklichkeit in der Weimarer Republik vor.[4] Sie mussten daher in erster Linie auf ihre subjektiven Eindrücke zurückgreifen. Diese Erinnerungen waren aber wiederum davon geprägt, dass die meisten Mitglieder des Parlamentarischen Rates bereits in der Zeit der Weimarer Republik politisch aktiv gewesen waren und die tatsächlich durchgeführten Verfahren daher aus der Perspektive eines Abgeordneten oder Ministers erlebt hatten.[5] Zudem dominierte naturge

---

1 Auf diesen Umstand weist zu Recht *Niclauß*, APUZ 1993, B 45, S. 3, 10 hin; vgl. auch *Fliegauf*, LKV 1993, S. 181, 184

2 Gemeint sind Volksbegehren und Volksentscheid in der hier verwendeten Terminologie.

3 Parlamentarischer Rat, Hauptausschuss, Stenographisches Protokoll, 22. Sitzung am 8.12.1948, S. 264. Bereits in der Sitzung des Plenums am 9.9.1948 hatte *Heuss* den Begriff der „Prämie für Demagogen" geprägt (Sten. Prot. S. 30), der es allerdings wiederum von *Apelt* übernommen hatte, der in seiner Darstellung des Verfassungsrechts der Weimarer Republik das Volksgesetzgebungsverfahren als „gefährliches Mittel, Unruhe in das Volk zu tragen" bezeichnet hatte und dann fortfuhr „dazu hat es den Demagogen gedient." (*Apelt*, S. 380).
Ganz ähnlich wie Heuß hatte sich auch der SPD-Abgeordnete Rudolf Katz geäußert, vgl. die Stellungnahmen in den Debatten des Hauptausschusses des Parlamentarischen Rates am 9.9.48, Sten. Prot. S. 245 und schon am 1.12.48, Sten. Prot. S. 145. *Obst*, Rezeption, S. 71, 75, weist allerdings zu Recht darauf hin, dass *Katz* in erster Linie mit den Erfahrungen bei der Abstimmung über den Young-Plan („Freiheitsgesetz") argumentierte und eine konservierende Wirkung der Volksentscheide befürchtete.

4 So auch *Berger*, S. 246 f. und *Niclauß*, APUZ 1993, B 45, S. 3, 4; auch *Kühne*, ZG 1991, S. 116, 119 f. spricht von einer „Perhorreszierung" durch den parlamentarischen Rat.
Die einzige Darstellung des politischen Systems der Weimarer Republik stammte von Willibalt *Apelt*, der den direktdemokratischen Verfahren eine entscheidende Rolle für den Niedergang der Weimarer Republik zugesprochen hatte (*Apelt*, S. 380).

5 Besonders deutlich wurde dies vom früheren Reichskanzlers *Luther* vertreten, der als Sachverständiger

mäß die Erinnerung an die zuletzt durchgeführten Verfahren, also an den Volksentscheid gegen den „Young-Plan" und an die verschiedenen Initiativen zur plebiszitären Parlamentsauflösung, die in den Jahren 1931 und 1932 in den Ländern durchgeführt worden waren.[1]

Während es somit auf den ersten Blick durchaus nachvollziehbar erscheint, wieso die Mitglieder des Parlamentarischen Rates die „Weimarer Erfahrungen" mit der direkten Demokratie sehr negativ bewertet haben könnten, stellt sich in diesem Zusammenhang allerdings die Frage, wieso die Verfassunggeber in den Ländern bei ihren Beratungen in den Jahren 1946 und 1947 ohne weiteres an die entsprechende Regelungstradition aus der Zeit der Weimarer Republik angeknüpft hatten – wobei zu beachten ist, dass ein großer Teil der Mitglieder des Parlamentarischen Rates an diesen Beratungen beteiligt gewesen war. Geht man nun aber davon aus, dass die einschlägigen Bestimmungen nicht nur auf Druck der Besatzungsmächte in die Landesverfassungen aufgenommen wurden, so lässt die Diskrepanz der Argumentationsmuster eigentlich nur den Schluss zu, dass sich zwischen dem (vorläufigen) Abschluss der Verfassungsberatungen in den Ländern und dem Beginn der Beratungen über eine Verfassung für die drei westdeutschen Besatzungszonen die Rahmenbedingungen der Verfassunggebung auf eine solche Art und Weise verändert haben, dass die „Weimarer Erfahrungen" nunmehr in einem anderen Licht erschienen.

Tatsächlich waren diese Erfahrungen, wie Otmar Jung dargelegt hat,[2] keineswegs der einzige Grund für die ablehnende Haltung der Mehrheit des Parlamentarischen Rates. Vielmehr befürchtete man, dass sich die KPD als Schwesterpartei der SED im beginnenden kalten Krieg die Instrumente der direkten Demokratie zunutze machen und auf diese Weise das doch noch sehr junge und zarte Pflänzchen der pluralistischen Demokratie gefährden könnte. Im Mittelpunkt stand dabei die Sorge, dass sich bei einer von der KPD initiierten Abstimmung über die Frage der deutschen Einheit nach dem Vorbild des „Volksbegehrens für eine unteilbare deutsche demokratische Republik" auch in Westdeutschland eine Mehrheit der Bürger für die Vereinigung der vier Besatzungszonen und damit gegen die Westbindung der künftigen Bundesrepublik aussprechen könnte. Da seit Mitte Oktober 1948 eine von der KPD initiierte „Arbeitsgemeinschaft für eine gesamtdeutsche Verfassung" gegen das Grundgesetz agitierte und eine Abstimmung über die Verfassung einforderte, war absehbar, dass ein solches Referendum gegebenenfalls zu einem Votum zwischen einer raschen Wiederherstellung der deutschen Einheit und der Westbindung der Bundesrepublik umfunktioniert würde.[3]

Auch für die SPD gab es neben dem Bemühen, sich von der KPD abzugrenzen, zumindest einen guten Grund, sich gegen die Einführung von Volksabstimmungen auszusprechen. Schließlich hätte auf diesem Wege die mühsam erkämpfte Trennung von Staat und

---

vor dem Ausschuss für Wahlrechtsfragen in dessen 7. Sitzung am 5.10.1948 referierte, Der Parlamentarische Rat „Akten und Protokolle", Bd. 6, S. 181 f.

1 Auf diesen Umstand weist auch *Schwieger*, S. 326 ff., in Bezug auf die wissenschaftliche Diskussion im Nachkriegsdeutschland hin.
2 *Jung*, APUZ 1993, B 45, S. 16 ff. und ausführlich *ders.*, Grundgesetz, passim; vgl. dazu auch *Kühne*, ZG 1991, S. 116, 129; *Evers*, Anhörung der GVK am 17.6.1992, Sten. Prot. S. 9; sowie *Schwieger*, S. 278 ff., der ebenfalls davon ausgeht, dass den „Weimarer Erfahrungen" keine entscheidende Bedeutung zugekommen ist.
3 Vgl. dazu *Jung*, Grundgesetz, S. 257 ff.

Kirche wieder aufgehoben werden können. Tatsächlich hatte die CDU/CSU-Fraktion im Parlamentarischen Rat noch in der Schlussphase der Beratungen über das Grundgesetz gefordert, einen Volksentscheid über die Frage herbeizuführen, ob das Recht der Eltern, über den religiösen oder weltanschaulichen Charakter der Volksschulen zu bestimmen, in der Verfassung verankert werden sollte.[1] Und auch hinter der kurz darauf erhobenen Forderung der Zentrums-Fraktion, doch noch allgemeine Regelungen über das Volksbegehren und den Volksentscheid in die Verfassung einzufügen, stand wohl nicht zuletzt die Absicht, eine solche Abstimmung durchführen zu können.[2]

Trotz oder gerade wegen dieser Umstände ist allerdings festzuhalten, dass der Parlamentarische Rat die Einführung direktdemokratischer Verfahren nicht für alle Zeiten ausgeschlossen hat. In einer anderen „soziologischen Situation"[3], nach den „jetzigen aufgeregten Zeiten"[4] schien es durchaus vorstellbar, die Bürger auch über die Wahlen hinaus unmittelbar an der Gesetzgebung zu beteiligen.[5] Dies spiegelt sich zunächst in der Formulierung des Art. 20 II 2 GG wider, in dem die Abstimmungen des Bundesvolkes in einem Atemzug neben den Wahlen genannt werden. Nachdem das Grundgesetz aber keine Bestimmung über solche Abstimmungen (mehr) enthält,[6] sondern die Zuständigkeiten für die Rechtsetzung und -durchsetzung abschließend auf bestimmte Organe verteilt,[7] lässt sich Art. 20 II 2 GG nur in dem Sinne deuten, dass der verfassungsändernde Gesetzgeber nicht

---

1 Vgl. dazu Parl. Rat Drs. Nr. 755, sowie die Ausführungen des CDU-Abg. *Finck*, *Deutscher Bundestag/Bundesarchiv*, Band 9, S. 572 ff.
2 Vgl. dazu schon oben S. 206.
3 Vgl. die oben (S. 207) zitierte Stellungnahme von *Heuss* im Parlamentarischen Rat.
4 So der Abg. *Katz*, (SPD), a.a.O., S. 263, der sagte. „Es ist unpraktisch, in den jetzigen aufgeregten Zeiten, derartige Zweifelsfragen zum Gegenstand großer Debatten zu machen." Auch *Jung*, Grundgesetz, S. 294, betont die Situationsgebundenheit der Argumentation.
5 Damit lässt sich möglicherweise auch der Sinneswandel des SPD-Abgeordneten *Carlo Schmid* und des CDU-Abgeordneten *von Mangoldt* erklären, die noch im Oktober 1948 im Zusammenhang mit den Beratungen über den Art. 20 GG im Grundsatzausschuss betont hatten, dass sich aus ihr ein Monopol für die repräsentative Demokratie ergibt, vgl. dazu *Deutscher Bundestag/Bundesarchiv*, Band 5, S. 293; sowie *Jung*, Grundgesetz, S. 295 f. Zwei Monate später nahmen die beiden Abgeordneten die Stellungnahmen von *Heuss* und *Katz* jedoch widerspruchslos zur Kenntnis.
6 Art. 29 GG betrifft keine Abstimmung des Bundesvolkes. Art. 146 GG erwähnt zwar eine Abstimmung des gesamten deutschen Volkes – diese stünde aber am Ende einer Neukonstituierung, bei der auch das Bundesvolk neu bestimmt werden müsste.
7 Vgl. dazu *Bugiel*, Volkswille, S. 317 ff., m.w.N.; und zusammenfassend S. 357 f.; *Hufschlag*, S. 75 ff.; so im Ergebnis auch *Dach*, ZG 1987, S. 158 ff.; *Frotscher/Faber*, JuS 1998, S. 820, 822 ff.; *von Danwitz*, DÖV 1991, S. 601, 602. *Bleckmann*, JZ 1976, S. 217, 219/223; und *Ebsen*, AöR 1985, S. 2, 15, halten es sogar für zulässig, ohne eine vorherige Verfassungsänderung Referenden einzuführen. Noch weiter gehen *Obst*, S. 57 ff.; und im Anschluss daran *Evers*, APUZ 1991, B 23, S. 3, 5; die allerdings lediglich darauf abstellen, dass das Grundgesetz ausdrücklich die Möglichkeit von Abstimmungen erwähnt, ohne zu berücksichtigen, dass die Kompetenzordnung keinen Raum für unmittelbare Sachentscheidungen lässt. Zu einem ähnlichen Ergebnis ist in jüngster Zeit *Elicker*, ZRP 2004, S. 225, 226/227 f.; dagegen wiederum *Herbst*, ZRP 2005, S. 29.

daran gehindert ist, den Bürgern doch noch das Recht zu unmittelbaren Sachentscheidungen auf Bundesebene einzuräumen.[1/2]

Dieser Eindruck wird auch durch die Entstehungsgeschichte der Formulierung bestätigt. Obwohl der Begriff der „Abstimmungen" zunächst vor allem aus Gründen der Systemgerechtigkeit eingefügt worden war, um auch in Art. 20 klarzustellen, dass die Wahlen nicht die einzige Form der unmittelbaren Bürgerbeteiligung sind, lehnte der Parlamentarische Rat in der Schlussphase seiner Beratungen einen Antrag ab, die Worte „und Abstimmungen" zu streichen – obwohl de constitutione lata überhaupt keine Abstimmungen des Volkes mehr vorgesehen waren.[3] Diese Entscheidung lässt sich aber nur in dem Sinne verstehen, dass der Parlamentarische Rat dem verfassungsändernden Gesetzgeber die freie Entscheidung darüber überlassen wollte, ob und unter welchen Umständen das Grundgesetz doch noch um Regelungen über direktdemokratische Verfahren ergänzt werden soll. Schließlich wäre eine solche „plebiszitäre Öffnung" andernfalls an der Ewigkeitsklausel des Art. 79 III GG gescheitert, da die Beschränkung des Volkes auf die Wahlen gegebenfalls als einer der unabänderlichen Grundsätze der Verfassungsordnung anzusehen gewesen wäre.[4] So stellt sich im Hinblick auf Art. 79 III GG jedoch in erster Linie die Frage, ob und wie die „grundsätzliche Mitwirkung" der Länder an der Gesetzgebung im Rahmen direktdemokratischer Verfahren sichergestellt werden kann.

Schließlich enthält auch die Schlussbestimmung des Grundgesetzes einen, allerdings etwas versteckten Hinweis darauf, dass der Parlamentarische Rat die Bürger nicht grundsätzlich und für alle Zeiten auf die Teilnahme an Wahlen beschränken wollte. Wie sogleich

---

1   Vgl. dazu die Nachweise in der vorigen Fn. sowie *Jung*, Grundgesetz, S. 316 ff.

2   Es ist daher durchaus erstaunlich, wenn *Hufschlag*, S. 113 ff., dieser Frage in seiner Untersuchung über die verfassungsrechtliche Zulässigkeit direktdemokratischer Verfahren auf der Ebene des Bundes relativ großes Gewicht zumisst. Schließlich kann er selbst keine Belege dafür beibringen kann, dass die Zulässigkeit der Einführung direktdemokratischer Verfahren in der Vergangenheit im Hinblick auf die so genannte „Ewigkeitsklausel" des Art. 79 III GG in Frage gestellt worden wäre. Zwar behauptet *Hufschlag* in Fn. 21 auf S. 116, dass sowohl *Maunz/Dürig*, als auch BK-*Evers*, Art. 79 III GG, Rn. 180, davon ausgingen, Art. 79 III GG habe die „‚klassische' (=repräsentative) Demokratie im Auge". Diese Behauptung trifft hingegen nicht zu. Vielmehr betonen *Maunz/Dürig* an der von Hufschlag genannten Stelle (MD-*Maunz-Dürig*, Art. 79 GG, Rn. 47) ausdrücklich, dass es Sache des Verfassunggebers sei, sich zwischen der repräsentativ-parlamentarischen und der unmittelbar-plebiszitären Ausgestaltung des demokratischen Systems zu entscheiden.
    Noch erstaunlicher ist *Hufschlags* weitere Argumentation. Auf den S. 124 ff. befasst er sich mit der Frage, ob die Einführung direktdemokratischer Verfahren – obwohl sie auch nach seiner Ansicht von Art. 79 III GG gedeckt wäre! – mit der „Entscheidung des Grundgesetzes für die parlamentarische Demokratie" vereinbar ist. Zwar wurde und wird dieses Problem in der Tat diskutiert. Allerdings handelt es sich dabei entweder um explizit verfassungspolitische Beiträge (so etwa *Kirchhof*, HdBStR § 221, Rn. 48 ff.) oder um Untersuchungen über die Frage, ob direktdemokratische Verfahren durch ein *einfaches* Bundesgesetz eingeführt werden können (so etwa *Bleckmann*, JZ 1978, S. 217, 218 ff.).

3   Vgl. den Antrag des Abg. *v. Brentano* und anderer vom 4.5.1949, Parl. Rat Drs. Nr. 760 und das Sten. Prot. der Plenarsitzung des Parlamentarischen Rates vom 6.5.49, S. 181.

4   Dieses Problem erkennt auch *Elicker*, ZRP 2004, 225, 228, Fn. 42, der sich allerdings weigert, näher auf diese Frage einzugehen, da es sich um eine „bizarre Konstruktion" handele. So bizarr ist diese Konstruktion angesichts des klaren Wortlautes der Verfassung allerdings nicht.

noch näher darzulegen sein wird,[1] wurde in der Schlussphase der Beratungen über den künftigen Art. 146 GG die Vorgabe gestrichen, dass (nur) eine „gesamtdeutsche Nationalversammlung" über eine neue Verfassung zu entscheiden haben sollte. Damit wurde aber klar gestellt, dass das „Gründungsplebiszit", das der Parlamentarische Rat unter Berufung auf den provisorischen Charakter des Grundgesetzes abgelehnt hatte, gegebenenfalls zu einem späteren Zeitpunkt nachgeholt werden sollte.

C. Die späteren Diskussionen über eine Erweiterung der unmittelbaren Mitwirkungsrechte der Bürger auf der Ebene des Bundes

Wie bereits zu Beginn der Untersuchung deutlich wurde, sind bisher sämtliche Versuche gescheitert, das Grundgesetz um Regelungen über direktdemokratische Verfahren zu ergänzen.

1: Die Beratungen der Enquête-Kommission Verfassungsreform 1976

Zunächst war in den siebziger Jahren des 20. Jahrhunderts im Zusammenhang mit der allgemeinen Debatte um eine „Demokratisierung" der Gesellschaft auch über eine plebiszitäre Öffnung des Grundgesetzes diskutiert worden. Wenn der SPD-Vorsitzende und spätere Bundeskanzler Willy Brandt den Wahlkampf des Jahres 1969 unter dem Motto „Mehr Demokratie wagen" führte, dann bezog sich dies allerdings von Anfang an nicht oder zumindest nicht in erster Linie auf die Einführung von Volksbegehren und Volksentscheiden auf der Ebene des Bundes. Vielmehr sollten die Bürger allgemein zur Mitverantwortung und zur Mitwirkung an der Reform von Staat und Gesellschaft ermutigt werden. Neben der Forderung nach einer Ausweitung der betrieblichen und überbetrieblichen Mitbestimmung der Arbeitnehmer ging es aber auch um die Beteiligung der Bürger an den Verwaltungsverfahren, die Offenlegung der Regierungsarbeit und bereits 1970 setzte der Bundestag eine „Enquête-Kommission Verfassungsreform" ein, die ab 1971 über eine grundlegende Reform des Grundgesetzes verhandelt hat.[2]

Während die ersten Jahre der sozialliberalen Koalition noch von der Aufbruchstimmung der späten sechziger Jahre geprägt waren, kam es zu Beginn der siebziger Jahre zu einer zunehmenden Radikalisierung der Gesellschaft, die auch die Beratungen der Enquête-Kommission maßgeblich beeinflusst hat. Die Forderung nach einer Erweiterung der direktdemokratischen Verfahren wurde immer weiter von dem Bedürfnis nach einer Stabilisierung des politischen Systems verdrängt. Konsequenterweise lehnte die Kommission in ihrem Schlussbericht im Jahre 1976 die Einführung von Regelungen über das Volksbegehren und den Volksentscheid in das Grundgesetz ab.[3] Zur Begründung stellte die Kommission vor allem darauf ab, dass die Erweiterung plebiszitärer Möglichkeiten nicht dazu geeignete sei,

---

1 Vgl. dazu unten S. 233 ff.
2 Vgl. hierzu auch *Schwieger*, S. 283 ff.
3 Vgl. dazu BT-Drs. 7/5924, S. 10 ff.

211

das demokratisch-repräsentative System auf der Ebene des Bundes zu festigen und in seiner Legitimationskraft zu verstärken.[1]

Die Prämisse, dass das repräsentativ-parlamentarische System überhaupt einer weiteren Stabilisierung bedarf, lässt sich aber wohl nur vor dem spezifischen Hintergrund der frühen siebziger Jahre verstehen.[2] Wie schon bei den Beratungen des Parlamentarischen Rates stand hinter der Weigerung, das Grundgesetz um Bestimmungen über das Volksbegehren und den Volksentscheid zu ergänzen, letzten Endes die Befürchtung, dass diese Verfahren von linksradikalen und linksextremistischen Gruppierungen für ihre Zwecke genutzt werden könnten – dabei wurde auffallenderweise ausdrücklich auf die angeblich so schlechten „Weimarer Erfahrungen" abgestellt.[3]

2. Die Wiederaufnahme der Diskussionen am Ende der achtziger Jahre

Die Debatte war damit aber keineswegs endgültig zum Erliegen gekommen. Vielmehr wurden im Zusammenhang mit den Protesten der Friedensbewegung gegen die Stationierung von atomaren Kurz- und Mittelstreckenraketen in Deutschland seit der Mitte der achtziger Jahre wieder Forderungen laut, auch auf der Ebene des Bundes direktdemokratische Verfahren einzuführen.[4]

Am Anfang stand dabei wohl eine Petition der Achberger „Aktion Volksentscheid – AVE", die dem Bundestag Anfang 1984 den Entwurf für ein „Bundesabstimmungsgesetz" zur Ausführung des Art. 20 II 2 GG vorlegte.[5] Zwar lehnte der Bundestag diese Petition kurzerhand ab. Allerdings zog mit Gerald Häfner im Jahre 1987 einer der Mitbegründer der AVE für die noch recht junge Partei der Grünen in den Bundestag ein und war dort in den folgenden Jahren maßgeblich dafür verantwortlich, dass seine Fraktion immer wieder Anträge zur Ergänzung des Grundgesetzes stellte.[6] Die Grünen standen damit aber keineswegs allein. Vielmehr sprach sich in den achtziger auch die FDP mehrfach für eine Stärkung der Beteiligungsrechte der Bürger aus. Und am Ende der achtziger Jahre machte sich schließ-

---

1 A.a.O.
2 Im Mai 1972 war es zur ersten Terror-Offensive der RAF gekommen. Zwar wurden die meisten Mitglieder der ersten RAF-Generation bereits im Juni 1972 verhaftet. Es dauert aber noch über zwei Jahre, bis zum Beginn des Stammheim-Prozesses. In diese Phase fiel das Attentat auf die israelische Olympia-Mannschaft im September 1972 und einen Monat später die Entführung einer Lufthansa-Maschine, mit der die festgenommenen palästinensischen Attentäter wieder freigepresst wurden. Ab dem Herbst 1974 begann eine neue Welle von Attentaten und Entführungen durch die zweite Generation der RAF. Das Bedürfnis nach Wiederherstellung der „Inneren Sicherheit" überlagerte daher alle Debatten um eine Demokratisierung und Liberalisierung der Gesellschaft.
3 Vgl. dazu *Schwieger*, S. 286 f.
4 Bereits 1958 war es wegen einer in Hamburg geplanten Volksbefragung über die Bewaffnung der Bundeswehr mit Atomwaffen zu einem heftigen Streit gekommen, der in der bis heute maßgeblichen Leitentscheidung des *BVerfGE* 8, S. 104 mündete.
5 Die „Aktion Volksentscheid" wurde unter anderem von dem Künstler Joseph Beuys und dem späteren Bundestagsabgeordneten der GRÜNEN Gerald Häfner begründet. Der von der Initiative erarbeitete Gesetzentwurf wurde später zu einer der wesentlichen Grundlagen für die Verfassungsberatungen, die nach 1988 in Schleswig-Holstein geführt wurden.
6 Vgl. z.B. BT-Drs. 11/8412; BT-Drs. 12/3826 und BT-Drs. 13/10261.

lich auch die SPD die Forderung zu eigen, Volksbegehren und Volksentscheide auf allen Ebenen des Staates zuzulassen.[1] All diese Initiativen scheiterten indes am Widerstand der CDU/CSU, die sich einer entsprechenden Verfassungsänderung kategorisch verweigerte.

Mit der friedlichen Revolution des Jahres 1989 und der Herstellung der deutschen Einheit veränderte sich die politische Stimmungslage grundlegend, da nun plötzlich die Frage im Raum stand, ob das Grundgesetz, das vom Parlamentarischen Rat ja ursprünglich als Provisorium gedacht gewesen war, nun durch eine gesamtdeutsche Verfassung abgelöst werden sollte.

Für die Verfassungsdiskussionen der folgenden Jahre kam vor allem drei Gremien entscheidende Bedeutung zu. Dem „Zentralen Runden Tisch" in Ost-Berlin, der unter anderem über eine neue Verfassung für die DDR beriet, dem „Kuratorium für einen demokratisch verfassten Bund deutscher Länder", das Vorschläge für eine umfassende Reform des Grundgesetzes vorlegte und schließlich der „Gemeinsamen Verfassungskommission" von Bundesrat und Bundestag, die wiederum auf die Vorarbeiten einer Kommission des Bundesrates zurückgreifen konnte. Einen nicht unerheblichen Einfluss auf die Diskussion über die Erweiterung der unmittelbaren Mitwirkungsrechte der Bürger auf der Ebene des Bundes hatte weiterhin der so genannte „Hofgeismarer Entwurf", der im Rahmen einer Tagung in der evangelischen Akademie Hofgeismar erarbeitet worden war und seinerseits die Vorschläge verschiedener außerparlamentarischer Initiativen bündelte.

a. Der Zentrale Runde Tisch

Nach dem Zusammenbruch des SED-Regimes in der DDR bildeten sich überall so genannte „Runde Tische".[2] In Ost-Berlin wurde ein „Zentraler Runder Tisch" ins Leben gerufen, an dem die Bürgerbewegungen und die „alten Kräfte" der Nationalen Front zu gleichen Teilen beteiligt waren. Bis zur ersten freien Volkskammerwahl und der darauffolgenden Bildung der Regierung unter Lothar de Maizière war dieses Gremium praktisch eine Gegenregierung.

Im Dezember 1989 richtete der „Zentrale Runde Tisch" eine Arbeitsgruppe „Neue Verfassung der DDR" ein, die bis zu den für den 6. Mai 1990 angesetzten Volkskammerwahlen einen Verfassungsentwurf erarbeiten sollte.[3] Nachdem der Wahltermin auf den

---

1 Am Abschluss stand das „Berliner Programm" der SPD vom 20.12.1989. „In den festgelegten Grenzen sollen Volksentscheid und Volksbegehren in Gemeinden Ländern und Bund parlamentarische Entscheidungen ergänzen." (Kapitel IV, Nr. 5)
Zur Diskussion in den siebziger und achtziger Jahren vgl. *Bugiel*, Volkswille, S. 56 ff.; *Klages/Paulus*, S. 28 ff.; *Stelzenmüller*, S. 20 f. Dass die direkte Demokratie schon Mitte der achtziger Jahre Gegenstand der verfassungspolitischen Diskussion war, zeigt sich vor allem daran, dass das Thema sowohl Gegenstand der Beratungen der Staatsrechtslehrertagung 1985 und des 55. Deutschen Juristentages 1984 war.

2 Dieser Begriff ist wohl aus dem Englischen („round table talk") übernommen worden. Es handelt sich allerdings um keine Neuschöpfung aus der Wendezeit. Schon lange vor 1989 war die Bezeichnung „Runder Tisch" in der DDR für interdisziplinäre Expertengespräche gebräuchlich. Dies wird regelmäßig übersehen, wenn der Begriff als Zeichen der Abkehr von den bisherigen Strukturen gedeutet wird, vgl. etwa *Rogner*, S. 21 ff.

3 Zur Geschichte dieses Entwurfs ausführlich *Rogner*, S. 44 ff.; sowie *Häberle*, JöR 1990, S. 319, 323 ff.;

18. März 1990 vorverlegt worden war, beauftragte der „Zentrale Runde Tisch" die Arbeitsgruppe noch am 12. März, ihren Entwurf der Öffentlichkeit vorzustellen. Die Arbeitsgruppe Neue Verfassung legte daraufhin am 4. April 1990 ihren Entwurf vor und übergab ihn den Abgeordneten der neu gewählten Volkskammer.[1]

Nach Art. 98 des Entwurfes musste ein Volksbegehren durch 750.000 Stimmberechtigte unterstützt werden. Ausgeschlossen war lediglich der Staatshaushalt. Bei Zweifeln über die Zulässigkeit des Verfahrens sollte der Präsident der Republik das Verfassungsgericht anrufen müssen. Ansonsten hatte er den Entwurf unverzüglich der Regierung vorzulegen, die das Volksbegehren wiederum innerhalb eines Monats zusammen mit ihrer Stellungnahme der Volkskammer zu unterbreiten hatte. Zu den Beratungen der zuständigen Volkskammerausschüsse waren die neun Vertrauenspersonen hinzuziehen, die auch bei der Berichterstattung des Ausschusses vor dem Parlamentsplenum Rederecht hatten. Das Verfahren konnte erledigt werden, wenn der Entwurf innerhalb von drei Monaten von der Volkskammer[2] entweder unverändert übernommen wurde oder mindestens zwei Drittel der Vertrauensleute einer geänderten Fassung zugestimmt hatten. Ansonsten musste der Volksentscheid innerhalb weiterer zehn Wochen durchgeführt werden. Die Träger des Volksbegehrens hatten einen verfassungsunmittelbaren Anspruch auf unentgeltliche Werbung für ihr Anliegen in den öffentlich-rechtlichen Massenmedien (Art. 98 IV 6). Beim Volksentscheid sollte stets die einfache Mehrheit entscheiden. Aus Art. 100 I 1 ergab sich mittelbar, dass die Verfassung nicht als Gegenstand eines Volksentscheids in Frage kommen sollte. In Satz 3 dieser Bestimmung war allerdings ein obligatorisches Verfassungsreferendum vorgesehen.[3]

Die Zusammensetzung der neu gewählten Volkskammer unterschied sich erheblich von derjenigen des Zentralen Runden Tisches, da die CDU mit Abstand zur stärksten Partei geworden war. Dementsprechend kann es kaum verwundern, dass der aus der politischen Perspektive der Bundesrepublik eher „links-liberale"[4] Verfassungsentwurf nur bedingt Unterstützung fand. Am 26. April 1990 lehnte die Volkskammer es sogar ab, diesen Entwurf auch nur zur weiteren Beratung in die Ausschüsse zu verweisen. Dies war allerdings nur konsequent, nachdem sich mittlerweile eine schnelle Herstellung der deutschen Einheit

---

Klages/Paulus, S. 34 ff. und auch *Paterna*, S. 81 f.

1 *Arbeitsgruppe Neue Verfassung*, passim; der Entwurf war am 18. April 1990 im „Neuen Deutschland" veröffentlicht worden (S. 7 ff.). Da der „Zentrale Runde Tisch" sich unmittelbar nach den Volkskammerwahlen aufgelöst hatte, konnte er den Entwurf nicht mehr offiziell autorisieren. Es kann aber davon ausgegangen werden, dass er grundsätzlich die Zustimmung aller an diesem Gremium beteiligten Gruppen gefunden hatte.

2 Ob die mit dem Bundesrat vergleichbare Länderkammer ebenfalls zustimme musste, war nicht geregelt.

3 Ausführlich zur Entstehungsgeschichte der einschlägigen Bestimmungen des Entwurfs *Rogner*, S. 112 ff., der darauf hinweist, dass im ersten Entwurf noch keine konkreten Regelungen über die Mitwirkung der Bürger an der Gesetzgebung enthalten waren (a.a.O., S. 115).

4 Dies zeigt sich nicht nur an den schon beschriebenen Regelungen über direktdemokratische Verfahren. Der Verfassungsentwurf sah z.B. in Art. 3 II eine Verpflichtung des Staates vor, sich aktiv für die Gleichberechtigung von Frauen und Männern einzusetzen. In Art. 4 III war das Recht auf eine selbstbestimmte Schwangerschaft und eine Verpflichtung des Staates zu sozialer Hilfeleistung vorgesehen. Art. 10 V verbot die lebenslange Freiheitsstrafe. In dem mit Art. 5 III GG vergleichbaren Art. 19 des Entwurfs fehlte auffallenderweise die Verpflichtung der Lehrenden zur Verfassungstreue.

abzeichnete. Denn damit bestand kein Bedarf mehr, die „friedliche Revolution" des Jahres 1989 durch eine Neu-Konstituierung der DDR abzuschließen.[1]

Dennoch ist der Entwurf der Arbeitsgruppe Neue Verfassung des Zentralen Runden Tisches nicht völlig bedeutungslos geblieben. Er hat er eine gewisse Rolle für die Verfassungsdiskussion in den neuen Ländern gespielt und wurde auch als ostdeutscher Beitrag zur Grundgesetzdiskussion verstanden.[2]

b. Der „Hofgeismarer Entwurf"

Die Ergebnisse der in den achtziger Jahren in der Bundesrepublik geführten politischen Diskussion über die Einführung direktdemokratischer Verfahren in das Grundgesetz waren im so genannten „Hofgeismarer Entwurf" gebündelt worden. Dieser war das Ergebnis eines von der Stiftung Mitarbeit[3] und der Evangelischen Akademie Hofgeismar im Juni und Oktober 1990 veranstalteten Fachgesprächs „Direkte Demokratie".[4] Ursprünglich war lediglich eine vergleichende Diskussion der vorhandenen Konzepte für eine Erweiterung der plebiszitären Elemente vorgesehen gewesen. Nachdem sich dabei zahlreiche Gemeinsamkeiten gezeigt hatten, entstand der „Hofgeismarer Entwurf" für eine Grundgesetzänderung und für das entsprechende Ausführungsgesetz.[5]

In dem Entwurf wurde ein Volksantrag vorgeschlagen, der der Unterstützung durch 100.000 Stimmberechtigte bedürfen sollte. Obwohl dieser Volksantrag im Zusammenhang mit dem Petitionsrecht geregelt werden sollte, war vorgesehen, dass er gegebenenfalls auch die erste Stufe des Verfahrens bis zum Volksentscheid gewesen wäre. Die Regelungen über

---

[1] Vgl. dazu auch *F. Neumann*, S. 191, 196 f. Im Mai 1990 wurde durch den Justizminister *Wünsche* allerdings nochmals eine Kommission zur Ausarbeitung eines Verfassungsentwurfs berufen, der unter anderem frühere Mitglieder des „Runden Tisches", sowie die Experten, die schon die Arbeitsgruppe Neue Verfassung beraten hatten, angehörten. Die Verhandlungen wurden unter großem Zeitdruck geführt, Im Mittelpunkt stand das Anliegen, die parallelen Verhandlungen mit der Bundesregierung nicht zu beeinträchtigen. Die Forderung nach der Einführung direktdemokratischer Verfahren hatte unter diesen Bedingungen keine Durchsetzungschance, vgl. dazu *Klages/Paulus*, S. 36.

[2] *Rogner*, S. 171, geht jedoch zu weit, wenn er etwa die Einführung der Volksinitiative auf den Einfluss des Verfassungsentwurfes zurückführen will. Insofern hatte sicherlich die schleswig-holsteinische Verfassung größere Bedeutung – auch für die Arbeitsgruppe „Neue Verfassung" des Zentralen Runden Tisches.

[3] Diese Stiftung wurde im Jahr 1962 gegründet. Sie hat sich die unabhängige und überparteiliche Förderung von Bürgerinitiativen und Selbsthilfegruppen im sozial-kulturellen Bereich zum Ziel gesetzt (vgl. dazu die Selbstdarstellung in *Stiftung Mitarbeit*, Anhang).

[4] An dem Fachgespräch nahmen neben Wissenschaftlern, die sich mit Fragen der direkten Demokratie beschäftigen (z.B. *Evers, Fijalikowski, Geitmann, Jung, Schefold, Schiffers*), zahlreiche Vertreter von Initiativen teil, die sich die Förderung der unmittelbaren Mitwirkung der Bürger zum Ziel gesetzt haben. Zu nennen sind zum einen die Achberger „Aktion Volksentscheid" (AVE), vgl. dazu schon oben S. 212 und die „Initiative Demokratie Entwickeln e.V." (IDEE), die inzwischen als „Mehr Demokratie e.V." die treibende Kraft für zahlreiche Volksbegehren und -entscheide in mehreren Ländern geworden ist und die Koordination regionaler Initiativen übernommen hat. IDEE hatte bereits im November 1989 eine Initiative zur Einführung von Volksbegehren und Volksentscheiden auf allen politischen Ebenen der Bundesrepublik Deutschland gestartet (*Initiative Demokratie Entwickeln*, S. 6 ff.).

[5] Vgl. *Stiftung Mitarbeit*, S. 6.

das Volksbegehren und den Volksentscheid sollten hingegen in die Artt. 76 ff. GG eingearbeitet werden. Inhaltliche Beschränkungen des Anwendungsbereiches waren nicht vorgesehen. Für das Volksbegehren sollten innerhalb eines halben Jahres 2,5 Millionen Unterschriften gesammelt werden müssen. Zum Volksentscheid sollte es kommen, wenn der Bundestag sich das Begehren nicht innerhalb von drei Monaten unverändert zu eigen gemacht hätte. Grundsätzlich sollte beim Volksentscheid die Zustimmung durch eine einfache Mehrheit der Abstimmenden ausreichen. Dieses Quorum sollte auch für das obligatorische Verfassungsreferendum gelten, das nach einer Grundgesetzänderung durch Bundestag und Bundesrat durchzuführen war. Verfassungsänderungen aufgrund eines Volksbegehrens sollten hingegen der Zustimmung durch zwei Drittel der Abstimmenden, mindestens ein Drittel der Stimmberechtigten bedürfen. Die verfassungsrechtlichen Vorgaben wurden in dem zugleich vorgelegten Entwurf für ein Ausführungsgesetz konkretisiert.[1]

Der Hofgeismarer Entwurf hatte maßgebliche Bedeutung für die Diskussion in den Ländern. Er wurde darüber hinaus auch zur Grundlage für spätere Anträge auf Bundesebene.[2]

c. Das Kuratorium für einen demokratisch verfassten Bund deutscher Länder

Im Juni 1990 wurde in Berlin das „Kuratorium für einen demokratisch verfassten Bund deutscher Länder" ins Leben gerufen. Ziel dieser Organisation war es, das Grundgesetz grundlegend zu reformieren. Dazu arbeitete eine achtköpfige Redaktionsgruppe auf Grundlage des Grundgesetzes, der neuen Verfassung des Landes Schleswig-Holstein und des Verfassungsentwurfes der Arbeitsgruppe Neue Verfassung des Zentralen Runden Tisches einen eigenen Verfassungsentwurf aus, der in erster Linie als Grundlage für die laufende Verfassungsdiskussion verstanden wurde. Am Ende dieses Diskussionsprozesses sollte die Neukonstituierung der Bundesrepublik durch eine Volksabstimmung über eine neue Verfas-

---

1 Bemerkenswert war insofern vor allem der Vorschlag, den Antragstellern einen Anspruch auf Unterstützung durch den Wissenschaftlichen Dienst des Bundestages für die Ausarbeitung eines Gesetzentwurfes einzuräumen. Alternativ sollten sie einen Anspruch auf Erstattung der angemessenen Kosten für die Ausarbeitung durch ein unabhängiges Institut bekommen. Nach § 5 des Gesetzentwurfes sollte im Zweifel das Bundesverfassungsgericht auf Antrag des Präsidenten des Bundestags über die Zulässigkeit des Entwurfs entscheiden. Obwohl sich dies nicht aus den vorgeschlagenen Verfassungsänderungen ergibt, sollte hier eine umfassende präventive Normenkontrolle durchgeführt werden. Die Antragsteller sollten einen Anspruch auf Erstattung der notwendigen Kosten für eine angemessene Werbung für den Volksentscheid erhalten. Zudem sollten die öffentlich-rechtliche Medien verpflichtet werden, den Antragstellern Gelegenheit zur unentgeltlichen Werbung zu geben. Ähnliche Regelungen sollten für die Vorbereitung des Volksentscheids gelten. Bei der Abstimmung sollte die Möglichkeit bestehen, gegebenenfalls mehreren Vorlagen zustimmen zu können; vgl. dazu *Jung*, Stiftung Mitarbeit, S. 19 ff.

2 Schon die Vorschläge des Bündnis 90/Die Grünen zur Einführung direktdemokratischer verfahren auf der Ebene des Bundes vom November 1992 (BT-Drs. 12/3826) beruhten nicht zuletzt auf dem „Hofgeismarer Entwurf".
Auch die Gruppe PDS/Linke Liste im Deutschen Bundestag lehnte sich in ihrem Entwurf eines Gesetzes über die Annahme einer neuen Verfassung nach Art. 146 GG vom 12.1.1994 (BT-Drs. 12/6570, S. 25) in Bezug auf die Volksinitiative an den Hofgeismarer Entwurf an. Allerdings wurden die Regelungen über den „Gesetzgebungsauftrag" ebensowenig übernommen, wie der verfassungsunmittelbare Anspruch auf Erstattung der Kosten für die Werbung für das Volksbegehren.

sung stehen. Ein Schwerpunkt der Reformbestrebungen lag in der Stärkung der unmittelbaren Mitwirkungsrechte der Bürger.

Vorgesehen war eine Volksinitiative, die durch 100.000 Stimmberechtigte unterstützt werden und – sofern ihr ein Gesetzentwurf zugrunde lag – bestimmten Strukturprinzipien der Verfassung entsprechen musste. Weitere inhaltliche Beschränkungen waren nicht vorgesehen. Sollte der Bundestag einen auf dem Weg der Volksinitiative eingebrachten Gesetzentwurf nicht innerhalb von sechs Monaten als Gesetz übernehmen, konnte ein Volksbegehren beantragt werden. Dieses sollte der Unterstützung durch 1 Million Stimmberechtigte innerhalb eines halben Jahres bedürfen. Aufgrund des erfolgreichen Volksbegehrens wäre nach neun Monaten ein Volksentscheid durchzuführen gewesen.[1] Auch hier sollte grundsätzlich die einfache Stimmenmehrheit genügen. Nur für Verfassungsänderungen sollte ein höheres Quorum von zwei Dritteln der Abstimmenden, mindestens aber der Hälfte der Stimmberechtigten gelten.[2]

Der Verfassungsentwurf des Kuratoriums wurde am 17. Juni 1991 der Öffentlichkeit in der Frankfurter Paulskirche präsentiert.[3] Er war Grundlage zahlreicher Diskussionen in den Verfassungsausschüssen der neuen Länder. Auch für die Verhandlungen über die Grundgesetzreform spielte er eine nicht unbedeutende Rolle, da insbesondere Vertreter des Bündnis 90/Die Grünen, der PDS und der SPD ähnliche Reformen vorschlugen und sich teilweise sogar ausdrücklich auf die Formulierungen des Kuratoriumsentwurfes beriefen.[4]

d. Die Kommission Verfassungsreform des Bundesrates

Bekanntermaßen erfolgte die Vereinigung der beiden deutschen Staaten nicht durch eine Neukonstituierung sondern durch den Beitritt der im Gebiet der ehemaligen DDR gebildeten Länder Brandenburg, Mecklenburg-Vorpommern, Sachsen, Sachsen-Anhalt und Thüringen zum Geltungsbereich des Grundgesetzes nach Art. 23 GG a.F. am 3. Oktober 1990.[5]

1 In einer späteren Fassung vom 29.6.1991 wurde der Entwurf nochmals leicht modifiziert. Insbesondere wurde vorgeschrieben, dass die Abstimmung *mindestens sechs Monate nach* dem Zustandekommen des Volksbegehrens stattfinden müsse.

2 Zu den einschlägigen Bestimmungen vgl. *Rogner*, S. 151 ff.

3 Zum Entwurf vgl. etwa „Kein Wertebrunnen für Dürrezeiten", BZ, 23.5.1991; „Bürgerrechtsgruppen wollen Grundgesetz durch neue Verfassung ersetzen", FAZ 24.5.1991, S. 2. Vorausgegangen waren zwei Kongresse in Weimar und Potsdam, vgl. „Erste Schritte für eine neue deutsche Verfassung", BZ, 18.9.1990; „Verfassungsdiskussion lässt sich nicht abwürgen", taz, 10.12.1990. Ausführlich zur Arbeit des Kuratoriums *Paulus/Klages*, S. 50 ff. und vor allem *Rogner*, S. 139 ff.

4 Der Gesetzentwurf der Gruppe Bündnis 90/Die Grünen für ein Gesetz zur Einführung von Volksinitiative, Volksbegehren und Volksentscheid im Grundgesetz vom 25.11.1992 (BT-Drs. 12/3826) übernimmt etwa weitgehend die Formulierungen des Kuratoriums für einen neuen Art. 82 a GG. Dies erklärt sich nicht zuletzt daraus, dass Wolfgang *Ullmann* nicht nur innerhalb der Gruppe im Bundestag für die Verfassungsdiskussion zuständig, sondern auch Mitbegründer des Kuratoriums war.
Die Gruppe PDS/Linke Liste orientierte sich für ihre Vorschläge in Bezug auf das Volksbegehren und den Volksentscheid ebenfalls am Entwurf des Kuratoriums, vgl. BT-Drs. 12/6570, S. 25 f.

5 Die Forderung nach einer Neukonstituierung Deutschlands auf dem Wege des Art. 146 GG a.F. hatte sich nicht durchsetzen lassen; vgl. dazu ausführlich *Huba*, S. 18 ff. mit Nachweisen. Nachdem diese Diskussion für die vorliegende Untersuchung keine unmittelbare Bedeutung hatte, kann hier auf eine ausführliche Darstellung verzichtet werden.

Nach Art. 5 des Vertrages zwischen der Bundesrepublik Deutschland und der Deutschen Demokratischen Republik über die Herstellung der Einheit Deutschlands (Einigungsvertrag) vom 31. August 1990[1] wurden Bundesrat und Bundestag damit beauftragt, „sich innerhalb von zwei Jahren mit den im Zusammenhang mit der deutschen Einigung aufgeworfenen Fragen zur Änderung oder Ergänzung des Grundgesetzes zu befassen".[2]

Da nicht absehbar war, wann und auf welche Weise sich eine gemeinsame Kommission von Bundestag und Bundesrat bilden würde, hat der Bundesrat im März 1991 eine „Kommission Verfassungsreform" eingesetzt,[3] der 32 Mitglieder angehörten. Im April 1991 wurden zwei Arbeitsausschüsse gebildet. Der eine befasste sich mit Möglichkeiten zur Stärkung des Föderalismus, der andere mit sonstigen Reformvorschlägen.

Am 14. Mai 1992 legte die Kommission ihren Schlussbericht vor.[4] Von der Mehrheit ihrer Mitglieder war die Einführung direktdemokratischer Verfahren in das Grundgesetz grundsätzlich befürwortet worden.[5] Allerdings konnten keiner der entsprechenden konkreten Anträge[6] die erforderliche Zwei-Drittel-Mehrheit erreichen.[7]

Das Land Nordrhein-Westfalen hatte einen Vorschlag für einen Art. 20 a GG (neu) vorgelegt, der detaillierte Vorgaben für das Verfahren der Volksinitiative, des Volksbegehrens und des Volksentscheids vorsah.[8] Die Formulierungen entsprechen im wesentlichen denen der neueren Landesverfassungen, insbesondere sollte jede Vorlage, die als Gegenstand einer Volksinitiative in Betracht kam, auch zum Volksentscheid gebracht werden können. Auf der anderen Seite sollten der Haushalt, öffentliche Abgaben und Dienst- und Versorgungsbezüge dem Anwendungsbereich der Verfahren entzogen bleiben. Die Volksinitiative sollte der Unterstützung durch ein Prozent der Stimmberechtigten bedürfen, das Volksbegehren durch fünf Prozent. Der Bundestag sollte jeweils sechs Monate Zeit haben, das Verfahren

---

1 BGBl. II S. 289.
2 Während für die CDU-regierten Länder offensichtlich die Stärkung des Föderalismus, also der Länderrechte, im Vordergrund stand, betonten die SPD-regierten Länder, dass die „Partizipation des Volkes" gestärkt werden solle, vgl. „Bundesrat setzt Kommission zur Verfassungsreform ein", FAZ, 2.3.1991.
3 Vgl. BR-Drs. 103/91 vom 1.3.1991; zur Arbeit der Kommission ausführlich *Klages/Paulus*, S. 59 ff.
4 BR-Drs. 360/92.
5 BR-Drs. 360/92, Rn. 177 ff.
6 Vgl. BR-Drs. 360/92, S. 31 f. und auch *Klages/Paulus*, S. 63 ff., die auch auf die Entstehungsgeschichte der beiden Entwürfe eingehen.
7 Es fällt auf, dass sich auch Länder gegen solche Verfahren wandten, die sie kurz zuvor in die eigenen Landesverfassungen aufgenommen worden waren. Zwar wurde mit den unterschiedlichen Gegebenheiten auf der Ebene des Bundes argumentiert, ein Blick auf die politischen Mehrheitsverhältnisse in den Ländern zeigt jedoch, dass die Vorgaben der Parteizentralen hier eine gewichtige Rolle gespielt haben. Die SPD-regierten Länder Brandenburg, Bremen, Hamburg, Hessen, Niedersachsen, Nordrhein-Westfalen, Rheinland-Pfalz, Saarland und Schleswig-Holstein waren grundsätzlich für die direktdemokratischen Verfahren, die CDU-regierten Länder Baden-Württemberg, Bayern, Mecklenburg-Vorpommern, Sachsen, Sachsen-Anhalt und Thüringen dagegen; vgl. in diesem Sinne auch *Paterna*, S. 106 f. Allerdings weisen *Klages/Paulus*, S. 67, zu Recht darauf hin, dass auch innerhalb der SPD-regierten Länder keine Einigkeit bestand. Tatsächlich haben nur sechs Länder dem modifizierten Vorschlag aus Nordrhein-Westfalen zugestimmt.
8 BR-Drs. 360/92, S. 31 f..

durch die unveränderte Übernahme der Vorlage zu erledigen. Bei Gesetzentwürfen sollte innerhalb dieser Frist auch der Bundesrat zustimmen müssen.[1] Um den besonderen Verhältnissen des Bundesstaates Rechnung zu tragen, war ein „doppeltes Quorum" vorgesehen, wonach auch die Zustimmung in der Mehrzahl der Länder, gemessen an der jeweiligen Stimmenzahl im Bundesrat erforderlich sein sollte.

Hamburg wollte hingegen lediglich Art. 20 II GG durch einen Zusatz ergänzen. Die konkrete Ausgestaltung des Verfahrens sollte dem Gesetzgeber überlassen bleiben. Die vorgeschlagenen Quoren entsprachen denen des Entwurfs aus Nordrhein-Westfalen; Volksentscheide sollten jedoch nur über Gesetzentwürfe möglich sein.

e. Die Gemeinsame Verfassungskommission von Bundesrat und Bundestag

Aufgrund des Auftrages in Art. 5 des Einigungsvertrages konstituierte sich nach heftigen Diskussionen über ihre Zusammensetzung und ihren Auftrag[2] am 16. Januar 1992 die „Gemeinsame Verfassungskommission" (GVK) aus je 32 aus der Mitte des Bundestages und des Bundesrates benannten Mitgliedern.[3] Sie konnte vor allem auf die Vorarbeiten der „Kommission Verfassungsreform" des Bundesrates zurückgreifen, die ihre Verhandlungen abgeschlossen hatte, bevor die GVK ihre Arbeit aufnahm.[4] Weitere Arbeitsgrundlagen waren der Verfassungsentwurf des Kuratoriums für einen demokratisch verfassten Bund deutscher Länder und der Schlussbericht der Enquête-Kommission Verfassungsreform des Bundestages vom 2. Dezember 1976.[5]

Auch die GVK verhandelte ausführlich über die Einführung direktdemokratischer Verfahren auf der Ebene des Bundes. Schon in ihrer 6. Sitzung am 14. Mai 1992 wurden die unterschiedliche Auffassungen deutlich. Die der CDU/CSU angehörenden Mitglieder sprachen sich durchweg gegen die Einführung solcher Verfahren aus,[6] während die Vertreter der SPD, des Bündnis 90/Die Grünen und der PDS diese befürworteten.[7]

---

1   Es wurde nicht ganz klar, ob stets die (ausdrückliche) Zustimmung des Bundesrates erforderlich sein sollte. Dass von der „Annahme" des Gesetzentwurfes die Rede ist, deutet darauf hin, dass die Beteiligungsrechte des Bundesrates sich nach den üblichen Vorschriften (Artt. 76 ff. GG) richten sollten.
2   Ausführlich dazu und zum weiteren Verfahren *Batt*, S. 43 ff.; *Klages/Paulus*, S. 74 ff.; *Paterna*, S. 107 ff.; vgl. auch *Berlit*, JöR 1996, S. 17, 26 ff.; *Huba*, S. 72 ff.
3   Vgl. die Einsetzungsbeschlüsse des Bundestages vom 28.11.1991 (BT-Drs. 12/1590 und 12/1670) und des Bundesrates vom 29.11.1991 (BR-Drs. 741/91).
4   Dies lag vor allem daran, dass die Parteien sich nicht darüber einigen konnten, ob die GVK nur die in Art. 5 des Einigungsvertrages ausdrücklich genannten Punkte behandeln oder über eine grundlegende Verfassungsreform verhandeln sollte. Aus diesem Grund hatte sich schon die Konstituierung der Kommission verzögert, dazu *Batt*, S. 43 ff.; *Paterna*, S. 107 f.
5   Vgl. BT-Drs. 7/5924.
6   So *Geis* (MdB – CDU/CSU), Sten. Prot. S. 2 ff.; der sächsische Justizminister *Heitmann*, Sten. Prot. S. 7 ff; und der bayerische Justizstaatssekretär *Wilhelm*, Sten. Prot., S. 16 f.
7   Vgl. die Stellungnahmen von *Thierse* (MdB – SPD), Sten. Prot., S. 4 ff.; dem nordrhein-westfälischen Justizminister *Schnoor*, Sten. Prot., S. 8 ff.; *Elmer* (MdB – SPD), Sten. Prot., S. 17 und *Vogel* (MdB – SPD), Sten. Prot., S. 17; sowie *Ullmann* (MdB – Bündnis 90/Die Grünen), Sten. Prot., S. 13 f. bzw. *Heuer* (MdB – PDS), Sten. Prot., S. 14 ff. Der der FDP angehörende rheinland-pfälzische Justizminister *Caesar* befürwortete immerhin die Einführung der Volksinitiative und von Volksbefragungen, Sten. Prot.

Bei einer öffentliche Anhörung am 17. Juni 1992 sprachen sich bis auf einen alle von der GVK benannten Sachverständigen für eine zumindest vorsichtige plebiszitäre Öffnung des Grundgesetzes aus.[1] Dennoch blieb die CDU/CSU bei ihrer strikten Ablehnung.[2] Zwar fanden die Vorschläge der SPD-Fraktion zur Einführung der Volksinitiative, des Volksbegehrens und des Volksentscheids die Zustimmung durch die Mehrheit der Mitglieder der GVK.[3] Die für Verfassungsänderungen erforderliche Zwei-Drittel-Mehrheit wurde jedoch verfehlt.[4]

Wenn sowohl die SPD[5] als auch das Bündnis 90/Die Grünen[6] und die PDS[7] ihre Vorschläge zur Einführung von Regelungen über direktdemokratische Verfahren in der Folgezeit nochmals in den Bundestag einbrachten, dann hatte dies daher allenfalls noch symbolische Bedeutung.

3. Die aktuelle Diskussion über eine plebiszitäre Ergänzung des Grundgesetzes

Die aktuelle Diskussion über eine plebiszitäre Ergänzung des Grundgesetzes begann, nachdem die bisherige Koalition aus CDU/CSU und FDP bei den Bundestagswahlen im Septem-

S. 13.
Das Bündnis 90/Die Grünen brachten schon während der Verhandlungen der GVK einen entsprechenden Antrag in den Bundestag ein, vgl. BT-Drs. 12/3826, S. 3, sowie später BT-Drs. 12/6686. Die SPD hatte ebenfalls einen Entwurf vorgelegt, der auf Basis der Vorlage des Landes Nordrhein-Westfalen in der Verfassungsdiskussion des Bundesrates formuliert worden war; vgl. BT-Drs. 12/6232.und auch schon BT-Drs. 12/6000, S. 148 ff.

1 Eindeutig gegen die Einführung direktdemokratischer Verfahren wandte sich nur *Badura*, GVK-AU Nr. 46; für die Einführung von Regelungen über die Volksinitiative, Volksbegehren und Volksentscheid setzten sich hingegen *Evers*, AU-GVK Nr. 57a, und *U. K. Preuß*, AU-GVK Nr. 53, ein; grundsätzlich zustimmend, allerdings ohne spezifischen Bezug zur Bundesrepublik auch *Kaufmann*, AU-GVK Nr. 58 und *G. Schmid*, AU-GVK Nr. 51. Auch *Offe*, AU-GVK Nr. 68 und *Thaysen*, AU-GVK Nr. 59a, sahen in den direktdemokratischen Verfahren eine Möglichkeit, der Politikverdrossenheit entgegenzuwirken, forderten allerdings zunächst eine Reform des Parteiensystems. Der Sachverständige *Klein*, AU-GVK Nr. 48, konnte sich immerhin für die Volksinitiative und das Verfassungsreferendum erwärmen; ähnlich auch *Schmidt-Jortzig*, AU-GVK Nr. 51.

2 Vgl. dazu die Stellungnahmen von *Geis* (MdB – CDU/CSU) und *Jahn* (MdB – CDU/CSU) in der 17. Sitzung der GVK am 11.2.1993, Sten. Prot., S. 34 f. bzw. 41. Wiederum fällt es auf, dass sich die Gegner der direktdemokratischen Verfahren auf die „Weimarer Erfahrungen" beriefen, denen im Rahmen der Stellungnahmen der Sachverständigen kaum eine Bedeutung zugemessen wurde, vgl. dazu *Schwieger*, S. 304.

3 Abgelehnt wurden hingegen die Vorschläge zur Einführung einer Massenpetition und des Verfassungsreferendums; vgl. BT-Drs. 12/6000, S. 83 ff.

4 Zur Reformdiskussion vgl. *Benz*, DÖV 1993, S. 881; *Isensee*, NJW 1993, S. 2583; oder auch *Baldus*, KritVjschr. 1993, S. 429 ff. Bereits im Vorfeld der Beratungen hatte es eine Vielzahl von Veröffentlichungen gegeben, in denen unter anderem auf die Frage eingegangen wurde, ob direktdemokratische Verfahren in das Grundgesetz eingeführt werden sollten, vgl. etwa *Kröning*, ZRP 1991, S. 161, 164 f.; *Ossenbühl*, DVBl. 1992, S. 468, 470/473 f.; *Schöneburg*, NJ 1992, S. 384, 385; *Scholz*, ZfA 1991, S. 683, 686 ff.

5 BT-Drs. 12/6323.

6 BT-Drs. 12/6686 und erneut in der 13. Legislaturperiode BT-Drs. 13/10261.

7 BT-Drs. 12/6570 und in der 13. Legislaturperiode BT-Drs. 13/9280 f.

ber 1998 ihre Mehrheit verloren hatte. Denn nun waren mit der SPD und dem Bündnis 90/Die Grünen zwei Parteien an der Macht, die sich in der Vergangenheit für die Einführung von Möglichkeiten für Volksinitiativen, Volksbegehren und Volksentscheide auf der Ebene des Bundes stark gemacht hatten.[1] Konsequenterweise wurde diese Forderung auch als Ziel der Regierungspolitik in die Koalitionsvereinbarung von SPD und Bündnis 90/Die Grünen festgeschrieben. Die neue Regierung konnte insofern auch auf die Zustimmung der PDS bauen, die sich in der Vergangenheit ebenfalls eindeutig für die Erweiterung der unmittelbaren Mitwirkungsrechte der Bürger ausgesprochen hatte.[2]

Die Wahrscheinlichkeit, dass die für eine Änderung des Grundgesetzes erforderliche Mehrheit zustande kommen könnte, wuchs weiter, als auch Teile der CDU/CSU das Potential der Verfahren erkannten. So sprach sich der bayerische Ministerpräsident Edmund Stoiber im November 1998 überraschend für die Einführung direktdemokratischer Verfahren auf Bundesebene aus.[3] Begründet wurde dieser Vorstoß damit, dass auf diesem Wege unliebsame Vorhaben der neuen Regierung zu Fall gebracht werden könnten, etwa die Pläne zur Reform des Staatsangehörigkeitsrechtes.[4] Im Januar 1999 startete die CDU/CSU sogar eine Unterschriftenaktion gegen die von der Regierung angestrebte Reform des Staatsangehörigkeitsrechtes, mit der die Möglichkeit für eine Doppel-Staatsangehörigkeit geschaffen werden sollte.

In der Folgezeit forderte die Regierungskoalition, die Union dazu auf, ihren Widerstand gegen die Einführung direktdemokratischer Verfahren endlich aufzugeben.[5] Führende

---

1 Noch in den letzten Monaten der 13. Legislaturperiode hatte die Fraktion des Bündnis 90/Die Grünen im März 1998 erneut einen Antrag für ein „Gesetz zur Einführung von Volksantrag, Volksbegehren und Volksabstimmung im Grundgesetz" vorgelegt, vgl. BT-Drs. 13/10261; der Entwurf knüpfte im wesentlichen an die Vorschläge aus den vorangegangen Legislaturperioden an; vgl. BT-Drs. 11/8412 und 12/6686.
Dieser Antrag wurde allerdings am 24. Juni 1998 ohne weitere Begründung abgelehnt, vgl. dazu die Beschlussempfehlung des Innenausschusses (BT-Drs. 13/11170). Im Rahmen der ersten Lesung des Entwurfs am 29. Mai 1998 hatten die Redner der Fraktionen lediglich die gewohnten Argumente ausgetauscht; vgl. die Redebeiträge der Abgeordneten *Häfner* (Bündnis 90/Die Grünen); *Marschewski* (CDU/CSU); *Bürsch* (SPD), *Stadler* (FDP); *Elm* (PDS); Sten. Prot. der 239. Sitzung, S. 22077 ff.).
Bemerkenswerterweise war der Antrag auch von der SPD abgelehnt worden, die den Forderungen des Bündnis 90/Die Grünen zwar im Grunde zustimmte, diese Frage nicht mehr am Ende der laufenden Legislaturperiode diskutieren wollte; vgl. dazu den Beitrag des Abg. *Bürsch*, a.a.O., S. 22081 f.
2 Vgl. BT-Drs. 13/9280. Auch dieser Antrag war im Innenausschuss abgelehnt worden; vgl. BT-Drs. 13/11222. Interessanterweise hatte der SPD-Abgeordnete *Wiefelspütz* dabei als Berichterstatter ausgeführt, dass die überwiegende Mehrheit der Ausschussmitglieder nach wie vor von der Vorzugswürdigkeit des repräsentativen Systems überzeugt sei. Er wies insofern in erster Linie auf den Bericht der Enquête-Kommission Verfassungsreform aus dem Jahr 1976 (BT-Drs. 7/5924). Dann stellte er die Behauptung auf, dass auch die Gemeinsame Verfassungskommission diese Haltung teilte – dabei hatte diese mehrheitlich der Einführung direktdemokratischer Verfahren zugestimmt, vgl. dazu schon oben S. 220.
3 Vgl. „Schröder wird bitter bezahlen", (Interview), Der Spiegel, 47/1998 vom 16.11.98, S. 75, 78.
4 Vgl. „CSU streitet über Volksentscheid", StZ 20.10.1998, S. 2.
5 Vgl. „Proteste gegen Unionsaktion", StZ 25.1.1999, S. 1. Der neue Bundesaußenminister *Fischer* äußerte sich im Januar 1999 hingegen eher skeptisch und mahnte zur Vorsicht bei der Einführung von Volksinitiative, Volksbegehren und Volksentscheid auf Bundesebene; vgl. „Fischers Rückzug", StZ 21.1.1999, S. 3.

Vertreter der Unionsparteien wiesen dieses Ansinnen wiederum geradezu entrüstet zurück, da es sich bei der Unterschriftensammlung um ein „ganz normales Mittel der politischen Auseinandersetzung" handele. Die CDU/CSU sei hingegen auch weiterhin strikt dagegen, plebiszitäre Elemente in die Verfassung einzuführen.[1] Die Union änderte ihre Auffassung auch nicht, nachdem es ihr – wohl nicht zuletzt aufgrund der Unterschriftenkampagne – gelungen war, die Landtagswahlen in Hessen für sich zu entscheiden.[2] Im September 2000 erklärte die Parteivorsitzende Merkel vielmehr nochmals, dass die CDU einer Grundgesetzänderung nicht zustimmen werde, da „Sachfragen von der Politik diskutiert und vom Parlament entschieden" werden müssen.[3]

Angesichts dieser Ausgangsposition und der Tatsache, dass die Innenpolitiker aller Bundestagsfraktionen in den folgenden Monaten mit der Reform des Staatsangehörigkeitsrechts, dem NPD-Verbotsverfahren vor dem Bundesverfassungsgericht und der Reform des Zuwanderungsrechts vollauf in Beschlag genommen waren, ist es durchaus nicht erstaunlich, dass fast zwei Jahre ins Land gingen, bis die Frage wieder zum Gegenstand der politischen Diskussion wurde.[4]

Im März 2001 legte der SPD-Parteivorstand ein Eckpunktepapier zum „Ausbau der Beteiligungsrechte der Bürgerinnen und Bürger auf Bundesebene" vor,[5] in dem unter anderem die Einführung einer (eigenständigen) Volksinitiative über bestimmte Gegenstände der politischen Willensbildung durch 1 Prozent der Stimmberechtigten vorgesehen war.[6] Vom Anwendungsbereich dieses Verfahrens sollten unter anderem „Finanz-, Steuer und Besol-

1 Vgl. „Union wirft Schily Trick vor", StZ 26.1.1999, S. 2. Diese Haltung lässt sich bei allem Wohlwollen nicht anders als schizophren bezeichnen.

2 Einige Monate später knüpfte die Union mit einem weiteren „quasi-plebiszitären" Verfahren an die ersten Erfolge an. Mit einer großangelegten Werbekampagne versuchte sie ab Mitte Juli 1999, den Bundeskanzler Schröder als Lügner darzustellen, da dieser noch im Februar erklärt hatte, die Renten würden weiterhin wie die Nettoeinkommen steigen. Schon kurz darauf hatte Arbeitsminister Riester jedoch ein Modell vorgelegt, nach dem die Renten in den Jahren 2000 und 2001 nur um einen Inflationsausgleich erhöht werden sollten. Hier gab es allerdings keine organisierte Unterschriftenaktion. Statt dessen wurden 7 Millionen Briefe an Rentner und Pensionäre verteilt – in der Hoffnung, dass diese die Bundesregierung unter Druck setzen würden, vgl. „CDU setzt wieder auf außerparlamentarischen Protest", StZ 7.7.1999, S. 2.

3 Vgl. „Union will Volksentscheide verhindern", StZ 8.9.2000, S. 2.

4 Allerdings hatte die PDS bereits im Juni 1999 einen Entwurf eines Gesetzes über Volksinitiative, Volksbegehren und Volksentscheid eingebracht, BT-Drs. 14/1129, der vom Plenum im November 1999 allerdings schon deshalb zu Recht abgelehnt worden war, weil die PDS die wesentlichen Grundlagen der Verfahren nicht etwa in der Verfassung, sondern in einem einfachen Bundesgesetz regeln wollte, vgl. BT-Drs. 14/2151 und das Sten. Prot. der Sitzung vom 9.9.99, S. 4633 ff.
Im September 2000 hatte der damalige SPD-Generalsekretär Müntefering angekündigt, dass seine Partei noch im Herbst einen konkreten Entwurf vorlegen werde. Nachdem der deutsche EU-Kommissar Verheugen kurz zuvor gefordert hatte, über „Verträge, die den Charakter des Staates verändern" – gemeint war die Erweiterung der Europäischen Union und die Übertragung weiterer Kompetenzen auf die Gemeinschaft – Volksentscheide durchzuführen, zeigte sich die Regierung allerdings alles andere als begeistert, da sie befürchtete, die Europäische Integration durch solche Abstimmungen zu gefährden, vgl. „Derzeit will die Regierung nicht mehr Demokratie wagen", StZ 7.9.2000, S, 2.

5 Das Papier war von einer Arbeitsgruppe unter Leitung der Bundesjustizministerin Däubler-Gmelin seit Juni 2000 erarbeitet worden. Vgl. dazu kritisch *Jung*, RuP 2001, S. 51 ff.

6 Die Unterschriften mussten in mindestens der Hälfte der Länder gesammelt worden sein.

dungsregelungen" ausgenommen werden. Darüber hinaus war vorgesehen, dass haushaltsrelevante Begehren mit Deckungsvorschlägen versehen werden sollten. Für das Volksbegehren, das der Unterstützung durch 5 Prozent der Stimmberechtigten bedürfen sollte,[1] waren vergleichbare Beschränkungen vorgesehen. Die Sammlung der Unterschriften sollte innerhalb eines Jahres erfolgen und den Antragstellern überlassen bleiben. Beim Volksentscheid sollte schließlich ein Beteiligungsquorum, ein Zustimmungsquorum und ein Verteilungsquorum gelten, das Mindestanteile unter Berücksichtigung der Länder vorsieht.

Im Laufe des folgenden Jahres kam es zu langwierigen Verhandlungen, bei denen zunächst die Skeptiker innerhalb der Regierungsfraktionen überzeugt werden mussten und dann nach Möglichkeiten gesucht wurde, den Entwurf für eine Änderung des Grundgesetzes so zu formulieren, dass er auch für die anderen Parteien akzeptabel war. Am 13. März 2002 legte die Regierungskoalition schließlich einen Gesetzentwurf vor,[2] der sich in einigen wesentlichen Details vom SPD-Eckpunktepapier vom März 2001 unterschied. Zum einen sollte das Quorum für die Volksinitiative nur noch 400.000 Unterschriften betragen, also etwa 0,65 Prozent der Stimmberechtigten. Zum anderen sollte die Volksinitiative nunmehr eine notwendige Vorstufe des Volksbegehrens sein, bei dem dann innerhalb von 6 Monaten 5 Prozent der Stimmberechtigten der betreffenden Vorlage hätten zustimmen müssen.[3] Sofern dieses Quorum erreicht worden wäre und der Bundestags das begehrte Gesetz nicht angenommen hätte, sollte innerhalb von weiteren sechs Monaten ein Volksentscheid statt finden. Beim Volksentscheid sollte für die Annahme eines Antrags grundsätzlich die Zustimmung durch eine Mehrheit der Abstimmenden ausreichen, sofern sich mindestens 20 Prozent der Stimmberechtigten an der Abstimmung beteiligt hätten. Für Abstimmungen über Verfassungsänderungen war ein qualifiziertes Quorum von zwei Dritteln der Abstimmenden vorgesehen, wobei sich 40 Prozent der Stimmberechtigten an der Abstimmung hätten beteiligen müssen.

Schon bei der ersten Lesung des Gesetzentwurfes am 21. März 2002 wurde deutlich, dass die CDU/CSU-Fraktion nicht bereit sein würde, die beantragte Verfassungsänderung mitzutragen.[4] Dabei ging es allerdings weniger um die Sache, als um das Verfahren, da die Union der Regierungskoalition im bereits auf Hochtouren laufenden Bundestagwahlkampf keine Gelegenheit geben wollte, sich als besonders bürgerfreundlich darzustellen, und nicht zu Unrecht monierte, dass eine solche tiefgreifende Verfassungsänderung nicht übers Knie gebrochen werden dürfe. Daher kam bei der Schlussabstimmung am 7. Juni 2002 zwar eine deutliche Mehrheit für den Gesetzentwurf der Regierung zusammen. Die gemäß Art. 79 I GG erforderlich Zwei-Drittel-Mehrheit wurde jedoch erneut verfehlt.[5]

---

1 Zusätzlich war vorgesehen, dass Zwei Drittel der Länder entsprechend ihrem Anteil an der wahlberechtigten Bevölkerung vertreten sein sollten.
2 BT-Drs. 14/8503.
3 Ein regionales Quorum war nicht mehr vorgesehen.
4 Vgl. das Sten. Prot. der Sitzung vom 21.3.2002, S. 22494 ff. Der CDU-Abgeordnete Rupert *Scholz* wiederholte im Rahmen der Debatte allerdings lediglich die üblichen pauschalen Vorbehalte und betonte, dass der Gesetzentwurf insofern widersprüchlich sei, als bestimmte Angelegenheiten doch dem Anwendungsbereich der Verfahren entzogen sein sollte, a.a.O., S. 22497. In dieselbe Kerbe hieb dann auch der Abgeordnete Norbert *Geis*, a.a.O., S. 22504 f.
5 Bei der namentlichen Abstimmung stimmten 348 Abgeordnete für den Entwurf, 199 dagegen und 2

Nach den Bundestagswahlen im September 2002 schrieben SPD und Bündnis 90/Die Grünen in ihrem Koalitionsvertrag vom 16. Oktober 2002 fest, dass auf Grundlage der Entwürfe aus der 14. Legislaturperiode versucht werden solle, doch noch die Verankerung von Volksinitiative, Volksbegehren und Volksentscheid im Grundgesetz durchzusetzen.[1] Tatsächlich kam jedoch erst im Herbst 2004 im Zusammenhang mit der Debatte über ein Referendum zum Europäischen Verfassungsvertrag wieder Bewegung in die Diskussion.[2] Obwohl sich die Parteien der Regierungskoalition am 25. Oktober 2004 auf einen Entwurf zur Änderung des Grundgesetzes einigten, der zum einen ein dreistufiges Volksgesetzgebungsverfahren nach dem Vorbild des Entwurfs von 2002 vorsah,[3] zum anderen aber auch eine Möglichkeit vorsah, die Übertragung von Hoheitsrechten auf die Europäische Union oder eine Änderung des Grundgesetzes von einem Referendum abhängig zu machen,[4/5] wurde die Vorlage nicht formell in den Bundestag eingebracht, da sich erneut abzeichnete, dass die CDU/CSU dem Vorschlag nicht zustimmen würde.[6] Obwohl es auch aus den Reihen der CDU/CSU immer wieder Stellungnahmen für eine Erweiterung der

enthielten sich der Stimme, vgl. Sten. Prot. der Sitzung vom 7.6.2002, S. 24032. Immerhin ein Abgeordneter der CDU/CSU, nämlich der frühere Postminister Christina Schwarz-Schilling und 14 Abgeordnete der FDP, darunter der Parteivorsitzende Guido Westerwelle und der Fraktionschef Wolfgang Gerhardt, hatten die Vorlage der Regierung mit unterstützt.

1 Vgl. auch die Regierungserklärung von Bundeskanzler Gerhard Schröder vor dem Bundestag am 29.10.2002, Sten.Prot. S. 55.

2 Vgl. dazu „Die Zeit ist reif für Plebiszite", StZ, 24.9.2004, S. 5; „Deutsche wollen Plebiszit zur Türkei-Frage", Die Welt, 30.9.2004.

3 Allerdings waren die Abstimmungsquoren nochmals geändert worden. Bei Abstimmungen über einfache Gesetze hätte die Mehrheit der Abstimmenden nur noch 15 % der Stimmberechtigten entsprechen müssen, bei Abstimmungen über Verfassungsänderungen wäre eine Zwei-Drittel-Mehrheit der Abstimmenden erforderlich gewesen, die mindestens einem Viertel der Stimmberechtigten hätte entsprechen müssen.
Vom Anwendungsbereich der Verfahren sollten das Haushaltsgesetz, Abgabengesetze und die Widereinführung der Todesstrafe ausgeschlossen sein. Im Gegensatz zu dem Entwurf von 2002 war jedoch nicht ausdrücklich festgeschrieben worden, dass finanzwirksame Gesetze als Gegenstand der Verfahren in Betracht kommen.

4 Ein solches Referendum sollte statt finden, wenn zwei Drittel des Bundesrates und des Bundestages einem entsprechenden Antrag zugestimmt hätten. Bei Abstimmungen über Verfassungsänderungen hätte dasselbe Quorum gegolten, wie beim Volksentscheid. Bei einer Abstimmung über die Übertragung von Hoheitsrechten auf die EU hätte hingegen wie bei Volksentscheiden über einfache Gesetze die Zustimmung durch die Mehrheit der Abstimmenden ausgereicht, sofern der Antrag mindestens von 15 % der Stimmberechtigten unterstützt worden wäre.

5 Im Juni 2003 und nochmals im April 2004 hatte die FDP einen Gesetzentwurf eingebracht, vgl. BT-Drs. 15/1112 und 15/2998, nach dem der Verfassungsvertrag nur dann durch die Bundesrepublik ratifiziert werden dürfen sollte, wenn ihm zuvor bei einer Volksabstimmung die Mehrheit der Abstimmenden, mindestens aber ein Viertel der Stimmberechtigten zugestimmt hätten. Der erste Versuch scheiterte im November 2003, da sich die CDU/CSU generell gegen eine Abstimmung aussprach und die Regierungsparteien SPD und Bündnis 90/Die Grünen einer auf das Referendum über den Europäischen Verfassungsvertrag beschränkten Verfassungsänderung nicht zustimmen wollten.

6 Vgl. „Koalition legt Entwurf zu Plebisziten auf Eis", StZ 15.12.2004, S. 1. Zuvor hatten allerdings einige Politiker aus CDU und CSU genau solche Referenden verlangt und es gab innerhalb der Union Überlegungen, das Volk über den Beitritt der Türkei zur Europäischen Union entscheiden zu lassen.

unmittelbaren Mitwirkungsrechte der Bürger gibt,[1] erscheint es daher eher unwahrscheinlich, dass in absehbarer Zeit doch noch Regelungen über die Volksinitiative, das Volksbegehren und den Volksentscheid in das Grundgesetz aufgenommen werden und die unmittelbare Mitwirkung der Bürger an der politischen Willensbildung bleibt im Bund vorerst auf die in den Artt. 29 und 118 f. beziehungsweise 146 GG geregelten Fälle beschränkt, auf die in den folgenden Abschnitten näher eingegangen werden soll.

Hieran hat sich auch nach den vorgezogenen Bundestagswahlen im September 2005 nichts grundlegend geändert. Allerdings hat mittlerweile die FDP einen Antrag zur Einführung direktdemokratischer Verfahren auf der Ebene des Bundes eingebracht, der zwar auch finanzwirksame Verfahren möglich machen würde, zugleich aber höhere Quoren vorsah als der Entwurf der früheren Regierungskoalition aus dem Jahr 2002.[2]

II. Die Abstimmungen im Zusammenhang mit der Neugliederung des Bundesgebietes – Artt. 29 und 118 f. GG

Obwohl – oder gerade weil – die Gliederung der späteren Bundesrepublik ein Produkt der Alliierten war,[3] erkannten diese rasch, dass die weitgehend willkürlichen Grenzziehungen nicht der Weisheit letzter Schluss waren. Die Militärgouverneure der Westmächte forderten die Ministerpräsidenten der Länder daher bereits mit dem zweiten der bereits erwähnten Frankfurter Dokumente vom 1. Juli 1948 dazu auf, bis spätestens zum 1. September Vorschläge zu einer Neugliederung der Länder zu unterbreiten.[4] Die Ministerpräsidenten sahen sich jedoch außer Stande, so kurzfristig entsprechende Vorschläge auszuarbeiten. Zwar verlängerten die Militärgouverneure die Frist nochmals bis zum 15. Oktober 1948. Der am 27. Juli 1948 konstituierte Ländergrenzenausschuss wurde dennoch bereits am 31. August

---

1 Zuletzt hat sich der bayerische Innenminister *Beckstein* (CSU) im Januar 2007 dementsprechend geäußert, vgl. „Wir haben Rücksicht darauf zu nehmen, was die Bürger wollen", Die Welt 10.1.2007.
2 Vgl. BT-Drs.16/474. Für die Volksinitiative über begründete Gesetzentwürfe (also eigentlich den Volksantrag) sind 400.000 Unterschriften erforderlich. Übernimmt der Bundestag die Initiative nicht innerhalb von 8 Monaten, so soll ein Volksbegehren eingeleitet werden können. Dieses müsste innerhalb von 3 Monaten durch 10 Prozent der Stimmberechtigten unterstützt werden. Gelingt dies, so wäre innerhalb von 6 Monaten ein Volksentscheid obligatorisch, sofern der Bundestag den Gesetzentwurf das Verfahren durch die Übernahme des Antrags nicht erledigt. Bei Volksentscheiden über einfache Gesetze soll die Zustimmung durch die Mehrheit, mindestens aber 15 % der Stimmberechtigten erforderlich sein, bei verfassungsändernden Gesetzen gilt ein qualifiziertes Quorum von 2/3 der Abstimmenden und einem Viertel der Stimmberechtigten. Bedarf das Gesetz der Zustimmung des Bundesrates gilt ein doppeltes Quorum, wobei das Stimmgewicht nach der Sitzverteilung im Bundesrat bestimmt wird. Innerhalb von 3 Monaten vor einer Bundestagswahl wären weder Volksbegehren noch Volksentscheide zulässig. Vom Anwendungsbereich dem Volksbegehren sollen Anträge zur Wiedereinführung der Todesstrafe, über das Haushaltsgesetz sowie über Abgabengesetze (womit nur Zölle und Steuern gemeint sein sollen) ausgeschlossen werden. Finanzwirksame Volksinitiativen bedürfen im Übrigen eines Kostendeckungsvorschlags. Eine Entscheidung des Bundesverfassungsgerichts ist erforderlich, wenn ein Drittel der Mitglieder des Bundestages die Vorlage für verfassungswidrig hält.
3 Vgl. dazu oben S. 201 ff.
4 Vgl. das „Dokument Nr. 2" vom 1.7.1948 und dazu *H.-P. Schneider*, Grundgesetz, S. 3.

1948 wieder aufgelöst und die Ministerpräsidenten legten den Militärgouverneuren am 11. Oktober 1948 lediglich einen Vorschlag zur Zusammenlegung der drei südwestdeutschen Länder vor.[1]

A. Der Verfassungsauftrag des Art. 29 GG und seine Umsetzung bis zum Jahre 1976

Im Parlamentarischen Rat wurde in der Folgezeit lange und heftig über die Regelungen über eine Neugliederung des Bundesgebietes beraten.[2] Dabei ging es auch und insbesondere um die Fragen, ob und unter welchen Umständen die Bürger dazu berechtigt sein sollten, eine Neugliederung zu verlangen und ob eine solche Neugliederung in jedem Fall durch eine Volksabstimmung bestätigt werden müsse. Beide Fragen wurden schlussendlich zumindest grundsätzlich mit „Ja" beantwortet. Am 8. Mai 1949 trat mit dem Grundgesetz daher auch sein Art. 29 GG in Kraft, der in seinen ersten sechs Absätzen das Verfahren für die erstmalige Neugliederung regelte und im siebten und letzten Absatz eine Bestimmung für weitere Gebietsveränderungen enthielt.[3] Da die alliierten Militärgouverneure nun aber wiederum befürchteten, dass sich infolge einer Neugliederung des Bundesgebietes nach den Vorgaben des Art. 29 GG auch die Grenzen der Besatzungsgebiete verschieben könnten, suspendierten sie die Geltung dieser Verfassungsbestimmung gleich wieder.[4]

---

1 Vgl. zu alldem *H.-P. Schneider*, Grundgesetz, S. 3 ff.
2 Vgl. dazu *Jung*, Grundgesetz, S. 307 ff.; *H.-P. Schneider*, Grundgesetz, S. 10 ff.
3 Art. 29 Abs. 2-7 GG hatte zunächst folgenden Wortlaut. „(2) In Gebietsteilen, die bei der Neubildung der Länder nach dem 8. Mai 1945 ohne Volksabstimmung ihre Landeszugehörigkeit geändert haben, kann binnen eines Jahres nach Inkrafttreten des Grundgesetzes durch Volksbegehren eine bestimmte Änderung der über die Landeszugehörigkeit getroffenen Entscheidung gefordert werden. Das Volksbegehren bedarf der Zustimmung eines Zehntels der zu den Landtagen wahlberechtigten Bevölkerung. Kommt das Volksbegehren zustande, so hat die Bundesregierung in den Gesetzentwurf über die Neugliederung eine Bestimmung über die Landeszugehörigkeit des Gebietsteiles aufzunehmen.
(3) Nach Annahme des Gesetzes ist in jedem Gebiete, dessen Landeszugehörigkeit geändert werden soll, der Teil des Gesetzes, der dieses Gebiet betrifft, zum Volksentscheid zu bringen. Ist ein Volksbegehren nach Absatz 2 zustandegekommen, so ist in dem betreffenden Gebiete in jedem Falle ein Volksentscheid durchzuführen.
(4) Soweit dabei das Gesetz mindestens in einem Gebietsteil abgelehnt wird, ist es erneut bei dem Bundestage einzubringen. Nach erneuter Verabschiedung bedarf es insoweit der Annahme durch Volksentscheid im gesamten Bundesgebiete.
(5) Bei einem Volksentscheide entscheidet die Mehrheit der abgegebenen Stimmen.
(6) Das Verfahren regelt ein Bundesgesetz. Die Neugliederung soll vor Ablauf von drei Jahren nach Verkündigung des Grundgesetzes und, falls sie als Folge des Beitritts eines anderen Teiles Deutschlands notwendig wird, innerhalb von zwei Jahren nach dem Beitritt geregelt sein.
(7) Das Verfahren über jede sonstige Änderung des Gebietsbestandes der Länder regelt ein Bundesgesetz, das der Zustimmung des Bundesrates und der Mehrheit der Mitglieder des Bundestages bedarf." Abs. 1 blieb von den späteren Änderungen unverändert.
4 Vgl. dazu von Münch-*ders.*, Art. 29 GG, Rn. 2.

1: Das Verfahren zur Gründung des Landes Baden-Württemberg

Eine Ausnahme von diesem faktischen Neugliederungsverbot war lediglich in Bezug auf das Land Württemberg-Baden vorgesehen, da auch den Besatzungsmächten klar war, dass die Dreiteilung des Südwestens nicht von Dauer sein konnte.

In der Erwartung, dass die Vereinigung der früheren Länder Baden und Württemberg sowie der preußischen Gebiete zwischen Hechingen und Sigmaringen insbesondere in Baden auf den heftigen Widerstand der Bevölkerung stoßen würde, hatte der Parlamentarische Rat eine Sonderregelung vorgesehen und in Art. 118 festgeschrieben, dass diese Vereinigung gegebenenfalls ohne Volksabstimmung durch einen Staatsvertrag der drei Länder oder sogar durch ein Bundesgesetz erreicht werden könnte.

In den folgenden Monaten konnten sich die Regierungen der drei Länder Baden, Württemberg-Baden und Württemberg-Hohenzollern nicht über die Vereinigung verständigen. Insbesondere in Südbaden bestanden Vorbehalte gegen den Zusammenschluss mit dem bevölkerungsreicheren und wirtschaftlich stärkeren Nachbarn Württemberg. Am 24. September 1950 wurde daraufhin eine Volksbefragung durchgeführt, bei der sich im Land Baden eine Mehrheit der Bürger für die Wiederherstellung des früheren Landes Baden aussprach. In Württemberg und den früheren preußischen Gebieten Hohenzollerns überwog hingegen die Zustimmung zu einem Einheitsstaat.[1]

Da auch in der Folgezeit alle Versuche, die drei Länder im Wege eines Staatsvertrag zu vereinigen, am Widerstand der badischen Regierung unter Leo Wohleb scheiterten, erließ der Bundestag im Mai 1951 ein Neugliederungsgesetz.[2] Nach diesem Gesetz war eine Volksabstimmung vorgesehen, wobei das Land Württemberg-Baden allerdings in zwei getrennte Abstimmungsgebiete (Nord-)Baden und (Nord-)Württemberg aufgeteilt wurde. Für die Vereinigung sollte es ausreichen, wenn sich in drei der vier Gebiete eine Mehrheit der Bürger für die Vereinigung aussprach. Zwar versuchte die badische Regierung noch, das Gesetz durch das soeben errichtete Bundesverfassungsgericht für verfassungswidrig erklären zu lassen. Der entsprechende Antrag scheiterte jedoch im Oktober 1951.[3]

Bei der Abstimmung am 9. Dezember 1951 stimmte erwartungsgemäß nur in (Süd-)Baden eine Mehrheit der Bürger gegen die Gründung eines Süd-West-Staates. Zwar überwogen in den badischen Landesteilen insgesamt die „Nein"-Stimmen, da die Befürworter eines Zusammenschlusses in Nord-Baden nur eine relativ knappe Mehrheit erreicht hatten. Darauf kam es aber nach den Vorgaben des Neugliederungsgesetzes nicht an. Am 25. April 1952 wurde daraufhin das Land Baden-Württemberg gegründet.

2. Die Verfahren zur Neugliederung von Rheinland-Pfalz und Niedersachsen

Nach dem Inkrafttreten des so genannten Deutschland-Vertrages am 5. Mai 1955,[4] mit dem die Bundesrepublik Deutschland ihre Souveränität zumindest teilweise wieder erlangte, war

---

1 Vgl. dazu die Angaben in *BVerfGE* 1, 14, 23 f.
2 Vgl. BGBl. I S. 283 und 284 ff.
3 *BVerfGE* 1, 14.
4 Vgl. BGBl. 1955 II, S. 305 ff.

auch der Vorbehalt der Militärgouverneure in Bezug auf die Anwendung des Art. 29 GG entfallen. Im April 1956 wurden daher in verschiedenen Landesteilen von Rheinland-Pfalz und Niedersachsen Volksbegehren zur Neugliederung durchgeführt.

In Rheinland-Pfalz ging es dabei um die Frage, ob die Gebiete der früheren preußischen und bayerischen Provinzen einem anderen Bundesland zugeschlagen werden sollten.[1] Während in der früher bayerischen Pfalz nicht einmal das Quorum für die Durchführung einer entsprechenden Volksabstimmung zustande kam,[2] unterstützten in den übrigen Landesteilen immerhin bis zu einem Viertel der Stimmberechtigten die Forderung nach einer Neugliederung.[3]

In Niedersachsen wurde die Frage gestellt, ob die früheren Länder Oldenburg und Schaumburg-Lippe wieder hergestellt werden sollten. Auch hier wurde das Quorum von 10 % überschritten.[4]

Im September 1956 kam es schließlich auch im Gebiet des früheren Landes Baden zu einem Volksbegehren zur Neugliederung,[5] bei dem ebenfalls genügend Unterschriften für eine Abstimmung zur Wiederherstellung des Landes Baden zusammen kamen.[6]

Da dem Bundesgesetzgeber in der ursprünglichen Fassung des Art. 29 GG keine Frist für die Vorlage eines Gesetzes zur Neugliederung vorgegeben worden war, verzögerte sich das weitere Verfahren erheblich. Eine Klage der hessischen Landesregierung und einiger Heimatbünde, mit der die Bundesregierung verpflichtet werden sollte, einen entsprechenden Gesetzentwurf vorzulegen, wurde vom Bundesverfassungsgericht im Jahre 1961 für unzulässig erklärt.[7]

---

1 Konkret ging es dabei zum einen um die Angliederung der Regierungsbezirke Koblenz und Trier an das Land Nordrhein-Westfalen bzw. die Angliederung der Regierungsbezirke Montabaur und Rheinhessen an das Land Hessen. Damit wären die Grenzen der früheren preußischen Provinzen wieder hergestellt worden.
Zum anderen wurde gefragt, ob der Regierungsbezirk Pfalz dem Land Baden-Württemberg oder gar wieder dem Land Bayern angegliedert werden sollte.

2 58.144 Bürger (7,6 %) unterstützten die Forderungen der Wiederangliederung an Bayern, 71.447 (9,3 %) die Angliederung an Baden-Württemberg; vgl. BAnz. Nr. 141 vom 24.7.1956.

3 Im Bezirk Montabaur sprachen sich 41.994 Bürger (25,3 %) für die Angliederung an Hessen aus, in Rheinhessen 57.056 Bürger, was immerhin noch 20,2 % der Stimmberechtigten entsprach. In den Regierungsbezirken Koblenz und Trier war die Unterstützungsquote mit 14,2 % (132.931 Unterschriften) noch etwas geringer; vgl. BAnz. Nr. 141 vom 24.7.1956.

4 Im Gebiet des früheren Landes Oldenburg sprachen sich 64,469 Bürger (12,9 %) für die Wiedererrichtung des Landes aus, im Gebiet des früheren Landes Schaumburg-Lippe 8.377 Bürger (15,3 %); vgl. BAnz. Nr. 141 vom 24.7.1956.

5 Das Bundesministerium des Inneren hatte die Forderung nach einem Volksbegehren hier zunächst mit dem Hinweis darauf zurückgewiesen, dass die Neugliederung ja bereits erfolgt sei. Auf die Klage des „Heimatbundes Badenerland e.V." ordnete das BVerfG jedoch die Durchführung des Volksbegehrens an, da Art. 29 GG durch die Gründung des Landes Baden-Württemberg noch nicht verbraucht sei, vgl. BVerfGE 5, S. 34.

6 Das Volksbegehren wurde vom 309.800 Bürgern unterzeichnet (15,1 %).

7 BVerfGE 13, S. 54. Das Gericht betonte dabei, dass nicht jeder in der Verfassung begründeten objektiven Pflicht notwendigerweise auch ein subjektiver und damit justitiabler Anspruch gegenüber stehen müsse, a.a.O., S. 96. Insbesondere unterscheide sich der Sachverhalt von demjenigen, der dem Verfahren BVerfGE 4, S. 250, zugrunde lag, wo das im Land Nordrhein-Westfalen aufgegangene frühere Land

Es dauerte noch über 13 Jahre, bis in den betroffenen Teilen Baden-Württembergs, Hessens und Niedersachsens Volksabstimmungen durchgeführt wurden. Im früheren Land Baden und in Hessen sprach sich dabei jeweils eine deutliche Mehrheit der Abstimmenden für die Beibehaltung der gegenwärtigen Landesgrenzen aus. Ganz anders stellte sich die Lage hingegen in Niedersachsen dar. Hier stimmte am 19. Januar 1975 sowohl im Gebiet des früheren Landes Oldenburg als auch in dem des früheren Landes Schaumburg-Lippe eine deutliche Mehrheit der Abstimmenden für die Wiedererrichtung dieser Länder.[1]

An sich hätte der Bundesgesetzgeber im Rahmen des Neugliederungsgesetzes diesem Abstimmungsergebnis Rechnung tragen müssen. Allerdings sah Art. 29 Abs. 4 S. 1, 1. Hs. GG in der bis zum August 1976[2] geltenden Fassung vor, dass Abweichungen vom Ergebnis einer Volksabstimmung zulässig sein sollten, „soweit dies zur Errichtung der Ziele der Neugliederung nach Abs. 1 erforderlich ist." Da die Neugliederung nach Art. 29 Abs. 1 GG aber die Schaffung von Ländern zum Ziel hatte (und immer noch hat), die nach Größe und Leistungsfähigkeit die ihnen obliegenden Aufgaben wirksam erfüllen können, hat der Bundesgesetzgeber im Rahmen des Neugliederungsgesetzes vom 9. Januar 1976[3] lediglich festgeschrieben, dass die Gebiete der früheren Länder Oldenburg und Schaumburg-Lippe beim Land Niedersachsen verbleiben. Damit hatte sich der in Art. 29 GG ursprünglich enthaltene Auftrag zur Neugliederung des Bundesgebietes erledigt, ohne dass es tatsächlich zu einer Neugliederung gekommen wäre.

B. Die aktuelle Fassung des Art. 29 GG

Durch das Gesetz zur Änderung des Grundgesetzes vom 23. August 1976 wurde Art. 29 GG grundlegend geändert und in seine im wesentlichen bis heute geltende Form gebracht. Im Zuge der Verfassungsreformen in Folge der Herstellung der deutschen Einheit wurde die Vorschrift im Jahre 1994 allerdings nochmals geringfügig geändert[4] und durch eine Regelung ergänzt, nach der die Länder auch dann berechtigt sein sollen, eine Neugliederung im Wege des Staatsvertrages zu vereinbaren, wenn die betroffenen Gebiete mehr als 50.000 Einwohner haben.

Grundsätzlich bedürfen Gebietsveränderungen der Länder nach der geltenden Rechtslage allerdings der Bestätigung durch eine Volksabstimmung. Gemäß Art. 29 III GG setzt

Lippe geltend gemacht hatte, dass Nordrhein-Westfalen bestimmte Zusagen nicht eingehalten habe, die dem damals noch selbständigen Land Lippe vor der Fusion gegeben worden waren. Dass Art. 29 GG eine objektive Pflicht des Bundesgesetzgebers begründe, hatte das BVerfG schon zuvor betont, vgl. *BVerfGE* 5, S. 34, 39.

1   In Oldenburg stimmten bei einer Abstimmungsbeteiligung von nur 38,3 % immerhin 187.494 Bürger mit „Ja", das entsprach 80 % der Abstimmenden und 31,0 % der Stimmberechtigten. Fast noch deutlicher war das Ergebnis in Schaumburg-Lippe wo bei einer Beteiligung vom 50,4 % insgesamt 24.543 Bürger mit „Ja" stimmten, was zwar „nur" 78,3 % der Abstimmenden aber immerhin 39,5 % der Stimmberechtigten entsprach, vgl. BAnz. Nr. 34 vom 19.2.1975.
2   Vgl. das Gesetz vom 23.8.1976, BGBl. I S. 2383.
3   BGBl. S. 45.
4   Der Gebietsbestand eines Landes kann nun auch dann ohne Volksabstimmung durch Gesetz oder Staatsvertrag geändert werden, wenn das von der Änderung betroffene Gebiet weniger als 50.000 – und nicht wie bisher weniger als 10.000 – Einwohner hat, vgl. Art. 29 VIII GG.

die Neugliederung voraus, dass dabei in allen der betroffenen Länder eine Mehrheit erreicht wird, wobei es gemäß Abs. 6 nicht nur auf die Mehrheit der abgegebenen Stimmen ankommt, sondern auch darauf, dass diese Mehrheit mindestens 25 % der in dem jeweiligen Gebiet zur Bundestagswahl wahlberechtigten Bürger entspricht. Eine vergleichbare Regelung enthält Art. 29 VIII 5 GG für die Abstimmungen über eine staatsvertragliche Neugliederung.

Gemäß Art. 29 IV GG können auch die Bürger eine Abstimmung über die Neugliederung veranlassen. Voraussetzung dafür ist, dass in einem zusammenhängenden, abgegrenzten Siedlungs- und Wirtschaftsraum, dessen Teile in mehreren Ländern liegen und der mindestens eine Million Einwohner hat, mindestens 10 Prozent der in diesem Gebiet zum Bundestag Wahlberechtigten ein entsprechendes Volksbegehren unterstützt. Kommt ein solches Volksbegehren zustande, so muss der Bundesgesetzgeber innerhalb von zwei Jahren entweder die Landeszugehörigkeit entsprechend den Forderungen des Begehrens ändern oder eine Volksbefragung in den betroffenen Ländern anordnen.

Bei dieser Volksbefragung kommt es grundsätzlich darauf an, ob eine Mehrheit der Änderung der Landeszugehörigkeit zustimmt. Ist dies nicht der Fall, hat sich das Verfahren erledigt. Wird die Mehrheit im gesamten Abstimmungsgebiet erreicht, so muss der Bundesgesetzgeber innerhalb von zwei Jahren durch Gesetz entscheiden, ob die Landeszugehörigkeit geändert werden soll. Entscheidet er sich für die Neugliederung, so wird das normale Verfahren nach Art. 29 II und III GG durchgeführt. Es bedarf also einer weiteren Abstimmung. Diese weitere Abstimmung kann und muss jedoch dann unterbleiben, wenn bereits bei der ersten Volksbefragung eine den Anforderungen des Art. 29 III 3 und 4 GG entsprechende qualifizierte Mehrheit erreicht worden ist.

Angesichts der Komplexität der Vorschrift und der hohen Anforderungen an eine Neugliederung ist es kaum verwunderlich, dass sie bisher kaum praktisch zur Anwendung gekommen ist. Tatsächlich sind sämtliche bisherigen Gebietsveränderungen im Wege des Staatsvertrages zwischen den beteiligten Ländern und damit ohne eine Volksabstimmung erfolgt.[1]

Ein Volksbegehren mit dem Ziel, aus Gebieten Bayerns, Baden-Württembergs und Thüringens ein eigenständiges Land Franken zu bilden, scheiterte im Jahre 1997 bereits daran, dass das Bundesverfassungsgericht die hinreichende „Abgegrenztheit" des Gebietes verneinte.[2]

C. Die Sonderregelung des Art. 118a GG

Gleichzeitig mit der letzten Änderung des Art. 29 GG im Jahre 1994 wurde mit dem neuen Art. 118a GG eine Sonderregelung für die Vereinigung von Berlin und Brandenburg getroffen, die „unter Beteiligung der Wahlberechtigten" durch eine Vereinbarung der beiden Länder möglich sein sollte.

Die Fusionsverhandlungen der Regierungen der beiden Länder kamen im April 1995 zu einem vorläufigen Abschluss. Den Parlamenten wurde der Entwurf für einen „Staatsvertrag der Länder Berlin und Brandenburg über die Bildung eines gemeinsamen Bundeslandes"

---

1 Vgl. dazu die Aufstellung bei von Münch-Kunig/*Kunig*, Art. 29 GG, am Ende.
2 Vgl. *BVerfGE* 96, 139, 148 ff.

(Neugliederungsvertrag) zur Zustimmung vorgelegt.[1] Gemäß Art. 8 dieses Neugliederungsvertrags sollte ein paritätisch besetzter Ausschuss auf Grundlage der bisherigen Landesverfassungen einen Entwurf für eine Verfassung für das gemeinsame Land erarbeiten. Diese sollte der Zustimmung des Volkes und von jeweils zwei Dritteln der Mitglieder der Parlamente bedürfen.[2] Für die Zeit bis zum In-Kraft-Treten der neuen Verfassung enthielten der Neugliederungsvertrag und ein diesem angefügtes Organisationsstatut Regelungen über die Staatsorganisation des gemeinsamen Landes. § 29 dieses Organisationsstatutes enthielt differenzierte Regelungen über direktdemokratische Verfahren.[3]

Nach Art. 4 II des Neugliederungsvertrages wäre in beiden Ländern die Zustimmung durch die Hälfte der Abstimmenden, mindestens aber ein Viertel der Stimmberechtigten erforderlich gewesen. Bei der Volksabstimmung vom 5. Mai 1996 wurde diese Mehrheit allerdings in Brandenburg nicht erreicht, da nur 24,27 Prozent der Stimmberechtigten für die Vereinigung gestimmt hatten. Dies fiel allerdings schon deshalb nicht weiter ins Ge-

1 Vgl. BerlAbgH-Drs. 12/5521.
2 Wäre vor der Neukonstituierung keine Einigung erzielt worden, sollte der neu gewählte Landtag die Beratungen fortführen.
3 Vgl. BerlAbgH-Drs. 12/5521, S. 24.
§ 29 (1) Durch Volksinitiative können dem Landtag zu Gegenständen, die in die Zuständigkeit des Landtages fallen, Vorlagen zur Beschlussfassung unterbreitet werden. Die Volksinitiative kann auch darauf gerichtet werden, ein Gesetz zu erlassen oder die Wahlperiode des Landtages vorzeitig zu beenden. Initiativen zum Landeshaushalt, zu Dienst- und Versorgungsbezügen, Abgaben, Tarifen der öffentlichen Unternehmen sowie Personalentscheidungen sind unzulässig.
(2) Die Volksinitiative mit der der Landtag zur Beratung einer Vorlage gezwungen werden kann, muss von mindestens 20.000 Einwohnern unterzeichnet sein (Massenpetition). Volksinitiative, die den Erlass eines Gesetzes zum Ziel haben, bedürfen der Unterschrift von mindestens 80.000 wahlberechtigten Bewohnern (Stimmberechtigten) des Landes. Ist die Volksinitiative darauf gerichtet, die Wahlperiode des Landtages vorzeitig zu beenden, sind zur Behandlung dieses Antrages im Landtag mindestens 150.000 Unterschriften von Stimmberechtigten erforderlich.
(3) Unterschriften, deren Abgabedatum zum Zeitpunkt der Einreichung mehr als 6 Monate zurückliegt, werden nicht berücksichtigt. Vertreter der Volksinitiative haben nach Maßgabe der Geschäftsordnung des Landtages ein Recht auf Anhörung vor dem Landtag oder den zuständigen Ausschüssen.
(4) Der Landtag entscheidet innerhalb von 4 Monaten über die Vorlage. Über eine Massenpetition entscheidet er abschließend. Hat die Volksinitiative eine Gesetzesvorlage oder die vorzeitige Beendigung der Wahlperiode des Landtages zum Inhalt und stimmt der Landtag dem Begehren nicht oder nicht vollständig zu, so findet auf Verlangen der Vertreter der Volksinitiative ein Volksbegehren statt. Halten die Landesregierung oder ein Drittel der Mitglieder des Landtags das Volksbegehren für unzulässig, so haben sie das Landesverfassungsgericht anzurufen.
(5) Das Volksbegehren ist zustande gekommen, wenn innerhalb von 2 Monaten mindestens 300.000 Stimmberechtigte dem Antrag zugestimmt haben. Vor der Abstimmung hat der Landtagspräsident den mit Gründen versehenen Gesetzentwurf oder Antrag auf vorzeitige Beendigung der Wahlperiode des Landtags in angemessener Form zu veröffentlichen.
(6) Entspricht der Landtag nicht binnen 2 Monaten dem Volksbegehren, so findet innerhalb von weiteren 3 Monaten ein Volksentscheid statt. Der Landtag kann einen konkurrierenden Entwurf mit zur Abstimmung stellen.
(7) Der Gesetzentwurf ist durch Volksentscheid angenommen, wenn die Mehrheit der Teilnehmer, mindestens jedoch ein Viertel der Stimmberechtigten zugestimmt hat. Bei verfassungsändernden Gesetzen sowie bei Anträgen auf vorzeitige Beendigung der Wahlperiode des Landtags muss mindestens die Hälfte der Stimmberechtigten dem Antrag zugestimmt haben.
(8) Das Nähere bestimmt ein Gesetz.

wicht, da sich ohnehin die überwiegende Mehrheit der Abstimmenden, nämlich 63,17 Prozent gegen den Zusammenschluss mit Berlin ausgesprochen hatte.[1]

D. Zur bleibenden Bedeutung der Bestimmungen über die plebiszitäre Sanktionierung einer Neugliederung des Bundesgebietes

Zum Abschluss dieses Abschnitts stellt sich die Frage, ob und welche Bedeutung den Volksabstimmungen über eine Neugliederung des Bundesgebietes in Zukunft noch zukommen wird.

Angesichts der restriktiven Rechtsprechung zu Art. 29 GG kann und muss man sich insofern zunächst die Frage stellen, welche Gebiete überhaupt noch für ein Volksbegehren im Sinne des Art. 29 GG in Frage kommen sollen. Auf der einen Seite gibt es angesichts der immer weiter zunehmenden Mobilität praktisch keine abgeschlossenen Siedlungsräume mehr. Auf der anderen Seite besteht über 50 Jahre nach der Gründung der heute existierenden Länder kein Bedürfnis mehr, zu den historisch gewachsenen Grenzen zurückzukehren. Art. 29 IV GG ist damit im Grunde obsolet.

Es ist auch nicht ernsthaft zu erwarten, dass sich einzelne Länder aus eigener Initiative zu größeren Einheiten zusammenschließen werden. Denkbar wäre allenfalls eine Fusion der Länder Berlin und Brandenburg, wobei derzeit allerdings nicht absehbar ist, ob und wann es zu einem weiteren Versuch kommen wird, diese Vereinigung auf dem vergleichsweise unkomplizierten Weg des Art. 118a GG durchzuführen.

Schließlich erscheint es aber auch eher unwahrscheinlich, dass der Bundesgesetzgeber tatsächlich das Risiko einer Volksabstimmung – und damit des Scheiterns einer umfassenden Föderalismusreform – eingehen wird, wenn es jemals zu einem Beschluss über eine grundlegende Neugliederung des Bundesgebietes kommen sollte. Da es Ziel einer solchen Neugliederung wäre, Länder zu errichten, die in Bezug auf die Fläche, die Einwohnerzahl und möglichst auch im Hinblick auf ihre Wirtschaftskraft zumindest annähernd gleich groß sind, müssten zwangsläufig einige der heute existierenden Länder ihre Selbständigkeit verlieren. Unter diesen Umständen ist aber – ebenso wie schon bei den bisher durchgeführten Abstimmungen – mit einem nicht unerheblichen Widerstand insbesondere der jeweils „kleineren Partner" zu rechnen. Sollte es daher zu einer Einigung kommen, die sowohl vom Bund als auch von den Regierungen und Parlamenten der Länder mitgetragen wird, dann ist davon auszugehen, dass diese Einigung nicht zum Gegenstand einer Abstimmung nach den Vorgaben des Art. 29 GG gemacht sondern vielmehr zum Anlass genommen würde, diese Bestimmung so zu modifizieren, dass der Kompromiss nicht mehr gefährdet werden kann – was nicht ausschließt, dass die Neugliederung dann insgesamt bundesweit zur Abstimmung gestellt wird.

---

1 In Berlin war das Quorum für den Zusammenschluss mit einer Abstimmungsmehrheit von 53,9 % knapp erreicht worden. Dies entsprach der Zustimmung durch 30,92 % der Stimmberechtigten; vgl. die Bekanntmachung des Abstimmungsergebnisses BerlGVBl. 1996 S. 181). Ausführlich zur Abstimmung *Jung*, ZParl 1997, S. 13 ff.

III. Die Schlussbestimmung des Grundgesetzes – Art. 146 GG

Im Zusammenhang einer Darstellung der direkten Demokratie in Deutschland darf ein Hinweis auf die Schlussbestimmung des Grundgesetzes nicht fehlen. Schließlich ist in Art. 146 GG ausdrücklich von einer „freien Entscheidung des deutschen Volkes" die Rede. Damit stellt sich aber die Frage, ob mit dieser „Entscheidung" eine Volksabstimmung gemeint ist.

A. Die ursprüngliche Fassung des Art. 146 GG

Bereits im Verfassungskonvent von Herrenchiemsee war heftig umstritten, welches Schicksal der neuen westdeutschen Verfassung im Falle der alsbald erwarteten Wiederherstellung der deutschen Einheit beschieden sein sollte. Während einige der Mitglieder des Konventes davon ausgingen, dass das Grundgesetz in diesem Fall selbstverständlich durch eine gesamtdeutsche Verfassung verdrängt würde, wollten andere sicher stellen, dass dabei die Vorschriften für die Abänderung des Grundgesetzes beachtet werden.[1] Letzten Endes setzte sich die zuerst genannte Ansicht durch und in Art. 149 des Verfassungsentwurfes wurde folgende Bestimmung aufgenommen.

„Dieses Grundgesetz verliert seine Geltung an dem Tage, an dem eine von dem deutschen Volke in freier Selbstbestimmung beschlossene Verfassung in Kraft tritt."

Bei den anschließenden Beratungen des Parlamentarischen Rates schlug der SPD-Abgeordnete Rudolf Katz vor, in der Schlussbestimmung von dem „ganzen deutschen Volke" zu sprechen, um klarzustellen, dass diese Bestimmung im Falle der Wiedervereinigung zum Tragen kommen werde. Dies sei ein Signal an die Bürger der sowjetisch besetzten Zone, denen vermittelt werden müsse, dass die Teilung Deutschlands durch die Verabschiedung des Grundgesetzes nicht endgültig zementiert werde. Katz' Vorschlag wurde am 20. Oktober 1948 vom Organisationsausschuss des Parlamentarischen Rates angenommen.[2]

Der Allgemeine Redaktionsausschuss des Parlamentarischen Rates kam kurz darauf aber zu dem Ergebnis, dass die Schlussbestimmung doch noch nicht klar genug formuliert sei. Um eindeutig festzuhalten, dass eine künftige Nationalversammlung bei ihren Verhandlungen über eine gesamtdeutsche Verfassung nicht an die Vorgaben des Grundgesetzes gebunden sei, wurde der Entwurf daher nochmals geändert.

„Dieses Grundgesetz verliert seine Gültigkeit an dem Tage, an dem eine Verfassung in Kraft tritt, die von einer frei gewählten und frei entscheidenden gesamtdeutschen Nationalversammlung beschlossen worden ist."

In den folgenden Wochen und Monaten kam es in den Ausschüssen des Parlamentarischen Rates zu weiteren Diskussionen in deren Folge der Vorschlag nochmals überarbeitet wurde. Die vom Allgemeinen Redaktionsausschuss vorgelegte und am 14. Januar 1949 vom Hauptausschuss beschlossene Fassung lautete schließlich.

---

1 Dahinter stand die Befürchtung, dass die Herstellung der Einheit durch die Preisgabe der in Art. 79 III GG genannten Prinzipien „erkauft" werden könnte.
2 Vgl. dazu und zum Folgenden die Darstellung bei *von Doemming/Füßlein/Matz*, JöR 1951, S. 924 ff., m.w.N.

„Dieses Grundgesetz verliert seine Gültigkeit an dem Tage, an dem eine Verfassung in Kraft tritt, die von dem gesamten deutschen Volk in freier Entscheidung beschlossen worden ist."

Auch dies war jedoch offenbar noch nicht der Weisheit letzter Schluss. Auf Vorschlag des so genannten Fünferausschusses, der über die letzten Streitfragen zu verhandeln hatte, wurde am 20. Februar 1949 das Wort „gesamten" gestrichen. Art. 146 GG lautete somit in seiner endgültigen Fassung.

„Dieses Grundgesetz verliert seine Gültigkeit an dem Tage, an dem eine Verfassung in Kraft tritt, die von dem deutschen Volk in freier Entscheidung beschlossen worden ist."

Damit war man formal im Grunde wieder am Ausgangspunkt angelangt, da sich diese Formulierung nur unwesentlich von der Formulierung des Verfassungskonvents unterscheidet – ob der Regelungsgehalt derselbe geblieben ist, wird noch zu klären sein. Insofern ist zunächst festzuhalten, dass aufgrund der insofern wenig aussagekräftigen Protokolle nur über die Gründe für die Änderungen des Entwurfes in den letzten Monaten der Verfassungsberatungen nur spekuliert werden kann. Dementsprechend groß ist der Spielraum für die Auslegung der Schlussbestimmung des Grundgesetzes. So vertrat Bodo Dennewitz in seiner Bearbeitung des Art. 146 GG im Bonner Kommentar zum Grundgesetz im Jahre 1951 die Auffassung, dass die in Art. 146 GG erwähnte neue Verfassung zwingend durch eine Volksabstimmung bestätigt werden müsse. Dies ergebe sich vor allem daraus, dass der Allgemeine Redaktionsausschuss die „gesamtdeutsche Nationalversammlung" zunächst in den Text der Norm aufgenommen und dann wieder gestrichen habe.[1]

Obwohl dieser Schluss angesichts des Wortlautes und der Entstehungsgeschichte des Normtextes durchaus nahe liegt, hat sich in der Folgezeit im einschlägigen Schrifttum dennoch eine andere Auffassung durchgesetzt,[2] die Hermann von Mangoldt in seinem im Jahre 1953 postum erschienenen Kommentar zum Grundgesetz begründet hatte.[3] Der Verzicht auf die ausdrückliche Erwähnung einer „Nationalversammlung" soll demnach keineswegs bedeuten, dass einer solchen Versammlung allenfalls eine vorbereitende Funktion zukommen darf. Vielmehr spiegele dieser Verzicht lediglich das immer wieder dokumentierte Bedürfnis des Parlamentarischen Rates wider, den Spielraum für die künftigen Verfassungsberatungen möglichst wenig einzuschränken. Es stehe dem Verfassunggeber daher gegebenenfalls frei, darüber zu entscheiden, ob die gemäß Art. 146 GG erforderliche demokratische Legitimation der neuen Verfassung unmittelbar durch eine Volksabstimmung oder mittelbar durch direkt gewählte Repräsentanten erfolgen soll.

Insofern ist zunächst festzuhalten, dass Art. 146 GG auch bei dieser Auslegung einen eigenständigen Regelungsgehalt behält. Zwar handelt es sich auf den ersten Blick um die Feststellung einer bloßen Selbstverständlichkeit, da es keiner besonderen Regelung bedürfte, um klar zu stellen, dass das Grundgesetz gegebenenfalls durch eine später verabschiedete neue Verfassung verdrängt wird. Der Parlamentarische Rat hat mit Art. 146 GG aber nicht nur den vorläufigen Charakter des Grundgesetzes betont, sondern auch und vor allem klar

---

1 BK-*Dennewitz*, Art. 146 GG. Art. 146 GG wurde in den ersten Kommentierungen des Grundgesetzes im Übrigen nur am Rande behandelt. Vgl. etwa die 1. und 2. Auflage der GG-Kommentierung von *Giese*.
2 Vgl. dazu statt vieler von Mangoldt/Klein/*von Campenhausen*, Art. 146 GG, Rn. 18 f., m.w.N.
3 *von Mangoldt*, Art. 146 GG, Anm. 2 sowie Anm. 6 und 9 zur Präambel.

gestellt, dass die Bestimmungen über die Änderung des Grundgesetzes – einschließlich der so genannten Ewigkeitsklausel des Art. 79 III GG – im Fall einer solchen Neukonstituierung nicht anwendbar wären.[1] Genau diesem Umstand kam aber deshalb eine ganz erhebliche rechtliche Bedeutung zu, weil Art. 146 GG infolge der auf Vorschlag des Fünferausschusses vorgenommenen letzten Änderungen nicht nur für die Beratungen über eine gesamtdeutsche Verfassung galt,[2] sondern gegebenenfalls auch für die Ablösung des provisorischen Grundgesetzes durch eine endgültige Verfassung.

Betrachtet man die Entstehungsgeschichte des Art. 146 GG jedoch im Zusammenhang mit den Diskussionen, die im Parlamentarischen Rat und seinen Ausschüssen gleichzeitig über die Einführung direktdemokratischer Verfahren im Allgemeinen und über die Notwendigkeit eines Verfassungsreferendums im Besonderen geführt wurden, so wird deutlich, dass die von Bodo Dennewitz vertretene Auffassung doch den Vorzug verdient. Wie bereits ausgeführt wurde, hat der parlamentarische Rat die Einführung von Regelungen über das Volksbegehren und den Volksentscheid vor allem aufgrund der Befürchtung abgelehnt, dass sich die KPD diese Verfahren zunutze machen könnte, um das demokratische System zu destabilisieren und die Westbindung der Bundesrepublik in Frage zu stellen.[3] Aus demselben Grund wurde auch die Forderungen der Alliierten zurück gewiesen, die zunächst ein Referendum über die Verfassung verlangt hatten. Insofern wurde aber auch immer wieder der provisorische Charakter des Grundgesetzes betont, der es nicht rechtfertige, diese Übergangsverfassung mit der besonderen Legitimation einer unmittelbaren Entscheidung des Volkes zu sanktionieren.[4] Wenn der Fünferausschuss in der letzten Phase der Beratungen daher auf der einen Seite die Regelungen über das obligatorische Verfassungsreferendum ersatzlos strich und auf der anderen Seite klar stellte, dass Art. 146 GG nicht nur im Falle der Wiedervereinigung zum Tragen kommen solle, dann drängt sich angesichts des Wortlautes dieser Bestimmung der Schluss auf, dass mit der „freien Entscheidung des deutschen Volkes" genau das Gründungsplebiszit gemeint war, das bei der Verabschiedung des Grundgesetzes unterblieben war.

Dieser Eindruck verstärkt sich noch, wenn man sich vor Augen führt, dass die beiden Hauptgründe, die 1949 gegen die Durchführung eines Verfassungsreferendums angeführt wurden, in den beiden möglichen Anwendungsfällen des Art. 146 GG weggefallen wären. Weder eine gesamtdeutsche Verfassung noch eine endgültige Verfassung für die Bundesrepublik hätten den Charakter eines Provisoriums. Und die Aufnahme entsprechender Verhandlungen war nur dann zu erwarten, wenn die deutsche Teilung entweder überwunden oder aber so weit verfestigt sein würde, dass das Referendum nicht mehr zu einer Abstimmung über die Westbindung der Bundesrepublik umfunktioniert werden könnte.

---

1   In diesem Sinne auch *Hesse*, Rn. 707.
2   Ein gesamtdeutscher Verfassunggeber wäre ohnehin nicht an die Vorgaben des Grundgesetz gebunden gewesen. Das Grundgesetz hätte daher allenfalls bestimmte Bedingungen für die Wiedervereinigung festschreiben können, indem es die Zustimmung zu einem solchen Schritt z.B. daran knüpft, dass bestimmte Verfassungsprinzipien auch für die neue gesamtdeutsche Verfassungsordnung für verbindlich erklärt werden. Eine vergleichbare „Struktursicherungsklausel" findet sich heute in Art. 23 I GG.
3   Vgl. dazu schon oben S. 208.
4   Vgl, dazu ausführlich *Jung*, Grundgesetz, S. 253 ff.

Und schließlich ist in diesem Zusammenhang auch zu beachten, dass die obligatorische Durchführung einer Volksabstimmung gerade deshalb sinnvoll erscheint, weil der Verfassunggeber nicht an die Schranken des Art. 79 III GG gebunden wäre.

Als Zwischenergebnis lässt sich damit aber festhalten, dass Art. 146 GG zunächst eine Vorgabe für die Ablösung des Grundgesetzes durch eine endgültige deutsche Verfassung enthalten hatte. Während der Verfassunggeber auf der einen Seite gegebenenfalls nicht an die in Art. 79 III GG festgeschriebenen Beschränkungen für eine Verfassungsänderung gebunden wäre, müsste das Ergebnis seiner Beratungen auf der anderen Seite notwendigerweise in einer Volksabstimmung bestätigt werden.

B. Die Änderungen infolge der Herstellung der deutschen Einheit

Bekanntermaßen war dem „Provisorium Grundgesetz" eine lange Lebensdauer beschieden. Auch nach dem Zusammenbruch des SED-Regimes in der DDR und der friedlichen Revolution des Jahres 1989 wurde keine neue Verfassung verabschiedet. Vielmehr sind die fünf neuen Länder und der Ostteil Berlins dem Geltungsbereich des Grundgesetzes – ebenso wie schon im Jahre 1955 das Saarland – auf dem Wege des alten Art. 23 GG beigetreten und haben damit die Rechtsordnung der Bundesrepublik Deutschland übernommen. Im Rahmen des Einigungsvertrages wurde lediglich vereinbart, dass in der Folge der Herstellung der deutschen Einheit über mögliche Reformen des Grundgesetzes diskutiert werden sollte.[1]

Während Art. 23 GG a.F. nach dem Beitritt der fünf ostdeutschen Länder zum Geltungsbereich des Grundgesetzes ersatzlos weggefallen ist, wurde Art. 146 GG durch einen Halbsatz ergänzt und lautet nun folgendermaßen.

„Dieses Grundgesetz, das nach Vollendung der Einheit und Freiheit Deutschlands für das gesamte deutsche Volk gilt, verliert seine Gültigkeit an dem Tage, an dem eine Verfassung in Kraft tritt, die von dem deutschen Volk in freier Entscheidung beschlossen worden ist."

Zwar ist es wohl unbestritten, dass sich Art. 146 GG ausschließlich auf die mögliche Ablösung des Grundgesetzes durch eine neue Verfassungsordnung bezieht. In der staatsrechtlichen Literatur findet sich allerdings die These, dass im Falle einer solchen Neukonstituierung nun doch die Beschränkungen des Art. 79 III GG zur Anwendung kommen sollen. Besonders nachdrücklich wurde diese Auffassung von Konrad Hesse vertreten, der insofern darauf abstellt, dass der ursprüngliche Art. 146 GG mit dem Beitritt der neuen Länder nach Art. 23 GG a.F. gegenstandslos geworden sei. Zwar sei die Bestimmung durch die nachfolgende Änderung wieder in Kraft gesetzt worden. Da diese Änderung aber durch den verfassungsändernden Gesetzgeber beschlossen worden sei, der die Schranken des Art. 79 III GG nicht überwinden könne, müssten die dort festgeschriebenen Vorgaben auch im Falle einer Ablösung des Grundgesetzes beachtet werden.[2]

Völlig unabhängig von der Frage, ob es überhaupt zulässig war, die Vorgabe des Art. 146 GG durch den Beitritt der ostdeutschen Länder gemäß Art. 23 GG a.F. zu unterlaufen, ist in diesem Zusammenhang aber zu beachten, dass Art. 146 GG durch den Beitritt überhaupt nicht obsolet geworden ist. Denn schließlich blieb der zweite mögliche Anwen-

---

1 Vgl. dazu schon oben S. 217.
2 So auch *Huba*, S. 59 f., m.w.N. (in Fn 53); *H.-P. Schneider*, HdBStR § 158, Rn. 39.

dungsfall dieser Bestimmung, nämlich die Ablösung des Grundgesetzes durch eine neue Verfassungsordnung durch den Betritt unberührt.

Entgegen einer in Teilen des staatsrechtlichen Schrifttums vertretenen Ansicht erweist sich Art. 146 GG n.F. auf der anderen Seite aber auch nicht nur als „Deklaration einer Selbstverständlichkeit",[1] da diese Bestimmung zum einen klar stellt, dass die Beschränkungen des Art. 79 III GG nicht nur durch eine (gewaltsame) Revolution überwunden werden können.[2/3] Zum anderen ergibt sich aus Art. 146 GG aber auch, dass eine solche „institutionalisierte Revolution" nur dann zulässig wäre, wenn die neue Verfassungsordnung unmittelbar durch das Volk bestätigt wird.[4]

IV. Die Vorgaben des Grundgesetzes in Bezug auf die Verfassungsordnungen der Länder

Das Grundgesetz enthält nicht nur Regelungen über direktdemokratische Verfahren auf der Ebene des Bundes, sondern auch einige Vorgaben, die von den Ländern bei der Ausgestaltung ihrer Verfassungsordnung zu beachten sind. Insofern kommt zum einen den Bestimmungen über die Verteilung der Kompetenzen zwischen dem Bund und den Ländern Bedeutung zu, und zum anderen der Stuktursicherungsklausel des Art. 28 I GG.

A. Die Kompetenzordnung des Grundgesetzes und der Anwendungsbereich der direktdemokratischen Verfahren in den Ländern

Es bedarf wohl keiner näheren Begründung, dass und warum der Anwendungsbereich der direktdemokratischen Verfahren in den Ländern auf diejenigen Bereiche beschränkt ist, die in der Zuständigkeit des Landes liegen. Dies gilt auch schon für diejenigen Verfahren, die – wie etwa die Volksinitiative – nicht auf eine unmittelbar wirksame Entscheidung zielen.

---

1 So *Lerche*, HdBStR, § 194, Rn. 6; vgl. auch *Isensee*, HdBStR § 166, Rn. 65, der von einem „funktionslosen Merkposten für künftige Verfassungsänderungen" spricht.

2 In diesem Sinne ist wohl auch *Heckel*, HdBStR § 197, Rn. 96 ff. und 127, zu verstehen, der darauf abstellt, dass sich Art. 146 GG nur an die Staatsorgane richte. Tatsächlich unterscheidet sich das Verfahren des Art. 146 GG von einer „normalen" Revolution dadurch, dass die Neukonstituierung durch die Organe des bisherigen Staates erfolgt oder zumindest vorbereitet wird.

3 Das Grundgesetz könnte gegebenenfalls durch eine neue Verfassungsordnung abgelöst werden, nach der Deutschland ein Einheitsstaat sein soll. Sogar die Errichtung einer (konstitutionellen) Monarchie wäre vorstellbar. Schon aufgrund der umfassenden völker- und europarechtlichen Verpflichtungen, die von einem solchen „Neuen Deutschland" als Rechtsnachfolger der Bundesrepublik zu beachten wären, stünden die übrigen der in den Artt. 1 und 20 GG festgeschriebenen Grundsätze hingegen nicht zur Disposition. Diese Verpflichtungen betreffen die Grundrechte, die demokratische Organisation des Willensbildungs- und Entscheidungsprozesses innerhalb des Staates und die wesentlichen Elemente des Rechts- und Sozialstaates. In Bezug auf die Geltung des demokratischen Prinzips ist zudem zu beachten, dass Art. 146 GG selbst eine demokratische Legitimation der neuen Verfassung verlangt.

4 Bei alldem ist allerdings festzuhalten, dass Art. 146 GG keinen entsprechenden Verfassungsauftrag enthält, aufgrund dessen die Staatsorgane dazu verpflichtet wären über eine neue Verfassungsordnung zu verhandeln. Erst recht besteht kein Anspruch auf Einsetzung einer verfassunggebenden Versammlung.

Und dennoch ist das Bundesrecht nicht vollständig vom Anwendungsbereich der direktdemokratischen Verfahren in den Ländern ausgeschlossen. Vielmehr ist in diesem Zusammenhang zu beachten, dass die Länder über den Bundesrat an der Gesetzgebung des Bundes mitwirken. Anders als die Abgeordneten des Bundestages sind die Mitglieder des Bundesrates grundsätzlich an Weisungen gebunden. Dies ergibt sich im Umkehrschluss aus Artt. 53 a I 3, 77 II 3 GG nach denen die von den Ländern entsandten Mitglieder des Bundesrates nur in Bezug auf ihre Mitwirkung an den Verhandlungen des Vermittlungsausschusses und des Gemeinsamen Ausschusses ausdrücklich weisungsfrei sind.[1] Zwar regelt das Grundgesetz nicht ausdrücklich, wer zu solchen Weisungen berechtigt sein soll. Aus Art. 51 I 1 GG ergibt sich aber mittelbar eine Bindung an die Vorgaben der jeweiligen Landes*regierung*, da (nur) diese das Recht hat, die Mitglieder des Bundesrates zu benennen und auch wieder abzuberufen.[2] Dieses Recht würde aber leer laufen, wenn die Mitglieder der Landesregierung ihrerseits an die Weisungen Dritter gebunden wären.

Zwar können die Länder diese Grundentscheidung des Grundgesetzes nicht unterlaufen, indem sie die Landesregierung in ihren Verfassungen den verbindlichen *Weisungen* eines anderen Staatsorgans unterwerfen.[3/4] Dies ändert aber nichts daran, dass die Landesregierung auch in Bezug auf ihr Verhalten auf der Ebene des Bundes dem Parlament gegenüber verantwortlich ist. Nachdem das Parlament nun aber seinerseits nicht auf eine nachträgliche Kontrolle der Regierungstätigkeit beschränkt ist, kann es die Regierung jedoch zu einem bestimmten Verhalten auf der Ebene des Bundes anregen.[5] Unabhängig davon, dass die Landesregierung eine solche Vorgabe auch ohne eine entsprechende rechtliche Verpflich-

---

1 MD-*Maunz/Scholz*, Art. 51 GG, Rn. 16. Die Weisungsgebundenheit folgt allerdings nicht schon daraus, dass die Stimmen eines Landes nur einheitlich abgegeben werden können. Denn dies könnte auch dadurch gewährleistet werden, dass die Mitglieder aus einem Land sich zunächst intern abstimmen.

2 Anders hingegen *Stern*, Staatsrecht II, § 27 III 2, S. 138, der meint, dass sich die Zuständigkeit für Weisungen allein aus dem Landesverfassungsrecht ergebe. Er verkennt dabei aber, dass das Recht zur Ernennung bzw. Abberufung der Bundesratsmitglieder das *einzige* wirksame Disziplinierungsmittel ist. Allerdings ist *Stern* insofern Recht zu geben, als es für die Antwort auf die Frage, wem gegenüber die Regierung für ihr Verhalten auf der Ebene des Bundes verantwortlich ist, durchaus auf das Landesverfassungsrecht ankommt, vgl. dazu gleich.

3 *Grimm/Hummrich*, DÖV 2005, S. 280, 285 ff.; von Münch/Kunig-*Krebs*, Art. 51 GG, Rn. 14; MD-*Maunz/Scholz*, Art. 51 GG, Rn. 17; Sachs-*Robbers*, Art. 51 GG, Rn. 11 und – allerdings ohne jede Begründung – *Heußner*, Volksgesetzgebung, S. 112; vgl. dazu auch *BVerfGE* 8, S. 104, 119 f. Unklar *Przygode*, S. 282 f. und 344 f., der nur darauf abstellt, dass einige Landesverfassungen dem Landtag das Recht geben, der Regierung Weisungen zu erteilen, ohne darauf einzugehen, dass diese Bestimmungen im Lichte der eindeutigen Vorgabe des Art. 51 I 1 GG auszulegen sind.

4 Hingegen wäre es zulässig, in der Landesverfassung ausdrücklich zu regeln, welches Mitglied der Landesregierung im Bundesrat als Stimmführer für das Land auftreten soll. Wie der Streit um das so genannte „Zuwanderungsgesetz" (Gesetz zur Steuerung und Begrenzung der Zuwanderung und zur Regelung des Aufenthalts und der Integration von Unionsbürgern und Ausländern vom 20. Juni 2002, BGBl I S. 1946) gezeigt hat, kommt dieser Entscheidung immer dann größte Bedeutung zu, wenn es innerhalb einer Landesregierung Streit über die Frage gibt, ob das Land einem Gesetz zustimmen soll. Enthält die Landesverfassung eine solche Bestimmung, so muss der Bundesratspräsident gegebenenfalls durch Nachfrage bei dem jeweiligen Stimmführer klären, wie das Land abstimmen will.

5 Vgl. *Stern*, a.a.O.; davon geht wohl auch das *BVerfG*, a.a.O. S. 121 aus. Vgl. dazu auch *BbgVfG*, NVwZ 1999, S. 868; *Jutzi*, NJ 1999, S. 243.

tung kaum vollständig ignorieren würde, ist es dem Landesverfassunggeber dann aber auch möglich, die Regierung *ausdrücklich* dazu zu verpflichten, die Vorgaben des Landesparlamentes gegebenenfalls bei ihrem Verhalten auf der Ebene des Bundes – und der Europäischen Union[1] – maßgeblich zu berücksichtigen.[2] Die Rechtslage würde dann gegebenenfalls der auf der Ebene des Bundes entsprechen, wo Art. 23 III GG das Verhalten der Bundesregierung auf der Ebene der Europäischen Union regelt. Tatsächlich wird erst durch die parlamentarische Kontrolle und die Möglichkeit, dass das Parlament der Regierung zumindest Anregungen für ihr Verhalten auf der jeweils nächsthöheren Ebene unterbreiten kann, das notwendige Mindestmaß an demokratischer Rückkoppelung der Regierungstätigkeit hergestellt.[3]

Dieser Möglichkeit einer mittelbaren Einflussnahme kommt nun aber deshalb Bedeutung zu, weil die Regierung nicht notwendigerweise *ausschließlich* dem Parlament gegenüber verantwortlich sein kann. Vielmehr steht es dem jeweiligen Verfassunggeber frei, die Regierung auch durch andere demokratisch legitimierte Staatsorgane kontrollieren zu lassen.[4] Genau dies ist aber in denjenigen Ländern geschehen, in denen der Anwendungsbereich der direktdemokratischen Verfahren nicht auf die Gesetzgebung sondern auf alle Fragen erstreckt wurde, die zum Zuständigkeitsbereich des jeweiligen Parlamentes gehören. Wenn grundsätzlich *alle* Angelegenheiten als Gegenstand einer Volksinitiative in Betracht kommen, über die der Landtag eine Entscheidung treffen kann, so ist es den Bürgern ohne weiteres möglich, den Landtag durch eine solche Initiative dazu anzuregen, die Landesregierung zu einem bestimmten Verhalten im Bundesrat aufzufordern.[5] Dementsprechend

---

1 Vgl. Art. 34a BW-V.

2 In diesem Sinne auch *Bryde*, Landesverfassungen, S. 147, 158; vgl. auch *Jutzi*, NJ 1999, S. 143, 144, der insofern für eine Selbstbeschränkung der Parlamente eintritt.

3 Dabei ist zu beachten, dass die Bundesregierung jedenfalls dann in Bezug auf ihr Verhalten auf der Ebene der Europäischen Union ebensowenig demokratisch legitimiert ist, wie die Landesregierungen bei ihrer Mitwirkung im Bundesrat, wenn man mit dem Bundesverfassungsgericht und der wohl herrschenden Auffassung in der Literatur davon ausgeht, dass die „personale Legitimation" allein insofern nicht ausreicht. Hat das Parlament keine Möglichkeit, der Regierung verbindliche Vorgaben zu machen, dann wird die „demokratische Legitimationskette" unterbrochen, vgl. dazu *Rux*, Öko-Diktatur, S. 301, 329.

4 *Przygode*, S. 281 f., scheint zu übersehen, dass es hierfür einer Regelung in der Verfassung bedarf (anders hingegen *ders.*, S. 345). Die Landesregierung kann also unter keinen Umständen durch ein einfaches (Volks-)Gesetz zu einem bestimmten Verhalten im Bundesrat angewiesen werden.

5 So auch – allerdings ohne Begründung – Grimm/Caesar-*Franke*, Art. 108 RP-V, Rn. 7; *H. Neumann*, Art. 87 BremV, Rn. 3; *Reich*, Art. 81 LSA-V, Rn. 1. Im Ergebnis wohl auch *Thiele*/Pirsch/Wedemeyer, Art. 59 MV-V, Rn. 1.
Anders – ebenfalls ohne Begründung – *Heußner*, Volksgesetzgebung, S. 112, oder auch der CDU-Landtagsabgeordnete *Seidel*, in den Beratungen zum LSA-VAbstG am 27.5.1994 gesehen; vgl. LSA-LT-Sten. Prot. S. 7419.
P. M. Huber, ThürVBl. 1993, S. B 4, B 11 f. hat im Zusammenhang mit dem Volksbegehren nach Art. 82 I ThürV versucht, auch einen solch mittelbaren Einfluss auf das Bundesrecht unter Berufung auf den Grundsatz der Bundestreue auszuschließen. Er verkennt dabei zum einen die Reichweite der Pflicht zum bundesfreundlichen Verhalten (dazu schon ausführlich oben S. 300 f.). Selbst dann, wenn man mit *Huber* davon ausgeht, dass die Organe der Länder verpflichtet sich, schon die Entstehung bundesrechtswidrigen Landesrechtes zu verhindern, bedeutet dies aber keineswegs, dass jeglicher Einfluss der Länder auf das Bundesrecht ausgeschlossen wäre.

können auf diesem Wege dann aber auch Anträge zum Erlass oder zur Änderung von Bundesgesetzen eingebracht werden, sofern das fragliche Bundesgesetz im Falle seiner Annahme auch Auswirkungen auf das Land hätte.[1]

Zumindest auf den ersten Blick lässt sich dieses Ergebnis allerdings nicht mit der Rechtsprechung des Bundesverfassungsgerichtes vereinbaren,[2] das in seiner Entscheidung zur Zulässigkeit von Volksbefragungen zu Gegenständen der ausschließlichen Gesetzgebungskompetenz des Bundes festgestellt hatte, dass „eine ‚Instruktion' der Mitglieder der Landesregierung im Bundesrat durch das Landesvolk, auch eine bloß rechtlich unverbindliche, in der Weise, dass sich die Vertreter im Bundesrat daran orientieren und sie zur Richtschnur ihres Handelns im Bundesrat machen, [...] nach der Struktur des Bundesrats ausgeschlossen" sei.[3]

Unabhängig davon, dass es sich bei dieser Feststellung ohnehin um ein obiter dictum handelt, das nicht von der Bindungswirkung der Entscheidungen des BVerfG gemäß § 31 BVerfGG erfasst wird, lassen sich die Ausführungen des Gerichts jedenfalls nicht auf die Volksinitiative übertragen. Denn eine solche Initiative enthält überhaupt noch keine „Instruktion", sondern lediglich einen Antrag an den Landtag, über ein bestimmtes Thema zu beraten. Zudem ist zu beachten, dass der politische Druck, der von einer Volksinitiative ausgeht, mit dem Ergebnis eines vom Landtag selbst angeordneten Referendums nicht zu vergleichen ist. Denn durch die Volksinitiative wird der Landtag zunächst nur zu einer bestimmten Entscheidung angeregt und zwar regelmäßig nur durch eine kleine Minderheit der Bürger. Ob das Parlament dieser Anregung folgt, bleibt ihm selbst überlassen. Der „politische Druck" ist damit nur geringfügig größer als bei einer Petition oder einem informellen Antrag einer Bürgerinitiative. Ordnet der Landtag hingegen selbst eine Volksabstimmung – oder auch nur eine Volksbefragung – an, dann kann er sich deren Ergebnis praktisch nicht entziehen, sofern er nicht seine eigene Legitimationsbasis in Frage stellen will.

Damit stellt sich aber die Frage, ob ein Antrag, der mittelbar auf den Erlass oder die Änderung eines Bundesgesetzes zielt, auch als Gegenstand eines Volksentscheides in den Ländern in Frage kommt, mit dem die Bürger ja die Möglichkeit haben, anstelle des Parlamentes eine verbindliche Entscheidung zu treffen. Dabei ist zu beachten, dass die Annahme eines entsprechenden Antrags für die Landesregierung zumindest dieselben Wirkungen wie ein vergleichbarer Beschluss des Landtags. Die Abstimmung über einen Antrag, mit dem

---

1 Dass diese Möglichkeit in der Praxis durchaus von Bedeutung ist, zeigt etwa die schleswig-holsteinische Volksinitiative zur Erhaltung des Buß- und Bettages als Feiertag, die nicht nur auf eine Änderung des *Landes*feiertagsgesetzes sondern auch des *Bundes*-Pflegepflichtversicherungsgesetzes zielte; vgl. dazu unten S. 482 f.
   Der Landtag von Schleswig-Holstein hat den von der nordelbischen evangelisch-lutherischen Landeskirche angeregten Initiativantrag zwar zurückgewiesen, GVOBl. 1996, S. 90; LT-Drs. 13/3158, da die fragliche Materie nicht in den Zuständigkeitsbereich des Landes*gesetzgebers* falle. Allerdings wurde die Initiative nach § 10 IV SH-VAbstG als un*begründet* abgelehnt. Dies deutet darauf hin, dass der Landtag sie auch in Bezug auf die angestrebte Änderung des Bundesrechtes für *zulässig* erachtet hat.
   Vgl. hierzu auch die Volksinitiative gegen den Wasserstrassenausbau in Brandenburg; dazu siehe unten S. 536.
2 Kritisch daher etwa *Engelken*, VBlBW. 1995, S. 217, 221, zum Vorschlägen des Bündnis 90/Die Grünen zu einer vergleichbaren Verfassungsänderung in Baden-Württemberg.
3 A.a.O. S. 120.

die Landesregierung zu einem bestimmten Verhalten auf der Ebene des Bundes aufgefordert wird, könnte sich daher als unzulässige Umgehung der klaren Vorgabe des Art. 51 GG erweisen, nach der allein die Landesregierung den vom Land entsandten Mitgliedern des Bundesrates Weisungen erteilen darf. Denn auch wenn die Landesregierung *rechtlich* nicht dazu verpflichtet sein mag, dem betreffenden Anliegen zu entsprechen, könnte sie dem *politischen* Druck möglicherweise nur schwer widerstehen. Zumindest auf den ersten Blick scheint damit aber genau diejenige Situation vorzuliegen, die das Bundesverfassungsgericht dazu veranlasst hatte, Volksbefragungen zu Gegenständen der Gesetzgebungskompetenz des Bundes in den Ländern für unzulässig zu erklären.[1]

Der entscheidende Unterschied zu den vom Bundesverfassungsgericht zu entscheidenden Fällen besteht nun aber darin, dass es sich dort jeweils um einfache Landesgesetze handelte, mit denen im Einzelfall eine Volksbefragung angeordnet worden war.[2] Solche Befragungen können aber kaum als Maßnahme der „präventiven Kontrolle der Regierungstätigkeit" angesehen werden. Das Volksbegehren und der Volksentscheid sind demgegenüber verfassungsmäßige Rechte der Bürger, die im Rahmen des Anwendungsbereiches dieser Verfahren an die Stelle des Parlamentes treten. Geht man nun aber mit dem Bundesverfassungsgericht davon aus, dass das Recht des Landtags, auf das Verhalten der Landesregierung im Bundesrat Einfluss zu nehmen, aus der parlamentarischen Verantwortlichkeit der Regierung folgt,[3] dann muss man auch akzeptieren, dass die Entscheidung darüber, *wem* gegenüber die Regierung verantwortlich sein soll, durch die jeweilige Landesverfassung getroffen wird.[4] Wenn der Verfassunggeber in einem Land dem Volk daher das Recht gegeben hat, im Wege eines Volksentscheide anstelle des Parlaments zu entscheiden, dann ist die Regierung nicht nur dem Parlament sondern auch dem Volk selbst gegenüber für die Ausführung dieser Beschlüsse verantwortlich.[5] Umgekehrt haben die Bürger dasselbe Recht, die Landesregierung zu einem bestimmten Verhalten im Bundesrat anzuhalten, wie das Parlament, dessen Recht unbestritten ist, im Wege schlichter Beschlüsse Einfluss auf das Abstimmungsverhalten der Landesregierung zu nehmen.[6]

Als Zwischenergebnis lässt sich damit festhalten, dass Angelegenheiten, die nach den Artt. 30, 70 ff. GG in die Zuständigkeit des Bundes fallen, zwar nicht unmittelbar als Ge-

---

1 *BVerfGE* 8, S. 104.

2 Die Volksbefragung in Bremen wurde ausdrücklich nicht als Fall der Artt. 69 ff. BremV bezeichnet, obwohl die Bürgerschaft durchaus die Möglichkeit gehabt hätte, den Bürgern diese Frage nach Art. 70 I lit. b) BremV den Bürgern zur Abstimmung vorzulegen.

3 a.a.O. S. 121.

4 In diesem Sinne auch *Bryde*, Landesverfassungen, S. 147, 158, der zu Recht darauf hinweist, dass das BVerfG mit seinem obiter dictum zu weit in den Verfassungsraum der Länder eingegriffen hat; vgl. auch *Stern*, Staatsrecht II, § 27 III 2, S. 138 f., der zwar wie hier davon ausgeht, dass grundsätzlich der Landesverfassungsgeber darüber zu entscheiden hat, wer der Landesregierung Instruktionen für ihr Verhalten im Bundesrat geben darf, dann aber unter Berufung auf den durch Art. 28 I GG für verbindlich erklärten Gewaltenteilungsgrundsatz zu dem Ergebnis kommt, dass es ein unzulässiger Eingriff in den Kernbereich der Regierungskompetenzen wäre, wenn das Parlament ihr verbindliche Vorgaben machen dürfte.

5 Es kommt dafür nicht darauf an, ob das Volk die Möglichkeit hat, der Regierung selbst das Vertrauen zu entziehen und damit die Befolgung seiner Beschlüsse zu sanktionieren!

6 Diesen Umstand übersieht *P. M. Huber*, ThürVBl. 1993, S. B 4, B 11.

genstand eines direktdemokratischen Verfahrens in einem Land in Betracht kommen. Die Verfassunggeber in den Ländern können den Bürgern aber das Recht verschaffen, die Landesregierung zu einem bestimmten Verhalten auf der Ebene des Bundes anzuregen, indem sie den Anwendungsbereich der direktdemokratischen Verfahren über die Gesetzgebung hinaus auf alle Angelegenheiten im Zuständigkeitsbereich des jeweiligen Landesparlamentes ausdehnen.[1]

B. Die Vorgaben des Art. 28 I GG

Weitere Beschränkungen, die von den Verfassung- und Gesetzgebern in den Ländern bei der Ausgestaltung der direktdemokratischen Verfahren zu beachten sind, ergeben sich möglicherweise aus der so genannten „Homongenitätsklausel" des Art. 28 I GG, mit der den Ländern die Übernahme bestimmter Strukturprinzipien des Grundgesetzes vorgeschrieben wurde.

Insofern ist allerdings zunächst festzuhalten, dass die Verfassung- und Gesetzgeber in den Ländern insofern einen weiten Spielraum haben. Wie das Bundesverfassungsgericht bereits 1982 völlig zu Recht betont hat, können die Länder grundsätzlich nach freiem Ermessen darüber entscheiden, ob sie den Erlass von Gesetzen dem Parlament vorbehalten oder daneben ein Volksgesetzgebungsverfahren vorsehen wollen.[2] Obwohl auch die landesrechtlichen Bestimmungen darüber, unter welchen Voraussetzungen und mit welchen Inhalten Volksbegehren und Volksentscheid zulässig sein sollen, grundsätzlich in diesen Bereich der Gestaltungsfreiheit der Länder gehören,[3] stellt sich allerdings die Frage, ob die These des Gerichts, wonach diese Gestaltungsfreiheit weder durch Art. 28 I 1 und 2 GG noch durch andere Vorschriften des Grundgesetzes beschränkt werde, in dieser Pauschalität haltbar ist.

1: Art. 28 I 2 und 4 GG und das Bekenntnis zur repräsentativ-parlamentarischen Demokratie

Zweifelhaft erscheint dies zunächst deshalb, weil der Parlamentarische Rat den Ländern in Art. 28 I 2 GG immerhin vorgeschrieben hat, dass das Volk eine Vertretung haben muss, die aus allgemeinen, unmittelbaren, freien, gleichen und geheimen Wahlen hervorgegangen ist.

a. Die Grundentscheidung für die repräsentativ-parlamentarische Demokratie

In der Tat enthält Art. 28 I GG ein klares Bekenntnis zur repräsentativ-parlamentarischen Demokratie. Dies zeigt sich vor allem an der Sonderregelung des Art. 28 I 4 GG, der (nur) für die Gemeinden vorsieht, dass eine Gemeindeversammlung an die Stelle der Volksvertretung treten kann. Daraus lässt sich aber umgekehrt schließen, dass der Verfassunggeber

---

1 Vgl. dazu auch *Grimm/Hummrich*, DÖV 2005 S. 280, 285 ff.
2 *BVerfGE* 60, 175, 182.
3 A.a.O.

durch Art. 28 I 2 GG nicht nur sicher stellen wollte, dass für die Wahlen zu den Volksvertretungen der Länder dieselben Grundsätze zur Anwendung kommen, die gemäß Art. 38 I GG auch für die Wahlen zum Bundestag gelten. Vielmehr wäre es auch unzulässig, in einem Land eine reine Basisdemokratie – etwa nach dem Vorbild der Schweizer Landgemeinden – einzuführen.

Dennoch werden die Länder durch Art. 28 I GG nicht dazu verpflichtet, das Staatsorganisationsrecht des Bundes insgesamt zu übernehmen und die unmittelbaren Mitwirkungs- und Entscheidungsbefugnisse der Bürger auf die Beteiligung an den Parlamentswahlen zu beschränken. Ebensowenig wie die Verfassunggeber in den Ländern durch Art. 28 I 2 GG daran gehindert wären, den Ministerpräsidenten oder gar die ganze Regierung[1] direkt wählen zu lassen, verbietet Art. 28 I 2 GG es ihnen, den Bürgern die Möglichkeit für unmittelbare Sachentscheidungen einzuräumen. Die Vorgabe des Art. 28 I 2 GG würde vielmehr erst dann unterlaufen, wenn der Volksvertretung des Landes eine der essentiellen Kompetenzen eines Parlamentes vorenthalten werden.

b. Der notwendige Ausschluss des Haushaltsgesetzes vom Anwendungsbereich der direktdemokratischen Verfahren

Genau dies wäre aber dann der Fall, wenn auch das Gesetz zur Feststellung des Haushaltsplanes in den Anwendungsbereich der direktdemokratischen Verfahren einbezogen würde. Auf der einen Seite handelt es sich beim Budgetrecht um eines der wichtigsten Instrumente zur Steuerung und Kontrolle der Regierungstätigkeit, da es dem Parlament die Möglichkeit verschafft, auch auf diejenigen Bereiche der Regierungspolitik einzuwirken, die (noch) nicht gesetzlich geregelt sind.[2] Auf der anderen Seite und vor allem spiegelt der Haushaltsplan das gesamte Regierungsprogramm für die jeweiligen Haushaltsperiode wider. Durch die Feststellung des von der Regierung vorgelegten – und gegebenenfalls im Gesetzgebungsverfahren abgeänderten – Haushaltsplanes übernimmt das Parlament daher die politische Verantwortung für dieses Programm. Diese Verantwortung darf jedenfalls im politischen System der Bundesrepublik Deutschland und ihrer Länder[3] auf kein anderes Staatsorgan übertragen werden, weil nur das Parlament unmittelbar demokratisch legitimiert ist und ihm daher eine Vorrangstellung gegenüber den anderen Staatsorganen zukommt.[4]

Würde dem Volk die Möglichkeit gegeben, anstelle des Parlamentes über den Haushaltsplan zu befinden oder gar einen konkurrierenden Haushaltsentwurf einzubringen, dann wäre diese Entscheidung zwar ebenfalls unmittelbar demokratisch legitimiert. Im Ergebnis

---

1 Vgl. dazu etwa *Esterbauer*, passim und vor allem S. 167 f., der vorgeschlagen hat, nicht nur den Regierungschef sondern die gesamte Regierung als Team zur Wahl zu stellen.

2 Wobei zu beachten ist, dass sich das Budgetrecht nur bedingt für eine zielgenaue Steuerung eignet: So bedarf die Regierung für Ausgaben zwar grundsätzlich einer entsprechenden Ermächtigung im Haushaltsgesetz. Sie ist aber nicht gezwungen, diese Ermächtigung auszuschöpfen; vgl. dazu statt vieler Sachs-*Siekmann*, Art. 110 GG, Rn. 28 m.w.N.

3 Auf die durchaus nahe liegende Frage, ob diese Vorrangstellung auch dann gerechtfertigt wäre, wenn auch die Regierung bzw. der Ministerpräsident direkt vom Volk gewählt würde, kann und muss hier nicht im Detail eingegangen werden.

4 In diesem Sinne auch *BVerfGE* 70, 324, 355.

würde es sich bei der Abstimmung aber um ein Votum über das gesamte Regierungsprogramm handeln. Zwar sind die Verfassunggeber in den Ländern durch Art. 28 I 2 GG keineswegs daran gehindert, dem Volk eine Möglichkeit zu verschaffen, der Regierung bzw. der Regierungsmehrheit im Parlament das Misstrauen auszusprechen, indem sie Regelungen über die plebiszitären Parlamentsauflösung oder über die Abwahl der Regierung in die Verfassungsordnung aufnehmen.[1] Aufgrund des in Art. 28 I 2 GG statuierten grundsätzlichen Bekenntnisses zur repräsentativ-parlamentarischen Demokratie ist es ihnen jedoch nicht gestattet, das Parlament einer seiner wesentlichen Funktionen zu berauben, indem sie Budgetrecht des Parlamentes und seine Gesamtverantwortung für das Regierungsprogramm grundsätzlich in Frage zu stellen.[2]

In diesem Zusammenhang ist weiterhinfestzuhalten, dass sich das Gesetz zur Feststellung des Haushaltsplan schon aus praktischen Gründen nicht als Gegenstand eines langwierigen und eher schwerfälligen Volksgesetzgebungsverfahrens eignet:[3] Selbst bei einer extremen Straffung der Entscheidungsverfahren wird es kaum möglich sein, dieses rechtzeitig zum Beginn der nächsten Haushaltsperiode abzuschließen.

Nicht zuletzt aus diesem Grund ist der Haushaltsplan selbst in der im Übrigen so plebiszitfreudigen Schweiz und ihren Kantonen dem Anwendungsbereich der direktdemokratischen Verfahren entzogen. Zwar enthalten die Verfassungen keinen entsprechenden Vorbehalt. Allerdings wird der Etat nicht durch ein Gesetz festgestellt, sondern durch einen Beschluss des Parlamentes, der nicht als Gegenstand einer Volksabstimmung in Frage kommt.[4]

Gewisse Abgrenzungsschwierigkeiten ergeben sich nun daraus, dass das Budgetrecht des Parlaments auch dann grundsätzlich in Frage gestellt würde, wenn der Landeshaushalt im Falle der Annahme eines finanzwirksamen Antrags so sehr aus dem Gleichgewicht geriete, dass es der Regierung und der Landtagsmehrheit unter keinen Umständen mehr möglich wäre, eventuelle Mehrausgaben oder Mindereinnahmen[5] auszugleichen. Ob ein Antrag auf eine solche Umgehung des Haushaltsvorbehaltes zielt, kann allerdings nicht auf Grundlage abstrakter Kriterien oder gar einer bestimmten mathematischen Formel festgestellt werden.[6] Vielmehr kommt es insofern auf die konkreten Umstände des Einzelfalls

---

1 Vgl. dazu auch schon die Stellungnahme von *U. K. Preuß*, als Sachverständiger der GVK in der Anhörung am 17.6.92, GVK-Sten. Prot., S. 42, sowie das Sachverständigengutachten von *Evers*, AU-GVK Nr. 57a, S. 10.

2 Vgl. dazu schon *Rux*, LKV 2002, S. 252, 256 f. sowie i.E. auch *Krafczyk*, S. 266 ff.; *Müller-Franken*, Der Staat 2005, S. 19, 34 ff.

3 Zu beachten sind insofern vor allem die kurzen Fristen, die für die Haushaltsberatungen zur Verfügung stehen; vgl. dazu schon *Heußner*, Volksgesetzgebung, S. 181; Kunzmann/Haas/*Baumann-Hasske*, Art 73 SächsV, Rn. 1; in diesem Sinne wohl auch *Feuchte*, Art. 59 BW-V, Rn. 7.

4 Vgl. Artt. 167 und 183 I CH-BV.

5 Der *BerlVfGH* ist in einem Urteil vom 22. November 2005 (Az: VerfGH 35/04) zwar zu dem Ergebnis gekommen, dass ein Volksbegehren auch dann unzulässig ist, wenn es im Fall seiner Annahme zu deutlichen Einsparungen führen würde, vgl. dazu unten S. 782 ff. Tatsächlich sind Minderausgaben oder Mehreinnahmen jedoch unproblematisch, da sie den Spielraum des Haushaltsgesetzgebers lediglich vergrößern.

6 Vgl. dazu aber *Krafczyk*, S. 203 ff.

an:[1] Auf der einen Seite müssen die „freien Spitzen" des Haushaltes ermittelt werden, also diejenigen Positionen, die tatsächlich zur Disposition des Haushaltsgesetzgebers stehen. Auf der anderen Seite ist zu beachten, dass der finanzielle Handlungsspielraum des Staates gegebenenfalls durch die Ermächtigung zur Aufnahme weiterer Kredite, die Erhöhung von Abgaben oder Einsparungen an anderen Stellen vergrößert werden kann. Nachdem die Staatspraxis belegt, dass die Parlamente durchaus dazu in der Lage sind, sehr flexibel auf externe Einflüsse zu reagieren,[2] ist jedenfalls nur dann von einer unzulässigen Umgehung des Haushaltsvorbehaltes auszugehen, wenn es dem Parlament und der Regierung im Falle der Annahme des betreffenden Antrags unter keinen Umständen möglich wäre, dessen finanziellen Auswirkungen aufzufangen.[3] Die Beweislast liegt richtigerweise bei denjenigen Organen, die für die Entscheidung über die Zulässigkeit des betreffenden Verfahrens zuständig sind.

Maßgeblich kann jeweils nur die aktuelle Haushaltsperiode sein. Selbst wenn ein Antrag im Falle seiner Annahme langfristig erhebliche Auswirkungen auf das Budget hätte, ist doch zu beachten, dass es weder den Antragstellern noch dem Parlament oder der Regierung möglich ist, diese Haushaltswirksamkeit ex ante zu bestimmen. Eventuelle Zahlungsverpflichtungen sind daher in den kommenden Haushaltsperioden in den Haushaltsplan einzustellen. Zeigt sich dabei, dass ein Ausgleich in den durch die Verfassung gezogenen Grenzen nicht möglich ist, muss der Gesetzgeber entscheiden, ob und welche Sparmaßnahmen er ergreifen will. Die Rücknahme oder Änderung des durch Volksentscheid beschlossenen Gesetzes ist dabei nur eine Möglichkeit.

---

1 Vgl. zur Notwendigkeit einer Einzelfallprüfung schon *Rux*, LKV 2002, 252, 255; i.E. auch *Müller-Franken*, Der Staat, 2005, S. 19, 40 f. Vgl. hierzu auch *Janz*, LKV 2002, S. 67; *Löwer/Menzel*, NdsVBl. 2003, S. 89, 93.

2 Dies zeigt sich etwa dann, wenn dem Staat aufgrund einer Gerichtsentscheidung Mehrausgaben aufgebürdet werden.

3 In diesem Sinne etwa *Fessmann*, BayVBl. 1976, S. 389, 391, *Jürgens*, S. 134; vgl. auch Nawiasky-Schweiger, Art. 73 BayV, Rn. 3 f.; noch enger *ders.*, NVwZ 2002, S. 1471, 1473 f. A.A. hingegen *Engels*, BayVBl. 1976, S. 201, 203, nach dem schon ein minimaler Einfluss auf den Gesamthaushalt zur Unzulässigkeit des Verfahrens führen soll. In jüngerer Zeit hat sich *Zschoch*, NVwZ 2003, S. 438, unter Hinweis auf die Manipulierbarkeit der Bürger für eine weite Auslegung der Haushaltsvorbehalte in den Landesverfassungen ausgesprochen. Weiter als hier will auch *Platter*, ZParl 2004, 496, 504 ff. die Haushaltsvorbehalte auslegen, da der Volksgesetzgeber für die Umsetzung seiner Entscheidungen der Unterstützung durch das Parlament bedürfe, das ggf. andere Regelungen anpassen muss. Daraus ergibt sich jedoch keine Notwendigkeit, finanzwirksame Gesetze generell vom Anwendungsbereich der Verfahren auszuschließen.
Entgegen der etwa vom *BbgVerfG*, LKV 2002, S. 77, 79/81, vertretenen Ansicht wird das durchaus legitime Ziel, den finanziellen Spielraum des Landes langfristig zu sichern, nicht schon dadurch in Frage gestellt, dass sich eine Volksinitiative gegen eine vom Parlament beschlossene Maßnahme zur Konsolidierung der Staatsfinanzen richtet. Denn auch dann, wenn eine solche Maßnahme im Rahmen eines so genannten „Haushaltsstrukturgesetzes" getroffen wurde, ändert das nichts daran, dass das Parlament hier eben nicht als Haushaltsgesetzgeber gehandelt sondern eine materiell-rechtliche Entscheidung getroffen hat. Daher ist es gegebenenfalls dazu verpflichtet, nach anderen Einsparmöglichkeiten zu suchen. Ob diese Suche erfolgreich sein könnte, hängt aber wiederum allein vom Umfang der finanziellen Auswirkungen bzw. davon ab, welcher Anteil des gesamten Haushaltsvolumens auf Dauer der Disposition des Gesetzgebers entzogen ist.

Auch wenn man wie hier davon ausgeht, dass der Haushaltsplan als solcher aufgrund der Homogenitätsklausel des Art. 28 I 2 GG dem Anwendungsbereich der direktdemokratischen Verfahren entzogen bleiben muss, bedeutet dies nicht, dass die Verfassunggeber in den Ländern dazu verpflichtet wären, das parlamentarische Budgetrecht durch weitere Beschränkungen des Anwendungsbereiches der direktdemokratischen Verfahren oder durch eine bestimmte Ausgestaltung dieser Verfahren abzusichern.[1] Insbesondere sind die in den meisten Landesverfassungen vorgesehenen Beschränkungen des Anwendungsbereiches der direktdemokratischen Verfahren in Bezug auf Abgabengesetze, die Besoldung der Beamten oder gar auf alle finanzwirksamen Vorlagen[2] nicht durch das Grundgesetz geboten.

In diesem Zusammenhang ist festhalten, dass es auch durch Art. 109 II GG nicht geboten ist, finanzwirksame Vorlagen vom Anwendungsbereich der direktdemokratischen Verfahren auszuschließen.[3] Denn das Gebot bei der Haushaltswirtschaft den Erfordernissen des gesamtwirtschaftlichen Gleichgewichts Rechnung zu tragen, richtet sich nicht nur an die Landesparlamente sondern an die Länder und gilt daher auch für den plebiszitären Gesetzgeber. Ein eventueller Verstoß gegen Art. 109 II GG wird daher nicht etwa dadurch „geheilt", dass das betreffende Gesetz unmittelbar vom Volk angenommen wurde.

c. Die Arbeitsfähigkeit des Parlamentes als Schutzgut der Verfassung

Das in Art. 28 I 2 GG enthaltene Bekenntnis zur repräsentativ-parlamentarischen Demokratie würde auch dann unterlaufen, wenn die Zulässigkeitsvoraussetzungen für die direktdemokratischen Verfahren in einem Land so weit abgesenkt würden, dass die Volksvertretung in diesem Land aufgrund der zu erwartenden Häufung von Verfahren nicht mehr dazu in der Lage wäre, die ihr zugewiesenen Aufgaben zu erfüllen.[4]

Die Frage, auf welche Grundlage abstrakte Kriterien definiert werden können, um festzustellen, ob aufgrund der konkreten Ausgestaltung der Verfahren mit einer ernsthaften Gefährdung der Arbeitsfähigkeit der Volksvertretung zu rechnen ist, kann hier jedoch offen bleiben. Führt man sich nämlich vor Augen, dass es bisher weltweit kein einziges Beispiel dafür gibt, dass ein Parlament infolge einer übermäßigen Häufung direktdemokratischer Verfahren nicht mehr dazu in der Lage gewesen wäre, seine eigentlichen Aufgaben wahrzunehmen, dann wird deutlich, dass die Grundentscheidung für die repräsentativ-parlamentarische Demokratie erst dann grundsätzlich in Frage gestellt würde, wenn die Quoren und übrigen Zulässigkeitsvoraussetzungen für die direktdemokratischen Verfahren gegenüber dem gegenwärtigen Stand dramatisch abgesenkt würden. Da eine solche Absenkung nicht ernsthaft diskutiert wird, erübrigt sich eine nähere Auseinandersetzung.

---

1   Noch weiter geht *Rosenke*, S. 327 ff., der aus Art. 28 I 2 GG überhaupt keine zwingenden Beschränkungen des Anwendungsbereiches der direktdemokratischen Verfahren entnehmen will.
2   Einen gewissen Eindruck geben die im Anhang I auf S. XXVI im Wortlaut wiedergegebenen Bestimmungen der neueren Landesverfassungen. Vgl. im Überblick auch *Platter*, ZParl 2004, S. 496 ff.
3   So aber etwa *BremStGH*, NVwZ-RR 2001, 1, 4; *ThürVfGH*, ThürVBl. 2002, S. 31, 41 f. = LKV 2002, S. 83, 93 f.
4   Vgl. hierzu auch *Degenhart*, ThürVBl. 2001, S. 201, 206, der ebenfalls auf die Arbeitsfähigkeit des Parlamentes abstellt.

2. Art. 28 I 1 GG und die Quoren für das Volksbegehren und den Volksentscheid

Weiterhin stellt sich die Frage, ob und welche Vorgaben sich aus Art. 28 I 1 GG in Bezug auf die Höhe der Quoren für das Volksbegehren und den Volksentscheid ergeben. Während Gunter Jürgens und Hermann K. Heußner diese Frage in ihren grundlegenden Untersuchungen zu den direktdemokratischen Verfahren in den älteren Landesverfassungen völlig außen vor gelassen haben und – wie schon zuvor das Bundesverfassungsgericht[1] – ganz selbstverständlich davon ausgegangen sind, dass die Verfassung- und Gesetzgeber in den Ländern insofern einen sehr weiten Spielraum genießen, sind einige Landesverfassungsgerichte[2] in den letzten Jahren zu ganz anderen Ergebnissen gekommen. Zwar liegen den einschlägigen Entscheidungen teilweise die mit Art. 79 III GG vergleichbaren Struktursicherungsklauseln der jeweiligen Landesverfassungen zugrunde. Da sich die Gerichte bei ihren Entscheidungen aber zumindest zum Teil auch auf Art. 28 I 1 GG bezogen haben und sich ihre Argumente jedenfalls auf die Auslegung des Art. 28 I 1 GG übertragen lassen, soll bereits hier auf die einschlägige Rechtsprechung eingegangen werden.

a. Zur Notwendigkeit der demokratischen Legitimation eines Volksbegehrens

Besonders weit ist der Thüringer Verfassungsgerichtshof gegangen. Nach seiner Ansicht stellt bereits die Einleitung eines Volksbegehrens Ausübung von Staatsgewalt dar, die grundsätzlich der demokratischen Legitimation bedürfe.[3] Da die Initiatoren eines Volksbegehrens nicht das gesamte Volk repräsentieren, sei es erforderlich, dass ihnen ein „besonderer, ihr Vorhaben legitimierender Sachverhalt" zur Seite stehe, der nur darin gesehen werden könne, dass ein hinreichend großer Anteil der Stimmberechtigten das Volksbegehren unterstützt hat. Nach Ansicht des Thüringer Verfassungsgerichtshofes soll diese Voraussetzung bereits dann nicht mehr gegeben sein, wenn das Quorum für das Volksbegehren auf fünf Prozent der Stimmberechtigten abgesenkt würde. Eine entsprechende Änderung der Verfassung stehe daher im Widerspruch zum demokratischen Prinzip.

Bereits einige Zeit vor dem Thüringer Verfassungsgerichtshof waren der Bayerische Verfassungsgerichtshof[4] und der Bremischen Staatsgerichtshof[5] zu einem ähnlichen Ergeb-

---

1 Vgl. *BVerfGE* 60, 175, 182.
2 *BayVfGH*, NVwZ-RR 2000, S. 401; *BremStGH*, NVwZ-RR 2001, S. 1; *ThürVfGH*, ThürVBl. 2002, S. 31 = LKV 2002, S. 83.
3 *ThürVfGH*, ThürVBl. 2002, S. 31, 35 = LKV 2002, S. 83, 87 f.; zustimmend *Engelken*, DVBl. 2005, 415, 421 sowie zumindest im Ergebnis *Bernd J. Hartmann*, DVBl. 2006, 1269, 1274 f., der allerdings nur auf die Grundrechtsbindung abstellt. Nicht ganz so deutlich auch *BremStGH*, NVwZ-RR 2001, S. 1, 3. Wie der ThürVfGH auch schon *Gröschner*, ThürVBl. 2001, S. 193, 195 f., der von der zutreffenden Feststellung, dass die Antragsteller eines Volksbegehrens Staatsorgane sind (vgl. dazu schon *BVerfGE*, 96, 231, 240, kritisch dazu *Bernd J. Hartmann*, a.a.O.) ohne weiteres darauf schließt, dass sie bzw. ihre Maßnahmen „demokratisch legitimiert" sein müssen. Wie absurd dieser Schluss ist, zeigt sich schon beim Vergleich mit der Rechtsstellung der einzelnen Bürgers, der in Wahrnehmung seiner Teilhaberechte ebenfalls Staatsorgan ist, aber selbstverständlich keiner demokratischen Legitimation bedarf.
4 *BayVfGH*, NVwZ-RR 2000, S. 401, 404 = *BayVfGHE*, 53, S. 42, 71 f.; zustimmend *Schweiger*, BayVBl. 2002, S. 65, 71; vgl. in diesem Sinne auch *Engelken*, DÖV 2000, S. 881, 893.
5 *BremStGH*, NVwZ-RR 2001, S. 1.

nis wie dieser gekommen. Allerdings haben diese beiden Gerichte nicht auf die Notwendigkeit einer demokratischen Legitimation des Volksbegehrens abgestellt, sondern darauf, dass das Quorum für das Volksbegehren gegebenenfalls die „Ernsthaftigkeit" des Anliegens belegen müsse, die wiederum Voraussetzung für die Organisation und Durchführung eines aufwendigen Verfahrens bis zum Volksentscheid sei.[1] Auch wenn diese Erwägungen verfassungspolitisch durchaus bedenkenswert sein mögen, bleibt in den Entscheidungen jedoch völlig offen, aus welchem abstrakten Rechtssatz sich eine entsprechende Verpflichtung der Verfassung- und Gesetzgeber in den Ländern ergeben soll.

Tatsächlich stellt die Einleitung eines Gesetzgebungsverfahrens noch keine legitimationsbedürftige Ausübung von Staatsgewalt dar.[2] Die Vorstellung, dass Gesetzentwürfe nur dann eingebracht werden dürfen, wenn das verfolgte Anliegen „allgemeinen Belangen" dient, findet keine Grundlage im geltenden Staatsrecht. Vielmehr zeichnet sich der Prozess der politischen Willensbildung in einer pluralistischen Gesellschaft gerade dadurch aus, dass auch kleine Interessengruppen die Möglichkeit haben müssen, ihre Anliegen in das Entscheidungsverfahren einzubringen. Denn schließlich kann eine Frage auch und gerade dann regelungsbedürftig sein, wenn sie nur einen kleinen Teil der Bürger unmittelbar betrifft und es ist daher kein nachvollziehbarer Grund dafür erkennbar, warum aus der geringen Beteiligung an einem Volksbegehren ohne weiteres auf die Bedeutungslosigkeit oder gar die Gemeinwohlwidrigkeit des diesem Begehren zugrunde liegenden Anliegens geschlossen werden dürfte. Vielmehr lässt sich aus dem Umstand, dass in einer parlamentarischen Demokratie nicht nur die Regierung oder die jeweilige Parlamentsmehrheit das Recht zur Gesetzesinitiative hat, sondern bereits eine qualifizierte Minderheit der Abgeordneten,[3] der Schluss ziehen, dass die Verfassunggeber dann auch einer relativ kleinen Minderheit der Stimmberechtigten das Recht einräumen können, ein Volksgesetzgebungsverfahren einzuleiten.[4] Im Laufe des weiteren Gesetzgebungsverfahrens kann und muss dann geklärt werden, ob die Vorlage mit dem Gemeinwohl vereinbar ist, bzw. ob und in weit dem Anliegen der Initiatoren auf eine andere Art und Weise Rechnung getragen werden kann.

Entgegen der Ansicht des Thüringer Verfassungsgerichtshofes kommt es insofern auch nicht auf die Ausgestaltung des Eintragungsverfahrens an. Selbst wenn man nämlich auf der einen Seite mit dem Gericht davon ausgeht, dass solchen Unterschriften, die im Rahmen einer freien Sammlung – und damit häufig aufgrund eines vergleichsweise spontanen Entschlusses der Unterzeichner – zustande gekommen sind, gegebenenfalls eine geringere Aussagekraft zukommt, als Unterschriften zur Unterstützung eines Volksbegehrens, die im

---

1   Der Bayerische Verfassungsgerichtshof spricht in diesem Zusammenhang gar von der „Dignität" des Gesetzgebungsverfahrens.

2   Vgl. *P. M. Huber*, JÖR 2004, 323, 342; auch *Engelken*, DÖV 2000, S. 881, 889, der zu Recht betont, dass die Zulässigkeitsanforderungen für jede Stufe des Verfahrens gesondert zu betrachten sind. A.A. *Isensee*, DVBl. 2001, S. 1161, 1166; *Roscheck*, S. 83.

3   In der Regel wird für einen Antrag auf Einleitung eines Gesetzgebungsverfahrens die Unterstützung durch eine Fraktion bzw. einen entsprechend großen Anteil der Abgeordneten verlangt. Das sind maximal 5 %.

4   Dabei ist zu beachten, dass ein Volksbegehren immer noch mindestens fünf Prozent der Stimmberechtigten unterstützt worden sein muss, während der einzelne Abgeordnete sein Mandat möglicherweise nur dem Umstand zu verdanken hat, dass er einen aussichtsreichen Platz auf der Wahlliste einer bestimmten Partei ergattert hat.

Rahmen eines formalisierten Eintragungsverfahrens geleistet wurden, so ist auf der anderen Seite zu beachten, dass die Adressaten des Volksbegehrens die Umstände der Unterschriftensammlung kennen und bei ihren Entscheidungen berücksichtigen werden.[1]

Damit wird aber klar, dass die Verfassunggeber in den Ländern weitgehend frei über die Höhe des Quorums für das Volksbegehren und die übrigen Zulässigkeitsvoraussetzungen der dem Volksentscheid vorgelagerten Verfahrensschritte entscheiden können. Das demokratische Prinzip wird nicht verletzt, wenn schon ein vergleichsweise kleiner Anteil der Stimmberechtigten ein Volksgesetzgebungsverfahren einleiten kann.[2]

b. Zur These von der Prävalenz der parlamentarischen Gesetzgebung

Fraglich ist jedoch, ob dies auch für die Endstufe der direktdemokratischen Verfahren, also für die unmittelbare Entscheidung durch die Bürger gilt. In der soeben erwähnten Entscheidung ist der Thüringer Verfassungsgerichtshof zu dem Ergebnis gekommen, dass es mit dem demokratischen Prinzip und dem Grundsatz der Volkssouveränität unvereinbar sei, wenn bei Abstimmungen über einfache Gesetze bereits die Zustimmung durch eine Mehrheit der Abstimmenden ausreichen soll. Nach Ansicht des Gerichts ergibt sich aus der Verfassungsordnung eine „Prävalenz" der parlamentarischen Gesetzgebung, die institutionell abgesichert werden müsse. Durch den vollständigen Verzicht auf qualifizierte Abstimmungsquoren beim Volksentscheid sei dieser Vorrang aber nicht mehr gewährleistet. Zudem sei es mit dem demokratische Prinzip unvereinbar, wenn schon ein verhältnismäßig geringer Anteil der Stimmberechtigten Gesetze schaffen oder ändern könnte.[3] Auch in der Literatur finden sich einige Stimmen, die darauf verweisen, dass dem demokratischen Mehrheitsprinzip durch einen Verzicht auf Abstimmungsquoren die Grundlage entzogen werde.[4]

Der Thüringer Verfassungsgerichtshof verkennt damit allerdings, dass es eine Vielzahl von Regelungen gibt, die nur für einen sehr kleinen Personenkreis, nicht aber für die Allgemeinheit von Bedeutung sind.[5] Wie bereits im ersten Teil dieser Untersuchung deutlich geworden ist,[6] kann daher aus dem Umstand, dass sich ein Stimmberechtigter nicht an einer Abstimmung beteiligt, grundsätzlich ohne weiteres auf seine Indifferenz in Bezug auf den

---

1   Nichts anderes gilt in Bezug auf den Zeitraum, in dem die Unterschriften gesammelt worden sein müssen.
2   Andernfalls wäre es auch kaum zu rechtfertigen, dass sich die Parlamente gegebenenfalls mit den Anträgen eines einzelnen Abgeordneten auseinander zu setzen haben, der ja ebenfalls nicht durch gesamte Volk legitimiert ist – sondern in der politischen Praxis häufig nur durch einen geringeren Anteil der Wahlberechtigten als für das Zustandekommen einer Volksinitiative erforderlich sind.
3   *ThürVfGH*, ThürVBl. 2002, S. 31, 37 f. = LKV 2002, S. 83, 89 f.; in diesem Sinne auch *Engelken*, DÖV 2000, S. 881, 886
4   Vgl. dazu besonders deutlich *Schieren*, StWissStPrax 1997, S. 63, 76; und auch *Isensee*, Verfassungsreferendum, S. 44 ff.; vgl. auch die Nachweise in Fn. 4 auf S. 54.
5   Man denke z.B. an das Fischerei- oder Jagdrecht, an die Rechtsverhältnisse der Kleingartenkolonien, aber auch an eine Vielzahl von Berufsausübungsregelungen, die allenfalls mittelbar dazu dienen, die Qualität der erbrachten Leistungen und damit die Verbraucher zu schützen. Dies wurde etwa im Zusammenhang mit den Volksinitiativen für die Sonntagsöffnung der Videotheken in Hamburg und Schleswig-Holstein deutlich, vgl. dazu unten S. 492 und S. 823.
6   Vgl. dazu oben S. 54

Abstimmungsgegenstand geschlossen werden. Daher entspricht es dem demokratischen Prinzip, wenn bei Abstimmungen grundsätzlich die Zustimmung durch eine absolute Mehrheit der Abstimmenden verlangt wird.

Völlig unabhängig hiervon kann aber auch die weitere These des Gerichts nicht überzeugen, nach der die in der Verfassung verankerte „Prävalenz der parlamentarischen Gesetzgebung" durch den Verzicht auf qualifizierte Abstimmungsquoren gefährdet werde. Insofern ist zunächst festzuhalten, dass die Vermutung des Thüringer Verfassungsgerichtshofes, wonach die Zahl der Verfahren aufgrund des Verzichts auf ein qualifiziertes Abstimmungsquoren beim Volksentscheid übermäßig ansteigen könnte, jeder empirisch belegbaren Grundlage entbehrt. Vielmehr zeigen die praktischen Erfahrungen mit der direkten Demokratie in Bayern,[1] aber auch und vor allem in der Schweiz und ihren Kantonen sowie in zahlreichen US-amerikanischen Bundesstaaten, dass die Parlamente auch dann handlungsfähig und das zentrale Organ der politischen Willensbildung bleiben, wenn bei Volksabstimmungen nur die Zustimmung durch die Mehrheit der Abstimmenden verlangt wird.[2]

Tatsächlich geht es dem Thüringer Verfassungsgerichtshof bei seiner These von angeblichen „Prävalenz der parlamentarischen Gesetzgebung" ohnehin nicht oder jedenfalls nicht in erster Linie um die zu erwartende *Häufigkeit* der Verfahren, sondern vielmehr um die *Qualität* der Ergebnisse der Entscheidungsverfahren. Wie eine nähere Betrachtung deutlich macht, unterstellt das Gericht nämlich, dass das parlamentarische Gesetzgebungsverfahren eine höhere Gewähr für die (materielle) Richtigkeit der getroffenen Entscheidung biete. Spätestens hier wird aber deutlich, dass die Entscheidung des Thüringer Verfassungsgerichtshofes weniger auf einer dogmatisch überzeugenden Interpretation des demokratischen Prinzips, als auf seiner tiefgreifenden Skepsis in Bezug auf die Kompetenz der Bürger und ihrer Repräsentanten beruht. Wenn das Gericht nämlich ohne weiteres feststellt, dass das Volksgesetzgebungsverfahren „auch von einer Stimmung getragen werden kann, die nicht immer auf wohlüberlegtem Handeln beruht.",[3] dann entzieht es nicht nur der Volksgesetzgebung die Grundlage, sondern dem demokratischen Prinzip an sich. Denn schließlich ist nicht nachvollziehbar, wieso dieselben Bürger, die bei einem Volksentscheid schlichtweg außer Stande sein sollen, eine am Gemeinwohl orientierte Entscheidung zu treffen, bei einer Parlamentswahl für diejenigen Parteien oder Kandidaten stimmen werden, die eine dem Gemeinwohl entsprechende Politik verfolgen werden. Vielmehr wäre unter diesen Umständen zu erwarten, dass nur oder doch in erster Linie solche Kandidaten in das Parlament einziehen werden, die sich in besonderem Maße ihrer jeweiligen Klientel verpflichtet fühlen und in der Vergangenheit bewiesen haben, dass sie deren Interessen besonders effizient durchzusetzen wissen.

1 Vgl. dazu unten S. 344 ff.
2 Vgl. dazu vor allem *Kirchgässner/Feld/Savioz*, S. 71 ff. (zur Schweiz) und S. 111 ff. (zur USA), vgl. dazu auch *Jung*, KritVjschr. 2001, S. 24, 49, m.w.N.
  Selbst dort, wo Volksbegehren und Volksentscheide – wie etwa in Kalifornien – zu politischen Routineverfahren geworden sind, bleiben sie eine punktuelle, das Parlament stimulierende Ergänzung; vgl. dazu *Glaser*, Direkte Demokratie als politisches Routineverfahren, 1997; *Heußner*, Volksgesetzgebung in den USA und Deutschland, 1994, sowie *Stelzenmüller*, Direkte Demokratie in den Vereinigten Staaten von Amerika, 1994; jeweils passim.
3 Abdruck S. 41; vgl. in diesem Sinne auch schon *Isensee*, DVBl. 2001, S. 1161, 1164; *Stöffler*, ThürVBl. 1999, S. 33, 36, die davon ausgehen, dass das Volk „befangen" sei

Als Zwischenergebnis lässt sich damit festhalten, dass die Verfassunggeber in den Ländern durch die in Art. 28 I 1 GG enthaltene Verpflichtung auf das demokratische Prinzip grundsätzlich nicht daran gehindert ist, beim Volksentscheid die Zustimmung durch eine einfache Mehrheit der Abstimmenden ausreichen zu lassen.[1] Vielmehr ist – nicht zuletzt angesichts der Erfahrungen mit den direktdemokratischen Verfahren in der Zeit der Weimarer Republik – umgekehrt davon auszugehen, dass die Einführung von qualifizierten Abstimmungsquoren und Beteiligungsquoren in gewisser Weise eine „Prämie auf die Stimmenthaltung" darstellt,[2] die Boykottstrategien begünstigt, da es für die Gegner einer Vorlage unter Umständen attraktiver ist, für die Stimmenthaltung zu werben als für ihr eigentliches Anliegen.[3] Unter diesen Umständen bedarf aber nicht etwa der Verzicht auf Abstimmungs- und Beteiligungsquoren für den Volksentscheid einer besonderen Legitimation, sondern vielmehr die Einführung solcher Quoren.

c. Zur Notwendigkeit einer institutionellen Absicherung des Vorrangs der Verfassung

Zumindest auf den ersten Blick greift die Indifferenzvermutung bei Volksabstimmungen über eine Verfassungsänderung nicht oder zumindest nicht ohne weiteres durch, da die Verfassung die gemeinsamen Grundüberzeugungen der Gesellschaft wider spiegelt und man daher an sich davon ausgehen müsste, dass Verfassungsfragen für alle Mitglieder der Gesellschaft von unmittelbarem Interesse sind.

Bei einer näheren Betrachtung wird allerdings schnell deutlich, dass jedenfalls das Staatsorganisationsrecht im engeren Sinne, also die Regelungen über das Verfahren innerhalb der Staatsorgane und das Verhältnis zwischen den einzelnen Staatsorganen für die Mehrheit der Bürger nur von vergleichsweise untergeordneter Bedeutung sind. Nichts anderes gilt auch für die Verteilung der Kompetenzen auf die verschiedenen Ebenen des Staates. Und selbst in Bezug auf die Grundrechte und Staatsziele, die Strukturprinzipien der Verfassungsordnung und die Regelungen über die unmittelbare Beteiligung der Bürger an der politischen Willensbildung gibt es keinen Grund für die Annahme, dass diese Regelungen für alle Bürger gleichermaßen von Interesse wären. Die demokratische Legitimation einer Verfassung beruht dann aber nicht darauf, dass ihr mindestens die Hälfte oder auch nur ein bestimmter Anteil der Stimmberechtigten zugestimmt hat und die Verfassunggeber in den Ländern sind jedenfalls durch das demokratische Prinzip im Sinne de Art. 28 I 1 GG nicht gezwungen, für Volksabstimmungen über Verfassungsänderungen qualifizierte Quoren vorzusehen.[4] Diese Bewertung bestätigt sich wiederum bei einem Vergleich mit den

---

1 In diesem Sinne auch *Dreier*, BayVBl. 1999, S. 513, 519 ff.
2 In diesem Sinne etwa *Bachmann*, RuP 1993, S. 128, 131.
3 Vgl. dazu die Ausführungen auf S. 146 ff. zur Rechtspraxis in der Zeit der Weimarer Republik, sowie *Dreier*, BayVBl. 1999, S. 513, 521 f.
4 In diesem Sinne auch *P. Neumann*, Bedeutung, S. 17, 42 ff.; vgl. auch *Degenhart*, ThürVBl. 2001 S.201, 208; *Dreier*, BayVBl. 1999, S. 513 ff.; *Sachs*, Volksgesetzgebung, S. 135, 158 ff.
   Andernfalls wäre es auch nicht zu rechtfertigen, dass in zahlreichen anderen europäischen Verfassungen keine qualifizierten Quoren für Abstimmungen über Verfassungsänderungen vorgesehen sind, vgl. etwa Art. 3 I der französischen Verfassung, Art. 47 I der irischen Verfassung, Art. 138 II 1 der italienischen Verfassung, Art. 45 I der österreichischen Verfassung oder § 15 IV 3 des 8. Kapitels der schwedischen Verfassung, alle zitiert nach *Kimmel* (Hrsg.) Die Verfassungen der EG-Mitgliedstaaten", 4. Auflage

entsprechenden Regelungen in anderen Rechtsordnungen, wo häufig auch bei Abstimmungen über Verfassungsänderungen nur die Zustimmung durch eine Mehrheit der Abstimmenden verlangt wird. Dies betrifft sowohl die Gründungsplebiszite, mit denen die jeweilige Verfassung erstmals in Kraft gesetzt wurde, als auch spätere Änderungen der Verfassungen.

Dennoch hat sich in den letzten Jahren in der einschlägigen Rechtsprechung der Landesverfassungsgerichte und auch in Teilen der Literatur die Auffassung durchgesetzt, dass die jeweilige Verfassung nur dann wirksam durch einen Volksentscheid geändert werden könne, wenn nicht nur die Mehrheit der Abstimmenden sondern zugleich auch ein hinreichender Anteil der Stimmberechtigten dem betreffenden Antrag zugestimmt haben. So kam der Bayerische Verfassungsgerichtshof aufgrund einer teleologischen Auslegung und dem Vergleich mit dem Verfassungsrecht der anderen Länder zu dem Ergebnis, dass der Satz „Mehrheit entscheidet" in Art. 2 BayV in dem Sinne verstanden werden müsse, dass eine Vorlage zur Änderung der Verfassung nur dann angenommen ist, wenn ihr mindestens ein Viertel der Stimmberechtigten zugestimmt hat.[1] Und der Thüringer Verfassungsgerichtshof ist in der bereits mehrfach erwähnten Entscheidung sogar zu dem Ergebnis gekommen, dass auch diese Grenze noch zu niedrig sei.[2]

Tatsächlich kann und muss man sich die Frage nach dem Sinn der Differenzierung zwischen dem Verfassungsrecht und den „einfachen Gesetzen" stellen, wenn beide Normtypen unter denselben Voraussetzungen abänderbar sind und der „Vorrang der Verfassung" damit im Ergebnis nur eine bloße Formalie darstellt. In diesem Zusammenhang ist aber auch und vor allem zu beachten, dass die verfassungsrechtlichen Verbürgungen leer laufen würden, wenn sie zur Disposition des einfachen Gesetzgebers stünden, da die durch diese Verbürgungen geschützten (qualifizierten) Minderheiten[3] andernfalls keine Möglichkeit hätten, sich vor einer „Diktatur der Mehrheit" zu schützen.[4] Die erschwerte Abänderbarkeit der Verfassung erweist sich damit aber als notwendiger Kernbestandteil des (Grund-)Rechtsstaates,[5/6] und die Ländern sind aufgrund von Art. 28 I 1 GG bei der Ausge

München 1996.

1 *BayVfGH*, BayVBl. 1999, S. 719, 724; spätere Volksbegehren, mit denen eine Absenkung der Quoren durchgesetzt werden sollte, wurden daher für unzulässig erklärt, *BayVfGH* BayVBl. 2000, S. 397, 398 f.; sowie *BremStGH*, NVwZ-RR 2001, S. 1; vgl. auch schon Dreier-*ders*. Art. 79 II GG, Rn. 19; *Isensee*, Verfassungsreferendum, S. 67; *Zacher*, BayVBl. 1998, S. 737, 741; *Funk*, S. 174 ff., der vor allem auf Art. 28 I GG und darauf abstellt, dass das Parlament entmachtet werde, wenn das Volk Verfassungsänderungen mit einfacher Mehrheit beschließen kann, a.a.O., S. 178. Auch *Storr*, S. 269, geht davon aus, dass Verfassungsänderungen und vergleichbar wichtige Entscheidungen der Zustimmung durch eine qualifizierte Mehrheit bedürfen, vgl. auch *Degenhart*, Der Staat 1992, S. 77, 96.

2 *ThürVfGH*, ThürVBl. 2002, S. 31 = LKV 2002, S. 83; kritisch dazu *Sachs*, LKV 2002, S. 249 ff.; *Rux*, ThürVBl. 2002, S. 48.

3 Hier wird ein Grundproblem deutlich. Eine Minderheit, die nicht groß genug ist, um Verfassungsänderungen zu blockieren, kann sich nicht vollständig gegen Eingriffe oder gar den Verlust ihrer Rechte absichern. Umgekehrt ist es dann aber kein Wunder, wenn nur wenige Grundrechte dem Schutz *struktureller* Minderheiten dienen. Vielmehr ist davon auszugehen, dass sich in der Regel nur dann eine hinreichende Mehrheit für die Aufnahme eines Grundrechtes in die Verfassung finden wird, wenn nicht nur die Angehörigen einer solchen strukturellen Minderheit Eingriffe befürchten muss.

4 Anders hingegen *Sachs*, Art. 20 GG, Rn. 17, der die Einführung qualifizierter Mehrheitserforderniss als Versuch einer Annäherung an die Einstimmigkeit ansieht.

5 Vgl. in diesem Sinne auch *Isensee*, Verfassungsreferendum, S. 44 ff.; *Funk*, S. 175 ff. und jetzt

staltung ihrer jeweiligen Verfassungsordnung gezwungen, den Vorrang der Verfassung institutionell abzusichern.

Die Entscheidung, wie der Vorrang der Verfassung institutionell abgesichert werden soll, obliegt allerdings nicht den Verfassungs*gerichten*, sondern selbstverständlich in erster Linie den *Verfassunggebern* in den Ländern,[1] die keineswegs gezwungen sind, bei Abstimmungen über Verfassungsänderungen die Beteiligung oder Zustimmung durch einen bestimmten Anteil der Stimmberechtigten zu verlangen, sondern sich gegebenenfalls darauf beschränken können, die Zustimmung durch einen qualifizierten Anteil der Abstimmenden zu verlangen, oder auch nur einzelne Bestimmungen der Verfassung für unabänderlich zu erklären und damit der Disposition des verfassungsändernden Gesetzgebers zu entziehen.[2]

Als weiteres Zwischenergebnis lässt sich damit festhalten, dass Art. 28 I 1 GG den Verfassunggebern in den Ländern auch einen weiten Spielraum für die Ausgestaltung der Quoren für den Volksentscheid belässt. Sowohl im Hinblick auf das demokratische Prinzip als auch auf das Rechtsstaatsprinzip wäre es daher grundsätzlich zulässig, wenn die Verfassunggeber in den Ländern bei Volksabstimmungen die Zustimmung durch eine Mehrheit der Abstimmenden ausreichen lassen. Dies gilt auch für Abstimmungen über die Verfassung selbst und ihre allfälligen Änderungen, sofern der Vorrang der Verfassung auf andere Weise institutionell abgesichert wurde.

3. Der Begriff des „Volkes" in Art. 28 I 2 GG und das Ausländerstimmrecht

Im Zusammenhang mit Art. 28 I 2 GG ist schließlich auch noch auf die Frage einzugehen, ob und unter welchen Umständen die Länder dazu berechtigt sind, Ausländern das Recht einzuräumen, sich an den direktdemokratischen Verfahren auf der Ebene des jeweiligen Landes zu beteiligen.

ThürVfGH, ThürVBl. 2002, S. 31, 43 = LKV 2002, S. 83, 95 f.; ähnliche Bedenken hatte zuvor schon *Zacher*, BayVBl. 1998, S. 737, 741, geäußert, ohne allerdings ins Detail zu gehen.
Anders hingegen *Dreier*, BayVBl. 1999, S. 513 ff., der zwar zutreffend darauf hinweist, dass es weder zu den Grundelementen moderner Staatsverfassungen gehört, dass die Verfassung den einfachen Gesetzgeber bindet oder nur unter erschwerten Bedingungen abänderbar ist (in diesem Sinne auch *Degenhart*, ThürVBl. 2001 S.201, 208; vgl. auch *Roscheck*, S. 90 ff., der das Verbot der Verfassungsdurchbrechung für ausreichend hält, um den Vorrang der Verfassung abzusichern). Unter den besonderen Umständen des Grundgesetzes, das den Grundrechten (zu Recht) eine überragende Bedeutung und Geltungskraft zumisst, ist es aber unabdingbar, höhere Anforderungen an eine Verfassungsänderung zu stellen.

6 Insofern erscheint es durchaus problematisch, wenn etwa in der Schweiz keine höheren Quoren für Abstimmungen über Verfassungsänderungen verlangt werden. Tatsächlich spielt der Konflikt zwischen der „rule of law" und der „rule of the people" auch im Schweizerischen Staatsrecht und den Diskussionen um eine (weitere) Reform der Verfassung eine große Rolle. Bisher sind allerdings alle Versuche, für Verfassungsänderungen das Erfordernis einer qualifizierten Mehrheit festzuschreiben, am Widerstand der Bürger gescheitert, die um ihre Einflussrechte fürchten.

1 vgl. dazu auch *Pestalozza*, JöR 2004, S. 121, 127 ff.
2 Hingegen reicht es grundsätzlich nicht aus, im Vorfeld einer Entscheidung höhere Anforderungen vorzusehen, da die Einleitung eines Verfahrens zur Verfassungsänderung von der Verfassungsänderung selbst zu unterscheiden ist; a.A. *Thum*, BayVBl. 2000, S. 74, 78 f., der ein höheres Quorum für das Volksbegehren ausreichen lassen will.

Für die Antwort auf diese Frage ist zunächst von Art. 20 II 1 GG auszugehen, der verlangt, dass sich alle Staatsgewalt vom „Volk" herleiten lassen muss. Auch wenn es aufgrund der immer engeren internationalen Kooperation und der damit verbundenen stetig wachsenden Mobilität verfassungspolitisch durchaus fragwürdig sein mag, ob die Beschränkung auf das „Staatsvolk" noch zeitgemäß ist,[1] so steht doch fest, dass für die Zugehörigkeit zum „Volk" im Sinne von Art. 20 II 1 GG ein formales Kriterium benötigt wird. Dieses Kriterium ist aber die Staatsangehörigkeit.[2] Dem legitimen Bedürfnis nach einer stärkeren Integration von Ausländern, die sich dauerhaft im Gebiet eines Staates niedergelassen haben, kann demzufolge nicht durch eine neue Interpretation des Volksbegriffes Rechnung getragen werden, sondern nur durch eine Änderung des Staatsangehörigkeitsrechtes.[3] De constitutione lata wäre es somit unzulässig, Ausländer an Wahlen und Abstimmungen auf der Ebene des Bundes zu beteiligen.[4]

Über Art. 28 I GG wird diese Beschränkung grundsätzlich[5] auch für die Ebenen der Länder und Gemeinden verbindlich. Daraus wird nun regelmäßig der Schluss gezogen, dass auch auf der Ebene der Länder und Kommunen nur deutsche Staatsbürger das Recht haben können, an der politischen Willensbildung mitzuwirken.[6] So hat das Bundesverfassungsgericht in seiner Entscheidung über das kommunale Ausländerwahlrecht in Schleswig-Holstein lapidar festgestellt, dass

„der territorial begrenzte Verband der im Bereich des jeweiligen Landes lebenden Deutschen, das (Landes-)Volk als Legitimationssubjekt an die Stelle des Staatsvolkes der Bundesrepublik Deutschland oder – wie etwas bei der Mitwirkung im Gesetzgebungsverfahren auf Bundesebene und der Ausführung von Bundesgesetzen – an seine Seite [tritt]."[7]

Zur Begründung für stellte das Gericht zunächst auf den Sinn und Zweck des Art. 28 I 2 GG ab, der angeblich darauf abziele für alle Gebietskörperschaften auf dem Territorium der Bundesrepublik Deutschland die Einheitlichkeit der demokratischen Legitimationsgrundlage zu gewährleisten. Nur wenn man diese Zielsetzung des Verfassunggebers akzeptiere, sei es verständlich, dass er für alle Ebenen des Staates dieselben Wahlgrundsätze festgeschrie-

---

1 Vgl. dazu *Bryde*, JZ 1989, S. 257, 258 m.w.N., der zwar zu Recht betont, dass die Staatsangehörigkeit das einzig denkbare Kriterium für die Zuordnung einer Person zu einem bestimmten Staatsverband ist, aber doch zu weit geht, wenn er es gegebenenfalls für ausreichend halten will, dass die betreffende Person der Staatsgewalt unterworfen oder von den Entscheidungen und Handlungen der Staatsorgane betroffen ist.

2 Vgl. dazu *BVerfGE* 83, S. 37, 50 ff.

3 In diesem Sinne ausdrücklich *BVerfGE* 93, S. 37, 52. Genau dies war zentrales Anliegen der im Oktober 1998 angetretenen rot-grünen Regierungskoalition, vgl. das Gesetz zur Reform des Staatsagenhörigkeitsrechts vom 15.7.1999, BGBl. I S. 1618.

4 Vgl. dazu statt vieler Dreier-*ders*., Art. 20 GG (Demokratie), Rn. 83 m.w.N.

5 Art. 28 I 3 GG sieht allerdings eine Ausnahme in Bezug auf die Teilnahme von Bürgern aus den Mitgliedsstaaten der EU an Entscheidungen auf der kommunalen Ebene vor.

6 Vgl. dazu statt vieler Sachs-*P. M. Huber*, Präambel, Rn. 29 ff.; von Münch/Kunig-*Löwer*, Art. 28 GG, Rn. 28; Sachs-*Nierhaus*, Art. 28 GG, Rn. 23 jeweils mw.N.

7 *BVerfGE* 83, S. 37, 53.

ben habe.¹ Der Kreis der Wahlberechtigten sei in Art. 28 I 2 GG somit abschließend bestimmt und daher der Disposition der Landesgesetzgeber entzogen.² Ganz ähnliche Aussagen finden sich auch im einschlägigen rechtswissenschaftlichen Schrifttum.³

Eine genauere Betrachtung des Art. 28 I GG zeigt jedoch, dass nicht notwendigerweise nur die deutschen Staatsbürger als Legitimationssubjekt der Landes-Staatsgewalt in Frage kommen. Festzuhalten ist zunächst, dass die Entscheidung des Bundesverfassungsgerichtes auf einem rhetorischen Kunstgriff beruht. Es bleibt nämlich völlig offen, was genau unter dem zentralen Begriff der „Legitimationsgrundlage" zu verstehen sein soll. Dieser Begriff wird nicht näher definiert und findet in der Rechtsprechung des Gerichts auch sonst keine Verwendung. In diesem Zusammenhang ist weiterhin zu beachten, dass das Bundesverfassungsgericht selbst in seiner Entscheidung betont hat, dass das Grundgesetz den Ländern und Gemeinden ein *eigenes* „Volk" als Legitimationssubjekt zuordnet.⁴ Tatsächlich ergibt sich aus dem Grundsatz der Eigenstaatlichkeit der Länder,⁵ dass die Ausübung der Landes-Staatsgewalt nur durch das jeweilige Landes-Volk legitimiert werden kann.⁶ Nimmt man die Verfassungsautonomie der Länder aber ernst, dann wird deutlich, dass diese nicht nur in Bezug auf die Kreation von Landesverfassungsorganen und die Verteilung der Aufgaben unter diesen Organen frei sind, sondern grundsätzlich auch in Bezug auf die Bestimmung des Legitimationssubjektes, auf das sich alle Entscheidungen und Handlungen der Staatsorgane zurückführen lassen müssen.⁷

Ausdruck dieser Freiheit ist vor allem das Recht der Länder zur Einführung einer eigenen (Landes-)Staatsangehörigkeit. Indem die Länder von diesem Recht Gebrauch machen, bestimmen sie über ihr (Landes-)Volk. Umgekehrt hat das Recht, selbst den Kreis der (Landes-)Staatsangehörigen zu bestimmen, nur dann einen Sinn, wenn sich das auf das

1   *BVerfGE* 83, S. 37, 53/55.
2   *BVerfGE* 83, S. 37, 58. In Bezug auf das Kommunalwahlrecht für Ausländer führte das Gericht zusätzlich das systematische Verhältnis zwischen Art. 28 Abs. 1 und 2 GG an. Hätte der Verfassunggeber lediglich die körperschaftliche Legitimation der kommunalen Volksvertretungen eingefordert, dann hätte er dies in Abs. 2 regeln müssen. Außerdem entspreche die Beschränkung des Wahlrechtes der deutschen Regelungstradition, nach der das Kommunalwahlrecht seit jeher nur den jeweiligen Staatsangehörigen zugestanden worden sei, *BVerfGE* 83, S. 37, 56 ff.
3   Vgl. Dreier-*ders.*, Art. 20 GG (Demokratie), Rn. 83 ff.; *Isensee*, HdBStR § 98, Rn. 49 f.; *Jahn/Riedel*, NVwZ 1989, S. 716, 718; *Jestaedt*, S. 212/223; *Karpen*, NJW 1989, S. 1012, 1013 f.; von Münch/Kunig-*Löwer*, Art. 28 GG, Rn. 18; MD-*Maunz*, Art. 74 GG, Rn. 21; *von Münch*/Kunig, Art. 74 GG, Rn. 31; *Papier*, StWissStPrax 1990, S. 202, 203/209; HdBVerfR-*Robbers*, § 4, Rn. 82 f.; *Schätzel*, S. 535, 539; *Stiens*, S. 195; *Storr*, S. 75 ff.
4   *BVerfGE* 83, S. 37, 55. Vgl. dazu auch Dreier-*ders.*, Art. 20 GG (Demokratie), Rn. 83 ff.; *Sachs* AöR 1983, S. 68, 70. vgl. auch *Karpen*, NJW 1989, S. 1012, 1014; *Papier*, StWissStPrax 1990, S. 202, 203.
5   Der auch vom Bundesverfassungsgericht immer wieder betont wird, vgl. *BVerfGE* 34, 9, 19; *BVerfGE* 87, 181, 196.
6   In diesem Sinne auch *Bryde*, StWissStPrax 1995, S. 305, 318; vgl. auch *Sachs* AöR 1983, S. 68, 70.
7   Das Recht, über den Kreis der Staatsbürger zu bestimmen, gehört zu den Grundelementen der Staatlichkeit; vgl. dazu *Böckenförde*, „Die Teilung Deutschlands und die deutsche Staatsangehörigkeit", in: Festgabe für Carl Schmitt, 1968, S. 423, 430 f./435; *Bryde*, StWissStPrax 1995, S. 305, 318; *Sachs*, AöR 1983, S. 68, 74; *Stiens*, S. 194. *Storr*, S. 80 ff., meint hingegen, dass dem Recht, über das Staatsvolk zu bestimmen, jedenfalls für die Ebene der Gliedstaaten im Bundesstaat keine konstitutive Bedeutung zukomme.

Recht auswirkt, an den Entscheidungen der jeweiligen Gebietskörperschaft beteiligt zu werden.[1]
Tatsächlich macht eine nähere Betrachtung deutlich, dass Art. 28 I 1 GG in erster Linie die Geltung des demokratischen Prinzips für die Verfassungsordnung der Länder festschreibt.[2] Auch in den Ländern müssen sich somit alle Handlungen und Entscheidungen der Staatsorgane auf das Staatsvolk zurückführen lassen. Bestätigt und weiter verstärkt wurde diese Bindung durch den Art. 28 I 2 GG, mit dem die Geltung der Wahlrechtsgrundsätze des Art. 38 I 1 GG auch auf die Wahlen zu Landes- und Kommunalparlamenten ausgedehnt wurde. Entgegen der vom Bundesverfassungsgericht vertretenen Auffassung, ergeben diese Festlegungen durchaus auch dann einen Sinn, wenn das Legitimationssubjekt der Landes-Staatsgewalt nicht mit dem „Volk" im Sinne des Art. 20 II GG (teil-)identisch ist.

Daher lässt sich Art. 28 I GG keine zwingende Vorgabe entnehmen, nach der zum „Landesvolk" nur und alle Deutschen im Sinne von Art. 116 I GG gezählt werden können. Vielmehr ist zu beachten, dass die Länder unstreitig das Recht haben, eine eigene Staatsangehörigkeit einzuführen.[3] Zwar haben die Länder bei der konkreten Ausgestaltung der Verfassungsordnung die zwingenden Vorgaben des Bundesrechtes zu beachten. Besondere Bedeutung kommt insofern Art. 33 I GG zu, nach dem alle Deutschen in jede m Lande die gleichen staatsbürgerlichen Rechte und Pflichten haben. Auch wenn sich daraus ableiten lässt, dass alle deutschen Staatsbürger, die sich dauerhaft in einem bestimmten Bundesland niedergelassen haben, gegebenenfalls auch die Staatsbürgerschaft dieses Bundeslandes verliehen bekommen bzw. mit den formellen Landesangehörigen gleich gestellt werden müssen,[4/5] bedeutet dies jedoch nicht notwendigerweise, dass die Länder nur Deutschen die (Landes-)Staatsangehörigkeit verleihen könnten.

Allerdings stellt sich die Frage, ob das Recht der Länder, die Voraussetzungen für den Erwerb der Staatsangehörigkeit dieses Landes selbständig zu bestimmen, dadurch beschränkt wird, dass die Länder an Entscheidungen im Bund mitwirken. Selbstverständlich

---

1 *Stiens*, S. 195, weist zurecht darauf hin, dass die Ausübung staatsbürgerlicher Rechte und Pflichten die wesentliche Substanz der Landeszugehörigkeit bildet.

2 Dies ist die folgerichtige und notwendige Konsequenz aus dem föderalistisch-dezentralen Staatsaufbau der Bundesrepublik Deutschland. Denn das Bekenntnis zur Demokratie, das der Verfassunggeber in Art. 79 Abs. 3 GG zu einem unantastbaren Grundprinzip der Verfassung erklärt hat, könnte mühelos unterlaufen werden, wenn es nicht auch für die unteren Ebenen des Staates verbindlich wäre.

3 Eine andere Auffassung scheint nur *Isensee*, HdBStR § 98, Rn. 45, zu vertreten, der keine Teil-Völker sondern nur Volksteile akzeptieren will. In Rn. 49 betont er jedoch, dass durch die Einführung einer eigenen Landesstaatsangehörigkeit der frühere Dualismus zwischen Bundes- und Landesvolk wieder hergestellt werden könnte.

4 In diesem Sinne *von Münch*/Kunig, Art. 74 GG, Rn. 31; vgl. auch MD-*Maunz*, Art. 33 GG, Rn. 6; von *Münch*/*Kunig*, Art. 33 GG, Rn. 11 ff., m.w.N., die überzeugend darlegen, dass diese Bestimmung sich auf das gesamte Verhältnis zwischen Bürger und Staat bezieht. Vgl. dazu auch *Isensee*, HdBStR § 98, Rn. 50; *Stiens*, S. 195; *Storr*, S. 75.
Die in Art. 33 Abs. 1 GG verwendete Formulierung „in jedem Lande" bestätigt übrigens die hier vertretene Ansicht, wonach es keine vollständige Kongruenz zwischen der Staatsangehörigkeit des Bundes und der Länder geben muss.

5 Aufgrund der in Art. 11 GG verbürgten Freizügigkeit darf dieser Anspruch auch nicht durch Niederlassungsbeschränkungen unterlaufen werden.

bedürfen die Vertreter des Landes im Bundesrat oder in der Bundesversammlung einer zumindest mittelbaren demokratischen Legitimation durch das Volk. Da es hier um Entscheidungen auf der Ebene des Bundes geht, kann insofern auf den ersten Blick nur der Volksbegriff des Art. 20 Abs. 2 S. 1 GG zugrunde gelegt werden.[1] Tatsächlich üben die Länder bzw. ihre Vertreter aber auch im Rahmen der Beteiligung an der politischen Willensbildung im Bund Landes-Staatsgewalt aus, die ausschließlich durch das Landesvolk legitimiert ist und auch nur durch dieses legitimiert sein kann.[2] Bei der Mitwirkung der Länder an der Gesetzgebung des Bundes und an der Wahl des Bundespräsidenten handelt es sich somit, ebenso wie bei der Ausführung der Bundesgesetze durch die Länder, um Ausprägungen des föderalistischen Prinzips, das mit dem demokratischen Prinzip in einem notwendigen Spannungsverhältnis steht.[3]

Damit bleibt es aber in Bezug auf die Kompetenz zur Regelung der Voraussetzungen für den Erwerb der Landes-Staatsangehörigkeit bei dem allgemeinen Grundsatz der Artt. 30, 70 ff.[4] Ebensowenig wie die Länder daran gehindert sind, den Eintritt des aktiven und passiven Wahlrechts unabhängig von Art. 38 II 1 GG zu bestimmen, lässt sich dem Grundgesetz oder anderen Bestimmungen des Bundesrechtes ein generelles Verbot entnehmen, Nicht-Deutsche in den Kreis der Landesangehörigen einzubeziehen. Das demokratische Prinzip setzt lediglich eine hinreichende Verbundenheit der Bürger mit „ihrem" Staat voraus.[5] Wenn nun aber jedes Land grundsätzlich das Recht hat, die Voraussetzungen für den Erwerb der (Landes-)Staatsangehörigkeit autonom zu bestimmen, dann kann es Ausländern erst Recht einzelne politische Rechte zugestehen.[6] Jedenfalls ist kein Grund ersichtlich, wieso der Landes-Verfassunggeber auf die Entscheidung beschränkt sein sollte, den Betroffenen entweder das volle oder gar kein Bürgerrecht zuzugestehen.[7]

---

1 In diesem Sinne etwa *Karpen*, NJW 1989, S. 1012, 1014; *Storr*, S. 76 f. Man könnte dies auch für die Ausführung des Bundesrechtes durch die Länder annehmen.

2 Wobei das nichts daran ändert, dass der Bundesrat und die Bundesversammlung selbst Organe des Bundes sind, deren Existenz durch die verfassunggebende Gewalt des Bundesvolkes legitimiert ist; vgl. dazu statt vieler Dreier-*Bauer*, Art. 50 GG, Rn. 17, m.w.N.

3 Würde das demokratische Prinzip absolut gelten, dann wäre die Bildung von autonomen „Teilvölkern" jedenfalls dann unzulässig, wenn die untergeordneten Körperschaften das Recht haben, sich an Entscheidungen auf der übergeordneten Ebene zu beteiligen.

4 Abwegig ist daher die Auffassung von *Sampels*, S. 181 f., der behauptet, durch die Streichung des Art. 74 Nr. 8 GG, der dem Bund die konkurrierende Gesetzgebungsbefugnis in Bezug auf Staatsangehörigkeit in den Ländern eingeräumt hatte, hätten die Länder das Recht verloren, eine eigene Staatsangehörigkeit einzuführen. Damit dreht *Sampels* die Kompetenzordnung des Grundgesetzes auf den Kopf. Aus der Begründung des GVK für den Vorschlag, Art 74 Nr. 8 GG zu streichen, ergibt sich vielmehr eindeutig, dass den Ländern das Gesetzgebungsrecht wieder zufallen sollte (BT-Drs. 12/6000, S. 34).

5 Daher könnten die Länder allenfalls solchen Ausländern die Landes-Staatsangehörigkeit verleihen, die sich dauerhaft im Lande niedergelassen haben. Wobei wiederum zu beachten ist, dass die Ländern aufgrund der Vorgaben des Ausländerrechtes keinen nennenswerten Einfluss darauf haben, welchen Ausländern ein Recht zum dauerhaften Aufenthalt zugestanden wird.

6 In diesem Sinne auch schon *Bryde*, JZ 1989, S. 257, 259 f., der allerdings zu sehr auf die faktische Betroffenheit abstellt und sich damit angreifbar macht.

7 Vgl. dazu ausführlich und mit rechtsvergleichenden Hinweisen *Rux*, ZAR 2000, S. 177 ff.

Als Zwischenergebnis lässt sich damit aber festhalten, dass die Verfassunggeber in den Ländern nicht daran gehindert sind, den Kreis derjenigen Personen, die sich an den direktdemokratischen Verfahren beteiligen dürfen, über die deutschen Staatsbürger im Sinne des Art. 116 GG hinaus auszudehnen. Aufgrund der grundlegenden Bedeutung der Entscheidung über die Landesstaatsangehörigkeit für die politische Willensbildung ist allerdings gegebenenfalls eine Entscheidung des jeweiligen Landesverfassunggebers erforderlich, wenn der Kreis der Stimm- und/oder Wahlberechtigten über den der deutschen Staatsbürger im Sinne des Grundgesetzes hinaus ausgedehnt werden soll.[1] Tatsächlich wurde in einigen Ländern auch Ausländern das Recht eingeräumt, sich zumindest an Volksinitiativen zu beteiligen.[2]

C. Zusammenfassung

Dem Grundgesetz lassen sich nach alldem nur wenige Vorgaben entnehmen, die von den Verfassunggebern in den Ländern unbedingt beachtet werden müssen. Mit Ausnahme des Haushaltsgesetzes kommen grundsätzlich alle Angelegenheiten als Gegenstand der direktdemokratischen Verfahren in Betracht, die überhaupt in den Zuständigkeitsbereich des jeweiligen Landes fallen. Sofern die Arbeitsfähigkeit des Landesparlamentes gewährleistet bleibt, können die Länder auch die Verfahren weitgehend autonom gestalten. Dies betrifft sowohl die Festlegung der Quoren für die einzelnen Stufen des Verfahrens als auch für die Bestimmung des Kreises derjenigen, die sich an den Verfahren beteiligen können. Dies gilt auch für Verfahren mit dem Ziel einer Verfassungsänderung sofern der Vorrang der Verfassung nur auf andere Weise institutionell abgesichert ist.

---

[1] Zumindest muss der Verfassunggeber festlegen, dass eine Landes-Staatsangehörigkeit eingeführt werden kann. Durch einen Gesetzesvorbehalt kann er dann dem Gesetzgeber die Entscheidung darüber überlassen, ob und welche politischen Rechte er den ausländischen Einwohnern zugestehen will.

[2] Vgl. dazu unten S. 514 zu Art. 76 I 3 BbgV, S. 725 zu Art. 87 II 3 BremV, S. 764 zu Art. 61 VvB.

2. Kapitel: Die direktdemokratischen Verfahren in den älteren Landesverfassungen

Während die Bürger auf der Ebene des Bundes de facto auf die Beteiligung an den Parlamentswahlen beschränkt sind, sehen zumindest einige der Landesverfassungen seit jeher auch Regelungen über das Volksbegehren, den Volksentscheid und andere direktdemokratische Verfahren vor. Diese Regelungen und die praktischen Erfahrungen mit ihrer Anwendung waren aber wiederum von maßgeblicher Bedeutung für die Diskussionen über die einschlägigen Bestimmungen der neueren Landesverfassungen. Da die einschlägigen Bestimmungen der älteren Landesverfassungen bereits Gegenstand umfangreicher Untersuchungen waren,[1] können sie im Rahmen des folgenden Kapitels in komprimierter Form dargestellt werden.

Ausgangspunkt der Darstellung ist dabei die Feststellung, dass die einschlägigen Regelungen in den meisten Ländern fast noch seltener zur Anwendung gekommen sind als ihre Vorläuferbestimmungen aus der Zeit der Weimarer Republik. Zwar gibt es auf der einen Seite keinen Anhaltspunkt dafür, dass sich die Befürchtungen der Gegner einer Erweiterung der unmittelbaren Mitwirkungs- und Entscheidungsrechte der Bürger bestätigt hätten. Auf der anderen Seite ist aber auch nicht erkennbar, dass und in wie weit die in den älteren Landesverfassungen vorgesehenen direktdemokratischen Verfahren dazu beigetragen hätten, die im ersten Teil dieser Untersuchung herausgearbeiteten strukturellen Defizite der repräsentativ-parlamentarischen Demokratie auszugleichen. Nur in wenigen Ausnahmefällen ist es den Initiatoren eines solchen Verfahrens gelungen, ihr Anliegen gegen die Regierungsmehrheit durchzusetzen und es ist auch nicht erkennbar, dass die Verfahren zu einer nennenswerten Verbesserung der Kommunikation zwischen den Bürgern und ihren Repräsentanten beigetragen hätten. Allerdings könnte man auf den Gedanken kommen, dass die bemerkenswerte politische Stabilität in Bayern zumindest auch darauf zurück zu führen ist, dass die direktdemokratischen Verfahren nur in diesem Lande eine nennenswerte praktische Bedeutung entfaltet haben.

Im Rahmen der folgenden Ausführungen wird es daher in erster Linie darum gehen, eine Antwort auf die Frage zu finden, ob die geringe praktische Bedeutung der direktdemokratischen Verfahren auf die konkrete Ausgestaltung dieser Verfahren zurück zu führen ist – und ob sich aus den praktischen Erfahrungen Rückschlüsse darauf ziehen lassen, ob und wie die Verfahrensbestimmungen modifiziert werden müssen, damit sie die gewünschte Wirkung entfalten.

---

[1] In diesem Zusammenhang ist in erster Linie auf die bahnbrechende Untersuchung von *Jürgens* über die direktdemokratischen Verfahren auf der Ebene der Bundesländer hinzuweisen, die durch die späteren Arbeiten von *Heußner* und *Przygode* ergänzt wurde.

I. Zur Entstehungsgeschichte[1]

Der Versuch, die Verfassungsentwicklung in den Ländern in aller Ausführlichkeit nachzuzeichnen, würde den Rahmen dieser Untersuchung sprengen. Dennoch sollen die historischen Zusammenhänge kurz dargelegt werden. Wie bereits ausgeführt wurde,[2] sind in den Jahren 1946 und 1947 – und damit lange vor dem Beginn der Beratungen über das Grundgesetz – in den Ländern der amerikanischen und der französischen Besatzungszonen die zumindest in ihren Grundzügen bis heute geltenden Verfassungen von Bayern, Bremen, Hessen, Rheinland-Pfalz und dem Saarland entstanden.[3] Diese Verfassungen haben durchweg Regelungen über direktdemokratische Verfahren enthalten, wobei die Bürger nur im Saarland auf die Beteiligung an Referenden beschränkt waren.

Die einschlägigen Regelungen knüpften an Vorbilder aus der Zeit der Weimarer Republik an, insbesondere an die Reichsverfassung selbst und an die preußische Verfassung von 1920. Allerdings wird schon bei einem oberflächlichen Vergleich der einschlägigen Bestimmungen deutlich, dass die Verfassunggeber durchaus Lehren aus den Erfahrungen in der Zeit der Weimarer Republik gezogen haben. Zum einen besteht nur noch in sehr wenigen Ländern die Möglichkeit für die plebiszitäre Parlamentsauflösung – und zwar auch nicht als Instrument zur Entscheidung eines Streits zwischen dem Parlament und der Regierung. Zum anderen sind die Quoren für das Volksbegehren tendenziell deutlich heraufgesetzt worden. Die einzige[4] Ausnahme stellt insofern das Land Bayern dar, wo die Verfassungsberatungen maßgeblich durch den Ministerpräsidenten Wilhelm Hoegner (SPD) und den Sachverständigen Hans Nawiasky geprägt wurden. Beide hatten die Zeit des Nationalsozialismus im Exil in der Schweiz verbracht und dort die Referendumsdemokratie kennen

---

1 Ausführlich hierzu *Jung*, Grundgesetz, S. 10 ff. und 140 ff.; *Luthardt*, Direkte Demokratie, S. 101 ff.; vgl. auch *Stiens*, S. 52 ff.

2 Vgl. dazu oben S. 201.

3 – Artt. 71 ff. der Verfassung des Freistaates *Bayern* vom 2.12.1946, BayRS 100-1-S, zuletzt geändert durch Gesetze vom 10.11.2003, GVBl. S. 816 und 817 (BayV); Gesetz über Landtagswahl, Volksbegehren und Volksentscheid in der Fassung der Bekanntmachung vom 5. Juli 2002, GVBl. S. 277, zuletzt geändert durch Gesetz vom 26.7.2006, GVBl. S. 367 (BayLWG).
– Artt. 123 ff. der Verfassung des Landes *Hessen* vom 1.12.1946, GVBl. S. 229, zuletzt geändert durch Gesetz vom 18.10.2002, GVBl. S. 626 (HessV); Gesetz über Volksabstimmung vom 16.5.1950, GVBl. S. 71, in der Fassung der Bekanntmachung vom 2.1.1970, GVBl. I, S. 18, zuletzt geändert durch Gesetz vom 26.11.1997, GVBl. S. 390 (HessVAbstG).
– Artt. 99 f. der Verfassung des *Saarlandes* vom 15.12.1947, BS Saar 100-1, in der Fassung des Gesetzes Nr. 1478 vom 5.9.2001, ABl. S. 626 (SaarV); Gesetz Nr 1142 über Volksbegehren und Volksentscheid vom 16.6.1982, ABl. S. 649, zuletzt geändert durch Gesetz vom15.2.2006, ABl. S. 474 (SaarVAbstG); konkretisiert durch die Volksabstimmungsordnung vom 26.1.1983, ABl. S. 105 (SaarVAbstO).
Die einschlägigen Regelungen über direktdemokratische Verfahren in der Verfassung der Freien Hansestadt *Bremen* vom 21.10.1947 (SaBremR 100-a-1) wurden mittlerweile ebenso geändert, wie die Bestimmungen über die direktdemokratische Verfahren in der Verfassung von *Rheinland-Pfalz* in der Fassung vom 18.5.1947, zuletzt geändert durch Gesetz vom 13.12.1993, GVBl. S. 471. Die Neuregelungen werden im Zusammenhang mit den anderen neueren Landesverfassungen beschrieben werden, vgl. dazu unten S. 720 ff. bzw. S. 847 ff.

4 Allerdings war auch die Verfassung von Württemberg-Hohenzollern tendenziell „plebiszitfreundlicher", da sie ein sehr niedriges Quorum für Volksabstimmungen vorsah.

und schätzen gelernt. Es ist wohl in erster Linie ihrer Initiative zu verdanken, dass die relativ hohen Hürden, die die Bamberger Verfassung von 1920 für die Volksgesetzgebung vorgesehen hatte, im Jahre 1946 nicht in die neue Verfassung übernommen worden sind. Vielmehr wurden in Bayern als einzigem Land die Voraussetzungen für den Erfolg eines Antrags beim Volksentscheid im Vergleich zu der in der Zeit der Weimarer Republik geltenden Rechtslage deutlich abgesenkt. Dies betrifft sowohl die Quoren für das Volksbegehren und den Volksentscheid als auch den Anwendungsbereich der Verfahren.[1]

In den meisten derjenigen Länder, deren Verfassungen nach dem Grundgesetz verabschiedet worden sind, stellte sich die Lage hingegen ganz anders dar. Nachdem die Verfassungen der Länder Hamburg, Niedersachsen und Schleswig-Holstein zunächst überhaupt keine Regelungen über direktdemokratische Verfahren enthielten, kann man fast davon ausgehen, dass solche Verfahren unter normalen Umständen auch nicht in die Verfassung von Nordrhein-Westfalen[2] aus dem Jahre 1950 eingeführt worden wären – wenn der Gesetzgeber hier nicht bereits im Juli 1948 mit breiter Mehrheit Regelungen über das Volksbegehren und den Volksentscheid sowie über ein Referendum auf Antrag der Landesregierung verabschiedet gehabt hätte. Nach 1950 wäre den Bürgern eine Beschneidung der unmittelbaren Entscheidungsbefugnisse des Volkes daher kaum zu vermitteln gewesen.[3]

Nachdem die vier genannten Länder der britischen Zone entsprachen, könnte man zwar den Eindruck kommen, dass die plebiszitäre Zurückhaltung auf Vorgaben dieser Besatzungsmacht zurück zu führen waren. Dieser Eindruck verflüchtigt sich jedoch, wenn man sich zum einen nochmals auf die Umstände zurück besinnt, die kurz zuvor dazu geführt hatten, dass keine Regelungen über das Volksbegehren und den Volksentscheid in das Grundgesetz aufgenommen worden sind und zum anderen die Entwicklungen betrachtet, die sich in den folgenden Jahren in einigen anderen Ländern außerhalb der britischen Besatzungszone ergaben.

– In Berlin wurden im Jahre 1950 zwar erstmals[4] Regelungen über das Volksbegehren und den Volksentscheid in die Verfassung aufgenommen.[5] Diese Regelungen wur

---

1 Zur Entstehungsgeschichte der Bayerischen Verfassung vgl. ausführlich *Fait*, passim. Speziell zur Entstehungsgeschichte der Regelungen über die direktdemokratischen Verfahren vgl. auch *Jung*, BayVBl. 1999, S. 415, 419 ff.. sowie (sehr kurz) *Zacher*, BayVBl. 1998, S. 737, 738 ff.

2 Artt. 68 f. der Verfassung für das Land *Nordrhein-Westfalen* vom 28.6.1950, GS NW 100 S. 3 bis zur Fassung des Gesetzes vom 3.7.2001, GVBl. S. 456.
Die einschlägigen Bestimmungen der Verfassung wurden im Rahmen einer Reform vor kurzem grundlegend überarbeitet, vgl. dazu Art. 67a ff. der Verfassung in der Fassung des Gesetzes vom 5.3.2002, GVBl. S. 108. Gleichzeitig wurde auch das Gesetz über das Verfahren bei Volksbegehren und Volksentscheid vom 3.8.1951, GVBl. S. 103, ber. GVBl. 1952, S. 95, NRW-VVVG, durch das Gesetz über das Verfahren bei Volksinitiative, Volksbegehren und Volksentscheid, NRW-VIVBVEG, vom 5.3.2002, GVBl. S. 100, ersetzt. Auf die Neuregelungen wird später ausführlich einzugehen sein, dazu siehe unten S. 867 ff.

3 Vgl. das Gesetz vom 27.7.1948, wie hier auch *Paterna*, S. 49, vgl. dazu auch *Dästner*, Art. 68 NRW-V, Rn. 2, und auch schon Einleitung, Rn. 15, der allerdings nicht darauf eingeht, warum sich die Befürworter der direktdemokratischen Verfahren letzten Endes durchgesetzt haben. Zum Verlauf der Diskussion auch *Rosenke*, S. 92 ff.

4 Die „Vorläufige Verfassung von Groß-Berlin" vom 13.8.1946 (VOBl. S. 294 ff.) hatte keine solchen Verfahren vorgesehen.

5 Die Regelungen der Verfassung von *Berlin* vom 1. September 1950, VOBl. I, S. 433 (VvB-1950),

den jedoch niemals durch das entsprechende Ausführungsgesetz konkretisiert – und im Jahre 1974 konsequenterweise wieder aus der Verfassung gestrichen.[1] Seitdem waren die Bürger auf die Möglichkeit zur plebiszitären Parlamentsauflösung beschränkt.

- In die Verfassung des neu gegründeten Landes Baden-Württemberg wurden im Jahre 1953 zwar noch Regelungen über Referenden auf Initiative der Landesregierung und das Volksbegehren und den Volksentscheid mit dem Ziel der Landtagsauflösung aufgenommen. Dies bedeutete jedoch zumindest für einen großen Teil des Bürger eine Einschränkung der unmittelbaren Mitwirkungsrechte,[2] da die in den Jahren 1946 und 1947 verabschiedeten Verfassungen der beiden in der französischen Besatzungszone gelegenen früheren Länder Baden[3] und Württemberg-Hohenzollern[4] auch noch Regelungen über das Volksbegehren und den Volksentscheid über Gesetzentwürfe enthalten hatten.[5] Auch hier kam es im Jahre 1974 zu einer Reform, bei der die Mitwirkungsrechte der Bürger allerdings anders als in Berlin nicht eingeschränkt, sondern durch die Einfüh-

wurden im Laufe der Jahre mehrfach grundlegend geändert. Hierauf wird im Zusammenhang mit der Darstellung der aktuellen Rechtslage näher einzugehen sein, dazu siehe unten S. 758 ff.

1 Dazu ausführlich siehe unten S. 758 ff.
2 Vgl. zur Entstehungsgeschichte auch sehr kurz *Wehling*, S. 14, 15, der darauf hinweist, dass die CDU im Rahmen der Verfassungsberatungen für eine Stärkung des plebiszitären Elementes und die Anlehnung an das bayerische Vorbild plädiert hatte, damit aber am Widerstand von SPD und FDP gescheitert war.
3 Die Verfassung des Landes Baden vom 19.5.1947 (Reg.Bl. Nr. 21) sah in Art. 63 ein Volksbegehren zur Auflösung des Landtags auf Antrag von einem Viertel der Stimmberechtigten vor. In Art. 93 war das Volksbegehren zu einfachen Gesetzen auf Antrag von 10 Prozent der Stimmberechtigten geregelt. Vom Anwendungsbereich der Verfahren ausgeschlossen waren der Staatshaushalt, die Besoldung und Abgaben sowie die Verfassung selbst, wobei Art 92 II allerdings ein obligatorisches Verfassungsreferendum vorsah. Art 94 S. 2 enthielt schließlich eine Regelung über ein Referendum gegen Parlamentsgesetze auf Antrag der Landesregierung. Die Nachkriegsregelungen entsprachen damit – mit Ausnahme der höheren Quoren – im wesentlichen den Vorgaben der BadV-1919.
4 Die Verfassung für Württemberg-Hohenzollern vom 31.5.1947 (Reg.Bl. S. 1) sah in Art. 23 ein obligatorisches Verfassungsreferendum vor. Nach Art. 71 sollte es auch Volksabstimmungen geben, die nähere Ausgestaltung des Verfahrens oblag allerdings dem Gesetzgeber. Die Verfassung beschränkte sich auf die Regelung der Quoren für die Abstimmung. In der Regel genügte die einfache Mehrheit, bei Verfassungsänderungen mussten 2/3 der Abstimmenden zustimmen.
5 Die Verfassung des n der amerikanischen Besatzungszone gelegenen Landes Württemberg-Baden vom 30.11.1946 (Reg.Bl. S. 277) regelte in Art. 58 hingegen nur ein Volksbegehren zur Landtagsauflösung auf Antrag von 100.000 Stimmberechtigten. Bei der nach einem Monat durchzuführenden Abstimmung sollte die Mehrheit der Stimmberechtigten entschieden. Ggf. wären binnen 60 Tagen Neuwahlen durchzuführen gewesen. Art. 83 sah weiterhin ein Referendum vor, das die Landesregierung auf Antrag von einem Drittel der Abgeordneten anordnen konnte. Richtete sich der Antrag gegen ein vom Landtag verabschiedetes Gesetz, sollte die Abstimmung unterbleiben, wenn dieser das Gesetz mit einer 2/3-Mehrheit bestätigt hätte. Ansonsten kam es darauf an, ob das Parlament sich den Antrag (doch noch) zu eigen gemacht hätte. Vom Anwendungsbereich ausgeschlossen waren Abgaben, die Besoldung und der Staatshaushalt. Anträge auf eine Verfassungsänderung mussten zugleich von mindestens 50 % der Abgeordneten unterstützt werden, damit es zur Volksabstimmung gekommen wäre. Hier wäre dann die Zustimmung durch 2/3 der Abstimmenden erforderlich gewesen, im Übrigen hätte hingegen die einfache Mehrheit genügt.
Aus Art. 81 der Verfassung, nach dem Gesetzesvorlagen von der Regierung oder von Abgeordneten des Landtags eingebracht werden sollten, ergab sich jedoch, dass eine Volksabstimmung über Gesetzentwürfe nicht im Wege des Volksbegehrens erreicht werden konnte.

rung von Regelungen über das Volksbegehren und den Volksentscheid über Gesetze erweitert wurden.[1/2]

Zu Beginn der neunziger Jahre wurde in Baden-Württemberg über die Einführung der Volksinitiative und über eine Herabsetzung der Quoren für das Volksbegehren und den Volksentscheid verhandelt.[3] Im Rahmen der Verfassungsreform im Jahre 1995 sind die Regelungen über die direktdemokratischen Verfahren jedoch nicht verändert worden.[4]

- Auch im Saarland blieben die Bürger zunächst auf die Teilnahme an Wahlen beschränkt. Hier wurden erst im Jahre 1979[5] die bis heute geltenden Bestimmungen über das Volksbegehren und den Volksentscheid Verfassung eingefügt sind.[6]

Zwar hat die Enquête-Kommission „Reform der Verfassung" im Mai 1999 einige sehr behutsame Änderungen der einschlägigen Bestimmungen vorgeschlagen.[7] Da aber selbst diese Empfehlungen nicht einstimmig erfolgt waren,[8]

---

1 Durch das Gesetz vom 16.5.1974, GBl. S. 186; ; zur Entstehungsgeschichte vgl. *Feuchte*, Verfassungsgeschichte, S. 216 ff. und 335 ff.

2 Artt. 43, 59 f., 64 III der Verfassung des Landes *Baden-Württemberg* vom 11.11.1953, zuletzt geändert durch Gesetz vom 23.5.2000, GBl. S. 449 (BW-V); Gesetz über Volksabstimmungen und Volksbegehren vom 15.2.1966, GBl. S. 14, in der Fassung der Bekanntmachung vom 27.2.1984, GBl. S. 177 (BW-VAbstG). Dieses wird konkretisiert durch die Verordnung des Innenministeriums zu Durchführung des VAbstG (Landestimmordnung – BW-LStO) vom 27.2.1984, GBL. S. 199, zuletzt geändert am 23.1.1995, GBl. S. 132.

3 Vgl. dazu insbesondere den Entwurf der FDP/DVP-Fraktion vom 6.9.94, LT-Drs. 11/4584 und die Vorschläge des stellvertretenden Landtagspräsidenten *Geisel*, StZ 7.4.1994. Die FDP/DVP hatte insbesondere gefordert, das Quorum für das Volksbegehren auf 500.000 Unterschriften zu senken und beim Volksentscheid nur noch die Zustimmung durch ein Viertel der Stimmberechtigten zu verlangen. Sehr weitgehende Forderungen hatte auch die Fraktion der Grünen erhoben, vgl. LT-Drs. 11/5402, S. 25 ff.. 100.000 Stimberichtigte sollten ein Volksbegehren einleiten können, dem ausdrücklich auch Anträge zu den Aktivitäten der Landesregierung auf der Ebene des Bundes zugrunde liegen dürfen sollten. Das Volksbegehren sollten 5 % der Stimmberechtigten innerhalb von 6 Monaten unterzeichnen müssen. Beim Volksentscheid sollte die einfache Mehrheit ausreichen. Zudem sollten 5 % der Stimmberechtigten innerhalb eines Monats ein „Volksveto" gegen bereits beschlossene Gesetze aussprechen können. Nach einem solchen Veto sollte über das Gesetz neu verhandelt werden müssen. Zur Verfassungsreform des Jahres 1995 vgl. *Engelken*, VBlBW. 1995, S. 217 ff. *Hammer*, JöR 2004, S. 97, geht in seiner Darstellung der verfassungsrechtlichen Entwicklung im Land Baden-Württemberg auf diese Diskussion nicht ein.

4 Auch ein späterer Versuch, die Hürden auf dem Weg bis zum Volksentscheid abzusenken, scheiterte. Im August 2002 hat die SPD-Landtagsfraktion einen entsprechenden Vorschlag vorgelegt, vgl. LT-Drs. 13/1246, der allerdings keine hinreichende Mehrheit fand (vgl. dazu LT-Drs. 13/2521) und am 29.10.2003 vom Landtag abgelehnt wurde, vgl. Sten.Prot. S. 3689.

5 Vgl. das Gesetz Nr. 1102 zur Änderung der SaarV vom 4.7.1979, ABl. S. 650.

6 Es dauerte allerdings noch fast drei Jahre, bis auch das einschlägige Ausführungsgesetz verabschiedet wurde; vgl. dazu *Krause*, JöR 2004, S. 403, 405 f.

7 Vgl. LT-Drs. 11/2043 vom 15. Mai 1999. Die Kommission, die im Oktober 1996 eingesetzt worden war (vgl. LT-Drs. 11/882) und der neben drei Abgeordneten auch drei Sachverständige angehörten, hatte immerhin 25-mal getagt. Sie hatte vorgeschlagen, das Quorum für den Volksantrag von 5.000 Unterschriften auf 15 % der Stimmberechtigten (sic!!) zu erhöhen und gleichzeitig das Quorum für den

wurden sie nicht in den gemeinsamen Entwurf aller Fraktionen[1] für ein Gesetz zur Änderung der saarländischen Landesverfassung aufgenommen. Nach zwei gescheiterten Versuchen zur Einleitung eines Volksbegehrens im Jahre 2005 hatten die Oppositionsfraktionen der SPD,[2] FDP[3] und des Bündnis 90/Die Grünen[4] jeweils eigene Reformvorschläge eingebracht, die jedoch im Landtag durchweg in erster Lesung abgelehnt und nicht einmal zur weiteren Beratung in die Ausschüsse verwiesen wurden. Nachdem Ministerpräsident Müller im Rahmen einer Talkshow im Januar 2007 geäußert hatte, dass er eine Absenkung der Zulässigkeitsvoraussetzungen für denkbar halte, wiederholten die Oppositionsparteien ihre Anträge.[5] Da die CDU-Fraktion nun in Zugzwang geraten war, brachte sie einen eigenen Antrag zum Thema ein,[6] so dass sich die Ausschüsse mit der Frage befassen müssen.[7] Die Verhandlungen sind noch nicht abgeschlossen.

– In Hessen wird seit Juli 2003 über eine Reform der Verfassung diskutiert. Die vom Landtag eingesetzte Enquête-Kommission Verfassungsreform hat im April 2005 unter anderem Vorschläge zur Reform der Regelungen über die direktdemokratischen Verfahren vorgelegt,[8] über die allerdings noch nicht entschieden worden ist.[9]

Volksentscheid so abzusenken, dass nicht mehr die Hälfte, sondern nur noch ein Drittel der Stimmberechtigten, mindestens aber die Mehrheit der Abstimmenden zustimmen musste, damit eine Vorlage angenommen gewesen wäre.
Interessanterweise ergibt sich aus der Begründung, dass die Mitglieder der Enquête-Kommission meinten, mit ihrem Vorschlag das Quorum für das *Volksbegehren* abzusenken (vgl. LT-Drs. 11/2043, S. 56). Daher muss man fast vermuten, dass der Formulierungsvorschlag auf einem groben Redaktionsversehen beruht, was allerdings erhebliche Zweifel an der Qualität der Kommissionsarbeit aufkommen lässt; vgl. dazu auch *Krause*, JöR 2004, S. 403, 412, Fn. 55.

8 Aus dem Bericht der Enquête-Kommission lässt sich schließen, dass zwei der sieben Mitglieder für die Beibehaltung des Status Quo waren, vgl. a.a.O., S. 56.
1 LT-Drs. 11/2071. Im Rahmen der weiteren Beratungen des Landtages wurde diese Problematik nicht mehr diskutiert, vgl. die Sten. Prot. der Sitzungen vom 23. Juni 1999 und am 25. August 1999, S. 3926 ff. bzw. S. 3997.
2 LT-Drs. 13/768.
3 LT-Drs. 13/767, vgl. auch schon den früheren Antrag LT-Drs. 13/154 vom Januar 2005.
4 LT-Drs. 13/769.
5 Vgl. LT-Drs. 13/1212 (Grüne), 13/1227 (SPD), 13/1230 (FDP).
6 LT-Drs. 13/1237, dieser Antrag enthielt jedoch keinen Gesetzentwurf, sondern nur eine allgemeine Anregung an den Landtag.
7 Am 13.9.2007 fand eine Anhörung im zuständigen Parlamentsausschuss statt.
8 Vgl. LT-Drs. 16/3700, S. 27 f./39: Zum einen soll der Anwendungsbereich der direktdemokratischen Verfahren so erweitert werden, dass auch Verfassungsänderungen zum Gegenstand eines Volksentscheides gemacht werden können – umgekehrt soll das obligatorische Verfassungsreferendum für Verfassungsänderungen, die nur die Zustimmung durch die Mehrheit der Landtagsabgeordneten erhalten haben, durch eine Regelung ergänzt werden, nach der der Landtag das Recht hätte, die Verfassung mit Zwei-Drittel-Mehrheit zu ändern, ohne dass danach ein Referendum erforderlich ist. Allerdings sollen die vom Volk beschlossenen Verfassungsänderungen nicht auf diesem Wege geändert oder gestrichen werden können.

Obwohl nur noch in Baden-Württemberg, Bayern, Hessen und dem Saarland die ursprünglichen Regelungen über die direktdemokratischen Verfahren gelten, soll zumindest am Rande und in den Anmerkungen auch auf die frühere Rechtslage in Berlin, Bremen, Nordrhein-Westfalen und Rheinland-Pfalz eingegangen werden,[1] da es im Folgenden in erster Linie darum gehen wird, die Entwicklungslinien und die empirische Basis darzustellen, auf deren Grundlage dann seit 1989 die neueren Landesverfassungen entstanden sind.[2]

II. Zusammenfassende Darstellung der Verfahren

Die folgende Darstellung der in den älteren Landesverfassungen vorgesehenen direktdemokratischen Verfahren kann allerdings vergleichsweise kurz ausfallen, da Gunter Jürgens die Rechtslage und -praxis bis zum Ende der achtziger Jahre in seiner Untersuchung über „Direkte Demokratie in Deutschland" umfassend aufbereitet hat.[3] Seine Untersuchung wird durch die Arbeit von Stefan Przygode ergänzt, der sich vor allem mit der einschlägigen Rechtsprechung der Verfassungsgerichte auseinander gesetzt hat.[4] Und schließlich hat auch

---

Das Quorum für das Volksbegehren soll auf ein Achtel der Stimmberechtigten abgesenkt werden. Beim Volksentscheid soll die Zustimmung durch die Mehrheit der Abstimmenden ausreichen, sofern diese Mehrheit einem Viertel der Stimmberechtigten entspricht. Für Verfassungsänderungen ist allerdings ein sehr kompliziertes Verfahren vorgesehen:
– Beim Verfassungsreferendum nach Art. 123 II 1 Nr. 1 HessV n.F. würde die Zustimmung durch die Mehrheit der Abstimmenden genügen. Voraussetzung für ein solches Referendum wäre die Annahme des Antrags durch die Mehrheit der Landtagsabgeordneten.
– Beim Volksentscheid über eine Verfassungsänderung würde nach Art. 124 IV 2. Alt. HessV n.F. hingegen trotz der vorherigen Annahme des Entwurfes durch die Mehrheit der Landtagsabgeordneten die Zustimmung durch ein Viertel der Stimmberechtigten verlangt.
– Wenn der Landtag ein Volksbegehren zur Verfassungsänderung zurück gewiesen hat, müssten beim Volksentscheid nach Art. 124 IV 3. Alt. HessV n.F. sogar die Hälfte der Stimmberechtigten der Vorlage zustimmen.
In Art. 124 V HessV n.F. ist eine Volksinitiative vorgesehen, die der Unterstützung durch 50.000 Stimmberechtigte bedürfen soll.

9   Die SPD hatte in einem Sondervotum (LT-Drs. 16/3700, S. 73 ff.) erhebliche Bedenken angemeldet. Unter anderem wehrte sie sich gegen die von der Mehrheit der Kommission befürwortete Abschaffung des obligatorischen Verfassungsreferendums.
Bei einer Anhörung im Landtag am 18.1.2006 wurde deutlich, dass vor allem in den Reihen der regierenden CDU erhebliche Vorbehalte in Bezug auf eine Absenkung der Hürden für die direktdemokratischen Verfahren bestehen.

1   Zur aktuellen Rechtslage in diesen Ländern vgl. S. 720 ff. (Bremen), S. 867 ff. (Nordrhein-Westfalen), S. 847 ff. (Rheinland-Pfalz).
2   Die bis 1974 in Berlin geltenden Regelungen werden allerdings keine nennenswerte Rolle spielen, da bis zuletzt kein Ausführungsgesetz erlassen worden war, durch das die verfassungsrechtlichen Vorgaben überhaupt erst praktikabel geworden wären. Zur neuen Verfassung vgl. unten S. 758 ff.
3   *Jürgens*, S. 49 ff. Die Verfahrensbestimmungen sind allerdings seither in Bayern (geringfügig) geändert worden.
4   In diesem Zusammenhang ist auch die politikwissenschaftliche Darstellung von Bärbel *Weixner* zu erwähnen.

Hermann K. Heußner in seiner rechtsvergleichenden Untersuchung dem einschlägigen Verfassungsrecht der Länder breiten Raum eingeräumt.[1]

Die älteren Landesverfassungen beschränken sich durchweg auf Regelungen über Volksabstimmungen. Direktwahlen einzelner Amtsträger sind nicht vorgesehen. Die folgende Tabelle soll einen Überblick über die einzelnen Verfahrensarten geben.

Typen direktdemokratischer Verfahren in den alten Bundesländern

	BW	Bay	Hess	Saar	Berl a.F.	Brem a.F.	NRW a.F.	RP a.F.
Volksentscheid über Gesetze	+	+	+	+	–	+	+	+
Volksentscheid über Verfassung	+	+	–[a]	–[a]	–	+	–	+
Volksentscheid über Landtagsauflösung	+	+	–	–	+	–	–	+
Obligatorisches Verfassungsreferendum	–	+	+	–	–	–	–	–
Fakultatives Verfassungsreferendum	+[b]	–	–	–	–	+[c]	+[d]	–
Fakultatives Gesetzesreferendum	+[e]	–	–	–	–	+[f]	+[g]	+[h]

[a] Ein entsprechendes Volksbegehren ist allerdings zulässig.
[b] Auf Antrag eines Drittels der Mitglieder des Landtags und einer Anordnung der Landesregierung.
[c] Auf Antrag einer Mehrheit der Mitglieder der Bürgerschaft. Es kam jedenfalls dann zur Volksabstimmung über eine Verfassungsänderung, wenn die Bürgerschaft einer Verfassungsänderung nicht einstimmig zugestimmt hatte.
[d] Auf Antrag des Landtags, also seiner Mehrheit, oder der Landesregierung nachdem ein Antrag auf Verfassungsänderung nicht die erforderliche Mehrheit erreicht hat.
[e] Auf Antrag der Hälfte der Mitglieder des Landtags.
[f] Auf Antrag der Bürgerschaft; keine Beschränkung auf Gesetzentwürfe.
[g] Auf Antrag der Landesregierung, nachdem der Landtag ein von ihr eingebrachtes Gesetz abgelehnt hat.
[h] Auf Antrag von fünf Prozent der Stimmberechtigten, nachdem ein Drittel der Mitglieder des Landtags die Aussetzung der Verkündung eines Gesetzes verlangt hat.

---

1 *Heußner*, Volksgesetzgebung, S. 15 ff.

A. Das Verfahren bis zum Volksentscheid

Praktische Bedeutung hat – neben den obligatorischen Verfassungsreferenden – allein der Volksentscheid aufgrund eines Volksbegehrens erlangt, der daher im Mittelpunkt der Darstellung stehen soll.

1: Der Anwendungsbereich der Verfahren

In allen Ländern können Anträge zu einfachen Gesetzen Gegenstand eines Verfahrens bis zum Volksentscheid sein. Diese Beschränkung ergibt nur dann einen Sinn, wenn man den Begriff des Gesetzes materiell versteht.[1] Grundsätzlich muss den Verfahren daher der Entwurf für eine abstrakt-generelle Regelung zugrunde liegen. Allerdings ist der Anwendungsbereich der direktdemokratischen Verfahren auch nicht kleiner als der Zuständigkeitsbereich des parlamentarischen Gesetzgebers, so dass insbesondere auch gewichtige Planungsentscheidungen zum Gegenstand eines Volksbegehrens oder Volksentscheides gemacht werden können.[2]

a. Volksbegehren und Volksentscheid über die Änderung der Verfassung und über die Auflösung des Landtags

In Baden-Württemberg und Bayern können auf dem Wege des Volksbegehrens auch Anträge eingebracht werden, die auf eine Änderung der Verfassung[3] oder die Auflösung des Landtags[4] zielen.[5] Dies war seit jeher auch in Rheinland-Pfalz möglich.[6] In Bremen bestand immerhin die Möglichkeit der Verfassungsänderung durch Volksentscheid.[7] Die Bürger-

---

1 Andernfalls wäre die Beschränkung den Anwendungsbereiches der Verfahren sinnlos, da jeder beliebige Antrag in die Form eines Gesetzentwurfes gekleidet werden kann; vgl. dazu auch *Przygode*, S. 332 ff., m.w.N.
2 Nach der zutreffenden Rechtsprechung des Bundesverfassungsgerichts (*BVerfGE* 95, 1) sind solche „Planungsgesetze" ausnahmsweise zulässig. Allerdings ist hier große Zurückhaltung geboten, da nicht nur die Kompetenzverteilung zwischen dem Parlament und der Regierung unterlaufen wird, sondern auch die Rechtsschutzmöglichkeiten der Bürger beschränkt werden.
3 Art. 64 III 2 BW-V. Art. 75 BayV nennt die Möglichkeit des Volksentscheids allerdings nicht ausdrücklich.
4 Artt. 43 I BW-V, 18 III BayV.
5 Vgl. aber auch Artt. 109 I, 129 I RP-V a.F.
6 Vgl. Artt. 109 I lit. a) bzw. 129 I RP-V.
7 Darüber hinaus sahen die Artt. 70 I lit. a), 125 III BremV a.F. ein obligatorisches Verfassungsreferendum für den Fall vor, dass die Bürgerschaft einem verfassungsändernden Gesetz nicht einstimmig zugestimmt hatte.
Interessanterweise behauptet *Stuby*, HdBBremV, S. 288, 294, dass dadurch Verfassungsänderungen erleichtert worden seien. Diese Aussage trifft allerdings nur dann zu, wenn man davon ausgeht, dass die Alternative darin besteht, *jede* Verfassungsänderung in einer Abstimmung bestätigen zu lassen.

schaft konnte jedoch nicht durch Volksentscheid aufgelöst werden.[1] In Berlin waren die Bürger seit 1974 insgesamt auf die plebiszitäre Parlamentsauflösung beschränkt.[2]

In jüngerer Zeit hat Herrmann die Zulässigkeit einer rein plebiszitären Verfassungsänderung in Bayern in Frage gestellt, da Art. 74 I und V BayV nur dann widerspruchsfrei neben Art. 75 II 2 BayV stehe, wenn man verfassungsändernde Volksbegehren aus dem Anwendungsbereich des Art. 74 BayV ausklammere.[3] Diese Auslegung steht allerdings nicht nur im Widerspruch zur Entstehungsgeschichte der Verfassung. Vielmehr ist sie auch nicht zwingend im Wortlaut dieser Verfassung angelegt, da Art. 75 II BayV durchaus ohne weiteres in dem Sinne verstanden werden kann und richtigerweise auch verstanden werden muss, dass er sich nur auf die parlamentarische Verfassungsänderung bezieht.[4] Zudem ergibt sich aus Art. 74 BayV keineswegs, dass eine auf dem Wege des Volksbegehrens eingebrachte Vorlage immer dann erledigt ist, wenn ihr der Landtag zugestimmt hat.[5] Vielmehr steht die einfachgesetzlich eröffnete Möglichkeit der Erledigung eines Volksbegehrens ihrerseits im Widerspruch zu den Vorgaben der Verfassung.[6]

Im Saarland ist zwar nach Art. 100 IV SaarV ein *Volksentscheid* über eine Verfassungsänderung ausgeschlossen. Da Art. 99 I 3 SaarV jedoch keine vergleichbare Klausel enthält, können entsprechende Anträge einem Volksbegehren zugrunde gelegt werden. Durch ein solches „imperfektes" Volksbegehren kann der Landtag also angeregt werden, über den Antrag zu verhandeln. Bei den entsprechenden Anträgen handelt es sich damit im Grunde um „Volksinitiativen".

Die Rechtslage in Hessen ist umstritten. Zwar stellt Art. 123 II HessV eine abschließende Regelung über die Möglichkeiten einer Verfassungsänderung dar.[7] Aus dem Umstand,

1 Allerdings sieht *Stuby*, HdBBremV, S. 288, 295 und Fn. 27, in Art. 70 I lit. c) Satz 4 BremV a.F. eine indirekte Möglichkeit zur Parlamentsauflösung, da ein im Volksentscheid abgelehnter Gesetzentwurf erst nach der Neuwahl der Bürgerschaft wieder auf dem Wege des Volksbegehren eingebracht werden könne. Allerdings übersieht er dabei, dass es in Bremen – anders als nach Artt. 35 II, 68 II NRW-V – keine obligatorische Neuwahl des Landesparlamentes gibt. Tatsächlich enthält die genannte Vorschrift der BremV lediglich eine Sperrklausel für die Wiederholung eines Volksbegehrens.

2 Vgl. Art. 39 VvB-1974 und dazu unten S. 758

3 Herrmann, BayVBl. 2004, 513, 514.

4 Dort heisst es: „Beschlüsse *des Landtags* auf Änderung der Verfassung bedürfen einer Zweidrittelmehrheit der Mitgliederzahl." (Hervorhebung durch den Verf.)

5 Andernfalls wäre es in der Tat kaum nachvollziehbar, wieso Verfassungsänderungen trotz der Zustimmung des Parlamentes in jedem Fall einer Volksabstimmung unterzogen werden müssen.

6 Vgl. dazu ausführlich unten S. 318.

7 So *Schonebohm*, FS Stein, S. 317, 323. Tatsächlich unterscheidet sich Art. 123 II HessV vom offen formulierten Art. 75 II BayV, der lediglich die Verfassungsänderung durch den Landtag und ein anschließendes obligatorisches Referendum betrifft, die Frage, ob die Verfassung auch durch die Bürger geändert werden kann, jedoch offen lässt. Art. 123 II HessV stellt nach seinem klaren Wortlaut hingegen eine abschließende Regelung dar.
Dies verkennt *Stiens*, S. 207, die sich zur Begründung ihrer Auffassung ausdrücklich auf den Vergleich mit der Rechtslage in Bayern, Bremen und dem Saarland beruft. Sie übersieht dabei auch, dass ein Vergleich mit der Rechtslage im Saarland schon deshalb nicht in Frage kommt, da Verfassungsänderungen dort ausdrücklich nicht als Gegenstand von Volksentscheiden in Frage kommen. Auch der Vergleich mit Bremen überzeugt nicht, da es dort mit Artt. 72 II 1 BremV eine ausdrückliche Regelung

dass eine Abstimmung über eine Verfassungsänderung erst stattfinden kann, nachdem der Landtag mit der absoluten Mehrheit seiner Mitglieder dieser Änderung zugestimmt hat,[1] kann jedoch nicht zwangsläufig geschlossen werden, dass entsprechende Volks*begehren* unzulässig sind. Vielmehr könnte ein solches Volksbegehren auch als Antrag auf Durchführung einer Abstimmung nach Art. 123 II HessV angesehen werden. Diese Abstimmung würde aber – anders als im „normalen Verfahren" der Volksgesetzgebung – nur dann stattfinden, wenn der Landtag sich den Antrag zu eigen gemacht hat.[2] Lehnt er das Volksbegehren hingegen ab, unterbleibt die Abstimmung. Diese weite Auslegung entspricht zum einen dem Umstand, dass Art. 117 HessV Gesetzesinitiativen des Volkes denselben Stellenwert einräumt, wie denjenigen der Landesregierung und aus der Mitte des Parlaments. Zum anderen schließt Art. 124 I 3 HessV Volksbegehren, die sich auf eine Änderung der Verfassung richten, nicht ausdrücklich aus. Schließlich ergeben sich auch keine praktischen Konflikte, da die Quoren für die Abstimmungen nach Artt. 123 II, 124 III 2 HessV identisch sind.[3]

In diesem Zusammenhang sei darauf hingewiesen, dass sich diese Argumente unter keinen Umständen auf Volksbegehren übertragen lassen, die auf eine vorzeitige Beendigung der Wahlperiode des Parlaments zielen: Zwar ist es den Landtagen in Hessen und dem Saarland möglich, sich selbst aufzulösen.[4] Es bleibt aber kein Raum für ein imperfektes Volksbegehren, mit dem die Bürger dem Landtag die Selbstauflösung nahelegen, weil diesem Verfahren ausschließlich Gesetzentwürfe zugrunde gelegt werden dürfen.

Ganz ähnliche Probleme wie in Hessen ergaben sich bis vor kurzem[5] in Bezug auf die Verfassung des Landes Nordrhein-Westfalen, da auch Art. 68 I 4 NRW-V Volksbegehren mit dem Ziel einer Verfassungsänderung nicht ausdrücklich ausschließt.[6] Zwar nennt Art. 65 NRW-V nur den Landtag und die Landesregierung als mögliche Initiatoren eines Gesetzgebungsverfahrens. Aus Art. 68 NRW-V ergibt sich jedoch seit jeher eindeutig, dass auch dem Volk das Recht zur Gesetzgebungsinitiative zusteht.[7] Allerdings – und insofern

über die Verfassungsänderungen aufgrund eines Volksbegehrens und Volksentscheids gibt.

1 Auch diesen Umstand übersieht *Stiens*, S. 207, die lediglich ausführt, dass auch in Hessen Verfassungsänderungen als Gegenstand eines Volksentscheids in Frage kommen. Sie beruft sich dabei ausdrücklich auf *Jung*, KritVjschr. 1993, S. 14 ff., ohne jedoch dessen differenzierte Argumentation zur Kenntnis zu nehmen.
2 Nach den Vorschlägen der Enquête-Kommission Verfassungsreform vom April 2005 soll in Zukunft auch die Verfassung dem Anwendungsbereich der direktdemokratischen Verfahren geöffnet werden, vgl. dazu unten S. 264, sowie LT-Drs. 16/3700, S. 39.
3 In diesem Sinne auch *Jürgens*, S. 150 ff.; ausführlich hierzu *Jung*, KritVjschr. 1993, S. 14 ff.
4 Artt. 80 HessV. Mit der Zustimmung der Hälfte seiner Mitglieder (so auch Art. 35 NRW-V). Nach Art. 69 S. 1 SaarV müssen zwei Drittel der Mitglieder des Landtags einem entsprechenden Antrag zustimmen.
5 Im Rahmen der jüngsten Verfassungsreform wurde ein neuer Art. 69 III 2 NRW-V eingefügt, der klar stellt, dass die Bürger nach einem entsprechenden Volksbegehren auch über verfassungsändernde Gesetze abstimmen können.
6 Schließlich handelt es sich auch bei der Verfassung um ein Gesetz.
7 Insofern geht die Argumentation von *Jürgens*, S. 153, ins Leere, der vor allem auf Art. 65 NRW-V abstellt.

unterscheidet sich die Rechtslage grundlegend von derjenigen in Hessen – gab und gibt es in Nordrhein-Westfalen kein obligatorisches Verfassungsreferendum. Vielmehr war bis zur jüngsten Verfassungsreformzu beachten, dass gemäß der eindeutigen Vorgabe des Art. 69 I NRW-V a.F. grundsätzlich nur das Parlament dazu berechtigt war, die Verfassung zu ändern. Zwar sah Abs. 2 dieser Bestimmung vor, dass die Landesregierung oder der Landtag ein fakultatives Verfassungsreferendum herbeiführen konnte, wenn ein Antrag auf Verfassungsänderung im Parlament gescheitert wäre. Dies war aber auch die einzige Möglichkeit für die Bürger, unmittelbar über eine Verfassungsänderung abzustimmen. Art. 69 NRW-V a.F. erweist sich damit aber – entsprechend seiner systematischen Stellung – als lex specialis zur Regelung über den Volksentscheid nach Art. 68 NRW-V a.F.[1]1 Dementsprechend blieb damit bis zur Änderung der Verfassung im Jahr 2002 allenfalls Raum für ein imperfektes Volksbegehren, mit dem das Volk einen Antrag zur Änderung der Verfassung einbringen kann.

Zwar haben Christoph Degenhart, Stefan Muckel und Peter Neumann anhand der Materialien zur Entstehungsgeschichte der Verfassung dargelegt, dass es wahrscheinlich nur einem Redaktionsversehen zu verdanken ist, wenn die Verfassung nur eine Bestimmung über das Quorum beim Verfassungsreferendum enthält, aber keine Regelung über das Quorum für eine Verfassungsänderung durch Volksentscheid.[2] Selbst wenn man aber mit dem Bundesverfassungsgericht davon ausgeht, dass grundsätzlich derjenigen Auslegung der Vorrang gebührt, die die juristische Wirkungskraft der betreffenden Normen am stärksten entfaltet,[3] ändert das nichts daran, dass sowohl die teleologische als auch die historische Auslegung ihre Grenze im Wortlaut und der inneren Systematik der betreffenden Norm finden.[4] Art. 69 NRW-V a.F. hätte aber überhaupt nur dann nicht als abschließende Sonder-

---

1 Vgl. dazu auch *Jung*, ZG 1993, S. 14, 27 ff.; in diesem Sinne auch *Mann*, NWVBl. 2000, S. 445, 447 f. *Stiens*, S. 407 f., bleibt auch hier unklar, da sie auf die Möglichkeit eines imperfekten Volksbegehrens nicht eingeht, sondern von „verfassungsändernden Volksbegehren" spricht. *Dästner*, Art. 68 NRW-V, Rn. 3, problematisiert diese Frage auffallenderweise überhaupt nicht.
  Eine andere Auffassung vertritt *Tillmanns*, DÖV 2000, S. 269, 273 f., der jedoch verkennt, dass die in Art. 69 NRW-V festgeschriebenen besonderen Erfordernisse für eine Verfassungsänderung nicht auf einen Volksentscheid über eine Verfassungsänderung anwendbar wären, wenn man diesen Volksentscheid als Anwendungsfall des Art. 68 I NRW-V a.F. ansieht.

2 *Degenhart*, Volksgesetzgebungsverfahren, S. 57, 64 ff.; *Muckel*, S. 109, 130; *P. Neumann*, Bedeutung, S. 17, 33 ff. Vgl. auch *Tillmanns*, DÖV 2000, S. 269, 275; *ders*., NVwZ 2002, S. 54, 56 f.
  In Art. 63 S. 3 des vom Verfassungsausschuss für die dritte Lesung im Landtag formulierten Entwurfs der Verfassung – diese Bestimmung entspricht dembis vor kurzem geltenden Art. 69 NRW-V a.F. – war ausdrücklich vorgesehen, dass Verfassungsänderungen durch Volksentscheid der Zustimmung durch die Mehrheit der Stimmberechtigten bedürfen. Im Laufe der dritten Lesung wurde diese Bestimmung dann auf Drängen der SPD-Fraktion geändert, die es dem Landtag bzw. der jeweiligen Landtagsmehrheit ermöglichen wollte, ein (fakultatives) Verfassungsreferendum herbeizuführen. Wie im weiteren Verlauf der Beratungen deutlich wurde, gingen die Beteiligten davon aus, dass das Quorum für dieses Referendum auch für die Verfassungsänderung aufgrund eines Volksbegehrens gelten soll; vgl. dazu die Darstellung bei *Degenhart* a.a.O., m.w.N., sowie das Protokoll der 43. Sitzung des Verfassungsausschusses am 8.3.1950 (13/331).

3 *BVerfGE 6, 55, 72*.

4 Entgegen der insbesondere von *Degenhart*, Volksgesetzgebung, S. 57, 74 ff. und 81 ff., vertretenen Ansicht ist der Wortlaut der Artt. 68 f. NRW-V eindeutig. Zwar ist auch ein Gesetz zur Änderung der Verfassung „Gesetz" im Sinne des Art. 68 NRW-V. Das ändert aber nichts daran, dass Art. 69 NRW-V

regelung für Verfassungsänderungen angesehen werden können, wenn man sich vollständig vom Wortlaut dieser Bestimmung gelöst und für die Auslegung der Norm allein auf die Entstehungsgeschichte zurückgegriffen hätte.

In diesem Zusammenhang ist weiterhin zu beachten, dass das Quorum des Art. 69 II 2 NRW-V a.F. selbst dann nicht ohne weiteres auf alle Volksabstimmungen über Verfassungsänderungen angewendet werden kann, wenn man Art. 69 NRW-V a.F. entgegen der hier vertretenen Auffassung nicht als abschließende Sonderregelung über die Voraussetzungen einer Verfassungsänderung ansehen will. Schließlich ergab sich aus dem inneren Zusammenhang des Abs. 2 eindeutig, dass sich das dort festgelegte Quorum nur auf das Referendum nach S. 1 beziehen sollte.[1] Für Volksentscheide über Verfassungsänderungen hätte dann aber die allgemeine Vorgabe des Art. 68 IV 2 NRW-V gegolten, nach dem bei Volksentscheiden grundsätzlich die Zustimmung durch die (einfache) Mehrheit der abgegebenen Stimmen entscheidet.[2] Mehr noch: In diesem Fall hätte sich auch die Vorgabe des Art. 69 I 1 NRW-V a.F., wonach die Verfassung nur durch eine ausdrückliche Änderung oder Ergänzung ihres Wortlautes geändert werden darf, nicht auf die Verfassungsänderung durch Volksentscheid bezogen;[3] Um das von Degenhart, Muckel und Neumann angestrebte Ergebnis erreichen zu können, musste man sich also nicht nur vom Wortlaut des Art. 69 NRW-V a.F. lösen, sondern auch die innere Struktur dieser Norm durchbrechen.[4]

b. Die Inhaltlichen Beschränkungen der Verfahren

Alle Verfassungen enthalten Ausschlussklauseln, die sich mehr oder weniger eng an das Vorbild des Art. 73 IV WRV anlehnen. Während in Bayern lediglich der Staatshaushalt dem Anwendungsbereich des Volksentscheids entzogen ist, sind in Baden-Württemberg Volksentscheide über das Staatshaushaltsgesetz sowie Abgaben- und Besoldungsgesetze

---

a.F. eine Sonderregelung für Verfassungsänderungen darstellt und dass sich das Quorum des Art. 69 II 2 NRW-V a.F. daher auch nur auf das fakultative Verfassungsreferendum nach Art. 69 II 1 NRW-V a.F. bezieht.

1   Anders hingegen *Tillmanns*, NVwZ 2002, S. 54, 55, der zwar ebenfalls ausführt, dass es aufgrund des Wortlautes von Art. 69 II 2 NRW-V a.F. „nahe liege", diese Bestimmung nur auf ein Gesetz im Sinne des Art. 69 II 1 NRW-V a.F. zu beziehen. Danach kommt Tillmanns jedoch zu dem bemerkenswerten Schluss, dass der Begriff des Gesetzes in derNRW-V unterschiedslos für alle Gesetze verwendet werde, unabhängig davon, ob diese im plebiszitären oder im parlamentarischen Verfahren verabschiedet würden. Dies gelte insbesondere für das in Art. 69 I 1 NRW-V a.F. statuierte Verbot der Verfassungsdurchbrechung – Damit handelt es sich aber um einen Zirkelschluss, da ja erst geklärt werden müsste, ob Art. 69 NRW-V a.F. überhaupt auf die plebiszitäre Verfassungsänderung anwendbar ist.
2   Diese Differenzierung wäre durchaus sinnvoll, da die Initiative im Fall des Art. 69 II NRW-V a.F. nicht vom Volk ausgeht.
3   A.A. ohne Begründung *Tillmanns*, NVwZ 2002, S. 54, 55.
4   Tatsächlich behauptet *P. Neumann*, Bedeutung, S. 17, 34 f., dass Abs. 1 S. 1 eine allgemeingültige Vorgabe enthalte, während Abs. 1 S. 1 und Abs. 2 S. 1 eine einheitliche Regelung in Bezug auf die Verfassungsänderung durch das Parlament bildeten und sich Abs. 2 S. 2 schließlich nur auf die plebiszitäre Verfassungsänderung beziehe. Auch *Muckel*, S. 109, 124, behauptet, dass die beiden Sätze des Abs. 1 „unverbunden nebeneinander" stünden. *Tillmanns*, DÖV 2000, S. 269, geht auf dieses Problem überhaupt nicht ein.

ausgeschlossen. Dieselben Schranken gelten in Hessen bereits für das Volksbegehren. Im Saarland sind „finanzwirksame Gesetze" insgesamt vom Anwendungsbereich der Verfahren ausgeschlossen, beispielhaft genannt werden Gesetze über Abgaben, Besoldung, Staatsleistungen und den Staatshaushalt.[1] Darüber hinaus kommen hier – wie auch in Nordrhein-Westfalen – auch solche Anträge nicht als Gegenstand der Verfahren in Betracht, die sich auf ein Rechtsgebiet beziehen, das nach dem Grundgesetz nicht der Gesetzgebungskompetenz des Landes unterliegt.[2] In Nordrhein-Westfalen und Rheinland-Pfalz[3] sind seit jeher Volksbegehren über „Finanzfragen", Abgabengesetze und Besoldungsordnungen unzulässig. Wie noch aufzuzeigen sein wird, hat dies erhebliche Auswirkungen auf den Umfang der Prüfung der Zulässigkeit eines direktdemokratischen Verfahrens.[4]

(1). Geltung der inhaltlichen Beschränkungen für das Volksbegehren

Wie bereits deutlich wurde, gelten die inhaltlichen Beschränkungen in Bayern und Baden-Württemberg ausdrücklich nur für den Volksentscheid. Damit stellt sich aber die Frage, ob in diesen beiden Ländern die Möglichkeit für ein imperfektes Volksbegehren besteht.

Für Baden-Württemberg ist insofern zu beachten, dass eine so enge Auslegung der inhaltlichen Beschränkungen des Anwendungsbereiches der direktdemokratischen Verfahren nicht nur durch den Wortlaut der einschlägigen Verfassungsbestimmungen nahe gelegt wird, sondern auch durch die innere Systematik der Verfassung, da das Volksbegehren in Art. 59 BW-V von den Bestimmungen über die Volksabstimmungen in Art. 60 BW-V getrennt wurde. Damit wird aber deutlich, dass das Volksbegehren keineswegs *ausschließlich* darauf gerichtet sein muss, einen Volksentscheid herbeizuführen. Vielmehr handelt es sich *auch* um ein Artikulationsinstrument, mit dem die Bürger den Landtag dazu bewegen können, sich mit einem bestimmten Antrag zu befassen. Diese Auffassung wird auch durch die Entstehungsgeschichte der einschlägigen Bestimmungen der baden-württembergischen Verfassung bestätigt. Die Sperrklausel des Art. 60 VI BW-V hatte nämlich bereits gegolten, *bevor* die Regelungen über das Volksbegehren und den Volksentscheide über einfache Gesetze in die Verfassung eingefügt wurden. Wenn im Rahmen der Verfassungsreform im Jahre 1974 darauf verzichtet wurde, auch das Volksbegehren in Art. 60 VI ausdrücklich zu erwähnen, dann bestätigt dies das Ergebnis der grammatikalischen und systematischen Auslegung der einschlägigen Bestimmungen.[5] Zusammenfassend lässt sich damit festhalten, dass in Baden-Württemberg auf dem Wege des Volksbegehrens auch Anträge zum Staatshaushaltsgesetz und zu Abgaben- und Besoldungsgesetzen eingebracht werden können. Lehnt der Landtag ein solches imperfektes Volksbegehren ab, so gibt es allerdings keine Möglichkeit, eine unmittelbare Entscheidung der Bürger herbeizuführen.[6]

1 Art. 60 VI BW-V, 73 BayV, 124 I 3 HessV, 99 I 3 SaarV; vgl. auch Art. 68 I 4 NRW-V.
2 Art. 99 I 2 SaarV; vgl. auch Art. 68 I 3 NRW-V.
3 Diese Beschränkung ist auch nach der jüngsten Reform beibehalten worden, vgl. Art. 109 III 2 RP-V.
4 Dazu siehe unten S. 297 ff.
5 Vgl. dazu auch *Feuchte*, Art. 59 BW-V, Rn. 7; und jetzt *Krafczyk*, S. 50 ff.; sowie *Rosenke*, S. 152.
6 Insofern ist *Krause*, HdBStR § 39, Rn. 21, zuzustimmen. Anders ohne Begründung *Braun*, Art. 59 BW-V, Rn. 40. Auch *Jürgens*, S. 132, argumentiert mit der Rechtslage in Bayern und Bremen und verkennt dabei, dass die Ergebnisse seiner Auslegung sich nicht auf die Bestimmungen der Artt. 59 f. BW-V

Anders ist die Rechtslage in Bayern. Zwar nennt auch Art. 73 BayV ausdrücklich nur den Volksentscheid. Das Volksbegehren ist in Art. 74 BayV jedoch als integraler Bestandteil des Verfahrens der Volksgesetzgebung ausgestaltet. Schon dieses systematische Verhältnis der einschlägigen Bestimmungen spricht dafür, dass die inhaltlichen Beschränkungen für den Volksentscheid schon auf der ersten Stufe des Verfahrens Anwendung finden müssen.[1] Dieses Auslegungsergebnis wird auch durch den Umstand bestätigt, dass die Formulierungen der bayerischen Verfassung fast wortgleich dem Art. 73 WRV entsprechen. In der Weimarer Republik war es aber einhellige Meinung, dass die inhaltlichen Beschränkungen für den Volksentscheid auch schon für das Volksbegehren und den Volksantrag gelten.[2] Es ist daher davon auszugehen, dass der bayerische Verfassunggeber bei seiner Formulierung von dieser Auslegung ausgegangen ist.[3]

(2). Zur Reichweite der inhaltlichen Beschränkungen

Weiterhin stellt sich die Frage nach der konkreten Reichweite der inhaltlichen Beschränkungen. Da sich die Formulierungen in den einzelnen Landesverfassungen mehr oder weniger stark voneinander unterscheiden, ist dabei eine differenzierte Betrachtung erforderlich, wobei zunächst auf die vergleichsweise enge Regelung in Bayern und dann auf die Rechtslage in den anderen Ländern einzugehen sein wird.

(a). Bayern

(aa). Der Haushaltsvorbehalt des Art. 73 BayV

In Bayern ist gemäß Art. 73 BayV nur der Staatshaushalt vom Volksentscheid ausgeschlossen. Nachdem dieser Begriff auch in Art. 78 IV BayV verwendet wird und dort das formelle

---

übertragen lassen.

1   So im Ergebnis auch *Berger*, S. 108; *Jürgens*, S. 132, m.w.N.; anders hingegen *Przygode*, S. 398 ff.; sowie *Rosenke*, S. 152 f., die allerdings nicht auf die systematische Stellung eingehen. Dezidiert für die Zulässigkeit imperfekter Volksbegehren in Bayern auch *Jung*, Der Staat 1999, S. 41, 57 f., der vor allem darauf abstellt, dass die zur selben Zeit entstandenen Verfassungen von Hessen und Berlin die inhaltlichen Beschränkungen ausdrücklich auf das Volksbegehren ausgedehnt hatten. Er verkennt dabei aber, dass sich die Verfassunggeber weniger an den parallelen Diskussionen in anderen Ländern orientierten als an Vorbildern aus der Zeit der Weimarer Republik.

2   Dazu siehe oben S. 119 f. Zu beachten ist, dass diese Auffassung in der Zeit der Weimarer Republik tatsächlich nicht zutraf, weil Verfassungsdurchbrechungen – anders als heute – für zulässig erachtet wurden.

3   Aus denselben Gründen gab – und gibt – es auch in Bremen keine Möglichkeit für ein imperfektes Volksbegehren; vgl. zu Recht *BremStGH*, NVwZ 1998, S. 388 = LVerfGE 6, S. 123; kritisch dazu *Jung*, NVwZ 1998, S. 372 f.; vgl. auch *Rosenke*, S. 153 ff. Wenig überzeugend ist die Argumentation von *Rinken* und *U. K. Preuß* in ihrem Sondervotum zur Entscheidung des *BremStGH*, LVerfGE 8, 203, die vor allem darauf abstellen, dass der Verfassunggeber an das Vorbild der plebiszitfreundlichen Regelungen aus der Weimarer Zeit angeknüpft habe (*BremStGH*, LVerfGE 8, 203, 217 ff.); zu diesem Problemkreis siehe ausführlicher unten S. 728 f.

Gesetz zur Feststellung des Haushaltsplanes im Sinne von Art. 78 III BayV bezeichnet,[1] ist davon auszugehen, dass sich die in Art. 73 BayV festgeschriebene Beschränkung nur auf den gesamten Haushaltsplan bzw. das Haushaltsgesetz an sich bezieht.

Dieses Ergebnis wird durch die Entstehungsgeschichte des Art. 73 BayV bestätigt. Aus den Protokollen der Verfassunggebenden Landesversammlung und ihres Verfassungsausschusses ergibt sich, dass der Verfassunggeber den Anwendungsbereich der direktdemokratischen Verfahren nicht mehr als unbedingt notwendig einschränken wollte, da man es dem Volk durchaus zutraute, auch über finanzwirksame Vorlagen sachgerecht abstimmen zu können. Zwar sei der Staatshaushalt als solcher zu komplex, um als Gegenstand einer Abstimmung in Frage zu kommen. Einzelne Gesetze sollten jedoch ungeachtet ihrer finanziellen Auswirkungen dem Anwendungsbereich des Volksbegehrens nicht entzogen werden.[2] Genau aus diesem Grund hatte man bei der Formulierung des Art. 73 BayV weder an die „Bamberger Verfassung" vom 14.8.1919[3] noch an die Weimarer Reichsverfassung angeknüpft.

1   Art. 78 III und IV BayV lauten.
„(3) Der Haushaltsplan wird vor Beginn des Rechnungsjahres durch Gesetz festgestellt.
(4) Wird der Staatshaushalt im Landtag nicht rechtzeitig verabschiedet, so führt die Staatsregierung den Haushalt zunächst nach dem Haushaltsplan des Vorjahres weiter."

2   So besonders deutlich der Mitberichterstatter *Ehard* (CSU) in der 19. Sitzung des Verfassungsausschusses der Verfassunggebenden Landesversammlung am 21.8.1946 (Sten. Prot. S. 412). Vgl. auch die Stellungnahme des Sachverständigen *Nawiasky*, der sich in der selben Sitzung ausdrücklich gegen einen Vorschlag des Finanzministers gewandt hatte, auch Steuergesetze vom Anwendungsbereich der Verfahren auszuschließen. In diesem Zusammenhang ist auch zu beachten, dass ein Vorschlag des Abg. *Dehler* (FDP), nicht nur den Staatshaushalt sondern „Finanz-, Steuer-, Besoldungs- und Haushaltsgesetze" vom Anwendungsbereich der Verfahren auszuschließen, vom Plenum der Verfassunggebenden Versammlung in der 7. Sitzung am 19.9.1946 abgelehnt wurde.
Zwar weist der *BayVfGH*, BayVBl. 1977, S. 145, 149, auf eine Stellungnahme des Berichterstatters und späteren Ministerpräsident *Hoegner* (SPD) in der 7. Ausschuss-Sitzung am 29.7.1946 (Sten. Prot. S. 166 f.) hin, in der dieser festgestellt hatte, dass sich nach den Erfahrungen in der Schweiz Steuer- und Haushaltsgesetze am allerwenigsten für die Volksabstimmung eigneten. Das Gericht verkennt dabei aber vollkommen, dass sich diese Stellungnahme – ebenso wie die vergleichbaren Ausführungen des Sachverständigen *Nawiasky* in der 8. Sitzung des Ausschusses am 30.7.1946 (Sten. Prot. S. 174) – nicht auf den Haushaltsvorbehalt des Art. 73 BayV beziehen, sondern auf einen Änderungsauftrag des Abg. *Loritz* von der „Wirtschaftlichen Aufbauvereinigung", der die Einführung eines *obligatorischen* Finanzreferendums nach Schweizer Vorbild gefordert hatte. Tatsächlich hatte *Hoegner* in seiner Stellungnahme ausdrücklich darauf hingewiesen, dass es auch in der Schweiz durchaus positive Erfahrungen mit Abstimmungen über Abgabengesetze gegeben hatte.

3   Gemäß § 77 Nr. 1 der Verfassung waren unter anderem Finanzgesetze und Gesetze über Steuern und Abgaben vom Anwendungsbereich des Volksentscheids ausgeschlossen. Der Begriff des „Finanzgesetzes" war in § 80 der verfassung definiert und bezeichnete den Beschluss des Landtages über die nach den bestehenden Steuergesetzen zu erhebenden Steuern; dementsprechend eng war § 77 Nr. 1 der Bamberger Verfassung ausgelegt worden, vgl. dazu *Kratzer*, § 77, Anm. 2; *Nawiasky*, Bayerisches Verfassungsrecht, S. 280 ff.
Entgegen der Auffassung von *Przygode*, S. 405 ff., kommt es allerdings für die Auslegung des Art. 73 BayV nicht darauf an, dass § 77 der Bamberger Verfassung deutlich enger ausgelegt worden war als Art. 73 IV WRV. Schließlich stammen die einschlägigen Kommentare aus den Jahren 1923 (*Nawiasky*) und 1925 (*Kratzer*), und damit aus einer Zeit, als auch auf der Ebene des Reiches noch die enge Auslegung des Art. 73 IV WRV durch *Triepel* vorherrschte.

Zwar wurde im Zusammenhang mit Art. 28 I 2 GG deutlich, dass es nicht ausreicht, nur das Haushaltsgesetz selbst dem Anwendungsbereich der direktdemokratischen Verfahren auszuschließen.[1] Von einer unzulässigen Umgehung des Haushaltsvorbehaltes ist aber nur dann auszugehen, wenn es dem Parlament und der Regierung im Falle der Annahme eines bestimmten Antrags unter keinen Umständen mehr möglich wäre, die finanziellen Auswirkungen aufzufangen. Das parlamentarische Budgetrecht muss daher nicht durch eine weiter reichende Beschränkung des Anwendungsbereiches der direktdemokratischen Verfahren oder gar den Ausschluss aller finanzwirksamen Vorlagen abgesichert werden. Vielmehr sprechen sowohl der Wortlaut als auch die systematische Stellung des Art. 73 BayV und seine Entstehungsgeschichte für eine enge Auslegung dieser Bestimmung in dem Sinne, dass ein Volksbegehren in Bayern nur dann unzulässig ist, wenn sich das Begehren entweder unmittelbar auf den Staatshaushalt bezieht oder wenn es der Regierung und dem Parlament unter allen Umständen unmöglich wäre, die erweiterten Mindereinnahmen oder Mehrausgaben auszugleichen.[2]

Ob ein Gesetzentwurf nach diesen Grundsätzen zulässigerweise zum Gegenstand eines Volksbegehrens und Volksentscheids gemacht werden darf, lässt sich nur aufgrund der konkreten Umstände des Einzelfalles feststellen.[3] Dabei ist zunächst zu beachten, dass der Deckungsgrundsatz des Art. 79 BayV ausdrücklich nur für den Landtag gilt.[4] Die Initiatoren eines Volksbegehrens sind also nicht dazu verpflichtet, selbst einen Vorschlag zu machen, wie eventuelle Mehrausgaben oder Mindereinnahmen ausgeglichen werden sollen. Vielmehr liegt es in der Verantwortung der Regierung, und des Parlamentes, für einen ausgeglichenen Haushalt zu sorgen. Daher müssen sie gegebenenfalls belegen, dass und warum es ihnen im Falle der Annahme des betreffenden Antrags unmöglich wäre, diese Aufgabe zu erfüllen.[5]

In diesem Zusammenhang ist weiterhin zu berücksichtigen, dass die Bürger jedenfalls in Bayern die Möglichkeit haben, selbst für die Gegenfinanzierung zu sorgen, indem sie

---

1   Vgl. dazu oben S. 243 ff.
2   In diesem Sinne auch *Fessmann*, BayVBl. 1976, S. 389, 391, *Jürgens*, S. 134; und zumindest in der Tendenz auch *Krafczyk*, S. 152 ff.; vgl. auch Nawiasky-*Schweiger*, Art. 73 BayV, Rn. 3 f.; noch enger *ders.*, NVwZ 2002, S. 1471, 1473 f. A.A. hingegen *Engels*, BayVBl. 1976, S. 201, 203, nach dem schon ein minimaler Einfluss auf den Gesamthaushalt zur Unzulässigkeit des Verfahrens führen soll. In jüngerer Zeit hat sich *Zschoch*, NVwZ 2003, S. 438, unter Hinweis auf die Manipulierbarkeit der Bürger für eine weite Auslegung der Haushaltsvorbehalte ausgesprochen.
3   Vgl. zur Notwendigkeit einer Einzelfallprüfung schon *Rux*, LKV 2002, 252, 255; i.E. auch *Müller-Franken*, Der Staat, 2005, S. 19, 40 f. Vgl. hierzu auch *Janz*, LKV 2002, S. 67; *Löwer/Menzel*, NdsVBl. 2003, S. 89, 93.
4   Danach darf das Parlament nur dann über ausgabenwirksame Angelegenheiten beraten und beschließen, wenn gleichzeitig für die notwendige Deckung gesorgt ist.
5   Nach der nicht näher begründeten Ansicht des *BremStGH*, NVwZ 1998, S. 388, 390 = LVerfGE 6, S. 123, 149; *BremStGH*, DVBl. 1998, S. 830, 832 = LVerfGE 8, S. 203, 214, soll der Umstand, dass der Deckungsgrundsatz nur für die parlamentarische Gesetzgebung gilt, ein Beleg dafür sein, dass nur das Parlament ausgabenwirksame Maßnahmen treffen kann. Dies wäre zwar dann der Fall, wenn man davon ausgehen könnte, dass der Verfassunggeber es nicht für nötig gehalten hat, den Deckungsgrundsatz auch auf die Volksgesetzgebung zu erstrecken, weil er ganz selbstverständlich davon ausging, dass das Volk ohnehin nicht berechtigt ist, über finanzwirksame Vorlagen abzustimmen. Gerade dann wäre es aber nicht notwendig gewesen, ausdrücklich (nur) das *Parlament* zu verpflichten.

bestehende Abgaben erhöhen oder neue Abgaben einführen. Denn im Gegensatz zu den Verfassungen der anderen Ländern sind Abgaben nicht explizit vom Anwendungsbereich des Volksentscheides ausgeschlossen. Zumindest theoretisch besteht sogar die Möglichkeit, die Landesregierung zur Aufnahme weiterer Kredite zu ermächtigen, um das Haushaltsvolumen noch weiter zu vergrößern.[1] Allerdings wird es wohl nur in seltenen Ausnahmefällen möglich sein, den hierfür gemäß Art. 82 S. 1 BayV erforderlichen „außerordentlichen Bedarf" nachzuweisen. Auch ist in diesem Zusammenhang zu beachten, dass die Zins- und Tilgungsleistungen den finanziellen Spielraum des Landes auch in den Folgejahren beschränken würden. Jedenfalls in Zeiten einer ohnehin schon angespannten Haushaltslage ist daher regelmäßig davon auszugehen, dass ein Vorhaben, das nur durch Aufnahme neuer Kredite finanzierbar ist, denen keine entsprechenden Investitionen gegenüber stehen, den Haushalt insgesamt aus dem Gleichgewicht bringen würde und daher nicht als Gegenstand eines Volksbegehrens in Frage kommt.[2] Im Zweifel ist dennoch von der Zulässigkeit eines Volksbegehrens auszugehen.

(bb). Die Rechtsprechung des Bayerischen Verfassungsgerichtshofes

Die hier vertretene enge Auslegung des Art. 73 BayV steht allerdings im Widerspruch zur Rechtsprechung des Bayerischen Verfassungsgerichtshofes.

Dieser war zunächst im Jahr 1976 zu dem Ergebnis gekommen, dass nicht nur solche Volksbegehren und Volksentscheide unzulässig sind, die sich unmittelbar auf das Haushaltsgesetz bzw. den Haushaltsplan als Ganzes beziehen, sondern auch alle anderen Vorlagen als Gegenstand dieser Verfahren ausscheiden, die im Falle ihrer Annahme „auf den Gesamtbestand des Haushaltes Einfluss nehmen würden, demnach das Gleichgewicht des gesamten Haushalts stören und damit zu einer wesentlichen Beeinträchtigung des Budgetrechtes des Parlamentes führen könnten."[3] Da das Gericht dabei davon ausgegangen war, dass Art. 73 BayV als Ausnahmebestimmung eng auszulegen sei,[4] entsprach seine Rechtsauffassung zumindest im Ergebnis noch der hier vertretenen Auslegung. Tatsächlich wurde das streitgegenständliche Volksbegehren für zulässig erklärt, obwohl die von den Antragstellern geforderte Verankerung der Lernmittelfreiheit in der Verfassung zweifellos zu Mehrausgaben in erheblicher Höhe geführt hätte.[5]

---

1 Zwar spricht der Landtag eine solche Ermächtigung regelmäßig im Rahmen des Haushaltsgesetzes aus. Dies ist aber nicht zwingend erforderlich.
2 Einen durchaus interessanten Vorschlag zur Abgrenzung „übermäßig haushaltsrelevanter Vorlagen" hat nun *Krafczyk*, S. 178 ff. und 203 ff. vorgelegt. Die mathematische Formel kann jedoch nicht darüber hinweg täuschen, dass der Schätzung der finanziellen Auswirkungen, die im Falle der Annahme einer bestimmten Vorlage zu erwarten sind, stets ein höchst spekulatives Moment zugrunde liegt. Diese politische Bewertung kann aber nicht den Verfassungsgerichten überlassen bleiben. Daher würde auch *Krafczyk*, S. 220 f.; es begrüßen, wenn der Verfassunggeber hier tätig werden würde.
3 Vgl. dazu grundlegend *BayVfGH* BayVBl. 1977, S. 143, 149 f. = *BayVfGHE* 29, S. 244, 263 ff.; *BayVfGHE* 47, S. 276, 304 f.; sowie zuletzt *BayVfGH* NVwZ-RR 2000, S. 401, 404.
4 So ausdrücklich *BayVfGH* BayVBl. 1977, S. 145, 149.
5 *BayVfGH*, a.a.O., S. 150.

Allerdings hatte sich der Bayerische Verfassungsgerichtshof ein Hintertürchen offen gelassen. Obwohl das Gericht ausdrücklich der Auffassung der Staatsregierung widersprochen hatte, wonach Art. 73 BayV im Grunde alle finanzwirksamen Vorlagen vom Anwendungsbereich des Volksentscheids ausschließen soll,[1] behauptete es unter Bezugnahme auf den „allgemeinen Sprachgebrauch", dass der Begriff des „Staatshaushaltes" nicht nur den Haushaltsplan oder das Haushaltsgesetz sondern die Gesamtheit der Einnahmen und Ausgaben bezeichne. Art. 73 BayV könne schon deshalb nicht so eng ausgelegt werden, weil der Haushaltsplan zu komplex sei, um als Gegenstand eines Volksbegehrens oder Volksentscheids in Frage zu kommen. Vielmehr diene diese Bestimmung auch und vor allem dazu, einen möglichen Missbrauch des Volksgesetzgebungsverfahrens durch Interessengruppen entgegen zu wirken.[2]

Diese Thesen halten keiner näheren Überprüfung stand. Zunächst ist festzuhalten, dass schon der Rückgriff auf den „Allgemeinen Sprachgebrauch" unzulässig ist, da Art. 73 BayV auf Art. 82 BayV Bezug nimmt und kein Zweifel daran bestehen kann, dass mit dem Begriff des „Staatshaushaltes" das Haushaltsgesetz gemeint ist. Selbst wenn man mit dem Bayerischen Verfassungsgerichtshof davon ausgeht, dass das Haushaltsgesetz aufgrund seiner Komplexität als Gegenstand von Volksbegehren ausscheidet, ist Art. 73 BayV auch bei einer engen Auslegung keineswegs obsolet, da der Haushaltsplan durch ein Gesetz festgestellt werden muss[3] und dieses Gesetz ohne den Haushaltsvorbehalt des Art. 73 BayV in den Anwendungsbereich der Regelungen über die direktdemokratischen Verfahren fallen würde. Und schließlich beruft sich das Gericht für seine These, dass Art. 73 BayV einen Missbrauch der Verfahren durch gut organisierte Interessengruppen verhindern solle, lediglich auf die Diskussion in der Zeit der Weimarer Republik – obwohl sich aus den Materialien zur Entstehungsgeschichte der Verfassung eindeutig ergibt, dass der Verfassunggeber ganz bewusst *nicht* an die Vorgaben aus der Zeit der Weimarer Republik angeknüpft hat.[4]

Dies alles hat den Bayerischen Verfassungsgerichtshof jedoch nicht daran gehindert, sich etwa 18 Jahre später endgültig vom Wortlaut der Norm zu lösen. Als das Gericht im November 1994 erneut über die Reichweite des Art. 73 BayV zu entscheiden hatte, stellte es unter ausdrücklicher Bezugnahme auf seine frühere Rechtsprechung fest, dass diese Bestimmung ausgabenwirksame Gesetze weitgehend dem parlamentarischen Gesetzgeber

---

1   Die Staatsregierung hatte dies vor allem damit begründet, dass mittlerweile die meisten staatlichen Leistungen gesetzlich geregelt sind. Zum Zeitpunkt der Verabschiedung der Verfassung sei insofern hingegen dem Haushaltsgesetz entscheidende Bedeutung zugekommen, da das Parlament in erster Linie in diesem Gesetz festgelegt habe, für welche Zwecke die Einnahmen des Staates zu verwenden seien. Unabhängig davon, ob diese Beobachtung zutrifft, kann hier nicht mehr von einem „Verfassungswandel" gesprochen werden. Vielmehr wäre es angesichts des klaren Wortlautes des Art. 73 BayV unabdingbar, diese Vorgabe ausdrücklich zu ändern, um der veränderten Staatspraxis Rechnung zu tragen.

2   Vgl. *BayVfGH*, a.a.O.

3   Insofern unterscheidet sich die Rechtslage von derjenigen in der Schweiz, wo der Etat durch einen Beschluss des Parlamentes festgestellt wird und deshalb ebenfalls nicht in den Anwendungsbereich der direktdemokratischen Verfahren fällt; vgl. Artt. 167 und 183 I CH-BV.

4   Dazu schon oben S. 274. Kritisch zur Entscheidung auch *Rosenke*, S. 163, der vor allem darauf abstellt, dass die vom Gericht herangezogenen Kriterien nicht praktikabel sind, da sich die Zulässigkeit eines Antrags danach ex ante kaum beurteilen lässt..

zuweise, da allein das Parlament alle Einnahmen und notwendigen Ausgaben insgesamt im Blick habe und dazu in der Lage sei, diese unter Beachtung der haushaltrechtlichen Vorgaben der Verfassung und des Vorbehaltes des Möglichen sowie eines von ihm demokratisch zu verantwortenden Gesamtkonzeptes in eine sachgerechte Relation zueinander zu setzen und dabei durch höhere Kreditaufnahmen oder durch Steuererhöhungen für den Ausgleich von Einnahmen und Ausgaben zu sorgen habe.[1] Dieser Rechtsprechung haben sich mittlerweile viele andere Landesverfassungsgerichte angeschlossen.[2]

Zwar trifft es zu, dass Art. 73 BayV das Budgetrecht des Parlamentes schützt. Dieses Recht beinhaltet aber entgegen der Ansicht des Bayerischen Verfassungsgerichtshofes keineswegs die ausschließliche Befugnis des Parlamentes, über ausgabenwirksame Vorlagen zu entscheiden. Vielmehr bezieht es sich auf das Verhältnis zwischen dem Parlament und der Regierung, die nicht allein darüber entscheiden soll, wie die dem Staat zur Verfügung stehenden Mittel verwendet werden sollen.[3] Indem das Parlament über den von der Regierung vorgelegten Haushaltsplan entscheiden und diesen Plan gegebenenfalls abändern kann, bekommt es die Möglichkeit, die Regierungspolitik auch in denjenigen Bereichen zu steuern, zu kontrollieren – und damit demokratisch zu legitimieren, die (noch) nicht gesetzlich geregelt sind. Durch die Zustimmung zum Haushaltsplan übernimmt das Parlament daher die Gesamtverantwortung für die Regierungspolitik der jeweiligen Haushaltsperiode. Dies schließt es aber keineswegs aus, dass neben dem Parlament auch dem Volk das Recht zugestanden wird, im Einzelfall über finanzwirksame Gesetze zu beschließen.

Tatsächlich beruht die extrem weite Auslegung des Begriffes „Staatshaushalt" durch den bayerischen Verfassungsgerichtshof vor allem auf der Befürchtung des Gerichtes, dass sich kleine Interessengruppen die Verfahren zu nutze machen könnten, um ihre jeweiligen Partikularinteressen durchzusetzen. Wie bereits im ersten Teil dieser Untersuchung deutlich wurde,[4] besteht nun aber kein Anlass für die Vermutung, dass die Bürger per se außer Stande wären, kompetent über finanzwirksame Vorlagen zu entscheiden. Das Gericht muss sich daher den Vorwurf gefallen lassen, dass er mit seiner neueren Rechtsprechung zur

---

1 Vgl. *BayVfGHE* 47, S. 276, 304 f. = DVBl. 1995, S. 419, 425 f.; kritisch dazu *G. Burmeister*, Verwaltung 1996, S. 193, 205 f. Diese Rechtsprechung wurde später nochmals bestätigt, vgl. *BayVfGH*, NVwZ-RR 2000, S. 401, 404.

2 Vgl. *BbgVfG*, LKV 2002, S. 77, 79; *BremStGH*, NVwZ 1998, S. 388, 389 = LVerfGE 6, S. 123, 145 ff.; *BremStGH*, DVBl. 1998, S. 830, 831 = LVerfGE 8, S. 203, 214; *BVerfGE* 102, S. 176, 185 ff., *ThürVfGH*, ThürVBl. 2002, S. 31, 39 ff. = LKV 2002, S. 83, 91 ff.; und schon früher *NRW-VfGH*, NVwZ 1982, S. 188, 189. Der *SaarVfGH*, NVwZ 1988, S. 245, 246, hatte diese Frage hingegen ausdrücklich offen gelassen. Vgl. dazu auch *Birk/Wernsmann*, DVBl. 2000, S. 669, 670; *Isensee*, DVBl. 2001, S. 1161, S. 1162 ff.; *Platter*, ZParl 2004, S. 496 ff. Kritisch zur Rechtsprechung des BremStGH *Fisahn*, S. 98, 106 f.; *Jung*, NVwZ 1998, S. 372 ff.

3 Tatsächlich ist das Budgetrecht des Parlamentes in der Mitte des neunzehnten Jahrhunderts als Gegengewicht zur (Über)Macht der Monarchen durchgesetzt worden, zunächst in der Belgischen Verfassung von 1831; später auch in § 99 der Preußischen Verfassung von 1850. Das Primat des Parlamentes wurde dann im Rahmen des „preußischen Budgetkonfliktes" der Jahre 1864-66 endgültig durchgesetzt, vgl. dazu Dreier-*Heun*, Art. 110 GG, Rn. 1 und ausführlich *E. R. Huber*, Verfassungsgeschichte, Band III, S. 305 ff. und 333 ff.

4 Vgl. dazu oben S. 91 ff.

Reichweite des Art. 73 BayV den Boden der juristischen Dogmatik verlassen und sich auf die Ebene einer rein verfassungs*politischen* Argumentation begeben hat.[1]

Entgegen der Ansicht des Bayerischen Verfassungsgerichtshofes kann es für die Beurteilung der Zulässigkeit eines Antrags auch nicht auf eine absehbare Häufung der Verfahren ankommen.[2] Vielmehr müssen die Zulässigkeitsvoraussetzungen für jeden Antrag gesondert geprüft werden, so dass sich eine Häufung der Verfahren allenfalls dann auswirken kann, wenn der finanzielle Spielraum des Landes infolge früherer Volksentscheide bereits vollständig ausgeschöpft ist.

(cc). Exkurs – Die Disponibilität des Haushaltsvorbehaltes

Mittlerweile ist der Bayerische Verfassungsgerichtshof sogar noch einen Schritt weiter gegangen und hat festgestellt, dass der Haushaltsvorbehalt des Art. 73 BayV sogar der Disposition des verfassungsändernden Gesetzgebers entzogen sei. Das Gericht hat daher ein Volksbegehren für unzulässig erklärt, das unter anderem darauf abzielte, Art. 73 BayV zu streichen und durch eine Bestimmung zu ersetzen, nach der Anträge, die sich auf den Staatshaushalt auswirken, grundsätzlich zulässig sein sollten und nur über das Haushaltsgesetz gemäß Art. 78 Abs. 3 im Ganzen kein Volksentscheid statt finden darf.[3]

Wie bereits im ersten Kapitel dieses Abschnitts dargelegt wurde,[4] muss das Gesetz zur Feststellung des Haushaltsplanes selbst schon aufgrund der zwingenden Vorgabe des Art. 28 I 2 GG dem Anwendungsbereich der direktdemokratischen Verfahren in den Ländern entzogen bleiben, da es mit dem dort festgeschriebenen Bekenntnis zur repräsentativ-parlamentarischen Demokratie unvereinbar wäre, wenn dem Parlament das Budgetrecht und damit das neben der Gesetzgebung wichtigste Instrument zur Steuerung und Kontrolle der Regierungstätigkeit aus der Hand genommen würde. Selbst wenn der Verfassunggeber den Bürgern die Möglichkeit geben will, das gesamte politische Programm der Regierungsmehrheit in Frage zu stellen, muss er dies nicht dadurch tun, dass er ihnen das Recht gibt, auch den Haushalt selbst zum Gegenstand einer Volksabstimmung zu machen. Vielmehr ist es in diesem Fall sinnvoll und ausreichend, eine Möglichkeit für die plebiszitäre Parlamentsauflösung in die Verfassung einzufügen – und genau dies sieht Art. 18 III BayV vor.

---

1 Kritisch zur extensiven Auslegung des Haushaltsbegriffes und der damit verbundenen Rechtsunsicherheit auch *Przygode*, S. 205 ff.; und aus jüngerer Zeit *Jutzi*, ZG 2003, S. 273 ff.; *Kertels/Brink*, NVwZ 2003, S. 435 ff.; *Neumann*, Entwicklung S. 115 ff.; *Schweiger*, NVwZ 2002, S. 1471 ff.; *Rosenke*, S. 168 ff.; sowie schon *Röper*, ZParl. 1997, S. 461, 469 (allerdings in Bezug auf die Volksinitiative nach den neueren Landesverfassungen). Für eine weite Auslegung der entsprechenden Bestimmungen hingegen *Zschoch*, NVwZ 2003, S. 438 ff.
2 So aber *BayVerfGH*, DVBl. 1995, S. 419, 425 f., der die Frage allerdings letzten Endes offen lässt.
3 *BayVfGH*, NVwZ-RR 2000, S. 401 = *BayVfGHE* 53, S. 42; kritisch dazu *Schweiger*, BayVBl. 2002, S. 65 ff.; *Wittreck*, JöR 2005, S. 113 ff..
 Während in Hamburg ein entsprechendes Volksbegehren ohne weiteres zugelassen wurde – im Ergebnis allerdings erfolglos war (vgl. dazu *Efler*, S. 205 ff.) – haben die Verfassungsgerichte von Bremen und Thüringen vergleichbare Anträge ebenfalls für unzulässig erklärt; vgl. *BremStGH*, NVwZ-RR 2001, S. 1; *ThürVerfGH*, ThürVBl. 2002, S. 31.
4 Vgl. dazu oben S. 243.

Dennoch kann die Rechtsprechung des Bayerischen Verfassungsgerichtshof nicht überzeugen. Zunächst ist festzuhalten, dass Art. 75 I 2 BayV nur solche Anträge auf Verfassungsänderung für unzulässig erklärt, die dem „demokratischen Grundgedanken der Verfassung widersprechen". Entgegen der Ansicht des Gerichts gehört das parlamentarische Budgetrecht jedoch ebensowenig zu diesen Grundgedanken wie das Bekenntnis zur repräsentativ-parlamentarischen Demokratie. Vielmehr verlangt das demokratische Prinzip lediglich, dass alle Entscheidungen und sonstigen Maßnahmen der Staatsorgane zumindest mittelbar durch die Bürger legitimiert sein müssen.[1] Da diese Legitimation aber auch durch eine Volksabstimmung hergestellt werden kann,[2] wird deutlich, dass die bayerische Verfassung dem verfassungsändernden Gesetzgeber einen wesentlich weiteren Spielraum zur Umgestaltung des Staatsorganisationsrechtes eröffnet als das Grundgesetz, das den Ländern in Art. 28 I GG bestimmte Strukturprinzipien verbindlich vorgibt.[3]

Selbst wenn man mit dem Bayerischen Verfassungsgerichtshof davon ausgeht, dass Art. 75 I 2 BayV auch das parlamentarische Budgetrecht schützt, geht das Gericht zu weit, wenn es feststellt, dass der Haushaltsvorbehalt in Art. 73 BayV in derjenigen Gestalt, die er durch die Rechtsprechung des Gerichts erhalten hat, der Disposition des verfassungsändernden Gesetzgebers entzogen sein soll. Denn die These des Gerichts, dass nur das Parlament alle Staatseinnahmen und -ausgaben im Blick habe und daher auch nur das Parlament nach verantwortungsbewusster Einschätzung der Gesamtsituation entscheiden könne, wo das Schwergewicht des finanziellen Engagements des Staates liegen soll,[4] ist in dieser Absolutheit nicht haltbar.[5] Dabei fällt erneut ins Auge, dass der Bayerische Verfassungsgerichtshof nicht einmal versucht hat, seine Auffassung durch empirische Belege zu unterfüttern. Vielmehr beschränkt sich das Gericht auf die Behauptung, dass die Handlungs- und Funktionsfähigkeit des Parlamentes als dem in der repräsentativen Demokratie maßgeblichen Verfassungsorgan in einem bedeutenden Teilbereich nicht mehr gewährleistet sei, wenn den Bürgern das Recht zugestanden würde, auch solche Beschlüsse zu fassen, die sich erheblich auf den Haushalt auswirken. Denn der Landtag müsse in diesem Fall stets mit Volksbegehren rechnen, die nicht in sein politisches Gesamtkonzept eingepasst sind und ihn daher im Falle ihrer Annahme zu Umschichtungen der Planung und Prioritätensetzung zwingen würden.[6]

---

1   Nachdem Art. 75 I 2 BayV ausdrücklich nur auf das demokratische Prinzip Bezug nimmt, ist es bemerkenswert, wenn *Funk*, S. 120 ff./125 ff., behauptet, dass das spezifische System der bayerischen Staatsorganisation geschützt werde und es daher unzulässig war, den bayerischen Senat abzuschaffen – obwohl *Funk* selbst ausdrücklich anerkennt, dass der Senat eben keine *demokratische* Institution war, sondern vielmehr ein Instrument, um dem Rechtsstaatsprinzip zur Durchsetzung zu verhelfen.
2   Tatsächlich hat das Gericht in einer fast zeitgleich ergangenen Entscheidung die Gleichrangigkeit von Volks- und Parlamentsgesetzgebung betont, vgl. *BayVfGHE* 52, S. 104, 125 ff.; dazu auch *Schweiger*, BayVBl. 2002, S. 65, 67.
3   So wäre es nach der bayerischen Verfassung durchaus zulässig, den Freistaat in eine konstitutionelle Monarchie umzuwandeln.
4   *BayVfGH*, NVwZ-RR 2000, S. 401, 403.
5   In diesem Sinne auch *Schweiger*, BayVBl. 2002, S. 65, 70 f.; vgl. auch *Degenhart*, ThürVBl. 2001, S. 201, 210.
6   A.a.O., S. 404.

Tatsächlich kann man aber aus dem Umstand, dass der Haushaltsplan in Folge eines Volksentscheids möglicherweise überarbeitet werden muss, keineswegs ohne weiteres auf eine ernsthafte Gefährdung der parlamentarischen Demokratie schließen. Dies wäre vielmehr dann und nur dann der Fall, wenn das Parlament nicht mehr dazu in der Lage wäre, die ihm zugewiesenen Aufgaben zu erfüllen.[1] Dabei ist nun aber wiederum zu beachten, dass das Parlament auch dann noch sehr weit reichende Möglichkeiten hätte, die von ihm angestrebten politischen Ziele zu erreichen, wenn man nur das Haushaltsgesetz selbst vom Anwendungsbereich der direktdemokratischen Verfahren ausschließen würde. Sollte die jeweilige Parlamentsmehrheit nach der Annahme eines Antrags beim Volksentscheid zu dem Ergebnis kommen, dass sie ihr Regierungsprogramm nicht mehr umsetzen kann, hätte sie zunächst die Möglichkeit das vom Volk beschlossene Gesetz wieder aufzuheben bzw. abzuändern.[2] Darüber hinaus könnte das Parlament dem Volk die Verantwortung zurückgeben, indem es die Wahlperiode vorzeitig beendet und Neuwahlen herbeiführt. Diese Lösung des Konfliktes mag aus verfassungspolitischer Perspektive als unbefriedigend empfunden werden, verfassungsrechtlich zulässig wäre sie dennoch.[3]

Entgegen der Ansicht des Bayerischen Verfassungsgerichtshofes kommt in diesem Zusammenhang auch den bisherigen praktischen Erfahrungen mit der direkten Demokratie eine entscheidende Bedeutung zu. Dies gilt insbesondere für die direktdemokratische Praxis in der Schweiz und den US-amerikanischen Bundesstaaten,[4] die belegt, dass die Parlamente die ihnen zugewiesenen Aufgaben durchaus auch dann erfüllen können, wenn die Bürger über finanzwirksame Vorlagen abstimmen dürfen und nur das Haushaltsgesetz selbst dem Anwendungsbereich der Verfahren entzogen ist.[5] Die Behauptung des Gerichts, nur das Parlament sei dazu in der Lage, Einnahmen und Ausgaben verantwortungsbewusst im Blick

---

1 Dies verkennt *Stöffler*, ThürVBl. 1999, S. 33, 37, der zwar zu Recht davon ausgeht, dass Art. 83 III ThürV eng auszulegen ist, dann aber den Anwendungsbereich des Art. 28 I GG überdehnt, indem er auch die Entstehungsgeschichte der ThürV (!) und den Vergleich mit den Verfassungen der anderen Länder für die Auslegung dieser Bestimmung heran zieht. Zu weit auch *Platter*, ZParl 2004, S. 496, 504 ff.

2 Richtigerweise ist davon auszugehen, dass Volks- und Parlamentsgesetze gleichrangig nebeneinander stehen, da „das Volk" hier tatsächlich nicht als Souverän, sondern als Organ des Staates handelt, vgl. dazu auch *Borowski*, DÖV 2000, S. 481 ff.; sowie schon *SaarVerfGH*, NVwZ 1988, S. 245.

3 Dies gilt jedoch nur dann, wenn die Volksgesetzgebung eine vergleichsweise seltene Ausnahme bleibt. Denn die Arbeitsfähigkeit des Landtags und der Regierung könnte nicht gewährleistet werden, wenn der Haushaltsplan ständig überarbeitet werden müsste. Daher kommt den Quoren für das Volksbegehren und den Volksentscheid in diesem Zusammenhang eine gewisse Bedeutung zu.

4 Zur Rechtslage in der Schweiz vgl. umfassend *Linder*, Schweizerische Demokratie, 1999, sowie *Trechsel/Serdült*, Kaleidoskop Volksrechte, 1999, jeweils passim. Zur Rechtslage in den USA *Glaser*, Direkte Demokratie als politisches Routineverfahren, 1997; *Heußner*, Volksgesetzgebung in den USA und Deutschland, 1994, sowie *Stelzenmüller*, Direkte Demokratie in den Vereinigten Staaten von Amerika, 1994. Die praktischen Erfahrungen wurden vor kurzem von *Kirchgässner/Feld/Savioz*, Die direkte Demokratie, Basel et al. 1999, S. 71 ff. (zur Schweiz) und S. 111 ff. (zur USA), umfassend analysiert, vgl. dazu auch *Jung*, KritVjschr. 2001, S. 24, 49, m.w.N.

5 In der Schweiz wird der Haushaltsplan durch einen Beschluss des Parlamentes bestätigt – damit kommt der Haushaltsplan selbst auch dort nicht als Gegenstand eines Referendums in Frage, vgl. etwa Artt. 167 und 183 I CH-BV. Auch in den US-Bundesstaaten obliegt die Entscheidung über die von der jeweiligen Regierung eingebrachte „budget bill" dem Parlament, vgl. etwa Art. 4, Sec. 12 der California Constitution.

zu halten, erweist sich aufgrund dieser Erfahrungen als Mythos:[1] Wie flexibel die deutschen Parlamente auf externe Vorgaben reagieren können, zeigt sich nicht zuletzt daran, dass es ihnen in der Vergangenheit stets möglich war, den Entscheidungen der (Verfassungs-)Gerichte Rechnung zu tragen.

Zusammenfassend lässt sich damit festhalten, dass es weder mit dem demokratischen Grundgedanken der bayerischen Verfassung gemäß Art. 75 I 2 BayV noch mit dem Homogenitätsgebot des Art. 28 I GG unvereinbar wäre, wenn den Bürgern das Recht eingeräumt würde, auch über Vorlagen abzustimmen, die im Falle ihrer Annahme erhebliche Auswirkungen auf den Landeshaushalt haben. Nur das Haushaltsgesetz selbst muss dem Anwendungsbereich des Volksentscheids entzogen bleiben.[2]

(b). Baden-Württemberg

Nach Art. 60 VI BW-V findet über Abgabengesetze, Besoldungsgesetze und das Staatshaushaltsgesetz keine Volksabstimmung statt. Da das Staatshaushaltsgesetz in diesem Sinne offensichtlich das Gesetz zur Feststellung des Haushaltsplanes im Sinne von Art. 79 II BW-V ist, lassen sich die Ausführungen zu Art. 73 BayV insofern ohne weiteres übertragen: Auf der einen Seite sind Anträge nicht bereits dann unzulässig, wenn sie sich im Falle ihrer Annahme mittelbar oder unmittelbar auf die Staatsfinanzen auswirken. Auf der anderen Seite darf Art. 60 VI BW-V aber auch nicht umgangen werden. Daher kommt es auch hier darauf an, ob die finanziellen Auswirkungen im Falle der Annahme des Antrags so gravierend wären, dass der gesamte Haushaltsplan des Landes umgestoßen würde und es dem Parlament unter keinen Umständen möglich wäre, die zu erwartenden Mehrausgaben und Mindereinnahmen auszugleichen.[3] Im Zweifel ist ein Antrag jedoch als zulässig anzusehen.

In diesem Zusammenhang ist allerdings zu beachten, dass in Baden-Württemberg auch Abgabengesetze dem unmittelbaren Einfluss der Bürger entzogen sind. Auch wenn es auf den ersten Blick nahe liegen mag, für die Auslegung dieser Bestimmung auf die Abgabenordnung zurückzugreifen und entsprechend § 1 I 1 AO nur Steuern als Abgaben in diesem Sinne zu qualifizieren,[4] ist zu beachten, dass die Landesverfassung hier an eine Regelungs

---

1 In diesem Sinne auch *G. Burmeister*, Verwaltung 1996, S. 193, 210; *Siekmann*, Streichung, S. 181, 184 f.

2 Vgl. in diesem Sinne auch *Schweiger*, NVwZ 2002, S. 1471, 1473 ff.; *P. Neumann*, Bedeutung, S. 17, 50 ff., der sich allerdings vor allem mit der Frage befasst, ob der Ausschluss von „Finanzfragen" in Art. 68 I 4 NRW-V durch Art. 28 I GG geboten ist und dabei verkennt, dass selbst dann, wenn dieser Vorbehalt gestrichen würde, der *Haushaltsplan* selbst doch dem Anwendungsbereich der direktdemokratischen Verfahren entzogen bleiben muss; dies verkennt auch *Siekmann*, Streichung, S. 181, 211 ff., der insofern allerdings nur auf das demokratische Prinzip abstellt und nicht darauf eingeht, dass das Budgetrecht zu den wesentlichen Kompetenzen des Parlamentes gehört, a.a.O., S. 219.

3 Im Ergebnis auch *Braun*, Art. 59 BW-V, Rn. 40, und im Anschluss daran *Jürgens*, S 134. In diesem Sinne auch der *SächsVfGH*, LKV 2003, 327, zur vergleichbaren Vorgabe des Art. 73 I SächsV, vgl. dazu unten S. 561 ff. Anders hingegen *Krafczyk*, S. 68 ff./104 ff., der schon im Begriff des „Haushaltsplanes" alle Gesetze mit erfasst sieht, die irgendwie Einfluss auf den Haushalt haben. Damit entfernt er sich jedoch allzu weit vom Wortlaut der Verfassungsbestimmungen und überspielt auch die Unterschiede zwischen den Formulierungen in den einzelnen Ländern.

4 Wobei allerdings wiederum zu berücksichtigen wäre, dass die Gleichsetzung von Steuern mit Abgaben

tradition aus der Zeit der Weimarer Republik anknüpft.[1] Mit Abgaben sind daher – entsprechend dem üblichen juristischen Sprachgebrauch – sämtliche Geldleistungspflichten gemeint, die von einem Hoheitsträger auf Grund öffentlichen Rechts einseitig zu Finanzierungszwecken auferlegt werden, also insbesondere Steuern und Zölle, Gebühren und Beiträge,[2] einschließlich der Entgelte für öffentliche Leistungen.[3] Es kommt dabei nicht darauf an, ob die Abgaben von einer staatlichen Stelle erhoben werden, oder von einer Kommune oder einem anderen Träger der Selbstverwaltung. Daher fallen auch Kommunalabgaben oder die von den Hochschulen erhobenen Verwaltungsgebühren unter den Begriff der Abgaben.[4]

Keine Abgaben im Sinne des Art. 60 VI BW-V sind demgegenüber solche Geldleistungspflichten, die nicht zur Deckung des öffentlichen Finanzbedarfes erhoben werden, sondern im weitesten Sinne dazu dienen, das Verhalten der Bürger zu steuern: Dies betrifft einerseits Geldstrafen, Geldbußen, Zwangsgelder, Säumniszuschläge etc., andererseits die so genannten Abschöpfungs- und Lenkungsabgaben. Diese Differenzierung ist zum einen deshalb gerechtfertigt, weil der Ausschluss von Abgabengesetzen mittelbar dazu dient, die Budgethoheit des Parlamentes zu schützen – wenn es bei der Erhebung von Abgaben aber gar nicht darum geht, Einnahmen zu erzielen, wird das Budget auch nicht berührt. Zum anderen ist zu beachten, dass es nicht darauf ankommen kann, mit welchen Instrumenten der Gesetzgeber auf das Verhalten der Bürger einwirkt: Ob er sich insofern Ge- oder Verboten bedient oder auf neuere Steuerungsinstrumente zurück greift, kann nicht ausschlaggebend sein.

Allerdings ist die Abgrenzung nicht immer leicht, da einige der scheinbaren Lenkungsabgaben zumindest auch dazu dienen, dem Staat Einnahmen zu verschaffen:[5] Dies zeigt sich etwa am Beispiel der Studiengebühren oder Studienbeiträge, die mittlerweile in vielen Ländern eingeführt worden sind. Auf den ersten Blick dienen diese Abgaben in erster Linie dazu, den Hochschulen zusätzliche Einnahmequellen zu erschließen. Aus den Materialien der Entstehungsgeschichte ergibt sich jedoch regelmäßig, dass es den Gesetzgebern zumindest auch darum ging, das Verhalten

---

in der Abgabenordnung keineswegs bedeuten soll, dass der Bundesgesetzgeber beide Begriffe synonym verwendet. Vielmehr zeigt eine nähere Betrachtung, dass die Terminologie historisch gewachsen ist: Die Reichsabgabenordnung vom 13.12.1919 (RGBl. S. 1993) hatte Zölle und Steuern erfasst, in § 1 II Gebühren und Beiträge hingegen ausdrücklich ausgeschlossen, da diese Arten der Abgaben auf der Ebene des Reichs praktisch keine Rolle gespielt haben.

1 Vgl. dazu oben S. 120.
2 So im Ergebnis auch *Heußner*, Volksgesetzgebung, S. 168, m.w.N., vgl. auch von Mutius/Wuttke/*Hübner*, Art. 41 SH-V Rn. 8; Kunzmann/Haas/*Baumann-Hasske*, Art 73 SächsV, Rn. 2. Anders *H. Neumann*, Art. 70 BremV, Rn. 18 ff., der Abgaben, Gebühren und Steuern streng unterscheiden will, allerdings keinen Anknüpfungspunkt für die Differenzierung nennt. Auch *Röper*, ZParl. 1997, S. 461, 467 f., geht ohne Begründung davon aus, dass Gebühren nicht zu den Abgaben gehören.
3 Vgl. dazu *K. Vogel*, HdBStR § 87, Rn. 43 ff.; sowie *Krafczyk*, S. 56 ff.
4 Dabei spielt es keine Rolle, dass die Regelung über Studiengebühren gegebenenfalls im Rahmen der hochschulrechtlichen Bestimmungen getroffen wird. Denn dies ändert nichts daran, dass es sich um ein „Abgabengesetz" handelt.
5 Besonders deutlich wird dies etwa bei der Tabaksteuer.

der Betroffenen zu beeinflussen, indem die Hochschulen dazu angeregt werden, ihre Leistungsangebote in der Lehre zu verbessern und die Studierenden Anreize dafür erhalten, diese Angebote auch wahrzunehmen und ihre Studien möglichst zügig abzuschließen.[1] Berücksichtigt man, dass die Einnahmen aus den Abgaben zusätzliche Mittel darstellen sollen, tritt der Finanzierungszweck tendenziell hinter die Lenkungsfunktion zurück. Dies gilt insbesondere dann, wenn den Hochschulen – wie etwa in Nordrhein-Westfalen – freigestellt wird, ob sie tatsächlich Gebühren einführen wollen.

Diese Auslegung der Ausschlussklausel führt im Ergebnis dazu, dass die Bürger in Baden-Württemberg keine Möglichkeit haben, die mit der Annahme eines Antrags beim Volksentscheid verursachten Mindereinnahmen oder Mehrausgaben auszugleichen.[2] Unter diesen Umständen kommt es für die Zulässigkeit eines Antrags aber allein darauf an, ob seine finanziellen Auswirkungen innerhalb des vorgegebenen Haushaltsvolumens aufgefangen werden können. Dabei muss anhand möglichst objektiver Kriterien überprüft werden, ob die bisher geplanten Ausgaben tatsächlich auf bundesrechtlichen Vorgaben oder langfristigen Verbindlichkeiten beruhen und daher dem Zugriff des Gesetzgebers entzogen sind.[3]

Wie bereits ausgeführt wurde,[4] kommt es dabei nur auf die laufende Haushaltsperiode an, da die Beteiligten nur den aktuellen Etat kennen. Bei der Aufstellung eines neuen Haushaltsplanes stehen die durch den Volksentscheid begründeten Verpflichtungen gleichrangig neben denjenigen Verpflichtungen, die sich aus Parlamentsgesetzen oder den bundesrechtlichen Vorgaben ergeben und es ist Sache des Haushaltsgesetzgebers, einen angemessenen Ausgleich herzustellen.

Schließlich stellt sich die Frage, welche Folgen sich aus dem Umstand ergeben, dass auch Besoldungsgesetze vom Anwendungsbereich der Verfahren ausgeschlossen sind. Insofern ist zunächst festzuhalten, dass der Landesgesetzgeber in Bezug auf die Besoldung und Versorgung an die zwingenden Vorgaben des Bundesrechtes gebunden ist.[5] Dennoch können sie über bestimmte Bestandteile der Besoldung disponieren und in gewissen Grenzen auch über die Zuordnung bestimmter Ämter zu den Besoldungsgruppen der Bundesbesoldungsordnung entscheiden.[6] Im Ergebnis haben die Länder daher einen nicht unerheb

---

1 Vgl. etwa die Begründung der nordrhein-westfälischen Landesregierung zum Gesetz zur Erhebung von Studienbeiträgen und Hochschulabgaben (Studienbeitrags- und Hochschulabgabengesetz – StBAG NRW) vom 21. März 2006, LT-Drs. 14/725, S. 2.

2 Theoretisch könnten die Antragsteller allerdings die Regierung zur Aufnahme weiterer Kredite ermächtigen. Vgl. dazu schon oben S. 276.

3 In diesem Zusammenhang ist zu berücksichtigen, dass auch in Baden-Württemberg nur der Landtag ausdrücklich dazu verpflichtet wurde, bei ausgabenwirksamen Beschlüssen für eine ausreichende Deckung zu sorgen, Art. 82 BW-V. Da die Bürger im Rahmen der direktdemokratischen Verfahren keinen vergleichbaren Beschränkungen unterliegen, ist es grundsätzlich Aufgabe des Landtags und der Landesregierung für die Gegenfinanzierung zu sorgen.

4 Vgl. dazu schon oben S. 245.

5 Bundesbesoldungsgesetz, Beamtenversorgungsgesetz etc.

6 Dieser Spielraum wurde durch das Bundesbesoldungs- und Versorgungsanpassungsgesetz vom 10.9.2004, BGBl. I S. 1798, noch vergrößert, da die Länder seither auch frei über die jährliche Sonderzuwendung und das Urlaubsgeld für die Beamten entscheiden können. Zu nennen sind weiterhin

lichen Einfluss auf die Höhe der Beamtenbezüge,[1] so dass den entsprechenden Ausschlussklauseln durchaus eine erhebliche praktische Bedeutung zukommt. Dabei ist zudem zu beachten, dass auch die Ministerbezüge zur Besoldung gehören, da die Minister und Staatssekretäre ebenso wie kommunale Wahlbeamte ein Hauptamt ausüben, das keinen Raum für Nebentätigkeiten lässt.[2]

Obwohl der Ausschluss der Besoldungsordnungen zunächst nur die Bezüge der *aktiven* Beamten betrifft,[3] haben auch Anträge in Bezug auf die Versorgungsbezüge der Ruhestandsbeamten keine Aussicht auf Erfolg, da die Beamtenversorgung ihrerseits an die Besoldung der aktiven Beamten anknüpft.[4]

Dem Anwendungsbereich der direktdemokratischen Verfahren *nicht* entzogen sind jedoch die Bezüge der Parlamentsabgeordneten. Denn diese stehen in keinem öffentlich-rechtlichen Dienstverhältnis und erhalten daher auch keine Besoldung, sondern eine Entschädigung für ihre Tätigkeit.[5] Auch können die Bürger gegebenenfalls Einfluss auf den Umfang der Beihilfen nehmen, die Beamten und ihren Angehörigen im Krankheits-, Pflege-, Geburts- oder Todesfall gewährt werden,[6] da diese Beihilfe nicht zur Besoldung oder den Dienstbezügen gehört und auch nicht bundesrechtlich vorgeschrieben ist.[7]

die landesrechtlichen Regelungen über Kleidergeld, Reise- und Umzugskostenerstattung, Trennungsgeld oder die Zubiläumszuwendungen, vgl. dazu *Krafczyk*, S. 64 f.

1 Für Baden-Württemberg käme etwa eine Änderung des Landesbesoldungsgesetz (LBesG) in der Fassung vom 3.7.1979 (GBl. S. 270), zuletzt geändert durch Gesetz vom 18.12.1995 (GBl. S. 867) in Betracht.

2 In diesem Sinne auch *Rosenke*, S. 348 f., m.w.N.

3 Die Gehälter der Angestellten lassen sich durch die direktdemokratischen Verfahren ohnehin nicht beeinflussen, da sie nicht durch Gesetz sondern durch Tarifverträge geregelt werden.

4 Vgl. § 5 BeamtVG. Diese Anknüpfung steht auch nicht zur Disposition des einfachen Gesetzgebers, da sie zu den „hergebrachten Grundsätzen des Berufsbeamtentums" im Sinne des Art. 33 V GG zählt. Auf dieses Problem wird im Zusammenhang mit der Bestimmung des Art. 73 I SächsV noch ausführlicher einzugehen sein, vgl. dazu unten S. 561. Zur Einheit von Besoldung und Versorgung als Bestandteile der Alimentation. *Lecheler*, HdBStR § 72, Rn. 55 f.

5 Zwar scheint es angesichts der Professionalisierung der Politik konsequent, auch die Abgeordnetenbezüge vom Anwendungsbereich der Verfahren auszuschließen. Da es sich bei den betreffenden Verfassungsbestimmungen um Ausnahmeregelungen handelt, ist jedoch eine restriktive Auslegung geboten, die keinen Raum für eine Analogie lässt. In diesem Sinne auch *Braun*, Art. 59 BW-V, Rn. 40; *Hagebölling*, Art. 48 NdsV, Anm. 1, S. 124; *Heußner*, Volksgesetzgebung, S. 170 ff.; von Mutius/Wuttke/*Hübner*, Art. 41 SH-V, Rn. 8; *Krafczyk*, S. 65 f.; *H. Neumann*, Art. 70 BremV, Rn. 17; *ders.*, Art. 48 NdsV, Rn. 11. Eine andere Auffassung vertritt Zinn/Stein-*Schonebohm*, Art. 124 HessV, Anm. III.3, der die inhaltlichen Beschränkungen aber zu extensiv auslegt und den eindeutigen Wortlaut der Verfassungsbestimmungen nicht hinreichend berücksichtigt, ähnlich – aber ohne Begründung – *Starck*, Verfassungen, S. 30, der diese Frage in NdsVBl. 1994, S. 2, 6, ausdrücklich offen lässt.
Das *BVerfG*, (E 40, S. 296, 315 ff.) vertritt zu Recht die Auffassung, dass die Diäten von der Beamtenbesoldung streng zu unterscheiden sind. Es verlangt aber lediglich eine Entscheidung des Gesetzgebers über die Bezüge der Abgeordneten. Ob der „reguläre" Gesetzgeber diese Entscheidung trifft, oder das Volk, spielt dabei keine Rolle.

6 In diesem Sinne auch Löwer/Tettinger-*Mann*, Art. 68 NRW-V, Rn. 22, der allerdings weder auf die Vorgaben des BRRG noch auf Art. 33 V GG eingeht.

7 Allerdings gehört sie als Ausfluss der Alimentations- und Fürsorgepflicht des Dienstherrn zu den hergebrachten Grundsätzen des Berufsbeamtentums im Sinne von Art. 33 V GG; vgl. dazu Dreier-*Lübbe-Wolff*, Art. 33 GG, Rn. 79, m.w.N. Eine vollständige Streichung der entsprechenden Regelungen wäre

Auch wenn der Ausschluss der Beamtenbesoldung auf den ersten Blick einer möglichen „Selbstbedienung" der Angehörigen des Öffentlichen Dienstes entgegen wirken soll, wird bei einer genaueren Betrachtung schnell deutlich, dass diese Beschränkung tatsächlich vor allem dem Schutz dieser Personengruppe dient. Denn schließlich sind die Beamten nicht dazu in der Lage – und wohl auch nicht darauf angewiesen[1] –, im Wege eines Volksentscheids aus eigenen Kräften eine *Erhöhung* ihrer Bezüge durchzusetzen.[2]

(c). Hessen

Ganz ähnlich wie in Baden-Württemberg ist die Rechtslage in Hessen. Zwar wird in Art. 124 I 3 HessV nicht nur das Gesetz zur Feststellung des Haushaltsplanes vom Anwendungsbereich des Volksbegehrens ausgeschlossen ist, sondern der Haushaltsplan.[3] Aus Art. 139 II HessV ergibt sich jedoch eindeutig, dass dieser Plan Gegenstand des Haushaltsgesetzes ist.[4] Daher kann sowohl insofern als auch in Bezug auf den Ausschluss von Abgabengesetzen und Besoldungsordnungen auf die Ausführungen zur Rechtslage in Baden-Württemberg verwiesen werden.[5]

(d). Saarland

Der Anwendungsbereich der direktdemokratischen Verfahren im Saarland ist demgegenüber wesentlich enger als in den anderen Ländern. Nach Art. 99 I 3 SaarV kommt es auf die „Finanzwirksamkeit" eines Gesetzes an und der Haushalt, Abgaben, Besoldung oder Staatsleistungen werden nur beispielhaft aufgeführt.[6] Da im Grunde jedes Gesetz finanzielle Auswirkungen hat, stellt sich damit die Frage, welche Rechtsfragen überhaupt noch auf dem

---

daher ausgeschlossen. Dabei ist zudem zu beachten, dass der Landesgesetzgeber nicht berechtigt ist, den Kreis derjenigen Personen, die durch die gesetzliche Kranken- und Pflegeversicherung abgesichert werden, zu vergrößern. Die Länder haben daher keine Möglichkeit die beamtenrechtlichen Regelungen in das System der Sozialversicherung zu überführen.

1 Schließlich stellen die Angehörigen des Öffentlichen Dienstes seit jeher einen überproportional großen Anteil der Abgeordneten, so dass sie ihre Interessen im parlamentarischen Verfahren wesentlich effektiver umsetzen können.
2 Allerdings ist zu beachten, dass der Umfang der Dienstpflichten dem Anwendungsbereich der direktdemokratischen Verfahren nicht entzogen ist. Daher könnte auf dem Wege einer Volksabstimmung eine Verlängerung der Arbeitszeit durchgesetzt werden. Allerdings ist auch das Volk an die hergebrachten Grundsätze des Berufsbeamtentums im Sinne von Art. 33 IV GG gebunden und muss daher gegebenenfalls die Fürsorgepflicht des Dienstherren beachten.
3 So im Ergebnis auch Zinn/Stein-*Schonebohm*, Art. 124 HessV, Anm. III.3. A.A. *Jürgens*, S. 134, der die terminologischen Unterschiede zwischen der hessischen und der baden-württembergischen Verfassung nicht hinreichend würdigt.
4 Die Rechtslage in Bremen entsprach – und entspricht immer noch – insofern der in Hessen; vgl. dazu unten S. 730, insbesondere Fn. 6.
5 Wiederum ist zu beachten, dass die Deckungspflicht des Art. 142 HessV nur für den Landtag gilt, nicht aber für den Volksgesetzgeber; vgl. dazu oben S. 284 und dort Fn. 2.
6 Der *SaarVfGH* (Lv. 3/05, Urteil vom 23.1.2006) ist mittlerweile zu dem Ergebnis gekommen, dass die Bestimmung weit ausgelegt werden müsse.

Wege des Volksbegehrens und Volksentscheids behandelt werden können.[1] Darüber hinaus ist die Reichweite des Art. 99 I 3 SaarV selbst bei der für Ausnahmeregelungen gebotenen restriktiven Auslegung nahezu unbestimmbar.

(e). Zusammenfassung

Zusammenfassend lässt sich festhalten, dass sich der Anwendungsbereich der direktdemokratischen Verfahren trotz der Unterschiede im Wortlaut der einschlägigen Bestimmungen im Ergebnis kaum voneinander unterscheidet: Auf der einen Seite scheiden nicht nur der Haushaltsplan bzw. das formelle Gesetz zur Feststellung dieses Planes als Gegenstand eines solchen Verfahrens aus. Auf der anderen Seite sind Volksbegehren aber nicht schon deshalb unzulässig, weil ihnen ein Antrag zugrunde liegt, der sich im Falle seiner Annahme unmittelbar oder mittelbar auf den Landeshaushalt auswirken würde. Vielmehr kommt es mit Ausnahme des Saarlandes durchweg darauf an, ob ein im Wege des Volksbegehrens eingebrachter Gesetzentwurf im Falle seiner Annahme den gesamten Haushalt aus dem Gleichgewicht bringen würde. Da die einschlägigen Bestimmungen restriktiv ausgelegt werden müssen, ist diese Voraussetzung nur dann erfüllt, wenn es dem Parlament und der Regierung unmöglich ist, die zu erwartenden Mehrausgaben oder Mindereinnahmen innerhalb des vorgegebenen Haushaltsvolumens auszugleichen. Die Tatsache, dass dies keine leichte Aufgabe sein mag, spielt dabei ebensowenig eine Rolle, wie der Umstand, dass infolge der Annahme des Antrags möglicherweise weitere Gesetze oder Verordnungen geändert werden müssen, um die Finanzierung sicher zu stellen.[2]

Unterschiede zwischen den einzelnen Ländern ergeben sich vor allem daraus, dass nur in Bayern auch Abstimmungen über Abgaben möglich sind – und damit eine Gegenfinanzierung von Mehrausgaben und Minderbelastungen. Auf der anderen Seite führt im Saarland im Grunde jede finanzielle Auswirkung zur Unzulässigkeit eines Antrags. Dem Ausschluss von Besoldungsordnungen kommt insofern demgegenüber nur eine vergleichsweise geringe Bedeutung zu, da die entsprechenden Klauseln jedenfalls im Ergebnis vor allem dem Schutz der Beamten dienen.

2. Der Volksantrag

Dem Volksbegehren muss in allen Ländern ein ausgearbeiteter Gesetzentwurf zugrunde liegen. In Baden-Württemberg, Bayern und dem Saarland muss dieser auch begründet

---

1 Auch *Jürgens*, S. 135, stellt lediglich fest, dass die Ausnahmeregelungen der SaarV am weitesten gehen, lässt aber offen, wie weit sie konkret reichen. Der *SaarVfGH* (a.a.O.) nennt Anträge über die Bildungsziele der Schulen als möglichen Gegenstand der Verfahren, verkennt dabei aber, dass auch ein solcher Antrag im Falle seiner Annahme finanzielle Auswirkungen hätte, da die Bildungspläne ggf. geändert und neue Lehr- und Lernmittel angeschafft werden müssten.

2 Im Ergebnis gilt dies auch für die Auslegung der Verfassungen von Nordrhein-Westfalen und Rheinland-Pfalz. Zwar ist dort nicht vom „Haushalt" die Rede, sondern von „Finanzfragen". Bei der für eine Ausnahmeregelung gebotenen restriktiven Auslegung zeigt sich jedoch schnell, dass damit keineswegs alle Anträge gemeint sein können, die im Falle ihrer Annahme irgendwelche finanziellen Auswirkungen hätten, sondern vielmehr nur solche Vorlagen, die sich unmittelbar auf die Staatsfinanzen beziehen – und damit auf den Gegenstand des Haushaltsplanes.

werden.[1] Nach dem Willen der Gesetzgeber sind diese Vorlagen in allen Ländern in einem besonderen Volksantragsverfahren einzubringen, das dem Volksbegehren vorgeschaltet wurde. In diesem Antrag sind zugleich eine oder mehrere Vertrauenspersonen zu benennen, die für die übrigen Unterzeichner handeln und entscheiden.[2] Fehlt eine ausdrückliche Benennung, so gelten in Baden-Württemberg und dem Saarland die ersten Unterzeichner als Vertrauenspersonen.[3]

a. Zur Zulässigkeit der Einführung eines Volksantrags

Zunächst ist festzuhalten, dass dieser Antrag in allen Ländern fälschlicherweise als „Antrag auf Zulassung eines Volksbegehrens" bezeichnet wird. Tatsächlich bedürfen die Bürger aber keiner *Zulassung*, wenn sie ihre verfassungsmäßigen Rechte wahrnehmen wollen. Wenn überhaupt, dann handelt es sich bei diesem Verfahren um einen „Antrag auf Feststellung der Zulässigkeit" des Volksbegehrens.[4]

Probleme ergeben sich nun aber daraus, dass die unmittelbaren Mitwirkungsrechte der Bürger unmittelbar in der Verfassung geregelt sind. Zwar wurden die Gesetzgeber ermächtigt, die direktdemokratischen Verfahren näher auszugestalten. Dies gibt ihnen jedoch nicht das Recht, zusätzliche Hürden auf dem Weg zu einem Volksbegehren oder Volksentscheid zu errichten. Sie dürfen daher nur solche Beschränkungen der Verfahren regeln, die bereits in der Verfassung vorgesehen oder zumindest angelegt sind.[5]

Ausdrücklich geregelt ist ein Vorverfahren vor dem Volksbegehren jedoch nur im Saarland. Art. 99 II 2 SaarV schreibt ein Quorum von 5.000 Unterschriften fest. Gemäß Art. 99 III 1 SaarV hat die Landesregierung aufgrund des Volksantrags über die Zulässigkeit des Volksbegehrens zu entscheiden. Auch in Bayern ist ein Volksantragsverfahren bereits in der Verfassung angelegt, da der Landtag gemäß Art. 74 V 1 BayV zunächst die „Rechtsgültigkeit" des Volksbegehrens zu prüfen hat, bevor er sich inhaltlich mit diesem

---

1 Artt. 59 II 1 BW-V, 74 II BayV, 99 II 1 SaarV; vgl. auch Art. 68 I 2 NRW-V.
2 § 25 V 1 BW-VAbstG, § 2 II Nr. 4 SaarVAbstG. Zwei Personen, die grundsätzlich jeweils einzeln zur Abgaben und Entgegennahme von Erklärungen berechtigt sind. Im Zweifel sind die ersten beiden Unterzeichner die Vertrauenspersonen. So auch § 2 II NRW-VVVG.
Art. 64 II 1 BayLWG, verlangt seit 2002 ebenfalls die Benennung eines „Beauftragten" und eines Stellvertreters, die grundsätzlich gleichberechtigt sind. Als „Notreserve" ist darüber hinaus die Benennung dreier weiterer Stellvertreter vorgeschrieben.
§ 2 II lit. b HessVAbstG ermöglicht die Benennung von bis zu drei Vertrauenspersonen und deren Stellvertretern.
§ 63 II Nr. 3 RP-LWG a.F. verlangte die Benennung von drei Vertrauenspersonen von denen nur einer zur Entgegennahme von Mitteilungen und Entscheidungen im Zusammenhang mit dem Volksbegehren ermächtigt sein sollte.
3 § 25 V 2 BW-VAbstG, § 2 II Nr. 4 SaarVAbstG und früher auch § 2 II NRW-VVVG. Bis 2002 galt eine vergleichbare Regelung in Bayern, Art. 64 II 1, 2. Hs. BayLWG a.F.
4 Vgl. dazu ausführlich *Przygode*, S. 87 ff.
5 Auch Meyer/Stolleis-*W. Schmidt*, S. 35, 47, sieht den Volksantrag in erster Linie als Instrument für eine frühzeitige Normenkontrolle. Obwohl er erkennt, dass das Verfahren damit gebremst und abgeschwächt wird, hat er keine durchgreifenden verfassungsrechtlichen Bedenken; ähnlich auch *Grimm*/Papier, S. 17, Fn. 56; *Przygode*, S. 79 f..

auseinander setzt.¹ Allerdings impliziert die systematische Stellung dieser Regelung, dass die Zulässigkeitsprüfung erfolgt, *nachdem* die Sammlung der Unterschriften für das Volksbegehren bereits abgeschlossen ist.²

In Hessen und Baden-Württemberg lassen sich den Verfassungen überhaupt keine Hinweise darauf entnehmen, dass und warum dem Volksbegehren ein eigenständiges Antragsverfahren vorgeschaltet werden darf oder gar muss.³

Tatsächlich ergibt sich die *Notwendigkeit* eines dem Volksbegehren vorgelagerten Volksantragsverfahrens nicht schon daraus, dass die in den Verfassungen genannten Voraussetzungen für die Zulässigkeit der Verfahren überprüft werden müssen. Schließlich ist diese Prüfung ohne weiteres möglich, *nachdem* die Sammlung der Unterschriften für das Volksbegehren abgeschlossen ist. Dennoch handelt es sich beim Volksantrag nicht unbedingt um eine verfassungswidrige Beschränkung der unmittelbaren Mitwirkungsrechte der Bürger. Zu beachten ist nämlich, dass das Verfahren des Volksantrags keineswegs ausschließlich dazu dient, den zuständigen Organen eine Überprüfung der Zulässigkeit des Volksbegehrens zu ermöglichen. Vielmehr ist zu beachten, dass in allen hier untersuchten Ländern ein formelles Eintragungsverfahren für das Volksbegehren vorgesehen ist. Die Sammlung der Unterschriften obliegt also nicht den Initiatoren selbst, sondern sie wird mit Hilfe der Behörden durchgeführt. Dieses Eintragungsverfahren setzt aber voraus, dass die betroffenen Behörden von der Einleitung des Verfahrens rechtzeitig Kenntnis erlangen, um sich vorbereiten zu können. Angesichts des nicht unerheblichen organisatorischen Aufwandes, der mit der Durchführung des Volksbegehrens verbunden ist, genügt insofern eine bloße Anzeige der geplanten Unterschriftensammlung nicht.⁴ Vielmehr ist es angemessen,

---

1   Dies wird häufig übersehen, vgl. etwa *Weixner*, Bayern, S. 29, 34; *Jürgens*, S. 121, vertritt die Auffassung, dass sich diese Prüfung allein auf das Zustandekommen des Volksbegehrens bezieht, nicht jedoch auf die Einhaltung der (übrigen) Voraussetzungen für die Zulässigkeit des Volksbegehrens. Zwar ist in Art. 74 V BayV tatsächlich nur vom Volksbegehren die Rede und nicht von dem diesem zugrunde liegenden Gesetzentwurf. Gemeint ist jedoch eindeutig dieser Antrag, denn dieser und nicht „das Volksbegehren" ist Gegenstand der Verhandlungen des Landtags und einer eventuellen Abstimmung. Daher enthalten Artt. 73 V 3 i.V.m. 64 I BayLWG zurecht eine Verpflichtung zu einer umfassenden Prüfung der Zulässigkeit des Volksbegehrens; vgl. auch *BayVfGHE* 40, S. 94, 102 = BayVBl. 1988, S. 652, 653. Allerdings wird später noch zu untersuchen sein, ob der konkrete Umfang der Prüfung noch von den Vorgaben der BayV gedeckt ist, vgl. dazu unten S. 297 ff.

2   Demgegenüber ergibt sich aus der systematischen Stellung des Art. 68 I 5 NRW-V, dass diese Entscheidung der Landesregierung über die Zulässigkeit eines Volksbegehrens getroffen werden muss, *bevor* mit der Sammlung von Unterschriften für das Begehren begonnen wird. Denn das Quorum für das Volksbegehren ist erst in Art. 68 I 7 NRW-V geregelt.

3   Vgl. aber §§ 27 I Nr. 2 BW-VAbstG, 3 II 1 HessVAbstG, sowie § 61 II 2 RP-LWG a.F. Auch in Berlin war dem Volksbegehren auf Beendigung der Wahlperiode des Abgeordnetenhaus ein Antragsverfahren vorgeschaltet worden, vgl. § 2 II lit. b) BerlVVAbgHG.

4   Diesen Umstand verkennt *Przygode*, S. 77, der allein darauf abstellt, dass es inkonsequent sei, den Volksantrag mit dem Aufwand zu rechtfertigen, der für ein direktdemokratisches Verfahren betrieben werden müsse, dessen Ergebnis ohnehin keinen Bestand haben könne. Denn schließlich könnten sich auch nach Abschluss des Volksantragsverfahrens noch Zweifel in Bezug auf die Verfassungsmäßigkeit des Antrags ergeben.

die Vorlage einer gewissen Zahl von Unterschriften als Nachweis dafür zu verlangen, dass jedenfalls eine gewisse Wahrscheinlichkeit für den Erfolg des Verfahrens besteht.[1]

Insofern dürfen die Anforderungen allerdings nicht zu hoch angesetzt werden. In Baden-Württemberg werden 10.000 Unterschriften verlangt, das entspricht einem Anteil von 0,14 Prozent der Stimmberechtigten. In Bayern sind 25.000 Unterschriften erforderlich, also die Unterstützung durch etwa 0,25 Prozent der Stimmberechtigten.[2] Deutlich höher sind die Anforderungen im Saarland, wo das Quorum von 5.000 Unterschriften etwa 0,6 Prozent der Stimmberechtigten entspricht. Noch etwas höher sind die Voraussetzungen in Rheinland-Pfalz, wo der Volksantrag seit jeher durch 20.000 Stimmberechtigte unterstützt werden muss,[3] was einem Quorum von etwa 0,67 Prozent entspricht.[4] Und in Berlin waren für den Antrag auf Durchführung eines Volksbegehrens über die vorzeitige Beendigung der Wahlperiode des Abgeordnetenhauses gar 80.000 Unterschriften erforderlich, also die Unterstützung durch etwa 5 Prozent der Stimmberechtigten. Deutlich niedriger waren und sind die Voraussetzungen hingegen in Nordrhein-Westfalen, wo nur 3.000 Unterschriften eingereicht werden müssen, was einem Anteil von nur ca. 0,02 Prozent entspricht.

Zu beachten ist dabei, dass es nicht nur auf das Quorum ankommt, sondern auch auf den Zeitraum, innerhalb dem das Verfahren durchzuführen ist. Entscheidend ist letztendlich, welcher Anteil der Stimmberechtigten pro Tag der Frist einen Antrag unterstützen muss, damit dieser erfolgreich ist. Grundlage für einen Vergleich der Quoren ist daher der so genannte *„Mobilisierungskoeffizient"*.[5] Da nur § 2 II Nr. 2, 2. Hs. SaarVAbstG eine ausdrückliche Frist von sechs Monaten vorgibt,[6] muss für die anderen Länder eine fiktive Frist zugrunde gelegt werden. Geht man von einem politisch überschaubaren Zeitraum für die Unterschriftensammlung von einem Jahr aus,[7] so ergeben sich für den Mobilisierungs

---

[1] So auch *Schlenker*, VBlBW. 1988, S. 121, 124; Zinn/Stein-*Schonebohm* Anm. V.1 zu Art. 124 HessV; und *ders.*, FS Stein, S. 317, 328 f., der meint, das hohe Quorum für den Volksantrag sei gerade wegen des sehr hohen Quorums für das Volksbegehren gerechtfertigt, da aussichtslose Verfahren möglichst gar nicht erst betrieben werden sollten. Er verkennt dabei den immensen Aufwand, den die Initiatoren betreiben müssen, um die notwendigen Unterschriften beizubringen, vgl. dazu auch *Przygode*, S. 85, Fn. 45.

Ob die Einführung eines Volksantrags auch dann zulässig ist, wenn es *kein* solches formelles Eintragungsverfahren für das Volksbegehren gibt, muss hier nicht geklärt werden; dazu siehe aber ausführlich unten S. 605 ff.

[2] Vgl. § 25 IV BW-VAbstG, Art. 63 I 2 BayLWG, § 2 Nr. 2 SaarVAbstG, und früher auch § 2 I 2 NRW-VVVG.

[3] Vgl. § 63 II Nr. 2 RP-LWG a.F., der unverändert beibehalten worden ist.

[4] Allerdings wurde in Rheinland-Pfalz die Regelung des § 27 VEG des Deutschen Reiches übernommen. Danach kann auf die Beibringung der Unterschriften verzichtet werden, wenn der Vorstand einer im Landtag vertretenen Partei den Antrag stellt; vgl. § 63 III RP-LWG a.F., auch diese Regelung ist unverändert übernommen worden, vgl. §§ 63 V RP-LWG.

[5] Dieser Maßstab geht auf einen Vorschlag von *Jung*, Regeln, S. 19, 26, und *ders.*, ZG 1993, S. 314, 325 f., zurück.

[6] Seit 2002 ist in Bayern gem. Art. 63 I 4 BayLWG vorgesehen, dass der Nachweis der Stimmberechtigung bei Einreichung des Zulassungsantrags nicht älter als zwei Jahre sein darf. Daraus ergibt sich weder de jure noch de facto eine Eintragungsfrist, da die Antragsteller nicht dazu verpflichtet sind, die Stimmberechtigung der Unterzeichner sofort überprüfen und bestätigen zu lassen.

[7] Können innerhalb dieses Zeitraums nicht genügend Unterschriften gesammelt werden, hat der Antrag

koeffizienten Werte zwischen 0,004 in Baden-Württemberg und 0,033 im Saarland. In Baden-Württemberg müssen die Initiatoren also pro Tag der (fiktiven) Eintragungsfrist vier Tausendstel Promille der Stimmberechtigten erreichen. Zwar ist der Wert im Saarland deutlich höher. Tatsächlich stellt es aber wohl keine unüberwindbare Hürde dar, wenn pro Tag der Eintragungsfrist drei Hundertstel von einem Promille der Stimmberechtigten mobilisiert werden muss.[1]

Als verfassungsrechtlich bedenklich erweist sich damit allenfalls der Volksantrag in Hessen. Hier sieht § 2 II lit. b HessVAbstG ein relatives Quorum von drei Prozent der Stimmberechtigten für den Volksantrag vor; das entspricht etwa 125.000 Unterschriften. Der (fiktive) Mobilisierungskoeffizient von 0,08 Promille der Stimmberechtigten pro Tag der (fiktiven) Antragsfrist ist damit fast dreimal so hoch wie im Saarland bzw. über achtzigmal höher als in Nordrhein-Westfalen. Der von den Antragstellern zu leistende Aufwand ist durch den dargelegten Zweck des Volksantrags nicht mehr legitimiert.[2]

Unwirksam ist die Regelung allerdings nur dann, wenn es keine Möglichkeit einer verfassungskonformen Auslegung gibt. Zu beachten ist insofern, dass der Volksantrags jedenfalls dann keine wesentliche Erschwerung des Verfahrens darstellt, wenn er so in das Volksbegehren integriert werden kann, dass die geleisteten Unterschriften auf das Quorum für das Volksbegehren angerechnet werden können.[3] Art. 124 HessV schreibt keine Frist für das Volksbegehren fest. Daher ist es grundsätzlich ohne weiteres möglich, den Volksantrag und das spätere formale Eintragungsverfahren als zwei Bestandteile eines einheitlichen Verfahrens für das Volksbegehren anzusehen.[4] Ist der Volksantrag zulässig, dann müssen beim anschließenden formalisierten Eintragungsverfahren also nur noch so viele zusätzliche Unterschriften zusammenkommen, dass das in Art. 124 I 1 HessV geregelte Quorum von 20 Prozent der Stimmberechtigten *insgesamt* erreicht wird.[5]

---

wohl unter keinen Umständen Aussicht auf Erfolg.

1 Dies gilt auch für Rheinland-Pfalz, wo der (fiktive) Mobilisierungskoeffizient nach der alten Rechtslage etwa 0,019 betrug. In Nordrhein-Westfalen lag und liegt dieser Wert bei ohnehin nur bei verschwindend geringen 0,001.

2 Vergleicht man die (fiktiven) Mobilisierungskoeffizienten, so zeigt sich, dass in Hessen hundert mal mehr Unterschriften im Verhältnis zur Gesamtzahl der Stimmberechtigten pro Tag der (hypothetischen) Unterzeichnungsfrist von einem Jahr gesammelt werden müssen, als etwa in Nordrhein-Westfalen. Entscheidend ist allerdings letztendlich, dass gleich zwei sehr aufwendige Verfahren betrieben werden müssen. *Przygode*, S. 83, sieht die Erschwerung des Verfahrens daher zu Unrecht in einer *Erhöhung* des Quorums um 3 %. Schließlich sind die Unterstützer des Volksantrags nicht daran gehindert, auch das Volksbegehren durch ihre Unterschrift zu unterstützen.

3 Vgl. dazu auch *Przygode*, S. 83, der fordert, dass die Unterschriften für einen Volksantrag *stets* auf das Quorum für das nachfolgende Volksbegehren angerechnet werden müssen, ohne dabei danach zu differenzieren, ob das Verfahren des Volksantrags bereits in der Verfassung angelegt ist. Auch geht er nicht darauf ein, ob die einschlägigen Bestimmungen eine solche Anrechnung überhaupt zulassen.

4 Ausführlich dazu auch unten S. 605 ff. zur vergleichbaren Rechtslage in Sachsen-Anhalt.

5 Das sind also maximal 17 %. Bei der Überprüfung der Unterschriften für das Volksbegehren ist zu kontrollieren, ob die Unterstützer schon den Volksantrag unterzeichnet hatten. Dies führt allerdings nur zu einem beschränkten Mehraufwand.
Allerdings führt der Umstand zu gewissen Problemen, dass Unterschriften, die im Zeitraum zwischen der Einreichung des Volksantrags und dem Beginn der Eintragungsfrist für das weitere (streng formalisierte) Eintragungsverfahren für das Volksbegehren gesammelt werden, nicht berücksichtigt

Die Regelung des § 2 II lit. b) BerlVVAbgHG über das dem Volksbegehren zur vorzeitigen Beendigung der Wahlperiode des Parlamentes vorgelagerte Antragsverfahren wäre jedoch wegen des exorbitanten Quorums von 80.000 Unterschriften nicht zu retten gewesen.

Der Volksantrag nach den älteren Landesverfassungen

	BW	Bay	Hess	Saar	Brem a.F.	NRW a.F.	RP a.F.
Quorum	10.000 ≈ 0,13%	25.000 ≈ 0,27%	3 %	5.000 ≈ 0,61%	5.000 ≈ 1,03%	3.000 ≈ 0,02%	20.000 ≈ 0,65%
Mobilisierungskoeffizient (i.d.R. fiktiv)[a]	0	0,01	0,083	0,034	0,028	< 0,001	0,018
Prüfung der Zulässigkeit bzw. Behandlung im Landtag	3 W.	6 W.	1 M. oder 3 M.[b]	3 M.	2 M.	6 W. oder 6 M.[b]	–
Überleitung zum Volksbegehren	4-6 W.	4-8 W.	4 W.	6 W.	5 W.	4 W.	> 2 W.
Sperrfrist	–	–	1 J. 2 J.[c]	2 J.[e]	–	1 J.[d]	1 J[d]
Stimmberechtigte in 1.000[f]	7.529	9.223	4.367	818	486	13.257	3.084

[a] Anteil der Stimmberechtigten (Promille), der pro Tag der Frist den Volksantrag unterzeichnen muss, berechnet auf Grundlage einer „politisch überschaubaren" Frist von zwölf Monaten = 360 Tagen. Lediglich im Saarland gibt es eine Eintragungsfrist von sechs Monaten.
[b] Die Landesregierung kann die Entscheidung über die Zulässigkeit bis zu drei (Hess) bzw. sechs (NRW) Monate lang aussetzen, wenn der Gesetzentwurf spätestens einen Monat nach Eingang des Volksantrags zum Gegenstand der Verhandlungen des Landtags geworden ist.
[c] Die Sperrfrist beginnt mit dem (erfolglosen) Volksentscheid über einen inhaltlich gleichen Volksantrag. Ist schon das Quorum für das Volksbegehren nicht erreicht worden, verlängert sie sich auf zwei Jahre.
[d] In Nordrhein-Westfalen und Rheinland-Pfalz begann die Sperrfrist mit der Zulassung eines Volksantrags.
[e] Im Saarland beginnt die Sperrfrist mit der – nicht näher definierten – Erfolglosigkeit des Antrags.
[f] Bei den Bundestagswahlen 2005.

b. Die Entscheidung über die Zulässigkeit des Antrags

(1). Zuständigkeit für die Entscheidung

werden können.

Über die Zulässigkeit des Volksantrages entscheidet in den meisten Ländern die Landesregierung.[1] In Baden-Württemberg ist der Innenminister zuständig.[2] Die Prüfung muss grundsätzlich innerhalb einer Frist von drei Wochen bis zu drei Monaten abgeschlossen sein.[3] Die Entscheidung ist bekanntzumachen.[4] In Hessen[5] kann die Entscheidung über die Zulässigkeit des Volksantrags für bis zu drei bzw. sechs Monate ausgesetzt werden, wenn der Landtag über einen inhaltlich vergleichbaren Entwurf verhandelt. Damit soll die Möglichkeit einer Erledigung des Verfahrens offengehalten werden.

Im Gegensatz zur Rechtslage in der Zeit der Weimarer Republik kann gegen die Entscheidung das Landesverfassungsgericht angerufen werden.[6/7] Lediglich in Bayern ist die Entscheidung über die *Un*zulässigkeit des Volksantrags von vorne herein dem Verfassungsgerichtshof zugewiesen, der auf Antrag des Staatsministeriums des Inneren tätig wird[8] und nach Art. 64 II 2 BayLWG innerhalb von drei Monaten zu einer Entscheidung kommen muss.[9] Diese Regelung ist schon deswegen gegenüber denen in den anderen Ländern vor-

1 §§ 3 I 1 HessVAbstG, 3 II 1 SaarVAbstG; vgl. auch §§ 5 I 2 NRW-VVVG, 64 I 1 RP-LWG a.F.
2 § 25 I 1 BW-VAbstG.
3 Nur in Rheinland-Pfalz galt keine Frist für die Überprüfung.
4 §§ 28 BW-VAbstG, 5 I HessVAbstG, 4 SaarVAbstG, vgl. auch §§ 6 I NRW-VVVG, 66 I RP-LWG a.F. Art. 65 I und II BayLWG sieht eine Frist für diese Bekanntmachung vor, deren Dauer davon abhängt, ob der VfGH über die Zulässigkeit zu entscheiden hatte (dann 4 Wochen) oder nicht (dann 6 Wochen).
5 Und auch in Nordrhein-Westfalen.
6 §§ 25 I BW-VAbstG, 3 I 1 HessVAbstG, 3 II SaarVAbstG; vgl. auch §§ 5 I 2 NRW-VVVG, 64 I 1 RP-LWG a.F. Etwas anderes wäre unter der Geltung des Art. 19 IV GG auch nicht zulässig. Anfechtungsberechtigt sind stets die Vertrauenspersonen bzw. die Vertreter der Antragsteller.
7 In Rheinland-Pfalz sollte dies allerdings bis vor kurzem dann nicht gelten, wenn der Volksantrag deshalb zurückgewiesen wurde, weil er auf eine nach Art. 129 II und III RP-V unzulässige Verfassungsänderung ziele. In diesem Fall sollte gemäß § 65 RP-LWG a.F. das Oberverwaltungsgericht zuständig sein. Diese Regelung ist zum einen verfassungspolitisch fragwürdig. Dass Art. 130 III RP-V eine konkrete Normenkontrolle ex post durch das Landesverfassungsgericht vorsieht bedeutet nicht zwangsläufig, dass auch die *präventive* Normenkontrolle stets diesem Gericht zugewiesen werden muss. Tatsächlich schließt Art. 130 I RP-V eine präventive Normenkontrolle durch den Verfassungsgerichtshof sogar ausdrücklich aus. A.A. *Jürgens*, S. 106, der – entgegen seinen eigenen Ausführungen auf S. 104 – lediglich andeutet, dass durch die Zuweisung an das OVG das Volksantragsverfahren an sich in Frage gestellt werde und dann pauschal behauptet, die „Kontrolle einem anderen Gericht zuzuweisen, dass keinerlei Verfassungsrang hat, ist jedenfalls nicht möglich."
Zum anderen steht die Zuweisung an das OVG jedenfalls insoweit im Widerspruch zu § 40 I 1 VwGO, als auch ein Streit um die inhaltlichen Beschränkungen des Anwendungsbereiches der direktdemokratischen Verfahren vom OVG entschieden werden soll. Denn zumindest diese Streitigkeit ist genuin verfassungsrechtlicher Natur; vgl. dazu auch *Przygode*, S. 106. Ob dies auch für die Feststellung über die formellen Zulässigkeitsvoraussetzungen des Volksantrags geht, kann hier dahingestellt bleiben. *Schonebohm*, FS Stein, S. 317, 333 erkennt hier eine „(Verwaltungs-) Entscheidung". *Jürgens*, S. 106 f., m.w.N., sieht hingegen eine verfassungsrechtliche Streitigkeit für gegeben.
8 Art. 64 I BayLWG.
9 Merkwürdigerweise ist dem Staatsminister des Inneren selbst keine Frist für seinen Antrag gesetzt worden. In der Praxis hat dieser das Verfahren allerdings bislang niemals verzögert.
Przygode, S. 95 ff., hat aufgezeigt, dass die Verfassungsgerichte in den anderen Ländern für ihre Entscheidungen deutlich länger gebraucht haben als der BayVfGH. Er fordert daher diese de lege lata ebenfalls an eine Frist zu binden.

293

zugswürdig, weil dort mit der Regierung bzw. einem Minister ein Organ rechtswirksam über die Zulässigkeit des Volksantrags entscheidet, das befangen ist. Denn schließlich steht die Regierung für die Politik der jeweiligen Parlamentsmehrheit – und genau gegen diese richtet sich der Volksantrag.[1] Zudem führt die bayerische Regelung zu einer Beschleunigung der Verfahren, da nicht zuletzt wegen des soeben dargelegten Anscheins der Parteilichkeit im Zweifel zu erwarten ist, dass die Zulässigkeitsentscheidung durch die Landesregierung angefochten wird.

In diesem Zusammenhang ist festzuhalten, dass der Umstand, dass ein Organ der Exekutive über Akte eines Organs der Gesetzgebung entscheidet, nicht an sich systemwidrig,[2] sondern in einem durch die Gewaltenverschränkung gekennzeichneten System selbstverständlich ist.[3] Die Situation wird hier lediglich dadurch verkompliziert, dass es um die Zulässigkeit eines Gesetzgebungsverfahrens geht und nicht um die Überprüfung eines Rechtsetzungsaktes. Allerdings erscheint die baden-württembergische Regelung fragwürdig, da hier ein Einzelministerium für die Zulässigkeitsentscheidung zuständig ist, also eine *Verwaltungsbehörde* und nicht etwa die Regierung als oberstes Staatsorgan.[4]

Nach der Entscheidung über die Zulässigkeit sind Änderungen des Antrags nicht mehr möglich. Er kann aber spätestens[5] bis zum Ende der Eintragungsfrist durch die Antragsteller[6] zurückgenommen werden. Diese Möglichkeit wird insbesondere dann von Bedeutung, wenn sich der Landtag mittlerweile mit einem Antrag befasst hat und bereit ist, dem Anliegen der Antragsteller zu entsprechen.

Nicht ganz unbedenklich ist es, dass in Hessen ausschließlich die Vertreter der Antragsteller das Recht zur Rücknahme haben.[7] Denn schließlich bekommen sie damit das Recht, über die Unterschriften der anderen Unterzeichner zu disponieren. Dieser Umstand wiegt deswegen besonders schwer, da immerhin drei Prozent der Stimmberechtigten den Antrag unterstützen müssen.[8]

---

1   Insofern ist *Jürgens*, S. 105, zuzustimmen. Anders hingegen *Schliesky*, SchlHA 1999, S. 225, 228, der meint, nur die Landtagsabgeordneten seien „befangen", der Innenminister jedoch nicht.

2   So aber wohl *Jürgens*, S. 104 f. und besonders deutlich *Przygode*, S. 92 f., der in Bezug auf Artt. 68 I 5 NRW-V, 99 III 1 SaarV sogar an die Möglichkeit verfassungswidrigen Verfassungsrecht denkt, sich allerdings nicht eindeutig festlegt; vgl. auch *Jung*, RuP 1991, S. 167, 168, sowie *U. K. Preuß*, DVBl. 1985, S. 710, 713, zur Prüfungskompetenz des Innenministers in Baden-Württemberg.

3   So auch *Stiens*, S. 216. Die Organe der Exekutive sind in der Regel auch wesentlich besser dazu geeignet, die Einhaltung formeller Zulässigkeitsvoraussetzungen zu überprüfen.

4   So auch *Jürgens*, S. 105, *U. K. Preuß*, DVBl. 1985, S. 710, 711.

5   In Hessen – und Nordrhein-Westfalen – ist die Rücknahme nur bis zur Veröffentlichung der Zulassung möglich, in Baden-Württemberg bis 8 Tage vor Beginn der Eintragungsfrist, im Saarland bis zum Beginn der Frist, in Bayern und bis vor kurzem auch in Rheinland-Pfalz bis zu ihrem Ende.

6   Art. 66 I 2 BayLWG. Mehr als die Hälfte der Unterzeichner erklären Rücknahme, so auch § 67 S. 3 RP-LWG a.F.
    §§ 29 I BW-VAbstG, 5 I 3 SaarVAbstG. Zahl der Unterschriften sinkt unter Quorum, so auch § 6 III NRW-VVVG.

7   In Baden-Württemberg steht *auch* ihnen dieses Recht zu, vgl. §§ 29 I BW-VAbstG, 5 II HessVAbstG.

8   Zwar werden die Vertrauenspersonen in der Regel schon zu Beginn der Unterschriftensammlung feststehen, so dass man davon ausgehen kann, dass die Unterzeichner die späteren Entscheidungen dieser Personen legitimiert haben. § 2 II lit. b HessVAbstG sieht dies jedoch nicht zwingend vor. Vielmehr

(2). Maßstab für die Zulässigkeitsentscheidung

Bei der Entscheidung über den Volksantrag ist selbstverständlich zu prüfen, ob dessen formelle Zulässigkeitsvoraussetzungen vorliegen. Zu beachten ist insofern, dass das Stimmrecht der Unterzeichner in allen Ländern bereits vor Einreichung des Volksantrags bestätigt worden sein muss.[1] Nach Einreichung des Antrags muss also nur noch festgestellt werden, ob das Quorum für den Volksantrag erreicht wurde. Im Saarland ist darüber hinaus zu prüfen, ob die Unterstützungsfrist von sechs Monaten eingehalten wurde. Darüber hinaus prüfen die zuständigen Behörden aufgrund des Volksantrags, ob die inhaltlichen Beschränkungen des Anwendungsbereiches der direktdemokratischen Verfahren eingehalten wurden. Schließlich ist auch die Frage zu klären, ob dem Antrag ein hinreichend bestimmter Entwurf für ein Gesetz im materiellen Sinne zugrunde liegt.[2]

Im Saarland[3] umfasst die Prüfung stets auch die Regelungszuständigkeit des Landes. Die Einleitung eines Volksbegehrens ist in diesen Ländern nicht nur dann ausgeschlossen, wenn der Gegenstand nach Artt. 70 ff. GG vom Bund zu regeln ist, sondern auch dann, wenn die Regelungszuständigkeit auf Organe der Europäischen Union übertragen wurde. Dies wirkt sich allerdings nur dann aus, wenn das primäre oder sekundäre Recht der Europäischen Union einen unmittelbar geltenden Rechtssatz enthält. Sind die Mitgliedsstaaten lediglich verpflichtet, die Vorgaben des Unionsrechtes umzusetzen, dann kann dies – sofern dem Land aufgrund der Kompetenzverteilung nach den Artt. 70 ff. GG die Regelungszuständigkeit zusteht – auch durch ein „Volksgesetz" geschehen.

In Baden-Württemberg und Bayern[4] ist bei Anträgen auf Verfassungsänderung zu prüfen, ob diese bestimmten Grundprinzipien der Verfassung nicht widersprechen.[5]

(3). Zur Zulässigkeit einer umfassenden präventiven Normenkontrolle

In Baden-Württemberg soll der Antrag nach § 27 I Nr. 2 BW-VAbstG darüber hinaus auf seine Vereinbarkeit mit dem Grundgesetz und der Landesverfassung überprüft werden, in Hessen nach § 3 II 1 HessVAbstG auf die Übereinstimmung mit der Landesverfassung. Auch ohne eine entsprechende ausdrückliche Verpflichtung haben alle Landtage und auch die Landesverfassungsgerichte, die sich bisher mit der Zulässigkeit von Volksbegehren zu befassen hatten, stets eine *umfassende* Kontrolle am gesamten höherrangigen Recht des

---

ergibt sich aus dem Zusammenhang der Regelung, dass die Vertreter erst unmittelbar vor der Einreichung des Volksantrags bestimmt werden können – auch dies ist jedenfalls dann im Hinblick auf ihre binnendemokratische Legitimation unproblematisch, wenn die Unterzeichner des Volksantrags die späteren Vertrauenspersonen gewählt haben.

1 §§ 26 BW-LStO, § 2 II lit. b S. 2 HessVAbstG, 2 II Nr. 3 SaarVAbstG, vgl. auch §§ 2 I 2 NRW-VVVG, 63 II Nr. 2 S. 2 RP-LWG a.F.; Art. 63 I 3 BayLWG lässt offen, *wie* dies geschehen soll.
2 Dazu siehe oben S. 267 und dort insbesondere Fn. 1.
3 Und seit jeher auch in Nordrhein-Westfalen.
4 Und in Rheinland-Pfalz.
5 Art. 64 I 2 BW-V. Grundsätze des republikanischen, demokratischen und sozialen Rechtsstaates. Art. 75 I 2 BayV. demokratische Grundgedanken der Verfassung. In diesem Sinne auch Artt. 129 II i.V.m. 1, 74 und der Präambel der RP-V.

Landes und des Bundes vorgenommen.[1] In diesem Sinne hat sich vor kurzem auch der Bayerische Verwaltungsgerichtshof im Zusammenhang mit der Überprüfung der Zulässigkeit eines Bürgerbegehrens auf kommunaler Ebene geäußert.[2]

Diese Vorgehensweise findet in der Literatur breite Zustimmung.[3] Zur Rechtfertigung einer solchen „*präventiven Normenkontrolle*" wird regelmäßig darauf abgestellt, dass es kaum sinnvoll sei, das aufwendige Verfahren des Volksbegehrens oder gar des Volksentscheids durchzuführen, wenn der auf diese Weise verabschiedete Entwurf gegebenenfalls sofort vom Verfassungsgericht wieder kassiert werden müsste.[4] Es sei den Verfassungsgerichten auch ohne weiteres möglich, den Antrag ex ante zu überprüfen, da dieser – anders

---

1   *HessStGH*, DÖV 1982, S. 320; *BremStGHE* 4, S. 96, 104 = DÖV 1986, S. 792, 793; *BW-StGH*, DÖV 1986, S. 794, 795; *SaarVfGH*, NVwZ 1988, S. 245, 246; vgl. auch *ThürVfGH*, ThürVBl. 2002, S. 31 = LKV 2002, S. 83, 84.
    Der *BayVfGH* hielt allerdings bis vor kurzem jedenfalls in Bezug auf mögliche Verstöße gegen das Bundesrecht nur eine Evidenzkontrolle für zulässig; vgl. *BayVfGHE* 43, S. 44, 54 f. (= BayVBl. 1990, S. 367, 368 = DVBl. 1990, S. 692) und auch schon *BayVfGHE* 38, S. 51, 57 f. (= BayVBl. 1985, S. 523, 524 f.); *BayVfGHE* 40, S. 94, 10 (= NVwZ 1988, S. 242). Anfänglich war er sogar davon ausgegangen, dass das Bundesrecht überhaupt als Prüfungsmaßstab ausscheide, vgl. *BayVfGHE* 18, S. 85, 91 = BayVBl. 1965, S. 379.

2   *VGH München*, BayVBl. 1998, S. 209, 210 f.

3   Zu den älteren Landesverfassungen vgl. etwa *Engelken*, VBlBW 1995, S. 217, 221; *Meder*, Art. 74 BayV, Rn. 3; Zinn/Stein-*Schonebohm*, Anm. III.1 und 2 zu Art. 124 HessV; *Stuby*, HdBBremV, S. 288, 296 ff. Besonders weit geht Geller/Kleinrahm-*Dickersbach*, Art. 68 NRW-V, Anm. 2.b.dd, der auch *sittenwidrige* Anträge für unzulässig erachtet, ohne klar zu definieren, welcher Maßstab hier anzulegen sei. Unklar hingegen *Jürgens*, S. 104, der sich nicht klar äußert, ob er die präventive Normenkontrolle (noch) für verfassungsgemäß hält.
    Zu den neueren Landesverfassungen und den entsprechenden Ausführungsbestimmungen finden sich vergleichbare Äußerungen. *Jung*, ZG 1993, S. 314, 318 und 324, meint etwa, eine umfassende Überprüfung am Maßstab des Landesverfassungs- und Bundesrechtes sei bei der Beantragung des Volksbegehrens unstreitig erforderlich; vgl. auch *von Danwitz*, DÖV 1992, S. 601, 607; *Grube*, ThürVBl. 1998, S. 245, 249; *Maurer* , S. 25; *H. Neumann*, Art. 70 BremV, Rn. 11 und Art. 71 BremV, Rn. 7; *Oschatz*, S. 101, 106; *Przygode*, S. 77 und 81 ff. und passim; *Stiens*, S. 215; *Starck*, Verfassungen, S. 29. Zum selben Ergebnis kommen ohne Begründung auch von Mutius/Wuttke/*Hübner*, Art. 42 SH-V, Rn. 4; Löwer/Tettinger-*Mann*, Art. 68 NRW-V, Rn. 26, und *Thiele*/Pirsch/Wedemeyer, Art. 53 MV-V, Rn. 9, der allerdings die Entscheidung über die Vereinbarkeit eines Gesetzentwurfes mit dem Bundesrecht dem BVerfG vorbehalten will und dabei verkennt, dass dieses einen Normen*entwurf* überhaupt nicht überprüfen kann. *Mahnke*, Art. 81 LSA-V, Rn. 5, hält ohne Begründung eine präventive Kontrolle am Maßstab „rechtsstaatlicher oder anderer verfassungsrechtlicher Grundsätze" für zulässig.
    Auch die Gesetzgeber haben sich diese Ansicht zu eigen gemacht. Vgl. insofern die Begründung zum Entwurf für das BbgVAG, BbgLT-Drs. 1/1605, S. 12 und 16 (Dazu siehe unten S. 357, Fn. 1.), die Begründung zum Entwurf für das BremVEG, BS-Drs. 14/126, S. 16 oder die Begründung zum Entwurf für das HambVAbstG, BS-Drs. 15/5400, S. A 100. Anders hingegen die Begründung zum ThürBVVG, LT-Drs. 1/3355, S. 17.

4   So etwa *von Danwitz*, DÖV 1992, S. 601, 607; *Grawert*, NVwBl. 1987, S. 2, 3 f.; *Schlenker*, VBlBW 1988, S. 121, 124 f.; Meyer/Stolleis-*W. Schmidt*, S.47; *Schonebohm*, FS Stein, S. 317, 328; *Stuby*, HdBBremV, S. 288, 298; ähnlich auch *Jürgens*, S. 104 und die brandenburgische Landesregierung in ihrer Begründung zum Entwurf des BbgVAG, LT-Drs. 1/1605, S. 16.
    Vgl. dazu auch *H. Neumann*, Art. 71 BremV, Rn. 7, der sich in Rn. 11 zu Art. 70 BremV insofern aus Art. 70 lit. d) Satz 2 BremV beruft, obwohl diese Vorschrift rein gar nichts über eine präventive Prüfung aussagt, sondern das Quorum für ein Volksbegehren auf Verfassungsänderung regelt.

als ein Antrag im parlamentarischen Beratungsverfahren – nicht mehr verändert werden dürfe.¹ Zum Teil wird sogar die Ansicht vertreten, dass bei der Prüfung eines Normenentwurfs grundsätzlich höhere Anforderungen zu stellen seien, da dieser noch keine Wirkungen für die Rechtsgemeinschaft entfaltet habe und daher kein schützenswertes Vertrauen bestehe.²

Die – durchaus zweifelhafte³ – verfassungs*politische* Zweckmäßigkeit einer möglichst frühzeitigen umfassenden Überprüfung⁴ kann deren verfassungs*rechtliche* Zulässigkeit allerdings nicht begründen. Zu beachten ist dabei, dass die „Zulässigkeit" eines Verfahrens streng von der „Verfassungsmäßigkeit" des diesem Verfahren zugrunde liegenden Antrags unterschieden werden muss.⁵ Da die Bürger im Rahmen der direktdemokratischen Verfahren als Organ des Staates handeln, stehen ihre Befugnisse nicht zur Disposition des (einfachen) Gesetzgebers. Hätte der Verfassunggeber eine umfassende präventive Normenkontrolle einführen wollen, so hätte er dies daher im Text der Verfassung klarstellen müssen.⁶

1   Ausführlich dazu *Przygode*, S. 121 ff; sehr knapp *Stiens*, S. 215. Ähnlich auch *Starck*, Verfassungen, S. 29, der den Parlamentsgesetzen eine höhere Qualität zumisst.

2   Besonders deutlich *BremStGH*, DÖV 1986, S. 792; vgl. auch *SaarVfGH*, NVwZ 1988, S. 245, 246. Dagegen *Stuby*, HdBBremV, S. 288, 298 f.
    Bemerkenswert ist der von *Meder*, Art. 75 BayV, Rn. 4, unternommene Versuch, aus Art. 75 III BayV ein Recht des Verfassungsgerichtshofes zur präventiven Normenkontrolle abzuleiten. Wenn es dort heißt „ob durch ein Gesetz die Verfassung *geändert* wird", dann bezieht sich dies aber allein auf den Umstand, dass Verfassungsdurchbrechungen nach dem Wortlaut des Art. 75 I BayV nicht ausgeschlossen sind. Die Formulierung „ob ein Antrag auf unzulässige Verfassungsänderung vorliegt" bezieht sich hingegen auf die Ewigkeitsklausel des Art. 75 I 2 GG.

3   Auf der einen Seite scheint es zwar nur schwer erträglich zu sein, wenn sich das langwierige Verfahren bis zum Volksentscheid gegebenenfalls als zwecklos erweisen würde. Zudem besteht zumindest theoretisch die Gefahr, dass sich das Parlament und die Regierung trotz ihrer verfassungsrechtlicher Zweifel nicht gegen ein Volksbegehren richten werden, wenn dieses bereits von einer verhältnismäßig großen Zahl der Wahlberechtigten unterstützt worden ist.
    Dies alles ist jedoch höchst spekulativ. Geht man von der Selbstbestimmungsfähigkeit des Menschen aus, so ist anzunehmen, dass das Parlament und ihre Regierung ihre Zweifel in Bezug auf die Verfassungsmäßigkeit im Verfahren geltend machen werden. Auch besteht kein Anlass für die Vermutung, dass die Bürger einer verfassungswidrigen Vorlage ohne weiteres zustimmen würden – und selbst wenn sie das tun, besteht immer noch die Möglichkeit der nachträglichen Normenkontrolle. Daher gibt es an sich keinen Grund, das Parlament und die Regierung aus der Pflicht zu entlassen, sich der Diskussion mit den Bürgern zu stellen.

4   Auf diese stellt etwa *Stiens*, S. 215, ausdrücklich ab.

5   Dass diese Differenzierung regelmäßig nicht vorgenommen wird, ist besonders deutlich bei *Przygode*, S. 81 ff. und nochmals S. 155, zu erkennen.

6   Wie es etwa in Art. 73 I SächsV geschehen ist. Dieser stellt ausdrücklich auf die Verfassungsmäßigkeit eines Volksantrags ab; dazu siehe ausführlich unten S. 566 f. So im Ergebnis aber ohne Begründung auch *Reich*, Art. 81 LSA-V, Rn. 5, zu den Zulässigkeitsvoraussetzungen des Volksbegehrens in Sachsen-Anhalt.
    Dass derzeit auf der Ebene des Bundes keine präventive Normenkontrolle zulässig ist, spielt insofern keine Rolle, da die Überprüfung einer Volksinitiative oder eines Volksbegehrens vor der Annahme eines Antrags im Volksentscheids ein völlig eigenständiges verfassungsgerichtliches Verfahren wäre. Daher mutet die Argumentation von *Przygode*, S. 117 ff., merkwürdig an, der die Zulässigkeit einer präventiven Kontrolle mit den Argumenten rechtfertigt, die im Rahmen der Auslegung des Art. 93 I Nr. 2 GG entwickelt wurden, um unter bestimmten Umständen eine Überprüfung von Gesetzen zu ermöglichen,

Diese Ansicht wird auch durch einen Vergleich mit dem regulären parlamentarischen Gesetzgebungsverfahren bestätigt. Schließlich ist das Parlament durch nichts daran gehindert, einen Entwurf zu diskutieren oder sogar als Gesetz zu beschließen, obwohl dessen Vereinbarkeit mit höherrangigen Rechtsnormen bezweifelt wird.[1] Auch findet sich in der einschlägigen Literatur nicht der geringste Hinweis darauf, dass ein Gesetzentwurf des Landtags, den dieser beim Volksentscheid konkurrierend zur Abstimmung stellen will, seinerseits ebenfalls einer präventiven Kontrolle unterzogen werden müsste.

Nach alldem erscheint es geradezu ehrfurchtgebietend, wie der Bayerische Verwaltungsgerichtshof mit Hilfe einer rein teleologischen Auslegung[2] zu dem Ergebnis kommt, dass § 18a IX BayGO bei einem kommunalen Bürgebegehren eine umfassende Prüfung der Rechtmäßigkeit des Antrags erzwinge.[3] Dies ist umso bemerkenswerter, als der Gerichtshof selbst durchaus anerkennt, dass diese Auslegung dem Willen des Gesetzgebers *eindeutig* widerspricht.[4] Nach Auffassung des Bayerischen Verwaltungsgerichtshofes sei der historische Wille des Gesetzgebers hier jedoch irrelevant, da er keinen hinreichenden Ausdruck im Gesetzeswortlaut gefunden habe. Dabei hatte das Gericht unmittelbar zuvor die Notwendigkeit einer teleologischen Auslegung damit begründet, dass der Gesetzestext nicht eindeutig erkennen lasse, ob sich der Begriff der „Zulässigkeit" nur auf das Verfahren der Antragstellung beziehe oder auf die Vereinbarkeit des Antrags mit höherrangigen Rechtsnormen.[5]

Erhebliche praktische Auswirkungen hat dies vor allem außerhalb von Nordrhein-Westfalen und dem Saarland, da die Regelungszuständigkeit des Landes in den anderen Ländern nicht ausdrücklich als Voraussetzungen für die *Zulässigkeit* des Verfahrens bis zum Volksentscheid genannt ist.[6] Zwar wirken die Bestimmungen des Grundgesetzes über die Verteilung der Gesetzgebungszuständigkeiten zwischen Bund und Ländern unmittelbar in das Landesverfassungsrecht hinein.[7] Das führt aber lediglich zur *Unwirksamkeit* von (Volks-)Gesetzen, die mit den Vorgaben der Artt. 30, 70 ff. GG unvereinbar sind. Die

bevor diese in Kraft getreten sind.

1 Vgl. dazu BK-*Schmidt-Jortzig/Schürmann*, Art. 76 GG, Rn. 180; Sachs-*Lücke*, Art. 76 GG, Rn. 6; *Linck*/Jutzi/Hopfe, Art. 81 ThürV, Rn. 13.

2 Kaum jemals ist so deutlich zu Tage getreten, dass es sich bei der teleologischen Auslegung im Grunde nur um eine Methode zur „politisch korrekten" Umdeutung von Gesetzen handelt.

3 *VGH München*, BayVBl. 1998, S. 209, 211.

4 Denn die Initiatoren des Volksbegehrens „Mehr Demokratie für Bayerns Kreise und Gemeinden" hatten in der Begründung zu ihrem Entwurf ausdrücklich festgehalten, dass sich § 18a IX GO ausschließlich auf die formellen Erfordernisse nach § 18a I-VI beziehen soll; vgl. BayLT-Drs. 13/1252, ausführlich zu dem Verfahren unten S. 354.

5 *VGH München*, BayVBl. 1998, S. 209, 210. Das Gericht beschränkt sich dabei wiederum auf eine Reihe von Behauptungen, wonach der Begriff der Zulässigkeit nicht eindeutig sei – obwohl er ansonsten eindeutig nur die verfahrensmäßigen Voraussetzungen betrifft. Auch die Systematik sei unklar – obwohl § 18a BayGO völlig eindeutig das Verfahren beim Bürgerantrag betrifft.

6 Diesen Umstand verkennt *Przygode*, S. 256, der Art. 68 I 3 NRW-V nur deklaratorische Bedeutung zumessen will, weil er nicht zwischen der allgemeinen Zulässigkeit einer präventiven Überprüfung und deren konkreten Umfang differenziert.

7 Dies ist eine notwendige Konsequenz des föderalistischen Prinzips, vgl. zu dieser Frage *BVerfGE* 60, S. 175, 205.

Bürger sind jedoch nicht daran gehindert, sich mit einem Antrag zu befassen – und dabei zu dem Ergebnis zu kommen, dass der Antrag abgelehnt werden muss, *weil* er mit den Vorgaben des Bundesrechts unvereinbar ist.[1]

Gegen die hier vertretene Auslegung spricht auch nicht, dass das Bundesverfassungsgericht in seiner Entscheidung über das Volksbegehren gegen die „Startbahn West" des Flughafens Frankfurt ausdrücklich bestätigt hat, dass die Landesregierung und der hessische Staatsgerichtshof das Volksbegehren auf seine Vereinbarkeit mit dem gesamten höherrangigen Recht des Bundes und des Landes zu überprüfen hätten.[2] Das Gericht hat sich nämlich insofern allein auf die Regelung des § 3 HessVAbstG berufen, aus dem sich in der Tat eine Pflicht zu einer solch enden präventiven Normenkontrolle ergibt. Obwohl die Antragsteller im Verfahren vor dem Bundesverfassungsgericht geltend gemacht hatten, dass der Gesetzgeber seine Befugnisse durch die Regelung des § 3 HessVAbstG überschritten habe,[3] hat das Bundesverfassungsgericht diese Norm jedoch nicht an den Vorgaben der Landesverfassung gemessen. Tatsächlich durfte es dies auch nicht tun, da allein der hessische Staatsgerichtshof über die Vereinbarkeit eines Landesgesetzes mit der Landesverfassung zu entscheiden hat.

Das Bundesverfassungsgericht muss sich allerdings vorhalten lassen, dass es in der Begründung seiner Entscheidung mit keinem Wort auf das Verhältnis zwischen Art. 124 HessV und § 3 HessVAbstG eingegangen, sondern wie selbstverständlich von der Wirksamkeit der Ausführungsbestimmung ausgegangen ist.[4] Derselbe Vorwurf trifft den bayerischen Verfassungsgerichtshof, der in seiner Entscheidung zur Zulässigkeit des Volksbegehrens über die Errichtung eines Nationalparkes „Bodenwöhrer Senke" im Landkreis Schwandorf allein auf Art. 71 I 1 a.F.[5] BayLWG abgestellt hatte.[6] Unabhängig davon, dass schon bezweifelt werden kann, ob sich aus dieser Vorschrift tatsächlich ein Recht zu einer umfassenden präventiven Normenkontrolle ergibt,[7] so reicht es jedenfalls nicht aus, wenn der Verfassungsgerichtshof das Recht des (einfachen) Gesetzgebers, eine solche umfassende Überprüfung vorzusehen, aus der Generalklausel des Art. 67 BayV herleitet. Danach kann der Ge-

---

[1] Eine Ausnahme von diesem Grundsatz ist lediglich bei einem *evidenten* Verstoß gegen die Kompetenzordnung des Grundgesetzes gerechtfertigt. In der Praxis ist die Rechtslage allerdings normalerweise unklar.

[2] *BVerfGE* 60, S. 175, 206. Kritisch dazu *Sachs*, DÖV 1982, S. 595 ff., der zurecht darauf hinweist, dass die *Landes*verfassungsgerichte grundsätzlich nicht dazu befugt sind, das Landesrecht am Maßstab des Bundesrechtes zu überprüfen. Insofern kommt daher selbst dann, wenn man eine präventive Normenkontrolle überhaupt für zulässig erachtet, nur eine beschränkte Überprüfung auf evidente Verstöße in Betracht (in diesem Sinne auch der *BayVfGH*, vgl. die Nachweise in Fn. 6 auf S. 296).

[3] Vgl. dazu den Tabestand der Entscheidung des *BVerfGE* 60, 175, 189.

[4] Vgl. *BVerfGE* 60, S. 175, 205 f.

[5] Heute findet sich eine entsprechende Regelung in Art. 64 I 1 BayLWG.

[6] *BayVfGHE* 38, 51 ff. = BayVBl. 1985, S. 523, 524.

[7] Das Staatsministerium des Inneren hat die „gesetzlichen Voraussetzungen für die Zulassung des Volksbegehrens" zu überprüfen. Das sind aber nur diejenigen Voraussetzungen, die sich tatsächlich ausdrücklich aus dem Gesetz ergeben. Der Verfassungsgerichtshof unterscheidet hier nicht zwischen der Zulässigkeit des Verfahrens und der Übereinstimmung des diesem zugrundeliegenden Gesetzentwurfes mit höherrangigen Rechtsnormen.

setzgeber dem Verfassungsgerichtshof zwar weitere Verfahren zur Entscheidung zuweisen. Er ist dabei aber seinerseits an die Verfassung gebunden. Das Gericht hätte daher Art. 71 BayLWG a.F. an den Vorgaben der Artt. 70 ff. BayV messen müssen – und wäre dabei kaum an der Feststellung vorbei gekommen, dass eine präventive Normenkontrolle nicht in der Verfassung vorgesehen und daher unzulässig ist.

Weiterhin kann auch die These nicht überzeugen, dass eine umfassende Überprüfung am Maßstab des Bundesrechtes schon deswegen geboten sei, weil der Grundsatz der Bundestreue die Organe der Länder dazu verpflichte, schon die Entstehung bundesrechtswidriger Normen des Landesrechts zu verhindern.[1] Zum einen betrifft dieser Grundsatz nur das Verhältnis zwischen Bund und Ländern, nicht aber zwischen den Organen eines einzelnen Landes.[2] Zum anderen wirkt er nur subsidiär. Dass die Länder nur innerhalb ihrer Kompetenzen Regelungen treffen dürfen, ergibt sich aber unmittelbar aus Artt. 30, 70 GG.[3] Der Grundsatz der Bundestreue hat daher keine Aussagekraft für die Frage, *welches* Staatsorgan innerhalb eines Landes zur Überprüfung eines Gesetzes oder Gesetzentwurfes zuständig ist und *wann* diese Überprüfung stattfinden muss oder soll.[4/5]

---

[1] *P. M. Huber*, ThürVBl. 1993, S. B 4, B 11 f., *ders.*, Verfassung, S. 69, 92, versucht unter Berufung auf diesen Grundsatz zu begründen, dass hier die „Zulässigkeit" mit der „Verfassungsmäßigkeit" gleichzusetzen sei (ihm folgend *Stiens*, S. 217). Er beruft sich insofern allerdings zu Unrecht auf *Bauer*, S. 180 ff. Denn dieser stellt auf S. 191 f. lediglich fest, dass die Landesverfassungsgerichte unter Berufung auf den Grundsatz der Bundestreue Volksbegehren als unzulässig erklärt haben; vgl. etwa *HessStGH*, NVwZ 1982, S. 1141, 1143; *BW-StGH*, NVwZ 1987, S. 574, 575 f.; *BayVfGHE* 43, S. 35 ff. = DVBl. 1990, S. 692, 693; ähnlich auch *NRW-VfGH*, NVwZ 1982, S. 188, 189.

[2] Vgl. dazu *Bauer*, S. 294 ff.

[3] So im Ergebnis auch *Przygode*, S. 258. Auch wenn sich aus dem Grundsatz der Bundestreue somit kein Recht oder gar eine Pflicht zu einer umfassenden präventiven Kontrolle von Landesgesetzen am Maßstab des Bundesrechtes ableiten lässt, ist dieser Grundsatz für das Verhältnis zwischen dem Bundesverfassungsgericht und den Landesverfassungsgerichten von Bedeutung; vgl. dazu *Bauer*, S. 331 f.

[4] Auf das Problem, ob die Landesverfassungsgerichte überhaupt berechtigt sind, im Rahmen eines präventiven Normenkontrollverfahrens verbindlich über die Auslegung des Bundesrechtes zu entscheiden, muss daher hier nicht eingegangen werden (dazu siehe aber unten S. 566 ff. zur SächsV). Das *BVerfG* (*E* 60, S. 175, 205) hat dies bislang lediglich – und zu Recht – für die Frage der Regelungskompetenz bejaht, da die Regelungszuständigkeiten nach den Artt. 70 ff. GG unmittelbar in das Landesverfassungsrecht hineinwirken.

[5] Dem Grundsatz der Bundestreue kommt allerdings mittelbar dann Bedeutung in Bezug auf die Zulässigkeit direktdemokratischer Verfahren zu, wenn die Regelungskompetenz des Landes ausdrücklich vorausgesetzt wird. Denn auch wenn ein Land grundsätzlich für die Regelung bestimmter Angelegenheiten zuständig ist, kann seine Freiheit, diese Kompetenzen tatsächlich wahrzunehmen, durch seine Verpflichtungen gegenüber dem Bund und den anderen Ländern beschränkt sein; vgl. dazu *BVerfGE* 4, S. 115, 140; *E* 8, S. 104, 138. Der Grundsatz der Bundestreue spielt gerade dann eine besonders große Rolle, wenn die auswärtigen Beziehungen der Bundesrepublik betroffen werden, vgl. *BVerfGE* 6, S. 309, 361 f.).
Der *NRW-VfGH* hat diesen Grundsatz in seiner Entscheidung vom 4.3.1983 (Az.. VerfGH 13/82, abgedruckt bei *Przygode*, S. 512, 515 ff.) daher zu Recht herangezogen, um ein Volksbegehren zurückzuweisen, dessen Annahme gegen ein für die Bundesrepublik bindendes UNESCO-Abkommen verstoßen hätte; vgl. dazu auch unten S. 384.

Schließlich ist zu beachten, dass es durchaus eine Möglichkeit gibt, um zu verhindern, dass ein vom Volk beschlossenes Gesetz trotz massiver verfassungsrechtlicher Bedenken in Kraft tritt. Zu beachten ist nämlich, dass die Möglichkeiten für eine *nachträgliche* Überprüfung des Gesetzes nicht beschränkt sind. Wird eine Vorlage daher beim Volksentscheid angenommen, so kann das auf diese Weise verabschiedete Gesetz unter denselben Voraussetzungen den Verfassungsgerichten des Landes und des Bundes oder dem Europäischen Gerichtshof vorgelegt werden, wie ein entsprechendes Parlamentsgesetz. Insbesondere kann jedes Gericht, das sich mit der Anwendung des vom Volk beschlossenen Gesetzes befassen muss, bei Zweifeln in Bezug auf die Vereinbarkeit mit dem Recht des Bundes unter den Voraussetzungen des Art. 100 I GG das Bundesverfassungsgericht anrufen. Hat das Gericht Zweifel in Bezug auf die Vereinbarkeit mit den Normen des primären und sekundären Rechts der Europäischen Union, kommt die Vorlage an den EuGH nach Art. 177 EGV in Betracht.[1]

In Bezug auf die Vereinbarkeit mit höherrangigen Normen des Bundesrechtes ist zu beachten, dass das Bundesverfassungsgericht gemäß § 32 BVerfGG im Wege einer einstweiligen Anordnung verhindern kann, dass das betreffende Gesetz vor einer endgültigen Klärung der Rechtslage in Kraft tritt. Sofern tatsächlich gravierende verfassungsrechtliche Bedenken bestehen, kann und wird das Bundesverfassungsgericht die Geltung der angegriffenen Norm bis zur Entscheidung im Hauptsacheverfahren aussetzen. Voraussetzung dafür ist lediglich, dass ein geeigneter Antragsteller einen entsprechenden Antrag stellt.[2] Für die Überprüfung eines Volksgesetzes am Maßstab der jeweiligen Landesverfassung enthalten die Gesetze über die Landesverfassungsgerichte entsprechende Bestimmungen über den einstweiligen Rechtsschutz.[3]

Als Ergebnis lässt sich damit festhalten. Der Volksantrag ermöglicht den zuständigen Organen ausschließlich eine Überprüfung am Maßstab derjenigen Zulässigkeitsvoraussetzungen des Volksbegehrens, die sich unmittelbar aus der Verfassung ergeben. Zweifel in Bezug auf die sonstige Vereinbarkeit eines Gesetzentwurfs mit höherrangigen Normen des Landes- oder Bundesrechtes können – und müssen – zwar im Laufe des Verfahrens deutlich gemacht werden, verhindern jedoch grundsätzlich nicht dessen Fortgang. Auch ein Verstoß gegen verbindliche Normen des EU-Rechtes führt nicht zur Unzulässigkeit eines Volksbegehrens.[4] In Baden-Württemberg, Bayern und Hessen[5] ist es insbesondere ausgeschlos

---

1 = Art. 234 EGV n.F.; dazu einführend *Geiger*, Art. 177 EGV, Rn. 9 ff.

2 Wobei sich allerdings die hier nicht näher zu erörternde Frage stellt, ob die Landesregierung nicht durch ihren Eid auf die Landesverfassung und das Landesrecht daran gehindert ist, dem Bundesverfassungsgericht das Recht des *eigenen* Landes zur Prüfung vorzulegen. Schließlich lässt sich Art. 93 I Nr. 2 GG auch in dem Sinne verstehen, dass die Landesregierungen nur zur Kontrolle des Bundesrechts oder des Rechts der jeweils anderen Länder berechtigt sind.

3 Vgl. § 25 BW-StGHG, Art. 26 BayVfGHG, 26 HessStGHG, 23 SaarVfGHG; oder auch §§ 27 NRW-VfGHG, 19a RP-VfGHG..
Zu beachten ist dabei, dass die Normenkontrolle in den Landesverfassungen zwar als Minderheitenrecht ausgestaltet wurde. Dies schließt aber nicht aus, dass ein entsprechender Antrag von einer Mehrheit der Abgeordneten gestellt wird. Im übrigen ist stets zumindest die Regierung antragsberechtigt, vgl. Artt. 68 II Nr. 2 BW-V, 75 III BayV, Art. 131 II HessV, 97 Nr. 2 SaarV; oder auch Artt. 75 Nr. 3 NRW-V, 130 I 1 RP-V.

4 Eine Ausnahme von diesem Grundsatz ist nur in dem theoretischen Fall möglich, dass ein Antrag

sen, den Antrag ex ante daraufhin zu überprüfen, ob das Land überhaupt für die Regelung zuständig ist. Die einfachgesetzliche Einführung einer umfassenden präventiven Normenkontrolle in Baden-Württemberg und Hessen ist damit ebenso verfassungswidrig wie die Praxis der Landesregierungen und Verfassungsgerichte in den anderen Ländern, die auch ohne eine entsprechende ausdrückliche Ermächtigung eine umfassende präventive Normenkontrolle durchführen.

In verfassungspolitischer Hinsicht erscheint dieses Ergebnis durchaus nicht unproblematisch. Wenn eine präventive Normenkontrolle ausgeschlossen ist, dann muss sich das jeweils zuständige Verfassungsgericht bei seinen Entscheidungen im Zusammenhang mit der Durchführung der direktdemokratischen Verfahren große Zurückhaltung auferlegen. Selbst dann, wenn es im Rahmen eines solchen Verfahrens zur Überzeugung gelangen sollte, dass es eine unmittelbare Entscheidung der Bürger gegebenenfalls wieder aufheben müsste, darf es das betreffende Verfahren nicht einfach abbrechen. Tatsächlich darf es seine Ansicht nicht einmal in einem obiter dictum zum Ausdruck zu bringen und damit die im Falle einer nachträglichen Normenkontrolle zu erwartende Entscheidung ankündigen. Auch wenn die Verfassungswidrigkeit eines Gesetzes nur durch das jeweilige Landesverfassungsgericht festgestellt werden kann, ist nämlich zu beachten, dass diese Feststellung stets einen entsprechenden Antrag voraussetzt.

Obwohl diese Situation jedenfalls auf den ersten Blick außerordentlich unbefriedigend erscheint, ist zu beachten, dass es keinen Anlass für die Vermutung gibt, dass regelmäßig solche Entwürfe zum Gegenstand der Verfahren gemacht werden, deren Vereinbarkeit mit höherrangigen Rechtsnormen mit guten Gründen bezweifelt werden kann. Selbst wenn dies ausnahmsweise doch der Fall sein sollte, besteht nur eine geringe Wahrscheinlichkeit, dass der betreffende Entwurf im Volksentscheid erfolgreich sein wird. Schließlich haben es Parlament und Regierung in der Hand, den Bürgern ihre Zweifel nahe zu bringen.

Vor allem aber ist die verfassungspolitische Zweckmäßigkeit einer präventiven Normenkontrolle mit dem Ziel, das laufende Verfahren *abzubrechen*, keineswegs selbstverständlich. Selbst wenn der Entwurf, der einem Volksbegehren zugrunde gelegt wird, verfassungsrechtlich bedenklich sein sollte, besteht doch die Möglichkeit, dass das weitere Verfahren und die durch dieses angeregte öffentliche Diskussion dazu führt, dass dem Anliegen der Initiatoren auf verfassungskonforme Weise entsprochen werden kann.[1] Sei es, dass der

---

offensichtlich, also nach jeder denkbaren Auslegungsmethode, mit höherrangigen Rechtsnormen unvereinbar ist. Auch die gebotene weite Auslegung der einschlägigen Verfassungsbestimmungen rechtfertigt keinen solchen Missbrauch der Verfahren. Im Zweifel ist allerdings stets von der Zulässigkeit auszugehen.

5   Und auch in Rheinland-Pfalz.

1   Auch *Przygode*, S. 78 f., weist darauf hin, dass es der Funktion der direktdemokratischen Verfahren als Instrument der Kommunikation widerspricht, wenn das Parlament sich schlicht weigert, sich mit dem Anliegen der Initiatoren auseinander zu setzen. In diesem Sinne auch *Grube*, ThürVBl. 1998, S. 245. 249, der entscheidend auf die Möglichkeit abstellt, den ursprünglichen Entwurf im weiteren Verlauf des Verfahrens nochmals zu modifizieren.

ursprüngliche Entwurf durch die Initiatoren nochmals verändert[1] oder dass das Parlament als „regulärer" Gesetzgeber aktiv wird.[2]

Die Notwendigkeit einer umfassenden präventiven Normenkontrolle kann im Übrigen auch nicht mit der Rechtsbindung des Landesverfassungsgerichts begründet werden.[3] Diese Argumentation, die im wesentlichen derjenigen zur Begründung für ein materielles Prüfungsrecht des Bundespräsidenten bei der Ausfertigung von Gesetzen entspricht,[4] kann schon deshalb nicht überzeugen, weil sie auf einem Zirkelschluss beruht. Denn gerade wegen seiner Bindung an die Verfassung darf das Landesverfassungsgericht nur dann und nur insoweit einschreiten, als die Verfassung dies Einschreiten zulässt oder gar verlangt. Die Rechtsbindung kann daher nicht als Begründung für eine Ausweitung der Kompetenzen herangezogen werden.[5]

c. Die Koppelung mehrerer Anliegen

Auch wenn Volksbegehren regelmäßig auf ein ganz bestimmtes Anliegen zielen, kommt es immer wieder vor, dass mehrere Anliegen gemeinsam in einem einheitlichen Verfahren verfolgt werden. Die Zulässigkeit einer solchen Bündelung, die auch im Parlamentarischen Verfahren durchaus üblich ist, wurde über lange Zeit für unproblematisch erachtet.[6] Dies änderte sich allerdings im Jahre 1999 als der Bayerische Verfassungsgerichtshof auf Antrag der Landesregierung ein Volksbegehren nur unter der Voraussetzung für zulässig erklärte,

---

1   Nach der zu den älteren Landesverfassungen geltenden Rechtslage muss der ursprüngliche Antrag dann allerdings zurückgenommen und das Verfahren wiederholt werden.
2   Dies ist insbesondere dann vorstellbar, wenn die Zweifel sich auf die Regelungskompetenz des Landes beziehen. Möglicherweise werden die auf der Ebene des Bundes zuständigen Organe durch ein Verfahren auf der Ebene eines oder mehrerer Länder angeregt, im Sinne der Antragsteller aktiv zu werden.
3   Vgl. aber *VGH München*, BayVBl. 1998, S. 409, 411, der darauf abstellt, dass die Gemeindebehörden bei der Prüfung der Zulässigkeit eines Bürgerbegehrens schon aufgrund ihrer Bindung an Recht und Gesetz nicht auf eine Überprüfung des Antragsverfahrens beschränkt sein können.
4   Vgl. dazu Sachs-*Nierhaus*, Art. 54 GG, Rn. 9 ff., m.w.N.
5   In diesem Sinne auch Sachs-*Lücke*, Art. 82 GG, Rn. 3 ff., m.w.N., in Bezug auf das Prüfungsrecht des Bundespräsidenten.
6   Zwar hatte sich der BayVfGH bereits im Jahre 1974 mit diesem Problem auseinander gesetzt (vgl. *BayVfGHE* 27, S. 153, 160 f.). Das Gericht war damals aber zum einen zu dem Ergebnis gekommen, dass das Koppelungsverbot jedenfalls nicht für Referenden gelte. Zum anderen hatte es die Frage, ob sich aus dem Bayerischen Verfassungsrecht für Volksbegehren und Volksentscheide ein dem Art. 121 III der damaligen Schweizerischen Bundesverfassung entsprechendes Gebot der „Einheit der Materie" für Volksbegehren und Volksentscheide ergibt, ausdrücklich offen gelassen.
    Gut zwei Jahre später erklärte das Gericht das Volksbegehren zur Lernmittelfreiheit für zulässig (*BayVfGHE* 29, S. 244, 253), obwohl dort eine Verfassungsänderung mit einer Änderung des einfachen Rechts verbunden worden war, weil die beiden Angelegenheiten sachlich miteinander verbunden waren.

dass die beiden Gegenstände des Verfahrens in Zukunft getrennt voneinander behandelt werden.[1/2]

Obwohl das Gericht auch hier wieder versucht hat, die Kontinuität seiner eigenen Rechtsprechung darzulegen, kann dieser Versuch nicht darüber hinwegtäuschen, dass hier erneut ein Bruch eingetreten ist. Zwar hatte das Gericht sich schon früher am Rande mit der Problematik auseinander gesetzt.[3] Dabei wurde aber stets offen gelassen, ob sich aus der Bayerischen Verfassung ein Koppelungsverbot ergibt und wie weit dieses Verbot gegebenenfalls reicht. Schließlich führt die Verbindung mehrerer Anliegen in einer einzigen Vorlage jedenfalls nur dann zur Unzulässigkeit des Verfahrens, wenn diese Anliegen keinen hinreichenden Zusammenhang aufweichen und damit die Gefahr besteht, dass die Bürger nicht mehr differenziert entscheiden können.

Entscheidende Bedeutung kommt hier dem Umstand zu, dass sich das Gericht zur Begründung seiner Ansicht zum einen auf Art. 7 II BayV stützt, wonach die Staatsbürger ihre Rechte unter anderm durch Volksbegehren und Volksentscheiden ausüben. Tatsächlich gibt der Wortlaut dieser Bestimmung aber nichts dafür her, dass nur ein bestimmtes, eng umgrenztes Anliegen Gegenstand der Abstimmung sein kann. Vielmehr wird durch die ausdrückliche Bezugnahme des Gerichts auf die Schweizer Rechtslage die innere Widersprüchlichkeit der Argumentation deutlich. Denn in der Schweiz verlangt die Verfassung ausdrücklich die „Einheit der Materie".[4] Da in Bayern – und in den anderen Ländern – eine vergleichbare Beschränkung fehlt, kann und muss man aber davon ausgehen, dass *kein* generelles Koppelungsverbot besteht.[5]

Tatsächlichakzeptiert der Verfassungsgerichtshof bei den obligatorischen Verfassungsreferenden seit jeher die Koppelung mehrerer Anliegen, die in keinem unmittelbaren Zusammenhang zueinander stehen. Die These des Gerichtes, dass es sich hierbei um etwas völlig anderes als um den Volksentscheid aufgrund eines Volksbegehrens handelt,[6] kann schon deshalb nicht überzeugen, weil diese These

---

1 *BayVfGH*, BayVfGHE 53, S. 23. Konkret ging es um einen Antrag, mit dem auf der einen Seite die Bestimmungen der Verfassung zur Besetzung und Organisation des Verfassungsgerichtshofes geändert und auf der anderen Seite in der Verfassung die Wahl der Richter durch Richterwahlausschüsse festgeschrieben werden sollte, vgl. dazu unten S. 366.

2 Das Staatsministerium des Inneren nahm diese Entscheidung zum Anlass, die beiden Verfahren auch *zeitlich* voneinander zu trennen. Da die Initiatoren ahnten, dass sie den Aufwand für zwei Verfahren nicht leisten können, haben sie den zweiten in der vorigen Fn. genannten Antrag wieder zurück genommen.

3 Vgl. dazu *BayVfGHE* 27, S. 153, 160 f.; *BayVfGHE* 29, S. 244, 253.

4 Art. 121 III der bis 1999 geltenden alten Bundesverfassung. Diese Bestimmungen gelten auch nach der jüngsten Reform fort.

5 Tatsächlich ist der Verfassungsgerichtshof in Bezug auf das obligatorische Verfassungsreferendum gemäß Art. 75 Abs. 2 BayV zu dem Ergebnis gekommen, dass hier unabhängig vom Gegenstand der Verfahren kein Koppelungsverbot gelte; vgl. *BayVfGH*, Entscheidungen vom 17.11.2005, Az. Vf. 10-VII-03 und 4 VII-05.

Dabei hat das Gericht ausdrücklich darauf verwiesen, dass parlamentarische Verfassungsänderungen häufig auf einem Kompromiss der im Landtag vertretenen Parteien beruhten, so dass über das „Paket" nur insgesamt abgestimmt werden könne: Im konkreten Fall ging es einerseits um die Verankerung des Konnexitätsprinzips in die Verfassung, andererseits um die Absenkung des passiven Wahlalters auf 18 Jahre.

6 Vgl. dazu *BayVfGH*, BayVBl. 2006, 272, 273.

nur dann einen Sinn ergibt, wenn man davon ausgeht, dass dem obligatorischen Referendum nur noch eine deklaratorische Bedeutung zukommt.[1]

Dennoch können Anträge nicht beliebig miteinander verbunden werden. Aus der Natur der Volksabstimmung als Sachentscheidung folgt, dass die Gegenstände des jeweiligen Antrags miteinander verbunden und aufeinander bezogen sein sollen. Ebenso wie das Parlament ein Artikelgesetz erlassen kann, mit ein ganzes Bündel von Maßnahmen zur Erreichung eines bestimmten Zieles auf einmal durchgesetzt wird, kann ein solches Gesetz auch Gegenstand der direktdemokratischen Verfahren sein. Hingegen ist es unzulässig, verschiedene, *sachlich unabhängige* Materien in einem einzigen Gesetz zu bündeln.[2]

Völlig unabhängig hiervon stellt sich die Frage, ob es sinnvoll ist, über verschiedene Gegenstände gleichzeitig abzustimmen oder den Termin für eine Abstimmung mit dem Wahltermin zu verbinden, um die Abstimmungsbeteiligung auf diese Weise zu erhöhen.[3]

d. Die Sperrfristen

In Hessen gilt eine Sperrfrist von einem Jahr seit dem Misserfolg eines entsprechenden Antrags beim Volksentscheid. Die Frist verlängert sich auf zwei Jahre, wenn schon das Quorum für das Volksbegehren nicht erreicht worden ist. Im Saarland gilt eine Sperrfrist von zwei Jahren seit dem Misserfolg eines Volksantrags.[4] In Baden-Württemberg und Bayern können Volksanträge grundsätzlich beliebig oft wiederholt werden.[5]

Obwohl kaum zu erwarten ist, dass Anträge innerhalb der genannten Fristen tatsächlich wiederholt werden, ist festzustellen, dass auch die Einführung von Sperrfristen verfassungswidrig ist. Denn dadurch werden die Möglichkeiten für Volksbegehren beschränkt, obwohl die Landesverfassungen keinen entsprechenden Vorbehalt enthalten. Aus dem Recht des Gesetzgebers, das Verfahren *beim* Volksbegehren zu konkretisieren, ergibt sich keine Befugnis, weitergehende Anforderungen an die Zulässigkeit solcher Verfahren zu stellen.[6] Schließlich kann das (legitime) Anliegen des Gesetzgebers, eine übermäßige Belastung der

---

1 Zudem argumentiert der Verfassungsgerichtshof dezidiert politisch, wenn er darauf abstellt, dass die parlamentarischen Verfassungsänderungen in der Regel einen Kompromiss darstellen, der keinen Sinn ergäbe, wenn die Bürger im Rahmen des Referendums das Kompromisspaket wieder aufschnüren könnten. Vielmehr ist umgekehrt davon auszugehen, dass die Notwendigkeit eines obligatorischen Referendums gerade dazu dient, solche Paketlösungen zu verhindern, da jede einzelne Änderung der Verfassung auch vom Volk angenommen werden soll.

2 In diesem Sinne auch *Lindner*, BayVBl. 1999, S. 485.

3 Vgl. dazu ausführlich unten S. 899. Tatsächlich besteht in diesem Fall die Gefahr, dass das Abstimmungsergebnis verzerrt wird, weil sich nicht nur solche Personen beteiligen werden, die sich vor der Abstimmung ausreichend informiert haben.

4 §§ 3 II HessVAbstG, 3 I Nr. 3 SaarVAbstG; vgl. auch § 3 S. 2 NRW-VVVG und § 64 I 2 RP-LWG a.F., der eine Sperrfrist von einem Jahr vorgesehen hatte.

5 In Nordrhein-Westfalen und Rheinland-Pfalz durfte ein Volksantrag frühestens nach einem Jahr erneut eingebracht werden. In Rheinland-Pfalz wurde diese Beschränkung mittlerweile aufgehoben.

6 So auch *Jürgens*, S. 110. Es gilt somit nichts anderes, als zur Zulässigkeit einer präventiven Normenkontrolle ausgeführt wurde, dazu siehe oben S. 297. Zu eng hingegen *Jung*, ZG 1993, S. 314, 318, der nur verfassungs*politische* Bedenken geltend macht.

Behörden zu vermeiden, ohne weiteres dadurch sichergestellt werden, dass lediglich die Möglichkeit für eine Wiederholung des *formellen* Eintragungsverfahrens beschränkt wird.[1]

---

1 In diesem Fall könnten die Initiatoren also auf die freie Sammlung von Unterschriften beschränkt werden. Der Aufwand für die Behörden würde sich auf die Prüfung der Unterschriften beschränken. Er könnte durch entsprechende Vorgaben relativ gering gehalten werden.

3. Das Volksbegehren[1]

a. Das Eintragungsverfahren

Die Sammlung der Unterschriften für das Volksbegehren erfolgt in einem formellen Eintragungsverfahren, das bei den Gemeinden durchgeführt wird. Diese prüfen auch die Unterzeichnungsberechtigung. Die Antragsteller müssen den Auslegestellen die Eintragungslisten auf eigene Kosten zusenden,[2] können dafür aber auch bestimmen, ob die Unterschriftensammlung in allen oder nur in ausgewählten Gemeinden stattfinden soll.[3] Ein Anspruch auf Kostenerstattung ist nicht vorgesehen.[4]

Die Festsetzung der Frist wurde dem Gesetzgeber überlassen. Für die Unterstützung des Volksbegehrens stehen grundsätzlich zwei Wochen zur Verfügung.[5] Die Eintragungsfrist beginnt zwei bis zehn Wochen nach der Bekanntmachung über die Zulassung des Volksbegehrens.[6] Die Eintragungszeiten sind in allen Ländern so zu bestimmen, dass die Berechtigten hinreichend Gelegenheit haben, das Volksbegehren zu unterstützen. Allerdings gibt es nicht in allen Ländern entsprechende konkrete Vorgaben.[7] Unter bestimmten Umständen wurde Personen, die während der gesamten Eintragungszeit nicht dazu in der Lage sind, die

---

[1] Eine ausführliche Darstellung findet sich bei *Jürgens*, S. 112 ff.

[2] Vgl. §§ 30 II, 39 I 1 BW-VAbstG, Art. 68 I 1 BayLWG, §§ 7 I HessVAbstG, 6 SaarVAbstG, und auch §§ 7 I 1 NRW-VVVG; 76 RP-LWG a.F.; dazu ausführlicher *Jürgens*, S. 112.

[3] So etwa ausdrücklich § 25 II 2 BW-VAbstG.

[4] In Nordrhein-Westfalen hatten die Antragsteller allerdings seit jeher einen Anspruch auf Erstattung der Kosten für die Herstellung und den Versand der Bögen, *sofern* das Volksbegehren zustande kommt und dann vom Landtag übernommen bzw. durch Volksentscheid angenommen worden wäre, vgl. § 26 I 2 NRW-VVVG.

[5] § 28 I 3 BW-VAbstG, Art. 65 III BayLWG, §§ 5 I 3 HessVAbstG, 4 Satz 2 SaarVAbstG und auch § 7 II NRW-VVVG. § 5 I 3 HessVVVG enthält allerdings lediglich eine Sollbestimmung und § 7 III NRW-VVVG ermöglichte dem Innenminister eine Verlängerung der Eintragungsfrist. Unverständlich ist es, wenn *Jürgens*, a.a.O., feststellt, auch im Saarland gelte keine „Maximalfrist für die Durchführung der zweiwöchigen Eintragungsfrist". Er bezieht sich damit wohl auf den Umstand, dass der Beginn der Eintragungsfrist „frühestens" sechs Wochen nach der Bekanntmachung liegen darf. Auch in Rheinland-Pfalz galt – entgegen der Behauptung von *Jürgens*, S. 140 – eine Frist von zwei Wochen. Allerdings bestand hier ein gewisser Spielraum, da § 66 II RP-LWG a.F. lediglich vorschrieb, dass die Eintragungsfrist „in der Regel" 14 Tage laufen soll.

[6] In Hessen – und in Nordrhein-Westfalen – liegen grundsätzlich vier Wochen zwischen der Bekanntmachung und dem Beginn der Eintragungsfrist. In Baden-Württemberg beginnt die Frist vier bis sechs Wochen nach der Bekanntmachung, in Rheinland-Pfalz frühestens zwei, im Saarland frühesten sechs Wochen danach. In Bayern hat bis 1993 ebenfalls eine Frist vier bis acht Wochen gegolten, die dann, nicht zuletzt aufgrund der Erfahrungen bei der Abstimmung über das „bessere Müllkonzept" (dazu siehe unten S. 350) zunächst auf acht bis zehn Wochen verlängert wurde und dann im Jahre 2002 nochmals auf acht bis zwölf Wochen.

[7] In Baden-Württemberg, Hessen und dem Saarland sind die Eintragungsstellen neben den normalen Dienstzeiten auch Sonnabends und Sonntags geöffnet zu halten, §§ 29 II BW-LStO, 7 II HessVAbstG, 6 II 2 SaarVAbstG i.V.m. 2 S. 1 SaarVAbstO, vgl. auch § 7 II 1 NRW-VVVG. In Hessen (und seit jeher auch in Nordrhein-Westfalen) können mit den Antragstellern auch andere Zeiten vereinbart werden. In Bayern finden sich insofern nur generalklauselartige Formulierungen, vgl. Artt. 67 und 68 II 2 BayLWG; vgl. auch § 68 II 2 RP-LWG a.F.

zuständige Eintragungsstelle aufzusuchen, die Möglichkeit eingeräumt, einen „Eintragungsschein" zu beantragen.[1]Merkwürdigerweise wird auch in § 10 I 1 HessVAbstG ein solcher Eintragungsschein erwähnt, obwohl sich aus § 8 III und IV HessVAbstG eindeutig ergibt, dass die Eintragung eigenhändig und nur in der Wohnortgemeinde zu erfolgen hat. Diese Unklarheit ist möglicherweise darauf zurückzuführen, dass die Regelungen in Hessen in Anlehnung an das NRW-VVVG von 1951 formuliert wurden. § 9 NRW-VVVG, in dem die Voraussetzungen für die Erteilung eines Eintragungsscheines geregelt sind, wurde jedoch nicht übernommen. Obwohl daher ein Redaktionsversehen nahe liegt, sollte § 10 I 1 HessVAbstG als implizite Bezugnahme auf das Landeswahlrecht verstanden werden, da andernfalls die Möglichkeiten für die Unterstützung eines Volksbegehrens in Hessen auf verfassungswidrige Weise beschränkt würden.

Fraglich ist, ob die Staatsorgane vor und während des Eintragungsverfahrens zur Zurückhaltung verpflichtet sind, oder ob und gegebenenfalls unter welchen Umständen sie im Rahmen ihrer Öffentlichkeitsarbeit in den „Abstimmungskampf" eingreifen dürfen. Im Zusammenhang mit dem Volks*entscheid* über das „Bessere Müllkonzept" hat der bayerische Verfassungsgerichtshof festgestellt, dass staatliche und staatlich finanzierte[2] Informationen im Grunde unbeschränkt zulässig seien – und zwar unter Umständen auch dann, wenn diese Informationen nur ein Minimum an Sachlichkeit erkennen lassen.[3/4]

Diese Ansicht, die sich auf das Verfahren vor und während des Volksbegehrens übertragen lässt, vermag nicht zu überzeugen. Zwar ist das auf Wahlen bezogene Neutralitätsgebot tatsächlich nicht ohne weiteres auf das Verfahren bis zum Volksentscheid anwend-

---

1 § 33 I BW-VAbstG bezieht sich nur auf die dauernde Abwesenheit vom Wohnort und berechtigt die Inhaber von Eintragungsscheinen, das Volksbegehren in einem anderen Ort durch ihre Unterschrift zu unterstützen; so auch §§ 9 NRW-VVVG, 69 II i.V.m. 8 RP-LWG a.F.
Art. 69 III 3 BayLWG gilt demgegenüber nur für die Verhinderung aufgrund von Krankheit oder einer körperlichen Behinderung. Der Eintragungsschein berechtigt eine Hilfsperson, die Eintragung vorzunehmen. Geht man davon aus, dass das Recht zur Unterstützung eines Volksbegehrens zumindest ein grundrechtsgleiches Recht ist, dann müssen diese Regelungen sehr weit ausgelegt werden, und die Möglichkeit zur „Briefeintragung" muss unabhängig davon bestehen, ob die Eintragungsberechtigten aufgrund einer Krankheit oder aus anderen Gründen gehindert sind, den örtlich zuständigen Abstimmungsraum aufzusuchen. Im Saarland wurde dies dadurch gewährleistet, dass § 7 IV Nr. 2 SaarVAbstG auf die Regelungen des Landeswahlgesetzes über die Erteilung von Wahlscheinen Bezug nimmt.

2 Dies betrifft etwa Informationen durch die kommunalen Spitzenverbände.

3 *BayVfGHE* 44, S. 9, 16 = BayVBl. 1994, S. 203 und 238. Kritisch dazu *Morlok/Voß*, BayVBl. 1995, S. 513, 517 ff.; auch *Schmitt Glaeser/Horn*, BayVBl. 1994, S. 289, 300, stimmen dem BayVfGH jedenfalls im Ergebnis nicht zu.

4 Gegen diese Entscheidung haben die Vertrauenspersonen des Volksbegehrens wiederum das Bundesverfassungsgericht angerufen. Sie haben nicht nur eine Verletzung des Demokratieprinzips geltend gemacht, sondern vor allem die Besetzung des BayVfGH gerügt. Das *BVerfG (E* 96, S. 231) hat diese Verfassungsbeschwerde zurückgewiesen, da das Landesverfassungsgericht abschließend über die Rechte und Pflichten entscheide, die sich aus der Landesverfassung ergeben. Das Bundesverfassungsgericht könne diese Zuweisung auch nicht umgehen, indem es die Entscheidung des Landesverfassungsgericht später am Maßstab der grundrechtsgleichen Gewährleistungen nach Artt. 101 I 2, 103 I GG überprüfe.

bar.¹ Denn schließlich richtet sich das Verfahren stets gegen die Regierungspolitik, so dass im Grunde jede Äußerung der Landesregierung, des Landtags oder einer anderen staatlichen Stelle im Zusammenhang mit einem Volksbegehren in gewisser Weise parteiisch ist. Auch wäre es kaum mit der Funktion der direktdemokratischen Verfahren als Kommunikationsinstrument vereinbar, wenn der Diskurs zu einem bestimmten Zeitpunkt einfach abgebrochen würde.² Zu beachten ist aber, dass sich das Gebot der Gleichheit von Abstimmungen nicht nur auf das Verhältnis unter den Bürgern auswirkt, sondern auch die Beziehungen zwischen den Initiatoren eines Volksbegehrens und der Regierung bzw. der Landtagsmehrheit erfasst.³ Aus diesem Grund sind der staatlichen Informationstätigkeit enge Grenzen gesetzt – und zwar sowohl in Bezug auf den Umfang als auch auf die Art und die Form der Informationen.⁴ Diese Beschränkungen gelten selbstverständlich nicht nur für das Parlament selbst, sondern auch für dessen Fraktionen,[5/6] wobei diese ohnehin die ihnen zur Verfügung gestellten Mittel nur in engen Grenzen für solche Zwecke verwenden dürfen.⁷ Andernfalls erscheint es geboten, Antragstellern einen entsprechenden (finanziellen) Ausgleich zu gewährten, damit auch sie die Öffentlichkeit ähnlich wirksam über ihre Ziele und Vorstellungen unterrichten können.⁸

1 Insofern überzeugt die Argumentation des *BayVfGH*, BayVBl. 1994, S. 203, 205 f.; vgl. auch *BremStGH*, LVerfGE 5, S. 137, 154 ff. und jedenfalls im Ergebnis zustimmend *Sachs*, JuS 1997, S. 652, 653.

2 Vgl. dazu ausführlich *Besson*, S. 141 ff., zur Rechtslage in der Schweiz, wo das Bundesgericht zunächst eine strikte Neutralitätspflicht staatlicher Behörden statuiert hatte, die in der Praxis jedoch nicht eingehalten werden kann.

3 Hingegen haben politische Parteien *als solche* grundsätzlich keine Ansprüche. Dies gilt selbst dann, wenn sie das verfahren angeregt und organisiert haben; vgl. dazu *BerlVfGH*, LKV 1996, S. 133.

4 So zu Recht das Sondervotum zur Entscheidung des *BayVfGH*, BayVBl. 1994, S. 238, 241. Vgl. auch *VGH München*, NVwZ 1991, S. 699 = BayVBl. 1991, S. 403; *Schmitt Glaser/Horn*, BayVBl. 1994, S. 289; *Morlok/Voß*, BayVBl. 1995, S. 513, 518; im Ergebnis zustimmend wohl auch *Oebbecke*, BayVBl. 1998, S. 641, 644 ff.; offengelassen von *BerlVfGH*, LKV 1996, S. 133. In diesem Sinne ist auch die Präsidentin des BayVfGH *Holzheid* zu verstehen, die sie in ihr selbst verantwortete Urteil selbst interpretiert und dabei festgestellt hat, dass die Bürger „um eine selbstbestimmte Entscheidung zu treffen, auf eine sachgerechte und objektive Information gerade auch der (gemeint ist wohl. *durch die*)staatlichen und kommunalen Organe angewiesen." (*Holzheid*, S. 28). Sie beharrte aber weiterhin auf der Ansicht, dass die konkret gerügten Verstöße sich noch im Rahmen gehalten hätten.

5 Vgl. dazu *BremStGH* LVerfGE 5, 137, 154 ff., der allerdings tendenziell zu weit geht, wenn er meint, dass das Objektivitätsgebot erst dann verletzt ist, wenn die Äußerungen nicht nur auf die Meinungsbildung sondern auf den Abstimmungsvorgang selbst ziehen. Eine unzulässige Verzerrung ist vielmehr auch dann anzunehmen, wenn der Inhalt der zur Abstimmung stehenden Vorlagen unrichtig wiedergegeben wird.

6 Es kommt dabei nicht darauf an, ob sich die Fraktion *für* oder *gegen* den Antrag des Volksbegehrens ausspricht.

7 Wenn sie überhaupt dazu berechtigt sind, sich am „Abstimmungskampf" zu beteiligen, dann liegt das schlicht daran, dass das Volksgesetzgebungsverfahren mit dem parlamentarischen Verfahren verschränkt ist und es daher in der Regel nur dann zum Volksentscheid kommt, wenn sich das Parlament die Vorlage nicht zu eigen gemacht hat. Diese Entscheidung kann aber von den Fraktionen verteidigt werden. Im Vorfeld des Volks*begehrens* dürfen die Fraktionen hingegen noch nicht Partei ergreifen.

8 Allerdings besteht ein Anspruch auf Erstattung der Kosten für den „Abstimmungskampf" nur aufgrund einer ausdrücklichen Regelung in der Verfassung oder den einschlägigen Ausführungsbestimmungen – diese fehlen aber in allen Ländern; vgl. dazu auch *Przygode*, S. 457 ff., der zu Recht darlegt, dass die

In diesem Zusammenhang ist nun aber zu beachten, dass § 7 VIII 1 des Rundfunkstaatsvertrages[1] politische, religiöse und weltanschauliche Werbung verbietet. Dieses Verbot betrifft auch die Werbung für oder gegen Volksbegehren, so dass die Initiatoren eines solchen Verfahrens keine Möglichkeit haben, für ihr Anliegen im Rundfunk zu werben. Daran ändert sich auch dann nichts, wenn man berücksichtigt, dass das allgemeine Werbeverbot im Vorfeld von Parlamentswahlen durchbrochen wird,[2] indem jedenfalls die öffentlich-rechtlichen Rundfunkanstalten dazu verpflichtet wurden, angemessene Sendezeit für die Wahlwerbesendungen der politischen Parteien zur Verfügung zu stellen.[3] Denn die entsprechenden Regelungen lassen sich schon deshalb nicht analog auf die Werbung für oder gegen Volksbegehren anwenden, weil das allgemeine Werbeverbot durch eine solche Analogie unterlaufen würde. Einer analogen Anwendung steht aber auch die Erkenntnis entgegen, dass sich Wahlen strukturell von Volksbegehren unterscheiden.[4] Tatsächlich lassen sich auch Wahlen und Volksabstimmungen insofern nicht miteinander vergleichen, da es zwar in beiden Fällen zu einem „Kampf" kommt, bei dem sich die Gegner aber allzu sehr voneinander unterscheiden: Während es im Wahlkampf darum geht, dass verschiedene Parteien um die Stimmen der Wähler werben, steht beim Abstimmungskampf jedenfalls dann der Konflikt zwischen den Initiatoren des Verfahrens auf der einen Seite und der Regierung sowie dem Parlament auf der anderen Seite im Vordergrund, wenn es überhaupt nur unter der Voraussetzung zur Abstimmung kommt, dass sich das Parlament das betreffende Anliegen nicht zu eigen gemacht hat. Wenn die Initiatoren eines Volksbegehrens aber die Möglichkeit versperrt ist, im Rundfunk für ihr Anliegen zu werben, kann die Chancengleichheit im Abstimmungskampf nur dadurch hergestellt werden, dass sich die Regierung und das Parlament zurückhalten.

Der Bayerische Verfassungsgerichtshof ist im Jahre 2007 allerdings zu dem Ergebnis gekommen, dass das infolge der staatsvertraglichen Verpflichtungen erlassene Verbot von Rundfunkwerbung für Volksbegehren[5] mit der in Art. 111a BayV statuierten Rundfunkfreiheit unvereinbar und nichtig sei.[6] Diese Entscheidung kann nur dann überzeugen, wenn man Werbung als integralen Bestandteil des Rundfunks ansieht: Selbstverständlich kann den Rundfunkveranstaltern nicht verboten werden,

---

Regelungen über die Wahlkampfkostenerstattung hier nicht analog anwendbar sind.

1 vom 31.08.1991, zuletzt geändert durch den Achten Staatsvertrag zur Änderung rundfunkrechtlicher Staatsverträge vom 15.10.2004, (BW GBl. BW 2005 S. 190).

2 Vgl. insofern *VG Berlin*, NJW 2000, S. 1588, 1589, das eine entsprechende Klage dennoch abgewiesen hat, dazu unten S. 781.

3 Vgl. etwa § 33 SH-RundfunkG vom 7.12.1995 (SH-GVOBl. S. 422), zuletzt geändert durch Gesetz vom 8.2.2005 (SH-GVOBl. S. 128).
Private Rundfunkveranstalter trifft eine entsprechende Pflicht, sobald sie einer Partei oder Wählervereinigung Sendezeit zur Verfügung stellen, vgl. § 5 III BW-MedienG vom 19.7.1999 (BW-GBl. S. 273), zuletzt geändert durch Gesetz vom 17.3.2005 (BW-GBl S. 189),

4 Vgl. dazu *Bornemann*, ZUM 1999, S. 910, 912; *Grupp*, AfP 1999, S. 455. Allgemein hierzu auch BayVfGH, Entscheidung vom 23.11.2004, Az.: Vf. 15-VII-04, dazu unten S. 309.

5 Art. 8 I 1 BayMedienG; Art. 4 III BayRundfunkG.

6 *BayVfGH*, DVBl 2007, 1113.

über ein Volksbegehren zu berichten. Ob Werbung Dritter für – oder gegen – dieses Begehren zugelassen werden kann, ist aber doch eine andere Frage.[1]

b. Rechtsschutzmöglichkeiten vor und während des Verfahrens

In allen Ländern haben die einzelnen Bürger die Möglichkeit, ihr Eintragungsrecht geltend zu machen. Allerdings ist lediglich in Baden-Württemberg die Zuständigkeit der Verwaltungsgerichte ausdrücklich festgeschrieben, § 34 I BW-VAbstG. In den anderen Ländern muss zunächst ein Verfahren durchgeführt werden, das dem bei der Festlegung der Wählerverzeichnisse für Parlamentswahlen entspricht.[2] Nach dessen Abschluss ist auch hier der Rechtsweg zu den Verwaltungsgerichten eröffnet. Obwohl sich das Recht zur Teilnahme am Volksbegehren aus der Verfassung ergibt, handelt es sich um eine nicht-verfassungsrechtliche Streitigkeit im Sinne von § 40 I 1 VwGO, denn es geht um die Durchsetzung der subjektiven Rechte des einzelnen Bürgers.[3] Es gilt insofern nichts anderes als für Streitigkeiten in Bezug auf die Eintragung in das Wählerverzeichnis für Parlamentswahlen.[4]

Umstritten ist die Frage, ob und welche Rechtsschutzmöglichkeiten im Zusammenhang mit der konkreten Durchführung des Volksbegehrens bestehen. In der Praxis ergeben sich insofern vor allem Probleme bei der Festlegung der Eintragungsstellen und -zeiten und in Bezug auf die staatliche Öffentlichkeitsarbeit. Die einschlägigen Gesetze enthalten insofern keine ausdrücklichen Regelungen. Damit stellt sich zunächst die Frage, ob auch hier der Rechtsweg zu den Verwaltungsgerichten eröffnet ist. Für die Antwort auf diese Frage ist zum einen danach zu differenzieren, *wer* seine Rechte geltend macht. Zum anderen kommt es darauf an *gegen wen* dies geschieht.

– Der einzelne Bürger hat das Recht, ein Volksbegehren durch seine Unterschrift zu unterstützen. Dieses Recht kann durch die konkrete Festlegung der Eintragungsstellen und -zeiten durch die Kommunen verletzt werden. Er hat daher nicht nur das Recht

---

1 Richtigerweise greift hier die Berufs- bzw. Gewerbefreiheit ein.
2 §§ 10 I HessVAbstG, 7 IV SaarVAbstG i.V.m. dem SaarLWG, sowie §§ 10 I NRW-VVVG, 69 II i.V.m. 8, 7 RP-LWG a.F. In Bayern ergibt sich die Beschwerdemöglichkeit erst aus der Landeswahlordnung (§§ 76 i.V.m. 13 VII, 19 II und IV).
3 Dazu ausführlich *Przygode*, S. 171 ff., m.w.N.; vgl. schon *BayVfGHE* 21, S. 202 f.; *Menger*, VerwArch 1975, S. 169, 175 f., der allerdings ein subjektives Recht des einzelnen Eintragungsberechtigten auf Einhaltung der Vorgaben des § 7 II NRW-VVVG verneint – und damit dessen Klagebefugnis. Eine andere Auffassung scheint der *VGH Kassel*, NVwZ 1991, S. 1098, zu vertreten, der im Rahmen der direktdemokratischen Verfahren jedem einzelnen Bürger die Stellung eines Staatsorgans zukommen lassen will; so auch *VG Potsdam*, LKV 1997, S. 338. Tatsächlich sind aber nur die konkreten Antragsteller Staatsorgan bzw. das Volk als Ganzes im Rahmen der Abstimmung. Im Übrigen ist diese Argumentation geradezu perfide, da durch die Überhöhung des Bürgers zum Staatsorgan dessen Rechtsschutzmöglichkeiten ausgehebelt werden. Denn der Rechtsweg zu den Verfassungsgerichten ist ihm versperrt, da er nicht als Antragsteller im Organstreitverfahren in Frage kommt; vgl. dazu auch *Herrmann*, LKV 2000, S. 104, 106. Anders hingegen *Pestalozza*, Verfassungsprozessrecht, § 7, Rn. 12, der zwar zu Recht darauf hinweist, dass es angemessen wäre, den Bürgern hier ein Antragsrecht zuzubilligen, aber verkennt, dass der Kreis der Antragsberechtigten tatsächlich abschließend definiert ist.
4 Vgl. zum Rechtsschutz gegen die Feststellung des Wählerverzeichnisses *BVerfG*, NVwZ 1988, S. 817, 818; sowie *Kopp/Schenke*, § 40 VwGO, Rn. 33, m.w.N.; MD-*Schmidt-Aßmann*, Art. 19 IV, Rn. 34.

darauf, dass ihm *überhaupt* die Möglichkeit zur Unterstützung des Volksbegehrens gegeben wird, sondern auch auf die Einhaltung der entsprechende Vorgaben in der Verfassung und den einschlägigen Ausführungsbestimmungen. Bei einem Rechtsstreit stehen sich Nicht-Verfassungsorgane gegenüber. Gegenstand des Streits ist die Umsetzung der (einfachgesetzlichen) Ausführungsbestimmungen über das Volksbegehren. Damit ist der Verwaltungsrechtsweg eröffnet.[1]

– Im Übrigen ist die konkrete Ausgestaltung des Verfahrens bis zum Volksentscheid mit der Entscheidung über die Eintragungsberechtigung einer Einzelperson jedoch nicht zu vergleichen. Die Vorbereitung und Durchführung eines Volksbegehrens gehört materiell zum Verfassungsrecht. Eventuelle Streitigkeiten sind daher grundsätzlich der Zuständigkeit der Verwaltungsgerichte entzogen.[2]

– Dies gilt jedoch wiederum dann nicht, wenn konkrete Maßnahmen von Behörden angegriffen werden, die nicht selbst Verfassungsorgane sind. Dies betrifft insbesondere die Öffentlichkeitsarbeit von Kommunen bzw. untergeordneten staatliche Behörden oder auch die Aktivitäten der öffentlich-rechtlichen Rundfunkanstalten.[3] Ebenso wie bei Parlamentswahlen kann der Anspruch auf Chancengleichheit gegebenenfalls vor den Verwaltungsgerichten durchgesetzt werden.[4] Dies ist grundsätzlich auch schon während des laufenden Verfahrens möglich.[5]

---

[1] Insofern ist *Wolnicki*, LKV 1997, S. 313, 315 ff. zuzustimmen, vgl. auch *Herrmann*, LKV 2000, S. 104, 105, der allerdings nicht berücksichtigt, dass die Mitwirkungsrechte der Bürger durch das einfache Recht konkretisiert werden. Das *VG Potsdam*, LKV 1997, S. 338, sieht hingegen eine verfassungsrechtliche Streitigkeit für gegeben.

[2] So vor allem das *OVG Münster*, NJW 1975, S. 1671 (= OVGE 29, S. 218), im Zusammenhang mit dem Volksbegehren der „Aktion Bürgerwille e.V." (vgl. dazu unten S. 381); *VGH München*, BayVBl. 1990, S. 721; *VGH Kassel*, NVwZ 1991, S. 1098, in Bezug auf einen Antrag zur Überprüfung der Ausführungsverordnung zum HessVAbstG; *OVG Lüneburg*, NdsVBl. 1997, S. 208; *OVG Berlin*, LKV 1999, S. 365; ausführlich zu dieser Problematik *Przygode*, S. 178 ff., der allerdings die Notwendigkeit einer differenzierenden Betrachtung verkennt. Zur Zuständigkeit der Verfassungsgerichte vgl. auch *Kopp/Schenke*, § 40 VwGO, Rn. 32, m.w.N.
Eine andere Auffassung vertritt *Wolnicki*, LKV 1997, S. 313, 315 f., der allerdings von einer Streitigkeit zwischen einer Kommune und einem einzelnen Bürger ausgeht.

[3] Zu beachten ist insofern, dass die Antragsteller auch hier stets ihr spezifisches Rechtsschutzinteresse nachweisen müssen. Es ist nicht erkennbar, dass die Initiatoren eines Volksbegehrens über ihren Anspruch auf Chancengleichheit weitere subjektive Rechte geltend machen könnten. Der Verwaltungsrechtsweg steht ihnen daher grundsätzlich nur offen, um eine unsachliche Öffentlichkeitsarbeit durch die Kommunen bzw. eine tendenziöse Berichterstattung in den öffentlich-rechtlichen Medien anzugreifen.

[4] Im Ergebnis zuzustimmen ist daher dem *VGH München*, BayVBl. 1991, S. 403, der bei Streitigkeiten über die staatliche Öffentlichkeitsarbeit von *Gemeinden* vor einem Volksentscheid den Verwaltungsrechtsweg für eröffnet sah (so schon *VGH München*, Entscheidung vom 27.6.1990, abgedruckt bei *Przygode*, S. 499 ff.). In der Begründung überzeugt die Entscheidung allerdings nicht, da das Gericht die Auffassung vertritt, die Öffentlichkeitsarbeit *an sich* gehöre nicht zur „Durchführung" des Volksbegehrens (a.a.O., S. 404; kritisch dazu auch *Przygode*, S. 184 f., der allerdings wiederum verkennt, dass der Verwaltungsrechtsweg tatsächlich eröffnet war).

[5] Entsprechende Klagen werden allerdings nicht selten am fehlenden Rechtsschutzbedürfnis der Antragsteller scheitern.

Sofern der Verwaltungsrechtsweg nicht eröffnet ist, kommt nur eine Klage vor dem jeweiligen Landesverfassungsgericht in Frage. Insofern ist jedoch zu beachten, dass die Zuständigkeiten dieser Gerichte enumerativ aufgezählt sind. Es gibt keinen Anspruch auf einen lückenlosen verfassungsgerichtlichen Rechtsschutz.[1] Die §§ 38 i.V.m. 21 BW-VAbstG, 14 HessVAbstG, 12 SaarVAbstG geben den Vertrauenspersonen lediglich das Recht, die Entscheidung der Landesregierung über das Zustandekommen des Volksbegehrens vor dem jeweiligen Landesverfassungsgericht anzufechten.[2] Dabei können sie auch Unregelmäßigkeiten bei der Vorbereitung und Durchführung des Volksbegehrens rügen.[3]

In diesen Ländern ist damit jedenfalls eine beschränkte nachträgliche Überprüfung von Verfahrensmängeln möglich.[4] Sollte sich herausstellen, dass die gerügten Mängel das Ergebnis des Volksbegehrens beeinflusst haben, muss das Verfahren gegebenenfalls wiederholt werden.[5]

In Hessen gibt es eine weitere Möglichkeit, den Staatsgerichtshof anzurufen. Und zwar im Wege der so genannten „Verfassungsstreitigkeit" nach Art. 131 I HessV. Antragsberechtigt ist hier eine Gruppe von einem Prozent der Stimmberechtigten.[6] Als Antragsteller kommen nicht nur solche Personen in Betracht, die den Volksantrag unterzeichnet hatten.[7]

---

1 Daher hat etwa der *NRW-VfGH*, OVGE 29, S. 318, 320, einen Antrag auf Erlass einer einstweiligen Anordnung zurückgewiesen; zum vergleichbaren Fall der Wahlprüfung *BVerfG*, NJW 1983, S. 383.

2 So auch § 15 II NRW-VVVG.

3 Dazu ausführlich *Przygode*, S. 186 ff. Der HessStGH wurde mehrfach angerufen, vgl. *ESVGH* 19, S. 1 ff. Beim Volksbegehren zur Einführung der Briefwahl hatten die Vertreter der Initiatoren Unregelmäßigkeiten bei der Durchführung des Eintragungsverfahrens geltend gemacht. Insbesondere sei die Zahl der Eintragungslokale in Frankfurt am Main viel zu klein gewesen, da nur 19 Eintragungsstellen zur Verfügung standen, gegenüber 186 Wahllokalen bei Bundes- und Landtagswahlen. Der Staatsgerichtshof hat die Klage abgewiesen. Die Zahl der Wahllokale dürfe aufgrund des längeren Eintragungsverfahrens kleiner sein. Im übrigen sei nicht ersichtlich, dass das Volksbegehren ohne die gerügten Mängel erfolgreich gewesen wäre. Zum Verfahren *Schonebohm*, FS Stein, S. 317 ff., und auch *Jürgens*, S. 186 f.

4 Der *NRW-VfGH* hat sich unter Berufung auf § 15 II NRW-VVVG zu Recht geweigert, die Festlegung der Auslegungsstellen und -zeiten *vor* Abschluss des Eintragungsverfahrens im Wege der einstweiligen Anordnung zu überprüfen, da sich aus Art. 19 IV GG kein Anspruch auf lückenlosen verfassungsgerichtlichen Rechtsschutz ableiten lässt (*NRW-VfGH*, OVGE 29, S.318, 320; im Anschluss an *OVG Münster*, OVGE 29, S. 218, 221). Vgl. auch *VGH München*, BayVBl. 1990, S. 721, sowie *BVerfG*, NJW 1983, S. 383, zur vergleichbaren Frage des einstweiligen Rechtsschutzes im Wahlverfahren.

5 So auch *HessStGH*, ESVGH 19, S. 1, 3; *NRW-VfGH*, OVGE 29, S. 318, 320; *NRW-VfGH*, OVGE 30, S. 288, 295 ff.; Zinn/Stein-*Schonebohm*, Anm. VI.3.c. zu Art. 124 HessV und *Przygode*, S 175 f., m.w.N.

6 So zu Recht *Przygode*, S. 193, unter Berufung auf *HessStGH*, ESVGH 19, S. 1, 2.

7 *Pestalozza*, Verfassungsprozessrecht, § 27, Rn. 23, erwähnt bei der Darstellung der hessischen „Verfassungsstreitigkeit" nur die Antragsberechtigung der Bürger, ohne darauf einzugehen, welche konkreten Rechte diese geltend machen können. Dann behauptet er, dass auch im Verfassungsstreit nur eigene Rechte geltend gemacht werden können – dies ist aber mehr als zweifelhaft. Denn die Verfassung räumt einer Minderheit von einem Prozent der Stimmberechtigten keine eigenen Rechte ein, so dass deren Antragsrecht nach *Pestalozzas* Auslegung im Ergebnis leerlaufen würde. Zu beachten ist dabei auch und vor allem, dass Art. 131 III HessV ausdrücklich eine Ermächtigung zur Einführung eines Verfassungsbeschwerdeverfahrens bis hin zur Popularklage nach bayerischem Vorbild enthält. Dieses Verfahren dient aber nicht dem Schutz subjektiver Rechte. Nach alldem liegt in Bezug auf die Antragsberechtigung der Bürger eine extensive Auslegung nahe. Diese haben das Recht, ein *objektives* Verfahren einzuleiten.

Das Verfahren kann grundsätzlich schon vor Abschluss des Volksbegehrens eingeleitet werden.

Stefan Przygode sieht darüber hinaus die Möglichkeit, dass die Vertrauenspersonen als gesetzliche Vertreter der Unterzeichner eines Volksantrags ein Organstreitverfahren einleiten. Auch auf diesem Wege könnten Mängel schon während des Verfahrens gerügt werden. Zu beachten ist allerdings, dass nur im Saarland der *Volksantrag* in der Verfassung verankert ist. Nur hier kommen die Unterzeichner eines solchen Antrags daher neben den obersten Staatsorganen als „andere Beteiligte" eines Organstreitverfahrens nach Art. 97 I Nr. 1 SaarV in Frage.[1]

Nach alldem besteht in Bayern[2] eine Rechtsschutzlücke, da das BayLWG keine Regelung darüber enthält, ob und von wem die Entscheidung über das Zustandekommen des Volksbegehrens angefochten werden kann. Zwar können sich die Unterzeichner eines Volksbegehrens gemäß Art. 73 V 2 BayLWG gegen einen Beschluss des Landtags zur Wehr setzen, mit dem dieser die *Rechtsgültigkeit* des Volksbegehrens bestreitet. Der Landtag wird aber nur dann einen solchen Beschluss fassen, wenn der Landeswahlleiter zunächst festgestellt hatte, dass das Volksbegehren zustande gekommen ist. Ist hingegen schon der Landeswahlleiter zu dem Ergebnis gekommen, dass das Volksbegehren nicht zustande gekommen ist, haben die Antragsteller keine Möglichkeit, den Verfassungsgerichtshof anzurufen.[3] In diesem Fall ist dann aber auch keine nachträgliche Überprüfung eventueller Unregelmäßigkeiten während des Eintragungsverfahrens möglich – sofern nicht ausnahmsweise doch der Verwaltungsrechtsweg eröffnet ist.[4]

In diesem Zusammenhang ist auf die durchaus nicht unproblematische Entscheidung des BVerfG hinzuweisen, das eine Verfassungsbeschwerde der Vertrauenspersonen des Volksbegehrens für unzulässig erklärt hat, da die Durchführung eines Volksbegehrens nach den Vorgaben der BayV Ausübung von Staatsgewalt darstelle und daher nicht durch die Grundrechte geschützt sei.[5] Zum einen kann man schon die Frage stellen, ob bereits die Gesetzesinitiative als Ausübung von Staatsgewalt quali-

1 Dies erkennt wohl auch *Przygode*, S. 242 f., an, da er in Fn. 722 nur auf Art. 99 II 2 SaarV Bezug nimmt.
2 Und auch in Rheinland-Pfalz.
In Bayern scheint der Rechtsweg zum Verfassungsgerichtshof allerdings mittelbar dadurch eröffnet, dass Unterzeichner des Volksbegehrens nach Art. 73 V 2 BayLWG einen Beschluss des Landtags anfechten können, mit dem dieser die Rechtsgültigkeit des Volksbegehrens bestreitet. Der Landtag wird aber nur dann einen solchen Beschluss fassen, wenn der Landeswahlleiter zunächst festgestellt hat, dass das Volksbegehren zustande gekommen ist; so auch *Przygode*, S. 189 f.
Da weder der Volksantrag noch die Vertrauenspersonen in der Verfassung erwähnt sind, haben diese keine Möglichkeit, das Bundesverfassungsgericht anzurufen, dem nach Art. 93 I Nr. 4 GG eine „Auffangzuständigkeit" für alle verfassungsrechtlichen Streitigkeiten innerhalb eines Landes zusteht. Dies verkennt *Jürgens*, S. 117, der den Rechtsweg zum Bundesverfassungsgericht eröffnet sieht.
3 So auch *Przygode*, S. 189 f. Da weder der Volksantrag noch die Vertrauenspersonen in der Verfassung erwähnt sind, haben diese keine Möglichkeit, das Bundesverfassungsgericht anzurufen, dem nach Art. 93 I Nr. 4 GG eine „Auffangzuständigkeit" für alle verfassungsrechtlichen Streitigkeiten innerhalb eines Landes zusteht. Dies verkennt *Jürgens*, S. 117, der hier den Rechtsweg zum Bundesverfassungsgericht eröffnet sieht.
4 Konkrete Probleme können sich damit vor allem im Zusammenhang mit der Öffentlichkeitsarbeit der Landesregierung und des Landtags ergeben.
5 Vgl. BVerfGE 96, 231, 240 f.; kritisch hierzu *Bernd J. Hartmann*, DVBl., 2006, 1269 ff.

fiziert werden muss.[1] Vor allem geht das Gericht aber nicht darauf ein, dass sich etwa die Abgeordneten des Bundestages auf ihre in Art. 38 GG begründeten Rechte berufen können – das musste das BVerfG aber auch nicht näher ausführen, da sich aus dem Grundgesetz keine Grundrechte ergeben, die speziell auf die Teilhabe an den direktdemokratischen Verfahren in den Ländern zugeschnitten wären. Insofern wäre daher allein der Bayerische Verfassungsgerichtshof für die Auslegung der BayV gefordert gewesen. Allerdings hätte das BVerfG bei seiner Entscheidung dennoch berücksichtigen müssen, dass sich die Vertrauenspersonen eines Volksbegehrens ähnlich wie eine politische Partei im Vorfeld von Parlamentswahlen durchaus auf das auch in Art. 3 Abs. 1 GG verortete Recht auf Chancengleichheit im politischen Prozess und auf die Justizgrundrechte des GG stützen können. Insofern hätte die Verfassungsbeschwerde daher nicht für unzulässig erklärt werden dürfen.[2]

c. Die Voraussetzungen für das Zustandekommen des Volksbegehrens

Nur in Bayern wurde das Quorum des Art. 73 III 1 WRV von zehn Prozent der Stimmberechtigten grundsätzlich beibehalten.[3] Lediglich für ein Begehren, dem ein Antrag auf Auflösung des Landtags zugrunde liegt, gilt ein – heute im Ergebnis allerdings nur geringfügig höheres[4] – Quorum von einer Million Unterschriften.[5] In allen anderen Ländern wurden die Anforderungen gegenüber den Vorläuferregelungen aus der Zeit der Weimarer Republik fast durchweg deutlich erhöht. In Baden-Württemberg sind die Unterschriften von einem Sechstel der Stimmberechtigten erforderlich;[6] in Hessen und dem Saarland beträgt das Quorum 20 Prozent der Stimmberechtigten. Dieses Quorum galt – und gilt immer noch – auch in Berlin und Bremen.[7] In Rheinland-Pfalz wurde es im Rahmen der jüngsten Reformen auf 300.000 Unterschriften und damit etwa 10 Prozent der Stimmberechtigten abgesenkt.[8] In Nordrhein-Westfalen, wo bis zur jüngsten Verfassungsreform ebenfalls ein Quorum von 20 Prozent gegolten hatte, ist mittlerweile nur noch die Unterstützung durch 8 Prozent der Stimmberechtigten erforderlich.[9]

1 Vgl. dazu oben S. 247 ff.
2 Vgl. dazu auch *Bernd J. Hartmann*, a.a.O.
3 Eine entsprechende Regelung fand sich bereits in der Bamberger Verfassung von 1920. Allerdings war dort für Verfassungsänderungen noch ein höheres Quorum von einem Fünftel der Stimmberechtigten vorgesehen.
4 Zum Zeitpunkt der Entstehung der Verfassung entsprachen 1.000.000 Unterschriften einem Quorum von fast 25 %. Bei der ersten Landtagswahl im Dezember 1946 gab es 4,2 Mio. Stimmberechtigte. Aufgrund des Bevölkerungswachstums ist das Quorum mittlerweile auf etwas unter 11 % gesunken.
5 Artt. 74 I bzw. 18 III BayV.
6 Es mutet höchst merkwürdig an, dass *Jürgens*, S. 114, und *Oschatz*, S. 101, 107, dies als das höchste Quorum bezeichnen.
7 Vgl. Art. 70 I lit. c) Satz 1 BremV. Dies entspricht der Vorgabe der Bremischen Verfassung aus dem Jahre 1920.
8 Vgl. Art. 109 III 1 a.F. und n.F.
9 Vgl. Art. 68 I 7 NRW-V a.F. und n.F

Sofern nicht ausdrücklich etwas anders geregelt ist,[1] kommt es für die Berechnung auf die Zahl der Stimmberechtigten zum Zeitpunkt des Volksbegehrens an. Dies könnte – entgegen der von Gunter Jürgens vertretenen Ansicht[2] – zu praktischen Schwierigkeiten führen, da die „Eintragungsberechtigtenverzeichnisse" nämlich niemals aktuell sind. Bis zum Beginn der Eintragungsfrist bzw. bis zu ihrem Ende können sich durchaus Veränderungen ergeben. Allerdings werden sich diese aufgrund der vergleichsweise kurzen Eintragungsfristen in der Regel in einem solchen Rahmen halten, dass sie für den Erfolg des Volksbegehrens nicht entscheidend sind.

Wie schon im Zusammenhang mit dem Volksantrag dargelegt wurde,[3] lassen sich die Quoren nur vergleichen, wenn man sie ins Verhältnis zu der Frist setzt, innerhalb der die Unterschriften gesammelt werden müssen. Dabei ist eine weitere Differenzierung geboten. Entscheidend ist nämlich nicht nur, wie lange die Eintragungsfrist selbst ist, sondern vor allem, wie viel Zeit den Initiatoren insgesamt zur Verfügung steht, um genügend Bürger von ihrem Anliegen zu überzeugen. Maßgeblich ist also der Zeitraum von der Bekanntmachung über die Zulassung des Volksbegehrens und dem Abschluss der Eintragungsfrist. Dabei zeigt sich, dass etwa in Hessen eine über vier Mal so große Mobilisierungswirkung erreicht werden muss wie in Bayern.

---

1 Nach §§ 37 II 2 BW-VAbstG, 12 II HessVAbstG sowie § 73 III RP-LWG a.F. kommt es auf die Zahl der Stimmberechtigten bei den letzten Landtagswahlen an, in Bayern kann nach Art. 71 II BayLWG ggf. die letzte Volksabstimmung maßgeblich sein, wenn in einer Gemeinde keine Eintragungslisten aufgelegt worden sind.
2 *Jürgens*, S. 116; vgl. auch *Gensior/Krieg/Grimm*, S. 55 f.
3 Dazu siehe oben S. 290.

Das Volksbegehren nach den älteren Landesverfassungen

	BW	Bay	Hess	Saar	Brem a.F.	NRW a.F.	RP a.F.
Frist bis zum Abschluss	6-8 W.	10-14 W.	6 W.	8 W.	6,5 W.	6 W.	4 W.
Eintragungsfrist	2 W.	2 W.	2 W.	2 W.	9 T.	2 W.	2 W.
Quorum	1/6	10 % 1.000.000[a] ≈ 10,84%	20 %	20 %	20 %	20 %	20 %
Mobilisierungskoeffizient 1[b]	11,91	7,14 8,17[a]	14,3	14,3	22	14,29	14,29
Mobilisierungskoeffizient 2[c]	2,90-3,97	1,02-1,43 1,15-1,63[a]	4,76	3,57	4	4,76	7,14
Stimmberechtigte in 1.000[d]	7.529	9.223	4.367	818	486	13.257	3.084

[a] Bei Anträgen auf Auflösung des Landtags.
[b] Anteil der Stimmberechtigten (Promille), der pro Tag der Frist das Volksbegehren unterstützen muss.
[c] Anteil der Stimmberechtigten (Promille), der im Zeitraum zwischen der Bekanntmachung über die Zulassung des Volksbegehrens und dem Abschluss des Verfahrens überzeugt werden muss.
[d] Bei den Bundestagswahlen 2005.

In Hessen und dem Saarland stellt die Landesregierung fest, ob das Volksbegehren zustande gekommen ist. In Baden-Württemberg und Bayern der Landeswahl- bzw. -abstimmungsausschuss.[1] Die Rechtsschutzmöglichkeiten gegen die Feststellung über das Zustandekommen des Volksbegehrens wurden soeben schon beschrieben.

d. Die Behandlung erfolgreicher Volksbegehren

Wird das Quorum für das Volksbegehren erreicht, so hat die Landesregierung den Gesetzentwurf, der dem Volksbegehren zugrunde lag, samt Begründung und einer eigenen Stellungnahme an das Parlament weiterzuleiten.[2]

Festzuhalten ist zunächst, dass nur in Bayern die Möglichkeit besteht, das Verfahren jetzt noch aufgrund von Zweifeln über die Verfassungsmäßigkeit des Antrags aufzuhalten oder gar abzubrechen. Nach Artt. 74 V 1 BayV i.V.m. 73 V BayLWG hat der Landtag das Recht, die „Rechtsgültigkeit" des Volksbegehrens zu bestreiten. Gegen seine Entscheidung

1 Vgl. § 37 II 1 BW-VAbstG, Art. 71 I 1 BayLWG und § 73 I RP-LWG a.F. einerseits, sowie §§ 12 I 2 HessVAbstG, 11 II 2 SaarVAbstG und auch § 14 II NRW-VVVG andererseits.
2 Artt. 59 II 3 BW-V, 74 III BayV, 124 II 1 HessV, 99 IV SaarV; vgl. auch Artt. 68 II 1 NRW-V, 109 II 1 RP-V.

kann der Verfassungsgerichtshof angerufen werden. Die „Rechtsgültigkeit" bezieht sich nicht nur auf die Frage, ob das Volksbegehren zustande gekommen ist. Der Landtag und der Verfassungsgerichtshof haben vielmehr das Recht zu einer umfassenden Prüfung.[1] Zu beachten ist allerdings, dass der Verfassungsgerichtshof in der Regel bereits schon aufgrund des Volksantrags über die Zulässigkeit des Antrags entschieden hat.[2] Eine erneute Prüfung kommt daher in der Praxis nur dann in Betracht, wenn sich erst auf dieser Stufe des Verfahrens Zweifel in Bezug auf die Zulässigkeit des Volksbegehrens ergeben oder wenn der Landtag entgegen der Entscheidung des Landeswahlausschusses davon ausgeht, dass das Volksbegehren nicht zustande gekommen ist.

Denkbar ungeschickt formuliert ist allerdings die Regelung des Art. 72 I BayLWG, wonach der Ministerpräsident dem Landtag nur „rechtsgültige" Volksbegehren zu unterbreiten habe. Dies impliziert ein eigenständiges Prüfungsrecht der Landesregierung, das mit der Vorgabe des Art. 74 V 1 BayV kaum zu vereinbaren ist.[3]

Im Übrigen müssen die Parlamente sich innerhalb einer Frist von einem bis drei Monaten mit dem Gesetzentwurf befassen.[4] Lediglich in Baden-Württemberg gibt es keine solche Fristbestimmung und der Landtag steht für das Verfahren unter keinem Zeitdruck. Allerdings besteht damit auch die Gefahr einer Verschleppung des Verfahrens, da die Frist bis zum Volksentscheid gemäß § 5 II Nr. 1 BW-VAbstG erst mit der *ausdrücklichen* Ablehnung des einem Volksbegehren zugrunde liegenden Antrags durch den Landtag zu laufen beginnt.

Nimmt das Parlament den Entwurf innerhalb der ihm gesetzten Frist an, so unterbleibt grundsätzlich der Volksentscheid. In Baden-Württemberg und Hessen hat der Landtag schon aufgrund des ausdrücklichen Wortlautes der Verfassungen keine Möglichkeit zu Änderungen.[5] Nach Art. 100 I 1 SaarV, soll es hingegen darauf ankommen, ob der Landtag dem Antrag „entspricht".[6] Dieser Begriff ist restriktiv auszulegen. Grundsätzlich kann der Landtag die Abstimmung daher auch hier nur dadurch abwenden, dass er den Antrag unverändert annimmt.[7] Der Gesetzgeber kann ihm allerdings die Möglichkeit zu redaktionellen

---

[1] So auch *Meder*, Art. 74 BayV, Rn. 6; *Przygode*, S. 190, insbesondere Fn. 522. Hingegen vertritt *Jürgens*, S. 120 f., die Auffassung, dass der Landtag nur überprüfen könne, ob das Volksbegehren zustande gekommen sei. Er beruft sich dabei auf den Wortlaut des Art. 74 V 1 BayV, da dort vom Volksbegehren die Rede sei, nicht aber von dem diesem zugrunde liegenden Antrag. Tatsächlich bezieht sich Art. 74 V 1 BayV aber genau auf diesen Antrag, denn nur dieser kann Gegenstand der Verhandlungen des Landtags oder eines Volksentscheids sein.

[2] *Meder*, a.a.O., geht zu Recht davon aus, dass der Landtag an die frühere Entscheidung des BayVfGH gebunden ist.

[3] A.A. *Przygode*, S. 190, der übersieht, dass Art. 72 I BayLWG an dieser verfassungsrechtlichen Vorgabe zu messen ist.

[4] § 15 II HessVAbstG. 1 Monat; Artt. 74 V 1 BayV, 100 I 1 SaarV. 3 Monate. Nach §§ 17 II NRW-VVVG, 75 I RP-LWG a.F., galt eine Frist von zwei Monaten.

[5] Artt. 60 I 1 BW-V, 124 II 2 HessV.

[6] So auch Art. 68 II 3 NRW-V, Art. 109 IV 1 RP-V.

[7] Dies entspricht dem juristischen Sprachgebrauch. Einem Antrag ist dann „entsprochen", wenn ihm jedenfalls im Ergebnis in vollem Umfang stattgegeben wurde. So im Ergebnis wohl auch *Przygode*, S. 165 ff., m.w.N., der allerdings zu weit geht, wenn er sogar sprachliche und stilistische Änderungen ausschließen will, so dass eine Überprüfung durch die Verfassungsgerichte überflüssig sei (a.a.O.,

Änderungen einräumen. Wo dies, wie in Nordrhein-Westfalen und dem Saarland geschehen ist, haben im Zweifel die Verfassungsgerichtshöfe auf Antrag der Vertrauenspersonen zu entscheiden, ob sich eine scheinbar rein sprachliche Änderung auch inhaltlich auswirkt.[1]

Etwas anders stellt sich die Rechtslage in Bayern dar. Hier ergibt sich die Möglichkeit der Erledigung eines Volksbegehrens nämlich nicht schon aus der Verfassung, sondern erst aus Art. 73 III BayLWG. Diese Regelung steht nun aber im Widerspruch zu Art. 74 V BayV, der eindeutig festlegt, dass *alle* rechtsgültigen Volksbegehren innerhalb von drei Monaten[2] im Parlament zu behandeln und innerhalb weiterer drei Monate zur Abstimmung zu bringen sind.[3] Da Art. 74 IV BayV dem Landtag lediglich das Recht gibt, einen Konkurrenzentwurf mit zur Abstimmung zu stellen, wenn er das Volksbegehren ablehnt, wird damit aber deutlich, dass der Verfassunggeber auch insofern an das Vorbild der Schweizer Referendumsdemokratie anknüpfen wollte.[4] Angesichts dieser Vorgabe steht es dem einfachen Gesetzgeber aber nicht zu, eine Erledigungsmöglichkeit vorzusehen. Insbesondere kann eine solche Regelung nicht auf die allgemeine Bestimmung des Art. 72 I BayV gestützt werden, in der das Volk und der Landtag als Organe der Gesetzgebung genannt werden.[5] Denn aus dem Umstand, dass sich Volks- und Parlamentsgesetze gleichrangig gegenüber stehen, ergibt sich nicht, dass es einen dieser Gesetzgebungsorgane möglich wäre, das Verfahren des anderen zu erledigen. Vielmehr ist entsprechend den Vorgaben der Verfassung davon auszugehen, dass das Verfahren nach dem Erfolg des Volksbegehrens weder zur Disposition der Antragsteller noch zu der des Parlamentes steht. Art. 73 III BayLWG ist somit verfassungswidrig und nichtig: Selbst wenn der Landtag sich den Antrag eines Volksbegehrens zu eigen gemacht hat, muss das Volk entscheiden.[6]

S. 166).

1   Nach § 14 I 3 SaarVAbstG entscheidet der Landtag, ob er dem Volksbegehren entsprochen hat. Die Vertrauenspersonen der Antragsteller haben das Recht, diese Entscheidung vor dem Verfassungsgerichtshof anzufechten, vgl. dazu auch § 18 I und II NRW-VVVG. Diese Vorgabe kann muss in dem Sinne verfassungskonform ausgelegt werden, dass dem „Grundanliegen" der Antragsteller dann und nur dann entsprochen wurde, wenn sich die Änderungen durch den Landtag auf ein Minimum beschränken. Diese Auslegungsmöglichkeit verkennt *Przygode*, S. 167 f., der § 14 I 3 SaarVAbstG insgesamt für verfassungswidrig hält.
    In Rheinland-Pfalz hatte der Gesetzgeber den Landtag hingegen darauf verwiesen, einen konkurrierenden Entwurf zur Abstimmung zu stellen, wenn er die auf dem Wege des Volksbegehrens eingebrachte Vorlage nicht unverändert übernehmen will; § 75 II und III RP-LWG a.F. Wie sogleich noch aufzuzeigen sein wird, ist diese Regelung verfassungswidrig, vgl. dazu unten S. 319.

2   Diese Frist wird durch die Auflösung des Landtages gehemmt, Art. 74 V 2 BayV.

3   Dies gilt unabhängig davon, ob der Landtag dem Begehren zugestimmt hat oder nicht. So auch *Hernekamp*, S. 273.

4   Vgl. dazu schon oben S. 134 zur vergleichbaren Lage im Land Württemberg, wo die Vorgaben der Verfassung ebenfalls durch das Ausführungsgesetz unterlaufen worden waren.

5   So aber *Jürgens*, S. 55 f. m.w.N. Den möglicherweise abweichenden Vorstellungen des Verfassunggebers (dazu *Berger*, S. 106 f.) kommt angesichts des klaren Wortlautes keine entscheidende Bedeutung zu.

6   Diese Grundentscheidung ist auch verfassungs*politisch* vertretbar. Denn auf diese Weise wird verhindert, dass der Gesetzgeber vor dem vermeintlichen Volkswillen „einknickt", obwohl das betreffende Gesetz möglicherweise überhaupt nicht von einer hinreichenden Mehrheit der Bürger unterstützt wird.

In Bezug auf Volksbegehren mit dem Ziel der Landtagsauflösung ist in diesem Zusammenhang zu beachten, dass sich das Parlament in Bayern[1] selbst auflösen und damit die Abstimmung unnötig werden lassen kann.[2] In Baden-Württemberg gibt es diese Möglichkeit hingegen nicht.[3]

4. Der Volksentscheid[4]

a. Das Verfahren bis zum Volksentscheid

Hat der Landtag das Volksbegehren abgelehnt bzw. die Frist für dessen Behandlung verstreichen lassen, so muss der Volksentscheid durchgeführt werden. In den meisten Ländern muss das Verfahren innerhalb von einem bis drei Monaten abgeschlossen sein.[5] Das gesamte Verfahren von der Einreichung des Volksantrags bis zum Volksentscheid dauert etwa sechs Monate bis zu etwas mehr als einem Jahr.

In allen Ländern soll der Landtag berechtigt sein, einen konkurrierenden Entwurf mit zur Abstimmung zu stellen. Tatsächlich ergibt sich dieses Recht des Landtags nur in Baden-Württemberg, Bayern und dem Saarland unmittelbar aus der Verfassung.[6] Bei der entsprechenden Bestimmung im Ausführungsgesetz über das Verfahren beim Volksentscheid in Hessen[7] handelt es sich hingegen um ein unzulässige Verfassungsdurchbrechung,[8] da dem Landtag in der Verfassung eben keine Möglichkeit eröffnet wurde, den Bürgern selbst einen Gesetzentwurf zur Abstimmung vorzulegen.[9]

In diesem Zusammenhang ist auf eine Grundsatzentscheidung des Schweizerischen Bundesgerichtes aus dem Jahre 1965 hinzuweisen, in dem das Gericht ausgeführt hatte, dass das jeweilige Kantonsparlament unabhängig von einer entsprechenden ausdrücklichen Regelung in der Kantonsverfassung stets dazu berechtigt sei, einen

---

1 Und in Rheinland-Pfalz.
2 Artt. 18 I BayV, 84 I RP-V.
3 Art. 47 BW-V sieht die Landtagsauflösung lediglich für den Fall vor, dass die Regierungsbildung misslingt.
4 Eine ausführliche Darstellung findet sich bei *Jürgens*, S. 118 ff.
5 § 5 II Nr. 1 BW-VAbstG, Art. 74 V 1 BayV, § 18 I HessVAbstG, Art. 100 I 1 SaarV; und auch Art. 68 II 2 NRW-V. In Rheinland-Pfalz gab es bis zur jüngsten Reform keine ausdrückliche Fristbestimmung.
6 Artt. 60 I 2 BW-V, 74 IV BayV, 100 II 2 SaarV.
7 §§ 17 II HessVAbstG; vgl. auch §§ 19 I Nr. 1 NRW-VVVG, 75 III RP-LWG a.F.
8 Man beachte das Verbot der Verfassungsdurchbrechung in Artt. 123 I HessV und auch Artt. 69 I 1 NRW-V, 129 I RP-V. *Jürgens*, S. 122 ff., bleibt auch hier merkwürdig unentschlossen.
9 In Nordrhein-Westfalen und Rheinland-Pfalz gab und gibt es zwar die Möglichkeit von Referenden. Antragsberechtigt ist aber die Landesregierung (Art. 68 III 1 NRW-V) bzw. eine Minderheit der Landtagsabgeordneten, deren Antrag zusätzlich der Unterstützung durch 5 % der Stimmberechtigten bedarf (Art. 115 I 1 RP-V a.F. – im Rahmen der jüngsten Reform wurde das Quorum auf 150.000 Unterschriften abgesenkt).
Erst im Rahmen der jüngsten Verfassungsreformen wurde in Rheinland-Pfalz ein Hinweis auf eine konkurrierende Vorlage des Landtags eingefügt, vgl. Art. 109 IV 2 RP-V. In Nordrhein-Westfalen ist dies jedoch nicht geschehen.

eigenen Entwurf mit zur Abstimmung zu stellen.[1] Obwohl das Bundesgericht diese Rechtsprechung in der Folgezeit mehrfach bestätigt hat,[2] ändert das allerdings nichts daran, dass sich aus dem Initiativrecht des Parlaments noch keine Befugnis ergibt, eine Vorlage dem Volk zur Abstimmung vorzulegen. Ein „ungeschriebenes Recht" auf eine Konkurrenzvorlage kann daher allenfalls dann bestehen, wenn das Parlament das Recht hat, ein Referendum herbeizuführen.

Fraglich ist, welcher Anteil der Abgeordneten einem konkurrierenden Antrag des Landtags zustimmen muss. Geht es um ein einfaches Gesetz, reicht stets die Zustimmung durch die einfache Mehrheit der Abgeordneten. Problematisch wird es allerdings dann, wenn Gegenstand des Volksbegehrens eine Verfassungsänderung ist. Denn das Parlament kann eine Verfassungsänderung allenfalls mit einer qualifizierten Mehrheit der Abgeordneten selbst beschließen. Damit stellt sich aber die Frage, ob dieses qualifizierte Quorum gegebenenfalls auch für die Konkurrenzvorlage zu einem Volksbegehren übertragen werden muss. Dabei ist zu beachten, dass das Recht des Parlamentes, beim Volksentscheid einen konkurrierenden Entwurf mit zur Abstimmung zu stellen, mit der eigenständigen Durchsetzung einer Verfassungsänderung nicht vergleichbar ist. Schließlich bedarf auch die Konkurrenzvorlage gegebenenfalls der Zustimmung durch eine qualifizierte Mehrheit der Bürger beim Volksentscheid.

Auch die qualifizierten Quoren für ein obligatorisches bzw. fakultatives Verfassungsreferendum auf Antrag des Landtags lassen sich nicht ohne weiteres übertragen,[3] da das Parlament hier nicht aus eigener Initiative tätig wird. Da die Verfassungen nicht ausdrücklich die Zustimmung durch einen bestimmten Anteil der Abgeordneten voraussetzen, gibt es somit keinen Anlass, von den allgemeinen Regelungen in den Artt. 33 II 1 BW-V, 23 I BayV und 74 II 1 SaarV abzuweichen, wonach grundsätzlich die einfache Mehrheit der Abstimmenden ausreicht.[4]

---

1 *BGE* 91 I, S. 189, 194 ff.; vgl. dazu ausführlich *Trechsel*, Institutioneller Vergleich, S. 108 ff. m.w.N.
2 *BGE* 104 Ia, S. 249; *BGE* 113 Ia, S. 46.
3 Nach Art. 64 III 1 BW-V kann nur die (absolute) Mehrheit der Abgeordneten dem Volk eine Verfassungsänderung zur Entscheidung vorlegen. Nach Art. 75 II 1 BayV wird das obligatorische Referendum sogar nur durchgeführt, nachdem zunächst zwei Drittel der Abgeordneten einer Verfassungsänderung zugestimmt haben.
4 Dies verkennt *Geitmann*, Mehr Demokratie, S. 12, wenn er kritisiert, dass der konkurrierende Entwurf des Landtags beim Volksentscheid über die Einführung direktdemokratischer Verfahren auf der Ebene der Kommunen nur von der CSU-Mehrheit des Landtags getragen worden war, *obwohl* auch eine Verfassungsänderung Gegenstand des Verfahrens war; vgl. dazu unten S. 356.

Die Fristen für die direktdemokratischen Verfahren nach den älteren Landesverfassungen

	BW	Bay	Hess	Saar	Brem a.F.	NRW a.F.	RP a.F.
Frist für den Volksantrag	–	–	–	6 M.	–	–	–
Prüfung der Zulässigkeit	3 W.	3 M.[a]	1 M.[b]	3 M.	2 M.	6 W.[b]	–
Frist bis zur Bekanntmachung	–	4/6 W.[c]	–	–	unvzgl.	unvzgl.	–
Frist bis zum Volksbegehren	4-6 W.	8-10 W.	4 W.	> 6 W.	5 W.	4 W.	> 2 W.
Frist für das Volksbegehren	2 W.	2 W.	2 W.	2 W.	9 T.	2 W.	ca. 2 W.
Feststellung des Ergebnisses	–	–	6 W.	–	3 W.	3 W.	
Vorlage an den Landtag	unvzgl.[d]	4 W.	2 W.	unvzgl.	–	unvzgl.	unvzgl.
Behandlung im Landtag	–[e]	3 M.	1 M.	3 M.	2 M.	2 M.	2 M.
Frist bis zum Volksentscheid	3 M.	3 M.	1 M.	3 M.	2 M.	10 W.	–
Summe[f]	5,25-5,75 M.	13,5-14 M.	6,5 M.	11 M.	8 M.	8,25 M.	>3 M.[g]

[a] In Bayern entscheidet im Zweifel immer der Verfassungsgerichtshof auf Antrag des Staatsministeriums des Inneren. Diesem ist keine Frist für die „Vorprüfung" vorgegeben. Der BayVfGH muss dann innerhalb von drei Monaten entscheiden.
[b] Die Entscheidung über die Zulässigkeit kann in Hessen für drei Monate, in Nordrhein-Westfalen für sechs Monate ausgesetzt werden, wenn ein identischer Antrag beim Landtag eingebracht wurde
[c] Die Frist für die Bekanntmachung des Volksbegehrens hängt davon ab, ob der Verfassungsgerichtshof angerufen wurde (vier Wochen) oder nicht (sechs Wochen)
[d] Der Landtag wird bereits nach dem Eingang des Volksantrags unterrichtet.
[e] In Baden-Württemberg ist der Landtag nicht verpflichtet sich mit dem Begehren zu befassen.
[f] Dauer des Verfahrens von der Einreichung des Volksantrags (vier Wochen entsprechen einem Monat).
[g] Eine genaue Angabe ist aufgrund der fehlenden Fristen nicht möglich.

Nach Artt. 74 VII BayV, 100 II 1 SaarV ist jeder dem Volk zur Entscheidung vorgelegte Gesetzentwurf mit einer Weisung der Staatsregierung zu verbinden, die „bündig und sachlich" die Begründung der Antragsteller und die Auffassung der Staats- bzw. Landesregierung enthalten soll. Art. 75 II Nr. 3 BayLWG sieht darüber hinaus vor, dass auch die Auffassung des Landtags und des Senates aufzuführen sei. Diese Regelung ist mit den verfassungsrechtlichen Vorgaben unvereinbar, da sie der Auffassung der Staatsorgane, die sich gegen das Volksbegehren ausgesprochen haben, zu großes Gewicht einräumt.[1] Damit wird zugleich die verfassungs*politische* Fragwürdigkeit der Artt. 74 VII BayV, 100 II 1 SaarV deutlich. Denn selbstverständlich ist auch eine „bündige und sachliche" Stellungnahme geeignet, die Stimmberechtigten zu beeinflussen. Wie schon im Zusammenhang mit dem Volksbegehren herausgearbeitet wurde, haben die Antragsteller im Übrigen einen Anspruch auf Chancengleichheit, der sich in erster Linie als Grenze für die staatliche Öffentlichkeitsarbeit auswirkt.[2]

b. Rechtsschutzmöglichkeiten vor der Abstimmung

Fraglich ist weiterhin, ob die Beteiligten ihre Rechte auch schon während des Verfahrens geltend machen können. Insofern ist wiederum ist eine differenzierte Betrachtung erforderlich. Gegen die Entscheidungen und Handlungen der Behörden des Landes und der Kommunen ist gegebenenfalls der Verwaltungsrechtsweg eröffnet.[3] Geht es hingegen um die Maßnahmen der obersten Staatsorgane, so handelt es sich grundsätzlich um verfassungsrechtliche Streitigkeiten, die sich nach § 40 I 1 VwGO der Zuständigkeit der Verwaltungsgerichte entziehen.[4]

Aufgrund der enumerativen Aufzählung der Zuständigkeiten der Verfassungsgerichte scheint damit auch hier nur eine nachträgliche Kontrolle im Rahmen der Überprüfung der Feststellung über das Ergebnis des Volksentscheids in Betracht zu kommen.[5] Dabei ist allerdings zu beachten, dass das Volksbegehren – anders als der Volksantrag – in allen Verfassungen ausdrücklich erwähnt ist. Den Unterstützern eines Volksbegehrens kommt damit *insgesamt* die Rolle eines Staatsorgans zu, das in der Verfassung mit eigenen Rechten ausgestattet ist und das daher regelmäßig als „anderer Beteiligter" berechtigt ist, das Landesverfassungsgericht im Wege des Organstreitverfahrens anzurufen.[6] Sie werden dabei

---

[1] So auch *Przygode*, S. 199.

[2] Dazu siehe oben S. 307 f. Wegen der Möglichkeit einer unzulässigen Einflussnahme bestehen daher gewisse Bedenken dagegen, dass in § 78 I 2 RP-LWG a.F. ohne eine entsprechende Ermächtigung in der Landesverfassung vorgesehen war, dass der Veröffentlichung des Volksbegehrens eine „Erläuterung" der Landesregierung beizugeben sei, die bündig und sachlich sowohl die Begründung der Antragsteller wie das Auffassung des Landtags und der Landesregierung über den Gegenstand des Volksentscheids darlegen soll; vgl. dazu auch unten S. 862.

[3] Vgl. so im Ergebnis auch *VGH München*, a.a.O., zu einer Klage gegen die Öffentlichkeitsarbeit von Gemeinden im Zusammenhang mit dem Volksentscheid über das „Bessere Müllkonzept" (dazu siehe unten S. 350 ff.). Dagegen *Przygode*, S. 229 ff., der nicht hinreichend berücksichtigte, dass die Klage sich nicht gegen Verfassungsorgane richtete (differenzierend hingegen *ders.*, S. 246).

[4] Der Rechtsweg zu den Verwaltungsgerichten ist auch hier grundsätzlich nicht eröffnet, vgl. dazu auch *Przygode*, S. 228 ff.; eine ähnliche Ansicht vertritt der *VGH Kassel*, NVwZ 1991, S. 1098. Vgl. dazu schon oben S. 310 f. zu den Rechtsschutzmöglichkeiten im Zusammenhang mit dem Volksbegehren.

[5] So auch *Przygode*, S. 228.

[6] In diesem Sinne auch *Przygode*, S. 239 ff. und jetzt (zur Volksinitiative bzw. dem Bürgerantrag) das

grundsätzlich durch die Vertrauenspersonen gesetzlich vertreten. Nur in Hessen muss ein entsprechender Antrag über eine „Verfassungsstreitigkeit" nach Art. 131 II HessV von einem Prozent der Stimmberechtigten unterstützt werden.[1]

In Bayern ergibt sich insofern allerdings das Problem, dass nur die *obersten* Staatsorgane oder deren in der Verfassung mit eigenen Rechten ausgestattete Teile antragsberechtigt im Verfahren nach Art. 64 BayV sind. Das Volk selbst ist im Rahmen der direktdemokratischen Verfahren zwar Staatsorgan,[2] es wird aber jedenfalls nicht durch die Unterzeichner eines Volksbegehrens vertreten, denn diese wollen ja eine Entscheidung des Volkes erst herbeiführen.[3] Das schließt allerdings ein eigenständiges Antragsrecht der Unterstützer des Volksbegehrens nicht aus. Diese sind Teil des Volkes und als solcher in der Verfassung mit eigenen Rechten ausgestattet. Sie können den Verfassungsgerichtshof aber nur dann anrufen, wenn das Volk zu den *obersten* Staatsorganen im Sinne des Art. 64 BayV gehört. Dies ist jedoch nicht der Fall, da die obersten Staatsorgane in der Verfassung abschließend aufgezählt sind. Es handelt sich um den Landtag und die Staatsregierung.[4/5]

HambVfG, NordÖR 2004, 107 ff.; sowie das *OVG Bremen*, NordÖR 2004, S. 240; zustimmend *Röper*, ZParl. 2005, S. 152, 154; anders hingegen mit wenig überzeugender Begründung *BerlVfGH* DÖV 1999, 823 f.; vgl. Artt. 68 I Nr. 1 BW-V, 97 I Nr. 1 SaarV; vgl. auch Art. 75 Nr. 2 NRW-V. Die einzelnen Bürger als solche sind hingegen nicht antragsberechtigt, vgl. dazu *BVerfGE* 60, S. 175, 201; anders ohne nähere Begründung *VGH Kassel*, a.a.O.

In der einschlägigen Literatur wird die mögliche Antragsberechtigung der antragstellenden Bürger allerdings regelmäßig ignoriert, vgl. etwa *Bethge*, S. 17, 24 f., und auch *Pestalozza*, Verfassungsprozessrecht, § 22, Rn. 13 (Baden-Württemberg); § 29, Rn. 24 (Nordrhein-Westfalen) und § 31, Rn. 10 (Saarland), der im Zusammenhang mit der Darstellung des Organstreitverfahrens vor dem Bundesverfassungsgericht (§ 7, Rn. 12) jedoch die Forderung erhebt, dass im Grunde sogar *jeder* Aktivbürger im Rahmen von Abstimmungen und Wahlen antragsberechtigt im Organstreitverfahren sein müsste.

1 Auf die Probleme, die sich durch die Abkoppelung von den *tatsächlichen* Unterzeichnern des Volksbegehrens ergeben, wurde bereits hingewiesen, vgl. dazu oben S. 312 und dort auch Fn. 7.

2 Dies wurde bereits dargelegt, vgl. dazu oben S. 47 f.

3 Dies verkennt *Meder*, Art. 64 BayV, Anm. 1, und im Anschluss daran auch *Pestalozza*, Verfassungsprozessrecht, § 23, Rn. 43, der im Übrigen auch inkonsequent ist, wenn er bei der Darstellung der Antragsberechtigten im Organstreitverfahren in Baden-Württemberg, Nordrhein-Westfalen und dem Saarland nur die politischen Parteien beispielhaft für „andere Beteiligte" anführt, ohne darauf einzugehen, ob auch hier die Unterzeichner eines Volksbegehrens antragsberechtigt sind.

4 Bis 1998 war hier auch noch der Senat genannt. Würde man das Volk als „oberstes Staatsorgan" im Sinne des Art. 64 BayV ansehen, hätte dies im Übrigen zur Folge, dass jeder einzelne Bürger die Verletzung seiner verfassungsmäßigen Rechte auf diesem Wege dem BayVfGH vorlegen könnte. Die Möglichkeit der Popularklage nach Artt. 98 S. 4 i.V.m. 66 BayV (dazu *Domcke*, S. 231, 241 ff.; *Pestalozza*, Verfassungsprozessrecht, § 23, Rn. 87 ff.) hilft hier nicht weiter, denn dem BayVfGH können auf diesem Wege nur bereits geltende Normen vorgelegt werden.

5 Auch in Rheinland-Pfalz bestand insofern bis zur jüngsten Reform eine Rechtsschutzlücke, da Art. 130 I RP-V a.F. den Kreis der Antragsberechtigten im Organstreitverfahren abschließend bestimmte – das Volk war dort aber ebensowenig genannt, wie die Unterzeichner eines Volksbegehrens. Seit der jüngsten Verfassungsreform ist in Art. 130 I 2 RP-V jedoch ebenso wie in den meisten anderen Ländern nur noch von „anderen Beteiligten" die Rede, die in der Verfassung oder in der Geschäftsordnung eines Verfassungsorganes mit eigenen Rechten ausgestattet sind. Dazu gehören aber richtigerweise auch die Unterzeichner eines Volksbegehrens bzw. ihre Vertreter.

c. Die Quoren beim Volksentscheid

(1). Abstimmungen über einfache Gesetze

Die Quoren für den Volksentscheid unterscheiden sich nur geringfügig. In Bayern und Hessen reicht insofern[1] die Zustimmung durch eine einfache Mehrheit der Abstimmenden für die Annahme eines Gesetzentwurfes aus. In Baden-Württemberg muss einem Entwurf zudem mindestens ein Drittel der Stimmberechtigten zustimmen, im Saarland sogar die Hälfte.[2] Erreicht in diesen beiden Ländern keiner der Entwürfe die erforderliche qualifizierte Mehrheit der Stimmberechtigten, so bleibt es gegebenenfalls beim status quo ante. Sofern auch der Landtag einen eigenen Entwurf zur Abstimmung gestellt hatte, ist er allerdings nicht daran gehindert, diesen unmittelbar nach der Abstimmung als eigenes Gesetz zu beschließen.

Die Quoren für die direktdemokratischen Verfahren nach den älteren Landesverfassungen

		BW	Bay	Hess	Saar	Brem a.F.	NRW a.F.	RP a.F.
Einfache Gesetze	Abstimm.		Mehrheit	Mehrheit		Mehrheit	Mehrheit	Mehrheit
	Stimmber.	1/3			50 %	50 % *Bet.*		
Verfassungs-änderungen	Abstimm.		Mehrheit	–	–		–	
	Stimmber.	Mehrheit	25 %[a]			Mehrheit		Mehrheit
Beendigung der Wahlperiode	Abstimm.		Mehrheit	–	–	–	–	Mehrheit
	Stimmber.	Mehrheit	Mehrheit					

[a] Dieses Quorum ergibt sich *nicht* aus der Verfassung, sondern wurde vom Verfassungsgerichtshof festgelegt. Sie ist mittlerweile in § 79 I BayLWG positiv-rechtlich geregelt.

Sämtliche Ausführungsgesetze enthalten Bestimmungen für den Fall, dass mehrere Vorlagen zum selben Gegenstand zur Abstimmung stehen. Grundsätzlich kommt es darauf an, welcher der Anträge die meisten Stimmen auf sich vereinigen konnte.[3] Dies entspricht

---

1 Ebenso wie seit jeher in Nordrhein-Westfalen und bis zur jüngsten Verfassungsreform auch in Rheinland-Pfalz.
2 Artt. 60 V BW-V, 2 II 2 BayV, 124 III 2 HessV, 100 III SaarV; oder Artt. 68 IV 2 NRW-V, 109 II 2 RP-V.
3 §§ 20 S. 1 BW-VAbstG, 22 II 1 HessVAbstG, in den anderen Ländern fehlen entsprechende ausdrückliche Regelungen.

der Vorgabe der Landesverfassungen, wonach die einfache Stimmenmehrheit für die Annahme eines Entwurfs ausreicht.[1]

In allen Ländern ist es zulässig, sich in Bezug auf einzelne Entwürfe der Stimme zu enthalten. Jedoch können die Bürger nur in Baden-Württemberg und seit 1998 auch in Bayern mehreren Entwürfen zustimmen.[2] In Bayern haben sie darüber hinaus die Möglichkeit, eine „Stichfrage" zu beantworten, falls mehr als ein Entwurf das erforderliche Quorum erreichen sollte. In Hessen und dem Saarland müssen die Abstimmenden hingegen entweder einem Entwurf zustimmen oder aber alle Entwürfe ablehnen.[3] Dies ist durchaus nicht unproblematisch, da sich die zur Abstimmung stehenden Entwürfe normalerweise nicht grundlegend, sondern nur graduell voneinander unterscheiden. Dann besteht aber an sich kein Anlass, die Bürger zu einer Entscheidung zwischen den einzelnen Entwürfen zu zwingen. Da es sich hier jedoch in erster Linie um eine verfassungs*politische* Bewertung handelt, sind die Gesetzgeber nicht gezwungen, den Bürgern die Möglichkeit zu geben, sich in Bezug auf jeden einzelnen Entwurf gesondert zu entscheiden.

Abschließend sei darauf hingewiesen, dass das Ergebnis eines Volksentscheids in allen Ländern angefochten werden kann. Die entsprechenden Regelungen sind mit denen für die Wahlprüfung vergleichbar.[4]

(2). Abstimmungen über Verfassungsänderungen und die Auflösung des Landtags

Für eine Verfassungsänderung durch Volksentscheid und die Auflösung des Landtags muss in Baden-Württemberg ein qualifiziertes Quorum erreicht werden. Hier ist jeweils die Zustimmung durch die Mehrheit der Stimmberechtigten erforderlich.[5] Dieses Quorum galt auch in Bremen und Rheinland-Pfalz für Anträge auf eine Verfassungsänderung.[6]

In Hessen reicht bei Abstimmungen über Verfassungsänderungen derzeit die Zustimmung durch die Mehrheit der Abstimmenden aus, wobei eine solche Abstimmung derzeit nur im Wege des obligatorischen Verfassungsreferendums erzwungen

---

1 In Bayern kommt es nach Art. 79 II 1 BayLWG darauf an, ob die Zahl der „Ja"-Stimmen für den betreffenden Entwurf größer ist als die Zahl der „Nein"-Stimmen. Dies ist keine Abweichung vom Mehrheitsprinzip. Vielmehr wird lediglich klargestellt, dass keiner der Entwürfe angenommen ist, wenn die relative Mehrheit der Abstimmenden alle Vorlagen abgelehnt hat.

2 Nach § 15 II 2 BW-VAbstG muss der Stimmzettel für jede Vorlage eine eigene Frage enthalten, auf welche die Stimmberechtigten gemäß § 16 III 1 BW-VAbstG mit „Ja" oder „Nein" antworten muss; vgl. auch Art. 76 IV BayLWG. Diese Möglichkeit bestand seit jeher auch in Nordrhein-Westfalen und Rheinland-Pfalz, vgl. §§ 19 II 2, 21 I NRW-VVVG bzw. §§ 78 II 2 und 80 RP-LWG a.F.

Es ist nicht recht nachvollziehbar, wie *Przygode*, S. 66, aus der Notwendigkeit einer *eindeutigen* Entscheidung darauf schließt, dass stets nur einem Entwurf zugestimmt oder alle abgelehnt werden können. Dies ist vielmehr nur dann richtig, wenn man davon ausgeht, das die Entwürfe inhaltlich unvereinbar sind. Dies ist aber keineswegs notwendigerweise der Fall.

3 §§ 21 I lit. f HessVAbstG, 17 IV 2 SaarVAbstG. Offen bleibt, wie in Bayern unter diesen Voraussetzungen mehrere Entwürfe mehr „Ja"- als „Nein"-Stimmen erhalten sollen. Die Möglichkeit, für jeden Entwurf getrennt abstimmen zu können, ist insofern bedeutungslos.

4 Zusammenfassend dazu *Przygode*, S. 248 ff.

5 Art. 43 I, 64 III 3 BW-V.

6 Art. 129 I RP-V.

werden kann, vgl. Art. 123 II HessV. Im aktuellen Entwurf für eine Reform der Hessischen Verfassung finden sich allerdings einige bemerkenswerte Änderungsvorschläge:[1] Zum einen soll das obligatorische Verfassungsreferendum auf den Fall beschränkt werden, dass ein Antrag zur Änderung der Verfassung im Landtag nicht die Zustimmung durch zwei Drittel der Abgeordneten erreicht hat. In diesem Fall würde beim Volksentscheid nach wie vor die Zustimmung durch die Mehrheit der Abstimmenden ausreichen. Zum anderen soll es in Zukunft aber auch die Möglichkeit eines Volksentscheides über Verfassungsänderungen geben: In Bezug auf das Quorum für einen solchen Volksentscheid käme es darauf an, ob sich der Landtag den Antrag zu eigen macht: Würde er ihn mit einer Mehrheit von zwei Dritteln seiner Mitglieder annehmen, hätte sich das Volksbegehren erledigt. Würde nur eine Mehrheit der Abgeordneten der Vorlage zustimmen, käme es zum Volksentscheid, bei dem nun aber nicht nur die Zustimmung durch eine Mehrheit der Abstimmenden ausreichen soll, sondern diese Mehrheit zugleich einem Viertel der Stimmberechtigten entsprechen müsste. Und wenn der Landtag die Vorlage ablehnen würde, müssten ihr beim anschließenden Volksentscheid sogar eine Mehrheit der Stimmberechtigten zustimmen.[2]

(3). Inkurs – Zur Problematik des Art. 2 II 2 BayV: „Mehrheit entscheidet"

Umstritten war und ist die Rechtslage in Bayern. In Art. 74 BayV ist nur geregelt, unter welchen Voraussetzungen ein Volksentscheid statt finden soll. Im Gegensatz zu den Verfassungen aller anderen Länder findet sich jedoch keine Bestimmung über ein Zustimmungsquorum oder eine Mindestbeteiligung. Damit stellt sich die Frage, ob der einfache Gesetzgeber dazu berechtigt ist, im Rahmen des Ausführungsgesetzes zu dieser Verfassungsbestimmung solche Quoren einzuführen.

Tatsächlich hatte das BayLWG zunächst vorgesehen, dass für Verfassungsänderungen die Zustimmung durch eine einfache Mehrheit der Stimmberechtigten erforderlich sein solle. Diese Regelung wurde vom Bayerischen Verfassungsgerichtshof jedoch bereits in einer seiner ersten Entscheidungen für verfassungswidrig erklärt, da sie im Widerspruch zu Art. 2 II 2 BayV stehe, nach dem „Mehrheit entscheidet". Dabei handele es sich nach Ansicht des Gerichts nicht nur um einen Programmsatz, der weiterer Ausfüllung bedarf, sondern um eine verbindliche Vorgabe, die der einfache Gesetzgeber nicht modifizieren dürfe. Denn – anders als beim Wahlrecht – enthalte die Verfassung keinen Vorbehalt, durch den Gesetzgeber berechtigt würde, „das Nähere zu bestimmen". Unter dem Begriff der „Mehrheit" im Sinne von Art. 2 II 2 BayV sei daher auch bei Abstimmungen über Verfassungsänderungen stets die Mehrheit der gültig abgegebenen Stimmen zu verstehen.[3]

Diese enge Auslegung der Verfassung wird nicht zuletzt durch einen Vergleich mit den entsprechenden Vorläuferbestimmungen der Bamberger Verfassung von 1919 bestätigt, die sowohl für Volksentscheide über Verfassungsänderungen als auch in Bezug auf Abstim-

---

1 Vgl. HessLT-Drs. 16/3700 und oben S. 264.
2 Vgl. den Entwurf für Art. 124 IV in HessLT-Drs. 16/3700, S. 39. Das Quorum wurde von den SPD-Vertretern in der Enquête-Kommission vehement kritisiert, vgl. HessLT-Drs. 16/3800, S. 71.
3 *BayVfGHE* 2, S. 181, 217 ff..

mungen über die Auflösung des Landtags qualifizierte Quoren enthalten hatte.[1] Der Umstand, dass sich die Verfassunggebende Versammlung gegen qualifizierte Quoren ausgesprochen hat, lässt sich wohl nicht zuletzt darauf zurück führen, dass sowohl Hans *Nawiasky*, der diesem Ausschuss und der Staatsregierung als Berater zur Seite stand, als auch der damalige Ministerpräsident Wilhelm *Hoegner* in der Zeit des nationalsozialistischen Regimes im Exil in der Schweiz gelebt und Gelegenheit gehabt hatten, sich mit den dort üblichen Verfahren zu befassen.

Die Entscheidung des bayerischen Verfassungsgerichtshofes wurde in Teilen der Literatur mit dem Hinweis auf die Gefahr einer „Diktatur der Minderheit" teilweise heftig kritisiert.[2] Dennoch blieb der Gerichtshof über mehr als 50 Jahre bei seiner Rechtsprechung. Dies änderte sich allerdings nach dem Volksentscheid über die Abschaffung des bayerischen Senates im Februar 1998.[3] Da der Senat diese Entscheidung nicht hinnehmen wollte, beauftragte man den Bonner Staatsrechtslehrer Josef Isensee mit einem Gutachten, in dem unter anderem geklärt werden sollte, ob es zulässig ist, bei Abstimmungen über Verfassungsänderungen auf ein qualifiziertes Quorum zu verzichten. In seinem Gutachten kam Isensee zunächst zu dem durchaus überraschenden Ergebnis, dass die Verfassung selbst in Bezug auf die Quoren bei Abstimmungen über Verfassungsänderungen allzu unklar sei. Insbesondere handele es sich bei dem Umstand, dass in der Verfassung kein qualifiziertes Quorum für Verfassungsänderungen enthalten ist, um eine unbeabsichtigte Regelungslücke, die vom Gesetzgeber im Rahmen eines Ausführungsgesetzes geschlossen werden müsse.[4] Da der Verfassung ein höherer Bestandsschutz zukommen müsse, dürfe sie nur unter erschwerten Bedingungen abänderbar sein.[5] Dies zeige insbesondere ein Vergleich mit der

---

1 § 10 III der Verfassungsurkunde des Freistaats Bayern vom 14. August 1919 (GVBl. Nr. 58) lautete.
„Volksentscheidungen finden nur in den von dieser Verfassung vorgesehenen Fällen statt. Sie ist rechtswirksam bei einfachen Gesetzen, wenn mindestens ein Fünftel, bei Verfassungsgesetzen, wenn mindestens zwei Fünftel der stimmberechtigten Wahlberechtigten daran teilgenommen haben. Vorbehaltlich der Vorschrift des § 30 IV entscheidet einfache Mehrheit, bei Verfassungsänderungen Zweidrittelmehrheit der abgegebenen gültigen Stimmen. Die Abstimmung ist allgemein, gleich, unmittelbar und geheim. Sie kann nur bejahend oder verneinend sein."
§ 30 IV lautete. „Begehrt mindestens ein Fünftel der stimmberechtigten Staatsbürger die Auflösung des Landtages, so ist eine Volksentscheidung hierüber anzuordnen. Die Abstimmung ist nur rechtswirksam, wenn an ihr mindestens die Hälfte der Stimmberechtigten teilgenommen und eine Mehrheit von mindestens Zweidrittel der abgegebenen Stimmen für die Auflösung sich ausgesprochen haben."
Vgl. dazu schon oben S. 274 sowie ausführlich *Jung*, BayVBl. 1999, S. 415, 416 ff.

2 Vgl. insbesondere *Meder*, Art. 74 BayV, Rn. 9 und Art. 72, Rn. 3a, der die Gefahr einer Demagogisierung und einer Pervertierung zur Minderheitenherrschaft beschwor und daher seiner Hoffnung Ausdruck verlieh, dass der BayVfGH seine Rechtsprechung revidiere. Ähnlich auch *Zacher*, BayVBl. 1998, S. 737, 740 ff., der allerdings eine Verfassungsänderung für erforderlich hielt.
Zustimmung fand die Auslegung des BayVfGH hingegen bei *Deubert*, BayVBl. 1998, S. 716, 717, *Hahnzog*, S. 159, 163.

3 Vgl. dazu unten S. 359.

4 *Isensee*, Verfassungsreferendum, S. 44 ff. Ähnlich schon *Meder*, Art. 74 BayV, Rn. 9; Kritisch dazu *Jung*, BayVBl. 1999, S. 417, 418.

5 *Isensee*, a.a.O.; vgl. auch *Funk*, S. 175 ff. und jetzt *ThürVfGH*, ThürVBl. 2002, S. 31, 44 = LKV 2002, S. 83, 95 f.; ähnliche Bedenken hatte zuvor schon *Zacher*, BayVBl. 1998, S. 737, 741, geäußert, ohne allerdings ins Detail zu gehen.

Rechtslage in den anderen Ländern, wo durchweg qualifizierte Quoren für Volksentscheide über Verfassungsänderungen vorgesehen sind.

Angesichts der Tatsache, dass sich der Verfassunggeber in Bayern sehr bewusst gegen die Einführung qualifizierter Quoren entschieden hatte, erscheint die These, dass hier eine unbeabsichtigte Regelungslücke vorliegen soll, nachgerade absurd.[1] Aus genau demselben Grund führt auch der Vergleich mit den Parallelbestimmungen in den Verfassungen der anderen Länder nicht weiter. Wie bereits dargelegt wurde,[2] verdient Isensee allerdings zumindest insofern Zustimmung, als er davon ausgeht, dass der Vorrang der Verfassung durch einen erhöhten Bestandsschutz abgesichert werden muss. Zwar lässt sich diese Forderung nicht als notwendige Konsequenz aus dem *demokratischen* Prinzip ableiten, da es zumindest vertretbar erscheint, wenn der Verfassunggeber die Tatsache der Stimmenthaltung auch hier als Beleg für die Indifferenz derjenigen deutet, die sich nicht an der Abstimmung beteiligen. Allerdings gehört die erschwerte Abänderbarkeit der Verfassung zu den wesentlichen Kernelementen eines Rechtsstaates im Sinne von Art. 28 I GG, da die verfassungsrechtlichen Verbürgungen und insbesondere die Grundrechte im Ergebnis leer laufen würden, wenn die Verfassung nur *formal* Vorrang vor den einfachen Gesetzen hätte.[3]

Dennoch kann die Entscheidung des Bayerischen Verfassungsgerichtshofes vom 17. September 1999 nicht überzeugen, mit der dieser im Anschluss an das Gutachten von Josef Isensee seine bisherige Rechtsprechung aufgegeben hat und zu dem Ergebnis gekommen ist, dass gegebenenfalls mindestens ein Viertel der Stimmberechtigten einer Verfassungsänderung zustimmen muss.[4] Problematisch erscheint insofern zunächst der Umstand, dass die für den Verfassungsgerichtshof zunächst maßgebliche Bayerische Verfassung in ihrem Art. 75 I 2 BayV nur den „demokratischen Grundgedanken der Verfassung" der Disposition des verfassungsändernden Gesetzgebers entzieht und damit hinter den Vorgaben der Artt. 28 I und 79 III GG zurück bleibt.[5] Die Verpflichtung, Verfassungsänderungen nur unter erschwerten Bedingungen zuzulassen, ergibt sich somit erst aus dem Homogenitätsprinzip des Art. 28 I 2 GG,[6] der jedoch als Maßstab für die verfassungsrecht-

---

1 In diesem Sinne auch *Jung*, BayVBl. 1999, S. 417, 419 f. Aus diesem Grund kann auch die von *Ziemske* im Verfahren vor dem *BayVfGH* vertretene und später von *Funk*, S. 174, übernommene These nicht überzeugen, dass das Quorum des Art. 75 II BayV für eine Verfassungsänderung durch den Landtag auf Volksentscheide übertragen werden müsse. Für eine Analogie fehlt es schon an der unbeabsichtigten Regelungslücke.

2 Vgl. dazu oben S. 251 ff.

3 Vgl. dazu oben S. 54 ff.

4 *BayVfGH* NVwZ-RR 2000, S. 65. Diese Entscheidung knüpft an die frühere Rechtsprechung zur direktdemokratischen Verfahren auf der Ebene der Kommunen an, vgl. *BayVfGH*, BayVBl. 1997, S. 622; dazu oben S. 356 f.

5 In diesem Sinne wohl *Deubert*, BayVBl. 1998, S. 716, 717.

6 Wobei festzuhalten ist, dass die These *Isensees*, Verfassungsreferendum S. 44 ff., nicht überzeugen kann, der davon ausgeht, dass das so genannte Homogenitätsgebot des Art. 28 I GG das Verhältnis *unter* den Ländern betrifft, also die „horizontale Homogenität" verlangt. Tatsächlich geht es um die „vertikale Homogenität" der Verfassungsordnung des Bundes und der einzelnen Länder, wobei es diesen frei steht, ihr Staatsorganisationsrecht völlig unabhängig von den Regelungen in den anderen Ländern auszugestalten.

liche Prüfung durch den Bayerischen Verfassungsgerichtshof ausscheidet.[1] Zwar deutet die Entstehungsgeschichte der Verfassung darauf hin, dass sich der Verfassunggeber ganz bewusst *gegen* eine Kodifikation des Schutzobjektes dieser Ewigkeitsklausel entschieden hat und dabei davon ausgegangen ist, dass zu den „demokratischen Grundgedanken der Verfassung" neben dem Grundsatz der Volkssouveränität auch die an sich dem Rechtsstaatsprinzip zuzuordnenden Prinzipien der Gewaltenteilung, der Gesetzmäßigkeit und Rechtsbindung der Verwaltung etc. gehören sollen.[2] Geht man jedoch davon aus, dass der Wortlaut einer Bestimmung äußerste Grenze ihrer Auslegung ist, so scheidet eine dementsprechend weite Auslegung des Art. 75 I 2 BayV aus.

Selbst wenn man dem Bayerischen Verfassungsgerichtshof dennoch das Recht zubilligt, die Verfassung am Maßstab des Art. 28 I GG zu überprüfen, ist und bleibt die genaue Festlegung der Quoren Sache des Verfassunggebers, der einen angemessenen Ausgleich zwischen den Interessen der durch die Verfassung geschützten Minderheiten und der Notwendigkeit einer effektiven, nicht prohibitiven Verfahrensgestaltung finden muss.[3] Der Verfassungsgerichtshof ist jedoch nicht dazu berechtigt, selbst ein Quorum oder auch nur ein bestimmtes Schutzkonzept festzulegen.[4]

Entgegen einer von Otmar Jung aufgestellten These ist der höhere Bestandsschutz der Verfassung nicht schon dadurch hinreichend abgesichert, dass für *parlamentarische* Verfassungsänderungen eine Zwei-Drittel-Mehrheit und die Bestätigung in einem Referendum erforderlich ist.[5] Vielmehr ist auch bei unmittelbaren Entscheidungen durch die Bürger sicher zu stellen, dass die Verfassung nur unter erschwerten Bedingungen abgeändert werden kann. Zwar liegt die Entscheidung, wie dies geschehen soll, grundsätzlich beim Verfassunggeber. Der Verfassungsgerichtshof kann und muss aber einschreiten, wenn infolge

---

1 In diesem Sinne auch von Münch/Kunig-*Löwer*, Art. 28 GG, Rn. 12; von Mangoldt/Klein/Starck-*Tettinger*, Art. 12 GG, Rn, 68. Eine andere Auffassung vertritt unter anderem *Sachs*, JuS 2000, S. 706, 707, der darauf abstellt, dass es sich bei der BayV um vorkonstitutionelles Recht handelt. Aus dem Umstand, dass der BayVfGH nicht schon aufgrund von Art. 100 I GG dazu verpflichtet ist, die problematischen Bestimmungen dem BVerfG vorzulegen, folgt jedoch nicht automatisch, dass das Gericht das Recht hat, selbst über die Auslegung des Grundgesetzes zu befinden.

2 In diesem Sinne etwa Nawiasky-*Schweiger*, Art. 75 BayV, Rn. 4 f.

3 In diesem Sinne auch *Lege*, DÖV 2000, S. 283, 287; *Schweiger*, BayVBl. 2000, S. 195; kritisch zur Argumentation des BayVfGH auch *Pestalozza*, JöR 2004, S. 121, 128 ff..
Festzuhalten ist, dass sich die Quoren für eine Verfassungsänderung durch das Parlament nicht ohne weiteres übertragen lassen. Insofern ist zum einen zu beachten, dass die Indifferenzvermutung hier nicht durchgreift, da es Aufgabe der Abgeordneten ist, im Parlament an der Gesetzgebung mitzuwirken. Zum anderen muss berücksichtigt werden, dass das Parlament die gesellschaftlichen Verhältnisse nur unvollkommen widerspiegelt. Durch das Erfordernis einer qualifizierten Mehrheit soll daher sicher gestellt werden, dass tatsächlich nur solche Regelungen in die Verfassung aufgenommen werden, die auch von einer hinreichenden Mehrheit der Bürger unterstützt werden. Schließlich ist zu beachten, dass es der jeweiligen Mehrheit ohne qualifizierte Quoren ohne weiteres möglich wäre, das System der Staatsorganisation zu ihren Gunsten zu modifizieren.

4 In diesem Sinne auch *Pestalozza*, JöR 2004, S. 121, 127 ff.; vgl. auch *Schweiger*, BayVBl. 2000, S. 195. Insofern hat sich auch *Horn*, BayVBl. 1999, S. 727, 728, kritisch zur Entscheidung des *BayVfGH* geäußert, wobei er allerdings eher für ein noch höheres Quorum plädierte.

5 So aber wohl *Jung*, BayVBl. 1999, S. 417, 425, der zudem auf das Verbot der Verfassungsdurchbrechung abstellt. Vgl. dazu auch *Dreier*, BayVBl. 1999, S. 513, 518.

einer Verfassungsänderung die Differenzierung zwischen Abstimmungen über einfache Gesetze und die Verfassung völlig aufgehoben würde. Daher verdient der Bayerische Verfassungsgericht zumindest insofern im Ergebnis Zustimmung, als er einige Monate nach der soeben geschilderten Entscheidung ein Volksbegehren für unzulässig erklärt hat, mit dem die Rückkehr zum früheren Rechtszustand und damit erreicht werden sollte, dass die Verfassung im Wege des Volksentscheids unter genau denselben Voraussetzungen geändert werden kann, wie ein einfaches Gesetz.[1]

d. Die Ausfertigung und Verkündung von Volksgesetzen

Damit die vom Volk beschlossenen Gesetze in Kraft treten können, müssen sie ebenso wie Parlamentsgesetze ausgefertigt und verkündet werden. Grundsätzlich gilt dabei nichts anderes als für Parlamentsgesetze. In den älteren Landesverfassungen obliegt die Ausfertigung und Verkündung der Gesetze fast[2] überall der Landesregierung[3] beziehungsweise dem Ministerpräsidenten.[4] Eine Sonderregelung für die Volksgesetzgebung findet sich lediglich in § 24 II HessVAbstG, der keine Ausfertigung vorsieht, sondern die Landesregierung dazu verpflichtet, das beschlossene Gesetz innerhalb von zwei Wochen zu verkünden, wobei diese Frist mit dem Ablauf der Frist für den Einspruch gegen das Ergebnis des Volksentscheides bzw. mit der Verkündung der Entscheidung über einen solchen Einspruch beginnt.[5]

Damit stellt sich die Frage, ob die zuständigen Organe mit der Ausfertigung und Verkündung so lange abwarten können oder gar müssen, bis die Frist für die Anfechtung des Volksentscheides abgelaufen ist. Insofern ist auf der einen Seite zu beachten, dass hier grundsätzlich nichts anderes gelten kann als bei Parlamentsgesetzen, die ebenfalls unabhängig davon in Kraft treten, ob sie wegen eines Verfahrensverstoßes dem Verfassungsgericht vorgelegt werden. Sollte sich später tatsächlich herausstellen, dass das Gesetz aus formellen Gründen verfassungswidrig ist, so ist es grundsätzlich als von Anfang an nichtig anzusehen, wobei sich lediglich die Frage stellt, ob bereits ein schutzwürdiges Vertrauen begründet wurde.[6] Auf der anderen Seite läuft das spezielle Verfahren zur Anfechtung von Volksentscheiden damit jedoch jedenfalls dann leer, wenn ein Antrag beim Volksentscheid angenommen wurde.[7]

---

1 Vgl. dazu ausführlicher unten S. 364 ff..
2 Lediglich in Berlin war nach Artt. 46 II VvB-1950 der Präsident des Abgeordnetenhauses für die Ausfertigung zuständig. Die Verkündung erfolgte auch hier durch den Regierenden Bürgermeister. Vgl. auch Art. 60 II VvB.
3 Vgl. Artt. 63 I 1 BW-V; 123 II BremV; 71 I 1 NRW-V
4 Vgl. Artt. 76 I BayV; 120 HessV; 113 I RP-V; 102 I 1 SaarV.
5 Entgegen der Ansicht von *Hinkel*, S. 216 ist dies nicht verfassungswidrig, da für die Ausfertigung generell keine Frist gilt.
6 Tatsächlich ist das jedenfalls dann nicht der Fall, wenn das Gesetz unmittelbar nach der Verkündung dem Verfassungsgericht vorgelegt wurde und dies auch erkennbar war. In diesem Fall musste man schließlich mit der Aufhebung rechnen.
7 Andernfalls führt die Wiederholung der Abstimmung ja nur dazu, dass die Vorlage ggf. später in Kraft tritt.

Der Konflikt lässt sich jedoch möglicherweise dann auflösen, wenn man die Möglichkeit einer einstweiligen Anordnung durch die Verfassungsgerichte berücksichtigt. Nach der Ansicht des Bundesverfassungsgerichtes[1] und des baden-württembergischen Staatsgerichtshofes[2] kann eine solche Anordnung nach Einleitung des Hauptsacheverfahrens grundsätzlich auch ohne einen Antrag von Amts wegen erlassen werden.[3] Diese Ansicht verdient jedenfalls dann Zustimmung, wenn demjenigen, der das Hauptsacheverfahren eingeleitet hat, die Befugnis für einen Antrag auf Erlass einer einstweiligen Anordnung fehlt.[4] Genau dies ist aber im Verfahren der Überprüfung des Ergebnisses eines Volksentscheides regelmäßig der Fall. Die vom Volk beschlossenen Gesetze müssen daher vorbehaltlich einer abweichenden ausdrücklichen Sonderregelungen unverzüglich ausgefertigt und verkündet werden. Sofern das Ergebnis eines Volksentscheides tatsächlich angefochten werden sollte, kann und muss das jeweilige Verfassungsgericht jedoch prüfen, ob das betreffende Gesetz im Wege einer einstweiligen Anordnung wieder außer Kraft gesetzt wird.

Dennoch ist dieser Ausweg in Bayern, Hessen und dem Saarland versperrt, da die Landesverfassungsgerichte hier *ausdrücklich* nur auf Antrag tätig werden dürfen.[5] Da den Antragstellern im Abstimmungsprüfungsverfahren die Befugnis fehlt, eine einstweilige Anordnung zu beantragen, kann das beim Volksentscheid angenommene Gesetz daher in diesen Ländern nur dann vorläufig außer Kraft gesetzt werden, wenn einer der übrigen Antragsberechtigten einen entsprechenden Antrag stellt.

e. Der Rechtsschutz gegen Volksgesetze

Da die vom Volk beschlossenen Gesetze keinen höheren Rang genießen als Parlamentsgesetze, sind sie selbstverständlich auch unter denselben Voraussetzungen nachträglich anfechtbar. Sofern sich das jeweils zuständige Verfassungsgericht mit der Frage auseinander setzen muss, ob ein solches Gesetz mit höherrangigen Vorgaben vereinbar ist, ergibt sich allerdings unter Umständen das Problem, dass die ursprünglichen Initiatoren des Verfahrens nicht mehr beteiligt werden[6] und daher auch keine Möglichkeit mehr haben, „ihre" Vorlage zu verteidigen. Hingegen werden das Parlament und die Regierung als oberste Verfassungsorgane stets die Möglichkeit haben, sich an dem Verfahren zu beteiligen.

1 St. Rspr. vgl. *BVerfGE* 1, S. 74, 75; *BVerfGE*, 35, S. 12, 14; *BVerfGE*, 423, 103, 119 f.; dazu *Schlaich/Korioth*, Rn. 451.

2 Vgl. *BW-StGH*, ESVGH 25, S. 31.

3 Vgl. *Pestalozza*, Verfassungsprozessrecht, § 22, Rn. 42 (Baden-Württemberg), § 29, Rn. 68 (Nordrhein-Westfalen) und § 31, Rn. 31

4 So auch *Benda/Klein*, Rn. 1195; Umbach/Clemens-*Berkemann*, § 32 BVerfGG, Rn. 52; dagegen *Pestalozza*, Verfassungsprozessrecht, § 18, Rn. 4, der stets einen Antrag verlangt.

5 Vgl. Art. 14 I 1 BayVerfGHG, § 19 I HessStGHG; dazu *Pestalozza*, Verfassungsprozessrecht, § 27, Rn. 65 und § 31, Rn. 31.
Dies gilt auch für Bremen und Rheinland-Pfalz, vgl. § 19a RP-VerfGHG und dazu *Pestalozza*, Verfassungsprozessrecht, § 25, Rn. 34 sowie § 30, Rn. 35. In Nordrhein-Westfalen kann das Verfassungsgericht hingegen auch vom Amts wegen tätig werden, vgl. § 27 NRW-VerfGHG und dazu *Pestalozza*, Verfassungsprozessrecht, § 29, Rn. 68.

6 Dies ist allerdings dann nicht der Fall, wenn die Konkurrenzvorlage des Parlamentes beim Volksentscheid angenommen wurde.

Diesem Umstand wurde bisher nur in Bayern Rechnung getragen. Bereits 1998 hatte die SPD eine Änderung des Gesetzes über den Verfassungsgerichtshof beantragt, infolge der die Beauftragten des dem Volksbegehren zugrunde liegenden Entwurfs gegebenenfalls als notwendige Beteiligte beizuladen gewesen wären.[1] Diese Vorlage wurde zwar vom Landtag abgelehnt. Vier Jahre später hat der Landtag aber im Rahmen einer Reform des Landeswahlgesetzes festgeschrieben, dass der Verfassungsgerichtshof dem Beauftragten eines Volksbegehrens Gelegenheit zur Äußerung *soll*, wenn eine Rechtsvorschrift, die im Weg eines durch Volksbegehren verlangten Gesetzes beim Volksentscheid angenommen wurde, Gegenstand eines Verfahrens vor dem Gericht ist.[2]

B. Referenden und andere Besonderheiten

In Bayern und Hessen muss jede Verfassungsänderung durch den Landtag vom Volk bestätigt werden. Ein fakultatives Verfassungsreferendum gibt es hingegen in Baden-Württemberg und seit jeher auch in Nordrhein-Westfalen. In diesen beiden Ländern und in Rheinland-Pfalz können auch einfache Gesetze Gegenstand eines Referendums sein. Da sich die Antragsberechtigung und das Verfahren nicht unerheblich unterscheiden, sollen die in den genannten Ländern geltenden Regelungen im Folgenden kurz dargestellt werden.

Referenden nach den älteren Landesverfassungen

	BW	Bay	Hess	Saar	Brem a.F.	NRW a.F.	RP a.F.
Obligat. Verfassungsreferendum	–	+	+	–	–	–	–
Fakultatives Verfassungsreferendum	+[a]	–	–	–	+[b]	+[c]	–
Fakultatives Gesetzesreferendum	+[d]	–	–	–	+[e]	+[f]	+[g]

[a] Auf Antrag der Hälfte der Mitglieder des Landtags bzw. der Mehrheit der Mitglieder der Bürgerschaft.
[b] Auf Antrag der Mehrheit der Mitglieder der Bürgerschaft. Zur Volksabstimmung über eine Verfassungsänderung kam es jedenfalls dann, wenn die Bürgerschaft eine Verfassungsänderung nicht einstimmig angenommen hätte.
[c] Auf Antrag des Landtags, also seiner Mehrheit, *oder* der Landesregierung nachdem ein Antrag auf Verfassungsänderung nicht die erforderliche Mehrheit erreicht hat.
[d] Auf Antrag eines Drittels der Mitglieder des Landtags und einer entsprechenden Anordnung der Landesregierung.
[e] Auf Antrag der Bürgerschaft; nicht auf Gesetzesbeschlüsse beschränkt.
[f] Auf Antrag der Landesregierung, nachdem der Landtag ein von ihr eingebrachtes Gesetz abgelehnt hat.
[g] Auf Antrag von fünf Prozent der Stimmberechtigten, nachdem ein Drittel der Mitglieder des Landtags die Aussetzung der Verkündung eines Gesetzes verlangt hat.

1 Vgl. den Gesetzentwurf der SPD-Fraktion vom 12.11.1998, LT-Drs. 14/56.
2 Vgl. Art. 82 BayLWG. Durch die Soll-Bestimmung soll erreicht werden, dass die Beauftragten nicht mehr beteiligt werden müssen, wenn das betreffende Gesetz erst nach einem längeren Zeitraum angegriffen wird oder gar später durch den Landtag geändert (und damit im Übrigen bestätigt) worden ist.

1: Baden-Württemberg

Auf Antrag eines Drittels der Landtagsabgeordneten kann die Landesregierung von Baden-Württemberg ein Referendum über ein vom Landtag beschlossenes Gesetz (Art. 60 II 1 BW-V) oder über eine von ihr eingebrachte und vom Landtag abgelehnte Gesetzesvorlage (Art. 60 III 1 BW-V) anordnen. Der Antrag auf Durchführung eines solchen Referendums muss innerhalb von zwei Wochen nach dem Beschluss des Landtags gestellt werden. Die Landesregierung hat dann weitere zehn Tage Zeit, um zu entscheiden, ob sie die Abstimmung anordnen will.[1] Auch für die Referenden gilt das Quorum des Art. 60 V BW-V. Notwendig ist die Zustimmung durch eine Mehrheit der Abstimmenden, mindestens aber durch ein Drittel der Stimmberechtigten. Nach § 1 BW-VAbstG gelten für das Verfahren dieselben Regelungen wie für den Volksentscheid.[2]

Weiterhin gibt Art. 64 III 1 BW-V der Landtagsmehrheit das Recht, eine Volkabstimmung über eine Verfassungsänderung herbeizuführen.[3] Auch hier gelten dieselben Bestimmungen, wie für den Volksentscheid, § 1 BW-VAbstG. Die Verfassungsänderung ist angenommen, wenn ihr die Mehrheit der Stimmberechtigten zustimmt.[4]

2. Bayern und Hessen

In Bayern und Hessen müssen sämtliche Verfassungsänderungen durch das Volk bestätigt werden.[5] In beiden Ländern genügt die Zustimmung durch eine einfache Mehrheit der Abstimmenden. Anwendbar sind die Bestimmungen, die auch für den Volksentscheid gelten. Auffallend ist, dass in Hessen die Verfassungsänderung zunächst nur der Zustimmung durch die Hälfte der Landtagsabgeordneten bedarf. In Bayern ist hingegen eine Zwei-Drittel-Mehrheit erforderlich.[6]

In der Verfassung nicht geregelt ist die Frage, ob bei solchen Referenden verschiedene Anliegen in einer gemeinsamen Vorlage gebündelt werden dürfen. Auf der einen Seite entwertet dies den Abstimmungsvorgang, weil die Bürger dann über die verschiedenen Vorlagen nur en bloc abstimmen und ihrer Meinung nicht differenziert Ausdruck verleihen können. Auf der anderen Seite liegt es aber auch in der Logik des Verfahrens, dass die Bürger nur über eine Vorlage abstimmen, die zuvor im Parlament eine hinreichende Mehrheit erhalten hatte. So lange das Parlament nicht daran gehindert ist, verschiedene, sachlich an sich nicht zusammengehörende Angelegenheiten in einem Artikelgesetz zu bündeln,

---

1 Art. 60 IV BW-V.
2 Art. 60 II 1 BW-V regelt eine Möglichkeit, das Verfahren abzubrechen, indem zwei Drittel der Abgeordneten des Landtags das betreffende Gesetz bestätigen. Dies setzt notwendigerweise voraus, dass zumindest einer der ursprünglichen Antragsteller seine Meinung wieder geändert hat.
3 Eines gesonderten Beschlusses der Landesregierung bedarf es insofern nicht.
4 Art. 64 III 3 BW-V.
5 Artt. 75 II 2 BayV, 123 II HessV.
6 Vgl. dazu Artt. 75 II 1 BayV, 123 II HessV. In der Praxis hat sich dieser Umstand allerdings bislang nicht ausgewirkt, denn auch in Hessen wurden alle Verfassungsänderungen zunächst von einer breiten Mehrheit des Landtags verabschiedet.

muss es daher hingenommen werden, dass auch die Bürger nur noch über das gesamte Paket gemeinsam abstimmen dürfen.[1]

An dieser Stelle sei auch auf die Regelung über die „Gruppenklage" vor dem Staatsgerichtshof in Hessen hingewiesen. Nach Art. 131 II HessV kann dort ein Prozent der Stimmberechtigten grundsätzlich sämtliche Verfahren vor dem Staatsgerichtshof einleiten. Ausgenommen sind lediglich die Ministeranklage[2] und die Richteranklage.[3] Dies ist soweit ersichtlich das einzige Verfahren, das es den Antragstellern ermöglicht, unmittelbar auf eine Entscheidung Einfluss zu nehmen, die *nicht* in den Zuständigkeitsbereich des Parlaments fällt.

3. Nordrhein-Westfalen

Das fakultative Verfassungsreferendum nach Art. 69 II NRW-V entspricht dem soeben schon dargestellten Verfahren nach Art. 64 III BW-V. Auch hier soll die Landtagsmehrheit die Möglichkeit haben, eine Verfassungsänderung durchzusetzen, wenn sich im Parlament nicht die erforderliche qualifizierte Mehrheit von zwei Dritteln der Abgeordneten gefunden hat. Notwendig ist die Zustimmung durch die Hälfte der Stimmberechtigten, Art. 69 II 2 NRW-V. Für die Abstimmung gelten grundsätzlich dieselben Bestimmungen, wie für den Volksentscheid,[4] nicht jedoch die inhaltlichen Beschränkungen des Anwendungsbereiches.[5]

Es fällt auf, dass auch der Landesregierung das Recht zugestanden wird, ein Referendum herbeizuführen.[6] Obwohl dies dem Gedanken der Gewaltenteilung nicht völlig entspricht, ist diese Regelung im Ergebnis unbedenklich, da die Landesregierung ihrerseits vom Vertrauen der Mehrheit des Parlaments abhängt.

Art. 68 III 1 NRW-V gibt der Landesregierung weiterhin das Recht, jede Gesetzesvorlage dem Volk zur Abstimmung vorzulegen, die vom Landtag abgelehnt wurde. Aus Satz 2 dieser Vorschrift ergibt sich, dass es sich hierbei – anders als bei der vergleichbaren Regelung des Art. 60 III BW-V[7] – weniger um ein Referendum handelt, als um eine „Vertrauensfrage" an das Volk. Stimmen die Bürger dem Entwurf der Landesregierung zu, so *kann* die Landesregierung den Landtag auflösen. Verweigern die Bürger ihr das Vertrauen, so *muss* sie zurücktreten.

---

[1] In diesem Zusammenhang ist festzuhalten, dass die *Verfahrensökonomie* diese Vorgehensweise nicht rechtfertigen kann. Zwar liegt es angesichts des Aufwands, der mit der Organisation und Durchführung eines Referendums verbunden ist, trotz der Gefahr einer gewissen Verzerrung des Abstimmungsergebnisses durchaus nahe, gleichzeitig über mehrere Anträge abzustimmen. Dies ist aber auch dann möglich, wenn sich die Stimmberechtigten zu jeder Vorlage gesondert äußern können.

[2] Art. 115 HessV i.V.m. §§ 25 ff HessStGHG.

[3] Gem. Art. 127 IV HessV i.V.m. §§ 28 ff. HessStGHG.

[4] § 17 I Nr. 3 NRW-VVVG.

[5] So auch Geller/Kleinrahm-*Dickersbach*, Art. 68 NRW-V, Anm. 3.a.bb.

[6] Art. 69 II 1 NRW-V.

[7] Dazu siehe oben S. 333.

4. Rheinland-Pfalz

Mit Artt. 114 f. RP-V a.F., die im Rahmen der jüngsten Verfassungsreform grundlegend überarbeitet worden sind,[1] waren in Rheinland-Pfalz ursprünglich die Regelungen der Art. 72, 73 II WRV fast wortgleich übernommen worden. Auf Antrag eines Drittels der Abgeordneten konnte die Verkündung eines Gesetzes um zwei Monate ausgesetzt werden.[2] Das Gesetz musste dem Volk zur Abstimmung gestellt werden, wenn fünf Prozent der Stimmberechtigten ein entsprechendes Referendumsbegehren unterstützen. Die Abstimmung sollte aber nur dann durchgeführt werden, wenn der Landtag, also seine Mehrheit, das Gesetz nicht für dringlich erklärt hat.[3]

Aufgrund des systematischen Zusammenhangs der Artt. 114 f. ist davon auszugehen, dass das Referendumsbegehren gegebenenfalls vor Ablauf der Frist von zwei Monaten abgeschlossen sein hätte müssen. Schwierigkeiten ergeben sich nun dadurch, dass nach dem RP-LWG a.F. auch diesem Referendumsbegehren ein Antragsverfahren vorausgehen sollte, bei dem 20.000 Unterschriften einzureichen gewesen wäre.[4] Auf diese Weise wäre jedoch die Zeitspanne, die zur Vorbereitung und Durchführung des eigentlichen Referendums zur Verfügung steht, entgegen der Vorgabe des Art. 114 Satz 1 RP-V a.F. deutlich verkürzt worden.[5] Allerdings liegt es nahe, insofern auf die Ausführungen zum regulären Volksantrag in Hessen anzuknüpfen und den Antrag nicht als selbständiges Verfahren, sondern als integraler Bestandteil des Referendumsbegehrens anzusehen – die geleisteten Unterschriften wären daher auf das Quorum nach Art. 115 RP-V a.F. anzurechnen gewesen.[6/7]

---

1 Vgl. dazu unten S. 847 ff.
2 Wie schon im Zusammenhang mit Art. 72 WRV ausgeführt wurde, ist die Bezugsgröße die Zahl der gesetzlichen Mitglieder des Landtags, nicht aber die der abstimmenden Abgeordneten, vgl. dazu oben S. 127, Fn. 8; so auch *Jürgens*, S. 78. Dass entgegen dem Vorbild des Art. 73 II WRV nicht „mindestens" ein Drittel der Abgeordneten den Antrag unterstützen muss, macht lediglich den Charakter dieses Verfahrens als Instrument der Opposition deutlich. Dennoch besteht kein Zweifel, dass auch mehr als ein Drittel der Abgeordneten einen solchen Antrag stellen kann.
3 Dann ist der Ministerpräsident zur Verkündung des Gesetzes verpflichtet.
4 § 63 II Nr. 2 RP-LWG a.F.
5 Dies zeigt folgendes Beispiel. Am 1.8. eines Jahres wird die Aussetzung der Verkündung eines Gesetzes beantragt. Das Referendumsbegehren muss daher bis zum 30.9. abgeschlossen sein. Geht man davon aus, dass für die Feststellung, ob das Begehren zustande gekommen ist, 3 Tage zur Verfügung stehen müssen, wäre die in § 66 II RP-LWG a.F. vorgesehene Eintragungsfrist vom 14. bis zum 27. September gelaufen. Dies setzt aber wiederum voraus, dass das Begehren bis spätestens am 31.8. bekannt gemacht worden wäre, denn zwischen dieser Bekanntmachung und dem Beginn der Eintragungsfrist müssen zwei Wochen liegen. Damit wäre also nur der September für die Vorbereitung und Durchführung des Volksbegehrens geblieben.
Darüber hinaus besteht – anders als beim normalen Volksantragsverfahren, das nicht fristgebunden ist – auch ein großer zeitlicher Druck für die Durchführung des Antragsverfahrens. Damit das Begehren rechtzeitig bekannt gemacht werden kann, müssen die erforderlichen Unterschriften rechtzeitig vorher eingereicht werden. Geht man davon aus, dass für die Prüfung der Unterschriften und die Bekanntmachung mindestens 10 Tage erforderlich sind, wären nur knappe drei Wochen Zeit geblieben.
6 Dazu siehe oben S. 291 f.
7 Zu beachten ist dabei, dass die Entscheidung des Gesetzgebers, nicht die gesamte Frist von zwei Monaten für die Sammlung von Unterschriften für das Volksbegehren zur Verfügung zu stellen, ihrerseits

III. Die praktischen Erfahrungen mit den direktdemokratischen Verfahren

Eine verfassungspolitische Bewertung der bisher dargestellten Regelungen setzt voraus, dass man sich mit den praktischen Erfahrungen und insbesondere mit den Gründen auseinander setzt, die dazu geführt haben, dass die meisten Verfahren lange vor dem Volksentscheid gescheitert sind.[1]

A. Baden-Württemberg

Für die Praxis der direktdemokratischen Verfahren in Baden-Württemberg ist zunächst zu beachten, dass es hier bis 1974 nur die Möglichkeit von Referenden und der Auflösung des Landtags durch Volksbegehren und Volksentscheid gegeben hatte.[2] Die Verfassung selbst wurde – anders als die Verfassungen der früheren Ländern Württemberg-Baden, Württemberg-Hohenzollern und Baden[3] – nicht durch ein Referendum bestätigt.

1: Die Verfahren bis 1991

Im Jahre 1966 drohte die SPD mit einem Referendum über die Einführung der **Gemeinschaftsschule** als Regelform der Volksschule in allen Teilen des Landes.[4] Nachdem die CDU einer entsprechenden Verfassungsänderung zugestimmt hatte, unterblieb das Verfahren jedoch.[5]

---

verfassungsrechtlich unbedenklich ist. Dem Gesetzgeber steht es frei, ein formelles Eintragungsverfahren einzuführen. Die Grenze zur Verfassungswidrigkeit wäre erst dann überschritten, wenn unter realistischen Annahmen unter keine Umständen zu erwarten wäre, dass das Quorum des Art. 115 RP-V a.F. innerhalb der Eintragungsfrist erreicht werden kann. Dies ist aber nicht der Fall.

1 Eine Übersicht über alle seit 1991 durchgeführten Verfahren findet sich im Anhang auf S. 930 ff. Zur Verfahrenspraxis bis 1991 *Jürgens*, S. 162 ff. m.w.N.; vgl. auch *Jung*, ZParl 1993, S. 5 ff.; sowie *Hufschlag*, S. 210 ff, der auch einige neuere Verfahren beschreibt, sich allerdings auf Initiativen beschränkt, bei denen die erste Hürde des Verfahrens genommen wurde. Weitere ausführliche Darstellungen der Verfahrenspraxis bis zur Mitte der siebziger Jahre finden sich bei *Troitzsch* und *Berger*.

2 Vgl. dazu oben S. 262.

3 In Württemberg-Baden hatten am 24.11.1946 in der ersten Volksabstimmung nach dem Kriegsende 86,76 % der gültig Abstimmenden für die Verfassung gestimmt, das entsprach 49,15 % der Stimmberechtigten. In Württemberg-Hohenzollern stimmten am 18.5.1947 nur 69,84 % der gültig Abstimmenden für die Verfassung, also 43,58 % der Stimmberechtigten. Bei der Abstimmung die in Baden am selben Tag stattfand war das Verhältnis noch etwas schlechter. Mit 67,93 % sprachen sich dennoch etwas mehr als zwei Drittel der gültig Abstimmenden für die Verfassung aus, das entsprach 42,74 % der Stimmberechtigten. Zu den Daten *Jung*, ZParl 1993, S. 5, 6.

4 Bis dahin waren jedenfalls außerhalb des badischen Landesteils Bekenntnisschulen die Regel gewesen. SPD und FDP hätten zusammen genügend Stimmen im Landtag gehabt, um ein solches Referendum zu beantragen, vgl. „SPD droht mit Volksabstimmung", Die Welt, 26.9.1966.

5 Ein entsprechender Antrag hätte ohnehin nur wenig Aussicht auf Erfolg gehabt. Zwar hätte ein Antrag auf Durchführung eines Referendums gestellt werden können. Die Entscheidung, ob eine Abstimmung stattfindet, wäre aber im Ermessen der Landesregierung gestanden, die sich kaum offen gegen die Landtagsmehrheit gestellt hätte.

Im Jahre 1971 initiierte eine „Liga für eine demokratische Verwaltungsreform in Baden-Württemberg e.V." ein Volksbegehren mit dem Ziel der **Landtagsauflösung**.[1] Das Begehren richtete sich im Grunde gegen die kommunale Neugliederung. Der „Umweg" über den Antrag auf Landtagsauflösung war notwendig, da die Landesverfassung damals noch keine Möglichkeiten für Volksbegehren und Volksentscheide über Gesetze enthalten hatte.[2] Es wurden etwa 217.000 Unterschriften eingereicht. Bei der Abstimmung am 19. September 1971 stimmte zwar eine knappe Mehrheit für die Auflösung des Landtags, allerdings hatten sich nur 16 Prozent der Stimmberechtigten beteiligt. Da das Quorum von 50 Prozent der Stimmberechtigten damit bei weitem verfehlt worden war, wurde die laufende Legislaturperiode fortgesetzt.[3]

Die Kommunalreform war auch Anlass für ein weiteres Volksbegehren mit dem Ziel der **Landtagsauflösung** in Baden-Württemberg im Jahre 1973. Diesmal kamen die erforderlichen 200.000 Unterschriften allerdings nicht zusammen.[4] Die beiden zuletzt genannten Verfahren haben aber ohne Zweifel die zur selben Zeit laufenden Verhandlungen über eine Änderung der Verfassung beeinflusst und dazu beigetragen, dass die Möglichkeit für Volksbegehren und Volksentscheide über Gesetzentwürfe und damit für eine *inhaltliche* Auseinandersetzung geschaffen wurde.[5] Allerdings wurde zugleich das Quorum für das Volksbegehren deutlich erhöht.[6]

Wie auch in Bayern und dem Saarland,[7] plante die SPD im Jahre 1981 die Einführung des **privaten Rundfunks** durch ein Volksbegehren und einen Volksentscheid zu verhindern.[8] Es wurde allerdings kein konkretes Verfahren eingeleitet.

An Kompetenzstreitigkeiten scheiterte ein Antrag auf ein „**Volksbegehren für den Frieden**", das sich gegen die Stationierung von Mittelstreckenraketen aufgrund des so genannten „NATO-Doppelbeschlusses" richtete.[9] Dem am 11. Januar 1985 eingereichten Volksantrag lag ein Antrag zugrunde, durch den die Landesregierung verpflichtet werden sollte, alle ihre Möglichkeiten gegen die Stationierung atomarer, bakteriologischer und

1 Der entsprechende Antrag war von 23.000 Unterzeichnern unterstützt worden; vgl. „Antrag auf Volksbegehren in Stuttgart", SZ, 28.4.1971. Dazu auch *Hufschlag*, S. 255 ff.; *Jürgens*, S. 162 f.; *A. Weber*, DÖV 1985, S. 178, 183; *Wehling/Wehling*, ZParl 1972, S. 76, 82 f.
2 Diese wurden erst im Jahre 1974 eingeführt, dazu siehe oben S. 262.
3 Dazu *Braun*, Art. 43 BW-V, Rn. 1.
4 Vgl. „Bürger wollen Stuttgarter Landtag auflösen", SZ vom 20.9.73.
5 Schon vor dem Volksentscheid im Jahre 1971 waren Stimmen für eine Erschwerung der Zulässigkeitsvoraussetzungen laut geworden; vgl. „Volksbegehren soll erschwert werden", SZ, 17.9.1971.
6 Vgl. dazu *Feuchte*, Verfassungsgeschichte, S. 335 ff. Anhand der Geschichte der Verfassung des Landes Baden-Württemberg wird übrigens besonders deutlich, dass die Einführung direktdemokratischer Verfahren immer von der Opposition gefordert wird. 1953 hatte die CDU sich vehement gegen die Einführung von Beteiligungsquoren für den Volksentscheid zur Landtagsauflösung gewandt, war aber von der Regierungskoalition aus SPD und FDP/DVP überstimmt worden (*Feuchte*, a.a.O., S. 218 f.). Als 20 Jahre später über die Reform der Landesverfassung diskutiert wurde, hatten sich die Verhältnisse umgekehrt und nun forderte die SPD eine Absenkung des Quorums für das Volksbegehren auf 10 % (vgl. *Feuchte*, a.a.O., S. 337 und BW-LT-Drs. 6/1115).
7 Vgl. dazu unten S. 346 bzw. S. 389.
8 „SPD droht Späth mit Volksbegehren in Sachen Fernsehen", FR, 29.7.1981.
9 Dazu *Jürgens*, S. 162; *U. K. Preuß*, DVBl. 1985, S. 710 ff.; vgl. auch *BW-StGH*, VBlBW. 1986, S. 335.

chemischer Waffen im Lande zu nutzen.[1] Das Innenministerium wies den Volksantrag zurück.[2] Ausschlaggebend war dabei allerdings nicht die fehlende *Regelungs*befugnis des Landes.[3] Vielmehr stellte das Ministerium – im Ergebnis zu Recht[4] – darauf ab, dass durch das Volksbegehren bzw. durch die Annahme des diesem zugrunde liegenden Antrags in den Kernbereich der Befugnisse der Regierung eingegriffen werde. Insbesondere dürfe diese nicht durch ein Gesetz in Bezug auf ihre Stimmabgabe im Bundesrat gebunden werden. Der von den Antragstellern angerufene Staatsgerichtshof bestätigte die Entscheidung des Innenministeriums.[5]

2. Die Verfahren ab 1991

Auch in Baden-Württemberg hat die Häufigkeit der Verfahren seit Beginn der neunziger Jahre leicht zugenommen.

a. Das Verfahren zur Wiedereinführung des Pfingstmontag als gesetzlichem Feiertag

Nachdem der Landtag von Baden-Württemberg im Jahre 1994 beschlossen hatte, zur Finanzierung der Pflegepflichtversicherung den **Pfingstmontag** als Feiertag abzuschaffen,[6] wurden heftige Proteste laut. Zwar wurde das Anliegen des Gesetzgebers, den Buß- und Bettag als einzigen genuin protestantischen Feiertag zu erhalten, nicht in Frage gestellt. Dennoch forderten sowohl die Kirchen als auch Arbeitgeber und Gewerkschaften und zahlreiche andere Organisationen eine erneute Änderung des Feiertagsgesetzes. Zum einen solle die Rechtslage an die der anderen Länder angeglichen werden.[7] Zum anderen wurde auf die Freizeit- und Erholungsbedürfnisse der Bevölkerung verwiesen, da an den Pfingsttagen regelmäßig wesentlich besseres Wetter ist, als am Buß- und Bettag.[8] Es war daher

---

1 LT-Drs. 9/964.
2 Vgl. LT-Drs. 9/1061.
3 Obwohl diese durchaus eine Rolle spielte, vgl. LT-Drs. 9/1061, S. 5 f.
4 Die Begründung des StGH hätte angesichts des offensichtlichen Eingriffs in die Richtlinienkompetenz des Ministerpräsidenten nach Art. 49 I 1 und II BW-V wesentlich kürzer ausfallen können, so zu Recht *Przygode*, S. 342 f.
5 *BW-StGH*, VBlBW. 1986, S. 335 = DÖV 1986, S. 794; vgl. dazu *Degenhart*, Der Staat 1992, S. 77, 82 f., und ausführlich *Przygode*, S. 275 ff. und 342 ff., der ebenfalls zum Ergebnis kommt, dass jede Einflussnahme auf das Verhalten der Landesregierung im Bundesrat einer verfassungsrechtlichen Grundlage bedarf (a.a.O., S. 345; zu diesem Problem vgl. ausführlich unten S. 237 ff.). Allerdings prüft *Przygode* dann, ob eine entsprechende Verfassungsänderung mit den Vorgaben des Art. 64 I 2 BW-V vereinbar gewesen wäre – ohne darauf einzugehen, dass der konkrete Antrag in jedem Fall unzulässig war, da de constitutione lata unzweifelhaft nur der Landtag zur Kontrolle der Regierung berufen war – und damit dazu, sie zu einem bestimmten Verhalten auf Bundesebene anzuregen.
6 Dies war infolge der Einführung der Pflegeversicherung erforderlich geworden, da der Bundesgesetzgeber die Länder vor die Entscheidung gestellt hatte, entweder einen Feiertag abzuschaffen oder aber die Versicherungsbeiträge vollständig auf die Arbeitnehmer abzuwälzen, vgl. § 58 II SGB XI.
7 Wobei dieses Argument nicht wirklich überzeugen kann, da es in Baden-Württemberg seit jeher mehr Feiertage als in den meisten anderen Bundesländern gibt.
8 Vgl. „Pfingstmontag ist schöneres Wetter", FAZ, 18.1.1995.

alles andere als erstaunlich, dass ausgerechnet der Verband der Schausteller, der massive Einnahmeverluste fürchtete, zur Jahreswende 1994/95 mit der Sammlung von Unterschriften für einen Volksantrag begann. Nachdem in kurzer Zeit 40.000 Unterschriften[1] zusammen gekommen waren, lenkte die Landesregierung ein und das Feiertagsgesetz wurde erneut geändert.[2]

b. Das Verfahren gegen die Rechtschreibreform

Auch in Baden-Württemberg hat es im Jahre 1997 Bemühungen für ein Volksbegehren gegen die „**Rechtschreibreform**" gegeben.[3] Durch ein Landesgesetz sollte die Verbindlichkeit der bisherigen Rechtschreibung für die Behörden und die Schulen des Landes festgeschrieben werden. Zwar waren nach den Angaben der Initiatoren bereits Ende Oktober 1997 mehr als die erforderlichen 10.000 Unterschriften zusammen gekommen. Dennoch wurde kein Antrag auf Zulassung des Volksbegehrens beim Innenministerium gestellt.[4] Man kann wohl vermuten, dass die Initiatoren angesichts der erfolgversprechenden Verfahren in anderen Ländern davon ausgingen, sich die Mühe sparen zu können. Schließlich rechnete man damit, dass es ausreichen würde, wenn sich nur ein einziges Land der Reform verweigern würde.[5]

c. Das erste Verfahren für „Mehr Demokratie" in Kreisen und Gemeinden

Nach dem Erfolg der Initiative „Mehr Demokratie in Bayern"[6] wurde im Jahr 1997 auch in Baden-Württemberg ein Landesverband des Vereins „**Mehr Demokratie e.V.**" gegründet, der sich zum Ziel setzte, auf dem Wege des Volksbegehrens und Volksentscheids die Möglichkeiten für unmittelbare Entscheidungen der Bürger in den Gemeinden des Landes zu erweitern und solche Verfahren auf Kreisebene erstmals einzuführen.[7] Seit Mitte Juni 1998

---

1 Diese Zahl nennt *Geitmann*, Mehr Demokratie, S. 3.

2 Dies war allerdings nicht nur auf das beantragte Volksbegehren zurückzuführen. Auch innerhalb der CDU gab es heftigen Widerstand gegen die Abschaffung des Pfingstmontag als Feiertag. Vor der Angleichung an die Rechtslage in den meisten anderen Ländern hatte Ministerpräsident Erwin Teufel noch versucht, das Gesicht zu wahren, indem er die Tarifparteien aufforderte, sich für die Finanzierung der Pflegeversicherung auf die Streichung eines Urlaubstages zu verständigen. Dann könnten sowohl der Pfingstmontag als auch der Buß- und Bettag als Feiertage erhalten bleiben. Gewerkschaften und Arbeitgeber wiesen dieses Ansinnen jedoch zurück; vgl. zur Vorgeschichte der neuerlichen Änderung des Feiertagsgesetzes „Kehrtwende in der Feiertagsfrage", StZ, 12.1.1995, S. 5. Tatsächlich wäre der Vorschlag des Ministerpräsidenten auch keine Lösung gewesen, da die Vereinbarungen der Tarifparteien nicht alle Arbeitsverhältnisse erfasst hätten.

3 Insgesamt hatten sich mindestens drei verschiedene Initiativgruppen um Unterschriften bemüht. Eine Initiative "Volksbegehren gegen die Rechtschreibreform in Baden", der „Gaisburger Marsch gegen Rechdschreipephorm". die „Volksinitiative gegen die Rechtschreibreform" der Jungen Liberalen.

4 Vgl. „Volksbegehren gegen die Rechtschreibreform startet", StZ, 25.10.1997.

5 Zu den Parallelverfahren vgl. S. 358 (Bayern), S. 486 (Schleswig-Holstein), S. 584 (Sachsen), S. 651 (Niedersachsen), S. 685 (Mecklenburg-Vorpommern), S. 748 (Bremen), S. 780 (Berlin).

6 Vgl. dazu unten S. 354 ff.

7 „Aktion für mehr Demokratie", StZ, 25.11.1997, S. 10.

wurden Unterschriften für einen entsprechenden Volksantrag gesammelt.[1] Kurz nach Beginn der Unterschriftensammlung einigte sich die Regierungskoalition aus CDU und FDP darauf das Quorum für das Bürgerbegehren von 15 auf zehn Prozent abzusenken.[2] Die dazu erforderliche Änderung des § 21 Abs. 3 GemO erfolgte allerdings erst im November 1999.[3]

Bis zum Januar 1999 war der Volksantrag von mehr als 10.000 Bürgern unterstützt worden. Dennoch sollte die Sammlung von Unterschriften fortgesetzt werden. Zur Begründung wiesen die Initiatoren darauf hin, dass man mindestens 12.000 Unterschriften zusammen bekommen wolle, um einen hinreichenden Spielraum für die formale Prüfung durch die Behörden zu haben.[4] Tatsächlich ging es aber wohl eher darum, dass man sich erhoffte, die SPD doch noch zur öffentlichen Unterstützung des Antrags bewegen zu können. Über diese letzten Endes erfolglosen Bemühungen verzögerte sich das Verfahren noch um mehr als ein Jahr, bis am 3. März 2000 endlich der Volksantrag gestellt wurde.[5]

Bereits am 21. Februar war ein identischer Antrag durch die Fraktion des Bündnis 90/Die Grünen als Gesetzentwurf in den Landtag eingebracht worden.[6] Dies war wiederum eine Reaktion darauf, dass die SPD am 15. Februar eine eigene Vorlage eingebracht hatte, die sich in einigen Einzelheiten von den Vorschlägen von „Mehr Demokratie" unterschied.[7/8] Die FDP begrüßte das Volksbegehren im Grundsatz, forderte aber ebenso wie die SPD, beim Bürgerentscheid nicht völlig auf ein qualifiziertes Quorum zu verzichten.[9]

---

1 Vgl. „Bürger wollen mehr Einfluss auf Kommunalpolitik", StZ 20.6.1998, S. 6. Vgl. ausführlich zum Inhalt des Antrags *Geitmann*, VBlBW. 1998, S. 441 ff.
2 *Geitmann*, a.a.O., S. 441.
3 Gesetz vom 8.11.1999, GBl S. 435 ff; schon zuvor hatte sich die SPD für eine weitere Erleichterung der Verfahren ausgesprochen, vgl. „SPD wirbt für mehr Demokratie", StZ 18.9.1999, S. 6 und den Antrag in LT-Drs. 12/2686.
4 Vgl. dazu „Unterschriften für Volksbegehren", StZ 23.1.99, S. 6.
5 Vgl. LT-Drs. 12/5055, S. 14 ff.
6 LT-Drs. 12/4892. Der Gesetzentwurf entsprach im Wesentlichen der ursprünglichen Vorlage von „Mehr Demokratie".
7 LT-Drs. 12/4888. Die SPD wollte unter anderem auch die Haushaltssatzung, einschließlich der Wirtschaftspläne der Eigenbetriebe, sowie die Kommunalabgaben, Tarife und Entgelte vom Anwendungsbereich der Verfahren ausschließen. Auch sollten sämtliche Weisungsaufgaben dem Anwendungsbereich der Verfahren entzogen bleiben – unabhängig davon, ob ausnahmsweise der Gemeinderat bzw. Kreistag für die betreffende Angelegenheit zuständig ist. Die Sperrwirkung des Bürgerbegehrens sollte nicht schon nach Einreichung der Hälfte der erforderlichen Unterschriften, sondern erst dann eintreten, wenn das Begehren für zulässig erklärt worden ist. Beim Bürgerentscheid sollte eine Vorlage nur dann angenommen sein, wenn ihr die Mehrheit der Abstimmenden und mindestens 20 % (statt bisher 30 %) der Stimmberechtigten zugestimmt hätte.
8 Indem das Bündnis 90/Die Grünen die Vorlage von „Mehr Demokratie" übernahm, stellte die Partei sicher, dass diese Vorlage auch dann gemeinsam mit dem SPD-Entwurf beraten würde, wenn sich das Zulassungsverfahren des Volksbegehrens verzögert hätte.
9 Vgl. „FDP begrüßt Volksbegehren", StZ, 20.3.2000, S. 7. Danach sollten 25% der Stimmberechtigten zustimmen müssen. Diese Haltung der FDP führte zu Unstimmigkeiten innerhalb der Koalition, vgl. „Bürgerbeteiligung spaltet Landespolitik", StZ 23.3.2000, S. 5.

Schon am 21. März 2000 erklärte das Innenministerium den Antrag für unzulässig. Es berief sich dabei zum einen auf die Rechtsprechung des Bayerischen Verfassungsgerichtshofes und stellte darauf ab, dass die von den Antragstellern geforderte frühzeitige Sperrwirkung eines Bürgerbegehrens dem Selbstverwaltungsrecht der Gemeinden und Landkreise widerspreche und unzulässigerweise die Rechte der demokratisch legitimierten kommunalen Repräsentativorgane beschneide.[1] Die Streichung des Zustimmungsquorums für den Bürgerentscheid sei mit dem Demokratieprinzip unvereinbar. Auch werde durch die Möglichkeit von Bürgerentscheiden über die Haushaltssatzung, Gemeindeabgaben und Tarife die Funktionsfähigkeit der Gemeindeorgane übermäßig beeinträchtigt. Dabei sei zu beachten, dass die Gemeinde- und Kreistagsbeschlüsse nach den Vorstellungen der Antragsteller jederzeit aufhebbar sein sollen, während ein erfolgreicher Bürgerentscheid die betreffenden Organe über eine längere Frist binden soll. Und schließlich werde durch die Möglichkeit, unter bestimmten Umständen auch Weisungsaufgaben zum Gegenstand eines Bürgerentscheids zu machen, in die Aufsichtsrechte des Landes eingegriffen.[2]

Das Innenministerium hielt den Antrag weiterhin deshalb für unzulässig, weil in der synoptischen Gegenüberstellung der bestehenden und der geplanten Regelung des § 21 GemO im Rahmen der Begründung des Antrags zu Unrecht die Rechtslage vor In-Kraft-Treten des Gesetzes zur Änderung des kommunalen Verfassungsrechts vom 16. Juli 1998 zugrunde gelegt worden. Da weder die Absenkung des Unterschriftenquorums auf 10 % noch die Änderungen des so genannten „Negativkatalogs" in § 21 Abs. 2 Nr. 4 GemO erwähnt seien, liege ein Verstoß gegen das Gebot der freien Abstimmung aus Artikel 26 IV BW-LV vor.

Nachdem die Antragsteller feststellen mussten, dass das Innenministerium so gut wie kein gutes Haar an seinem – den vergleichbaren Bestimmungen der Bayerischen Gemeindeordnung nachgebildeten – Entwurf lassen wollte, kann es nicht erstaunen, dass sie gegen die Entscheidung den Rechtsweg beschritten. Allerdings wurde die Klage schon nach kurzer Zeit wieder zurückgezogen, da die Antragsteller angesichts des sehr hohen Quorums und der extrem kurzen Eintragungsfrist für das Volksbegehren nicht mehr mit einem Erfolg ihres Vorhabens rechneten. Schließlich wäre das Volksbegehren selbst dann, wenn der Staatsgerichtshof der Klage statt geben würde, erst nach den nächsten Landtagswahlen durchgeführt worden. Bis dahin lasse sich die Kampagne aber nicht aufrecht erhalten.[3] Damit bleibt offen, ob der Staatsgerichtshof der extrem restriktiven Haltung des Innenministeriums folgen würde.[4]

---

1 Dies betrifft auch die Möglichkeit von Abstimmungen über Fragen der inneren Organisation der Gemeindeverwaltung.

2 Darüber hinaus wurde auch das Initiativrecht besonders betroffener Ortschaften, Gemeinde- oder Wohnbezirke gegen Gemeindemaßnahmen und besonders betroffener Gemeinden gegen Kreismaßnahmen wegen der damit verbundenen Sperrwirkung für unzulässig erachtet; vgl. zu alldem LT-Drs. 12/5055.

3 Vgl. „Initiative gibt Volksbegehrens auf", StZ, 14.10.2000, S. 7. Neben diesen eher taktischen Erwägungen haben bei der Entscheidung über die Rücknahme der Klage beim Staatsgerichtshof aber auch interne Querelen unter den Initiatoren des Volksbegehrens eine Rolle gespielt.

4 Tatsächlich ist die Begründung des Innenministeriums so kaum haltbar. Die These, dass der Grundsatz der kommunalen Selbstverwaltung gefährdet werde, wenn nicht der Gemeinderat bzw. Kreisrat entscheidet, sondern die Bürger, ist zumindest sehr gewagt. Problematisch erscheint allerdings die

Im November 2000 scheiterten dann auch die bereits erwähnten Anträge der SPD und des Bündnis 90/Die Grünen im Landtag.[1]

d. Das zweite Verfahren für „Mehr Demokratie" in Kreisen und Gemeinden

In Ihrer Koalitionsvereinbarung vom 1. Juni 2001 hatte die Regierungskoalition aus CDU und FDP festgeschrieben, dass die Hürden bis zum Bürgerentscheid abgesenkt werden sollen.[2] Allerdings wurden zunächst keine konkreten Vorschläge vorgelegt.[3] Im Juli 2002 hat der Landesverband von „Mehr Demokratie" daher erstmals angekündigt, einen zweiten Anlauf für ein Volksbegehren nehmen zu wollen.[4] Nur wenige Tage später legte die SPD-Landtagsfraktion zwei Gesetzentwürfe vor, die auf eine Absenkung der Hürden für die direktdemokratischen Verfahren auf der Ebene des Landes und der Kommunen zielten.[5] Allerdings blieben diese Vorstöße ebenso erfolglos, wie ein erneuter gemeinsamer Antrag von SPD und Bündnis 90/Die Grünen im April 2005.[6]

Ausdehnung des Anwendungsbereiches auf Weisungsangelegenheiten und vor allem die Verbindung zwischen einem Verzicht auf jedes Abstimmungsquorum und einer Sperrwirkung des erfolgreichen Bürgerentscheids. Sollte sich im Einzelfall wirklich nur ein kleiner Bruchteil der Bürger beteiligt haben, gibt es keinen Grund, warum die Organe der Gemeinde längerfristig an das Ergebnis der Abstimmung gebunden sein sollten.

1 Die Beratung über die Gesetzentwürfe war zunächst ausgesetzt worden, um die Entscheidung des Staatsgerichtshofes über die Zulässigkeit des Volksbegehrens für „Mehr Demokratie" abzuwarten; vgl. LT-Drs. 12/5686.
2 Nach Punkt V.4, 4. Spiegelstrich der Vereinbarung soll der „Positivkatalog" für die Zulassung von Bürgerbegehren ersatzlos entfallen.
3 Im Dezember 2001 kündigte das Innenministerium allerdings an, „bis zum Frühjahr" Vorschläge für eine Absenkung des Zustimmungsquorums von 30 % der Stimmberechtigten vorzulegen, vgl. „Die Hürden für einen Bürgerentscheid bleiben hoch", StZ 10.12.2001, S. 8.
Im März 2002 legte der Gemeindetag einen Vorschlag zur Änderung der Gemeindeordnung vor.
4 Vgl. „Zweiter Anlauf, damit die Bürger mitreden dürfen", StZ 23.7.2002, S. 6. In Zukunft soll der so genannte „Positivkatalog" gestrichen und der so genannte „Negativkatalog" noch restriktiver gefasst werden, um sicher zu stellen, dass möglichst alle Angelegenheiten der Kommunen auch zum Gegenstand eines Bürgerentscheides werden können. Zugleich soll das Zustimmungsquorum auf 10 bis maximal 20 Prozent der Stimmberechtigten abgesenkt werden.
Nach dem Vorstoß der SPD wurde das Verfahren zunächst nicht weiter betrieben, vgl. aber Vgl. „Neuer Anlauf zu mehr direkter Demokratie", StZ 25.11.2003, S. 6.
5 Vgl. Pressemitteilung vom 6.8.02. Der Vorschlag für die Änderung der Gemeindeordnung lehnte sich weitgehend an den Entwurf des Gemeindetages vom März 2002 an. Das Zustimmungsquorum soll von 30 auf 25 Prozent der Stimmberechtigten abgesenkt werden, der „Positivkatalog" soll entfallen, der „Negativkatalog" allerdings geringfügig erweitert werden, um Satzungen, die einen Anschluss- und Benutzungszwang vorsehen, vom Anwendungsbereich der Verfahren auszuschließen.
Auf Landesebene fordert die SPD die Einführung der Volksinitiative durch 50.000 Stimmberechtigte, die Absenkung des Quorums für das Volksbegehren auf 5 Prozent der Stimmberechtigten und des Beteiligungsquorums beim Volksentscheid auf 20 Prozent. Bei verfassungsändernden Vorlagen sollen sich mindestens 40 Prozent der Stimmberechtigten beteiligen müssen und zwei Drittel für die Vorlage stimmen.
6 Vgl. LT-Drs. 13/4263.

Immerhin verständigte sich die Regierungskoalition von CDU und FDP im Juni 2005 auf eine Änderung des Kommunalverfassungsrechts, in deren Rahmen unter anderem der Positivkatalog für die direktdemokratischen Verfahren auf der Ebene der Kommunen durch einen – allerdings recht umfangreichen[1] – Negativkatalog ersetzt, das Quorum für den Bürgerentscheid auf ein Viertel der Stimmberechtigten abgesenkt und die Frist für die Einreichung eines Bürgerbegehrens, das sich gegen einen Beschluss des Gemeinderats richtet, von vier auf sechs Wochen verlängert wurde.[2] Das entsprechende Gesetz wurde am 28. Juli 2005 beschlossen.[3]

Nachdem die Vertreter des Aktionsbündnisses für Mehr Demokratie die Änderungen für unzureichend hielten, begannen sie im September 2005 endgültig mit der Sammlung von Unterschriften für einen erneuten Anlauf zu einem Volksbegehren.[4] Da sich CDU und FDP nach den Landtagswahlen am 26. März 2006 entschlossen haben, das Thema „Bürgerbeteiligung" nicht mehr weiter zu verfolgen,[5] wurde die Unterschriftensammlung zunächst fortgesetzt. Im Jahr 2007 änderten die Initiatoren ihre Strategie: Anstelle weiter Unterschriften für ein Volksbegehren zu sammeln, wird seither versucht, eine extensive Auslegung der einschlägigen Bestimmungen der Gemeinde- und Kreisordnungen durchzusetzen.[6]

---

1 Ausgeschlossen sind insbesondere Verfahren über Bebauungspläne, Gebühren, Tarife und Entgelte.
2 LT-Drs. 13/4385.
3 BW-GBl S. 578.
4 Das Volksbegehren zielt vor allem darauf, den Anwendungsbereichs der Verfahren durch die Einbeziehung von Bauleitplänen sowie Kommunalabgaben, Tarifen und Entgelten sowie durch die Einführung dieser Verfahren auf der Ebene der Kreise und der Teilorte zu vergrößern, die Frist für Bürgerbegehren gegen Ratsbeschlüsse zu kürzen und das Unterschriftenquorums für Bürgerbegehren von 10 auf einheitlich 7 % mit einer Höchstgrenze von 15.000 Unterschriften sowie das Zustimmungsquorums beim Bürgerentscheid von 25 % auf 10 bis 20 % zu senken. Darüber hinaus soll ein zulässiges Bürgerbegehren eine Sperrwirkung für Ratsbeschlüsse zum selben Gegenstand entfalten.
5 In der Koalitionsvereinbarung ist keine Rede mehr von der direkten Demokratie auf der Ebene der Kommunen. Allerdings wurde unter dem Stichwort „Bürgerbeteiligung, Wahlrecht und Statusfragen" festgeschrieben, dass das Quorum für Volksentscheide über Gesetzentwürfe auf ein Viertel der Stimmberechtigten abgesenkt werden soll.
6 Anlass für den Strategiewechsel waren offizielle Stellungnahmen des Innenministeriums, in denen darauf hingewiesen wurde, dass der Anwendungsbereich des direktdemokratischen Verfahren auf kommunaler Ebene in Baden-Württemberg ähnlich groß sein soll, wie in Bayern. Insbesondere geht das Ministerium davon aus, dass die Bürger zwar keine Möglichkeit haben, über Flächennutzungs- und Bebauungspläne abzustimmen, im Wege des Bürgerentscheides aber sehr wohl einen Planungsstopp bzw. einen Planungsverzicht beschließen oder die Verwaltung und die Kommunalparlamente zur Aufnahme von Planungen auffordern können. Im Ergebnis wäre damit der zentralen Forderung der Initiatoren Rechnung getragen. Es ist noch nicht absehbar, ob sich die Auffassung des Innenministeriums auch in der Rechtsprechung durchsetzen wird.

B. Bayern[1]

Die größte praktische Bedeutung haben die Möglichkeiten für Volksbegehren und Volksentscheide ohne Zweifel in Bayern erlangt. Da die Verfahren bis 1991 bereits Gegenstand ausführlicher Darstellungen in der Literatur waren, sollen hier nur kurz die wichtigsten Details mitgeteilt werden. Die Abgrenzung der Zeiträume bis und seit dem Jahre 1991 ist aber auch deshalb sinnvoll, weil sich der Charakter der Verfahren in den letzten Jahren deutlich verändert hat.

1: Die Verfahren bis 1991

Zunächst ist festzuhalten, dass die bayerische **Verfassung** am 1. Dezember 1946 durch eine Volksabstimmung angenommen wurde.[2] Danach dauerte es fast zwanzig Jahre bis den Regelungen über die direktdemokratischen Verfahren erstmals praktische Bedeutung zukam.

a. Das Verfahren für das „Waldsicherungsgesetz"

Mitte der sechziger Jahre gab es Planungen, im „Ebersberger Forst" bei München einen Protonenbeschleuniger zu Forschungszwecken zu errichten. Im Juni 1965 wurde daraufhin ein Antrag für ein Volksbegehren über ein „**Waldsicherungsgesetz**" eingebracht,[3] nach dem der Forst in seinem Bestand gesichert werden sollte.[4] Nach § 3 des Gesetzentwurfes wäre die Ansiedlung von Industrie- und Forschungsanlagen verboten.

Der von Innenministerium angerufene bayerische Verfassungsgerichtshof erklärte das Volksbegehren für unzulässig. § 3 des Entwurfes führe zu einer verfassungswidrigen Enteignung, da er nicht zwischen öffentlichen und privaten Eigentümern unterscheide.[5] Nachdem die Pläne für die Errichtung des Protonenbeschleunigers mittlerweile ad acta gelegt worden waren, wurde kein neuer Volksantrag mehr eingereicht.

Da in Bayern eine umfassende präventive Normenkontrolle mangels einer entsprechenden Vorgabe in der Landesverfassung unzulässig ist, kann diese Entscheidung des Verfassungsgerichtshofes nicht überzeugen.[6]

---

1 Die Angaben zur Zahl der Unterstützer der Volksbegehren und über das Ergebnis der Volksentscheide sind – sofern nicht anders angegeben – einer Zusammenstellung des Landeswahlleiters entnommen, die dem Verf. freundlicherweise von der Verwaltung des bayerischen Landtags zur Verfügung gestellt wurde.

2 75,72 % der Stimmberechtigten beteiligten sich an der Abstimmung. Für die Verfassung sprachen sich der 70,61 % der (gültig) Abstimmenden aus, das entsprach 49,65 % der Stimmberechtigten; zu den Daten *Jung*, ZParl 1993, S. 5, 6.

3 Dazu *Jürgens*, S. 163 f.

4 Der Antrag war von 27.000 Stimmberechtigten unterstützt worden, vgl. „Volksbegehren – wenig praktiziert", SZ, 27.6.1965.

5 *BayVfGHE* 18, S. 85 = BayVBl. 1965, S. 379 ff. Der BayVfGH hatte hier eine Überprüfung am Maßstab des Bundesrechtes noch ausdrücklich ausgeschlossen (a.a.O., S. 91).

6 Vgl. dazu oben S. 297 ff.

b. Die drei Verfahren über die christliche Gemeinschaftsschule

Der bundesweit erste Volksentscheid hat in Bayern über die Einführung der so genannten „**christlichen Gemeinschaftsschule**" als Regelschule stattgefunden.[1] Art. 135 BayV hatte ursprünglich vorgesehen, dass die Volksschulen in der Regel Bekenntnisschulen sein sollten.[2] Nachdem ein Antrag auf Änderung dieser Bestimmung mit dem Ziel der Gleichstellung der so genannten „christlichen Gemeinschaftsschule" im Landtag gescheitert war, wurde am 16. November 1966 auf Initiative der FDP ein Volksbegehren beantragt. Bei dem Volksbegehren im Januar 1967 trugen sich allerdings nur etwa 9,3 Prozent der Stimmberechtigten in die Unterstützungslisten ein.[3]

Damit war die Diskussion jedoch keineswegs abgeschlossen. Im Sommer desselben Jahres scheiterte auch ein Antrag der SPD-Fraktion im Landtag auf eine noch weitergehende Änderung des Art. 135 BayV.[4] Wiederum wurde ein Volksbegehren beantragt, das auch von der FDP unterstützt wurde. Daraufhin legte die CSU ihrerseits einen eigenen Antrag vor – und zwar ebenfalls im Verfahren des Volksantrags.[5] Für das von SPD und FDP initiierte Volksbegehren trugen sich im Oktober 1967 etwa 12,9 Prozent der Stimmberechtigten ein. Das teilweise parallel durchgeführte von der CSU getragene Volksbegehren wurden von Mitte Oktober bis Mitte November 1967 durch 17,2 Prozent der Stimmberechtigten unterstützt.[6]

Kurz darauf, nämlich am 28. März 1968 hat der Landtag beschlossen, die Eintragungsfrist für das Volksbegehren von vier auf zwei Wochen zu verkürzen.[7]

In der Folgezeit erarbeiteten SPD und CSU einen Kompromissentwurf,[8] der vom Landtag mit großer Mehrheit verabschiedet wurde. Die Stimmberechtigten hatten sich am 7. Juli 1968 zwischen den beiden Anträgen, die den Volksbegehren zugrunde gelegen hatten und

---

1 Dazu ausführlich *Troitzsch*, S. 84 ff., und auch *Degenhart*, Der Staat 1992, S. 77, 81 f.; *Hufschlag*, S. 213 ff.; *Jürgens*, S.174 ff.

2 Die höheren Schulen sind auch in Bayern seit jeher bekenntnisfrei! Dieser Umstand wurde auch bei der Diskussion um den so genannten „Kruzifix-Beschluss" des *BVerfG* (*E* 94, S. 1) regelmäßig übersehen, vgl. ausführlich dazu *Rux*, Der Staat 1996, S. 523 ff. m.w.N.

3 Es lagen 625.464 Unterschriften vor.

4 Danach sollte die Gemeinschaftsschule in Zukunft Regelschule und die Einrichtung von Bekenntnis- und bekenntnisfreien Schulen nur auf Antrag der Eltern möglich sein.

5 Danach sollte zwar die christliche Gemeinschaftsschule als Regelschule eingeführt werden. Innerhalb der Schulen sollten die Klassen aber entsprechend den Bekenntnissen der Schüler getrennt werden. Diese Kehrtwende wurde – zu Recht – als „Salto mortale der CSU" bezeichnet, vgl. SZ, 26.10.1967. Die CSU verzichtete auf den Weg über das „reguläre" parlamentarische Verfahren, da sie angesichts der früheren Entwürfe von FDP und SPD nicht erwarten konnte, dort die nach Art. 75 II 1 BayV erforderliche Zwei-Drittel-Mehrheit zu erreichen.

6 Es lagen 863.916 bzw. 1.157.590 Unterschriften vor.

7 BayGVBl. 1968 S. 36.

8 Die christliche Gemeinschaftsschule sollte Regelschule werden, alles weitere einem Ausführungsgesetz überlassen bleiben, vgl. Art. 135 S. 2 und 3 BayV.

einer vom Landtag beschlossenen Veränderung des Art. 135 BayV zu entscheiden.[1] Diese wurde mit einer großen Mehrheit angenommen.[2]

Obwohl formal drei separate Abstimmungen durchgeführt wurden, handelte es sich letzten Endes um eine einheitliche Entscheidung, da die Stimmberechtigten nur einem einzigen Entwurf zustimmen durften. Dieses Verfahren ist mit den Vorgaben der Verfassung wohl unvereinbar. An sich hätte den Stimmberechtigten die Möglichkeit eingeräumt werden müssen, sich in Bezug auf jeden einzelnen Entwurf separat zu entscheiden, da es sich formal um drei völlig unabhängige Verfahren handelte. Selbst wenn man die vom Landtag bereits verabschiedete Verfassungsänderung entsprechend Art. 74 IV BayV als konkurrierende Vorlage des Landtags betrachten will, wäre es allenfalls zulässig gewesen, zwischen dieser Vorlage und jeweils einem der auf dem Wege des Volksbegehrens eingebrachten Vorlagen abstimmen zu lassen.[3]

c. Das Verfahren gegen die Gebietsreform

Im Herbst 1971 beantragte eine „Arbeitsgemeinschaft für die **Gebietsreform** von Landkreisen und Gemeinden in Bayern" ein Volksbegehren mit dem Ziel einer Änderung der Artt. 9 und 10 BayV.[4] Durch diese Änderung sollte die kommunale Neugliederung in letzter Minute doch noch verhindert werden. Der Volksantrag war von mehr als 177.000 Stimmberechtigten unterstützt worden. Beim Volksbegehren, das im November 1971 durchgeführt wurde, trugen sich nur wenig mehr Personen in die Listen ein, nämlich 264.951. Dies entsprach 3,7 Prozent der Stimmberechtigten, womit das Volksbegehren klar gescheitert war.

d. Das Verfahren für die Garantie des öffentlich-rechtlichen Rundfunks

Eine paradoxe Situation ergab sich beim Volksbegehren auf Festschreibung der Stellung des **öffentlich-rechtlichen Rundfunks** in der bayerischen Landesverfassung im Jahre 1973.[5] Im März 1972 war von einem „Bürgerkomitee Rundfunkfreiheit" ein Volksantrag zur Einführung eines neuen Art. 111 a BayV gestellt worden. Danach sollten Rundfunk und Fernsehen ausschließlich durch Anstalten des öffentlichen Rechts angeboten werden dürfen. Höchstens ein Drittel der Mitglieder des Rundfunkrates sollten dem Landtag, der Landesregierung oder dem Senat angehören dürfen.[6] Beim Volksbegehren im Juli 1972 unter

---

1 Wie *Jürgens*, S. 175, zu Recht festgestellt hat, handelte es sich formal um zwei Volksentscheide und ein Referendum nach Art. 75 II 2 BayV, da der Landtag nicht lediglich einen konkurrierenden Entwurf zur Abstimmung gestellt, sondern die Verfassungsänderung bereits beschlossen hatte.
2 76,3 % gegenüber 13,5 % für den SPD/FDP-Entwurf und 8,5 % für den CSU-Entwurf.
3 Vgl. dazu oben S. 324. In diesem Sinne hatte sich im Vorfeld der Abstimmung schon *Maunz*, BayVBl. 1967, S. 303, 304, geäußert. Angesichts der großen Mehrheit, mit der das Gesetz des Landtags bestätigt wurde, kommt es hierauf allerdings letzten Endes nicht an.
4 Dazu *Hufschlag*, S. 216; *Jürgens*, S. 176 f.
5 Dazu *Hufschlag*, S. 216 ff.; *Jürgens*, S. 177 ff. und sehr ausführlich *Berger*, S. 117 ff.
6 Anlass für die Durchführung des Verfahrens war eine Änderung des Landesrundfunkgesetzes im März 1972 (GVBl. S. 59) gewesen, wonach zum einen der Einfluss der Parteien auf den Rundfunkrat erhöht und zum anderen die Befugnisse dieses Gremiums deutlich erweitert worden waren. Der „Volkszorn"

stützten etwa 13,9 Prozent diesen Antrag durch ihre Unterschrift.[1] Obwohl die Landtagsmehrheit diese Änderung der Verfassung für einen nicht hinnehmbaren Eingriff in die Meinungsfreiheit hielt[2] und schon einen Alternativentwurf beschlossen hatte,[3] stimmten kurz darauf auch zahlreiche CSU-Abgeordnete Kompromiss zu, der dem Anliegen der Initiatoren des Volksbegehrens weitgehend entsprach, indem er die „öffentliche Trägerschaft und öffentliche Verantwortung" des Rundfunks in einem neuen Art. 111 a der Verfassung festschrieb.[4]

Entgegen der eindeutigen Vorgabe des Art. 74 V BayV wurde daraufhin das Verfahren des Volksbegehrens abgebrochen.[5] Statt dessen fand das nach Art. 75 II 2 BayV obligatorische Referendum über die vom Landtag beschlossene Änderung der Verfassung statt. Bei der Volksabstimmung am 1. Juli 1973 bestätigten 87,1 Prozent der Abstimmenden die Verfassungsänderung.

e. Das Verfahren gegen die Einschränkung der Lernmittelfreiheit

Nachdem der bayerische Landtag im Dezember 1975 eine Einschränkung der **Lernmittelfreiheit** beschlossen hatte, beantragte ein „Landesbürgerkomitee Lernmittelfreiheit" im Juli 1976 ein Volksbegehren, durch das Art. 132 BayV um einen Satz „Es besteht Lernmittelfreiheit." ergänzt werden sollte. Zugleich wurde die Wiederherstellung der früheren Rechtslage gefordert.[6]

Der bayerische Verfassungsgerichtshof erklärte diese zuletzt genannte Forderung für unzulässig, da es an einem hinreichend ausgearbeiteten Gesetzentwurf fehle.[7] Entgegen der Ansicht der Landesregierung handele es sich angesichts der im Verhältnis zum Gesamtvolu-

---

war deswegen besonders groß, weil dieses Gesetz im trotz Einwendungen des bayerischen Senates Eilverfahren und ohne Anhörung der betroffenen Kreise, von Fachleuten oder auch nur des neuen Intendanten des bayerischen Rundfunks durchgepaukt worden war; vgl. dazu *Berger*, S. 118 ff.; *Hufschlag*, S. 217.

1 Es lagen 1.006.679 Unterschriften vor.
2 Der Verfassungsgerichtshof wurde allerdings nicht angerufen, da nicht feststand, ob dem Landtag auch auf dieser Stufe des Verfahrens noch ein Prüfungsrecht zusteht. Tatsächlich ist das nicht der Fall. Dazu siehe oben S. 319.
3 Der lediglich die „öffentliche Verantwortung" für den Rundfunk festschreiben sollte.
4 Zur totalen Kehrtwende der CSU vgl. *Berger*, S. 131 ff., der darlegt, dass die Landtagsmehrheit sich keineswegs sicher war, ob der Verfassungsgerichtshof seiner Ansicht folgen und das Volksbegehren für unzulässig erklären würde; vgl. auch *Degenhart*, Der Staat 1992, S. 77, 82.
5 Dieser Verstoß wurde allerdings nicht geltend gemacht, da die Vertreter des Bürgerkomitees ihrem Anliegen hinreichend Genüge getan sahen; vgl. dazu auch *Jürgens*, S. 179 und schon oben Fn. 9 auf S. 345.
6 Dazu *Hufschlag*, S. 219 ff.; *Jürgens*, S. 179 f. und auch *Berger*, S. 299 ff.
7 BayVfGHE 29, S. 244, 259 = BayVBl. 1977, S. 143 ff. Das Gericht hatte hingegen keine grundsätzlichen Bedenken gegen die Verknüpfung eines Antrags auf eine Verfassungsänderung mit einem Entwurf für ein einfaches Gesetz (a.a.O., S. 253). Es stellte dabei vor allem auf die enge sachliche Verknüpfung ab, ging aber nicht darauf ein, dass die Kombination überhaupt nur deswegen möglich war, weil es keine unterschiedlichen Quoren beim Volksentscheid gibt.

men des Landeshaushaltes geringen Mehraufwendungen[1] im Übrigen um kein „Haushaltsgesetz" im Sinne des Art. 73 BayV. Denn diese Vorschrift sei restriktiv auszulegen.[2]

Trotz dieses Teilerfolgs wurde das Volksbegehren zunächst nicht weiter verfolgt, da sich bereits abzeichnete, dass der Landtag die Einschränkungen der Lernmittelfreiheit wieder zurücknehmen würde. Nachdem ein Antrag der SPD gescheitert war, die Lernmittelfreiheit doch noch in der Verfassung zu verankern, wurde der Volksantrag zur Änderung des Art. 132 BayV im August 1977 erneut eingebracht. Bei dem Volksbegehren im Oktober 1977 unterstützen aber nur etwa 6,4 Prozent der Stimmberechtigten das Begehren.[3]

f. Das Verfahren für eine demokratische Gebietsreform

Eine „Aktionsgemeinschaft **Demokratische Gebietsreform**" versuchte im Herbst 1977 eine Änderung des Art. 11 BayV durchzusetzen, wonach Änderungen im Bestand oder Gebiet von Gemeinden grundsätzlich nur dann zulässig sein sollten, wenn die Bürger diesen Änderungen zuvor in einer Abstimmung zugestimmt hätten oder ein dringender Grund des öffentlichen Wohls die Maßnahme erfordere.[4]

Der bayerische Verfassungsgerichtshof erklärte dieses Volksbegehren zu Recht für unzulässig, da ihm kein hinreichend ausgearbeiteter Gesetzentwurf zugrunde lag. Vor allem war nicht deutlich, ob das Gesetz für die Vergangenheit wirken – und die bereits vollzogene Gebietsreform damit wieder aufheben – solle oder nur für die Zukunft.[5]

g. Das Verfahren für eine Erweiterung des Bayerischen Senats

Im Herbst 1977 initiierten der Landes-Sportverband, der Landesverband des Verbands der Kriegs- und Wehrdienstopfer und der Bund Naturschutz in Bayern ein Volksbegehren mit dem Ziel einer Änderung des Art. 35 BayV. Angestrebt wurde eine **Erweiterung des bayerischen Senats**.[6] Die zusätzlichen Sitze sollten von den initiierenden Organisationen besetzt werden. Bei dem Volksbegehren im November 1977 trugen sich allerdings nur etwa 5,9 Prozent der Stimmberechtigten in die Unterstützungslisten ein.[7]

---

1 Das Gericht ging von Mehraufwendungen in Höhe von DM 15,8 Millionen aus, was weniger als 0,07 % des Gesamtetats für 1977 in Höhe von DM 25,7 Milliarden entsprach.
2 *BayVfGHE*, a.a.O., S. 266 ff.
3 Es lagen 474.157 Unterschriften vor.
4 Dazu *Jürgens*, S. 182 f.
5 *BayVfGHE* 31, S. 77, 95 = BayVBl. 1978, S. 334. Die Antragsteller wollten tatsächlich eine rückwirkende Regelung erreichen. Auch insofern hatte der BayVfGH Bedenken, die er allerdings zurückstellte (a.a.O., S. 92). Tatsächlich wäre es ihm verwehrt gewesen, die (verfassungswidrige) Rückwirkung präventiv festzustellen.
6 Dazu *Hufschlag*, S. 221 f.; *Jürgens*, S. 181 f.
7 Es lagen 438.608 Unterschriften vor.

h. Das Verfahren für eine Neuregelung der Abgeordnetenbezüge

Im August 1978 sammelte eine vom Bund der Steuerzahler getragene Initiative Unterschriften für einen Volksantrag, mit dem eine geplante **Neuregelung der Abgeordnetenbezüge** verhindert werden sollte. Nach den Vorstellungen der Initiatoren sollten die Abgeordneten in Zukunft deutlich geringere Bezüge erhalten.[1] Der Volksantrag blieb erfolglos.

i. Das Verfahren für die Einführung des Bürgerbegehrens

Einen ersten Versuch zur Einführung direktdemokratischer Verfahren auf der Ebene der Kommunen hat es im Jahre 1982 gegeben. Eine von zahlreichen Verbänden und Bürgerinitiativen unterstützte Aktion begann im Februar mit der Sammlung von Unterschriften für einen Volksantrag zur **Einführung des Bürgerbegehrens**.[2] Zum Volksbegehren ist es nicht gekommen.

j. Das Verfahren für den „Naturpark Bodenwöhrer Senke"

Im Jahre 1985 wurde ein Volksbegehren über ein Gesetz zur Errichtung eines „**Nationalparks Bodenwöhrer Senke**" beantragt. In diesem Nationalpark sollte unter anderem der Transport, die Lagerung und die Verarbeitung von Kernbrennstoffen untersagt sein. Nicht ganz zufälligerweise befindet sich das Gelände für die damals geplante Wiederaufbereitungsanlage Wackersdorf mitten auf dem Gebiet des geplanten Nationalparks.[3]

Der vom Staatsministerium des Inneren angerufene Verfassungsgerichtshof erklärte das Volksbegehren für unzulässig. Er berief sich dabei zum einen darauf, dass das fragliche Gebiet die im Bundesnaturschutzgesetz vorgesehenen Voraussetzungen für die Errichtung eines Nationalparks nicht erfülle. Zum anderen würden durch die Annahme des Gesetzentwurfes Grundrechte verletzt.[4] Zu beachten ist in diesem Zusammenhang, dass der Verfassungsgerichtshof hier seine bisherige Rechtsprechung aufgegeben[5] und das Volksbegehren am Maßstab des *Bundes*rechtes überprüft hat. Wie bereits dargelegt wurde,[6] hat das Gericht damit seine Kompetenzen überschritten.[7]

---

1   „Anlauf zum Volksbegehren", SZ, 30.8.1978.
2   „Volksbegehren für Bürgerentscheid", taz, 17.2.1982.
3   *Jürgens*, S. 165, Fn. 20, weist zu Recht darauf hin, dass dieser Umstand, obwohl er im Volksbegehren mit keinem Wort erwähnt war, natürlich auch dem Verfassungsgerichtshof bekannt war.
4   *BayVfGHE* 38, S. 51, 71 ff. = BayVBl. 1985, S. 523 ff.; vgl. dazu *Przygode*, S. 271 ff. und S. 335 ff.
5   Vgl. anders noch *BayVfGHE* 18, S. 85, 91 = BayVBl. 1965, S. 379.
6   Vgl. dazu oben S. 295 ff.
7   Dabei spielt es entgegen der Ansicht von *Przygode*, S. 273 f., keine Rolle, dass der dem Volksbegehren zugrunde liegende Entwurf aufgrund der Vorgaben des BNatSchG tatsächlich keinen Bestand haben konnte. Denn dies wäre ggf. Vom Bundesverfassungsgericht festzustellen gewesen.

k. Das Verfahren für ein Gesetz über Standorte kerntechnischer Anlagen in Bayern

Im April 1987 wurde In Bayern ein weiterer Volksantrag gestellt, der sich mittelbar gegen die in Wackersdorf geplante Wiederaufarbeitungsanlage richtete. Dem Volksantrag lag ein Entwurf für ein **„Gesetz über Standorte kerntechnischer Anlagen in Bayern"** zugrunde.[1] Danach sollte in verschiedenen Landkreisen die Errichtung und der Betrieb kerntechnischer Anlagen verboten sein. Zu diesen gehörte auch der Landkreis Schwandorf, in dem die Wiederaufbereitungsanlage Wackersdorf errichtet werden sollte. Der bayerische Verfassungsgerichtshof erklärte auch diesen Antrag für unzulässig, da der Vollzug des § 7 AtomG unmöglich gemacht werde.[2]

l. Das Verfahren für das „Bessere Müllkonzept"

Im November 1989 wurde dem Staatsministerium des Inneren ein Antrag für ein **„besseres Müllkonzept"** vorgelegt.[3] Durch das von den Initiatoren vorgeschlagene Abfallwirtschaftsgesetz sollte insbesondere die Abfallvermeidung und Wiederverwendung gegenüber der Müllverbrennung gefördert werden. Außerdem sollten die Zuständigkeiten für die Abfallentsorgung weitgehend auf die Gemeinden „zurückverlagert" werden.[4]

Das Begehren wurde in Teilen vom Verfassungsgerichtshof für unzulässig erklärt, da dem Land nach jeder nur denkbaren Auslegung des Grundgesetzes die Regelungskompetenz fehle.[5] Da sich diese Mängel aber nur auf abtrennbare Teile des Gesetzentwurfs beschränkten, wurde das Verfahren im Übrigen fortgesetzt. Im Juni 1990 trugen sich 12,8 Prozent der Stimmberechtigten für das Volksbegehren ein.[6]

Bereits während des Verfahrens zum Volksbegehren hatte der Landtag selbst ein neues Abfallwirtschaftsgesetz verabschiedet, das dem Anliegen des Volksbegehrens zumindest

---

1 Dazu *Jürgens*, S. 165.
2 *BayVfGHE* 40, 94, 103 = NVwZ 1988, S. 242; vgl. dazu ausführlich *Przygode*, S. 310 ff. Auch hier hat der Verfassungsgerichtshof seine Kompetenzen überschritten, da er den Gesetzentwurf am Maßstab des Bundesrechtes überprüft hat.
3 Dazu ausführlich *Hufschlag*, S. 222 ff.; *Jürgens*, S. 166 ff.; *Jung*, ZParl 1992, S. 48 ff.; *Paterna*. S. 61 ff.
4 Dazu *Jürgens*, S. 166.
5 *BayVfGHE* 43, S. 35, 54 ff. = BayVBl. 1990, S. 367 ff. und 398 ff. = DVBl. 90, S. 692 ff.; vgl. dazu ausführlich *Przygode*, S. 322 ff., der im Anschluss an die abweichende Meinung eines Richters des BayVfGH, darauf hinweist, dass es durchaus zweifelhaft sei, ob der Bundesgesetzgeber schon dadurch seine Kompetenzen wahrnimmt, dass er eine Ermächtigung zum Erlass einer entsprechenden Rechtsverordnung schafft; *Przygode*, S. 325 f., m.w.N.
6 Es lagen 1.061.561 Unterschriften vor. *Greifeld*, Mehr Demokratie, S. 3, weist darauf hin, dass dies schon deswegen ein außerordentlicher Erfolg gewesen sei, weil die Eintragungsfrist in den Pfingstferien lag.

teilweise entgegen kam.¹ Allerdings sollten die Landkreise und kreisfreien Städte die Zuständigkeit für die Abfallentsorgung behalten.

Da für den 14. Oktober 1990 Landtagswahlen angesetzt waren, beschloss der Landtag – entgegen der eindeutigen Regelung des Art. 74 V 1 BayV – das Volksbegehren nicht innerhalb von drei Monaten zu behandeln.² Vielmehr sollte das weitere Verfahren dem neuen Landtag überlassen bleiben. Am 19. November 1990 beschloss der neu gewählte Landtag mit den Stimmen der CSU einen eigenen Entwurf, der konkurrierend zur Abstimmung gestellt werden sollte. Grundlage dieses Entwurfs war das in der letzten Legislaturperiode verabschiedete Abfallwirtschaftsgesetz.³

In den drei Monaten von der Bekanntmachung der Gesetzentwürfe am 11. November 1990 bis zur Abstimmung am 17. Februar 1991 wurde eine heftige öffentliche Diskussion geführt. Insbesondere die CSU schürte Befürchtungen vor Gebührenerhöhungen und zahlreichen Unannehmlichkeiten, die mit dem vom Volksbegehren geforderten Vorrang der Wiederverwertung einher gehen würden.⁴ Auch wandten sich zahlreiche Lokalpolitiker gegen die nach dem Antrag des Volksbegehrens vorgesehene Zuständigkeitsverlagerung.

In diesem Sinne äußerten sich auch einige Gemeindebehörden, was vom bayerischen Verwaltungsgerichtshof zunächst als Verletzung der Neutralitätspflicht erkannt wurde.⁵ Der Verfassungsgerichtshof hat allerdings später festgestellt, dass im Vorfeld eines Volksbegehrens staatliche und staatlich finanzierte⁶ Informationen im Grunde unbeschränkt zulässig seien. Das auf Wahlen bezogene Neutralitätsgebot lasse sich nicht übertragen. Vielmehr gelte hier nur das Gebot der Sachlichkeit.⁷ Dabei ist zu berücksichtigen, dass die Kreise und Gemeinden im Rahmen von Anhörungen etc. am parlamentarischen Entscheidungsverfahren beteiligt werden und anerkanntermaßen dazu berechtigt sind, im Vorfeld solcher Entscheidungen ihre eigene Auffassung zu dem jeweiligen Gegenstand öffentlich-

---

1   Vgl. dazu *Hufschlag*, S. 223 f., der nicht zu Unrecht davon ausgeht, dass CSU und SPD hier in der Erwartung kooperiert hatten, dass es nach den im Oktober anstehenden Landtagswahlen zu einer „Großen Koalition" kommen würde. als sich die Aussichten für die CSU verbesserten, kündigte die SPD die Zusammenarbeit wieder auf und schloss sich doch noch dem Anliegen der Initiative „Besseres Müllkonzept" an; vgl. dazu auch schon *Jürgens*, S. 169.

2   *Hufschlag*, S. 224, nennt die „mögliche Koalition mit der Landtagswahl" als Grund für die Verzögerung. Zum einen ist jedoch zu beachten, dass die Landesverfassung keine Verlängerung der Fristen vorsieht. Zum anderen und vor allem hätte das Verfahren vor den Wahlen abgeschlossen werden können (und müssen).

3   Zu den wenigen Modifikationen in Bezug auf die Mindestausstattung der entsorgungspflichtigen Körperschaften und die Erfassung und Überwachung von Altlasten vgl. *Hufschlag*, S. 224 f.

4   Dazu *Jürgens*, a.a.O. *Greifeld*, Mehr Demokratie, S. 3, weist darauf hin, dass die Kampagne von der Müllverbrennungslobby unterstützt wurde.

5   *VGH München*, NVwZ 1991, S. 699 = BayVBl. 1991, S. 403. Der VGH war dabei zu Recht von seiner Zuständigkeit ausgegangen, vgl. dazu schon oben S. 322, Fn. 4.

6   Dies betrifft etwa Informationen durch die kommunalen Spitzenverbände.

7   *BayVfGHE* 44, S. 9, 16 = BayVBl. 1994, S. 203 und 238, und auch *BremStGH*, LVerfGE 5, S. 137, 154 ff.; vgl. dazu ausführlich oben S. 307 f.; Wie schon dargelegt wurde, überzeugt die Entscheidung des *BayVfGH* schon deshalb nicht, weil die konkret gerügten Verstöße nicht einmal das unbedingt erforderlich Minimum an Sachlichkeit erkennen ließen; in diesem Sinne auch *Morlok/Voß*, BayVBl. 1995, S. 513, 517 ff.

keitswirksam zu verbreiten. Dies müssen dann aber auch die Initiatoren eines Volksbegehrens hinnehmen.[1]

Beim Volksentscheid stimmten schließlich 51,0 Prozent der Abstimmenden für den Entwurf des Landtags. Der dem Volksbegehren zugrunde liegende Entwurf hatte hingegen nur 43,5 Prozent „Ja"-Stimmen erhalten.[2]

2. Die Verfahren ab 1991

Seit 1991 hat die Häufigkeit von Volksanträgen, Volksbegehren und Volksentscheiden in Bayern deutlich zugenommen. Dies ist nicht zuletzt den Bemühungen der Initiative „Mehr Demokratie e.V." zu verdanken, die schon eine maßgebliche Rolle beim Volksentscheid über das „Bessere Müllkonzept" gespielt hatte und in dessen Folge ihren Hauptsitz von Köln nach München verlegte, um von dort aus ihre Initiativen zur Erweiterung der unmittelbaren Mitwirkungs- und Entscheidungsrechte zu koordinieren.[3]

Nicht ganz ernstzunehmen war allerdings eine Initiative zur **Wiedereinführung der Monarchie** in Bayern im Jahre 1992.[4]

a. Das Verfahren zur Einführung der Volksinitiative

Am 21. Juli 1994 wurde ein Antrag zur Änderung des Landeswahlgesetzes eingereicht, in dessen Mittelpunkt die Forderung nach **Einführung der Volksinitiative** stand. Nach den Vorstellungen der Antragsteller sollten 25.000 stimmberechtigte Bürger den Landtag zur Verhandlung über einen bestimmten Antrag verpflichten können. Für den Fall, dass der Landtag den Antrag nicht angenommen hätte, sollte die Initiative einen Volksantrag ersetzen und ohne weiteres zum Volksbegehren übergegangen werden können. Zugleich wurde gefordert, die Eintragungsfrist für das Volksbegehren von 14 Tagen auf drei Monate zu verlängern, die freie Sammlung von Unterschriften zuzulassen und den Initiatoren einen

---

1 In diesem Zusammenhang ist jedoch zu beachten, dass sich die Entscheidung des Verfassungsgerichtshofes nicht auf die Öffentlichkeitsarbeit *staatlicher* Stellen übertragen lässt. Zwar richtet sich ein Volksbegehren regelmäßig gegen die Politik der Regierung bzw. der Regierungsmehrheit im Parlament. Daher wäre es kaum zu vertreten, staatlichen Stellen eine strikte Neutralitätspflicht aufzuerlegen. Diese haben aber häufig wesentlich weiter reichende Möglichkeiten, auf die öffentliche Meinung einzuwirken, als die Initiatoren eines Volksbegehrens, denen ja – mangels einer entsprechenden ausdrücklichen Regelung – kein Anspruch auf Kostenerstattung zusteht. Um die Chancengleichheit aller Beteiligten und damit die Freiheit und Gleichheit der Abstimmung zu gewährleisten, ist es daher geboten, die Öffentlichkeitsarbeit staatlicher Stellen zu beschränken. Dabei besteht zum einen die Möglichkeit, den Gesamtaufwand der staatlichen Öffentlichkeitsarbeit auf denjenigen Betrag zu beschränken, den die Antragsteller zur Verfügung haben. Dies setzt lediglich eine unabhängige Kontrollinstanz voraus, etwa den Rechnungshof. Zum anderen können die einschlägigen Regelungen der Parteien- und Mediengesetze analog angewendet werden.
2 Eine ausführliche Analyse des Abstimmungsergebnisses findet sich bei *Jürgens*, S. 172 f.
3 Zur Geschichte und den Zielen von „Mehr Demokratie e.V." vgl. *Greifeld*, Mehr Demokratie, S. 2 ff.
4 „Königstreue befragen die Untertanen", SZ 3.6.92.

Anspruch auf Rundfunksendezeiten einzuräumen.[1] Getragen wurde diese Initiative vor allem vom Landesverband der bereits erwähnten Initiative „Mehr Demokratie e.V."

Auf Antrag der Landesregierung erklärte der Verfassungsgerichtshof das geplante Volksbegehren am 14. November 1994 für unzulässig. Die *einfach*gesetzliche Einführung der Volksinitiative sei angesichts der abschließenden Regelung über die unmittelbaren Mitwirkungsrechte der Bürger in den Artt. 71 ff. BayV unzulässig.[2] Da die geplante Volksinitiative das „Herzstück" des Volksantrags gewesen sei, sei dieser insgesamt unzulässig.[3]

Dieser Entscheidung ist im Ergebnis zuzustimmen. Zwar ist die „reine" Volksinitiative im Grunde mit einer qualifizierten Petition vergleichbar. Da das Parlament aber zu einer besonders intensiven Auseinandersetzung mit dem Antrag verpflichtet wird, der einem solchen Verfahren zugrunde liegt, kann der Gesetzgeber sich nicht auf sein Recht zur Konkretisierung des Petitionsrechtes berufen. Dies gilt jedenfalls dann nicht, wenn die Volksinitiative unter Umständen zugleich die erste Stufe eines Volksgesetzgebungsverfahrens sein soll.[4] Dennoch fällt auf, dass sich das Gericht in diesem Zusammenhang nicht mit der Frage auseinander gesetzt hat, ob es verfassungsrechtlich zulässig ist, wenn dem Volksbegehren mit dem Volksantrag ein weiterer Verfahrensschritt vorgelagert wird.

b. Die zwei Verfahren zur Schulpolitik

Gleichzeitig mit dem soeben dargestellten Verfahren für die Einführung der Volksinitiative wurden am 21. Juli 1994 zwei weitere Volksbegehren beantragt. Mit dem Antrag „**Keine Klasse über 30**" sollte die Klassenstärke auf maximal 30 Schüler festgeschrieben werden. Mit dem zweiten Verfahren für „**Bessere Schulen**" sollten „pädagogisch zeitgemäße" Reformen durchgesetzt werden, nämlich die Einführung eines aus Lehrern, Eltern und Schülern zusammengesetzten „Schulforums" an jeder Schule, die Gründung von „Regionalschulen" und die Neuregelung des Schülerzeitungswesens.[5]

---

1 Dazu *Greifeld*, Mehr Demokratie, S. 5. Die Vorschläge gingen wiederum auf den „Hofgeismarer Entwurf" für die Einführung direktdemokratischer Verfahren auf der Ebene des Bundes zurück, vgl. dazu ausführlich unten S. 215 ff.

2 *BayVfGH*, BayVBl. 1995, S. 46 ff. Es ist nicht ersichtlich, aus welchem Grund die Antragsteller darauf verzichtet haben, gleich eine Verfassungsänderung zu beantragen. Das Quorum wäre schließlich dasselbe gewesen. *Jung*, BayVBl. 1995, S. 238, 242, erlaubt sich hier die Spekulation, dass die Angst vor einem Konkurrenzentwurf des Landtags ausschlaggebend gewesen sei, da dieser möglicherweise zu einer deutlichen Erschwerung des Verfahrens geführt hätte. Es ist allerdings nicht erkennbar, warum die Antragsteller hätten befürchten müssen, dass die Mehrheit der Bürger einer solchen „Selbst-Entmachtung" zugestimmt hätte.

3 Diese Entscheidung wurde heftig kritisiert, da der Antrag nach Ansicht der Initiatoren durchaus teilbar gewesen wäre, vgl. „Mit Plebisziten gegen den Landtag", FAZ, 22.11.1994.

4 Dies verkennt *Jung*, BayVBl. 1995, S. 238 ff., und auch wieder *ders.*, BayVBl. 1996, S. 618, wo er nur auf den Gegenstand des Verfahrens abstellt, nicht jedoch auf die weiteren Ablauf des Verfahrens. Dagegen *Horn*, BayVBl. 1995, S. 609 ff., und auch wieder *ders.*, BayVBl. 1996, S. 623 ff., der allerdings nicht darauf eingeht, dass seine Argumentation, denkt man sie konsequent zu Ende, auch der einfachgesetzlichen Einführung eines Volksantrags entgegensteht.

5 „Drei Volksbegehren in Bayern", Die Welt, 23.11.1993; „Gerichtshof verwirft Volksbegehren", FAZ, 18.11.1994.

Beide Anträge wurden vom Staatsministerium des Inneren dem Verfassungsgerichtshof vorgelegt. In seiner Entscheidung vom 17. November 1994 stellte dieser fest, dass die im Entwurf vorgesehenen Regelungen über die schulische Selbstverwaltung mit dem in Art. 130 der Landesverfassung festgeschriebenen Grundsatz der staatlichen Aufsicht über das Schulwesen unvereinbar seien. Der Gleichheitssatz der Verfassung erzwinge es, den Schulen ein „Mindestmaß an gleicher Qualität" abzuverlangen. Dieses sei aber nicht hinreichend sichergestellt, wenn die Schulen ein „eigenes pädagogisches Profil" entwickeln dürften.[1] Auch sei das Spannungsverhältnis zwischen Meinungsfreiheit und Bildungsauftrag nicht hinreichend berücksichtigt worden. Schließlich führe auch die Begrenzung der Klassenstärke aufgrund der dadurch erforderlichen Neueinstellung von Lehrern zu einer mit Art. 73 BayV unvereinbaren Mehrbelastung des Haushaltes.[2]

Wie schon dargelegt wurde, lässt sich diese Entscheidung nur bedingt mit dem Gebot einer restriktiven Auslegung der Ausnahmeregelung des Art. 73 BayV vereinbaren. Zwar sind bei der Prüfung der Zulässigkeit eines Antrags gegebenenfalls auch die Folgekosten zu berücksichtigen, die sich im Falle einer Annahme ergeben würden. Daher kann auch ein an sich nur relativ geringer Einfluss auf den Haushalt jedenfalls dann zur Unzulässigkeit des beantragten Volksbegehrens, wenn Mittel langfristig gebunden werden *und* das Parlament keine Möglichkeit hat, diese Mehraufwendungen durch Einsparungen an anderer Stelle auszugleichen.[3] Die Gesamtbelastung durch das Volksbegehren „Keine Klasse über 30" hielt sich aber in einem durchaus überschaubaren Rahmen,[4] sodass keine Rede von einer übermäßigen Beschränkung des parlamentarischen Budgetrechtes sein konnte.

c. Das Verfahren für „Mehr Demokratie in Kreisen und Gemeinden"

Noch bevor der Verfassungsgerichtshof über die Zulässigkeit des beantragten Volksbegehrens zur Einführung der Volksinitiative entschieden hatte, wurde dem Innenministerium am 31. Oktober 1994 ein von 35.300 Stimmberechtigten unterzeichneter Volksantrag für **„Mehr Demokratie in Bayern"** vorgelegt, mit dem weitreichende direktdemokratischer Verfahren auf der Ebene der Kommunen durchgesetzt werden sollten.[5] Auch dieser Antrag

---

1 Sehr kritisch dazu *Wimmer*, RdJB 1995, S. 340 ff., der betont, dass die geforderte Reform des Schulgesetzes weitgehend mit der – unangefochtenen – Rechtslage in Hessen übereinstimmte. Außerdem habe der VerfGH sich nicht mit der aktuellen Diskussion über die Möglichkeit, Verwaltungseinheiten zu verselbständigen und von Weisungen freizustellen, auseinander gesetzt. Schließlich habe das Gericht übersehen, dass der Gesetz- und Verordnungsgeber alles wesentliche geregelt habe, so dass nur noch ein sehr beschränkter Freiraum für wirklich autonome Entscheidungen bestehe.
2 *BayVfGH*, BayVBl. 1995, S. 203, 206 ff.
3 Vgl. dazu oben S. 273 ff.
4 Vgl. dazu schon oben S. 276.
5 „Volksbegehren für direkte Demokratie beantragt", FAZ, 1.11.1994. Ausführlich zu diesem Verfahren *Geitmann*, Mehr Demokratie, passim; *Jung*, JzStVWiss 1996, S. 191 ff.; *Nemitz*, passim; vgl. auch *Hufschlag*, S. 228 ff.
Gefordert wurde ein kommunales Bürgerbegehren auf Antrag von 3-10 % der Stimmberechtigten. Auch das Gemeindeparlament sollte das Recht bekommen, eine Abstimmung herbeizuführen. Unter bestimmten Voraussetzungen sollte die Verwaltung schon während der Unterschriftensammlung gehindert sein, die angegriffenen Beschlüsse des Kommunalparlamentes umzusetzen. Sollte der Antrag

wurde von der gleichnamigen Initiative getragen und von mehr als 50 Organisationen unterstützt.[1] Das Verfahren war zunächst parallel zu dem Volksbegehren für die Einführung der Volksinitiative und den beiden Schulvolksbegehren betrieben worden. Nachdem sich abgezeichnet hatte, dass diese drei Anträge dem Verfassungsgerichtshof vorgelegt würden, hatten sich die Initiatoren aber dazu entschlossen, das Verfahren zunächst nur auf Sparflamme weiter zu betreiben, um sicherzustellen, dass die Eintragungslisten für das Volksbegehren gegebenenfalls gemeinsam ausgelegt werden können.[2]

Bereits einige Monate vor dem Beginn[3] und nochmals während der bereits laufenden Unterschriftensammlung[4] hatten die Fraktionen von SPD und Bündnis 90/Die Grünen vergleichbare Gesetzentwürfe in den Landtag eingebracht, die zwar zu einer intensiven Diskussion im Parlament führten, aber von der CSU-Mehrheit rundweg abgelehnt worden waren.

Nachdem das bayerische Innenministerium am 25. November 1994 die Zulässigkeit des Antrags festgestellt hatte,[5] wurde in der ersten Februar-Hälfte des Jahres 1995 das Volksbegehren durchgeführt. Nach einigem Streit um die Eintragungsbedingungen[6] lief die Unterschriftensammlung zunächst schleppend an.[7] Letzten Endes trugen sich dann aber doch etwa 13,7 Prozent der Wahlberechtigten in die Listen ein.[8]

Nachdem alle Bemühungen gescheitert waren, eine von allen Landtagsfraktionen oder zumindest von CSU und SPD gemeinsam getragene Konkurrenzvorlage zu erstellen,[9] legte

angenommen werden, wären die Gemeindeorgane 3 Jahre gebunden. Der Antrag sah zudem eine Verankerung der Mitwirkungsmöglichkeiten der Bürger in der Landesverfassung vor (Artt. 7 II, 12 III BayV). Zum Inhalt ausführlich *Greifeld*, Mehr Demokratie, S. 7 ff.; sehr kritisch zu den Forderungen der Initiatoren *Finkenzeller*, „Bürger und Aktivbürger", FAZ, 5.12.1994.

1 Vgl. dazu *Greifeld*, Mehr Demokratie, S. 5; „Wider die Grundangst der CSU", FR, 28.12.1994. In der CSU wurde spekuliert, die Initiatoren würden „aus Nordrhein-Westfalen ferngesteuert", da der Verein „Mehr Demokratie e.V." damals noch in Köln residierte, vgl. „Volksbegehren im Doppelpack", Die Welt, 29.9.95.
Zur Vorgeschichte vgl. *Nemitz*, S. 139, 145 f.

2 Vgl. dazu *Nemitz*, S. 139, 147.

3 LT-Drs. 12/14391 (Änderung der Gemeinde- und Landkreisordnung) und 12/14392 (Änderung der Verfassung) vom 10.2.1994.

4 LT-Drs. 13/208 (Änderung der Verfassung) und LT-Drs. 13/209 (Änderung der Gemeinde- und Landkreisordnung) vom 15.12.1994. Die erneute Einreichung war wegen der zwischenzeitlichen Neuwahlen erforderlich geworden.

5 „Keine Einwände gegen Volksbegehren", FAZ, 26.11.1994.

6 Stichproben der Initiatoren hatten ergeben, dass viele Gemeinden die Listen nicht einmal während der üblichen Dienststunden auslegen wollten. Das Innenministerium wies die Gemeinden daraufhin an, die Listen nicht nur während der üblichen Dienststunden, sondern auch mindestens zwei Stunden an einem Samstag oder Sonntag bereit zu halten, vgl. „Mehr Zeit für das Volksbegehren", SZ, 3.1.1995.

7 „Volksbegehren in Bayern droht zu scheitern", Die Welt, 14.2.1995.

8 Es lagen 1.197.370 Unterschriften vor, vgl. dazu „Klarer Sieg für ‚Mehr Demokratie'", SZ, 21.2.1995.

9 Vgl. dazu *Jung*, JzStVWiss 1996, S. 191, 206 ff., der insbesondere auf die Bemühungen der kommunalen Spitzenverbände verweist, doch noch eine Einigung zu erreichen, um sicherzustellen, dass bei den Bürgerentscheiden ein „angemessenes Beteiligungsquorum" verlangt wird – und nicht wie nach den Forderungen des Volksbegehrens die Zustimmung durch die Mehrheit der Abstimmenden ausreicht.

die CSU-Mehrheit im Landtag einen konkurrierenden Entwurf vor.[1] Dieser sah zum einen vor, dass dem Bürgerbegehren nach dem Muster des Volksantrags ein Vorverfahren zur präventiven Kontrolle durch die Behörden vorgeschaltet werden solle. Die Eintragungsfrist für das Volksbegehren sollte statt drei Monaten nur vier Wochen betragen. Auch sollte keine freie Unterschriftensammlung möglich sein. Zudem forderte die CSU ein qualifiziertes Abstimmungsquorum, nach dem ein Antrag nur dann angenommen wäre, wenn ihm mindestens 25 % der Stimmberechtigten zugestimmt haben.[2]

Nach einem „bissigen" Abstimmungskampf[3] beteiligten sich beim Volksentscheid am 1. Oktober 1995 (nur) 36,9 Prozent der Wahlberechtigten. 57,8 Prozent stimmten für den Entwurf des Volksbegehrens, 38,7 Prozent für den konkurrierenden Antrag des Landtags.[4/5] Damit ist es zum ersten Mal in der deutschen Geschichte gelungen, einen Volksantrag gegen einen konkurrierenden Entwurf des Parlaments beim Volksentscheid durchzusetzen.[6]

Am 29. August 1997 hat der bayerische Verfassungsgerichtshof auf eine Popularklage die Sperrwirkung eines Bürgerbegehrens für eine verfassungswidrige Beschränkung des kommunalen Selbstverwaltungsrechtes erklärt[7] und den Landtag aufgefordert innerhalb von

---

1   Die CSU-Mehrheit vertrat dabei die Auffassung, dass ein konkurrierender Entwurf des Landtags stets nur der Zustimmung durch eine einfache Mehrheit der Abgeordneten bedarf – und zwar auch dann, wenn es wie hier unter anderem um eine Verfassungsänderung geht. Wie schon dargelegt wurde (siehe oben S. 320) trifft diese Ansicht zu; a.A. *Geitmann*, Mehr Demokratie, S. 12, der verkennt, dass mangels einer ausdrücklichen abweichenden Regelung auch hier Art. 23 I BayV greift, wonach Entscheidungen mit einer einfachen Mehrheit getroffen werden können.

2   Vgl. „Zum Volksentscheid zwei Gesetzentwürfe", FAZ, 7.4.1995; „Das Mehrheitsprinzip ist gewahrt", Bayernkurier, 15.4.1995, und ausführlich *Greifeld*, Mehr Demokratie, S. 10 ff..

3   Vgl. dazu *Nemitz*, S. 139, 154, der darauf hinweist, dass die Initiatoren aufgrund der früheren Erfahrungen bei der Abstimmung über das „bessere Müllkonzept" gezielt auf die Gemeinden zugingen, um angemessene Eintragungszeiten und den Informationsfluss sicher zu stellen.

4   Vgl. Das Parlament, 13.10.1995. Damit hatten etwa 21,3 % der Stimmberechtigten den Antrag unterstützt.

5   In den ersten 100 Tagen wurden 150 Bürgerbegehren eingeleitet und 9 Bürgerentscheide durchgeführt. Die Verfahren richteten sich regelmäßig gegen Beschlüsse der Kommunalparlamente, vgl. „In Bayerns Kommunen hat jede Minderheit die Macht", Die Welt, 10./11.2.1996.
Nach einer Statistik der Initiative „Mehr Demokratie in Bayern" („Ein Jahr bayerischer Bürgerentscheid", Oktober 1996) wurden im ersten Jahr 317 Bürgerbegehren initiiert und 98 Bürgerentscheide durchgeführt. Dabei kam es durchaus vor, dass das Ergebnis eines Bürgerentscheids wiederum durch ein Bürgerbegehren angegriffen wurde, vgl. etwa „Nicht jede Brücke verbindet", Die Zeit, 9.2.1996, über zwei Verfahren über den Bau einer Brücke über den Main in Albertshofen.
Ausführlich zu den Änderungen der BayGO und der BayLKrO und den ersten praktischen Erfahrungen *Thum*, BayVBl. 1997, S. 225; zu Detailproblemen der Neuregelungen *Seckler*, BayVBl. 1997, S. 232 ff., und *Deubert*, BayVBl. 1997, S. 619 ff.

6   Auch *Jung*, JzStVWiss 1996, S. 191, 232 ff., weist darauf hin, dass in diesem Verfahren die Volksgesetzgebung zum ersten Mal in ihrer „Grundform" angewendet worden sei.

7   Nach Artt. 18 a VIII BayGO, 25 a VIII BayLKrO waren die Kommunalparlamente an einer Entscheidung gehindert, sobald ein Bürgerbegehren bzw. ein Drittel der erforderlichen Unterschriften eingereicht worden sind.

drei Jahren eine Neuregelung der Bindungswirkung und des Quorums für den Bürgerentscheid zu treffen.[1]

Im Ergebnis ist dieser Entscheidung zuzustimmen. In der Tat ist die Funktionsfähigkeit der Gemeindeorgane gefährdet, wenn diese schon dann an einer eigenen Entscheidung gehindert sind, wenn ein Drittel der für ein Bürgerbegehren erforderlichen Unterschriften eingereicht worden ist.[2] Dabei ist vor allem der sehr weite sachliche Anwendungsbereich der Verfahren zu beachten, der dazu führt, dass praktisch alle Bereiche des eigenen Wirkungskreises der Gemeinden blockiert werden können.[3] Allerdings hätte das Gericht durchaus differenzieren können. Dass die Gemeindeorgane daran gehindert werden sollen, im Zeitraum zwischen dem Erfolg eines Bürgerbegehrens und der Abstimmung vollendete Tatsachen zu schaffen, ist nämlich ein durchaus legitimes Anliegen.[4] Daher hätte man durch eine differenzierte Regelung den unterschiedlichen Interessen Rechnung tragen können.

Zuzustimmen ist dem Gericht auch in Bezug auf die strikte Bindungswirkung des Ergebnisses eines Bürgerentscheids. Diese ist jedenfalls dann nicht gerechtfertigt, wenn sich nur ein sehr geringer Teil der Stimmberechtigten an der Abstimmung beteiligt hat.[5] Insofern wäre daher eine differenzierte Regelung erforderlich gewesen, wobei es gegebenenfalls ausgereicht hätte, das Kommunalparlament jedenfalls dann von der Pflicht zu befreien, das Ergebnis eines Bürgerentscheids zu respektieren, wenn es nachweist, dass sich die rechtlichen oder tatsächlichen Umstände mittlerweile hinreichend verändert haben.

1 *BayVfGH*, BayVBl. 1997, S. 622.
   Nach Artt. 18 a XIII 2 BayGO, 25 a XIII 2 BayLKrO war das Kommunalparlament für drei Jahre an das Ergebnis des Bürgerentscheids gebunden. Ein Beteiligungs- oder Zustimmungsquorum war in den Artt. 8 a XII BayGO, 25 a XII BayLKrO nicht vorgesehen.

2 Davon scheint auch *Renck*, DVBl. 1998, S. 113, 114, auszugehen, der die Entscheidung des BayVfGH insofern überhaupt nicht problematisiert, sondern lediglich darauf verweist, dass die Rechtslage damit derjenigen in den anderen Ländern angepasst worden sei, wo es keine Sperrwirkung gibt. Zustimmend zum *BayVfGH* auch *Schmitt Glaeser/Horn*, BayVBl. 1999, S. 391, 392 ff.

3 Das bedeutet jedoch, dass eine solche Sperrwirkung stets verfassungswidrig wäre. Denn das Anliegen, die Organe einer kommunalen Körperschaft daran zu hindern, ein Bürgerbegehren durch die Schaffung vollendeter Tatsachen zu „erledigen", wird auch vom BayVfGH nicht grundsätzlich in Frage gestellt (vgl. dazu a.a.O., S. 626). Allerdings muss entweder eine Möglichkeit geschaffen werden, die Sperrwirkung wieder zu beseitigen oder sie muss an höhere Voraussetzungen geknüpft werden oder sie darf solche Bereiche nicht betreffen, in denen es auf zeitnahe Entscheidungen besonders ankommt.

4 Vgl. dazu ausführlich *Jung*, BayVBl. 1998, S. 225, 228 f., der dem BayVfGH zu Recht vorhält, dass dieser nicht hinreichend zwischen den verschiedenen Arten der Sperrwirkung differenziert habe. Allerdings stellt *Jung* zu stark auf die Verhältnisse in anderen Ländern ab, ohne den wesentlich größeren Anwendungsbereich der Verfahren in Bayern zu berücksichtigen.

5 Das Gericht hat in seiner Entscheidung aber ausdrücklich offen gelassen, ob die Bindungswirkung an sich mit der Garantie kommunaler Selbstverwaltung vereinbar ist; vgl. *BayVfGH*, a.a.O., S. 627. Bei der geforderten Neuregelung sollte der Gesetzgeber aber vorsehen, dass die Bindungswirkung nur eintritt, wenn sich ein bestimmter Teil der Stimmberechtigten an der Abstimmung beteiligt. Zustimmend auch *Renck*, DVBl. 1998, S. 113, 115 f., der zu Recht darauf verweist, dass auch Differenzierungen möglich sind, um den wesentlich schlechteren Mobilisierungsmöglichkeiten in größeren Städten Rechnung zu tragen.
   Auch *Jung*, BayVBl. 1998, S. 225, 232 f., akzeptiert zumindest den Grundgedanken des BayVfGH, dass nur die Verknüpfung von fehlendem Quorum und langer Bindungswirkung problematisch sei. Er stellt lediglich in Frage, ob es sich hierbei tatsächlich um ein verfassungs*rechtliches* Problem handele.

d. Das Verfahren „Gleiches Recht – Auch für Bayerns Frauen"

Nach der Änderung der §§ 218 ff. StGB verabschiedete die CSU-Landtagsmehrheit am 9. August 1996 ein „Schwangerenberatungsgesetz" und ein „Schwangerenhilfeergänzungsgesetz".[1] Danach sind Frauen, die eine Schwangerschaft abbrechen wollen, nicht nur verpflichtet, die *Tatsachen* darzulegen, die sie zu ihrer Entscheidung bewegen, sondern auch ihre *Gründe*. Darüber hinaus wären ambulante Abtreibungen in Bayern de facto unmöglich geworden, da Ärzte nicht mehr als 25 Prozent ihrer Einnahmen aus Schwangerschaftsabbrüchen beziehen und Abtreibungen nur noch von Fachärzten für Frauenheilkunde und Geburtshilfe durchgeführt werden durften.[2] Im Juni 1996 bereitete die zu diesem Zeitpunkt nicht im Landtag vertretene FDP ein Volksbegehren **„Gleiches Recht – auch für Bayerns Frauen"** vor, das auf eine Streichung der entsprechenden Vorschriften zielte.[3]

Nachdem SPD und Bündnis 90/Die Grünen die Befürchtung geäußert hatten, eine Entscheidung des BayVfGH über die Zulässigkeit eines solchen Volksantrags könne sich (negativ) auf das vor dem BVerfG anhängige Verfahren gegen das Schwangerenhilfeergänzungsgesetz auswirken, wurde der Antrag zunächst nicht weiter verfolgt.[4] Am 24. Juni 1997 suspendierte das Bundesverfassungsgericht im Wege einer einstweiligen Anordnung die Beschränkungen der ärztlichen Tätigkeit, da in Bayern eine wohnsitznahe Beratung und medizinische Betreuung der betroffenen Frauen zumindest derzeit nicht sichergestellt sei.[5] Während die SPD weiter abwarten wollte, begannen das Bündnis 90/Die Grünen und die FDP daraufhin die Sammlung von Unterschriften für einen Volksantrag.[6] Ein formeller Antrag auf Feststellung der Zulässigkeit des Volksbegehrens wurde jedoch nicht gestellt.

e. Das erste Verfahren gegen die Rechtschreibreform

Auch in Bayern[7] wurden seit November 1996 Unterschriften für einen Volksantrag gegen die **Rechtschreibreform** gesammelt. Obwohl innerhalb von etwa zwei Monaten rund 48.000 Bürger den Antrag unterstützt hatten, wurde das Verfahren abgebrochen, da die Initiatoren damit rechneten, dass vergleichbare Anträge in Schleswig-Holstein und Niedersachsen[8] erfolgreich sein würden.[9]

1   GVBl. S. 320 bzw. S. 328.
2   Diese Regelungen richteten sich mittelbar gegen den einzigen Arzt, der bis dahin in Bayern ambulante Schwangerschaftsabbrüche angeboten hatte. Auf der einen Seite hatte er sich wegen der großen Nachfrage auf diese Tätigkeit spezialisiert. Auf der anderen Seite fehlte ihm die Facharztausbildung.
3   Vgl. „Volksbegehren gegen Abtreibungsrecht", SZ, 25.6.1996.
4   „Volksbegehren geplatzt", StZ, 16.11.1996.
5   *BVerfGE* 96, S. 120, 130. Im Hauptsacheverfahren stellte das Gericht dann fest, dass einige der zentralen Bestimmungen der bayerischen Gesetze verfassungswidrig waren, vgl. *BVerfGE* 98, S. 235 ff.
6   „Volksbegehren gegen Abtreibungsrecht", StZ, 30.6.1997.
7   Zu den parallelen Verfahren vgl. S. 339 (Baden-Württemberg), S. 486 (Schleswig-Holstein), S. 584 (Sachsen), S. 651 (Niedersachsen), S. 685 (Mecklenburg-Vorpommern), S. 748 (Bremen), S. 780 (Berlin).
8   Vgl. dazu die Nachweise in der vorigen Fn.
9   Vgl. dazu „Begehrenswelle gegen Rechtschreibreform - Außerparlamentarische Initiativen in den

f. Das Verfahren für die Wiedereinführung des Buß- und Bettages

Ebenfalls unterblieben ist ein formelles Verfahren zur Wiedereinführung des **Buß- und Bettages** als gesetzlichem Feiertag, obwohl 1996 in einer landesweiten Unterschriftenaktion 200.000 Unterschriften zusammengekommen waren.[1]

g. Das Verfahren zur Abschaffung des Senates

Zu Beginn des Jahres 1997 initiierte die „Ökologisch Demokratische Partei – ÖDP" einen Volksantrag mit dem Ziel der **Abschaffung des Senates**.[2] Zur Begründung des Antrags wurde in erster Linie darauf verwiesen, dass der Senat fast zehn Millionen DM im Jahr koste, ohne dass seine Tätigkeit erkennbaren Einfluss auf die Qualität der Entscheidungen des Landtags habe. Die im Senat vertretenen Verbände hätten andere und effektivere Wege, um auf die politische Willensbildung Einfluss zu nehmen.[3] Am 14. März 1997 wurden immerhin 40.000 Unterschriften eingereicht.[4] Das Innenministerium erklärte den Antrag daraufhin für zulässig und legte den Eintragungszeitraum vom 10. bis zum 23. Juni fest.[5]

Die anderen Oppositionsparteien schlossen sich dem Antrag an. Die Haltung der SPD blieb allerdings eher vage, was nicht zuletzt darauf zurück zu führen ist, dass sie selbst einige der Senatoren stellte. Die CSU sprach sich hingegen eindeutig für die Beibehaltung des Senates aus und versuchte dem Volksbegehren durch eine Reform des Senates den Wind aus den Segeln zu nehmen. In diesem Gremium sollten in Zukunft weitere Verbänden das Recht auf Sitz und Stimme haben.[6] Das Volksbegehren wurde von 10,5 Prozent der Stimmberechtigten unterstützt.[7]

Obwohl sich die CSU für die Beibehaltung des Senates ausgesprochen hatte, hielt sie sich vor der Abstimmung eher zurück. Dies wurde auf die Befürchtung zurückgeführt, dass sich ihre Chancen für die Kommunal- und Bundestagswahlen im Jahre 1998 durch eine

---

einzelnen Ländern", Zeitschrift für direkte Demokratie in Deutschland, Heft 3/1997.

1 Vgl. dazu „Erste Abstimmung über Buß- und Bettag", Zeitschrift für direkte Demokratie in Deutschland, Heft 2/1997.
2 Diese zweite, ständisch gegliederte Kammer des Landesparlamentes hat ausschließlich beratende Funktionen. Vgl. dazu *Hufschlag*, S. 237 ff., und ausführlich *Funk*, passim, der auf S. 120 ff., zu dem bemerkenswerten Ergebnis kommt, dass es aufgrund von Art. 75 I 2 BayV selbst dem verfassungsändernden Gesetzgeber nicht möglich sein soll, den Senat abzuschaffen. Dabei ist tatsächlich nicht erkennbar, dass und inwiefern diese Institution zu den unverzichtbaren Grundelementen eines demokratisch organisierten Gemeinwesens gehört.
3 Dies war das zentrale Argument in der Begründung des Entwurfs in einem „Aktionsleitfaden der ÖDP"; vgl. die Veröffentlichung der „Haidhauser Nachrichten" unter http://hn.munich-info.de/doku/oedp.html.
4 Vgl. „Ende einer Altherrenriege?", Die Zeit, 13.6.1997, S. 14.
5 Bay. Staatsanzeiger Nr. 15 vom 11.4.1997.
6 Diese Vorschläge gingen wiederum auf Anregungen zurück, die der Senat als Reaktion auf den Volksantrag selbst unterbreitet hatte, vgl. dazu „Hat der Rat der Weisen noch eine Zukunft?", StZ, 4.2.1998, S. 2. Sie knüpfen an die Forderungen des (gescheiterten) Volksbegehrens für die Erweiterung des Senates im Jahre 1977 an; vgl. dazu oben S. 348.
7 Es lagen 927.047 Unterschriften vor.

Niederlage beim Volksentscheid verschlechtern könnten.[1] Beim Volksentscheid am 8. Februar 1998 stimmten daraufhin 69,2 Prozent der Abstimmenden für den Antrag des Volksbegehrens.[2] Anders als bei anderen Abstimmungen war die Zustimmung zum Antrag des Volksbegehrens in allen Landesteilen in etwa gleich hoch.[3] Die Abstimmungsbeteiligung lag allerdings nur bei etwa 40 Prozent.[4]

Wie bereits dargelegt wurde,[5] ist das Ergebnis des Volksentscheids durch den Senat vor dem Bayerischen Verfassungsgerichtshof angegriffen worden, der zwar – mit einer unzureichenden Begründung – zu dem Ergebnis kam, dass trotz der klaren Vorgabe des Art. 2 II 2 BayV bei Abstimmungen über Verfassungsänderungen die Zustimmung durch die Mehrheit der Abstimmenden nicht ausreiche.[6] Da mehr als ein Viertel der Stimmberechtigten dem Antrag des Volksbegehrens zugestimmt hatten, sei die Verfassungsänderung jedoch wirksam.[7]

Im Frühjahr 1997 kündigte die Partei der Republikaner ein Volksbegehren gegen den **EURO** und den Beitritt der Bundesrepublik Deutschland zur Europäischen Währungsunion an.[8] Es ist nicht ersichtlich, dass das Verfahren tatsächlich formell eingeleitet oder auch nur mit der ernsthaften Sammlung von Unterschriften begonnen worden wäre.

h. Das Verfahren „Gentechnikfrei aus Bayern"

Am 8. Oktober 1997 begann ein vom Bündnis 90/Die Grünen, der SPD, Umweltgruppen und kirchlichen Verbänden getragenes Aktionsbündnis „**Gentechnikfrei aus Bayern**" mit der Sammlung von Unterschriften für einen Volksantrag. Anlass war die angeblich zu „lasche" Kennzeichnungspflicht für gentechnisch manipulierte Lebensmittel nach der „Novel-Foods"-Verordnung der Europäischen Union vom 15. Juni 1997.[9] Da eine wei-

---

1 „Der risikoreiche Kampf der CSU für die Zweite Kammer", Die Welt, 26.6.1997.
2 Der Vorschlag des Landtags für ein „Senatsreformgesetz" fand hingegen nur die Zustimmung durch 23,6 % der Stimmberechtigten.
3 Auf diesen Umstand hat schon *Jung*, BayVBl. 1999, S. 417, hingewiesen.
4 69,2 % stimmten für die Abschaffung des Senates, 27,3 % dagegen, vgl. „Sozialdemokraten wollen Hürden für Volksentscheide senken", StZ 28.3.1998, S. 6.
5 Vgl. dazu oben S. 326 ff.
6 *BayVfGH*, BayVBl. 1999, S. 719 = NVwZ-RR 2000, S. 65.
7 Das Gericht stellte dabei zu Recht fest, dass der Senat als Institution nicht durch die Ewigkeitsklausel Art. 75 I 2 BayV geschützt war; so aber wohl *Horn*, BayVBl. 1999, S. 430, 434 f. Zwar geht das Gericht davon aus, dass diese Bestimmung nicht nur das demokratische Prinzip, sondern die wesentlichen Merkmale freiheitlicher, rechtsstaatlicher Demokratie schütze. Durch die Abschaffung des Senates würden diese Prinzipien aber nicht verletzt; *BayVfGH*, NVwZ-RR 2000, S. 65, 66.
8 Dies geschah, nachdem ein entsprechendes Volksbegehren in Niedersachsen für zulässig erklärt worden war (dazu siehe unten S. 652).
9 Verordnung (EG) Nr. 258/97 des Europäischen Parlaments und des Rates über neuartige Lebensmittel und Lebensmittelzutaten, vom 27.1.1997 (ABl. Nr. L 43/1). Nach der Verordnung soll für solche Produkte keine Kennzeichnungspflicht gelten, bei deren Herstellung andere Produkte verwendet wurden, die gentechnisch manipuliert worden sind, etwa Enzyme.

tergehende Kennzeichnungspflicht mit den Vorgaben dieser Verordnung unvereinbar war, wollten die Initiatoren ein Gütesiegel für gentechnikfreie Lebensmittel aus Bayern durchsetzen.[1]

Nachdem sich abzeichnete, dass der Volksantrag sehr große Zustimmung fand,[2] legte die CSU-Mehrheit im Landtag – noch vor dessen formeller Einreichung am 8.Januar 1998 – einen Entwurf für ein Kennzeichnungsgesetz vor,[3] in dem das Anliegen der Initiatoren zumindest teilweise berücksichtigt worden war. Der wesentliche Unterschied bestand darin, dass das Gütesiegel nicht nur auf Antrag und damit nach einer genauen Prüfung vergeben werden sollte. Vielmehr sollten sich die Behörden auf die stichprobenhafte Kontrolle beschränken.[4] Das Gesetz wurde im Eilverfahren vom Landtags verabschiedet und ist kurz vor dem Beginn der Eintragungsfrist für das Volksbegehren in Kraft getreten.[5] Nicht zuletzt darauf ist es wohl zurückzuführen, dass bei der Sammlung von Unterschriften vom 24. April bis zum 7. Mai 1998 das 10-Prozent-Quorum des Art. 74 I BayV bei weitem nicht erreicht worden ist.[6]

Im Zusammenhang mit den bundesweiten Protestaktionen an deutschen Hochschulen im Winter 1997 wurde von den Aktionskomitees der bayerischen Universitäten über die Möglichkeit eines Volksbegehrens **„Hochschulgesetz für Demokratie und Bildung"** beraten.[7] Zwar wurde kein entsprechender Volksantrag eingebracht. In der Folge hat sich jedoch eine „Initiative Volksbegehren" gegründet, die zwei Verfahren **„Starke Hochschulen für Bayern!"** (zur Änderung des Hochschulgesetzes) und **„Recht auf Bildung!"** (zur Änderung der Landesverfassung) vorbereiten wollte. Soweit ersichtlich wurden jedoch keine weiteren Schritte unternommen.

---

1 Nach dem Gesetzentwurf sollten als „gentechnikfrei" nur solche Produkte gelten, bei deren Herstellung auf sämtliche nach dem derzeitige Kenntnisstand bekannten gentechnologischen Verfahren verzichtet wurde. Dies sollte nicht nur Verfahren nach dem GentechnikGF erfassen, sondern auch die Verwendung von so genannten „gentechnisch manipulierten selbstklonierten Hefen" ausschließen, die vor allem bei der Brot-, Bier- und Weinherstellung möglich ist. Das Gütesiegel sollte nur auf Antrag vergeben werden. Die Kosten des aufwendigen Anerkennungsverfahrens hätten die Hersteller tragen müssen, vgl. „Volksbegehren gegen Gentechnik in Bayern", StZ, 9.10.1997; „Siegel gegen Genpanscher", Haidhauser Nachrichten, Ausgabe 11/1997.

2 Bereits im November hatten die Initiatoren mitgeteilt, dass mehr als 175.000 Unterschriften gesammelt worden waren; vgl. „Gen-Volksbegehren in Niedersachsen", taz, 11.11.1997, S. 8; „Volksbegehren für die Kennzeichnung von genfreien Lebensmitteln", taz 10.12.1997, S. 9.

3 LT-Drs. 13/9722.

4 Dies führt auch dazu, dass die Kosten nicht den Herstellern der betreffenden Produkte auferlegt werden können, sondern vom Land zu tragen sind.

5 Gesetz über die Kennzeichnung von gentechnikfreien Erzeugnissen im Ernährungs- und Futtermittelbereich vom 9.4.1998, GVBl. S. 216. Das Gesetz konnte nur deswegen noch vor Beginn der Eintragungsfrist in Kraft treten, weil es ausdrücklich für dringlich erklärt worden war.

6 Es sind nur 436.345 Unterschriften zusammen gekommen, das entspricht knapp 4,9 % der Eintragungsberechtigten, vgl. „Gentechnik-Volksbegehren in Bayern klar gescheitert", StZ 9.5.1998, S. 2.

7 Vgl. dazu die Abschlusserklärung des bayernweiten *Arbeitstreffens zum Volksbegehren* am 12.12.1997 (unveröffentlicht).

i. Das zweite Verfahren gegen die Rechtschreibreform

Nach dem Erfolg der schleswig-holsteinischen Initiative „**Wir gegen die Rechtschreibreform**" im September 1998[1] bekamen auch die bayerischen Gegner der Reform wieder Auftrieb.[2] Im Januar 1999 wurde mit der Sammlung von Unterschriften für einen neuen Volksantrag begonnen.[3] Zwar waren die Initiatoren im Sommer 1999 noch zuversichtlich, die erforderlichen Unterschriften bis zum August desselben Jahres zusammen zu bekommen.[4] Nachdem dieses Ziel jedoch nicht erreicht wurde, ist kein Volksantrag gestellt worden.

j. Das Verfahren „Die bessere Schulreform"

Am 3. Dezember 1999 reichte ein Unterstützerbündnis aus Lehrer- und Elternverbänden einen Antrag auf Einleitung eines Volksbegehrens für eine **bessere Schulreform** ein, mit dem die geplante Einführung der sechsstufigen Realschule verhindert werden sollte.[5] Der Antrag war von 27.039 Stimmberechtigten unterstützt worden und wurde daher für zulässig erklärt.[6] Bei dem Volksbegehren in der zweiten Februarhälfte des Jahres 2000 trugen sich nur 507.900 Stimmberechtigte gültig in die Listen ein.[7] Da das Quorum damit deutlich verfehlt worden war, wurde das Volksbegehren für gescheitert erklärt.

k. Das Verfahren zum Schutz des kommunalen Bürgerentscheids

Nachdem der bayerische Verfassungsgerichtshof im August 1997 die Sperrwirkung eines Bürgerbegehrens für eine verfassungswidrige Beschränkung des kommunalen Selbstverwaltungsrechtes erklärt[8] und den Landtag dazu aufgefordert hatte, innerhalb von drei Jahren eine Neuregelung der Bindungswirkung und des Quorums für den Bürgerentscheid zu treffen, begann die Initiative „Mehr Demokratie e.V." im Frühjahr 1998 mit der Sammlung von Unterschriften für einen Volksantrag zum **Schutz des kommunalen Bürgerentscheids**.[9] Ziel des Verfahrens war es, die freie Sammlung von Unter

1 Vgl. dazu unten S. 486 ff.
2 Zum ersten Verfahren vgl. oben S. 358.
3 Der Text der Initiative lautete: „(1) Sprache und Schrift als zentrale Bestandteile der Kultur dürfen nicht zum Gegenstand staatlich angeordneter Veränderungen werden.
  (2) In den Schulen wird die allgemein übliche Rechtschreibung unterrichtet. Als allgemein üblich gilt die Rechtschreibung, die in der Bevölkerung seit langem anerkannt ist."
4 Vgl. „Streit um Schreibreform eskaliert", ZfDD Heft 3/1999, S. 18.
5 Bis dahin hatte die Realschule erst mit der 7. Klasse begonnen. Nach der Grundschule mussten die Kinder daher zunächst das Gymnasium bzw. die Hauptschule besuchen.
  Die Initiatoren des Volksbegehrens befürchteten, dass durch die frühzeitige Differenzierung in drei Schularten der Leistungsdruck in den Grundschulen zunehmen würde.
6 Vgl. Bay. Staatsanzeiger vom 17.12.1999.
7 Dies entsprach 5,7 %.
8 Vgl. dazu ausführlich oben S. 356.
9 Vgl. dazu „Mehr Demokratie Spezial" Nr. 53 vom 12.12.1997, und schon „Ein ‚Putschversuch' löst

schriften für das Bürgerbegehren sowie vom Verfassungsgericht beanstandeten Regelungen zur Sperrwirkung von Bürgerbegehren, der Bindungswirkung von Bürgerentscheiden und den Verzicht auf qualifizierte Abstimmungsquoren in die Verfassung zu schreiben und damit der Kontrolle durch den BayVfGH zu entziehen.[1] Zudem sollten in Zukunft auch Angelegenheiten des übertragenen Wirkungskreises der Gemeinden als Gegenstand der Verfahren in Betracht kommen.[2] Parallel dazu wurden die beiden im Folgenden dargestellten Verfahren für faire Volksrechte bzw. für ein unabhängiges Verfassungsgericht und die demokratische Richterwahl durchgeführt.

Anders als bei früheren Verfahren lief die Sammlung von Unterschriften eher schleppend an,[3] und die Unterschriftslisten wurden erst am 6. Dezember 1999 eingereicht. Nachdem das Staatsministerium festgestellt hatte, dass insgesamt 26.112 und damit genügend gültige Stimmen vorlagen, legte es die beiden Entwürfe dem Verfassungsgerichtshof zur Entscheidung vor, der die Chance nutzte, seine eigene Rechtsprechung am 13. April 2000 nochmals zu bekräftigen und ihr in gewisser Weise Ewigkeitswert zu verschaffen.[4]

Obwohl Art. 75 I 2 BayV ausdrücklich nur den „demokratischen Grundgedanken der Verfassung" vor dem Zugriff des verfassungsändernden Gesetzgebers schützt und es damit nahe liegt, diese Bestimmung noch restriktiver auszulegen, als die deutlich weiter gefasste „Ewigkeitsklausel" des Art. 79 III GG,[5] kommt das Gericht zu dem Ergebnis, dass nicht nur das Demokratieprinzip selbst, sondern alle wesentlichen Merkmale freiheitlicher, rechtsstaatlicher Demokratie, in der Ausprägung, wie sie Ausdruck in der geltenden Verfassung gefunden haben, der Verfassungsänderung entzogen sind.[6] Dazu gehöre aber auch das in den Artt. 10 f. BayV festgeschriebene Selbstverwaltungsrecht der Kreise und Gemeinden, einschließlich der Funktionsfähigkeit der kommunalen Vertretungsorgane. Diese Funktionsfähigkeit werde aber durch die von den Antragstellern geforderte verfassungsrechtliche Absicherung der Sperrwirkung von Bürgerbegehren und die Bindungswirkung von Bürgerentscheiden bei einem gleichzeitigen Verbot qualifizierter Quoren ernsthaft gefährdet. Zudem verstoße die von den Antragstellern geforderte Möglichkeit von gemeinsamen Listen für unterschiedliche Anträge gegen das Rechtsstaatsgebot, da für die Unterzeichner gegebenenfalls nicht mehr klar erkennbar sei, welche Anträge sie durch ihre Unterschrift unterstützen.

   großes Rätselraten aus", Die Welt, 13.9.1997.

1   Allerdings sollte der Gemeinderat nicht wieder drei Jahre lang, sondern nur ein Jahr lang an das Ergebnis eines Bürgerentscheids gebunden sein.

2   Noch während des laufenden Verfahrens verabschiedete der Landtag ein Gesetz zur Änderung der Gemeindeordnung, mit dem zum einen festgeschrieben wurde, dass die Sperrwirkung des Bürgerbegehrens erst mit der Entscheidung über dessen Zulässigkeit eintreten soll. Zum anderen wurde die Bindungswirkung von drei auf ein Jahr verkürzt und ein qualifiziertes Abstimmungsquorum eingeführt, das je nach Gemeindegröße 10 bis 20 Prozent der Stimmberechtigten betragen sollte. Auch die Landkreisordnung wurde dementsprechend geändert; vgl. das Gesetz vom 26.3.1999, GVBl. S. 86.

3   Dies lag wohl nicht zuletzt daran, dass es den Initiatoren schwer viel, den Bürgern die (mindestens) drei verschiedenen Anliegen gleichermaßen nahe zu bringen.

4   *BayVfGHE* 53, S. 81.

5   In diesem Sinne wohl auch *Sachs*, JuS 2001, S. 293.

6   *BayVfGHE*, 53, S. 81, 94; vgl. so auch schon *BayVfGH*, NVwZ-RR 2000, S. 65.

Zwar kann im Rahmen dieser Untersuchung nicht ausführlich auf die Frage eingegangen werden, ob und gegebenenfalls inwieweit die kommunale Selbstverwaltung tatsächlich gefährdet wird, wenn schon ein kleiner Anteil der Bürger durch die Sammlung von Unterschriften für ein Bürgerbegehren die kommunalen Vertretungsorgane an Entscheidungen hindern kann. Ebensowenig kann hier geklärt werden, ob es von Verfassung geboten ist, den kommunalen Vertretungsorganen jedenfalls dann die Aufhebung oder Änderung eines auf dem Wege des Bürgerentscheids ergangenen Beschlusses zu ermöglichen, wenn sich die rechtlichen oder sachlichen Umstände seit der Abstimmung wesentlich verändert haben. Völlig unabhängig davon kann die Entscheidung des Bayerischen Verfassungsgerichtshofes aber schon deshalb nicht überzeugen, weil das Gericht die Möglichkeit einer restriktiven Auslegung der einschlägigen Bestimmungen nicht einmal in Erwägung zieht. Schließlich folgt aus dem Umstand, dass die Verfassung die Einführung einer Bindungswirkung des Bürgerbegehrens ermöglicht, noch nicht zwangsläufig, dass diese Bindungswirkung schon sehr früh und für unbegrenzte Zeit eintritt.

Zustimmung verdient das Gericht hingegen für seine Forderung nach einer Entkoppelung der Unterschriftslisten für verschiedenen Anträge. Dabei ist allerdings zu beachten, dass es die Antragsteller jedenfalls dann in der Hand haben, mehrere Anliegen in einem Antrag zusammenzufassen, wenn diese Anliegen inhaltlich zusammenhängen.[1] Zudem spricht nichts dagegen, mehrere Verfahren gleichzeitig parallel zu betreiben.

Geradezu absurd ist schließlich der Vorwurf des Gerichts, dass dem Antrag kein hinreichend ausformulierter und begründeter Gesetzentwurf zugrunde liege, weil das vom Landtag Ende März 1999 verabschiedete Gesetz zur Änderung der Gemeinde- und Landkreisordnung noch nicht berücksichtigt worden war. Schließlich war mit der Sammlung von Unterschriften bereits lange vor Verabschiedung des Gesetzes begonnen worden. Zwar lagen zwischen dem In-Kraft-Treten des Gesetzes am 1. April und der Einreichung der Unterschriften noch mehr als sieben Monate. Dennoch waren die Antragsteller selbstverständlich nicht dazu verpflichtet, die Unterschriftensammlung erneut zu beginnen. Andernfalls hätte es das Parlament in der Hand, jedes Volksbegehren dadurch zu konterkarieren, dass es während des Verfahrens die entsprechenden Gesetze ändert.

l. Das Verfahren für „Mehr Demokratie in Bayern"

Parallel zu dem soeben beschriebenen Verfahren zum Schutz des kommunalen Bürgerentscheids wollte „Mehr Demokratie" im Frühjahr 1998 in einem zweiten Verfahren für **faire Volksrechte im Land** die Hürden für das Volksbegehren und Volksentscheide absenken. Statt einem Zehntel der Stimmberechtigten sollte das Quorum in Zukunft fünf Prozent der Beteiligung an der letzten Landtagswahl betragen. Zugleich sollte die Eintragungsfrist von zwei Wochen auf einen Monat verlängert und die Möglichkeit der freien Sammlung von Unterschriften geschaffen werden. Auch dieses Verfahren war im Grunde nur eine Reaktion auf die restriktive Rechtsprechung des Verfassungsgerichtshofes, der zuvor zum einen die Reichweite des Haushaltsvorbehaltes in Art. 73 BayV im Laufe der Zeit immer weiter ausgedehnt hatte und zum anderen im Rahmen seiner Entscheidung über das Gesetz zur Abschaffung des Senates zu dem Ergebnis gekommen war, dass auch in Bayern unabhängig

---

1 Vgl. dazu schon oben S. 303.

von einer entsprechenden ausdrücklichen Regelung in der Verfassung mindestens ein Viertel der Stimmberechtigten zustimmen müsse, damit ein Antrag auf Änderung der Verfassung angenommen ist.

Auch dieses Antrag wurde vom Staatsministerium dem Verfassungsgerichtshof zur Entscheidung vorgelegt, der wiederum die Gelegenheit nutzte, seine eigene Rechtsprechung zu bestätigen und zugleich einer Absenkung der Zulässigkeitsvoraussetzungen einen Riegel vorzuschieben. Weder der Verzicht auf ein qualifiziertes Quorum bei Abstimmungen über Verfassungsänderungen, noch die Absenkung des Quorums für das Volksbegehren auf 5 Prozent bei freier Sammlung von Unterschriften, noch die Einführung einer Volksinitiative durch 25.000 und damit ca. 0,3 Prozent der Stimmberechtigten sei mit dem demokratischen Grundgedanken der Verfassung vereinbar. Darüber hinaus sollen Volksbegehren und Volksentscheide, die sich auf den Staatshaushalt auswirken selbst dann unter keinen Umständen zulässig sein, wenn das Staatshaushaltsgesetz im Ganzen dem Volksentscheid entzogen bleibt.[1]

Wie bereits im bisherigen Verlauf der Untersuchung deutlich wurde, kann auch diese Entscheidung des Gerichts nur bedingt überzeugen. Insofern ist zunächst festzuhalten, dass der Verfassungsgerichtshof auch hier wieder den Anwendungsbereich des Art. 75 I 2 BayV überdehnt hat. Zwar ergeben sich aus dem Homogenitätsprinzip des Art. 28 I GG weitergehende Anforderungen, deren Beachtung aber grundsätzlich nur durch das Bundesverfassungsgericht überprüft werden kann. Selbst wenn man mit dem Gericht davon ausgeht, dass die Funktionsfähigkeit des Parlamentes nicht grundsätzlich in Frage gestellt werden darf, so bleibt das Gericht doch den Beweis dafür schuldig, warum diese Funktionsfähigkeit bereits bei einer Absenkung des Quorums für das Volksbegehren auf 5 Prozent der Stimmberechtigten gefährdet sein soll.[2] Ebensowenig ist einzusehen, wieso eine Volksinitiative nur dann zulässig sein soll, wenn ihr deutlich mehr als 0,3 % der Stimmberechtigten zugestimmt haben. Schließlich muss sich das Parlament gegebenenfalls auch mit Petitionen einzelner Bürger oder auch mit den Anträgen einzelner Abgeordneter auseinander setzen. Daher kann es der Umstand, dass ein Antrag von immerhin 25.000 Stimmberechtigten unterstützt wurde, durchaus rechtfertigen, das Parlament zur Anhörung und zu einer Entscheidung zu verpflichten.[3] Und schließlich ist an dieser Stelle nochmals festzuhalten, dass auch die Ausführungen des Gerichts zur Notwendigkeit, die Bürger von finanzwirk-

---

1 Interessanterweise hatte der Abg. *Kreuzer* (CSU) in einer Landtagsdebatte ausgeführt, dass der Antrag schon deshalb unzulässig sei, weil er mit der Rechtsprechung des Verfassungsgerichtshofes unvereinbar sei, der ein Jahr zuvor das Zustimmungsquorum auf 25 % festgelegt hatte, vgl. das Sten. Prot. der Sitzung vom 2.2.2000, S. 2198. Tatsächlich sollte das Verfahren aber gerade dazu dienen, diese Entscheidung zu korrigieren.

2 Vgl. dazu ausführlich oben S. 246 ff. Dabei kommt es entgegen der Ansicht des Gerichtes nicht darauf an, ob diese Unterschiften im Rahmen einer freien Sammlung oder eines formellen Eintragungsverfahrens gesammelt wurden (so aber auch *Schweiger*, BayVBl. 2002, S. 65, 71/74), da das Parlament diese Umstände bei seiner Entscheidung kennt und sie angemessen berücksichtigen kann.

3 Dies verkennt *Schweiger*, BayVBl. 2002, S. 65, 71 f., der vor allem darauf abstellt, dass sich das Parlament gegebenenfalls zweimal mit demselben Antrag hätte befassen müssen. Dabei sei zusätzlich zu beachten, dass der Anwendungsbereich der Verfahren über die Gesetzgebung hinaus ausgedehnt werden sollte. Auch er bleibt aber den Nachweis dafür schuldig, inwiefern die Arbeitsfähigkeit des Parlamentes dadurch beeinträchtigt würde.

samen Entscheidungen auszuschließen, keiner näheren Überprüfung stand halten. Es wäre durchaus verfassungsrechtlich zulässig gewesen, nur das Haushaltsgesetz selbst dem Anwendungsbereich der direktdemokratischen Verfahren zu entziehen.[1]

Im Ergebnis zuzustimmen ist der Entscheidung allerdings in Bezug auf den völligen Verzicht auf erhöhte Anforderungen an die plebiszitäre Verfassungsänderung. Wie bereits deutlich wurde, ist der höhere Rang der Verfassung nur dann gerechtfertigt, wenn dieses Gesetz auch nur unter erschwerten Bedingungen abänderbar ist. Zwar obliegt die Entscheidung über die konkreten Voraussetzungen dem verfassunggebenden bzw. -ändernden Gesetzgeber. Da die Verfassung nach den Vorstellungen der Initiatoren des Volksbegehrens aber unter denselben Bedingungen abänderbar sein sollte, wie ein normales Gesetz, war der Antrag insofern unvereinbar mit dem Homogenitätsgebot des Art. 28 I GG.[2]

m. Das Verfahren „Macht braucht Kontrolle – für ein unabhängiges Verfassungsgericht und die demokratische Richterwahl in Bayern"

Parallel zu den beiden soeben geschilderten Verfahren für „Mehr Demokratie" wurden in Bayern schließlich auch noch Unterschriften für einen Antrag auf Zulassung eines weiteren Volksbegehrens **für ein unabhängiges Verfassungsgericht und die demokratische Richterwahl in Bayern** gesammelt. Auch dieses Verfahren, das im Juli 1998 durch ein Bündnis „Unabhängige Richterinnen und Richter in Bayern" eingeleitet und dann von „Mehr Demokratie" und anderen Vereinigungen aufgenommen wurde, war in der restriktiven Rechtsprechung des Verfassungsgerichtshofes begründet. Nach Ansicht der Initiatoren des Volksbegehrens führten die Besetzungspraxis und die Geschäftsverteilung des Gerichtes dazu, dass zum einen der größte Teil der Richter der seit langem unangefochten regierenden CSU zumindest nahe stand und zum anderen diese Richtergruppe innerhalb der vielen Kammern des Gerichtes die Mehrheit stellte. Nicht zuletzt diesem Umstand sei der Wandel in der Rechtsprechung des Gerichtes zu verdanken, das in den Jahren zuvor die Anforderungen an die Zulässigkeit von Volksbegehren und Volksentscheiden immer weiter erhöht hatte.

Ziel der Antragsteller war es, den Verfassungsgerichtshof vollständig neu zu organisieren. Um die Unabhängigkeit des Verfassungsgerichtes zu gewährleisten, sollten die Verfassungsrichter in Zukunft auch in Bayern von einer qualifizierten Mehrheit der Mitglieder des Landtags gewählt werden müssen. Zudem sollten statt der bisher 38 ehrenamtlichen nur noch 5 hauptamtliche Richter eingesetzt werden.[3] Darüber hinaus forderten die Initiatoren, dass Richter auch sonst generell durch Richterwahlausschüsse gewählt und damit nicht mehr ohne weiteres durch den jeweils zuständigen Minister ernannt werden könnten. Erklärtes Ziel der Antragsteller war es, die Dominanz der CSU bei der Auswahl der Richter zu brechen.[4]

---

1 Vgl. dazu ausführlich oben S. 273 ff.
2 Vgl. dazu schon oben S. 326 f.
3 Vgl. „Volksbegehren in Bayern zum Verfassungsgericht", StZ, 18.7.98, S. 2.
4 Berücksichtigt man, dass die überwiegende Mehrheit der Richter der CSU mehr oder weniger offen nahe steht und dass der Einfluss der anderen Richter durch die Aufteilung in zahlreiche kleine Spruchkörper noch weiter verringert wurde, erscheint es – bei allem Vertrauen in die richterliche Unabhängigkeit – geradezu grotesk, wenn der Vorsitzende der CSU-Landtagsfraktion Glück hier nicht nur vor unnötigen

Nachdem das Staatsministerium des Inneren festgestellte hatte, dass auch dieser Antrag von mehr als 25.000 Stimmberechtigten unterstützt worden war, legte es ihn am 23. Dezember 1999 dem Verfassungsgerichtshof vor, da der Antrag zwei selbständige Anliegen in unzulässiger Weise miteinander verknüpfe. Obwohl die Bayerische Verfassung kein Koppelungsverbot enthält und es in der Vergangenheit auch immer wieder Volksbegehren gegeben hat, bei denen mehrere Anliegen miteinander verknüpft worden sind,[1] erklärte das Gericht am 24. Februar 2000, dass die beiden Regelungsgegenstände in Zukunft getrennt behandelt werden müssten.[2]

Wie bereits deutlich wurde, kann diese Entscheidung nicht überzeugen.[3] Weder aus Art. 7 II BayV noch aus einer anderen Bestimmung der Verfassung ergibt sich, dass Gesetzentwürfe nur einen Gegenstand haben dürfen. Selbst wenn man wie hier davon ausgeht, dass verschiedene in einem Antrag verbundene Gegenstände auch inhaltlich aufeinander bezogen sein müssen, ist im vorliegenden Fall zu beachten, dass die beiden Anliegen hinreichend deutlich miteinander verknüpft waren.

Die Aufteilung der beiden Gegenstände des Volksbegehrens führte nun wiederum dazu, dass die beiden Verfahren auch zeitlich getrennt wurden. Das Volksbegehren „Für eine demokratische Richterwahl in Bayern" wurde am 14. März 2000 bekannt gemacht.[4] Die Eintragungsfrist sollte vom 25. Mai bis zum 7. Juni laufen. Zwar versuchten die Initiatoren des Volksbegehrens, im Wege einer einstweiligen Anordnung zu erreichen, dass die Verfahren doch parallel betrieben werden konnten. Nachdem der Verfassungsgericht einen dementsprechenden Antrag abgelehnt hatte,[5] beschlossen sie jedoch, sich auf das in ihren Augen wichtigere Verfahren zur Besetzung und Organisation des Verfassungsgerichtshofes zu konzentrieren und teilten dem Innenminister mit, dass das Verfahren zur „demokratischen Richterwahl" nicht mehr weiter betrieben werde.[6]

Mehrkosten, sondern auch und vor allem vor dem „Proporzdenken" der Antragsteller warnte (a.a.O.).

1 Vgl. etwa das Volksbegehren für Lernmittelfreiheit, bei dem ein Antrag auf eine Verfassungsänderung mit einem Antrag auf Änderung des Erziehungs- und Unterrichtsgesetzes verknüpft wurde – was der *BayVfGH* anstandslos akzeptierte, vgl. *BayVfGHE* 29, 244, 259 = BayVBl. 1977, S. 143 ff. und oben S. 347.

2 *BayVfGHE* 53, 23. Im Vorfeld der Entscheidung hatte der Landtag gegen die Stimmen der Opposition beschlossen, sich nicht an dem Verfahren zu beteiligen. Interessanterweise stützte sich die Mehrheit dabei auf die These, dass es hier vor allem um einen Streit zwischen dem Volksgesetzgeber und der Exekutive gehe, der das Parlament im Grunde nichts angehe, vgl. das Sten. Prot. der Sitzung vom 2.2.2000, S. 2198 ff.

3 Vgl. dazu oben S. 303 ff.

4 Vgl. Bay. Staatsanzeiger vom 17.3.2000.

5 *BayVfGH*, BayVfGHE 53, S. 35. Im Vorfeld der Entscheidung war es über die Frage, ob sich der Landtag an dem Verfahren beteiligen soll, zu einer kurzen aber heftigen Debatte gekommen. Während die CSU hier vor allem auf die angebliche Verwechslungsgefahr und wiederum darauf abstellte, dass es um einen Streit zwischen den Antragstellern und der Exekutive gehe, der die Rechte des Parlaments unberührt lasse, betonten Vertreter der SPD und der Grünen, dass der Landtag selbstverständlich auch hier seine Kontrollpflichten wahrnehmen müsse. Die Trennung der verfahren sei willkürlich und führe sowohl für die Antragsteller als auch für die Kommunen, die das Eintragungsverfahren zu organisieren haben, zu einem nicht gerechtfertigten Mehraufwand, vgl. das Sten. Prot. der Sitzung vom 22.3.2000, S. 2506 ff.

6 In der Tat war es zweifelhaft, ob es den Initiatoren gelingen würde, gleich zweimal kurz hintereinander genügend Stimmberechtigte zu mobilisieren. Zudem verdoppelte sich durch die Trennung der Verfahren

Letzten Endes waren die Bemühungen dennoch vergeblich. Für das am 8. März 2000 bekannt gemachte[1] Volksbegehren „Für ein unabhängiges Verfassungsgericht" trugen sich vom 9. bis zum 22. Mai 2000 nur 271.734 Personen und damit weniger als 3 Prozent der Stimmberechtigten gültig in die Listen ein.[2] Damit war dieses Begehren klar am 10-Prozent-Quorum gescheitert.

n. Das Verfahren gegen neue AKW-Standorte

Nachdem die Ökologisch Demokratische Partei – ÖDP bereits maßgeblich an dem Verfahren zur Abschaffung des Senats beteiligt gewesen war, startete sie im Sommer 1998 einen weiteren Versuch, die direktdemokratischen Verfahren für ihre Zwecke zu nutzen. Anlass für dieses Verfahren waren Pläne, in Bayern einen von der Siemens AG entwickelten neuartigen Kernreaktor als Referenzanlage zu errichten. Nachdem im Frühjahr 1998 das Atomgesetz geändert worden war, um ein standortunabhängiges Genehmigungsverfahren zu ermöglichen, befürchtete die ÖDP, dass einer von fünf Standorten in Bayern, auf denen nach einem im Jahre 1986 vom Wirtschaftsministerium des Landes erstellten „Standortsicherungsplan" der Bau von Kernkraftwerken möglich sein sollte, für die Errichtung dieser Anlage genutzt werden könnte. Nachdem die Landesregierung den Forderungen der ÖDP eine Absage erteilt hatte, begann die Partei am 12. Mai 1998, also am 12. Jahrestag der Reaktorkatastrophe von Tschernobyl mit der Sammlung von Unterschriften für einen Volksantrag unter dem Motto **„Kein neues Atomkraftwerk in Bayern"**.

Nach Angabe der Initiatoren waren bereits Anfang Juli mehr als 26.000 Unterschriften zusammen gekommen. Spätestens damit war diese Frage aber zum Gegenstand des laufenden Landtagswahlkampfes geworden. Nur einen Tag nach der Meldung über den Erfolg der Unterschriftensammlung erklärte Ministerpräsident Stoiber bei einem Wahlkampfauftritt, dass es in Bayern keine weiteren Kernkraftwerke mehr geben werde. Der „Standortsicherungsplan" wurde allerdings dennoch nicht geändert. Dies änderte sich erst, als die ÖDP ankündigte, die Unterschriften für den Volksantrag formell einzureichen, wenn der Plan nicht spätestens bis zum März 1999 geändert würde. Da die Landesregierung im Februar 1999 einen entsprechenden Entwurf zur Änderung des Bayerischen Landesplanungsgesetzes vorlegte,[3] wurde diese Drohung allerdings nicht umgesetzt. Mit der Annahme dieses Gesetzes im Februar 2000 hatte sich das Verfahren dann endgültig erledigt.

o. Das Verfahren „Menschenwürde ja – Menschenklonen niemals!"

Am 8. Dezember 2001 begann die ÖDP mit der Sammlung von Unterschriften für ein Volksbegehren zur **Aufnahme des Embryonenschutzes in die Landesverfassung**.[4] Am

---

    der Aufwand für die Erstellung der Eintragungslisten.
1 Vgl. Bay. Staatsanzeiger vom 10.3.2000.
2 Dies entsprach 3,0 %.
3 Vgl. LT-Drs. 14/1968.
4 Nach dem Entwurf sollte Art. 100 bayV folgende Fassung erhalten. „Die Würde des Menschen ist während seiner gesamten Entwicklung von der Zeugung bis zum Tod in Gesetzgebung, Verwaltung, Rechtspflege und Wissenschaft zu achten. Das Klonen menschlicher Embryonen, die Selektion

6. Juni 2002 wurde der Landtagsverwaltung ein von etwa 25.000 Personen unterzeichneter Antrag übergeben, der zunächst als Petition formuliert worden war.[1]

Nachdem sich Ende Juli 2002 die Bioethik-Kommission der Landesregierung gegen die Forderungen der ÖDP ausgesprochen hatte,[2] wurde die Unterschriftensammlung fortgesetzt, wobei nun Unterschriften für einen Volksantrag gesammelt wurden. Dieser von 26.000 Personen unterzeichnete Antrag wurde am 26. Januar 2003 eingereicht und Ende Februar vom Innenministerium für zulässig erklärt.[3]

Während der zweiwöchigen Eintragungsfrist trugen sich ab dem 22. Mai 2003 bis zum 4. Juni 2003 nur 212.584 Personen gültig in die Unterschriftslisten ein. Das Volksbegehren war damit gescheitert, da dies nur 2,3 % der Stimmberechtigten entsprach.

p. Das Verfahren „Wer bestellt, muss auch bezahlen"

Im November 2002 startete der Landesverband der „Freien Wähler in Bayern" die Sammlung von Unterschriften für den Antrag auf Feststellung der Zulässigkeit eines Volksbegehrens „**Wer bestellt, muss auch bezahlen**", mit dem – ebenso wie etwa in Baden-Württemberg oder Hessen – das Konnexitätsprinzip in der Verfassung festgeschrieben werden sollte. Auf diese Weise sollte verhindert werden, dass der Bund und das Land immer mehr Aufgaben auf die Kommunen verlagern, ohne gleichzeitig sicher zu stellen, dass diese auch über die erforderlichen Finanzmittel verfügen.[4] Nachdem innerhalb von vier Wochen mehr als die Hälfte der erforderlichen 25.000 Unterschriften zusammen gekommen war, kam es zu Gesprächen zwischen Vertretern der Initiative und der Landesregierung, die sich dem Anliegen grundsätzlich aufgeschlossen zeigten. Dennoch wurde die Unterschriftensammlung fortgesetzt.[5] Der von über 50.000 Bürgern unterzeichnete Volksantrag wurde am 23. März 2003 vom Innenministerium zugelassen.[6]

Nachdem sich die Fraktionen von CSU, SPD und Grünen im Landtag auf eine Verfassungsänderung geeinigt haben, mit der das Konnexitätsprinzip entsprechend den Forderungen der „Freien Wähler" in der Verfassung festgeschrieben wird,[7] haben die Vertreter des

---

menschlicher Embryonen und Eingriffe in die Keimbahn des Menschen sind mit der Würde des Menschen unvereinbar."

1   Vgl. die Pressemitteilung der ÖDP Bayern vom 7.6.2002.
2   Vgl. die Pressemitteilung der ÖDP Bayern vom 3.8.2002. Diese Entscheidung hatte zwar formal keine Bedeutung, mit Sicherheit aber einigen Einfluss auf die Entscheidung des Landtags, der sich für seine Entscheidung nun auf den Rat von Experten stützen konnte.
3   Vgl. „Volksbegehren zum Klonverbot beginnt am 22. Mai", ZfDD Heft 1/2003, S. 13.
4   Vgl. die Pressemitteilung der Freien Wähler Bayern vom 31.10.2002 und „Wer anschafft muss auch zahlen", ZfDD Heft 4/2002, S. 17.
5   Vgl. die Pressemitteilungen der Freien Wähler Bayern vom 7. bzw. 9.12.2002.
6   Vgl. „Wer anschafft muss auch zahlen", ZfDD Heft 1/2003, S. 13.
7   Vgl. Gesetz vom 22. Mai 2003; zuvor hatten das Bündnis 90/Die Grünen (LT-Drs. 14/10906) und SPD (LT-Drs. 14/11170) eigene Anträge eingereicht, in denen sie sich die Forderungen der Freien Wähler teilweise zu eigen machten.

Volksbegehrens ihren Antrag wieder zurück gezogen, obwohl die Eintragungsfrist für das Volksbegehren bereits festgelegt worden war.[1]

Die am 22. Mai 2003 vom Landtag beschlossene Verfassungsänderung wurde am 21. September 2003 im Rahmen eines Verfassungsreferendums, das gleichzeitig mit den Landtagswahlen durchgeführt worden war, endgültig angenommen.

q. Das Verfahren „Aus Liebe zum Wald"

Am 6. Juli 2004 begann das „Wald-Bündnis Bayern", dem 27 Organisationen angehörten mit der Sammlung von Unterschriften für einen Volksantrag „**Aus Liebe zum Wald**", der sich gegen die Pläne der Staatsregierung für eine Reform der Forstverwaltung und eine teilweise Privatisierung des staatlichen Waldbesitzes richtete.

Bereits im August hatten die Initiatoren über 100.000 Unterschriften für ihren Antrag gesammelt. Während der Eintragungsfrist für das Volksbegehren vom 16. bis zum 29. November 2004 wurde der Antrag dann allerdings nur von 854.178 Stimmberechtigten unterstützt – dies entsprach einem Anteil von 9,3 Prozent.[2] Damit war das Volksbegehren gescheitert.[3] Die Landesregierung bot den Initiatoren allerdings einen „konstruktiven Dialog" an.

Während der Eintragungsfrist für das Volksbegehrens hatte es Streit über die Frage gegeben, ob die Initiatoren eines Volksbegehrens im Rundfunk für ihr Anliegen werben dürfen. Nachdem es zwei Rundfunksender unter Berufung auf § 7 VIII des Rundfunkstaatsvertrages[4] abgelehnt hatten, entsprechende Werbespots zu senden, versuchten die Initiatoren, im Wege einer einstweiligen Anordnung durch den Verfassungsgerichtshof gegen die entsprechenden Normen vorzugehen. Ihr Antrag wurde jedoch abgelehnt.[5] Wie der Verfassungsgerichtshof drei Jahre später festgestellt hat, war dies verfassungswidrig.[6]

r. Das Verfahren „Gerecht sparen – auch ganz oben"

Schon einige Zeit vor dem soeben genannten Verfahren hatte der Landesverband der ÖDP am 19. März 2004 mit der Sammlung von Unterschriften für einen Volksantrag mit dem Titel „**Gerecht sparen – auch an der Spitze**" begonnen, mit dem beitragsfreie und angeblich überzogene Pensionen von Politikern gestrichen und Abgeordneten verboten werden sollte, neben ihrem Mandat als Aufsichtsrat oder „Berater" tätig zu werden.

---

1   Vgl. die Bekanntmachung des Staatsministerium des Inneren vom 23.5.2003 (IA1 1365.1-63), mit der das Verfahren für erledigt erklärt wurde.
2   Diese Zahlen wurden den amtlichen Mitteilungen des Landeswahlleiters entnommen.
3   Die Initiatoren führten dieses Ergebnis auf die „massive Gegenpropaganda" der Landesregierung zurück.
4   In der Fassung der Bekanntmachung vom 27.7.2001, BayGVBl. S. 503.
5   Vgl. die Entscheidung des *BayVfGH* vom 23.11.2004, Az.: Vf. 15-VII-04, sowie ausführlich zu der Problematik oben S. 309 ff. Das *VG Berlin*, NJW 2000, S. 1588, 1589 war bereits einige Jahre zuvor zu einem ähnlichen Ergebnis gekommen, vgl. dazu unten Fn. 4 auf S. 781.
6   Vgl. dazu *BayVfGH*, DVBl. 2007, 1113 und oben S. 309.

Obwohl die erforderliche Zahl von Unterschriften bereits Mitte Juni 2004 erreicht worden war, wurde die Sammlung bis zum Jahresende fortgesetzt.[1] Am 3. Januar 2005 wurde der Antrag dann durch die Initiatoren formell eingereicht.[2] Am 9. Februar lehnte das Innenministerium den Antrag ab und legte ihn dem Verfassungsgerichtshof zur Entscheidung vor: Der Entwurf zur Änderung des Abgeordnetengesetzes greife in die verfassungsmäßigen Rechte der Abgeordneten ein, da die in dem Entwurf vorgesehenen Inkompatibilitätsbestimmungen[3] keine Grundlage in der Verfassung hätten und die drastischen Kürzungen bei der Alimentierung und der Versorgung der Abgeordneten nicht damit vereinbar seien, dass die Tätigkeit eines Parlamentsabgeordneten eine Vollzeittätigkeit darstelle.

Am 6. Mai 2005 hat sich der Verfassungsgerichtshof im Wesentlichen der Auffassung des Innenministeriums angeschlossen.[4] Diese Entscheidung verdient jedenfalls in Bezug auf die Inkompatibiltätsregelungen Zustimmung, da sich entsprechende faktische Einschränkungen des passiven Wahlrechts in der Tat unmittelbar aus der Verfassung ergeben müssen. Auch die Vorschläge zur Kürzung der Diäten und der Altersversorgung erscheinen wegen des Fehlens von Übergangsfristen verfassungsrechtlich zumindest nicht unproblematisch.[5] Nicht überzeugen kann jedoch der Umstand, dass das Volksbegehren insgesamt für unzulässig erklärt wurde, obwohl einige selbständige Teile der Vorlage unbeanstandet geblieben waren.[6] Diese Vorgehensweise wurde auch von einem Richter des Verfassungsgerichtshofes in einem Sondervotum beanstandet: Tatsächlich wäre hier eine Teilzulassung möglich und geboten gewesen.[7]

s. Das Verfahren „Für Gesundheitsvorsorge beim Mobilfunk"

Parallel zu dem soeben dargestellten Verfahren sammelte die ÖDP auch noch Unterschriften für einen weiteren Volksantrag „**Für Gesundheitsvorsorge beim Mobilfunk**", mit dem eine Genehmigungspflicht für Mobilfunksender und eine erweiterte Mitsprache der Gemeinden beim Aufbau neuer Netze durchgesetzt werden soll.

1   Man kann vermuten, dass die Initiatoren zunächst den Ausgang des Wald-Volksbegehrens abwarten wollten. Zudem wollte man verhindern, dass das Volksbegehren im Winter statt findet, da es im Frühjahr und Sommer leichter möglich ist, die Bürger zu mobilisieren.
2   Nach Angaben der Initiatoren hatten 30.000 Stimmberechtigte den Antrag durch ihre Unterschrift unterstützt.
3   Abgeordnete des Landtags sollten in Zukunft keinem Leitungsgremium eines Unternehmens mehr angehören dürfen, das von Aufträgen des Freistaates profitiert. Dasselbe sollte für die Tätigkeit in einem Verein oder Verband gelten, der Zuwendungen vom Land erhält.
4   *BayVfGH*, NVwZ-RR 2005, 754.
5   Die These des Gerichts, dass das Mandat eine Vollzeittätigkeit sei, die eine Vollalimentierung erzwinge, kann allerdings angesichts der Tatsache, dass es durchaus zahlreiche Abgeordnete gibt, die neben ihrem Mandat einer beruflichen Tätigkeit nachgehen, nicht wirklich überzeugen.
6   Die Antragsteller hatten auch die Umstellung der bisherigen Kostenpauschale auf einen Anspruch auf Erstattung der nachgewiesenen Aufwendungen gefordert und verlangt, dass die Bezüge der Abgeordneten vom letzten Landtag für die gesamte kommende Legislaturperiode festgelegt werden sollten.
7   Ein – namentlich nicht genannter – Richter hielt diese Entscheidung für unzulässig. In einem Sondervotum führte er aus, dass hier eine Teilzulassung erforderlich gewesen wäre.

Auch hier war das Quorum für den Volksantrag nach Angaben der Initiatoren bereits im Juni 2004 überschritten worden. Dennoch wurde der Antrag aus taktischen Gründen erst am 4. April 2005 formell eingereicht. Damit sollte sicher gestellt werden, dass das Volksbegehren unabhängig von dem anderen Verfahren zur Kürzung der Versorgungsbezüge von Ministern und Abgeordneten durchgeführt werden kann.

Am 28. April wurde die Zulässigkeit des Volksbegehrens festgestellt und die Eintragungsfrist auf den Zeitraum vom 5. bis zum 18. Juli 2005 festgelegt. In diesem Zeitraum unterstützten jedoch nur knapp über 400.000 Stimmberechtigte den Antrag. Dies entspricht etwa 4,4 Prozent. Das Volksbegehren war damit gescheitert.

t. Das Verfahren zur Erhaltung des neunjährigen Gymnasiums

Obwohl die Frage einer möglichen Verkürzung der Schulzeit im bayerischen Landtagswahlkampf im Herbst 2003 keine Rolle gespielt hatte und erst in diesem Jahr neue Lehrpläne für das Gymnasium in Kraft getreten waren, kündigte der alte und neue Ministerpräsident Stoiber in seiner Regierungserklärung am 6. November 2003 an, dass die Schulzeit bis zum Abitur auch in Bayern von 13 auf 12 Jahre verkürzt werden solle. Tatsächlich wurden die entsprechenden Änderungen danach in rascher Folge vorgenommen. Dabei wurde insbesondere festgeschrieben, dass auch die damaligen 5. Klassen ab dem Schuljahr 2004/2005 nach dem neuen G8-Lehrplan unterricht werden sollten.[1]

Diese geradezu handstreichartige und wohl auch gegen den Willen der damaligen Kultusministerin Monika Hohlmeier durchgeführte Reform stieß auf den heftigen Widerstand von Eltern und Lehrern, die sich im Bündnis für Bildung in Bayern e.V. organisierten, das sich auch gegen Einschränkungen bei der Lernmittelfreiheit die Vorziehung des Einschulungsalters auf 5 Jahre und die Einführung von Studiengebühren richtete.

Ab dem 18. Dezember 2004 wurde mit der Sammlung von Unterschriften für ein Volksbegehren zur **Erhaltung des neunjährigen Gymnasiums** begonnen, mit dem der frühere Rechtszustand wieder hergestellt werden sollte. Bereits am 11. März 2005 reichten die Initiatoren 30.700 Unterschriften ein. Am 8. April, also noch vor dem früher eingeleiteten Mobilfunk-Verfahren wurde das Volksbegehren für zulässig erklärt und die Eintragungsfrist auf den Zeitraum vom 14. bis zum 27. Juni 2005 festgelegt.

Bis zum Ende der Eintragungsfrist wurde das Begehren nur durch ca. 222.000 Personen unterstützt. Dies entspricht etwa 2,4 % der Stimmberechtigten. Das Verfahren war damit deutlich gescheitert.

Im Oktober 2007 wurde bekannt, dass die Gegner der geplanten **Transrapidstrecke** die Magnetschwebebahn mit einem Volksbegehren stoppen wollen. Im Gegensatz zu früheren Verfahren, ist hier die SPD eine der treibenden Kräfte.

---

[1] Dies wurde zum einen damit begründet, dass dieser Jahrgang andernfalls als einziger nach den Lehrplänen von 2003 unterrichtet werden müsse. Zum anderen und vor allem ging es aber darum, den „doppelten Abiturientenjahrgang" möglichst klein zu halten: So werden im Jahre 2011 in Niedersachsen und Bayern zwei Jahrgänge mit dem Abitur fertig, im Jahre 2012 in Baden-Württemberg und im Jahre 2013 in Hessen und Nordrhein-Westfalen.

3. Die Verfassungsreferenden

Neben den bereits erwähnten Abstimmungen hat es noch weitere Verfassungsreferenden über vom Landtag aus eigener Initiative beschlossene Verfassungsänderungen gegeben.
- Am 24. Mai 1970 bestätigten die Bürger mit knapper Mehrheit eine Absenkung des passiven Wahlalters von 25 auf 21 Jahre und des aktiven Wahlalters von 21 auf 18 Jahre.[1]
- Zusammen mit dem Referendum über den Art. 111 a BayV[2] wurde den Bürgern am 1. Juli 1973 eine Änderung der Vorschriften über die Landtagswahl zur Entscheidung vorgelegt. Damit sollte zum einen eine Neueinteilung der Wahlkreise möglich werden, zum anderen die bisherige „10-Prozent-Klausel" für Landtagswahlen durch eine „5-Prozent-Klausel" ersetzt werden. Diesen Änderungen wurde durch 84,8 Prozent der Bürger zugestimmt.[3]
- Am 17. Juni 1984 bestätigten die Bürger mit großer Mehrheit die vom bayerischen Landtag beschlossene Verankerung des Staatszieles Umweltschutz in der Verfassung.[4]
- Im Zusammenhang mit der Abstimmung über die Abschaffung des Senats stimmten die Bürger am 8. Februar 1998 einem ganzen Paket weiterer Verfassungsänderungen zu, mit denen neben weiteren Änderungen des Parlamentsrechts[5] vor allem die Legislaturperiode von vier auf fünf Jahre verlängert und der Landtag von 204 auf 180 Mitglieder verkleinert wurde. Dem Kabinett dürfen seither nur noch 18 statt wie bisher 21 Mitglieder angehören. Darüber hinaus bekennt sich Bayern nun zu einem geeinten Europa, das allerdings die „Eigenständigkeit der Regionen" wahren muss. Und schließlich wurden die Rechte der Frauen und Behinderten gestärkt und die Sportförderung zum Staatsziel erklärt.[6]

---

1   Dazu *Jürgens*, S. 183, der zurecht auf das knappe Ergebnis hinweist (54,8 % „Ja"- gegenüber 45,2 % „Nein"-Stimmen), das angesichts der einstimmigen Annahme der Verfassungsänderung im Landtag durchaus erstaunlich ist.
2   Dazu siehe oben S. 346.
3   Umstritten war dabei, dass die Bürger nur über beide Änderungen zusammen abstimmen durften. Der *BayVfGH*, BayVBl. 1975, S. 361, 363, hielt dies aufgrund des engen sachlichen Zusammenhangs für zulässig.
4   *Jürgens*, S. 184. Zuvor hatte die SPD die CSU-Landtagsmehrheit durch die Ankündigung eines Volksbegehrens unter Zeitdruck gesetzt, vgl. „Die SPD in München für Volksbegehren über den Umweltschutz", FAZ, 20.12.1983 und „Streit um Verfassungsrang für Umweltschutz", Handelsblatt, 12.1.1984; wie hier auch *Greifeld*, Mehr Demokratie, S. 3.
5   Die Änderungen betrafen das Petitionsrecht und die Einsetzung von Enquête-Kommissionen und vor allem die Wahl des Landesdatenschutzbeauftragten und des Präsidenten des Rechnungshofes durch das Parlament. Beide Ämter waren bisher durch die Regierung besetzt worden.
    Das Bündnis 90/Die Grünen rügte die große Eile, in der die Verfassungsänderungen im Landtag beraten wurden, damit sie noch zusammen mit dem Antrag über die Abschaffung des Senats zur Abstimmung gestellt werden konnten, vgl. „Startschuss für Parlamentsreform", Die Welt, 24.10.1997.
6   Der Antrag zur Reform von Landtag und Staatsregierung wurde durch 73,9 % der Abstimmenden unterstützt, der Antrag zur Weiterentwicklung im Bereich der Grundrechte und Staatsziele durch 75,0 %.

– Im Zusammenhang mit der Landtagswahl am 21. September 2003 fanden zwei weitere Verfassungsreferenden statt. Dabei wurde jeweils gleichzeitig über ein ganzes Bündel von Änderungen abgestimmt. Im ersten Volksentscheid ging es neben der soeben bereits erwähnten verfassungsrechtlichen Verankerung des Konnexitätsprinzips um die Informationspflichten der Staatsregierung gegenüber dem Parlament und die Verlängerung der Frist für den erstmaligen Zusammentritt des Landtags nach Neuwahlen. Im zweiten Komplex sollte zum einen das Wählbarkeitsalter von 21 auf 18 Jahre abgesenkt werden. Zum anderen sollte die Bestimmung über die Menschenwürde der Formulierung in Art. 1 I GG angepasst werden und schließlich sollten die Kinderrechte in der Verfassung stärker betont werden. Alle beiden Pakete wurden mit großer Mehrheit angenommen.

C. Berlin (bis 1995)

Zwischen 1974 und der Verfassungsreform von 1995 hat es mehrfach Versuche gegeben, ein Volksbegehren zur Beendigung der Wahlperiode des **Abgeordnetenhauses von Berlin** einzuleiten.[1] Alle diese Versuche sind gescheitert. Allerdings hat sich das Abgeordnetenhaus am 16. März 1981 selbst aufgelöst, nachdem für mehrere unabhängig voneinander durch die CDU und die „Alternative Liste" eingebrachte Anträge insgesamt mehr als 300.000 Unterschriften gesammelt worden waren.[2] Bei den darauf folgenden Neuwahlen verlor die bis dahin regierende SPD ihre absolute Mehrheit und Richard von Weizsäcker folgte Hans-Jochen Vogel als Regierender Bürgermeister.

In Bezug auf die Verfahren, die nach der Verfassungsrevision im Jahre 1995 in Berlin eingeleitet und durchgeführt worden sind, sei auf die Darstellung im vierten Teil der vorliegenden Untersuchung verwiesen.[3]

D. Bremen (bis 1994)

In Bremen hat es von der Verabschiedung der Verfassung im Jahre 1947 bis zur jüngsten Verfassungsreform im Jahre 1994 hat es nur drei Versuche gegeben, ein Volksbegehren einzuleiten, die sämtlich erfolglos geblieben sind.

Die bremische **Verfassung** selbst ist am 12. Oktober 1947 allerdings einer Volksabstimmung unterworfen worden.[4] Gleichzeitig fand eine Sonderabstimmung über die weitgehenden Regelungen zur betrieblichen Mitbestimmung statt. Diese waren zwischen CDU und SPD heftig umstritten. Die Bürger bestätigten auch diese Verfassungsbestimmungen, al-

---

1   Zur Jahreswende 1993/94 sammelte etwa eine „Studentische Arbeitsgemeinschaft Volksbegehren" Unterschriften als Protest gegen die Bildungspolitik des Senates, „Schon 55.000 Unterschriften", BZ, 7.1.1994. Auch eine große Unterschriftenaktion im Mai 1994 brachte aber nicht die erforderlichen 80.000 Unterschriften, vgl. „Kein Volksbegehren in Berlin", FAZ, 3.5.1994.
2   Vgl. *Höfling*, DÖV 1982, S. 889, 891 und *Jürgens*, S. 185.
3   Vgl. dazu unten S. 778 ff.
4   72,44 % der gültig Abstimmenden sprachen sich für die Verfassung aus. Das entsprach wegen der geringen Wahlbeteiligung nur 32,37 % der Stimmberechtigten; *Jung*, ZParl 1993, S. 5, 6.

lerdings mit einer deutlich geringeren Mehrheit.[1] Spätere Änderungen der Verfassung sind bis zu der Volksabstimmung über die jüngsten Reformen am 7. November 1994 nicht vom Volk bestätigt worden. Die Bürgerschaft hat vielmehr stets nach einem Kompromiss gesucht, der für alle Abgeordneten akzeptabel war und so eine Bestätigung der Verfassungsänderung durch ein Referendum überflüssig machte.

Im Übrigen haben die direktdemokratischen Verfahren bis zur Verfassungsreform von 1994 so gut wie keine Rolle gespielt. Im Jahre 1958 gab es einen Versuch der Bürgerschaft, die Bürger zur Frage der Stationierung von **Atomwaffen** in der Bundesrepublik zu befragen. Hierbei handelte es sich aber um keinen Anwendungsfall der Regelungen der Landesverfassung. Bekanntermaßen wurde das entsprechende Gesetz über eine Volksbefragung vom Bundesverfassungsgericht für verfassungswidrig erklärt.[2]

Alle folgenden Versuche, ein Volksbegehren durchzuführen, sind gescheitert. Im Jahre 1978 waren Unterschriften für einen Volksantrag gesammelt worden. Ziel des Antrags war es, den Bau des so genannten **„Hillmann-Hochhauses"** an den Wallanlagen in der Innenstadt zu verhindern. Obwohl das Quorum angeblich erreicht wurde, kam es nie zu einer Überprüfung des Antrags, da zwischenzeitlich der Bebauungsplan entsprechend geändert worden war. Der Deutsche Beamtenbund regte im Jahre 1981 ein Volksbegehren mit dem Ziel an, die Zahl der **Mitglieder der Bürgerschaft** zu verringern. Dieses Begehren wurde nicht weiter verfolgt.[3]

Ein weiterer Anlauf zu einem Volksbegehren wurde 1985 unternommen, um das Bremische **Schulverwaltungsgesetz** zu ändern und auf diese Weise die bereits beschlossene Auflösung bzw. Verlegung von Schulen und Schulstufen rückgängig machen zu können.[4] Die erforderliche Zahl von Unterschriften für einen Antrag auf Durchführung eines Volksbegehrens wurde erreicht. Der Senat erklärte den Antrag für unzulässig, da die im Gesetz vorgesehene Rückwirkung mit der Verfassung unvereinbar sei.[5] Am 9. Juni 1986 bestätigte der Bremische Staatsgerichtshof diese Entscheidung.[6]

---

1 Nur 52,08 % der gültige Abstimmenden stimmten zu, das entsprach 32,37 % der Stimmberechtigten, *Jung*, a.a.O.
2 *BVerfGE* 8, S. 105.
3 Diese Angaben beruhen auf einer Auskunft der Senatsverwaltung an den Verf. vom 20.7.1992.
4 Dazu *Jürgens*, S. 185; *Przygode*, S. 347 f. Die Verlegung und Auflösung von Schulen oder Schulstufen sollte nur im Einvernehmen mit der jeweiligen Schulkonferenz vorgenommen werden können. Das Verfahren wurde von einer Elterninitiative angeregt, vgl. „Volksbegehren in Bremen?", FR, 22.12.1984.
5 Art. 2 des Entwurfes sah vor, dass das Gesetz rückwirkend zum 2.8.1984 in Kraft treten solle. Die Argumentation von *Przygode*, S. 352 ff, insbesondere S. 366, vermag nicht recht zu überzeugen. Zwar wurde der Volksantrag am 19.6.1985 eingereicht, die Verfügung über die konkreten schulorganisatorischen Maßnahmen erging hingegen erst am 13.7.1985. Zum Zeitpunkt des Volksantrags wäre daher keine Rückwirkung eingetreten. Zu beachten ist aber, dass die Verfügung nur der formelle Abschluss des Verfahrens war, das seit der Änderung des SchulverwaltungsG im Juli 1987 durchgeführt wurde (dadurch unterscheidet sich die Verfahrenskonstellation auch grundlegend von der beim Volksantrag zur Änderung des SchulOrgG im Saarland, vgl. dazu oben S. 389). De constitutione et lege lata hatte und hat der Volksantrag keine aufschiebende Wirkung. Hätten die Initiatoren also das laufende Verfahren noch beeinflussen wollen, so hätten sie den Antrag früher stellen müssen.
6 *BremStGHE* 4, S. 96, 104 = DÖV 1986, S. 792; vgl. dazu *Przygode*, S. 347 ff.

In Bezug auf die weiteren Verfahren, die nach der Verfassungsrevision im Jahre 1994 in Bremen eingeleitet und durchgeführt worden sind, sei wiederum auf die Darstellung im vierten Teil der vorliegenden Untersuchung verwiesen.[1]

E. Hessen

Die hessische **Verfassung** wurde am 1. Dezember 1946 durch ein Referendum von den Bürgern angenommen.[2]

1: Die Volksbegehren und Volksentscheide

a. Die Verfahren bis 1991

Im Jahre 1966 wurde in Hessen ein Volksbegehren mit dem Ziel der Einführung der Möglichkeit für die **Briefwahl** eingeleitet.[3] Getragen wurde die Initiative von den Oppositionsparteien CDU und FDP.[4] Allerdings unterstützten im Oktober 1966 nur 237.098 Stimmberechtigte diese Forderung. Das entsprach einem Anteil von lediglich 6,87 Prozent.[5] Die geringe Beteiligung ist wohl auch auf massive Behinderungen des Eintragungsverfahrens zurückzuführen,[6] die den Staatsgerichtshof allerdings nicht dazu veranlassten, eine Wiederholung des Volksbegehrens zu verfügen.[7] Die Möglichkeit der Briefwahl ist vom Landtag im Jahr 1970 doch noch in das Landeswahlgesetz eingeführt worden.[8]

---

1 Vgl. dazu unten S. 743 ff..
2 76,78 % der gültig Abstimmenden befürworteten die Verfassung, das entsprach 48,81 % der Stimmberechtigten, dazu *Jung*, ZParl 1993, S. 5, 6.
3 Der Volksantrag war von immerhin 133.183 Stimmberechtigten unterstützt worden, *Schonebohm*, FS Stein, S. 317, 318. Vgl. dazu auch *Hufschlag*, S. 243 f.
4 Die von SPD und der GDP/BHE (Gesamtdeutsche Partei/Bund der Heimatvertriebenen und Entrechteten) getragene Landesregierung war gegen die Einführung der Briefwahl. Als Grund wurde die Befürchtung genannt, das Wahlgeheimnis könne nicht gewahrt werden, vgl. „Der dornenvolle Weg zur Briefwahl", SZ, 15.10.1966.
5 Vgl. HessStAnz. 1966, S. 1473, 1483.
6 Insbesondere in größeren Städten gab es nur wenige Eintragungslokale. In ganz Frankfurt gab es etwa nur 19 Eintragungsstellen, in anderen Städten befanden sich die Eintragungslokale in den obersten Stockwerken der Rathäuser, die Wege waren nicht hinreichend ausgeschildert und die Eintragungszeiten wurden sehr restriktiv festgelegt. Vgl. „Der dornenvolle Weg zur Briefwahl", SZ, 15.10.1966.
7 *HessStGH*, ESVGH 19, S. 1, 5 f.; kritisch dazu *Przygode*, S. 442 ff. Das Gericht erklärte zunächst die von den Vertrauenspersonen als Kläger gerügten Beschränkungen in Frankfurt noch akzeptabel gewesen seien. Die Bürger hätten nicht mehr als 2 km bis zur nächsten Eintragungsstelle gehabt, die auch mit öffentlichen Verkehrsmitteln erreichbar und außerhalb der normalen Bürozeiten geöffnet gewesen seien. Die im Vergleich zur Zahl der Wahllokale bei Parlamentswahlen geringere Zahl der Eintragungslokale sei angesichts der deutlich längeren Eintragungsfrist akzeptabel. Die übrigen behaupteten Unregelmäßigkeiten seien dann aber irrelevant, weil das Quorum für das Volksbegehren selbst dann nicht erreicht worden wäre, wenn sich bei einer ordnungsgemäßen Durchführung des Verfahrens sämtliche Bürger der betroffenen Gemeinden eingetragen hätten.
8 Gesetz vom 8.5.1970, GBl. S. 295.

Im November 1981 hatte die hessische „Arbeitsgemeinschaft Volksbegehren und Volksentscheid – **Keine Startbahn West**" einen von 220.249 Stimmberechtigten unterzeichneten Volksantrag eingereicht.[1] Gegenstand des beantragten Volksbegehrens war ein Entwurf für ein „Gesetz über die Raumordnung im Bereich des Verkehrsflughafens Frankfurt am Main". Eigentliches Ziel des Verfahrens war die Verhinderung des Flughafenausbaus.

Die Landesregierung wies den Antrag am 24. November 1981 zurück, da der Gesetzentwurf einen Bereich betreffe, der nicht in die Zuständigkeit des Landesgesetzgebers falle. Diese Entscheidung ist vom hessischen Staatsgerichtshof am 14. bzw. 15. Januar 1982 bestätigt worden. Dieser berief sich vor allem auf die ausschließliche Kompetenz des Bundes zur Regelung des Luftverkehrs nach Art. 73 Nr. 6 GG. Der Gesetzentwurf ziele vor allem auf das Luftverkehrsrecht, nicht aber auf die Landesplanung.[2] Der Versuch, die Entscheidung des Staatsgerichtshofes durch das Bundesverfassungsgericht aufheben zu lassen, scheiterte.[3]

Wie bereits dargelegt wurde, findet die Entscheidung des HessStGH tatsächlich keine Grundlage in der hessischen Verfassung, da diese keine umfassende präventive Normenkontrolle vorsieht.[4] Die Rechtslage war jedenfalls keineswegs so eindeutig, dass der Staatsgerichtshof die Klage als „offensichtlich unbegründet" zurückweisen durfte.[5]

b. Die Verfahren ab 1991

(1). Das Verfahren zur Wiedereinführung des Buß- und Bettages

Parallel zum Verfahren zur Wiedereinführung des **Buß- und Bettages** als gesetzlichem Feiertag in Schleswig-Holstein[6] wurden auf Initiative der Evangelischen Kirche auch in Hessen ab 1995 Unterschriften für einen vergleichbaren Volksantrag gesammelt.[7] Von den im Juli 1997 eingereichten 122.282 Unterschriften wurden vom Landeswahlleiter nur 112.848 als gültig anerkannt. Notwendig gewesen wäre jedoch die Unterstützung durch 128.251 Stimmberechtigte. Obwohl die Landesregierung und der Landeswahlleiter es den

---

1 Zum Verfahren *Deiseroth*, DuR 1982, S. 123, 133 f; *Jürgens*, S. 187 f.; *Steinberg*, ZRP 1982, S. 113 f. Zu den Zahlenangaben *Schonebohm*, FS Stein, S. 317, 319.

2 *HessStGH*, NJW 1982, S. 1141; vgl. dazu ausführlich *Przygode*, S. 292 ff. Grundlegend war das Gutachten von *Blümel/Ronellenfitsch*, das im Auftrag der Landesregierung erstellt worden war.

3 *BVerfGE* 60, S. 175; dazu siehe ausführlich oben S. 299.

4 Vgl. dazu oben S. 295 ff. Dies verkennt *Przygode*, a.a.O., der allerdings zu Recht herausarbeitet, dass der Gesetzentwurf einen unzulässigen Eingriff in die Kompetenz des Bundes zur Luftverkehrs*verwaltung* nach Art. 87 d II GG beinhaltete und daher im Falle der Annahme im Volksentscheid keinen Bestand hätte haben können (a.a.O., S. 306 ff.).

5 Dazu schon *Wesel*, KJ 1982, S. 117 ff, insbesondere S. 131. Kritisch zum Urteil des StGH äußerten sich auch etwa *Frohn*, DÖV 1993, S. 322, sowie *Deiseroth*, DuR 1982, S. 123, 132, und *Ihmels*, DÖV 1982, S. 598, die dem Gericht eine fehlerhafte Auslegung des Begriffes „Raumordnung" vorwarfen. Zustimmend hingegen *Sachs*, DÖV 1982, S. 598. Vgl. dazu auch *Cancic*, JöR 2004, S. 278, 290, m.w.N. in Fn. 102.

6 Dazu siehe unten S. 482. Ähnliche Initiativen wurden auch in Nordrhein-Westfalen und Rheinland-Pfalz unternommen; vgl. dazu siehe unten S. 387 f. bzw. S. 388.

7 Vgl. dazu „Noch zu wenig Volk fürs Volksbegehren", FR, 18.2.1995, S. 23.

Antragstellern in ihrer Entscheidung vom 11. August 1997 ausdrücklich anheim stellten, die fehlenden etwa 16.000 Unterschriften nachzureichen,[1] konnten die Voraussetzungen für die Durchführung eines Volksbegehrens nicht fristgerecht erfüllt werden.[2]

(2). Das Verfahren gegen die Privatisierung der Universitätskliniken

Seit dem Spätsommer 2005 bereiteten einige Gruppierungen[3] ein Volksbegehren gegen die von der Landesregierung geplante **Privatisierung der Universitätskliniken** Marburg-Gießen vor.[4] Zwar wurde am 31. Oktober 2005 mit der Sammlung von Unterschriften begonnen. Dies hinderte die Landesregierung jedoch nicht daran, die beiden Kliniken im Januar 2006 zu privatisieren. Die Unterschriftensammlung wurde dennoch fortgesetzt, um die von der Landesregierung ebenfalls angedachte Privatisierung der Uni-Klinika in Frankfurt und Mainz zu verhindern. Der weitere Verlauf des Verfahrens ist derzeit nicht absehbar.

2. Die obligatorischen Verfassungsreferenden

Daneben wurden in Hessen vier vom Landtag beschlossene Verfassungsänderungen gemäß Art. 123 II HessV durch das Volk bestätigt.
- Am 9. Juli 1950 stimmten 78,4 Prozent der Abstimmenden einer Änderung der Artt. 75 III und 137 HessV zu.[5] Damit wurde die strikte Geltung des Verhältniswahlrechtes aufgehoben, die Einführung einer Sperrklausel bei Wahlen ermöglicht und die Bindung des Kommunalwahlrechtes an das Landtagswahlrecht aufgehoben.
- Im Jahr 1970 stimmten die hessischen Bürger einer Absenkung des passiven Wahlalters von 25 auf 21 Jahre und des aktiven Wahlalters von 21 auf 18 Jahre zu.[6]
- Am 20. Januar 1991 bestätigten die Bürger Hessens dann mit großer Mehrheit die Einführung der Direktwahl der Oberbürgermeister und Landräte und des Staatszieles Umweltschutz.[7]

---

1 Vgl. zu diesem Verfahren „Volksbegehren über den Bußtag gescheitert", Die Welt, 1.8.1997.
2 Auch ein Jahr nach der ersten Entscheidung der Landesregierung über die Zulässigkeit waren nur etwa 3.000 weitere Unterschriften zusammen gekommen, vgl. dazu auch HessStAnz. 1998 S. 2891.
3 Federführend war das globalisierungskritische Bündnis attac. Das Verfahren wurde aber auch von der aus der PDS hervorgegangenen Partei „Die Linke", der WASG, dem AStA der Uni Marburg, sowie von der Humanistischen Union unterstützt.
4 Die beiden Universitätsklinika waren erst mit Wirkung zum 1. Juli 2005 durch das Gesetz über die Errichtung des Universitätsklinikums Gießen und Marburg (UK-Gesetz) zusammengeschlossen worden, GVBl. I, S. 423. Zu den Plänen der Landesregierung vgl. *Schmitt*, „Operation ohne Narkose", Die Zeit, 13.10.2005.
 Ein vergleichbares Volksbegehren war im Jahre 2002 in Hamburg zunächst erfolgreich gewesen. Allerdings konnte der Verkauf der Krankehausbetriebe an einen privaten Betreiber dennoch nicht verhindert werden, vgl. dazu unten S. 825 ff.
5 Die Abstimmungsbeteiligung betrug nur 33,9 Prozent, vgl. *Jürgens*, S. 188 m.w.N.
6 61,4 % der Abstimmenden stimmten einem entsprechenden Gesetz des Landtags zu. Die Abstimmungsbeteiligung betrug 40,3 %. Vgl. dazu *Jürgens*, S. 188 f., m.w.N.
7 Die Abstimmung war zusammen mit der Landtagswahl durchgeführt worden, daher lag die Beteiligung

- Am 22. September 2002 stimmten die Bürger gleichzeitig mit der Bundestagswahl über drei Verfassungsänderungen ab. Zum einen sollte die Wahlperiode des Landtags auf fünf Jahre verlängert werden, zum anderen hatte der Landtag beschlossen, die Sportförderung als Staatsziel und einen gerechten Lastenausgleich zwischen dem Land und den Kommunen (das so genannte Konnexitätsprinzip) in der Verfassung zu verankern. Zunächst war geplant gewesen, die Bürger über alle drei Fragen gleichzeitig abstimmen zu lassen. Nach Protesten der Opposition und aufgrund einiger verfassungsrechtlicher Stellungnahmen wurde die Abstimmung dann aber doch getrennt durchgeführt.[1] Alle drei Anträge wurden angenommen, allerdings fand der Antrag, die Legislaturperiode zu verlängern, nur eine recht knappe Mehrheit.[2]

Am 19. Februar 1995 haben die Bürger hingegen eine vom Landtag beschlossene Änderung des Art. 75 HessV verworfen, mit der das Wählbarkeitsalter nochmals von 21 auf 18 Jahre herabgesetzt werden sollte. Immerhin 62,7 Prozent der Abstimmenden lehnten die entsprechende Vorlage des Parlaments ab.[3]

Im Rahmen der jüngsten Verfassungsdiskussion[4] wurden zahlreiche Änderungsvorschläge ausgearbeitet, die den Bürgern aber voraussichtlich nicht als Paket zur Abstimmung gestellt werden. Vielmehr ist beabsichtigt, die Bürger getrennt über die einzelnen Änderungsvorschläge abstimmen zu lassen und nur diejenigen Änderungsvorschläge zu bündeln, die nur gemeinsam einen Sinn ergeben.

3. Die Gruppenklage vor dem Staatsgerichtshof

Die in Art. 131 II HessV vorgesehene Möglichkeit einer „Gruppenklage" vor dem Staatsgerichtshof durch ein Prozent der Stimmberechtigten ist bislang nur drei Mal genutzt worden.

Im ersten Verfahren ging es um die Frage, ob und in wie weit die **Mitbestimmungsrechte der Personalräte** mit dem demokratischen Prinzip vereinbar sind.[5] Dieses Verfahren war ursprünglich vom hessischen Landesanwalt eingeleitet worden, der die sehr weitreichenden Mitbestimmungsrechte des Hessischen Personalvertretungsgesetzes in der Fassung des Änderungsgesetzes vom 11. Juli 1984 (HPVG)[6] für verfassungswidrig hielt. Auch wenn schnell klar war, dass sowohl der Hessische Ministerpräsident als auch zahlreiche SPD-Abgeordnete dem Verfahren beitreten und dem Antrag des Landesanwaltes entgegen treten

---

mit 70,8 % deutlich höher als bei den beiden früheren Abstimmungen. Den Änderungen stimmten jeweils mehr als 80 % der Abstimmenden zu. Zum Verfahren und seiner etwas konfusen Vorgeschichte ausführlich *Jürgens*, S. 189 ff., und *Przygode*, S. 212 ff.

1 Vgl. dazu auch „Das Volk soll abstimmen – weiß aber nicht worüber", StZ, 9.9.2002, S. 2.
2 Für die Änderung stimmten „nur" 55 % der Abstimmenden.
3 Ausführlich zum Verfahren *Jung*, Blätter für deutsche und Internationale Politik 1996, S. 567 ff., der darauf hinweist, dass es nach Umfragen sogar bei den Jungwählern bis 24 Jahren eine Mehrheit gegen die Verfassungsänderung gab.
4 Vgl. dazu oben S. 264 und insbesondere Fn. 8.
5 Vgl. dazu *HessStGH*, HessStAnz. 1986, S. 1089 = DVBl. 1986, S. 936 ff. (ohne Sachverhalt).
6 GVBl. I S. 181.

würden, begann der Deutsche Gewerkschaftsbund mit der Sammlung von Unterschriften für einen Antrag gemäß Art. 131 II HessV, mit dem erreicht werden sollte, dass auch die Interessen der Beschäftigten in dem Verfahren angemessen vertreten wurden.[1] Innerhalb kurzer Zeit kamen immerhin 121.750 Unterschriften zusammen, die dem Staatsgerichtshof am 15. Februar 1985 übergeben wurden.[2]

Im Ergebnis waren diese Bemühungen allerdings erfolglos, da sich der Hessische Staatsgerichtshof weitgehend der Auffassung des Landesanwaltes anschloss und wesentliche Grundzüge des HPVG für unvereinbar mit dem Grundsatz der Volkssouveränität und der parlamentarischen Verantwortlichkeit der Landesregierung erklärte.[3] Zur Begründung wurde vor allem darauf abgestellt, dass mindestens drei der insgesamt sieben Mitglieder der Einigungsstelle[4] nur durch die Beschäftigten ihrer Dienststelle, nicht aber durch das ganze Volk legitimiert seien.[5] Daran könne auch die Bestimmung des Art. 37 HessV nichts ändern, nach dem der Gesetzgeber grundsätzlich berechtigt sei, die gleichberechtigte Mitbestimmung der Arbeitnehmer in Unternehmen einzuführen.

Nur wenig später hatte der Staatsgerichtshof zum zweiten und bisher letzten Mal über einen Antrag zu entscheiden, der im Verfahren nach Art. 131 II HessV eingereicht worden war. Im Juli 1985 hatte der Landtag eine Reform des Schulgesetzes beschlossen, mit der unter anderem erneut[6] eine „**obligatorische Förderstufe**" in den Klassenstufen 5 und 6 eingeführt wurde, in der grundsätzlich alle Kinder gemeinsam unterrichtet werden sollten. Am 28 Oktober 1985 riefen zahlreiche Abgeordnete der CDU gegen diese Änderungen den Staatsgerichtshof an. Zu diesem Zeitpunkt hatte eine „Bürgeraktion Freie Schulwahl" bereits mit der Sammlung von Unterschriften für ein Verfahren nach Art. 131 II HessV begonnen, dem ein annähernd identischer Antrag zugrunde lag.[7] Da zahlreiche Eltern die obligatorische Förderstufe als ersten Schritt auf dem Weg zur Einführung der Gesamtschule als Regelschule betrachteten, kamen relativ schnell die erforderlichen Unterschriften zu-

---

[1] Dies lässt sich wohl nicht zuletzt darauf zurückführen, dass sich zumindest der Ministerpräsident darauf beschränkte, das Antragsrecht des Landesanwaltes in Frage zu stellen, während er zur Sache selbst nicht Stellung nehmen wollte, vgl. dazu die Darstellungen im Tatbestand der Entscheidung des *HessStGH*, HessStAnz. 1986, S. 1089, 1093 f.

[2] A.a.O., S. 1092.

[3] Darüber hinaus wurde auch eine Verletzung des Grundsatzes der kommunalen Selbstverwaltung gerügt.

[4] Diese sollte nach § 60b HPVG bei Meinungsverschiedenheiten zwischen dem Leiter der obersten Dienstbehörde und dem Hauptpersonalrat verbindlich entscheiden.

[5] Diese Entscheidung wirkt bis heute fort, da sie der Beginn einer ganzen Serie von vergleichbaren Urteilen anderer Verfassungsgerichte war, vgl. *NRW-VerfGH*, DVBl. 1986, S. 1196; *RP-VerfGH*, PersR 1994, S. 272 ff.; und vor allem *BVerfGE* 93, S. 37. Vgl. dazu ausführlich *Mann*, ZögU 1999, S. 17, 19 ff. und kritisch *Blanke*, KJ 1998, S. 452 ff.; *Höfling*, RdJB 1997, S. 361 ff.

[6] Vgl. das „Förderstufen-Abschlussgesetz" vom 3.7.1985, GVBl. I, S. 98). Die obligatorische Förderstufe war erstmals bereits ab 1969 eingeführt worden. Das BVerfG hatte dies grundsätzlich für zulässig erklärt, allerdings betont, dass den Eltern zumindest solange die Wahl freigestellt werden müsse, wie diese Schulform nicht als alleinige Regelschule existiert, vgl. *BVerfGE* 34, S. 165, 196 ff.

[7] Lediglich die geplante Einführung von Schulbezirken wurde nicht in Frage gestellt.

sammen,[1] und schon am 13. Dezember 1985 wurden dem Staatsgerichtshof der von 195.297 Personen unterzeichnete Antrag übergeben.[2]

Im Ergebnis war aber auch dieses Verfahren erfolglos: Der Hessische Staatsgerichtshof billigte dem Gesetzgeber einen weitreichenden Spielraum zu und erklärte die Neuregelungen lediglich insofern für verfassungswidrig, als sie das Recht der Eltern beschneiden wollten, ihre Kinder gegebenenfalls in einem anderen Bundesland zur Schule zu schicken.[3]

Nachdem damit innerhalb kurzer Zeit gleich zwei Verfahren nach Art. 131 II HessV nicht zum gewünschten Erfolg geführt hatten, kann es kaum erstaunen, wenn dies Gruppenklage in der Folgezeit keine Rolle mehr gespielt hat. Dies änderte sich erst im Jahre 2007 als auf Initiative des DGB und der GEW sowie mit Unterstützung der Oppositionsparteien SPD und Grüne rund 79.000 Unterschriften für eine Klage gegen die **Einführung von Studiengebühren** eingereicht wurden.[4] Die Entscheidung des Gerichts steht derzeit noch aus.

F. Nordrhein-Westfalen (bis 2002)

In Nordrhein-Westfalen hat es auch schon vor der Verfassungsrevision im Jahre 2002 einige Versuche gegeben, die Regelungen über direktdemokratische Verfahren zu benutzen. Zunächst wurde die **Verfassung** von Nordrhein-Westfalen selbst durch ein Referendum am 18. Juni 1950 von einer deutlichen Mehrheit der abstimmenden Bürger angenommen.[5]

1: Die Verfahren bis 1991

Später motivierte auch in Nordrhein-Westfalen die Verwaltungsreform die Bürger, von ihren unmittelbaren Einwirkungsmöglichkeiten Gebrauch zu machen. Ein erstes Volksbegehren, das von der „**Aktion selbständiges Beuel**" initiiert worden war, wurde im Mai

---

1 Das Problem entspricht in etwa dem Verfahren gegen die „Kooperative Schule" in Nordrhein-Westfalen, vgl. dazu gleich S. 382. Allerdings wollte man durch eine Entscheidung des StGH gleich ein für allemal Klarheit schaffen.

2 Vgl. dazu die Angaben im Tatbestand der Entscheidung des *HessStGH*, HessStAnz. 1986, S. 562, 564. Die beiden Verfahren wurden im Juni 1986 miteinander verbunden. Zu diesem Zeitpunkt hatten sich bereits einige Abgeordnete der SPD dem Verfahren angeschlossen und beantragt, die Anträge zurückzuweisen. Auch der Ministerpräsident hielt das Förderstufen-Abschlussgesetz für verfassungsmäßig – der Landesanwalt hielt die Normenkontrollklage hingegen für begründet.

3 Vgl. *HessStGH*, HessStAnz. 1987, S. 562 = RdJB 1987, S. 210.

4 Vgl. „Gut 79.000 Unterschriften für Volksklage", FAZ, 22.6.2007. SPD und Grüne hatten zeitgleich ein Normenkontrollverfahren vor dem Staatsgerichtshof eingeleitet.

5 Von den knapp 8,9 Millionen Stimmberechtigten beteiligten sich 71,6 %. 3.627.054 (≈ 61,81 % der gültig abstimmenden) Bürger stimmten für die Verfassung; dazu *Jung*, ZParl 1993, S. 5, 6; vgl. auch *Trautmann*, S. 28.
Anzumerken ist, dass die Verfassung damit von einem geringeren Teil der stimmberechtigten Bürger, nämlich 40,8 %, unterstützt worden war, als die des Landes Brandenburg, wo immerhin gut 45 % der Stimmberechtigten sich für die Verfassung ausgesprochen hatten, vgl. dazu die Daten in Fn. 4 auf S. 508. Dennoch wurde ihre demokratische Legitimation nicht in Frage gestellt.

1969 zugelassen,¹ dann aber nicht weiter betrieben.² Einige Jahre später strengte dann die **„Aktion Bürgerwille e.V."** ein Volksbegehren an. Ziel war eine Änderung der Gemeindeordnung und der Erlass eines Gesetzes zur Gründung des Kommunalverbandes Ruhr – und damit die Verhinderung der vom Landtag bereits beschlossenen kommunalen Gebietsreform.³ Im Laufe der Eintragungsfrist vom 13. bis zum 26. Februar 1974⁴ unterstützten allerdings nur 720.032 Stimmberechtigte das Begehren. Damit war das Quorum von 20 Prozent deutlich verfehlt worden.⁵Im Jahre 1974 wurde ein weiterer Volksantrag mit dem Ziel der **Landtagsauflösung** eingereicht. Dieser ist von der Landesregierung zu Recht zurückgewiesen worden, da die Auflösung des Landtags durch Volksentscheid in Nordrhein-Westfalen unzulässig ist. Diese Entscheidung wurde vom Verfassungsgericht des Landes bestätigt.⁶

Im Jahre 1977 beschloss der Landtag eine Änderung des Schulverwaltungsgesetzes. Danach sollten die Haupt- und Realschulen sowie gegebenenfalls auch die Gymnasien in so genannten **„kooperativen Schulen"** zusammengefasst werden. Ein gemeinsamer Unterricht der Schüler aller Schularten war allerdings lediglich für die Klassenstufen 5 und 6 vorgesehen. Wie einige Jahre später in Hessen wurde die Einführung der kooperativen Schule auch hier als erster Schritt auf dem Weg zur „integrierten Gesamtschule" angesehen. Daher organisierte sich schon während des Gesetzgebungsverfahrens der Widerstand in einer „Bürgeraktion Volksbegehren gegen die Kooperative Gesamtschule", an der mehrere Eltern- und Lehrerverbände beteiligt waren. Allerdings wurde aus taktischen Erwägungen

---

1 Vgl. die Bekanntmachung des Innenministers vom 20.5.1969, NRW-MBl. S. 956. Das Verfahren richtete sich gegen die Eingemeindung des rechtsrheinischen Beuel in das linksrheinische Bonn. In einem anderen Verfahren, in dem Bürger der Gemeinde Finnentrop die Wiedereinführung der alten Ortsnamen Bamenohl und Weringhausen als Ortsteilnamen durchsetzen wollten, hatte die Landesregierung die Listenauslegung nicht zugelassen, da nur 824 Unterschriften eingereicht worden waren.

2 Nach Auskunft des Innenministeriums des Landes Nordrhein-Westfalen an den Verf. vom 2.8.01 (Az.. I A 2) hatte es kurz zuvor bereits den Versuch gegeben, mit Hilfe eines Volksbegehrens die Neuwahl der Vertretung der Stadt Erftstadt zu erreichen. 1970 wollte eine Initiative „Friedensforschung Hessen" die Einführung einer kostenlosen Naturgüterversorgung erreichen. Beide Verfahren wurden abgebrochen, nachdem die Initiatoren über die Rechtslage aufgeklärt worden waren.

3 Vgl dazu *Jürgens*, S. 193, m.w.N., und ausführlich *Menger*, VerwArch 1975, S. 169 ff.

4 *Jürgens*, S. 193, nennt insofern unzutreffenderweise die Frist von vier Wochen für die Übermittlung der Eintragungslisten an die Gemeindebehörden, die vom 15. Januar bis zum 12. Februar. Vgl. dazu schon *Hufschlag*, S. 246, Fn. 793, der auch darauf hinwies, dass die Eintragungsfrist mitten in der Karnevalszeit lag.

5 *Berger*, S. 113, Fn. 32, hat darauf hingewiesen, dass mangels einer ausdrücklichen Regelung nur sehr wenige Auslegestellen eingerichtet worden waren. In Köln und Düsseldorf soll es etwa nur jeweils eine einzigen Ort gegeben haben, wo die Stimmberechtigten sich in die Listen eintragen konnten. Der *NRW-VfGH*, OVGE 30, S. 288, 296 ff., hat diese Unregelmäßigkeiten zwar gerügt, die Entscheidung über das Zustandekommen des Volksbegehrens aber dennoch aufrecht erhalten; kritisch dazu *Przygode*, S. 442 ff.; der zwar zu Recht kritisiert, dass der *NRW-VfGH* den Bewohnern ländlicher Randzonen größere Unbequemlichkeiten zumuten will, allerdings verkennt, dass tatsächlich keine realistische Aussicht dafür bestand, dass das erforderliche Quorum zustande gekommen wäre.

6 *NRW-VfGH*, Entscheidung vom 23.11.1974 (VerfGH 27/74), abgedruckt bei *Przygode*, S. 509 ff.; dazu a.a.O., S. 380 ff.

erst zur Jahreswende 1977/78 ein Volksantrag gestellt.[1] Die oppositionelle CDU unterstützte das Volksbegehren massiv und versuchte es als generelles Misstrauensvotum gegen die Politik der Landesregierung zu instrumentalisieren. Im Februar 1978 trugen sich mehr als 3,6 Millionen Personen, und damit fast 30 Prozent der Stimmberechtigten, in die Listen für das Volksbegehren ein. Daraufhin nahm der Landtag sein Gesetz wieder zurück.[2]

Im September 1980 beantragte eine **„Bürgerinitiative Ausländerstopp"** ein weiteres Volksbegehren, mit dem das Land verpflichtet werden sollte, die Rückkehr ausländischer Arbeitnehmer in ihre Heimat finanziell zu unterstützen. Die Landesregierung erklärte den Antrag am 21. Oktober 1980 für unzulässig, da es sich aufgrund der erheblichen Auswirkungen auf den Landeshaushalt um ein „Finanzgesetz" im Sinne des Art. 68 I 4 NRW-V handele. Der Verfassungsgerichtshof bestätigte diese Entscheidung im Juni 1982.[3] Zwar kommt der NRW-VfGH zunächst zu der auch hier vertretenen Auffassung,[4] dass es für die Zulässigkeit eines Antrags gegebenenfalls darauf ankommt, ob dessen Annahme wesentliche Auswirkungen auf den Gesamtbestand des Haushaltes haben würde.[5] Das Gericht verkannte dann aber, dass im Antrag, der dem beabsichtigten Begehren zugrunde gelegt werde sollte, überhaupt keine Zahlen genannt waren, aus denen sich die konkrete Belastung des Haushaltes hätte ermitteln lassen.[6] Insofern kann seine Entscheidung daher nicht überzeugen.[7]

Der NRW-VfGH berief sich weiterhin auf den ungeschriebenen Grundsatz der Bundestreue.[8] Wie schon dargelegt wurde, ist die Freiheit eines Landes, von den ihm zugewiesenen Kompetenzen Gebrauch zu machen, durch die Pflicht zur Rücksichtnahme auf die Belange des Bundes und der anderen Länder beschränkt. Da Volksbegehren in Nordrhein-Westfalen nach Art. 68 I 3 NRW-V nur im Rahmen der Gesetzgebungsgewalt des Landes zulässig sind, ist der Grundsatz der Bundestreue daher grundsätzlich zu beachten.[9] Im Ergebnis ist die Entscheidung des NRW-VfGH allerdings auch insofern abzulehnen, da das beantragte Gesetz – ungeachtet der möglichen Motive der Antragsteller – *objektiv* zu keiner Diskrimi-

---

1 Andernfalls wäre die Eintragungsfrist für das Volksbegehren mitten in die Weihnachtszeit gefallen. Zum Verfahren *Hufschlag*, S. 247 f.; *Jürgens*, S. 194 f.; und ausführlich *Rösner*, S. 80 ff.; *Troitzsch*, S. 98 ff.
2 Vgl. „Verzicht auf Koop-Gesetz", FR, 4.3.1978.
3 *NRW-VfGH*, NVwZ 1982, S. 188, dort ist auch der Sachverhalt wiedergegeben. Vgl. auch *Degenhart*, Der Staat 1992, S. 77, 84; *Jürgens*, S. 195, und ausführlich *Przygode*, S. 257 ff. und 410 ff.
4 Vgl. dazu oben S. 273 ff.
5 *NRW-VfGH*, a.a.O., S. 189; *Przygode*, S. 410 ff., lehnt die Entscheidung hingegen wegen der Anknüpfung an die (zu weite) Auslegung zu § 6 der Preußischen Verfassung für verfehlt – obwohl die Regelungen der NRW-V offensichtlich in Anlehnung an diese Bestimmung formuliert wurden.
6 Damit stellt sich die – hier nicht näher zu untersuchende – Frage, ob das Gesetz ggf. wegen eines Verstoßes gegen das verfassungsrechtliche Bestimmtheitsgebot für nichtig hätte erklärt werden müssen.
7 Allerdings liegt die Vermutung nahe, dass sich das Gericht nur deshalb auf die Finanzausschlussklausel des Art. 68 I 4 NRW-V zurückgezogen hat, weil es den Antragstellern in den konkreten Verfahren tatsächlich weniger um die Förderung der Rückkehrbereitschaft von Ausländern als darum ging, die latente Ausländerfeindlichkeit zu instrumentalisieren. Dies allein kann in einer Demokratie allerdings kein Grund sein, die Diskussion zu verhindern.
8 *NRW-VfGH*, a.a.O., S. 189.
9 Vgl. dazu ausführlicher oben S. 300 f.

nierung der in Deutschland bzw. Nordrhein-Westfalen lebenden Ausländer geführt hätte und auch sonst der Ausländerpolitik des Bundes nicht zuwiderlief.[1]

Noch während des laufenden Gerichtsverfahrens reichte die „Bürgerinitiative Ausländerstopp" einen weiteren Volksantrag ein. Danach sollten schulpflichtige ausländische Kinder in der Regel in **muttersprachlichen Klassen** unterrichtet werden.[2] Auch dieser Volksantrag wurde im März 1982 für unzulässig erklärt. Die Landesregierung berief sich insofern auf einen Verstoß gegen das UNESCO-Abkommen gegen die Diskriminierung im Unterrichtswesen vom 15.12.1960. Danach ist ausländischen Staatsangehörigen, die im Hoheitsgebiet der Unterzeichnerstaaten ansässig sind, derselbe Zugang zum Unterricht zu gewähren wie den eigenen Staatsangehörigen.[3] Auch diese Entscheidung wurde vom Verfassungsgerichtshof des Landes bestätigt. Das Volksbegehren sei in der Tat unzulässig, da das Land Nordrhein-Westfalen durch die Annahme des Gesetzentwurfes den ungeschriebenen Grundsatz der Bundestreue verletzen würde,[4] da das Land durch Beschlüsse der Regierung vom 2. April 1963 und des Landtags vom 26. Mai 1964 dem UNESCO-Abkommen zugestimmt und sich damit der Möglichkeit begeben habe, entgegenstehende Regelungen zu treffen.

Im September 1986 haben mehr als 100.000 Stimmberechtigte einen Antrag unterstützt, wonach die **Atomanlagen** in Nordrhein-Westfalen gemäß Art. 15 GG gegen Entschädigung in das Eigentum des Landes übergehen sollten.[5] Die Landesregierung hielt den Antrag vor allem wegen der finanziellen Auswirkungen gemäß Art. 68 I 4 NRW-V für unzulässig. Der Verfassungsgerichtshof stellte hingegen richtigerweise darauf ab, dass der Bund von seiner Kompetenz zur Regelung der friedlichen Nutzung der Kernenergie nach Art. 74 Nr. 11 GG abschließend Gebrauch gemacht habe. Für die beantragte Regelung fehlte dem Land daher die Zuständigkeit und das Volksbegehren war nach Art. 68 I 3 NRW-V unzulässig.[6]

---

1 *Przygode*, S. 262, vertritt die Ansicht, das Volksbegehren sei schon wegen eines Verstoßes gegen Art. 32 I GG unzulässig, so dass der Rückgriff auf das Prinzip der Bundestreue überhaupt nicht notwendig gewesen sei. Dabei verkennt er, dass die Rechtsstellung der in Deutschland lebenden Ausländer selbst dann nicht zu den auswärtigen Angelegenheiten im Sinne des Art. 32 I GG zu zählen ist, wenn diese zu einer Rückkehr in ihre Heimatländer angeregt werden sollen. Entgegen der Kritik *Przygodes* konnte der NRW-VfGH daher ohne weiteres davon ausgehen, dass die Zuständigkeit des Landesgesetzgebers für den Erlass eines solchen Leistungsgesetzes grundsätzlich gegeben war.

2 Letzten Endes sollte damit ihre Integration in die deutsche Gesellschaft verhindert und die Rückkehrbereitschaft gefördert werden.

3 Das Abkommen ist im Jahre 1968 von der Bundesrepublik ratifiziert worden. Zustimmungsgesetz vom 9.5.1968, BGBl. II S. 385. Gemäß der Bekanntmachung vom 18.4.1969 (BGBl. II S. 956) ist es für die Bundesrepublik am 17.10.1967 in Kraft getreten. Vor Erlass des Zustimmungsgesetzes war dem Übereinkommen von allen Ländern ausdrücklich zugestimmt worden, vgl. dazu ausführlich *Przygode*, S. 264 ff.

4 Entscheidung vom 4.3.1983 (Az. VerfGH 13/82), abgedruckt bei *Przygode*, S. 512 ff., der der Entscheidung im Ergebnis ebenfalls zustimmt (a.a.O., S. 269 f.). Vgl. dazu auch *Jürgens*, S. 196.

5 Dazu *Jürgens*, S. 196 f.

6 *NRW-VfGH*, NVwZ 1988, S. 244; vgl. dazu ausführlich *Przygode*, S. 285 ff.

2. Die Verfahren ab 1991 bis 2002

Noch vor der Verfassungsreform im Jahre 2002 gab es in den neunziger Jahren in Nordrhein-Westfalen mindestens zwei ernsthafte Anläufe, ein Volksbegehren einzuleiten.

a. Das Verfahren zur Abschaffung der „kommunalen Doppelspitze"

Im Februar 1993 gab es in der CDU und der FDP Überlegungen, ein Volksbegehren mit dem Ziel der Einführung der Direktwahl der Oberbürgermeister und die Abschaffung der so genannten **„kommunalen Doppelspitze"** zu beantragen.[1] Eine solche Reform, die von der CDU bereits im Landtagswahlkampf des Jahres 1990 gefordert worden war, hatte zuvor zunächst auch die Zustimmung des damaligen Ministerpräsidenten Johannes Rau und des Innenministers Herbert Schnoor gefunden. Im Jahre 1991 wies ein SPD-Landesparteitag entsprechende Vorschläge jedoch zurück.[2] Dementsprechend hielt die Regierung in ihrem Entwurf für eine Reform der Kommunalverfassung, mit dem unter anderem direktdemokratische Verfahren auf der Ebene der Gemeinden eingeführt werden sollten, an der „Doppelspitze" fest.[3]

Obwohl die Forderung, die Bürgermeister in Zukunft direkt wählen zu lassen, auch innerhalb der CDU umstritten war, hatte ein Landesparteitag schon im Januar 1993 beschlossen, dass ein Volksbegehren eingeleitet werden sollte, sofern die Regierung dieser Forderung nicht nachgeben würde. Vergleichbare Beschlüsse wurden auch in der FDP gefasst. Aufgrund des organisatorischen Aufwands und des damit verbundenen finanziellen Risikos warteten die beiden Oppositionsparteien allerdings zunächst die parlamentarische Beratung über den Regierungsentwurf ab – in der Hoffnung, dass die SPD doch noch von ihrer Haltung abrücken würde. Dies schien keineswegs unwahrscheinlich, da viele SPD-Landtagsabgeordnete den Parteitagsbeschlüssen offensichtlich nur widerwillig Folge leisteten.

Die Entscheidung, tatsächlich ein Volksbegehren einzuleiten, fiel dann im August 1993. Ausschlaggebend war dabei wohl die Tatsache, dass im Juni 1993 nach dem Rücktritt des SPD-Vorsitzenden Björn Engholm nicht zuletzt aufgrund der Initiative des Ministerpräsidenten von Nordrhein-Westfalen Johannes Rau eine Mitgliederbefragung über den künftigen Vorsitzenden stattgefunden hatte. Damit war der Widerstand der SPD gegen die Direktwahl der Bürgermeister aber endgültig unglaubwürdig geworden. CDU und FDP stellten der SPD daher am 27. August 1993 ein Ultimatum und forderten, die Beschlüsse zur Beibehaltung der kommunalen Doppelspitze spätestens auf dem für den 18. September einberufenen Sonderparteitag aufzuheben. Dies führte allerdings bestenfalls dazu, dass sich die Fronten weiter verhärteten, weil die SPD nun um jeden Preis den Eindruck vermeiden wollte, dass sie von der Opposition zu einer Kurskorrektur gezwungen worden war. Der

---

1 Vgl. „Volksbegehren zur Kommunalreform", Kölner Stadtanzeiger, 6.2.1993, S. 5. Ausführlich zu dem Verfahren *Jung*, JzStVWiss 1995, S. 107, 110 ff.
2 Aufgrund des vehementen Widerspruchs der sehr einflussreichen Gruppe der Bürgermeister und Vorsitzenden der Ratsfraktionen.
3 LT-Drs. 11/4983.

Parteitag hielt daher an den ursprünglichen Beschlüssen fest[1] – und CDU und FDP begannen am 28. September 1993 mit der Sammlung von Unterschriften für einen Volksantrag.[2]
Die SPD geriet nun noch stärker unter Druck. Bereits kurz nach dem Beginn der Unterschriftensammlung wurde bekannt, dass sich die Parteiführung darauf geeinigt hatte, die Doppelspitze bis zum Jahre 1999 abzuschaffen. Kurz darauf legte der Landesvorstand einen entsprechenden Leitantrag für den bevorstehenden Landesparteitag vor. Zwar lief die Unterschriftensammlung weiter und CDU und FDP legten im Januar immerhin 50.000 Unterschriften vor.[3] Da zu diesem Zeitpunkt jedoch bereits absehbar war, dass der SPD-Parteitag den Vorschlägen des Landesvorstands folgen würde, ist das Verfahren nicht weiter betrieben worden. Statt dessen wurde die Gemeindeordnung ganz normal im parlamentarischen Gesetzgebungsverfahren geändert.[4]

b. Das Verfahren für „Mehr Demokratie"

Im Oktober 1998 begann der Landesverband von **„Mehr Demokratie e.V."** mit der Sammlung von Unterschriften für einen Volksantrag mit dem ein „imperfektes Volksbegehren" über die Frage erreicht werden sollte, ob auch in Nordrhein-Westfalen die Hürden auf dem Weg zum Volksentscheid abgesenkt werden sollen.[5] Zwar wurden am 15. Juni 1999 mehr als die 4.000 erforderlichen Unterschriften eingereicht.[6] Das Innenministerium gab dem Antrag dennoch nicht statt, da es dem Volk durch die Verfassung verboten sei, über die Bestimmungen der Verfassungen selbst zu entscheiden. Diese Beschränkung gelte dann aber auch schon für das Volksbegehren.[7]

1 Vgl. „Kompromiss über Doppelspitze möglich", Kölner Stadtanzeiger, 3.9.1993, S. 6; „Ein Senat für alle Fälle", Kölner Stadtanzeiger, 11.9.1993, S. 13.
2 „CDU und FDP mit Volksbegehren", Neue Rhein.-Zeitung, 29.9.1993, S. 3; „Opposition braucht 2,6 Millionen Unterschriften", Rheinische Post, 29.9.1993, S. 2.
3 Zuvor hatte es Überlegungen gegeben, das Verfahren bis zum Abschluss des SPD-Parteitags zu unterbrechen; vgl. „CDU-Vize will Volksbegehren bis Januar stoppen", Westfälische Rundschau, 17.11.1993.
4 Die Gemeindeordnung ist mit Wirkung zum 17.10.1994 entsprechend geändert worden, vgl. die Neubekanntmachung vom 14.7.1994, GVBl. S. 666.
5 Gefordert wurde unter anderem, die Beschränkungen in Bezug auf „Finanzfragen, Abgabengesetze und Besoldungsordnungen" zu streichen und das Quorum für das Volksbegehren auf 500.000 Stimmberechtigte abzusenken. Die Eintragungsfrist sollte gleichzeitig von zwei auf 15 Wochen verlängert werden. Dabei sollte auch die freie Unterschriftensammlung möglich sein. Während das Referendum auf Antrag der Landesregierung gestrichen werden sollte, war die Einführung der Volksinitiative und eines obligatorischen Verfassungsreferendums vorgesehen. Einige weitere Änderungen sollten eine bessere Kommunikation zwischen den Antragstellern und dem Parlament als Adressaten eines Volksbegehrens gewährleisten. Zum Volksbegehren ausführlich *P. Neumann*, Bedeutung, S. 17, 21 ff.
6 Vgl. „Darf das Volk nun, oder darf es nicht?", ZfDD Heft 3/1999, S. 24.
7 Dies war schon während des Verfahrens angekündigt worden. Vgl. „Mehr Demokratie Spezial" Nr. 66 vom 28.11.98, S. 3.
Wie bereits dargelegt wurde, steht die Verfassung einem imperfekten Volks*begehren* tatsächlich nicht entgegen, obwohl ein solches Verfahren den Landtag gegebenenfalls erheblich unter Druck setzen würde. Das Innenministerium wäre daher verpflichtet gewesen, den Antrag zuzulassen; vgl. dazu ausführlich oben S. 269 f.

Erwartungsgemäß riefen die Antragsteller gegen die Entscheidung des Innenministeriums den Verfassungsgerichtshof an. Nachdem im Landtag mit den Verhandlungen über eine grundlegende Reform der einschlägigen Verfassungsbestimmungen und Ausführungsregelungen begonnen hatte und gute Aussichten dafür bestanden, dass diese Verhandlungen zu einem Ergebnis führen würden, das dem Anliegen von „Mehr Demokratie" entgegen kam, wurde dieser Antrag aber wieder zurückgenommen.[1]

In der Folgezeit hat die Landesregierung von den Vertrauenspersonen des Volksbegehrens die Erstattung der notwendigen Auslagen verlangt, da die Beschwerde gegen die Nichtzulassung des Volksbegeherens von vorne herein unbegründet gewesen sei und der Antrag aus „taktischem Desinteresse an der Rechtsverfolgung" zurückgenommen worden sei.[2] Der Verfassungsgerichtshof hat diesen Antrag zurückgewiesen, da absehbar war, dass der Landtag die Verfassung in absehbarer Zeit im Sinne des beantragten Volksbegehrens ändern würde.[3]

Neben diesen beiden Verfahren wurden in den neunziger Jahren noch in einigen weiteren Fällen Unterschriften für einen Volksantrag gesammelt – ohne dass dann jedoch tatsächlich ein Antrag auf Zulassung des Volksbegehrens gestellt worden wäre. Zu erwähnen ist hier zum einen ein Versuch der Evangelischen Kirche, wie in Hessen und Schleswig-Holstein[4] auch in Nordrhein-Westfalen ein Volksbegehren zur Wiedereinführung des **Buß- und Bettages** als gesetzlichem Feiertag einzuleiten.[5] Zum anderen organisierte die Initiative **„WIR gegen die Rechtschreibreform"** eine Unterschriftensammlung.

In Bezug auf die weiteren Verfahren, die nach der Verfassungsrevision ab 2002 in Nordrhein-Westfalen eingeleitet und durchgeführt worden sind, sei wiederum auf die Darstellung im vierten Teil der vorliegenden Untersuchung verwiesen.[6]

G. Rheinland-Pfalz (bis 2000)

In Rheinland-Pfalz sind die Möglichkeiten für direktdemokratische Verfahren im Übrigen mit Ausnahme des Referendums über die Annahme der Verfassung am 18. Mai 1947[7] bis

1 Auf den weiteren Diskussionsprozess wird später noch ausführlich einzugehen sein, vgl. S. 867 ff.
2 Konkret machte die Landesregierung 10.000 DM für die Prozessvertretung durch einen Hochschullehrer und 15.000 DM für die gutachterliche Vorbereitung ihrer Stellungnahme als Verfahrensbeteiligte geltend. Diese sei erforderlich gewesen, weil „Mehr Demokratie" ihre Beschwerde ihrerseits auf mehrere Rechtsgutachten deutscher Hochschullehrer gestützt habe und der Rechtsstreit „grundsätzliche, bisher höchstrichterlich noch nicht entschiedene und außergewöhnlich schwierige Verfassungsrechtsprobleme zum Gegenstand" hatte, vgl. LT-Vorlage Nr. 13/0442. Dabei stellt sich allerdings die Frage, wie sich diese Begründung mit der Behauptung der Landesregierung verträgt, die Beschwerde sei evident unbegründet gewesen.
3 Hätte das Gericht den Initiatoren hingegen die Kosten auferlegt, so wäre der Rechtsschutz bei direktdemokratischen Verfahren für künftige Antragsteller zum unkalkulierbaren Risiko geworden.
4 Wie in Hessen und Schleswig-Holstein, vgl. dazu oben S. 377 bzw. unten S. 482.
5 Die Evangelische Kirche im Rheinland vertrieb Faltblätter mit näheren Informationen und warb auch im Internet für die Unterstützung der Anträge.
6 Vgl. dazu unten S. 883 ff.
7 52,96 % der gültig Abstimmenden bestätigten die Verfassung, das entsprach 35,2 % der Stimmberechtigten, dazu *Jung*, ZParl 1993, S. 5, 6.

kurz vor der jüngsten Verfassungsreform praktisch ungenutzt geblieben.[1] Interessanterweise wurden die besonders heftig umstrittenen Bestimmungen über das Schulwesen einer gesonderten Abstimmung unterworfen. Der Streit im Verfassungsausschuss spiegelt sich im Ergebnis der Abstimmung aber nicht wieder, da diese Bestimmungen fast dieselbe Zustimmung fanden wie die übrige Verfassung.[2]

Allerdings gab es im Jahre 1978 innerhalb der oppositionellen SPD[3] Bestrebungen, über ein Volksbegehren die Einführung von überbetrieblichen „**Wirtschafts- und Sozialräten**" durchzusetzen, mit denen die Mitbestimmungsrechte der Arbeitnehmer deutlich erweitert werden sollten.[4] Das Verfahren wurde dann allerdings dann doch nicht eingeleitet.

Gut 15 Jahre später reichte im Sommer 1994 schon die Ankündigung der Fraktionen der Grünen und der CDU aus, die Aussetzung der Verkündung des höchst umstrittenen **Transplantationsgesetzes**[5] zu verlangen und mit der Sammlung von Unterschriften für ein „Volksbegehren"[6] nach Art. 115 RP-V zu beginnen, um die sozial-liberale Regierungskoalition zu veranlassen, das bereits beschlossene Gesetz wieder aufzuheben.[7]

Zum ersten und bislang einzigen Volksbegehren kam es in Rheinland-Pfalz, nachdem in Schleswig-Holstein der Volksentscheid über die Wiedereinführung des Buß- und Bettages gescheitert war.[8] Ende Juli 1998 wurden der Staatskanzlei durch die von der evangelischen Kirche getragenen Initiative „**Ja zum Bußtag**" mehr als 50.000 Unterschriften vorgelegt,[9] von den 41.229 für gültig erklärt wurden. Beim Volksbegehren vom 16. bis zum 29. November 1998 trugen sich jedoch nur 181.722 Personen und damit etwa 6,1 % statt der erforderlichen 20 % der Stimmberechtigten in die Listen ein. Das Volksbegehren war damit klar gescheitert.[10]

---

1 Vgl. *Storost*, FS Zeidler, S. 1199, 1212.
2 52,35 % der gültigen Stimmen, also 33,16 % der Stimmberechtigten, dazu *Jung*, a.a.O.
3 Die vom Erfolg des Volksbegehrens gegen die „kooperative Schule" in Nordrhein-Westfalen beflügelt wurde.
4 Ein entsprechender Gesetzentwurf war zuvor im Parlament gescheitert, da sich CDU und FDP geweigert hatten, den Antrag auch nur zur Beratung in die Ausschüsse zu überweisen, vgl. „SPD fühlt sich zu Volksbegehren für Sozialräte ermutigt", FR, 6.4.1978.
5 Beschluss des Landtags vom 23.6.1994, vgl. dazu LT-Drs. 12/2094 und LT-Drs. 12/5037.
6 Tatsächlich handelt es sich bei diesem Verfahren um ein „Referendumsbegehren", da die Initiative nicht von den Bürgern ausgeht.
7 Vgl. dazu LT-Drs. 12/5174 und 12/5181, sowie Grimm/Caesar-*Franke*, Art. 115 RP-V, Rn. 9, sowie *Jung*, JzStVWiss 1995, S. 107, 113. Anders als in der Zeit der Weimarer Republik wagte man es offenbar nicht mehr, die Volksabstimmung schlicht dadurch abzublocken, dass das Gesetz für dringlich erklärt wurde.
8 Vgl. dazu unten S. 482 ff.
9 Vgl. „Zurück zum Feiertag", StZ, 28.7.1998, S. 5.
10 Die Initiatoren verwiesen darauf, dass der Landtag den Stimmberechtigten zuvor „angedroht" habe, dass für den wiedereingeführten Buß- und Bettag entweder ein anderer Feiertag gestrichen oder die Sozialversicherungsbeiträge erhöht werden müssten, vgl. „Gebetet wird auch weiterhin werktags", ZfDD Heft 1/1999, S. 17. Tatsächlich war dies aber keine Drohung des Landtags, sondern lediglich ein Hinweis auf die geltende (Bundes-)Rechtslage.

In Bezug auf die weiteren Verfahren, die nach der Verfassungsrevision in Rheinland-Pfalz durchgeführt worden sind, sei wiederum auf die Darstellung im vierten Teil der vorliegenden Untersuchung verwiesen.[1]

H. Saarland

1. Die Verfahren bis 1991

Bereits kurz nach der Einführung der Möglichkeit von Volksbegehren beschlossen SPD und DGB im November 1979 ein solches Verfahren einzuleiten, um die Einführung des **privaten Rundfunks** zu verhindern.[2] Dieses Verfahren wurde dann aber nicht weiter betrieben.

Am 29. Januar 1982 wurden dem Landeswahlleiter 10.500 Unterschriften für einen Antrag für ein Volksbegehren zur Einführung eines **freiwilligen zehnten Hauptschuljahres** übergeben.[3] Auch dieses Verfahren wurde danach nicht weiter betrieben.

Am 20. März 1986 hat eine Aktionsgemeinschaft „**Rettet die Schulen**" beim saarländischen Innenminister einen Antrag auf Durchführung eines Volksbegehrens über eine Änderung des Schulorganisationsgesetzes (SchulOG) gestellt. Ziel des Volksbegehrens war es, die drohende Schließung von Schulen durch eine Absenkung des Klassenteilers zu verhindern. Noch während des Zulassungsverfahrens verabschiedetet der Landtag selbst ein Gesetz, mit dem durch eine Erhöhung des Klassenteilers die Möglichkeiten für eine Schließung von Schulen erleichtert – und damit Kosteneinsparungen ermöglicht werden sollten.[4]

Die Landesregierung erklärte den Volksantrag am 10. Juni 1986 für unzulässig, da die angestrebte Änderung des SchulOG die mögliche Schließung von insgesamt 73 Schulen und damit Einsparungen von mehreren Millionen DM verhindere.[5] Es handele sich daher um ein unzulässiges Finanzgesetz im Sinne des Art. 99 I 3 SaarV. Der von den Antragstellern daraufhin angerufene Verfassungsgerichtshof stellte in seiner Entscheidung vom 14. Juli 1987[6] allerdings allein darauf ab, dass das Volksbegehren erledigt sei, nachdem der Landtag im Juni 1986 dem Anliegen der Antragsteller teilweise entgegen gekommen sei. Dabei sei auch zu beachten, dass es dem Parlament aufgrund des gleichen Rangs von Volks- und Parlamentsgesetzen durch nichts verwehrt sei, unmittelbar nach einem Volksentscheid das soeben verabschiedete Gesetz wieder aufzuheben. Wenn der Landtag daher während des laufenden Verfahrens eine Regelung über die dem Volksbegehren zugrunde liegende Angelegenheit getroffen habe, sei es nicht mehr notwendig, den Volksentscheid durchzuführen. Zudem sei es nach der Änderung des Schulgesetzes nicht mehr klar gewesen, ob sich das Begehren auf die ursprüngliche oder die veränderte Fassung des Schulge-

---

1 Vgl. dazu unten S. 864.
2 „Volksbegehren an der Saar?", FR, 22.11.1979.
3 „Erste Hürde zu einem Volksbegehren an der Saar genommen", FR, 30.1.1982.
4 Vgl. dazu *Jürgens*, S. 197 f.
5 In den Jahren 1986/87 könnten 12 Millionen DM eingespart werden, im Jahre 1991 bereits 20 Millionen. Überdies verletze der Entwurf das Rückwirkungsverbot.
6 *SaarVfGH*, NVwZ 1988, S. 245; vgl. dazu *Przygode*, S. 369 ff.

setzes beziehe. Damit sei unklar, ob die ursprünglichen Unterzeichner den Antrag weiter unterstützen und das Verfahren müsse gegebenenfalls von vorne begonnen werden.

Tatsächlich enthält die Verfassung des Saarlands keine Grundlage für eine solche „Erledigung" des Volksbegehrens.[1] Es gibt keinen Anlass und auch keine Rechtfertigung dafür, den Landtag von dem politischen Druck zu entlasten, der mit der Aufhebung eines soeben vom Volk verabschiedeten Gesetzes notwendigerweise verbunden ist. Insbesondere besteht keine hinreichende Vermutung dafür, dass der Landtag „sein"Gesetz auch nach der Niederlage im Volksentscheid nochmals bestätigen würde.[2]

2. Die Verfahren ab 1991

a. Das Verfahren zur Direktwahl kommunaler Funktionsträger

Nachdem zu Beginn der neunziger Jahre des 20. Jahrhunderts immer mehr Länder dazu übergegangen waren, Bürgermeister und Landräte direkt wählen zu lassen, gab es auch im Saarland entsprechende Bestrebungen. Diese stießen allerdings auf den heftigen Widerstand der allein regierenden SPD. Nachdem sich ein Parteitag der CDU mit großer Mehrheit für die Direktwahl ausgesprochen hatte, leitete die CDU i April 1994 die Vorbereitungen für ein Volksbegehren zur **Direktwahl kommunaler Funktionsträger** ein, das innerhalb weniger Tage durch mehr als 15.000 Stimmberechtigte unterstützt wurde. Dies führte wiederum dazu, dass die SPD einen Sonderparteitag einberief, der sich ebenfalls für die Einführung der Direktwahl aussprach. Der Landtag setzte die Forderung zeitnah um. Über den Antrag auf Durchführung eines Volksbegehrens wurde nicht entschieden.[3]

b. Das Verfahren zur Änderung des Hochschulgesetzes

Angesichts von Plänen für massive Streichungen an der Universität des Saarlandes, die auch die Einstellung einzelner Fachbereiche nach sich ziehen würde, wurde im Juni 1998 mit der Sammlung von Unterschriften für einen Volksantrag zur Änderung des **Hochschulgesetzes** gesammelt. Anliegen der Initiatoren war es, den Einfluss der Landesregierung auf die Organisation der Universität zu beschränken. Diese sollte auf „Empfehlungen" beschränkt werden und nicht mehr berechtigt sein, die Organe der Universität zu bestimmten Maßnahmen „aufzufordern". Die Empfehlungen sollte zudem auch den Studierenden zur Diskussion gestellt werden.[4] Ein formeller Antrag wurde nicht gestellt.

---

1   Es ist erstaunlich, dass *Jürgens* diesen Umstand mit keinem Wort erwähnt.
2   Sehr kritisch zu dieser Entscheidung auch *Krause*, JöR 2004, S. 403, 425, der zu Recht auf Irrationalität der Argumentation hinweist, wenn der SaarVfGH den Antragstellern den Vorwurf macht, in ihrem Antrag nicht auf die – später, infolge des Volksantrags! – geänderte Fassung des Schulgesetzes eingegangen zu sein.
3   Vgl. *von Arnim*, DÖV 2002, 585, 590.
4   Vgl. dazu die Diskussionen in den Landtagssitzungen vom 24.6.1998 (Sten. Prot. S. 3035 ff.) und vom 17.3.1999 (Sten. Prot. S. 3714 ff.). Der Entwurf für den Antrag auf Änderung des § 107 des Gesetzes über die Universität des Saarlandes wurde nicht offiziell veröffentlicht.

c. Die beiden Verfahren zur „Rettung der Grundschulen"

Fast 20 Jahre nach dem ersten Antrag zur „Rettung der Schulen" reichte am 22. Februar 2005 ein Aktionsbündnis, das unter anderem von einigen Gewerkschaften, der FDP und den Grünen getragen wird, einen Antrag zur Durchführung eines Volksbegehrens „**Rettet die Grundschulen**" ein. Anlass für das Begehren war eine Ankündigung der CDU-Regierung, dass Schulen, in denen wegen des Rückgangs der Schülerzahlen nur noch mit Mühe eine einzige Klasse gebildet werden kann, geschlossen werden sollen, um auf diese Weise Personalkosten einzusparen. Um diese Maßnahmen zu verhindern forderten die Antragsteller eine Absenkung der Mindestschülerzahl für Grundschulen auf 13 Schüler pro Jahrgang. Eine Schule sollte aber selbst dann nicht geschlossen werden, wenn diese Vorgabe nicht mehr erfüllt werden kann, sofern wenigstens zwei jahrgangsübergreifende Klassen gebildet werden können. Der Antrag auf Durchführung des Volksbegehrens war von immerhin 18.000 Personen unterzeichnet worden.[1] Im März 2005 brachten die Fraktionen der SPD: des Bündnis 90/Die Grünen und der FDP einen mit dem Anliegen des Volksbegehrens identischen Antrag zur Änderung des Schulordnungsgesetzes in den Landtag ein,[2] der allerdings wegen der Mehrheitsverhältnisse im Parlament keine Chance auf Annahme hatte.

Am 16. Mai 2005 hat die Landesregierung das beantragte Volksbegehren wegen seiner Finanzwirksamkeit für unzulässig erklärt, da der Antrag im Falle seiner Annahme zu Mehrkosten zwischen 10 und 40 Millionen € führen würde.[3] Zudem beziehe sich der Antrag auf die frühere Rechtslage – damit hat die Landesregierung die Argumentation wieder aufgenommen, die bereits 1986 herangezogen worden war. Die Antragsteller haben diese Entscheidung vor dem Verfassungsgerichtshof des Landes angefochten, der am 23. Januar 2006 die Auffassung der Landesregierung bestätigt und dabei festgesellt hat, dass finanzwirksame Gesetze insgesamt aus dem Anwendungsbereich der Verfahren herausfallen.

Parallel hierzu wurde im Juni 2005 mit der Sammlung für ein weiteres Volksbegehren zum selben Gegenstand begonnen, in dem nun allerdings auf das mittlerweile geänderte Schulgesetz Bezug genommen wurde. Am 15. September 2005 wurde auch dieser Antrag eingereicht – und am 15. Dezember 2005 erwartungsgemäß ebenfalls für unzulässig erklärt. Nach dem Urteil des Verfassungsgerichtshofes vom 23.1.2006 wurde der Widerspruch gegen die ablehnende Entscheidung zurück genommen. Das Verfahren war damit erledigt.

Als Reaktion auf das Scheitern der Volksbegehren brachten die drei Oppositionsfraktionen SPD,[4] FDP[5] und Bündnis 90/Die Grünen[6] im Februar 2006 jeweils eigene Entwürfe zu einer Änderung der SaarV und des Volksabstimmungsgesetzes in den Landtag ein, die durchweg auf eine deutliche Absenkung der Zulässigkeitsvoraussetzungen und der Quoren zielten. Alle Entwürfe wurden von der allein regierenden

---

1 Die Initiatoren sprachen sogar von 30.000 Unterschriften.
2 LT-Drs. 13/254.
3 Im Vergleich zur aktuellen Rechtslage wären 40 Mio. € Mehrkosten zu erwarten. Selbst beim Vergleich mit der früheren Rechtslage, nach der einzügige Grundschulen zulässig waren, wären 10 Mio. € mehr erforderlich.
4 LT-Drs. 13/768.
5 LT-Drs. 13/767, vgl. auch schon den früheren Antrag LT-Drs. 13/154 vom Januar 2005.
6 LT-Drs. 13/769.

CDU bereits in erster Lesung abgelehnt und daher entsprechend der Geschäftsordnung des saarländischen Landtags nicht einmal zur weiteren Beratung in die Ausschüsse verwiesen.

IV. Zur Bewertung der Regelungen über die direktdemokratischen Verfahren in den älteren Landesverfassungen

Auf Grundlage der praktischen Erfahrungen soll zum Abschluss dieses Kapitels eine Bewertung der Regelungen über die direktdemokratischen Verfahren in den älteren Landesverfassungen und den einschlägigen Ausführungsbestimmungen versucht werden. Insofern ist zunächst festzuhalten, dass die Verfahren ebenso wie die entsprechenden Vorläuferbestimmungen aus der Zeit der Weimarer Republik als eine Art von „sekundärem Gesetzgebungsverfahren" ausgestaltet sind, das die Bürger dazu in die Lage versetzt, anstelle des Parlament unmittelbar zu entscheiden. Im Mittelpunkt der Verfahren steht also deren Korrekturfunktion. Sie sind dabei nur ansatzweise mit dem parlamentarischen Verfahren verzahnt, da die Parlamente zwar nicht dazu verpflichtet sind, sich mit dem Anliegen der Initiatoren auseinander zu setzen, einen Volksentscheid aber gegebenenfalls dadurch abwenden können, dass sie sich dieses Anliegen zu eigen machen oder zumindest das Recht haben, einen konkurrierenden Entwurf mit zur Abstimmung zu stellen.

Tatsächlich haben die direktdemokratischen Verfahren nur in Bayern eine nennenswerte praktische Bedeutung entfaltet. Zwar dauerte es auch hier eine Weile bis diese Verfahren erstmals genutzt worden sind. Seit Mitte der achtziger Jahre lässt sich aber eine deutliche Häufung feststellen und mittlerweile vergeht kaum ein Jahr, ohne dass in Bayern zumindest ein Volksbegehren eingeleitet wird. Demgegenüber wurde außerhalb Bayerns in den vergangenen 60 Jahren nur in zwei Fällen das Quorum für ein Volksbegehren erreicht.[1] Will man diesen Befund nicht als Ausdruck einer geradezu folkloristischen Plebiszitfreudigkeit des bayerischen Volkes ansehen,[2] dann drängt sich damit aber der Eindruck auf, dass die Hürden auf dem Weg bis zum Volksentscheid außerhalb Bayerns prohibitive Wirkungen entfaltet haben.

A. Die direktdemokratischen Verfahren als Artikulations- und Korrekturinstrument

Wie im Folgenden aufzuzeigen sein wird, haben die hohen Anforderungen an die Zulässigkeit von Volksbegehren und die konkrete Ausgestaltung der Verfahren in der Tat maß-

---

1 Nämlich bei einem Volksbegehren zur Landtagsauflösung in Baden-Württemberg und bei dem Volksbegehren gegen die kooperative Schule in Nordrhein-Westfalen.
2 In diesem Sinne etwa *Degenhart*, Der Staat 1992, S. 77, 85 f. Ähnlich auch *Hufschlag*, S. 261, der meint, das Volksgesetzgebungsverfahren habe „als Artikulationsinstrument politischer Opposition gegen die Dominanz der CSU eine ebenso vitale Funktion wie die Initiative und das Referendum in der schweizerischen Konkordanz-Demokratie" – ohne dabei auf die durchaus nahe liegende Frage einzugehen, ob diese Stabilität ihrerseits in der Häufigkeit direktdemokratischer Verfahren begründet ist. Geradezu abwegig erscheint die von *Greifeld*, Mehr Demokratie, S. 3, geäußerte Vermutung, die größere praktische Bedeutung der Verfahren sei auch auf die (räumliche) Nähe zur Schweiz zurückzuführen.

geblich dazu beigetragen, dass die Regelungen über das Volksbegehren und den Volksentscheid außerhalb Bayerns praktisch bedeutungslos geblieben sind.

1. Das Quorum für das Volksbegehren

Zwar haben fast alle Verfassunggeber versucht, den Erfahrungen aus der Zeit der Weimarer Republik Rechnung zu tragen und auf ein mit Art. 75 WRV vergleichbares Beteiligungsquoren beim Volksentscheid verzichtet. Sollte ein Volksbegehren erfolgreich sein, bestünde daher eine reelle Chance, dass sich die Antragsteller mit ihrem Anliegen gegen das Parlament durchsetzen und dessen Entscheidungen auf diesem Wege korrigiert werden können. Allerdings ist die Wahrscheinlichkeit, dass ein Verfahren überhaupt soweit kommt, außerhalb Bayerns dadurch drastisch reduziert worden, dass auf der anderen Seite das Quorum für das Volksbegehren im Vergleich zu Art. 73 III WRV verdoppelt oder zumindest deutlich erhöht wurde. Dass diese Hürden im Ergebnis eine prohibitive Wirkung entfalten würde,[1] lag aber schon deshalb auf der Hand, weil es den jeweiligen Antragstellern schon in der Zeit der Weimarer Republik kaum jemals möglich gewesen war, einen so großen Anteil der Stimmberechtigten zur Unterstützung ihres Anliegens zu bewegen. Tatsächlich haben sich bei keinem einzigen der bayerischen Volksbegehren mehr als 20 Prozent der Stimmberechtigten eingetragen und es war nur ein einziges Mal möglich, mehr als ein Sechstel der Stimmberechtigten zu mobilisieren.

Die These von der prohibitiven Wirkung der hohen Quoren für das Volksbegehren lässt sich auch nicht durch den Verweis auf das nordrhein-westfälische Verfahren gegen die „Koop-Schule" im Jahre 1977 entkräften. Zwar wurde das entsprechende Volksbegehren von fast einem Drittel der Stimmberechtigten unterstützt. Dieser außergewöhnliche Erfolg stellt jedoch ein singuläres Ereignis dar, das sich zum einen damit erklären lässt, dass der Gegenstand des Verfahrens eine zentrale Frage der Bildungspolitik und damit ein Thema war, das ohnehin dazu geeignet ist, große Teile der Bevölkerung zu mobilisieren.[2] Zum anderen und vor allem ist in diesem Zusammenhang jedoch zu berücksichtigen, dass es die Landtagsmehrheit und die Landesregierung versäumt hatten, bei den Bürgern für ihr bildungspolitisches Konzept zu werben und die künftige Ausgestaltung des Bildungswesens zum zentralen Thema des nächsten Landtagswahlkampfes zu machen. Da die Einführung der „Koop-Schule" in der Öffentlichkeit als Versuch gewertet wurde, die höchst umstrittene integrierte Gesamtschule durch die Hintertür einzuführen, hatte die sozial-liberale Regierungskoalition der oppositionellen CDU eine ideale Möglichkeit eröffnet, sich den Unmut in der Bevölkerung zunutze zu machen und das Volksbegehren zu einer Art von generellem Misstrauensvotum gegen die Regierungskoalition umzufunktionieren.[3]

1   In diesem Sinne auch *Jung*, ZRP 2000, S. 440, 442, der ebenfalls davon ausgeht, dass ein Quorum von mehr als zehn Prozent in der Praxis kaum zu überwinden ist.
2   Vgl. in diesem Sinne auch *von Danwitz*, DÖV 1992, S. 601, 603; *Hufschlag*, S. 261 ff.; *Jung*, ZRP 2000, S. 440, 441 f.
3   Man kann wohl davon ausgehen, dass die Erfahrungen mit dem Volksbegehren gegen die „Koop-Schule" dazu beigetragen haben, dass in den neunziger Jahren in zwei Fällen schon die Ankündigung bzw. Vorbereitung eines Volksbegehrens ausreichte, um einen Politikwechsel herbeizuführen. Dies betrifft die Verfahren zur Direktwahl der Oberbürgermeister (1993) bzw. zur Erweiterung der unmittelbaren Mitwirkungsbefugnisse der Bürger (1998).

2. Die Fristen für das Volksbegehren

Ob die Quoren für das Volksbegehren prohibitive Wirkungen entfalten, hängt allerdings nicht nur von der Zahl von Unterschriften ab, die gegebenenfalls gesammelt werden müssen, sondern auch von dem Zeitraum, der für die Durchführung des Verfahrens zur Verfügung steht. Dabei kommt weniger der eigentlichen Eintragungsfrist Bedeutung zu,[1] als dem Zeitraum zwischen der Bekanntmachung des Begehrens und dem Schluss der Eintragungslisten.

Auch hier erweisen sich die Bedingungen in Bayern als besonders plebiszitfreundlich, da die Initiatoren nach der Veröffentlichung eines Volksbegehrens seit jeher acht bis zehn Wochen Zeit zur Verfügung stehen, um die Bürger von ihrem Anliegen zu überzeugen. Diese Frist wurde vor einigen Jahren sogar auf zehn bis zwölf Wochen verlängert.[2] In Baden-Württemberg und dem Saarland stehen hierfür nur acht Wochen zur Verfügung,[3] in Hessen und Nordrhein-Westfalen sogar nur sechs Wochen.[4] Das Schlusslicht war bis vor kurzem Rheinland-Pfalz, wo – wie schon in der Zeit der Weimarer Republik[5] – unter Umständen nur vier Wochen Zeit blieben.

Aufgrund der qualifizierten Abstimmungsquoren für den Volksentscheid kommt in Baden-Württemberg und dem Saarland auch der Frist zwischen der Bekanntmachung über den Volksentscheid und der tatsächlichen Abstimmung Bedeutung zu. In beiden Ländern stehen nach der Ablehnung eines Volksbegehrens durch den Landtag drei Monate für den „Abstimmungskampf" zur Verfügung. In diesem Zeitraum müssen die Initiatoren gegebenenfalls ein weiteres Sechstel[6] bzw. Drittel[7] der Stimmberechtigten für ihr Anliegen mobilisieren.

3. Die Beschränkungen des Anwendungsbereichs der Verfahren

Die prohibitive Wirkung der Quoren wird auch durch die Beschränkungen des Anwendungsbereichs der direktdemokratischen Verfahren verstärkt, da die Wahrscheinlichkeit

---

In beiden Fällen ging es um eine Erweiterung der unmittelbaren Mitwirkungsrechte der Bürger und es erschien nicht völlig ausgeschlossen, dass das Quorum für das Volksbegehren erreicht würde. Da beim anschließenden Volksentscheid gegebenenfalls die Mehrheit der Abstimmenden ausgereicht hätte, wäre dann aber zu erwarten gewesen, dass die auf dem Wege des Volksbegehrens eingebrachten Anträge angenommen worden wären.

1   Schließlich besteht eine gewisse Vermutung dafür, dass diejenigen, die ein Volksbegehren unterstützen wollen, auch dann Zeit und Gelegenheit finden werden, sich in die ausgelegten Unterschriftslisten einzutragen, wenn für diese Eintragung nur eine vergleichsweise kurze Frist von zwei Wochen zur Verfügung stehen.
2   Vgl. das Gesetz vom 24.12.1993 (GVBl. S. 1059). Die Verlängerung beruht auf den Erfahrungen beim Volksbegehren über das „bessere Müllkonzept".
3   Wobei diese Frist im Saarland auch länger laufen kann.
4   Und auch in Nordrhein-Westfalen.
5   Zu § 31 VEG siehe oben S. 123.
6   In Baden-Württemberg.
7   Im Saarland.

dafür, dass ein Antrag von einem bestimmten Anteil der Stimmberechtigten unterstützt wird, nicht zuletzt davon abhängt, wie viele Bürger gegebenenfalls von der Annahme dieses Antrags betroffen wären. Wenn daher gerade solche Materien vom Anwendungsbereich der Verfahren ausgeschlossen werden, die für einen großen Teil der Bürger von Interesse sind, dann sinkt die Wahrscheinlichkeit, dass das Quorum für das Volksbegehren erreicht werden kann.

Aus dieser Perspektive erscheint es aber nur schwer verständlich, wenn die Verfassung selbst in Hessen, dem Saarland – und bis vor kurzem auch in Nordrhein-Westfalen – nicht als Gegenstand eines Volksentscheids in Betracht kommt. Dabei ist zu beachten, dass sich die Bestimmungen der Verfassung wegen ihrer grundsätzlichen Bedeutung besonders gut als Gegenstand eines Volksentscheids eignen[1] und Abstimmungen über die Verfassung als Ganzes beziehungsweise über einzelne Bestimmungen der Verfassung daher in den meisten in- und ausländischen Rechtssystemen, in denen überhaupt direktdemokratische Verfahren vorgesehen sind, zur „Grundausstattung der direkten Demokratie" gehören.[2] Umgekehrt stellt sich der Ausschluss der Verfassung vom Anwendungsbereich der direktdemokratischen Verfahren damit aber als eine Art von Misstrauensvotum gegen die Bürger dar.

Nichts anderes gilt auch in Bezug auf die in allen der älteren Landesverfassungen vorgesehenen Beschränkungen in Bezug auf finanzwirksame Vorlagen: Wenn die meisten Verfassunggeber nicht nur das Haushaltsgesetz selbst, sondern auch Abgabengesetze und die Bestimmungen über die Beamtenbesoldung vom Anwendungsbereich der direktdemokratischen Verfahren ausgeschlossen haben, dann spiegelt dies die Befürchtung wider, dass die Bürger bei solchen Abstimmungen gegebenenfalls nur den eigenen Geldbeutel im Blick haben könnten. Tatsächlich lässt sich diese Befürchtung aber bis heute nicht durch den empirischen Befund untermauern, wobei nicht nur auf die entsprechenden Erfahrungen in der Schweiz oder einigen US-Bundesstaaten hinzuweisen ist, sondern auch auf Bayern, wo der Staatshaushalt keineswegs in eine bedrohliche Schieflage geraten wäre, obwohl dort nur der Haushalt selbst vom Anwendungsbereich der Verfahren ausgeschlossen ist und der Verfassungsgerichtshof diese Ausschlussklausel zumindest bis zur Mitte der neunziger Jahre auch sehr eng ausgelegt hatte.[3]

In diesem Zusammenhang ist schließlich darauf hinzuweisen, dass zahlreiche Gegenstände, die für einen relativ großen Anteil der Bürger an sich interessant wären, schon deshalb vom Anwendungsbereich der direktdemokratischen Verfahren ausgeschlossen sind, weil diese Verfahren nach allen der älteren Landesverfassungen auf die Gesetzgebung beschränkt sind. Dies erscheint aber deshalb problematisch, weil den Ländern heutzutage nur noch bescheidenen Regelungsbefugnisse verblieben sind und sich die Funktion der Landesparlamente dementsprechend deutlich verändert hat. Diese sind heutzutage nicht mehr in erster Linie Organ der Gesetzgebung, sondern sie haben auch und vor allem die Aufgabe, die jeweilige Landesregierung zu kontrollieren. Die älteren Landesverfassungen

---

1 *von Arnim*, „Das Münchhausenproblem der politischen Klasse", FR 19.2.1993, S. 12; *Degenhart*, Der Staat 1992, S. 77, 81 und 85.
2 *Pestalozza*, Popularvorbehalt, S. 19.
3 Allerdings ist der Anwendungsbereich der direktdemokratischen Verfahren mittlerweile auch in Bayern deutlich beschränkt worden, da der Verfassungsgerichtshof seine frühere plebiszitfreudige Rechtsprechung weitgehend aufgegeben hat.

geben den Bürgern jedoch keine Möglichkeit, auch insofern an die Stelle des Parlaments zu treten.¹

4. Die Quoren für den Volksentscheid

In diesem Zusammenhang sei schließlich darauf hingewiesen, dass ein Antrag in Baden-Württemberg und dem Saarland selbst dann, wenn ein Volksbegehren ausnahmsweise doch erfolgreich sein sollte aufgrund der qualifizierten Quoren für den Volksentscheid im Ergebnis keine realistische Durchsetzungschance hätte. Schließlich müsste in diesen beiden Ländern gegebenenfalls ein größerer Anteil der Stimmberechtigten einer Vorlage zustimmen, als bei Wahlen erforderlich ist, um einer Partei die absolute Mehrheit der Parlamentssitze zu sichern. Wie die bayerischen Erfahrungen belegen, ist es aber praktisch ausgeschlossen, mehr als ein Drittel oder gar die Hälfte der Stimmberechtigten dazu zu bewegen, einem Gesetzentwurf zuzustimmen.

Berücksichtigt man, dass die entsprechenden Regelungen erst in den siebziger Jahren des 20. Jahrhunderts in die Verfassungen der beiden Länder eingefügt wurden, so drängt sich der Eindruck auf, dass die Verfassunggeber die „Weimarer Erfahrungen" zu diesem Zeitpunkt völlig verdrängt hatten – oder von vorne herein nicht daran interessiert waren, die direktdemokratischen Verfahren zu praktikablen Instrumenten der politischen Willensbildung zu machen.

5. Zusammenfassung

Die hohen Hürden, die in den meisten der älteren Landesverfassungen auf dem Weg bis zum Erfolg eines Antrags beim Volksentscheid errichtet wurden, haben im Ergebnis dazu geführt, dass die Bürger die direktdemokratischen Verfahren kaum jemals dafür nutzen konnten, um ein bestimmtes Anliegen gegen den Willen der jeweiligen Parlamentsmehrheit durchzusetzen.

Wenn es den Bürgern aber de facto unmöglich ist, Entscheidungen des Parlamentes durch einen Volksentscheid zu korrigieren, dann läuft aber auch die Artikulations- und Kommunikationsfunktion der direktdemokratischen Verfahren leer – und damit auch deren angebliche „präventive Wirkung". Völlig unabhängig davon, dass die Verfahren ohnehin nicht als Instrument zur Verbesserung der Kommunikation zwischen den Bürgern und ihren Repräsentanten ausgestaltet wurden,² belegen die bisherigen praktischen Erfahrungen, dass die Parlamente – oder genauer gesagt, die jeweilige Parlamentsmehrheit – in der Regel nur dann bereit sind, sich mit dem Anliegen eines Volksbegehrens mehr als unbedingt nötig auseinander zu setzen, wenn sie befürchten müssen, dass ihnen andernfalls die Entschei-

---

1   Dass die Verfahren gegen den Bau der „Startbahn West" des Frankfurter Flughafens oder die Wideraufbereitungsanlage im bayerischen Wackersdorf gescheitert sind, liegt letzten Endes allein daran, dass die Bürger gezwungen waren, ihren Antrag in die Form eines Gesetzes zu kleiden.
2   Zumindest bliebe diese Kommunikation weitgehend fruchtlos, da ein einmal eingebrachter Antrag nachträglich nicht mehr verändert werden kann, um die Ergebnisse der bisherigen Diskussion aufzunehmen.

dung aus der Hand genommen wird.[1] Zwar haben sich die Parlamente in einigen Fällen das Anliegen der Initiatoren zu eigen gemacht hat, obwohl sie nicht ernsthaft damit rechnen musste, dass der auf dem Wege eines Volksbegehrens eingebrachte Antrag beim Volksentscheid erfolgreich sein würde.[2] Da die Volksbegehren in diesen Fällen aber durchweg nur einen ohnehin bestehenden Anpassungsdruck verstärkten, besteht jedoch kein Grund für die Annahme, dass die Sammlung von Unterschriften ursächlich für den Wechsel der Regierungspolitik gewesen wäre.

Eine andere Bewertung erscheint nur für die bayerischen Regelungen gerechtfertigt. Hier haben die Bürger aufgrund des vergleichsweise niedrigen Quorums für das Volksbegehren und des weit reichenden Anwendungsbereiches der Verfahren nicht nur eine reelle Chance, eine Abstimmung über einen auf dem Wege des Volksbegehrens eingebrachten Antrag zu erzwingen, sondern es besteht auch eine realistische Chance dafür, dass der Antrag beim Volksentscheid tatsächlich angenommen wird. Zwar ist es den jeweiligen Antragstellern auch hier nur in seltenen Ausnahmefällen gelungen, sich mit ihrem Anliegen vollständig durchzusetzen. Dies liegt aber sicher auch daran, dass die Landtagsmehrheit diese Anliegen häufig schon vor Abschluss des Eintragungsverfahrens für das Volksbegehren aufgenommen hat.

In den letzten Jahren haben sich die Verhältnisse in Bayern allerdings aufgrund der immer restriktiveren Rechtsprechung des bayerischen Verfassungsgerichtshofes zum Nachteil der Initiatoren von Volksbegehren verändert. Diese Entwicklung erscheint nicht nur deshalb bedenklich, weil dieser Rechtsprechung keine formelle Änderung der maßgeblichen Rechtsgrundlagen gegenüber steht, sondern auch und vor allem deshalb, weil sich der Verfassungsgerichtshof nicht nur auf die Auslegung des geltenden Verfassungsrechts beschränkt, sondern sogar dem verfassungsändernden Gesetzgeber das Recht abgesprochen hat, die Hürden auf dem Weg zum Volksentscheid durch eine Änderung der Verfassung wieder abzusenken. Derzeit lässt sich zwar noch nicht mit hinreichender Sicherheit feststellen, ob und in wie weit diese restriktivere Rechtsprechung die Praktikabilität der in der

1 Erst recht kann nur unter dieser Voraussetzung schon die bloße Ankündigung eines Volksbegehrens dazu führen, dass sich das Parlament dieses Anliegen zu eigen macht; in diesem Sinne auch *Dambeck*, RuP 1994, S. 208, 215; *Jung*, ZParl 2001, S. 33, 38. Zu pauschal argumentieren daher *Berlit*, KritVjschr. 1993, S. 318, 339; *Evers*, APUZ 1991, B 23, S. 3, 11 von Mutius/Wuttke/*Hübner*, vor Artt. 41 f. SH-V, Rn. 4 ; *Maurer*. S. 32 oder *Paterna*, S. 67, die ohne weiteres davon auszugehen scheinen, dass die bloße Existenz direktdemokratischer Verfahren geeignet ist, solche Vorwirkungen zu entfalten.
Als Beispiele für diese „präventive Wirkung" kann auf die Verfahren zur Sicherung der Rundfunkfreiheit (1972), zur Wiederherstellung der Lernmittelfreiheit (1975), über das „bessere Müllkonzept" (1989) und ein „Gütesiegel Gentechnikfrei" (1997) verwiesen werden, bei denen der bayerische Landtag jeweils ein Volksbegehren zum Anlass nahm, selbst eine Regelung zu treffen und den Antragstellern damit den „Wind aus den Segeln zu nehmen". Im Grunde gehört auch schon das Verfahren für die Einführung der christlichen Gemeinschaftsschule im Jahre 1967 in diese Gruppe.
Auch das nordrhein-westfälische Verfahren gegen die „Koop"-Schule im Jahre 1977 lässt sich in diese Kategorie einordnen.

2 Dies betrifft neben den bereits erwähnten nordrhein-westfälischen Verfahren z.B. die baden-württembergische Verfahren zur Einführung der christlichen Gemeinschaftsschule als Regelform der Volksschule im gesamten Gebiet des Landes (1966) bzw. zur Beibehaltung des Pfingstmontag als gesetzlichem Feiertag (1994). Zu nennen sind weiterhin die saarländischen Verfahren für die Einführung eines freiwilligen 10. Hauptschuljahres (1982) und für die Direktwahl kommunaler Funktionsträger (1994).

bayerischen Verfassung vorgesehenen direktdemokratischen Verfahren tatsächlich entscheidend beeinträchtigt hat. Allerdings deutet die Entwicklung der Verfahrenszahlen durchaus darauf hin, dass der Rechtsprechung des Verfassungsgerichtshofes insofern eine ganz erhebliche praktische Bedeutung zukommt.

B. Die direktdemokratischen Verfahren als „außerparlamentarische Waffe" der Opposition

Die praktischen Erfahrungen mit den direktdemokratischen Verfahren in den älteren Landesverfassungen machen deutlich, dass der Erfolg eines Antrags wegen der hohen Zulässigkeitsvoraussetzungen nicht zuletzt davon abhängt, ob ihn sich zumindest eine – möglichst große – Partei zu eigen macht. Tatsächlich ist es wohl nur mit der Unterstützung der großen Oppositionspartei möglich, das in den meisten der älteren Landesverfassungen für das Volksbegehren vorgesehene Quorum von 20 Prozent zu erreichen. Selbst in Bayern, wo ein Begehren „nur" von zehn Prozent der Stimmberechtigten unterstützt werden muss, bedarf es in der Regel der Unterstützung eines Parteiapparates oder einer vergleichbaren Organisation, um der breiten Öffentlichkeit das Anliegen der Initiatoren zu vermitteln und den mit der Vorbereitung und Durchführung des Verfahrens verbundenen logistischen Aufwand leisten zu können. Zum anderen ist in diesem Zusammenhang zu beachten, dass sich ein großer Teil der Stimmberechtigten auch bei unmittelbaren Sachentscheidungen regelmäßig an den Aussagen der von ihnen ansonsten bevorzugten Partei orientieren werden. Der Aufbereitung und Vermittlung der jeweiligen der Thematik durch die Parteien kommt umso größere Bedeutung zu, je komplexer der zur Abstimmung gestellte Antrag ist – und damit der Aufwand, der von den einzelnen Stimmberechtigten für eine intensive Auseinandersetzung mit der Thematik betrieben werden müsste. Zumindest auf den ersten Blick stellen sich die direktdemokratischen Verfahren damit aber als eine „außerparlamentarische Waffe der Opposition" dar.[1]

Tatsächlich stellt sich jedoch die Frage, ob und welches Interesse die Parteien ihrerseits daran haben sollten, ein Volksbegehren zu unterstützen oder ein solches Verfahren gar selbst einzuleiten. Schließlich geht es ihnen weniger darum, die Politik der Regierung in einem einzelnen Punkt zu korrigieren, als darum, ihr gesamtes Programm in die Tat umzusetzen. Dies ist ihnen aber im politischen System der Bundesrepublik Deutschland und ihrer Länder auf lange Sicht nur möglich, wenn es ihnen gelingt, die Mehrheit der Parlamentssitze zu erreichen oder auf andere Weise maßgeblichen Einfluss auf die Regierungspolitik zu nehmen. Für die Entscheidung, ob sich eine Partei an der Organisation eines direktdemokratischen Verfahrens beteiligt oder ein solches Verfahren gar selbst initiiert, kommt es daher weniger darauf an, ob es im Einzelfall gelingen wird, das betreffende Anliegen durchzusetzen, sondern vielmehr darauf, ob sich durch diese Beteiligung die Erfolgsaussichten der Partei bei den nächsten Parlamentswahlen verbessern. Unter diesen Umständen gibt es aber im Grunde nur zwei Motive, warum sich eine Partei an einem direktdemokratischen Verfahren beteiligen sollte. Entweder hofft sie darauf, auf diese

---

1 *H.-P. Schneider*, DÖV 1987, S. 749, 755.

Weise Wähler an sich zu binden,[1] oder darauf, dass die bisherige Regierungspartei geschwächt aus dem Verfahren hervorgehen wird.

Wie im ersten Teil der Untersuchung herausgearbeitet wurde,[2] gibt es indes keinen zwingenden Grund für die Annahme, dass der Erfolg eines auf dem Wege des Volksbegehrens eingebrachter Antrag zu einer Destabilisierung der Regierung führt. Vielmehr könnte dieser Erfolg als eine Art Ventil für den Unmut der Bürger dienen – und damit im Ergebnis die Position der Regierung stärken. Genau diese These wird nun aber durch den empirischen Befund bestätigt, da es den jeweiligen Oppositionsparteien auch in denjenigen Fällen, in denen sich die Antragsteller eines direktdemokratischen Verfahrens im Ergebnis mit ihrem Anliegen gegen die Regierungsmehrheit durchsetzen konnten, nicht gelungen ist, die Regierungsmehrheit zu erschüttern. Vielmehr konnte die bisherige Regierungspartei bei den folgenden Wahlen ihre Mehrheit sichern oder sogar noch ausbauen.[3]

- So konnte die CSU zwei Jahre nach den Volksbegehren zur Einführung der christlichen Gemeinschaftsschule als Regelform der Volksschule ihren Stimmenanteil bei den bayerischen Landtagswahlen im November 1970 von 53,9 auf 60,8 Prozent steigern.
- Zwar hat der Erfolg des vor allem von CDU und FDP getragenen nordrhein-westfälischen Volksbegehrens gegen die „Koop-Schule" maßgeblich dazu beigetragen, dass Heinz Kühn im September 1978 als Ministerpräsident zurückgetreten ist und sein Amt an Johannes Rau übergeben hat. Bei den nächsten Wahlen, die zwei Jahre später im Jahr 1980 statt fanden, konnte die SPD jedoch 3,3 Punkte hinzugewinnen und war damit nicht nur zum ersten Mal seit zehn Jahren wieder stärker als die CDU, sondern – weil die FDP knapp an der 5-Prozent-Hürde gescheitert war – sogar in der Lage, alleine die Regierung zu bilden.
- Auch der Erfolg des zweiten maßgeblich von der CDU getragenen Verfahrens zur Abschaffung der „kommunalen Doppelspitze" und zur Einführung der Direktwahl der Oberbürgermeister in Nordrhein-Westfalen zahlte sich im Ergebnis kaum für die Partei aus. Zwar verlor die SPD bei den darauffolgenden Landtagswahlen im Jahre 1995 über 4 Prozentpunkte – allerdings profitierte davon nicht die CDU, sondern in erster Linie die Grünen, die in der Folge mit der SPD eine Koalitionsregierung bildeten.
- In diesem Zusammenhang ist schließlich darauf hinzuweisen, dass die ÖDP, die in Bayern gleich fünfmal als Initiatorin eines Volksbegehrens auftrat und auf deren Initiative insbesondere die Abschaffung des Senates zurück geht, von diesen Erfolge praktisch kaum profitieren konnte: Bis heute ist sie nicht im Landtag vertreten und auch auf der kommunalen Ebene spielt die Partei nur eine geringe Rolle.[4]

1   Wobei es im Ergebnis nicht darauf ankommt, ob sich die Partei neue Wählerschichten erschließt oder nur befürchten muss, dass ihr im Falle der Weigerung, das betreffende Verfahren zu unterstützen, ein Teil ihrer bisherigen Wähler die Unterstützung entziehen könnten.
2   Vgl. dazu oben S. 105 ff.
3   Vgl. dazu die Daten bei *Jürgens*, S. 210, der auf S. 229 zu einer ähnlichen Schlussfolgerung kommt; ihm folgend *Hufschlag*, S. 266. Auch *Dahnke*, S. 119, 125, spricht von einem „Ventil für Volkes Stimme".
4   Anders hingegen *Weixner*, Bayern, S. 29, 58, die in Fn. 50 darauf abstellt, dass die ÖDP ihren Stimmenanteil von 1,3 % bei den Kommunalwahlen 2002 auf 2,2 % bei den Landtagswahlen 2003 und 2,4 % bei den Europawahlen 2004 steigern konnte. Interessanter erscheint jedoch der Vergleich der Landtagswahlergebnisse 1994 und 1998 – also ein halbes Jahr nach der von der ÖDP initiierten Abstimmung über die Abschaffung des Senats: Während die ÖDP 1994 noch 2,1 % der Abstimmenden

Nachdem auch sonst kein einziger Fall erkennbar ist, in dem der Erfolg eines Antrags beim Volksbegehren die jeweilige Regierung dauerhaft und erheblich geschwächt oder gar einen Machtwechsel eingeleitet hätte, gibt es aber keinen Anlass für die Vermutung, dass die in den älteren Landesverfassungen vorgesehenen direktdemokratischen Verfahren ein Instrument der parlamentarischen oder gar der außerparlamentarischen Opposition wären. Vielmehr deuten die Erfahrungen in Bayern und Nordrhein-Westfalen darauf hin, dass ein Volksbegehren tatsächlich ein Ventil für den diffusen Unmut über die Politik der Regierungsmehrheit schafft – und damit im Ergebnis zur Stabilisierung dieser Regierung beiträgt. Angesichts dieser Erkenntnis ist es aber kaum erstaunlich, dass die meisten der in den betreffenden Ländern nach 1980 durchgeführten Verfahren ohne die Unterstützung der jeweils größten Oppositionspartei auskommen mussten.

C. Exkurs – Zur Bewertung der Referenden

Außer bei den obligatorischen Verfassungsreferenden in Bayern und Hessen – und den Referenden zur Bestätigung der Verfassungen in den Jahren 1946 bis 1950 – wurden die Bürger bisher niemals zur Abstimmung über einen von einem anderen Staatsorgan erarbeiteten Entwurf aufgerufen. Dies hat verschiedene Ursachen.

Wenn die Möglichkeit des fakultativen Verfassungsreferendums in Baden-Württemberg und Nordrhein-Westfalen ebensowenig wie das bis zu der letzten großen Verfassungsreform in Bremen vorgesehene bedingt-obligatorische Verfassungsreferendum nicht genutzt wurde, dann lässt sich das wohl vor allem darauf zurückführen, dass die jeweilige Parlamentsmehrheit in beiden Ländern stets darauf bedacht war, Verfassungsänderungen im Konsens herbeizuführen. Die parlamentarische Opposition hatte unter diesen Umständen aber keinen Anlass, ein Referendum herbeizuführen.

Die in den Artt. 60 II 1 BW-V und 68 III 2 NRW-V vorgesehenen Referenden erweisen sich schlicht als unpraktikabel, da sie unter realistischen Umständen nicht zur Anwendung kommen können.
- Beim fakultativen Referendum nach Art. 60 II 1 BW-V wurde zwar einer qualifizierten Minderheit der Landtagsabgeordneten das Antragsrecht zugestanden. Die Entscheidung, ob es tatsächlich zu einer Volksabstimmung kommt, liegt jedoch bei der Landesregierung, die wiederum vom Vertrauen der Landtagsmehrheit abhängig ist.[1] Selbst im Fall einer Minderheitsregierung müsste diese damit rechnen, dass dieselbe Landtagsmehrheit, die das umstrittene Gesetz ursprünglich beschlossen hatte, die Anordnung eines Referendums zum Anlass nehmen würde, der Regierung das Vertrauen zu entziehen.
- Zwar stellt sich die Lage bei einem Referendum nach Art. 60 III BW-V insofern etwas anders dar, als es hier nicht darum geht, eine Entscheidung der Landtagsmehrheit aufzuheben. Allerdings müsste eine Minderheitsregierung damit rechnen, dass ihre eigene

---

hinter sich versammeln konnte, waren es 1998 nur noch 1,8 %! Auch bei den Kommunalwahlen 2002 konnte die ÖDP nur bedingt vom Erfolg des parallel durchgeführten Volksbegehren gegen Klonversuche profitieren, da sie die Gesamtzahl ihrer Mandate im Vergleich zu den Wahlen 1996 lediglich von 211 auf 242 steigern konnte.

1   Theoretisch könnte allerdings auch die Landtagsmehrheit diese Norm nutzen, um eine ihrer Entscheidungen vom Volk bestätigen zu lassen.

Position im Falle einer Abstimmungsniederlage unhaltbar würde. Bevor sie den Antrag einer qualifizierten Minderheit der Abgeordneten zum Anlass nimmt, eine Volksabstimmung über einen Gesetzentwurf anzusetzen, der zuvor im Landtag gescheitert war, wird sie daher von der Möglichkeit Gebrauch machen, die Wahlperiode des Parlamentes vorzeitig zu beenden. Im Ergebnis laufen die in der baden-württembergischen Verfassung enthaltenen Möglichkeiten für Referenden damit aber leer.[1]

– Nichts anderes gilt auch für das fakultative Gesetzesreferendum auf Antrag der Landesregierung nach Art. 68 III 1 NRW-V, das ebenfalls nur dann durchgeführt werden könnte, wenn die Landesregierung nicht mehr von der Landtagsmehrheit gestützt wird. In diesem Fall hat die Landtagsmehrheit aber die Möglichkeit eines konstruktiven Misstrauensvotums.[2] Vor allem ist aber zu beachten, dass die Regierung ihre Position selbst dann eher schwächt, wenn sie sich bei der Volksabstimmung durchsetzen sollte. Denn damit hat sie zwar das Recht, den Landtag aufzulösen, ohne jedoch damit rechnen zu können, dass sich die Mehrheitsverhältnisse bei den anschließenden Neuwahlen zu ihren Gunsten verändern.[3]

Etwas anders stellt sich die Lage in Rheinland-Pfalz dar. Zwar könnte die Landtagsmehrheit einen Antrag auf Durchführung eines Referendumsbegehrens gemäß Art. 115 RP-V[4] theoretisch dadurch abblocken, dass sie das betreffende Gesetz gemäß Art. 114 Satz 2 RP-V für dringlich erklärt – wobei es gegebenenfalls nicht darauf ankommt, ob die Inkraftsetzung des Gesetzes tatsächlich dringlich ist, da die Entscheidung der Landtagsmehrheit nicht gerichtlich überprüft werden kann. Dennoch wird die Landtagsmehrheit wohl nur dann zu einer Manipulation des Verfahrens bereit sein, wenn sie sich ihrer Mehrheit so sicher ist, dass sie keinen Ansehensverlust befürchten muss – in diesem Fall könnte sie aber auch darauf vertrauen, dass bei einer Volksabstimmung eine Mehrheit der Bürger für ihren Entwurf stimmen wird.[5] Damit besteht aber in Rheinland-Pfalz zumindest theoretisch die Möglichkeit, dass es infolge eines Referendumsbegehrens gemäß Art. 115 RP-V zu einer Volksabstimmung kommt.[6]

Die obligatorischen Verfassungsreferenden in Bayern und Hessen sind demgegenüber weitgehend bedeutungslos geblieben, da die vom Landtag bereits beschlossenen Verfassungsänderungen mit einer einzigen Ausnahme stets bestätigt worden sind.[7] Tatsächlich war

---

1   In diesem Sinne auch *Greifeld*, S. 56.
2   Art. 61 NRW-V.
3   Art. 62 II NRW-V. Die Abstimmung nach Art. 68 III NRW-V könnte daher allenfalls als „Stimmungsbarometer" gewertet werden, aus dem die Regierung den Grad der Zustimmung zu ihrer Politik ersehen kann – und damit ihre Chancen für den Fall vorgezogener Neuwahlen.
4   Diese Regelung ist von der jüngsten Reform der Verfassung unberührt geblieben.
5   Dennoch ist zumindest nicht auszuschließen, dass ein Referendum abgeblockt wird, wenn die Regierungsmehrheit den in diesem Fall zu erwartenden Ansehensverlust als weniger schwerwiegend einstuft als eine Niederlage bei einer eventuellen Volksabstimmung.
6   Dass Art. 115 RP-V tatsächlich geeignet ist, präventive Wirkungen zu entfalten zeigt sich an dem Verfahren zum höchst umstrittenen Transplantationsgesetz, das von der Landtagsmehrheit wieder aufgehoben wurde, nachdem die Opposition mit einem Referendumsbegehren gedroht hatte; vgl. dazu oben S. 388 und dort Fn. 7.
7   Vgl. dazu S. 373 bzw. 378.

die Zustimmung durch die Bürger im Grunde nur noch eine Formsache, da es bei den Abstimmungen in der Regel nur darum ging, die Ergebnisse langwieriger Beratungsverfahren zu bestätigen, die zuvor bereits vom Parlament mit einer großen Mehrheit angenommen worden waren. Dementsprechend gering fiel auch die Abstimmungsbeteiligung aus. Die Ausnahme des (gescheiterten) hessischen Referendums über die Absenkung des Wählbarkeitsalters von 21 auf 18 Jahre bestätigt dabei die Regel: Hier hatte der Landtag bei seiner Entscheidung die Stimmung im Volk völlig verkannt[1] und es versäumt, für die von ihm beschlossene Verfassungsänderung zu werben.[2]

Auch wenn man die (zusätzliche) legitimatorische Wirkung von Verfassungsreferenden unter diesen Umständen bezweifeln kann, ist das obligatorische Verfassungsreferendum zumindest in Hessen alles andere als überflüssig. Denn wenn hier ausnahmsweise nur die Hälfte der Abgeordneten einer Verfassungsänderung zugestimmt haben sollten, dann kommt dem Ergebnis des Verfassungsreferendums gegebenenfalls eine maßgebliche Bedeutung zu.[3]

D. Zur Aussagekraft der bisherigen Untersuchungsergebnisse

Die Erfahrungen mit Volksbegehren und Volksentscheiden seit 1949 bestätigen die Ergebnisse der Untersuchung des Verfassungsrechts und der Verfassungswirklichkeit der Weimarer Republik im zweiten Teil dieser Untersuchung.[4] Auch nach der Gründung der Bundesrepublik haben die direktdemokratischen Verfahren aufgrund der extremen Anforderungen an die Zulässigkeit der Verfahren und an den Erfolg eines Antrags beim Volksentscheid nur eine vernachlässigenswerte politische Bedeutung entfaltet.[5] Zwar wurde aufgrund der „Weimarer Erfahrungen" zunächst[6] auf die Einführung unerreichbar hoher Beteiligungsquoren für den Volksentscheid verzichtet. Gleichzeitig haben die Verfassunggeber jedoch fast durchweg die Hürden für die Zulässigkeit von Volksbegehren so weit heraufgesetzt, dass die meisten Verfahren schon in einer sehr frühen Phase zum Scheitern verurteilt sind.

Spätestens hier wird aber die beschränkte Aussagekraft der bisherigen Erfahrungen mit den in den älteren Landesverfassungen vorgesehenen direktdemokratischen Verfahren

---

1 Umfragen zufolge wurde die Änderung selbst von der Gruppe der Erstwähler abgelehnt, vgl. dazu *Jung*, Blätter für deutsche und Internationale Politik 1996, S. 567 ff.

2 Zur Wirkung der Referenden *Jung*, ZParl. 2005, S. 161 ff., der ebenfalls zu einer eher skeptischen Bewertung kommt.

3 Angesichts der bisherigen Praxis in Hessen und den Erfahrungen in den anderen Ländern scheint allerdings auch nichts grundsätzlich dagegen zu sprechen, Art. 123 II HessV durch eine Regelung zu ersetzen, wonach Verfassungsänderungen nur der Zustimmung durch eine qualifizierte Mehrheit der Abgeordneten bedürfen. Ob daneben die Möglichkeit einer Verfassungsänderung durch Volksentscheid eingeführt werden sollte, ist eine andere Frage.

4 Dazu siehe oben S. 108 ff.

5 *Greifeld*, Mehr Demokratie, S. 4, spricht von „geradezu grotesken Verfahrenshindernissen". In einem ähnlichen Sinne äußert sich auch *von Danwitz*, DÖV 1992, S. 601, 604, der allerdings allein darauf abstellt, dass keine „nennenswerte Verlagerung" der Legislativfunktionen stattgefunden habe und nicht auf die mittelbaren Wirkungen eingeht.

6 In den siebziger Jahren waren diese Lehren allerdings schon wieder vergessen, wie die Regelungen der Verfassungen von Baden-Württemberg und des Saarlandes belegen.

deutlich. Auch wenn sich die Befürchtungen der Kritiker nicht bestätigt haben, wonach die Einführung von Volksbegehren und Volksentscheid im Ergebnis zur Destabilisierung der Institutionen der parlamentarischen Demokratie führen muss, kann keine Rede davon sein, dass sich diese Verfahren in der Vergangenheit als wirksames Instrument gegen die im ersten Teil der vorliegenden Untersuchung dargelegten Defizite der parlamentarischen Demokratie erwiesen hätten.[1] Tatsächlich eigenen sich die direktdemokratischen Verfahren jedenfalls in derjenigen Ausgestaltung, die sie in den meisten älteren Landesverfassungen und den einschlägigen Ausführungsbestimmungen erhalten haben, weder zur plebiszitären Korrektur der Entscheidungen des Parlamentes, noch sind sie so eng mit dem parlamentarischen Verfahren verzahnt, dass sie zu einer deutlichen Verbesserung der Kommunikation zwischen den Bürgern und ihren Repräsentanten beitragen würden.

Eine anderen Bewertung erscheint nur für die älteste der älteren Landesverfassung gerechtfertigt, nämlich für die bereist 1946 erlassene bayerische Verfassung. Durch das vergleichsweise niedrige Quorum für das Volksbegehren, den Verzicht auf qualifizierte Quoren für den Volksentscheid, den relativ weiten Anwendungsbereich der Verfahren und nicht zuletzt durch die vergleichsweise „plebiszitfreundliche" Ausgestaltung der Verfahren im Landeswahlgesetz wurde erreicht, dass die direktdemokratischen Verfahren jedenfalls in diesem Bundesland mehr sind als ein bloßes plebiszitäres Placebo. Damit bleibt die bayerische Verfassung das Referenzmodell an dem sich die neueren Landesverfassungen messen lassen müssen.

---

[1] Dies verkennt z.B. *Hufschlag*, S. 269, wenn er die bisherigen praktischen Erfahrungen in den Ländern als „ermutigend" bezeichnet. Allerdings beschränkt er sich ohnehin auf die Feststellung, dass diese Verfahren mit dem parlamentarischen System vereinbar seien. Die Antwort auf die Frage, welchen Zweck die direktdemokratischen Verfahren erfüllen sollen, bleibt hingegen offen.

4. Teil: Die direktdemokratischen Verfahren in den neueren Landesverfassungen

In acht Ländern wurden seit 1990 Regelungen über die Volksinitiative, das Volksbegehren und den Volksentscheid neu in die Verfassung eingefügt.[1] In vier weiteren Ländern wurden die bestehenden Regelungen grundlegend überarbeitet.[2] Mittlerweile sind auch die entsprechenden Ausführungsbestimmungen ergangen, durch welche das Verfassungsrecht konkretisiert und teilweise auch modifiziert wurde.[3]

---

1 Nämlich in Brandenburg, Hamburg, Mecklenburg-Vorpommern, Niedersachsen, Sachsen, Sachsen-Anhalt, Schleswig-Holstein und Thüringen.
2 In Berlin, Bremen, Nordrhein-Westfalen und Rheinland-Pfalz. In Hessen ist eine Reform vorgesehen, aber noch nicht beschlossen, vgl. dazu HessLT-Drs. 16/3700 und S. 264.
3 *Berlinisches* Gesetz über Volksinitiative, Volksbegehren und Volksentscheid (BerlVVVG) vom 11.6.1997, GVBl. S. 304. Dieses Gesetz ist den jüngsten Änderungen der Verfassung noch nicht angepasst worden.
Brandenburgisches Gesetz über das Verfahren bei Volksinitiative, Volksbegehren und Volksentscheid (BbgVAG) vom 14.4.1993, GVBl. S. 94; zuletzt geändert durch Gesetz vom 17.12.2003, GVBl. I S. 298.
Bremisches Gesetz über das Verfahren beim Bürgerantrag (BremVBG) vom 20.12.1994, GBl. S. 325; zuletzt geändert durch Gesetz vom 14.12.2004, GBl. S. 598.
Bremisches Gesetz über das Verfahren beim Volksentscheid (BremVEG) in der Fassung der Bekanntmachung vom 27.2.1996, GBl. S. 41, zuletzt geändert durch Gesetz vom 22.12.1998, GBl. 1999, S. 1.
Hamburgisches Gesetz über Volksinitiative, Volksbegehren und Volksentscheid (HambVAbstG) vom 20.6.1996, GVBl. S. 136; zuletzt geändert durch Gesetz vom 12.6.2007, GVBl. I S. 174.
Hamburgisches Gesetz über Volkspetitionen (HambVPG) vom 23.12.1996, GVBl. S. 357; zuletzt geändert durch Gesetz vom 6.6.2001, GVBl. S. 119.
Gesetz des Landes *Mecklenburg-Vorpommern* zur Ausführung von Initiativen aus dem Volk, Volksbegehren und Volksentscheid (MV-VaG) in der Fassung der Bekanntmachung vom 16.1.2002, GVOBl. S. 18, zuletzt geändert durch Gesetz vom 14.7.2006, GVOBl. S. 572.
Niedersächsisches Gesetz über Volksinitiative, Volksbegehren und Volksentscheid (NdsVAbstG) vom 23.6.1994, GVBl. S. 270, zuletzt geändert durch Gesetz vom 15.7.1999, GVBl. S. 157.
Nordrhein-Westfälisches Gesetz über das Verfahren bei Volksinitiative, Volksbegehren und Volksentscheid (NRW-VIVBVEG) in der Fassung der Bekanntmachung vom 1.10.2004, GVBl. S. 542.
Rheinland-Pfälzisches Landeswahlgesetz (RP-LWG) in der Fassung der Bekanntmachung vom 24.11.2004, GVBl. S. 519, zuletzt geändert durch Gesetz vom 31.1.2006, GVBl. S. 35/191.
Sächsisches Gesetz über Volksantrag, Volksbegehren und Volksentscheid (SächsVVVG) vom 19.10.1993, GVBl. S. 949, zuletzt geändert durch Gesetz vom 20.5.2003, GVBl. S. 136.
Gesetz des Landes *Sachsen-Anhalt* über das Verfahren bei Volksinitiative, Volksbegehren und Volksentscheid in der Fassung der Bekanntmachung vom 26.10.2005, GVBl. S. 657.
Schleswig-Holsteinisches Gesetz über Initiativen aus dem Volk, Volksbegehren und Volksentscheid (SH-VAbstG) in der Fassung der Bekanntmachung vom 5.4.2004, GVBl. S. 108.
Thüringer Gesetz über das Verfahren bei Bürgerantrag, Volksbegehren und Volksentscheid (ThürBVVG) in der Fassung der Bekanntmachung vom 23.2.2004, GVBl. S. 237.

1. Kapitel: Zusammenfassende Darstellung der Verfahren

Obwohl die Verfassung- und Gesetzgeber in den Ländern den Ehrgeiz entfaltet haben, die Verfahren jeweils eigenständig zu regeln, soll im Folgenden zunächst versucht werden, die wesentlichen Grundzüge der Verfahren zusammenfassend darzustellen, um die wesentlichen gemeinsamen Grundstrukturen dieser Verfahren aufzuzeigen – und die Unterschiede zur Rechtslage nach den älteren Landesverfassungen. Auf die länderspezifischen Besonderheiten wird dann in den folgenden Kapiteln genauer einzugehen sein.

I. Die Volksinitiative

Die erste und offensichtlichste Neuerungen gegenüber den älteren Landesverfassungen besteht darin, dass in allen neueren Landesverfassungen das Institut der Volksinitiative eingeführt wurde, wenn auch nicht immer unter diesem Namen.[1] Waren die Bürger nach den „traditionellen" Regeln des Verfassungsrechts darauf beschränkt, sich einzeln oder zusammen mit anderen mit einer Petition an das Parlament zu wenden, so haben sie nun unter bestimmten Voraussetzungen einen Anspruch darauf, dass das Parlament sie bzw. ihre Vertreter persönlich anhört und sich in öffentlicher Sitzung mit ihrem Anliegen befasst.[2]

In den meisten Ländern handelt es sich bei der Volksinitiative um ein eigenständiges Verfahren, das einem Volksbegehren und Volksentscheid zwar vorausgehen kann, aber nicht notwendigerweise vorausgehen muss.[3] In Bremen, Hamburg und Thüringen wird dies schon durch die Terminologie[4] bzw. durch die systematische Stellung der einschlägigen Bestimmungen in den Verfassungen klargestellt.[5]

Obwohl die Volksinitiative als eigenständige Verfahrensart eine Neuentwicklung darstellt, ist sie nicht ohne Vorbilder: So hatte es in Baden und Bayern bereits in der Zeit der Weimarer Republik eine Vorform gegeben, da die Bürger in diesen Ländern die Möglichkeit hatten, im Wege des Volksbegehrens die Einberufung des Landtags zu verlangen. Ein solches Volksbegehren ergibt aber nur dann einen Sinn, wenn die Antragsteller davon ausgehen, dass sich das Parlament im Rahmen der Sitzung mit einer ganz bestimmten

---

1 Vgl. dazu die synoptische Darstellung im Internet unter http://dd.staatsrecht.info/synopse.htm. Die so genannte „Volksinitiative" nach Art. 50 I HambV dient – anders als die „Volkspetition" nach Art. 29 HambV – nicht (nur) dazu, die Bürgerschaft mit dem Anliegen der Initiatoren zu befassen. Vielmehr handelt es sich um eine notwendige Vorstufe des Volksbegehrens und damit um einen Volksantrag.

2 Zusammenfassend zu diesem Verfahrenstypus *Röper*, ZParl. 1997, S. 461, 463 ff.

3 Dies verkennt *Oschatz*, S. 101, 106, wenn er behauptet, dass auf die Volksinitiative ggf. auch in Mecklenburg-Vorpommern, Sachsen-Anhalt und Thüringen ein Volksbegehren eingeleitet werden könne.

4 Bürgerantrag (Bremen und Thüringen) bzw. Volkspetition (Hamburg).

5 In den übrigen Ländern ist die Volksinitiative im Zusammenhang mit dem Volksbegehren und dem Volksentscheid geregelt worden, obwohl die Verfahren nicht immer aufeinander aufbauen. In Berlin, Nordrhein-Westfalen und Sachsen-Anhalt fällt überdies auf, dass die Regelungen sich im Abschnitt über die Gesetzgebung befinden, obwohl die Volksinitiative auch hier nicht nur Gesetzentwürfe zum Gegenstand haben kann.

Angelegenheit auseinander setzen wird.[1] Ein weiteres Vorbild für die Volksinitiative findet sich in Österreich, wo 1988 der Anwendungsbereich des Volksbegehrens auf Bundesebene erweitert wurde,[2] so dass seither nicht mehr nur Gesetzentwürfe als Gegenstand eines solchen Verfahrens in Frage kommen, sondern im Grunde jede „durch Bundesgesetz zu regelnde Angelegenheit".[3] Nachdem es für die Zulässigkeit eines Volksbegehrens aber nicht mehr notwendig ist, einen ausformulierten Gesetzentwurf einzureichen,[4] ist das Volksbegehren de facto zu einer Volksinitiative geworden.[5]

A. Der Anwendungsbereich der Volksinitiative

Der Anwendungsbereich der Volksinitiative wurde in allen Ländern mehr oder weniger stark beschränkt.[6] Allerdings kommen nur in Sachsen ausschließlich Gesetzentwürfe als Gegenstand eines „Volksantrags" in Betracht. In den übrigen Ländern können dem Parlament über die Volksinitiative hingegen grundsätzlich Anträge zu allen möglichen Gegenständen der politischen Willensbildung vorgelegt werden, zu denen das Parlament im Rahmen seiner verfassungsmäßigen Zuständigkeit überhaupt Beschlüsse fassen darf. Im Umkehrschluss ergeben sich daraus die beiden zentralen Beschränkungen des Anwendungsbereiches der Verfahren. Zum einen haben die Bürger keine Möglichkeit, unmittelbar[7] Einfluss auf Entscheidungen der Exekutivorgane oder der Gerichte zu nehmen. Zum anderen ergibt sich aus der Beschränkung auf die (inhaltlichen) Zuständigkeiten des Parlaments, dass solche Anträge unzulässig sind, die unmittelbar auf den Erlass einer Regelung zielen, für die dem Land die Gesetzgebungszuständigkeit fehlt.[8]

Während in einigen Ländern auf weitere Einschränkungen des Anwendungsbereiches der Volksinitiative verzichtet wurde,[9] sind im Übrigen Initiativen zu Abgaben unzulässig

---

1 Vgl. dazu schon oben S. 133.

2 Diese Änderung ist wohl nicht zuletzt auf den Umstand zurück zu führen, dass in den Jahren zuvor einige Volksbegehren die österreichische Parteienlandschaft erschüttert hatten; vgl. dazu *Stelzer*, FS Maurer, S. 1019, 1026 ff.

3 Vgl. das österreichische BGBl. 1988/655.

4 Art. 41 II S. 3 der österreichischen Bundesverfassung; vgl. dazu *H. Mayer*, FS Schambeck, S. 511 ff., der allerdings zu Recht darauf hinweist, dass Anträge, die sich inhaltlich auf eine Verfassungsänderung richten, auch in Zukunft nur in Form eines Gesetzentwurfes möglich sind, a.a.O., S. 513 ff.

5 In diesem Sinne ist das Verfahren in der Folgezeit auch genutzt worden; vgl. dazu *Stelzer*, FS Maurer, S. 1019, 1027. Eine Übersicht über die bisher durchgeführten Verfahren findet sich auf den WWW-Seiten des österreichischen Innenministeriums (www.bmi.gv.at/wahlen).

6 Vgl. dazu die synoptische Darstellung unter http://dd.staatsrecht.info/synopse.htm auf S. III.

7 Mittelbar stehen den Bürgern allerdings dieselben Möglichkeiten zur Verfügung, wie dem Parlament auch.

8 Auf diese Weise werden die Vorgaben der Artt. 30, 70 ff. GG zum Maßstab für die Prüfung der Zulässigkeit des Verfahrens. Nach den älteren Landesverfassungen ist nur in Nordrhein-Westfalen und dem Saarland eine so umfassende Überprüfung möglich. In den andern Ländern kommt hingegen nur eine nachträgliche Kontrolle in Betracht, sofern der Antrag beim Volksentscheid erfolgreich sein sollte; vgl. dazu oben S. 295 und 301.

9 Zu nennen sind insofern Niedersachsen, Nordrhein-Westfalen und Sachsen-Anhalt. Keine weiteren Beschränkungen gelten auch für die „Volkspetition" gemäß Art. 29 HambV sowie für solche

und auch die Dienst- und Versorgungsbezüge bzw. die Besoldung[1] sind dem Einfluss der Bürger völlig entzogen. Unzulässig sind darüber hinaus alle Initiativen, die sich auf das Haushaltsgesetz[2] bzw. den Haushalt des Landes[3] beziehen – oder gar allgemein auf „Finanzfragen".[4] In Berlin, Brandenburg, Bremen und Thüringen kommen darüber hinaus auch Personalentscheidungen nicht als Gegenstand einer Volksinitiative bzw. eines „Bürgerantrags" in Betracht.[5] In den drei zuerst genannten Ländern sind allerdings Initiativen zur Beendigung der Wahlperiode des Parlaments zulässig.

In Sachsen ist ein Volksantrag nur zulässig, wenn er (insgesamt) „verfassungsgemäß" ist. In Schleswig-Holstein wird die Beachtung bestimmter Strukturprinzipien der Verfassung verlangt. In den übrigen Ländern fehlen vergleichbare Bestimmungen.

In Brandenburg, Nordrhein-Westfalen, Sachsen, Schleswig-Holstein und Thüringen soll die Wiederholung von Volksinitiativen bzw. des „Volks-" oder „Bürgerantrags" erst nach Ablauf bestimmter Fristen zulässig sein.[6]

B. Das Verfahren der Volksinitiative

In allen Ländern sind Vertreter oder Vertrauenspersonen zu benennen. Diese sind zum einen befugt, Erklärungen entgegenzunehmen, zum anderen müssen sie gegebenenfalls für die Initiatoren handeln und entscheiden. In Berlin, Brandenburg, Mecklenburg-Vorpommern, Niedersachsen, Rheinland-Pfalz, Sachsen-Anhalt und Schleswig-Holstein sind jeweils mehrere Vertreter zu benennen. Ihre Entscheidungen sind grundsätzlich nur dann verbindlich, wenn sie von der absoluten Mehrheit der Vertreter getragen werden.[7] In Schleswig-Holstein müssen Entscheidungen der Vertreter sogar einstimmig ergehen. In Hamburg gibt es für die „Volkspetition" nur einen Vertreter, in Sachsen und Thüringen ebenfalls, allerdings sind diesen jeweils zwei gleichberechtigte Stellvertreter zugeordnet.[8] In Nordrhein-Westfalen gibt es schließlich eine Vertrauensperson und eine stellvertretende Vertrauensperson.[9]

Volksinitiativen in Rheinland-Pfalz, denen kein ausgearbeiteter Gesetzentwurf zugrunde liegt. *Röper*, ZParl. 1997, S. 461, 467, Fn. 47, meint irrigerweise, dass auch in Sachsen keine inhaltlichen Beschränkungen gelten.

1 In Mecklenburg-Vorpommern und Sachsen.
2 In Sachsen.
3 In Berlin, Brandenburg, Bremen, Mecklenburg-Vorpommern, Schleswig-Holstein und Thüringen.
4 In Rheinland-Pfalz.
5 Auch in Sachsen scheiden Personalentscheidungen im Ergebnis als Gegenstand von „Volksanträgen" aus, da ohnehin nur Gesetzentwürfe eingebracht werden können.
6 Vgl. dazu die synoptische Darstellung unter http://dd.staatsrecht.info/synopse.htm, S. IV.
7 In Rheinland-Pfalz ist allerdings vorgesehen, dass die an erster Stelle genannte Person allein bevollmächtigt ist, alle Mitteilungen und Entscheidungen, die mit der Initiative im Zusammenhang stehen, entgegen zu nehmen.
8 Die Frage, wer der „1. Vertreter" ist, wird nur dann relevant, wenn die drei sich nicht einigen können.
9 Interessanterweise können diese Personen ausgetauscht werden, wenn mindestens die Hälfte derjenigen Personen, die den Antrag auf Zulassung der Listenauslegung für die Volksinitiative unterstützt hatten, dies schriftlich gegenüber dem Innenministerium erklärt. Nachdem dieses Recht nicht ausdrücklich

Die Vorbereitung und Durchführung der Volksinitiative ist allein Sache der Antragsteller. In Hamburg, Mecklenburg-Vorpommern, Niedersachsen, Nordrhein-Westfalen, Sachsen-Anhalt, Schleswig-Holstein und Thüringen haben die Initiatoren allerdings einen Anspruch darauf, bei der Gestaltung der Unterschriftenbögen beraten zu werden.[1] In Berlin, Brandenburg, Niedersachsen, Nordrhein-Westfalen, Rheinland-Pfalz, Schleswig-Holstein und Thüringen müssen die Unterschriften innerhalb einer bestimmten Frist gesammelt werden.[2]

In Brandenburg können sich darüber hinaus unter bestimmten Voraussetzungen auch Jugendliche zwischen 16 und 18 Jahren beteiligen, in Bremen und seit 2006 auch in Berlin ist das Mindestalter für die Beteiligung sogar generell auf 16 Jahre herabgesetzt.[3] In Hamburg gibt es für die Volkspetition im Sinne von Art. 29 HambV schließlich überhaupt keine Altersgrenze. In allen vier zuletzt genannten Ländern sind auch nicht nur die deutschen Staatsbürger berechtigt, sich an dem Verfahren zu beteiligen, sondern alle Einwohner.

Setzt man die Quoren für die Volksinitiative ins Verhältnis zur Zahl der Wahlberechtigten, so zeigt sich, dass sich die Anforderungen an die Zulässigkeit dieser Verfahren nicht allzu sehr unterscheiden. In den meisten Ländern wird die Unterstützung durch 0,8 bis 1,4 Prozent der Wahlberechtigten verlangt.[4] Etwas niedriger sind die Voraussetzungen in Nordrhein-Westfalen, wo das Quorum auf lediglich 0,5 Prozent festgeschrieben wurde. Im Stadtstaat Bremen ist das Quorum mit zwei Prozent hingegen deutlich höher.[5] Aus dem Rahmen fällt das Quorum für den „Bürgerantrag" im Flächenstaat Thüringen, der von 50.000 Bürgern unterzeichnet sein muss, das entspricht etwa 2,5 Prozent der Stimmberechtigten.[6] In diesem Bundesland und in Berlin werden dadurch weitere Hürden errichtet, dass jede einzelne Unterschrift auf einem gesonderten Bogen zu erfolgen hat, der von den Antragstellern auf eigene Kosten zu beschaffen ist.[7/8]

---

befristet wurde, ist davon auszugehen, dass ein solcher Wechsel auch noch während des laufenden Verfahrens der Volksinitiative möglich ist.

1 In Sachsen-Anhalt und Sachsen muss der Antrag ggf. begründet werden, sofern es sich um einen Gesetzentwurf handelt.
2 Vgl. dazu die synoptische Darstellung unter http://dd.staatsrecht.info/synopse.htm, S. IX.
3 Vgl. dazu die synoptische Darstellung unter http://dd.staatsrecht.info/synopse.htm, S. VIII f.
4 In Brandenburg gilt für Initiativen zur Beendigung der Wahlperiode ein qualifiziertes Quorum von 150.000 Unterschriften; dazu siehe unten S. 296.
5 Wobei eine exakte Ermittlung des relativen Quorums wegen des gegenüber dem Kreis der Wahlberechtigten erweiterten Kreis der potentiellen Unterstützer nicht möglich ist. Aufgrund des relativ hohen Anteils von Ausländern an der Wohnbevölkerung sind die Werte wahrscheinlich tatsächlich deutlich niedriger.
   In Berlin und Hamburg galten zunächst ebenfalls höhere Quoren, die jedoch mittlerweile deutlich abgesenkt worden sind.
6 Allerdings hatte bis zur jüngsten Verfassungsreform Ende 2003 ein noch weitaus höheres Quorum von 6 % gegolten, wobei zudem in der Hälfte der Landkreise und kreisfreien Städte jeweils 5 % der Stimmberechtigten den „Bürgerantrag" unterstützt haben mussten.
7 In den übrigen Ländern können auch Unterschriftslisten verwendet werden.
8 Anders als beim Volksbegehren haben die Antragsteller keinen Anspruch auf Erstattung der notwendigen Kosten für die Organisation.

In Nordrhein-Westfalen war der Volksinitiative ursprünglich ein Vorverfahren vorgeschaltet worden.[1] Der Antrag auf Zulassung der Listenauslegung für die Volksinitiative musste von mindestens 3.000 Stimmberechtigten unterzeichnet sein und die Vertrauenspersonen benennen. Aufgrund dieses Antrags wurde die Zulässigkeit der Volksinitiative geprüft.[2] Sofern die verfassungsmäßigen Voraussetzungen gegeben waren, hätte ein formalisiertes Eintragungsverfahren durchgeführt werden müssen. Diese Sonderregelungen wurden im Juli 2004 gestrichen. Seitdem ist auch in Nordrhein-Westfalen die freie Unterschriftensammlung möglich.

Wie bereits deutlich wurde, ist ein realistischer Vergleich der Quoren nur dann möglich, wenn man die Zahl der erforderlichen Unterschriften in Beziehung zu den Unterzeichnungsfristen setzt und auf diese Weise den so genannten „Mobilisierungskoeffizienten" ermittelt.[3] Der Vergleich dieser Werte bestätigt den ersten Eindruck, wonach die Voraussetzungen für die Zulässigkeit einer Volksinitiative einigermaßen homogen sind. Deutlich höher sind nur die Werte in Thüringen.

C. Die Einreichung der Volksinitiative

Die Volksinitiative ist dem Parlament zu unterbreiten, das gegebenenfalls durch seinen Präsidenten vertreten wird.[4] Lediglich in Niedersachsen sind die Unterschriftenbögen beim Landeswahlleiter einzureichen, der sie nach Prüfung der Unterschriften an den Landtag weiterreicht.[5]

---

1 Dies ist verfassungsrechtlich nicht unproblematisch, da in der NRW-V keine Rede von einem solchen Verfahren ist; vgl. dazu unten S. 415 ff. zu den vergleichbaren Problemen beim „Volksantrag" vor einem Volksbegehren.
Nachdem in Nordrhein-Westfalen nur 3.000 Unterschriften beigebracht werden müssen und keine Frist für die Sammlung gilt, stellt das Vorverfahren aber keine wesentliche Erschwerung dar. Dabei ist zu beachten, dass dieses Verfahren nicht nur dazu dient, um der Landesregierung eine frühzeitige Prüfung der Zulässigkeit zu ermöglichen, sondern auch deshalb erforderlich ist, weil die Unterschriften für die Volksinitiative hier in einem formellen Eintragungsverfahren gesammelt werden müssen.

2 Der Landesregierung steht dafür grundsätzlich eine Frist von 6 Wochen zur Verfügung. Wurde innerhalb eines Monats nach Eingang des Antrags ein entsprechender Gesetzentwurf in den Landtag eingebracht, kann diese Frist auch gegen den Willen der Initiatoren bis auf sechs Monate verlängert werden. Die Zulässigkeitsentscheidung kann vor dem Verfassungsgerichtshof angefochten werden.

3 Dazu siehe oben S. 290 und dort Fn. 4. Auch für diejenigen Länder, in denen formal keine Fristen gelten, lässt sich ein „fiktiver" Mobilisierungskoeffizient berechnen. Es ist wohl davon ausgehen, dass Initiativen faktisch keine Wirkungen entfalten werden, wenn die erforderlichen Unterschriften nicht innerhalb eines Jahres gesammelt werden konnten.

4 Vgl. die synoptische Darstellung unter http://dd.staatsrecht.info/synopse.htm, S. XII.

5 Auch in Rheinland-Pfalz, Sachsen und Thüringen müssen die Unterschriften zunächst durch die zuständigen Gemeindebehörden bestätigt werden. In den anderen Ländern haben die Behörden die Unterschriften nachträglich zu prüfen.

Die „Volksinitiative" nach den neueren Landesverfassungen

	Berl	Bbg	Brem	Hamb	MV	Nds	NRW	RP	Sachs	LSA	SH	Thür
Frist[a]	6 M.	12 M.	–	–	–	12 M.	12 M.	12 M.	–	–	12 M.	6 M.
Quorum	20.000 ≈ 0,8 %	20.000 ≈ 0,9 % 150.000 ≈ 7,1 %[b]	2 %[c]	10.000 ≈ 0,8 %	15.000 ≈ 1,1 %	70.000 ≈ 1,2 %	0,5 %	30.000 ≈ 1,0 %	40.000 ≈ 1,1 %	30.000 ≈ 1,4 %	20.000 ≈ 0,9 %	50.000 ≈ 2,6 %
Mobilisierungs-Koeffizient[d]	0,045	0,026 0,196[b]	–	–	–	0,032	0,014	0,027	–	–	0,025	0,142
fiktiver Mobilisierungs-Koeffizient[e]	–	–	0,06	0,023	0,029	–	–	–	0,031	0,04	–	–
Prüfung Zulässigkeit	35 T.[f]		4 W.	–[g]		–[h]		–[h]	unvzgl.[h]	–[h]	4 M.[i]	unvzgl.
Entsch. Zuläss.	3 T.	4 M.	2 W.	–[g]	6 W.	6 W.	3 M.	baldmögl.	unvzgl.	unvzgl.		6 W.
Behandlg. LT	4 M.		3 M.[j]	–[g]	3 M.[i]	–	3 M.	3 M.	(6 M.)[k]	4/6 M.[l]	(4 M.)[k]	4 M.
Sperrfrist[m]	–	1 J.	–	–	–	–	2 J.	–	–	–	2 J.	1 J.
Stimmberechtigte (in 1.000)[n]	2.439	2.128	486	1.231	1.419	6.083	13.257	3.084	3.561	2.088	2.199	1.958

a   In der Regel müssen die Unterschriften innerhalb eines bestimmten Zeitraumes vor der Einreichung des Antrags gesammelt worden sein.
b   Für Initiativen zur Beendigung der Wahlperiode des Landtags sind 150.000 Unterschriften erforderlich.
c   Das entspricht etwa 10.150 Unterschriften.
d   Anteil der Stimmberechtigten (Promille), der pro Tag der Frist die Volksinitiative unterzeichnen muss.
e   Berechnet auf Grundlage einer „politisch überschaubaren" Eintragungsfrist von zwölf Monaten.
f   15 Tage für die Prüfung der Zulässigkeitsvoraussetzungen, 20 Tage für die Prüfung der Unterschriften.
g   In Hamburg gibt es keine Fristen für das Verfahren.
h   Die Unterschriftsberechtigung ist bereits auf den Bögen zu bestätigen.
i   Die Frist ist während der Parlamentsferien unterbrochen.
j   „Bürgeranträge" unterliegen ausdrücklich nicht dem Diskontinuitätsprinzip.
k   Nach Ablauf dieser Frist können die Initiatoren einen Antrag auf Durchführung des Volksbegehrens stellen.
l   Je nachdem, ob der Initiative ein Gesetzentwurf zugrunde liegt (sechs Monate) oder nicht (vier Monate).
m   Seit dem letzten erfolglosen „Bürgerantrag" (Thür),Volksbegehren (SH/Thür) oder Volksentscheid (Bbg/Thür) zum selben Gegenstand.
n   Bei den Bundestagswahlen 2005.

Obwohl nur die sächsische und seit Februar 2004 auch die schleswig-holsteinische Verfassung eine entsprechende ausdrückliche Regelung enthalten, wird in allen Ländern die Zulässigkeit der Initiative überprüft, *bevor* sich der Landtag mit ihrem Anliegen inhaltlich auseinander setzt.[1] Nur in Mecklenburg-Vorpommern ist mit dem Landeswahlleiter ein Organ der Exekutive für die Entscheidung über die Zulässigkeit der Volksinitiative zuständig. Hingegen entscheidet Niedersachsen, Nordrhein-Westfalen, Rheinland-Pfalz und Schleswig-Holstein der Landtag, in Brandenburg dessen Hauptausschuss, in Berlin, Bremen, Sachsen-Anhalt und Thüringen der Parlamentspräsident.[2] Dieser ist auch in Sachsen grundsätzlich für die Überprüfung zuständig, muss aber bei Zweifeln über die Verfassungsmäßigkeit die Entscheidung des Verfassungsgerichtshofes herbeiführen. In den übrigen Ländern entscheidet das Verfassungsgericht[3] nur dann über die Volksinitiative, wenn die Initiatoren die (negative) Entscheidung über die Zulässigkeit anfechten.[4]

In Mecklenburg-Vorpommern, Niedersachsen und Sachsen-Anhalt haben auch die Landesregierung und eine qualifizierte Minderheit von einem Viertel bzw. Fünftel[5] der Mitglieder des Landtags ein entsprechendes Antragsrecht. In Berlin ist neben den Vertrauenspersonen auch eine qualifizierte Minderheit von einem Viertel der Mitglieder des Abgeordnetenhauses antragsberechtigt.[6]

1   Vgl. dazu die synoptische Darstellung unter http://dd.staatsrecht.info/synopse.htm, S. XIII f.
2   In Berlin, Bremen, Schleswig-Holstein und Thüringen muss zunächst das Stimmrecht von den Meldebehörden bestätigt werden, in Brandenburg durch den Landeswahlleiter. Dieser kann auch in Sachsen-Anhalt an der Prüfung beteiligt werden. Hier ist es aber zulässig, die Prüfung auf Stichproben zu beschränken. In Niedersachsen und Sachsen erübrigt sich eine solche Überprüfung, weil die Unterschriften bereits vor Einreichung der Initiative bestätigt worden sind.
3   In Schleswig-Holstein ist der Rechtsweg zu den Verwaltungsgerichten eröffnet, wenn eine Initiative wegen formeller Mängel zurückgewiesen wurde.
4   Vgl. dazu die synoptische Darstellung unter http://dd.staatsrecht.info/synopse.htm, S. XVI.
5   In Niedersachsen.
6   Für die Antragsberechtigung kommt es nicht darauf an, ob die Initiative für zulässig oder für unzulässig erklärt wurde. Dies ist vor allem für die Rechte der Parlamentsminderheit von Bedeutung. Diese kann

In Berlin, Mecklenburg-Vorpommern, Nordrhein-Westfalen, Rheinland-Pfalz und Sachsen-Anhalt wurde den Initiatoren die Möglichkeit eingeräumt, Mängel ihres Antrags gegebenenfalls zu beheben.[1] In Mecklenburg-Vorpommern haben sie hierfür zwei Wochen Zeit, in Nordrhein-Westfalen und Rheinland-Pfalz maximal einen Monat, in Sachsen-Anhalt sogar bis zu drei Monate. In Berlin muss der Präsident des Abgeordnetenhauses eine „angemessene Frist" bestimmen; die Nachbesserung oder Nachreichung von Unterschriften ist hier ebenso wie in Nordrhein-Westfalen und Rheinland-Pfalz ausdrücklich ausgeschlossen.

In Berlin, Brandenburg, Nordrhein-Westfalen, Rheinland-Pfalz und Sachsen-Anhalt müssen auch unzulässige Initiativen behandelt werden.[2] Zuständig ist jeweils der Petitionsausschuss, der in Sachsen-Anhalt die Vertreter der Initiatoren anzuhören hat, sofern zumindest 4.000 gültige Unterschriften eingereicht wurden.

In Nordrhein-Westfalen, Rheinland-Pfalz und Schleswig-Holstein haben sowohl die Unterzeichner selbst als auch ihre Vertrauenspersonen das Recht, eine Volksinitiative formell zurückzunehmen. In Nordrhein-Westfalen erlischt dieses Recht mit der Veröffentlichung des Antrags.[3]

D. Die Behandlung der Volksinitiative im Landtag

Wie schon dargelegt wurde,[4] unterscheidet sich die Volksinitiative in erster Linie dadurch vom klassischen Petitionsrecht, dass sie das Parlament, i.e. dessen Plenum, zu einer Entscheidung zwingt. Zuvor müssen die Vertreter der Initiatoren in allen Ländern Gelegenheit bekommen, ihren Antrag vor dem Parlament zu begründen.[5] Dies zwingt das Parlament zwar zu keiner inhaltlichen Auseinandersetzung, ermöglicht es den Initiatoren jedoch, ihr Anliegen einer breiteren Öffentlichkeit zu vermitteln.

Die Anhörung der Vertrauenspersonen[6] findet in fast allen Ländern in den jeweils (sachlich) zuständigen Ausschüssen der Parlamente statt.[7] In Schleswig-Holstein ist der Petitionsausschuss des Landtags zuständig. Dasselbe gilt in Sachsen-Anhalt für Initiativen, denen kein Gesetzentwurf zugrunde liegt.[8] Im Übrigen sind die Vertrauenspersonen der Volksinitiative in diesem Bundesland in der Sitzung des Landtags anzuhören, in welcher dieser sich erstmals mit dem Gesetzentwurf befasst. Nur in Thüringen haben die Initiatoren

das Verfassungsgericht auch dann anrufen, wenn die Initiative für *zulässig* erklärt worden war.
1 Vgl. dazu die synoptische Darstellung unter http://dd.staatsrecht.info/synopse.htm, S. XVII.
2 In Brandenburg und Rheinland-Pfalz müssen die Initiatoren der Verweisung in den Petitionsausschuss zustimmen; vgl. dazu die synoptische Darstellung unter http://dd.staatsrecht.info/synopse.htm, S. XXII.
3 Vgl. dazu die synoptische Darstellung unter http://dd.staatsrecht.info/synopse.htm, S. XI.
4 Dazu siehe oben S. 44.
5 Vgl. die synoptische Darstellung unter http://dd.staatsrecht.info/synopse.htm, S. XIX f. Nur die BremV enthält keine ausdrückliche Bestimmung hierüber.
6 In Bremen, Mecklenburg-Vorpommern und im Rahmen der Anhörung durch das Landtagsplenum in Sachsen-Anhalt muss nur eine der Vertrauenspersonen angehört werden.
7 Allerdings ergibt sich dies nur in Berlin und Hamburg unmittelbar aus der Verfassung.
8 Auch dann muss nach der Beratung der Initiative im Eingabenausschuss eine der Vertrauenspersonen durch das Plenum angehört werden.

das Recht, bei *allen* Sitzungen anwesend zu sein und das Wort ergreifen zu dürfen, in denen über den „Bürgerantrag" verhandelt wird. Darüber hinaus ist dort festgeschrieben, dass die entsprechenden Sitzungen des Landtags und seiner Ausschüsse öffentlich sind. In Bremen können die Initiatoren anstelle eines der Vertreter einen Sachverständigen oder eine andere Person bestimmen, die das Anliegen des „Bürgerantrags" im Rahmen der Anhörung vertritt.[1]

In Berlin, Brandenburg, Bremen, Mecklenburg-Vorpommern, Nordrhein-Westfalen, Rheinland-Pfalz, Sachsen-Anhalt und Thüringen sind den Parlamenten ausdrücklich Fristen für die Behandlung der Volksinitiative vorgegeben.[2] In Sachsen und Schleswig-Holstein ist der Landtag zwar nicht verpflichtet, innerhalb einer bestimmten Frist zu einer Entscheidung zu kommen. Dort wirkt es sich aber mittelbar aus, dass die Initiatoren nach Ablauf einer Frist von sechs bzw. vier Monaten die Durchführung eines Volksbegehrens beantragen können. In Hamburg und Niedersachsen gelten hingegen überhaupt keine Fristen.

Mit Ausnahme von Brandenburg, Sachsen und Schleswig-Holstein – wo sich gegebenenfalls ein Volksbegehren anschließen kann – ist das Verfahren mit der Entscheidung des Landtags beendet. Eine Volksinitiative erledigt sich weiterhin grundsätzlich mit dem Ablauf der laufenden Legislaturperiode, da sich der Antrag an das jeweilige Parlament richtet. Nur in Bremen und Hamburg wurde ausdrücklich festgeschrieben dass Bürgeranträge nicht dem Diskontinuitätsprinzip unterliegen.[3]

II. Das Verfahren bis zum Volksentscheid

A. Zum Anwendungsbereich der Verfahren

Alle neueren Landesverfassungen enthalten Regelungen über das Volksbegehren und den Volksentscheid. Der Anwendungsbereich dieser Verfahren ist in der Regel kleiner als derjenige der Volksinitiative. Nur in Brandenburg, Hamburg und Schleswig-Holstein kann im Prinzip jede Vorlage, die als Gegenstand einer Volksinitiative zulässig ist, auch zum Volksentscheid gebracht werden. In den anderen Ländern ist dies hingegen ausschließlich in Bezug auf Gesetzentwürfe möglich. In Berlin, Brandenburg, Bremen und Rheinland-Pfalz kann darüber hinaus auch die Wahlperiode des Parlaments durch eine unmittelbare Entscheidung der Bürger beendet werden.

In allen Ländern[4] gelten für das Volksbegehren und den Volksentscheid dieselben inhaltlichen Beschränkungen in Bezug auf (öffentliche) Abgaben,[5] Dienst- und Versorgungsbezüge[6] bzw. Besoldungsregelungen[7] wie sie im Zusammenhang mit der Volks

---

1 Auch sonst ist es den Landtagen bzw. ihren Ausschüssen selbstverständlich möglich, neben den Vertretern der Initiatoren weitere Personen anzuhören.
2 Drei bis sechs Monate.
3 § 5 III BremVBG; § 7 II HambVPG.
4 Also auch in Hamburg (für die „Volksinitiative"), Niedersachsen und Sachsen-Anhalt.
5 In Berlin und Hamburg sind ausdrücklich auch die Tarife der öffentlichen Unternehmen ausgenommen, in Bremen „Gebühren".
6 In Berlin, Brandenburg, Hamburg, Niedersachsen, Schleswig-Holstein und Thüringen. In Bremen sind

initiative schon herausgearbeitet wurden.[1] In Berlin, Brandenburg, Niedersachsen, Schleswig-Holstein und Thüringen ist der Landeshaushalt vom Anwendungsbereich des Volksbegehrens und Volksentscheids ausgenommen, in Hamburg gilt dies für alle Haushaltsangelegenheiten, in Bremen, Mecklenburg-Vorpommern, Sachsen und Sachsen-Anhalt für den Haushaltsplan bzw. das Haushaltsgesetz. In Nordrhein-Westfalen und Rheinland-Pfalz kommen „Finanzfragen" nicht als Gegenstand eines Volksbegehrens in Frage. In Berlin, Brandenburg und Thüringen sind auch Personalentscheidungen dem Anwendungsbereich der Verfahren entzogen.[2]

B. Das Volksbegehren

Dem Volksbegehren muss mit Ausnahme von Brandenburg[3] in allen Ländern ein *begründeter* Entwurf zugrunde liegen. In Berlin, Bremen, Hamburg und Rheinland-Pfalz ergibt sich diese Voraussetzung allerdings erst aus den jeweiligen Ausführungsgesetzen. In diesen vier Ländern, sowie in Mecklenburg-Vorpommern, Niedersachsen, Nordrhein-Westfalen, Sachsen-Anhalt und Thüringen muss der dem Volksbegehren zugrunde liegende Entwurf zudem „ausgearbeitet" sein. In Hamburg soll der Entwurf gegebenenfalls einen Kostendeckungsvorschlag enthalten, und auch in Niedersachsen soll in der Begründung auf die finanziellen Auswirkungen eingegangen werden.[4]

Auch die Unterstützer eines Volksbegehrens müssen vertreten werden. Die einschlägigen Regelungen[5] entsprechen im wesentlichen denen für die Volksinitiative.[6]

In Hamburg, Mecklenburg-Vorpommern, Schleswig-Holstein und Thüringen haben die Vertrauenspersonen einen Anspruch darauf, sich gegebenenfalls beraten zu lassen. Besonders weit gehen dabei die Regelungen in Hamburg, wo der Senat nicht nur über die formellen Voraussetzungen kostenfrei Auskunft zu geben, sondern den Initiatoren gegebenenfalls auch in Fragen des Haushaltsrechts zur Seite und eventuelle Bedenken unverzüglich geltend machen muss.[7] In Niedersachsen muss der Landeswahlleiter den Antragstellern zumindest ein Muster für die Gestaltung der Unterschriftsbögen zur Verfügung stellen.[8]

---

nur die Dienstbezüge ausgeschlossen.
7 In Mecklenburg-Vorpommern, Nordrhein-Westfalen, Rheinland-Pfalz, Sachsen und Sachsen-Anhalt.
1 Vgl. dazu die synoptische Darstellung unter http://dd.staatsrecht.info/synopse.htm, S. XXVI.
2 Wobei diese Beschränkung allenfalls in Brandenburg sinnvoll ist, da in den beiden anderen Ländern ohnehin nur Gesetzentwürfe eingereicht werden können.
3 Hier enthält weder die Verfassung noch das BbgVAG eine entsprechende Verpflichtung.
4 Vgl. § 2 II HambVAbstG, § 12 II NdsVAbstG.
5 Vgl. die synoptische Darstellung unter http://dd.staatsrecht.info/synopse.htm, S. XXIX.
6 Lediglich für Hamburg ergibt sich eine Abweichung, da die Antragsteller von drei Vertretern repräsentiert werden, während bei der „Volkspetition" nach Art. 29 HambV nur eine Vertrauensperson benannt werden muss.
7 Dies ist in gewisser Weise das Gegenstück dazu, dass die Initiatoren ihrerseits verpflichtet sind, ihrer Begründung einen Kostendeckungsvorschlag beizufügen.
8 Vgl. die synoptische Darstellung unter http://dd.staatsrecht.info/synopse.htm, S. XXXI.

In einigen Ländern gelten Sperrfristen für die Wiederholung von Volksbegehren.[1] In Bremen und Sachsen wird insofern an die Beendigung der Wahlperiode angeknüpft, in den übrigen Ländern an den Ablauf bestimmter Fristen seit dem Scheitern eines Volksbegehrens[2] oder Volksentscheids.[3] In Hamburg soll die *Änderung* eines durch Volksentscheid *angenommenen* Gesetzes durch einen neuerlichen Volksentscheid erst nach Ablauf von zwei Jahren möglich sein. Hingegen ist hier die Wiederholung erfolgloser „Volksinitiativen", ebenso wie in Niedersachsen und Mecklenburg-Vorpommern ohne weiteres möglich.

1. Der Volksantrag

In fast allen Ländern muss dem Volksbegehren ein Antragsverfahren vorausgehen.[4] Lediglich in Mecklenburg-Vorpommern ist das Verfahren grundsätzlich zweistufig und in Niedersachsen gibt es keinen Volksantrag, sondern ein in das Volksbegehren integriertes Anzeigeverfahren.[5]

In Brandenburg, Sachsen und Schleswig-Holstein ist die Volksinitiative bzw. der „Volksantrag" notwendige Vorstufe des Volksbegehrens. Nichts anderes gilt auch in Hamburg, wo das weitere Verfahren allerdings nicht an die Volkspetition nach Art. 29 HambV anknüpft, sondern an eine besondere „Volksinitiative".[6] Auch in Thüringen und Berlin sehen die Verfassungen seit den Reformen von 2003 bzw. 2006 ausdrücklich einen Antrag auf Zulassung des Volksbegehrens bzw. einen „Nachweis der Unterstützung des Volksbegehrens" vor. In Rheinland-Pfalz kann anstelle der Volksinitiative ein besonders Antragsverfahren durchgeführt werden. Obwohl die übrigen Verfassungen kein gesondertes Verfahren zur Überprüfung der Zulässigkeit des Volksbegehrens erwähnen,[7] enthalten auch die

---

1 Vgl. die synoptische Darstellung unter http://dd.staatsrecht.info/synopse.htm, S. XXVIII.
2 In Berlin, Sachsen-Anhalt, Schleswig-Holstein und Thüringen. In Nordrhein-Westfalen beginnt die Frist mit der Einreichung des (später gescheiterten) Volksantrags zu einem sachlich gleichen Antrag.
3 In Brandenburg.
4 Vgl. die synoptische Darstellung unter http://dd.staatsrecht.info/synopse.htm, S. XXV. Die Behauptung *Paulus'*, S. 189, 193 f., auch in Sachsen-Anhalt und Thüringen werde das Volksgesetzgebungsverfahren mit dem Volksbegehren eingeleitet, ist schlicht falsch, da sie ausschließlich auf das Verfassungsrecht abstellt und den in den einschlägigen Ausführungsgesetzen beider Länder geregelten Volksantrag ignoriert. In Thüringen wurde die Notwendigkeit eines Volksantrags mittlerweile auch ausdrücklich in der Verfassung festgeschrieben.
5 Sobald 25.000 Unterschriften für das Begehren gesammelt wurden, kann hier ein Antrag auf Feststellung der Zulässigkeit eines Volksbegehrens gestellt werden.
6 Die Terminologie ist nicht einheitlich. Die „Volksinitiative" in Brandenburg und Schleswig-Holstein ist gegebenenfalls *auch* Volksantrag. Umgekehrt handelt es sich beim „Volksantrag" in Sachsen gegebenenfalls *auch* um eine Volksinitiative, wobei der Anwendungsbereich allerdings beschränkt wurde. Die „Volksinitiative" in Hamburg ist hingegen *nur* ein Volksantrag.
7 *Przygode*, S. 55, Fn. 85, erwähnt angebliche Hinweise auf den Volksantrag in Artt. 60 II 2 MV-V, 48 II NdsV, 80 LSA-V, 82 V ThürV a.F. (vgl. nun aber Art. 82 III 1 ThürV n.F.). Es ist nicht erkennbar, inwiefern sich diese Vorschriften auf ein dem Volksbegehren vorgelagertes eigenständiges Prüfverfahren beziehen. In Art. 109 V 2 RP-V ist immerhin von einem „Zulassungsverfahren" die Rede, wobei sich aus dem systematischen Zusammenhang der Artt. 108a und 109 RP-V ergibt, dass damit nicht die

einschlägigen Ausführungsbestimmungen in Bremen, Nordrhein-Westfalen und Sachsen-Anhalt Regelungen über einen „Volksantrag".[1]

Wie schon im Zusammenhang mit den vergleichbaren Bestimmungen zu den älteren Landesverfassungen deutlich wurde, ist die einfachgesetzliche Einführung eines selbständigen Vorverfahrens verfassungsrechtlich nicht völlig unproblematisch.[2] Zu beachten ist dabei, dass der Volksantrag in den drei genannten Ländern ausschließlich dazu dient, den zuständigen Behörden eine frühzeitige Überprüfung der Zulässigkeit des Volksbegehrens zu ermöglichen. Dies wäre aber im Grunde auch aufgrund einer bloßen Anzeige möglich. Ob und gegebenenfalls unter welchen Voraussetzungen auch hier eine verfassungskonforme Auslegung der Bestimmungen über den Volksantrag erforderlich und möglich ist, wird daher später noch zu klären sein.[3]

a. Das Verfahren des Volksantrags

In Berlin, Brandenburg, Sachsen, Schleswig-Holstein und Thüringen ist der Volksantrag an das Parlament, respektive an dessen Präsidenten zu richten. In Bremen und Niedersachsen ist der Landeswahlleiter der Adressat, in Hamburg der Senat, in Rheinland-Pfalz die Landesregierung und in Nordrhein-Westfalen und Sachsen-Anhalt das Innenministerium bzw. der Minister des Inneren.[4] Nur in Niedersachsen ist schon das beabsichtigte Volksbegehren dem Landeswahlleiter anzuzeigen.[5]

Die Sammlung der Unterschriften für den Volksantrag ist Sache der Antragsteller. Das Wahlrecht der Unterzeichner ist von den Gemeinde- bzw. Meldebehörden zu bestätigen.[6] In Bremen, Nordrhein-Westfalen, Rheinland-Pfalz, Sachsen und Thüringen erfolgt diese Prüfung *vor* Einreichung der Unterschriftsbögen; in Berlin, Brandenburg, Hamburg, Niedersachsen, Sachsen-Anhalt und Schleswig-Holstein *nachdem* die Bögen eingereicht wurden.

Die Quoren sind in der Regel geringer als für die Volksinitiative.[7] In Niedersachsen, Sachsen-Anhalt[8] und Thüringen müssen nur 0,3 bis 0,5 Prozent der Stimmberechtigten den Antrag unterstützen, in Rheinland-Pfalz etwa 0,7 Prozent und in Hamburg seit der jüngsten

---

Volksinitiative im Sinne des Art. 108a RP-V gemeint sein kann.

[1] Die in §§ 14 BerlVVVG, 10 I BremVEG, 7 I 1 NRW-VIVBVEG verwendete Bezeichnung „Antrag auf Zulassung" eines Volksbegehrens ist falsch. Tatsächlich handelt es sich um einen „Antrag auf Feststellung der Zulässigkeit" des Volksbegehrens. Die Bezeichnung „Antrag auf Durchführung" des Volksbegehrens in § 10 I LSA-VAbstG beschreibt diese Funktion ebenfalls nur unvollkommen. Zu diesem Problem schon oben S. 288.

[2] Vgl. dazu oben S. 288 ff.

[3] Dazu siehe unten S. 605 ff. zur Rechtslage in Sachsen-Anhalt.

[4] Vgl. die synoptische Darstellung unter http://dd.staatsrecht.info/synopse.htm, S. XXXV.

[5] Dieser übermittelt den Vertretern daraufhin ein Muster für die Gestaltung der Unterschriftenbögen und sorgt dafür, dass das Begehren im Ministerialblatt bekannt gemacht wird.

[6] Vgl. die synoptische Darstellung unter http://dd.staatsrecht.info/synopse.htm, S. XXXVI.

[7] Vgl. die synoptische Darstellung unter http://dd.staatsrecht.info/synopse.htm, S. XXXIII.

[8] Das Unterschriftenquorum entfällt, wenn eine inhaltlich identische Volksinitiative erfolgreich war.

Verfassungsreform etwa 0,8 Prozent.[1] In Berlin, Brandenburg, Bremen, Niedersachsen und Schleswig-Holstein beträgt das relative Quorum etwa ein Prozent. Deutlich niedriger ist das Quorum in Nordrhein-Westfalen, wo der Volksantrag nur von 3.000 Stimmberechtigten unterschrieben sein muss. Das entspricht einem Anteil von nur etwas mehr als 0,02 Prozent.

In Berlin und Brandenburg sind für Anträge, die auf die vorzeitige Beendigung der Wahlperiode des Parlaments zielen qualifizierte Quoren vorgesehen. In Berlin sind mit 50.000 Unterschriften doppelt so viele wie normalerweise erforderlich. Dieses Quorum gilt auch für Anträge, die auf eine Verfassungsänderung zielen. In Brandenburg müssen gar 150.000 Unterschriften von Wahlberechtigten[2] vorgelegt werden – und damit 7,5-mal mehr als bei „regulären" Volksinitiativen.[3] In Rheinland-Pfalz kann von der Beibringung der Unterschriften abgesehen werden, wenn der Antrag vom Landesvorstand einer im Landtag vertretenen Partei oder Wählervereinigung gestellt wird.

Setzt man die Quoren ins Verhältnis zu den Unterzeichnungsfristen,[4] so zeigt sich, dass die Hürden in Thüringen wiederum am höchsten sind. Obwohl dort das Quorum für den Volksantrag im Verhältnis zur Zahl der Stimmberechtigten mit nur 0,3 Prozent sehr niedrig zu sein scheint, beträgt der Mobilisierungskoeffizient aufgrund der recht kurzen Frist für die Sammlung von Unterschriften 0,07. Er ist damit mindestens doppelt so hoch wie in den meisten anderen Ländern. Selbst in den Stadtstaaten Berlin und Hamburg beträgt dieser Wert nur etwa 0,05.[5] Geradezu sensationell niedrig ist der Wert in Nordrhein-Westfalen. Hier müsste theoretisch nur ein Tausendstel Promille der Stimmberechtigen pro Tag mobilisiert werden, wenn man davon ausgeht, dass die erforderlichen Unterschriften innerhalb eines Jahres zusammen kommen sollen.

b. Die Entscheidung über die Zulässigkeit des Volksantrags

In Thüringen entscheidet der Landtagspräsident über die Zulässigkeit eines Volksantrags, in Berlin, Niedersachsen, Nordrhein-Westfalen, Rheinland-Pfalz und Sachsen-Anhalt die Landesregierung.[6] Auch in Bremen ist grundsätzlich der Senat zuständig. Hält dieser das Volksbegehren für unzulässig, muss er jedoch die Entscheidung des Staatsgerichtshofes herbeiführen. Im Ergebnis entspricht dies der Rechtslage in Hamburg. Allerdings steht dort auch der Bürgerschaft bzw. einer qualifizierten Minderheit von einem Fünftel ihrer Mitglieder ein entsprechendes Antragsrecht zu. Außerdem gilt dies „nur" für die materiellen Zulässigkeitsvoraussetzungen, während der Senat selbst verbindlich über das Zustandekommen der „Volksinitiative" entscheiden kann.

1 Bis Mai 2001 war das Quorum noch doppelt so hoch gewesen.
2 Also sind weder Ausländer noch Jugendliche beteiligungsberechtigt.
3 In Bremen und Rheinland-Pfalz gilt hingegen nichts anderes als bei Volksbegehren über Gesetzentwürfe.
4 Für diejenigen Länder, in denen keine Eintragungsfrist gilt, wird ein politisch überschaubarer Zeitraum von 12 Monaten zugrunde gelegt.
5 Noch höher sind die Werte für den Mobilisierungskoeffizienten bei Anträgen, die sich auf die vorzeitige Beendigung der Wahlperiode des Parlaments in Berlin und Brandenburg richten.
6 Die Entscheidung des Berliner Senats beruht allerdings auf einer Vorprüfung durch die Senatsverwaltung für Inneres und die Bezirksämter. Vergleichbar ist die Lage auch in Nordrhein-Westfalen, wo zunächst das Innenministerium zur Prüfung des Antrags aufgefordert ist.

Der „Volksantrag"[a] nach den neueren Landesverfassungen

	Berl	Bbg	Brem	Hamb	Nds	NRW	RP	Sachs	LSA	SH	Thür
Frist	6 M.	12 M.	–	6 M.	6 M.	–	12 M.	–	–	12 M.	6 W.
Quorum	20.000 $\approx$ 0,8 % 50.000[b] $\approx$ 2,1 %	20.000[c] $\approx$ 0,9 % 150.000[b] $\approx$ 7,0 %	5.000 $\approx$ 1,0 %	10.000 $\approx$ 0,8 %	25.000 $\approx$ 0,4 %	3.000 $\approx$ 0,02 %	20.000 $\approx$ 0,6 %	40.000 $\approx$ 1,1 %	8.000[d] $\approx$ 0,4 %	20.000 $\approx$ 0,9 %	5.000[d] $\approx$ 0,3 %
Mobilisierungs-Koeffizient[e]	0,044 0,116[b]	0,025[c] 0,194[b]	–	0,044	0,022	–	0,017	–	–	0,025	0,071
fiktiver Mobilisierungs-Koeffizient[f]	–	–	0,027	–	–	0,001	–	0,031	0,011	–	–
Prüfung der Zulässigkeit	45 T.[g]	4 M.[h]	2 M.[i]	4-7 M.[h/j/k/l]	–[m]	6 W.[n]	–	unvzgl.[i]	1 M.[i]	4 M.[l]	6 W.[i]
Behandlung im Landtag	4 M.[j]	–[j]	–[j]		–[j]	–[j]	–[j]	6 M.	–[j]	4 M.	–[j]
Überleitung zum Volksbegehren	2 W.	1 M.[o] 4-8 W.[p]	–[q]	1 M.[o] 3 M.[r] 6 W.[p]	–[q]	4 W.[p]	3 M.[p]	6 M.[o]	8 W.[p]	4 M.[o] 1 M.[s] 4-8 W.[p]	1 M.[s] 8-16 W.[p]
Sperrfrist[t]	WP[u]	1 J.	WP[u]	2 J.[v]	–	2 J.	–	WP	2 J.	2 J.	2 J.
Stimmberechtigte (in 1.000)[w]	2.439	2.128	486	1.231	6.083	13.257	3.084	3.561	2.088	2.199	1.958

a   Die Bezeichnung dieser Verfahrensstufe ist nicht einheitlich, vgl. dazu die Darstellung der Terminologie im Text. In Mecklenburg-Vorpommern gibt es keinen Volksantrag.
b   Das höhere Quorum gilt für Volksbegehren mit dem Ziel, die Wahlperiode des Parlaments vorzeitig zu beenden und in Berlin auch für Volksbegehren auf eine Verfassungsänderung.
c   In Brandenburg haben auch Ausländer das Recht, sich an normalen Volksinitiative zu beteiligen. Gegebenenfalls kann das Mindestalter auf 16 Jahre herabgesetzt werden.
d   Die Unterschriftensammlung für einen gesonderten Volksantrag ist entbehrlich, wenn eine Volksinitiative zunächst erfolgreich war, vom Landtag aber nicht übernommen wurde.
e   Anteil der Stimmberechtigten (Promille), der pro Tag der Frist den Volksantrag unterzeichnen muss.
f   Berechnet auf Grundlage einer „politisch überschaubaren" Frist von zwölf Monaten.
g   15 Tage für die Überprüfung der Zulässigkeitsvoraussetzungen, 15 Tage für die Überprüfung der Unterschriften, 15 Tage für die Entscheidung über die Zulässigkeit des Antrags.
h   Der Hauptausschuss des Landtags (Bbg) bzw. der Senat (Hamb) haben innerhalb dieser Frist einen Monate Zeit für die Feststellung, ob das Quorum erreicht wurde.
i   Die Unterschriftsberechtigung muss nicht mehr geprüft werden.
j   In Bremen, Nordrhein-Westfalen Rheinland-Pfalz und Thüringen muss der Volksantrag nicht im Landtag behandelt werden. In Berlin, Hamburg, Rheinland-Pfalz und Sachsen-Anhalt besteht ebenfalls keine Befassungspflicht. Hier kann das Parlament das Verfahren aber durch die Annahme des Entwurfes erledigen.
k   Auf Vorschlag der Antragsteller kann die Frist um drei Monate verlängert werden.
l   Die Frist ist in Schleswig-Holstein während der Parlamentsferien, in Hamburg vom 15.6. bis zum 15.8. unterbrochen.
m   In Niedersachsen ist der Volksantrag als Anzeigeverfahren in das Volksbegehren integriert.
n   Die Entscheidung über die Zulässigkeit des Volksantrags kann bis zu 6 Monaten ausgesetzt werden, wenn innerhalb eines Monats nach Einreichung des Volksantrags ein entsprechender Gesetzentwurf im Landtag eingebracht wurde.
o   Frist für den Antrag auf Durchführung des Volksbegehrens.
p   Frist zwischen der Bekanntmachung des Begehrens und dem Beginn der Eintragungsfrist.
q   Die Frist für das Volksbegehren beginnt unmittelbar nach dessen Bekanntmachung. In Niedersachsen betrifft die Frist bis zum Abschluss des Volksbegehrens.
r   Frist bis zur „Durchführung des Volksbegehrens". Bis zum Ablauf dieser Frist kann bei Zweifeln in Bezug auf die Zulässigkeit des Verfahrens der Verfassungsgerichtshof angerufen werden.
s   Frist für die Überprüfung des Antrags auf Durchführung eines Volksbegehrens.
t   Maßgeblich ist in Sachsen der letzte Volksantrag, in Berlin, Sachsen-Anhalt, Schleswig-Holstein und Thüringen das letzte Volksbegehren, in Brandenburg, Bremen und Hamburg er letzte Volksentscheid zum selben Gegenstand.
u   Die Sperrfrist gilt für das Volksbegehren, nicht für den Volksantrag.
v   Diese Frist gilt nur für Anträge auf eine *Änderung* des durch Volksentscheid angenommenen Gesetzes, nicht für *Wiederholungen*.
w   Bei der Bundestagswahl 2005.

Wie schon im Zusammenhang mit der Volksinitiative dargelegt wurde, entscheidet in Schleswig-Holstein der Landtag über deren Zulässigkeit und damit auch über die des Volksbegehrens, in Brandenburg der Hauptausschuss des Landtags, in Sachsen dessen Präsident.[1]

Die jeweils zuständigen Organe sind in den meisten Ländern an bestimmte Fristen gebunden.[2] Nur in Niedersachsen und Rheinland-Pfalz fehlt eine ausdrückliche Frist

1   Vgl. dazu die synoptische Darstellung unter http://dd.staatsrecht.info/synopse.htm, S. XXXVIII.
2   In Berlin, Brandenburg, Bremen, Hamburg, Sachsen-Anhalt, Schleswig-Holstein und Thüringen. In

bestimmung – wobei dies jedenfalls in Niedersachsen nicht unbedingt von Nachteil für die Antragsteller ist, da sie die Sammlung von Unterschriften für das Volksbegehren während der Prüfung der Zulässigkeit fortsetzen können.

In Berlin, Niedersachsen, Rheinland-Pfalz und Sachsen-Anhalt muss den Antragstellern gegebenenfalls die Möglichkeit eröffnet werden, Mängel ihres Antrags innerhalb einer bestimmten Frist zu beheben.[1] Dies ist mit Ausnahme von Rheinland-Pfalz auch in Bezug auf inhaltliche Mängel möglich, obwohl nach den Änderungen nicht mehr gewährleistet ist, dass die Unterzeichner des Antrags auch die geänderte Fassung unterstützen würden.

In Berlin, Bremen, Rheinland-Pfalz und Sachsen-Anhalt soll die Landesregierung nicht nur diejenigen Zulässigkeitsvoraussetzungen des Volksbegehrens überprüfen, die sich ausdrücklich aus der Verfassung ergeben, sondern auch die Übereinstimmung mit höherrangigen Rechtsnormen des Landes- oder Bundesrechtes. Wie schon dargelegt wurde, ist die einfachgesetzliche Einführung einer solchen umfassenden präventiven Normenkontrolle unabhängig von ihrer verfassungspolitischen Zweckmäßigkeit jedenfalls dann verfassungsrechtlich fragwürdig, wenn die zuständigen Organe in der jeweiligen Landesverfassung nicht ausdrücklich zu einer solchen Prüfung verpflichtet worden sind.[2] Dies ist aber allenfalls in Sachsen der Fall.[3]

Gegen die Entscheidung über die Zulässigkeit des Volksantrag kann in allen Ländern das Landesverfassungsgericht angerufen werden. Antragsberechtigt sind in Brandenburg, Nordrhein-Westfalen, Rheinland-Pfalz, Sachsen und Schleswig-Holstein nur die Antragsteller, die nur gegen die (ablehnende) Entscheidung vorgehen können.[4] In Berlin, Niedersachsen, Sachsen-Anhalt und Thüringen können darüber hinaus auch das Parlament bzw. eine qualifizierte Minderheit seiner Abgeordneten einen entsprechenden Antrag stellen,[5] wobei es nicht darauf ankommt, ob die Landesregierung die Zulässigkeit des Volksbegehrens bejaht oder verneint hat.[6] In Bremen und Hamburg erübrigen sich entsprechende Regelungen, da bei Zweifeln über die Zulässigkeit in der Regel ohnehin das Verfassungsgericht entscheiden muss.[7]

Sachsen wird lediglich eine „unverzügliche" Entscheidung verlangt.

1 In Berlin ist die Nachbesserung oder Nachreichung von Unterschriften jedoch ausdrücklich ausgeschlossen. Vgl. dazu die synoptische Darstellung unter http://dd.staatsrecht.info/synopse.htm, S. XLII. In Bremen ist die Behebung von Mängeln zwar grundsätzlich ebenfalls möglich, aber nur bis zur Entscheidung über die Zulässigkeit. Zudem liegt es allein an den Initiatoren, ob sie in dieser Phase noch versuchen wollen, eventuelle Mängel zu beheben.

2 Dazu siehe ausführlich oben S. 295 ff.

3 Vgl. dazu ausführlich unten S. 563.

4 Vgl. dazu die synoptische Darstellung unter http://dd.staatsrecht.info/synopse.htm, S. XL. In Schleswig-Holstein ist ausnahmsweise der Verwaltungsrechtsweg eröffnet, wenn die Initiative aus rein formellen Gründen zurückgewiesen wurde.

5 In Niedersachsen und Sachsen-Anhalt ist außerdem theoretisch die Landesregierung antragsbefugt, die aber gegen ihre eigene Entscheidung nicht vorgehen kann.

6 Dasselbe gilt in Hamburg in Bezug auf die Anfechtung der Entscheidung über das Zustandekommen des Volksbegehrens.

7 In Bremen können die Antragsteller jedoch das Wahlprüfungsgericht anrufen, wenn der Antrag zurückgewiesen wurde, weil nicht genügend Unterschriften eingereicht worden seien. In Hamburg ist insofern das Verfassungsgericht zuständig.

Die Gerichte sind für ihre Entscheidung an keine Fristen gebunden. In der Regel sind sie darauf beschränkt, die Entscheidung der für die Prüfung der Zulässigkeit zuständigen Organe aufzuheben.[1] Diese müssen daraufhin neu über die Zulässigkeit des Volksbegehrens entscheiden. Nur in Sachsen stellt der Staatsgerichtshof gegebenenfalls selbst fest, dass das Volksbegehren zulässig ist.

c. Behandlung des Volksantrags im Landtag

In Berlin, Brandenburg, Sachsen und Schleswig-Holstein hat der Volksantrag zugleich die Funktion einer Volksinitiative. Daher unterbleibt das Volksbegehren, wenn der Landtag der Initiative entspricht. In den übrigen Ländern sind die Parlamente nicht verpflichtet, sich mit zulässigen Volksanträgen auseinander zu setzen.[2] Sie können dies aber tun – und das Verfahren durch die Übernahme des Antrags erledigen.

Ein Volksantrag kann allerdings nicht gegen den Willen der Antragsteller erledigt werden.[3] In Brandenburg und Sachsen wird dies dadurch sichergestellt, dass der Antrag nur unverändert übernommen werden kann. In Rheinland-Pfalz und Schleswig-Holstein ist die Erledigung nur auf Antrag der Initiatoren des Volksbegehrens möglich. In Berlin und Hamburg liegt die Entscheidung, ob ein Gesetz dem Anliegen der „Volksinitiative" entspricht, beim Abgeordnetenhaus bzw. bei der Bürgerschaft. In beiden Ländern können die Antragsteller gegen diese Entscheidung das Verfassungsgericht anrufen.[4] In Bezug auf Bremen, Niedersachsen, Sachsen-Anhalt und Nordrhein-Westfalen ist zu beachten, dass auf dieser Stufe des Verfahrens zwar keine formale Erledigung des Verfahrens vorgesehen ist. Erlässt das Parlament ein Gesetz, das dem beabsichtigten Volksbegehren entspricht, haben die Vertreter der Antragsteller bzw. die Antragsteller selbst aber die Möglichkeit, ihren Antrag zurückzunehmen.[5] In Thüringen erfolgt die „Erledigung" schlicht dadurch, dass auf die Sammlung von Unterschriften für das Volksbegehren verzichtet wird.[6] Dieselbe Möglichkeit besteht in Hamburg, da das Verfahren auch hier nur dann weiter geführt wird, wenn die Vertreter der Volksinitiative einen entsprechenden Antrag stellen.

In Berlin, Bremen, Hamburg, Sachsen und Schleswig-Holstein kann der Antrag zumindest bis zur Entscheidung über die Zulässigkeit des Volksbegehrens noch geändert[7] und – ebenso wie in Niedersachsen, Nordrhein-Westfalen, Rheinland-Pfalz und Sachsen-Anhalt – auch zurückgenommen werden. Insofern reicht es gegebenenfalls aus, wenn genügend der Unterzeichner des Volksantrags bzw. der Volksinitiative ihre Unterschrift wieder zurückziehen.[8] Auffallenderweise ist nur in Hamburg, Sachsen und Schleswig-Holstein ausdrück-

---

1 Der entsprechende Antrag richtet sich alleine gegen die Feststellung der Unzulässigkeit, vgl. dazu *Przygode*, S. 152.
2 Vgl. dazu die synoptische Darstellung unter http://dd.staatsrecht.info/synopse.htm, S. XLIII f.
3 Vgl. dazu die synoptische Darstellung unter http://dd.staatsrecht.info/synopse.htm, S. XLIV f.
4 Dasselbe Recht steht in Hamburg auch einer Minderheit von einem Fünftel der Mitglieder der Bürgerschaft und dem Senat zu.
5 Vgl. dazu die synoptische Darstellung unter http://dd.staatsrecht.info/synopse.htm, S. XLVI f.
6 Wurde die Durchführung eines formellen Eintragungsverfahrens verlangt, reicht dies allerdings nicht aus.
7 Vgl. dazu die synoptische Darstellung unter http://dd.staatsrecht.info/synopse.htm, S. XLVII.
8 Vgl. dazu die synoptische Darstellung unter http://dd.staatsrecht.info/synopse.htm, S. XLVI.

lich vorgesehen, dass die Zulässigkeit des geänderten Antrags geprüft werden kann. In diesen drei Ländern sind auch noch später Änderungen möglich.

2. Das Verfahren beim Volksbegehren

a. Einleitung des Volksbegehrens

In Brandenburg, Hamburg, Sachsen und Schleswig-Holstein kommt es nur dann zum Volksbegehren, wenn die Initiatoren einen entsprechenden Antrag stellen. In Brandenburg und Schleswig-Holstein haben in diesem Fall die Landesregierung oder (mindestens) ein Viertel der Mitglieder des Landesparlamentes das Recht, das Verfassungsgericht anzurufen, wenn sie das Volksbegehren für unzulässig halten.[1]

In Hamburg, Sachsen und seit Februar 2004 auch in Schleswig-Holstein ist es zulässig, den ursprünglichen Antrag bis zum Beginn des Volksbegehrens nochmals zu ändern. Die Antragsteller können auf diese Weise die Ergebnisse' der bisherigen Diskussion einbeziehen.[2] Allerdings ist der Antrag nicht zur beliebigen Disposition der Vertreter gestellt. In Sachsen wird (nur) in diesem Fall das Verfahren zur Überprüfung der Zulässigkeit des Volksantrags wiederholt. In Hamburg haben der Senat und die Bürgerschaft bzw. eine qualifizierte Minderheit von einem Fünftel ihrer Abgeordneten das Recht, die geänderte Vorlage dem Verfassungsgericht vorzulegen. In Schleswig-Holstein entscheidet der Landtag über die Zulässigkeit des Volksbegehrens. Sofern er es für zulässig hält, können die Landesregierung oder eine qualifizierte Minderheit der Abgeordneten gegebenenfalls das Bundesverfassungsgericht anrufen.[3]

Die Regelungen in Hamburg unterscheiden sich weiterhin dadurch von denen in den meisten übrigen Ländern, dass die Antragsteller das Recht haben, das Verfahren bis zum Beginn der Unterzeichnungsfrist für das Volksbegehren durch Rücknahme zu beenden.[4] Vergleichbare Regelungen finden sich daneben nur in Berlin, Sachsen-Anhalt und schließlich auch in Rheinland-Pfalz, wo es auch als Rücknahme gilt, wenn so viele der Unterzeichner ihre Unterschrift zurückziehen, dass das Quorum für den Volksantrag wieder unterschritten wird.

b. Durchführung des Volksbegehrens

Der dem Volksbegehren zugrunde liegende Antrag wird in den meisten Ländern erst dann öffentlich bekannt gemacht, wenn zuvor der Volksantrag für zulässig erklärt wurde.[5] Im

---

1 Vgl. dazu die synoptische Darstellung unter http://dd.staatsrecht.info/synopse.htm, S. LI f.
2 Vgl. dazu die synoptische Darstellung unter http://dd.staatsrecht.info/synopse.htm, S. XLVIII.
3 Aus der systematischen Stellung der einschlägigen Bestimmungen in Art. 42 I und II SH-V ergibt sich, dass ein solcher Antrag keine aufschiebende Wirkung hat. Gegebenenfalls muss also zunächst das Volksbegehren durchgeführt werden.
4 Vgl. dazu die synoptische Darstellung unter http://dd.staatsrecht.info/synopse.htm, S. XLVIII.
5 Vgl. dazu die synoptische Darstellung unter http://dd.staatsrecht.info/synopse.htm, S. LIII. Nur in Niedersachsen erfolgt die Bekanntmachung schon aufgrund der Anzeige des geplanten Volksbegehrens. Ist der Antrag auf Feststellung der Zulässigkeit erfolgreich, wird nur diese Entscheidung nochmals

Rahmen dieser Bekanntmachung wird auch die Frist für die Eintragung festgesetzt. Diese beginnt in Bremen, Niedersachsen und Thüringen unmittelbar mit der Veröffentlichung. In Berlin müssen 15 Tage zwischen der Veröffentlichung und dem Beginn der Eintragungsfrist liegen, in Nordrhein-Westfalen vier Wochen, in Hamburg sechs Wochen und in Brandenburg, Sachsen, Sachsen-Anhalt und Schleswig-Holstein vier bis acht Wochen. In Thüringen müssen acht bis zwölf Wochen zwischen der Bekanntmachung und dem Beginn der Eintragungsfrist liegen und auch in Rheinland-Pfalz beträgt dieser Zeitraum bis zu drei Monaten. Auch die Eintragungsfristen selbst unterscheiden sich von Land zu Land erheblich. Während in Hamburg nur drei Wochen für die Unterstützung eines Volksbegehrens zur Verfügung stehen, haben die Antragsteller in Sachsen 8 Monate Zeit, Unterschriften zu sammeln.

In Mecklenburg-Vorpommern ist die Organisation des Volksbegehrens insgesamt allein in die Hand der Antragsteller gelegt. Diese haben in eigener Verantwortung die Unterschriften zu sammeln und sind dabei an keine Frist gebunden. Öffentliche Stellen werden erst dann mit dem Begehren befasst, wenn die Unterschriftslisten eingereicht werden. Allerdings können die Antragsteller unabhängig von der freien Sammlung von Unterschriften ein formelles Eintragungsverfahren durchführen lassen, sofern zuvor eine inhaltsgleiche Volksinitiative erfolgreich war, vom Landtag aber nicht übernommen wurde.

Auch in Bremen, Niedersachsen, Sachsen, Sachsen-Anhalt und Thüringen ist es Sache der Antragsteller, die Unterschriften für das Volksbegehren zu sammeln. In Thüringen kann seit kurzem allerdings auch die Durchführung eines formellen Eintragungsverfahrens verlangt werden, wobei ein geringeres Quorum gilt, das aber innerhalb einer kürzeren Frist erreicht werden muss.[1] Die Gemeindebehörden sind verpflichtet, die Unterschriftsberechtigung zu prüfen und zu bestätigen.[2] In Bremen können sie sich dabei auf Stichproben beschränken und die Prüfung vorzeitig abbrechen, wenn anzunehmen ist, dass das Quorum erreicht wurde. Nur in Niedersachsen ist *jedermann* zur Einreichung der Bögen befugt. In den übrigen Ländern müssen die Antragsteller hingegen nicht nur die Listen verteilen, sondern auch dafür sorgen, dass sie wieder zurückgeschickt werden, damit sie alle zusammen eingereicht werden können. Besonders groß ist der Aufwand dabei wiederum in Thüringen, wo alle Unterschriften auf gesonderten Bögen erfasst werden müssen, die jeweils den Antrag samt Begründung, die Namen und Adressen der Vertrauenspersonen und einen Datenschutzhinweis enthalten müssen. Zudem müssen die Unterzeichner hier – nur bei der freien Unterschriftensammlung – über ihr Recht belehrt werden, ihre Unterschrift bis zum Ende der Sammlungsfrist zu widerrufen.

In Berlin, Brandenburg, Nordrhein-Westfalen, Rheinland-Pfalz und Schleswig-Holstein wurde demgegenüber ein formelles Eintragungsverfahren eingeführt. Das Volksbegehren kann hier grundsätzlich nur durch die Eintragung in Listen unterstützt werden, die bei den Gemeinden bzw. in den Bezirken ausgelegt werden. In Schleswig-Holstein haben die Antragsteller die Möglichkeit, weitere Eintragungsstellen einzurichten bzw. einrichten zu lassen. In Hamburg ist neben dem formellen Eintragungsverfahren auch die freie Sammlung

bekannt gegeben.

1 Vgl. dazu die synoptische Darstellung unter http://dd.staatsrecht.info/synopse.htm, S. LXI.
2 In Sachsen-Anhalt erfolgt diese Überprüfung erst, nachdem die Listen insgesamt eingereicht worden sind.

von Unterschriften zulässig.[1] Zu beachten ist weiterhin, dass in Berlin, Hamburg, Nordrhein-Westfalen und Rheinland-Pfalz die „Briefeintragung" möglich ist, bei der die Unterstützer die Eintragungslokale nicht persönlich aufsuchen müssen. In diesen vier Ländern und in Schleswig-Holstein wurde zudem ausdrücklich festgeschrieben, dass die Auslegungszeiten bzw. -räume so zu bestimmen sind, dass die Berechtigten ausreichend Gelegenheit dazu haben, das Volksbegehren durch ihre Unterschrift zu unterstützen.[2] In Nordrhein-Westfalen hat man sich insofern allerdings auf ein Minimum beschränkt. In Gemeinden mit bis zu 100.000 Einwohnern muss es nur eine Eintragungstelle geben, in größeren Gemeinden zwei. Diese Eintragungsstellen müssen an höchstens (!) vier der in die Eintragungszeit fallenden Sonntags für jeweils mindestens vier Stunden geöffnet sein.

Weigern sich die Behörden, eine Eintragung entgegen zu nehmen oder ihre Gültigkeit zu bestätigen, so kann die betroffene Person in Berlin, Brandenburg, Hamburg und Nordrhein-Westfalen ein formelles Beschwerde- bzw. Widerspruchsverfahren einleiten.[3]

In Hamburg, Mecklenburg-Vorpommern, Niedersachsen und Sachsen-Anhalt haben die Antragsteller, respektive ihre Vertrauenspersonen das Recht, das Verfassungsgericht bei „Streitigkeiten über die Durchführung von Volksbegehren" anzurufen. Auf diesem Wege können auch schon während des Verfahrens Unregelmäßigkeiten gerügt werden. Dies betrifft insbesondere eventuelle Versuche der Landesregierung und des Landtags, das Verfahren unzulässigerweise zu beeinflussen.[4] In Berlin, Brandenburg, Rheinland-Pfalz, Sachsen, Schleswig-Holstein und Thüringen haben sie im Ergebnis dieselben Rechte, da die Unterzeichner eines Volksantrags bzw. einer Volksinitiative richtigerweise als „andere Beteiligte" anzusehen sind, die im Organstreitverfahren antragsberechtigt sind.[5] In Nordrhein-Westfalen ist dies hingegen nicht möglich, da dort der Volksantrag nicht in der Verfassung geregelt ist.[6] Auch in Bremen ist der Kreis der Antragsberechtigten in Art. 140 I 2 BremV abschließend bestimmt. In diesen Ländern kommt daher nur eine nachträgliche Überprüfung im Rahmen der Anfechtung des Ergebnisses des Volksbegehrens in Betracht.[7]

---

1 Die freie Sammlung war hier zunächst abgeschafft, dann aufgrund eines Volksbegehrens wieder eingeführt worden, vgl. zur neueren Rechtsentwicklung unten S. 799 ff.

2 In Schleswig-Holstein können Eintragungsberechtigte das Volksbegehren landesweit unterstützen. Allerdings müssen die Eintragungslisten nach Wohnorten getrennt und nach dem Abschluss des Eintragungsverfahrens zur Prüfung an diese Orte weiter geleitet werden.

3 Unabhängig von einer ausdrücklichen Regelung kann die Entscheidung über diesen Widerspruch wiederum durch eine Anfechtungsklage vor den Verwaltungsgerichten angefochten werden. Auf diesen Weg sind die Eintragungswilligen in Schleswig-Holstein beschränkt; vgl. dazu schon oben S. 310.

4 Vgl. dazu schon oben S. 307 f. zur Objektivitätspflicht der Staatsorgane sowie *HambVfG*, NordÖR 2004, S. 107.

5 Vgl. Artt. 113 Nr. 1 BbgV, 130 I 2 RP-V, 81 I Nr. 1 SächsV, 44 I Nr. 1 SH-V, 82 III 1 ThürV; dazu schon oben S. 313 ff. Insoweit ist *Przygode*, S. 242, zuzustimmen.

6 Dies macht *Przygode*, a.a.O., nicht deutlich.

7 Zu beachten ist allerdings, dass gegen Maßnahmen von Nicht-Verfassungsorganen auch ohne eine ausdrückliche Regelung der Verwaltungsrechtsweg eröffnet ist; vgl. dazu ausführlich oben S. 310 ff. Vgl. auch *OVG Bremen*, NordÖR 2004, S. 240, das davon ausgeht, dass die Exekutive jedenfalls unter bestimmten Umständen im Wrge einer einstweiligen Anordnung daran gehindert werden kann, vollendete Tatsachen zu schaffen; vgl. dazu auch *Röper*, ZParl. 2005, S. 154, 156 ff.

Die Quoren für das Volksbegehren sind in Brandenburg, Hamburg und Schleswig-Holstein mit etwa vier bis fünf Prozent der Stimmberechtigten am niedrigsten. In Berlin müssen sieben Prozent der Stimmberechtigten überzeugt werden. Für Anträge zur Beendigung der Wahlperiode des Landtags gilt in Brandenburg allerdings ein höheres Quorum. Notwendig ist dann die Unterstützung durch etwa zehn Prozent der Stimmberechtigten. Dies entspricht dem Quorum für reguläre Volksbegehren in den meisten der anderen Länder.[1] Noch höher sind die Anforderungen lediglich in Sachsen und Sachsen-Anhalt mit ca. 12,5 bzw. 11 Prozent. In Berlin und Bremen müssen Anträge zur Beendigung der Wahlperiode des Landesparlamentes und auf Änderung der Verfassung sogar von 20 Prozent der Stimmberechtigten unterzeichnet worden sein.[2]

Für die Frage, ob ein Volksbegehren erfolgreich sein wird, kommt es aber wiederum nicht nur auf die Höhe des Quorums an, sondern vielmehr auf das Verhältnis zwischen diesem Quorum und der Eintragungsfrist oder genauer gesagt der Frist zwischen der Bekanntmachung des Volksbegehrens und dem Abschluss der Eintragungsfrist.[3] Für den Mobilisierungskoeffizienten, also den Anteil der Stimmberechtigten, der pro Tag der Eintragungsfrist überzeugt werden muss, ergeben sich Werte zwischen 0,24 und 2,22,[4] wobei die Anforderungen in den Stadtstaaten tendenziell höher sind.

Nur in Hamburg[5] ist ein mit der Wahlbenachrichtigung vergleichbares Verfahren vorgesehen. Während die Eintragungsberechtigten hier insbesondere ausdrücklich auf die Möglichkeit der Briefeintragung hingewiesen werden müssen,[6] ist es in Berlin, Nordrhein-Westfalen und Rheinland-Pfalz seit jeher Sache der Bürger, einen entsprechenden Antrag zu stellen. In den übrigen Ländern besteht überhaupt keine Möglichkeit der Briefeintragung.

Ob das Volksbegehren zustande gekommen ist, stellt in Brandenburg das Präsidium des Landtags fest, in Sachsen und Thüringen der Präsident des Landtags. In Berlin, Bremen, Niedersachsen und Rheinland-Pfalz ist der Landeswahlausschuss bzw. -leiter zuständig, in Schleswig-Holstein ein besonderer Landesabstimmungsausschuss. In Hamburg, Nordrhein-Westfalen und Sachsen-Anhalt obliegt die Feststellung schließlich dem Senat bzw. der Landesregierung.[7] Wird festgestellt, dass das Begehren nicht zustande gekommen sei, so haben die Antragsteller in allen Ländern das Recht, das Landesverfassungsgericht anzuru-

---

1 In Nordrhein-Westfalen gilt seit der jüngsten Verfassungsreform ein Quorum von 8 %. Ähnlich niedrig sind die Quoren seit einiger Zeit auch in Mecklenburg-Vorpommern und Thüringen, im zuletzt genannten Land allerdings nur dann, wenn sich die Antragsteller für ein formelles Eintragungsverfahren entscheiden. Andernfalls müssen auch hier 10 % der Stimmberechtigten überzeugt werden.
2 Vgl. dazu die synoptische Darstellung unter http://dd.staatsrecht.info/synopse.htm, S. LXIII f.
3 Vgl. dazu oben S. 315. Es kommt nicht nur darauf an, wie lange die formelle Eintragungsfrist läuft, sondern wie viel Zeit die Initiatoren haben, genügend Bürger von ihrem Anliegen zu überzeugen.
4 Ohne Mecklenburg-Vorpommern, wo keine Unterzeichnungsfrist gilt.
5 Vgl. dazu unten S. 799 ff.
6 Dass das Quorum trotz der kurzen Eintragungsfrist nicht unüberwindbar ist, zeigt schon der deutliche Erfolg der Volksbegehren für „Mehr Demokratie", die innerhalb von zwei Wochen von mehr als 18 % der Stimmberechtigten unterstützt worden sind, vgl. dazu unten S. 821 f.
7 Vgl. dazu die synoptische Darstellung unter http://dd.staatsrecht.info/synopse.htm, S. LXV.

Das Volksbegehren nach den neueren Landesverfassungen

	Berl	Bbg	Brem	Hamb	MV	Nds	NRW	RP	Sachs	LSA	SH	Thür
Frist für die Eintragung	4 M.	4 M.	3 M.	3 W.	—[a]	6 M.[b]	8 W.	2 M.	8 M.	3-6 M.	6 M.	4 M.[c] 2 M.[c]
Frist bis zum Abschluss[d]	4,5 M.	5-6 M.	3 M.	9 W.	—	6 M.	12 W.	5 M.	9-10 M.	5-8 M.	7-8 M.	5-7 M.[c] 3-5 M.[c]
Quorum	7 % 20 %[e]	80.000[f] ≈ 3,8 % 200.000[e] ≈ 9,4 %	10 % 20 %[e]	5 %	120.000 ≈ 8,5 %	10 %	8 %	300.000 ≈ 9,7 %	450.000[g] ≈ 12,6 %	11 %	5 %[f]	10 %[c] 8 %[c]
Mobilisierungs-Koeffizient 1[h]	0,58 1,67[e]	0,32 0,78[e]	1,11 2,22[e]	2,38	0,24[i]	0,56	1,42	1,62	0,53	1,22	0,28	0,83[c] 1,33[c]
Mobilisierungs-Koeffizient 2[j]	0,52 1,48[e]	0,21 0,52[e]	1,11 2,22[e]	0,79	0,24[i]	0,56	0,95	0,65	0,42	0,73	0,24	0,66[c] 0,88[c]
Behandlung im Landtag	—[n]	2 M.	2 W.[k] 2 M.	4-7 M.[l]	6 M.	6 M.	2 M.	3 M.	—[m]	4 M.	—[m]	6 M.
Frist bis zum Volksentscheid	4-8 M.[n]	3 M.	4 M.	1 M. 4. M.[o]	3-6 M.	6 M.	10 W.	3 M.	3-6 M.	3-6 M.	9 M.	6 M.
Stimmb. (in 1.000)[p]	2.439	2.128	486	1.231	1.419	6.083	13.257	3.084	3.561	2.088	2.199	1.958

a Neben der freien Unterschriftensammlung kann ein formelles Eintragungsverfahren durchgeführt werden.
b Die Frist läuft ab der Feststellung der Zulässigkeit des Begehrens.
c Die Antragsteller können entscheiden, ob sie ein formelles Eintragungsverfahren durchführen wollen (Quroum 8 % in 2 Monaten) oder eine freie Unterschriftensammlung (Quorum 10 % in 4 Monaten)
d Zeitraum zwischen der Bekanntmachung eines Volksbegehrens und dem Ende der Eintragungsfrist.
e Höhere Quoren gelten für Anträge auf Auflösung bzw. Beendigung der Wahlperiode des Parlaments, in Berlin und Bremen auch für Anträge auf Verfassungsänderung.
f Das Verfahren ist nicht auf die Gesetzgebung beschränkt.
g Maximal 15 %, wenn sich die Zahl der Stimmberechtigten verringern sollte.
h Anteil der Stimmberechtigten (Promille), der pro Tag der Frist das Volksbegehren unterstützen muss. Es wurde jeweils die kürzeste mögliche Frist zugrunde gelegt.
i Berechnet auf Grundlage einer „politisch überschaubaren" Eintragungsfrist von zwölf Monaten.
j Anteil der Stimmberechtigten (Promille), der im Zeitraum zwischen der Bekanntmachung eines Volksbegehrens und dem Abschluss des Verfahrens überzeugt werden muss. Es wurde jeweils die kürzeste mögliche Frist zugrunde gelegt.
k Frist für den Senat, um das zu Stande gekommene Begehren der Bürgerschaft zuzuleiten.
l Der Senat muss innerhalb eines Monats feststellen, ob das Quorum für das Volksbegehren erreicht wurde. Die Initiatoren haben dann einen weiteren Monat Zeit, um ihren Antrag zu überarbeiten. Die Frist für die Behandlung des Volksbegehrens in der Bürgerschaft ist vom 15.6. bis zum 15.8. unterbrochen. Sie kann auf Vorschlag der Initiatoren um 3 Monate verlängert werden.
m Das Volksbegehren muss nicht im Landtag behandelt werden. In Berlin und Schleswig-Holstein kann der Landtag das Verfahren aber noch erledigen.
n Die Frist kann auf bis zu 8 Monate verlängert werden, wenn die Abstimmung dadurch gemeinsam mit einer allgemeinen Wahl stattfinden kann.
o Der Antrag auf Durchführung des Volksentscheids muss einen Monat nach Ablauf der Behandlungsfrist für den Landtag gestellt werden. Der Volksentscheid findet dann vier Monate später statt. Würde dieser Termin innerhalb von drei Monaten vor bzw. einen Monat nach einer allgemeinen Wahl liegen, wird der Abstimmungstermin mit dem Wahltermin gekoppelt.
p Bei der Bundestagswahl 2005.

fen.[1] In Berlin, Niedersachsen[2] und Sachsen-Anhalt steht dieses Recht auch einer qualifizierten Minderheit der Landtagsabgeordneten zu.

In Mecklenburg-Vorpommern wird nach Einreichung der Unterschriftslisten nicht nur überprüft, ob das Volksbegehren zustandgekommen ist. Vielmehr ergeht (erst) jetzt die Entscheidung über dessen Zulässigkeit.[3]

In Sachsen, Sachsen-Anhalt und seit kurzem auch in Thüringen haben die Antragsteller gegebenenfalls einen Anspruch auf Erstattung der nachgewiesenen Kosten für die Organisation des Volksbegehrens bzw. die Werbung für den Volksentscheid.[4] Der Gesetzgeber hat hier pauschale Erstattungsbeträge in Höhe von 0,051 € in Sachsen bzw. 0,26 € in Sachsen-

---

1 Vgl. dazu die synoptische Darstellung unter http://dd.staatsrecht.info/synopse.htm, S. LXVII.
2 Das NdsVAbstG ist lückenhaft, da es keine ausdrückliche Regelung über die Rechtsmittel der Antragsteller gegen die Entscheidung des Landeswahlausschusses enthält. Hier entfaltet allerdings die Generalklausel des Art. 54 Nr. 2 NdsV unmittelbare Wirkungen.
3 Zuständig ist gemäß § 14 II MV-VaG der Landeswahlleiter. Es erscheint zweifelhaft, ob diese Zuweisung mit der Vorgabe des Art. 60 II MV-V zu vereinbaren ist. wonach im Zweifel das Landesverfassungsgericht über die Zulässigkeit eines Volksbegehrens zu entscheiden hat. Dazu siehe ausführlich unten S. 672.
4 Vgl. dazu die synoptische Darstellung unter http://dd.staatsrecht.info/synopse.htm, S. LXXI.

Anhalt und 0,15 € in Thüringen pro Eintragung vorgesehen und die Erstattungsbeträge nach oben beschränkt.[1] Damit können die Antragsteller in Sachsen mit maximal 22.950 € rechnen, in Sachsen-Anhalt mit ca, ca. 60.000 €[2] und in Thüringen mit etwa 29.500 €. In Rheinland-Pfalz haben die Antragsteller jedenfalls dann einen Anspruch darauf, dass ihnen die tatsächlichen Kosten für die Herstellung und den Versand der Eintragungslisten erstattet werden, wenn der Landtag dem Anliegen entspricht oder wenn der Antrag beim Volksentscheid angenommen wird.

c. Die Behandlung des Volksbegehrens im Landtag

Nur in Sachsen kommt es nach einem erfolgreichen Volksbegehren in jedem Fall zum Volksentscheid.[3] In den übrigen Ländern hat das Parlament hingegen die Möglichkeit, den Volksentscheid doch noch abzuwenden, indem es sich den Antrag innerhalb einer Frist von zwei bis neun Monaten zu eigen macht.[4] In Bremen und Sachsen-Anhalt kann der Entwurf nur unverändert angenommen werden. In Schlewig-Holstein können die Initiatoren das Verfahren für erledigt zu erklären, wenn der Landtag den Antrag zuvor in einer veränderten Fassung übernommen hat.

In Berlin, Brandenburg, Mecklenburg-Vorpommern, Niedersachsen, Nordrhein-Westfalen, Rheinland-Pfalz und Thüringen kommt es darauf an, ob der Landtag, dem Begehren entspricht, bzw. den diesem zugrunde liegenden Entwurf „im wesentlichen unverändert" übernimmt. In Brandenburg, Mecklenburg-Vorpommern, Rheinland-Pfalz und Thüringen können die Antragsteller das Verfahren dann für erledigt erklären oder erklären lassen. In Berlin, Hamburg, Niedersachsen und Nordrhein-Westfalen fehlen vergleichbare Regelungen. Hier kann also das Parlament selbst entscheiden, ob es dem Anliegen entsprochen hat. Während es in Hamburg, Niedersachsen und Nordrhein-Westfalen immerhin möglich ist, die Entscheidung des Landtags dem Staatsgerichtshof vorzulegen,[5] fehlt in Berlin jede Rechtsschutzmöglichkeit. Das Abgeordnetenhaus entscheidet somit verbindlich darüber, ob sein Beschluss dem Anliegen des Volksbegehrens entspricht.

C. Der Volksentscheid

Hat das jeweilige Landesparlament die Vorlage nicht innerhalb der vorgegebenen Frist übernommen, so kommt es zum Volksentscheid. Nur in Hamburg müssen die Antragsteller bzw. ihre Vertreter einen entsprechenden Antrag stellen. Dabei ist es möglich, den Entwurf vor der Abstimmung nochmals zu ändern. Die Änderungen werden auf Antrag des Senats,

---

1 Entscheidend ist jeweils, wie viele Unterschriften tatsächlich erforderlich waren, um das Quorum zu erreichen.
2 Geht man von 2,1 Millionen Stimmberechtigten aus, sind ca. 230.000 Unterschriften erforderlich.
3 Das Parlament kann sich allerdings selbstverständlich (erneut) mit dem Antrag befassen, der dem Begehren zugrunde lag.
4 Vgl. dazu die synoptische Darstellung unter http://dd.staatsrecht.info/synopse.htm, S. LXXIII f.
5 Aufgrund der Generalklausel des Art. 54 Nr. 2 NdsV hat der Staatsgerichtshof gegebenenfalls darüber zu entscheiden, ob die Änderungen durch den Landtag noch „unwesentlich" sind. Antragsberechtigt sind jeweils die Vertrauenspersonen und eine qualifizierte Minderheit der Landtagsabgeordneten.

der Bürgerschaft bzw. einer qualifizierten Minderheit ihrer Abgeordneten daraufhin überprüft, ob sie mit dem ursprünglichen, durch die Volksinitiative eingereichten Entwurf vereinbar sind. Selbst wenn ein Antrag auf Durchführung des Volksentscheids gestellt wurde, kann dieser bis zur Bekanntmachung des Volksentscheids wieder zurückgenommen werden. In den übrigen Ländern haben die Antragsteller auf dieser Stufe hingegen keine Einflussmöglichkeiten mehr.

Kommt es aufgrund des Volksbegehrens zum Volksentscheid, so kann das Parlament in fast allen Ländern einen eigenen Entwurf mit zur Abstimmung stellen.[1] Nur in Nordrhein-Westfalen besteht diese Möglichkeit nicht. Allerdings sieht das einschlägige Ausführungsgesetz vor, dass die Bürger gegebenenfalls entscheiden müssen, ob das im Wege eines Volksbegehrens eingebrachte Gesetz an Stelle eines aus Anlass dieses Begehrens vom Landtag beschlossenen Gesetzes treten soll.[2]

In Berlin ist es möglich, den Volksentscheid um bis zu vier Monate hinauszuschieben, wenn die Abstimmung damit zusammen mit einer allgemeinen Wahl stattfinden kann.

Vor dem Volksentscheid ist der Text der zur Abstimmung gestellten Entwürfe bekanntzumachen. Besonders weit ist man dabei in Hamburg gegangen, wo jede wahlberechtigte Person ein Informationsheft erhalten muss, in dem die Bürgerschaft und die Initiatoren der Volksinitiative in gleichem Umfang Stellung nehmen können. Die Bürgerschaft kann dabei nach Fraktionen getrennt Stellung nehmen. In Brandenburg hat der Präsident des Landtags über die Bekanntmachung in den „offiziellen" Publikationen hinaus die Pflicht, für eine „angemessene Verbreitung" des Gegenstandes zu sorgen.[3] In Thüringen muss der Landtagspräsident allen Haushalten spätestens zwei Wochen vor der Abstimmung eine Broschüre zukommen lassen, in der sämtliche zur Abstimmung stehenden Gesetzentwürfe samt Begründung enthalten sind. In Mecklenburg-Vorpommern, Niedersachsen und Rheinland-Pfalz soll diese Bekanntmachung auch eine Stellungnahme der Landesregierung enthalten dürfen.[4] Demgegenüber verbietet Art. 42 III 1 SH-V der Landesregierung jede eigene Stellungnahme im Zusammenhang mit der Veröffentlichung der Entwürfe.

---

1 Vgl. dazu die synoptische Darstellung unter http://dd.staatsrecht.info/synopse.htm, S. LXXV. In Bremen ergibt sich dies nicht ausdrücklich aus der Verfassung. Zu beachten ist allerdings, dass die Bürgerschaft das Recht hat, ein Referendum durchzuführen. Sie ist dann aber durch nichts daran gehindert, neben dem Volksentscheid eine Abstimmung über einen von ihr vorgelegten Entwurf durchzuführen; vgl. dazu die synoptische Darstellung unter http://dd.staatsrecht.info/synopse.htm, S. LXXXIII. Der Gesetzgeber hat konsequenterweise im BremVEG Regelungen über eine Abstimmung über konkurrierende Anträge zum selben Gegenstand getroffen.

2 Im Ergebnis wird das Parlamentsgesetz damit ebenfalls einem Referendum unterworfen – dies ist aber deshalb problematisch, weil die NRW-V dem Landtag keine Möglichkeit gibt, ein von ihm beschlossenes Gesetz zur Volksabstimmung zu bringen. Dieses Recht steht nach Art. 68 III 1 NRW-V vielmehr ausschließlich der Landesregierung zu.

3 Vgl. dazu die synoptische Darstellung unter http://dd.staatsrecht.info/synopse.htm, S. LXXVIII.

4 Es wurde bereits dargelegt, dass dies mit dem Grundsatz der Chancengleichheit bei Abstimmungen kaum zu vereinbaren ist; vgl. dazu oben S. 321, und unten S. 646, S. 676 und S. 862.

Die Fristen für die direktdemokratischen Verfahren nach den neueren Landesverfassungen

	Berl	Bbg	Brem	Hamb	MV	Nds	NRW	RP	Sachs	LSA	SH	Thür
„Volksantrag"	6 M.	12 M.	–	6 M.	–[a]	6 M.[b]	–	12 M.	–	–[c]	12 M.	6 W.
Prüfung der Zulässigkeit	45 T.[d]	4 M.[e]	2 M.[f]	4-7 M.[e/g/h]	–	–[f]	6 W.[i]	–[f]	unverzüglich.[f]	1 M.[f]	4 M.[g]	6 W.[f]
Behandlung im LT	4 M.		–[h]			–[h]	–[h]	–[h]	6 M.	–[h]	4 M.	–[h]
Überleitung zum Volksbegehren	15 T.[j]	1 M.[k] 4-8 W.[l]	–[m]	1 M.[k] 3 M.[n] 6 W.[l]	–	–[m]	4 W.	3 M.	6 M.[k]	4-8 W.[l]	4 M.[k] 1 M.[o] 4-8 W.[l]	1 M.[o] 8-16 W.[p]
Volksbegehren	4 M.	4 M.	3 M.	3 W.	–	6 M.	8 W.	2 M.	8 M.	3-6 M.	6 M.	2-4 M.[q]
Behandlung im Landtag	–[r]	2 M.	2 W.[s] 2 M.	4-7 M.[g]	6 M.	6 M.	2 M.	3 M.		4 M.	–[r]	6 M.
Überleitung zum Volksentscheid	2 W.[t] 4-8 M./2 M.[u]	3 M.	4 M.	1 M. 4. M.[v]	3-6 M.	6 M.	10 W.	3 M. 6 M.[w]	3-6 M.	3-6 M.	9 M.	6 M.
Summe[x] (Monate)	10,5	15-16	11,5	19-25	>9[y]	18	9	11/14[w]	23-26	12-19	29-30	18,5-24,5

a   Es gibt kein Vorverfahren vor dem Volksbegehren.
b   Es gibt keinen Volksantrag, sondern ein in das Volksbegehren integriertes Anzeigeverfahren.
c   Die Unterschriftensammlung ist entbehrlich, wenn der Landtag eine Volksinitiative nicht unverändert übernommen hat.
d   Jeweils 15 Tage für die Prüfung der Zulässigkeitsvoraussetzungen, der Unterschriften und bis zur Entscheidung.
e   Der Hauptausschuss des Landtags (Bbg) bzw. der Senat (Hamb) haben innerhalb dieser Frist einen Monate Zeit für die Feststellung, ob das Quorum erreicht wurde.
f   Die Unterschriftsberechtigung ist auf den Unterschriftsbögen zu bestätigen
g   Die Frist ist in Hamburg vom 15.6. bis zum 15.8. unterbrochen und kann auf Vorschlag der Antragsteller um drei Monate verlängert werden. In Schleswig-Holstein ist die Frist während der Parlamentsferien unterbrochen.
h   Der Volksantrag muss nicht im Parlament behandelt werden. In Hamburg, Rheinland-Pfalz und Sachsen-Anhalt ist aber eine Erledigung möglich.
i   Die Entscheidung über die Zulassung des Volksbegehrens kann bis zu 6 Monate ausgesetzt werden, wenn der beantragte Gesetzentwurf innerhalb eines Monats seit Eingang des Volksantrags im Landtag eingebracht wurde.
j   Frist für die Bekanntmachung des Volksbegehrens. Es ist nicht festgelegt, wann die Eintragungsfrist beginnen muss.
k   Frist für den Antrag auf Durchführung des Volksbegehrens.
l   Frist zwischen der Bekanntmachung des Volksbegehrens und dem Beginn der Eintragungsfrist.
m   Die Frist für das Volksbegehren läuft ab Feststellung der Zulässigkeit.
n   Frist bis zur „Durchführung des Volksbegehrens". Bis zum Ablauf dieser Frist kann bei Zweifeln in Bezug auf die Zulässigkeit des Verfahrens der Verfassungsgerichtshof angerufen werden.
o   Frist für die Überprüfung des Antrags auf Durchführung des Volksbegehrens.
p   Frist zwischen der Bekanntmachung des Begehrens und dem Beginn der Eintragungsfrist.
q   Je nachdem, ob ein formalisiertes Eintragungsverfahren durchgeführt wird (2 Monate) oder nicht (4 Monate)
r   Das Volksbegehren muss nicht im Parlament behandelt werden.
s   Frist für den Senat, um das Begehren der Bürgerschaft zuzuleiten.
t   Frist für die Feststellung, ob das Volksbegehren zustande gekommen ist.
u   Das Abgeordnetenhaus kann das Verfahren bis zum Volksentscheid durch die Übernahme des Entwurfs erledigen, ein eventueller konkurrierender Entwurf muss allerdings spätestens 45 Tage vor dem Termin der Abstimmung beschlossen worden sein. Die Abstimmung muss grundsätzlich nach vier Monaten stattfinden. Die Frist kann aber um bis zu 4 Monate verlängert werden, wenn es dadurch möglich wird, die Abstimmung gemeinsam mit einer allgemeinen Wahl durchzuführen. Bei Anträgen, die sich auf die Beendigung der Wahlperiode des Abgeordnetenhauses richten, gilt die kürzere Frist von 2 Monaten.
v   Der Antrag auf Durchführung des Volksentscheids muss einen Monat nach Ablauf der Behandlungsfrist für den Landtag gestellt werden. Der Volksentscheid findet dann vier Monate später statt. Würde die Abstimmung danach innerhalb von drei Monaten vor einer allgemeinen Wahl stattfinden, wird der Abstimmungstermin auf den Wahltag gelegt.
w   Die längere Frist gilt dann, wenn der Landtag einen eigenen Entwurf mit zur Abstimmung stellt.
x   Dauer des Verfahrens von der Einreichung des Volksantrags bis zum Volksentscheid (4 W.=1 M.).
y   Eine genaue Angabe ist nicht möglich, da für das Volksbegehren keine Frist gilt.

Die Rechtsschutzmöglichkeiten für die Antragsteller entsprechen grundsätzlich denen während des Eintragungsverfahrens für das Volksbegehren.[1] Nichts anderes gilt in Bezug

---

1 Vgl. dazu oben S. 424 und schon *Przygode*, S. 239 ff., der allerdings die Verwaltungsgerichte generell für unzuständig hält. In Thüringen ist auch hier ein Organstreitverfahren vor dem Verfassungsgerichtshof möglich, da das Volksbegehren in der Verfassung geregelt ist und die Unterstützer daher als „andere Beteiligte" im Sinne des Art. 80 I Nr. 3 ThürV in Frage kommen.

auf die Objektivitätspflicht der Staatsorgane, die nur dazu berechtigt sind, die Bürger zu informieren, aber keinen unzulässigen Einfluss auf das Ergebnis der Abstimmung nehmen dürfen.[1]

In Hamburg, Niedersachsen, Sachsen, Sachsen-Anhalt, Schleswig-Holstein und Thüringen haben die Antragsteller einen Anspruch auf Erstattung der notwendigen Aufwendungen für die Werbung für den Volksentscheid.[2] Auch hier sind in den Ausführungsgesetzen Pauschalbeträge für jede Stimme für den Entwurf eines Volksbegehrens vorgesehen, die sich allerdings beträchtlich unterscheiden. In Schleswig-Holstein zählt jede „Ja"-Stimme 0,28 €, in Sachsen-Anhalt 0,26 €,[3] in Hamburg 0,10 €, in Thüringen 0,075 €[4] und in Sachsen sogar nur 0,0102 €. In Niedersachsen sind die Erstattungsbeträge im Einzelfall durch das Innenministerium im Einvernehmen mit dem Finanzministerium festzusetzen.[5] In Sachsen-Anhalt ist der Rechnungshof damit betraut, die zweckentsprechende Verwendung der Mittel zu überprüfen.

In Hamburg sind die Initiatoren verpflichtet, gegenüber dem Landesabstimmungsleiter Rechenschaft über die Herkunft und Verwendung der Mittel abzulegen. Bei der Nutzung öffentlichen Grundes – also etwa bei der Genehmigung von Informationsständen auf öffentlichen Wegen – müssen sie gleich behandelt werden, wie politische Parteien.

Die folgende Tabelle gibt einen Überblick über die Fristen des Verfahrens bis zum Volksentscheid. Deutlich wird, dass sich die Dauer des gesamten Verfahrens in den einzelnen Ländern deutlich unterscheidet. In Berlin, Bremen und Rheinland-Pfalz kann das Verfahren bis zum Volksentscheid etwa innerhalb eines Jahres abgeschlossen werden. In den meisten anderen Ländern liegen grundsätzlich mehr als anderthalb Jahre zwischen der Einreichung des Volksantrags und dem Termin für den Volksentscheid, in Schleswig-Holstein sogar mehr als zwei Jahre. Deutlich wird jedenfalls, dass die Verfahren tendenziell deutlich länger dauern, als die nach den älteren Landesverfassungen. Dabei ist zu beachten, dass sich die Verfahren in der Praxis unter Umständen noch weiter verzögern, da nicht alle Entscheidungen innerhalb bestimmter Fristen ergehen müssen. Dies macht sich insbesondere dann bemerkbar, wenn sich das Landesverfassungsgericht mit einem Volksbegehren befassen muss. Auf der anderen Seite müssen nicht immer alle Fristen ausgeschöpft werden.

Die Quoren für den Volksentscheid unterscheiden sich nur geringfügig voneinander.[6] Am niedrigsten sind die Anforderungen in Sachsen, wo grundsätzlich die Zustimmung durch die Mehrheit der Abstimmenden genügt. Dasselbe gilt in Sachsen-Anhalt, sofern der Landtag einen konkurrierenden Entwurf zur Abstimmung gestellt hat. In den anderen Ländern muss die Mehrheit der Abstimmenden zugleich einem Anteil von 15 Prozent bis zu einem Drittel der Stimmberechtigten entsprechen. In Rheinland-Pfalz sind die Anforderungen etwas niedriger. Hier muss sich lediglich ein Viertel der Stimmberechtigten an der

---

1 Vgl. dazu schon oben S. 307.
2 Vgl. dazu die synoptische Darstellung unter http://dd.staatsrecht.info/synopse.htm, S. XLI.
3 Berücksichtigt werden allerdings maximal die Stimmen von 25 % der Stimmberechtigten.
4 Berücksichtigt werden jeweils nur so viele Stimmen berücksichtigt, wie für den Erfolg des Volksentscheids erforderlich waren. Das sind bei Abstimmungen über einfache Gesetz 25 % der Stimmberechtigten, bei Abstimmungen über Verfassungsänderungen 40 %.
5 Dies ist durchaus nicht unproblematisch; dazu siehe unten S. 646.
6 Vgl. dazu die synoptische Darstellung unter http://dd.staatsrecht.info/synopse.htm, S. LXXXII.

Abstimmung beteiligt haben. Im Übrigen reicht dort ebenfalls die einfache Mehrheit für die Annahme eines Antrags aus. Dennoch sind auch hier die Hürden für den Erfolg eines Antrags beim Volksentscheid gegenüber denen in den meisten der älteren Landesverfassungen deutlich erhöht worden. Schließlich reichte dort bzw. bis zu den jüngsten Reformen in der Regel die einfache Mehrheit für die Annahme.[1]

Für Verfassungsänderungen[2] sind qualifizierte Quoren vorgesehen.[3] In Berlin, Brandenburg, Hamburg, Mecklenburg-Vorpommern, Sachsen-Anhalt und Schleswig-Holstein ist stets die Zustimmung durch zwei Drittel der Abstimmenden notwendig, mindestens aber durch die Hälfte der Stimmberechtigten. In Nordrhein-Westfalen gilt ebenfalls ein Zwei-Drittel-Quorum, allerdings muss sich hier „nur" mindestens die Hälfte der Stimmberechtigten beteiligen. In Bremen und Niedersachsen reicht die Zustimmung durch die Hälfte der Stimmberechtigten aus; in Rheinland-Pfalz und Sachsen wird die Zustimmung durch die *Mehrheit* der Stimmberechtigten verlangt.[4] In Thüringen muss die Mehrheit der Abstimmenden zustimmen, wobei dies mindestens 40 Prozent der Stimmberechtigten entsprechen muss.

In Berlin, Brandenburg und Bremen gilt bei Abstimmungen über die vorzeitige Beendigung der Wahlperiode dasselbe Quorum, wie für Verfassungsänderungen.

In Brandenburg, Mecklenburg-Vorpommern, Sachsen, Schleswig-Holstein und Thüringen können die Bürger bei einer Abstimmung über mehrere Entwürfe zum selben Gegenstand höchstens einer Vorlage zustimmen.[5] In Berlin, Bremen, Hamburg, Niedersachsen, Rheinland-Pfalz und Sachsen-Anhalt müssen die Abstimmenden hingegen für jeden einzelnen Entwurf getrennt entscheiden, ob sie ihm zustimmen oder ihn ablehnen wollen. In Nordrhein-Westfalen kommt es darauf an, ob der Landtag aufgrund des Volksbegehrens ein eigenes Gesetz zum selben Gegenstand verabschiedet hat. In diesem Fall müssen die Bürger zusätzlich entscheiden, ob die im Wege des Volksbegehrens eingebrachte Vorlage an die Stelle des vom Landtag beschlossenen Gesetzes treten soll. Im Ergebnis werden damit doch zwei getrennte Abstimmungen durchgeführt.

---

1 Diese Entwicklung wird vor allem in Nordrhein-Westfalen und Rheinland-Pfalz deutlich, wo die Absenkung der Quoren für das Volksbegehren mit der Einführung qualifizierter Quoren für den Volksentscheid einher ging.
2 In allen Ländern außer Berlin.
3 Vgl. dazu die synoptische Darstellung unter http://dd.staatsrecht.info/synopse.htm, S. LXXXV.
4 Dieser Unterschied macht sich bemerkbar, wenn mehr als ein Entwurf zur Abstimmung steht. Ist die Zahl derjenigen, die alle Entwürfe ablehnen, nicht nur minimal, kann es in den zuletzt genannten Ländern unter Umständen ausreichen, wenn weniger als die Hälfte der Stimmberechtigten einem Entwurf zugestimmt haben.
5 Vgl. dazu die synoptische Darstellung unter http://dd.staatsrecht.info/synopse.htm, S. LXXXIII.

Die Quoren nach den neueren Landesverfassungen

		Berl	Bbg	Brem	Hamb	MV	Nds	NRW	RP	Sachs	LSA	SH	Thür
Gesetze	Abstimmende	Mehrheit						Mehrheit	Mehrheit	Mehrheit			
	Stimmber.	1/4[a]	1/4[a]	1/4	1/5	1/3	1/4	15 %	1/4 Bet.[b]		1/4 bzw. –/–[c]	1/4[a]	1/4
Verfassungs-änderung	Abstimmende	2/3	2/3	2/3	2/3	2/3	2/3	2/3			2/3	2/3	Mehrheit
	Stimmber.	50 %	50 %	50 %	50 %	50 %	50 %	50 % Bet.[b]	Mehrheit	Mehrheit	50 %	50 %	40 %
Beendigung Wahlperiode	Abstimmende	2/3	2/3						Mehrheit				
	Stimmber.	50 % Bet.[b]	50 %	50 %			–	–	1/4 Bet.[b]	–	–	–	–

[a] Das Verfahren ist nicht auf die Gesetzgebung beschränkt.
[b] Entscheidend ist nicht der Grad der Zustimmung, sondern eine hinreichende Beteiligung an der Abstimmung.
[c] Das qualifizierte Abstimmungsquorum entfällt, wenn der Landtag einen konkurrierenden Entwurf zur Abstimmung stellt.

Das Verfahren für die Ausfertigung und Verkündung der vom Volk beschlossenen Gesetze unterscheidet sich in den meisten Ländern nicht von demjenigen, das auch für Parlamentsgesetze anwendbar ist. Lediglich in Berlin und Bremen finden sich Sonderregelungen in Bezug auf die Fristen: Während die Frist in Bremen kürzer als im Regelfall ist,[1] gelten in Berlin weder für die Ausfertigung, noch für die Verkündung irgendwelche Fristen.[2] Damit soll möglicherweise sicher gestellt werden, dass ein vom Volk beschlossenes Gesetz erst dann in Kraft tritt, wenn das Verfassungsgericht über die ordnungsgemäße Durchführung des Verfahrens entschieden hat. Allerdings ist es nicht erforderlich, die zuständigen Organe von der Pflicht zur Verkündung des beschlossenen Gesetzes zu befreien, da das Verfassungsgericht gegebenenfalls von Amts wegen darüber zu entscheiden hat, ob ein bereits verkündetes Gesetz aufgrund des Einspruchs gegen das Ergebnis eines Volksentscheides im Wege einer einstweiligen Anordnung vorläufig wieder außer Kraft gesetzt werden muss.[3]

Die Zuständigkeit für die Ausfertigung und Verkündung ist uneinheitlich gerelgelt: Während die Länder Bremen, Hamburg, Mecklenburg-Vorpommern, Nordrhein-Westfalen, Rheinland-Pfalz und Schleswig-Holstein insofern dem Vorbild der älteren Landesverfassungen folgen und die Ausfertigung und Verkündung der im Wege einer Volksabstimmung beschlossenen Gesetze der Landesregierung[4] oder dem Ministerpräsidenten[5] zuweisen, ist in Berlin, Niedersachsen und Sachsen der Landtagspräsident zumindest für die Ausfertigung zuständig.[6] Dies gilt auch für Sachsen-Anhalt, wo der Landtagspräsident allerdings der Gegenzeichnung durch die Landesregierung bedarf.[7] Nur in Brandenburg und Thüringen liegt die Zuständigkeit für die Ausfertigung und Verkündung insgesamt beim Landtagspräsidenten.[8]

III. Referenden und andere Sonderregelungen

Nur in Berlin und Bremen gibt es Bestimmungen über obligatorische Verfassungsrefenden, die allerdings auf bestimmte Angelegenheiten beschränkt bleiben. So können die Rege-

---

1   Vgl. Art. 73 BremV (Ausfertigung und Verkündung innerhalb von zwei Wochen bei Volksgesetzen) und Art. 123 III BremV (Ausfertigung und Verkündung innerhalb von einem Monat bei Parlamentsgesetzen).
2   Vgl. Art. 60 II VvB (Unverzügliche Ausfertigung durch den Präsidenten des Abgeordnetenhauses und Verkündung innerhalb von 2 Wochen durch den Regierenden Bürgermeister bei Parlamentsgesetzen) und Art. 63 IV VvB (keine Fristen für die Ausfertigung und Verkündung von Volksgesetzen). In § 83 I 1 RP-LWG ist ebenfalls keine Frist genannt. Hier greift aber die allgemeine Vorgabe des Art. 113 I RP-V.
3   Vgl. dazu oben S. 330.
4   Vgl. Artt. 73 BremV; 52 S. 1 HambV; 71 I NRW-V.
5   Vgl. Artt. 58 I 1 MV-V, 113 I RP-V, 39 I SH-V.
6   Vgl. Artt. 63 IV VvB; 45 I 1 NdsV; 76 I 1 SächsV.
7   Vgl. Art. 82 I 1 LSA-V.
8   Vgl. Artt. 81 I BbgV, 85 I ThürV; dazu *von Brünneck*, JÖR 2004, 259, 289, der zu Recht darauf hinweist, dass die in den anderen Ländern üblichen Regelungen ein Relikt aus der Zeit des Konstitutionalismus darstellen.

lungen über das Volksbegehren und den Volksentscheid[1] in Berlin nur mit Zustimmung der Bürger geändert werden. In Bremen gilt eine entsprechende Beschränkung in Bezug auf die Regelungen über die Selbständigkeit der Stadtgemeinde Bremerhavens.

In Bremen und Sachsen kann das Parlament dem Volk Verfassungsänderungen zur Entscheidung vorlegen. Ein solches fakultatives Verfassungsreferendum bedarf eines Antrags durch die Hälfte der Abgeordneten, also der Regierungsmehrheit. In Bremen können auch alle möglichen anderen Fragen einem Referendum unterzogen werden. Hierfür ist Beschluss des Parlaments notwendig, für den die einfache Mehrheit genügt.[2] In Nordrhein-Westfalen hat nur die Regierung das Recht, einen von ihr eingebrachten und vom Parlament abgelehnten Gesetzentwurf zur Abstimmung zu bringen. Verfehlt der Entwurf die erforderliche Mehrheit, dann muss die Regierung zurücktreten; wird das Gesetz hingegen angenommen, kann die Regierung den Landtag auflösen – was im Ergebnis allerdings ebenfalls dazu führen würde, dass auch ihre Amtszeit endet. Darüber hinaus besteht in Nordrhein-Westfalen die Möglichkeit eines fakultativen Verfassungsreferendums auf Antrag der Landesregierung oder des Landtags, wenn ein Entwurf zur Änderung der Verfassung im Parlament die erforderliche Zwei-Drittel-Mehrheit verfehlt hat.

In Rheinland-Pfalz können 150.000 Stimmberechtigte die Durchführung eines Volksentscheids verlangen, wenn die Verkündung eines vom Landtag beschlossenen Gesetzes zuvor auf Antrag eines Drittels der Mitglieder des Landtags ausgesetzt wurde und der Landtag das Gesetz nicht für dringlich erklärt hat. Das Verfahren entspricht im wesentlichen dem bei einem normalen Volksbegehren. Allerdings sind für den Volksantrag nur 10.000 statt 20.000 Unterschriften erforderlich, die innerhalb eines Monats gesammelt werden müssen.[3] Die Eintragungsfrist für das Volksbegehren läuft nur einen Monat, in dem 150.000 Unterschriften gesammelt werden müssen. Wurde dieses Quorum erreicht, findet der Volksentscheid ohne weitere parlamentarische Beratungen statt.

IV. Schluss

Durch diese sehr komprimierte Darstellung sollte deutlich geworden sein, dass sich die Verfahren in den einzelnen Ländern trotz aller Gemeinsamkeiten im Detail erheblich voneinander unterscheiden. Offensichtlich wurde sowohl bei der Verfassunggebung als auch bei der Formulierung der Ausführungsbestimmungen der Ehrgeiz entwickelt, eigenständige Regelungen zu treffen, und nicht nur die einschlägigen Bestimmungen aus bzw. zu den anderen Landesverfassungen zu kopieren.

Dennoch entspricht zumindest die Grundstruktur der Verfahren bis zum Volksentscheid im wesentlichen den Vorgaben aus den älteren Landesverfassungen. Allerdings sollte bereits deutlich geworden sein, dass sich die Verfassung- und Gesetzgeber nicht am bayerischen Modell orientiert und nach Möglichkeiten gesucht haben, ob und wie die dort vor-

---

1 Nicht aber über die Volksinitiative.
2 Vgl. dazu die synoptische Darstellung unter http://dd.staatsrecht.info/synopse.htm, S. LXXXIII.
3 Wobei diese Hürde in der Regel ohnehin entfallen wird, da auch hier auf die Beibringung der Unterschriften verzichtet werden kann, wenn der Landesvorstand einer im Landtag vertretenen Partei den Antrag stellt.

gesehenen Hürden weiter abgesenkt werden können, damit die direktdemokratischen Verfahren zu praktikablen Instrumenten der Politik werden. Vielmehr wurden in den allermeisten Ländern die Beschränkungen des Anwendungsbereiches und das dem Volksbegehren vorgelagerte besondere Antragsverfahren für das Volksbegehren übernommen. Zwar entspricht auf der einen Seite das Quorum für das Volksbegehren in den meisten Ländern[1] mit zehn Prozent der Stimmberechtigten dem bayerischen Vorbild, und in Brandenburg, Hamburg und Schleswig-Holstein werden sogar deutlich weniger Unterschriften verlangt. Auf der anderen Seite wurden in fast allen Ländern qualifizierte Abstimmungsquoren für den Volksentscheid eingeführt. Berücksichtigt man nun aber, dass bereits die in den älteren Landesverfassungen vorgesehenen Hürden auf dem Weg zum Volksentscheid im Ergebnis präventive Wirkungen entfaltet haben, so erscheint es durchaus zweifelhaft, ob den Bürgern mit den in den und aufgrund der neueren Landesverfassungen geregelten direktdemokratischen Verfahren tatsächlich weiter reichende Möglichkeiten eingeräumt wurden, um den Prozess der politische Willensbildung unmittelbar beeinflussen zu können.

Auf der anderen Seite finden sich aber auch zahlreiche Versuche, den Initiatoren das Verfahren zu erleichtern. Dazu sollen vor allem die in einigen Ländern vorgesehene Möglichkeit der freien Sammlung von Unterschriften für das Volksbegehren dienen oder auch die Verlängerung der Eintragungsfristen und die Ansprüche auf Kostenerstattung für die Vorbereitung des Volksbegehrens oder Volksentscheids. Zugleich wurde die kommunikative Funktion der Verfahren stärker in den Mittelpunkt gerückt. Am deutlichsten wird dies durch die Einführung der Volksinitiative. Überhaupt ist eine Tendenz festzustellen, die Verfahren enger als bisher mit der parlamentarischen Beratung zu verknüpfen.

Aufgrund der zahlreichen Unterschiede im Detail entziehen sich die Regelungen in und zu den neueren Landesverfassungen einer nur-zusammenfassenden Darstellung. Im Folgenden soll daher die Rechtslage für jedes Land gesondert dargestellt werden, wobei auch die einschlägigen Ausführungsbestimmungen am Maßstab des Verfassungsrechts zu überprüfen sind. Auf Grundlage der bisherigen praktischen Erfahrungen[2] mit den Verfahren soll dann jeweils eine verfassungspolitische Bewertung auf Grundlage der im ersten Teil dieser Untersuchung entwickelten Kriterien versucht werden.

Um den Verlauf der Diskussion und die Art und Weise deutlich zu machen, wie sich die Diskussionen in den einzelnen Ländern gegenseitig beeinflusst haben, orientiert sich die Reihenfolge der Darstellung an der Entstehungsgeschichte der einzelnen Verfassungen. Am Anfang der verfassungsrechtlichen Entwicklung stand die bereits vor dem Zusammenbruch des SED-Regimes in der DDR begonnene Reform der Verfassung des Landes Schleswig-Holstein im Jahre 1990.[3] Zwei Jahre später gaben sich dann die neuen Länder Brandenburg, Sachsen und Sachsen-Anhalt ihre Verfassungen. Im Jahre 1993 wurde zunächst in Niedersachsen die bisher geltende vorläufige von einer neuen Verfassung abgelöst und kurz darauf konnten auch die Verfassungsberatungen in Mecklenburg-Vorpommern und Thüringen[4]

---

1 Nur in Sachsen und Sachsen-Anhalt muss ein größerer Anteil der Stimmberechtigten mobilisiert werden.
2 Eine Übersicht der seit 1991 eingeleiteten und durchgeführten Verfahren findet sich im Anhang auf S. 930 ff.
3 Die einschlägigen Bestimmungen der Verfassung wurden Anfang 2004 geändert.
4 Die einschlägigen Bestimmungen der Verfassung wurden Ende 2003 geändert.

abgeschlossen werden.[1] Am Ende des Jahres 1994 traten nach einer Volksabstimmung weitreichende Änderungen der Verfassung von Bremen in Kraft. Im Oktober 1995 wurde die neue Verfassung von Berlin in einem Referendum bestätigt. Einen vorläufigen Schlusspunkt fand die Reformphase mit der grundlegenden Überarbeitung der Verfassung von Hamburg im Mai 1996.[2] Als „Nachzügler" folgten in den Jahren 2000 und 2002 die Reformen der Verfassungen von Rheinland-Pfalz und Nordrhein-Westfalen.

---

[1] Maßgeblich ist der tatsächliche Abschluss der Beratungen. So war die Verfassungsdiskussion in Brandenburg bereits im April 1992 beendet. Die Verfassung ist aber erst nach der Bestätigung durch das Referendum vom 14. Juni 1992 – und damit nach der sächsischen Verfassung – in Kraft getreten (*von Mangoldt*, Verfassungen, S. 15, Fn. 17, erkennt dennoch ein „Erstgeburtsrecht der Verfassung des Freistaates Sachsen"). Auch in Mecklenburg-Vorpommern und Thüringen mussten Verfassungsreferenden im Juni bzw. Oktober 1994 abgewartet werden, so dass die Verfassungen erst nach dem Abschluss der Beratungen in Bremen endgültig in Kraft treten konnten.

[2] Die einschlägigen Verfassungsbestimmungen wurden im Jahre 2001 nochmals überarbeitet.

2. Kapitel: Schleswig-Holstein

I. Zur Entstehungsgeschichte[1]

Zur Aufklärung der so genannten „Barschel-Affäre"[2] setzte der schleswig-holsteinische Landtag im Jahre 1988 einen Untersuchungsausschuss ein. Dieser Ausschuss beschränkte sich nicht auf seinen eigentlichen Auftrag,[3] sondern erarbeitete auch Vorschläge, wie die Macht des Ministerpräsidenten in Zukunft besser kontrolliert werden könne. Auf seine Anregung berief der Landtag am 29. Juni 1988 eine Enquête-Kommission Verfassungs- und Parlamentsreform ein. Diese hatte den ausdrücklichen Auftrag, „auf der Grundlage moderner verfassungsrechtlicher und verfassungspolitischer Erkenntnisse Möglichkeiten zur wirksamen Kontrolle der Regierung, zur verstärkten Beteiligung der Bürgerinnen und Bürger, zur Stärkung des Landtags sowie zur Verbesserung seiner Arbeitsbedingungen und seiner Arbeitsweise zu prüfen."[4] Die Kommission konstituierte sich am 19. August 1988 und schloss ihre Arbeit nach 16 Sitzungen am 21. Januar 1989 ab. Ihr gehörte neben zahlreichen Sachverständigen nur eine einzige Abgeordnete an.[5]

Der Schlussbericht der Kommission vom 8. Februar 1989[6] war wiederum Gegenstand der Verhandlungen des Landtags, der am 14. Februar 1989 einen Sonderausschuss zur Beratung der Kommissions-Empfehlungen einsetzte.[7] Dieser Ausschuss trat bis zum

---

1 Zu den Beratungen vgl. *Börnsen*, RuP 1991, S. 69 f.; *Bull*, JöR 2004, S. 489, 492 ff./497; *von Mutius/Wuttke/Hübner*, S. 6 ff.; *Rohn*, NJW 1990, S. 2782, 2783.

2 Unmittelbar vor den Landtagswahlen im September 1987 war durch eine Veröffentlichung des SPIEGEL publik geworden, dass der Medienreferent des damaligen Ministerpräsidenten Uwe *Barschel* versucht hatte, den SPD-Spitzenkandidaten Björn *Engholm* durch unlautere Methoden zu diskreditieren. Dennoch konnte die CDU ihre Mehrheit knapp behaupten. Nachdem *Barschel* sich immer weiter in Widersprüche über seine Beteiligung an diesen Machenschaften verwickelte, gab er auf einer Pressekonferenz sein Ehrenwort, dass er nicht informiert gewesen sei. Kurz darauf wurde diese Aussage durch neue Indizien in Frage gestellt. *Barschel* wurde kurz darauf tot in einem Genfer Hotelzimmer aufgefunden. Bei den daraufhin angesetzten Neuwahlen erreichte die SPD die Mehrheit.

3 Nämlich „eventuell rechtswidrige Handlungen und Unterlassungen des Ministerpräsidenten Dr. Barschel, der Mitglieder, Mitarbeiter und Helfer der Landesregierung gegen zum 11. Landtag kandidierende Parteien und ihre Repräsentanten" zu untersuchen.

4 LT-Drs. 12/14, S. 1.

5 Dazu *von Mutius/Wuttke/Hübner*, S. 6 f.

6 LT-Drs. 12/180 und *Schleswig-Holsteinischer Landtag*, S. 151 ff.. Die Kommission forderte mehrheitlich die Einführung der Volksinitiative als Mittel zur Kommunikation zwischen Parlament und Regierung und befürwortete die Volksbefragung, a.a.O. S. 153 f. Diese „Volksenquête" wurde von den Sachverständigen *von Mutius*, *Thaysen* und dem früheren Landtagsvizepräsidenten *Schübeler* vehement zurückgewiesen, a.a.O. S. 159 ff. Nur die Sachverständigen *Schubert-Riese* und *Seifert* forderten auch die Einführung von Volksbegehren und Volksentscheid, a.a.O. S. 161 f.. Für das Begehren sollte ein Quorum von lediglich 2 % gelten, wobei offensichtlich der Unterschied zwischen dem Volksantrag und dem Volksbegehren in den anderen Ländern verkannt wurde. Die Vorschläge der beiden Sachverständigen gingen nicht zuletzt auf den Entwurf der „Aktion Volksentscheid" für ein Bundes-Volksabstimmungsgesetz zurück, vgl. dazu oben S. 212.

7 Dem Ausschuss gehörten ausschließlich Abgeordnete des Landtags an.

16. Mai 1990 zu insgesamt 30 Sitzungen zusammen. Er hörte Sachverständige, Vertreter von Bürgerinitiativen und einzelne Bürger an.

Der wohl am heftigsten umstrittene Streitpunkt waren die Vorschläge der Enquête-Kommission zur Einführung direktdemokratischer Verfahren.[1] Die Mehrheit der Ausschussmitglieder befürwortete zwar die Einführung von Volksinitiative, Volksbegehren und Volksentscheid in die Verfassung, die für eine Verfassungsänderung erforderliche Zwei-Drittel-Mehrheit wurde jedoch nicht erreicht.[2] Als die Fraktion der SPD und der Abgeordnete des SSW,[3] der Partei der dänischen Minderheit in Schleswig-Holstein, Karl-Otto Meyer den vom Sonderausschuss erarbeiteten Verfassungsentwurf dennoch in den Landtag einbrachten,[4] legte die CDU legte einen eigenen Entwurf vor, der nur eine maßvolle Ergänzung der bisherigen Landessatzung vorsah; insbesondere sollte auf die Einführung direktdemokratischer Verfahren verzichtet werden.[5]

Am 16. Januar 1990 fand die erste Lesung der Verfassungsentwürfe statt. Im Verlauf der Diskussionen wurden die Regelungen über die Volksinitiative, das Volksbegehren und den Volksentscheid nochmals überarbeitet,[6] um den Bedenken der CDU Rechnung zu tragen. Dass diese ihre Meinung doch noch geändert hat, lag aber möglicherweise auch daran, dass im Herbst 1989 das SED-Regime in der DDR durch eine friedliche Revolution gestürzt worden war. Damit war aber dem Argument der Boden entzogen, dass die Bürger nicht über die erforderliche Reife verfügten, um verantwortungsvoll politische Entscheidungen treffen zu können.[7] Am 30. Mai 1990 verabschiedete der Landtag die neue Verfassung einstimmig.[8]

Nach diesem Kraftakt der Verfassungsreform scheint der Elan des Landtags und der Landesregierung ziemlich erschöpft gewesen zu sein.[9] Erst vier Jahre später, am 13. Mai

---

1 Dazu *Börnsen*, RuP 1991, S. 69, 75.

2 Der Sonderausschuss schloss sich ausdrücklich dem Sondervotum der Sachverständigen *Schubert-Riese* und *Seifert* zum Schlussbericht der Enquête-Kommission Verfassungs- und Parlamentsreform an, vgl. LT-Drs. 12/620, S. 45 ff. Die Möglichkeit der Befragung der Bürger wurde nicht in die Verfassung aufgenommen.

3 Der Südschleswigsche Wählerverband (SSW) ist die Partei der dänischen Minderheit in Schleswig-Holstein.

4 LT-Drs. 12/637.

5 Ihr Verfassungsentwurf (LT-Drs. 12/438) enthält keinerlei Regelungen über die Volksinitiative, das Volksbegehren und den Volksentscheid.

6 Auch die Volksinitiative wurde inhaltlichen Beschränkungen unterworfen. Für das Quorum wurde (wieder) eine feste Zahl von Unterschriften angegeben und nicht mehr an das Ergebnis der letzten Landtagswahlen angeknüpft. Weiterhin wurde eine Möglichkeit eingeführt, die Zulässigkeit eines Volksbegehrens vor der Sammlung von Unterschriften zu überprüfen. Dem Landtag wurde schließlich die Möglichkeit eingeräumt, einen konkurrierenden Entwurf zur Abstimmung zu stellen.

7 Vgl. dazu auch *Bull*, JöR 2004, S. 489, 497.

8 GVOBl. S. 391. Im August 1992 forderte die DVU (erfolglos) die Streichung der inhaltlichen Beschränkungen für die direktdemokratischen Verfahren, LT-Drs. 13/211 und 469. Die fraktionslose Abgeordnete *Köhler* hat am 29.9.1994 (erfolglos) beantragt, dem Landtag über eine Verfassungsänderung auch das Recht zum Referendum einzuräumen, LT-Drs. 13/2184.

9 Auch *Jung*, ZG 1998, S. 295, 296 f., betont, dass die von der Landesregierung geltend gemachte Schwierigkeit der Materie (So Innenminister Hans-Peter *Bull* in der Sitzung des Landtags am 26.5.1994,

1994, hat die Landesregierung nach heftigem Drängen der oppositionellen CDU[1] und nachdem bereits eine erste Volksinitiative eingegangen war,[2] den Entwurf für ein Gesetz über Initiativen aus dem Volk, Volksbegehren und Volksentscheid (SH-VAbstG) vorgelegt.[3] Nachdem sich die Beratungen über diesen Entwurf noch über ein weiteres Jahr hingezogen hatten, wurde das Gesetz am 11. Mai 1995 mit leichten Veränderungen gegenüber dem ursprünglichen Entwurf der Landesregierung[4] verabschiedet.[5] Es wurde dann Grundlage für die Behandlung der bisher eingegangenen Volksinitiativen.[6] Im Februar 2004 hat der Landtag eine Änderung der einschlägigen Verfassungsbestimmungen und des Ausführungsgesetzes beschlossen,[7] die im Rahmen der vorliegenden Darstellung nicht mehr berücksichtigt werden konnte.[8]

II. Die Volksinitiative nach Art. 41 SH-V

Das Institut der Volksinitiative wurde bundesweit zum ersten Mai in Schleswig-Holstein in die Verfassung eingeführt.

A. Der Anwendungsbereich der Volksinitiative

Wie bereits dargelegt wurde, ist das Verfahren der Volksinitiative nicht in erster Linie darauf angelegt, eine unmittelbare Entscheidung der Bürger herbeizuführen oder vorzubereiten. Vielmehr handelt es sich um eine Art qualifizierter Petition, mit der das Parlament verpflichtet werden kann, sich mit dem Anliegen der Initiatoren auseinander zu setzen.[9] Darüber hinaus hat die Volksinitiative in Schleswig-Holstein aber auch die Funktion eines

---

Sten. Prot. S. 4256) angesichts der seit langem bestehenden Ausführungsgesetze in den alten Ländern und der parallel geführten Beratungen in den neuen Ländern nicht überzeugt.

1 Vgl. etwa LT-Drs. 13/1444. Auch die ebenfalls im Parlament vertretene „Deutsche Liga für Volk und Heimat" (DLVH) forderte die rasche Verabschiedung eines Ausführungsgesetzes, LT-Drs. 13/1504. Die aus der DLVH ausgetretene Abgeordnete *Köhler* reichte denselben Entwurf für ein Ausführungsgesetz gleich zweimal ein (LT-Drs. 13/1510 und 1519).
2 Vgl. dazu unten S. 480 f.
3 LT-Drs. 13/1973.
4 Mit diesen Änderungen sollte den Initiatoren das Verfahren erleichtert werden. Auf die einzelnen Änderungen gegenüber dem Entwurf wird im Zusammenhang mit der Darstellung der Verfahrensregelungen einzugehen sein.
5 GVOBl. S. 158; ergänzt durch die Landesverordnung zur Durchführung des Volksabstimmungsgesetzes vom 8.5.1996, GVOBl. S. 461 (SH-VAbstGDVO).
6 Die bisherige Praxis der Verfahren wird noch dargestellt werden; vgl. S. 480 ff.
7 Gesetz vom 14..2004, GVOBl. S. 54.
8 Durch die Änderung wurden einige der im Folgenden beschriebenen Probleme beseitigt. Insbesondere wurde klar gestellt, dass bereits auf der Ebene der Volksinitiative eine Zulässigkeitskontrolle statt finden muss. Auch wurde die Zuständigkeit für die Entscheidung über die Zulässigkeit klarer geregelt.
9 Dazu siehe oben S. 44.

Volksantrages, da es sich gegebenenfalls um die erste Stufe des Verfahrens bis zum Volksentscheid handelt.[1]

1. Die möglichen Gegenstände der Volksinitiative

Entsprechend dem Zweck der Volksinitiative gibt Art. 41 SH-V den Bürgern das Recht, den Landtag mit „bestimmten Gegenständen der politischen Willensbildung" zu befassen.

Auf der einen Seite können nur solche Angelegenheiten Gegenstand einer Volksinitiative sein, zu denen das Parlament im Rahmen seiner verfassungsmäßigen Zuständigkeiten überhaupt eine Entscheidung treffen kann.[2] Außerhalb der Zuständigkeiten des Landtags – und damit auch außerhalb des Anwendungsbereichs der Volksinitiative – liegen jedenfalls alle Angelegenheiten, die durch die Verfassung ausschließlich der Regierung oder den Gerichten zur Entscheidung zugewiesen sind.[3] Damit werden auch die Bürger dem Grundsatz der Gewaltenteilung unterworfen. Maßstab für die *sachliche* Zuständigkeit des Landtags im Bereich der Gesetzgebung sind die Artt. 70 ff. GG, die auf diese Weise mittelbar in das Landesverfassungsrecht hineinwirken.[4]

Auf der anderen Seite beschränkt Art. 41 SH-V den Anwendungsbereich der Volksinitiative nicht auf einzelne Entscheidungszuständigkeiten des Landtags.[5] Wenn es dem Parlament überhaupt möglich ist, sich mit einer bestimmten Frage zu befassen, dann gehört diese Frage zur politischen Willensbildung.[6] Die Bürger können somit über die Volksinitiative nicht *nur* auf solche Entscheidungen Einfluss nehmen, zu denen der Landtag innerhalb seiner verfassungsmäßigen Zuständigkeiten befugt ist, sondern grundsätzlich auch auf *alle* diese Entscheidungen.[7] Die Formulierung „*bestimmte* Gegenstände der politischen Willensbildung" ist dementsprechend nicht als Auftrag an den Gesetzgeber zu sehen, den

---

1 Dazu siehe unten S. 462. Erstaunlicherweise spricht *Bull*, JöR 2004, S. 489, 494, von einer „Stufung" der Beteiligungsformen, bei der die Volksinitiative noch keine verbindliche Mitwirkung darstelle, aber durch das Volksbegehren und Volksentscheid in bindender Weise Staatswillen gebildet werde. Diese These ist nicht nur deshalb erstaunlich, weil *Bull* als damaliger Innenminister des Landes maßgeblich an den Verfassungsberatungen teilgenommen hat, sondern auch deshalb, weil er einige Seiten später völlig korrekt auf den dreistufigen Aufbau des Verfahrens und darauf verweist, dass die Volksinitiative die erste Stufe auf dem Weg zum Volksentscheid ist, a.a.O., S. 497.

2 Die ausdrückliche Betonung, dass der Gegenstand die „Entscheidungszuständigkeit" des Landtags betreffen muss, ist im Grunde überflüssig; vgl. auch *Pestalozza*, LKV 1995, S. 344, 349 und dort Fn. 38.

3 von Mutius/Wuttke/*Hübner*, Art. 41 SH-V, Rn. 6; *Reich*, Art. 81 LSA-V, Rn. 1; so auch *BayVfGH*, NVwZ 88, S. 242, und das *BbgVfG*, NJ 1995, S. 140, das allerdings zu Recht eine restriktive Auslegung der Kernaufgaben der Regierung verlangt.

4 Vgl. dazu LT-Drs. 13/1973, S. 21 zu § 8 I SH-VAbstG.

5 Dem Verfassunggeber wäre es allerdings möglich gewesen, diejenigen Gegenstände der politischen Willensbildung, die nicht auch Thema einer Volksinitiative sein sollen, näher zu bestimmen.

6 Ähnlich auch *Pestalozza*, LKV 1995, S. 344, 349, der allerdings die in Fn. 5 genannte Möglichkeit verkennt.

7 So hat das auch die Enquête-Kommission Verfassung- und Parlamentsreform gesehen, in. *Schleswig-Holsteinischer Landtag*, S. 152. Ähnlich von Mutius/Wuttke/*Hübner*, Art. 41 SH-V, Rn. 6; *Röper*, ZParl. 1997, S. 461, 467. Zu eng hingegen das *BbgVfG*, NJ 1995, S. 140, das davon auszugehen scheint, dass es auf die *Gesetzgebungs*zuständigkeit des Landtags ankommt und dabei verkennt, dass dieser eben nicht nur Organ der Gesetzgebung ist.

Anwendungsbereich dieses Verfahrens zu konkretisieren.[1] Vielmehr wird dadurch lediglich klargestellt, dass der Gegenstand der konkreten Initiative hinreichend bestimmt sein muss. Eine Ausnahme von diesem Grundsatz gilt lediglich für die Binnenorganisation des Parlaments, also z.B. für die Geschäftsordnung[2] oder die Entscheidung darüber, welche Ausschüsse eingerichtet werden, welche Abgeordneten diesen Ausschüssen angehören sollen oder wer das Parlament nach außen vertreten und die Sitzungen leiten soll. Zwar kommt auch diesen Entscheidungen mittelbar eine politische Bedeutung zu. Sie dienen jedoch in erster Linie dazu, die Handlungsfähigkeit des Parlaments zu sichern und kommen daher nicht als Gegenstand einer Volksinitiative in Betracht.[3]

a. Die Volksinitiative als Teil des Gesetzgebungsverfahrens

Nach Art. 10 I 3 SH-V übt der Landtag die gesetzgebende Gewalt aus. Konsequenterweise werden in Art. 41 I 2 SH-V ausdrücklich auch Gesetzentwürfe als tauglicher Gegenstand von Volksinitiativen benannt. Dies gilt gleichermaßen für einfache Gesetze und für das Verfassungsrecht. Auch hier muss zwar grundsätzlich ein materieller Gesetzesbegriff zugrunde gelegt werden. Allerdings können nach der Rechtsprechung des Bundesverfassungsgerichtes gegebenenfalls auch besonders gewichtige Planungsentscheidungen in Form eines Gesetzes ergehen.[4]

In Betracht kommen insofern grundsätzlich nur Anträge zu Landesgesetzen, da nur diese in den Kompetenzbereich des Landtags fallen. Wie bereits ausgeführt wurde,[5] ist das Bundesrecht allerdings nicht völlig vom Anwendungsbereich der direktdemokratischen Verfahren auf der Ebene der Länder ausgeschlossen, da die Länder über den Bundesrat an der Gesetzgebung des Bundes mitwirken. Zwar unterliegen die Mitglieder des Bundesrates nur den Weisungen der jeweiligen Landesregierung. Dies schließt es jedoch nicht aus, dass andere Organe des Landes die Landesregierung zu einem bestimmten Verhalten auf der Ebene des Bundes und insbesondere zu einer Gesetzgebungsinitiative im Bundesrat auffordern. Da es keinen bundesrechtlichen Grundsatz gibt, nach dem die Regierung ausschließlich dem Parlament gegenüber verantwortlich ist, kann der Landesverfassunggeber auch dem Volk das Recht zu entsprechenden Vorlagen einräumen. Genau dies ist durch die offene Formulierung der möglichen Gegenstände einer Volksinitiative in Schleswig-Holstein geschehen. Mittelbar kann einer solchen Volksinitiative daher gegebenenfalls auch ein

---

1 Fraglich ist, ob ein solcher Konkretisierungsvorbehalt überhaupt zulässig wäre. Die höchst komplexe Frage nach der Abgrenzung der Zuständigkeiten des „einfachen" und des Verfassungsgesetzgebers soll hier aber nicht untersucht werden.
2 Obwohl über diese gemäß Art. 14 I 2 SH-V unzweifelhaft vom Landtag zu entscheiden ist.
3 Daher kommen Volksinitiativen zur Wahl der Landtagspräsidentin, ihrer Vizepräsidentinnen und Vizepräsidenten sowie der übrigen in Art. 14 I SH-V genannten Amtsträger nicht in Betracht.
  Dass ein Antrag auf Abwahl der Mitglieder des Landtagspräsidiums nicht durch die Volksinitiative eingebracht werden kann, ergibt sich bereits aus der abschließenden Regelung des Art. 14 II 2 SH-V, wonach ein entsprechender Antrag nur von einem Drittel der Mitglieder des Landtags gestellt werden kann.
  Wie hier im Ergebnis auch *Sampels*, S. 184 ff., der auf das Gewaltenteilungsprinzip abstellt.
4 *BVerfGE* 95, 1; vgl. dazu schon oben S. 267.
5 Vgl. dazu oben S. 237 ff.

Entwurf für ein Bundesgesetz zugrunde gelegt werden, sofern dieses Gesetz im Falle seiner Annahme Auswirkungen auf das Land hätte.

b. Die Volksinitiative als Instrument für Personalentscheidungen

Der Landtag nimmt nicht nur durch Sachentscheidungen Einfluss auf die politische Willensbildung. Er hat daneben auch das Recht und die Pflicht, die Ministerpräsidentin zu wählen und kann diese durch ein konstruktives Misstrauensvotum wieder absetzen.[1] Der Landtag wählt auch die Mitglieder des Richterwahlausschusses, die Präsidenten der oberen Landesgerichte sowie den Präsidenten und den Vizepräsidenten des Landesrechnungshofes.[2] Weiterhin steht ihm eine Personalentscheidung in eigener Sache zu, nämlich das Recht zur Beendigung der Wahlperiode, Art. 13 II SH-V. Durch einfache Gesetze wurden dem Landtag weitere Personalentscheidungen zugewiesen.[3/4]

Im Gegensatz zu den vergleichbaren Bestimmungen anderer Verfassungen, sind Volksinitiativen zu Personalentscheidungen in Schleswig-Holstein nicht ausdrücklich ausgeschlossen.[5] Aufgrund der Tatsache, dass dem Landtag eine Personalentscheidung zugewiesen wird, besteht die Vermutung, dass es sich bei dieser Entscheidung um einen Gegenstand der politischen Willensbildung im Sinne von Art. 41 I 1 SH-V handelt. Dieser weiten Auslegung kann nicht entgegengehalten werden, dass die betreffenden Verfassungsbestimmungen keinen ausdrücklichen Vorbehalt bezüglich der Anwendbarkeit der direktdemokratischen Verfahren enthalten.[6] Dadurch unterscheiden sie sich zwar auf den ersten Blick von der Bestimmung des Art. 37 über die Gesetzgebung.[7] Allerdings muss zwischen dem Vorschlags- oder Antragsrecht und dem Recht zur Entscheidung differenziert werden.[8]

Die Verfassung regelt nur für *eine* der genannten Personalentscheidungen das Vorschlagsrecht abschließend. Nach Art. 43 III SH-V werden die Präsidenten der oberen Gerichte des Landes auf Vorschlag des für die jeweilige Gerichtsbarkeit zuständigen Ministers gewählt. Daher sind entsprechende Volksinitiativen in jedem Fall unzulässig. Im Übrigen kommen hingegen grundsätzlich auch Anträge an den Landtag, ein bestimmtes öffentliches Amt mit einem bestimmten Kandidaten zu besetzen, als Gegenstand einer Volksinitiative

---

1 Artt. 10 I 2, 26 II 1 SH-V bzw. Art. 35 SH-V.
2 Artt. 43 II 2 und III, 57 II 2 SH-V.
3 Vgl. insbesondere § 18 II des Landesdatenschutzgesetzes in Bezug auf den Landesdatenschutzbeauftragten.
4 Zur Wahl des Landtagspräsidiums nach Art. 14 I SH-V siehe oben S. 442.
5 Vgl. Artt. 61 II VvB, 76 II BbgV, 87 II 2 BremV, 68 II ThürV.
6 So aber von Mutius/Wuttke/*Hübner*, Art. 41 SH-V, Rn. 10.
7 Nach Art. 37 I SH-V können Gesetzentwürfe ausdrücklich über die Volksinitiative eingebracht, nach Art. 37 II SH-V durch Volksentscheid beschlossen werden.
8 Dies verkennt *Röper*, ZParl. 1997, S. 461, 467, der nur darauf abstellt, dass der Beschluss an sich dem Parlament vorbehalten ist. Hingegen geht *Grube*, ThürVBl. 1998, S. 217, 221, zu Recht davon aus, dass eine Volksinitiative grundsätzlich auch für die unmittelbare Beteiligung an Personalentscheidungen genutzt werden kann.

in Betracht.[1] Ebenso zulässig sind Volksinitiativen, mit denen dem Landtag die vorzeitige Beendigung der Wahlperiode nahelegt werden soll.

c. Die Volksinitiative als Kontrollinstrument

Art. 10 I 4 SH-V weist dem Landtag schließlich die Aufgabe zu, öffentliche Angelegenheiten zu behandeln. Dies dient in erster Linie der Kontrolle der Regierung. Die Landesverfassung stellt dem Landtag insofern verschiedene Instrumente zur Verfügung. Zu denken ist insbesondere an die Möglichkeit, Untersuchungsausschüsse einzusetzen oder die Vorlage von Akten verlangen.[2] Unabhängig von einer ausdrücklichen Regelung in der Landesverfassung kann der Landtag daneben Enquête-Kommissionen einsetzen und Anhörungen durchführen, um sich die für die Erfüllung seiner Aufgaben notwendigen Informationen zu verschaffen.[3] Hierbei handelt es sich nicht um lediglich organisatorische Entscheidungen. Die (öffentliche) Behandlung politischer Fragen dient der Vorbereitung von Sachentscheidungen und ist damit Teil der politischen Willensbildung.

Die einschlägigen (Verfassungs-)Bestimmungen regeln – anders als in anderen Ländern[4] – die Antragsbefugnis nicht abschließend. Auch wenn die Kontrollrechte weitgehend als Minderheitenrechte ausgestaltet sind,[5] ist es auch der Landtagsmehrheit möglich, die entsprechenden Entscheidungen zu treffen. Damit lässt sich festhalten, dass der Landtag über die Volksinitiative auch dazu angeregt werden kann, seine Kontrollbefugnisse auf eine bestimmte Art und Weise auszuüben.[6/7]

Angesichts dieses sehr weiten Anwendungsbereiches der Verfahren ist es angemessen, dass die direktdemokratischen Verfahren in einem eigenen Abschnitt der Verfassung geregelt wurden und nicht in Zusammenhang mit den Bestimmungen über die Gesetzgebung.

2. Die inhaltlichen Beschränkungen des Anwendungsbereiches

Den Bürgern scheinen damit fast unbegrenzte Möglichkeiten zur Verfügung zu stehen, um den Landtag auf dem Wege der Volksinitiative zur Behandlung bestimmter Angelegenheiten zu zwingen. Dieser Eindruck verflüchtigt sich allerdings schnell, sobald man sich die

---

1 Insbesondere für die Entscheidung über die Besetzung des Amtes der Ministerpräsidentin steht dies völlig außer Zweifel. Es handelt sich bei einem Vorschlag zu einer Personalentscheidungen auch um eine wichtige und konkret bestimmte Frage im Sinne der Begründung der Landesregierung, LT-Drs. 13/1973, S. 19.

2 Bzw. eines einzelnen Ausschusses.

3 Artt. 18 bzw. 23 II SH-V.

4 Etwa in Sachsen-Anhalt; dazu siehe unten S. 598.

5 Die Kontrollfunktionen des Parlamentes werden in der Praxis vor allem von der parlamentarischen Opposition ausgeübt.

6 Dies zeigt z.B. die Volksinitiative für den Bau der „Südharz-Autobahn" in Sachsen-Anhalt; dazu siehe unten S. 620.

7 In diesem Sinne auch *Grube*, ThürVBl. 1998, S. 217, 221. Ob eine solche Anregung ein effektives Instrument der Bürgerbeteiligung ist, kann hier dahin gestellt bleiben.

erheblichen inhaltlichen Einschränkungen des Anwendungsbereiches dieses Verfahrens vor Augen führt, die sich aus Art. 41 I 2, 2. Hs. und II SH-V ergeben.

a. Ausschluss bestimmter Angelegenheiten

Nach Art. 41 II SH-V sind Volksinitiativen über den Landeshaushalt, Dienst- und Versorgungsbezüge und öffentliche Abgaben unzulässig.[1] Völlig unabhängig davon, ob – und gegebenenfalls in wie weit – es verfassungs*politisch* sinnvoll ist, die Kompetenzen des Volkes zu beschränken, stellt sich damit die Frage nach der Reichweite der inhaltlichen Beschränkungen des Art. 41 II SH-V.

Insofern ist zunächst festzuhalten, dass diese Bestimmung wie jede Ausnahmeregelung restriktiv auszulegen ist. Im Zweifel ist eine Volksinitiative daher als zulässig anzusehen.

(1). Ausschluss von Dienst- und Versorgungsbezügen sowie von Abgaben

Vergleichsweise unproblematisch ist der Ausschluss von Initiativen über Dienst- und Versorgungsbezüge und Abgaben. Da diese Begriffe hinreichend bestimmbar sind, lässt sich der Anwendungsbereich der direktdemokratischen Verfahren insofern eindeutig abgrenzen.

Der Begriff der „Abgaben" ist entsprechend dem allgemeinen juristischen Sprachgebrauch weit zu verstehen und umfasst insbesondere Steuern, Beiträge und Gebühren.[2] Die Bürger haben also keine Möglichkeit, die Einnahmen des Staates zu vergrößern oder ihre Abgabenlast zu verringern. Dieser Einschränkung kommt eine große praktische Bedeutung zu, da die Abgaben neben Ge- und Verboten die wichtigsten Steuerungsinstrumente des Staates sind.[3] Allerdings ist in diesem Zusammenhang wiederum zu beachten,[4] dass Geldleistungspflichten, die nicht dazu dienen, dem Staat Einnahmen zu verschaffen, nicht zu den Abgaben im Sinne des Art. 42 II SH-V gehören: Dies betrifft sowohl Geldstrafen und ähnliche Sanktionen als auch Abschöpfungs- und Lenkungsabgaben, mit denen auf das Verhalten der Bürger eingewirkt werden soll.[5]

Zu den „Dienst- und Versorgungsbezügen" gehören alle gesetzlichen Vergütungsregelungen für den öffentlichen Sektor.[6] Indem Art. 42 II SH-V – anders als die älteren Landesverfassungen – nicht nur die „Besoldung" nennt, hat der Verfassunggeber klargestellt, dass

---

[1] Die DVU-Fraktion im Landtag hat 1992 erfolglos die Streichung des Art. 41 II SH-V gefordert; vgl. LT-Drs. 13/211 und 469.

[2] So auch von Mutius/Wuttke/*Hübner*, Art. 41 SH-V, Rn. 8; vgl. dazu auch schon oben S. 282. In diesem Sinne auch Kunzmann/Haas/*Baumann-Hasske*, Art 73 SächsV, Rn. 2. Anders hingegen *H. Neumann*, Art. 70 BremV, Rn. 18 ff., der Abgaben, Gebühren und Steuern streng unterscheiden will. Auch *Röper*, ZParl. 1997, S. 461, 467 f., hält „Gebühren" ohne Begründung nicht für „Abgaben".

[3] Der Landtag hat allerdings eine Volksinitiative gegen die Einführung einer Schankerlaubnissteuer für zulässig erklärt, obwohl es sich bei einer solchen Steuer zweifellos um eine Abgabe handelt; vgl. dazu unten S. 484.

[4] Vgl. dazu schon oben S. 283

[5] Daher wurde etwa eine Volksinitiative gegen die Einführung einer Schankerlaubnis- und Getränkesteuer zu Recht für zulässig erklärt, vgl. dazu unten S. 484.

[6] Vgl. dazu Kunzmann/Haas/*Baumann-Hasske*, Art 73 SächsV, Rn. 3.

auch die Versorgungsbezüge der Ruhestandsbeamten dem Anwendungsbereich der Verfahren entzogen sind.[1] Zu beachten ist dabei allerdings, dass ein großer Teil der Regelungen über Dienst- und Versorgungsbezüge ohnehin auf bundesrechtlichen Vorgaben beruht und daher der Disposition des Landesgesetzgebers entzogen ist.[2] Art. 41 II SH-V entfaltet daher insofern vor allem Wirkungen für die Bestimmungen des Landesrechtes über die Zuordnung bestimmter Ämter zu den Gruppen der Besoldungsordnungen, sowie für die Besoldung und Versorgung der Wahlbeamten, einschließlich der Minister und Staatssekretäre.[3]

Hingegen wird die Alimentation der Abgeordneten von der Klausel des Art. 41 II SH-V nicht erfasst, da es sich hierbei ebensowenig um „Dienst- oder Versorgungsbezüge" handelt,[4] wie bei den Vergütungsregelungen für die Angestellten im öffentlichen Dienst des Landes.[5] Für eine analoge Anwendung ist angesichts des eindeutigen Wortlauts der Norm kein Raum, da der Begriff „Dienst- und Versorgungsbezüge" sich eindeutig auf die Vergütung der Beamten und Richter bezieht.

In diesem Zusammenhang ist zu beachten, dass aufgrund von Art. 41 II SH-V auch solche Initiativen unzulässig sind, mit denen der Landtag dazu angeregt werden soll, die Landesregierung zu einer Bundesratsinitiative aufzufordern, die auf eine Änderung des (Bundes-) Abgabenrechtes im weitesten Sinne bzw. der bundesrechtlichen Rahmenvorschriften über Dienst- und Versorgungsbezüge abzielt.

(2). Ausschluss des Landeshaushaltes

Etwas größere Probleme ergeben sich daraus, dass Art. 41 II SH-V auch Initiativen über den „Haushalt des Landes" für unzulässig erklärt. Auf den ersten Blick hat der Verfassunggeber in Schleswig-Holstein damit lediglich eine im deutschen Staatsrecht traditionelle Einschränkung der direktdemokratischen Verfahren übernommen. Allerdings unterscheidet sich die Formulierung von den entsprechenden Regelungen in den älteren Landesverfassungen. Wie bereits deutlich wurde, ist in einigen Ländern[6] – ähnlich wie schon in der Weimarer Reichsverfassung – ausdrücklich nur der Haushalts*plan* bzw. das Haushalts*gesetz* dem Anwendungsbereich der direktdemokratischen Verfahren entzogen,[7] in anderen Ländern

---

1 Dazu siehe oben S. 285. Zur Möglichkeit von Volksbegehren über die Beihilfeleistungen des Dienstherrn für seine Beamten und deren Angehörige, vgl. oben S. 285.

2 Aufgrund der zwingenden Vorgaben des Bundesbesoldungsgesetzes, des Beamtenversorgungsgesetzes und der übrigen beamtenrechtlichen Bestimmungen des Bundes.

3 Vgl. dazu auch *Rosenke*, S. 348 ff.

4 In diesem Sinne auch von Mutius/Wuttke/*Hübner*, Art. 41 SH-V, Rn. 8; *H. Neumann*, Art. 70 BremV, Rn. 17; vgl. auch *Braun*, Art. 59 BW-V, Rn. 40. Dazu siehe auch oben S. 285, m.w.N.

5 Allerdings könnten die Bürger durch entsprechende Volksinitiativen allenfalls mittelbar Einfluss nehmen, da weder der Abschluss von Tarifverträgen, noch außertarifliche Vergütungsvereinbarungen mit einzelnen Angestellten des Landes in die Zuständigkeit des Landtages fallen.

6 Und auch in Art. 73 I SächsV; dazu siehe unten S. 562.

7 Artt. 60 VI BW-V, 70 II BremV, 124 I 3 HessV. Eine ähnliche Formulierung findet sich im Entwurf der Sachverständigen *Schubert-Riese* und *Seifert* für Regelungen über das Volksbegehren und den Volksentscheid; vgl. *Schleswig-Holsteinischer Landtag*, S. 161 f. Dieser Vorschlag wurde später vom Sonderausschuss des Landtags übernommen, vgl. LT-Drs. 12/620.

sind *alle* Finanzfragen ausgeschlossen. Nur in Bayern findet sich eine Formulierung, die mit der in Schleswig-Holstein verwendeten vergleichbar zu sein scheint.[1]

Damit stellt sich aber die Frage, ob und in wie weit die für die Auslegung des Art. 73 BayV entwickelten Grundsätze auch auf Art. 41 II SH-V anwendbar sind. Insofern ist zunächst nochmals daran zu erinnern, dass es entgegen der neueren Rechtsprechung des Bayerischen Verfassungsgerichtshofes schon deshalb nicht möglich ist, den Haushaltsvorbehalt in Art. 73 BayV weit auszulegen, weil der in dieser Bestimmung verwendete Begriff des „Staatshaushaltes" in Art. 78 III und IV BayV exakt definiert worden ist und dort eindeutig nur das Gesetz zur Feststellung des Haushaltsplanes bezeichnet. Die in Art. 41 II SH-V verwendete Formulierung „Haushalt des Landes" findet sich demgegenüber nur in dieser Bestimmung. Nachdem der Verfassunggeber in den Artt. 50 und 51 SH-V den nahezu identischen Begriff des „Landeshaushaltes" für die Bezeichnung des Haushaltsplanes bzw. des Gesetzes zur Feststellung dieses Planes verwendet hat, liegt zwar die Schlussfolgerung nahe, dass sich der Haushaltsvorbehalt auch hier nur auf das Haushaltsgesetz selbst bzw. auf den gesamten Haushaltsplan beziehen soll. In diesem Zusammenhang ist weiterhin zu beachten, dass auch die Formulierung „über den Landeshaushalt" dafür spricht, dass der Haushalt als Ganzes gemeint ist, nicht aber jede Vorlage, die sich auf den Haushalt des Landes auswirkt. Allerdings stellt sich die Frage, ob Art. 41 II SH-V bei einer so engen Auslegung überhaupt noch einen eigenständigen Regelungsgehalt behält.

Insofern ist zunächst zu beachten, dass der Entwurf des Haushaltsplanes gemäß Art. 50 III SH-V ausdrücklich von der Landesregierung eingebracht werden muss. In seiner Funktion als Staatsgerichtshof für das Land Schleswig-Holstein[2] hat das Bundesverfassungsgericht daraus abgeleitet, dass der Begriff „Initiative über den Haushalt des Landes" in Art. 41 II SH-V schon deshalb nicht auf die förmliche Haushaltsgesetzgebung beschränkt werden könne, weil das Volk bereits aufgrund von Art. 50 III SH-V von der förmlichen Haushaltsgesetzgebung ausgeschlossen sei und Art. 41 II SH-V bei einer engen Auslegung nur noch deklaratorische Bedeutung hätte.[3] Tatsächlich kann dies These jedoch nicht überzeugen, da der Regelungsgehalt der beiden Bestimmungen nicht identisch ist: Während sich Art. 50 III SH-V auf das Verhältnis zwischen dem Parlament und der Regierung bezieht und klar stellt, dass das Initiativrecht für die Haushaltsgesetzgebung ausschließlich bei der Landes*regierung* liegt,[4] bezieht sich Art. 41 II SH-V auf das Verhältnis zwischen dem Volk und dem parlamentarischen Gesetzgeber.

Auch die Entstehungsgeschichte der Verfassung spricht für eine enge Auslegung des Haushaltsvorbehaltes in Art. 41 II SH-V. Die Verfassungsberatungen waren von dem Bemühen geprägt, den Bürgern Instrumente in die Hand zu geben, mit denen sie den Prozess der politischen Willensbildung effektiv beeinflussen können.[5] Dies zeigt sich unter anderem

---

1   Art. 73 BayV bestimmt, dass über den Staatshaushalt kein Volksentscheid stattfindet; vgl. auch Art. 99 I 3 SaarV, der allerdings den Haushalt nur als eines der finanzwirksamen Gesetze nennt.

2   In Schleswig-Holstein wurde erst im Oktober 2006 ein eigenständiges Landesverfassungsgericht eingerichtet, vgl. At. 44 SH-V.

3   Auf diesen Umstand hat auch das *BVerfGE* 102, S. 176, 187, abgestellt.

4   Andernfalls könnte auch aus der Mitte des Landtags ein Entwurf für das Haushaltsgesetz eingebracht werden.

5   Die Motive des Verfassunggebers sind allerdings nicht ganz eindeutig. Die „Enquête-Kommission

daran, dass die Volksinitiative als Mittel zur Kommunikation zwischen Parlament und Bürgern eingeführt wurde, dass die Quoren für das Volksbegehren deutlich abgesenkt wurden und gleichzeitig der Anwendungsbereich der direktdemokratischen Verfahren über die Gesetzgebung hinaus auf „bestimmte Gegenstände der politischen Willensbildung" erweitert wurde. Zwar bestand im zuständigen Landtags-Sonderausschuss Einigkeit darüber, dass der Haushaltsplan, Dienstbezüge, Steuern, Gebühren und andere Abgaben nicht zum Gegenstand eines Volksentscheids gemacht werden sollten.[1] Entgegen der Ansicht des Bundesverfassungsgerichtes, das in seiner Funktion als Staatsgerichtshof für das Land Schleswig-Holstein über die Reichweite des Art. 41 II SH-V zu entscheiden hatte,[2] lässt sich jedoch auch daraus nicht der Schluss ziehen, dass der Haushaltsvorbehalt in Art. 41 II SH-V weit ausgelegt werden muss. Vielmehr spricht der Umstand, dass sich der Verfassunggeber in Schleswig-Holstein nicht an der restriktiven und klaren Vorgabe des Art. 99 I 3 SaarV orientiert hat eindeutig dafür, dass man den Bürgern durchaus die Möglichkeit verschaffen wollte, auch über finanzwirksame Vorlagen unmittelbar zu entscheiden.

Ohnehin ist es kaum verständlich, wieso das Bundesverfassungsgericht im Zusammenhang mit der Entstehungsgeschichte der einschlägigen Bestimmungen der Landesverfassungen nicht auf die Regelungen oder gar auf die Verfassungspraxis in den anderen Ländern eingegangen ist,[3] sondern insofern vor allem auf eine angeblich schon in der Zeit der Weimarer Republik begründete Regelungs- und Auslegungstradition abgestellt hat und ohne nähere Begründung davon ausgegangen ist, dass der Verfassunggeber in Schleswig-Holstein an diese Tradition angeknüpft habe. Tatsächlich wurde ja bereits deutlich, dass die Reichweite des Haushaltsvorbehaltes nach Art. 73 IV WRV bereits in der Zeit der Weimarer Republik heftig umstritten war.[4] Damit ist aber schon der Ausgangsthese des BVerfG die Grundlage entzogen.

Verfassung – und Parlamentsreform" des Landtags hatte für die Volksinitiative keinerlei inhaltliche Beschränkungen vorgesehen. Und auch nicht für das als „Volksenquête" bezeichnete Referendum auf Antrag einer qualifizierten Landtagsminderheit. Die Einführung von Volksbegehren und Volksentscheid war aber nur von einer Minderheit gefordert worden; vgl. dazu oben S. 439, Fn. 6.
Der Landtags-Sonderausschuss „Verfassung- und Parlamentsreform" befürwortete im Anschluss an das Sondervotum der Sachverständigen *Schubert-Riese* und *Seifert* die Einführung von Volksinitiative, Volksbegehren und Volksentscheid; vgl. LT-Drs. 12/620, S. 11. Dabei wurde ausdrücklich klargestellt, dass die Mehrheit der Ausschussmitglieder die vielfach geltend gemachten Bedenken in Bezug auf eine mögliche Emotionalisierung der Diskussion und eine Schwächung der repräsentativen Demokratie aufgrund der positiven Erfahrungen in den anderen Ländern und im Ausland nicht teilten; a.a.O., S. 47.

1 Allerdings sollten die inhaltlichen Beschränkungen nur für das Volksbegehren und den Volksentscheid gelten, vgl. LT-Drs. 12/620, S. 46 ff.
2 Vgl. *BVerfGE* 102, S. 176, 186; vgl. dazu ausführlich unten S. 488 ff.
3 Zwar hat es sich ausdrücklich auf die Rechtsprechung der anderen Landesverfassungsgerichte berufen. Dabei hat es jedoch vollständig ignoriert, dass zum Zeitpunkt der Verfassungsberatungen in Schleswig-Holstein Einigkeit darüber bestand, dass die Haushaltsvorbehalte eng ausgelegt werden müssen. Dies änderte sich erst, als der Bayerische Verfassungsgerichtshof aufgrund einer rein teleologischen Auslegung zu dem Ergebnis kam, dass Art. 73 BayV die Gesamtheit der Einnahmen und Ausgaben des Staates erfasse, vgl. *BayVfGH*, BayVBl. 1994, S. 205, 207; dazu *G. Burmeister*, Verwaltung 1996, S. 193, 205 f.; vgl. dazu auch *BayVfGH*, NVwZ-RR 2000, S. 401, 403 f. und schon oben S. 276 und 353.
4 Vgl. dazu oben S. 121 ff.

Die Entscheidung des Gerichtes kann auch deshalb nicht überzeugen, weil es ohne nähere Begründung davon ausgeht, dass der Haushaltsvorbehalt dazu diene, die Etathoheit des Landtags und die Leistungsfähigkeit des Staates und seiner Verwaltung vor Eingriffen durch den Volksgesetzgeber zu sichern. Sollen die Regelungen über direktdemokratischen Verfahren kein plebiszitäres Placebo darstellen, ist nämlich davon auszugehen, dass solche „Eingriffe" durchaus beabsichtigt sind. Tatsächlich muss sich das Bundesverfassungsgericht den Vorwurf gefallen lassen, dass es im Grunde auf einer verfassungspolitischen Ebene argumentiert, wenn es den Bürgern ohne nähere Begründung die Kompetenz abspricht, auch über finanzwirksame Vorlagen sachgerecht abzustimmen.[1] Denn schließlich bleibt dem Parlament auch bei einer engen Auslegung des Art. 41 II SH-V das Recht – und die Pflicht – vorbehalten, die vom Volk beschlossenen Regelungen in das gesamte Regierungsprogramm einzubinden.

Zusammenfassend lässt sich damit festhalten, dass Art. 41 II SH-V ebenso wie die vergleichbaren Bestimmungen der alten Landesverfassungen eng ausgelegt werden muss. Wie bereits im Zusammenhang mit der bayerischen Rechtslage deutlich wurde,[2] betrifft der Haushaltsvorbehalt zwar nicht nur das Haushaltsgesetz selbst, da diese Sperrklausel andernfalls ohne weiteres umgangen werden könnte.[3] Dennoch führt die bloße potentielle „Haushaltswirksamkeit" eines Antrags selbst dann noch nicht zur Unzulässigkeit einer Volksinitiative, wenn das Parlament und die Regierung einigen Aufwand treiben müssten, um die finanziellen Folgen der Annahme dieses Antrags auszugleichen.[4] Vielmehr ist eine Volksinitiative nur dann unzulässig, wenn ihr ein Antrag zugrunde liegt, dessen Annahme so gravierende Auswirkungen auf die Einnahmen oder Ausgaben des Landes und damit auf das Budgetrecht des Parlamentes hätte, dass der Haushaltsplan vollständig aus dem Gleichgewicht gebracht würde und gegebenenfalls komplett überarbeitet werden müsste.[5] Dabei kommt es nicht darauf an, ob der Antrag unmittelbar auf eine Änderung des Haushaltsplanes zielt oder sich die finanziellen Auswirkungen erst *mittelbar* als Folge der Annahme des Antrags ergeben. Unproblematisch sind allerdings Anträge, die auf eine Entlastung des Haushaltes zielen, da der Umstand, dass die freien oder zusätzlichen Mittel gegebenenfalls verplant werden müssen, den Haushalt nicht aus dem Gleichgewicht bringt.

Ob eine Volksinitiative nach diesen Grundsätzen zulässig ist, lässt sich nicht absolut sondern nur von Fall zu Fall bestimmen. Wie bereits im Zusammenhang mit den entsprechenden Bestimmungen der alten Landesverfassungen herausgearbeitet wurde,[6] ist der

---

1 Vgl. dazu ausführlich *Rux*, DVBl. 2001, S. 549 ff.; sowie *Jung*, NVwZ 2002, S. 41; *Schweiger*, BayVBl. 2005, 321, 322 f.

2 Vgl. dazu oben S. 273 ff.

3 Wobei diese Umgehungsgefahr in Schleswig-Holstein besonders groß ist, da die Volksinitiative – und auch die sich daran anschließenden weiteren direktdemokratischen Verfahrensschritte – hier nicht nur einen Gesetzentwurf zum Gegenstand haben kann.

4 Dabei ist zu beachten, dass die Unzulässigkeit einer Volksinitiative dazu führt, dass sich der Landtag überhaupt nicht mit dem ihr zugrunde liegenden Antrag auseinander setzen muss. Umgekehrt bedeutet ihre Zulässigkeit keineswegs, dass dieser Antrag zwangsläufig Erfolg haben muss.

5 Vgl. dazu *BayVfGHE* 29, S. 244, 269. Für eine enge Auslegung der inhaltlichen Beschränkungen sprechen sich auch von Mutius/Wuttke/*Hübner*, Art. 41 SH-V, Rn. 8, aus; vgl. in diesem Sinne auch *von Brünneck/Epting*, HdBBbgV § 22, Rn. 15.

6 Vgl. dazu oben S. 273 ff.

Haushaltsvorbehalt als Ausnahmebestimmung eng auszulegen. Dabei ist allerdings zu berücksichtigen, dass die Bürger in Schleswig-Holstein keine Möglichkeit haben, neue Abgaben einzuführen oder bestehende Abgaben zu erhöhen. Daher muss eventuelle Mehrausgaben oder Mindereinnahmen gegebenenfalls innerhalb des vorgegebenen Haushaltsvolumens ausgeglichen werden. Für die Zulässigkeit eines Antrags kommt daher weder dem absoluten Betrag der Mehrausgaben bzw. Mindereinnahmen noch dem Verhältnis dieses Betrages zum Gesamtvolumen des Haushaltes entscheidende Bedeutung zu, sondern den so genannten „freien Spitzen" des Haushaltes ab, wobei aufgrund möglichst objektiver Kriterien geprüft werden muss, welcher Anteil der vorgegebenen Haushaltsmittel tatsächlich langfristig gebunden und damit der Disposition des Parlamentes und der Regierung entzogen ist.[1] Angesichts der vielfältigen Möglichkeiten, die dem Parlament und der Regierung zur Verfügung stehen, um für einen ausgeglichenen Haushalt zu sorgen, ist im Zweifel allerdings dennoch von der Zulässigkeit eines Antrags auszugehen.

Maßgeblich ist jeweils nur der aktuelle Haushaltsplan. Bei den Beratungen für die künftigen Haushaltsperioden stehen alle Verbindlichkeiten gleichrangig nebeneinander und es liegt in der Verantwortung des Haushaltsgesetzgebers, für einen angemessenen Ausgleich zu sorgen.[2]

b. Bindung des Volkes an bestimmte Strukturprinzipien der Verfassung

Durch Art. 41 I 2, 2. Hs. SH-V wird das Volk in Ausübung seiner Funktion als Gesetzgeber an bestimmte tragende Strukturprinzipien der Verfassung gebunden. Diese Formulierung, die im Grunde an die „Ewigkeitsklausel" des Art. 79 III GG anknüpft, hat kein Vorbild im deutschen Verfassungsrecht. Sie wurde in den anderen neueren Landesverfassungen auch nicht übernommen.

Das bedeutet allerdings nicht, dass das Volk in Wahrnehmung seiner unmittelbaren Entscheidungs- und Mitwirkungsmöglichkeiten außerhalb von Schleswig-Holstein nicht an die Prinzipien des demokratischen und sozialen (und auch des republikanischen)[3] Rechtsstaates im Sinne des Art. 20 III GG gebunden wäre. Diese Prinzipien sind vielmehr über Art. 28 I 1 GG auch für die Länder unbedingt verbindlich. Da das Volk, wie schon dargelegt wurde,[4] in Wahrnehmung seiner Befugnisse nach den Artt. 41 f. SH-V ohnehin als Organ des Landes Schleswig-Holstein handelt, das grundsätzlich im selben Maße den Bindungen des Bundesrechtes und der Landesverfassung unterworfen ist, wie alle anderen Staatsorgane auch,[5] erscheint die Regelung des Art. 41 I 2, 2. Hs. SH-V lediglich als (überflüssige) Klarstellung.[6]

---

1   Dabei muss auch der Zeitraum berücksichtigt werden, über den sich der Antrag im Falle seiner Annahme gegebenenfalls auf den Haushalt auswirken würde.
2   Vgl. dazu schon oben S. 245.
3   Es ist bemerkenswert, dass der Verfassunggeber in Schleswig-Holstein dieses Prinzip nicht auch übernommen hat.
4   Dazu siehe oben S. 87 f.
5   Die Bindungen gelten selbstverständlich unabhängig davon, ob der Initiative ein Gesetzentwurf oder ein sonstiger Antrag zugrunde liegt, so auch von Mutius/Wuttke/*Hübner*, Art. 41 SH-V, Rn. 11.
6   Der Landtag schein dies allerdings anders zu sehen, da er im Zusammenhang mit der Entscheidung über

Tatsächlich handelt es sich bei dieser Bestimmung aber überhaupt nicht um eine inhaltliche Beschränkung des Anwendungsbereiches der Volksinitiative. Schließlich sind die Bürger nicht daran gehindert, Unterschriften für eine Volksinitiative zu sammeln, die mit den genannten Prinzipien unvereinbar ist. Art. 41 I 2, 2. Hs. SH-V gibt dem Landtag aber das Recht, sich gegebenenfalls zu weigern, über eine solche Initiative (öffentlichkeitswirksam) zu verhandeln.

c. Die Vereinbarkeit mit höherrangigen Rechtsnormen als Zulässigkeitsvoraussetzung

Damit ergibt sich aber auch die Antwort auf die Frage, ob es zur Zulässigkeit einer Volksinitiative gehört, dass der ihr zugrunde liegende Antrag, seinerseits mit den höherrangigen Rechtsnormen des Landes- und Bundesrechtes vereinbar ist. Da zwischen der Zulässigkeit eines Entwurfs und seiner Verfassungsmäßigkeit differenziert werden muss, sind Maßstab für die Zulässigkeit eines direktdemokratischen Verfahrens allein und ausschließlich diejenigen Voraussetzungen, die sich unmittelbar aus der Verfassung ergeben, hier also aus Art. 41 I und II SH-V. Völlig unabhängig davon, ob eine präventive Normenkontrolle verfassungspolitisch zweckmäßig sein mag, ist der einfache Gesetzgeber nicht berechtigt, zusätzliche Beschränkungen einzuführen. Damit ergibt sich aber im Umkehrschluss aus Art. 41 I 2, 2. Hs. SH-V, dass Volksinitiativen im Übrigen stets zulässig sind und dass der ihnen zugrunde liegende Antrag gegebenenfalls bis zum Volksentscheid gebracht werden muss.[1]

Auch wenn der Landtag eventuelle Zweifel in Bezug auf die Vereinbarkeit einer Volksinitiative mit höherrangigen Rechtsnormen nicht zum Anlass nehmen darf, sich nicht mit dieser Initiative auseinander zu setzen, steht es ihm frei, eine solche Initiative zurückzuweisen und dabei auch seine Zweifel öffentlich zu machen. Wird der Antrag dennoch auf dem Wege des Volksbegehrens weiterverfolgt oder gar beim Volksentscheid angenommen, so gilt nichts anderes, als wenn der Landtag selbst eine Entscheidung getroffen hätte. Der Beschluss des Volkes kann auf dem Weg des Organstreits oder der Normenkontrolle gemäß Art. 44 I Nr. 1 und 2 SH-V dem Landesverfassungsgericht[2] vorgelegt werden, um Verstöße gegen höherrangige Bestimmungen des Landesrechtes zu rügen.[3] Eine (nachträgliche)

die Zulässigkeit der Volksinitiative „Schule in Freiheit" explizit auf diese Beschränkung abstellte; dazu ausführlich unten S. 488 ff., wo auch aufzuzeigen sein wird, dass die Parlamentsmehrheit damit weit über das Ziel hinausgeschossen ist.

1   Dazu siehe ausführlich oben S. 295 ff. Eine andere Auffassung vertritt ohne jede Begründung von Mutius/Wuttke/*Hübner*, Art. 42 SH-V, Rn. 4.

2   Bis zum Oktober 2006 hatte Schleswig-Holstein als einziges Bundesland kein eigenes Verfassungsgericht. Dessen Funktion erfüllte entsprechend der Zuweisung des Art. 44 SH-V a.F. das BVerfG (vgl. auch Art. 99 S. 1 GG).

3   Problematisch scheint allerdings, dass das BVerfG auf diese Weise zur Zurückhaltung gezwungen wird. Es muss eventuelle verfassungsrechtliche Bedenken im Rahmen der Überprüfung der Zulässigkeit eines Antrags ggf. ebenfalls zurückstellen. Letzten Endes wird insofern von ihm allerdings nichts anderes verlangt, als von anderen Gerichten auch. Die Oberverwaltungsgerichte haben etwa im Rahmen der Entscheidung über Nichtzulassungsbeschwerden nach § 131 VwGO über das Rechtsmittel zu befinden, ohne über dessen Begründetheit entscheiden zu dürfen. Letzten Endes unterscheidet sich die Situation nur unwesentlich von der im Verfahren des einstweiligen Rechtsschutzes, bei dem die Hauptsacheentscheidung ebenfalls zurückzustellen ist.

Überprüfung am Maßstab des höherrangigen Bundes- bzw. Europarechtes ist im Wege der abstrakten oder konkreten Normenkontrolle[1] bzw. der Vorlage an den Gerichtshof der Europäische Gemeinschaften möglich.[2]

Durch eine einstweilige Anordnung nach § 32 BVerfGG kann gegebenenfalls sichergestellt werden, dass ein Volksgesetz bis zur Entscheidung in der Hauptsache keine Wirkungen entfaltet.[3]

B. Das Verfahren der Volksinitiative

1. Der Antrag auf Behandlung der Volksinitiative

Der Antrag auf Behandlung einer Volksinitiative ist bei der Präsidentin des Landtags einzureichen.[4] Er muss nach Art. 41 I 3 SH-V die Unterschriften von mindestens 20.000 Stimmberechtigten enthalten. Dies entspricht einem Anteil von etwa einem Prozent.[5] Es können nur solche Unterschriften eingereicht werden, die höchstens ein Jahr alt sind.[6] Für die Stimmberechtigung ist der Tag entscheidend, an dem die Unterschriften überprüft werden. Da diese Prüfung aber in Schleswig-Holstein[7] erst erfolgt, nachdem die Unterschriften beim Landtag eingereicht worden sind,[8] kann es vorkommen, dass einzelne Unterschriften deswegen zurückgewiesen werden, weil die Unterschriftsberechtigung mittlerweile durch Tod, Umzug etc. weggefallen ist.

Ist ein Gesetzentwurf Gegenstand der Volksinitiative, so muss dieser begründet werden, Art. 41 I 2 SH-V. Dabei können zwar nicht dieselben Maßstäbe angelegt werden, wie an einen Entwurf von Seiten der Landesregierung oder der Parlamentsfraktionen. Dennoch muss die Begründung nicht nur erkennen lassen, aus welchem Grund die Initiatoren überhaupt eine Veränderung der bisherigen Rechtslage fordern, sondern auch Aussagen darüber enthalten, wie die vorgeschlagenen Neuregelungen in das bisherige System einzufügen sind. Da die Verfassung dies nicht ausdrücklich verlangt, braucht in der Begründung jedoch nicht

---

1 Artt. 93 I Nr. 2, 100 I 1 GG. Möglich ist auch ein Verfahren im Bund-Länder-Streit nach Art. 93 I Nr. 3 GG.
2 Art. 177 EGV (= Art. 234 EGV n.F.); dazu siehe oben S. 302.
3 Dazu siehe oben S. 300.
4 § 6 I SH-VAbstG.
5 Das Quorum wurde an die Zahl der Stimmen angelehnt, die bei den letzten Wahlen im Schnitt notwendig war, um einen Sitz im Landtag zu erreichen; vgl. von Mutius/Wuttke/*Hübner*, Art. 41 SH-V, Rn. 12. In der Tat ist bei etwa 2 Mio. Stimmberechtigten und einer durchschnittlichen Wahlbeteiligung von 75 % grundsätzlich davon auszugehen, dass ein Abgeordneter die Zustimmung durch 20.000 Wähler benötigt, um einen Sitz im Parlament zu erhalten. Der Sonderausschuss des Landtags hatte sogar gefordert, überhaupt auf die Festsetzung eines absoluten Quorums zu verzichten und stets an die Stimmenzahl anzuknüpfen, die bei den jeweils letzten Wahlen mindestens notwendig war, um einen Sitz im Landtag zu erreichen, vgl. LT-Drs. 12/620, S. 46.
6 § 6 II Nr. 2 SH-VAbstG; da Art. 41 III SH-V einen Gesetzesvorbehalt enthält, ist diese Fristbestimmung eine zulässige Konkretisierung der Verfassungsbestimmungen über das Quorums für eine Volksinitiative.
7 Nach § 2 SächsVVVG kommt es hingegen ausdrücklich allein darauf an, dass das Beteiligungsrecht am Tag der Eintragung bestanden hat; dazu siehe unten S. 564.
8 Dazu siehe unten S. 457.

detailliert darauf eingegangen zu werden, wie die zu beschließenden Maßnahmen finanziert werden sollen.[1] Ebensowenig muss der Entwurf in dem Sinne ausgearbeitet[2] sein, dass sich der Landtag ihn ohne eine weitere Konkretisierung zu eigen machen könnte.[3]

Seit der Änderung des SH-VAbstG im Februar 2004 haben die Vertrauenspersonen einer Volksinitiative gemäß § 5 SH-VAbstG einen Rechtsanspruch darauf, sich kostenfrei durch das Innenministerium über die verfassungs- und verfahrensrechtlichen Zulässigkeitsvoraussetzungen beraten zu lassen; eventuelle Bedenken sind ihnen unverzüglich mitzuteilen. Machen Sie von diesem Recht Gebrauch, unterrichtet das Innenministerium den Landtagspräsidenten und das zuständige Ministerium von der geplanten Initiative.

Das SH-VAbstG geht wie selbstverständlich davon aus, dass die Sammlung der Unterschriften den Initiatoren in eigener Verantwortung obliegt. Die einzige Vorgabe besteht darin, dass der Antrag nach § 6 II Nr. 1 SH-VAbstG den vollständigen Wortlaut des Gesetzentwurfes samt Begründung oder des sonstigen Gegenstandes der politischen Willensbildung, mit dem der Landtag sich befassen soll, enthalten muss.[4]

Nach § 8 I Nr. 3 SH-VAbstG soll eine Sperrfrist von zwei Jahren nach dem Misserfolg eines inhaltlich gleichen Volksbegehrens gelten. Wie schon im Zusammenhang mit den vergleichbaren Regelung zu den älteren Landesverfassungen ausgeführt wurde, handelt es sich um eine verfassungswidrige Beschränkung der direktdemokratischen Verfahren. Die Befugnis, die direktdemokratischen Verfahren näher auszugestalten, ermächtigt den einfachen Gesetzgeber nicht, die Möglichkeit zur Einleitung dieser Verfahren zu beschränken.[5]

2. Die Vertrauenspersonen der Initiatoren

Der Gesetzgeber ist – zu Recht – davon ausgegangen, dass die Unterzeichner der Vertretung bedürfen. In dem Antrag müssen daher drei Vertrauenspersonen benannt werden, die berechtigt sind, *gemeinsam* im Namen der Unterzeichner aufzutreten. Der Wortlaut des § 6 II Nr. 3 SH-VAbstG deutet darauf hin, dass dies auch für die Entgegennahme von Erklärungen gilt, die daher gegebenenfalls immer allen drei Vertrauenspersonen zugestellt werden müssen.

Das SH-VAbstG enthält ebensowenig wie die vergleichbaren Regelungen der anderen Länder Bestimmungen über das Verhältnis der Unterzeichner untereinander. Daher gibt es auch keine Vorgaben darüber, wie die Vertrauenspersonen zu bestimmen sind. Das SH-VAbstG hindert die Unterzeichner nicht daran, ihre Vertrauenspersonen erst während oder gar nach Abschluss der Sammlung von Unterschriften für die Volksinitiative durch eine

---

[1] Sofern die Annahme des Antrags Einfluss auf den Landeshaushalt hat, ist ohnehin die Sperrklausel des Art. 42 II SH-V zu beachten. Schon um nachzuweisen, dass der Antrag zulässig ist, werden die Initiatoren daher auf die finanziellen Auswirkungen eingehen müssen.

[2] Zu diesem Begriff siehe unten S. 607 zu Art. 81 I 2 LSA-V.

[3] Im Ergebnis auch von Mutius/Wuttke/*Hübner*, Art. 41 SH-V, Rn. 11; vgl. dazu auch *Thiele*/Pirsch/Wedemeyer, Art. 59 MV-V, Rn. 2.

[4] Auf diese Weise wird sichergestellt, dass die Unterzeichner den Antrag in der Fassung, wie sie dem Landtag vorgelegt wird, zur Kenntnis genommen haben.

[5] Dazu siehe ausführlich oben S. 305 f. So auch *Jürgens*, S. 110.

Wahl zu bestimmen. In der Regel werden sich jedoch diejenigen, die das Verfahren angestoßen haben, selbst von Anfang an als Vertrauenspersonen benennen.
Dies ist nicht völlig unproblematisch, da die Vertrauenspersonen in gewisser Weise über die Unterschriften disponieren können. Übernimmt der Landtag die Volksinitiative nicht bzw. nicht unverändert, so entscheiden sie darüber, ob das Verfahren weiter geführt wird – wobei es keine Rolle spielt, ob diese Entscheidung vom Willen der übrigen Unterzeichner gedeckt ist.[1] Da die Vertrauenspersonen nur einstimmig entscheiden können, ist allerdings ein Minimum an Kontrolle sicher gestellt.

3. Die Rücknahme der Volksinitiative

Die Initiatoren bzw. ihre Vertrauenspersonen behalten nach Einreichung der Unterschriften die Möglichkeit, die Volksinitiative wieder zurückzunehmen. Auch wenn die Vertrauenspersonen keine entsprechende Erklärung gegenüber der Präsidentin des Landtags abgeben, gilt der Antrag als zurückgenommen, wenn so viele einzelne Unterzeichner die Rücknahme erklären, dass das Quorum von 20.000 Unterschriften wieder unterschritten wird.[2]

Diese Regelung ist für die Volksinitiative[3] bundesweit einzigartig. Nach der Begründung der Landesregierung zum Entwurf des SH-VAbstG soll der Landtag sich nicht mit einer Volksinitiative befassen müssen, die nicht mehr vom Volkswillen getragen wird.[4] Da die Unterschriften ad hoc gesammelt werden, hätten die Unterzeichner sich unter Umständen nicht genügend Gedanken über die Konsequenzen ihrer Unterschrift gemacht. Daher sollen sie nicht an ihre Unterschriftsleistung gebunden sein.[5]

---

1   Zu beachten ist dabei, dass die Unterstützer einer Volksinitiative de facto eine „Zwangsgruppe" bilden, da sie ihr gemeinsames Interesse praktisch nur gemeinsam erreichen können. Mehrere identische oder geringfügig voneinander abweichende Initiativen zum selben Gegenstand sind allenfalls theoretisch denkbar. Tatsächlich wird dann keine das notwendige Unterstützungsquorum erreichen. Aus diesem Grund müsste aber das demokratische Prinzip grundsätzlich auch für die Organisation der Entscheidungsprozesse innerhalb der Gruppe angewendet werden. Allerdings sind die Interessengegensätze relativ gering. Um das Verfahren nicht übermäßig zu verzögern, kann daher auf die demokratische Legitimation der Vertrauenspersonen verzichtet werden.
    Festzuhalten ist jedoch, dass das Legitimationsdefizit nicht dadurch ausgeglichen werden kann, dass dem Landesverfassungsgericht, dem Parlament, einer qualifizierten Minderheit der Abgeordneten, der Landesregierung oder anderen Organen das Recht eingeräumt wird, die Entscheidungen der Vertreter zu kontrollieren, indem sie etwa die Änderungen oder die Erledigung am Maßstab des ursprünglichen Antrags überprüfen. Diese Organe sind zwar demokratisch legitimiert, aber nicht durch die Initiatoren, sondern durch das gesamte Volk.
    Abhilfe kann aber auch nicht durch die demokratische Ausgestaltung des Entscheidungsverfahrens der Vertreter geschaffen werden. Wenn diese von Anfang an feststehen, ist nicht sichergestellt, dass sie das Meinungsspektrum innerhalb der Gruppe der Unterzeichner repräsentieren.
2   Vgl. § 7 I bzw. II SH-VAbstG.
3   Die §§ 11 I BremVEG, 8 I HambVAbstG, 21 II NdsVAbstG, 14 I LSA-VAbstG sehen allerdings vergleichbare Regelungen für den Volks*antrag* vor.
4   LT-Drs. 13/1973, S. 21 zu § 7 I und II SH-VAbstG.
5   Der Möglichkeit der Rücknahme wäre auch dann von Bedeutung, wenn in Schleswig-Holstein die Möglichkeit zur Wiederholung von Volksinitiativen wirksam beschränkt wären (Tatsächlich ist die entsprechende Regelung des § 8 I Nr. 3 SH-VAbstG verfassungswidrig, vgl. dazu oben S. 454). Käme ein hinreichend großer Teil der Unterzeichner zu der Einschätzung, dass ein Volksbegehren derzeit keine

Allerdings ist nicht einzusehen, wieso auch den Vertrauenspersonen das Recht zur Rücknahme eingeräumt werden sollte. Kommen diese zur Einschätzung, dass die Initiative nicht mehr von den ursprünglichen Unterzeichnern getragen wird, können sie nämlich schlicht darauf verzichten, die Unterschriften einzureichen.

C. Die Entscheidung über die Zulässigkeit der Volksinitiative

In der ursprünglichen Fassung enthielt Art. 41 SH-V anders als Art. 42 I 2 SH-V keine ausdrückliche Regelung darüber, ob und gegebenenfalls von wem eine Volksinitiative auf ihre Zulässigkeit überprüft werden sollte, bevor der Landtag sich mit dem ihr zugrunde liegenden Antrag befasst. Zwar impliziert der Umstand, dass die Volksinitiative überhaupt bestimmten Zulässigkeitsvoraussetzungen unterworfen wurde, die Notwendigkeit einer Vorprüfung, da der Landtag andernfalls erst über die Zulässigkeit der Volksinitiative entscheiden könnte, nachdem er sich bereits mit dem ihr zugrunde liegenden Antrag inhaltlich auseinander gesetzt hat.[1] Dennoch ist es im Sinne der Rechtsklarheit sehr zu begrüßen, dass sich der Verfassunggeber im Zuge der Reformen vom Februar 2004 dazu entschlossen hat, eine ausdrückliche Regelung in die Verfassung aufzunehmen und in Art. 41 III SH-V n.F. festzuschreiben, dass der Landtag über die Zulässigkeit einer Volksinitiative zu entscheiden hat.[2]

1. Die Prüfung der Volksinitiative

Es ist Aufgabe des Gesetzgebers, das Vorprüfungsverfahren im Detail auszugestalten.[3] In § 8 II SH-VAbstG hat er klar gestellt, dass sich die Prüfung nicht nur auf die Einhaltung der förmlichen Voraussetzungen einer Volksinitiative bezieht, sondern auch darauf, ob die inhaltlichen Beschränkungen des. Art. 41 I und II SH-V eingehalten wurden. Dem Landtag steht für diese Aufgabe eine Frist von vier Monaten zur Verfügung.[4] Diese Frist läuft nicht während der sitzungsfreien Zeit des Parlaments.[5]

Aufgrund der abschließenden Regelung des § 8 I Nr. 1 SH-VAbstG hat der Landtag die Pflicht, über die Einhaltung der oben dargestellten inhaltlichen Beschränkungen des

---

Aussicht auf Erfolg hat, so könnten sie durch die Rücknahme ihrer Unterschriften erreichen, dass die Sperrfrist nicht zu laufen beginnt.

1 So auch von Mutius/Wuttke/*Hübner*, Art. 41 SH-V, Rn. 13. Hingegen bestreitet *Jung*, ZG 1998, S. 295, 297, dem Gesetzgeber unter Hinweis auf Art. 42 I 2 SH-V das Recht, die Prüfung der Zulässigkeit auf den Landtag, also auf sich selbst, zu übertragen. Er ignoriert dabei, dass diese Verfassungsbestimmung überhaupt nicht für die Volks*initiative* gilt.
2 So war es zuvor schon in Niedersachsen und Hamburg geschehen; vgl. Artt. 48 II, 2. Hs. NdsV, 50 VI HambV.
3 Theoretisch hätte er die Entscheidung über die Zulässigkeit auch dem Landtagsplenum überlassen können.
4 Bis zur Änderung des SH-VAbstG im Februar 2004 hatte der Landtag für die Prüfung nur 12 Wochen Zeit gehabt. Im Entwurf für das SH-VAbstG war sogar eine Frist von nur sechs Wochen vorgesehen gewesen (vgl. LT-Drs. 13/1973).
5 §§ 8 III 1, 29 SH-VAbstG; aus § 10 I SH-VAbstG ergibt sich, dass die Frist nicht auf die Entscheidungsfrist des Landtags nach Art. 42 I 1 SH-V angerechnet wird. Ob dies zulässig ist, wird im Zusammenhang mit dem Volksbegehren zu untersuchen sein; dazu siehe unten S. 368.

Art. 41 I und II SH-V zu achten. Zu prüfen ist daher, ob der der Volksinitiative zugrunde liegende Antrag im Sinne von Art. 41 I 1 SH-V innerhalb der Kompetenz des Landtags liegt.[1] Nach Art. 41 I 2, 2. Hs. SH-V muss der Antrag weiterhin inhaltlich daraufhin überprüft werden, ob er den Grundsätzen des demokratischen und sozialen Rechtsstaates genügt. Schließlich hat der Landtag eine Feststellung darüber zu treffen, ob die inhaltlichen Beschränkungen des Anwendungsbereiches der Volksinitiative gemäß Art. 41 II SH-V eingehalten wurden. Der Landtag ist aber nicht befugt, den Antrag in jeder Hinsicht auf seine Vereinbarkeit mit dem höherrangigem Recht des Landes oder des Bundes zu überprüfen.[2]

Nach § 8 I Nr. 2 SH-VAbstG hat der Landtag auch eine Feststellung darüber zu treffen, ob die formellen Voraussetzungen des § 6 SH-VAbstG eingehalten wurden. Bei der Prüfung der Unterschriften kann der Landtag sich insofern der Amtshilfe der Innenverwaltung bedienen. Insbesondere bescheinigen die Meldebehörden die Stimmberechtigung der Unterzeichner.[3]

2. Die Möglichkeit der Nachbesserung durch die Initiatoren

Das SH-VAbstG sieht nicht ausdrücklich vor, dass die Initiatoren bzw. ihre Vertrauenspersonen formelle Mängel nachbessern dürfen. Der Grundsatz der Verhältnismäßigkeit gebietet es aber, ihnen eine entsprechende Möglichkeit einzuräumen, bevor der Antrag für unzulässig erklärt und zurückgewiesen wird.[4]

Insofern kommt es allerdings auf die Art des Mangels an. Ohne weiteres nachgeholt werden, kann die (eindeutige) Benennung der Vertrauenspersonen.[5] § 6 SH-VAbstG schließt auch die Nachreichung von Unterschriften nicht ausdrücklich aus. Daher müssen die Antragsteller gegebenenfalls die Möglichkeit bekommen, einen Antrag nachzubessern, wenn – etwa aufgrund eines Zählfehlers – zunächst nicht genügend Unterschriften eingereicht wurden. Eine Nachbesserung ist auch dann möglich, wenn einzelne Unterschriften für ungültig erklärt werden, weil die Unterzeichner inzwischen nicht mehr beteiligungsberechtigt sind. Zu beachten ist allerdings, dass bereits eingereichte Unterschriften dann möglicherweise ungültig werden, weil die Jahresfrist des § 6 II Nr. 2 SH-VAbstG überschritten wird.

Eine Nachbesserung kommt jedoch nicht in Betracht, wenn einzelne Unterschriften für ungültig erklärt werden, weil sie z.B. unleserlich oder unvollständig sind. Dies müssen die Initiatoren sich zurechnen lassen, da sie es in der Hand gehabt hätten, auf die Einhaltung

---

1 Bei Gesetzentwürfen kommt es auf die Regelungskompetenz des Landes an; vgl. LT-Drs. 13/1973, S. 21 zu § 8 I SH-VAbstG. Dies impliziert eine Überprüfung am Maßstab des Bundesrechts, nämlich der Artt. 70 ff. GG über die Gesetzgebungszuständigkeiten.
2 Ob diese Beschränkung der Prüfungskompetenz angesichts von Art. 42 I 2 SH-V auch für das Landesverfassungsgericht auf der Stufe des Volksbegehrens gilt, wird noch zu überprüfen sein; dazu siehe unten S. 451 f.
3 Den Initiatoren wurde damit das Verfahren gegenüber dem Entwurf für das SH-VAbstG erleichtert. Dort war in § 6 II Nr. 3 vorgesehen, dass die Initiatoren sich das Stimmrecht *vor* der Einreichung der Listen bestätigen lassen mussten (vgl. LT-Drs. 13/1973, so z.B. § 6 SächsVVVG; dazu siehe unten S. 564).
4 So *K. Müller*, zu Art. 71 SächsV, S. 351.
5 Dann stellt sich aber die Frage, an wen die Aufforderung zur Behebung des Mangels adressiert werden soll.

dieser formellen Voraussetzungen zu achten. Auch inhaltliche Mängel des Antrags können nicht nachgebessert werden. Dies wäre nur dann möglich, wenn das SH-VAbstG einen entsprechenden ausdrücklichen Vorbehalt enthalten würde. Auch insofern obliegt es in erster Linie den Initiatoren, von vorne herein auf die Zulässigkeit des der Volksinitiative zugrunde liegenden Antrags zu achten. Der Landtag ist aber nicht daran gehindert, eine Volksinitiative gegebenenfalls teilweise für unzulässig zu erklären.[1]

3. Der Rechtsschutz gegen die Entscheidung des Landtags

Weist der Landtag den Antrag zurück, so steht den Vertrauenspersonen der Rechtsweg offen. Wird der Antrag deshalb zurückgewiesen, weil die inhaltlichen Beschränkungen des Art. 41 I und II SH-V nicht beachtet worden seien, dann können die Vertrauenspersonen das Landesverfassungsgericht anrufen.[2] Dasselbe soll bei einem Streit darüber gelten, ob die – verfassungswidrige[3] – Sperrfrist eingehalten wurde.[4]

Beruht die Zurückweisung hingegen darauf, dass die förmlichen Voraussetzungen des § 6 SH-VAbstG nicht eingehalten sind, so sind die Verwaltungsgerichte zuständig.[5] Kommen diese Gerichte zum Ergebnis, dass die Zulässigkeitsvoraussetzung doch erfüllt sind, so haben sie die entsprechende Entscheidung des Landtags aufzuheben. Sie sind nicht befugt, selbst die Zulässigkeit der Volksinitiative festzustellen.[6] Diese Regelung ist mit § 40 I 1 VwGO vereinbar.[7] Zwar geht es um die Durchführung eines in der Verfassung geregelten Verfahrens. § 6 SH-VAbstG betrifft jedoch ausschließlich formelle Voraussetzungen des Verfahrens.[8] Obwohl auch hier die Aufspaltung des Rechtswegs verfassungspolitisch

---

1 Obwohl § 8 III SH-VAbstG dies nicht ausdrücklich vorsieht, soll nach der Begründung der Landesregierung eine solche Teilzulassung einer Volksinitiative möglich sein (LT-Drs. 13/1973, S. 21 zu § 8 I SH-VAbstG).

2 Vgl. § 9 I SH-VAbstG. Bei dem Verfahren nach § 9 I SH-VAbstG handelt es sich um einen Landes-Organstreit im Sinne von Art. 44 Nr. 1 SH-V. Die Initiatoren sind insofern „andere Beteiligte", da ihnen nach Artt. 37 i.V.m. 41 I SH-V das Recht zusteht, Anträge beim Landtag einzubringen. Sie werden durch ihre Vertreter im Sinne von § 6 II Nr. 3 SH-VAbstG vertreten. So auch die Begründung der Landesregierung, LT-Drs. 13/1973, S. 22, zu § 9 SH-VAbstG.

3 Zu § 8 I Nr. 3 SH-VAbstG siehe oben S. 454.

4 Dies ist nur scheinbar eine formale Frage. Im Mittelpunkt steht die Entscheidung, ob das frühere Volksbegehren und die neue Initiative „inhaltlich gleich" sind. Dabei handelt es sich allerdings um keine *verfassungsrechtliche* Streitigkeit. Daher wäre es grundsätzlich möglich gewesen, die Entscheidung auch insofern den Verwaltungsgerichten zuzuweisen.

5 Vgl. § 9 II SH-VAbstG. Gemäß § 68 II Nr. 1 VwGO ist kein Widerspruchsverfahren erforderlich. Der Entwurf der Landesregierung hatte noch auf eine entsprechende Bestimmung verzichtet, da der Rechtsweg sich unmittelbar aus § 40 VwGO ergebe (vgl. LT-Drs. 13/1973, S. 22 zu § 9 SH-VAbstG). Dies trifft zwar zu, dennoch ist die Regelung des § 9 II SH-VAbstG im Sinne der Rechtsklarheit geboten.

6 Die Antragsteller verlangen *nicht* die Zulassung der Volksinitiative, sondern die Aufhebung der Entscheidung mit welcher deren Unzulässigkeit festgestellt wurde; vgl. kritisch dazu *Przygode*, S. 152.

7 Vgl. hingegen die Probleme im Zusammenhang mit § 65 RP-LWG a.F.; dazu siehe oben S. 293.

8 Vgl. dazu oben S. 310 zur Eröffnung des Verwaltungsrechtsweg bei einem Streit über die Eintragungsberechtigung einer einzelnen Person.

grundsätzlich wenig sinnvoll erscheint, ist sie als Entlastung des Landesverfassungsgerichts jedenfalls zweckmäßig.[1]

Die Regelung des § 9 SH-VAbstG ist im Hinblick auf Art. 42 I 4 SH-V nicht völlig unproblematisch. Danach hat das Landesverfassungsgericht auf Antrag der Landesregierung oder eines Viertels der Mitglieder des Landtags eine Entscheidung über die Zulässigkeit des Volks*begehrens* zu treffen. Diese Entscheidung wird aber gegebenenfalls schon durch das frühere Verfahren in Bezug auf die Zulässigkeit der Volks*initiative* auf Antrag der Vertrauenspersonen vorweggenommen, ohne dass die in Art. 42 I 4 SH-V genannten Organe ihre Bedenken geltend machen konnten.[2] Auf dieses Spannungsverhältnis wird im Zusammenhang mit den Regelungen über das Volksbegehren noch genauer einzugehen sein.[3]

Durch die einzigartige Situation, dass das Bundesverfassungsgericht für Schleswig-Holstein noch bis zum Oktober 2006 die Funktion des Landesverfassungsgerichtes zu übernehmen hatte, ergab sich ein erhebliches Konfliktpotential. Ein Landesverfassungsgericht hat über die Rechtmäßigkeit der Entscheidung des Landtags zu befinden. Als Maßstab für seine Überprüfung hat es dabei die Vorschriften heranzuziehen, die für den Landtag gelten.[4] Demzufolge hätte auch das Bundesverfassungsgericht auf dieser Stufe des Verfahrens noch nicht überprüfen dürfen, ob der betreffende Entwurf mit höherrangigen Bestimmungen des Landes- oder Bundesrechtes vereinbar ist, sofern nur die Zulässigkeitsvoraussetzungen des Art. 41 I und II SH-V erfüllt sind. Es war durchaus zweifelhaft, ob das Bundesverfassungsgericht im Ernstfall dazu bereit gewesen wäre, diese Beschränkungen hinzunehmen.[5]

Weitere Probleme ergaben sich daraus, dass die entsprechenden Entscheidungen des Bundesverfassungsgerichtes aufgrund von dessen hoher Autorität weit über die Grenzen des Landes hinaus wirkten. Selbst in der Fachöffentlichkeit wurde nicht immer wahrgenommen, dass das Gericht hier nur als Staatsgerichtshof für das Land Schleswig-Holstein wirkte und dass seine Entscheidungen daher keinerlei Bindungswirkungen für die übrigen Landesverfassungsgerichte entfaltetn. Vielmehr wurde insbesondere bei der Entscheidung über die Reichweite der Haushaltsvorbehalte in anderen Landesverfassungen regelmäßig nach dem – selbstverständlich ungeschriebenen – Grundsatz „Karlsruhe locuta, causa finita" verfahren und nur noch überprüft, ob die Ergebnisse der Auslegung mit der Rechtsprechung des Bundesverfassungsgerichtes vereinbar war.[6]

---

1 Sollte das Land Schleswig-Holstein sich jedoch entschließen, eine eigene Verfassungsgerichtsbarkeit einzuführen, müsste die Entscheidung des Gesetzgebers nochmals überdacht werden.

2 Zu beachten ist dabei, dass diese Bedenken möglicherweise erst während der Behandlung der Initiative im Landtag entstehen. Daher ist auch die Beteiligung am Verfahren nach § 9 I SH-VAbstG nicht unbedingt ausreichend.

3 Dazu siehe unten S. 466.

4 Konkret also § 8 SH-VAbstG.

5 Schließlich wäre es unter Umständen gezwungen gewesen, die Entscheidung des Landtags über die Zulässigkeit einer Volksinitiative aufzuheben, obwohl es zum Zeitpunkt seiner Entscheidung bereits zur Überzeugung gekommen wäre, dass der der betreffenden Initiative zugrunde liegende Antrag verfassungswidrig ist. Hier wird besonders deutlich, dass es *verfassungspolitisch* durchaus sinnvoll sein kann, eine umfassende präventive Normenkontrolle einzuführen; dazu siehe schon oben S. 295 ff.

6 Vgl. dazu etwa *Janz*, LKV 2002, S. 67 ff., der im Zusammenhang mit der Auslegung des Art. 76 II BbgV immer wieder auf die „Vorgaben des BVerfG" verweist und ohne weiteres von einem „bundes-

D. Die Behandlung der Volksinitiative im Landtag

Ist die Volksinitiative zulässig, so muss sich der Landtag mit ihrem Anliegen befassen. Die direktdemokratischen Verfahren unterliegen nicht dem Prinzip der Diskontinuität des Landtags. Eine Volksinitiative über die nicht rechtzeitig vor Ablauf der Wahlperiode entschieden wurde, muss daher gegebenenfalls vom neuen Landtag weiterbehandelt werden.[1]

1. Die Frist für die Behandlung der Volksinitiative

Art. 41 SH-V selbst gibt dem Landtag keine Frist für die Behandlung der Volksinitiative vor. Zu beachten ist jedoch, dass gemäß Art. 42 I 1 SH-V ein Volksbegehren eingeleitet werden kann, wenn der Landtag die Initiative nicht innerhalb von vier Monaten übernimmt. Aus Satz 2 dieser Bestimmung ergibt sich, dass diese Frist erst mit der Entscheidung des Landtags über die Zulässigkeit der Volksinitiative zu laufen beginnt – im Ergebnis hat der Landtag also bis zu acht Monaten Zeit, um sich mit dem Anliegen auseinander zu setzen.[2]

Bis zur Änderung des SH-VAbstG im Februar 2004 hatte sich dieser Ablauf des Verfahrens erst aus der einfach-gesetzlichen und mittlerweile ersatzlos weggefallenen Bestimmung des § 10 I SH-VAbstG a.F. ergeben. Dies war verfassungsrechtlich durchaus nicht unproblematisch, weil dem Landtag in Art. 42 I 2 SH-V eine Frist von vier Monaten vorgegeben war. Durch die Regelung des § 10 I SH-VAbstG a.F. verlängerte sich der Zeitraum zwischen der Einreichung einer Volksinitiative und der Beschlussfassung im Landtag aber auf bis zu fast sieben Monaten.[3]

Dennoch begegnete § 10 I SH-VAbstG a.F. keinen durchgreifenden verfassungsrechtlichen Bedenken. Zu berücksichtigen ist zunächst, dass der Beginn der Frist nicht ausdrücklich in Art. 42 I 1 SH-V festgeschrieben wurde. Damit kommt dem Umstand entscheidende Bedeutung zu, dass dem einfachen Gesetzgeber durch den Gesetzesvorbehalt der Artt. 41 IV, 42 V SH-V[4] ein gewisser Spielraum zur Ausgestaltung des Verfahrens eröffnet wurde. Allerdings muss es einen legitimen Grund dafür geben, die Frist zur Überprüfung der Zulässigkeit der Volksinitiative nicht auf die Frist für die Behandlung des Antrags anzurechnen.[5] Im Mittelpunkt steht insofern das Interesse des Landtags, sich nicht inhaltlich mit einer Initiative auseinander setzen zu müssen, deren Zulässigkeit noch nicht geklärt ist.[6] Dabei ist

---

verfassungsgerichtlichen Präjudiz" spricht, obwohl er selbst in Fn. 2 seines Beitrags zu Recht auf den Umstand hinweist, dass das *BVerfG* hier nur als Organ des Landes gehandelt hatte.
Auch das *BbgVfG*, LKV 2002, S. 77 ff., und der *ThürVfGH*, ThürVBl. 2002, S. 31 ff. =LKV 2002, S. 83 ff., beziehen sich immer wieder auf die Entscheidung des *BVerfG*.

1 von Mutius/Wuttke/*Hübner*, Art. 41 SH-V, Rn. 4. So auch *H. Neumann*, Art. 70 BremV, Rn. 21; Art. 87 Rn. 2.
2 Schließlich können sich die Abgeordneten auch schon vor der Entscheidung über die Zulässigkeit einer Volksinitiative mit deren Anliegen befassen – und sie werden dies in der Regel auch tun.
3 In der Begründung der Landesregierung zu ihrem Entwurf für das ursprüngliche SH-VAbstG ist nicht erkennbar, dass ihr der Konflikt zu der Fristregelung in Art. 42 II 1 SH-V aufgefallen wäre, LT-Drs. 13/1973, S. 22 zu § 10 I SH-VAbstG.
4 Bzw. Artt. 41 III und 42 IV SH-V a.F.
5 Denn dadurch wird die Behandlung der Initiative im Landtag verzögert.
6 So im Ergebnis auch von Mutius/Wuttke/*Hübner*, Art. 41 SH-V, Rn. 13.

insbesondere zu beachten, dass die Initiatoren nicht verpflichtet sind, die Unterschriftsberechtigung der Unterzeichner vor Einreichung der Unterschriften bestätigen zu lassen.[1] Nachdem eine Volksinitiative eingereicht wurde, müssen daher zunächst die mindestens 20.000 Unterschriften sortiert und den Meldebehörden zur Überprüfung der Unterschriftsberechtigung zugeleitet werden. Aus dieser Perspektive erscheint es aber keineswegs unangemessen, wenn dem Landtag eine Frist von zwölf Wochen für die Prüfung der Zulässigkeit der Volksinitiative zugebilligt wurde.[2] Hätte man diese Frist nun aber auf die Vier-Monats-Frist des Art. 42 I 1 SH-V angerechnet, so wäre dem Landtag gegebenenfalls nur noch wenig mehr als ein Monat geblieben, um die Vertrauenspersonen anzuhören und eine Entscheidung über den Antrag zu treffen.[3]

2. Die Anhörung der Initiatoren

Durch Art. 41 I 4 SH-V wird den Initiatoren, respektive ihren Vertrauenspersonen, das Recht eingeräumt, ihr Anliegen persönlich gegenüber dem Landtag zu begründen. Allerdings stellt dieses Recht auf Anhörung nicht sicher, dass der Landtag sich mit dem Anliegen der Initiatoren tatsächlich inhaltlich auseinander setzt.[4]

Nach § 10 I SH-VAbstG werden nur die Vertrauenspersonen selbst angehört. Ob der Landtag daneben weitere Personen, z.B. Sachverständige, hinzuziehen will, kann er im Rahmen seiner Geschäftsordnung selbst bestimmen. Die Anhörung erfolgt nicht durch das Parlamentsplenum, sondern durch den Petitionsausschuss.[5] Damit unterscheidet sich die Rechtslage von der in allen anderen Ländern. Dort ist zwar gleichfalls eine Anhörung in einem Ausschuss vorgesehen, aber immer in demjenigen Ausschuss, der sachlich für das Anliegen der Volksinitiative zuständig ist.[6] In Schleswig-Holstein wird demgegenüber die Verwandtschaft der Volksinitiative zur Gruppenpetition hervorgehoben. Zu beachten ist, dass der Landtag durch nichts daran gehindert ist, die Volksinitiative auch in anderen Aus-

---

1 So aber noch § 6 II Nr. 3 des Regierungsentwurfs für das SH-VAbstG (vgl. LT-Drs. 13/1973).
2 Dass es auch anders geht, zeigt jedoch das Beispiel von Sachsen-Anhalt. Dort hat die Landesregierung nach § 11 I 1 LSA-VAbstG für die Prüfung der Zulässigkeit eines Volksantrags nur einen Monat zur Verfügung; dazu siehe unten S. 609. Auch in Brandenburg sieht § 9 V BbgV nur eine Frist von einem Monat für die Überprüfung der Unterschriften unter einer Volksinitiative vor. Das Parlament muss dort innerhalb einer Frist von vier Monaten sowohl über die Zulässigkeit der Initiative entscheiden, als auch über den ihr zugrunde liegenden Antrag; dazu siehe unten S. 518. In beiden Ländern sind die Initiatoren bzw. Antragsteller ebenfalls nicht verpflichtet, die Unterschriftsberechtigung der Unterzeichner vor Einreichung der Unterschriften nachzuweisen.
3 Auch wenn die Regelung des § 10 I SH-VAbstG a.F. verfassungsrechtlich nicht zu beanstanden gewesen sein mag, zeigt sich die Tendenz des Gesetzgebers, das Verfahren noch weiter zu strecken. Dadurch wird aber die Praktikabilität der Verfahren gefährdet; vgl. dazu unten S. 500.
4 So auch Kunzmann/Haas/*Baumann-Hasske*, Art 71 SächsV, Rn. 8.
5 Auch hier scheint der Landtag sich – trotz der entsprechenden Regelungen in den Gesetzen der anderen Länder – nicht damit befasst zu haben, dass die Anhörung durch einen anderen Ausschuss in Betracht kommt; vgl. LT-Drs. 13/1973, S. 22.
6 Nur in Sachsen-Anhalt findet sich eine mit § 10 I SH-VAbstG vergleichbare Regelung, die allerdings auf solche Initiativen beschränkt ist, die keinen Gesetzentwurf zum Gegenstand haben.

schüssen zu behandeln.¹ Die Initiatoren haben dort allerdings keinen Rechtsanspruch auf Anhörung.

3. Der Beschluss des Landtags

Nach der Anhörung muss der Landtag einen Beschluss über die Volksinitiative fassen. Übernimmt er den der Initiative zugrunde liegenden Antrag unverändert, so endet das Verfahren, da dem Anliegen der Initiatoren Rechnung getragen wurde. Lehnt er den Antrag ab, so ist der Beschluss samt Begründung unverzüglich bekanntzumachen. Das SH-VAbstG regelt nicht, wo die Entscheidungen des Landtags bekannt gemacht werden sollen. In der Praxis werden die Beschlüsse im Gesetz- und Verordnungsblatt des Landes veröffentlicht. Dies entspricht dem Umstand, dass die Entscheidungen des Landtags gegebenenfalls einem formellen Gesetzesbeschluss gleichstehen.² Es kommt also anders als in den meisten anderen Ländern nicht darauf an, dass sich zunächst ein anderes initiativberechtigtes Organ den Antrag der Volksinitiative zu eigen gemacht hat.³

Art. 42 I 1 SH-V verlangt nicht ausdrücklich, dass der Landtag dem der Volksinitiative zugrunde liegenden Antrag *unverändert* zustimmt. Allerdings ist er für Änderungen auf die Kooperation mit den Initiatoren bzw. mit deren Vertrauenspersonen angewiesen. Nach § 10 III SH-VAbstG können nämlich (nur) diese das Verfahren zum Abschluss bringen, indem sie sich damit einverstanden erklären, dass der Landtag dem Antrag in veränderter Form zustimmt. Tun sie das nicht und beschließt der Landtag dennoch einen veränderten Entwurf, so kann das Volksbegehren eingeleitet werden.

Obwohl die Volksinitiative an den jeweiligen Landtag adressiert ist, erledigt sich das Verfahren wegen dieser Möglichkeit nicht mit dem Ende der laufenden Legislaturperiode. Das Diskontinuitätsprinzip greift hier ausnahmsweise nicht durch.

III. Das Verfahren bis zum Volksentscheid nach Art. 42 SH-V

A. Das Volksbegehren

Weist der Landtag den einer Volksinitiative zugrunde liegenden Antrag zurück, so können die Initiatoren bzw. ihre Vertrauenspersonen nach Art. 42 I 1 SH-V innerhalb von vier Monaten⁴ ein Volksbegehren einleiten. Dasselbe gilt, wenn der Landtag zu überhaupt keinem Beschluss kommt.⁵

---

1   Dies ist in der Praxis auch geschehen; dazu siehe unten S. 480 ff.
2   Vgl. Art. 37 I SH-V.
3   So aber etwa S. 521 oder S. 603 zur Rechtslage in Brandenburg bzw. Sachsen-Anhalt.
4   Diese Frist ergibt sich nicht aus der Verfassung selbst sondern erst aus § 11 I 2 SH-VAbstG. Der Gesetzesvorbehalt des Art. 42 IV SH-V ermöglicht es dem Gesetzgeber, das Verfahren zu konkretisieren. Dabei kann er insbesondere Regelungen über Antrags- und Entscheidungsfristen setzen, um zu verhindern, dass das Verfahren verzögert wird.
5   Bis zum Ablauf der Frist des Art. 42 I 1 SH-V i.V.m. § 10 I SH-VAbstG.

Erst jetzt übermittelt die Präsidentin des Landtags den Antrag samt Begründung der Landesregierung, die bislang nicht formal am Verfahren beteiligt war.[1/2]

1. Der Anwendungsbereich von Volksbegehren und Volksentscheid

Nach Art. 42 I 1 SH-V sind die Verfahren des Volksbegehrens und des Volksentscheids in Schleswig-Holstein nicht auf Gesetzentwürfe beschränkt. Vielmehr können grundsätzlich alle Anträge, die als Gegenstand einer Volksinitiative in Betracht kommen, auch auf dem Wege des Volksbegehrens weiterverfolgt und gegebenenfalls bis zum Volksentscheid gebracht werden.

Festzuhalten ist zunächst, dass die inhaltlichen Beschränkungen des Anwendungsbereiches der Volksinitiative auch und vor allem für die Verfahren des Volksbegehrens und des Volksentscheids Wirkungen entfalten, da diesen stets eine (zulässige) Volksinitiative vorausgehen muss.[3] Unzulässig sind daher alle Volksbegehren, deren Gegenstand nicht innerhalb der Entscheidungszuständigkeit des Landtags liegt, die einen Gesetzentwurf enthalten, der den Grundprinzipien des demokratischen und sozialen Rechtsstaates widerspricht oder die den Haushalt des Landes, Dienst- und Versorgungsbezüge oder öffentliche Abgaben betreffen.[4]

Der Anwendungsbereich des Volksbegehrens ist allerdings geringfügig kleiner als derjenige der Volksinitiative. Wie oben dargelegt wurde, sind Volksinitiativen zu Personalentscheidungen[5] und in Bezug auf die Ausübung der dem Parlament zugewiesenen Kontrollbefugnisse regelmäßig zulässig. Denn die Verfassung regelt das *Antrags*recht nicht abschließend.[6] Die Verfassungsbestimmungen über die tatsächliche *Entscheidung* in diesen Angelegenheiten enthalten hingegen keinen ausdrücklichen Vorbehalt zugunsten der Anwendbarkeit der direktdemokratischen Verfahren.[7] Volksbegehren und Volksentscheide zu Personalentscheidungen sind somit auch in Schleswig-Holstein unzulässig.[8] Ebensowenig ist es den Bürgern möglich, selbst über die Ausübung der dem Parlament zugewiesenen Kontrollbefugnisse zu entscheiden, etwa über die Einsetzung von Untersuchungsausschüs-

---

1 Vgl. § 11 II SH-VAbstG.

2 Allerdings konnte sie jedenfalls dann von dem Anliegen Kenntnis nehmen, wenn die Vertrauenspersonen von ihrem seit Februar 2004 in § 5 SH-VAbstG statuierten Recht auf Beratung Gebrauch gemacht haben.

3 Es ist wohl davon auszugehen, dass dieser Zusammenhang zwischen der Volksinitiative und dem Verfahren bis zum Volksentscheid den Verfassunggeber dazu bewogen hat, diese Einschränkungen schon auf der Ebene der Volksinitiative einzuführen.

4 Dazu siehe oben S. 446 ff.

5 Vgl. Artt. 10 I 2, 26 II 1 bzw. 35 (Wahl und Abwahl der Ministerpräsidentin); Artt. 43 II 2, 57 II 2 SH-V (Wahl der Mitglieder des Richterwahlausschusses sowie des Präsidenten und des Vizepräsidenten des Landesrechnungshofes); Art. 13 II SH-V (Beendigung der Wahlperiode) und schließlich auch die Möglichkeit der Direktwahl des Landesdatenschutzbeauftragten.

6 Dazu siehe oben S. 444 ff.

7 Dadurch unterscheiden sie sich von der Bestimmung des Art. 37 II SH-V über die Gesetzgebung.

8 (Nur) insofern ist von Mutius/Wuttke/*Hübner*, Art. 41 SH-V, Rn. 10, zuzustimmen, der allerdings schon entsprechende Volksinitiativen für unzulässig hält und dabei verkennt, dass die Verfassung das Antragsrecht überhaupt nicht regelt.

sen oder über Anfragen an die Regierung.[1] Die Einsetzung von Enquête-Kommissionen wird hingegen vom Anwendungsbereich des Volksbegehrens und Volksentscheids erfasst.[2]

Wie schon ausgeführt wurde, kann der Landtag auf dem Wege der Volksinitiative auch dazu angeregt werden, die Landesregierung zu einem bestimmten Verhalten auf der Ebene des Bundes aufzufordern.[3] Dann gehören aber auch solche Anträge grundsätzlich zu den „Vorlagen nach Art. 41 SH-V" und damit zu den zulässigen Gegenständen von Volksbegehren und Volksentscheid. Insbesondere können die Bürger die Landesregierung auf diese Weise auffordern, einen bestimmten Gesetzentwurf in den Bundesrat einzubringen. Da sich diese Möglichkeit unmittelbar aus der Verfassung ergibt, ist dies nicht als unzulässige Umgehung der Vorgabe des Art. 51 GG anzusehen, nach der allein die jeweilige Landesregierung dazu berechtigt ist, den Vertretern des Landes im Bundesrat rechtlich verbindliche Weisungen zu erteilen. Vielmehr ist auch hier zu beachten, dass die Verfassunggeber in den Ländern darüber zu entscheiden haben, ob und welche anderen Staatsorgane dazu berechtigt sein sollen, die Landesregierung zu einem bestimmten Verhalten auf der Ebene des Bundes anzuregen.

2. Die Möglichkeit von Veränderungen gegenüber der Volksinitiative

Seit der Änderung des SH-VAbstG im Februar 2004 sieht § 11 II des Gesetzes vor, dass dem Volksbegehren eine gegenüber dem ursprünglichen Antrag der Volksinitiative geringfügig geänderte Fassung zugrunde gelegt werden kann, wenn der wesentliche Inhalt durch die Änderungen nicht berührt wird.

Die Antragsteller haben damit zum einen die Möglichkeit, ihren Antrag redaktionell zu überarbeiten. Darüber hinaus können sie aber zumindest in einem gewissen Umfang auch den Ergebnissen der öffentlichen Diskussionen und des parlamentarischen Beratungsverfahrens Rechnung tragen, sofern nur der „wesentliche Inhalt" der ursprünglichen Vorlage gewahrt bleibt. Damit hat der Gesetzgeber der kommunikativen Funktion des Verfahrens Rechnung getragen.

Auch wenn es im Sinne der Rechtsklarheit zu begrüßen gewesen wäre, wenn sich diese Änderungsmöglichkeit – wie etwa in Sachsen[4] – unmittelbar aus der Verfassung ergeben würde, bestehen gegen § 11 II SH-VAbstG keine durchgreifenden verfassungsrechtlichen Bedenken, da Änderungen nur in geringem Umfang zulässig sind. Daher reicht der Gesetzesvorbehalt in Art. 41 V SH-V als Grundlage aus.

3. Die Entscheidung über die Zulässigkeit des Volksbegehrens

---

1 Vgl. Artt. 18, 22 f. SH-V. Im Ergebnis wie hier auch *Sampels*, S. 182 ff.
2 Da diese Kommissionen in der Verfassung nicht ausdrücklich vorgesehen sind, gibt es auch keine abschließende Regelung über die Entscheidungskompetenz. Zu beachten ist auch, dass Enquête-Kommissionen – anders als Untersuchungsausschüsse – nicht ausschließlich den Zweck haben, dem Landtag die für die Erfüllung seiner Arbeit erforderlichen Informationen zu verschaffen.
3 Dazu siehe oben S. 443 und 237 f.
4 In Sachsen ist dies seit jeher in der Verfassung geregelt, vgl. dazu unten S. 572.

Nach Art. 42 I 2 SH-V a.F. sollte bis zur Änderung der Verfassung im Februar 2004 für die Überprüfung der Zulässigkeit eines Volksbegehrens das Bundesverfassungsgericht zuständig sein, das für Schleswig-Holstein zu diesem Zeitpunkt noch die Funktion des Landesverfassungsgerichtes hatte.[1] Antragsberechtigt waren die Landesregierung und eine qualifizierte Minderheit von (mindestens) einem Viertel der Mitglieder des Landtags.[2]

Im Rahmen der Reform der einschlägigen Bestimmungen im Februar 2004 wurde diese Regelung geändert. Nach Art. 42 I 3 SH-V n.F. ist nunmehr der Landtag für die Entscheidung über die Zulässigkeit des Volksbegehrens zuständig. Gemäß Art. 42 I 4 SH-V n.F. entscheidet nunmehr[3] das Landesverfassungsgericht auf Antrag der Landesregierung oder eines Viertels der Mitglieder des Landtags über die „Vereinbarkeit des beanstandeten Volksbegehrens mit Artikel 41 Abs. 1 Satz 1 und 2 oder Absatz 2" – und damit darüber, ob die inhaltlichen Beschränkungen des Anwendungsbereiches der direktdemokratischen Verfahren beachtet wurden.[4]

a. Die Entscheidung über den Antrag auf Durchführung eines Volksbegehrens

Der Landtag, der ja bereits die Zulässigkeit der dem Volksbegehren zwingend vorgelagerten Volksinitiative überprüft hatte,[5] soll nach Art. 42 I 3 SH-V also auch über die Zulässigkeit des Antrags auf Durchführung des Volksbegehrens entscheiden.[6] Wie sich aus §§ 12 I 1 i.V.m. 11 SH-VAbstG ergibt, hat er dabei zum einen die Einhaltung der in § 11 I SH-VAbstG festgeschriebenen Frist- und Formvorschriften zu überwachen. Zum anderen muss er aber auch feststellen, ob sich eine eventuelle Änderung in den durch § 11 II SH-VAbstG gezogenen Grenzen hält, also den „wesentlichen Inhalt" des ursprünglichen Antrags unberührt lässt. Der Landtag ist für diese Entscheidung an eine Frist von einem Monat gebunden, die während der sitzungsfreien Zeit nicht läuft.[7] Den Vertrauenspersonen steht gegen diese Entscheidung des Landtags gemäß § 13 II SH-VAbstG gegebenenfalls der Verwaltungsrechtsweg offen.

Vergleicht man diese Regelung mit den für die Volksinitiative geltenden Parallelvorschriften der §§ 8 f. SH-VAbstG,[8] so fällt Auge, dass der Begriff der „Zulässigkeit" hier offenbar anders definiert wird, als es dort der Fall war. Während es für die Zulässigkeit einer Volksinitiative nach § 8 I Nr. 1 SH-VAbstG *auch* darauf ankommen soll, ob die in

---

1 Dazu siehe oben S. 452, Fn. 2.
2 Merkwürdig mutet die Kritik von *Przygode*, S. 194, an, der die Antragsberechtigung der Initiatoren vermisst. Insofern stellt sich doch allein die Frage, ob diese an dem Verfahren vor dem BVerfG beteiligt werden. Hingegen ist nicht erkennbar, wieso ihnen ein eigenständiges Antragsrecht zugebilligt werden sollte.
3 Bis zum Oktober 2006 war das BVerfG zuständig, da es bis dahin in Schleswig-Holstein noch kein Landesverfassungsgericht gegeben hatte.
4 Schon vor dieser Änderung hatten die §§ 12 f. SH-VAbstG zwischen den beiden Entscheidungen differenziert.
5 Dazu siehe oben S. 456.
6 Dies ist kein „Volksantrag", sondern ein bloßes Verlangen der Vertrauenspersonen der Initiatoren.
7 §§ 12 I 1, 29 SH-VAbstG.
8 Vgl. dazu oben S. 458.

Art. 41 I 1 und 2 oder II SH-V festgeschriebenen inhaltlichen Beschränkungen des Anwendungsbereiches dieses Verfahrens eingehalten wurden, fehlt eine vergleichbare Regelung in § 11 SH-VAbstG. Der Landtag kann ein Volksbegehren daher nicht – oder genauer gesagt, nicht *mehr* – deshalb für unzulässig erklären, weil er zu der Auffassung kommt, dass sich der Antrag auf einen Gegenstand außerhalb der Entscheidungszuständigkeit des Parlamentes, auf den Haushalt des Landes, Dienst- und Versorgungsbezüge oder über öffentliche Abgaben bezieht, zu unbestimmt ist oder den Grundsätzen des demokratischen und sozialen Rechtsstaates widerspricht.

Allerdings entscheidet der Landtag in diesem Rahmen auch darüber, ob eventuelle Änderungen gegenüber der ursprünglichen Vorlage deren wesentlichen Inhalt unberührt lassen.[1] Zwar ist das Recht zur Änderung der ursprünglichen Vorlage nicht in der Verfassung selbst begründet. Dennoch geht es hier um die Reichweite der in der Verfassung vorgesehenen unmittelbaren Mitwirkungsrechte der Bürger und damit – ebenso wie beim Wahlrecht – um eine verfassungsrechtliche Angelegenheit. Ob nach der Generalklausel des § 40 I VwGO dennoch der Rechtsweg zu den Verwaltungsgerichten eröffnet wäre, spielt zwar keine Rolle, da diese Generalklausel hinter der aufdrängenden Sonderzuweisung des § 13 II SH-VAbstG zurück stehen muss. Allerdings erscheint es nicht völlig frei von Bedenken, wenn der Gesetzgeber den Verwaltungsgerichten auch die Entscheidung darüber zugewiesen hat, ob eine spätere Änderung der Vorlage noch von der ursprünglichen Volksinitiative gedeckt ist.

b. Die Entscheidung über die Einhaltung der inhaltlichen Beschränkungen des Anwendungsbereiches

Dies bedeutet nun aber nicht, dass auf dieser Stufe des Verfahrens keine Inhaltskontrolle mehr möglich wäre. Vielmehr können die Landesregierung bzw. eine qualifizierte Minderheit von einem Viertel der Landtagsabgeordneten innerhalb eines Monats nach dem Beschluss des Landtags über die Zulässigkeit des Volksbegehrens eine Entscheidung des Landesverfassungsgerichtes darüber beantragen, ob die in Art. 41 I 1 und 2 und II SH-V festgeschriebenen inhaltlichen Beschränkungen des Anwendungsbereiches der Verfahren eingehalten wurden.[2]

An dieser Stelle ergibt sich zunächst deshalb ein Problem, da in Art. 42 I 4 SH-V davon die Rede ist, dass das „beanstandete Volksbegehren" dem Landesverfassungsgericht vorgelegt werden kann. Bei einer unbefangenen Betrachtung deutet dies darauf hin, dass die Landesregierung oder eine qualifizierte Minderheit der Landtagsmitglieder das Landesverfassungsgericht nur dann anrufen dürfen, wenn der Landtag das Volksbegehren zuvor „beanstandet" hat. Das Verfahren nach Art. 42 I 4 SH-V würde sich dann als ein (verzögertes) Rechtsmittel der Landesregierung[3] und einer qualifizierten Minderheit der Mitglieder des Landtags gegen die Entscheidung des Landtags über die Zulässigkeit der Volks*initiative* darstellen. Geht man nun aber wie hier davon aus, dass der Landtag auf dieser Stufe des

---

1   Dies hat der Gesetzgeber durch die eindeutige Bezugnahme auf § 11 II SH-VAbstG klar gestellt.
2   Art. 42 I 4 SH-V i.V.m. § 13 I 1 SH-VAbstG.
3   Es ist allerdings kaum zu erwarten, dass die Landesregierung sich durch einen solchen Antrag gegen die Auffassung des Landtags stellen wird.

Verfahrens im wesentlichen auf die Feststellung beschränkt ist, ob die formellen Voraussetzungen für den Übergang zum Volksbegehren gegeben sind, so wäre dieses Verhältnis sinnwidrig, da die in Art. 42 I 4 SH-V genannten Antragsberechtigten nur dann aktiv werden dürften, wenn das Volksbegehren schon aus formellen Gründen unzulässig ist.[1] Nachdem dies kaum sinnvoll erscheint, ist davon auszugehen, dass der Verfassunggeber durch die Formulierung des Art. 42 I 4 SH-V nicht auf die Beanstandung durch den Landtag abstellen, sondern lediglich klar stellen wollte, dass die dort genannten Antragsberechtigten das Volksbegehren nur dann dem Landesverfassungsgericht vorlegen dürfen, wenn sie selbst der Auffassung sind, dass die in Art. 41 I 1 und 2 oder II SH-V festgeschriebenen Grenzen überschritten wurden. Das ändert aber nichts daran, dass der Antrag nach Art. 42 I 4 SH-V erst und nur dann gestellt werden kann, wenn der Landtag das Volksbegehren zuvor für zulässig erklärt hatte.

Ein weiteres Problem ergibt sich daraus, dass das Verfahren nach § 13 SH-VAbstG gegebenenfalls genutzt werden kann, um das Landesverfassungsgericht mit der Überprüfung seiner eigenen früheren Entscheidung zu befassen: Hat der Landtag nämlich zunächst die *Unzulässigkeit* der Volksinitiative festgestellt, so kommt es überhaupt nur dann zum Volksbegehren, wenn das Landesverfassungsgericht diese Entscheidung zuvor auf Antrag der Vertrauenspersonen der Initiatoren aufgehoben hat. Zwar ist die Landtagsmehrheit an diese frühere Entscheidung des Gerichtes gebunden.[2] Ihr ist es daher grundsätzlich nicht möglich, das Gericht erneut anzurufen.[3/4] Dies gilt jedoch nicht für die Landesregierung, die an dem früheren Verfahren vor dem Landesverfassungsgericht noch überhaupt nicht beteiligt war.[5] Allerdings kann man wohl davon ausgehen, dass das Gericht seine frühere

---

1 Die Alternative, nämlich den Prüfauftrag des Landtags um die Feststellung zu erweitern, ob auch die Beschränkungen des Art. 41 I 1 und 2 oder II SH-V beachtet wurden, scheidet schon deshalb aus, weil damit den Initiatoren des Verfahrens entgegen der klaren Regelung des Art. 42 I SH-V die Last aufgebürdet würde, einen solchen Beschluss anzugreifen. Zudem steht ihnen nach § 13 II SH-VAbstG in diesem Fall nur der Verwaltungsrechtsweg offen, obwohl es sich um eine genuin verfassungsrechtliche Fragestellung handelt.

2 Allerdings kann sie fortbestehende Zweifel nicht zum Anlass nehmen, die Volksinitiative trotz der Entscheidung des BVerfG nicht für zulässig zu erklären! Sie muss die Entscheidung des Bundesverfassungsgerichtes vielmehr umsetzen, da dieses nicht selbst anstelle des Landtags die Zulässigkeit feststellen kann.

3 Unter Umständen ergeben sich die Zweifel an der Zulässigkeit des Volksbegehrens allerdings erst im Rahmen der Behandlung der Volksinitiative im Landtag. In diesem Fall kommt auch ein erneuter Antrag an das BVerfG in Betracht.

4 Dass die Landtagsmehrheit zuvor den Antrag auf Durchführung des Volksbegehrens für zulässig erklärt hat, spielt insofern keine Rolle, da im Verfahren nach § 12 II SH-VAbstG lediglich über *formelle* Kriterien zu entscheiden ist. Der Landtag muss das Verlangen auf Durchführung des Volksbegehrens also gegebenenfalls für zulässig erklären, obwohl er das Begehren selbst weiterhin aus *inhaltlichen Gründen* für unzulässig hält.

5 Bis jetzt hatte sie also keine Möglichkeit, ihre Auffassung selbst einzubringen; vgl. dazu oben S. 458 zu § 9 I SH-VAbstG.
Theoretisch ergibt sich in Bezug auf die Landtags*minderheit* dasselbe Problem. In der Praxis ist dies jedoch belanglos. Hatte der Landtag, i.e. seine Mehrheit, die Volksinitiative zunächst für zulässig erklärt, so bleibt das in Art. 42 I 2 SH-V statuierte Antragsrecht der Landtagsminderheit in vollem Umfang erhalten. Andernfalls ist es zwar vorstellbar, dass ein Teil der Abgeordneten trotz der Entscheidung des BVerfG bei seiner Auffassung bleibt und nun versucht, dieses erneut mit dem Antrag zu befassen. Zu

Entscheidung in einem Verfahren nach Art. 41 III SH-V i.V.m. § 9 I SH-VAbstG nicht aufgrund eines Antrags der Landesregierung gemäß Art. 42 I 4 i.V.m. § 13 I SH-VAbstG revidieren wird.

Damit stellt sich aber die Frage nach dem Sinn und Zweck der erneuten Überprüfung auf dieser Ebene des Verfahrens. Sieht man einmal von dem eher unwahrscheinlichen Fall ab, dass sich erst nach der Behandlung der Volksinitiative im Landtag Zweifel im Hinblick darauf ergeben, ob der diesem Verfahren zugrunde liegenden Antrag innerhalb der in Art. 41 I 1 und 2 oder II SH-V festgeschriebenen Grenzen liegt, so wird die erneute Kontrolle vor allem dann zum Tragen kommen, wenn der Antrag geändert worden ist. Daher wäre es sinnvoll gewesen, die erneute Prüfung auf diese Konstellation zu beschränken und der Landesregierung bzw. einer qualifizierten Minderheit der Landtagsabgeordneten schon auf der Ebene der Volksinitiative eine Möglichkeit einzuräumen, den Antrag dem Landesverfassungsgericht vorzulegen.

c. Zur aufschiebenden Wirkung der Überprüfung

In diesem Zusammenhang stellt sich weiterhin die Frage, ob das Verfahren während der Überprüfung des Volksbegehrens durch die Landesregierung oder durch das Landesverfassungsgericht ruht. Nachdem der Landtag eine Volksinitiative zurückgewiesen bzw. die Frist des Art. 42 I 1 SH-V verstreichen lassen hat, können die Initiatoren den Antrag auf Durchführung des Volksbegehrens stellen. Aus dem Wortlaut des Art. 42 I 3 und 4 SH-V ergibt sich nicht eindeutig, ob die Zulässigkeitsprüfung *vor* oder *während* der Durchführung des Volksbegehrens erfolgen soll. Allerdings impliziert die systematische Stellung der einschlägigen Verfassungsbestimmungen innerhalb des Absatzes 1 von Art. 42 SH-V, dass diese Prüfung einen eigenständigen Verfahrensschritt darstellt und dass die Sammlung von Unterschriften erst dann beginnen soll, wenn die Zulässigkeit des Volksbegehrens verbindlich feststeht.[1] Dafür spricht auch das Verhältnis der Abs. 1 und 2 des Art. 42 SH-V, da in Art. 42 II 3 Nr. 2 SH-V für den Fall des Zustandekommens eines Volksbegehrens eine weitere Möglichkeit für die Landesregierung oder eine qualifizierte Minderheit der Landtagsabgeordneten vorgesehen ist, das Landesverfassungsgericht anzurufen, um einen Volksentscheid abzuwenden.[2]

---

beachten ist dabei jedoch, dass sie – anders als die Landesregierung – auch als Person an die frühere Entscheidung gebunden sind.

1 So auch von Mutius/Wuttke/*Hübner*, Art. 42 SH-V, Rn. 5.
2 Bei einer unbefangenen Betrachtung des Verfassungstextes wird allerdings nicht gleich deutlich, ob sich Art. 42 II 3 Nr. 2 SH-V auf ein gesondertes Verfahren bezieht, oder auf das bereits nach der Volksinitiative aufgrund von Art. 42 I 4 SH-V eingeleitete Verfahren.
Allerdings ist in diesem Zusammenhang zum einen zu beachten, dass bereits die bis zum Februar 2004 geltende Fassung des Art. 42 SH-V auf dieser Stufe eine weitere Kontrollmöglichkeit vorsah, die in Art. 42 II 2 SH-V a.F. allerdings in einem schlichten Verweis auf Art. 42 I 2 SH-V a.F. „versteckt" war. Zum anderen hat der Gesetzgeber bei der gleichzeitig mit der Änderung der Verfassung vorgenommenen Reform des SH-VAbstG die Regelung des § 20 II SH-VAbstG unverändert beibehalten, in der für den Übergang vom Volksbegehren zum Volksentscheid auf § 13 SH-VAbstG verwiesen und damit klar gestellt wurde, dass das Landesverfassungsgericht auch noch auf dieser Stufe angerufen werden kann.

Nach dem Wortlaut und der Systematik des Art. 42 SH-V müsste mit der Unterschriftensammlung für das Volksbegehren also gegebenenfalls nicht nur so lange abgewartet werden, bis der Landtag das Volksbegehren für zulässig erklärt hat, sondern sogar so lange, bis das Landesverfassungsgericht über einen Antrag nach Art. 42 I 4 SH-V entschieden hat.

Diese Auslegung führt auch zu einem sinnvollen und zweckmäßigen Ergebnis. Schließlich wäre es für die Initiatoren und die Unterzeichner eines Volksbegehrens reichlich unbefriedigend, wenn ihr Aufwand sich nachträglich als vergebens erweisen würde, weil das Landesverfassungsgericht dieses Volksbegehren später für unzulässig erklärt. Darüber hinaus würden andernfalls die Rechte der in Art. 42 I 4 SH-V genannten Antragsteller ausgehebelt, da bis zur Entscheidung des Landesverfassungsgerichts unter Umständen bereits das Ergebnis des Volksentscheids im Raum stünde. Dieses kann aber ohnehin wie eine Entscheidung des Landtags vor dem Landesverfassungsgericht angefochten werden.[1] Es liegt daher sowohl im Interesse der Initiatoren als auch der Landesregierung und der nach Art. 42 I 4 SH-V antragsbefugten qualifizierten Minderheit der Landtagsabgeordneten, dass vor dem Beginn der Unterschriftensammlung für das Volksbegehren eine verbindliche Entscheidung ergeht.

4. Die Durchführung des Volksbegehrens

Erklärt der Landtag den Antrag auf Durchführung des Volksbegehrens für zulässig, so werden die Zulassung[2] des Volksbegehrens, die Namen und Anschriften der Vertrauenspersonen und der Beginn und das Ende der Eintragungsfrist für das Volksbegehren durch die Präsidentin des Landtags bekannt gegeben.[3] Die Landesregierung ist verpflichtet, den Gesetzentwurf samt Begründung vor Beginn der Eintragungsfrist ohne Stellungnahme bekanntzumachen.[4]

Es wurde bereits dargelegt, dass die Staatsorgane sich auch vor und während der Eintragungsfrist für das Volksbegehren eine gewisse Zurückhaltung auferlegen müssen. Insbesondere ist es ihnen nicht gestattet, durch eine unsachliche Öffentlichkeitsarbeit zu versuchen, den Erfolg des Volksbegehrens zu verhindern.[5]

Die Eintragung in die Unterschriftenlisten erfolgt in Schleswig-Holstein bei den Ämtern[6] und amtsfreien Gemeinden.[7] Die Eintragungslisten sind von den Initiatoren auf eigene Kosten herzustellen und müssen der Präsidentin des Landtags zugeleitet werden. Daneben sind auch Einzelanträge herzustellen. Diese sollen es einzelnen Unterzeichnern

---

1   Im Wege des Organstreits bzw. der Normenkontrolle durch das BVerfGG nach Art. 44 I Nr. 1 und 2 SH-V. offen.
2   *Przygode*, S. 87 f. hat zu Recht darauf hingewiesen, dass der Begriff „Zulassung" hier verfehlt ist, tatsächlich geht es um die „Zulässigkeit".
3   § 12 II und III SH-VAbstG.
4   § 12 IV SH-VAbstG. Das SH-VAbstG regelt nicht, wo dies zu geschehen hat. In der Praxis erfolgen die Bekanntmachungen im Gesetz- und Verordnungsblatt des Landes.
5   Vgl. dazu schon oben S. 307 ff.
6   Diese besondere Form des Gemeindeverbandes ist in der Amtsordnung des Landes in der Fassung der Bekanntmachung vom 19.1.1994, GVOBl. S. 75, geregelt.
7   § 14 I SH-VAbstG.

ermöglichen, das Begehren zu unterstützen, ohne dass dieser Umstand Dritten bekannt wird. Damit wird dem Grundrecht auf informationelle Selbstbestimmung Rechnung getragen.[1]

Die Präsidentin des Landtags leitet die Eintragungslisten und Einzelanträge bis zwei Wochen vor Beginn der Eintragungsfrist an die Auslegestellen weiter, wobei sie sich gegebenenfalls der Amtshilfe des Innenministers bedienen kann.[2] Die Gemeinden müssen den Gegenstand des Volksbegehrens, die Eintragungsräume und -zeiten und die Eintragungsfrist örtlich bekannt geben.[3] Bei der Bestimmung der Eintragungsräume und -zeiten ist darauf zu achten, dass alle Eintragungsberechtigten ausreichend Gelegenheit haben, sich zu beteiligen. Daher reicht es nicht aus, wenn die Eintragungslisten während der üblichen Sprechzeiten der Ämter ausliegen.[4] In der Praxis wird dieses Problem dadurch gelöst, dass die Listen nicht nur in Behörden bereitgehalten werden, sondern auch in ortsansässigen Geschäften, etwa Bäckereien, Apotheken oder Friseurläden.[5]

Die Eintragungsfrist beträgt laut Art. 42 I 3 SH-V ein halbes Jahr. Aus § 12 III 2 SH-VAbstG ergibt sich, dass diese Frist nicht sofort nach der Entscheidung über die Zulässigkeit des Volksbegehrens zu laufen beginnt, sondern mindestens vier, spätestens acht Wochen später.[6] In der Begründung zum Entwurf des SH-VAbstG ist die Landesregierung von der Annahme ausgegangen, dass die Initiatoren die Unterstützungsfrist nicht ausschöpfen müssen.[7] Jedoch findet sich keine Regelung darüber, dass und gegebenenfalls unter welchen Umständen sie das Eintragungsverfahren vorzeitig beenden können. Vielmehr ergibt sich aus §§ 18 Satz 1 i.V.m. 12 III SH-VAbstG unzweifelhaft, dass die Listen erst mit dem Ablauf der Sechs-Monats-Frist abgeschlossen werden. Erst danach können sie bei der Landtagspräsidentin eingereicht werden.

---

1 Nur so kann ein Unterzeichner davon ausgehen, dass sein Name nicht von anderen Unterzeichnern zur Kenntnis genommen werden kann; vgl. die Begründung der Landesregierung, LT-Drs. 13/1973, S. 25 zu § 14 I SH-VAbstG.
Hierbei handelt es sich um ein allgemeines datenschutzrechtliches Problem. Das Prinzip der geheimen Wahlen und Abstimmungen ist auf das Volksbegehren nämlich mittelbar anwendbar. Die Unterstützer des Volksbegehrens müssen, ebenso wie etwa die Unterzeichner eines Kreiswahlvorschlages nach § 20 II 2 oder III BWahlG, davon ausgehen, dass die Tatsache der Unterstützung des Antrags Dritten bekannt wird.

2 Vgl. § 12 V SH-VAbstG; im Entwurf für das SH-VAbstG oblag diese Aufgabe nach § 14 I den Initiatoren (vgl. LT-Drs. 13/1973). Die Änderung erleichtert diesen nicht nur das Verfahren, sondern spart auch erhebliche (Porto-) Kosten.

3 § 14 II SH-VAbstG.

4 Vgl. § 14 I 2 SH-VAbstG; insbesondere Berufstätigen ist es zu diesen Zeiten häufig nicht oder nur unter größeren Schwierigkeiten möglich, die Amtsräume persönlich aufzusuchen.

5 So etwa beim Volksbegehren gegen die Rechtschreibreform; vgl. „Volksbegehren gegen Rechtschreibreform", StZ, 3.11.1997, S. 2.

6 Es wurde bereits darauf hingewiesen, dass diese Regelung problematisch ist, da die Eintragungsfrist möglicherweise zu laufen beginnt, bevor die Frist zur Anrufung des Landesverfassungsgerichtes abgelaufen ist; dazu siehe oben S. 468 ff.

7 Vgl. LT-Drs. 13/1973, S. 24 zu § 12 III SH-VAbstG.

Die Eintragungsberechtigten können das Begehren landesweit mit ihrer Unterschrift unterstützen.[1] Im Falle einer mehrfachen Eintragung ist keine der Unterschriften gültig.[2] Die Eintragung kann – anders als bei der Volksinitiative[3] – nicht mehr zurückgenommen werden.[4]

Nachdem im Rahmen der jüngsten Änderung des SH-VAbstG die bis dahin geltende Regelung aufgehoben wurde, nach der die Eintragungsberechtigten das Volksbegehren nur in ihrer Heimatgemeinde unterstützen konnten, ergibt sich das Problem, wie mit Unterschriften umzugehen ist, die außerhalb der jeweiligen Heimatgemeinde erfolgen und daher nicht ohne weiteres überprüft werden können. Der Gesetzgeber hat diesem Problem zum einen dadurch Rechnung getragen, dass gegebenenfalls gesonderte Listen für die Einwohner der verschiedenen Gemeinden geführt werden müssen.[5] Zum anderen müssen diese Listen innerhalb einer Ausschlussfrist von vier Wochen nach dem Ablauf der Eintragungsfrist den jeweils zuständigen Gemeinden oder Ämtern zuzuleiten.[6]

Nach Ablauf der Eintragungsfrist stellen die Gemeinden die Zahl der gültigen und ungültigen Eintragungen fest und machen diese örtlich bekannt.[7] Sie leiten die Daten an den Landesabstimmungsleiter weiter, der die Gesamtzahl der Beteiligungsberechtigten und das zahlenmäßige Ergebnis des Volksbegehrens feststellt.[8] Es bleibt dem Landtag überlassen, festzustellen, ob das Quorum von fünf Prozent der Stimmberechtigten nach Art. 42 I 3 SH-V zustande gekommen ist, und diese Feststellung bekanntzumachen.

5. Rechtsschutzmöglichkeiten

Es fällt auf, dass die SH-V und das SH-VAbstG, anders die vergleichbaren Regelungen in den anderen Ländern, keine ausdrückliche Regelung über Rechtsschutzmöglichkeiten im Zusammenhang mit der Durchführung des Volksbegehrens enthält.[9]

---

1 § 14 I 1 SH-VAbstG.
2 § 17 Nr. 6 SH-VAbstG.
3 Dazu siehe oben S. 455 f.
4 § 14 I 3 SH-VAbstG; nach Ansicht des Gesetzgebers haben die Unterzeichner, anders als bei der – oft spontanen – Unterzeichnung einer Volksinitiative, vor der Eintragung in die Listen bei den Gemeinden ausreichend Zeit und Gelegenheit, eine abgewogene Entscheidung zu treffen; vgl. LT-Drs. 13/1973, S. 26.
5 Vgl. § 14 II SH-VAbstG.
6 Vgl. § 18 II SH-VAbstG.
7 Aus § 18 IV SH-VAbstG ergibt sich ein Anspruch der Gemeinden gegen das Land auf Erstattung der notwendigen Kosten für die Prüfung der Eintragungen.
8 § 19 I SH-VAbstG; dabei ist er nicht an die Auffassung der Gemeinden über die Gültigkeit der Eintragungen gebunden.
9 Dieser Umstand, der von *Przygode*, S. 175 f., bei der Darstellung der Rechtsschutzmöglichkeiten nicht einmal beiläufig erwähnt wird, ist umso bemerkenswerter, wenn man zum einen berücksichtigt, dass das SH-VAbstG lange nach dem BbgVAG erlassen wurde, das in den §§ 20, 22 genau diese Fragen regelt. Zum anderen verweist § 22 Nr. 6 SH-VAbstG für den *Volksentscheid* ausdrücklich auf die Vorschriften des Landeswahlgesetzes über die Wählerverzeichnisse und § 25 SH-VAbstG enthält eine Regelung über die Anfechtung des Abstimmungsergebnisses.

Dies betrifft zunächst die Möglichkeit für die einzelnen Bürger, gegen die Ablehnung der Zulassung zur Eintragung vorzugehen. Insofern ist allerdings zu beachten, dass die Ablehnung einer Eintragung einen Verwaltungsakt darstellt, der nach § 40 I 1 VwGO mit der Anfechtungsklage angefochten werden kann.[1] Der Verwaltungsrechtsweg ist grundsätzlich auch für Streitigkeiten zwischen einzelnen Bürgern und Behörden im Zusammenhang mit der Festlegung der Auslegungsstellen und -zeiten eröffnet.[2] Schließlich können die Verwaltungsgerichte auch über Anträge der Vertrauenspersonen[3] entscheiden, die sich gegen Maßnahmen von Nicht-Verfassungsorganen richten.[4] Ein Rechtsschutzbedürfnis ist dabei insbesondere für Klagen gegen eine einseitige Öffentlichkeitsarbeit der Kommunen anzunehmen.[5]

Als problematisch erweist sich damit vor allem der Umstand, dass den Initiatoren keine Möglichkeit eingeräumt wurde, die Entscheidung des Landtags über das Zustandekommen des Volksbegehrens anzugreifen. Aus der Begründung der Landesregierung zum Entwurf für das SH-VAbstG ergibt sich, dass diese auch insofern von der Eröffnung des Verwaltungsgerichtswegs ausgegangen ist.[6] Wie schon aufgezeigt wurde, liegen die Voraussetzungen des § 40 I 1 VwGO jedoch tatsächlich nicht vor. Es handelt sich nämlich gegebenenfalls um eine *verfassungsrechtliche* Streitigkeit, für deren Entscheidung die Verwaltungsgerichte nicht zuständig sind.[7]

Damit stellt sich aber die Frage, ob hier der Rechtsweg zum Landesverfassungsgericht[8] eröffnet ist. Insofern ist nun zu beachten, dass die Unterzeichner einer Volksinitiative gegebenenfalls als „andere Beteiligte" eines Organstreitverfahrens nach Art. 44 I Nr. 1 SH-V in Betracht kommen, da sie eigene Rechte aus der Verfassung ableiten können. Zum einen haben sie das verfassungsmäßige Recht, die Durchführung eines Volksbegehrens zu verlangen. Daraus ergibt sich aber mittelbar ein Anspruch darauf, auch das Ergebnis des Volksbegehrens überprüfen zu lassen.[9] Zum anderen trifft den Staat und seine Organe im Rahmen des Verfahrens eine Pflicht zur Zurückhaltung, insbesondere dürfen die Erfolgschancen des Volksbegehrens nicht durch eine unzulässige Öffentlichkeitsarbeit beeinträchtigen. Die Vertrauenspersonen einer Volksinitiative sind dann aber als gesetzliche Vertreter

---

1 Dazu siehe schon ausführlich oben S. 310 ff.
2 So auch *Wolnicki*, LKV 1997, S. 313, 314 ff., der allerdings nicht hinreichend deutlich macht, dass es sich bei Streitigkeiten zwischen den Antragstellern und Verfassungsorganen um verfassungsrechtliche Fragen handelt. Anders hingegen *VGH Kassel*, NVwZ 1991, S. 1098 und im Anschluss daran *VG Potsdam*, LKV 1997, S. 338, die durch eine Überhöhung des einzelnen Bürgers zum Staatsorgan zur Eröffnung des Rechtswegs zu den Verfassungsgerichten kommen – und damit effektiven Rechtsschutz verhindern, da der Bürger dort nicht antragsberechtigt ist; dazu ausführlich oben S. 310 ff., m.w.N.
3 Als gesetzliche Vertreter der Unterzeichner der Volksinitiative.
4 Vgl. dazu oben S. 311 f.
5 Wie hier im Ergebnis auch *VGH München*, BayVBl. 1991, S. 403 f.
6 LT-Drs. 13/1973, S. 28, zu § 19 SH-VAbstG.
7 Vgl. dazu schon oben S. 310 ff.
8 In dessen Funktion als Staatsgerichtshof für das Land Schleswig-Holstein.
9 So im Ergebnis auch *Przygode*, S. 242 f.

der Unterzeichner berechtigt, diese Rechte in einem Organstreitverfahren geltend zu machen.[1]

Weiterhin stellt sich die Frage, ob auf diesem Wege auch weitere Verstöße im Zusammenhang mit der Durchführung des Eintragungsverfahrens gerügt werden können. Dabei kommt dem Umstand entscheidende Bedeutung zu, dass dieses Verfahren erst durch das SH-VAbstG geregelt wurde. Zudem sind die Kommunen für die Festlegung der Eintragungszeiten und -stellen zuständig, nicht aber die Regierung oder ein anderes in der Verfassung genanntes Staatsorgan. Daher ist insofern grundsätzlich der Rechtsweg zu den Verwaltungsgerichten eröffnet.[2] Allerdings können sich die Vertrauenspersonen darauf berufen, dass die Kommunen in Bezug auf die Durchführung der direktdemokratischen Verfahren den Weisungen des Landes unterliegen. Daher können sie gegebenenfalls im Wege des Organstreitverfahrens nach Art. 44 I Nr. 1 SH-V geltend machen, dass ein Volksbegehren deswegen nicht zustande gekommen ist, *weil* die Landesregierung (als Antragsgegnerin) ihrer Pflicht, auf eine ordnungsgemäße Durchführung des Verfahrens zu achten, nicht nachgekommen ist.

Grundsätzlich spricht nichts dagegen, entsprechende Anträge schon während des laufenden Verfahrens zu stellen. Zwar erscheint es zweifelhaft, ob das Landesverfassungsgericht rechtzeitig zu einer Entscheidung kommen wird. Allerdings besteht die Möglichkeit zum Erlass einstweiliger Anordnungen".

6. Die erneute Überprüfung eines Volksbegehrens gemäß Art. 42 II 3 Nr: 2 SH-V

In diesem Zusammenhang sei schließlich darauf hingewiesen, dass es in Schleswig-Holstein eine weitere Möglichkeit gibt, ein Volksbegehren dem Landesverfassungsgericht zur Entscheidung vorzulegen. Gemäß Art. 42 II 3 Nr. 2 SH-V soll auch dann kein Volksentscheid statt finden, wenn das Landesverfassungsgericht auf Antrag der Landesregierung oder eines Viertels der Mitglieder des Landtages die Vereinbarkeit des zustande gekommenen Volksbegehrens mit Art. 41 I 1 und 2 oder II SH-V verneint.[3] Aus dem klaren Wortlaut der Bestimmung[4] und ihrer systematischen Stellung ergibt sich, dass mit dieser Bestimmung nicht nur auf den Antrag gemäß Art. 41 I 4 SH-V Bezug genommen und klar gestellt werden soll, dass dieser Antrag gegebenenfalls aufschiebende Wirkung handelt.[5] Vielmehr handelt es sich um ein völlig eigenständiges Verfahren – und dementsprechend hat der Gesetzgeber in § 20 II SH-VAbstG schlicht auf § 13 SH-VAbstG verwiesen.

---

1 (Nur) Diese sind daher als „Staatsorgan" zu behandeln, nicht aber die einzelnen Bürger, die sich am Volksbegehren beteiligen wollen. Zu weit daher der *VGH Kassel*, NVwZ 1991, S. 1098.

2 Vgl. in diesem Sinne auch *Wolnicki*, LKV 1997, S. 313, 314 ff.

3 *Przygode*, S. 194, geht zu Unrecht davon aus, dass sich die mit der aktuellen Fassung des Art. 42 II 3 Nr. 2 SH-V inhaltlich identische Vorläuferregelung des Art. 42 II 2 SH-V ausschließlich auf die Anfechtung der Entscheidung über das Zustandekommen des Volksbegehrens bezieht – und rügt konsequenterweise, dass auch den Antragstellern das Recht zur Anfechtung zukommen müsse.

4 Dort ist von der „Vereinbarkeit des zustande gekommenen Volksbegehrens" die Rede.

5 Tatsächlich wäre diese Bezugnahme auch unnötig, da der Antrag nach Art. 41 I 4 SH-V ja aufschiebende Wirkung entfaltet und daher keine Gefahr besteht, dass es vor der Entscheidung des Landesverfassungsgerichtes zum Volksentscheid kommen könnte.

Berücksichtigt man, dass es auf dieser Stufe des Verfahrens keine Möglichkeit mehr gibt, den Antrag zu ändern, der zum Volksentscheid gebracht werden soll, stellt sich allerdings die Frage nach dem Sinn und Zweck einer erneuten Überprüfung. Schließlich hatten die in Art. 42 II 3 Nr. 2 SH-V genannten Antragsberechtigten schon vor Durchführung des Volksbegehrens Gelegenheit, den Antrag dem Landesverfassungsgericht zur Entscheidung vorzulegen. Da der Prüfungsumfang in den beiden Verfahren identisch ist, besteht aber grundsätzlich kein Anlass für die Vermutung, dass das Landesverfassungsgericht einen Volksentscheid über einen Antrag unterbinden würde, wenn es diesen Antrag zuvor bereits als zulässigen Gegenstand eines Volksbegehrens angesehen hatte. Insbesondere kommt es hierfür nicht darauf an, ob der Antragsteller in den beiden Verfahren identisch ist.

Obwohl die Entstehungsgeschichte der Landesverfassung durchaus den Schluss zuließe, dass die „doppelte Überprüfung" ursprünglich auf einem Redaktionsversehen beruhte,[1] ist zu beachten, dass der Wortlaut der einschlägigen Regelungen im Rahmen der Überarbeitung der Verfassungsbestimmungen zu Beginn des Jahres 2004 modifiziert und damit nochmals bestätigt wurde. Aufgrund des klaren Wortlautes des Art. 42 II 3 Nr. 2 SH-V ist es daher nicht gerechtfertigt, diese Bestimmung überhaupt nur dann eingreifen zu lassen, wenn zuvor noch keiner der in Art. 41 I 4 SH-V genannten Antragsberechtigten das Landesverfassungsgericht angerufen hatte und daher auch noch keine Entscheidung dieses Gerichtes im Raum steht. Vielmehr muss sich das Landesverfassungsgericht gegebenenfalls erneut mit der Frage auseinander setzen, ob der betreffende Antrag mit den Vorgaben des Art. 41 I 1 und 2 SH-V vereinbar ist. Das Gericht wird von seiner früheren Entscheidung jedoch nur dann abrücken, wenn sich aufgrund einer gravierenden Veränderung der tatsächlichen Umstände die Grundlage für die rechtliche Bewertung des Antrags geändert hat. Die erneute Überprüfung könnte daher insbesondere dann zu einem anderen Ergebnis führen, wenn sich die Haushaltslage des Landes seit der ersten Entscheidung des Landesverfassungsgerichtes so weit verändert hätte, dass es dem Parlament im Falle der Annahme des Antrags beim Volksentscheid nicht mehr möglich wäre, die finanziellen Auswirkungen innerhalb des Haushaltsplanes auszugleichen. Auch wenn im Übrigen kein Fall erkennbar ist, in dem die neuere Entscheidung des Landesverfassungsgerichtes nicht schon durch seine frühere Rechtsprechung präkludiert wäre, bleiben Anträge nach Art. 42 II 3 Nr. 2 SH-V zulässig und verpflichten das Gericht daher zu einer Entscheidung in der Sache.

Daher kommt aber der Frage, ob auch ein solcher Antrag gegebenenfalls aufschiebende Wirkung hätte, entscheidende Bedeutung zu. Nach dem klaren Wortlaut des Art. 42 II 3 Nr. 2 SH-V muss die Entscheidung des Landesverfassungsgerichtes zwar gegebenenfalls vor dem Volksentscheid ergehen. Auf der anderen Seite verlangt Art. 42 II 1 SH-V aber auch, dass der Volksentscheid innerhalb von neun Monaten nach dem Zustandekommen des Volksbegehrens durchgeführt werden muss. Berücksichtigt man, dass der Antrag nach Art. 42 II 3 Nr. 2 SH-V gemäß §§ 20 II i.V.m. 13 I SH-VAbstG innerhalb eines Monates nach der Bekanntmachung über das Zustandekommen des Volksbegehrens gestellt werden muss und das Landesverfassungsgericht somit acht Monate Zeit für seine Entscheidung

---

1 Die „Doppelung" war erst in der letzten Phase der Verfassungsberatungen eingeführt worden. Der Sonderausschuss Verfassungs- und Parlamentsreform hatte ursprünglich vorgesehen, dass das BVerfG erst *nach* dem Volksbegehren mit dem Antrag befasst werden könnte (vgl. LT-Drs. 11/620, S. 10), Art. 41 II 4 SH-V wurde erst später eingefügt..

hätte, ist richtigerweise davon auszugehen, dass die Frist des Art. 42 II 1 SH-V Vorrang hat und der Antrag auf Überprüfung durch das Landesverfassungsgericht keine aufschiebende Wirkung entfaltet. Vielmehr müsste der Volksentscheid gegebenenfalls kurzfristig absagt werden, wenn das Landesverfassungsgericht zu dem Ergebnis kommen sollte, dass die Vorlage mit den Vorgaben der Verfassung vereinbar ist.

In diesem Zusammenhang ist schließlich darauf hinzuweisen, dass der Gesetzgeber in § 20 II SH-VAbstG insgesamt auf § 13 SH-VAbstG und damit auch auf dessen Abs. 2 verwiesen hat.[1] Dies ist aber deshalb bemerkenswert, weil der Volksentscheid von Amts wegen durchgeführt werden muss. Da der Landtag daher keine Entscheidung mehr zu treffen hat, die mit der Zulässigkeitsentscheidung im Sinne von § 12 I SH-VAbstG vergleichbar wäre, besteht für die Vertrauenspersonen aber auch kein Anlass, den Verwaltungsrechtsweg gegen eine solche Entscheidung zu beschreiten. Dabei ist wiederum zu beachten, dass § 20 II SH-VAbstG im Rahmen der Überarbeitung der einschlägigen Bestimmungen nochmals bestätigt worden ist, obwohl die Entstehungsgeschichte der Norm an sich ein Redaktionsversehen nahe legt.[2]

7. Die Behandlung des Volksbegehrens im Landtag

Bis zur Überarbeitung der Landesverfassung im Jahr 2004 gab es in Schleswig-Holstein anders als in den meisten anderen Ländern[3] aber ebenso wie in der Schweiz und in den meisten ihrer Kantone keine Möglichkeit zur Erledigung des Volksbegehrens.[4] Das Verfahren konnte daher selbst dann nicht mehr beendet werden, wenn ein Kompromiss erreicht wurde. Vielmehr hätte der Volksentscheid sogar dann statt finden müssen, wenn der Landtag den dem Begehren zugrunde liegenden Entwurf unverändert angenommen hat. Mittlerweile wurde jedoch in Art. 42 II 3 Nr. 1 SH-V festgeschrieben, dass der Volksentscheid auch dann unterbleibt, wenn der Landtag dem Gesetzentwurf oder der anderen Vorlage bis zur Bestimmung des Abstimmungstages durch den Landtagspräsidenten in unveränderter oder in einer von den Vertretern der Initiative gebilligten geänderten Fassung zustimmt. Allerdings ist nicht zwingend vorgeschrieben, dass sich das Parlament auf dieser Stufe des Verfahrens noch einmal mit dem Antrag auseinander setzen muss. Auch sonst enthält das SH-VAbstG keine weiteren Bestimmungen über das weitere Verfahren im Parlament, so dass gegebenenfalls die Bestimmungen der Landesverfassung und der Geschäftsordnung des Landtags über das reguläre Gesetzgebungsverfahren zur Anwendung kommen.

---

1 Dazu siehe oben S. 465.
2 Während § 13 II SH-VAbstG erst in einer späten Phase der Beratungen über den Entwurf für das SH-VAbstG eingefügt wurde, vgl. LT-Drs. 13/1973, war der Verweis auf § 13 SH-VAbstG von Anfang an in § 20 II SH-VAbstG enthalten. Damit liegt aber der Schluss nahe, dass diese Vorschrift an sich „§ 13 *Absatz 1* SH-VAbstG gilt entsprechend" hätte lauten müssen.
3 Nur in Sachsen findet sich insofern eine vergleichbare Rechtslage; dazu siehe unten S. 481. In Bayern sieht die Verfassung zwar ebenfalls keine Erledigungsmöglichkeit vor, hier hat der einfache Gesetzgeber aber eine abweichende Regelung getroffen, vgl. dazu oben S. 318.
4 Art. 42 II 1 SH-V i.V.m. § 20 I SH-VAbstG. Anders hingegen von Mutius/Wuttke/*Hübner*, Art. 42 SH-V, Rn. 9, mit der wenig überzeugenden Begründung, dass dem Volksentscheid durch den Landtagsbeschluss der Gegenstand entzogen wäre; dagegen zu Recht *Jung*, ZG 1998, S. 295, 298.

Betrachtet man das Volksbegehren nicht ausschließlich als Antrag, eine unmittelbare Entscheidung des (Stimm-) Volkes über einen bestimmten Antrag herbeizuführen, so erscheint es durchaus sinnvoll, wenn das Verfahren auch auf dieser Stufe noch beendet werden kann. Denn zumindest dann, wenn sich die Initiatoren und das Parlament darüber einig sind, dass eine bestimmte politische Frage auf eine bestimmte Art und Weise zu lösen ist, besteht im Grunde kein Anlass mehr, eine Volksabstimmung durchzuführen. Zwar haben damit wiederum diejenigen Bürger, die den dem Volksbegehren zugrunde liegenden Antrag ablehnen, keine Möglichkeit, auf die Entscheidung einzuwirken und es ist trotz der Einigung zwischen der Landtagsmehrheit und den Initiatoren des Verfahrens auch keineswegs sicher gestellt, dass der Antrag im Falle einer Abstimmung angenommen worden wäre. Dies kann und muss aber schon wegen der grundsätzlichen Gleichrangigkeit von Volks- und Parlamentsgesetzen hingenommen werden. Zudem handelt es sich um die konsequente Folge der Entscheidung des Verfassunggebers die direktdemokratischen Verfahren mit dem parlamentarischen Willensbildungsprozess zu koppeln und zu verschränken.[1]

Dennoch ist die Möglichkeit der Erledigung nicht ganz unproblematisch, da die ursprünglichen Unterzeichner der Volksinitiative gegebenenfalls keine Möglichkeit haben, die Zustimmung durch die Vertreter der Volksinitiative anzufechten, wenn sie der Auffassung sein sollten, dass dem ursprünglichen Anliegen eben doch nicht hinreichend Rechnung getragen worden ist. Die einzige Sicherung gegen einen Missbrauch scheint daher darin zu bestehen, dass die Vertrauenspersonen ihrerseits nur gemeinsam und einstimmig entscheiden können. Dieses Legitimationsdefizit ist jedoch verfassungsrechtlich unproblematisch, da sich die Entscheidungszuständigkeit der Vertrauenspersonen unmittelbar aus der Verfassung ergibt.

B. Der Volksentscheid

Wird das Volksbegehren nicht erledigt, so kommt es in Schleswig-Holstein zum Volksentscheid ohne dass es eines weiteren Antrags bedürfte.

1. Das Verfahren bis zur Abstimmung

Der Landtag kann beim Volksentscheid nach Art. 42 II 3 SH-V allerdings einen eigenen Entwurf zum selben Gegenstand mit zur Abstimmung stellen. Dies kann auch eine modifizierte Fassung des dem Volksbegehren zugrunde liegenden Antrags sein. Der konkurrierende Entwurf des Landtags bedarf mangels einer ausdrücklichen abweichenden Regelung selbst dann nur der Zustimmung durch die (einfache) Mehrheit der abstimmenden Abgeordneten, wenn er eine Verfassungsänderung zum Gegenstand hat.[2]

---

1   Tatsächlich stellt sich die Lage für den genannten Personenkreis de facto genauso dar, wie bei einer Entscheidung, die das Parlament aus eigener Initiative trifft. Wenn *Przygode*, S. 160 ff. dennoch grundsätzliche Bedenken äußert, verkennt er den Doppelcharakter des Volksbegehrens.
2   Das ergibt sich aus der eindeutigen Regelung des Art. 16 I SH-V, vgl. dazu schon oben S. 320. Anders hingegen *Geitmann*, Mehr Demokratie, S. 12, der de Unterschied zwischen einer Verfassungsänderung durch den Landtag und dem Quasi-Referendum nach Art. 42 II 3 SH-V verkennt.

Die Abstimmung muss innerhalb von neun Monaten nach der Feststellung des Landtags über das Zustandekommen des Volksbegehrens durchgeführt werden.[1] Zuvor muss der Entwurf bzw. müssen die Entwürfe in „angemessener Form" veröffentlicht werden.[2] Anders als in mehreren der anderen Länder[3] ist insofern nicht ausdrücklich die Veröffentlichung im Gesetz- bzw. Amts- oder Ministerialblatt vorgeschrieben. „Angemessen" im Sinne des Art. 42 III 1 SH-V ist die Veröffentlichung in solchen Medien, die den Bürgern frei zugänglich sind. In Betracht kommen insofern vor allem die örtlichen Tageszeitungen.[4] Der Landesregierung ist es ausdrücklich untersagt, der Veröffentlichung eine eigene Stellungnahme beizufügen. Auf diese Weise soll eine unzulässige Beeinflussung der Stimmberechtigten verhindert werden. Allerdings kann der Landtag in der Begründung zu seinem konkurrierend zur Abstimmung gestellten Entwurf auf den Entwurf des Volksbegehrens eingehen – und wird dies in der Praxis auch tun.

Art. 42 III 1 SH-V scheint unnötig zu sein, da der einfache Gesetzgeber ohne eine ausdrückliche Ermächtigung ohnehin nicht dazu berechtigt ist, der Landesregierung die Gelegenheit zu einer eigenen Stellungnahme zu geben.[5] Er drückt allerdings den Willen des Verfassunggebers aus, dass auch beim Verfahren der Volksabstimmung der Grundsatz der Chancengleichheit gelten soll.[6] Daher sind auch der Landesregierung und anderen staatlichen Stellen enge Grenzen gesetzt, durch (unsachliche) Öffentlichkeitsarbeit Einfluss auf die Abstimmung zu nehmen.

Wie soeben schon im Zusammenhang mit dem Volksbegehren ausgeführt wurde, haben die Vertrauenspersonen die Möglichkeit, ihren Anspruch auf Chancengleichheit auf dem Wege des Organstreitverfahrens vor dem Landesverfassungsgericht geltend zu machen. Gegen Verstöße, die nicht den obersten Staatsorganen zuzurechnen sind, sondern untergeordneten Behörden oder Kommunen, ist der Verwaltungsrechtsweg eröffnet.[7]

Art. 42 III 2 SH-V begründet einen Anspruch der Initiatoren eines erfolgreichen Volksbegehrens auf Erstattung der notwendigen Kosten einer angemessenen Werbung für ihren Entwurf. Dieser Anspruch wird in § 27 II SH-VAbstG konkretisiert. Maßgeblich ist das Ergebnis der Abstimmung. Für jede „Ja"-Stimme erhalten die Vertrauenspersonen, einen Pauschalbetrag von 0,28 €. Der Gesetzgeber ist dabei davon ausgegangen, dass zumindest die Unterzeichner des Volksbegehrens auch beim Volksentscheid für den Antrag stimmen

---

1 Art. 42 II SH i.V.m. § 20 I 1 SH-VAbstG. Diese Frist muss nicht vollständig ausgeschöpft werden. Wenn der Landtag daher sicher ist, das Begehren nicht übernehmen zu wollen, kann der Volksentscheid auch früher statt finden.

2 Art. 42 III 1 SH-V.

3 vgl. §§ 19 I 1 MV-VaG, 25 NdsVAbstG, 27 I SächsVVVG, 22 LSA-VAbstG, 20 ThürBVVG.

4 Auffallend ist, dass nur in Schleswig-Holstein und Brandenburg die Frage der Veröffentlichung der Entwürfe durch die Landesregierung bzw. den Landtagspräsidenten (Art. 77 IV BbgV) in der Verfassung selbst vorgeschrieben ist.

5 Vgl. dazu schon oben S. 321 f.

6 Vgl. dazu schon oben S. 307 ff.

7 *Przygode*, S. 237 f., weist zu Recht darauf hin, dass ein wirksamer Rechtsschutz schon deswegen erforderlich ist, weil in dem sehr langen Zeitraum bis zum Volksentscheid zahlreiche Möglichkeiten bestehen, die Stimmberechtigten zu beeinflussen.

werden.¹ Es kann jedoch nicht mehr als der von den Vertrauenspersonen nachgewiesene Gesamtaufwand erstattet werden. Die Kostenerstattung erfolgt auf deren Antrag durch die Präsidentin des Landtags. Der Antrag muss spätestens sechs Monate nach Bekanntmachung des Ergebnisses des Volksentscheids gestellt werden.²

2. Die Durchführung der Abstimmung

Der Abstimmungstag ist von der Landtagspräsidentin festzulegen, die zuvor die Vertrauenspersonen und die Landesregierung anzuhören hat.³ Es muss sich notwendigerweise um einen Sonntag oder einen anderen öffentlichen Ruhetag handeln.⁴

Für das Abstimmungsverfahren gelten nach § 22 SH-VAbstG weitgehend die Vorschriften des Landeswahlgesetzes. Auf den Abstimmungszetteln ist auf den Gesetzentwurf oder die andere Vorlage Bezug zu nehmen. Der Wortlaut des Entwurfs ist auszulegen. Damit soll erreicht werden, dass die Stimmzettel auch bei umfangreicheren Anträgen übersichtlich bleiben. Allerdings regelt § 23 III SH-VAbstG nicht, wo und wann diese Auslegung erfolgen muss.⁵ Ein eventueller konkurrierender Entwurf des Landtags wird auf dem Abstimmungszettel gegebenenfalls nach dem Entwurf aufgeführt, der dem Volksbegehren zugrunde lag.⁶

Stehen mehrere Gesetzentwürfe zur Abstimmung, so muss entweder *einer* Vorlage zugestimmt werden, oder aber es müssen *alle* Vorlagen abgelehnt werden.⁷ In Schleswig-Holstein ist es somit nicht möglich, bei mehreren Vorlagen mit „Ja" zu stimmen.

3. Zu den Quoren

Damit ein Antrag im Volksentscheid angenommen wird, muss das Quorum des Art. 42 II 4 SH-V erfüllt sein. Notwendig ist die Zustimmung durch die Mehrheit der Abstimmenden, mindestens aber durch ein Viertel der Stimmberechtigten. Dabei zählen nach Art. 42 II 6 SH-V nur die gültigen Stimmen.

---

1   Vgl. LT-Drs. 13/1973, S. 34. In diesem Fall ergibt sich bei ca. 2 Mio. Stimmberechtigten ein Anspruch von mindestens 28.000 €.
2   Im Entwurf für das SH-VAbstG war eine Frist von nur zwei Monaten vorgesehen (vgl. LT-Drs. 13/1973).
3   Vgl. § 21 SH-VAbstG.
4   Dies ergibt sich zwar nicht aus dem SH-VAbstG, aber aus Art. 3 II SH-V.
5   Auch aus der systematischen Stellung ergibt sich nicht eindeutig, ob die Entwürfe am Abstimmungstag in den Abstimmungslokalen auszulegen sind.
6   § 23 II 3 SH-VAbstG; sollten ausnahmsweise mehrere Volksbegehren mit unterschiedlichen Entwürfen zu identischen Gegenständen erfolgreich gewesen sein, richtet sich die Reihenfolge nach dem Ergebnis des Begehrens.
7   § 23 I 2 SH-VAbstG.

Stehen mehrere Entwürfe zur Abstimmung, so reicht die *relative* Stimmenmehrheit aus.[1] Dementsprechend sieht § 26 II 1 SH-VAbstG vor, dass bei einer konkurrierenden Abstimmung gegebenenfalls derjenige Entwurf angenommen ist, auf den die meisten „Ja"-Stimmen entfallen sind, sofern dieser Entwurf die Zustimmung durch ein Viertel der Stimmberechtigten und damit das qualifizierte Abstimmungsquorum des Art. 42 II 4 SH-V erreicht hat.[2] Bei Stimmengleichheit ist gemäß § 26 II 2 SH-VAbstG derjenige Entwurf angenommen, der auf dem Abstimmungszettel vorangeht. Dies ist stets eine durch Volksbegehren eingebrachte Vorlage.[3]

Aufgrund der Regelung des § 23 I SH-VAbstG besteht eine gewisse Wahrscheinlichkeit dafür, dass bei einer solchen konkurrierenden Abstimmung über mehrere Vorlagen ein relativ großer Teil der Stimmzettel ungültig sein wird: Zwar spielt es keine Rolle, wenn ein Abstimmender nur einem Entwurf zustimmt, ohne die anderen *ausdrücklich* abzulehnen, denn nach § 26 II SH-VAbstG entscheidet die Zahl der „Ja"-Stimmen.[4] Aus der Tatsache, dass nur ein Entwurf ausdrücklich abgelehnt wurde, kann jedoch nicht mit hinreichender Sicherheit geschlossen werden, dass der Abstimmende den anderen Entwurf annehmen will.[5] Der Stimmzettel ist daher gegebenenfalls ungültig.[6/7]

Der Volksentscheid muss in Schleswig-Holstein nicht notwendigerweise zu einer Änderung der Rechtslage führen. Beim status quo bleibt es jedenfalls dann, wenn keiner der zur Abstimmung gestellten Entwürfe von mindestens einem Viertel der Stimmberechtigten unterstützt wird. Selbst wenn einer oder gar mehrere der Entwürfe diese Hürde überwinden, bleibt der bisherige Rechtszustand aber auch dann bestehen, wenn die (relative) Mehrheit der Abstimmenden von der Möglichkeit Gebrauch gemacht hat, *alle* Entwürfe abzulehnen.[8]

---

1 So auch von Mutius/Wuttke/*Hübner*, Art. 42 SH-V, Rn. 13. Hätte der Verfassunggeber eine absolute Mehrheit verlangen wollen, so hätte er dies sprachlich zum Ausdruck bringen müssen, wie er es z.B. in Art. 42 II 5 SH-V in Bezug auf das Quorum für Verfassungsänderungen getan hat.
Gremer, BayVBl. 1999. S. 363, hält die einfachgesetzliche Regelung der mittlerweile geänderten Artt. 76,80 BayLWG von 1993 für verfassungswidrig, da Mehrheit immer die *absolute* Mehrheit der Abstimmenden sein müsse. Hier hat jedoch der Verfassunggeber selbst gehandelt.

2 Diese Regelung ist allerdings zumindest missverständlich formuliert, da pauschal auf Art. 42 II 4 und 5 SH-V verwiesen wird. Es ist logisch ausgeschlossen, dass mehr als ein Entwurf eine relative Mehrheit im Sinne von Art. 42 II 4 SH-V erhält. Da es keine Möglichkeit gibt, mehreren Entwürfen zuzustimmen, ist es ausgeschlossen, dass mehr als ein Entwurf von Zwei Dritteln der Stimmberechtigten im Sinne von Art. 42 II 5 SH-V unterstützt wird.

3 Da nach § 23 II 2 SH-VAbstG der Entwurf des Landtags stets an letzter Stelle aufzuführen ist.

4 Es kommt also nicht darauf an, ob der Abstimmende nur vergessen hat, bei den anderen Vorlagen das „Nein" anzukreuzen, oder ob er sich (unzulässigerweise) in Bezug auf diese Vorlagen der Stimme enthalten wollte.

5 Besonders deutlich wird dies im (theoretisch vorstellbaren) Fall, dass drei Entwürfe zur Abstimmung stehen.

6 Dies ergibt sich aus § 23 I 2 SH-VAbstG, der eine eindeutige Entscheidung verlangt. Anders jedoch *Przygode*, S. 224 f., der allerdings nur auf Art. 42 II 6 SH-V Bezug nimmt (a.a.O., Fn. 646).

7 Um die Zahl ungültiger Stimmen möglichst klein zu halten, erscheint es sinnvoll, wenn die Ablehnung aller Entwürfe als eigene Alternative auf dem Stimmzettel aufgeführt wird.

8 Hierzu ein Beispiel. Bei einer Abstimmungsbeteiligung von 75 Prozent stimmen 35 % für Entwurf A, 25 % für Entwurf B. 40 % der Abstimmenden lehnen beide Entwürfe ab. Damit hat Entwurf A zwar mehr „Ja"-Stimmen auf sich vereinigen können, als Entwurf B und auch das Quorum des Art. 42 II 4 erreicht,

Für Verfassungsänderungen sieht Art. 42 II 5 SH-V ein qualifiziertes Quorum vor. Hier ist die Zustimmung durch zwei Drittel der Abstimmenden notwendig, die zugleich der absoluten Mehrheit der Stimmberechtigten entsprechen muss. Auch hier sollen die Konfliktregelungen des § 26 II SH-VAbstG gelten, die sich allerdings als überflüssig erweisen. Nach § 23 I 2 SH-VAbstG hat jeder Stimmberechtigte ohnehin nur eine „Ja"-Stimme. Damit ist es logisch ausgeschlossen, dass zwei Entwürfe zugleich die Zustimmung durch zwei Drittel der Abstimmenden erhalten.[1]

Das Gesamtergebnis der Abstimmung wird vom Landesabstimmungsausschuss festgestellt und bekannt gegeben. Aufgrund dieses Ergebnisses stellt der Landtag fest, ob ein Entwurf angenommen worden ist.[2] Jede stimmberechtigte Person kann innerhalb von zwei Wochen nach der Bekanntgabe des Abstimmungsergebnisses die Gültigkeit der Abstimmung anfechten.[3] Zuständig für die Überprüfung ist der Landtag.[4]

Ein im Wege des Volksentscheids angenommene Gesetz wird nach denselben Vorschriften ausgefertigt und verkündet wie Parlamentsgesetze, Art. 39 I SH-V.[5]

IV. Verfahrenspraxis und verfassungspolitische Bewertung

A. Zur Praxis der Verfahren[6]

1. Das Verfahren für die Direktwahl der Bürgermeister, Oberbürgermeister und Landräte

Noch vor dem In-Kraft-Treten des SH-VAbstG hat am 18. März 1994 eine „Aktionsgemeinschaft für die **Direktwahl der Bürgermeister, Oberbürgermeister und Landräte**" eine Volksinitiative zur Reform des Kommunalverfassungsrechtes eingebracht.[7] Das Verfahren wurde im wesentlichen entsprechend den später erlassenen Regelungen des SH-

---

da ihm 26,25 % der Stimmberechtigten zugestimmt haben. Dennoch hat er nicht die Zustimmung durch die (relative) Mehrheit der Abstimmenden erreicht.

1. Erreicht einer der Entwürfe dieses Quorum, dann können alle anderen zusammen nur weniger als ein Drittel der abgegebenen Stimmen erhalten haben.
2. §§ 24 II 2 und 3, 26 I SH-VAbstG.
3. § 25 I SH-VAbstG.
4. Art. 3 III SH-V i.V.m. § 25 II 1 SH-VAbstG. Gemäß Abs. 3 dieser Bestimmung kann ggf. Beschwerde zum OVG erhoben werden.
5. Das BVerfG hat ggf. von Amts wegen darüber zu entscheiden, ob das bereits verkündete Gesetz vorübergehend wieder außer Kraft gesetzt werden muss; vgl. dazu oben S. 330.
6. Die Angaben über die Daten der Einreichung der Unterschriften sowie der Entscheidung über die Zulässigkeit der im Folgenden erwähnten Volksinitiativen, wurden – sofern nicht anders angegeben – einer Übersicht des schleswig-holsteinischen Landtags entnommen (Az.. L240b, Stand 26.5.1998), die dem Verf. freundlicherweise zur Verfügung gestellt wurde. Vgl. dazu auch *Hufschlag*, S. 251 ff.
7. GS SH II GBl. Nr. 103-1-2. Man kann vermuten, dass die Initiative von dem Erfolg der nordrhein-westfälischen CDU inspiriert worden war, der kurz zuvor die Drohung mit einem Volksbegehren ausgereicht hatte, um die Abschaffung der „kommunalen Doppelspitze" und die Direktwahl der Bürgermeister durchzusetzen, vgl. dazu oben S. 385 ff.

VAbstG durchgeführt.[1] Die Initiative wurde am 16. September 1994 für zulässig erklärt.[2] Nachdem der Landtag dem Anliegen am 26. Januar 1995 grundsätzlich zugestimmt hat,[3] verzichteten die Initiatoren auf die Einleitung eines Volksbegehrens.

Ein Jahr später, am 6. Dezember 1995, wurde das Gesetz zur Änderung des Kommunalen Verfassungsrechts verabschiedet,[4] mit dem die Direktwahl der hauptamtlichen Bürgermeisterinnen und Bürgermeister eingeführt wurde.[5] Die Landräte werden hingegen auch weiterhin vom Kreistag gewählt.[6]

2. Das Verfahren zur Reduzierung der Zahl der Abgeordneten

Der Bund der Steuerzahler Schleswig-Holstein e.V. hat am 8. November 1994 eine Volksinitiative zur Änderung der Landesverfassung angeregt, wonach die **Zahl der Abgeordneten** des Landtags von 75 auf 50 abgesenkt werden sollte. In dem Antrag wurde weiterhin gefordert, den Landtag zu einem „Freizeitparlament" mit nebenberuflichen Abgeordneten umzuwandeln und die Diäten zu reduzieren.[7] Die Initiative wurde am 16. April 1995 für zulässig erklärt.[8]

Am 8. September 1995 hat der Landtag den Antrag abgelehnt.[9] Anders als die Initiatoren meinten, sei nicht das Verhältnis von Abgeordneten pro Stimmberechtigten entscheidend. Eine effiziente und sachgerechte Arbeit des Parlaments sei mit weniger als 75 Abgeordneten nicht möglich. Eine weitere Verkleinerung würde dazu führen, dass kleinere Fraktionen nur noch mit zwei oder drei Abgeordneten vertreten seien. Der dänischen Minderheit würde es wesentlich erschwert, überhaupt ein Mandat zu erringen. Der Landtag wehrte sich gegen die Unterstellung, dass er sich nach dem Verlust von Kompetenzen an den Bund und die Europäische Union zu stark in kommunale Angelegenheiten einmische. Der Landtag hat auch die Vorschläge zur Senkung der Diäten und Einführung eines „Freizeitparlamentes" abgelehnt. Die der Volksinitiative zugrunde liegenden Annahmen beruh-

1 Vgl. dazu die Antwort des Innenministers auf die kleine Anfrage der Abgeordneten *Köhler*, LT-Drs. 13/1938.
2 Nach *Kurz*, Die Volksgesetzgebung – Eine sinnvolle Ergänzung des repräsentativ-parlamentarischen Systems der Bundesrepublik Deutschland?, Wiss. Arbeit im Rahmen der Prüfung für das Lehramt an Gymnasien, 1994, S. 271 (nicht publiziert – ist weder im Katalog der Deutschen Bibliothek noch in dem des Südwestdeutschen Bibliotheksverbundes verzeichnet, zit. nach *Jung* ZG 1998, S. 295, 299, Fn. 23), der sich auf eine Auskunft des Landesverbandes der CDU beruft, war die Initiative von mehr 30.000 Personen unterstützt worden.
3 GVOBl. 1996, S. 89; LT-Drs. 13/2435.
4 Gesetz vom 22.12.1995, GVOBl. 1996, S. 33.
5 § 57 I der Gemeindeordnung für Schleswig-Holstein in der Fassung vom 23.7.1996, GVOBl. S. 529. Auf die Einführung der Direktwahl der ehrenamtlichen Bürgermeisterinnen und Bürgermeister wurde hingegen verzichtet. Insofern sei zu beachten, dass durch die Listenführung bei den Wahlen zur Gemeindevertretung ohnehin bereits eine Art Direktwahl erfolge. Ehrenamtlicher Bürgermeister ist der Vorsitzende der Gemeindevertretung (§ 48 Satz 2 SH-GemO).
6 § 50 I der Kreisordnung für Schleswig-Holstein in der Fassung vom 1.4.1996, GVOBl. S. 356.
7 GS SH II GBl. Nr. 103-1-1; vgl. LT-Drs. 13/2738.
8 Nach *Jonas*, S. 122, Fn. 94, war die Initiative von ca. 21.000 Personen unterstützt worden.
9 GVOBl. 1996, S. 88 f..

ten auf einer Fehleinschätzung der tatsächlichen Arbeitsbelastung der Abgeordneten.[1] Um eine weitere Vergrößerung des Parlaments durch Überhang- und Ausgleichsmandate zu verhindern, hat der Landtag allerdings angekündigt, das Wahlrecht entsprechend ändern zu wollen.[2] Das Anliegen der Volksinitiative ist danach nicht mehr weiterverfolgt werden.

3. Das Verfahren zur Widereinführung des Buß- und Bettages

Ebenfalls im Jahre 1995 wurde von der nordelbischen Evangelisch-Lutherischen Landeskirche eine Volksinitiative angestoßen, um den **Buß- und Bettag** als Feiertag zu erhalten.[3] Im Mittelpunkt der Initiative stand die Forderung nach einer Änderung des § 58 Pflege-Versicherungsgesetzes (PflVersG = SGB XI) des Bundes. Danach sollte zur Finanzierung der Pflegeversicherung grundsätzlich ein Feiertag abgeschafft werden.[4] Die Volksinitiative wurde von etwa 72.000 Stimmberechtigten unterstützt. Die Unterschriften wurden am 2. Mai 1995 eingereicht. Der Landtag erklärte die Initiative am 7. September 1995 für zulässig,[5] lehnte den der Initiative zugrunde liegenden Antrag am 6. Dezember 1995 jedoch ab.[6] Zur Begründung wurde zunächst darauf verwiesen, dass insbesondere den Erwerbstätigen der unteren Einkommensgruppen die alleinige Beitragsverpflichtung für die Pflegeversicherung nicht zuzumuten sei. Daher habe nicht auf die Streichung eines Feiertages verzichtet werden können. In Betracht sei allein ein kirchlicher Feiertag gekommen, denn nur diese würden stets auf einen Wochentag fallen. Die Abschaffung gerade des Buß- und Bettages sei schließlich geboten gewesen, da die anderen in Betracht kommenden kirchlichen Feiertage über ihre religiöse Bedeutung hinaus auch wichtige Funktionen für die Erholung und Entspannung der Bevölkerung hätten. Insofern der der Volksinitiative zugrunde liegende Antrag sich auf eine Änderung des Pflegeversicherungsgesetzes des Bundes richte, fehle es ohnehin an der Zuständigkeit des Landesgesetzgebers.[7]

Nachdem die Vertrauenspersonen am 29. April 1996 die Durchführung eines Volksbegehrens beantragten,[8] wurden die Listen im Zeitraum vom 15. August 1996 bis zum

---

1 Vgl. LT-Drs. 13/2926.
2 Tatsächlich wurde erst durch das Gesetz vom 13.5.2003 (GVOBl. S. 278) eine Reduzierung der Zahl der Abgeordneten von 75 auf 69 bestimmt.
3 GS SH II GBl. Nr. 103-1-3; vgl. auch LT-Drs. 13/2935. Auf die parallelen Verfahren in Hessen, Nordrhein-Westfalen und Rheinland-Pfalz wurde bereits hingewiesen; dazu siehe oben S. 377 und S. 387 f. Zum Verfahren vgl. auch *Hufschlag*, S. 252 ff.; *Schimmer*, S. 269 ff.
4 Andernfalls hätten die sozialversicherungspflichtig Beschäftigten die Beiträge zur Pflegeversicherung vollständig selbst tragen müssen.
5 Vgl. dazu den Bericht des Innen- und Rechtsausschusses vom 8.5.1996, LT-Drs. 14/25 und „Um den Bußtag", Die Welt, 16.8.1996.
6 GVOBl. 1996, S. 90, LT-Drs. 13/3158.
7 Wie bereits dargelegt wurde, kann die Begründung insofern nicht überzeugen, da Gegenstand des Verfahrens kein Antrag zur Änderung eines Bundesgesetzes war, sondern eine Aufforderung an die Landesregierung, sich im Bundesrat auf eine bestimmte Art und Weise zu verhalten. Der Landtag hätte sich daher inhaltlich äußern müssen; vgl. dazu oben S. 284. Es ist allerdings zu vermuten, dass der Landtag die Initiative auch insofern immerhin für zulässig angesehen hat, da er sie nach § 10 III SH-VAbstG abgelehnt und nicht gemäß § 8 III SH-VAbstG zurückgewiesen hat.
8 LT-Drs. 14/24. Der Antrag auf Durchführung des Volksbegehrens wurde am 23.5.1996 angenommen.

15. Februar 1997[1] bei Behörden und in kirchlichen Stellen ausgelegt.[2] Noch kurz vor Beginn der Eintragungsfrist hatte Landesinnenminister Wienholtz einen Entwurf zur Änderung des Feiertagsgesetzes vorgelegt, nach dem Schüler, Auszubildende und Arbeitnehmer am Buß- und Bettag einen Anspruch auf *unbezahlten* Urlaub haben sollten.[3] Dies konnte den Erfolg des Volksbegehrens jedoch nicht verhindern. Vielmehr erklärte der Landtag das Volksbegehren am 16. Mai 1997 für zustande gekommen,[4] da 136.792 gültige Unterschriften zusammen gekommen waren.[5]

In den folgenden Monaten wurde ein heftiger Streit um den Abstimmungstermin geführt. Während die Kirchen, die FDP, Die Grünen und auch die CDU dafür plädierten, die Abstimmung zusammen mit den Kommunalwahlen am 22. März 1998 durchzuführen, um damit die Wahrscheinlichkeit zu erhöhen, dass sich ein großer Teil der Stimmberechtigten an der Abstimmung beteiligen würde und zugleich die Kosten für das Verfahren zu reduzieren,[6] beharrte die SPD darauf, dass die Abstimmung gemäß den eindeutigen Vorgaben der Verfassung spätestens neun Monate nachdem das Volksbegehren zustande gekommen war, also bis zum 16. Februar 1998 durchgeführt werden musste. Nachdem sich die Grünen der Koalitionsdisziplin gebeugt hatten, wurde die Abstimmung auf den 30. November 1997 angesetzt.[7]

Beim Volksentscheid sprach sich zwar eine deutliche Mehrheit der Abstimmenden für den Antrag des Volksbegeherens aus.[8] Mit 19,9 % wurde das qualifizierte Abstimmungsquorum von einem Viertel der Stimmberechtigten allerdings deutlich unterschritten.[9]

1 Vgl. die Bekanntmachung der Präsidentin des Landtags vom 23. Mai 1996, ABl. S. 442. Damit wurde die Frist des § 12 III 2 SH-VAbstG überschritten. Danach hätte die Eintragungsfrist zwischen dem 20.6. und dem 18.7. beginnen müssen. Diese Frist ist – anders als die Frist zur Überprüfung der Zulässigkeit des Antrags auf Durchführung eines Volksbegehrens nach § 12 I 1 SH-VAbstG – nicht während der sitzungsfreien Zeit des Landtags gehemmt, vgl. § 29 SH-VAbstG. Wahrscheinlich wollte man den Antragstellern entgegenkommen und verhindern, dass der Beginn der Unterstützungsfrist in die Sommerferien fiel.

2 Vgl. dazu „Erste Abstimmung über Buß- und Bettag", Zeitschrift für direkte Demokratie in Deutschland, Heft 2/1997. Die weiteren Auslegestellen in den Kirchen waren erst eingerichtet worden, nachdem den Antragstellern die Schwierigkeiten eines formalisierten Eintragungsverfahrens klar geworden waren, vgl. dazu *Schimmer*, S. 269, 273.

3 Vgl. dazu auch *Schimmer*, S. 269, 272 f.

4 LT-Drs. 14/669. Immerhin 21.151 Eintragungen waren ungültig. Die maßgebliche Zahl der Stimmberechtigten betrug 2.110.677.

5 Das entsprach ca. 6,5 % der Stimmberechtigten.

6 Vgl. dazu *Schimmer*, S. 269, 274 f.

7 Vgl. dazu *Schimmer*, S. 269, 275, der behauptet, dass sich die Grünen dabei hätten „kaufen" lassen, da ihnen im Gegenzug die Einrichtung eines „Flüchtlingsbeauftragten", die Einführung der Zwei-Stimmen-Wahl bei Landtagswahlen und die Finanzierung der durch die getrennte Abstimmung verursachten Mehrkosten aus den Etats der SPD-geführten Ministerien angeboten worden sei. Zwar mag dies zutreffen. Allerdings ändert das nichts daran, dass die SPD die Verfassung auf ihrer Seite hatte und eine Festsetzung des Abstimmungstermins auf den Tag der Kommunalwahlen im März 1998 ein klarer Verfassungsbruch gewesen wäre.

8 422.646 „Ja"- standen 196.856 „Nein"-Stimmen gegenüber; vgl. die Mitteilung des Landeswahlleiters vom 18.12.1997.

9 Die FDP hatte beantragt, die Abstimmung zusammen mit den nächsten Landtagswahlen durchzuführen,

Die Kirchen, von denen das Verfahren getragen worden war, bemängelten in der Folgezeit, dass die Gegner des Antrags vor allem auf die erheblichen finanziellen Belastungen abgestellt hätten, welche die Wiedereinführung des Feiertages für die Arbeitnehmer mit sich gebracht hätte.[1] Sie mussten sich ihrerseits vorhalten lassen, einen massiven Abstimmungskampf geführt zu haben, bei dem unter anderem in Kirchen von den Kanzeln für die Initiative gepredigt worden war.[2] Auf der anderen Seite wurde der Kirche vorgeworfen, dass sie keinen Antrag auf Änderung des Feiertagsgesetzes gestellt, sondern nur den Landtag dazu aufgefordert habe, den Buß- und Bettag wieder einzuführen[3] – wobei es allerdings mehr als zweifelhaft erscheint, ob dieser Umstand tatsächlich nennenswerten Einfluss auf den Ausgang des Verfahrens hatte.

4. Das Verfahren gegen eine Schankerlaubnis- und Getränkesteuer

Eine weitere Volksinitiative wurde am 26. Juni 1995 von einer Bürgerinitiative „Aktionsgemeinschaft gegen die Erhebung einer **Schankerlaubnissteuer und einer Getränkesteuer** in Schleswig-Holstein" vorgelegt. Die Initiatoren forderten ein gesetzliches Verbot, das die Gemeinden daran hindern sollte, solche Steuern einzuführen. Die Initiative wurde vom Landtag am 8. Dezember 1995 für zulässig erklärt.[4]

Dies ist angesichts der Tatsache, dass sich der Antrag eindeutig auf eine Abgabe bezogen hatte, durchaus erstaunlich. Denn schließlich sind nach Art. 41 II SH-V Abgabengesetze ausdrücklich vom Anwendungsbereich der Verfahren ausgeschlossen und es ist zumindest auf den ersten Blick kein Grund dafür erkennbar, dass und aus welchem Grund die Kommunalabgaben hiervon nicht erfasst werden sollten. Allerdings ist zu beachten, dass es sich bei der Schankerlaubnissteuer um eine typische Abschöpfungsabgabe handelt, die dazu dient, den mit dem Ausschank alkoholischer Getränke verbundenen Vorteile auszugleichen. Getränkesteuern dienen zumindest auch zur Verhaltenssteueurng. Zwar ging es denjenigen

---

um die Wahrscheinlichkeit zu erhöhen, dass das qualifizierte Abstimmungsquorum erreicht wird. Dieser Antrag musste allerdings schon deswegen abgelehnt werden, weil Art. 41 II 1 SH-V explizit verlangt, dass die Abstimmung innerhalb von neun Monaten nach dem Erfolg des Volksbegehrens stattfinden muss. Mit der Festlegung des Abstimmungstermins auf den 30. November hatte die Landesregierung diese Frist bereits vollständig ausgeschöpft. Der Vorwurf, die Landesregierung habe den Antrag der FDP aus taktischen Gründen zurückgewiesen, um die Erfolgsaussichten des Volksbegehrens zu verringern, kann daher nicht überzeugen. So aber ‚rk', „Am 1. Advent geht's um Buß- und Bettag", Zeitschrift für direkte Demokratie in Deutschland, Heft 3/1997.

1 „Volksentscheid für Bußtag gescheitert", StZ 1.12.1997, S. 1, und ausführlicher „Jetzt wird getrommelt – wird bald gebüßt?", StZ, 28.11.1997, S. 2. Tatsächlich hatten vor allem die Gewerkschaften klar gemacht, dass die Arbeitnehmer im Falle der Zustimmung zu dem Antrag des Volksbegehrens mit geringeren Einkommen rechnen müssten, vgl. dazu *Schimmer*, S. 269, 277 ff.

2 Vgl. dazu *Hufschlag*, S. 253.

3 Vgl. dazu *Schimmer*, S. 269, 272, der meint, dass es sich hierbei um einen „Fehler" gehandelt habe. Tatsächlich war die Vorgehensweise jedoch durchaus sinnvoll, da es ja nicht nur darum ging, den Buß- und Bettag wieder einzuführen, sondern auch darum, die daraus resultierenden finanziellen Folgen für die Arbeitnehmer zu beschränken. Dies war aber nur durch eine gleichzeitige Änderung des *Bundesgesetzes* über die Pflegeversicherung möglich. Daher war es durchaus sinnvoll, wenn der Landtag nur zur Umsetzung aufgefordert werden sollte.

4 Vgl. LT-Drs. 13/3097.

Kommunen, die sich zur Einführung solcher Steuern entschlossen hatten, in erster Linie darum, die Stadtkasse zu füllen. Wie bereits ausgeführt wurde, erscheint es dennoch vertretbar, solche Geldleistungspflichten nicht zu den Abgaben im Sinne des Art. 42 II SH-V zu rechnen.[1]

Fast noch erstaunlicher ist allerdings, dass der Landtag der Initiative am 25. Januar 1996 zugestimmt hat, obwohl sich die regierende SPD-Fraktion in der vorausgehenden Debatte gegen das Anliegen ausgesprochen hatte. Angesichts der knappen Mehrheitsverhältnisse reichte es aus, dass ein einziger Abgeordneter der SPD den Antrag der Initiative unterstützte. Schon am 6. Februar 1996 wurde ein entsprechender Gesetzentwurf vorgelegt, der am 21. Februar 1996 angenommen worden ist.[2]

5. Das Verfahren zur Wiedereinführung der Polizei-Reiterstaffel

Am 10. August 1995 stellte eine Bürgerinitiative „Rettet die **Polizei-Reiterstaffel**" den Antrag, die Polizei-Reiterstaffel bei der Polizeiinspektion Lübeck zu erhalten.[3] Nach Beratung der Volksinitiative im Eingabenausschuss und im Innen- und Rechtsausschuss hat der Landtag diese am 26. Januar 1996 abgelehnt.[4] Zwar handele es sich um eine traditionsreiche Einrichtung. Allerdings stünden die Kosten der Reiterstaffel in keinerlei Verhältnis zu ihrem Nutzen. Auch hier haben die Vertrauenspersonen die Durchführung eines Volksbegehrens beantragt,[5] das vom 15. Oktober 1996 bis zum 15. April 1997 durchgeführt worden ist.[6] Es trugen sich nur 17.748 Personen gültig ein, das entspricht etwa 0,8 Prozent der Stimmberechtigten.[7]

Dass damit nicht einmal so viele Unterschriften zusammengekommen sind, wie bei der vorausgegangenen Volksinitiative, ist wohl nicht zuletzt darauf zurückzuführen, dass die Polizeireiterstaffel mittlerweile bereits aufgelöst worden war und sich das Begehren damit de facto erledigt hatte.[8]

---

1 Vgl. dazu schon oben S. 283 und 446.
2 Gesetz zur Änderung des Kommunalabgabgengesetzes vom 6.3.1996, GVOBl. S. 268. Nach § 3 IV KAG ist die Erhebung einer Steuer auf die Erlaubnis zum Betreib eines Gaststättengewerbes sowie eine Getränkesteuer in Schleswig-Holstein unzulässig.
3 GS SH II GBl. Nr. 103-1-4; vgl. auch LT-Drs. 13/2994. Zum Verfahren vgl. auch *Hufschlag*, S. 254 f.
4 GVOBl. S. 188; LT-Drs. 13/3260 und 13/3300. Die Initiative war am 29.9.1995 für zulässig erklärt worden.
5 Dem Antrag vom 17.6.1996 auf Durchführung eines Volksbegehrens hat der Landtag am 15.8.1996 entsprochen.
6 Vgl. die Bekanntmachung der Präsidentin des Landtags vom 15. August 1996, ABl. S. 600. Der Landtag hat das Volksbegehren am 27.8.1997 für gescheitert erklärt.
7 Vgl. LT-Drs. 14/879. 3.975 Unterschriften waren ungültig. Die maßgebliche Zahl der Stimmberechtigten betrug hier 2.116.104.
8 Dem Volksbegehren konnte daher nur noch der Antrag zugrunde gelegt werden, eine solche Staffel wieder aufzubauen Vgl. die Bekanntmachung der Präsidentin des Landtags vom 10.9.1996, ABl. S. 642.

6. Das Verfahren gegen die Rechtschreibreform

Gegen Ende des Jahres 1996 wurde in Schleswig-Holstein mit der Sammlung von Unterschriften für eine Volksinitiative gegen die **Rechtschreibreform** begonnen.[1] Grundlage war ein Antrag zur Änderung des Schulgesetzes, wonach an den Schulen des Landes die „allgemein übliche Rechtschreibung" verwendet werden solle. Darüber hinaus solle diese Rechtschreibung auch von den Behörden des Landes verwendet werden. Am 9. Januar 1997 wurden mehr als 20.000 der insgesamt gesammelten ca. 65.000 Unterschriften dem Landtag übergeben.[2] Dieser erklärte die Initiative am 2. April 1997 für zulässig, lehnte den ihr zugrunde liegenden Antrag jedoch am 11. Juni 1997 ab.[3] Am 23. August 1997 haben die Initiatoren die Durchführung eines Volksbegehrens beantragt,[4] für das ab dem von Anfang November 1997 bis Ende April 1998 Unterschriften gesammelt wurden.[5] Nachdem der Landeswahlleiter am 11. Juni 1998 mitteilte, dass 233.388 Unterschriften zusammengekommen seien,[6] wurde als Abstimmungstag der Termin der Bundestagswahlen am 27. September 1998 festgelegt.

Die letzte Phase des Verfahrens wurde zunächst davon bestimmt, dass das Bundesverfassungsgericht am 14. Juli seine Entscheidung über die Frage verkünden wollte, ob die neuen Rechtschreibregelungen auf verfassungsgemäße Weise eingeführt worden waren.[7] Nachdem wenige Tage vor dem offiziellen Verkündungstermin bekannt wurde, dass das Gericht die Reform für verfassungsgemäß erklären würde, versuchten die Antragsteller die Entscheidung durch die kurzfristige Rücknahme ihres Antrags doch noch abzuwenden, um den Erfolg der Abstimmung in Schleswig-Holstein nicht zu gefährden. Das Bundesverfas-

---

1 Vgl. dazu *Kliegis/Kliegis*, S. 287 ff. Zu den parallelen Verfahren vgl. S. 339 (Baden-Württemberg), S. 358 (Bayern), S. 584 (Sachsen), S. 651 (Niedersachsen), S. 685 (Mecklenburg-Vorpommern), S. 748 (Bremen), S. 780 (Berlin).

2 Vgl. „65.000 Unterschriften gegen Rechtschreibreform", StZ, 10.1.1997; und den Bericht des Innen- und Rechtsausschusses des Landtags vom 10.4.1997, LT-Drs. 14/638.

3 Er berief sich dabei zum einen auf die Notwendigkeit einer einheitlichen Regelung über die Rechtschreibung und zum anderen darauf, dass die Initiatoren mit ihrem Anliegen zu spät kämen, vgl. die Bekanntmachung der Präsidentin des Landtags vom 11.6.1997, GVOBl. S. 330 und die Beschlussempfehlung in LT-Drs. 14/764.

4 LT-Drs. 14/870. Diesem Antrag wurde am 27. August 1997 stattgegeben; vgl. „Volksbegehren über Schreibreform zugelassen", Die Welt 28.8.1997.

5 Eintragungsstellen waren nicht nur Behörden, sondern auch Geschäfte, wie Bäckereien, Apotheken und Friseurläden; vgl. „Volksbegehren gegen Rechtschreibreform", StZ, 3.11.1997.

6 Das entspricht etwa elf Prozent der Stimmberechtigten. Vgl. „Volksbegehren gegen Rechtschreibreform erfolgreich", StZ, 12.6.1998, S. 2; Anfang Juni war der Landeswahlleiter zunächst von nur 160.000 Unterschriften ausgegangen, vgl. „Kieler Volksbegehren gegen Rechtschreibreform erfolgreich", StZ, 4.6.1998, S. 2.

7 Grundlage war eine Verfassungsbeschwerde eines Lübecker Elternpaares, das zunächst versucht hatte, die Umsetzung der Reform in Schleswig-Holstein auf dem Wege einer einstweiligen Anordnung zu verhindern (*OVG Schleswig*, NJW 1997, S. 2536).

sungsgericht hat diese Vorgehensweise allerdings zu Recht für unzulässig erklärt[1] – und die Verfassungsmäßigkeit der Reform bestätigt.[2]

Obwohl die Aussichten, dass die Reformgegner bei der Abstimmung erfolgreich sein würden, eher als gering eingeschätzt wurden, beschloss die Landtagsmehrheit, einen konkurrierenden Entwurf zur Abstimmung zu stellen. Auch danach sollte an den Schulen des Landes „die allgemein übliche Rechtschreibung" unterrichtet werden. Während die Gegner der Reform mit dieser Formulierung allerdings die Rechtschreibung meinten, „wie sie in der Bevölkerung seit langem anerkannt ist und in der Mehrzahl der lieferbaren Bücher verwendet wird", definierte die Landtagsmehrheit als „allgemein üblich" die „Rechtschreibung, wie sie in den übrigen Ländern der Bundesrepublik Deutschland für die Schulen verbindlich ist." Die CDU-Fraktion missbilligte diese Vorgehensweise ausdrücklich als Versuch, die Abstimmenden durch einen nahezu wortgleichen aber inhaltlich entgegenstehenden Antrag in die Irre zu führen.[3] Allerdings war durchaus sichergestellt, dass die Abstimmenden die Bedeutung ihrer Entscheidung erkennen konnten. Zum einen hatte der Landeswahlleiter die Medien gebeten, das Abstimmungsverfahren genau zu erläutern.[4] Zum anderen und vor allem wurden in den Abstimmungslokalen Erläuterungsblätter ausgelegt, aus denen die Abstimmenden eindeutig erkennen konnten, welche Wirkung die Zustimmung zu einem der Entwürfe bzw. die Ablehnung beider Vorlagen haben würde.

Bei der Abstimmung am 27. September 1998 stimmten überraschenderweise immerhin 56,4 Prozent der Abstimmenden für den Antrag der Reformgegner. Die konkurrierende Vorlage des Landtags wurde nur von 29,1 Prozent der Abstimmenden unterstützt. 14,6 Prozent lehnten beide Vorlagen ab – und stimmten damit im Ergebnis der Rechtschreibreform ebenfalls zu.[5] Kultusministerin Gisela Böhrk kündigte daraufhin an, dass in den Schulen des Landes ab November 1998 wieder die alte Rechtschreibung gelehrt werde. Allerdings würden auch die neuen Schreibweisen akzeptiert werden. Zudem sollten die vorhandenen Schulbücher verwendet werden. Die Kultusministerin kündigte zugleich an, dass entsprechend dem beim Volksentscheid angenommenen Antrag in einigen Jahren auch in Schleswig-Holstein die neue Rechtschreibung eingeführt werde, sobald diese in der Mehrzahl der lieferbaren Bücher verwendet werde.[6]

---

1 Da die Verfassungsbeschwerde nur wegen ihrer allgemeinen Bedeutung nach § 90 II 2 BVerfGG vor Erschöpfung des Rechtswegs zur Entscheidung angenommen worden war, unterlag der Fortgang des Verfahrens nicht mehr der Disposition der Antragsteller.

2 *BVerfGE* 98, 218.

3 Vgl. LT-Drs. 14/1648 und die Stellungnahme des CDU-Fraktionsvorsitzenden *Kayenburg* in der 66. Sitzung des Landtags am 4.9.1998, Sten. Prot. S. 4785 f. Die Vertreter der SPD gingen auf diesen Vorwurf nicht ein, sondern beschränkten sich darauf, ihrerseits der CDU vorzuwerfen, diese befürworte die Isolation Schleswig-Holsteins, vgl. die Stellungnahme des Abg. *Rossmann*, a.a.O., S. 4788 f. Die zuständige Ministerin *Böhrk* (a.a.O., S. 4794 f.) betonte allerdings nicht zu Unrecht, dass die Vorlage der Landtagsmehrheit im Grunde nur dazu diene, die Bürger auf das zentrale Problem des Antrags der Volksinitiative hinzuweisen, der in Bezug auf die „Üblichkeit" der Rechtschreibung an das völlig unbestimmte und objektiv unbestimmbare Kriterium der Zahl der lieferbaren Bücher anknüpfte. Auch *Kliegis/Kliegis*, S. 299, sprechen von „Perfidie".

4 Vgl. dazu „Wer ablehnt, stimmt zu", StZ 25.9.98, S. 5.

5 Vgl. „Kiel. Schleswig-Holstein ist kein Signal", StZ 29.9.98, S. 2.

6 A.a.O.

Obwohl die Initiatoren gehofft hatten, mit ihrem Erfolg die Rechtschreibreform insgesamt zu kippen, betonten die Kultusminister, dass von dem Volksentscheid keine Signalwirkung ausgehe. Auch die Schulbuchverlage kündigten an, dass es keine Sonderausgaben für Schleswig-Holstein geben werde.

Tatsächlich hat der Landtag von Schleswig-Holstein im September 1999 beschlossen, das Schulgesetz wieder zu ändern und auch in Schleswig-Holstein die neue Rechtschreibung einzuführen.[1] Dies führte zwar bei den Initiatoren der ursprünglichen Volksinitiative und in den Leserbriefspalten der Tagespresse zu einiger Aufregung und auch zu einer kleinen Diskussion über das Rangverhältnis von Volks- und Parlamentsgesetzen im juristischen Schrifttum.[2] Im Ergebnis handelt es sich aber um eine völlig legitime Entscheidung des Gesetzgebers, da Volks- und Parlamentsgesetze auch in Schleswig-Holstein gleichrangig nebeneinander stehen.

7. Das Verfahren für „Schule in Freiheit"

Ab dem 12. Mai 1997 sammelte die „Aktion mündige Schule e.V." Unterschriften für eine Volksinitiative „**Schule in Freiheit**".[3] In Art. 8 SH-V sollte nicht nur wie bisher die Schulpflicht festgeschrieben, sondern ein (Grund-)Recht auf Bildung und unentgeltlichen Zugang zur Schule statuiert werden.[4] Zugleich und vor allem sollten die so genannten „freien"[5] Schulen einen Anspruch auf Gleichbehandlung mit den öffentlichen Schulen erhalten.[6] Schließlich war es Ziel der Volksinitiative, in der Verfassung ein Recht der Schulen auf Selbstverwaltung und Mitwirkung bei der Ausübung der staatlichen Schulaufsicht festzuschreiben.[7]

---

1 GVBl. S. 263.

2 Vgl. etwa *Borowski*, DÖV 2000, S. 481 ff. einerseits und *Jung*, FS Schefold, S. 145 ff. andererseits. Das *BVerfG* hat eine Verfassungsbeschwerde aus formalen Gründen nicht zur Entscheidung angenommen, da es als *BVerfG* Landesrecht nicht am Maßstab der Landesverfassung überprüfen darf und Art. 44 SH-V keine Möglichkeit der Individual-Verfassungsbeschwerde zum BVerfG als Staatsgerichtshof für das Land Schleswig-Holstein vorsieht, vgl. *BVerfG*, NJW 2000, S. 1104.

3 Vgl. dazu LT-Drs. 14/1627.

4 Damit hätte Schleswig-Holstein insofern im Ergebnis die Regelungen der Artt. 11 und 14 BW-V übernommen. Zu den Auswirkungen eines solchen Rechts auf Bildung und Schulgeldfreiheit siehe *Rux*, VBlBW. 1997, S. 371 ff.

5 Dieser häufig verwendete Begriff trifft nicht zu. Die betreffenden Schulen unterliegen der Aufsicht des Staates und dienen dazu, die staatliche Schulpflicht zu erfüllen. Tatsächlich handelt es sich bei ihnen daher um *Privatschulen*. Dieser Terminus wird aber wohl nur ungern gebraucht.

6 Die Initiative ging von Personen aus, die dem Gedanken der Waldorfpädagogik zumindest nahestanden und sich durch eine Reform der Landesverfassung eine stärkere Förderung (auch) der Waldorfschulen erhofften.

7 Nachdem das Bundesverfassungsgericht erst kurz zuvor die weitgehenden Mitbestimmungsrechte für die Beschäftigten des Öffentlichen Dienstes nach dem Mitbestimmungsgesetz für Schleswig-Holstein vom 11.12.1990 (GVOBl. S. 577) wegen eines Verstoßes gegen das Demokratieprinzip des Grundgesetzes für verfassungswidrig erklärt hatte; vgl. *BVerfGE* 93, S. 37, erscheint es zumindest höchst fragwürdig, ob eine Mitbestimmung „der Schulen" zulässig wäre. Das BVerfG hatte in seiner Entscheidung nämlich durchaus nicht zu Unrecht darauf abgestellt, dass die Demokratie durchaus Versuchen zur „Demokratisierung" entgegenstehen kann. Diese Frage braucht hier nicht näher untersucht

Am 4. Mai 1998 wurden dem Landtagspräsidenten mehr als 37.000 Unterschriften übergeben.[1] Zwar stand schnell fest, dass das Quorum damit deutlich überschritten worden war. Die Prüfung der übrigen Zulässigkeitsvoraussetzungen zog sich jedoch in die Länge. Dies ist wohl nicht zuletzt darauf zurückzuführen, dass sowohl die Fraktionen als auch die Landtagsverwaltung und die zuständigen Ministerien voll und ganz mit dem parallelen Verfahren gegen die Rechtschreibreform beschäftigt waren. Erst gut eine Woche vor dem Ablauf der Frist für die Entscheidung über die Zulässigkeit der Volksinitiative wurde der Innen- und Rechtsausschuss am 26. August 1998 mündlich darüber informiert, dass von Seiten des Innenministeriums, des Bildungsministeriums und des Wissenschaftlichen Dienstes des Landtages erhebliche verfassungsrechtliche Bedenken in Bezug auf den Antrag bestünden.[2] Kritisiert wurde zum einen die Forderung, das Recht jeder Schule auf Selbstverwaltung in der Verfassung festzuschreiben. Dies sei mit dem in Art. 7 I GG enthaltenen Gebot der staatlichen Schulaufsicht unvereinbar und verletze daher die „Grundsätze des demokratischen und sozialen Rechtsstaates" im Sinne von Art. 41 I 2, 2. Hs. SH-V. Aus demselben Grunde sei auch die Forderung unzulässig, in Art. 8 V SH-V das Recht der Eltern auf die freie Wahl der Schulart zu verankern. Ebensowenig mit Art. 7 I GG vereinbar sei die geplante Regelung des Art. 8 IV SH-V, nach der Vertreter der Schulen bei der Ausübung der Schulaufsicht mitwirken sollten. Schließlich sei die Initiative auch deswegen unzulässig, weil sie im Falle ihrer Annahme das Budgetrecht des Parlamentes übermäßig beeinträchtige. Die geforderte finanzielle Gleichstellung der privaten Ersatzschulen mit den öffentlichen Schulen bedeute für das Land nach überschlägiger Berechnung Mehrausgaben in Höhe von ca. 18,5 Millionen DM. Hinzu kämen weitere Folgekosten für die Schülerbeförderung und Investitionsmaßnahmen, so dass der Haushalt insgesamt mit ca. 50 Millionen DM mehr belastet werde.[3]

Dem Ausschuss gelang es, die Vertreter der Initiative kurzfristig zu einer (weiteren) Anhörung zu laden, die unmittelbar vor der abschließenden Beratung über die Zulässigkeit der Volksinitiative im Landtag am 4. September 1998 stattfand. Im Rahmen dieser Anhörung konnten die Initiatoren die Mitglieder des Ausschusses – und wohl auch die anwesenden Vertreter der beteiligten Ministerien – davon überzeugen, dass jedenfalls die Bedenken in Bezug auf die Selbstverwaltung der Schulen[4] und deren Mitwirkung an der Ausübung der Schulaufsicht nicht gerechtfertigt waren. In Bezug auf andere Punkte sahen die Vertreter der SPD, der CDU und des Bündnis 90/Die Grünen zwar weiteren Beratungsbedarf.[5] Da für zu werden.

1 So die Angaben der „*Aktion mündige Schule e.V.*" unter http://www.freie-schule.de.
2 Zum Ablauf vgl. die Stellungnahme des Abg. *Kubicki* in der Sitzung des Landtags am 4.9.98, Sten. Prot. S. 4836.
3 Vgl. den mündlichen Bericht des Vorsitzenden des Innen- und Rechtsausschusses *Maurus* in der Sitzung des Landtags am 4.9.98, Sten. Prot. S. 4832 f.
4 Wie der *Verfasser* an anderer Stelle ausführlich dargelegt hat, steht Art. 7 I GG einer gewissen Verselbständigung der Schulen tatsächlich nicht entgegen (*Rux*, Pädagogische Freiheit, S. 29 ff.).
5 Der Rechtsberater der Volksinitiative Frank-Rüdiger Jach hatte in der Anhörung klargestellt, dass mit „Selbstverwaltung" der Schulen selbstverständlich keine völlige Autonomie gemeint sei, sondern nur eine Verselbständigung in den Grenzen des Demokratieprinzips. Auch werde das Letztentscheidungsrecht der Schulaufsichtsbehörden durch die Mitwirkung der Schulen nicht berührt.
Jach hatte weiterhin betont, dass das geforderte Recht der Eltern zur freien Wahl zwischen den

weitere Beratungen keine Zeit mehr war, musste der Ausschuss aber zu einer Entscheidung kommen. Mit der Stimme des FDP-Vertreters im Ausschuss und bei Enthaltung aller anderen Mitglieder wurde dem Landtag daher empfohlen, die Initiative für zulässig zu erklären.[1] Damit war das letzte Wort aber noch nicht gesprochen. Sowohl in der SPD- als auch in der CDU-Fraktion setzten sich die Gegner der Volksinitiative durch. Da der kleinere Partner der rot-grünen Regierungskoalition nicht gegen den Antrag stimmen wollte, kam es zum ersten Mal innerhalb der laufenden Legislaturperiode zu einem gemeinsamen Antrag von SPD und CDU. Zur Begründung wurde zum einen darauf abgestellt, dass das uneingeschränkte Recht der Eltern über die Wahl der Schulart zu bestimmen, mit der staatlichen Schulaufsicht im Sinne von Art. 7 I GG unvereinbar sei. Zum anderen handele es sich um eine „Initiative über den Haushalt" im Sinne von Art. 41 II SH-V.[2] Dabei wurde nicht nur auf die bereits erwähnten ca. 50 Millionen DM abgestellt, sondern auch darauf, dass infolge der Vollfinanzierung mit zahlreichen Neugründungen zu rechnen sei, wodurch der Landeshaushaltes weiter belastet würde. Da diese Mehrbelastungen im Rahmen des Einzelplans 07, also des Bildungshaushaltes, nicht aufgefangen werden könnten, werde der gesamte Haushalt aus dem Gleichgewicht gebracht und das Budgetrecht des Parlaments in einem erheblichen Maße beeinträchtigt. Dies gelte umso mehr, als wegen der angespannten Haushaltslage keine nennenswerten Verteilungsspielräume mehr bestünden.[3]

Die folgende Landtagsdebatte ließ sich an Heftigkeit kaum überbieten. Einigkeit herrschte lediglich in Bezug auf die Kritik an der Landesregierung, die ihre Bedenken viel zu spät geäußert und dem Landtag damit die Gelegenheit zur umfassenden Beratung genommen hätte. Während die Vertreter von SPD und CDU betonten,[4] sie würden lediglich den zwingenden Vorgaben der Verfassung folgen und insofern vor allem auf eine Entscheidung der Bremischen Staatsgerichtshofes aus dem Jahre 1997[5] abstellten, betonten vor allem die Abgeordneten der FDP, dass bei der von den beiden großen Parteien vertretenen Auslegung praktisch überhaupt keine Volksinitiative mehr zulässig wäre. Auch die Abgeordneten des Bündnis 90/Die Grünen und des Südschleswigschen Wählerbundes (SSW) sprachen sich dafür aus, die Volksinitiative für zulässig zu erklären.[6]

Um dem Landtag doch noch die Möglichkeit zu geben, sich mit den verfassungsrechtlichen Bedenken auseinander zu setzen, schlugen die FDP-Abgeordneten Klug und Kubicki

---

Schularten den Staat nicht an einer „negativen Auslese" hindere, so dass auch in Zukunft nur solche Schüler in eine weiterführende Schule aufgenommen werden müssten, die nicht ungeeignet für den Besuch dieser Schulart sind. Auch hielten sich die zu erwartenden Mehrbelastungen des Haushaltes durchaus in den Grenzen des Art. 41 II SH-V.
Vgl. dazu den mündlichen Bericht des Vorsitzenden des Innen- und Rechtsausschusses *Maurus* in der Sitzung des Landtags am 4.9.98, Sten. Prot. S. 4833.

1 LT-Drs. 14/1633.
2 Vgl. LT-Drs. 14/1657.
3 A.a.O., S. 2.
4 Vgl. dazu die Stellungnahmen der Abgeordneten *Puls* (SPD – Sten. Prot. S. 4834 ff.) und *Schlie* (CDU – Sten. Prot. S. 4837 ff.) und des Innenministers *Wienholtz* (SPD – Sten. Prot. S. 4843 ff.).
5 *BremStGH* NVwZ 1998, S. 388, 389 = LVerfGE 6, S. 123, 145 ff.
6 Vgl. dazu die Stellungnahmen der Abgeordneten *Kubicki* (FDP – Sten. Prot. S. 4836 f. und 4846 f.); *Fröhlich* (Bündnis 90/Die Grünen – Sten. Prot. S. 4839 ff.); *Spoorendonk* (SSW – Sten. Prot. S. 4842 f.) und *Klug* (FDP – Sten. Prot. S. 4845 f.).

vor, die Initiative zunächst für zulässig zu erklären. Sollte sich innerhalb der vier Monate, die dem Landtag für die Beratung über das Anliegen der Initiatoren zur Verfügung stehen, herausstellen, dass diese Bedenken zu Recht erhoben worden sein, könne man die Initiative gemäß Art. 42 I 2 SH-V immer noch dem Bundesverfassungsgericht[1] zur Entscheidung vorlegen.[2] Die Landtagsmehrheit konnte sich nicht entschließen, diesem Vorschlag zu folgen. Denn das Verfahren nach Art. 42 I 2 SH-V setze notwendigerweise voraus, dass die Volksinitiative zulässig sei. Dies sei aber gerade nicht der Fall. Konsequenterweise wurde die Volksinitiative daraufhin mit dem Stimmen der SPD und der CDU für unzulässig erklärt.

Am 17. Oktober 1998 haben die Initiatoren diese Entscheidung des Landtags dem Bundesverfassungsgericht vorgelegt, das sich am 3. Juli 2000 mit einer dogmatisch kaum haltbaren Begründung die Rechtsansicht der Landtagsmehrheit zu eigen gemacht hat.[3] Das Verfahren war damit erledigt.

Tatsächlich konnten schon die Argumente der SPD und der CDU nicht überzeugen, da sie auf einem grundlegenden Irrtum über den Zweck der Bestimmungen über die Zulässigkeit von Volksinitiativen beruhen. Der Landtags soll aufgrund von Art. 41 I 2, 2. Hs. SH-V grundsätzlich nur dann das Recht haben, sich der inhaltlichen Auseinandersetzung mit dem Anliegen einer Volksinitiative zu entziehen, wenn diese die Grundlagen der Verfassungsordnung in Frage stellt.[4] Ein möglicher Verstoß gegen das Gebot der staatlichen Schulaufsicht, das aus Art. 7 I GG abgeleitet wird, berührt aber die „Grundlagen des demokratischen und sozialen Rechtsstaates" noch nicht. Zudem hat die Landtagsmehrheit völlig ignoriert, dass die Initiatoren in der Anhörung die Möglichkeit einer verfassungskonformen Auslegung ihres Antrags aufgezeigt hatten.[5]

Darüber hinaus war auch die angebliche nicht mehr hinnehmbare Beeinträchtigung des Budgetrechtes des Parlamentes nicht hinreichend dargelegt worden. Zum einen wurden bei der Berechnung der Mehrbelastung auch die (zusätzlichen) Ausgaben für die Schülerbeförderung und Investitionsmaßnahmen einbezogen, obwohl diese nicht Gegenstand der Initiative waren. Zum anderen überzeugt die Bezugnahme auf die Rechtsprechung des BremStGH nicht[6] – und zwar unabhängig davon, ob diese Rechtsprechung ihrerseits Zu

---

1 Dieses hatte bis zum Oktober 2006 die Funktion eines Landesverfassungsgerichtes für Schleswig-Holstein wahrgenommen.

2 Vgl. dazu die Stellungnahme der Abg. *Klug* und *Kubicki* in der Sitzung am 4.9.98, Sten. Prot. S. 4845 bzw. 4846 f.

3 *BVerfGE* 102, 176, vgl. dazu *Rux*, DVBl. 2001, S. 549 ff.; *Jung*, NVwZ 2002, S. 41 ff.

4 Vgl. dazu oben S. 451 f.

5 Allerdings war die Formulierung des Antrags zumindest missverständlich, da die Initiatoren in Abweichung vom geltenden Verfassungsrecht nicht mehr ausdrücklich festschreiben wollten, dass (nur) die Begabung und Leistung für die Aufnahme in eine (bestimmte) weiterführende Schule maßgeblich sein darf.

6 Insofern sei zunächst einen darauf hingewiesen, dass die Formulierung des Art. 70 II BremV über die Zulässigkeit eines Volks*begehrens* sich von der des Art. 41 II SH-V über die Volks*initiative* unterscheidet. Zum anderen ist es unzulässig, auf den absoluten Betrag der Mehrbelastung abzustellen. Wenn der BremStGH davon ausgeht, dass ein Mehrbedarf in „mehrstelliger Millionenhöhe" stets zur Unzulässigkeit eines Volksbegehrens führe, ist das auf Schleswig-Holstein nicht ohne weiteres übertragbar, da dieses Bundesland deutlich größer ist als der Stadtstaat Bremen; dies hat insbesondere

stimmung verdient.[1] Und schließlich stellt sich die Frage, ob eine zu erwartende Mehrbelastung des Haushaltes im Umfang von etwa 0,1 Prozent des gesamten Haushaltsvolumens[2] das Budgetrecht des Parlaments bereits so wesentlich beeinträchtigt, dass dieses nicht einmal über den Vorschlag der Initiatoren diskutieren muss.[3]

8. Das Verfahren für die Sonntagsöffnung von Videotheken

Nachdem es in Hamburg Ende 2000 aufgrund einer Volksinitiative zu einer Änderung des Ladenschlussgesetzes gekommen war,[4] aufgrund der **Videotheken auch Sonntags geöffnet haben dürfen**, begann auch in Schleswig-Holstein die Sammlung von Unterschriften für eine vergleichbare Initiative. Innerhalb von weniger als einem halben Jahr kamen über 57.000 Unterschriften zusammen, die am 17. Mai 2001 dem Landtag übergeben wurden.

Wie schon in Hamburg beriefen sich die Initiatoren auf einen Wandel der gesellschaftlichen Verhältnisse und den Grundsatz der Gleichbehandlung. Da Videotheken nur ab 13 Uhr geöffnet sein und nur geringe störende Emissionen verursachen, gebe es keinen Grund, sie schlechter zu stellen als andere gewerbliche Tätigkeiten, die der Freizeitgestaltung dienen. Zudem sei infolge der Entwicklung in Hamburg zu befürchten, dass die Kundschaft über die Stadtgrenzen abwandert.[5] Dabei sei zudem zu beachten, dass auch in Mecklenburg-Vorpommern zahlreiche Videotheken aufgrund von Ausnahmeregelungen Sonntags geöffnet haben.

Der Petitionsausschuss des Landtags hörte die Vertrauenspersonen am 16. Oktober 2001 an. Zwar legte ein Vertreter des Innenministeriums dar, dass keine Notwendigkeit für eine Lockerung der Sonn- und Feietagsruhe bestehe, da es den Bürgern durchaus zumutbar sei, sich schon am Samstag die Filme auszuleihen, die man dann am Sonntag ansehen wolle. Dennoch empfahl der Ausschuss dem Landtag eine Änderung des Gesetzes im Sinne der Antragsteller.[6] Der Landtag machte sich diese Empfehlung zu eigen und änderte am 12. Dezember 2001 das Ladenschlussrecht dementsprechend ab. Ab Januar 2002 dürfen daher die Videotheken auch in Schleswig-Holstein Sonntags ab 13 Uhr geöffnet haben.

9. Das Verfahren „Pflege in schlechter Verfassung?"

Ein weiteres Verfahren wurde im Mai 2001 auf Initiative der Arbeiterwohlfahrt und des Sozialverbandes Deutschland eingeleitet. Mit der Volksinitiative „**Pflege in schlechter Verfassung?**" wurde zum einen gefordert, den „Schutz pflegebedürftiger Menschen" als Staatsziel in die Verfassung aufzunehmen und durch eine neu formulierte Präambel zum

---

der Innenminister des Landes *Wienholtz* in seiner Stellungnahme in der Sitzung des Landtags am 4.9.98, Sten. Prot. S. 4843 ff., verkannt.
1 Vgl. dazu unten S. 731 ff.
2 Die 18,5 Mio. DM Mehrbelastung stehen einem Gesamthaushalt von ca. 18,2 Mrd. DM gegenüber.
3 Vgl. zur Reichweite des Art. 41 II SH-V ausführlich oben S. 447 ff.
4 Vgl. dazu unten S. 823.
5 Vgl. dazu LT-Drs. 15/1157.
6 Vgl. dazu LT-Drs. 15/1389.

Landespflegegesetz nicht nur eine angemessene Pflegequalität einzufordern, sondern auch das Wohl der Pflegebedürftigen sowie der Erhalt ihrer Lebensqualität, Selbständigkeit und möglichst großer Unabhängigkeit.[1] Bis zum Ende 2001 kamen über 38.000 Unterschriften zusammen, die am 17. Dezember offiziell eingereicht wurden.

Nachdem der Landtag die Volksinitiative mittlerweile für zulässig erklärt hatte,[2] wurde sie am 20. März 2002 zur weiteren Beratung in den Innen- und Rechtsausschuss, den Sozialausschuss und den Eingabenausschuss überwiesen. Diese empfahlen dem Landtag die Annahme des Gesetzentwurfes, wobei der Eingabenausschuss anregte, die geforderte Verfassungsänderung an einer anderen Stelle zu verorten.[3] Bei der Abstimmung am 19. Juni 2002 wurde der Antrag zur Änderung des Pflegegesetzes in einer geringfügig geänderten Fassung[4] vom Landtag angenommen. Der Antrag zur Änderung der Verfassung scheiterte jedoch am Zwei-Drittel-Quorum des Art. 40 II SH-V.[5] Das Verfahren zur Änderung der Verfassung wurde dennoch nicht weiter betrieben.

10. Das Verfahren gegen die „Bildungswüste Grundschule"

Am 2. November 2002 begann eine Initiative „**Gegen die ‚Bildungswüste Grundschule'**" mit der Sammlung von Unterschriften für eine Volksinitiative, mit der die Stundentafel für die Grundschule gesetzlich festgeschrieben werden sollte. Hintergrund war die Feststellung, dass ein Kind in Schleswig-Holstein in den ersten vier Schuljahren aufgrund von Unterrichtsausfall etwa ein Viertel weniger Unterricht hätten als die Schüler in anderen Ländern. Das Verfahren, das vor allem von Eltern betrieben wurde, fand nicht nur die Unterstützung der Oppositionsparteien CDU und FDP, sondern auch die des an der Landesregierung beteiligten Bündnis 90/Die Grünen.

Im September 2003 wurde die Volksinitiative unter der Überschrift „Für die Einführung einer verbindlichen Stundentafel für die Schülerinnen und Schüler in Schleswig-Holstein" mit ca. 23.000 Unterschriften eingereicht, mit der die Einführung einer verbindlichen Stundentafel durchgesetzt werden sollte, die mindestens dem Mittel des Bundesdurchschnittes entsprechen solle.[6]

---

1 Vgl. LT-Drs. 15/1670.
2 Vgl. LT-Drs. 15/1668.
3 LT-Drs. 15/1939; nach den Vorstellungen der Initiatoren sollte das Staatsziel noch vor der Förderung der Gleichstellung von Frauen und Männern, dem Schutz der natürlichen Lebensgrundlagen und den Bestimmungen über das Schulwesen eingefügt werden. Die Fraktionen der SPD und des Bündnis 90/Die Grünen und die Vertreterin des SSW haben daraufhin vorgeschlagen, das Staatsziel in einem Art. 9a SH-V (und nicht in einem Art.5a SH-V zu regeln. Außerdem sollte keine Pflicht zur „Gewährleistung" einer Versorgung, die den Pflegebedürftigen ein menschenwürdiges Leben ermöglicht, in der Verfassung festgeschrieben werden, sondern das Land nur zur „Förderung" dieser Versorgung verpflichtet werden, vgl. LT-Drs. 15/1983.
4 LT-Drs. 15/1981. In den Präambel des Pflegegesetzes wird auf den Stand der Pflegewissenschaft Bezug genommen.
5 Die Gegner verwiesen darauf, dass die Bestimmung angesichts der allgemeinen Garantie der Menschenwürde unnötig sei, vgl. LT-Drs. 15/1986.
6 Vgl. dazu LT-Drs. 15/3196.

Im Landtag kam es nach der Einreichung der Volksinitiative zu heftigen Auseinandersetzungen über die Frage, ob der Antrag zulässig im Sinne von Art. 41 SH-V sei. Letzten Endes setzte sich die Auffassung durch, dass es sich wegen der Auswirkungen auf den Haushalt um eine unzulässige Initiative handele.[1] Würden die Stundentafeln tatsächlich dem Bundesdurchschnitt angepasst, so würde dies zu einer Mehrbelastung in Höhe von 53 Millionen € führen. Das entspreche rund 0,5 Prozent des Gesamthaushaltes Bezogen auf den Einzelplan für das Kultusministerium betrage der Anteil sogar ca. 3 Prozent. Da derartige finanzielle Auswirkungen im Rahmen des Einzelplans 07 nicht aufgefangen könnten, brächten sie den gesamten Haushalt aus dem Gleichgewicht und beeinträchtigten damit das Budgetrecht des Parlaments in einem erheblichen Maße. Die Initiatoren sind nicht gegen diesen Beschluss vorgegangen. Das Verfahren war damit gescheitert.

11. Das Verfahren zur Schaffung einer gentechnikfreien Region in Schleswig-Holstein

Am 16. April 2004 begann eine Volksinitiative „**Schaffung einer gentechnikfreien Region in Schleswig-Holstein**" mit der Sammlung von Unterschriften für ein Verfahren, mit dem der Anbau gentechnisch veränderter Organismen verhindert werden sollte. Träger des Verfahrens waren der Bioland-Verband, die Arbeitsgemeinschaft bäuerliche Landwirtschaft und der BUND. Nachdem bis Mitte Oktober 2004 nach Angaben der Initiatoren bereits etwa 10.000 Unterschriften vorlagen, machte sich Anfang Dezember auch die SPD-Landtagsfraktion das Anliegen der Initiatoren grundsätzlich zu eigen.

Im September 2005 hat der Landtag die Landesregierung dazu aufgefordert, sich weiter in geeigneter Weise dafür einzusetzen, dass das Recht auf gentechnikfreien Anbau bei Lebens- und Futtermitteln gewährleistet wird und dass auf europäischer Ebene im Rahmen der Freisetzungsrichtinie die rechtsverbindliche Einrichtung gentechnikfreier Regionen ermöglicht wird.

Da dem Anliegen der Initiative damit zumindest ansatzweise Rechnung getragen worden war, wurde das Verfahren nicht mehr weiter betrieben.

12. Die Verfahren für den Erhalt eines gebührenfreien Studiums sowie für den Erhalt und den Ausbau der Autonomie der schleswig-holsteinischen Universitäten

Am 22. Mai 2006 begann eine in erster Linie von Studierenden getragene, aber auch von zahlreichen Hochschullehrern unterstützte Initiative „Bildung am Abgrund" mit der Sammlung von Unterschriften für zwei Volksinitiativen. Das erste Verfahren richtet sich auf den **Erhalt eines gebührenfreien Studiums** und damit gegen die Pläne zur Einführung von Studiengebühren.[2] Die Initiatoren beriefen sich insofern insbesondere auf den Internationalen Pakt über wirtschaftliche, soziale und kulturelle Rechte vom 16. Dezember 1966,[3]

---

1 Vgl. Beschluss des Landtags vom 11.3.2004 und den Bericht des Innen- und Rechtsausschusses LT-Drs. 15/3199.
2 Zur Sicherheit wurde im Antrag klargestellt, dass mit Gebühren auch stellvertretend für „Studienbeiträge", „Entgelte", „Beteiligung an Verwaltungskosten" und anderen Wortschöpfungen stehe, die den gleichen Sachverhalt beschreiben.
3 Vgl. BGBl.1973 II S.1569.

der in seinem Art. 13 ein Recht auf Bildung und eine Verpflichtung zur Herstellung der Gebührenfreiheit des Hochschulstudiums enthalte.[1]

Mit dem zweiten Verfahren **für den Erhalt und den Ausbau der Autonomie der schleswig-holsteinischen Universitäten** soll der Landtag dazu aufgefordert werden, bei einer Reform des Hochschulrechts darauf zu achten, dass jedes mit der Hochschulsteuerung und -leitung befasste und zu besetzende Amt auch von Angehörigen der Hochschule ausgeübt werden kann. Damit wäre die Einführung von „Hochschulräten" nach dem Vorbild vieler anderer Länder ausgeschlossen, da diesen Räten auch externe Vertreter angehören. Darüber hinaus fordern die Initiatoren, dass die Wahl der Leitung der Hochschule durch Angehörige der Hochschule in einem Hochschulgremium erfolgen muss, das wie bisher drittelparitätisch mit Vertretern der Hochschullehrer, Mitarbeiter und Studierenden besetzt ist. Schließlich soll die übergreifende Leitung mehrerer Hochschulen ausgeschlossen bleiben.

Die schleswig-holsteinische Landesregierung konnte sich bisher nicht auf die Einführung von Studiengebühren verständigen. Vielmehr hat sich der Koalitionsausschuss am 5. Dezember 2006 darauf verständigt, dass die entsprechenden Pläne in der noch bis 2010 laufenden Legislaturperiode nicht weiter verfolgt werden. Damit hat sich die erste der beiden Initiativen im Grunde erledigt. Dennoch wurden dem Landtag am 11. Mai 2007 mehr als 20.000 Unterschriften übergeben. Allerdings ergab die Prüfung, dass das Quorum von 20.000 gültigen Unterschriften tatsächlich nicht erreicht worden war.[2] Die Volksinitiative wurde daher am 14. September 2007 für unzulässig erklärt.[3]

13. Das Verfahren gegen den Waldverkauf

Nachdem im Sommer 2006 bekannt wurde, dass die Landesregierung erneut[4] darüber nachdenke, die landeseigenen Wälder zu verkaufen, initiierte das Bündnis 90/Die Grünen eine Volksinitiative **gegen den Waldverkauf**, für die ab dem 16. September 2006 Unterschriften gesammelt wurden. Zum einen würde eine Privatisierung der Wälder die Naherholung und den Tourismus beeinträchtigen. Zum anderen sei entgegen den Annahmen der Landesregierung keine nennenswerte Entlastung der öffentlichen Haushalte zu erwarten.

Noch bevor die Unterschriftensammlung richtig begonnen hatte, beschloss die Landesregierung am 14. November 2006, die Wälder nicht zu veräußern. Damit hatte sich auch dieses Verfahren erledigt.

14. Das Verfahren gegen die zwangsweise Zusammenlegung von Kreisen

Die vorerst letzte Volksinitiative in Schleswig-Holstein begann am 4. November 2006 mit der Sammlung von Unterschriften für einen Antrag, der sich darauf richtet, dass die Grenzen der Landkreise in Zukunft nur noch mit Zustimmung der betroffenen Landkreise geän-

---

1 Vgl. dazu einerseits *Lorenzmeier*, NVwZ 2006, 759 (für die Unzulässigkeit von Studiengebühren), andererseits *Riedel/Söllner*, JZ 2006, 270 (für einen Spielraum der Unterzeichnerstaaten).
2 Vgl. LT-Drs. 16/1578.
3 Vgl. das Sten.Prot. der Sitzung S. 4944.
4 Entsprechende Pläne hatte es bereits im Jahre 2001 gegeben.

dert werden können. Hinter dem Verfahren steht die Befürchtung, dass es im Zuge einer kommunalen Gebietsreform zu einer **zwangsweisen Zusammenlegung von Kreisen** kommen könnte: Die Regierungskoalition aus CDU und SPD plante in der Tat eine umfassende Reform, nach der nur noch 5 Landkreise und die beiden kreisfreien Städte Lübeck und Kiel übrig bleiben würden. Das Verfahren wurde vor allem von Bürgern aus dem Kreis Dithmarschen betrieben. Bis zum Jahresende 2006 waren etwas mehr als 30.000 Unterschriften zusammen gekommen.[1] Im September 2007 lehnte der Landtag das Anliegen der Initatoren ab.[2] Der weitere Verlauf ist derzeit nicht absehbar.

B. Zur Bewertung der Verfahrensregelungen

Zumindest auf den ersten Blick deutet die vergleichsweise große Zahl der Verfahren darauf hin, dass es dem Verfassunggeber in Schleswig-Holstein gelungen ist, die direktdemokratische Verfahren zu praktikablen Instrumenten der politischen Willensbildung zu machen. Zu begrüßen ist zunächst das neue Institut der Volksinitiative, mit dem der Verfassunggeber den Bürgern ein Instrument in die Hand gegeben hat, um sich gegenüber dem Parlament zu artikulieren. Dabei ist der Verfassunggeber offensichtlich davon ausgegangen, dass sich der Landtag wohl nur dann ernsthaft mit einer Initiative auseinander setzen wird, wenn er damit rechnen muss, dass es gegebenenfalls zum Volksbegehren oder gar zum Volksentscheid kommt.[3]

Angesichts der Tatsache, dass der Landtag aufgrund einer Volksinitiative dazu verpflichtet wird, sich mit dem dieser zugrunde liegenden Antrag auseinander zu setzen, erscheint es auch durchaus legitim, wenn das Quorum für diese erste Verfahrensstufe im Vergleich zu den früheren Regelungen über den Volksantrag relativ hoch angesetzt wurde.[4] Dies gilt umso mehr als der Anwendungsbereich der Verfahren über die Gesetzgebung hinaus auf sämtliche Angelegenheiten erweitert wurde, zu denen das Parlament Beschlüsse fassen kann.

Nicht ganz unproblematisch erscheint demgegenüber die Tatsache, dass die Entscheidung über die Zulässigkeit einer Volksinitiative gerade dem Landtag übertragen wurde, obwohl dieser in der Regel befangen sein wird.[5] Zudem wurde den Initiatoren damit die Pflicht auferlegt, gegebenenfalls selbst ein Verfahren vor dem Bundesverfassungsgericht einzuleiten.[6]

1 Vgl. die Pressemitteilung der Initiatoren vom 8.3.2007: „Ausgezählt: 30.493 gültige Unterschriften gegen Zwangsfusionen von Kreisen".
2 Zustimmung fanden diese lediglich bei der FDP, dem Süschleswigschen Wählerverband SSW und den drei Landtagsabgeordneten aus dem Kreis Dithmarschen.
3 Auch *Klages/Paulus*, S. 269, betonen, dass diese Verknüpfung erforderlich ist, um die Volksinitiative praktikabel zu machen.
4 Dies verkennt etwa *von Danwitz*, DÖV 1992, S. 601, 603, der das Quorum für die Volksinitiative mit denen für das Volks*begehren* nach den älteren Landesverfassungen vergleicht und daher zum Ergebnis kommt, dass die Anforderungen *abgesenkt* worden seien.
5 In diesem Sinne auch *Schliesky*, SchlHA 1999, S. 225, 228.
6 Bzw. den Verwaltungsgerichten. Zu beachten ist dabei auch, dass es dem Anliegen des Art. 42 I 2 SH-V besser entsprochen hätte, dem Landesverfassungsgericht ein Letzt-Entscheidungsrecht einzuräumen. Allerdings war dies nicht zwingend geboten, so dass sowohl die Zuweisung der Entscheidung an den

Auch auf der nächsten Stufe des Verfahrens ist man den Bürgern entgegenkommen. Zum einen wurde das Quorum für das Volksbegehren auf fünf Prozent abgesenkt, zum anderen die Eintragungsfrist auf sechs Monate verlängert.[1] Zwar ist es nicht zuletzt auf die Absenkung der Quoren zurückzuführen, dass es in Schleswig-Holstein vergleichsweise viele Volksinitiativen und Volksbegehren zu Angelegenheiten gegeben hat, die nur für eine geringe Zahl der Bürger von Interesse waren. Es kann aber keine Rede davon sein, dass das von den Gegnern dieser Verfahren befürchtete „heillose Durcheinander" eingetreten wäre.[2] Vielmehr belegen die tatsächlich durchgeführten Verfahren, dass es durchaus Angelegenheiten gibt, die zwar nur für einen relativ kleinen Kreis von Bedeutung, aber dennoch regelungsbedürftig sind. Positiv zu bewerten, ist schließlich auch der Versuch, die Chancengleichheit vor einer Abstimmung abzusichern.[3]

All dies kann jedoch nicht darüber hinwegtäuschen, dass auch der Verfassunggeber in Schleswig-Holstein der unmittelbaren Einflussnahme durch die Bürger offensichtlich eher skeptisch gegenüber stand. Deutlich wird diese Skepsis zum einen durch die nahtlose Anknüpfung an die deutsche Tradition, finanzwirksame Anträge dem Anwendungsbereich der Verfahren zu entziehen – und zwar auch schon dem der Volksinitiative. Dabei fehlt es bis heute an einer schlüssigen Begründung dafür, warum es erforderlich sein soll, den Landtag vor der inhaltlichen Auseinandersetzung mit dem Antrag einer Volksinitiative zu schützen. Schließlich ist es der Volksvertretung durchaus zuzutrauen, dass sie den Bürgern eventuelle rechtliche oder politische Bedenken im Rahmen der Beratungen über die Volksinitiative vermitteln kann.

Die Bedenken des Verfassunggebers zeigen sich weiterhin daran, dass es auf jeder der drei Stufen des Verfahrens eine Möglichkeit gibt, den jeweiligen Antrag am Maßstab der Art. 41 I 1 und 2 und II SH-V zu überprüfen und gegebenenfalls eine Entscheidung des Landesverfassungsgerichts herbei zu führen – dabei sollte man annehmen, dass es zur Sicherungen gegen Verfassungsverstöße gegebenenfalls ausreichen sollte, wenn ein Antrag einmal gerichtlich überprüft werden kann.

Dass der Verfassunggeber Angst vor der eigenen Courage bekommen hat, zeigt sich jedoch vor allem daran, dass er im Gegenzug zur Absenkung des Quorums für das Volksbegehren beim Volksentscheid ein qualifiziertes Abstimmungsquorum eingeführt hat. Im Ergebnis sind die Hürden auf dem Weg zum Erfolg eines Antrags beim Volksentscheid in Schleswig-Holstein damit aber deutlich höher als in Bayern.

Selbst wenn man das Anliegen des Verfassunggebers akzeptiert, der durch die Einführung qualifizierter Quoren verhindern wollte, dass die Legitimation der unmittelbaren Entscheidungen der Bürger gegebenenfalls durch den Verweis auf eine niedrige Abstimmungsbeteiligung in Frage gestellt werden kann. Wie schon dargelegt wurde, muss aber

---

Landtag als auch die Einführung eines Verfahrens zur Überprüfung der Zulässigkeit der Volksinitiative verfassungsrechtlich zulässig sind, vgl. dazu oben S. 466 ff.

1 Der Mobilisierungskoeffizient ist mit 0,278 um den Faktor 50 niedriger als die Werte zu den meisten älteren Landesverfassungen. Sogar in Bayern müssen die Antragsteller eine 25-fach höher Mobilisierungswirkung erreichen.

2 Diese Befürchtung hat etwa *Engelken*, VBlBW. 1996. S. 217. 221, im Zusammenhang mit der Forderung geäußert, auch in Baden-Württemberg die Quoren für das Volksbegehren auf 5 % abzusenken.

3 Durch einen verfassungsunmittelbaren Anspruch auf Kostenerstattung und ein ausdrückliches Verbot der Einflussnahme durch die Landesregierung.

selbst dann, wenn man Abweichungen vom Mehrheitsprinzip grundsätzlich für zulässig und sinnvoll hält, stets eine realistische Chance dafür bleiben, dass ein von den Bürgern eingebrachter Entwurf beim Volksentscheid tatsächlich erfolgreich sein kann.[1] Genau diese Voraussetzung ist in Schleswig-Holstein aber nicht mehr in hinreichendem Maße gegeben. Aufgrund der sehr umfangreichen inhaltlichen Beschränkungen des Anwendungsbereiches der Verfahren kommen nämlich in erster Linie solche Angelegenheiten als Gegenstand des Verfahrens in Betracht, die gerade nicht von allgemeinem Interesse sind. Allenfalls bei einer Abstimmung über eine Verfassungsänderung erscheint es wahrscheinlich, dass mehr als ein Viertel der Stimmberechtigten mobilisiert werden kann.[2] Hier verlangt die schleswig-holsteinische Verfassung aber nicht nur die Zustimmung durch zwei Drittel der Abstimmenden, sondern zugleich auch durch die Hälfte der Stimmberechtigten. Die Initiatoren einer Volksinitiative oder eines Volksbegehrens können daher nur in extremen Ausnahmefällen darauf hoffen, dass ihre Vorlage beim Volksentscheid angenommen werden wird.[3/4]

1 Dazu siehe oben S. 396 ff.
2 Nur bei zwei von den Bürgern initiierten Verfahren hat in der Vergangenheit überhaupt mehr als ein Viertel aller Stimmberechtigten einer Vorlage zugestimmt – und zwar bei den Volksentscheiden über die christliche Gemeinschaftsschule und über die Abschaffung des Senates in Bayern; vgl. dazu oben S. 346 ff. bzw. S. 359 ff. Bei beiden Abstimmungen ging es um Anträge zur Änderung der Verfassung. Zu den übrigen Abstimmungsergebnissen bis 1992 vgl. *Jung*, ZParl 1993, S. 5 ff. und oben S. 354 ff. zur Abstimmung über „Mehr Demokratie in Bayern".
3 In diesem Sinne auch – unter Hinweis auf die ausführlichen, bislang unveröffentlichten Materialien der Verfassungsberatungen in Niedersachsen – *Bachmann*, RuP 1993, S. 128, 132; *Dambeck*, RuP 1994, S. 208, 212; *Degenhart*, Staat 1992, S. 77, 95 f.; *ders.* LKV 1993, S. 33, 38; *Geitmann*, Mehr Demokratie, S. 12; *Jung*, ZPol 1999, S. 863, 872 ff.; und schon *Braun*, Art. 43 BW-V, Rn. 6; *Hernekamp*, S. 329; vgl. dazu auch *Przygode*, S. 473 ff.
Hingegen befürwortet *Heußner*, Volksgesetzgebung, S. 369 ff., – unter der nicht nachvollziehbaren Berufung auf frühere Äußerungen des *Verf.* (*Rux*, NJ 1991, S. 147, 149) – die Einführung qualifizierter Abstimmungsquoren zwischen 25-30 % (bzw. 33-40 % für Verfassungsänderungen) damit, dass „populäre Anliegen" auch dann eine „realistische Annahmechance" hätten. Er übersieht dabei nicht nur, dass die Einführung solcher Quoren einer besonderen Legitimation bedarf. Vor allem überzeugt aber seine Wertung der Verfahrenspraxis nicht. Aus den vom ihm genannten Daten ergibt sich eindeutig, dass die von ihm genannten Quoren in der Regel eben nicht erreicht wurden. Seine Vermutung, dass es den Initiatoren unter Geltung eines qualifizierten Quorums stets gelungen wäre, mehr Bürger zu mobilisieren, kann er empirisch nicht belegen.
Auch *Starck*, ThürVBl. 1992, S. 10,13; *ders.*, Verfassungen, S. 28, hält ohne nähere Begründung ein Quorum von einem Viertel bis zu einem Drittel der Stimmberechtigten für geboten. *Berlit*, KritVjschr. 1993, S. 318, 357, will jedenfalls für Verfassungsänderungen stets die Zustimmung durch zwei Drittel der Abstimmenden, mindestens aber die Hälfte der Stimmberechtigten verlangen. Erwähnt sei hier schließlich, dass schon *Meder*, Art. 74 BayV, Rn. 9, die Einführung qualifizierte Quorums für Verfassungsänderungen in Bayern gefordert hatte, um der Demagogisierung und der Pervertierung in eine Minderheitenherrschaft entgegen zu wirken.
4 Ein qualifiziertes Abstimmungsquorum wie in Schleswig-Holstein ermöglicht es den Gegnern eines Antrags allerdings nicht ohne weiteres, ihr Ziel durch einen Boykottaufruf zu erreichen; dies verkennt *Przygode*, S. 473 ff.. Sofern es gelingt, genügend Unterstützer für einen Antrag zu gewinnen, kommt es nicht darauf an, ob die Gegner der Abstimmung fernbleiben. Es erscheint aber ausgeschlossen, die Befürworter von der Teilnahme an der Abstimmung abzubringen, so zu Recht auch *Heußner*, Volksgesetzgebung, S. 371.

Die prohibitive Wirkung des qualifizierten Abstimmungsquorums wurde etwa beim Volksentscheid über die die Wiedereinführung des Buß- und Bettages deutlich. Obwohl diese Forderung von einer deutlichen Mehrheit der Abstimmenden unterstützt wurde, blieb es beim status quo.[1] Wenn das Quorum beim zweiten Volksentscheid über die Rechtschreibreform erreicht wurde, dann lässt sich dies in erster Linie darauf zurückführen, dass die Abstimmung mit der Bundestagswahl zusammengelegt und damit eine sehr hohe Beteiligung sichergestellt wurde.

Man könnte vermuten, dass die exorbitanten Quoren vor allem deswegen in die Verfassung eingefügt wurden, weil die Opposition einer Verfassungsreform andernfalls insgesamt die Zustimmung verweigert hätte.[2] Dagegen spricht jedoch die Tatsache, dass das Quorum des Art. 42 II 4 SH-V bereits im Entwurf der Regierungsmehrheit enthalten war.[3] Wie skeptisch auch diese der unmittelbaren Beteiligung der Bürger an der politischen Willensbildung gegenüber stand, wird auch dadurch deutlich, dass es fast fünf Jahre gedauert hat, bis die Vorgaben der Verfassung durch ein Ausführungsgesetz konkretisiert und damit praktikabel gemacht wurden. Zudem wurde die prohibitive Wirkung der Quoren für den Volksentscheid durch dieses Gesetz noch weiter verstärkt, da die Bürger gegebenenfalls nur einem von mehreren Entwürfen zustimmen können. Jedenfalls dann, wenn eine konkurrierende Vorlage des Landtags nicht mit dem dem Volksbegehren zugrunde liegenden Antrag unvereinbar ist, sondern das Anliegen der Volksinitiative zumindest teilweise aufnimmt, ist es unter diesen Umständen aber sehr unwahrscheinlich, dass zumindest eine der Vorlagen eine hinreichende Mehrheit erhält.[4]

Zugleich hat sich der parlamentarische Gesetzgeber damit in eine taktische Zwickmühle gebracht: Stellt das Parlament nämlich einen konkurrierenden Entwurf zur Abstimmung, so muss es damit rechnen, dass auch dieser keine hinreichende Mehrheit erhält.[5] Dann bleibt es aber letzten Endes beim status quo und das gesamte Verfahren war nicht nur überflüssig, sondern sogar schädlich, weil die Frustration der Bürger auf diese Weise nur noch weiter verstärkt wird. Verzichtet das Parlament hingegen auf einen eigenen Entwurf, dann erhöht

---

1 Allerdings spiegelt das Abstimmungsergebnis nicht unbedingt die realen Mehrheitsverhältnisse wider. Die Einführung eines qualifizierten Abstimmungsquorums führt hier im Ergebnis nämlich dazu, dass „Nein"-Stimmen wie Stimmenthaltungen gewertet werden, solange nicht der erforderliche Anteil der Stimmberechtigten mit „Ja" gestimmt hat. Erwarten die Gegner, dass das Abstimmungsquorum ohnehin nicht erreicht wird, haben sie daher keinen Anlass, sich selbst an der Abstimmung zu beteiligen.

2 Der Verfassungsentwurf der CDU-Fraktion hatte keine Regelungen über direktdemokratische Verfahren enthalten, LT-Drs. 12/638.

3 Art. 15 II 3 und 4 des Entwurfes von SPD und SSW, LT-Drs. 12/637.

4 In diesem Sinne implizit auch *Heußner*, Volksgesetzgebung, S. 370 f., der allerdings zu Unrecht davon ausgeht, dass die Bürger in Schleswig-Holstein die Möglichkeit haben, sich in Bezug auf jeden Entwurf separat zu entscheiden.

5 Auf dieses Problem hat schon *Rohn*, NJW 1990, S. 2783, 2785 f., hingewiesen, der hier eine Möglichkeit für den Landtag sieht, das Volksbegehren zu unterlaufen; so auch *Geitmann*, Mehr Demokratie, S. 12. Zwar hat der Landtag das Recht, seinen eigenen Entwurf nach der Abstimmung im normalen parlamentarischen Beratungsverfahren doch noch durchzusetzen. Dies wird er aber allenfalls dann wagen, wenn seine Vorlage in der Abstimmung eine deutliche Mehrheit erhalten hatte. Allerdings wird er sich auch in diesem Fall dafür rechtfertigen müssen, wenn er nicht zugleich die Möglichkeit einführt, bei konkurrierenden Vorlagen mehrmals mit „Ja" zu stimmen – oder das qualifizierte Abstimmungsquorum für den Volksentscheid abschafft.

sich die Wahrscheinlichkeit dafür, dass der Entwurf des Volksbegehrens das qualifizierte Abstimmungsquorum doch noch erreicht.[1]

Durch das Ausführungsgesetz wurden auch noch weitere Hürden errichtet.[2] Auffallend ist vor allem die Tendenz, die ohnehin schon sehr großzügig bemessenen Fristen[3] noch weiter auszudehnen.[4] Aufgrund der gesetzlichen Vorgaben liegen regelmäßig mindestens zwei Jahre zwischen der Einreichung der Unterschriften für eine Volksinitiative und dem Volksentscheid.[5] In der Praxis dauerten die Verfahren teilweise sogar noch länger.[6] Bemerkenswert ist es insofern auch, dass sich der Gesetzgeber nicht zur Einführung einer freien Unterschriftensammlung entschließen konnte. Die Verlängerung der Eintragungsfrist für das Volksbegehren auf sechs Monate geht damit letzten Endes ins Leere.[7]

In diesem Zusammenhang ist festzuhalten, dass sich die extrem lange Verfahrensdauer keineswegs zwangsläufig zugunsten der Initiatoren auswirkt. Diese haben zwar auf der einen Seite länger Zeit, um für ihr Anliegen zu werben. Auf der anderen Seite müssen sie aber auch einen viel größeren Aufwand betreiben, um das öffentliche Interesse an ihren Vorschlägen aufrecht zu erhalten. Zum Zeitpunkt der Abstimmung wird das Problem, das Anlass für die Einleitung des Verfahrens war, unter Umständen aber schon aus dem Blickfeld der Öffentlichkeit verschwunden sein – trotz aller Versuche der Initiatoren, die Diskus-

---

1 Dies gilt insbesondere dann, wenn die Bürger erkennen, dass der Landtag – oder die Landesregierung – eine eigene Vorlage nur aus taktischen Gründen zurückhält, um sie nach Abschluss des Volksgesetzgebungsverfahrens im regulären Verfahren durchzusetzen.

2 Die Einführung einer Sperrfrist für die Wiederholung der Verfahren ist allerdings verfassungswidrig, vgl. dazu oben S. 454.

3 Nach den Vorgaben der Verfassung dauert das Verfahren mindestens 19 Monate.

4 Dem Landtag wurde eine großzügige Frist von 12 Wochen für die Prüfung der Zulässigkeit der Volksinitiative zugestanden (dazu siehe oben S. 460).
Die Initiatoren haben 4 Monate Zeit, die Durchführung eines Volksbegehrens zu verlangen – und damit genau so lange, wie der Landtag, um die Initiative zu behandeln. Nach dem Antrag muss ein weiterer Monat abgewartet werden, ob (doch noch) das Landesverfassungsgericht angerufen wird, um über die Zulässigkeit des Volksbegehrens zu unterscheiden. Zwischen der Bekanntmachung über das Volksbegehren und dem Beginn der Eintragungsfrist liegen weitere vier bis acht Wochen.
Schließlich soll die Frist bis zum Volksentscheid nicht mit dem Abschluss der Eintragungsfrist für das Volksbegehren beginnen, sondern mit der Bekanntmachung über das Zustandekommen – für die dem Landtag keine ausdrückliche Frist gesetzt wurde.

5 Unter der Annahme, dass der Landtag und die Landesregierung die ihnen gesetzten Fristen voll ausschöpfen und die Antragsteller unmittelbar nach der Ablehnung ihrer Initiative durch den Landtag den Antrag auf Durchführung des Volksbegehrens stellen. Vgl. dazu die Tabelle über die Fristen auf S. 430.

6 Es ist nicht bekannt, wann genau die Volksinitiative zur Wiedereinführung des Buß- und Bettages eingereicht wurde. Schon zwischen der (ablehnenden) Entscheidung des Landtags am 8.12.1995 und dem Volksentscheid am 30.11.1997 lagen fast zwei Jahre. Dabei wurden die Vorgaben des SH-VAbstG sogar nochmals überschritten, da die Eintragungsfrist für das Volksbegehren an sich mindestens einen Monat früher hätte beginnen müssen, vgl. dazu oben Fn. 1 auf S. 483.
Dass der Verfahren zur Rechtschreibreform innerhalb von knapp 20 Monaten zu Ende gebracht werden konnte, liegt wohl nicht zuletzt daran, dass der Landtag nicht alle Fristen ausgeschöpft hat, um auf diese Weise die Abstimmung am Tag der Bundestagswahlen zu ermöglichen.

7 Denn die Initiatoren können diese Zeit lediglich dazu nutzen, die Eintragungsberechtigten aufzufordern, das Volksbegehren in einer der offiziellen Eintragungsstellen zu unterstützen.

sion weiterzuführen. Ist die betreffende Angelegenheit tatsächlich regelungsbedürftig, so wird sich der Landtag auch kaum darauf beschränken können, beim Volksentscheid eine konkurrierende Vorlage zur Abstimmung zu stellen. Vielmehr ist er gezwungen, schon im Vorfeld eine Regelung zu treffen. Zwar wird das Volksbegehren auf diese Weise nicht automatisch erledigt, aber der Landtag schafft vollendet Tatsachen – und verringert auf diese Weise die Erfolgsaussichten des von den Bürgern eingebrachten Antrags.

Immerhin hat die extrem lange Frist von 9 Monaten zwischen dem Zustandekommen eines Volksbegehrens und dem Volksentscheid infolge der Verfassungsänderung vom Februar 2004 einen Sinn bekommen, da es dem Parlament seither möglich ist, das Verfahren auf dieser Stufe noch zu erledigen. Dann erscheint es aber durchaus angemessen, ihm genügend Zeit zu lassen, um sich nochmals mit dem Anliegen auseinander zu setzen. Allerdings kann und muss man sich die Frage stellen, ob nicht auch eine kürzere Frist ausgereicht hätte, da das Parlament ja nicht zum ersten Mal über dieses Anliegen berät. Auch wäre es sinnvoll gewesen, die Voraussetzungen zu definieren, unter denen diese Frist nicht vollständig ausgeschöpft werden muss.[1]

Zusammenfassend lässt sich feststellen, dass das Verfahren bis zum Volksentscheid auch in Schleswig-Holstein praktisch nicht für die *Korrektur* von Entscheidungen des Parlaments genutzt werden kann.[2] Mittelbar wird damit aber auch die *kommunikative* Funktion der Verfahren grundlegend in Frage gestellt. Zwar besteht jedenfalls bei publikumswirksamen Anträgen eine gewisse Chance, dass diese beim Volksentscheid doch die Zustimmung durch eine hinreichende Mehrheit der Bürger erhalten.[3] Die betreffenden Angelegenheiten sind aber in der Regel ohnehin schon Gegenstand der Verhandlungen des Landtags, so dass die Volksinitiative an und für sich nicht erforderlich wäre, um diesen zu Verhandlungen anzuregen.[4] Zwar kann das Instrument der Volksinitiative gegebenenfalls genutzt werden, um die öffentliche Diskussion zu befördern und dafür zu sorgen, dass eine bestimmte Frage schneller auf die Agenda des Parlamentes gerät, als dies sonst der Fall wäre.[5] Im Ergebnis kommt die kommunikative Funktion der Volksinitiative und des Volksbegehrens dennoch nur dann zum Tragen, wenn sich der Landtag dem Anliegen der jeweiligen Antragsteller öffnet.

1   Dabei ist zu beachten, dass eine Verkürzung der Frist für die Antragsteller nicht unbedingt von Nachteil sein muss, da es unter Umständen schwierig sein kann, die öffentliche Diskussion über ein dreiviertel Jahr aufrecht zu erhalten. Ein angemessener Interessenausgleich hätte dadurch sicher gestellt werden können, dass die Festsetzung eines früheren Termins von der Zustimmung der Vertrauenspersonen abhängig gemacht wird.

2   *Jung*, ZG 1998, S. 295, 301, spricht gar vom „Bankrott des Schleswig-Holsteiner Modells". Er hat den Volksentscheid über die Rechtschreibreform allerdings noch nicht berücksichtigen können.

3   Dies belegt etwa das Beispiel der Abstimmung über die Rechtschreibreform.

4   Wie schon in Bezug auf die Regelungen über direktdemokratische Verfahren in der Zeit der Weimarer Republik herausgearbeitet wurde, gibt es einen weiteren Grund, das Verfahren bis zum Volksentscheid anzustrengen. Auf diese Weise kann eine radikale Gruppierung ihre Ansichten öffentlichkeitswirksam verbreiten und zugleich die eigenen Anhänger mobilisieren vgl. dazu oben S. 193.

5   Zwar kann die parlamentarische Opposition die direktdemokratischen Verfahren auch hier grundsätzlich dafür nutzen, um den politischen Druck auf die Landtagsmehrheit und die Regierung zu erhöhen. Es erscheint allerdings zweifelhaft, ob die jeweiligen Oppositionsparteien diese Möglichkeit nutzen werden, da die bayerischen Erfahrungen darauf hindeuten, dass die Regierungsmehrheit auf diese Weise eher stabilisiert wird; vgl. dazu schon oben S. 398 ff.

Diese skeptische Beurteilung wird durch die bisherige Praxis der Verfahren bestätigt. Nur in sehr wenigen Fällen ist es den Bürgern tatsächlich gelungen, ihr Anliegen auch nur annähernd durchzusetzen. In Bezug auf das erste dieser Verfahren, mit dem die Direktwahl der Bürgermeister und Landräte durchgesetzt werden sollte, ist zu beachten, dass die entsprechenden Änderungen des Kommunalverfassungsrechts ohnehin dem Zug der Zeit entsprochen haben und daher wohl auch ohne die Volksinitiative vorgenommen worden wären. Nachdem auch die Einführung einer Schankerlaubnissteuer politisch kaum durchsetzbar war und die Aufweichung des Ladenschlusses in Bezug auf Videotheken einer allgemeinen Tendenz entspricht, kann man aber durchaus vermuten, dass diese Anliegen auch ohne die Möglichkeit direktdemokratischer Verfahren durchgesetzt worden wären – wobei sich die Entwicklung ohne die Möglichkeit der Volksinitiative allerdings wahrscheinlich verzögert hätte.

Nichts anderes gilt auch für die jüngsten Verfahren gegen die Einführung von Studiengebühren und den Verkauf der landeseigenen Wälder. Dass die Landesregierung und die Landtagsmehrheit hier Zurückhaltung übten, ist wohl weniger auf den Druck durch die Volksinitiativen als auf die Besonderheiten einer großen Koalition zurück zu führen.

Zwar wurde in einem Fall ein Entwurf gegen den erklärten Willen der Parlamentsmehrheit beim Volksentscheid angenommen. Das Ergebnis der Abstimmung über die Rechtschreibreform kann jedoch nur bedingt als Beleg für die hohe Qualität der Ergebnisse eines direktdemokratischen Verfahrens herhalten. Dabei ist allerdings zu beachten, dass das Quorum des Art. 42 II 4 SH-V wohl überhaupt nur deshalb erreicht werden, weil diese Abstimmung zeitgleich mit der Bundestagswahl durchgeführt wurde.[1]

Fast noch größere Bedeutung als die Quoren für den Volksentscheid kommt aber der extrem weiten Auslegung des in Art. 41 II SH-V enthaltenen Haushaltsvorbehaltes durch das Bundesverfassungsgericht zu, das bis zum Oktober 2006 die Funktion eines Landesverfassungsgerichtes für Schleswig-Holstein wahrgenommen hatte. Nachdem beim Volksbegehren gegen die „Bildungswüste Grundschule" deutlich geworden ist, dass finanzwirksame Vorlagen angesichts der extrem angespannten Haushaltslage kaum für zulässig erklärt werden, ist es nur zu verständlich, dass die Häufigkeit der Verfahren seit der einschlägigen Leitentscheidung nochmals zurück gegangen ist.

---

1 Infolge dieser Terminplanung haben sich aber auch sehr viele Bürger am Volksentscheid beteiligt haben, die von der Reform überhaupt nicht unmittelbar betroffen wurden – und die einer isolierten Abstimmung daher voraussichtlich ferngeblieben wären; zur Problematik einer Koppelung von mehreren Abstimmungen siehe unten S. 899.

3. Kapitel: Brandenburg

I. Zur Entstehungsgeschichte[1/2]

Schon gut ein halbes Jahr nach der Öffnung der Mauer wurde am 22. April 1990 von der „Arbeitsgruppe Landesverfassung" ein erster Entwurf für eine Verfassung des künftigen Landes Brandenburg vorgelegt.[3] Zu diesem Entwurf gingen zahlreiche Vorschläge, Hinweise und Veränderungswünsche Ein, die im Auftrage des Landtags durch die Leiter der Justizressorts der Bezirksverwaltungsbehörden Cottbus, Potsdam und Frankfurt/Oder unter Hinzuziehung von zwei Verfassungsexperten aus West-Berlin[4] eingearbeitet wurden. Der 2. Entwurf für eine Landesverfassung wurde im September 1990 der Öffentlichkeit zur Aussprache vorgestellt.[5]

Am 14. Oktober 1990 wurde dann der erste Landtag des Landes Brandenburg gewählt. Gemäß § 23 II 1 des Ländereinführungsgesetzes der DDR[6] hatte er zugleich die Funktion

---

1 Dazu *Dambeck*, RuP 1994, S. 208, 211 f.; *Deselaers*, S. 25, 36 ff.; *Franke/Kneifel-Haverkamp*, JöR 1994, S. 111, 123 ff.; *Klages/Paulus*, S. 161 ff., S. 207 f. und S. 240 ff.; *Künzel*, S. 75, 77 ff.; *Paterna*, S. 85 f.; *Sampels*, S. 66 ff.

2 Die Verfassung für die Mark Brandenburg vom 6.2.47 (GVBl. S. 45) hatte in Art. 26 die Möglichkeit der Landtagsauflösung durch Volksentscheid vorgesehen. Nach Art. 32 sollte für das Volksbegehren grundsätzlich die Unterstützung durch 10 % der Stimmberechtigten verlangt werden. Daneben war auch ein Begehren auf Antrag einer Partei möglich, welche die Unterstützung durch 20 % der Stimmberechtigten glaubhaft machen konnte. Bei Übernahme des (geänderten) Begehrens durch den Landtag, hätte dieses durch die Antragsteller erledigt werden können. Beim Volksentscheid war ein Beteiligungsquorum von 50 % der Stimmberechtigten vorgesehen. Einem Entwurf zu einem einfachen Gesetz musste die Mehrheit der Abstimmenden zustimmen, einem Entwurf zu einer Verfassungsänderung die Mehrheit der Stimmberechtigten.

3 Abgedruckt bei *Häberle*, JöR 1990, S. 387 ff. Dieser Entwurf beruhte seinerseits auf einem früheren (undokumentierten) Text beruhte, der nach Diskussionen mit Juristen aus Nordrhein-Westfalen überarbeitet worden war, vgl. dazu *Deselaers*, S. 25, 37; *Paterna*, S. 86; *Sampels*, S. 66 f.

4 Prof. Dr. *Randelzhofer* und der damalige Präsident des OVG Berlin Prof. Dr. *Wilke*.

5 LT-Drs. 1/3. Dieser Entwurf enthielt in Artt. 86 ff. Regelungen über das Volksbegehren und den Volksentscheid, die sich wesentlich von den Bestimmungen der endgültigen BbgV unterschieden. Diese Verfahren waren als reine Gesetzgebungsinstrumente ausgestaltet. Eine Volksinitiative war nicht vorgesehen, dafür regelte Art. 89 III und IV des Entwurfes den Volksantrag. Dieser musste von 3.000 Stimmberechtigten unterstützt werden. Dann sollte die Landesregierung den Antrag überprüfen. Gegen ihre Entscheidung war die Klage beim Landesverfassungsgericht zulässig. Wurde der Antrag hingegen von mindestens 10.000 Stimmberechtigten unterstützt, so sollte das Volksbegehren nach Abs. IV ohne weitere Überprüfung eingeleitet werden! Für das Volksbegehren war ein Quorum von 10 % der Stimmberechtigten vorgesehen. Beim Volksentscheid sollte nach Art. 90 II 2 die einfache Stimmenmehrheit entscheiden. Es sollten keinerlei inhaltliche Beschränkungen gelten, allerdings war die Verfassungsänderung durch Volksentscheid ausgeschlossen; vgl. Art. 91. Art. 90 I 2. Spiegelstrich sah ein Referendum auf Antrag des Landtags vor.
Diese Regelungen waren im wesentlichen unverändert aus dem 1. Entwurf vom April übernommen worden, vgl. dazu *Sampels*, S. 67.

6 GBl.-DDR I 1990, S. 955; abgedruckt bei *Häberle*, JöR 1993, S. 136. Diese Vorschrift ist nach Anlage II, Sachgebiet A, Abschnitt III des Einigungsvertrages auch nach dem Beitritt der fünf neuen Länder in Kraft geblieben.

einer verfassunggebenden Versammlung.[1] Der Landtag von Brandenburg ist seinem Auftrag zur Verfassunggebung durch die Verabschiedung des „Gesetzes zur Erarbeitung einer Verfassung für das Land Brandenburg"[2] nachgekommen. Am 30. Januar 1991 wurde ein Verfassungsausschuss einberufen, der sich am 22. Februar 1991 in Potsdam konstituiert hat. Ihm gehörten 15 Mitglieder des Landtags und 15 Sachverständige an. Der Ausschuss tagte nicht-öffentlich.[3] Am 7. Juni 1991 legte er nach sieben Sitzungen der Öffentlichkeit seinen ersten Entwurf vor.[4] Bis zum 15. September gingen etwa 500 Stellungnahmen Ein.[5]

Insbesondere die vorgeschlagenen Regelungen über direktdemokratische Verfahren waren maßgeblich durch das Vorbild der kurz zuvor in Kraft getretenen Verfassung des Landes Schleswig-Holstein geprägt.[6] Für die einfache Volksinitiative über bestimmte Gegenstände der politischen Willensbildung sollten 20.000 Unterschriften verlangt werden, für die Initiative zur Landtagsauflösung 100.000. Das Quorum für das Volksbegehren sollte auf 80.000 bzw. 150.000 Unterschriften festgelegt werden. Beim Volksentscheid sollte die Zustimmung durch die Mehrheit der Abstimmenden, mindestens jedoch durch ein Viertel der Stimmberechtigten erforderlich sein. Für Verfassungsänderungen sollten allerdings zwei Drittel der Abstimmenden und mindestens die Hälfte der Stimmberechtigten zustimmen müssen.[7] Das Recht zur Beteiligung sollte grundsätzlich nicht nur den deutschen Staatsbürgern, sondern allen Einwohnern Brandenburg zustehen.[8]

Im Verfassungsausschuss hatte zunächst noch Einigkeit über den Entwurf geherrscht.[9] Nachdem jedoch im Herbst 1991 mehrere CDU-Rechtspolitiker massive Bedenken in Bezug auf die umfangreichen Staatsziele und Grundrechte und auch in Bezug auf die Ein-

---

1 *Sampels*, S. 68, weist darauf hin, dass sich der Erlass des „Vorschaltgesetzes" über die vorläufige Sicherung der Arbeitsfähigkeit des Landtags und der Landesregierung verzögert hat, weil die oppositionelle CDU sowohl die Vorschläge über die Zusammensetzung des Verfassungsausschusses als auch das vorgesehene Referendum ablehnten. Erst nachdem die entsprechenden Passagen aus dem Gesetzentwurf gestrichen worden waren, kam am 1.11.1990 die erforderliche Mehrheit zustande.

2 vom 13.12.1990; GVBl. S. 1991, 26.

3 Zu den Beratungen vgl. *Sampels*, S. 70.

4 GVBl. S. 96. Vgl. dazu „Brandenburgs Verfassung betritt neue Wege", taz, 3.6.1991; „Beflügelt vom Geist des runden Tisches", Tsp., 5.6.1991.

5 Diese geringe Resonanz wurde als außerordentlich unbefriedigend empfunden, vgl. dazu die Stellungnahme des Ausschussvorsitzenden *Just* in der 8. Sitzung vom 18.9.1991, Sten. Prot. S. 2.

6 Der Ausschuss hatte sich die früheren Vorschläge also nicht zu eigen gemacht (vgl. dazu oben S. 503, Fn. 5).

7 Falsch daher *Sampels*, S. 71, der behauptet, es sei lediglich ein Beteiligungsquorum von 50 % festgelegt worden.

8 Vgl. Art. 3 II des Juni-Entwurfs. Dieser Punkt war in der Folgezeit heftig umstritten, vgl. dazu *Sampels*, S. 75 ff., der allerdings nicht berücksichtigt, dass die Entscheidungen des Bundesverfassungsgerichtes zum kommunalen Ausländerwahlrecht vom 30.10.1990 in dieser Phase der Verfassungsberatungen noch nicht verarbeitet worden waren. Die Ansicht, das Land könne sein Staatsvolk selbst definieren, war daher keineswegs abwegig. Vgl. dazu ausführlicher unten S. 513 ff.

9 Daher konnte *Simon*, NJ 1991, S. 427 ff., noch zuversichtlich reklamieren, der Entwurf sei ein „wegweisendes Verfassungsmodell". *Franke/Kneifel-Haverkamp*, JöR 1994, S. 111, 126 ff., führen den großen Konsens darauf zurück, dass die Fraktionen sich weitgehend jeder Einflussnahme enthalten hatten.

führung direktdemokratischer Verfahren geäußert hatten,[1] wurden auch im Lande kritische Stimmen laut. Vor allem der CDU-Landesvorsitzende Ulf Fink machte sich die Bedenken seiner westdeutscher Parteifreunde zu eigen, während der Fraktionsvorsitzende Peter-Michael Diestel weiter auf einen Kompromiss hinarbeiten wollte.[2] Dabei wurde er jedoch nicht von allen seinen Fraktionskollegen unterstützt, so dass sich sowohl die Diskussionsatmosphäre innerhalb des Verfassungsausschusses als auch innerhalb der CDU-Fraktion zunehmend verschlechterte.

Die unerwartet heftige Kritik an dem Juni-Entwurf veranlasste die Landesregierung von Brandenburg dazu, am 10. September 1991 eine Stellungnahme zu dem Verfassungsentwurf vorzulegen.[3] Diese war wiederum Grundlage für zahlreiche Änderungen durch den Verfassungsausschuss,[4] der am 13. Dezember 1991 dem Landtag seinen endgültigen Vorschlag für die Landesverfassung überreichte.[5]

In Bezug auf die direktdemokratischen Verfahren ergaben sich drei wesentliche Veränderungen. Zum einen wurden die Quoren für die Volksinitiative und das Volksbegehren auf Auflösung des Landtags von 100.000 bzw. 150.000 auf 150.000 bzw. 200.000 Unterschriften erhöht. Zum anderen wurde dem Landtag ausdrücklich das Recht eingeräumt, einen konkurrierenden Entwurf zur Abstimmung zu stellen. Schließlich wurde das Recht zur Beteiligung an Volksbegehren und Volksentscheiden nur noch den deutschen Bürgern Brandenburgs zugestanden. Eine Volksinitiative sollte hingegen von allen Einwohnern Brandenburgs unterstützt werden können.

Zu diesem Zeitpunkt zerbrach der Konsens endgültig. Nachdem die CDU-Fraktion nicht mehr bereit war, den Kompromiss mitzutragen, zog der Fraktionsvorsitzende Peter-Michael Diestel noch vor der Veröffentlichung des Entwurfs seine Unterschrift wieder zurück.[6] Brandenburgs Verfassung solle nach Ansicht des CDU-Landesvorsitzenden Fink nicht zum

---

1   Ausgangspunkt des Umschwungs war wohl eine Pressekonferenz des früheren CDU-Vorsitzenden und Bundestagspräsidenten *Barzel* am 21.7.1991 (vgl. „Beispiel für eine andere Republik", Tsp. 22.7.1991). Heftige Kritik äußerte auch der damalige CDU-Generalsekretär *Rühe*. Die Landesverfassung sei eine „Anleitung zur politischen Destabilisierung." („Stolpes Entwurf ein Radikalprogramm", Die Welt vom 20.12.1991). Der CDU-MdB Paul *Laufs* erkannte einen „unmittelbaren Anschluss an die DDR-Verfassung des SED-Staates." („Bazillus gegen das Grundgesetz?", Der Spiegel 6.1.1991, S. 18, 21.). Ausführlich zum Verlauf der Diskussion *Sampels*, S. 72 ff.

2   Dazu ausführlich *Franke/Kneifel-Haverkamp*, JöR 1994, S. 111, 129 ff. Es kann wohl davon ausgegangen werden, dass die Verfassungsberatungen anfangs weitgehend ohne Einfluss aus den Bonner Parteizentralen geführt wurde. Vgl. auch *Paterna*, S. 84, die jedoch meint, es habe erst seit dem Herbst 1992 Versuche gegeben, den Reformeifer der ostdeutschen CDU-Landtagsabgeordneten zu bremsen.

3   Dazu ausführlich *Franke/Kneifel-Haverkamp*, JöR 1994, S. 111, 129 f. Insbesondere der Justizminister Hans-Otto *Bräutigam* meldete in der Folgezeit Diskussionsbedarf an, vgl. „Landesregierung sieht noch erheblichen Diskussionsbedarf", Tsp., 5.10.1991.

4   So wurde die unmittelbare Drittwirkung der Grundrechte gestrichen, ebenso die Inkompatibilität von Amt und Mandat (Art. 2 III 2, 98 des Juni-Entwurfs, GVBl. 1991, S. 96). Auch sollte der Ministerpräsident nicht mehr notwendigerweise aus der Mitte des Landtags gewählt werden müssen. Vor allem war die Festschreibung einer Sperrklausel für Wahlen von höchstens 3 % gestrichen worden (Art. 23 III 4 des Juni-Entwurfs).

5   LT-Drs. 1/625.

6   Die am 16. Dezember 1991 ausgegebene Landtagsdrucksache war noch mit der Unterschrift der CDU-Fraktion versehen, erst am 18. Dezember erfolgte die Korrektur.

„Experimentierfeld für Leute werden, die sich auf Bundesebene nicht durchsetzen konnten".[1] Auch die Beratungen des Verfassungsentwurfs im Landtag waren von heftigen Diskussionen geprägt.[2] Die Parlamentsmehrheit wollte insbesondere verhindern, dass die Bürger durch zu hohe Quoren vom Gebrauch der direktdemokratischen Verfahren abgeschreckt werden. Die damit verbundene Einschränkung des Handlungs- und Gestaltungsspielraumes des Landtags wurde als folgerichtige Fortentwicklung des demokratischen Gedankens der „Volksherrschaft" angesehen.[3] Auch einige CDU-Politiker folgten der „offiziellen" Linie ihrer Partei nicht. Insbesondere der CDU-Fraktionsvorsitzende Peter-Michael Diestel fordert seine Fraktionskollegen auf, der Verfassung zuzustimmen, die man schließlich gemeinsam erarbeitet hatte.[4] Dies führte wiederum dazu, dass der CDU-Landesvorsitzende Fink den Druck auf die Fraktion erhöhte. Am 22. März 1992 verabschiedete der CDU-Landesvorstand ein „Eckwertepapier", in dem unter anderem die vorgesehenen Regelungen über die direktdemokratischen Verfahren grundsätzlich in Frage gestellt wurden.[5] Die Mitglieder der Landtagsfraktion ließen sich hiervon jedoch nicht übermäßig beeindrucken. Auch in den letzten Beratungen des Verfassungsausschusses stimmten sie den vorgesehenen Regelungen zu nachdem Änderungsvorschläge zu anderen Streitfragen akzeptiert worden waren.[6]

Aufgrund der heftigen Diskussionen war die dritte und abschließende Lesung des Verfassungsentwurfes vom 8. auf den 14. April 1991 verschoben worden. Der CDU-Landesvorsitzende Fink versuchte bis zum Schluss, die Fraktion seiner Partei doch noch dazu zu bewegen, den Entwurf abzulehnen.[7] Bei der Schlussabstimmung stimmten 10 CDU-Abge-

---

1   Innerhalb der CDU gab es erhebliche Differenzen zwischen der Landespartei, insbesondere dem Fraktionsvorsitzenden *Diestel*, und der Bundespartei; dazu *Franke/Kneifel-Haverkamp*, JöR 1994, S. 111, 129; *Sampels*; S. 79 ff. Der damalige CDU-Generalsekretär *Rühe* bezeichnete den Entwurf als „Radikalenprogramm" (Die Welt, 20.12.1991). *Klages/Paulus*, S. 243 f., weisen darauf hin, dass von Seiten der CDU erst jetzt die Forderung nach einer drastischen Einschränkung der direktdemokratische Verfahren erhoben wurde.
2   Vgl. dazu ausführlich *Sampels*, S. 78 ff.
3   So z.B. die Stellungnahme des Justizministers *Bräutigam*,„Eine moderne Auffassung freiheitlicher Demokratie",Tsp. 23.5.1992; *Wiebke*, „Unsere Verfassung hat Pilotfunktion für neues Grundgesetz", Märk. Allgemeine 30.5.1992, S. 13. Diese Auffassung vertrat auch die Landesregierung im Entwurf für das BbgVAG, LT-Drs. 1/1605, S. 1 f.
4   Vgl. dazu *Franke/Kneifel-Haverkamp*, JöR 1994, S. 111, 132 ff. Eine Rolle mag dabei der Umstand gespielt haben dass *Diestel* am 13.3.1992 den Vorsitz des Verfassungsausschusses von Gustav *Just* (SPD) übernommen hatte und sich daher noch stärker dazu verpflichtet sah, den gemeinsam erarbeiteten Entwurf zu stützen; vgl. dazu „Union errang parlamentarischen Sieg", NZ, 14.3.1992.
5   Vgl. dazu *Sampels*, S. 84 f. Auch bei einer äußerst wohlwollenden Betrachtung des Diskussionsverlaufes innerhalb der CDU drängt sich der Eindruck auf, dass es weniger um die Sache ging als um die Profilierung der Protagonisten. Darauf deutet insbesondere der Umstand hin, dass die Konflikte nicht wie sonst üblich intern ausgetragen wurden, sondern mit Hilfe der Medien.
6   Vgl. dazu *Sampels*, S. 87 f.
7   Vgl. dazu *Sampels*, S. 89 f.. Noch am 13.4.1992 beschloss der Landesvorstand, der Fraktion die Ablehnung zu empfehlen. Allerdings war offenbar geworden, dass nicht alle Abgeordneten sich an diese Empfehlung halten würden.

ordnete für die Verfassung, 11 dagegen und 5 enthielten sich bzw. blieben der Abstimmung fern. Die übrigen Mitglieder des Landtags stimmten geschlossen für die Verfassung.[1]
Die Diskussion war damit aber keineswegs beendet. Das Ländereinführungsgesetz hatte den Landtagen die Entscheidung darüber überlassen, auf welche Weise die Verfassungen angenommen werden sollten. In Brandenburg wollte man von der Möglichkeit Gebrauch machen, die Verfassung auf dem Wege eines Referendums durch das Volk bestätigen zu lassen. Dieses Verfahren wurde vor allem deshalb grundsätzlich in Frage gestellt, weil bei der Abstimmung die einfache Stimmenmehrheit ausreichen sollte, während für spätere Verfassungsänderungen durch das Volk ein wesentlich höheres Quorum vorgesehen war.[2] Von anderer Seite wurde der Sinn und Zweck der Abstimmung in Zweifel gezogen, da die mit dem Referendum beabsichtigte (basis-) demokratische Legitimation der Verfassung aufgrund der zu erwartenden geringen Abstimmungsbeteiligung in Frage gestellt werde.[3]
Vor der Abstimmung fand die CDU – nach dem Rücktritt des Fraktionsvorsitzenden Diestel und der Fraktionsgeschäftsführerein Blechinger[4] – wieder zu einer einheitlichen Linie und forderte die Bürger auf, die Verfassung abzulehnen. Sie konnte sich dabei auf zahlreiche Stellungnahmen berufen, die zum Teil so weit gehen, die Vereinbarkeit der brandenburgischen Landesverfassung mit dem Grundgesetz insgesamt in Frage zu stellen.[5] Ein zentraler Kritikpunkt waren dabei die Regelungen über die direktdemokratischen Verfahren. Durch die niedrigen Quoren für die Volksinitiative und das Volksbegehren sah man Radikalen den Weg bereitet.[6] Der CDU-Landesvorsitzende Ulf Fink kündigte an, gegebe

---

1   Zur Diskussion im Landtag *Sampels*, S. 90 ff.; vgl. auch *Sachs*, LKV 1993, S. 221, 222; sowie *Künzel*, S. 75, 80, der ebenfalls darauf hinweist, dass das Abstimmungsverhalten der dissentierenden CDU-Abgeordneten mit den Regelungen über die direktdemokratischen Verfahren zusammen hängt.

2   Nämlich die Zustimmung durch zwei Drittel der Abstimmenden und mindestens die Hälfte der Stimmberechtigten. Kritisch *Steinberg*, ZParl 1992, S. 510 f.; vgl. auch *von Mangoldt*, Verfassungen, S. 26, Fn. 76, und *Storr*, S. 269 ff.

3   Vgl. kritisch dazu *Deslaers*, S. 25, 41 f.
    Die CDU hatte daher ein Quorum von 50 % der Stimmberechtigten gefordert; vgl. LT-Drs. 1/825, Anlage 2. Dieselben Erwägungen hatten den Landtag von Sachsen kurz zuvor bewogen, auf ein Referendum zu verzichten; dazu siehe unten S. 559.
    Die Kritik verkennt allerdings, dass ein erheblicher Unterschied zwischen der Bestätigung einer vom Landtag erarbeiteten und mit einer qualifizierten Mehrheit beschlossenen Verfassung durch das Volk und der Änderung dieser Verfassung gegen den Willen des Parlaments besteht, siehe dazu auch unten S. 532 zur vergleichbaren Problematik im Zusammenhang mit Art. 115 BbgV.

4   Vgl. dazu *Sampels*, S. 93 f.

5   Die Diskussion wurde vor allem in der Tagespresse geführt, vgl. *Eylmann*, „Glaubwürdigkeit entscheidet", Wochenpost 13.2.1992, S. 30; *Fromme*, „Staatsziele und Grundrechte bunt durcheinander", FAZ 12.6.1992; *Meier-Bergfeld*, „Unter dem roten Adler die andere Republik", Rhein. Merkur, 27.9.1991. Dazu ausführlich *Franke/Kneifel-Haverkamp*, JöR 1994, S. 111, 137; *Sampels*, S. 66 ff.

6   Vor allem *Kewenig* („Ein einengendes Geflecht auf zu vielen Versprechungen", Tsp. 19.5.1992; *ders.*, „Brandenburg treibt ins verfassungspolitische Abseits", Märk. Allgemeine 27.5.1992, S. 18) und *Scholz* („Warum Brandenburgs Verfassungsentwurf den Rechtsstaat belastet", Berl. Morgenpost 19.4.1992, S. 2) monierten, dass das Quorum für die Volksinitiative als erste Stufe des Volksgesetzgebungsverfahrens viel zu niedrig sei. Allerdings setzten sie es ins Verhältnis zu den Quoren für das Volks*begehren* nach den alten Landesverfassungen. Kritisiert wurde auch, dass ein Volksentscheid in Brandenburg im Zweifel nur die Zustimmung durch ein Viertel der Stimmberechtigten benötige. Auffallenderweise gehen weder *Scholz* noch *Kewenig* darauf ein, dass von den alten Landesverfassungen

nenfalls eine Entscheidung des Bundesverfassungsgerichtes über die Verfassung herbeiführen zu lassen.[1] Ähnliche Ankündigungen waren aus dem Bundeskanzleramt zu hören.[2] Letzten Endes handelte es sich dabei allerdings nur um Theaterdonner bzw. einen Nachhall der früheren Diskussionen. Denn kurz vor der Abstimmung setzte sich auch innerhalb der CDU eine moderate Linie durch, nachdem man sich darüber klar geworden war, dass mit Ausnahme der Streichung bzw. Einschränkung der direktdemokratischen Verfahren fast alle Forderungen erfüllt worden waren. Zwar wurde die Empfehlung an die Bürger, die Verfassung abzulehnen, nicht ausdrücklich zurückgenommen. Sie wurde aber auch nicht wiederholt.[3]

Am 14. Juni 1992 wurde die Verfassung mit großer Mehrheit angenommen.[4] Am 20. August 1992 ist sie in Kraft getreten.[5] Schon acht Monate später, am 14. April 1993 wurde vom Landtag das Gesetz über das Verfahren bei Volksinitiative, Volksbegehren und Volksentscheid (BbgVAG) verabschiedet.[6]

---

nur die von Bremen und Baden-Württemberg ein qualifiziertes Abstimmungsquorum oder gar ein Beteiligungsquorum kannten. In den übrigen Ländern hätte daher theoretisch ein einziger Bürger eine für alle verbindliche Entscheidung treffen können. Ebensowenig wird berücksichtigt, dass die Verfassung von Brandenburg insofern keineswegs einzigartig war, sondern dem Vorbild der Verfassung von Schleswig-Holstein folgte, ähnlich wie hier *Sachs*, LKV 1993, S. 241, 247.
Anzumerken ist, dass *Scholz* später seine Ansicht offenbar geändert hat. Im Zusammenhang mit der schleswig-holsteinischen Abstimmung über die Einführung der neuen Rechtschreibregelungen (dazu siehe unten S. 486 f.) stellte er fest, dass die Entscheidung der Bürger gegebenenfalls nichts Geringeres sei als der Beginn einer demokratisch legitimierten „sprachlichen Gegenreformation", vgl. „Rupert Scholz hofft auf ‚Gegenreformation'", StZ, 20.7.1998, S. 2.

1   „Stolpe vertieft den Graben zwischen Ost und West", Tsp. 21.4.1992; vgl. schon „Verfassung in Brandenburg verabschiedet", FAZ, 14.4.1992. Es drängt sich der Eindruck auf, dass es der CDU in erster Linie darum ging, sich als Oppositionspartei zu profilieren und abzugrenzen (vgl. „Die CDU macht mobil", BZ 6.3.1992, S. 15). Nicht von ungefähr kamen die kritischen Stellungnahmen in erster Linie von Rechtswissenschaftlern, Rechtspolitikern und Publizisten, die der Union zumindest nahestehen.
Die an den Verfassungsberatungen beteiligten CDU-Politiker äußerten sich allerdings wesentlich zurückhaltender, vgl. *Diestel*, „Moderne Verfassung", Märk. Allgemeine 12.6.1992, S. 2. Auch *Finkelnburg*, äußerte zwar gerade in Bezug auf das Quorum für die Volksinitiative Bedenken und stimmte der Kritik von *Scholz* (vgl. vorige Fn.) ausdrücklich zu. Dennoch wollte er den Kompromiss nicht in Frage stellen, „Eine tragfähige Grundlage für das Land Brandenburg", Tsp. 9.6.1992; „Ich würde für die Verfassung stimmen" Märk. Allgemeine 13.6.1992, S. 3.

2   „Gelassene Reaktion auf Absicht des Kanzleramtes", Tsp. 18.4.1992.

3   *Sampels*, S. 94 f. weist unter Bezugnahme auf interne Unterlagen der CDU-Bundeszentrale darauf hin, dass auch von Seiten der Bundespartei keine durchgreifenden verfassungsrechtlichen Bedenken mehr vorgebracht worden sind. Nur so ist es zu erklären, dass die angekündigte Klage vor dem BVerfG doch noch unterlassen wurde. Allerdings müssen die Verantwortlichen sich den Vorwurf gefallen lassen, dass ihre Einsicht reichlich spät kam.

4   94,04 % stimmten für die Verfassung. Allerdings war die Abstimmungsbeteiligung mit 47,93 % sehr gering, vgl. GVBl. 1991, S. 206.

5   GVBl. S. 298.

6   GVBl. S. 94, geändert durch das Gesetz vom 27.6.1995, GVBl. I S. 150; ergänzt durch die Verordnung über das Verfahren bei Volksbegehren im Land Brandenburg vom 30.6.1993, GVBl. II S. 280 (BbgVVV).

Die einschlägigen Bestimmungen der Verfassung sind im April 1999 geringfügig modifiziert worden.[1] Das BbgVAG wurde im November 2003 in zahlreichen Punkten modifiziert.[2]

II. Die Volksinitiative nach Art. 76 BbgV

Bei der Ausgestaltung der direktdemokratischen Verfahren hat sich der Verfassunggeber in Brandenburg verhältnismäßig eng an das Vorbild Schleswig-Holsteins angelehnt. Nach Art. 76 BbgV ist die Volksinitiative auch hier notwendige Vorstufe von Volksbegehren und Volksentscheid.

A. Der Anwendungsbereich der Volksinitiative

Auch in Brandenburg können auf dem Wege der Volksinitiative grundsätzlich Anträge zu allen Entscheidungen[3] eingebracht werden, die überhaupt vom Landtag getroffen werden können.[4] Dies betrifft nach Art. 76 I 2 BbgV insbesondere Entwürfe für Landesgesetze. In Betracht kommen aber auch Anträge an den Landtag, die Landesregierung zu einem bestimmten Verhalten im Bundesrat aufzufordern oder seine Kontrollbefugnisse gegenüber der Landesregierung auf eine bestimmte Art und Weise auszuüben.[5]

Die inhaltlichen Beschränkungen des Art. 76 II BbgV entsprechen im wesentlichen denen des Art. 41 II SH-V. Insofern kann daher grundsätzlich auf die Ausführungen zur Rechtslage in Schleswig-Holstein verwiesen werden.[6] Allerdings unterscheidet sich die Formulierung in einem Detail von dem früheren Vorbild: Während in Schleswig-Holstein davon die Rede ist, dass Initiativen *über* den Haushalt des Landes, *über* Dienst- und Versor-

---

1 Gesetz vom 7.4.1999; GVBl. I S. 98. Zum einen setzt die Herabsetzung des Mindestalters für die Beteiligung an Volksinitiativen nach dem neu gefassten Art. 22 II 3 BbgV nicht mehr voraus, dass die Initiative „vornehmlich Jugendliche betrifft". Zum anderen wurde durch eine Änderung der Artt. 77 f. BbgV klargestellt, dass der Landtagspräsident nicht nur den Entwurf des Volksbegehrens zu veröffentlichen hat, sondern auch eine eventuelle konkurrierende Vorlage des Landtags. Und schließlich wurde in Art. 81 I BbgV klargestellt, dass der Landtagspräsident auch die durch Volksentscheid angenommenen Gesetze auszufertigen und zu verkünden hat.

2 Gesetz vom 20.11.2003, GVBl. I S. 278.

3 Im Gegensatz zur Verfassung von Schleswig-Holstein setzt Art. 76 I 1 BbgV nicht die *Entscheidungs*-zuständigkeit des Landtags voraus. Es ist allerdings nicht ersichtlich, dass und gegebenenfalls inwiefern der Anwendungsbereich der Volksinitiative dadurch erweitert würde.

4 Dazu siehe oben S. 442 ff zu Art. 41 I SH-V. Zu eng daher *BbgVfG*, NJ 1995, S. 140, das darauf abstellt, dass der Gegenstand der Initiative in den Kompetenzbereich des Landes*gesetz*gebers falle und verkennt, dass der Landtag eben nicht nur Gesetzgebungsorgan ist.

5 Vorstellbar sind z.B. Anträge auf die Einsetzung eines Untersuchungsausschusses nach Art. 72 BbgV oder einer Enquête-Kommissionen im Sinne von Art. 73 BbgV. Zur vergleichbaren Rechtslage in Schleswig-Holstein, siehe oben S. 445 ff.

6 Dazu siehe oben S. 446 ff. zu Art. 41 II SH-V. Zu beachten ist auch hier die Notwendigkeit einer restriktiven Auslegung der Beschränkungen des Anwendungsbereiches, vgl. in diesem Sinne auch *von Brünneck/Epting*, HdBBbgV § 22, Rn. 15.

gungsbezüge sowie *über* öffentliche Abgaben unzulässig sind, bezieht sich Art. 76 II BbgV auf Initiativen *zum* Landeshaushalt, *zu* Dienst- und Versorgungsbezügen und Abgaben. Während die erste Formulierung nahe legt, dass jeweils der Gesamtbestand der Regelungen gemeint ist, also insbesondere das Haushaltsgesetz als solches, impliziert die Formulierung in Brandenburg, dass ein Antrag auch dann unzulässig ist, wenn er zwar nicht das Haushaltsgesetz zum Gegenstand hat, aber unmittelbar auf den Landeshaushalt bzw. auf einen der übrigen genannten Ausschlussbereiche zielt. In diesem Fall kommt es dann aber nicht darauf an, ob der Gesamtbestand des Haushaltes im Falle der Annahme des betreffenden Antrags aus dem Gleichgewicht geraten würde, sondern vor allem auf die Intentionen der Antragsteller: Deren Vorhaben muss auch dann scheitern, wenn es ihnen nicht um ein bestimmtes politisches Anliegen geht, sondern darum, die Staatsfinanzen zu beeinflussen. Zwar lassen sich die Motive der Antragsteller nicht immer mit letzter Sicherheit feststellen. Selbst wenn man aber davon ausgeht, dass ein Antrag im Zweifel zulässig ist, ergibt sich aus der unterschiedlichen Formulierung der einschlägigen Bestimmungen, dass der Anwendungsbereich der direktdemokratischen Verfahren in Brandenburg geringfügig kleiner ist, als in Schleswig-Holstein.

In Brandenburg sind darüber hinaus auch Volksinitiativen zu Personalentscheidungen unzulässig. Die Bürger können dem Landtag somit keine Vorschläge für die Besetzung des Amtes des Ministerpräsidenten oder eines der anderen vom Landtag zu besetzenden Ämter machen.[1] Art. 76 I 2 BbgV enthält wiederum eine Ausnahme von diesem Grundsatz, da Anträge auf Auflösung des Landtags zulässig sind.[2]

Das Brandenburgische Verfassungsgericht ist entgegen der hier vertretenen Ansicht zu dem Ergebnis gekommen, dass eine Volksinitiative auch dann im Widerspruch zu Art. 76 II BbgV stehen kann, wenn sie nur zu einer vergleichsweise geringen Mehrbelastung des Haushaltes führt.[3] Zwar hat sich das Gericht dabei ausdrücklich von der Rechtsprechung einiger anderer Landesverfassungsgerichte distanziert, die dem Volk generell die Kompetenz absprechen, sachgerecht über finanzwirksame Vorlagen entscheiden zu können. Weder spreche der Wortlaut der Norm für – oder gegen – eine weite Auslegung, noch sei eine „Weimarer Tradition" bei ihrer Auslegung zu berücksichtigen, da diese Tradition, wenn sie denn überhaupt bestanden habe, jedenfalls nach 1945 unterbrochen worden sei. Auch sei zu berücksichtigen, dass schon deshalb kein allzu weiter Maßstab angelegt werden dürfe, weil die Volksinitiative ihre Funktion als Instrument der Kommunikation zwischen den Bürgern und dem Parlament andernfalls verlieren würde. Im Zweifel müsse sich der Landtag daher mit einer Initiative auseinander setzen. Auf der anderen Seite sei jedoch zu berücksichtigen, dass Art. 76 II BbgV ausschließlich (!)[4] dazu diene, das Budgetrecht des Parlamentes zu

---

1 Vgl. insofern insbesondere Art. 74 BbgV, wonach der Landtag einen Datenschutzbeauftragten wählen muss und weitere Beauftragte wählen kann. Insofern unterscheidet sich die Rechtslage von der in Schleswig-Holstein; dazu siehe oben S. 444.

2 Auch dies ist letzten Endes eine Personalentscheidung. Insofern geht der Anwendungsbereich der Volksinitiative über den in Schleswig-Holstein hinaus.

3 *BbgVerfG*, LKV 2002, S. 77; vgl. dazu *Janz*, LKV 2002, S. 67 ff.; *Schweiger*, BayVBl. 2005, S. 321, 325 ff.; sowie *Rux*, LKV 2002, S. 252 ff.

4 Das Gericht betonte dabei ausdrücklich, dass die einschlägigen Bestimmungen entgegen der insbesondere vom BVerfG vertretenen Ansicht (*BVerfGE* 102, S. 176) nicht zur Sicherung der Leistungsfähigkeit des Staates und seiner Verwaltung dienen. Auch sei die These unbegründet, dass dem Volk per se die

gewährleisten. Daher seien nicht nur solche Initiativen unzulässig, die sich auf das Haushaltsgesetz selbst richten. Vielmehr komme es im Ergebnis auf die Auswirkungen auf das Gesamtgefüge des Haushaltes an, wobei im konkreten Fall dem Umstand, dass die Einsparungen im Kita-Bereich zentraler Bestandteil der vom Landtag beschlossenen Maßnahmen zur Haushaltskonsolidierung gewesen seien, entscheidende Bedeutung zugemessen wurde.

Auch wenn diese Entscheidung im Ergebnis durchaus vertretbar sein mag,[1] muss beachtet werden, dass die bloße Bezeichnung eines Gesetzes als Haushaltsstrukturgesetz keineswegs zwangsläufig bedeutet, dass die dort getroffenen Regelungen dauerhaft dem Einfluss des Volkes per se entzogen wären. Vielmehr ist zu beachten, dass solche Gesetze nicht den Haushalt als solchen betreffen, sondern in der Regel ein ganzes Bündel von Maßnahmen zur Haushaltskonsolidierung enthalten, ohne dass von vorne herein klar wäre, dass und gegebenenfalls welche dieser Maßnahmen für sich genommen unverzichtbar wäre. Daher muss auch hier in jedem Einzelfall geprüft werden, ob es dem Parlament und der Regierung möglich ist, die Mehrausgaben bzw. Mindereinnahmen innerhalb des gegebenen Haushaltsvolumens auszugleichen, wobei gegebenenfalls nach anderen Einsparmöglichkeiten gesucht werden muss.[2] Umgekehrt ergibt sich aus dem Umstand, dass sich Bürger gegen eine Maßnahme wenden, die im Rahmen eines Haushaltsstrukturgesetzes beschlossen wurde, keineswegs ohne weiteres, dass es sich bei ihrem Antrag um eine unzulässige Initiative „zum" Haushalt handeln muss.

In diesem Zusammenhang sei abschließend darauf hingewiesen, dass die systematische Stellung der Artt. 76 f. BbgV im Abschnitt über die Gesetzgebung angesichts des umfassenden Anwendungsbereiches der Volksinitiative und der anderen direktdemokratischen Verfahren verfehlt ist.[3]

B. Das Verfahren der Volksinitiative

1. Der Antrag auf Behandlung einer Volksinitiative

Die Sammlung der Unterschriften obliegt den Initiatoren. Die Unterzeichnung muss auf speziellen Bögen erfolgen, die den vollständigen Wortlaut des Gesetzentwurfes oder der

---

Kompetenz zur Entscheidung über komplexe Sachverhalte fehle und schließlich sei auch zu beachten, dass es nicht darum gehen könne, eine Missbrauch des Verfahrens durch Interessengruppen zu begegnen.

1 So auch *Janz*, LKV 2002, S. 67, 69.
2 Vgl. dazu auch schon *Rux*, LKV 2002, S. 252, 255.
   Dabei ist auch zu beachten, dass die Landesregierung nach dem zum fraglichen Zeitpunkt geltenden Haushaltsgesetz das Recht hatte, ohne Zustimmung des Parlamentes außerplanmäßige Ausgaben bis zur Höhe von 15 Mio. DM zu veranlassen. Tatsächlich waren im Jahr 2000 insgesamt 135 Mio. DM auf diese Weise ausgegeben worden. Auf diesen Umstand haben auch die beiden Richter hingewiesen, die der Entscheidung der Mehrheit nicht gefolgt sind; vgl. Abdruck des Sondervotums S. 4 (in *BbgVerfG* LKV 2002, S. 77 nicht abgedruckt).
3 Es wäre angemessen gewesen, die direktdemokratischen Verfahren in einem eigenen Abschnitt zu regeln, wie es etwa in Schleswig-Holstein geschehen ist. Kritisch zur systematischen Stellung auch *Pestalozza*, LKV 1995, S. 344, 350 und dort Fn. 35.

sonstigen Vorlage enthalten.[1] § 6 I 2 Nr. 1 BbgVAG sieht vor, dass die Unterschriften bei Einreichung des Antrags höchstens ein Jahr alt sein dürfen. Selbst wenn man berücksichtigt, dass diese Fristregelung den Initiatoren einen großen Spielraum lässt,[2] handelt es sich bei ihr um eine zusätzliche Zulässigkeitsvoraussetzung für die Volksinitiative. Zu beachten ist, dass die Verfassung des Landes Brandenburg dem Gesetzgeber keinen Spielraum für die Ausgestaltung des Verfahrens lässt.[3] Da Art. 76 BbgV im Gegensatz zur Regelung des Art. 77 III BbgV keine Unterzeichnungsfrist vorsieht, kann eine Volksinitiative somit nicht allein deswegen zurückgewiesen werden, weil nicht sämtliche Unterschriften innerhalb eines Jahres gesammelt wurden.[4]

Das BbgVAG enthält keine ausdrückliche Regelung darüber, ob die einzelnen Unterzeichner der Initiative ihre Unterschrift zurücknehmen können.[5] Die Regelung des § 18 III BbgVAG, wonach Eintragungen für das Volks*begehren* nicht zurückgenommen werden können, lässt sich nicht übertragen, da es dort ein formelles Eintragungsverfahren gibt. Entscheidend ist, dass es für die Zulässigkeit der Initiative darauf ankommt, ob diese zum Zeitpunkt der Einreichung der Unterschriften durch mindestens 20.000 Einwohner unterstützt worden ist.[6] Daraus ergibt sich, dass Unterschriften nicht mehr zurückgenommen werden können, nachdem die Listen bereits eingereicht wurden. Hingegen sind die Unterzeichner bis zu diesem Zeitpunkt durch nichts daran gehindert, sich wieder von der Liste streichen zu lassen.

Die Vertreter der Initiatoren müssen auch in Brandenburg zum Zeitpunkt der Sammlung von Unterschriften noch nicht feststehen.[7] Spätestens bei der Einreichung des Antrags müssen aber fünf Vertreter der Volksinitiative benannt werden.[8] Diese sind berechtigt, im Namen der Initiatoren verbindliche Erklärungen abzugeben und entgegenzunehmen. Ihre Erklärungen bedürfen grundsätzlich der Zustimmung durch drei der Vertreter.[9]

Selbst dann, wenn es sich bei dem der Volksinitiative zugrunde liegenden Antrag um einen Gesetzentwurf handelt, verlangt die Landesverfassung keine Begründung.[10] In der

---

1 Vgl. §§ 6 I 2 Nr. 1, 8 I Nr. 2 BbgVAG.

2 Insbesondere sind sie nicht verpflichtet, das gesamte Verfahren innerhalb eines festen Zeitraums abzuwickeln. Läuft die Sammlung von Unterschriften zunächst schleppend an, können sie gegebenenfalls darauf verzichten, die ersten Bögen einzureichen.

3 Art. 41 III SH-V enthält hingegen einen ausdrücklichen Gesetzesvorbehalt, dazu siehe oben S. 453 und dort Fn. 6.

4 Der Landtag kann aus der Zeit, die für die Sammlung der Unterschriften benötigt wurde, allerdings ohne weiteres darauf schließen, ob deren Anliegen für größere Teile der Einwohner des Landes von Interesse ist.

5 Anders § 7 I SH-VAbstG, wonach die Rücknahme ausdrücklich zulässig ist; dazu siehe oben S. 455.

6 Vgl. §§ 6, 8 BbgVAG

7 Auf die Probleme im Zusammenhang mit der demokratischen Legitimation der Vertreter wurde bereits hingewiesen; dazu siehe oben S. 455, Fn. 1.

8 § 6 I 2 Nr. 2 BbgVAG.

9 Vgl. § 2 III BbgVAG; die Vertreter müssen also – anders als nach § 6 II Nr. 3 SH-VAbstG; dazu siehe oben S. 454 – nicht notwendigerweise gemeinsam auftreten.

10 Art. 76 I 2 BbgV enthält keinen Art. 41 I 2, 2. Hs. SH-V entsprechenden Vorbehalt; dazu siehe oben S. 453.

Praxis werden die Initiatoren allerdings kaum auf eine solche verzichten können, wenn sie der Öffentlichkeit und dem Landtag den Sinn und Zweck des Antrags vermitteln wollen.[1]

§ 5 III BbgVAG bestimmt für die Volksinitiative eine Sperrfrist von zwölf Monaten nach einem (erfolglosen) Volksentscheid zum selben Gegenstand.[2] Wie schon zu den vergleichbaren Regelungen im SH-VAbstG und in den Ausführungsbestimmungen zu den älteren Landesverfassungen ausgeführt wurde stellt diese Sperrfrist eine verfassungswidrige Beschränkung der Mitwirkungsrechte der Bürger dar.[3]

Der Antrag auf Behandlung einer Volksinitiative muss dem Präsidenten des Landtags unterbreitet werden.[4] Dieser leitet ihn unverzüglich dem Landesabstimmungsleiter zur Prüfung der Zulässigkeitsvoraussetzungen weiter und übermittelt ihn zugleich dem Hauptausschuss des Landtags.[5]

2. Die Erweiterung des Kreises der Zeichnungsberechtigten

Für die Volksinitiative sind in Brandenburg regelmäßig 20.000 Unterschriften von *Einwohnern* des Landes erforderlich (Art. 76 I 3 BbgV).[6] Gemäß Art. 3 I 2 BbgV gehören zu den Einwohnern alle Personen mit ständigem Wohnsitz[7] im Land Brandenburg,[8] unabhängig von ihrer Staatsangehörigkeit.[9] Lediglich für Volksinitiativen, die sich auf die Auflösung des Landtags richten, sieht Art. 76 I 3 BbgV ein Quorum von 150.000 Unterschriften von *Stimmberechtigten* vor.[10]

---

1   Zu beachten ist auch, dass Art. 77 IV BbgV wie selbstverständlich davon ausgeht, dass der dem Volksbegehren zugrunde liegende Entwurf vor einem Volksentscheid mitsamt einer Begründung veröffentlicht wird. Auch dies *zwingt* die Initiatoren allerdings nicht dazu, eine solche Begründung abzugeben.

2   Wurde das Verfahren zuvor nur bis zum Volksbegehren oder gar nur bis zur Einreichung einer Volksinitiative betrieben, soll hingegen sofort nachdem der Landtag den diesen Verfahren zugrunde liegenden Antrag abgewiesen hat, erneut eine identische Volksinitiative eingereicht werden können.

3   Dazu siehe oben S. 305 f.

4   § 9 I BbgVAG.

5   Dieser ist für die Entscheidung über die Zulässigkeit zuständig, § 9 VI BbgVAG.

6   Bezogen auf die Zahl der Stimmberechtigten entspricht dies etwas weniger als einem Prozent. In bezug auf die Zahl der Einwohner des Landes über 16 Jahren lässt sich das Verhältnis nicht exakt bestimmen, da keine verlässlichen Daten vorliegen.

7   Nach Auffassung der Landesregierung soll alleine der *zivilrechtliche* Wohnsitzbegriff des § 7 BGB maßgeblich sein; vgl. ihre Begründung zum BbgVAG, LT-Drs. 1/1605, S. 10. Es käme dann entscheidend auf die tatsächliche Niederlassung im Lande an und nicht auf die Anmeldung; vgl. Staudinger-*Habermann/Weick*, § 7 BGB, Rn. 3, 5 und 15. Tatsächlich kann die Überprüfung aber nur anhand der Daten der Melderegister erfolgen.

8   Dies sind nicht Touristen, Asylbewerber oder geduldete Flüchtlinge, da diese keinen ständigen Wohnsitz im Lande haben.

9   Allerdings setzte § 4 BbgVAG bis Ende 2003 noch eine Mindestverweildauer und bei Ausländern einen verfestigten Aufenthaltsstatus voraus. Diese Einschränkungen wurden durch eine Neufassung der Bestimmung im November 2003 gestrichen.

10 Im Juni-Entwurf (GVBl. 1991, S. 96) waren noch 100.000 Unterschriften verlangt worden.

Art. 22 II 3 BbgV ermächtigt den Gesetzgeber das Mindestalter für die Beteiligung an Volksinitiativen auf sechzehn Jahre abzusenken.[1] Der Gesetzgeber hat von dieser Ermächtigung in § 7 I BbgVAG Gebrauch gemacht. Voraussetzung für die Herabsetzung des Beteiligungsalters ist, dass der Gegenstand der Initiative in erster Linie Jugendliche betrifft.[2] Auf Antrag hat der Hauptausschuss des Landtags vor „Beginn der Volksinitiative"[3] die Entscheidung darüber zu treffen, ob diese Voraussetzung erfüllt ist. Danach obliegt die Entscheidung dem Landtag selbst. Sie kann vor dem Landesverfassungsgericht angefochten werden.[4]

a. Beteiligung von Ausländern

Besonders umstritten ist die Regelung des Art. 76 I 1 BbgV, mit dem auch den ausländischen Einwohnern das Recht eingeräumt wurde, eine Volksinitiative durch ihre Unterschrift zu unterstützen. Dies wird als Verstoß gegen den Grundsatz der Volkssouveränität gemäß Art. 20 II 1, 28 I 2 GG angesehen, aus dem sich ergebe, dass die gesamte Staatsgewalt durch das deutsche Volk legitimiert sein müsse.[5]

(1). Die Initiative als Ausfluss des Petitionsrechtes

Allerdings verlangt weder Art. 20 II 1 GG noch die korrespondierende Regelung des Art. 28 I 2 GG, dass Ausländer insgesamt von der politischen Willensbildung ausgeschlossen werden müssen.[6] Vielmehr ist es durchaus zulässig, ihnen einen gewissen politischen Einfluss einzuräumen. So steht etwa das Petitionsrecht allen Menschen offen und kann Ausländern nicht unter Berufung auf das Demokratieprinzip entzogen werden.[7] Art. 76 I 3 BbgV stößt daher jedenfalls insofern auf keine durchgreifenden verfassungsrechtlichen Bedenken, als dieses Verfahren eine Art qualifizierter Gruppenpetition darstellt, die lediglich dazu dient, eine Entscheidung des Landtags herbeizuführen.[8]Die Kritiker des

---

[1] Die PDS hat im März 1996 einen Antrag eingebracht, wonach das Wahl- und Abstimmungsalter im Lande generell auf 16 Jahre abgesenkt werden solle (LT-Drs. 2/2376). Der Landtag hat diesen Antrag nach der Anhörung von Experten im Juni 1997 abgelehnt, vgl. LT-Drs. 2/4117.

[2] Bis zum April 1999 war diese Voraussetzung noch unmittelbar in Art. 22 II 3 BbgV verankert gewesen.

[3] Da das Verfahren der Volksinitiative nicht formell geregelt ist, gibt es auch keinen eigentlichen „Beginn der Volksinitiative". Gemeint ist. „bevor mit der Sammlung von Unterschriften begonnen wird".

[4] Vgl. § 7 II und III BbgVAG.

[5] *Fliegauf*, LKV 1993, S. 181; *Karpen*, JA 1993, S. 100, 112; *Kanther*, S. 222; von Münch/Kunig-*Löwer*, Art. 28 GG, Rn. 19; *Oschatz*, S. 101, 104; *Sampels*, S. 161 ff. So auch *H. Neumann*, Art. 87 BremV, Rn. 14.

[6] Davon scheint allerdings *Sampels*, S. 162 ff., auszugehen, wenn er ausführlich auf die Frage eingeht, ob die Volksinitiative zur „Staatswillensbildung" gehört. Tatsächlich liegt dies auf der Hand und es kommt lediglich darauf an, ob schon der Initiative Entscheidungscharakter zukommt oder nicht. Das wäre etwa dann zu bejahen, wenn das weitere Verfahren durch das Ergebnis der Initiative vorgeprägt wäre.

[7] So auch *Pestalozza*, LKV 1995, S. 344, 349.

[8] Ähnlich *Berlit*, KritVjschr. 1993, S. 318, 329; *Franke/Kneifel-Haverkamp*, JöR 1994, S. 111, 142; vgl. auch Löwer/Tettinger-*Mann*, Art. 67a NRW-V, Rn. 16. Auch *Stiens*, S. 205, hält die Beteiligungsrechte von Ausländern ohne nähere Begründung verfassungsrechtlich für unproblematisch.

Art. 76 I 3 BbgV hätten im Übrigen allenfalls zu dem Ergebnis kommen können, dass Art. 77 I BbgV in dem Sinne verfassungskonform auszulegen ist, dass der Antrag auf Durchführung eines Volksbegehrens nur dann gestellt werden kann, wenn die Volksinitiative von einer hinreichenden Zahl Stimmberechtigter unterstützt worden ist.

(2). Die Initiative als erste Stufe des Volksgesetzgebungsverfahrens

Die Erweiterung des Kreises der Unterstützungsberechtigten für die Volksinitiative ist aber auch dann mit dem Demokratieprinzip vereinbar, wenn man berücksichtigt, dass dieses Verfahren gegebenenfalls die erste Stufe auf dem Weg zum Volksentscheid ist. Zu beachten ist insofern zunächst, dass der Initiative an sich jeder Entscheidungscharakter fehlt. Sie dient allein dazu, das weitere Verfahren einzuleiten. Selbst wenn eine Volksinitiative im Einzelfall von deutlich mehr als 20.000 Personen unterstützt werden sollte, entfaltet sie – anders als etwa eine vom Parlament initiierte de jure unverbindliche Volksbefragung[1] – auch keine faktischen Entscheidungswirkungen in dem Sinne, dass das Ergebnis des Verfahrens de facto feststeht. Sowohl beim Volksbegehren als auch beim Volksentscheid sind hingegen ausschließlich die wahl- bzw. stimmberechtigten Bürger des Landes beteiligungsberechtigt.[2] Damit steht fest, dass allein das Staatsvolk bzw. das durch das Volk legitimierte Parlament die Entscheidung über den Antrag trifft.[3]

Selbst wenn man dennoch davon ausgeht, dass schon diese erste Verfahrensstufe Ausübung von Staatsgewalt ist, die der demokratischen Legitimation bedarf, so bedeutet das noch nicht zwangsläufig, dass es verfassungswidrig wäre, Ausländern das Recht einzuräumen, sich an den direktdemokratischen Verfahren zu beteiligen. Wie bereits im Zusammenhang mit der Darstellung der Vorgaben des Grundgesetzes für die Ausgestaltung des Staatsorganisationsrechts der Länder ausgeführt wurde,[4] haben die Länder nicht nur das Recht, den Kreis der Staatsangehörigen über den der Deutschen im Sinne des Art. 116 GG hinaus auszudehnen, sondern sie können – erst recht – Ausländern die Beteiligung an der staatlichen Willensbildung eröffnen. Daher erweist es sich auch insofern als verfassungsrechtlich unbedenklich, wenn auch den ausländischen Einwohnern Brandenburgs das Recht eingeräumt wurde, Volksinitiativen durch ihre Unterschrift zu unterstützen.

Dies bedeutet allerdings nicht, dass sich Ausländer auch an Volksbegehren und Volksentscheiden und an den entsprechenden Verfahren in den Kommunen beteiligen dürften. Zwar bestimmt Art. 22 II 2 BbgV, dass Ausländer dieses Recht haben sollen, „sobald und soweit das Grundgesetz dies zulässt." Da der Verfassunggeber bei der Formulierung dieser Bestimmung aber offensichtlich davon ausgegangen ist, dass Ausländer noch nicht an diesen Verfahren beteiligt werden dürfen, muss Art. 22 II 2 BbgV restriktiv in dem Sinne

---

1 Durch die Entscheidung, die Bürger zu befragen, hat sich das Parlament grundsätzlich gebunden, das Ergebnis der Befragung zu akzeptieren.
2 Artt. 77 III 1, 78 II BbgV.
3 So auch *von Brünneck/Epting*, HdBBbgV § 22, Rn. 15; *Franke/Kneifel-Haverkamp*, JöR 1994, S. 111, 143; *Storr*, S. 276 ff. Ebenso die Enquête-Kommission „Parlamentsreform" der hamburgischen Bürgerschaft, HambBS-Drs. 14/2600, S. 215
4 Vgl. dazu oben S. 253 ff.

ausgelegt werden, dass zunächst eine *ausdrückliche* Änderung des Grundgesetzes nach dem Vorbild des Art. 28 I 3 GG abgewartet werden muss.

b. Herabsetzung des Beteiligungsalters

Weiterhin stellt sich die Frage, wie die Herabsetzung des Mindestalters für die Beteiligung an Volksinitiative verfassungsrechtlich zu beurteilen ist.

Auf der Ebene des Bundes hat der Verfassunggeber sich bekanntermaßen entschieden, das aktive Wahlrecht auf 18 Jahre festzusetzen.[1] Da sich der Eintritt der Wahlmündigkeit nicht aus dem Demokratieprinzip ergibt, zwingt die Homogenitätsklausel des Art. 28 I 1 GG die Länder nicht dazu, diese Regelung zu übernehmen. Vielmehr steht die Festlegung der Wahlmündigkeit zur Disposition der Verfassung- oder Gesetzgeber in den Ländern. Diese können und müssen bei ihrer Entscheidung in erster Linie darauf abstellen, wie komplex die zu treffenden Entscheidungen sind. Selbstverständlich können sie dabei differenzieren. So ist es etwa zulässig, die Wahlmündigkeit für Kommunalwahlen anders als die für Landtagswahlen zu bestimmen.[2] Ebenso ist es möglich, die Berechtigung zur Teilnahme an Abstimmungen über einzelne Sachfragen anders zu regeln, als die zur Beteiligung an Parlamentswahlen. Die Absenkung des Mindestalters für die Beteiligung an Volksinitiativen in Brandenburg von 18 auf 16 Jahre ist auch nicht willkürlich.[3]

Zusammenfassend lässt sich daher festhalten, dass Art. 22 II 3 BbgV i.V.m. § 7 II BbgVAG verfassungsrechtlich unbedenklich ist.[4]

C. Die Entscheidung über die Zulässigkeit der Volksinitiative

Art. 76 BbgV enthält keine ausdrückliche Bestimmung darüber, dass und gegebenenfalls von wem die Zulässigkeit einer Volksinitiative überprüft werden muss, bevor der Landtag sich mit dem ihr zugrunde liegenden Antrag befasst. Indem die Verfassung aber bestimmte Anforderungen an die Zulässigkeit dieses Verfahrens aufstellt, impliziert sie, dass die Einhaltung dieser Anforderungen auch überprüft wird.[5]

---

1 So Art. 38 II 1. Hs. GG.

2 In jüngster Zeit ist das Mindestalter für die Beteiligung an Kommunalwahlen in mehreren Ländern auf 16 Jahre abgesenkt worden, vgl. etwa § 34 I Nr. 1 der niedersächsischen Gemeindeordnung in der Fassung vom 22.8.1996, GVBl. S. 382.

3 Wobei man sich allerdings die Frage stellen muss, warum der Gesetzgeber das Beteiligungsalter nicht gleich auf 14 Jahre abgesenkt hat, so dass sich alle Jugendlichen beteiligen können.
Nicht unproblematisch ist auch der Umstand, dass nicht von vorne herein feststeht, ob der Gegenstand einer Volksinitiative in erster Jugendliche betrifft.

4 Umso mehr gilt dies dann, wenn die Volksinitiative tatsächlich nur in ihrer Funktion als Gruppenpetition benutzt wird. Insofern gibt es ebensowenig Anlass zum Ausschluss von Jugendlichen wie beim „normalen" Petitionsrecht.

5 Da der Landtag sich andernfalls mit dem einer Volksinitiative zugrunde liegenden Antrag befassen müsste, obwohl deren Zulässigkeit nicht zweifelsfrei feststeht; dazu siehe schon oben S. 456 zur vergleichbaren Rechtslage in Schleswig-Holstein.

1. Die Prüfung der Volksinitiative

Das BbgVAG enthält eine differenzierte Regelung für diese Überprüfung. Aufgrund von § 9 II BbgVAG hat der Landtagspräsident die Möglichkeit, selbst eine Entscheidung über die Zulässigkeit zu treffen, sofern die Volksinitiative unzulässig ist, weil das Quorum von 20.000 Unterschriften[1] offensichtlich[2] nicht erreicht wurde, keine Vertreter benannt wurden oder die Unterschriften offensichtlich nicht den Anforderungen des § 8 BbgVAG entsprechen.[3] Der Landtagspräsident kann die Unterschriften dann entweder an die Einreicher zurückreichen oder mit deren Einverständnis[4] an den Petitionsausschuss weiterleiten, der die Volksinitiative dann als Gruppenpetition behandelt.[5]

Im Übrigen obliegt die Prüfung der formellen Zulässigkeitsvoraussetzungen nach § 9 IV BbgVAG dem Landesabstimmungsleiter, dem die Volksinitiative unverzüglich vom Landtagspräsidenten zugeleitet werden muss. Der Landesabstimmungsleiter hat vor allem die Stimmberechtigung der Unterzeichner festzustellen.[6] Das BbgVAG enthält keine Regelung darüber, wie mehrfache Unterschriften zu behandeln sind.[7] Da nur in Bezug auf das Volksbegehren ausdrücklich geregelt wurde, dass in diesem Fall *alle* Eintragungen unwirksam sein sollen,[8] ergibt sich im Umkehrschluss, dass bei der Volksinitiative die erste von mehreren Eintragung ein und derselben Person mitgezählt wird.[9]

Der Landesabstimmungsleiter muss seinen Bericht spätestens nach einem Monat dem Hauptausschuss des Landtags vorlegen.[10] Dieser entscheidet sowohl über das Vorliegen der formellen Zulässigkeitsvoraussetzungen,[11] als auch über die Einhaltung der Sperrfrist für eine Wiederholung des Verfahrens[12] und der inhaltlichen Beschränkungen des Art. 76 I und II BbgV.[13] Durch die abschließende Regelung des § 9 VI BbgVAG wird dem

---

1   Bzw. 150.000 Unterschriften bei Initiativen, die sich auf die Auflösung des Landtags richten.
2   I.e. dass keine weitere Überprüfung der Unterschriften erforderlich sein darf. In der Regel wird das nur dann der Fall sein, wenn weniger als 20.000 Unterschriften vorliegen.
3   Also z.B. unleserlich sind, nicht Namen, Geburtsdatum, Wohnort und den Tag der Unterzeichnung erkennen lassen.
4   Was insbesondere dann praktisch schwierig wird, wenn keine Vertreter benannt wurden.
5   Nur in § 8 I LSA-VAbstG findet sich eine vergleichbare Regelung; dazu siehe unten S. 601.
6   Es kann daher vorkommen, dass einzelne Unterschriften für ungültig erklärt werden, weil die Beteiligungsberechtigung der Unterzeichner nachträglich weggefallen ist; dazu siehe schon oben S. 457.
7   Nach § 17 Nr. 6 SH-VAbstG bleiben bei einer mehrfachen Eintragung *alle* Unterschriften unberücksichtigt; dazu siehe oben S. 471.
8   Vgl. § 19 I Nr. 9 BbgVAG; dazu siehe unten S. 525.
9   Dies entspricht dem informellen Charakter der Unterschriftensammlung. Zwar ist davon auszugehen, dass der Unterzeichner sich über die Tatsache der mehrfachen Eintragung im Klaren ist. Die Initiatoren bzw. ihre Vertreter können dies jedoch nicht oder nur durch den mit erheblichem Aufwand verbundenen Vergleich der Listen feststellen.
10 § 9 V BbgVAG.
11 Im Sinne von § 6 BbgVAG.
12 § 5 III BbgVAG ist allerdings ohnehin verfassungswidrig, vgl. schon oben S. 513 und ausführlich S. 305 ff.
13 Vgl. § 9 VI 1 BbgVAG. Spätestens jetzt muss auch eine Entscheidung darüber ergehen, ob Jugendliche

Hauptausschuss des Landtags der Prüfungsrahmen exakt vorgegeben. Er darf die Volksinitiative somit nicht deswegen zurückweisen, weil er den ihr zugrunde liegenden Antrag für unvereinbar mit dem übrigen Landesverfassungs- oder Bundesrecht hält.[1] Trotz entsprechender Zweifel muss der Landtag sich mit der Volksinitiative inhaltlich auseinander setzen.[2] Er kann die Zweifel allerdings zum Anlass nehmen, die Volksinitiative zurückzuweisen – und wird dies in der Regel auch tun.

Dem Hauptausschuss ist für die Prüfung der Zulässigkeit keine ausdrückliche Frist vorgegeben. Zu beachten ist jedoch die Regelung des § 12 II 1 BbgVAG, wonach über die zulässige Initiative spätestens vier Monate nach deren Eingang beim Präsidenten des Landtags ein Beschluss gefasst werden muss. Die Zulässigkeitsentscheidung muss notwendigerweise früher erfolgen.

Auch ohne eine entsprechende ausdrückliche Bestimmung[3] muss den Initiatoren vor der Zurückweisung der Volksinitiative gegebenenfalls die Möglichkeit gegeben werden, formelle Mängel zu beheben. Wie schon für Schleswig-Holstein ausgeführt wurde, kommt eine Heilung aufgrund der Art der möglichen Mängel allerdings nur ausnahmsweise in Betracht.[4]

Weist der Hauptausschuss des Landtags die Volksinitiative als unzulässig zurück, so können die Vertreter der Volksinitiative innerhalb eines Monats das Landesverfassungsgericht anrufen.[5] Dabei kommt es nicht darauf an, ob der Hauptausschuss des Landtags seine Entscheidung auf formelle Mängel gestützt hat, oder darauf, dass die inhaltlichen Beschränkungen des Art. 76 II BbgV nicht eingehalten worden seien. Stellt das Landesverfassungsgericht gegebenenfalls fest, dass die Entscheidung des Hauptausschusses rechtswidrig war,[6] so muss dieser erneut über die Zulässigkeit entscheiden.

Wenn die Volksinitiative nicht zustande gekommen ist, kann der Präsident des Landtags die Unterlagen mit dem Einverständnis der Vertreter der Volksinitiative an den Petitionsausschuss weiterleiten.[7] Die Volksinitiative wird dann als Gruppenpetition weiterbehandelt.[8]

von 16 bis 18 Jahren sich an der Volksinitiative beteiligen durften, sofern der Landtag bzw. sein Hauptausschuss diese Frage nicht bereits vorab geklärt haben; dazu siehe oben S. 516.

1   Ebensowenig wie nach § 8 I SH-VAbstG; dazu siehe oben S. 457 und ausführlich S. 297 ff.
2   Dies verkannte die Landesregierung in ihrer Begründung zum BbgVAG, LT-Drs. 1/1605, S. 12/16. Sie hielt die Vereinbarkeit des Antrags mit dem höherrangigen Recht unzweifelhaft für eine Zulässigkeitsvoraussetzung und forderte lediglich im Sinne der Rechtsklarheit, dies „deklaratorisch" im BbgVAG festzuschreiben. Die Landesregierung stellte dabei alleine darauf ab, dass die Volksinitiative ggf. die erste Stufe auf dem Weg zum Volksentscheid ist und verkannte auch insofern, dass ihre verfassungs*politischen* Erwägungen nicht als Maßstab für die Auslegung des Verfassungs*rechtes* taugen. Die von ihr vorgeschlagene Bestimmung des § 2 II Nr. 3 hätte daher zu einer unzulässigen Beschränkung des Anwendungsbereiches der direktdemokratischen Verfahren geführt. Der Landtag hat sich diese Auffassung zu Recht nicht zu eigen gemacht.
3   § 5 II des Regierungsentwurfes hatte die Mängelbehebung ausdrücklich vorgesehen (LT-Drs. 1/1605).
4   Dazu siehe oben S. 457. Wie sogleich noch darzulegen sein wird (S. 519), haben die Initiatoren aber unter bestimmten Voraussetzungen die Möglichkeit, fehlende Unterschriften nachzureichen.
5   § 11 BbgVAG.
6   Vgl. dazu oben S. 458 und dort Fn. 6.
7   § 10 Satz 1 BbgVAG.
8   Nur in § 8 I LSA-VAbstG findet sich eine vergleichbare Regelung; dazu siehe unten S. 601.

Obwohl es sich um eine „Kann"-Bestimmung handelt, ist davon auszugehen, dass der Präsident des Landtags dazu verpflichtet ist, die Vertreter um ihr Einverständnis zu bitten und die Unterlagen gegebenenfalls weiterzuleiten.[1]

2. Die mögliche Wiederholung der Volksinitiative unter Verwendung der alten Unterschriftsbögen

Verweigern die Vertreter der Volksinitiative ihr Einverständnis zur Weiterleitung der Unterlagen an den Petitionsausschuss, so müssen die Unterlagen an sie zurückgegeben werden.[2] Dies impliziert, dass die Vertreter der Volksinitiative unter Umständen noch Verwendung für die Unterschriften haben.[3] Da das Verfahren einer Volksinitiative mit ihrer Zurückweisung durch den Landtag abgeschlossen ist,[4] besteht die einzige Möglichkeit der Wiederverwertung darin, die Listen erneut einzureichen[5] – und zwar für eine neue, inhaltsgleiche[6] Volksinitiative.[7]

Insofern ist zunächst zu beachten, dass die – ohnehin verfassungswidrige[8] – Sperrfrist des § 5 III BbgVAG einer solchen Wiederholung der Volksinitiative nicht entgegen stünde, da sie erst mit dem Scheitern eines Volks*begehrens* beginnen soll.

Die erneute Einreichung von Unterschriften setzt allerdings voraus, dass die frühere Volksinitiative nicht aufgrund eines Verstoßes gegen die inhaltlichen Beschränkungen des Anwendungsbereiches für dieses Verfahren zurückgewiesen wurde.[9] Damit bleibt aber im Grunde nur eine Möglichkeit für die Wiederholung einer Volksinitiative unter Verwendung der alten Unterschriftsbögen. Nämlich in dem Fall, dass die ursprünglich Initiative deshalb zurückgewiesen wurde, weil das Quorum nicht erreicht worden ist.[10] Die Antragsteller müssen dann grundsätzlich nur so viele (neue) Unterschriften beibringen, dass die Differenz

---

1 Das „kann" ist dann in dem Sinne zu verstehen, dass der Landtagspräsident die Unterlagen nur im Falle des Einverständnisses an den Petitionsausschuss leiten darf, dies aber dann auch tun muss.

2 Vgl. §§ 9 II 1 bzw. 10 BbgVAG; insofern unterscheidet sich das brandenburgische Recht von den einschlägigen Bestimmungen in allen anderen Ländern.

3 Wäre dies nicht der Fall, dann wäre es angemessen, die Unterschriftslisten zu Dokumentationszwecken beim Landtag zu belassen oder sie zu vernichten.

4 Insofern ist *von Brünneck*, NJ 1995, S. 125, 126 f. zuzustimmen. Art. 76 I BbgV i.V.m. §§ 6, 7 II und III, 8-12 BbgVAG regelt die Möglichkeiten zur Beendigung des Verfahrens abschließend.

5 Bei den Gesetzesberatungen ist dieses Problem nicht erörtert worden. Dazu *Franke/Kneifel-Haverkamp*, JöR 1994, S. 111, 123-138.

6 Ein veränderter Antrag ist vom Willen der Unterzeichner der ursprünglichen Initiative nicht mehr gedeckt.

7 Dies verkennt *von Brünneck*, a.a.O., der davon ausgeht, dass das frühere Verfahren lediglich fortgesetzt werde.

8 Vgl. dazu oben S. 513.

9 Denn in diesem Fall bleiben die Mängel im Falle einer neuerlichen Einreichung bestehen.

10 Auch wenn man unterstellt, dass die Initiatoren bis 20.000 bzw. 150.000 zählen können, ist dies nicht unwahrscheinlich. Unter Umständen wird nämlich ein so großer Teil der Eintragungen als unleserlich oder unvollständig und damit ungültig (vgl. § 8 II 1 BbgVAG) betrachtet, dass das Quorum doch verfehlt wird, obwohl zunächst genügend Unterschriften eingereicht wurden.

zwischen den bereits früher eingereichten gültigen Unterschriften und dem Quorum für die Volksinitiative ausgeglichen wird. Zwar scheint dies wiederum im Widerspruch zu § 9 III BbgVAG zu stehen, nach dem keine Unterschriften *nach*gereicht werden dürfen.[1] Diese Bestimmung schließt es jedoch nicht aus, bereits einmal eingereichte Unterschriften *erneut* vorzulegen.

Im Ergebnis wird den Vertretern der Volksinitiative damit also eine Möglichkeit eröffnet, einen bestimmten formellen Mangel der Volksinitiative zu heilen. Bestimmungen, die zu einem vergleichbaren Ergebnis führen, finden sich auch in Mecklenburg-Vorpommern und Sachsen-Anhalt.[2] Der einzige Unterschied besteht darin, dass den Initiatoren in diesen Ländern ausdrücklich eine Frist für die Heilung gesetzt wird. In Brandenburg gilt für die Heilung hingegen jedenfalls dann keine Frist, wenn man wie hier davon ausgeht, dass die Vorgabe des § 6 I 2 Nr. 1, 2. Hs. BbgVAG, wonach die Unterschriften bei Einreichung einer Volksinitiative höchstens ein Jahr alt sein dürfen, eine verfassungswidrige Beschränkung der unmittelbaren Mitwirkungsrechte der Bürger darstellt.[3]

Dieses Ergebnis ist deswegen nicht völlig unproblematisch, weil nicht mit hinreichender Sicherheit feststeht, dass die Unterzeichner einer Volksinitiative mit ihrer Unterschrift auch eine „neue" identische Volksinitiative unterstützen wollen und immer noch daran interessiert sind, dass das betreffende Anliegen im Landtag behandelt wird.[4] Dabei ist zu beachten, dass sie keine Möglichkeit haben, ihre Unterschrift zurückzuziehen.[5] Auf der anderen Seite ist jedoch auch festzuhalten, dass die von den Unterzeichnern der Volksinitiative angestrebte inhaltliche Auseinandersetzung des Parlaments überhaupt noch nicht stattgefunden hat. Daher besteht kein Anlass für die Vermutung, dass eine nennenswerte Zahl der ursprünglichen Unterzeichner mittlerweile ihre Meinung geändert hat.[6]

D. Die Behandlung der Volksinitiative im Landtag

Erklärt der Hauptausschuss die Volksinitiative für zulässig,[7] so überweist er sie an den zuständigen Ausschuss.[8] Dieser hört die Vertreter der Volksinitiative an und erfüllt damit

---

1 Diese Regelung hat in erster Linie den Zweck, dem Landtag die Prüfung der Zulässigkeit zu erleichtern.
2 Nach § 5 III LSA-VAbstG ist die Korrektur unleserlicher oder unvollständiger Eintragungen ausdrücklich zulässig; dazu siehe unten S. 601; vgl. auch § 8 II Nr. 2 Satz 2 MV-VaG; dazu siehe unten S. 666.
3 Vgl. dazu oben S. 512. Wäre die Frist wirksam, müssten sich die Initiatoren mit der erneuten Vorlage beeilen, da immer mehr der ursprünglichen Unterschriften unwirksam würden.
4 *Von Brünneck*, NJ 1995, S. 125, 127 f. hält aus diesem Grund die Wiederverwendung der Unterschriften für unzulässig.
5 Wiederum ist zu beachten, dass keine Frist für die Sammlung der Unterschriften gilt. Wäre § 6 I 2 Nr. 1, 2. Hs. BbgVAG hingegen wirksam, müssten sich die Unterzeichner längstens ein Jahr an ihrer Unterschrift festhalten lassen.
6 Daher geht *von Brünnecks* Argumentation ins Leere, die Unterschrift reiche stets nur bis zum (formellen) Abschluss des Verfahrens (*von Brünneck*, NJ 1995, S. 125, 127 f.).
7 Gegebenenfalls nachdem das Landesverfassungsgericht seine ursprüngliche (negative) Entscheidung aufgehoben hat.
8 § 9 VI 1 BbgVAG.

die Verpflichtung des Art. 76 I 4 BbgV. Es ist nicht geregelt, ob daneben weitere Personen in die Anhörung einbezogen werden können.[1]

Der Hauptausschuss des Landtags[2] hat eine Beschlussempfehlung zum Anliegen der Volksinitiative zu erarbeiten, in der auch der Standpunkt der Initiatoren gesondert darzustellen ist.[3] Der Beschluss des Landtags muss innerhalb von vier Monaten ergehen, nachdem die Volksinitiative beim Landtagspräsidenten eingegangen ist.[4] Da innerhalb dieser Frist auch über die Zulässigkeit der Volksinitiative entschieden werden muss,[5] verbleiben dem Landtag in der Regel höchstens drei Monate, um sich mit dem Anliegen der Initiative inhaltlich auseinander zu setzen.[6]

Stimmt der Landtag der Volksinitiative ohne Änderungen zu, so endet das Verfahren. Ein ablehnender Beschluss des Landtags ist im Gesetz- und Verordnungsblatt des Landes bekanntzugeben. Nimmt der Landtag einen gegenüber der Volksinitiative veränderten Antrag an, so gilt dies formal als Ablehnung. Die Initiatoren haben dann aber die Möglichkeit, das Verfahren dadurch zum Abschluss zu bringen, dass sie darauf verzichten, einen Antrag auf Durchführung des Volksbegehrens zu stellen.[7]

Anders als in Schleswig-Holstein ersetzt der Landtags gegebenenfalls keinen formellen Gesetzesbeschluss. Aus Art. 75 BbgV ergibt sich, dass Gesetzentwürfe (nur) „im Wege des Volksbegehrens" eingebracht werden können. Daher muss sich selbst dann, wenn der Landtag einen Gesetzentwurf, der einer Volksinitiative zugrunde lag, unverändert übernehmen will, zunächst einer der übrigen Initiativberechtigten diesen Antrag zu eigen gemacht haben.[8]

Wie in Schleswig-Holstein[9] greift auch in Brandenburg das Diskontinuitätsprinzip nicht durch: Zwar ist die Volksinitiative zunächst an den jeweiligen Landtag adressiert, so dass sich das Verfahren an sich mit dem Ende der Legislaturperiode erledigt. Wegen der Möglichkeit, gegebenenfalls ein Volksbegehren und damit ein vom parlamentarischen Verfahren unabhängiges Entscheidungsverfahren einzuleiten, kann dies hier jedoch nicht gelten.

---

1 Vgl. § 12 I BbgVAG; zur vergleichbaren Rechtslage in Schleswig-Holstein siehe oben S. 461.
2 Also nicht der sachlich zuständige Ausschuss, in dem die Vertreter angehört wurden.
3 § 12 II 1 BbgVAG.
4 Diese Frist entspricht der des Art. 77 I BbgV zur möglichen Einleitung eines Volksbegehrens.
5 Anders § 8 III 1 SH-VAbstG; dazu siehe oben S. 368.
6 Dazu siehe oben S. 519 zu § 12 II 1 BbgVAG.
7 Das BbgVAG enthält jedoch keine mit § 10 III SH-VAbstG vergleichbare Bestimmung. Der Landtag kann daher zum Zeitpunkt seiner Entscheidung nicht mit Sicherheit sagen, ob die Initiatoren ihrem Anliegen trotz der Änderungen hinreichend Rechnung getragen sehen. Allerdings ist er auch durch nichts daran gehindert, sich mit den Vertretern der Initiatoren rechtzeitig abzustimmen; dazu siehe oben S. 463.
8 Vgl. dazu oben S. 462 zur abweichenden Rechtslage in Schleswig-Holstein und unten S. 604 zur vergleichbaren Rechtslage in Sachsen-Anhalt.
9 Vgl. dazu oben S. 462.

III. Das Verfahren bis zum Volksentscheid

Auch in Brandenburg ersetzt die Volksinitiative gegebenenfalls einen Volksantrag.[1] Der Anwendungsbereich der Verfahren des Volksbegehrens und des Volksentscheids ist identisch mit dem der Volksinitiative. Während auf der einen Seite die inhaltlichen Beschränkungen des Anwendungsbereiches auf allen Stufen des Verfahrens ihre Wirkungen entfalten, kommen auf der anderen Seite auch in Brandenburg Anträge als Gegenstand eines Volksentscheids in Betracht, die keinen Gesetzentwurf zum Gegenstand haben. Auch hier kann die Landesregierung auf diesem Wege also zu einem bestimmten Verhalten im Bundesrat angehalten werden.[2]

A. Das Volksbegehren nach Art. 77 BbgV

Hat der Landtag den einer Volksinitiative zugrunde liegenden Antrag abgelehnt oder ist er innerhalb der Frist des Art. 77 I BbgV zu keinem Beschluss gekommen, dann können die Vertreter der Volksinitiative innerhalb von einem weiteren Monat beim Präsidenten des Landtags die Durchführung eines Volksbegehrens verlangen. Der Präsident des Landtags ist verpflichtet, der Landesregierung den Eingang einer solchen Anzeige unverzüglich mitzuteilen.[3]

1. Die Überprüfung der Zulässigkeit des Volksbegehrens

Sowohl die Landesregierung als auch eine qualifizierte Minderheit von einem Drittel der Abgeordneten des Landtags sind nach Art. 77 II BbgV bei Zweifeln über die Zulässigkeit des Begehrens berechtigt, das Landesverfassungsgericht anzurufen. Ihnen steht hierfür eine Frist von einem Monat nach Eingang der Anzeige zur Verfügung.[4]

---

1   Ebenso wie nach Art. 42 I 1 SH-V; dazu siehe oben S. 463.
2   Vgl. dazu ausführlich oben S. 237. Da in Brandenburg Volksinitiativen zu Personalentscheidungen ausdrücklich unzulässig sind, stellt sich die Frage nicht, ob diese zum Gegenstand eines Volksbegehrens gemacht werden können.
3   § 13 I 2 und II BbgVAG.
4   § 13 III BbgVAG. Wie schon im Zusammenhang mit Art. 42 I 2 SH-V i.V.m. § 9 I SH-VAbstG dargelegt wurde (vgl. dazu oben S. 459 ff.), ergeben sich insofern gewisse Probleme, da die Vertreter der Volksinitiative gemäß § 11 BbgVAG bereits die Entscheidung des Hauptausschusses über die Zulässigkeit der Volksinitiative vor dem Landesverfassungsgericht anfechten können (vgl. oben S. 519). Dennoch sind die einschlägigen Bestimmungen des BbgVAG verfassungsgemäß, da sich aus Art. 77 II BbgV weder zwingend ergibt, dass bei Zweifeln über die Zulässigkeit stets das Verfassungsgericht zu entscheiden hätte, noch dass es unzulässig wäre, schon die Zulässigkeit der Volksinitiative zu überprüfen; vgl. dazu oben S. 306 f..

a. Maßstab der Überprüfung

Weder in Art. 77 BbgV noch in § 13 BbgVAG wird der Maßstab für die Überprüfung durch das Landesverfassungsgericht ausdrücklich bestimmt. Wie schon im Zusammenhang mit den vergleichbaren Regelungen der Verfassung von Schleswig-Holstein festgestellt wurde,[1] kommt allerdings nur eine Überprüfung am Maßstab derjenigen Zulässigkeitskriterien in Betracht, die sich unmittelbar aus der Verfassung selbst ergeben.

Da dem Volksbegehren notwendigerweise eine Volksinitiative vorausgehen muss, gelten die Beschränkungen des Art. 76 BbgV auch für das Volksbegehren. Die Landesregierung und die qualifizierte Minderheit der Landtagsabgeordneten können daher geltend machen, dass dem Volksbegehren ein Antrag zugrunde liegt, der vom Landtag überhaupt nicht innerhalb seiner verfassungsmäßigen Kompetenzen beschlossen werden kann. Sie können weiterhin eine Verletzung der inhaltlichen Beschränkungen des Art. 76 II BbgV rügen.

Eine darüber hinausgehende präventive Normenkontrolle findet hingegen nicht statt.[2] Zu beachten ist dabei, dass es in Brandenburg keine dem Art. 41 I 2, 2. Hs. SH-V entsprechende Bestimmung gibt.[3] Daher ist es der Landesregierung bzw. der qualifizierten Minderheit der Landtagsabgeordneten auch nicht möglich, den einem Volksbegehren zugrunde liegenden Antrag dem Landesverfassungsgericht mit der Begründung vorzulegen, dieser verstoße gegen die Grundprinzipien des Verfassungsrechtes.[4] Die Artt. 77 II i.V.m. 76 BbgV stellen auch insofern eine abschließende Regelung dar. Die Sammlung von Unterschriften für das Volksbegehren muss zugelassen und gegebenenfalls das Verfahren bis zum Volksentscheid weitergeführt werden.

b. Zur aufschiebenden Wirkung der Überprüfung

Die systematische Stellung des Art. 77 II BbgV impliziert, dass die Zulässigkeitsprüfung ein eigenständiger Verfahrensschritt ist, der vor der Sammlung von Unterschriften für das Volksbegehren abgeschlossen sein muss.[5] Ein entsprechender Antrag hat daher aufschiebende Wirkung.

Genau diesem Umstand trägt seit einer Änderung des BbgVAG im November 2003 die Regelung des § 14 I 1 BbgVAG Rechnung, nach der die Bekanntmachung des Volksbegehrens erst erfolgt, nachdem die Frist für einen Antrag nach Art. 77 II BbgVAG abgelaufen ist. Sollte das Landesverfassungsgericht tatsächlich angerufen werden, ergibt sich aus § 14 I 2 BbgVAG, dass das Volksbegehren erst bekannt gemacht werden darf, nachdem das Verfassungsgericht seine Entscheidung vorgelegt hat. Da der Beginn der Eintragungsfrist

---

1   Dazu siehe oben S. 458 und auch S. 447 ff. zur Zulässigkeit von Beschränkungen des Anwendungsbereiches der direktdemokratischen Verfahren sowie zur Auslegung der entsprechenden Bestimmungen.
2   Dazu siehe oben S. 295 ff.
3   Dazu siehe oben S. 452.
4   Anders *Mahnke*, zu Art. 81 I 3 LSA-V, Rn. 5, der ohne Begründung eine Überprüfung der Einhaltung „rechtsstaatlicher und verfassungsrechtlicher Grundsätze" für zulässig hält, obwohl diese Kriterien sich nicht aus der Verfassung ergeben.
5   Dazu siehe oben S. 469 ff. zu Art. 42 I 2 SH-V.

für das Volksbegehren aber vom Zeitpunkt der Bekanntmachung abhängt, ist auf diese Weise mittelbar die aufschiebende Wirkung des Antrags sichergestellt.

Diese Neuregelung entspricht allerdings nur der seit jeher geübten Praxis.[1] Diese stand zwar im Widerspruch zum Wortlaut der früheren Fassung des § 14 I 1 BbgVAG, nach dem die Bekanntmachung schon nach Ablauf der Fristen in § 13 II BbgVAG erfolgen sollte, also nach dem ablehnenden Beschluss des Landtags oder dem Verstreichen der Frist für die Übernahme der dem Volksbegehren zugrunde liegenden Vorlage.[2] Die frühere Formulierung des § 14 I 1 BbgVAG beruhte jedoch aller Wahrscheinlichkeit nach auf einem schlichten Redaktionsversehen.[3]

2. Die Durchführung des Volksbegehrens

Auf die obligatorische Bekanntmachung des Volksbegehrens, der Namen der Vertreter der Volksinitiative und der Eintragungsfrist wurde bereits hingewiesen.[4] Um sicherzustellen, dass der Gegenstand des Volksbegehrens und die Eintragungsorte sowie -zeiten hinreichend bekannt werden, sind die Abstimmungsbehörden darüber hinaus zur ortsüblichen Bekanntmachung verpflichtet.[5]

Eintragungsberechtigt sind – anders als bei der Volksinitiative – nur die Stimmberechtigten. Die Unterstützung des Volksbegehrens erfolgt auch hier ausschließlich durch die Eintragung in Listen, die bei den jeweils örtlich zuständigen Abstimmungsbehörden geführt

---

1 Bei den bisherigen Volksbegehren erfolgte die Bekanntmachung stets erst mehr als einen Monat nach der Anzeige des beabsichtigten Volksbegehrens und damit nach Ablauf der Antragsfrist gemäß § 13 III BbgVAG, vgl. etwa die Bekanntmachungen vom 4.6. und vom 6.12.1993, ABl. S. 995 bzw. 1706.
2 Damit war nicht einmal gewährleistet, dass mit dem Beginn der Sammlung von Unterschriften für ein Volksbegehren abgewartet werden musste, bis die in Art. 77 II BbgV genannten Berechtigten entschieden haben, ob sie das Landesverfassungsgericht anrufen wollen. Im Rahmen der Bekanntmachung hat der Landesabstimmungsleiter nämlich auch den Beginn der Eintragungsfrist festzusetzen, der frühestens vier und höchstens acht Wochen nach der Bekanntmachung liegen muss; § 14 II BbgVAG. Die Frist von einem Monat für einen Antrag beim Landesverfassungsgericht nach Art. 77 II BbgV beginnt gemäß § 13 Absatz 3 BbgVAG aber erst mit dem Eingang der Anzeige über die Durchführung des Volksbegehrens zu laufen.
Daher war es zumindest theoretisch möglich, dass die Landesregierung bzw. eine qualifizierte Minderheit von einem Drittel der Landtagsabgeordneten von ihrem Antragsrecht erst Gebrauch machen, nachdem bereits mit der Sammlung von Unterschriften für das Volksbegehren begonnen wurde. Dies hätte allerdings vorausgesetzt, dass die Vertreter der Volksinitiative erst am letzten Tag der Frist nach § 13 II BbgVAG das Verlangen auf Durchführung des Volksbegehrens angezeigt, der Landeswahlleiter das Volksbegehren unmittelbar danach bekannt gemacht und den Beginn der Eintragungsfrist auf den frühestmöglichen Zeitpunkt gelegt hätte.
3 Gegen ein Redaktionsversehen spricht allerdings der Umstand, dass in § 14 I 1 BbgVAG a.F. ausdrücklich vom „Ablauf der Fristen" die Rede war. In § 13 III BbgVAG ist jedoch nur eine einzige Frist geregelt, nämlich die Frist von einem Monat für den Antrag nach Art. 77 II BbgV. Demgegenüber nimmt § 13 II BbgVAG tatsächlich auf zwei Fristen Bezug, nämlich auf die Frist von einem Monat für die Anzeige des Volksbegehrens, deren Beginn wiederum von der Frist für die Entscheidung des Landtags über die Volksinitiative abhängt.
4 Vgl. § 14 I und II BbgVAG.
5 Vgl. § 14 III 1 BbgVAG; das sind die Amtsdirektoren, Bürgermeister amtsfreier Gemeinden und Oberbürgermeister (§ 3 II BbgVAG).

werden.¹ Diese Listen werden vom Landesabstimmungsleiter hergestellt² und den Abstimmungsbehörden spätestens eine Woche vor Beginn der Eintragungsfrist zugeleitet.³ Eine Eintragung kann nicht zurückgenommen werden. Mehrfache Eintragungen werden insgesamt nicht berücksichtigt.⁴

Wird eine Person nicht zur Eintragung zugelassen, kann sie Widerspruch bei der Abstimmungsbehörde einlegen. Hilft diese dem Widerspruch nicht ab, so entscheidet der Kreisabstimmungsleiter.⁵ Obwohl sich dies nicht aus dem BbgVAG ergibt, ist gegen die Entscheidung des Kreisabstimmungsleiters ihrerseits wiederum der Rechtsweg zu den Verwaltungsgerichten eröffnet, da die Frage, ob eine Person beim Volksbegehren eintragungsberechtigt ist, nicht-verfassungsrechtlicher Art ist.⁶

Das BbgVAG enthält keine Vorgaben für die Bestimmung der Auslegestellen und -zeiten. Den Behörden steht es somit frei, die Listen nur während der üblichen Amtszeiten auszulegen.⁷ Sie sind zur Überprüfung der Eintragungsberechtigung verpflichtet.⁸ Die Abstimmungsbehörden entscheiden über die Gültigkeit der Eintragungen.⁹ Nach Ablauf der Frist stellen sie die Zahl der gültigen und ungültigen Eintragungen fest und übermitteln diese den Kreisabstimmungsleitern.¹⁰ Die Kreisabstimmungsausschüsse fassen die Ergebnisse für die einzelnen Stimmbezirke zusammen¹¹ und leiten sie an den Landesabstimmungsleiter weiter. Der Landesabstimmungsausschuss fasst die Ergebnisse in einem Bericht zusammen,¹² der dem Präsidium des Landtags zugeleitet wird.

Das Präsidium des Landtags entscheidet schließlich über das Gesamtergebnis und stellt fest, ob das Quorum von 80.000 Unterschriften nach Art. 77 III 1 BbgV erreicht wurde und ob das Volksbegehren damit zustande gekommen ist. Dieses Quorum entspricht etwa vier

1 So ausdrücklich § 17 I BbgVAG.
2 Anders als § 12 V 1 SH-VAbstG, wonach dies Sache der Initiatoren ist; dazu siehe oben S. 469.
3 § 15 BbgVAG.
4 §§ 18 III BbgVAG bzw. 19 I Nr. 9 BbgVAG.
5 § 20 I BbgVAG.
6 Vgl. dazu schon oben S. 310.
7 Anders § 14 I 2 SH-VAbstG; dazu siehe oben S. 470. Die PDS hat Ende 2003 beantragt, das Eintragungsverfahren derart zu erleichtern, dass die Landesregierung den kommunalen Abstimmungsbehörden „Hinweise" über erweiterte Eintragungsmöglichkeiten geben soll. Anstelle die Listen nur am jeweiligen Verwaltungssitz auszulegen, sollten diese mindestens einmal pro Monat in Ortsteilen und Gemeinden bereit gehalten werden. Dazu sollten Schulräume oder Gemeindehäuser zeitweilig als „Amtsraum" gewidmet und Bürger zu ehrenamtlichen Helfern berufen werden, die die Unterschriftsberechtigung zu prüfen hätten, vgl. LT-Drs. 3/6589. Der Landtag hat diesen Vorschlag in seiner Sitzung vom 6.11.2003 abgelehnt, vgl. Sten.Prot. S. 5826.
8 § 15 III BbgVAG.
9 § 19 II 1 BbgVAG; allerdings sind der Kreis- und der Landesabstimmungsausschuss nach § 19 II 2 BbgVAG an diese Entscheidung nicht gebunden.
10 Die Abstimmungsbehörden haben nach § 25 BbgVAG einen Anspruch auf Ersatz ihre Kosten, wobei laufende persönliche und sachliche Kosten unberücksichtigt bleiben.
11 Dabei können sie nach § 19 VII 1 BbgVAG die Feststellungen der einzelnen Abstimmungsbehörden prüfen und gegebenenfalls abändern.
12 Er kann gemäß § 19 VII 2 BbgVAG nur noch Zählfehler und andere offensichtliche Unrichtigkeiten korrigieren.

Prozent der Stimmberechtigten. Für Volksbegehren, die auf die Auflösung des Landtags zielen, schreibt Art. 77 III 2 BbgV ein Quorum von 200.000 Stimmberechtigten vor, also einem Anteil von etwa zehn Prozent.[1]

Das Ergebnis des Volksbegehrens wird im Gesetz- und Verordnungsblatt des Landes bekannt gemacht. Die Vertreter der Volksinitiative können die Feststellung des Landtagspräsidiums innerhalb eines Monats nach der Bekanntmachung vor dem Landesverfassungsgericht anfechten. Sie müssen dafür geltend machen, dass das Ergebnis durch einen Verstoß gegen gesetzliche Vorschriften entscheidend beeinflusst wurde.[2]

Fraglich ist allerdings, ob dies die einzige Möglichkeit darstellt, wie Verfahrensverstöße gerügt werden können. Wie im Zusammenhang mit der Rechtslage in Schleswig-Holstein dargelegt wurde,[3] kommen die Unterstützer einer Volksinitiative grundsätzlich als „andere Beteiligte" eines Organstreitverfahrens nach Art. 113 Nr. 1 BbgV in Betracht, da ihre Rechte unmittelbar in der Verfassung geregelt werden. Dies ist auch schon während des laufenden Verfahrens möglich. Da sich die Antragsberechtigung unmittelbar aus der Verfassung ergeben, steht es dem einfachen Gesetzgeber nicht zu, die Antragsteller auf die nachträgliche Überprüfung der Feststellung über das Zustandekommen eines Volksbegehrens zu beschränken. Allerdings kann auf diesem Wege nicht jeder beliebige Verfahrensverstoß gerügt werden, sondern nur eine Verletzung der verfassungsmäßigen Rechte der Antragsteller durch ein anderes Staatsorgan, also etwa eine Verletzung des Anspruchs auf Chancengleichheit durch die Öffentlichkeitsarbeit von Regierung und Landtag.[4]

GegenVersuche untergeordneter Behörden oder Kommunen, das Verfahren auf unzulässige Weise zu beeinflussen, ist demgegenüber der Verwaltungsrechtsweg eröffnet.[5] Damit stellt sich aber die Frage, ob § 22 BbgVAG insofern zu einer Rechtswegbeschränkung und dazu führt, dass Verfahrensverstöße nur nachträglich gerügt werden könnten. Aus dem Umstand, dass ein Antrag nach § 22 BbgVAG gegebenenfalls nur damit begründet werden kann, dass das Ergebnis des Volksbegehrens durch einen Verstoß gegen gesetzliche Bestimmungen entscheidend beeinflusst worden sei, lässt sich jedoch nicht schließen, dass ein solcher Verstoß ausschließlich im Rahmen dieses speziellen Verfahrens gerügt werden könnte. Daher können die Verwaltungsgerichte gegebenenfalls schon während des Verfahrens von den Vertreter einer Volksinitiative angerufen werden, wenn Kommunen oder untergeordnete Behörden die Vorgaben des BbgVAG missachten.

---

1 Im Juni-Entwurf (GVBl. 1991, S. 96) waren noch 150.000 Unterschriften verlangt worden.
2 § 22 BbgVAG.
3 Vgl. dazu oben S. 472 ff.
4 Vgl. dazu oben S. 472 ff.
5 In diesem Sinne auch *Wolnicki*, LKV 1997, S. 313, 314 ff., anders hingegen das *VG Potsdam*, LKV 1997, S. 338, das verkannt hat, dass es für die Frage, welcher Rechtsweg eröffnet ist, maßgeblich auf den *Antragsgegner* ankommt; vgl. dazu ausführlicher S. 471 ff. und S. 313 ff. zur Rechtslage in Schleswig-Holstein bzw. nach den älteren Landesverfassungen.
Im Ergebnis ist dem Beschluss des *VG Potsdam* allerdings zuzustimmen. Kläger war ein einzelner Stimmberechtigter, der eben nicht für die Unterzeichner einer Volksinitiative auftreten kann. Zudem erscheint es angesichts einer Eintragungsfrist von 4 Monaten nicht nachvollziehbar, dass der Kläger keine Möglichkeit gehabt haben soll, sich in die Listen einzutragen; darauf hat auch *Wolnicki*, a.a.O., S. 317, hingewiesen.

3. Die Behandlung des Volksbegehrens im Landtag

In Brandenburg muss nach dem Erfolg eines Volksbegehrens nicht zwingend ein Volksentscheid durchgeführt werden. Nach Art. 78 I BbgV ist dies vielmehr nur dann erforderlich, wenn der Landtag dem Begehren nicht innerhalb von zwei Monaten entspricht.

Auch ohne eine entsprechende Verpflichtung aus der Verfassung hat der Gesetzgeber den Initiatoren die Möglichkeit gegeben, sich auch auf dieser Stufe des Verfahrens zu artikulieren. Der zuständige Ausschuss hat zwei von den Vertretern der Volksinitiative benannte Sachverständige zu laden.[1] Die Landesregierung ist verpflichtet, dem Landtag eine Stellungnahme zum Gegenstand des zulässigen Volksbegehrens zu unterbreiten. Diese Stellungnahme soll unverzüglich erfolgen.[2]

Art. 78 I BbgV verlangt nur, dass der Landtag dem Begehren *entspricht*, dies bedeutet nicht notwendigerweise, dass er es sich *unverändert* zu eigen macht. Auch dies entspricht der Ausrichtung des Verfahrens auf eine möglichst effektive Kommunikation zwischen Bürgern und Parlament. Da es den Initiatoren nicht möglich ist, ihren Antrag zu ändern, kann wenigstens der Landtag die Ergebnisse der politischen Diskussion über den ursprünglichen Entwurf einarbeiten. Der Gesetzgeber hat versucht, den Spielraum des Landtags nochmals zu erweitern, indem er in § 26 III 1 BbgVAG lediglich verlangt hat, dass ein vom Landtag beschlossener veränderter Entwurf dem Grundanliegen des Volksbegehrens *nicht widersprechen* darf. Da die Erledigung in jedem Fall von einem Antrag der Vertreter der Volksinitiative abhängt, hat der Gesetzgeber keine Gefahr gesehen, dass diese Möglichkeiten missbraucht werden könnten. Das ändert aber nichts daran, dass er die eindeutige Vorgabe des Art. 78 I BbgV nicht eingehalten hat. Es ist nämlich durchaus nicht dasselbe, ob eine Entscheidung des Landtags dem vorausgegangenen Volksbegehren entspricht oder ob sie ihm nur nicht widerspricht. Zu beachten ist dabei auch, dass die Vertreter der Volksinitiative, den Unterzeichnern des Volksbegehrens gegenüber nicht verantwortlich sind.[3]

Eine gewisse Sicherung gegen die latente Missbrauchsgefahr besteht allerdings darin, dass die überstimmten Vertreter[4] gegebenenfalls einzeln dazu berechtigt sind, den Antrag auf Erledigung vom Verfassungsgericht des Landes überprüfen zu lassen.[5] Auch ist der Landtag nur berechtigt, nicht aber verpflichtet, einem Antrag auf Erledigung nachzukommen.[6] § 26 III 1 BbgVAG ist daher nicht verfassungswidrig, sondern muss am Maßstab der Vorgabe des Art. 78 I BbgV auf verfassungskonforme Weise restriktiv ausgelegt werden.

---

1 § 24 III BbgVAG.
2 Vgl. § 23 BbgVAG.
3 Zu diesem Problem siehe ausführlich oben S. 455, Fn. 1.
4 Der Antrag auf Erledigung muss gem. § 2 III 2 BbgVAG von mindestens drei der fünf Vertreter getragen werden.
5 Vgl. § 26 II 2 BbgVAG; das Verfassungsgericht hat dann zu prüfen, ob der Beschluss des Landtags dem Volksbegehren nicht hinreichend entspricht.
6 Er kann auf diese Weise erreichen, dass seine Entscheidung durch das Volk bestätigt wird. Dies könnte vor allem dann relevant werden, wenn ein Volksbegehren sehr starke Unterstützung erfahren hat und der Landtag entgegen der Auffassung der Initiatoren der Meinung ist, dass seine Entscheidung deren Anliegen nicht völlig entspricht. Allerdings muss der Landtag dann damit rechnen, dass der Entwurf des Volksbegehrens sich doch noch durchsetzt.

Anders als bei der Volksinitiative handelt es sich bei der Entscheidung des Landtags, einem Volksbegehren zu entsprechen gegebenenfalls um einen vollwertigen Gesetzesbeschluss.[1]

B. Der Volksentscheid nach Art. 78 BbgV

1. Das Verfahren bis zur Abstimmung

Weist der Landtag den einem Volksbegehren zugrunde liegenden Antrag ab, beantragen die Vertreter der Volksinitiative nicht die Erledigung oder stimmt der Landtag einem entsprechenden Antrag nicht zu, so kommt es zum Volksentscheid. Bei diesem kann der Landtag nach Art. 78 I 2 BbgV einen konkurrierenden Entscheidungsvorschlag zur Abstimmung stellen.[2] Dieser bedarf stets nur der Unterstützung durch eine einfache Mehrheit der Abgeordneten.[3] Auf dieser Stufe des Verfahrens gibt es in Brandenburg keine Möglichkeit mehr, eine Überprüfung der Zulässigkeit des Antrags durch das Verfassungsgericht herbeizuführen.

Die Abstimmung wird gemäß Art. 78 I BbgV innerhalb von drei Monaten nach Ablauf der Entscheidungsfrist für den Landtag durchgeführt. Zwischen der Feststellung, dass ein Volksbegehren zustande gekommen ist und dem Termin des Volksentscheids liegen damit maximal fünf Monate. Das Präsidium des Landtags setzt den Abstimmungstag auf einen Sonntag fest.[4]

Gemäß Art. 78 I 3 BbgV hat der Landtagspräsident die mit Gründen versehenen Gesetzentwürfe[5] oder die sonstigen zur Abstimmung stehenden Vorlagen in „angemessener Form" zu veröffentlichen.[6] Dies geschieht zunächst durch die Veröffentlichung der Anträge im Gesetz- und Verordnungsblatt des Landes im Rahmen der Bekanntgabe des Abstimmungstages. Darüber hinaus ist der Landtagspräsident verpflichtet, mindestens acht Wochen vor der Abstimmung für eine „angemessene Verbreitung" des Gegenstandes des Volksbegehrens zu sorgen. Diese kann nur durch die Veröffentlichung der Anträge in der Tagespresse sichergestellt werden.[7] Im Gegensatz zu Schleswig-Holstein wurde in Brandenburg

---

1 Vgl. dazu oben S. 521.

2 Diese Möglichkeit wurde erst in der letzten Phase der Verfassungsdiskussion eingeführt. Der Juni-Entwurf (GVBl. 1991, S. 96) hatte noch keine Art. 78 I 2 BbgV entsprechende Regelung vorgesehen.

3 Vgl. Art. 65 BbgV. Dies gilt auch für Anträge, die auf eine Verfassungsänderung zielen, da die BbgV insofern nicht ausdrücklich die Unterstützung durch eine qualifizierte Mehrheit der Abgeordneten verlangt, dazu siehe oben S. 476 und auch schon S. 320 zur Rechtslage nach den älteren Landesverfassungen.

4 Vgl. §§ 34 f. BbgVAG.

5 Es wurde bereits dargelegt, dass die Initiatoren nicht dazu verpflichtet sind, eine solche Begründung abzugeben. Art. 76 I 2 BbgV enthält keinen entsprechenden Vorbehalt, dazu siehe oben S. 512.

6 Mangels einer ausdrücklichen Ermächtigung hat er sich dabei jeder eigenen Stellungnahme zu enthalten, vgl. dazu schon oben S. 477.

7 Vgl. § 36 BbgVAG; zu Art. 42 III 1 SH-V siehe oben S. 477.

kein Anlass gesehen, den Initiatoren darüber hinaus noch einen Anspruch auf Erstattung der Kosten für den „Abstimmungskampf" zu gewähren.[1]

Die Vertreter haben unabhängig von einer ausdrücklichen Regelung im BbgVAG die Möglichkeit, Unregelmäßigkeiten schon während des Verfahrens zu rügen. Ob der Rechtsweg zu den Verwaltungsgerichten oder zum Verfassungsgericht eröffnet ist, hängt davon ab, welches Organ für die angegriffenen Maßnahmen verantwortlich ist.[2]

2. Die Durchführung der Abstimmung[3]

Da das BbgVAG nicht ausdrücklich vorsieht, dass auf dem Stimmzettel nur auf die Anträge Bezug genommen werden kann,[4] sind auch umfangreiche Anträge im Wortlaut wiederzugeben. Ein eventueller konkurrierender Entwurf des Landtags wird *vor* dem Antrag aufgeführt, der dem Volksbegehren zugrunde lag.[5]

Sofern mehrere Entwürfe zur Abstimmung stehen, soll nach § 45 III BbgVAG jeder Stimmberechtigte nur eine Stimme haben. Diese Regelung ist missverständlich formuliert. Gemeint ist, dass jeder Abstimmende nur einem der Entwürfe zustimmen darf, also nur eine „Ja"-Stimme hat.[6] Allerdings sind die Abstimmenden nicht verpflichtet, von ihrer „Ja"-Stimme auch Gebrauch zu machen. Sie können vielmehr auch alle Vorlagen ablehnen.[7]

Aus den §§ 45 II, 47 II Nr. 3 BbgVAG ergibt sich, dass sich die Abstimmenden nicht in Bezug auf einzelne Entwürfe der Stimme enthalten können. Ihnen wird vielmehr zu jedem Entwurf eine unmissverständliche Entscheidung abverlangt.[8] Damit ergeben sich aber immer dann Probleme, wenn ein Bürger nur für einen Entwurf mit „Ja" gestimmt hat. Denn dies kann entweder als implizite (zulässige) Ablehnung aller anderen Entwürfe angesehen werden, oder aber als (unzulässige) Stimmenthaltung in Bezug auf diese Entwürfe. Im Ergebnis kommt es allerdings nicht darauf an, ob der Abstimmende einen Entwurf ausdrücklich ablehnt oder ob er sich „nur" der Stimme enthalten wollte, da ohnehin nur

---

1 Dazu siehe oben S. 477 zu Art. 42 III 2 SH-V.

2 Vgl. dazu oben S. 477 bzw. 471 f. zur Rechtslage in Schleswig-Holstein und allgemein S. 310 ff.

3 Die §§ 27 ff. BbgVAG enthalten zahlreiche Bestimmungen über die Gliederung des Abstimmungsgebietes, über die Abstimmungsorgane, über die Stimmberechtigtenverzeichnisse und über die Durchführung der Abstimmung, die sich weitgehend an die Regelungen zu den Landtagswahlen anlehnen.

4 Anders als nach § 23 III SH-VAbstG; dazu siehe oben S. 308.

5 § 44 II BbgVAG; anders § 23 II 3 SH-VAbstG; dazu siehe oben S. 478.

6 Ebenso wie § 23 I 2 SH-VAbstG; dazu siehe oben S. 478. Hätte er tatsächlich nur eine Stimme, dann könnte er nur zu einem der Entwürfe Stellung nehmen. Diese sinnwidrige Auslegung vertritt *Przygode*, S. 225, der die Regelung des § 45 III SH-VAbstG allerdings auf S. 66 noch als eine „abweichende" Regelung bezeichnet hatte, ohne herauszuarbeiten, worin die Abweichung genau bestehen soll.
Die Landesregierung hatte zunächst vorgesehen, dass die Bürger gegebenenfalls auch mehreren Vorlagen zustimmen dürfen; vgl. LT-Drs. 1/1605. Erst in der letzten Phase der Gesetzesberatungen wurde § 45 BbgVAG in die heutige Fassung gebracht; vgl. LT-Drs. 1/1788.

7 Die § 44 V-VIII BbgVAG enthalten seit Ende 2003 Bestimmungen über den Einsatz von Stimmenzählgeräten, mit denen der Aufwand für die Abgabe und die Zählung der Stimmen verringert werden könnte.

8 Nach der von *Przygode*, S. 225 vertretenen Auffassung wären die Abstimmenden hingegen gezwungen, alle weiteren Fragen offenzulassen, wenn sie bei einer ausdrücklich mit „Ja" oder „Nein" gestimmt haben.

seine „Ja"-Stimme gezählt wird.[1] Daher ist es in diesem Fall geboten den Stimmzettel als gültig anzuerkennen und die „Ja"-Stimme zu zählen.[2] Auch im umgekehrten Fall ist die Rechtslage klar. Lehnt ein Abstimmender nur einen Entwurf ausdrücklich ab und äußert sich in Bezug auf die übrigen Vorlagen nicht, dann ist sein Stimmzettel ungültig, da nicht feststeht, ob und ggf. welcher der offengelassenen Vorlagen der Abstimmende zustimmen will.[3]

3. Zu den Quoren

Ein Antrag ist gemäß Art. 78 II BbgV angenommen, wenn ihm die Mehrheit der Abstimmenden, zumindest aber ein Viertel der Stimmberechtigten zugestimmt hat. „Mehrheit" in diesem Sinne ist gegebenenfalls die relative Mehrheit.[4] Dies wird in § 50 II BbgVAG für den Fall einer gleichzeitigen Abstimmung über mehrere Entwürfe zum selben Gegenstand klargestellt.[5] In diesem Fall bleibt es nicht nur dann beim status quo, wenn keiner der Entwürfe das qualifizierte Zustimmungsquorum von einem Viertel der Stimmberechtigten erreicht, sondern auch dann, wenn die (relative) Mehrheit der Abstimmenden alle Entwürfe ablehnt.[6]

Für Verfassungsänderungen und die Auflösung des Landtags gilt nach Art. 78 III BbgV ein qualifiziertes Quorum. Notwendig ist die Zustimmung durch zwei Drittel der gültig Abstimmenden, die zugleich der Hälfte der Stimmberechtigten entsprechen muss.[7]

Da Art. 78 III 2 BbgV nur für Abstimmungen über Verfassungsänderungen und über die Beendigung der Wahlperiode auf die *gültig* abgegebenen Stimmen abstellt,[8] ergibt sich im Umkehrschluss, dass im Übrigen die Zahl der insgesamt abgegebenen Stimmen als Berechnungsgrundlage für die Feststellung der Mehrheitsverhältnisse heranzuziehen ist. Da die ungültigen Stimmen nicht schlicht den „Nein"-Stimmen zugeschlagen werden dürfen,[9]

---

1 Vgl. § 50 II BbgVAG.
2 Es liegt am Minister des Inneren, diese Unklarheit zu beseitigen, da durch § 70 I Nr. 12 BbgVAG ermächtigt wurde, die Auslegungsregeln für die Gültigkeit der Stimmzettel festzulegen.
3 *Przygode*, S. 225, meint hingegen, der Wille des Abstimmenden sei auch dann zweifelsfrei zu erkennen.
4 Ansonsten hätte der Verfassunggeber die Zustimmung durch die *„Hälfte"* oder einen sonstigen qualifizierten Anteil der Abstimmenden verlangen müssen, wie er es in Art. 78 III BbgV getan hat.
5 Dazu siehe oben S. 479 zum vergleichbaren § 26 II 1 SH-VAbstG. Zu beachten ist auch hier, dass die Bestimmung missverständlich formuliert ist, da sie auch auf das Abstimmungsquorum Bezug nimmt. Es kann aber stets nur ein Entwurf die (relative) Mehrheit erhalten; dazu siehe oben S. 479, Fn. 2.
6 Ebenso wie in Schleswig-Holstein; dazu siehe oben S. 479.
7 Ebenso wie nach Art. 42 IV 2 SH-V; dazu siehe oben S. 480.
8 Möglicherweise handelt es sich hierbei allerdings um ein Redaktionsversehen. Art. 78 II und III BbgV ist offensichtlich in enger Anlehnung an Art. 42 II 4-6 Sh-V formuliert worden. Aus drei Sätzen eines einzelnen Absatzes wurden hier aber zwei Absätze. Während Art. 46 II 6 SH-V ohne weiteres alle Abstimmungen erfasst, wurde durch diese Trennung die Verbindung zwischen Art. 78 III 2 BbgV und Art. 78 II BbgV unterbrochen. Allerdings ist davon auszugehen, dass der Verfassunggeber erkannt und gewollt hat, dass aufgrund der Trennung bei „normalen" Abstimmungen die ungültigen Stimmen anders behandelt werden. Dies zeigt auch die Entscheidung des Gesetzgebers in § 50 BbgVAG keine dem § 61 II BbgVAG entsprechende Regelung aufzunehmen.
9 Bei einer Abstimmung über einen einzelnen Entwurf würde dies sonst bewirken, dass dieser die absolute

sind sie gesondert auszuzählen. Ein Entwurf ist daher angenommen, wenn die Zahl der „Ja"-Stimmen nicht nur größer als die der „Nein"-Stimmen ist, sondern auch als die der ungültigen Stimmen.[1]

4. Feststellung des Ergebnisses und Ausfertigung der Beschlüsse

Der Landesabstimmungsausschuss fasst die von den Kreisabstimmungsausschüssen festgestellten Ergebnisse zum Abstimmungsergebnis für das Land zusammen und leitet seinen Bericht unverzüglich dem Landtag zu. Die Feststellung über das Gesamtergebnis des Volksentscheids obliegt dem Präsidium des Landtags.[2] Das Abstimmungsergebnis kann innerhalb eines Monats durch Einspruch angefochten werden, über den nach den Vorschriften über die Wahlprüfung bei Landtagswahlen entschieden wird.[3] Unbegründet sind Einsprüche, wenn die Zahl der gerügten Fälle geringer ist als die Differenz zwischen der Zahl der „Ja"- und der „Nein"-Stimmen. Im Fall einer begründeten Anfechtung, wird die Abstimmung nur in dem Bezirk wiederholt, in dem der Fehler festgestellt wurde.[4]

Ein im Wege des Volksentscheids angenommene Gesetz wird nach denselben Vorschriften wie Parlamentsgesetze ausgefertigt und verkündet.[5] Zu beachten ist, dass in Brandenburg insofern generell der Präsident des Landtags zuständig ist.[6]

Sollte das Ergebnis des Volksentscheides angefochten werden, muss das Gesetz dennoch ausgefertigt und verkündet werden. Gemäß § 53 BbgVAG hat die Beschwerde gegen die Entscheidung des Landtags über einen Einspruch gegen das Abstimmungsergebnis ausdrücklich *keine* aufschiebende Wirkung. Damit ist es dem Landesverfassungsgericht aber nicht möglich, das betreffende Gesetz im Wege einer einstweiligen Anordnung vom Amts wegen vorübergehend außer Kraft zu setzen.[7]

Ist ein Antrag auf Auflösung des Landtags angenommen worden, so hat dessen Präsident die Auflösung unverzüglich zu vollziehen.[8] Gemäß Art. 62 III BbgV müssen innerhalb von 70 Tagen Neuwahlen stattfinden.

Mehrheit der Stimmen benötigt. Ansonsten ist die Summe der „Nein"- und ungültigen Stimmen stets größer als die der „Ja"-Stimmen.

1 Es ist allerdings kaum vorstellbar, dass die (relative) Mehrheit der abgegebenen Stimmen ungültig ist. Dann bliebe es ggf. beim status quo, da der zur Abstimmung gestellte Entwurf die (relative) Mehrheit verfehlt hätte.

2 Vgl. § 49 BbgVAG.

3 Vgl. § 53 BbgVAG, nach dessen Abs. 4 Satz 1 soll gegen den Beschluss des Landtags sowohl das Landesverfassungsgericht angerufen werden können, als auch unmittelbar das Bundesverfassungsgericht.

4 Das ergibt sich aus § 53 VI BbgVAG.

5 Vgl. Art. 81 I BbgV.

6 *Sachs*, LKV 1993, S. 241, 247 weist darauf hin, dass dies – unabhängig von den direktdemokratischen Verfahren – in der Praxis bereits zu Problemen geführt hat. Kritisch zur Zuweisung an ein Organ der Legislative *Hinds*, ZRP 1993, S. 149, 151.

7 Vgl. § 30 BbgVerfGHG und dazu oben S. 330. Sofern einer der Berechtigten einen entsprechenden Antrag stellt, kann das Gericht allerdings eingreifen.

8 § 59 BbgVAG.

IV. Die Wahl einer Verfassungsgebenden Versammlung nach Art. 115 BbgV¹

Art. 115 BbgV eröffnet im Grunde die Möglichkeit einer „verfassungsmäßigen Revolution", da die Bürger nicht nur einzelne Verfassungsbestimmungen ändern, sondern auch die Verfassung insgesamt ablösen können.²

Anders als beim normalen Verfahren bis zu einem Volksentscheid sind dabei nur zwei Stufen vorgesehen. Ein Volksbegehren wird nicht durchgeführt, vielmehr findet die Abstimmung aufgrund einer Volksinitiative statt. Das in Art. 115 II BbgV für diese Initiative vorgesehene Quorum ist mit zehn Prozent der Stimmberechtigten allerdings etwa zehnmal so hoch, wie bei einer normalen Volksinitiative im Sinne von Art. 76 I 3 BbgV. Maßgeblich ist die Zahl der stimmberechtigten Personen bei der letzten Wahl oder Volksabstimmung.³ Für die Durchführung des Verfahrens gelten die Bestimmungen über die „reguläre" Volksinitiative entsprechend.⁴

§ 62 I Nr. 2 lit. a) BbgVAG gibt dem Landtag eine Möglichkeit, das Verfahren abzukürzen, indem er selbst innerhalb von vier Monaten nach Eingang der Initiative sein Recht nach Art. 115 I BbgV wahrnimmt und mit einer Mehrheit von zwei Dritteln seiner Mitglieder der Wahl einer Verfassungsgebenden Versammlung durch Gesetz zustimmt. In diesem Fall erübrigt sich der Volksentscheid über die Einsetzung einer solche Versammlung.

Auffallenderweise wird in Art. 115 I BbgV nur verlangt, dass eine Mehrheit der Abstimmenden der von der Verfassungsgebenden Versammlung beschlossenen neuen Verfassung zustimmt. Das qualifizierte Abstimmungsquorum für Verfassungsänderungen durch Volksentscheid gemäß Art. 78 II und III BbgV gilt also hier nicht. Der Verfassunggeber ist dabei wohl von zwei Erwägungen ausgegangen. Zum einen hat der Entwurf, der einer solchen Abstimmung unterbreitet wird, bereits die Zustimmung von zwei Dritteln der Mitglieder der Verfassungsgebenden Versammlung erhalten. Diese Versammlung ist aber eingesetzt worden, weil ein entsprechender Antrag die für Verfassungsänderungen notwendige Mehrheit erreicht hat. Durch die unmittelbare Wahl sind die Mitglieder der Verfassungsgebenden Versammlung hinreichend demokratisch legitimiert. Zum anderen bestünde die Gefahr, dass der mit großem Aufwand erarbeitete Entwurf scheitert, weil sich nicht genügend Stimmberechtigte an der Abstimmung beteiligen. Dies ist deswegen durchaus nicht unwahrscheinlich, weil die Bürger im Grunde nur zur Bestätigung der neuen Verfas-

---

1   Im Wortlaut abgedruckt in Anhang 1, S. 699.
2   Die Frage, ob es sich hierbei um einen außerhalb der Verfassung stehenden Vorgang handelt oder um eine Totalrevision (so *Sachs*, LKV 1993, S. 221, 228), ist letzten Endes nur terminologischer Natur. Den Bindungen des Bundesrechtes kann das Landesvolk sich nicht entziehen. Fraglich könnte daher allenfalls sein, ob die Verfassungsgebende Versammlung nicht im selben Maße an die geltende Verfassung gebunden ist, wie der verfassungsändernde Gesetzgeber bei einer Änderung dieser Verfassung. (Diese Frage ist etwa im Zusammenhang mit der Regelung des Art. 146 GG n.F. Gegenstand heftiger Diskussionen gewesen, vgl. dazu oben S. 47 und dort Fn. 3.) Zu beachten ist insofern aber, dass die BbgV den verfassungsändernden Gesetzgeber überhaupt keinerlei Beschränkungen unterwirft.
3   § 62 II 2 BbgVAG; damit soll der Aufwand möglichst gering gehalten werden. Die Initiatoren können im Übrigen im voraus feststellen, wie viele Unterschriften exakt erforderlich sind.
4   § 62 II 1 BbgVAG verweist auf die §§ 5, 6, 8 und 12 BbgVAG.

sung aufgerufen sind. Die Motivation, sich an der Abstimmung zu beteiligen, ist daher relativ gering.

Zu beachten ist darüber hinaus, dass ein Referendum sich grundlegend von einem Volksentscheid unterscheidet. Es dient lediglich dazu, die Entscheidung eines anderen Staatsorgans zu bestätigen.[1] Schon aus diesem Grund können die Bestimmungen über das Verfahren bei Verfassungsänderungen auf dem Wege des Volksentscheids nicht ohne weiteres auf die Bestätigung der Verfassung in einem Referendum übertragen werden.[2] Daher geht auch die Kritik am Verfahren der Verabschiedung der Landesverfassung ins Leere: Auch wenn sich nur ein relativ kleiner Teil der Bürger an der Abstimmung beteiligt haben mag, kann die Legitimation der Verfassung angesichts der überwältigend großen Zustimmung nicht in Frage gestellt werden.[3]

V. Exkurs – Die übrigen Mitwirkungsrechte der Bürger

Obwohl die direktdemokratischen Verfahren im engeren Sinne im Mittelpunkt der Darstellung stehen, ist zumindest kurz darauf einzugehen, dass die Verfassung des Landes Brandenburg den Bürgern nach Art. 21 I BbgV ein Recht auf politische Mitgestaltung einräumt. Damit wird betont, dass diese auch außerhalb von Wahlen und Abstimmungen Einfluss auf die politische Willensbildung nehmen können.[4]

Insofern sind vor allem die Rechte aus Art. 21 III-V BbgV[5] und Art. 39 VII und VIII BbgV zu nennen,[6] die über die sonst üblichen Beteiligungsrechte hinausgehen. Art. 21 III BbgV garantiert nicht nur das Recht, sich zur Beeinflussung öffentlicher Angelegenheiten zu Verbänden oder (eher informellen) Bürgerinitiativen zusammenzuschließen, sondern gibt diesen auch das Recht, auf Information und Anhörung durch alle zuständigen staatlichen und kommunalen Behörden und die Parlamente.[7] In Umweltfragen wird diese Regelung ergänzt durch den allgemeinen Anspruch aus Art. 39 VII BbgV auf Information über gegenwärtige und zu erwartende Belastungen der natürliche Umwelt.

Art. 21 IV BbgV statuiert ein umfassendes Akteneinsichtsrecht für alle natürlichen und juristischen Personen, Vereinigungen, Verbände und Bürgerinitiativen. Anders als etwa in § 29 BVwVfG wird kein eigenes Interesse verlangt. Unmittelbar beschränkt wird

---

1   Es kommt insofern nicht darauf an, ob das Referendum deklaratorisch oder konstitutiv wirkt.
2   Zum selben Ergebnis kommt auch *Storr*, S. 271 f., der vor allem auf den Unterschied zwischen Verfassunggebung und Verfassungsänderung abstellt.
3   Vgl. dazu oben S. 507.
4   Eine ähnliche Bestimmung fand sich im Entwurf der sächsischen Hochschullehrer für eine Verfassung des Freistaats Sachsen (Art. 36), SächsLT-Drs. 1/26; dazu siehe unten S. 556.
5   Beteiligungs- und Informationsrechte zugunsten von Bürgerinitiativen, ein umfassendes Akteneinsichtsrecht und ein Recht auf Beteiligung am Verwaltungsverfahren; dazu *von Brünneck/Epting*, HdBBbgV § 22, Rn. 3 ff.
6   Diese betreffen Auskunftsrechte in Umweltangelegenheiten und das Klagerecht vom Umweltverbänden.
7   Die Regelung geht unmittelbar auf den Entwurf des Zentralen Runden Tisches für eine neue Verfassung der DDR zurück, vgl. dazu unten S. 213. Zu Art. 21 III BbgV ausführlich *von Brünneck/Epting*, HdBBbgV, § 22, Rn. 5.

Art. 21 IV BbgV zum einen durch überwiegende öffentliche oder private Interessen und vor allem durch das Grundrecht auf Datenschutz nach Art. 11 BbgV. Bei der Entscheidung, ob tatsächlich Akteneinsicht gewährt wird, muss daher stets eine Interessenabwägung stattfinden.[1] Mittlerweile hat der Landtag den Anspruch durch das Akteneinsichts- und Informationszugangsgesetz (AIG)[2] konkretisiert.

Unter der Voraussetzung, dass ihre rechtlich geschützten Interessen betroffen sind, hat jede natürliche oder juristische Person nach Art. 21 V BbgV ein Recht auf Verfahrensbeteiligung.[3] Auch enthält Art. 39 VIII BbgV eine Sonderregelung für Verwaltungsverfahren, die die natürlichen Lebensgrundlagen betreffen. Hier wird nicht nur das Recht zur Verbandsklage in der Verfassung festgeschrieben, sondern auch ein umfassendes Beteiligungsrecht für Umweltverbände.

VI. Verfahrenspraxis und verfassungspolitische Bewertung

A. Zur Praxis der Verfahren[4]

Die ersten Volksinitiativen wurden bereits vor der Verabschiedung des BbgVAG beim Landtag eingereicht. Sie wurde auf Grundlage einer vom Landtag am 20. Januar 1993 beschlossenen vorläufigen Verfahrensregelung behandelt.[5]

1. Die sechs Verfahren zur Kreisreform

Im Mittelpunkt der ersten Verfahren stand die anstehende Kreisgebietsreform, die auch in Brandenburg die Gemüter in besonderem Maße beschäftigte.[6] Am 23. November 1992 waren zunächst 25.163 Unterschriften für eine Initiative zur **Bildung eines Kreises Oberhavel** eingereicht worden. Am 15. Dezember folgten zwei weitere Anträge, nämlich die von 10.087 Unterzeichnern unterstützte **„Initiative für die Uckermark"** und die Initiative **„Pro Prignitz"**, die von 8.188 Unterzeichnern getragen wurde. Während der Hauptausschuss die zuletzt genannte Initiative zurückwies, da das Quorum für die Volksinitiative nicht erreicht worden war, trug er dem Anliegen der beiden anderen Anträge im Kreisneugliederungsgesetz vom 24. Dezember 1992[7] Rechnung.[8]

---

1 Vgl. dazu *von Brünneck/Epting*, HdBBbgV, § 22, Rn. 6.

2 Vom 10.3.1998, GVBl. I S. 46.

3 Auch diese Regelung geht auf den Verfassungsentwurf des Zentralen Runden Tisches zurück, vgl. *von Brünneck/Epting*, HdBBbgV, § 22, Rn. 7.

4 Ein Überblick über die bisherigen Verfahren findet sich bei *Vette*, RuP 1996, S. 218, 219 ff.; vgl. auch *Hufschlag*, S. 239 ff., der sich allerdings ohne ersichtlichen Grund auf diejenigen Initiativen beschränkt, bei denen es zum Volksbegehren gekommen ist.

5 LT-Drs. 1/1617.

6 Vgl. dazu schon oben S. 346, S. 348 bzw. S. 381 zu den vergleichbaren Verfahren in den siebziger Jahren.

7 GVBl. S. 546.

8 Diese Angaben beruhen auf einer Übersicht vom 3.7.1998, die dem Verf. durch die Verwaltung des

Alle späteren Verfahren, die sich auf eine Änderung dieses Gesetzes richteten, blieben erfolglos. Zu nennen ist insofern zunächst die „Initiative zur **Kreisneugliederung**", die schon am 16. Dezember 1992 eingereicht und von 22.000 Unterzeichnern unterstützt worden war. Nachdem der Landtag diese Initiative nicht übernommen hatte, beantragten die Initiatoren am 22. April 1993 die Durchführung eines Volksbegehrens.[1] Die Eintragungsfrist lief vom 4. August bis zum 4. Dezember 1993. Es trugen sich nur 9.259 Personen in die Unterschriftenlisten Ein.[2] Damit wurde nicht einmal das Ergebnis der Volksinitiative erreicht, geschweige denn das Quorum von 80.000 Unterschriften.

Am 26. Februar 1993 legten die Vertreter einer Volksinitiative „**Kreisstadtentscheidung durch den Kreistag**" dem Landtag 40.000 Unterschriften für einen Entwurf für ein Gesetz vor, nach dem – entgegen den Vorgaben des Kreisneugliederungsgesetzes – der Kreistag den Sitz der Kreisverwaltung bestimmen solle.[3] Auch dieses Verfahren wurde nach den Vorgaben der vom Landtag beschlossenen vorläufigen Verfahrensregelung behandelt. Dementsprechend wurde das Anliegen der Initiative zunächst im Haupt- und Innenausschuss des Landtags beraten. Dort wurden am 9. März 1993 auch die Vertreter der Initiatoren angehört.[4] Nach der Prüfung der Zulässigkeit beschloss der Hauptausschuss des Landtags am 9. Juni 1993, die Volksinitiative zurückzuweisen. Zwar seien die formellen Zulässigkeitsvoraussetzungen gegeben. Der der Initiative zugrunde liegende Antrag sei aber unzulässig, da die Entscheidung nicht in den Zuständigkeitsbereich des Landtags sondern der Landesregierung falle.

Die Initiatoren riefen daraufhin das Verfassungsgericht des Landes an. Dieses entschied am 15. September 1994, dass die Entscheidung über den Sitz der Kreisverwaltung nicht zum Kernbereich der Zuständigkeiten der Landesregierung gehöre. Die Volksinitiative sei daher zulässig.[5] Am 1. Dezember 1994 hörten der Hauptausschuss und der Ausschuss für Inneres die Vertreter der Volksinitiative erneut an.[6] Am 15. Dezember 1994 hat der Landtag die Initiative abgelehnt.[7] Zur Begründung wurde angeführt, dass die Bevölkerung der Kreise vor der Bestimmung der Kreissitze ausreichend angehört worden sei. Die Beteiligung der Kreistage würde demzufolge nur eine scheinbare Verstärkung der Mitbestimmung mit sich bringen.[8] Das Verfahren wurde danach nicht mehr weiter betrieben.

Auch bei der nächsten Volksinitiative stand die Kreisreform im Mittelpunkt. Eine Volksinitiative „**Kreisstadt Finsterwalde**" sollte erreichen, dass der Sitz der Verwaltung des Landkreises „Elbe-Elster" nach Finsterwalde und nicht nach Herzberg bzw. Bad Liebenwerda gelegt wird. Die Initiative wurde am 21. Oktober 1993 eingereicht und ebenfalls

---

brandenburgischen Landtags überlassen worden ist.

1 Vgl. die Bekanntmachung des Landesabstimmungsleiters vom 4.6.1993, ABl. S. 995.
2 Vgl. die Bekanntmachung des Landtagspräsidenten vom 16.12.1993, GVBl. I S. 534.
3 Das Kreisneugliederungsgesetz des Landes sah demgegenüber eine Bestimmung durch den Landtag vor; vgl. dazu die Beschlussempfehlung und den Bericht in LT-Drs. 2/100.
4 Vgl. hierzu die Feststellungen im Tatbestand der Entscheidung des *BbgVfG*, NJ 1995, S. 140.
5 *BbgVfG*, NJ 1995, S. 140 = DÖV 1995, S. 331 = LKV 1995, S. 221
6 Vgl. dazu die Anlage zum Bericht und der Beschlussempfehlung, LT-Drs. 2/100.
7 Vgl. die Bekanntmachung des Landtagspräsidenten vom 22.12.1994, GVBl. I 1995, S. 7.
8 Vgl, den Bericht und die Beschlussempfehlung in LT-Drs. 2/100, S. 4.

vom Landtag nicht übernommen.[1] Im Zeitraum vom 4. Januar bis zum 3. Mai 1994 wurden Unterschriften gesammelt.[2] Es kamen dabei noch weniger Unterschriften als beim Volksbegehren zur Kreisneugliederung zusammen, nämlich nur 6.125.[3] Damit war auch diese letzte Initiative zur Kommunalgebietsreform gescheitert.

2. Die zwei Verfahren gegen den Wasserstrassenausbau

Am 6. Juli 1994 hat die von der Grünen Liga Brandenburg, sowie den Landesverbänden des Naturschutzbundes und des Bundes für Umwelt und Naturschutz getragene Volksinitiative **„Kein Wasserstraßenausbau in Brandenburg"** dem Präsidenten des Landtags eine Volksinitiative mit 36.458 Unterschriften übergeben. Der Initiative lag ein Antrag an den Landtag zugrunde, wonach dieser die Landesregierung zu einer Initiative im Bundesrat auffordern solle. Auf diese Weise sollte der Ausbau der Havel im Rahmen des „Verkehrsprojekt 17 – Deutsche Einheit" des Bundesverkehrswegeplanes verhindert werden.[4] Dies sei erforderlich, da die Planungen ökologisch und ökonomisch nicht zu verantworten seien. Nach Prüfung der Unterschriften wurde festgestellt, dass nur 18.636 der Unterschriften den Voraussetzungen des § 6 I BbgVAG entsprochen haben. Zum Teil hatten die Unterzeichner noch nicht das reguläre Mindestalter für die Beteiligung von 18 Jahren erreicht, zum Teil waren Unterschriften ungültig. Der Hauptausschuss des Landtags stellte daher fest, dass die förmlichen Voraussetzungen für die Volksinitiative nicht erfüllt waren. Der Präsident des Landtags gab die Unterschriftslisten daraufhin an die Vertreter der Volksinitiative zurück.[5]

Die Initiatoren erklärten am 28. November 1994 gegenüber dem Landtag, dass sie die Initiative erneut einbringen würden. Der 2. Volksinitiative wurde ein sehr konkreter Forderungskatalog zugrunde gelegt, mit dem in erster Linie der Landtag aufgefordert wurde, auf die Landesregierung in einer bestimmten Art und Weise Einfluss zu nehmen.[6] Am

1   Vgl. die Bekanntmachung des Landtagspräsidenten vom 30.9.1993, GVBl. I S. 470.
2   Vgl. die Bekanntmachung des Landesabstimmungsleiters vom 6.12.1993, ABl. S. 1706.
3   Vgl. die Bekanntmachung des Landtagspräsidenten vom 29.6.1994, GVBl. I S. 264.
4   Mit dem Ausbau soll die Anbindung Berlins an den Mittellandkanal verbessert werden.
5   Information des Präsidenten des Landtages Brandenburg an die Mitglieder des Landtages vom 28.9.1994; vgl. dazu *von Brünneck*, NJ 1995, S. 125.
6   Vgl. dazu die Bekanntmachung des Landtagspräsidenten, GVBl. I 1996, S. 46.
    Die Landesregierung sollte im Bundesrat zunächst beantrage, den Bundesverkehrswegeplan zu ändern und das Verkehrsprojekt 17 aufzuheben. Darüber hinaus sollte sie im Bundesrat darauf hinwirken, dass das Raumordnungsgesetz (ROG) und das Gesetz über die Umweltverträglichkeitsprüfung (UVPG) des Bundes so geändert werden, dass Umweltbelangen in Zukunft bei jeder Planung größeres Gewicht zukommen würde. Im ROG sollte eine obligatorische Umweltverträglichkeitsprüfung verankert werden. Diese sollte nach dem neuen UVPG ein selbständiges Verfahren werden.
    Zusätzlich sollte die Landesregierung über den Bundesrat darauf hinwirken, dass die zuständigen Bundesbehörden die einzelnen Umweltverträglichkeitsprüfungen der Raumordnungsverfahren für solche Großprojekte zusammenfassen.
    Nach dem der Initiative zugrunde liegenden Antrag sollte der Landtag die Landesregierung weiterhin ersuchen, ein Raumordnungsverfahren für den Landesbauabschnitt des „Verkehrsprojektes 17" zu eröffnen und der Planfeststellung solange das Einvernehmen nach dem Bundeswasserstrassengesetz zu verweigern, bis ein unabhängiges Gutachten die Notwendigkeit dieses Ausbaus, eine Studie über die Auswirkungen des Ausbaus auf den Wasserhaushalt und ein Gutachten über den Zustand und die

29. November 1994 wurde beim Landtag beantragt, die Altersgrenze für die Beteiligung an der Volksinitiative auf 16 Jahre herabzusetzen.[1] Da die Bauphase des Projektes sich über mehrere Jahre erstrecke, sei es offensichtlich, dass die Jugendlichen von ihren Auswirkungen betroffen seien. Im Übrigen würden die Jugendlichen zum Zeitpunkt des Baubeginns die reguläre Altersgrenze überschritten haben. Der Landtag lehnte diesen Antrag am 15. Dezember 1994 ab, da die Initiative keine spezifischen Angelegenheiten von Jugendlichen betreffe.[2] Gegen die Entscheidung des Landtags legten die Vertreter der Volksinitiative am 20. Januar 1995 Verfassungsbeschwerde beim Landesverfassungsgericht Ein, die letzten Endes erfolglos blieb.[3]

Am 21. August 1995 reichten die Vertreter der Volksinitiative gegen den **Wasserstrassenausbau** insgesamt 45.733 Unterschriften Ein. Nach Prüfung durch den Landeswahlleiter[4] hat der Hauptausschuss des Landtags die Initiative für zulässig erklärt. Am 18. Oktober 1995 wurden die Vertreter der Volksinitiative durch die Ausschüsse für Wirtschaft, Mittelstand und Technologie, für Umwelt, Naturschutz und Raumordnung sowie für Stadtentwicklung, Wohnen und Verkehr angehört. Eine weitere Anhörung zu Fragen der Binnenfischerei erfolgte am 18. Oktober 1995 durch den Ausschuss für Ernährung, Landwirtschaft und Forsten. Am 7. Dezember 1995 befasste sich der Hauptausschuss abschließend mit der Volksinitiative.[5] Der Landtag wies den Antrag am 13. Dezember 1995 zurück.[6] Allerdings forderte er die Landesregierung dazu auf, die Unterlagen über die Umweltauswirkungen des Verkehrsprojektes 17 einschließlich der erforderlichen Vermeidungs-, Ausgleichs- und Ersatzmaßnahmen vorzulegen und das Raumordnungsverfahren baldmöglichst durchzuführen. Weiterhin verlangte der Landtag von der Landesregierung, das Einvernehmen nur unter bestimmten Voraussetzungen festzustellen.[7]

Leistungsfähigkeit der betroffenen Gewässer als Arbeitsgrundlage für die fachliche Bewertung vorliegen.

1 *Hufschlag*, S. 241, geht irrig davon aus, dass sich der Antrag auf die erste, bereits abgeschlossene Volksinitiative bezogen habe.
2 LT-Drs. 2/101.
3 Vgl. die Anlage zu LT-Drs. 2/605. Der *BbgVfG*, LVerfGE 3, S. 177, 181 f., stellte zu Recht darauf ab, dass das Verfahren nicht in erster Linie Jugendliche betraf.
4 Dieser hat festgestellt, dass 38.746 der Unterschriften vollständig den Anforderungen entsprachen.
5 Vgl. dazu LT-Drs. 2/1890.
6 GVBl. I S. 290; vgl. dazu LT-Drs. 2/1890. Der Landtag ließ sich dabei von folgenden Erwägungen leiten. Er hielt den Ausbau der Wasserstrassen auf westeuropäisches Niveau für geboten. Eine Aufkündigung des Bundesverkehrswegeplanes sei abzulehnen, da dieser ein „Paket" darstelle. Selbst wenn das Land Brandenburg über eine Initiative der Landesregierung im Bundesrat Neuverhandlungen erreichen könne, sei weder sichergestellt, dass das Verkehrsprojekt 17 aufgehoben werde, noch könne eine Beeinträchtigung der Interessen des Landes bei anderen Projekten ausgeschlossen werden.
Im Land Brandenburg erfolge die UVP ohnehin als erste Stufe im Raumordnungsverfahren. Die entsprechende Verpflichtung im ROG des Bundes sei allerdings gestrichen worden. Eine Verselbständigung des UVP-Verfahrens würde zu keinen Änderungen führen, da auch dann das Ergebnis der UVP bei der planerischen Abwägung anderen Belangen gegenübergestellt werden müsse. Schließlich sei eine Gesamt-UVP für das ganze Verkehrsprojekt 17 nur möglich, wenn auch das Raumordnungsverfahren länderübergreifend durchgeführt werde. Dies würde aber zu einer Schwächung der Eigenstaatlichkeit der Länder führen – und letzten Endes den Einfluss Brandenburgs auf die Planungen verringern.
7 Vgl. die Bekanntmachung des Landtagspräsidenten vom 15.12.1995, GVBl. I S. 290. Zumindest insofern

Die Vertreter der Volksinitiative sahen ihrem Anliegen dennoch nicht hinreichend Rechnung getragen und verlangten die Durchführung eines Volksbegehrens.¹ Bei der Unterschriftensammlung im Frühjahr und Sommer 1996 wurden die erforderlichen 80.000 Eintragungen jedoch bei weitem verfehlt. Am 18. September 1996 hat das Landtagspräsidium festgestellt, dass nur 58.306 gültige Eintragungen vorgelegt worden waren.²

Dieses magere Ergebnis ist wohl nicht zuletzt darauf zurückzuführen, dass sich mittlerweile die zwingende Notwendigkeit ergeben hatte, den Mittellandkanal auszubauen, da der Mittellauf der Elbe zwischen Lauenburg und Magdeburg entgegen den ursprünglichen Planungen zum Biosphärenreservat erklärt werden sollte.³ Damit war aber auch der Havelausbau unvermeidbar geworden.⁴

3. Das Verfahren für die sozialverträgliche Überleitung in das Vergleichsmietensystem

Am 27. März 1995 wurden dem Landtagspräsidenten 58.113 Unterschriften für eine Volksinitiative zur **Schaffung sozialer und rechtlicher Voraussetzungen bei Überleitung in das Vergleichsmietensystem in den neuen Ländern** übergeben.⁵ Die Initiatoren forderten den Landtag dazu auf, die Landesregierung zu beauftragen, sich gegenüber der Bundesregierung und im Bundesrat dafür einzusetzen, die Vergleichsmiete in den neuen Ländern nur unter bestimmten Voraussetzungen⁶ einzuführen. Anlass war die für den 1. Juli 1995 geplante weitere Lockerung der Mietpreisbindung in den neuen Ländern durch das Mietenüberleitungsgesetz, in deren Folge drastische Mieterhöhungen erwartet wurden.⁷

hat der Landtag sich die Volksinitiative im wesentlichen zu eigen gemacht.

1 Vgl. die Bekanntmachung des Landtagspräsidenten vom 27.2.1996, GVBl. I S. 46.
2 Vgl. die Bekanntmachung des Landtagspräsidenten vom 20.9.1996, GVBl. I S. 275.
3 Ursprünglich war vorgesehen, diesen Abschnitt als internationale Wasserstrasse auszubauen.
4 Dazu „Signal für die Umwelt", in. Die Zeit vom 13.9.1996, S. 20. Durch den Ausbau der Elbe wäre der Binnenschifffahrt eine zweite Verbindung zwischen Berlin und Nord- bzw. Westdeutschland eröffnet worden.
5 Zur selben Zeit hat es eine im wesentlichen identische Initiative in Mecklenburg-Vorpommern gegeben; dazu siehe unten S. 679 ff.
6 Für mindestens 30 % der Mietwohnungen in den neuen Ländern sollte der Mietpreis gebunden bleiben, bzw. den Kommunen ein Belegungsrecht eingeräumt werden. Die Altschulden der Wohnungswirtschaft sollten in langfristige zinslose Darlehen umgewandelt werden. Die Wohngeldregelungen sollten jährlich angepasst werden, wobei die Gesamtwohnkosten zu berücksichtigen seien. Die Bestandsmieten sollten um maximal 10 % in drei Jahren, höchstens 3,3, % pro Jahr erhöht werden dürfen. Bei Neuvermietung sollte die Miete maximal um 5 % erhöht werden dürfen. Die Kappungsgrenze für Mieterhöhungen nach Modernisierungen sollte ausnahmslos auf 3 DM/m² festgelegt werden. Die Betriebskostenumlageverordnung sollte beibehalten werden. Schließlich solle der Kündigungsschutz auf mindestens 5 Jahre verlängert werden, dies sollte auch für Einliegerwohnungen gelten.
7 Bereits einige Zeit zuvor waren dem Landtagspräsidenten weit mehr als 20.000 Unterschriften für eine vom Mieterbund Land Brandenburg e.V. initiierte Initiative übergeben worden, mit der die Landesregierung aufgefordert wurde, sich gegenüber der Bundesregierung und im Bundesrat für sozialverträgliche Mieten und für besondere Kündigungsschutzbestimmungen in den neuen Ländern einzusetzen. Diese Initiative wurde an den Petitionsausschuss übergeben und von diesem zuständigkeitshalber an den Bundestag weitergeleitet.
Diese Angabe beruht auf einer Übersicht vom 3.7.1998, die dem Verf. durch die brandenburgische

Am 6. April 1995 stellte der Landeswahlleiter fest, dass die förmlichen Voraussetzungen für die Zulässigkeit der Initiative gegeben seien, da 57.001 der Eintragungen vollständig den gesetzlichen Anforderungen genügten. Am 11. Mai 1995 behandelte der Hauptausschuss des Landtags die Initiative und stellte deren Zulässigkeit fest. Nachdem der Ausschuss für Stadtentwicklung, Wohnen und Verkehr die Vertreter der Volksinitiative und weitere Beteiligte[1] am selben Tag angehört hatte, beschloss er, dem Landtag zu empfehlen, die Initiative in unveränderter Form anzunehmen. Der Hauptausschuss des Landtags kam bei der abschließenden Behandlung der Initiative am 16. Mai 1995 zum selben Ergebnis.[2] Diese Beschlüsse ergingen, obwohl bereits zu diesem Zeitpunkt feststand, dass die Forderungen sich unter keinen Umständen vollständig erfüllen lassen würden.[3] Es ist nicht erkennbar, dass die nachfolgenden Bemühungen der Landesregierung die Verhandlungen über das Mietenüberleitungsgesetz noch wesentlich beeinflusst haben.[4]

4. Das Verfahren gegen die Schnellstrasse im Finowtal

Am 26. Juni 1995 wurde eine weitere Volksinitiative gegen den Bau einer **Schnellstrasse im Finowtal** eingereicht. Dieser Antrag war nur von 656 Bürgern unterstützt worden und daher offensichtlich unzulässig. Dennoch wurde in der Folge das Raumordnungsverfahrens wiederholt.[5]

5. Das Verfahren zur Förderung der Jugend- und Jugendsozialarbeit

Am 15. August 1995 wurde dem Präsidenten des Landtags ein Antrag der Vertreter der Volksinitiative für ein Gesetz zur **Förderung der Jugendarbeit und Jugendsozialarbeit** zugestellt, die Altersgrenze für die Beteiligung an dieser Initiative auf 16 Jahre herabzusetzen.[6] Entsprechend der Empfehlung des Hauptausschusses hat der Landtag diesem Antrag am 11. Oktober 1995 entsprochen. Die von zahlreichen Jugendverbänden unterstütze Initiative hatte in erster Linie ein ausführliches „Jugendfördergesetz" zum Gegenstand, mit dem die Bedingungen für die Kinder- und Jugendarbeit verbessert werden sollten. Ein Sonderurlaubsgesetz sollte den ehrenamtlich in der Jugendarbeit tätigen Personen einen

Landtagsverwaltung zur Verfügung gestellt wurde. Nach Auskunft der Landtagsverwaltung hatte der Landtagspräsident den Initiatoren zunächst dargelegt, dass die Zulässigkeit der Initiative zweifelhaft sei, da es sich um eine Bundesangelegenheit handele. Daraufhin haben diese darauf verzichtet, dass das Verfahren nach dem BbgVAG durchgeführt wurde.

1 Vor allem Vertreter der Wohnungsunternehmen.
2 Dazu LT-Drs. 2/756.
3 Die Vertreter der Volksinitiative fühlten sich den Unterzeichnern verpflichtet und erklärten sich nicht bereit, von ihren Maximalforderungen abzurücken. Sie waren sich allerdings auch darüber bewusst, dass die Landesregierung bei der Umsetzung des Auftrags zu Kompromissen gezwungen sein würde; vgl. dazu das Protokoll der Anhörung durch den Ausschuss für Stadtentwicklung, Wohnen und Verkehr; Anlage 3 zu LT-Drs. 2/756.
4 Das Gesetz wurde nach Zustimmung des Bundesrates am 6.6.95 verkündet, BGBl. I S. 748.
5 *Vette*, RuP 1996, S. 218, 219.
6 Vgl. LT-Drs. 2/1441.

Anspruch auf bezahlten Urlaub einräumen. Zugleich sollten die betroffenen Arbeitgeber einen Anspruch auf Erstattung ihrer Aufwendungen erhalten. Die notwendigen Mittel sollten durch eine Ausgleichsabgabe aufgebracht werden, die von Arbeitgebern mit mehr als 50 Beschäftigten erhoben werden solle.[1] Schließlich solle das Ausführungsgesetz des Landes zum KJHG (SGB VIII) geändert werden. Am 19. November 1996 wurden 23.884 Unterschriften eingereicht. Nachdem der Landeswahlleiter festgestellt hatte, dass nur 13.253 dieser Unterschriften zulässig waren, wurde das Verfahren für unzulässig erklärt.[2]

6. Das (erste) Verfahren zur Förderung der Musikschulen

Bereits am 28. Februar 1996 war dem Landtag eine weitere Volksinitiative für ein „Gesetz zur **Förderung der Musikschulen**" unterbreitet worden,[3] die von ca. 64.507 Personen unterzeichnet worden war – bemerkenswerterweise hatte auch eine große Zahl der Landtagsabgeordneten den Antrag unterstützt.[4] Der Landeswahlleiter erklärte 49.935 Unterschriften für gültig.[5] Daraufhin wurde die Imitative am 18. April 1996 durch den Landtagshauptausschuss für zulässig erklärt und zur weiteren Beratung in die Ausschüsse für Haushalt und Finanzen bzw. Wissenschaft, Forschung und Kultur überwiesen worden. Diese hörten die Vertreter der Volksinitiative am 30. Mai 1996 an. Am 12. Juni 1996 lehnte der Landtag die Volksinitiative mit großer Mehrheit ab, da die gegenwärtigen finanzpolitischen Rahmenbedingungen die beantragte Förderung der Musikschulen nicht zuließen.[6] Er empfahl der Landesregierung lediglich, die Höhe der Zuschüsse an Musikschulen auf der Basis des Jahres 1996 bis zum Jahre 1999 beizubehalten, um diesen eine gewisse Planungssicherheit zu geben.[7] Am 3. Juli 1996 haben die Vertreter der Volksinitiative daraufhin die Durchführung eines Volksbegehrens verlangt.[8] Am 30. September 1996 wurde der Antrag wieder zurückgezogen.[9]

---

1 Ob auch das Land zur Finanzierung verpflichtet sein soll, ergibt sich aus dem Entwurf nicht ausdrücklich.
2 Diese Angabe beruht auf einer Übersicht vom 3.7.1998, die dem Verf. durch die brandenburgische Landtagsverwaltung zur Verfügung gestellt wurde.
3 In diesem Gesetzentwurf war unter anderem vorgesehen, dass das Land sich mit einem Zuschuss von einem Drittel der anfallenden Personal- und Sachkosten beteiligen sollte, sofern der jeweilige Träger der Schule in gleichem Umfang Aufwendungen tätigt, § 6 lit. a) Nr. 3. Daneben sollte das Land gemäß § 6 lit. b) Zuwendungen für die Errichtung und Ausstattung der Musikschulen und den Bau eigener Räume gewähren, für die Personal- und Sachausgaben für den Landesverband der Musikschulen Brandenburg e.V. gewähren und Mittel für die Weiterbildung von Leitern und Lehrkräften der Musikschulen bereitstellen; vgl. dazu LT-Drs. 2/2658.
4 Die CDU wies bei den späteren Beratungen in den Ausschüssen daher darauf hin, dass die Abgeordneten sich widersprüchlich verhalten würden, wenn sie die Initiative im Landtag ablehnen, vgl. die Stellungnahme des Ausschusses für Wissenschaft, Forschung und Kultur, LT-Drs. 2/2658, Anlage 2.
5 LT-Drs. 2/2658, S. 5.
6 LT-Drs. 2/2658, S. 5 f.; vgl. dazu auch *Vette*, RuP 1996, S. 218, 220.
7 GVBl. I 1996, S. 205. Eine weitere Kürzung der Zuschüsse sollte also möglichst unterbleiben.
8 Vgl. die Bekanntmachung des Landtagspräsidenten vom 27.8.1996, GVBl. I S. 262.
9 Diese Angabe beruht auf einer Übersicht vom 3.7.1998, die dem Verf. durch die brandenburgische Landtagsverwaltung zur Verfügung gestellt wurde.

7. Das Verfahren für sozial verträgliche Wasser- und Abwassergebühren

Am 6. Mai 1996 wurden dem Landtag 30.580 Unterschriften für eine Volksinitiative für **sozial verträgliche Wasser- und Abwassergebühren** vorgelegt. Anlass für die Volksinitiative war der Umstand, dass in zahlreichen Gemeinden Brandenburgs, wie auch der anderen neuen Länder, überdimensionierte Kläranlagen errichtet worden waren. Die erheblichen Kosten für die Errichtung und den Betrieb dieser Anlagen wurden vollständig auf die Gebührenzahler abgewälzt.[1] Der Landesabstimmungsleiter befand 21.133 der eingereichten Unterschriften für gültig. Der Hauptausschuss des Landtags kam zunächst zu dem Ergebnis, dass die Initiative dennoch unzulässig sei, weil es sich bei ihrem Gegenstand um „Gebühren" handele. Aufgrund eines Gutachtens der Landtagsverwaltung, in dem dargelegt wurde, dass die Auswirkungen auf den Landeshaushalt nur minimal wären und die Etathoheit des Parlaments daher nicht beeinträchtigt würde, akzeptierte der Ausschuss den Antragsgegenstand allerdings doch noch.[2] Die Initiative wurde am 20. Juni 1996 an die Ausschüsse für Umwelt, Naturschutz und Raumordnung, sowie für Inneres überwiesen. Diese hörten am 15. August 1996 die Vertreter der Volksinitiative und zusätzlich auch den Zweckverband für Wasserversorgung und Abwasserentsorgung Eberswalde an. Nachdem sich dabei bestätigte, dass tatsächlich weiterer Beratungsbedarf bestand, beschloss der Landtag am 28. August 1996, erneut über die sozialverträgliche Gestaltung der Wasser- und Abwasserpolitik zu beraten, sowie über Schritte zu einer wirtschaftlichen Neuorientierung und Stabilisierung der Abwasserzweckverbände.[3] Damit war dem Anliegen der Initiative entsprochen worden.

8. Das Verfahren gegen den Transrapid

Am 9. April 1997 wurde eine Initiative „**Nein zum Transrapid Berlin-Hamburg**" eingereicht. Gegenstand des Antrags war eine Aufforderung an die Landesregierung, sich mit allen ihr zur Verfügung stehenden politischen und rechtlichen Mitteln gegen das Projekt einer Magnetschwebebahn zu wenden. Insbesondere solle sie im Bundesrat die Aufhebung aller gesetzlicher Grundlagen für Planung und Bau sowie die Beendigung aller Vorbereitungsmaßnahmen verlangen. Außerdem solle die Landesregierung sich für die Rückführung der für die Finanzierung der Maßnahmen verplanten Mittel in die entsprechenden öffentlichen Haushalte einsetzen. Zur Begründung wurde darauf verwiesen, dass der Bau der Magnetschwebebahnstrecke eine verkehrspolitisch unsinnige Verschwendung von Steuergeldern sei. Der Transrapid zerstöre Natur und Landschaft, verschwende Energie und schade Menschen, Pflanzen und Tieren.[4]

Von den 27.456 eingereichten Unterschriften erklärte der Landesabstimmungsleiter 24.441 für gültig.[5] Schon am 29. Mai 1997 hörte der zuständige Ausschuss für Stadtent-

---

1 Zum Anliegen vgl. LT-Drs. 2/2870, S. 2.
2 LT-Drs. 2/2870; dazu *Vette*, RuP 1996, S. 218, 221.
3 LT-Drs. 2/2870, S. 3.
4 Zur ausführlichen Begründung vgl. den Bericht des Hauptausschusses vom 5.6.1997, LT-Drs. 2/4120.
5 Vgl. dazu den Bericht des Hauptausschusses des Landtags vom 5.6.1997, LT-Drs. 2/4120.

wicklung, Wohnung und Verkehr die Vertreter der Volksinitiative an.[1] Er sah keinen weiteren Beratungsbedarf, da er sich bereits zuvor mit der geplanten Baumaßnahme befasst hatte.[2] Daraufhin stellte der Landtag am 12. Juni 1997 die Zulässigkeit der Initiative fest, lehnte sie zugleich jedoch inhaltlich ab.[3] Auf Antrag der Initiatoren wurden vom 20. Oktober 1997 bis zum 19. Februar 1998 insgesamt 71.098 Unterschriften gesammelt, von denen 69.750 gültig waren. Damit war das Volksbegehren gescheitert.[4]

Unmittelbar danach wurde in Berlin mit der Sammlung von Unterschriften für eine vergleichbare Volksinitiative begonnen.[5]

9. Das Verfahren gegen den Ausbau des Flughafens Berlin-Schönefeld

Am 2. Juli 1998 reichte die „Aktionsgruppe Blankenfelde gegen den **Ausbau des Flughafens Schönefeld**" eine von 24.209 Personen unterschriebene Volksinitiative Ein, mit der der Landtag dazu aufgefordert wurde, so auf die Landesregierung einzuwirken, dass diese dem Landesentwicklungsplan „Standortsicherung Flughafen Schönefeld" nicht zustimmt. Auf diese Weise sollte der nach Ansicht der Initiatoren „in diesem Umfang wirtschaftlich fragwürdig, ökologisch schädlich und insgesamt unzumutbare" Ausbau des Flughafens zu einem internationalen Großflughafen verhindert werden.

Nachdem 23.404 der Unterschriften für gültig erklärt worden waren, wurde die Initiative an die Ausschüsse für Umwelt, Naturschutz und Raumordnung sowie Stadtentwicklung, Wohnen und Verkehr überwiesen und dort bis Ende September 1998 beraten.[6]

Auf Vorschlag des Hauptausschusses beschloss der Landtag am 7. Oktober 1998, die Volksinitiative abzulehnen.[7] Zur Begründung wurde vor allem darauf verwiesen, dass der geplante Großflughafen ein entscheidender Wirtschaftsfaktor sei, der zahlreiche neue Arbeitsplätze schaffe. Auch sei das vorgeschrieben Beteiligungs- und Abwägungsverfahren für die Landesentwicklungsplanung bereits abgeschlossen. Da das Anliegen der Initiatoren, so gut wie möglich vor Lärm, Abgasen und anderen Emissionen geschützt zu werden, dennoch berechtigt sei, forderte der Landtag die Landesregierung immerhin gleichzeitig dazu auf, sich auf der Ebene des Bundes für eine Änderung des Fluglärmgesetzes einzusetzen und auf diese Weise eine Verbesserung des Lärm- und Gesundheitsschutzes für die vom Ausbau des Flughafens Betroffenen zu erreichen.[8] Das Verfahren wurde danach nicht mehr weiter betrieben. Zu einer Änderung des Fluglärmgesetzes ist es bisher nicht gekommen.[9]

1   Vgl. dazu das a.a.O. , S. 6 ff., abgedruckte Protokoll der Beratung.
2   Vgl. LT-Drs. 2/1883 und 2/3786.
3   Vgl. die Bekanntmachung des Landtagspräsidenten vom 17.6.1997, GVBl. I S. 69.
4   Vgl. die Bekanntmachung des Landtagspräsidenten vom 18.3.1998, GVBl. I S. 50.
5   Vgl. dazu unten S. 779.
6   Vgl. dazu die Angaben in LT-Drs. 2/5687.
7   GVBl. I S. 213.
8   LT-Drs. 2/5687. Nur die PDS hatte sich das Anliegen der Volksinitiative zu eigen gemacht und wollte die Landesregierung dazu auffordern, von weiteren Planungen für den Ausbau abzusehen, vgl. LT-Drs. 2/5709.
9   Tatsächlich ist nicht erkennbar, dass und welche konkreten Bemühungen die Landesregierung auf Bundesebene unternommen hat, um eine Änderung des bereits 1971 erlassenen Fluglärmgesetzes zu

10. Das Verfahren für eine Verbesserung der medizinischen Versorgung

Am 9. Juni 1999 wurde eine Volksinitiative **gegen die zunehmende Benachteiligung der ostdeutschen Bevölkerung in der medizinischen Betreuung und Versorgung** eingereicht. Initiiert worden war das Verfahren von Ärzten, Arzthelferinnen, Physiotherapeuten, Apothekern und Psychotherapeuten aus Brandenburg, die es nicht länger hinnehmen wollten, dass die Arznei- und Heilmittelbudgets und die Ausgaben für die ambulante Gesundheitsversorgung in Brandenburg deutlich unter dem Bundesdurchschnitt liegen. Mit der Volksinitiative wollten sie daher die Aufhebung der Sonderregelungen für die ostdeutschen Länder erreichen.

Nachdem bereits bei der Überprüfung von 67.700 der insgesamt eingereichten 209.850 Unterschriften 47.977 gültige Eintragungen festgestellt worden waren,[1] behandelte der Hauptausschuss des Landtags die Initiative am 22. Juni 1999. Zwar bestand kein Zweifel, dass die formellen Voraussetzungen für die Zulässigkeit der Volksinitiative vorlagen. Da die Antragsteller jedoch darauf verzichtet hatten, einen konkreten Antrag zu formulieren und es hier offensichtlich um einen Gegenstand ging, der nicht oder jedenfalls nicht allein in den Zuständigkeitsbereich des Landtags fiel, wurden zunächst Zweifel geäußert, ob die Initiative im Hinblick auf § 5 I BBgVAG zulässig war. Nachdem die Herstellung der Rechtsgleichheit in Ost und West als Aufgabe des Landes angesehen wurde, konnten diese Zweifel jedoch ausgeräumt werden und die Initiative wurde zur weiteren Beratung in den Ausschuss für Arbeit, Soziales, Gesundheit und Frauen verwiesen.[2]

Dieser Ausschuss hörte die Vertreter der Volksinitiative am 29. Juni 1999 an. Zwar fanden die Antragsteller auch hier Verständnis für ihr Anliegen. Allerdings empfahl der Ausschuss dennoch die Ablehnung der Volksinitiative, da die Pro-Kopf-Ausgaben für Arzneimittel in Brandenburg zwar etwa dem Mittelwert der ostdeutschen Länder entsprachen, aber deutlich höher waren als der Bundesdurchschnitt. Dies sei nicht nur auf die höhere Morbidität der Bevölkerung, sondern auch darauf zurückzuführen, dass in Brandenburg teurere Präparate verschrieben wurden. Daher bestehe ein erhebliches Einsparpotential. Die relativ niedrigen Ausgaben für die ambulante Versorgung seien nicht zuletzt auf das niedrigere Lohnniveau zurückzuführen.[3]

Allerdings sollte der Landtag die Landesregierung dazu auffordern, sich auch weiterhin auf Bundesebene nachdrücklich für die Einführung eines verbesserten gesamtdeutschen Risikostrukturausgleiches einzusetzen, um die Finanzausstattung des Gesundheitswesens im

---

erreichen. In der vom Ministerium für Stadtentwicklung, Wohnen und Verkehr verantworteten „Luftverkehrskonzeption für das Land Brandenburg – 1. Fortschreibung" aus dem Oktober 2000 ist auf S. 5 lediglich kryptisch davon die Rede, dass die Landesregierung „u. a. die Initiativen zur Novellierung des Fluglärmgesetzes" unterstütze.

1 Man hatte sich wegen der nahenden Sommerpause auf eine eingeschränkte Prüfung beschränkt. Daher ist nicht bekannt, wie viele gültige Unterschriften insgesamt vorgelegt worden sind.

2 Vgl. dazu die Angaben in LT-Drs. 2/6477.

3 A.a.O; Darüber hinaus sei eine Klage der Kassenärztlichen Vereinigung gegen die Feststellung des Arzneimittelbudgets anhängig. Weitere Klagen seien zu erwarten. Daher müsse zunächst abgewartet werden.

Osten Deutschlands den dortigen besonderen Belastungen[1] anzupassen. Der Landtag folgte dieser Empfehlung am 7. Juli 1999. Das Verfahren ist danach nicht weiter betrieben worden. Am System des Risikostrukturausgleichs hat sich insofern nichts geändert.[2]

11. Das (zweite) Verfahren zur Förderung der Musikschulen

Drei Jahre nachdem der Landtag den Antrag der Volksinitiative zur Förderung der Musikschulen abgelehnt hatte,[3] wurde erneut mit der Sammlung von Unterschriften begonnen. Gegenstand der Initiative war ein Entwurf für ein „Gesetz zur **Förderung der Musikschulen im Land Brandenburg**", nach dessen § 6 lit. a) Nr. 3 und lit. b) das Land zu einer relativ weitreichenden finanziellen Förderung anerkannter[4] Musikschulen verpflichtet sein sollte.[5] Noch vor Beginn der Unterschriftensammlung war das Mindestalter für die Beteiligung an der Volksinitiative auf 16 Jahre herabgesetzt worden. Am 19. Juli 1999 wurden dem Landtagspräsidenten insgesamt 61.022 Unterschriften übergeben. Nachdem sich gezeigt hatte, dass das Quorum für die Volksinitiative erreicht worden ist und auch die übrigen Zulässigkeitsvoraussetzungen gegeben waren, wurde der Antrag an die Ausschüsse für Wissenschaft, Forschung und Kultur sowie Haushalt und Finanzen überwiesen. Dort wurden die Vertreter der Volksinitiative am 10. November 1999 angehört.[6]

Zwar wurde das Grundanliegen der Volksinitiative, nämlich die Forderung nach einer gesetzlichen Regelung der Musikschulförderung, in beiden Fachausschüssen als berechtigt anerkannt. Nachdem jedoch noch ein erheblicher Klärungsbedarf in Bezug auf die vorgeschlagenen Regelungen zum Namensschutz und Status der Musikschulen und auch zur Finanzierung bestand und da selbst die Vertreter der Volksinitiative zugestanden hatten, dass die von ihnen vorgeschlagenen Formulierungen rechtlich nicht völlig frei von Bedenken waren, empfahlen die Ausschüsse dem Landtag, die Volksinitiative abzulehnen. Der Landtag folgte dieser Empfehlung am 15. Dezember 1999 und forderte gleichzeitig die

---

1 Neben der bereits erwähnten höheren Morbidität ist insofern vor allem die aufgrund der Beschäftigungslage deutlich schlechtere Einnahmesituation der Krankenkassen zu erwähnen.

2 Die große Koalition aus SPD und CDU vereinbarte in Nr. 3.2.4 des Koalitionsvertrages für die Wahlperiode 1999-2004, dass sich Brandenburg für die Einführung des Risikostrukturausgleiches innerhalb der Gesetzlichen Krankenversicherung einsetzen werde, um die Aufhebung der Ungleichbehandlung zwischen West und Ost, d.h. der getrennten Rechnungsführung und Finanzierung der Krankenkassen, die Entschuldung der ostdeutschen Krankenkassen und die Berücksichtigung von Härtefällen zu erreichen. Bisher sind keine entsprechenden Anträge gestellt worden, da die Problematik durch die allgemeine Diskussion über den Risikostrukturausgleich zwischen den Krankenkassen verdrängt wurde.

3 Vgl. dazu oben S. 540.

4 Maßstab sollten dabei gem. § 3 Nr. 1 des Entwurfes die Kriterien des „Verbandes deutscher Musikschulen" sein, die durch eine Bestätigung des zuständigen Landesverbandes nachgewiesen werden sollten.

5 Neben einem Zuschuss zu den laufenden Sach- und Personalkosten waren unter anderem Zuwendungen für Investitionen in die Errichtung und Ausstattung von Musikschulen sowie für die Personal- und Sachausgaben für die Beratung und Koordination vorgesehen.

6 Vgl. dazu die Angaben in der Beschlussempfehlung vom 2.12.1999, LT-Drs. 3/250.

Landesregierung dazu auf, bis zur Sommerpause des folgenden Jahres einen Entwurf für ein Musikschulgesetz vorzulegen.

Nachdem nicht klar war, ob und wann die Landesregierung dieser Aufforderung nachkommen würde, beantragten die Initiatoren die Durchführung eines Volksbegehrens. Am 20. März 2000 wurde mit der Sammlung von Unterschriften begonnen. Obwohl der Finanzminister große „Bauchschmerzen" beklagte, da dem Land zu einem Zeitpunkt Ausgaben vorgeschrieben werden sollen, in dem mittelfristig erhebliche Einsparungen erforderlich sind und trotz der Bedenken der Kommunen, die einen Eingriff in eine der letzten Bastionen kommunaler Selbstverwaltung befürchteten, legte die Landesregierung am 28. Juni tatsächlich einen Gesetzentwurf vor, der dem Anliegen des Volksbegehrens weitgehend entgegen kam,[1] und am 15. Dezember 2000 vom Landtag angenommen wurde.[2]

Nachdem der Gesetzentwurf vorgelegt worden war, verzichteten die Antragsteller auf weitere Werbung für das Volksbegehren, das daher bis zum Ende der Eintragungsfrist nur von 20.772 Person gültig unterzeichnet wurde und damit nicht zustande gekommen war.[3]

12. Das Verfahren gegen die Kürzungen bei den Kindertagesstätten

Nachdem die SPD bei den Landtagswahlen am 5. September 1999 ihre Mehrheit verloren und eine Koalition mit der CDU gebildet hatte, wurde vereinbart, die Nettokreditaufnahme bis zum Jahr 2002 auf Null zurückzuführen.[4] Um dieses ehrgeizige Ziel zu erreichen, verabschiedete der Landtag im Juni des folgenden Jahres ein „Haushaltsstrukturgesetz", mit dem unter anderem der bis dahin in § 1 des Kindertagesstättengesetzes (KitaG)[5] festgeschriebene Rechtsanspruch aller Kinder bis zum Ende des Grundschulalters – also bis zum Ende der sechsten Klassenstufe[6] – auf Erziehung, Bildung, Betreuung und Versorgung in Kindertagesstätten, deutlich eingeschränkt wurde.[7] Im Jahre 2000 sollten damit Einsparungen in Höhe von 25 Millionen DM erreicht werden, in den folgenden Jahren sogar in Höhe

---

1 LT-Drs. 3/1402. Danach werden die staatlich anerkannten Musikschulen mit jährlich 6,5 Mio. DM gefördert. Die Voraussetzungen für die staatliche Anerkennung wurden im Gesetz geregelt. Auf Vorschlag des zuständigen Ausschusses wurden sie in der letzten Phase der Beratungen nochmals verschärft, vgl. LT-Drs. 3/2088.
2 GVBl. I S. 178.
3 Vgl. die Bekanntmachung des Landtagspräsidenten vom 13.9.2000, GVBl. I S. 130.
4 Nr. 5.1. der Koalitionsvereinbarung vom 12.10.1999.
5 2. Gesetz zur Ausführung des SGB VIII – Kinder- und Jugendhilfe.
6 Vgl. § 19 II 1 BbgSchG.
7 GVBl. I S. 90, 92; Einen umfassenden Rechtsanspruch haben danach nur noch Kinder vom vollendeten zweiten Lebensjahr bis zur Versetzung in die fünfte Schuljahrgangsstufe, wobei § 1 III KitaG n.F. festschreibt, dass der Anspruch bei Kindern im Grundschulalter mit einer Mindestbetreuungszeit von vier Stunden erfüllt ist. Vor der Einschulung muss die Betreuungszeit mindestens sechs Stunden betragen. Für Kinder bis zur Vollendung des zweiten Lebensjahres bzw. der fünften und sechsten Schuljahrgangsstufe besteht nur dann ein Rechtsanspruch, wenn ihre familiäre Situation, insbesondere die Erwerbstätigkeit, die häusliche Abwesenheit wegen Erwerbssuche, die Aus- und Fortbildung der Eltern oder ein besonderer Erziehungsbedarf die Tagesbetreuung erforderlich macht. Unter diesen Voraussetzungen ist auch eine Betreuung über die genannten Mindestbetreuungszeiten hinaus zu gewährleisten. Das KitaG wurde in der Folgezeit nochmals überarbeitet, vgl. GVBl. I 106.

von jeweils 68 Millionen DM. Damit war die Änderung des KitaG neben dem Stellenabbau in der Landesverwaltung das wichtigste Element der Sparmaßnahmen.[1]

Bereits am 1. Mai 2000 hatte ein vor allem vom Landesverband der Gewerkschaft Erziehung und Wissenschaft getragenes[2] Aktionsbündnis **„Für unsere Kinder – Initiative zur Sicherung des Rechtsanspruchs aller Kinder auf Erziehung und Versorgung in Kindertagesstätten"**, mit der Sammlung von Unterschriften für eine Volksinitiative begonnen, der ebenfalls ein Antrag zur Änderung des KitaG zugrunde lag, mit dem der bisherige Rechtsanspruch beibehalten und insofern konkretisiert wurde, als im Gesetz auch Kriterien für die Festlegung der Betreuungszeiten festgeschrieben werden sollten. Die Initiative richtete sich ausdrücklich gegen alle Versuche, die Betreuungsansprüche von Kindern erheblich zu reduzieren. Zugleich solle eine Absenkung der Qualität der Erziehungs- und Bildungsarbeit in den Kindertagesstätten verhindert werden.

Am 13. Juli 2000 legten die Vertreter der Volksinitiative dem Landtagspräsidenten 147.358 Unterschriften vor. Nachdem sich bei der Prüfung von 34.843 Eintragungen gezeigt hatte, dass mindestens 29.979 gültige Unterschriften eingereicht und das Quorum für die Volksinitiative erreicht worden war, kam es im Hauptausschuss des Landtags zu einem heftigen Streit, ob diese Volksinitiative gegen den Haushaltsvorbehalt des Art. 76 II BbgV verstößt. Obwohl sich bei einer eigens dafür angesetzten Anhörung drei der vier geladenen Sachverständigen eindeutig für die Zulässigkeit der Volksinitiative ausgesprochen hatten[3] und unabhängig davon, dass kurz zuvor eine vergleichbare Initiative in Sachsen-Anhalt ohne weiteres für zulässig erklärt worden war,[4] stellte der Hauptausschuss des Landtags am 12. Oktober 2000 die Unzulässigkeit der Volksinitiative fest, da es sich um ein Verfahren „zum Landeshaushalt" handele.[5] Er folgte damit der Ansicht, die auch die niedersächsische Landesregierung einige Monate zuvor vertreten hatte.[6] In Sachsen-Anhalt war eine vergleichbare Initiative hingegen für zulässig erklärt worden.[7]

Der Umstand, dass der Anwendungsbereich der Verfahren nun plötzlich deutlich enger definiert wurde als früher,[8] hängt mit großer Wahrscheinlichkeit damit zu-

---

1 Bezogen auf das gesamte Volumen der Sparmaßnahmen betrug der Anteil der Einsparungen im Kita-Bereich zwischen 10,8 % (im Jahre 2004) und 22,8 % (im Jahre 2001).

2 Außerdem beteiligten sich unter anderem der ÖTV Bezirk Brandenburg, der Landeselternbeirat der Kindertagesstätten in Brandenburg, die Frankfurter Lobby für Kinder, der Frauenpolitische Rat Land Brandenburg e.V., der Verband Alleinerziehender Mütter und Väter und nicht zuletzt die Landesverbände von PDS, Bündnis 90/Die Grünen.

3 Allerdings kommt es auch hier nicht auf die „herrschende Meinung" an.

4 Vgl. dazu unten S. 621, sowie S. 653 zum vergleichbaren Verfahren in Niedersachsen.

5 In der folgenden Plenarsitzung des Landtags kam es im Rahmen einer von der PDS-Fraktion beantragten aktuellen Stunde zu einer heftigen Diskussion, vgl. Sten. Prot. der Sitzung vom 19.10.2000, S. 1364 ff.

6 Vgl. dazu unten S. 653.

7 Vgl. dazu unten S. 621.

8 Schließlich waren die früheren Verfahren zur Förderung der Jugend- und Jugendsozialarbeit und zu den Wasser- und Abwassergebühren ohne weiteres für zulässig erklärt worden und auch das erste Musikschulverfahren wäre an dieser Hürde wohl nicht gescheitert.

sammen, dass man die fragile Machtbalance innerhalb der großen Koalition nicht gefährden wollte.[1]

Nachdem die Vertreter der Volksinitiative gegen diese Entscheidung das Landesverfassungsgericht angerufen haben, dauerte es noch fast ein Jahr, bis das Gericht am 20. September 2001 die Entscheidung des Hauptausschusses bestätigte und das Verfahren damit endgültig beendet war.[2] Wie bereits dargelegt wurde, kann jedenfalls die Begründung des Gerichtes nicht überzeugen.[3] Auch im Ergebnis bestehen Zweifel, da es durchaus fragwürdig ist, ob der Landtag tatsächlich keine Möglichkeit gehabt hätte, den erforderlichen Mehraufwand durch Umschichtungen innerhalb des vorgegebenen Haushaltsvolumen und Kürzungen an anderer Stelle auszugleichen.

13. Das Verfahren für ein pferdefreundliches Waldgesetz

Eine weitere Volksinitiative wurde dem Landtagspräsidenten am 19. Oktober 2000 vorgelegt.[4] Insgesamt 25.987 Unterzeichner sprachen sich für eine Änderung des Landeswaldgesetzes aus, nach dem das **Reiten im Wald** grundsätzlich auch auf privaten Straßen und Wegen unbeschränkt zulässig sein sollte. Nachdem der Landeabstimmungsleiter festgestellt hatte, dass mindestens 20.812 Unterschriften gültig waren, wurde die Initiative zunächst am 30. November 2000 durch den Hauptausschuss des Landtags behandelt. Der zuständige Ausschuss für Landwirtschaft, Umweltschutz und Raumordnung hörte die Vertreter der Volksinitiative am 6. Dezember 2000 an.

Zwar wurde auch hier das Anliegen der Volksinitiative grundsätzlich anerkannt. Die Forderung nach einer Umkehr der geltenden Rechtslage, nach der das Reiten nur auf den ausdrücklich gekennzeichneten Wegen zulässig ist, gehe jedoch zu weit. Die Ausschüsse empfahlen daher, durch eine konstruktive Zusammenarbeit der Forstämter, Reiter, Jäger, Tourismusvereine etc. für einen Ausbau des Reitwegenetzes und die Verknüpfung zu einem Gesamtwegenetz zu sorgen. Außerdem solle durch eine Anpassung des Wald- und Naturschutzgesetzes die Voraussetzung für die Einrichtung von Reitgebieten geschaffen werden.[5] Der Landtag lehnte die Volksinitiative daraufhin am 25. Januar 2001 ab. Das Verfahren wurde seither nicht mehr weiter betrieben. Konkrete Vorschläge für eine Änderung der einschlägigen Bestimmungen gibt es bisher nicht.

14. Das Verfahren „Für Volksentscheide in das Grundgesetz"

Am 15. August 2000 begann der Verein „Mehr Demokratie e.V." mit Unterstützung einiger anderer Verbände[6] mit der Sammlung von Unterschriften für eine Volksinitiative „**Für**

---

1 Schließlich stand die SPD den Forderungen der Volksinitiative an sich durchaus nahe und es war daher keineswegs sicher, dass die Partei ihre ablehnende Haltung während des weiteren Verfahrens aufrecht erhalten würde.
2 *BbgVerfG*, LKV 2002, S. 77.
3 Vgl. dazu oben S. 510 f.
4 Vgl. dazu LT-Drs. 3/2232.
5 Vgl. auch LT-Drs. 3/2313.
6 Die Initiative wurde unter anderem vom Vorsitzenden des SPD-Landesverbandes, Steffen Reiche

Volksentscheide in das Grundgesetz", mit dem die Landesregierung dazu aufgefordert werden sollte, sich auf Bundesebene für die Einführung direktdemokratischer Verfahren einzusetzen.[1] Bis zum 30. Juni 2001 kamen über 27.000 Eintragungen zusammen. Dennoch wurde aus verfahrenstaktischen Gründen[2] noch einige Zeit mit der formellen Einreichung abgewartet, bis dem Landeswahlleiter am 27. August 2001 insgesamt 29.319 Unterschriften vorgelegt wurden, von denen 28.311 für gültig erklärt wurden.

Nachdem der Hauptausschuss am 18. Oktober 2001 die Zulässigkeit der Initiative festgestellt hatte, hörte er noch in derselben Sitzung die Vertreter der Initiatoren an. Am 8. November beschloss der Ausschuss, dem Landtag die Ablehnung der Initiative zu empfehlen, da das Parlament ohnehin keine Möglichkeit habe, der Regierung insofern verbindliche Weisungen zu erteilen.[3] Am 22. November folgte der Landtag dieser Empfehlung. Das Verfahren wurde von den Antragstellern danach aus Geldmangel nicht mehr weiter betrieben.[4]

15. Das Verfahren „Für faire Abstimmungsrechte"

Parallel zu dem soeben beschriebenen Verfahren wurde eine weitere Volksinitiative „**Für faire Abstimmungsrechte in Brandenburg**" betrieben, mit dem unter anderem die Anforderungen an die Zulässigkeit von Volksinitiativen und die Quoren beim Volksentscheid abgesenkt und ein Referendum über vom Landtag verabschiedete Gesetze auf Antrag von 100.000 Stimmberechtigten eingeführt werden sollten.[5] Darüber hinaus sollten auch die unmittelbaren Mitwirkungsrechte der Bürger auf der Ebene der Kommunen in der Verfassung verankert werden.[6]

    unterstützt. Dennoch lehnte die SPD die Anträge im Parlament ab.
    Die DVU versuchte, sich an das laufende Verfahren anzuhängen, indem sie im Dezember 2000 einen Antrag in den Landtag einbrachte, wonach die Landesregierung dazu aufgefordert werden sollte, sich auf der Ebene des Bundes zur Einführung direktdemokratischer Verfahren nach dem Vorbild der geltenden Verfassung einzusetzen, vgl. LT-Drs. 3/2096.

1   Vgl. dazu LT-Drs. 3/3506. Dabei sollten folgende Vorgaben beachtet werden. Finanzwirksame Vorlagen sollten zulässig sein, solange sie nicht das Gleichgewicht des Bundeshaushaltes stören; bei Volksabstimmungen sollte stets die einfache Mehrheit der abgegebenen Stimmen entscheiden und Verfassungsänderungen sollten zu allen Fragen zulässig sein, zu denen der Deutsche Bundestag und der Bundesrat Verfassungsänderungen beschließen dürfen. In diesen Fällen sollte allerdings die für ein Volksbegehren erforderliche Unterschriftenzahl höher liegen oder eine qualifizierte Mehrheit der abgegebenen Stimmen beim Volksentscheid erforderlich sein.

2   Andernfalls hätte die publikumswirksame Übergabe der Unterschriften in den Sommerferien gelegen.

3   Wobei dies auch von den Initiatoren nicht behauptet worden war.

4   Die Initiatoren rechneten mit Kosten in Höhe von etwa 100.000 DM.

5   Nach den Vorstellungen der Antragsteller sollten Anträge auf Auflösung des Landtags nicht mehr durch 150.000, sondern nur noch durch 40.000 Stimmberechtigte unterstützt werden müssen. Zugleich sollte die freie Unterschriftensammlung und eine Unterstützungsfrist von 12 Monaten in der Verfassung festgeschrieben werden. Anstelle des bisherigen Art. 76 II BbgV sollte eine wesentlich enger gefasste Ausschlussklausel treten, damit die Bürger auch über finanzwirksame Vorlagen abstimmen könnten. Beim Volksentscheid sollte die Zustimmung durch die Mehrheit der Abstimmenden ausreichen, bei Abstimmungen über Verfassungsänderungen die Zustimmung durch zwei Drittel der Abstimmenden.

6   Vgl. dazu LT-Drs. 3/3507.

In Bezug auf das weitere Verfahren kann im wesentlichen auf die Ausführungen im vorigen Abschnitt verwiesen werden.[1] Auch hier folgte der Landtag den Empfehlungen des Hauptausschusses und lehnte die Volksinitiative ab. Zwar sprach man sich nicht grundsätzlich gegen das Anliegen der Initiative aus. Dennoch könne der Entwurf nicht völlig unverändert übernommen werden und die zustimmungsfähigen Änderungen würden so weit in den vorliegenden Gesetzentwurf eingreifen würden, dass dessen Kern nicht mehr erhalten bliebe. Auch insofern verzichteten die Initiatoren wegen der finanziellen Risiken auf die Durchführung eines Volksbegehrens.

16. Das Verfahren „Zur Stärkung der Grund- und Bürgerrechte gegenüber der Polizei"

Eine weitere Volksinitiative wurde im Mai 2001 von einer Bürgerinitiative gestartet, die mit ihrer „Volksinitiative **zur Stärkung der Grund- und Bürgerrechte gegenüber der Polizei**" eine Reform des Polizeigesetzes und eine Einschränkung der Eingriffsbefugnisse der Polizei durchsetzen wollte.[2] Nachdem bis April 2002 nur etwa 12.000 Unterschriften zusammen gekommen sind, ist das Verfahren nicht mehr weiter betrieben worden.

17. Das Verfahren gegen die Fusion von ORB und SFB

Nachdem sich im Jahr 2002 abzeichnete, dass die Länder Berlin und Brandenburg die beiden öffentlich-rechtlichen Sender SFB und ORB aus Kostengründen fusionieren wollten, bildete sich im September 2002 eine Initiative „**Gegen die Fusion von ORB und SFB**", die von Kommunalpolitikern, Vertretern aus Kultur und Medien und der PDS getragen wurde und sich für einen eigenständigen Rundfunksender im Land Brandenburg einsetzte und den Abschluss des Staatsvertrags über die Bildung einer gemeinsamen Rundfunkanstalt für Berlin und Brandenburg verhindern wollte.[3] Ende 2002 wurde die Sammlung von Unterschriften allerdings ausgesetzt und dann nicht wieder aufgenommen.

18. Das Verfahren „Pro Asyl"

Am 20. Oktober 2002 begann in Brandenburg die Sammlung von Unterschriften für eine vom Flüchtlingsrat in Brandenburg e.V. getragene Volksinitiative „**Pro Asyl**", mit der bessere Lebensbedingungen für Asylbewerber durchgesetzt werden sollten. Konkret wurde gefordert, ein Diskriminierungsverbot in der Landesverfassung festzuschreiben und den

---

[1] Nachdem der Hauptausschuss des Landtags Zweifel in Bezug auf die Zulässigkeit dieses Antrags hatte, hörte er zunächst Sachverständige an.

[2] Den Initiatoren ging es unter anderem darum, einige von der großen Koalition aus SPD und CDU eingeführten Verschärfungen (Ermöglichung von verdachts- und ereignisunabhängigen Kontrollen im grenznahen Bereich, des gezielten Todesschusses, der Videoüberwachung öffentlicher Plätze und von Aufenthaltsverbote) wieder aufzuheben und eine/n vom Landtag gewählten „Polizei-Bürgerbeauftragte/n" einzuführen.

[3] Vgl. dazu „Keine Fusion von ORB und SFB", ZfDD Heft 4/2002, S. 17.

Asylbewerbern Bargeld anstatt von Wertgutscheinen auszuzahlen.[1] Der Antrag richtete sich vor allem gegen die Pläne des Landes, das So genannte „Sachleistungsprinzip" einzuführen.

Nachdem die Landesregierung die entsprechenden Runderlasse zur Ausführung des Asylbewerberleistungesetzes wieder zurück genommen hat, wurde die Unterschriftensammlung gestoppt.[2]

19. Das Verfahren gegen die Fusionen von Gemeinden

Anfang Januar 2003 begann in Brandenburg auf Initiative des Gemeindetages die Sammlung von Unterschriften für eine Volksinitiative gegen die Gesetze zur landesweiten Gebietsreform,[3] in der unter anderm gefordert wurde, dass Gemeindezusammenschlüsse und -zusammenlegungen ausschließlich auf freiwilliger Basis erfolgen sollten.[4] Bis Anfang März kamen bereits 36.248 Unterschriften[5] zusammen, die kurz vor der entscheidenden Landtagssitzung am 3. März 2003 dem Landtagspräsidenten übergeben wurden.[6]

Der Landtag lehnte es ab, die Entscheidung über das Gesetz zu verschieben.[7] Am 10. April 2003 stellte der Hauptausschuss des Landtags die Zulässigkeit der Volksinitiative fest und überwies diese zur weiteren Behandlung in den Ausschuss für Inneres. Dort fand am 15. Mai 2003 eine Anhörung statt, in deren Rahmen die Vertreter der Volksinitiative ihr Anliegen vorbringen konnten. Neben ihrem eigentlichen Anliegen brachten diese dabei unter anderem ihr Unverständnis dafür zum Ausdruck, dass der Landtag den zahlreichen Anregungen und Stellungnahmen der Bürger, die in das Gesetzgebungsverfahren eingebracht worden waren, kaum oder gar nicht Rechnung getragen habe. Auch habe der Gesetzgeber zahlreiche Bürgerentscheide ignoriert, in denen sich die Bürger bisher amtsfreier Gemeinden für deren Selbständigkeit ausgesprochen hätten.

Entsprechend der Empfehlung des Innenausschusses beschloss der Landtag am 25. Juni 2003 gegen die Stimmen der Oppositionsparteien PDS und DVU, die Volksinitiative abzulehnen.[8] Die Initiatoren leiteten daraufhin ein Volksbegehren Ein, für das vom 17. November 2003 bis zum 16. März 2004 nur 36.812 Unterschriften gesammelt werden konnten,[9] und damit weit weniger als die nach der Verfassung erforderlichen 80.000 Unterschriften.[10] Das Verfahren war damit erledigt. Allerdings versuchten zahlreiche Gemeinden, sich durch Klagen vor dem Verfassungsgericht ihre Selbständigkeit zu erhalten.

---

1 Vgl. dazu „Volksinitiative ‚Pro Asyl'", ZfDD Heft 4/2002, S. 17.

2 Vgl. „Volksinitiative gestoppt", ZfDD Heft 1/2003, S. 13.

3 Vgl. LT-Drs. 3/5550 und die Entwürfe in LT-Drs. 3/4880-4883, 5020, 5021.

4 Vgl. dazu und zum Folgenden LT-Drs. 3/5966.

5 Von diesen wurden 31.718 Unterschriften durch den Landeswahlleiter für mangelfrei erklärt. Nach dem 3.3.2003 wurden weitere 1.633 Eintragungen vorgelegt, die allerdings nicht mehr geprüft worden sind.

6 Vgl. „Volksinitiative gegen Fusionen von Gemeinden", ZfDD Heft 1/2003, S. 13.

7 Zuvor hatte sich die PDS dem Anliegen der Volksinitiative angenommen, vgl. LT-Drs. 3/5565.

8 Sten. Prot. S. 5309.

9 Im Laufe der Unterschriftensammlung wurde Kritik laut, da angeblich Geldprämien für Unterschriften gezahlt werden sollten, vgl. „Volksbegehren scheitert an Quorum", ZfDD, Heft 1/04, S. 28.

10 Diese Zahl beruht auf den Angaben auf den WWW-Seiten des Landeswahlleiters von Brandenburg.

Ende Januar 2004 hatte der Präsident des Gemeindetages Karsten Kuhl öffentlich verkündet, dass der Gemeindetag für jede 100. Unterschrift unter das Volksbegehren eine Prämie in Höhe von 100 € zahlen werde. Diese Ankündigung wurden nach einer Intervention des Landesabstimmungsleiters unverzüglich wieder zurückgenommen. Tatsächlich sind keine Prämien ausgezahlt worden.[1]

20. Das Verfahren für die Direktwahl der Landräte

Eine weitere Volksinitiative wurde am 9. Mai 2006 durch den Landesverband der FDP initiiert,[2] die sich auf diesem Wege dafür einsetzen wollte, dass die Landräte auch in Brandenburg in Zukunft direkt gewählt werden. Nachdem es trotz der Unterstützung durch die CDU nicht gelungen war, die erforderlichen 20.000 Unterschriften zu sammeln, wurde die Volksinitiative am 20. April 2007 für beendet erklärt.[3]

Im Jahre 2007 gab es noch mehrere Anläufe für weitere Volksinitiativen: Ab dem Sommer sammelte ein Aktionsbündnis Unterschriften für die **kostenlose Schülerbeförderung**. Bis zum Oktober 2007 waren nach Angaben der Initiatoren mehr als 20.000 Unterschriften zusammen gekommen. Ein formeller Antrag wurde jedoch noch nicht gestellt.[4]

Parallel dazu war eine Initiative für ein **Sozialticket** gelaufen, mit der verbilligte Fahrkarten für „Hartz IV-Empfänger" durchgesetzt werden sollen. Diese Initiative wurde am 1. November 2007 formal für zulässig erklärt, nachdem gut 29.000 der etwa 32.000 eingereichten Unterschriften für gültig erklärt worden waren.[5]

Im Oktober 2007 begann schließlich die Sammlung von Unterschriften für eine Initiative gegen neue **Tagebaugebiete**.[6]

B. Zur Bewertung der Verfahrensregelungen

Festzuhalten ist zunächst, dass die Verknüpfung der direktdemokratischen Verfahren mit der parlamentarischen Beratung in Brandenburg wesentlich besser gelungen ist, als in Schleswig-Holstein. Positiv wirkt sich etwa aus, dass auch Volksinitiativen, die das erforderliche Quorum nicht erreicht haben, immerhin im Petitionsausschuss behandelt werden müssen.[7] Der Funktion der Volksinitiative als Kommunikationsinstrument entspricht auch der sehr weite Kreis der Unterstützungsberechtigten, da damit auch Ausländer und Jugendli-

---

1 Vgl. die Pressemitteilung des Landesabstimmungsleiters Nr. 2/2004 vom 8.2.2004. Der Landesabstimmungsleiter hatte zu Recht darauf hingewiesen, dass die Zahlung einer Prämie gegen §§ 108b und d StGB verstoßen und zur Unzulässigkeit des Volksbegehrens führen würde.
2 Vgl. „Kampagne für Direktwahl der Landräte – FDP und CDU sammeln Unterschriften", Tagesspiegel, 3.5.2006.
3 Vgl. „Landkreistag will Direktwahl-Debatte beenden", Tagesspiegel, 27.4.2007.
4 Vgl. „Schulbusse sollen billiger werden", Tagesspiegel, 15.10.2007.
5 Vgl. „Volksinitiative für Sozialticket ist zulässig", Tagesspiegel 1.11.2007.
6 Vgl. „Widerstand gegen Tagebau – Notfalls per Volksentscheid", Tagesspiegel, 9.10.2007.
7 Vgl. dazu oben S. 518.

che die Möglichkeit haben, mit ihrem Anliegen an den Landtag heranzutreten.¹ Positiv hervorzuheben ist auch der Umstand, dass in Brandenburg seit jeher auch noch auf einer späten Stufe des Verfahrens noch eine Erledigung möglich ist, wenn sich der Landtag doch noch dazu bewegen lassen sollte, sich das Anliegen der Initiatoren zu eigen zu machen.² Und schließlich ist es jedenfalls grundsätzlich zu begrüßen, dass das Verfahren stärker als in Schleswig-Holstein gestrafft wurde: Zwischen der Einreichung der Volksinitiative und dem Volksentscheid liegen allerdings auch hier in der Regel noch 15 bis 16 Monate,³ so dass dieses Verfahren zumindest für einen Antrag auf Beendigung der Wahlperiode des Landtags mit Sicherheit zu langwierig ist.⁴

Die bisherigen praktischen Erfahrungen belegen, dass auch das sehr niedrige Quorum für das Volksbegehren – ungeachtet der heftigen Kritik im Rahmen der Verfassungsdiskussion⁵ – durchaus geeignet ist, einen Missbrauch der Verfahren zu verhindern. Wenn bislang kein einziges Volksbegehren zustande gekommen ist und es daher auch noch keinen Volksentscheid gegeben hat, dann ist dies allerdings nicht nur oder auch nur in erster Linie darauf zurückzuführen, dass der Landtag den Anliegen der Initiatoren bereits in der ersten Phase des Volksgesetzgebungsverfahrens Rechnung getragen hätte, sondern auch und vor allem darauf, dass sich der Verfassunggeber auch in Brandenburg dazu entschlossen hat, den Anwendungsbereich der Volksinitiative sehr stark zu beschränken. Spätestens hier wird aber deutlich, dass sich die Plebiszitfreundlichkeit des brandenburgischen Verfassunggebers durchaus in Grenzen gehalten hat: Denn schließlich führt die Unzulässigkeit einer Volksinitiative dazu, dass sich der Landtag nicht einmal mit dem ihr zugrunde liegenden Antrag auseinander setzen muss. Nicht recht nachvollziehbar ist auch die Entscheidung des Gesetzgebers, am traditionellen formellen Eintragungsverfahren festzuhalten, obwohl durch die Verlängerung der Eintragungsfrist der Weg zur freien Sammlung von Unterschriften eröffnet wurde.

Ebenso wie in Schleswig-Holstein haben auch in Brandenburg die weitgehenden inhaltlichen Beschränkungen des Anwendungsbereiches in Kombination mit den prohibitiven qualifizierten Abstimmungsquoren dazu geführt, dass das Verfahren des Volksentscheids praktisch entwertet wurde.⁶ Die Wahrscheinlichkeit, dass zumindest einer von mehreren Entwürfen zum selben Gegenstand die Zustimmung durch ein Viertel der Stimmberechtigten erhält, wurde dadurch noch weiter verringert, dass den Abstimmenden keine Möglich-

---

1 Vgl. dazu oben S. 513 ff.
2 Allerdings wurde bei der Ausgestaltung des Verfahrens nicht hinreichend darauf geachtet, dass sich die Änderungen gegenüber dem ursprünglichen Antrag in Grenzen halten; vgl. dazu oben S. 527 f.
3 Unter der Annahme, dass der Landtag und die Landesregierung die ihnen gesetzten Fristen voll ausschöpfen und die Antragsteller unmittelbar nach der Ablehnung ihrer Initiative durch den Landtag den Antrag auf Durchführung des Volksbegehrens stellen. Vgl. dazu die Tabelle über die Fristen auf S. 430.
4 So auch *Starck*, Verfassungen, S. 30.
5 Vgl. dazu oben S. 503 f. *Von Mangoldt*, S. 80 f., vertritt die Auffassung, die brandenburgische Landesverfassung sei wegen des niedrigen Quorums dem Mehrheitsprinzip weniger verpflichtet als die anderen Landesverfassungen. Er verkennt dabei völlig, dass ein niedriges Quorum für das Volks*begehren* keineswegs zu einer „krasser Minderheitenherrschaft kleinster hochengagierter Interessen" führen kann.
6 In diesem Sinne auch *Dambeck*, RuP 1994, S. 208, 212; aus diesem Grund geht die Kritik durch *von Mangoldt*, a.a.O., ins Leere.

keit eingeräumt wurde, gegebenenfalls mehreren Vorlagen zuzustimmen. Angesichts dieser Vorgaben muss somit auch der brandenburgische Landtag nicht ernsthaft befürchten, dass ihm die Entscheidung aus der Hand genommen wird. Da die direktdemokratischen Verfahren somit auch in Brandenburg weder als effektives Instrument für die Korrektur parlamentarischer Entscheidungen in Frage kommen, noch das kommunikative Potential der Verfahren ausgeschöpft wurde, können die einschlägigen Bestimmungen der Landesverfassung und des Ausführungsgesetzes im Ergebnis nur bedingt überzeugen.

Aufgrund der Erfahrungen, die mit den älteren und auch mit der schleswig-holsteinischen Landesverfassung gemacht wurden, wäre angesichts der praktisch kaum überwindbaren Hürden bis zum Erfolg eines Antrags beim Volksentscheid an sich zu erwarten gewesen, dass sich das Parlament nicht durch Volksinitiativen unter Druck setzen lässt. Tatsächlich hat sich der Landtag aber jedenfalls bis 1999 vergleichsweise ausführlich mit den eingereichten Anträgen befasst und zumindest versucht, sich ernsthaft mit den Anliegen der Volksinitiativen auseinander zu setzen – auch wenn es den Bürgern nur in einem einzigen Fall gelungen ist, den Landtag von ihrem Anliegen zu überzeugen.[1] Diese Entwicklung mag zum einen auf die in den Erfahrungen aus dem Jahre 1989 wurzelnde Bereitschaft des Parlamentes zurückzuführen sein, sich mit außerparlamentarischen Anregungen auseinander zu setzen. Zum anderen kommt insofern aber auch dem Umstand Bedeutung zu, dass in den beiden ersten Wahlperioden des Landtags mit dem SPD-Abgeordneten Wolfgang Birthler ein Politiker Vorsitzender des Hauptausschusses – und damit für die parlamentarische Behandlung der Initiative verantwortlich – war, der sich im Rahmen der Verfassungsberatungen besonders deutlich für eine Erweiterung der unmittelbaren Mitwirkungsrechte der Bürger ausgesprochen hatte und der nun auch sehr darauf bedacht war, dass sich der Ausschuss intensiv mit dem Anliegen der jeweiligen Antragsteller auseinander setzt.

Wenn seit dem Ende der neunziger Jahre ein deutlicher Rückgang der Verfahren zu beobachten ist, dann liegt dies allerdings kaum daran, dass Birthler im Oktober 1999 den Ausschussvorsitz abgegeben und das Amt des Ministers für Landwirtschaft, Umweltschutz und Raumordnung angetreten hat. Die Entwicklung lässt sich auch nicht damit erklären, dass das Land seit 1999 von einer großen Koalition regiert wurde. Entscheidende kommt aber dem Urteil des Landesverfassungsgerichts zu, das sich zwar von der noch restriktiveren Rechtsprechung einiger anderer Landesverfassungsgerichte distanziert, den Haus-

---

1 Nämlich beim (zweiten) Verfahren zur Förderung der Musikschulen.
  Bei den drei Initiativen, die sich gegen die Kreisreform richteten, wollte der Landtag den mühsam erreichten Kompromiss nicht wieder aufgeben. Bei den Verfahren zur Förderung der Jugendarbeit und für gerechte Wassergebühren musste das Land die extrem angespannte Finanzlage im Auge behalten. Dass der Landtag trotz der relativ geringen Zahl von Unterschriften für die entsprechende Volksinitiative neue Verhandlungen über eine Neuregelung des Abwassergebühren und -zweckverbandsrechtes versprach, war weniger ein Erfolg dieser Initiative als eine zwingende Folge der Erkenntnis, dass eine Lösung gefunden werden musste, wie mit den früheren Fehlplanungen in Zukunft umgegangen werden soll. Auch das Versprechen von Landtag und Landesregierung, sich auf der Ebene des Bundes für eine sozialverträgliche Anpassung der Mieten einzusetzen, entsprach der bisherigen Regierungspolitik und ist daher nicht auf die Volksinitiative zurückzuführen – ebenso, wie das Zugeständnis an die Initiatoren des Verfahrens gegen den Havel-Ausbau, wonach die Landesregierung nur unter bestimmten Voraussetzungen ihr Einvernehmen zu den Planungen erteilen würde. Mit den beiden zuletzt genannten Initiativen wurde damit im Ergebnis die „offizielle Politik" gestützt – obwohl die jeweiligen Antragsteller mit den konkreten Ergebnissen dieser Politik keineswegs einverstanden waren.

haltsvorbehalt aber dennoch sehr weit ausgelegt und damit dafür gesorgt hat, dass die meisten Angelegenheiten vom Anwendungsbereich der Verfahren ausscheiden, bei denen zu erwarten wäre, dass sich ein hinreichender Anteil der Stimmberechtigten mobilisieren lässt: Seit der Entscheidung hat es nur noch wenige Versuche gegeben, die Verfahren zu nutzen.

Es bleibt weiter abzuwarten, ob durch die umfassenden Beteiligungs- und Auskunftsrechte nach Artt. 22 und 39 BbgV die Kommunikation und Kooperation zwischen den Bürgern und den Organen des Staates verbessert werden kann. Zwar erscheint es durchaus wahrscheinlich, dass eine größere Transparenz politischer Entscheidungen geeignet ist, diese den Bürgern verständlich zu machen und auf diese Weise der „Politik(er)verdrossenheit" entgegenzuwirken. Bisher ist allerdings nicht erkennbar, dass die genannten Verfassungsbestimmungen insofern nennenswerte Wirkungen gezeitigt hätten.[1]

---

[1] In diesem Sinne auch *von Brünneck*, JÖR 2004, S. 259, 297.

4. Kapitel: Sachsen

I. Zur Entstehungsgeschichte[1/2]

Bereits im März 1990 wurden der Öffentlichkeit durch die „Parlamentarische Arbeitsgruppe des Bezirkstages Dresden"[3] und die so genannte „Gruppe der 20"[4] zwei Entwürfe für die Verfassung des künftigen Bundeslandes Sachsen unterbreitet.[5] Der Entwurf der „Gruppe

1   Dazu *Bönninger*, LKV 1991, S. 9; *Dambeck*, S. 208 ff.; *Deselaers*, S. 25, 26 ff.; *Klages/Paulus*, S. 168 ff., S. 211 ff. und S. 248 ff.; *Mester* , S. 167 ff.; *von Mangoldt*, SächsVBl. 1993, S. 25; *ders.*, Bürgerpartizipation, S. 197 ff.; *ders.*, Verfassungen, S. 25 ff.; *ders.*, Entstehung, passim; *Paterna*, S. 88 f.; *Sampels*, S. 108 ff.

2   In Art. 44 der Verfassung des Landes Sachsen vom 15.3.47 (GVBl. S. 103) war die Landtagsauflösung durch Volksentscheid vorgesehen. Nach Art. 59 wurde für das Volksbegehren die Unterstützung durch 10 % der Stimmberechtigten oder einer Partei verlangt, welche die Unterstützung durch 20 % der Stimmberechtigten glaubhaft machen konnte. Bei Übernahme des (geänderten) Begeherens durch den Landtag, hätte dieses durch die Antragsteller erledigt werden können. Beim Volksentscheid sollte grundsätzlich die Mehrheit der Abstimmenden entscheiden, im Falle von Verfassungsänderungen die Mehrheit der Stimmberechtigten; vgl. oben S. 503, Fn. 2 zur Verfassung der Mark Brandenburg und ausführlich *Mester*, S. 136 ff./147 ff.

3   Entwurf vom 19.3.1990; abgedruckt bei *Stober*, Quellen S. 105 ff. und *Häberle*, JöR 1990, S. 417 ff.). Dieser Entwurf beruhte weitgehend auf der Verfassung des Landes Sachsen aus dem Jahre 1947. In Art. 54 war ein zweistufiges Volksgesetzgebungsverfahren vorgesehen. 10 % der Stimmberechtigten oder ein politischer Zusammenschluss, der glaubhaft machen konnte, mindestens 5 % der Stimmberechtigten zu vertreten, konnten einen Volksentscheid verlangen. Ein Antrag sollte der Zustimmung durch die Hälfte der Abstimmenden, bei Verfassungsänderungen durch die Hälfte der Stimmberechtigten bedürfen.
Kunzmann/Haas/Baumann-Hasske, S. 52, weist darauf hin, dass die im Zusammenhang mit der Konstituierung des „Kuratoriums Land Sachsen" für den 18.4.1990 geplante publikumswirksame Präsentation des Entwurfs auf der Albrechtsburg zu Meißen durch die „neuen politischen Kräfte" verhindert worden sei. *Deselaers*, S. 25, 29, die ihren Text weitgehend übernommen zu haben schein, behauptet, dass es einen weiteren Entwurf der Vorsitzenden der Räte der Bezirke gegeben habe, der am 18.4.1990 in Dresden der Öffentlichkeit vorgestellt worden sei. Tatsächlich handelt es sich um ein und denselben Entwurf. Es wurde lediglich der Ort der Präsentation von der Albrechtsburg nach Dresden verlegt, nachdem der Runde Tisch des Bezirks Dresden gegen die publikumswirksam Präsentation protestiert hatte.
Da der Entwurf die Verfassungsentwicklung in den 40 Jahren der Geltung des Grundgesetzes fast völlig ausblendete und weil die Initiatoren als Vertreter des SED-Regimes angesehen werden mussten, spielte er keine nennenswerte Rolle für die weitere Diskussion; vgl. *Bönninger*, LKV 1991, S. 9, 10; *Sampels*, S. 109 ff.

4   Diese von den katholischen Pfarrer Frank *Richter* initiierte Gruppe hatte eine bedeutende Rolle in der friedlichen Revolution des Jahres 1989 gespielt und wollte nun die Diskussion über die Verfassung des künftigen Landes Sachsen anregen. Ihr gehörten unter anderem der Superintendent der evangelischen Kirche Christof *Ziemer*, der spätere Dresdner Oberbürgermeister Herbert *Wagner*, der spätere Staatsminister und Bundestagsabgeordnete Arnold *Vaatz* und der spätere sächsische Justizminister Steffen *Heitmann* an.

5   Entwurf vom 26.3.1990; abgedruckt bei *Stober*, Quellen S. 121 ff. und *Häberle*, JöR 1990, S. 427 ff. Diesem Entwurf war ein (wohl nicht veröffentlichter) Vorentwurf vom 13.3.1990 vorausgegangen.
Der Entwurf war in aller Eile fertiggestellt und publiziert worden, um der bereits erwähnten Arbeitsgruppe der Räte der Bezirke zuvorzukommen; vgl. dazu *Sampels*, S. 111 ff., der auch einige

der 20" war wiederum eine der Grundlagen für die Beratungen der „Gemischten Kommission Baden-Württemberg/Sachsen", die die Arbeiten zum Aufbau des Landes Sachsen koordinierte und dafür unter anderem eine „Fachgruppe Verfassungs- und Verwaltungsreform" einsetzte. Diese Arbeitsgruppe, bei deren Besetzung darauf geachtet worden, möglichst viele Interessengruppen einzubinden und den Sachverstand der Berater aus dem Partnerland Baden-Württemberg zu nutzen,[1] wurde dann auch vom „Dresdner Koordinierungsausschuss für die Bildung des Landes Sachsen"[2] mit der Erarbeitung eines Verfassungsentwurfes beauftragt. Schon am 5. August 1990 legte der „Koordinierungsausschuss" den „Gohrischen Entwurf" vor.[3]

Dieser Entwurf enthielt zahlreiche Bestimmungen über direktdemokratische Verfahren. Dem Volksentscheid musste zunächst ein Volksantrag durch 40.000 Stimmberechtigte vorausgehen. Dem Volksbegehren sollten 200.000 Stimmberechtigte zustimmen müssen. Bei der Abstimmung selbst sollte grundsätzlich die einfache Mehrheit ausreichen, allerdings musste ein Drittel der Stimmberechtigten der Vorlage zustimmen. Für Verfassungsänderungen galt ein noch höheres Quorum. Daneben waren Referenden auf Antrag eines Drittels der Landtagsabgeordneten[4] und die Auflösung des Landtags durch das Volk vorgesehen (vgl. Artt. 73 I und II bzw. 54 II). Der Entwurf wurde bis zum Oktober 1990 nochmals überarbeitet, wobei unter anderem die Beschränkung des Wahl- und Stimmrechts auf deutsche Staatsbürger in Art. 5 II 2 gestrichen wurde.

Ebenfalls im August 1990 veröffentlichte eine Gruppe sächsischer Hochschullehrer um Karl Bönninger einen gemeinsamen Verfassungsentwurf, der an die sächsische Verfassung von 1947 und vor allem an den Entwurf der Arbeitsgruppe „Neue Verfassung der DDR" des zentralen Runden Tisches in Ost-Berlin[5] anknüpfte. Die Vorschläge für die Regelungen

weitere Entwürfe erwähnt.
Die Regelungen über die direktdemokratischen Verfahren waren weitgehend aus der badenwürttembergischen Verfassung übernommen wurden. Für das Volksbegehren sollte ein Quorum von 1/6 der Stimmberechtigten gelten, beim Volksentscheid ein qualifiziertes Abstimmungsquorum von einem Drittel der Stimmberechtigten. Auch ein Referendum auf Antrag der Landesregierung war vorgesehen. Im Gegensatz zur Vorlage war auch die Volksinitiative durch 50.000 Bürger als erste Stufe des Verfahrens in der Verfassung geregelt. Bemerkenswert war weiterhin Art. 26 III des Entwurfs, eine Möglichkeit vorsah, auch Ausländern das Wahl- und Stimmrecht zu gewähren.

1 Genau dieser Einfluss wurde später kritisiert. Bönninger nahm den seiner Ansicht nach zu großen Einfluss der konservativen Berater aus Baden-Württemberg zum Anlass, seine Mitarbeit aufzukündigen, vgl. *Sampels*, S. 115 f. Tatsächlich wurden einige Verfassungsbestimmungen wortgleich übernommen – was allerdings ebensowenig als Beleg für eine übermäßige Einflussnahme westdeutscher Berater dienen kann, wie die ebenfalls deutlichen Parallelen zwischen den Verfassungen anderer ostdeutscher Länder mit den Verfassungstexten der jeweiligen westdeutschen „Partnerländer".
2 Der Ausschuss war seinerseits von den Regierungsbeauftragten der Bezirke Leipzig, Dresden und Karl-Marx-Stadt/Chemnitz gebildet worden; vgl. dazu *Sampels*, S. 115.
3 Benannt nach dem Tagungsort in der Sächsischen Schweiz. Der Entwurf wurde als Broschüre im Auftrag des Vorsitzenden der Arbeitsgruppe Landesverfassung *Heitmann*, und des Stellvertretenden Regierungsbeauftragten für die Bildung des Landes Sachsen *Vaatz*, im Land verteilt. Er ist abgedruckt bei *Häberle*, JöR 1990, S. 439 ff.; zur Geschichte ausführlich *von Mangoldt*, Entstehung, S. 13 ff.
4 *Sampels*, S. 117, meint, damit sei ein Vorschlag der „Gruppe der 20" übernommen worden. tatsächlich wurde auch hier wieder an die Verfassung Baden-Württembergs angeknüpft.
5 Vgl. dazu ausführlich oben S. 213 f.

über die direktdemokratischen Verfahren ähnelten denjenigen in der kurz zuvor verabschiedeten Verfassung des Landes Schleswig-Holstein. Im Detail gingen sie aber noch über diese Vorgaben hinaus.[1]

Nach Art. 66 III des Entwurfs war die Auflösung des Landtags durch Volksentscheid vorgesehen, wenn zwei Drittel der Abstimmenden einem entsprechenden Antrag zustimmten. Der Volksantrag nach Art. 106 bedurfte der Unterzeichnung durch 10.000 Stimmberechtigte, das Volksbegehren von 100.000, also weniger als 3 % der Stimmberechtigten. Bei der Abstimmung sollte nach Art. 107 II die einfache Stimmenmehrheit genügen. Für Verfassungsänderungen war ein Quorum von zwei Dritteln der Abstimmenden, mindestens aber der Hälfte der Stimmberechtigten vorgesehen, Art. 109 II. Schließlich wurde in Art. 108 die Volksbefragung auf Antrag eines Drittels der Mitglieder des Landtags geregelt. Auch hier war das Ausländerwahlrecht vorgesehen.

Nach der Gründung des Landes Sachsen und der Konstituierung des Landtages[2] wurde am 15. November 1990 dessen Verfassungs- und Rechtsausschuss mit den Verfassungsberatungen betraut. Der Ausschuss wurde von Sachverständigen beraten,[3] die zwar Rede- aber kein Stimmrecht hatten. Die Fraktionen der CDU und der FDP brachten die „Überarbeite Fassung" des „Gohrischen Entwurfes" ein,[4] zu der die SPD-Fraktion während der Beratungen einen Dissenskatalog vorlegte.[5] Die Fraktion der Linken Liste/PDS übernahm den Entwurf der sächsischen Hochschullehrer.[6] Das Bündnis 90/Die Grünen arbeitete auf Grundlage dieses Entwurfes eine eigene Vorlage aus.[7]

Nach fünf mehrtägigen Klausurtagungen des Ausschusses wurde der Öffentlichkeit Anfang Juni 1991 eine nochmals veränderte Fassung des Gohrischen Entwurfes vorgelegt. Wie umstritten gerade die Regelungen über direktdemokratische Verfahren waren,[8] zeigt der zugleich veröffentlichte Dissenskatalog der Oppositionsfraktionen.[9] Zwar herrschte

---

1 LT-Drs. 1/26; vgl. dazu *Sampels*, S. 118 ff.; *Mester*, S. 178 ff.

2 Durch das Gesetz zur Herstellung der Arbeitsfähigkeit des sächsischen Landtags und der sächsischen Landesregierung vom 27.10.1990, GVBl. S. 1.

3 Vgl. dazu *von Mangoldt*, Verfassungen, S. 30, Fn. 90, der auf die dominierende Rolle des Staatsministers der Justiz *Heitmann* hinweist..

4 LT-Drs. 1/25.

5 Typoskript vom 12.3.1991, in einem Art. 53 b sollte neben dem Volksantrag die Möglichkeit zur Volksinitiative eingeräumt werden. Das Quorum sollte ebenfalls 40.000 Unterschriften betragen. In Art. 72 sollte das Zustimmungsquorum auf ein Fünftel der Stimmberechtigten festgelegt werden. Nach Art. 75 IV sollten die Regelungen über die direktdemokratischen Verfahren der Artt. 71-75 nur durch Volksentscheid geändert werden können.

6 LT-Drs. 1/26.

7 LT-Drs. 1/29; in bezug auf die direktdemokratischen Verfahren war nur die Volksbefragung nach Art. 108 des Hochschullehrer-Entwurfs gestrichen wurden.

8 Vgl. dazu insbesondere das Protokoll der 3. Klausurtagung des Verfassungs- und Rechtsausschusses am 23.2.1991; abgedruckt bei *Schimpff*, S. 91 ff.

9 *Von Mangoldt*, Entstehung, S. 21, Fn. 39, verwehrt sich gegen die Unterstellung, der umfangreiche Dissenskatalog belege die hoffnungslose Kompromissunfähigkeit im Ausschuss. Vielmehr drücke sich darin der Wunsch aus, dem Volk die unterschiedlichen Auffassungen offen zu legen. Allerdings zeigen die Dissense durchaus die gravierenden Differenzen der an der Verfassunggebung beteiligten Parteien.

einigermaßen Einigkeit über die Quoren für den Volksantrag und das Volksbegehren.[1] Während CDU und FDP aber beim Volksentscheid generell die Zustimmung durch eine absolute Mehrheit der Bürger voraussetzen wollten[2] – und damit über die Anforderungen hinausging, die der Gohrische Entwurf vorgesehen hatte, verlangten das Bündnis 90/Die Grünen und die Linke Liste/PDS nur eine einfache Abstimmungsmehrheit. Die SPD schlug – nach dem Vorbild der schleswig-holsteinischen Verfassung – ein qualifiziertes Abstimmungsquorum von einem Viertel der Stimmberechtigten vor.[3]

Die zahlreichen Stellungnahmen[4] aus der Bevölkerung wurden in vier weiteren Sitzungen des Ausschusses ab Januar 1992 eingearbeitet.[5] Am 18. Mai 1992 legte der Verfassungs- und Rechtsausschuss dem Landtag seinen Bericht und eine Beschlussempfehlung vor.[6] Auch in Bezug auf die direktdemokratischen Verfahren war endlich ein Kompromiss erreicht worden. Beim Volksentscheid sollte – außerhalb von Verfassungsänderungen – nun doch die einfache Stimmenmehrheit genügen.[7] Allerdings wurde zugleich das Quorum für das Volksbegehren mehr als verdoppelt.[8] Darüber hinaus hatte der Verfassungs- und

1 80.000 bzw. 200.000 Unterschriften, Artt. 71 I, 72 II des Gohrischen Entwurfs; vgl. LT-Drs. 1/25.

2 Damit schraubte die CDU die Anforderungen gegenüber dem Gohrischen Entwurf und der von ihnen selbst eingebrachten überarbeiteten Fassung (LT-Drs. 1/25) nochmals hoch. Diese Entwürfe hatten in Art. 72 V eine einfache Mehrheit und ein qualifiziertes Abstimmungsquorum von einem Drittel der Stimmberechtigten vorgesehen. Zur Begründung verwies der Justizminister *Heitmann* darauf hin, dass ein starkes Engagement der Bürger verlangt werden müsse. Der Sachverständige *von Mangoldt* betonte, dass man sich möglichst nicht vom demokratischen Mehrheitsprinzip entfernen solle, da sich sonst radikale Minderheiten gegen die Mehrheit durchsetzen könnten (vgl. dazu die Stellungnahmen in der 3. Klausurtagung des Verfassungs- und Rechtsausschusses am 23.2.1991, abgedruckt bei *Schimpff*, S. 91, 98 ff.).
Klages/Paulus, S. 251, weisen darauf hin, dass die neue Forderung widersprüchlich gewesen sei, da das Quorum für Verfassungsänderungen (Mehrheit der Stimmberechtigten) unverändert bleiben sollte. Möglicherweise hatte man diesen Konflikt aber lediglich übersehen.

3 Vgl. dazu den von einer Redaktionsgruppe, an der Vertreter aller Parteien und des Justizministeriums beteiligt waren, vorgelegten Dissenskatalog vom 28.3.1991 (Typoskript), S. 11; ausführlicher dazu *Klages/Paulus*, S. 251 f., m.w.N.; *Krell*, „Vom Kurort auf die politische Bühne", Das Parlament 4.10.1991.

4 *Heitmann*, SächsVBl. 1993, S. 1, 7 geht von mehr als 1.200 Zuschriften aus; *Krell*, a.a.O., spricht sogar von 1.400.

5 In der zweiten Jahreshälfte 1991 waren die „offiziellen" Beratungen praktisch zum Erliegen gekommen. An sich war die Frist für Anregungen und Stellungnahmen bereits Anfang August 1991 abgelaufen. Dennoch dauerte es bis zum Januar 1992, bis die Sitzungen wieder aufgenommen wurden. Über die Gründe kann man nur spekulieren.

6 LT-Drs. 1/1800.

7 Dass die CDU von ihrer bisherigen Haltung abrückte, ist wohl nicht zuletzt darauf zurückzuführen, dass die SPD immer wieder auf die bayerische Rechtslage verwies. Entscheidende Bedeutung kam auch dem Umstand zu, dass der Landtag ausdrücklich dazu berechtigt sein sollte, einen eigenen Entwurf zur Abstimmung zu stellen; vgl. zur kontroversen Diskussion im Verfassungs- und Rechtsausschuss *Klages/Paulus*, S. 252; *Sampels*, S. 125 ff.; sowie die Beratungen in der 7. Klausurtagung am 1.2.1992; abgedruckt bei *Schimpff*, S. 432, 481 ff.

8 450.000 Unterschriften, maximal 15 % der Stimmberechtigten.
Zunächst sollten sogar 500.000 Unterschriften verlangt werden; dieses Quorum wurde jedoch im Rahmen der 9. Klausurtagung am 5.4.1992 auf Vorschlag des Vertreters von Bündnis 90/Die Grünen und –

Rechtsausschuss die in Art. 54 II des Gohrischen Entwurfs vorgesehene Möglichkeit zur Landtagsauflösung durch Volksentscheid und das Referendum auf Antrag der Landesregierung gestrichen.[1]

Auch in Sachsen wurde ein Referendum über die Verfassung in Erwägung gezogen. Anders als in Brandenburg,[2] setzten sich hier jedoch die Gegner einer Volksabstimmung durch.[3] Aufgrund der Beteiligung der Bürger im Laufe der Verfassungsberatungen hielt man einen bloß deklaratorischen Zustimmungsakt des Volkes für überflüssig.[4] Außerdem befürchtete man, dass die demokratische Legitimation der Verfassung im Falle einer niedrigen Abstimmungsbeteiligung in Frage gestellt werden könnte. Dabei sei zu beachten, dass dem Erfordernis einer hinreichenden demokratischen Legitimation der Verfassung auch dann Genüge getan sei, wenn das Parlament dem Entwurf zustimme.[5] Am 27. Mai 1992 machte der Landtag daher von der ihm durch das Vorschaltgesetz[6] eingeräumten Möglichkeit Gebrauch, die Landesverfassung selbst mit einer Mehrheit von zwei Dritteln seiner Mitglieder anzunehmen.[7]

In Sachsen brauchte man nach der Verfassunggebung etwas länger als in Brandenburg, um ein Ausführungsgesetz zu den Regelungen über die direktdemokratischen Verfahren zu erlassen. Am 19. Oktober 1993 beschloss der Landtag das Gesetz über Volksantrag, Volksbegehren und Volksentscheid (SächsVVVG).[8] Dieses Gesetz wurde im April 1999 geän

---

überraschenderweise – mit ausdrücklicher Zustimmung der CDU-Fraktion nochmals gesenkt. Erst jetzt wurde auf Vorschlag der SPD das zusätzliche relative Quorum eingefügt; vgl. das Sten. Prot., abgedruckt bei *Schimpff*, S. 575, 621 f.

Die PDS verlangte eine Absenkung auf 200.000 Unterschriften, LT-Drs. 1/1906. Außerdem forderte sie die Einführung einer Möglichkeit zur Parlamentsauflösung durch Volksentscheid und die Erweiterung des Anwendungsbereiches des Volksantrags über Gesetzentwürfe hinaus, LT-Drs. 1/1904 bzw. 1918.

1 Es mutet nach alldem merkwürdig an, wenn *Paterna*, S. 84, behauptet, vor allem in Sachsen habe die Verfassung auch nach dem institutionellen Prozess der Verfassunggebung durch den Landtag der Gesicht des Entwurfs „von unten" behalten. Vermutlich beruht diese Folgerung auf einem Vergleich der Verfassung mit dem Gohrischen Entwurf – der jedoch in enger Zusammenarbeit mit westdeutschen Beratern und eben nicht an einem „Runden Tisch" entstanden war.

2 Dazu siehe oben S. 379.

3 Die LL/PDS hatte eine Volksabstimmung über die Verfassung gefordert; vgl. LT-Drs. 1/16. Um dieses Ziel durchzusetzen, regte sie eine „Initiative für ein demokratisch verfasstes Sachsen e.V." an, die noch vor der Verabschiedung der Verfassung einen Volksantrag einreichte, der vom Landtag aber nicht übernommen wurde, vgl. LT-Drs. 1/1920; dazu siehe unten S. 579.

4 *Degenhart*, LKV 1993, S. 33; *Heitmann*, SächsVBl. 1993, S. 2, 7 f.; *von Mangoldt*, SächsVBl. 1993, S. 25, 28 f., und schon früher *ders.*, Bürgerpartizipation, S. 197, 204.

5 *Hinds*, ZRP 1993, S. 149, 150; *von Mangoldt*, a.a.O.

6 Sächsisches Gesetz zur Herstellung der Arbeitsfähigkeit des Landtags und der Landesregierung vom 23.11.1990, GVBl. S. 1.

7 GVBl. S. 243. *Sampels*, S. 123 f., weist zu Recht darauf hin, dass dies auch im Sinne der Opposition war, die nur auf diese Weise ihren Einfluss auf die Verfassungsberatung sicherstellen konnte. Alle Anträge, das Vorschaltgesetz oder den Verfassungsentwurf doch noch in dem Sinne zu ändern, dass eine qualifizierte Mehrheit im Landtag **und** eine Volksabstimmung für die Annahme erforderlich wären, wurden von der Landtagsmehrheit abgelehnt.

8 GVBl. S. 949, zuletzt geändert durch Gesetz vom 28.6.2001, GVBl. S. 426; ergänzt durch die Verordnung des sächsischen Staatsministers der Justiz zur Durchführung des SächsVVVG vom

dert,[1] nachdem der Verfassungsgerichtshof im Dezember 1998 die Bestimmung des § 11 I SächsVVVG für verfassungswidrig erklärt hatte..[2] Gut zwei Jahre später hat der Verfassungsgerichtshof zwei weitere Bestimmungen des Gesetzes für unvereinbar mit der Landesverfassung erklärt.[3/4] Diese Entscheidungen und die Erfahrungen beim Sparkassen-Volksentscheid[5] waren Anlass für eine Überarbeitung des gesamten Gesetzes, die im Jahr 2003 abgeschlossen wurde.[6]

Die Landesregierung hatte allerdings erst dann einen Entwurf in das Parlament eingebracht,[7] als es mit dem Volksbegehren über das Schulkonzept[8] einen weiteren ernsthaften Versuch gab, diese Möglichkeit der Einflussnahme zu nutzen.[9]

II. Das Volksgesetzgebungsverfahren

A. Der Volksantrag nach Art. 71 SächsV

Als einzige der neuen Landesverfassungen beschränkt die Verfassung des Freistaates Sachsen die unmittelbaren Mitwirkungsrechte der Bürger insgesamt auf die Beteiligung an der Gesetzgebung.[10] Der Volksantrag dient allerdings nicht nur der Vorbereitung eines Volksbegehrens, sondern hat in erster Linie den Zweck, dem Landtag von außen einen bestimmten Gesetzentwurf zur Verhandlung zu unterbreiten. Bei dem Verfahren nach Art. 71 SächsV handelt es sich damit im Grunde um eine auf Gesetzentwürfe beschränkte Volksinitiative.[11]

18.7.1994, GVBl. S. 1357 zuletzt geändert durch Verordnung vom 16.8.2001, GVBl. S. 489 (SächsVVVGVO).

1 GVBl. S. 275.
2 *SächsVfGH*, LKV 2000, S. 31.
3 *SächsVfGH*, LKV 2001, S. 459; dazu ausführlicher unten S. 564.
4 Durch Gesetz vom 28.6.2001, GVBl. S. 426, wurden die DM-Beträgeauf Euro umgestellt.
5 Vgl. dazu unten S. 584.
6 Gesetz vom 20.5.2003, GVBl. S. 136.
7 LT-Drs. 3/7430.
8 Dazu unten S. 586.
9 Justizminister *de Maizière* betonte den Zusammenhang und die daraus resultierende Eilbedürftigkeit bei der Vorstellung des Gesetzentwurfes ausdrücklich, vgl. das Sten.Prot. der Landtagssitzung vom 12.12.2002, S. 5118.
10 Demzufolge sind die einschlägigen Bestimmungen im Abschnitt über die Gesetzgebung systematisch korrekt zugeordnet. Der Grund für diese Zurückhaltung ist wohl in der Befürchtung zu suchen, dass die Unabhängigkeit der Abgeordneten gefährdet würde, wenn das Volk jedes Anliegen an das Parlament herantragen könnte, vgl. dazu die Stellungnahmen des Sachverständigen *von Mangoldt* und des Ausschussvorsitzenden *Schimpff*, in der 3. Klausurtagung des Verfassungs- und Rechtsausschusses am 23.2.1991; abgedruckt bei *Schimpff*, S. 91, 93 und 100.
11 Aus den Materialien der Entstehungsgeschichte der Verfassung ergibt sich, dass dem Volk generell die Kompetenz bestritten wurde, auch andere Funktionen des Parlaments auszuüben. Darauf deuten etwa die Äußerungen des sachverständigen Beraters *von Mangoldt* im Laufe der Verfassungsberatungen hin

1. Der Anwendungsbereich des Volksantrags

a. Die formellen Beschränkungen

Festzuhalten ist zunächst, dass die Beschränkung des Volksantrags auf das Gesetzgebungsverfahren nicht dadurch umgangen werden darf, dass ein beliebiger Antrag in die Form eines formellen Gesetzes gekleidet wird. Gegenstand des Verfahrens können daher grundsätzlich nur Entwürfe für abstrakt-generelle Regelungen sein, die in der Form eines Gesetzes ergehen können.[1] Allerdings ist in diesem Zusammenhang wiederum darauf hinzuweisen, dass nach der Rechtsprechung des Bundesverfassungsgerichtes auch besonders gewichtige Planungsentscheidungen in Form eines Gesetzes erlassen werden dürfen.[2]

b. Die inhaltlichen Beschränkungen

Der Anwendungsbereich des Volksantrags wird durch den Ausschluss von Abgaben-, Besoldungs- und Haushaltsgesetzen in Art. 73 I SächsV beschränkt.[3]

In Bezug auf den Ausschluss öffentlicher Abgaben kann auf die früheren Ausführungen verwiesen werden.[4] Der Wortlaut des Art. 73 I SächsV unterscheidet sich insofern von den Regelungen in Schleswig-Holstein und Brandenburg, als nicht „Dienst- und Versorgungsbezüge" vom Anwendungsbereich der direktdemokratischen Verfahren ausgeschlossen werden, sondern nur „Besoldungsgesetze". Wie schon im Zusammenhang mit den entsprechenden Formulierungen in den älteren Landesverfassungen erwähnt wurde,[5] knüpfen allerdings die Versorgungsbezüge aufgrund der *bundes*rechtlichen Vorgabe des § 5 BeamtVG an die Dienstbezüge an. Sie sind schon von daher der Disposition des *Landes*gesetzgebers entzogen.[6]

Keine „Besoldungsgesetze" sind hingegen die Bestimmungen über die Abgeordnetendiäten. Zwar wollte der Verfassungs- und Rechtsausschuss auch diese dem Anwendungs-

(Bürgerpartizipation, S. 197, 211 f.), der es für ausgeschlossen hält, dass das Volk anstelle des Parlaments Einfluss auf die Kontrolle der Regierung nimmt.

1 Zulässig sind weiterhin Verfahren, die auf den Erlass eines so genannte „Maßnahmengesetzes" zielen, wobei eine trennscharfe Abgrenzung allerdings kaum möglich ist, vgl. dazu *Hesse*, Rn. 506. Dessen These, „Gesetz" sei alles, was vom Parlament im Verfahren der Gesetzgebung in der Form eines Gesetzes beschlossen werde, lässt sich jedenfalls auf das Volksgesetzgebungsverfahren nicht übertragen und überzeugt auch sonst nur dann, wenn man die Fähigkeit des Parlaments zur Selbstbeschränkung unterstellt.

2 Vgl. dazu *BVerfGE* 95, 1, und schon oben S. 267.

3 Anders *K. Müller*, Art. 71 SächsV, S. 351, der ohne jede Begründung und im Widerspruch zum eindeutigen Wortlaut des Art. 73 I SächsV meint, diese inhaltlichen Beschränkungen würden für den Volksantrag noch nicht gelten.

4 Dazu siehe oben S. 446 ff. zu Art. 41 II SH-V.

5 Dazu siehe oben S. 285.

6 Darüber hinaus gehört diese Anknüpfung als Bestandteil des Alimentationsprinzips zu den „wesentlichen Grundsätzen des Berufsbeamtentums" im Sinne des Art. 33 V GG. Selbst der Bundesgesetzgeber könnte daher § 5 BeamtVG nicht ohne weiteres aufheben. Zur Einheit von Besoldung und Versorgung als Teile der Alimentation vgl. *Lecheler*, HdBStR § 72, Rn. 55 f.

bereich der Verfahren entziehen.¹ Der Wortlaut der Verfassung lässt jedoch keinen Raum für eine so weite Auslegung.²

Weiterhin scheiden nach Art. 73 I SächsV ausdrücklich nur „Haushalts*gesetze*" als Gegenstand eines Volksantrags aus. Dass hier nicht auf den „Landeshaushalt" Bezug genommen wurde, erklärt sich zum einen Linie dadurch, dass in Sachsen ohnehin nur Gesetzentwürfe als Gegenstand der direktdemokratischen Verfahrens in Frage kommen. Zum anderen hat der Gesetzgeber damit aber auch – der Vorgabe des Art. 60 VI BW-V folgend³ – an die Begrifflichkeit der Vorschrift des Art. 93 SächsV über die Feststellung des Haushaltsplanes angeknüpft. Art. 73 I SächsV schließt dementsprechend zunächst und in erster Linie alle Anträge aus, die sich unmittelbar auf das Gesetz zur Feststellung des Landeshaushaltes gemäß Art. 93 II SächsV beziehen,⁴ bzw. die auf eine nachträglichen Änderung des festgestellten Haushaltsplanes oder eine Art Rahmenregelung für mehrere Haushaltsperioden zielen.⁵ Hingegen kommt es – entsprechend dem Charakter des Art. 73 I SächsV als Ausnahmebestimmung – für die Zulässigkeit eines Volksantrages grundsätzlich nicht darauf an, ob seine Annahme mittelbare Auswirkungen auf den Landeshaushalt haben würde,⁶ sofern nicht lediglich die inhaltlichen Beschränkungen des Art. 73 I SächsV umgangen werden sollen. Dies ist aber (erst) dann der Fall, wenn die finanziellen Auswirkungen so wesentlich sind, dass der Gesamtbestand des Haushaltes betroffen wird und der parlamentarische Gesetzgeber nicht mehr in der Lage ist, einen ausgeglichenen Haushalt vorzulegen.⁷

1 *H.-P. Schneider* formulierte als Berater folgende Auslegungserklärung, die einstimmig (bei Enthaltung des Vertreters von Bündnis 90/Die Grünen) angenommen wurde. „In Art. 74 Abs. 1 wird unter dem Begriff Besoldung jede Zahlung aus öffentlichen Kassen verstanden, die unmittelbar dem Lebensunterhalt dient, z.B. auch Versorgungsbezüge und ähnliches" (vgl. das Sten. Prot. der 7. Klausurtagung des Verfassungs- und Rechtsausschusses vom 1.2.1992; abgedruckt bei *Schimpff*, S. 432, 525). Danach wären aber z.B. auch zahlreiche Sozialleistungen dem Anwendungsbereich der Verfahren entzogen, z.B. gäbe es keine Möglichkeit, ein Landeserziehungsgeld oder Stipendien zum Gegenstand zu machen.

2 Vgl. dazu schon oben S. 285 f., m.w.N.

3 Vgl. dazu ausführlich oben S. 282 ff. *Zschoch*, NVwZ 2003, S. 438, 439, geht hingegen davon aus, dass der sächsische Verfassunggeber die Problematik schlicht übersehen habe. Dabei übersieht sie indes, dass zumindest einige der Mitglieder des Sächsischen Verfassungsgerichtshof zuvor als Berater an der Verfassunggebung mitgewirkt hatten und daher sehr genau wussten, was im Verfassungs- und Rechtsausschuss besprochen worden war.

4 Wie schon dargelegt wurde entzieht sich dieses formelle Gesetz ohnehin aus praktischen Gründen dem Anwendungsbereich der direktdemokratischen Verfahren. Das Verfahren zur Feststellung des Haushaltes ist an die Einhaltung strenger Fristen gebunden und kann nicht in dem auf eine ausführliche öffentliche Diskussion angelegten Verfahren bis zum Volksentscheid durchgeführt werden; dazu siehe oben S. 244. Davon scheinen auch Kunzmann/Haas/*Baumann-Hasske*, Art 73 SächsV, Rn. 1, auszugehen.

5 Dies erklärt möglicherweise, warum in Art. 73 I SächsV von „Haushaltsgesetzen," die Rede ist.

6 So im Ergebnis (allerdings ohne Begründung) auch *Krieg*, ZG 1996, S. 314, 315 und *Reich*, zum vergleichbaren Art. 81 LSA-V, Rn. 3; vgl. auch Kunzmann/Haas/*Baumann-Hasske*, Art. 73 SächsV, Rn. 1. Hingegen scheint *Mahnke*, Art. 81 LSA-V, Rn. 3, ohne Begründung von einer weiteren Auslegung auszugehen, wenn er ausführt, diese Regelung verhindere eine „Einmischung" in die Haushalts- und Finanzhoheit des Landtags.
Insofern ist zu beachten, dass der Verfassunggeber sich an Art. 60 VI BW-V angelehnt hat, der nach allgemeiner Auffassung ebenfalls restriktiv auszulegen ist, vgl. dazu *Braun*, Art. 59 BW-V, Rn. 40; *Jürgens*, S. 134.

7 In diesem Sinne auch der *SächsVfGH* LKV 2003, S. 327; zustimmend *Jung*, LKV 2003, S. 308 ff.; *Jutzi*,

Damit ist der sachliche Anwendungsbereich dieses Verfahrens im Ergebnis aber ebenso groß, wie derjenige der Volksinitiative in Schleswig-Holstein.[1] Dabei ist wiederum zu beachten, dass über den Ausschluss der Abgaben und Besoldungsregelungen die wichtigsten Haushaltsposten ohnehin jedem unmittelbaren Einfluss der Bürger entzogen sind.

Der Sächsische Verfassungsgerichtshof[2] scheint allerdings sogar noch einen Schritt weiter gehen zu wollen, wenn er feststellt, dass es nicht auf die „Wesentlichkeit" des Einflusses auf den Gesamtbestand des Haushaltes ankommen könne, da dieser Begriff nicht bestimmbar sei.[3] Wenn der Sächsische Verfassungsgerichtshof andererseits betont, dass es dem Parlament möglich bleiben muss, einen ausgeglichenen Haushalt vorzulegen, dann erkennt es damit stillschweigend an, dass sich Art. 73 I SächsV eben doch nicht ausschließlich auf das formelle Haushaltsgesetz bezieht, sondern das parlamentarische Budgetrecht absichern soll. Dann muss aber auch eine Umgehung des Haushaltsvorbehaltes verhindert werden – obwohl dies zwangsläufig dazu führt, dass nicht immer von vorne herein feststellbar sein wird, ob ein Antrag nun zulässig ist oder nicht. Abhilfe ist insofern nur durch eine konkretisierende Verfassungsänderung zu erwarten.[4]

2. Das Verfahren der Antragstellung

Auch in Sachsen ist es Sache der Antragsteller, die Sammlung von Unterschriften zu organisieren. Sie haben dafür Unterschriftslisten nach amtlichem Muster zu verwenden.[5] Eine Frist ist ihnen nicht vorgegeben. Das Quorum von 40.000 Unterschriften entspricht etwa einem Anteil von einem Prozent der Stimmberechtigten.

Vor Einreichung der Bögen müssen die Gemeinden das Stimmrecht der Unterzeichner unentgeltlich und unverzüglich bestätigen.[6] Da jeder Stimmberechtigte denselben Volksantrag nur einmal unterstützen kann, werden mehrfache Eintragungen gegebenenfalls nicht

---

NJ 2002, S. 588 f.; *Kertels/Brink*, NVwZ 2003, S. 435 ff.; *Neumann*, SächsVBl. 2002, S. 229 ff.; kritisch hingegen *Zschoch*, NVwZ 2003, S. 438.
Dies verkennt hingegen *Krieg*, ZG 1996, S. 314, 315 f., der pauschal meint, mittelbare Auswirkungen auf den Haushalt könnten niemals zur Unzulässigkeit des Antrags führen.

1   Dazu siehe oben S. 447 ff. In diesem Zusammenhang ist auch zu beachten, dass in Sachsen ebenso wie in Schleswig-Holstein aber anders als in Brandenburg nur Verfahren „über" Abgaben-, Besoldungs- und Haushaltsgesetze unzulässig sind, nicht aber Anträge „zu" diesen Gesetzen. Damit kommt es aber nicht auf die Absichten der Antragsteller und darauf an, ob der Antrag unmittelbar auf den Landeshaushalt zielt, vgl. dazu oben S. 448 bzw. 509.
2   *SächsVfGH*, LKV 2003, S. 327.
3   *SächsVfGH*, LKV 2003, S. 327, 329 f.; vgl. in diesem Sinne wohl auch *Janz*, LKV 2002, S. 67, 69, der diesen Umstand allerdings zum Anlass nimmt, einen festen Prozentsatz zu definieren, ab dem von einem „wesentlichen Einfluss" auszugehen sei – ohne darzzustellen, wie dieser Prozentsatz aus der Verfassung abgeleitet werden könnte.
4   So könnten die Antragsteller zur Vorlage eines Deckungsvorschlags verpflichtet werden, vgl. dazu auch *Jutzi*, ZG 2003, S. 273, 287.
5   § 4 I SächsVVG.
6   §§ 6 f. SächsVVVG. Weigern sich die zuständigen Behörden, das Stimmrecht zu bestätigen, steht den Antragstellern der Rechtsweg zu den Verwaltungsgerichten offen; vgl. dazu oben S. 310 zur Eröffnung des Rechtswegs bei der Eintragung in die Listen für ein Volksbegehren.

bestätigt und daher bei der Feststellung des Quorums auch nicht berücksichtigt. Die erste Eintragung zählt jedoch hier mit.[1] Das Stimmrecht muss nur am Tag der Unterzeichnung bestanden haben.[2]

Gemäß § 5 II SächsVVVG sollten die Unterstützer den Antrag ursprünglich nicht nur eigenhändig unterschreiben, sondern auch ihr Geburtsdatum, ihre Hauptwohnung sowie den Tag und den Ort der Unterzeichnung „eigenhändig und leserlich" eintragen müssen. Zwar kann kein Zweifel daran bestehen, dass die Angabe des Geburtsdatums und der Hauptwohnung erforderlich sind, um die Unterschriftsberechtigung nachprüfen zu können. Nur aus diesem Grund muss auch das Datum angegeben werden.[3] Da weder die Verfassung selbst noch das SächsVVVG die äußeren Umstände der Unterschriftsleistung regeln, gibt es jedoch keinen Grund, warum auch der Ort genannt werden muss.[4] Der Sächsische Verfassungsgerichtshof hat diese Vorgabe des § 5 II SächsVVVG daher für verfassungswidrig erklärt.[5] Darüber hinaus hat das Gericht völlig zu Recht festgestellt, dass es keinen Grund dafür gibt, warum auch diejenigen Daten, die zur Feststellung der Unterschriftsberechtigung erforderlich sind, handschriftlich eingetragen werden müssen. Vielmehr bestehe ein Widerspruch zwischen der Forderung nach „Eigenhändigkeit" und „Lesbarkeit".[6] Da § 19 auf § 5 II SächsVVVG verweist, gilt all dies im Übrigen auch für das Volksbegehren.[7] Mittlerweile hat der Gesetzgeber § 5 II SächsVVVG den Vorgaben des Verfassungsgerichtshofes angepasst und verlangt dort nur noch die eigenhändige Unterschrift.

Der Antrag muss nach Art. 71 I 3 SächsV zwingend begründet sein. Die Antragsteller haben nicht nur erläutern, *wieso* sie überhaupt eine Änderung der Rechtslage anstreben, sondern auch *wie* diese Änderung sich in das bisherige Rechts- und Verfassungssystem einfügt.[8]

1 Vgl. § 5 IV SächsVVVG, anders als nach § 17 Nr. 6 SH-VAbstG; dazu siehe oben S. 471.

2 § 2 SächsVVVG. Nach §§ 8 II SH-VAbstG, 9 IV BbgVAG werden die Unterschriften erst nachträglich überprüft; dazu siehe oben S. 457 und 517.

3 Da für den Volksantrag keine Frist gilt, erscheint diese Angabe auf den ersten Blick unnötig zu sein. Allerdings kommt es mangels einer abweichenden Regelung darauf an, ob der jeweilige Unterzeichner zum Zeitpunkt seiner Unterschriftsleistung berechtigt war, den Volksantrag zu unterstützen.

4 Insbesondere ist es nicht ausgeschlossen, auch außerhalb Sachsens Unterschriften zu sammeln – wobei sich die Frage stellt, ob man dort Stimmberechtigte Bürger finden wird.

5 *SächsVfGH* LKV 2001, S. 459, 461 f. Dabei handelt es sich keineswegs um ein Glasperlenspiel. Zuvor hatte der Landtagspräsident ein Volksbegehren für unzulässig erklärt, weil etwa 36.500 Unterschriften den gesetzlichen Anforderungen nicht genügt hätten; vgl. dazu unten S. 584. Bereits zuvor war ein Volksantrag für unzulässig erklärt worden, weil angeblich mindestens 31.696 der eingereichten 58.691 Unterschriften ungültig waren, vgl. dazu unten S. 582. Hier hatte sich der SächsVfGH allerdings noch um eine Entscheidung in der Sache drücken können, da sich das Verfahren durch die Ablehnung des Volksantrags im Landtag erledigt hatte, vgl. *SächsVfGH*, LKV 2000, S. 31.

6 A.a.O. Dementsprechend wird in den anderen Ländern nur die Lesbarkeit der persönlichen Angaben und die eigenhändige Unterzeichnung gefordert.

7 Nur zwei Wochen nach der Entscheidung des Verfassungsgerichtshofes wurde die SächsVVVGVO am 31. März 2001 geändert (GVBl. S. 137). Seither ist es Stimmberechtigten wie bei Wahlen möglich, sich für die Eintragung der Hilfe anderer zu bedienen. Außerdem wurden die Kriterien, nach denen die Gemeinden die Unterschriftsberechtigung zu prüfen haben, in § 2 II der Verordnung konkretisiert. Das Gesetz selbst ist bisher aber nicht ausdrücklich geändert worden.

8 Enger hingegen *K. Müller*, Art. 71 SächsV, S. 351, der allerdings zu geringe Anforderungen an die

Spätestens bis zur Einreichung des Antrags sind eine Vertrauensperson und eine stellvertretende Vertrauensperson zu benennen.[1] Der Begriff der „Stellvertretung" ist irreführend, da beide Vertrauenspersonen jeweils für sich verbindliche Erklärungen abgeben dürfen. Im Zweifel gilt allerdings die Erklärung der Vertrauensperson.[2]

Aus Art. 73 II SächsV ergibt sich, dass ein im Volksentscheid gescheiterter Volksantrag erst nach Ablauf der laufenden Wahlperiode erneut eingebracht werden kann.[3] Daraus folgt im Umkehrschluss, dass ein- und derselbe Volksantrag dem Landtag immer wieder vorgelegt werden darf – und zwar völlig unabhängig davon, ob er schon Gegenstand eines (erfolglosen)[4] Volksbegehrens war. Art. 73 II SächsV erfasst nicht nur identische Anträge. Diese Regelung wäre nämlich wirkungslos, wenn sie durch eine einfache Umformulierung des Antrags umgangen werden könnte. Es muss daher im Einzelfall geklärt werden, ob ein Antrag mit einem früheren inhaltlich identisch ist.

Diese Sperrfrist ist – anders als die anderen, bisher dargestellten Regelungen[5] – verfassungsrechtlich unproblematisch, da sie sich bereits aus der Verfassung ergibt.

3. Die Entscheidung über die Zulässigkeit des Antrags

Der Antrag ist beim Landtagspräsidenten einzureichen. Dieser entscheidet aufgrund einer Stellungnahme der Landesregierung[6] unverzüglich über die Zulässigkeit des Volksantrags.[7]

a. Überprüfung der Zulässigkeit

Der Landtagspräsident hat festzustellen, ob dem betreffenden Antrag ein (hinreichend) begründeter Gesetzentwurf zugrunde liegt und ob er von einer genügend großen Zahl der Stimmberechtigten unterzeichnet wurde. Er ist dabei nicht an die Feststellungen der Gemeinden über die Gültigkeit der Unterschriften gebunden. Darüber hinaus muss er gegebenenfalls kontrollieren, ob die Sperrfrist des Art. 73 II SächsV eingehalten wurde. Weiterhin hat er die Pflicht, die Einhaltung der inhaltlichen Beschränkungen des Art. 73 I SächsV zu

---

Antragsteller stellt; dazu siehe oben S. 453 zu Art. 41 I 2 SH-V.

1 § 3 Satz 1 SächsVVVG, danach gelten Im Zweifel die beiden Erstunterzeichner als Vertrauenspersonen.

2 Der Gesetzgeber in Sachsen geht also davon aus, dass die Interessengegensätze unter den Antragstellern nicht so groß sind, dass sie notwendigerweise durch ein repräsentatives Gremium vertreten werden müssten. Auf die Probleme im Zusammenhang mit der demokratischen Legitimation der Vertreter wurde bereits hingewiesen; dazu siehe oben S. 455, Fn. 1.
Die Oppositionsparteien hatten gefordert, dass die Antragsteller durch ein Gremium vertreten werden müssen, das seine Entscheidungen wiederum nach dem Mehrheitsprinzip trifft; vgl. LT-Drs. 1/3716, Anlage 2, S. 1.

3 Diese Regelung entspricht dem Vorbild des Art. 70 I lit. d) Satz 5 BremV, der wiederum auf die frühere Regelung des Art. 70 I lit. c) Satz 4 BremV a.F. zurückzuführen ist; dazu siehe unten S. 728.

4 War das Volksbegehren erfolgreich, kommt es zwangsläufig zum Volksentscheid.

5 Dazu siehe oben S. 305 f. und S. 454 und 513.

6 Die ihrerseits wiederum unverzüglich zu erfolgen hat, § 8 II, 2. Hs. SächsVVVG.

7 Art. 71 II 1 und 2 SächsV.

überprüfen.¹ Nach Art. 71 II 3 SächsV gehört auch die „Verfassungsmäßigkeit" des Volksantrags zu den Zulässigkeitsvoraussetzungen.² Daher kann und muss der Landtagspräsident diesen am Maßstab des gesamten Verfassungsrechtes überprüfen.³ In Sachsen ist somit im Gegensatz zu allen anderen Ländern⁴ eine umfassende präventive Normenkontrolle vorgesehen.

Zu berücksichtigen ist in diesem Zusammenhang, dass in den Regelungen über die „normalen" Normenkontrollverfahren gemäß Art. 81 I Nr. 2 und 3 SächsV ausdrücklich auf die Vereinbarkeit der zu überprüfenden Normen (nur) mit „dieser" Verfassung abgestellt wird.⁵ Wenn Art. 71 II 3 SächsV verlangt, dass ein Volksantrag nicht „verfassungswidrig" sein darf, dann impliziert dies daher eine Überprüfung am gesamten Verfassungsrecht des Landes *und* des Bundes. Da nun aber aufgrund von Art. 31 GG auch das einfache Bundesrecht dem Landesrecht vorgeht, ist das Verfassungsgericht mittelbar auch zur Überprüfung am Maßstab des einfachen Bundesrechtes verpflichtet.⁶ Diese differenzierte Regelung entspricht dem Umstand, dass das Bundesverfassungsgericht seinerseits nicht zur präventiven Normenkontrolle befugt ist.⁷ Es wäre aber unsinnig, dem Landesverfassungsgericht auf der einen Seite eine umfassende Kontrollbefugnis einzuräumen und es auf der anderen Seite auf die Überprüfung am Maßstab der Landesverfassung zu beschränken.⁸

Auch das SächsVVVG sieht keine ausdrückliche Möglichkeit zur Nachbesserung von formellen Mängeln vor. Allerdings gebietet es das Gebot der Verhältnismäßigkeit, den

---

1 Daneben hat der Landtagspräsident die Pflicht, die sonstigen formellen Voraussetzungen zu prüfen, die sich zwar unmittelbar erst aus dem SächsVVVG ergeben, aber aufgrund der Natur der Sache bereits in der Verfassung angelegt sind. Dies betrifft in erster Linie die Benennung der Vertrauensperson und ihrer Stellvertreterin sowie die Verwendung ordnungsgemäßer Unterschriftsbögen.

2 Davon geht auch der Gesetzgeber aus, da er in § 12 II SächsVVVG geregelt hat, dass der VfGH einen verfassungswidrigen Entwurf für *unzulässig* zu erklären hat.

3 Dazu gehört auch die Frage, ob das Land überhaupt die Regelungszuständigkeit für die betreffende Materie besitzt. Die Artt. 70 ff. GG wirken unmittelbar in das Landesrecht hinein, vgl. dazu *BVerfGE* 60, S. 175, 205.
Bei Anträgen, die sich auf eine Verfassungsänderung richten, gibt Art. 74 I 2 SächsV den Prüfungsmaßstab vor: Danach dürfen Änderungen der Verfassung den Grundsätzen der Artt. 1, 3, 14 und 36 SächsV nicht widersprechen. Dies entspricht im wesentlichen der Rechtslage nach Art. 79 III GG. Darüber hinaus enthält Art. 1 S. 2 SächsV allerdings ein von Art. 74 I 2 SächsV ebenfalls erfasstes Bekenntnis zur Kultur und zum Schutz der natürlichen Lebensgrundlagen.

4 Vgl. dazu ausführlich S. 295 ff. und S. 452 f.

5 Der Verfassungsgerichtshof ist demzufolge nicht zur selbständigen Überprüfung am Maßstab des Bundesrechtes befugt.

6 So im Ergebnis aber ohne Begründung auch *Degenhart*, HdBSächsStVwR, § 2, Rn. 86; Kunzmann/Haas/*Baumann-Hasske*, Art 71 SächsV, Rn. 5; *Meissner*, HdBSächsV, § 13, Rn. 26.

7 Artt. 93 I Nr. 2, 100 I 1 GG setzen vielmehr grundsätzlich voraus, dass die angegriffene Norm bereits in Kraft oder doch zumindest verkündet ist. Eine Ausnahme gilt nur in Bezug auf Zustimmungsgesetze zu völkerrechtlichen Verträgen; vgl. *BVerfGE* 36, S. 1, 15.

8 Der Verfassungsgerichtshof selbst scheint sich allerdings noch größere Zurückhaltung aufzuerlegen, da er davon ausgeht, dass ausschließlich die Bestimmungen der Sächsischen Verfassung als Maßstab für die Überprüfung in Betracht kommen; so ausdrücklich *SächsVfGH* LKV 2003, 327.

Antragstellern eine solche Möglichkeit einzuräumen, sofern die Behebung von Mängeln überhaupt in Betracht kommt.[1]

b. Zur Zuständigkeit und Frist für die Feststellung der Unzulässigkeit

Der Landtagspräsident hat die Zulässigkeit des Volksantrags umfassend zu prüfen. Kommt er zu dem Ergebnis, dass der Volksantrag verfassungswidrig sei, so hat er den Verfassungsgerichtshof anzurufen, dem durch Art. 71 II 3 SächsV jedenfalls insofern das *Letzt*-Entscheidungsrecht zugewiesen wurde.[2]

§ 10 SächsVVVG a.F. hatte ursprünglich vorgesehen, dass der Landtagspräsident auf Grundlage einer Stellungnahme der Landesregierung selbst über die Einhaltung der in Art 71 I SächsV aufgestellten formellen Zulässigkeitsvoraussetzungen zu entscheiden hatte.[3] Am 17. Dezember 1998 hat jedoch der Sächsische Verfassungsgerichtshof im Zusammenhang mit dem Verfahren eines Volksantrags gegen die geplante Gemeindegebietsreform[4] fest gestellt, dass auch die *formellen* Voraussetzungen für die Behandlung eines Volksantrags zu dessen „Verfassungsmäßigkeit" im Sinne von Art. 71 II 3 SächsV gehören, so dass insgesamt nur er selbst endgültig[5] darüber entscheiden darf, ob ein Volksantrag im Parlament behandelt werden muss. Dies führt vor allem dazu, dass die Antragslast nicht auf die Initiatoren des Verfahrens verlagert werden darf.[6]

Unabhängig davon, dass die Entscheidung des Verfassungsgerichtshofes verfassungspolitisch durchaus nachvollziehbar sein mag und wohl auch den Vorstellungen des Verfassunggebers entspricht,[7] stellt sich bei dieser Auslegung allerdings die Frage, warum der Verfassunggeber in Art. 71 II SächsV zwischen der „Zulässig-

---

1 Wie schon für Schleswig-Holstein dargelegt wurde; dazu siehe oben S. 457; vgl. auch *K. Müller*, Art. 71 SächsV, S. 351. Da das Stimmrecht der Unterzeichner bei Einreichung der Listen bereits bestätigt wurde, kann der Antrag insofern allerdings keine Mängel aufweisen. Zu beachten ist, dass für die Unterzeichnung des Volksantrags in Sachsen keine Frist gilt. Daher besteht hier die Möglichkeit, dass die Antragsteller auf Aufforderung des Landtagspräsidenten gegebenenfalls fehlende Unterschriften nachreichen.

2 Nach § 33 II SächsVfGHG hat dieser den Antragstellern und der Staatsregierung in diesem Verfahren Gelegenheit zur Äußerung geben. Er kann ihnen hierfür eine Frist setzen.

3 Gegen diese Entscheidung des Landtagspräsidenten konnte die Vertrauensperson (oder ihre Stellvertreterin) wiederum den Verfassungsgerichtshof anrufen, der nicht nur die Entscheidung des Landtagspräsidenten aufheben, sondern selbst feststellen konnte, dass die formellen Voraussetzungen des Volksantrags vorliegen. Im Rahmen dieses Verfahrens war dem Landtagspräsidenten und der Staatsregierung Gelegenheit zur Stellungnahme zu geben. Diese konnten dem Verfahren auch beitreten; vgl. § 11 SächsVVVG (a.F.).

4 Vgl. dazu unten S. 580 ff.

5 Zwar kann und muss der Landtagspräsident zunächst feststellen, ob die formellen Voraussetzungen vorliegen. Ist der jedoch der Auffassung, dass dies nicht der Fall ist, so muss er den Verfassungsgerichtshof anrufen.

6 *SächsVfGH*, LKV 2000, S. 31.

7 Zumindest hatte der Sachverständige *von Mangoldt* im Rahmen der 9. Klausurtagung des Verfassungs- und Rechtsausschusses am 4./5.4.1992 (Sten. Prot. S. 60, abgedruckt bei *Schimpff/Rühmann*, S. 634) darauf verwiesen, dass es auch bei Mängeln auf der formellen Seite um die Verfassungsmäßigkeit gehe, die alle Aspekte der Unzulässigkeit umfasse.

keit" eines Volksantrags und seiner „Verfassungsmäßigkeit" differenziert hat. Da in Satz 4 dieser Bestimmung aber wiederum nur von Zulässigkeit die Rede ist, kann man Art. 71 II SächsV nur in dem Sinne verstehen, dass auch die Verfassungsmäßigkeit eines Antrags zu seiner Zulässigkeit gehören soll.[1]

Der Landtag hat der Entscheidung des Verfassungsgerichtshofes durch eine Änderung des SächsVVVG Rechnung getragen.[2] Aus § 11 I 1 SächsVVVG n.F. ergibt sich nun, dass der Landtagspräsident nun im Zweifel stets den Verfassungsgerichtshof anrufen muss. Dieser stellt dann zum einen gemäß § 12 I SächsVVVG fest, ob die formellen Voraussetzungen des Antrags vorliegen oder nicht. Hält er den Antrag aus anderen Gründen für verfassungswidrig, erklärt er ihn gemäß § 12 II SächsVVVG für unzulässig.[3]

Weder Art. 71 II SächsV noch das SächsVVVG verpflichten die zuständigen Organe ausdrücklich dazu, die Prüfung der Zulässigkeit des Volksantrags innerhalb einer bestimmten Frist abzuschließen. Vielmehr wird die Landesregierung überhaupt erst durch § 8 II SächsVVVG angehalten, „unverzüglich"[4] zur Zulässigkeit des Antrags Stellung zu nehmen.[5] Aufgrund dieser Stellungnahme hat der Landtagspräsident wiederum ebenfalls „unverzüglich" über die Zulässigkeit zu entscheiden. In Bezug auf die Entscheidung des Verfassungsgerichtshofes fehlt es hingegen an einer entsprechenden Verpflichtung.

Dennoch kann sich das Gericht für seine Entscheidung nicht beliebig viel Zeit lassen. Zwar impliziert die systematische Stellung des Art. 71 II SächsV, dass es sich bei der Prüfung der Zulässigkeit des Volksantrags um einen eigenständigen Verfahrensschritt handelt, der abgeschlossen sein muss, bevor das weitere Verfahren fortgesetzt werden kann.[6] Zu beachten ist jedoch die ausdrückliche Bestimmung des Art. 71 II 4 SächsV, nach der ein Antrag bis zur Feststellung der Unzulässigkeit nicht als unzulässig behandelt werden darf. Zwar bedeutet das nicht, dass das Verfahren nicht unterbrochen werden dürfte, bis der Landtagspräsident über die Zulässigkeit des Volksantrags entschieden hat. Ruft dieser jedoch den Verfassungsgerichtshof an, weil er den Antrag für verfassungswidrig hält, so muss der Volksantrag jedenfalls solange im Parlament weiter behandelt werden, bis das Gericht abschließend entschieden und die Verfassungswidrigkeit verbindlich festgestellt hat.[7] Stimmt der Landtag dem Volksantrag nicht innerhalb von sechs Monaten unverändert

---

1 In diesem Sinne ist wohl auch die Entscheidung des *SächsVfGH*, LVerfGE 9, 318, 322, zu verstehen.
2 Vgl. das Gesetz vom 1.6.1999, GVBl. S. 275
3 Die Terminologie ist denkbar unglücklich. Tatsächlich geht es bei der Frage, ob die formellen Voraussetzungen des Volksantrags vorliegen, um dessen „Zulässigkeit".
4 Im Einzelfall wird sich aber nur schwer feststellen lassen, ob eine Verzögerung im Sinne von § 112 BGB verschuldet ist. Dies war Gegenstand heftiger Diskussionen im Verfassungs- und Rechtsausschuss; vgl. Anlage 2 zu LT-Drs. 1/3716, S. 2.
5 Die Verfassung selbst enthält keine entsprechende Regelung. Ohne § 8 II SächsVVVG könnte die Landesregierung daher die Behandlung des Antrags auf unbestimmte Zeit verzögern, da ihre Stellungnahme wiederum Voraussetzung dafür ist, dass der Landtagspräsident über die Zulässigkeit entscheiden kann.
6 Dann könnte der Landtag gegebenenfalls erst dann über einen Volksantrag verhandeln, wenn der Verfassungsgerichtshof zuvor dessen Verfassungsmäßigkeit bestätigt hat.
7 Diese Regelung bezieht sich zweifellos nicht nur auf die Entscheidung des Landtagspräsidenten. Andernfalls müsste sie *vor* Art. 71 II 3 SächsV stehen. Vergleiche dazu auch *Krieg*, ZG 1996, S. 314, 316 f. und 322, der dieses Problem zwar nicht ausführlich behandelt, aber davon ausgeht, dass der Verfassungs-

zu, können die Antragsteller demzufolge nach Art. 72 I 1 SächsV die Durchführung des Volksbegehrens verlangen – wobei es keine Rolle spielt, ob die Weigerung des Landtags, sich den Antrag zu eigen zu machen, auf verfassungsrechtliche Bedenken zurückzuführen ist. Gemäß Art. 72 II SächsV muss aufgrund des erfolgreichen Volksbegehrens gegebenenfalls ein Volksentscheid durchgeführt werden. Kommt der Verfassungsgerichtshof somit nicht rechtzeitig zu einer Entscheidung, dann steht unter Umständen das Ergebnis des Volksentscheids im Raum, bevor über die Zulässigkeit des Volksantrags entschieden wurde!

Man sollte annehmen, dass diese Aussicht das Gericht dazu anhalten wird, schnell zu einer Entscheidung zu kommen.[1] Dies gilt umso mehr, als auch der Verfassungsgerichtshof die eindeutige Vorgabe des Art. 71 II 4 SächsV beachten muss und einen Volksantrag nicht als unzulässig behandeln darf. Damit ist ihm aber der Weg versperrt, das Verfahren durch den Erlass einer einstweiligen Anordnung gemäß §§ 10 SächsVfGHG i.V.m. 32 BVerfGG zu unterbrechen.[2] Allerdings hat der Verfassungsgerichtshof einen vergleichsweise eleganten Ausweg aus diesem Dilemma gefunden: Nach Ansicht des Gerichts soll die erste Stufe des Volksgesetzgebungsverfahrens in jedem Fall abgeschlossen sein, sobald der Landtag den Volksantrag abgelehnt hat. In diesem Fall sei die Feststellung der Zulässigkeit des Volksantrages durch den Verfassungsgerichtshof für die Fortführung des Volksgesetzgebungsverfahrens nicht mehr erforderlich.[3] Da nun aber kaum zu erwarten ist, dass der Landtag einen Volksantrag annehmen wird, wenn er diesen für unzulässig oder gar verfassungswidrig hält, kann das Gericht im Grunde abwarten, bis die Entscheidung des Landtags ergangen ist und sich das Verfahren erledigt hat.[4]

Diese Rechtsprechung erscheint aus mehreren Gründen bedenklich: Zum einen ergibt sich aus dem inneren Zusammenhang des Art. 71 II 3 und 4 SächsV auf der einen Seite und des Art. 72 I SächsV aus der anderen Seite zumindest mittelbar, dass auch die verfassungsgerichtliche Überprüfung grundsätzlich innerhalb der 6-Monats-Frist abgeschlossen sein soll. Zum anderen kann die These von der Erledigung des Verfahrens nicht überzeugen: Vielmehr können die Antragsteller aufgrund des klaren Wortlautes der Artt. 71 II 4 und 72 I SächsV auch dann zum Volksbegehren übergehen, wenn der Landtag ihren Antrag aus formellen Gründen abgelehnt hat: Andernfalls würde der Sinn und Zweck des Art. 71 II 4

---

gerichtshof gegebenenfalls erst nach dem Volksentscheid eine Entscheidung trifft.

1. Dass die faktische Verpflichtung zu einer möglichst zeitnahen Entscheidung keine übermäßige Belastung mit sich bringt, zeigen die bayerischen Erfahrungen. Der BayVfGH hat für seine Entscheidungen kaum jemals länger als drei Monate gebraucht; vgl. dazu *Przygode*, S. 97.
2. Anders *Krieg*, ZG 1996, S. 314, 322, der ohne Begründung davon ausgeht, dass der VfGH ohne weiteres einstweilige Anordnungen erlassen dürfe. Zwar hat der Sachverständige *von Mangoldt* im Rahmen der 9. Klausurtagung des Verfassungs- und Rechtsausschusses am 4./5.4.1992 (Sten. Prot. S. 60, abgedruckt bei *Schimpff/Rühmann*, S. 634), die Ansicht vertreten, dass mit „Entscheidung" im Sinne von Art. 71 II 4 SächsV auch die einstweilige Anordnung gemeint sein solle. Hätte der Verfassunggeber dem Gericht die Möglichkeit geben wollen, die Vorgabe des Art. 71 II 4 SächsV durch eine solche Anordnung zu unterlaufen, dann hätte er dies aber ausdrücklich regeln müssen.
3. *SächsVfGH* LKV 2000, S. 30.
4. Genau dies ist im Verfahren über die Zulässigkeit des Volksantrags gegen die kommunale Gebietsreform geschehen, vgl. unten S. 582.

SächsV unterlaufen, da der Volksantrag eben doch als unzulässig behandelt wird, bevor der Verfassungsgerichtshof entschieden hat.[1]

4. Die Veröffentlichung des zulässigen Volksantrags und seine Behandlung im Landtag – Zur Vereinbarkeit der §§ 13, 16 I SächsVVVG mit Art. 71 II 4 SächsV

Wie im Folgenden aufzuzeigen sein wird, hat es der Gesetzgeber versäumt, dieser Grundentscheidung des Verfassunggebers hinreichend Rechnung zu tragen.
Nach Art. 71 III SächsV muss der Landtagspräsident einen zulässigen Antrag veröffentlichen.[2] Bei näherer Betrachtung erweist sich diese Regelung als Ausnahme vom Grundsatz des Art. 71 II 4 SächsV.[3] *Obwohl* das Verfahren im Übrigen weiterbetrieben werden muss, erfolgt die Veröffentlichung des Volksantrags somit gegebenenfalls erst, nachdem der Verfassungsgerichtshof seine Zulässigkeit auf Antrag des Landtagspräsidenten verbindlich festgestellt hat.[4]
Gemäß Art. 72 I 1 SächsV hat der Landtag innerhalb von sechs Monaten einen Beschluss über den Volksantrag zu fassen. Problematisch ist nun § 16 I SächsVVVG, wonach diese Frist erst mit der Veröffentlichung des Volksantrags zu laufen beginnen soll. Im Ergebnis wird das Verfahren damit bis zur Entscheidung des Verfassungsgerichtshofes unterbrochen. Entgegen der eindeutigen Vorgabe des Art. 71 II 4 SächsV[5] wird ein Volksantrag somit anders behandelt, je nachdem ob der Landtagspräsident ihn für unzulässig bzw. verfassungswidrig hält oder nicht.
Angesichts der unter Umständen schwierigen und aufwendigen Prüfung der Verfassungsmäßigkeit ist es durchaus verständlich, wenn der Gesetzgeber durch die Ausgestaltung des Verfahrens im SächsVVVG sicherstellen will, dass auch der Verfassungsgerichtshof bei der Prüfung der Zulässigkeit nicht unter Zeitdruck gesetzt wird.[6] De constitutione lata ist dennoch die zwingende Vorgabe des Art. 71 II 4 SächsV zu achten.[7] Dieses Problem hat auch der Landtagspräsident erkannt. In der Praxis erfolgte die Veröffentlichung nach § 13 SächsVVVG unmittelbar nach der Feststellung, dass die formellen Voraussetzungen des Volksantrags gegeben sind – obwohl zu diesem Zeitpunkt Zweifel in Bezug auf die Verfas-

1 Dabei ist zu beachten, dass es –sofern die Antragsteller ihre Vorlage nicht abändern – nach der Beantragung eines Volksbegehrens keine Möglichkeit mehr gibt, den Antrag durch den Verfassungsgerichtshof überprüfen zu lassen.
2 Diese Veröffentlichung erfolgt nach § 13 SächsVVVG im sächsischen Amtsblatt.
3 Dies verkennt *Krieg*, ZG 1996, S. 314, 316. Er geht zu Unrecht davon aus, dass die Veröffentlichung in jedem Fall unmittelbar nach der Entscheidung des Landtagspräsidenten erfolgt. Hat dieser aber den Verfassungsgerichtshof angerufen, steht die Zulässigkeit noch überhaupt nicht fest und damit sind auch die Voraussetzungen des Art. 71 III SächsV noch nicht gegeben.
4 Damit soll verhindert werden, dass auch Anträge, deren Zulässigkeit zweifelhaft ist, die mit der Veröffentlichung verbundene Publizität erhält.
5 Die in § 12 III SächsVVVG nochmals ausdrücklich wiederholt wird.
6 Dadurch sieht etwa Kunzmann/Haas/*Baumann-Hasske*, Art 71 SächsV, Rn. 6, die Anknüpfung des § 16 I SächsVVVG an die Veröffentlichung des Antrags legitimiert.
7 Es ist nicht ersichtlich, ob der Verfassunggeber sich über die aufgezeigten Wirkungen des Art. 71 II 4 SächsV im klaren war. Es steht dem Gesetzgeber dennoch nicht zu, die verfassungsrechtlichen Vorgaben auf kaltem Wege auszuhebeln.

sungsmäßigkeit bestanden, aufgrund derer der Antrag später dem Verfassungsgerichtshof vorgelegt wurde.[1] Diese Vorgehensweise lässt sich zwar nur schwerlich mit der systematischen Stellung der Art. 71 III SächsV, § 13 SächsVVVG vereinbaren. Sie ist aber schon deswegen angemessen, weil nur auf diese Weise der Beginn der Frist publik wird, die dem Landtag für die Behandlung des Volksantrags zur Verfügung steht.[2]

Vor seiner Entscheidung hat der Landtag den Antragstellern nach Art. 71 IV SächsV Gelegenheit zur Anhörung zu geben. Ob diese Anhörung durch das Landtagsplenum oder durch einen Ausschuss erfolgen soll, regeln weder die Verfassung noch das SächsVVVG ausdrücklich. § 14 Satz 1 SächsVVVG bestimmt allerdings, dass der Landtag den Antrag entsprechend den Bestimmungen seiner Geschäftsordnung behandelt.[3] Gemäß § 51 III der Geschäftsordnung[4] sieht vor, dass derjenige Ausschuss, in den die eingebrachte Vorlage federführend überwiesen wurde, eine öffentliche Anhörung[5] der Vertrauenspersonen durchführt. Das übrige Verfahren wird entsprechend den Bestimmungen über das Gesetzgebungsverfahren durchgeführt,[6] dementsprechend ersetzt die Entscheidung des Landtags, einem Volksantrag zuzustimmen, ebenso wie in Schleswig-Holstein gegebenenfalls einen „normalen" Gesetzesbeschluss.[7]

Um sicher zu stellen, dass der Beschluss des Landtags rechtzeitig ergeht, sieht die Geschäftsordnung weiterhin vor, dass die Vorlage in der Regel innerhalb von drei Monaten behandelt werden muss.[8] Sofern der Landtag eine Änderung der Vorlage beschließt, ist der Volksantrag abgelehnt. Die geänderte Vorlage stellt dann gegebenenfalls den konkurrierenden Gesetzentwurf des Landtages im Sinne des Art. 72 II 3 SächsV dar.[9]

Da das Verfahren spätestens mit der Einleitung des Volksbegehren vom parlamentarischen Beratungsverfahren getrennt verläuft, greift das Diskontinuitätsprinzip hier nicht durch. Ein Volksantrag erledigt sich daher nicht durch den Ablauf der Legislaturperiode.[10]

---

1 Vgl. dazu unten S. 580 f.

2 Ansonsten wäre eine verfassungskonforme Durchführung des Verfahrens nur möglich, indem diese Frist entgegen § 16 SächsVVVG nicht mit der Bekanntmachung des Antrags zu laufen beginnen soll.

3 Die von *Krieg*, ZG 1996, S. 314, 317, geschilderte Möglichkeit, dass diese Anhörung durch eine schriftliche Stellungnahme gegenüber dem zuständigen Ausschuss ersetzt werden könne, wird in der Praxis kaum Anwendung finden, da die Antragsteller ja auf die Publizität angewiesen sind.

4 Vgl. die am 19. Oktober 2004 beschlossene und in Kraft getretene Geschäftsordnung des 4. Sächsischen Landtags.

5 Anders noch *Krieg*, ZG 1996, S. 314, 317, der darauf abgestellt hatte, dass es sich nicht um die Anhörung eines Sachverständigen im Sinne von § 28 I GO-SächsLT handele. Mittlerweile enthält § 51 III 2 GO-SächsLT jedoch eine klarstellende Regelung.

6 Vgl. § 51 II GO-SächsLT.

7 Vgl. dazu oben S. 462. Anders ist die Rechtslage in Brandenburg oder Sachsen-Anhalt, wo die Volksinitiative keine Gesetzesinitiative ersetzt, vgl, dazu oben S. 521 und unten S. 603.

8 Vgl. § 51 IV GO-SächsLT.

9 Vgl. § 51 I GO-SächsLT, der dem Landtag allerdings die Möglichkeit belässt, eine abweichende Entscheidung zu treffen – und etwa gar keine konkurrierende Vorlage zur Abstimmung zu stellen.

10 Vgl. dazu oben S. 462.

B. Das Verfahren bis zum Volksentscheid nach Art. 72 SächsV

1. Das Volksbegehren

Übernimmt der Landtag einen Volksantrag nicht innerhalb von sechs Monaten unverändert, so können die Antragsteller nach Art. 72 I 1 SächsV die Durchführung eines Volksbegehrens beantragen. Dieser Antrag muss innerhalb von weiteren sechs Monaten gemeinsam von der Vertrauensperson *und* ihrer Stellvertreterin beim Landtagspräsidenten eingereicht werden.[1]

a. Änderungen gegenüber dem Volksantrag

Art. 72 I 2 SächsV gibt den Antragstellern die Möglichkeit, dem Volksbegehren einen gegenüber dem Volksantrag veränderten Entwurf zugrunde zu legen.[2] Damit soll eine Möglichkeit geschaffen werden, die Ergebnisse der bisherigen Diskussion einzuarbeiten und einen Kompromissvorschlag zur Abstimmung zu bringen. Allerdings bestehen insofern gewisse Bedenken, da die Unterzeichner des Volksantrags keine Möglichkeit haben, die Änderungen durch die Vertrauensperson(en) nachprüfen zu lassen, obwohl nicht feststeht, dass auch der veränderte Antrag ihrem Willen entspricht.[3]

Nach Artt. 72 I 3 i.V.m. 71 II 2 und 3 SächsV erfolgt allerdings (nur) bei Änderungen des Entwurfs eine erneute Überprüfung der Zulässigkeit durch den Landtagspräsidenten, der wiederum den Verfassungsgerichtshof anrufen kann (und muss), wenn er den geänderten Volksantrag für verfassungswidrig hält.[4] Obwohl sich dies nicht ausdrücklich aus der Verfassung ergibt, erstreckt sich diese Überprüfung auch auf die Frage, ob das gegenüber dem Volksantrag geänderte Volksbegehren zumindest dessen Kern übernommen hat.[5]

Zu beachten ist, dass Art. 72 I 3 SächsV auch auf die Regelung des Art. 71 II 4 SächsV verweist. Beantragt der Landtagspräsident die Überprüfung der Verfassungsmäßigkeit, so

---

1 § 16 I und II 1 SächsVVVG.
2 Vgl. dazu auch oben S. 464 zur entsprechenden einfachgesetzlichen Bestimmung des § 11 II SH-VAbstG.
3 Dies verkennt *Krieg*, ZG 1996, S. 314, 318, der die Änderungsmöglichkeit überhaupt nicht problematisiert. Schwierigkeiten ergeben sich allerdings lediglich in Bezug auf die Legitimation des Antrags an sich. Wird dieser im Volksentscheid angenommen, dann ist der Beschluss ohne Zweifel hinreichend demokratisch legitimiert. Schon von daher ist die von *Przygode*, S. 85 f., befürchtete Missbrauchsgefahr eher klein.
4 In der Praxis werden die Antragsteller sich vor Änderung des Antrags mit dem Landtagspräsidenten absprechen, um zu verhindern, dass dieser den Verfassungsgerichtshof anruft.
Obwohl die §§ 7 Nr. 6, 33 SächsVfGHG nur auf die Entscheidung über die Zulässigkeit des Volksantrags abstellen, ist davon auszugehen, dass der Verfassungsgerichtshof entsprechend § 33 II SächsVfGHG auch hier den Antragstellern und der Staatsregierung Gelegenheit zur Stellungnahme geben muss.
5 Das Verfahren nach Art. 72 I 2 SächsV darf nicht dazu genutzt werden, einen völlig anderen Antrag einzubringen. So auch Kunzmann/Haas/*Baumann-Hasske*, Art 72 SächsV, Rn. 6. *Przygode*, S. 85 f., meint hingegen ohne Begründung, die Überprüfung umfasse keinesfalls die Vereinbarkeit mit dem früheren Entwurf.

muss gegebenenfalls der Volksentscheid eingeleitet und durchgeführt werden, obwohl der Verfassungsgerichtshof noch zu keiner Entscheidung gekommen ist.[1]

b. Durchführung des Volksbegehrens

Der Landtagspräsident veröffentlicht den dem Volksbegehren zugrunde liegenden Entwurf im sächsischen Amtsblatt.[2]

Die Durchführung des Volksbegehrens bleibt in Sachsen den Antragstellern überlassen.[3] Das Verfahren entspricht im wesentlichen dem beim Volksantrag. Insbesondere sind auch hier Unterschriftsbögen nach amtlichem Muster zu verwenden.[4] Das Stimmrecht der Unterzeichner ist von den Gemeinden zu bestätigen.[5]

Art. 72 II 2 SächsV sieht vor, dass mindestens sechs Monate zur Unterstützung des Volksbegehrens zur Verfügung stehen müssen. Der Gesetzgeber hat die Frist auf acht Monate festgelegt.[6] Zwar können die Antragsteller das Volksbegehren schon während der sechs Monate vorbereiten, die ihnen gemäß § 16 I SächsVVVG für die Entscheidung zur Verfügung stehen, ob sie überhaupt ein Volksbegehren durchführen wollen. Da die Unterschriftsbögen jedoch auch das genaue Datum der Bekanntmachung des Volksbegehrens enthalten müssen, ist es nicht möglich, in diesem Zeitraum schon mit der Sammlung von Unterschriften zu beginnen – und damit die Eintragungsfrist zu umgehen.[7]

Die Antragsteller können dem Landtagspräsidenten die Listen theoretisch schon vor Ablauf der offiziellen Eintragungsfrist übergeben. Da die Listen insgesamt einzureichen sind, kommt in diesem Fall allerdings – anders als beim Volksantrag[8] – keine Nachreichung weiterer Unterschriften in Betracht. Der Landtagspräsident stellt fest, ob das Quorum des Art. 72 II 1 SächsV erreicht wurde.[9] Notwendig ist die Unterstützung durch 450.000 Stimmberechtigte, höchstens aber 15 Prozent der Stimmberechtigten.[10]

---

1 Auch insofern ist jede Unterbrechung des Verfahrens ausgeschlossen, da das Volksbegehren nicht als unzulässig behandelt werden darf; dazu siehe oben S. 353 ff.

2 Gemäß § 17 SächsVVVG; dadurch wird sichergestellt, dass auch der geänderte Entwurf publik wird.

3 Anders als nach §§ 14 I SH-VAbstG, 15 I BbgVAG; dazu siehe oben S. 469 und S. 573.

4 § 18 I SächsVVVG.

5 Vgl. §§ 19 i.V.m. 6 SächsVVVG; auch hier werden mehrfache Eintragungen wie eine Unterschrift gewertet. Weigert sich eine Gemeinde, das Stimmrecht zu bestätigen, ist der Rechtsweg zu den Verwaltungsgerichten eröffnet; dazu siehe oben S. 563.

6 § 20 SächsVVVG.

7 Vgl. § 18 II Nr. 1 SächsVVVG.

8 Dazu siehe oben S. 566.

9 § 22 SächsVVVG. Wie der *SächsVfGH* LKV 2001, S. 459, zu Recht betont hat, ist diese Zuweisung mit den verfassungsrechtlichen Vorgaben vereinbar. Aus dem Umstand, dass die Volks- und Parlamentsgesetzgebung gleichrangig nebeneinander stehen, kann nicht geschlossen werden, dass es dem Landtag nicht möglich wäre, die Entscheidung über das Zustandekommen eines Volksbegehrens durch Gesetz auf den Landtagspräsidenten zu übertragen. Allerdings muss dieser die formellen Voraussetzungen in diesem Fall umfassend selbst prüfen können und darf nicht an die Entscheidungen anderer Verwaltungsträger gebunden werden.

10 Der Verfassunggeber wollte durch diese Regelung einerseits dem Interesse an der Klarheit der Verfassungsnormen Rechnung tragen, indem grundsätzlich ein absolutes Quorum gelten soll. Angesichts

Gemäß der ursprünglichen Fassung des § 19 SächsVVVG sollten die Bestimmungen der §§ 5 bis 7 über die Unterzeichnung des Volksantrags und die Bestätigung des Stimmrechts durch die Gemeinden auch für das Volksbegehren anwendbar seien. Da Unterschriften, die nicht oder zu Unrecht bestätigt worden sind, gemäß § 21 Nr. 2 SächsVVVG ungültig sein sollten, führte dies im Ergebnis dazu, dass der Landtagspräsident jedenfalls dann an die Entscheidungen der Gemeindebehörden gebunden war, wenn diese die Stimmrechtsbestätigung verweigert hatten. Auf der anderen Seite war der Landtagspräsident aber nicht daran gehindert, die Stimmrechtsbestätigungen durch die Gemeinden zu überprüfen und gegebenenfalls aufzuheben. Der Sächsische Verfassungsgerichtshof hat diese zweistufige Überprüfung wegen der einseitigen Bindung an eine negative Vorentscheidung der Gemeinden als ungerechtfertigte Benachteiligung der Antragsteller angesehen und § 21 Nr. 2 SächsVVVG insgesamt für verfassungswidrig erklärt.[1]

Der Gesetzgeber wollte dennoch an der zweistufigen Prüfung festhalten und hat daher in § 10 SächsVVVG ausdrücklich festgeschrieben, dass der Landtagspräsident bei nicht an die Entscheidungen der Gemeinden über die Gültigkeit der Unterstützungsunterschriften gebunden ist. Dies betrifft nun aber auch diejenigen Unterschriften, die von den Gemeinden zunächst zurück gewiesen worden sind. Damit ist der Entscheidung des Verfassungsgerichtshofes im Ergebnis Rechnung getragen worden. Dabei ist darauf hinzuweisen, dass die Bestimmung des § 7 SächsVVVG gleichzeitig ersatzlos weggefallen ist: Da die Gemeinden ihre ablehnende Entscheidung nun nicht mehr auf dem Unterschriftsbogen selbst zu dokumentieren haben, ist die Prüfung durch den Landtagspräsidenten in der Tat ergebnisoffen.

Gemäß § 23 SächsVVVG können die Vertrauensperson und die stellvertretende Vertrauensperson den Bescheid über das Zustandekommen eines Volksbegehrens innerhalb eines Monats vor dem Verfassungsgerichtshof anfechten. Im Rahmen dieses Verfahrens können auch Verfahrensverstöße gerügt werden, die das Ergebnis des Volksbegehrens beeinflusst haben. Allerdings ist dies für die Initiatoren des Verfahrens nicht die einzige Rechtsschutzmöglichkeit, da die Unterzeichner eines Volksantrags richtigerweise auch als Antragsteller eines Organstreitverfahrens gemäß Art. 81 I Nr. 1 SächsV in Betracht kommen. Bei Rechtsstreitigkeiten über die Ausführung des SächsVVVG durch die Kommunen und untergeordnete Verwaltungsbehörden steht der Verwaltungsrechtsweg offen.[2]

Da den Antragstellern die Organisation des Volksbegehrens überlassen bleibt, müssen sie auch die Kosten für dessen Durchführung tragen. Aus Art. 73 III SächsV i.V.m. § 24 I SächsVVVG ergibt sich jedoch ein Anspruch auf die Erstattung dieser Kosten. Für jeweils zehn Unterschriften erhalten die Antragsteller 0,51 €. Dabei werden maximal die

---

der teilweise dramatischen Veränderungen der Bevölkerungsstruktur in den ostdeutschen Ländern dient das relative Quorum von 15 Prozent als eine Art „Notbremse", um das Verfahren im Falle eines Bevölkerungsrückganges nicht völlig unpraktikabel werden zu lassen. Damit dieses Quorum zum Tragen kommt, muss sich die Zahl der Stimmberechtigten allerdings erheblich verändern. 450.000 Unterschriften entsprechen derzeit etwa 12 % der Stimmberechtigten. Damit dieses Quorum mehr als 15 % der Stimmberechtigten entspricht, müsste deren Zahl von derzeit mehr als 3,5 auf unter 3 Mio. sinken.

1 *SächsVfGH* LKV 2001, S. 459, 460 f.; vgl. dazu auch schon oben S. 564.
2 Vgl. dazu oben S. 471 ff. und 526 f. zur Rechtslage in Schleswig-Holstein und Brandenburg.

unbedingt erforderlichen 450.000 Unterschriften berücksichtigt.[1] Ob das Volksbegehren erfolgreich war, spielt dabei ebensowenig eine Rolle wie die Frage, ob die Initiatoren tatsächlich so hohe Aufwendungen hatten.[2] Die Festsetzung der Erstattung muss innerhalb von zwei Monaten nach der Feststellung des Ergebnisses bei Landtagspräsidium beantragt werden. Auf Antrag der Vertrauensperson erhalten die Antragsteller eine Abschlagszahlung von bis zu 2.000 €. Im Übrigen müssen sie die Kosten vorstrecken.[3]

2. Der Volksentscheid

Ist ein Volksbegehren zustande gekommen, so muss nach Art. 72 III 1 SächsV zwingend ein Volksentscheid durchgeführt werden. Der Landtag kann sich mit dem Anliegen des Volksbegehrens befassen, muss dies aber nicht.[4] Selbst wenn er sich dazu entschließen sollte, die – gegebenenfalls gegenüber dem ursprünglichen Entwurf abgeänderte – Vorlage unverändert zu übernehmen oder wenn er sich das Anliegen der Initiatoren mittlerweile auf andere Weise zu eigen gemacht hat, wäre das Verfahren somit nicht erledigt.[5] In Sachsen hat man sich damit nicht nur entschlossen, insofern dem Vorbild Bayerns zu folgen,[6] sondern diese Vorgaben auch nicht wie in diesem Land durch einfach-gesetzliche Regelungen unterlaufen.

a. Das Verfahren bis zur Abstimmung

Gemäß Art. 72 III SächsV müssen zwischen der Feststellung über das Zustandekommen des Volksbegehrens und dem Termin für die Abstimmung grundsätzlich mindestens drei und höchstens sechs Monate für die öffentlichen Diskussion zur Verfügung stehen. Ausnahmsweise kann hiervon mit Zustimmung der Antragsteller abgewichen werden. Der Abstim-

---

1 § 24 II SächsVVVG; im Falle des Erfolges können die Antragsteller somit immerhin mit 22.950 € rechnen.
2 Der Gesetzgeber ist bei der Festsetzung der zu ersetzenden Beträge von den Kosten ausgegangen, die den Gemeinden erspart geblieben sind. Allerdings seien nicht die gesamten Kosten für die Organisation „notwendig". Vgl. die Begründung der Landesregierung zum SächsVVVG, LT-Drs. 1/3464, S. 35 f. Dort ist merkwürdigerweise davon die Rede, dass die Kosten für die Prüfung der Unterschriften „gegenzurechnen" sei. Dies ist jedoch nicht so zu verstehen, dass die Antragsteller durch eine entsprechende Reduzierung ihres Erstattungsanspruchs diese Kosten mittelbar finanzieren müssten. Vielmehr wird mit der missverständlichen Formulierung lediglich zum Ausdruck gebracht, dass den Gemeinden bzw. der öffentlichen Hand nur ein Teil der Organisationskosten durch die freie Sammlung erspart bleibt. Der Erstattungsbetrag entspricht in etwa dem, was die Organisatoren ansonsten für den Druck der Unterschriftenbögen und deren Versand an die Gemeinden aufzuwenden hätten; dies verkennt *Jung*, ZG 1998, S. 295, 312, der unter Hinweis auf den deutlich höheren Erstattungsanspruch in Sachsen-Anhalt (vgl. dazu unten S. 612) feststellt, dass die sächsische Regelung unangemessen sei.
3 Vgl. § 24 II-V SächsVVVG.
4 Damit ist Sachsen dem Vorbild Schleswig-Holsteins gefolgt; dazu siehe oben S. 476 zu Art. 42 II 1 SH-V.
5 Eine analoge Anwendung des Art. 72 I 1 SächsV kommt nicht in Frage kommt; vgl. dazu oben S. 462 und S. 521 zur Rechtslage in Schleswig-Holstein und Brandenburg.
6 Vgl. dazu oben S. 318.

mungstag wird zusammen mit den Gesetzentwürfen unverzüglich durch den Landtagspräsidenten im sächsischen Amtsblatt bekannt gemacht.[1] Es muss sich um einen Sonntag oder um einen gesetzlichen Feiertag handeln.[2]

Darüber hinaus besteht keine Pflicht zur Veröffentlichung in der Tagespresse o.ä.[3] Die Antragsteller haben allerdings einen Anspruch auf Erstattung der Kosten für den Abstimmungskampf. Sie erhalten pauschal 1,02 € für jeweils 100 „Ja"-Stimmen für ihren Entwurf.[4] Das ist zwar wesentlich weniger als beim Volksbegehren, dafür gibt es aber auch keine Obergrenze für die berücksichtigungsfähigen Stimmen. Allerdings ist der festgesetzte Pauschalbetrag kaum mit dem entsprechenden Beträgen für die Wahlkampfkostenerstattung zu vergleichen, auf die durch die Formulierung des Art. 73 III SächsV Bezug genommen wurde.[5] Der Erstattungsanspruch wird auf Antrag vom Landtagspräsidenten festgesetzt. Der Antrag muss spätestens zwei Monate nach der Feststellung des Ergebnisses des Volksentscheids schriftlich gestellt werden. Die Antragsteller können eine Abschlagszahlung von bis zu 4.500 € verlangen.[6]

Die Unterstützer des Volksbegehrens haben die Möglichkeit, Unregelmäßigkeiten im Vorfeld der Abstimmung zu rügen, insbesondere eine Verletzung ihres Anspruchs auf Chancengleichheit.[7]

Nach Art. 72 II 3 SächsV kann der Landtag einen eigenen Entwurf zur Abstimmung stellen. Dieser bedarf grundsätzlich der Zustimmung durch die einfache Mehrheit der abstimmenden Abgeordneten.[8] Fraglich ist jedoch, ob für Anträge, die auf eine Verfassungsänderung zielen das qualifizierte Quorum für das fakultative Verfassungsreferendum nach Art. 74 III 1 SächsV anwendbar ist. Danach müsste die Hälfte der Abgeordneten einem entsprechenden Antrag zugestimmt haben. Zu beachten ist jedoch, dass sich die Möglichkeit, einen mit einem Volksbegehren konkurrierenden Antrag zur Abstimmung vorzulegen, grundlegend vom Recht des Landtags unterscheidet, aus eigener Initiative eine Entscheidung des Volkes herbeizuführen. Es gibt daher keinen Anlass für eine Abweichung vom Grundsatz des Art. 48 III 1 SächsV.[9]

---

1 § 27 I SächsVVVG; dieser hat sich dabei jeder eigenen Stellungnahme zu enthalten, vgl. dazu oben S. 477.

2 § 26 I 2 SächsVVVG.

3 Anders als in Schleswig-Holstein und Brandenburg; dazu siehe oben S. 477 zu Art. 42 III 1 SH-V bzw. S. 528 zu Art. 77 IV BbgV.

4 Vgl. Art. 73 III SächsV i.V.m. § 47 SächsVVVG.

5 Die Landesregierung vergleicht die Erstattung nach § 47 SächsVVVG dennoch mit der Wahlkampfkostenerstattung; vgl. ihre Begründung zum SächsVVVG, LT-Drs. 1/3464, S. 44.

6 Vgl. §§ 47 III 1 i.V.m. 24 III SächsVVVG (Antragstellung) bzw. § 47 III 3 SächsVVVG (Abschlagszahlung).

7 Unabhängig von einer ausdrücklichen Regelung ist der Verwaltungsrechtsweg gegen die Maßnahmen untergeordneter Behörden und der Kommunen eröffnet. Die Handlungen und Entscheidungen der obersten Staatsorgane können auf dem Wege des Organstreitverfahren nach Art. 39 I Nr. 1 SächsV dem Verfassungsgerichtshof vorgelegt werden; vgl. dazu oben S. 477 bzw. 471 und ausführlicher S. 313.

8 Vgl. dazu ausführlicher oben S. 476 f.

9 Nach dem kommt es vorbehaltlich einer *ausdrücklichen* abweichenden Regelung stets auf die einfache Mehrheit der Stimmen an.

b. Die Durchführung der Abstimmung

In den §§ 28 ff. SächsVVVG wird die Vorbereitung und Durchführung der Abstimmung im wesentlichen entsprechend den Bestimmungen über die Wahlen zum Landtag geregelt. In Sachsen sind alle Gesetzentwürfe im Wortlaut auf dem Stimmzettel aufzuführen.[1] Ein eventueller konkurrierender Entwurf des Landtags steht an letzter Stelle. Stimmzettel, die bei mehreren Entwürfen mit „Ja" gekennzeichnet wurden, sind ungültig.[2/3]

Ein Vorschlag der Landesregierung, bei den Abstimmungen auch automatische Stimmzählgeräte einzusetzen,[4] konnte sich im Landtag nicht durchsetzen.[5]

Da §§ 37 II, 39 I Nr. 5 SächsVVVG eine *eindeutige* Entscheidung verlangen, stellt sich auch hier die Frage, wie damit umzugehen ist, wenn ein Abstimmender sich nur in Bezug auf einen Entwurf äußert. Wie zur vergleichbaren Rechtslage in Brandenburg schon herausgearbeitet wurde, ist ein Stimmzettel ungültig, wenn der Abstimmende nur einen Entwurf ausdrücklich ablehnt. Stimmt er hingegen einer Vorlage zu, dann ist dies als implizite Ablehnung der anderen Vorlagen zu bewerten.[6]

Der Landesabstimmungsleiter teilt das von den Stimmbezirksvorständen, den Kreisabstimmungsausschüssen und dem Landesabstimmungsausschuss festgestellte Ergebnis dem Landtag und der Staatsregierung mit und macht es im sächsischen Amtsblatt bekannt.[7] Der Landtagspräsident prüft die Vorbereitung und Durchführung des Volksentscheids in Bezug auf Verstöße gegen das SächsVVVG und das StGB.[8] Gegen seine Entscheidung können die Vertrauenspersonen, die Fraktionen des Landtags und Gruppen von mindestens einem Zehntel der Landtagsabgeordneten Beschwerde beim Verfassungsgerichtshof einlegen.[9] Daneben bestehen die bereits dargestellten Möglichkeiten der Antragsteller, den Verfassungsgerichtshof im Wege eines Organstreitverfahrens gemäß Art. 81 I Nr. 1 SächsV anzurufen.[10]

---

1 § 33 III SächsVVVG; anders § 23 III SH-VAbstG; dazu siehe oben S. 308.

2 § 39 I Nr. 6 SächsVVVG; ebenso § 23 I 2 SH-VAbstG und § 45 III BbgVAG; dazu siehe oben S. 478 bzw. 529.

3 Eine andere Auffassung hat allerdings der Juristische Dienst des sächsischen Landtags in der Antwort auf eine Anfrage des Verfassers mit Schreiben vom 16.1.1997 vertreten. Danach ergebe sich aus § 33 III 4 SächsVVVG die Möglichkeit, zu jedem Entwurf mit „Ja" oder „Nein" abzustimmen. Daraus, dass jede Frage so formuliert werden muss, dass die Abstimmenden sie mit „Ja" oder „Nein" beantworten *können*, ergibt sich jedoch keineswegs zwangsläufig, dass sie diese Fragen tatsächlich völlig unabhängig voneinander beantworten *dürfen*. Dagegen spricht vielmehr die eindeutige Regelung des § 39 I Nr. 6 SächsVVVG.

4 Vgl. den Entwurf für einen neuen § 37a SächsVVVG in LT-Drs. 3/7430, S. 13.

5 Hier waren die wenig ermutigenden Erfahrungen mit solchen Geräten bei Wahlen und Abstimmungen im Ausland entscheidend.

6 Vgl. dazu oben S. 529.

7 Vgl. §§ 41 f. SächsVVVG.

8 § 43 SächsVVVG.

9 § 44 II SächsVVVG; einzelne Stimmberechtigte können die Abstimmung somit anders als nach §§ 25 SH-VAbstG, 53 BbgVAG nicht anfechten; dazu siehe oben S. 480 und 531.

10 Vgl. dazu oben S. 576.

c. Die Quoren für den Volksentscheid

Anders als alle anderen neueren Landesverfassungen enthält die sächsische Verfassung weder ein qualifiziertes Abstimmungs- noch ein Beteiligungsquorum. Ein Antrag zu einem einfachen Gesetz ist nach Art. 72 IV 2 SächsV vielmehr grundsätzlich angenommen, wenn auf ihn die (relative) Mehrheit der gültigen Stimmen entfallen ist. Beim regelungslosen Zustand bzw. beim status quo bleibt es somit nur dann, wenn die (relative) Mehrheit der Abstimmenden alle Vorlagen ablehnt.[1]

Sofern bei einer konkurrierenden Abstimmung mehrere Entwürfe mehr „Ja"- als „Nein"-Stimmen erreichen, soll derjenige Entwurf angenommen sein, auf den die meisten „Ja"-Stimmen entfallen sind. Bei Stimmengleichheit soll die Differenz zwischen „Ja"- und „Nein"-Stimmen entscheiden.[2] Diese Regelungen laufen allerdings ins Leere. Insofern ist zunächst zu beachten, dass die Abstimmenden sich eindeutig entscheiden müssen, ob sie einem Entwurf zustimmen oder ihn ablehnen wollen. Daraus ergibt sich aber, dass es Ihnen nicht möglich ist, sich in Bezug auf einen einzelnen Entwurf der Stimme zu enthalten.[3] Weiterhin können die Bürger niemals mehr als einer Vorlage zustimmen.[4] Dann ist es aber logisch ausgeschlossen, dass überhaupt mehr als ein Entwurf mehr „Ja"- als „Nein"-Stimmen erreicht.[5] Und wenn ausnahmsweise zwei Entwürfe dieselbe Zahl von „Ja"-Stimmen erhalten sollten, so ist zwangsläufig auch die Zahl der auf sie entfallenen „Nein"-Stimmen identisch.[6]

Für Verfassungsänderungen sieht Art. 74 III 3 SächsV ein qualifiziertes Abstimmungsquorum vor. Hier muss die Mehrheit der Stimm*berechtigten* einem Antrag zugestimmt haben. Diese Regelung unterscheidet sich zum einen dadurch von den entsprechenden Vorschriften in den meisten anderen Landesverfassungen, dass auf ein zusätzliches qualifiziertes Abstimmungsquorum verzichtet wurde.[7] Vor allem aber verlangt Art. 74 III 3 SächsV nicht ausdrücklich die Zustimmung durch die *Hälfte* der Stimmberechtigten, daraus ergibt sich im Umkehrschluss, dass auch hier gegebenenfalls eine relative Mehrheit aus-

---

1 Dies übersieht Kunzmann/Haas/*Baumann-Hasske*, Art 72 SächsV, Rn. 11.
2 § 42 II SächsVVVG.
3 §§ 37 II, 39 I Nr. 5 SächsVVVG; vgl. dazu oben S. 529 zur vergleichbaren Rechtslage in Brandenburg.
4 § 39 I Nr. 6 SächsVVVG.
5 Wer einem Entwurf zustimmt, der muss zwangsläufig alle anderen Entwürfe ablehnen. Erreicht die Vorlage A etwa die Zustimmung durch 60 % der Abstimmenden, so lehnen mindestens 60 % der Abstimmenden damit zugleich alle anderen ebenfalls zur Abstimmung gestellten Vorlagen B, C etc. ab.
6 Wenn zwei Entwürfe jeweils die Zustimmung durch 45 % der Abstimmenden erreichen, werden sie zwangsläufig von jeweils 55 % der Abstimmenden abgelehnt. Dies übersehen *Sponer/Haentjen*, LKV 1996, S. 15, die die Regelung des § 42 II SächsVVVG kritiklos darstellen. Zur vergleichbaren Bestimmung des § 50 II BbgVAG siehe oben S. 530. Wie schon in Fn. 3 auf S. 577 ausgeführt wurde, vertritt der Juristische Dienst des sächsischen Landtags unter Berufung auf § 33 III 4 SächsVVVG eine andere Auffassung, ohne allerdings auf § 39 I Nr. 6 SächsVVVG einzugehen.
7 Anders Artt. 42 IV 2 SH-V, 78 III BbgV (dazu siehe oben S. 480 bzw. 530), wo die Zustimmung durch Zwei Drittel der Abstimmenden erforderlich ist.

reicht.¹ Dies ist von praktischer Bedeutung, falls die Abstimmungsbeteiligung relativ gering oder die Zahl ungültiger Stimmen relativ hoch sein sollte.

Vom Volk beschlossene Gesetze werden nach denselben Regelungen ausgefertigt und verkündet, wie Parlamentsgesetze.² Ebenso wie in Brandenburg ist auch hier nach Art. 76 I 1 SächsV der Landtagspräsident für die Ausfertigung zuständig.³ Dieser bedarf allerdings der Gegenzeichnung durch den Ministerpräsidenten, welchem auch die Veröffentlichung obliegt.

III. Das Referendum

Mit Art. 74 III 1 SächsV wurde in Sachsen als einzigem Land eine Regelung über fakultative Referenden neu in die Verfassung eingeführt.⁴ Diese Bestimmung wurde nahezu wortgleich aus der baden-württembergischen Verfassung übernommen.⁵

Der Anwendungsbereich ist auf Änderungen der Verfassung beschränkt. Sinn und Zweck ist es, der (absoluten) Mehrheit der Abgeordneten die Möglichkeit zu geben, eine Verfassungsänderung durchzusetzen, obwohl sich im Parlament nicht die dafür notwendige 2/3-Mehrheit gefunden hat. Letzten Endes dient die Regelung also dazu, der Landtagsmehrheit die Möglichkeit zu geben, die Blockade einer Verfassungsänderung durch die Opposition zum umgehen.

Gemäß § 49 I SächsVVVG sind die Regelungen der §§ 26 ff. SächsVVVG über den Volksentscheid aufgrund eines Volksbegehrens entsprechend anwendbar.

IV. Verfahrenspraxis und verfassungspolitische Bewertung

A. Zur Praxis der Verfahren

1. Der Antrag auf ein Verfassungsreferendum

Am 25. Mai 1992 legte die vor allem von der PDS getragene „Initiative für ein demokratisch verfasstes Sachsen" dem Landtag 47.053 Unterschriften für einen Antrag vor, nach dem die soeben vom Landtag verabschiedete Verfassung einem **Referendum** unterzogen

---

1 Vgl. dazu auch *von Mangoldt*, Verfassungen, S. 53.
2 Der Verfassungsgerichtshof hat ggf. von Amts wegen darüber zu entscheiden, ob das bereits verkündete Gesetz vorübergehend im Wege einer einstweiligen Anordnung nach §§ 10 SächsVerfGHG i.V.m. 32 BVerfGG wieder außer Kraft gesetzt werden muss; vgl. dazu oben S. 330.
3 Dazu siehe oben S. 531 zu Art. 81 I BbgV.
4 Die Regelungen der Artt. 70 I 1 lit. a) BremV, 69 III NRW-V waren seit jeher in den Verfassungen enthalten. Art. 100 I 2 VvB enthält ein obligatorisches Verfassungsreferendum für die Änderung der Bestimmungen über das Volksbegehren und den Volksentscheid; dazu siehe unten S. 742, S. 777. und S. 334.
5 Art. 64 III BW-V; dazu siehe oben S. 333.

werden sollte.¹ Die Antragsteller selbst erkannten an, dass ihr Antrag vor dem In-Kraft-Treten der Verfassung keine Rechtsgrundlage hatte, baten den Landtag aber dennoch darum, sich mit ihrem Anliegen auseinander zu setzen. Nachdem der Modus über die Verabschiedung der Verfassung bereits festgelegt war, wurde die Diskussion jedoch im Landtag nicht erneut aufgenommen.²

2. Das Verfahren gegen die Kreisreform

Schon am 30. Juli 1992, also kurz nach der Verabschiedung der Verfassung, ging beim Landtag der erste „echte" Volksantrag ein.³ Auf Anregung der Landräte der Kreise Hohenstein-Ernstthal und Chemnitz waren 45.000 Unterschriften für einen Entwurf zur Änderung des sächsischen Gesetzes zur **Kreisgebietsreform** gesammelt worden. Da zu diesem Zeitpunkt das SächsVVVG noch nicht in Kraft war, musste der Landtag ad hoc auf Grundlage der Artt. 70 ff. SächsV entscheiden. Er beschloss, den Antrag zurückzuweisen, da diesem kein selbständiger Gesetzentwurf im Sinne des Art. 70 I SächsV zugrunde lag.⁴ Die Antragsteller haben das Verfahren nicht weiter betrieben.

3. Das erste Verfahren zur Novellierung des Schulgesetzes

Am 28. Mai 1993 war ein weiterer Volksantrag eingereicht worden, mit dem der Kreiselternrat der Stadt Dresden Forderungen nach einer Novellierung des **Schulgesetzes** stellte.⁵ Der Antrag war nach Angaben der Initiatoren von 50.379 Unterzeichnern unterstützt worden. Er wurde aus formellen Gründen zurückgewiesen, da ihm kein Gesetzentwurf, sondern nur ein allgemeiner Forderungskatalog zugrunde lag.⁶ Auch dieses Verfahren ist danach nicht mehr weiter betrieben worden.

4. Das Verfahren „Für ein demokratisch verfasstes Sachsen"

Am 16. Juli 1993 reichte eine „**Initiative für ein demokratisch verfasstes Sachsen**" einen Volksantrag ein, mit dem die Grundrechte auf Arbeit oder Arbeitsförderung, Bildung ohne Diskriminierung, angemessenen Wohnraum und soziale Grundsicherung in die sächsische

---

1 LT-Drs. 1/1920.
2 Vgl. dazu die Diskussionen im Rahmen der Landtagssitzungen am 25. und 26.5. 1992, Pl.Prot. 1/46, S. 3017 ff.
3 Vgl. dazu *Mester*, S. 224.
4 Diese Auskunft hat der Verf. am 16.1.1997 vom Juristischen Dienstes des sächsischen Landtags erhalten. Den Plenarprotokollen der Landtagssitzungen lässt sich allerdings kein dementsprechender Beschluss entnehmen.
5 Vgl., dazu *Mester*, S. 227.
6 Nach Auskunft des Juristischen Dienstes der Landtagsverwaltung an den Verf. wurden die Initiatoren durch ein Schreiben des Landtagspräsidenten vom 1. September 1993 von dieser Entscheidung informiert. Den Plenarprotokollen der Landtagssitzungen lässt sich allerdings kein dementsprechender Beschluss entnehmen.

Verfassung eingefügt werden sollten.[1] Die Initiative wurde vor allem von der Fraktion der PDS im Landtag getragen und war nach Angaben der Initiatoren von 55.446 Bürgern unterzeichnet worden. Zur Begründung wurde angegeben, dass die Staatsziele der geltenden sächsischen Verfassung zu keiner hinreichenden Verpflichtung der Gesellschaft, des Staates und der Träger von Eigentum geführt hätten. Durch die angestrebte Verfassungsänderung solle das Land weiterhin auch den Verpflichtungen entsprechen, welche die Bundesrepublik durch die Ratifizierung der UN-Konvention über wirtschaftliche, soziale und kulturelle Rechte von 1966 übernommen habe.[2]

Nachdem der Präsident des Landtags festgestellt hatte, dass die formellen Voraussetzungen für die Zulässigkeit des Volksantrags vorlagen, wurde dieser am 18. November 1993 öffentlich bekannt gemacht.[3] Schon am nächsten Tag erfolgte die erste Lesung im Landtag.[4] Während der weiteren Verhandlungen des Landtags legte dessen Präsident den Antrag am 4. Januar 1994 aufgrund verfassungsrechtlicher Bedenken dem Verfassungsgerichtshof zur Entscheidung vor.[5] Am 17. März 1994 lehnte der Landtag den Volksantrag endgültig ab.[6]

Die Initiatoren erklärten daraufhin am 31. März 1994, dass sie ein Volksbegehren über einen modifizierten Antrag einleiten würden.[7] Gegen diesen wurden keine verfassungsrechtlichen Bedenken mehr erhoben.[8] Nach Angabe der Initiatoren wurden 140.585 Unterschriften erreicht. Da das Quorum von 450.000 Unterschriften damit deutlich verfehlt worden war, wurde das Begehren am 31. März 1995 für gescheitert erklärt.[9]

5. Das zweite Verfahren zur Novellierung des Schulgesetzes

Am 9. Februar 1994 wurde ein weiterer Volksantrag eingereicht. Auch dieser zielte auf eine Änderung des **Schulgesetzes**.[10] Er war vom Landeselternrat Sachsen initiiert und nach Angaben der Initiatoren von 188.731 Bürgern unterschrieben worden. In dem Volksantrag wurde gefordert, den Klassenteiler für die allgemeinbildenden Schulen auf 25 Schüler

1 Vgl. dazu *Hufschlag*, S. 249 f.; *Mester*, S. 224 ff.
2 Vgl. LT-Drs. 1/3918.
3 ABl. Nr. 51/1993.
4 Sten. Prot. vom 19.11.1993, S. 5680.
5 Durch diese Vorgehensweise hat der Landtagspräsident eine verfassungskonforme Durchführung des Verfahrens sichergestellt. Der systematischen Stellung des § 13 SächsVVVG (und auch des korrespondierenden Art. 71 III SächsV) hätte es entsprochen, wenn die Bekanntmachung erst nach der Entscheidung des SächsVfGH erfolgt wäre, vgl. dazu oben S. 570.
6 Sten. Prot. vom 17.3.1994, S. 6414; vgl. LT-Drs. 1/4489.
7 Vgl. die Bekanntmachung des sächsischen Landtagspräsidenten vom 28.6.1994, ABl. S. 960.
8 Der geänderte Antrag wurde am 21.7.1994 veröffentlicht, ABl. Nr. 43/94. Am 28.3,1995 hat der Landtagspräsident seinen Antrag beim SächsVfGH daher zurückgenommen. Zu diesem Zeitpunkt war allerdings bereits klar, dass das Quorum für das Volksbegehren nicht erreicht worden war.
9 Diese Angabe beruht auf einer Auskunft der Verwaltung des sächsischen Landtags an den Verf. vom 17.6.1998.
10 Vgl. dazu *Hufschlag*, S. 250 f.; *Mester* S. 227 ff.

festzuschreiben.[1] Nachdem der Landtag den Antrag am 23. Juni 1994 abgelehnt hat,[2] haben die Antragsteller die Durchführung eines Volksbegehrens verlangt.[3] Allerdings kamen nach Angaben der Initiatoren nur 210.803 Unterschriften zusammen – und damit nur wenig mehr als für den Volksantrag, so dass auch dieses Volksbegehren am 19. Januar 1996 für gescheitert erklärt wurde.[4]

6. Das Verfahren der „Bürgerinitiative für ein soziales Sachsen"

Am 23. April 1997 wurde dem Landtag etwa 115.000 Unterschriften für einen Volksantrag der **Bürgerinitiative Soziales Sachsen** eingereicht, der darauf abzielte, die Bürger früher und besser in die Planungen für die Errichtung bzw. Erweiterung von Wasser-, Abwasser-, Abfallentsorgungsanlagen und den Straßenbau einzubeziehen.[5] Insbesondere sollten die Betroffen vor Durchführung solcher Maßnahmen über die voraussichtlichen Kosten, die finanzielle Belastung der Gemeinde und die finanziellen Auswirkungen auf die Bürger informiert werden.[6]

Nachdem der Antrag vom Landtagspräsidenten für zulässig erklärt worden war, wurde der Volksantrag im Landtag und seinem Innenausschuss beraten und am 13. November 1997 in namentlicher Abstimmung abgelehnt.[7] Dabei stand die Befürchtung im Mittelpunkt, dass die Arbeit der Gemeindeorgane durch so weitgehende Auskunfts- und Informationspflichten gelähmt werden könne. Zudem enthalte bereits das geltende Recht genügend Möglichkeiten für eine Bürgerbeteiligung, die lediglich besser genutzt werden müssten.[8] Das Verfahren wurde daraufhin nicht mehr weiter betrieben.

7. Das Verfahren über die Gemeindegebietsreform

Am 18. Dezember 1997 sind dem Landtag 58.691 Unterschriften für einen Volksantrag vorgelegt worden,[9] dem ein Entwurf eines Gesetzes über das **Leitbild, die Leitlinien und die Durchführung der Gemeindegebietsreform** im Freistaat Sachsen zugrunde lag und der sich hauptsächlich gegen die geplanten Zwangseingemeindungen kleinerer Gemeinden richtete.

Der Volksantrag war zunächst am 17. Februar 1998 vom Landtagspräsidenten aus formellen Gründen für unzulässig erklärt worden, da wenigstens 31.696 der Unterzeichner

1 Vgl. die Bekanntmachung des sächsischen Landtagspräsidenten vom 19.5.1994, ABl. S. 840.
2 Sten. Prot. S. 6960 ff.; Letzten Endes spielten dabei fiskalische Erwägungen die Hauptrolle. Tatsächlich lag die Klassenstärke bei 33 Schülern. Mit der Umsetzung des Antrags wären auf das Land daher erhebliche Mehrkosten zugekommen.
3 Vgl. die Bekanntmachung des sächsischen Landtagspräsidenten vom 30.3.1995.
4 Diese Angabe beruht auf einer Auskunft der Verwaltung des sächsischen Landtags an den Verf. vom 17.6.1998.
5 Vgl. dazu *Mester*, S. 229 f.
6 Vgl. LT-Drs. 2/6031.
7 Vgl. das Sten. Prot. der Sitzung vom 13.11.97, S. 4771.
8 Vgl. LT-Drs. 2/7259.
9 Vgl. *Jung*, ZG 1998, S. 295, 313; *Mester*, S. 231 ff.

den Unterschriftsbogen unvollständig ausgefüllt, Ortsangaben unterlassen, die Unterschriften nicht eigenhändig vollzogen oder unleserliche Angaben vorgenommen hatten. Gegen diese Entscheidung riefen die Antragsteller den Verfassungsgerichtshof an, der zunächst den Landtagspräsidenten im Wege einer einstweiligen Anordnung dazu verpflichtete, den Volksantrag nicht als unzulässig zu behandeln,[1] und im Dezember 1998 feststellte, dass die Bestimmung des § 11 SächsVVVG a.F. verfassungswidrig sei, da gemäß Art. 71 II 3 SächsV die Last, einen Antrag beim Verfassungsgerichtshof zu stellen, nicht vom Landtagspräsidenten auf die Vertrauenspersonen einer Volksinitiative verlagert werden dürfe.[2]

Im Ergebnis war den Antragstellern damit allerdings nicht geholfen. Obwohl sie mit einem weiteren Antrag auf Erlass einer einstweiligen Anordnung versucht hatten, die weiteren Beratungen des Landtags über das Gesetz zur Gemeindegebietsreform bis zum Abschluss des Volksgesetzgebungsverfahrens bzw. bis zur Entscheidung des Verfassungsgerichtshofes über die Zulässigkeit des Volksantrages zu verhindern, behandelte das Parlament diesen Gesetzwurf mit Zustimmung des Verfassungsgerichtshofes[3] weiter. Nachdem das Parlament den Volksantrag abgelehnt hatte,[4] wurde die Gemeindegebietsreform wie geplant durchgeführt.[5]

Nachdem der Landtag den Volksantrag am 8. Oktober 1998 abgelehnt hatte[6] und die Antragsteller aufgrund der schlechten Erfolgsaussichten kein Volksbegehren einleiteten, war auch das Verfahren vor dem Verfassungsgerichtshof erledigt. Dieser musste sich daher nicht mehr mit der Frage auseinander setzen, ob der Landtagspräsident den Volksantrag zu Recht für unzulässig erklärt hatte bzw. welche Anforderungen an die Gültigkeit von Unterstützungsunterschriften für einen Volksantrag gestellt werden müssen.[7]

---

1   Beschluss vom 25.6.1998, Vf. 27-X-98.
2   *SächsVfGH*, LKV 2000, S. 31;, vgl. dazu ausführlich oben S. 567.
3   *SächsVfGH*, LKV 1998, S. 443. Das Gericht betonte die Gleichrangigkeit der Gesetzgebungsverfahren.
4   Zwar hatte der *SächsVfGH* noch überhaupt nicht darüber entschieden, ob der Volksantrag zulässig war. Da der Antrag aber gemäß Art. 71 II 4 SächsV bis zu dieser Entscheidung nicht als unzulässig behandelt werden durfte, musste der Landtag gemäß Art. 72 I 2 SächsV innerhalb von sechs Monaten eine Entscheidung treffen, vgl. dazu schon oben S. 568 ff.
5   Der Sächsische Verfassungsgerichtshof hat seit Mitte 1999 in insgesamt fast 70 Verfahren über einzelne Eingemeindungen zu entscheiden gehabt. Mit wenigen Ausnahmen hat er die Entscheidung des Gesetzgebers bestätigt. Lediglich im Fall der Gemeinde Markkleeberg, die nach Leipzig eingemeindet werden sollte, wurde bezweifelt, dass die Abwägung auf einer hinreichend verlässlichen Tatsachengrundlage beruhte; vgl. *SächsVfGH*, LKV 2000 S. 21.
6   Sten. Prot. S. 6281.
7   Vgl. *SächsVfGH*, LKV 2000, S. 31. Die Frage, welche Anforderungen an die Unterschriftsleistung gestellt werden müssen, spielte kurz darauf auch bei dem Verfahren „Pro kommunale Sparkasse" eine Rolle, bei dem der Verfassungsgerichtshof dann entschieden hat, dass die entsprechenden Vorgaben im SächsVVVG und der einschlägigen Ausführungsverordnung tatsächlich verfassungswidrig sind. Die Bestimmungen wurden mittlerweile geändert; vgl. GVBl. S. 137.

8. Das Verfahren gegen die Rechtschreibreform

Seit Mai 1997 wurden durch den „Sächsischen Gemeindebund e.V." Unterschriften gegen die **Rechtschreibreform** gesammelt.[1] Am 18. Dezember 1997 sind insgesamt 58.691 Unterschriften eingereicht worden. Auch hier erklärte der Landtagspräsident die Mehrzahl der Unterschriften für ungültig. Er teilte den Initiatoren daher am 17. Februar 1998 mit, dass ihr Antrag unzulässig sei.[2] Das Verfahren wurde danach nicht mehr weiter betrieben.

9. Das Verfahren für die Erhaltung der Sparkassen

Am 11. März 1999 hat eine Bürgerinitiative „**Pro kommunale Sparkasse**" einen Volksantrag beim Landtag eingereicht.[3] Der Antrag, der von etwa 120.000 Unterzeichnern unterstützt worden war, zielte auf eine Änderung des Gesetzes über den „Sachsen-Finanzverband".[4] Während diesem Verband nach dem Willen des Landtags neben der Sächsischen Landesbank Giro-Zentrale und der Sächsischen Aufbaubank auf freiwilliger Basis auch kommunale Sparkassen angehören können sollte,[5] wollten die Initiatoren des Volksantrags zum einen die kommunale Verankerung der Sparkassen absichern.[6] Zum anderen und vor allem forderten sie, die Ausschüttung an die Gewährträger der Sparkassen zu erleichtern und die Kompetenzen der Verwaltungsräte zu vergrößern.[7] Letzten Endes ging es bei dem Verfahren um den Erhalt der öffentlichen Banken in Sachsen.[8]

Nachdem der Landtag den zulässigen Volksantrag am 24. Juni 1999 abgelehnt hatte, wurde ein Volksbegehren eingeleitet. Dabei legten die Antragsteller einen veränderten

---

1   Zu den parallelen Verfahren vgl. S. 339 (Baden-Württemberg), S. 358 (Bayern), S. 486 (Schleswig-Holstein), S. 651 (Niedersachsen), S. 685 (Mecklenburg-Vorpommern), S. 748 (Bremen), S. 780 (Berlin).

2   Diese Angaben beruhen auf einer Auskunft der Verwaltung des sächsischen Landtags an den Verf. vom 17.6.1998.

3   Vgl. dazu *Mester*, S. 236 ff.

4   Art. 1 des Gesetzes über die Neuordnung der öffentlichrechtlichen Kreditinstitute im Freistaat Sachsen, SächsGVBl. 1999, S. 190 ff.

5   Die Gewährträger erhalten ggf. einen Anteil am Stammkapital des Sachsen-Finanzverbandes, der dem bisherigen Buchwert ihrer Sparkasse entspricht. Zugleich erhalten sie ein (verzinsliches) Gesellschafterdarlehen in Höhe der Differenz zwischen dem Buch- und dem Verkehrswert. Zugleich wurde vorgesehen, dass auch Sparkassen, die nicht am Verbund-System teilnehmen wollten, einen Teil ihrer Gewinne an den jeweiligen Gewährträger ausschütten durften; vgl. dazu *Sponer*, LKV 1999, S. 312.

6   LT-Drs. 2/11475. Bis dahin war es faktisch ausgeschlossen, Gewinne der Sparkassen an die jeweiligen Gewährträger auszuschütten. In Zukunft sollten diese die Möglichkeit erhalten, zumindest einen Teil dieser Gewinne für die Erfüllung ihrer gemeinnützigen Ausgaben zu verwenden.

7   Vgl. dazu *Sponer*, LKV 1999, S. 312.

8   Da der Sachsen-Finanzverband einen wesentlich höheren Anteil seiner Gewinne an die Mitglieder ausschütten konnte als die öffentlich-rechtlichen Sparkassen, wäre es für die Kreise äußerst attraktiv gewesen, die Sparkassen diesem Verband anzuschließen – und im Gegenzug weitgehend auf ihre bisherigen Einflussmöglichkeiten zu verzichten: Tatsächlich sollten die Sparkassen ihre Überschüsse an die Holding ausschütten, die die Gelder dann gegebenenfalls an die Kreise weiter gegeben hätten.

Entwurf zugrunde, da das Sparkassengesetz des Landes mittlerweile neu gefasst worden war.[1]

Am 29. Mai 2000 reichten die Antragsteller beim Landtagspräsidenten mehr als 552.000 Unterschriften ein, von denen 485.982 von den Gemeindebehörden bestätigt worden waren. Dennoch stellte der Landtagspräsident am 26. Juli 2000 fest, dass das Quorum des Art. 72 II SächsV nicht erreicht worden sei, da 36.536 Unterschriften zu Unrecht bestätigt worden seien. Damit seien aber nur 449.446 anstelle der erforderlichen 450.000 gültigen Unterschriften vorgelegt worden. Die Antragsteller riefen daraufhin den Verfassungsgerichtshof an, der am 15. März 2001 zum einen feststellte, dass die Verfassung nur die eigenhändige Unterschriftsleistung verlange. Daher dürfe der Gesetzgeber nicht verlangen, dass auch weitere Angaben handschriftlich und leserlich erfolgen. Darüber hinaus gebe es keinen Grund, warum auch der Ort der Unterschriftsleistung angegeben werden müsse. Zum anderen sei die Einführung eines zweistufigen Prüfungsverfahrens unzulässig, da der Landtagspräsident damit einseitig an eine negative Vorentscheidung der Gemeinden gebunden werde.[2]

Nach der durch den Verfassungsgerichtshof geforderten erneuten Prüfung der Unterschriften, kam der Landtagspräsident zu dem Ergebnis, dass das Volksbegehren tatsächlich von mehr als 450.000 Stimmberechtigten wirksam unterstützt worden war. Die Volksabstimmung wurde daraufhin für den 21. Oktober 2001 angesetzt.[3] An der Abstimmung beteiligten sich nur etwa 25,9 Prozent der Stimmberechtigten, von denen 785.136 und damit 85 Prozent für den Entwurf des Volksbegehrens stimmten.[4]

Obwohl das Gesetz damit angenommen war, wurde es erst am 15. Februar 2002 verkündet – und dies auch erst, nachdem die PDS-Fraktion einen Antrag eingebracht hatte, die Dringlichkeit des Gesetzes durch den Landtag feststellen zu lassen.[5] Auch danach war die Landesregierung jedoch nicht bereit, das beschlossene Gesetz umzusetzen: Zur Begründung wurde darauf verwiesen, dass das Sparkassenrecht aufgrund der im Juli 2001 zwischen der Bundesregierung und der Europäischen Kommission erzielten Verständigung über den Wegfall der Gewährträgerhaftung und die Modifikation der Anstaltslast[6] ohnehin modifiziert werden müsse.

Im April 2002 veröffentlichte die Landesregierung dann einen Gesetzentwurf,[7] mit dem unter anderem die Möglichkeit einer Privatisierung der Sparkassen geschaffen werden sollte.[8] Dies stand zwar im Widerspruch zum Anliegen des Volksbegehrens, da es den Antragstellern ja gerade darum gegangen war, die Sparkassen als öffentliche und damit

---

1 Vgl. die Bekanntmachung des Landtagspräsidenten vom 30.9.1999, sowie die Begründung des Gesetzentwurfes in der Bekanntmachung des Volksbegehrens vom 17.5.2001, SächsABl. S. 590.

2 *SächsVfGH* LKV 2001, S. 459 ff., vgl. dazu schon oben S. 574.

3 Vgl. die Pressemitteilung des Landtagspräsidenten 24.4.2001 (Nr. 034/00).

4 Pressemitteilung des Landesabstimmungsleiters Nr. 8/2001 vom 2.11.2001.

5 Vgl. LT-Drs. 3/5883, sowie die Anfragen des Abg. *Bartl* (PDS) vom 15.2.2002, LT-Drs. 3/5967 und 5968.

6 Der Text der „Verständigung" vom 17.7.2001 ist unter anderem in der LT-Drs. 3/6576 abgedruckt.

7 LT-Drs. 3/6573.

8 Allerdings sollten sich private Dritte nur mit maximal 49 % an einer privatisierten Sparkasse beteiligen können.

zumindest in gewissen Grenzen dem Gemeinwohl verpflichtete Banken zu erhalten. Dennoch nahm der Landtag am 14. November 2002 den Entwurf an. In der Folgezeit sind einige der sächsischen Sparkassen der neuen Sachsen-Finanzgruppe beigetreten.

10. Das Verfahren „Zukunft braucht Schule"

Der nächste Volksantrag wurde dem Landtagspräsidenten am 29.8.2001 vorgelegt. Die Initiative „**Zukunft braucht Schule**"[1] forderte die Erhaltung eines möglichst flächendeckenden Schulnetzes in Sachsen. Dazu sollte den Schulträgern im Schulgesetz die Möglichkeit eingeräumt werden, einzügige Mittelschulen und zweizügige Gymnasien einzurichten sowie Schulverbünde zu gründen, innerhalb denen mehrere Schulträger gemeinsam eine Schule betreiben. Darüber hinaus soll in den Klassen 1 bis 4 auf Beschluss der Schulkonferenz jahrgangsübergreifend unterrichtet werden. Die Mindestgröße einer Schulklasse soll für Grundschulen 10, für weiterführende Schulen 15 Schüler betragen, der Klassenteiler bei 25 Schülern festgeschrieben werden.[2] Diese Maßnahmen sollen nicht nur die ansonsten erforderliche Schließung kleinerer Schulen verhindern, sondern auch zur Verbesserung der pädagogischen Arbeit in den Schulen beitragen.

Unmittelbar nach dem Eingang der insgesamt 62.420 durch die Gemeindebehörden bestätigten Unterschriften monierte der Landtagspräsident, dass die Unterschriftsbögen nicht fortlaufend nummeriert und falsch zusammengestellt seien. Nachdem die Vertrauenspersonen diese Mängel im September 2001 behoben haben, hat der Landtagspräsident ihnen am 17. Dezember 2001 mitgeteilt, dass der Antrag zwar von einer hinreichenden Zahl von Bürgern des Freistaates unterstützt worden, aber dennoch unzulässig sei, da es sich um einen Antrag über das Haushaltsgesetz gemäß Art. 73 I SächsV handele. Daher habe er den Volksantrag dem Verfassungsgerichtshof zur Entscheidung vorgelegt.

Zur Begründung verwies der Landtagspräsident vor allem auf die vorgeschlagene Bestimmung über die Höchst- und Mindestgröße von Klassen. Würde diese Bestimmung umgesetzt, dann müssten im Schuljahr 2002/2003, in dem nach den bisherigen Prognosen der höchste Mehrbedarf entstehe über 4.800 Lehrerstellen zusätzlich geschaffen werden. Dies würde Mehrkosten in Höhe von etwa 460 Millionen DM (brutto) verursachen. Selbst in dem Schuljahr mit dem geringsten Mehrbedarf wären noch über 320 Millionen DM mehr aufzuwenden. Selbst wenn man bei der Rechnung berück-sichtige, dass das Land dadurch auf der anderen Seite höhere Einnahmen aus der Lohn- und Einkommenssteuer habe,[3] blieben Netto-Mehrausgaben in Höhe von ca. 400 bzw. 280 Millionen DM. Dies entspreche im Jahr 2002 immerhin 1,26 Prozent des Gesamthaushaltes und ca. 9,7 Prozent der so genannten „freien Spitze" des Haushaltes, die kurzfristig zur Disposition des Landesgesetzgebers stehe. Nach den Grundsätzen die das Brandenburgische Landesverfassungsgericht

---

1 Dabei handelt es sich um ein Aktionsbündnis aus Eltern, Lehrern und Schülern, das unter anderem durch die SPD, die PDS, das Bündnis 90/Die Grünen, den Landeselternrat, den Landesschülerrat, die Gewerkschaft Erziehung und Wissenschaft (GEW) und diverse Lehrerverbände unterstützt wird.
2 Diese Angaben beruhen auf dem Text des Volksantrags, der dem Verf. von den Vertretern dieses Antrags zur Verfügung gestellt wurde.
3 Wobei ausdrücklich unberücksichtigt blieb, dass diese Mehreinnahmen wiederum dazu führen könnten, dass das Land einen geringen Zufluss aus dem Länderfinanzausgleich erhalten könnte.

in seiner Entscheidung vom 20. September 2001[1] entwickelt habe, sei der Volksantrag daher als unzulässig anzusehen. Denn selbst bei Berücksichtigung des hohen Stellenwertes der Schul- und Bildungspolitik innerhalb der politischen Aufgaben und Ziele des Freistaates Sachsen liege hier eine übermäßige Beeinträchtigung der haushaltsgesetzgeberischen Freiheit des demokratisch gewählten Parlamentes vor.[2] Da diese Forderung den Kern des gesamten Volksantrags darstelle, bestehe kein Anlass, die Zulässigkeit der übrigen Forderungen zu überprüfen.

Die Vertreter der Volksinitiative haben demgegenüber – zu Recht – geltend gemacht, dass der Landtagspräsident den Begriff des Haushaltsgesetzes in Art. 73 I SächsV zu weit ausgelegt habe. Selbst wenn man davon ausgehe, dass damit nicht nur das Gesetz zur Feststellung des Haushaltsplanes selbst erfasst werde, liege keine wesentliche Beeinträchtigung des parlamentarischen Budgetrechtes vor, da das Parlament durchaus die Möglichkeit habe, die Mehraufwendungen durch Kürzungen an anderer Stelle aufzufangen.[3] Ohnehin beruhten die Berechnungen der Landesregierung und des Landtagspräsidenten auf fehlerhaften Annahmen. Tatsächlich ließen sich die Forderungen der Antragsteller weitgehend kostenneutral umsetzen.

Da der Landtag einen Volksantrag bis zur Entscheidung des Verfassungsgerichtshofs nicht als unzulässig ansehen darf, wurden die Beratungen während des laufenden Gerichtsverfahrens fortgeführt. Noch vor der mündlichen Verhandlung des Verfassungsgerichtshofes am 20. Juni 2002 beschloss das Parlament mit den Stimmen der CDU-Mehrheit am 13. Juni 2002, den Volksantrag abzulehnen.[4] Gut einen Monat später hat der Verfassungsgerichtshof am 11. Juli 2002 entschieden, dass der Volksantrag zulässig sei.[5] Der Begriff der „Haushaltsgesetze" sei als Ausnahmeregelung eng auszulegen. Sowohl der Wortlaut als auch die innere Systematik und die Tatsache, dass der Verfassunggeber an die ebenfalls restriktiv auszulegende Vorgabe des Art. 60 VI BW-V angeknüpft habe, implizierten eine sehr restriktive Handhabung. Entscheidend sei, ob der parlamentarische Gesetzgeber trotz der materiellen Vorgaben des Volksgesetzgebers in der Lage bleibe, einen ausgeglichenen Haushalt vorzulegen.

Am 19. September 2002 wurde der Volksantrag im Sächsischen Amtsblatt veröffentlicht und die Frist zur Sammlung der Unterschriften begann zu laufen. In den folgenden Monaten

---

1 *BbgVerfG*, LKV 2002, S. 77.
2 Interessanterweise bezog sich der Landtagspräsident auf der einen Seite ausdrücklich auf die Rechtsprechung der Landesverfassungsgerichte, die sich in der Vergangenheit mit vergleichbaren Problemen auseinander zu setzen hatten, während er der Entstehungsgeschichte und dem konkreten Wortlaut der Sächsischen Verfassung selbst nur eine untergeordnete Bedeutung zubilligte, da „die hier erörterte Frage" dort in keiner Weise diskutiert worden sei. Insofern kann auf die Ausführungen zur Entscheidung des *BbgVfG* verwiesen werden, vgl. dazu oben S. 510 ff.
3 Darüber hinaus wurden – selbstverständlich – auch die Berechnungen der Landesregierung in Frage gestellt. Tatsächlich sei der Mehrbedarf weitaus geringer, da aufgrund der sinkenden Schülerzahlen ohnehin Lehrerstellen „frei" würden, die für eine Absenkung der Klassenteiler genutzt werden könnten. Zudem bestehe die Möglichkeit über eine Änderung der Stundentafeln und eine Erhöhung der Lehrerarbeitszeit Kosten zu sparen.
4 Vgl. die Pressemitteilung der Initiatoren vom 14.6.2002.
5 *SächsVfGH* LKV 2003, 327.

konnten die Initiatoren weitere Organisationen auf ihre Seite ziehen.[1] Im November 2002 legte die CDU-Landtagsfraktion einen Entwurf zur Änderung des Schulgesetzes vor, mit dem zum einen Konsequenzen aus der PISA-Studie der OECD gezogen werden und zum anderen eine Alternative zu dem mit dem Volksantrag „Zukunft braucht Schule" verfolgten Konzept angeboten werden sollte.[2] Nachdem sich der Kultusminister Mannsfeld in einem landesweit verteilten Elternbrief gegen den Volksantrag ausgesprochen hatte, ohne den Initiatoren ebenfalls Gelegenheit zur Stellungnahme zu geben, kam es zu heftigen Diskussionen im Landtag.[3] Dabei warfen Vertreter der CDU den Befürwortern des Volksantrags ihrerseits unlauteres Verhalten vor, da Lehrer ihren Schülern Unterschriftslisten mit nach Hause gegeben hätten[4] und in den Schulen mit dem Argument geworben werde, dass die Schließung der Einrichtung nur durch die Unterstützung des Volksbegehrens abgewendet werden könne.

Auch in den folgenden Monaten wurde die Diskussion innerhalb und außerhalb des Parlamentes fortgesetzt. Dabei machte die Landesregierung deutlich, dass sie im Falle des Scheiterns des Volksbegehrens den Entwurf der CDU-Fraktion dennoch bis zum Jahresende durchsetzen wolle. Dieser Entwurf wurde im Laufe der Diskussion noch mehrfach geändert, wobei insbesondere versucht wurde, den Ergebnissen der erweiterten PISA-Studie Rechnung zu tragen.[5] Zugleich versuchte der Landeselternbeirat[6] durch Verhandlungen mit der Landesregierung Einfluss zu nehmen. Nachdem einige Veränderungen erreicht worden waren, entzog der Landeselternbeirat – ohne Rücksprache oder gar Zustimmung der Elternräte auf den unteren Ebenen – im April dem Volksbegehren seine Unterstützung. Danach bröckelte die Unterstützung weiter ab, so dass bis zum Ende der Eintragungsfrist am 19. Mai 2003 nur etwa 380.000 Unterschriften zusammen kamen, womit das Volksbegehren gescheitert war.

Am 18. Juli 2003 verabschiedete der Landtag ein Gesetz zur Änderung des Schulgesetzes,[7] in dem dem Grundanliegen des Volksbegehrens, nämlich der Erhaltung eines flächendeckenden Angebots von Schulen, jedoch allenfalls ansatzweise Rechnung getragen wurde. Auf der anderen Seite ist der Hauptgrund für das Scheitern des Volksbegehrens wohl darin zu suchen, dass sich die Initiatoren im wesentlichen auf ein einziges Anliegen

---

1 So etwa den Sächsischen Lehrerverband oder die Volkssolidarität Sachsen e.V.
2 LT-Drs. 3/7446; der Entwurf kam dem Anliegen des Volksantrags durchaus entgegen, was von den Initiatoren auch anerkannt wurde. Allerdings wollte die Landtagsmehrheit der Forderung nach Beibehaltung der kleineren Schulen nicht nachgeben, sondern größere Einrichtungen schaffen.
3 Diese Maßnahme des Kultusministers war tatsächlich rechtlich unzulässig, da der Grundsatz der Chancengleichheit verletzt wurde.
4 Wenn dieser Vorwurf zutreffen sollte, dann hätten sich die Lehrer disziplinarisch zu verantworten, da sie aufgrund ihrer Verpflichtung zur Neutralität nicht dazu berechtigt sind, im Unterricht für eine bestimmte Partei oder eine bestimmte politische Forderung zu werben. Hier zeigt sich allerdings eines der großen Probleme bei der freien Unterschriftensammlung, da die Konflikte durch ein amtliches Eintragungsverfahren hätten vermieden werden können.
5 Im Rahmen der so genannten PISA-Studie der OECD hatte Deutschland im Jahre 2002 nur einen Platz im unteren Mittelfeld erreicht. Diese Studie war innerhalb Deutschlands nochmals erweitert worden, um auch einen Vergleich der Bildungssysteme der einzelnen Länder zu ermöglichen.
6 Dies ist eine vom Schulgesetz vorgesehene Vertretung der Eltern auf der Ebene des Landes.
7 GVBl. S. 189.

beschränkt haben, obwohl infolge der Veröffentlichung der Ergebnisse der PISA-Studie mittlerweile eine Grundsatzdiskussion über das gesamte Bildungswesen geführt wurde.

11. Das Verfahren „Kurze Wege für kurze Beine"

Gut zwei Jahre nach dem Scheitern des Volksantrags „**Zukunft braucht Schule**" begannen die Initiatoren des Verfahrens mit den Vorarbeiten für einen neuen Volksantrag. Hintergrund war die Befürchtung, dass infolge des dramatischen Rückgangs der Schülerzahlen immer mehr Schulen geschlossen werden könnten.[1] Um eine wohnortnahe Versorgung mit Schulen und den Zugang zu Bildungseinrichtungen zu gewährleisten, sollen nach dem Willen der Antragsteller unter anderem die Bestimmungen über die Mindestgröße der Schulklassen und die Mindestzzügigkeit der Schulen abgesenkt werden.[2]

Die Sammlung von Unterschriften für einen entsprechenden Volksantrag zur Änderung des Schulgesetzes begann im April 2006. Bis zum April 2007 kamen allerdings nur 38.421 bestätigte Unterschriften zusammen.[3] Das Verfahren war damit gescheitert.

12. Das Verfahren „Courage zeigen"

Angesichts einer Häufung von fremdenfeindlichen Gewalttaten bildete sich aus dem Initiatorenkreis eines jährlichen Open-Air-Festivals am Leipziger Völkerschlachtdenkmal eine Initiative „**Courage zeigen**", die sich für eine Ergänzung der Sächsischen Verfassung einsetzt. Art. 7 I SächsV, der zahlreiche Staatsziele benennt, soll folgende Formulierung hinzgefügt werden: „In diesem Rahmen ist es Pflicht des Landes und Verpflichtung aller im Land, rassistische, fremdenfeindliche und antisemitische Aktivitäten sowie eine Wiederbelebung und Verbreitung nationalsozialistischen Gedankengutes nicht zuzulassen."

Die Initiative, die unter anderem von den Landesverbänden und Jugendorganisationen der SPD und PDS unterstützt wird, begann am 17. Juni 2006 mit der Sammlung von Unterschriften für einen entsprechenden Volksantrag. Bis zum Juni 2007 wurden nur knapp 35.000 Unterschriften zusammen getragen. Auch dieses Verfahren war damit gescheitert.[4]

---

1 Vergleichbare Verfahren gab es auch in anderen Ländern, vgl. etwa S. 688 (Mecklenburg-Vorpommern) oder S. 391 (Saarland)

2 Darüber hinaus sollen die Schulträger die Möglichkeit erhalten, Schulen auf verschiedene Standorte zu verteilen oder gemeinsam mit anderen Schulträgern zu betreiben. Die Kosten für die Schülerbeförderungen sollen insgesamt vom Freistaat getragen werden. Bei der Entscheidung über die Schließung von Schulen wären in Zukunft neben dem Schulträger auch die Erziehungsberechtigten bzw. volljährige Schüler zu beteiligen.

3 Vgl. die Pressemitteilung der Initiatoren vom 25.5.2007.

4 In Mecklenburg-Vorpommern wurde einige Monate nach dem Start des sächsischen Verfahren eine vergleichbare Initiative eingeleitet, die im Ergebnis erfolgreich war, vgl. dazu unten S. 689.

B. Zur Bewertung der Verfahrensregelungen

Während man sich in Brandenburg sehr stark an das Vorbild der schleswig-holsteinische Verfassung angelehnt hatte, wird in Sachsen das Bemühen um eigenständige Regelungen deutlich.
Obwohl es grundsätzlich zu begrüßen ist, wenn auch in Sachsen der Volksantrag in der Verfassung geregelt und als Form der institutionalisierten Kommunikation zwischen Bürgern und Parlament ausgestaltet wurde, erscheint es nicht recht nachvollziehbar, wieso der Verfassunggeber davor zurückgeschreckt ist, wenigstens auf dieser Stufe des Verfahrens auch andere als Gesetzentwürfe zuzulassen oder die inhaltlichen Beschränkungen des Anwendungsbereiches aufzuheben. Dies gilt umso mehr, als er den Antragstellern die Möglichkeit eingeräumt hat, ihren Antrag vor Einleitung des Volksbegehrens nochmals zu ändern und dabei die Ergebnisse der bisherigen Diskussion einzuarbeiten. Damit wäre es ohne weiteres möglich gewesen, eine allgemein gehaltene Vorlage auf der zweiten Stufe des Verfahrens zu konkretisieren.
Uneingeschränkte Zustimmung verdient demgegenüber die Entscheidung, im Zweifel den Verfassungsgerichtshof verbindlich über die Verfassungsmäßigkeit eines Volksantrags entscheiden zu lassen. Dies entspricht dem Charakter des Verfahrens als (präventive) Normenkontrolle und entlastet die Antragsteller.
Während auf der ersten Stufe des Verfahrens die kommunikative Funktion noch im Vordergrund steht, tritt diese Funktion schon auf der Ebene des Volksbegehrens deutlich zurück. Insbesondere ist nicht vorgesehen, dass sich der Landtag aufgrund des Volksbegehrens nochmals mit dem Antrag auseinander setzen muss. Der Verfassunggeber ist hier also der traditionellen Ausgestaltung der Verfahren verhaftet geblieben, bei der in erster Linie die Korrektur von Parlamentsentscheidungen im Mittelpunkt stand.
Mit der Entformalisierung des Eintragungsverfahrens hat der Gesetzgeber in Sachsen die Konsequenz aus der deutlichen Verlängerung der Eintragungsfrist gezogen. Allerdings ist es angesichts des hohen Quorums von 450.000 Unterschriften sehr unwahrscheinlich, dass ein Volksbegehren erfolgreich sein wird. Auch kann bezweifelt werden, ob die vollständige Privatisierung der Unterschriftensammlung für die Antragsteller tatsächlich eine Erleichterung darstellt, da ihnen ein ganz erheblicher organisatorischer Aufwand aufgebürdet wird. Vergleicht man die Erfahrungen mit den Volksbegehren in Bayern und Sachsen, so drängt sich aber der Eindruck auf, dass es für die Antragsteller im Ergebnis einfacher ist, genügend Bürger zu motivieren, das Volksbegehren im Rahmen eines formellen Eintragungsverfahrens durch ihre Unterschrift zu unterstützen.
Weiterhin fällt auch hier wieder auf, dass der Gesetzgeber das Verfahren sehr gestreckt hat.[1] Zwischen der Einreichung des Volksantrags und dem Volksentscheid liegen gegebenenfalls mehr als zwei Jahre.[2] In den Fällen, in denen sich das öffentliche Interesse an dem Verfahren so lange aufrecht erhalten lässt, wird aber ohnehin dringender Regelungsbedarf

---

1 Vgl. dazu oben S. 500, sowie die Tabelle über die Fristen auf S. 430.
2 Besonders auffällig ist, dass den Antragstellern eine Frist von bis zu 6 Monaten nach der Ablehnung des Volksantrags durch den Landtag eingeräumt wurde, um die Durchführung eines Volksbegehrens zu beantragen. Dies ist allerdings geboten, da der Antrag auf dieser Stufe des Verfahrens nochmals geändert werden kann.

bestehen, so dass der Landtag regelmäßig vor der Abstimmung handeln und damit vollendete Tatsachen schaffen muss.[1]

Obwohl es grundsätzlich zu begrüßen ist, dass den Antragstellern unter bestimmten Umständen ein Anspruch auf Erstattung der Kosten für die Vorbereitung des Volksbegehrens und des Volksentscheids eingeräumt wird, sind die Beträge so niedrig angesetzt worden, dass tatsächlich allenfalls die Aufwendungen für die eigentliche Organisation der Unterschriftensammlung abgedeckt werden. Publikumswirksame Aktionen, die dazu beitragen, die öffentliche Diskussion am Laufen zu halten, lassen sich hingegen mit diesen Mitteln kaum finanzieren. Um der Informationspolitik der Landesregierung und des Landtages etwas entgegensetzen zu können, sind die Initiatoren damit aber auch hier auf private Mittel angewiesen.

Angesichts der dargelegten Hürden auf dem Weg bis zum Volksentscheid fällt es kaum ins Gewicht, dass nur der sächsische Verfassunggeber den Mut hatte, dem bayerischen Vorbild zumindest ansatzweise zu folgen und bei der Abstimmung grundsätzlich die Zustimmung durch die Mehrheit der Abstimmenden ausreichen zu lassen – wobei zu beachten ist, dass das Quorum für das Volksbegehren deutlich höher als in Bayern ist, und bei Abstimmungen über Verfassungsänderungen die praktisch kaum erreichbare Zustimmung durch eine Mehrheit der Stimmberechtigten erforderlich ist. Angesichts dieser Anforderungen wird aber auch die Effektivität des Volksantrags als Kommunikationsinstrument wieder in Frage gestellt, da solche Anträge nur dann ernsthaft berücksichtigt werden, wenn das Parlament damit rechnen muss, dass ihm andernfalls die Entscheidung aus der Hand genommen wird.[2]

Die bisherigen praktischen Erfahrungen bestätigen diese eher negative Bewertung. Schon die vergleichsweise Seltenheit der Verfahren lässt darauf schließen, dass auch die Bürger bezweifeln, den Landtag auf diesem Wege von ihren Anliegen überzeugen zu können.[3] In denjenigen Fällen, in denen genügend Unterschriften gesammelt worden sind, haben die Behörden durch völlige übersteigerte Formvorgaben versucht, die Verfahren zu blockieren. Zwar hat der Verfassungsgerichtshof dem mittlerweile eine Riegel vorgeschoben. Die eigentliche *Sammlung* von Unterschriften für einen Volksantrag wurde dadurch

---

1 Positiv fällt insofern hingegen ins Gewicht, dass dem Verfassungsgerichtshof bei Zweifeln über die Zulässigkeit das Letztentscheidungsrecht eingeräumt wurde. Dadurch wurden die Antragsteller der Mühe enthoben, gegebenenfalls eine abschlägige Entscheidung eines anderen Staatsorgans anzufechten, wodurch das Verfahren weiter verzögert würde.

2 So im Ergebnis, allerdings ohne nähere Begründung *Dambeck*, RuP 1994, S. 208, 211; *Jung*, ZG 1998,. S. 295, 314; die prohibitive Wirkung dieser Hürden verkennen *Krieg*, ZG 1996, S. 314, 322, oder *von Mangoldt*, SächsVBl. 1993, S. 25, 33 f., wenn sie meinen, die Bürger könnten in Sachsen tatsächlich unmittelbar Einfluss nehmen.

3 Allerdings deutet die größere Häufigkeit der Verfahren in Brandenburg nicht darauf hin, dass diese dort wesentlich praktikabler wären. In Sachsen gibt es zum einen weder Planungen für Großprojekte wie den Transrapid oder den Havelausbau, die stets besonders gut geeignet sind, die Bürger zu mobilisieren. Zum anderen wurde die Kreisgebietsreform weniger radikal angegangen. Mit der Beibehaltung vergleichsweise kleiner Landkreise hat man Streitigkeiten um den Sitz der Kreisverwaltung weitgehend vermieden. In Brandenburg hat man hingegen Großkreise geschaffen, um auf die Einführung von Regierungsbezirken verzichten zu können; vgl. dazu *Schmidt-Eichstaedt*, APUZ 1993, B 36, S. 3, 5 ff. Wie schon in den alten Ländern haben die dadurch verursachten Streitigkeiten Anlass zur Einleitung von Volksbegehren gegeben.

jedoch nicht erleichtert. Zwar hat es mittlerweile in Sachsen einen erfolgreichen Volksentscheid gegeben. Da der Landtag und die Landesregierung jedoch offensichtlich nicht bereit waren, das Ergebnis dieser Abstimmung zu respektieren, ist zu befürchten, dass die Frustration und die Ohnmachtsgefühle der Bürger noch verstärkt werden. Tatsächlich ist die Praxis der direktdemokratischen Verfahren nach dem Volksentscheid zur Erhaltung der kommunalen Sparkassen fast vollständig zum Erliegen gekommen.

Daran konnte offenbar auch der Umstand nichts ändern, dass sich der Sächsische Verfassungsgerichtshof immerhin geweigert hat, die extrem restriktive Rechtsprechung der übrigen Landesverfassungsgerichte zur Reichweite des Haushaltsvorbehaltes für die Auslegung des Art. 73 I SächsV zu übernehmen. Damit kommen zwar an sich auch solche Angelegenheiten als Gegenstand der Verfahren in Betracht, die für einen großen Anteil der Bürger von Interesse sind – und bei denen daher eine gewisse Chance dafür besteht, dass das hohe Quorum für das Volksbegehren doch erreicht werden kann. Die bisherige Praxis deutet jedoch darauf hin, dass die direktdemokratischen Verfahren in ihrer bisherigen Form auch in Sachsen nicht zu praktikablen Instrumenten der politischen Willensbildung werden.

5. Kapitel: Sachsen-Anhalt

I. Zur Entstehungsgeschichte[1/2]

Auch in Sachsen-Anhalt hat die Verfassungsdiskussion bereits im Jahr 1990 begonnen. Am 28. März 1990 hatte sich der „Runde Tisch Sachsen-Anhalt" konstituiert, der sich aus Vertretern der Runden Tische der Regionen Halle, Magdeburg und Dessau zusammensetzte. Der „Runde Tisch" wandte sich mit der Bitte um Unterstützung an den Regionalausschuss Sachsen-Anhalt,[3] der daraufhin verschiedene Arbeitsgruppen bildete. Eine dieser Arbeitsgruppen war für den Landtag zuständig. Sie nahm am 4. Mai 1990 ihre Arbeit auf und bildete sogleich eine „Unterarbeitsgruppe Landesverfassung". Diese hatte den Auftrag, einen Entwurf für eine neue Landesverfassung auszuarbeiten. Ihr Entwurf wurde am 29. Juni 1990 abschließend beraten und Anfang Juli 1990 der Öffentlichkeit vorgestellt.[4] Die Änderungsvorschläge wurden in einen 2. Entwurf eingearbeitet, der am 14. Oktober 1990 dem neu gewählten Landtag von Sachsen-Anhalt übergeben wurde.[5]

Die Regelungen über die direktdemokratischen Verfahren waren inhaltlich unverändert aus dem 1. Entwurf übernommen worden. Art. 68 des Entwurfs sah die Möglichkeit des Volksbegehrens und Volksentscheids über Gesetze vor. Das Begehren musste von 10 % der Stimmberechtigten unterstützt werden. Beim Volksentscheid sollte die absolute Mehrheit der Abstimmenden einem Antrag zustimmen müssen; für Verfassungsänderungen war in Art. 70 II ein Quorum von 50 % der Stimmberechtigten vorgesehen. Nach Art. 69 sollte der Landtag die Möglichkeit zu Volksbefragungen bekommen. Art 63 IV des Entwurfs gab einem Drittel der Stimmberechtigten das Recht, in einem Volksbegehren frühestens zwei Jahre nach dem Beginn der Wahlperiode die Auflösung des Landtags zu verlangen. Das Quorum für die Abstimmung war nicht ausdrücklich geregelt. Eine Volksinitiative war nicht vorgesehen.

---

1 Vgl. dazu *Dambeck*, RuP 1994, S. 208, 212 ff.; *Deselaers*, S. 25, 45 ff.; *Gruß*, S. 264, 268 ff.; *Kilian*, LKV 1993, S. 73 f.; *Klages/Paulus*, S. 171 ff., S. 215 ff. und S. 253 ff.; *Paterna*, S. 89 f.; *Sampels*, S. 134 ff.; Kilian-*von Bose*, S. 94 ff.

2 Die Verfassung der Provinz Sachsen-Anhalt vom 10.1.1947 (GBl. S. 9) sah in Art. 42 die Auflösung des Landtags durch Volksentscheid vor. Nach Art. 53 wurde für das Volksbegehren die Unterstützung durch 10 % der Stimmberechtigten oder einer Partei verlangt, welche die Unterstützung durch 20 % der Stimmberechtigten glaubhaft machen konnte. Bei Übernahme des (geänderten) Begeherens durch den Landtag, hätte dieses nach Art. 57 durch die Antragsteller erledigt werden können. Beim Volksentscheid sollte grundsätzlich die Mehrheit der Abstimmenden entscheiden, im Falle von Verfassungsänderungen die Mehrheit der Stimmberechtigten. Nach Art. 56 konnte ein Drittel der Mitglieder des Landtags die Aussetzung der Verkündung eines Gesetzes verlangen, wenn innerhalb eines Monates ein Volksbegehren eingeleitet wurde, unterblieb die Verkündung bis zum Referendum; vgl. oben S. 503, Fn. 2; S. 555, Fn. 2 zu den Verfassungen der Mark Brandenburg und Sachsens.
Wie Kilian-*von Bose*, S. 94, zu Recht betont, gab es allerdings keine Kontinuität von dem im Jahre 1947 in der sowjetischen Besatzungszone konstituierten Lande Sachsen-Anhalt zu dem heutigen Land gleichen Namens.

3 Dieser Ausschuss bestand aus Vertretern der Bezirke und bildete eine provisorische Landesregierung.

4 Abgedruckt bei *Häberle*, JöR 1990, S. 455 ff.

5 Sog. „2. Entwurf", abgedruckt bei *Häberle*, JöR 1991, S. 441 ff.

Schon am 2. November 1990 beschloss der Landtag von Sachsen-Anhalt die Einsetzung eines Verfassungsausschusses.[1] Erst am 6. Dezember 1990 konnte Einigkeit über dessen Größe und Besetzung erzielt werden.[2] Am 22. Februar 1991 fand eine öffentliche Anhörung der landesweit organisierten Vereine und Organisationen statt, bei der diese ihre Vorstellungen zur künftigen Verfassung darlegen konnten. Am 28. Februar 1991 nahm der Ausschuss dann die eigentlichen Beratungen auf. Arbeitsgrundlage war zum einen der oben genannte Entwurf des Runden Tisches, der aber zum anderen durch eigene Entwürfe des Bündnis 90/Die Grünen,[3] der CDU/FDP-Koalition[4] und der SPD[5] ergänzt wurde.[6]

Von März bis September 1991 kam es zu intensiven Beratungen. Die Frage, ob und welche direktdemokratischen Verfahren in der Landesverfassung vorgesehen werden sollte, wurde in der Ausschuss-Sitzung vom 26. und 27. Juni erstmals diskutiert. Während die

1 LT-Drs. 1/11.
2 LT-Drs. 1/49, der Geschäftsordnungsausschuss hatte in LT-Drs. 1/11 ein Verhältnis von 8:4:2:2:1 vorgesehen, der Ältestenrat einigte sich dann auf die Sitzverteilung 6:3:2:1:1 (jeweils CDU:SPD:PDS:FDP:Bündnis 90/Die Grünen).
3 Entwurf vom 9.1.1991, LT-Drs. 1/78; abgedruckt bei *Häberle*, JöR 1993, S. 205 ff.
Art. 65 dieses Entwurfs sah einen Volksantrag durch 8.000 Wahlberechtigte vor. Übernahm der Landtag einen Gesetzentwurf nicht, so sollte ein Volksbegehren beantragt werden können. Fand dieses innerhalb von einem Jahr die Unterstützung durch 80.000 Stimmberechtigte, so sollte es zum Volksentscheid kommen, bei dem grundsätzlich die einfache Stimmenmehrheit entscheiden sollte. Nur bei Verfassungsänderungen war die Zustimmung durch die Mehrheit der Stimmberechtigten verlangt, Art. 66 II 2. Hs. Vom Volksentscheid ausgeschlossen sollten nur die Dienst- und Versorgungsbezüge sein. Andere Vorschläge, deren Annahme die öffentlichen Haushalte belasten würde, müssten einen Vorschlag für die Deckung des Finanzbedarfs enthalten. Nach Art. 92 I des Entwurfes sollte das Landesverfassungsgericht bei Streitigkeiten über die Durchführung von Volksbegehren und Volksentscheiden entscheiden. Eine Volksinitiative über andere Gegenstände der politischen Willensbildung als Gesetzentwürfe war nicht vorgesehen.
4 Entwurf vom 27.2.1991, abgedruckt bei *Häberle*, JöR 1993, S. 219 ff. Der Entwurf enthielt keine Regelungen über plebiszitäre Verfahren.
5 Entwurf vom 12.3.1991, LT-Drs. 1/260; abgedruckt bei *Häberle*, JöR 1993, S. 228.
Die SPD forderte, das Quorum für das Volksbegehren auf Auflösung des Landtags auf ein Fünftel der Stimmberechtigten zu senken. Bei der Abstimmung sollte die Mehrheit der Abstimmenden entscheiden, für die Auflösung des Landtags sollten aber mindestens zwei Fünftel der Stimmberechtigten stimmen müssen (Art. 28 II des Entwurfs). Art. 48 IV gab einem Drittel der Abgeordneten das Recht, Gesetzentwürfe zur öffentlichen Diskussion (!) zu stellen. Art. 51 regelte die Volksinitiative auf Antrag von 20.000 Stimmberechtigten. Art. 52 sah eine „Volksenquête" zu bestimmten Gegenständen der politischen Willensbildung auf Antrag von einem Drittel der Mitglieder des Landtags bzw. 75.000 Stimmberechtigten vor. Diese Befragung sollte stets im Zusammenhang mit der nächsten allgemeinen Wahl stattfinden.
Art. 53 regelte das Volksbegehren, das auf Antrag von 75.000 Stimmberechtigten durchgeführt werden und der Unterstützung von 5 % der Stimmberechtigten bedürfen sollte. Beim Volksentscheid sollte die Mehrheit der Abstimmenden ausreichen, sofern diese mindestens einem Drittel der Stimmberechtigten entsprach. Nur Verfassungsänderungen sollten der Zustimmung durch die absolute Mehrheit der Stimmberechtigten bedürfen. Art 54 III sah schließlich ein obligatorisches Verfassungsreferendum vor, falls der Landtag eine Verfassungsänderung nicht einstimmig verabschieden sollte.
6 Kilian-*von Bose*, S. 94, 96, weist auf die entscheidende Rolle des Ausschussvorsitzenden Höppner (SPD) und seines Stellvertreters Becker (CDU) sowie der beiden Sachverständigen Christian Starck und Hans-Peter Schneider hin, die die Diskussionen und Ergebnisse maßgeblich geprägt hätten.

Vertreter der CDU diesen Verfahren generell ablehnend gegenüber standen, betonten die Vertreter der übrigen Parteien, dass sie einer rein repräsentativ-parlamentarischen Verfassung nicht zustimmen könnten. Am Ende lenkte die CDU allerdings ein, da in den Beratungen deutlich geworden war, dass man ihren Bedenken durch eine entsprechende Ausgestaltung der Verfahren Rechnung tragen könnte. In der Sitzung am 18. Juli 1991 wurde daher nur noch über die angemessene Höhe der Quoren für die Volksinitiative, das Volksbegehren und den Volksentscheid diskutiert. Auf dieser Sitzung konnten auch die übrigen Streitfragen geklärt werden, so dass nun ein Entwurf für eine Vollverfassung vorlag.

An sich hatte der Verfassungsausschuss danach bis zum 24. September die Stellungnahme der Landesregierung erwartet. Da diese Stellungnahme immer noch nicht vorlag, beschloss der Ausschuss, den Entwurf in der vorliegenden Fassung zu verabschieden. Er wurde am 25. September 1991 gemeinsam durch alle Fraktionen[1] dem Landtag vorgelegt[2] und einen Monat später durch den Präsidenten des Landtags der Öffentlichkeit vorgestellt.[3]

Im Entwurf des Verfassungsausschusses war die Möglichkeit der Landtagsauflösung durch Volksentscheid gestrichen worden. Dafür war in Art. 80 die Möglichkeit zur Volksinitiative auf Antrag von 50.000 Stimmberechtigten vorgesehen. Für das Volksbegehren sollte nach Art. 81 I ein Quorum von 320.000 Stimmberechtigten gelten. Art. 81 III 2 verlangte für den Volksentscheid die Zustimmung durch die Mehrheit der Abstimmenden, mindestens aber ein Viertel der Stimmberechtigten. Dieses qualifizierte Quorum sollte nach Art. 81 IV 2 nicht gelten, wenn der Landtag einen konkurrierenden Entwurf zur Abstimmung gestellt hatte. Verfassungsänderungen waren nach Art. 81 V auf diese Weise nur mit Zustimmung durch zwei Drittel der Abstimmenden, mindestens aber die Hälfte der Stimmberechtigten möglich.

Die Bürger folgten der Aufforderung zu Kritik und Stellungnahmen eher verhalten. Bis zum Januar 1992 gingen etwa 3.300 Stellungnahmen beim Landtag ein,[4] die der Ausschuss bei seinen weiteren Beratungen berücksichtigen konnte. Eine große Bedeutung kam aber auch der Stellungnahme der Landesregierung zu, die dem Landtag Anfang November 1991 zugeleitet worden war, und in der die Landesregierung teilweise heftige Kritik an den Ergebnissen der bisherigen Beratungen geäußert hatte. So wurden insbesondere die vorgeschlagenen Regelungen in Bezug auf die direktdemokratischen Verfahren heftig kritisiert, aber auch die Entscheidung, Grundrechte und Staatsziele festzuschreiben und dem Landtag weit reichende Informations- und Kontrollrechte gegenüber der Regierung zuzugestehen.[5]

Am 9. April 1992 fand die erste Lesung des vom Verfassungsausschuss erarbeiteten Entwurfs im Landtag statt.[6] Der Ausschuss unterbreitete dem Landtag zu dessen zweiter

---

1 Mit Ausnahme der DSU, die im Verfassungsausschuss nicht vertreten war; vgl. *Kilian*, LKV 1993, S. 73, 74.

2 Vgl. dazu „Dem Umweltschutz gilt das besondere Augenmerk", FAZ, 27.9.1991.

3 Veröffentlichung des Landtags vom 13. November 1991.

4 So der Vorsitzende des Verfassungsausschusses *Höppner* in der Sitzung vom 9.4.1992, LSA-LT-Sten. Prot. S. 236 ff. Nach *Paterna*, S. 89, bezog sich die Mehrheit dieser Anregungen auf eine Herabsetzung der Quoren für die direktdemokratischen Verfahren.

5 Vgl. dazu Kilian-*von Bose*, S. 94, 110, der darauf hinweist, dass diese Kritik zu spät kam. Schließlich hätte die Regierung schon früher hinreichend Gelegenheit gehabt, sich zu äußern.

6 LT-Drs. 1/1334.

Lesung am 25. Juni 1992 einen aufgrund der Stellungnahme der Landesregierung geänderten Entwurf,[1] in dem insbesondere die Quoren für die Volksinitiative und das Volksbegehren nochmals auf 35.000 bzw. 250.000 Unterschriften abgesenkt worden waren.[2] Vor der abschließenden dritten Lesung wurde der Entwurf bis zum 9. Juli 1992 nochmals modifiziert.[3] Am 16. Juli 1992 wurde die Verfassung dann vom Landtag verabschiedet.[4] Eine Volksabstimmung hat auch hier trotz der Kritik von PDS,[5] des Bündnis 90/Die Grünen[6] und zum Teil auch der SPD nicht stattgefunden.[7]

Die allgemeine Befürchtung, dass sich nur wenige Bürger an der Abstimmung beteiligen könnten,[8] wurde dadurch noch verstärkt, dass Magdeburg in der Verfassung als Landeshauptstadt festgeschrieben worden war. Daher war zu befürchten, dass die Mehrheit der Bürger im Südteil des Landes die Verfassung schon deshalb ablehnen würde, weil sie Halle als Hauptstadt bevorzugt hätten.[9]

Am 13. Juli 1994 beschloss der Landtag nach heftigen Diskussionen in seiner letzten Sitzung der laufenden Legislaturperiode das Gesetz über Volksinitiative, Volksbegehren und Volksentscheid.[10] Nachdem sich die Mehrheitsverhältnisse bei den darauffolgenden Landtagswahlen geändert hatten, wurde dieses Gesetz schon gut ein Jahr später am 9. August 1995 durch das Gesetz über das Verfahren bei Volksinitiative, Volksbegehren und Volksentscheid (LSA-VAbstG) abgelöst.[11] Auf diese Weise versuchte die Koalition aus

1 LT-Drs. 1/1579.
2 Zu den Verhandlungen über die Quoren vgl. *Klages/Paulus*, S. 254 f.; *Sampels*, S. 140. Kilian-*von Bose*, S. 94, 119, weist darauf hin, dass die Absenkung vor allem auf eine Einigung zwischen dem Ausschussvorsitzenden Höppner (SPD) und seinem Stellvertreter Becker (CDU) zurückzuführen war.
3 LT-Drs. 1/1700. In Bezug auf die direktdemokratischen Verfahren erfolgten keine weiteren Änderungen, obwohl PDS und Bündnis 90/Die Grünen für eine weitere Absenkung plädiert hatten.
4 GVBl. S. 600.
5 Vgl. den Entwurf der PDS-Fraktion für ein Gesetz zur Regelung des Verfahrens beim Volksentscheid über die Verfassung des Landes Sachsen-Anhalt, LT-Drs. 1/1509.
6 Die Fraktion des Bündnis 90/Die Grünen hatte einen Änderungsantrag zum Entwurf der PDS eingebracht, mit der eine Pflicht zur öffentlichen Diskussion statuiert werden sollte, LT-Drs. 1/1534. Die bloße Bestätigung durch die Bürger reiche nicht aus.
7 Dazu *Kilian*, LKV 1993, S. 73, 74; *Sampels*, S. 141. In der Beschlussempfehlung des Verfassungsausschusses (LT-Drs. 1/1573) wurde pikanterweise ausdrücklich auf die Anträge der PDS und des Bündnis 90/Die Grünen verwiesen, obwohl der Ausschuss die Annahme durch den Landtag *ohne* eine Volksabstimmung empfahl.
8 Dieser Befürchtung hatte das Bündnis 90/Die Grünen dadurch Rechnung tragen wollen, dass die Abstimmung zusammen mit der nächsten Landtagswahl statt finden sollte, so dass eine relativ hohe Beteiligung sicher gestellt wäre, vgl. LT-Drs. 1/1534.
9 Vgl. dazu Kilian-*von Bose*, S. 94, 123 f.
10 = LSA-VAbstG a.F., GVBl. S. 810. Dazu *Jung*, ZG 1993, S. 314 ff.; vgl. auch die Diskussionen im Landtag am 11.2.1993, (LSA-LT-Sten. Prot. S. 5053 ff.), am 12.3.1993 (LSA-LT-Sten. Prot. S. 5223 ff.), am 8.7.1993 (LSA-LT-Sten. Prot. S. 5980 ff.) und am 27.5.1994 (LSA-LT-Sten. Prot. S. 7415 ff.). Bereits am 22.10.1992 hatte die PDS einen ersten Entwurf eingebracht, LT-Drs. 1/1942, am 4.2.1993 folgte die SPD-Fraktion, LT-Drs. 1/2287. Die Regierungskoalition aus CDU und FDP legte erst danach einen eigenen Entwurf vor, LT-Drs. 1/2368. Wie die synoptische Darstellung in LT-Drs. 1/3739 deutlich macht, waren die Vorschläge der Opposition allenfalls am Rande berücksichtigt worden.
11 GVBl. S. 232; ergänzt durch die Volksabstimmungsverordnung vom 15.2.1996, GVBl. S. 78 (LSA-

SPD und dem Bündnis 90/Die Grünen, die nun mit Unterstützung der PDS regierte, die Vorstellungen umzusetzen, die sie schon in den Beratungen über das erste Gesetz vertreten hatte. Ihr Anliegen war es in erster Linie, die Wirkungen der vergleichsweise hohen Quoren durch Verfahrenserleichterungen zugunsten der Initiatoren abzumildern.[1]

Im Juni 2004 haben die Fraktionen von CDU, SPD, PDS und FDP einen gemeinsamen Antrag zur Änderung der Verfassung eingebracht, mit dem die Quoren für die Volksinitiative von 35.000 auf 30.000 Unterschriften und für das Volksbegehren von 250.000 – was etwa 12,5 Prozent der Stimmberechtigten entspricht – auf 11 Prozent abgesenkt werden sollten, um der Bevölkerungsentwicklung im Lande Rechnung zu tragen. Im Gegenzug hierzu soll die Legislaturperiode des Landtags von vier auf fünf Jahre verlängert werden.[2] Der Antrag wurde am 12. November 2004 einstimmig angenommen.[3] Mittlerweile ist auch das Ausführungsgesetz entsprechend geändert worden. Dabei wurde die Verfahren auch sonst geringfügig modifiziert.[4]

II. Die Volksinitiative nach Art. 80 LSA-V

A. Der Anwendungsbereich der Volksinitiative

Die Verfahren der Volksinitiative auf der einen Seite und des Volksbegehrens sowie des Volksentscheids auf der anderen Seite sind in Sachsen-Anhalt unabhängig voneinander.[5/6]

VAbstVO).

1 So unterliegt die Sammlung von Unterschriften für die Volksinitiative und den Volksantrag nun keiner Frist mehr, wie nach § 2 III 2 LSA-VAbstG a.F. (9 Monate). Die Prüfung der Unterschriften obliegt nicht mehr, wie in § 2 III 3 LSA-VAbstG a.F. vorgesehen, den Initiatoren, sondern dem Landtag. Die Sperrfrist für Volksinitiativen nach § 3 I 2 LSA-VAbstG a.F. wurde aufgehoben.
Das Quorum für den Volksantrag wurde von 25.000 Unterschriften nach § 7 II 2 LSA-VAbstG a.F. auf 10.000 Unterschriften gem. § 10 II Nr. 2 LSA-VAbstG gesenkt. Außerdem wird das Volksbegehren nicht mehr von den Gemeinden durchgeführt, wie die §§ 11 f. LSA-VAbstG a.F. es geregelt hatten, sondern von den Initiatoren, denen hierfür eine Frist von sechs Monaten zugebilligt wird (§ 9 II LSA-VAbstG a.F.. 1 Monat). Schließlich eröffnet das neue LSA-VAbstG die Möglichkeit, mehreren konkurrierenden Vorlagen zuzustimmen, was § 23 I Nr. 3 LSA-VAbstG a.F. ausgeschlossen hatte.
Kritisch zur früheren Rechtslage *Jung*, ZG 1993, S. 314, 318; vgl. auch *ders.*, ZG 1998, S. 295, 314 f. Schon während der Beratungen zum LSA-VAbstG a.F. hatte die Abgeordneten *Schulze* (Bündnis 90/die Grünen) in der Landtagssitzung vom 27.5.1994 erklärt, dass im Falle eines Regierungswechsels nach den Wahlen dieses Gesetz als erstes geändert werden würde (LSA-LT-Sten. Prot. S. 7420).

2 Vgl. LT-Drs. 4/1634; unmittelbar zuvor hatte die Fraktion der PDS einen Antrag zur Änderung des LSA-VAbstG eingebracht, vgl. LT-Drs. 4/1618.

3 Das Gesetz wurde allerdings erst über zwei Monate später verkündet, vgl. das Gesetz vom 27.1.2005, GVBl. LSA S.44.

4 Vgl. das Gesetz vom 22.6.2005, GVBl. S. 306. Mit diesem Gesetz wurde auch das Quorum für den Volksantrag nochmals auf 8.000 Unterschriften abgesenkt und einige weitere Änderungen vorgenommen.

5 Angesichts dieses weiten Anwendungsbereiches ist es nicht völlig systemgerecht, dass dieses Institut im Abschnitt über die Gesetzgebung geregelt wurde. Sinnvoller wäre es gewesen, entweder einen eigenen Abschnitt für die direktdemokratischen Verfahren einzuführen, oder aber die Volksinitiative im Abschnitt über den Landtag zu regeln, wie es z.B. in Bremen und Thüringen in bezug auf den Bürgerantrag

Grundsätzlich ist das Verfahren der Volksinitiative mit der Entscheidung des Landtags beendet. Umgekehrt kann ein Volksbegehren eingeleitet werden, ohne dass der Landtag sich zuvor aufgrund einer Volksinitiative mit dem diesem Begehren zugrunde liegenden Antrag befasst haben müsste.[1/2]

Der Anwendungsbereich der Volksinitiative ist grundsätzlich ebenso groß wie derjenige der entsprechenden Institute in Schleswig-Holstein und Brandenburg.[3] Allerdings fehlt eine ausdrückliche Beschränkung auf den Zuständigkeitsbereich des Landtags. Zu beachten ist insofern, dass das Parlament durchaus berechtigt ist, über Angelegenheiten zu verhandeln, die nach der Verfassung ausschließlich den Gerichten oder den Organen der Exekutive zur Entscheidung zugewiesen sind.[4] Vor allem aber gelten in Sachsen-Anhalt – anders als in fast allen anderen Ländern[5] – keine inhaltlichen Beschränkungen für die Volksinitiative. Daher können auch Anträge zu Besoldungs-, Abgaben- und allen anderen finanzwirksamen Gesetzen eingebracht werden. Die Bürger können dem Landtag weiterhin auch Vorschläge für Personalentscheidungen unterbreiten, sofern diese vom Landtag getroffen werden müssen und die Verfassung das Antragsrecht nicht abschließend regelt.[6]

Ist ein Gesetzentwurf Gegenstand einer Volksinitiative, so müssen grundsätzlich die Gesetzgebungskompetenzen des Landes beachtet werden.[7] Allerdings kann der Landtag

---

geschehen ist oder in Hamburg in Bezug auf die Gruppenpetition nach Art. 25 c HambV.

6 Daher ist es auch durchaus konsequent, wenn Kilian-*Reich*, S. 203 ff., die Volksinitiative nicht im Zusammenhang mit dem Gesetzgebungsverfahren erwähnt. Demgegenüber erscheint es höchst bedauerlich, dass Kilian-*Schreiber*, S. 152 ff., dieses Verfahren im Zusammenhang mit der Darstellung des Landtags nicht behandelt. Damit entsteht eine nicht zu rechtfertigende Lücke in der Gesamtdarstellung des Landesverfassungsrechts von Sachsen-Anhalt.

1 Insofern unterscheidet sich das Verfahren in Sachsen-Anhalt auch von dem nach den Artt. 71 f. SächsV. Der dortige Volksantrag ist im Grunde nur eine inhaltlich auf Gesetzentwürfe beschränkte Volksinitiative; dazu siehe oben S. 560.

2 Beachte aber § 10 III LSA-VAbstG, der eine Verbindung zwischen beiden Verfahren herstellt; dazu siehe unten S. 608.

3 Dazu siehe oben S. 442 ff. zu Art. 41 I SH-V.

4 Dies ist im Zusammenhang mit der Beratung von Petitionen etwa durchaus üblich.

5 Mit Ausnahme von Niedersachsen; dazu siehe unten S. 632.

6 Dazu siehe oben S. 444 zu Artt. 41 I 1 SH-V. Angesichts des unbeschränkten Anwendungsbereiches der Volksinitiative kommen insbesondere Vorlagen in Bezug auf die Wahl des Ministerpräsidenten gemäß Artt. 41 I 3, 65 I LSA-V und der Mitglieder des Verfassungsgerichtshofes gemäß Art. 74 III LSA-V in Frage.
Die Wahl des Datenschutzbeauftragten und des Präsidenten des Rechnungshofes setzt gemäß Artt. 63 II bzw. 98 II 1 LSA-V hingegen ausdrücklich einen Vorschlag der Landesregierung voraus. Dem Ministerpräsidenten kann nach Art. 72 I LSA-V nur aufgrund eines Antrags durch (mindestens) ein Viertel der Mitglieder des Landtags das Misstrauen ausgesprochen werden. Aufgrund dieser abschließenden Bestimmungen über das Antragsrecht können die Bürger dem Landtag über die Volksinitiative keine entsprechenden Vorlagen unterbreiten. Auch die Wahlen des Landtagspräsidenten und seiner Stellvertreter kommen nicht als Gegenstand einer Volksinitiative in Betracht, da diese Personalentscheidungen nur von innerparlamentarischer Bedeutung sind; dazu siehe oben S. 442.

7 So ausdrücklich § 4 Satz 2 LSA-VAbstG.

auch in Sachsen-Anhalt über eine Volksinitiative dazu angeregt werden, die Landesregierung zu einem bestimmten Verhalten im Bundesrat aufzufordern.[1]

B. Das Verfahren der Volksinitiative

Selbstverständlich bedürfen die Initiatoren auch in Sachsen-Anhalt der Vertretung. Es sind insgesamt fünf Vertrauenspersonen zu benennen. Erklärungen sind nur dann verbindlich, wenn sie von mindestens drei Vertrauenspersonen abgegeben werden.[2] Da bereits die Unterschriftsbögen die Namen der Vertrauenspersonen enthalten müssen, besteht nicht einmal mehr theoretisch[3] die Möglichkeit, dass diese von den Unterzeichnern in einer Wahl bestimmt werden.[4]

Im Übrigen sind die Unterschriftsbögen nach einem amtlichen Muster zu gestalten, das den Initiatoren auf Verlangen vom Landtagspräsidenten zur Verfügung gestellt wird.[5] Liegt der Volksinitiative ein Gesetzentwurf zugrunde, so muss dieser nach Art. 80 I 2 LSA-V begründet sein. Die Initiatoren müssen nicht nur den Grund ihres Anliegens darlegen, sondern auch auf die Folgen einzugehen, welche die Annahme der Volksinitiative durch den Landtag haben würde.[6] Im Gegensatz zur Regelung des Art. 81 I 2 LSA-V für das Volks*begehren* wird hingegen nicht verlangt, dass der Entwurf auch „ausgearbeitet" ist. Diese Differenzierung soll sicherstellen, dass die Anforderungen an den einer Volksinitiative zugrunde liegenden Entwurf nicht zu hoch werden.[7] Auf dieser Stufe des Verfahrens reicht somit ein „Rahmenentwurf" aus, der vom Parlament erst noch ausgefüllt werden kann bzw. muss.[8]

---

1 Entsprechende Anträge sind ohnehin keine Gesetzentwürfe, sondern enthalten einen Entwurf für eine Entschließung des Landtags. Dieser Entwurf kann wiederum einen Gesetzentwurf enthalten. Ebenso gut vorstellbar ist es aber, dass nur generelle Zielvorgaben gemacht werden, deren Ausarbeitung zu einer konkreten Bundesratsinitiative dann der Landesregierung obliegt.
Da Art. 80 I 1 LSA-V lediglich verlangt, dass der Gegenstand einer Volksinitiative das Land Sachsen-Anhalt betreffen muss, kann § 4 Satz 2 LSA-VAbstG nicht in dem Sinne ausgelegt werden dass alle Volksinitiativen ausgeschlossen wären, die sich auf Bundesgesetze beziehen. Diese Regelung bestätigt lediglich die selbstverständliche Bindung des Volkes an die dem Land gesetzten Kompetenzschranken; vgl. dazu auch *Jung*, ZG 1993, S. 314, 317, zu § 3 II des SPD-Entwurfs für die erste Fassung des LSA-VAbstG (LT-Drs. 1/2287).
§ 1 I 3 LSA-VAbstG a.F. hatte demgegenüber ausdrücklich vorgesehen, dass Volksinitiativen zu Angelegenheiten der Gesetzgebung, Regierung und Verwaltung des Bundes unzulässig sein sollten. Diese Einschränkung war mit der Vorgabe des Art. 80 I 1 LSA-V unvereinbar.

2 Vgl. § 3 LSA-VAbstG und oben S. 53 zu § 2 III 2 BbgVAG.

3 In der Praxis werden die Vertrauenspersonen ohnehin von Anfang an feststehen.

4 Vgl. § 6 II Nr. 3 LSA-VAbstG; auf die Probleme im Zusammenhang mit der demokratischen Legitimation der Vertreter wurde bereits hingewiesen; dazu siehe oben S. 455, Fn. 1.

5 § 6 I und IV LSA-VAbstG.

6 Dazu siehe oben S. 453 zu Art. 41 I 2 SH-V.

7 Sie folgt dem Vorbild des so genannten „Hofgeismarer Entwurfes", so auch *Jung*, ZG 1993, S. 314, 322.

8 Dazu siehe unten S. 607; vgl. auch *Jung*, ZG 1993, S. 314, 318 und 322. So im Ergebnis auch *Thiele/*Pirsch/Wedemeyer, Art. 59 MV-V, Rn. 2 zur vergleichbaren Rechtslage in Mecklenburg-Vorpommern; vgl. auch von Mutius/Wuttke/*Hübner*, Art. 41 SH-V, Rn. 11.
Allerdings wurde in das LSA-VAbstG die im Hofgeismarer Entwurf vorgesehene Möglichkeit nicht

Damit eine Volksinitiative erfolgreich ist, müssen ihr mindestens 30.000 Wahlberechtigte[1] durch ihre Unterschrift zugestimmt haben.[2] Es gibt keine Frist für die Unterschriftensammlung.[3] Auch muss das Wahlrecht der Unterzeichner nicht (mehr)[4] vor Einreichung der Volksinitiative bestätigt werden.[5]

In Sachsen-Anhalt gibt es keine Sperrfrist für die Volksinitiative (mehr).[6] Der Landtag kann also grundsätzlich immer wieder erneut mit demselben Antrag befasst werden.

C. Die Entscheidung über die Zulässigkeit der Volksinitiative

Obwohl Art. 80 LSA-V keinen ausdrücklichen Vorbehalt enthält, steht es außer Zweifel, dass die Zulässigkeit einer Volksinitiative überprüft werden muss, bevor der ihr zugrunde liegende Antrag im Landtag behandelt wird.[7] Sie ist an den Landtagspräsidenten zu richten,[8] der unverzüglich darüber zu entscheiden hat, ob die formellen Voraussetzungen der Volksinitiative vorliegen und ob der Zuständigkeitsbereiches des Landtags beachtet wurde.[9]

Bemerkenswerterweise kann die Prüfung der Unterschriften auf Stichproben beschränkt werden.[10] Dies setzt allerdings voraus, dass sich bei einer oberflächlichen Prüfung keine erheblichen Zweifel an der Gültigkeit der eingereichten Unterschriften ergeben haben. Der Landtagspräsident darf sich der Amtshilfe der Meldebehörden bedienen – und muss dies in der Realität wohl auch tun. Da es für die Feststellung der Beteiligungsberechtigung auf die Verhältnisse am Tag der Eintragung ankommt,[11] können die Meldebehörden dabei nicht

---

übernommen, den Entwurf der Volksinitiative mit Hilfe des Parlamentarischen Beratungsdienstes oder eines unabhängigen Instituts auszuarbeiten; vgl. insofern aber noch § 9 IV des SPD-Entwurfs für das LSA-VAbstG a.F. (LT-Drs. 1/2287).

1 Bis zum November 2004 galt ein Quorum von 35.000 Unterschriften.
2 Dieses Quorum war erst in der letzten Phase der Verfassungsberatungen von 50.000 Unterschriften abgesenkt worden; dazu siehe oben S. 596.
3 Anders als nach §§ 6 II Nr. 2 SH-VAbstG, 6 I 2 Nr. 1 BbgVAG; dazu siehe oben S. 453 und S. 512. Auch § 2 III 2 LSA-VAbstG a.F. hatte eine Frist von neun Monaten vorgesehen.
4 Anders noch § 2 III 3 LSA-VAbstG a.F.
5 Die Unterschriftsbögen müssen nach § 6 II Nr. 4 Satz 1 LSA-VAbstG n.F. einen besonderen Vermerk über die Voraussetzungen der Unterzeichnung enthalten sowie einen Hinweis darauf, dass die Unterzeichner mit ihrer Unterschrift das Vorliegen dieser Voraussetzungen in ihrer Person zusichern.
6 § 3 I 2 LSA-VAbstG a.F. hatte noch eine Sperrfrist von zwei Jahren zwischen Volksinitiativen mit identischem Inhalt vorgesehen. Zu beachten ist, dass diese Regelung verfassungswidrig war, da die LSA-V keinen entsprechenden Vorbehalt enthält, vgl. dazu §§ 8 I Nr. 3 SH-VAbstG, 5 III BbgVAG; dazu siehe oben S. 285 und S. 513 und ausführlich S. 305 ff.
7 Dazu siehe oben S. 456.
8 § 5 I LSA-VAbstG.
9 Der Umfang der Prüfung wird in § 7 I 1 LSA-VAbstG durch den Verweis auf die Voraussetzungen der §§ 4-6 LSA-VAbstG abschließend bestimmt. In Sachsen-Anhalt findet auf dieser Stufe des Verfahrens somit keine umfassende präventive Kontrolle statt; zu dieser Problematik ausführlich siehe oben S. 295 ff. Anders Art. 71 II 3 SächsV; dazu siehe oben S. 566.
10 § 7 I 2 LSA-VAbstG folgt damit dem Vorbild des § 4 II 2 BremVBG; dazu siehe unten S. 726.
11 Vgl. § 2 I LSA-VAbstG, es besteht also die Möglichkeit, dass das Beteiligungsrecht der Unterzeichner inzwischen weggefallen ist.

ohne weiteres die aktuellen Meldedaten zugrunde legen. Sie müssen vielmehr gegebenenfalls überprüfen, ob die Unterzeichner zu diesem früheren Zeitpunkt gemeldet waren. Da es keine Regelung darüber gibt, wie im Falle mehrfacher Eintragungen zu verfahren ist, wird die erste Eintragung mitgezählt.[1]

Der Landtagspräsidenten ist ausdrücklich dazu verpflichtet, den Vertrauenspersonen Gelegenheit zur Beseitigung von Mängeln zu gewähren, sofern diese überhaupt behebbar sind.[2] Dies ist insbesondere dann der Fall, wenn Eintragungen unvollständig oder unleserlich sind.[3] Der Landtagspräsident kann den Vertrauenspersonen hierfür eine Frist von längstens drei Monaten setzen.[4]

Die Entscheidung des Landtagspräsidenten über die Zulässigkeit der Volksinitiative kann von den Vertrauenspersonen innerhalb eines Monats vor dem Landesverfassungsgericht angefochten werden.[5] Daneben sind auch die Landesregierung und ein Viertel der Mitglieder des Landtags antragsberechtigt.[6] Das Landesverfassungsgericht hat die Entscheidung des Landtagspräsidenten gegebenenfalls aufzuheben.[7]

Ist die Volksinitiative für unzulässig erklärt worden, weil das Quorum von 30.000 Unterschriften nicht erreicht wurde, so hat der Landtagspräsident sie an den Petitionsausschuss zu überweisen,[8] der die Vertrauenspersonen anhören muss, sofern mindestens 4.000 gültige Unterschriften vorgelegt wurden.[9] Eine Rückgabe der Unterschriftslisten zur erneuten Verwendung kommt hier[10] nicht in Betracht. Haben die Initiatoren es auch innerhalb der ihnen gesetzten Frist nicht vermocht, die gegebenenfalls fehlenden Unterschriften nachzureichen, so ist diese Volksinitiative endgültig gescheitert. Soll sie wiederholt werden, dann muss das Verfahren komplett neu begonnen werden.

---

1 Hätte der Gesetzgeber erreichen wollen, dass ggf. *keine* der Unterschriften gezählt wird, dann hätte er dies ausdrücklich im Gesetz festschreiben müssen, wie es etwa in § 17 Nr. 6 SH-VAbstG geschehen ist. Nach dem SächsVVVG zählt hingegen ausdrücklich die erste Eintragung mit; dazu siehe oben S. 471 bzw. S. 563.
2 § 5 III LSA-VAbstG.
3 Weitere behebbare Mängel liegen z.B. dann vor, wenn versehentlich zu wenige Unterschriftsbögen eingereicht wurden, die Vertreter nicht ordnungsgemäß benannt wurden oder ein Gesetzentwurf nicht hinreichend begründet wurde.
4 § 3 II LSA-VAbstG a.F. hatte insofern nur eine Kann-Bestimmung enthalten und auch keine Vorgaben für die Dauer der Frist gemacht.
5 Vgl. Art. 75 Nr. 2 LSA-V i.V.m. § 30 LSA-VAbstG.
6 Damit ergibt sich zumindest theoretisch die Möglichkeit, dass sich eine qualifizierte Minderheit der Landtagsabgeordneten die Initiative zu eigen macht und gegen den Willen der Vertrauenspersonen beantragt, die Volksinitiative doch für zulässig zu erklären.
7 Es kann die Initiative aber nicht selbst für zulässig erklären, vgl. dazu S. 458, und dort Fn. 6.
8 § 8 I LSA-VAbstG folgt insofern dem Vorbild der §§ 9 II, 10 BbgVAG; dazu siehe oben S. 517.
9 § 8 II LSA-VAbstG.
10 Anders als in Brandenburg; dazu siehe oben S. 519.

D. Die Behandlung der Volksinitiative im Landtag

Hat der Landtagspräsident die Volksinitiative für zulässig erklärt,[1] so muss der Landtag sich mit dem ihr zugrunde liegenden Anliegen befassen. In diesem Zusammenhang ist zunächst festzuhalten, dass sich der Landtag nicht darauf beschränken darf, eine Volksinitiative zur Kenntnis zu nehmen und sich zu entscheiden, ob und welche Maßnahmen zu treffen sind.[2] Vielmehr „befasst" er sich nur dann im Sinne von Art. 80 I LSA-V mit einer Volksinitiative, wenn er auch in der Sache entscheidet, also über den bestimmten Gegenstand der politischen Willensbildung beschließt, der dieser Initiative zugrunde liegt. Dies ist insbesondere auch dann geboten, wenn der Initiative ein Gesetzentwurf zugrunde liegt – wobei allerdings sogleich noch aufzuzeigen sein wird, dass die Entscheidung des Landtags auch dann keinen formellen Gesetzesbeschluss ersetzt, wenn das Parlament einer solchen Volksinitiative zustimmt.

Anders als die vergleichbaren Bestimmungen in den anderen Ländern unterscheidet § 9 LSA-VAbstG zwischen Initiativen, die einen Gesetzentwurf zum Gegenstand haben und solchen, bei denen das nicht der Fall ist. Im zuletzt genannten Fall muss der Antrag an den Petitionsausschuss überwiesen werden. Dieser hört die Vertrauenspersonen an und erarbeitet eine Beschlussempfehlung. Er kann dazu Empfehlungen der für den fraglichen Gegenstand sachlich zuständigen Ausschüsse und Sachverständigengutachten einholen. Auf Grundlage der Beschlussempfehlung hat der Landtag spätestens vier Monate nach der Bekanntmachung der Entscheidung über die Zulässigkeit der Volksinitiative eine Entscheidung zu treffen.[3] Im Rahmen der Aussprache im Landtag haben die Vertrauenspersonen erneut das Recht, angehört zu werden. Ob daneben weitere Sachverständige oder dritte Personen gehört werden, liegt im Ermessen des Landtags.[4]

Für Volksinitiativen, die einen Gesetzentwurf zum Gegenstand haben, gilt demgegenüber eine längere Frist von sechs Monaten für die Beratung im Landtag. Zudem sah § 9 III LSA-VAbstG in der bis zum Juni 2005 geltenden Fassung vor, dass ein solcher Antrag „entsprechend den Bestimmungen der Geschäftsordnung zu Gesetzentwürfen" zu behandeln sein soll und eine der Vertrauenspersonen in der ersten Beratung des Landtags angehört werden muss. Zumindest auf den ersten Blick hatte der Gesetzgeber damit solche Volksinitiativen, die einen Gesetzentwurf zum Gegenstand haben, mit „echten" Gesetzentwürfen gleichgestellt. Da Art. 77 II LSA-V ausdrücklich vorsieht, dass Gesetzentwürfe (nur) von der Landesregierung, aus der Mitte des Landtags oder durch Volksbegehren eingebracht werden können und die Volksinitiative dementsprechend nicht als erste Stufe eines Gesetz-

---

1   Ggf. nachdem das Landesverfassungsgericht seine ursprüngliche (negative) Entscheidung aufgehoben hatte.
2   In diesem Sinne aber *LSA-VfGH*, LKV 2001, S. 28, 32. Dagegen zu Recht *Röper*, VR 2003, S. 368.
3   Vgl. § 9 I und II LSA-VAbstG.
4   Vgl. dazu § 9 II 4 LSA-VAbstG. Zur vergleichbaren Rechtslage in Schleswig-Holstein und Brandenburg; siehe oben S. 461 und 520. Anders als *Mahnke*, Art. 80 LSA-V, Rn. 5, unterstellt, wird die Volksinitiative nur von ihren Vertrauenspersonen im Parlament vertreten. Sachverständige oder andere Auskunftspersonen können für die Initiatoren nur dann Stellung nehmen, wenn sie bereits gem. §§ 3, 6 II Nr. 3 LSA-VAbstG auf den Unterschriftsbögen als Vertrauenspersonen benannt wurden – oder vom Landtag auf dessen eigenen Wunsch hinzugezogen.

gebungsverfahrens ausgestaltet wurde, stellte sich damit aber die Frage, ob die ursprüngliche Regelung des § 9 III LSA-VAbstG mit den Vorgaben der Verfassung vereinbar ist.

Insofern ist zunächst zu beachten, dass sich diese Regelung lediglich auf die Bestimmungen der Geschäftsordnung über die Beratung von Gesetzentwürfen *in den Ausschüssen* bezogen hatte, nicht aber auf die gesamte parlamentarische Beratung der Volksinitiative. Daher war das Plenum insbesondere nicht dazu verpflichtet, sich in drei Lesungen mit der Vorlage auseinander zu setzen. Zwar war der zuständige Fachausschuss dazu verpflichtet, dem Plenum eine Beschlussempfehlung vorzulegen, und eine Empfehlung darüber abzugeben, ob die Volksinitiative unverändert oder mit bestimmten Änderungen angenommen, abgelehnt oder für erledigt erklärt werden soll.[1] Obwohl der Landtag damit im Ergebnis dazu verpflichtet wurde – zumindest mittelbar – über den Gesetzentwurf zu entscheiden, der einer Volksinitiative zugrunde liegt, wurde die eindeutige Vorgabe des Art. 77 II LSA-V nicht unterlaufen, da der Beschluss über die Volksinitiative auch in diesem Fall kein „Gesetzesbeschluss" gewesen wäre. Dies ergibt sich schon aus § 9 V LSA-VAbstG, nach dem die entsprechenden Entscheidungen des Landtags im Ministerialblatt veröffentlicht wird – und nicht etwa im Gesetz- und Verordnungsblatt.[2] Soll der Gesetzentwurf, der einer Volksinitiative zugrunde liegt, tatsächlich in Kraft treten, muss sich daher zuvor einer der in Art. 77 II LSA-V genannten Antragsberechtigten diesen Entwurf zu eigen gemacht haben.

Zusammenfassend lässt sich damit festhalten, dass der wesentliche Unterschied zwischen solchen Volksinitiativen, die einen Gesetzwurf zum Gegenstand haben und solchen, bei denen das nicht der Fall ist, neben der unterschiedlichen Frist für die parlamentarische Behandlung darin besteht, dass nur die zuerst genannten Vorlagen in den Fachausschüssen behandelt werden müssen, während im Übrigen der Petitionsausschuss zuständig ist. Dennoch ist es im Sinne der Rechtsklarheit zu begrüßen, wenn der Gesetzgeber im Zuge der Änderung des LSA-VAbstG die Bezugnahme auf die Bestimmungen der Geschäftsordnung über Gesetzentwürfe gestrichen und dem Parlament damit die Möglichkeit verschafft hat, das Verfahren der Beratung den besonderen Umständen einer Volksinitiative entsprechend zu regeln.

Die Entscheidung, ob einer Volksinitiative tatsächlich ein Gesetzentwurf zugrunde liegt und ob sie daher im Verfahren nach § 9 III LSA-VAbstG behandelt werden muss, trifft der Landtag. Aufgrund der Generalklausel des Art. 75 S. 2 LSA-V kann diese Entscheidung gegebenenfalls vor dem Verfassungsgericht des Landes angegriffen werden.[3]

---

1 Vgl. § 29 I 1 der Geschäftsordnung des Landtags von Sachsen-Anhalt vom 16. Mai 2002 (vgl. LT-Drs. 4/1), geändert durch Beschluss des Landtages vom 17. Mai 2002 (vgl. Drs. 4/2). Insofern sind die Bestimmungen unverändert aus den auch in den früheren Wahlperioden geltenden Geschäftsordnungen übernommen worden.

2 Vgl. dazu auch *LSA-VfGH*, LKV 2001, S. 29, 32.

3 Vgl. dazu *LSA-VfGH*, LKV 2001, S. 28, 31, wo das Gericht ausdrücklich darauf hinweist, dass die einschlägige Ausführungsbestimmung des § 52 LSA-VfGHG die verfassungsrechtliche Kontrolle der Entscheidungen im Rahmen der Volksinitiative nur unvollkommen regelt. Im Ergebnis war die Klage allerdings erfolglos, da die Antragsteller die Frist für die Einleitung eines Organstreitverfahrens hatten verstreichen lassen.

III. Das Volksgesetzgebungsverfahren nach Art. 81 LSA-V

A. Das Volksbegehren

1. Der Anwendungsbereich des Volksbegehrens

Dem Volksbegehren nach Art. 81 I 2 LSA-V muss in jedem Fall ein Gesetzentwurf zugrunde liegen.[1] Während der Anwendungsbereich der Volksinitiative, wie schon dargelegt wurde,[2] nahezu unbeschränkt ist, gelten für das Volksbegehren und den Volksentscheid dieselben inhaltlichen Beschränkungen, wie in Sachsen. Ausgeschlossen sind nach Art. 81 I 3 LSA-V Haushalts-, Abgaben- und Besoldungsgesetze.[3] Der Begriff „Haushaltsgesetze" ist – ebenso wie die vergleichbare Regelungen in Schleswig-Holstein und Sachsen[4] – auch hier eng auszulegen.[5] Unzulässig sind grundsätzlich nur solche Anträge, die sich auf das Haushaltsgesetz an sich beziehen oder im Falle ihrer Annahme den Gesamtbestand des Haushaltes aus dem Gleichgewicht bringen würden.

2. Der Volksantrag

Die Verfassung des Landes Sachsen-Anhalt verlangt nicht ausdrücklich, dass dem Volksbegehren ein Vorverfahren vorgeschaltet werden kann oder gar muss.[6] Dennoch hat der Gesetzgeber sich nach dem Vorbild der Ausführungsbestimmungen zu den älteren Landesverfassungen[7] dazu entschlossen, dem Volksbegehren in den §§ 10 ff. LSA-VAbstG ein eigenständiges Antragsverfahren vorzuschalten.[8]

---

1 Anders als etwa in Schleswig-Holstein, wo das Volk etwa auch die Landesregierung zu einem bestimmten Verhalten im Bundesrat auffordern kann; dazu siehe oben S. 442.
2 Dazu siehe oben S. 332.
3 Zu den Besoldungsgesetzen gehören auch die Bestimmungen über die Versorgung der Beamten; dazu siehe oben S. 561 zur vergleichbaren Regelung des Art. 73 I SächsV.
4 Vgl. dazu oben S. 562 ff. zu Art. 73 I SächsV und S. 295 ff. zu Art. 41 II SH-V.
5 Dabei ist zu beachten, dass der Verfassunggeber durch die Verwendung des Begriffes „Haushaltsgesetze" auf das formelle Haushaltsgesetz im Sinne des Art. 93 II 1 LSA-V Bezug genommen hat. In diesem Sinne allerdings ohne Begründung auch Kilian-*Reich*, S. 203, 229.
6 Vgl. im Gegensatz dazu Artt. 42 I 1 SH-V, 77 I 1 BbgV, 72 I 1 SächsV; dazu siehe oben S. 462, 522 und 572. *Przygode*, S. 55, Fn. 85, wertet die Regelung der Volksinitiative in Art 80 LSA-V zu Unrecht als Erwähnung eines Vorverfahrens für das Volksbegehren. Er übersieht, dass sich aus der Verfassung selbst keinerlei Verbindung dieses Verfahrens mit dem Volksbegehren ergibt.
7 Dazu siehe oben S. 288.
8 *Starck*, Verfassungen, S. 26, meint, das Volksbegehren sei ohne weiteres zulässig. Er verkennt, dass dem Gesetzgeber die Möglichkeit offen steht, ein Antragsverfahren einzuführen. Allerdings kannte er das LSA-VAbstG auch noch nicht.

a. Zur Zulässigkeit der Einführung eines Volksantrags

Fraglich ist, ob die Einführung eines solchen Vorverfahrens zulässig ist. Insofern stellt sich zunächst die Frage nach dem Zweck dieses Vorverfahrens. Zu beachten ist, dass die Sammlung von Unterschriften für das Volksbegehren in Sachsen-Anhalt den Antragstellern selbst obliegt. Die Einführung eines Volksantrags kann also – anders als die entsprechenden Regelungen zu den älteren Landesverfassungen – nicht damit legitimiert werden, dass zunächst ein Minimum an öffentlicher Unterstützung nachgewiesen werden muss, bevor der nicht unerhebliche Aufwand für die Organisation eines formellen Eintragungsverfahrens für das Volksbegehren betrieben wird.[1] Um den Beginn der Eintragungsfrist für das Volksbegehren festlegen zu können, würde eine einfache Anzeige ebenso ausreichen, wie für die frühzeitige Überprüfung der Zulässigkeit des Volksbegehrens durch die zuständigen Behörden.

Ein selbständiges Vorverfahren stellt eine zusätzliche Hürde auf dem Weg zum Volksentscheid dar. Daher gilt hier nichts anderes, als zur Zulässigkeit einer umfassenden präventiven Normenkontrolle ausgeführt wurde.[2] Der Volksantrag als selbständiges Vorverfahren ist wegen der damit verbundenen faktischen Beeinträchtigung der Befugnisse des Volkes nur dann zulässig, wenn er eine ausdrückliche Grundlage im Verfassungsrecht findet. Es reicht nicht aus, dass der Gesetzgeber die Einführung eines Volksantragsverfahrens politisch für opportun befunden haben mag.[3]

Anders als die bisher behandelten Verfassungen von Schleswig-Holstein, Brandenburg und Sachsen enthält die Verfassung von Sachsen-Anhalt nun aber keine ausdrückliche Regelung über den „Volksantrag".[4] Zwar sieht Art. 81 II 1 LSA-V vor, dass die Landesregierung über die Zulässigkeit des Volksbegehrens entscheidet. Die systematische Stellung dieser Vorschrift impliziert jedoch, dass diese Entscheidung erst ergehen soll, *nachdem* die Sammlung von Unterschriften abgeschlossen worden ist.[5]

[1] Dazu siehe ausführlich oben S. 288 ff.
[2] Dazu siehe oben S. 295 ff.
[3] So aber *Przygode*, S. 80, der Volksanträge trotz erheblicher Zweifel grundsätzlich auch dann für zulässig erachtet, wenn sie nicht in der Verfassung selbst vorgesehen sind. Dem Gesetzgeber sollen lediglich gewisse Beschränkungen bei der Ausgestaltung des Verfahrens auferlegt werden.
[4] Die Volksinitiative in Brandenburg und Schleswig-Holstein hat zugleich die Funktion eines Volksantrags.
[5] Das Quorum für das Volksbegehren ist in Art. 81 I 4 LSA-V geregelt. Dies impliziert, dass die Unterschriftensammlung abgeschlossen ist, bevor die in Abs. II vorgesehene Prüfung stattfindet. Vgl. dazu *Jung*, ZG 1993, S. 314, 329, der allerdings ohne Rücksicht auf den Wortlaut des Art. 81 II 1 LSA-V meint, dieser beziehe sich allein auf die Feststellung über das Zustandekommen des Volksbegehrens. Die hier vertretene Auslegung wird auch durch die Entstehungsgeschichte des Art. 81 LSA-V bestätigt. Dessen Formulierung beruht auf dem Art. 53 des Verfassungsentwurfes der SPD-Fraktion vom Januar 1991 (dazu siehe oben S. 594). Abs. I dieses Vorschlags enthielt unter Verwendung der irreführenden Bezeichnung „Volksbegehren" eine ausdrückliche Regelung über den Volksantrag. Nach Abs. I Satz 5 sollte die Zulässigkeit dieses Antrags von der Landesregierung geprüft werden. Ggf. wäre dann gemäß Abs. II das Volksbegehren durchzuführen gewesen. Im Laufe der Verhandlungen wurde die Regelung über den Volksantrag gestrichen. Schon dies lässt darauf schließen, dass der Verfassunggeber sich gegen die Einführung eines weiteren Verfahrensschrittes vor dem Volksbegehren aussprechen wollte. Zugleich wurde die Bestimmung des Art. 53 I 5 des SPD-Entwurfes als Regelung über die Prüfung der

Damit erweist sich die Einführung eines Volksantragsverfahrens durch den einfachen Gesetzgeber als höchst problematisch.[1] Die Bestimmungen über den Volksantrag sind allerdings nur dann verfassungswidrig, wenn es keine Möglichkeit einer verfassungskonformen Auslegung gibt. Art. 81 II LSA-V verlangt lediglich, dass die *endgültige* Entscheidung über die Zulässigkeit eines Volksbegehrens erst nach dem Abschluss der Eintragungsfrist fällt. Der Gesetzgeber darf demzufolge zwar dem Volksbegehren kein *eigenständiges* Volksantragsverfahren vorschalten. Er ist aber nicht daran gehindert, das Entscheidungsverfahren *abzustufen*.[2] Mit Ausnahme der Frage, ob das Quorum des Art. 81 I 4 LSA-V zustande gekommen ist, kann bereits während der Sammlung von Unterschriften für das Volksbegehren über alle Zulässigkeitsvoraussetzungen entschieden werden. Sollte sich während der Sammlung von Unterschriften herausstellen, dass zumindest eine der Zulässigkeitsvoraussetzungen nicht gegeben ist und auch keine Heilung in Frage kommt, wäre das Verfahren abzubrechen.[3] Im Rahmen dieses abgestuften Verfahrens zur Feststellung der Zulässigkeit eines Volksbegeherens kann insbesondere auch geprüft werden, ob die inhaltlichen Beschränkungen des Art. 81 I 3 LSA-V eingehalten wurden. Da diese Prüfung einen nicht unerheblichen Aufwand mit sich bringt, ist es legitim, sie nicht schon dann vorzunehmen, wenn den zuständigen Organen die Absicht angezeigt wird, Unterschriften für ein Volksbegehren sammeln zu wollen, sondern erst dann, wenn eine hinreichende Zahl von Unterschriften es zumindest als möglich erscheinen lässt, dass das Quorum tatsächlich erreicht werden kann.[4]

Die Bestimmungen des LSA-VAbstG über den Volksantrag lassen sich in diesem Sinne verfassungskonform auslegen. Der „Volksantrag" wird zu einer qualifizierten Anzeige des Volksbegehrens, wenn die Unterschriften auf das Quorum für das Volksbegehren ange-

Zulässigkeit des Volksbegehrens in Art. 81 II LSA-V übernommen. Es ist daher davon auszugehen, dass der Gesetzgeber sich über die Folgen dieser systematischen Veränderung im Klaren war und verhindern wollte, dass dem Volksbegehren zwingend ein weiterer Verfahrensschritt vorgeschaltet wird.
Diese Vermutung ist vor allem deshalb gerechtfertigt, weil die Verfassungsberatungen in Sachsen-Anhalt parallel zu denen in Niedersachsen stattgefunden haben. Dort wurde zur selben Zeit über ähnliche Vorschläge beraten, wobei allerdings ein anderes Ergebnis erreicht wurde. Aus der systematischen Stellung des Art. 48 II NdsV ergibt sich eindeutig, dass die Zulässigkeitsprüfung stattfinden kann (und muss), *bevor* die Sammlung von Unterschriften abgeschlossen und die Entscheidung über das Zustandekommen des Volksbegehrens getroffen wird; dazu siehe unten S. 640.

1 Generell skeptisch in bezug auf die Zulässigkeit eines Volksantrags ohne ausdrückliche Grundlage im Verfassungsrecht auch *Jürgens*, S. 104; Meyer/Stolleis-*W. Schmidt*, S. 35; Hingegen halten *U. K. Preuß*, DVBl. 1985, S. 710, 713 f., und *Grimm*/Papier, S. 17, Fn. 56, einen selbständigen Volksantrag trotz Zweifeln für zulässig.
2 Vgl. insofern schon die Ausführungen zum Volksantrag in Hessen; dazu siehe oben S. 291 f.
3 Eine solche abgestufte Prüfung scheint auch verfassungspolitisch sinnvoll und geboten zu sein. Zum einen würde das Verfahren nicht unerheblich verzögert, wenn erst nach Abschluss der Unterschriftensammlung insgesamt über die Zulässigkeit entschieden werden dürfte. Die mit der Einführung direktdemokratischer Verfahren beabsichtigte stärkere Integration der Bürger in das System der politischen Willensbildung wäre gefährdet, wenn die Unterzeichner eines Volksbegehrens nachträglich erfahren müssten, dass ihre Bemühungen völlig umsonst gewesen sind.
4 So wie es etwa in Niedersachsen durch das Antragsverfahren nach § 19 NdsVAbstG geschehen ist, vgl. dazu unten S. 640 ff.

rechnet werden.[1] Im Ergebnis hat dies zwar zur Folge, dass sich die Eintragungsfrist für das Volksbegehren erheblich verlängert.[2] Da Art. 81 I LSA-V insofern keine Vorgaben enthält, ist dies jedoch verfassungs*rechtlich* unproblematisch.

b. Das Verfahren des Volksantrags

Grundsätzlich gelten für die Sammlung der Unterschriften dieselben Regelungen wie bei der Volksinitiative.[3] Der Volksantrag muss von mindestens 8.000 Stimmberechtigten unterzeichnet werden. Er ist beim Innenminister des Landes einzureichen.[4] Die Landesregierung muss den Antrag unverzüglich dem Landtag mitteilen, der allerdings nicht dazu verpflichtet ist, sich mit dem Anliegen der Antragsteller zu befassen.[5]

Art. 81 I 2 LSA-V verlangt einen „ausgearbeiteten" Antrag. Dies bedeutet nicht nur, dass der Entwurf sich nicht auf ein bloßes Schlagwort beschränken darf.[6] Die differenzierte Regelung der Artt. 80, 81 LSA-V zeigt vielmehr, dass die Anforderungen höher als bei der Volksinitiative sein sollen.[7] Ein bloßer „Rahmenantrag" reicht nicht aus. Der Gesetzentwurf muss so detailliert sein, dass er vom Landtag angenommen werden könnte, ohne dass es zusätzlicher Ausführungsbestimmungen durch Parlamentsgesetze bedürfen würde.[8]

Die Regelung des § 3 LSA-VAbstG über die Vertrauenspersonen gilt auch für das Volksbegehren und somit auch für den Volksantrag.[9] Da die Namen dieser Vertrauenspersonen bereits auf den Unterschriftsbögen für den Volksantrag genannt werden müssen, haben die Unterstützer des späteren Volksbegehrens keinen Einfluss auf die Auswahl dieser Personen.[10]

Nach § 11 II Nr. 4 LSA-VAbstG soll eine Sperrfrist von zwei Jahren nach einem erfolglosen Volksbegehren über einen inhaltlich gleichen Gesetzentwurf gelten. Auch diese Sperrfrist ist verfassungswidrig, da sie eine in der Verfassung nicht vorgesehene Beschränkung der unmittelbaren Mitwirkungsmöglichkeiten der Bürger darstellt.[11]

---

1 So im Ergebnis auch *Przygode*, S. 82 f., der allerdings nicht deutlich macht, inwiefern der Volksantrag dann noch ein selbständiges Verfahren darstellen kann.
2 Die Eintragungsfrist beträgt nach § 12 II 1 LSA-VAbstG an und für sich sechs Monate.
3 Insbesondere haben die Unterzeichner gem. §§ 10 II Nr. 2, 2. Hs. i.V.m. 6 II Nr. 4 LSA-VAbstG mit ihrer Unterschrift ihr Stimmrecht zuzusichern.
4 Vgl. § 10 I bzw. II Nr. 2 LSA-VAbstG.
5 Vgl. § 10 IV LSA-VAbstG.
6 Diese Bestimmung ist somit anders als Art. 73 WRV auszulegen; dazu siehe oben S. 118.
7 Dazu siehe oben S. 599.
8 Vgl. *BremStGH*, NVwZ 1987, S. 576; so im Ergebnis auch *Reich*, Art. 81 LSA-V, Rn. 2, und *Mahnke*, Art. 81 LSA-V, Rn. 2, der allerdings den Ursprung der differenzierten Regelung der Artt. 80, 81 LSA-V im *Hofgeismarer Entwurf* (Vgl. S. 599, Fn. 7) nicht sieht und Zweifel an ihrem Sinn äußert.
9 Dazu siehe oben S. 599.
10 Vgl. § 10 II Nr. 3 LSA-VAbstG.
11 Vgl. dazu die Ausführungen zu §§ 8 I Nr. 3 SH-VAbstG, 5 III BbgVAG; dazu siehe oben S. 285 und S. 513 und ausführlich S. 305 ff. Anders ist die Rechtslage in Sachsen, wo sich die Sperrfrist unmittelbar aus der Verfassung ergibt, vgl. Art. 73 II SächsV; dazu siehe oben S. 565.

c. Das Verhältnis zwischen Volksantrag und Volksinitiative

Den Antragstellern steht es grundsätzlich frei, ob sie vor, neben oder nach einem Volksantrag eine Volksinitiative im Sinne von Art. 80 LSA-V beim Landtag einbringen wollen. Allerdings stellt § 10 III LSA-VAbstG eine Verbindung zwischen der Volksinitiative und dem Volksbegehren her. Danach kann auf die erneute Unterschriftensammlung verzichtet werden, wenn zuvor eine Volksinitiative zu einem inhaltlich gleichen Gegenstand für zulässig erklärt und vom Landtag nicht innerhalb einer Frist von sechs Monaten unverändert angenommen wurde.[1] In diesem Fall wird der Volksantrag zu einem einfachen Verlangen nach Durchführung des Volksbegehrens.[2]

Die Antragsteller haben die Möglichkeit, den ursprünglichen Antrag in gewissem Maße zu modifizieren, um die bisherigen Ergebnisse der Diskussion einzuarbeiten.[3] Zum einen sollen ihnen dadurch die Entscheidung erleichtert werden, zunächst das Verfahren der Volksinitiative durchzuführen und sich der Diskussion mit dem Landtag zu stellen. Zum anderen ist diese Möglichkeit schon deswegen unabdingbar, weil Art. 80 I 2 LSA-V noch keinen „ausgearbeiteten" Gesetzentwurf verlangt.[4] Die Antragsteller müssen somit unter Umständen den bisherigen „Rohentwurf" noch in eine hinreichend detaillierte Vorlage umarbeiten.

Dennoch ist die Modifikationsmöglichkeit nicht völlig unbedenklich. Die Unterzeichner einer Volksinitiative haben nämlich mit ihrer Unterschrift grundsätzlich nur verlangt, dass der Landtag sich mit dem dieser zugrunde liegenden Antrag befassen soll. Dass ihre Unterschriften zur Einleitung eines Volksbegehrens benutzt werden, ist nicht notwendigerweise von ihrer Unterschrift gedeckt.[5] Allerdings sind insofern die unterschiedlichen Quoren zu berücksichtigen. Es besteht immerhin eine gewisse Wahrscheinlichkeit dafür, dass jedenfalls 10.000 der mindestens 25.000 Unterzeichner[6] der Volksinitiative auch nach der Behandlung des Antrags im Landtag einen entsprechenden Volksantrag unterstützen würden.[7]

---

1 Voraussetzung dafür ist selbstverständlich, dass der der Volksinitiative zugrunde liegende Antrag in den sachlichen Anwendungsbereich des Art. 81 LSA-V fällt.

2 Die Unterschriften für eine Volksinitiative werden unter keinen Umständen auf das Quorum für das Volksbegehren angerechnet.

3 Dies ergibt sich ebenfalls aus § 10 III LSA-VAbstG.

4 Dazu siehe oben S. 599.

5 Dabei ist zum einen zu berücksichtigen, dass sie aufgrund der Diskussion im Landtag möglicherweise ihre Meinung geändert haben. Zum anderen kann es sein, dass der nunmehr detaillierte oder sonst geänderte Gesetzentwurf ihrer Auffassung nach inhaltlich nicht mehr dem der Volksinitiative zugrunde liegenden Antrag entspricht.

6 Also maximal 40 %.

7 Insofern wäre es allerdings sinnvoll gewesen, wenn der Gesetzgeber die Initiatoren zumindest dazu verpflichtet hätte, die Unterzeichner durch einen Vermerk auf den Unterschriftsbögen auf die Möglichkeit des § 10 III LSA-VAbstG hinzuweisen. Die aufgezeigten Probleme hätten auch vermieden werden können, wenn nicht nur die Vertrauenspersonen zur Rücknahme des Antrags ermächtigt worden wären, sondern auch die Unterzeichner selbst, so wie es in § 7 II SH-VAbstG geschehen ist. Dann hätten sie es in der Hand, durch die eindeutige Rücknahme ihrer Unterschrift die Zahl der Unterschriften nachträglich unter 10.000 zu bringen und das Verfahren auf diese Weise abzubrechen; dazu siehe oben

d. Die Entscheidung über die Zulässigkeit des Volksantrages

Über den Antrag auf Durchführung des Volksbegehrens hat die Landesregierung zu entscheiden. Damit wird dessen Zulässigkeit bereits im Vorfeld nahezu vollständig abgeklärt.[1]

(1). Das Verfahren der Prüfung

Der Landesregierung steht für ihre Entscheidung eine Frist von einem Monat zur Verfügung.[2] Angesichts der Tatsache, dass innerhalb dieses Zeitraums gegebenenfalls auch die Unterschriftsberechtigung der Unterzeichner zu kontrollieren ist, erweist sich diese Frist als relativ knapp bemessen.[3] Zu beachten ist dabei aber, dass die Prüfung der Unterschriften wie bei der Volksinitiative auf Stichproben beschränkt werden kann.[4]

Ebenso wie der Landtag bei der Volksinitiative hat die Landesregierung die Antragsteller zur Behebung von Mängeln des Antrags aufzufordern, sofern diese überhaupt behebbar sind.[5] In Betracht kommt vor allem die Nachreichung von (leserlichen) Unterschriften. Da die Möglichkeit der Behebung von Mängeln jedoch nicht ausdrücklich auf Formfehler beschränkt wurde, ist auch eine Änderung des Antrags selbst möglich.[6] „Behebbar" ist ein Mangel insofern allerdings nur dann, wenn der Kern des dem Begehren zugrunde liegende Anliegens trotz der Änderungen unberührt bleibt.[7]

Die Landesregierung muss ihre Entscheidung den Vertrauenspersonen zustellen und im Ministerialblatt des Landes bekannt machen.[8]

S. 455.

1 Vgl. § 11 LSA-VAbstG und oben S. 605. Nach Durchführung des Volksbegehrens verbleibt lediglich die Entscheidung gemäß § 18 III LSA-VAbstG darüber, ob das Quorum des Art. 81 I 4 LSA-V erreicht wurde.

2 § 11 I 1 LSA-VAbstG.

3 In Brandenburg muss zwar die Prüfung der Unterschriften gemäß § 9 V BbgVAG innerhalb eines Monats abgeschlossen sein. Dem Landtag steht jedoch insgesamt eine Frist von vier Monaten zur Verfügung, um sich mit einer Volksinitiative auseinander zu setzen (dazu siehe oben S. 517). § 8 II 1 LSA-VAbstG a.F. hatte der Landesregierung nur die „unverzügliche" Prüfung aufgegeben.

4 §§ 11 I 2 i.V.m. 7 I 2 LSA-VAbstG; vgl. dazu oben S. 600. Wurde von der Möglichkeit des § 10 III LSA-VAbstG Gebrauch gemacht, so erübrigt sich eine erneute Prüfung der Unterschriften ohnehin.

5 §§ 11 III i.V.m. 5 III LSA-VAbstG; vgl. dazu oben S. 601.

6 Dies kann notwendig sein, um die Einhaltung der inhaltlichen Beschränkungen des Art. 81 I 3 LSA-V zu gewährleisten oder eine Überschreitung des Kompetenzbereiches des Landtags zu verhindern.

7 Wurde von der Möglichkeit des § 10 III LSA-VAbstG Gebrauch gemacht, kann die Landesregierung die Antragsteller ggf. dazu aufzufordern, Änderungen des Volksbegehrens gegenüber der Volksinitiative zurückzunehmen, wenn sie der Auffassung ist, dass der geänderte Antrag inhaltlich nicht mehr mit dem ursprünglichen übereinstimmt.

8 §§ 11 IV LSA-VAbstG bzw. 13 LSA-VAbstG. Eine ablehnende Entscheidung ist zu begründen.

(2). Der Maßstab der Prüfung

Die Landesregierung hat nicht nur die formellen Voraussetzungen des Volksantrags, die Wahrung der inhaltlichen Beschränkungen des Art. 81 I 3 LSA-V sowie der Gesetzgebungskompetenz des Landes und die Einhaltung der Sperrfrist zu prüfen. § 11 II Nr. 2 LSA-VAbstG verpflichtet sie darüber hinaus auch zu einer umfassenden präventiven Normenkontrolle am Maßstab des Landesverfassungs- und Bundesrechtes.Insofern ist zunächst festzuhalten, dass Anträge, die eine Verfassungsänderung zum Ziel haben gemäß Art. 78 III LSA-V[1] ohnehin allenfalls am Maßstab der Artt. 2 und 4 LSA-V gemessen werden könnten.[2/3]

Wie schon dargelegt wurde, ist eine solche umfassende präventive Normenkontrolle nur dann zulässig, wenn die Verfassung sie ausdrücklich vorsieht.[4] Art. 81 II 1, 1. Hs. LSA-V ist als Ausnahmebestimmung jedoch eng auszulegen. Der Gesetzgeber ist nicht befugt, den Maßstab für die Überprüfung selbst zu definieren. Vielmehr kann die Landesregierung nur diejenigen Zulässigkeitskriterien überprüfen, die sich ausdrücklich aus der Verfassung, genauer gesagt aus Art. 81 I LSA-V ergeben.[5] Die Vorschrift des § 11 II Nr. 2 LSA-VAbstG ist daher insofern verfassungswidrig und damit nichtig, als sie mehr verlangt, als die Überprüfung der Frage, ob der Entwurf sich im Rahmen der Entscheidungskompetenzen des Landtags hält.[6]

(3). Zum Rechtsschutz gegen die Entscheidung der Landesregierung

Gemäß Art 81 II 1, 2. Hs. LSA-V kann gegen die Entscheidungen der Landesregierung über die Zulässigkeit das Landesverfassungsgericht angerufen werden. Dieses hat im Rahmen

---

1   Dies entspricht im wesentlichen dem Art. 79 III GG. Wie in Sachsen (vgl. dazu oben S. 566, Fn. 3) verpflichtet Art. 2 I das Land auch zum Schutz der natürlichen Lebensgrundlagen. Auffallend ist, dass die unmittelbare Bindung der Organe des Staates an die Grundrechte durch Art. 3 I LSA-V nicht von der Ewigkeitsklausel des Art. 78 III LSA-V erfasst wird.

2   So auch *Jung*, ZG 1993, S. 314, 324; vgl. auch *Mahnke*, Art. 82 LSA-V, Rn. 15.

3   Insofern ist allerdings zu beachten, dass Art. 78 LSA-V die Möglichkeit einer Verfassungsänderung durch Volksentscheid nicht ausdrücklich erwähnt. Angesichts des engen systematischen Zusammenhangs mit der entsprechenden Bestimmung des Art. 81 V LSA-V ist dennoch davon auszugehen, dass das Volk nicht von den Bindungen des Art. 78 III LSA-V freigestellt werden sollte.

4   Dazu siehe oben S. 295 ff. und S. 566 zu Art. 71 II 3 SächsV.

5   So auch ohne Begründung *Reich*, Art. 81 LSA-V, Rn. 5. *Mahnke*, Art. 81 LSA-V, Rn. 5, will der Landesregierung hingegen darüber hinaus auch das Recht zubilligen, die Einhaltung „rechtsstaatlicher oder verfassungsrechtlicher Grundsätze" zu kontrollieren. Eine Begründung für seine Ansicht gibt er allerdings nicht. Auch *Jung*, ZG 1993, S. 314, 318 und 324, meint, eine umfassende Überprüfung am Maßstab des Landesverfassungs- und Bundesrechtes sei bei der Beantragung des Volksbegehrens unstreitig erforderlich.

6   Dem Landtag und der Landesregierung bleibt damit nur die Möglichkeit, ihre verfassungsrechtlichen Bedenken in die Diskussion einzubringen. Führt dies nicht dazu, dass das Volksbegehren erfolglos bleibt oder der umstrittene Entwurf nicht im Volksentscheid abgelehnt wird, dann muss der Beschluss gegebenenfalls ebenso wie ein Parlamentsgesetz nachträglich angefochten werden.

seiner Entscheidung denselben Maßstab anzulegen, wie die Regierung des Landes.[1] Es ist lediglich dazu befugt, die Entscheidung der Landesregierung aufzuheben, kann aber die Zulässigkeit des Volksbegehrens nicht selbst feststellen. Vielmehr hat die Landesregierung gegebenenfalls erneut zu entscheiden.[2]

Der Kreis der Beschwerdebefugten ergibt sich aus Art. 75 Nr. 2 LSA-VAbstG i.V.m. § 30 I LSA-VAbstG.[3] Danach können sowohl die Vertrauenspersonen, als auch ein Viertel der Mitglieder des Landtags einen entsprechenden Antrag stellen. Dies ist deswegen von Bedeutung, weil nicht nur die Zurückweisung des Antrags durch die Landesregierung angefochten werden kann, sondern auch ihre Entscheidung, dass dieser zulässig ist.[4] Damit stellt sich aber wiederum[5] die Frage, ob ein entsprechender Antrag des Landtags bzw. einer qualifizierten Minderheit seiner Mitglieder[6] aufschiebende Wirkungen entfaltet. Die systematische Stellung des Art. 81 II LSA-V impliziert, dass das Verfahren der Prüfung der Zulässigkeit selbständig ist. Mangels eines entsprechenden ausdrücklichen Vorbehaltes[7] ist daher davon auszugehen, dass das Volksbegehren bis zur verbindlichen Entscheidung des Verfassungsgerichtes über die Zulässigkeit ruhen soll.[8]

e. Rücknahme des Antrags[9]

Der Antrag kann bis zum Beginn der Eintragungsfrist für das Volksbegehren durch schriftliche Erklärung der Vertrauenspersonen gegenüber dem Ministerium des Inneren zurück-

---

1   Auch hier ist eine umfassende präventive Normenkontrolle somit ausgeschlossen; dazu siehe oben, S. 610.
2   Vgl. dazu oben S. 458, Fn. 6.
3   So auch *Reich*, Art. 75 LSA-V, Rn. 3.
4   Anders *Reich*, Art. 81 LSA-V, Rn. 6, der nur die Ablehnung des Volksbegehrens als „Entscheidung" sehen will, da die positive Zulassung erst in Art. 81 II 2 LSA-V angesprochen werde. Tatsächlich ist dort aber nicht von „Zulassung" die Rede, sondern von der Weiterleitung des zulässigen Volksbegehrens.
5   Dazu siehe oben S. 468 zu Art. 42 I 2 SH-V und § 13 I SH-VAbstG und auch S. 523 zur Rechtslage in Brandenburg.
6   Unproblematisch ist die Beschwerde gegen die Ablehnung eines Volksantrags. Hebt das Landesverfassungsgericht die Entscheidung der Landesregierung auf, so wird das Verfahren fortgesetzt; vgl. § 30 III LSA-VAbstG.
7   Wie ihn z.B. Art. 71 II 4 SächsV enthält; dazu siehe oben S. 353.
8   Diese Auffassung hat sich auch der Gesetzgeber zu eigen gemacht. Nach § 12 III LSA-VAbstG beginnt die Eintragungsfrist vier bis acht Wochen nach der Bekanntmachung über die Annahme des Volksantrags nach § 13 LSA-VAbstG. Diese Bekanntmachung ist an keine bestimmte Frist gebunden. Daraus ergibt sich aber, dass nur die *rechtskräftige* Annahme bekanntzumachen ist.
9   § 14 LSA-VAbstG nennt in seiner Überschrift (GVBl. 1995, S. 234) merkwürdigerweise auch die *Änderung*, obwohl nach § 14 IV LSA-VAbstG tatsächlich allenfalls bei Übernahme eines gegenüber dem Volksantrag geänderten Entwurfes durch den Landtag eine Erledigung in Betracht kommt. Es ist zu vermuten, dass diese Überschrift aufgrund eines Redaktionsversehens aus dem früheren Entwurf der SPD-Fraktion zum LSA-VAbstG übernommen wurde, der für § 13 I LSA-VAbstG eine Änderungsmöglichkeit vorgesehen hatte; vgl. LT-Drs. 1/2278, S. 8.

genommen werden.¹ Dies hat vor allem dann Bedeutung, wenn sich der Landtag mittlerweile das Anliegen der Antragsteller zu eigen gemacht hat.²

Die Möglichkeit der Rücknahme durch die Vertrauenspersonen führt allerdings zu größeren Problemen, wenn diese die Möglichkeit des § 10 III LSA-VAbstG genutzt und auf die Sammlung von Unterschriften für einen Volksantrag verzichtet haben. Dann stellt sich nämlich die Frage, wieso nur die Vertrauenspersonen ermächtigt werden, das Verfahren zu einem vorzeitigen Ende zu bringen und nicht auch die Unterzeichner der früheren Volksinitiative.³ Allerdings korrespondieren die Befugnisse der Vertrauenspersonen nach § 14 I-II LSA-VAbstG in gewisser Weise mit ihren Rechten aus § 10 III LSA-VAbstG. Wenn sie die Unterschriften für die Volksinitiative gegebenenfalls für einen Volksantrag verwerten können, dann ist es nur konsequent, ihnen auch das Recht zu geben, diese „Nutzung" durch die Rücknahme des Antrags auch wieder zu beenden.

3. Das Verfahren beim Volksbegehren

Wurde der Volksantrag von der Landesregierung angenommen, so wird in Sachsen-Anhalt das Volksbegehren durchgeführt.

a. Bekanntmachung und Werbung für das Volksbegehren

Zusammen mit ihrer Entscheidung über die Annahme des Volksantrages macht die Landesregierung den begehrten Gesetzentwurf und dessen Begründung, sowie den Beginn und das Ende der Eintragungsfrist im Ministerialblatt für das Land Sachsen-Anhalt bekannt.⁴ Die Termine werden zuvor im Benehmen mit den Vertrauenspersonen festgelegt.⁵

Art. 81 VI LSA-V ermächtigt den Gesetzgeber ausdrücklich, im Ausführungsgesetz zu Art. 81 LSA-V einen Kostenerstattungsanspruch zugunsten der Antragsteller für eine angemessen Werbung für das Volksbegehren vorzusehen. Der Gesetzgeber hat von dieser Möglichkeit in § 31 LSA-VAbstG Gebrauch gemacht. Wurde ein Volksantrag angenommen, haben die Antragsteller einen pauschalen Anspruch von 0,26 € für jede gültige Eintragung zugunsten des Volksbegehrens.⁶ Es werden maximal so viele Unterschriften berücksichtigt, wie für den Erfolg des Antrags erforderlich sind⁷ – sofern die nachgewiesenen

---

1 § 14 I und II LSA-VAbstG; vgl. auch § 7 I SH-VAbstG; dazu siehe oben S. 455.
2 Wäre die Sperrfrist des § 11 II Nr. 4 LSA-VAbstG nicht ohnehin verfassungswidrig (dazu siehe oben S. 607), könnte durch die rechtzeitige Rücknahme auch die Möglichkeit der unmittelbaren Wiederholung des Verfahrens gesichert werden. Denn diese Frist setzt mit dem Scheitern des Volksbegehrens ein.
3 Wie es in § 7 II SH-VAbstG geschehen ist; dazu siehe oben S. 455. Auch § 13 III des Entwurfs der SPD-Fraktion für das LSA-VAbstG hatte eine entsprechende Bestimmung vorgesehen, die sich aber nicht durchsetzen konnte; vgl. LT-Drs. 1/2287, S. 8.
  Zu beachten ist insofern, dass § 10 LSA-VAbstG, anders als § 15 IV LSA-VAbstG für das Volksbegehren, die Rücknahme von Unterschriften nicht ausdrücklich ausschließt.
4 § 13 LSA-VAbstG.
5 Vgl. dazu jetzt § 12 I LSA-VAbstG.
6 Das ist immerhin 5-mal so viel, wie nach § 24 II SächsVVG; dazu siehe oben S. 574.
7 Geht man von etwa 2,1 Millionen Stimmberechtigten aus, dann entspricht das Quorum von 11 % etwa

613

Werbungsaufwendungen nicht ohnehin niedriger sind.[1] Die Festsetzung und Auszahlung des Erstattungsbetrages muss innerhalb von zwei Monaten nach der Entscheidung der Landesregierung über die Zulässigkeit des Begehrens beim Präsidenten des Landtags beantragt werden.[2] Der Landesrechnungshof prüft die zweckentsprechende Verwendung der Mittel.

b. Sammlung der Unterschriften, Abbruch des Verfahrens

Die Sammlung der Unterschriften obliegt den Antragstellern selbst. Sie haben Unterschriftsbögen zu verwenden, die getrennt nach den Zuständigkeitsbereichen der Meldebehörden zu führen sind. Die Unterzeichner müssen auf den Bögen darauf hingewiesen werden, dass sich nur solche Beteiligungsberechtigte eintragen können, die in dem jeweiligen Bezirk ihre Hauptwohnung haben. Eintragungen können nicht zurückgenommen werden.[3]

Die Eintragungsfrist beträgt grundsätzlich sechs Monate.[4] Sie wird von der Landesregierung festgesetzt und muss innerhalb von vier bis acht Wochen nach der Bekanntmachung des Antrags beginnen.[5] Diese Bestimmung ist wegen der Notwendigkeit einer verfassungskonformen Auslegung der Regelungen über den Volksantrag nicht unproblematisch. Wie schon dargelegt wurde, müssen die Unterschriften für den Volksantrag auf das Quorum für das Volksbegehren angerechnet werden.[6] Die Sammlung von Unterschriften muss dann aber im Zeitraum von der Einreichung des Volksantrags bis zum Beginn der Unterzeichnungsfrist für das (weitere) Volksbegehren unterbrochen werden. Unterschriften, die in diesem Zeitraum gesammelt werden, können nicht angerechnet werden! Zu beachten ist in diesem Zusammenhang auch, dass es bei einer freien Sammlung von Unterschriften grundsätzlich keinen Grund gibt, die Eintragungsfrist erst eine bestimmte Zeit nach der Entscheidung über die Zulässigkeit beginnen zu lassen. Schließlich gibt es in diesem Fall keine Eintragungsbehörden, die erst eine gewisse Zeit brauchen, um sich auf das Verfahren vorzubereiten.

Auf Antrag der Vertrauenspersonen kann die Eintragungsfrist frühestens nach drei Monaten für beendet erklärt werden, wenn anzunehmen ist, dass die nach Art. 81 I 4 LSA-V erforderliche Zahl von Eintragungen vorliegt.[7]

Bis zum Beginn der Eintragungsfrist können die Vertrauenspersonen den Volksantrag ohne weiteres zurücknehmen.[8]

230.000 Unterschriften. Die Initiatoren können daher mit ca. 60.000 € rechnen.

1 vgl. § 31 II LSA-VAbstG; die Antragsteller erhalten maximal 125.000 DM, das entspricht etwa 63.750 €.
2 § 31 I LSA-VAbstG.
3 Vgl. § 15 II bzw. IV LSA-VAbstG.
4 § 12 III LSA-VAbstG.
5 § 12 I bzw. II 1 LSA-VAbstG
6 Dazu siehe oben S. 606.
7 § 12 II 2 LSA-VAbstG.
8 Die zunächst in § 14 IV LSA-VAbstG vorgesehene Möglichkeit, bis zum Ende des Eintragungsverfahrens einen Antrag auf Erledigung zu stellen, wurde mittlerweile gestrichen.

c. Feststellung über die „Zulässigkeit des Volksbegehrens"

Nach Abschluss der Unterstützungsfrist haben die Antragsteller die Bögen nach Meldebehörden getrennt innerhalb von zwei Wochen an den Landeswahlleiter zu übermitteln.[1] Nach Prüfung der Unterschriften durch die Meldebehörden stellt der Landeswahlleiter die Zahl der gültigen und ungültigen Eintragungen sowie gegebenenfalls die Ordnungsmäßigkeit des Eintragungsverfahrens fest.[2] Er leitet die Niederschrift über das Ergebnis der Prüfung an die Landesregierung weiter, welche die Zulässigkeit des Volksbegehrens feststellt, sofern dieses gemäß Art. 81 I 4 LSA-V von mindestens elf Prozent der Stimmberechtigten unterstützt wurde.[3/4] Seit der Reform des Ausführungsgesetzes im Juni 2005 ist vorgesehen, dass sich die Prüfung auf Stichproben beschränken kann, wenn das Quorum offensichtlich nicht erreicht worden ist. Zugleich wurde festgeschrieben, dass das exakte Quorum vom Landeswahlleiter zum Tag der Annahme des Antrags ermittelt werden muss.[5]

Gegen die Entscheidung der Landesregierung kann das Landesverfassungsgericht angerufen werden.[6] Auch hier sind nicht nur die Vertrauenspersonen antragsberechtigt, sondern auch ein Viertel der Mitglieder des Landtags.[7] Wendet sich eine qualifizierte Minderheit der Landtagsabgeordneten *gegen* die Feststellung der Landesregierung, dass das Volksbegehren zustande gekommen sei, kommt ihrem Antrag aufschiebende Wirkung zu.[8]

Aus dem LSA-VAbstG ergibt sich nicht unmittelbar, dass die Antragsteller, schon während des Eintragungsverfahrens Unregelmäßigkeiten rügen können, da § 30 I LSA-VAbstG lediglich in Bezug auf die Entscheidungen des Landtagspräsidenten den Rechtsweg zum Verfassungsgerichtshof eröffnet. Zu beachten ist jedoch die Generalklausel des Art. 75 Nr. 2 LSA-V, wonach für Streitigkeiten über die Durchführung der direktdemokratische Verfahren das Verfassungsgericht zuständig ist.[9] Da es dem einfachen

---

1 § 17 II LSA-VAbstG.
2 § 18 I LSA-VAbstG.
3 Art. 81 II 1 LSA-V i.V.m. § 18 III LSA-VAbstG; zur Reichweite des Art. 81 II 1 LSA-V siehe oben S. 605. Wie schon im Zusammenhang mit der Volksinitiative dargelegt wurde, besteht aufgrund des § 2 I LSA-VAbstG die Möglichkeit, dass einzelne Unterzeichner zum Zeitpunkt der Einreichung der Unterschriftslisten nicht mehr stimmberechtigt sind; dazu siehe oben S. 600.
4 Bis zum November 2004 galt noch ein Quorum von 250.000 Unterschriften, das zunächst etwas mehr als 11 % der Stimmberechtigten entsprochen hatte, infolge des Rückgangs der Wahlberechtigten im Laufe der Zeit aber zu einer immer höheren Schranke geworden war. Das relative Quorum von 11 % entspricht derzeit etwa 235.000 Unterschriften.
5 § 18 III 2 LSA-VAbstG; der Landeswahlleiter kann sich hierbei nur auf die Angaben der Meldebehörden stützen, da wegen des Verzichts auf ein formelles Eintragungsverfahren keine Stimmberechtigtenverzeichnisse erstellt werden.
6 Art. 75 Nr. 2 LSA-V i.V.m. § 30 I LSA-VAbstG.
7 Bzw. die Landesregierung, die allerdings keinen Anlass sehen wird, einen Antrag zu stellen.
8 Dazu siehe oben S. 611. Selbstverständlich kann eine hinreichende Zahl von Abgeordneten die Antragsteller auch unterstützen, sollte die Landesregierung festgestellt haben, dass das Volksbegehren nicht zustande gekommen ist. Auf die Schwierigkeiten, die mit dem eigenständigen Antragsrecht der Landtagsminderheit verbunden sein können, wurde bereits hingewiesen, vgl. dazu oben S. 601, Fn. 6.
9 Diese spezielle Regelung lässt keinen Raum für die Anwendung der allgemeinen Bestimmungen über das Organstreitverfahren nach Art. 75 Nr. 1 LSA-V. Überdies wären die Unterzeichner eines

Gesetzgeber nicht zusteht, diese Vorgabe zu unterlaufen, indem er die Rechtsschutzmöglichkeiten auf die *nachträgliche* Kontrolle des Ergebnisses eines Volksbegehrens beschränkt, können die Antragsteller grundsätzlich auch schon während des laufenden Eintragungsverfahrens das Verfassungsgericht anrufen.

Im Verfahren nach Art. 75 Nr. 2 LSA-V kommen allerdings nur Verfassungsorgane als Antragsgegner in Betracht. Sofern die Antragsteller Handlungen oder Entscheidungen von Behörden oder Kommunen angreifen wollen, sind sie daher grundsätzlich auf den Verwaltungsrechtsweg verwiesen.[1]

4. Die Behandlung des Volksbegehrens im Landtag

Auch in Sachsen-Anhalt muss es nach einem erfolgreichen Volksbegehren nicht zwangsläufig zum Volksentscheid kommen.[2] Vielmehr kann der Landtag diesen gemäß Art. 81 III 1 LSA-V noch durch die unveränderte Annahme des dem Volksbegehren zugrunde liegenden Antrags abwenden.

Die Landesregierung hat das erfolgreiche Volksbegehren gemäß Art. 81 II 2 LSA-V samt ihrer Stellungnahme unverzüglich[3] an den Landtag weiterzuleiten. Dieser muss sich innerhalb von vier Monaten gemäß den Bestimmungen seiner Geschäftsordnung über die Behandlung von „normalen" Gesetzentwürfen abschließend mit dem Entwurf befassen.[4] Die Frist beginnt mit dem Eingang des Volksbegehrens beim Landtag.[5] Eine erneute Anhörung der Vertrauenspersonen ist nicht vorgesehen.[6]

5. Die Erledigung des Volksbegehrens

Gemäß Art. 81 III 1 LSA-V muss der Volksentscheid durchgeführt werden, sofern der Landtag das Volksbegehren nicht *unverändert* übernimmt.[7] Da anders als in einigen ande

---

Volksantrags in diesem Verfahren ohnehin nicht antragsberechtigt, da dieses Verfahren nicht in der Verfassung geregelt ist und die Antragsteller daher keinesfalls „andere Beteiligte" sein können; vgl. dazu allgemein oben S. 313 ff. und S. 471 ff.

1 Sie müssen dafür ihr Rechtsschutzbedürfnis geltend machen können. Dies wird regelmäßig nur dann möglich sein, wenn es um Maßnahmen geht, die den Anspruch der Antragsteller auf Chancengleichheit beeinträchtigen könnten, also insbesondere um Streitigkeiten in Bezug auf die Öffentlichkeitsarbeit. Entsprechende Anträge können bereits während des Eintragungsverfahrens gestellt werden; vgl. dazu ausführlich oben S. 310 ff.

2 Ebenso Art. 78 I 1 BbgVAG, anders jedoch Art. 72 III 1 SächsV; dazu siehe oben S. 527 bzw. S. 575.

3 Der Landesregierung muss genügend Zeit gelassen werden, um ihre Stellungnahme auszuarbeiten. Dadurch verzögert sich das Verfahren unter Umständen erheblich.

4 Art. 81 III 1 LSA-V i.V.m. § 19 II LSA-VAbstG.

5 Dies wird bereits durch die systematische Stellung der Artt. 81 II 2 und 81 III 1 LSA-V impliziert. Die ausdrückliche Regelung in § 19 II LSA-VAbstG stellt daher keine (unzulässige) Modifikation des Verfassungsrechts dar.

6 Anders als nach § 24 III BbgVAG; dazu siehe oben S. 332.

7 So auch *Reich*, Art. 81 LSA-V, Rn. 8. Ob es verfassungs*politisch* sinnvoll ist, einen Volksentscheid durchzuführen, obwohl der Landtag einen dem Volksbegehren inhaltlich entsprechenden Beschluss gefasst hat *und* obwohl die Vertreter der Antragsteller ihr Anliegen hinreichend gewürdigt sehen, ist eine

ren Ländern[1] keine Ausnahmen von diesem Grundsatz vorgesehen sind, kann der Landtag kann das Volksbegehren nur auf diese Weise erledigen.[2]

Bis zum Juni 2005 hatte § 20 II LSA-VAbstG allerdings auch für den Fall, dass der Landtag den dem Begehren zugrunde liegenden Gesetzentwurf in einer veränderten Fassung annimmt, auf die Möglichkeit der Erledigung des Volksantrags verwiesen:[3] Danach wäre die Landesregierung berechtigt gewesen, das Verfahren zum Abschluss zu bringen, wenn die Vertrauenspersonen die Erledigung beantragt hätten. Diese Regelung war mit dem klaren Wortlaut des Art. 81 III 1 LSA-V unvereinbar und daher nichtig.

B. Der Volksentscheid

Hat der Landtag das Volksbegehren nicht innerhalb der Frist von vier Monaten nach Art. 81 III 1 LSA-V unverändert übernommen oder lehnt er das Volksbegehren rundheraus ab, so findet innerhalb weiterer drei bis sechs Monate ein Volksentscheid statt. Der Abstimmungstag muss ein Sonntag oder ein staatlich anerkannter Feiertag sein. Er wird im Benehmen mit den Vertrauenspersonen von der Landesregierung bestimmt.[4]

Das Ministerium des Inneren macht den oder die Entwürfe samt Begründung im Ministerialblatt des Landes bekannt.[5] Weitere Publikationspflichten bestehen nicht. Der Veröffentlichung durch das Innenministerium darf keine Stellungnahme beigefügt werden.[6] Allerdings enthält § 20 IV 2 LSA-VAbstG eine interessante Regelung zur Sicherung der Chancengleichheit im Abstimmungsverfahren: Danach können die Vertrauenspersonen des Volksbegehrens der Begründung eines konkurrierenden Gesetzentwurfes des Landtags ihrerseits eine Stellungnahme beifügen. In dieser Replik können sie insbesondere die Ergebnisse der bisherigen öffentlichen Diskussion verarbeiten.

Während die Initiatoren des Volksbegehrens zunächst keinen Anspruch auf Erstattung der Kosten für einen „Abstimmungskampf" hatten,[7] sieht § 31 Abs. 2 LSA-VAbstG seit

---

andere Frage, die aber nur de constitutione ferenda einer Antwort bedarf. Zu beachten ist dabei, dass der Landtag die Möglichkeit hat, einen konkurrierenden Entwurf im Sinne von Art. 81 IV 1 LSA-V zur Abstimmung zu stellen. Dies kann aber auch ein gegenüber dem Volksbegehren modifizierter Antrag sein.

1 Etwa nach Art. 78 I BbgV, der keine „unveränderte" Übernahme verlangt; dazu siehe oben S. 527; vgl. auch Artt. 60 III 1 MV-V, 4 I 1 NdsV, 82 VII 2 ThürV.
2 Gemäß § 20 II LSA-VAbstG in der seit Juni 2005 geltenden Fassung sieht vor, dass ein Gesetz auch dann unverändert in diesem Sinne ist, wenn die Vorlage lediglich aufgrund rechtsförmlicher Erfordernisse redaktionell geändert wurde.
3 § 14 IV LSA-VAbstG; dazu siehe oben S. 613.
4 Vgl. § 21 II LSA-VAbstG; es ist nicht klar, wieso der Gesetzgeber hier nicht schlicht auf die „gesetzlichen Feiertage" abstellt.
5 § 22 LSA-VAbstG.
6 Vgl. zu diesem Problem schon oben S. 321 und S. 477.
7 Damit unterschied sich die Lage in Sachsen-Anhalt völlig von der in Schleswig-Holstein, Brandenburg und Sachsen, wo entweder öffentliche Stellen für eine angemessene Verbreitung der Entwürfe zu sorgen haben (vgl. Artt. 42 III 1 SH-V, 77 IV BbgV; dazu siehe oben S. 477, 528) und/oder die Antragsteller zumindest einen Teil ihrer Aufwendungen ersetzt bekommen (vgl. Artt. 42 III 2 SH-V, 73 III SächsV; dazu siehe oben S. 477, 576).

Juni 2005 vor, dass den Antragstellern die notwendigen Kosten einer angemessenen Werbung mit einem Pauschalbetrag von 0,26 € für jede gültige Ja-Stimme erstattet werden. Allerdings ist dieser Anspruch beschränkt, da maximal die Stimmen eines Viertels der Stimmberechtigten berücksichtigt werden.[1] Auch hier hat der Landesrechnungshof über die zweckentsprechende Verwendung der Mittel zu wachen.

Durch § 23 LSA-VAbstG werden zahlreiche Bestimmungen des Landtagswahlrechtes für anwendbar erklärt. Dies gilt insbesondere für die Einteilung der Stimmbezirke, die Aufstellung der Stimmberechtigtenverzeichnisse, die Durchführung der Abstimmung und die Abstimmungsorgane.

Gemäß Art. 81 IV 1 LSA-V kann der Landtag einen eigenen Entwurf mit zur Abstimmung stellen, der nach dem durch Volksbegehren eingebrachten Entwurf auf dem Stimmzettel aufgeführt wird.[2/3] Nach § 25 II LSA-VAbstG hat jeder Stimmberechtigte zu jedem Entwurf eine Stimme.[4] Er kann daher gegebenenfalls auch mehrmals mit „Ja" stimmen.[5] Auch ist es ihm möglich, sich in Bezug auf einzelne Entwürfe der Stimme enthalten.[6]

Der Landeswahlleiter stellt das Abstimmungsergebnis[7] aufgrund der von den Abstimmungsorganen ermittelten Zahlen der Beteiligungsberechtigten sowie der auf die einzelnen Entwürfe entfallenen gültigen „Ja"- und „Nein"-Stimmen fest.[8] Die Feststellung über das Ergebnis des Volksentscheids[9] trifft nach der Landtagspräsident, der es auch im Ministerialblatt bekannt macht.[10] Das Abstimmungsergebnis kann innerhalb eines Monats angefochten werden.[11] Eine Anfechtung ist aber nur begründet, wenn der gerügte Verstoß gegen das Abstimmungsverfahren das Ergebnis des Volksentscheids beeinflusst hat. In Bezug auf die

---

1   Geht man von 2,1 Millionen Stimmberechtigten aus, könnten die Antragsteller mit maximal 136.500 € rechnen. Diese Beschränkung gilt auch bei Abstimmungen über eine Verfassungsänderung, obwohl hier ggf. die Hälfte der Stimmberechtigten zustimmen muss.

2   Dies ergibt sich aus § 24 III 3 LSA-VAbstG.

3   Gemäß Art. 51 I 1 LSA-V bedarf der konkurrierende Entwurf des Landtags stets der Zustimmung durch die einfache Mehrheit der abstimmenden Abgeordneten. Dies gilt auch dann, wenn er auf eine Verfassungsänderung zielt; vgl. dazu ausführlich oben S. 476.

4   Die in § 23 I Nr. 3 LSA-VAbstG a.F. vorgesehene Regelung, dass solche Stimmzettel ungültig seien, auf denen bei mehreren Entwürfen „Ja" angekreuzt wurde, ist in das neue LSA-VAbstG nicht übernommen worden.

5   Anders §§ 23 I 2 SH-VAbstG, 45 III BbgVAG, 39 I Nr. 6 SächsVVVG; dazu siehe oben S. 478, 529 bzw. 577.

6   Anders als in Brandenburg und Sachsen sind daher auch solche Stimmzettel gültig, auf denen der Abstimmende nur einen Entwurf ausdrücklich ablehnt, vgl. dazu oben S. 529 bzw. 577.
    Dieser Umstand hat praktische Bedeutung, wenn zwei Entwürfe dieselbe Zahl von „Ja"-Stimmen auf sich vereinigen konnten. Denn dann kommt es auf die Zahl der *ausdrücklichen* „Nein"-Stimmen an.

7   Also die absoluten Zahlen.

8   Vgl. § 26 I LSA-VAbstG, nach Abs. 2 dieser Regelung gelten insofern die Regelungen des Landtagswahlrechtes entsprechend.

9   Also der auf die einzelnen Entwürfe entfallenen Stimmenanteile.

10 § 28 I LSA-VAbstG.

11 § 29 LSA-VAbstG.

Durchführung des Verfahrens bestehen dieselben Rechtsschutzmöglichkeiten, wie beim Volksbegehren.[1]

Gemäß Art. 81 III 4 LSA-V ist ein Gesetzentwurf beim Volksentscheid grundsätzlich angenommen, wenn er die Zustimmung durch die Mehrheit der (gültig) Abstimmenden, mindestens jedoch durch ein Viertel der Stimmberechtigten erhalten hat.[2] Bei einer Abstimmung über mehrere Entwürfe soll grundsätzlich derjenige angenommen sein, auf den die meisten „Ja"-Stimmen entfallen sind.[3] Im (nur theoretisch vorstellbaren) Fall der Stimmengleichheit entscheidet die Differenz der „Ja"- und „Nein"-Stimmen.[4]

Das qualifizierte Abstimmungsquorum ist gemäß Art. 81 IV 2 LSA-V ausnahmsweise nicht erforderlich, wenn der Landtag einen konkurrierenden Entwurf zur Abstimmung gestellt hat. Dann reicht die einfache Stimmenmehrheit aus.[5] Dieses Quorum gilt nach dem eindeutigen Wortlaut der Bestimmung für alle zur Abstimmung gestellten Entwürfe und nicht nur für den konkurrierenden Entwurf des Landtags selbst.[6]

Für Verfassungsänderungen sieht Art. 81 V LSA-V ein qualifiziertes Quorum vor. Ein Entwurf bedarf der Zustimmung durch zwei Drittel der Abstimmenden, mindestens aber durch die Hälfte der Wahlberechtigten. Dieses Quorum gilt unabhängig davon, ob der Landtag einen konkurrierenden Entwurf zur Abstimmung gestellt hat, oder nicht. Da Art. 81 V LSA-V anders als Art. 81 III 2 LSA-V nicht ausdrücklich auf die *gültigen* Stimmen abstellt, ist davon auszugehen, dass bei einer Abstimmung über eine Verfassungsänderung auch die ungültigen Stimmen bei der Berechnung der Stimmenanteile einbezogen werden müssen. Dies hat unter Umständen erhebliche Folgen.[7]

Ein auf dem Weg des Volksentscheids zustande gekommenes Gesetz wird nach denselben Vorschriften wie ein Gesetz des Landtags ausgefertigt und verkündet.[8] Zuständig für

---

1 Vgl. Art. 75 Nr. 2 LSA-V, dazu oben S. 614.

2 Die Stimmenthaltungen bleiben also stets unberücksichtigt.

3 In diesem Sinne § 27 II 1 LSA-VAbstG. Auch in Sachsen-Anhalt ist somit gegebenenfalls nicht etwa derjenige Entwurf angenommen, der gerade noch so eben eine hinreichende Mehrheit erhalten hat; vgl. zu diesem Problem unten S. 798 ff.

4 § 27 II 2 LSA-VAbstG. Wegen der Möglichkeit, sich in Bezug auf einzelne Entwürfe der Stimme zu enthalten, kann es durchaus vorkommen, dass die Zahl der auf zwei Entwürfe jeweils entfallenen „Nein"-Stimmen sich unterscheidet, obwohl diese die gleiche Zustimmung erhalten haben.

5 Ebenso wie es nach Art. 72 IV 2 SächsV immer der Fall ist; dazu siehe oben S. 578. Diese sehr ungewöhnliche Regelung wird von *Storr*, S. 267, völlig ignoriert.

6 Vgl. auch § 27 I LSA-VAbstG; anders *Mahnke*, Art. 81 LSA-V, Rn. 11, der ohne jede Begründung meint, Art. 81 IV LSA-V wolle nur den Entwurf des Landtags gegenüber demjenigen privilegieren, der dem Volksbegehren zugrunde lag und für den seiner Ansicht nach in jedem Fall mindestens 25 % der Stimmberechtigten stimmen müssen. Dann hätte es aber nicht heißen dürfen: „In diesem Fall entscheidet über die Annahme die Mehrheit der abgegebenen gültigen Stimmen", sondern etwa „Dieser Entwurf ist durch Volksentscheid angenommen, wenn die Mehrheit derjenigen, die ihre Stimme gültig abgegeben haben, ihm zugestimmt hat."

7 Je größer der Anteil der ungültigen Stimmen ist, desto größer muss auch der Anteil gültiger „Ja"-Stimmen sein, damit ein Entwurf angenommen wird. Die ungültigen Stimmen wirken sich wie „Nein"-Stimmen aus. Die Situation stellt sich damit von Grund auf anders dar als bei Art. 78 II BbgV, wo es nur darauf ankommt, ob ein Entwurf eine relative Mehrheit erreicht hat; dazu siehe oben S. 530.

8 Vgl. § 28 II LSA-VAbstG, der allerdings letzten Endes überflüssig ist, da sich dies mangels einer entsprechenden abweichenden Regelung schon aus Art. 82 I LSA-V ergibt. Der Verfassungsgerichtshof

die Ausfertigung ist der Landtagspräsident, welcher der Gegenzeichnung durch den Ministerpräsidenten bedarf. Dieser verkündet dann das Gesetz.[1]

IV. Verfahrenspraxis und verfassungspolitische Bewertung

A. Zur Praxis der Verfahren

1. Das Verfahren gegen unsoziale Mieten

Auf Anregung der PDS und weiterer Initiatoren[2] wurde dem Landtag bereits am 17. Dezember 1992 eine „**Volksinitiative gegen unsoziale Mieten**" vorgelegt.[3] Damit wurde der Landtag aufgefordert, die Landesregierung zu beauftragen, sich gegenüber der Bundesregierung und durch Initiativen im Bundesrat für die Gewährleistung sozialverträglicher Mieten in den östlichen Ländern einzusetzen. Dies solle in erster Linie durch die Festsetzung von Mietobergrenzen[4] und eine veränderte Wohngeldregelung erreicht werden. Anlass war die 2. Grundmietenverordnung, mit der die Mieten in Ostdeutschland ab dem 1. Januar 1993 erhöht werden sollten.

Da zu diesem Zeitpunkt noch kein Ausführungsgesetz galt, konnte der Ältestenrat des Landtags sich lediglich auf Grundlage der Verfassungsbestimmungen mit dieser Volksinitiative befassen. Der Ältestenrat beschloss, die Initiative wie einen parlamentarischen Antrag zu behandeln. Die mit der Überprüfung beauftragte Arbeitsgruppe stellte fest, dass 16 Prozent der insgesamt etwa 50.000 Unterschriften erhebliche Mängel aufwiesen.[5] Dennoch verblieben 42.000 gültige Unterzeichnungen und das Quorum für die Volksinitiative war somit erreicht worden.

Die Anhörung der Vertrauenspersonen erfolgte dadurch, dass einem der Erstunterzeichner, der Mitglied des Landtags war, in der Landtagssitzung am 17.12.1992 das Rederecht eingeräumt wurde.[6] Die Volksinitiative wurde in den Ausschuss für Raumordnung, Städtebau und Wohnungswesen überwiesen, der dem Landtag am 1. Juli 1993 eine Beschlussempfehlung vorlegte.[7] Auf deren Grundlage befasste sich der Landtag in seiner Sitzung am

---

hat ggf. von Amts wegen darüber zu entscheiden, ob das bereits verkündete Gesetz im Wege einer einstweiligen Anordnung gemäß § 31 LSA-LVerfGG vorübergehend wieder außer Kraft gesetzt werden muss; vgl. dazu oben S. 330.

1 Ebenso Art. 76 I 1 SächsV; dazu siehe oben S. 491. Vgl. auch Art. 81 I BbgV; dazu siehe oben S. 531.
2 Hierbei handelt es sich vor allem um Mitglieder des Deutschen Mieterbundes.
3 LT-Drs. 1/2053.
4 Bis zu einem verfügbaren Haushaltseinkommen von 2.000 DM, sollten höchstens 10 % für die Miete aufgewendet werden müssen, bis 3.000 DM höchstens 14 % und bis 4.000 DM maximal 18 %.
5 Es waren z.B. mehrere Mitglieder einer Familie korrekt eingetragen, die Unterschrift war jedoch nur von einer Person geleistet worden. Eintragungen ließen das Geburtsdatum bzw. die Anschrift nicht erkennen und daher auch nicht, ob die Unterzeichner bereits 18 Jahre alt und Bürger des Landes Sachsen-Anhalt waren. Andere Unterschriften waren unleserlich.
6 Es handelte sich um den PDS-Abgeordneten *Claus*,; vgl. Sten. Prot. S. 4743 ff.
7 LT-Drs. 1/2775, hierzu hatte die PDS-Fraktion einen Änderungsantrag eingebracht, LT-Drs. 1/2827.

7. Juli 1993 mit dem Anliegen der Volksinitiative.[1] Zwar wurde die Tatsache positiv zur Kenntnis genommen, dass Bürgerinnen und Bürger von ihren Rechten nach Art. 80 LSA-V Gebrauch gemacht hatten. Das Begehren der Initiative wurde jedoch zurückgewiesen. Als Begründung wurde vor allem darauf abgestellt, dass die SED, aus der die PDS als Hauptinitiatorin hervorgegangen war, für die desolate Lage auf dem Wohnungsmarkt verantwortlich sei.[2] Außerdem sei den Unterzeichnern nicht hinreichend deutlich gemacht worden, dass auch mit der geplanten 2. Grundmietenverordnung noch keine kostendeckenden Mieten eingeführt werden sollten. Allerdings beauftragte der Landtag die Landesregierung mit der Prüfung, inwieweit eine bessere soziale Flankierung durch das Wohngeld bei Ein- bis Zwei-Personen-Haushalten möglich sei[3] und wie der Tausch von Wohnungen für diese Haushalte erleichtert werden könne.

2. Das Verfahren für die Südharz-Autobahn

Am 14. Oktober 1994 wurde beim Landtagspräsidenten eine weitere Volksinitiative eingereicht, die von mehr als 50.000 Stimmberechtigten unterzeichnet worden war.[4] Die Initiatoren wollten einen Beschluss des Landtags erreichen, mit dem dieser die Landesregierung auffordern sollte, ihren Widerstand gegen den Neubau der geplanten Bundesautobahn A 82 im **Südharz** aufzugeben und sich statt dessen für einen zügigen Baubeginn auszusprechen. Der Landtag hat sich am 4. November 1994 mit der Volksinitiative befasst und deren Zulässigkeit festgestellt.[5] Inhaltlich hat der Landtag jedoch dem integrierten Verkehrskonzept der Landesregierung den Vorzug gegeben.[6]

3. Die Volksinitiative gegen die Förderstufe und das 13. Schuljahr

Am 20. Oktober 1995 wurde beim Landtag eine Volksinitiative gegen **Pflicht-Förderstufe und 13. Schuljahr** beantragt. Diese Initiative richtete sich in erster Linie gegen die geplante Einführung einer Förderstufe in den Klassen 5 und 6. Zur Begründung wurde in erster Linie darauf verwiesen, dass eine längere gemeinsame Lernzeit ohne Rücksicht auf die Eignung, Willen und ohne Entscheidungsfreiheit der Eltern nur bedeute, dass weniger gelernt würde. Da ein Abitur nach sechs Jahren nicht anerkannt oder als zweitklassig angesehen werde, würde die Einführung der Pflichtförderstufe mittelbar die Einführung des 13. Schuljahres an den Gymnasien und damit eine deutliche Verlängerung des Bildungsweges zur Allgemeinen Hochschulreife nach sich ziehen.[7] Der Landtagspräsident hat am 26. Ja

---

1 Sten. Prot. S. 5888 ff.
2 Wobei man sich durchaus die Frage stellen kann, ob dies wirklich ein Sachargument ist.
3 Bei diesen war die Mietbelastung bezogen auf das Haushaltseinkommen am größten.
4 LT-Drs. 2/279.
5 Vgl. die Bekanntmachung der Landtagsverwaltung vom 22.11.1994, MinBl. S. 2804.
6 Vgl. dazu *Röper*, ZParl. 1997, S. 461, 472, Fn. 78.
7 Weiterhin wurde darauf verwiesen, dass die Einführung der Pflichtförderstufe die Abordnung von Gymnasiallehrern als „Wanderlehrer" an andere Schulformen erzwinge. Dies führe zu erschwerter Zuwendung der Lehrer, zu Aggressivität bei den Schülern und für alle zu erhöhtem Stress. Darüber hinaus wurde eine Verschlechterung der Schulstruktur ebenso befürchtet, wie die finanzielle Überlastung

nuar 1996 festgestellt, dass die Initiative nicht zustande gekommen sei. Er hat sie daher zur weiteren Beratung an den Petitionsausschuss verwiesen.[1] Am 14. Mai 1996 hat der Petitionsausschuss dem Landtag empfohlen, die Petition für abgeschlossen zu erklären und sie dem Ausschuss für Bildung und Wissenschaft als Material zu übergeben. Der Landtag ist dieser Aufforderung nachgekommen.[2]

4. Die Volksinitiative „Für die Zukunft unserer Kinder"

Nachdem der Landtag am 18. Februar 1999 beschlossen hatte, die Bedingungen für die Kinderbetreuung mit Wirkung zum 1. August desselben Jahres zu ändern,[3] bildete sich eine „Volksinitiative ‚**Für die Zukunft unserer Kinder**'", die bis zum 13. März 1999 etwa 285.000 Unterschriften für eine Volksinitiative sammelte, mit dem der Landtag dazu aufgefordert wurde, das für den 1.8.1999 vorgesehene Inkrafttreten der Novelle des Kinderbetreuungsgesetzes auszusetzen und im Rahmen weiterer Beratungen einen Konsens zwischen Eltern, Gewerkschaften, Trägern, Kommunen, Wohlfahrtsverbänden und der Landesregierung anzustreben. Zum anderen und vor allem ging es aber darum eine Kinderbetreuung mit einem Betreuungsschlüssel zu sichern, der „die Chance eröffnet, die Gesamtentwicklung der Kinder altersgerecht zu fördern und durch allgemeine erzieherische Hilfen ihre körperliche, geistige und seelische Entwicklung anzuregen." den bisherigen Rechtszustand beizubehalten.[4] Der Antrag wurde ohne weiteres für zulässig erklärt[5] und erstmals in der Landtagssitzung vom 17. Juni 1999 behandelt. Nach einem heftigen Streit über die Frage, ob es sich beim der Initiative zugrunde liegenden Entwurf um einen „Gesetzentwurf" im Sinne des LSA-VAbstG handelt und ob die Bestimmungen dieses Gesetzes mit den Vorgaben der Verfassung vereinbar sind, wurde die Volksinitiative zur weiteren Beratung an die zuständigen Ausschüsse verwiesen.[6] Am 17. Dezember 1999 beschloss der Landtag,

---

der Schulträger. Schließlich machten die Initiatoren eine Ungleichbehandlung geltend, da Gymnasien mit besonderem Profil und Schulen in freier Trägerschaft weiter im 5. Schuljahr beginnen sollten. Außerdem wurde auf die Forderungen der Wirtschaft nach differenziert gebildeten Schulabgängern verwiesen.

1 LT-Drs. 2/1848.
2 In der Folgezeit bestätigten sich die Befürchtungen der Kritiker. Mit der Einführung der Förderstufe an den Sekundarschulen wurde auch das 13. Schuljahr an den Gymnasien eingeführt, vgl. §§ 5 I 1, 6 I LSA-SchG. Nach dem neuerlichen Regierungswechsel im Jahr 2002 ist jedoch eine neuerliche Verkürzung der Schulzeit bis zum Abitur geplant.
3 Zum einen wurde der Rechtsanspruch auf einen Kindergarten- bzw. Kindertagesstättenplatz beschränkt,. Zum anderen wurden die Zuschüsse des Landes an die Kommunen und freien Träger drastisch gekürzt, was diese wiederum dazu zwang, entweder die Beiträge deutlich zu erhöhen, oder die Gruppen zu vergrößern, die Betreuungszeiten zu verkürzen und andere Maßnahmen zur Kostendämpfung einzuführen.
4 Vgl. dazu LSA-LT-Drs. 3/1650, die Sachverhaltsdarstellung in *LSA-VfGH* LKV 2001, S. 29 und die Angaben von *Röper*, VR 2003, S. 368.
5 In Brandenburg und Niedersachsen wurden vergleichbare Verfahren hingegen für unzulässig erklärt, vgl. dazu oben S. 545 bzw. unten S. 653. Während der *BbgVfG* diese Entscheidung bestätigte, hob der *NdsStGH* die Entscheidung der Landesregierung auf.
6 Der Streit setzte sich auch noch im Ausschuss fort, wo insbesondere die CDU-Fraktion die Auffassung

sich die Empfehlung des federführenden Ausschusses für Gleichstellung, Kinder, Jugend und Sport zu eigen zu machen und die Landesregierung zum einen dazu aufzufordern, Investitionszuschüsse vor allem für solche Vorhaben zu gewähren, die auf eine Senkung der Betriebskosten gerichtet sind. Zum anderen sollte die Landesregierung im folgenden Jahr ausführlich über die Auswirkungen des Gesetzes berichten. Die im Rahmen der Beratungen des Landtags auch durch zahlreiche Verbände unterstützte[1] Forderung der Initiatoren, zum früheren Rechtszustand zurückzukehren, wurde jedoch ohne eine Entscheidung in der Sache lediglich zur Kenntnis genommen.[2] Damit war dieses Verfahren beendet.

Die Vertrauenspersonen der Volksinitiative machten später geltend, dass zunächst ein förmliches Gesetzgebungsverfahren hätte durchgeführt werden müssen. Wie das Verfassungsgericht des Landes zu Recht festgestellt hat, ist dies jedoch nicht der Fall, da der Antrag, der einer Volksinitiative zugrunde liegt, selbst dann, wenn es sich um einen Gesetzentwurf handelt, nicht als zulässige Gesetzesinitiative im Sinne des Art. 81 I LSA-V angesehen werden kann.[3] Dies wäre vielmehr nur dann anzunehmen, wenn der Entwurf im Rahmen eines Volksbegehrens eingebracht wurde oder wenn sich einer der in Art. 81 I LSA-V genannten Initiativberechtigten den Antrag zu eigen macht.[4] Wie bereits deutlich wurde, ist das Gericht jedoch zu weit gegangen, wenn es bereits die Tatsache, dass das Parlament eine Volksinitiative zur Kenntnis nimmt, als „Befassung" im Sinne von Art. 80 I LSA-V anerkennen will. Vielmehr wäre hier eine Entscheidung in der Sache geboten gewesen.[5]

---

vertrat, dass es sich um einen Gesetzentwurf handele, der in dem dafür vorgesehenen Verfahren zu behandeln sei (dies hätte bedeutet, dass auch Änderungsanträge möglich gewesen wären und über den Antrag selbst hätte abgestimmt werden müssen), während die SPD-Vertreter meinten, dass im Wege der Volksinitiative überhaupt keine Gesetzentwürfe eingebracht werden können, vgl. LT-Drs. 3/2433. Sie stützte sich dabei auf ein Gutachten des parlamentarischen Gesetzgebungs- und Beratungsdienstes, vgl. *Röper*, VR 2003, S. 368, 369. Die PDS, die dem Anliegen der Initiative an sich positiv gegenüberstand, hielt sich sehr zurück, um die Kooperation mit der von ihr geduldeten SPD-Minderheitsregierung nicht zu gefährden.
Die CDU-Fraktion beantragte kurz vor der Abstimmung im Plenum nochmals, die Initiative als Gesetzentwurf zu behandeln, vgl. LT-Drs. 3/2491.

1 Die Gewerkschaften verwiesen darauf, dass infolge der Reform 2.800 Erzieherinnen-Stellen weggefallen seien. Viele Erzieherinnen seien gezwungen, unzumutbare Teilzeitstellen anzunehmen. Die Liga der freien Wohlfahrtspflege kritisierte, dass das finanzielle Risiko vollständig auf die Träger der Einrichtungen abgewälzt worden sei
2 Vgl. dazu LT-Drs. 3/2433.
3 *LSA-VfGH*, LKV 2001, S. 26, 32.
4 Vgl. dazu auch schon oben S. 603 f.
5 In diesem Sinne auch *Röper*, VR 2003, S. 368, 370 ff.
   Im Nachklang forderte der Landtag die Landesregierung dazu auf, im Ausschuss für Recht und Verfassung über die Erfahrungen zu berichten und dabei auch darauf einzugehen, ob und welche Änderungen des LSA-VAbstG aufgrund der Entscheidung des *LSA-VfGH*, LKV 2001, S. 26, erforderlich sind.

5. Das Volksbegehren „Für die Zukunft unserer Kinder"

Noch während das Verfahren der Volksinitiative lief, begann am 1. Juni 1999 die Sammlung von Unterschriften für ein einen Antrag auf Feststellung der Zulässigkeit eines Volksbegehrens **„Für die Zukunft unserer Kinder"**, mit dem ein Volksentscheid über die Reform des Kinderbetreuungsgesetzes erreicht werden sollte. Den Initiatoren ging es nun allerdings nicht mehr nur um die Wiederherstellung des status quo ante, sondern um eine grundlegende Reform der Kinderbetreuung.[1]

Am 6. Juli 2000 wurden dem Innenministerium 52.535 Unterschriften übergeben. Der Volksantrag wurde am 25. Juli 2000 für zulässig erklärt. Während der Eintragungsfrist vom 11. September 2000 bis zum 10. März 2001 unterstützen allerdings nur ingesamt 43.600 Stimmberechtigte das Volksbegehren durch eine gültige Unterschrift.[2] Das Quorum für das Volksbegehren war damit nicht einmal annähernd erreicht worden.

6. Das Volksbegehren „Für ein kinder- und jugendfreundliches Sachsen-Anhalt"

Am 29. Oktober 2002 formierte sich in Magdeburg das Bündnis **„Für ein kinder- und jugendfreundliches Sachsen-Anhalt"**, dem unter anderem die Arbeitwohlfahrt, der BUND, der Kinderschutzbund, der DGB samt einigen Mitgliedsgewerkschaften und die Oppositionsparteien SPD, PDS und Bündnis 90/Die Grünen angehörten. Zentrales Anliegen der Initiatoren war es, die bestehenden gesetzlichen Regelungen zur Kindertagesbetreuung und die Entwicklung der Kindertagesstätten zu Bildungseinrichtungen zu erhalten; Kürzungen finanzieller Zuweisungen oder sonstige Verschlechterungen in der Kinder- und Jugendarbeit und der Schulsozialarbeit zu verhindern und die Angebote der Familienarbeit und der Familienbildung aufrecht zu erhalten. Damit richtete sich die Initiative gegen die Pläne der Landesregierung und der Mehrheitsfraktionen des Landtags, mit denen die Finanzierung und Organisation der Kinderbetreuungseinrichtungen von Grund auf reformiert werden sollten.

In den folgenden Monaten wurden Unterschriften für einen Antrag auf Durchführung eines Volksbegehrens gesammelt, mit dem ein „Gesetz zur Förderung, Betreuung und Bildung von Kindern in Kindertageseinrichtungen – KiBeG" durchgesetzt werden sollte. Am 28. Mai 2003 legten die Initiatoren der Staatskanzlei insgesamt 31.496 Unterschriften für einen entsprechenden Antrag vor.[3]

Noch während des laufenden Verfahrens hatte die Landtagsmehrheit am 7. Februar 2003 mit der Verabschiedung des Kinderförderungsgesetz (KiFöG) vollendete Tatsache geschaffen. Auf der einen Seite geht dieses Gesetz deutlich weiter als vergleichbare Regelungen in anderen Ländern, da allen Eltern ein Anspruch auf Betreuung, Bildung und Erziehung der Kinder in Höhe von 25 Stunden wöchentlich bzw. 5 Stunden täglich zugebilligt wurde. Bis dahin hatte es allerdings einen Anspruch auf 10 Stunden Betreuung pro Tag

---

1 Immerhin forderten die Antragsteller keine Ausweitung der staatlichen Förderung, sondern lediglich eine Rückkehr zu den früheren Pauschalbeträgen.
2 Immerhin 5.555 Unterschriften waren ungültig, vgl. die Bekanntmachung des Innenministeriums vom 18.7.2001 – Az.. 11.31–11441; MinBl. Nr 34 vom 13.08.2001, S. 643.
3 Vgl. LT-Drs. 4/832.

gegeben. Zudem wurden die finanziellen Zuweisungen des Landes durch das KiFöG um mehr als ein Viertel reduziert – was im Ergebnis zu einer deutlichen Erhöhung der Elternbeiträge geführt hat.

Am 25. Juni 2003 wurde der Antrag auf Durchführung eines Volksbegehrens von der Landesregierung für zulässig erklärt und die Eintragungsfrist für das Volksbegehren auf den Zeitraum vom 13. August 2003 bis zum 12. Februar 2004 festgelegt.[1] Am 20. Februar 2004 übergaben die Vertreter des Bündnisses dem Landeswahlleiter insgesamt 275.314 Unterschriften für das Volksbegehren; hinzu kamen weitere Unterschriften, die direkt von den Meldebehörden an den Landeswahlleiter übermittelt worden waren. Die Auszählung der Bögen zog sich über einige Monate hin. Erst am 30. Juni 2004 unterrichtete die Landesregierung den Landtag über das Ergebnis. Insgesamt waren 260.588 gültige Unterschriften zusammen gekommen.[2] Das Quorum für das Volksbegehren war damit überschritten worden.

Bereits zuvor war es zu Verhandlungen zwischen der Landesregierung und den Vertretern des Aktionsbündnisses gekommen, um die Chancen für einen Kompromiss auszuloten. Dabei wurde auch die Vermutung laut, dass die Regierungsmehrheit auf eine Konkurrenzvorlage verzichten könnte, um zu verhindern, dass auch der Entwurf des Volksbegehrens mit einer einfachen Mehrheit angenommen wird.[3]

In ihrer Stellungnahme gegenüber dem Landtag betonte die Landesregierung, dass die Politik des Landes auf dem in Art. 6 Abs. 2 S. 1 GG und Art. 11 der Landesverfassung genannten Grundsatz beruhe, nach dem die Pflege und Erziehung der Kinder das natürliche Recht und die ihnen zuvörderst obliegende Pflicht ist. Dementsprechend sollten Betreuungseinrichtungen Familien fördern und entlasten, aber nicht das verfassungsmäßige Recht der Eltern auf Erziehung ihrer Kinder übernehmen. Für eine altersgerechte und entwicklungsspezifische Bildung, Erziehung und Betreuung von Kindern von 0 bis 6 Jahren sei eine ganztägige Betreuung in einer Kindertageseinrichtung im Regelfall nicht erforderlich. Die Neuregelungen des KiFöG hätten die Träger der Einrichtungen in die Lage versetzt, flexibel auf den tatsächlichen Bedarf nach Betreuungsangeboten zu reagieren. Durch das von den Initiatoren vorgeschlagene KiBeG würde diese Flexibilität wieder verloren gehen. Zudem würde die Umsetzung des Gesetzes für das Land und die Kommunen zu erheblichen Mehrkosten führen.[4]

Am 15. Oktober 2004 hat der Landtag das Volksbegehren mit den Stimmen der Regierungskoalition aus CDU und FDP erwartungsgemäß abgelehnt.[5] Der Volksentscheid wurde für den 23. Januar 2005 angesetzt. Da die Regierungsfraktionen das geltende KiFöG unverändert beibehalten wollten, sah sie keinen Grund, eine konkurrierende Vorlage mit zur

---

1 Vgl. die Bekanntmachung vom 26.6.2003, MinBl. S. 419.
2 Vgl. LT-Drs. 4/1681, S. 3.
3 Vgl. dazu die kleine Anfrage der Abgeordneten *Grimm-Benne* (SPD); LT-Drs. 4/1456, S. 3, und die Antwort des Justizministers Becker in der Landtagssitzung vom 1.4.04, Sten.Prot. S. 2738 f.
4 Vgl. dazu LT-Drs. 4/1681, S. 3 ff.
5 Die SPD-Abgeordneten hatten sich der Stimme enthalten, die PDS-Fraktion dem Entwurf des Volksbegehrens zugestimmt, vgl. „Sachsen-Anhalt. Erster Volksentscheid in der Landesgeschichte", ZfDD, Heft 3/2004, S. 30.

Abstimmung zu stellen. Daher galt bei der Abstimmung das qualifizierte Beteiligungsquorum gemäß Art. 81 III 2 LSA-V.

Bei der Abstimmung sprachen sich zwar 60,5 Prozent der Abstimmenden für den Entwurf des Volksbegehrens aus. Da sich allerdings nur 26,4 Prozent der Stimmberechtigten an der Abstimmung beteiligt hatten, blieb das KiFöG unverändert in Kraft.[1]

7. Die Volksinitiative „Jugend braucht Zukunft"

Am 28. Februar 2003 begann ein Aktionsbündnis **„Jugend braucht Zukunft"**, an dem neben dem Kinder- und Jugendring Sachsen-Anhalt und seinen Mitgliedsverbände zahlreiche Jugendorganisationen und -einrichtungen beteiligt waren mit der Sammlung von Unterschriften für eine Volksinitiative, mit der der Landtag unter anderem dazu aufgefordert werden sollte, die bestehende finanzielle Ausstattung der Kinder- und Jungendverbände zu sichern und auszubauen und die Träger- und Angebotsvielfalt abzusichern.

Nicht zuletzt aufgrund des parallel laufenden Verfahrens „Für ein kinder- und jugendfreundliches Sachsen-Anhalt" konnte die erforderliche Zahl von 35.000 Unterschriften nicht erreicht werden.

8. Das Verfahren „Kreisstadt Lutherstadt Eisleben"

Im Land Sachsen-Anhalt waren zu Beginn der neunziger Jahre 37 Landkreise gebildet worden. Nachdem sich gezeigt hatte, dass diese kleinen Kreise nur bedingt dazu in der Lage waren, die ihnen zugewiesenen Aufgaben effizient zu erfüllen, wurde im November 2005 vom Landtag eine umfassende Kreisgebietsreform beschlossen, in deren Rahmen die Zahl der Landkreise mit Wirkung zum 1. Juli 2007 auf 11 verringert werden soll.[2] Diese Reform führt zwangsläufig dazu, dass die meisten der bisherigen Kreisstädte diese Funktion verlieren werden. Durch ein Gesetz vom 20. Dezember 2005[3] wurde die Stadt Sangershausen zum künftigen Sitz der Kreisverwaltung des Landkreises Mansfeld-Südharz bestimmt.

In der Lutherstadt Eisleben, der Kreisstadt des bisherigen Landkreises Mansfelder Land war bereits am 23. November 2005 mit der Sammlung von Unterschriften für die Erhaltung der **Kreisstadt Lutherstadt Eisleben** begonnen worden. Am 30. Juni 2006 wurden dem Präsidenten des Landtags die Unterschriftsbögen überreicht. Aufgrund eines Zählfehlers waren die Initiatoren davon ausgegangen, mindestens 31.000 Unterschriften gesammelt zu haben. Nach der Prüfung stellte sich jedoch heraus, dass tatsächlich nur 22.000 Unter-

---

1 Im unmittelbaren Vorfeld der Abstimmung war noch eine „Bürgerinitiative ‚Nein zum Volksentscheid'" aufgetreten, die sich dezidiert für das KiFöG einsetzte, weil die Kindererziehung ureigenste und wichtigste Aufgabe von Eltern sei. Das staatliche Kinderbetreuungssystem diene dazu, Eltern und Familien zu unterstützen, keinesfalls jedoch, sie durch professionelle Erzieherinnen und Erzieher zu ersetzen. Erhebliche Unruhe enstand, als die Bürgerinitiative die NPD im unmittelbaren Zusammenhang mit den Initiatoren des Volksbegehrens aufführte und damit den Eindruck erweckte, dass diese zum Kreis der Initiatoren gehörte.
2 Gesetz vom 11.11.2005, GVBl. S. 692.
3 GVBl. S. 765.

schriften vorlagen.[1] Damit war die Volksinitiative gescheitert. Sie wurde zur weiteren Beratung in den Petitionsausschuss des Landtags verwiesen.

9. Das Verfahren gegen die Bildung von Einheitsgemeinden

Auch der bislang letzte Versuch, eine Volksinitiative einzuleiten, hängt mit der Kommunalgebietsreform zusammen. Nach den Landtagswahlen am 26. März 2006 bildete sich auch in Sachsen-Anhalt eine große Koalition aus CDU und SPD. Im Rahmen der Koalitionsvereinbarung wurde festgeschrieben, dass in der kommenden Legislaturperiode flächendeckend Einheitsgemeinden gebildet werden sollen. Bis 2009 soll dies auf freiwilliger Grundlage möglich sein. Danach soll der Gesetzgeber allzu kleine Kommunen gegebenenfalls zwangsweise zusammenlegen.

Auf Initiative des ehrenamtlichen Bürgermeisters der Gemeinde Angersdorf Ralf Wunschinski wurde am 8. Dezember 2006 mit der Sammlung von Unterschriften für eine Volksinitiative **gegen die Bildung von Einheitsgemeinden** begonnen, mit der erreicht werden soll, dass Kommunen nicht gezwungen werden können, sich mit den Nachbarorten zusammenzuschließen. Am 24. Februar 2007 wurden der stellvertretenden Landtagspräsidentin über 30.000 Unterschriften übergeben. Der Landtagspräsident hat die Initiative daher am 5. März 2007 für zulässig erklärt und zur weiteren Beratung in den Petitionsausschuss verwiesen.[2] Dieser kam bei seinen Beratungen zu dem Ergebnis, dass dem Anliegen der Initiative allenfalls teilweise entsprochen werden könne: Im Wesentlichen sollte die Landesregierung zur Prüfung der Sachverhalte aufgefordert werden.[3] Der Landtag folgte der Empfehlung am 13. Juli 2007.

Die Vertreter der Volksinitiative haben daraufhin die Durchführung eines Volksbegehrens beantragt, das im Laufe des Jahres 2008 stattfinden wird. Bis dahin soll versucht werden, durch Klagen gegen einzelne Eingemeindungsmaßnahmen die Schaffung vollendeter Tatsachen zu verhindern.

B. Zur Bewertung der Verfahrensregelungen

Die Rechtslage in Sachsen-Anhalt unterscheidet sich in mehrerer Hinsicht von der in den bisher dargestellten anderen Ländern. Auffällig ist zunächst die Abkopplung der Volksinitiative vom Verfahren der Volksgesetzgebung. Der Verfassunggeber hat dadurch deutlich werden lassen, dass er dieses Verfahren in erster Linie als Kommunikationsinstrument betrachtet. Dem entspricht auch der umfassende Anwendungsbereich der Volksinitiative. In der Tat ist nicht einzusehen, wieso die Bürger nicht das Recht haben sollten, den Landtag zur Verhandlung über eine Vorlage zu verpflichten, die Abgaben oder die Besoldung zum Gegenstand hat, oder deren Annahme erhebliche finanzielle Auswirkungen hätte.

Geht man allerdings, wie hier, davon aus, dass die Volksinitiative grundsätzlich nur dann ein praktikables Instrument der Politik darstellt, sofern das Parlament befürchten

---

1 Vgl. die Unterrichtungen des Landtagspräsidenten vom 15. Juni 2006 und vom 28. Juli 2006, LT-Drs. 5/69 und 172.
2 Vgl. die Unterrichtung des Landtagspräsidenten vom 6. März 2007, LT-Drs. 5/558.
3 Vgl. LT-Drs. 5/726.

muss, dass die Bürger ihm die Entscheidung aus der Hand nehmen könnten. so erscheint die strikte formale Trennung der Verfahren als grundlegender Konstruktionsfehler.[1] Dies gilt umso mehr, als der Landtag sich zuletzt darauf beschränkt hat, das Anliegen der Initiative zur Kenntnis zu nehmen, ohne jedoch in der Sache zu entscheiden. Damit stellt sich für die Antragsteller aber die Frage, wieso sie eigentlich den mit der Organisation einer Volksinitiative verbundenen erheblichen Aufwand betreiben sollten.

Insofern spielt es auch keine allzu große Rolle, dass nach einer Volksinitiative gegebenenfalls auf die Sammlung von Unterschriften für den Volksantrag verzichtet werden kann. Wenn es möglich erscheint, mehr als 25.000 Unterschriften für eine Initiative zu sammeln, dann sind auch die 10.000 Unterschriften für einen vergleichbaren Volksantrag ohne allzu großen Aufwand beizubringen. Es erscheint daher durchaus nicht unwahrscheinlich, dass die Initiatoren gegebenenfalls auf eine Volksinitiative verzichten und gleich Unterschriften für einen Volksantrag sammeln werden.[2]

Die bisherige Praxis bestätigt diese Bewertung. Bei den ersten vier Verfahren ging es jedesmal um eine Volksinitiative. Kein einziges Mal ist es den Initiatoren gelungen, Ihr Anliegen durchzusetzen. Daher ist es kein Wunder, dass beim bisher letzten Verfahren noch während der laufenden Volksinitiative ein Volksantrag eingereicht wurde – der dann allerdings prompt erfolglos war, da die Initiatoren nicht mehr genügend Stimmberechtigte mobilisieren konnten.

Auch in Bezug auf das Verfahren der Volksgesetzgebung lässt sich feststellen, dass sowohl der Verfassunggeber als auch der Gesetzgeber versucht haben, den Initiatoren entgegen zu kommen. Zum einen wurde eine relativ lange Eintragungsfrist eingeführt, damit die Antragsteller eine reelle Chance haben, in einer freien Sammlung genügend Unterschriften zu sammeln. Zum anderen wurde ihnen ein Kostenerstattungsanspruch eingeräumt, der die Aufwendungen für eine angemessene Werbung für das Volksbegehren abdecken soll. Und schließlich wurde versucht, jedenfalls das Verfahren des Volksbegehrens nach Möglichkeit zu straffen. Insofern ist vor allem auf die Möglichkeit hinzuweisen, die Frist für die Unterschriftensammlung abzubrechen, wenn schon frühzeitig genügend Unterschriften zusammen gekommen sein sollten. Auch wurde dem Landtag für die Überprüfung der Zulässigkeit eines Volksbegehrens nur eine sehr kurze Frist gesetzt. Auf der anderen Seite führt der erst durch das LSA-VAbstG eingeführte Volksantrag selbst dann zu einer Verzögerung des Verfahrens, wenn man die Regelungen auf verfassungskonforme Weise auslegt und das Antragsverfahren als Bestandteil des Volksbegehrens ansieht.[3]

Überhaupt ist auch für Sachsen-Anhalt zu beachten, dass die freie Unterschriftensammlung für die Antragsteller auch bei einer sehr großzügig bemessenen Eintragungsfrist und einem dem Aufwand angemessenen Anspruch auf Kostenerstattung angesichts des sehr

---

[1] *Dambeck*, RuP 1994, S. 208, 215, hält die Regelungen der LSA-V unter anderem aus diesem Grund für „unpraktikabel und unausgereift". Er verkennt allerdings, dass es dem Gesetzgeber durchaus möglich gewesen wäre, die Volksinitiative mit dem weiteren Verfahren zu verknüpfen.

[2] Dies gilt jedenfalls dann, wenn sie davon ausgehen, dass der Landtag ihre Vorlage ohnehin ablehnen – aufgrund von deren politischer Relevanz aber auch ohne eine entsprechende ausdrückliche Verpflichtung behandeln würde.

[3] Problematisch erscheint insofern nicht zuletzt der Umstand, dass im Zeitraum zwischen der Einreichung des Volksantrags und dem Beginn der Frist für das (weitere) Volksbegehren keine Unterschriften gesammelt werden können.

hohen Quorums für das Volksbegehren keineswegs unbedingt von Vorteil ist. Auch hier deuten die praktischen Erfahrungen darauf hin, dass für die Initiatoren ein formelles Eintragungsverfahren selbst dann günstiger wäre, wenn für die Unterstützung des Volksbegehrens nur eine wesentlich kürzere Frist zur Verfügung stünde.

Begrüßenswert ist demgegenüber wiederum das Bestreben nach einer möglichst engen Verknüpfung der direktdemokratischen Verfahren mit der parlamentarischen Beratung. Dass der Verfassunggeber auch das Volksbegehren nicht nur als Vorstufe zu einer unmittelbaren Entscheidung der Bürger ansieht, wird vor allem dadurch deutlich, dass der Landtag über das Anliegen der Antragsteller zu verhandeln hat und das Verfahren gegebenenfalls sogar erledigen kann. Damit kommt dem Volksbegehren im Ergebnis auch die Funktion einer Volksinitiative zu. Allerdings ist es nicht recht nachvollziehbar, wieso nach der Entscheidung des Landtags über das Volksbegehren nochmals drei bis sechs Monate für die Fortsetzung der öffentlichen Diskussion zur Verfügung stehen müssen – Denn die öffentliche Diskussion beginnt ja nicht erst mit der ablehnenden Entscheidung des Parlamentes. Vielmehr wird sie in der Realität parallel zu den Verhandlungen des Landtags geführt werden. Durch die weitere Verzögerung steigt aber die Wahrscheinlichkeit dafür, dass die Bürger das Interesse an der Angelegenheit verlieren, da in der Regel auch in Sachsen-Anhalt mehr als zwölf Monate zwischen der Einreichung des Antrags und dem Volksentscheid liegen.

Besondere Erwähnung verdient das Recht der Antragsteller, der Stellungnahme der Landesregierung zu ihrem Entwurf eine Replik hinzuzufügen, in der sie die Ergebnisse der öffentlichen Diskussion berücksichtigen können. Bemerkenswert ist auch der Versuch, die negativen Wirkungen des qualifizierten Abstimmungsquorums beim Volksentscheid abzumildern: In Sachsen-Anhalt wurde offensichtlich erkannt, dass es für alle Beteiligten höchst unbefriedigend wäre, wenn der Volksentscheid mit der Beibehaltung des status quo enden würde, weil keine der Vorlagen eine hinreichende Mehrheit erhalten hat.[1] Durch die – soweit ersichtlich wohl einmalige – Regelung, dass dieses Quorum nicht anwendbar ist, wenn der Landtag einen konkurrierenden Entwurf zur Abstimmung gestellt hat, besteht eine hinreichend große Wahrscheinlichkeit dafür, dass zumindest einer der Anträge angenommen wird. Dies gilt umso mehr, als die Bürger die Möglichkeit haben, gegebenenfalls auch mehreren Vorlagen zuzustimmen. Allerdings besteht damit die Möglichkeit, dass sich der Landtag bei seiner Entscheidung, ob er einen konkurrierenden Entwurf zur Abstimmung stellt, auch von taktischen Erwägungen leiten lassen wird.[2] Und schließlich sei darauf hingewiesen, dass es dem Verfassunggeber gelungen ist, durch eine generalklauselartige

---

1   Würde das reguläre Quorum des Art. 81 III 4 LSA-V gelten, dann wäre es dem Landtag kaum möglich, seinen Entwurf auf dem „regulären" Gesetzgebungsweg durchzusetzen, nachdem dieser im Volksentscheid gescheitert ist. Wenn *Dambeck*, RuP 1994, S. 208, 215, sich fragt, warum nicht überhaupt auf ein qualifiziertes Abstimmungsquorum verzichtet wurde, verkennt er, dass es dem Verfassunggeber in erster Linie darum ging, die Entscheidung des Landtags möglichst nicht zu blockieren.

2   Stellt er einen eigenen Entwurf mit zur Abstimmung, so muss er nämlich damit rechnen, dass doch die dem Volksbegehren zugrunde liegende Vorlage angenommen wird. Verzichtet er, dann kann er das Scheitern dieser Vorlage abwarten und danach seine eigenen Vorstellungen im normalen Gesetzgebungsverfahren durchsetzen. Dies wird jedoch wohl nur dann funktionieren, wenn die Bürger die „böse Absicht" nicht erkennen.

Zuweisung aller einschlägigen Streitigkeiten an das Verfassungsgericht des Landes, einen lückenlosen Rechtsschutz sicherzustellen.[1]

Obwohl sich damit alles in allem festhalten lässt, dass der Verfassunggeber in Sachsen-Anhalt den Mut hatte, eigene, neue Wege zu gehen und sich bemüht hat, den Initiatoren dieser Verfahren entgegen zu kommen,[2] ist dennoch kaum anzunehmen, dass das Verfahren der Volksgesetzgebung in diesem Land eine nennenswerte praktische Bedeutung erlangen wird.[3] Schließlich gelten für das Volksbegehren in Sachsen-Anhalt dieselben inhaltlichen Beschränkungen, wie in den anderen Ländern und das Quorum für diesen Verfahrensschritt ist zwar etwas niedriger als in Sachsen, aber immer noch deutlich höher als in Bayern oder gar in Brandenburg und Schleswig-Holstein. Angesichts dieser Hürden ist es aber nicht wirklich erstaunlich, dass nur in wenigen Fällen versucht worden ist, die Verfahren tatsächlich zu nutzen.

---

1 Zu bedauern ist es allerdings, dass er es versäumt hat, den Antragstellern ausdrücklich eine Möglichkeit einzuräumen, das Verfassungsgericht schon während des Eintragungsverfahrens für das Volksbegehren bzw. im Vorfeld der Volksabstimmung anzurufen, um Unregelmäßigkeiten des Verfahrens zu rügen.

2 War das erste Ausführungsgesetz noch vom Bemühen geprägt, die Hürden auf dem Weg zum Volksentscheid möglichst hoch zu setzen, finden sich im neueren Gesetz zahlreiche Ansätze für eine Stärkung der Position der Antragsteller.

3 Zu einer ähnlichen Bewertung kommt auch *Dambeck*, RuP 1994, S. 208, 215.

6. Kapitel: Niedersachsen

I. Zur Entstehungsgeschichte[1]

Bis zur Verfassungsreform des Jahres 1993 hatte die niedersächsische Verfassung keine Regelungen über das Volksbegehren, den Volksentscheid oder andere direktdemokratische Verfahren enthalten.[2]

Nach der Wiedervereinigung war das Land Niedersachsen in gewisser Weise in Zugzwang geraten. Art. 61 der vorläufigen niedersächsischen Verfassung vom 13. April 1951[3] hatte nämlich vorgesehen, dass diese Verfassung ein Jahr nach Ablauf des Tages außer Kraft treten würde, an dem das deutsche Volk in freier Entscheidung eine Verfassung beschließt. Nachdem Art. 146 GG a.F. durch Art. 4 Nr. 6 des Einigungsvertrages vom 31. August 1990[4] geändert worden war, bestand zwar keine zwingende Notwendigkeit zur Überarbeitung der Verfassung mehr.[5] Dennoch schien es geboten, den auf das Staatsorganisationsrecht beschränkten bisher geltenden „Verfassungstorso" durch eine moderne Vollverfassung abzulösen.

Daraufhin wurde am 10. Oktober 1990 ein Sonderausschuss des Landtags eingesetzt, dessen 17 Mitglieder eine endgültige Verfassung erarbeiten sollten.[6] Bereits Anfang 1991 legten die Regierungsfraktionen der Grünen und der SPD Entwürfe für eine neue Verfassung vor.[7] Während der Sonderausschuss vier Sachverständige[8] und zahlreiche Verbände

---

1 Vgl. dazu *Bachmann*, RuP 1992, S. 75 ff.; *ders.*, RuP 1993, S. 128 ff.; *Berlit*, NVwZ 1994, S. 11, 12 f.; *Janssen*/Winkelmann, JöR 2004, S. 303 ff.

2 Bei den Verfassungsberatungen im Jahre 1950 hatte sich insbesondere die Staatsregierung massiv gegen die Einführung solcher Verfahren gestellt, da sie einen „demagogischen Missbrauch" befürchtete; vgl. *Korte/Rebe*, S. 114, die darauf hinweisen, dass sowohl *Abendroth* als auch *W. Weber* diesen Befürchtungen zustimmten, obwohl sich beide zuvor auf Bundesebene für die Einführung weitergehender unmittelbare Mitwirkungsrechte der Bürger eingesetzt hätten, a.a.O., S. 116 und 118.

3 GVBl. S. 103

4 BGBl. II, S. 889.

5 Anders hingegen *Janssen*/Winkelmann, JöR 2004, S. 303, der meint, dass Art. 61 II NdsV a.F. nur durch den Erlass einer neuen Verfassung, nicht aber durch die Änderung der alten Verfassung hätte erledigt werden können, dabei aber zum Ergebnis kommt, dass es hierauf nicht ankomme, „weil die Lehre von der verfassungsgebenden Gewalt (des Volkes) auf die deutschen Landesverfassungen schon wegen der auch insoweit bestehenden verfassungsrechtlichen Vorgaben des Grundgesetzes nur in *modifizierter* Form Anwendung finden kann." Dennoch bedauert *Janssen* im weiteren Verlauf seiner Darstellung immer wieder, dass die Verfassungsberatungen ausschließlich innerhalb des Parlamentes und damit von den politischen Parteien geführt worden sein, vgl. a.a.O., S. 306 ff. Diese Kritik ist vor allem deshalb bemerkenswert, weil *Janssen* als Direktor des Gesetzgebungs- und Beratungsdienstes beim niedersächsischen Landtag an den Verfassungsberatungen beteiligt war.

6 Vgl. LT-Drs. 12/259. Die FDP hatte eine Enquête-Kommission gefordert, LT-Drs. 12/42.

7 Der Vorschlag des Arbeitskreises Verfassung der Grünen vom Juni 1991 (Typskript ohne bibliographische Angaben) sah einen neuen Art. 34 NdsV vor, der sich an das Vorbild der Artt. 41 f. SH-V anlehnte. Allerdings war der Anwendungsbereich der Verfahren grundsätzlich unbeschränkt, lediglich die Klausel des Art. 41 I 2, 2. Hs. SH-V wurde übernommen. Die Quoren für die Volksinitiative und das Volksbegehren waren in absoluten Zahlen ebenso hoch, wie in Schleswig-Holstein, im Verhältnis zur Zahl der Stimmberechtigten jedoch wesentlich niedriger. Die Entscheidungsfrist für den Landtag war von vier auf

anhörte, erarbeiteten die beiden Fraktionen einen gemeinsamen Entwurf, der am 13. März 1992 der Öffentlichkeit vorgestellt wurde.[1] Die Fraktionen der CDU[2] und der FDP[3] folgten kurz darauf mit eigenen Entwürfen.[4] Auf Grundlage dieser Fraktionsentwürfe erarbeitete

fünf Monate verlängert worden. Beim Volksentscheid sollte der Landtag keinen konkurrierenden Entwurf zur Abstimmung stellen dürfen. Es sollte ein Quorum von 50 %, bei Verfassungsänderungen von 2/3 der Abstimmenden gelten.

Der „Walsroder Entwurf" der SPD vom 19.6.1991 (Typoskript ohne bibliographische Angaben) hatte sich demgegenüber mehr an die Vorschläge angelehnt, die zur selben Zeit in Sachsen-Anhalt diskutiert wurden (vgl. Art. 53 des Entwurfs der SPD-Fraktion im Landtag von Sachsen-Anhalt vom Januar 1991; dazu siehe oben S. 594, Fn. 5). Die Artt. 36/1 und 36/2 des Entwurfes entsprechen im wesentlichen den Artt. 80 f. LSA-V. Als Quorum für die Volksinitiative waren im SPD-Entwurf 50.000 Unterschriften vorgesehen, was etwa 1 % der Stimmberechtigten entsprach. Inhaltliche Beschränkungen sollten erst für das Volksbegehren gelten. Die Regelung des Art. 36/2 Abs. 1 und 2 war insofern etwas undurchsichtig. Das Volksbegehren sollte nach Abs. 1 Satz 4 von 100.000 Wahlberechtigten unterstützt werden müssen. Danach sollte nach Satz 5 die Landesregierung über seine Zulässigkeit entscheiden. Das Begehren werde aber erst an den Landtag weitergeleitet, wenn ihm 5 % der Stimmberechtigten innerhalb eines Jahres zugestimmt hätten. Daraus ergibt sich, dass Abs. 1 tatsächlich den Volks*antrag* regelt, Abs. 2 das Volks*begehren*. Als Quorum für den Volksentscheid war die Mehrheit der Abstimmenden vorgesehen, bei Verfassungsänderungen die Zustimmung durch die Mehrheit der Stimmberechtigten. Die Initiatoren sollten Anspruch auf Erstattung der Kosten für die Durchführung des Volksbegehrens haben.

8   Die Professoren *Schmidt-Jortzig*, Hans-Peter *Schneider*, *Starck* und der Richter am BayStGH *Bäumer*.

1   LT-Drs. 12/3008 und 3160. In Art. 10/3 dieses Entwurfes war eine qualifizierte Gruppenpetition vorgesehen. bei der Vertreter der Petenten angehört werden mussten, sofern die Petition von mindestens 5.000 Einwohnern unterstützt worden war. Der Vorschlag des Art. 36/1 für die Regelung der Volksinitiative, des Volksbegehrens und des Volksentscheids entsprach im wesentlichen dem früheren Entwurf der Grünen (S. 630, Fn. 7), lediglich das Quorum für die Volksinitiative war um 10.000 auf 30.000 Unterschriften angehoben worden.

2   LT-Drs. 12/3210. Der Entwurf der CDU lehnte sich in den einschlägigen Artt. 38/1 und 38/2 formal sehr stark an die Regelungen der LSA-V an. Allerdings waren die Quoren wesentlich höher. Als Quorum waren 100.000 Unterschriften vorgesehen. Dem Volksbegehren sollten 20 % der Wahlberechtigten zustimmen müssen. Beim Volksentscheid sollte die Mehrheit der Abstimmenden entscheiden, für die Annahme eines Entwurfs mussten diesem jedoch mindestens ein Drittel der Stimmberechtigten zugestimmt haben. Die Regelung des Art. 81 IV LSA-V (dazu siehe oben S. 618) wurde nicht übernommen, daher galt dasselbe Quorum, wenn der Landtag einen konkurrierenden Entwurf zur Abstimmung gestellt hatte. Verfassungsänderungen sollten der Zustimmung durch die Hälfte der Wahlberechtigten bedürfen.

3   LT-Drs. 12/3250. Die FDP hatte einen eigenständigen Entwurf für direktdemokratische Verfahren erarbeitet. Art. 48 I 1 sah vor, dass das Volk den Landtag mit bestimmten Gegenständen der politischen Willensbildung befassen können sollte. Diese Volksinitiative sollte nach Art. 48 I 3 ein „Volks*begehren*" sein, wenn ihr ein Gesetzentwurf zugrunde lag. Finanzwirksame Gesetze sollten insofern ausgeschlossen sein. Als Quorum war die Unterstützung durch 5 % der Stimmberechtigten vorgesehen. Es wurde implizit vorausgesetzt, dass der Landtag sich mit auf diese Weise eingebrachten Anträgen zu befassen hätte. Weitergehende Einflussmöglichkeiten wurden den Bürgern nicht zugestanden.

4   Vgl. die Synopse in LT-Drs. 12/3350. Der Umstand, dass die Entwürfe der SPD als auch der CDU denen aus Sachsen-Anhalt relativ ähnlich waren, lässt sich wohl nicht zuletzt darauf zurückzuführen, dass dort die Professoren Hans-Peter *Schneider* und *Starck* als Sachverständige beteiligt waren, die in Niedersachsen dann auch die SPD bzw. die CDU berieten und von diesen als Sachverständige benannt wurden. Daneben hat auch der Umstand eine Rolle gespielt, dass die Verwaltung in Sachsen-Anhalt mit tatkräftiger Hilfe aus Niedersachsen aufgebaut wurde.

der Sonderausschuss einen eigenen Vorschlag,[1] der nach nochmaliger Überarbeitung dem Landtag zur Entscheidung vorgelegt[2] und mit weiteren geringfügigen Änderungen am 19. Mai 1993 von diesem angenommen wurde.[3]

Gut ein Jahr später, am 23. Juni 1994, wurde dann auch das Gesetz über Volksinitiative, Volksbegehren und Volksentscheid (NdsVAbstG) erlassen.[4]

II. Die Volksinitiative nach Art. 47 NdsV

Im Gegensatz zu den vergleichbaren Regelungen in den übrigen Landesverfassungen ist Art. 47 NdsV sehr kurz gefasst. Dem Ausführungsgesetz kommt daher umso größere Bedeutung zu.

A. Der Anwendungsbereich der Volksinitiative

Aus Art. 47 Satz 1 NdsV ergibt sich, dass nur solche Angelegenheiten als Gegenstand einer Volksinitiative in Betracht kommen, zu denen der Landtag innerhalb seiner Zuständigkeiten überhaupt eine Entscheidung treffen kann.[5] Auf dieser Stufe des Verfahren gelten jedoch noch keinerlei inhaltliche Beschränkungen,[6] etwa in Bezug auf Anträge zum Haushalt des Landes, zu Abgaben und den Bezügen der Angehörigen des Öffentlichen Dienstes. Auch sind Personalentscheidungen nicht ausdrücklich ausgenommen, so dass die Bürger dem

---

1   LT-Drs. 12/4650. Die vorgeschlagenen Regelungen über die direktdemokratischen Verfahren entsprachen bereits dem geltenden Recht. Änderungen wurden nicht mehr vorgenommen. Nachdem sowohl die CDU als auch die SPD in ihrem eigenen Entwurf dem Vorbild der LSA-V gefolgt waren, kann es kaum verwundern, dass auch der Ausschuss sich entsprechend orientiert hat. Die Volksinitiative wurde als eigenständiges Verfahren ausgestaltet und nicht als notwendige Vorstufe von Volksbegehren und Volksentscheid. Die Regelungen der Artt. 48 f. des Entwurfs über die zuletzt genannten Verfahren entsprechen im wesentlichen dem Vorbild des Art. 81 LSA-V. Allerdings wurde hier die terminologische Problematik des Art. 81 II 1 LSA-V (dazu siehe oben S. 339) erkannt und entschärft.
    Für die Volksinitiative sollte ein Quorum von 70.000 Unterschriften gelten, für das Volksbegehren sollte die Unterstützung durch 10 % der Stimmberechtigten erforderlich sein. Nicht übernommen wurde die Regelung des Art. 81 IV LSA-V für den Fall, dass der Landtag einen konkurrierenden Entwurf zur Abstimmung stellen sollte. Art. 50 sah einen Kostenerstattungsanspruch zugunsten der Vertreter eines erfolgreichen Volksbegehrens vor.
2   LT-Drs. 12/4800. Die Regelungen der Artt. 47 ff. des Entwurf waren praktisch unverändert geblieben. In Art. 47 S. 2 war lediglich die Reihenfolge von „Vertreterinnen und Vertretern" geändert worden.
3   GVBl. S. 107. geändert durch Gesetz vom 6.6.1994, GVBl. S. 229.
4   GVBl. S. 270.
5   Dazu siehe oben S. 442 ff. zu Art. 41 I SH-V. Angesichts dieses weiten Anwendungsbereiches erscheint es angemessen, dass in Niedersachsen die direktdemokratischen Verfahren in einem eigenen Abschnitt geregelt wurden und nicht in Zusammenhang mit den Bestimmungen über die Gesetzgebung, wie es in Sachsen-Anhalt geschehen ist; vgl. dazu oben S. 597, Fn. 5.
6   Damit hat der Verfassunggeber eine Forderung der CDU-Fraktion übernommen, vgl. LT-Drs. 12/3210 (Artt. 38/1 und 38/2 I 3). Die Fraktionen von SPD und Grünen hatten in ihrem Entwurf noch vorgesehen, dass die inhaltlichen Beschränkungen bereits auf der Ebene der Volksinitiative gelten sollten, vgl. LT-Drs. 12/3008 (Art. 36/1 I 3)

Landtag auf diesem Wege grundsätzlich auch Vorschläge über die Besetzung von Staatsämtern machen können.[1]

Es fällt auf, dass Gesetzentwürfe in Art. 47 Satz 1 NdsV nicht ausdrücklich zu tauglichen Gegenständen einer Volksinitiative erklärt wurden. Daraus kann aber nicht geschlossen werden, dass diese in Niedersachsen vom Anwendungsbereich dieses Verfahrens ausgeschlossen wären. Zwar ist die Volksinitiative nach der Landesverfassung nicht als notwendige Vorstufe des Volksgesetzgebungsverfahrens ausgestaltet. Bei Gesetzentwürfen handelt es sich aber unzweifelhaft um Gegenstände der politischen Willensbildung.[2]

B. Das Verfahren der Volksinitiative

Art. 47 Satz 1 NdsV schreibt für das Verfahren der Volksinitiative lediglich vor, dass der Antrag schriftlich eingebracht werden muss und der Unterstützung durch 70.000 Stimmberechtigte bedarf. Dies entspricht etwas mehr als einem Prozent der Stimmberechtigten.

Die Initiatoren müssen durch mindestens fünf und höchstens neun Personen vertreten werden,[3] die bereits auf den Unterschriftsbögen benannt werden müssen daher unter keinen Umständen nachträglich von den übrigen Unterzeichnern bestimmt werden können.[4] Erklärungen sind nur dann verbindlich, wenn sie von der Mehrheit der Vertreter abgegeben werden.[5]

1. Die Anzeige der beabsichtigten Sammlung von Unterschriften

Die Vertreter der Initiatoren haben die Absicht, Unterschriften für eine Volksinitiative zu sammeln, zusammen mit dem Antrag und ihren eigenen Namen beim Landeswahlleiter

---

1　Ebenso wie Art. 80 I 1 LSA-V; dazu siehe oben S. 332 f. Dies hat in Niedersachsen über die Wahl des Ministerpräsidenten gemäß Artt. 7 S. 2, 29 I hinaus erhebliche Bedeutung, da nach Art. 29 III und IV NdsV nicht nur die Landesregierung insgesamt zur Amtsübernahme der Bestätigung durch den Landtag bedarf, sondern auch jede spätere Berufung oder Entlassung eines Mitgliedes der Landesregierung. Nach Art. 55 II NdsV werden zudem die Mitglieder des Staatsgerichtshofes vom Landtag gewählt.
　Wiederum ist zu beachten, dass die Landesverfassung das Antragsrecht für bestimmte Personalentscheidungen ausdrücklich und abschließend regelt. Dies gilt zunächst für das konstruktive Misstrauensvotum nach Art. 32 NdsV, das gem. Abs. II „*nur*" von einem Drittel der Mitglieder des Landtags beantragt werden kann. Nichts anderes gilt für den Antrag auf Selbstauflösung des Landtags gemäß Art. 10 II 1 NdsV.

2　Den ausdrücklichen Regelungen in den anderen Ländern kommt daher allenfalls deklaratorische Bedeutung zu. Selbst wenn man davon ausgehen würde, dass Gesetzentwürfe in Niedersachsen nicht als Gegenstand einer Volksinitiative in Betracht kommen, dann könnte sich dies nur auf solche Initiativen beziehen, denen ein *formeller* Gesetzentwurf zugrunde liegt. Der Landtag könnte aber dennoch angeregt werden, auf eine bestimmte Situation auf eine bestimmte Art und Weise zu reagieren – Handelt es sich um keinen Einzelfall, dann kann diese Reaktion grundsätzlich nur im Erlass eines Gesetzes bestehen.

3　§ 5 I NdsVAbstG.

4　Auf die Probleme im Zusammenhang mit der demokratischen Legitimation der Vertreter wurde bereits hingewiesen; dazu siehe oben S. 455, Fn. 1.

5　§ 5 II 1 NdsVAbstG.

einzureichen.¹ Weder aus der NdsV noch aus dem NdsVAbstG ergibt sich, dass Anträge begründet werden müssen.² Auch ist keine Sperrfrist für inhaltsgleiche Volksinitiativen vorgesehen.³

Der Landeswahlleiter übermittelt die Volksinitiative der Landesregierung und dem Landtag. Der Landtagspräsident weist die Vertreter der Initiatoren gegebenenfalls auf rechtliche Bedenken hin.⁴ Die beabsichtigte Volksinitiative wird mit einer kurzgefassten Wiedergabe des Antrags und der Angabe der Vertreter im Ministerialblatt des Landes veröffentlicht.⁵ Da keine Änderungsmöglichkeit vorgesehen ist, können die Initiatoren ihren ursprünglichen Antrag nicht modifizieren, um rechtlichen Bedenken des Landtagspräsidenten Rechnung zu tragen. Ihnen bleibt nur die Möglichkeit, das Verfahren abzubrechen und anzuzeigen, dass sie nunmehr beabsichtigen, für einen geänderten Antrag Unterschriften zu sammeln. Obwohl sich dies nicht ausdrücklich aus dem NdsVAbstG ergibt, ist davon auszugehen, dass der ursprüngliche Entwurf in diesem Fall nicht veröffentlicht wird.

Die Vertreter der Initiatoren habe Anspruch darauf, vom Landeswahlleiter bei der Gestaltung der Unterschriftsbögen beraten zu werden.⁶ Die systematische Stellung des insofern einschlägigen § 6 III NdsVAbstG impliziert, dass der Anspruch auf Beratung erst besteht, *nachdem* die beabsichtigte Initiative angezeigt wurde. Zu beachten ist jedoch, dass die Frist für die Einreichung der Unterschriftsbögen bereits mit der Anzeige zu laufen beginnt.⁷ Damit § 6 III NdsVAbstG nicht leer läuft,⁸ ist es daher sinnvoll und geboten, den Vertretern das Recht zu geben, sich bereits *vor* der Anzeige beraten zu lassen.⁹

2. Die Sammlung der Unterschriften

Die Sammlung der Unterschriften obliegt allein den Initiatoren. Einzelne Unterschriften können nicht mehr zurückgenommen werden.¹⁰ Das Stimmrecht der Unterzeichner muss an

---

1   § 6 I 1 NdsVAbstG.
2   Dazu siehe auch oben S. 512 zu Art. 76 I 2 BbgV.
3   Der Landtag kann also im Grunde immer wieder mit demselben Antrag befasst werden, sofern sich genügend Unterstützer finden.
4   § 6 II 2 NdsVAbstG; da die Landesregierung formal nicht am Verfahren beteiligt ist, kann sie die Volksinitiative zwar nach der Mitteilung des Landeswahlleiters ebenfalls überprüfen. Sie hat dann aber nur die Möglichkeit, dem Landtagspräsidenten eventuelle rechtliche Bedenken mitzuteilen. Ob dieser sich diese Bedenken zu eigen macht, ist allein seine Sache.
5   § 6 IV NdsVAbstG.
6   Diese Bögen müssen gemäß § 4 I NdsVAbstG den Vorschriften dieses Gesetzes und der nach § 38 NdsVAbstG erlassenen Ausführungsverordnung entsprechen. Vgl. zum Recht auf Beratung auch schon oben S. 454 zu § 5 SH-VAbstG.
7   Das ergibt sich aus § 9 I NdsVAbstG. Aus diesem Grund ist es im Übrigen auch geboten, dass die Bekanntmachung nach § 6 IV NdsVAbstG unverzüglich erfolgt!
8   Allerdings spricht nichts dagegen, die Gestaltung der Bögen während des Verfahrens zu ändern.
9   Da der Landeswahlleiter dann aber gegebenenfalls bereits von der beabsichtigten Sammlung von Unterschriften erfahren hat, erfüllt die – dennoch notwendige – formelle Anzeige des § 6 I NdsVAbstG nur noch den Zweck, den Beginn der Frist nach § 9 I NdsVAbstG festzulegen.
10 So ausdrücklich § 7 II NdsVAbstG.

635

dem Tage bestehen, an dem die Unterschrift durch „die Gemeinde"[1] bestätigt wird.[2/3] Da das NdsVAbstG nicht verlangt, dass die Unterschriftsbögen nach den Bezirken der Meldebehörden getrennt geführt werden müssen, haben gegebenenfalls mehrere Gemeinden die Unterschriften auf einem einzigen Bogen zu bestätigen.

Fraglich ist, ob und gegebenenfalls welche Frist für die Eintragung gilt.[4] Aus § 9 I NdsVAbstG ergibt sich nur, dass die Unterschriftsbögen spätestens ein Jahr nach der Anzeige der Volksinitiative beim Landeswahlleiter einzureichen sind. Das allein bedeutet nicht zwangsläufig, dass tatsächlich erst nach der Anzeige mit der Sammlung von Unterschriften begonnen werden kann. Zwar deutet die Formulierung des § 6 NdsVAbstG darauf hin, dass die Anzeige am Beginn des Verfahrens stehen muss. Denn schließlich ist bereits die „Absicht" der Unterschriftensammlung anzuzeigen. Auf der anderen Seite ist aber zu beachten, dass die Regelungen der §§ 6, 9 NdsVAbstG eine Entsprechung in den Bestimmungen der §§ 15 und 17 NdsVAbstG für das Volksbegehren haben. Aus § 17 I 1 NdsVAbstG ergibt sich nun aber unzweifelhaft, dass mit der Sammlung von Unterschriften für das Volksbegehren schon *vor* der Anzeige nach § 15 I 1 NdsVAbstG begonnen werden kann.[5] Dies deutet darauf hin, dass auch die „Anzeige" nach § 6 I 1 NdsVAbstG nur eine reine Formalität darstellt.[6]

C. Die Entscheidung über die Zulässigkeit der Volksinitiative

Die Unterschriftsbögen sind beim Landeswahlleiter einzureichen. Dieser stellt fest, ob das Quorum von 70.000 Unterschriften erreicht wurde und übermittelt den Antrag dann dem

---

1   Gemeint ist damit ohne Zweifel die jeweilige Wohnortgemeinde. Nur diese verfügt über die erforderlichen Informationen.

2   § 8 Satz 2 NdsVAbstG. Ebenso wie nach den §§ 2 SächsVVVG, 2 I LSA-VAbstG ist es somit unschädlich, wenn einzelne Unterschriften von Personen stammen, die zum Zeitpunkt der Einreichung des Antrags nicht mehr stimmberechtigt sind; dazu siehe oben S. 564 und 600.

3   § 8 S. 3 NdsVAbstG macht einen entsprechenden Hinweis auf den Bögen obligatorisch. Dies ist durch das Recht auf informationelle Selbstbestimmung geboten.

4   Da Art. 50 II NdsV den Gesetzgeber ausdrücklich zur Regelung der Einzelheiten der Volksinitiative ermächtigt, stehen der Einführung einer Unterstützungsfrist für die Volksinitiative keine verfassungsrechtlichen Bedenken gegenüber, vgl. dazu die Ausführungen zur Rechtslage in Schleswig-Holstein, S. 453 und dort Fn. 6.

5   Andernfalls wäre es nicht möglich, dass die Unterschriftsbögen bereits am Tage nach der Bekanntmachung des Volksbegehrens gem. § 15 IV NdsVAbstG eingereicht werden könnten; dazu siehe unten S. 639.

6   Selbst wenn man die Frist des § 9 I NdsVAbstG als Unterzeichnungsfrist ansehen will, ist zu beachten, dass die Unterzeichner nicht ausdrücklich verpflichtet sind, das *Datum* ihrer Unterschrift vermerken. Gemäß § 8 S. 2 NdsVAbstG kommt es auch nicht darauf an, ob das Recht zur Beteiligung im Moment der Unterschriftsleistung bestanden hat. Den Vertretern der Initiatoren ist es damit in jedem Fall möglich, schon im Vorfeld der Anzeige Unterschriften zu sammeln, die sie dann den Gemeinden zur Bestätigung des Stimmrechts einreichen können.

Landtag.¹ Hat eine Person mehrfach unterzeichnet, bleiben alle ihre Eintragungen unberücksichtigt.²

Eine interessante Regelung enthält § 10 II NdsVAbstG, nach dem eine Eintragung trotz einer fehlerhaften Angabe des Vornamens oder der Hauptwohnung nicht ungültig ist, wenn durch Hinzuziehung des Melderegisters Klarheit geschaffen werden kann.

Der Landtag entscheidet innerhalb von sechs Wochen darüber, ob er sich mit der Volksinitiative befasst. Diese Frist wird von den Parlamentsferien unterbrochen und kann mit Zustimmung der Vertreter der Initiatoren auch verlängert werden.³ Allerdings ist dem Landtag kein Ermessen eröffnet. Er hat zu überprüfen, ob die Volksinitiative zulässig ist, also ob ihr ein Antrag über einen Gegenstand zugrunde liegt, zu dem der Landtag innerhalb seiner Kompetenzen eine Entscheidung treffen könnte. Ist dies der Fall, dann muss das Parlament die Initiative behandeln.⁴ Insbesondere spielt es keine Rolle, ob der Landtag Zweifel in Bezug auf die Vereinbarkeit des Antrags mit höherrangigen Rechtsnormen hat.⁵

Hält der Landtag die Volksinitiative für unzulässig und weigert er sich, sich mit ihrem Anliegen zu befassen, so können die Vertreter der Initiatoren gemäß § 11 I 4 NdsVAbstG innerhalb eines Monats den Staatsgerichtshof des Landes anrufen. Bei dieser Bestimmung handelt es sich allerdings um keine abschließende Regelung.⁶ Die Generalklausel des Art. 54 Nr. 2 NdsV eröffnet nicht nur den Antragstellern, sondern auch der Landesregierung und einem Fünftel der Mitglieder des Landtags bei Streitigkeiten über die Durchführung von Volksinitiativen, Volksbegehren oder Volksentscheiden den Rechtsweg zum Staatsgerichtshof. Demzufolge kann eine ablehnende Entscheidung des Landtags auch von einer qualifizierten Minderheit der Landtagsabgeordneten angefochten werden.⁷ Auf der anderen Seite ist es einer solchen qualifizierten Minderheit auch möglich, das Verfassungsgericht anzurufen, wenn der Landtag die Volksinitiative für zulässig erklärt hat.⁸ Einem entsprechenden Antrag kommt aufschiebende Wirkungen zu. Der Landtag kann sich mit der Initiative also nicht befassen, bis der Staatsgerichtshof rechtskräftig entschieden hat.⁹

---

1   § 9 I und II NdsVAbstG.

2   §§ 10 I Nr. 2 i.V.m. 7 I 2 NdsVAbstG; ebenso § 17 Nr. 6 SH-VAbstG; dazu siehe oben S. 471. Hingegen zählt nach dem SächsVVVG die erste Eintragung; dazu siehe oben S. 563.

3   Vgl. § 11 I NdsVAbstG. Nach dem ursprünglichen Gesetzentwurf sollte die Entscheidung über die Zulässigkeit dem Innenministerium obliegen; vgl. § 6 des Entwurfs in LT-Drs. 12/5755.

4   Alles andere wäre mit Art. 47 Satz 1 NdsV unvereinbar.

5   Diese Zweifel können ihn lediglich dazu veranlassen, den Antrag abzuweisen; dazu siehe oben S. 522 f. zur vergleichbaren Rechtslage in Brandenburg.

6   Eine andere Meinung scheint *Przygode*, S. 191, zu vertreten, der in Bezug auf § 11 I 4 NdsVAbstG von einer „personellen Engführung" spricht. Tatsächlich steht es dem einfachen Gesetzgeber nicht zu, Art. 54 Nr. 2 NdsV einzuschränken. Unklar *Hagebölling*, Art. 54 NdsV, S. 134 f., den Charakter des Art. 54 Nr. 2 NdsV als Generalklausel verkennt und daher die Möglichkeit diskutiert, dass der Staatsgerichtshof durch § 11 I 4 NdsVAbstG eine weitere Zuständigkeit im Sinne des Art. 54 Nr. 6 NdsV erhält.

7   Ob die Initiatoren selbst einen entsprechenden Antrag gestellt haben, tut dabei nichts zur Sache.

8   Theoretisch könnte auch die Landesregierung entsprechende Anträge stellen. Dies wird sie aber de facto kaum tun, da sie von der Landtagsmehrheit gestützt wird.

9   Dazu siehe oben S. 611 zur vergleichbaren Rechtslage in Sachsen-Anhalt und allgemein S. 468 zu Art. 42 I 2 SH-V und § 13 I SH-VAbstG.

D. Die Behandlung der Volksinitiative im Landtag

Hat der Landtag die Volksinitiative für zulässig erklärt, so muss er nach Art. 47 Satz 2 NdsV die Vertreter der Initiatoren anhören. Diese (öffentliche) Anhörung erfolgt im jeweils zuständigen Ausschuss. Der Landtag ist berechtigt, das Verfahren in seiner Geschäftsordnung zu regeln.[1] Weder in Art. 47 NdsV noch im NdsVAbstG wurde dem Landtag eine Frist für die Behandlung der Volksinitiative vorgegeben. Berücksichtigt man, dass das Verfahren der Volksinitiative in Niedersachsen völlig getrennt von dem der Volksgesetzgebung ausgestaltet wurde, besteht daher die Möglichkeit, dass der Landtag die Behandlung der Volksinitiative bis in alle Ewigkeit hinauszögert, ohne einen Beschluss zu fassen.

Stimmt der Landtag der Volksinitiative zu, ersetzt diese Entscheidung gegebenenfalls einen formellen Gesetzesbeschluss.[2]

III. Das Volksgesetzgebungsverfahren

A. Das Volksbegehren nach Art. 48 NdsV

Der Gesetzgeber hat sich in Niedersachsen dazu entschlossen, die in der Verfassung vorgegebene Trennung von Volksinitiative auf der einen Seite und Volksbegehren bzw. Volksentscheid auf der anderen konsequent aufrecht zu erhalten. Eine erfolgreiche Volksinitiative hat daher rechtlich keinerlei Auswirkungen auf die Einleitung und Durchführung des Verfahrens bis zu einem Volksentscheid.[3]

1. Der Anwendungsbereich des Volksbegehrens

Als Gegenstand des Volksbegehrens kommen in Niedersachsen nach Art. 48 I 1 NdsV nur Entwürfe für Gesetze des Landes in Betracht. Auch hier greifen gemäß Art. 48 I 3 NdsV auf der Ebene des Volksbegehrens und des gegebenenfalls daran anschließenden Volksentscheids die „üblichen" inhaltlichen Beschränkungen in Bezug auf den Landeshaushalt, öffentliche Abgaben sowie Dienst- und Versorgungsbezüge. Insofern kann grundsätzlich auf die Ausführungen zu den anderen neueren Landesverfassungen verwiesen werden.[4]

Nach Art. 48 I 3 NdsV kommen „Gesetze über den Landeshaushalt" nicht als Gegenstand von Volksbegehren und Volksentscheid in Frage. Dies entspricht dem Vorbild der Verfassungen von Bayern und Schleswig-Holstein.[5] Auch in Niedersachsen muss der Haushaltsvorbehalt daher eng ausgelegt werden und ein Volksbegehren ist grundsätzlich nur

---

1 Vgl. § 11 II 1 bzw. III NdsVAbstG.
2 Gemäß Art. 42 III NdsV können Gesetzentwürfe durch Volksinitiative eingebracht werden. Vgl. dazu oben S. 462 zur vergleichbaren Rechtslage in Schleswig-Holstein und S. 521 bzw. S. 603 zur abweichenden Rechtslage in Brandenburg und Sachsen-Anhalt.
3 Anders § 10 III LSA-VAbstG; dazu siehe oben S. 608.
4 Dazu siehe oben S. 604 zur Rechtslage in Sachsen-Anhalt und ausführlich S. 446 ff. zu Art. 41 II SH-V.
5 Dazu siehe ausführlich oben S. 273 ff. zur Rechtslage in Bayern und den anderen älteren Landesverfassungen sowie S. 447 ff. zu Art. 41 II SH-V und S. 562 f. zu Art. 73 I SächsV.

dann unzulässig, wenn es sich auf den Landeshaushalt im Sinne des Art. 65 NdsV bezieht, also auf das formelle Haushaltsgesetz oder den Haushaltsplan selbst.[1] Darüber hinaus ist ein Antrag auch dann unzulässig, wenn er im Falle seiner Annahme den gesamten Haushalt aus dem Gleichgewicht bringen würde, weil die Landesregierung und der Landtag keine Möglichkeit haben, die finanziellen Auswirkungen innerhalb des vorgegebenen Haushaltsvolumens auszugleichen.[2]

Die Notwendigkeit einer engen Auslegung des Haushaltsvorbehaltes wird auch durch die Entstehungsgeschichte der Norm bestätigt. Sowohl der Entwurf der Fraktionen von SPD und Grünen[3] als auch derjenige der CDU[4] hatten zunächst nur auf „Haushaltsgesetze" Bezug genommen. Zwar geht Art. 48 I 3 NdsV insofern etwas weiter, als er auch den diesem Gesetz zugrunde liegenden Haushaltsplan erfasst und damit klar stellt, dass das Haushaltsvorbehalt nicht umgangen werden darf. Auf der anderen Seite hat sich der Sonderausschuss „Niedersächsische Verfassung" bei der Formulierung des Art. 48 I 3 NdsV bewusst nicht den Vorschlag der FDP-Fraktion zu eigen gemacht,[5] in dem der Landeshaushalt nur als ein Beispiel für „finanzwirksame Gesetze" genannt worden war.[6]

Nach Art. 48 I 2 NdsV muss dem Begehren ein „ausgearbeiteter" und mit Gründen versehener Gesetzentwurf zugrunde liegen. Der Entwurf muss somit so detailliert sein, dass er vom Landtag übernommen werden könnte, ohne dass dieser weitere Ausführungsbestimmungen erlassen müsste.[7] Die Begründung muss umfassend sein und nicht nur den Grund für die Einleitung des Volksbegehrens erkennen lassen, sondern auch die Auswirkungen der Annahme des diesem zugrunde liegenden Antrags auf die Rechts- bzw. Verfassungsord-

---

1 Etwas weiter hingegen *Muhle/Lontzek*, NordÖR 2007, S. 227, 229 ff., die zum einen maßgeblich auf die Entstehungsgeschichte und darauf abstellen, dass sich die Mitglieder des Sonderausschusses Niedersächsische Verfassung bewusst gegen den engeren Begriff „Haushaltsgesetze" entschieden und damit klar gestellt habe, dass eben nicht nur das Haushaltsgesetz selbst vom Anwendungsbereich des Volksbegehrens ausgeschlossen sein soll. Andererseits stellen *Muhle/Lontzek* klar, dass sich aus Art. 48 I 3 NdsV auch kein allgemeiner Finanzvorbehalt ergibt, da ein entsprechender Vorschlag im Ausschuss keine Mehrheit gefunden habe.
  Zum anderen stellen *Muhle/Lontzek* auf den angeblichen Telos des Art. 48 NdsV ab und führen die üblichen Argumente an (Interessengruppen, Komplexität, parlamentarisches Budgetrecht), ohne dass sich daraus ein Maßstab für die Zulässigkeit ergeben würde. Im Ergebnis schließen sie sich der Rechtsprechung der Verfassungsgerichte der anderen Länder an (a.a.O., S. 230 f.), wobei sie trotz der durchaus differenzierenden Judikate von „einhellig entwickelten Grundsätzen" sprechen.
  Nach ihrer Ansicht soll das Begehren wegen der zu erwartenden Mehrausgaben in Höhe von ca. 16 Mio. EUR (das entspricht 0,074 % des Haushaltsvolumens für das Jahr 2005) unzulässig gewesen sein. Im Ergebnis ist dies mit einem totalen Finanzvorbehalt gleichzusetzen.
2 Da in Niedersachsen ebenso wie in Schleswig-Holstein aber anders als in Brandenburg nur Verfahren „über" den Landeshaushalt unzulässig sind, nicht aber Anträge „zum" Haushalt, kommt es nicht auf die Absichten der Antragsteller und darauf an, ob der Antrag den Gesamtbestand des Haushaltes zwar nicht in Frage stellt, aber unmittelbar auf den Landeshaushalt zielt, vgl. dazu oben S. 448 bzw. 509.
3 Art. 36/1 I 3, vgl. LT-Drs. 12/3350, S. 104.
4 Art. 38/2 I 3, vgl. LT-Drs. 12/3350, S. 105.
5 Vgl. die synoptische Darstellung in LT-Drs. 12/3350, S. 98 f.
6 Vgl. LT-Drs. 12/4650.
7 Dazu siehe oben S. 607 zu Art. 81 I 2 LSA-V.

nung des Landes.[1] § 12 II NdsVAbstG konkretisiert dies entsprechend der Vorgabe des Art. 68 I NdsV insoweit, als die Begründung auch die Kosten und Mindereinnahmen darlegen muss, die für die öffentlichen Hand im Falle der Annahme des Gesetzes in absehbarer Zeit entstehen würden.[2]

2. Das Anzeigeverfahren nach § 15 NdsVAbstG

Der Gesetzgeber in Niedersachsen hat auf ein gesondertes Volksantragsverfahren verzichtet. Das Volksbegehren kann somit ohne weiteres eingeleitet werden.

Allerdings muss die Absicht, Unterschriften für ein Volksbegehren zu sammeln, schriftlich dem Landeswahlleiter angezeigt werden.[3] Das Anzeigeverfahren entspricht im wesentlichen dem bei der Anzeige der Sammlung von Unterschriften für eine Volksinitiative.[4] Der Anzeige ist der Gesetzentwurf samt Begründung beizufügen. Sie muss von allen Vertretern der Antragsteller unterschrieben sein.[5]

Der Landeswahlleiter teilt der Landesregierung und dem Landtag das beabsichtigte Volksbegehren mit. Er übermittelt den Vertretern der Antragsteller ein Muster, nach dem die Unterschriftsbögen zu gestalten sind. Das beabsichtigte Volksbegehren ist im Ministerialblatt bekanntzumachen. Anders als nach der entsprechenden Anzeige im Verfahren der Volksinitiative müssen die Vertreter hier nicht auf rechtliche Bedenken hingewiesen werden.[6]

3. Die Sammlung von Unterschriften für das Volksbegehren

Die Sammlung der Unterschriften für das Volksbegehren obliegt den Antragstellern. Das Verfahren entspricht grundsätzlich dem bei der Volksinitiative.[7] Eine Eintragung kann auch hier nicht zurückgenommen werden.[8] Aus § 17 I 1 NdsVAbstG ergibt sich mittelbar, dass grundsätzlich schon vor der Anzeige mit der Sammlung von Unterschriften begonnen werden kann.[9]

---

1 Dazu siehe oben S. 453 zu Art. 41 I 2 SH-V. Die Anforderungen dürfen dennoch nicht übersteigert werden: Ein technisch bis ins letzte Detail perfekter Entwurf kann nicht verlangt werden, vgl. dazu *Löwer/Menzel*, NdsVBl. 2002, S. 89, 91.

2 Auch *Hagebölling*, Art. 48 NdsV, Anm. 1, weist darauf hin, dass Art. 68 I NdsV zu beachten ist. Hier bestätigt sich im Übrigen, dass nicht alle finanzwirksamen Gesetze vom Anwendungsbereich der Verfahren ausgeschlossen sind.

3 § 15 NdsVAbstG.

4 Ebenso wie für die Volksinitiative nach § 6 I NdsVAbstG; dazu siehe oben S. 633.

5 § 14 NdsVAbstG enthält in bezug auf diese Vertreter eine mit § 5 NdsVAbstG identische Regelung; dazu siehe oben S. 633.

6 Vgl. im Gegensatz dazu § 6 II 2 NdsVAbstG; dazu siehe oben S. 634. Der Landtag ging davon aus, dass die Initiatoren von sich aus rechtliche Rat einholen werden, LT-Drs. 12/6388, S. 8.

7 Vgl. dazu § 16 NdsVAbstG auf der einen und § 7 NdsVAbstG auf der anderen Seite.

8 So ausdrücklich § 16 III NdsVAbstG.

9 Andernfalls wäre es kaum möglich, dass die Unterschriftsbögen bereits am Tage nach der Bekanntmachung des beabsichtigten Volksbegehrens gemäß § 15 IV NdsVAbstG eingereicht werden.

Unterzeichnen mehrere Personen auf einem einzigen Bogen, so müssen diese ihre Hauptwohnung in derselben Gemeinde haben.[1] Die Unterschriftsbögen sind bei den Gemeinden einzureichen. Dies kann nicht nur durch die Antragsteller bzw. ihre Vertreter selbst geschehen, sondern durch *alle* Personen.[2] Dies ist nicht ganz unproblematisch, da die Antragsteller darauf angewiesen sind, die Zahl der Unterschriften zu schätzen. Sie haben keine Möglichkeit, die Prüfung der Unterschriften durch die Gemeinden zu beeinflussen.[3]

Die Gemeinden stellen die Unterschriftsberechtigung der Unterzeichner fest und vermerken sie gegebenenfalls auf den Bögen. Maßgeblich ist insofern der Tag der Unterzeichnung.[4] Mehrfache Eintragungen durch dieselbe Person werden insgesamt nicht mitgezählt.[5] Auf Anforderung teilen die Gemeinden dem Landeswahlleiter mit, wie viele gültige Eintragungen ihnen vorliegen. Dieser hat seinerseits den Vertretern der Antragsteller auf Verlangen alle zwei Monate mitzuteilen, wie viele Unterschriften bislang bei den Gemeinden eingereicht worden sind.

Die Vertreter der Antragsteller können das Volksbegehren nur solange zurücknehmen, bis den Gemeinden 25.000 Unterschriften vorliegen.[6]

4. Der Antrag auf Entscheidung über die Zulässigkeit des Volksbegehrens

Die systematische Stellung des Art. 48 II NdsV impliziert, dass die Entscheidung über die Zulässigkeit des Volksbegehrens getroffen wird, *bevor* die Sammlung von Unterschriften abgeschlossen ist.[7] Eine solche Überprüfung setzt wiederum voraus, dass ein entsprechender Antrag gestellt wird.[8] Der Gesetzgeber hat sich in Niedersachsen dazu entschlossen, dieses Antragsverfahren in das Verfahren für das Volksbegehren einzugliedern.

---

1 § 16 II NdsVAbstG; insofern unterscheidet sich das Verfahren von dem bei der Volksinitiative.
2 Vgl. § 17 I 1 bzw. 2 NdsVAbstG.
3 Im Zusammenhang mit der Volksinitiative gegen die Rechtschreibreform wurde die Vermutung laut, dass ein großer Teil der eingereichten Listen „verschwunden" sei; vgl. dazu unten S. 651 f.
4 Vgl. § 17 II NdsVAbstG; zum vergleichbaren § 8 Satz 2 NdsVAbstG; siehe oben S. 635, insbes. Fn. 2.
5 §§ 18 I Nr. 2 i.V.m. 16 I 2 NdsVAbstG; so auch schon §§ 10 I Nr. 2 i.V.m. 7 I 2 NdsVAbstG; dazu siehe oben S. 636. § 18 II NdsVAbstG enthält eine § 10 II NdsVAbstG (dazu oben S. 636) entsprechende Regelung zur Klärung von Zweifeln bei unklaren Angaben zu Vornamen und der Hauptwohnung.
6 § 21 II NdsVAbstG entspricht der Möglichkeit zur Rücknahme eines Volksantrags nach § 14 I bis III LSA-VAbstG; dazu siehe oben S. 611 und auch S. 455 zu § 7 I SH-VAbstG.
7 Insofern unterscheidet sich die Rechtslage grundlegend von der nach Art. 81 II LSA-V; dazu siehe oben S. 605.
8 Fragwürdig ist daher die Argumentation von *Löwer/Menzel*, NdsVBl. 2003, 89, 92, die in dem Erfordernis, zunächst 25.000 Unterschriften beizubringen, bevor über die Zulässigkeit des Antrags entschieden werden kann, eine zusätzliche, in der Verfassung nicht vorgesehene und daher unzulässige Hürde sehen wollen. Berücksichtigt man, dass in Niedersachsen die Unterschriften frei gesammelt werden, kann man allenfalls bezweifeln, ob es sinnvoll ist, das Quorum so hoch festzusetzen. Dies ist jedoch eine politische Frage.
Theoretisch wäre es allerdings möglich, die Prüfung von Amts wegen vorzusehen, sobald öffentlichen Stellen die Tatsache bekannt wird, dass Unterschriften für ein Volksbegehren gesammelt werden.

a. Die Überprüfung der Zulässigkeit durch die Landesregierung

Nach § 19 I 1 NdsVAbstG können die Vertreter der Antragsteller die Feststellung der Zulässigkeit des Volksbegehrens beantragen, sobald den Gemeinden mindestens 25.000 Unterschriften vorliegen.[1] Der Antrag muss innerhalb von sechs Monaten nach der Bekanntmachung des beabsichtigten Volksbegehrens gestellt werden und ist beim Landeswahlleiter einzureichen.[2] Dieser leitet ihn der Landesregierung zu, die nach Art. 48 II 1. Hs. NdsV für die Entscheidung über die Zulässigkeit zuständig ist. Da sich aus der Verfassung nicht ergibt, dass die Landesregierung das Begehren am Maßstab des gesamten höherrangigen Rechts zu überprüfen hätte, kann sie nur die Einhaltung der in Art. 48 I NdsV genannten Beschränkungen für das Volksbegehren kontrollieren.[3] Eine präventive Normenkontrolle findet somit auch hier nicht statt.[4]

Der Landtag kann ein Volksbegehren auch mit Änderungen für zulässig erklären. Aufgrund des Verhältnismäßigkeitsprinzips ist er – vorbehaltlich der noch darzustellenden Regelung des § 21 I 1 NdsVAbstG[5] – dazu verpflichtet, die Vertreter der Antragsteller gegebenenfalls zur Behebung formeller Mängel aufzufordern.[6]

Ist das Volksbegehren für zulässig erklärt worden, so hat der Landeswahlleiter die Entscheidung zusammen mit einem Muster der Unterschriftsbögen und dem Ende der Frist für die Unterstützung des Volksbegehrens im Ministerialblatt bekanntzumachen.[7] Die Unterschriftensammlung muss während der Prüfung nicht unterbrochen werden.[8]

b. Rechtsschutz gegen die Entscheidung der Landesregierung

Gegen die Entscheidung der Landesregierung über die Zulässigkeit des Volksbegehrens kann gemäß Art. 48 II 2. Hs. NdsV der Staatsgerichtshof angerufen werden. Es kommt nicht darauf an, ob die Zulässigkeit des Volksbegehrens festgestellt oder verneint wurde. Der Kreis der Antragsberechtigten ergibt sich aus Art. 54 Nr. 2 NdsV. Danach können sowohl die Antragsteller, also ihre Vertreter, einen entsprechenden Antrag beim Staatsgerichtshof stellen, als auch die Landesregierung oder eine qualifizierte Minderheit von

---

1   Durch das gegenüber der Volksinitiative erheblich niedrigere Quorum hat der Gesetzgeber dem Umstand Rechnung getragen, dass der Antrag den Landtag nicht dazu verpflichtet, sich mit seinem Gegenstand zu befassen, a.A. ohne jede Begründung *Przygode*, S. 86.
2   § 19 II NdsVAbstG.
3   Bei Anträgen auf Verfassungsänderung ist Art. 46 II NdsV zu beachten, der auch das Volk an bestimmte Strukturprinzipien der Verfassung bindet.
4   Das NdsVAbstG enthält keine Bestimmung über den Maßstab der Prüfung; dazu siehe ausführlich oben S. 295 ff.
5   Dazu siehe gleich S. 642.
6   Dazu siehe oben S. 458.
7   Vgl. § 20 NdsVAbstG; damit zeigt sich, dass der Antrag auf Feststellung der Zulässigkeit des Volksbegehrens nach § 19 NdsVAbstG im Grunde dieselbe Funktion hat, wie ein Volksantrag in den übrigen Ländern. Der wesentliche Unterschied besteht darin, dass die Unterschriften für diesen Antrag auf die für das Volksbegehren erforderliche Unterschriftenzahl angerechnet werden.
8   Anders ohne jede Begründung hingegen *Löwer/Menzel*, NdsVB, 2003, S. 89, 91.

einem Fünftel der Landtagsabgeordneten. Einem solchen Antrag kommt aufschiebende Wirkung zu.[1]

Der Antrag muss innerhalb eines Monats nach der „Zustellung" gestellt werden.[2] § 19 III 1 NdsVAbstG verlangt allerdings lediglich die Zustellung an die Vertreter der Antragsteller. Dies führt zu nicht unerheblichen Problemen, da die nach Art. 54 Nr. 2 NdsV ebenfalls antragsberechtigte Landesregierung bzw. eine qualifizierte Minderheit von einem Fünftel der Landtagsabgeordneten keine Kenntnis davon haben, wann diese Zustellung erfolgt ist.[3] Sie sind insofern auf eine rechtzeitige Unterrichtung angewiesen.

Der Staatsgerichtshof kann auch hier die Entscheidung der Landesregierung nur aufheben, nicht aber selbst die Zulässigkeit des Volksbegehrens feststellen.[4]

c. Möglichkeit der Änderung des Antrags

Die Vertreter der Antragsteller haben das Recht, den dem Volksbegehren zugrunde liegenden Antrag zu ändern, sofern die Landesregierung das Begehren nur mit Änderungen für zulässig erklärt hat. Ihnen steht dafür eine Frist von zwei Wochen nach der Unanfechtbarkeit der Zulässigkeitsentscheidung zur Verfügung.[5]

Die bisher eingereichten Unterschriften werden jedoch nur dann auf den geänderten Antrag übertragen, wenn der wesentliche Kern des Volksbegehrens durch die Änderungen unberührt bleibt. Die Feststellung, ob dies möglich ist, trifft die Landesregierung nach § 21 I 2 NdsVAbstG zusammen mit ihrer Entscheidung über die Zulässigkeit des *ursprünglichen* Begehrens. Daraus ergibt sich, dass die Vertreter der Antragsteller den Antrag nur entsprechend den Vorgaben der Landesregierung ändern können. Andernfalls müssen sie von neuem mit der Sammlung von Unterschriften für ein geändertes Begehren beginnen.[6]

d. Zum Problem der Fristen nach dem NdsVAbstG

Der Gesetzgeber des Landes Niedersachsen hat versucht, das Verfahren des Volksbegehrens eigenständig zu regeln. Leider ist es ihm im NdsVAbstG nicht gelungen, diese Regelungen in Bezug auf die Fristen widerspruchsfrei zu formulieren, die den Antragstellern zur *Einreichung* eines Antrags auf Prüfung der Zulässigkeit eines Volksbegehren bzw. der Landesregierung zur *Prüfung* dieses Antrags gesetzt wurden.

---

1 Dazu siehe oben S. 425 zur vergleichbaren Situation bei der Anfechtung der Entscheidung über die Zulässigkeit einer Volksinitiative.
2 § 19 IV NdsVAbstG.
3 Der Gesetzgeber hat möglicherweise nicht berücksichtigt, dass diese ebenfalls antragsberechtigt sind.
4 Vgl. dazu oben S. 458 und dort Fn. 6.
5 § 21 I 1 NdsVAbstG. Die Vertreter können die Entscheidung der Landesregierung somit zunächst vor dem StGH anfechten.
6 Im Ergebnis entspricht dies der Rechtslage nach den §§ 11 III i.V.m. 5 III LSA-VAbstG, wonach ein Volksantrag für unzulässig erklärt wird, wenn die Antragsteller die von der Landesregierung vorgeschlagenen Änderungen zur Behebung von Mängeln nicht innerhalb der ihnen gesetzten Frist übernehmen; dazu siehe oben S. 609.

Der Landesregierung wurde weder in der NdsV, noch im NdsVAbstG ausdrücklich eine Frist gesetzt. Aus dem systematischen Zusammenhang der Absätze 2 und 3 des Art. 48 NdsV kann lediglich geschlossen werden, dass die Zulässigkeit des Volksbegehrens überprüft werden soll, *bevor* die Sammlung von Unterschriften abgeschlossen ist. Darauf deuten auch die Bestimmungen des NdsVAbstG hin.[1] Die Sammlung von Unterschriften für ein Volksbegehren unterliegt aber wiederum ihrerseits keiner bestimmten Frist, vielmehr verlangt § 17 I 1 NdsVAbstG, dass die Unterschriften spätestens sechs Monate *nach* der Feststellung der Landesregierung über die Zulässigkeit einzureichen sind.[2] Damit kann die Landesregierung das Verfahren aber im Grunde auf unbestimmte Zeit verzögern – wobei sie es dann allerdings in Kauf nehmen muss, dass die Antragsteller mehr Zeit haben, um weitere Unterschriften zu sammeln. Denn aus dem NdsVAbstG ergibt sich keineswegs, dass die Sammlung während der Prüfung der Zulässigkeit unterbrochen werden müsste.[3]

Immerhin hat der Gesetzgeber durch eine Änderung des NdsVAbstG im Jahre 1999[4] zumindest versucht, dafür zu sorgen, dass es nicht länger in der Hand der Antragsteller liegt, wann sie den Antrag auf Feststellung der Zulässigkeit des Volksbegehrens stellen. Bis dahin hatte § 19 I NdsVAbstG nämlich zwar vorgesehen, dass ein solcher Antrag nur gestellt werden *kann*, wenn den Gemeinden innerhalb von sechs Monaten nach der Bekanntmachung des beabsichtigten Volksbegehrens 25.000 Unterschriften eingereicht wurden.[5] Ob und wann sie diesen Antrag tatsächlich stellen, war nach dem Wortlaut der einschlägigen Bestimmungen jedoch allein den Initiatoren des Verfahrens überlassen. Zwar erscheint dies auf den ersten Blick durchaus zweckmäßig zu sein, da in Niedersachsen nicht nur die Antragsteller selbst dazu berechtigt sind, Unterschriftslisten einzureichen. Sie wissen daher nicht zu jedem Zeitpunkt, wie viele Unterschriften bereits vorliegen. Allerdings ist der Landeswahlleiter seit jeher dazu verpflichtet, den Antragstellern Auskunft darüber zu erteilen, wie viele Unterschriften bislang insgesamt bei den Gemeinden eingereicht wurden. Es sollte daher kein Problem sein, in Erfahrung zu bringen, ob die erforderliche Zahl von Unterschriften bereits erreicht worden ist.

Um eine Verzögerung des Verfahrens auszuschließen, hat der Gesetzgeber daher im Jahre 1999 ausdrücklich festgeschrieben, dass der Antrag auf Feststellung der Zulässigkeit grundsätzlich innerhalb der Sechs-Monats-Frist des § 19 I 1 NdsVAbstG gestellt werden *muss*. Andernfalls hat sich das Volksbegehren erledigt.

Dem Gesetzgeber ist es mit der Neuregelung allerdings nur bedingt gelungen, seine Absicht zu erreichen. Zu beachten ist nämlich, dass der Antrag auf Feststellung der Zulässigkeit nach § 19 I 3 NdsVAbstG auch noch innerhalb von zwei Wochen gestellt werden

---

1 § 19 NdsVAbstG regelt die Entscheidung der Landesregierung über die Zulässigkeit, § 22 NdsVAbstG hingegen die Feststellung über das Zustandekommen des Volksbegehrens. Dies verkennen *Löwer/Menzel*, NdsVBl. 2003, S. 89, 91, wenn sie meinen, dass das Gesetz darauf angelegt sei, die gesamten Unterschriften vor der Prüfung der Zulässigkeit zu sammeln.
2 Darüber hinaus sieht § 19 I 2 NdsVAbstG vor, dass der Antrag auf Feststellung der Zulässigkeit eines Volksbegehrens innerhalb von sechs Monaten nach der Bekanntmachung dieses Volksbegehrens gestellt werden muss.
3 Anders aber *Löwer/Menzel*, NdsVBl. 2003, S. 89, 91, die ohne nähere Begründung davon ausgehen, dass die Sammlung unterbrochen werden muss.
4 GVBl. S. 157.
5 Andernfalls ist das Volksbegehren erledigt.

kann, wenn den Vertretern der Volksinitiative später als zwei Wochen vor Ablauf der Sechs-Monats-Frist bekannt gegeben werden sollte, dass das Quorum für den Antrag auf Feststellung der Zulässigkeit des Volksbegehrens erreicht wurde.[1] Diese Regelung ist nun aber deswegen von Bedeutung, weil der Landeswahlleiter die Vertreter gemäß § 17 IV NdsVABstG nicht von Amts wegen sondern nur auf Antrag informiert.[2] Zumindest theoretisch wäre es den Initiatoren des Verfahrens daher möglich, die Entscheidung über die Zulässigkeit hinauszuzögern, indem sie sich schlicht weigern, den aktuellen Stand der Unterschriften abzufragen. Völlig unabhängig von der Frage, ob es ihnen möglich wäre, sich gegen eine unaufgeforderte Mitteilung über den Stand der Eintragungen zu verwehren, erscheint diese Taktik allerdings kaum praktikabel, da das Verfahren eine gewisse Eigendynamik entfaltet und den Initiatoren daher daran gelegen sein wird, die Öffentlichkeit über die Zahl der Unterschriften zu unterrichten.

5. Die Feststellung über das Zustandekommen des Volksbegehrens

Die Feststellung über das Ergebnis des Volksbegehrens trifft auf Antrag der Vertreter der Antragsteller der Landeswahlausschuss.[3] Auch ohne einen solchen Antrag ist er zu einer solchen Feststellung verpflichtet, sobald die Frist des § 17 I NdsVAbstG abgelaufen ist. Das Volksbegehren ist nach Art. 48 III 1 NdsV zustande gekommen, wenn es von zehn Prozent der Stimmberechtigten unterstützt worden ist.[4] Dieses Quorum ist auf Basis der Zahl der bei den letzten Landtagswahlen Stimmberechtigten zu ermitteln.[5]

Das NdsVAbstG enthält keine ausdrückliche Regelung darüber, ob und gegebenenfalls von wem die Entscheidung des Landeswahlausschusses angefochten werden kann. Zu beachten ist allerdings auch hier die Generalklausel des Art. 54 Nr. 2 NdsV. Sowohl die Antragsteller als auch die Landesregierung oder eine qualifizierte Minderheit von einem Fünftel der Landtagsabgeordneten können daher den Staatsgerichtshof anrufen.[6]

Wie schon im Zusammenhang mit der vergleichbaren Regelung des Art. 75 Nr. 2 LSA-V dargelegt wurde, ermöglicht die Generalklausel des Art. 54 Nr. 2 NdsV den Antragstellern, das Verfassungsgericht auch schon während des Verfahrens anzurufen, um Unregelmäßigkeiten zu rügen.[7] Wenn sich die Antragsteller gegen Maßnahmen untergeordneter

---

1 Also 25.000 Unterschriften innerhalb von sechs Monaten bei den Gemeinden eingereicht wurden.
2 § 17 IV NdsVAbstG sieht lediglich vor, dass der Landeswahlleiter die Antragsteller „bis zur Feststellung nach § 22" (über das Zustandekommen des Volksbegehrens) auf Anfrage alle zwei Monate über die Zahl der eingereichten Unterschriftslisten zu informieren hat. Daraus ergibt sich im Umkehrschluss, dass eine solche Anfrage nicht nur bis zum Ablauf der in § 19 I 2 NdsVAbstG genannten Frist verlangt werden kann.
3 § 22 I 1 NdsVAbstG.
4 Der Landeswahlausschuss ist in bezug auf die Feststellung über die Unterschriftsberechtigung nicht an die Feststellungen der Gemeinden gebunden.
5 So ausdrücklich § 22 II 2 NdsVAbstG.
6 *Przygode*, S. 191, hat allerdings zu Recht darauf hingewiesen, dass der Gesetzgeber besser beraten gewesen wäre, eine mit Art. 54 Nr. 2 NdsV vergleichbare Regelung in das NdsVAbstG aufzunehmen.
7 Dieses Recht kann von Bedeutung werden, wenn die Landesregierung oder der Landtag versuchen, in unzulässiger Weise auf die Sammlung von Unterschriften einzuwirken.

Behörden und Kommunen zur Wehr setzen wollen, ist jedoch der Verwaltungsrechtsweg eröffnet.[1]

Der Landeswahlleiter macht das Ergebnis des Volksbegehrens bekannt und übermittelt es der Landesregierung. Diese leitet den Gesetzentwurf mit ihrer Stellungnahme an den Landtag weiter.[2] Auffallenderweise wird dabei nicht danach differenziert, ob das Volksbegehren zustande gekommen ist oder nicht. Auch wenn das Quorum des Art. 48 III 1 NdsV nicht erreicht wurde, bekommt der Landtag somit Gelegenheit, sich mit dem Antrag inhaltlich auseinander zu setzen.

6. Die Behandlung des Volksbegehrens im Landtag

Nach Art. 49 I 1 NdsV kann der Landtag das Verfahren dadurch zum Abschluss bringen, dass er innerhalb von sechs Monaten den einem Volksbegehren zugrunde liegenden Gesetzentwurf im wesentlichen unverändert annimmt. Ob das von ihm beschlossene Gesetz dieses Kriterium erfüllt, entscheidet der Landtag selbst.

Obwohl das NdsVAbstG dies nicht ausdrücklich vorsieht, ist davon auszugehen, dass die Antragsteller diese Entscheidung vor dem Staatsgerichtshof anfechten können. Andernfalls könnten sich nämlich nicht verhindern, dass der Landtag unter Berufung auf Art. 49 I 1 NdsV einen völlig geänderten Entwurf verabschiedet.[3] Es handelt sich auch insofern um eine Streitigkeit über die Durchführung des Volksentscheids im Sinne der Generalklausel des Art. 54 Nr. 2 NdsV. Dasselbe Recht wie den Vertretern der Antragsteller steht auch einer qualifizierten Minderheit der Landtagsabgeordneten sowie der Landesregierung zu.[4]

B. Der Volksentscheid nach Art. 49 NdsV

Hat der Landtag sich den dem Volksbegehren zugrunde liegenden Entwurf nicht im wesentlichen unverändert zu eigen gemacht oder die Frist des Art. 49 I 1 NdsV verstreichen lassen, so findet ein Volksentscheid statt.

---

1 Vgl. dazu schon oben S. 614 zur vergleichbaren Rechtslage in Sachsen-Anhalt. Aufgrund der abschließenden Regelung des Art. 54 Nr. 2 NdsV, besteht keine Möglichkeit, auf das Organstreitverfahren auszuweichen; vgl. dazu ausführlich oben S. 313 ff.

2 §§ 22 III bzw. 23 NdsVAbstG; auch insofern ist der Landesregierung keine ausdrückliche Frist gesetzt worden, sie muss allerdings hier *unverzüglich* tätig werden.
Haben die Antragsteller keinen Antrag nach § 19 I 1 NdsVAbstG gestellt, so muss die Landesregierung spätestens jetzt eine Entscheidung über die Zulässigkeit des Volksbegehrens treffen, da der Landtag aufgrund der eindeutigen Regelung des Art. 48 II NdsV daran gehindert ist, dies selbst zu tun.

3 Nach § 26 II BbgVAG müssen die Initiatoren selbst die Erledigung beantragen, wenn sie ihr Anliegen durch einen Beschluss des Landtags erfüllt sehen; dazu siehe oben S. 527; vgl. auch S. 615 zu §§ 20 II i.V.m. 14 IV LSA-VAbstG.

4 Letztere wird ihr Antragsrecht kaum nutzen, schließlich wird sie von der Mehrheit des Landtags getragen, die das fragliche Gesetz beschlossen hat. Hingegen ist es durchaus vorstellbar, dass eine Minderheit der Abgeordneten die Antragsteller durch einen entsprechenden Antrag unterstützen. Allerdings kann es insofern zu erheblichen Konflikten kommen, wenn die Antragsteller selbst davon ausgehen, dass der Landtag ihrem Anliegen gerecht geworden ist, und daher auf die Anrufung des Staatsgerichtshofes verzichtet haben.

Die Regelung des § 24 I NdsVAbstG ist allerdings zumindest missverständlich formuliert. Danach soll es immer dann zum Volksentscheid kommen, wenn der Landtag einen Gesetzentwurf, der ihm „aufgrund eines Volksbegehrens zugeleitet" wurde, nicht übernimmt. Wie soeben schon dargelegt wurde, sind aber dem Landtag auch solche Gesetzentwürfe weiterzuleiten, die im Volksbegehren erfolglos geblieben sind. § 24 I NdsVAbstG ist daher in dem Sinne verfassungskonform auszulegen, dass er nur für solche Gesetzentwürfe Wirkungen entfaltet, die dem Landtag aufgrund eines *erfolgreichen* Volksbegehrens zugeleitet wurden.

Beim Volksentscheid kann der Landtag einen eigenen Entwurf mit zur Abstimmung stellen.[1] Diese Vorlage bedarf selbst dann nicht der Zustimmung durch eine qualifizierte Mehrheit der Abgeordneten, wenn sie eine Verfassungsänderung zum Gegenstand hat.[2]

Den genauen Termin für die Abstimmung legt die Landesregierung fest.[3] Der Abstimmungstag muss nicht notwendigerweise ein Sonn- oder Feiertag sein.[4] Die Landesregierung macht ihn zusammen mit dem Text und der Begründung des Volksbegehrens und dem Beschluss des Landtags im Ministerialblatt des Landes bekannt.[5] Nach § 25 Satz 2 NdsVAbstG soll die Landesregierung das Recht haben, der Veröffentlichung eine eigene Stellungnahme beizufügen. Diese Regelung lässt sich allerdings mit dem Grundsatz der Chancengleichheit bei Abstimmungen nicht vereinbaren.[6] Dies gilt umso mehr, als die Landesregierung nicht ausdrücklich dazu verpflichtet ist, sich „bündig und sachlich" zu äußern.

Nach Art. 50 I NdsV haben die Vertreter der Antragsteller einen Anspruch auf Erstattung der Kosten für eine angemessene Information der Öffentlichkeit über die Ziele des Volksbegehrens, wenn dieses erfolgreich zustande gekommen ist. Aufgrund von § 29 NdsVAbstG werden die entsprechenden Beträge vom Innenministerium im Einvernehmen mit dem Finanzministerium festgesetzt. Diese Ermächtigung lässt sich nicht mit dem allgemeinen Grundsatz vereinbaren, dass alle wesentliche Entscheidungen vom Gesetzgeber selbst zu treffen sind. Art. 50 I NdsV verlangt ausdrücklich eine Erstattung der Kosten für

---

[1] § 24 II 2 NdsVAbstG bestätigt, dass dies auch der vom Landtag mit nicht nur unwesentlichen Änderungen übernommenen Entwurf des Volksbegehren sein kann.

[2] Mangels einer ausdrücklichen Regelung in Art. 49 I 2 NdsV gilt die allgemeine Bestimmung des Art. 21 IV 1 NdsV, vgl. dazu ausführlich oben S. 476 und auch schon S. 320.

[3] § 24 III NdsVAbstG.

[4] Weder aus dem NdsVAbstG noch aus der NdsV ergibt sich eine entsprechende Verpflichtung.

[5] Vgl. § 25 NdsVAbstG.

[6] Vgl. dazu oben S. 321 f. Auf den ersten Blick unterscheidet sich die Rechtslage allerdings von der in Rheinland-Pfalz. Unter Umständen steht der Stellungnahme der Landesregierung dort nämlich keine Begründung durch die Initiatoren des Volksbegehrens gegenüber. Zu beachten ist jedoch, dass sich der Landtag in seinem Beschluss mit dem Anliegen des Volksbegehrens auseinander setzen kann. Einer weiteren Stellungnahme der Landesregierung bedarf es daher nicht.

eine „angemessene" Information. Die Entscheidung darüber, was in diesem Sinne „angemessen" ist, kann aber nicht den Organen der Exekutive überlassen bleiben.[1/2]

Die §§ 26 ff. NdsVAbstG regeln das Abstimmungsverfahren weitgehend entsprechend den Vorschriften über die Landtagswahl. Auf den Stimmzetteln sind die Entwürfe nur mit einer Kurzbezeichnung aufzuführen.[3] Ein eventueller konkurrierender Entwurf des Landtags steht an letzter Stelle.[4]

In Niedersachsen gibt es die Möglichkeit, gegebenenfalls mehreren konkurrierenden Vorlagen zuzustimmen. Nach § 30 II 1 NdsVAbstG hat jeder Stimmberechtigte so viele Stimmen, wie Entwürfe zur Abstimmung stehen. § 30 II 2 NdsVAbstG stellt ausdrücklich klar, dass die Abstimmenden sich auch in Bezug auf einzelne Entwürfe der Stimme enthalten können.[5]

Der in jedem Stimmbezirk zu bildende Abstimmungsvorstand stellt für jeden zur Abstimmung gestellten Entwurf einzeln fest, wie viele gültige Stimmen mit „Ja" und „Nein" abgegeben wurden und wie viele Stimmen ungültig sind. Der Landesabstimmungsausschuss stellt das Abstimmungsergebnis für das ganze Land fest.[6] Das Ergebnis des Volksentscheids kann nach § 34 NdsVAbstG beim Staatsgerichtshof angefochten werden.[7] Daneben bestehen dieselben Rechtsschutzmöglichkeiten wie beim Volksbegehren. Aus Art. 54 Nr. 2 NdsV ergibt sich, dass der Staatsgerichtshof auch schon während des Verfahrens angerufen werden kann.[8]

Beim Volksentscheid ist nach Art. 49 II 1 NdsV auch hier der Entwurf angenommen, der die (relative) Mehrheit der Abstimmenden auf sich vereinigen konnte, sofern er von mindestens einem Viertel der Stimmberechtigten unterstützt wurde. Für Verfassungsänderungen ist die Zustimmung durch die Hälfte der Stimmberechtigten notwendig, Art. 49 II 2

---

1 Der Gesetzgeber hätte zumindest festlegen müssen, ob die Beträge absolut zu bestimmen sind oder ob die Kostenerstattung vom Erfolg des dem Volksbegehren zugrunde liegenden Antrags beim Volksentscheid anhängig gemacht werden soll. Er kann allerdings die Ausgestaltung des Verfahrens der Festsetzung und Auszahlung der Erstattungsbeträge dem Verordnungsgeber überlassen.

2 Im übrigen ist zweifelhaft, ob bei dieser Entscheidung fiskalische Argumente eine maßgebliche Rolle spielen dürfen, wie es § 29 NdsVAbstG durch die notwendige Beteiligung des Finanzministers impliziert.

3 Vgl. § 28 III 1 NdsVAbstG. Auffallenderweise ist nicht ausdrücklich vorgesehen, dass die Entwürfe auch in den Abstimmungslokalen im Wortlaut ausgelegt werden müssen.

4 § 28 III 3 NdsVAbstG.

5 Ebenso wie in Sachsen-Anhalt; dazu siehe oben S. 617. Anders §§ 23 I 2 SH-VAbstG, 45 III BbgVAG, 39 I Nr. 6 SächsVVVG; dazu siehe oben S. 478, 529 bzw. 577.
Die Landtagsfraktionen hatten dies bei ihrem ursprünglichen Entwurf (LT-Drs. 12/5755) noch nicht vorgesehen; vgl. auch den Bericht des Ausschusses für Rechts- und Verfassungsfragen, LT-Drs. 12/6388, S. 12 f.

6 Vgl. dazu § 32 I und II NdsVAbstG.

7 Dieser entscheidet nach seinen allgemeinen Vorschriften entsprechend den Bestimmungen des BVerfGG; vgl. § 16 NdsStGHG.

8 Vgl. dazu oben S. 644 und ausführlicher S. 614 zu Art. 75 Nr. 2 LSA-V.

NdsV.¹ Es kommt nicht auf die Gültigkeit der Stimmen an.² Nach § 33 II 1 NdsVAbstG entscheidet bei einer Abstimmung über mehrere Entwürfe die höhere Zahl von „Ja"-Stimmen, sofern nur überhaupt mehr als ein Entwurf das Quorum des Art. 49 II 1 NdsV erreicht hat. Diese Regelung bestätigt, dass grundsätzlich die relative Mehrheit ausreicht. Sie stellt zudem klar, dass die Zahl der „Nein"-Stimmen in der Regel nicht zu berücksichtigen ist.³ Ist die Zahl der „Ja"-Stimmen ausnahmsweise für zwei Entwürfe gleich, so kommt es hingegen nach Satz 2 darauf an, welcher der Entwürfe von einem geringeren Teil der Abstimmenden ausdrücklich abgelehnt wurde.⁴

Die vom Volk beschlossenen Gesetze werden nach denselben Vorschriften ausgefertigt und verkündet, wie Parlamentsgesetze auch.⁵

IV. Verfahrenspraxis und verfassungspolitische Bewertung

A. Zur Praxis der Verfahren

In Niedersachsen wurden die direktdemokratischen Verfahren schon unmittelbar nach ihrer Einführung zum ersten Mal genutzt.

1. Die Volksinitiative „Verantwortung für Gott"

In der zweiten Hälfte des Jahres 1993 wurden für eine Volksinitiative „**Verantwortung vor Gott und den Menschen** in die niedersächsische Verfassung" 114.114 Unterschriften gesammelt.⁶ Dieser Volksinitiative lag ein Antrag zugrunde, in die Präambel der neuen Verfassung die Verantwortung des Volkes vor Gott und den Menschen zum Ausdruck zu bringen.⁷ Der Landtag hatte auf einen solchen Passus verzichtet, da er – wie auch die meisten anderen Verfassunggeber⁸ – im säkularen Staat keinen Anlass mehr sah, durch die

---

1 Ebensowenig wie nach Art. 74 III 2 SächsV muss darüber hinaus eine qualifizierte Mehrheit der Abstimmenden erreicht werden, allerdings reicht hier die relative Mehrheit nicht aus; dazu siehe oben S. 578.

2 „Ausdrückliche" Stimmenthaltungen zählen somit wie „Nein"-Stimmen. Die Enthaltung durch bloße Nicht-Beteiligung hat hingegen keine Auswirkungen.

3 Ein Entwurf ist somit auch dann angenommen, wenn er zwar die meisten „Ja"-Stimmen erhalten hat, die Differenz zwischen „Nein"- und „Ja"-Stimmen hingegen geringer ist, als bei einem anderen Entwurf. Dies ist wegen der Möglichkeit zur Stimmenthaltung nicht ausgeschlossen.

4 Insofern kommt somit der Möglichkeit, sich in bezug auf einzelne Entwürfe der Stimme zu enthalten, maßgebliche Bedeutung zu.

5 Art. 45 I 1 NdsV i.V.m. § 35 NdsVAbstG. Der Staatsgerichtshof hat ggf. von Amts wegen darüber zu entscheiden, ob das bereits verkündete Gesetz im Wege einer einstweiligen Anordnung nach § 20 NdsStGHG vorübergehend wieder außer Kraft gesetzt werden muss; vgl. dazu oben S. 330.

6 Vgl. *Greifeld*, Mehr Demokratie, S. 3; *Jung*, JzStVWiss 1995, S. 107, 122 ff. Die Zahlenangaben beruhen auf einer Mitteilung der niedersächsischen Landtagsverwaltung an den Verf. vom 29.5.98.

7 Wie es auch in den Präambeln des GG, der BW-V, der BayV, der NRW-V, der RP-V und der ThürV geschehen ist.

8 Da die Verfassungen von Berlin, Brandenburg, Bremen, Hamburg, Hessen, Mecklenburg-Vorpommern,

„evocatio die" einen metaphysischen Bezug herzustellen.¹ Die Initiatoren, zu denen neben einigen evangelischen Universitätstheologen auch der Landeskatholikenausschuss und der Landesverband der jüdischen Gemeinden gehörten,² hielten dem entgegen, dass die Grundwerte der Verfassung damit zur beliebigen Disposition gestellt würden.

Die Initiative wurde sehr schnell durch die CDU aufgegriffen. Auch in der SPD gab es eine deutliche Bereitschaft, sich dem Anliegen zu öffnen. Auf der anderen Seite betonten viele SPD-Abgeordnete und vor allem das Bündnis 90/Die Grünen, dass die religiöse und weltanschauliche Neutralität des Staates mit der Anrufung Gottes unvereinbar sei. Am Ende setzten sich die Befürworter einer Verfassungsänderung jedoch durch, die darauf verwiesen, dass eine große Mehrheit in der Bevölkerung für eine Änderung der Präambel sei.³ Durch Gesetz vom 6. Juni 1994 hat der Landtag dem Anliegen der Volksinitiative entsprochen und die Verfassung entsprechend geändert.⁴

2. Die Volksinitiative für kommunale Beitragsgerechtigkeit und Umweltschutz

Am 4. Januar 1995 wurde eine Volksinitiative „für **kommunale Beitragsgerechtigkeit und Umweltschutz**" eingeleitet, die zum Ziel hatte, im ländlichen Raum verstärkt Hausklär-anlagen zuzulassen und demgegenüber auf einen weiteren Ausbau der Kanalisation zu verzichten. Die notwendige Zahl von Unterschriften wurde bis zum Stichtag am 4. Januar 1996 nicht erreicht.⁵ Allerdings hatte der Landtag Vertreter der Initiatoren bereits zuvor vor der Änderung des Landeswassergesetzes angehört und sich deren Anliegen weitgehend zu eigen gemacht.⁶

> Sachsen, Schleswig-Holstein und auch des Saarlandes (wo Art. 26 I 2 SaarV allerdings auf das „christliche Sittengesetz" Bezug nimmt) insofern mit der NdsV vergleichbar sind, kann keine Rede davon sein, dass der Verfassunggeber „offenkundig die Bodenhaftung verloren" hatte; so aber *Jung*, ZG 1998, S. 295, 302.

1 Zur Bedeutung der Bezugnahme auf „Gott" in den Präambeln der deutsche Verfassungen *Ennuschat*, NJW 1998, S. 953 ff.

2 Vgl. „Christen und Juden für eine Verfassung mit Gott", FR, 20.12.1993. *Jung*, JzStVWiss 1995, S. 107, 128, weist darauf hin, dass die Initiative zwar durch sämtlichen katholischen Bischöfe, aber nur durch die vergleichsweise kleinen evangelischen Landeskirchen von Braunschweig und Schaumburg-Lippe aktiv unterstützt wurde, während die Landeskirche Hannover sich weigerte, Unterschriftenlisten zu verteilen.

3 Man stellt sich die Frage, wieso die Präambel dann nicht gleich anders formuliert worden ist. Dies lässt sich wohl nur durch die Entstehungsgeschichte erklären. SPD und Bündnis 90/Die Grünen hatten zunächst einen Entwurf für eine Vollverfassung mit Präambel formuliert, LT-Drs. 12/3008. CDU und FDP hielten einen Vorspruch hingegen für überflüssig, vgl. die Entwürfe in LT-Drs. 12/3210 und LT-Drs. 12/3250. Erst in der letzten Phase der Verfassungsberatungen forderte die CDU dann doch noch, die Worte „Im Bewusstsein seiner Verantwortung vor Gott und den Menschen" in die Präambel einzufügen. Die rot-grüne Koalition sperrte sich hiergegen. Um das Scheitern der Verfassungsreform zu verhindern, hatte man sich dann darauf geeinigt, die Präambel ganz zu streichen – damit war zwar der Gottesbezug entfallen. Auf der anderen Seite wurde sein Fehlen jedoch auch nicht allzu deutlich; vgl. dazu *Jung*, JzStVWiss 1995, S. 107, 122 ff.

4 GVBl. S. 107

5 Vgl. dazu LT-Drs. 13/1706.

6 Vgl. LT-Drs. 13/1706 und das 9. Gesetz zur Änderung des NdsWG vom 16.11.1995, GVBl. S. 425.

3. Die Volksinitiative für die Verbesserung der Unterrichtsversorgung

Ab dem 24. April 1995 wurden vom Landeselternrat Niedersachsen Unterschriften für eine Volksinitiative zur **Verbesserung und langfristige Sicherstellung der Unterrichtsversorgung** gesammelt. Gefordert wurde die Bereitstellung der erforderlichen Haushaltsmittel, um alle freiwerdenden Lehrerstellen wieder zu besetzen und Neueinstellungen entsprechend der Zunahme der Schülerzahl vornehmen zu können. Außerdem sollten bestimmte Erlasse zurückgenommen werden, mit denen Mängel im Schulbereich verschleiert und Sparmaßnahmen langfristig festgeschrieben würden. Zur Begründung wurde angegeben, dass durch die Sparbeschlüsse der Landesregierung die Erfüllung des Bildungs- und Erziehungsauftrages der Schulen angesichts eines erwarteten Wachstums der Schülerzahlen um 80.000 innerhalb der nächsten vier Jahre nicht mehr gewährleistet werden könne.

Nachdem bereits bis zum Februar 1996 weit mehr als 70.000 Unterschriften eingereicht worden waren,[1] hat der Landtag beschlossen, sich mit dem Anliegen der Initiative zu befassen.[2] Die Fraktion der CDU hat die Initiative unterstützt.[3] Sie hat die Gelegenheit benutzt, praktisch die gesamte Schulpolitik des Landes an den Pranger zu stellen. Auch die Fraktion von Bündnis 90/Die Grünen äußerte sich positiv zum Anliegen der Initiatoren und forderte, zumindest die freiwerdenden Lehrerstellen wieder zu besetzen.[4] Die Landtagsmehrheit hat die Initiative dennoch mit Beschluss vom 4. September 1996 zurückgewiesen. Das Land Niedersachsen nehme bei der Unterrichtsversorgung gegenwärtig bundesweit einen Spitzenplatz ein. Daher könne die Einstellungspraxis der anderen Länder nicht zum Vergleich herangezogen werden. Aufgrund der angespannten Haushaltslage sei es nicht möglich, den Schulbereich von den Sparmaßnahmen auszunehmen. Die Initiatoren würden ca. 8.000 bis 10.000 Neueinstellungen fordern, was einer jährlich wiederkehrenden Haushaltsbelastung von 640 bis 800 Millionen DM entspreche. Dies sei gegenwärtig nicht zu realisieren.[5]

4. Die Volksinitiative für Jugendgemeinderäte

Am 1. Februar 1996 wurde dem Landeswahlleiter die „Volksinitiative für **Jugendgemeinderäte – gegen das Wahlalter 16**" angezeigt.[6] Der Initiative lag das Anliegen zugrunde, anstelle der vom Landtag beschlossenen Absenkung des Wahlalters für Kommunalwahlen auf 16 Jahre, besondere Jugendgemeinderäte einzuführen. Nachdem bis zum Februar 1997 die notwendige Zahl von Unterschriften nicht erreicht worden war, hat der Landtag beschlossen, sich nicht mit dem Antrag zu befassen.[7]

1 Vgl. die Unterrichtung des Landtagspräsidenten vom 7.2.1996, LT-Drs. 13/1725, S. 1. Gemäß einer Auskunft der Landtagsverwaltung an den Verf. vom 29.5.1998 war die Initiative insgesamt von 137.866 Personen unterstützt worden.
2 LT-Drs. 13/1831.
3 LT-Drs. 13/1787.
4 LT-Drs. 13/2186.
5 Vgl. LT-Drs. 13/2211 und schon die Beschlussempfehlung des Kultusausschusses vom 28.8.1996, LT-Drs. 13/2168.
6 Vgl. NdsMBl. S. 288.
7 Vgl. LT-Drs. 13/2735. Die Unterschriftslisten sind gemäß einer Auskunft der niedersächsischen

5. Die Volksinitiative gegen den Verkauf der Harzwasserwerke

Am 14. Mai 1996 wurde eine weitere Volksinitiative vom Landeswahlleiter bekannt gemacht, die sich gegen den geplanten **Verkauf der Harzwasserwerke** richtete und für die bereits seit dem 1. Mai Unterschriften gesammelt wurden.[1] Auch hier konnte die erforderliche Zahl von Unterstützungsunterschriften nicht innerhalb eines Jahres nachgewiesen werden.[2] Der Landtag beschloss daher, sich nicht mit der Initiative zu befassen.[3] Die Harzwasserwerke wurden in eine GmbH umgewandelt und verkauft.

6. Die Volksinitiative für die Erhaltung des Rettungshubschraubers „Christoph 30"

Am 4. November 1996 wurde dem Landtag eine Volksinitiative zum **Erhalt des Rettungshubschraubers Christoph 30** angezeigt. Gegenstand des Verfahrens war die Forderung, den in Wolfenbüttel stationierten Rettungshubschrauber zu erhalten. Die geplante Erweiterung der Einsatzradien der Rettungshubschrauber Hannover, Magdeburg und Nordhausen führe zu einer nicht mehr zumutbaren Verlängerung der Fristen bis zur medizinischen Versorgung von Notfallopfern in der größten Industrieregion Niedersachsens.[4]

Nachdem 75.763 Unterschriften eingereicht worden waren, hat der Landtag über diese Angelegenheit beraten, die zuvor bereits Gegenstand einer Petition gewesen war. Am 11. Dezember 1997 hat sich das Parlament das Anliegen der Initiative ohne Gegenstimmen zu eigen gemacht.[5] Daraufhin hat Landesregierung beschlossen, den Rettungshubschrauber nicht abzuschaffen.[6]

7. Das Volksbegehren gegen die Rechtschreibreform

Im Februar 1997 wurde auch in Niedersachsen mit der Sammlung von Unterschriften für ein Volksbegehren gegen die **Rechtschreibreform** begonnen.[7] Nachdem das beabsichtigte

Landtagsverwaltung an den Verf. vom 29.5.98 überhaupt nicht offiziell eingereicht worden. Laut einer weiteren Auskunft vom 31.7.2001 wurden nur 167 Unterschriften durch die Gemeindebehörden bestätigt.

1 NdsMBl. S. 956.
2 Gemäß einer schriftlichen Auskunft der niedersächsischen Landtagsverwaltung an den Verfasser vom 29.5.98 sind nur 17.269 Unterschriften von den Gemeindebehörden bestätigt worden.
3 LT-Drs. 13/3063.
4 Vgl. die Bekanntmachung des Landeswahlleiters vom 15.11.1996, NdsMBl. 1997, S. 75.
5 Beschluss vom 11.12.1997, Sten. Prot. S. 9766.
6 Diese Angaben beruhen auf einer schriftlichen Auskunft der niedersächsischen Landtagsverwaltung an den Verf. vom 29.5.98.
7 „Unterschriften gegen Rechtschreibreform", StZ, 26.2.1997. Zu den parallelen Verfahren vgl. S. 339 (Baden-Württemberg), S. 358 (Bayern), S. 486 (Schleswig-Holstein), S. 584 (Sachsen), S. 685 (Mecklenburg-Vorpommern), S. 748 (Bremen), S. 780 (Berlin).
Zunächst hatte man nur eine Volksinitiative angestrebt und mit der Sammlung von Unterschriften begonnen. Nachdem jedoch klar war, dass der Landtag einen entsprechenden Antrag zurückweisen würde, wurde das Verfahren umgestellt – die bereits gesammelten Unterschriften durften dabei nicht wieder verwendet werden; vgl. dazu „Begehrenswelle gegen die Rechtschreibreform", Zeitschrift für direkte Demokratie in Deutschland, Heft 3/1997.

Volksbegehren am 13. März 1997 bekannt gemacht worden war und innerhalb von sechs Monaten genügend Unterschriften zusammen gekommen waren, beantragte die Initiative „Wir gegen die Rechtschreibreform", das Volksbegehren für zulässig zu erklären. Die Landesregierung entsprach diesem Antrag am 4. November 1997.[1]

Zwar erklärten die Initiatoren nach Ablauf der Eintragungsfrist Anfang Mai 1998, dass mehr als 600.000 Unterschriften zusammen gekommen seien.[2] Kurz darauf wurde allerdings deutlich, dass diese Schätzung bei weitem zu hoch gegriffen war. Der Landeswahlleiter stellte fest, dass nur 277.318 gültige Unterschriften eingereicht worden waren.[3] Das entsprach weniger als fünf Prozent der Stimmberechtigten und damit war das Volksbegehren klar gescheitert.

In der Folgezeit äußerten die Initiatoren die Vermutung, dass mehr als 240.000 Unterschriften „in der Bürokratie verschwunden" seien. Auch wurde gerügt, dass einzelne Listen aus formalen Gründen für ungültig erklärt worden seien, obwohl der für die Prüfung zuständige Landeswahlleiter diese Listen zuvor nicht beanstandet habe.[4]

8. Das Volksbegehren gegen den EURO

Am 19. März 1997 wurde dem Landeswahlleiter die Absicht angezeigt, Unterschriften für ein Volksbegehren für eine **„Befragung des Volkes in Niedersachsen zur Einführung der Einheitswährung EURO"** zu sammeln. Formal war das Verfahren von Privatpersonen eingeleitet worden. Treibende Kraft war allerdings die Partei der „Republikaner". Das Volksbegehren wurde am 10. April 1997 im Ministerialblatt bekannt gemacht. Nachdem das Quorum für den Antrag auf Feststellung der Zulässigkeit des Volksbegehren bis zum Ende der Eintragungsfrist am 9. Oktober 1997 nicht erreicht wurde,[5] hat sich der Landtag nicht mit dem Antrag befasst.

9. Das Volksbegehren für ein „Gütesiegel gentechnikfrei"

Ein Initiativkreis aus dem Bund für Umwelt- und Naturschutz, dem Naturschutzbund Deutschland, dem Bündnis 90/Die Grünen und weiteren 18 Organisationen hat im November 1997 die Sammlung von Unterschriften für ein Volksbegehren angekündigt, mit dem ein **Gütesiegel für gentechnikfreie Produkte aus Niedersachsen** durchgesetzt werden soll.[6] Wie schon in dem parallelen Verfahren in Bayern[7] zielte dieses Verfahren auf eine

---

1 „Neuer Erfolg für Gegner der Rechtschreibreform", StZ, 5.11.1997.
2 Sie selbst gingen allerdings davon aus, dass bis zu zehn Prozent der Eintragungen ungültig sein könnten, vgl. „Unterschriftensammlung gegen Rechtschreibreform beendet", StZ, 6.5.1998, S. 2.
3 Nach den Angaben des Landeswahlleiters wäre das Volksbegehren selbst dann gescheitert, wenn die ungültigen Fragebögen mitgezählt worden wären, da „nur" 87.081 weitere Unterschriften für unzulässig erklärt worden waren, vgl. „Volksbegehren gegen Rechtschreibreform gescheitert", StZ, 23.5.1998, S. 2.
4 Vgl. „Über Klage ist noch nicht entschieden", Nordwest-Zeitung, 5.6.1998.
5 Laut einer Auskunft der Landtagsverwaltung an den Verf. vom 31.7.2001 wurden nur 19.745 gültige Unterstützungsunterschriften vorgelegt.
6 Vgl. „Gen-Volksbegehren in Niedersachsen", taz, 11.11.1997, S. 8.
7 Vgl. dazu oben S. 360.

Verbesserung des Verbraucherschutzes durch ein Gütesiegel für solche Produkte, bei deren Herstellung insgesamt auf gentechnische Verfahren verzichtet wurde.

Das Volksbegehren wurde am 29. Januar 1998 bekannt gemacht. Bei der Unterschriftensammlung kamen bis zum 28. Juli 1998 insgesamt 74.090 gültige Unterschriften zusammen. Obwohl das Quorum für den Antrag auf Feststellung der Zulässigkeit des Begehrens damit bei weitem überschritten worden war, verzichteten die Initiatoren, diesen Antrag zu stellen. Das Volksbegehren hat sich damit erledigt.

10. Die Volksinitiative für eine Patientenschutzstelle

Am 28. Januar 1998 ist dem Landeswahlleiter eine weitere Volksinitiative für eine „**Patientenschutzstelle Niedersachsen**" angezeigt worden. Die Initiatoren fordern zum einen die Aufnahme des Patientenschutzes in die Verfassung und zum anderen die Einrichtung einer Stelle, die die Interessen von Patienten zu allen medizinischen und juristischen Fragen im Gesundheitswesen vertreten solle. Insbesondere solle sichergestellt werden, dass die Patienten Einsicht in ihre Krankenunterlagen erhalten.[1] Während der Eintragungsfrist vom 28. Januar 1998 bis zum 27. Januar 1999 wurden jedoch nur 97 Unterstützungsunterschriften durch die Gemeinden bestätigt. Damit war auch dieses Verfahren gescheitert.

11. Das Volksbegehren „Keine Kürzung bei den Kurzen"

Nachdem der Niedersächsische Landtag im Rahmen eines „Haushaltsbegleitgesetzes" im Januar 1999 unter anderem beschlossen hatte, die Zuschüsse des Landes zu den Personalkosten der Träger von Kindertageseinrichtungen ab August desselben Jahres zu streichen und die dadurch frei werdenden Mittel in vollem Umfang in den allgemeinen kommunalen Finanzausgleich einzustellen,[2] bildete sich ein „Aktionsbündnis für das Volksbegehren zum **Erhalt des Kita-Gesetzes** in Niedersachsen", das unter anderem von verschiedenen Gewerkschaften, kirchlichen Organisationen, Eltern- und Wohlfahrtsverbänden getragen wurde und die Rückkehr zum früheren Rechtszustand forderte. Nachdem der Landeswahlleiter am 24. März ein Muster für den Unterschriftsbogen festgelegt und das Volksbegehren am 1. April 1999 im Ministerialblatt öffentlich bekannt gegeben hatte,[3] kamen bis August 1999 trotz der Versuche vieler Gemeinden, die Sammlung zu behindern,[4] insgesamt

1 Vgl. dazu den Aufruf zur Volksinitiative vom 27.1.1998.
2 vgl. NdsGVBl. S. 10; bis dahin hatte das Land 20 % der Personalkosten getragen.
   Zugleich waren die Anforderungen an die Mindestausstattung der Kindertageseinrichtungen, die Vorgaben in Bezug auf die Qualifikation und Vergütung des Personals, die Gruppengröße und Öffnungszeiten gestrichen worden. Die Träger der Einrichtungen hatten damit die Möglichkeit, entweder das Angebot zu reduzieren oder die Elternbeiträge zu erhöhen – sofern sie die fehlenden Landeszuschüsse nicht aus eigenen Mitteln ausgleichen wollten.
3 MinBl. S. 172.
4 Nach einer Mitteilung der *ötv Niedersachsen* (http://www.kita-volksbegehren.de/behinderung.html) hatten der Niedersächsische Städtetag und der niedersächsische Städte- und Gemeindebund ihren Mitgliedsgemeinden mitgeteilt, dass sie es als unzulässig ansehen, Unterschriftenbögen für das Volksbegehren in gemeindlichen Einrichtungen, also auch in gemeindlichen Kindertagesstätten, auszulegen. Darüber hinaus bestünden keine Bedenken, die Auslegung dieser Listen bei freien Trägern

667.688 gültige Unterschriften für das Volksbegehren „**Keine Kürzung bei den Kurzen**" zusammen. Die Antragsteller beantragten daraufhin am 16. September 1999, die Zulässigkeit des Volksbegehrens festzustellen.

Damit wurde im Grunde ein Verfahrensschritt übersprungen: Wie bereits deutlich wurde,[1] sieht das NdsVAbstG an sich vor, dass die Zulässigkeit des Volksbegehrens relativ frühzeitig geprüft werden kann. Wenn sich die Initiatoren hier dazu entschlossen haben, die 6-Monats-Frist des§ 19 I 1 NdsVAbstG auszuschöpfen, dann liegt das wohl vor allem daran, dass man der Landesregierung keine Gelegenheit geben wollte, das Volksbegehren frühzeitig für unzulässig zu erklären.

Die Landesregierung nahm sich für die Prüfung fast ein halbes Jahr Zeit und erklärte das Volksbegehren am 7. März 2000 für unzulässig, da ihm zum einen kein ausgearbeiteter Gesetzentwurf zugrunde liege und es sich zum anderen um ein Gesetz über den Landeshaushalt im Sinne von Art. 48 I 3 NdsV handele. Weder aus dem Gesetzestext noch aus der Begründung ergebe sich, was mit der Rückkehr zum früheren Rechtszustand genau gemeint sei. Aufgrund der zu erwartenden Mehrbelastungen sei von einer wesentlichen Beeinträchtigung des parlamentarischen Budgetrechtes auszugehen. Zu den über 365 Millionen DM, die für die Jahre 1999 und 2000 bereits in den kommunalen Finanzausgleich eingestellt worden seien und daher nicht mehr zur Verfügung stünden, kämen weitere 67 Millionen DM pro Jahr, da nach der früheren Rechtslage die Zuschussquote an sich von bisher 20 auf 25 Prozent der Personalkosten hätte erhöht werden müssen.[2] Ein Ausgleich sei frühestens im Rahmen einer weiteren Neuordnung im Jahre 2001 möglich.

Die Antragsteller riefen gegen diese Entscheidung den Staatsgerichtshof an. Sie betonten, dass es sich de facto um ein Referendum gegen die Maßnahmen im Haushaltsbegleitgesetz handele. Den Bürgern sei daher durchaus ohne weiteres klar, was mit dem Volksbegehren erreicht werden solle. Von einer wesentlichen Beeinträchtigung des parlamentarischen Budgetrechtes könne keine Rede sein, da es selbst dann, wenn man die Zahlen der Landesregierung zugrunde lege, um einen Anteil von 0,81 % am gesamten Haushaltsvolumen handele. Tatsächlich seien die behaupteten Mehrkosten aber ohnehin nur eine „Luftbuchung", da das Land ohne weiteres unterstelle, dass die in den kommunalen Finanzausgleich eingestellten Mittel den Gemeinden nicht wieder entzogen und für die Bezuschussung der Kindertageseinrichtungen verwendet werden können.

Am 24. September 2001 – und damit fast anderthalb Jahre nach Klageerhebung – erklärte der Niedersächsische Staatsgerichtshof das Volksbegehren im wesentlichen für zulässig.[3] Der Antrag sei hinreichend bestimmt, da den Bürgern aufgrund der konkreten Um-

---

als „unfreundlichen Akt" gegenüber der jeweiligen Kommune zu bewerten. In zahlreichen Gemeinden wurde den Beschäftigten verboten, Unterschriften für das Volksbegehren zu sammeln.

1 Vgl. dazu oben S. 640 f.
2 Wobei aus den Angaben im Tatbestand der Entscheidung des NdsStGH nicht ganz klar wird, ob der für 2000 angesetzte Betrag von 260 Mio. DM die Mehraufwendungen für die Erhöhung der Zuschüsse bereits enthält.
3 *NdsStGH*, DÖV 2002, S. 160; vgl. dazu *Löwer/Menzel*, NdsVBl. 2002, S. 89 ff. Dabei bestand unter allen Beteiligten Einigkeit darüber, dass es den Antragstellern nicht darum ging, auch die nach dem KitaG an sich vorgesehene Erhöhung der Zuschüsse von 20 auf 25 % durchzusetzen, die in den Haushaltsjahren 1995 bis 1999 ausgesetzt worden war. Vielmehr sollte lediglich zum status quo ante zurückgekehrt werden, also einem Landesanteil von 20 %..

stände klar sei, welche Ziele die Antragsteller mit ihrem Begehren verfolgen. Auch könne von keinem unzulässigen Eingriff in das parlamentarische Budgetrecht ausgegangen werden, da die Antragsteller nur dazu verpflichtet seien, die voraussichtlichen Kosten darzulegen und es dem Landtag überlassen bleibe, diese Mehrkosten gegebenenfalls auszugleichen. Im vorliegenden Fall musste nach Ansicht des Gerichtes auch nicht geklärt werden, ob Art. 48 I 3 NdsV nur den Haushalt insgesamt betrifft oder alle Anträge, die im Falle ihrer Annahme einen wesentlichen Einfluss auf den Landeshaushalt hätten, da sich die Forderung der Antragsteller kostenneutral umsetzen ließe. Denn schließlich seien die bisherigen Personalkostenzuschüsse ungekürzt in den kommunalen Finanzausgleich überführt worden. Daher sei eine Rückkehr zur vormaligen Rechtslage ohne weiteres möglich.[1]

Da das Gesetz über die Kindertagesstätten unmittelbar nach der Entscheidung des Staatsgerichtshofes nach den Vorstellungen der Initiatoren geändert wurde,[2] ist es nicht zum Volksentscheid gekommen.[3] Wenn die Regierungsmehrheit nicht einmal den Versuch unternommen hat, ihre Sparmaßnahmen zu verteidigen, dann ist dies allerdings kein Beleg für die „präventive Wirkung" der direktdemokratischen Verfahren. Schließlich waren die Kürzungen bei der Finanzierung der Kindertagesstätten bereits lange zuvor faktisch wieder aufgehoben worden, und es ging nun nur noch darum, den ursprünglichen Rechtszustand wieder herzustellen. Nachdem es keinen Grund für die Annahme gibt, dass die Sparmaßnahmen wieder in Kraft gesetzt worden wären, wenn der Staatsgerichtshof das Volksbegehren für unzulässig erklärt hätte, stellt sich damit lediglich die hier nicht zu beantwortende Frage, wieso der Gesetz- und Verordnungsgeber nicht schon vor der Entscheidung des Gerichts tätig geworden sind.

12. Das Volksbegehren gegen das Zuwanderungsgesetz

Im Februar 2002 wurde beim Landeswahlleiter ein von den „Republikanern" initiiertes Volksbegehren **„Das Boot ist voll"** angezeigt, das sich gegen das Zuwanderungsgesetz des Bundes richtete. Die Bürger Niedersachsens sollten im Rahmen einer Volksbefragung erklären, ob sie mit einer Ausweitung der derzeit gegebenen gesetzlichen Erlaubnis zum Zuzug von Ausländern außerhalb der Europäischen Union zur Besetzung hier angebotener Arbeitsplätze einverstanden sind.[4]

---

1 Tatsächlich hatten die Antragsteller ihr Anliegen zu diesem Zeitpunkt bereits längst erreicht: Weder die Kürzungen der Landeszuschüsse noch die Absenkung der Standards in Bezug auf die Größe und Ausstattung der Gruppen waren tatsächlich umgesetzt worden; vgl. dazu „In Niedersachsen sprechen die Richter mit Volkes Stimme", StZ 30.11.2001, S. 2.
Wenn die Landesregierung das beantragte Volksbegehren dennoch für unzulässig erklärte, dann lag das wohl vor allem daran, dass man sich den Spielraum für künftige Einsparungen erhalten wollte.

2 Während auf der einen Seite die Änderungen des Gesetzes wieder zurückgenommen wurden, hat der Landtag aber auch die im Gesetz angelegte Erhöhung des Landesanteils auf 25 % wieder gestrichen. Zugleich wurden die einschlägigen Rechtsverordnungen über die Gruppengröße und die Ausstattung der Kindergärten wieder in Kraft gesetzt, vgl. LT-Drs. 14/2832 und das Gesetz vom 14.12.2001, GVBl. S. 758.

3 Tatsächlich wurde wohl nicht einmal formal über das Zustandekommen des Volksbegehrens entschieden.

4 Dabei stellt sich natürlich die Frage, ob und inwiefern eine solche Befragung mit den Vorgaben vereinbar wäre, die das BVerfG im Zusammenhang mit den in Hamburg und Bremen geplanten Befragungen über

Obwohl das Zuwanderungsgesetz nicht zuletzt wegen des Verfahrens bei der Abstimmung im Bundesrat am 22. März 2002 Furore machte,[1] konnten die Republikaner in den folgenden Monaten allerdings nur sehr wenige Stimmberechtigte für ihr Vorhaben mobilisieren. Bis zum Herbst 2002 kamen nur etwa 500 Unterschriften zusammen.[2]

13. Das Volksbegehren gegen Unterrichtsausfall

Dieser Misserfolg hielt die Republikaner jedoch nicht davon ab, im Herbst 2002 ein weiteres Volksbegehren **„Gegen Unterrichtsausfall"** zu starten, mit dem sie sich den Unmut vieler Eltern zunutze machen wollten, um ihre Chancen im Landtagswahlkampf zu verbessern.[3] Obwohl die Zustände an den niedersächsischen Schulen auch von den Oppositionsparteien FDP und CDU beklagt wurden, kamen auch für diesen Antrag nur sehr wenige Unterschriften zusammen.

14. Die Volksinitiative für ein gebührenfreies Studium und Teilzeitstudium

Im Januar 2003 starteten Studierende der Universität Oldenburg eine Volksinitiative **„Für ein gebührenfreies Studium und Teilzeitstudium"**, das sich gegen die Pläne der Landesregierung für die Einführung von Studiengebühren richtete. Da die erforderliche Zahl von Unterschriften wiederum nicht zustande kam, war das Verfahren gescheitert.[4]

15. Die Volksinitiative für Lernmittelfreiheit und freie Schülerbeförderung

Nachdem der Landtag zum Ende des Schuljahres 2003/2004 die Lernmittelfreiheit abgeschafft hatte,[5] begannen verschiedene Elternräte[6] im Frühjahr 2004 mit der Sammlung von Unterschiften für eine Volksinitiative **„Für Lernmittelfreiheit und freie Schülerbeförderung"**, mit der zum einen die Wiedereinführung der Lernmittelfreiheit durchgesetzt und zum anderen rechtlich abgesichert werden sollte, dass die Mittel für die Schülerbeförderung nicht zu Lasten der Eltern gekürzt werden dürfen.[7] Die Initiative wurde am 2. Juni 2004 vom Landeswahlleiter zugelassen. Bis zum 30. Mai 2005 waren nach Angaben der In-

---

die Stationierung von Atomwaffen entwickelt hat, vgl. dazu *BVerfGE* 8, S. 105 und oben S. 443 ff. zur Frage, ob und inwiefern Einfluss auf das Abstimmungsverhalten der Regierung im Bundesrat genommen werden darf.

1 Vgl. dazu *BVerfGE* 106, 310.
2 Vgl. dazu „Reps starten neues Volksbegehrens", ZfDD Heft 4/2002, S. 17.
3 A.a.O.
4 Vgl. LT-Drs. 15/787.
5 Die Lernmittel müssen seither auf eigene Kosten beschafft oder gegen Entgelt ausgeliehen werden. Zwar sind die Empfänger von laufender Hilfe zum Lebensunterhalt im Sinne des BSHG (bzw. ab 2005 die Empfänger von Leistungen nach dem SGB II, SGB VIII) von den Leihgebühren befreit. An sie sollen in erster Linie die an den Schulen vorhandenen Altbestände ausgegeben werden. Für Bezieher niedriger Einkommen ist jedoch keine Härtefallregelung vorgesehen.
6 Dies sind die Gremien der Elternvertreter auf kommunaler Ebene.
7 Vgl. LT-Drs. 15/1995, S. 4.

itiatoren 72.302 bestätigte Unterschriften eingegangen, das Quorum von 70.000 Unterschriften sei damit erreicht worden. Dennoch warteten die Initiatoren noch ab und überreichten dem Landeswahlleiter am 2. Juni 2005 etwa 160.000 Unterschriften.[1]

Auf Empfehlung des Parlamentsausschusses für Rechts- und Verfassungsfragen[2] hat der Landtag am 15. September 2005 beschlossen, sich mit der Volksinitiative zu befassen und den Antrag in den Kultusausschuss überwiesen. Dieser hat die Vertreterinnen und Vertreter der Initiative am 23. September 2005 angehört. Der weitere Verlauf des Verfahrens ist derzeit nicht absehbar.

16. Die Volksinitiative für eine Verkleinerung des Landtags

Im Juni 2004 kündigte ein Bündnis aus SPD, Grünen, DGB-Gewerkschaften und dem Bund der Steuerzahler eine Volksinitiative **„Für eine Verkleinerung des Landtags"** an, für die ab dem 1. Juli 2004 Unterschriften gesammelt werden sollten. Hauptanliegen der Initiatoren ist es, die von der Regierungskoalition aus CDU und FDP für das Jahr 2013 angestrebte Parlamentsverkleinerung bereits für die nächste im Jahr 2008 beginnende Legislaturperiode wirksam werden zu lassen. Zudem soll die Zahl der Mandate deutlicher reduziert werden. Nämlich von 155 auf 100 Sitze.

Nach der Ankündigung der Initiative und der Veröffentlichung einer Meinungsumfrage, in der sich die überwiegende Mehrheit der Befragten für eine baldige und deutliche Verkleinerung des Landtags ausgesprochen hat, lenkten die Regierungsfraktionen einen und sprachen sich ebenfalls dafür aus, die Reform bereits 2008 wirksam werden zu lassen. Allerdings sollen dem Landtag immer noch 135 Abgeordnete angehören.[3]

17. Die Volksinitiative gegen die Rechtschreibreform

Sechs Jahre nach dem Scheitern des ersten Volksbegehrens gegen die **Rechtschreibreform**[4] bildete sich im Sommer 2004 ein neues Bündnis „Wir gegen die Rechtschreibreform", das ab August mit der Sammlung von Unterschriften für eine entsprechende Volksinitiative begann, Nachdem bis zum 10. März 2005 nur etwa 10.000 Unterschriften zusammen gekommen waren, stellten die Initiatoren die Sammlung wieder ein.

18. Das Volksbegehren für die Wiedereinführung des Blindengeldes

Im Jahr 2004 hat der niedersächsische Landtag als Maßnahme zur Konsolidierung des Landeshaushaltes beschlossen, den bisherigen allen Blinden und Sehbehinderten unabhängig von ihrem Alter und ihren Einkommensverhältnissen zustehenden Anspruch auf Blin-

---

1 Nachdem der Landeswahlleiter am 8.6.2005 festgestellt hatte, dass mindestens 80.513 gültige Unterschriften vorgelegt worden waren, verzichtete er auf eine weitere Prüfung, vgl. LT-Drs. 15/1995, S. 3.
2 Vgl. LT-Drs. 15/2093.
3 Vgl. dazu „CDU und FDP einig. Landtag wird 2008 kleiner", Die Welt, 23.6.2004.
4 Vgl. dazu oben S. 651.

dengeld nochmals drastisch zu reduzieren.[1] In Zukunft sollten nur noch solche Personen antragsberechtigt sein, die jünger als 27 Jahre sind. Zudem werden seit dem 1. Januar 2005 andere Leistungen angerechnet, die den Betroffenen zum Ausgleich der durch die Blindheit bedingten Mehraufwendungen nach anderen Rechtsvorschriften zustehen.[2]

Nachdem zu erwarten war, dass andere Länder vergleichbare Sparmaßnahmen durchführen würden, begann der Blinden- und Sehbehindertenverband Niedersachsen e.V. gemeinsam mit dem Sozialverband Nidesachsen im Frühjahr 2005 mit den Vorbereitungen für ein Volksbegehren zur **Wiedereinführung des Blindengeldes**, mit dem im Wesentlichen der frühere Rechtszustand wieder hergestellt und der Anspruch auf Blindengeld von 300 auf 330 € erhöht werden soll.[3] Auch hier unterstützen die Oppositionsparteien SPD und Grüne das Verfahren.

Die Unterschriftensammlung begann am 15. April 2005. Am 14. Oktober 2005 wurden von den Antragstellern über 100.000 Unterschriften eingereicht.[4] In den folgenden Beratungen konnte am 23. Mai 2006 ein Kompromiss erreicht werden: Ab dem 1. Januar 2007 erhalten alle blinden Bürger Niedersachsens wieder ein einkommens- und vermögensunabhängiges Blindengeld in Höhe von 200 €, für Kinder und Erwachsene bis zum 25. Lebensjahr gilt ein erhöhter Satz von 300 €. Das Verfahren hat sich damit erledigt.[5]

B. Zur Bewertung der Verfahrensregelungen

Erfreulicherweise hat der Verfassunggeber den Anwendungsbereich der Volksinitiative auch in Niedersachsen nicht beschränkt. Damit wurde die Voraussetzung dafür geschaffen, dass dieses Rechtsinstitut zu einer Verbesserung der Kommunikation zwischen den Bürgern und ihren Repräsentanten werden kann. Allerdings wurde das Verfahren nicht mit dem der Volksgesetzgebung verbunden und dem Landtag wurde auch keine Frist auferlegt, innerhalb der er über das Anliegender Initiatoren verhandeln muss. Nachdem der Landtag bisher keine allzu große Neigung gezeigt hat, sich den Anliegen der Initiatoren zu öffnen, ist daher zu vermuten, dass der Volksinitiative langfristig auch in Niedersachsen nur eine geringe praktische Bedeutung zukommen wird. Diese Vermutung wird durch die bisherigen Praxis bestätigt, in der es nur einmal gelungen ist, das mit einer Volksinitiative verfolgte Anliegen durchzusetzen. Nachdem die Volksinitiative in den ersten Jahren nach der Verabschiedung der Verfassung relativ häufig genutzt worden ist, steht in den letzten Jahren konsequenterweise die Volksgesetzgebung im Vordergrund.

Auf der Ebene des Volksgesetzgebungsverfahrens ist – ebenso wie in Sachsen-Anhalt – der Wunsch des Gesetzgebers zu spüren, wenigstens keine zusätzlichen Hürden zu Lasten der Antragsteller zu errichten. Insbesondere bei der Ausgestaltung des Volksbegehrens gibt

1 Bereits im Jahr 2004 war der Anspruch um 20 % gekürzt worden.
2 Vgl. das Gesetz über das Landesblindengeld für Zivilblinde in der Fassung vom 17.12.2004, NdsGVBl. 2004, S. 664.
3 Das Begehren wurde auch von anderen Organisationen unterstützt, insbesondere von der SPD und dem Bündnis 90/Die Grünen.
4 Nach einer Pressemitteilung des Landesblindenverbandes waren bis zum 28.9.2005 insgesamt 104.160 Unterschriften zusammen gekommen.
5 Vgl. dazu auch *Muhle/Lontzek*, NordÖR 2007, S.227, 228.

es einige Ansätze für sehr bürgerfreundliche Regelungen: Neben dem Verzicht auf ein eigenständiges Volksantragsverfahren verdient insofern vor allem der Versuch Erwähnung, die Anforderungen an den Organisationsgrad der Initiatoren abzusenken, indem nicht nur diesen, sondern allen Bürgern das Recht eingeräumt wurde, Unterschriftslisten einzureichen. Auch liegt es in erster Linie an den Initiatoren, ob und wie lange sich das Verfahren verzögert: Jedenfalls dann, wenn es ihnen innerhalb kurzer Zeit gelingt, genügend Unterstützer zu mobilisieren, können sie den Landtag relativ rasch dazu bewegen, sich mit ihrem Anliegen auseinander zu setzen.[1]

Zwar gelten auch in Niedersachsen die üblichen, selbst bei der gebotenen restriktiven Auslegung immer noch sehr weit reichenden Beschränkungen des Anwendungsbereiches der Verfahren. Allerdings hat sich der Staatsgerichtshof bisher noch nicht der extrem restriktiven Rechtsprechung einiger anderer Landesverfassungsgerichte angeschlossen, so dass finanzwirksame Vorlagen nicht von vorne herein unzulässig sind. Auch der Umstand, dass in Niedersachsen ein sehr hohes Quorum für den Volksentscheid gilt, fällt nicht ganz so schwer ins Gewicht wie in den meisten anderen Ländern, da der Gesetzgeber den Bürgern das Recht eingeräumt hat, bei einer konkurrierenden Abstimmung über mehrere Vorlagen gegebenenfalls mehreren Anträgen zuzustimmen. Damit besteht aber zumindest theoretisch die Chance, dass jedenfalls einer der zur Abstimmung gestellten Entwürfe das erforderliche Quorum erreichen könnte.

Alles in allem bleiben die niedersächsischen Regelungen zwar hinter dem bayerischen Vorbild zurück. Sie sind aber auch nicht völlig unpraktikabel. Dies erkennen auch die Bürger an, die von den Verfahren häufiger als in dem meisten anderen Ländern Gebrauch gemacht haben – und dies auch immer noch tun.

---

[1] Trotz alledem dauert das Verfahren insgesamt zu lange, da die öffentliche Diskussion gegebenenfalls ein Jahr lang aufrecht erhalten werden muss. Bis zum Abschluss des Verfahrens wird das öffentliche Interesse aber entweder bereits wieder abgeflaut sein – oder der Landtag war schon vorher gezwungen, das Verfahren durch einen eigenen Beschluss de facto zu erledigen.
Nicht recht nachvollziehbar ist auch die Entscheidung des Verfassunggebers, der stets parteiischen Landesregierung die Entscheidung über die Zulässigkeit des Volksbegehrens zuzuweisen – und nicht etwa dem Landesverfassungsgericht. Schließlich hatte der Verfassunggeber auf der anderen Seite die Notwendigkeit eines *effektiven* Rechtsschutzes erkannt und durch eine Generalklausel den Rechtsweg zum Verfassungsgericht eröffnet.

7. Kapitel: Mecklenburg-Vorpommern

I. Zur Entstehungsgeschichte[1]

Anfang März 1990 betrauten die drei Runden Tische in Schwerin, Rostock und Neubrandenburg eine Arbeitsgruppe mit der Erarbeitung einer Verfassung für das künftige Land Mecklenburg-Vorpommern. Der erste Entwurf dieser Arbeitsgruppe wurde am 23. Mai 1990 vorgelegt. Er beruhte weitgehend auf der Verfassung des früheren Landes Mecklenburg-Vorpommern aus dem Jahre 1947.[2] Nachdem sich schnell gezeigt hatte, dass ein so rückwärts gerichteter Ansatz den Anforderungen nicht genügen konnte, welche die gesellschaftliche und politische Situation in Mecklenburg-Vorpommern und eine moderne Verfassungsgestaltung an die künftige Landesverfassung stellen, wurde von der Arbeitsgruppe ein zweiter Entwurf erarbeitet und im Juli 1990 der Öffentlichkeit vorgestellt.[3] Der neu gegründete Regionalausschuss der drei Bezirke führte die Arbeiten weiter und erarbeitete bis zum Oktober 1990 einen weiteren Entwurf.[4]

In Art. 62 war eine Volksinitiative durch 1 % der Stimmberechtigten vorgesehen. Unabhängig davon sah Art. 63 I des Entwurfs einen Volksantrag vor, der ebenfalls durch 1 % der Stimmberechtigten unterstützt werden musste; bei Anträgen auf Verfassungsänderung sogar von 3 %. Für das Volksbegehren sollte ein Quorum von 5 bzw. 20 % gelten (Art. 63 III). Beim Volksentscheid war die Zustimmung durch die Mehrheit der Abstimmenden, mindestens aber 30 % der Stimmberechtigten notwendig. Bei Verfassungsänderungen mussten zwei Drittel der Abstimmenden und 60 % der Stimmberechtigten zustimmen.

Parallel dazu bildeten die an der Verfassungsarbeit des Regionalausschusses beteiligten Mitglieder der CDU eine „Arbeitsgruppe vorläufige Verfassung". Sie beauftragten den

---

1 Vgl. *Dambeck*, RuP 1994, S. 208, 215 ff.; *Deselaers*, S. 25, 49 ff.; *Klages/Paulus*, S. 164 ff., S. 208 ff. und S. 245 ff.; *Paterna*, S. 86 f.; *Prachtl*, LKV 1994, S. 1 f.; *Sampels*, S. 96 ff.; *Thiele/Pirsch/Wedemeyer*, Einführung, und auch den Zwischenbericht der Kommission für die Erarbeitung einer Landesverfassung vom 30.4.1992, LT-Drs. 1/2000, S. 69 ff. und ihren Schlussbericht vom 7.5.1993, LT-Drs. 1/3100, S. 45 ff. Zur Diskussion in Mecklenburg-Vorpommern bis zur Einsetzung der Verfassungskommission auch *Hölscheidt*, DVBl. 1991, S. 1066, 1068 f.

2 Die Verfassung des Landes Mecklenburg vom 12.3.1947 (RegBl. S. 1) sah in Art. 43 die Auflösung des Landtags durch Volksentscheid vor. Nach Art. 58 wurde für das Volksbegehren die Unterstützung durch 20 % der Stimmberechtigten oder einer Partei verlangt, welche die Unterstützung durch 20 % der Stimmberechtigten glaubhaft machen konnte. Bei Übernahme des (geänderten) Begehrens durch den Landtag, hätte dieses nach Art. 59 durch die Antragsteller erledigt werden können. Beim Volksentscheid sollte grundsätzlich die Mehrheit der Abstimmenden entscheiden, im Falle von Verfassungsänderungen die Mehrheit der Stimmberechtigten. Nach Art. 58 konnte ein Drittel der Mitglieder des Landtags die Aussetzung der Verkündung eines Gesetzes verlangen, wenn innerhalb eines Monates ein Volksbegehren eingeleitet wurde, unterblieb die Verkündung bis zum Referendum; vgl. oben S. 503, Fn. 2; S. 555, Fn. 2 und S. 593, Fn. 2 zu den Verfassungen der Mark Brandenburg, Sachsens und der Region Sachsen-Anhalt.

3 Verf.Komm.-Drs. 4/3; abgedruckt bei *Häberle*, JöR 1990, S. 399 ff., der den Entwurf als „außerordentlich innovationsreich" bezeichnete, *ders.*, JöR 1995, S. 355, 359. Vgl. auch LT-Drs. 1/2000, S. 70. Zu den Beratungen auch *Sampels*, S. 96 f.

4 Verf.Komm.-Drs. 4/11; dazu auch LT-Drs. 1/2000, S. 71 f. Der Entwurf ist auch abgedruckt bei *Häberle*, JöR 1991, S. 399 ff.

früheren schleswig-holsteinischen Staatssekretär Georg Poetzsch-Heffter mit der Ausarbeitung eines staatsorganisationsrechtlichen Teiles einer künftigen Landesverfassung, der im August/September 1990 veröffentlicht wurde.[1]

In seiner konstituierenden Sitzung verabschiedete der neu gewählte Landtag von Mecklenburg-Vorpommern am 26. Oktober 1990 das „Vorläufige Statut für das Land Mecklenburg-Vorpommern" als Interimsverfassung. Am 23. November 1990 wurde eine „Kommission für die Erarbeitung einer Landesverfassung" eingesetzt, die am 31. Januar 1991 ihre Arbeit aufnahm und auf Grundlage der früheren Entwürfe über eine neue Landesverfassung verhandelte.[2] Dieser Kommission gehörten elf Abgeordnete, acht Sachverständige[3] und ein Vertreter der Landesregierung ohne Stimmrecht an.

Die Kommission tagte insgesamt 26-mal.[4] Sie führte im April 1991 eine zweitägige öffentliche Anhörung durch, auf der Vertreter zahlreicher Körperschaften und Interessenverbände Stellung zu einem Fragenkatalog der Kommission nehmen konnten.[5] Im Auftrag der Kommission erarbeiteten die beiden Sachverständigen Albert von Mutius und Christian Starck bis zum Mai 1991 einen weiteren Verfassungsentwurf. Im Mittelpunkt stand dabei weniger das Bedürfnis, einen kompromissfähigen Verfassungstext zu formulieren, als den Stand der Diskussion in der Verfassungskommission transparent zu machen. Zu allen strittigen Punkten enthielt der Entwurf jeweils zwei Vorschläge.[6]

Der Justizminister des Landes Ulrich Born legte im Juni 1991 einen eigenen Entwurf vor, der zwar nicht formell auf die Tagesordnung der Verfassungskommission gesetzt wurde, aber dennoch Eingang in die Diskussion fand.[7/8]

---

1 Verf.Komm.-Drs. 5; dazu auch LT-Drs. 1/2000, S. 72; vgl. dazu *Sampels*, S. 98 f. Der entwurf enthielt keine Regelungen zu direktdemokratischen Verfahren.

2 Vgl. LT-Drs. 1/86; dazu auch LT-Drs. 1/2000, S. 75 ff.

3 Bemerkenswerterweise wurden vier der Sachverständigen von außerparlamentarischen Gruppierungen benannt, nämlich von der Arbeitsgruppe „Vorläufige Verfassung", dem Regionalausschuss, sowie von den Grünen und der Bürgerbewegung (Bündnis 90 und neues Forum), die den Einzug in den Landtag verfehlt hatten, obwohl immerhin 9,3 % der Stimmen auf ihre Listen entfallen waren; vgl. dazu *Prachtl*, LKV 1994, S. 1; *Sampels*, S. 101 f.

4 LT-Drs. 1/3100, S. 52.

5 Verf.Komm.-Drs. 12. Die vorgesehenen direktdemokratischen Verfahren spielten dabei keine Rolle.

6 Verf.Komm.-Drs. 15.

7 Verf.Komm.-Drs. 16; dazu auch LT-Drs. 1/2000, S. 72. *Häberle*, JöR 1992, S. 149, 189, bezeichnete den Entwurf als „denkbar blass und einfallslos". *Sampels*, S. 99 f., weist darauf hin, dass Born die Mitglieder des Ausschusses durch sein unkoordiniertes Vorpreschen verärgert hatte.

8 Direktdemokratische Verfahren waren weder bei *Poetzsch-Heffter* und *Born*, noch bei *von Mutius/Starck* vorgesehen. Die beiden zuerst genannten wollten den Bürgern aber immerhin die Möglichkeit eines fakultativen Verfassungsreferendums eröffnen. Erst auf einer Klausursitzung der Kommission auf Rügen im September 1991 wurde grundsätzlich Einigkeit darüber erzielt, dass auch in Mecklenburg-Vorpommern ein dreistufiges Verfahren mit Volksinitiative, Volksbegehren und Volksentscheid eingeführt werden sollte. Die konkrete Ausgestaltung blieb aber weiter heftig umstritten; vgl. LT-Drs. 1/2000, S. 76.

Eine Unterkommission[1] verhandelte ab September 1991 über die verbliebenen Streitpunkte und beauftragte die Sachverständigen Albert von Mutius und Christian Starck mit Gutachten zur Formulierung von Grundrechten und Staatszielen. Unter dem Druck der zum 30. April 1992 ablaufenden Frist zur Vorlage eines Verfassungsentwurfs wurde ein erster Entwurf ausgearbeitet und dem Landtag und der Öffentlichkeit zur Diskussion vorgelegt. Dieser Entwurf zeigte deutlich die immer noch bestehenden Meinungsverschiedenheiten innerhalb der Kommission auf.[2] Insbesondere die Regelungen der Artt. 57 f. über die direktdemokratischen Verfahren waren höchst umstritten.[3]

Der Entwurf wurde am 7. Mai 1992 im Landtag behandelt.[4] Die weitere Diskussion verlief unspektakulär. Genau ein Jahr später, nämlich am 7. Mai 1993 legte die Verfassungskommission ihren Abschlussbericht und den endgültigen Verfassungsentwurf vor.[5] Auch über die direktdemokratischen Verfahren war in der letzten Sitzung der Kommission endlich Einigkeit hergestellt worden.[6]

Am 23. Mai 1993 beschloss der Landtag die neue Verfassung, die zusammen mit der Europa- und Kommunalwahl am 12. Juni 1994 zur Volksabstimmung gestellt wurde.[7]

---

1 Der jeweils ein Vertreter der im Landtag vertretenen Parteien, der außerparlamentarischen Gruppen (Bürgerbewegung und Grüne) und der Kommissionsvorsitzende angehörten.

2 Vgl. LT-Drs. 1/2000. Der Entwurf führte auch die abweichenden Auffassungen der überstimmten Minderheiten auf. Außerdem wurde zwischen den Vorschläge der Sachverständigen *von Mutius* und *Starck* unterschieden. Zur Vorgeschichte dieses Entwurfes, LT-Drs. 1/2000, S. 82.; vgl. auch *Hölscheidt*, „Öffentliche Diskussion findet wenig Resonanz", Das Parlament 16.10.1992; *Klages/Paulus*, S. 246.

3 Die Differenzen betrafen zum einen das Quorum für die Volksinitiative (20.000 gegenüber 35.000 Unterschriften), die Prüfung der Zulässigkeit durch die Landesregierung oder durch das Verfassungsgericht und die Frage, ob vor dem Volksbegehren eine Volksinitiative notwendig sein solle; vgl. LT-Drs. 1/2000, S. 82.

4 LT-Drs. 1/3100 S. 60 ff. ; *Deselaers*, S. 25, 54, hat zurecht darauf hingewiesen, dass dieses Verfahren eher ungewöhnlich ist. In der Regel werden die Ergebnisse der Arbeiten von Enquête-Kommissionen zunächst in den zuständigen Parlamentsausschüssen beraten.

5 LT-Drs. 1/3100. *Prachtl*, LKV 1994, S. 1, 2, weist zu Recht darauf hin, dass dieses Verfahren sehr ungewöhnlich ist. In der Regel werden Anträge nicht von Ausschüssen eingereicht, denen auch Nicht-Parlamentarier angehören. Ursprünglich war aus diesem Grund auch vorgesehen gewesen, dass die Verfassungskommission ihren Entwurf erst dem Rechtsausschuss vorliegen solle, aus dem er dann an den Landtag weitergeleitet werden sollte (so auch *Hölscheidt*, DVBl 1991, S. 1066, 1068). Durch dieses Verfahren hat der Landtag die ihm durch § 23 des Ländereinführungsgesetzes der DDR (vgl. S. 503, Fn. 6) auferlegte Funktion als Verfassunggebende Versammlung aber, entgegen der Auffassung von *Prachtl*, a.a.O., nicht auf die Kommission übertragen. Denn nur er selbst hat über die Annahme des Entwurfs entschieden.

6 Vgl. *Klages/Paulus*, S. 247; *Prachtl*, LKV 1994, S. 1, 6; *Sampels*, S. 106 f.; gemäß den Vorschlägen von *von Mutius* wurde zum einen das Quorum für die Volksinitiative auf 15.000 Stimmen festgelegt, dies entspricht etwa der Stimmenzahl, die notwendig ist, um ein Landtagsmandat zu erreichen. Zum anderen soll das Verfassungsgericht und nicht die Landesregierung über die Zulässigkeit des Volksbegehrens entscheiden. Hingegen wurde entsprechend dem Vorschlag von *Starck* die Volksinitiative nicht als zwingende Vorstufe des Volksbegehrens ausgestaltet. Das Quorum für das Volksbegehren wurde gegenüber dem früheren Entwurf von 200.000 auf 140.000 Unterschriften gesenkt. LT-Drs. 1/3100 S. 146 ff.

7 Durch dieses Verfahren sollte eine hinreichende Abstimmungsbeteiligung sichergestellt werden.

Obwohl nur 60,1 Prozent der Abstimmenden für die Verfassung gestimmt hatten,[1] war das erforderliche Quorum erreicht und die Verfassung angenommen worden. Am 31. Januar 1994 hat der Landtag dann das Gesetz zur Ausführung von Initiativen aus dem Volk, Volksbegehren und Volksentscheid beschlossen.[2]

Im Sommer 2006 wurde eine Absenkung des Quorums für das Volksbegehren von 140.000 auf 120.000 Unterschriften beschlossen, um der demographischen Entwicklung und dem drastischen Rückgang der Einwohnerzahl Rechnung zu tragen.[3]

II. Die Volksinitiative nach Art. 59 MV-V

A. Der Anwendungsbereich der Volksinitiative

Die Volksinitiative ist auch in Mecklenburg-Vorpommern keine notwendige Vorstufe des Volksgesetzgebungsverfahrens. Als Gegenstand kommen grundsätzlich sämtliche Angelegenheiten in Betracht, zu denen der Landtag überhaupt innerhalb seiner verfassungsmäßigen Zuständigkeit eine Entscheidung treffen kann.[4]

Allerdings gelten für die Volksinitiative, ebenso wie in den meisten anderen Ländern, inhaltliche Beschränkungen. Nach Art. 59 III MV-V sind Initiativen über den Haushalt des Landes, Abgaben und Besoldung unzulässig.[5] Wie schon im Zusammenhang mit Art. 73 I SächsV dargelegt wurde, erfasst die Besoldung in diesem Sinne nicht nur die Bezüge während der aktiven Dienstzeit, sondern auch die Versorgung der Berufsbeamten.[6] Der Begriff des „Landeshaushaltes" ist auch hier eng auszulegen. Unzulässig sind grundsätzlich nur solche Anträge, die das Haushaltsgesetz selbst betreffen oder die im Falle ihrer Annahme den Gesamtbestand des Haushaltes aus dem Gleichgewicht bringen würden.[7] Wenn Art. 59 III MV-V etwas weiter formuliert wurde, als die Parallelbestimmung des Art. 60 II 1 MV-V für das Volksbegehren, dann liegt das vor allem daran, dass auch der

---

1 Vgl. dazu die Daten bei *Jung*, LKV 1995, S. 319; *Walter*, „Volksabstimmung über die Landesverfassung", Das Parlament 27.5./3.6.1994, S. 10.

2 GVBl. S. 127 = **MV-VaG**, in der Fassung der Bekanntmachung vom 16.1.2002, GVBl. S. 18; ergänzt durch die Verordnung zur Durchführung des MV-VaG vom 1.2.1994, GVBl. S. 166, erg. am 12.2.1994, GVBl. S. 228 (**MV-VaGDVO**).
   Dieses Gesetz musste bereits am 16. Mai 1994 wieder geändert werden, da aufgrund eines Redaktionsversehens die Regelung des § 23 MV-VaG über das Quorum beim Volksentscheid über Verfassungsänderungen gefehlt hatte; vgl. GVBl. S. 577.

3 Vgl. das Gesetz vom 17.7.2006, GVBl. S. 572 sowie die Begründung des fraktionsübergreifenden Entwurfes, LT-Drs. 4/2118(neu), S. 9.

4 Dazu siehe oben S. 442 ff. zu Art. 41 I SH-V.

5 Dazu siehe ausführlich oben S. 446 ff. zu Art. 41 II SH-V.

6 Dazu siehe oben S. 561.

7 Vgl. S. 447 ff. zu Art. 41 II SH-V. Auch hier ist wieder zu beachten, dass ebenso wie in Schleswig-Holstein aber anders als in Brandenburg nur Verfahren „über" den Haushalt des Landes unzulässig sind, nicht aber Anträge „zum" Haushalt. Daher kommt es nicht auf die Absichten der Antragsteller und darauf an, ob der Antrag den Gesamtbestand des Haushaltes zwar nicht in Frage stellt, aber unmittelbar auf den Landeshaushalt zielt, vgl. dazu oben S. 448 bzw. 509.

Anwendungsbereich der Volksinitiative größer ist, da diesem Verfahren nicht nur ein Gesetzentwurf zugrunde gelegt werden kann.[1]

Da Art. 59 III MV-V keine entsprechende ausdrückliche Beschränkung enthält, sind grundsätzlich auch Initiativen zu Personalentscheidungen zulässig.[2] Vom Anwendungsbereich der Volksinitiative sind lediglich diejenigen Personalentscheidungen ausgeschlossen, bei denen die Landesverfassung selbst den Kreis der Antragsberechtigten abschließend bestimmt.[3]

B. Das Verfahren der Volksinitiative

Spätestens bei Einreichung der Unterschriftslisten müssen drei Vertreter benannt werden, deren Erklärungen nur dann verbindlich sind, wenn sie gemäß § 2 IV 2 MV-VaG von mindestens zwei Vertretern unterzeichnet wurden.[4] Da die Unterschriftenlisten die Namen der Vertreter noch nicht enthalten müssen ist es den Initiatoren grundsätzlich möglich, ihre Vertreter nachträglich zu bestimmen.[5]

Die Unterschriftenlisten müssen den vollständigen Wortlaut des Gesetzentwurfes oder der sonstigen Vorlage enthalten.[6] Da Art. 59 I 2 MV-V ausdrücklich verlangt, dass ein Gesetzentwurf begründet sein muss,[7] ist nicht nur der Text des Antrags, sondern auch seine Begründung auf den Listen abzudrucken.[8] Art. 59 I 2 MV-V verlangt – anders als Art. 60 I 2 MV-V – nicht ausdrücklich, dass der Gesetzentwurf *ausgearbeitet* sein muss. Es reicht also gegebenenfalls aus, wenn dem Verfahren eine Rahmenvorgabe zugrunde gelegt wird, die vom Parlament als regulärem Gesetzgeber noch genauer konkretisiert werden kann oder sogar muss.[9]

In der Praxis wird die Regelung des § 5 Nr. 2 MV-VaG, nach dem die Unterschriftslisten den vollständigen Text des Gesetzentwurfes oder des sonstigen Gegenstandes der

---

1 Vgl. S. 562 ff. zu Art. 73 I SächsV, der Art. 60 II 1 MV-V entspricht.

2 Dazu siehe oben S. 444 f. Dies betrifft in erster Linie die Wahl des Ministerpräsidenten, der nach Artt. 20 I 3, 42 I MV-V vom Landtag gewählt wird. Daneben können die Bürger aber über die Volksinitiative auch Vorschläge für die Besetzung der Ämter des Bürgerbeauftragten nach Art. 36 MV-V, des Datenschutzbeauftragten nach Art. 37 MV-V und des Präsidenten und des Vizepräsidenten des Landesrechnungshofes nach Art. 68 II 1 MV-V machen, die ebenfalls dem Landtag obliegt.

3 Das ist das konstruktive Misstrauensvotum, das nach Art. 50 III 1 MV-V nur von einem Drittel der Mitglieder des Landtags beantragt werden kann und die Wahl der Richter des Landesverfassungsgerichts, die nach Art. 52 III MV-V auf Vorschlag eines besonderen Landtagsausschusses erfolgt. Ausgeschlossen ist daher auch eine Initiative, die sich auf die Beendigung der Wahlperiode richtet, da Art. 27 II 1 MV-V das Antragsrecht insofern einer qualifizierten Minderheit von einem Drittel der Landtagsabgeordneten vorbehält. Dazu siehe oben S. 598 zur vergleichbaren Rechtslage in Sachsen-Anhalt.

4 Vgl. § 2 IV MV-VaG.

5 Vgl. § 5 MV-VaG; auf die Probleme im Zusammenhang mit der demokratischen Legitimation der Vertreter wurde bereits hingewiesen; dazu siehe oben S. 455, Fn. 1.

6 Das ergibt sich aus § 5 Nr. 2 MV-VaG.

7 Zum Umfang der Begründung siehe oben S. 453 zu Art. 41 I 2 SH-V.

8 So wird sichergestellt, dass die Unterzeichner auch die Motive des Antrags zur Kenntnis nehmen können.

9 So auch *Thiele*/Pirsch/Wedemeyer, Art. 59 MV-V, Rn. 2; dazu siehe oben S. 599 zur vergleichbaren Rechtslage nach Artt. 80 I 2, 81 I 2 LSA-V.

Volksinitiative enthalten müssen, de facto nicht durchgesetzt. Bei zahlreichen Initiativen wurde auf den Unterschriftslisten das Anliegen der Initiatoren formuliert und erst unmittelbar vor Einreichung der Listen beim Landtag ein konkreter Antrag formuliert. Der Landeswahlleiter hat hieran bemerkenswerterweise bisher keinen Anstoß genommen, obwohl so nicht sicher gestellt ist, dass die Unterzeichner wirklich wissen, was sie mit ihrer Unterschrift unterstützen.[1]

1. Beratung der Initiatoren und Vorprüfung durch den Landeswahlleiter

Bevor mit der Sammlung von Unterschriften für eine Volksinitiative begonnen wird, können sich die Vertreter der Volksinitiative hinsichtlich der förmlichen Voraussetzungen durch den Landeswahlleiter beraten lassen.[2] Dieser ist verpflichtet, innerhalb von vier Wochen nach Eingang eines entsprechenden (schriftlichen) Prüfantrags mitzuteilen, ob die Unterlagen den „gesetzlichen und verfassungsmäßigen Anforderungen" genügen.[3] Zu den verfassungsmäßigen Anforderungen in diesem Sinne gehört allein die Einhaltung der Entscheidungskompetenzen des Landtags gemäß Art. 59 I 1 MV-V.[4] Da sich § 6 MV-VaG ausdrücklich nur auf die *förmlichen* Voraussetzungen bezieht, kann der Landeswahlleiter auf dieser Stufe des Verfahrens hingegen noch nicht überprüfen, ob die Volksinitiative auch die inhaltlichen Beschränkungen des Art. 59 III MV-V einhält.

2. Der Antrag auf Zulassung einer Volksinitiative

Der „Antrag auf Zulassung"[5] einer Volksinitiative ist dem Landtag, vertreten durch dessen Präsidenten zu unterbreiten.[6] Er bedarf der Unterschrift von mindestens 15.000 Stimmberechtigten.[7] Die Sammlung der Unterschriften obliegt den Initiatoren, die an keinerlei

---

1   Dies wurde etwa bei der Initiative „Wir gegen die Rechtschreibreform" deutlich, vgl. dazu unten S. 685. Dort hatten die Initiatoren zunächst mit dem Aufruf „Wir stoppen die Rechtschreibreform. Beibehaltung der alten Rechtschreibung – Ablehnung der Einführung von Neuregelungen, die die Allgemeinheit betreffen, über die Schulen" für ihr Anliegen geworben und betont, dass später ein „Gesetzesvorschlag" vorgelegt werden solle – tatsächlich beschränkte sich die Initiative dann aber auf einen vergleichsweise allgemein gehaltenen Beschlussvorschlag.
2   § 6 Satz 1 MV-VaG.
3   § 6 Satz 2 MV-VaG.
4   Die Verfassung enthält daneben nur eine weitere förmliche Voraussetzung, nämlich das Quorum nach Art. 59 II 1 MV-V, dessen Beachtung zu diesem Zeitpunkt kaum überprüft werden kann.
5   Die Terminologie des MV-VaG ist fragwürdig. Tatsächlich muss das Volksbegehren nicht „zugelassen", sondern seine „Zulässigkeit" geprüft werden; so zu Recht *Przygode*, S. 87 f.
6   § 7 MV-VaG.
7   Dies entspricht etwas mehr 1 % der Stimmberechtigten. Grundlage für die Berechnung des Quorums war die Zahl der Stimmen, die theoretisch erforderlich sei, um ein Landtagsmandat zu erringen, vgl. LT-Drs. 1/3100, S. 147.
    Wenn *Franke-Polz*, S. 148, 151, meint, dass das Quorum in Mecklenburg-Vorpommern damit im niedrigsten liege, verkennt er allerdings, dass die absolute Zahl erforderlicher Unterschriften gegebenenfalls ins Verhältnis zur Zahl der Stimmberechtigten gesetzt werden muss.

Frist gebunden sind.[1] Das MV-VaG enthält keine Regelung über die Folgen einer mehrfachen Eintragung durch ein und dieselbe Person. Daher ist davon auszugehen, dass zumindest eine von mehreren Unterschriften gezählt wird.[2]

a. Die Entscheidung über die Zulässigkeit der Initiative

Der Landtagspräsident veranlasst unverzüglich die Prüfung des Antrags durch den Landeswahlleiter, der innerhalb von sechs Wochen über die Zulässigkeit des Antrags gemäß Art. 59 MV-V zu entscheiden hat, insbesondere darüber, ob die notwendige Zahl von Unterschriften erreicht wurde.[3] Auch wenn dies im MV-VaG nicht ausdrücklich erwähnt wird, gehört zu den Zulässigkeitsvoraussetzungen nach Art. 59 MV-V darüber hinaus auch die Feststellung darüber, ob die inhaltlichen Beschränkungen eingehalten wurden, die sich aus Art. 59 III MV-V ergeben. Eine darüber hinausgehende präventive Kontrolle findet allerdings nicht statt.[4]

Bemerkenswerterweise hat sich der Landeswahlleiter bei den bisherigen Volksinitiativen auf die Feststellung beschränkt, die Initiative sei zustande gekommen.[5] In seinen Entscheidungen findet sich auch kein Hinweis darauf, dass er es als seine Aufgabe ansieht, *alle* Zulässigkeitsvoraussetzungen im Sinne von Art. 59 MV-V zu überprüfen. Auch wenn es verfassungspolitisch fragwürdig ist, dass aufgrund von § 8 II 1 MV-VaG ein untergeordnetes Organ der Exekutive über die Einhaltung der inhaltlichen Beschränkungen im Sinne von Art. 59 III MV-V zu entscheiden hat, muss der Landeswahlleiter jedoch seiner Verpflichtung nachkommen. Überlässt er die Entscheidung über die Einhaltung der inhaltlichen Beschränkungen des Art. 59 III MV-V dem Landtag, so laufen diese im Ergebnis leer. Denn der Landtag kann seinerseits nur dann einen entsprechenden Beschluss fassen, nachdem er sich zumindest ansatzweise inhaltlich mit dem Antrag auseinander gesetzt hat.

b. Behebung von Mängeln

Der Landeswahlleiter hat die Vertreter der Volksinitiative gegebenenfalls dazu aufzufordern, innerhalb von zwei Wochen die festgestellten Mängel des Antrags zu beheben, sofern diese überhaupt behebbar sind.

---

1 Dennoch muss nach § 5 Nr. 5 MV-VaG das Datum jeder Unterschriftsleistung vermerkt werden. So kann der Landtag feststellen, wie schnell das Quorum erreicht wurde.

2 Vgl. dazu oben S. 601 zur vergleichbaren Rechtslage in Sachsen-Anhalt. Es ist nicht erforderlich, dass der Gesetzgeber dies ausdrücklich so bestimmt, wie es etwa in Sachsen geschehen ist; dazu siehe oben S. 563. Entscheidend ist vielmehr, dass eine ausdrückliche Regelung über die *Nicht*-Berücksichtigung von Mehrfacheintragungen fehlt, vgl. etwa § 17 Nr. 6 SH-VAbstG bzw. §§ 10 I Nr. 2 i.V.m. 7 I 2 NdsVAbstG; dazu siehe oben S. 471 bzw. S. 636.

3 Vgl. § 8 II 1 MV-VaG.

4 Der Umfang der Prüfung ist in der Verfassung abschließend bestimmt. So im Ergebnis aber ohne Begründung auch *Thiele*/Pirsch/Wedemeyer, Art. 53 MV-V, Rn. 7, zur Überprüfung der Entscheidung des Landeswahlleiters durch das Landesverfassungsgericht. Zur Überprüfung der Zulässigkeit eines *Volksbegehrens* vertritt *Thiele* (a.a.O., Rn. 9) jedoch eine abweichende Auffassung (vgl. dazu S. 672, Fn. 5). Ausführlich zur Zulässigkeit präventiver Kontrollen S. 295 ff.

5 vgl. LT-Drs. 2/81; 2/376; 2/892.

Diese Verpflichtung ergibt sich aus § 8 II 2 Nr. 2 *Satz 2* MV-VaG. Zu beachten ist nun, dass § 8 II 2 Nr. 2 *Satz 1* MV-VaG sich allein auf die Leserlichkeit der Unterschriften bezieht. Daher liegt der Schluss nahe, dass nur dieser spezielle Mangel behoben werden kann. Tatsächlich ist § 8 II 2 Nr. 2 Satz 2 MV-VaG aber offen formuliert und bezieht sich nach seinem klaren Wortlaut[1] auf alle möglichen behebbaren Mängel. Seine systematische Stellung erweist sich als Redaktionsversehen.[2]

Gibt der Landeswahlleiter dem Zulassungsantrag statt, so leitet er seine Entscheidung zusammen mit den Antragsunterlagen an den Präsidenten des Landtags weiter.[3]

c. Rechtsschutz gegen die Entscheidung über die Zulässigkeit

Weist der Landeswahlleiter den Antrag zurück, so können die Vertreter der Volksinitiative innerhalb eines Monats nach der Zustellung der Entscheidung das „nach § 16 des Wahlprüfungsgesetzes zuständige Gericht" anrufen. Dies ist das Landesverfassungsgericht.[4]

Neben den Vertretern der Volksinitiative können auch die Landesregierung oder ein Viertel der Mitglieder des Landtags einen entsprechenden Antrag stellen.[5] Wenden diese sich *gegen* die vom Landeswahlleiter festgestellte Zulässigkeit der Volksinitiative, so kommt ihrem Antrag aufschiebende Wirkung zu.[6]

Das MV-VaG regelt nicht, wie diese Antragsberechtigten von der Zustellung der Entscheidung an die Vertreter erfahren. In der Praxis geschieht dies durch eine Unterrichtung des Landtagspräsidenten in Form einer Landtagsdrucksache.[7]

C. Die Behandlung der Volksinitiative im Landtag

Hat der Landeswahlleiter die Volksinitiative für zulässig erklärt, so muss der Landtag sich gemäß den Bestimmungen seiner Geschäftsordnung mit dem ihr zugrunde liegenden Antrag

---

1   Ebenso wie die vergleichbare Vorschrift des § 5 III LSA-VAbstG; dazu siehe oben S. 601.
2   Die Regelung über die Behebung von Mängeln hätte als § 8 II *Satz 3* von § 8 II 2 *Nummer 2* getrennt werden müssen.
3   § 8 III MV-VaG.
4   § 8 IV MV-VaG. Bis zur Errichtung des Landesverfassungsgericht hatte nach § 16 des WahlPrüfG vom 1.2.1994 (GVOBl. S. 131) das OVG Greifswald dessen Zuständigkeiten wahrgenommen. Die Verweisung auf das WahlPrüfG ist nach der Errichtung des Landesverfassungsgerichtes unzweckmäßig geworden, da sie dessen durch die Verfassung selbst in Art. 53 I Nr. 3 MV-V begründete Zuständigkeit nur verschleiert. *Röper*, ZParl. 1997, S. 461, 470, Fn. 68, kommt etwa zu dem Ergebnis, dass in Mecklenburg-Vorpommern ein „Instanzgericht" für die Zulässigkeitsprüfung zuständig sei.
5   So ausdrücklich § 8 V MV-VaG.
6   Dazu siehe oben S. 611 bzw. 425 zur vergleichbaren Rechtslage in Sachsen-Anhalt und Niedersachsen und allgemein S. 468 zu Art. 42 I 2 SH-V und § 13 I SH-VAbstG.
7   Vgl. LT-Drs. 2/81; dazu unten S. 678. Diese Unterrichtung kann erst erfolgen, nachdem der Landtagspräsident seinerseits durch den Landeswahlleiter informiert wurde. Zu beachten ist insofern, dass § 8 III MV-VaG den Landeswahlleiter nur dann zu einer entsprechenden Mitteilung verpflichtet, wenn dieser den Antrag für zulässig erachtet. In der Praxis wird der Landeswahlleiter jedoch kaum umhin kommen, den Landtagspräsidenten auch dann zu unterrichten, wenn er die Voraussetzungen des Art. 59 MV-V nicht als gegeben ansieht.

befassen. Der Landtagspräsident hat dafür zu sorgen, dass dies in der zeitlich nächstmöglichen Sitzung geschieht.[1] Durch Art. 59 II 2 MV-V wird der Landtag verpflichtet, die Vertreter der Volksinitiative anzuhören. Aus § 9 III 1 MV-VaG ergibt sich, dass diese Anhörung in dem mit der Initiative befasste Ausschuss zu erfolgen hat. Dieser kann über den Verfahrensablauf selbst bestimmen und insbesondere auch weitere Personen einbeziehen. Obwohl Art. 59 II 2 MV-V ausdrücklich von „den Vertretern" spricht, schränkt § 9 III 1 MV-V das Anhörungsrecht auf einen der Vertreter ein.[2]

Der Landtag hat innerhalb von drei Monaten einen Beschluss über die Volksinitiative zu fassen. Diese Frist läuft nicht in der Zeit vom 1.7. bis zum 31.8. eines jeden Jahres.[3]

III. Das Volksgesetzgebungsverfahren nach Art. 60 MV-V

A. Das Volksbegehren

Der Anwendungsbereich des Volksbegehrens nach Art. 60 MV-V entspricht dem der vergleichbaren Institute in Sachsen und Sachsen-Anhalt.[4] Als Gegenstand kommen nach Art. 60 I 2 MV-V nur Gesetzentwürfe in Betracht. Diese müssen ausgearbeitet und begründet sein. Wie schon zu der vergleichbaren Regelung des Art. 81 I 2 LSA-V dargelegt wurde, muss der Entwurf daher hinreichend detailliert sein.[5] Insofern sind die Anforderungen also höher als bei der Volksinitiative.

Unzulässig sind nach Art. 60 II 1 MV-V Anträge zu Haushalts-, Abgaben- und Besoldungsgesetzen. Insofern kann auf die Ausführungen zur Volksinitiative und zu den vergleichbaren Bestimmungen in den anderen Ländern verwiesen werden.[6] In Bezug auf den so genannten „Haushaltsvorbehalt" ist dabei zu beachten, dass der Verfassunggeber durch die Bezugnahme auf das Haushaltsgesetz klar gestellt hat, dass grundsätzlich nur der Haushaltsplan als solcher dem Anwendungsbereich der Verfahren entzogen ist. Zwar darf diese Vorgabe nicht umgangen werden, so dass ein Antrag auch dann unzulässig wäre, wenn infolge seiner Annahme der Gesamtbestand des Haushaltes wo weit aus dem Gleichgewicht geraten würde, dass es dem Parlament und der Regierung unter keinen Umständen möglich wäre, die Mehrausgaben bzw. Mindereinnahmen auszugleichen. Im Zweifel ist dennoch von der Zulässigkeit eines Antrags auszugehen.

In diesem Zusammenhang sei darauf hingewiesen, dass die im Vergleich zu Art. 59 III MV-V engere Formulierung dem engeren Anwendungsbereich der Verfahren entspricht, das nur auf die Gesetzgebung abzielt.

---

1 Vgl. § 9 I MV-VaG.
2 § 9 III 1 MV-VaG spricht von einem „Vertreter *des* Antragstellers", es bleibt offen, ob der Gesetzgeber damit das Volk personifizieren wollte.
3 Vgl. § 9 II MV-VaG.
4 Dazu siehe oben S. 562 ff. zu Art. 73 I SächsV sowie S. 604 f. zu Art. 81 I und II LSA-V.
5 Der Landtag muss ihn ohne weiteres übernehmen können; dazu siehe oben S. 607; vgl. auch S. 638 zu Art. 48 I 2 NdsV.
6 Dazu siehe oben S. 663 und ausführlicher S. 562 f. zur vergleichbaren Bestimmung des Art. 73 I SächsV.

1. Das Verfahren des Volksbegehrens

Auch in Mecklenburg-Vorpommern hat der Gesetzgeber die strikte Trennung der Verfahren der Volksinitiative auf der einen Seite und des Volksbegehrens und des Volksentscheids auf der anderen Seite beibehalten.[1] Er hat auch darauf verzichtet, dem Volksbegehren einen Volksantrag oder ein Anzeigeverfahren vorzuschalten, damit der dem Begehren zugrunde liegende Antrag frühzeitig überprüft werden kann.[2]

a. Das formelle Eintragungsverfahren

Nur an einer Stelle knüpft das Verfahren des Volksbegehrens an die Volksinitiative an. Hat der Landtag eine Volksinitiative zurückgewiesen oder innerhalb der Drei-Monats-Frist keinen Beschluss gefasst, können die Vertreter des Volksbegehrens[3] nach § 12 MV-VaG die Durchführung eines formalen Eintragungsverfahrens bei den Gemeindebehörden verlangen. Die Volksinitiative ersetzt dann quasi den Volksantrag. Die Vertreter des Volksbegehrens sind für diesen Antrag an keine Frist gebunden. Allerdings muss dem Volksbegehren derselbe Antrag zugrunde liegen, wie der vorausgegangenen Initiative auch.[4]

Die Vertreter des Volksbegehrens haben das Verfahren selbst zu organisieren. Sie bestimmen den Beginn und das Ende der Eintragungsfrist von zwei Monaten. Diese Frist darf allerdings frühestens zwei Wochen nach dem Zugang der Eintragungslisten bei den Gemeinden beginnen. Diese Listen haben die Vertreter des Volksbegehrens auf eigene Kosten herzustellen und samt dem Begehren zugrunde liegenden Gesetzentwurf den Gemeinden zu übermitteln.

Die Beteiligung der Gemeinden an der Durchführung des Volksbegehrens beschränkt sich darauf, die Eintragungsfrist, die Eintragungsstellen und die Eintragungszeiten zusammen mit dem Wortlaut des Gesetzentwurfes[5] nach dessen Eingang in ortsüblicher Weise bekanntzugeben. Sie müssen die Eintragungslisten zu den üblichen Dienststunden auslegen und den Bürgern Einblick in den Gesetzentwurf und seine Begründung gewähren. Nach Ablauf der Eintragungsfrist haben sie die Listen den Vertretern des Volksbegehrens zur Verfügung zu stellen.

---

1 So wie auch in Niedersachsen; dazu siehe oben S. 637. Merkwürdigerweise meint *Häberle*, JöR 1995, S. 355, 367, die Verfassung sehe einen „Dreitakt" von Volksinitiative, Volksbegehren und Volksentscheid vor.

2 Er hat damit der Grundentscheidung des Verfassunggebers Rechnung getragen, der in Art. 60 II 2 MV-V eine Überprüfung der Zulässigkeit erst dann ausdrücklich vorgesehen hat, wenn die Unterschriften bereits insgesamt eingereicht worden sind.
Allerdings wäre er nicht daran gehindert gewesen, das Prüfungsverfahren aufzuspalten und doch einen (unselbständigen) Volksantrag einzuführen, so wie es in Sachsen-Anhalt geschehen ist; dazu siehe oben S. 605.

3 Die Regelung des § 2 IV MV-VaG über die Vertreter gilt auch für das Volksbegehren; dazu siehe oben S. 664.

4 Allerdings muss in diesem Fall bereits der der Initiative zugrunde liegende Antrag entsprechend Art. 60 I 2 MV-V „ausgearbeitet" gewesen sein.

5 Nicht aber seiner Begründung!

Die Gemeinden werden durch das MV-VaG hingegen nicht dazu verpflichtet, die Stimmberechtigung der Unterzeichner zu bestätigen oder zu überprüfen. Ebensowenig ist dort festgeschrieben worden, dass die Unterzeichnungsberechtigten sich nur in ihrer jeweiligen Heimatgemeinde eintragen dürften. Im Grunde dient das Verfahren nach § 12 MV-VaG somit nur dazu, den Antragstellern die Mühe zu ersparen, sich persönlich im ganzen Land um Unterschriften zu bemühen.

b. Die freie Sammlung von Unterschriften

Wurde keine Volksinitiative eingereicht oder auf das formelle Eintragungsverfahren verzichtet, obliegt die Sammlung von Unterschriften allein den Antragstellern.[1] Sie sind insofern weder an eine bestimmte Form noch an irgendwelche Fristen gebunden. Die freie Sammlung von Unterschriften ist aber auch *neben* dem formellen Eintragungsverfahren möglich.[2]

Auch hier können sich die Vertreter mit der Bitte um Beratung hinsichtlich der förmlichen Voraussetzungen des Antrags an den Landeswahlleiter wenden, der ihnen eventuelle Zweifel in Bezug auf die Gesetz- und Verfassungsmäßigkeit der eingereichten Unterlagen mitzuteilen hat.[3] Wie bereits im Zusammenhang mit der Volksinitiative erläutert wurde, hat der Landeswahlleiter insofern nicht nur die formellen Zulässigkeitsvoraussetzungen zu überprüfen, sondern auch die Einhaltung der inhaltlichen Beschränkungen des Art. 60 MV-V.[4]

Nach Abschluss der Sammlung von Unterschriften ist der Antrag auf Zulassung[5] eines Volksbegehrens beim Landtag, vertreten durch dessen Präsidenten, einzureichen.[6] Diesem Antrag sind entsprechend Art. 60 I 3 MV-V mindestens 120.000 Unterschriften von wahlberechtigten Bürgern des Landes beizufügen.[7] Das entspricht etwa 8,5 Prozent der Wahlberechtigten.[8]

---

1 Vgl. § 11 II MV-VaG.
2 Das ergibt sich aus dem klaren Wortlaut des § 12 I 1 MV-VaG. „unabhängig von der Möglichkeit zur freien Unterschriftensammlung". Diese Möglichkeit kann insbesondere dann von Bedeutung werden, wenn im Verfahren nach § 12 MV-VaG nicht genügend Eintragungen erfolgten.
3 § 6 Satz 2 MV-VaG. Diese Möglichkeit gibt es selbstverständlich auch dann, wenn das formelle Verfahren nach § 12 MV-VaG durchgeführt wird. Dass die Volksinitiative zuvor für zulässig erklärt worden sein muss, macht die Prüfung nicht überflüssig. Schließlich kann es fraglich sein, ob der nun dem Begehren zugrunde liegende Entwurf tatsächlich ein *Gesetz*entwurf ist.
4 Dazu siehe oben S. 665.
5 Zu diesem fragwürdigen Begriff schon oben S. 288 und ausführlich *Przygode*, S. 87 ff.
6 § 13 Satz 1 MV-VaG.
7 Das MV-VaG lässt auch hier offen, wie mehrfache Eintragungen zu behandeln sind.
8 Das Quorum war zunächst auf 140.000 Unterschriften festgelegt worden, as zum Zeitpunkt der Verfassung etwas mehr als 10 Prozent der Stimmberechtigten entsprochen hatte. Im Sommer 2006 wurde das Quorum abgesenkt, um der demographischen Entwicklung Rechnung zu tragen.

2. Die Prüfung der Zulässigkeit des Volksbegehrens

a. Verfassungsrechtliche Vorgaben

Nach Art. 60 II 2 MV-V entscheidet das Landesverfassungsgericht auf Antrag der Landesregierung oder eines Viertels der Mitglieder des Landtags über die Zulässigkeit des Volksbegehrens. Dies gilt auch dann, wenn zweifelhaft ist, ob das Volksbegehren zustande gekommen ist. Es ist nicht erforderlich, das Landesverfassungsgericht mit dem Volksbegehren zu befassen, wenn dessen Zulässigkeit für die antragsberechtigten Organe außer Zweifel steht. Das Gericht hat also kein Monopol für die Entscheidung über die Zulässigkeit, sondern lediglich in Bezug auf die Feststellung der *Un*zulässigkeit des Volksbegehrens.[1]

Bei Art. 60 II 2 MV-V handelt es sich um eine Spezialregelung zur Generalklausel des Art. 53 Nr. 3 MV-V. Ansonsten müssten nämlich auch die Antragsteller das Recht haben, selbst das Landesverfassungsgericht anzurufen. Ihrem Anspruch auf effektiven Rechtsschutz wird dadurch Genüge getan, dass die Landesregierung und der Landtag eventuelle Zweifel in Bezug auf die Zulässigkeit des Volksbegehrens nicht zum Anlass nehmen können, dieses nicht zu behandeln. Vielmehr sind sie in diesem Fall *verpflichtet*, das Landesverfassungsgericht anzurufen. Bis zu dessen Entscheidung wird das Verfahren gegebenenfalls unterbrochen.[2]

Aus der systematischen Stellung des Art. 60 II 2 MV-V ergibt sich allerdings, dass diese Regelung nur in Bezug auf die Klärung der Frage gilt, ob die in Satz 1 genannten inhaltlichen Beschränkungen eingehalten wurden. Im Übrigen bleibt die Generalklausel des Art. 53 Nr. 3 MV-V anwendbar. Damit stellt sich auch hier die Frage, ob die Antragsteller gegebenenfalls schon während der Sammlung von Unterschriften das Landesverfassungsgericht anrufe können. Wie schon im Zusammenhang mit den vergleichbaren Bestimmungen in Sachsen-Anhalt und Niedersachsen aufgezeigt wurde, ist dies nicht grundsätzlich ausgeschlossen.[3] Insofern erweist es sich jedoch der Verzicht auf ein Antrags- bzw. Anzeigeverfahren als problematisch. Bis zur Einreichung der Unterschriften für das Volksbegehren sind die Antragsteller noch nicht formiert. Zwar gibt es Initiatoren, die das Verfahren anregen und die Unterschriftensammlung betreiben. Diese sind aber keine Vertreter der Antragsteller im Rechtssinne. Daher können die Maßnahmen der Staatsorgane im Zusammenhang mit dem Volksbegehren in Mecklenburg-Vorpommern nur *nachträglich* überprüft werden.[4]

---

1 So auch die Landesregierung in ihrer Begründung zum MV-LVfGG, LT-Drs. 1/4132, S. 52; anders hingegen *Thiele*/Pirsch/Wedemeyer, Art. 53 MV-V, Rn. 8, der allerdings verkennt, dass das LVfG nur auf Antrag entscheidet und daher davon ausgeht, dass Art. 53 Nr. 3 dessen umfassendes (Erst-) Entscheidungsrecht begründe.

2 Aus der systematischen Stellung des Art. 60 II 2 MV-V ergibt sich, dass die Prüfung der Zulässigkeit zwischen der Einreichung des Volksbegehrens und seiner Behandlung im Landtag erfolgen muss; dazu siehe oben S. 666 f., insbesondere S. 667, Fn. 6.

3 Vgl. dazu oben S. 614 bzw. S. 644.

4 Aus demselben Grund ist während des Eintragungsverfahrens auch der Rechtsweg zu den Verwaltungsgerichten versperrt; vgl. dazu ausführlich oben S. 310 ff.

Anders als bei der Volksinitiative wird nicht ausdrücklich verlangt, dass die Vertreter des Volksbegehrens zur Behebung von Mängeln aufgefordert werden müssen.[1] Aufgrund des Prinzips der Verhältnismäßigkeit ist jedoch zu beachten, dass dies unabhängig von einer ausdrücklichen Verpflichtung jedenfalls dann geboten ist, wenn es sich um leicht behebbare formelle Mängel handelt.[2]

b. Zur Verfassungsmäßigkeit des § 14 MV-VaG

Das MV-VaG genügt den soeben genannten verfassungsrechtlichen Vorgaben nur bedingt. Danach soll nämlich nicht ausschließlich das Landesverfassungsgericht berechtigt sein, die Unzulässigkeit eines Volksbegehrens verbindlich festzustellen. Vielmehr wird diese Entscheidung ebenso wie bei der Volksinitiative[3] grundsätzlich dem Landeswahlleiter zugewiesen, der für seine Entscheidung drei Monate Zeit hat.[4] Er ist ausdrücklich nicht darauf beschränkt, die formellen Voraussetzungen des Begehrens zu überprüfen, sondern hat gemäß § 14 II 2 Nr. 1 MV-VaG umfassend zu überprüfen, ob der dem Begehren zugrunde liegende Antrag mit den inhaltlichen Beschränkungen des Art. 60 II 1 MV-V vereinbar ist. Eine umfassende präventive Normenkontrolle ist jedoch nicht vorgesehen, vielmehr bestimmt § 14 II 2 MV-VaG den Prüfungsumfang abschließend.[5]

Probleme ergeben sich nun aber daraus, dass § 14 III MV-VaG in Bezug auf die Rechtsschutzmöglichkeiten auf die entsprechenden Bestimmungen zur Volksinitiative verweist.[6] Das Landesverfassungsgericht wird also nur dann mit dem Volksbegehren befasst, wenn die Entscheidung des Landeswahlleiters angegriffen wird. Dies führt zunächst dazu, dass auch die Antragsteller selbst das Landesverfassungsgericht mit dem Volksbegehren befassen können. Auf den ersten Blick scheint dies sinnvoll und notwendig, um ihnen hinreichenden Rechtsschutz zu gewähren. Dennoch läuft diese Ausgestaltung des Verfahrens der Intention des Art. 60 II 2 MV-V eindeutig zuwider. Denn durch die Zuweisung der Entscheidung an das Verfassungsgericht sollen die Antragsteller von dem nicht unerheblichen Aufwand entlastet werden, der mit der Anfechtung der Entscheidung über die Zulässigkeit des Volks-

---

1 Dazu siehe oben S. 666 zu § 8 II 2 Nr. 2 Satz 2 MV-VaG.
2 Dazu siehe oben S. 457 f. Anders als nach § 8 II 2 Nr. 2 Satz 2 MV-VaG können inhaltliche Mängel hier nicht nachgebessert werden. Da § 14 II 2 Nr. 2 MV-VaG ausdrücklich darauf abstellt, dass ein Volksbegehren unzulässig ist, wenn das Quorum aufgrund der unleserlichen Eintragungen nicht festgestellt werden kann, ist *hier* – anders als bei der Volksinitiative – davon auszugehen, dass solche unleserlichen Eintragungen den Antragstellern zuzurechnen sind und nicht korrigiert werden können.
3 Dazu siehe oben S. 666 zu § 8 II 2 Nr. 1 MV-VaG.
4 Vgl. § 14 II 1 MV-VaG. Bis vor kurzem hatte eine Frist von sechs Wochen gegolten. Diese wurde Ende 2001 verlängert, da sich bei den Volksinitiativen gezeigt hatte, dass es nicht möglich ist, innerhalb von nur sechs Wochen die Unterschriftsberechtigung von 120.000 Unterzeichnern zu überprüfen, vgl. LT-Drs. 3/2051, S. 30.
5 Dazu siehe oben S. 295 ff. Anders ohne jede Begründung *Thiele*/Pirsch/Wedemeyer, Art. 53 MV-V, Rn. 9, der allerdings die Entscheidung darüber, ob ein Entwurf mit dem *Bundesrecht* vereinbar sei, dem BVerfG vorbehalten will, wobei er verkennt, dass dieses überhaupt keine Möglichkeit zu einer Normen*entwurfs*kontrolle hat. Zudem vertritt er in Bezug auf die Volksinitiative die Auffassung, der Prüfungsumfang sei in der Verfassung abschließend bestimmt (a.a.O., 7).
6 § 8 III bis V MV-VaG.

begehrens verbunden ist. Zudem soll sichergestellt werden, dass mit dem Landesverfassungsgericht im Zweifel eine neutrale Instanz entscheidet.

Darüber hinaus ist zu beachten, dass die Regelung des § 14 MV-VaG das Antragsrecht der Landesregierung und einer qualifizierten Minderheit von einem Viertel der Mitglieder des Landtags in sein Gegenteil verkehrt. Nach Art. 60 II 2 MV-V sollen diese es nämlich in der Hand haben, das Landesverfassungsgericht dann und nur dann mit dem Volksbegehren zu befassen, wenn sie dieses für *unzulässig* halten. Aus dem MV-VaG ergibt sich hingegen, dass die in Art. 60 II 2 MV-V genannten Antragsberechtigten das Verfassungsgericht auch dann anrufen können, wenn der Landeswahlleiter das Begehren für unzulässig erklärt hat. Die Landesregierung oder ein Viertel der Landtagsabgeordneten sind in diesem Fall berechtigt, das Landesverfassungsgericht mit dem Volksbegehren befassen, weil sie das Begehren für *zulässig* erachten.

Zwar ist es nach alldem mit Art. 60 II 2 MV-V nicht vereinbar, dem Landewahlleiter das Recht zuzugestehen, *verbindlich* über die Zulässigkeit des Volksbegehrens zu entscheiden. § 14 II MV-VaG kann jedoch verfassungskonform in dem Sinne ausgelegt werden, dass der Landeswahlleiter in Bezug auf die Einhaltung der inhaltlichen Beschränkungen nach Art. 60 II 1 MV-V nur eine „Vorprüfung" vorzunehmen hat. Das Ergebnis dieser Prüfung ist dann die (unverbindliche) Grundlage für die Entscheidung der in Art. 60 II 2 MV-V genannten Organe darüber, ob sie das Landesverfassungsgericht anrufen wollen oder nicht. Einem entsprechenden Antrag kommt aufschiebende Wirkung zu.[1]

Legt man § 14 I und II MV-VaG in diesem Sinne aus, läuft der Verweis auf die Anfechtungsmöglichkeiten nach § 8 III-V MV-VaG ins Leere, denn für eine Klage gegen die (unverbindliche) Entscheidung des Landeswahlleiters über die Zulässigkeit können die Antragsteller kein Rechtsschutzbedürfnis geltend machen.

3. Die Behandlung des Volksbegehrens im Landtag

Art. 60 III 1 MV-V verpflichtet den Landtag, sich innerhalb von sechs Monaten mit dem Volksbegehren zu befassen. § 16 I MV-VaG konkretisiert diese Regelung insofern, als die Behandlungsfrist erst mit der Entscheidung über die Zulässigkeit des Volksbegehrens zu laufen beginnt. Der Landtag wird verpflichtet, den dem Begehren zugrunde liegenden Antrag in der zeitlich nächstmöglichen Sitzung nach Maßgabe seiner Geschäftsordnung zu behandeln.

Obwohl die Verfassung dies nicht ausdrücklich verlangt, gibt § 16 II MV-VaG einem der Vertreter des Volksbegehrens einen Anspruch auf Anhörung durch den zuständigen Ausschuss. Die Regelung entspricht der Bestimmung für die Volksinitiative.[2]

---

1 Da die Zulässigkeitsentscheidung entsprechend der systematischen Stellung des Art. 60 II 2 MV-V abgeschlossen sein muss, bevor sich der Landtag mit dem Begehren inhaltlich auseinander setzt, vgl. dazu schon oben S. 667 (und dort insbesondere Fn. 6).

2 Dazu siehe oben S. 417 zu § 9 III MV-VaG. Da der Landtag nur berechtigt, nicht aber verpflichtet ist, sich mit dem Volksbegehren zu befassen, wäre es dem Gesetzgeber möglich, diese Anhörungspflicht wieder zu streichen; so auch *Thiele*/Pirsch/Wedemeyer, Art. 60 MV-V, Rn. 3.

4. Die Möglichkeit der Erledigung des Volksbegehrens

Das Volksbegehren wird dadurch erledigt, dass der Landtag den ihm zugrunde liegenden Antrag innerhalb der Frist des Art. 60 III 1 MV-V im wesentlichen unverändert annimmt. In diesem Fall wirkt die Entscheidung des Landtags gegebenenfalls wie ein regulärer Gesetzesbeschluss.[1]

a. Annahme eines gegenüber dem Volksbegehren geänderten Entwurfes

Ob ein gegenüber dem Volksbegehren geändertes Gesetz dessen Anliegen noch im wesentlichen entspricht und damit die Durchführung eines Volksentscheids obsolet macht, hat grundsätzlich der Landtag zu entscheiden.

Art. 60 III MV-V sieht nicht ausdrücklich vor, dass die Antragsteller diese Entscheidung anfechten können. Zu beachten ist jedoch die Generalklausel des Art. 53 I Nr. 3 MV-V. Der Streit über die Frage, ob ein Gesetz gegenüber einem Volksbegehren wesentlich verändert wurde, ist eine Streitigkeit über die Durchführung von Volksentscheiden.[2] Damit haben sowohl die Antragsteller als auch die Landesregierung[3] und eine qualifizierte Minderheit von einem Viertel der Mitglieder des Landtags das Recht, die Entscheidung des Landtags vor dem Landesverfassungsgericht anzufechten. Insofern kann auf die Ausführungen zur vergleichbaren Rechtslage in Niedersachsen verwiesen werden.[4]

b. Erledigung durch die Antragsteller

§ 15 I MV-VaG gibt den Vertretern die Möglichkeit, beim Landeswahlausschuss die Erledigung des laufenden Volksbegehrens zu beantragen. Voraussetzung dafür ist, dass die Vorlage des Begehrens durch ein im Landtag anhängiges oder von ihm beschlossenes Gesetz überholt wurde. Die Vertreter des Volksbegehrens haben jedenfalls dann einen Anspruch auf Erstattung der notwendigen Kosten für die Organisation und Durchführung des Volksbegehrens, wenn sie die Erledigung nicht zu vertreten haben.[5] Dies wird immer dann der Fall sein, wenn das Landtagsgesetz erst während des Volksbegehrens eingebracht worden ist.

Fraglich ist, in welcher Phase des Verfahrens ein solcher Antrag gestellt werden kann. Aus der systematischen Stellung des § 15 MV-VaG ergibt sich, dass dies jedenfalls im Zeitraum zwischen der Entscheidung des Landeswahlleiters über die Zulässigkeit des

---

1   Gemäß Art. 55 I 2 MV-V können Gesetzentwürfe durch Volksinitiative eingebracht werden. Vgl. dazu oben S. 462 zur vergleichbaren Rechtslage in Schleswig-Holstein und S. 521 bzw. S. 603 zur abweichenden Rechtslage in Brandenburg und Sachsen-Anhalt.
2   Unklar insoweit *Thiele*/Pirsch/Wedemeyer, Art. 53 MV-V, Rn. 7, der nicht deutlich macht, was im Rahmen eines Antrags geltend gemacht werden kann.
3   Diese wird kaum klagen, da sie von der Landtagsmehrheit getragen wird.
4   Dazu siehe oben S. 645 zu Artt. 49 I 1 und 54 Nr. 2 NdsV. Problematisch ist wiederum, dass die Landtagsminderheit unter Umständen einen entsprechenden Antrag stellt, obwohl die Antragsteller ihrem Anliegen Genüge getan sehen.
5   § 15 II MV-VaG.

Volksbegehrens und dem Beschluss des Landtags über das Volksbegehren möglich sein muss. Obwohl in § 13 Satz 1 MV-VaG von einem „Antrag auf Zulassung" des Volksbegehrens die Rede ist,[1] entspricht es dem Anliegen des § 15 II MV-VaG auch die früheren Bemühungen des Landtags zu berücksichtigen.[2] Auf der anderen Seite ist davon auszugehen, dass das Volksbegehren auch dann noch „läuft", wenn der Landtag den diesem zugrunde liegenden Antrag – gegebenenfalls in einer veränderten Fassung – angenommen und damit das Begehren überholt hat.[3]

Der Landeswahlausschuss ist nicht an den Erledigungsantrag gebunden. § 15 I MV-VaG verpflichtet ihn vielmehr zu einer pflichtgemäßen Ermessensentscheidung. Damit wird er im Grunde zum Sachwalter der Unterzeichner des Volksbegehrens, denn das einzige Entscheidungskriterium kann sein, ob das Gesetz des Landtags tatsächlich den dem Volksbegehren zugrunde liegenden Entwurf überholt hat.[4]

B. Der Volksentscheid

Erledigt sich das Volksbegehren nicht auf eine der soeben beschriebenen Arten, so muss ein Volksentscheid durchgeführt werden. Dies ist somit dann der Fall, wenn der Landtag innerhalb der Entscheidungsfrist von sechs Monaten nach Art. 60 III 1 MV-V keine Entscheidung getroffen hat, wenn er das Volksbegehren ausdrücklich zurückgewiesen oder nur in einer wesentlich veränderten Form zugestimmt hat. Nach Art. 60 III 2 MV-V kann der Landtag dem Volk auch hier mit einfacher Mehrheit einen konkurrierenden Entwurf mit zur Abstimmung stellen.[5]

Der Volksentscheid ist nach Art. 60 III 1 MV-V frühestens drei und spätestens sechs Monate nach Ablauf der Frist bzw. dem Beschluss des Landtags[6] durchzuführen. Die Landesregierung hat den Tag der Abstimmung festzusetzen und macht diesen zusammen mit

---

1 Was darauf hindeutet, dass dieses Begehren erst mit der Zulassung nach § 14 MV-VaG „laufend" im Sinne von § 15 I MV-VaG ist.
2 „Notwendig" sind nämlich nur die Aufwendungen für die Sammlung von Unterschriften. Allerdings haben diejenigen, die Unterschriften für ein Volksbegehren gesammelt haben, dann möglicherweise selbst dann einen Anspruch auf Kostenerstattung, wenn sich überhaupt nicht nachweisen lässt, dass ihr Anliegen dem Landtag bekannt geworden ist und diesen zu seinem Beschluss veranlasst hat.
3 Andernfalls wären die Antragsteller gezwungen, in der letzten Phase der parlamentarischen Beratungen einen Antrag nach § 15 I MV-VaG zu stellen, ohne sicher sein zu können, dass der Landtag sich tatsächlich das Begehren zu eigen machen wird. Tun sie dies nicht, würden sie ihren Anspruch auf Kostenerstattung verlieren.
4 Daneben kann theoretisch die Frage eine Rolle spielen, ob der Landtag einen Gesetzentwurf tatsächlich annehmen wird. Handelt es sich z.B. den in Anlehnung an das Volksbegehren formulierten Entwurf einer Oppositionsfraktion, ist dies nicht besonders wahrscheinlich. Dann werden die Vertreter aber auch kaum die Erledigung beantragen.
5 Selbst für Anträge, die auf eine Änderung der Verfassung zielen, ist keine qualifizierte Mehrheit erforderlich. Mangels einer ausdrücklichen Regelung in Art. 60 III 2 MV-V gilt die allgemeine Bestimmung des Art. 32 I 1 MV-V, vgl. dazu ausführlich oben S. 476 und auch schon S. 320.
6 Ggf. läuft die Frist ab der Entscheidung des Landesverfassungsgerichtes, dass ein Gesetz des Landtags doch nicht im wesentlichen dem Volksbegehren entsprochen hat.

dem Gegenstand des Volksbegehrens im Amtsblatt des Landes bekannt.[1] Dabei ist nicht nur der Gesetzentwurf samt Begründung zu veröffentlichen, sondern auch das bisherige und weitere Verfahren zu erläutern. Wenn der Landtag einen konkurrierenden Entwurf zur Abstimmung stellt, ist dieser mit zu veröffentlichen.[2] Der Abstimmungstag muss ein Sonntag oder ein gesetzlicher Feiertag sein.

Gemäß § 19 I 2 MV-VaG sollen sowohl der Landtag als auch die Landesregierung das Recht haben, ihre Auffassung zu dem Gesetzentwurf in bündiger und sachlicher Form darzulegen. Wie schon dargelegt wurde, ist diese Regelung jedenfalls insofern nicht mit dem Grundsatz der Chancengleichheit vergleichbar, als auch die Landesregierung das Recht zur Stellungnahme bekommt.[3]

Der Volksentscheid wird in den Gemeinden durchgeführt.[4] Für die Aufstellung der Wählerlisten werden durch § 20 I 3 M-VaG die entsprechenden Bestimmungen des Kommunalwahlgesetzes für anwendbar erklärt. Das M-VaG enthält keine Regelungen über die Gestaltung der Stimmzettel. Es ist aber davon auszugehen, dass die zur Abstimmung gestellten Entwürfe in den Stimmlokalen ausgelegt werden müssen, wenn sie nicht ohnehin im Wortlaut auf den Stimmzetteln wiedergegeben sind. Ein konkurrierender Entwurf des Landtags ist in jedem Fall an letzter Stelle auf dem Stimmzettel aufzuführen.[5]

In Mecklenburg-Vorpommern hat bei einer gleichzeitigen Abstimmung über mehrere Entwürfe jeder Stimmberechtigte nur eine Stimme.[6] Auch ist es den Stimmberechtigten nicht möglich, sich in Bezug auf einzelne Entwürfe der Stimme zu enthalten.[7]

Jeder Wahlberechtigte kann innerhalb von zwei Wochen nach der Bekanntgabe des Abstimmungsergebnisses durch den Landeswahlleiter Einspruch beim Landeswahlleiter einlegen. Über diesen Einspruch entscheidet nach § 24 II M-VaG der Landtag entsprechend den Bestimmungen des Wahlprüfungsgesetzes. Gegen seine Entscheidung kann nach § 24 III M-VaG innerhalb von zwei Wochen das Landesverfassungsgericht angerufen werden.[8] Erst jetzt können die Antragsteller eine unzulässige Einflussnahme durch die Landesregierung oder den Landtag geltend machen.[9]

Das Quorum für den Volksentscheid ist nach Art. 60 IV 1 MV-V höher als nach den bisher dargestellten vergleichbaren Regelungen der anderen Länder. Zusätzlich zur relativen Mehrheit der Abstimmenden, muss ein Entwurf von einem *Drittel* der Stimmberechtigten unterstützt werden. Bei einer Abstimmung über eine Verfassungsänderung müssen nach

---

1   Vgl. § 19 I 1 MV-VaG.
2   Obwohl dies nicht ausdrücklich verlangt wird. In diesem Fall ersetzt die Begründung auch eine gesonderte Stellungnahme nach § 19 I 2 MV-VaG.
3   Vgl. dazu oben S. 646 und schon S. 477.
4   Vgl. § 20 I 1 MV-VaG.
5   So § 19 II 2 MV-VaG.
6   § 21 III MV-VaG; gemeint ist eine „Ja"-Stimme; vgl. §§ 23 I 2 SH-VAbstG, 45 III BbgVAG, 39 I Nr. 6 SächsVVVG; dazu siehe oben S. 478, 529 bzw. 577. Anders ist die Rechtslage in Sachsen-Anhalt und Niedersachsen; dazu siehe oben S. 617 bzw. 647.
7   Das führt dazu, dass auch solche Stimmzettel ungültig sind, bei denen die Abstimmenden nur einen Entwurf ausdrücklich ablehnen, vgl. dazu oben S. 529 zur vergleichbaren Rechtslage in Brandenburg.
8   Vgl. § 24 MV-VaG, der in Absatz 3 auch hier wieder auf § 16 WahlprüfG; dazu siehe oben S. 667, Fn. 4
9   Vgl. dazu oben S. 671 zum Rechtsschutz im Verfahren des Volksbegehrens.

Art. 60 IV 2 MV-V zwei Drittel der Abstimmenden, mindestens aber die Hälfte der Stimmberechtigten zugestimmt haben.[1] Es zählen nach Art. 60 IV 3 MV-V jeweils nur die gültigen Stimmen.[2] Da bei dem in Mecklenburg-Vorpommern vorgesehenen Verfahren logischerweise nur ein Entwurf eine (relative oder gar absolute) Mehrheit der Stimmen auf sich vereinigen kann, enthält das M-VaG zu Recht keine Bestimmungen über ein besonderes Quorum bei konkurrierenden Abstimmungen. Bei Stimmengleichheit bleibt es beim regelungslosen Zustand.[3]

Die vom Volk beschlossenen Gesetze werden nach denselben Vorschriften durch den Ministerpräsidenten ausgefertigt und verkündet, wie Parlamentsgesetze auch.[4]

IV. Verfahrenspraxis und verfassungspolitische Bewertung

A. Zur Praxis der Verfahren[5]

1. Das Verfahren für soziale Grundrechte

Die Linke Liste/PDS hatte bereits vor der Abstimmung über die Verfassung am 12. Juni 1994 Unterschriften für eine Volksinitiative für mehr **soziale Grundrechte** gesammelt. Ziel der Initiative war es, die Rechte auf Arbeit und Wohnung entsprechend der Europäischen Charta der Grundrechte (doch noch)[6] in der Landesverfassung zu verankern. Als „Nebenprodukt" wurde zugleich dafür geworben, die Verfassung beim Volksentscheid abzulehnen und so eine umfassende Neuverhandlung zu erzwingen.[7] Auch andere Organisationen hatten die nun von der LL/PDS erhobene Forderung gestellt und darauf hingewiesen, dass die Verfassung des Landes Brandenburg entsprechende Bestimmungen enthalte.[8]

Von den am 29. März 1994 insgesamt eingereichten 51.387 Unterschriften wurden 19.935 geprüft. Da von diesen bereits 16.989 den Anforderungen des MV-VaG entsprachen, stimmte der Landeswahlleiter dem Antrag auf Zulassung der Volksinitiative am

---

1 Ebenso wie in Schleswig-Holstein, Brandenburg und Sachsen-Anhalt; dazu siehe oben S. 480, 530 bzw. 618.
2 Die Stimmenthaltungen bleiben also stets unberücksichtigt.
3 Schließlich hat keiner der Entwürfe die „Mehrheit" erreicht.
4 Art. 58 II 1 MV-V i.V.m. § 22 IV MV-VaG. Das Verfassungsgericht hat ggf. von Amts wegen darüber zu entscheiden, ob das bereits verkündete Gesetz im Wege einer einstweiligen Anordnung gemäß § 29 MV-LVerfGG vorübergehend wieder außer Kraft gesetzt werden muss; vgl. dazu oben S. 330.
5 *Jung*, ZG 1998, S. 295, 310, erwähnt ohne nähere Angaben seiner Quellen eine Volksinitiative zur Änderung des Landkreisneuordnungsgesetzes für den Landkreis Usedom-Peene", die im ersten Quartal des Jahres 1994 von 16.483 Personen unterzeichnet worden sei. Allerdings sämtliche Unterschriften aufgrund von Formfehlern für ungültig erklärt werden müssen.
6 In der Verfassungskommission und im Landtag hatten sich für entsprechende Vorschläge der PDS keine Mehrheiten gefunden. Vgl. „Korrektur an Mecklenburgs Verfassung gewünscht", SZ, 31.3.1994.
7 Dazu *Walter*, „Volksabstimmung über Landesverfassung", Das Parlament 27.5./3.6.1994, S. 10.
8 Vgl. dazu die Unterrichtung durch den Landtagspräsidenten vom 4.5.1994, LT-Drs. 1/4460.

4. Mai 1994 zu.[1] Der Landtag überwies die Initiative daraufhin am 18. Mai 1994 dem Rechtsausschuss zur federführenden Beratung. Nach Anhörung der Vertreter der Initiatoren hat der Rechtsausschuss bereits einen Tag später (!)[2] am 19. Mai 1994 die Ablehnung der Initiative empfohlen.[3] Dieser Empfehlung ist der Landtag nachgekommen. Es wurde kein Volksbegehren eingeleitet.

2. Das Verfahren für die Verbesserung der Kinderbetreuung

Am 22. Dezember 1994 wurden beim Landeswahlleiter insgesamt 20.649 Unterschriften für eine Volksinitiative zur Herstellung der „**Chancengleichheit für alle in Mecklenburg-Vorpommern lebenden Kinder auf Förderung in einer Kindertageseinrichtung**" eingereicht. Diese Initiative war von den Landesverbänden der Gewerkschaften Erziehung und Wissenschaft (GEW), Öffentliche Dienste, Transport und Verkehr (ötv) und des Deutschen Gewerkschaftsbundes (DGB) angerecht worden. Ihr lag das Anliegen zugrunde, das Kindertagesstättengesetz für Mecklenburg-Vorpommern noch weitgehender zu ändern als der Landtag es ohnehin beabsichtigte.[4] Zur Begründung wurde zum einen darauf verwiesen, dass es im Interesse der Kinder geboten sei, diesen schon vor dem dritten Lebensjahr und nach dem Schuleintritt Anspruch auf einen (gut ausgestatteten) Krippen- bzw. Hortplatz einzuräumen.[5] Zum anderen könne nur so die Vereinbarkeit von Beruf und Familie für Männer und Frauen sichergestellt werden. Der Vorschlag des Landtags sei weder pädagogisch noch sozial vertretbar.[6]

---

1 A.a.O.
2 Dies war nur möglich, weil zeitgleich ohnehin über die Aufnahm sozialer Grundrechte in die Verfassung diskutiert wurde und die Vertreter der Initiative daher für eine sofortige Erörterung im Ausschuss zur Verfügung standen.
3 LT-Drs. 1/4520.
4 Nach § 6 I des Entwurfes eines zweiten Gesetzes zur Änderung des 1. Ausführungsgesetzes zum Kinder- und Jugendhilfegesetz (KitaG) sollte jedes Kind vom vollendeten dritten Lebensjahr bis zum Schuleintritt einen Anspruch auf einen Teilzeitplatz haben.
5 Nach dem Vorschlag der Volksinitiative sollte jedes Kind vom Alter von acht Wochen bis zur Beendigung der Grundschule einen Rechtsanspruch auf einen Platz in einer Kindertagesstätte haben, um das Recht auf Förderung seiner Entwicklung und Erziehung zu einer eigenverantwortlichen gemeinschaftlichen Persönlichkeit in Anspruch nehmen zu können. Das Land solle sich an den Kosten für jeden Kindertagesstättenplatz zu mindestens 50 Prozent beteiligen. Die Höhe der Kostenbeteiligung von Eltern dürfe 15 Prozent der Gesamtkosten nicht übersteigen. Die Gruppengröße solle im Krippenalter fünf Kinder, im Kindergartenalter 15 Kinder und im Hortalter 18 Kinder nicht überschreiten. Jede Fachkraft solle fünf Stunden Vor- und Nachbereitungszeit pro Woche erhalten. Schließlich solle der Elternrat der einzelnen Kindertagesstätte weitgehende Mitspracherechte in Bezug auf die Festlegung der pädagogischen Konzeption, der Öffnungszeiten und der Essensversorgung erhalten.
6 Die vom Landtag vorgesehene Landesbeteiligung von 30-40 Prozent führe zu einer unangemessenen Belastung der Kommunen und vor allem der Eltern. Die vom Landtag vorgesehenen Gruppengrößen ließen eine pädagogisch sinnvolle und möglichst individuelle Betreuung nicht mehr zu. Dass diese Größen noch überschritten werden dürften, lasse jegliche qualitative Anforderungen an Kinderbetreuung außer Acht. Die vom Landtag vorgesehenen „angemessenen" Vor- und Nachbereitungszeiten seien zu unspezifisch. Die Eltern hätten schließlich zu geringen Einfluss auf die Organisation der Tagesstätten.

Am 25. Januar 1995 erklärte der Landeswahlleiter die Initiative nach Prüfung der Unterschriften für zulässig. 16.012 der 20.649 eingereichten Unterschriften entsprachen den Anforderungen nach § 5 MV-VaG. Am 2. Februar 1995 hat der Landtagspräsident die Initiative dem Landtag zur weiteren Behandlung vorgelegt.[1] Sie wurde am 15. März 1995 dem Kulturausschuss sowie dem Finanz- und Rechtsausschuss zur weiteren Beratung überwiesen. Diese empfehlen dem Landtag, sich die Initiative nicht zu eigen zu machen. Auf der einen Seite wurden die Forderungen der Initiatoren nicht pauschal zurückgewiesen. Auf der anderen Seite hielt es der Ausschuss jedoch für ausgeschlossen, den Entwurf innerhalb der dafür vorgesehenen 3 Monate abschließend zu diskutieren, da die Landesregierung mittlerweile einen Entwurf für eine Novellierung des Landes-Kinder- und Jugendhilfegesetzes vorgelegt hatte. Die Volksinitiative sollte daher als Grundlage für die weiteren Beratungen dienen.[2] Der Landtag ist dieser Empfehlung am 22. Juni 1995 gefolgt.[3]

3. Das Verfahren für die sozialverträgliche Überleitung in das Vergleichsmietensystem

Zur selben Zeit wie in Brandenburg[4] wurden auch in Mecklenburg-Vorpommern Anfang 1995 vom Landesverband des Deutschen Mieterbundes Unterschriften für eine Initiative zur **Schaffung sozialverträglicher rechtlicher Voraussetzungen bei der geplanten Überleitung preisgebundener Mieten in ein Vergleichsmietensystem** gesammelt. Der Landtag sollte dazu aufgefordert werden, die Landesregierung zu beauftragen, sich im Bundesrat dafür einzusetzen, dass die Einführung der Vergleichsmiete in den neuen Ländern nur dann vorgenommen wird, wenn zuvor bestimmte rechtliche und soziale Voraussetzungen geschaffen worden sind.[5]

Am 12. April 1995 wurden beim Landtagspräsidenten 19.359 Unterschriften eingereicht. Nach Überprüfung der Unterschriften stellte der Landeswahlleiter am 4. Mai 1995 fest, dass 15.951 der Unterschriften den Anforderungen des MV-VaG genügten und dass die Initiative damit zulässig sei.[6]

Daraufhin hat der Landtag die Initiative am 18. Mai 1995 federführend an den Ausschuss für Bau und Landesentwicklung überwiesen. Nach Anhörung eines der Vertreter der Volksinitiative beschloss der Ausschuss, dem Landtag zu empfehlen, die Initiative für erledigt zu erklären. Er führte zur Begründung an, dass der Bundesrat bereits am Tag nach der Ausschussberatung, dem 2. Juni 1995, dem Beschluss des Deutschen Bundestages zum

---

1   Vgl. dazu insgesamt LT-Drs. 2/81. Merkwürdigerweise findet sich in der Rechtsbehelfsbelehrung der Hinweis, dass gegen die Entscheidung des Landeswahlleiters Klage „beim Oberverwaltungsgericht des Landes Mecklenburg-Vorpommern" eingereicht werden könne. Allerdings nimmt das OVG Greifswald nach § 12 MV-LVfGG die Aufgaben der Geschäftsstelle des Landesverfassungsgerichtes wahr.
2   Vgl. LT-Drs. 2/499.
3   Beschluss vom 22.6.1995, Sten. Prot., S. 794; vgl. dazu auch *Röper*, ZParl. 1997, S. 461, 474, Fn. 79, der meint, dass der Landtag das Anliegen der Initiatoren später berücksichtigt habe. Die weitgehenden Forderungen wurden allerdings tatsächlich nicht übernommen.
4   Dazu siehe oben S. 538 ff.
5   Zum Anliegen der Initiative siehe oben S. 538, Fn. 6 sowie den Text in LT-Drs. 2/389.
6   Vgl. dazu LT-Drs. 2/376.

Mietenüberleitungsgesetz zustimmen werde. Da der Landtag aber erst am 14. Juni über die Initiative beschließe, könne kein Einfluss mehr auf die Landesregierung ausgeübt werden.[1]

Unmittelbar vor der Landtagssitzung beantragte die Fraktion der PDS, die Beschlussvorlage dahingehend zu erweitern, dass sich die Landesregierung auf Bundesebene für eine durchgreifende Verbesserung des Wohngeldes, die Überführung von mindestens 30 Prozent aller Mietwohnungen in solche mit Sozial- und Belegungsbindung, sowie die Verlängerung des besonderen Kündigungsschutzes für Mieter mit Altmietverträgen entsprechend Artikel 232, § 3 des Einigungsvertrages um mindestens weitere fünf Jahre einzusetzen. Zur Begründung wurde darauf verwiesen, dass diese Forderungen der Volksinitiative durch das Mietenüberleitungsgesetz nicht erfüllt worden waren.[2] Da die Fraktionen von SPD und CDU diesen Vorschlägen mit einigen Einschränkungen zustimmten,[3] beschloss der Landtag am 14. Juni 1995, die Volksinitiative für erledigt zu erklären und gleichzeitig die Landesregierung zu den entsprechenden Initiativen auf der Ebene des Bundes aufzufordern.

4. Das Verfahren zur Förderung des Öffentlichen Nahverkehrs

Am 7. September 1995 wurden von einer **Initiative für ein ökologisches soziales und demokratisches Gesetz für den öffentlichen Nahverkehr** 16.124 Unterschriften für einen Entwurf eines Gesetzes über die Bereitstellung, den Betrieb und die Finanzierung des öffentlichen Personennahverkehrs beim Landtagspräsidenten eingereicht. Auch nach der Regionalisierung des Schienenpersonenverkehrs durch das (Bundes-)Gesetz zur Regionalisierung des ÖPNV vom 27.12.1993 sollte eine akzeptable flächendeckende Grundversorgung mit Öffentlichen Nahverkehrsmitteln sichergestellt werden. Dieses Anliegen sollte dadurch verwirklicht werden, dass der ÖPNV den Landkreisen und kreisfreien Städten als Pflichtaufgabe übertragen und das Land zur Bereitstellung finanzieller Mittel verpflichtet wird. Zwar seien die dadurch auf das Land zukommenden Mehrkosten noch nicht exakt berechenbar. Es sei aber zu erwarten, dass diese durch Mittel aus EU-Fonds und durch die nach der Privatisierung der Deutschen Bundesbahn neu zu ordnenden Finanzbeziehungen zwischen Bund, Ländern und Gemeinden im wesentlichen ausgeglichen würden. Der Gesetzentwurf beschränkt sich nicht nur auf allgemeine Programmaussagen, sondern enthielt auch detaillierte Regelungen.[4]

---

1 Vgl. dazu LT-Drs. 2/492. Die Empfehlung erging unter dem Vorbehalt, dass der Bundesrat tatsächlich zustimmen würde.

2 Vgl. LT-Drs. 2/497.

3 Die von der PDS geforderte Ausdehnung des besonderen Kündigungsschutzes auf Einliegerwohnungen wurde abgelehnt. Statt dessen sollte insofern eine eigene Regelung geschaffen werden. Zudem sollte die Regierung dazu aufgefordert werden, unverzüglich ein Gesetz zur Belegungsbindung von Wohnraum nach dem Altschuldenhilfegesetz in den Landtag einzubringen, vgl. LT-Drs. 2/498.

4 Vgl. LT-Drs. 2/892. Gebiete mit mehr als 200 Einwohnern oder 50 Arbeitsplätzen sollten von öffentlichen Verkehrsmitteln erschlossen werden. Maßstab war insofern die Fußweglänge zum nächsten Haltepunkt. In Oberzentren sollte diese z.B. 500 m zur nächsten Bus- oder Straßenbahnhaltestelle nicht überschreiten; in kleineren Gemeinden 1.200 m. Von Gemeinden zum Sitz der Amtsverwaltung sollten täglich mindestens 7 Fahrtenpaare angeboten werden, von Unterzentren zu Mittelzentren ein Stundentakt von 5 bis 24 Uhr.

Die Überprüfung durch den Landeswahlleiter ergab, dass 15.502 der eingereichten Unterschriften den Anforderungen des MV-VaG genügten. Am 12. Oktober 1995 hat der Landeswahlleiter daher die Initiative für zulässig erklärt. Am 25. Oktober 1995 hat der Landtag die Initiative federführend an den Wirtschaftsausschuss überwiesen. Am selben Tag wurde vom Landtag das Gesetz über den öffentlichen Nahverkehr in Mecklenburg-Vorpommern (ÖPNV-Gesetz) beschlossen. Am 29. November 1995 wurden die Initiatoren im Wirtschaftsausschuss angehört. Sowohl der Innenausschuss aus auch der Ausschuss für Bau und Landesentwicklung haben sich gegen die Initiative ausgesprochen.[1] Der Umweltausschuss lehnte die Initiative ebenfalls ab, empfahl aber, diese auszuwerten und die Ergebnisse bei den Beratungen über die ohnehin anstehende Änderung des ÖPNV-Gesetzes zu berücksichtigen.[2] Der Wirtschaftsausschuss vertrat in seiner Beschlussempfehlung vom 16. Januar 1996 die Ansicht, dass das soeben in Kraft getretene ÖPNV-Gesetz – anders als die starre Konstruktion des ÖPNV als Pflichtaufgabe – die gebotene flexible Reaktion auf regionale Besonderheiten ermögliche. Zudem müssten über einen längeren Zeitraum Erfahrungen mit diesem Gesetz gesammelt werden, bevor über eine erneute Änderung des ÖPNV-Gesetzes aufgrund einer Auswertung der Volksinitiative verhandelt werden könne. Daher wurde dem Landtag empfohlen, die Initiative abzulehnen.[3] Der Landtag ist dieser Empfehlung am 24. Januar 1996 gefolgt.[4]

5. Die beiden Verfahren gegen die Schließung des Studiengangs Zahnmedizin und der Zahnklinik der Universität Rostock

Im März 1997 beschloss die Landesregierung, den Studiengang Zahnmedizin an der Universität Rostock aus Kostengründen aufzuheben.[5] Dies hätte mittelbar auch die Schließung der entsprechenden Kliniken bedeutet. Daraufhin wurde am 12. Mai 1997 beim Landtag eine Volksinitiative gegen die **Schließung des Studiengangs Zahnmedizin und der Poliklinik für Zahn-, Mund- und Kieferheilkunde** an der Universität Rostock eingereicht.[6]

Nachdem die Initiative für zulässig erklärt worden war, wurde sie in den Kultusausschuss überwiesen. Am 13. August 1997 wurden neben einem Vertreter der Volksinitiative auch zahlreiche Sachverständige angehört, die durchweg die Auffassung vertraten, dass es kein nachvollziehbaren Gründe für die Schließung des Studiengangs Zahnmedizin in Ros-

---

1 Der Innenausschuss machte Verstöße gegen die geltende Rechtslage geltend. Der Ausschuss für Bau und Landesentwicklung stellte hingegen darauf ab, dass mit dem am 25. Oktober 1995 verabschiedeten ÖPNV-Gesetz des Landes den Belangen der Raumordnung hinreichend Rechnung getragen worden sei.
2 Der Finanzausschuss hat sich nicht innerhalb der Frist geäußert.
3 LT-Drs. 2/1211 (neu).
4 Vgl. Sten. Prot., S. 1717.
5 Zuvor hatte der Wissenschaftsrat entschieden, dass in Mecklenburg-Vorpommern kein Bedarf für zwei zahnmedizinische Ausbildungsstätten bestehe. Damit war das Land vor die Wahl gestellt worden, entweder einen der beiden Studiengänge in Rostock und Greifswald zu schließen oder die Kosten komplett selbst zu tragen.
6 Das Verfahren war von einigen Professoren des betroffenen Fachbereiches initiiert worden. Zur Begründung wurde zum einen auf die Situation in Forschung, Lehre und Krankenversorgung verwiesen. Zum anderen hielten die Antragsteller die Maßnahmen für unvereinbar mit dem Grundsatz der Akademischen Selbstverwaltung, vgl. LT-Drs. 2/2592.

tock gebe. Zugleich wurde sowohl die Schätzung der Landesregierung, dass sich durch die Schließung Kosten in Höhe von ca. 40 Millionen DM einsparen lassen würden, als auch die Empfehlung des Wissenschaftsrates, der im Fachgebiet Zahnmedizin allenfalls einen Standort im Bundesland Mecklenburg-Vorpommern für angemessen hielt, grundlegend in Frage gestellt. Nachdem von Seiten der Landeskommission für Wissenschaft und Forschung jedoch darauf hingewiesen wurde, dass der Bund aufgrund der Empfehlungen des Wissenschaftsrates nur dann die Hälfte der Investitionskosten tragen werde, wenn die zahnmedizinische Ausbildung auf einen einzigen Standort reduziert werde, kam der Ausschuss zu dem Ergebnis, dass die Volksinitiative abgelehnt werden müsse.[1] Der Landtag folgte dieser Empfehlung am 27. August 1997.[2]

Nachdem sich bei den Landtagswahlen im September 1998 die Mehrheitsverhältnisse im Landtag verändert hatten und die bisherige große Koalition aus CDU und SPD durch ein Bündnis aus SPD und PDS abgelöst worden war, begannen die Initiatoren der Volksinitiative erneut mit der Sammlung von Unterschriften für eine Volksinitiative „**Für die Wiedererrichtung des Studiengangs Zahnmedizin und die den Erhalt der Klinik und Polikliniken für Zahn-, Mund- und Kieferheilkunde an der Universität Rostock**", mit der die Landesregierung dazu aufgefordert werden sollte, den Studiengang Zahnmedizin erneut anzumelden und in Abstimmung mit den Gremien der Universitäten Rostock und Greifswald nach Möglichkeiten suchen sollte, die Rostocker Zahnmedizin zu erhalten. Dabei sollte sich das Land im wesentlichen darauf beschränken, die Hochschulautonomie zu stärken[3] und den Hochschulgesamtplan des Landes fortzuschreiben.[4]

Bereits am 16. Dezember 1998 wurden 24.700 Unterschriften beim Landeswahlleiter eingereicht, der die Volksinitiative am 25. Januar 1999 für zulässig erklärte.[5] Bei den Beratungen im Kultusausschuss wurde erneut deutlich, dass im Grunde alle Fraktionen dem Anliegen der Volksinitiative zustimmten. Allerdings wurde befürchtet, dass es ohne Zustimmung des Wissenschaftsrates kaum möglich sein werde, den Studiengang wieder einzurichten. Da sich die Initiatoren jedoch darauf beschränkt hatten, der Hochschule die Verantwortung für die Einrichtung des Studiengangs – und damit auch für dessen Finanzierung – zurückzugeben, beschloss der Ausschuss einstimmig, dem Landtag die Annahme der Volksinitiative zu empfehlen.[6] Der Landtag folgte dieser Empfehlung am 19. Mai 1999.[7] Seit dem Wintersemester 2002/2003 können wieder Studierende des 1. Semesters zugelassen werden.[8]

---

1 Vgl. dazu LT-Drs. 2/2929.
2 Wie umstritten die Schließung war, wird daran deutlich, dass dieser Beschluss in einer namentlichen Abstimmung erging, vgl. Sten. Prot. S. 3986/4007.
3 Die Gremien der Universität Rostock hatten sich eindeutig für die Beibehaltung des Studiengangs ausgesprochen.
4 In diesem Plan
5 Vgl. dazu LT-Drs. 3/138.
6 Vgl. LT-Drs. 3/383. Es wurde wiederum namentlich abgestimmt.
7 Vgl. Sten. Prot. der Sitzung vom 19.5.1999, S. 833.
8 Zuvor hatten die Landesregierung und die Universität Rostock in einem Vertrag die Grundlagen für die Wiedererrichtung des Studiengangs geschaffen.

6. Das Verfahren für den schnelleren Bau der Küstenautobahn A 20

Auf Initiative der Industrie- und Handelskammer Rügen wurden bis zum 13. Mai 1998 insgesamt 21.133 Unterschriften für eine Volksinitiative „**Pro A 20/Rügenanbindung**" gesammelt, mit der die Landesregierung dazu gebracht werden sollte, Mittel aus dem Europäischen Fonds für regionale Entwicklung (EFRE) für die Anbindung Rügens an das Netz der Bundesautobahnen zu verwenden. Die betreffende Autobahn A 20 und die Rügenanbindung sollten bis zum Jahr 2005 fertig gestellt sein.[1] Zur Begründung wurde darauf verwiesen, dass die Unternehmen auf Rügen aufgrund der schlechten Verkehrsanbindung erhebliche Wettbewerbsnachteile hätten. Dies gelte auch und insbesondere für den Fremdenverkehr, da die meisten Urlauber mit dem PKW anreisen wollen.

Nachdem der Landeswahlleiter dem Antrag am 20. Juni 1998 stattgegeben hatte,[2] setzte der neu gewählte Landtag im Oktober 1998 einen Sonderausschuss ein, der sich mit dem Anliegen der Initiatoren auseinander setzen sollte.[3] Nach nur drei Sitzungen, in denen unter anderem auch die Vertreter der Volksinitiative angehört wurden, beschloss der Ausschuss, dem Landtag zu empfehlen, die Volksinitiative in etwas veränderter Form anzunehmen. Insbesondere wurde betont, dass Benutzern des Öffentlichen Personennahverkehrs, Berufspendlern und den Einwohnern Rügens die gebührenfreie Querung des Strelasunds möglich bleiben müsse.[4] Der Landtag hat sich diese Empfehlung am 23. November 1998 zu eigen gemacht.[5]

7. Das Verfahren für einen Rechtsanspruch auf eine Lehrstelle

Am 16. September 1998 – und damit nur zwei Wochen vor der Landtagswahl – wurde eine Volksinitiative „**Der Jugend eine Zukunft – berufliche Erstausbildung und Beschäftigung für Jugendliche**" eingereicht, mit der allen Jugendlichen ein Rechtsanspruch auf eine berufliche Erstausbildung und auf eine einjährige Beschäftigungsgarantie nach Abschluss dieser Ausbildung verschafft werden sollte. Zugleich sollte die Landesregierung dazu aufgefordert werden, sich auf Bundesebene dafür einzusetzen, dass die Kosten für diese Maßnahmen durch eine „solidarische Umlage" finanziert werden.[6] Die Volksinitiative

---

1 LT-Drs. 3/7; vgl. dazu auch *Jung*, ZG 1998, S. 295, 310.
2 Vgl. dazu LT-Drs. 3/7.
3 LT-Drs. 3/8. Aus gegebenem Anlass forderte die CDU, diesen Ausschuss wie in den Wahlperioden zuvor mit 9 Mitgliedern zu besetzen, vgl. LT-Drs. 3/10. Sie fürchtete, andernfalls von der Mehrheit aus SPD und PDS dominiert zu werden.
4 Grundlage war dabei die Feststellung, dass sich die EFRE-Mittel tatsächlich für den Ausbau der Straßen verwenden ließen. Zudem hatte der Bund zusätzlich 90 Mio. DM für die Verbesserung der Straßenanbindung zugesagt, sofern die Komplementärfinanzierung aus den EFRE-Mitteln gesichert sei, vgl. dazu LT-Drs. 3/17. Der Ausschuss empfahl dem Landtag daher, die EFRE-Mittel seinerseits nur dann einzusetzen, wenn der Bund tatsächlich mindestens 90 Mio. DM zusätzlich zur Verfügung stellt.
5 Die Bauarbeiten sind derzeit noch nicht abgeschlossen.
6 Vgl. LT-Drs. 3/11. Die Angabe über die Zahl der Unterschriften beruht auf einer Auskunft der Pressestelle der PDS-Landtagsfraktion an den Verf. vom 1.7.2002.

wurde vor allem von der PDS getragen und war von etwa 20.000 Personen unterschrieben worden.[1]

Nachdem der Landeswahlleiter den Antrag für zulässig erklärt hatte, wurde die Initiative vom neu gewählten Landtag zur Beratung in den Ausschuss für Bau, Arbeit und Landesentwicklung verwiesen. Dieser hörte am 7. Januar 1999 die Vertreter der Volksinitiative und zahlreiche Sachverständige an. Während die Vertreter der Wirtschaft auf die bisherigen erheblichen Anstrengungen der Unternehmen verwiesen, Ausbildungsstätten zur Verfügung zu stellen und betonten, dass die Ausbildungsbereitschaft vieler Unternehmen durch die von der Volksinitiative geforderte Beschäftigungsgarantie deutlich gemindert werde, betonten die Gewerkschaften, dass die Umlagefinanzierung ein geeignetes Mittel sei, um neue Ausbildungsplätze zu schaffen. Allerdings müsse insofern in der Tat auf Bundesebene nach einer Lösung gesucht werden. Trotz der Bedenken der Unternehmen und gegen die Stimmen der CDU, die die geforderten Maßnahmen für unvereinbar mit dem Grundsatz der sozialen Marktwirtschaft hielt, empfahl der Ausschuss dem Landtag, die Volksinitiative in veränderter Form anzunehmen. Insbesondere sollte klar gestellt werden, dass es sich um keinen justitiablen Rechtsanspruch handelt.[2] Der Landtag folgte dieser Empfehlung am 27. Januar 1999.

8. Das Verfahren zur unverzüglichen Fertigstellung der Autobahn A 241

Nachdem sich bei dem Verfahren der Volksinitiative für die Rügenanbindung gezeigt hatte, dass auch solche Angelegenheiten als Gegenstand einer Volksinitiative in Betracht kommen, wurden dem Landtag am 25. März 1999 insgesamt 23.767 Unterschriften für eine Volksinitiative zur **„unverzüglichen Fertigstellung der Autobahn A 241"** vorgelegt. Mit dieser Initiative sollte der Landtag dazu gebracht werden, die erforderlichen finanziellen Mittel bereitzustellen, um die bis dahin zwischen Wismar und Schwerin bestehende Lücke im Autobahnnetz zu schließen und damit zum einen die Infrastruktur deutlich zu verbessern und zum anderen die Ortsdurchfahrten an der Bundesstraße B 106 zu entlasten. Wie schon für den Bau der Strelasund-Querung nach Rügen sollten auch hier Mittel des Europäischen Fonds für regionale Entwicklung verwendet werden.[3]

Auch diese Initiative wurde vom Landeswahlleiter für zulässig erklärt und vom Landtag an den Wirtschaftsausschuss verwiesen. Auch wenn der Bund für Umwelt- und Naturschutz Deutschland (BUND) im Rahmen der Anhörung vor diesem Ausschuss betonte, dass der Wirtschaftsraum Wismar über den Schienenweg sehr gut erschlossen sei und zudem aufgrund der bisherigen Erfahrungen damit zu rechnen sei, dass der Bau einer Autobahn den Sogeffekt der Städte verstärke und damit der Entwicklung einer Region eher schade, machte sich der Ausschuss die Argumente der Volksinitiative weitgehend zu eigen und empfahl dem Landtag, auch diese Initiative anzunehmen, um damit den „Aufholprozess zur Beseitigung von infrastrukturellen Standortdefiziten in Mecklenburg-Vorpommern auf hohem

---

1 Daneben wurde sie unter anderem vom Landesverband der Gewerkschaft HBV, dem Paritätischen Wohlfahrtsverband und der DGB-Jugend unterstützt.
2 Vgl. LT-Drs. 3/135.
3 Vgl. dazu LT-Drs. 3/355.

Niveau" fortzuführen.[1] Dementsprechend forderte der Landtag die Landesregierung am 16. September 1999 dazu auf, umgehend alle notwendigen Maßnahmen für die unverzügliche Fertigstellung der Autobahn A 241 einzuleiten.

9. Das Verfahren gegen die Rechtschreibreform

Nach dem Erfolg der Initiative „Wir gegen die Rechtschreibreform" in Schleswig-Holstein,[2] wurde auch in Mecklenburg-Vorpommern der Widerstand gegen die Reform wieder größer. Ende Januar 1999 begann die Initiative **„Wir stoppen die Rechtschreibreform"** mit der Sammlung von Unterschriften für eine Volksinitiative, mit der zur Rechtschreibung, wie sie in der 20. Auflage des „Duden" festgelegt ist, zurückzukehren bzw. diese Rechtschreibung beizubehalten. Bis zum 20. Juni 1999 wurden (nur) 20.000 Unterschriften gesammelt und dem Landtag vorgelegt.

Nachdem die Initiative am 1. September 1999 für zulässig erklärt worden war,[3] folgte eine kurze Debatte in den zuständigen Ausschüssen. Der Ausschuss für Bildung, Wissenschaft und Kultur empfahl dem Landtag, die Volksinitiative abzulehnen, da sich das Land andernfalls in eine Insellage im deutschsprachigen Raum begeben werde und eine Vielzahl praktischer Probleme entstehen würde.[4] Der Landtag folgte dieser Empfehlung am 17. November 1999. Dabei hat mit Sicherheit der Umstand eine Rolle gespielt, dass der schleswig-holsteinische Landtag kurz zuvor beschlossen hatte, die Rechtschreibreform auch in diesem Land endgültig umzusetzen. Die Antragsteller verzichteten angesichts dieser Konstellation auf die Durchführung eines Volksbegehrens.

10. Das Verfahren gegen eine Zwei-Klassen-Medizin im Osten

Noch während des laufenden Verfahrens zur unverzüglichen Fertigstellung der A 241 wurde am 23. Juni 1999 beim Landtag eine weitere Volksinitiative **„Gegen eine Zwei-Klassen-Medizin im Osten"** eingereicht, die von der Kassenärztlichen Vereinigung Mecklenburg-Vorpommern angeregt und durch über 160.000 Personen unterstützt worden war.[5] Sie richtete sich vor allem gegen die Festlegung des Arzneimittelbudgets unterhalb des Bundesdurchschnittes und gegen die Verschlechterung der ambulanten Behandlungsmöglichkeiten. Auch diese Initiative wurde vom Landeswahlleiter am 28. Juli 1999 für zulässig erklärt.[6]

---

1 LT-Drs. 3/690.
2 Vgl. dazu S. 486, sowie S. 339 (Baden-Württemberg), S. 358 (Bayern), S. 584 (Sachsen), S. 651 (Niedersachsen).
3 Vgl. zu alldem LT-Drs. 3/668.
4 Vgl. LT-Drs. 3/863.
5 Die Unterschriften waren größtenteils in den Praxen niedergelassener Ärzte gesammelt worden. Nach den Angaben der Kassenärztlichen Vereinigung in einem Schreiben an den Landtag vom 23.5.1999 lagen bis dahin 160.157 Unterschriften vor, vgl. LT-Drs. 3/632, Anlage 1. Es ist nicht ersichtlich, dass und wie viele Unterschriften danach noch gesammelt worden sind.
6 Vgl. dazu LT-Drs. 3/632.

Im Rahmen einer Anhörung des zuständigen Sozialausschusses am 6. Oktober 1999 forderten die Vertreter der Kranken- und Ersatzkassen ein gemeinsames Vorgehen gegen die Ausgabensteigerungen im Gesundheitswesen. Die Kassenärztliche Vereinigung stellte sich erwartungsgemäß hinter die Vertreter der Volksinitiative und betonte, dass die gegenwärtigen Maßnahmen zum Risikostrukturausgleich nicht ausreichen.

Während sich die CDU-Vertreter im Ausschuss für die unveränderte Annahme des Antrags aussprachen, milderten die Vertreter der Regierungskoalition aus PDS und SPD die Forderungen ab. Auch sie betonten jedoch, dass die von der Bundesregierung geplanten Maßnahmen den besonderen Bedürfnissen und Umständen Mecklenburg-Vorpommerns nicht angemessen Rechnung tragen. Auch sei das Arzneimittelbudget nicht korrekt festgelegt worden. Daher solle die Landesregierung unter anderem dazu aufgefordert werden, sich auf Bundesebene für die schrittweise Einführung eines uneingeschränkten Risikostrukturausgleiches zwischen den Krankenversicherungen einzusetzen, wobei auch aufwendige Leistungsfälle und die speziellen Investitionsaufwendungen der ostdeutschen Krankenkassen für die Krankenhäuser mit zu berücksichtigen seien. Zudem sollten die Rechtsaufsichtsbehörden die Möglichkeit bekommen, bei der Überprüfung der Budgets (für Arzneimittel etc.) auch solche ausgabenrelevanten Gesichtspunkte zu berücksichtigen, die bei der Festsetzung dieser Budgets bisher nicht zu beachten waren.[1] Der Landtag folgte dieser Empfehlung am 17. November 1999.

11. Das Verfahren „Zukunft der Bahn in Mecklenburg-Vorpommern"

Im Sommer 2000 wurde vom Landesverband des nicht mehr im Parlament vertretenen Bündnis 90/Die Grünen mit der Sammlung von Unterschriften für eine Volksinitiative **„Zukunft der Bahn in Mecklenburg-Vorpommern"** begonnen.[2] Zu den Zielen der Antragsteller gehörte unter anderem die vermehrte Förderung des Gesamtverkehrskonzepts Fahrradverkehr, die Erhaltung der Flächenbahn durch ein Moratorium für Streckenstilllegungen, die Einführung eines landesweiten flächendeckenden Verkehrsverbundes zur Abstimmung von Tarifen und Fahrzeiten. Darüber hinaus sollte der ÖPNV zur Pflichtaufgabe der Gemeinden erklärt und die Regionalisierungsmittel zuverlässig weitergereicht werden.[3] Nachdem nur etwa 8.000 Unterschriften zusammen gekommen waren, wurde die Volksinitiative nicht eingereicht.[4] Die Forderungen wurden allerdings auf anderen Ebenen weiter verfolgt.

---

1 Vgl. dazu LT-Drs. 3/871.

2 Weitere Unterstützer waren unter anderem der BUND, die Gewerkschaft Deutsche Lokomotivführer (GDL), und einige Bürgerinitiativen. Das Verfahren wurde auch durch einige der SPD angehörenden Bürgermeister unterstützt, die nach ihrer Wiederwahl oder Abwahl jedoch schnell das Interesse verloren.

3 Es gab Befürchtungen, dass die Mittel, die den Ländern infolge der Ausgliederung des ÖPNV aus der Deutschen Bahn AG zufließen, nicht an die Gemeinden weitergegeben werden könnten, die nun anstelle der Bahn den ÖPNV organisieren müssen.

4 Die Zahl wurde dem Verf. von der Vertrauensfrau der Initiative mitgeteilt. Während des Verfahrens waren sogar deutlich höhere Zahlen genannt worden, vgl. „Bahn mit Zukunft", ZfDD Heft 1/2001, S. 36. 12.000 Eintragungen.

12. Das Verfahren „Für eine bessere Verkehrsinfrastruktur in Ostvorpommern"

Dasselbe Schicksal ereilte auch die von der CDU initiierte Initiative „**Für eine bessere Verkehrsinfrastruktur in Ostvorpommern**", mit der der Bau einiger Umgehungsstraßen und eine bessere Bahnanbindung Ostvorpommerns erreicht werden sollte. Vom Sommer 2000 bis Anfang 2001 kamen auch hier kaum mehr als 13.000 Eintragungen zusammen.[1]

13. Das Verfahren gegen die Ausweisung weiterer FFH-Gebiete

Im Juli 2003 wurde mit der Sammlung von Unterschriften für eine Volksinitiative „**Gegen die Ausweisung weiterer FFH-Gebiete**" auf der Insel Rügen begonnen. Die Initiatoren befürchteten, dass weite Teile der Insel aufgrund der Vorgaben der FFH-Richtlinie der EU zu Schutzgebieten erklärt und der Nutzung durch den Menschen weitgehend entzogen werden könnten.[2]

Das Verfahren ist noch nicht abgeschlossen. Es erscheint eher unwahrscheinlich, dass die erforderliche Zahl von Unterschriften zusammen kommen wird.

14. Das Verfahren zur Verbesserung des Kita-Gesetzes

Unmittelbar nach dem Inkrafttreten des neuen Kindergartenförderungsgesetzes[3] im April 2004 begann der Landesverband der Gewerkschaft Erziehung und Wissenschaft (GEW) mit der Sammlung von Unterschriften für eine Volksinitiative „**Zur Verbesserung des Kita-Gesetzes**". Ziele der Initiative waren die Festschreibung eines verbindliche Personalschlüssels für Fachkräfte, landeseinheitlicher Vorgaben für die von den örtlichen Trägern der Jugendhilfe mit den Trägern der Kindertagesstätten zu schließenden Leistungsvereinbarungen, eine bedarfsgerechte Verteilung der Landesmitteln, eine klare Regelung über die Berücksichtigung von Investitionen in Kindertagesstätten bei der Berechnung der Finanzierungsanteile des Landes und der Träger der Jugendhilfe und schließlich die Verankerung der Beteiligungsrechte von Stadt- und Kreiselternräten sowie die Gründung eines Landeselternrates.

Bis zum 15. Juni 2004 kamen etwa 24.100 Unterschriften zusammen, die am 1. Juli der Landtagspräsidentin zur Prüfung übergeben wurden.[4] Am 16. September 2004 hat sich der Landtag erstmals mit der Initiative befasst und sie zur weiteren Beratung in den Sozialausschuss verwiesen. In diesem Ausschuss fand am 29. September 2004 eine Anhörung statt, auf der auch Vertreter der Initiatoren gehört wurden. Sie konnten sich mit ihrem Anliegen

---

1 Vgl. „Verkehrs-Initiative tröpfelt", ZfDD, Heft 1/2001, S. 36.
2 Richtlinie 92/43/EWG des Rates vom 21. Mai 1992 zur Erhaltung der natürlichen Lebensräume sowie der wildlebenden Tiere und Pflanzen (ABl. EG Nr. L 206/7 vom 22.7.92), geändert durch Richtlinie 97/62/EG des Rates vom 27.10.1997 (ABl. EG Nr. L 305/42).
3 Gesetz zur Förderung von Kindern in Kindertageeinrichtungen und in Tagespflege vom 1.4.2004. Mit diesem Gesetz war die Finanzierung komplett neu geregelt worden. Die Initiatoren des Verfahrens befürchteten, dass dies zu einer Leistungskürzung und/oder zu einer Erhöhung der Gebühren führen würde.
4 Vgl. die Pressemitteilung der Gewerkschaft Erziehung und Wissenschaft vom 1.7.2004.

allerdings nicht durchsetzen. Dennoch wurde kein Volksbegehren eingeleitet, was wohl nicht zuletzt darauf zurück zu führen ist, dass die Gebühren für die Kindertageseinrichtungen entgegen den Erwartungen der Initiatoren nicht oder nur moderat angestiegen sind.

15. Das Verfahren für ein neues Schulgesetz

Seit Mitte 2005 wurde in Mecklenburg-Vorpommern über eine umfassende Reform des Schulgesetzes beraten.[1] Dabei ging es auch um die Frage, wie dem Rückgang der Schülerzahlen Rechnung getragen werden soll. Da infolge der Umsetzung des Gesetzes die Schließung zahlreicher Schulstandorte befürchtet wurde, begann der Landeselternrat Mecklenburg-Vorpommern unmittelbar nach der Verabschiedung des Gesetzes durch den Landtag[2] am 1. Februar 2006 mit der Sammlung von Unterschriften für ein Volksbegehren **für ein neues Schulgesetz**. In diesem Gesetz soll unter anderem die Einführung einer schulartunabhängigen Orientierungsstufe in den Klassenstufen 5 und 6, sowie die Beibehaltung der bisherigen Parameter für die Schulwegzeit und die Unterrichtsversorgung festgeschrieben werden.[3]

Die Unterschriftensammlung wurde intensiviert, als es nach dem In-Kraft-Treten des neuen Schulgesetzes im Sommer 2006 tatsächlich zur Schließung zahlreicher Schulen kam. Dennoch kamen nach Angaben der Initiatoren bis Anfang November 2006 lediglich 100.000 Unterschriften zusammen. Die Unterschriftensammlung wurde daher zunächst bis zum 31. Dezember 2006 und dann nochmals bis Anfang Februar 2007 verlängert.[4] Am 20. Februar 2007 wurden der Landtagspräsidentin die Unterschriftslisten übergeben. Das Quorum von 120.000 Unterschriften war jedoch nicht erreicht worden. Damit war das Volksbegehren gescheitert.

16. Das Verfahren „Pro Jura"

Am 17. Mai 2006 beschloss der Landtag die Schließung der Rechtswissenschaftlichen Fakultät und die Einstellung des Studiengangs Zahnmedizin der Universität Rostock. Zur Begründung für diese Maßnahme wurde darauf verwiesen, dass die Kapazitäten an der Universität Greifswald ausreichen würden, um den Bedarf des Landes zu decken. Eine Doppelung der Studiengänge sei nicht erforderlich. Diese Maßnahmen trafen auf den erbitterten Widerstand der Universität Rostock, die einen Eingriff in ihre Autonomierechte geltend machte.

Eine Initiative von Studierenden und Hochschullehrern nahm den Beschluss des Landtags zum Anlass, ab Anfang Juli 2006 Unterschriften für eine Volksinitiative „Für die Freiheit der Forschung und Lehre an der Universität Rostock – Gegen die Schließung des Studienganges Rechtswissenschaften" (oder kurz „**Pro Jura**") zu sammeln, mit der das Landesparlament dazu aufgefordert werden soll, die Fakultät in Rostock aufrecht zu erhalten. Geplant war, die Sammlung noch vor den Landtagswahlen am 17. September 2006

1 Vgl. den Gesetzentwurf der Landesregierung, LT-Drs. 4/1910.
2 Gesetz vom 22.2.2006, GVBl. S. 41.
3 Kurz zuvor war auch in Sachsen ein vergleichbares Verfahren eingeleitet worden, vgl. oben S. 589.
4 Vgl. die Pressemitteilung des Landeselternrates vom 6.11.2006.

abzuschließen, da andernfalls bereits zum Wintersemester 2006/2007 keine neuen Studierenden mehr immatrikuliert werden könnten. Nachdem bis zum Wahltermin noch nicht genügend Unterschriften zusammen gekommen waren, wurde die Sammlung bis zum Februar 2007 fortgesetzt.

Am 14. März 2007 hat der Landeswahlleiter festgestellt, dass das Quorum für die Volksinitiative erreicht worden ist.[1] Der Landtag überwies die Vorlage in den Ausschuss für Bildung, Wissenschaft und Kultur, der am 6. Juni empfohlen hat, die Initiative abzulehnen: Entscheidend war dabei, dass sich die Universität Rostock und die Landesregierung kurz zuvor im Rahmen eines Mediationsverfahrens auf eine gemeinsame Linie verständigt hatten. Nachdem nun auch die Hochschule selbst die Schließung des Studienganges akzeptiere, müsse die Entscheidung hingenommen werden.[2] Am 13. Juni 2007 folgte der Landtag der Beschlussempfehlung. Das Verfahren war damit beendet.

17. Das Verfahren für ein weltoffenes, friedliches und tolerantes
Mecklenburg-Vorpommern

Gut vier Monate nachdem in Sachsen mit der Sammlung von Unterschriften für einen Volksantrag zur Ergänzung der Landesverfassung begonnen worden war[3] und nur wenige Wochen, nachdem die PDS – Die Linke bei den Landtagswahlen massive Verluste erlitten hatte und die rot-rote Regierungskoalition auseinander gebrochen war, initiierte der Landesverband der PDS – Die Linke in Mecklenburg-Vorpommern ein vergleichbares Verfahren **für ein weltoffenes, friedliches und tolerantes Mecklenburg-Vorpommern**: Nach dem Willen der Antragsteller soll in die Landesverfassung ein neuer Art. 10a eingefügt werden, durch dessen Abs. 1 der Staat auf Frieden und Gewaltfreiheit verpflichtet wird. Nach Abs. 2 der Bestimmung sollen Handlungen, die geeignet sind und in der Absicht vorgenommen werden, das friedliche Zusammenleben der Völker oder der Mecklenburger und Vorpommern zu stören oder darauf gerichtet sind, nationalsozialistisches Gedankengut wieder zu beleben, verfassungswidrig und strafbar. Gemäß Abs. 3 sollen Vereinigungen, die systematisch und nachhaltig in ihren Zielen und Programmen die Menschenwürde angreifen oder in dieser Weise durch ihre Tätigkeit gegen die Grundsätze eines offenen und gewaltlosen Willensbildungsprozesses verstoßen, eingeschränkt werden können.

Die Unterschriftensammlung begann am 18. Oktober 2006. Im Mai 2007 wurden der Landtagspräsidentin die Unterschriftslisten übergeben. Nachdem der Landeswahlleiter festgstellt hatte, dass genügend Unterschriften vorlagen,[4] hat der Landtag die Initiative am 11. Juli 2007 in die Ausschüsse verwiesen. Nach langwierigen Beratungen und einer Expertenanhörung verständigten sich die Fraktionen von SPD, CDU, FDP und der Linken auf einen gemeinsamen Entwurf, mit dem dem Anliegen der Initiative Rechnung getragen

---

1 Vgl. LT-Drs. 5/380.
2 LT-Drs. 5/608.
3 Vgl. dazu oben S. 589.
4 Vgl. LT-Drs. 5/640.

wurde.[1] Am 14. November 2007 hat der Landtag die entsprechende Beschlussvorlage angenommen und die Landesverfassung entsprechend geändert.

Im Oktober 2007 wurde bekannt, dass die Linke die Möglichkeit der Volksinitiative erneut nutzen will, um die Einführung eines **kostenfreien Mittagessens** an den Grundschulen des Landes durchzusetzen.

B. Zur Bewertung der Verfahrensregelungen

Zumindest auf den ersten Blick kann Mecklenburg-Vorpommern als Paradebeispiel für die positiven Wirkungen der Volksinitiative gelten. Schließlich ist es den Antragstellern hier gleich in mehreren Fällen gelungen, den Landtag zur Übernahme ihrer Anliegen zu bewegen. Und selbst dann, wenn das Parlament eine Initiative abgelehnt hat, ist sein Bemühen erkennbar, sich mit dem Anliegen der Initiatoren auseinander zu setzen und diesen die Gründe für eine ablehnende Entscheidung zu vermitteln.

Allerdings macht eine genauere Betrachtung schnell deutlich, dass vor allem solche Initiativen erfolgreich waren, die ohnehin der Regierungspolitik entsprachen. Schließlich hätte sich die Landesregierung kaum gegen die Forderungen nach einem zügigen Ausbau der Verkehrsinfrastruktur oder einem gerechten Risikostrukturausgleich in der Krankenversicherung gestellt – allerdings sind dem Land hier ohnehin aufgrund der Zuständigkeit des Bundes weitgehend die Hände gebunden. Bemerkenswert sind damit allein die Erfolge der Initiativen „Der Jugend eine Zukunft" und für die Wiedereinrichtung des Studiengangs Zahnmedizin an der Universität Rostock. Im ersten Fall kam die Landtagsmehrheit dem Antrag zwar auf den ersten Blick nach, allerdings entschärfte sie die Forderungen der Antragsteller, indem sie den Jugendlichen einen „echten" Rechtsanspruch verweigerte und sich auf die einigermaßen wohlfeile Aufforderung an die Landesregierung beschränkte, für eine Verbesserung der Lage Sorge zu tragen und sich auf Bundesebene zu bemühen. Im zweiten Fall wäre es ohne die beiden Volksinitiativen zwar möglicherweise bei der bereits beschlossenen Schließung des Studiengangs geblieben – Der Umstand, dass sich nach dem Regierungswechsel 1998 eine Mehrheit für die Erhaltung des Studiengangs fand, ist aber kein Beleg für die Lernfähigkeit der „offiziellen" Politik, sondern in erster Linie eine Folge der geänderten Machtverhältnisse. Daher ist es auch nicht wirklich erstaunlich, wenn es seit 1999 nur noch wenige Versuche gegeben hat, das Verfahren der Volksinitiative zu nutzen.

Auch die Tatsache, dass es bisher zu keinem einzigen Versuch gekommen ist, ein Volksbegehren einzuleiten, kann bei einer näheren Betrachtung nicht überraschen. Schließlich findet sich auch in Mecklenburg-Vorpommern die bekannte Kombination aus einer starken Beschränkung des Anwendungsbereiches der Verfahren und den hohen Quoren beim Volksbegehren und Volksentscheid. Dabei ist zu beachten, dass man in Mecklenburg-Vorpommern insofern noch weiter gegangen ist, als in den anderen bisher dargestellten Ländern, da bei Abstimmungen über einfache Gesetzentwürfe sogar die Zustimmung durch ein Drittel der Stimmberechtigten verlangt wird. Nachdem die Stimmberechtigten nur einem einzigen Entwurf zustimmen können, wurde damit aber jedenfalls dann, wenn zwei kon-

---

1 Vgl. LT-Drs. 5/1003: Der Text des Antrags wurde geringfügig geändert und in den Abschnitt über die Staatszielbestimmungen eingefügt.

kurrierende Vorlagen zur Abstimmung stehen, de facto verhindert, dass ein Antrag beim Volksentscheid erfolgreich sein kann.[1]

Nachdem bisher noch keine Verfahren eingeleitet wurden, bleibt abzuwarten, ob und wie sich die ungewöhnlichen Regelungen über die Einleitung des Volksbegehrens und die Sammlung der Unterschriften in der Praxis bewähren werden: Auf der einen Seite fehlt in Mecklenburg-Vorpommern durch den völligen Verzicht auf einen Volksantrag und die damit verbundene frühzeitige Überprüfung der Zulässigkeit des Volksbegehrens eine Hürde, an der in den anderen Ländern sehr viele Verfahren gescheitert sind. Auf der anderen Seite besteht aber die Gefahr, dass die Frustration der Bürger noch verstärkt wird, wenn ein Volksbegehren doch noch für unzulässig erklärt wird, nachdem immerhin mehr als zehn Prozent der Stimmberechtigten es durch ihre Unterschrift unterstützt haben.

Auch die Privatisierung des Eintragungsverfahrens stellt nicht unbedingt eine Erleichterung für die Initiatoren dar, da es durchaus fraglich ist, ob es ihnen ohne die Unterstützung einer Partei oder eines hinreichend gut organisierten Interessenverbandes gelingen wird, genügend Bürger zu mobilisieren. Positiv zu bewerten ist demgegenüber, dass der Landtag verpflichtet wurde, sich auch mit dem Volksbegehren inhaltlich auseinander zu setzen. Es erscheint jedoch nicht recht nachvollziehbar, wieso nach der ohnehin schon sehr langen Frist von sechs Monaten für die Behandlung im Landtag weitere drei bis sechs Monate bis zum Volksentscheid vergehen müssen.[2]

---

1 So im Ergebnis auch *Dambeck*, RuP 1994, S. 208, 217.
2 Die öffentliche Diskussion beginnt ja keineswegs erst, nachdem der Landtag seine Verhandlungen über das Volksbegehren abgeschlossen hat.

8. Kapitel: Thüringen

I. Zur Entstehungsgeschichte[1/2]

Auch in Thüringen hat die Verfassungsdiskussion bereits vor der Gründung des Landes begonnen. Am Anfang stand ein Entwurf einer Arbeitsgruppe unter Leitung des Dekans der Juristischen Fakultät der Friedrich-Schiller-Universität Jena Gerhard Riege, der im Mai 1990 veröffentlicht wurde.[3] Parallel dazu erarbeitete ein Unterausschuss Justiz des „Politisch-beratende Ausschusses zur Bildung des Landes Thüringen" einen eigenen Entwurf. Dieser wurde am 30. August 1990 der Öffentlichkeit vorgestellt.[4] Schließlich formulierte der Justizminister des Landes Rheinland-Pfalz[5] Peter Caesar einen weiteren Entwurf,

---

1 Dazu ausführlich *Leunig*; passim; vgl. auch *Dambeck*, RuP 1994, S. 208, 217 ff.; *Deselaers*, S. 25, 55 ff.; *Grube*, ThürVBl. 1998, S. 245, 246 *Klages/Paulus*, S. 173 ff., 218 ff. und S. 256 ff.; *Linck/Jutzi/Hopfe*, Einleitung B; *Paterna*, S. 90 f.; *Rommelfanger*, ThürVBl. 1993, S. 145, 148 ff.; *ders.*, Ausarbeitung, S. 55, 56 ff.; *Sampels*, S. 144 ff.; und die Dokumentation zu LT-Drs. 1/2106, abgedruckt in ThürVBl. 1993 S. III/IV.

2 Die Verfassung des Landes Thüringen vom 20.12.46 (Reg.Bl. 1947, S. 1; abgedruckt bei *K. Schmitt*, S. 202 ff.) sah in Art. 27 die Auflösung des Landtags durch Volksentscheid vor. Nach Art. 35 wurde für das Volksbegehren die Unterstützung durch 10 % der Stimmberechtigten oder einer Partei verlangt, welche die Unterstützung durch 20 % der Stimmberechtigten glaubhaft machen konnte. Bei Übernahme des (geänderten) Begehrens durch den Landtag, hätte dieses nach Art. 38 durch die Antragsteller erledigt werden können. Beim Volksentscheid sollte grundsätzlich die Mehrheit der Abstimmenden entscheiden, im Falle von Verfassungsänderungen die Mehrheit der Stimmberechtigten; vgl. oben S. 503, Fn. 2; S. 555, Fn. 2; S. 593, Fn. 2 und S. 660, Fn. 2 zu den Verfassungen der Mark Brandenburg, Sachsens, der Region Sachsen-Anhalt und Mecklenburg-Vorpommerns. Ausführlich zur Verfassungsdiskussion des Jahres 1946 *Lunau*, passim.

3 Thüringische Landeszeitung vom 19.5.1990, S. 7; 21.5.1990, S. 3, 22.5.1990, S. 7 und 23.5.1990, S. 7. Der Entwurf ist auch abgedruckt bei *Häberle*, JöR 1990, S. 468 ff.; sowie bei *K. Schmitt*, S. 252 ff. Der Entwurf enthielt in den Artt. 58 ff. Regelungen über den Volksentscheid über Gesetzentwürfe und die Auflösung des Landtags aufgrund eines Volksbegehrens durch 10 % der Stimmberechtigten. Für Anträge auf Verfassungsänderungen sah Art. 61 III des Entwurfs ein Quorum von einem Viertel der Stimmberechtigten vor. Bei der Abstimmung sollte grundsätzlich die Mehrheit der Stimmen ausreichen, bei Verfassungsänderungen war die Zustimmung durch die Mehrheit der Stimmberechtigten vorgesehen. In Art. 61 I war eine „Volksbefragung" über wichtige politische Gegenstände auf Antrag des Landtags geregelt. Nicht ganz eindeutig wurde, ob der Landtag auch selbst einen Volksentscheid herbeiführen können sollte. Art. 59 I des Entwurfs sah lediglich vor, dass der Landtag über die Durchführung des Volksentscheids beschließen solle.

4 Abgedruckt bei *Häberle*, JöR 1990, S. 484 ff.; sowie bei *K. Schmitt*, S. 274 ff.
Die Regelungen der Artt. 71 ff. waren aus dem Riege-Entwurf übernommen wurden. Als einzige Änderung war in Art. 72 II ausdrücklich klargestellt worden, dass nicht nur ein Zehntel der Stimmberechtigten, sondern auch der Landtag selbst eine Abstimmung herbeiführen können sollte.

5 Rheinland-Pfalz unterstützte das Land Thüringen beim Aufbau seiner Verwaltung.

der am 5. Oktober 1990 in Eisenach vorgelegt worden ist.[1] Alle drei Entwürfe haben für die spätere Verfassungsdiskussion allenfalls eine unmaßgebliche Rolle gespielt.[2]

Nach der Gründung des Landes Thüringen am 3. Oktober 1990 verabschiedete der Landtag am 7. November 1990 eine vorläufige Landessatzung.[3] In den folgenden Monaten berieten die Landtagsfraktionen über ihre Vorstellungen zur künftigen Landesverfassung. Am 10. April 1991 legte die CDU-Fraktion einen ersten Entwurf vor.[4] Am 25. April folgte die FDP-Fraktion.[5] Am 9. Juli stellte die SPD-Fraktion ihren Entwurf vor,[6] dem am 23. August bzw. am 9. September die Entwürfe der Bürgerbewegung[7] und der Linken

1   Abgedruckt bei *K. Schmitt*, S. 300 ff. Interessanterweise wurde der Entwurf durch den Pressedienst des rheinland-pfälzische Justizministeriums veröffentlicht. *Rommelfanger*, ThürVBl. 1993, S. 145, 148, Fn. 64, weist darauf hin, dass dieser Entwurf als Einmischung in die Inneren Angelegenheiten empfunden wurde; vgl. in diesem Sinne auch *Linck*, S. 30, 33, der auf Unstimmigkeiten zwischen Caesar und dem damaligen Regierungsbevollmächtigten und späteren ersten Ministerpräsidenten des Landes Duchac verweist. Zum Entwurf selbst äußerte sich *Häberle*, JöR 1992, S. 149, 189, sehr kritisch. Dieser Entwurf sei „blass und einfallslos".
    Der Entwurf sah in Art 56 I Nr. 3 die Auflösung des Landtags durch das Volk vor und in Art. 69 eine Regelung über das Volksbegehren und den Volksentscheid.

2   *M. Schmid*, S. 105, erwähnt einen weiteren Entwurf aus Hessen, der allerdings nicht dokumentiert ist und allem Anschein nach auch keine nennenswerte Bedeutung für die Verfassungsdiskussion hatte.

3   GBl. S. 1; abgedruckt bei *K. Schmitt*, S. 217 ff. Zur Entstehungsgeschichte dieser vorläufigen Verfassung vgl. *Linck*, S. 30, 36 ff.

4   LT-Drs. 1/285; vgl. dazu *Sampels*, S. 148. Der Entwurf regelte in Art. 77 I das Volksbegehren auf Antrag von einem Fünftel der Stimmberechtigten. Beim Volksentscheid sollte nach Art. 77 III die Zustimmung durch die Mehrheit der Abstimmenden, mindestens aber durch ein Drittel der Stimmberechtigten verlangt werden, bei Verfassungsänderungen die Zustimmung durch die Mehrheit der Stimmberechtigten, Art. 80 III. Eine Volksinitiative war nicht vorgesehen. Als Anekdote der Verfassunggebung sei angemerkt, dass nach Art. 42 dieses Entwurfs die „Verwirk*lich*ung von Grundrechten" durch ihre *Verwirkung* erfolgen sollte.

5   LT-Drs. 1/301; vgl. dazu *Sampels*, S. 148.. Die Regelung des Art. 61 zu Volksbegehren und Volksentscheid entsprach im wesentlichen den Forderungen der CDU. In Art. 62 III war vorgesehen, dass Verfassungsänderungen aufgrund eines Volksbegehrens zum einen der Zustimmung durch zwei Drittel der Mitglieder des Landtags (!!) und darüber hinaus durch zwei Drittel der Stimmberechtigten bedürfen sollten.

6   LT-Drs. 1/590; vgl. dazu *Sampels*, S. 149. Die vorgeschlagenen Regelungen der Artt. 55 f. über die Volksinitiative und das Volksbegehren lehnten sich weitgehend an das Vorbild der BbgV an. Dies gilt insbesondere für den sehr weitern Anwendungsbereich der Verfahren. Modifiziert wurden lediglich die Fristen. Außerdem wurden die Quoren der kleineren Zahl von Stimmberechtigten angepasst (18.000/50.000 bzw. 90.000/120.000 bei Verfassungsänderung und Auflösung des Landtags). Ausländer sollten nicht beteiligungsberechtigt sein. Art. 57 ließ offen, ob der Landtag sich vor dem Volksentscheid nochmals mit dem Volksbegehren befassen müssen sollte. Ein konkurrierender Entwurf war nicht vorgesehen. Ein Entwurf sollte angenommen sein, wenn ihm die Mehrheit der Abstimmenden, mindestens aber ein Fünftel der Stimmberechtigten zugestimmt hat. Bei Verfassungsänderungen und der Auflösung des Landtags sollte eine Zwei-Drittel-Mehrheit notwendig sein, die mindestens einer absoluten Mehrheit der Stimmberechtigten entsprechen musste.

7   Neues Forum, Grüne und Demokratie Jetzt, LT-Drs. 1/659; vgl. dazu *Sampels*, S. 149. Es mutet fast erstaunlich an, dass dieser Entwurf in Bezug auf die direktdemokratischen Verfahren wesentlich zurückhaltender war, als derjenige der SPD. Schon die Volksinitiative war nach Art. 51 I auf Gesetzentwürfe beschränkt. Verlangt wurden 20.000 Unterschriften. Für das Volksbegehren sollten 100.000 Unterschriften nötig sein. Beim Volksentscheid sollte auch hier die einfache Mehrheit genügen.

Liste/PDS¹ folgten. Diese Entwürfe wurden am 12. September 1991 gemeinsam in den aus zehn Abgeordneten bestehenden Verfassungs- und Geschäftsordnungsausschuss des Landtags überwiesen.² Dieser Ausschuss verhandelte nicht-öffentlich unter Beteiligung von zehn Sachverständigen, die kein Stimmrecht hatten.³

Angesichts der Tatsache, dass sich nicht einmal die Regierungsfraktionen auf einen gemeinsamen Entwurf geeinigt hatten, verwundert es kaum, dass sich die Verhandlungen über einen gemeinsamen Entwurf des Ausschusses in die Länge zogen.⁴ Zunächst wurde ein Unterausschuss gebildet, in den jede der Fraktionen einen Abgeordneten entsandte. Zwar konnte dieser Unterausschuss zu den meisten Fragen relativ zügig Kompromissvorschläge ausarbeiten.⁵ Einige Streitpunkte blieben jedoch bis zum Schluss umstritten. Dies gilt insbesondere für die Frage, wie die direktdemokratischen Verfahren in der Landesverfassung ausgestaltet werden sollten. Erst in der 26. und letzten Sitzung des Unterausschusses wurde auch insofern ein Durchbruch erzielt.⁶ Am 5. Februar 1993 nahm der Hauptausschuss des Landtags den gemeinsamen Entwurf gegen die Stimmen der Vertreter der PDS und der Bürgerbewegung an.⁷ Am 22. April wurde dieser Entwurf in 2. Lesung vom Landtag behandelt⁸ und am 18. und 19. Mai 1993 einer öffentlichen Anhörung unterzogen. Zugleich wurde die Bevölkerung vom Landtagspräsidenten zu Kritik und Stellungnahmen aufge-

---

Dies sollte nach Art. 52 II auch für Verfassungsänderungen gelten, die einem obligatorischen Referendum unterzogen werden sollten.

1   LT-Drs. 1/678; vgl. dazu *Sampels*, S. 149 f. Die Artt. 85 ff. lehnten sich weitgehend an das Vorbild der SH-V an. Allerdings sollten nur Personalentscheidungen ausgeschlossen werden. Die Überprüfung der Zulässigkeit der Volksinitiative war nur auf Antrag der Landesregierung oder der Hälfte der Mitglieder des Landtags vorgesehen. Art. 87 regelte das Referendum auf Antrag der Mehrheit der Mitglieder des Landtags, bei Verfassungsänderungen auf Antrag von zwei Dritteln der Mitglieder. Die LL/PDS forderte darüber hinaus die Möglichkeit der Auflösung des Landtages durch Volksentscheid, Art. 51 IV 1.

2   LT-Sten. Prot. 1/28, S. 1721.

3   Jede Fraktion konnte 2 Sachverständige benennen.

4   Vgl. dazu z.B. *Glebke*, „Dauernde Aufgabe", Die Zeit vom 27.11.1992, S. 19; *Rommelfanger*, Ausarbeitung, S. 55, 59 ff.

5   Vgl. zum Verfahren ausführlich *Leunig*, S. 21 ff.

6   Vgl. *Klages/Paulus*, S. 258 f.; *Leunig*, S. 79 ff.; *Rommelfanger*, ThürVBl. 1993, S. 145, 149; sowie *ders.*, Ausarbeitung, S. 55, 64, der darauf hinweis, dass die Absenkung der Quoren für das Volksbegehren gegen die Festschreibung des gegliederten Schulwesens – und damit der Verzicht auf die flächendeckende Einführung von Gesamtschulen – in der Verfassung „erkauft" wurde. Weitere „Knackpunkte" waren die Einführung von Staatszielen und sozialen Grundrechten sowie die Verabschiedung der Verfassung; vgl. dazu ausführlich *Leunig*, S. 53 ff. und S. 89 ff.

7   LT-Drs. 1/2106. In bezug auf die direktdemokratischen Verfahren entsprechen die Vorschläge im Kommissionsentwurf weitgehend den Regelungen, die dann tatsächlich verabschiedet wurden. Allerdings waren die Quoren noch wesentlich höher. In Art. 68 III wurde die Unterstützung des Bürgerantrags durch landesweit mindestens 8 % und in mindestens der Hälfte der Land- und Stadtkreise durch 6 % der Stimmberechtigten verlangt. Für das Volksbegehren war nach Art. 82 III die Unterstützung durch 16 % der Stimmberechtigten gefordert; vgl. dazu auch *Sampels*, S. 151 ff.

8   Die Redner aller Fraktionen betonten den Kompromisscharakter der Vorschriften der Artt. 68, 82 f. ThürV; vgl. die Stellungnahmen der Abgeordneten *Lippmann* (SPD) und *Schwäblein* (CDU), Sten. Prot. S. 117 ff., 125 ff.; sehr kritisch der Abgeordnete *Hahnemann* (LL/PDS), Sten. Prot. S. 134 ff. Vgl. auch „Alle Seiten haben zu viele Federn lassen müssen", Tsp., 21.4.1993.

fordert.¹ Die Resonanz war allerdings nur sehr schwach. Obwohl der Verfassungsentwurf in einer Auflage von 800.000 Exemplaren verteilt worden war, gingen nur etwa 400 Stellungnahmen ein.²

Dennoch stimmten CDU und FDP aufgrund dieser Stellungnahmen einer weiteren Senkung der Quoren für den Bürgerantrag und das Volksbegehren um jeweils zwei Prozentpunkte zu.³ Nach weiteren Änderungen durch den Verfassungs- und Geschäftsordnungsausschuss⁴ ist die Verfassung am 25. Oktober 1993 vom Landtag verabschiedet worden und am 30. Oktober 1993 vorläufig in Kraft getreten. Am 16. Oktober 1994 wurde sie gemäß Art. 106 III 1 ThürV zusammen mit der zweiten Landtagswahl zur Volksabstimmung gestellt.⁵ Nachdem ihr 52,9 Prozent der Stimmberechtigten zugestimmt haben, ist sie endgültig in Kraft getreten.⁶

Bereits einige Zeit früher, nämlich am 19. Juli 1994 ist das Thüringer Gesetz über das Verfahren bei Bürgerantrag, Volksbegehren und Volksentscheid verabschiedet worden, mit dem die Verfassungsbestimmungen konkretisiert worden sind.⁷

Im September 2001 hat der Thüringer Verfassungsgerichtshof ein Volksbegehren für unzulässig erklärt, mit dem die Voraussetzungen für die Zulässigkeit der direktdemokratischen Verfahren deutlich abgesenkt werden sollten.⁸ In der Folgezeit haben sowohl die Oppositionsparteien SPD und PDS⁹ als auch die Landesregierung¹⁰ Vorschläge für eine

1   Dem Landtag sind daraufhin 400 Stellungnahmen mit rund 3.000 Einzelanregungen zugegangen, so der Berichterstatter des Landtags *Stauch*, am 22.10.1993, Sten. Prot. S. 7154. Zahlreiche Bürger hatten eine Senkung der Quoren für die direktdemokratischen Verfahren gefordert (a.a.O. S. 7156 und LT-Drs. 1/2660, S. 19).
2   Vgl. dazu *Deselaers*, S. 25, 58.
3   Vgl. dazu *Klages/Paulus*, S. 259 f.
4   Vgl. LT-Drs. 1/2660. In Bezug auf die Regelungen über direktdemokratische Verfahren wurden keine Änderungen mehr vorgenommen.
5   Dabei wurde das ThürBVVG angewandt. *P. M. Huber*, ThürVBl. 1993 S. B4, B5, hat zu Recht darauf hingewiesen, dass dies wegen des fehlenden ausdrücklichen Gesetzesvorbehaltes in Art. 106 III ThürV nicht völlig unproblematisch ist. Allerdings muss diese Verfassungsbestimmung irgendwie durch ein Gesetz konkretisiert werden. Daher lag es nahe, das ThürBVVG heranzuziehen.
    Linck, S. 30, 52 f., hat darauf hingewiesen, dass der Landtag bei der Verabschiedung der provisorischen Landessatzung bewusst auf Regelungen über die Annahme der endgültigen Landesverfassung verzichtet habe, da der verfassunggebende Gesetzgeber nicht gebunden werden solle. Berücksichtigt man, dass *derselbe* Landtag zugleich die Funktion einer verfassunggebenden Versammlung hatte, erweist sich diese Argumentation allerdings als reichlich spitzfindig.
6   Bekanntmachung über das Ergebnis des Volksentscheids vom 26.10.1994, GVBl. S. 1194; vgl. auch die Daten bei *Jung*, LKV 1995, S. 319. Bei einer Beteiligung von 74,7 % hatten 70,13 % der Abstimmenden der Verfassung zugestimmt; das entspricht 50,46 % der Stimmberechtigten. Anzumerken ist, dass Art. 106 III 2 ThürV das Quorum für die Annahme der Verfassung abweichend von Art. 83 II 2 ThürV regelt und nur die Zustimmung durch die Mehrheit der Stimmberechtigten verlangt; kritisch dazu *Jung*, a.a.O., S. 320 f.
7   = **ThürBVVG**, GVBl. S. 918. Zu den Beratungen über diesen Gesetzentwurf vgl. *Grube*, ThürVBl. 1998, S. 245, 247.
8   *ThürVfGH*, ThürVBl. 2002, S. 31 = LKV 2002, S. 83.
9   Vgl. LT-Drs. 3/1911. In ihrem gemeinsamen Entwurf haben SPD und PDS versucht, den Antrag, der dem Volksbegehren für „Mehr Demokratie in Thüringen" (dazu unten S. 713) zugrunde lag, entsprechend den

Änderung der Verfassung und des einschlägigen Ausführungsgesetzes[1] unterbreitet. Während sich die Oppositionsfraktionen dabei von dem Gedanken leiten ließen, so viel wie möglich von den ursprünglichen Anliegen des Volksbegehrens zu retten und die Hürden *abzusenken*, ging die Landesregierung in einer Art von vorauseilendem Gehorsam[2] davon aus, dass eine teilweise *Verschärfung* der Zulässigkeitsvoraussetzungen erforderlich sei,[3] um der Rechtsprechung des Verfassungsgerichtshofes Rechnung zu tragen. Nach langwierigen Verhandlungen[4] wurde im November 2004 schließlich ein Kompromiss erreicht.[5] Das Ausführungsgesetz wurde kurz darauf entsprechend angepasst und im Februar 2004 neu bekannt gemacht.[6] Dabei wurden auch zahlreiche Unstimmigkeiten bereinigt und die Verfahrensregelungen für den Bürgerantrag und den Volksantrag einander angeglichen.

II. Die Volksinitiative – Der „Bürgerantrag" nach Art. 68 ThürV[7]

Auch in Thüringen hat sich der Verfassunggeber dazu entschlossen, das Institut der Volksinitiative als selbständiges Verfahren auszugestalten, das dem Volksbegehren nicht notwendigerweise vorgeschaltet werden muss. Anders als in den früher verabschiedeten Verfassun-

---

Vorgaben des *ThürVfGH* umzuarbeiten. Der Haushaltsvorbehalt des Art. 82 II ThürV soll unverändert beibehalten werden. Das Quorum für das Volksbegehren soll auf 7 % der Stimmberechtigten abgesenkt werden. Für Anträge auf Verfassungsänderung soll ein höheres Quorum von 10 % gelten.

Unverändert beibehalten wurde die Forderung, das Quorum für den Bürgerantrag nach Art. 68 III ThürV auf 25.000 Unterschriften abzusenken, das Quorum für den Volksantrag auf 5.000 Unterschriften festzuschreiben und bei Volksentscheiden über einfache Gesetze auf das qualifizierte Zustimmungsquorum des Art. 82 VI 2, 2. Hs. zu verzichten. Auch sollten Volksentscheide entsprechend dem Entwurf von „Mehr Demokratie" in Zukunft mit allgemeinen Wahlen zusammen gelegt werden.

10 Vgl. LT-Drs. 3/2237 (dieser Entwurf ging auf eine Anregung der Landtagsmehrheit zurück, vgl. LT-Drs. 3/1843). Das Quorum für den Bürgerantrag soll lediglich auf 50.000 Unterschriften abgesenkt werden. Für das Volksbegehren soll ein Quorum von 10 % gelten. Für beide Verfahren war vorgesehen, dass die Unterschriften im Rahmen eines amtlichen Eintragungsverfahrens innerhalb von zwei Wochen zusammen kommen müssen. Für die Behandlung des Volksbegehrens soll der Landtag sechs Monate Zeit haben. Die gerichtliche Kontrolle der Zulässigkeit des Volksbegehrens soll in Zukunft auf die Stufe des Volksantrags vorgezogen werden. Im Übrigen wurden einige redaktionelle Änderungen vorgeschlagen. Aus dem Antrag des Volksbegehrens wurde damit nur die Forderung übernommen, das Quorum für den Volksantrag in der Verfassung auf 5.000 Unterschriften festzuschreiben.

1 Vgl. LT-Drs. 3/2196 (SPD und PDS) einerseits und LT-Drs. 3/2238 (Landesregierung) andererseits.

2 Schließlich war die *geltende* Verfassung nicht Gegenstand des verfassungsgerichtlichen Verfahrens gewesen und es bestand auch kein Anzeichen dafür, dass die einschlägigen Bestimmungen in absehbarer Zeit dem Gericht vorgelegt würden.

3 Dies betrifft insbesondere die Einführung formeller Eintragungsverfahren für den Bürgerantrag und das Volksbegehren. Zugleich sollten die Eintragungsfristen deutlich verkürzt werden. Auf der anderen Seite war aber auch vorgesehen, die Quoren für den Bürgerantrag und das Volksbegehren abzusenken und auf das „Regionalquorum" zu verzichten.

4 Vgl. dazu *Edinger*, S. 121, 139 ff.

5 Gesetz vom 26.11.2003, GVBl. S. 493.

6 Gesetz vom 4.12.2003, GVBl. S. 505; die Neubekanntmachung erfolgte am 23.2.2004, GVBl. S. 237..

7 Zu diesem Verfahren vgl. *Grube*, ThürVBl. 1998, S. 217 ff.

gen ist dies auch sprachlich und systematisch deutlich zum Ausdruck gekommen. Die Volksinitiative wurde in unmittelbarem Zusammenhang mit den Bestimmungen über den Landtag in Art. 68 ThürV als „Bürgerantrag" geregelt.[1] Damit wird deutlich hervorgehoben, dass dieses Institut kein Bestandteil des Gesetzgebungsverfahrens ist, obwohl einem Bürgerantrag ausdrücklich auch ein Gesetzentwurf zugrunde liegen kann.[2]

Der Anwendungsbereich des Bürgerantrags entspricht auch sonst im wesentlichen dem der vergleichbaren Verfahren in den übrigen Ländern.[3] Nach Art. 68 II ThürV sind Anträge zu Dienst- und Versorgungsbezügen, Abgaben und dem Landeshaushalt unzulässig.[4] Durch die im Vergleich zu den Regelungen in Schleswig-Holstein etwas offenere Formulierung kommt es gegebenenfalls auf die Intentionen der Antragsteller an, da eine Vorlage auch dann unzulässig wäre, wenn sie zwar im Falle ihrer Annahme den Gesamtbestand des Haushaltes nicht völlig aus dem Gleichgewicht bringen würde, aber unmittelbar auf den Landeshaushalt abzielt.[5] Darüber hinaus sind auch Personalentscheidungen vom Anwendungsbereich des Bürgerantrags ausgenommen.[6]

A. Das Verfahren des Bürgerantrags

Das Verfahren des Bürgerantrags ist im ThürBVVG geregelt. Die Antragsteller werden von einer Vertrauensperson vertreten, die berechtigt ist, verbindliche Erklärungen abzugeben und entgegenzunehmen und bei den Beratungen in den Ausschuss-Sitzungen des Landtags

---

1 *Paterna*, S. 23, Fn. 3 und S. 91, meint, in Thüringen gebe es keine Volksinitiative. Auf S. 96 erwähnt sie allerdings den Bürgerantrag zumindest kurz.

2 So Art. 68 I 2 ThürV.

3 Dazu siehe oben S. 442 ff. zu Art. 41 I SH-V. *P. M. Huber*, ThürVBl. 1993, S. B 4, B 11, vertritt in Bezug auf das *Volksbegehren* die Ansicht, auch Anträge, die sich auf das Verhalten im Bundesrat richten, seien unzulässig, da Art. 76 II ThürV das Abstimmungsverhalten im Bundesrat in den Kernbereich der Regierungsaufgaben verwiesen habe. Obwohl er dies nicht ausdrücklich feststellt, ist davon auszugehen, dass er diese Beschränkungen auch für den Bürgerantrag gelten lassen will (vgl. a.a.O., S. B 12). Zum einen trifft jedoch schon seine Prämisse nicht zu, dass ein möglicher Verstoß gegen das Bundesrecht zur *Unzulässigkeit* der Verfahren muss. Mangels einer entsprechenden ausdrücklichen Regelung in der Verfassung, kommt insofern vielmehr nur eine nachträgliche Kontrolle in Betracht (dazu ausführlich oben S. 297 ff.). Dies gilt umso mehr, als Art. 68 ThürV keine den Art. 82 III 2 ThürV n.F. entsprechende Regelung enthält, aus der sich ergibt, dass die Vereinbarkeit mit höherrangigem Recht geprüft werden muss. Zum anderen und vor allem ergibt sich aus Art. 76 II ThürV keinesfalls, dass der Landtag das Verhalten der Regierung im Bundesrat nicht kontrollieren darf. Diese Regelung stellt lediglich klar, dass der Landtag keine bindenden Weisungen aussprechen darf (dazu ausführlich oben S. 237 ff.).

4 Zur Reichweite dieser Ausschlussklausel vgl. oben S. 447 ff. zu Art. 41 II SH-V sowie S. 562 ff. zu Art. 73 I SächsV.

5 Entscheidende Bedeutung kommt insofern dem Umstand zu, dass nach Art. 68 II ThürV wie etwa auch nach Art. 76 II BbgV Anträge „*zum*" Haushalt etc. unzulässig sind, nicht aber wie nach Art. 41 II SH-V Anträge „*über*" den Haushalt, vgl. dazu oben S. 509 bzw. 448.

6 Dazu siehe oben S. 372 zur vergleichbaren Regelung des Art. 76 II BbgV. Die Bürger können dem Landtag also keine Vorschläge für die Besetzung des Amtes des Ministerpräsidenten etc. unterbreiten, sondern sind generell auf Anträge zu Sachentscheidungen beschränkt.

Anwesenheits- und Rederecht .[1] Sollten diese Vertrauenspersonen bei Einreichung der Unterschriftslisten nicht ausdrücklich benannt worden sein, fordert der Präsident des Landtags die Antragsteller auf, dies innerhalb von 10 Tagen nachzuholen. Kommen die Antragsteller dieser Aufforderung nicht nach, so hat der Präsident des Oberlandesgerichts sie aus der Liste der Unterzeichner zu bestimmen.[2] Im Umkehrschluss folgt daraus, dass die Vertrauenspersonen nicht notwendigerweise zu Beginn der Eintragungsfrist feststehen müssen und daher zumindest theoretisch von den Antragstellern gewählt werden könnten.[3]

Aus § 7 V Nr. 2 ThürBVVG ergibt sich eine Sperrfrist von einem Jahr nach der Befassung des Landtags mit einem sachlich gleichen Bürgerantrag bzw. nach einem Volksbegehren oder Volksentscheid zu einem sachlich gleichen Antrag.[4] Auch diese Regelung ist unwirksam, da der Gesetzgeber damit eine in der Verfassung nicht vorgesehene zusätzliche Hürde für das Verfahren errichtet hat.[5]

1. Zum Erfordernis eines ausgearbeiteten Gesetzentwurfes

Nach § 7 I 2 ThürBVVG muss dem Bürgerantrag gegebenenfalls ein vollständig ausgearbeiteter und begründeter Gesetzentwurf zugrunde liegen. Hierbei handelt es sich um keine zulässige Konkretisierung des Verfassungsrechtes mehr,[6] da der Gesetzgeber der differenzierten Regelung der Verfassung hätte Rechnung tragen müssen. Art. 68 ThürV verlangt nämlich – anders als Art. 82 I ThürV für das Volksbegehren – ausdrücklich keinen ausgearbeiteten Entwurf. Zwar steht es dem Gesetzgeber frei, die Antragsteller zur Begründung ihres Antrags zu verpflichten, da diese in der Praxis ohnehin unverzichtbar ist. Wenn er aber einen *ausgearbeiteten* Entwurf[7] verlangt, überschreitet er die von der Verfassung gesetzten Grenzen. Auch in Thüringen genügt es, wenn die Antragsteller einen Entwurf einbringen, der lediglich den Rahmen für ein Gesetz des Landtags vorgibt und es dem parlamentarischen Gesetzgeber überlässt, diesen Rahmen auszufüllen.[8]

1 § 3 ThürBVVG. Es muss auch eine stellvertretende Vertrauensperson benannt werden, die aber nur als Vertreterin zum Zuge kommt.
2 So ausdrücklich § 3 I 3 ThürBVVG.
3 Auf die Probleme im Zusammenhang mit der demokratischen Legitimation der Vertreter wurde bereits hingewiesen; dazu siehe oben S. 455, Fn. 1.
4 Es wäre also möglich, einen Bürgerantrag unmittelbar nach einem Volksantrag im Sinne von Art. 82 III 1 ThürV einzubringen.
5 Vgl. dazu die Ausführungen zu den vergleichbaren Regelungen in Brandenburg (oben S. 513), Schleswig-Holstein (oben S. 285), Sachsen-Anhalt (oben S. 607), sowie den Ausführungsgesetzen zu den älteren Landesverfassungen (oben S. 305 ff). Anders ist die Rechtslage in Sachsen, wo sich die Sperrfrist unmittelbar aus der Verfassung ergibt, vgl. Art. 73 II SächsV, dazu siehe oben S. 565.
6 Dieses Problem ist dem Gesetzgeber scheinbar nicht bewusst gewesen, da das Erfordernis eines ausgearbeiteten Gesetzentwurfes in der Begründung der Landesregierung zum Entwurf des ThürBVVG nicht einmal angesprochen wird; vgl. LT-Drs. 1/3355, S. 16. *P. M. Huber*, ThürVBl. 1993, S. B 4, B 12, weist ausdrücklich darauf hin, dass die Möglichkeit, einen *nicht* ausgearbeiteten Entwurf einbringen zu können, der entscheidende Unterschied zwischen Bürgerantrag und Volksbegehren sei.
7 Zu diesem Begriff siehe oben S. 607 zu Art. 81 I 2 LSA-V.
8 Dazu siehe oben S. 599 zu Art. 80 I 2 LSA-V. Dies verkennt *Grube*, ThürVBl. 1998, S. 245, 248, der nur auf das *Begründungserfordernis* eingeht und übersieht, dass die Pflicht zur Ausarbeitung einer konkreten

Da nicht nur Gesetzentwürfe als Gegenstand eines Bürgerantrags in Frage kommen, läuft das Erfordernis des § 7 II 1 ThürBVVG im Übrigen ohnehin leer. Ein nicht hinreichend ausgearbeiteter Gesetzentwurf müsste nämlich als sonstiger Antrag angesehen werden.

2. Die Sammlung von Unterschriften

Die Antragsteller müssen dem Landtagspräsidenten ihre Absicht anzeigen, Unterschriften für einen Bürgerantrag zu sammeln. Erst mit der Anzeige beginnt die Eintragungsfrist von sechs Monaten zu laufen.[1]

Die Sammlung von Unterschriften obliegt allein den Antragstellern.[2] Jede einzelne Unterschrift muss auf einem gesonderten Unterschriftsbogen erfolgen, auf dem der Inhalt des Antrags, die Namen und Anschriften der Vertrauenspersonen und ein Datenschutzhinweis abgedruckt ist.[3] Es ist also anders als in den allermeisten anderen Ländern nicht möglich, kostensparende Unterschriftslisten einzureichen.[4] Die Bögen sind durch die Antragsteller zu beschaffen[5] und nach Ablauf der Eintragungsfrist unverzüglich an die zuständigen Meldebehörden weiter zu leiten, die das Stimmrecht der Unterzeichner unverzüglich und unentgeltlich zu bestätigen haben.[6] Im Rahmen der Reform des ThürBVVG im Dezember

Vorlage weiter reicht.

[1] Vgl. § 7 III 2 ThürBVVG; diese Regelung setzt die Antragsteller erheblich unter Druck. Dies zeigt ein Vergleich mit der Rechtslage in Schleswig-Holstein. Dort gilt nicht nur eine längere Eintragungsfrist von einem Jahr. Darüber hinaus, wird der Fristbeginn nicht ex ante festgelegt, sondern das Fristende durch den Tag bestimmt, an dem die Unterschriften eingereicht werden. Läuft die Sammlung von Unterschriften nur schleppend an, können die Antragsteller somit ggf. darauf verzichten, „zu früh" geleistete Unterschriften einzureichen; dazu siehe oben S. 453 und auch S. 512 zur Rechtslage in Brandenburg. Allerdings wurde diese Problematik durch die Absenkung des Quorums für den Bürgerantrag von 6 % der Stimmberechtigten auf 50.000 Unterschriften und die Verlängerung der Frist von vier auf sechs Monate deutlich entschärft.
Anzumerken ist, dass die Einführung einer Unterzeichnungsfrist auf keine durchgreifenden verfassungsrechtlichen Bedenken stößt, da der Gesetzgeber durch den ausdrücklichen Vorbehalt des Art. 68 V ThürV ermächtigt wurde, das Verfahren der Volksinitiative näher auszugestalten, vgl. dazu die Ausführungen zur Rechtslage in Schleswig-Holstein, S. 453 und dort Fn. 6.

[2] Nach dem Willen der Landesregierung (vgl. LT-Drs. 3/2237) sollte auch für den Bürgerantrag in Zukunft ein formelles Eintragungsverfahren eingeführt werden. Es ist nicht ernsthaft zu erwarten, dass eine Initiative ohne Unterstützung einer Partei oder eines vergleichbar gut organisierten Interessenverbandes innerhalb von nur zwei Wochen genügend Stimmberechtigten zu mobilisieren. Das Institut des Bürgerantrages wäre durch eine solche Änderung daher de facto Makulatur geworden. Nicht zuletzt aus diesem Grund wurde der Vorschlag bei der Änderung des ThürBVVG im Dezember 2003 nicht übernommen.

[3] § 6 I 1 und 2 ThürBVVG. Bis zur Reform des ThürBVVG fehlte eine entsprechende Vorgabe für den Bürgerantrag.

[4] Für die Organisation des Bürgerantrags ist ein sehr großer finanzieller Aufwand nötig. Auch dies wirkt als Hürde, vgl. dazu *Ziekow*, LKV 1999, S. 89, 92, und unten S. 764 zur vergleichbaren Rechtslage in Berlin.

[5] So ausdrücklich § 6 VIII ThürBVVG.

[6] Bis zur Änderung des ThürBVVG im Dezember 2003 fehlte es beim Bürgerantrag – anders als beim Volksantrag als erster Stufe auf dem Weg zum Volksentscheid – an einer entsprechenden Vorgabe.

2003 wurde den Antragstellern die Möglichkeit eingeräumt, die Listen statt dessen nach Landkreisen, kreisfreien Städten und Meldebehörden getrennt dem zuständigen Ministerium zu übergeben, das dann die Weiterleitung an die einzelnen Behörden zu übernehmen hat.[1] Das Stimmrecht muss am Tag der Eintragung bestanden haben.[2] Bei mehrfachen Unterzeichnungen muss immerhin eine der Unterschriften berücksichtigt werden.[3] Da ausdrücklich auch unleserliche und unvollständige Unterschriften ungültig sind,[4] scheidet eine Nachbesserung formeller Mängel des Antrags aus.[5]

Die Meldebehörden stellen die Gesamtzahl der gültigen und ungültigen Eintragungen für jede Gemeinde fest und leiten die geprüften Unterschriftsbögen unverzüglich dem Landtag zu.[6]

Für den Erfolg des Bürgerantrags musste er bis zur jüngsten Verfassungsänderung landesweit von mindestens sechs Prozent der Stimmberechtigten unterschrieben worden sein. Darüber hinaus mussten in mindestens der Hälfte der Landkreise und kreisfreien Städte jeweils fünf Prozent der Stimmberechtigten den Antrag unterstützt haben.[7] Durch eine Änderung der Landesverfassung im November 2003 wurde das Quorum auf 50.000 Unterschriften abgesenkt,[8] das entspricht etwa 2,7 Prozent der Stimmberechtigten – und ist daher mit Ausnahme Berlins immer noch das bei weitem höchste Quorum für einen solchen Antrag.[9] Die Zahl der Stimmberechtigten muss nicht eigens festgestellt werden, sondern richtet sich nach der jeweils letzten einschlägigen Veröffentlichung des Landesamtes für Statistik.[10]

B. Die Überprüfung der Zulässigkeit des Bürgerantrags

Über die Zulässigkeit des Antrags entscheidet innerhalb von sechs Wochen nach Eingang der Unterschriftsbögen der Präsident des Landtags.[11] Dieser kann seiner Entscheidung die Stellungnahme der Landesregierung zugrunde legen.[12] Der Umfang seiner Prüfung ergibt

    Zumindest theoretisch bestand damit die Möglichkeit, dass einzelne Meldebehörden das Verfahren verschleppen.
1 Vgl. § 6 VI ThürBVVG.
2 § 2 I ThürBVVG.
3 Dies ergibt sich aus § 6 V 3 ThürBVVG. Ebenso § 5 IV SächsVVVG; dazu siehe oben S. 563.
4 § 6 IV 2 ThürBVVG.
5 Obwohl das Verhältnismäßigkeitsprinzip es grundsätzlich gebietet, den Antragstellern eine solche Möglichkeit einzuräumen (dazu siehe oben S. 457; vgl. auch *K. Müller*, Art. 71 SächsV, S. 351). Wegen Fristablaufes können Unterschriften nicht nachgereicht werden. Sind die Vertrauenspersonen nicht ausdrücklich benannt worden, enthält § 6 I 3 ThürBVVG eine abschließende Regelung.
6 Vgl. § 6 VII ThürBVVG.
7 Vgl. Art. 68 III ThürV a.F.
8 Vgl. Art. 68 III ThürV n.F.
9 Vgl. dazu die Übersicht auf S. 410.
10 § 2 II ThürBVVG.
11 § 7 IV 1 ThürBVVG.
12 Diese muss innerhalb eines Monats abgegeben worden sein, § 7 IV 3, 2. Hs. ThürBVVG.

sich abschließend aus §§ 7 V ThürBVVG. Neben den formellen Voraussetzungen hat der Landtagspräsident daher auch die Einhaltung der inhaltlichen Beschränkungen des Anwendungsbereiches dieses Verfahrens zu überprüfen.[1] Eine präventive (Normen-) Kontrolle findet darüber hinaus aber nicht statt.[2] Verneint der Landtagspräsident die Zulässigkeit des Bürgerantrags, so können die Vertrauenspersonen den Verfassungsgerichtshof des Landes anrufen.[3]

Bemerkenswerterweise ist der Landtagspräsident nicht an die Feststellungen der Meldebehörden über die Gültigkeit der Unterschriften gebunden. Er hat vielmehr seinerseits zu kontrollieren, ob bei einzelnen Unterschriften das Stimmrecht zu Unrecht bestätigt wurde.[4] Diese weitere Prüfung muss sich in der Praxis aber auf eine Evidenzkontrolle beschränken.

C. Die Behandlung des Bürgerantrags im Landtag

Hat der Landtagspräsident einen Bürgerantrag für zulässig erklärt oder hat der Verfassungsgerichtshof einen ablehnenden Bescheid des Landtagspräsidenten aufgehoben, so behandelt der Landtag den Bürgerantrag nach den Bestimmungen seiner Geschäftsordnung.[5] Ihm steht hierfür eine Frist von vier Monaten zur Verfügung.[6]

Die Vertrauenspersonen haben nach Art. 68 IV 2 ThürV das Recht auf Anhörung in einem Ausschuss. Nach§ 3 III 1 ThürBVVG dürfen sie in allen Ausschusssitzungen anwesend sein und müssen gegebenenfalls angehört werden, in denen der Bürgerantrag behandelt wird. Darüber hinaus ist im ThürBVVG ausdrücklich festgeschrieben, dass sämtliche Sitzungen des Parlamentes und seiner Ausschüsse, in denen der Bürgerantrag beraten wird, öffentlich sind. Dies gilt nur nicht für diejenigen Teile der Ausschuss-Sitzungen, in denen Beschlüsse zur Sache gefasst werden.

---

1 Der wiederum auf die §§ 1, 6 und 7 ThürBVVG verweist; § 1 ThürBVVG wiederholt die inhaltlichen Beschränkungen und die Eingrenzungen des Anwendungsbereiches des Bürgerantrags nach Art. 68 ThürV.

2 So im Ergebnis auch *Grube*, ThürVBl. 1998, S. 245, 249; vgl. dazu auch schon oben S. 295 ff. Davon ist offenbar auch der Gesetzgeber ausgegangen. Die Landesregierung stellte in der Begründung zum Entwurf die ThürBVVG alleine auf die sachlichen Beschränkungen des Art. 68 I und II ThürV ab; vgl. LT-Drs. 1/3355, S. 17.

3 Dem Landtagspräsident und der Landesregierung ist Gelegenheit zur Stellungnahme zu geben. Diese Organe können dem Verfahren auch beitreten, vgl. § 7 VII ThürBVVG.

4 Vgl. §§ 7 IV 2 ThürBVVG; dass auch solche Unterschriften nicht gezählt werden, bei denen die Bestätigung ganz fehlt, § 6 IV 1 ThürBVVG, geht zu Lasten der Antragsteller. Denn diese haben nach der Einreichung der Bögen bei den Gemeinden keine Verfügungsgewalt mehr über diese und können daher nicht kontrollieren, ob die Gemeinden ihrer Bestätigungspflicht nachgekommen sind.

5 Vgl. § 8 S. 1 ThürBVVG.

6 Zwar ergibt sich die Frist für die Behandlung des Bürgerantrags nicht unmittelbar aus der Verfassung, sondern erst aus § 8 S. 2 ThürBVVG. Allerdings handelt es sich dabei um eine Konkretisierung der verfassungsrechtlich begründeten Pflicht des Parlamentes, über den Bürgerantrag zu entscheiden. Daher kann gegebenenfalls der Verfassungsgerichtshof angerufen werden, wenn der Landtag das Verfahren verschleppen sollte. Dabei ist davon auszugehen, dass die Unterzeichner eines Bürgerantrags bzw. ihre Vertreter als „andere Beteiligte" im Sinne des Art. 80 I Nr. 3 ThürV antragsberechtigt im Organstreitverfahren sind.

Stimmt der Landtag einem Bürgerantrag zu, so bedeutet dies nicht notwendigerweise, dass der dem Antrag zugrunde liegende Entwurf als Gesetz angenommen wurde. Gemäß Art. 81 I ThürV können Gesetzentwürfe nur durch ein Volksbegehren, nicht aber durch einen Bürgerantrag eingebracht werden. Daher kommt es gegebenenfalls darauf an, dass sich die Landesregierung oder ein hinreichender Anteil der Abgeordneten den Antrag zu eigen gemacht haben.[1]

III. Das Volksgesetzgebungsverfahren nach Art. 82 ThürV

A. Das Volksbegehren

In Thüringen wurde die Trennung zwischen den Verfahren des Bürgerantrags und der Volksgesetzgebung strikt durchgehalten.

1. Der Anwendungsbereich des Volksbegehrens

Inhaltlich ist der Anwendungsbereich des Volksbegehrens – und damit auch des Volksentscheids – nach Art. 82 II ThürV allerdings mit dem des Bürgerantrags nach Art. 68 II ThürV identisch.[2] Wiederum sind alle Anträge zum Landeshaushalt, Dienst- und Versorgungsbezügen, Abgaben und Personalentscheidungen unzulässig.[3] Dem Volksbegehren muss auf dieser Stufe des Verfahrens stets ein ausgearbeiteter,[4] also nicht weiter konkretisierungsbedürftiger, und mit Gründen versehener Gesetzentwurf zugrunde liegen.[5]

Nach Ansicht des Thüringer Verfassungsgerichtshofes soll der Haushaltsvorbehalt des Art. 82 II ThürV der Disposition des verfassungsändernden Gesetzgebers entzogen sein.[6] Wie bereits zuvor dargelegt wurde,[7] verpflichtet Art. 28 I GG die Länder auf die parlamentarische Demokratie und das Budgetrecht gehört zu den unverzichtbaren Kompetenzen des Parlamentes. Dennoch muss nur das Haushaltsgesetz selbst dem Anwendungsbereich des

---

1 Vgl. dazu oben S. 521 bzw. S. 603 zur vergleichbaren Rechtslage in Brandenburg und Sachsen-Anhalt und S. 462 zur abweichenden Rechtslage in Schleswig-Holstein.
2 Dazu siehe oben S. 697 und ausführlich zur Reichweite der inhaltlichen Beschränkungen S. 447 ff. zu Art. 41 II SH-V und S. 562 ff. zu Art. 73 I SächsV.
3 Die zuletzt genannte Einschränkung ist allerdings überflüssig, da ohnehin nur Gesetzentwürfe als Gegenstand des Verfahrens in Betracht kommen. Aus diesem Grund ist den Ausführung von *P. M. Huber*, ThürVBl. 1993, S. B 4, B 11, jedenfalls im Ergebnis zuzustimmen (vgl. dazu oben S. 697, Fn. 3). Die Bürger haben keine Möglichkeit, mittelbar Einfluss auf das Bundesrecht zu nehmen, da es auch dem Landtag nicht möglich ist, die Regierung *durch ein Gesetz* zu einem bestimmten Verhalten auf der Ebene des Bundes zu verpflichten. Eine Ausnahme besteht allerdings in Bezug auf eine mittelbare Verpflichtung über die Staatszielbestimmungen der Verfassung, die auch den Bürgern möglich ist.
4 Zu diesem Begriff siehe oben S. 607 zu Art. 81 I 2 LSA-V. Anders ist die Rechtslage beim Bürgerantrag; dazu siehe oben S. 698 f.
5 Vgl. Art. 82 I ThürV.
6 *ThürVfGH*, ThürVBl. 2002, S. 31, 41 f. = LKV 2002, S. 83, 93 f.
7 Vgl. dazu oben S.242 ff., sowie S. 273 zur vergleichbaren Rechtsprechung des BayVfGH, bzw. unten S. 731 zur vergleichbaren Rechtsprechung des BremStGH.

Volksentscheids entzogen bleiben und es gibt keinen zwingenden verfassungs*rechtlichen* Grund, den Bürgern das Recht zu verweigern, über finanzwirksame Vorlagen abzustimmen. Entgegen der Ansicht des Thüringer Verfassungsgerichtshofes kann hieran auch die in Art. 109 II GG begründete Verpflichtung des Landes nichts ändern, da eben nicht nur die Landes*parlamente* dazu berechtigt und verpflichtet ist, bei der Haushaltswirtschaft den Erfordernissen des gesamtwirtschaftlichen Gleichgewichtes Rechnung zu tragen. Vielmehr trifft diese Pflicht auch den plebiszitären Gesetzgeber. Unabhängig davon, ob es überhaupt wahrscheinlich ist, dass dieses Gleichgewicht infolge eines Volksentscheids übermäßig beeinträchtigt wird, wäre das Ergebnis dieses Volksentscheids aber ebenso unwirksam wie ein vergleichbarer Parlamentsbeschluss.[1]

2. Der Volksantrag und das Volksbegehren

Auch in Thüringen ist dem Volksbegehren ein Volksantragsverfahren vorgeschaltet worden.[2] Dies war bis zur Änderung der Landesverfassung im November 2003 verfassungsrechtlich in höchstem Maße problematisch, da es nicht oder nur unter größten Schwierigkeiten möglich war,[3] diesen Volksantrag so in das Verfahren des Volksbegehrens zu integrieren, dass die Unterschriften für den Volksantrag gegebenenfalls auf das Quorum für das Volksbegehren hätten angerechnet werden können.[4] Zudem räumte § 18 III ThürBVVG der Landesregierung oder einer qualifizierten Minderheit des Landtags das Recht ein, den Verfassungsgerichtshof anzurufen, wenn sie das Volksbegehren für unzulässig halten. Dies widersprach der Vorgabe des Art. 82 V ThürV a.F., der eine verfassungsgerichtliche Kontrolle erst *nach* dem Abschluss des Volksbegehrens vorsah. Nachdem der Volksantrag nunmehr ausdrücklich in der Landesverfassung erwähnt wird, vgl. Art. 82 III 1 ThürV n.F., kann dieses Verfahren jedoch ohne weiteres als selbständige Vorstufe des Volksbegehrens ausgestaltet werden.

a. Das Verfahren des Volksantrags

Seit der Reform des ThürBVVG im Dezember 2003 entspricht das Verfahren des Volksantrag weitgehend den Regelungen für den Bürgerantrag.[5]

---

1 Vgl. dazu schon ausführlich *Rux*, LKV 2002, S. 252, 257; *Schweiger*, NVwZ 2002, S. 1471, 1473 ff.; *ders.*, BayVBl. 2005, S. 321, 325.

2 *Starck*, Verfassungen, S. 26, meint, das Volksbegehren sei ohne weiteres zulässig. Allerdings kannte er das ThürBVVG wohl noch nicht.

3 Problematisch waren insofern vor allem die strengen Fristregelungen, die dazu geführt haben, dass das Volksantragsverfahren im Grunde parallel zum Volksbegehren hätte laufen müssen.

4 Wie im Zusammenhang mit den Regelungen in Sachsen-Anhalt herausgearbeitet wurde, wäre dies die Voraussetzung für die Zulässigkeit eines (unselbständigen) Volksantragsverfahrens, da grundsätzlich nichts dagegen spricht, das Verfahren zur Feststellung der Zulässigkeit eines Volksbegehrens abzustufen, dazu siehe oben S. 605; vgl. auch schon oben S. 306 ff. zur Rechtslage in Schleswig-Holstein.

5 Bis dahin hatte es zahlreiche Unterschiede gegeben. So fehlte für den Volksantrag eine Bestimmung über die Anzeige des Beginns der Unterschriftensammlung. Die geprüften Unterschriftenbögen waren nicht direkt dem Landtag zuzuleiten, sondern mussten den Antragstellern zurück gegeben werden etc.

(1). Die Sammlung von Unterschriften

Vor dem Beginn der Unterschriftensammlung muss diese dem Landtagspräsidenten angezeigt werden.[1] Die Antragsteller haben danach innerhalb von 6 Wochen 5.000 Unterschriften beizubringen.[2] Wie beim Bürgerantrag, müssen die einzelnen Unterschriften auf gesonderten Bögen erfolgen, die jeweils den begründeten Gesetzentwurf, die Namen und Anschriften der Vertrauenspersonen und einen Datenschutzhinweis enthalten müssen.[3]

Nach Ablauf der Unterzeichnungsfrist müssen die Unterschriftsbögen unverzüglich bei den zuständigen Meldebehörden eingereicht und von diesen unverzüglich und unentgeltlich geprüft und dann dem Landtag zugeleitet werden.[4]

Der Volksantrag selbst ist beim Landtagspräsidenten einzureichen.[5] In diesem Antrag müssen auch die Vertrauensperson und die stellvertretende Vertrauensperson benannt werden,[6] und die Antragsteller müssen sich entscheiden, ob sie sich beim Volksbegehren die freie Sammlung von Unterschriften oder das formelle Eintragungsverfahren bevorzugen.[7]

Gemäß § 4 ThürBVVG ist der Präsident des Landtags verpflichtet, die Vertrauensperson über die formellen Voraussetzungen eines geplanten Volksbegehrens zu beraten, wenn diese es schriftlich beantragt.

Gemäß § 11 II Nr. 2 ThürBVVG soll eine Sperrfrist von zwei Jahren seit dem letzten Volksbegehren[8] über einen Antrag mit sachlich gleichem Inhalt gelten. Wie schon im Zu

---

[1] Vgl. § 10 I 3 ThürBVVG. Bis zur Reform des ThürBVVG fehlte eine entsprechende Bestimmung für den Volksantrag. Damit gab es de facto keine Eintragungsfrist, weil § 10 II Nr. 2 letzter Hs. ThürBVVG zwar vorsah, dass die Unterschriften innerhalb eines Monats vor Einreichung der Unterschriftsbögen bei der zuständigen Gemeinde erfolgen musste, aber nicht geregelt war, dass alle Unterschriftsbögen *gleichzeitig* bei den einzelnen Gemeinden eingereicht werden mussten.

[2] Es ist nicht erkennbar, warum der Gesetzgeber die Anforderungen gegenüber denen des Bürgerantrags so weit abgesenkt hat. Die Tatsache, dass das Parlament nicht *verpflichtet* ist, sich mit dem Antrag auseinander zu setzen, reicht als Erklärung für diese immense Abweichung nicht aus. Denn selbstverständlich wird sich der Landtag angesichts des Volksbegehrens mit dem Anliegen der Initiatoren auseinander setzen. Vgl. dazu auch *Przygode*, S. 86, der allerdings aus der umgekehrten Perspektive argumentiert und die hohen Quoren für den Bürgerantrag kritisiert, wobei er nicht berücksichtigt, dass sich diese von Anfang an unmittelbar aus der Verfassung ergeben und daher schon lange vor der Einführung des Volksantrags durch das ThürBVVG gegolten hatten.

[3] § 6 I 1 und 2 ThürBVVG.

[4] § 6 V-VII ThürBVVG; nach § 2 I ThürBVVG kommt es in Bezug auf die Stimmberechtigung auf den Tag der Eintragung an. Auch hier haben die Antragsteller die Möglichkeit, die sortierten Unterschriftsbögen dem zuständigen Ministerium zu übergeben.

[5] § 10 II 1 ThürBVVG.

[6] Auch hier hat gegebenenfalls der Präsident des Oberlandesgerichtes die Vertrauenspersonen zu bestimmen, wenn die Antragsteller die Benennung trotz einer entsprechenden Aufforderung durch den Landtagspräsidenten nicht innerhalb von 10 Tagen nachholen; vgl. §§ 3 I 2 und 3 ThürBVVG. Bis zur Verfassungsänderung vom November 2003 fand sich – anders als beim Bürgerantrag nach Art. 68 ThürV – in diesem Zusammenhang keine Regelung über die Vertrauenspersonen und ihre Rechte, vgl. jetzt aber Art. 82 IV ThürV n.F.

[7] § 10 II 2 ThürBVVG.

[8] Nach einem erfolglosen Volksentscheid könnte somit sofort erneut ein identischer Volksantrag gestellt

sammenhang mit der parallelen Bestimmung des § 7 V Nr. 2 ThürBVVG über die Wiederholung von Bürgeranträgen festgestellt wurde,[1] sind diese Regelungen unwirksam, da sich die Sperrfrist nicht unmittelbar aus der Verfassung ergibt.[2]

(2). Die Entscheidung über die Zulässigkeit des Volksantrags

Die Entscheidung über die Zulässigkeit des Antrags ist anders geregelt als beim Bürgerantrag.[3] Der Landtagspräsident hat für seine Entscheidung zwar ebenfalls sechs Wochen Zeit. Anders als beim Bürgerantrag ist jedoch keine Stellungnahme der Landesregierung erforderlich. Auch ist er an die Beurteilung der Gültigkeit der Eintragungen durch die Meldebehörden gebunden.[4] Vor allem ist der Landtagspräsident aber gemäß § 11 II Nr. 1 ThürBVVG darauf beschränkt, die Einhaltung der *formellen* Voraussetzungen des Antrags zu kontrollieren. Er darf den Antrag daher insbesondere auch dann nicht für unzulässig erklären, wenn er zu der Auffassung kommt, dass die inhaltlichen Beschränkungen des Anwendungsbereiches der direktdemokratischen Verfahren überschritten wurden.[5] Und erst recht darf er keine umfassende präventive Normenkontrolle durchführen.[6]

Sollte der Landtagspräsident den Antrag für unzulässig erklären, so können die Vertrauenspersonen den Verfassungsgerichtshof anrufen. Ihnen wurde hierfür eine Frist von einem Monat nach der Bekanntmachung der Entscheidung gesetzt. Wie beim Bürgerantrag ist der Landesregierung Gelegenheit zur Äußerung zu geben. Diese kann dem Verfahren

werden.

1 Dazu siehe oben S. 698.
2 Ausführlich dazu oben S. 305 ff.
3 Vgl. dazu oben S. 700.
4 Dies ergibt sich e contrario daraus, dass beim Volksantrag eine dem § 7 IV 2 und 3 ThürBVVG entsprechende Regelung fehlt.
5 Dies ergibt sich daraus, dass § 11 II Nr. 1 ThürBVVG anders als die Parallelbestimmung des § 7 V Nr. 1 ThürBVVG für den Bürgerantrag nicht mehr auf § 1 ThürBVVG verweist, in dem die in Artt. 68 II und 82 II ThürV genannten Beschränkungen wiederholt werden.
6 Auch schon nach der bis zum Dezember 2003 geltenden Fassung des § 11 II Nr. 1 ThürBVVG war der Landtagspräsident darauf beschränkt, die Einhaltung der in Art. 82 II ThürV festgeschriebenen Schranken zu überprüfen. Eine weitergehende präventive Normenkontrolle war hingegen unzulässig; dazu siehe oben S. 295 ff.
Eine andere Auffassung vertraten hingegen ohne nähere Begründung der *ThürVfGH*, ThürVBl. 2002, S. 31 = LKV 2002, S. 83, 84; sowie *P. M. Huber*, ThürVBl. 1993, S. B 4, B 11; und vor allem *ders.*, Verfassung, S. 69, 91 f., der den Begriff der „Zulässigkeit" in Art. 82 V ThürV a.F., im Sinne von „Verfassungsmäßigkeit" und „Bundesrechtskonformität" auslegen wollte. Er argumentierte dabei vor allem damit, dass der Verfassunggeber mit Art. 82 V ThürV a.F. zu erkennen gegeben habe, dass verfassungswidrige Volksbegehren in einem möglichst frühen Stadium gestoppt werden sollten (*P. M. Huber*, Verfassung, S. 69, 92). Dies ist aber gerade nicht der Fall, da der Verfassunggeber dort nur die „Zulässigkeit" erwähnt hat, nicht aber die „Verfassungsmäßigkeit". Hubers Auslegung lässt sich daher mit dem Wortlaut des Art. 82 V ThürV a.F. nicht vereinbaren.
Dieses Problem hat sich durch die Änderung des Art. 82 ThürV im November 2003 allerdings erledigt, da der Verfassunggeber in Art. 82 III 2 ThürV n.F. klar gestellt hat, dass der ThürVfGH auf Antrag der *Landesregierung* oder einer *qualifizierten Minderheit des Landtags* gegebenenfalls eine umfassende präventive Normenkontrolle durchzuführen hat.

auch beitreten¹ Der Verfassungsgerichtshof hat gegebenenfalls die Entscheidung des Landtagspräsidenten aufzuheben, kann jedoch nicht selbst die Zulässigkeit des beantragten Volksbegehrens feststellen.²

Sollte der Landtagspräsident den Antrag hingegen für zulässig erklären, so können die Landesregierung oder ein Drittel der Mitglieder des Landtags gemäß Art. 82 III 2 ThürV den Verfassungsgerichtshof anrufen und dabei sowohl geltend machen, dass die Voraussetzungen für die Zulassung des Volksbegehrens doch nicht gegeben sind, als auch die Unvereinbarkeit des Volksbegehrens mit höherrangigem Recht rügen.³ Im Rahmen dieses Verfahrens hat der Verfassungsgerichtshof damit seit der Verfassungsreform vom November 2003 das Recht und die Pflicht zu einer umfassenden präventiven Normenkontrolle.

b. Das Verfahren des Volksbegehrens

Wenn der Landtagspräsident das Volksbegehren für zulässig erklärt hat,⁴ so muss er die Eintragungsfrist festlegen und das Volksbegehren zusammen mit dem diesem zugrunde liegenden Gesetzentwurf und seiner Begründung im Gesetz- und Verordnungsblatt des Landes bekannt machen.⁵

(1). Die Sammlung von Unterschriften

Wie bereits dargelegt wurde, müssen sich die Initiatoren mit der Einreichung des Volksantrags entscheiden, ob sie selbst die Unterschriften sammeln oder ein amtliches Eintragungsverfahren durchführen lassen wollen, vgl. Art. 82 V 1 ThürV. Im zuerst genannten Fall müssen zehn Prozent der Stimmberechtigten das Begehren innerhalb von vier Monaten unterstützen, im zweiten Fall acht Prozent der Stimmberechtigten innerhalb von zwei Monaten. Die Frist beginnt frühestens 8 und spätestens 16 Wochen nach der Bekanntmachung. Sofern zunächst der Verfassungsgerichtshof angerufen wurde, verkürzt sich die Frist zwischen der Bekanntmachung und dem Beginn der Unterschriftensammlung für das Volksbegehren auf längstens 4 Wochen.⁶

---

1 Vgl. § 12 I ThürBVVG..
2 Vgl. dazu S. 458; Fn. 6.
3 Bis zur Änderung des ThürBVVG im Dezember 2003 standen die einschlägigen einfachgesetzlichen Bestimmungen zum einen deshalb im Widerspruch zu den Vorgaben der Verfassung, weil die verfassungsgerichtliche Kontrolle gegebenenfalls schon auf der Ebene des Volksantrags stattfinden sollte, obwohl sich aus der systematischen Stellung des Art. 82 V ThürV a.F. eindeutig ergab, dass diese Überprüfung erst nach dem Abschluss des Volksbegehrens vorgesehen war. Zum anderen mussten die Antragsteller sich gegebenenfalls gegen eine Entscheidung des Landtagspräsidenten zur Wehr setzen, obwohl Art. 82 V ThürV a. F. die Antragsteller von dem erheblichen Aufwand entlasten wollte, der mit der Anfechtung der Entscheidung eines anderen Staatsorgans verbunden ist; vgl. dazu schon oben S. 672 f., zur vergleichbaren Rechtslage in Mecklenburg-Vorpommern. Beide Probleme wurden durch die Reformen der ThürV und des ThürBVVG im November und Dezember 2003 beseitigt.
4 Bzw. nachdem der Verfassungsgerichtshof über das Volksbegehren entschieden hat.
5 § 13 ThürBVVG.
6 § 13 II und III ThürBVVG.

Wie beim Bürgerantrag und beim Volksantrag muss auch beim Volksbegehren jede einzelne Unterschrift auf einem gesonderten Bogen geleistet werden.[1] Die Beschaffung der Bögen obliegt den Antragstellern.[2] Die Bögen müssen wie beim Volksantrag den Gesetzentwurf samt Begründung, die Namen und Anschriften der Vertrauenspersonen und einen Datenschutzhinweis enthalten. Darüber hinaus muss auf das in Art. 82 VI 2 ThürV statuierte Recht hingewiesen werden, die Unterschrift bei der freien Unterschriftensammlung bis zum Ende der Sammlungsfrist zu widerrufen.[3]

Die Antragsteller müssen also mindestens 200.000 Bögen auf eigene Kosten erstellen lassen. Tatsächlich ist der Aufwand sogar noch größer, da nicht von vorne herein fest steht, wo wie viele Unterschriften erreicht werden können. Ist das Volksbegehren zustande gekommen, haben die Antragsteller allerdings einen Anspruch auf Ersatz der notwendigen und nachgewiesenen Kosten. Konkret erhalten sie für jede Unterschrift 0,15 €, wobei nur so viele Unterschriften berücksichtigt werden, wie für das Zustandekommen notwendig waren.[4] Derzeit können die Antragsteller daher mit etwa 29.500 € rechnen, was die Kosten für die Herstellung und den Versand der Unterschriftsbögen abdecken sollte.

(a). Die freie Sammlung

Das Verfahren für die freie Unterschriftensammlung entspricht den vergleichbaren Verfahren in den anderen Ländern. Es gibt lediglich eine Besonderheit, da gemäß Art. 82 VI 1 ThürV die freie Sammlung von Unterschriften durch Gesetz für bestimmte Orte ausgeschlossen werden kann. Der Gesetzgeber hat von dieser Ermächtigung Gebrauch gemacht und in § 16 II ThürBVVG festgeschrieben, dass die freie Sammlung in Behörden, Gerichten, Arztpraxen, und in den Kanzleien von Rechtsanwälten, Steuerberatern und Notaren generell ausgeschlossen ist. In Betrieben des Beherbergungs- und Gaststättengewerbes ist die Sammlung nur im Rahmen von Veranstaltungen zum Volksbegehren zulässig.

(b). Das amtliche Eintragungsverfahren

Seit der Verfassungsänderung vom November 2003 haben die Antragsteller die Möglichkeit, die Durchführung eines amtlichen Eintragungsverfahrens zu beantragen. Sie ersparen sich damit einigen Aufwand. Auch ist das Quorum mit acht Prozent der Stimmberechtigten

1 § 6 I ThürBVVG.
2 § 6 VIII ThürBVVG.
3 Vgl. dazu § 6 I ThürBVVG sowie § 16 III ThürBVVG. Beim formellen Eintragungsverfahren sind die Unterzeichner demgegenüber an ihre Unterschrift gebunden.
Bis zur Reform des ThürBVVG im Dezember 2003 hatte § 14 II ThürBVVG a.F. lediglich verlangt, dass die Bögen die Namen der Vertrauenspersonen und einen Hinweis über die Verwendung der Daten der Unterzeichner enthalten müssen, nicht aber den Wortlaut des Antrags und seine Begründung. Diese mussten für die Unterzeichner lediglich einsehbar sein; vgl. § 15 I 4 ThürBVVG a.F. Im Ergebnis führte dies zu einer gewissen Erleichterung für die Antragsteller, da der Aufwand für die Herstellung der Bögen verringert werden konnte.
4 § 29 II ThürBVVG. Diese Regelung ist erst im Rahmen der Änderungen des ThürBVVG im Dezember 2003 eingefügt worden. Bis dahin hatte es aber auch noch keine ausdrückliche Verpflichtung gegeben, jede einzelne Unterschrift auf einem gesonderten Bogen einzureichen.

etwas niedriger als bei einer freien Unterschriftensammlung.[1] Dafür stehen für die reine Unterschriftensammlung aber nur zwei Monate zur Verfügung.

Es ist auch hier Sache der Antragsteller, den kreisfreien Städten und Landkreisen die erforderliche Zahl von Unterschriftsbögen mindestens 7 Tage vor Beginn der Eintragungsfrist zur Verfügung zu stellen. Die Landkreise müssen diese Listen dann gegebenenfalls rechtzeitig an die kreisangehörigen Gemeinden weiter leiten. Die Gemeindebehörden sind verpflichtet, die Unterschriftsbögen für die Dauer der Sammlungsfrist bereit zu halten und die Eintragungsräume und -zeiten so zu bestimmen, dass jeder Stimmberechtigte ausreichend Gelegenheit hat, sich an dem Volksbegehren zu beteiligen.[2] Die Eintragungsberechtigten können das Volksbegehren grundsätzlich nur in derjenigen Gemeinde unterstützen, in der sie ihre Hauptwohnung oder ihren gewöhnlichen Aufenthalt haben. Da sie sich bei der Eintragung mit ihrem Personalausweis ausweisen müssen,[3] erübrigt sich die Erstellung von Stimmberechtigtenverzeichnissen und die Prüfung der Stimmberechtigung im Einzelfall. Eine Briefeintragung ist nicht vorgesehen.

Die Vertrauensperson kann nach der Hälfte der Eintragungsfrist vom Landtagspräsidenten Auskunft über die Anzahl der bis dahin bei den Gemeinden geleisteten Unterschriften verlangen.[4]

(2). Die Entscheidung über die Zulässigkeit des Volksbegehrens

Die Unterschriftsbögen sind nach Ablauf der Eintragungsfrist des Art. 82 V 2 ThürV durch die Vertrauensperson (bei der freien Unterschriftensammlung)[5] bzw. die Gemeinden (bei der amtlichen Sammlung) unverzüglich den Meldebehörden einzureichen.[6] Diese bestätigen das Stimmrecht, das am Tage der Eintragung bestanden haben muss[7] unentgeltlich und unverzüglich.[8] Mehrfache Eintragungen werden nur einmal gewertet;[9] unleserliche und unvollständige Eintragungen werden nicht berücksichtigt.[10] Die Meldebehörden stellen auch die Gesamtzahl der Eintragungen in den Gemeinden fest und leiten diese Feststellung zusammen mit den (gegebenenfalls bestätigten) Unterschriftsbögen unverzüglich dem Landtag zu.[11]

1   Dabei hat sich der Verfassunggeber von der Erwägung leiten lassen, dass es einfacher ist, die Bürger bei einer Straßensammlung zur Unterzeichnung zu bewegen als sie davon zu überzeugen, ein amtliches Eintragungslokal aufzusuchen.
2   § 15 ThürBVVG.
3   § 14 II ThürBVVG.
4   § 15 III ThürBVVG.
5   Wiederum haben die Antragsteller gemäß § 6 VI ThürBVVG die Möglichkeit, die Bögen sortiert beim zuständigen Ministerium einzureichen, das die Bögen dann an die Meldebehörden weiter zu leiten hat.
6   § 6 V-VII ThürBVVG.
7   So ausdrücklich § 2 I ThürBVVG.
8   Bis zur Änderung des ThürBBG im Dezember 2003 fehlte eine entsprechende Verpflichtung. Die Meldebehörden hätten das Verfahren also theoretisch verschleppen können.
9   Dies ergibt sich aus §§ 16 I i.V.m. 6 V 3 ThürBVVG.
10 Dazu siehe oben S. 700.
11 Vgl. §§ 16 I i.V.m. 6 V-VII ThürBVVG.

Der Präsident des Landtags hat innerhalb von sechs Wochen nach Eingang der Unterschriftsbögen festzustellen, ob das Volksbegehren zustande gekommen ist.[1] Da – anders als beim Volksantrag – auch solche Unterschriften ungültig sind, bei denen das Stimmrecht zu Unrecht bestätigt wurde, ist der Landtagspräsident nicht an die Feststellungen der Meldebehörden über die Unterschriftsberechtigung gebunden.[2]

Für den Erfolg des Volksbegehrens ist nach Art. 82 III ThürV die Unterstützung durch 10 Prozent der Stimmberechtigten erforderlich.[3] Wurde ein amtliches Eintragungsverfahren durchgeführt, reduziert sich das Quorum auf 8 Prozent. Dabei ist wiederum die Zahl der Stimmberechtigten nach der letzten Veröffentlichung des Landesamtes für Statistik maßgeblich.[4]

Ist das Volksbegehren nach Auffassung des Landtagspräsidenten nicht zustande gekommen, so können die Vertrauenspersonen innerhalb von einem Monat den Verfassungsgerichtshof anrufen.[5] Die Landesregierung und der Landtag haben auf dieser Stufe des Verfahrens keine Rechtsschutzmöglichkeiten mehr.[6]

Zu beachten ist, dass die Vertrauenspersonen seit der Verfassungsänderung im November 2003 eine Möglichkeit haben, schon vor Abschluss des Eintragungsverfahrens den Verfassungsgerichtshof anzurufen, um Unregelmäßigkeiten während des Verfahrens zu rügen. Zwar gibt es anders als etwa in Sachsen-Anhalt keine Generalklausel, die bei allen Streitigkeiten im Zusammenhang mit den direktdemokratischen Verfahren den Rechtsweg zu den Verfassungsgerichten eröffnen würde.[7] Da der Volksantrag aber nunmehr in der Verfassung geregelt ist, können und müssen seine Unterstützer, die durch die Vertrauensperson vertreten werden, jedoch als „andere Beteiligte" eines Organstreitverfahrens nach Art. 80 I Nr. 3 ThürV angesehen werden.[8]

(3). Die Behandlung des Volksbegehrens im Landtag

Ist das Volksbegehren zustande gekommen, so muss der Landtag das Volksbegehren gemäß Art. 82 VII 1 ThürV innerhalb von sechs Monaten abschließend behandeln.[9] Da Art. 82 VII 2 ThürV nicht ausdrücklich verlangt, dass der Landtag den einem Volksbegeh-

---

1 Vgl. § 17 II ThürBVVG.
2 Vgl. § 16 ThürBVVG; ebenso §§ 7 II Nr. 1 i.V.m. 5 ThürBVVG; dazu siehe oben S. 700.
3 Bis zur Verfassungsänderung im November 2003 betrug das Quorum 14 Prozent.
4 Vgl. § 2 II ThürBVVG.
5 § 17 IV ThürBVVG.
6 In Art. 82 V ThürV a.F. war erst zu diesem Zeitpunkt die Kontrolle des Volksbegehrens durch den Verfassungsgerichtshof auf Antrag der Landesregierung oder eines Drittels der Landtagsabgeordneten vorgesehen.
7 Vgl. etwa Art. 75 Nr. 2 LSA-V, dazu oben S. 614.
8 Vgl. dazu oben S. 471 und auch schon S. 313 ff. Darüber hinaus ist unter bestimmten Umständen der Verwaltungsrechtsweg eröffnet. Dies gilt insbesondere dann, wenn die Vertreter eines Volksantrags sich gegen die Öffentlichkeitsarbeit durch untergeordnete staatliche Behörden und Kommunen zur Wehr setzen wollen; vgl dazu ausführlich oben S. 311.
9 Bis zur Verfassungsänderung vom November 2003 ergab sich diese Frist erst aus dem ThürBVVG.

ren zugrunde liegenden Antrag unverändert übernimmt, kann er ihm auch dadurch „entsprechen", dass er gegebenenfalls Änderungen vornimmt.[1]

Die Regelung des Art. 82 VII 2 ThürV wird in diesem Sinne durch § 19 II ThürBVVG konkretisiert. Nimmt der Landtag den begehrten Gesetzentwurf in veränderter Form an, so hängt es von den Antragstellern bzw. ihren Vertrauenspersonen ab, ob das Verfahren fortgeführt wird. Sie können einen Antrag auf Erledigung stellen, wenn sie der Auffassung sind, dass dem Grundanliegen des Volksbegehrens entsprochen wurde. Der Landtag ist aber auch hier[2] nicht verpflichtet, einem entsprechenden Antrag Folge zu leisten. Vielmehr hat er nach pflichtgemäßem Ermessen zu entscheiden, ob sein Gesetz dem Grundanliegen des Volksbegehrens tatsächlich hinreichend entspricht.

B. Der Volksentscheid

Weist der Landtag ein Volksbegehren zurück, kommt er innerhalb von sechs Monaten zu keiner Entscheidung oder stellen die Vertrauenspersonen keinen Erledigungsantrag, so ist der Volksentscheid durchzuführen. Dabei kann der Landtag einen konkurrierenden Entwurf zur Abstimmung stellen.[3]

Diese Abstimmung muss innerhalb weiterer sechs Monate stattfinden.[4] Der genaue Termin wird von der Landesregierung bestimmt und zusammen mit dem Text des Gesetzentwurfs und der Begründung, dem Inhalt des Stimmzettels und gegebenenfalls dem Text und der Begründung eines konkurrierenden Entwurfes des Landtags im Gesetz- und Verordnungsblatt des Landes bekannt gemacht.[5] Der Abstimmungstag muss ein Sonntag oder ein gesetzlicher Feiertag sein.[6] Der Landtagspräsident muss allen Haushalten spätestens zwei Wochen vor der Abstimmung eine Broschüre zu übermitteln, in der sämtliche zur Abstimmung stehenden Entwürfe samt Begründung enthalten sind.[7]

Die Unterstützer des Volksbegehrens sind wiederum als „andere Beteiligte" im Sinne des Art. 80 I Nr. 3 ThürV antragsberechtigt im Organstreitverfahren. Sie können daher den Verfassungsgerichtshof anrufen, um etwa eine unzulässige Einflussnahme durch die Landesregierung abzuwehren.[8]

---

1 Dazu siehe oben S. 527 zur vergleichbaren Rechtslage in Brandenburg.
2 Vgl. dazu oben S. 675 zur vergleichbaren Lage in Mecklenburg-Vorpommern.
3 Art. 82 VI 1 ThürV; da dort nicht ausdrücklich die Zustimmung durch eine qualifizierte Mehrheit der Abgeordneten verlangt wird, gilt die allgemeine Bestimmung des Art. 61 II 1 ThürV. Dir konkurrierende Vorlage bedarf daher selbst dann nur der Zustimmung durch die Mehrheit der abstimmenden Abgeordneten, wenn es in dem Verfahren um eine Verfassungsänderung geht , vgl. dazu ausführlich oben S. 476 und auch schon S. 320.
4 Vgl. § 19 I ThürBVVG.
5 Vgl. § 20 I 1, II ThürBVVG.
6 §§ 20 I 2 ThürBVVG i.V.m. 18 I ThürLWG.
7 § 20 III ThürBVVG.
8 Vgl. dazu oben S. 709, m.w.N., zum Rechtsschutz im Zusammenhang mit dem Volksbegehren. Gegen Maßnahmen untergeordneter Behörden steht ihnen unter Umständen der Verwaltungsrechtsweg offen; vgl. dazu allgemein oben S. 311.

Um die Chancengleichheit bei der Abstimmung sicher zu stellen, sieht § 23 III ThürBVVG seit der Reform im Dezember 2003 vor, dass konkurrierende Entwürfe in Spalten nebeneinander aufzuführen sind, wobei derjenige Entwurf, der zuerst zur Beratung in den Landtag eingebracht wurde, am Anfang steht.[1] In Thüringen gibt es keine Möglichkeit, mehr als einem Entwurf zum selben Gegenstand zuzustimmen.[2] Da das ThürBVVG nicht zu jedem Entwurf eine eindeutige Entscheidung verlangt, ist es allerdings möglich, sich in Bezug auf einzelne Entwürfe der Stimme zu enthalten.[3] Dies hat wiederum vor allem dann Bedeutung, wenn ein Stimmberechtigter nur einen Entwurf ausdrücklich ablehnt: Anders als in Brandenburg, Sachsen oder Mecklenburg-Vorpommern ist sein Stimmzettel auch in diesem Fall gültig.[4]

In Bezug auf die Vorbereitung und Durchführung der Abstimmung werden in § 22 ThürBVVG die Bestimmungen des Landeswahlgesetzes für entsprechend anwendbar erklärt. Der Landeswahlausschuss stellt aufgrund der Meldungen der Wahlkreisausschüsse das Abstimmungsergebnis fest.[5] Dabei sind die „Ja"- und „Nein"-Stimmen für jeden einzelnen der zur Abstimmung gestellten Entwürfe auszuzählen. Der Landeswahlleiter teilt dem Landtag und der Landesregierung dieses Ergebnis mit und macht es im Gesetz- und Verordnungsblatt des Landes bekannt.

Das Abstimmungsergebnis kann innerhalb von sechs Wochen beim Präsidenten des Landtags durch Einspruch angefochten werden. Über diesen entscheidet der Landtag, gegen dessen Entscheidung innerhalb eines weiteren Monats der Verfassungsgerichtshof angerufen werden kann. Verstöße, die keinen Einfluss auf den Ausgang der Abstimmung hatten, bleiben unberücksichtigt.[6]

Ein Gesetzentwurf ist beim Volksentscheid nach Art. 82 VII 3 angenommen, wenn ihm die (relative)[7] Mehrheit der Abstimmenden zugestimmt hat, die mindestens einem Viertel der Stimmberechtigten entsprechen muss.[8] Erreichen zwei oder mehr Entwürfe die gleiche

---

1 Dies wird in der Regel der Entwurf sein, der dem Volksbegehren zugrunde lag. Die Landesregierung hat sich jeder Stellungnahme zu enthalten, vgl. dazu oben S. 477.
2 So ausdrücklich § 23 V 2 ThürBVVG.
3 Andernfalls wäre es auch wenig sinnvoll, dass nach § 24 I ThürBVVG die Zahl der „Ja"- und „Nein"-Stimmen für jeden Entwurf getrennt ermittelt werden muss. Vgl. dazu oben S. 577 zur unklaren Rechtslage in Sachsen.
4 Vgl. dazu oben S. 529.
5 Vgl. § 24 III ThürBVVG; Absatz 1 dieser Bestimmung soll von den Abstimmungsvorständen zugleich auch die Zahl der Stimmberechtigten festgestellt werden. Diese Regelung steht im Widerspruch zu § 2 II ThürBVVG, wonach auch beim Volksentscheid die Zahl der Stimmberechtigten nach der jeweils letzten Veröffentlichung des Landesamtes für Statistik zu bestimmen sein soll. Es ist allerdings davon auszugehen, dass es sich insofern um ein Redaktionsversehen handelt. Schließlich muss bei der Aufstellung der Wählerverzeichnisse immer zugleich die Zahl der Stimmberechtigten ermittelt werden. § 2 II ThürBVVG bezieht sich daher richtigerweise nur auf den Maßstab für die Quoren beim Bürgerantrag und beim Volksbegehren.
6 Vgl. § 27 ThürBVVG.
7 Dass die relative Mehrheit auch hier grundsätzlich ausreicht zeigt die Regelung des § 25 II 1 ThürBVVG für das Quorum bei einer konkurrierenden Abstimmung, wonach ggf. die höchste Zahl von „Ja"-Stimmen entscheidet.
8 Bis zur Verfassungsänderung vom November 2003 hatte noch ein qualifiziertes Abstimmungsquorum

Zahl an „Ja"-Stimmen, so kommt es auf die Differenz zwischen den „Ja"- und „Nein"-Stimmen an.[1] Für Verfassungsänderungen bedarf es nach Art. 83 II 2 ThürV nunmehr[2] der Zustimmung durch die Mehrheit der Abstimmenden,[3] wobei diese Mehrheit mindestens 40 Prozent der Stimmberechtigten entsprechend muss.

Ein durch Volksentscheid verabschiedetes Gesetz wird nach denselben Bestimmungen durch den Landtagspräsidenten ausgefertigt und verkündet, wie ein Parlamentsgesetz auch.[4]

Seit der Änderung des ThürBVVG im Dezember 2003 haben die Antragsteller einen Anspruch auf Erstattung der notwendigen und nachgewiesenen Kosten eines angemessenen Abstimmungskampfes. Sie erhalten – unabhängig vom Ausgang der Abstimmung – für jede Ja-Stimme 0,075 €, wobei maximal so viele Stimmen berücksichtigt werden, wie für den Erfolg des Antrags beim Volksentscheid erforderlich sind.[5]

IV. Verfahrenspraxis und verfassungspolitische Bewertung

A. Zur Praxis der Verfahren

Bisher hat es in Thüringen nur fünf Versuche gegeben, die direktdemokratischen Verfahren zu nutzen.

1. Das Volksbegehren „Für Arbeit in Thüringen"

Am 30. Juni 1994 wurden dem Landtagspräsidenten Unterschriften zu einem Volksbegehren **„Für Arbeit in Thüringen"** übergeben, das vom Deutschen Gewerkschaftsbund initiiert worden war. Da die nach Art. 82 III ThürV notwendige Stimmenzahl offensichtlich nicht

von einem Drittel der Stimmberechtigten gegolten.

1 § 25 II 2 ThürBVVG; sollte dieser unwahrscheinliche Fall eintreten, kommt den Stimmenthaltungen maßgebliche Bedeutung zu. In S. 1 dieser Bestimmung findet sich eine Regelung für den – wegen des Verbots, mehr als einem Entwurf zuzustimmen – unmöglichen Fall, dass mehr als ein Entwurf zum selben Gegenstand die Zustimmung durch die Mehrheit der Abstimmenden erhält.
2 Bis zur Verfassungsänderung vom November 2003 musste die Mehrheit der Stimmberechtigten zustimmen.
3 Wenn mehr als ein Entwurf zur Abstimmung steht, reicht somit gegebenenfalls eine relative Mehrheit aus; dazu siehe oben S. 578 zur vergleichbaren Rechtslage in Sachsen. Allerdings ergibt sich weder aus der Verfassung noch aus dem ThürBVVG, dass nur die gültigen Stimmen bei der Feststellung der Mehrheitsverhältnisse heranzuziehen wären. „Ausdrückliche" Stimmenthaltungen zählen somit im Ergebnis wie „Nein"-Stimmen. Die Enthaltung durch bloße Nicht-Beteiligung hat hingegen keine Auswirkungen.
4 Vgl. Art. 85 I 1 ThürV. Der Verfassungsgerichtshof hat ggf. von Amts wegen darüber zu entscheiden, ob das bereits verkündete Gesetz im Wege einer einstweiligen Anordnung gemäß § 26 ThürVerfGHG vorübergehend wieder außer Kraft gesetzt werden muss; vgl. dazu oben S. 330.
5 Vgl. § 29 III ThürBVVG. Derzeit haben die Antragsteller daher bei Abstimmungen über einfache Gesetze einen Anspruch in Höhe von ca. 37.500 € (das entspricht 0,075 € für 25 % der ca. 2 Millionen Stimmberechtigten), bei Abstimmungen über Verfassungsänderungen erhöht sich der Betrag auf ca. 60.000 €.

erreicht worden ist,[1] wurde das Begehren in eine Massenpetition umgedeutet und an den Petitionsausschuss weitergeleitet.

2. Das Volksbegehren des Mieterbundes

Im September 1994 wurde ein weiterer Antrag eingereicht, der vom Landesverband des Deutschen **Mieterbundes** initiiert worden war. Die Landesregierung sollte danach durch Verordnung eine 10-jährige Kündigungsfrist bei der Umwandlung von Miet- in Eigentumswohnungen festzuschreiben. Auch hier war das Quorum für das Volksbegehren nicht erfüllt.[2] Zudem war der Antrag nach Art. 82 I ThürV unzulässig, da nur Gesetzentwürfe als Gegenstand des Verfahrens in Betracht kommen. Auch dieser Antrag wurde in eine Massenpetition umgedeutet.[3]

3. Die beiden Volksbegehren für „Mehr Demokratie"[4]

Im November 1999 begann der neu gegründete Landesverband von „**Mehr Demokratie**"[5] nach einer längeren Vorlaufzeit[6] mit der Sammlung von Unterschriften für einen Antrag auf Zulassung eines Volksbegehrens zur Änderung der Verfassung, mit dem die Hürden auf dem Weg zum Volksentscheid deutlich abgesenkt werden sollten.

Bei dem Antrag auf Änderung der Landesverfassung[7] standen folgende Forderungen im Mittelpunkt: Zum einen sollte das Quorum für den Bürgerantrag von 120.000 auf 25.000 Unterschriften abgesenkt werden. Zum anderen sollte für den Volksantrag ein Quorum von 5.000 Unterschriften festgeschrieben, das Quorum für das Volksbegehren auf 5 Prozent der Stimmberechtigten und beim Volksentscheid grundsätzlich auf Beteiligungsquoren verzichtet werden. Lediglich für Verfassungsänderungen solle die Zustimmung durch mindestens ein Viertel der Stimmberechtigten verlangt werden. Darüber hinaus war vorgesehen, die

---

1 *Edinger*, S. 121, 131, spricht unter Bezugnahme auf eine Auskunft des Thüringer Innenministeriums von 133.000 Unterschriften.
2 Das Begehren wurde von 30.000 Stimmberechtigten unterstützt, a.a.O.
3 Die Angaben zu den beiden Verfahren beruhen auf einer schriftlichen Auskunft durch die Verwaltung des thüringischen Landtags an den Verf. vom 9.6.98.
4 Vgl. dazu *P. Neumann*, Reform, S. 21, 22 ff.
5 Der Antrag wurde auch durch die Gewerkschaften DGB, ÖTV und HBV, den Bund der Steuerzahler, den Mieterverein, den BUND, die Evangelische Jugend, den Landesjugendring sowie PDS, JUSOS, Bündnis 90/Die Grünen und die ÖDP unterstützt. Die SPD sympathisierte zwar mit dem Vorstoß, konnte sich aber nicht zu einer offiziellen Unterstützung durchringen.
6 Das Bündnis „Für Mehr Demokratie in Thüringen" war bereits 1998 konstituiert worden. Ihm gehörten mit dem DGB und einiger DGB-Gewerkschaften sowie mit dem Landesverband des Deutschen Mieterbund zunächst (unter anderem) diejenigen Organisationen an, die in der vorigen Legislaturperiode erfolglos versucht hatten, die direktdemokratischen Verfahren zu nutzen. Ebenfalls von Anfang an dabei waren die nicht im Parlament vertretenen Parteien Bündnis 90/Die Grünen und ÖDP. Mit der Unterschriftensammlung wurde aber erst begonnen, als im Laufe des Jahres 1999 mit der SPD und der PDS auch die innerparlamentarischen Oppositionsparteien mit ins Boot geholt worden waren, vgl. dazu *Edinger*, S. 121, 132.
7 Gleichzeitig wurde eine Anpassung des ThürBVVG gefordert.

Eintragungsfrist für das Volksbegehren auf sechs Kalendermonate zu verlängern und den Abstimmungstermin für den Volksentscheid grundsätzlich mit dem Termin der nächsten allgemeinen Wahl zusammen zu legen. Schließlich sollten zwar die inhaltlichen Beschränkungen des Anwendungsbereiches gemäß Art. 82 II ThürV bestehen bleiben. In einem neuen Satz 2 und 3 war aber vorgesehen, dass bei Volksbegehren mit finanziellen Auswirkungen ein Deckungsvorschlag vorgelegt werden muss und ein Volksbegehren dann unzulässig sein soll, wenn es den Erfordernissen des gesamtwirtschaftlichen Gleichgewichtes nicht hinreichend Rechnung trägt[1] – im Umkehrschluss ergibt sich daraus aber, dass sich der Haushaltsvorbehalt in Art. 82 II 1 ThürV nur auf das Haushaltsgesetz selbst beziehen kann.

Am 11. Januar 2000 wurde ein durch 9.204 Personen unterzeichneter Volksantrag bei der Landtagspräsidentin eingereicht – die den Antrag am 22. Februar 2000 aus formellen Gründen für unzulässig erklärte.[2] Zum einen sei es nach der Rechtsprechung des Bundesverfassungsgerichtes[3] unzulässig, einen Antrag auf Änderung der Verfassung mit einem Antrag auf Änderung der einschlägigen Ausführungsbestimmungen zu verbinden, da die Verfassungsänderung zunächst in Kraft gesetzt werden müsse, um in Anschluss daran, die Änderung der Ausführungsbestimmungen beschließen zu können. Zum anderen fehle es an einer ausreichenden Begründung, da den Unterschriftsbögen anstelle der 14-seitigen Begründung des eigentlichen Antrags nur einige zusammenfassende Thesen beigefügt gewesen seien. Und schließlich befänden sich die in §10 Abs. 2 Nr. 2 ThürBVVG verlangten *Unter*schriften unzulässigerweise *oberhalb* des Gesetzestextes. Damit sei nicht sichergestellt, dass die Unterzeichner den Text tatsächlich zur Kenntnis genommen haben.[4]

Die Initiatoren ließen sich davon nicht entmutigen, sondern legten der Präsidentin des Thüringer Landtags am 6. Juni 2000 einen weiteren Antrag auf Durchführung eines Volksbegehrens zur Änderung der Landesverfassung[5] vor, der diesmal sogar von 19.453 Personen unterschrieben worden war.[6] Nachdem die Landesregierung am 4. Juli 2000 zu dem Antrag Stellung genommen und jedenfalls in Bezug auf die formellen Zulässigkeitsvoraussetzungen des Volksantrags keine Bedenken geäußert hatte, stellte die Präsidentin des Land-

---

1 Zum Verfahren vgl. die Angaben zum Tatbestand in der Entscheidung des *ThürVfGH*, LKV 2002, S. 83 (in ThürVBl. 2002, S. 31 ff. nicht abgedruckt). Der Gesetzentwurf ist auch in ThürGVBl. 2000, S. 197 ff. und in der LT-Drs. 3/1449, abgedruckt.

2 Zuvor hatte die Landesregierung in einer Stellungnahme vom 9.2.2000 festgestellt, dass zwar die formellen Voraussetzungen für ein Volksbegehren erfüllt seien. Das Begehren verstoße jedoch gegen die zwingenden und unabänderlichen Vorgaben der Verfassung, vgl. dazu *P. Neumann*, Reform, S. 21, 27 f. Die Argumente deckten sich dabei im Wesentlichen mit denjenigen, die im nachfolgenden Verfahren vor dem ThürVfGH vorgebracht worden sind. Auf eine ausführliche Darstellung kann daher hier verzichtet werden.

3 Vgl. *BVerfGE* 34, S. 21.

4 Die Landtagspräsidentin verwies insofern ausdrücklich auf die Rechtsprechung des BGH zur „Unterschrift" auf Überweisungsträgern, *BGHZ* 113, S. 48. Vgl. zu alldem die Pressemitteilung der Landtagspräsidentin vom 22.2.2000.

5 Die beiden anderen Teile des ersten Volksbegehrens zur Änderung der einfachgesetzlichen Bestimmungen über die direktdemokratischen Verfahren auf Landesebene und des Kommunalrechts waren einstweilen zurückgestellt worden.

6 19.046 der Unterschriften waren von den Meldebehörden für gültig erklärt worden.

tags mit Schreiben vom 17. Juli 2000 die Zulässigkeit des Volksantrages fest und veranlasste die Veröffentlichung des Antrags im Gesetz- und Verordnungsblatt.[1] In den vier Monaten nach der Veröffentlichung des Volksbegehrens stimmten bis zum 27. November 2000 insgesamt 363.123 Stimmberechtigte dem Antrag zu. Daraufhin erklärte die Präsidentin des Landtags das Volksbegehren am 20. März 2001 für zustande gekommen.[2]

Im April 2001 rief die Landesregierung daraufhin den Verfassungsgerichtshof an und beantragte, die Unzulässigkeit des Volksbegehrens festzustellen.[3] Zwar hat der Verfassungsgerichtshof in seiner Entscheidung vom 15.8.2001[4] die Frage offen gelassen, ob die von dem Volksbegehren geforderte Änderung der Landesverfassung mit den Vorgaben des Art. 28 I GG vereinbar wäre.[5] Jedenfalls verstoße diese Änderung aber gleich auf mehrfache Weise gegen die Ewigkeitsklausel des Art. 83 III ThürV, der nicht nur eine „legale Revolution" verhindern solle,[6] sondern bereits dann verletzt sei, wenn einer der dort geschützten Grundsätze mittelbar oder unmittelbar so „berührt" werde, dass ein allmählicher Zerfallsprozess eingeleitet wird.

Wie bereits zuvor dargelegt wurde,[7] kann diese Entscheidung nicht überzeugen. Sie beruht letzten Endes auf verfassungspolitischen Wertungen, die nicht nur keine hinreichende Grundlage im Gesetz finden, sondern angesichts der Erfahrungen mit quorenlosen Volksentscheiden und Finanzreferenden in der Schweiz und vielen US-amerikanischen Bundesstaaten auch kaum mit dem empirischen Befund in Übereinstimmung gebracht werden können.

Schon die Behauptung des Gerichtes, dass bereits die Initiatoren eines bestimmten Volksbegehrens durch die Einleitung des Verfahrens Staatsgewalt ausüben, ist äußerst fragwürdig. Ebensowenig lässt sich eine hinreichende Grundlage für die These finden, dass Volksbegehren stets ein Anliegen verfolgen müssen, welches über das Partikulare hinaus den allgemeinen Belangen dient. Völlig abwegig ist schließlich auch die vom Gericht behauptete „Prävalenz" der parlamentarischen Gesetzgebung im Sinne einer höheren Qualität,

---

1   GVBl. S. 197 ff.
2   Die relativ lange Frist zwischen dem Ende der Eintragungsfrist am 27. November 2000 und der Entscheidung über das Zustandekommen erklärt sich teilweise damit, dass die Unterschriften erst nach Abschluss der freien Unterschriftensammlung geprüft werden konnten. Allerdings ist es trotz der großen zahl von Unterstützungsunterschriften nicht ganz nachvollziehbar, warum die zuständigen Behörden für die Prüfung nochmals fast so lange gebraucht haben sollen, wie für die Eintragung selbst.
3   Während des Gerichtsverfahrens wurde die parlamentarische Beratung auf „kleiner Flamme", nämlich im Justizausschuss des Parlamentes, weiter geführt. Dieser führte am 7.6.2001 sogar eine öffentliche Anhörung durch, vgl. dazu das Protokoll der 22. Sitzung des Ausschusses, S. 7-99, und die Angaben bei *Edinger*, S. 121, 134 f.
4   *ThürVfGH*, ThürVBl. 2002, S. 31 = LKV 2002, S. 83; kritisch dazu *Sachs*, LKV 2002, S. 249 ff.; *Rux*, ThürVBl. 2002, S. 48; vgl. auch *Schweiger*, NVwZ 2002, S. 1471 ff..
5   Das war schon deshalb geboten, weil der ThürVfGH ausschließlich auf Grundlage des Landesverfassungsrechtes entscheiden muss.
6   Das Gericht wandte sich damit ausdrücklich gegen die Auffassung, die das *BVerfG* in seiner Abhör-Entscheidung vertreten hatte, vgl. *BVerfGE* 30, 1, 25. Diese Entscheidung war heftig kritisiert worden, vgl. etwa das Sondervotum in *BVerfGE* 30, 33, sowie Dreier-*ders.*, Art. 79 III GG, Rn. 15; BK-*Evers*, Art. 79 III GG, Rn. 150 m.w.N.
7   Vgl. dazu oben S. 702.

zumindest aber eines immanenten Vorranges der vom Parlament verabschiedeten Gesetze. Wie sehr sich das Parlament von seinen Vorurteilen in Bezug auf die Entscheidungskompetenz der Bürger hat leiten lassen, wird vor allem im Zusammenhang mit seinen Ausführungen zur Geltungskraft des Haushaltsvorbehaltes in Art. 82 II ThürV deutlich, den das Gericht ebenfalls von der Ewigkeitsgarantie des Art. 83 III ThürV erfasst sieht. Das Gericht macht aber nicht einmal ansatzweise den Versuch, seine These empirisch zu untermauern, nach der nur ein umfassender Schutz des parlamentarischen Gesetzgebungsrechts die Allgemeinwohlorientierung der finanzwirksamen Gesetzgebung sichere, weil bei den durch das Abstimmungsgeheimnis gedeckten Teilnehmern eines Plebiszits die Gefahr der Selbstbedienung bestehe, während der besondere verfassungsrechtliche Status des Abgeordneten eine Distanz zwischen Eigeninteresse und Mandatspflichten schaffe.

Zustimmung verdient das Gericht damit allein für seine These, wonach die erschwerte Abänderbarkeit der Verfassung zu den Grundelementen des Rechtsstaatsprinzips gehört, da erst sie die höhere Geltungskraft der Verfassung gegenüber einfachen Gesetzen begründet. Allerdings ist das Gericht auch insofern zu weit gegangen, wenn es nicht einmal die Zustimmung durch ein Viertel der Stimmberechtigten als hinreichend ansieht, um eine Verfassungsänderung durch Volksentscheid demokratisch zu legitimieren. Es ist Sache des Verfassunggebers, darüber zu entscheiden, *wie* der höhere Rang der Verfassung abgesichert werden soll.[1]

In der Folge der Entscheidung des Thüringer Verfassungsgerichtshofes setzte eine parlamentarische Debatte über eine mögliche Ausweitung und Erleichterung der direktdemokratischen Verfahren ein,[2] die im November 2003 in einer Reform der einschlägigen Verfassungsbestimmungen mündete.

4. Das Volksbegehren „Für eine bessere Familienpolitik"

Aufgrund der äußerst angespannten Lage der öffentlichen Haushalte wurde in Thüringen im Jahr 2006 eine deutliche Kürzung der staatlichen Förderung von Kindertageseinrichtungen beschlossen. Die Träger der Einrichtungen stehen damit vor der Wahl, entweder die Angebote zurückzufahren oder die Elternbeiträge deutlich zu erhöhen. Es bildete sich ein Aktionsbündnis,[3] das am 29. Mai 2006 mit der Sammlung von Unterschriften für einen Volksantrag **für eine bessere Familienpolitik** begann. Durch das Verfahren soll auf der einen Seite eine Rücknahme der Kürzungen und erreicht werden, dass im Jahr 2007 nicht nur 106,5 Mio. € in den Haushaltsplan eingestellt werden, sondern etwa 182 Mio. €. Darüber hinaus soll Eltern ein Rechtsanspruch auf Kinderbetreuung ab dem ersten Geburtstag des Kindes verschafft und eine tägliche Betreuungszeit von zehn Stunden garantiert werden.

Bis zum 9. Juli 2006 kamen mehr als 20.000 Unterschriften zusammen. Das Volksbegehren wurde daher am 2. Oktober 2006 zugelassen. Mit der Unterschriftensammlung für das Volksbegehren sollte daher am 2. Januar 2007 begonnen werden. Allerdings wurde der Antrag am 2. November 2006 durch die Landesregierung dem Verfassungsgerichtshof

---

1 Vgl. dazu schon *Rux*, ThürVBl. 2002, S. 48, 50 f., sowie *BayVerfGH* BayVBl. 1999, S. 719, 724 ff.
2 Vgl. dazu *Edinger*, S. 121, 137 ff.
3 Dem Bündnis gehören neben den zuständigen Einzelgewerkschaften der DGB und das Bündnis 90/Die Grünen an.

vorgelegt, da es sich um einen unzulässigen Antrag zum Haushalt im Sinne des Art. 82 II ThürV handele. Die Initiatoren machen demgegenüber geltend, dass der Landeshaushalt im Falle der Annahme ihres Antrags im Vergleich zum Jahr 2005 lediglich um 8 Mio. € mehr belastet würde. Selbst beim Vergleich mit dem Etat des Jahres 2006, in dem die Sparmaßnahmen bereits durchgegriffen hatten, ergebe sich lediglich eine Mehrbelastung von 20 Mio. €. Das entspreche gerade einmal 0,2 Prozent des Haushaltsvolumens.

Am 16. Oktober 2007 hat die mündliche Verhandlung vor dem Verfassungsgerichtshof stattgefunden. Die Entscheidung des Gerichts steht noch aus. Der weitere Verlauf des Verfahrens ist derzeit nicht abzusehen.

Im November 2007 wurden der Landtagspräsidentin 12.362 Unterschriften für ein Volksbegehren für „Mehr Demokratie" vorgelegt, mit dem die Hürden für Bürgeranträge, Bürgerbegehren und Bürgerentscheide auf der kommunalen Ebene deutlich abgesenkt werden sollen.[1]

B. Zur Bewertung der Verfahrensregelungen

Auch nach den Änderungen im November und Dezember 2003 sind die Hürden auf dem Weg zum Erfolg eines Antrags beim Volksentscheid in Thüringen von allen neueren Landesverfassungen am höchsten. Dies gilt zunächst für den so genannten Bürgerantrag, der in Thüringen die Funktion der Volksinitiative hat, aber auch für den Volksantrag als erste Stufe auf dem Weg zu einem Volksentscheid.[2] Immerhin ist das Quorum für das Volksbegehren mittlerweile von 14 auf acht bis zehn Prozent abgesenkt worden und damit etwas niedriger als in den meisten anderen Ländern. Auch wurde das qualifizierten Abstimmungsquorum für Volksentscheide über einfache Gesetze auf ein Viertel der Stimmberechtigten reduziert.[3] Obwohl die Hürden auf dem Weg eines Antrags bis zum Volksentscheid damit im Vergleich zu den ursprünglichen Regelungen deutlich abgesenkt wurden, können potentielle Antragsteller unter realistischen Bedingungen dennoch kaum damit rechnen, dass es ihnen gelingen wird, so viele Bürger von ihrem Anliegen zu überzeugen – und dementsprechend gering wird ihre Bereitschaft sein, überhaupt ein Verfahren einzuleiten.[4]

Die Hürden auf dem Weg zum Volksentscheid wurden durch das Ausführungsgesetz nochmals erhöht. Entscheidende Bedeutung kommt insofern dem Umstand zu, dass die Antragsteller nach wie vor dazu verpflichtet sind, jede einzelne Unterschrift für einen Bürgerantrag, einen Volksantrag oder ein Volksbegehren auf einem gesonderten Bogen einzureichen. Zwar wurde auch diese Hürde mittlerweile durch die Einführung eines Kostenerstattungsanspruchs etwas abgesenkt – Dieser Anspruch setzt jedoch voraus, dass das Volksbegehren erfolgreich war, so dass die Initiatoren das finanzielle Risiko letzten Endes

---

1 Vgl. „Bürgerbündnis übergibt 12362 Unterschriften für Volksbegehren", Thüringer Allgemeine, 6.11.2007; „Rote Rose für die Präsidentin", Ostthüringer Zeitung, 6.11.2007.

2 Die Entscheidung des Verfassunggebers, das Volksantragsverfahren in der Verfassung zu verankern, ist im Sinne der Rechtsklarheit sehr zu begrüßen.

3 Bei Volksentscheiden über Verfassungsänderungen ist nun nur noch die Zustimmung von vierzig Prozent der Stimmberechtigten erforderlich.

4 *Dambeck*, RuP 1994, S. 208, 219, spricht – unter Berufung auf eine Stellungnahme der Initiative „Mehr Demokratie e.V." davon, dass die Volksgesetzgebung hier zur Farce gerate.

alleine tragen müssen. Schließlich ist in diesem Zusammenhang zu beachten, dass das Verfahren auch in Thüringen extrem gestreckt worden ist: Der Landtag hat sechs Monate Zeit, über das Volksbegehren zu verhandeln und erst ein weiteres halbes Jahr später findet der Volksentscheid statt.[1] Es erscheint aber höchst zweifelhaft, ob sich das öffentliche Interesse so lange aufrecht erhalten werden kann. Obwohl es durchaus auch einige positive Ansätze gibt,[2] stellt sich das in Art. 82 ThürV geregelte Verfahren damit aber auch noch nach den im Jahre 2003 verabschiedeten Änderungen eher als ein Volksgesetzgebungs-Verhinderungs-Verfahren dar.[3]

Damit stellt sich die Frage, ob die Bürger wenigstens durch den Bürgerantrag die Möglichkeit haben, mit dem Parlament in Kontakt zu treten. Insofern erscheint wiederum die fehlende Verknüpfung mit dem Verfahren der Volksgesetzgebung als problematisch, da der Landtag vom politischen Druck eines drohenden Volksbegehrens entlastet wird. Nachdem Ende 2003 das exorbitante Quorum für den Bürgerantrag deutlich abgesenkt wurde,[4] ist es zwar nicht mehr völlig ausgeschlossen, diese Hürde zu überwinden. Angesichts des immer noch erheblichen Aufwandes für dieses Verfahren[5] erscheint es für die potentiellen Initiatoren eines solchen Verfahrens aber im Zweifel attraktiver zu sein, gleich einen Volksantrag einzureichen, der ihnen zumindest theoretisch die Möglichkeit eröffnet, das Verfahren gegebenenfalls bis zum Volksentscheid fortzusetzen.

Wenn die direktdemokratischen Verfahren in Thüringen bisher weitgehend bedeutungslos geblieben sind und sich hieran voraussichtlich auch in Zukunft nicht allzu viel ändern wird, dann liegt das aber auch und vor allem an der extrem restriktiven Rechtsprechung des

---

1 Nur in Niedersachsen dauert das Verfahren ähnlich lange.
2 So ist es im Hinblick auf die kommunikative Funktion der Verfahren sehr zu begrüßen, dass der Gesetzgeber den Antragstellern außergewöhnlich weitreichenden Rechte im Rahmen des parlamentarischen Beratungsverfahrens eingeräumt und die Öffentlichkeit der Sitzungen sicher gestellt hat. Dies kann maßgeblich dazu beitragen, dass das Parlament sich tatsächlich mit dem Anliegen der Initiatoren auseinander setzt und es nicht bei einer unverbindlichen Anhörung belässt. Auch die vor kurzem eingeführten Regelungen über die Kostenerstattung und die Information aller Haushalte durch den Landtagspräsidenten vor der Abstimmung fallen positiv ins Gewicht.
3 Erstaunlicherweise sprach *Häberle*, JÖR 1995, S. 355, 378, in Bezug auf die ursprüngliche Fassung der ThürV von einem „guten Mischungsverhältnis". Auch *Rommelfanger*, ThürVBl. 1993, S. 173, 181, hielt die Quoren zwar für hoch aber „sachgerecht". Eine Begründung für diese Bewertung lässt sich den Ausführungen nicht entnehmen.
4 Problematisch war dabei weniger die Notwendigkeit, sechs Prozent der Bürger von ihrem Anliegen zu überzeugen zu müssen, als vor allem das zusätzliche regionale Quorum. Sehr häufig geben den Bürgern gerade solche Angelegenheiten Anlass, sich an die Volksvertretung zu wenden, die sie in ihrem unmittelbaren Lebensumfeld betreffen für die Bürger, aktiv zu werden, die sich in ihrem eigenen Lebensumfeld betreffen. Die Wahrscheinlichkeit, dass in mehr als der Hälfte der Landkreise und kreisfreien Städte jeweils genügend Bürger dasselbe Problem wahrnehmen – und dass der Landtag sich dieser Frage nicht ohnehin schon widmet, ist aber verschwindend gering. Kritisch zum regionalen Quorum auch *Paulus*, S. 189, 193.
Es ist im Übrigen bemerkenswert, dass der Gesetzgeber das regionale Quorum für den Volksantrag nie übernommen hatte. Hier sind die Anforderungen vergleichsweise gering – obwohl es, wenn überhaupt, dann gerade bei einem Gesetzgebungsverfahren legitim erscheint, darauf abzustellen, ob dessen Gegenstand für die Bürger in allen Teilen des Landes von Interesse ist.
5 Dabei ist wiederum vor allem zu beachten, dass den Initiatoren das Verfahren durch die Notwendigkeit, jede einzelne Unterschrift auf einem eigenen Bogen beizubringen, sehr erschwert wurde.

Thüringer Verfassungsgerichtshofes. Sollte sich der Verfassungsgerichtshof im Rahmen des laufenden Verfahrens über das Kita-Volksbegehren der restriktiven Rechtsprechung anderer Landesverfassungsgerichte zur Reichweite der so genannten „Haushaltsvorbehalte" anschließen, so würde die Praktikabilität der Verfahren noch weiter eingeschränkt.

9. Kapitel: Bremen

I. Zur Entstehungsgeschichte

A. Die Rechtslage bis 1994

Die bremische Verfassung hat seit jeher direktdemokratische Verfahren vorgesehen. Die heutigen Regelungen beruhen im wesentlichen auf den §§ 3 bis 9 der Landesverfassung vom 18. Mai 1920, die sich wiederum am Vorbild der Weimarer Reichsverfassung orientierte.[1] Die Regelungen der Verfassung wurden allerdings erst 1969 im Gesetz über das Verfahren beim Volksentscheid konkretisiert.[2]

Der Verfassunggeber in Bremen hat sich im Rahmen der jüngsten Verfassungsreform darauf beschränkt, die bisher geltenden Regelungen zu modifizieren. Die Unterschiede zwischen der heutigen und der früheren Rechtslage lassen sich daher relativ leicht darstellen. Nach Art. 70 I lit. a), 125 III BremV a.F. waren Verfassungsänderungen stets einem Volksentscheid zu unterwerfen, wenn die Bürgerschaft ihnen nicht einstimmig zugestimmt hatte.[3] Das Quorum für Volksbegehren über Gesetze betrug nach Art. 70 I lit. c) Satz 1 BremV a.F. ein Fünftel der Stimmberechtigten. Dies galt auch für verfassungsändernde Gesetze. Die Auflösung der Bürgerschaft durch eine Volksabstimmung war nicht vorgesehen.[4] Auch gab es keinen Bürgerantrag oder ein anderes der Volksinitiative vergleichbares Institut. Bis zur jüngsten Verfassungsreform haben die direktdemokratischen Verfahren der BremV so gut wie keine praktische Bedeutung erlangt.[5]

---

1   Dazu *Spitta*, vor Art. 69 BremV (a.F.) und zu Art. 70 BremV (a.F.), S. 154; *Stuby*, HdBBremV, S. 288, 289 f., und ausführlich *Kringe*, passim.
2   = **BremVBG a.F.**, vom 1. April 1969, GBl. S. 39, zuletzt geändert durch Gesetz vom 5.7.1994, BremGBl. S. 200.
3   *Stuby*, HdBBremV, S. 288, 294, meint zu pauschal, dies sei eine Erleichterung der Verfassungsänderung. Diese Aussage trifft nur dann zu, wenn man davon ausgeht, dass ansonsten stets ein Verfassungsreferendum durchzuführen wäre. Im Vergleich zu den Verfassungen, die es dem Parlament ermöglichen, die Verfassung durch einen mit einer qualifizierten Mehrheit gefassten Beschluss zu ändern, erweist sich die bremische Regelung hingegen in jedem Fall als deutliche Erschwerung. Dies wird an der geringen Zahl der Verfassungsänderungen zwischen 1947 und 1994 (sieben) deutlich. Seit der Abschaffung des quasi-obligatorischen Verfassungsreferendums hat es hingegen einen Schub von Reformen gegeben.
4   *Stuby*, HdBBremV, S. 288, 295 und Fn. 27, sieht in Art. 70 I lit. c) Satz 4 BremV a.F. grundsätzlich eine indirekte Möglichkeit zur Parlamentsauflösung, da ein im Volksentscheid abgelehnter Gesetzentwurf erst nach der Neuwahl der Bürgerschaft wieder auf dem Wege des Volksbegehren eingebracht werden könne. Er lehnt dies dann selbst ab, da die Neuwahl der Bürgerschaft anders als nach Artt. 35 II, 68 II NRW-V nicht obligatorisch sei. Er übersieht zunächst, dass die genannte Vorschrift der BremV lediglich eine Sperrklausel beinhaltet. Vor allem verkennt er aber, dass Art. 68 III (nicht II) der Landesregierung lediglich das Recht gibt, den Landtag aufzulösen, wenn ein von ihr dem Volk vorgelegter Gesetzentwurf angenommen wurde. Dieses Referendum auf Antrag der Landesregierung kann mit dem Volksbegehren nach Art.70 I lit. c) BremV a.F. nicht verglichen werden.
5   Vgl. dazu die Darstellung auf S. 374 ff. Auch *Kampwirth*, S. 177, 180, geht davon aus, dass die Verfassung unüberwindbare Hürden aufgestellt hatte.

B. Die neuere Entwicklung

In Bremen verhandelte seit dem 11. Dezember 1991 ein nichtständiger Ausschuss der Bürgerschaft über eine „Reform der Landesverfassung".[1] Ein wesentliches Anliegen war die mögliche Erleichterung von Volksbegehren und Volksentscheiden und die Prüfung, ob ein Bürgerantrag eingeführt werden solle. Daneben ging es auch um die Frage, ob Verfassungsänderungen auch in Zukunft grundsätzlich einstimmig beschlossen werden oder der Bestätigung durch ein Referendum bedürfen sollten.[2] Nach 23 Sitzungen hat der Ausschuss am 23. Juni 1993 der Bürgerschaft seinen Bericht vorgelegt.[3] Diese setze daraufhin am 19. August 1993 den nach Art. 125 II BremV vorgeschriebenen Ausschuss zur Beratung von Verfassungsänderungen ein.[4] Der Ausschuss tagte elfmal und legte am 3. Mai 1994 seinen Bericht vor.[5] Erwartungsgemäß übernahm er die Änderungsvorschläge im wesentlichen unverändert.[6]

Am 30. Juni 1994 beriet die Bürgerschaft abschließend über die Änderungsanträge. Da die Abgeordneten der Deutschen Volksunion (DVU) und der so genannte „Nationalkonservativen"[7] der geänderten Verfassung ihre Zustimmung verweigert hatten, musste gemäß Art. 125 III BremV a.F. ein Verfassungsreferendum durchgeführt werden.[8] Die Abstimmung wurde am 16. Oktober 1994 zusammen mit der Bundestagswahl durchgeführt und erbrachte eine deutliche Mehrheit für die Änderungen.[9]

Die Regelungen der Artt. 70, 87 BremV sind für die Stadtgemeinde Bremen nach Art. 148 I 2 BremV entsprechend anwendbar.[10]

1 Dem Ausschuss gehörten zwölf Abgeordnete der Bürgerschaft an.
2 BS-Drs. 13/23.
3 BS-Drs. 13/592.
4 Dessen Mitglieder waren im wesentlichen mit denen des früheren Ausschusses identisch.
5 BS-Drs. 13/897.
6 In bezug auf die Regelungen über direktdemokratische Verfahren erfolgten nur noch einige Klarstellungen.
7 Dabei handelte es sich um einige Abgeordnete, die für die DVU in die Bürgerschaft gewählt worden, später aber aus der Fraktion ausgetreten waren.
8 Tatsächlich ist die Abschaffung des bedingt obligatorischen Verfassungsreferendums nach Art. 125 III BremV a.F. wohl nicht zuletzt darauf zurückzuführen, dass man der DVU nach deren Einzug in die Bürgerschaft kein Mittel in die Hand geben wollte, Verfassungsänderungen zu blockieren oder eine Volksabstimmung zu erzwingen.
9 Vgl. dazu die Daten bei *Jung*, LKV 1995, S. 319. Bei einer Abstimmungsbeteiligung von 78,29 % stimmten 75,05 % für die Verfassungsänderung. Dies entsprach einem Anteil von 56,38 % der Stimmberechtigten.
10 Das Verfahren entspricht gemäß §§ 6 BremVBG bzw. 22 ff. BremVEG mit wenigen Modifikationen dem bei Bürgeranträgen, Volksbegehren bzw. -entscheiden und Referenden auf Landesebene. Nach § 22 IV BremVEG gilt für den Volksantrag ein Quorum von 4.000 Stimmen. Gemäß § 25 II BremVEG sind auch die Bürger der EU-Mitgliedstaaten beteiligungsberechtigt. Dies entspricht der Vorgabe des Art. 28 I 3 GG. Die Stadtverfassung der Stadtgemeinde Bremerhaven enthält keine vergleichbaren Regelungen; dazu *Stuby*, HdBBremV, S. 288, 299.
Aus § 23 BremVEG ergibt sich, dass die Verfahren nicht für eine Änderung der (Gemeinde-) Verfassung und die Auflösung der Stadtbürgerschaft anwendbar sein sollen. Diese Einschränkung findet keine

Nur zwei Monate später, nämlich am 20. Dezember 1994 verabschiedete die Bürgerschaft das Gesetz über das Verfahren beim Bürgerantrag.[1] Die Verhandlungen über die Neufassung des bisherigen Gesetzes über das Verfahren beim Volksentscheid[2] zogen sich hingegen in die Länge.[3] Erst am 27. Februar 1996 konnte eine Neufassung beschlossen werden.[4]

Am 24. Januar 1996 hat die Bürgerschaft einen nichtständigen Ausschuss „Verfassungs- und Parlamentsreform" eingesetzt, der die Aufgabe hatte, die in der vorigen Legislaturperiode eingeleitete Überprüfung der Landesverfassung fortzusetzen und Vorschläge für eine Parlamentsreform zu machen. In diesem Zusammenhang sollte auch das Beteiligungsquorum beim Volksentscheid überprüft werden. Der Ausschuss sprach sich im Februar 1997 dafür aus, das sehr hohe Quorum des Art. 72 I BremV abzuschaffen und es durch ein qualifiziertes Abstimmungsquorum von einem Viertel der Stimmberechtigten zu ersetzen.[5] Am 9. Oktober 1997 hat die Bürgerschaft nach weiteren Beratungen einer entsprechenden Änderung der Landesverfassung zugestimmt.[6]

Ein im Jahre 1999 eingeleitetes Volksbegehren mit dem Ziel, die Quoren für das Volksbegehren und den Volksentscheid deutlich abzusenken, wurde im Februar 2000 vom Staatsgerichtshof für unzulässig erklärt.[7] Im November 2002 scheiterte ein Versuch der Bürgerschafts-Fraktion des Bündnis 90/Die Grünen, die Hürden auf dem Weg zum Volksentscheid abzusenken, am Quorum für eine Verfassungsänderung durch das Parlament.[8]

Grundlage in der Verfassung. Insbesondere ist nicht ersichtlich, aus welchem Grund die Bürger der Stadtgemeinde daran gehindert sein sollten, die Wahlperiode der Stadtbürgerschaft vorzeitig zu beenden. Allerdings sind wesentliche Teile der Gemeindeverfassung bereits durch Art. 148 I 2 BremV verbindlich vorgegeben, indem die Bestimmungen über den Volksentscheid, die Bürgerschaft und den Senat für entsprechend anwendbar erklärt werden. Die Bürger der Stadtgemeinde Bremen können diese Bindungen trotz ihrer in Art. 125 I BremV statuierten Verfassungshoheit nicht selbständig aufheben.

1 GBl. S. 325 = **BremVBG**; zuletzt geändert durch das Gesetz vom 14.12.2004, GBl. S. 598.
2 Vgl. dazu oben S. 720, Fn. 2.
3 Die Fraktion des Bündnis 90/Die Grünen hatte quasi als erste Amtshandlung einen Gesetzentwurf in die Bürgerschaft eingebracht, BS-Drs. 14/1. Die Bürgerschaft machte sich dann allerdings einen Entwurf des Senators für Inneres zu eigen; vgl. BS-Drs. 1/126.
4 GBl. S. 41 = **BremVEG**; ber. am 23.9.1997, GBl. S. 323. Schon im August 1997 beantragte die Fraktion des Bündnis 90/Die Grünen im Zusammenhang mit den Verhandlungen über eine Fortführung der Verfassungsreform eine Änderung, vgl. BS-Drs. 14/750. Danach sollen die Antragsteller unter anderem die Möglichkeit bekommen, den Abstimmungstermin auf den Wahltag zu verschieben, wenn innerhalb eines Jahres nachdem die Voraussetzungen für einen Volksentscheid vorliegen, im Abstimmungsgebiet eine Wahl stattfindet. Die Eintragungsfrist für das Volksbegehren soll von drei auf vier Monate verlängert werden. Außerdem soll den Antragstellern die Möglichkeit zur Nachreichung von Unterschriften eingeräumt werden, wenn das Quorum für das Volksbegehren (nur) aufgrund einer großen Zahl ungültiger Unterschriften verfehlt wird. Die Bürgerschaft hat diesen Antrag nicht angenommen.
5 Ausführlich dazu der erste Bericht des Ausschusses, BS-Drs. 14/584, S. 4 f. Die Fraktion von Bündnis 90/Die Grünen forderte eine Übernahme des bayerischen Vorbilds, wonach die einfache Abstimmungsmehrheit genügen würde, vgl. BS-Drs. 14/765. Dieser Vorschlag konnte sich allerdings nicht durchsetzen.
6 GBl. S. 353. Die Ausführungsbestimmungen wurden bislang noch nicht entsprechend angepasst.
7 *BremStGH*, NVwZ-RR 2001, S. 1, vgl. dazu ausführlich unten S. 747 ff.
8 Vgl. BS-Drs. 15/1128 und das Sten. Prot. der BS-Sitzung vom 14.11.2002. Gefordert wurde eine

Auch ein weiterer Vorschlag des Bündnis 90/Die Grünen, der darauf abzielte, die Bürgerschaft zu einer rascheren Erledigung von Bürgeranträgen zu verpflichten,[1] konnte sich nicht durchsetzen. Allerdings beschloss die Bürgerschaft im Dezember 2004, das entsprechende Ausführungsgesetz um eine Bestimmung zu ergänzen, nach der die Behandlung eines Bürgerantrags innerhalb von drei Monaten abgeschlossen werden soll.[2]

II. Die Volksinitiative – Der „Bürgerantrag" nach Art. 87 BremV

In Bremen hat man sich – ebenso wie in Thüringen – dazu entschlossen, die Volksinitiative als völlig eigenständiges Institut im Zusammenhang mit den Bestimmungen über die Bürgerschaft zu regeln.[3] Um die Abgrenzung zum Volksbegehren und Volksentscheid auch sprachlich deutlich zu machen, ist man auch terminologisch dem Thüringer Vorbild gefolgt und hat dieses Verfahren als „Bürgerantrag" bezeichnet.

A. Der Anwendungsbereich des Bürgerantrags

Der sachliche Anwendungsbereich des Verfahrens entspricht nach Art. 87 II 2 BremV dem der vergleichbaren Institute in den meisten anderen Ländern. Anträge zum Haushalt, Dienst- und Versorgungsbezügen und Abgaben sind ausgeschlossen.[4] Unzulässig sind

---

Absenkung des Quorums für das Volksbegehren auf 5 % der Stimmberechtigten (bzw. 10 % bei Anträgen zur Änderung der Verfassung und auf vorzeitige Beendigung der Wahlperiode). Für den Erfolg eines Antrags beim Volksentscheid sollte es grundsätzlich ausreichen, wenn ihm die Mehrheit der Abstimmenden und 15 % der Stimmberechtigten zustimmen; lediglich für Verfassungsänderungen sollte ein höheres Quorum gelten (Zustimmung durch zwei Drittel der Abstimmenden und 30 % der Stimmberechtigten). Finanzwirksame Volksbegehren sollten ausdrücklich zulässig sein, sofern sie nicht „das Gleichgewicht des gesamten Haushaltes erheblich stören".
Zunächst hatten die großen Parteien Kompromissbereitschaft signalisiert, vgl. die Beiträge der Abg. *Isola* (SPD) und *Hannken* (CDU), im Rahmen der BS-Sitzung vom 16.5.2002, Sten. Prot. S. 4282/4283. Allerdings wurde der Antrag dann nicht in erster Lesung beschlossen (was dazu geführt hätte, dass ein besonderer Ausschuss hätte eingesetzt werden müssen, Art. 125 II 2 BremV), sondern die erste Lesung wurde unterbrochen, um den Antrag nochmals im Verfassungs- und Geschäftsordnungsausschuss zu beraten. Nachdem sich die Vertreter des Bündnis 90/Die Grünen und der SPD dort für die Annahme des Antrags ausgesprochen hatten, die Vertreter der CDU jedoch dagegen, einigte sich die Regierungskoalition aus SPD und CDU auf die Ablehnung des Antrags. Es fällt auf, dass sich die Vertreter der CDU in der Beratung nicht inhaltlich geäußert, sondern lediglich darauf abgestellt haben, dass die Landesverfassung in dieser Wahlperiode nicht mehr geändert werden solle, da die letzte Erleichterung von Volksbegehren und Volksentscheiden noch nicht allzu zurückliege. Eine Änderung der einschlägigen Bestimmungen in der kommenden Legislaturperiode wurde jedoch nicht ausgeschlossen, vgl. BS-Drs. 15/1271.

1 Vgl. BS-Drs. 16/234. Dort war gefordert worden, dass Bürgeranträge in der nächstmöglichen Sitzung des jeweils zuständigen Ausschusses behandelt werden müssen.
2 Vgl. BS-Drs. 16/446 und das Gesetz vom 14.12.2004, GBl. S. 598.
3 Bemerkenswerterweise meint *Jung*, Siegeszug, S. 103, 106, dennoch, dass der Bürgerantrag die Eingangsstufe zum Volksgesetzgebungsverfahren sei.
4 Dazu siehe oben S. 442 ff. zu Art. 41 I SH-V; vgl. zur Rechtslage in Bremen *H. Neumann*, Art. 87 BremV, Rn. 3.

weiterhin Anträge zu Personalentscheidungen.[1] Insbesondere kann der Bürgerschaft kein Beschluss über die vorzeitige Beendigung der Wahlperiode nahegelegt werden.[2] Im Ergebnis kommt dieser inhaltlichen Beschränkung jedoch nur geringe Bedeutung zu, da es den Bürgern nach Artt. 70 I lit. c), 76 I lit. b) BremV auf *eigene Initiative* möglich ist, der Bürgerschaft durch Volksbegehren und Volksentscheid das Misstrauen auszusprechen.

Bemerkenswert ist, dass der Verfassunggeber sich bei der Formulierung des Art. 87 II 2 BremV von den Formulierungen in anderen neueren Landesverfassungen hat leiten lassen, während er die Regelung des Art. 70 II BremV über die inhaltlichen Beschränkungen des Verfahrens der Volksgesetzgebung unverändert beibehalten hat.[3] Problematisch erscheint auch der Umstand, dass in Art. 87 II 2 BremV ebenso wie etwa in Art. 76 II BbgV davon die Rede ist, dass Initiativen *„zum"* Landeshaushalt etc. unzulässig sind, während es in Art. 70 II BremV wie in Art. 41 II SH-V heisst, dass ein Volksentscheid *„über"* den Haushaltsplan etc. unzulässig sein soll. Denn wie oben ausgeführt wurde,[4] legt die zuletzt genannte Formulierung an sich eine engere Auslegung in dem Sinne nahe, dass Anträge nur dann unzulässig sind, wenn sie sich auf das Haushaltsgesetz selbst beziehen oder im Falle ihrer Annahme den Gesamtbestand des Haushaltes so weit aus dem Gleichgewicht bringen würden, dass das Parlament und die Regierung unter keinen Umständen dazu in der Lage sind, die Mehrausgaben bzw. Mindereinnahmen auszugleichen. Die zuerst genannte Formulierung spricht demgegenüber für eine etwas weitere Auslegung, nach der es gegebenenfalls auf die Absichten der Antragsteller und darauf ankommt, ob die Vorlage unmittelbar auf den Haushalt und die Staatsfinanzen abzielt. Im Ergebnis würde dies aber dazu führen, dass der Anwendungsbereich des Bürgerantrags (geringfügig) kleiner wäre als derjenige des Volksbegehrens. Da diese Folge kaum dem Willen des Gesetzgebers entspricht, ist davon auszugehen, dass Art. 87 II 2 BremV im Gegensatz zu den vergleichbaren Bestimmungen in einigen anderen Ländern noch enger ausgelegt werden muss. Dennoch wäre der verfassungsändernde Gesetzgeber gut beraten, wenn er die Formulierungen der beiden Bestimmungen angleichen und Klarheit über den Anwendungsbereich der Verfahren schaffen würde.

Im Gegensatz zu den anderen beiden Stadtstaaten, wurden in Bremen Anträge zu den Tarifen der öffentlichen Unternehmen nicht ausdrücklich für unzulässig erklärt,[5] obwohl deren Festsetzung nach Art. 101 I Nr. 2 BremV zum Zuständigkeitsbereich der Bürgerschaft gehört – sofern die öffentlichen Unternehmen ihre Leistungsbeziehungen nicht ohnehin privat-rechtlich abwickeln. Eine solche ausdrückliche Einschränkung dient zwar der Klarstellung, ist aber verfassungsrechtlich nicht zwingend geboten. Zu den „Abgaben" im Sinne von Art. 87 II BremV gehören nämlich nicht nur Steuern, sondern auch alle anderen Geld-

---

1 Dazu siehe oben S. 372 zur vergleichbaren Regelung des Art. 76 II BbgV.
2 Nach Art. 76 I lit. a) BremV ist es ausschließlich einer qualifizierten Minderheit von einem Drittel der Mitglieder der Bürgerschaft vorbehalten, einen Antrag zur *Selbst*auflösung des Parlaments zu stellen.
3 Die terminologischen Unterschiede haben jedoch inhaltlich keine Auswirkungen; dazu siehe unten S. 729 f.
4 Vgl. dazu einerseits S. 448 zur Rechtslage in Schleswig-Holstein und andererseits S. 509 zur Rechtslage in Brandenburg.
5 Anders Artt. 61 II VvB, 50 I 2 HambV.

leistungspflichten, die zur Finanzierung der Staatsaufgaben erhoben werden.[1] Gebühren, die zum Ausgleich von Kosten erhoben werden, die ein Einzelner verursacht oder dafür, dass ihm ein Vorteil zufließt, zählen zu den so genannten Finanzierungsabgaben.[2] Auch die Tarife öffentlicher Unternehmen sind daher Abgaben im Sinne von Art. 87 II BremV und entsprechende Anträge sind auch ohne eine ausdrückliche Regelung unzulässig.

Art. 87 BremV lässt offen, ob auch Gesetzentwürfe als Gegenstand eines Bürgerantrags in Betracht kommen. Es ist allerdings davon auszugehen, dass die entsprechenden Bestimmungen in den übrigen Ländern nur deklaratorische Bedeutung haben, da Gesetzentwürfe stets „bestimmte Gegenstände der politischen Willensbildung" sind.[3]

B. Das Verfahren des Bürgerantrags

Der Bürgerantrag ist bei der Bürgerschaft einzureichen.[4] Ihm sind gemäß Art. 87 II 3 BremV die Unterschriften von zwei Prozent der Einwohner des Landes Bremen beizufügen, die das 16. Lebensjahr vollendet haben.[5] Für die Eintragungsberechtigung ist der Tag maßgeblich, an dem der Antrag eingereicht wird.[6] Eine Frist für die Eintragungen ist nicht vorgesehen. Bürgeranträge können beliebig oft wiederholt werden.[7]

Wie in Brandenburg sind in Bremen auch Ausländer berechtigt, einen Bürgerantrag zu unterstützen. Die bremische Regelung geht aber über das brandenburgische Vorbild noch hinaus, da Einwohner im Alter zwischen 16 und 18 Jahren stets beteiligungsberechtigt sind.[8] Wie bereits ausgeführt wurde, sind beide Erweiterungen des Kreises der Unterzeichnungsberechtigten ohne weiteres mit dem demokratischen Prinzip vereinbar.[9]

Die Unterzeichner müssen von einer Vertrauensperson vertreten werden. Zusätzlich sind zwei stellvertretende Vertrauenspersonen zu benennen, die allerdings nur dann aktiv werden, wenn die reguläre Vertrauensperson ausfällt.[10] Die Vertrauensperson muss nicht schon

---

1 Dazu *K. Vogel*, HdBStR § 87, Rn. 43 ff.
2 *K. Vogel*, HdBStR § 87, Rn. 43 ff.; *Kirchhof*, HdBStR § 88, Rn. 185 f. A.A. hingegen *H. Neumann*, Art. 87 BremV, Rn. 17 und Art. 70 BremV, Rn. 12, der Gebühren von Steuern und Abgaben unterscheiden will und dabei die umfassende Bedeutung des Begriffes „Abgabe" verkennt.
3 Dazu siehe oben S. 633 zu Art. 47 NdsV. Dies wird durch die Begründung zu § 2 BremVBG bestätigt, wonach Bürgeranträge alle Gegenstände betreffen können sollen, die auch von Abgeordneten oder vom Senat eingebracht werden können; vgl. BS-Drs. 13/1068, S. 2.
4 § 3 I BremVBG.
5 § 2 I 2 BremVBG legt fest, dass insofern die Einwohnerzahl maßgeblich ist, die von den Meldebehörden nach melderechtlichen Vorschriften jeweils im vorangegangenen Dezember ermittelt wurde.
6 § 2 I 4 BremVBG; dies kann dazu führen, dass Unterschriften sich nachträglich als ungültig erweisen, obwohl das Beteiligungsrecht am Tag der Eintragung gegeben war.
7 So ausdrücklich die Begründung zum BremVBG, BS-Drs. 13/1068, S. 2.
8 Und nicht nur dann, wenn das dem Bürgerantrag zugrunde liegenden Anliegen in erster Linie Jugendliche betrifft *und* ein entsprechender Antrag gestellt wurde.
9 A.A. hingegen *H. Neumann*, Art. 87 BremV, Rn. 14, der allerdings die Beschränkungen in Bezug auf die Mitwirkung an der Staatswillensbildung durch Abstimmung zu Unrecht mit dem unverbindlichen Initiativrecht vermischt. Dieses Recht ist aber noch keine aktive Teilnahme an wichtigen Funktionen des Staates, sondern mehr dem Petitionsrecht verwandt; dazu siehe ausführlich oben S. 513 ff.
10 § 3 II BremVBG; insofern unterscheidet sich die Rechtslage von der in Sachsen und Thüringen, wo auch

auf den Unterschriftsbögen benannt werden und kann daher zumindest theoretisch nachträglich von den Unterzeichnern gewählt werden.[1]

C. Die Prüfung der Zulässigkeit des Bürgerantrags und seine Behandlung in der Bürgerschaft

Der Präsident der Bürgerschaft hat unverzüglich nach dem Eingang eines Bürgerantrags die Prüfung der Unterschriftsbögen durch die Meldebehörden zu veranlassen.[2] Diese Pflicht besteht nur dann nicht, wenn der Antrag offensichtlich unzulässig ist.[3] Eine bemerkenswerte Regelung findet sich in § 4 II BremVBG, wonach die Meldebehörden sich bei ihrer Prüfung auf Stichproben beschränken und das Verfahren gegebenenfalls abbrechen können, wenn aufgrund der Stichproben zu erwarten ist, dass das Quorum für den Bürgerantrag erreicht wurde.[4] Sie haben für die Prüfung grundsätzlich vier Wochen Zeit.[5] Danach müssen sie dem Präsidenten der Bürgerschaft mitteilen, ob das Quorum von zwei Prozent der Einwohner über 16 Jahren nach Art. 87 II 1 BremV erreicht wurde. Die Frist beginnt mit dem Eingang des Antrags beim Präsidenten der Bürgerschaft.[6]

Dieser hat grundsätzlich innerhalb von zwei Wochen nach der Mitteilung über das Erreichen des Quorums eine Entscheidung über die Zulässigkeit des Bürgerantrages zu treffen.[7] In Bezug auf die inhaltliche Überprüfung ist der Maßstab durch Art. 87 II 2 BremV vorgegeben. Unzulässig sind nur solche Anträge, welche die dort genannten Beschränkungen nicht beachten oder die von der Bürgerschaft nicht innerhalb ihrer Kompetenzen behandelt werden können. Darüber hinaus findet keine weitere präventive Kontrolle statt.[8]

Weist der Präsident der Bürgerschaft den Bürgerantrag zurück, so steht der Vertrauensperson der Rechtsweg zum Staatsgerichtshof offen. Wird der Antrag hingegen für zulässig erklärt, so muss er auf die Tagesordnung der nächstmöglichen Bürgerschaftssitzung gesetzt werden.[9] Obwohl Art. 87 II BremV dies nicht ausdrücklich verlangt, räumt § 5 I 2

---

die stellvertretenden Vertrauenspersonen stets zu Erklärungen berechtigt sind; dazu siehe oben S. 565 bzw. 697.

1 Auf die Probleme im Zusammenhang mit der demokratischen Legitimation der Vertreter wurde bereits hingewiesen; dazu siehe oben S. 455, Fn. 1.
2 § 4 I BremVBG.
3 Anders als § 9 II BbgVAG ist diese Vorprüfung nicht auf bestimmte formelle Mängel beschränkt; dazu siehe oben S. 517. Der Präsident der Bürgerschaft kann daher auch die offensichtliche Überschreitung der Kompetenzen der Bürgerschaft zum Anlass nehmen, den Antrag nicht an die Meldebehörden zu leiten. Dennoch ist § 4 I 1 BremVBG eng auszulegen. Ist die Zulässigkeit in formeller oder materieller Hinsicht zweifelhaft, so müssen zunächst die Unterschriften überprüft werden.
4 Diese Regelung wurde in § 7 I 2 LSA-VAbstG übernommen; dazu siehe oben S. 600.
5 Vgl. § 4 II 5 BremVBG.
6 Sie muss daher insbesondere dann verlängert werden, wenn der Präsident der Bürgerschaft durch zwingende Gründe daran gehindert war, die Bögen sofort an die Meldebehörden weiterzureichen.
7 § 4 III BremVBG.
8 Dazu ausführlich S. 295 ff.
9 Vgl. §§ 4 IV bzw. 5 I 1 BremVBG, der der Regelung des § 18 der GO der Bürgerschaft für Vorlagen aus der Bürgerschaft oder dem Senat entspricht; vgl. BS-Drs. 1/1068, S. 3.

BremVBG der Vertrauensperson das Recht ein, im zuständigen Ausschuss oder der zuständigen Deputation[1] der Bürgerschaft angehört zu werden. Die Vertrauensperson kann auch eine andere Person benennen, die an ihrer Stelle gehört werden soll, etwa einen Sachverständigen. Im Übrigen obliegt die Ausgestaltung der parlamentarischen Behandlung eines Bürgerantrages dem Parlament selbst.[2]

Zunächst hatten weder die BremV noch das BremVBG der Bürgerschaft eine Frist für die Behandlung von Bürgeranträgen vorgegeben. Vielmehr stellte § 5 II BremVBG[3] zunächst nur klar, dass die Pflicht zur Behandlung nicht mit dem Ende der Wahlperiode endet. Seit Dezember 2004 ist dort nun aber festgeschrieben, dass Bürgeranträge grundsätzlich innerhalb von drei Monaten behandelt werden sollen. Wenn diese Frist nicht eingehalten werden kann, muss ein Zwischenbericht erstellt werden, aus dem sich auch die Hinderungsgründe ergeben. Mit Zustimmung der Antragsteller kann die Behandlungsfrist auch verlängert werden.[4]

Da Antrage auf Beratung und Beschlussfassung gemäß Art. 87 I BremV ausdrücklich auch durch die Bürger gestellt werden können, ersetzt die Entscheidung der Bürgerschaft, einen Bürgerantrag anzunehmen, gegebenenfalls einen formellen Gesetzesbeschluss. es kommt also nicht darauf an, dass sich zunächst der Senat oder ein hinreichender Teil der Abgeordneten die entsprechende Vorlage zu eigen gemacht hat.[5]

III. Das Verfahren bis zur Volksabstimmung nach Artt. 70 ff. BremV

Die Bestimmungen der bremischen Verfassung über direktdemokratische Verfahren wurden durch die jüngsten Reformen nur behutsam verändert. Auf eine grundlegende Überarbeitung am Maßstab der entsprechenden Bestimmungen in den anderen neueren Landesverfassungen wurde verzichtet.

A. Das Volksbegehren

Die Trennung der Verfahren des Bürgerantrags auf der einen und der Volksgesetzgebung auf der anderen Seite wird bereits in der unterschiedlichen systematischen Zuordnung deutlich. Die Regelungen über das Volksbegehren und den Volksentscheid sind zu Recht im Abschnitt über die Gesetzgebung enthalten, da ihnen nur Gesetzentwürfe zugrunde gelegt werden dürfen.

---

1   Deputationen im Sinne von Art. 129 BremV sind Unterorgane der Bürgerschaft, denen auch Personen angehören können, die nicht Mitglieder der Bürgerschaft sind. Sie haben in erster Linie die Aufgabe, die einzelnen Verwaltungszweige zu kontrollieren.
2   Gemäß § 28 der GO der Bürgerschaft können Vertreter der Antragsteller den Antrag ggf. auch im Plenum der Bürgerschaft begründen; vgl. BS-Drs. 1/1068, S. 3.
3   Diese Bestimmung ist mittlerweile in Abs. 3 enthalten.
4   Vgl. § 5 II BremVBG n.F., BS-Drs. 16/446. Das Gesetz ist bisher nicht in Kraft getreten.
5   Vgl. dazu oben S. 462 zur vergleichbaren Rechtslage in Schleswig-Holstein und S. 521 bzw. S. 603 zur abweichenden Rechtslage in Brandenburg und Sachsen-Anhalt.

1. Der Anwendungsbereich des Volksbegehrens

Dem Volksbegehren kann nach Art. 70 I lit. c) und d) Satz 1 BremV sowohl ein Entwurf für ein einfaches Gesetz, als auch ein Antrag für eine Verfassungsänderung und schließlich auch ein Antrag auf Beendigung der Wahlperiode der Bürgerschaft zugrunde liegen. Innerhalb einer Wahlperiode sind identische Volksbegehren nur einmal zulässig.[1] Diese Sperrfrist läuft allerdings ins Leere, da sie sich nicht auf *inhaltsgleiche* Volksbegehren bezieht.[2] Schon ein geringfügige Modifizierung des Antrags führt aber dazu, dass es sich nicht mehr um „*dasselbe*" Volksbegehren handelt. Es steht dem einfachen Gesetzgeber nicht zu, diese Hürde zu erhöhen, indem er die Sperrfrist auf inhaltsgleiche Volksbegehren erweitert.[3] Dass überhaupt eine Sperrfrist eingeführt wurde, ist hingegen unproblematisch, da sich diese Hürde aus der Verfassung selbst ergibt.[4]

a. Zur Anwendbarkeit der inhaltlichen Beschränkungen des Art. 70 II BremV auf das Volksbegehren

Nach Art. 70 II BremV kommen in Bremen Anträge über den Haushaltsplan, Dienstbezüge und Steuern, Abgaben und Gebühren, sowie über Einzelheiten solcher Vorlagen nicht als Gegenstand eines *Volksentscheids* in Betracht.[5]

Fraglich ist zunächst, ob diese Beschränkungen bereits auf der Stufe des Volksbegehrens gelten. Dagegen spricht zunächst, dass sich nach allen übrigen hier untersuchten Verfassungen die inhaltlichen Beschränkungen *ausdrücklich* auch auf die Vorstufen des Volksentscheids auswirken.[6] Dasselbe gilt für die meisten der älteren Landesverfassungen.[7] Dies deutet darauf hin, dass dem Volksbegehren in Bremen – ebenso wie in Baden-Württemberg[8] – alle möglichen Gesetzentwürfe zugrunde gelegt werden können.[9]

---

1 Art. 70 I lit. d) Satz 5 BremV.
2 Anders die ähnliche Regelung des Art. 73 II SächsV; dazu siehe oben S. 565.
3 So auch *H. Neumann*, Art. 70 BremV, Rn. 13.
   § 9 Nr. 3 BremVEG bezieht sich korrekterweise nur darauf, dass der vorgelegte Gesetzentwurf selbst durch Volksentscheid abgelehnt worden ist.
4 Vgl. dazu oben S. 565 zu Art. 73 II SächsV. Zum Problem der Einführung einer Sperrfrist durch den einfachen Gesetzgeber ausführlich oben S. 305 ff.
5 Diese Formulierungen unterscheidet sich von der entsprechenden Vorschrift des Art. 87 II 2 BremV für den Bürgerantrag; dazu siehe oben S. 723.
6 Dazu siehe unten die synoptische Darstellung unter http://dd.staatsrecht.info, S. XXVI.
7 Artt. 124 I 3 HessV, 68 I 4 NRW-V, 109 III 2 RP-V, 99 I 3 SaarV. Nur Artt. 60 VI BW-V, 73 BayV sind insofern mit Art. 70 II BremV vergleichbar.
8 Dazu siehe ausführlich S. 272 f.
9 So *Stuby*, HdBBremV, S. 288, 296 f. der lediglich eine Überprüfung an den Strukturprinzipien der Artt. 1, 20 BremV verlangt. In diesem Sinne auch *Krause*, HdBStR § 39, Rn. 21; und auch *Jung*, NVwZ 1998, S. 372; *ders.*, Der Staat 1999, S. 41, 43 ff.. Eine ähnliche Auffassung vertraten auch die Richter des StGH *Rinken* und *U. K. Preuß* in ihrem Sondervotum zur Entscheidung des *BremStGH* vom 11.5.1998; LVerfGE 8, S. 203, 217 ff. – in DVBl. 1998, S. 830, nicht abgedruckt.

Zu beachten ist jedoch, dass sich Art. 70 II BremV nicht nur auf den Volksentscheid bezieht, sondern auf alle Formen der Volksabstimmungen im Sinne von Art. 70 I BremV. Da die Beschlüsse der Bürgerschaft über die Einleitung eines Referendums[1] unmittelbar zur Durchführung einer Abstimmung führen, müssen bereits hier die inhaltlichen Beschränkungen des Art. 70 II BremV eingehalten worden sein.[2] Geht man nun richtigerweise davon aus, dass dem Volksbegehren im Grunde dieselbe Funktion zukommt, wie diesen Beschlüssen der Bürgerschaft, dann zeigt sich, dass dieses Verfahren integraler Bestandteil des Verfahrens bis zum Volksentscheid ist.[3] Dann ist es aber auch denselben inhaltlichen Beschränkungen unterworfen. Dass es nach einem Volksbegehren nicht unmittelbar zum Volksentscheid kommt, ändert hieran nichts.[4]

Die Rechtslage in Bremen entspricht somit derjenigen in Bayern.[5] Dies hat vor kurzem auch der Staatsgerichtshof ausdrücklich anerkannt.[6] Zu beachten ist, dass das Bedürfnis für ein „imperfektes Volksbegehren" als Mittel, der Bürgerschaft Anregungen zu unterbreiten, mittlerweile ohnehin entfallen ist, nachdem der Bürgerantrag in Art. 87 BremV eingeführt wurde.[7]

b. Zur Reichweite der inhaltlichen Beschränkungen

Art. 70 II BremV ist grundsätzlich ebenso auszulegen, wie die vergleichbaren Bestimmungen in den anderen neueren Landesverfassungen.[8] Indem auch „Einzelheiten solcher Gesetzesvorlagen" ausgeschlossen werden, wurde klargestellt, dass auch Detailvorschriften der

---

1 Nach Art. 70 I lit. a) und b) BremV.

2 Anders wäre die Rechtslage zu beurteilen, wenn die Beschlüsse der Bürgerschaft vor der Abstimmung auf ihre Vereinbarkeit mit Art. 70 II BremV überprüft würden. Dann wären sie zwar zulässig aber wirkungslos.

3 Wenn *Jung*, Der Staat 1999, S. 41, 57, insofern darauf abstellt, dass die inhaltlichen Beschränkungen nach den vergleichbaren Parallelbestimmungen in anderen Ländern ausdrücklich auch für das Volksbegehren gelten, dann übersieht er, dass dies keineswegs der einzige Unterschied zwischen den Bestimmungen ist, die ihrerseits auf sehr heterogenen Vorläuferregelungen aus der Zeit der Weimarer Republik beruhen. Aus den unterschiedlichen Formulierungen lässt sich daher nicht auf eine bewusste Entscheidung des Gesetzgebers schließen.

4 Die Behandlung des Volksbegehrens im Landtag dient nämlich nicht der Feststellung darüber, ob die inhaltlichen Beschränkungen des Art. 70 II BremV eingehalten wurden, sondern dazu, das parlamentarische mit dem plebiszitären Verfahren zu verschränken.

5 Dazu siehe oben S. 273.

6 *BremStGH*, NVwZ 1998, S. 388, 389 = LVerfGE 6, S. 123 , 145 ff.; bestätigt durch *BremStGH*, DVBl. 1998, S. 830, 831 = LVerfGE 8, S. 203, 214 ff.; *Jung*, NVwZ 1998, S. 372, hat allerdings zu Recht darauf verwiesen, dass es der BremStGH versäumt hat, sich mit der einschlägigen Literatur auseinander zu setzen. Kritisch zur Rechtsprechung des BremStGH auch *Fisahn*, S. 98, 106 ff.

7 Denn damit haben die Bürger die Möglichkeit, die Bürgerschaft zu einer bestimmten Entscheidung anzuregen, obwohl es ihnen verwehrt ist, diese unmittelbar selbst zu treffen. Fragwürdig ist es allerdings, wenn der *BremStGH*, NVwZ 1998, S. 388, 389 = LVerfGE 6, S. 123 , 145, auf den neuen Art. 87 BremV abstellt, um zu begründen, dass Art. 70 II BremV kein isoliertes Volksbegehren ermögliche; kritisch dazu auch *Jung*, NVwZ 1998, S. 372.

8 Dazu siehe oben S. 446 ff. zu Art. 41 II SH-V und auch S. 562 ff. zu Art. 73 SächsV.

einschlägigen Regelungen nicht als Gegenstand eines Volksentscheids in Betracht kommen.[1]

Auf den ersten Blick erscheint es problematisch, dass in Art. 87 II 2 BremV[2] eine völlig andere Terminologie verwendet wird, als in Art. 70 II BremV. Zu beachten ist jedoch zum einen, dass „Abgaben" gemäß Art. 87 II 2 BremV alle „Gebühren" und „Steuern" im Sinne von Art. 70 II BremV erfasst.[3] Zum anderen kommt es im Ergebnis auch nicht darauf an, dass Art. 70 II BremV nur die „Dienstbezüge" nennt, Art. 87 II 2 BremV hingegen „Dienst- und Versorgungsbezüge". Weiterhin knüpfen die Versorgungsbezüge an die (Dienst-) Bezüge der aktiven Beamten an und sind daher, wie schon dargelegt wurde, jedenfalls mittelbar der Disposition des Volkes entzogen.[4] Und schließlich kommt auch dem Umstand keine Bedeutung zu, dass in Art. 70 II BremV vom „Haushaltsplan" die Rede ist, in Art. 87 II 2 BremV hingegen vom „Haushalt". Bei der Formulierung der zuletzt genannten Vorschrift hat der Verfassunggeber nämlich offensichtlich auf das Vorbild der früher verabschiedeten neueren Landesverfassungen zurückgegriffen. Bei der gebotenen restriktiven Auslegung reichen diese Beschränkungen aber keineswegs weiter als die nach der früheren Regelung des Art. 70 II BremV.[5] Entscheidend ist für beide Verfahren, ob die Annahme des betreffenden Antrags auf eine Änderung des Haushaltplans abzielt oder wesentliche Auswirkungen auf den Gesamtbestand des Haushaltes hätte.[6]

---

1 Die Formulierung ist letzten Endes darauf zurückzuführen, dass die Vorgängerbestimmung des § 4 II der Verfassung von 1920 einen Volksentscheid über den Haushaltsplan oder eine Besoldungsordnung als Ganzes für zulässig erklärt hat; vgl. *Stuby*, HdBBremV, S. 288, 295.

2 Dazu siehe oben S. 723.

3 Dazu *K. Vogel*, HdBStR § 87, Rn. 43 ff.
Wie beim Bürgerantrag ist zu beachten, dass Art. 70 II BremV die Tarife der öffentlichen Unternehmen nicht ausdrücklich ausnimmt, obwohl deren Festlegung nach Art. 101 I Nr. 2 BremV in die Zuständigkeit der Bürgerschaft fällt. Diese Tarife sind aber in jedem Fall „Gebühren" im Sinne von Art. 70 II BremV und kommen schon aus diesem Grund nicht als Gegenstand eines Volksentscheids in Frage; dazu siehe ausführlicher oben S. 724 f.

4 Dazu siehe oben S. 561.

5 Damit stellt sich die Frage, wieso der Verfassunggeber es im Rahmen der jüngsten Verfassungsreform versäumt hat, Art. 70 II BremV in Anlehnung an Art. 87 II 2 BremV neu zu formulieren. Möglicherweise wollte er den Eindruck vermeiden, dass sich die sprachliche Anpassung auch auf die Reichweite der inhaltliche Beschränkungen auswirkt. Auf der anderen Seite hat der Verfassunggeber dem BremStGH durch die unterschiedliche Terminologie einen Weg eröffnet, die Anwendungsbereiche des Bürgerantrags auf der einen und des Volksbegehrens und -entscheids auf der anderen Seite unabhängig voneinander zu bestimmen. Angesichts eines systematischen Vergleichs mit den Regelungen in anderen neueren Landesverfassungen wird es dem Gericht jedoch schwer fallen, zu unterschiedlichen Ergebnissen zu kommen. Vielmehr ist zu erwarten, dass das Gericht Art. 87 II 2 BremV in Anlehnung an seine bisherige Rechtsprechung zu Art. 70 II 2 BremV auslegen wird.
In den Materialien zur jüngsten Verfassungsreform wird allerdings auf das Verhältnis von Artt. 70 II und 87 II 2 BremV überhaupt nicht eingegangen. Damit drängt sich der Eindruck auf, dass dem Verfassunggeber das Konfliktpotential überhaupt nicht bewusst geworden ist.

6 Dieses Ergebnis wird durch einen Vergleich der Artt. 70 II und 131 BremV bestätigt. Zu unterscheiden ist grundsätzlich zwischen dem Haushaltsplan und dem Gesetz über seine Feststellung. Vgl. dazu auch schon die Ausführungen zur Rechtslage nach den älteren Landesverfassungen auf S. 273 ff. sowie die obigen Ausführungen zum Anwendungsbereich der Regelungen über den Bürgerantrag, S. 724.

Auch Bauleitpläne kommen derzeit nicht als Gegenstand eines Volksentscheids in Betracht, da sie nicht in der Form eines Gesetzes ergehen.[1] Dies könnte allerdings durch einen Volksentscheid geändert werden.[2]

In diesem Zusammenhang ist festzuhalten, dass die angeblich teleologisch, tatsächlich aber vor allem verfassungspolitische begründete Rechtsprechung des Staatsgerichtshofes zur Reichweite des Haushaltsvorbehaltes nicht überzeugen kann. Das Gericht vertritt unter ausdrücklicher Anknüpfung an die Rechtsprechung des Bayerischen Verfassungsgerichtshofes[3] die These, dass nach Art. 70 II BremV auch solche Volksbegehren unzulässig sein sollen, die „auf den Gesamtbestand des Haushalts Einfluss nehmen, damit das Gleichgewicht des gesamten Haushaltes stören, zu einer Neuordnung des Gesamtgefüges zwingen und zu einer wesentlichen Beeinträchtigung des Budgetrechtes des Parlamentes führen."[4] Auch wenn man davon ausgeht, dass der Haushaltsvorbehalt des Art. 70 II BremV nicht umgangen werden darf, ist aber doch zu beachten, dass der Staatsgerichtshof die Grenze, ab der ein ausgabenwirksames Gesetz einen „wesentlichen" Eingriff in das Budgetrecht des Parlamentes darstellt, viel zu niedrig angesetzt hat. Die von ihm vertretene teleologische Auslegung kann vor allem deshalb nicht überzeugen, weil der Wortlaut des Art. 70 II BremV keineswegs darauf hindeutet, dass grundsätzlich nur das Parlament über ausgabenwirksame Vorlagen entscheiden soll.[5] Vielmehr hat der Verfassunggeber durch den Begriff „Haushaltsplan" auf Art. 131 II BremV Bezug genommen. Daher ist grundsätzlich nur der gesamte Haushaltsplan vom Anwendungsbereich der Verfahren ausgeschlossen. Darüber hinaus sind Volksbegehren auch in Bremen nur dann unzulässig, wenn der Senat und die Bürgerschaft gegebenenfalls außer Stande wären, die Mehrausgaben bzw. Mindereinnahmen innerhalb des vorgegebenen Haushaltsplanes auszugleichen.[6]

Ebensowenig überzeugend ist die These des Staatsgerichtshofes, dass der Haushaltsvorbehalt sogar der Disposition des verfassungsändernden Gesetzgebers entzogen sei. Insofern

---

1   Der Gesetzgeber hat von der Ermächtigung des § 246 II 2 BauGB keinen Gebrauch gemacht. Bauleitpläne ergehen daher auch in Bremen in der Rechtsform der Satzung. Zuständig sind die Stadtgemeinden Bremen und Bremerhaven; vgl. dazu ausführlicher unten S. 805 zur Rechtslage in Hamburg.

2   Die Bürger könnten ein Ausführungsgesetz zum BauGB beschließen, in dem aufgrund von § 246 II 2 BauGB vorgeschrieben wird, dass Bauleitpläne als (Landes-)Gesetz zu erlassen sind.

3   Vgl. *BayVfGHE* 47, S. 276, 304 f. = DVBl. 1995, S. 419, 425 f.; dazu siehe oben S. 276.

4   *BremStGH*, NVwZ 1998, S. 388 = LVerfGE 6, S. 123; *BremStGH*, DVBl. 1998, S. 830 = LVerfGE 8, S. 203; vgl. auch *BremStGH*, NVwZ-RR 2001, S. 1.

5   Daher ist es nicht nachvollziehbar, wenn der *BremStGH*, DVBl. 1998, S. 830, 832 = LVerfGE 8, S. 203, 214, die Argumente der Antragsteller für eine enge Auslegung des Art. 70 II BremV mit dem Hinweis darauf beiseite wischt, dass diese sich nicht auf die teleologische Argumentation des Gerichtes eingelassen hätten. Umgekehrt wird ein Schuh daraus. Das Gericht selbst hätte sich am Wortlaut der Norm orientieren müssen bevor es auf ihren angeblichen Sinn und Zweck eingeht. Kritisch zur Rechtsprechung des BremStGH auch *Fisahn*, S. 98, 106 f.; *Jung*, NVwZ 1998, 372, 373; *Rosenke*, S. 172 ff.

6   Wiederum ist zu beachten, dass die Deckungspflicht des Art. 102 BremV nur für die Bürgerschaft nicht aber für den Volksgesetzgeber gilt, vgl. dazu oben S. 284 und dort Fn. 2.

kann auf die früheren Ausführungen zur Rechtslage in Bayern und Thüringen verwiesen werden.[1]

2. Der Volksantrag

a. Zur Zulässigkeit des Volksantrags

Der Gesetzgeber hat dem Volksbegehren ein selbständiges Antragsverfahren vorgeschaltet. Dieser Volksantrag hat nur noch[2] den Zweck, eine frühzeitige Prüfung der Zulässigkeit des Volksbegehrens zu ermöglichen.[3] Zwar sieht die BremV nicht ausdrücklich vor, dass die Zulässigkeit eines Volksbegehrens überhaupt überprüft wird. Die in der Verfassung enthaltenen Zulässigkeitsbeschränkungen würden aber ohne eine solche Überprüfung ins Leere laufen. Wie schon im Zusammenhang mit der vergleichbaren Rechtslage in Sachsen-Anhalt[4] dargelegt wurde, ist es dem Gesetzgeber jedoch grundsätzlich verwehrt, dem Volksbegehren ein *selbständiges* Antragsverfahren vorzuschalten, da damit eine in der Verfassung nicht vorgesehene Hürde auf dem Weg zum Volksbegehren errichtet würde.

Die Regelungen des BremVEG über den Volksantrag sind daher grundsätzlich nur dann verfassungsgemäß, wenn sie so ausgelegt werden können, dass die Unterstützungsunterschriften auf das Quorum für das Volksbegehren angerechnet werden. Dies in Bremen ohne weiteres möglich, da die Verfassung selbst keine Frist für das Volksbegehren enthält.

b. Das Verfahren des Volksantrags

Wenn im Folgenden das Verfahren des Volksantrags dargestellt wird, muss dennoch immer stillschweigend davon ausgegangen werden, dass es sich hierbei nicht um ein eigenständiges Verfahren handelt, sondern um einen Bestandteil des Volksbegehrens.

(1). Die Einreichung des Volksantrags

Der Volksantrag ist beim Landeswahlleiter einzureichen.[5] Ihm müssen die Unterschriften von mindestens 5.000 Wahlberechtigten[6] beigefügt sein. Die Antragsteller haben dabei

---

1 Vgl. dazu oben S. 279 zur vergleichbaren Rechtsprechung des BayVfGH und auch S. 702 ff. zur Rechtsprechung des ThürVfGH. Kritisch dazu auch *Fisahn*, S. 98, 107 f.; *Schweiger*, NVwZ 2002, S. 1471, 1473 ff.

2 Bis zum 27.2.1996 hat in Bremen das Gesetz über das Verfahren beim Volksentscheid vom 1.4.1969 (GBl. S. 39), zuletzt geändert durch Gesetz vom 5.7.1994 (GBl. S. 200) gegolten. Nach den §§ 12 ff. dieses Gesetzes war ein formelles Eintragungsverfahren für das Volksbegehren vorgesehen. Der Volksantrag hatte demzufolge auch den Zweck, dieses Verfahren einzuleiten.

3 So ausdrücklich die Begründung des Verfassungs- und Geschäftsordnungsausschusses für den Entwurf des BremVEG, BS-Drs. 14/126, S. 16.

4 Dazu siehe oben S. 605 und 703.

5 § 10 I BremVEG.

6 Anders als beim Bürgerantrag sind somit Ausländer und Jugendliche nicht beteiligungsberechtigt; dazu siehe oben S. 725.

Listen zu verwenden, die nach amtlichem Muster hergestellt wurden. Es gilt keine Frist für die Unterzeichnung. Die Unterschriften müssen bereits vor der Einreichung durch die Gemeindebehörden[1] bestätigt worden sein.[2] Maßgeblich für die Unterschriftsberechtigung ist der Tag der Prüfung.[3] Die Gemeindebehörden sind auch hier berechtigt, die weitere Prüfung abzubrechen, wenn sie festgestellt haben, dass das Quorum bereits erreicht ist.[4]

Ist ein Gesetzentwurf Gegenstand des Volksbegehrens, so muss diesem nach Art. 71 BremV ein ausgearbeiteter Entwurf zugrunde liegen.[5] Die Bürgerschaft müsste den Entwurf also übernehmen können, ohne dass er durch weitere Gesetze konkretisiert werden müsste.[6] Eine Begründung wird hingegen nicht ausdrücklich verlangt. Dies entspricht den Anforderungen an ein im „normalen" Verfahren eingebrachtes Gesetz.[7] § 10 II Nr. 1 BremVEG sieht allerdings vor, dass der Entwurf durch Gründe erläutert sein *soll*. Da der Gesetzgeber die Voraussetzungen für die Zulässigkeit eines Volksbegehrens nicht überschreiten darf, kann diese Bestimmung nicht wie andere „Soll-Vorschriften" ausgelegt werden. Verfassungsrechtlich zulässig ist allenfalls ein unverbindlicher Appell an die Antragsteller.[8]

Wie beim Bürgerantrag auch, müssen die Antragsteller durch eine Vertrauensperson vertreten sein, deren beiden Stellvertreter nur aktiv werden können, wenn die Vertrauensperson ausfällt.[9]

(2). Die Prüfung der Zulässigkeit des Volksantrags

Der Landeswahlleiter prüft, ob die notwendige Unterschriftenzahl erreicht wurde.[10] Er leitet den Antrag daraufhin dem Senat zu. Trifft dieser innerhalb von zwei Monaten keine Ent-

1 Der Stadtgemeinden Bremen und Bremerhaven; vgl. Art. 143 I BremV.
2 § 10 II Nr. 2 Satz 2 BremVEG.
3 Vgl. § 10 III BremVEG. Nach § 2 I 4 BremVBG kam es hingegen auf den Tag der Einreichung des Antrags an; dazu siehe oben S. 725. Die Regelung des § 10 III BremVEG führt dazu, dass ggf. einzelne Unterschriften gezählt werden, obwohl das Stimmrecht gar nicht mehr besteht.
4 § 10 IV 2 BremVEG; vgl. dazu oben S. 504 zu § 4 II BremVBG.
5 *H. Neumann*, Art. 71 BremV, Rn. 6, meint, die Entscheidung des Senates über die Zulassung eines Volksbegehrens nach § 12 BremVEG sei ein „Beschluss über die Herbeiführung eines Volksentscheids". Diese Auffassung ist nicht nachvollziehbar. Dass dem Volksbegehren ein ausgearbeiteter Gesetzentwurf zugrunde liegen muss, ergibt sich unmittelbar aus Art. 71 BremV. Die dort ebenfalls genannten „Beschlüsse" beziehen sich auf die Entscheidungen der Bürgerschaft, ein Referendum durchführen zu lassen.
6 *BremStGH*, NVwZ 1987, S. 576; dazu siehe oben S. 607 zu Art. 81 I 2 LSA-V.
7 Vom Volk soll nicht mehr verlangt werden, als vom Senat oder den Abgeordneten; so zu Recht *H. Neumann*, Art. 71 BremV, Rn. 5.
8 Anders *H. Neumann*, Art. 71 BremV, Rn. 15, der § 10 II BremVEG insofern als verfassungswidrig ansieht, aber verkennt, dass eine verfassungskonforme Auslegung hier schon deswegen in Betracht kommt, weil der Adressat der Norm, anders als bei „normalen Soll-Vorschriften" keine Behörde ist, sondern das Volk bzw. die Antragsteller.
9 § 10 II Nr. 3 BremVEG; die Vertrauensperson kann auch hier theoretisch nachträglich von den Unterzeichnern gewählt werden; dazu siehe oben S. 725. Die späteren Unterzeichner des Volksbegehrens haben jedoch keinen Einfluss auf ihre Auswahl.
10 § 10 V BremVEG.

scheidung, dann gilt der Antrag als zugelassen. Hält der Senat die Zulässigkeitsvoraussetzungen der §§ 9, 10 II Nr. 1 BremVEG nicht für gegeben, so hat er die Entscheidung des Staatsgerichtshofes herbeizuführen.[1]

Der Maßstab der inhaltlichen Überprüfung des Antrags durch den Senat und gegebenenfalls durch den Staatsgerichtshof ergibt sich aus § 9 BremVEG. Dessen Nr. 1 und 3 wiederholen lediglich die Regelungen des Art. 70 I lit. d) Satz 5 und II BremV über die inhaltlichen Beschränkungen und die Sperrfrist für das Volksbegehren. Nach § 9 Nr. 2 BremVEG soll ein Volksbegehren darüber hinaus auch dann unzulässig sein, wenn der ihm zugrunde liegende Gesetzentwurf mit der Landesverfassung oder dem Bundesrecht unvereinbar ist. Für Anträge auf Verfassungsänderungen sollen nur die in den Artt. 1 und 20 BremV enthaltenen Grundprinzipen zu beachten sein.[2]

Damit wird der Senat zu einer umfassenden präventiven Kontrolle des Antrags angehalten. Im Zusammenhang mit den vergleichbaren Bestimmung zu den älteren Landesverfassungen von Baden-Württemberg, Hessen und Rheinland-Pfalz wurde bereits dargelegt, dass es nicht im Ermessen des Gesetzgebers steht, den Umfang der präventiven Kontrolle zu bestimmen. Vielmehr hat die Überprüfung des Volksbegehrens ausschließlich am Maßstab derjenigen Zulässigkeitskriterien zu erfolgen, die sich unmittelbar aus der Verfassung selbst ergeben.[3] § 9 Nr. 2 BremVEG ist somit verfassungswidrig und nichtig.[4]

1   Vgl. § 12 I 1 BremVEG.
    Aus dem ausdrücklichen Verweis auf Art. 140 BremV ergibt sich, dass der Gesetzgeber dies als einen Fall der Normenkontrolle im Sinne von Art. 140 I 1 BremV ansieht. Dies entspricht der Rechtsprechung des *BremStGH* (*E*, 4, S. 96, 102 = DÖV 1986, S. 792), der das BremVBG a.F. als eine staatsrechtliche Regelung im Sinne dieser Verfassungsnorm angesehen hat; so im Ergebnis allerdings etwas unklar wohl auch *Przygode*, S. 103 ff. Letzten Endes kommt es hierauf nicht an, da dem StGH gemäß Art. 140 II BremV durch einfaches Gesetz weitere Zuständigkeiten eröffnet werden können.

2   Nach § 9 II BremVEG a.F. waren Entwürfe generell nur am Maßstab dieser Strukturprinzipien zu messen.

3   Dazu siehe ausführlich oben S. 295 ff. Anders *BremStGHE* 4, S. 96, 102 = DÖV 1986, S. 792, und *Stuby*, HdBBremV, S. 288, 296 ff., sowie der Verfassungs- und Geschäftsordnungsausschuss der Bürgerschaft im Entwurf für das BremVEG (BS-Drs. 14/126, S. 18), die eine Überprüfung am Maßstab des gesamten Verfassungsrechtes ohne weiteres für zulässig halten.
    Auch *H. Neumann*, Art. 71 BremV, Rn. 7, schließt allein von der politischen Notwendigkeit einer präventiven Kontrolle auf ihre verfassungsrechtliche Zulässigkeit, ohne zu begründen, inwiefern sich die präventive Kontrolle aus der Verfassung ergibt. Dies ist umso erstaunlicher, als *H. Neumann* ansonsten stets betont, dass der Gesetzgeber die sich aus der Verfassung ergebenden Zulässigkeitsanforderungen nicht überschreiten darf.

4   Hält der Senat ein Volksbegehren aus anderen als den in Art. 70 BremV genannten Gründen für verfassungswidrig, kann er lediglich auf die Bürgerschaft einwirken, dass diese sich den Antrag nicht zu eigen macht. Kommt es zum Volksentscheid, so kann der Beschluss gegebenenfalls nachträglich vor dem Staatsgerichtshof oder dem Bundesverfassungsgericht angegriffen werden, ebenso wie es bei einer Entscheidung des Parlamentes möglich wäre.
    Problematisch ist dabei allerdings, dass weder das BremStGHG noch die Verfahrensordnung des Staatsgerichtshofes Regelungen über die Möglichkeit einstweiliger Anordnungen enthalten. Auf der ernsten Blick ist es damit nicht möglich, die Geltung eines vom Volk beschlossenen Gesetzes bis zur Entscheidung über einen Normenkontrollantrag zu suspendieren.
    Pestalozza, Verfassungsprozessrecht, § 25, Rn. 34, will allerdings aufgrund von § 6 I BremStGHG i.V.m. § 1 der Verfahrensordnung des StGH die Regelung des § 123 VwGO analog anwenden. Tatsächlich hat der *BremStGH* dies auch getan (*E* 3, S. 16a). § 6 I BremStGHG verweist allerdings ausdrücklich auf das

Aus diesem Grund waren auch die Entscheidungen des Senats und des bremischen Staatsgerichtshofes über die Zulässigkeit des Volksbegehrens zur Änderung des Schulverwaltungsgesetzes in den Jahren 1985 bzw. 1986 nicht von der Verfassung gedeckt. Die Rückwirkung des Gesetzes führte tatsächlich nicht zur Unzulässigkeit des Verfahrens.[1] Innerhalb der Grenzen der Verfassung blieb hingegen die jüngste Entscheidung zur Zulässigkeit der Volksbegehren zur Schulversorgung, da der BremStGH dabei allein auf die inhaltlichen Beschränkungen des Anwendungsbereiches der Verfahren abgestellt hat.[2]

Anzumerken ist, dass der Senat den Antrag nicht nur aus inhaltlichen Gründen, sondern auch deswegen zurückweisen kann, weil das Quorum von 5.000 Unterschriften nicht erreicht wurde.[3] Dann steht den Antragstellern bzw. ihrer Vertrauensperson die Möglichkeit offen, innerhalb eines Monats das Wahlprüfungsgericht[4] anzurufen. Ein entsprechender Einspruch ist beim Landeswahlleiter einzulegen und kann nur darauf gestützt werden, dass die erforderliche Unterschriftenzahl erreicht worden sei.[5] Gegen die Entscheidung des Wahlprüfungsgerichtes kann Beschwerde beim Staatsgerichtshof als „Wahlprüfungsgericht zweiter Instanz" eingelegt werden.[6]

Diese Zuweisung ist allerdings erst seit der jüngsten Änderung von der Verfassung gedeckt. Bis dahin hatte die BremV nämlich keine Möglichkeit vorgesehen, dem Staatsgerichtshof durch Gesetz weitere Zuständigkeiten zur Entscheidung zuzuweisen.[7]

(bremische) Gesetz über die Verwaltungsgerichtsbarkeit vom 5.8.1947 (GBl. S. 171), das gerade keine mit § 123 VwGO vergleichbare Regelung enthält, sondern dem Gericht in § 51 III 1 lediglich die Möglichkeit gibt, die „Aussetzung der Vollziehung" eines Verwaltungsaktes anzuordnen. Es erscheint zumindest fragwürdig, ob § 6 I BremStGHG als *dynamische* Verweisung angesehen werden kann (*Schuppert*, S. 347, 369 f., geht auf diese Problematik bemerkenswerterweise überhaupt nicht näher ein).

1 Dazu siehe oben S. 727 f. Das ändert jedoch nichts daran, dass die Gesetze im Falle ihrer Annahme durch die Bürger am Maßstab des Verfassungsrechtes zu überprüfen – und gegebenenfalls zumindest teilweise aufzuheben gewesen wären.

2 Vgl. dazu unten S. 743 f.

3 Nach der früheren Rechtslage hätte der Senat auch dann gemäß § 11 II BremVEG a.F. den Staatsgerichtshof anrufen müssen; vgl. BS-Drs. 14/126, S. 19.

4 Dieses setzt sich nach § 37 I BremWahlG (in der Fassung vom 19.11.1990, GBl. S. 321, zuletzt geändert am 23.2.1995, GBl. S. 117) aus dem Präsidenten und dem Vizepräsidenten des VG Bremen sowie 5 Mitgliedern der Bürgerschaft zusammen, die entsprechend der Zusammensetzung des Parlaments zum Beginn der Wahlperiode bestimmt werden.

5 § 12 IV BremVEG; eine inhaltliche Überprüfung des Antrags findet somit nicht statt. Hebt das Wahlprüfungsgericht die Entscheidung des Senats auf, muss dieser sich inhaltlich mit dem Antrag befassen und ggf. einen Antrag nach § 12 II BremVEG stellen.

6 Vgl. § 39 I BremWahlG.

7 Vgl. nun Art. 140 II BremV. Es erscheint mehr als fragwürdig, ob es zulässig war, die verfassungsrechtliche Lücke durch die Etikettierung des StGH als „Wahlprüfungsgericht zweiter Instanz" zu umgehen, kritisch auch *Pestalozza*, Verfassungsprozessrecht, § 25, Rn. 25 und 27.

(3). Die Möglichkeit der Änderung und Rücknahme des Antrags

Die Vertrauensperson hat zusammen mit einer ihrer Stellvertreterinnen das Recht, den Antrag nachträglich zu ändern, solange der Senat noch nicht über seine Zulassung entschieden hat. Bis dahin können auch formelle und inhaltliche Mängel behoben werden und der Antrag kann auch insgesamt zurückgenommen werden.[1]

Die Rücknahme gilt auch dann als erfolgt, wenn so viele Unterzeichner ihre Unterschrift gegenüber dem Landeswahlleiter wieder zurückziehen, dass das Quorum von 5.000 Unterschriften wieder unterschritten wird.[2]

3. Die Durchführung des Volksbegehrens

Lässt der Senat oder der Staatsgerichtshof den Volksantrag zu oder kommt der Senat innerhalb von zwei Monaten zu keiner Entscheidung, so muss das (weitere)[3] Volksbegehren durchgeführt werden. Der Landeswahlleiter hat die Zulassung[4] zusammen mit dem Wortlaut des Begehrens, den Namen und Anschriften der Vertrauenspersonen, dem einschlägigen Quorum[5] und dem Ende der Eintragungsfrist im Amtsblatt bekanntzumachen.[6] Diese Frist beträgt drei Monate und läuft ab dem Tag der Bekanntmachung.[7]

Dieser Regelung kommt einen ganz erhebliche praktische Bedeutung zu. Obwohl die Unterschriften für den Volksantrag bei einer verfassungskonformen Auslegung auf das Quorum nach Art. 70 I lit. d) Satz 1 BremV angerechnet werden müssen, ergibt sich aus ihr, dass Unterschriften, die im Zeitraum zwischen der Einreichung des Volksantrags und der Bekanntmachung über die Zulässigkeit des Volksbegehrens gesammelt wurden, nicht auf dieses Quorum angerechnet werden können.[8]

Die Sammlung der Unterschriften obliegt den Antragstellern. Sie müssen Unterschriftsbögen nach amtlichem Muster verwenden, die den Wortlaut des zugelassenen Volksbegehrens sowie die Namen und Anschriften der Vertrauenspersonen enthalten. Mehrere Bögen können zu einem Heft zusammengefasst werden, bei dem die genannten Angaben nur einmal enthalten sein müssen.[9] Auf einem Unterschriftsbögen dürfen sich jeweils nur Personen eintragen, die in derselben Stadtgemeinde[10] ihre Hauptwohnung haben. Für die Ein-

---

1 Vgl. § 11 I BremVEG.
2 § 11 II BremVEG.
3 Es wurde bereits dargelegt, dass der Volksantrag kein selbständiges Verfahren sein kann, dazu siehe oben S. 732.
4 Es wäre angemessener, hier von „Entscheidung über die Zulässigkeit" zu sprechen, dazu *Przygode*, S. 87 ff.
5 Nach Art. 70 I lit. c) oder lit. d) Satz 1 bzw. 2 BremV.
6 § 13 BremVEG.
7 Vgl. § 18 I BremVEG.
8 Dazu siehe oben S. 613 zu vergleichbaren Rechtslage in Sachsen-Anhalt.
9 § 14 II 2 BremVEG.
10 Bremen oder Bremerhaven, vgl Art. 143 I BremV.

tragungsberechtigung kommt es auf den Tag der Einreichung der Bögen an.[1] Die Eintragungen können nicht zurückgenommen werden.[2]

Die Unterschriftsbögen sind spätestens nach Ablauf der Frist von drei Monaten[3] insgesamt bei der jeweils zuständigen Gemeindebehörde einzureichen.[4] Die Antragsteller haben zuvor die Bögen durchzunummerieren und die Zahl der Unterschriften zusammenzurechnen.[5] Wie beim Bürgerantrag prüfen auch hier die Gemeindebehörden die Unterschriften, wobei sie sich gegebenenfalls mit Stichproben begnügen dürfen.[6] Sie sind für die Prüfung an keine ausdrückliche Frist gebunden, aber zur zügigen Durchführung aufgefordert.[7/8] Die Gemeindebehörden müssen das Ergebnis ihrer Prüfung unverzüglich dem Landeswahlleiter zuleiten.

Anders als in einigen anderen der bisher dargestellten Länder haben die Antragsteller keine Möglichkeit, Unregelmäßigkeiten während des Verfahrens im Wege des Organstreits dem Staatsgerichtshof vorzulegen, da Art. 140 I 2 BremV den Kreis der Antragsberechtigten abschließend bestimmt.[9] Die Unterzeichner eines Volksbegehrens sind aber kein Verfassungsorgan oder Teil eines solchen Organes.[10]

Der Landeswahlausschuss stellt fest, ob das Volksbegehren zustande gekommen ist. Liegt ihm ein einfacher Gesetzentwurf zugrunde, müssen nach Art. 70 lit. d) Satz 1 BremV zehn Prozent der Stimmberechtigten das Volksbegehren unterzeichnet haben. Bei Anträgen auf Verfassungsänderung oder auf Beendigung der Wahlperiode der Bürgerschaft ist die Unterstützung durch 20 Prozent der Stimmberechtigten erforderlich.[11] Die Regelung des

---

1 Vgl. §§ 14 III, 15 BremVEG.
2 So § 16 II BremVEG.
3 Unter Umständen also schon früher.
4 § 18 I BremVEG.
5 Vgl. § 18 II BremVEG; eine getrennte Einreichung einzelner Unterschriftsbögen ist nicht zulässig.
6 § 18 IV BremVEG; dazu siehe oben S. 504.
7 Nach § 4 II 5 BremVBG gilt hingegen grundsätzlich eine Frist von vier Wochen nach Einreichung des Volks*antrags*. Das Bündnis 90/Die Grünen (BS-Drs. 14/1) hatte vorgeschlagen, diese Frist in das BremVEG zu übernehmen. Die Bürgerschaft hat diese Anregung jedoch nicht aufgenommen; vgl. BS-Drs. 1/126, S. 2. Zu beachten ist dabei, dass beim Volksbegehren eine wesentlich größere Zahl von Unterschriften zu überprüfen ist.
8 Der Senator für Inneres hatte insofern weder eine Frist noch eine Pflicht zur zügigen Prüfung vorgeschlagen.
9 Bei Verfahren auf der Ebene der Stadtgemeinde ist demgegenüber der Verwaltungsrechtsweg eröffnet. Der Kreis der Antragsberechtigten ist dort etwas weiter gezogen. Daher hat das *OVG Bremen*, NordÖR 2004, S. 240, im Wege der einstweiligen Anordnung beschossen, dass die Verwaltung einem laufenden Bürgerantrag nicht durch die Schaffung vollendeter Tatsachen die Grundlage entziehen darf; zustimmend dazu *Röper*, ZParl. 2005, S. 154, 156 ff., der jedoch nicht auf den Unterschied zwischen den Verfahren auf der Ebene des Landes und der Stadtgemeinde eingeht.
10 Vgl. dazu auch *BremStGH* LVerfGE 5, S. 137, 153 ff., sowie auch oben S. 313 ff. Im Stadtstaat Bremen kommt die Anrufung des Verwaltungsgerichtes gegen Maßnahmen von Nicht-Verfassungsorganen in der Regel nicht in Betracht, da die Landesregierung und die Kommunalverwaltung weitgehend identisch sind. Dies gilt allerdings nicht für die Stadtgemeinde Bremerhaven.
11 Artt. 70 I lit. b) bzw. lit. c) Satz 2 BremV. Nach § 19 IV BremVEG ist jeweils die bei der letzten Bürgerschaftswahl im Lande amtlich festgestellten Zahl der Wahlberechtigten maßgeblich.

§ 19 II BremVEG über das Quorum für das Volksbegehren ist in dem Sinn verfassungskonform auszulegen, dass die für den Volksantrag eingereichten Unterschriften gegebenenfalls anzurechnen sind.

Der Landeswahlleiter macht das Ergebnis des Volksbegehrens im Amtsblatt bekannt.[1] Gegen die Feststellung des Landeswahlausschusses kann die Vertrauensperson innerhalb eines Monats durch Einspruch beim Landeswahlleiter das Wahlprüfungsgericht anrufen. Gegen dessen Entscheidung ist wiederum die Beschwerde beim Wahlprüfungsgericht zweiter Instanz zulässig,[2] das aus den Mitgliedern des Staatsgerichtshofes besteht.

Dieser komplizierte Rechtsweg ist verfassungsrechtlich unbedenklich, erscheint aber wenig sinnvoll, da es zum einen – anders als bei der Anfechtung einer Bürgerschaftswahl – nicht sinnvoll erscheint, dass auf der ersten Stufe des Verfahrens Abgeordneten der Bürgerschaft entscheidende Bedeutung zukommt.[3] Zum anderen wird das Verfahren grundlos deutlich verlängert.[4]

4. Die Behandlung des Volksbegehrens in der Bürgerschaft

Nach Art. 70 I lit. d) Satz 3 BremV hat der Senat das zustande gekommene Volksbegehren mit seiner Stellungnahme der Bürgerschaft zu unterbreiten. Er hat hierfür zwei Wochen Zeit.[5] Richtet sich das Volksbegehren auf die Beendigung der Wahlperiode der Bürgerschaft, genügt eine bloße Mitteilung.

Die Bürgerschaft behandelt das Volksbegehren nach seiner Geschäftsordnung. Sie ist nicht dazu verpflichtet, die Antragsteller anzuhören. Kommt sie nicht innerhalb von zwei Monaten zu dem Entschluss, den dem Begehren zugrunde liegenden Entwurf unverändert anzunehmen, so gilt dies als Ablehnung.[6]

B. Der Volksentscheid

Hat die Bürgerschaft das Volksbegehren zurückgewiesen oder nicht fristgerecht unverändert angenommen, so kommt es gemäß Art. 70 I lit. c) Satz 4 BremV stets zum Volksentscheid. Konsequenterweise räumt das BremVEG den Antragstellern selbst dann keine Möglichkeit ein, das Verfahren zum Abschluss zu bringen, wenn sie ihrem Anliegen durch ein gegenüber dem Antrag des Volksbegehrens veränderten Beschluss der Bürgerschaft hinreichend Rechnung getragen sehen.[7]

---

1 § 19 I 2 BremVEG.
2 § 39 I BremWahlG; vgl. dazu schon oben S. 735 und dort insbesondere Fn. 4 zur Anfechtung der Entscheidung über den Volksantrag.
3 Möglicherweise war dem Gesetzgeber diese Folge gar nicht bewusst. Der Verweis auf das Wahlprüfungsgericht legt vielmehr nahe, dass man das Rechtsschutzverfahren der Einfachheit halber schlicht übernommen hat.
4 Kritisch auch *Przygode*, S. 192.
5 § 21 I 1 BremVEG.
6 So § 21 II BremVEG.
7 Einen entsprechenden Vorschlag des Bündnis 90/Die Grünen hat die Bürgerschaft aus diesem Grund zu Recht zurückgewiesen, BS-Drs. 14/126, S. 3.

1. Vorbereitung und Durchführung der Abstimmung

Auch wenn der Bürgerschaft nicht ausdrücklich das Recht eingeräumt wurde, einen konkurrierenden Entwurf mit zur Abstimmung zu stellen, ist zu beachten, dass sie nach Art. 70 I lit. b) BremV ohnehin jede zu ihrer Zuständigkeit gehörende Frage zum Referendum bringen kann.[1] Zu beachten ist dabei, dass – anders als in den anderen Ländern[2] – im Falle eines Volksbegehrens auf Änderung der Verfassung nach Art. 70 I lit a) BremV erforderlich ist, dass die Mehrheit der Mitglieder der Bürgerschaft einen konkurrierenden Entwurf unterstützt.[3]

Der Volksentscheid muss spätestens vier Monate nach Ablauf der Entscheidungsfrist der Bürgerschaft bzw. nach der Ablehnung des Volksbegehrens stattfinden.[4] Vor Festsetzung des Abstimmungstages auf einen Sonntag oder einen gesetzlichen Feiertag durch den Senat sind die Vertrauenspersonen anzuhören. Der Abstimmungstag ist zusammen mit dem Gegenstand des Volksentscheids öffentlich bekannt zu machen.[5]

Der Stimmzettel hat grundsätzlich den Gegenstand des Volksentscheids zu enthalten. Allerdings kann auf den Abdruck umfangreicher Gesetzentwürfe gegebenenfalls verzichtet werden.[6] Den Bürgern steht sowohl die Möglichkeit offen, mehreren Vorlagen zum selben Gegenstand zuzustimmen,[7] als auch das Recht zu, sich in Bezug auf einzelne Entwürfe der Stimme zu enthalten.[8]

Das Abstimmungsergebnis wird vom Landeswahlausschuss festgestellt und vom Landeswahlleiter veröffentlicht.[9] Eine Kostenerstattung zugunsten der Antragsteller ist nicht vorgesehen.[10]

Auch hier haben die Antragsteller wegen der abschließenden Aufzählung der Antragsberechtigten in Art. 140 I 2 BremV keine Möglichkeit, den Staatsgerichtshof im Wege des

1 Dazu gleich S. 741 f.
2 Dort reicht stets die Zustimmung durch die einfache Mehrheit der abstimmenden Abgeordneten aus, vgl. dazu ausführlich oben S. 476 und auch schon S. 320.
3 Art. 70 I lit. a) BremV verdrängt die allgemeine Bestimmung über die Beschlussfassung in Art. 90 Satz 1 BremV. Die nach Art. 125 III BremV für eine Verfassungsänderung erforderliche Mehrheit von zwei Dritteln der Mitglieder der Bürgerschaft muss jedoch nicht erreicht werden; dazu siehe oben S. 382 zur vergleichbaren Rechtslage in Sachsen und unten S. 742 zu den Referenden nach der BremV.
4 Vgl. § 2 I BremVEG.
5 Wobei der Senat sich jeder eigenen Stellungnahme zu enthalten hat, vgl. dazu oben S. 477.
6 Vgl. § 3 III BremVEG. Der Entwurf muss dann den Stimmberechtigten vor der Abstimmung von den Gemeindebehörden übermittelt werden.
7 Vgl. § 3 IV BremVEG.
8 Dies ergibt sich aus § 4 I 4-6 BremVEG, die genau dies auf den ersten Blick auszuschließen scheinen. Zu beachten ist jedoch, dass nur die *einzelne* Stimme ungültig ist, wenn eine Frage zugleich mit „Ja" oder „Nein" bzw. überhaupt nicht beantwortet wurde oder sonst der Wille des Abstimmenden nicht deutlich wird. Die Gültigkeit der übrigen Stimmen bleibt unberührt. Zur vergleichbaren Rechtslage in Sachsen-Anhalt und Niedersachsen vgl. oben S. 617 bzw. 647.
9 § 5 I BremVEG.
10 Das Bündnis 90/Die Grünen hatte versucht, während der Beratungen für das BremVEG noch eine entsprechende Regelung durchzusetzen. Danach sollten für jede „Ja"-Stimme 0,10 DM (BS-Drs. 14/144) bzw. sogar 0,25 DM (BS-Drs. 14/229) erstattet werden.

Organstreitverfahrens anzurufen, um Unregelmäßigkeiten im Vorfeld des Abstimmungsverfahrens zu rügen.[1]

2. Zu den Quoren nach Art. 72 BremV

Ein Gesetzentwurf ist nach Art. 72 II 2 BremV grundsätzlich angenommen, wenn er die Mehrheit der gültig abgegebenen Stimmen erhalten hat.[2] Es genügt die relative Mehrheit. Seit der jüngsten Verfassungsänderung[3] gilt zusätzlich ein qualifiziertes Abstimmungsquorum, wonach mindestens ein Viertel der Stimmberechtigten einem Gesetzentwurf oder einer sonstigen Vorlage zustimmen müssen.

Bis dahin hatte Art. 72 I BremV für eine Änderung des bestehenden Rechtszustandes – also bei jeder Abstimmung über einen Gesetzentwurf[4] – vorausgesetzt, dass sich Mehrheit der Stimmberechtigten an der Abstimmung beteiligt hat. Mehrheit in diesem Sinne ist die *absolute* Mehrheit. Es kam also nicht darauf an, ob die Abstimmenden auch gültige Stimmen abgeben.[5] Diese sehr restriktive Vorschrift war unverändert aus den seit 1947 geltenden Regelungen übernommen worden und ging ihrerseits auf die vergleichbare Formulierung des Art. 75 WRV zurück.[6] Stand nur ein Entwurf zur Abstimmung, dann bewirkte Art. 72 I BremV, dass jede Stimmenthaltung durch Nichtteilnahme an der Abstimmung wie eine „Nein"-Stimme gewertet wurde.[7]

Bei Verfassungsänderungen ist nach Art. 72 II 1 BremV die Zustimmung durch die Mehrheit der Stimmberechtigten erforderlich. Dasselbe Quorum gilt nach Art. 76 II BremV auch für die Beendigung der Wahlperiode der Bürgerschaft.

Obwohl dies in der Verfassung nicht ausdrücklich vorgesehen ist, kann auch gleichzeitig über mehrere Entwürfe zum selben Gegenstand abgestimmt werden.[8] Dabei kann sich jeder Stimmberechtigte in Bezug auf jeden einzelnen Entwurf gesondert entscheiden. Nach

---

1 Vgl. dazu oben S. 737.
2 Die Stimmenthaltungen bleiben also stets unberücksichtigt, *H. Neumann*, Art. 72 BremV, Rn. 7.
3 Dazu siehe oben S. 722.
4 So zu Recht § 6 I 1 BremVEG. Auch ein Gesetz zu einer bisher nicht geregelten Frage verändert den Rechtszustand. Bei Anträgen auf Verfassungsänderung entfaltet Art. 72 I BremV keine eigenständige Bedeutung, da ohnehin die *Zustimmung* durch die Mehrheit der Stimmberechtigten erforderlich ist.
5 Vgl. *H. Neumann*, Art. 72 BremV, Rn. 3.
6 Dazu siehe oben S. 124 f. Im Ergebnis werden die Anforderungen gegenüber der Weimarer Regelung noch erhöht, da es nicht einmal darauf ankommt, ob die Bürgerschaft das Volksbegehren ausdrücklich abgelehnt hat.
7 Auf diese Möglichkeit weist auch *H. Neumann*, Art. 72 BremV, Rn. 3, hin. Es liegt letzten Endes an der Bürgerschaft, ob sie zugleich mit dem Volksentscheid über den durch ein Volksbegehren eingebrachten Entwurf ein Referendum über ein eigenes Gesetz zum selben Gegenstand durchführt. Für das Quorum des Art. 72 BremV werden dann die auf beide Entwürfe entfallenen Stimmen zusammengezählt.
8 Da Art. 70 BremV mehrere Möglichkeiten vorsieht, eine Abstimmung herbeizuführen, wird implizit anerkannt, dass diese Abstimmungen zeitgleich durchgeführt werden können oder sogar müssen. Es ist Sache des Gesetzgebers, das Verfahren auszugestalten. *H. Neumann*, Art. 72 BremV, Rn. 6, hält insofern dennoch eine ausdrückliche Kompetenzzuweisung für erforderlich, da es sich nicht mehr um die bloße Ausgestaltung des Verfahrens handele.

Art. 72 II 2 BremV ist auch in diesem Fall diejenige Vorlage angenommen, auf welche die meisten „Ja"-Stimmen entfallen sind, sofern nicht eine (relative) Mehrheit der Abstimmenden alle Entwürfe abgelehnt hat. Das setzt aber wiederum voraus, dass überhaupt mehr als ein Entwurf mehr „Ja"- als „Nein"-Stimmen erhalten hat.[1]

3. Ausfertigung und Verkündung von Volksgesetzen

Ein durch Volksentscheid beschlossenes Gesetz ist nach Art. 73 BremV innerhalb von zwei Wochen nach der Feststellung des Abstimmungsergebnisses durch den Senat auszufertigen und im Gesetzblatt zu verkünden. Dabei handelt es sich um eine Spezialregelung zur allgemeinen Bestimmung des Art. 123 III BremV, wonach der Senat die *verfassungsmäßig zustandegekommenen* Gesetz innerhalb *eines Monats* auszufertigen und zu verkünden hat. Diese Regelung impliziert ein Prüfungsrecht des Senats. Da Art. 73 BremV keinen entsprechenden Zusatz enthält, kann der Senat bei der Ausfertigung und Verkündung eines „Volksgesetzes" keinerlei Prüfung vornehmen.[2] Daher reicht auch die kürzere Frist von zwei Wochen aus.[3]

§ 7 II BremVEG stellt klar, dass ein von der Bürgerschaft während des laufenden Verfahrens beschlossenes Gesetz zum selben Gegenstand automatisch außer Kraft tritt. Diese Regelung wird dann von Bedeutung, wenn die Bürgerschaft darauf verzichtet hat, ihr Gesetz zugleich mit dem dem Volksbegehren zugrunde liegenden Entwurf einem Referendum zu unterwerfen.[4]

IV. Die Referenden

Die bremische Verfassung enthält mehrere Regelungen über Referenden, die sämtlich bereits seit 1947 Bestandteil der Verfassung waren und im Rahmen der jüngsten Reformen nur geringfügig verändert wurden. Lediglich das seit 1947 geltende quasi-obligatorische Referendum über Verfassungsänderungen[5] wurde gestrichen.

---

1   Sollten mehrere Anträge zum selben Gegenstand dieselbe Stimmenzahl erreichen, so soll nach § 6 II 2 BremVEG die Differenz der „Ja"- und „Nein"-Stimmen entscheiden. Damit kommt den Stimmenthaltungen maßgebliche Bedeutung zu. Denn die Saldi können sich ja nur dann unterscheiden, wenn sich in Bezug auf einen der Entwürfe mehr Abstimmende der Stimme enthalten haben, als in Bezug auf den oder die anderen; dazu siehe oben S. 648 zu § 33 II 2 NdsVAbstG.

2   Der Senat ist allerdings durch nichts daran gehindert, seine Zweifel in bezug auf die formelle und materielle Verfassungsmäßigkeit des Gesetzes zum Anlass für einen Antrag beim Staatsgerichtshof oder beim Bundesverfassungsgericht zu nehmen, vgl. Artt. 140 BremV, 93 I Nr. 2 GG.

3   Der Gesetzgeber hat durch die zwingende Vorgabe des Art. 73 BremV zugleich klar gestellt, dass der Einspruch gegen das Ergebnis eines Volksentscheides insofern keine aufschiebende Wirkung hat. Damit bedarf es auch keiner Regelung über die Möglichkeit einer einstweiligen Anordnung, wobei ohnehin fraglich ist, ob der Staatsgerichtshof überhaupt dazu berechtigt ist, einstweilige Anordnungen zu erlassen, vgl. dazu *Pestalozza*, Verfassungsprozessrecht, § 25, Rn. 34 einerseits und oben S. 734 Fn. 4 andererseits. Ausführlich zum Verhältnis zwischen Ausfertigung und Einspruch oben S. 330 und S. 531.

4   Dazu siehe oben S. 739.

5   Art. 70 I lit. a) BremV a.F.

A. Die Verfassungsreferenden

1. Das Referendum bei Eingriffen in die Selbständigkeit der Stadtgemeinden

Art. 125 IV BremV sieht allerdings auch weiterhin ein obligatorisches Referendum für den Fall vor, dass die Bürgerschaft eine Änderung bestimmter Vorschriften der Verfassung nicht einstimmig ändert. Diese Regelung betrifft in erster Linie die Aufteilung Bremens in die Stadtgemeinden Bremen und Bremerhaven.[1] Sie soll weiterhin verhindern, dass diese Aufteilung faktisch durch die Aufhebung der kommunalen Selbstverwaltung unterlaufen wird.[2]

Das Quorum des Art. 72 II 1 BremV ist für diese Abstimmung nicht ausdrücklich anwendbar. Da in Art. 125 III und IV BremV pauschal vom „Volksentscheid" die Rede ist, kann aber vermutet werden, dass damit eine Abstimmung nach Artt. 70 ff. BremV gemeint ist. Diese Vermutung wird zum einen dadurch bestätigt, dass weder bei den Artt. 70 ff. noch in Art. 125 BremV Regelungen über die Vorbereitung und Durchführung der Abstimmung oder über die Quoren enthalten sind. Zu beachten ist weiterhin, dass die in Art. 125 IV BremV genannten Bestimmungen einem weitergehenden Schutz unterworfen werden sollen, als die übrigen Regelungen der Verfassung.[3] Dann gelten aber für eine Verfassungsänderung durch die Bürger zumindest dieselben Beschränkungen wie sonst auch. Das Quorum des Art. 72 II 1 BremV ist daher auch hier zu beachten.[4]

2. Das fakultative Verfassungsreferendum

Der Verfassunggeber hat der Bürgerschaft durch Art. 70 I lit. a) BremV die Möglichkeit eines fakultativen Verfassungsreferendums eröffnet.

Antragsberechtigt ist die Mehrheit der Mitglieder der Bürgerschaft. Wie in Sachsen hat die Parlamentsmehrheit damit gegebenenfalls eine Möglichkeit, eine Verfassungsänderung durchzusetzen, wenn die Oppositionsparteien nicht kompromissbereit sind.[5]

Das Verfahren und die Quoren unterscheiden sich im Übrigen in keiner Weise von dem bei einer Abstimmung über einen Antrag auf Änderung der Verfassung, der auf dem Wege des Volksbegehrens eingebracht wurde.

---

1 Artt. 75, 143 BremV
2 Artt. 144, 145 I, 147 BremV.
3 Hier reicht nicht die Zustimmung durch eine qualifizierte Mehrheit von zwei Dritteln der Mitglieder der Bürgerschaft aus, sondern es muss Einstimmigkeit erzielt werden.
4 *Spitta*, Art. 72 BremV (a.F.), S. 155, vertrat hingegen die Auffassung, dass hier ggf. die einfache Abstimmungsmehrheit ausreiche. Eine Begründung für seine Auffassung, die nicht mit der systematischen Stellung des Art. 125 III BremV zu vereinbaren ist, gab er nicht. Vielmehr stellte er lediglich darauf ab, dass in Art. 125 III (a.F.) nicht *ausdrücklich* ein qualifiziertes Quorum festschrieben war.
5 Dazu siehe oben S. 580 zu Art. 74 III 1 SächsV.

B. Das Referendum über andere Fragen

Die Bürgerschaft hat auch die Möglichkeit, dem Volk andere zu ihrer Zuständigkeit gehörende Fragen zur Entscheidung vorzulegen. Hierfür reicht gemäß Art. 70 I lit. b) BremV die Zustimmung der relativen Mehrheit der Abgeordneten aus.

Aus dem eindeutigen Wortlaut der Verfassungsbestimmung ergibt sich, dass diese Möglichkeit nicht auf die Vorlage von Gesetzentwürfen beschränkt ist. Vielmehr können innerhalb der Beschränkungen des Art. 70 II BremV alle Fragen einem Referendum unterworfen werden, die überhaupt innerhalb der Zuständigkeit der Bürgerschaft liegen. Neben Gesetzentwürfen und der Einsetzung von Ausschüssen kommen vor allem Personalentscheidungen in Betracht, die nach Art. 70 II BremV nicht vom Anwendungsbereich des Volksentscheids ausgeschlossen sind.[1]

Dies könnte insbesondere im Zusammenhang mit der Wahl und Abwahl der Senatoren von Bedeutung werden, die nach Artt. 107 II, 110 BremV von der Bürgerschaft gewählt und wieder abgesetzt werden. Die Bürgerschaft, i.e. die Mehrheit der abstimmenden Abgeordneten, könnte auch diese Entscheidungen den Bürgern überlassen. Diese Möglichkeit erscheint besonders dann attraktiv zu sein, wenn die nach Art. 110 III 1 BremV für ein konstruktives Misstrauensvotum erforderliche qualifizierte Mehrheit der Mitglieder nicht erreicht wurde.[2]

V. Verfahrenspraxis und verfassungspolitische Bewertung

A. Zur Praxis der Verfahren seit der jüngsten Änderung der Landesverfassung[3]

1. Verfahren im Land Bremen

a. Die drei Verfahren zur Verbesserung der Schulausstattung und der Unterrichtsversorgung

Am 27. August 1996 wurden drei vom Zentralelternbeirat initiierte Volksanträge für ein **„Volksbegehren Bildung"** eingereicht.[4] Dem ersten Antrag lag ein Entwurf zur **Unterrichtsversorgung** der öffentlichen Schulen des Landes Bremen zugrunde, mit dem vor allem eine Mindestausstattung der Schulen mit Lehrerstunden und die Einführung von (sehr

---

1 So auch *H. Neumann*, Art. 70 BremV, Rn. 8; vgl auch *Stuby*, HdBBremV, S. 288, 294.
2 So schon *Spitta*, Art. 70 BremV (a.F.), S. 154 und *Stuby*, HdBBremV, S. 288, 294.
3 Zu den früheren Verfahren siehe oben S. 375.
4 Vgl. die Angaben zum Sachverhalt in *BremStGH*, LVerfGE 6, 123 = NVwZ 1998, S. 388. Den Anträgen umfangreiche Entwürfe für
 – ein Gesetz zur Unterrichtsversorgung der Öffentlichen Schulen des Landes Bremen – Schulunterrichtsversorgungsgesetz (SUVG),
 – ein Gesetz zur Durchführung der Lehr- und Lernmittelfreiheit – Lernmittelfreiheitsgesetz (LMFG) und
 – ein Gesetz zur Schaffung und Erhaltung von Schulraum – Schulraumgesetz (SRG)
 zugrunde, vgl. dazu die von den Initiatoren herausgegebene Broschüre „Volksbegehren Bildung – Macht mit!" (ohne Datum).

niedrigen) Obergrenzen für die Klassenstärke erreicht werden sollte.[1] Der zweite Entwurf zur Erhaltung und Schaffung von **Schulraum** sollte einen Mindestraumbedarf für die Schüler und eine Verpflichtung zu umfangreichen Instandhaltungsmaßnahmen festschreiben, sowie die Voraussetzungen für eine möglichst weitgehende Integration behinderter Schüler schaffen.[2] Der dritte Entwurf zur **Lehr- und Lernmittelfreiheit** sollte den in der Verfassung verankerten Anspruch konkretisieren.[3] Die Anträge waren durch über 84.000 Personen unterzeichnet worden.[4]

Nachdem aufgrund der Prüfung durch den Landeswahlleiter fest stand, dass alle Anträge von mehr als 5.000 Stimmberechtigten unterzeichnet worden waren, hat sie der Senat am 23. Oktober 1996 dem Staatsgerichtshof vorgelegt. Dieser erklärte die Anträge zur Unterrichtsversorgung und zum Schulraumbedarf am 17. Juni 1997 für unzulässig. Durch die im Falle der Annahme dieser beiden Anträge erforderliche Neueinstellungen von Lehrern bzw. umfangreichen Schulbaumaßnahmen würden sich Mehrkosten in dreistelliger Millionenhöhe ergeben.[5] Dadurch würde das Gleichgewicht des ganzen Haushaltes gestört und das Budgetrecht des Parlaments massiv beeinträchtigt.[6] Zwar hatte der Verfassungsgerichtshof den Antrag zur Ausweitung der Lernmittelfreiheit für zulässig erklärt.[7] Beim daraufhin durchgeführten Volksbegehren konnten allerdings bis zum 23. September 1997 nur ca. 32.500 und damit nicht genügend Unterstützungsunterschriften gesammelt werden[8] – was

---

1   Vgl. dazu auch BS-Drs. 14/597 zum späteren inhaltsgleichen Bürgerantrag.

2   Vgl. dazu auch BS-Drs. 14/598 zum späteren inhaltsgleichen Bürgerantrag. Gefordert wurde eine unverstellte Fläche von 1,5 m² pro Schüler von Haupt- und Gesamtschulen, sowie von 1 m² für die Schüler von Realschulen und Gymnasien. Gegebenenfalls sollten die Klassen geteilt werden müssen.

3   Vgl. dazu auch BS-Drs. 14/596 zum späteren inhaltsgleichen Bürgerantrag.

4   Vgl. dazu *Kampwirth*, S. 177, 182.

5   Nach Ansicht des Senates wäre die Neueinstellung von ca. 1.100 Lehrkräften, was zu jährlichen Mehrausgaben in Höhe von mehr als 115 Mio. DM geführt hätte. Das entspricht einer Steigerung von mehr als 20 % gegenüber den aktuellen Ansätzen im Landeshaushalt. Die Antragsteller machten demgegenüber geltend, dass der tatsächliche Mehrbedarf wegen der anstehenden Verlängerung der Arbeitszeiten nur zwischen 58 und 73 Mio. DM liege. Auch dies würde jedoch eine Steigerung von 10-15 % bedeuten.
    Die Baumaßnahmen würden nach Ansicht des Senates einmalige Investitionen in Höhe von ca. 157 Mio. DM erforderlich machen. Die laufenden Unterhaltungskosten würden sich von 11 auf fast 33 Mio. DM annähernd verdreifachen. Die Antragsteller wandten zwar ein, dass diese Angaben zu hoch gegriffen seien, bezifferten den nach ihrer Auffassung gebotenen Abschlag jedoch nicht exakt; vgl. dazu die Angaben in *BremStGH*, LVerfGE 6, 123, 142 ff. = NVwZ 1998, S. 388, 390. *Kampwirth*, S. 177, 182, meint hingegen, dass es *insgesamt* nur um 115 Mio. DM Mehrkosten gegangen sei.

6   *BremStGH*, LVerfGE 6, 123, 138 ff. = NVwZ 1998, S. 388, 390; vgl. dazu die Mitteilung des Senats an die Bürgerschaft vom 24. Juni 1997, BS-Drs. 14/706.

7   Auch die Landesregierung hatte aufgrund von Stellungnahmen der Initiatoren zu erkennen gegeben, dass sie ihre Bedenken insofern nicht mehr aufrecht erhalte; der *BremStGH*, LVerfGE 6, 123, 152 = NVwZ 1998, S. 388, 391, hielt sich dennoch für berechtigt, die Zulässigkeit zu überprüfen. Diese Auffassung trifft im Ergebnis zu, da der Antrag des Senates auf Überprüfung der Zulässigkeit nicht formell zurückgenommen worden war.

8   Diese Angabe beruht auf einer Mitteilung der Verwaltung der Bremischen Bürgerschaft an den Verf. vom 10.6.1998; vgl. auch *Jung*, ZG 1998, S. 295, 320.

wohl nicht zuletzt darauf zurückzuführen ist, dass die Eintragungsfrist unmittelbar vor den Sommerferien begann.[1]

Schon während des Verfahrens vom dem Staatsgerichtshof hatten die Initiatoren etwa 80.000 Unterschriften für drei inhaltsgleiche Bürgeranträge gesammelt, die der Bürgerschaft am 23. Januar 1997 vorgelegt worden waren.[2] Nachdem der Verfassungsgerichtshof die parallelen Volksanträge zur Unterrichtsversorgung und zum Schulbedarf für unzulässig erklärt hatte und absehbar war, dass das Volksbegehren zur Lehr- und Lernmittelfreiheit scheitern würde, hatte die Bürgerschaft diese Anträge bereits vor Ablauf der Eintragungsfrist für dieses Volksbegehren am 19. September 1997 abgelehnt.[3]

b. Das erste Verfahren gegen Tierversuche

Am 29. Mai 1997 wurden 17.669 Unterschriften für einen vom Bremer **Tierschutz**verein initiierten Bürgerantrag eingereicht. Mit diesem Antrag wurde die ein Beschluss der Bürgerschaft angeregt, mit dem der Senat zum einen dazu aufgefordert werden solle, vor der Berufung eines renommierten Neurobiologen an die Universität Bremen klarzustellen, dass die von diesem geplanten Forschungen mit Affen nicht genehmigt würden. Zugleich solle der Senat dafür Sorge tragen, dass der Bau von Primatenunterkünften unterbleibe und dass die bisherige Tierversuchspraxis auf ihre ethische Vertretbarkeit überprüft werde. Schließlich solle der Senat Vorschläge für eine Verankerung des **Tierschutzes in der Landesverfassung** ausarbeiten.[4]

Am 11. Juni 1997 beschloss die Bürgerschaft, dass die Zahl der Tierversuche perspektivisch reduziert werden solle.[5] In Bezug auf die geforderte Änderung der Landesverfassung wurde der Antrag an den nichtständigen Ausschuss „Verfassungs- und Parlamentsreform" überwiesen. Auf dessen Vorschlag wurde am 30. Dezember 1997 ein neuer Art. 11 b in die Landesverfassung eingefügt.

„Tiere werden als Lebewesen und Mitgeschöpfe geachtet. Sie werden vor nicht artgemäßer Haltung und vermeidbarem Leiden geschützt."[6]

1 So auch *Kampwirth*, S. 177, 183.
2 Vgl. BS-Drs. 14/596 bis 598. Die Fraktion des Bündnis 90/Die Grünen hat sich den Anträgen angeschlossen; vgl. dazu BS-Drs. 14/612 bis 614 vom 14.3.1997.
3 Diese Angabe beruht auf einer Auskunft der Verwaltung der Bremischen Bürgerschaft an den Verf. vom 9.6.98.
4 Vgl. dazu BS-Drs. 14/701. Anlass war die Berufung des Neurobiologen Andreas *Kreiter* an die Universität Bremen. *Kreiter* hatte bereits im Rahmen seiner bisherigen Tätigkeit am Frankfurter Max-Planck-Institut für Hirnforschung Versuche mit Menschenaffen unternommen und wollte diese in dem in Bremen gegründeten Forschungsschwerpunkt „Neurokognition" fortsetzen; zu den Hintergründen vgl. „Draht im Hirn", Der Spiegel, 25.5.1998, S. 172 ff.
5 Vgl. BS-Drs. 14/693.
6 GBl. S. 629; vgl. den Bericht des Ausschusses vom 3.11.1997, BS-Drs. 14/811. Der Ausschuss erhoffte sich von dieser Änderung eine Möglichkeit, den Tierschutz bei Abwägungsentscheidungen einzustellen. Allerdings stellt sich durchaus die Frage, ob es möglich ist, die schrankenlos gewährte Wissenschaftsfreiheit nach Art. 5 III GG durch ein in einer Landesverfassung festgeschriebenes Staatsziel zu beschränken. Durch die Beschränkung auf das Verbot „vermeidbarer Leiden" trägt der neue Art. 11 b

c. Das zweite Verfahren gegen die Tierversuche

In der ersten Hälfte des Jahres 1998 wurden Unterschriften für einen weiteren Bürgerantrag zum **Tierschutz** gesammelt. Wiederum ging die Initiative vom Bremer Tierschutzverein aus. Die Bürgerschaft sollte dazu angeregt werden, das Landeshochschulgesetz entsprechend der Vorgabe des neuen Art. 11 a BremV zu ändern und dort festzuschreiben, dass möglichst weitgehend auf die Verwendung von Tieren zu Versuchszwecken in Forschung und Lehre zu verzichten sei. Diese solle durch andere Methoden ersetzt werden. Zugleich solle im Gesetz eine Verpflichtung der Hochschulen statuiert werden, tierversuchsfreie Verfahren zu entwickeln.

Mit dem Bürgerantrag verbunden war die Unterstützung einer Petition des Bremer Tierschutzvereins, mit dem die lückenlose parlamentarische Aufklärung über sämtliche Vorgänge im Zusammenhang mit der Berufung des bereits erwähnten Neurobiologen sowie über dessen Anträge auf die Genehmigung von Tierversuchen gefordert wurde. Zum anderen solle die Bürgerschaft über die Umsetzung eines Beschlusses vom 11. Juni 1997 berichten, wonach die Zahl der Tierversuche perspektivisch reduziert werden solle.[1]

Das Verfahren ist nicht über dieses Anfangsstadium hinausgekommen.

d. Das Verfahren für die Verkleinerung der Bürgerschaft

Im Frühjahr 1998 hat die aus einer unabhängigen Initiative hervorgegangene Partei „Arbeit für Bremen und Bremerhaven – AFB"[2] mit der Sammlung von Unterschriften für einen Volksantrag zur **Verkleinerung der Bürgerschaft** begonnen. Statt wie bisher 100 solle die Bürgerschaft in Zukunft nur noch 75 Mitglieder haben.[3]

Nachdem bis Juli 1999 etwa 19.000 Unterschriften gesammelt worden waren, wurde das Verfahren eingestellt, da sich der Senat die Forderung der Initiatoren weitgehend zu eigen gemacht hatte und daher absehbar war, dass es zu einer entsprechenden Änderung des Wahlrechts kommen würde.[4]

BremV diesem Problem allerdings Rechnung. Es ist kaum erstaunlich, dass sich die Vertrauenspersonen des Bürgerantrags in der Anhörung genau gegen diese Einschränkung gewehrt haben, da Tierversuche so weiterhin zulässig bleiben, vgl. BS-Drs. 14/811.

1   Vgl. die Auskunft der Verwaltung der Bürgerschaft an den Verf. vom 10.6.1998 und den (undatierten) Bogen für die Sammlung von Unterschriften. Es fällt auf, dass die Unterzeichner keine Möglichkeit hatten, zwischen der Unterstützung des Bürgerantrags und der Petition zu differenzieren. Mit ihrer Unterschrift erklärten sie zugleich ihr Einverständnis, Informationsmaterialien durch den Bremer Tierschutzverein und den Deutschen Tierschutzverband zugeschickt zu bekommen.

2   Diese Partei hatte bei den letzten Bürgerschaftswahlen auf Anhieb immerhin 10,7 % der Stimmen erhalten.

3   Vgl. die Anzeige des AFB „Fitnesskur für das Parlament" im Weser-Kurier, 20.4.1998.

4   Im Mai 2001 hat die Bürgerschaft allerdings eine Reduzierung der Mandate von 100 auf nur noch 83 beschlossen, vgl. dazu die Vorschläge des Verfassungs- und Geschäftsordnungsausschusses BS-Drs. 15/644.

e. Das Verfahren für „Mehr Demokratie"

Nach dem Erfolg der vergleichbaren hamburgischen Initiative beim Volksbegehren[1] wurde im April 1998 mit der Sammlung von Unterschriften für einen Volksantrag für „**Mehr Demokratie in Bremen**" begonnen.[2] Im Mittelpunkt stand die Forderung nach einer Ausdehnung des Anwendungsbereiches der Verfahren. Insbesondere sollten die Bürger auch auf haushaltsrelevante Materien Einfluss erhalten und Volksbegehren nur dann unzulässig sein, wenn sie den „Haushaltsplan im Ganzen" betreffen. Zum anderen sollten die Quoren nach Art. 70 BremV deutlich abgesenkt werden. Beim Volksentscheid sollte stets die absolute Mehrheit der abgegebenen Stimmen ausreichen – und zwar auch für Verfassungsänderungen. Ein Volksbegehren sollte bereits dann zustande gekommen sein, wenn es innerhalb von sechs Monaten durch so viele Stimmberechtigte unterstützt wurde, „wie fünf Prozent der bei der letzten Bürgerschaftswahl abgegebenen gültigen Stimmen entspricht".[3] Bei Vorlagen zur Änderung der Verfassung sollte das Quorum doppelt so hoch ausfallen.[4]

Nachdem bis Anfang Juni 1998 mehr als die erforderlichen 7.500 Unterschriften gesammelt worden waren,[5] legte der Senat auch dieses Volksbegehren dem Staatsgerichtshof vor. Obwohl in Hamburg ein Parallelverfahren lief, das vom dortigen Senat ohne weiteres für zulässig erklärt worden war,[6] machte die Landesregierung in Bremen geltend, dass es mit demokratischen Prinzip und dem Budgetrecht des Parlamentes unvereinbar sei, wenn das Volk über die Staatsfinanzen entscheiden dürfe. Auch die Absenkung der Quoren beim Volksbegehren und Volksentscheid sei verfassungswidrig, da sie „Minderheitsentscheidungen zur Regelform im Volksentscheid machen" und damit das demokratische Mehrheitsprinzip verletzen würden.[7]

In seiner Entscheidung vom 14. Februar 2000 folgte der Staatsgerichtshof erneut der Argumentation des Senates.[8] Nachdem das Gericht zunächst noch einmal seinen Anspruch auf eine umfassende präventive Normenkontrolle bekräftigt hatte, führte es aus, dass der Entwurf des Volksbegehrens mit dem in Art. 28 I GG verankerten Demokratieprinzip unvereinbar sei.[9] Dieses Prinzip verlange, dass ein Gesetz die Gewähr für seine Verall-

---

[1] Vgl. dazu ausführlicher unten S. 821 ff.
[2] Vgl. dazu ausführlich *Kampwirth*, passim.
[3] Mit dieser etwas unglücklichen Formulierung sollte wohl klar gestellt werden, dass es selbstverständlich nicht darauf ankommt, ob sich die Unterzeichner tatsächlich an den letzten Bürgerschaftswahlen beteiligt haben.
[4] Vgl. „Start für ‚Mehr Demokratie'", taz, Ausgabe Bremen, 20.4.98, S. 21. Nach dem Antrag auf Zulassung eines Volksbegehrens soll in Art. 69 eine Regelung über die Volksinitiative eingefügt werden, die die bisherige Bestimmung über den Bürgerantrag nach Art. 97 BremV ablösen würde. Erforderlich wäre die Unterstützung durch 1,5 % der bei der letzten Bürgerschaftswahl gültig abgegebenen Stimmen.
[5] Vgl. „Volksbegehren schafft erste Hürde", Nordwest-Zeitung, 5.6.98.
[6] Vgl. dazu unten S. 821 ff.
[7] Vgl. dazu auch die Darstellung der Argumente des Senats bei *Kampwirth*, S. 177, 184 f.
[8] *BremStGH*, NVwZ-RR 2001, S. 1 ff.
[9] *BremStGH*, a.a.O., S. 3; zustimmend *Roscheck*, S. 83. Der Rückgriff auf das Homogenitätsprinzip des Grundgesetzes war deshalb erforderlich, weil es in Bremen keine mit Art. 79 III GG vergleichbare „Ewigkeitsklausel" gibt.

gemeinerungsfähigkeit enthalte. Diese Voraussetzung sei aber jedenfalls dann nicht erfüllt, wenn schon ein so geringer Anteil der Stimmberechtigten eine Abstimmung erzwingen könnte und bei der Abstimmung selbst die Mehrheit der tatsächlich abgegebenen Stimmen ausreiche. Dies gelte sowohl für die vorgeschlagenen Regelungen in Bezug auf Volksbegehren mit dem Ziel einer Verfassungsänderung als auch für die Bestimmungen, die nach den Vorschlägen von „Mehr Demokratie" bei Begehren über einfache Gesetze anwendbar sein sollen.[1]

Wie bereits deutlich wurde, kann diese Entscheidung im Ergebnis jedenfalls in Bezug auf Volksbegehren mit dem Ziel einer Verfassungsänderung überzeugen, wobei sich das Gericht lediglich vorhalten lassen muss, dass es nicht geprüft hat, ob hier – ähnlich wie bei den Verfassungsreferenden – möglicherweise Anlass besteht, nicht in jedem Fall die Zustimmung durch eine absolute Mehrheit der Stimmberechtigten zu verlangen. Die Rechtsprechung über die Mindestanforderungen an die Quoren bei Verfahren über *einfache Gesetze* kann jedoch aus den schon mehrfach genannten Gründen nicht überzeugen,[2] da das Gericht weder auf die Frage eingeht, welche Aussagekraft der Stimmenthaltung zukommt, noch darauf, dass die Bürgerschaft nach dem Antrag der Initiatoren des Volksbegehrens ausdrücklich das Recht haben soll, einen eigenen Entwurf mit zur Abstimmung zu stellen und im Übrigen durch nichts daran gehindert ist, das Ergebnis des Volksentscheids wieder aufzuheben.[3]

f. Die beiden Verfahren gegen die Rechtschreibreform

Nachdem es bereits im August 1997 Pläne für ein Verfahren gegen die Rechtschreibreform gab, die allerdings zunächst nicht weiter betrieben worden waren,[4] gelang es der Initiative **„WIR gegen die Rechtschreibreform in Bremen"**, im November 1998 in kurzer Zeit fast 10.000 Unterschriften für einen Volksantrag zur Änderung des bremischen Schulgesetzes sammeln.[5]

---

1   Auf die Frage, ob auch die Ausweitung des inhaltlichen Anwendungsbereiches mit höherrangigem Recht vereinbar gewesen wäre, ist das Gericht nicht eingegangen.

2   Vgl. dazu oben S. 715 f.

3   Tatsächlich hat sich das Gericht insofern auf die bloße Feststellung beschränkt, dass es aufgrund der vorgeschlagenen sehr niedrigen Quoren einer „verschwindend geringen Zahl von interessierten und aktiven Bürgern" möglich sei, für die Gesamtheit verbindliches Recht zu setzen, *BremStGH*, NVwZ-RR 2001, S. 1, 3 f.. Diese Feststellung ist aber überhaupt nur dann ein Argument, wenn man die vom *BremStGH* stillschweigend vorausgesetzte Hypothese akzeptiert, dass sich eine nennenswerte Zahl der Bürger nicht an der Abstimmung beteiligen würde, *obwohl* sie die zu entscheidende Frage unmittelbar berührt.

4   Vgl. dazu „Begehrenswelle gegen Rechtschreibreform - Außerparlamentarische Initiativen in den einzelnen Bundesländern", ZfDD, 3/1997. Zu den parallelen Verfahren vgl. S. 339 (Baden-Württemberg), S. 358 (Bayern), S. 486 (Schleswig-Holstein), S. 584 (Sachsen), S. 651 (Niedersachsen), S. 685 (Mecklenburg-Vorpommern), S. 780 (Berlin).).

5   Nach den Vorstellungen der Antragsteller sollte das bremische Schulgesetz um folgende Bestimmung ergänzt werden.
   „(1) Sprache und Schrift sind zentrale Bestandteile unserer Kultur. Sie dürfen weder in noch außerhalb der Schule zum Verfügungsgut staatlich angeordneter Veränderungen werden.
   (2) In den Schulen wird die allgemein übliche Rechtschreibung unterrichtet. Als allgemein üblich gilt

Der Senat hat diesen Antrag am 9. März 1999 für unzulässig erklärt und dem Staatsgerichtshof zur Entscheidung überwiesen, da der Antrag zu unbestimmt sei. Der Staatsgerichtshof schloss sich dieser Auffassung jedoch nicht an, sondern entschied gut ein Jahr später am 14. Februar 2000, dass der Antrag zulässig sei. Lediglich die geplante Verpflichtung der Landesregierung, sich auch im Bund für den Stopp der Rechtschreibreform einzusetzen, wurde für verfassungswidrig erachtet.[1] Nachdem die große Koalition aus SPD und CDU keine verbindliche Zusage geben wollte, das Ergebnis eines Volksentscheids in jedem Fall zu respektieren, ließen die Initiatoren den Beginn der Eintragungsfrist am 15. März 2000 zunächst verstreichen. Erst gut sechs Wochen später wurde auf Druck einer Schüler-Initiative dann doch noch mit der Sammlung von Unterschriften begonnen – offenbar zu spät, denn die Initiatoren teilten der Öffentlichkeit nach Abschluss des Verfahrens nicht einmal die genaue Zahl der eingegangen Unterschriften mit.[2]

Noch während des laufenden Verfahrens hatten die Initiatoren im März 1999 einen weiteren Volksantrag auf den Weg gebracht, da man die Entscheidung des Staatsgerichtshofes nicht abwarten wollte.[3] Diesmal verlief die Unterschriftensammlung allerdings deutlich schleppender und das Volksbegehren konnte erst am 4. Oktober 1999 mit über 5.000 Unterschriften beantragt werden. Entgegen der Hoffnung der Antragsteller war dem Senat auch diese Vorlage noch zu unbestimmt. Daher wurde auch dieser Antrag am 23. November 1999 dem Staatsgerichtshof vorgelegt. Nachdem dieser bereits den ersten Antrag für zulässig erklärte, hatte sich dieses Verfahren erledigt.

g. Das Verfahren gegen Affenversuche an der Universität Bremen

Die Im Mai 2001 wurde auf Initiative des Tierschutzbundes mit der Sammlung von Unterschriften für einen Bürgerantrag **gegen Affenversuche an der Universität Bremen** begon-

---

die Rechtschreibung, wie sie in der Bevölkerung seit langem anerkannt ist und in der Mehrzahl der lieferbaren Bücher verwendet wird.
(3) Dem Erhalt einer einheitlichen Rechtschreibung kommt im Interesse der Schülerinnen und Schüler auch außerhalb der Schule grundlegende Bedeutung zu. Das zuständige Mitglied des Bremer Senats schöpft deshalb auf den politischen Ebenen - auch über die Landesgrenzen hinaus - alle Möglichkeiten aus für den Erhalt einer einheitlichen Rechtschreibung in Deutschland."

1 Tatsächlich war dies der zentrale Punkt des Volksbegehrens. Da in der Kultusministerkonferenz das Einstimmigkeitsprinzip herrschte, hofften die Initiatoren, auf diese Weise die gesamte Rechtschreibreform kippen zu können. Sie übersahe dabei allerdings, dass die KMK selbst keine verbindlichen Beschlüsse fassen kann.

2 Vgl. „Eiertanz der Schreibreform-Gegner", ZfDD 3/2000, S. 40.

3 In dem „Entwurf eines Gesetzes für die Rechtschreibung in Schulen und im öffentlichen Dienst." war zum einen ein neuer § 5a BremSchG vorgesehen. „In den Schulen wird die Rechtschreibung unterrichtet, die zuletzt vor der Einführung der sogenannten Rechtschreibreform in den Schulen unterrichtet wurde." Nach Art. 2 des Gesetzentwurfes sollte „Für den amtlichen Schriftverkehr der öffentlichen Verwaltung der Hansestadt Bremen [...] die vor der Einführung der sogenannten Rechtschreibreform verwendete Rechtschreibung verbindlich" sein, wobei Art. 3 definierte, dass sich „Der Begriff ‚Rechtschreibreform' in Artikel 1 und Artikel 2 [...] auf die ‚Gemeinsame Absichtserklärung zur Neuregelung der deutschen Rechtschreibung – Wiener Absichtserklärung' vom 1. Juli 1996." beziehen sollte.

nen. Am 28. November 2001 wurden insgesamt 12.789 Unterschriften bei den Meldebehörden zur Prüfung eingereicht.[1]

In ihrer Sitzung vom 23. Januar 2002 setzte sich die Bürgerschaft erstmals mit dem Anliegen der Initiatoren auseinander und überwies die Vorlage an die zuständigen Ausschüsse.[2] Dort wurde der Antrag in der Folgezeit umfassend beraten. Letzten Endes sprach sich eine Mehrheit der Ausschussmitglieder gegen den Bürgerantrag aus. Zur Begründung wurde zum einen darauf abgestellt, dass im Gegensatz zu den Annahmen der Antragsteller keine Ausweitung der Tierversuche geplant sei. Vielmehr werde langfristig auf eine Reduktion hingearbeitet. Ein vollständiger Verzicht auf Tierversuche sei jedoch nicht möglich, da einige der an dem Sonderforschungsbereich Neurokognition beteiligten Forscher tierexperimentell arbeiten. Aufgrund der durch das Grundgesetz statuierten Wissenschaftsfreiheit sei es der Bürgerschaft aber überhaupt nicht möglich, diese Arbeiten vollständig zu untersagen. Die übrigen Forderungen der Antragssteller[3] würden ohnehin bereits umgesetzt.[4] Die Bürgerschaft folgte am 19. Februar 2003 der Beschlussempfehlung.

h. Das zweite Verfahren „Gesundheit ist keine Ware"

Unmittelbar nach dem Erfolg des Hamburger Volksbegehrens gegen die Privatisierung der öffentlichen Krankenhäuser[5] startet das Anti-Globalisierungsbündnis „attac" im Sommer 2003 auch in Bremen[6] ein Verfahren „**Gesundheit ist keine Ware**". Während in der Stadtgemeinde Bremen versucht wurde, die Umwandlung der bis dahin als Eigenbetriebe organisierten Zentralkrankenhäuser in gemeinnützige Gesellschaften mit beschränkter Haftung rückgäng zu machen,[7] legte „attac" auf der Ebene des Stadtstaates einen Entwurf für ein „Bremisches Rahmengesetz über die Errichtung von kommunalen Krankenhausunternehmen" vor. Danach sollten die Krankenhäuser zu Kommunalunternehmen umgewandelt werden können, die ihrerseits in eine Dachanstalt eingebracht werden sollten. Durch diesen konzernähnlichen Verbund sollte auf der einen Seite der strategische Einfluss der öffentlichen Hand abgesichert werden, auf der anderen Seite aber auch die operative Selbständigkeit der einzelnen Krankenhäuser.

---

1 Die Antragsteller forderten den Senat zum einen dazu auf, keine Mittel für den Ausbau der tierexperimentellen Forschung an der Universität Bremen bereitzustellen und die bereits zugegangenen Mittel, insbesondere für Tierversuche an Affen, zurückzunehmen. Zum anderen sollte dafür Sorge getragen werden, dass im Rahmen der biologischen Forschung an der Universität Bremen umgehend tierversuchsfreie Verfahren zum Einsatz kommen und Tierversuche ersetzt werden. Und schließlich sollte die gesamte tierexperimentelle Forschung im Bundesland Bremen unter Beteiligung des Bremer Tierschutzvereins einer unabhängigen fachwissenschaftlichen Diskussion und Bewertung zu unterzogen werden; vgl. Pressemitteilung des Tierschutzbundes Bremen vom 27.11.2001.

2 Vgl. das Sten.Prot. der Bürgerschaftssitzung, S. 3821 ff.

3 Ein möglichst weitgehender Verzicht auf Tierversuche und die Einsetzung einer unabhängigen Kommission zur Überprüfung der Notwendigkeit von Tierexperimenten.

4 Vgl. dazu den Bericht und die Beschlussempfehlung in BS-Drs. 15/1367.

5 Vgl. dazu unten S. 825.

6 Zum vergleichbaren Verfahren in Hamburg siehe oben S. 825.

7 Vgl. dazu unten S. 754.

Das Gesetz sollte allerdings erst der zweite Schritt auf diesem Weg sein, da es zunächst darum ging, die in der Stadtgemeinde Bremen laufenden Privatisierungsbemühungen zu stoppen. Nachdem das Volksbegehren auf der Ebene der Stadtgemeinde im Sommer 2004 gescheitert war,[1] ist das Verfahren auf der Ebene des Stadtstaates allerdings offenbar nicht mehr weiter betrieben worden.[2]

i. Das Verfahren für eine „Reform des Wahlrechts"

Nachdem im Sommer 2004 das Volksbegehren für eine **„Reform des Wahlrechts"** in Hamburg erfolgreich abgeschlossen worden war,[3] bildete sich auch in Bremen eine vergleichbare Initiative, die sich dafür einsetzte, dass die Wähler bei den Wahlen zur Bürgerschaft nicht mehr eine, sondern gleich 5 Stimmen haben, die sie auf die Kandidaten der einzelnen Parteien verteilen können. Dabei soll – ähnlich wie in vielen Kommunalwahlsystemen – sowohl das Kumulieren der Stimmen zulässig sein, als auch das Panaschieren. Die 5-Prozent-Sperrklausel soll abgeschafft werden und die Wahl von Einzelkandidaten zulässig sein.

Die Initiative wurde von zahlreichen Vereinigungen sowie den Oppositionsparteien Bündnis 90/Die Grünen und FDP unterstützt. Am 1. März 2006 begann die Sammlung von Unterschriften. Am 22. Mai wurden 6.700 Unterschriften für gültig erklärt. Der Volksantrag war damit zustandegekommen. Nachdem der Senat den Antrag am 27. Juni für zulässig erklärte, wurde die Frist für die Unterschriftensammlung auf den Zeitraum vom 18. Juli 2006 bis zum 17. Oktober 2006 festgesetzt. Die Unterschriftensammlung begann zunächst eher schleppend.[4] Nach Angaben der Initiatoren fehlten noch zwei Wochen vor dem Ablauf der Unterzeichnungsfrist fast 14.000 der erforderlichen 48.175 Unterschriften. Am 18. Oktober wurden dem Senat dann aber doch mehr als 71.000 Unterschriften übergeben, von denen am 5. Dezember 2006 insgesamt 65.197 für gültig erklärt wurden.

Bereits am 12. Dezember 2006 überwies der Senat die Vorlage des Volksbegehrens der Bürgerschaft. Nur einen Tag später nahm die Bürgerschaft nach einer hitzigen Debatte den Entwurf mit großer Mehrheit an.[5] Dabei spielte der Umstand eine Rolle, dass die Neuregelungen entsprechend dem Willen der Initiatoren erst 15 Monate später in Kraft treten werden – und damit nach der nächsten Bürgerschaftswahl am 13. Mai 2007. Bereits in der Parlamentsdebatte wurde deutlich, dass die große Koalition aus SPD und CDU beabsichtigt, die soeben beschlossenen Regelungen nach den Bürgerschaftswahlen wieder zu ändern. Insbesondere soll die Sperrklausel wieder eingeführt werden. Die Zustimmung zum Gesetzentwurf erscheint daher als taktisches Manöver, das in erster Linie dazu dienen soll, den ansonsten erforderlichen Volksentscheid zu verhindern. Um diesem Manöver die Grundlage

---

1 Vgl. dazu gleich auf S. 754.
2 Die Initiatoren haben allerdings nicht offiziell erklärt, dass sie Abstand von ihren Plänen nehmen wollen.
3 Vgl. dazu unten S. 827 ff.
4 Es besteht eine gewisse Vermutung dafür, dass der Senat seine Entscheidung über die Zulässigkeit auch deshalb vergleichsweise schnell getroffen hat, damit die erste Phase der Unterschriftensammlung in den Sommerferien stattfand.
5 Vgl. das Gesetz über Mehr Demokratie beim Wählen - Mehr Einfluß für Bürgerinnen und Bürger, v. 19.12.2006, GVBl. S. 539.

zu entziehen, brachten die Fraktionen des Bündnis 90/Die Grünen und der FDP am 14. Dezember eine Vorlage in die Bürgerschaft ein, nach der das neue Wahlrecht bereits für die nächsten Wahlen zur Anwendung kommen sollte. Diese Vorlage wurde jedoch mit den Stimmen der großen Koalition zurück gewiesen, wobei das Argument im Vordergrund stand, dass die Kandidaten für die Wahlen bereits aufgestellt seien.

2. Verfahren in der Stadtgemeinde Bremen

Für die kommunale Ebene der Stadtgemeinde Bremen gelten nach Art. 148 I 2 BremV die Regelungen der Landesverfassungen über das Volksbegehren und den Volksentscheid entsprechend.[1] Zumindest drei dieser Verfahren waren auch für die Entwicklung auf der Ebene des Stadtstaates von Bedeutung.

a. Das Verfahren „Für angemessenen Wohnraum"

Das erste auf der Ebene der Stadt initiierte Verfahren sollte der Sicherung **angemessenen Wohnraums** dienen. Nach den Vorstellungen der Antragsteller sollte jeder Bewohner der Stadtgemeinde einen Anspruch auf angemessenen Wohnraum erhalten. Zur Verwirklichung dieses Anspruchs sollten die Wohnungsunternehmen im direkten oder indirekten Eigentum der Stadtgemeinde die Aufgabe bekommen, auf sozial verträgliche Mieten und angemessene Wohnbedingungen zu achten. Der Stadtgemeinde solle daher untersagt werden, ihre Eigentumsanteile zu veräußern.

Anlass für das Verfahren war die Veräußerung von Teilen der Anteile der Stadtgemeinde Bremen an der „Bremischen Gesellschaft für Stadterneuerung, Stadtentwicklung und Wohnungsbau mbH" und der „GEWOBA Aktiengesellschaft Wohnung und Bauen". Die Antragsteller befürchteten, dass in Zukunft auch die verbleibenden Beteiligungen veräußert werden könnten.

Am 9. Juni 1997 wurde ein entsprechender Antrag beim zuständigen Wahlbereichsleiter eingereicht. Nach Prüfung der Unterschriften stellte der Senat fest, dass das Quorum von 4.000 Unterschriften erreicht worden sei und auch die übrigen formellen Voraussetzungen vorlägen.[2] Er legte den Antrag dem Staatsgerichtshof zur Entscheidung vor. Zum einen werde das Haushaltsrecht der Stadtgemeinde übermäßig beeinträchtigt, zum anderen in die verfassungsrechtlich geschützte Eigenverantwortlichkeit des Senates eingegriffen. Der Staatsgerichtshof erklärte den Volksantrag daraufhin aufgrund des Eingriffs in das Budgetrecht des Parlamentes für unzulässig.[3] Er bekräftigte dabei seine Auffassung, dass die BremV keine Möglichkeit für ein imperfektes Volksbegehren eröffne.[4]

---

1   Vgl. dazu oben S. 721 und dort Fn. 10.
2   Vgl. dazu den Tatbestand der Entscheidung des *BremStGH*, LVerfGE 8, 203 ff. – in *BremStGH*, DVBl. 1998, S. 830 nicht abgedruckt).
3   *BremStGH*, LVerfGE 8, 203 = DVBl. 1998, S. 830.
4   Vgl. dazu schon oben S. 728 ff.
    In einem Sondervotum wiesen die beiden Richter *Rinken* und *Preuß* darauf hin, dass nach Auskunft des Senates keine weiteren Veräußerungen von Beteiligungen an Wohnungsunternehmen geplant seien. Daher fehle es am erforderlichen *unmittelbaren* Einfluss auf den Haushaltsplan. Allerdings überzeugt

b. Das Verfahren zur „Flächen-Verkehrs- und Baupolitik"

Im Frühjahr 2003 wurde auf der Ebene der Stadt durch ein „Forum für Wohn- und Lebensqualität" ein Bürgerantrag gestellt, der sich gegen die **Flächen-, Verkehrs- und Baupolitik** der Stadtgemeinde richtete.[1] Kernanliegen der Antragsteller waren die Erhaltung der vorhandenen Erholungsflächen und Überflutungsgebiete, der Verzicht auf die Ausweisung neuer Gewerbegebiete, die Erschließung neuer Wohnbauflächen und den Bau neuer Verkehrsstrassen sowie eine frühzeitige Information der Bürger über beabsichtigten Baumaßnahmen. Darüber hinaus wurden konkrete Forderungen in Bezug auf bestimmte Flächen und Planungen erhoben.[2]

Am 3. Juli 2003 beschloss die neu gewählte Stadtbürgerschaft, den Antrag in die zuständigen Ausschüsse zu überweisen. Die zuständigen Deputationen für Bau und Verkehr, Umwelt und Energie sowie Wirtschaft und Häfen behandelten den Antrag in der Folgezeit jedoch zunächst nicht. Schließlich setzte die Baudeputation den Termin für die Anhörung der Antragsteller auf den März 2004 fest. Bereits am 26. Februar 2004 wurde jedoch in einem der betroffenen Gebiete in der Nähe der Universität mit Zustimmung der Bauverwaltung mit Bau- und Rodungsarbeiten für die Erweiterung des Technologieparkes begonnen.[3] Da die Antragsteller des Bürgerantrags dies nicht hinnehmen wollten, beantragten sie beim Verwaltungsgericht eine einstweilige Anordnung, mit der die Maßnahmen bis zur Entscheidung der Stadtbürgerschaft über ihren Antrag unterbunden werden sollten. Während das VG Bremen diesen Antrag zurückwies, folgte das OVG in der nächsten Instanz der Argumentation der Antragsteller und verpflichteten den Bausenator dazu, die Rodungsarbeiten einstweilen einzustellen. Zwar entfalte ein Bürgerantrag keine Sperrwirkungen, aber die Stadtbürgerschaft dürfe durch die verzögerte Bearbeitung des Anliegens nicht die Voraussetzungen dafür schaffen, dass das Anliegen der Antragsteller unterlaufen werden kann. Auch wenn die Verfassung und das einschlägige Ausführungsgesetz keine Frist für die Bearbeitung von Bürgeranträgen vorsehen, sei die Stadtbürgerschaft zur zügigen Bearbeitung verpflichtet.[4]

Mittlerweile wurde im BremVBG eine Frist von drei Monaten festgelegt.[5] Grundsätzlich sind die Ausführungen des OVG auch auf das Verfahren auf der Landesebene übertragbar, da die Bestimmungen der Landesverfassung auch für die Stadtgemeinde gelten und umgekehrt nicht zu erwarten ist, dass der Staatsgerichtshof

auch der Einwand des Senats, dass die Frage der Veräußerung von Landeseigentum im Rahmen der Verhandlungen über die Bundeszuschüsse für das Land Bremen jederzeit zum Thema gemacht werden könnten. Durch das beantragte Gesetz wäre dem Senat insofern aber jeder Verhandlungsspielraum genommen worden.

1 Vgl. StadtBS-Drs. 15/732 und ausführlich *Röper*, ZPar. 2005, S. 152, 155 ff.
2 Die Zahl der gültigen Unterschriften lässt sich den Parlamentsdrucksachen nicht entnehmen.
3 Einen Tag vor Beginn der Arbeiten war ein Antrag der Fraktion des Bündnis 90/Die Grünen gescheitert, die wegen des Bürgerantrages einen Aufschub der Arbeiten gefordert hatten, vgl. dazu *Röper*, a.a.O., S. 156 m.w.N.
4 Vgl. *OVG Bremen*, NordÖR 2004, 240, 241; dazu und zur Vorgeschichte *Röper*, a.a.O. S. 158.
5 Vgl. dazu oben S. 727: Kommt die Bürgerschaft nicht innerhalb von drei Monaten zu einer Entscheidung, muss sie die Hinderungsgründe in einem Bericht darlegen. Die Frist kann mit Zustimmung der Antragsteller verlängert werden.

gegebenenfalls zu einer anderen Auslegung kommen würde.[1] Allerdings ist dabei zu beachten, dass der Kreis der Antragsberechtigten für einen Organstreit vor dem Staatsgerichtshof in Art. 140 I 2 BremV abschließend bestimmt ist – die Initiatoren eines Bürgerantrags gehören aber nicht zu diesem Kreis.

Nach der Entscheidung des OVG Bremen wurde der Bürgerantrag dann endlich in den zuständigen Ausschüssen der Stadtgemeinde behandelt. Diese kamen allerdings erwartungsgemäß zu dem Ergebnis, dass dem Anliegen der Antragsteller nur teilweise gefolgt werden könne. Insbesondere wurde deutlich, dass die Bürgerschaft nicht bereit war, auf die Ausweisung neuer Wohn- und Gewerbegebiete zu verzichten.[2] Am 4. Mai 2004 folgte die Bürgerschaft dieser Beschlussempfehlung.[3] Damit hatten sich die Antragsteller im Ergebnis mit ihrem Anliegen doch nicht durchsetzen können.

c. Das erste Verfahren „Gesundheit ist keine Ware"

Parallel zu dem bereits erwähnten Verfahren **„Gesundheit ist keine Ware"**, das sich auf den Erlass eines Landesgesetzes richtete[4] griff „attac" im Sommer 2003 auch das am 1. April 2003 von der Bremischen Stadtbürgerschaft erlassene „Krankenhausunternehmensgesetz – KHUG" an, mit dem die vier Zentralkrankehäuser von (unselbständigen) Eigenbetrieben zu Gesellschaften in der Form gemeinnütziger Gesellschaften mit beschränkter Haftung (gGmbH) umgewandelt wurden. Dies wurde als erster Schritt zu einer zumindest teilweisen Privatisierung der Einrichtungen angesehen. Das Verfahren wurde zunächst auch von der Gewerkschaft ver.di unterstützt, die im Falle einer Privatisierung Nachteile für die Beschäftigten der Krankenhausbetriebe befürchtete.

Anfang März 2004 reichten die Antragsteller etwa 4.600 Unterschriften beim Stadtamt ein.[5] Von diesen wurden 4.281 für gültig erklärt und am 1. April 2004 dem Senat zugeleitet. Dieser beschloss am 8. Juni 2004, das Volksbegehren zuzulassen.[6] Nachdem mittlerweile klar geworden war, dass sich die Beschäftigungsbedingungen nicht verschlechtern würden, hatten Vertreter der Gewerkschaft ver.di schon zuvor deutlich gemacht, dass es der Gewerkschaft nun nicht mehr darum gehe, die Privatisierung um jeden Preis zu verhindern. Dies wirkte sich auch auf den Erfolg des Volksbegehrens aus. Da das Quorum nicht erreicht wurde, hatte sich das Verfahren erledigt.[7] Daher wurde auch das parallele Volksbegehren auf der Ebene des Landes nicht mehr weiter verfolgt.

---

1 In diesem Sinne auch *Röper*. ZParl 2005, S. 152, 157.
2 Vgl. den Bericht und die Beschlussempfehlung in BS-Drs. 16/99.
3 Vgl. das Sten. Prot. der Bürgerschaftssitzung, S. 318 ff.
4 Dazu oben S. 750.
5 Vgl. „Brüchige Allianz", taz, Lokalausgabe Bremen, 6.3.2004.
6 Vgl. die Pressemitteilung des Senats vom 8.6.2004.
7 Die Initiatoren haben allerdings nicht mitgeteilt, wie viele Unterschriften innerhalb der Eintragungsfrist zusammen gekommen sind.

B. Zur Bewertung der Verfahrensregelungen

Durch die jüngsten Reformen hat der Verfassunggeber das Ziel verfolgt, die seit jeher in der Verfassung verankerten direktdemokratischen Verfahren praktikabel zu machen. Leider hat er sich dabei zu sehr an den Ergebnissen der jüngeren Diskussion in den anderen Ländern orientiert – und dabei verkannt, dass auch die dort geltenden Regelungen nur bedingt überzeugen können. Immerhin hat sich der Verfassunggeber mittlerweile dazu durchringen können, das exorbitante Beteiligungsquorum für den Volksentscheid zu streichen, das sich schon in der Zeit der Weimarer Republik als wirksame Sperre gegen jede unmittelbare Entscheidung der Bürger erwiesen hatte, da es im Ergebnis dazu führt, dass eine absolute Mehrheit der Stimmberechtigten für die Annahme einer Vorlage erforderlich ist.

Trotz der Möglichkeit, mehreren Entwürfen zustimmen zu können, besteht allerdings nur eine geringe Wahrscheinlichkeit dafür, dass zumindest einer von mehreren konkurrierenden Entwürfen das immer noch geltende qualifizierte Abstimmungsquorum von einem Viertel der Stimmberechtigten erreicht. Dass bei Abstimmungen über eine Änderung der Verfassung nur die Zustimmung durch die Hälfte der Stimmberechtigten erforderlich ist, nicht aber zugleich durch eine Zwei-Drittel-Mehrheit der Abstimmenden, fällt demgegenüber kaum noch ins Gewicht, da sich ohnehin kaum jemals auch nur die Hälfte der Stimmberechtigten an der Abstimmung beteiligen, geschweige denn der Vorlage des Volksbegehrens zustimmen wird.

Darüber hinaus ist zu beachten, dass auch schon das Quorum von zehn Prozent für das Volksbegehren selbst in einem Stadtstaat eine durchaus ernstzunehmende Hürde darstellt, an der die allermeisten Anträge scheitern werden. Dies gilt umso mehr, als die Eintragungsfrist mit nur drei Monaten für eine freie Unterschriftensammlung relativ kurz bemessen ist und für die besonders öffentlichkeitswirksamen Anträge auf Verfassungsänderung das Quorum von einem Fünftel der Stimmberechtigten beibehalten wurde.

Positiv hervorzuheben ist nach alldem nur der Versuch, das Verfahren zu straffen.[1] Der Bürgerschaft stehen nach dem Zustandekommen eines Volksbegehrens nur zwei Monate für ihre Verhandlung zur Verfügung. Dies sollte in der Regel auch ausreichen, um über einen Antrag entschließen zu können. Danach bleiben immerhin vier weitere Monate für die öffentliche Diskussion und dennoch ist das Verfahren von der Einreichung der Unterschriften für einen Volksantrag – der mit gewissen Schwierigkeiten in das Volksbegehren integriert werden muss – bis zum Volksentscheid in gut einem Jahr zu Ende. Allerdings wurde die kommunikative Funktion der Verfahren sträflich vernachlässigt, indem weder eine Möglichkeit zur Erledigung des Verfahrens geschaffen wurde, noch der Bürgerschaft ausdrücklich das Recht gegeben wurde, einen konkurrierenden Entwurf zur Abstimmung zu stellen. Ihr bleibt nur das „Hintertürchen" eines parallelen Referendums.[2]

---

1   Bemerkenswert ist insofern auch die Möglichkeit, sich auf eine stichprobenhafte Prüfung der Unterschriften zu beschränken.
2   Es besteht kein Anlass für die Vermutung, dass die Regelungen über die Referenden darüber hinaus eine nennenswerte praktische Bedeutung erlangen werden. Die Möglichkeit, dass die Parlamentsmehrheit den Bürgern eine Verfassungsänderung, ein Gesetz oder eine andere Frage zur Entscheidung vorlegen wird, ist denkbar gering.
    Wenn die Regelungen dennoch beibehalten wurden, dann liegt dies möglicherweise nicht zuletzt daran, dass man jeden Eindruck einer Beschneidung der unmittelbaren Mitwirkungsrechte der Bürger vermeiden

Zu welchen Konsequenzen dieses Defizit führt, wurde Ende 2006 bei dem Verfahren für eine Reform des Wahlrechts deutlich: Die Entscheidung der Bürgerschaft, die Vorlage des Volksbegehrens zunächst unverändert anzunehmen und gleichzeitig anzukündigen, dass man das auf diesem Wege beschlossene Gesetz alsbald wieder ändern wird, dürfte auch darauf zurück zu führen sein, dass es der Bürgerschaft nicht möglich war, eine Konkurrenzvorlage einzubringen, die dem Anliegen des Volksbegehrens auf der einen Seite entgegen kommt und der Kritik – insbesondere an der Abschaffung der Sperrklausel – auf der anderen Seite Rechnung trägt. Sollte die Bürgerschaftmehrheit ihre Ankündigung wahrmachen und das Wahlgesetz nach den Wahlen im Frühjahr 2007 wieder ändern, würde dies wohl dazu beitragen, die ohnehin grassierende Politik(er)verdrossenheit noch weiter zu verstärken.

Völlig unabhängig von den formalen Hürden belegen die praktischen Erfahrungen mit den direktdemokratischen Verfahren in Bremen erneut, dass der Rechtsprechung der Landesverfassungsgerichte eine entscheidende Rolle zukommt: Nachdem der Senat bisher kein einziges Volksbegehren für zulässig hielt, kam es in jedem Fall zu einer präventiven Kontrolle durch den Staatsgerichtshof, der wiederum nur in zwei Verfahren vom Antrag der Staatsregierung abwich und die Volksbegehren für Lernmittelfreiheit bzw. gegen die Rechtschreibreform zumindest mit Einschränkungen zuließ. Dies zeugt nun aber weniger von der Unfähigkeit der Antragsteller, ihre Vorlagen „gerichtsfest" zu formulieren, als von der extrem extensiven Auslegung der inhaltlichen Beschränkungen des Anwendungsbereiches der Verfahren durch den Staatsgerichtshof, der zudem sogar das Bundesrecht als Prüfungsmaßstab herangezogen hat, um selbst den verfassungsändernden Gesetzgeber an einer Ausweitung der direktdemokratischen Mitwirkungsmöglichkeiten – und damit an einer Korrektur der restriktiven verfassungsgerichtlichen Rechtsprechung – zu hindern. Damit stellt sich aber erneut die Frage, ob es wirklich erforderlich ist, schon die öffentliche Diskussion über diese Fragen im Ansatz zu unterbinden – denn genau dazu führt die Feststellung der Unzulässigkeit, da sich die Bürgerschaft danach nicht mehr mit den Anliegen auseinander setzen muss und daher auch kein Bedürfnis hat, den Bürgern ihre eigene Politik nahezubringen. Angesichts der restriktiven Rechtsprechung des Staatsgerichtshofes kann es jedenfalls kaum erstaunen, dass die Möglichkeiten der Volksgesetzgebung seit dem Jahr 2000 kaum noch genutzt worden sind.[1]

Nicht nur das Volksbegehren und der Volksentscheid werden unter diesen Umständen auch in Zukunft weitgehend bedeutungslos bleiben. Darüber hinaus können die Bürger auch nicht ernsthaft erwarten, dass die Bürgerschaft einen Bürgerantrag zum Anlass nehmen wird, ihre Haltung in einer bestimmten Angelegenheit zu ändern. Dass die Anforderungen an den Erfolg eines Bürgerantrags an und für sich relativ gering sind,[2] spielt dabei nur eine

wollte. Aus demselben Grund wurde wohl auch die Möglichkeit der Beendigung der Wahlperiode des Parlaments beibehalten

1 Ohnehin war die relativ große Zahl der Verfahren in erster Linie darauf zurück zu führen, dass zunächst drei separate Fragen zur Schulpolitik jeweils einmal in Form eines Bürgerantrages und einmal in Form eines Volksantrag an die Bürgerschaft heran getragen wurden und dass danach der sehr rege Tierschutzverein mehrere Versuche unternommen hat, Tierversuche an Primaten mit Hilfe der Verfahren zu verhindern.

2 In einer Großstadt wie Bremen sollte es nicht unmöglich sein, etwas mehr als 10.000 Unterschriften zusammenzutragen.

untergeordnete Rolle. Denn auch hier erweist sich die fehlende Verknüpfung mit dem Verfahren der Volksgesetzgebung als entscheidendes Problem, da das Parlament nicht befürchten muss, dass ihm die Entscheidung gegebenenfalls aus der Hand genommen wird.[1]

---

1 Verschärfend kommt hinzu, dass ihm für seine Entscheidung über den Bürgerantrag keine Frist vorgegeben wurde.

10. Kapitel: Berlin

I. Zur Entstehungsgeschichte[1/2]

A. Vorgeschichte bis 1990

Ursprünglich war nach Art. 49 VvB-1950[3] vorgesehen, dass aufgrund eines Volksbegehrens, das von 20 Prozent der Stimmberechtigten unterstützt worden war, ein Volksentscheid stattfinden sollte. Art. 49 IV VvB-1950 enthielt eine außergewöhnliche Regelung über das Abstimmungsquorum. Grundsätzlich sollte es ausreichen, wenn die Mehrheit der Abstimmenden einem Entwurf zugestimmt hatte. Beteiligten sich aber weniger als 50 Prozent der Stimmberechtigten an der Abstimmung, so musste zusätzlich ein qualifiziertes Quorum von einem Drittel der Stimmberechtigten erfüllt werden.[4]

Art. 88 II VvB-1950 bestimmte für Verfassungsänderungen durch Volksentscheid ein qualifiziertes Abstimmungsquorum. Hier sollte die Mehrheit der Stimmberechtigten zustimmen müssen. Art. 39 I VvB-1950 sah schließlich den Volksentscheid zur Auflösung des Abgeordnetenhauses vor. Dieser sollte nur dann wirksam werden, wenn sich die Mehrheit der Stimmberechtigten an der Abstimmung beteiligt hatte.

In den Jahren 1958 und 1967[5] gab es zwei Versuche, das nach Art. 49 VI VvB-1950 vorgesehene Ausführungsgesetz zu verabschieden, um die Verfahren praktikabel zu machen. Beide Versuche scheiterten. Im Jahr 1974 wurde Art. 49 VvB-1950 dann durch das 17. Gesetz zur Änderung der Verfassung von Berlin[6] ersatzlos gestrichen. Das Volk sollte in Zukunft weder einfache noch verfassungsändernde Gesetze erlassen bzw. ändern dürfen. Zur Begründung wurde offiziell die Auffassung vertreten, die Verfahren des Volksbegehrens und Volksentscheids seien schon deswegen für Berlin nicht praktikabel, weil aufgrund

---

1 Dazu *Jung*, JR 1996, S. 1 ff.; *Pestalozza*, LKV 1995, S. 344 ff.; *Wilke*, JöR 2004, S. 193 ff.; *Ziekow*, LKV 1999, S. 89 f., und zur Geschichte bis 1950 ausführlich *Breunig*, passim.

2 Nach Art. 4 S. 2 Nr. II der Vorläufigen Verfassung von Groß-Berlin vom 4.9.46 (VOBl. S. 294 ff.) sollten Gesetze ausschließlich durch die Stadtverordnetenversammlung erlassen werden; vgl. oben S. 503, Fn. 2; S. 555, Fn. 2; 593, Fn. 2; S. 660, Fn. 2 und S. 692, Fn. 2 zu den Verfassungen der Mark Brandenburg, Sachsens, der Region Sachsen-Anhalt, Mecklenburg-Vorpommerns und Thüringens.

3 Abgedruckt bei Pfennig/*Neumann*, Art. 49 VvB. Nach der Vereinigung von Ost- und West-Berlin war der seit 1974 unbesetzte Art. 49 VvB für eine Übergangsregelung verwendet worden. Seit der jüngsten Verfassungsreform betrifft Art. 49 das Interpellationsrecht des Abgeordnetenhauses. Daher kommt die Bezeichnung „Art. 49 VvB a.F." nicht in Betracht.

4 Die äußerst merkwürdigen Konsequenzen dieser Regelung lassen sich an einem einfachen Rechenbeispiel aufzeigen. Bei einer Abstimmungsbeteiligung von exakt 50 Prozent wäre – unter der Voraussetzung, dass nur ein einziger Entwurf zur Abstimmung steht – die Zustimmung durch 25 Prozent der Stimmberechtigten erforderlich. Wenn aber nur ein einziger Stimmberechtigter weniger an der Abstimmung teilgenommen hätte, müssten 33,3 Prozent der Stimmberechtigten zustimmen. Anstelle einer einfachen Mehrheit der Abstimmenden, wäre somit eine Zwei-Drittel-Mehrheit für den Entwurf erforderlich.

5 Diesmal ging die Initiative von der CDU aus; vgl. „Vor Gesetzentwurf ein Volksbegehren", Die Welt 8.11.1967.

6 Vom 22. November 1974; GVBl. S. 2741.

des Vier-Mächte-Status der Stadt[1] das gesamte Bundesrecht als Landesrecht übernommen werden musste. Durch Art. 49 VvB wäre dann aber die Rechtseinheit mit dem Bundesgebiet zur Disposition der Bürger gestellt worden.[2]

Tatsächlich geht dieses Argument ins Leere, da schließlich auch das Abgeordnetenhaus nicht verpflichtet war, das Bundesrecht unverändert zu übernehmen.[3] Die Streichung des Art. 49 VvB-1950 ist daher tatsächlich wohl in erster Linie auf die Befürchtung zurückzuführen, dass radikale Gruppierungen sich die direktdemokratischen Verfahren zunutze machen könnten, um West-Berlin zu destabilisieren.[4]

Dass das Abgeordnetenhaus Art. 49 VvB-1950 ohne Zustimmung der Bürger gestrichen hat, stellt sich bei näherer Betrachtung als eine Art von Staatsstreich dar.[5] Allerdings hatte die Verfassung diese spezielle Bestimmung nicht ausdrücklich für änderungsfest erklärt.[6] Auch der revolutionäre Charakter der Verfassungsänderung machte diese daher nicht unzulässig.[7] Allerdings ist festzuhalten, dass mit der Streichung des Art. 49 VvB zum ersten und (bisher) einzigen Mal in der Geschichte der Bundesrepublik Deutschland die Möglichkeiten der Bürger, unmittelbar Einfluss auf die politische Willensbildung zu nehmen, verringert wurden.[8]

Zugleich mit der Streichung des Art. 49 VvB-1950 wurde in Art. 39 VvB-1974 das Volksbegehren durch ein Fünftel der Stimmberechtigten als notwendige Vorstufe eines Volksentscheids über die Auflösung des Abgeordnetenhauses eingeführt. Diese Bestimmung ist im Jahre 1981 sprachlich komplett überarbeitet worden. Volksbegehren und Volksentscheid nach Art. 39 III VvB-1981 richteten sich nunmehr auf die Beendigung der Wahlperiode des Abgeordnetenhauses. Inhaltlich hat sich dadurch allerdings nichts geän-

---

1   Die Alliierten befürworteten die Möglichkeit des Volksentscheids auf allen Rechtsgebieten, wollten aber keinerlei Differenzierungen zulassen, durch welche das übernommene Bundesrecht der Disposition der Bürger entzogen worden wäre; dazu *Jung*, JR 1996, S. 1, 2 f.
2   Mit diesem Argument hatte man schon die Anträge auf Erlass eines Ausführungsgesetzes zu Art. 49 VvB-1950 abgeblockt, vgl. „Heftiges Ringen um CDU-Antrag zum Volksbegehren", Die Welt, 22.1.1968.
3   *Schachtschneider*, JR 1975, S. 221, 223. Zu beachten ist zudem, dass die Bestimmung des Art. 72 VvB-1950 über den Verfassungsgerichtshof beibehalten wurde, obwohl dessen Konstituierung letzten Endes aus denselben Gründen unterblieben war, wie der Erlass des Ausführungsgesetzes zu Art. 49 VvB; darauf hat auch schon *Jung*, JR 1996, S. 1, 3 f., hingewiesen.
    Allerdings wäre es durchaus konsequent gewesen, Art. 49 *und* Art. 72 VvB-1950 zu streichen. Es bestand keinerlei Aussicht für eine Wiedervereinigung und die damit verbundene Beendigung des Sonderstatus Berlins in absehbarer Zeit. Zudem konnte nicht erwartet werden, dass die VvB-1950 nach einer solchen Wiedervereinigung unverändert weitergelten würde.
4   Dazu *Jung*, JR 1996, S. 1, 3 ff.
5   Man stelle sich die Reaktion des Abgeordnetenhauses vor, wenn die Bürger versucht hätten, die repräsentative Demokratie durch einen verfassungsändernden Volksentscheid abzuschaffen; dazu *Schachtschneider*, JR 1975, S. 221, 222; vgl. auch *Jung*, JR 1996, S. 1, S. 5.
6   Anders die neue Verfassung in Art. 100 S. 2 VvB; dazu siehe unten S. 777.
7   Vgl. *Anschütz*, WRV[14], Art. 76, Anm. 3, S. 404 f., zur vergleichbaren Diskussion in der Weimarer Republik.
8   So zu Recht *Jung*, JR 1996, S. 1, 5 und schon *Pestalozza*, Popularvorbehalt, S. 16 f.

dert.[1] Nach dem Gesetz über Volksbegehren und Volksentscheid zur vorzeitigen Beendigung der Wahlperiode des Abgeordnetenhauses[2] war dem Begehren ein Antragsverfahren vorgelagert. Nach § 2 II lit. b) BerlVVAbgHG musste ein Antrag von 80.000 Stimmberechtigten unterstützt werden. Hätten bei dem daraufhin durchgeführten Volksbegehren 20 Prozent der Stimmberechtigten die Beendigung der Wahlperiode verlangt, dann wäre eine Abstimmung durchgeführt worden, sofern das Abgeordnetenhaus sich nicht innerhalb von zwei Monaten selbst aufgelöst hätte.[3]

Die früheren Regelungen haben nur eine geringe praktische Bedeutung erlangt.[4]

B. Die Verfassungsdiskussion der Jahre 1990-1995

Mit der Vollendung der Deutschen Einheit sollte auch Berlin wiedervereinigt werden. Im Ostteil der Stadt ging man davon aus, dass in der ersten Wahlperiode des Abgeordnetenhauses von Gesamt-Berlin eine neue Verfassung ausgearbeitet würde. Die Stadtverordnetenversammlung von Ost-Berlin verabschiedete daraufhin am 11. Juli 1990 eine neue Verfassung für Ost-Berlin,[5] die – neben der bisherigen Verfassung von (West-)Berlin – Grundlage für die Verhandlungen über diese gesamt-berlinischen Verfassung sein sollte.[6]

Im Westteil der Stadt setzte sich hingegen rasch die Auffassung durch, dass lediglich der Anwendungsbereich der Verfassung von (West-)Berlin ausgedehnt werden solle. Nachdem sich auch im Ostteil der Stadt schnell die Einsicht durchsetzte, dass die Einheit – ebenso wie auf der Ebene des Bundes – nicht durch eine Neukonstituierung erreicht werden würde, sondern durch einen „Beitritt" der Ost-Berliner Bezirke, beteiligte sich der „Einheitsausschuss" der Stadtverordnetenversammlung an den Beratungen über eine Reform der West-Berliner Verfassung.[7] Durch eine Änderung des Art. 88 II VvB-1981 am 3. September 1990[8] wurde das noch zu wählende Abgeordnetenhaus lediglich dazu verpflichtet, diese Verfassung zu überarbeiten, wobei allerdings neben der (nicht in Kraft

---

1 Vgl. dazu Pfennig/Neumann-*Magen*, Art. 39 VvB, Rn. 1, 9 ff.

2 = **BerlVVAbgHG** vom 27.11.1974, GVBl. S. 2774, zuletzt geändert am 8. November 1990, GVBl. S. 2246.

3 Zum Verfahren Pfennig/Neumann-*Magen*, Art. 39 VvB, Rn. 11 f.

4 Dazu siehe oben S. 720.

5 In Kraft seit dem 23. Juli 1990, GVBl. S. 1.

6 Zwar beruhte die Verfassung von Ost-Berlin ihrerseits ebenfalls auf der VvB-1950. Allerdings wurden einige Veränderungen vorgenommen. Dies betraf insbesondere die Regelungen über direktdemokratische Verfahren: Während die Bürger im Westteil der Stadt seit der Reform von 1974 auf ein Volksbegehren zur Auflösung des Abgeordnetenhauses beschränkt waren, übernahm die Stadtverordnetenversammlung von Ost-Berlin weitgehend die ursprünglichen Regelungen der VvB-1950. Allerdings wurde auf der einen Seite das Quorum für das Volksbegehren von 20 auf 10 % abgesenkt, währen die Bürger auf der anderen Seite keine Möglichkeit haben sollten, einen Volksentscheid über eine Verfassungsänderung herbei zu führen; vgl. dazu *Wilke*, JöR 2004, S. 193, 199.

7 Vgl. dazu *Wilke*, JöR 2004, S. 193, 204.

8 Gleichzeitig wurde die Verfassung insgesamt „modernisiert". So wurde unter anderem ein „Staatsziel Umweltschutz" in Art. 21a eingefügt und das Recht auf informationelle Selbstbestimmung in Art. 21b; in Art. 25 III der Verfassung wurde der Anspruch der parlamentarischen Opposition auf Chancengleichheit statuiert; vgl. dazu auch *Wilke*, a.a.O., S. 207.

getretenen) Verfassung von Gesamt-Berlin vom 22. April 1948[1] und der West-Berliner Verfassung von 1950 ausdrücklich auch die Ost-Berliner Verfassung vom 11. Juli 1990 als Grundlage genannt wurde.[2] Die Neufassung sollte durch einen Volksentscheid in Kraft gesetzt werden. Mit der Konstituierung des ersten Gesamt-Berliner Abgeordnetenhauses am 11. Januar 1991 wurde der Geltungsbereich der bisherigen Verfassung von (West-)Berlin dann auf das ganze Stadtgebiet ausgedehnt.[3]

In der Folgezeit entbrannte ein heftiger Streit über die Auslegung des neu gefassten Art. 88 II VvB-1981. Das Bündnis 90/Die Grünen forderte die Einsetzung einer verfassunggebenden Versammlung,[4] die PDS einen Verfassungsrat.[5] Auf diesem Wege wäre es de facto doch noch zu einer Neukonstituierung des Landes Berlin gekommen. Die CDU, SPD und FDP hielten es hingegen für ausreichend, wenn das Abgeordnetenhaus die bisherige Verfassung überarbeiten würde.[6] Am 26. September 1991 wurde eine Enquête-Kommission zur Verfassungs- und Parlamentsreform eingesetzt, der 15 Abgeordnete des Abgeordnetenhauses und zwölf Sachverständige angehörten, die von den Fraktionen entsprechend ihrer Stärke benannt wurden. Die Arbeitsfähigkeit der Kommission war von Anfang an dadurch beeinträchtigt, dass die CDU und die FDP die bisherige Verfassung nur behutsam überprüfen wollten, während die Fraktionen der SPD, des Bündnis 90/Die Grünen und der PDS eine grundlegende Überarbeitung anstrebten.

Erst am 4. März 1992 konnte die Enquête-Kommission ihre Arbeit aufnehmen.[7] Nachdem die Verhandlungen zeitweise völlig zum Stillstand gekommen waren, legte sie im April 1993 einen ersten Zwischenbericht vor.[8] Die (Wieder-) Einführung der direktdemokratischen Verfahren war heftig umstritten, obwohl nach dem Wegfall des berlinischen Sonderstatus[9] die Begründung für die Streichung des Art. 49 VvB-1950 entfallen war. Allgemein befürwortet wurde hingegen die Einführung der Volksinitiative und der Möglichkeit von Referenden.[10]

---

1 Diese Verfassung war am 22. April 1948 von der Stadtverordnetenversammlung beschlossen worden (vgl. Drs. Nr. 111/797), dann aber nicht mehr in Kraft getreten. Ihre Regelungen wurden dann aber weitgehend in die VvB-1950 übernommen.

2 Dazu *Pestalozza*, LKV 1995, S. 344, 345; *Wilke*, JöR 2004, S. 193, 205. Nun ging es also nicht mehr um eine völlige Neuschöpfung!.

3 AbgH-Drs. 1/1.

4 AbgH-Drs. 12/1-2.

5 AbgH-Drs. 1/1-1.

6 Vgl. den gemeinsamen Antrag der Fraktionen der CDU und der SPD vom 23.5.1991, AbgH-Drs. 12/331.

7 Vgl. „Mit der Berliner Verfassung wird es ernst", BZ, 5.3.1992. Die CDU hat sich von Anfang an gegen plebiszitäre Elemente ausgesprochen, SPD und Bündnis 90/Die Grünen dafür, vgl. „Vor plebiszitären Elementen wird gewarnt", Tsp., 19.3.1992 und „CDU will weder Volksbegehren noch einen Volksentscheid", Tsp., 6.11.1992. Dies änderte sich erst Anfang 1993, vgl. „SPD bezichtigt CDU der Sabotage an der Verfassungsreform", Tsp. 28.1.1993.

8 AbgH-Drs. 12/2733.

9 vgl. Art. 1 I des „Zwei + Vier-Vertrages" vom 12.9.90.

10 Im Bericht ist missverständlicherweise von einer „Volksbefragung" die Rede (a.a.O., S. 5). Die vorgeschlagene Regelung (a.a.O. S. 14) zielt jedoch eindeutig auf eine verbindliche Entscheidung der Bürger.

Gut ein Jahr später, nämlich am 18. Mai 1994, legte die Kommission ihren Schlussbericht vor.[1] Darin wurde vorgeschlagen, die Volksinitiative, das Volksbegehren und den Volksentscheid über einfache Gesetze einzuführen. Die vorgeschlagenen Regelungen lehnten sich in Bezug auf das Volksbegehren und den Volksentscheid im wesentlichen an das Vorbild des Art. 49 VvB-1950 an.[2] Das Volksbegehren und der Volksentscheid zur Auflösung des Abgeordnetenhauses sollte beibehalten werden. Darüber hinaus war eine Volksinitiative vorgeschlagen worden, an der sich nicht nur die Stimmberechtigten, sondern alle Einwohner des Landes beteiligen können sollten.

Im Abgeordnetenhaus schleppten sich die Verhandlungen zunächst weiter hin. Dies lässt sich wohl nicht zuletzt darauf zurückführen, dass der neuen Verfassung in erster Linie die Bedeutung eines Diskussionspapiers für die allseits erwartete Konstituierung des neuen Bundeslandes Berlin-Brandenburg zugemessen wurde. Daneben spielte aber auch und vor allem der Umstand eine Rolle, dass die CDU zumindest einigen der von der Enquête-Kommission vorgeschlagenen Verfassungsänderung sehr skeptisch gegenüberstand,[3] was wiederum nicht zuletzt darauf zurück zu führen war, dass die Vertreter der CDU in der Kommission häufig überstimmt worden war.[4] Ohne die CDU, die im Abgeordnetenhaus die größte Fraktion stellte, gab es jedoch keine Mehrheit für eine Verfassungsänderung. Das Verfahren kam erst wieder in Gang, nachdem am 13. September 1994 insgesamt 75 Abgeordnete der Fraktionen von SPD, Bündnis 90/Die Grünen, PDS und FDP die Vorschläge der Enquête-Kommission formell als Antrag zur Änderung der Verfassung eingebracht hatten.[5] Erst jetzt nahm auch der Senat zu den Vorschlägen der Enquête-Kommission Stellung. Nachdem sich SPD und CDU auf dieser Ebene einigen mussten, um die Stabilität der großen Koalition nicht noch weiter zu gefährden, ist es kaum erstaunlich, dass sich die CDU zumindest mit einigen ihrer Kritikpunkte durchsetze. Insbesondere forderte der Senat eine weitere Erhöhung der Quoren für die direktdemokratischen Verfahren.[6]

1   AbgH-Drs. 12/4376.
2   Für das Volksbegehren sollte das Quorum allerdings von 20 auf 10 % gesenkt werden. Vorgesehen war eine Eintragungsfrist von vier Monaten. Vor allem sollte für den Fall, dass sich weniger als die Hälfte der Stimmberechtigten an der Abstimmung beteiligten, die Zustimmung durch ein Viertel der Stimmberechtigten ausreichen. Auf diese Weise wäre die oben (S. 758) dargestellte merkwürdige Konsequenz des doppelten Quorums nach Art. 49 VvB-1950 vermieden worden. Für Verfassungsänderungen war ein höheres Quorum vorgeschlagen worden. Notwendig gewesen wäre die Zustimmung durch zwei Drittel der Abstimmenden, mindestens aber die Hälfte der Stimmberechtigten. Für die Volksinitiative war ein Quorum von 40.000 Unterschriften vorgeschlagen worden.
    Obwohl diese Quoren durchaus nicht außergewöhnlich niedrig waren, meldeten die drei von der CDU benannten Sachverständigen *Randelzhofer*, *Scholz* und *Wilke* verfassungsrechtliche Bedenken an, vgl. „Streit um neue Verfassung", BZ, 2.6.1994; sowie kurz *Wilke*, JöR 2004, S. 193, 235.
3   Der rechtspolitische Sprecher der CDU-Fraktion Hubert *Rösler* meinte etwa, dass die Verfassungsreform „im Prinzip" zu begrüßen sei, doch müsse das „Gesamtinteresse aller in der Bevölkerung vorhandenen Ansichten und Richtungen im Auge behalten werden."; vgl. „Verfassungsreform ohne CDU", Tsp., 5.11.1994.
4   Dieser Umstand ist vor allem deshalb bemerkenswert, weil die CDU an sich zusammen mit der SPD eine große Koalition bildete; vgl. dazu auch *Wilke*, JöR 2004, S. 193, 235.
5   AbgH-Drs. 12/4874.
6   AbgH-Drs. 12/5224. Die Volksinitiative sollte von mindestens 62.000 Stimmberechtigten unterstützt werden müssen, die Eintragungsfrist für das Volksbegehren auf drei Monate verkürzt werden. Für

Am 22. Juni 1995 hat das Abgeordnetenhaus die umfassende Änderung der Verfassung beschlossen. Die Quoren für die Volksinitiative, das Volksbegehren und den Volksentscheid waren im Laufe der Beratungen zum Teil noch über die Forderungen des Senats hinaus erhöht worden.[1] Am 22. Oktober 1995 fand zugleich mit der Neuwahl des Abgeordnetenhauses eine Volksabstimmung über die neue Verfassung von Berlin statt. Nachdem diese mit großer Mehrheit angenommen wurde,[2] konnte sie am 29. November 1995 in Kraft treten.

Nur wenig später scheiterte die Vereinigung der Länder Berlin und Brandenburg.[3] Das Abgeordnetenhaus und der Senat sahen sich plötzlich mit der Aufgabe konfrontiert, die Verfassung durch den Erlass der entsprechenden Ausführungsbestimmungen mit Leben zu erfüllen. Wie schwer man sich hiermit getan hat, zeigt sich daran, dass erst ein Jahr später der erste Entwurf für ein Ausführungsgesetz zu den direktdemokratischen Verfahren in das Abgeordnetenhaus eingebracht wurde.[4] Nach weiteren Diskussionen[5] ist das berlinische Gesetz über Volksinitiative, Volksbegehren und Volksentscheid (BerlVVVG) dann am 11. Juni 1997 verabschiedet worden.[6]

Eine Ankündigung der neuen Regierungskoalition aus SPD und PDS im Jahre 2001, die Vorschriften bürgerfreundlich zu gestalten, blieb zunächst folgenlos.[7] Wenn seit Beginn des Jahres 2006 dennoch über eine erneute Reform und insbesondere über die Absenkung der Quoren für die Einwohnerinitiative, das Volksbegehren und den Volksentscheid sowie über

---

Verfassungsänderungen sollte die Zustimmung durch zwei Drittel der *Stimmberechtigten* erforderlich sein!

1 Eine Volksinitiative bedarf der Unterstützung durch 90.000 Personen, allerdings wurde der Kreis der Unterzeichnungsberechtigten auf alle volljährigen Einwohner ausgedehnt. Die Frist für die Unterstützung des Volksbegehrens wurde auf zwei Monate gesenkt. Vor allem wurde das Quorum für den Volksentscheid wieder auf den Stand des Art. 49 VvB-1950 gesetzt – trotz der merkwürdigen Konsequenzen, die diese Regelung nach sich zieht (vgl. oben S. 758). Schließlich wurde auch die Möglichkeit der Verfassungsänderung durch Volksentscheid gestrichen.

Obwohl bei den abschließenden Beratungen im Abgeordnetenhaus die Bedeutung der Regelungen über direktdemokratische Verfahren von allen Fraktionen betont wurde, erstaunt es dennoch nicht, wenn zugleich Zweifel geäußert wurden, ob diese Verfahren angesichts der hohen Quoren noch praktikabel sind. Während die Abgeordneten *Rösler* (CDU) und *Riedmüller-Seel* (SPD) in der Beratung der Verfassung am 8. Juni 1995 die Höhe der Quoren verteidigten, kritisierte der Abgeordnete *Kellner* (PDS) diese als zu hoch und damit prohibitiv, vgl. *Zawatka-Gerlach*, S. 14 ff.

2 75,1 % der Wähler hatten zugestimmt; vgl. dazu *Jung*, Blätter für deutsche und Internationale Politik 1996, S. 567, 575 ff. Allerdings hätte im Zweifel auch die Zustimmung durch eine einzige Person ausgereicht, da weder ein Beteiligungs- noch ein qualifiziertes Abstimmungsquorum vorgesehen war. Sehr kritisch zur Vorbereitung der Abstimmung *Pestalozza*, LKV 1995, S. 344, 345.

3 Zur Volksabstimmung siehe oben S. 230.

4 Am 24. Juli 1996 durch die Fraktion des Bündnis 90/Die Grünen, vgl. AbgH-Drs. 13/623. Die große Koalition aus CDU und SPD brachte ihren Entwurf kurz darauf ein, vgl. AbgH-Drs. 13/709.

5 Vgl. dazu *Jung*, ZG 1998, S. 295, 322, der nicht zu Unrecht darauf hinweist, dass die Debatte auch von Seiten der Opposition eher lustlos geführt wurde. Die „gegenwärtige depressive Stimmung des Berliner Parlamentarismus" habe „wie Mehltau" über dem ganzen Projekt gelegen.

6 GVBl. S. 304; ergänzt durch die Verordnung über die Durchführung des BerlVVVG vom 3.11.1997, GVBl. S. 583 (BerlVVVO).

7 Vgl. dazu *Posselt*, S. 60, 62.

das Verfahren des Volksbegehrens diskutiert wurde, dann lag das nicht zuletzt daran, dass diese Reform Bestandteil eines größeren Paketes sein sollte, bei dem es in erster Linie um eine Stärkung der Position des Regierenden Bürgermeister ging.[1] Die Verhandlungen standen unter einem erheblichen Zeitdruck, weil die Änderung der Bestimmungen über das Volksbegehren und den Volksentscheid aufgrund der Vorgabe des Art. 100 S. 2 VvB ihrerseits durch eine Volksabstimmung bestätigt werden müssen. Diese Abstimmung sollte aber zusammen mit den Wahlen zum Abgeordnetenhaus am 17. September 2006 statt finden, um eine möglichst hohe Beteiligung zu gewährleisten.[2]

Am 19. Mai 2006 hat das Abgeordnetenhaus das Reformpaket mit großer Mehrheit beschlossen und damit die Hürden für die unmittelbare Mitwirkung der Bürger deutlich abgesenkt.[3] Bei der Abstimmung am 17. September 2006 stimmten 84 Prozent der Abstimmenden für die Änderungen. Die Ausführungsbestimmungen sind bislang noch nicht angepasst worden.[4]

II. Die Volksinitiative – Die „Einwohnerinitiative" nach Art. 61 VvB

Bereits aus der (inoffiziellen) Überschrift des Art. 61 VvB geht hervor, dass auch in Berlin nicht nur die deutschen Staatsbürger berechtigt sind, eine Initiative durch ihre Unterschrift zu unterstützen. Die Beteiligung von Ausländern stößt ebensowenig wie in Brandenburg oder Bremen auf durchgreifende verfassungsrechtliche Bedenken.[5]

Nach Art. 61 I 2 VvB bedarf die Einwohnerinitiative seit der jüngsten Reform[6] nur noch der Unterstützung durch 20.000 Einwohner, die mindestens 16 Jahre alt sind.[7/8] Die Unterschriften müssen innerhalb von sechs Monaten, bevor die Initiative eingereicht wird, gesammelt worden sein.[9] Jede einzelne Unterschrift muss auf einem gesonderten Bogen erfol

---

1 Vgl. AbgH-Drs. 15/5038 und 15/5130.
2 Vgl. AbgH-Drs. 15/5039 und 15/5131.
3 Vgl. das Gesetz vom 25.5.2006, GVBl. S. 426.
4 Dies dürfte nicht zuletzt darauf zurückzuführen sein, dass die rot-rote Koalition aus SPD und PDS nach den Wahlen auseinander gebrochen ist. Seit dem 18.8.2007 liegt immerhin ein Gesetzentwurf des Senats vor (AbgH-Drs. 16/787).
5 So auch *Pestalozza*, LKV 1995, S. 344, 349; dazu siehe ausführlich oben S. 513 ff.; vgl. auch S. 725 zur Rechtslage in Bremen.
6 Bis dahin waren 90.000 Unterschriften von volljährigen Einwohnern erforderlich gewesen.
7 Wie bereits dargelegt wurde (Fn. 1 auf S. 763), konnte die Ausweitung des Kreises der Beteiligungsberechtigten über die Wahlberechtigten hinaus erst in der letzten Phase der Verfassungsberatungen des Jahres 1994 durchgesetzt werden. Dies war wohl nur deswegen möglich, weil dieses Institut nicht mehr als notwendige Vorstufe des Volksbegehrens vorgesehen wurde und erfolgte darüber hinaus wohl im Gegenzug zur Erhöhung der Quoren. Die Enquête-Kommission hatte noch 40.000 Unterschriften ausreichen lassen wollen; vgl. LT-Drs. 12/4376, S. 20.
8 Dies entspricht etwa 0,8 Prozent der Stimmberechtigten.
9 § 5 I 2 BerlVVG; die Einführung einer solchen, in der Verfassung nicht vorgesehenen Frist ist wegen des ausdrücklichen Gesetzesvorbehaltes in Art. 61 III VvB zulässig, vgl. dazu die Ausführungen zur vergleichbaren Rechtslage in Schleswig-Holstein, S. 453 und dort Fn. 6.
§ 5 II Nr. 5 BerlVVG sichert die Einhaltung der Frist. Bei jeder Unterschrift muss das Datum

gen, der den Wortlaut der Vorlage bzw. ihren wesentlichen Inhalt enthält.[1] Diese Bögen müssen vom Träger der Initiative auf eigenen Kosten beschafft werden.[2]

Der Anwendungsbereich der Einwohnerinitiative entsprach zunächst im wesentlichen dem der entsprechenden Institute in den anderen Ländern. Auch hier waren nach Art. 61 II VvB a.F. alle Initiativen zum Landeshaushalt, Dienst- und Versorgungsbezügen und Abgaben unzulässig.[3] Darüber hinaus schieden auch die Tarife der öffentlichen Unternehmen sowie Personalentscheidungen als Gegenstand einer Volksinitiative aus. Diese Beschränkung ist im Zuge der Reform des Jahres 2006 ersatzlos weggefallen.

Art. 61 I VvB sieht nicht ausdrücklich vor, dass der Initiative auch Gesetzentwürfe zugrunde gelegt werden dürfen. Der entsprechende Formulierungsvorschlag der Enquête-Kommission wurde nicht übernommen.[4] Wie im Zusammenhang mit Art. 47 NdsV bereits dargelegt wurde, gehören Gesetzentwürfe aber ohne jeden Zweifel zu den Gegenständen der politischen Willensbildung. Den ausdrücklichen Bestimmungen in anderen Länderverfassungen, dass auch Gesetzentwürfe Gegenstand einer Volksinitiative sein können, kommt daher nur deklaratorische Bedeutung zu.[5] Dieses Ergebnis wird durch die systematische Stellung des Art. 61 VvB im Abschnitt über die Gesetzgebung bestätigt.[6]

Bauleitpläne kommen derzeit nicht als Gegenstand einer Volksinitiative oder der anderen direktdemokratischen Verfahren in Betracht.[7] Allerdings könnten die Bürger auch hier[8] einen Antrag zur Änderung des BerlAGBauGB einbringen, wonach Bebauungspläne in Zukunft in der Form von Gesetzen durch das Abgeordnetenhaus beschlossen werden können.[9]

Auf den ersten Blick dient die Regelung des § 3 BerlVVVG über die möglichen Träger einer Volksinitiative ebenfalls vor allem der Rechtsklarheit. Dass sowohl Einzelpersonen, Gruppen, Organisationen und nicht zuletzt auch Parteien eine Volksinitiative initiieren können, versteht sich schließlich fast von selbst. Zu beachten ist in diesem Zusammenhang

angegeben werden.

1 So § 5 I 3 BerlVVVG; vgl. S. 699 zur vergleichbaren Rechtslage in Thüringen.
2 Auch *Ziekow*, LKV 1999, S. 89, 92, stellt fest, dass dieses Verfahren für die Initiatoren mit einem extrem hohen Aufwand verbunden ist.
3 Dazu siehe ausführlich oben S. 446 ff. zur vergleichbaren Regelung des Art. 41 II SH-V.
4 Siehe dazu die synoptische Darstellung unter http://dd.staatsrecht.info, S. II. Möglicherweise hält *Pestalozza*, LKV 1995, S. 344, 350, aus diesem Grund entsprechende Initiativen für unzulässig. Er begründet seine Ansicht allerdings nicht.
5 Dazu siehe oben S. 633.
6 Anders als *Pestalozza*, LKV 1995, S. 344, 350 meint, ist nicht diese systematische Zuordnung verfehlt. Sie impliziert vielmehr den hier dargelegten weiteren Anwendungsbereich.
Dass Art. 62 I 3 VvB für das Volksbegehren ausdrücklich die Vorlage eines Gesetzentwurfes verlangt, hat keine Bedeutung für die Auslegung des Art. 61 VvB. Zum einen bedeutet dies wegen der fehlenden Verknüpfung der Verfahren nicht zwangsläufig, dass ein solcher nicht auch als Gegenstand der Einwohnerinitiative in Frage käme. Zum anderen und vor allem bezieht sich Art. 62 I 3 VvB, wie sogleich noch aufzuzeigen sein wird, in erster Linie darauf, dass der Entwurf *ausgearbeitet* sein muss.
7 Nach §§ 2 III, 4 V BerlAGBauGB ist der Senat zuständig.
8 Dazu siehe oben S. 731 zur vergleichbaren Rechtslage in Bremen.
9 vgl. § 246 II 1 BauGB. Wird dieser Antrag angenommen, dann können die Bürger auch auf den Erlass dieser Pläne unmittelbar Einfluss nehmen; dazu siehe ausführlicher unten S. 805 f.

jedoch, dass nach § 6 I 1 BerlVVVG ausschließlich der oder die Träger der Volksinitiative die fünf Vertrauenspersonen bestimmen, die als Vertreter der Volksinitiative berechtigt sind, für den Träger der Initiative verbindliche Erklärungen abzugeben[1] und entgegenzunehmen. Sie müssen auf den Unterschriftenbögen genannt werden. Auch in Berlin gibt es somit nicht einmal mehr theoretisch die Möglichkeit, dass die Unterzeichner der Volksinitiative ihre Vertreter wählen.[2]

Die Zulässigkeit der Volksinitiative wird vom Präsidenten des Abgeordnetenhauses überprüft. Diesem steht hierfür lediglich eine Frist von 15 Tagen ab dem Eingang des Antrags zur Verfügung.[3] Der Umfang der Prüfung wird durch Art. 61 I und die die darin enthaltenen Vorgaben konkretisierenden Regelungen der §§ 1-6 BerlVVVG abschließend bestimmt. Auch in Berlin können Mängel des Antrags behoben werden. Der Präsident des Abgeordnetenhauses hat dem Träger der Volksinitiative gegebenenfalls eine angemessene Frist zu setzen.[4] Die Nachbesserung von Unterschriften ist allerdings ausdrücklich ausgeschlossen.

Nach der Feststellung der Zulässigkeit werden die Unterschriftsbögen an die Senatsverwaltung für Inneres weitergeleitet. Diese verteilt die Bögen auf die Bezirksämter, die für die Prüfung der Unterschriften zuständig sind.[5] Sie haben hierfür 20 Tage Zeit. Die Frist beginnt mit dem Eingang der Bögen bei der Senatsverwaltung für Inneres zu laufen.[6]

Spätestens drei Tage nachdem der Senator für Inneres dem Präsidenten des Abgeordnetenhauses die Zahl der gültigen Unterschriften mitgeteilt hat, stellt dieser gegebenenfalls die Zulässigkeit der Volksinitiative fest. Gegen seine Entscheidung können die Vertrauenspersonen oder eine qualifizierte Minderheit von einem Viertel der Mitglieder des Abgeordnetenhauses das Verfassungsgericht des Landes anrufen.[7] Ein Antrag der Landtagsminderheit gegen die Feststellung, dass eine Volksinitiative zulässig ist, hat gegebenenfalls

---

1 Wie in den vergleichbaren Regelungen in den anderen Ländern wird auch hier nur vorausgesetzt, dass drei der fünf Vertrauenspersonen die betreffende Erklärung abgeben. Die überstimmte Minderheit hat keinerlei Rechtsschutzmöglichkeiten.
2 Zu den Problemen im Zusammenhang mit der demokratischen Legitimation der Vertreter siehe oben S. 455, Fn. 1.
3 § 7 I 2 BerlVVVG.
4 Vgl. § 7 II BerlVVVG; dass es sich bei dieser Vorschrift um eine „Kann"-Bestimmung handelt, bedeutet nicht, dass der Präsident des Abgeordnetenhauses eine Ermessensentscheidung zu treffen hätte. Sofern die Beseitigung des Mangels ohne eine Änderung des Gegenstandes der Volksinitiative möglich ist, *muss* er dem Träger vielmehr die Möglichkeit zur Nachbesserung geben.
5 Auffallenderweise werden die Bögen ohne Rücksicht auf den Wohnsitz der Unterzeichner verteilt. Dadurch soll eine gleichmäßige Belastung der Behörden erreicht werden. Durch das BerlVVVG wurde konsequenterweise das Meldegesetz des Landes dahingehend geändert, dass die Bezirksämter die Unterschriftsberechtigung unabhängig davon prüfen dürfen, ob sie für den Wohnsitz der Unterzeichner örtlich zuständig sind. Für diesen Zweck dürfen sie also die Melde-Daten der anderen Bezirksämter verwenden.
Ziekow, LKV 1999, S. 89, 92, hält dieses Verfahren für verfassungswidrig, da Art. 67 VvB ein „allzuständiges Bezirksamt" nicht erlaube.
6 Auf diese Weise soll eine Verschleppung des Verfahrens verhindert werden.
7 § 41 I BerlVVVG.

aufschiebende Wirkung.[1]Sind die Zulässigkeitsvoraussetzungen nicht erfüllt, so kann der Antrag mit Zustimmung des Trägers der Initiative an den Petitionsausschuss des Abgeordnetenhauses weitergeleitet werden.[2]

Nachdem die Zulässigkeit einer Volksinitiative festgestellt wurde, muss sie innerhalb von vier Monaten im Abgeordnetenhaus beraten werden.[3] Im Gegensatz zu den anderen Landesverfassungen ergibt sich bereits aus Art. 61 I 3 VvB, dass die Initiatoren nur einen Anspruch darauf haben, im zuständigen Ausschuss angehört zu werden.[4] Nach der Anhörung ist eine Aussprache im Parlamentsplenum vorgesehen.[5]

Die Entscheidung des Abgeordnetenhauses, sich eine Einwohnerinitiative zu eigen zu machen, ersetzt nur dann einen formellen Gesetzesbeschluss, wenn sich zunächst der Senat oder ein hinreichender Anteil der Mitglieder des Abgeordnetenhauses die entsprechende Vorlage zu eigen gemacht haben.[6]

III. Das Volksgesetzgebungsverfahren

A. Das Volksbegehren nach Art. 62 VvB

Der Anwendungsbereich des Volksbegehrens ist deutlich enger als derjenige der Einwohnerinitiative.[7] Nach Art. 62 II VvB sind zunächst Volksbegehren zum Landeshaushaltsgesetz, Dienst- und Versorgungsbezügen und Abgaben unzulässig. Insofern kann grundsätzlich auf die früheren Ausführungen zu den Parallelbestimmungen in anderen Ländern verwiesen werden.[8]

Die Rechtslage in Berlin unterscheidet sich seit der jüngsten Reform allerdings insofern, als nunmehr ausdrücklich auf das Haushaltsgesetz Bezug genommen wurde und nicht mehr auf den Landeshaushalt. Dies impliziert an und für sich eine noch engere Auslegung des entsprechenden Vorbehaltes, so dass – wie in Baden-Württemberg oder Sachsen[9] – zunächst

---

1   Auf die Folgen des eigenständigen Klagerechts der Landtagsminderheit wurde bereits hingewiesen. Dazu siehe oben S. 611 zur vergleichbaren Rechtslage in Sachsen-Anhalt und allgemein S. 468 zu Art. 42 I 2 SH-V und § 13 I SH-VAbstG.
2   § 8 II 3 BerlVVVG.
3   Vgl. § 9 I BerlVVVG. *Ziekow*, LKV 1999, S. 89, 92 f., hält diese Frist für zu lange und vermutet, dass man auf diese Weise die öffentliche Wirkung der Initiative abmildern wolle. Allerdings erscheint eine Frist von vier Monaten durchaus überschaubar.
4   Allerdings wäre es dem Gesetzgeber nicht verwehrt gewesen, darüber hinaus auch eine Anhörung im Plenum vorzusehen. Dies hat er aber nicht getan.
5   So § 9 II 2 BerlVVVG.
6   Gemäß Art. 59 II VvB können Gesetzesvorlagen nur aus der Mitte des Abgeordnetenhauses, durch den Senat oder im Wege des Volksbegehrens eingebracht werden. Vgl. dazu oben S. 521 bzw. S. 603 zur vergleichbaren Rechtslage in Brandenburg und Sachsen-Anhalt und S. 462 zur abweichenden Rechtslage in Schleswig-Holstein.
7   Dazu siehe oben S. 765 f.
8   Dazu siehe ausführlich oben S. 446 ff. zur vergleichbaren Regelung des Art. 41 II SH-V.
9   Vgl. dazu oben S. 561 ff.

tatsächlich nur das Gesetz zur Feststellung des Haushaltsplanes selbst vom Anwendungsbereich der Verfahren ausgeschlossen wäre. Allerdings ergibt sich aus den Materialien der Entstehungsgeschichte ergibt, dass der verfassungsändernde Gesetzgeber keine grundsätzliche Änderung gegenüber der bisherigen Rechtslage beabsichtigte hat. Insbesondere werde der Anwendungsbereich der Verfahren nach wie vor durch das Budgetrecht des Parlamentes beschränkt.[1] Durch die Änderung solle lediglich klar gestellt werden, dass ein Antrag nicht allein deshalb unzulässig ist, weil er Einnahmen oder Ausgaben auslöse.[2]

Diese Interpretation scheint zwar im Ergebnis der hier vertretenen Auslegung der Haushaltsvorbehalte zu entsprechen, nach der diese Vorbehalte nicht nur dann durchgreifen, wenn eine Vorlage unmittelbar auf eine Änderung des Haushaltsgesetzes zielt, sondern auch dann, wenn der Gesamtbestand des Haushaltes im Falle der Annahme des entsprechende Antrags so weit aus dem Gleichgewicht geriete, dass es dem Abgeordnetenhaus und dem Senat unter keinen Umständen möglich wäre, die zu erwartenden Mehrausgaben bzw. Mindereinnahmen auszugleichen.

Die ausdrückliche Betonung, dass keine Änderung gegenüber der bisherigen Rechtslage beabsichtigt sei, deutet jedoch darauf hin, dass der verfassungsändernde Gesetzgeber doch eine etwas weitere Auslegung befürwortet und insbesondere die einschlägige Rechtsprechung des Verfassungsgerichtshofes nicht grundsätzlich in Frage stellen wollte.

Dieser war Ende 2005 auf Grundlage der alten Regelung und unter Berufung auf die Rechtsprechung anderer Landesverfassungsgerichte zu dem Ergebnis gekommen, dass der Haushaltsvorbehalt weit auszulegen sei.[3] Selbst wenn man davon ausgeht, dass die Entscheidung im Ergebnis Zustimmung verdient, weil es den Antragstellern dezidiert um die Entlastung des Landeshaushaltes ging, kann die Begründung des Gerichtes jedoch nicht überzeugen, da auch der frühere Haushaltsvorbehalt des Art. 62 V VvB a.F. nicht das Budgetrecht des Parlaments an sich schützen sollte, sondern dessen Gesamtverantwortung für das im Haushaltsplan gespiegelte Programm für die Regierungspolitik der jeweiligen Haushaltsperiode. Zudem hat das Gericht nicht berücksichtigt, dass es gegebenenfalls durchaus darauf ankommt, ob der finanzielle Spielraum des Landes infolge der Annahme des betreffenden Antrages verkleinert oder vergrößert würde.[4]

Selbst wenn man davon ausgeht, dass dem Willen des Gesetzgebers eine maßgebliche Bedeutung für die Auslegung zukommt, ist letzten Endes dennoch der Wortlaut der Norm entscheidend. Im Zweifel ist Art. 61 II VvB daher eng auszulegen, so dass auch eine erhebliche Auswirkung auf den Haushalt noch nicht zur Unzulässigkeit einer Vorlage führt.[5]

Während der Anwendungsbereich des Volksbegehrens und des Volksentscheides in Berlin damit auf der einen Seite etwas weiter als in den meisten anderen Ländern ist, enthält Art. 62 II VvB einige zusätzliche Beschränkungen. Insbesondere sind auch Personalentscheidungen vom Anwendungsbereich der Verfahren ausgeschlossen.[6] Darüber

---

1 Vgl. die Begründung zum Gesetzentwurf in AbgH-Drs. 15/5038, S. 6.
2 A.a.O.
3 Urteil vom 22.11.2005, VerfGH 35/04.
4 Vgl. dazu oben S. 120 ff.
5 Vgl. dazu oben S. 448 einerseits und S. 509 andererseits.
6 Dazu siehe ausführlich oben S. 372 zur vergleichbaren Bestimmung des Art. 76 II BbgV.

hinaus enthält Art. 61 II VvB ein Verbot von Volksbegehren zu den Tarifen öffentlicher Unternehmen.[1] Wie im Zusammenhang mit Art. 86 BremV bereits dargelegt worden ist, wäre eine solche Beschränkung nicht unbedingt nötig gewesen, da es sich bei diesen Tarifen ohnehin um Gebühren handelt, die ebensowenig wie andere Abgaben als Gegenstand eines Verfahrens in Frage kommen.[2] Ihre ausdrückliche Erwähnung dient aber jedenfalls der Rechtsklarheit.[3]

Während die VvB seit jeher Volksbegehren und Volksentscheide mit dem Ziel der Beendigung der Wahlperiode des Abgeordnetenhauses zulässt,[4] kommt die Verfassung erst seit den Reformen des Jahres 2006 als Gegenstand dieser Verfahren in Frage.[5] Fast noch wichtiger ist jedoch, dass nun auch die Beschränkung auf Gesetzentwürfe aufgegeben wurde,[6] so dass in Berlin nun ebenso wie in Brandenburg, Hamburg und Schleswig-Holstein auch andere Anträge zu bestimmten Gegenständen der politischen Willensbildung auf diesem Wege zur Abstimmung gebracht werden können, sofern sie nur das Land Berlin betreffen.

Aus § 14 S. 2 BerlVVG ergibt sich, dass ein Gesetzentwurf begründet werden muss. Wie schon im Zusammenhang mit der vergleichbaren Rechtslage in Bremen ausgeführt wurde, muss diese Anforderung verfassungskonform restriktiv ausgelegt werden.[7]

Nach Art. 61 I 3 VvB können Volksbegehren zum selben Gegenstand innerhalb einer Wahlperiode nur einmal eingebracht werden.[8] Abweichend davon sieht § 12 II BerlVVG eine besondere Sperrfrist für Anträge auf Beendigung der Wahlperiode des Abgeordnetenhauses vor. Diese sollen höchstens alle zwölf Monate und nur bis zum 40. Monat nach dem

---

1 Diese Einschränkung wurde wahrscheinlich aus den Vorschlägen der Enquête-Kommission „Parlamentsreform" der hamburgischen Bürgerschaft entnommen; vgl. HambBS-Drs. 14/2600, S. 227 und ausführlich unten S. 804.

2 Dazu siehe oben S. 724 f.

3 Zu beachten ist dabei, dass die Tarife der öffentlichen Unternehmen in Berlin seit jeher Gegenstand heftiger Diskussionen im Abgeordnetenhaus waren.

4 Artt. 54 III, 62 III VvB; vgl. schon Art. 39 III VvB-1981.

5 Auf Grundlage der alten Regelung hatte der *BerlVfGH*, LKV 1999, S. 360 f., ein Volksbegehren zu Recht für unzulässig erklärt, mit dem die Antragsteller den Senat unter anderem dazu verpflichten wollten, jedes Jahr durch eine Anzeigenkampagne für eine entsprechende Änderung der Verfassung zu werden, um auf diese Weise Druck auf das Abgeordnetenhaus auszuüben. Allerdings hätte man sich hier auch die Frage stellen können, ob der Antrag nicht schon deshalb unzulässig war, weil dieses Anliegen überhaupt nicht in Form eines Gesetzes umgesetzt werden konnte.

6 Art. 62 I 3 Vv a.F. hatte verlangt, dass dem Begehren ein ausgearbeiteter Entwurf zugrunde liegen muss. Die Vorlae musste daher so detailliert sein, dass sie vom Abgeordnetenhaus ohne weitere Konkretisierungen hätte übernommen werden können dazu siehe oben S. 607 zu Art. 81 I 2 LSA-V.

7 Dazu siehe oben S. 733.

8 Da sich diese Beschränkung aus der Verfassung selbst ergibt, ist sie verfassungsrechtlich unproblematisch. Zur vergleichbaren Rechtslage nach Artt. 73 II SächsV und 70 I lit. d) Satz 5 BremV siehe oben S. 565 bzw. S. 728.

Beginn der Wahlperiode zulässig sein.[1] Allerdings steht es dem (einfachen) Gesetzgeber nicht zu, eine solche in der Verfassung nicht vorgesehene Hürde zu errichten.[2]

1. Der Volksantrag

Auch in Berlin hat der Gesetzgeber dem eigentlichen Volksbegehren ein Volksantragsverfahren vorgeschaltet. Bis zur Reform im Jahr 2006 war dies deshalb problematisch, weil dieser Antrag in der Verfassung nicht ausdrücklich erwähnt war. Zwar ergab sich seit jeher aus dem Gesamtzusammenhang der einschlägigen Bestimmungen, dass die Zulässigkeit eines Volksbegehrens überprüft werden muss, bevor sich das Abgeordnetenhaus mit dem Antrag befasst oder gar der Volksentscheid stattfindet. Dem einfachen Gesetzgeber steht es jedoch nicht zu, diese Prüfung noch vor den Beginn der Unterschriftensammlung für das Volksbegehren zu ziehen und damit eine zusätzliche Verfahrenshürde zu errichten.[3/4]

Allerdings war in diesem Zusammenhang zu beachten, dass der Volksantrag nicht nur dazu diente, den zuständigen Organen eine Möglichkeit zur frühzeitigen Überprüfung der Zulässigkeit des beantragten Volksbegehrens zu verschaffen. Vielmehr war der Antrag deshalb erforderlich, weil in Berlin nach dem Vorbild der Regelungen zu den älteren Landesverfassungen ein formalisiertes Eintragungsverfahren für das Volksbegehren vorgesehen war. Da dessen Vorbereitung für die betroffenen Behörden einen erheblichen Aufwand mit sich bringt, erscheint es gerechtfertigt, einen Nachweis dafür zu verlangen, dass das Zustandekommen des Volksbegehrens zumindest nicht völlig unwahrscheinlich ist.[5] Zwar lag das Quorum für den Volksantrag mit etwa einem Prozent der Stimmberechtigten (25.000 Unterschriften) höher als in den meisten der anderen Länder. Nachdem sich die Unterschriftensammlung in einem Stadtstaat jedoch relativ einfach organisieren lässt, erscheint das Quorum dennoch nicht unerreichbar. Im Ergebnis war das Volksantragsverfahren daher mit den Vorgaben der Verfassung vereinbar, obwohl diese selbst kein solches Verfahren vorgesehen hatte.

---

1 Zu beachten ist, dass das Verfahren bis zum Volksentscheid über die vorzeitige Beendigung der Wahlperiode mindestens sieben Monate dauert: Jeweils 15 Tage für die Prüfung der allgemeinen Zulässigkeitsvoraussetzungen, für die Prüfung der Unterschriften, für die Feststellung der Zulässigkeit, für die Bekanntmachung des Volksbegehrens und bis zum Beginn der Eintragungsfrist. Die Eintragungsfrist läuft zwei weitere Monate; vgl. §§ 17 I 2, III 2, IV 2, 18 I und II BerlVVG. Innerhalb von 15 Tagen nach ihrem Ende muss festgestellt werden, ob das Volksbegehren zustande gekommen ist. Die Abstimmung hat dann innerhalb der nächsten zwei Monate stattzufinden; vgl. §§ 25 I und II und 29 I Nr. 2 BerlVVG.

2 Art. 61 I 2 VvB ist insofern nicht unmittelbar anwendbar! Ausführlich zu den Problemen im Zusammenhang mit einer einfachgesetzlichen Regelung der Sperrfrist oben S. 305.

3 Ebenso wie in Sachsen-Anhalt und Bremen; dazu siehe oben S. 605 und 732; vgl. auch S. 703 zur früheren Rechtslage in Thüringen.

4 In diesem Zusammenhang ist zudem zu beachten, dass die Einwohnerinitiative entgegen den Vorschlägen der Enquête-Kommission (vgl. AbgH-Drs. 12/4376, S. 20) ausdrücklich nicht als notwendige Vorstufe des Volksbegehrens ausgestaltet worden ist. Auch dies spricht gegen die Befugnis des einfachen Gesetzgebers, dem Volksbegehren ein formelles Vorverfahren vorzuschalten.

5 Dazu siehe schon oben S. 288 ff.

Im Zuge der Verfassungsreformen des Jahres 2006 hat sich die Rechtslage verändert. Nun sieht Art. 63 VvB in seinen Absätzen 1 bis 3 jeweils einen „Nachweis der Unterstützung" vor, wobei sich aus dem Zusammenhang der Regelungen ergibt, dass dieser Nachweis vor dem Beginn der Unterschriftensammlung für das Volksbegehren erbracht werden muss. Damit handelt es sich aber um einen Volksantrag im Sinne der hier verwendeten Begrifflichkeit.

Ein Antrag auf Zulassung eines Volksbegehrens ist bei der Senatsverwaltung für Inneres einzureichen.[1] Dieser Antrag bedarf grundsätzlich der Unterschrift von 20.000 Wahlberechtigten.[2] Bei Anträgen zur Beendigung der Wahlperiode des Abgeordnetenhauses oder auf eine Änderung der Verfassung müssen sogar 50.000 Wahlberechtigte unterzeichnet haben. Im Übrigen ist das Verfahren wie das bei der „Einwohnerinitiative" ausgestaltet. Die Unterschriften müssen innerhalb von sechs Monaten vor Einreichung des Antrags gesammelt worden sein. Sie müssen auf gesonderten Bögen erfolgen, auf denen die Vorlage und die vom Träger des Begehrens benannten fünf Vertrauenspersonen aufgeführt sind.[3]

Die Senatsverwaltung für Inneres prüft die Zulässigkeitsvoraussetzungen nach Art. 62 I, II und V VvB und §§ 10-16 BerlVVVG. Ihr steht hierfür eine Frist von 15 Tagen zur Verfügung. Sie hat dem Träger des Volksbegehrens gegebenenfalls eine angemessene Frist zur Beseitigung von Mängeln zu setzen.[4]

Da Änderungen des Antrags erst nach der Bekanntmachung über dessen Zulässigkeit ausgeschlossen sind,[5] kann der Volksantrag bis dahin auch ohne eine solche Aufforderung zur Mängelbeseitigung noch geändert werden. Es ist davon auszugehen, dass der geänderte Antrag nur zulässig ist, wenn das ursprüngliche Anliegen unberührt bleibt.[6]

Hält die Senatsverwaltung für Inneres den Antrag für zulässig, so muss sie die Unterschriftsbögen wiederum den Bezirksämtern zuleiten, die innerhalb von 15 Tagen die Unterschriften überprüfen. Danach – oder wenn die Senatsverwaltung den Antrag ohnehin für unzulässig hält – werden die Unterlagen samt einer Stellungnahme der Senatsverwaltung für Inneres übergeben. Der Senator hat innerhalb von weiteren 15 Tagen über die Zulässigkeit des Volksantrags zu entscheiden.[7] Nach § 17 IV 3 Nr. 2 BerlVVVG soll der Senat an sich auch überprüfen, ob das Volksbegehren dem Grundgesetz, sonstigem Bundesrecht oder Verfassung von Berlin widerspricht. Diese Regelung ist jedoch unwirksam, da die Verfassung von Berlin keine solch umfassende präventive Normenkontrolle vorsieht.[8]

Gegen die Entscheidung über die Zulässigkeit können die Vertrauenspersonen oder eine qualifizierte Minderheit von einem Viertel der Mitglieder des Abgeordnetenhauses das

---

1 § 14 BerlVVVG.
2 § 15 I 1 BerlVVVG hatte für den Volksantrag zunächst ein Quorum von 25.000 Unterschriften vorgesehen.
3 Vgl. §§ 15 I 2 und 3, 16 BerlVVVG.
4 Vgl. § 17 I und II BerlVVVG.
5 Vgl. § 19 I BerlVVVG.
6 Andernfalls wären die Änderungen nicht vom Willen der ursprünglichen Unterzeichner gedeckt.
7 § 17 IV 2 BerlVVVG.
8 Dazu ausführlich S. 295 ff.

Verfassungsgericht des Landes anrufen,[1] wobei zu beachten ist, dass ein Antrag der Landtagsminderheit gegebenenfalls aufschiebende Wirkung hat.[2]

Ist der Volksantrag für zulässig erklärt worden, so muss die Senatsverwaltung für Inneres innerhalb von weiteren 15 Tagen die Entscheidung, den Antrag, die Vertrauenspersonen, die Eintragungsfrist sowie die Eintragungsstellen und -zeiten im Amtsblatt von Berlin bekannt machen.

Bis Ende 2006 war das Abgeordnetenhaus nicht dazu verpflichtet, sich mit einem Volksantrag zu befassen. Traf es dennoch eine Entscheidung und sahen die Antragsteller ihrem Anliegen damit hinreichend Rechnung getragen, so konnten sie das Verfahren bis zum Beginn der Eintragungsfrist für das Volksbegehren zum Abschluss bringen.[3] Die Entscheidung der Vertrauenspersonen unterlag allerdings keiner Kontrolle und konnte insbesondere nicht von den übrigen Unterzeichnern des Antrags angefochten werden.

Seit der Verfassungsreform sieht Art. 62 III VvB vor, dass die Vorlage vom Senat unter Darlegung seines Standpunktes dem Abgeordnetenhaus unterbreitet werden muss, sobald der „Nachweis der Unterstützung" erbracht wurde. Zwar ist das Abgeordnetenhaus nach wie vor nicht ausdrücklich dazu verpflichtet, sich mit der Vorlage auseinander zu setzen. Aus Art. 62 III 2 VvB ergibt sich jedoch nunmehr, dass die Vertreter des Volksbegehrens nur dann verlangen können, dass das Volksbegehren durchgeführt wird, wenn das Abgeordnetenhaus die Vorlage nicht innerhalb von vier Monaten „in ihrem wesentlichen Bestand unverändert" angenommen hat. Dies betrifft alle Formen des Volksbegehrens. Zwar erscheint es durchaus fragwürdig, ob sich ein Antrag auf vorzeitige Beendigung der Wahlperiode des Abgeordnetenhauses als „Entwurf eines Gesetzes oder sonstigen Beschlusses" ansehen lässt. Allerdings ergibt sich aus Art. 62 VI VvB, dass die allgemeinen Regeln für Volksbegehren auf Begehren zur vorzeitigen Beendigung der Wahlperiode ohnehin nur entsprechend angewendet werden können.

Die Entscheidung, ob dem Anliegen der Initiatoren hinreichend Rechnung getragen wurde, liegt zunächst beim Abgeordnetenhaus. Dessen Feststellung scheint auf den ersten Blick nicht vor dem Verfassungsgericht des Landes angefochten werden zu können. Dabei ist jedoch zu beachten, dass Art. 84 II Nr. 1 VvB eine Regelung über den Organstreit enthält. Da die Unterzeichner des Volksantrags, zumindest aber die Vertreter des Volksbegehrens nunmehr ausdrücklich in der Verfassung erwähnt werden, handelt es sich bei ihnen aber um mögliche Antragsteller in einem Organstreitverfahren.[4] Sie haben daher das Recht, gegebenenfalls den Verfassungsgerichtshof anzurufen, um auf diesem Wege geltend zu machen, dass das Abgeordnetenhaus ihren Anspruch auf Durchführung eines Volksbegehrens unterlaufen hat, indem ein Beschluss des Parlamentes zu Unrecht als „im wesentlichen unveränderte" Übernahme des Anliegens des betreffenden Volksbegehrens gewertet wurde.

---

1 § 41 I BerlVVVG.
2 Vgl. dazu schon oben S. 766 zur Volksinitiative.
3 § 19 II BerlVVVG.
4 Vgl. zu diesem Problemkreis ausführlich oben S. 313 ff.

2. Das Volksbegehren

Das Volksbegehren muss gemäß Art. 63 I 2 VvB innerhalb von vier Monaten[1] durch sieben Prozent der Stimmberechtigten unterstützt werden.[2] Für ein Begehren zur Beendigung der Wahlperiode des Abgeordnetenhauses oder mit dem Ziel einer Verfassungsänderung müssen nach Art. 63 II 1 und III 2 VvB jeweils 20 Prozent der Wahlberechtigten einen entsprechenden Antrag unterstützt haben.

Da das BerlVVVG bisher noch nicht den neuen Regelungen der VvB angepasst wurde, kann im Folgenden wiederum nur die frühere Rechtslage referiert werden.

Es ist derzeit noch nicht absehbar, ob in Berlin neben dem förmlichen Eintragungsverfahren auch die Möglichkeit einer freien Unterschriftensammlung zugelassen wird.

Der Landesabstimmungsleiter bestimmt einheitliche Eintragungszeiten. Die Zeiten sind so zu bemessen, dass jeder Berechtigten tatsächlich Gelegenheit hat, das Begehren zu unterstützen. An mindestens zwei Tagen in der Woche muss die Eintragung bis 18 Uhr möglich sein, außerdem auch an einzelnen Sonnabenden, Sonn- und Feiertagen.[3] Die Eintragungsfrist soll in der Regel 15 Tage nach der Veröffentlichung im Amtsblatt von Berlin beginnen. Die Festlegung der Auslegestellen ist Sache der Bezirksabstimmungsleiter.[4]

Aus dem BerlVVVG ergibt sich nicht, dass die Unterzeichnungsberechtigten das Volksbegehren nur in bestimmten Auslegestellen unterstützen dürften. Die Überprüfung der Stimmberechtigung erfolgt nach § 22 V 1 BerlVVVG anhand der Meldeunterlagen. Satz 2 dieser Vorschrift enthält die einmalige Regelung, dass Personen, die in keinem deutschen Melderegister verzeichnet oder erst seit weniger als drei Monaten in Berlin gemeldet sind, durch eine eidesstattliche Erklärung glaubhaft machen können, dass sie sich in den letzten drei Monaten überwiegend in Berlin aufgehalten haben.[5] Bemerkenswert ist auch die Regelung des § 23 BerlVVVG, die eine „Briefeintragung" ermöglicht.

---

1 Bis 2006 hatten für die Sammlung nur zwei Monate zur Verfügung gestanden, obwohl bereits die Enquêtekommission Verfassungsreform eine Frist von vier Monaten vorgeschlagen hatte; vgl. AbgH-Drs. 12/4376, S. 20.

2 Bis 2006 galt ein Quorum von 10 Prozent.

3 Vgl. § 21 BerlVVVG.

4 Nach der Ansicht des *BerlVfGH*, LKV 1999, S. 359 f., haben die Vertrauenspersonen keine Möglichkeit, diese Entscheidungen im Vorfeld des Verfahrens anzugreifen, da es sich bei Ihnen nicht um mit obersten Landesorganen vergleichbare Beteiligte handelte, die einen Antrag im Organstreitverfahren nach Art. 84 II Nr. 1 VvB i.V.m. §§ 14 Nr. 1, 36 BerlVfGHG stellen können. Sie waren daher gegebenenfalls auf das nachträgliche Einspruchsverfahren gemäß § 41 BerlVVVG beschränkt.
Diese Rechtslage hat sich infolge der Reform der Artt. 62 f. VvB im Jahre 2006 geändert, da die Vertrauenspersonen des Volksbegehrens nunmehr ausdrücklich in der Verfassung erwähnt werden und daher als Antragsteller in einem Organstreitverfahren in Betracht kommen.

5 Diese Regelung kommt neben Studierenden, die häufig noch längere Zeit an ihrer Heimatanschrift gemeldet sind, vor allem Obdachlosen zugute. Diese haben nämlich keine Möglichkeit, sich polizeilich zu melden, weil sie hierfür erst einen ständigen Wohnsitz nachweisen müssten.

Angesichts der vielfachen Möglichkeiten, ein Volksbegehren durch seine Unterschrift zu unterstützen, besteht die Gefahr, dass einzelne Personen sich gleich mehrfach eintragen. In diesem Fall sind allerdings sämtliche Eintragungen ungültig.[1]

Stellen die Bezirksämter fest, dass eine Eintragung ungültig ist, haben sie das unter Angabe der Gründe der betreffenden Person mitzuteilen. Diese kann Einspruch gegen die Entscheidung einlegen, über den gegebenenfalls der Bezirksabstimmungsleiter entscheidet.[2] Auch wenn dies nicht ausdrücklich im Gesetz geregelt ist, ist gegen die Entscheidung des Bezirksabstimmungsleiter der Verwaltungsrechtsweg eröffnet.[3]

Innerhalb von zwölf Tagen nach dem Ende der Eintragungsfrist haben die Bezirksabstimmungsleiter die Gesamtzahl der in ihrem Bezirk erfolgten gültigen Eintragungen festzustellen und dem Landesabstimmungsleiter mitzuteilen. Dieser stellt innerhalb von weiteren drei Tagen fest, ob das Begehren zustande gekommen ist.[4] Gegen seine Entscheidung können sowohl die Vertrauenspersonen als auch ein Viertel der Mitglieder des Abgeordnetenhauses das Verfassungsgericht anrufen.[5]

3. Die Behandlung des Volksbegehrens im Abgeordnetenhaus

Nachdem das Abgeordnetenhaus bereits aufgrund des Volksantrags Gelegenheit hatte, sich mit der Vorlage und der Stellungnahme des Senates auseinander zu setzen, sieht die VvB nicht vor, dass über das Volksbegehren nochmals beraten werden muss. Dennoch muss das Abgeordnetenhaus spätestens drei Tage nach der Veröffentlichung des Gesamtergebnisses durch den Landesabstimmungsleiter informiert werden.[6]

Diese Informationspflicht hängt damit zusammen, dass das Abgeordnetenhaus nach Art. 62 I 4 VvB die Möglichkeit, den Volksentscheid durch die Übernahme des begehrten Gesetzentwurfes oder der sonstigen Vorlage abzuwenden. Dazu muss es den Entwurf nicht unverändert annehmen. Vielmehr verlangt Art. 62 I 4 VvB i.V.m. § 29 II 2 BerlVVVG lediglich, dass es das Abgeordnetenhaus deutlich macht, wenn es einen Entwurf nicht unverändert annimmt.

Bis zur Verfassungsreform des Jahres 2006 räumten weder die Verfassung selbst, noch das BerlVVVG dem Träger eines Volksbegehrens eine Möglichkeit ein, die erledigende Entscheidung überprüfen zu lassen. Ihm blieb daher allenfalls die Verfassungsbeschwerde nach Art. 84 II Nr. 5 VvB, wobei fraglich ist, ob der Träger eines Volksbegehrens hier überhaupt ein subjektives Recht geltend machen kann.[7] Nachdem nunmehr die Vertreter des Volksbegehrens ausdrücklich in der Verfassung erwähnt werden (Art. 62 III 2 VvB), besteht mittlerweile jedoch auch hier die Möglichkeit, ein Organstreitverfahren nach

---

1 Vgl. § 24 II Nr. 7 BerlVVVG.
2 § 24 III BerlVVVG.
3 Vgl. dazu schon oben S. 310.
4 § 25 BerlVVVG.
5 Vgl. § 41 I BerlVVVG. Bis Ende 2006 konnte erst im Rahmen dieses Verfahrens die konkrete Durchführung des Eintragungsverfahrens gerügt werden.
6 Dies ergibt sich aus § 28 Satz 1 BerlVVVG.
7 Zum Annahmeverfahren nach § 91a BVerfGG vgl. Umbach/Clemens-*Nagelmann*, § 91a BVerfGG.

Art. 84 II Nr. 1 VvB einzuleiten, in dessen Rahmen geltend gemacht werden kann, dass das Volksbegehren durch die Beschlüsse des Abgeordnetenhauses nicht erledigt worden ist.

Dem Abgeordnetenhaus ist keine Frist für seine Entscheidung über die Übernahme einer Vorlage vorgegeben. Theoretisch kann das Volksbegehren daher noch am Tag vor dem Abstimmungstermin erledigt werden. Entscheidende Bedeutung kommt daher den Fristen für die Durchführung des Volksentscheides zu: Grundsätzlich muss der Volksentscheid nach Art. 62 IV 1 VvB innerhalb von vier Monaten nach dem Zustandekommen eines Volksbegehrens durchgeführt werden. Allerdings ermöglicht Art. 62 IV 2 VvB eine Verlängerung dieser Frist um bis zu vier weiteren Monaten, wenn es dadurch möglich wird, die Abstimmung gemeinsam mit einer allgemeinen Wahl durchzuführen. Auf diesem Wege soll eine hohe Abstimmungsbeteiligung gewährleistet werden – wobei man sich erneut die Frage stellen muss, ob eine solche Manipulation der Beteiligungsquote keine Auswirkungen auf die Qualität des Abstimmungsergebnisses hat.

Für Verfahren zur vorzeitigen Beendigung der Wahlperiode sieht Art. 54 IV VvB eine kürzere Frist von 8 Wochen nach der Bekanntmachung des Volksentscheides vor.

B. Der Volksentscheid nach Art. 63 VvB

Auch die Ausgestaltung des Abstimmungsverfahrens selbst ist im wesentlichen dem Gesetzgeber vorbehalten. Aus Art. 62 IV 3 VvB ergibt sich das Recht des Abgeordnetenhauses, einen konkurrierenden Entwurf zur Abstimmung zu stellen, der stets nur der Zustimmung durch eine einfache Mehrheit der abstimmenden Abgeordneten bedarf.[1] Der konkurrierende Entwurf muss mindestens 45 Tage vor der Abstimmung beschlossen werden.[2] So soll eine ausreichende Möglichkeit zur Diskussion der Entwürfe gewährleistet werden.

In Art. 63 IV VvB ist ein Auftrag an den Gesetzgeber enthalten, die Veröffentlichung des Antrags zu regeln.[3] Nach § 32 I BerlVVVG setzt der Senat innerhalb von 15 Tagen nach der Veröffentlichung über das Zustandekommen des Volksbegehrens einen Sonntag oder gesetzlichen Feiertag als Abstimmungstag fest und gibt ihn bekannt. Der Wortlaut des Volksentscheids und des Gesetzentwurfes bzw. der konkurrierenden Gesetzentwürfe werden spätestens 35 Tage vor dem Termin vom Landesabstimmungsleiter im Amtsblatt von Berlin veröffentlicht und außerdem in den Bezirksämtern und Abstimmungslokalen ausgelegt.[4] Hingegen erfolgt weder eine Bekanntmachung in der örtlichen Tagespresse, noch hat der Träger des Begehrens einen Anspruch auf Erstattung der Kosten für die Werbung für seinen Antrag.[5]

---

1   Dies reicht selbst für Anträge aus, die sich auf eine Änderung der Verfassung richten. Mangels einer ausdrücklichen Regelung über ein qualifiziertes Quorum gilt die allgemeine Bestimmung des Art. 31 II 1 VvB, vgl. dazu ausführlich oben S. 476 und auch schon S. 320.
2   So ausdrücklich § 30 II BerlVVVG.
3   Es bleibt abzuwarten, ob insofern in Berlin mehr als die Veröffentlichung im Amts- oder Gesetzblatt erforderlich sein wird; dazu siehe oben S.477 und 528 zur Rechtslage nach Artt. 42 III 1 SH-V und 77 IV BbgV.
4   Vgl. § 32 II und III BerlVVVG.
5   Auf der anderen Seite kann der Senat das Abstimmungsergebnis auch nicht durch eine den Entwürfen beigefügte eigene Stellungnahme beeinflussen, vgl. dazu oben S. 477.

Unabhängig von einer entsprechenden ausdrücklichen Regelung im BerlVVVG können die Antragsteller als „andere Beteiligte" ein Organstreitverfahren im Sinne von Art. 72 II Nr. 1 VvB vor dem Verfassungsgericht einleiten. Dies ist gegebenenfalls auch schon während des Eintragungsverfahrens möglich.[1]

Die Regelung der VvB über die Quoren beim Volksentscheid über einfache Gesetze entsprach inhaltlich zunächst der Regelung des Art. 49 IV VvB-1950.[2] Insbesondere wurde trotz eines entsprechenden Vorschlages der Enquête-Kommission das qualifizierte Abstimmungsquorum nicht gesenkt. Für den Fall, dass sich weniger als die Hälfte der Stimmberechtigten an der Abstimmung beteiligten, müssten daher nicht nur 25 Prozent sondern sogar ein Drittel der Stimmberechtigten einem Entwurf zustimmen, damit dieser angenommen ist. Unter Umständen hätte es damit von der Beteiligung einer einzigen Person abgehangen, ob eine qualifizierte Mehrheit von zwei Dritteln der Abstimmenden erforderlich ist.[3]

Im Rahmen der Verfassungsreformen des Jahres 2006 wurde diese unsinnige und kaum nachvollziehbare Regelung aufgehoben. Nunmehr sieht Art. 63 I 3 VvB ähnlich wie die Verfassungen vieler anderer Länder vor, dass ein Entwurf von der Mehrheit der Abstimmenden und mindestens einem Viertel der Stimmberechtigten unterstützt wird. Für Anträge auf eine Verfassungsänderung gilt nach Art. 63 II 3 VvB ein qualifiziertes Quorum von zwei Dritteln der Abstimmenden sowie der Hälfte der Wahlberechtigten. Das Quorum für die Abstimmung über die vorzeitige Beendigung der Wahlperiode des Abgeordnetenhauses nach Art. 63 III 3 VvB entspricht hingegen nach wie vor der bisherigen Rechtslage: Die Hälfte der Wahlberechtigten muss an der Abstimmung teilnehmen und die Mehrheit für die Beendigung der Wahlperiode stimmen. Auf die Gültigkeit der Eintragungen kommt es nicht an.[4]

Falls mehrere Entwürfe konkurrierend zur Abstimmung gestellt werden, ist der Entwurf des Abgeordnetenhaus auf dem Abstimmungszettel voranzustellen.[5] Die Stimmberechtigten haben die Möglichkeit, gegebenenfalls mehreren konkurrierenden Vorlagen zuzustimmen[6] und können sich auch in Bezug auf einzelne Entwürfe der Stimme enthalten.[7] Wenn überhaupt mehr als ein Entwurf das Quorum des Art. 63 II VvB erreicht, entscheidet grundsätzlich die Zahl der „Ja"-Stimmen. Ist diese ausnahmsweise für zwei Vorlagen gleich, kommt

---

1 Gegen Maßnahmen untergeordneter Behörden steht den Antragstellern unter Umständen der Verwaltungsrechtsweg offen; vgl. dazu allgemein oben S. 311. Im Stadtstaat Berlin spielt diese Möglichkeit allerdings wohl keine praktische Bedeutung.
2 Es finden sich lediglich einige sprachliche Klarstellungen. Dass sich grundsätzlich *mindestens* die Hälfte der Stimmberechtigten an der Abstimmung beteiligen sollen und dass dann die einfache Abstimmungsmehrheit genügen würde, verstand sich auch bei Art. 49 IV VvB- 1950 schon von selbst.
3 Vgl. dazu schon oben S. 758. Kritisch hierzu auch *Posselt*, S. 60, 70.
4 „Ausdrückliche" Stimmenthaltungen zählen somit wie „Nein"-Stimmen. Die Enthaltung durch bloße Nicht-Beteiligung hat hingegen keine Auswirkungen.
5 Nach § 34 III 4 BerlVVVG.
6 Dies ergibt sich aus § 33 II BerlVVVG.
7 Ausführlicher zur vergleichbaren Rechtslage in Sachsen-Anhalt oben S. 617.

es auf die Differenz zwischen „Ja"- und „Nein"-Stimmen an. Für den extremen Fall, dass auch diese identisch sein sollte, ist schließlich eine Stichabstimmung vorgesehen.[1]

In Art. 62 V VvB wird die Ausfertigung und Verkündung der durch Volksentscheid beschlossenen Gesetze abweichend von der für Parlamentsgesetze geltenden Bestimmung des Art. 60 II VvB geregelt. Zwar ist auch hier der Präsident des Abgeordnetenhauses zur Ausfertigung des Gesetzes verpflichtet und der Regierende Bürgermeister zu seiner Verkündung. Beide sind aber durch die Verfassung an keinerlei Fristen gebunden.[2] Sie könnten daher das In-Kraft-Treten des Gesetzes gegebenenfalls solange hinauszögern, bis das Landes- oder Bundesverfassungsgericht über seine Vereinbarkeit mit höherrangigem Recht entschieden haben. Der Gesetzgeber hat diese Möglichkeit aber dadurch beseitigt, dass er den Präsidenten des Abgeordnetenhauses in § 40 I 2 BerlVVVG verpflichtet hat das Gesetz „unverzüglich" auszufertigen. Der Regierende Bürgermeister muss es dann innerhalb von zwei Wochen ausfertigen. Damit gilt im Ergebnis dasselbe, wie für „normale" Parlamentsgesetze.[3]

IV. Das Referendum

Die neu in die Verfassung eingefügte Klausel des Art. 100 Satz 2 VvB stellt eine späte Reaktion auf die Kritik am Verfahren der Streichung des Art. 49 VvB-1950 im Jahre 1974 dar.[4] Durch den neuen Art. 100 Satz 2 VvB wird gewährleistet, dass die Regelungen über das Volksbegehren und den Volksentscheid nur noch mit Zustimmung der Bürger geändert oder gar gestrichen werden.[5] Die Bestimmung des Art. 61 VvB über die Volksinitiative wird hiervon hingegen nicht erfasst und unterliegt daher in vollem Umfang der Disposition des Abgeordnetenhauses als Verfassungsgesetzgeber.

Nicht unproblematisch ist der Umstand, dass in Art. 100 Satz 2 VvB keine Quoren für die Abstimmung festgeschrieben wurden. Bis zum Jahr 2006 war insofern zu beachten, dass Verfassungsänderungen dem Volksentscheid entzogen waren. Daher ließen die Artt. 62 f.

---

1   § 36 II 3 BerlVVVG.

2   Art. 60 II VvB sieht vor, dass die Ausfertigung unverzüglich zu erfolgten hat, die Verkündung dann innerhalb von zwei Wochen.

3   Dabei ist wiederum zu beachten, dass das Verfassungsgericht gegebenenfalls von Amts wegen entscheiden muss, ob es das durch den Volksentscheid beschlossene Gesetz aufgrund der Anfechtung des Volksentscheides im Wege einer einstweiligen Anordnung gemäß § 31 BerlVerfGHG wieder außer Kraft setzt, vgl. dazu oben S. 330.

4   Damals war dem Abgeordnetenhaus vor allem von *Schachtschneider* JR 1975, S. 221, 222, die Kompetenz bestritten worden, die Bestimmungen über das Volksbegehren und den Volksentscheid ohne Zustimmung des Volkes zu streichen. Diese Auffassung hat sich zu Recht nicht durchsetzen können, da die VvB-1950 die Bestimmung des Art. 49 nicht ausdrücklich für änderungsfest erklärt hat, daher stand sie zur Disposition des Gesetzgebers; vgl. dazu schon oben S. 759.

5   Es sei angemerkt, dass damit auch der Ausschluss der Verfassung vom Anwendungsbereich des Volksbegehrens nach Art. 62 III VvB nur mit Zustimmung der Bürger aufgehoben werden kann. Das Parlament kann seine Kompetenzen somit nicht mehr aus eigener Machtvollkommenheit den Bürgern (zurück-) geben!

VvB keine Rückschlüsse auf das Quorum für ein Referendum nach Art. 100 Satz 2 VvB zu. Letzten Endes oblag die Festsetzung der Quoren damit dem Gesetzgeber.

Hieran hat sich auch durch die Verfassungsreform des Jahres 2006 nichts geändert, in deren Rahmen der Art. 100 VvB unberührt geblieben ist. Nach wie vor kann und muss der einfache Gesetzgeber das Quorum für das obligatorische Verfassungsreferendum festlegen. Dabei kann und muss er durchaus berücksichtigen, dass ein Referendum lediglich der Bestätigung einer früheren Entscheidung des Abgeordnetenhauses dient. Damit unterscheidet es sich qualitativ grundlegend von einem Volksentscheid aufgrund eines Volksbegehrens, so dass es keineswegs zwingend ist, das Quorum des Art. 63 II 3 VvB für einen verfassungsändernden Volksentscheid auch für Referenden nach Art. 100 S. 2 VvB zur Anwendung zu bringen. Tatsächlich ist es nicht einmal zwingend geboten, das Quorum für die Abstimmung nach Art. 100 Satz 2 VvB zumindest nicht niedriger anzusetzen, als das Quorum für eine Abstimmung über einen einfachen Gesetzentwurf nach Art. 63 II VvB.

Tatsächlich wurde bei der ersten und bisher einzigen Abstimmung auf Grund von Art. 100 S. 2 VvB am 17. September 2006 lediglich verlangt, dass mehr als die Hälfte der Abstimmenden den Änderungen der Artt. 62 f. VvB zustimmt.[1]

Aus verfassungspolitischer Perspektive erscheint es jedoch durchaus fragwürdig, wenn für Referenden vollkommen andere Maßstäbe angelegt werden als für Volksentscheide über eine Verfassungsänderung. Denn die Entscheidung des Gesetzgebers, das Quorum für das Referendum so niedrig festzusetzen, spiegelt letzten Endes die Erkenntnis wider, dass sich die regulären Quoren für den Volksentscheid in der Praxis kaum jemals erreichen lassen werden.

V. Verfahrenspraxis und verfassungspolitische Bewertung

A. Zur Praxis der Verfahren

1. Das Verfahren „für ein gastfreundliches Berlin"

Im Sommer 1997 begann die Hotel- und Gaststätteninnung Berlin mit der Sammlung von Unterschriften für eine Volksinitiative **„für ein gastfreundliches Berlin"**, deren hauptsächliches Anliegen im Wunsch nach einer Verlängerung der Öffnungszeiten für Schankvorgärten[2] bestand. Die Aktion wurde abgebrochen, nachdem dieses Ziel in Gesprächen mit dem Senat durchgesetzt worden war.[3]

---

1 Vgl. § 6 des Gesetzes vom 25.5.2006, GVBl. S. 448.
2 Das ist das berlinische Surrogat eines Biergartens.
3 Vgl. dazu *Jung*, ZG 1998, S. 295, 323, der von 40.000 Unterschriften spricht, wobei allerdings nicht klar ist, wie viele dieser Unterschriften von auswärtigen Gästen der Stadt geleistet worden waren.

2. Das Verfahren gegen den Transrapid

Nachdem das brandenburgische Volksbegehren gegen den Bau der Trasse für den **Transrapid** im Februar 1998 gescheitert war,[1] wurde auf Initiative des Bundes für Umwelt- und Naturschutz (BUND) in Berlin mit der Sammlung von Unterschriften für eine entsprechende Volksinitiative begonnen.[2] Mit dieser Initiative sollte das Abgeordnetenhaus aufgefordert werden, sich gegen das Projekt der Magnetschnellbahn zu wenden. Dieses Projekt sei sowohl verkehrspolitisch unsinnig, als auch ökonomisch nicht zu vertreten.[3]

Nachdem von April bis September 122.910 gültige Unterstützungsunterschriften zusammengekommen waren, stellt der Präsident des Abgeordnetenhauses am 5. November 1998 die Zulässigkeit der Volksinitiative fest.[4] Obwohl sich bei einer Anhörung im Ausschuss für Stadtentwicklung, Umweltschutz und Technologie abzeichnete, dass außer den künftigen Betreibern und der IHK Berlin keiner der Sachverständigen dem Projekt etwas Gutes abgewinnen konnte, wurde schnell deutlich, dass die CDU strikt am bisherigen Kurs festhalten wollte. Innerhalb der SPD war und blieb die Frage höchst umstritten. Am 25. Februar 1999 entschied dann eine Mehrheit aus CDU und dem größeren Teil der SPD-Fraktion in einer namentlichen Abstimmung gegen die Stimmen von Bündnis 90/die Grünen, der PDS und dem kleineren Teil der SPD-Fraktion, die Initiative abzulehnen.[5] Das Verfahren war damit beendet.

3. Das Verfahren für „Mehr Demokratie"

Im Juli 1998 begann auch in Berlin die Sammlung von Unterschriften für eine Volksinitiative für „**Mehr Demokratie** in Berlin", mit der eine Erweiterung der unmittelbaren Mitwirkungsrechte der Bürger durchgesetzt werden sollte.[6] Da die Verfassung selbst dem Anwendungsbereich der direktdemokratischen Verfahren entzogen ist, wollten die Antragsteller ihre Ziele unter anderem dadurch erreichen, dass Sie den Senat per Gesetz dazu verpflichten wollten, in einer periodisch zu wiederholenden Anzeigenkampagne für eine Änderung der Landesverfassung zu werben – und damit das Abgeordnetenhaus unter Druck zu setzen, dieser Änderung zuzustimmen.

1 Vgl. dazu oben S. 541 f.
2 Vgl. dazu *Jung*, ZParl 2001, S. 33, 34 ff.
3 Vgl. dazu AbgH-Drs. 13/3252. Um die Kosten für den Druck und Versand der Unterschriftsbögen möglichst niedrig zu halten, wurde dieser als Formular im Internet bereitgestellt, so dass Eintragungswillige sich die benötigen Exemplare selbst ausdrucken konnten.
4 Vgl. AbgH-Drs. 13/3252.
5 „Schwebt Transrapid am Bürgerwillen vorbei?", ZfDD Heft 1/1999, S. 24. Vgl. Sten. Prot. der Sitzung vom 25.2.1999, S. 4334 f.
6 Vgl. dazu *Jung*, ZParl 2001, S. 33, 39 ff. Gefordert wurde eine Erleichterung der Verfahren auf der Ebene des Landes, insbesondere die Erweiterung des Anwendungsbereiches und die Absenkung der Quoren, sowie die Einführung direktdemokratischer Mitwirkungsmöglichkeiten auf der Ebene der Bezirke; vgl. dazu die Pressemitteilung Nr. 13/98 der mit-initiierenden „Ökologisch-demokratischen Partei – ÖDP" vom 15.7.1998; man wollte offenbar an den Erfolg des vergleichbaren Verfahrens ins Hamburg anknüpfen, dazu unten S. 821 ff.

Am 2. Februar 1999 wurden dem Senat 37.426 Unterschriften vorgelegt.[1] Nachdem sich gezeigt hatte, dass insgesamt 33.732 Unterschriften gültig waren, erklärte der Senat das beantragte Volksbegehren am 2. März 1999 für unzulässig, da es im Ergebnis auf eine Änderung der Verfassung gerichtet sei. Da dieses Anliegen im Mittelpunkt des Antrags stehe, müsse das gesamte Verfahren für unzulässig erklärt werden, obwohl es teilweise auch nur auf eine Änderung der Bestimmungen des BerlVVVG abzielte.[2] Am 2. Juni 1999 bestätige der Verfassungsgerichtshof diese Entscheidung.[3] Das Verfahren war damit gescheitert.[4]

Nachdem die bisherige große Koalition aus CDU und SPD nach den Neuwahlen im Oktober 2001 durch eine rot-rote-Koalition aus SPD und PDS abgelöst worden war, vereinbarten die neuen Regierungsparteien, sich für eine Verbesserung der demokratischen Mitwirkungsrechte der Bürgerinnen und Bürger einzusetzen und dazu insbesondere die direkte Demokratie auf Landesebene durch eine Vereinfachung der formalen Voraussetzungen für Volksinitiative, Volksbegehren und Volksentscheid zu erleichtern.[5] Bisher hat es allerdings noch keine entsprechenden konkreten Initiativen gegeben.

4. Das Verfahren gegen die Rechtschreibreform

Schon im Frühsommer 1997 waren Unterschriften für eine Petition gegen die **Rechtschreibreform** an das Abgeordnetenhaus gesammelt worden. Ziel dieses Verfahrens war es, das Parlament zur Verabschiedung eines neuen § 19a des Schulgesetzes zu bewegen.[6]
„In den Berliner Schulen wird die seit 1901 allgemein übliche Rechtschreibung gelehrt."[7]
Nachdem die Initiatoren zu der Einsicht gekommen waren, dass das Abgeordnetenhaus eine Petition kaum zum Anlass nehmen würde, seine bisherige Haltung aufzugeben,[8] be

---

1 Vgl. die Pressemitteilung von „Mehr Demokratie e.V." vom 2.2.1999.

2 Vgl. AbgH-Drs. 13-3577; Ende April diskutierte das Abgeordnetenhaus dann doch noch über den Antrag, da sich die PDS die Vorlage zu eigen gemacht hatte. Während Vertreter der PDS und des Bündnis 90/Die Grünen grundsätzliche Zustimmung signalisierten, wollte die SPD-Fraktion die geltenden Regelungen zunächst in der Praxis ausprobieren. Die CDU sah überhaupt keinen Änderungsbedarf.

3 *BerlVfGH*, LKV 1999, S. 360.

4 Allerdings brachte die PDS im September 2000 erneut Entwürfe für eine Änderung der VvB und des BerlVVVG in das Abgeordnetenhaus ein, die den Vorstellungen von Mehr Demokratie zumindest teilweise entsprachen, vgl. AbgH-Drs. 14/655 und 656. Beide Entwürfe wurden am 28. September 2000 vom Abgeordnetenhaus behandelt, vgl. Sten. Prot. S. 805 ff., aber wegen der vorzeitigen Beendigung der Wahlperiode nicht mehr abschließend beraten.

5 Vgl. Punkt 8 der Koalitionsvereinbarung vom 7.1.2002; dazu kurz *Posselt*, S. 60, 62.

6 Vgl. dazu *Jung*, ZParl 2001, S. 33, 45 ff. Zu den parallelen Verfahren vgl. S. 339 (Baden-Württemberg), S. 358 (Bayern), S. 486 (Schleswig-Holstein), S. 584 (Sachsen), S. 651 (Niedersachsen), S. 685 (Mecklenburg-Vorpommern), S. 748 (Bremen).

7 Nur selten ist die Widersprüchlichkeit der Thesen der Gegner der Rechtschreibreform so deutlich zu Tage getreten wie hier. Auch wenn im Jahre 1901 eine Vereinheitlichung der deutschen Schriftsprache erreicht wurde, kann doch keine Rede davon sein, dass diese seither unverändert geblieben wäre.

8 Vgl. dazu „Begehrenswelle gegen Rechtschreibreform - Außerparlamentarische Initiativen in den

gann der „Berliner Verein für die Förderung der deutschen Rechtschreibung und Sprachrechtspflege e.V." im Spätsommer 1998 die Sammlung von Unterschriften für einen entsprechenden Volksantrag **„Wir sind das Rechtschreibvolk!"**,[1] dem folgender Vorschlag für einen § 19a des Berliner Schulgesetzes zugrunde lag.

„Aufgabe der Schule ist es, die in der Sprachgemeinschaft gewachsene und von der Bevölkerung allgemein anerkannte traditionelle Rechtschreibung nachzuvollziehen und die Schüler in dieser zu unterrichten."

Auftrieb erhielten die Initiatoren durch das parallele Verfahren in Schleswig-Holstein, das mit dem Volksentscheid am 27. September 1998 zu Ende ging und dazu führte, dass die Rechtschreibreform in diesem Land zunächst nicht umgesetzt wurde.[2] Am 15. März 1999 reichten die Initiatoren 33.738 Unterschriften ein. Nachdem der Präsident des Abgeordnetenhauses die Zulässigkeit des Volksantrags festgestellt hatte, wurden ab dem 10. Mai 1999 in 91 öffentlichen Einrichtungen Unterschriftslisten ausgelegt.[3] Den Initiatoren gelang es allerdings nicht, die Bürger für ihr Anliegen zu mobilisieren. Wenige Tage vor dem Ende der Eintragungsfrist am 9. Juli 1999 waren erst ein Drittel der erforderlichen ca. 243.000 Unterschriften zusammen gekommen, obwohl unter anderem mit Radiospots für das Volksbegehren geworben worden war.[4]

Dennoch trugen sich nur 106.080 Bürger in die Unterschriftenlisten ein. Da dies nur 4,4 Prozent der Stimmberechtigten entsprach, wurde das Volksbegehren am 28. Juli 1999 für gescheitert erklärt.[5]

---

einzelnen Bundesländern", Zeitschrift für direkte Demokratie in Deutschland, Heft 3/1997.

1 Vgl. „Auch Berliner Initiative gegen Rechtschreibreform", FAZ 10.9.98, S. 5.

2 Vgl. dazu oben S. 486 ff.

3 Zuvor hatten die Antragsteller vergeblich versucht, die Zahl der Auslegungsstellen und die in der Tat wenig arbeitnehmerfreundlichen Eintragungszeiten zu ändern. Sowohl der *BerlVfGH*, LKV 1999, S. 359 als auch das *OVG Berlin*, LKV 1999, S. 365, erklärten entsprechende Eilanträge für unzulässig. Wie *Jung*, ZParl 2001, S. 33, 46, zu Recht darlegt, stand die Zahl der Eintragungsstellen außer Verhältnis zur Zahl der Stimmberechtigten.

4 Der öffentlich-rechtliche Sender Freies Berlin weigerte sich allerdings unter Berufung auf den Medienstaatsvertrag, Fernsehspots auszustrahlen, in denen der bekannte Schauspieler Manfred *Krug* für das Anliegen der Initiative gegen die Rechtschreibreform werben sollte. Der SFB berief sich dabei darauf, dass es sich hierbei um politische Werbung handele; vgl. „Krug darf nicht für Volksbegehren werben", StZ 6.7.1999, S. 2.
Das *VG Berlin*, NJW 2000, S. 1588, 1589, äußerte zwar erhebliche Zweifel, ob das Verbot der Ausstrahlung rechtmäßig war, da das Verbot politischer Werbung im Rundfunk auch vor Wahlen nicht strikt durchgehalten werde (zu Recht gegen eine analoge Anwendung der Bestimmungen über die Wahlwerbung hingegen *Bornemann*, ZUM 1999, S. 910, 912; *Grupp*, AfP 1999, S. 455; vgl. dazu auch oben S. 309 ff.). Dennoch wies das Gericht den Eilantrag der Initiatoren zurück, da es schon an einem rechtsmittelfähigen Bescheid fehle. Die entsprechenden Schreiben der Medienanstalt an die beiden betroffenen Rundfunkveranstalter hätten das zivilrechtliche Verhältnis zwischen diesen und den Initiatoren des Volksbegehrens nicht berührt.

5 Vgl. die Pressemitteilung des Landesabstimmungsleiters vom 29.7.1999.

5. Das Verfahren zur Auflösung des Abgeordnetenhauses

Das nächste Verfahren wurde im Sommer 2001 eingeleitet und zielte auf die Auflösung des Abgeordnetenhauses. Anlass war der faktische Bruch der großen Koalition aus CDU und SPD im Juni 2001 infolge des Skandals um die Bankgesellschaft Berlin, die mit Duldung oder gar auf Initiative einflussreicher Politiker[1] riskante Kredite vergeben hatte, für die nun das Land Berlin einstehen sollte.[2]

Nachdem nicht erkennbar war, dass sich im Abgeordnetenhaus eine hinreichende Mehrheit für die Beendigung der Wahlperiode finden lassen würde, begann ein Aktionsbündnis[3] mit der Sammlung von Unterschriften für einen entsprechenden Volksantrag, der innerhalb kurzer Zeit von etwa 70.000 Personen unterzeichnet und am 27. Juni 2001 offiziell eingereicht wurde.[4]

Als das Abgeordnetenhaus am 1. September 2001 die Beendigung der Wahlperiode beschloss und Neuwahlen für den 21. Oktober 2001 angesetzt wurden, hatte sich das Verfahren erledigt.

6. Das Verfahren „Schluss mit dem Berliner Bankenskandal"

Am 3. Juli 2003 begann eine Initiative „Berliner Bankenskandal" mit der Sammlung von Unterschriften für einen Volksantrag „**Schluß mit dem Berliner Bankenskandal**". Dem Antrag lag ein Gesetzentwurf zugrunde, nach dem zum einen das so genannte „Risikoabschirmungsgesetz"[5] aufgehoben und zum anderen Grundsätze für die Auflösung der Bankgesellschaft Berlin AG festgeschrieben werden sollten. Das Land – und damit die Steuerzahler – sollte auf diesem Wege von der Verantwortung für die Verbindlichkeiten der Bankgesellschaft entlastet werden. Infolge des Risikoabschirmungsgesetzes war das Land für Verbindlichkeiten in Höhe von bis zu 21,6 Milliarden € eingetreten.

Nachdem 36.950 Unterschriften für den Antrag zusammen gekommen waren, reichten die Vertreter des Volksbegehrens am 2. Januar 2004 ihren Antrag bei der Senatsverwaltung

---

1 Insofern ist vor allem die „graue Eminenz" der Berliner CDU Klaus Landowsky zu nennen, der nicht nur Vorsitzender der CDU-Fraktion im Abgeordnetenhaus, sondern auch Vorstandschef der BerlinHyp war, einer Tochter der Bankgesellschaft Berlin, die unter anderem der Wohnungsfirma Aubis einen nicht abgesicherten Kredit über 600 Mio. eingeräumt hatte – wobei Landowsky zuvor eine großzügige Barspende an die CDU von Managern der Aubis angenommen hatte.

2 Insgesamt wurden Kredite über 5 Mrd. DM für „beobachtungswürdig" gehalten. Das Land Berlin musste als Gewährträger der Bankgesellschaft im Mai 2001 eine „Patronatserklärung" abgeben, um den Zusammenbruch der Bank zu verhindern. Das Bundesaufsichtsamt für das Kreditwesen schätzte den zusätzlichen Kapitalbedarf auf rund vier Mrd. Mark.

3 Diesem Bündnis gehörte neben den Oppositionsparteien PDS und FDP auch das Bündnis 90/Die Grünen an, das zusammen mit der SPD eine Minderheitsregierung bildete. Darüber hinaus wurde die Initiative von der Gewerkschaft ver.di unterstützt.

4 Vgl. „50.000 Unterschriften in Berlin gesammelt", StZ 22.6.2001, S. 2; *Posselt*, S. 60, 68, spricht von 69.186 Unterschriften.

5 „Gesetz zur Ermächtigung des Senats zur Übernahme einer Landesgarantie für Risiken aus dem Immobiliendienstleistungsgeschäft der Bankgesellschaft Berlin AG und einiger ihrer Tochtergesellschaften" vom 16. April 2002, GVBl. S. 121.

für Inneres ein. Diese prüfte den Antrag und stellte fest, dass die formalen Voraussetzungen erfüllt waren. Allerdings sei das beantragte Volksbegehren wegen eines Verstoßes gegen den in Art. 62 V VvB statuierten „Haushaltsvorbehalt" unzulässig. Dieser Vorbehalt sei weit auszulegen und erfasse alle Volksbegehren, die in einem engen zeitlichen und sachlichen Zusammenhang mit haushaltspolitischen Entscheidungen des Abgeordnetenhauses stünden. Unter Berufung auf die Rechtsprechung der Verfassungsgerichte anderer Länder wurde ausgeführt, dass das Land im Falle der Umsetzung des dem Volksbegehren zugrundeliegenden Entwurfes allein durch die dann unabwendbare Insolvenz der Bankgesellschaft Berlin AG über die Landesbank Berlin auf einen Schlag mit Bilanzverlusten in Höhe von 6,3 Milliarden € belastet würde, Hinzu kämen nicht bezifferbare Haftungsrisiken, da das Land gegenüber dem Einlagensicherungsfonds des Bundesverbandes deutscher Banken gegebenenfalls für sämtliche Kundeneinlagen der Bankgesellschaft Berlin hafte. Angesichts eines Haushaltsvolumens von insgesamt ca. 20 Milliarden € führe die Annahme des dem Volksbegehren zugrunde liegenden Entwurfes dazu, dass der gesamte Haushalt aus dem Gleichgewicht gerate. Der Senat stellte daher am 3. Februar 2004 die Unzulässigkeit des Volksbegehrens fest.[1]

Der Einspruch der Initiatoren des Verfahrens wurde am 22. November 2005 vom Verfassungsgerichtshof des Landes Berlin zurück gewiesen.[2] Damit hat sich das Verfahren erledigt.

7. Das Verfahren „Schluss mit den Kürzungen im Kita-Bereich"

Am 10. Dezember 2003 startete eine Initiative „Elternprotest" die Sammlung von Unterschriften für einen weiteren Volksantrag **„Schluss mit den Kürzungen im Kita-Bereich"**, mit dem nicht nur die Sparmaßnahmen im Bereich der Kindertagesstätten aufgehoben werden sollten,[3] sondern auch noch ein kostenloses Kita-Jahr vor der Schule eingeführt werden. Bis zum 10. April kamen nach Angaben der Initiatoren über 26.000 Unterschriften zusammen. Am 11. Mai 2004 wurde der Antrag eingereicht. Bei der Überprüfung der Listen durch die Bezirksämter stellte sich jedoch heraus, dass tatsächlich nur 21.459 Unterschriftsbögen abgegeben worden waren. Von diesen waren 2.376 Unterschriftsbögen ungültig, wobei dies zumeist darauf zurück zu führen war, dass die Unterzeichner nicht identifiziert werden konnten oder nicht zum Abgeordnetenhaus von Berlin wahlberechtigt waren. Bei weiteren 2.579 Unterschriftsbögen fehlte das Unterschriftsdatum. Nachdem das Quorum von 25.000 Unterschriften damit bei weitem verfehlt worden war, erklärte der Senator für Inneres das beantragte Volksbegehren am 15. Juni 2004 für unzulässig.[4] Die Initiatoren kündigten daraufhin an, einen weiteren Anlauf unternehmen zu wollen.

---

1 Vgl. dazu die Mitteilung des Senats an das Abgeordnetenhaus
2 Az. VerfGH 35/04. Vgl. dazu oben S. 768.
3 Der Senat hatte unter anderem den Betreuungsschlüssel erhöht, die Arbeitszeit der Erzieherinnen und Erzieher verkürzt, freie Stellen nicht wieder besetzt, die Schließzeiten der Einrichtungen verlängert und die Kostenbeiträge erhöht.
4 Vgl. die Pressemitteilung der Senatsverwaltung für Inneres vom 15.6.2004

8. Das Verfahren „Sicherstellung von Kita-, Schul- und Hochschulstudienplätzen"

Ebenfalls im Dezember 2003 begann die Sammlung für den Volksantrag zur „**Sicherstellung von Kita-, Schul und Hochschulstudienplätzen**", der von Studierenden der TU Berlin initiiert worden war und darauf abzielte, die Kürzungen des Senats im Bildungsbereich im Umfang von 70 Millionen € zurück zu nehmen. Darüber hinaus sollte ein „bedarfsgerechtes" Angebot von 135.000 Studienplätzen sowie ein Verbot von Studiengebühren und Studienkonten in Berlin festgeschrieben werden. Nachdem bis zum April 2004 nur ca. 4.000 Unterschriften zusammen gekommen waren, wurde die Sammlung eingestellt.

9. Das zweite Verfahren zur Auflösung des Abgeordnetenhauses

Das bisher vorletzte Verfahren startete in Berlin im Frühsommer 2004. Ein Bündnis aus der Gewerkschaft der Polizei (GdP), der Gewerkschaft Erziehung und Wissenschaft (GEW), der Anti-Globalisierungs-Initiative „attac" und der Initiative „Soziales Berlin" begann Anfang Juni 2004 mit der Sammlung von Unterschriften für ein Volksbegehren zur Auflösung des Abgeordnetenhauses.[1]

Am 3. Dezember 2004 legten die Vertreter des Aktionsbündnisses dem Landeswahlleiter nach eigenen Angaben etwa 54.700 Unterschriften vor. Nachdem die Initiative zuvor von keiner der Oppositionsparteien CDU, FDP und Bündnis 90/Die Grünen unterstützt worden war, forderten die Antragsteller diese Parteien auf, endlich Position zu ihrem Antrag zu beziehen und klarzustellen, ob sie überhaupt an Stelle des von SPD und PDS gestellten Senates regieren wollen. Wenn die Oppositionsparteien auch jetzt noch untätig blieben, würden die beiden Regierungsparteien bei den nächsten Wahlen deutlich machen, dass die jetzigen Oppositionsparteien weder bereit noch dazu in der Lage seien, die Stadt zu regieren.[2]

Die Oppositionsparteien mussten diese Frage allerdings nicht beantworten, da die Bezirksämter nur 46.286 der Unterschriften für gültig erklärten und das Quorum von 50.000 Unterschriften damit verfehlt worden war.[3]

Die „Grauen Panther" hatten bereits im Februar 2004 ein vergleichbares Verfahren gestartet. Nachdem bis zum Herbst nur etwa 12.000 Unterschriften zusammen gekommen waren, wurde die Sammlung jedoch eingestellt.

---

1 Vgl. „Protest gegen Sparpolitik des Senats formiert sich", Die Welt, 4.6.2004.

2 Hier wird deutlich, dass es den Antragstellern tatsächlich weniger darum ging, den Senat tatsächlich abzulösen, als um eine Änderung der Regierungspolitik.

3 Die Auszählung war nicht ganz unproblematisch. Wie die Vertreter der Antragsteller in einem offenen Brief vom 19.1.2005 mitteilten, waren die eingereichten Bögen vor der Weitergabe an die Bezirksämter nicht vom Landeswahlleiter gezählt und auch nicht (durch eine Lagerung in verplombten Behältern) gegen Manipulationen geschützt worden. Die offizielle Zahl von 52.746 Unterschriften beruhe auf der Addition der von den Bezirksämtern zurück gemeldeten Ergebnisse. Damit soll offenbar impliziert werden, dass Unterschriftsbögen zu Unrecht nicht gezählt worden sind. Die Vertreter der Antragsteller monierten weiterhin eine uneinheitliche Praxis der Bezirksämter bei der Auslegung der Bestimmungen über die Gültigkeit von Unterschriften, da sich der Anteil der ungültigen Bögen von Bezirk zu Bezirk deutlich unterscheide.

10. Das Verfahren für den Erhalt des Flughafens Tempelhof

Am 29. November 2006 begann die Interessengemeinschaft City-Airport Tempelhof e.V., die unter anderem von den Landesverbänden der CDU und FDP, diversen Architektenvereinigungen und der Taxi-Innung getragen wird, mit der Sammlung von Unterschriften für ein Volksbegehren **„Für den Erhalt des Flughafens Tempelhof"**, der wegen des geplanten Ausbaus des Flughafens Berlin-Schönefeld zu einem internationalen Großflughafen geschlossen werden soll. Die Vertreter der Interessengemeinschaft verweisen demgegenüber auf den Wettbewerbsvorteil, der sich darauf ergibt, dass das Stadtzentrum von Tempelhof aus innerhalb von nur 10 Minuten erreicht werden könne. Zudem sei völlig unklar, wie das Gelände und die Gebäude in Zukunft genutzt werden sollen. Und schließlich führe die Schließung zu einer Belastung der Steuerzahler, da die Unterhaltung der Gebäude und Anlagen in Zukunft nicht mehr aus den durch den Flugverkehr erzielten Gewinnen abgedeckt werden können.

Bis zum Mai 2007 waren 29.878 gültige Unterschriften zusammen gekommen.[1] Nachdem das Abgeordnetenhaus die Vorlage abgelehnt hatte, wurde die Eintragungsfrist für den Zeitraum vom 15. Oktober 2007 bis zum 15. Februar 2008 festgesetzt. Gleichzeitig betrieb der Senat das Entwidmungsverfahren für den Flughafen Tempelhof fort.[2] Der Flughafen soll zum 31. Oktober 2008 geschlossen werden[3] – also wohl noch dem Termin eines eventuellen Volksentscheides. Der weitere Verlauf des Verfahrens ist nicht absehbar.[4]

Im Jahre 2007 wurden weitere Volksbegehren initiiert: Seit Mai 2007 sammelte eine Initiative **„Pro Reli"** Unterschriften für ein Volksbegehren zur Gleichstellung von Religions- und Ethikunterricht[5] in Berlin.[6] Im Juni begann ein **Bündnis gegen Privatisierung** mit der Sammlung von Unterschriften für drei Volksbegehren zu den Themen Sparkassenverkauf, Wasserwirtschaft und universitäre Bildungspolitik.[7]

---

1 Vgl. AbgH-Drs. 16/524.

2 Ein Antrag der CDU-Fraktion, das Verfahren bis zum Abschluss des Volksbegehrens zu stoppen (AbgH-Drs. 16/525) wurde vom Abgeordnetenhaus am 13.9.2007 abgelehnt, vgl. Sten.Prot. S. 1449.

3 Ende Dezember 2006 hatte der Senat einem vom OVG Berlin-Brandenburg vorgeschlagenen Vergleichsvorschlag zugestimmt, nach dem der Flughafen erst ein Jahr später als ursprünglich geplant geschlossen werden soll, nämlich am 31.10.2008. Einige gegen die Schließung klagenden Luftfahrtunternehmen hatten dem Vergleich die Zustimmung verweigert, vgl. „Das schnelle Ende Tempelhofs scheint besiegelt", Berliner Zeitung 3.1.2007.

4 Nach Angaben des Landeswahlleiters waren bis zum 15.11.2007 insgesamt 59.764 Unterschriften zusammen gekommen, vgl. die Angaben auf http://www.wahlen-berlin.de.

5 In Berlin ist der Religionsunterricht traditionell kein ordentliches Unterrichtsfach (vgl. Art. 141 GG). Nachdem sich die rot-rote Regierungskoalition entschlossen hatte, einen für alle Schüler verpflichtenden Ethikunterricht einzuführen, hatten vor allem Vertreter der christlichen Großkirchen gefordert, dass Schüler, die am freiwilligen Religionsunterricht teilnehmen, von der Pflicht zum Besuch des Ethikunterrichts freigestellt werden sollten. Nachdem diese Forderungen nicht berücksichtigt wurden, ging es nun darum, den Religionsunterricht zum ordentlichen Unterrichtsfach aufzuwerten.

6 Bis Mitte Juli waren 15.000 Unterschriften zusammen gekommen, vgl. „Religion begehrt", taz, 25.5.2007.

7 Vgl. „Das Volk begehrt", Junge Welt, 15.6.2007, S. 3. Im zuletzt genannten Verfahren ging es zum einen gegen die Einführung von Studiengebühren, aber auch darum, die Mehrheit der Professoren in den

B. Zur Bewertung der Verfahrensregelungen

Die Regelungen über die direktdemokratischen Verfahren in der Verfassung von Berlin stellten zunächst im Ergebnis nur ein Zugeständnis an den Zeitgeist und einen (reichlich bemühten) Kompromiss dar. Dies zeigte sich vor allem an der Übernahme des geradezu absurden Quorums aus der ersten Verfassung von Berlin: In der Regel musste ein Drittel der Stimmberechtigten von einem Antrag überzeugt werden. Zudem war der Anwendungsbereich der Verfahren durch den Ausschluss von Anträgen zur Verfassungsänderung deutlich enger als in den allermeisten anderen Ländern. Trotz der Möglichkeit der „Briefeintragung"[1] erschien es daher bis Ende 2006 zweifelhaft, ob es jemals gelingen würde, auch nur die erforderliche Zahl von Unterschriften für das Volksbegehren zusammen zu bringen.[2] Dieser Eindruck wird auch durch den empirischen Befund bestätigt.

Zwar sind die Hürden im Zuge der Verfassungsreform des Jahres 2006 deutlich abgesenkt worden. Auch besteht seither die Möglichkeit, die besonders wichtigen Verfassungsfragen zum Gegenstand eines direktdemokratischen Verfahrens zu machen. Auch besteht nun die Möglichkeit, die Verfahren auch zu anderen Zwecken als für die Gesetzgebung zu nutzen. Dennoch sind die Hürden immer noch sehr hoch und es wird daher für die Praktikabilität der Verfahren entscheidend darauf ankommen, ob und wie der Gesetzgeber den geänderten Vorgaben der Verfassung im Rahmen der überfälligen Novellierung des BerlVVVG Rechnung tragen wird: Nach dem derzeitigen Rechtsstand ist festzuhalten, dass das Ausführungsgesetz die Hürden eher noch erhöht, etwa durch die Forderung, dass jede Unterschrift auf einem eigenen Bogen eingereicht werden muss, was für die Antragsteller ganz erhebliche Kosten mit sich bringt.[3]

Wegen der fehlenden Verknüpfung der Einwohnerinitiative mit dem Verfahren bis zum Volksentscheid ist nicht zu erwarten, dass dieses Institut eine größere praktische Bedeutung erlangen wird.[4] Immerhin ist das Quorum für diese Initiative mittlerweile nicht mehr wesentlich höher als die Zahl von Unterschriften, die für einen Volksantrag beigebracht wer-

Hochschulgremien abzuschaffen, vgl. „Studivolk will gegen Elite aufbegehren", taz, 26.7.2007.

1 Allerdings werden die Bürger anders als in Hamburg nicht von Amts wegen über diese Möglichkeit informiert, sondern sie müssen selbst die Initiative ergreifen und einen Eintragungsschein beantragen; vgl. dazu unten S. 812.
2 Die Frist von zwei Monaten ist allerdings nicht unbedingt zu kurz bemessen. Hier gibt es schließlich ein formalisiertes Eintragungsverfahren, was den Antragstellern die Organisation erleichtert.
3 So auch *Ziekow*, LKV 1999, S. 89, 92.
4 Durch die Erweiterung des Kreises der Unterzeichnungsberechtigten besteht die Möglichkeit, dass ausländische Einwohner dieses Verfahren nutzen, um ihre Interessen geltend zu machen. Dies ist zwar durchaus im Sinne des Verfassunggebers, der das Verfahren ja ausdrücklich für diesen Personenkreis geöffnet hat. Allerdings könnte diese Entwicklung politisch unerwünschte Nebenwirkungen haben, wenn es den Antragstellern mehr darum geht, sich abzugrenzen, als ihre Integrationsbereitschaft zu zeigen. Man denke etwa an eine Einwohnerinitiative zur Zulassung islamischen Religionsunterrichtes an öffentlichen Schulen oder für die Genehmigung zum Bau einer Groß-Moschee in Kreuzberg. Diese Konflikte muss eine offene, vom Gedanken der Toleranz geprägte Gesellschaft allerdings aushalten.
In Brandenburg stellt sich dieses Problem übrigens weitaus weniger dramatisch dar, da das Ausländeranteil weitaus geringer ist und keine reelle Chance besteht, dass eine Gruppe ausländischer Bürger allein genügend Unterschriften zusammen bekommt.

den müssen.[1] Auch soll nicht verschwiegen werden, dass es hier durchaus positive Ansätze gibt, wie etwa die Aufspaltung der Überprüfung der Zulässigkeit einer Volksinitiative[2] oder auch die ausdrückliche Regelung, dass auch unzulässige Initiativen immerhin an den Petitionsausschuss weiter zu leiten sind. Dennoch lässt sich als Gesamtergebnis festhalten, dass die direktdemokratischen Verfahren in Berlin auch nach den Reformen des Jahres 2006 weit hinter dem zurück bleiben, was in Bayern bereits im Jahr 1946 erreicht worden war. Angesichts der immer noch extrem hohen Quoren für den Volksentscheid ist nicht ernsthaft damit zu rechnen, dass die direktdemokratischen Verfahren in Zukunft in Berlin zu Routineinstrumenten der politischen Willensbildung werden könnten.

1 Vgl. zur früheren Rechtslage *Jung*, ZParl 2001, S. 33, 39; *Posselt*, S. 60, 64 f.
2 Indem die Unterschriftsberechtigung der Unterzeichner nur dann geprüft wird, wenn bereits fest steht, dass die Initiative im Übrigen zulässig ist, wird der Aufwand für die Behörden auf ein angemessenes Maß reduziert.

11. Kapitel: Hamburg

I. Zur Entstehungsgeschichte[1]

Bis zum Jahr 1996 hat es in Hamburg als einzigem Bundesland keine Regelungen über direktdemokratische Verfahren gegeben.[2] Wie auch der Parlamentarische Rat[3] und etwa der Landtag von Niedersachsen[4] hatte die Bürgerschaft sich bei den Beratungen über die Verfassung im Jahre 1950 von der Befürchtung leiten lassen, dass solche Verfahren von radikalen Gruppierungen instrumentalisiert werden könnten.[5] Seit dem Beginn der neunziger Jahre des zwanzigsten Jahrhunderts hat sich diese Situation jedoch deutlich verändert, da im Stadtstaat in zwei Phasen Regelungen durchgesetzt wurden, die den Antragstellern direktdemokratischer Verfahren weiter entgegen kommen als in den allermeisten anderen Ländern. Zwar gibt es mittlerweile wieder eine gegenläufige Tendenz – den Bestrebungen des Senates und der Bürgerschaftsmehrheit, die Hürden auf dem Weg bis zum Volksentscheid wieder zu erhöhen, stehen jedoch gleich zwei Volksinitiativen gegenüber, die auf eine weitere Ausweitung der unmittelbaren Mitwirkungsrechte der Bürger oder zumindest darauf abzielen, den im Jahre 2001 erreichten Stand verfassungsrechtlich abzusichern. Bei der Entstehungsgeschichte der heute geltenden Regelungen sind drei Phasen zu unterscheiden:

A. Die erste Phase: 1992-1996[6]

Die erste Phase der Verfassungsreform begann nach dem so genannten Diätenskandal von 1991,[7] in dessen Folge die Bürgerschaft am 29. Januar 1992 eine Enquête-Kommis

---

1 Dazu *Fraude*, S. 113, 114 ff.; *Koch*, JöR 2004, S. 251 ff.; *Unruh*, DÖV 1995, S. 265, 266 ff.
2 Allerdings hatte Art. 58 der Verfassung vom 7.1.1921 in Art. 58 sowohl die Möglichkeit eines Referendums über ein von der Bürgerschaft beschlossenes Gesetz auf Antrag eines Zwanzigstels der Stimmberechtigten vorgesehen, wenn zuvor mindestens 60 Abgeordnete der Bürgerschaft die Aussetzung der Verkündung dieses Gesetzes verlangt hatten, als auch einen Volksentscheid aufgrund eines Volksbegehrens durch mindestens 10 Prozent der Stimmberechtigten. Da das entsprechende Ausführungsgesetz nicht erlassen worden ist, blieben diese Bestimmungen allerdings praktisch bedeutungslos.
Nach dem Zusammenbruch des Dritten Reiches wurde Art. 58 – im Gegensatz zu den übrigen Bestimmungen über die Gesetzgebung – nicht in die Verfassung von 1952 übernommen.
3 Dazu siehe oben S. 205 ff.
4 Dazu siehe oben S. 630.
5 *H. P. Ipsen*, S. 221, spricht davon, dass die Initiative des Volkes in den Zeiten der „Demagogie und Propaganda" für überholt und gefährlich gehalten wurde.
6 Vgl. dazu *Karpen/Bösling*, S. 68, 70 ff.
7 Obwohl Art. 13 I 1 HambV a.F. vorsah, dass die Mitglieder der Bürgerschaft ehrenamtlich tätig sind, hatten die Fraktionen von SPD, CDU und FDP im Jahre 1991 einen Gesetzentwurf eingebracht, nach dem die Abgeordneten einen Anspruch auf eine angemessene Entschädigung zuzüglich Sitzungsgeldern, eine Entschädigung für die Beschäftigung von Mitarbeiten, eine Bürokostenpauschale und vor allem auch auf eine Alters- und Hinterbliebenenversorgung erwerben sollten. Das Gesetz wurde in der Bürgerschaft verabschiedet, nach massiven Protesten der Öffentlichkeit und einem Einspruch des Senates jedoch wieder zurückgezogen; vgl. dazu ausführlich die Darstellung der Kommission in ihrem Bericht BS-Drs. 14/2600, S. 8 ff. sowie *Unruh*, DÖV 1995, S. 265, 266 f. und *von Arnim*, „Geld lässt das Gewissen

sion zur Parlamentsreform eingesetzt hatte. Dieser Kommission gehörten vier Abgeordnete der Bürgerschaft und elf Sachverständige an. Zum Vorsitzenden wurde der spätere Justizsenator und heutige Bundesverfassungsrichter Wolfgang Hoffmann-Riem bestimmt. Bei den Verhandlungen der Kommission zwischen dem 5. Februar und dem 20. Oktober 1992 wurde sehr schnell deutlich, dass es wenig sinnvoll wäre, sich nur isoliert mit dem Parlamentsrecht und der zukünftigen Stellung der Abgeordneten zu befassen. Die Kommission machte es sich daher zur Aufgabe, die seit langem geforderte[1] umfassende Reform der Landesverfassung vorzubereiten. In ihrem Abschlussbericht unterbreitete sie konkrete Vorschläge.[2] Zum einen sollten einige hamburgische Besonderheiten aus der Verfassung gestrichen werden, die als nicht mehr zeitgemäß empfunden wurden.[3] Um der Politikverdrossenheit entgegenzuwirken, forderte sie zum anderen, die Einflussmöglichkeiten der Bürger zu erweitern.[4] Dies sollte vor allem durch die Einführung einer so genannten Volkspetition möglich werden.[5] Darüber hinaus sollten die Bürger über die Volksinitiative, das Volksbegehren und den Volksentscheid auch Einfluss auf die Gesetzgebung erhalten.[6]

Ab Februar 1993 befasste sich der Verfassungsausschuss der Bürgerschaft sich mit den Vorschlägen der Enquête-Kommission. Seine Arbeit wurde allerdings jäh unterbrochen, als das Landesverfassungsgericht am 4. Mai 1993[7] die Bürgerschaftswahlen vom 2. Juli 1991 für ungültig erklärte. Vor den Neuwahlen legte der Ausschuss der Bürgerschaft immerhin noch einen Zwischenbericht vor.[8] Außerdem erbat der Ausschuss am 23. Mai 1993 vom Senat einen Formulierungsvorschlag für ein Ausführungsgesetz und Hilfe bei der Formulierung des Haushaltsvorbehaltes.[9]

Auf Grundlage dieses Berichtes wurde die Diskussion in der folgenden Legislaturperiode wieder aufgenommen.[10] Allerdings dauerte es bis zum 5. April 1994, bis sich der

---

schweigen", in. FAZ vom 28.9.1991.
1 Zu früheren Reformforderungen vgl. *Curilla*, RuP 1990, S. 79 ff.
2 BS-Drs. 14/2600.
3 Dies betraf insbesondere die Ausgestaltung des Senates als Kollegialorgan, in dem der Regierende Bürgermeister nur primus inter pares war, sowie die diversen parlamentarischen Nebengremien, vor allem den Bürgerausschuss nach Artt. 16 ff. HambV.
4 Vgl. BS-Drs. 12/2600, S. 210 ff.
5 A.a.O. S. 214 ff. Dabei handelt es sich um eine Volksinitiative im Sinne der hier verwendeten Begrifflichkeit. Als Quorum war die Unterschrift von 10.000 Einwohnern vorgesehen.
6 A.a.O. S. 218 ff. Die einschlägigen Regelungen entsprechen inhaltlich im wesentlichen dem später verabschiedeten Art. 50 HambV. Allerdings waren Einzelvorhaben und Bauleitpläne noch nicht ausgeschlossen. Der Bürgerschaft war keine Frist zur Behandlung der Volksinitiative vorgegeben, sie sollte das Verfahren durch einen Beschluss unterbrechen können, innerhalb von sechs Monaten einen inhaltlich entsprechenden Entwurf vorzulegen. Die Frist für die Behandlung des Volksbegehrens sollte 4 statt wie jetzt 3 Monate betragen. Eine Art. 50 IV HambV entsprechende Sperrklausel war nicht vorgesehen.
7 *HambVfG*, NVwZ 1993, S. 1083 ff.
8 BS-Drs. 14/4179.
9 Vgl. dazu *Karpen/Bösling*, S. 68, 70.
10 Dazu *Unruh*, DÖV 1995, S. 265, 273 f.

Verfassungsausschuss erneut mit der Frage der Verfassungsreform befasste.[1] Nachdem in den Verhandlungen klar wurde, dass insbesondere die Quoren für die direktdemokratischen Verfahren auch weiterhin heftig umstritten waren, wiederholte der Ausschuss seine Bitte an den Senat. Da sich dieser für seine Antwort reichlich Zeit ließ, dauerte es bis zum 16. Mai 1995, bis sich der Ausschuss endlich mit der Stellungnahme befassen konnte.[2]

Am 12. Juni 1995 legte der Verfassungsausschuss dann einen weiteren Zwischenbericht vor.[3] In dessen These 98 wurde nunmehr die Einführung einer „Volkspetition" durch 10.000 Einwohner gefordert. Im Ausschuss war weiterhin grundsätzlich Einigkeit über die Einführung eines dreistufigen Volksgesetzgebungsverfahrens erreicht worden.[4] Umstritten blieb jedoch bis zum Schluss, ob „Angelegenheiten, die in den anderen Bundesländern zum Aufgabenbereich der Kommunen gehören", vom Anwendungsbereich dieser Verfahren ausgeschlossen werden sollten.[5] Eine entsprechende Beschränkung fand ebenso nur eine (knappe) Mehrheit, wie der ausdrückliche Ausschluss von Bauleit- und sonstigen Plänen.[6] Keine Einigkeit bestand schließlich auch über das Quorum für Verfassungsänderungen durch Volksentscheid.[7] Entgegen den Vorschlägen der Enquête-Kommission wurde die Einführung eines Bürgerbeauftragten vom Verfassungsausschuss abgelehnt.

Wiederum ein Jahr später, am 25. April 1996, erstattete der Verfassungsausschuss seinen dritten Zwischenbericht.[8] Die Quoren für die direktdemokratischen Verfahren waren nochmals Gegenstand heftiger Diskussionen gewesen.[9] Letzten Endes bestätigte der Aus-

---

1 Dies ist möglicherweise darauf zurück zu führen, dass die neue Regierungskoalition aus SPD und der Statt-Partei erst eine Basis für die Zusammenarbeit finden musste.
2 Vgl. BS-Drs. 15/2881 und dazu *Karpen/Bösling*, S. 68. 71. Der Senat hatte für die Volksinitiative ein Quorum von 40.000 Unterschriften gefordert, für das Volksbegehren die Unterstützung von 10 % der Stimmberechtigten und beim Volksentscheid die Mehrheit der Abstimmenden sowie die Zustimmung durch ein Viertel der Stimmberechtigten, bei Verfassungsänderungen sollten zwei Drittel der Abstimmenden und die Hälfte der Stimmberechtigten zustimmen müssen.
3 BS-Drs. 15/3500.
4 BS-Drs. 15/3500, S. 16, These 99. Der Volksantrag durch 20.000 Wahlberechtigte wurde als „Volksinitiative" bezeichnet.
5 Die CDU wollte dem einfachen Gesetzgeber insofern nicht vorgreifen. Die GAL und die Statt-Partei forderten, auf Einschränkungen möglichst weitgehend zu verzichten.
6 Zur Diskussion a.a.O., S. 16.
7 GAL und Statt-Partei forderten eine Senkung der von der Enquête-Kommission vorgeschlagenen Quoren. Die Ausschussmehrheit folgte demgegenüber dem Vorschlag des Senats, vgl. Fn. 2 auf S. 790.
8 BS-Drs. 15/4343. Auf S. 3 findet sich die bemerkenswerte Feststellung, dass nach Auffassung der Mehrheit der Mitglieder des Ausschusses kein gesonderter Antrag auf Durchführung des Volksbegehrens erforderlich sein solle. Berücksichtigt man, dass der Ausschuss dem Volksbegehren ohnehin die so genannte „Volksinitiative" vorgeschaltet hat, so drängt sich der Eindruck auf, dass der Mehrheit der Mitglieder die Bedeutung dieses Verfahrens nicht klar war. Tatsächlich handelt es sich bei der „Volksinitiative" nach Art. 50 I HambV um nichts anderes als um einen Antrag auf Durchführung eines Volksbegehrens.
9 Ein (nicht benannter) Abgeordneter der SPD hatte gefordert, die berlinische Regelung zu übernehmen, wonach beim Volksentscheid nur dann die einfache Stimmenmehrheit genügen solle, wenn sich mindestens die Mehrheit der Stimmberechtigten beteiligt hat. Im Übrigen solle die Zustimmung durch ein Drittel der Stimmberechtigten erforderlich sein; zu den Konsequenzen dieser Regelung, siehe oben S. 758.

schuss jedoch seine bisherigen Vorschläge.¹ Nach dem Zwischenbericht sollten auch weiterhin solche „Angelegenheiten, die in den anderen Bundesländern zur kommunalen Selbstverwaltung gehören" vom Anwendungsbereich des Volksgesetzgebungsverfahrens ausgeschlossen sein. Dies ist durchaus bemerkenswert, da im Ausschuss zu keinem Zeitpunkt klar war, auf welche Fragen sich diese Klausel konkret genau beziehen sollte. Auch der Senat hatte insofern keine Stellungnahme abgeben können.² Erst in der letzten Phase der Verfassungsdiskussion wurde die umstrittene Formulierung dann aufgrund eines Antrags des Vertreters der Statt-Partei vom 7. Mai 1996 durch den Ausschluss von „Einzelvorhaben" ersetzt.³

Am 29. Mai 1996 verabschiedete die Bürgerschaft die neue Regelung des Art. 50 HambV über die Volksinitiative, das Volksbegehren und den Volksentscheid.⁴ Am 20. Juni 1996 wurden die übrigen Verfassungsänderungen, darunter auch die Regelung über die Volkspetition beschlossen.⁵ Der Sinn und Zweck der Aufspaltung ist wohl darin zu sehen, dass das Ausführungsgesetz über Volksinitiative, Volksbegehren und Volksentscheid (HambVAbstG) zugleich mit der Vollendung der Verfassungsreform in Kraft treten sollte.⁶ Ein besonderes Gesetz zur Konkretisierung der Volkspetition im Sinne von Art. 29 HambV (HambVPG) ist am 23. Dezember 1996 ergangen.⁷

B. Die zweite Phase: 1997-2001⁸

Schon kurze Zeit nachdem in Hamburg als letztem Bundesland direktdemokratische Verfahren eingeführt worden sind, wurden diese Verfahren dazu benutzt, um eine Erweiterung der unmittelbaren Mitwirkungsmöglichkeiten der Bürger durchzusetzen. Anfang 1997 begann der Verein „Mehr Demokratie e.V.", der sich bundesweit für die Erweiterung der unmittelbaren Mitwirkungsrechte der Bürger einsetzt, mit den Vorbereitungen für zwei Volksinitiativen. Ziel der einen Initiative **„Für Volksentscheide in Hamburg"** war vor allem die Absenkung der Quoren für die Volksinitiative auf 10.000 Unterschriften und für das Volksbegehren auf fünf Prozent der Stimmberechtigten, die Aufhebung der inhaltlichen

---

1   Dazu siehe BS-Drs. 15/5353, S. 3.
2   Die Fraktion der GAL hatte daraufhin erfolglos gefordert, diese Klausel zu streichen; dazu siehe BS-Drs. 15/5353, S. 3. Diese Entscheidung ist wohl nicht zuletzt darauf zurückzuführen, dass der Antrag der GAL sich *auch* auf den Ausschluss von Bauleit- und sonstigen Plänen bezogen hat, der von der Mehrheit der Ausschussmitglieder befürwortet wurde.
3   Vgl. dazu BS-Drs. 15/5400, S. 12 und 27 (zum HambVAbstG), sowie BS-Drs. 15/5435 (zur HambV).
4   GVBl. S. 77.
5   GVBl. S. 129/133.
6   GVBl. S. 136; zuletzt geändert durch Gesetz vom 4.5.2005, GVBl. I S. 195; ergänzt durch die Verordnung zur Durchführung des HambVAbstG vom 1.7.1997, GVBl. S. 309 (HambVAbstGVO). Dies war erst möglich, nachdem die Regelung des Art. 50 HambV und damit auch der Gesetzesvorbehalt in Kraft getreten war. Das HambVAbstG war parallel zu den Verfassungsänderungen im Verfassungs- und Geschäftsordnungsausschuss der Bürgerschaft beraten worden; vgl. BS-Drs. 15/5400 und dort Anlage 8.
7   GVBl. S. 357.
8   Vgl. dazu *Efler*, S. 205 ff.; *Koch*, JöR 2004, S. 251, 254 f.; *Martin Schmidt*, S. 88 ff.

Beschränkungen für den Anwendungsbereich der Verfahren und die Verlängerung der Eintragungsfrist für das Volksbegehren von zwei Wochen auf einen Monat.[1] An einer Volksinitiative sollten sich in Zukunft alle Einwohner, die älter als 16 Jahre sind, beteiligen können. Ein einfaches Gesetz sollte angenommen sein, wenn ihm die Mehrheit der Abstimmenden zugestimmt hat. Bei Verfassungsänderungen sollte die Zustimmung durch zwei Drittel der Abstimmenden erforderlich sein.[2] Die Volkspetition sollte entfallen. Mit der zweiten Initiative „Für Bürgerentscheide in Bezirken" sollte den Bürgern die Möglichkeit verschafft werden, auch auf der Ebene der Stadtbezirke unmittelbar mit zu entscheiden. Auf

---

[1] Ursprünglich war sogar eine Verlängerung der Eintragungsfrist auf 6 Monate angestrebt worden (vgl. „Mehr Demokratie Spezial" Nr. 46 vom 25. März 1997). Allerdings hat sich in der Folgezeit offensichtlich die Einsicht durchgesetzt, dass durch eine Verzögerung des Verfahrens dessen Effektivität beeinträchtigt wird. Der Erfolg des Antrags beim Volksbegehren hat deutlich gemacht, dass es durchaus möglich ist, auch in der kurzen Frist genügend Unterstützer zu mobilisieren.

[2] Art. 50 sollte folgendermaßen neu gefasst werden (BS-Drs. 15/7989).
„(1) 10.000 Einwohnerinnen und Einwohner der Freien und Hansestadt Hamburgs, die das 16. Lebensjahr vollendet haben, haben das Recht, die Bürgerschaft im Rahmen ihrer Zuständigkeit mit bestimmten Gegenständen der politischen Willensbildung zu befassen. Diese Volksinitiative kann auch Entwürfe auf Erlass, Änderung oder Aufhebung eines Gesetzes enthalten. Haushaltsbeschlüsse können nicht Gegenstand einer Volksinitiative sein. Die Initiatoren der Volksinitiative werden durch drei von ihr benannte Vertrauensleute vertreten. Erklärungen der Vertrauensleute müssen einstimmig erfolgen. Die von den Vertrauensleuten benannten Personen haben bei einer zustande gekommenen Volksinitiative das Recht, in der Bürgerschaft angehört zu werden.
(2) Stimmt die Bürgerschaft der Volksinitiative nicht binnen 4 Monaten nach Einreichung der Unterschriften in unveränderter Form oder in einer Fassung, der die Vertrauensleute zugestimmt haben, zu, können die Vertrauensleute der Volksinitiative die Durchführung eines Volksbegehrens beantragen. Das Volksbegehren ist zustande gekommen, wenn es innerhalb eines Kalendermonates von fünf Prozent der Wahlberechtigten unterstützt wird. Die Unterschriften können auch von den Initiatoren der Volksinitiative selbst gesammelt werden.
(3) Entspricht die Bürgerschaft nicht binnen 3 Monaten dem Volksbegehren in unveränderter Form oder in einer Fassung, der die Vertrauensleute zugestimmt haben, so legt es der Senat dem Volk innerhalb von weiteren zwei Monaten zur Entscheidung vor. Beim Volksentscheid entscheidet die Mehrheit der abgegebenen gültigen Stimmen. Bei Verfassungsänderungen ist eine Mehrheit von 2/3 der abgegebenen gültigen Stimmen erforderlich. Stehen mehrere Entwürfe zur Abstimmung, können die Stimmberechtigten jede Vorlage einzeln annehmen oder ablehnen. Für den Fall, dass mehrere sich widersprechende Vorlagen zum gleichen Gegenstand angenommen werden, können die Abstimmenden darüber befinden, welche sie vorziehen.
(4) Jeder Haushalt der Freien und Hansestadt Hamburg, in dem mindestens ein Wahlberechtigter wohnt, erhält ein Informationsheft, das die Abstimmungsvorlagen und jeweils in gleichem Umfang die Auffassungen der Initiatoren der Volksinitiative und der Bürgerschaft erhält. Finanzieren der Senat oder die Bürgerschaft zusätzliche Informationsmaßnahmen, so wird den Initiatoren der Volksinitiative jeweils der gleiche Umfang zur Verfügung gestellt. Den Initiatoren der Volksinitiative stehen im Hinblick auf den Zugang zu den öffentlich-rechtlichen Medien die gleichen Recht zu, wie den Parteien bei den Wahlen zur Bürgerschaft.
(5) Während eines Zeitraums von drei Monaten vor dem Tag einer allgemeinen Wahl finden keine Volksbegehren und Volksentscheide statt.
(6) Das Gesetz bestimmt das Nähere. Es kann auch Zeiträume bestimmen, in denen die Fristen nach Absatz 2 Satz 1 und Absatz 3 Satz 1 wegen sitzungsfreier Zeiten der Bürgerschaft nicht laufen. Es muss ferner vorsehen, dass beim Volksbegehren und beim Volksentscheid die Bestimmungen des hamburgischen Bürgerschaftswahlrechtes Anwendung finden."

diesen Antrag und den Ablauf der beiden Verfahren wird später noch ausführlicher einzugehen sein.[1]

Am 28. Mai 1997 wurde dem Senat der Beginn der Unterschriftensammlung angezeigt. Nachdem in der Folgezeit immerhin 42 Organisationen ihre Unterstützungsbereitschaft erklärt hatten,[2] wurden bereits am 25. August 1997 – also drei Monate vor dem Ablauf der Höchstfrist für die Unterschirftensammlung – insgesamt 6.302 Unterschriftslisten eingereicht.[3] Nach Angaben der Initiatoren waren in diesem Zeitraum weit mehr als 30.000 Unterschriften gesammelt worden.[4] Der Senat brach die Zählung jedoch ab, nachdem fest stand, dass das Quorum von 20.000 Unterschriften auf jeden Fall erreicht worden war.[5]

Mittlerweile hatte es in Hamburg Neuwahlen gegeben, bei denen die Statt-Partei heftige Einbußen verzeichnen musste. Statt der bisherigen Koalition aus SPD und Statt-Partei kam es nun zu einem rot-grünen Regierungsbündnis. Schon während der Koalitionsverhandlungen wurde deutlich, dass die Volksinitiativen von „Mehr Demokratie" ein erhebliches Konfliktpotential in sich bargen, da die SPD ebenso wie die oppositionelle CDU am bisherigen Rechtszustand festhalten wollte, während der kleinere Koalitionspartner Grün-Alternative Liste (GAL) zu den Unterstützern der Initiative gehörten. Die Beratungen der beiden Initiativen in der Bürgerschaft am 2. Dezember 1997 endeten daher ohne formellen Beschluss mit der „Kenntnisnahme" des Anliegens.[6]

Nachdem die Volksinitiative für zulässig erklärt worden war, kam es im März 1998 zum Volksbegehren. Obwohl SPD und CDU offen zum Boykott des Verfahrens und die Bürger dazu aufrufen, die Mitteilungskarten einfach in den Papierkorb zu werfen und trotz eines heftigen Streits über die Öffnungszeiten der Eintragungsstellen,[7] wurde der Antrag für eine Reform der Volksgesetzgebung von 222.328 Stimmberechtigten unterstützt[8] – damit war das in Art. 50 II 2 HambV vorgesehene Quorum für das Volksbegehren um etwa 90.000 Unterschriften überschritten worden.

1 Vgl. dazu unten S. 821 ff.
2 Unter anderem von der Grün-Alternativen Liste und zwei Bezirksverbänden der FDP; vgl. „Hamburger Initiative fordert mehr Demokratie", Die Welt, 29.7.1997.
3 Vgl. BS-Drs. 15/7989.
4 Vgl. *Martin Schmidt*, S. 88.
5 So die Mitteilung des Senats an die Bürgerschaft vom 21. Oktober 2001, BS.-Drs. 16/32. Wegen der Neuwahl der Bürgerschaft hatte sich die Feststellung über das Zustandekommen der Initiative verzögert. In der Anhörung der Vertreter der Volksinitiative durch den Verfassungsausschuss der Bürgerschaft am 12.11.1997 erklärte ein Vertreter des Senats, dass die Zählung der Unterschriften abgebrochen worden sei, nachdem feststand, dass das Quorum für eine Volksinitiative erreicht worden war, vgl. den Bericht des Ausschusses vom 4.12.1997, BS-Drs. 16/136.
6 Vgl. dazu *Martin Schmidt*, S. 88.
7 Die Öffnungszeiten wurden noch während des Verfahrens verlängert. Streit gab es auch über die Frage, wie oft Zwischenergebnisse bekannt gemacht werden sollten.
8 Vgl. die Mitteilung des Senats an die Bürgerschaft vom 31.3.1998, BT-Drs. 16/610. Der parallele Antrag für die Einführung direktdemokratischer Verfahren auf der Bezirksebene wurde von 218.577 Wahlberechtigten unterstützt.
Die Zahl der Unterschriften entsprach 18,3 % der Stimmberechtigten; notwendig gewesen wären nur 121.129 Unterschriften, vgl. „Volksbegehren in Hamburg erfolgreich", StZ 24.3.1998, S. 2; *Heuser/von Randow/Watermann*, „Jetzt werden wir direkt", Die Zeit, 8.4.1998, S. 17 ff.

In den folgenden Monaten kam es in der Bürgerschaft zu heftigen Diskussionen, die als beispielhaft für die politische Willensbildung in einer Koalitionsregierung gelten können. Die Mehrheit der SPD-Fraktion stimmte dem Anliegen, die Hürden auf dem Weg zum Volksentscheid weiter abzusenken, nunmehr zwar grundsätzlich zu. Allerdings wollte man die Quoren nicht so weit absenken, wie die Initiatoren des Volksbegehrens und und vor allem wurde der Verzicht auf jede inhaltliche Beschränkung des Anwendungsbereiches der Verfahren abgelehnt.[1] Der SPD-Fraktion waren jedoch durch eine Koalitionsvereinbarung die Hände gebunden, da die GAL das Volksbegehren vorbehaltlos unterstützte und damit drohte, gegebenenfalls die Koalition aufzulösen.

Die GAL verfolgte im weiteren Verlauf des Verfahrens zunächst eine Boykottstrategie. Dies geschah in der Hoffnung, dass man die Bürgerschaft daran hindern könnte, eine konkurrierende Vorlage zur Abstimmung zu stellen – wodurch der Entwurf des Volksbegehrens eine größere Chance gehabt hätte, das für eine Verfassungsänderung erforderliche qualifizierte Zustimmungsquorum zu erreichen:[2] Schließlich sollte die Abstimmung gleichzeitig mit der Bundestagswahl am 27. September 1998 statt finden, so dass eine relativ hohe Abstimmungsbeteiligung zu erwarten war.[3]

Angesichts dieser Konstellation wagte es keine Fraktion, bei der ersten Beratung über das Volksbegehren am 2. Juni 1998, einen Antrag einzubringen. Allerdings beschloss die SPD-Fraktion am 8. Juni einen Entwurf für eine konkurrierende Vorlage der Bürgerschaft. Da die GAL diesen Antrag postwendend ablehnte, wären der SPD nach den Absprachen in der Koalitionsvereinbarung an sich die Hände gebunden gewesen. Tatsächlich beschloss die SPD-Fraktion am 16. Juni, unter diesen Umständen auf einen Antrag zu verzichten. Allerdings brachten wiederum einen Tag später sechs einzelne SPD-Abgeordnete einen Antrag für eine konkurrierende Vorlage in die Bürgerschaft ein,[4] der sich in drei wesentlichen Punkten vom Vorschlag der Volksinitiative unterschied: Zum einen sollten sich auch in Zukunft nur Stimmberechtigte an einer Volksinitiative beteiligen dürfen. Zum anderen sollten die inhaltlichen Beschränkungen des Anwendungsbereiches der Verfahren im wesentlichen beibehalten werden. Entfallen sollten nur die Beschränkungen in Bezug auf „Einzelvorhaben, Bauleitpläne und vergleichbare Pläne". Und schließlich sprachen sich die Abgeordneten auch für die Beibehaltung der qualifizierten Quoren beim Volksentscheid aus.

Die GAL hielt diesen Antrag – wohl nicht ganz zu Unrecht – für eine „Stellvertreteraktion".[5] Dennoch arbeiteten ihre Abgeordneten nun einen Kompromissentwurf aus, der

1 Bereits zuvor hatte der Oppositionsführer Ole *von Beust* seine Bereitschaft erklärt, auf die Initiatoren zuzugehen und zumindest über eine Absenkung der Quoren für die Volksinitiative und das Volksbegehren zu verhandeln; vgl. dazu *Martin Schmidt*, S. 90.
2 Vgl. dazu *Martin Schmidt*, S. 90 f., der allerdings einräumt, dass diese Strategie schon deshalb verfehlt war, weil die Bürger bei der Abstimmung die Möglichkeit hätten, beiden Vorlagen zuzustimmen.
3 Dies steht zwar im Einklang mit § 19 HambVAbstG in der bis zum 4.5.2005 geltenden Fassung. Allerdings ergeben sich im Hinblick auf Art. 50 V HambV gewisse Bedenken, da danach innerhalb von drei Monaten *vor* dem Tag einer allgemeinen Wahl keine Volksbegehren und Volksentscheide statt finden dürfen. Vgl. dazu unten S. 817 und dort Fn. 2.
4 BS-Drs. 16/1046.
5 Schließlich entsprachen die antragstellenden Abgeordneten „zufälligerweise" exakt den innerparteilichen Gruppierungen innerhalb der SPD, vgl. dazu „Wie hoch sollen die Hürden für Bürgerbegehren sein?",

dem Anliegen der Volksinitiative wesentlich näher kam – aber wiederum von der SPD nicht akzeptiert wurde. Immerhin konnte insofern ein Kompromiss erreicht werden, als SPD und GAL vereinbarten, bis zum Abschluss der Beratungen über den Entwurf der sechs SPD-Abgeordneten im Verfassungsausschuss weiter über einen möglichen Kompromiss zu verhandeln.

Noch vor dem Beginn der parlamentarischen Sommerpause wurde der Druck auf die Regierungskoalition jedoch weiter verstärkt, da die CDU-Fraktion am 17. Juli 1998 einen Antrag für eine konkurrierende Vorlage der Bürgerschaft einbrachte,[1] der im wesentlichen mit den Vorschlägen der sechs SPD-Abgeordneten übereinstimmte und lediglich insofern über diesen hinaus ging, als in Zukunft auch alle „Gegenstände, in denen eine förmliche Bürgerbeteiligung gesetzlich vorgeschrieben ist oder die ein rechtswidriges Ziel verfolgen" vom Anwendungsbereich der Verfahren ausgeschlossen bleiben sollten.[2]

Spätestens zu diesem Zeitpunkt stand die rot-grüne Regierungskoalition vor einer Zerreißprobe. Schließlich war es durchaus vorstellbar, dass ein Teil der SPD-Abgeordneten dem CDU-Antrag zustimmen würde.[3] In diesem Fall wäre die Koalition aber wohl kaum zu retten gewesen. Unter diesem Druck einigten sich SPD und GAL buchstäblich in letzter Minute[4] auf einen gemeinsamen Vorschlag für eine konkurrierende Vorlage der Bürgerschaft,[5] der sich zwar am bisherigen Verfassungstext orientierte, dem Anliegen der Volks

StZ 23.6.98, S. 2.

1 BS-Drs. 16/1185.
2 Letzten Endes wollte die CDU-Fraktion damit die Möglichkeit für eine präventiven Normenkontrolle in der Verfassung festschreiben, vgl. dazu die Begründung des Entwurfes, a.a.O., S. 2.
3 Vgl. „Hamburgs Koalition steckt in der Krise", StZ 20.8.98, S. 2.
4 Der Antrag wurde erst am 26.8.98 in die Bürgerschaft eingebracht und damit nur einen Monat vor der Abstimmung. Sowohl die CDU als auch die sechs SPD-Abgeordneten hatten ihre Anträge vor der letzten Sitzung der Bürgerschaft nochmals eingebracht, vgl. BS-Drs. 16/1243 und 1244. Die sechs SPD-Abgeordneten nahmen den Antrag erst in der Sitzung formell zurück, um einen Eklat zu vermeiden. Zum Verfahren vgl. *Martin Schmidt*, S. 92 ff.
5 BS-Drs. 16/1284.
(1) Die Einwohner der Freien und Hansestadt Hamburg können im Rahmen der Entscheidungszuständigkeit der Bürgerschaft den Erlass, die Änderung oder die Aufhebung eines Gesetzes oder eine Befassung mit bestimmten Gegenständen der politischen Willensbildung beantragen. Haushaltsangelegenheiten, Abgaben, Tarife der Öffentlichen Unternehmen sowie Dienst- und Versorgungsbezüge können nicht Gegenstand einer Volksinitiative sein. Die Volksinitiative ist zustande gekommen, wenn sie von mindestens 10.000 volljährigen Einwohnern unterstützt wird.
(2) Sofern die Bürgerschaft nicht innerhalb von vier Monaten nach Einreichung der Unterschriften ein dem Anliegen der Volksinitiative entsprechendes Gesetz verabschiedet oder einer anderen Vorlage nach Absatz 1 zugestimmt trat, sind die Initiatoren berechtigt, die Durchführung eines Volksbegehrens zu beantragen. Der Senat führt das Volksbegehren durch. Das Volksbegehren ist zustande gekommen, wenn es von einem Zwanzigstel der zur Bürgerschaft Wahlberechtigten unterstützt wird.
(3) Entspricht die Bürgerschaft nicht binnen drei Monaten dem Volksbegehren, können die Initiatoren die Durchführung des Volksentscheids beantragen. Der Senat legt den Gesetzentwurf oder die andere Vorlage dem Volk zur Entscheidung vor. Die Bürgerschaft kann einen eigenen Gesetzentwurf oder eine andere Vorlage beifügen. Ein Gesetzentwurf oder eine andere Vorlage ist angenommen, wenn die Mehrheit der Abstimmenden zugestimmt hat und entweder sich mindestens ein Drittel der Wahlberechtigten beteiligt oder bei geringerer Beteiligung mindestens ein Fünftel der Wahlberechtigten zugestimmt hat. Bei Verfassungstiderungen müssen zwei Drittel derjenigen, die ihre Stimme abgegeben haben,

initiative aber nochmals deutlich weiter entgegenkam als der Antrag der sechs SPD-Abgeordneten: Zum einen sollten in Zukunft alle Einwohner – unabhängig von ihrer Staatsangehörigkeit – eine Volksinitiative unterstützen können. Weiterhin sollten in diesem Verfahren nicht nur Gesetzentwürfe, sondern auch andere Anträge zu „bestimmten Gegenständen der politischen Willensbildung" zugelassen werden. Besonders ins Auge sticht jedoch die Regelung über das Quorum beim Volksentscheid, die offensichtlich in Anlehnung an Art. 63 II VvB formuliert worden ist. Bei einem Volksentscheid über ein einfaches Gesetz oder über eine andere Vorlage zu einem Gegenstand der politischen Willensbildung sollte grundsätzlich die einfache Mehrheit der Abstimmenden ausreichen. Sofern sich weniger als ein Drittel der Stimmberechtigten beteiligen, wäre hingegen die Zustimmung durch ein Fünftel der Stimmberechtigten erforderlich gewesen.[1] Für Abstimmungen über Verfassungsänderungen sollte es grundsätzlich bei der bisherigen Regelung bleiben. Allerdings sollte in Zukunft nicht mehr die Hälfte, sondern nur noch zwei Fünftel der Stimmberechtigten einem Antrag zustimmen müssen.

Bei der Abstimmung am 27. September 1998 wurde die konkurrierende Vorlage der Bürgerschaft allerdings nur von 426.506 Abstimmende[2] unterstützt, während 546.937 Bürger und damit 74,1 Prozent der Abstimmenden für den Entwurf der Initiative „Mehr Demokratie" stimmten. Dies reichte jedoch nicht aus, da die (verfassungsändernde) Vorlage für eine Erweiterung bzw. Erleichterung der direktdemokratischen Verfahren das Quorum des Art. 50 III 4 HambV dennoch um etwas mehr als 58.000 Stimmen verfehlt hatte[3] – letzten Endes ist der Antrag also an einer derjenigen Hürden gescheitert, die im Falle seiner Annahme abgeschafft worden wären.

Das Ergebnis der Abstimmung ist aus zwei Gründen bemerkenswert. Zum einen erscheint es durchaus erstaunlich, dass der Entwurf des Volksbegehrens mehr Ja-Stimmen

mindestens jedoch zwei Fünftel der Wahlberechtigten, zugestimmt haben.
(4) Ein durch Volksentscheid angenommenes Gesetz oder eine andere Vorlage kann innerhalb von zwei Jahren nicht im Wegs von Volksinitiative, Volksbegehren und Volksentscheid geändert werden.
(5) Während eines Zeitraumes von drei Monaten vordem Tag einer allgemeinen Wahl in Hamburg finden keine Volksbegehren und Volksentscheide statt.
(6) Das Hamburgische Verfassungsgericht entscheidet auf Antrag des Senats, der Bürgerschaft, eines Fünftels der Abgeordneten der Bürgerschaft oder der Volksinitiatoren über die Durchführung von Volksbegehren und Volksentscheid. Volksbegehren und Volksentscheid ruhen während des Verfahrens.
(7) Das Gesetz bestimmt das Nähere. Es kann auch Zeiträume bestimmen, in denen die Fristen nach Absatz 2 Satz 1 und Absatz 3 Satz 1 wegen sitzungsfreier Zeiten der Bürgerschaft oder besonderer Einigungsverfahren ruhen.

1 Vgl. „Hamburg findet Kompromiss", StZ 24.8.98, S. 2; zwar wäre dieses Quorum niedriger als das nach Art. 63 II VvB (vgl. dazu oben S. 758 f.), so dass der Erfolg eines Antrags beim Volksentscheid nicht von vorne herein ausgeschlossen erscheint. Dennoch hätte die Regelung im Falle ihrer Annahme auch hier zu der paradoxen Situation geführt, dass es ggf. von der Teilnahme (nicht vom Abstimmungsverhalten) eines einzigen Bürgers abhängen würde, ob ein Antrag erfolgreich ist, oder nicht.
 – Bei einer Abstimmungsbeteiligung von *mehr* als einem Drittel reicht die einfache Mehrheit aus, diese entspricht ggf. einem Sechstel der Stimmberechtigten.
 – Nimmt hingegen nur ein einziger Stimmberechtigter *weniger* an der Abstimmung teil, ist plötzlich die Zustimmung durch ein Fünftel der Stimmberechtigten erforderlich, das entspricht mindestens 60 % der Abstimmenden.
2 Das entsprach 60 %.
3 Für die Annahme wäre die Zustimmung durch etwa 605.000 Bürger notwendig gewesen.

erhalten hat, als die Vorlage der Bürgerschaft, die weniger „radikal" war und daher an sich zu erwarten gewesen wäre, dass all diejenigen, die für die Vorlage von „Mehr Demokratie" stimmen wollten, auch der Bürgerschaftsvorlage zustimmen würden. Denn deren Annahme hätte im Zweifel immer noch eine Verbesserung gegenüber dem status quo mit sich gebracht. Wenn der Entwurf der Initiative „Mehr Demokratie" dennoch mehr Stimmen auf sich vereinigen konnte, dann liegt das daher vor allem daran, dass den Initiatoren des Volksbegehrens diese Möglichkeit bewusst war und dass sie daher vor der Abstimmung dazu aufgerufen hatten, nur ihren Vorlagen zuzustimmen und die Entwürfe der Bürgerschaft ausdrücklich abzulehnen.[1/2]

Zum anderen, und diesem Umstand kommt entscheidende Bedeutung zu, fällt bei einem Vergleich des Abstimmungsergebnisses mit den Daten der gleichzeitig durchgeführten Bundestagswahl die deutlich geringere Abstimmungsbeteiligung ins Auge. Zwar scheint die Tatsache, dass sich nur 66,6 Prozent der Stimmberechtigten am Volksentscheid beteiligt zu haben, während immerhin 81,1 Prozent der Stimmberechtigten ihre Stimme bei der Bundestagswahl abgegeben haben, auf den ersten Blick nur dafür zu sprechen, dass der Gegenstand der Volksabstimmungen für einen großen Teil der Bürger von keinem allzu großen Interesse war. Eine nähere Betrachtung macht jedoch deutlich, dass davon keine Rede sein kann. Vielmehr lässt sich die Differenz schlicht damit erklären, dass die Benachrichtigungen über die Volksentscheide wegen der extrem späten Entscheidung der Bürgerschaft, doch noch eine Konkurrenzvorlage mit zur Abstimmung zu stellen, erst sehr viel später als die Wahlbenachrichtigungen für die Bundestagswahl verschickt wurden. Daher haben weitaus weniger Bürger Briefabstimmungsunterlagen beantragt als Briefwahlunterlagen. Schlimmer noch: Die Zahlen sprechen dafür, dass nur ein extrem geringer Anteil derjenigen, einen Abstimmungsschein beantrag haben, tatsächlich an der Abstimmung teilgenommen hat.[3] Dies deutet aber wiederum darauf hin, dass die entsprechenden Unterlagen zu spät verschickt worden sind. Wenn sich der Gesetzgeber aber dazu entschlossen hat, den Termin

1 Vgl. dazu auch *Efler*, S. 205, 215 f. Auch die Bürgerschaft verfolgte eine ähnliche Taktik, war dabei aber nicht ganz so offensiv, wie „Mehr Demokratie", die ganz Hamburg mit Plakaten und Flugblättern überzogen.

2 Tatsächlich wäre diese Taktik nicht notwendig gewesen. Vielmehr hätte man ebenso gut dazu aufrufen können, sich in Bezug auf die Vorlage der Bürgerschaft der Stimme zu enthalten. In diesem Fall wäre diese Stimme zwar ungültig gewesen. Allerdings wäre niemand gezwungen gewesen, eine Vorlage ausdrücklich abzulehnen, die man im Grunde für akzeptabel hielt. Tatsächlich scheinen viele Stimmberechtigte diesen Weg gegangen zu sein. Dafür spricht vor allem der exorbitant hohe Anteil ungültiger Stimmen, der sich angesichts der klaren Alternative „Ja" oder „Nein", nicht allein damit erklären lässt, dass es sich um die erste Abstimmung in Hamburg handelte. Bei der Abstimmung über den Antrag von „Mehr Demokratie" waren immerhin 7,9 % aller Stimmzettel ungültig, bei der Abstimmung über die Vorlage der Bürgerschaft sogar 11,4 %.

3 Da nur ganze 490 Personen mit einem Abstimmschein abgestimmt haben, stellt sich die Frage, was mit den übrigen 139.460 Abstimmscheinen passiert ist. In diesem Zusammenhang ist zu beachten, dass sich nur 743.764 Stimmberechtigte ohne Wahlschein an der Bundestagswahl beteiligt haben, aber immerhin 801.389 ohne Abstimmschein an den Volksentscheiden. Diese Differenz von 57.625 lässt sich aber wohl nur dadurch erklären, dass ein nicht geringer Teil derjenigen, die sich schon per Briefwahl an der Bundestagswahl beteiligt hatten, doch noch persönlich in die Wahllokale gegangen sind, um sich an den Volksentscheiden zu beteiligen. Selbst wenn man aber davon ausgeht, dass alle diese Personen zuvor einen Abstimmschein beantragt und erhalten haben, bleiben mindestens 81.835 Abstimmscheine, die nicht benutzt worden sind.

für eine Volksabstimmung mit einem Wahltermin zusammenzulegen,[1] um auf diese Weise die Abstimmungsbeteiligung zu erhöhen,[2] dann muss auch gewährleistet sein, dass die beiden Verfahren tatsächlich parallel durchgeführt werden – und zwar auch die Briefwahl bzw. -abstimmung.[3]

Ergebnis des Volksentscheids und der Bundestagswahlen am 27.9.1998[4]

	Volksentscheid		Bundestagswahl	
Stimmberechtigte	1.202147	= 100 %	1213821	= 100 %
mit Wahlschein	139.950	≈ 11,6 %	252216	≈ 20,8 %
ohne Wahlschein	1062197	≈ 88,4 %	961605	≈ 79,2 %
Abstimmende	801879	= 100 %	984644	= 100 %
mit Wahlschein	490	≈ 0,1 %	240880	≈ 24,5 %
ohne Wahlschein	801389	≈ 99,9 %	743764	≈ 75,5 %
	Vorlage Volksbeg.		Vorlage Bürgerschaft	
ungültige Stimmen	63313	≈ 7,9 %	91549	≈ 11,4 %
gültige Stimmen	738566	≈ 92,1 %	710330	≈ 88,6 %
davon Ja	546937	≈ 74,1 %	426506	≈ 60,0 %	Abstimmende
		≈ 45,5 %		≈ 35,5 %	*Stimmberechtigte*
Nein	191629	≈ 25,9 %	283824	≈ 40,0 %	

Zwar hatte die rot-grüne Koalition schon vor der Abstimmung angekündigt, dass sie ihren Vorschlag unter diesen Umständen im normalen Gesetzgebungsverfahren durchsetzen wolle. Dabei musste sie allerdings auf der einen Seite mit dem Widerstand der CDU-Fraktion rechnen, der diese Vorlage zu weit ging. Auf der anderen Seite wäre es den Bürgern kaum zu vermitteln gewesen, wieso nun eine Vorlage in das parlamentarische Verfahren eingebracht werden sollte, die bei der Abstimmung nicht nur eine deutlich geringere Zu-

---

1   Wobei schon hier darauf hinzuweisen ist, dass die Regelungen der HambV eher dafür sprechen, dass Wahlen und Abstimmungen getrennt voneinander statt finden sollen; vgl. dazu gleich unter S. 816 ff.
2   Dies ist wegen der Gefahr einer Verzerrung des Abstimmungsergebnisses nicht unproblematisch, vgl. dazu oben S. 303 f. und unten S. 899.
3   Unterstellt man zum einen, dass bei einer korrekten Durchführung des Verfahrens alle 984.644 Personen, die sich tatsächlich an der Bundestagswahl beteiligt haben, auch an der Abstimmung teilgenommen hätten, und geht man zum anderen davon aus, dass diese höhere Beteiligung keinen Einfluss auf das Verhältnis von gültigen und ungültigen sowie von „Ja"- und „Nein"-Stimmen gehabt hätte, dann wäre der Entwurf von „Mehr Demokratie" angenommen gewesen; vgl. dazu auch *Efler*, S. 205, 215 ff., der allerdings ohne nähere Begründung behauptet, dass sich immerhin 9,8 % der Stimmberechtigten per Brief an der Abstimmung beteiligt hätten.
4   Alle Daten nach den amtlichen Endergebnissen bzw. eigenen Berechnungen aufgrund dieser Ergebnisse.

stimmung erfahren hatte, als der weiter gehende Antrag von „Mehr Demokratie", sondern sogar das Quorum der Zustimmung durch zwei Drittel der Abstimmenden verfehlt hatte.

Angesichts dieser verfahrenen Situation ist es kaum verwunderlich, dass es einige Zeit dauerte, bis die Beratungen offiziell wieder aufgenommen wurden.[1] Im März 1999 einigten sich SPD, CDU und GAL zunächst darüber, dass eine Verfassungsänderung angestrebt werden sollte.[2] Dabei wurde zum einen eine Absenkung der Quoren angekündigt, zum anderen eine Modifikation des Verfahrens, durch die eine Art Mediationsprozess ermöglicht werden sollte. Nachdem der Verfassungsausschuss im Dezember Sachverständige zu dieser Frage angehört[3] und danach weiter verhandelt hatte, wurde im Mai 2000 eine „Arbeitsgruppe Mediationsverfahren" eingesetzt, in der Abgeordnete aller Fraktionen gemeinsam nach einer Lösung suchten. Die Arbeitsgruppe sprach sich gegen ein formelles Mediationsverfahren aus. Statt dessen sollte die Bürgerschaft die Möglichkeit erhalten, den Ablauf der Fristen gegebenenfalls für einige Monate hemmen konnten, um weiter zu verhandeln. Zudem sollten die Initiatoren das Recht erhalten, ihre Vorlage zu überarbeiten, um den Ergebnissen der Diskussionen Rechnung zu tragen. Die genaue Ausgestaltung des Verfahrens war dann wiederum Gegenstand langwieriger Diskussionen in den Fraktionen und dem Verfassungsausschuss.[4]

Endgültig abgeschlossen wurden die Verhandlungen im Mai 2001. Im Mittelpunkt der Reform stand zum einen die letzten Endes unumstrittene Halbierung der Quoren für die Volksinitiative und das Volksbegehren und die Streichung der Einschränkungen in Bezug auf Einzelvorhaben sowie Bauleit- und sonstige Pläne. Außerdem wurde der Anwendungsbereich der Verfahren über die Gesetzgebung hinaus erweitert. Schließlich ist beim Volksentscheid nur noch die Zustimmung durch ein Fünftel der Stimmberechtigten erforderlich.[5] Durch eine grundlegende Reform der einschlägigen Ausführungsbestimmungen soll das kommunikative Potential der Verfahren deutlich vergrößert werden, indem den Antragstellern und der Bürgerschaft sehr weit gehende Möglichkeiten eingeräumt wurden, die Anträge noch in einer sehr späten Phase des Verfahrens zu ändern oder gar ganz zurückzunehmen.[6] Damit wurde zumindest einer derjenigen Punkte nicht übernommen, die noch Gegenstand der konkurrierenden Vorlage der Bürgerschaft gewesen waren: Auch in Zukunft werden sich nicht alle Einwohner, sondern nur Stimmberechtigte an Volksinitiativen beteiligen können.

C. Die dritte Phase: Die Entwicklungen seit 2004

Nachdem mehrere Volksbegehren gegen die Privatisierungspläne des Senats erfolgreich waren, forderte die Bürgerschaft auf Antrag der CDU-Fraktion im Oktober 2004 den Senat

---

1 Vgl. zum Folgenden *Klooß*, S. 96 ff. Merkwürdigerweise geht *Fraude*, S. 113 ff., in seiner 2005 veröffentlichten Darstellung nur ganz am Rande (S. 121) auf die Diskussionen und Reformen nach 1998 ein.
2 Anlage 1 zu BS-Drs. 16/5716.
3 Vgl. BS-Drs. 16/5716.
4 Vgl. dazu *Klooß*, S. 97 f.
5 Gesetz vom 16.5.2001, GVBl. S. 105.
6 Gesetz vom 6.6.2001, GVBl. S. 121.

dazu auf, einen Entwurf für eine Änderung des HambVAbstG vorzulegen, mit dem unter anderen die Straßensammlung von Unterschriften für das Volksbegehren abgeschafft[1] und die Abstimmungstermine von den Wahlterminen entkoppelt werden sollten. Gleichzeitig sollten die Eintragungsfristen deutlich verlängert und die Briefabstimmung deutlich erleichtert werden.[2] Diese Initiative, die unter anderem mit dem Bedürfnis nach einem effektiven Datenschutz und der Notwendigkeit für eine Reduzierung der Verfahrenskosten begründet wurde, stieß bei der Opposition und dort insbesondere auf der GAL auf heftige Kritik, da die Änderungsvorschläge als Versuch gewertet wurden, die Hürden auf dem Weg bis zum Erfolg eines Antrags beim Volksentscheid mittelbar wieder zu erhöhen.[3] Noch bevor der Senat der Aufforderung der Bürgerschaft nachgekommen war, bildete sich daher ein Aktionsbündnis, das seinerseits eine Volksinitiative mit dem Ziel einer weiteren Absenkung der Zulässigkeitsvoraussetzungen vorbereitete.[4]

Bereits einen Tag nachdem zwei Volksinitiativen für die verfassungsrechtliche Absicherung der bisherigen Verfahrensregelungen und den weiteren Ausbau der unmittelbaren Mitwirkungsrechte der Bürger für zulässig erklärt worden waren, beschloss die Bürgerschaft im April 2005 die vom Senat aufgrund der Initiative der CDU-Fraktion eingebrachten[5] Vorschläge zur Änderung des HambVAbstG.[6] Erwartungsgemäß kam es nun zu einer Auseinandersetzung über die Frage, ob diese neuen Regelungen auch schon für die laufenden Volksinitiativen zur Anwendung kommen sollten.[7] Letztendlich schloss sich das Verfassungsgericht der Hansestadt insofern der Auffassung des Senats an: Schließlich sei den Initiatoren von Anfang an bekannt gewesen, dass eine Änderung des HambVAbstG im Raume stand.[8]

Nachdem sich die Bürgerschaftsmehrheit erwartungsgemäß geweigert hatte, die beiden Volksinitiativen zur Rettung bzw. Stärkung des Volksentscheides zu übernehmen,[9] wurden im Zeitraum vom 13. Februar bis zum 5. März 2007 Unterschriften für entsprechende Volksbegehren gesammelt. Beide Anträge erreichten das erforderliche Quorum. Während die Bürgerschaft in der Folge das Begehren zur „Rettung des Volksentscheides" übernahm

---

1 Zudem sollen die Unterstützungsunterschriften auf Einzelbögen und nicht mehr auf Listen erfolgen. Dabei bleibt offen, wer die Kosten für die Herstellung dieser Bögen zu tragen hätte.

2 Vgl. BS-Drs. 18/1101. Die Bürger sollen – wie bei Bürgerentscheiden in den Bezirken – zusammen mit den Informationen über den Abstimmungsgegenstand automatisch die Briefabstimmungsunterlagen erhalten.

3 Vgl. Pressemitteilung der GAL „Miese Tricks gegen direkte Demokratie" vom 26.10.2004. Die Forderungen liefen im Ergebnis auf eine Abschaffung der Verfahren hinaus. Dabei steht wohl die Befürchtung im Mittelpunkt, dass sich die in Art. 50 III HambV enthaltenen Beteiligungsquoren bei einer isolierten Abstimmung schwerer erreichen lassen werden.

4 Vgl. dazu unten S. 839.

5 Vgl. BS-Drs. 18/1524.

6 Vgl. das am 27.4.2005 beschlossene Gesetz vom 4.5.2005, GVBl. S. 195.

7 Ein Antrag von SPD und GAL, nach dem für bereits laufende Initiativen noch das bisherige Recht anwendbar sein solle, wurde von der Bürgerschaftsmehrheit abgelehnt, vgl. BS-Drs. 18/2159.

8 Tatsächlich ging es beim Antrag zur „Rettung des Volksentscheides" im Ergebnis darum, diese Änderungen wieder zurück zu nehmen.

9 Vgl. zum Verfahren ausführlich unten S. 839 ff.

– und damit die von ihr selbst beschlossenen Änderungen wieder zurück nahm, lehnte sie den zweiten Antrag ab, der auf eine weiter gehende Absenkung der Hürden auf dem Weg bis zum Volksentscheid und eine Änderung der Verfassung zielte.

Beim Volksentscheid am 14. Oktober 2007 sprach sich zwar eine deutliche Mehrheit der Abstimmenden für die Änderung der Verfassung aus – das Quorum für eine plebiszitäre Verfassungsänderung wurde jedoch deutlich verfehlt.[1]

Anfang November 2007 kündigten die Initiatoren an, dass man ab Ende des Monats Unterschriften für einen erneuten Anlauf sammeln werde.

II. Die Volksinitiative – Die „Volkspetition" nach Art. 29 HambV[2]

Die Volkspetition nach Art. 29 HambV unterscheidet sich von der „regulären" Petition dadurch, dass die Bürgerschaft sich öffentlich mit dem ihr zugrunde liegenden Anliegen zu befassen und dabei auch die Initiatoren anzuhören hat. Damit ist sie der Volksinitiative im Sinne der hier verwendeten Terminologie näher als der klassischen Petition.

Der Anwendungsbereich der Volkspetition ist nach Art. 29 Satz 1 HambV inhaltlich grundsätzlich unbeschränkt. Sie kann sich auf alle möglichen Entscheidungen richten, zu denen das Parlament überhaupt im Rahmen seiner verfassungsmäßigen Kompetenzen befugt ist.[3] Der Bürgerschaft können auf diesem Wege insbesondere auch Vorschläge für Personalentscheidungen unterbreitet werden,[4] sofern das Antragsrecht nicht abschließend in der Verfassung geregelt ist.[5]

Als Gegenstand einer Volkspetition im Sinne von Art. 29 HambV kommen auch Gesetzentwürfe in Betracht. Zwar enthält Art. 50 I HambV eine ausdrückliche Regelung über die Volksinitiative, mit welcher der Bürgerschaft ein Gesetzentwurf vorgelegt werden kann. Dies ist aber keine Spezialvorschrift zu Art. 29 HambV, da die Volksinitiative nach Art. 50 I HambV nicht nur dazu dient, die Bürgerschaft mit einem Gesetzentwurf zu befassen, sondern auch und vor allem zur Einleitung des Verfahrens bis zum Volksentscheid. Daher stellt auch eine Aufforderung an die Bürgerschaft, ein bestimmtes Gesetzes zu erlassen, eine „Bitte" im Sinne des Art. 29 HambV dar.[6]

---

1   Nach dem amtlichen Endergebnis hatten sich 482.050 Bürger an der Abstimmung beteiligt, das entspricht 39,1 %. Von den 480.758 gültigen Stimmen entfielen 365.133 (75,9 %) auf den Vorschlag des Volksbegehrens.

2   Auffallenderweise geht *Jung*, ZG 1998, S. 295, 323 ff., mit keinem Wort auf die Möglichkeit der Volkspetition ein, obwohl er sonst jedes Detail der Bestimmungen über die unmittelbare Mitwirkung der Bürger kennt und nennt.

3   Dazu siehe oben S. 332 f. und 632 zu den vergleichbaren Regelungen der Artt. 80 I 1 LSA-V, 47 S. 1 NdsV; vgl. auch den Bericht der Enquête-Kommission „Parlamentsrefom" BS-Drs. 14/2600, S. 215.

4   Zu beachten ist, dass die einzelnen Senatoren seit der jüngsten Verfassungsreform nicht mehr von der Bürgerschaft gewählt werden. Nach Art. 34 I und II HambV wählt die Bürgerschaft nur noch den Ersten Bürgermeister. Dieser bestimmt seinen Stellvertreter und die übrigen Senatoren.

5   Dies gilt etwa für den Antrag auf Selbstauflösung der Bürgerschaft nach Art. 11 I 1 HambV sowie für die Anträge auf ein konstruktives Misstrauensvotum gegen den Ersten Bürgermeister nach Art. 35 III 2 HambV.

6   Dazu siehe ausführlich oben S. 633 zu Art. 47 NdsV und auch S. 769 zur vergleichbaren Rechtslage in

Zur Unterzeichnung einer Volkspetition sind alle Einwohner, unabhängig von ihrer Staatsangehörigkeit befugt.[1] Da die Verfassung keine Regelung über das Mindestalter für die Beteiligung enthält, steht dem Gesetzgeber die Möglichkeit offen, auch Kindern und Jugendlichen das Recht zur Beteiligung an einer Volkspetition einzuräumen.[2] Tatsächlich hat der Gesetzgeber diese Möglichkeit genutzt, indem er auch im HambVPG keine Altersgrenze eingeführt, sondern lediglich festgeschrieben hat, dass die Petentinnen und Petenten ihren Hauptwohnsitz in Hamburg begründet haben müssen.[3] Im Umkehrschluss ergibt sich daraus, dass auch Kinder und Jugendliche eine Volkspetition unterstützen können.[4] Eine faktische Altersgrenze ergibt sich nur dadurch, dass § 4 IV HambVPG ausnahmslos die eigenhändige Unterschrift verlangt und eine Vertretung durch die Sorgeberechtigten somit ausgeschlossen ist.

Bei der Bemessung des relativ geringen Quorums von 10.000 Unterschriften[5] wurde ausdrücklich berücksichtigt, dass die Volkspetition nur dazu dient, dem Landtag ein bestimmtes Anliegen vorzutragen. Nach Ansicht der Bürgerschaft sind die Missbrauchsmöglichkeiten daher geringer, als wenn dieses Institut gegebenenfalls zugleich den Übergang zum Volksbegehren ermöglichen würde.[6]

Das Verfahren der Volkspetition ist im HambVPG geregelt. Der Inhalt der „Bitte" oder „Beschwerde" muss schriftlich und so abgefasst sein, dass sie für die Petentinnen und Petenten verständlich ist. Die Unterstützung erfolgt durch Unterzeichnung auf besonderen Unterschriftslisten, die einen zweifelsfreien Bezug zur unterstützten Bitte oder Beschwerde aufweisen und fortlaufend nummeriert sein müssen. Es muss mindestens eine Vertreterin oder ein Vertreter benannt werden.

Nachdem die Unterstützungslisten zusammen mit der Bitte bzw. Beschwerde bei der Bürgerschaft eingereicht wurden, prüft die Bürgerschaftskanzlei zunächst, ob überhaupt eine „Bitte oder Beschwerde" im Sinne des Art. 29 HambV vorliegt. Die Entscheidung ist einer Vertreterin bzw. einem Vertreter mitzuteilen. Das HambVPG enthält keine ausdrückliche Bestimmung, ob und vor welchem Gericht diese Entscheidung gegebenenfalls angefochten werden kann. Da es hier um die Auslegung der Verfassung geht, ist der Verwaltungsrechtsweg gemäß § 40 VwGO grundsätzlich nicht eröffnet. Allerdings kommt ein Organstreitverfahren gemäß Art 65 III Nr. 2 HambV in Betracht, wenn man richtigerweise davon ausgeht, dass die Unterzeichner einer Volkspetition bzw. ihre Vertreter als „andere Beteiligte" in diesem Verfahren antragsberechtigt sind.[7]

Berlin.

1 Dazu siehe ausführlich oben S. 513 ff.; vgl. auch S. 725, 764 zur Rechtslage in Bremen und Berlin.
2 Dies entspricht der Intention der Enquête-Kommission „Parlamentsreform"; vgl. dazu BS-Drs. 14/2600, S. 215 f. Zur Zulässigkeit der Beteiligung von Jugendlichen an einer Volksinitiative siehe ausführlicher oben S. 516 f. und 725.
3 § 2 HambVPG.
4 Insbesondere ist es nicht möglich, aus den Bestimmungen über die zivilrechtliche Geschäftsfähigkeit eine Altersgrenze herzuleiten. Das Petitionsrecht gehört seit jeher zu den Menschenrechten.
5 Das entspricht etwas weniger als 0,4 Prozent der Stimmberechtigten bei Bürgerschaftswahlen. Die Zahl der beteiligungsberechtigten Einwohner ist nicht bekannt ist.
6 BS-Drs. 14/2600, S. 216 f.
7 Vgl. dazu schon oben S. 313 und S. 322. In diesem Sinne hat sich nun das *HambVfG*, NordÖR 2004,

Hat die Bürgerschaftskanzlei festgestellt, dass der Volkspetition eine zulässig Bitte oder Beschwerde zugrunde liegt, veranlasst sie die Prüfung der Unterschriften durch die „zuständige" Behörde – also durch die Innenbehörde, zu der auch das Einwohnerzentralamt gehört. Die Entscheidung, ob eine Volkspetition zustande gekommen ist, trifft dann die Bürgerschaft selbst – wobei das HambVPG wiederum offen lässt, ob und bei welchem Gericht eine ablehnende Entscheidung angefochten werden kann.[1]

Die Bürgerschaft verweist die Petition an einen Ausschuss, der dann die Aufgabe des Eingabenausschusses wahrnimmt und in dem eine Vertreterin oder ein Vertreter der Antragsteller angehört werden. Aufgrund der Beratungen in diesem Ausschuss entscheidet dann die Bürgerschaft über die Volkspetition.[2] In § 7 II HambVPG wurde ausdrücklich festgeschrieben, dass die Volkspetitionen nicht dem Grundsatz der Diskontinuität unterfallen und daher gegebenenfalls nach Neuwahlen von der nächsten Bürgerschaft zu Ende beraten werden müssen.

Erwähnenswert ist noch § 8 HambVPG, nach dem die Unterschriftslisten ausdrücklich nur für das Petitionsverfahren selbst verwendet werden dürfen, gegen unbefugten Zugriff zu sichern und nach Abschluss des Verfahrens vernichtet werden müssen. Auch wenn sich dies im Grunde von selbst versteht, ist es zu begrüßen, dass der Gesetzgeber hier unmissverständlich Klarheit geschaffen hat.

III. Das Volksgesetzgebungsverfahren nach Art. 50 HambV

Da derzeit dennoch nicht absehbar ist, ob die jüngsten Änderungen des HambVAbstG durch die Bürgerschaft Bestand haben werden,[3] wird im Folgenden noch die bisherige Rechtslage im Mittelpunkt stehen.[4] Auf die aktuellen Änderungen soll aber dennoch eingegangen werden.

A. Der Volksantrag – Die „Volksinitiative"

Berücksichtigt man, dass schon die Volkspetition nach Art. 29 HambV eine Volksinitiative im Sinne der hier verwendeten Terminologie darstellt, stellt sich die Frage, um was es sich bei dem ausdrücklich als „Volksinitiative" bezeichneten Verfahren nach Art. 50 I HambV handelt. Insofern ist vor allem zu beachten, dass die Bürgerschaft nach einer solchen Initiative zwar die Möglichkeit hat, das weitere Verfahren zu erledigen, indem sie sich den Antrag zu eigen macht. Allerdings ist sie nicht *verpflichtet*, sich mit dem Anliegen der Initiative auseinander zu setzen oder gar die Vertreter der Antragsteller anzuhören. Daher

---

107, geäußert; vgl. auch *HambVfG*, DVBl. 2005, 439, 440; zustimmend *Engelken*, DVBl. 2005, 415, 416.
1 Vgl. dazu § 6 HambVPG.
2 Vgl. § 7 HambVPG.
3 Vgl. dazu oben S. 800.
4 Die nicht mehr geltenden oder veränderten Bestimmungen sind durch den Zusatz „a.F." gekennzeichnet.

handelt es sich bei der „Volksinitiative" im Sinne von Art. 50 I HambV tatsächlich um einen Volksantrag im Sinne der hier verwendeten Terminologie.[1]

1. Der Anwendungsbereich der Volksinitiative

Wie bereits deutlich wurde, entspricht der Anwendungsbereich der „Volksinitiative", und damit auch des Volksbegehrens und Volksentscheids, seit der Verfassungsreform von 2001 den Vorbildern Schleswig-Holsteins und Brandenburgs. Als Gegenstand des Verfahrens kommen nicht nur Gesetzentwürfe sondern auch andere „bestimmte Gegenstände der politischen Willensbildung" in Betracht, sofern die Bürgerschaft nur für die betreffende Entscheidung zuständig ist. Art. 50 I 2 HambV enthält im wesentlichen die üblichen inhaltliche Beschränkungen des Anwendungsbereiches der Verfahren. In Bezug auf den Ausschluss von Abgaben sowie Dienst- und Versorgungsbezügen kann auf die Ausführungen zu den vergleichbaren Bestimmungen in anderen der neueren Landesverfassungen verwiesen werden.[2] Dasselbe gilt in Bezug auf die Unzulässigkeit von Initiativen zu den Tarifen der öffentlichen Unternehmen.[3]

Nach Art. 50 I 2 HambV sind außerdem Initiativen zu Haushalts*angelegenheiten* ausgeschlossen. Diese Formulierung war von der Enquête-Kommission Parlamentsreform vorgeschlagen worden, um auf der einen Seite klarzustellen, dass nicht nur das Haushaltsgesetz selbst dem Anwendungsbereich der Verfahren entzogen sein sollte. Auf der anderen Seite wurde aber zugleich betont, dass den Verfahren auch finanzwirksame Vorlage zugrunde gelegt werden dürften. Durch die weitere Formulierung wollte die Enquête-Kommission somit sicher stellen, dass das Budgetrecht des Parlaments auch nicht mittelbar beeinträchtigt wird.[4] Dennoch ist auch hier ist eine restriktive Auslegung geboten und Volksinitiativen sind grundsätzlich nur dann unzulässig, wenn sie sich entweder unmittelbar auf den Landeshaushaltsplan richten oder ihre Annahme diesen Plan insgesamt umstoßen würde, so dass es dem Parlament und der Regierung unter keinen Umständen möglich wäre, die Mehrausgaben oder Mindereinnahmen auszugleichen. Im Ergebnis entspricht die Rechtslage in Hamburg damit derjenigen in Bayern oder Schleswig-Holstein.[5]

Das Hamburgische Verfassungsgericht ist allerdings im Jahre 2005 zu einem etwas anderen Ergebnis gekommen:[6] Nach seiner Ansicht ist der Begriff der Haushaltsangelegenheiten auf der einen Seite weiter als der des Haushaltes. Auf der anderen Seite soll die Kostenwirksamkeit einer Initiative nicht zwangsläufig zu deren Unzulässigkeit führen, vielmehr sei eine „wertende Gesamtbetrachtung" erforderlich. Zwar distanzierte sich das

---

1 Besonders deutlich wird dies durch einen Vergleich mit dem „Volksantrag" nach Art. 71 SächsV, der sich tatsächlich als Volksinitiative mit beschränktem Anwendungsbereich darstellt, da der Landtag verpflichtet ist, sich mit dem Anliegen auseinander zu setzen; dazu siehe oben S. 560 ff.
2 Vgl. dazu oben S. 446 ff. zu Art. 41 II SH-V.
3 Dazu siehe oben S. 768. Zu beachten ist, dass diese ohnehin zu den Abgaben gehören.
4 BS-Drs. 14/2600, S. 222 f.
5 Vgl. dazu oben vgl. dazu oben S. 447 ff. und insbesondere S. 448 zu Art. 41 II SH-V sowie S. 562 ff. zu Art. 73 I SächsV.
6 Vgl. das Urteil des *HambVfG* vom 22.4.2005, Az.: HVerfG 5/04 unter Punkt II.3.e der Entscheidungsgründe.

Gericht von der restriktiven Rechtsprechung einiger anderer Landesverfassungsgerichte.[1] Zugleich betonte es jedoch, dass die sehr enge Auslegung des Haushaltsvorbehaltes durch den Sächsischen Verfassungsgerichtshof wegen des weiter gefassten Wortlautes nicht auf Hamburg übertragbar sei. Zwar meinte das Gericht, auf eine weitere Konkretisierung dieser Grundsätze verzichten zu können, da die Annahme der Initiative zu Mehrausgaben von 850 Mio. € geführt hätte. Damit wäre der Haushalt der Hansestadt aber zweifellos aus dem Gleichgewicht gebracht worden. Die Argumentation des Gerichtes und insbesondere seine Darstellung der restriktiven Rechtsprechung der anderen Landesverfassungsgerichte legen aber den Schluss nahe, dass sich das Gericht die Rechtsprechung der anderen Landesverfassungsgerichte zumindest im Ergebnis zu eigen machen will.

Nun trifft es zwar zu, dass sich nach 1994 zahlreiche Landesverfassungsgerichte der restriktiven Rechtsprechung des Bayerischen Verfassungsgerichtshofes angeschlossen haben.[2] Zu dem Zeitpunkt als die Ausschlussklausel des Art. 50 I 2 HambV erstmals formuliert worden ist, stand diese Rechtsprechung aber noch nicht im Raum. Vielmehr gab es bis dahin nur eine Entscheidung des Bayerischen Verfassungsgerichtshofes, der im Jahre 1976 zu dem Ergebnis gekommen war, dass ein Antrag auch dann unzulässig ist, wenn er im Falle seiner Annahme den Staatshaushalt mittelbar umstoßen würde.[3] Geht man davon aus, dass sich die zuständigen Organe bei der Formulierung der neuen Regelungen am Vorbild der anderen Landesverfassungen und der einschlägigen Rechtsprechung orientiert haben, erscheint es aber keineswegs selbstverständlich, den Begriff der „Haushaltsangelegenheiten" weit auszulegen. Vielmehr spricht der Umstand, dass die Enquête-Kommission darauf verzichtet hat, sich an den noch weitaus weiter gefassten Ausschlussklauseln in Nordrhein-Westfalen, Rheinland-Pfalz oder dem Saarland zu orientieren und alle „Finanzfragen" oder gar alle „finanzwirksamen Vorlagen" vom Anwendungsbereich der Verfahren auszuschließen, für eine eher restriktive Auslegung des Begriffes der Haushaltsangelegenheiten, wie sie hier vertreten wird.[4]

Bis zur Reform der Regelungen im Jahre 2001 kamen auch „Einzelvorhaben, Bauleitpläne und vergleichbare Pläne" nicht als Gegenstand der Volksinitiative in Betracht.[5] Diese Beschränkung stand im offenkundigen Gegensatz zu den Forderungen

---

1   Die insbesondere vom *BayVfGH* befürchtete Missbrauchsgefahr sei empirisch nicht belegt. Auch scheiden komplexe Sachverhalte nicht grundsätzlich aus dem Anwendungsbereich der Verfahren aus.

2   Vgl. dazu *BayVfGHE* 47, S. 276, 304 f. = DVBl. 1995, S. 419, 425 f. sowie *BremStGH*, NVwZ 1998, S. 388, 389 = LVerfGE 6, S. 123, 145 ff.; *BremStGH*, DVBl. 1998, S. 830, 831 = LVerfGE 8, S. 203, 214; *BVerfGE* 102, S. 176, 185 ff., *ThürVfGH*, ThürVBl. 2002, S. 31, 39 ff. = LKV 2002, S. 83, 91 ff.

3   Vgl. *BayVfGH* BayVBl. 1977, S. 143, 149 f. = *BayVfGHE* 29, S. 244, 263 ff. und dazu oben S. 276 ff.

4   Im Ergebnis kommt es hierauf allerdings nicht an, da die finanziellen Auswirkungen der fraglichen Vorlage den Haushalt des Stadtstaates in jedem Fall gesprengt hätten: Ein nachfrageorientierter Ausbau der Hochschulen wäre schlicht zu finanzieren gewesen.

5   Diese Einschränkungen waren jedenfalls insofern unnötig, als sie sich auf Entscheidungen über „Einzelvorhaben" und „sonstige Pläne" richteten, da diese ohnehin nicht in Form eines Gesetzes ergehen und damit ohnehin schon aus dem Anwendungsbereich der Verfahren herausgefallen waren. Die CDU-Fraktion hatte den Ausschluss von Einzelvorhaben als zu unbestimmt abgelehnt; vgl. BS-Drs. 15/5400, S. 12.
    Der Ausschluss der Bauleitplanung ist hingegen von großer praktischer Bedeutung, da Bebauungspläne gemäß §§ 246 II 1 BauGB i.V.m. §§ 3 f. des hamburgischen Gesetzes über die Feststellung von Bauleitplänen und ihre Sicherung in der Fassung vom 4.9.1978, zuletzt geändert durch Gesetz vom

der Enquête-Kommission „Parlamentsreform", die gerade die Bebauungspläne als Anwendungsfall der direktdemokratischen Verfahren herausgestellt hatte,[1] und wurde daher im Rahmen der Reform von 2001 gestrichen.

2. Das Verfahren der Volksinitiative

Der Beginn der Sammlung von Unterschriften für eine Volksinitiative ist dem Senat anzuzeigen, der den Eingang und den Inhalt der Anzeige unverzüglich der Bürgerschaft mitzuteilen hat.[2] Bereits in dieser Anzeige sind die drei Personen zu benennen, die grundsätzlich jeweils für sich berechtigt sind, im Namen der Initiatoren Erklärungen abzugeben und entgegenzunehmen. Die späteren Unterzeichner können keinen Einfluss auf die Auswahl ihrer Vertreter nehmen.[3]

Daran hat sich auch dadurch nichts geändert, dass im Rahmen der Reformen im Jahre 2001 eine zusätzliche Klausel eingefügt worden ist, wonach „Form und Inhalt der Übertragung der Vertretungsberechtigung durch die Volksinitiatoren" nachzuweisen sind. Schließlich ist zum Zeitpunkt der Anzeige der geplanten Unterschriftensammlung überhaupt noch nicht absehbar, wer den Antrag unterschreiben wird und daher zu den „Volksinitiatoren" gehört.

Nach § 2 II HambVAbstG muss der der Initiative zugrunde liegende Gesetzentwurf oder die sonstige Vorlage begründet sein. Sofern die Annahme der Vorlage zu Mehrausgaben oder Mindereinnahmen führen würde, soll ihr ein Kostendeckungsvorschlag begefügt werden.[4] Da sich diese Zulässigkeitsvoraussetzungen nicht unmittelbar aus der Verfassung ergeben, dürfen die Anforderungen allerdings nicht überspannt werden.[5] Erleichtert wird die Begründungspflicht seit kurzem dadurch, dass sich die Initiatoren gemäß § 1a HambVAbstG durch den Senat gebührenfrei in Bezug auf verfassungs-, haushalts- und verfahrensrechtlichen Voraussetzungen und Fragen beraten lassen können. Bedenken müssen ihnen unverzüglich mitgeteilt werden.

Die Sammlung der Unterschriften obliegt den Initiatoren. Ab der Anzeige der Unterschriftensammlung haben sie sechs Monate Zeit, um die Unterstützung durch 10.000 Wahl-

---

22.7.1987 (GVBl. S. 177), abweichend von § 10 BauGB in Gesetzesform erlassen werden können. Genau aus diesem Grund waren die Vertreter der GAL seit jeher gegen diese Einschränkung des Anwendungsbereiches; vgl. BS-Drs. 15/5400, S. 12.

1 Anders als in den Flächenstaaten seien bauplanerische Entscheidungen in Hamburg durchaus von Interesse für die gesamte Bevölkerung. Zudem wurde darauf hingewiesen, dass den Bürgern insofern in einigen Flächenstaaten auf der kommunaler Ebene durch das Bürgerbegehren und den Bürgerentscheid unmittelbare Einflussmöglichkeiten eröffnet worden seien, vgl. BS-Drs. 14/2600, S. 220 ff.

2 § 3 I HambVAbstG.

3 Vgl. § 3 II Nr. 3 HambVAbstG. Auf die Probleme im Zusammenhang mit der demokratischen Legitimation der Vertreter wurde bereits hingewiesen; dazu siehe oben S. 455, Fn. 1.

4 Im Rahmen der Beratungen über die Änderung des HambVAbstG in den Jahren 2004 und 2005 war darüber diskutiert worden, diesen Kostendeckungsvorschlag obligatorisch zu machen. Eine entsprechende Forderung der CDU-Fraktion wurde vom Senat jedoch zurück gewiesen, da den Antragstellern in diesem Fall ein Anspruch auf eine entsprechende Beratung hätte eingeräumt werden müssen; vgl. BS-Drs. 18/2003, S. 3 f.

5 Dazu siehe auch oben S. 733 zur vergleichbaren Rechtslage in Bremen.

berechtigte nachzuweisen.[1] Dies entspricht einem Anteil von weniger als einem Prozent. Für die Feststellung der Wahlberechtigung ist der Tag maßgeblich, an dem die Listen eingereicht werden.[2] Da es keine Regelung für den Fall einer mehrfachen Eintragung gibt, wird gegebenenfalls die erste von mehreren Unterschriften derselben Person mitgezählt.[3] Zwar wird grundsätzlich vorausgesetzt, dass die Unterzeichner ihren Vor- und Nachnamen, das Jahr der Geburt und die Wohnanschrift angeben. Auch wenn einzelne dieser Angaben fehlen, ist eine Unterschrift jedoch gültig, sofern die Identität eindeutig feststellbar ist.[4]

Auf den Unterschriftslisten muss eindeutig auf den Entwurf Bezug genommen werden. Es reicht im Übrigen aus, wenn den Unterzeichnern Gelegenheit zur Einsichtnahme in den Text des Entwurfes[5] und dazu gegeben wird, von den Namen der Vertreter und ihren gesetzlichen Befugnissen Kenntnis zu nehmen.[6]

3. Die Entscheidung über die Zulässigkeit der Initiative

Gemäß Art. 50 VI HambV entscheidet das hamburgische Verfassungsgericht über die Durchführung des Volksbegehrens. Da das Volksbegehren seinerseits voraussetzt, dass zunächst eine Volksinitiative erfolgreich war, wurde dem Verfassungsgericht damit mittelbar auch die Entscheidung über die Zulässigkeit einer Volksinitiative zugewiesen. Allerdings greift Art. 50 VI HambV nur dann ein, wenn die Zulässigkeit der Initiative streitig ist. Ist dies nicht der Fall, erübrigt sich eine Entscheidung des Verfassungsgerichts.[7]

Art. 50 VI HambV setzt voraus, dass die dort genannten Antragsberechtigten die Voraussetzungen für die Durchführung des Volksbegehrens überprüfen.[8] Das HambVAbstG unterscheidet insofern zwischen der Entscheidung über das Zustandekommen des Volksbegehrens und der Prüfung der übrigen Zulässigkeitsvoraussetzungen. Gemäß § 5 II HambVAbstG entscheidet der Senat innerhalb von einem Monate nach der Einreichung der Unterschriftslisten darüber, ob die Initiative zustande gekommen ist.[9] Die In-

---

1 Vgl. § 3 III HambVAbstG. Die Einführung einer solchen Frist ist durch den allgemeinen Gesetzesvorbehalt gedeckt, der den Gesetzgeber ermächtigt, das Verfahren auszugestalten.
2 § 4 II HambVAbstG; dies kann dazu führen, dass Unterschriften sich nachträglich als ungültig erweisen, obwohl das Beteiligungsrecht am Tag der Eintragung gegeben war.
3 Vgl. dazu oben S. 601 zur vergleichbaren Rechtslage in Sachsen-Anhalt.
   Der Verfassungsausschuss der Bürgerschaft hat in der Begründung zum HambVAbstG allerdings die Auffassung vertreten, bei einer mehrfachen Eintragung durch die gleiche Person seien alle Unterschriften als ungültig anzusehen; vgl. BS-Drs. 14/5400, S. A 97. Begründet wurde diese Auffassung nicht. Er verkennt, dass es hierzu einer ausdrücklichen Bestimmung bedürfte.
4 § 5 I 2 HambVAbstG.
5 Vgl. § 4 I 2 und 3 HambVAbstG; damit wollte der Gesetzgeber ausdrücklich dem Umstand Rechnung tragen, dass solche Entwürfe sehr umfangreich sein können; vgl. BS-Drs. 15/5400, S. 13.
6 Vgl. § 4 I 4 HambVAbstG.
7 Dazu siehe oben S. 671 zu Art. 60 II 2 MV-V.
8 In der Begründung zum HambVAbstG ist hingegen davon die Rede, dass dieses Gesetz eine inhaltliche Prüfung durch den Senat nicht vorsehe; vgl. BS-Drs. 15/5400, S. A 93.
9 Der Senat kann sich dabei auf die in Hamburg eingerichtete zentrale Datei der Wahlberechtigten stützen. Daher wurde darauf verzichtet, die Antragsteller dazu zu verpflichten, die Unterschriftsberechtigung bereits vor Einreichung der Bögen bestätigen zu lassen; vgl. BS-Drs. 15/5400, S. A. 92.

itiatoren, respektive die zu ihrer Vertretung berechtigten Personen, können diese Entscheidung innerhalb eines Monats vor dem Verfassungsgericht anfechten.[1]

Diese Regelung ist allerdings nicht abschließend. Aus der Generalklausel des Art. 50 VI HambV ergibt sich eindeutig, dass daneben gegebenenfalls auch eine qualifizierte Minderheit der Abgeordneten der Bürgerschaft antragsbefugt sein soll.[2] Dann ist es aber erst recht einer *Mehrheit* der Bürgerschaft möglich, die Entscheidung des Senats anzugreifen, dass eine Volksinitiative zustande gekommen sei.

Im Übrigen gilt die Generalklausel des § 26 I Nr. 1 HambVAbstG, wonach der Senat oder die Bürgerschaft bzw. ein Fünftel ihrer Abgeordneten das Verfassungsgericht anrufen können, wenn sie eine Volksinitiative aus *inhaltlichen* Gründen für unzulässig halten. Ein solcher Antrag kann innerhalb von fünf Monaten gestellt werden.[3] Grundsätzlich können die potentieller Antragsteller daher abwarten, bis die Vertreter der Volksinitiatoren einen Antrag auf Durchführung des Volksbegehrens gestellt haben.[4] Dabei ist allerdings zu beachten, dass die Frist für die Behandlung des Antrags in der Bürgerschaft zumindest während der Parlamentsferien unterbrochen ist und gegebenenfalls um weitere drei Monate verlängert werden kann. Die Antragsfrist nach § 26 II HambVAbstG bleibt hiervon jedoch unberührt.[5] Daher muss der Antrag nach § 26 I Nr. 1 HambVAbstG gegebenenfalls gestellt werden, bevor die Bürgerschaft abschließend über das Anliegen der Volksinitiative beraten und entschieden hat.

Ein Antrag beim Verfassungsgericht hat aufschiebende Wirkung.[6] Auch das hamburgische Verfassungsgericht ist auf die Überprüfung der Volksinitiative am Maßstab derjenigen Kriterien beschränkt, die sich unmittelbar aus der Verfassung ergeben. Eine umfassende präventive Normenkontrolle findet nicht statt, da die Verfassung selbst keine solche Überprüfung der Verfassungsmäßigkeit des Entwurfes verlangt.[7]

---

1   Vgl. § 27 I 1 Nr. 1 und Satz 2 HambVAbstG.
2   Wie schon im Zusammenhang mit der vergleichbaren Rechtslage in Niedersachsen dargelegt wurde, kann dies zu Konflikten führen, falls die Vertrauenspersonen selbst auf einen Antrag verzichten; dazu siehe oben S. 645.
3   Vgl. § 26 II HambVAbstG.
4   Gemäß § 6 I 1 HambVAbstG hat die Bürgerschaft vier Monate Zeit für ihre Beratungen. Gemäß Abs. 3 dieser Bestimmung müssen die Vertreter innerhalb eines weiteren Monats den Antrag auf Durchführung eines Volksbegehrens stellen und III HambVAbstG bis zur Durchführung des Volksbegehrens
5   Bis zur Reform im Jahre 2001 war es möglich, den Antrag bis zum Beginn der Eintragungsfrist zu stellen, da das Volksbegehren gemäß der ursprünglichen Fassung des § 6 I 1 HambVAbstG fünf Monate nach Einreichung der Unterschriftslisten für die Volksinitiative durchgeführt werden musste. Nach der Reform im Jahre 2001 dauert das Verfahren hingegen länger, da zwischen dem Antrag auf Durchführung des Volksbegehrens und dem Beginn der Eintragungsfrist gemäß § 6 IV HambVAbstG nun weitere drei Monate liegen müssen.
6   So ausdrücklich Art. 50 VI 2 HambV.
7   Dies verkannte der Verfassungsausschuss der Bürgerschaft in der Begründung für das HambVAbstG, BS-Drs. 15/5400, S. A 100. Allgemein zur Zulässigkeit einer präventiven Kontrolle siehe oben S. 295 ff.

4. Die Behandlung der Volksinitiative in der Bürgerschaft

Wie bereits ausgeführt wurde, ist die Bürgerschaft – anders als bei der Volkspetition – nicht dazu verpflichtet, sich mit dem Antrag auseinander zu setzen, welcher der Volksinitiative zugrunde liegt. Daher muss sie den Initiatoren auch keine Gelegenheit zur Äußerung geben.
Art. 50 II HambV ermöglicht es dem Parlament allerdings, den Volksentscheid abzuwenden, indem es ein dem Anliegen der Initiative entsprechendes Gesetz erlässt oder einen inhaltlich entsprechenden Beschluss fasst.[1] Der Bürgerschaft steht hierfür eine Frist von vier Monaten zur Verfügung,[2] die mit der Einreichung der Unterschriftslisten beim Senat beginnt und in der Zeit vom 15. Juni bis zum 15. August eines jeden Jahres unterbrochen wird.[3] Unabhängig davon kann diese Frist auf Vorschlag von (mindestens) zwei der drei Vertreter der Volksinitiatoren um drei Monate verlängert werden.[4]
Die Bürgerschaft hat selbst festzustellen, ob ihre Entscheidung dem Anliegen einer Volksinitiative entspricht. Diese Feststellung ist einem der zur Vertretung der Initiatoren berechtigten Personen zuzustellen.[5] Die Initiatoren können dann innerhalb eines Monats eine Entscheidung des Verfassungsgerichts darüber beantragen, ob das Gesetz oder die sonstige Entscheidung tatsächlich ihrem Anliegen entspricht.[6] Da Gesetzesvorlagen gemäß Art. 48 I HambV nur vom Senat, aus der Mitte der Bürgerschaft oder durch Volksbegehren eingebracht werden können, ersetzt die Zustimmung der Bürgerschaft zu einer Volksinitiative einen formellen Gesetzesbeschluss selbst dann nicht, wenn der Initiative ein Gesetzentwurf zugrunde lag und das Parlament diesen Entwurf unverändert übernommen hat. Vielmehr muss sich stets einer der in Art. 48 I HambV genannten Initiativberechtigten die Vorlage zu eigen gemacht haben.[7]

---

1 Dazu siehe oben S. 527 und 709 zur vergleichbaren Rechtslage in Brandenburg und Thüringen.

2 Interessanterweise überschneiden sich die Fristen für die Behandlung des Antrags in der Bürgerschaft (§ 6 I 1 HambVAbstG) und die Entscheidung des Senat über das Zustandekommen der Initiative (§ 5 II HambVAbstG). Das Parlament kann also schon dann mit seinen Verhandlungen beginnen, wenn noch nicht einmal klar ist, ob das Quorum für die Initiative erreicht wurde. Tatsächlich kann die Bürgerschaft die Beratungen sogar schon aufnehmen, bevor überhaupt die Unterschriftslisten eingereicht wurden, da ihr der Antrag nach § 3 III HambV bereits unmittelbar nach der Anzeige übermittelt werden muss.

3 Vgl. Art. 50 VII 2 HambV i.V.m. § 6 V 1 HambVAbstG.

4 Vgl. Art. 50 VII 2 HambV i.V.m. § 6 V 2 und 3 HambVAbstG.

5 Vgl. § 6 I 2 und 3 HambVAbstG.

6 So ausdrücklich § 27 I 1 Nr. 2 und Satz 2 HambVAbstG. Ist dies nicht der Fall, dann muss das Volksbegehren doch noch durchgeführt werden. Wiederum ist zu beachten, dass der Kreis der Antragsberechtigten nach der Generalklausel des Art. 50 VI 1 HambV größer ist; vgl. dazu schon soeben S. 808. Unabhängig davon, dass sich dies nicht aus dem HambVAbstG ergibt, kann daher eine qualifizierte Minderheit von einem Fünftel der Mitglieder der Bürgerschaft ebenfalls das Verfassungsgericht anrufen. Die Bürgerschaft bzw. ihre Mehrheit selbst kann ihre eigene Entscheidung dem Gericht nicht vorlegen. Der Senat wird dies nicht tun.

7 Vgl. dazu oben S. 521 bzw. S. 603 zur vergleichbaren Rechtslage in Brandenburg und Sachsen-Anhalt, sowie S. 462 zur abweichenden Rechtslage in Schleswig-Holstein.

B. Das Volksbegehren

Übernimmt die Bürgerschaft den einer Volksinitiative zugrunde liegenden Antrag nicht unverändert bzw. nur in einer veränderten Fassung an, die dem Anliegen der Initiatoren nicht mehr hinreichend entspricht[1] oder lässt sie die Frist von vier Monaten nach Art. 50 II 1 HambV verstreichen, so können (mindestens) zwei der Vertreter der Volksinitiative innerhalb eines weiteren Monats den Antrag auf Durchführung des Volksbegehrens stellen.[2]

1. Die Frist für die Durchführung des Volksbegehrens und die Änderung des Antrags nach § 6 III und IV HambVAbstG

Gemäß § 6 IV HambVAbstG muss der Senat das Volksbegehren drei Monate nach Antragstellung durchführen. Die „Durchführung des Volksbegehrens" in diesem Sinne beschränkt sich allerdings auf die Einleitung des weiteren Verfahrens,[3] da das Volksbegehren und die Eintragungszeiten erst nach Ablauf dieser Frist bekannt gegeben werden.[4]

Der Sin n und Zweck dieser besonderen Frist für die „Durchführung des Volksbegehrens" ergibt sich erst dann, wenn man die Regelung des Abs. 3 berücksichtigt, nach der die Initiatoren berechtigt sind, den Gesetzentwurf bis zur „Durchführung des Volksbegehrens" zu ändern – also bis zum Ablauf der Frist des § 6 IV HambVAbstG. Ein entsprechender Antrag bedarf der Zustimmung von mindestens zwei der drei vertretungsberechtigten Personen.[5] Die Frist für die Durchführung des Volksbegehrens erweist sich daher bei näherer Betrachtung als Frist für die Änderung des ursprünglichen Antrags.

Allerdings sind die Regelungen des HambVAbstG insofern nicht ganz konsistent: Vielmehr ist zu beachten, dass der Senat, die Bürgerschaft oder eine qualifizierte Minderheit von einem Fünftel der Abgeordneten der Bürgerschaft beim Verfassungsgericht eine Entscheidung darüber beantragen können, ob der geänderten Entwurf die Grenzen der Überarbeitung des früheren Antrags wahrt.[6] Ein entsprechender Antrag muss innerhalb von einem Monat gestellt werden, nachdem der überarbeitete Entwurf eingereicht wurde.[7] Er hat aufschiebende Wirkung. Wenn die Initiatoren nun aber die Frist des § 6 IV HambVAbstG ausgeschöpft haben, führt dies gegebenenfalls dazu, dass ein bereits bekannt gemachtes Volksbegehren wieder abgesagt werden muss.

Zudem ist die Änderungsmöglichkeit auf dieser Stufe des Verfahrens ist im Hinblick auf die verfassungsrechtlichen Vorgaben alles andere als unproblematisch. Zwar hat es der Verfassunggeber ausdrücklich den Antragstellern überlassen, ob das Volksbegehren einge-

---

1 Was ggf. vom Verfassungsgericht festzustellen ist, § 26 I 1 Nr. 2 HambVAbstG.
2 § 6 I 1, II HambVAbstG.
3 Dies ergibt sich aus § 7 S. 1 HambVAbstG, nach dem das Volksbegehren unverzüglich bekannt gemacht werden muss, *sobald* es gemäß § 6 HambVAbstG durchzuführen ist.
4 Die Eintragungsfrist beginnt gemäß § 9 II 2 HambVAbstG erst sechs Wochen nach Ablauf der in § 6 IV HambVAbstG genannten Frist.
5 Vgl. § 6 II 1 HambVAbstG.
6 Vgl. Art. 50 VI 1 HambV i.V.m. § 26 I Nr. 2 HambVAbstG.
7 § 26 II HambVAbstG.

leitet werden soll, obwohl die Bürgerschaft ihrem Anliegen nicht entsprochen hat. Das bedeutet jedoch nicht, dass der Gesetzgeber den Antragstellern eine Möglichkeit geben darf, ihren Entwurf nachträglich zu ändern. Schließlich haben die Unterzeichner nur der ursprünglichen Fassung zugestimmt.

Die Tatsache, dass das Verfassungsgericht auf Antrag des Senats, der Bürgerschaft oder einer qualifizierten Minderheit ihrer Mitglieder überprüfen kann, ob die Änderungen die „Grenzen der Überarbeitung" der ursprünglichen Vorlage wahren, ändert hieran überhaupt nichts. Tatsächlich wäre der Konflikt selbst dann nicht aus der Welt geschafft, wenn die Unterzeichner der Volksinitiative, bzw. ein bestimmter Anteil dieser Unterzeichner oder eine eventuell überstimmte Vertrauensperson die Möglichkeit hätten, das Verfassungsgericht in dieser Angelegenheit anzurufen. Denn die Verfassung sieht nun einmal – anders als Art. 72 I 2 SächsV[1] – keine nachträgliche Änderung des Antrags vor. § 6 III HambVAbstG ist daher nichtig.

Fraglich ist, ob und in wie weit sich die Nichtigkeit des § 6 III HambVAbstG auf die Frist des § 6 IV HambVAbstG auswirkt: Geht man davon aus, dass diese Frist nur dazu dient, den Initiatoren eine Möglichkeit zu verschaffen, ihren Antrag zu ändern, so bedürfte es keiner Fristbestimmung und das das Volksbegehren könnte und müsste unmittelbar nach dem Antrag auf Durchführung bekannt gemacht werden.[2]

2. Die Rücknahme des Volksbegehrens

Tatsächlich ist jedoch zu beachten, dass die Initiatoren unabhängig von der Möglichkeit zur Änderung ihres Antrags das Recht haben, das Volksbegehren bis zum Beginn der Eintragungsfrist durch eine Erklärung gegenüber dem Senat wieder zurücknehmen.[3] Auch diese Erklärung bedarf der Unterschrift von mindestens zwei der vertretungsberechtigten Personen. Der Senat hat die Rücknahme festzustellen, muss sie der Bürgerschaft mitteilen und gegebenenfalls in gleicher Weise wie das Volksbegehren bekannt machen.[4]

Nachdem das Volksbegehren überhaupt nur dann durchgeführt wird, wenn die Initiatoren einen entsprechenden Antrag stellen, wird deutlich, dass § 6 IV HambVAbstG auch dann eine eigenständige Bedeutung hat, wenn man davon ausgeht, dass Änderungen des Antrags auf dieser Stufe des Verfahrens ausgeschlossen sind. Zwar kann man sich die Frage stellen, ob und aus welchem Grund es sinnvoll oder auch nur geboten ist, den Initiatoren in dieser Phase des Verfahrens nochmals eine so lange Bedenkzeit einzuräumen.[5] Die Entscheidung des Gesetzgebers verdient jedoch unabhängig hiervon Respekt.

---

1 Vgl. dazu oben S. 572.
2 Wobei der Gesetzgeber nicht daran gehindert wäre, durch eine Ausweitung der Fristen in § 9 II HambVAbstG dafür zu sorgen, dass die Initiatoren ausreichend Zeit haben, um für ihr Anliegen zu werben.
3 § 8 HambVAbstG.
4 Vgl. dazu § 8 I bzw. II HambVAbstG.
5 Schließlich wäre es einfacher gewesen, die Frist des § 6 II HambVAbstG zu verlängern und den Initiatoren mehr Zeit für ihre Entscheidung zu lassen, ob sie nach der ablehnenden Entscheidung der Bürgerschaft überhaupt zum Volksbegehren übergehen wollen.

3. Die Vorbereitung und Durchführung des Volksbegehrens

Der Landeswahlleiter ist verpflichtet, das Volksbegehren unverzüglich bekannt zu machen, sobald die Voraussetzungen für seine Durchführung vorliegen.[1] Diese Bekanntmachung muss nicht nur den Wortlaut des Gesetzentwurfes und seine Begründung enthalten, sondern auch die Namen der vertretungsberechtigten Personen, den Beginn und das Ende der Eintragungsfrist, über die Eintragungsstellen und die Möglichkeit der Briefeintragung.[2]

Bis zur Änderung des HambVAbstG durch die Bürgerschaft im Jahre 2006 hatte sich in § 7 I HambVVVO eine bundesweit einzigartige Regelung gefunden, nach der die Eintragungsberechtigten – wie vor Wahlen – bis zum 21. Tag vor dem Beginn der Eintragungsfrist von Amts wegen zu benachrichtigen sind.[3]

Die Frist für die Eintragungen beträgt drei Wochen und beginnt sechs Wochen nach der Bekanntmachung des Volksbegehrens.[4] Für die Berechnung der Frist gelten die Bestimmungen des BGB.

Bei der Festsetzung der Fristen ist zum einen Art. 50 V HambV zu beachten, wonach innerhalb von drei Monaten vor dem Tag einer allgemeinen Wahl in Hamburg keine Volksbegehren und Volksentscheide stattfinden. Zum anderen ergibt sich seit kurzem aus § 6 VI HambVAbstG, dass auch in den Schulferien keine Volksbegehren stattfinden.[5] Gegebenenfalls beginnt die Eintragungsfrist für das Volksbegehren somit erst nach der Wahl bzw. dem Ferienende.

Ursprünglich war das Eintragungsverfahren in Hamburg streng formalisiert. Dies wurde im Rahmen der ersten Reform der Regelungen im Jahre 2001 jedoch geändert: Zwar gibt es auch seither noch offizielle Eintragungsräume, in denen das Volksbegehren durch die eigenhändige Unterschrift in Eintragungslisten unterstützt werden kann. Dabei ist ausdrücklich vorgesehen, dass die Eintragungsräume und -orte so zu bestimmen sind, dass alle Eintragungsberechtigten ausreichend Gelegenheit haben, das Volksbegehren durch ihre Unterschrift zu unterstützen.[6] Darüber hinaus besteht seither auch die Möglichkeit zur „Briefeintragung" und zur freien Sammlung von Unterschriften.[7]

---

1 Vgl. § 7 HambVAbstG.
2 Darüber hinaus hat die zuständige Behörde, rechtzeitig vor Beginn der Eintragungsfrist in bestimmten Einrichtungen über die Möglichkeit der Briefeintragung zu informieren. Krankenhäuser, Alten- und Pflegeheime, sozialtherapeutische Anstalten, Justizvollzugsanstalten und Truppenunterkünfte der Bundeswehr; vgl. § 15 HambVVVO.
3 Die Änderung wurde damit begründet, dass die Wahlberechtigten genügend Zeit hätten, während der Eintragungsfrist aus eigener Initiative Briefwahlunterlagen zu beantragen. Es sei nicht davon auszugehen, dass die Betroffenen erst durch die Benachrichtigung Kenntnis von dem Volksbegehren erhalten könnten, vgl. dazu die Stellungnahme des Senates in BS-Drs. 18/2003, S. 4.
4 Vgl § 9 II HambVAbstG – bis zum Mai 2005 hatte § 9 III HambVAbstG a.F. eine kürzere Frist von zwei Wochen vorgesehen, vgl. dazu auch oben S. 800.
5 Da die HambV keine Fristen für den Übergang von der Volksinitiative zum Volksbegehren vorsieht, konnte der Gesetzgeber insofern über Art. 50 V HambV hinaus gehen.
6 So ausdrücklich § 10 II HambVAbstG. Diese Vorgabe wird durch § 18 HambVVVO ergänzt, der vorschreibt, dass die Eintragungsstellen pro Werktag mindestens sechs Stunden, an mindestens zwei Werktagen bis 18 Uhr und an mindestens einem Samstag bis 14 Uhr geöffnet sein müssen.
7 Vgl. §§ 9 I, 13 HambVAbstG. Diese Regelung hatte ein Vorbild in § 17 BremVEG a.F.. Danach konnten

§ 9 II HambVAbstG hatte seit 2001 vorgesehen, dass die Volksinitiatoren auch dazu berechtigt sein sollten, auf eigene Kosten weitere Eintragungsstellen einzurichten. Diese Möglichkeit war im Zuge der Änderungen des HambVAbstG[1] im Jahre 2005 abgeschafft worden. Aus Datenschutzgründen durften nur noch gesonderte Eintragungsformulare verwendet werden.[2] Die Beschränkung auf das formelle Eintragungsverfahren sollte durch eine Verlängerung der Eintragungsfrist von zwei auf drei Wochen kompensiert werden.[3] Eine weitere Änderung bestand darin, dass die Briefwahlunterlagen erst während der Unterstützungsfrist ausgegeben wurden,[4] so dass Bürger, die während der gesamten Eintragungfrist abwesend waren, gegebenenfalls keine Möglichkeit hatten, das Volksbegehren zu unterstützen.

Nach den jüngsten Änderungen infolge des Volksbegehrens zur „Rettung des Volksentscheides"[5] ist nunmehr neben dem formellen Eintragungsverfahren die freie Unterschriftensammlung zulässig. Zudem kann die Eintragung durch andere Verfahren erfolgen, „die den Vorgaben einer rechtsverbindlichen Authentifizierung und einer qualifizierten Unterschrift" entsprechen. Und schließlich wurde § 13 HambVAbstG wieder so geändert, dass die Formulare für die Briefeintragung auch vor Beginn der Eintragungsfrist ausgegeben werden können.

Die Eintragungsformulare und die auf Antrag zu erteilenden Eintragungsscheine für die Briefeintragung müssen zum einen eine zweifelsfreie Bezugnahme auf den Gesetzentwurfes oder sonstigen Antrag enthalten.[6] Zum anderen müssen die Namen der Vertreter der Volksinitiative und ihre gesetzlichen Befugnisse enthalten sein.[7] Allerdings haben die Unterzeichner des Volksbegehrens keine Möglichkeit, ihre Vertreter auf dieser Stufe des Verfahrens auszuwechseln. Eine Eintragung kann nicht zurückgenommen werden.[8] Sie ist gültig, wenn die Identität des Unterzeichnenden eindeutig feststellbar ist.

Nach Ablauf der Eintragungsfrist stellt der Senat innerhalb eines Monats[9] fest, ob das Volksbegehren zustande gekommen ist. Dazu muss es gemäß Art. 50 II 2 HambV von fünf

---

die eintragungsberechtigten Bürger ein Volksbegehren auch durch Einzelerklärungen unterstützen, die allerdings von einem deutschen Notar beglaubigt sein und dem Landeswahlleiter bis zum Ende der Auslegungszeit vorliegen mussten.

1 Vgl. dazu das Gesetz zur Änderung des HambVAbstG vom 4.5.2005, GVBl. S. 195 und oben S. 800.
2 Anders als in Thüringen (dazu oben S. 707) stellt dieses Erfordernis keine zusätzliche Hürde für die Antragsteller dar, da sie die Formulare nicht auf eigene Kosten beschaffen müssen.
3 Der Senat begründete die Notwendigkeit für diese Änderung mit dem „sozialen Druck" der bei einer freien Unterschriftensammlung auf mögliche Unterzeichner ausgeübt werden könne, vgl. BS-Drs. 18/1524, S. 2 und BS-Drs. 18/2003, S. 4. Einen Beleg dafür, dass es bei den bis dahin durchgeführten Verfahren zu entsprechenden Problemen gekommen wäre, blieb der Senat dabei jedoch schuldig.
4 Dies ergab sich aus § 13 II 1 HambVAbstG in der Fassung des Gesetzes zur Änderung des HambVAbstG vom 4.5.2005, GVBl. S. 195; vgl. dazu oben S. 800.
5 Vgl. dazu unten S. 839 ff.
6 Vgl. §§ 10 I 1, 13 II 2 HambVAbstG. Die Begründung muss nicht wieder gegeben werden.
7 Vgl. §§ 10 I 2, 12 II 3 HambVAbstG.
8 So ausdrücklich § 12 II HambVAbstG.
9 Bis zur Änderung des HambVAbstG im Jahre 2007 war hier keine Frist vorgegeben.

Prozent der Wahlberechtigten unterstützt worden sein.[1] Maßgeblich ist insofern die Zahl der Wahlberechtigten bei der letzten Bürgerschaftswahl.[2]

Die Entscheidung des Senats kann innerhalb eines Monats vor dem Verfassungsgericht des Landes angefochten werden.[3] Da die Initiatoren des Verfahrens aufgrund der Generalklausel des Art. 50 VI HambV berechtigt sind, bei Streitigkeiten über die Durchführung von Volksbegehren und Volksentscheiden das Verfassungsgericht anzurufen, können sie die konkrete Festsetzung der Auslegestellen und -zeiten sowie Unregelmäßigkeiten während des Eintragungsverfahren schon während des laufenden Verfahrens rügen.[4] Allerdings führt eine entsprechende Klage zum Ruhen des Verfahrens. Daher werden die Initiatoren wohl nur dann den Rechtsweg beschreiten, wenn die Eintragungsfrist noch nicht begonnen hat.

4. Die Behandlung des Volksbegehrens in der Bürgerschaft

Ist das Volksbegehren zustande gekommen, so kann die Bürgerschaft sich erneut mit dem ihm zugrunde liegenden Antrag befassen. Art. 50 III 1 HambV verpflichtet sie allerdings nicht hierzu. Daher ist auch auf dieser Stufe des Verfahrens keine Anhörung der Initiatoren vorgeschrieben.[5] Umgekehrt verlangt Art. 50 III 1 HambV aber auch nicht, dass die Bürgerschaft den dem Begehren zugrunde liegenden Antrag unverändert übernehmen muss. Vielmehr „entspricht" sie ihm auch dann, wenn sie sich sein Grundanliegen innerhalb von vier Monaten nach dem Ende der Eintragungsfrist für das Volksbegehren zu eigen macht – wobei diese Frist wiederum in den Parlamentsferien vom 15. Juni bis zum 15. August ruht und auf Vorschlag der Initiatoren um drei Monate verlängert werden kann.[6]

Die Entscheidung, ob die Bürgerschaft mit ihrem jeweiligen Beschluss dem Anliegen des Volksbegehrens entsprochen hat, liegt – ebenso wie bei der Volksinitiative – grundsätzlich bei der Bürgerschaft selbst.[7] Die Initiatoren können diese Feststellung durch das Ver-

---

1 Nachdem es kein streng formalisiertes Eintragungsverfahren mehr gibt, ist es nicht möglich, die Eintragungsberechtigung ex ante abzuklären. Schließlich kann jeder, der in einer Eintragungsstelle seine Unterschrift leistet, das Volksbegehren zuvor schon durch Briefwahl oder in einer anderen Eintragungsstelle unterstützt haben. Gemäß § 14 II HambVAbstG entscheidet über die Ungültigkeit der jeweilige Bezirksabstimmungsleiter.

2 Vgl. § 16 I Satz 1 und 2 HambVAbstG.

3 Art. 50 VI HambV i.V.m. § 27 1 I Nr. 1 und Satz 2 HambVAbstG. Zu beachten ist wiederum, dass nach der Generalklausel des Art. 50 VI HambV nicht nur die Initiatoren berechtigt sind, bei Streitigkeiten über die Durchführung des Volksbegehrens das Verfassungsgericht anzurufen. Daher kann § 27 I 1 Nr. 1 HambVAbstG auch insofern nicht als abschließende Regelung angesehen werden. Auch eine qualifizierte Minderheit von einem Fünftel der Bürgerschaftsabgeordneten kann geltend machen, das Volksbegehren sei zustande gekommen. Es kommt nicht darauf an, ob die Initiatoren selbst das Verfassungsgericht anrufen; dazu siehe oben S. 808, Fn. 2. Die Anfechtung durch den nach Art. 50 VI HambV ebenfalls antragsberechtigten Senat scheidet objektiv aus. Auch die Bürgerschaft, i.e. ihre Mehrheit wird sich kaum gegen die Entscheidung des von ihr gestützten Senats wehren.

4 Vgl. dazu schon oben S. 614 zur vergleichbaren Rechtslage in Sachsen-Anhalt.

5 Dazu siehe oben S. 809.

6 Art. 50 VII HambV i.V.m. § 18 V HambVAbstG.

7 Vgl. § 18 I 2 HambVAbstG.

fassungsgericht überprüfen lassen.¹ Wie das Gericht mittlerweile zu Recht festgestellt hat,² steht der Bürgerschaft dabei keine Einschätzungsprärogative zu. Vielmehr prüft das Gericht die Frage umfassend, ob dem Anliegen der Antragsteller tatsächlich Rechnung getragen wurde. Dabei sei darauf abzustellen, wie der Wortlaut des ursprünglichen Antrags von einem objektiven Betrachter verstanden werden müsse. Den unausgesprochenen Vorstellungen und Motiven der Antragsteller komme hingegen keine Bedeutung zu.

5. Die (nochmalige) Änderung des Antrags gemäß § 18 III HambVAbstG

Gemäß § 18 III 1 HambVAbstG sollen zwei der Vertrauenspersonen berechtigt sein, den Antrag innerhalb eines Monats nach der Feststellung über das Zustandekommen des Volksbegehrens nochmals zu ändern. Der Senat hat der Bürgerschaft den Eingang eines geänderten Entwurfes unverzüglich mitzuteilen.³ Er selbst, die Bürgerschaft oder eine qualifizierte Minderheit ihrer Abgeordneten können das Verfassungsgericht anrufen, um festzustellen zu lassen, ob die Grenzen der Überarbeitung des ursprünglichen Entwurfs gewahrt sind.⁴

Auch hier kann jedoch nichts anderes gelten als zuvor schon zur vergleichbaren Bestimmung des § 6 III HambVAbstG ausgeführt wurde: Nachdem die Verfassung die Volksinitiatoren nur dazu berechtigt, entweder die Durchführung eines Volksentscheids zu beantragen oder ihre Vorlage zurückzunehmen, ist es dem Gesetzgeber nicht möglich, ihnen eine Änderungsmöglichkeit einzuräumen.⁵ Ob es verfassungspolitisch sinnvoll ist, wenn die Antragsteller eine Möglichkeit bekommen, den Ergebnissen der Diskussionen Rechnung zu tragen, spielt angesichts des klaren Wortlautes der Verfassung keine Rolle.

Unabhängig von der Frage, ob § 18 III HambVAbstG mit den Vorgaben der Landesverfassung vereinbar ist, stellt sich die Frage, ob diese Bestimmung den Initiatoren einen Weg eröffnen soll, um auf die Bürgerschaft zuzugehen und dieser die Übernahme ihres Anliegens zu erleichtern, oder ob diese Regelung die Initiatoren in erster Linie dazu berechtigt, ihren Entwurf nochmals zu ändern, um den vorausgegangenen Diskussionen in der Bürgerschaft Rechnung zu tragen und auf diese Weise die Erfolgsaussichten im Falle eines Volksentscheids zu verbessern.

Gemäß § 18 I HambVAbstG kommt es ausdrücklich darauf an, ob die Bürgerschaft einen „dem Anliegen des Volksbegehrens" entsprechenden Beschluss fasst. Dies spricht an sich dafür, dass es auf den Antrag ankommt, der tatsächlich Gegenstand des Volksbegehrens war. Diese Auslegung wird auch durch das systematische Verhältnis innerhalb des § 18 HambVAbstG bestätigt, da die Beratungen in der Bürgerschaft in Abs. 1 geregelt sind

---

1 Vgl. § 27 I 1 Nr. 2 HambVAbstG sowie oben S. 809 zur vergleichbaren Rechtslage bei der Volksinitiative. Wiederum ist zu beachten, dass aufgrund der Generalklausel des Art. 50 VI HambV i.V.m. § 26 I Nr. 1 HambVAbstG auch eine qualifizierte Minderheit der Bürgerschaft einen entsprechenden Antrag stellen kann.
Bis zur jüngsten Reform hatte die Bürgerschaft auf dieser Stufe nur noch die Möglichkeit, dem unveränderten Entwurf zuzustimmen.
2 Urteil vom 30.11.2005, Az. HVerfG 16/04.
3 So § 18 III 2 HambVAbstG. Diese Möglichkeit war bereits in § 18 II HambVAbstG a.F. vorgesehen.
4 § 26 I Nr. 1 HambVAbstG, dazu schon oben S. 810.
5 Vgl. dazu oben S.

und die Möglichkeit einer weiteren Änderung des Antrags durch die Volksinitiatoren erst in Abs. 3 erwähnt wird.

Auf der anderen Seite ergibt sich aus § 18 III HambVAbstG, dass die Volksinitiatoren ihren Antrag nur innerhalb einer Frist von einem Monat nach der Feststellung über das Zustandekommen des Volksbegehrens abändern dürfen. Die Änderungen liegen daher zu einem Zeitpunkt vor, in dem die Beratungen der Bürgerschaft noch lange nicht abgeschlossen sind. Da der Bürgerschaft nach § 18 I HambVAbstG eine Frist von drei Monaten zur Verfügung steht, um über das Volksbegehren zu beraten, deutet dies wiederum darauf hin, dass es für die Frage, ob ihr Beschluss dem Anliegen des Volksbegehrens „entspricht" auf den geänderten Antrag ankommen muss.

Tatsächlich kann und muss man davon ausgehen, dass es sich hier um ein Redaktionsversehen handelt: § 18 HambVAbstG wurde offensichtlich nach dem Vorbild des § 6 HambVAbstG formuliert. Im Rahmen der Volksinitiative gibt die Änderungsmöglichkeit den Initiatoren eindeutig eine Möglichkeit, die Ergebnisse der parlamentarischen und öffentlichen Diskussion zu verarbeiten. Dementsprechend läuft die Frist für Änderungen bis zur Durchführung des Volksbegehrens. Wie sich an der Fristbestimmung zeigt, wollte der Gesetzgeber den Initiatoren nach dem Volksbegehren offensichtlich nur noch eine Möglichkeit eröffnen, auf die Bürgerschaft zuzugehen. Daher hätte die Regelung des § 18 III HambVAbstG systematisch *vor* § 18 I HambVAbstG eingeordnet werden müssen. Wenn man daher entgegen der hier vertretenen Ansicht davon ausgeht, dass es dem einfachen Gesetzgeber möglich war, eine Änderungsmöglichkeit einzuführen, käme es somit im Rahmen des § 18 I HambVAbstG darauf an, ob ein Beschluss der Bürgerschaft dem nochmals geänderten Antrag entspricht.

C. Der Volksentscheid

1. Die Festlegung des Abstimmungstermins

Entspricht die Bürgerschaft dem Volksbegehren nicht innerhalb der dafür vorgesehenen Frist, kann es nach Art. 50 III 1 HambV zum Volksentscheid kommen. Gab es zunächst keine Möglichkeit mehr, das Verfahren auf dieser Stufe noch zu beenden, haben es nun allerdings die Initiatoren in der Hand, ob sie innerhalb eines weiteren Monats nach Ablauf der Beratungsfrist für den Landtag einen Antrag auf Durchführung des Volksentscheids stellen wollen.[1] Die Abstimmung hat dann innerhalb weiterer vier Monate stattzufinden.[2] Selbst wenn sie einen solchen Antrag gestellt haben, können die Antragsteller das Verfahren noch stoppen, indem sie ihre Vorlage noch vor der Bekanntmachung des Volksentscheids zurücknehmen.[3]

Bei der Festlegung des Abstimmungstermines ist Art. 50 V HambV zu beachten. Wenn der Abstimmungstermin innerhalb von drei Monaten *vor* einer allgemeinen Wahl (zur Bürgerschaft, zum Bundestag oder zum Europäischen Parlament) liegen würde, dann muss

---

1 Art. 50 III 1 HambV i.V.m. § 18 II HambVAbstG.
2 Vgl. § 18 IV HambVAbstG.
3 § 19a I HambVAbstG. Die Rücknahme ist wiederum durch den Senat festzustellen und der Bürgerschaft mitzuteilen, § 19a II HambVAbstG.

der Volksentscheid verschoben werden. Der Wortlaut der Bestimmung ist unklar: Auf der einen Seite lässt sie sich in dem Sinne verstehen, dass Wahlen und Abstimmungen entkoppelt werden sollen. Auf der anderen Seite könnte es aber ganz im Gegenteil darum gehen, die Termine gegebenenfalls zusammen zu führen.[1] Angesichts dieser Unklarheit kommt den Materialien der Entstehungsgeschichte entscheidende Bedeutung zu. Aus diesen Dokumenten ergibt sich aber, dass es dem Verfassunggeber darum gegangen ist, Volksbegehren und Volksentscheide im unmittelbaren Vorfeld von Wahlen zu verhindern. Er wollte jedoch ausdrücklich nicht ausschließen, dass Wahlen und Abstimmungen gemeinsam stattfinden.[2]

Das HambVAbstG hatte zunächst nur vorgesehen, dass die Abstimmung gegebenenfalls auf den Wahltag vorzuziehen ist, wenn sie ansonsten innerhalb eines Monats *nach* einer allgemeinen Wahl stattfinden würde. Im Rahmen der Änderungen des HambVAbstG[3] durch die Bürgerschaft im Mai 2005 war dann festgeschrieben worden, dass Abstimmungen nicht gleichzeitig zusammen mit allgemeinen Wahlen stattfinden dürfen. Diese Regelung wurde am 31. März 2006 vom Hamburgischen Verfassungsgericht aufgehoben: Zur Begründung verwies das Gericht zum einen darauf, dass die in Art. 50 V HambV geregelte Ausschlussfrist mit dem Tag vor der Wahl ende.[4] Zum anderen stütze es sich auf die Entstehungsgeschichte des Art. 50 V HambV. Mittlerweile ist das HambVAbstG entsprechend angepasst worden.[5]

Auffallenderweise war der Senat – anders als bei Bürgerschaftswahlen – zunächst nicht ausdrücklich dazu verpflichtet gewesen, die Abstimmung auf einen Sonntag oder gesetzlichen Feiertag zu legen.[6] Sofern die Abstimmung nicht zusammen mit einer allgemeinen Wahl durchgeführt wird, hätte sie daher auch auf einen anderen Wochentag gelegt werden können. Im Zuge der Änderung des HambVAbstG im Juni 2007 ist nun aber klar gestellt

---

1 Allgemein zum Problem einer Kombination von Abstimmungsterminen vgl. oben S. 303 und unten S. 899.

2 Im Schlussbericht der Enquête-Kommission Parlamentsreform war das Problem noch nicht diskutiert worden, vgl. BS-Drs. 14/2600, S. 225 f. Der Senat hatte in seinem Entwurf vom 21.2.1995 (BS-Drs. 15/2881) eine Entkoppelung vorgeschlagen: Während eines Zeitraums von 6 Monaten vor dem Ende der Legislaturperiode sollten keine Volksbegehren und Volksentscheide stattfinden. Die Beratungsfristen hätten nach dem Vorschlag des Senats mit dem Zusammentritt der neugewählten Bürgerschaft erneut zu laufen beginnen. Der Verfassungsausschuss sprach sich dann jedoch einstimmig dafür aus, dass Abstimmungen gemeinsam mit Wahlen stattfinden dürfen (BS-Drs. 15/3500, S. 17 und BS-Drs. 15/5353, S. 2) und beschloss die – missverständliche – Formulierung, die Eingang in Art. 50 V HambV gefunden hat.

3 Vgl. dazu das Gesetz zur Änderung des HambVAbstG vom 4.5.2005, GVBl. S. 195 und oben S. 800. Die Änderung ging auf einen Vorschlag der CDU-Fraktion zurück, vgl. BS-Drs. 18/1101 und BS-Drs. 18/1524.

4 Vgl. *HambVfG*, DÖV 2006, 1001.

5 Vgl. das Gesetz vom 17.5.2006, GVBl. S. 256. Im Rahmen der jüngsten Reformen sind die Regelungen nochmals geändert, inhaltlich aber beibehalten worden.

6 Vgl. dazu oben S. 646 zur vergleichbaren Rechtslage in Niedersachsen. Dies beruht wohl auf einem Redaktionsversehen. Art. 6 III HambV schreibt für Bürgerschaftswahlen ausdrücklich vor, dass diese an einem Sonn- oder Feiertag stattfinden müssen. Dementsprechend findet sich in § 1 HambWahlG nur eine Regelung über die Zuständigkeit des Senats. Es ist zu vermuten, dass die Bürgerschaft diese Regelung in § 19 HambVAbstG lediglich übernommen hat, ohne zu berücksichtigen, dass Art. 50 HambV keine dem Art. 6 III HambV entsprechende Vorgabe enthält.

worden, dass die Abstimmung an einem Sonntag oder einem gesetzlichen Feiertag stattfinden muss.[1]

Die Bürgerschaft kann nach Art. 50 III 2 HambV einen eigenen Entwurf mit zur Abstimmung stellen. Diese bedarf – auch bei verfassungsändernden Gesetzen – grundsätzlich nur der Zustimmung durch eine einfache Mehrheit der abstimmenden Abgeordneten.[2]

2. Die Vorbereitung und Durchführung der Abstimmung

Das HambVAbstG enthält sehr ausführliche Bestimmungen über die Vorbereitung der Abstimmung. Zwar muss der Senat mit der Bekanntmachung des Abstimmungstermins gegebenenfalls nur den konkurrierenden Entwurf der Bürgerschaft veröffentlichen,[3] da der Antrag des Volksbegehrens bereits zuvor bekannt gemacht worden ist.[4/5] Seit der jüngsten Reform sieht § 19 Abs. 2 HambVAbstG jedoch vor, dass jeder Haushalt, in dem mindestens eine stimmberechtigte Person wohnt, ein Informationsheft enthält, in dem die Bürgerschaft und die Initiatoren der Volksinitiative in gleichem Umfang Stellung nehmen können. Gemäß S. 2 und 3 kann die Bürgerschaft als Ganze oder getrennt nach Fraktionen Stellung nehmen, wobei der Anteil der Stellungnahmen gegebenenfalls der Sitzverteilung entspricht. Durch dieses Informationsheft soll sicher gestellt werden, dass möglichst jeder Stimmberechtigte über den Verlauf und den Stand der Diskussion informiert wird.

Nach § 25 HambVAbstG sind unter anderem die Bestimmungen des Gesetzes über die Wahl zur Bürgerschaft unter anderem über Wahlorgane und -bezirke, Wählerverzeichnisse, Stimmzettel, die Durchführung der Wahl und über die Feststellung des Wahlergebnisses entsprechend anwendbar.

Diese Bestimmung war durch das von der Bürgerschaft im Jahr 2005 verabschiedete Gesetz zur Änderung des HambVAbstG[6] gestrichen worden. Begründet wurde dies mit der Notwendigkeit zur Vereinfachung des Verfahrens: Auf der einen Seite sollte die Zahl der Abstimmungslokale deutlich geringer sein als die der Wahllokale. Auf der anderen Seite sollten die Stimmberechtigten automatisch die Briefwahlunterlagen erhalten. Damit sei eine hinreichende Beteiligungsmöglichkeit gewährleistet. Durch die neuerliche Änderung im Juni 2007 ist jedenfalls für Abstimmungen, die gemeinsam mit Wahlen stattfinden wieder auf das Wahlrecht Bezug genommen

---

1 § 18 IV 1 HambVAbstG.
2 Mangels einer ausdrücklichen Regelung über ein qualifiziertes Quorum gilt dies selbst dann, wenn es um eine Verfassungsänderung geht. Die allgemeine Bestimmung über die Mehrheitserfordernisse für Entscheidungen des Landtags gilt uneingeschränkt (Art. 19 HambV); vgl. dazu ausführlich oben S. 476 und auch schon S. 320.
3 Wobei der Senat sich jeder eigenen Stellungnahme zum Entwurf des Volksbegehrens zu enthalten hat, vgl. dazu oben S. 477.
4 § 19 S. 2 HambVAbstG sieht allerdings vor, dass auch eine nochmals geänderte Vorlage der Volksinitiatoren zu veröffentlichen ist. Nachdem die in § 18 III HambVAbstG vorgesehene Änderungsmöglichkeit verfassungswidrig ist, hat sich diese Regelung allerdings erledigt.
5 Auch hier ist die zuständige Behörde verpflichtet, in bestimmten Einrichtungen auf die Möglichkeit der Briefabstimmung aufmerksam zu machen; vgl. § 39 HambVVO; so auch § 15 HambVVO für das Volksbegehren, dazu siehe oben S. 812 und dort Fn. 2.
6 Vgl. dazu das Gesetz zur Änderung des HambVAbstG vom 4.5.2005, GVBl. S. 195 und oben S. 800.

worden. In anderen Fällen erhalten die Stimmberechtigten weiterhin die Briefabstimmungsunterlagen zusammen mit der Benachrichtigung über die Abstimmung. Darüber hinaus wurde klar gestellt, dass alle Abstimmungsberechtigten ausreichend Gelegenheit haben müssen, sich persönlich am Volksentscheid zu beteiligen.[1]

Die Anträge sind im Wortlaut auf den Stimmzetteln aufzuführen.[2] Auch in Hamburg ist bei einer konkurrierenden Abstimmung über mehrere Entwürfe möglich, mehrmals mit „Ja" zu stimmen.[3] Die Abstimmenden können sich in Bezug auf einzelne Entwürfe der Stimme enthalten.[4]

3. Der Anspruch auf Kostenerstattung und die Pflicht zur Rechenschaftslegung

Die Initiatoren haben grundsätzlich Anspruch auf Erstattung der notwendigen Kosten für eine angemessene Information der Öffentlichkeit über die Ziele des zur Abstimmung gestellten Gesetzentwurfes.[5] Dieser Erstattungsbetrag wurde mit 0,10 € pro „Ja"-Stimme pauschaliert, wobei maximal 400.000 Stimmen berücksichtigt werden.[6] Das Verfahren der Kostenerstattung ist in einer vom Senat zu erlassenden Rechtsverordnung zu regeln.[7]

Der Anspruch auf Kostenerstattung ist allerdings ausgeschlossen, wenn die Initiatoren der Volksinitiative ihrer Pflicht zur Rechenschaftslegung nicht nachgekommen sind.[8] Gemäß § 30 HambVAbstG haben sie die Pflicht, innerhalb von zwei Monaten nach Stellung des Antrags auf Durchführung des Volksentscheids – also noch vor der Abstimmung selbst[9] – und nochmals innerhalb von zwei Monate nach der Feststellung über das Ergebnis des

---

1 Vgl. § 25 III HambVAbstG.
2 Ein konkurrierender Entwurf der Bürgerschaft steht gegebenenfalls nach den durch Volksbegehren eingebrachten Anträgen, § 21 II 3 HambVAbstG.
3 Vgl. § 20 II HambVAbstG.
4 Zur vergleichbaren Rechtslage in Sachsen-Anhalt vgl. ausführlicher oben S. 617.
5 Dieser Anspruch ergibt sich aus § 30 I HambVAbstG.
6 Vgl. § 30a II HambVAbstG. Bis zur Anpassung an die EURO-Umstellung durch das Gesetz vom 18.7.2001, GVBl. I S. 251, war ein Erstattungsbetrag von 0,20 DM vorgesehen. Nachdem der Gesetzgeber zwar kaufmännisch, aber doch zu Lasten der Initiatoren abgerundet hat, ist der Gesamtanspruch von maximal 80.000 DM, also 40.903,35 € auf 40.000 € abgesenkt worden.
Bei der Festsetzung der Kappungsgrenze ist zu berücksichtigen, dass es in Hamburg derzeit etwa 1,2 Mio. Wahlberechtigte gibt. Um den Höchstbetrag zu erreichen, muss ein Antrag also von einem Drittel der Stimmberechtigten unterstützt werden.
Jung, ZG 1998, S. 295, 324, hält den Erstattungsbetrag insbesondere bei Vorlagen, die auf eine Verfassungsänderung zielen, für zu gering. Tatsächlich erscheinen 40.000 € kaum ausreichend, um mehr als 620.000 Bürger zu mobilisieren. Allerdings ist zu beachten, dass das HambVAbstG die staatlichen Organe zur Information der Bürger verpflichtet und dass der „Mobilisierungsbedarf" aufgrund der Möglichkeit zur Briefabstimmung nicht ganz so groß ist.
7 So § 31 Satz 2 Nr. 5 HambVAbstG; anders als § 29 NdsVAbstG ist diese Regelung mit dem Bestimmtheitsgebot vereinbar, da der Gesetzgeber in § 30 HambVAbstG bereits alle wesentlichen Entscheidungen getroffen hat; dazu siehe oben S. 646. §§ 61 ff. HambVVVO enthalten daher nur noch bestimmte Verfahrensregelungen.
8 § 30a III HambVAbstG.
9 Gemäß § 18 IV wird die Abstimmung vier Monate nach Antragstellung durchgeführt.

Volksentscheids gegenüber dem Landesabstimmungsleiter Rechenschaft über die Herkunft und Verwendung derjenigen Mittel zu legen, die ihnen zum Zweck der Durchführung der Volksinitiative, des Volksbegehrens und des Volksentscheids zugeflossen sind.[1] Diese Angaben werden in einem Bericht zusammengefasst und veröffentlicht.[2]

4. Die Quoren

Ein Entwurf ist im Volksentscheid gemäß Art. 50 III 3 HambV angenommen, wenn ihm von der (relativen) Mehrheit der Abstimmenden zugestimmt wurde, sofern dies mindestens einem Fünftel der Stimmberechtigten entspricht.[3] Für Verfassungsänderungen müssen nach Art. 50 III 4 HambV sogar zwei Drittel der Abstimmenden zustimmen, mindestens jedoch die Hälfte der Wahlberechtigten. Auf die Gültigkeit der Stimmen kommt es bei der Berechnung der Mehrheitsverhältnisse nicht an.[4]

Nach § 23 I 3 HambVAbstG soll auch hier wieder die Zahl der Wahlberechtigten bei der letzten Bürgerschaftswahl maßgeblich sein. Mag dies beim Volksbegehren noch sinnvoll sein,[5] da die Antragsteller bereits vor Beginn der Unterschriftensammlung erkennen können, wie viele Unterschriften sie sammeln müssen, ist diese Regelung beim Volksentscheid schlicht überflüssig, da im Zusammenhang mit der Aufstellung der Abstimmendenverzeichnisse ohnehin die aktuelle Zahl der Beteiligungsberechtigten ermittelt werden muss.[6] Zudem ist zu beachten, dass sich demographische Veränderungen so durchaus auf das Abstimmungsergebnis auswirken könnten.[7]

Bei einer Abstimmung über mehr als einen Entwurf sieht § 23 II 1 HambVAbstG vor, dass diejenige Vorlage angenommen sein soll, auf welche die meisten „Ja"-Stimmen entfallen sind, sofern dieser Entwurf mehr „Ja"- als „Nein"-Stimmen erhalten hat.[8]

---

1 § 30 I HambVAbstG. Durch eine Ergänzung des § 31 S. 2 Nr. 6 HambVAbstG wurde im Juni 2002 klargestellt, dass in der einschlägigen Ausführungsverordnung auch die inhaltlichen Anforderungen an den Rechenschaftsbericht festgelegt werden dürfen,. vgl. BS-Drs. 17/843, sowie das Gesetz vom 4.6.2002, GVBl. I, S. 88.

2 Gemäß § 30 II 2 HambVAbstG ist der Bericht des Landesabstimmungsleiters an den Präsidenten der Bürgerschaft als Bürgerschaftsdrucksache zu veröffentlichen.

3 Bis zur jüngsten Reform war noch die Zustimmung durch ein Viertel der Stimmberechtigten erforderlich.

4 „Ausdrückliche" Stimmenthaltungen zählen somit wie „Nein"-Stimmen. Die Enthaltung durch bloße Nicht-Beteiligung hat hingegen keine Auswirkungen.

5 Vgl. § 16 I 2 HambVAbstG.

6 Nach § 20 I 1 HambVAbstG ist selbstverständlich der Tag der Abstimmung maßgeblich.

7 Nach dem amtlichen Ergebnis entsprachen die 546.937 Stimmen für den Antrag der Initiative „Für Volksentscheide in Hamburg" bei der Abstimmung am 27.9.98 nur 45,15 % der Stimmberechtigten. Dabei wurde entsprechend der Vorgabe des HambVAbstG die Zahl der Stimmberechtigten bei der Bürgerschaftswahl im Jahre 1997 zugrunde gelegt (1.211.288 Personen). Tatsächlich gab es zum Zeitpunkt der Abstimmung jedoch nur noch 1.202.147 und damit immerhin 9.141 Stimmberechtigte weniger. Hätte man mit den aktuellen Zahlen gerechnet, wäre man daher zu dem Ergebnis gekommen, dass tatsächlich 45,49 % der Stimmberechtigten dem Antrag zugestimmt hatten – Eine Differenz von 0,35 Prozentpunkten kann aber durchaus von entscheidender Bedeutung sein!

8 Andernfalls hätte sich die Mehrheit der Abstimmenden für die Beibehaltung des status quo ausgesprochen, vgl. dazu schon oben S. 578 zur § 42 II 1 SächsVVVG und S. 740 zu § 6 II 1 BremVEG.

Ein auf dem Wege des Volksentscheids verabschiedetes Gesetz ist ebenso wie ein Parlamentsgesetz innerhalb von zwei Wochen vom Senat auszufertigen und zu verkünden.[1]

5. Die Sperrfrist des Art. 50 IV HambV

In Hamburg gelten keine Sperrfristen für identische Volksinitiativen oder Volksbegehren. Art. 50 IV HambV sieht allerdings vor, dass ein durch Volksentscheid *angenommenes* Gesetz innerhalb von zwei Jahren nicht mehr im Wege von Volksinitiative, Volksbegehren und Volksentscheid *geändert* werden kann.[2]

Diese Regelung, die erst von der Bürgerschaft eingefügt wurde,[3] ist bundesweit einzigartig. Sie führt im Ergebnis dazu, dass das Volk sich an seinem Willen festhalten lassen muss. Selbst dann, wenn ein „Volksgesetz" sich als völlig unpraktikabel erweisen sollte, ist allein die Bürgerschaft zur Aufhebung oder Änderung berechtigt. Nach dem eindeutigen Wortlaut des Art. 50 IV HambV reicht es insofern nicht einmal aus, wenn die Bürgerschaft einen von den Bürgern eingebrachten Antrag übernimmt.[4]

IV. Verfahrenspraxis" und verfassungspolitische Bewertung

A. Zur Praxis der Verfahren[5]

1. Die beiden Verfahren für „Mehr Demokratie"

Wie bereits dargelegt wurde, sind die Verfahren zum ersten Mal genutzt worden, um eine Erweiterung der direktdemokratischen Mitwirkungsrechte durchzusetzen. Bisher war allerdings nur von dem Antrag „**Für Volksentscheide in Hamburg**" die Rede, der auf eine Erweiterung der unmittelbaren Mitwirkungsrechte der Bürger auf der Ebene des Landes zielte. Parallel dazu hatte „Mehr Demokratie" eine weitere Initiative „**Für Bürgerentscheide in Bezirken**" eingebracht, der auf den Erlass eines Gesetzes zur Einführung von

---

[1] Art. 52 HambV i.V.m. § 24 HambVAbstG. Dabei ist zu beachten, dass das Landesverfassungsgericht gegebenenfalls von Amts wegen entscheiden kann und muss, ob es das durch den Volksentscheid beschlossene Gesetz aufgrund der Anfechtung des Volksentscheides im Wege einer einstweiligen Anordnung gemäß § 35 HambVerfGG wieder außer Kraft setzt, vgl. dazu oben S. 330. Gegen die Möglichkeit einer einstweiligen Anordnung von Amts wegen hingegen *Pestalozza*, Verfassungsprozessrecht, § 26, Rn. 46, der auf diese spezielle Problematik jedoch nicht eingeht.

[2] Die SPD hatte diese Regelung unter Hinweis auf die „ansonsten mögliche Perpetuierung der Volksgesetzgebung" befürwortet. Die Verfassungskommission lehnte den entsprechenden Vorschlag der Enquête-Kommission jedoch zunächst ab (vgl. BS-Drs. 1/3500, S. 17). Dennoch konnte die SPD sich später noch durchsetzen.

[3] Der Vorschlag der Enquête-Kommission „Parlamentsreform" hatte noch keine Sperrfrist vorgesehen.

[4] Die Einführung einer Sperrfrist an sich ist unproblematisch, da sie in der Verfassung selbst geregelt wurde. Vgl. dazu S. 565 zu Art. 73 II SächsV. Zum Problem der Einführung einer Sperrfrist durch den einfachen Gesetzgeber ausführlich oben S. 305 ff.

[5] Alle Ergebnisse sind nach den amtlichen Veröffentlichungen des *Statistischen Landesamtes der Freien und Hansestadt Hamburg* zitiert.

Bürgerbegehren und Bürgerentscheid in den Bezirken nach dem Vorbild der bayerischen Regelungen zielte.[1] Auch dieser Antrag wurde am 21.10.1997 durch den Senat für zulässig erklärt[2] und beim Volksbegehren im März 1998 durch 218.577 und damit fast ebenso viele Personen unterstützt, wie der Antrag auf Änderung der Landesverfassung.

Die Diskussion innerhalb der Bürgerschaft entsprach weitgehend dem bereits dargestellten Verfahren. Nachdem es zunächst so aussah, als ob es keinen konkurrierenden Entwurf der Bürgerschaft geben sollte, kam durch den Antrag der sechs SPD-Abgeordneten im Juni 1998 Bewegung in die Angelegenheit.[3] Allerdings entschloss sich die Bürgerschaft auch hier erst dann dazu, eine eigene Vorlage mit zur Abstimmung zu stellen, die dem Anliegen der Volksinitiative weitgehend entsprach,[4] als die CDU einen – noch restriktiveren – Antrag für einen solchen konkurrierende Entwurf der Bürgerschaft vorgelegt hatte und daher zu befürchten war, dass dieser auch die Unterstützung einiger SPD-Abgeordneter erhalten könnte.[5] Beim Volksentscheid am 27. September stimmten 538.995 Bürger und damit deutlich mehr als das nach Art. 50 III 3 HambV a.F. erforderliche Viertel der Stimmberech-

---

1 Dazu siehe ausführlicher oben S. 354 ff. zum Volksbegehren für „Mehr Demokratie in Bayern".
2 So die Mitteilung des Senats an die Bürgerschaft, BS.-Drs. 16/32. In der Anhörung der Vertreter durch den Verfassungsausschuss der Bürgerschaft am 12.11.1997 erklärte ein Vertreter des Senats, dass die Zählung der Unterschriften abgebrochen worden sei, nachdem feststand, dass das Quorum für eine Volksinitiative erreicht worden war, vgl. den Bericht des Ausschusses vom 4.12.1997, BS-Drs. 16/136.
3 BS-Drs. 16/1046. Zwar lehnte sich der Vorschlag formal an den Antrag der Volksinitiative an. Allerdings sollte das Quorum für das Bürgerbegehren auf fünf Prozent angehoben und damit nahezu verdoppelt werden. Auch sollte ein Bürgerbegehren keine Sperrwirkung mehr für die Bezirksorgane entfalten, die somit nicht daran gehindert wären, durch entgegenstehende Beschlüsse vollendete Tatsachen zu schaffen. Das Bezirksamt sollte weiterhin nicht verpflichtet sein, jeden Haushalt durch ein Informationsheft über die anstehende Abstimmung zu informieren. Schließlich sollte beim Bürgerentscheid ein qualifiziertes Quorum von einem Viertel der Stimmberechtigten festgeschrieben werden und es sollte auch keine Möglichkeit geben, mehreren Vorlagen zum selben Gegenstand zuzustimmen.
4 BS-Drs. 16/1284. Nicht übernommen wurde die vorgeschlagene Sperrwirkung des Bürgerbegehrens und die umfassende Informationspflicht der Bezirksämter. Außerdem sollte es nur dann zum Bürgerentscheid kommen, wenn die Initiatoren dies ausdrücklich beantragen. Ein wesentlicher Unterschied bestand schließlich darin, dass das auch für Volksentscheide vorgesehene differenzierte Quorum übernommen wurde. Ein Antrag wäre danach angenommen, wenn sich entweder mindestens ein Drittel der Stimmberechtigten beteiligt oder mindestens ein Fünftel der Stimmberechtigten zugestimmt hat (zu den merkwürdigen Konsequenzen dieser Regelung vgl. oben S. 821). Schließlich wurde auch der Vorschlag der Volksinitiative abgelehnt, beim Bürgerentscheid über konkurrierende Vorlagen eine echte Eventualabstimmung vorzusehen. Statt dessen sollte es darauf ankommen, welcher Entwurf die meisten „Ja"-Stimmen erhalten würde.
5 BS-Drs. 16/1185. Neben den bereits von den sechs SPD-Abgeordneten vorgeschlagenen Änderungen forderte die CDU, alle Angelegenheiten, in denen eine förmliche Bürgerbeteiligung gesetzlich vorgeschrieben ist, Dienst- und Versorgungsbezüge, Angelegenheiten, die mehr als einen Bezirk betreffen oder in denen die Bürgerschaft bereits einen Beschluss gefasst hat ebenso vom Anwendungsbereich der Verfahren auszuschließen, wie Anträge, die ein rechtswidriges Ziel verfolgen. Weiterhin sollte dem Bürgerbegehren ein formeller Bürgerantrag vorgeschaltet werden, der der Zustimmung durch ein Prozent der Stimmberechtigten bedürfen sollte. Für das Bürgerbegehren sollte das Quorum stets 3 % betragen, während nach Vorschlag der Volksinitiative jedenfalls dann die Unterstützung durch 2 % der Bürger ausreichen sollte, wenn der Bezirk mehr als 300.000 Einwohner hat. Immerhin sollte es möglich sein, beim Volksentscheid mehreren Vorlagen zuzustimmen.

tigten dem Antrag der Volksinitiative zu, der damit – anders als der Antrag zur Erweiterung der unmittelbaren Mitwirkungsrechte der Bürger – angenommen war.[1]

2. Die Volksinitiative „Halloween for Holiday"

Am 1. August 1999 wurde dem Senat die Sammlung für eine Volksinitiative **„Halloween for Holiday"** angezeigt, mit dem der 1. November als Feiertag festgeschrieben werden sollte. Obwohl die Initiatoren darauf hinwiesen, dass die süddeutschen Länder bis zu drei Feiertage mehr kennen als Hamburg und dass der 1. November in einigen anderen Ländern wegen des Allerheiligen-Fests bereits gesetzlicher Feiertag sei, kamen in den ersten beiden Monaten nur etwa 1.500 Unterschriften zusammen.[2] Nachdem bis zum Fristablauf am 31. Januar 2000 das erforderliche Quorum nicht erreicht worden ist, wurde das Verfahren nicht weiter geführt.

3. Die Volksinitiative „Für wirksame direkte Demokratie"

Nichts anderes galt für die Initiative **„Für wirksame direkte Demokratie in Hamburg"**, die Ende April 2000 von der neu gegründeten Partei „Der springende Punkt" eingeleitet worden war, um die von der rot-grünen Koalition nach der Abstimmung vom 27. September 1998 versprochene, bis dahin aber noch nicht umgesetzte Erleichterung der direktdemokratischen Verfahren durchzusetzen.[3] Wenn das Quorum für die Volksinitiative trotz des durchaus populären Themas verfehlt wurde, lässt sich das zum einen darauf zurückführen, dass den Initiatoren die organisatorische Erfahrung einer schlagkräftigen Interessengruppe wie „Mehr Demokratie" fehlte. Zum anderen hat hier aber möglicherweise auch der Umstand eine Rolle gespielt, dass in der Bürgerschaft seit dem Sommer 2000 wieder über eine entsprechende Reform der Verfassung und der einschlägigen Ausführungsbestimmungen verhandelt worden ist.

4. Die Volksinitiative für die Sonntagsöffnung der Videotheken

Im Ergebnis erfolgreich war hingegen die von einem Interessenverband des Video- und Medienfachhandels initiierte Initiative **„Für Sonntagsöffnung der Videotheken"**, die im Zeitraum vom 30. Mai bis zum 7. August 2000 – und damit lange vor Ablauf der Unterstützungsfrist – immerhin mehr als 60.000 Unterschriften für ihr Anliegen sammeln konnten. Nachdem die Ladenschlussgesetze ohnehin ins Kreuzfeuer der Kritik geraten waren, machte

---

[1] Das entsprach 73,2 % der Abstimmenden. Für die konkurrierende Vorlage der Bürgerschaft hatten sich nur 422.573 Stimmberechtigte ausgesprochen.

[2] Vgl. „Halloween for Holiday", ZfDD Heft 4/1999, S. 10.

[3] Letzten Endes ging der Entwurf auf eine Initiative des früheren Pressesprechers des Landesverbandes von „Mehr Demokratie e.V." zurück. Dieser Verein distanzierte sich indes ausdrücklich von der Initiative, die zum falschen Zeitpunkt komme, vgl. „Seetüchtiger Volksentscheid geht baden", ZfDD 3/2000, S. 40

sich die Bürgerschaft am 29. November 2000 den Antrag der Initiatoren im wesentlichen zu eigen.[1]

5. Die Volksinitiative „Zur Reform des Wahlrechts"

Ebenfalls erfolglos war die von einer Initiative „Mehr Bürgerrechte" angeregte Volksinitiative **„Zur Reform des Wahlrechts"**, für die seit dem 9. Mai 2001 Unterschriften gesammelt wurden, um zu erreichen, dass auf Landesebene Wahlkreise eingerichtet werden, die Möglichkeit des Kumulierens und Panaschierens geschaffen und die 5-Prozent-Hürde auf 3 Prozent gesenkt wird.

Nachdem die Initiatoren feststellen mussten, dass es ihnen kaum gelingen würde, rechtzeitig die erforderlichen Unterschriften zusammen zu tragen, haben sie das Verfahren abgebrochen und angekündigt, im folgenden Jahr einen weiteren Anlauf zu starten.[2]

6. Die Volksinitiative „Zur Reform der Volksgesetzgebung"

Ganz ähnlich erging es auch der Volksinitiative **„Zur Reform der Volksgesetzgebung"**, die von der Statt-Partei ausging und für die seit dem 18. August 2001 Unterschriften gesammelt worden waren. Auch hier brachen die Antragsteller das Verfahren ab, nachdem ihnen klar wurde, dass es ihnen aus eigener Kraft nicht gelingen würde, innerhalb eines halben Jahres die erforderlichen 20.000 Unterstützer zu mobilisieren.

7. Die Volksinitiative gegen die Sonntagsöffnung im Einzelhandel

Am 1. Mai 2002 startete ein Bündnis aus den beiden christlichen Großkirchen, der Gewerkschaft ver.di und dem Deutschen Gewerkschaftsbund die Sammlung von Unterschriften für eine Volksinitiative **„Sonntag ist nicht alle Tage"**, mit der der Senat dazu aufgefordert werden sollte, in Hamburg keine Ausweitung der Ladenöffnung an Sonntagen zuzulassen, und zwar auch nicht in einzelnen Bezirken. Anlass für das Verfahren war ein Antrag der Regierungskoalition aus CDU, FDP und der „Partei Rechtsstaatliche Offensive", in jedem Bezirk bis zu vier Sonntagsöffnungen zuzulassen.[3] Die Initiatoren befürchteten, dass der Sonntagsschutz durch bis zu 28 verkaufsoffene Sonntage ausgehöhlt werden könnte.

Bis zum 20. Mai 2002 kamen etwa 22.000 Unterschriften zusammen, die gerade noch rechtzeitig vor der für den 30. Mai 2002 angesetzten Beratung über den Antrag der Regierungskoalition eingereicht wurden. Nachdem ein Vertreter des Senats in der Bürgerschaft

---

[1] Gesetz vom 6.12.2000, GVBl. S. 358. Öffnung der Videotheken an Sonn- und Feiertagen ab 13 Uhr. Die Initiatoren hatten die Öffnung ab 12 Uhr gefordert.
   In der Folgezeit kam es in Schleswig-Holstein zu einem vergleichbaren Verfahren, das ebenfalls erfolgreich war; vgl. oben S. 492.

[2] Tatsächlich wurde 2002 ein solcher Anlauf unternommen, vgl. dazu unten S. 827.

[3] Vgl. BS-Drs. 17/310 und den Ausschussbericht BS-Drs. 17/787. Die GAL-Fraktion hatte eine generelle Verlängerung der Ladenöffnungszeiten an Samstagen und die Beibehaltung des Verkaufsverbotes an Sonntagen gefordert, BS-Drs. 17/380.

erklärt hat, dass lediglich insgesamt vier verkaufsoffene Sonntage geplant seien,[1] stimmte eine Mehrheit der Abgeordneten dem Entwurf der Regierungskoalition in namentlicher Abstimmung zu. Das Verfahren wurde danach nicht mehr weiter betrieben.

8. Die Volksinitiative gegen die Privatisierung der landeseigenen Krankenhäuser

Parallel zu der soeben erwähnten Volksinitiative haben die Gewerkschaft ver.di und der Deutsche Gewerkschaftsbund auch noch Unterschriften für einen Antrag „**Gesundheit ist keine Ware**" gesammelt, der sich gegen die vom Senat geplante Privatisierung der landeseigenen Krankenhäuser richtete.[2] Mit der Initiative wurde der Senat aufgefordert, sicherzustellen, dass die Freie und Hansestadt Hamburg Mehrheitseigentümerin des Landesbetriebs Krankenhäuser, seiner einzelnen Krankenhäuser und anderen Einrichtungen bleibt.[3] Der Antrag wurde von etwa 14.000 Stimmberechtigten unterzeichnet und ebenfalls am 29. Mai übergeben.

Nachdem die Bürgerschaft die Volksinitiative abgelehnt hatte, beantragten die Initiatoren am 24. Dezember 2002 die Durchführung eines Volksbegehrens. Die Unterschriftensammlung wurde für den Zeitraum vom 5. bis zum 19. Mai 2003 angesetzt. Dabei kamen nach Angaben der Initiatoren insgesamt 111.854 Unterschriften zusammen. Am 10. Juni 2003 stellte der Senat fest, dass das Volksbegehren zustande gekommen war.[4]

Am 27. März 2003 hatte ein weiteres Aktionsbündnis, das vor allem von der Anti-Globalisierungs-Initiative „attac" getragen wurde, mit der Sammlung von Unterschriften für eine weitere Initiative „**Der Mensch ist keine Ware**" begonnen, die sich gegen jegliche Privatisierung der öffentlichen Krankenhäuser aussprach. Bis Anfang August kamen allerdings nur 2.500 Unterschriften zusammen. Daraufhin wurde die Sammlung eingestellt.[5]

Am 27. Oktober 2003 brachte der Senat den Entwurf eines Gesetzes zur Neuregelung der Rechtsverhältnisse des Landesbetriebs Krankenhäuser Hamburg (LBK) ein,[6] mit dem die Grundlage für eine Teilprivatisierung der LBK geschaffen werden sollte. In einem ersten Schritt sollte der Betrieb auf eine neu zu gründende Betriebsgesellschaft öffentlichen Rechts übertragen werden, während die bisherige Anstalt zur reinen Besitzanstalt für die Immobilien umgewandelt werden sollte. In einem zweiten Schritt sollte die Betriebsanstalt in eine Kapitalgesellschaft umgewandelt und teilweise (bis zu 74,9 Prozent) privatisiert werden. Auch an der Immobilienanstalt sollten private Investoren bis zu 49,9 Prozent des Stammkapitals halten dürfen.

1 Vgl. Pressemitteilung der Gewerkschaft ver.di vom 31.5.2002.
2 Nach der Koalitionsvereinbarung sollte die gegenwärtige Struktur und Rechtsform des Landesbetriebes Krankenhäuser mit Hilfe externen Sachverstandes überprüft und eine andere Rechtsform angestrebt werden. Dies schließe die Möglichkeit einer Privatisierung oder Teilprivatisierung ein. Darüber hinaus solle die marktbeherrschende Stellung abgebaut und ggf. einzelne Standorte mit dem Ziel einer Fusion mit anderen Trägern verselbständigt werden.
3 Vgl. BS-Drs. 17/966 und den Tatbestand der Entscheidung des *HambVfG*, NordÖR 2004, 107".
4 BS-Drs. 17/2874
5 Vgl. „Der Mensch ist keine Ware", ZfDD, Heft 4/2003, S. 20
6 BS-Drs. 17/3541.

Die Vertreter der Volksinitiative, die befürchteten, dass hier noch vor dem für den 13. Juni 2004 geplanten Volksentscheid über ihren Antrag vollendete Tatsachen geschaffen werden, beantragten beim Hamburgischen Verfassungsgericht eine einstweilige Anordnung mit dem Ziel, die Verabschiedung des Gesetzes zu verhindern. Das Gericht billigte zwar den Antragstellern die Rolle eines „sonstigen Beteiligten" im Organstreitverfahren zu, lehnte ihren Antrag aber dennoch ab. Entscheidende Bedeutung kam dabei dem Umstand zu, dass der Senat durch die Initiative nur zu einem bestimmten Verhalten „aufgefordert" wurde, was im Ergebnis einem unverbindlichen Parlamentsbeschluss entspricht, der ebenfalls keine Sperrwirkung entfalten würde.[1] Dennoch stoppte der Senat seine Verkaufspläne am 17. Dezember 2003.

Um in jedem Fall sicher zu stellen, dass der Volksentscheid vor dem Abschluss der Verhandlungen mit privaten Investoren statt finden würde, erklärten sich die Initiatoren bereit, die Abstimmung zusammen mit der außerplanmäßigen Bürgerschaftswahl am 29. Februar 2004 durchführen zu lassen. Beim Volksentscheid sprachen sich 588.952 Stimmberechtigte für den Antrag der Volksinitiative aus. Das entspricht einer Zustimmung von 76,8 Prozent.

Dieses Ergebnis hinderten den Senat allerdings nicht daran, seine Pläne wieder aufzunehmen. Nachdem sich kein Investor gefunden hatte, der bereit gewesen wäre, sich als Minderheitsgesellschafter an den öffentlichen Krankenhäusern zu beteiligen, legte der Senat der Bürgerschaft am 7. September 2004 den Entwurf eines Gesetzes zur Neuregelung der Rechtsverhältnisse des Landesbetriebs Krankenhäuser vor,[2] nach dem der Krankenhausbetrieb auf eine Anstalt öffentlichen Rechts (LBK Hamburg) übertragen werden sollte. Diese Gesellschaft sollte in der Folge in eine Kapitalgesellschaft umgewandelt und zu 74,9 % privatisiert werden. Die Gebäude der Krankenhäuser sollten im Besitz der bisherigen öffentlich-rechtlichen Anstalt bleiben. Die Vertreter der Volksinitiative legten daraufhin am 15. September 2004 eine Klage beim Verfassungsgericht ein und beantragten die Feststellung, dass der Senat zumindest bis zu einer wesentlichen Veränderung der tatsächlichen Umständen wegen des Ergebnisses des Volksentscheides nicht dazu berechtigt sei, Mehrheitsanteile am Landesbetrieb Krankenhäuser zu veräußern.

Das Hamburgische Verfassungsgericht hat diesen Antrag jedoch am 15. Dezember 2004 zurückgewiesen.[3] Zur Begründung wurde wiederum darauf abgestellt, dass das Ergebnis des Volksentscheides den Senat schon deshalb nicht binden könne, weil dem ursprünglichen Antrag nur eine (unverbindliche) Aufforderung zugrunde gelegen hatte. Im Übrigen komme den Ergebnissen eines Volksentscheides ohnehin keine höhere Bindungswirkung als Parlamentsgesetzen zu. Die Initiatoren des erfolgreichen Volksentscheides könnten die Landesregierung daher nicht dazu zwingen, das Ergebnis der Abstimmung zu respektieren. Da die Landesverfassung keine Vorrangklausel enthält, verdient diese Entscheidung zumindest im Ergebnis Zustimmung: Zwar ist auch das Ergebnis eines Volksentscheides über eine „ande-

---

1 *HambVfG*, Entscheidung vom 15.12.2003; Az.. HVerfG 4/03; bestätigt durch die Entscheidung im Hauptsacheverfahren, *HambVfG*, DVBl. 2005, 439. Eine andere Ansicht vertritt das *OVG Bremen*, NordÖR 2004, S. 240.
2 Vgl. BS-Drs. 18/849.
3 *HambVfG*, DVBl. 2005, 439 = NVwZ 2005, 685, kritisch dazu *Bull*, NordÖR 2005, S. 99; *Engelken*, DVBl. 2005, 415.

re Vorlage", der kein Gesetzentwurf zugrunde liegt, nicht „unverbindlich", da das Parlament und die Regierung durchaus dazu verpflichtet sind, sich gegebenenfalls mit der betreffenden Vorlage auseinander zu setzen. Das Ergebnis einer Abstimmung entfaltet daher gegebenenfalls dieselbe Wirkung, wie sie auch einem schlichten Parlamentsbeschluss zukommt.[1] Auf der anderen Seite kommt dem Ergebnis eines Volksentscheides grundsätzlich aber auch kein höherer Rang zu, als einem Parlamentsbeschluss. Ebensowenig wie der Landtag von Schleswig-Holstein daran gehindert war, das Ergebnis des Volksentscheids gegen die Rechtschreibreform wieder aufzuheben,[2] musste die Regierungsmehrheit in Hamburg daher ihre Privatisierungspläne infolge des Volksentscheides endgültig aufgeben.

Bereits zwei Tage nach der Entscheidung des Verfassungsgerichts verabschiedete die Bürgerschaft das Gesetz zur Neuregelung der Rechtsverhältnisse des Landesbetriebs Krankenhäuser Hamburg.[3] Zum Jahreswechsel 2004/2005 wurde der Klinikbetrieb gegen eine Zahlung von 318 Millionen € an die privaten Asklepios-Kliniken übergeben und später in die Rechtsform einer GmbH überführt, an der die Hansestadt Hamburg nur noch eine Sperrminorität von 25,1 % der Anteile hält.[4] Nachdem im Sommer 2005 massive Sparmaßnahmen angekündigt wurden,[5] kam es zu heftigen Protesten. Die Regierungsmehrheit und der Senat wiesen die Forderung nach einer Rückabwicklung des Verkaufs jedoch zurück.

9. Die zweite Volksinitiative „Für eine Reform des Wahlrechts"[6]

Wie bereits im Vorjahr angekündigt[7] unternahm die Initiative „Mehr Bürgerrechte" im Jahr 2002 einen erneuten Anlauf für eine Volksinitiative zur **Reform des Wahlrechts**. Während die Bürger bei den Bürgerschaftswahlen bis dahin nur eine einzige Stimme hatten und auf den Wahlscheinen lediglich der Name des jeweiligen Spitzenkandidaten der Parteien angegeben war, sollte Hamburg in Zukunft in 17 Wahlkreise aufgeteilt werden, in denen insgesamt 71 Kandidaten direkt in die Bürgerschaft gewählt werden. Jeder Wähler sollte dabei fünf Stimmen haben, die er alle einem einzigen Bewerber geben (kumulieren) oder auch auf mehrere Kandidaten über die Parteigrenzen hinweg verteilen (panaschieren) können sollte. Daneben sollten weitere 50 Bürgerschaftsabgeordneten über Landeslisten der Parteien gewählt. Auch hier war vorgesehen, dass jeder Wähler fünf Stimmen hat, die er kumulieren und panaschieren kann.[8] Im Ergebnis hätten die Wähler damit sehr viel mehr Einfluss auf die konkrete Zusammensetzung des Parlamentes.[9]

1 In diesem Sinne auch *Bull*, NordÖR 2005, S. 99, 100.
2 Vgl. dazu oben S. 486 ff.
3 GVBl. S. 487.
4 In den folgenden Wochen gab es heftigen Streit über das Verfahren des Verkaufs. Eines der sieben Krankenhäuser muss aus kartellrechtlichen Gründen an einen Dritten verkauft werden
5 Die Zahl der Mitarbeiter sollte von 12.000 auf 11.000 reduziert, das Weihnachtsgeld und anderen Leistungen gestrichen oder deutlich abgesenkt und die Arbeitszeit erhöht werden.
6 Vgl. dazu *Fraude*, S. 113, 122 ff.; sowie *Decker*, ZParl 2007, S. 118, 120 ff.
7 Vgl. dazu oben S. 824.
8 Für die Wahlen zu den Bezirksversammlungen sollte ein vergleichbares Verfahren eingeführt werden.
9 Dieses Wahlsystem soll auch für die Bezirksversammlungen gelten. Die Wahlen zu diesen Versammlungen sollen in Zukunft gleichzeitig mit denen zum Europäischen Parlament statt finden. Die

Die Initiative, die von zahlreichen prominenten Befürwortern unterstützt wurde,[1] sammelte ab dem Sommer 2002 Unterschriften für ihren Gesetzentwurf. Am 20. Dezember 2002 wurde der Antrag zusammen mit 14.854 Unterschriften eingereicht.[2] Nachdem die Bürgerschaft dem Anliegen nicht zustimmte, beantragten die Initiatoren am 2. Mai 2003 die Durchführung eines Volksbegehrens, das am 4. August 2003 bekannt gemacht wurde. Während der Unterzeichnungsfrist vom 15. bis zum 29. September 2003 trugen sich nach Angaben der Initiatoren etwa 75.000 Personen in die Unterschriftslisten ein. Das Volksbegehren war damit zustande gekommen.[3]

Während sich die GAL den Entwurf des Volksantrags zu eigen machte,[4] einigten sich die anderen in der Bürgerschaft vertretenen Parteien auf einen gemeinsamen Entwurf, nach dem 50 Wahlkreise und ein an die Bundestagswahl angelehntes Wahlverfahren mit Erst- und Zweitstimme eingeführt werden sollte.[5] Dieser Entwurf wurde als konkurrierende Vorlage mit zur Abstimmung gestellt, die zusammen mit der Europawahl am 13. Juni 2004 statt fand.

Bei der Abstimmung erhielt der Entwurf der Bürgerschaft zwar die Zustimmung durch eine Mehrheit der Abstimmenden.[6] Er wäre aber gegebenenfalls an dem Quorum von einem Fünftel der Stimmberechtigten gescheitert.[7] Dem Entwurf des Volksbegehrens stimmten demgegenüber etwa zwei Drittel der Abstimmenden zu.[8] Da das qualifizierte Quorum überschritten wurde,[9] sah es zunächst so aus, dass die nächste Bürgerschaftswahl nach dem neuen und bundesweit einmaligen Verfahren durchgeführt würde.

Zwei Jahre später wurde in Bremen ein vergleichbares Verfahren durchgeführt.[10]

Unmittelbar nach den Bundestagswahlen im September 2005 wurde bekannt, dass die CDU-Mehrheit in der Bürgerschaft eine erneute Änderung des Wahlrechts beabsichtigte, mit der zumindest einige der im Wege des Volksentscheides durchgesetzten Reformen wieder zurück genommen würden.[11] Diese Pläne stießen allerdings nicht nur bei den In

---

Sperrklausel von 5 % soll entfallen. Darüber hinaus ist eine Verbesserung der innerparteilichen Demokratie und eine Verschärfung des Datenschutzrechtes geplant.

1   So etwa durch den früheren Innensenator und Bundesdatenschutzbeauftragten *Bull* (SPD), die frühere Justizsenatorin *Peschel-Gutzeit* (SPD), die GAL-Fraktionsvorsitzende *Sager*, den verfassungspolitischen Sprecher der FDP-Fraktion *Rumpf*, den früheren Rechnungshofpräsidenten *Granzow* und den Hauptgeschäftsführer der Handwerkskammer *Hogeforster*.
2   Vgl. dazu BS-Drs. 17/2297.
3   Vgl. BS-Drs. 17/3605.
4   BS-Drs. 17/3260.
5   BS-Drs. 17/4000 und 17/4128.
6   Auf ihn entfielen 197.524 Ja-Stimmen, das entspricht 53,8 %.
7   Das wären 243.167 Ja-Stimmen gewesen.
8   Auf ihn entfielen 256.507 Ja-Stimmen, das entspricht 66,5 %.
9   An der Abstimmung hatten sich nur ca. 34 % der Stimmberechtigten beteiligt; davon hatten wiederum fast 20 % die Möglichkeit der Briefwahl genutzt.
10 Vgl. dazu oben S. 751.
11 Vgl. die Pressemitteilung der CDU-Bürgerschaftsfraktion vom 29.9.2005. Die Möglichkeit des Kumulierens und Panaschierens von Stimmen sollte zwar beibehalten werden. Die Reform zielte aber vor allem darauf, den Bürgern eine Möglichkeit zu verschaffen, für eine bestimmte Partei und die von

itiatoren des Volksentscheides auf lauten Protest, sondern sogar innerhalb der regierenden CDU, wobei insbesondere kritisiert wurde, dass die Änderungen in einer Art von Geheimverfahren vorbereitet worden waren[1] und im Eilverfahren beschlossen werden sollten.[2]

Tatsächlich dauerte es noch fast neun Monate bis Mitte Juni 2006 von den Abgeordneten der CDU-Fraktion ein Entwurf für eine Änderung des Wahlrechts in die Bürgerschaft eingebracht wurde.[3] Zwar betonten die Antragsteller, dass es dem Parlament an sich zustehe, das im Wege des Volksentscheides beschlossene Gesetz insgesamt wieder aufzuheben. Man wolle sich aber darauf beschränken, die Regelungen zu zu modifizieren, dass die Handlungsfähigkeit des Parlamentes gewahrt bleibe. Insbesondere solle die Einteilung in Wahlkreise beibehalten und insofern auch an der Möglichkeit des Kumulierens und Panaschierens festgehalten werden.[4] Für die Zusammensetzung des Parlamentes solle es allerdings in erster Linie auf die Stimme ankommen, die für die einzelnen Listen der Parteien abgegeben werden. Hier solle es auch nur noch eine einzige Stimme geben, so dass die Stimmberechtigten keinen Einfluss mehr auf die Reihenfolge der Liste hätten. Um die Handlungsfähigkeit des Parlamentes zu gewährleisten, müssten die Parteien die Möglichkeit haben, besonders qualifizierte oder auch junge und noch unbekannte Kandidaten durch einen vorderen Listenplatz abzusichern.[5]

In den folgenden Monaten wurde der Entwurf in der Bürgerschaft und ihren Ausschüssen kontrovers diskutiert. Die Mehrheit des Landesparlamentes betonte dabei immer wieder, dass es nur um eine vergleichsweise geringe Korrektur gehe. Diese sei aber auch durch die im Grundgesetz angelegte Stellung der Parteien gerechtfertigt.[6] Es stehe dem Parlament zu, ein vom Volk beschlossenes Gesetz aufzuheben oder zu ändern. Nach der Rechtsprechung des Verfassungsgerichtes sei es durch den Grundsatz der Organtreue lediglich geboten, dass sich das Parlament mit den Zielen und Lösungen der vorhandenen Volksgesetzgebung auseinandersetzen müsse und diese, soweit dies mit eigenen parlamentarischen Zielen und

dieser aufgestellte Liste zu stimmen.

1   Zuständig war eine Kommission unter Leitung des früheren CDU-Landesvorsitzenden Jürgen Echternach, der noch im Juni 2005 alle entsprechenden Reformvorhaben dementierte, obwohl die Kommission ihre Arbeit bereits im Oktober 2004 aufgenommen hatte. Dieser Umstand ist auch deshalb erwähnenswert, weil Jürgen Echternach maßgeblich dafür verantwortlich war, dass das Landesverfassungsgericht die Bürgerschaftswahlen 1991 im Jahre 1993 wegen massiver Verstöße gegen das Gebot der innerparteilichen Demokratie für unwirksam erklärte, vgl. NVwZ 1993, 1083 ff.
2   Vgl. „Aufstand der CDU-Basis", Hamburger Morgenpost, 24.10.2005. Diese Kritik könnte nicht zuletzt damit zusammen hängen, dass die Kommission, die Änderungsvorschläge ausarbeiten sollte, vom mittlerweile verstorbenen früheren CDU-Landesvorsitzenden Jürgen *Echternach* geleitet worden ist – dieser war zu Beginn der neunziger Jahre maßgeblich an Manipulationen der innerparteilichen Entscheidungsprozesse beteiligt gewesen, die im Jahr 1993 zur Annullierung der Bürgerschaftswahl durch das Landesverfassungsgericht geführt hatten.
3   BS-Drs. 18/4339.
4   Allerdings soll sich die Reihenfolge nur dann verändern, wenn ein Bewerber eine hinreichende Zahl von Einzelstimmen erhalten hat.
5   *Decker*, ZParl 2007, 118, 126, weist darauf hin, dass die CDU – und auch die anderen Parteien – in der Vergangenheit kaum jemals Quereinsteiger auf vorderen Listenplätzen abgesichert hatten.
6   Vgl. dazu den Bericht des Verfassungsausschusses BS-Drs. 18/4889, S. 9.

Grundsätzen vereinbar ist, auch inhaltlich zu berücksichtigen habe.[1] Dies sei im Rahmen des Gesetzgebungsverfahren geschehen. Die Stärkung der Listenwahl sei geboten, um die heterogene Zusammensetzung des Parlamentes zu gewährleisten.[2] Und schließlich gehe es darum, das Wahlrecht zu vereinfachen. Der Gesetzentwurf wurde am 13. Oktober 2006 von der Bürgerschaft mit den Stimmen der regierenden CDU angenommen.[3]

Wenn im Verfahren immer wieder betont wurde, dass es nur um eine vergleichsweise geringfügige Änderung gehe, die im Ergebnis nur weniger als die Hälfte der Sitze in der Bürgerschaft betreffe, so erweist sich dies bei näherer Betrachtung gelinde gesagt als Untertreibung. Entscheidende Bedeutung kommt zunächst dem geänderten § 4 III HambWahlG zu, nach dem die von den Parteien vorgegebene Reihenfolge der Wahlvorschläge in den Wahlkreisen nur dann aufgebrochen wird, wenn ein Kandidat mindestens so viele Stimmen erhält, dass 30 Prozent der „Wahlzahl" erreicht werden, also derjenigen Stimmenzahl, die ein Bewerber durchschnittlich benötigt, um ins Parlament einzuziehen. Berücksichtigt man nun, dass eine große Zahl der Wähler trotz der Möglichkeit des Kumulierens und Panaschierens ihre fünf Stimmen schlicht ohne Weiteres einem einzigen Vorschlag zuweisen werden, so wird jedoch deutlich, dass diese Hürde kaum jemals überwunden werden kann.[4] Zu beachten ist weiterhin § 4 IV HambWahlG, nach dem die Wahlkreislisten gegebenenfalls durch Bewerber von der Liste „aufgefüllt" werden. Rechnet eine Partei ohnehin nicht damit, mehr als 50 Sitze zu erreichen, könnte sie daher insgesamt darauf verzichten, Wahlkreisbewerber zu benennen. Schließlich entscheidet allein das Ergebnis der Listenwahl über die Zusammensetzung der Bürgerschaft. Und selbst wenn eine Partei mit mehr als 50 Sitzen rechnet, könnte sie sich darauf beschränken in den Wahlkreisen so vielen Kandidaten zu benennen, wie aus dem Wahlkreis voraussichtlich in das Parlament einziehen. Auch damit wäre den Wählern jeder Einfluss genommen. Verfassungsrechtlich fragwürdig erscheint schließlich auch die Klausel des § 5 IV HambWahlG, die nicht nur Überhang- und Ausgleichsmandate vorsieht, sondern gegebenenfalls auch eine Aufstockung der Zahl der Parlamentssitze, so dass auch bei knappen Mehrheitsverhältnissen stets diejenige Partei eine absolute Mehrheit der Mandate erhält, die auch eine absolute Mehrheit der für die Landeslisten abgegebenen Stimmen erhalten hat.

Anfang Dezember 2006 haben die Fraktion der SPD und des Bündnis 90/Die Grünen das Verfassungsgericht angerufen, um das von der Bürgerschaftsmehrheit beschlossene Gesetz im Wege eines Normenkontrollverfahrens überprüfen zu lassen. Gleichzeitig haben die Initiatoren des ursprünglichen Volksbegehrens ein entsprechendes Organstreitverfahren eingeleitet. Nachdem das Gericht schon früher zu dem Ergebnis gekommen ist, dass es dem Parlament grundsätzlich frei stehe, ein vom

---

1 So BS-Drs. 18/4889, S. 7.
2 So BS-Drs. 18/4889, S. 9.
3 Gesetz vom 19.10.2006, HambGVBl. S. 519.
4 In den Stellungnahmen der Initiatoren der ursprünglichen Wahlrechtsreform ist in diesem Zusammenhang von einer „Österreichischen Mauer" die Rede, da eine vergleichbare Regelung in Österreich den Effekt hatte, dass in keinem einzigen Fall ein Kandidat von den hinteren Plätzen aufrücken konnte. Der einzige Bewerber der bisher überhaupt das Quorum von 30 Prozent der Persönlichkeitsstimmen erreicht hat, war der frühere Bundeskanzler *Schüssel*, der jedoch ohnehin auf Platz 1 seiner Liste gesetzt war.

Volk beschlossenes Gesetz wieder aufzuheben,[1] war allerdings abzusehen, dass es auch hier keinen Verstoß gegen die Vorgaben der Verfassung erkennen würde.[2] Tatsächlich hat das Verfassungsgericht die neuerlichen Änderungen des Wahlgesetzes durch die Bürgerschaft am 25. April 2007 für zulässig erklärt:[3] Dem Grundsatz der Organtreue, der auch im Verhältnis zwischen dem Parlament und dem Volksgesetzgeber greife, sei bereits dadurch Genüge getan, dass sich das Parlament mit dem Volksentscheid inhaltlich sachlich auseinander gesetzt hat. Zwar sei die Regelung des § 4 III HambWahlG wegen eines Verstoßes gegen den Grundsatz der Normenklarheit verfassungswidrig– allerdings wäre auch die entsprechende Regelung im ursprünglich beim Volksentscheid beschlossenen Gesetz nichtig gewesen.[4] Der Antrag der Initiatoren des ursprünglichen Volksbegehrens wurde als unzulässig zurückgewiesen, da das Gesetzesinitiativrecht mit der Durchführung des Volksentscheides betätigt und umgesetzt worden sei.[5]

10. Die Volkspetition „Bildung ist Menschenrecht"

Die erste Volkspetition **„Bildung ist Menschenrecht"** wurde der Landtagspräsidentin am 18. November 2002 zusammen mit 51.720 Unterschriften übergeben. Anlass waren die umfangreichen Einsparmaßnahmen im Bildungsbereich und die Pläne für eine Novelle des Schulgesetzes. Nachdem 40.460 Unterschriften für gültig erklärt worden waren, über wies die Bürgerschaft die Petition am 5. Februar 2003 zur weiteren Beratung in den Schulausschuss.[6] Dieser befasst sich auf mehreren Sitzungen mit der Vorlage. Das Verfahren verzögerte sich zunächst, da der Ausschuss mit der Beratung der Schulgesetznovelle belastet war. Als Termin für die Anhörung der Petenten war zunächst der 17. Juni geplant. Da sich zu diesem Termin jedoch eine so große Zahl interessierter Zuhörer einfand, dass der Raum nicht ausreichte, wurde ein neuer Termin für den 30. Juni bestimmt, an dem Vertreter der Petenten angehört wurden.

Die abschließende Beratung fand am 21. Oktober 2003 statt. Insbesondere die SPD machte sich die Anliegen der Petenten zu eigen und forderte unter anderem einen Ausbau individueller Fördermöglichkeiten, die Erhaltung und den Ausbau von Ganztagsschulen mit einem pädagogisch hochwertigen Angebot, die Abkoppelung des neuen Lehrerarbeitszeitmodells von den Kürzungen im Bildungsbereich und die rasche Evaluierung der Umsetzung dieses Modells. Die CDU verwies darauf, dass der Bildungshaushalt ohnehin ausgeweitet werde. Auch sie setze sich für den Ausbau der Ganztagsschulen ein. Darüber hinaus wolle man vor allem die Schulen in freier Trägerschaft fördern. Das neue Arbeitszeitmodell bewähre sich gut. Es bestehe kein Bedarf für einen Beschluss der Bürgerschaft. Dementsprechend empfahl der Ausschuss dem Plenum nur, die Ergebnisse der Beratungen zur

---

1 *HambVfG*, DVBl. 2005, 439
2 Allerdings unterscheidet sich der Sachverhalt insofern von dem früheren Verfahren
3 Vgl. *HambVfG*, Urteile vom 25.4.2007, HVerfG 03/06 (= NordÖR 2007, 312) und 04/06 (= NordÖR 2007, 301).
4 *HambVfG*, NordÖR 2007, 301.
5 *HambVfG*, NordÖR 2007, 312.
6 Vgl. dazu BS-Drs. 17/2145 und 17/3682.

Kenntnis zu nehmen. Die Bürgerschaft kam dieser Empfehlung am 30. Dezember 2003 nach. Damit war die Petition erledigt.

11. Die Volksinitiative „Für eine kinder- und familiengerechte Kita-Reform"

Am 19. Dezember 2002 hat eine ebenfalls maßgeblich von der Gewerkschaft ver.di und der SPD getragene Initiative „**Für eine kinder- und familiengerechte Kita-Reform**" den Beginn der Unterschriftensammlung für eine weitere Volksinitiative angezeigt. Knapp zwei Monate später, am 12. Februar 2003 wurden 22.642 Unterschriften für einen Gesetzentwurf vorgelegt, der die die im Kinder- und Jugendhilfegesetz des Bundes geregelten Grundzüge für den Stadtstaat Hamburg konkretisieren sollte.[1] In dem Entwurf war unter anderem der Ausbau des Betreuungsangebotes für Kinder im Alter von 0 bis 14 Jahren vorgesehen. Daneben sollte der Erziehungs- und Bildungsauftrag der Kindertagesstätten konkreter gefasst und Maßnahmen zur Qualitätssicherung und -verbesserung ergriffen und der Einfluss der Eltern abgesichert werden. Da der Senat in dieser Zeit ein völlig anderes Modell durchzusetzen versuchte, wurde kein dem Anliegen der Initiatoren entsprechender Beschluss gefasst. Am 2. Juli 2003 haben die Vertreter daraufhin beim Senat die Durchführung eines Volksbegehrens beantragt, das vom 17. November bis zum 1. Dezember 2003 von insgesamt 166.995 Personen unterstützt wurde.[2]

In der Folgezeit machten sich SPD und GAL die Anliegen der Initiative zu eigen.[3] Die Regierungskoalition war jedoch wohl nicht zuletzt aufgrund der für den 29. Februar angesetzten Neuwahlen der Bürgerschaft nicht in der Lage, schnell zu reagieren. Daher zeichnete sich zunächst ab, dass zusammen mit der Europawahl am 13. Juni 2004 auch über den Gesetzentwurf des Volksbegehrens – und eine eventuelle Konkurrenzvorlage der Bürgerschaft – abgestimmt werden müsste. Nach der Neukonstituierung der Bürgerschaft und der Neuwahl des Senats gab dieser jedoch zu erkennen, dass er dem Anliegen der Initiatoren durchaus positiv gegenüber stehe und in Teilen sogar noch über die Forderungen hinaus gehen wolle. Daher sie es nicht sinnvoll, eine Konkurrenzvorlage zu formulieren. Vielmehr solle im Dialog mit den Vertretern der Volksinitiative ein gemeinsamer Entwurf erarbeitet werden, mit dem das Verfahren erledigt werden könne.[4] Schon wenige Tage später wurde der Entwurf für ein Kinderbetreuungsgesetz (KibeG) vorgelegt, der den Anliegen der Volksinitiative weit gehend Rechnung trug.[5] Das Gesetz wurde bereits einen Tag später beschlossen.[6] Damit hatte sich die Volksinitiative erledigt; die Initiatoren haben den Volksentscheid abgesagt.

---

1 Vgl. dazu BS-Drs. 17/2293 und 17/2457.
2 Vgl. BS-Drs. 17/3903.
3 Vgl. BS-Drs. 17/4132.
4 Vgl. BS-Drs. 18/80.
5 BS-Drs. 18/88.
6 KibeG vom 21.4.2004, GVBl. S. 211.

12. Die Volksinitiative „Unser Wasser Hamburg"

Am 7. Februar 2003 wurde dem Senat eine weitere Volksinitiative „**Unser Wasser Hamburg**" angezeigt, die sich ebenfalls gegen die Privatisierung öffentlicher Einrichtungen richtete. Der Initiative, die vor allem von Naturschutzverbänden und der globalisierungskritischen Organisation „attac" getragen wurde lag kein Gesetzentwurf, sondern eine Frage zugrunde. „Sind Sie dafür, dass Hamburgs öffentliche Wasserversorgung weiterhin vollständig Eigentum und unter uneingeschränkter Verfügung der Freien und Hansestadt Hamburg bleibt?"
Am 22. Juli 2003 wurden dem Senat 21.732 Unterschriften übergeben.[1] An sich hätte die Bürgerschaft damit bis zum 16. Dezember 2003 entscheiden müssen, ob und wie sie dem Anliegen der Initiative Rechnung tragen will. Die Arbeit der Bürgerschaft wurde im Herbst des Jahres allerdings vor allem von dem Streit zwischen Bürgermeister Ole von Beust und dem früheren Innensenator Roland Schill geprägt. Es zeichnete sich ab, dass es in absehbarer Zeit zu Neuwahlen kommen würde. Daher beantragten die Initiatoren am 23. November 2003 die Frist für die Entscheidung über den Übergang zum Volksbegehren gemäß § 6 V 1 HambVAbstG um drei Monate zu verlängern.[2] Die Bürgerschaft kam diesem Antrag nach.
Nach den Neuwahlen zur Bürgerschaft am 29. Februar 2003 wurde deutlich, dass auch der neue Senat an den Plänen fest hielt, den Haushalt der Stadt durch die Teilprivatisierung öffentlicher Einrichtungen zu finanzieren. Die Initiatoren beantragten daher am 12. April 2004 die Durchführung eines Volksbegehrens. Die Unterschriftensammlung fand vom 23. August bis zum 5. September 2004 statt. Die Initiatoren legten dem Landeswahlleiter daraufhin etwa 143.000 Unterschriften zur Prüfung vor.[3]
Am 24. November 2004 beschloss die Bürgerschaft einstimmig, dass Hamburgs öffentliche Wasserversorgung weiterhin vollständig Eigentum und unter uneingeschränkter Verfügung der Freien Hansestadt Hamburg bleiben soll. Dem Anliegen der Initiatoren wurde damit vollständig Rechnung getragen.

13. Die Volksinitiative „Bildung ist keine Ware"

Eine weitere Volksinitiative „**Bildung ist keine Ware**" wurde dem Senat am 22. Mai 2003 angezeigt. Diese Initiative, die vor allem von Teilorganisationen des Deutschen Gewerkschaftsbundes getragen wurde, richtete sich gegen die Pläne des Senats, die beruflichen Schulen im Stadtstaat in eine eigenständige öffentlich-rechtliche Stiftung zu überführen, die unter der gemeinsamen Leitung eines Kaufmanns und eines Pädagogen „bedarfsgerecht" ausbilden sollte. Der Wirtschaft (vertreten durch die Kammern) sollte dabei ein maßgeblicher Einfluss eingeräumt werden.[4]

1   Vgl. dazu BS-Drs. 17/3155.
2   BS-Drs. 17/3731.
3   Vgl. die Pressemitteilung des Landeswahlleiters vom 7.9.2004. Der Senat teilte der Bürgerschaft am 12.10.2004 mit, dass genügend Unterschriften für das Volksbegehren zusammen gekommen seien. Die genaue Zahl gültiger Unterschriften wurde nicht ermittelt, vgl. BS-Drs. 18/1026.
4   Die Pläne wurden immer wieder überarbeitet. Nach dem Modell, das Bildungssenator Lange zusammen

Bis zum 20. November 2003 kamen 23.069 Unterschriften zusammen.[1] Nachdem auch der neue Senat grundsätzlich an den Plänen für die Errichtung der „Stiftung Berufliche Schulen" fest hielt, beantragten die Initiatoren ebenfalls am 12. April 2004 die Durchführung eines Volksbegehrens, das gemeinsam mit der Unterschriftensammlung gegen die Privatisierung der Wasserversorgungsbetriebe vom 23. August bis zum 5. September 2004 statt fand. Dem Landeswahlleiter wurden nach Abschluss der Sammlung 120.985 Unterschriften zur Prüfung vorgelegt.[2] Das Quorum für das Volksbegehren war damit deutlich überschritten.[3]

Da der Senat seine Privatisierungspläne bis zu diesem Zeitpunkt noch nicht in einem Gesetzentwurf konkretisiert hatte,[4] wurde in den folgenden Wochen eine heftige Diskussion über die Frage geführt, ob und wie dem Anliegen des Volksbegehrens Rechnung getragen werden könne. Auf der einen Seite wollten SPD und GAL den Senat dazu auffordern, seine Pläne aufzugeben und eine Analyse der Stärken und Schwächen der dualen Ausbildung und der schulischen Angebote der beruflichen Bildung durchzuführen. Auf dieser Grundlage sollten dann gemeinsam mit den Schulen, den Kammern, Innungen und Wirtschaftsverbänden, den Gewerkschaften und anderen wichtigen gesellschaftlichen Experten Qualitätskriterien zur Entwicklung der Beruflichen Schulen entwickelt und der Reformprozess vorangetrieben werden.[5] Auf der anderen Seite stand die CDU, die zwar ebenfalls ausschließen wollte, dass die Beruflichen Schulen auf eine Stiftung oder einen anderen Träger übertragen oder gar privatisiert werden sollten. Das gleichzeitig vorgestellte Konzept für die Reform der Beruflichen Schulen sah jedoch eine grundlegende Organisationsreform vor, nach der dem künftigen „Landesinstitut für Berufsbildung" eine Schlüsselfunktion zukommen soll. Im Kuratorium dieses Institutes sollten die Vertreter der Wirtschaft unter anderem in den Angelegenheiten des Dualen Systems der Berufsausbildung, bei der Verteilung der dem Institut im Rahmen eines Globalhaushaltes zur Verfügung gestellten Mittel auf die einzelnen Schulen und bei der Bestellung der Schulleiter gleichberechtigt mitwirken

mit dem Präses der Handelskammer, dem Präsidenten der Handwerkskammer und dem Geschäftsführer des Unternehmensverbandes Nord im Juli 2003 vorgestellt hat (vgl. Pressemitteilung vom 18.7.2003) sollte die Stiftung alle derzeitigen Schulformen und Bildungsgänge anbieten, Dienstherreneigenschaft und ein Globalbudget erhalten. Die Steuerung soll über die eine Ziel- und Leistungsvereinbarung (also nicht durch die herkömmliche Aufsicht) erfolgen. Dem Kuratorium als Aufsichtsgremium sollten 10 Wirtschaftsvertreter und 10 Vertreter des Staates angehören. Mehrere Berufsschulen sollten dabei jeweils zu branchenorientierten Zentren zusammen gefasst werden, die unter Leitung eines Lenkungsausschusses aus Betriebs-, Lehrer-, Schüler-, Elternvertretern sowie Arbeitnehmervertretern und Vertretern des nicht pädagogischen Personals stehen sollen.

Ende Oktober 2003 bekräftigte der Senat nochmals seinen Willen, das Konzept zum Beginn des Schuljahres 2004/2005 umsetzen zu wollen. In einer Pressemitteilung vom 30.10.2003 wurde die Beschlussfassung in der Bürgerschaft für die erste Jahreshälfte 2004 angekündigt. Allerdings ist noch kein entsprechender Gesetzentwurf eingereicht worden.

1 Vgl. dazu BS-Drs. 17/3779 und 17/4064.
2 Vgl. dazu die Pressemitteilung des Landeswahlleiters vom 7.9.2004.
3 Am. 12. Oktober 2004 teilte der Senat der Bürgerschaft mit, dass das Quorum erreicht worden sei. Die genaue Zahl gültiger Unterschriften wurde jedoch nicht ermittelt, vgl. BS-Drs. 18/1026.
4 Das Vorhaben war in den turbulenten Monaten nach dem Scheitern der Koalition aus CDU, FDP und Schill-Partei und den anschließenden Neuwahlen am 29. Februar 2004 zunächst „auf Eis" gelegt worden.
5 BS-Drs. 18/1210.

können. Zugleich wurde das Plenum aufgefordert, das Volksbegehren für erledigt zu erklären, da dem Anliegen der Initiatoren durch den ausdrücklichen Ausschluss einer Privatisierung Rechnung getragen worden sei.[1]

Erwartungsgemäß stimmte die Bürgerschaft der Vorlage der CDU-Fraktion am 24. November 2004 zu.[2] Die Vertreter der Antragsteller wollten dies nicht hinnehmen, da ihrem Anliegen allenfalls formal entsprochen worden sei. Sie beantragten daher am 22. Dezember 2004 beim Verfassungsgericht die Feststellung, dass ihrem Anliegen durch den Beschluss der Bürgerschaft vom 24. November nicht Rechnung getragen worden sei.

Das Verfassungsgericht hat den Antrag am 30. November 2005 zurück gewiesen.[3] Zwar ist die Überführung der Berufsschulen in eine Stiftung mittlerweile vom Tisch. Allerdings hat die Bürgerschaft im Rahmen einer umfassenden Reform des Schulgesetzes für die Berufsschulen, die Berufsvorbereitungsschulen und die vollqualifizierenden sozialpädagogischen Bildungsgänge die neue Institution des „Schulvorstandes" geschaffen, in dem vier der zwölf Mitglieder von der Wirtschaft, also von den Ausbildungsbetrieben, entsandt werden, vier weitere Mitglieder von der Schule und vier von Eltern, Schülern und den an der Schule vertretenen Gewerkschaften. Die Schulvorstände entscheiden über die grundlegenden Ziele und wirtschaftlichen Angelegenheiten, die für die Schule mittel-und langfristig von erheblicher pädagogischer, organisatorischer und finanzieller Bedeutung sind. Bei den besonders wichtigen Entscheidungen sind allerdings nur die Vertreter der Schule und der Wirtschaft stimmberechtigt,[4] wobei für die Annahme eines Antrags in beiden Gruppen eine Mehrheit erreicht werden muss.[5] Im Ergebnis läuft dies auf eine gleichberechtigte Einbeziehung der Wirtschaft hinaus.

14. Die Volkspetition „Rettet den Offenen Kanal"

Die zweite Volkspetition „**Rettet den Offenen Kanal**" wurde der Präsidentin der Bürgerschaft am 3. Juni 2003 übergeben. Anliegen der Petenten war der Erhalt des „Offenen Kanals", der es allen Bürgerinnen und Bürgern ermögliche, in eigener Verantwortung Radio- und Fernsehsendungen zu produzieren. Die Antragsteller sahen die Existenz dieses Angebotes durch die Pläne der Regierungskoalition zur Änderung des Hamburgischen Mediengesetzes bedroht. Tatsächlich wurde der bisherige Offene Kanal durch das Hambur-

---

1 Vgl. BS-Drs. 1282.

2 Zuvor waren von Seiten der Opposition verfassungsrechtliche Bedenken geäußert worden, da sich ein so weitgehender Einfluss der Wirtschaft weder mit dem Grundsatz der staatlichen Schulaufsicht noch mit dem Demokratieprinzip vereinbaren lasse, vgl. dazu auch den Antrag von SPD und GAL vom 19.1.2005, BS-Drs. 18/1603.

3 Az. HVerf 16/04. Das Gericht stellte dabei maßgeblich darauf ab, dass es den Initiatoren vor allem darum ging, eine Verlagerung der Schulträgerschaft zu verhindern. Für die Bürger als Adressaten der Initiative sei nicht erkennbar gewesen, dass man sich darüber hinaus auch gegen eine Beteiligung von Vertretern der Wirtschaft und der Gewerkschaften wenden wollte. Zumindest habe der entsprechende Satz 1 des Antrags von den Adressaten nicht in diesem weiter reichenden Sinne verstanden werden müssen. Durch die Abkehr vom Modell der Stiftung sei dem Hauptanliegen der Antragsteller aber Rechnung getragen worden.

4 Vgl. § 77 HambSchG.

5 Vgl. § 78 II HambSchG.

gische Mediengesetz vom 2. Juli 2003 abgeschafft und durch einen neuen „Bürger- und Ausbildungskanal" ersetzt,[1] der von der neu gegründeten Hamburg Media School (HMS) getragen werden soll, seinen (Hörfunk-)Sendebetrieb aber erst Ende November 2003 aufgenommen hat.[2]

Von den insgesamt eingereichten 17.306 Unterschriften wurden 13.713 für gültig erklärt.[3] Die Bürgerschaft überwies die Petition daraufhin zur weiteren Beratung in den Wirtschaftsausschuss, der die Vertreter der Petenten am 6. November 2003 anhörte und am 27. November erneut über die Petition beriet. Dabei wurde deutlich, dass der Konflikt im Grunde darauf beruhte, dass das Mediengesetz keinen Anspruch auf Zugang zu dem Bürger- und Ausbildungskanal statuierte und keinen Senderat für diesen Kanal vorsah. Daher waren diejenigen, die bisher im Rahmen des Offenen Kanals tätig waren und nun Programme für den Bürger- und Ausbildungskanal produzieren wollten, vom „guten Willen" der HMS abhängig. Da die Ausschussmehrheit davon ausging, dass dieser gute Wille vorhanden war und sich die Probleme in absehbarer Zeit von selbst lösen würden, lehnte sie einen Vorschlag der SPD-Abgeordneten ab, der dem Anliegen der Petenten weit entgegen kam.[4] Statt dessen empfahl die Ausschussmehrheit der Bürgerschaft nur die Kenntnisnahme ihres Berichts. Damit war die Volkspetition erledigt.

15. Die Volksinitiative „Rettet den Rosengarten"

Im Jahre 2003 wurde noch eine weitere Volksinitiative „**Rettet den Rosengarten**" eingereicht. Anlass waren die Pläne des Senats, den Rosengarten im Park „Planten un Blomen" mit einer 8.500 m² großen Halle des Congress-Centrums Hamburg (CCH) zu überbauen. Zwar sollte an anderer Stelle ein neuer Rosengarten angelegt werden. Die Initiatoren[5] sahen die Pläne des Senats aber als Anfang vom Ende der öffentlichen Grünanlage „Planten un Blomen" und fürchteten um den Bestand der alten Bäume und der historischen Gewächshäuser. Zudem sei ein Ausbau des CCH auch ohne den Eingriff möglich.

Nachdem der Beginn der Unterschriftensammlung am 13. August 2003 angezeigt worden war, legten die Initiatoren dem Senat am 24. Oktober insgesamt 28.236 Unterschriften vor.[6] Am 30. Dezember 2003 forderte eine „kleine Koalition" aus GAL, SPD und der „Schill-Partei" den Senat dazu auf, den Rosengarten nicht für die Erweiterung des CCH zu überbauen und die Erweiterung des CCH so zu planen, dass sie ohne gravierende Eingriffe

---

1 GVBl. S. 209.
2 Vgl. dazu BS-Drs. 17/4245.
3 Vgl. dazu BS-Drs. 17/3130.
4 Danach sollte zum einen der Senat ersucht werden, auf die HMS so einzuwirken, dass der Fernseh-Sendebetrieb zum 1. April 2004 aufgenommen werden könne. Zum anderen solle in Abstimmung mit der HMS sichergestellt werden, dass interessierte Bürger freien Zugang zur Mitgestaltung des Programms bekommen und ein Senderat eingerichtet wird. Und schließlich solle der Senat diejenigen Jugendprojekte, die bisher im Rahmen des Offenen Kanals finanziell unterstützt worden waren, auch in Zukunft in gleichem Umfang fördern.
5 Getragen wurde die Initiative in erster Linie von Naturschutzorganisationen, der GAL und der SPD.
6 Vgl. dazu BS-Drs. 17/3610.

in Planten un Blomen auskomme.[1] Damit hatte sich das Anliegen der Volksinitiative erledigt.

Nach den Neuwahlen am 29. Februar 2004 schien der Senat zunächst nicht dazu bereit zu sein, dieser Aufforderung Folge zu leisten. Er berief sich dabei auf die Forderungen des CCH, die Halle in unmittelbarer Nähe des Festsaales errichten zu können.[2] Die Initiatoren der Volksinitiative kündigten daraufhin an, die Umsetzung der Pläne gegebenenfalls durch einen Volksentscheid verhindern zu wollen.[3] Es wurde aber kein entsprechender Antrag eingereicht, da der Senat letzten Endes seine Pläne modifizierte und nunmehr eine unterirdische Erweiterung des CCH vorsieht, bei der „Planten un Blomen" in seiner jetzigen Form erhalten bleiben kann. Das Volksbegehren wurde daraufhin abgesagt. Allerdings kündigten die Initiatoren an, die Bauarbeiten kritisch begleiten zu wollen.

16. Die Volksinitiative „Volxuni – Rettet die Bildung"

Die letzte Initiative des Jahres 2003 wurde am 1. Oktober 2003 angezeigt. Auf Anregung des AStA der Universität Hochschule für Wirtschaft und Politik (HWP) wurden Unterschriften für die Initiative „**Volxuni – Rettet die Bildung**" gesammelt. Primäres Ziel war es, die Selbständigkeit dieser Hochschule zu erhalten. Darüber hinaus wurde in dem Antrag eine Reform des Hamburgischen Hochschulgesetzes sowie die Änderung anderer Rechtsvorschriften gefordert, um unter anderem Studiengebühren und Zwangsexmatrikulationen zu verhindern, den nachfrageorientierten Ausbau des Studienplatzangebotes und die gleichberechtigte Besetzung der Hochschulgremien zu gewährleisten. Bis zum 31. März kamen 14.922 Unterschriften zusammen.[4]

Noch bevor sich das Abgeordnetenhaus mit dem Antrag befasst hatte, legte der Senat die Initiative am 26. August 2004 dem Wissenschaftssenator vor: Zur Begründung wurde zum einen darauf abgestellt, dass es sich bei Studiengebühren um Abgaben handele, die als Gegenstand des Verfahrens ausscheiden. Zum anderen handele es sich bei dem von den Antragstellern geforderte nachfrageorientierte Ausbau des Angebotes an Studienplätzen wegen der damit verbundenen erheblichen finanziellen Auswirkungen um eine „Haushaltsangelegenheit".

Am 26. April 2005 hat sich das Hamburgische Verfassungsgericht dieser Auffassung weitgehend angeschlossen.[5] Diese Entscheidung verdient insofern Zustimmung, als es sich bei den Studiengebühren in der Tat um Abgaben handelt, insbesondere geht es hier nicht um die Steuerung des Studierverhaltens[6] sondern darum, den Hochschulen zusätzliche Einnahmen zuzuführen. Wie bereits deutlich wurde, kann zwar die These des Gerichtes, dass der Begriff der Haushaltsangelegenheiten weit zu verstehen sei, nicht überzeugen.

---

1 Vgl. BS-Drs. 17/3950 und das Sten.Prot. der BS-Sitzung vom 30.12.2003, S. 3097.
2 Vgl. BS-Drs. 18/85.
3 Vgl. „Rosengarten. Initiative erwägt Volksentscheid", Hamburger Abendblatt, 12.3.2004.
4 Vgl. dazu BS-Drs. 18/72.
5 Vgl. das Urteil vom 26.4.2005, Az.: VerfGH 5/04.
6 Anders wäre die Lage zu beurteilen, wenn die Gebühren von der Aufnahme eines Studiums abschrecken sollen.

Vielmehr muss auch Art. 50 I 2 HambV restriktiv ausgelegt werden.[1] Im Ergebnis kommt es hierauf allerdings nicht an, da der von den Antragstellern geforderte nachfrageorientierte Ausbau der Hochschulen angesichts des Bewerberüberhangs den Etat der Hansestadt gesprengt hätte.

Im Übrigen wurde die Volksinitiative für zulässig erklärt. Obwohl die Bürgerschaft noch vor der Entscheidung des Verfassungsgerichtes in Bezug auf die Hauptforderung der Initiatoren vollendete Tatsachen geschaffen hat, da die Hochschule für Wissenschaft und Politik mit Wirkung zum 1. April 2005 in die Universität Hamburg eingegliedert wurde,[2] hatte sich das weitere Verfahren zwar nicht vollständig erledigt. Schließlich wäre es zumindest theoretisch denkbar gewesen, dass diese Entscheidung wieder zurück genommen wird. Auch die übrigen Forderungen der Initiatoren in Bezug auf die Besetzung der Hochschulgremien und die Aufgabendefinition der Studierendenvertretungen hingen nicht vom Fortbestand der HWP ab. Dennoch wurde das Verfahren in der Folgezeit nicht zuletzt deshalb mehr weiter betrieben, weil den Initiatoren durch die Änderung des HambVAbstG die Möglichkeit zur freien Unterschriftensammlung genommen worden war.[3] so dass den Initiatoren insbesondere die Möglichkeit der freien Unterschriftensammlung genommen wurde, ist das Verfahren allerdings endgültig nicht mehr weiter betrieben worden.

17. Die Volkspetition „Kopflos sparen gefährdet die innere Sicherheit"

Zu einer weiteren Volkspetition kam es im Laufe des Jahres 2004. Ebenso wie in vielen anderen Ländern wurden in Hamburg im Jahr 2004 drastische Sparmaßnahmen beschlossen. So wurde den Beamten unter anderem das Urlaubsgeld gestrichen und das Weihnachtsgeld drastisch gekürzt sowie die Wochenarbeitszeit auf 40 Stunden erhöht. Zudem ist vorgesehen, dass sich die Beamten mit einer Eigenbeteiligung von 1,4 % an den Kosten für die Heilfürsorge beteiligen. Und schließlich sollen 151 Stellen bei der Polizei wegfallen. Die Landesverbände der drei Polizeigewerkschaften[4] (GdP, DPolG und BDK) und die für die Feuerwehr zuständigen Gewerkschaften ver.di und komba begannen daraufhin mit der Sammlung von Unterschriften für eine Volkspetition „**Kopflos sparen gefährdet die innere Sicherheit**", mit der der Senat und die Bürgerschaft aufgefordert wurde, die Sparmaßnahmen zurück zu nehmen.

Bis zum 5. Oktober 2004 kamen etwa 20.000 Unterschriften zusammen, die der Vizepräsidentin der Bürgerschaft überreicht wurden. Nachdem die Unterschriften geprüft und die Zulässigkeit der Petition festgestellt worden war,[5] wurden die Vertreter der Petition am 18. November 2004 im Innenausschuss angehört. Die SPD und GAL machten sich dort das

---

1 Vgl. dazu oben S. 804 f.
2 Vgl. HambGVBl. 2005, S. 28.
3 Im Rahmen des Verfahrens vor dem Verfassungsgericht ging es daher am Ende nur noch um die Frage, ob die Initiatoren nach der Erledigung der Hauptsache dazu verpflichtet sind, die Kosten des Verfahrens zu tragen; vgl. dazu das Urteil des *HambVfG* vom 7.8.2005, Az.: VerfGH 3/05.
4 Gewerkschaft der Polizei (GdP), Deutsche Polizeigewerkschaft (DPolG), Bund Deutscher Kriminalbeamter (BDK).
5 17.776 Unterschriften wurden für gültig erklärt. Vgl. dazu auch „Hamburg. Polizeigewerkschaften machen mobil", ZfDSD, Heft 372004, S. 30.

Anliegen der Petenten größtenteils zu eigen. Da mit Bruno Claußen auch ein Abgeordneter der CDU, der selbst Polizist und Mitglied einer der Gewerkschaften ist, die das Verfahren initiiert hatten, dem SPD-Antrag zustimmte, forderte die Mehrheit des Ausschusses die Rücknahme der Sparmaßnahmen.

In der Folgezeit nahm der Senat seine Pläne zur Verlängerung der Lebensarbeitszeit zurück. Dies wurde vom Ausschuss begrüßt, der dem Plenum am 24. November 2004 allerdings außerdem empfahl, sich gegen die Stellenstreichungen im Polizeivollzugsdienst und gegen die Beteiligung der Beschäftigten an den Kosten der Heilfürsorge auszusprechen.[1] Am 13. Dezember 2004 lehnte die Bürgerschaft diese Empfehlung jedoch mehrheitlich ab.[2]

18. Die Volksinitiativen „Rettet den Volksentscheid" und „Stärkt den Volksentscheid"

In Reaktion auf die Pläne des Senates und der CDU-Fraktion, die Zulässigkeitsvoraussetzungen für die direktdemokratischen Verfahren neu zu definieren,[3] bildete sich im Herbst 2004 ein Aktionsbündnis **„Rettet den Volksentscheid"** unter Führung des Landesverbandes von „Mehr Demokratie e.V.".[4] Am 3. Dezember 2004 einigte man sich auf einen Gesetzentwurf, der unter anderem eine Erleichterung der Briefabstimmung, die Straßensammlung von Unterschriften für das Volksbegehren, die Verlängerung der Eintragungsfrist von zwei auf drei Wochen und einen Anspruch auf Rechtsberatung durch die Stadt vorsah. Darüber hinaus sollten die bisherigen gesetzlichen Regelung so umgestaltet werden, dass es auch in Zukunft möglich wäre, die Abstimmung zusammen mit einer allgemeinen Wahl durchzuführen. Im Grunde soll durch diese Initiative die Schaffung vollendeter Tatsachen verhindert und erreicht werden, dass die Bürger gegebenenfalls zwischen dem Entwurf der CDU-Fraktion und dem Vorschlag des Aktionsbündnisses abzustimmen haben.

Mit der Unterschriftensammlung für eine entsprechende Volksinitiative wurde am 10. Dezember 2004 begonnen. Nur wenige Tage später verkündete das Hamburgische Verfassungsgericht seine Entscheidung im Verfahren über die Bindungswirkung des Volksentscheids gegen die Privatisierung der Krankhäuser. Da das Gericht am 15. Dezember 2004[5] feststellte, dass dem Ergebnis eines Volksentscheides gegebenenfalls keine höhere Bindungswirkung zukommt, formulierten die Initiatoren des Verfahrens zur Rettung des Volksentscheides einen zweiten Antrag, der auf eine Änderung der Verfassung abzielte und unter der Überschrift **„Stärkt den Volksentscheid"** stand. Mit diesem Antrag sollte zum einen der Finanzvorbehalt des Art. 50 I HambV restriktiver formuliert werden.[6] Weiterhin

---

[1] Vgl. BS-Drs. 18/1290, wo auch die Rücknahme der Stellenstreichungen und der Einschränkungen bei der Heilfürsorge

[2] Vgl. das Sten. Prot. der Sitzung vom 13.12.2004, S. 886 C.

[3] Vgl. dazu oben S. 799

[4] Dem Bündnis gehörten neben Vertretern der laufenden Volksinitiativen auch die Oppositionsparteien SPD und GAL, der DGB und einige seiner Einzelgewerkschaften sowie der Mieterverein zu Hamburg an.

[5] Vgl. dazu oben S. 826 f.

[6] Interessanterweise soll ausdrücklich festgeschrieben werden, dass Bundesratsinitiativen nicht als Gegenstand eines Volksentscheids in Betracht kommen.

sollen die Initiatoren ihre Vorlage noch bis zum Volksentscheid abändern können, um auf diese Weise neueren Entwicklungen Rechnung zu tragen. Das Beteiligungsquorum für Volksentscheide über einfache Gesetze oder sonstige Vorlagen soll auf 17,5 Prozent der Stimmberechtigten, das entsprechende Quorum für Verfassungsänderungen auf 35 Prozent abgesenkt werden.[1] In Art. 50 Abs. 4 der Verfassung soll schließlich eine Regelung aufgenommen werden, nach der das Inkrafttreten eines Parlamentsgesetzes, mit dem ein durch Volksentscheid angenommenes Gesetz aufgehoben oder geändert werden soll, für drei Monate suspendiert würde. Wenn sich innerhalb dieser Frist zweieinhalb Prozent der Stimmberechtigten dafür aussprechen, müsste das Gesetz einem Referendum unterzogen werden. Damit soll sicher gestellt werden, dass die Bürgerschaft und der Senat die Ergebnisse eines Volksentscheides nach Möglichkeit respektieren.[2]

Die Unterschriftensammlung für diesen Antrag begann am 11. Januar 2005. Am 1. März reichten die Initiatoren 16.349 Unterschriften ein. Insgesamt 19.404 Unterzeichner hatten den ersten Antrag zum Erhalt der Volksgesetzgebung unterstützt. Damit war für beide Anträge das Quorum von 10.000 Unterschriften deutlich überschritten worden. Am 26. April 2005 stellte der Senat fest, dass beide Initiativen zustande gekommen sind.[3] Bereits einen Tag später beschloss die Bürgerschaft jedoch das bereits mehrfach erwähnte Gesetz zur Änderung des HambVAbstG.[4]

Die neuen Regelungen waren auch auf die bereits laufenden Verfahren anwendbar. Da die Antragsteller bei der Volksinitiative und dem Volksbegehren höhere Hürden überwinden mussten, wandten sich an das Landesverfassungsgericht. Dieses sah sich aufgrund der komplexen Rechtslage nicht dazu in der Lage, rasch zu einer Entscheidung zu kommen. Auf Anregung des Gerichts einigten sich die beiden Seiten, die bereits laufenden Verfahren bis zur endgültigen Entscheidung des Gerichtes ruhen zu lassen.

Das Gericht brauchte mehr als ein Jahr für seine Entscheidung. Wie diese ausfallen würde, zeichnete sich allerdings bereits am 31. März 2006 ab. An diesem Tat kam das Gericht im Rahmen eines von den Mitgliedern der SPD-Fraktion der Bürgerschaft angestrengten Normenkontrollverfahrens,[5] zu dem Ergebnis, dass es für die Schutzwürdigkeit des Vertrauens auf den Fortbestand der bisherigen Regelungen des Volksabstimmungsgesetzes darauf ankomme, ob die beabsichtigte Änderung bereits bei der Einleitung des Verfahrens erkennbar war. Die Initiatoren der Volksinitiative „Volx-Uni" durften daher auf den Fortbestand der früheren Regelungen vertrauen. Für die Initiatoren der beiden Initiativen zur Rettung bzw. Stärkung des Volksentscheides stelle sich die Lage jedoch anders dar. Es komme dabei nicht darauf an, dass diese Initiativen bereits vor dem In-Kraft-Treten der Neuregelung zustandegekommen waren.[6] Zwar versuchten die Initiatoren in den folgenden Monaten, das Gericht zu einer Änderung seiner Rechtsprechung zu bewegen. In seiner

---

1   Außerdem soll die Möglichkeit der freien Unterschriftensammlung und die Zusammenlegung der Abstimmung mit allgemeinen Wahlen in der Verfassung festgeschrieben werden.
2   Eine vergleichbare Regelung wäre in Art. 50 IVa für den Fall vorgesehen, dass dem Volksentscheid kein Gesetzentwurf sondern eine andere Vorlage zugrunde gelegen hatte.
3   Vgl. BS-Drs. 18/2158.
4   Gesetz vom 4.5.2005, HambGVBl. S. 195; vgl. dazu oben S. 800.
5   Vgl. dazu oben S. 817.
6   Vgl. die Entscheidung des *HambVfG*, DÖV 2006, 1001.

Entscheidung über den Antrag im von den Vertrauenspersonen der Initiative eingereichten Organstreitverfahren verwies das Gericht am 7. August 2006 jedoch lediglich auf die Bindungswirkung der früheren Entscheidung und erklärte den Antrag konsequenterweise für unzulässig.[1]

Am 29. September 2006 haben die Vertrauenspersonen der beiden Volksinitiativen die Durchführung entsprechender Volksbegehren – nach den neuen Regelungen – beantragt. Die Frist für die Eintragung wurde auf den Zeitraum vom 13. Februar bis zum 5. März 2007 festgelegt. Während der Eintragungsfrist kam es zu heftigen Auseinandersetzungen über die Öffnungszeiten der Eintragungsstellen. Wegen des großen Interesses wurden die Öffnungszeiten an den letzten drei Tagen der Eintragungsfrist über die üblichen Geschäftszeiten der Behörden hinaus erweitert – zu diesem Zeitpunkt stand allerdings bereits fest, dass beide Begehren das Quorum erreicht hatten. Heftig umstritten war auch der Umgang mit den Unterlagen für die Briefeintragung: Obwohl nach Angaben des Landeswahlamtes mehr als 50.000 Anträge gestellt worden waren, gingen bis zum Ablauf der ersten Woche nur etwa 3.000 Eintragungen ein. Insgesamt unterstützten jeweils etwa 100.000 Stimmberechtigte die beiden Begehren.[2]

Bereits in dieser Phase begann sich ein Streit über den Termin für den Volksentscheid abzuzeichnen: Nach den Vorgaben des HambVAbstG hätte die Abstimmung gemeinsam mit den Wahlen zur Bürgerschaft stattfinden müssen, wenn der Abstimmungstermin andernfalls in einem Zeitraum von drei Monaten vor oder einem Monat nach den Wahlen zur Bürgerschaft, dem Deutschen Bundestag oder dem Europäischen Parlament liegen würde. Ob die Abstimmung gemeinsam mit den Bürgerschaftswahlen stattfinden würde, hing daher zum einen von den Fristen nach dem HambVAbstG ab, zum anderen von der Entscheidung des Senates über den Termin für die Wahlen zur Bürgerschaft, die nach den Bestimmungen des Landeswahlgesetzes im Zeitraum vom 14. Januar bis zum 4. März 2008 stattfinden mussten.

Während die Initiatoren der Volksbegehren alles daran setzten,[3] die Feststellung des Ergebnisses bis mindestens zum 16. März hinauszuzögern,[4] legte der Senat eine bemerkenswerte Eile[5] an den Tag. Nur acht Tage nach dem Ende der Eintragungsfrist wurde am

1 Vgl. die Entscheidung des *HambVfG* vom 7.8.2006, Az.: HVerfG 3/05.

2 Nach Angaben des Landeswahlleiters lagen 99.882 Unterschriften für das Begehren „Hamburg stärkt den Volksentscheid" bzw. 100.062 Unterschriften für das Begehren „Hamburg rettet den Volksentscheid" vor, vgl. die Mitteilung des Senates an die Bürgerschaft BS-Drs. 18/5959.

3 Insbesondere wurde durch einen Antrag an das Landesverfassungsgericht versucht, eine Verlängerung der Rücksendefrist für die Briefeintragungen und die vollständige Auszählung der Unterschriften zu erzwingen.

4 In diesem Fall hätte die Bürgerschaft nicht nur drei sondern fünf Monate über die Vorlagen beraten müssen, da die Beratungsfrist in Zeitraum vom 15.6. bis zum 15.8. unterbrochen ist. Der Antrag auf Durchführung des Volksentscheides hätte dementsprechend frühestens am 16.8. gestellt werden können, so dass die Abstimmung selbst am 16.12. hätte stattfinden müssen – und damit definitiv innerhalb von drei Monaten vor den Bürgerschaftswahlen.

5 Zunächst war die Zählung abgebrochen worden, sobald das erforderliche Quorum erreicht worden war. Damit hätte das Ergebnis des Volksbegehrens im Grunde bereits vor Ende der Eintragungsfrist festgestellt werden können.
Um zu verhindern, dass das Verfahren durch eine Entscheidung des Landesverfassungsgerichtes verzögert wurde, entsprach der Senat den Forderungen der Initiatoren – verpflichtete aber die Mitarbeiter

13. März 2007 das Ergebnis der Volksbegehren festgestellt. Der Volksentscheid hätte damit frühestens am 13. Oktober stattfinden können. Selbst wenn die Initiatoren alle ihnen zur Verfügung stehenden Fristen ausgeschöpft hätten, war es ihnen nicht möglich gewesen den Termin für die Abstimmung bis zum 4. Dezember 2007 und damit so weit hinaus zu zögern, dass diese in jedem Fall innerhalb von drei Monaten vor den Bürgerschaftswahlen stattfinden müsste.

Nur wenige Tage nach dem Abschluss der beiden Volksbegehren kam es im Senat und der CDU-Fraktion der Bürgerschaft zu einem überraschenden Sinneswandel: Am 26. März 2007 gab der Regierende Bürgermeister Ole von Beust bekannt, dass man von der hohen Beteiligung beeindruckt und nun dazu bereit sei, das Volksbegehren „Rettet den Volksentscheid" vollständig zu übernehmen. Die Reformen des Jahres 2005 sollten also vollständig zurück genommen werden. Das Begehren „Stärkt den Volksentscheid" wurde hingegen umso heftiger zurückgewiesen: Durch die beantragte Verfassungsänderung und insbesondere durch die von den Initiatoren geforderte Sperrwirkung von Volksentscheiden werde das Verhältnis von repräsentativer und unmittelbarer Demokratie auf den Kopf gestellt. Den Bürgern dürfe auch nicht das Recht eingeräumt werden, haushaltswirksame Entscheidungen zu treffen.[1] Die beiden Vorlagen wurden zur weiteren Beratung in die Ausschüsse verwiesen. Am 6. Juni 2007 übernahm die Bürgerschaft den Antrag „Rettet den Volksentscheid"[2] und lehnte den Antrag „Stärkt den Volksentscheid" ab.[3]

Über die Motive des Senates und der Bürgerschaft kann an dieser Stelle nur spekuliert werden. Betrachtet man sich den Verlauf der Diskussion erscheint es allerdings durchaus wahrscheinlich, dass taktische Erwägungen eine Rolle gespielt haben: Angesichts der breiten Unterstützung beider Vorlagen im Rahmen des Volksbegehrens schien es durchaus wahrscheinlich, dass zumindest der Antrag zur „Rettung des Volksentscheides" bei einer Abstimmung erfolgreich sein würde. Tatsächlich hätten die Initiatoren im Vorfeld einer solchen Abstimmung damit werben können, dass der Senat und die Mehrheit der Bürgerschaft die unmittelbaren Mitwirkungsrechte der Bürger im Jahre 2005 beschnitten hatten. Dies hätte aber möglicherweise dazu beigetragen, einen größeren Anteil der Stimmberechtigten zu mobilisieren – und damit die Chance dafür erhöht, dass auch der zweite Antrag zur „Stärkung des

---

der Behörden zu Sonderschichten für die Stimmenauszählung, vgl. dazu „Zähes Ringen um Termin für Volksentscheid", Hamburger Abendblatt, 13.3.2007.

Da die Unterschriften bei früheren Volksbegehren frei gesammelt worden waren, so dass nach Einreichung der Listen erst noch eine Prüfung der Unterschriftsberechtigung erforderlich war, lässt sich allerdings nicht mit Sicherheit sagen, dass das Verfahren wesentlich schneller als in anderen Fällen abgewickelt wurde. Schließlich müssen die Behördenmitarbeiter auch bei Wahlen für die Auszählung Mehrarbeit leisten. Allerdings erscheint die Prämie von 50 Cent pro ausgezählter Stimme, die in einigen Medienberichten (vgl. „Trickst der Senat? – Initiatoren und Opposition kritisieren zu schnelles Auszählen und Geldprämie für Helferer", Hamburger Morgenpost, 12.3.2007, S. 12) erwähnt und vom Senat nicht dementiert wurde, doch recht großzügig.

1   Man muss fast annehmen, dass diese Haltung von taktischen Erwägungen geprägt wurde: Die Zustimmung zu der weniger weit reichenden Vorlage sollte dem zweiten Volksbegehren in gewisser Weise den Wind aus den Segeln nehmen. Belegbar ist diese Vermutung jedoch nicht.
2   Vgl. das Gesetz vom 12.6.2007, HambGVBl. S. 174.
3   Vgl. den Bericht des Verfassungsausschusses, BS-Drs. 18/6351.

Volksentscheides" das Quorum für eine plebiszitäre Verfassungsänderung erreichen würde. Indem die Bürgerschaftsmehrheit sich das erste Begehren zu eigen machte, nahm sie den Initiatoren in gewisser Weise den Wind aus den Segeln.

Bereits vor der abschließenden Beratung der beiden Entwürfe in der Bürgerschaft war deutlich geworden, dass der Senat an dem bereits zuvor inoffiziell bekannt gegebenen Datum für die Bürgerschaftswahlen festhalten und diese Wahlen für den 24. Februar 2008 festsetzen würde. Damit war endgültig klar, dass die Abstimmung über das zweite Volksbegehren nicht gemeinsam mit den Wahlen stattfinden würde. Vielmehr wurde die Abstimmung für den 14. Oktober 2007 angesetzt.

Die Bügerschaft verzichtete darauf, einen eigenen Entwurf mit zur Abstimmung zu stellen. Wie bereits ausgeführt wurde, scheiterte der Entwurf des Volksbegehrens am qualifizierten Abstimmungsquorum, da nicht einmal die Mehrheit der Stimmberechtigten an der Abstimmung teilgenommen hat.[1]

Die Initiatoren haben mittlerweile angekündigt, einen zweiten Anlauf zur Änderung der Verfassung unternehmen zu wollen: Wenn bis zum Februar 2008 genügend Unterschriften für eine Volksinitiative zusammen kommen, würde ein Volksentscheid gegebenenfalls im September 2009 stattfinden[2] – und damit gemeinsam mit den Bundestagswahlen.

Seit September 2007 gibt es Planungen für eine Volksinitiative für die Legalisierung der **Sterbehilfe**, die vor allem vom früheren Hambur Justizsenator Roger Kusch propagiert wird.[3]

Im Oktober 2007 wurde bekannt, dass eine Initiative mit der Sammlung von Unterschriften für die Einführung der „**Einheitsschule**" begonnen hat, in denen alle Kinder von der ersten Klasse an gemeinsam lernen. Anders als in einigen anderen Ländern soll auch das Gymnasium in diese Schule integriert werden.[4]

B. Zur Bewertung der Verfahrensregelungen

Nach den Reformen des Jahres 2001 gehörte Hamburg neben Bayern und noch vor Brandenburg und Schleswig-Holstein zu denjenigen Ländern, in denen die Hürden auf dem Weg zum Volksentscheid am niedrigsten sind. Dies spiegelt sich auch in der großen praktischen Bedeutung der Verfahren wider, die in keinem anderen Land so häufig genutzt werden wie in Hamburg.

Zunächst fällt ins Auge, dass der Verfassunggeber der kommunikativen Funktion der direktdemokratischen Verfahren und dem Funktionswandel der Landesparlamente Rechnung getragen und den Anwendungsbereich der Verfahren auch hier über die Gesetzgebung

---

1   Vgl. dazu oben S. 801
2   Bis zum März 2008 müsste festgestellt werden, dass die Volksinitiative zustande gekommen ist. Die Bürgerschaft hätte dann bis Mitte August 2008 Zeit, um über die Initiative zu entscheiden. Wenn sie sich den Antrag erwartungsgemäß nicht zu eigen macht, würde das Volksbegehren im Januar 2009 durchgeführt werden. Nach erneuter Beratung in der Bürgerschaft könnte im Mai 2009 ein Antrag auf Durchführung eines Volksentscheides gestellt werden, der dann vier Monate später stattfinden müsste.
3   Vgl. „Volksinitiative für Sterbehilfe gestartet", Die Welt 25.9.2007.
4   Vgl. „Hamburger können direkt über Einheitsschulen abstimmen", Die Welt, 30.10.2007.

hinaus ausgedehnt hat. Von großer Bedeutung sind auch die niedrigen Quoren, wobei zu berücksichtigen ist, dass es in einem Stadtstaat regelmäßig leichter ist, genügend Bürger zu mobilisieren, so dass die Zulässigkeitsvoraussetzungen für die Volkspetition, die Volksinitiative und das Volksbegehren, obwohl sie formal nur denjenigen in den Flächenstaaten Brandenburg und Schleswig-Holstein entsprechen mögen, tatsächlich niedriger sind, als in allen anderen Ländern. Nicht zuletzt wegen der niedrigen Quoren erscheint es auch unproblematisch, dass die relativ kurze Frist für die Unterstützung eines Volksbegehrens beibehalten wurde.[1] Wobei ohnehin festzuhalten ist, dass es für die Antragsteller durchaus von Vorteil sein kann, wenn sie die Unterschriften für das Volksbegehren nicht selbst sammeln müssen, sondern sich auf die Werbung für ihr Anliegen konzentrieren können.

Bemerkenswert ist es auch, dass man in Hamburg nicht nur darauf bedacht war, genügend Zeit für die öffentliche Diskussion zu lassen, sondern auch nach Mitteln und Wegen gesucht hat, wie die Ergebnisse dieser Diskussion selbst in einem fortgeschrittenen Stadium des Verfahrens noch berücksichtigt werden können. Allerdings ist der Gesetzgeber zu weit gegangen, wenn er nicht nur der Bürgerschaft weit gehende Möglichkeiten eingeräumt hat, den Antragstellern entgegen zu kommen, sondern auch den Vertretern der Initiatoren selbst das Recht zur Änderung der Vorlage zugestehen will, obwohl dies in der Verfassung nicht vorgesehen ist. Damit bekommen diese Vertreter, die ihrerseits nicht demokratisch legitimiert sind und auch nicht durch die Unterzeichner der Volksinitiative bzw. des Volksbegehrens kontrolliert werden können, eine allzu große Macht. Schließlich ist festzuhalten, dass die Rechtsschutzmöglichkeiten im Übrigen geradezu vorbildhaft erscheinen, da der Verfassunggeber durch eine Generalklausel sicher gestellt hat, dass Rechtsschutz immer dort gewährt werden kann, wo er erforderlich ist.

Dieser durchaus positive Eindruck wird indes etwas durch das immer noch sehr hohe qualifizierte Abstimmungsquorum überschattet. Angesichts der bisherigen Erfahrungen in anderen Ländern erscheint diese Hürde zumindest auf den ersten Blick kaum überwindbar zu sein – und zwar unabhängig davon, dass nach der jüngsten Verfassungsreform nicht mehr die Zustimmung durch ein Viertel sondern nur noch durch ein Fünftel der Stimmberechtigten voraus gesetzt wird. Allerdings wurde durch zahlreiche organisatorische Maßnahmen die Wahrscheinlichkeit dafür erhöht, dass das Quorum doch erreicht werden. Insofern kommt insbesondere dem Umstand Bedeutung zu, dass die Bürger auch in Hamburg nicht darauf beschränkt sind, nur einer von mehreren konkurrierenden Vorlagen zuzustimmen. Positiv hervorzuheben sind in diesem Zusammenhang weiterhin die Möglichkeit zur Briefabstimmung und die weitgehenden Informationspflichten. Im Hinblick auf die demokratische Legitimation der Entscheidungen erscheint es jedoch fragwürdig, wenn durch die Zusammenlegung von Abstimmungen und Wahlen versucht wurde, eine hinreichende Beteiligungsquote zu erreichen. Denn dadurch wird zum einen das Abstimmungsergebnis

---

[1] Wobei in Zukunft durch die Möglichkeit, parallel zum offiziellen Eintragungsverfahren frei Unterschriften zu sammeln, die Chancen für die Antragsteller nochmals vergrößert wurden. Dabei ist Hamburg durch die umfassenden Informationspflichten und vor allem durch die Möglichkeit der Briefeintragung noch insofern ohnehin schon sehr weit gegangen. Schließlich ist der überraschend deutliche Erfolg der Volksbegehren für „Mehr Demokratie in Hamburg" nicht zuletzt dem Umstand zu verdanken, dass die Information der Bürger durch die Behörden vor dem Beginn der Eintragungsfrist für ein Volksbegehren dem Aufwand für die Wahlvorbereitung entspricht.

verfälscht[1] und zum anderen wird entgegen dem Anliegen des Art. 50 V HambV der Wahlkampf durch den Abstimmungskampf überlagert – und umgekehrt.[2]

Diese Koppelung kann auf der anderen Seite durchaus dazu beitragen, dass den direktdemokratischen Verfahren eine Ventilfunktion zukommt, die dazu beiträgt, dass der Wahlkampf nicht von einem bestimmten Thema dominiert wird: So spricht einiges dafür, dass der Erfolg der CDU bei den Bürgerschaftswahlen im Jahre 2004 nicht zuletzt dadurch bedingt wurde, dass zeitgleich der auch von den Oppositionsparteien unterstützte Volksentscheid über die Privatisierung der Krankenhäuser statt fand: Auch wenn eine deutliche Mehrheit der Bürger dem Antrag des Volksbegehrens zustimmte, konnte die regierende CDU die absolute Mehrheit der Stimmen verbuchen.[3] Dies spricht – ebenso wie die bayerischen Erfahrungen[4] – gegen die These von einer destabilisierenden Wirkung der direktdemokratischen Verfahren.

Auch zwei andere Entscheidungen des hamburgischen Verfassunggebers erscheinen fragwürdig: Zum einen ist kein Grund für die Einführung der Sperrfrist des Art. 50 IV HambV erkennbar, da es schlicht nicht nachvollziehbar erscheint, wieso das Volk über einen relativ langen Zeitraum an seine Entscheidungen gebunden und daran gehindert sein soll, diese im Verfahren nach Art. 50 HambV zu korrigieren – während die Bürgerschaft es jederzeit in der Hand hat, das Ergebnis eines Volksentscheids durch eine entgegenstehende Entscheidung wieder aufzuheben, und von dieser Möglichkeit auch freimütig Gebrauch macht.

Nicht ganz nachzuvollziehen ist auch die Beibehaltung der „Volkspetition" gemäß Art. 29 HambV obwohl das Quorum für dieses Verfahren mittlerweile demjenigen für die Volksinitiative gemäß Art. 50 I HambV angeglichen wurde. Schließlich wird sich die Bürgerschaft in der Regel unabhängig von einer entsprechenden ausdrücklichen Verpflichtung mit einem Antrag befassen, der von immerhin 10.000 Bürgern unterstützt wurde.[5] Da das Verfahren bei einer Volkspetition mit der ablehnenden Entscheidung der Bürgerschaft erledigt ist, bei der Volksinitiative hingegen die Möglichkeit besteht, zum Volksbegehren überzuleiten, gibt es keinen vernünftigen Grund mehr, eine Volkspetition einzuleiten.

Dennoch waren die Regelungen über die direktdemokratischen Verfahren in Hamburg zumindest bis zur letzten Reform der einschlägigen Regelungen durch die Bürgerschaft alles in allem weitaus bürgerfreundlicher als in den meisten der anderen Länder mit Ausnahme Bayerns. Die niedrigen Hürden haben sicherlich dazu beigetragen, dass die Verfahren auch vergleichsweise häufig genutzt wurden. Es ist aber nicht erkennbar, dass die Verfahren von radikalen Gruppierungen zur demagogischen Agitation genutzt worden wären. Vielmehr lässt sich eine deutlich konservative Tendenz feststellen. Insbesondere wurde die

---

1 Es werden zahlreiche Personen ihre Stimme abgeben, für die der Gegenstand des Verfahrens an sich nicht von besonders großem Interesse ist und die sich daher auch nur bedingt mit den vorgelegten Anträgen vertraut gemacht haben.
2 Zu diesem Problem auch schon oben S. 899 und dort insbesondere Fn. 5.
3 Vgl. dazu auch *Decker*, ZParl 2007, 118, 132.
4 Vgl. dazu oben S. 399 und schon S. 105 ff.
5 Der einzig verständliche Grund wäre die Befürchtung, nicht genügend stimmberechtigte Bürger zur Unterstützung des Anliegens bewegen zu können.

Privatisierungspolitik des Hamburger Senates auf diesem Wege grundsätzlich in Frage gestellt.

Zwar erscheint es aus dieser Perspektive auf der einen Seite durchaus nachvollziehbar, warum die CDU-Mehrheit in der Bürgerschaft alles daran gesetzt hat, die Hürden auf dem Wege bis zum Volksentscheid wieder zu erhöhen. Auf der anderen Seite hat die handstreichartige Erhöhung der Hürden für die direktdemokratischen Verfahren jedoch ebenso zu einem Ansehensverlust der Institutionen der repräsentativen Demokratie im Allgemeinen und der regierenden CDU im Besonderen geführt,[1] wie die Praxis der Regierung, das Ergebnis von Volksentscheiden zu unterlaufen und die Volksbegehren gegen die Einschränkungen der direktdemokratischen Verfahren bzw. für die Erweiterung und Erleichterung dieser Verfahren zu behindern.[2]

Es ist daher nicht verwunderlich, dass die CDU nach dem Erfolg des Volksbegehrens zur „Rettung des Volksentscheides" eine Kehrtwende vollzogen hat. Obwohl der Antrag des Volksbegehrens für eine „Stärkung des Volksentscheides" und einen weiteren Ausbau der unmittelbaren Mitwirkungsrechte der Bürger am Quorum für eine plebiszitäre Verfassungsänderung gescheitert ist, stellt Hamburg wiederum ein Experimentierfeld für einen weiteren Ausbau der unmittelbaren Mitwirkungs- und Entscheidungsbefugnisse der Bürger dar. Bewähren sich die Verfahren in Hamburg, so ist durchaus zu erwarten, dass vergleichbare Regelungen auch in anderen Bundesländern eingeführt werden.

---

1 Nach der Entscheidung, die Wahlrechtsreform noch vor ihrer ersten Anwendung wieder zurück zu nehmen, sackte die Zustimmung zur CDU und Bürgermeister Ole *von Beust* bei Umfragen schlagartig ab.

2 Vgl. dazu auch *Decker*, ZParl 2007, 118, 128 ff., der zum einen darauf hinweist, dass die parlamentarische Korrektur eines beim Volksentscheid beschlossenen Gesetzes nur dann von den Bürgern akzeptiert wird, wenn eine gewisse „Schamfrist" eingehalten wurde und die Änderungen mit einer großen Mehrheit erfolgen, so dass nach Möglichkeit jeder Anschein vermieden wird, dass es nur darum geht, einen politischen Gegenspieler zu entmachten. Die Hamburger Praxis genügt diesen Anforderungen bisher offensichtlich nicht.

12. Kapitel: Rheinland-Pfalz

Wie bereits im dritten Teil der Untersuchung deutlich wurde, gehört auch die Verfassung des Landes Rheinland-Pfalz an sich zu den älteren Landesverfassungen. Seit 1990 wurde sie aber gleich zweimal grundlegend überarbeitet. In der zweiten Phase der Verfassungsreform wurden auch die Bestimmungen über die direktdemokratischen Verfahren erheblich verändert.

I. Zur Entstehungsgeschichte[1]

A. Die Rechtslage bis zum Jahr 2000

Ebenso wie alle übrigen vor der Verabschiedung des Grundgesetzes entstandenen Verfassungen, hat die Verfassung des Landes Rheinland-Pfalz seit jeher Bestimmungen über direktdemokratische Verfahren enthalten. Bevor auf die aktuellen Verfassungsbestimmungen und ihre Konkretisierung im Landeswahlgesetz eingegangen werden kann, soll daher kurz auf die Rechtslage bis zur jüngsten Verfassungsreform eingegangen werden. Da die einschlägigen Regelungen weitgehend an das Vorbild der Weimarer Reichsverfassung anknüpfen und daher den Regelungen in den übrigen älteren Landesverfassungen entsprechen, kann insofern allerdings weitgehend auf die Ausführungen im dritten Teil dieser Untersuchung verwiesen werden und im Folgenden müssen nur die wesentlichen Gemeinsamkeiten und Unterschiede aufgezeigt werden.

Die bis 2000 geltenden Regelungen über das Volksbegehren und den Volksentscheid entsprachen weitgehend dem Standard der übrigen Landesverfassungen. Auf dem Wege des Volksbegehrens konnten Gesetzentwürfe und Anträge zur Auflösung des Landtages eingebracht werden, wobei Volksbegehren über „Finanzfragen, Abgabengesetze und Besoldungsordnungen" unzulässig waren. Ein Volksbegehren bedurfte der Unterstützung durch 20 Prozent der Stimmberechtigten. Beim Volksentscheid entschied grundsätzlich die Mehrheit der abgegebenen Stimmen. Nur für Verfassungsänderungen war die Zustimmung durch eine Mehrheit der Stimmberechtigten erforderlich.

Eine Besonderheit des rheinland-pfälzischen Verfassungsrechts bestand – und besteht bis heute – darin, dass auch die Regelung der Artt. 72, 73 II WRV übernommen wurde. Gemäß Art. 114 RP-V muss die Verkündung eines Gesetzes auf Antrag eines Drittels der Abgeordneten um zwei Monate ausgesetzt werden.[2] Wenn fünf Prozent der Stimmberech-

---

1 Vgl. dazu *Gusy/Müller*, JöR 1997, S. 509 ff.; *Jutzi*, NJW 2000, S. 1295 ff.
2 Wie schon im Zusammenhang mit Art. 72 WRV ausgeführt wurde, ist die Bezugsgröße die Zahl der gesetzlichen Mitglieder des Landtags, nicht aber der die abstimmenden Abgeordneten, vgl. dazu oben S. 127, Fn. 8; so auch *Jürgens*, S. 78. Dass entgegen dem Vorbild des Art. 73 II WRV nicht „mindestens" ein Drittel der Abgeordneten den Antrag unterstützen muss, macht lediglich den Charakter dieses Verfahrens als Instrument der Opposition deutlich. Dennoch besteht kein Zweifel, dass auch mehr als ein Drittel der Abgeordneten einen solchen Antrag stellen kann.

tigten ein entsprechendes Referendumsbegehren unterstützen,[1] muss das Gesetz dem Volk zur Abstimmung gestellt werden, sofern der Landtag, also seine Mehrheit, das Gesetz nicht für dringlich erklärt hat.[2]

Wie in den anderen Ländern ergaben sich aus dem einschlägigen Ausführungsgesetz weitere Beschränkungen und Modifikationen der Verfahren. Insofern ist zunächst festzuhalten, dass dem Volksbegehren auch in Rheinland-Pfalz ein eigenständiges Volksantragsverfahren vorgeschaltet worden war. Ein solcher Antrag bedurfte der Unterstützung durch 20.000 Stimmberechtigte – wobei – wie schon nach § 27 VEG in der Zeit der Weimarer Republik – auf diese Unterstützungsunterschriften verzichtet werden konnte, sofern der Antrag durch den Landesvorstand einer im Landtag vertretenen Partei gestellt wurde.[3] Bemerkenswert ist weiterhin, dass die in Art. 109 III 2 RP-V a.F. enthaltenen weitreichenden inhaltlichen Beschränkungen des Anwendungsbereiches von Volksbegehren und Volksentscheid gemäß § 61 II 1 RP-LWG a.F. auch für das Referendum nach Art. 115 RP-V gelten sollten, obwohl sich diese Beschränkung nicht ohne weiteres aus der Verfassung selbst ergibt.[4] Für inhaltlich gleiche Anträge sah das RP-LWG eine Sperrfrist von einem Jahr vor.[5] Gegen die Entscheidung der Landesregierung über die Zulässigkeit des Volksantrags war grundsätzlich der Rechtsweg zum Oberverwaltungsgericht eröffnet. Der Verfassungsgerichtshof sollte hingegen nur dann entscheiden, wenn die Landesregierung im Rahmen ihrer Entscheidung darauf abgestellt hatte, dass das Volksbegehren auf eine unzulässige Änderung der Verfassung gerichtet sei.[6] Der Volksantrag konnte bis zum Ablauf der Eintragungsfrist für das Volksbegehren wieder zurückgenommen werden.[7]

Für das Volksbegehren war ein formalisiertes Eintragungsverfahren vorgesehen. Die Eintragungsfrist sollte in der Regel 14 Tage umfassen und durfte frühestens 14 Tage nach der öffentlichen Bekanntmachung des Volksbegehrens beginnen. Den Antragstellern stan-

---

1 Insofern ergeben sich gravierende Probleme, da der systematische Zusammenhang der Artt. 114 f. RP-V nahe legt, dass das gesamte Verfahren für das Volksbegehren innerhalb von zwei Monaten durchgeführt werden muss. Nachdem dem eigentlichen Volksbegehren aber ein Antragsverfahren vorgeschaltet ist, bleibt damit kaum noch genügend Zeit. Nachdem die Artt. 114 f. RP-V insofern unverändert weiter gelten, kann auf die späteren Ausführungen verwiesen werden, vgl. unten S. 863.
2 Dann ist der Ministerpräsident zur Verkündung des Gesetzes verpflichtet.
3 § 63 III RP-LWG a.F.
4 Während die entsprechende Regelung in der WRV für *alle* Volksabstimmungen galt, bezieht sich Art. 109 III 2 RP-V nur auf den Volksentscheid aufgrund eines Volksbegehrens.
5 § 64 I 2 RP-LWG a.F.
6 § 65 RP-LWG a.F. Die Zuweisung an das OVG ist durchaus konsequent, wenn man davon ausgeht, dass Art. 130 I RP-V eine präventive Normenkontrolle durch den Verfassungsgerichtshof ausschließt; vgl. dazu auch *Przygode*, S. 106; kritisch zu § 65 RP-LWG a.F. hingegen *Jürgens*, S. 106, der – entgegen seinen eigenen Ausführungen auf S. 104 – lediglich andeutet, dass durch die Zuweisung an das OVG das Volksantragsverfahren an sich in Frage gestellt werde und dann pauschal behauptet, die „Kontrolle einem anderen Gericht zuzuweisen, dass keinerlei Verfassungsrang hat, ist jedenfalls nicht möglich." Ob das OVG auch für die Feststellung über die formellen Zulässigkeitsvoraussetzungen des Volksantrags zuständig sein kann, muss hier nicht erörtert werden. *Schonebohm*, FS Stein, S. 317, 333, erkennt hier eine „(Verwaltungs-) Entscheidung". *Jürgens*, S. 106 f., m.w.N., sieht hingegen auch hier eine verfassungsrechtliche Streitigkeit für gegeben.
7 § 67 RP-LWG a.F.

den damit – wie schon in der Zeit der Weimarer Republik[1] – nach der Bekanntmachung, dass das Volksbegehren stattfinden wird, gerade einmal vier Wochen zur Verfügung, um das weitere Verfahren zu organisieren und die Unterstützer des Begehrens zu mobilisieren. Immerhin hatten sie einen gewissen Einfluss auf den Aufwand, den sie dafür betreiben mussten, da sie diejenigen Gemeinden benennen konnten, in denen Unterschriftslisten für das Volksbegehren ausgelegt werden sollten. Die Gemeinden waren ihrerseits dazu verpflichtet, bei der Festlegung der Auslegungszeiten darauf zu achten, dass jeder Stimmberechtigte Gelegenheit hat, sich an dem Volksbegehren zu beteiligen.[2] Darüber hinaus war die Ausstellung von Wahlscheinen vorgesehen, mit denen die Stimmberechtigten in einem anderen Stimmbezirk oder durch eine „Briefeintragung" ihre Unterstützung für das Volksbegehren erklären konnten.[3]

War das Volksbegehren zustande gekommen, so musste die Landesregierung dem Landtag den zugrunde liegenden Antrag unterbreiten. Der Landtag hatte zwei Monate Zeit für seine Beratungen. Nahm er den Antrag unverändert an oder beschloss er, sich selbst aufzulösen, unterblieb der Volksentscheid. Lehnte er den Antrag ab, konnte er einen konkurrierenden Entwurf mit zur Abstimmung stellen.[4] Kam es zum Volksentscheid, so musste die Landesregierung den Gegenstand der Abstimmung öffentlich bekannt machen. Dieser Veröffentlichung war „bündig und sachlich" die Begründung der Antragsteller und die Auffassung des Landtags und der Landesregierung beizufügen.[5] Wurde gleichzeitig über mehrere Entwürfe abgestimmt, mussten sich die Stimmberechtigten in Bezug auf jeden Antrag gesondert entscheiden – wobei allerdings offen blieb, was passieren sollte, wenn mehrere Anträge zum selben Gegenstand die Unterstützung durch eine Mehrheit der Abstimmenden erreicht hätte.[6]

Wie bereits deutlich wurde, sind diese Regelungen praktisch völlig bedeutungslos geblieben. Erst in den letzten Jahren vor der Verfassungsreform hat es einige sehr zaghafte Versuche gegeben, die direktdemokratischen Verfahren zur unmittelbaren Einflussnahme auf die politische Willensbildung zu nutzen.

B. Der Weg bis zur Verfassungsreform im Jahre 2000

Wie bereits erwähnt wurde, sind die Regelungen über die direktdemokratischen Verfahren im Jahre 2000 grundlegend überarbeitet worden. Dieser Verfassungsreform geht eine lange

---

1 Zu § 31 VEG siehe oben S. 123.
2 Vgl. § 68 RP-LWG a.F.
3 Zwar verwies § 69 II RP-LWG a.F. nur auf die Bestimmung über die Ausstellung von Wahlscheinen (§ 8 RP-LWG). Aus § 4 IV RP-LWG ergibt sich jedoch, dass ein solcher Schein nicht nur das Recht begründete, in einem anderen Stimmbezirk abzustimmen, sondern auch das Recht, sich durch „Briefwahl" am Verfahren zu beteiligen.
4 Vgl. § 75 RP-LWG a.F.
5 Da die Landesregierung damit die Möglichkeit bekommt, das Verfahren zu beeinflussen, ist diese Regelung durchaus bedenklich, da sie keine Grundlage in der Verfassung hat.
6 Da in § 83 I RP-LWG a.F. nur auf die „Mehrheit" abgestellt wurde, ist davon auszugehen, dass in diesem Fall derjenige Entwurf angenommen wäre, der die meisten Ja-Stimmen erhalten hatte. Dieser Eindruck wird bestätigt, wenn man sich vor Augen führt, dass nach § 83 III 2 RP-LWG a.F. bei Gleichheit der Ja-Stimmen das Los entscheiden sollte.

Vorgeschichte voraus, die untrennbar mit dem Namen des früheren Justizministers und Landtagsabgeordneten Peter Caesar verknüpft ist. Dieser hatte im Jahre 1987 zunächst eine „Enquête-Kommission zur Bereinigung der Verfassung für Rheinland-Pfalz" eingesetzt, die den Auftrag hatte, die im Jahre 1947 verabschiedete Landesverfassung auf Grundlage der Vorgaben der Artt. 31 und 141 GG zu überprüfen und solche Bestimmungen zu überarbeiten oder zu streichen, die den Vorgaben des Grundgesetzes widersprachen. Auf Grundlage des Schlussberichtes dieser Kommission[1] erarbeitete der Rechtsausschuss des Landtags dann einen Entwurf für ein Gesetz zur Änderung der Landesverfassung, der von den Fraktionen der CDU, SPD und FDP gemeinsam eingebracht und im Jahre 1991 vom Landtag verabschiedet worden ist.[2]

Obwohl bereits im Rahmen dieser Beratungen deutlich geworden war, dass die Landesverfassung keineswegs nur im Hinblick auf die Vereinbarkeit mit den Vorgaben des Bundesrechts einer Überarbeitung bedurfte, waren alle kritischen Fragen bewusst ausgeblendet worden, um den Konsens zwischen den beteiligten politischen Parteien nicht zu gefährden. Statt dessen beschloss der Landtag schon kurz nach den Neuwahlen im Jahre 1991, bei der die bis dahin regierende Koalition aus CDU und FDP von einer Koalition aus SPD und FDP abgelöst worden war,[3] einstimmig die Einsetzung einer Enquête-Kommission „Verfassungsreform",[4] die nicht nur über Möglichkeiten für eine Stärkung der Bürgerrechte und die Stellung des Landes im zusammenwachsenden Europa,[5] sondern auch über einen Ausbau der unmittelbaren Mitwirkungsrechte der Bürger beraten sollte. Die Kommission nahm im Februar 1992 ihre Arbeit auf und legte nach 21 Sitzungen im Herbst 1994 ihren Abschlussbericht vor.[6] In diesem Bericht forderte die Kommission unter anderem, eine Volksinitiative durch 30.000 Stimmberechtigte in der Verfassung zu verankern.[7] Diese Initiative sollte gegebenenfalls auch der erste Schritt auf dem Weg zum Volksentscheid sein.[8] Während auf der einen Seite das Quorum für das Volksbegehren auf 300.000 Stimmberechtigte – das

---

1 *Ministerium der Justiz Rheinland-Pfalz*, passim; vgl. dazu *Jutzi*, DÖV 1988, S. 871 ff.
2 LT-Drs. 11/5015; Gesetz vom 15.3.1991, GVBl. S. 73.
3 Da Peter Caesar der FDP angehörte, konnte er weiterhin Justizminister bleiben.
4 Vgl. LT-Drs. 12/17. Der Kommission gehörten neben neun Abgeordneten auch fünf externe Sachverständige an.
5 Einschließlich einer Verbesserung des Datenschutzes und der Gleichstellung der Frauen. Außerdem sollte über die Möglichkeit einer Verfassungsbeschwerde zum Landesverfassungsgericht beraten werden. Auf Antrag von Bündnis 90/Die Grünen wurde der Auftrag um die Frage erweitert, ob und wie die Stellung des Landtags und der Minderheitsfraktionen verbessert werden kann (LT-Drs. 12/157). Die CDU setzte durch, dass die Kommission sich auch mit der Beteiligung der Gemeinden an der Willensbildung auf Landesebene befassen sollte (LT-Drs. 12/172); vgl. dazu ausführlich *Gusy/Müller*, JöR 1997, S. 509, 513.
6 LT-Drs. 12/5555. Zur Arbeit der Kommission vgl. *Gusy/Müller*, DÖV 1995, S. 257 ff.
7 In der Enquête-Kommission Verfassungsreform hatten die SPD und Bündnis 90/Die Grünen zunächst gefordert, das Quorum auf 20.000 Unterschriften festzulegen, was dem bis dahin geltenden Quorum für den Volksantrag nach § 63 II Nr. 2 RP-LWG a.F. entsprach. Die SPD beugte sich später aber offenbar dem Willen des kleineren Koalitionspartners.
8 Daher sollten für dieses Verfahren jedenfalls dann dieselben inhaltlichen Beschränkungen gelten, wie für Volksbegehren und Volksentscheide, wenn der Initiative ein ausgearbeiteter Gesetzentwurf zugrunde liegt.

entspricht etwa 10 Prozent – abgesenkt und gleichzeitig die Eintragungsfrist deutlich verlängert werden sollte, forderte die Kommission auf der anderen Seite, für den Volksentscheid eine Mindestbeteiligung von einem Viertel der Stimmberechtigten einzuführen. Außerdem sollte in Artt. 114 f. RP-V ausdrücklich geregelt werden, dass Finanzfragen, Abgabengesetze und Besoldungsordnungen auch in diesem Verfahren nicht zur Abstimmung gebracht werden können.[1] Da die Vorschläge der Kommission im Rahmen der jüngsten Verfassungsreform vollständig umgesetzt worden sind, kann in Bezug auf die Details auf die folgende Darstellung des aktuellen Verfassungsrechts verwiesen werden.

Auch wenn der Kommissionsbericht insgesamt mit breiter Mehrheit angenommen worden war kamen die Beratungen vorläufig zum Erliegen.[2] Immerhin raffte sich der Landtag kurz vor den Neuwahlen im März 1996 zu einer Absichtserklärung auf, nach der die Arbeit an der Verfassungsreform in der nächsten Legislaturperiode weiter geführt und dabei gleichzeitig über eine Parlamentsreform und die Überarbeitung der Bestimmungen über die Wirtschafts- und Sozialordnung verhandelt werden sollte.[3]

Tatsächlich wurden die Beratungen nach den Landtagswahlen wieder aufgenommen.[4] Der Landtag berief eine „Enquête-Kommission Parlamentsreform", die bis zum Sommer 1998 zahlreiche Vorschläge erarbeitete,[5] und sich dabei auch die Empfehlungen der früheren Kommission zur Änderung der Bestimmungen über die direktdemokratischen Verfahren unverändert zu eigen machte.[6] Auf Grundlage der Vorarbeiten der beiden Enquête-Kommissionen erarbeiteten die Fraktionen der SPD, der FDP und der CDU dann einen gemein-

---

[1] Zwar ist im Schlussbericht insofern nur davon die Rede, dass „Rechtsklarheit" geschaffen werden solle; LT-Drs. 12/5555, S. 26. Wie bereits deutlich wurde, galten die inhaltlichen Beschränkungen des Anwendungsbereiches bis zur jüngsten Verfassungsreform für dieses Verfahren jedoch nicht, vgl. dazu oben S. 848.

[2] Vgl. „Was ist aus den hehren Zielen geworden?", StZ 11.7.1995, S. 2. Alle Versuche der Regierungskoalition, die Vorschläge der Enquête-Kommission zumindest teilweise durchzusetzen, scheiterten am Widerstand der Opposition, vgl. etwa LT-Drs. 12/6972. Umgekehrt blockierte die CDU die Verfassungsreform, da sie über die Vorschläge der Enquête-Kommission hinaus forderte, den Landtag deutlich zu verkleinern, was wiederum für die kleinen Parteien inakzeptabel war, vgl. dazu den Beitrag des Abgeordneten *Caesar* (FDP) in der Landtagssitzung vom 15.12.1999 (Sten. Prot. S. 7414).

[3] LT-Drs. 12/7347.

[4] Interessanterweise war die Fraktion des Bündnis 90/Die Grünen an diesen Beratungen zunächst nicht beteiligt. Die konkreten Umständen und die späteren Verhandlungen des Landtags legen den Schluss nahe, dass dies in erster Linie auf das Bedürfnis von SPD und FDP zurückzuführen war, die Zustimmung der CDU zu erreichen. Diese wollte der Verfassungsreform nämlich nur unter der Voraussetzung zustimmen, dass der „Schutz des ungeborenen Lebens" entgegen den Vorschlägen der Enquête-Kommission Verfassungsreform (vgl. LT-Drs. 12/5555, S. 38 f.) doch noch in Art. 3 Abs. 2 der Verfassung verankert wird. Das Bündnis 90/Die Grünen sahen dies als Versuch an, den mühsam erreichten Kompromiss über die Neuregelung des Abtreibungsrechts wieder in Frage zu stellen. Nachdem ihnen nur noch das Gesamtpaket präsentiert wurde, verweigerten sie die Zustimmung und stellten einen eigenen Gegenentwurf auf, vgl. LT-Drs. 13/5439, sowie die Redebeiträge der Abg. *Grützmacher* (Bündnis 90/Die Grünen) in den Landtagssitzungen vom 15.12.1999 und vom 16.2.2000 (Sten.Prot, S. 7417 und 7892).

[5] Vgl. den Schlussbericht der Kommission LT-Drs. 13/3550; sowie *Jutzi*, NJW 2000, S. 1295 ff.; *Gusy/Wagner*, JöR 2004, S. 385 f. Der Kommission gehörten wiederum neun Abgeordnete und sechs externe Berater an.

[6] LT-Drs. 13/3550, S. 9 f./17 ff.

samen Gesetzentwurf,[1] der vom Landtag schließlich am 16. Februar 2000 unverändert angenommen wurde. Die Änderungen traten am 18. Mai 2000 in Kraft.[2] Knapp ein Jahr später wurde am 1. März 2001 das Landeswahlgesetz entsprechend modifiziert.[3]

II. Die Volksinitiative

Seit der jüngsten Verfassungsreform gibt es auch in Rheinland-Pfalz das Institut der Volksinitiative, mit der dem Landtag bestimmte Gegenstände der politischen Willensbildung zur Entscheidung vorgelegt werden können. Das Verfahren entspricht im wesentlichen den vergleichbaren Bestimmungen in den übrigen Ländern. Daher kann wiederum weitgehend auf die früheren Ausführungen verwiesen werden.

A. Der Anwendungsbereich der Volksinitiative

Der Anwendungsbereich der Volksinitiative ist grundsätzlich unbeschränkt. Entscheidend ist allein, dass der Antrag in die Entscheidungszuständigkeit des Landtags fällt. Dies gilt allerdings nur für solche Volksinitiativen, denen kein ausformulierter Gesetzentwurf zugrunde liegt. Besteht hingegen die Möglichkeit, dass die Initiatoren im Falle der Ablehnung ihres Antrags durch das Parlament zum Volksbegehren übergehen könnten,[4] dann gelten bereits auf dieser Stufe dieselben inhaltlichen Beschränkungen des Anwendungsbereiches und es sind alle Anträge ausgeschlossen, die Finanzfragen, Abgabengesetze und Besoldungsordnungen betreffen.[5]

Diese Einschränkungen wurden unverändert aus der seit 1947 geltenden Verfassung übernommen und entsprechen im wesentlichen den üblichen Beschränkungen des Anwendungsbereiches der direktdemokratischen Verfahren.[6] Allerdings stellt sich die Frage, welche Bedeutung dem Umstand zukommt, dass hier nicht vom Haushaltsgesetz bzw. Haushaltsplan die Rede ist, sondern von „Finanzfragen". Insofern ist zunächst festzuhalten, dass sich die Verfassunggeber bei der Formulierung der einschlägigen Bestimmungen nicht an der Weimarer Reichsverfassung orientiert haben, sondern an der des § 6 III der Preußi-

---

1 LT-Drs. 13/5066; zur Begründung der Änderungsvorschläge wurde dabei weitgehend auf die Ausführungen der beiden Enquête-Kommissionen verwiesen. Die Fraktion von Bündnis 90/Die Grünen wünschte in einigen Punkten Änderungen, konnte sich damit aber nicht durchsetzen, vgl. LT-Drs. 13/5439, wo unter anderem (nochmals) gefordert wurde, das Quorum für die Volksinitiative dem des Volksantrags anzupassen und auf 20.000 Unterschriften festzulegen. Darüber hinaus sollte die Landesregierung ausdrücklich dazu verpflichtet werden, über die bloße Bekanntmachung hinaus für eine angemessene Verbreitung des Gegenstandes der Abstimmung zu sorgen.
2 GVBl. S. 65.
3 = **RP-LWG**, GVBl. S. 57.
4 Art. 108a II 3 RP-V.
5 Art. 108a I 2 RP-V.
6 Vgl. dazu oben S. 273 ff. sowie S. 446 ff. zu Art. 41 II SH-V.

schen Verfassung von 1920, der bereits in der Zeit der Weimarer Republik weiter ausgelegt worden war als die Parallelbestimmung des Art. 73 IV WRV.[1]

Tatsächlich wirkt sich die unterschiedliche Formulierung aber nur in geringem Maße auf den tatsächlichen Anwendungsbereich der Verfahren aus. Auch wenn auf der einen Seite kein Zweifel daran bestehen kann, dass der Begriff der „Finanzfragen" nicht nur den Haushaltsplan als Ganzes oder das Haushaltsgesetz beschreibt, ist nämlich auf der anderen Seite auch hier zu beachten, dass es sich bei Art. 109 III 3 RP-V um eine eng auszulegende Ausnahmebestimmung handelt.[2] Mit dem Begriff der „Finanzfragen" kann daher nicht jeder Gesetzentwurf gemeint sein, der im Falle seiner Annahme finanzielle Auswirkungen hätte. Vielmehr kommt es darauf an, ob ein Antrag unmittelbar auf die Staatsfinanzen zielt.[3] Darüber hinaus ist eine Vorlage auch dann unzulässig, wenn von vorne herein absehbar ist, dass der Staatshaushalt im Falle der Annahme dieses Antrags vollständig aus dem Gleichgewicht geraten würde. Im Ergebnis entspricht der Regelungsgehalt des Art. 109 III 3 RP-V damit aber den Haushaltsvorbehalten in denjenigen Ländern, in denen Initiativen *zum* Landeshaushalt für unzulässig erklärt wurden.[4]

In § 60d S. 3 RP-LWG ist über die in der Verfassung verankerten Beschränkungen hinaus vorgesehen, dass eine Volksinitiative auch dann unzulässig sein soll, wenn sie einen Gesetzentwurf zum Gegenstand hat, dessen Inhalt mit der Verfassung oder sonstigem höherrangigen Recht, insbesondere mit dem Bundesrecht, unvereinbar oder auf eine unzulässige Änderung der Verfassung gerichtet ist. Nach dem Willen des Gesetzgebers soll es also auch in Rheinland-Pfalz eine umfassende präventive Normenkontrolle geben – und zwar noch bevor sich der Landtag auch nur ein einziges Mal mit dem Gegenstand der Initiative auseinander gesetzt hat.

Wie bereits früher dargelegt wurde, ist eine solche Einschränkung des Anwendungsbereiches jedoch unzulässig, da der Gesetzesvorbehalt in Art. 108a III RP-V den Gesetzgeber nicht dazu berechtigt, zusätzliche Zulässigkeitsvoraussetzungen zu definieren. Der Landtag muss sich daher gegebenenfalls auch dann mit dem Anliegen einer Volksinitiative auseinander setzen, wenn er der Überzeugung ist, dass dieser ein rechtswidriger Antrag zugrunde liegt. Er kann – und wird – diese Überzeugung dann aber selbstverständlich zum Anlass nehmen, das Anliegen der Initiative zurückzuweisen.[5]

Obwohl nach den bisherigen Erfahrungen davon auszugehen ist, dass vor allem Gesetzentwürfe und solche Beschlussvorlagen zum Gegenstand einer Volksinitiative gemacht

---

1   Vgl. in diesem Sinne zur vergleichbaren Bestimmung des Art. 68 I 4 NRW-V auch *NRW-VfGH*, NVwZ 1982, S. 188, 189; sowie *Jürgens*, S. 134.

2   So auch Grimm/Caesar-*Franke*, Art. 109 RP-V, Rn. 16, der allerdings dann auf die alles andere als restriktive Rechtsprechung des *BremStGH*, NVwZ 1998, S. 388, Bezug nimmt.

3   In diesem Sinne ist auch Geller/Kleinrahm-*Dickersbach*, Art. 68 NRW-V, Anm. 2.b.bb, zu verstehen, der die *Absicht* einer Einwirkung auf Einnahmen und Ausgaben bzw. auf Vermögen und Schulden verlangt. Die bloße Kostenintensität genüge hingegen nicht.

4   Vgl. dazu schon oben S. 509 zur Rechtslage nach Art. 76 II BbgV sowie S. 273 ff. bzw. S. 446 ff. zur Rechtslage nach den älteren Landesverfassungen bzw. nach Art. 41 II SH-V; wie hier im Ergebnis auch *Heußner*, Volksgesetzgebung, S. 189 f.; *Süsterhenn/Schäfer*, Art. 109 RP-V, Anm. 3.a.aa. Für eine deutlich engere Auslegung hingegen *Rosenke*, S. 214 ff., zur vergleichbaren Rechtslage in Nordrhein-Westfalen.

5   Vgl. dazu oben S. 295 ff.

werden, mit denen der Landtag dazu aufgefordert wird, in einer bestimmten Art und Weise auf die Landesregierung einzuwirken, ist doch festzuhalten, dass auch Personalentscheidungen nicht grundsätzlich vom Anwendungsbereich der Verfahren ausgeschlossen sind. Geht man richtigerweise davon aus, dass diese Entscheidungen jedenfalls dann zur „politischen Willensbildung" gehören, wenn sie dem Landtag zugewiesen sind, dann können die Bürger dem Parlament über eine Volksinitiative Kandidaten vorschlagen – sofern das Initiativrecht nicht ausschließlich anderen Organen zugewiesen wurde.[1]

B. Das Verfahren der Volksinitiative

Das Verfahren der Volksinitiative entspricht dem bewährten Muster. Die Sammlung der Unterschriften obliegt den Initiatoren. Eine Kostenerstattung ist ausdrücklich ausgeschlossen.[2] Das Stimmrecht der Unterzeichner ist durch eine Bestätigung nachzuweisen, die von der Gemeindeverwaltung der jeweiligen Wohnortgemeinde unentgeltlich erteilt wird.[3] Die Unterschriften müssen innerhalb eines Jahres vor der Einreichung der Volksinitiative beim Landtagspräsidenten gesammelt worden sein.[4]

In dem Antrag auf Behandlung der Volksinitiative ist neben den Unterschriften und dem Wortlaut des Antrags auch eine Kurzbezeichnung zu benennen, die den Gegenstand der Volksinitiative zutreffend beschreibt. Außerdem müssen jeweils drei Stimmberechtigte, die die Initiative selbst unterzeichnet haben,[5] als Vertreter der Volksinitiative bzw. als deren Stellvertreter benannt werden, die gemeinschaftlich berechtigt sind, die Unterzeichner zu vertreten. Dabei ist die an erster Stelle genannte Person allein bevollmächtigt, alle Mitteilungen und Entscheidungen entgegen zu nehmen, die mit der Volksinitiative in Zusammenhang stehen.[6]

C. Die Entscheidung über die Zulässigkeit der Volksinitiative

Nach Einreichung des Antrags entscheidet der Landtag „baldmöglichst" darüber, ob die formellen und materiellen Voraussetzungen für die Zulässigkeit der Volksinitiative gegeben sind. In Bezug auf die Prüfung der Unterschriften ist der Landeswahlleiter ausdrücklich zur

---

1 Vgl. dazu schon ausführlich oben S. 444 ff. Art. 120 II 3 RP-V bestimmt etwa, dass der Präsident und der Vizepräsident des Rechnungshofes *auf Vorschlag des Ministerpräsidenten* vom Landtag gewählt werden. Nach Art. 134 IV RP-V werden die Berufsrichter, die dem Verfassungsgerichtshof angehören sollen, aus einer Liste gewählt, die vom Präsidenten des Oberverwaltungsgerichtes aufgestellt wird. Für die Beisitzer, die nicht die Befähigung zum Richteramt haben müssen, fehlt es hingegen an einer vergleichbaren Vorgabe. Insofern wäre daher eine Volksinitiative möglich.
2 § 60e V RP-LWG.
3 § 60e III RP-LWG.
4 § 60e II Nr. 3 RP-LWG. Mit dieser Fristbestimmung hat der Gesetzgeber von einer ausdrücklichen Ermächtigung in Art. 108a III 2 RP-V Gebrauch gemacht.
5 Theoretisch wäre es möglich, diese Vertreter nachträglich, also nach Abschluss der Unterschriftensammlung aber vor Einreichung des Antrags, zu bestimmen.
6 Vgl. § 60e II Nr. 4 und IV RP-LWG. Da nicht ausdrücklich festgeschrieben wurde, dass die Namen der Vertreter auf allen Unterschriftsbögen genannt werden, ist es zumindest theoretisch möglich, diese von den Unterzeichnern des Antrags wählen zu lassen.

Hilfeleistung verpflichtet.[1] Bei formellen Fehlern kann der Landtag den Antragstellern eine angemessene Frist bis zu einem Monat setzen, um diese Fehler zu beheben. Dies gilt jedoch nicht, wenn das Quorum von 30.000 Unterschriften, das entspricht etwa einem Prozent der Stimmberechtigten, nicht erreicht worden ist. In diesem Fall sieht § 60f III RP-LWG vor, dass die Volksinitiative mit Zustimmung der Antragsteller an den Petitionsausschuss des Landtags überwiesen werden kann.[2]

Hat der Landtag die Unzulässigkeit der Initiative festgestellt, so können die Antragsteller gemäß § 60g RP-LWG innerhalb eines Monats den Verfassungsgerichtshof anrufen.

D. Die Behandlung der Volksinitiative im Landtag

Der Landtag hat innerhalb von drei Monaten über den Gegenstand einer zulässigen Volksinitiative zu entscheiden. Die Vertreter der Volksinitiative haben das Recht, in den zuständigen Ausschüssen des Landtags angehört zu werden. Im Gegensatz zu den meisten anderen Landesverfassungen wurde dieses Recht jedoch nicht ausdrücklich in der Verfassung verankert.

Bis zur Entscheidung des Landtags haben die Unterzeichner die Möglichkeit, den Antrag zurückzunehmen. Dies kann entweder durch die Vertreter passieren, oder dadurch, dass so viele der ursprünglichen Unterzeichner ihre Unterschrift durch eine schriftliche Erklärung gegenüber dem Landtagspräsidenten wieder zurückziehen, dass das Quorum von 30.000 Unterschriften unterschritten wird.[3]

Lehnt der Landtag eine Volksinitiative ab oder kommt er innerhalb von drei Monaten zu keiner Entscheidung, so ist das Verfahren grundsätzlich erledigt. Da keine Möglichkeit besteht, den Landtag zu einer Entscheidung in der Sache zu zwingen,[4] kann das Parlament die Entscheidung also „aussitzen". Dies gilt jedoch dann nicht, wenn der Initiative ein Gesetzentwurf zugrunde lag. In diesem Fall können die Vertreter der Volksinitiative innerhalb von weiteren drei Monaten die Durchführung eines Volksbegehrens verlangen, wobei das ansonsten erforderliche Volksantragsverfahren entfällt.

Stimmt der Landtag einer Volksinitiative, die einen Gesetzentwurf zum Gegenstand hat, unverändert zu, ersetzt diese Entscheidung allerdings nur dann einen formellen Gesetzesbeschluss, wenn sich zuvor die Landesregierung oder ein hinreichender Anteil der Abgeordneten dieser Vorlage zu eigen gemacht hat.[5]

---

1 § 60f I 2 RP-LWG.
2 Wobei diese „kann"-Bestimmung dem Landtag kein Ermessen einräumt. Bestehen die Antragsteller auf der Überweisung, dann muss die Initiative daher an den Ausschuss weiter geleitet und dort behandelt werden.
3 Vgl. § 60h RP-LWG.
4 Zwar sieht Art. 135 I Nr. 1 RP-V die Möglichkeit eines Organstreites vor. Die Unterzeichner einer Volksinitiative sind in diesem Verfahren jedoch nicht antragsberechtigt.
5 Aus Art. 108 RP-V ergibt sich, dass Gesetzesvorlagen (nur) im Wege des Volksbegehrens, aus der Mitte des Landtags oder durch die Landesregierung eingebracht werden können, nicht aber im Wege einer Volksinitiative. Vgl. dazu oben S. 521 bzw. S. 603 zur vergleichbaren Rechtslage in Brandenburg und Sachsen-Anhalt, sowie S. 462 zur abweichenden Rechtslage in Schleswig-Holstein.

III. Das Verfahren bis zum Volksentscheid

Die rheinland-pfälzische Landesverfassung setzt nicht zwingend voraus, dass vor einem Volksbegehren eine Volksinitiative durchgeführt wird. Vielmehr sieht Art. 109 RP-V ein klassisches dreistufiges Verfahren aus Volksantrag, Volksbegehren und Volksentscheid vor.

Erfreulicherweise hat sich der Landtag im Rahmen der jüngsten Verfassungsreform dazu entschlossen, auch den seit jeher in §§ 62 ff. RP-LWG vorgesehenen Volksantrag verfassungsrechtlich zu legitimieren, indem er im Zusammenhang mit dem Gesetzesvorbehalt in Art. 109 V RP-V ausdrücklich ein besonderes Zulassungsverfahren erwähnt hat. Damit bestehen in Bezug auf die verfassungsrechtliche Zulässigkeit eines solchen Vorverfahrens endgültig keine Bedenken mehr.[1]

A. Der Volksantrag

Anders als die Volksinitiative nach Art. 109a RP-V dient der Volksantrag nicht der Kommunikation zwischen den Bürgern und dem Landtag sondern allein dazu, der Landesregierung eine Prüfung des beabsichtigten Volksbegehrens und die Vorbereitung der Unterschriftensammlung zu ermöglichen. Gemäß § 64 I RP-LWG muss dem Antrag statt gegeben werden, wenn die in den §§ 61 und 63 RP-LWG festgeschriebenen Voraussetzungen erfüllt sind.

1. Der Anwendungsbereich des Verfahrens gemäß § 61 RP-LWG

In § 61 RP-LWG sind die wesentlichen materiellen Voraussetzungen der direktdemokratischen Verfahren festgeschrieben. Abs. 1 Nr. 1 der Bestimmung übernimmt lediglich die Vorgaben der Artt. 109 I RP-V, wonach Volksbegehren – und demzufolge auch Volksentscheide – nur darauf gerichtet werden können, Gesetze zu erlassen, zu ändern oder aufzuheben bzw. den Landtag aufzulösen. Über andere Gegenstände der politischen Willensbildung können die Bürger somit nicht unmittelbar entscheiden. Sie sind daher insbesondere nicht dazu berechtigt, die Landesregierung zu einem bestimmten Verhalten auf der Ebene des Bundes aufzufordern.[2]

§ 61 II 1 RP-LWG wiederholt lediglich die schon in Art. 109 III 3 RP-V festgeschriebenen inhaltlichen Beschränkungen in Bezug auf Finanzfragen, Abgabengesetze und Besoldungsordnungen. Diese Einschränkungen wurden unverändert aus der seit 1947 geltenden Verfassung übernommen und entsprechen wie im Zusammenhang mit den Regelungen über die Volksinitiative bereits dargelegt wurde im wesentlichen den üblichen Beschränkungen des Anwendungsbereiches der direktdemokratischen Verfahren.[3]

Als höchst problematisch erscheint demgegenüber § 61 II 2 RP-LWG, in dem festgeschrieben wurde, dass ein Volksbegehren über die soeben erwähnten Fälle hinaus auch dann unzulässig sein soll, wenn der Inhalt des betreffenden Gesetzentwurfes mit der Verfassung oder sonstigem höherrangigen Recht, insbesondere mit dem Bundesrecht unvereinbar

1 Vgl. dazu oben S. 288 ff.
2 In diesem Sinne auch Grimm/Caesar-*Franke*, Art. 109 RP-V, Rn. 7.
3 Vgl. dazu oben S. 852 und schon S. 273 ff. sowie S. 446 ff. zu Art. 41 II SH-V.

oder auf eine unzulässige Verfassungsänderung gerichtet ist. Selbst wenn man das Anliegen des Gesetzgebers akzeptiert, der der Landesregierung eine umfassende präventive Normenkontrolle ermöglichen wollte, ändert das nämlich nichts daran, dass diese Beschränkungen die Rechte des Volkes beeinträchtigen, da sie den Landtag von seiner Pflicht entbinden, sich mit dem Anliegen der Initiative auseinander zu setzen. Da es dem einfachen Gesetzgeber jedoch nicht zusteht, die verfassungsmäßigen Rechte der Bürger weiter zu beschränken, muss ein Volksantrag gegebenenfalls auch dann zulässig sein, wenn die Landesregierung zu dem Ergebnis kommt, dass der fragliche Gesetzentwurf unvereinbar mit höherrangigen Bestimmungen ist. Sollte der Gesetzentwurf trotz dieser Zweifel, die selbstverständlich im Rahmen des Verfahrens ausgesprochen werden dürfen, beim Volksentscheid angenommen werden, dann könnte und müsste nachträglich durch die dafür zuständigen Gerichte geklärt werden, ob das Gesetz tatsächlich mit dem höherrangigen Recht unvereinbar ist.[1]

Dies gilt wohlgemerkt auch dann, wenn es sich um einen Antrag auf Änderung der Verfassung handelt, da Art. 129 II RP-V, auf den in § 61 II 2 RP-LWG ebenfalls Bezug genommen wird, zwar eine mit Art. 79 III GG vergleichbare „Ewigkeitsklausel" enthält, aber nicht verhindern kann und soll, dass Anträge auf Verfassungsänderung in den dafür zuständigen Gremien diskutiert werden.[2] Unzulässig ist nur die Änderung der Verfassung, nicht aber die Diskussion über einen entsprechenden Änderungsantrag.

Zu beachten ist schließlich die höchst interessante Regelung des § 61 III RP-LWG, die ebenfalls im Rahmen der jüngsten Reform eingefügt wurde und nach der mehrere rechtlich selbständige Angelegenheiten nicht Gegenstand eines einzelnen Volksbegehrens sein können. Grundsätzlich ist ein solches Bepackungs- oder Koppelungsverbot verfassungs*politisch* sehr zu begrüßen, da es der insbesondere im parlamentarischen Gesetzgebungsverfahren üblichen Bündelung verschiedener Materien in einem Artikelgesetz einen Riegel vorschiebt und sicher stellt, dass Probleme, die in keinem inneren Zusammenhang stehen, auch unabhängig voneinander gelöst werden.[3] Unabhängig davon, dass es im Rahmen von Volksbegehren und Volksentscheiden bisher scheinbar nie zu solchen Bündelungen gekommen ist, stellt auch diese Regelung eine unzulässige Beschränkung der verfassungsmäßigen Rechte der Bürger dar, da sie keine Grundlage in der Landesverfassung hat.

Dabei ist zu beachten, dass § 61 III RP-LWG als Ausnahmeregelung eng auszulegen ist. „Rechtlich selbständig" ist eine Angelegenheit grundsätzlich nur dann, wenn es keinen inneren Zusammenhang zwischen den betreffenden Regelungen gibt. Daher wäre es durchaus möglich, in einem Artikelgesetz mehrere Landesgesetze gleichzeitig zu ändern. Hingegen ist es ausgeschlossen, in ein und demselben Antrag gleichzeitig eine Änderung der Verfassung und der einschlägigen Ausführungsbestimmungen zusammenzufassen. Viel-

---

[1] Vgl. dazu ausführlich oben S. 295 ff. Dies verkennt Grimm/Caesar-*Franke*, Art. 109 RP-V, Rn. 14, der unter Berufung auf die Rechtsprechung der Verfassungsgerichte anderer Länder ohne weiteres von der Zulässigkeit einer umfassenden präventiven Normenkontrolle am Maßstab der Landesverfassung ausgeht, wobei er zur Begründung darauf abstellt, dass das Parlament keinen Einfluss auf den Inhalt der Vorlage habe – darauf kann es aber nicht ankommen.

[2] Interessanterweise hatte § 61 II 2 RP-LWG bis zur jüngsten Reform nur auf die Ewigkeitsgarantie des Art. 129 RP-V Bezug genommen, jedoch keine umfassende präventive Normenkontrolle vorgesehen.

[3] Vgl. dazu oben S. 303 ff. zur neueren Rechtsprechung des *BayVfGH*, der mit einer fragwürdigen Argumentation ein ungeschriebenes Koppelungsverbot aus der Verfassung herauslesen will.

mehr müssen diese Verfahren formal getrennt voneinander durchgeführt werden – was indes nicht notwendigerweise beinhaltet, dass sie nicht parallel betrieben werden könnten.[1]

2. Das Verfahren des Volksantrags gemäß § 63 RP-LWG

In § 63 RP-LWG sind die formellen Voraussetzungen für die Zulässigkeit eines Volksantrags geregelt. Wie bereits ausgeführt wurde, ist der Antrag an die Landesregierung zu richten. Er muss den vollständigen Wortlaut des Gegenstandes, in der Regel also einen ausgearbeiteten Gesetzentwurf enthalten und drei stimmberechtigte Personen und deren Ersatzpersonen als Vertreter der Antragsteller benennen.[2] Diese entscheiden „gemeinsam", grundsätzlich also einstimmig.

Darüber hinaus hat der Gesetzgeber verlangt, dass die Antragsteller selbst eine Kurzbezeichnung für ihren Antrag nennen. Dies wird zwar durch die Verfassung nicht vorausgesetzt, stellt aber keine wesentliche Beeinträchtigung der Antragsteller dar. Bei der gebotenen restriktiven Auslegung ist es im Ergebnis ebenfalls unproblematisch, wenn der Gesetzgeber die Antragsteller dazu verpflichtet hat, ihren Gesetzentwurf auch zu begründen, da die Antragsteller, wenn Sie ihr Ziel ernsthaft erreichen wollen, ohnehin eine solche Begründung vorlegen werden.[3]

Das Quorum für den Volksantrag wurde in § 63 Abs. 2 Nr. 3 RP-LWG auf 20.000 Unterschriften festgelegt, die innerhalb eines Jahres vor Eingang des Antrags geleistet worden sein müssen.[4] Da der Volksantrag schon in der Verfassung angelegt ist, müssen diese Unterschriften nicht auf das Quorum für das spätere Volksbegehren angerechnet werden.

Auf die Beibringung der Unterstützungsunterschriften kann gemäß § 63 V RP-LWG verzichtet werden, wenn der Antrag durch den Landesvorstand einer im Landtag vertretenen Partei gestellt wird. Durch diese Regelung, die sich auf § 27 VEG zurückführen lässt,[5] wird das Verfahren für die jeweilige parlamentarische Opposition deutlich erleichtert.

---

[1] Allerdings ergeben sich ggf. Probleme, wenn der Antrag zur Änderung der Ausführungsbestimmungen die erforderliche Mehrheit erreicht und die Verfassungsänderung, die Grundlage für diese Folgeänderungen sein soll, am Quorum für den Volksentscheid scheitert. In diesem Fall wären die Folgeänderungen sofort wieder außer Kraft zu setzen.

[2] § 63 II Nr. 4 RP-LWG, gemäß §§ 63 III i.V.m. 60e IV RP-LWG ist auch hier die erste der genannten Person allein empfangsberechtigt. Alle drei Vertrauenspersonen müssen den Antrag selbst unterzeichnet haben. Wiederum wäre es theoretisch denkbar, die Vertreter nachträglich durch die Unterzeichner wählen zu lassen.

[3] Dazu siehe oben S. 733 zur Rechtslage in Bremen.

[4] Gemäß §§ 63 III i.V.m. 60e III RP-LWG müssen die Gemeinden die Unterschriftsberechtigung der Unterzeichner kostenfrei prüfen.

[5] Vgl. dazu oben S. 119 zur Rechtslage in der Weimarer Republik.

3. Die Entscheidung über die Zulässigkeit des Volksantrags

Gemäß § 64 I RP-LWG entscheidet die Landesregierung über die Zulässigkeit des Volksantrags. Da ihr keine Frist für diese Entscheidung vorgegeben wurde, hat sie die Möglichkeit, das Verfahren auf dieser Stufe zu verzögern.[1]

Bei behebbaren Verstößen gegen die formellen Vorgaben des § 63 RP-LWG verpflichtet § 64 II 1 RP-LWG die Landesregierung dazu, den Antragstellern eine angemessene Frist von längstens einem Monat für die Fehlerbehebung einzuräumen. Wurde das Quorum für den Volksantrag verfehlt, schließt S. 2 dieser Bestimmung eine Heilung aber ausdrücklich aus.

Die Entscheidung über die Zulässigkeit ist öffentlich bekannt zu machen und im Falle der Ablehnung des Antrags zu begründen.[2] In diesem Fall können die Antragsteller innerhalb eines Monats nach Zustellung der Entscheidung den Verfassungsgerichtshof anrufen.[3] Auch diesem ist für seine Entscheidung keine Frist vorgegeben.

4. Die Rücknahme des Antrags

Im Zusammenhang mit dem Volksantrag verdient schließlich noch § 66 I RP-LWG Erwähnung, in dem der Gesetzgeber den Antragstellern die Möglichkeit zur Rücknahme eingeräumt hat. Diese kann bis zum Beginn der Eintragungsfrist erklärt werden. War es hierfür bis zur jüngsten Reform erforderlich, dass so viele der Unterzeichner ihre Unterschrift durch eine schriftliche Erklärung wieder zurücknehmen, dass das Quorum von 20.000 Unterschriften unterschritten wird, wurde nun durch ein zusätzliches „auch" klar gestellt, dass auch den Vertrauenspersonen das Recht zur Rücknahme des Antrags zusteht. Für die übrigen Unterzeichner besteht dabei keine Möglichkeit, diese Entscheidung der Vertrauenspersonen anzufechten.

B. Das Volksbegehren

Hat die Landesregierung den Volksantrag für zulässig erklärt, so macht der Landeswahlleiter den Gesetzentwurf, der dem Volksbegehren zugrunde liegt, öffentlich bekannt und setzt

---

[1] Bis zur jüngsten Reform hatte § 64 I 2 RP-LWG eine Sperrfrist von einem Jahr seit Einreichung des letzten inhaltlich gleichen Antrags vorgesehen.

[2] § 64 III 1 und 3 RP-LWG. Bis zur jüngsten Reform war keine öffentliche Bekanntmachung erforderlich.

[3] § 75 I RP-LWG. Bis zur jüngsten Reform hatte § 65 RP-LWG a.F. eine höchst bemerkenswerte Regelung enthalten, da der Verfassungsgerichtshof nur dann zuständig sein sollte, wenn die Landesregierung ihre Ablehnung darauf gestützt hatte, dass der Antrag auf eine unzulässige Verfassungsänderung gerichtet sei. In allen übrigen Fällen sollte das Oberverwaltungsgericht zuständig sein. Diese Entscheidung lässt sich nur dann verstehen, wenn sich vor Augen führt, dass früher keine umfassende präventive Normenkontrolle verlangt worden war. Da das Antragsverfahren selbst nicht in der Verfassung verankert war, erscheint es aber zumindest nachvollziehbar, wieso der Gesetzgeber die Entscheidung über die Frage, ob die formellen Voraussetzungen für die Zulässigkeit des Antrags vorliegen, nicht dem Verfassungsgericht zuweisen wollte. Nachdem § 61 II RP-LWG nun ausdrücklich eine präventive Normenkontrolle verlangt, musste auch der Rechtsschutz insgesamt von den Verwaltungsgerichten weg verlagert werden.

den Beginn und das Ende der Eintragungsfrist fest.[1] Die Eintragungsfrist hat innerhalb von drei Monaten nach der öffentlichen Bekanntmachung zu beginnen und beträgt zwei Monate[2] – dies gilt auch dann, wenn die Vertreter einer Volksinitiative die Durchführung eines Volksbegehrens verlangen.[3]

Auch in Rheinland-Pfalz ist ein formelles Eintragungsverfahren bei den Gemeinden vorgesehen. Die Antragsteller haben es in der Hand, den Aufwand zu beschränken, indem sie diejenigen Gemeinden bestimmen, in denen Listen ausgelegt werden sollen.[4] Sie müssen die Eintragungslisten, die den vollständigen Wortlaut des Gegenstands und die Namen der Vertreter enthalten, auf eigene Kosten erstellen und an die Gemeinden schicken.[5] Diese sind ihrerseits dazu verpflichtet, die Listen für die Dauer des Eintragungsverfahrens bereit zu halten und die Eintragungsberechtigung der Unterzeichner zu prüfen. § 67 III 3 RP-LWG verpflichtet sie ausdrücklich, die Eintragungsstellen und -zeiten so zu bestimmen, dass jeder Stimmberechtigte Gelegenheit hat, sich an dem Volksbegehren zu beteiligen. Die Eintragungsfrist, sowie die Auslegestellen und -zeiten einschließlich des Wortlautes des Volksbegehrens sind von den Gemeinden öffentlich bekannt zu machen.

Die Eintragung muss grundsätzlich eigenhändig am jeweiligen Wohnort vorgenommen werden – was voraussetzt, dass dort auch Listen ausgelegt wurden. Ist dies nicht der Fall, muss auf eine andere Gemeinde ausgewichen werden. Wie schon § 69 II RP-LWG a.F. eröffnet § 70 RP-LWG die „Briefeintragung" nach dem Vorbild der Briefwahl.[6] Eine Eintragung kann nicht zurückgenommen werden. Sollte eine Eintragung für ungültig erklärt werden, so muss dies dem Betroffenen unter Darlegung der Gründe mitgeteilt werden.[7]

Nach Ablauf der Eintragungsfrist ermitteln die Gemeinden die Zahl der gültigen und ungültigen Eintragungen. Das Ergebnis des Volksbegehrens wird durch den Landeswahlausschuss festgestellt, der ausdrücklich nicht an die Entscheidung der Gemeinden über die Gültigkeit von Eintragungen gebunden ist. Der Landeswahlleiter macht das Ergebnis öffentlich bekannt.[8] Die Entscheidung des Landeswahlausschusses kann innerhalb eines Monats

---

1 § 64 III 2 RP-LWG.
2 Bis zur jüngsten Reform war vorgesehen, dass die Frist nur 14 Tage laufen und frühestens 14 Tage nach der Bekanntmachung beginnen sollte; vgl. § 66 II RP-LWG a.F.
3 Vgl. Art. 109 III 2 RP-V; § 65 RP-LWG.
4 § 67 II RP-LWG.
5 Sollte der Antrag später im Wege des Volksentscheids angenommen oder vom Landtag übernommen werden, werden, haben die Antragsteller die Möglichkeit, die Erstattung dieser Kosten zu beantragen, § 76 III RP-LWG.
6 § 71 III RP-LWG sieht vor, dass die Eintragung in diesem Fall auch dann gültig bleibt, wenn der Betreffende nachträglich sein Stimmrecht verliert.
7 Gegen diese Entscheidung ist der Verwaltungsrechtsweg eröffnet. Zwar macht der Bürger durch die Unterstützung eines Volksbegehrens von seinen verfassungsmäßigen Rechten Gebrauch und tritt damit als „Staatsorgan" in Erscheinung. Die Ungültigkeit einer Eintragung wird aber durch die Kommunen festgestellt, die ihrerseits keine Verfassungsorgane sind. Damit fehlt es ebenso wie bei der Entscheidung über die Aufnahme in das Wählerverzeichnis an der von § 40 VwGO geforderten „doppelten Verfassungsunmittelbarkeit", vgl. dazu schon oben S. 310.
8 Vgl. § 72 RP-LWG.

von jedem Unterzeichner des Volksbegehrens vor dem Verfassungsgerichtshof angefochten werden.[1]

Wie bereits dargelegt wurde, ist das Quorum im Rahmen der jüngsten Verfassungsreform deutlich abgesenkt worden. War früher noch die Unterstützung durch ein Fünftel der Stimmberechtigten erforderlich, reichen heute bereits 300.000 Unterschriften,[2] das entspricht etwa 10 Prozent der Stimmberechtigten. In Bezug auf die Rechtsschutzmöglichkeiten während und nach Abschluss des Volksbegehrens kann auf die früheren Ausführungen verwiesen werden. Da die rheinland-pfälzische Verfassung keine mit Art. 54 Nr. 2 NdsV vergleichbare Generalklausel enthält, kann grundsätzlich nur die Feststellung über das Zustandekommen des Volksbegehrens vor dem Verfassungsgerichtshof angefochten werden, wobei die Vertreter der Antragsteller gegebenenfalls darlegen müssen, dass und inwiefern sich Verstöße während des Verfahrens auf der Ergebnis ausgewirkt haben.[3] Eine unzulässige Einflussnahme durch die Kommunen kann hingegen schon während des Verfahrens vor den Verwaltungsgerichten gerügt werden.[4]

Ist das Volksbegehren zustande gekommen, muss es die Landesregierung unverzüglich mit einer eigenen Stellungnahme dem Landtag unterbreiten. Dieser hat innerhalb von drei weiteren Monaten zu beschließen, nachdem zuvor die Vertreter des Volksbegehrens in den zuständigen Ausschüssen angehört worden sind. Nimmt der Landtag den Gesetzentwurf unverändert an, ist das Verfahren beendet. Beschließt er ein Gesetz, mit dem der begehrte Entwurf inhaltlich in seinem wesentlichen Bestand angenommen wird, können die Vertreter des Volksbegehren beantragen, dass der Landtag das Volksbegehren für erledigt erklärt. Der Landtag behält in diesem Falle also die Möglichkeit, doch noch den Volksentscheid abzuwarten.

Unterbleibt der Volksentscheid, haben die Antragsteller die Möglichkeit, die Erstattung der Kosten für die Herstellung und den Versand der Eintragungslisten für das Volksbegehren zu beantragen.[5]

C. Der Volksentscheid

Lehnt der Landtag das Volksbegehren ab oder lässt er die Entscheidungsfrist verstreichen, so kommt es zum Volksentscheid. In diesem Fall kann das Parlament einen konkurrierenden Entwurf mit zur Abstimmung stellen.[6]

1 § 75 II RP-LWG.
2 Art. 109 III 1 RP-V.
3 Da der Volksantrag nicht in der Verfassung geregelt ist, kommen dessen Unterzeichner nicht als Antragsteller eines Organstreitverfahrens in Betracht, vgl. dazu ausführlicher oben S. 471 und auch schon S. 313 ff.
4 Vgl. dazu oben S. 471 ff.
5 § 76 III 1 RP-LWG.
6 Das Recht des Landtags, einen konkurrierenden Entwurf zur Abstimmung zu stellen, wird zwar in der Verfassung nicht ausdrücklich erwähnt, aber in Art. 109 IV 2 RP-V vorausgesetzt.
Da § 77 I 2, 2. Hs. RP-LWG vorsieht, dass die konkurrierende Vorlage zusammen mit der ablehnenden Entscheidung vorgelegt werden muss, reicht es nicht aus, wenn das Parlament untätig bleibt und später eine Alternativvorlage erarbeitet.

Die Abstimmung hat grundsätzlich innerhalb von weiteren drei Monaten an einem Sonntag[1] statt zu finden. Sollte der Landtag einen Alternativentwurf unterbreitet haben, verdoppelt sich diese Frist jedoch auf sechs Monate.[2] Damit hat der Verfassunggeber dem Umstand Rechnung getragen, dass es in diesem Fall wahrscheinlich zu einer breiteren öffentlichen Diskussion kommen wird, als wenn nur ein einziger Entwurf zur Abstimmung steht.

Gemäß § 78 I 2 RP-LWG ist der Bekanntmachung des Volksentscheids eine Erläuterung der Landesregierung beizugeben, die bündig und sachlich sowohl die Begründung der Antragsteller wie die Auffassung des Landtags und der Landesregierung über den Gegenstand des Volksentscheids darlegen soll. Wie bereits im Zusammenhang mit den vergleichbaren Regelungen in anderen Ländern dargelegt wurde, ist diese Regelung im Hinblick auf den Grundsatz der Chancengleichheit höchst problematisch, da die Regierung eben keine neutrale Instanz ist.[3] Daher kommt dem Rechtsschutz zugunsten der Antragsteller hier entscheidende Bedeutung zu. Insofern ist zu beachten, dass die Unterzeichner eines Volksbegehrens bzw. ihre Vertreter als „andere Beteiligte" im Sinne von Art. 130 I 2 RP-V berechtigt sind, schon während des Verfahrens den Verfassungsgerichtshof anzurufen. Sie haben damit die Möglichkeit, eine allzu einseitige Darstellung Ihres Anliegens zu verhindern.[4]

Gemäß § 19 III RP-LWG ist auch bei Abstimmungen der Einsatz von automatischen Wahlgeräten zulässig.

Bei der Abstimmung entscheidet grundsätzlich die Mehrheit der abgegebenen gültigen Stimmen über die Annahme oder Ablehnung eines Antrags. Allerdings muss sich mindestens ein Viertel der Stimmberechtigten an der Abstimmung beteiligt haben.[5] Ein verfassungsänderndes Gesetz bedarf gemäß Art. 129 I RP-V der Zustimmung durch eine Mehrheit der Stimmberechtigten.

Stehen mehrere Entwürfe zum selben Gegenstand zur Abstimmung, so kann über jeden einzelnen Entwurf getrennt entschieden werden. Eine Vorlage des Landtags ist gegebenenfalls an letzter Stelle auf dem Stimmzettel aufzuführen.[6] Sind die Entwürfe inhaltlich nicht miteinander vereinbar, kommt es gegebenenfalls darauf an, welcher der Entwürfe mehr „Ja"-Stimmen erhalten hat. Sollte die Zahl der „Ja"-Stimmen gleich sein, entscheidet die Differenz zwischen „Ja"- und „Nein"-Stimmen.

---

1 Vgl. § 16 RP-LWG.
2 Art. 109 IV 2 RP-V.
3 Schließlich hatte die Parlamentsmehrheit, die auch hinter der Regierung steht, zuvor das Volksbegehren abgelehnt. Vg. dazu schon oben S. 321, S. 646 bzw. S. 676.
4 Anders hingegen Grimm/Caesar-*Bier*, Art. 130 RP-V, Rn. 30, der meint, dass das Volk nicht antragsberechtigt sei, da das im LWG vorgesehene „Abstimmungsprüfungsverfahren" vorrangig sei. Aus dem Umstand, dass das LWG den Antragstellern eine *weitere* Möglichkeit gibt, den Verfassungsgerichtshof anzurufen, obwohl ihre subjektiven Rechte durch den Ausgang der Abstimmung nicht berührt werden, darf aber nicht gefolgert werden, dass ihnen das allgemeine Recht des Art. 130 I 2 RP-V nicht zustehen würde. Vielmehr ist die Verfassung lege artis auszulegen.
5 Art. 109 IV 3 RP-V.
6 §§ 79 II bzw. 78 III RP-LWG.

Ein durch Volksentscheid zustande gekommenes Gesetz ist durch den Ministerpräsidenten auszufertigen und zu verkünden.[1]

Wird ein durch Volksbegehren eingebrachter Entwurf beim Volksentscheid angenommen, haben die Antragsteller – wie auch im Fall der Erledigung durch die Übernahme ihrer Vorlage – die Möglichkeit, die Erstattung der Kosten für die Herstellung und den Versand der Eintragungslisten für das Volksbegehren zu beantragen.[2]

IV. Das Referendum und der Antrag auf Auflösung des Landtags

Für den Antrag auf Auflösung des Landtags gemäß Art. 109 Abs. 1 Nr. 2 RP-V gilt grundsätzlich nichts anderes als für ein Volksbegehren über einen Gesetzentwurf.

Etwas größer sind die Unterschiede bei dem Referendum nach Art. 115 RP-V. Insofern ist zunächst festzuhalten, dass der Anwendungsbereich dieses Verfahrens im Rahmen der jüngsten Verfassungsreform deutlich beschnitten worden ist. Zwar war in den Verhandlungen des Landtags immer nur von einer „Klarstellung" die Rede, da es sich bei dem Begehren nach Art. 115 RP-V selbstverständlich um ein Volksbegehren im Sinne des Art. 109 III RP-V handele. Tatsächlich hatte es Art. 114 RP-V bisher aber einer qualifizierten Minderheit von einem Drittel der Mitglieder des Landtags ermöglicht, die Aussetzung jedes beliebigen Gesetzes zu verlangen – und zwar auch dann, wenn es sich um ein Gesetz über „Finanzfragen", Abgaben oder die Besoldung handelte. Sofern die Landtagsmehrheit das Gesetz nicht für dringlich erklärt, wäre es also möglich gewesen, eine unmittelbare Entscheidung der Bürger herbeizuführen.

Diese klare Aussage des Wortlauts der Verfassung kann auch nicht durch den Hinweis überspielt werden, dass es sich bei dem Verfahren nach Art. 115 RP-V um ein „Volksbegehren" handele.[3] Schließlich waren die Bestimmungen der Artt. 114 f. RP-V systematisch deutlich von den Regelungen über den Volksentscheid aufgrund eines „normalen" Volksbegehrens getrennt.

Auch einem „Volksbegehren" gemäß Art. 115 I 1 RP-V muss ein Antragsverfahren vorausgehen.[4] Der Zulassungsantrag muss innerhalb eines Monats nach dem Gesetzesbeschluss bei der Landesregierung eingereicht werden und die Unterschrift von 10.000 Stimmberechtigten tragen – wobei dieses Quorum im Ergebnis leer läuft, da gemäß § 63 V RP-LWG auch hier auf die Beibringung der Unterschriften verzichtet werden kann, wenn der Landesvorstand einer im Landtag vertretenen Partei den Antrag stellt. Da das Verfahren aber nur eingeleitet wird, wenn zuvor die Verkündung eines Parlamentsgesetzes ausgesetzt worden ist und der Antrag mit an Sicherheit grenzender Wahrscheinlichkeit von den Abge-

---

[1] Der Verfassungsgerichtshof kann das durch den Volksentscheid beschlossene Gesetz nicht im Wege einer einstweiligen Anordnung wieder außer Kraft setzen, da dies nur auf Antrag möglich wäre, vgl. § 19a RP-VerfGHG, sowie dazu *Pestalozza*, Verfassungsprozessrecht, § 30, Rn. 35; sowie ausführlich oben S. 330.

[2] § 76 III 2 RP-LWG.

[3] Tatsächlich liegt hier ein Referendumsbegehren vor, da der Antrag nicht vom Volk initiiert werden kann.

[4] In Art. 115 II RP-V ist vom Antrag auf Zulassung des Volksbegehrens die Rede.

ordneten einer Oppositionspartei gestellt wird, wird es kaum jemals nötig sein, tatsächlich noch weitere Unterschriften zu sammeln.

Ein weiterer Unterschied zum Regelverfahren der Volksgesetzgebung besteht darin, dass zwar das Quorum für das „Volksbegehren" auf 150.000 Unterschriften festgesetzt und damit halbiert, zugleich aber auch die Eintragungsfrist von zwei auf einen Monat abgesenkt wurde. Immerhin haben die Antragsteller in diesem Verfahren bereits dann einen Anspruch auf Erstattung der Kosten für die Herstellung und den Versand der Eintragungslisten, wenn das Volksbegehren zustande gekommen ist.[1] In diesem Fall kommt es ohne weiteres zur Abstimmung über den Gesetzentwurf. Eine weitere Behandlung im Landtag ist also nicht vorgesehen.

Nachdem in § 81 I 1 RP-LWG nicht zwischen normalen Volksentscheiden und dem Referendum aufgrund eines „Volksbegehren" gemäß Art. 115 I RP-V unterschieden wird, ist der Gesetzgeber offensichtlich davon ausgegangen, dass das Beteiligungsquorum des Art. 109 IV 3 RP-V auch hier gelten muss. Tatsächlich ist dies durchaus zweifelhaft, da auch insofern die deutliche systematische Trennung der beiden Verfahren zu beachten ist. Es ist daher keineswegs selbstverständlich, dass es sich bei dem Volksentscheid gemäß Art. 115 I 1 RP-V um einen Sonderfall der Abstimmungen gemäß Art. 109 IV RP-V handelt. Vielmehr ist dies nicht zuletzt deshalb zweifelhaft, weil der Landtag im Rahmen der jüngsten Reform – anders als in Bezug auf die inhaltlichen Beschränkungen des Anwendungsbereiches der Verfahren – keinen Anlass gesehen hat, alle Unklarheiten zu beseitigen.[2] Auf der anderen Seite ist aber auch zu beachten, dass Art. 115 RP-V anders als Art. 109 RP-V noch niemals eine Bestimmung über die Mehrheitserfordernisse enthalten hat. Daher liegt in der Tat der Schluss nahe, dass die Vorgaben des Art. 109 RP-V für die Abstimmung nach Art. 115 RP-V entsprechend anwendbar sind.

V. Verfahrenspraxis und verfassungspolitische Bewertung

A. Die Praxis der Verfahren

Seit der Neuregelung hat es erst zwei Versuche gegeben, in Rheinland-Pfalz einen Volksentscheid herbeizuführen.

1. Der Volksantrag für „Ein neues Verfassungsmodell"

Im Mai 2000 startete der aus den kommunalen Wählervereinigungen hervorgegangene „Landesverband Freie Wähler" (FWG)[3] die Sammlung von Unterschriften für einen Volksantrag für **„Ein neues Verfassungsmodell für Rheinland-Pfalz"**, mit dem unter anderem die Direktwahl des Ministerpräsidenten, die Einführung eines Teilzeitparlaments, das Ku-

---

1 § 76 III 1 RP-LWG.
2 Allerdings wurde dieses Problem scheinbar nicht diskutiert.
3 Die FWG übernahm damit einen Vorschlag des Speyerer Staatsrechtslehrers und Parteienkritikers Hans-Herbert von Arnim.

mulieren und Panaschieren und die Abschaffung der 5-%-Hürde bei Landtagswahlen sowie die Trennung von Amt und Mandat durchgesetzt werden sollte.

Nachdem bis zum Juli 2001 erst etwa 15.000 Unterschriften zusammen gekommen waren, stoppten die Initiatoren das Verfahren – wobei sie vor allem darauf abstellten, dass der Landtag im Rahmen der Anpassung des LWG an die im Jahr zuvor reformierte Verfassung das Quorum für den Volksantrag von 20.000 auf 30.000 Eintragungen erhöht habe. Tatsächlich wird bei der Entscheidung aber wohl auch der Umstand eine Rolle gespielt haben, dass die FWG bei den Landtagswahlen im März 2001 wider Erwarten nur etwa 2,5 Prozent der Stimmen auf sich hatte vereinigen können. Spätestens zu diesem Zeitpunkt war klar geworden, dass die FWG das Verfahren nicht ohne die Unterstützung einer der größeren Parteien mit Aussicht auf Erfolg weiter betreiben konnte.

2. Die Volksinitiative „Wahlrecht ab 16"

Am 8. Dezember 2003 begann ein Bündnis aus JungdemokratInnen, Jungen Linken, den Falken, der Grünen Jugend und der LandesschülerInnen-Vertretung mit der Sammlung für eine Volksinitiative „**Wahlrecht ab 16**", mit der das aktive Wahlalter für Kommunalwahlen auf 16 Jahre abgesenkt werden soll.[1] Unterstützung fanden die Initiatoren auch beim Landesverband des Bündnis 90/Die Grünen. Obwohl die Frist für die Sammlung der erforderlichen 30.000 Unterschriften noch bis zum 7. Dezember 2004 lief, stellten die Initiatoren das Verfahren schon im Oktober 2004 ein, da bis dahin lediglich etwa 2.500 Unterschriften zusammen gekommen waren.[2]

Die Vorschläge wurden allerdings am 3. Dezember 2004 einer Enquête-Kommission „Jugend und Politik" des Landtags unterbreitet, die im Juni 2004 vom Landtag eingesetzt worden war, um nach Wegen zu suchen, wie die Distanz zwischen jungen Menschen und der Politik überwunden, die Beteiligungsrechte der Jugendlich weiter entwickelt werden und damit die Demokratie gestärkt werden kann.

B. Zur Bewertung der Verfahrensregelungen

Angesichts der relativ kurzen Zeitspanne, die seit der Verabschiedung der Neuregelungen vergangen ist, kann noch nicht abschließend beurteilt werden, ob die direktdemokratischen Verfahren in Rheinland-Pfalz in Zukunft eine größere praktische Bedeutung erlangen werden. Eine genauere Betrachtung macht allerdings einige strukturelle Probleme deutlich: Wie im Verlauf der bisherigen Untersuchung deutlich geworden ist, hängt das politische Gewicht einer solchen Initiative maßgeblich davon ab, ob das Parlament und die Regierung damit rechnen müssen, dass gegebenenfalls ein Volksbegehren eingeleitet wird. Daher ist es sehr zu begrüßen, wenn der Verfassunggeber zumindest dann eine Möglichkeit vorgesehen hat, von der Volksinitiative auf das Verfahren der Volksgesetzgebung überzugehen, wenn der Initiative ein ausgearbeiteter Gesetzentwurf zugrunde lag. Allerdings ist in diesem Zusammenhang zu beachten, dass für eine solche Initiative immerhin 30.000 Unterschriften beigebracht werden müssen, während für einen Volksantrag nur 20.000 Unter-

---

1 Vgl. „Wahlrecht ab 16!", ZfDD, Heft 1/2004, S. 28.
2 Vgl. „Rheinland-Pfalz – Volksinitiative gescheitert", ZfDD, Heft 3/2004, S. 30.

schriften erforderlich sind. Gehen die Antragsteller nun aber davon aus, dass sich das Parlament ihr Anliegen ohnehin nicht gleich zu eigen machen wird, dann ist es für sie wesentlich sinnvoller, einen normalen Volksantrag einzuleiten – und darauf zu bauen, dass der Landtag auch diesen zum Anlass nehmen wird, sich mit der Angelegenheit auseinander zu setzen. Schließlich verzichten sie damit lediglich auf den justitiablen Anspruch, im Landtag angehört zu werden, verringern aber den Aufwand für das Eintragungsverfahren.

In Bezug auf das Verfahren der Volksgesetzgebung ist zu beachten, dass auch in Rheinland-Pfalz die traditionellen Einschränkungen des Anwendungsbereiches übernommen wurden. Dabei kommt erschwerend hinzu, dass der Verfassunggeber die außergewöhnlich unscharfe Formulierung des Art. 109 III 2 RP-V unverändert übernommen und „Finanzfragen" ausgeschlossen hat. Damit wurde einer extensiven Auslegung der Ausschlussklausel durch den Verfassungsgerichtshof Vorschub geleistet.

Auch wenn das Quorum für das Volksbegehren mittlerweile auf 10 Prozent und damit auf das bayerische Niveau abgesenkt wurde, ändert dies doch nichts daran, dass dieses Quorum immer noch eine relativ hohe Hürde auf dem Weg zum Volksentscheid darstellt. Noch schwerer wiegt jedoch angesichts der Erfahrungen mit den übrigen neueren Landesverfassungen der Umstand, dass beim Volksentscheid durch das Beteiligungsquorum von einem Viertel der Stimmberechtigten nochmals eine weitere Sicherung eingezogen wurde, die in der Praxis dazu führen könnte, dass Anträge scheitern, obwohl an sich Regelungsbedarf besteht und ein überwältigender Anteil der Abstimmenden einer Vorlage zugestimmt hat. Immerhin ist das Quorum im Ergebnis etwas niedriger als in den meisten anderen der neueren Landesverfassungen, wo ja sogar die Zustimmung durch ein Viertel der Stimmberechtigten verlangt wird. Da eine Abstimmungsbeteiligung von 25 Prozent durchaus nicht völlig unrealistisch ist, muss man auch nicht ernsthaft befürchten, dass die Gegner einer Vorlage auf eine Boykottstrategie ausweichen werden. Vielmehr muss auch ihnen daran gelegen sein, für ihr Anliegen zu werben.

Trotz alldem sind die aktuellen Regelungen der Verfassung von Rheinland-Pfalz noch zu sehr der restriktiven Regelungstradition verhaftet, um als wirksame Instrumente zur Verbesserung der Kommunikation zwischen den Bürgern und dem Parlament oder gar zur Korrektur parlamentarischer Entscheidungen angesehen zu werden. Dies scheinen auch die Bürger so zu sehen, da sie die Verfahren bisher kaum genutzt haben.

13. Kapitel: Nordrhein-Westfalen

Seit März 2002 kann schließlich auch die Verfassung des Landes Nordrhein-Westfalen jedenfalls in Bezug auf die Regelungen über die unmittelbare Mitwirkung der Bürger zu den neueren Landesverfassungen gezählt werden.

I. Entstehungsgeschichte

A. Die Rechtslage bis 2002

Wie bereits im dritten Teil der vorliegenden Untersuchung dargestellt wurde, hat die Verfassung von Nordrhein-Westfalen als einzige der nach Verabschiedung des Grundgesetzes erlassenen Landesverfassungen seit jeher Regelungen über direktdemokratische Verfahren enthalten, die jedoch weitgehend in Anlehnung an die Vorbilder aus der Zeit der Weimarer Republik formuliert – und dementsprechend unpraktikabel waren. Zwar gab es mit dem Volksbegehren gegen die „Koop"-Schule[1] immerhin einen geradezu sensationellen Erfolg für die Gegner der Gesamtschule – der aber wohl nur der damaligen extremen Polarisierung zu verdanken war. Im Übrigen haben die direktdemokratischen Verfahren hingegen so gut wie keine praktische Bedeutung gespielt.

Die Ausgestaltung des Verfahrens entsprach weitgehend derjenigen in Rheinland-Pfalz bis zur jüngsten Verfassungsreform.[2] Gegenstand des Volksbegehrens, das von 20 Prozent der Stimmberechtigten unterstützt werden musste, konnten nur Gesetzentwürfe sein, wobei Finanzfragen, Abgabengesetze und Besoldungsordnungen ausdrücklich ausgeschlossen waren und die Regelungskompetenz des Landes bestehen musste. Die Verfassung selbst kam nicht als Gegenstand eines Volksbegehrens in Betracht, da nach Art. 69 I 2 NRW-V a.F. ausschließlich der Landtag eine Verfassungsänderung beschließen konnte.[3]

Kam der Landtag einem Volksbegehren nicht nach, so sollte es zum Volksentscheid kommen, bei dem grundsätzlich die Mehrheit der abgegebenen Stimmen entschied. Für den Fall, dass sich im Parlament keine hinreichende Mehrheit für einen Antrag auf Änderung der Verfassung fand, waren sowohl der Landtag[4] als auch die Regierung berechtigt, ein Verfassungsreferendum einzuleiten, bei dem es auf die Zustimmung durch eine Mehrheit der Stimmberechtigten ankommen sollte. Die Landesregierung hatte darüber hinaus das Recht, auch einfache Gesetze zum Gegenstand eines Referendums zu machen, sofern ein von ihr eingebrachter Entwurf im Landtag keine hinreichende Mehrheit gefunden hätte – allerdings hätte sie damit ihre eigene Legitimationsbasis in Frage gestellt.[5]

---

1 Vgl. dazu oben S. 382 ff.
2 Dies lässt sich wohl nicht zuletzt darauf zurückführen, dass sich beide Länder wiederum an der Preußischen Verfassung von 1920 orientiert hatten, die bis zur Gründung der beiden Länder für den größten Teil ihres jeweiligen Staatsgebietes gegolten hatte.
3 Vgl. dazu schon oben S. 269 f.
4 Also die Mehrheit seiner Mitglieder.
5 Wäre das Gesetz abgelehnt worden, so hätte die Landesregierung zurücktreten müssen; wäre es

Diese Vorgaben wurden durch das Gesetz über das Verfahren bei Volksbegehren und Volksentscheid konkretisiert. Danach musste dem Volksbegehren ein eigenständiges Volksantragsverfahren vorausgehen, in dem mindestens 3.000 Stimmberechtigte die Zulassung der Listenauslegung zu beantragen hatten.[1] Gemäß § 3 S. 2 NRW-VVVG sollte eine Sperrfrist von einem Jahr für die Wiederholung sachlich gleicher Anträge gelten. In dem Volksantrag mussten auch der Vertrauensmann und ein Stellvertreter benannt werden, die zur Entgegennahme von Mitteilungen und Entscheidungen ermächtigt sind. Interessanterweise hatten – und haben – die Unterzeichner des Volksantrags die Möglichkeit, diese Vertrauenspersonen nachträglich auszutauschen.

Die Entscheidung über den Volksantrag lag bei der Landesregierung, die grundsätzlich innerhalb von sechs Wochen einen entsprechenden Beschluss fassen musste. Sofern der Gesetzentwurf, der dem beabsichtigten Volksbegehren zugrunde gelegt werden sollte, innerhalb eines Monats nach Eingang des Volksantrags beim Landtag eingebracht wurde, konnte diese Frist allerdings bis auf sechs Monate verlängert werden.

Nach der Zulassungsentscheidung mussten die Antragsteller innerhalb von vier Wochen die Eintragungslisten an die Gemeinden versenden,[2] die ihrerseits dazu verpflichtet waren, diese Listen während der fünften und sechsten Woche innerhalb der üblichen Amtsstunden[3] und an Sonntagen auszulegen. Die Eintragung war grundsätzlich nur in der jeweiligen Wohnortgemeinde möglich. Sofern sich ein Eintragungsberechtigter während der Frist aus zwingenden Gründen außerhalb seines Wohnortes aufhalten musste, konnte er einen Eintragungsschein beantragen, der ihn berechtigte, das Volksbegehren in anderen Orten zu unterstützen. Eine „Briefeintragung" war hingegen nicht möglich.

War ein Volksbegehren zustande gekommen, so hatte der Landtag innerhalb von zwei Monaten darüber zu entscheiden, ob er dem Begehren entsprechen will. Sofern dies nicht der Fall war, musste innerhalb weiterer 10 Wochen ein Volksentscheid herbeigeführt werden, bei dem gegebenenfalls ein konkurrierender Entwurf des Landtags mit zur Abstimmung gestellt werden sollte.[4] Der Innenminister hatte für eine ausreichende Veröffentlichung über den Abstimmungstag und den Gegenstand des Volksbegehrens zu sorgen. Beim Volksentscheid kam es darauf an, ob die Vorlage von einer Mehrheit der Abstimmenden unterstützt wurde.

---

angenommen worden, hätte sie das Recht gehabt, das Parlament aufzulösen – womit sie ebenfalls ihr eigenes Schicksal besiegelt hätte, vgl. Art. 68 III NRW-V a.F.

1 Zwar handelt es sich dabei um eine nicht in der Verfassung vorgesehene zusätzliche Hürde. Angesichts der extrem geringen Zahl von Unterschriften wurden die Mitwirkungsrechte der Bürger jedoch nicht übermäßig beeinträchtigt.

2 Die Kosten für die Herstellung und den Versand der Eintragungslisten hatten grundsätzlich die Antragsteller zu tragen. Wenn der Landtag ihrem Volksbegehren entsprochen hätte oder der Entwurf beim Volksentscheid angenommen worden wäre, so hätten sie die Erstattung dieser Kosten verlangen können.

3 Mit Zustimmung der Antragsteller waren abweichende Regelungen möglich.

4 Diese Regelung war – und ist – verfassungsrechtlich höchst problematisch, da die NRW-V grundsätzlich nur der Landesregierung das Recht gibt, ein Referendum über einfache Gesetze herbeizuführen. Vgl. dazu unten S. 880.

In Bezug auf die in NRW-V seit jeher vorgesehenen Referenden kann auf die Darstellung im dritten Teil der Untersuchung verwiesen werden.[1]

B. Die Diskussion um eine Verfassungsreform seit 2000[2]

Wie bereits im dritten Teil dieser Untersuchung ausgeführt wurde,[3] sind die bis dahin geltenden Regelungen über die direktdemokratischen Verfahren nach dem Volksbegehren gegen die „Koop"-Schule erst im Jahre 1999 wieder genutzt worden, als die Initiative „Mehr Demokratie e.V." auch in diesem Land ein Volksbegehren mit dem Ziel einleitete, die Möglichkeiten für die unmittelbare Mitwirkung der Bürger deutlich zu erweitern. Wie ebenfalls deutlich wurde, scheiterten diese Bemühungen im Ergebnis daran, dass die Verfassung selbst nach den bis dahin geltenden Regelungen vom Anwendungsbereich des Volksentscheids ausgeschlossen war, so dass allenfalls ein imperfektes Volksbegehren zulässig gewesen wäre.[4]

Allerdings wurde durch die Bemühungen von „Mehr Demokratie e.V." ein Diskussionsprozess eingeleitet, der im Ergebnis doch noch zu einer Verfassungsänderung geführt hat, mit der dem Anliegen der Initiatoren weitgehend entsprochen worden ist. Zunächst hatte die CDU einige Anliegen des Volksbegehrens aufgenommen[5] und gefordert, das Quorum für das Volksbegehren auf 10 Prozent abzusenken – und damit gegenüber dem status quo immerhin zu halbieren[6] – sowie gleichzeitig die Eintragungsfrist von zwei auf vier Wochen zu verlängern. Außerdem sollten die Möglichkeit von Volksinitiativen durch 65.000 Stimmberechtigte[7] und ein obligatorisches Verfassungsreferendum in der Verfassung verankert werden.

Nachdem die Regierungsmehrheit aus SPD und Bündnis 90/Die Grünen in der Endphase der laufenden Wahlperiode nicht mehr dazu bereit war, dieses Anliegen aufzunehmen, wurden zunächst die Neuwahlen im Mai 2000 abgewartet, bei denen die Regierungskoalition ihre Mehrheit behaupten konnte. Unmittelbar nach der Konstituierung des neuen Landtags nahm die CDU ihre Forderungen aus der vorangegangenen Legislaturperiode wieder auf.[8] Im September 2000 legte sie einen konkreten Entwurf für eine Änderung der Landesverfassung und der einschlägigen Ausführungsbestimmungen vor,[9] der sich zum einen dadurch von dem Antrag aus der vorausgegangenen Legislaturperiode unterschied, dass kein obligatorisches Verfassungsreferendum mehr vorgesehen war. Zum anderen sollte die

---

1   Vgl. dazu oben S. 334 ff.
2   Vgl. dazu ausführlich *P. Neumann*, NWVBl. 2003, S. 1 ff.; sowie kürzer *Dietlein*, JöR 2004, S. 343.
3   Vgl. dazu oben S. 386 ff.
4   Vgl. dazu oben S. 269 f.
5   LT-Drs. 12/4842.
6   „Mehr Demokratie" hatte insofern 500.000 Unterschriften ausreichen lassen wollen – das sind etwa 3,8 %.
7   Das entspricht einem Anteil von etwa 0,5 %. Im Gegensatz zu den Forderungen von „Mehr Demokratie" sollten jedoch nur Stimmberechtigte und nicht etwa alle Einwohner über 16 Jahre dazu berechtigt sein, eine solche Initiative durch ihre Unterschrift zu unterstützen.
8   Vgl. LT-Drs. 13/25, S. 2 f.
9   LT-Drs. 13/187.

Frist für die Unterstützung eines Volksbegehren nun drei Monate statt wie bisher nur zwei Wochen betragen.[1] Nachdem sich bei der anschließenden Parlamentsdebatte gezeigt hatte, dass keine der im Landtag vertretenen Parteien strikt gegen die Erweiterung bzw. Erleichterung der direktdemokratischen Verfahren war,[2] wurde der Antrag zunächst wie gewohnt in die zuständigen Ausschüsse verwiesen und dort beraten.

Noch während dieser Beratungen legten die Fraktionen der Regierungskoalition von SPD und Bündnis 90/Die Grünen eigene Entwürfe für eine Reform der Verfassung[3] und der einschlägigen Ausführungsbestimmungen[4] vor. Zwar sollten auch danach 0,5 % der Stimmberechtigten die Möglichkeit bekommen, dem Landtag im Rahmen seiner Entscheidungszuständigkeit bestimmte Gegenstände der politischen Willensbildung zur Entscheidung vorzulegen. Allerdings sollten für diese Volksinitiative nicht nur die „klassischen" Beschränkungen in Bezug auf „Finanzfragen, Abgabengesetze und Besoldungsregelungen" gelten, sondern darüber hinaus sollte auch die Verfassung selbst vom Anwendungsbereich des Verfahrens ausgeschlossen sein.[5] Während auf der einen Seite beim Volksbegehren das Quorum von 20 auf 10 Prozent abgesenkt werden sollte, wurde auf der anderen Seite vorgeschlagen ein qualifiziertes Quorum für den Volksentscheid einzuführen, wonach ein Gesetz nur dann angenommen wäre, wenn ihm wie bisher die Mehrheit der Abstimmenden und darüber hinaus 20 Prozent der Stimmberechtigten zugestimmt haben. Zwar sollte es möglich werden, die Verfassung durch Volksbegehren und Volksentscheid zu ändern. Ein entsprechender Antrag sollte aber der Zustimmung durch zwei Drittel der Abstimmenden bedürfen, wobei sich mindestens die Hälfte der Stimmberechtigten an der Abstimmung beteiligen müsste.[6] Zudem sollte eine dem Art. 79 III GG nachgebildete und für sämtliche Änderungen der Verfassung geltende Struktursicherungsklausel eingefügt werden.[7]

Nachdem der Hauptausschuss des Landtags am 8. März 2001 zahlreiche Sachverständige angehört hatte,[8] die sich grundsätzlich zustimmend zu dem Plan äußerten, den Bürgern

1   Darüber hinaus gab es einige redaktionelle Änderungen
2   Während es an sich kaum erstaunlich ist, dass sich der SPD-Abg. Moron als Vertreter der Regierungspartei eher skeptisch äußerte, mutet es merkwürdig an, dass er seine Haltung vor allem mit dem Verweis darauf begründete, dass die CDU auf der Ebene des Bundes schon immer gegen direktdemokratische Verfahren gewesen sei, Sten. Prot. der Sitzung am 29.9.2000, S. 786 ff.
3   LT-Drs. 13/462.
4   LT-Drs. 13/457.
5   In dem Entwurf der CDU war hingegen überhaupt keine Beschränkung des Anwendungsbereiches dieses Verfahrens vorgesehen.
6   Für die Volksinitiative war keine freie Unterschriftensammlung sondern ein formelles Eintragungsverfahren vorgesehen. Dementsprechend hätten die Initiatoren zunächst einen Antrag stellen müssen, der von den Behörden geprüft worden wäre. Dies hätte eine einzigartige Erschwerung des Verfahrens bedeutet.
    Die Frist für die Unterstützung des Volksbegehrens sollte von zwei auf acht Wochen verlängert werden
7   Interessanterweise sollte danach eine Änderung der Verfassung unzulässig sein, die den Grundsätzen des republikanischen, demokratischen und sozialen Rechtsstaates im Sinne des *Grundgesetzes für die Bundesrepublik Deutschland* widerspricht – obwohl die Verfassung des Landes Nordrhein-Westfalen dieselben Grundsätze enthält.
8   Vgl. dazu die synoptische Zusammenfassung der Stellungnahmen in der LT-Drs. 13/2264, S. 10 ff. Sämtliche Sachverständige äußerten zumindest vorsichtige Zustimmung zu den vorgeschlagenen

mehr unmittelbare Mitwirkungsrechte einzuräumen, wurden die Beratungen zunächst in den Fachausschüssen fortgesetzt.[1] Dabei wurde auch ein weiterer Änderungsantrag der FDP-Fraktion mit einbezogen.[2] Nachdem diese Beratungen zunächst zu keinem greifbaren Ergebnis geführt hatten, konnte im Januar 2002 in informellen interfraktionellen Gesprächen eine Einigung zwischen den Regierungsfraktionen und der CDU erzielt werden, der sich dann auch die FDP anschloss. Die ursprünglich von SPD und Bündnis 90/Die Grünen geforderten Beschränkungen des Anwendungsbereiches der Volksinitiative wurden ersatzlos gestrichen, das Quorum für das Volksbegehren nochmals auf 8 Prozent abgesenkt und bei Volksentscheiden über einfache Gesetze sollten sich nur 15 Prozent der Bürger beteiligen müssen.[3] In dieser Fassung wurde die Verfassungsänderung dann einstimmig vom Landtag beschlossen und am 5. März 2002 verkündet.[4] Am selben Tag wurde auch das „Gesetz über das Verfahren bei Volksbegehren und Volksentscheid" (NRW-VVVG) in „Gesetz über das Verfahren bei Volksinitiative, Volksbegehren und Volksentscheid" (NRW-VIVBVEG) umbenannt und entsprechend den Vorgaben der geänderten Verfassung reformiert.[5]

Etwa zwei Jahre später, im Mai 2004, legten die Fraktionen der Regierungskoalition aus SPD und Bündnis 90/Die Grünen einen Entwurf für ein Gesetz zur Änderung des NRW-VIVBVEG vor, mit dem – aufgrund der ersten Erfahrungen mit der Anwendung der Verfahren – einige Besonderheiten gestrichen und das Verfahren damit erleichtert werden sollte.[6] Die Änderungen wurden im Juli 2004 beschlossen.[7]

Änderungen. Teilweise wurde eine noch weitergehende Erleichterung gefordert.

1   Der federführende Hauptausschuss selbst beriet nach der Anhörung nur noch dreimal über die Entwürfe. Am 13.6. und am 27.9.2001, sowie am 31.1.2002, vgl. LT-Drs. 13/2264, S. 29.

2   Diese hatte zum einen den Verzicht auf die Einführung der Volksinitiative gefordert. Statt dessen solle das Quorum für das Volksbegehren auf 5 % abgesenkt werden. Die geplante Struktursicherungsklausel sei überflüssig, da insofern ohnehin das Homogenitätsgebot des Art. 28 I 1 GG greife (wobei jedoch zu beachten ist, dass der VfGH grundsätzlich nur die Landesverfassung für die Überprüfung eines Gesetzes heranziehen kann). Bei einem Volksentscheid über Verfassungsänderungen sollte sich nur ein Viertel der Stimmberechtigten beteiligen müssen, bei sonstigen Volksentscheiden 15 %, vgl. LT-Drs. 13/2264, S. 29.

3   Vgl. LT-Drs. 13/2264.

4   Vgl. zur Diskussion auch *Rosenke*, S. 98 ff.

5   Am 29. April 2002 wurde dann auch noch die Verordnung zur Durchführung des NRW-VIVBVEG erlassen, GVBl. S. 133.

6   Vgl. LT-Drs. 13/5396. Vorgesehen war zum einen die Streichung des der Volksinitiative vorgelagerten Antragsverfahrens, das durch eine bloße Anzeige der beabsichtigten Initiative ersetzt werden sollte. Dies wäre auch und vor allem deshalb ohne weiteres möglich gewesen, weil auch in Nordrhein-Westfalen die freie Unterschriftensammlung eingeführt werden sollte. Schließlich sollten die Initiatoren einen Anspruch auf Anhörung durch den Landtag erhalten.
    In Bezug auf das Volksbegehren sah der Gesetzentwurf eine Konkretisierung des Eintragungsverfahrens vor, mit der zum einen die Zahl der Eintragungsstellen und zum anderen die Eintragungszeiten konkret festgelegt werden sollten.

7   GVBl. S. 408.

II. Die Volksinitiative nach Art. 67a NRW-V

Die Regelung des Art. 67a NRW-V beschränkt sich auf das unbedingt erforderliche Minimum. Nach Abs. 1 S. 1 dieser Bestimmung kann der Landtag auch hier verpflichtet werden, sich mit jedem „bestimmten Gegenstand der politischen Willensbildung" zu befassen, sofern dieser Gegenstand nur im Rahmen der Entscheidungszuständigkeiten des Parlamentes liegt. Neben Gesetzentwürfen, die in Abs. 1 S. 2 ausdrücklich erwähnt werden, können daher insbesondere auch hier Volksinitiative eingereicht werden, mit denen der Landtag dazu aufgefordert werden soll, seinerseits die Landesregierung zu einem bestimmten Verhalten auf der Ebene des Bundes anzuregen.[1]

Auch Personalentscheidungen sind nicht grundsätzlich vom Anwendungsbereich der Verfahren ausgeschlossen, sofern die Verfassung das Initiativrecht nicht ausdrücklich bestimmten anderen Organen zuweist.[2]

Darüber hinaus regelt Art. 67a II NRW-V nur noch das Quorum für die Volksinitiative, das mit 0,5 Prozent der Stimmberechtigten deutlich niedriger ausgefallen ist als in den übrigen neueren Landesverfassungen,[3] und in Abs. 3 wurde der Gesetzgeber zur Regelung der weiteren Details ermächtigt. Dementsprechend kommt den einschlägigen Bestimmungen des NRW-VIVBVEG eine große Bedeutung zu.[4]

A. Das Eintragungsverfahren für die Volksinitiative

Während es in allen übrigen Ländern allein Sache der Initiatoren ist, die erforderlichen Unterschriften für eine Volksinitiative zusammenzutragen, hatte man sich in Nordrhein-Westfalen zunächst entschlossen, ein formalisiertes Eintragungsverfahren bei den Gemeinden einzuführen, für das die Bestimmungen über das Volksbegehren entsprechend anwendbar sein sollten.

---

1 In diesem Sinne auch Löwer/Tettinger-*Mann*, Art. 67a NRW-V, Rn. 14, der in Rn. 13 allerdings die Möglichkeit erörtert, dass die inhaltlichen Beschränkungen des Anwendungsbereiches „selbstverständlich" und eine ausdrückliche Regelung daher unnötig sein könnte.

2 Vgl. dazu schon ausführlich oben S. 445 ff. So wählt der Landtag etwa die vier Mitglieder des Verfassungsgerichtshofes, die dem Gericht nicht schon von Amts wegen angehören, vgl. Art. 76 I NRW-V. Auch in bezug auf die Wahl des Präsidenten, des Vizepräsidenten und der übrigen Mitglieder des Landesrechnungshofes weist die Verfassung das Initiativrecht keiner bestimmten Institution zu, vgl. Art. 87 II NRW-V. Der Landesdatenschutzbeauftragte wird demgegenüber ausdrücklich *auf Vorschlag der Landesregierung* gewählt, vgl. Art. 77a I NRW-V.

3 Dies ist auf die Erkenntnis zurückzuführen, dass sich in einem großen und bevölkerungsreichen Bundesland nur schwer 1 % der Stimmberechtigten mobilisieren lassen. Dies gilt insbesondere dann, wenn es sich um Angelegenheiten handelt, die nur oder vor allem von regionaler Bedeutung sind.

4 Die Volksinitiative ist zu Unrecht im Zusammenhang mit dem Gesetzgebungsverfahren geregelt worden, die sie unter keinen Umständen als Bestandteil eines solchen Verfahrens in Frage kommt, vgl. dazu auch Löwer/Tettinger-*Mann*, Art. 67a NRW-V, Rn. 7.

1. Das frühere formelle Eintragungsverfahren und der Antrag auf Zulassung der Listenauslegung

Das ursprünglich vorgesehene formelle Eintragungsverfahren machte es nötig, der eigentlichen Volksinitiative ein Antragsverfahren vorzuschalten. Dieses Verfahren sollte zum einen den zuständigen Behörden die Vorbereitung des Verfahrens ermöglichen und zum anderen eine möglichst frühzeitige Kontrolle der Zulässigkeitsvoraussetzungen gewährleisten.[1] Nach § 2 Nr. 2 NRW-VIVBVEG a.F. musste der Antrag auf Zulassung der Listenauslegung für eine Volksinitiative die Unterschriften von mindestens 3.000 Stimmberechtigten tragen, deren Stimmrecht von der jeweiligen Heimatgemeinde bestätigt worden sein musste.

Dieses Erfordernis stellt allenfalls auf den ersten Blick eine geringfügige und damit verfassungsrechtlich unproblematische zusätzliche Hürde für die Antragsteller dar.[2] Zwar entsprach das Quorum dem für den Volksantrag gemäß § 7 I 2 NRW-VIVBVEG. Setzt man die Zahl von 3.000 Unterschriften jedoch ins Verhältnis zur Anzahl der Unterschriften, die insgesamt für die Volksinitiative bzw. das Volksbegehren gesammelt werden müssen, so wird schnell deutlich, dass die Hürde beim Antrag auf Zulassung der Listenauslegung für eine Volksinitiative 16-mal so hoch war, wie beim „normalen" Volksantrag. Noch deutlicher wird die Diskrepanz, wenn man die Betrachtungsweise umkehrt und sich vor Augen führt, welcher Anteil der insgesamt erforderlichen Unterschriften gesammelt werden musste, bevor überhaupt das eigentliche Verfahren eingeleitet werden konnte. Beim Volksantrag entsprechen die 3.000 Unterschriften nur weniger als 0,3 Prozent des gesamten Quorums.[3] Für den Antrag auf Zulassung der Listenauslegung für eine Volksinitiative mussten demgegenüber fast 5 Prozent der insgesamt erforderlichen ca. 62.500 Eintragungen nachgewiesen werden – ohne dass diese Unterschriften auf das Quorum für die Volksinitiative angerechnet worden wären.

Bei allem Verständnis für das legitime Bedürfnis des Gesetzgebers, die zuständigen Behörden von der Prüfung der Voraussetzungen eines offensichtlich aussichtsloses Verfahren und der nicht unerheblichen Vorbereitungen für die Durchführung des Eintragungsverfahrens zu entlasten, ist doch festzuhalten, dass diese Hürde zu hoch angesetzt wurde. Der allgemeine Gesetzesvorbehalt in Art. 67a III NRW-V ermächtigt den Gesetzgeber nämlich nicht dazu, weitere Zulässigkeitsvoraussetzungen zu definieren, die sich nicht schon unmittelbar aus der Verfassung ergeben.[4]

1   In der Begründung des Entwurfes der Regierungsparteien ist allerdings nur davon die Rede, dass „Manipulationen, Mehrfacheintragungen und die Eintragung von Nichtberechtigten" ausgeschlossen werden soll – wobei jedoch zu Recht darauf hingewiesen wird, dass die Gemeinden auch sonst die Unterschriftsberechtigung zu prüfen gehabt hätten, vgl. LT-Drs. 13/457, S. 16. Der Gesamtaufwand für die öffentlichen Stellen wird daher in etwa gleich groß sein – während es den Initiatoren deutlich schwerer gemacht wird, für ihr Anliegen zu werben, da sie nicht nur genügend Bürger überzeugen, sondern diese auch noch dazu bewegen müssen, eines der Eintragungslokale aufzusuchen.
2   Löwer/Tettinger-*Mann*, Art. 67a NRW-V, Rn. 20 ff., geht mit keinem Wort darauf ein, dass es sich hier um eine bundesweit einzigartige Konstruktion handelt.
3   8 % der Stimmberechtigten entspricht etwa 1.000.000 Unterschriften.
4   Allerdings ist der Gesetzgeber nicht daran gehindert, überhaupt ein Antragsverfahren einzuführen. Damit stellt sich die Frage, wie viele Unterschriften für den Antrag auf Zulassung der Listenauslegung verlangt werden dürfen. Überträgt man das Quorum nach § 7 I 2 NRW-VIVBVEG entsprechend, wären 200

2. Das neue Verfahren der freien Unterschriftensammlung

Daher ist es sehr zu begrüßen, dass sich der Gesetzgeber im Juli 2004 dazu entschlossen hat, dieses formelle Eintragungsverfahren abzuschaffen und die Regelungen für die Volksinitiative weitgehend dem Standard in den übrigen Ländern anzugleichen.[1] Auch hier ergeben sich allerdings einige Probleme, da der Gesetzgeber immer noch zahlreiche Hürden beibehalten hat, die über eine nach Art. 67a NRW-V zulässige Konkretisierung der Vorgaben der Verfassung hinaus gehen.

a. Die Sperrfrist

Dies gilt zunächst für die in § 3 Nr. 2 NRW-VIVBVEG festgeschriebene Sperrfrist von zwei Jahren seit dem letzten erfolglosen Volksbegehren über eine inhaltlich gleiche Vorlage zu beachten. Da sich diese Sperrfrist nicht aus der Verfassung selbst ergibt, handelt es sich ebenfalls um eine unzulässige Beschränkung der unmittelbaren Mitwirkungsrechte der Bürger.

b. Anforderungen an den Entwurf/Der Kostendeckungsvorschlag

Gemäß § 1 III Nr. 1 lit. b NRW-VIVBVEG muss eine Volksinitiative, die einen Gesetzentwurf zum Gegenstand hat, nicht nur einen ausgearbeiteten und mit Gründen versehenen Gesetzentwurf enthalten, sondern auch Angaben über die voraussichtlich entstehenden Kosten.
    Nachdem in Art. 67a NRW-V nur von einem „mit Gründen versehenen Gesetzentwurf" die Rede ist, stellt sich die Frage, wie die zusätzlichen Anforderungen verfassungsrechtlich zu beurteilen sind. Insofern ist zunächst zu beachten, dass die Verfassung selbst eine differenzierte Regelung enthält, da in Art. 68 I 2 NRW-V ausdrücklich verlangt wird, dass dem Volksbegehren ein „ausgearbeiteter" Gesetzentwurf zugrunde liegt. Wie bereits im Zusammenhang mit der vergleichbaren Rechtslage in Sachsen-Anhalt dargelegt wurde, muss es dann aber möglich sein, im Wege der Volksinitiative einen Entwurf für ein Rahmengesetz einzureichen, das erst der weiteren Konkretisierung bedarf.[2] Die einfachgesetzliche Vorgabe des § 1 III Nr. 1 lit. b NRW-VIVBVEG muss daher sehr großzügig gehandhabt werden.
    Noch problematischer ist die Forderung an die Antragsteller, auch die voraussichtlichen Kosten anzugeben. Dies hat nämlich nichts mit der „Begründung" eines Gesetzentwurfes zu tun, sondern impliziert, dass die Antragsteller selbst einen Kostendeckungsvorschlag unterbreiten sollen. Dies ist aber eine zusätzliche Erschwerung der Verfahrens, die von der Verfassung nicht gefordert wird und daher unzulässig ist.[3]

<small>Unterschriften erforderlich. Dies ist allerdings kein objektiver Maßstab. Auf der sicheren Seite wäre der Gesetzgeber dann, wenn die Unterschriften auf das Quorum für die Volksinitiative angerechnet würden.</small>

1   Vgl. dazu oben Fn. 6 auf S. 872 und das Gesetz vom 21.7.2004, GVBl. S. 408.
2   Vgl. dazu oben S. 608 zu Art. 81 I 2 LSA-V.
3   Eine entsprechende Verpflichtung würde zudem voraussetzen, dass man den Antragstellern angemessene Beratungskapazitäten zur Verfügung stellt.

Dabei ist zu beachten, dass nach der eindeutigen Vorgabe des Art. 84 NRW-V „Beschlüsse des Landtags, welche Ausgaben mit sich bringen" bestimmen müssen, wie diese Ausgaben gedeckt werden. Im Umkehrschluss ergibt sich daraus aber, dass das Volk im Rahmen der direktdemokratischen Verfahren keine entsprechende Verpflichtung trifft.

c. Die Vertrauenspersonen – und die Möglichkeit, sie auszutauschen

Im Zusammenhang mit der Volksinitiative ist schließlich auch noch ein Hinweis auf die Regelung über die Vertrauensperson und die stellvertretende Vertrauensperson in § 1 III Nr. 3 NRW-VIVBVEG geboten. Grundsätzlich entspricht diese Vorgabe vergleichbaren Regelungen in anderen Ländern. Allerdings sieht S. 3 der soeben genannten Bestimmung vor, dass die Vertrauenspersonen nachträglich ausgetauscht werden können. Voraussetzung dafür ist, dass die Hälfte[1] der Unterzeicher des Antrags auf Zulassung der Listenauslegung schriftlich eine andere Person benennen. Im Grunde handelt es sich hierbei also um ein „konstruktives Misstrauensvotum".[2]

Nachdem das Abberufungsrecht nicht ausdrücklich zeitlich beschränkt ist, kann und muss man davon ausgehen, dass die Vertrauenspersonen bis zum Abschluss des Verfahrens ausgewechselt werden können.

d. Die Prüfung der Zulässigkeit der Volksinitiative

Gemäß § 4 I NRW-VIVBVEG entscheidet der Landtag über die Zulässigkeit und das Zustandekommen der Volksinitiative. Er hat dabei ausschließlich das Vorliegen der in den §§ 1 II-V und 3 des Gesetzes definierten formellen Zulässigkeitsvoraussetzungen und die Einhaltung derjenigen Anforderungen überprüfen, die sich unmittelbar aus Art. 67a NRWV ergeben. Eine umfassende präventive Normenkontrolle ist hingegen nicht vorgesehen.

Der Landtag hat grundsätzlich drei Monate Zeit für seine Entscheidung. Kommt er zu dem Ergebnis, dass der Antrag behebbare Verstöße gegen die formellen Vorgaben des § 1 NRW-VIVBVEG enthält, dann kann er den Initiatoren aufgeben, diese Mängel innerhalb einer Frist von längstens einem Monat zu beheben, § 4 III NRW-VIVBVEG. Die Nachreichung von Unterschriften ist jedoch ausdrücklich ausgeschlossen.

Die Entscheidung des Landtags ist den Vertrauenspersonen durch den Landtagspräsidenten zuzustellen und im Gesetz- und Verordnungsblatt des Landes bekannt zu machen. Hält der Landtag die Initiative für unzulässig, so muss er seine Entscheidung begründen. Die Vertrauenspersonen können diese gegebenenfalls innerhalb eines Monats vor dem Verfassungsgerichtshof anfechten.[3]

Die Volksinitiative kann bis zur Veröffentlichung der Entscheidung über die Zulässigkeit des Verfahrens zurückgenommen werden.[4]

---

1 Es kommt daher darauf an, von wie vielen Personen der Volksantrag unterzeichnet worden war.
2 Diese Vorgabe ist keineswegs neu. § 2 III NRW-VVVG enthielt bereits seit 1951 eine vergleichbare Regelung in Bezug auf die Vertrauenspersonen eines Volksbegehrens.
3 Vgl. § 5 NRW-VIVBVEG. Die Entscheidung des VfGH wirkt ggf. unmittelbar, in diesem Sinne auch Löwer/Tettinger-*Mann*, Art. 68 NRW-V, Rn. 28.
4 Vgl. §§ 2 NRW-VIVBVEG.

B. Die Behandlung der Volksinitiative im Landtag

Ist eine Volksinitiative zustande gekommen, so hat der Landtag weitere drei Monate Zeit, um sich mit dem Anliegen der Antragsteller auseinander zu setzen.[1] Mittlerweile ist auch ausdrücklich vorgesehen, dass die Vertrauenspersonen von den zuständigen Ausschüssen angehört werden müssen.

Der Beschluss des Landtags ist wiederum den Vertrauenspersonen zuzustellen und im Gesetz- und Verordnungsblatt zu veröffentlichen.[2] Die Entscheidung des Parlamentes entfaltet aber selbst dann keine unmittelbare Geltung, wenn der Volksinitiative ein Gesetzentwurf zugrunde lag und der Landtag dieser Initiative unverändert zugestimmt hat. Vielmehr muss auch in diesem Fall noch ein weiteres formelles Gesetzgebungsverfahren durchgeführt werden.[3]

Entschließt sich das Parlament nicht dazu, den der Volksinitiative zugrunde liegenden Antrag anzunehmen, ist das Verfahren beendet. Es gibt also auch hier keinen automatischen Übergang zum Volksgesetzgebungsverfahren.

Für den Fall, dass eine Volksinitiative am Unterschriftenquorum gescheitert sein sollte, sieht § 4 IV NRW-VIVBVEG nunmehr vor, dass der Antrag mit Zustimmung der beiden Vertrauenspersonen zur weiteren Behandlung in den Petitionsausschuss des Landtags überwiesen werden kann.[4]

III. Das Verfahren bis zum Volksentscheid

Die seit Beginn der fünfziger Jahre geltenden Regelungen der NRW-V und des NRW-VVVG über das Verfahren bis zum Volksentscheid wurden im Rahmen der jüngsten Verfassungsreform nur relativ geringfügig modifiziert.[5]

---

1   Vgl. § 4 V NRW-VIVBVEG. Bis zur Novelle des NRW-VIVBVEG im Juli 2004 war keine Befassungspflicht vorgesehen. Bemerkenswerterweise ergibt sich diese Pflicht auch nicht unmittelbar aus der Verfassung, vgl, dazu auch Löwer/Tettinger-*Mann*, Art. 67a NRW-V, Rn. 7.
2   Vgl. § 4 IV III NRW-VIVBVEG.
3   Vgl. dazu oben S. 521 bzw. S. 603 zur vergleichbaren Rechtslage in Brandenburg und Sachsen-Anhalt, sowie S. 462 zur abweichenden Rechtslage in Schleswig-Holstein. Allerdings ergibt sich das in Nordrhein-Westfalen nicht schon aus der Bestimmung des Art. 65 NRW-V über das Initiativrecht. Denn diese Bestimmung ist offensichtlich unvollständig, da auch das Volksbegehren nicht erwähnt wird.
4   Vgl. dazu auch oben S. 517 zur vergleichbaren Rechtslage in Brandenburg.
5   Weitere kleinere Veränderungen ergaben sich bei einer Reform des NRW-VIVBVEG im Juli 2004, bei der das Verfahren für den Volksantrag mit dem der Volksinitiative harmonisiert wurde. Inhaltlich hat sich dabei allerdings nur insofern etwas geändert, als § 12 IV und V NRW-VIVBVEG nunmehr konkrete Vorgaben in Bezug auf die Zahl der Eintragungsstellen (bis 100.000 Einwohner reicht eine Stelle, ab 100.000 Einwohnern muss es mindestens zwei Stellen geben) und die Eintragungszeiten (an *höchstens* 4 Sonntagen innerhalb der Eintragungsfrist jeweils mindestens 4 Stunden) enthält und § 13 III NRW-VIVBVEG den Bürgern die Möglichkeit der Briefeintragung eröffnet.

A. Der Volksantrag

Gemäß § 7 I NRW-VIVBVEG muss dem Volksbegehren ein Volksantrag vorausgehen. Auch wenn bereits dargelegt wurde, dass der einfache Gesetzgeber grundsätzlich nicht ohne weiteres dazu berechtigt ist, ein Volksantragsverfahren und damit eine zusätzliche Hürde auf dem Weg zum Volksentscheid einzuführen, wenn dieses dem Volksbegehren vorgelagerte Antragsverfahren nicht in der Verfassung verankert ist,[1] erweist sich der Volksantrag nach § 7 NRW-VIVBVEG sogar dann als unproblematisch, wenn die Unterschriften für diesen Antrag nicht auf das Quorum für das Volksbegehren angerechnet werden; Schließlich müssen nur 3.000 Unterschriften beigebracht werden und es gilt keine Frist für die Sammlung dieser Unterschriften. Damit handelt es sich aber um keine ernsthafte Hürde auf dem Weg zum Volksentscheid.

Der Volksantrag ermöglicht zum einen den zuständigen Stellen die Vorbereitung des formellen Eintragungsverfahrens für das Volksbegehren. Zum anderen und vor allem gibt er der Landesregierung die Möglichkeit, frühzeitig zu kontrollieren, ob die inhaltlichen Beschränkungen des Anwendungsbereiches eingehalten wurden. Grundsätzlich kommen nur Gesetzentwürfe als Gegenstand eines Volksbegehrens in Betracht, wobei auf der einen Seite zu beachten ist, dass das betreffende Gesetz innerhalb der Regelungskompetenz des Landes liegt und auf der anderen Seite – ebenso wie in Rheinland-Pfalz – über „Finanzfragen, Abgabengesetze und Besoldungsordnungen" kein Volksbegehren zulässig sein soll.[2] Im Gegensatz zur früheren Rechtslage sind nunmehr jedoch auch Volksbegehren zulässig, die sich auf eine Änderung der Verfassung richten.

Zwar wurde im Zusammenhang mit der jüngsten Verfassungsreform eine mit Art. 79 III GG vergleichbare Struktursicherungsklausel in Art. 69 I 2 NRW-V eingefügt. Dies führt jedoch nicht dazu, dass ein Volksbegehren, dem ein Antrag zugrunde liegt, der – möglicherweise – den „Grundsätzen des republikanischen, demokratischen und sozialen Rechtsstaates im Sinne des Grundgesetzes für die Bundesrepublik Deutschland" widerspricht, für *unzulässig* erklärt werden darf und daher nicht vom Parlament behandelt werden muss.[3]

Gemäß § 10 I 2 NRW-VIVBVEG entscheidet die Landesregierung aufgrund einer Vorprüfung durch das Innenministerium über die Zulässigkeit des beantragten Volksbegeh-

---

1 Vgl. dazu oben S. 288.
2 Da diese Beschränkungen des Anwendungsbereiches mit den in Rheinland-Pfalz geltenden identisch sind, kann für die Auslegung des Art. 68 I 4 NRW-V auf die früheren Ausführungen verwiesen werden; vgl. dazu oben S. 852 ff.
3 Da § 10 NRW-VIVBVEG die Landesregierung zu keiner umfassenden präventiven Normenkontrolle, sondern nur dazu ermächtigt, die Einhaltung der in Art. 68 I 3 NRW-V festgeschriebenen inhaltlichen Beschränkungen, die Zuständigkeit des Landesgesetzgebers und die Einhaltung der Formvorschriften zu überprüfen, muss das Verfahren gegebenenfalls bis zum Volksentscheid weiter geführt werden. Sollte der Entwurf dort angenommen werden, könnte und müsste der Verfassungsgerichtshof dann *nachträglich* prüfen, ob die Vorgaben des Art. 69 I 2 NRW-V bei der auf diese Weise beschlossenen Verfassungsänderung beachtet wurden.
Löwer/Tettinger-*Mann*, Art. 68 NRW-V, Rn. 26, geht allerdings ohne weiteres davon aus, dass ggf. auch die Vereinbarkeit mit höherrangigen Rechtsnormen zu prüfen sei. Anstelle einer Begründung verweist er insofern auf die einschlägige Rechtsprechung.

rens.[1] Der Umfang der Prüfung ergibt sich aus § 8 NRW-VIVBVEG. Auch hier ist keine umfassende präventive Normenkontrolle vorgesehen. Allerdings sieht Satz 2 eine Sperrfrist von 2 Jahren seitdem einem sachlich gleichen Antrag statt gegeben wurde, um eine allzu rasche Wiederholung erfolgloser Volksbegehren zu verhindern. Da sich diese Sperrfrist nicht unmittelbar aus der Verfassung ergibt, stellt sie eine ungerechtfertigte Hürde auf dem Weg zum Volksentscheid dar. Die entsprechende Vorgabe des NRW-VIVBVEG ist daher unwirksam.[2] Hingegen ist es beim Volksantrag unproblematisch, dass § 8 S. 1 NRW-VIVBVEG einen „ausgearbeiteten" Gesetzentwurf voraussetzt, da sich dieses Erfordernis bereits aus Art. 68 I 2 NRW-V ergibt.[3]

Die Landesregierung hat grundsätzlich sechs Wochen Zeit für ihre Entscheidung über die Zulassung der Listenauslegung. Diese Frist kann – auch ohne Zustimmung der Antragsteller – bis auf sechs Monate verlängert werden, wenn der beantragte Gesetzentwurf zugrunde spätestens einen Monat nach Eingang des Antrags auf Zulassung der Listenauslegung für das Volksbegehren beim Landtag eingebracht wurde.[4]

Die Entscheidung der Landesregierung muss durch das Innenministerium im Ministerialblatt des Landes veröffentlicht werden und kann – im Falle der Ablehnung – innerhalb eines Monates durch die Vertrauenspersonen vor dem Verfassungsgerichtshof angefochten werden.[5]Der Antrag auf Zulassung der Listenauslegung kann bis zur Veröffentlichung der Zulassungsentscheidung durch die Vertrauenspersonen oder durch die Antragsteller zurückgenommen werden.[6]

B. Das Volksbegehren und der Volksentscheid

1. Das Volksbegehren

Entspricht die Landesregierung dem Volksantrag so wird ein formelles Eintragungsverfahren durchgeführt. Gemäß § 12 NRW-VIVBVEG müssen die Gemeindebehörden die von den Antragstellern auf eigene Kosten hergestellten und verschickten Eintragungslisten innerhalb von vier Wochen nach der Bekanntmachung über die Zulassung der Listenauslegung entgegennehmen und während der fünften bis zwölften Woche nach dieser Bekanntmachung zu den üblichen Amtsstunden oder zu anderen mit den Antragstellern zu verein-

---

1 Die Vertrauensperson oder die stellvertretenden Vertrauensperson sind zum Ergebnis der Vorprüfung durch das Innenministerium anzuhören.
2 Vgl. dazu schon oben S. 874.
3 Interessanterweise fehlt in den §§ 11 ff. eine mit § 2 II Nr. 1 lit. b NRW-VIVBVEG vergleichbare Bestimmung, wonach auch die voraussichtlichen Kosten in der Begründung aufzuführen sind. Dies wäre im Übrigen auch unzulässig, da Art. 84 NRW-V nur den Landtag verpflichtet, gegebenenfalls einen Kostendeckungsvorschlag zu unterbreiten.
4 § 9 NRW-VIVBVEG. Tatsächlich sollte nach Ablauf der sechs Monate deutlich geworden sein, ob der Landtag bereit ist, sich den Entwurf zu eigen zu machen. Ist dies nicht der Fall, dann hat sich die geplante Volksinitiative allerdings im Grunde erledigt, da nicht zu erwarten ist, dass das Parlament seine Meinung aufgrund einer erfolgreichen Initiative nochmals ändern wird.
5 Vgl. § 11 I NRW-VIVBVEG. Die Entscheidung des VfGH wirkt ggf. unmittelbar, in diesem Sinne auch Löwer/Tettinger-*Mann*, Art. 68 NRW-V, Rn. 28.
6 Vgl. § 11 II und III NRW-VIVBVEG.

barenden Tageszeiten sowie an Sonntagen zu besonders festzusetzenden Stunden auslegen. Seit der Novelle des Gesetzes im Juli 2004 ist dort insofern ausdrücklich festgeschrieben, dass in Gemeinden bis 100.000 Einwohnern gegebenenfalls eine Eintragungsstelle ausreicht, in größeren Gemeinden müssen hingegen mindestens zwei Stellen festgelegt werden. Auch hat der Gesetzgeber festgeschrieben, dass die Listen nach den Vorgaben der Innenministeriums an nicht mehr (!) als vier Sonntagen für jeweils mindestens vier Stunden ausgelegt werden müssen. Ebenfalls neu ist die Möglichkeit der Briefeintragung gemäß § 13 III NRW-VIVBVEG. Bei der Eintragung wird in jedem Fall die Unterschriftsberechtigung der Unterzeichner geprüft.[1]

Nach Abschluss des Eintragungsverfahrens stellt der Landeswahlausschuss die Gesamtsumme der rechtzeitig geschehenen gültigen Eintragungen fest und die Landesregierung entscheidet, ob die Volksinitiative rechtswirksam zustandegekommen ist.[2] Seit der jüngsten Verfassungsreform muss ein Volksbegehren in Nordrhein-Westfalen nur noch durch acht Prozent der Stimmberechtigten unterstützt werden. Dies gilt auch für Volksbegehren, die auf eine Änderung der Verfassung zielen. Auch diese Entscheidung ist im Ministerialblatt des Landes zu veröffentlichen und kann innerhalb eines Monats durch die Vertrauenspersonen beim Verfassungsgerichtshof angefochten werden. Allerdings kann dabei nur geltend gemacht werden, dass die erforderliche Unterschriftenzahl tatsächlich doch erreicht worden sei oder dass es bei der Vorbereitung und Durchführung der Initiative Unregelmäßigkeiten gegeben hat, die das Ergebnis entscheidend beeinflusst haben.[3]

Gemäß § 31 NRW-VIVBVEG haben die Antragsteller jedenfalls dann einen Anspruch auf Erstattung der Kosten für die Herstellung und den Versand der Eintragungslisten an die Gemeinden, wenn der Landtag ihrem Entwurf entsprochen oder die Vorlage beim Volksentscheid angenommen wurde.

2. Das Verfahren bis zum Volksentscheid

Ist ein Volksbegehren zustandegekommen und dem Landtag von der Landesregierung unter Darlegung ihres Standpunktes unterbreitet worden, so muss sich das Parlament innerhalb von zwei Monaten entscheiden, ob es dem Volksbegehren entsprechen will.[4]

Aus § 23 I NRW-VIVBVEG ergibt sich, dass die Landesregierung darüber zu entscheiden hat, ob der Landtag dem Volksbegehren tatsächlich entsprochen hat. Diese Ent-

---

1 Gegen die Ablehnung einer Eintragung steht dem Betroffenen auch hier der Rechtsweg zu den Verwaltungsgerichten offen, vgl. dazu § 15 NRW-VIVBVEG und schon oben S. 310.
2 § 19 NRW-VIVBVEG.
3 So ausdrücklich § 20 II 2 NRW-VIVBVEG. Auch in Nordrhein-Westfalen können die Antragsteller solche Unregelmäßigkeiten also nicht schon während des Verfahrens rügen, in diesem Sinne auch Löwer/Tettinger-*Mann*, Art. 68 NRW-V, Rn. 31
4 § 22 II NRW-VIVBVEG; Löwer/Tettinger-*Mann*, Art. 68 NRW-V, Rn. 38, behauptet, dass der Landtag das Volksbegehren noch für unzulässig erklären könne. Tatsächlich ist die Entscheidung über die Zulässigkeit jedoch ausdrücklich der Landesregierung zugewiesen. Nachdem *Mann* jedoch von der Zulässigkeit einer umfassenden präventiven Normenkontrolle ausgeht, ist zu vermuten, dass er hier auf den Fall abstellt, dass das Parlament ein Volksbegehren ablehnt, weil es den diesem Begehren zugrunde liegenden Antrag für unvereinbar mit höherrangigen Rechtsnormen hält. Wie bereits dargelegt wurde, ist dies aber tatsächlich überhaupt keine Frage der „Zulässigkeit" des Volksbegehrens.

scheidung kann innerhalb eines Monats von den Vertrauenspersonen dem Verfassungsgerichtshof vorgelegt werden. Obwohl dies dafür spricht, dass der Landtag nicht verpflichtet ist, sich den dem Volksbegehren zugrunde liegenden Gesetzentwurf unverändert zu eigen zu machen, ergibt sich aus § 22 II NRW-VIVBVEG, dass der Landtag darüber abzustimmen hat, ob der dem Volksbegehren zugrunde liegende Gesetzentwurf *unverändert* zum Gesetz erhoben werden soll. Dabei wird durch eine ausdrückliche Bezugnahme auf § 22 I Nr. 1 NRW-VIVBVEG der Eindruck erweckt, dass dem Volksbegehren nur unter dieser Voraussetzung „entsprochen" wurde.

Tatsächlich ist diese Regelung jedoch missverständlich. Da auch in der Verfassung selbst nur darauf abgestellt wird, ob das Parlament dem Volksbegehren entspricht, kann es ebenso wie in den meisten anderen Ländern auch in Nordrhein-Westfalen nur darauf ankommen, ob sich der Landtag die wesentlichen Anliegen des Volksbegehrens zu eigen gemacht hat. Er ist nicht darauf beschränkt, dem Antrag entweder unverändert zuzustimmen oder ihn abzulehnen. Vielmehr wird durch die Rechtsschutzmöglichkeiten zugunsten der Antragsteller bzw. ihrer Vertrauenspersonen sicher gestellt, dass das Verfahren nicht gegen deren Willen erledigt werden kann.[1]

Ein weiteres Problem besteht darin, dass gemäß § 24 I Nr. 1 NRW-VIVBVEG beim Volksentscheid gegebenenfalls nicht nur der durch das Volksbegehren eingebrachte Gesetzentwurf, sondern auch ein abweichendes Gesetz, das der Landtag aus Anlass des Volksbegehrens beschlossen hat, zur Abstimmung gestellt werden soll. Zwar mag es durchaus ehrenwert sein, wenn sich der Gesetzgeber damit selbst in seinem Recht beschränken will, durch den Erlass eines eigenen Gesetzes vollendete Tatsachen zu schaffen und damit die Aussichten für den Erfolg des durch das Volksbegehren eingebrachten Entwurfes deutlich zu reduzieren. Dies ändert jedoch nichts daran, dass die Verfassung dem Parlament weder das Recht gibt, eine konkurrierende Vorlage mit zur Abstimmung zu stellen, noch ein fakultatives Referendum auf Antrag des Landtags vorsieht. Daher muss das Parlament mit der politischen Verantwortung für seine Beschlüsse leben, und es ist nicht dazu berechtigt, „sein" Gesetz nachträglich durch eine Volksabstimmung legitimieren zu lassen.[2] Vielmehr ist gegebenenfalls ausschließlich der Antrag, der auch dem Volksbegehren zugrunde lag, Gegenstand des Volksentscheids.[3]

---

[1] Anders hingegen Löwer/Tettinger-*Mann*, Art. 68, Rn. 39, der meint, dass nur stilistische und redaktionelle Änderungen zulässig seien.

[2] A.A. Löwer/Tettinger-*Mann*, Art. 68 NRW-V, Rn. 43, der lediglich darauf abstellt, dass auch diese Frage nur mit „Ja" oder „Nein" beantwortet werden könne und lediglich de lege ferenda fordert, entweder über den Entwurf des Volksbegehrens *oder* über die Frage abstimmen zu lassen, ob dieser Entwurf an Stelle eines vom Landtag beschlossenen Gesetzes treten soll (nach der geltenden Rechtslage muss ggf. über beide Fragen abgestimmt werden). Damit nimmt er den Bürgern aber auch noch die Möglichkeit, eine differenzierte Entscheidung zu treffen, da sie in diesem Fall nicht beiden Entwürfen zustimmen können. In diesem Zusammenhang ist weiterhin darauf hinzuweisen, dass auch die Regelung des § 24 II NRW-VIVBVEG verfassungswidrig ist. Danach soll bei einer Abstimmung über mehrere durch Volksbegehren eingebrachte Entwürfe über denselben Gegenstand für jeden dieser Entwürfe gefragt werden, ob er anstelle eines vom Landtag beschlossenen Gesetzes treten soll, *wenn* der Landtag einem der Begehren entsprochen hat. Auch hier gibt es keinen Grund für die Privilegierung des vom Landtag beschlossenen Gesetzes.

[3] Dies gilt umso mehr, als es sich nach dem NRW-VIVBVEG keineswegs um eine „echte" konkurrierende Abstimmung über zwei gleichberechtigte Vorlagen handeln soll. Vielmehr können die Bürger nur

Der Volksentscheid muss gemäß Art. 68 II 2 NRW-V innerhalb von zehn Wochen nach der ablehnenden Entscheidung des Landtags herbeigeführt werden.[1] Aus § 25 NRW-VIVBVEG ergibt sich, dass die Landesregierung den Tag der Abstimmung festlegt und den Gegenstand des Volksentscheids und den Aufdruck des Stimmzettels im Gesetz- und Verordnungsblatt des Landes veröffentlichen muss. Die Abstimmung muss an einem Sonn- oder Feiertag stattfinden.[2] Darüber hinaus ist das Innenministerium dazu verpflichtet, für eine ausreichende weitere Veröffentlichung zu sorgen. Zwischen der Bekanntmachung im Gesetz- und Verordnungsblatt und der Abstimmung muss mindestens ein Monat liegen. Damit soll sicher gestellt werden, dass genügend Zeit für die Vorbereitung der Abstimmung bleibt.

3. Die Quoren

Bei der Abstimmung entscheidet gemäß Art. 68 IV NRW-V grundsätzlich die Mehrheit der abgegebenen Stimmen, wobei diese Mehrheit mindestens 15 Prozent der Stimmberechtigten entsprechen muss. Obwohl sich der Verfassunggeber damit auch hier entschlossen hat, die Absenkung des Quorums für das Volksbegehren durch eine Erhöhung der Quoren für den Volksentscheid „auszugleichen", ist zu beachten, dass dieses qualifizierte Abstimmungsquorum immerhin deutlich niedriger als in den meisten anderen neueren Landesverfassungen ist, wo regelmäßig die Zustimmung durch ein Viertel der Stimmberechtigten verlangt wird.[3]

Für Abstimmungen über Verfassungsänderungen sieht Art. 69 III 3 NRW-V ein höheres Quorum vor. Hier müssen sich mindestens die Hälfte der Stimmberechtigten an der Abstimmung beteiligen und zwei Drittel derjenigen, die ihre Stimme abgeben, einer Vorlage zustimmen.

Das Quorum ist damit niedriger als in den meisten anderen Ländern. Während dort mindestens 50 % der Stimmberechtigten einer Verfassungsänderung zustimmen müssen, reicht in Nordrhein-Westfalen gegebenenfalls die Zustimmung durch ein Drittel der Stimmberechtigten aus.[4]

Die Frage, wie bei einer gleichzeitigen Abstimmung über mehrere Vorlagen zum selben Gegenstand zu verfahren ist, wurde im NRW-VIVBVEG nur unvollständig geregelt. Auf der einen Seite finden sich in § 26 des Gesetzes zwar verfassungsrechtlich bedenkliche[5]

---

entscheiden, ob der Entwurf, der durch das Volksbegehren eingebracht wurde, an die Stelle des vom Landtag beschlossenen Gesetzes treten soll: Da sie auf diese Frage gemäß § 26 NRW-VIVBVEG nur mit „Ja" oder „Nein" antworten dürfen, ist ihnen eine differenzierte Entscheidung unmöglich.

1 Trifft der Landtag keine Entscheidung, so kommt es auf den Ablauf der 2-monatigen Behandlungsfrist an.
2 Vgl. Artt. 68 V 1 i.V.m. 31 III NRW-V.
3 Auch Löwer/Tettinger-*Mann*, Art. 68 NRW-V, Rn. 44, äußert insofern Bedenken, da die Erhöhung der Anforderungen angesichts des erklärten Ziels, die plebiszitären Elemente in der Verfassung auszubauen, allenfalls durch die Reduzierung der Quoren für das Volksbegehren kompensiert werde.
4 Löwer/Tettinger-*Mann*, Art. 69 NRW-V, Rn. 17, befürchtet dennoch eine prohibitive Wirkung des Quorums.
5 Vgl. dazu oben S. 880.

Vorgaben für den Fall, dass der Landtag aufgrund des Volksbegehrens ein eigenes Gesetz erlassen oder einem von mehreren Volksbegehren zum selben Gegenstand entsprochen hat. Auf der anderen Seite bleibt aber völlig offen, was geschehen soll, wenn tatsächlich einmal zwei oder mehr Volksbegehren zum selben Gegenstand zustande gekommen sein sollten, ohne dass sich das Parlament einen der Anträge zu eigen gemacht oder einen eigenen Entwurf verabschiedet hat.

Mangels einer anderen Regelung ist in diesem Fall davon auszugehen, dass die Abstimmungen formal voneinander getrennt werden.[1] Sollte dabei mehr als eine der Vorlagen die gemäß Art. 68 IV 2 bzw. Art. 69 III 2 NRW-V erforderliche Mehrheit erreichen, entsteht ein Regelungskonflikt, der sich mit den herkömmlichen Mitteln nicht auflösen lässt. Daher wird im Zweifel der „normale" Gesetzgeber entscheiden müssen, welche der Vorlagen nun tatsächlich gelten soll.[2]

Ein beim Volksentscheid beschlossenes Gesetz ist unverzüglich von der Landesregierung auszufertigen und zu verkünden.[3] Wurde eine im Wege des Volksbegehrens eingebrachte Vorlage angenommen, haben die Initiatoren Anspruch auf Erstattung der Kosten für die Herstellung und den Versand der Eintragungslisten an die Gemeinenden.

C. Die Referenden

In Bezug auf die Referenden kann im Grunde auf die Ausführungen im dritten Teil der Untersuchung verwiesen werden,[4] da die einschlägigen Regelungen im wesentlichen unverändert beibehalten wurden.

Lediglich die Bezeichnung der Vorschriften über das fakultative Verfassungsreferendum auf Antrag des Landtags oder der Landesregierung wurde geändert. Die bisherige Regelung des Art. 69 II 1 NRW-V a.F. wurde in Art. 69 III 1 NRW-V übernommen. Für die Abstimmung gilt nunmehr dasselbe Quorum wie bei einem Volksentscheid über eine Verfassungsänderung. Anstelle der Zustimmung durch eine Mehrheit der Stimmberechtigten ist jetzt „nur" noch die Beteiligung durch die Hälfte der Stimmberechtigten und die Zustimmung durch zwei Drittel der Abstimmenden erforderlich.

---

1 Dies entspricht auch der Vorgabe in § 11 I 2 und 3 der Durchführungsverordnung zum NRW-VIVBVEG nach der jeder Stimmberechtigte für jede Frage einen Stimmzettel erhalten soll, wenn mehrere Fragen zur Entscheidung stehen sollten.
2 Wobei er zwar sinnvollerweise den Entwurf wählen wird, auf den die meisten „Ja"-Stimmen entfallen sind, aber auch nicht daran gehindert ist, einen eigenen Entwurf zu beschließen.
3 § 29 NRW-VIVBVEG. Der Verfassungsgerichtshof muss ggf. von Amts wegen entscheiden, ob er das durch den Volksentscheid beschlossene Gesetz aufgrund der Anfechtung des Volksentscheides im Wege einer einstweiligen Anordnung gemäß § 27 NRW-VerfGHG wieder außer Kraft setzt, vgl. dazu oben S. 331. A.A. Löwer/Tettinger-*Mann*, Art. 68 NRW-V, Rn. 51, der ohne nähere Begründung behauptet, dass ein Gesetz auch dann „unverzüglich" ausgefertigt werde, wenn die Landesregierung zunächst die Entscheidung des VfGH abwartet.
4 Vgl. dazu oben S. 335.

IV. Verfahrenspraxis und verfassungspolitische Bewertung

A. Zur Praxis der Verfahren

1. Die Volksinitiative gegen die Planungen für neue forensische Kliniken

Schon kurz nach dem In-Kraft-Treten der Neuregelungen wurde mit der Sammlung von Unterschriften für die erste Volksinitiative begonnen,[1] mit der die Planungen für sechs **Kliniken für Forensik** auf den Prüfstand gestellt werden sollten. Am 25. Oktober 2002 begann die Unterschriftensammlung.[2] Bis zum Ablauf der Eintragungsfrist am 18. Dezember 2002 kamen allerdings nur 18.499 Unterschriften zusammen, und damit weitaus weniger als die ca. 65.000 Unterschriften, die erforderlich gewesen wären.[3]

2. Die Volksinitiative gegen Studiengebühren

Im Mai 2002 wurden in Nordrhein-Westfalen Pläne der Landesregierung bekannt, eine Einschreibegebühr von 50 € pro Semester und von „Langzeit-",Zweit- und Seniorenstudenten Studiengebühren in Höhe von 650 € pro Semester zu erheben. Dies führte zu erheblicher Unruhe und Streikaktionen an den Hochschulen. Dennoch verabschiedete die Landesregierung kurz vor der Sommerpause am 7.7.2002 einen Gesetzentwurf zur Einführung von Gebühren für Langzeitstudierende. Ende Oktober 2002 startete der Landesverband des Ringes christlich-demokratischer Studenten (RCDS) 2002 die Sammlung von Unterschriften für einen Antrag auf Feststellung der Zulässigkeit einer Volksinitiative „**Gegen Studiengebühren**", mit der der Landtag dazu verpflichtet werden sollte, sich nochmals mit diesem Thema zu befassen.[4]

Da die Pläne der Landesregierung auch von anderen Organisationen heftig kritisiert wurden und keine Möglichkeit gefunden wurde, unbillige Härten durch ein Darlehensmodell zu vermeiden, zog die Landesregierung das Vorhaben zur Einführung von Studiengebühren im November 2002 zunächst wieder zurück. Allerdings beschloss der Landtag am 22. Januar 2003 das „Studienkonten- und -finanzierungsgesetz – StKFG",[5] mit dem Studienkonten eingeführt wurde, die im Ergebnis fast dieselbe Wirkung entfalteten, wie Studiengebühren. Das Verfahren des RCDS wurde danach dennoch nicht weiter betrieben.

---

1   Zuvor hatte es bereits bei der Gewerkschaft der Polizei und dem Interessenverband des Video- und Medienfachhandels in Deutschland e.V. Überlegungen gegeben, die neuen Verfahren zu nutzen. Aufgrund der immer noch hohen Hürden nahmen beide Verbände dann aber Abstand von diesen Vorhaben, vgl. *P. Neumann*, NWVBl. 2003, S. 1, 6.
2   Vgl. den Beschluss der Landesregierung vom 10.9.2002, MBl. S. 970).
3   Vgl. die Bekanntmachung der Landesregierung vom 12.2.2003, MBl. S. 193.
4   Vgl. dazu „RCDS sammelt Unterschriften", Bonner General-Anzeiger, 29.10.2002 und „Studien-Gebühren? Nein, danke!", ZfDD Heft 4/2002, S. 17.
5   GVBl. S. 36.

3. Die Volksinitiative „Jugend braucht Zukunft"

Auf Initiative der „Arbeitsgemeinschaft Haus der Offenen Tür", in der unter anderem die evangelische und katholische Kirche vertreten sind, wurde am 17. September 2003 die Auslegung von Listen für eine weitere Volksinitiative **„Jugend braucht Zukunft"** beantragt.[1] Anlass der Initiative waren die vom Land geplanten umfangreichen Sparmaßnahmen bei der Jugendhilfe,[2] die insbesondere die Einrichtungen der offenen Kinder- und Jugendarbeit und die Jugendsozialarbeit trafen.

Während der Unterstützungsfrist kamen bis zum 27. Januar 2004 insgesamt 174.858 Unterschriften zusammen. In der Folgezeit machte sich zunächst die CDU-Fraktion im Landtag das Anliegen nach einer Rücknahme der Kürzungen imLandesjugendplan zu eigen und forderte die Landesregierung gleichzeitig dazu auf, den Entwurf für ein Jugendfördergesetz vorzulegen, in dem die Strukturen der Jugendarbeit über eine Grundförderung abgesichert und zusätzliche Mittel für eine „Gestaltungsförderung" zur Verfügung gestellt werden sollten Durch Zielvereinbarungen mit den Trägern der Jugendarbeit solle die Zielrichtung der Jugendpolitik definiert werden.[3] Tatsächlich legten die beiden Regierungsparteien SPD und Bündnis 90/Die Grünen die Landesregierung einen entsprechenden Gesetzentwurf vor, in dem viele der Anregungen der Volksinitiative aufgenommen wurden.[4] Am 6. Oktober 2004 verabschiedete der Landtag das Jugendfördergesetz zur Ausführung des SGB VIII (Kinder- und Jugendhilfe).[5] In diesem Gesetz war den Forderungen der Volksinitiative weit gehend Rechnung getragen worden. Insbesondere wurden die Zuschüsse des Landes für die nächsten fünf Jahre annähernd auf dem Niveau von 2003 festgeschrieben – allerdings wurden die für die Jahre 2004 und 2005 bereits beschlossenen Kürzungen nicht wieder zurück genommen,[6] da die Landtagsmehrheit keine Möglichkeit sah, die erforderlichen Mittel aufzubringen.

4. Die Volksinitiative „Ein Porz – ein Wahlkreis"

Als im Sommer 2004 bekannt wurde, dass der Landtagswahlkreis Köln-Porz aufgelöst und auf die benachbarten Wahlkreise aufgeteilt werden sollte, startete die Junge Union Porz eine Volksinitiative **„Ein Porz – Ein Wahlkreis"**. Bis zum Jahreswechsel kamen etwa 1.400 Unterschriften zusammen. Mit dem Beschluss des Landtags, den Wahlkreis nicht aufzulösen, hatte sich das Verfahren erledigt.[7]

1   Vgl. dazu die Bekanntmachung des Innenministeriums vom 15.10.2003, MBl. S. 1150.
2   Das Fördervolumen sollte von 100 Mio. € im Jahre 2002 auf 75 Mio. € im Jahre 2005 zurück gefahren werden.
3   Vgl. LT-Drs. 13/5216.
4   Vgl. LT-Drs. 13/5576; daneben hatten auch die Fraktionen der CDU (LT-Drs. 13/5392) und der FDP (LT-Drs. 13/5578) eigene Entwürfe
5   Vgl. die Beschlussempfehlung des Ausschusses für Kinder, Jugend und Familie vom 1.10.2004, LTDrs. 13/6052, der nur geringfügige Änderungen des Entwurfes der Regierungsparteien vorschlug.
6   Hatten im Jahre 2003 noch ingesamt 96 Mio. € zur Verfügung gestanden, wurden die Zuschüsse für 2004 auf 80 Mio. e gekürzt. für 2005 sogar auf 75 Mio. €.
7   Wahlkreisgesetz vom 3.2.2004, GVBl. S. 80.

Angesichts der umfangreichen Änderungen, die der Landtag an der Regierungsvorlage vorgenommen hat,[1] lässt sich kein Kausalzusammenhang zwischen der Volksinitiative und der Entscheidung des Landtags nachweisen.

5. Die Volksinitiative „Diätenreform"

Am 25. Januar 2005 startet in Nordrhein-Westfalen eine Volksinitiative zur „**Diätenreform**", die vom Bund der Steuerzahler initiiert worden war und darauf abzielte die steuerfinanzierte Altersversorgung für Parlamentsabgeordnete und die steuerfreien Pauschalen für berufsbedingte Kosten abzuschaffen. Statt dessen sollen die Abgeordneten in Zukunft Beiträge zu ihrer Alters- und Krankenversorgung entrichten. Auf Dauer erhoffen sich die Initiatoren von diesen Maßnahmen Einsparungen in zweistelliger Millionenhöhe.

Tatsächlich war dieser Vorschlag nicht neu. Vielmehr ging es den Initiatoren in erster Linie darum, dass der Landtag noch in der laufenden Legislaturperiode diejenigen Vorschläge umsetzen sollte, die eine im März 2001 eingesetzte Reformkommission[2] bereits im März 2002 vorgelegt hatte[3] und die mit einer Ausnahme[4] auch von einer interfraktionellen Arbeitsgruppe des Landtags befürwortet worden waren.[5] Allerdings waren die Diskussionen im Sommer 2004 zunächst versandet, da es die Abgeordneten angesichts der Proteste gegen die Sozialreformen („Hartz IV") kaum wagten, öffentlich über eine deutliche Erhöhung der Diäten zu verhandeln – obwohl das Land infolge der geplanten Reformen wegen des Wegfalls anderer Vergünstigungen zugunsten der Abgeordneten langfristig erhebliche Einsparungen zu verbuchen hätte. Zur Jahreswende 2005 kam dann allerdings wieder Bewegung in die Diskussion, da die Regierungsfraktionen von SPD und Bündnis 90/Die Grünen die Reform noch während der laufenden Legislaturperiode umsetzen wollten. Da jedoch noch kein formeller Gesetzentwurf vorlag und es aus den Reihen der CDU auch kritische Stimmen gab,[6] befürchtete der Bund der Steuerzahler, dass die Reform doch nicht schon für die nächste Legislaturperiode wirksam werden könnte. Durch die Volksinitiative sollte daher der öffentliche Druck auf das Parlament erhöht werden.

Bis zum 8. März 2005 kamen über 75.000 Unterschriften zusammen.[7] Bereits zwei Tage nach Einreichung der Unterschriften verabschiedete der Landtag erwartungsgemäß das

1 Vgl. dazu die Gegenüberstellung der beiden Entwürfe in LT-Drs. 14/4929.
2 Vgl. LT-Drs. 13/870.
3 Vgl. LT-Drs. 13/2330.
4 In Bezug auf die Krankenversorgung, die aus wirtschaftlichen Gründen im bisherigen System bleiben sollte, da es für das Land günstiger wäre, den Abgeordneten wie bisher Beihilfen nach den für Beamte geltenden Grundsätzen zu bezahlen anstelle die Kosten für eine private Kranken(voll-)versicherung zu übernehmen.
5 Vgl. LT-Drs. 13/6596.
6 So hatte sich der verkehrspolitische Sprecher und frühere parlamentarische Geschäftsführer der CDU-Fraktion Hardt öffentlich gegen die Reformpläne ausgesprochen, weil sich die einzelnen Abgeordneten in der Folge der Reform möglicherweise finanziell deutlich besser stellen würden als bisher. Zudem dürfe das Verfahren jetzt nicht übers Kn gebrochen werden (vgl. das Transkript des Rundfunkinterviews im „WDR5-Morgenecho" am 12.1.2005).
7 Nach einer Presseerklärung der Initiatoren wurden dem Landtagspräsidenten am 15.3.2005 insgesamt 75.061 Unterschriften übergeben.

Reformgesetz.[1] Damit hat sich das Verfahren erledigt. Auch wenn die Initiatoren selbst davon ausgehen, dass das Gesetz ohne die Unterschriftensammlung nicht oder zumindest nicht in dieser Form verabschiedet worden wäre, kann man angesichts des Verlaufs des Gesetzgebungsverfahrens nicht davon ausgehen, dass die Umsetzung der Diätenreform maßgeblich durch die Volksinitiative beeinflusst worden wäre. Jedenfalls gibt es keinen Anhaltspunkt dafür, dass die Änderungen des Abgeordnetengesetzes ohne die Initiative des Bundes der Steuerzahler tatsächlich bis in die nächste Legislaturperiode verschoben worden wären. Die Volksinitiative hat damit allenfalls zu einer gewissen Beschleunigung des Verfahrens und dazu beigetragen, dass die Thematik nochmals öffentlich diskutierworden ist.

6. Die Volksinitiative „Videosonntag"

Nur wenige Wochen nach dem Beginn der Volksinitiative zur Diätenreform leitet der Interessenverband des Video- und Medienfachhandels in Deutschland e.V. am 17. Februar 2005 die Sammlung von Unterschriften für die nächste Volksinitiative „**Videosonntag**" ein, mit der die Öffnung von Videotheken an Sonn- und Feiertagen durchgesetzt werden soll.
Bis zum 31. Mai 2005 kamen nach Angaben der Initiatoren etwa 120.000 Unterschriften zusammen, die der Landtagspräsidentin allerdings erst längere Zeit nach der Konstituierung des neu gewählten Landtags am 30. August 2005 überreicht worden sind.[2] Am 19. Januar 2006 hat der Landtag die Initiative abgelehnt.[3]

7. Das Verfahren für „Sichere Wohnungen und Arbeitsplätze"

Nach dem Wahlsieg einer Koalition aus CDU und FDP vereinbarten die neuen Regierungsparteien, die etwa 100.000 Wohnungen der staatlichen Landesentwicklungsgesellschaft baldmöglichst zu verkaufen. Die Einnahmen sollen zur Sanierung des Landeshaushaltes verwendet werden. Um die Wohnungen für Investoren attraktiv zu machen, wurde beschlossen, die an sich bis zum 31. August 2014 befristete Kündigungssperrfristverordnung vom 20.4.2004[4] bereits zum 31. Dezember 2006 auslaufen zu lassen.
Nachdem sich abzeichnete, dass die neue Landesregierung mit dem Vorhaben ernst machen würde, bildete sich ein Aktionsbündnis aus Mietervereinigungen und Gewerkschaften, die geltend machten, dass es nicht nur um die Haushaltssanierung gehe. Vielmehr werde den Kommunen durch den Verkauf der Wohnung jeder Handlungsspielraum genommen. Es seien Mietsteigerungen zu erwarten. Investitionen würden nur noch dort getätigt, wo mit einem Verkauf der Wohnungen gerechnet werden könne. Durch die Politik der Regierung seien auch die etwa 1.000 festen Arbeitsplätze bei der LEG bedroht.

---

1 Vgl. das Sten.Prot. der Landtagssitzung vom 17.3.2005, S. 14361. Der Gesetzentwurf war erst am 21.2.2005 formell eingebracht worden, vgl. LT-Drs. 13/6596.
2 Am 26.10.2005 wurde der Antrag für zulässig erklärt, vgl. GVBl. S. 836.
3 Vgl. GVBl. S. 91.
4 GVBl. S. 216. Nach der Verordnung geniessen die Mieter von Wohnungen in 105 Städten des Landes im Falle eines Verkaufes für 6 bzw. 8 Jahre im Falle eines Verkaufs der Wohnung einen besonderen Schutz vor einer Eigenbedarfskündigung durch den neuen Eigentümer.

Am 27. Juni 2006 begann die Unterschriftensammlung für eine Volksinitiative **für sichere Wohnungen und Arbeitsplätze**. Parallel dazu wurden in zahlreichen Städten Bürgerbegehren mit dem Ziel gestartet, den Verkauf kommunaler Wohnungsbestände zu verhindern.

Die Landesregierung ließ sich hiervon allerdings nicht beirren und beschloss am 19. September 2006 das Auslaufen der Kündigungsschutzsperrfristverordnung zum Jahresende.[1] Am 24. Oktober 206 beschloss die Landesregierung, dass die LEG-Wohnungen zum Verkauf gebracht werden sollten. Allerdings sei kein Verkauf einzelner Wohnungen geplant. Vielmehr solle der gesamte Bestand gemeinsam veräußert werden, wobei der Käufer vertraglich zur Einhaltung bestimmter Sozialstandards, zu Investitionen und zum Schutz der Arbeitsplätze verpflichtet werden soll. Damit würden die Verkaufspläne in wohnungs- und sozialpolitisch verantwortlicher Weise umgesetzt.[2]

Nach Angaben der Initiatoren kamen bis Juli 2007 über 70.000 Unterschriften zusammen. Das Quorum für die Volksinitiative war dennoch verfehlt, da nur etwa 64.000 dieser Unterschriften gültig waren. Diese Unterschriften wurden dem Landtag als qualifizierte Massenpetition übergeben. Der Petitionsausschuss hat bislang nicht entschieden.

8. Das Verfahren für den gesicherten Umgang mit gentechnisch veränderten Organismen

Die vorerst letzte Volksinitiative **für den gesicherten Umgang mit gentechnisch veränderten Organismen** wurde am 29. August 2006 durch den Arbeitskreis Grüne Gentechnik NRW gestartet. Mit der Initiative soll die Landesregierung dazu aufgefordert werden, bei der Umsetzung der EU-Richtlinien zur Gentechnik[3] die Vorgaben der Artt. 29 und 29a der Landesverfassung über das Siedlungswesen und den Umweltschutz zu beachten. Konkret wird gefordert, dass die Öffentlichkeit über Freilandversuche mit gentechnisch veränderten Organismen informiert und gentechnisch veränderte Lebensmittel gekennzeichnet werden.

Nachdem nicht genügend Unterschriften zusammen gekommen waren, wurde kein formeller Antrag gestellt.

Im März 2007 wurde eine weitere Volksinitiative „**Für ein demokratischeres Kommunalwahlrecht**" eingeleitet, mit dem ein Aktionsbündnis unter Führung des Vereins „Mehr Demokratie e.V." die Einführung der Möglichkeit des Kumulierens und Panaschierens bei Kommunalwahlen durchsetzen will. Nach Angaben der Initiatoren waren bis November 2007 bereits etwa 33.000 Unterschriften zusammen gekommen. Der weitere Verlauf dieses Verfahrens ist derzeit nicht absehbar.

---

1   GVBl. S. 461.
2   Vgl. die Pressemitteilung der Landesregierung vom 24.10.2006.
3   Richtlinie 2001/18/EG ber die absichtliche Freisetzung genetisch veränderter Organismen in die Umwelt vom 12.3.2001, ABl. Nr. L 106 vom 17.4. 2001 S. 1.

B. Zur Bewertung der Verfahrensregeln

Angesichst der noch sehr dürftigen Datenbasis bleibt weiter abzuwarten, ob und wie sich die Verfahren gegebenenfalls in der Praxis bewähren werden. Immerhin sind die Verfahren in Nordrhein-Westfalen deutlich häufiger genutzt worden als etwa in Rheinland-Pfalz.

Eine solche Entwicklung war auch durchaus zu erwarten: Vergleicht man nämlich die Bestimmungen der nordrhein-westfälischen Verfassung und des einschlägigen Ausführungsgesetzes mit den vergleichbaren Regelungen in den älteren Landesverfassungen, so fällt ohne weiteres ins Auge, dass die Quoren noch etwas niedriger angesetzt wurden als in den übrigen Ländern. Dies gilt nicht nur für die Volksinitiative[1] und das Volksbegehren, sondern auch und vor allem für den Volksentscheid. In Nordrhein-Westfalen besteht daher zumindest eine gewisse Wahrscheinlichkeit dafür, dass diese Verfahren in Zukunft eine größere praktische Bedeutung erlangen werden als in den meisten anderen Ländern. Dies gilt nicht nur für die kommunikative Funktion der Verfahren, sondern auch für die Korrektur von Parlamentsentscheidungen, da es durchaus möglich erscheint, 15 Prozent der Stimmberechtigten für die Unterstützung eines Antrags zu mobilisieren.[2]

Wenn die Hürden auf dem Weg bis zum Volksentscheid in Nordrhein-Westfalen niedriger als in den meisten anderen Ländern sind, dann lässt sich dies ebenso wie in Hamburg maßgeblich darauf zurück führen, dass zunächst der Versuch unternommen worden war, die bis dahin geltenden Möglichkeiten für Volksbegehren und Volksentscheide zu nutzen, um die unmittelbaren Mitwirkungs- und Entscheidungsrechte der Bürger zu erweitern: Zwar ist es nicht zum Volksentscheid gekommen. Allerdings kann man wohl ohne weiteres davon ausgehen, dass der Reformdruck ohne dieses Verfahren wesentlich kleiner gewesen wäre.

Auf der anderen Seite ist festzuhalten, dass das Quorum für das Volksbegehren in Nordrhein-Westfalen immer noch deutlich höher ist als in Hamburg. Die Quoren für den Volksentscheid liegen zwar unter den vergleichbaren Werten in Hamburg. Allerdings wurde das Verfahren anders als in der Hansestadt nicht in erster Linie daran ausgerichtet, die Abstimmungsbeteiligung nach oben zu treiben. Geht man nun aber auf der einen Seite davon aus, dass die Quoren in Nordrhein-Westfalen immer noch über den bayerischen Werten liegen und berücksichtigt man auf der anderen Seite, dass sich dort bisher in keinem einzigen Fall mehr als die Hälfte der Stimmberechtigten an einem Volksentscheid über eine Verfassungsänderung beteiligt hat, so besteht doch die Befürchtung, dass selbst das vergleichsweise niedrige Beteiligungsquorum der NRW-V im Ergebnis dazu führen könnte, dass die allermeisten Anträge beim Volksentscheid scheitern werden.

1 Insofern ist es auch erfreulich, dass sich der Gesetzgeber im Rahmen der Novelle des NRW-VIVBVEG im Juli 2004 dazu entschlossen hat, das äußerst ungewöhnliche und prohibitive formalisierte Eintragungsverfahren für die Volksinitiative abzuschaffen. Erstaunlicherweise referiert Löwer/Tettinger-*Mann*, Art. 67a NRW-V, Rn. 19 ff., die Vorgaben des NRW-VIVBVEG a.F. ohne auch nur mit einem Wort darauf hinzuweisen, dass der Gesetzgeber das Verfahren der Volksinitiative damit auf eine bundesweit einzigartige Weise zu Lasten der Antragsteller erschwert hatte.

2 Löwer/Tettinger-*Mann*, Art. 69 NRW-V, Rn. 17, befürchtet allerdings dennoch eine prohibitive Wirkung. Berücksichtigt man, dass sich in Bayern niemals mehr als 40 % der Stimmberechtigten an den Volksentscheiden beteiligt haben, so erscheint es in der Tat nicht ausgeschlossen, dass das Quorum von 15 % verfehlt wird. Entscheidende Bedeutung kommt dabei allerdings der Frage zu, ob sich die Stimmberechtigten für jeden von mehreren Entwürfen zum selben Gegenstand gesondert entscheiden können.

Problematisch erscheint in diesem Zusammenhang auch der Umstand, dass die weit reichenden inhaltlichen Beschränkungen des Anwendungsbereiches der Verfahren in vollem Umfang beibehalten wurden, obwohl angesichts der Rechtsprechung der übrigen Landesverfassungsgerichte die Möglichkeit besteht, dass der Verfassungsgerichtshof des Landes den „Finanzvorbehalt" des Art. 68 I 3 NRW-V extrem weit ausdehnen wird. Zwar wurde die Eintragungsfrist für das Volksbegehren im Vergleich zur früheren Rechtslage deutlich verlängert. Dies führt jedoch nur bedingt zu einer Erleichterung für die Antragsteller, sondern eher zu einer Verzögerung des Verfahrens, die es den Initiatoren wiederum schwerer macht, das öffentliche Interesse an ihrem Anliegen aufrecht zu erhalten. Umgekehrt wurden die relativ kurzen Fristen für die Behandlung des Volksbegehrens im Landtag beibehalten, ohne dass das Parlament ausdrücklich dazu verpflichtet worden wäre, Vertreter der Antragsteller anzuhören. Damit wird aber das kommunikative Potential der Verfahren deutlich beeinträchtigt.

Abschließend sei darauf hingewiesen, dass die Regelungen über Referenden wohl auch in Zukunft aus den bereits im dritten Teil dieser Untersuchung dargelegten Gründen[1] keinerlei praktische Bedeutung erlangen werden. Wenn der Gesetzgeber die einschlägigen Regelungen beibehalten hat, dann liegt das wohl vor allem daran, dass jeder Eindruck einer Beschränkung der unmittelbaren Mitwirkungsrechte der Bürger vermieden werden sollte.

---

1 Vgl. dazu oben S. 401.

14. Kapitel: Zusammenfassende Bewertung der Regelungen über die direktdemokratischen Verfahren in den neueren Landesverfassungen

Auf dieser Grundlage kann zum Abschluss der Versuch einer zusammenfassenden Bewertung der Regelungen über die direktdemokratischen Verfahren in den neueren Landesverfassungen unternommen werden.

Betrachtet man sich die Zahl der seit 1990 in den Ländern durchgeführten oder zumindest vorbereiteten Verfahren, dann scheint es unter Geltung der neueren Landesverfassungen wesentlich einfacher geworden zu sein, die direktdemokratischen Verfahren zu nutzen. Wurden bis 1990 kaum mehr als 20 ernsthafte Versuche unternommen, ein Volksbegehren einzuleiten, hat es seither bis Ende 2006 über 190 Verfahren gegeben – von denen immerhin ein gutes Viertel erfolgreich in dem Sinne war, dass sich die Antragsteller im Ergebnis zumindest teilweise mit ihrem jeweiligen Anliegen durchsetzen konnten.

Bei einer näheren Betrachtung wird allerdings deutlich, dass nochmals differenziert werden muss: Während sich die Initiatoren in einigen Ländern kein einziges Mal[1] oder nur in extremen Ausnahmefällen[2] mit ihrem Anliegen durchsetzen konnten und es nicht gelungen ist, auch nur das Quorum für das Volksbegehren zu überwinden, ist es in anderen Ländern gleich mehrfach zu Volksentscheiden gekommen. Teilweise reichte dort sogar schon die Einleitung eines direktdemokratischen Verfahrens aus, um das Parlament dazu zu bewegen, sich das Anliegen der Initiatoren zumindest teilweise zu eigen zu machen. Und auch bei denjenigen Ländern, in denen die direktdemokratischen Verfahren häufiger genutzt worden sind, muss nochmals zwischen solchen Ländern unterschieden werden, in denen die Häufigkeit der Verfahren allmählich wieder zurückgegangen ist,[3] und solchen, in denen die Verfahren auch heute noch genutzt werden.[4]

Wie im Laufe der bisherigen Untersuchung deutlich geworden sein sollte, lässt sich diese unterschiedliche Entwicklung zum einen auf die konkrete Ausgestaltung der Verfahren in den einzelnen Ländern und zum anderen auf die Rechtsprechung der Verfassungsgerichte in den Ländern zurück führen.

I. Zur Funktion der direktdemokratischen Verfahren in den neueren Landesverfassungen

Bevor auf die Wirkung der Quoren, Fristen und sonstigen Zulässigkeitsvoraussetzungen eingegangen werden kann, soll an dieser Stelle allerdings zunächst noch einmal die Funkti-

---

1   In Hessen, Rheinland-Pfalz, dem Saarland und Sachsen-Anhalt.
2   Insofern ist vor allem auf das Verfahren zur Wiedereinführung des Pfingstmontag in Baden-Württemberg hinzuweisen (S. 338), aber auch auf die beiden Verfahren zur Abschaffung der kommunalen Doppelspitze bzw. zur Erleichterung der direktdemokratischen Verfahren in Nordrhein-Westfalen (S. 385 und 386).
3   Das betrifft Brandenburg, Bremen, Mecklenburg-Vorpommern, Sachsen und Schleswig-Holstein.
4   Hier sind vor allem Hamburg und Nordrhein-Westfalen sowie – mit gewissen Einschränkungen – Bayern, Berlin und Niedersachsen zu nennen.

on der direktdemokratischen Verfahren im System der politischen Willensbildung der Länder ins Gedächtnis zurück gerufen werden.

Wie im Zusammenhang mit der Darstellung der Rechtslage in der Zeit der Weimarer Republik deutlich geworden ist, sind die direktdemokratischen Verfahren ursprünglich als Gegengewicht gegen die vermeintliche Gefahr eines Parlamentsabsolutismus in das Verfassungsrecht eingeführt worden. Im Mittelpunkt stand also zunächst die Korrekturfunktion der Verfahren. Wegen der hohen Hürden auf dem Weg bis zum Volksentscheid ist diese Korrekturfunktion allerdings weitgehend leer gelaufen. In den Ländern wurde ohnehin vor allem die Möglichkeit zur plebiszitären Parlamentsauflösung genutzt die es auf der Ebene des Reichs nicht gab. Auch nach dem 2. Weltkrieg stand zunächst die Korrekturfunktion der direktdemokratischen Verfahren im Mittelpunkt. Wirklich praktikabel waren sie jedoch außerhalb Bayerns nicht, da die Absenkung der Quoren für den Volksentscheid in den anderen Ländern durch eine deutliche Erhöhung der Quoren für das Volksbegehren mehr als ausgeglichen wurde.

Mit der Verfassungsreform in Schleswig-Holstein im Jahre 1990 hat jedoch ein Paradigmenwechsel eingesetzt, da die direktdemokratischen Verfahren seither durchweg darauf angelegt sind, die Kommunikation zwischen den Bürgern und ihren Repräsentanten zu verbessern. Zum einen haben die Bürger mit der Volksinitiative eine Möglichkeit, ein bestimmtes Anliegen an das Parlament heranzutragen. Zum anderen wurde das Volksgesetzgebungsverfahren enger als bisher mit dem parlamentarischen Verfahren verknüpft. Diese Entwicklung deutet darauf hin, dass sich die Verfassung- und Gesetzgeber in den Ländern zumindest auch von denjenigen Motiven haben leiten lassen, die im ersten Teil dieser Untersuchung als mögliche Begründung für eine Erweiterung der unmittelbaren Mitwirkungs- und Entscheidungsrechte der Bürger herausgearbeitet worden sind. Zwar steht den Bürgern mit dem Volksbegehren und dem Volksentscheid eine Möglichkeit offen, an Stelle des Parlamentes zu entscheiden. Die Verfahren sind jedoch darauf angelegt, dass auch schon im Vorfeld einer Abstimmung eine Einigung erzielt werden kann. Dazu dient insbesondere die Institutionalisierung der Kommunikation zwischen den Bürgern und ihren Repräsentanten, die im Ergebnis dazu führen soll, dass sich das Parlament schon in einer frühen Phase des Verfahrens entweder das Anliegen der Initiatoren zu eigen macht oder aber die Bürger von der Regierungspolitik überzeugt.

Die Häufigkeit der Verfahren in den einzelnen Ländern von 1991 bis 2006

	BW	Bay	Berl	Bbg	Brem	Hamb	Hess	MV	Nds	NRW	RP	Saar	Sac	LSA	SH	Thür	●+○/●
1991																	0/0
1992				●●○○									○○				7/2
1993				○○						●			○○				5/1
1994	●	▲○○○○		○					●			●	○	○	●○	○○	15/3
1995				●●○○	○○○			○○	○●○○					○	●○○○		12/4
1996	○	○○		●○	●●○○○			○	○○								10/2
1997	●		●	○	●●○○○▲	●○	○	●●●					●●●				18/4
1998		○		○		○		●○○	○○		○				○		15/4
1999		▲○○○○○○	○	○○	○	●○		○○	●	●							20/7
2000	○		●	○○	▲	○○		○			○			○		○	10/1
2001		○		▲○○○	○	*			▲			—		○	●▲		11/3
2002		●		●○		●●●○○○○			○○	○○	○		▲	○	○	▲	14/5
2003						●●○○○○			○		○			○		*	15/5
2004	○					●○			●○○○	●					●		11/2
2005		○○○	○○			*		○	○	●	○	○○		○			13/2
2006			?	○	●	○	○	●○○○		●○○			○○	?	? ●○○	?	16/4
n1[a]	4/1	21/4	0/0	—	0/0	—	2/0	—	—	2/2	1/0	4/1	—	—	—	—	34/8
n2[a]	—	—	11/2	26/7	15/3	20/8	—	18/5	18/6	8/3	2/0	—	12/1	9/0	15/8	4/0	158/44

[a] Alle Verfahren unter Geltung der älteren (1) bzw. neueren (2) Landesverfassungen/davon erfolgreiche Verfahren

| (Noch) Keine direktdemokratischen Verfahren vorgesehen |
| Geltung der älteren Landesverfassungen |
| Geltung der neueren Landesverfassungen |

- ● Verfahren im Ergebnis zumindest teilweise erfolgreich
- ○ Verfahren im Ergebnis erfolglos
- ? Verfahren läuft noch
- * Jahr einer erneuten Reform der Verfahren
- ▸ Jahr einer wichtigen Verfassungsgerichtsentscheidung

II. Die direktdemokratischen Verfahren als Artikulations- und Korrekturinstrument

Vergleicht man nun die Hürden, die nach den Vorgaben der neueren Landesverfassungen und den einschlägigen Ausführungsbestimmungen in den einzelnen Ländern auf dem Weg bis zum Volksentscheid überwunden werden müssen, so wird zwar schnell deutlich, dass diese Hürden tendenziell niedriger sind als die vergleichbaren Vorgaben in und zu den älteren Landesverfassungen. Wie die Darstellung in den vorangegangenen Kapitel deutlich gemacht hat, können die Initiatoren eines direktdemokratischen Verfahrens in den meisten Ländern aber dennoch kaum damit rechnen, auch nur das Quorum für das Volksbegehren zu erreichen. Und selbst wenn dies gelingen sollte, besteht nur eine sehr geringe Chance, dass der Antrag beim Volksentscheid von einer hinreichenden Mehrheit der Stimmberechtigten angenommen wird.

A. Die Quoren für das Volksbegehren

In den meisten Ländern, die sich nach 1945 überhaupt für die Einführung direktdemokratischer Verfahren entschlossen haben, waren die Erfahrungen mit Volksbegehren und Volksentscheiden in der Zeit der Weimarer Republik zum Anlass genommen worden, beim Volksentscheid auf qualifizierte Quoren zu verzichten. Im Gegenzug wurde das Quorum für das Volksbegehren auf praktisch kaum erreichbare 20 Prozent der Stimmberechtigten erhöht. Im Rahmen der Verfassungsdiskussionen, die seit 1988 in den Ländern geführt wurde, lässt sich nun zwar wieder eine gegenläufige Tendenz feststellen. Allerdings wurde das Quorum für das Volksbegehren nur in fünf Ländern[1] auf weniger als zehn Prozent der Stimmberechtigten angesetzt. In fünf weiteren Ländern[2] wurde hingegen lediglich die bayerische Vorgabe übernommen und in immerhin zwei Ländern[3] sind die Anforderungen sogar noch höher.

Bei allem Verständnis für das durchaus legitime Anliegen der Verfassunggeber, eine übermäßige Belastung des Parlamentes – und der Stimmberechtigten – zu vermeiden und sicher zu stellen, dass möglichst nur über solche Angelegenheiten ein Volksentscheid statt

---

1 In Brandenburg, Hamburg, Nordrhein-Westfalen, Schleswig-Holstein und seit kurzem auch in Thüringen für den Fall, dass ein formelles Eintragungsverfahren durchgeführt wird.
2 In Berlin, Bremen, Mecklenburg-Vorpommern, Niedersachsen und Rheinland-Pfalz.
3 In Sachsen und Sachsen-Anhalt, sowie bis zur jüngsten Verfassungsänderung auch in Thüringen.

findet, die für einen hinreichend großen Anteil der Bürger von Interesse sind, wäre es aufgrund der bayerischen Erfahrungen schon am Ende der achtziger Jahre ohne weiteres erkennbar gewesen, dass es nur in seltenen Ausnahmefällen möglich sein wird, auch nur mehr als zehn Prozent der Stimmberechtigten zur Unterstützung eines Volksbegehrens zu bewegen. Tatsächlich belegt der empirische Befund, dass diese Hürde grundsätzlich nur dann überwunden werden kann, wenn es in dem jeweiligen Verfahren entweder darum geht, bestimmte von der jeweiligen Regierungsmehrheit geplante Reformen zu verhindern[1] – oder darum, die unmittelbaren Mitwirkungs- und Entscheidungsrechte der Bürger auszubauen.[2] Dies gilt selbst für Brandenburg, Hamburg, Nordrhein-Westfalen und Schleswig-Holstein, wo das Quorum für das Volksbegehren teilweise sogar unter fünf Prozent der Stimmberechtigten angesetzt wurde – ohne dass es infolge dessen zu einer übermäßigen Häufung der Verfahren gekommen wäre.

B. Die Fristen für das Volksbegehren und das Eintragungsverfahren

Ob die Quoren für das Volksbegehren prohibitiv wirken, hängt allerdings nicht nur von der Zahl von Unterstützungsunterschriften ab, die gegebenenfalls gesammelt werden müssen, sondern auch und von der Organisation des Eintragungsverfahrens. Insbesondere kommt es darauf an, wie viel Zeit den Initiatoren zur Verfügung steht, um bei den Bürgern für ihr Anliegen zu werben.

Insofern ist zunächst festzuhalten, dass die entsprechenden Fristen im Vergleich zu den älteren Regelungen fast durchweg deutlich verlängert worden sind. Nur in Berlin und Hamburg[3] ist der Zeitraum zwischen der Entscheidung über die Zulässigkeit des Volksbegehrens bis zum Abschluss der Eintragungsfrist mit 10 bzw. 8 Wochen kürzer als in Bayern – wobei dieser Umstand allerdings jedenfalls in Hamburg wegen der Möglichkeit der Briefeintragung und den umfassenden Informationspflichten nicht allzu sehr ins Gewicht fällt. In den übrigen Ländern stehen gegebenenfalls sogar drei bis zehn Monate für die öffentliche Diskussion zur Verfügung.[4]

1   Zu nennen sind hier zum einen die Volksentscheide gegen die Rechtschreibreform in Schleswig-Holstein (S. 486), die Neuorganisation der sächsischen Sparkassen (S. 584) oder die Privatisierung der öffentlichen Krankenhäuser in Hamburg (S. 825) und zum anderen die Volksbegehren gegen die Streichungen im Kindertagesstättenbereich in Hamburg (S. 832) und Sachsen-Anhalt (S. 623) bzw. zur Wiedereinführung des Buß- und Bettages als Feiertag in Schleswig-Holstein (S. 482).

2   Zu nennen sind hier etwa die Volksentscheide für die Einführung direktdemokratische Verfahren auf der kommunalen Ebene in Bayern und Hamburg (S. 354 bzw. 821), der Volksentscheid für die Reform des Wahlrechts in Hamburg (S. 827) und auch die Abstimmung über die Abschaffung des Senats in Bayern (S. 359), da diese Institution nicht zuletzt wegen ihrer fehlenden demokratischen Legitimation angegriffen wurde.
    In diesem Zusammenhang sind weiterhin die für unzulässig erklärten Volksbegehren für mehr direkte Demokratie auf der Ebene der Kommunen bzw. des Landes in Baden-Württemberg (S. 339), Bayern (S. 362), Berlin (S. 779), Bremen (S. 747), Nordrhein-Westfalen (S. 386) und Thüringen (S. 713) zu nennen, sowie der am Quorum gescheiterte Volksentscheid in Hamburg (S. 821).

3   Und im Falle eines amtlichen Eintragungsverfahrens auch in Thüringen (2 Monate).

4   In Bremen und Nordrhein-Westfalen haben die Initiatoren ebenso wie in Bayern 3 Monate bzw. 12 Wochen Zeit, um für ihre Anliegen zu werben. In Thüringen stehen jedenfalls bei der freien Unterschriftensammlung 4 Monate zur Verfügung, in Brandenburg, Niedersachsen, Sachsen-Anhalt und

Zumindest auf den ersten Blick wurde das Verfahren in einigen Ländern[1] noch stärker zugunsten der Initiatoren erleichtert, da die Unterschriften dort nicht in einem formalisierten Eintragungsverfahren gesammelt werden müssen. Bei einer näheren Betrachtung stellt sich allerdings durchaus die Frage, ob den Antragstellern hiermit ein Gefallen getan wurde. Selbst wenn man nämlich davon ausgeht, dass es im Rahmen einer freien Sammlung einfacher ist, die erforderlichen Unterschriften zusammen zu tragen, wird das Parlament einem Antrag, der auf „Spontaneintragungen" im Rahmen einer Straßensammlung beruht, gegebenenfalls weitaus weniger Aufmerksamkeit widmen. Zumindest ist es den Gegnern eines Volksbegehrens unter diesen Voraussetzungen wesentlich leichter möglich, die Legitimation der Antragsteller in Frage zu stellen. Tatsächlich erscheint es aber zumindest in Bezug auf die Flächenstaaten schon zweifelhaft, ob die „Privatisierung des Eintragungsverfahrens" für die Initiatoren wirklich eine Erleichterung mit sich bringt, da damit auch der organisatorische Aufwand und vor allem die Kosten des Verfahrens auf sie verlagert werden.[2] Geht man nämlich realistischerweise davon aus, dass sich die Unterschriftensammlung unter diesen Umständen in erster Linie auf die städtischen Ballungszentren konzentrieren wird, dann verringert sich bei einer freien Unterschriftensammlung die Wahrscheinlichkeit, dass genügend Unterschriften zusammen kommen werden – umgekehrt wird es den Bewohnern ländlicher Landstriche deutlich schwerer gemacht, die direktdemokratischen Verfahren überhaupt zu nutzen.

In diesem Zusammenhang ist weiterhin zu beachten, dass es keineswegs nur von Vorteil für die jeweiligen Antragsteller sein muss, wenn sich das Verfahren bis zum Volksentscheid verzögert. Zwar steht ihnen damit auf der einen Seite eine längere Zeitspanne zur Verfügung, um die Öffentlichkeit auf ihr Anliegen aufmerksam zu machen und um Unterstützung für ihren Antrag werben zu können. Auf der anderen Seite wird es aber umso schwieriger, die öffentliche Diskussion bis zum Volksentscheid aufrecht zu erhalten, je länger das Verfahren jedoch dauert.[3] Gerade dann, wenn der Gegenstand eines Volksbegehrens geeignet ist, über mehr als ein Jahr die Gemüter zu bewegen, handelt es sich aber häufig um eine Angelegenheit, die so wichtig ist, dass das Parlament noch vor dem Abschluss des Verfahrens eine Entscheidung treffen – und damit in gewisser Weise vollendete Tatsachen schaffen muss.[4] Tatsächlich können das Volksbegehren und der Volksentscheid allenfalls in den Stadtstaaten Berlin, Bremen und Hamburg überhaupt dazu genutzt werden, um drängende politische Probleme einer Lösung zuzuführen, da in den übrigen Ländern mindestens ein,

---

Schleswig-Holstein 5 bis 8 Monate, und in Sachsen sogar 9 bis 10 Monate.

1 In Bremen, Mecklenburg-Vorpommern, Niedersachsen, Sachsen, Sachsen-Anhalt und Thüringen.
2 Zur prohibitiven Wirkung der Belastung mit den Kosten des Verfahrens vgl. *Braun*, Art. 43 BW-V, Rn. 6, und ausführlich *Przygode*, S. 460 ff. Dass es sich hierbei um eine erhebliche Belastung handeln kann, wird vor allem in Berlin und Thüringen deutlich, da dort nicht einmal Eintragungslisten verwendet werden dürfen. Vielmehr muss in diesen beiden Ländern jede einzelne Unterschrift auf einem eigenen Bogen erfolgen, der von den Initiatoren auf eigene Kosten zu beschaffen ist.
3 Auch *Starck*, Verfassungen, S. 30, hält die Verfahren generell für zu lang.
4 Anders hingegen *Nemitz*, S. 139, 156, der zwar zu Recht davon ausgeht, dass die Verfahren Zeit brauchen, damit die Bürger qualifiziert urteilen können. Dennoch ist eine Gesamtdauer von mehr als zwei Jahren nicht mehr akzeptabel.

unter Umständen aber sogar mehr als zwei Jahre zwischen der Einreichung eines Volksantrags bzw. einer Volksinitiative und dem Volksentscheid liegen.[1]

C. Die Beschränkungen des Anwendungsbereichs der Verfahren

Die prohibitive Wirkung der Quoren wird durch die weit reichenden inhaltlichen Beschränkungen des Anwendungsbereichs der direktdemokratischen Verfahren mittelbar noch weiter verstärkt. Denn die Wahrscheinlichkeit, ob sich genügend Unterzeichner für einen Antrag finden werden, hängt maßgeblich davon ab, ob das Volksbegehren eine Angelegenheit betrifft, die für einen großen Anteil der Stimmberechtigten von Interesse ist.

Indem die Verfassunggeber durchweg die „traditionellen Beschränkungen" des Anwendungsbereiches der direktdemokratischen Verfahren übernommen und den jeweiligen Landeshaushalt bzw. das Haushaltsgesetz, Abgaben- und Besoldungsregelungen oder gar alle „Finanzfragen" ausgeschlossen haben, scheiden nun aber jedenfalls dann viele derjenigen Angelegenheiten, deren Entscheidung für einen großen Anteil der Stimmberechtigten von Interesse wäre, von vorne herein als Gegenstand der direktdemokratischen Verfahren aus, wenn man die entsprechenden Ausschlussklauseln nicht in der für Ausnahmeregelungen gebotenen restriktiven Art und Weise auslegt, sondern wie die meisten Landesverfassungsgerichte sehr weit versteht.

Die Praktikabilität der Verfahren wird weiterhin dadurch beeinträchtigt, dass die Verfassunggeber nur in Brandenburg, Hamburg und Schleswig-Holstein dem Funktionswandel der Länder und der Landesparlamente Rechnung getragen und den Anwendungsbereich der Verfahren über die Gesetzgebung hinaus auf andere „bestimmte Gegenstände der politischen Willensbildung" hinaus ausgedehnt haben. Während das Volk in diesen Ländern in (fast) jeder Hinsicht anstelle des Parlamentes entscheiden und insbesondere Einfluss auf das Verhalten der Landesregierung auf der Ebene des Bundes oder auch auf die Planung von Großvorhaben nehmen kann, sind die Bürger in den übrigen Ländern weiterhin auf die Gesetzgebung beschränkt – obwohl die Länder über immer weniger eigenständige Regelungskompetenzen verfügen.

D. Die präventive Normenkontrolle und der Einfluss der Verfassungsgerichtsbarkeit

In den meisten Ländern wurde dem Volksbegehren ein eigenständiges Volksantragsverfahren vorgeschaltet, in dessen Rahmen geprüft wird, ob die in der jeweiligen Landesverfassung festgeschriebenen Voraussetzungen für die Zulässigkeit eines Volksbegehrens erfüllt sind. Auch wenn damit eine zusätzliche Hürde auf dem Weg bis zum Volksentscheid errichtet wird, ist dies jedenfalls dann unproblematisch, wenn das Volksgesetzgebungsverfahren von vorne herein dreistufig ausgestaltet wurde oder wenn sich die Notwendigkeit eines

---

1 Auffallenderweise wurde den Landesverfassungsgerichten für ihre Entscheidungen im Rahmen der direktdemokratischen Verfahren keine Frist vorgegeben. Dass sich in keiner der Landesverfassungen bzw. der entsprechenden Ausführungsgesetze eine dem Art. 65 II 2 BayLWG entsprechende Regelung findet, ist angesichts der Erfahrungen mit den älteren Landesverfassungen durchaus erstaunlich. Da die Landesverfassungsgerichte dort zum Teil mehr als ein Jahr für ihre Entscheidung brauchten, wurden die Verfahren bis zum Volksbegehren erheblich verzögert; dazu *Przygode*, S. 93 ff., der auch auf die Gefahr der zeitlichen Manipulation der Verfahren hinweist.

dem Volksbegehren vorgelagerten Volksantragsverfahrens zumindest mittelbar aus der Verfassung ergibt. Im Übrigen kommt es darauf an, ob die Unterschriften für das Volksbegehren gegebenenfalls im Rahmen eines formalisierten Eintragungsverfahrens gesammelt werden.[1] Ist dies nicht der Fall, so muss entweder das Quorum für den Volksantrag in einem angemessenen Verhältnis zum Quorum für das Volksbegehren stehen, oder es muss sicher gestellt sein, dass die Unterschriften gegebenenfalls auf das Quorum für das Volksbegehren angerechnet werden.

Auch wenn grundsätzlich nichts dagegen spricht, schon einem sehr frühen Stadium des Verfahrens zu überprüfen, ob die in der jeweiligen Verfassung vorgeschriebenen Zulässigkeitsvoraussetzungen vorliegen, ergeben sich gewisse Probleme aus dem Umstand, dass die Entscheidung über die Zulässigkeit letzten Endes nur vom jeweiligen Landesverfassungsgericht getroffen werden kann. Denn die Verfassungsgerichte beschränken sich in der Praxis keineswegs immer auf die Überprüfung der in der jeweiligen Verfassung ausdrücklich festgeschriebenen Zulässigkeitsvoraussetzungen, sondern sie führen gegebenenfalls eine umfassende präventive Normenkontrolle durch. Dies ist aber wiederum nur in Sachsen und Thüringen unproblematisch, da die Verfassunggeber in diesen beiden Ländern die „Verfassungsmäßigkeit" des einem Volksbegehren zugrunde liegenden Gesetzentwurfes bzw. seine Vereinbarkeit mit höherrangigem Recht ausdrücklich zu den Zulässigkeitsvoraussetzungen der Verfahren erklärt haben. In den übrigen Ländern müssten sich die für die Prüfung der Zulässigkeit eines Volksbegehrens zuständigen Staatsorgane hingegen auf die Überprüfung der in der jeweiligen Verfassung ausdrücklich festgeschriebenen Zulässigkeitsvoraussetzungen beschränken[2] – obwohl diese Beschränkung im Extremfall dazu führen könnte, dass das Ergebnis eines Volksentscheids gleich wieder zum Gegenstand eines verfassungsgerichtlichen Verfahrens wird.

Im Ergebnis kommt es allerdings nur bedingt darauf an, dass sich einige Landesverfassungsgerichte entgegen der hier vertretenen Auffassung zu einer umfassenden rechtlichen Prüfung der jeweiligen Vorlage berechtigt und verpflichtet sehen, da in der Praxis nur sehr wenige Volksbegehren wegen eines Verstoßes gegen die Vorgaben der jeweiligen Landesverfassung oder das Bundesrecht für unzulässig erklärt worden sind. Viel wichtiger war der Umstand, dass die meisten Landesverfassungsgerichte die Bestimmungen über den Anwendungsbereich der direktdemokratischen Verfahren in der Vergangenheit sehr restriktiv bestimmt und schon sehr geringfügige finanzielle Auswirkungen zum Anlass genommen haben, das Verfahren für unzulässig zu erklären.[3] Wie der empirische Befund[4] eindeutig belegt, hatten diese Entscheidungen aber nicht nur Auswirkungen auf das konkret zu entscheidende Verfahren. Vielmehr ist die Häufigkeit der Verfahren in den betreffenden Län-

---

1 Schließlich ist die Organisation und Durchführung dieses Verfahrens für die Behörden des Landes und der Kommunen mit einem erheblichen Aufwand verbunden, der nur dann gerechtfertigt ist, wenn eine hinreichende Wahrscheinlichkeit dafür besteht, dass das Quorum für das Volksbegehren tatsächlich erreicht werden kann.

2 Die einfachgesetzlichen Vorschriften über eine präventive Normenkontrolle in Berlin, Bremen und Sachsen-Anhalt sind unwirksam.

3 Sehr kritisch zur Rolle der Rechtsprechung auch *Jung*, ZRP 2000, S. 440, 442 f.; *Wittreck*, JöR 2005, S. 113 ff., und schon früher ausführlich *Przygode*, passim, der auf S. 417 von einer „Ver- und Behinderungsrechtsprechung" spricht.

4 Vgl. dazu unten S. 930 und oben S. 892.

dern infolge der Entscheidungen insgesamt deutlich zurück gegangen.[1] Eine ganz ähnliche Wirkung hatten auch die Entscheidungen einiger Landesverfassungsgerichte zu der Frage, ob die direktdemokratischen Verfahren gegebenenfalls dafür genutzt werden können, um die in der jeweiligen Verfassung festgeschriebenen unmittelbaren Mitwirkungs- und Entscheidungsrechte der Bürger auszuweiten.[2]

Bei alldem ist zu beachten, dass sich die restriktive Rechtsprechung der Landesverfassungsgerichte nicht nur und nicht einmal in erster Linie auf die Korrekturfunktion der direktdemokratischen Verfahren auswirkt, sondern auch und vor allem auf deren Funktion als Instrument zur Artikulation und zur Verbesserung der Kommunikation zwischen den Bürgern und ihren Repräsentanten. Denn wenn die Verfahren bereits in einem sehr frühen Stadium beendet werden, dann werden nicht nur die jeweiligen Initiatoren daran gehindert, ihr Anliegen dem Parlament, der Regierung und der Öffentlichkeit zu vermitteln, sondern auch die Staatsorgane haben weder einen Anlass noch die Möglichkeit, den Bürgern die Beweggründe zu vermitteln, die hinter der jeweiligen Regierungspolitik stehen.[3]

E. Die Quoren für den Volksentscheid

Die Korrekturfunktion der direktdemokratischen Verfahren wird schließlich und vor allem dadurch gefährdet, dass sich nur der sächsische Verfassunggeber dazu entschließen konnte, beim Volksentscheid das bayerische Modell zu übernehmen und jedenfalls bei Abstimmungen über einfache Gesetze grundsätzlich die Zustimmung durch eine Mehrheit der Abstimmenden für die Annahme eines Antrages ausreichen zu lassen.[4] Im Übrigen reicht dieses Quorum nur in Rheinland-Pfalz für die Annahme eines Antrags aus – und dies auch nur dann, wenn sich ein Viertel der Stimmberechtigten an der Abstimmung beteiligt. In den anderen Ländern muss eine Vorlage durch mindestens 15 Prozent, ein Fünftel, ein Viertel oder gar ein Drittel der Stimmberechtigten unterstützt werden. Geht man nun aber realistischerweise davon aus, dass sich an einem Volksentscheid regelmäßig deutlich weniger

---

1 Aus dieser Perspektive kommt den Entscheidungen über die Zulässigkeit der Verfahrens zum „Berliner Bankenskandal" (S. 782) und zur Hamburger „VolxUni" (S. 837) größte Bedeutung zu.

2 In diesem Zusammenhang ist schließlich darauf hinzuweisen, dass der Rechtsprechung der Verfassungsgerichte auch deshalb eine große Bedeutung für die Praxis zukommt, weil diese in der Vergangenheit häufig auf eine eigenständige am Wortlaut des jeweiligen Verfassungstextes und seiner Genese orientierte Auslegung verzichtet und statt dessen an die Rechtsprechung der anderen Landesverfassungsgerichte angeknüpft haben. Auf diese Weise wurde die bemerkenswerte Vielfalt der Regelungsmodelle aber wieder weitgehend nivelliert. Eine gewisse Ausnahmestellung nehmen insofern die Urteile des *BbgVfG*, LKV 2002, S. 77, und vor allem des *SächsVfGH* LKV 2003, S. 327 ff. ein, die versucht haben, sich von der Rechtsprechung der übrigen Landesverfassungsgerichte abzusetzen und sich statt dessen mit den Besonderheiten der Brandenburgischen bzw. der Sächsischen Verfassung auseinander zu setzen.

3 Wobei es in einigen Ländern gar nicht darauf ankommt, dass die öffentliche Diskussion unterbunden wird, bevor sie überhaupt begonnen hat, da die Parlamente das Verfahren ohnehin nur durch die unveränderte Übernahme des Antragserledigen können. Und die Initiatoren selbst sind nur in einem einzigen Land dazu berechtigt, ihren Antrag nach der Einleitung des Volksbegehrens nochmals zu ändern. Damit gibt es aber anders als im parlamentarischen Verfahren keine Möglichkeit, die Ergebnisse der öffentlichen Diskussionen aufzugreifen oder verfassungsrechtlichen Bedenken Rechnung zu tragen.

4 In Sachsen-Anhalt wird dann auf ein qualifiziertes Quorum verzichtet, wenn das Parlament einen eigenen Entwurf mit zur Abstimmung gestellt hat.

Stimmberechtigte beteiligen werden als an einer allgemeinen Wahl, so wird schnell deutlich, dass sich diese Quoren jedenfalls dann kaum erreichen lassen werden, wenn zwei konkurrierende Vorlagen zum selben Gegenstand zur Abstimmung stehen und die Bürger keine Möglichkeit haben, gegebenenfalls beiden Vorlagen zuzustimmen.

Noch höher sind die Quoren bei Abstimmungen über verfassungsändernde Gesetze. Zwar hat der Bayerische Verfassungsgerichtshof vor einiger Zeit in einer Art von Staatsstreich festgeschrieben, dass bei Volksentscheiden über verfassungsändernde Gesetze auch in Bayern ein qualifiziertes Abstimmungsquorum gelten muss. Während dort jedoch „nur" verlangt wird, dass die für die Annahme eines Antrags erforderliche Mehrheit der Abstimmenden zugleich einem *Viertel* der Stimmberechtigten entspricht, muss bei Abstimmungen über Verfassungsänderungen nach fast allen neueren Landesverfassungen die Zustimmung durch eine *Mehrheit* der Stimmberechtigten erreicht werden.[1] Fast überall muss diese Mehrheit darüber hinaus zugleich zwei Dritteln der Abstimmenden entsprechen.[2]

Um die für den Volksentscheid geltenden Quoren angemessen würdigen zu können, erscheint es geboten, sich nochmals die Erfahrungen in Bayern vor Augen zu führen: Nachdem sich dort kaum jemals mehr als 40 Prozent der Stimmberechtigten an einem Volksentscheid beteiligt haben, wird nämlich ohne weiteres deutlich, dass sich selbst die in den neueren Landesverfassungen für die Verabschiedung einfacher Gesetze festgeschriebenen Quoren realistischerweise nur dann erreichen lassen werden, wenn die Abstimmungsbeteiligung durch die Zusammenlegung des Volksentscheids mit dem Termin einer Allgemeinen Wahl künstlich erhöht wird.[3] Bei Abstimmungen über eine Verfassungsänderung ist aber selbst bei einer solchen Koppelung kaum zu erwarten, dass die erforderliche Anzahl von Stimmen tatsächlich erreicht werden kann.[4]

In diesem Zusammenhang ist ohnehin zu beachten, dass die Koppelung von Wahl- und Abstimmungsterminen oder auch die gleichzeitige Durchführung mehrerer Volksabstimmungen zu verschiedenen Terminen in der Regel zu einer Verzerrung des Abstimmungsergebnisses führt, weil sich auch solche Personen an der Abstimmung beteiligen werden, die sich andernfalls der Stimme enthalten hätten.[5] Zwar

[1] Lediglich in Thüringen gilt – seit der jüngsten Verfassungsreform – ein niedrigeres Quorum von 40 % der Stimmberechtigten.

[2] Im Ergebnis ist das Quorum auch in Nordrhein-Westfalen nicht oder zumindest nicht wesentlich niedriger, da sich die Gegner einer verfassungsändernden Vorlage gegebenenfalls auf eine Boykottstrategie verständigen können, so dass letzten Endes auch hier nicht nur die Beteiligung, sondern sogar die Zustimmung durch die Hälfte der Stimmberechtigten verlangt wird.

[3] In diesem Sinne auch *Jung*, ZPol 1999, S. 863, 891 ff.; *ders.*. ZRP 2000, S. 440, 442. Diese These wird auch durch die Erfahrungen in Hamburg und Schleswig-Holstein belegt.

[4] Dabei ist wiederum zu beachten ist, dass ein hoher Beteiligungsgrad nicht unbedingt für die Qualität der Entscheidung spricht, da sich gegebenenfalls auch solche Personen an der Abstimmung beteiligen werden, denen das Ergebnis an sich gleichgültig ist und die sich daher auch nicht im Detail mit der Vorlage auseinander gesetzt haben.

[5] *Riklin*, FS Hans Huber, S. 513, 525, hat etwa für die Schweiz herausgearbeitet, dass die Koppelung zu Verzerrungen führt. Zusammen mit der Abstimmung über die Einführung der Sommerzeit sei z.B. über das Hochschulförderungsgesetz zu entscheiden gewesen. Dieses sei vor allem deswegen gescheitert, weil sich an der Abstimmung viele von der Sommerzeit sehr stark betroffene Bauern beteiligt hatten. Bei einer isolierten Abstimmung über die Hochschulförderung sei zu erwarten gewesen, dass dieser Personenkreis

kann und muss man auf der einen Seite davon ausgehen, dass die Bürger durchaus dazu in der Lage sind, sich auch bei einer „verbundenen Abstimmungen" differenziert zu entscheiden.[1] Angesichts des unbestreitbaren Bedürfnisses für eine „politische Arbeitsteilung" erscheint es aber auf der anderen Seite durchaus wahrscheinlich, dass sich diejenigen Bürger, für die es an sich gleichgültig ist, wie eine bestimmte Angelegenheit entschieden wird, nur sehr oberflächlich mit der jeweiligen Materie auseinander gesetzt haben werden. Spätestens hier wird aber deutlich, dass eine möglichst hohe Abstimmungsbeteiligung keine Gewähr für die Richtigkeit des Abstimmungsergebnisses bietet.[2] Vielmehr besteht umgekehrt die Gefahr, dass die Qualität der Entscheidung unter einer künstlichen Aufblähung des Abstimmungsergebnisses leidet.

Wenn nach alldem die Korrekturfunktion der direktdemokratischen Verfahren in den meisten Ländern weitgehend leer läuft, weil die Parlamentsmehrheit und die Regierung nicht ernsthaft mit damit rechnen müssen, dass ihre Entscheidungen im Wege des Volksentscheides aufgehoben werden, dann wirkt sich das auch auf ihre Bereitschaft aus, auf die Antragsteller zuzugehen und den Dialog mit diesen zu suchen.[3] Im Ergebnis wird durch die hohen Quoren für das Volksbegehren und den Volksentscheid somit auch die Funktion der Verfahren als Instrument zur Verbesserung der Kommunikation zwischen den Bürgern und ihren Repräsentanten untergraben.

In diesem Zusammenhang ist auch noch ein weiterer Umstand zu beachten: Damit das kommunikative Potential der Verfahren ausgeschöpft werden kann, muss es eine Möglichkeit geben, wie die Ergebnisse der Diskussionen in das Verfahren einfließen können. Da die Initiatoren eines Volksbegehrens nur in einem einzigen Land dazu berechtigt sind, ihre Vorlage nach dem Zustandekommen des Volksbegehrens noch einmal abzuändern und die Landesparlamente das Verfahren häufig nur durch die unveränderte Übernahme des ursprünglichen Antrags erledigen können,[4] kommt insofern dem Recht des Parlamentes, eine eigene Vorlage konkurrierend mit zur Abstimmung zu stellen, eine ganz entscheidende

---

mehrheitlich der Abstimmung ferngeblieben wäre. Diese These wurde mittlerweile durch die empirische Untersuchung von *Schulz*, passim, bestätigt.
Lindner, BayVBl. 1999 S. 485 ff. hält die Koppelung verschiedener Abstimmungen sogar für eine verfassungswidrige Verletzung des Grundsatzes der Unmittelbarkeit von Abstimmungen.

1   Auf diesen Umstand weist vor allem *Degenhart*, ThürVBl. 2001, S. 201, 208, hin.
2   Anders hingegen *Roscheck*, S. 57, der vor allem auf die „Gefahr der mangelnden Repräsentativität" des Ergebnisses der Abstimmung und darauf abstellt, dass bestimmte Bevölkerungsgruppen erfahrungsgemäß in besonderem Maße zur Nichtbeteiligung neigen würden und zudem die Möglichkeit bestehe, dass die Anhänger einer bestimmten Auffassung aktiver sind als ihre Gegner.
    Auch *Jung*, ZPol 1999, S. 863, 887 ff, spricht sich ausdrücklich für die Zusammenlegung der Termine aus – wobei er damit allerdings nur die negativen Folgen der exorbitant hohen Quoren ausgleichen will.
3   In diesem Sinne auch *Dambeck*, RuP 1994, S. 208, 215; *Jung*, ZParl 2001, S. 33, 38.
4   Wenn *Przygode*, S. 159 ff., insbesondere S. 165 f., behauptet, dass nur auf diese Weise Manipulationen durch das Parlament ausgeschlossen werden könnten, dann übersieht er, dass die Erledigung von der Zustimmung durch die Antragsteller abhängig gemacht und gegebenenfalls vor dem Verfassungsgericht überprüft werden könnte. Vgl. dazu auch *Schieren*, StWissStPrax 1997, S. 63, 76, der dieses Dilemma dadurch auflösen will, dass die Initiatoren und das Parlament einen gemeinsamen Kompromissvorschlag entwickeln, der im parlamentarischen Verfahren beschlossen wird. Dies reicht allerdings zur formalen Erledigung des Volksbegehrens nicht aus, so dass ggf. doch ein Volksentscheid stattfinden müsste.

Bedeutung zu. Insofern ist nun aber wieder zu beachten, dass die qualifizierten Quoren gegebenenfalls auch für diese Konkurrenzvorlage gelten. Scheitern beide Vorlagen beim Volksentscheid, dann bleibt es aber nicht nur beim status quo, sondern die Parlamentsmehrheit wird es selbst dann kaum wagen, ihre Vorlage doch noch im regulären Gesetzgebungsverfahren durchzusetzen, wenn diese Vorlage bei der Abstimmung eine breitere Zustimmung erfahren haben sollte, als der Vorlage des Volksbegehrens. Berücksichtigt man, dass das Parlament in keinem einzigen Land daran gehindert ist, das Ergebnis eines Volksentscheids mit einem Federstrich wieder zu beseitigen und dass die Volksvertretungen in den Ländern in der Vergangenheit auch durchaus dazu bereit gewesen sind, von dieser Möglichkeit Gebrauch zu machen,[1] dann ist es unter diesen Umständen für die jeweilige Regierungsmehrheit in der Regel taktisch klüger, erst gar keine konkurrierende Vorlage mit zur Abstimmung zu stellen, um sich auf diese Weise ihren Handlungsspielraum zu erhalten. Auf diese Weise wird das kommunikative Potential der direktdemokratischen Verfahren weiter beeinträchtigt.

An dieser Stelle sei abschließend darauf hingewiesen, dass die Erfahrungen mit der praktischen Anwendung der neueren Landesverfassungen auch insofern den früheren Befund[2] bestätigen, als die parlamentarische Opposition nach wie vor nur höchst selten als Initiator eines Volksbegehrens in Erscheinung getreten ist.[3] Weitaus häufiger wurden die Verfahren von eigens dafür gegründeten Aktionsbündnissen eingeleitet,[4] und die (Oppositions-)Parteien traten allenfalls in einer späteren Phase des Verfahrens als Unterstützer hinzu. Dies deutet aber darauf hin, dass sich die Oppositionsparteien keine Vorteile von der Organisation eines direktdemokratischen Verfahrens erwarten. Berücksichtigt man, dass es der parlamentarischen Opposition bisher in keinem einzigen Fall gelungen ist, den Erfolg eines im Wege des Volksbegehrens eingebrachten Antrag bei den nächsten Wahlen in Stimmenzuwächse zu verwandeln,[5] dann wird aber endgültig deutlich, dass die direktdemokratischen

---

[1] Dies belegen etwa die Erfahrungen im Anschluss an die Volksentscheide über die Privatisierung der Städtischen Krankenhäuser in Hamburg, über die Erhaltung der kommunalen Sparkassen in Sachsen oder die Rechtschreibreform in Schleswig-Holstein.

[2] Vgl. dazu oben S. 398 ff.

[3] Vergleichsweise aktiv war allein die PDS, die auf diese Weise versucht hat, sich als genuine Vertreterin der Interessen der ostdeutschen Bevölkerung darzustellen. In Bayern hat die ÖDP mehrfach versucht, die Verfahren zu nutzen, um sich bei den Wählern zu profilieren. Obwohl es ihr in einigen Fällen gelungen ist, sich it ihrem Anliegen durchzusetzen, hat sie den Sprung in den Landtag bisher dennoch nicht geschafft.

[4] Dies gilt insbesondere für die von der mittlerweile bundesweit aktiven Vereinigung für „Mehr Demokratie" initiierten Verfahren, mit denen in verschiedenen Ländern versucht worden ist, die Möglichkeit des Volksentscheids zu nutzen, um eine Erweiterung der unmittelbaren Mitwirkungsrechte der Bürger zu erreichen. In jüngster Zeit hat die Anti-Globalisierungsinitiative „attac" mehrfach versucht, die Verfahren zu nutzen, um die Privatisierung öffentlicher Einrichtungen zu verhindern.

[5] Vielmehr kann ganz im Gegenteil die jeweilige Regierungsmehrheit jedenfalls dann sogar eher noch von dem Verfahren profitieren, wenn es ihr gelingt, das Ergebnis des Volksentscheides in die Regierungspolitik zu integrieren. Umgekehrt kann man sich durchaus die Frage stellen, ob das überraschend schlechte Abschneiden der CDU bei den Landtagswahlen in Sachsen am 19.9.2004 nicht auch darauf zurück zu führen ist, dass die Landesregierung nichts unversucht gelassen hat, um das Ergebnis des Volksentscheides zur Erhaltung der kommunalen Sparkassen zu unterlaufen.

Verfahren alles andere als eine „außerparlamentarische Waffe der Opposition"[1] darstellen.

F. Die Besonderheiten der Volksinitiative

Diese eher skeptische Bewertung gilt auch und gerade für das neue Institut der Volksinitiative: Zwar ist es grundsätzlich zu begrüßen, wenn die Kommunikation zwischen den Bürgern und ihren Repräsentanten durch die Einführung dieses Verfahrens institutionalisiert und damit effektiviert wurde. Durch die Anhörungspflichten unterscheidet sich die Volksinitiative auch deutlich von einer „normalen" Massenpetition.

Auch wenn das Quorum für die Volksinitiative in fast allen Ländern ohne allzu große Probleme erreichbar ist,[2] bleibt der Aufwand für die Initiatoren eines solchen Verfahrens deutlich größer als bei einer Massenpetition. Tatsächlich ist es den meisten Ländern sogar leichter, einen Volksantrag als erste Stufe des Verfahrens bis zum Volksentscheid zu organisieren. Nachdem nun aber zu erwarten ist, dass sich das Parlament unabhängig von einer entsprechenden justitiablen Verpflichtung auch schon aufgrund eines Volksantrags mit dem diesem zugrunde liegenden Antrag befassen wird,[3] ist dieses Verfahren für die Antragsteller regelmäßig attraktiver als die Volksinitiative, bei der sie zwar angehört werden – aber auch damit rechnen müssen, dass das Parlament ihr Anliegen dennoch ohne weiteres ablehnen wird. Der Volksinitiative kommt daher in der Praxis vor allem deshalb Bedeutung zu, weil sie den Bürgern die – allerdings nur vergleichsweise selten genutzte[4] – Möglichkeit verschafft, sich zu Fragen außerhalb der Entscheidungszuständigkeit des Landesparlamentes zu äußern.

Etwas besser fällt die Bewertung nur für Brandenburg, Hamburg, Sachsen und Schleswig-Holstein aus, da die Volksinitiative in diesen Ländern integraler Bestandteil des Verfahrens bis zum Volksentscheid ist. Damit steigt aber die Wahrscheinlichkeit dafür, dass das Parlament und die Regierung das jeweilige Anliegen der Initiatoren ernst nehmen.

---

1 So aber *H.-P. Schneider*, DÖV 1987, S. 749, 755.
2 Dies gilt jedoch nicht für das doppelte Quorum für das Bürgerantrag in Thüringen, das zudem dazu führt, dass regionale Minderheiten dieses Verfahren nur bedingt nutzen können. In Nordrhein-Westfalen wird das formalisierte Eintragungsverfahren wohl dazu führen, dass die Volksinitiative kaum praktische Bedeutung erlangen wird.
   Grundsätzlich Zustimmung verdient hingegen die Erweiterung des Kreises der Unterstützungsberechtigten in Brandenburg und den drei Stadtstaaten. Sowohl die Einbeziehung der ausländischen Mitbürger als auch die Absenkung des Mindestalters für die Beteiligung unter das Wahlalter sind geeignet, die Interessen dieser gesellschaftlich durchaus relevanten Gruppen stärker als bisher in den Prozess der politischen Willensbildung einfließen zu lassen.
3 Genau damit lässt sich erklären, wieso das Institut der eigenständigen Volksinitiative in Mecklenburg-Vorpommern und Niedersachsen eine gewisse praktische Bedeutung erlangt hat. Da es in diesen Ländern kein Volksantragsverfahren gibt, ist die Volksinitiative die einzige Möglichkeit, um mit einem relativ geringen Aufwand an das Parlament herantreten zu können.
4 Zu nennen sind hier etwa die Verfahren zum Überleitung in das Vergleichsmietensystem in Brandenburg (S. 538), zum Ausbau der A 20 und A 241 sowie zur Festsetzung von Budgets in der GKV in Mecklenburg-Vorpommern (S. 683 f. und 685) und zur Reform der Pflegeversicherung in Schleswig-Holstein (S. 492).

5. Teil: Zusammenfassung und Ausblick

Im letzten Teil dieser Untersuchung sollen zunächst die wesentlichen Ergebnisse zusammengefasst und der Versuch einer Bewertung der Verfahren auf Grundlage der im ersten Teil entwickelten Kriterien unternommen werden. Auf dieser Grundlage können dann zum Abschluss einige Vorschläge für eine Optimierung der Verfahren vorgestellt werden.

1. Kapitel: Zusammenfassung der Ergebnisse

Die vorliegende Untersuchung hat deutlich gemacht, dass sich die Bestimmungen über die direktdemokratischen Verfahren in den Landesverfassungen und den einschlägigen Ausführungsbestimmungen durch eine außergewöhnlich große Regelungsvielfalt auszeichnen. In kaum einem anderen Bereich ist der Föderalismus so lebendig, wie hier. Eine zusammenfassende Bewertung muss sich daher auf die wesentlichen Grundstrukturen beschränken, die den Verfahren in *allen* Ländern zugrunde liegen.

Wie im ersten Teil der vorliegenden Untersuchung dargelegt wurde, gibt es zwei mögliche Motive für die Einführung bzw. Erweiterung der unmittelbaren Mitwirkungsrechte der Bürger. Zum einen könnten die direktdemokratischen Verfahren dazu beitragen, die Kommunikation zwischen den Bürgern und ihren Repräsentanten zu verbessern, indem sie den Bürgern eine Möglichkeit verschaffen, ein bestimmtes Anliegen zu artikulieren und das Parlament – und die Regierung – dazu verpflichten, sich mit diesem Anliegen auseinander zu setzen. Zum anderen könnten die Bürger die direktdemokratischen Verfahren gegebenenfalls nutzen, um einzelne Entscheidungen des Parlamentes zu korrigieren – wenn es dem Parlament und der Regierung nicht gelingen sollte, die Bürger im Vorfeld einer Abstimmung davon zu überzeugen, dass die Regierungspolitik dem Gemeinwohl eher entspricht, als der Vorschlag der Initiatoren eines direktdemokratischen Verfahrens. Ob die direktdemokratischen Verfahren tatsächlich positive Wirkungen entfalten oder ob sich nicht umgekehrt die Befürchtungen der Gegner eines Ausbaus der unmittelbaren Mitwirkungsrechte der Bürger verwirklichen, hängt dabei ganz maßgeblich von der konkreten Ausgestaltung der Zulässigkeitsvoraussetzungen und des Verfahrens ab.

Im zweiten und dritten Teil der vorliegenden Untersuchung wurde deutlich, dass die direktdemokratischen Verfahren weder in der Zeit der Weimarer Republik noch in den meisten derjenigen Länder, in denen nach 1945 die Möglichkeit von Volksbegehren und Volksentscheiden eingeführt worden war, eine nennenswerte praktische Bedeutung entfaltet haben. Zwar kann aufgrund des empirischen Befundes keine Rede davon sein, dass die Stabilität und Funktionsfähigkeit der Institutionen der repräsentativ-parlamentarischen Demokratie durch die Möglichkeit für Volksbegehren und Volksentscheide ernsthaft gefährdet worden wäre. Auf der anderen Seite ist aber auch nicht erkennbar, dass die bis 1990 bestehenden Möglichkeiten für Volksbegehren und Volksentscheide maßgeblich dazu beigetragen hätten, die im ersten Teil aufgezeigten strukturellen Defizite dieses Systems auszugleichen. Dies liegt wohl nicht zuletzt daran, dass die direktdemokratischen Verfahren sowohl in der Weimarer Republik als auch in den älteren Landesverfassungen in erster Linie als Instrumente gegen die vermeintliche Übermacht des Parlamentes ausgestaltet und daher nur ansatzweise mit dem parlamentarischen Verfahren verschränkt worden sind.

Angesichts der sehr hohen Hürden, die in den meisten Ländern auf dem Weg bis zum Erfolg eines Antrags beim Volksentscheid überwunden werden müssen, lässt sich die Seltenheit der Verfahren weder als Beleg dafür anführen, dass es keinen Grund gibt, das repräsentativ-parlamentarische System durch die Möglichkeit für Volksbegehren und Volksentscheide zu ergänzen. Noch lassen diese Erfahrungen den Schluss zu, dass die Befürchtungen der Gegner eines Ausbaus der unmittelbaren Mitwirkungsrechte der Bürger jeder Grundlage entbehren würden. Vielmehr drängt sich angesichts der praktischen Erfahrungen in den Jahren bis 1990 der Eindruck auf, dass die Zulässigkeitsvoraussetzungen für das Volksbegehren und die hohen Quoren für den Volksentscheid im Ergebnis prohibitive Wirkungen entfaltet haben: Wenn die Initiatoren eines Volksbegehrens aber unter realistischen Bedingungen kaum eine Chance haben, sich mit ihrem Anliegen gegen das Parlament durchzusetzen, dann besteht für das Parlament auch keine Notwendigkeit, sich mehr als unbedingt nötig mit diesem Anliegen auseinander zu setzen. Damit blieb auch das kommunikative Potential der Verfahren weitgehend ungenutzt.

Dieser Eindruck wird auch und insbesondere durch die Erfahrungen in Bayern bestätigt, dem einzigen Land, in dem die direktdemokratischen Verfahren schon vor 1990 eine mehr als nur geringfügige praktische Bedeutung entfaltet haben. Die vergleichsweise große Häufigkeit der Verfahren in diesem Land lässt sich nämlich nicht allein auf eine besonders plebiszitfreudige Mentalität oder die räumliche Nähe zur Schweiz zurück führen, sondern auch und in erster Linie auf die deutlich niedrigeren Hürden auf dem Weg bis zum Volksentscheid. Zwar wird auch in Bayern das kommunikative Potential der Verfahren nicht ausgeschöpft, da das Parlament nicht verpflichtet ist, sich mit dem Anliegen der Initiatoren auseinander zu setzen, und es auch keine Möglichkeit gibt, den einmal formulierten Antrag im weiteren Verlauf des Verfahrens abzuändern, um den Ergebnissen der bisherigen Diskussionen Rechnung zu tragen. Da der Landtag aber nach dem Erfolg eines Volksbegehrens ernsthaft damit rechnen muss, dass ihm gegebenenfalls die Entscheidung aus der Hand genommen wird, war er in der Vergangenheit in der Regel auch ohne eine entsprechende Verpflichtung bereit, das jeweilige Anliegen zu erörtern und er hat sich diese Anliegen in einigen Fällen auch zu eigen gemacht. Darüber hinaus deuten die bayerischen Erfahrungen darauf hin, dass die tatsächliche Nutzung der direktdemokratischen Verfahren im Ergebnis zu einer Stabilisierung der politischen Verhältnisse beitragen könnte, da diese Verfahren den Bürgern ein Ventil eröffnen, um ihrem Unmut in Bezug auf die jeweilige Regierungspolitik Luft zu verschaffen.[1]

Hätten sich die Verfassunggeber im Rahmen der Reformdiskussionen des vergangenen Jahrzehnts vor allem von dem Wunsch leiten lassen, das kommunikative Potential der direktdemokratischen Verfahren besser auszunutzen und den Bürgern eine effektive Möglichkeit in die Hand zu geben, die Ergebnisse des regulären politischen Prozesses zu korrigieren, so wäre es angesichts der bisherigen Erfahrungen mit der direkten Demokratie in

---

1 In diesem Zusammenhang ist auch Hamburg zu erwähnen, wo im Februar 2004 zeitgleich mit der Bürgerschaftswahl ein vor allem von der Opposition betriebener Volksentscheid statt fand, vgl. dazu oben S. 845.

Deutschland nahe liegend gewesen, auf Grundlage des bewährten bayerischen Modells nach Möglichkeiten zu suchen, ob und wie den Bürgern ein noch weitergehender unmittelbarer Einfluss auf das System der politischen Willensbildung verschafft werden kann.

Tatsächlich haben die Verfassung- und Gesetzgeber in den Ländern durch die enge Verschränkung der direktdemokratischen Verfahren mit dem parlamentarischen Prozess und die Einführung des neuen Institutes der Volksinitiative zu erkennen gegeben, dass sie das kommunikative Potential der direktdemokratischen Verfahren nutzen wollen. Dies ändert allerdings nichts daran, die in den neueren Landesverfassungen und den einschlägigen Ausführungsbestimmungen festgeschriebenen Hürden auf dem Weg bis zur Annahme eines Antrags beim Volksentscheid – ungeachtet einiger durchaus beachtenswerter Veränderungen im Detail[1] – durchweg höher oder zumindest ebenso hoch sind wie in Bayern: Zwar liegt das Quorum für das Volksbegehren in Brandenburg, Hamburg, Nordrhein-Westfalen, Schleswig-Holstein und Thüringen niedriger als in Bayern – dafür gilt in diesen Ländern aber ein qualifiziertes Quorum für den Volksentscheid,[2] das sich allenfalls dann überwinden lässt, wenn die Abstimmungsbeteiligung durch die Zusammenlegung mit dem Termin einer Wahl künstlich erhöht wird. Diese Terminhäufung ist aber nur in Hamburg und auch dort nur unter bestimmten Umständen verbindlich vorgesehen – und soll dort nach dem Willen der CDU-Mehrheit in der Bürgerschaft in Zukunft aufgehoben werden. Zu beachten sind hier auch die im Vergleich zur Vorgabe des Art. 73 BayV deutlich weiter reichenden Beschränkungen des Anwendungsbereiches der Verfahren, deren Wirkung durch die Rechtsprechung der Verfassungsgerichte noch deutlich verschärft worden ist.

Obwohl die direkte Demokratie in den deutschen Ländern in den vergangenen 15 Jahren einen regelrechten Boom erlebt hat, erscheint es aus dieser Perspektive alles andere als erstaunlich, wenn sich die mit der Erweiterung der unmittelbaren Mitwirkungs- und Entscheidungsrechte der Bürger verbundenen Hoffnungen bisher nur ansatzweise erfüllt haben: Zumindest gibt es keinen Beleg dafür, dass die Unzufriedenheit der Bürger mit der Leistungsfähigkeit des politischen Systems in denjenigen Ländern weniger ausgeprägt wäre, in denen sie besonders weit reichende Möglichkeiten haben, um sich aktiv am Prozess der politischen Willensbildung zu beteiligen. Vielmehr sind die Erfahrungen, die die Bürger etwa in Hamburg mit den Reaktionen des Senates und der Bürgerschaft auf mehrere erfolgreiche Volksentscheide gemacht haben, durchaus geeignet, die latente Unzufriedenheit mit den Institutionen der repräsentativen Demokratie oder gar mit der demokratischen Organisation des Staates noch zu verstärken.[3]

Auch wenn die vorliegende Untersuchung gezeigt hat, dass die vergleichsweise geringe praktische Bedeutung der direktdemokratischen Verfahren vor allem auf die allzu restriktive Ausgestaltung dieser Verfahren zurück zu führen ist, lässt sich daraus aber keineswegs ohne weiteres darauf schließen, dass eine weitere Absenkung der Quoren und der übrigen Zulässigkeitsvoraussetzungen im Ergebnis positive Wirkungen hätte. Vielmehr scheint der

---

1 Zu nennen sind dabei insbesondere die Möglichkeit einer freien Unterschriftensammlung bzw. eine Angleichung des Eintragungsverfahrens an das Wahlverfahren oder die Verlängerung von Fristen, wobei zu beachten ist, dass dies nicht unbedingt im Interesse der Initiatoren sein muss.
2 Umgekehrt ist das Quorum für das Volksbegehren in Sachsen höher als der vergleichbare Wert in Bayern.
3 Auf diese Gefahr hat schon *Manfred G. Schmidt*, S. 111, 121 hingewiesen.

empirische Befund sogar gegen eine Erleichterung der Verfahren zu sprechen. Betrachtet man sich nämlich diejenigen Verfahren, in denen es den Antragstellern im Ergebnis gelungen ist, sich mit ihrem Anliegen wenigstens teilweise durchzusetzen, dann wird deutlich, dass vor allem solche Anträge Aussicht auf Erfolg hatten, die sich gegen Reformvorhaben der jeweiligen Regierungsmehrheit richteten.[1] Ebenso wie in der Schweiz wirken die Verfahren also tendenziell konservativ, und sie werden von den Bürgern vor allem als „Veto-Instrument" wahrgenommen und genutzt. In einer Zeit, in der die Qualität der politischen Führung wegen der rapiden Veränderungen der sozialen und wirtschaftlichen Rahmenbedingungen in erster Linie an ihrer Bereitschaft und Fähigkeit gemessen werden muss, verkrustete Strukturen aufzubrechen und grundlegende Reformen durchzusetzen, die für die Betroffenen gegebenenfalls erhebliche Belastungen mit sich bringen, erscheinen die direktdemokratischen Verfahren damit aber als ein Anachronismus – oder sogar als Hemmschuh für eine zukunftsorientierte Politik.[2]

Dennoch wäre es falsch, die Wirkungsweise der direktdemokratischen Verfahren auf ihre Veto-Funktion zu reduzieren. Zunächst ist festzuhalten, dass die demokratische Rückkoppelung auch in einem repräsentativ-parlamentarischen System nicht auf die regelmäßigen Wahlen beschränkt ist. Vielmehr gehört es zu den Kernaufgaben der Repräsentanten, den Bürgern auch schon während der Legislaturperiode die Gründe zu vermitteln, die hinter der jeweiligen Regierungspolitik stehen. Die Möglichkeit, dass eine geplante oder bereits beschlossene Reform zum Gegenstand eines Volksbegehrens gemacht werden könnte, wird die jeweilige Regierungsmehrheit aber gegebenenfalls dazu veranlassen, ihre dementsprechenden Bemühungen zu verstärken, um den potentiellen Initiatoren eines direktdemokratischen Verfahrens auf diese Weise von vorne herein den Wind aus den Segeln zu nehmen und eine mögliche Blockade der Regierungspolitik schon im Ansatz zu verhindern. Und selbst wenn dennoch eine Volksinitiative oder ein Volksbegehren eingeleitet werden sollte, bedeutet dies ja noch keineswegs, dass sich die Antragsteller mit ihrem Anliegen durchsetzen werden. Vielmehr haben das Parlament und die Regierung die Möglichkeit, den Bürgern die Notwendigkeit die Bürger von der Notwendigkeit der betreffenden Reform zu überzeugen – und auf diese Weise die Akzeptanz der Politik zu erhöhen. Es ist auch keineswegs ausgeschlossen, dass sich beim Volksentscheid die Konkurrenzvorlage des Parlamentes durchsetzen wird.

In diesem Zusammenhang ist weiterhin zu beachten, dass die direktdemokratischen Verfahren vor allem dann als Blockadeinstrument erscheinen, wenn man nur die Volksbegehren und Volksentscheide betrachtet. Tatsächlich hat es in den letzten Jahren aber auch

---

1   Vgl. dazu oben S. 894 und dort Fn. 1. Zu erwähnen sind weiterhin die Verfahren gegen die Kreisgebietsreform in Brandenburg (S. 534), gegen die Privatisierung der Wasserversorgung, die Überbauung des Rosengartens und die Streichungen im Polizeivollzugsdienst in Hamburg (S. 833, 836 und 838), gegen die Schließung der Zahnmedizin in Rostock (S. 682), den Erhalt des Rettungshubschraubers „Christoph 30" und die Kürzungen im Kita-Bereich in Niedersachsen (S. 651 und 653), die Einführung einer Schankerlaubnissteuer in Schleswig-Holstein (S. 484) oder auch zur Wiedereinführung des Pfingstmontag als Feiertag in Baden-Württemberg (S. 338).

2   Man kann durchaus darüber spekulieren, ob der Umstand, dass es auch nach der Veröffentlichung der PISA-Studie bisher in keinem einzigen westdeutschen Land einen ernsthaften Versuch gegeben hat, das herkömmliche gegliederte Schulsystem durch eine Gemeinschaftsschule für alle Schüler abzulösen, nicht auch in den Erfahrungen mit dem nordrhein-westfälischen Verfahren gegen die „Koop-Schule" begründet ist.

immer wieder Versuche gegeben, mit einer Volksinitiativen oder der Einleitung eines Volksbegehrens Reformen anzustoßen oder bereits laufende Reformprozesse zu beschleunigen. In zahlreichen Fällen wurden solche Initiativen aber so frühzeitig durch die Parlamente und Regierungen aufgenommen, dass es gar nicht erst zum Volksbegehren oder gar zu einem Volksentscheid gekommen ist.[1] Und selbst dann,m wenn es den Initiatoren nicht gelungen ist, das Parlament schon in einer frühen Phase von ihren Vorschlägen zu überzeugen, haben sie das Verfahren häufig von sich aus abgebrochen, weil sie nicht damit rechneten, auch nur das Quorum für das Volksbegehren erreichen zu können.

Aus dieser Perspektive wird aber endgültig deutlich, dass die Verfassung- und Gesetzgebern in den Ländern bisher auf halbem Wege stehen geblieben sind. Die entscheidende Frage, ob die direktdemokratischen Verfahren einen maßgeblichen Beitrag dazu leisten können, die im ersten Teil dieser Untersuchung aufgezeigten strukturellen Defizite des repräsentativ-parlamentarischen Systems auszugleichen, bleibt weiterhin offen. Um eine Antwort auf diese Frage zu finden, müssten die direktdemokratischen Verfahren erst zu praktikable(re)n Instrumenten der politischen Willensbildung gemacht werden. Dies setzt zum einen eine Absenkung der Hürden auf dem Weg zum Volksentscheid voraus, so dass auch solche Anträge bis zum Volksentscheid gebracht werden können, die nicht darauf zielen, einschneidende Reformen zu verhindern oder die unmittelbaren Mitwirkungs- und Entscheidungsmöglichkeiten der Bürger auszubauen. Zum anderen müsste der Anwendungsbereich der Verfahren ausgeweitet werden, damit ein noch größerer Anteil derjenigen Angelegenheiten thematisiert werden können, die für einen großen Teil der Bürger von Interesse sind. Und schließlich müsste man erneut darüber nachdenken, ob und unter welchen Umständen auch auf der Ebene des Bundes direktdemokratische Verfahren eingeführt werden sollten: Denn schließlich konnten die in den Ländern vorgesehenen direktdemokratischen Verfahren der Unzufriedenheit mit der Leistungsfähigkeit des politischen Systems auch deshalb nur in Grenzen entgegen wirken, weil der Schwerpunkt der Regelungskompetenzen beim Bund liegt.

Zwar besteht bei einer weiteren Absenkung der Zulässigkeitsvoraussetzungen zumindest theoretisch die Gefahr, dass sich die Befürchtungen der Gegner einer Erweiterung der unmittelbaren Mitwirkungs- und Entscheidungsbefugnisse der Bürger doch noch als zutreffend erweisen. Angesichts der bisherigen Erfahrungen erscheint jedoch zumindest eine maßvolle Erleichterung der Verfahren unproblematisch zu sein. Dies betrifft sowohl die Quoren für die einzelnen Verfahrensstufen als auch den Anwendungsbereich der Verfahren.

---

1 Zu nennen sind hier etwa das Verfahren zur Verlängerung der Ausschankzeiten in den Berliner Gartenlokalen (S. 778), die Verfahren zur Neuregelung der Wasser- und Abwassergebühren, zur Förderung der Musikschulen und zu den Sozialleistungen für Asylbewerber in Brandenburg (S. 541, 544 und 549), die Verfahren zur Verankerung des Staatszieles Tierschutz in der Bremischen Verfassung sowie zur Verkleinerung der Bürgerschaft und zur Flächen-, Verkehrs- und Baupolitik in Bremen (S. 745, 747 und 753), das Verfahren zur Verlängerung der Öffnungszeiten für Videotheken in Hamburg (S. 823), die Verfahren zur kommunalen Beitragsgerechtigkeit und zur Verkleinerung des Parlamentes in Niedersachsen (S. 649 und 657) und schließlich auch das Verfahren zur Diätenreform in Nordrhein-Westfalen (S. 885).

2. Kapitel: Einige Vorschläge für eine Optimierung der Verfahren

Im letzten Kapitel dieser Untersuchung sollen einige Vorschläge für eine Optimierung der direktdemokratischen Verfahren vorgelegt werden, die dazu beitragen könnten, dass diese Verfahren zu praktikablen Instrumenten der politischen Willensbildung werden. Dabei kann es nicht nur darum gehen, die unmittelbaren Einflussmöglichkeiten der Bürger möglichst weit auszubauen. Denn es ist keineswegs sicher gestellt, dass praktikable direktdemokratische Verfahren nicht doch mit unerwünschten Nebeneffekten verbunden sind.

Entsprechend den im ersten Teil dieser Untersuchung entwickelten Anforderungen wird daher die Einbindung der direktdemokratischen Verfahren in den regulären Prozess der politischen Willensbildung im Mittelpunkt stehen – also die Verknüpfung mit dem parlamentarischen Beratungsverfahren. Mindestens ebenso wichtig wie die Kommunikation zwischen den Initiatoren des Verfahrens und dem Parlament bzw. der Regierung, ist die Institutionalisierung der öffentlichen Diskussion, da die Bürger erst durch diese Diskussionen diejenigen Informationen erhalten, die sie für eine sachgerechte Entscheidung benötigen.

I. Direktdemokratische Verfahren in den Ländern

Die bisherigen Erfahrungen haben deutlich gemacht, dass es der kommunikativen Funktion der direktdemokratischen Verfahren entspricht, wenn diese dreistufig ausgestaltet werden.

A. Die Volksinitiative

Wenn dem Volksbegehren ein weiterer Verfahrensschritt vorgeschaltet wird, dann dient dies zwar auch dazu, den zuständigen Organen die Überprüfung der Zulässigkeitsvoraussetzungen für das Volksbegehren zu überprüfen. Vor allem verschafft dieses Vorverfahren dem Parlament und der Regierung aber eine Möglichkeit, sich frühzeitig mit dem Anliegen der Initiatoren auseinander zu setzen. Der Volksantrag würde daher zugleich die Funktion einer Volksinitiative erfüllen. Dies erscheint auch deshalb sinnvoll, weil die bisherigen Ausführungen gezeigt haben, dass das Verfahren der Volksinitiative weitgehend ins Leere läuft, wenn es nicht mit der Volksgesetzgebung verknüpft wird.

1. Zum Anwendungsbereich des Verfahrens

So lange der Gegenstand des Verfahrens das jeweilige Land betrifft,[1] sollte auf dieser ersten Stufe des Verfahrens auf inhaltliche Beschränkungen des Anwendungsbereiches verzichtet werden. Auch wenn der Ausschluss von Abgaben- und Besoldungsregelungen oder sonstigen finanzwirksamen Vorlagen mittlerweile zu einem „gemeindeutschen Rechtssatz"[2]

---

1 Vgl. Art. 80 I 1 LSA-V.
2 *Häberle*, JöR 1995, S. 355, 379 ; vgl. auch *ders.*, JöR 1990, S. 319, 345 f.

geworden sein mag, der kaum noch einer Begründung wert zu sein scheint,[1] besteht tatsächlich keine Notwendigkeit, die entsprechenden Vorbehalte schon auf dieser Ebene eingreifen zu lassen. Denn selbst wenn man davon ausgeht, dass die Wahrscheinlichkeit einer Fehlentscheidungen über eine finanzwirksame Vorlage bei einer Volksabstimmung größer ist, als bei einer Abstimmungen im Parlament,[2] ist doch zu beachten, dass die Volksinitiative in erster Linie der Kommunikation zwischen den Bürgern und dem Parlament dient. Es gibt aber keinen nachvollziehbaren Grund, warum das Parlament sogar davor geschützt werden müsste, sich mit dem Anliegen der Initiatoren auseinander zu setzen.

Der kommunikativen Funktion der Volksinitiative entspricht es weiterhin, wenn der Anwendungsbereich des Verfahrens nicht auf die Entscheidung über abstrakt-generelle Rechtsnormen beschränkt wird.[3] Hält man sich vor Augen, dass das Bundesverfassungsgericht bei der Bestimmung der Reichweite des Parlamentsvorbehaltes und auch bei der Entscheidung über die Zulässigkeit von Einzelfallgesetzen[4] in erster Linie darauf abgestellt hat, dass nur das Parlament über eine unmittelbare demokratische Legitimation verfügt, dann liegt es nahe, dass grundsätzlich alle Entscheidungen, die normalerweise vom Parlament getroffen werden, auch als Gegenstand einer Volksinitiative in Betracht kommen – wobei es nicht darauf ankommt, ob die betreffende Entscheidung in Form eines Gesetzes ergehen muss oder nicht.[5] Obwohl es keinen wirklich unantastbaren Kernbereich von Re-

---

1 *H. H. Klein*, Repräsentation, S. 41, 45, schreibt etwa. „Nach allgemeiner und kaum näherer Begründung bedürftiger Auffassung sind finanzwirksame Gesetze kein tauglicher Gegenstand."; *Oschatz*, S. 101, 105, stellt in Bezug auf die Ausschlussklauseln der Verfassungen der neuen Länder lapidar fest. „Das entspricht den Grundsätzen der Verfassungen der alten Länder und leuchtet nach wie vor ein." Auch bei *Greifeld*, S. 58 ff., findet sich keine nachvollziehbare Begründung. Ausführlich diskutiert wurde die Zweckmäßigkeit der Beschränkung lediglich in den Verfassungskommissionen, vgl. dazu die Nachweise bei *Przygode*, S. 392 f., Fn. 594 ff.
Interessanterweise wurde die Notwendigkeit der Beschränkungen schon in der Zeit der Weimarer Republik nicht begründet. *Anschütz*, WRV[1], S. 134, befürwortete die Schranken ohne sich näher zu äußern; *H. Preuß*, Republikanische Reichsverfassung, S. 85, hielt sie „aus naheliegenden Gründen" für nötig; auch *Wittmayer*, S. 433, 439, äußerte sich ähnlich und stellte dabei vor allem auf die Größe des deutschen Reiches ab. Allein *Hartwig*, S. 27, sprach offen aus, dass befürchtet wurde, die Bürger könnten hier als „Betroffene" allein aus egoistischen Motiven entscheiden.

2 So etwa *Bleckmann*, JZ 1978, S. 217, 222, das darauf abstellt, dass die abstimmenden Bürger hier immer Partei und damit befangen seien, sowie *Krause*, HdBStR § 39, Rn. 25 und 27, der aus diesem Grund sogar noch weitergehende Einschränkungen fordert. Schon *Schumpeter*, S. 414, hatte behauptet, dass die Wähler ihren persönlichen pekuniären Vorteil grundsätzlich in den Mittelpunkt stellen würden – ohne diese Behauptung indes durch Fakten zu belegen.
H. H. Klein, Repräsentation, S. 41, 45, sieht die Einschränkungen sogar als Indiz für die höhere Qualität des repräsentativen Gesetzgebungsverfahrens, ähnlich auch *Starck*, NdsVBl. 1994, S. 2, 5, und im Anschluss an diesen *Hagebölling*, Art. 48 NdsV, Anm. 1, S. 124. Tatsächlich handelt es sich dabei aber offensichtlich um einen Zirkelschluss.

3 Interessanterweise steht bei den Bürgerbegehren und Bürgerentscheiden auf der Ebene der Kommunen die Mitwirkung an Einzelfallentscheidungen im Mittelpunkt. Die Satzunggebung ist demgegenüber dem Anwendungsbereich der Verfahren weitgehend entzogen.

4 Vgl. BVerfGE 90, 286, 381 ff. einerseits und BVerfGE 95, 1 andererseits.

5 Entgegen der Ansicht von *Przygode*, S. 56 f., bedeutet die Ausdehnung des Anwendungsbereiches der Volksinitiative über die Gesetzgebung hinaus keineswegs, dass das Beteiligungsspektrum dieses Verfahrens über den Zuständigkeitsbereich des Landesparlamentes hinaus erweitert worden wäre.

gierungsaufgaben gibt,[1] erscheint es auf der anderen Seite sinnvoll, den Anwendungsbereich der direktdemokratischen Verfahren auf den Zuständigkeitsbereich des Parlaments zu beschränken.[2] Wollen die Bürger unmittelbar Einfluss auf eine Entscheidung nehmen, die nach der geltenden Verfassungsordnung ausschließlich der Regierung oder einem anderen Staatsorgan zugewiesen ist, dann müssen sie die Verfassung zunächst dementsprechend ändern.

Von diesen Grundsätzen gibt es allerdings einige Ausnahmen: Zunächst ist nochmals festzuhalten, dass sich der Landeshaushalt obwohl er jedenfalls nach der deutschen Regelungstradition der Zustimmung durch das Parlament bedarf[3] schon aus praktische Gründen dem Anwendungsbereich der direktdemokratischen Verfahren entzieht.[4] Auch die inneren Angelegenheiten des Parlamentes und insbesondere seine Geschäftsordnung kommen nicht als Gegenstand eines direktdemokratischen Verfahrens in Frage. Und nichts anderes gilt schließlich für die parlamentarischen Kontrollbefugnisse,[5] da es zwar theoretisch denkbar ist, dass in einem Volksentscheid die Einsetzung eines Untersuchungsausschusses oder einer Enquête-Kommission beschlossen wird. Sofern sich im Parlament bis dahin aber nicht einmal eine qualifizierte Minderheit gefunden hat, die sich diese Forderungen zu eigen machen will, ist jedoch nicht ernsthaft zu erwarten, dass ein auf diese Weise konstituiertes Gremien die ihm zugedachten Aufgaben erfüllen wird. Während die zuerst genannte Einschränkung in Bezug auf den Landeshaushalt bereits auf der Ebene der Volksinitiative eingreifen muss, erscheint es durchaus vorstellbar, dass das Parlament durch die Bürger angeregt wird, von seinen Kontrollbefugnissen auf eine bestimmte Art und Weise Gebrauch zu machen.

Der Volksinitiative muss in jedem Fall eine hinreichend bestimmte Vorlage zugrunde gelegt werden, die das Anliegen der Antragsteller erkennen lässt. Handelt es sich um einen Gesetzentwurf, so muss dieser nicht notwendigerweise bis ins letzte Detail ausgearbeitet sein. Vielmehr reicht gegebenenfalls auch ein Vorschlag für eine Rahmenregelung, die gegebenenfalls der weiteren Ausfüllung durch den parlamentarischen Gesetzgeber bedarf.[6]

1 Zwar hat das Bundesverfassungsgericht in einigen Entscheidungen auf einen Kernbereich der Regierungsverantwortung abgestellt, vgl. *BVerfGE* 1, S. 372, 394; *BVerfGE* 9, S. 268, 281 ff.; *BVerfGE* 34, S. 52, 59 f. Dies ändert aber nichts daran, dass Staatsorganen, die wie die Regierungen des Bundes und der Länder über keine unmittelbare demokratische Legitimation verfügen, kein wirklich unantastbarer Kernbereich von Aufgaben zustehen kann, vgl. dazu *Schröder*, HdBStR § 50, Rn. 11 ff. Zumindest kann das Kompetenzgefüge durch eine Verfassungsänderung modifiziert werden.

2 Dies ist in der Regel auch bei der Einführung von Bürgerentscheiden in das Kommunalverfassungsrecht der Fall. Die „besonders wichtigen Gemeindeangelegenheiten" über die die Bürger entscheiden dürfen, gehören zum Kompetenzbereich des Kommunalparlamentes; zusammenfassend dazu *Waechter*, Rn. 270 ff. und ausführlich *Gern*, Rn. 587 f.

3 In Deutschland wird diese Zustimmung traditionell durch ein formelles Gesetz erteilt. In anderen Ländern ist dies nicht ausdrücklich vorgeschrieben. In der Schweiz genügt insofern etwa ein Beschluss der Bundesversammlung, vgl. Artt. 167 und 183 I CH-BV.

4 Zudem stellt die Ablehnung des Haushaltsplans durch das Volk im Grunde nur ein Misstrauensvotum gegen die Regierungspolitik als Ganzes dar; vgl. dazu oben S. 243 und S. 244 m.w.N.

5 So auch *Grube*, ThürVBl. 1998, S. 245, 250; vgl. auch von Mutius/Wuttke/*Hübner*, Art. 41 SH-V, Rn. 9.

6 Diese Möglichkeit wird regelmäßig übersehen. So bestreitet etwa *Bugiel*, Volkswille, S. 466 f., die Möglichkeit, die Komplexität von Entscheidungen zu reduzieren, indem nur über die einem komplexen Gesetzentwurf innewohnenden Grund- und Wertungsfragen abgestimmt wird. Tatsächlich spricht aber

Auch an die Begründung der Vorlage sollten keine allzu großen Anforderungen gestellt werden. Schließlich haben die Antragsteller selbst ein vitales Interesse daran, potentiellen Unterstützern den Sinn ihres Vorschlags nahe zu bringen. Allerdings scheint es durchaus sinnvoll und geboten, die Initiatoren dazu zu verpflichten, die zu erwartenden finanziellen Auswirkungen ihrer Vorlage darzustellen und einen Vorschlag zu unterbreiten, wie eventuelle Mehrausgaben beziehungsweise Mindereinnahmen des Staates gedeckt werden sollen. Umgekehrt müssten sie dann auch erläutern, wie Mehreinnahmen des Fiskus gegebenenfalls verwendet werden sollen.[1]

2. Zur Organisation und Durchführung der Volksinitiative und zum Quorum für dieses Verfahren

Da die Volksinitiative die erste Stufe des Verfahrens darstellt, kommt nur eine freie Unterschriftensammlung in Betracht. Um sicher zu stellen, dass das Verfahren nicht aus formellen Gründen scheitert, sollte den Initiatoren eines solchen Verfahrens jedenfalls das Recht eingeräumt werden, sich in Bezug auf die Gestaltung der Unterschriftsbögen bei der für die spätere Prüfung der Zulässigkeit des Verfahrens zuständigen Stelle beraten zu lassen. Darüber hinaus wäre es vorstellbar, den Antragstellern schon im Vorfeld des Verfahrens die Ressourcen des parlamentarischen Beratungsdienstes oder der Ministerien zur Verfügung zu stellen, um eventuelle Konflikte mit höherrangigen Rechtsnormen schon vor der formellen Einleitung des Verfahrens aufzudecken und nach Möglichkeit zu beseitigen.[2]

Da die Vertreter der Volksinitiative gegebenenfalls das Recht haben, über den Fortgang des Verfahrens zu disponieren, sollten die Unterzeichner der Initiative jedenfalls theoretisch die Möglichkeit haben, ihre Vertreter selbst zu bestimmen[3] – und sie gegebenenfalls auch auszutauschen. Auch sollten immer mehrere Vertreter benannt werden, die wichtige Entscheidungen nur einstimmig treffen dürfen.[4]

Um den Aufwand für die Sammlung und Überprüfung der Unterschriften möglichst gering zu halten, sollte es möglich sein, Unterschriftslisten und nicht nur einzelne Unterschriftsbögen einzureichen. Wenn den Initiatoren überhaupt eine Frist für die Sammlung der Unterschriften vorgegeben wird, so darf diese keinesfalls zu kurz bemessen werden, damit sie ausreichend Zeit haben, für ihr Anliegen zu werben.[5]

   nicht dagegen, die Vorlage auf solche Fragen zu beschränken: Schließlich ist auch ein Antrag auf Änderung der Verfassung im Grunde nur ein Vorschlag für eine solche Rahmenregelung.
1 Vgl. dazu detailliert *Krafczyk*, S. 319 ff.
2 Um eine übermäßige Belastung der zuständigen Behörden zu verhindern, könnten für diese Beratungsleistungen angemessene Gebühren verlangt werden. Diese Gebühren sollten jedoch nur dann tatsächlich eingezogen werden, wenn das Quorum für die Volksinitiative danach verfehlt wird.
3 Es darf daher nicht verlangt werden, dass diese schon auf den Unterschriftsbögen vermerkt werden müssen.
4 Eine effektive Kontrolle könnte auch dadurch gewährleistet werden, dass der überstimmte Vertreter gegen die Entscheidung der Mehrheit das Verfassungsgericht anrufen kann. Damit bekommt allerdings ein staatliches Organ Einfluss auf den Fortgang des Verfahrens.
5 Daher erscheint es auch sinnvoll, die Frist gegebenenfalls nicht absolut zu bestimmen, sondern nur solche Unterschriften zu berücksichtigen, die innerhalb eines bestimmten Zeitraumes vor der formellen Einreichung der Initiative gesammelt wurden.

Damit auch solche Anliegen und Lösungsvorschläge in den Prozess der politischen Willensbildung eingebracht werden können, die sich bislang (noch) keine Partei zu eigen gemacht hat, müssen die Anforderungen für die Zulässigkeit der Volksinitiative so niedrig sein, dass sie realistischerweise auch ohne die organisatorische Hilfestellung einer Partei oder eines großen Interessenverbandes erfüllt werden können.[1] Die bisher geltenden Quoren für die Volksinitiative von etwa einem Prozent der Stimmberechtigten erscheinen insofern durchweg angemessen,[2] wobei allerdings festzuhalten ist, dass es der Funktion der Volksinitiative als Kommunikationsinstrument entspricht, nicht nur den Staatsbürgern, sondern allen Einwohnern das Recht zur Beteiligung einzuräumen. Auch eine Absenkung der Altersgrenze erscheint hier durchaus sinnvoll.

Es besteht kein Anlass, bereits auf der Ebene der Volksinitiative eine umfassende präventive Normenkontrolle durch das Landesverfassungsgericht vorzusehen. Allerdings muss die Entscheidung, ob die in der Verfassung festgeschriebenen Zulässigkeitsvoraussetzungen eingehalten worden sind, im Zweifel auf Antrag des Landtags oder der Landesregierung von diesem Gericht getroffen werden.

3. Zur parlamentarischen Beratung über die Volksinitiative und zum Übergang zum Volksbegehren

Nach der Feststellung, dass genügend Unterschriften eingereicht wurden, ist das Parlament verpflichtet, sich mit dem Anliegen der Initiatoren auseinander zu setzen. Insofern sollte zum einen festgeschrieben werden, dass die Anhörung in den zuständigen Fachausschüssen stattzufinden hat. Zum anderen erscheint es sinnvoll, die thüringische Regelung zu übernehmen und den Vertretern das Rederecht in *allen* Sitzungen des Parlamentes und seiner Ausschüsse zu gewähren, in denen über ihren Antrag verhandelt wird. Darüber hinaus sollte auch die Regierung verpflichtet werden, zu dem Anliegen der Volksinitiative Stellung zu nehmen.

Wenn die Volksinitiative in das Verfahren der Volksgesetzgebung integriert wird, dann ist es nicht notwendig, dem Parlament eine bestimmte Frist für seine Entscheidung zu setzen. Es reicht aus, dass die Initiatoren das Recht erhalten, die Durchführung eines Volksbegehrens zu verlangen, wenn das Parlament ihren Antrag nicht innerhalb einer bestimmten Frist angenommen haben sollte. Grundsätzlich sollte es dem Parlament möglich sein, in-

---

[1] Vgl. dazu auch *Maurer*, S. 23.

[2] *Von Mutius* hatte als Sachverständiger in den Verfassungskommissionen von Schleswig-Holstein und Mecklenburg-Vorpommern (vgl. dazu etwa MV-LT-Drs. 1/3100, S. 145) empfohlen, bei der Festsetzung des Quorums an die Zahl der Stimmen anzuknüpfen, die bei der Parlamentswahl theoretisch erforderlich sind, um einen Platz im Parlament zu erringen; zustimmend *Jung*, Regeln, S. 19, 23 f. Dieser Vorschlag kann jedoch nicht wirklich überzeugen. Zwar scheint die Stellung der Unterzeichner einer Volksinitiative in gewisser Weise mit der eines einzelnen Abgeordneten vergleichbar zu sein. Tatsächlich geht sie jedoch darüber hinaus, da das Parlament gegebenenfalls dazu verpflichtet ist, sich mit ihrem Anliegen auseinander zu setzen, während der Antrag eines einzelnen Abgeordneten ohne weiteres abgelehnt werden kann. Zudem würde die konkrete Zahl erforderlicher Unterschriften in diesem Fall von der Zahl der zu vergebenden Mandate abhängen: Je größer das Parlament ist, desto geringer wäre also das Quorum für die Volksinitiative.

nerhalb von zwei bis drei Monaten[1] zu einer Entscheidung zu kommen, ob es die eingereichte Vorlage ablehnen oder ihr unverändert zustimmen will. Für den Fall, dass es zwar grundsätzlich bereit ist, dem Anliegen der Initiatoren Rechnung zu tragen, den Entwurf der Volksinitiative aber nur in einer modifizierten Fassung übernehmen will, kann dem Parlament mit Zustimmung der Initiatoren eine Verlängerung der Frist zur weiteren Beratung eingeräumt werden.[2] Die Entscheidung, ob das Parlament dem Anliegender Volksinitiative Rechnung getragen hat, sollte mittelbar von Vertretern der Volksinitiative getroffen werden, die außer im Fall der unveränderten Übernahme ihres Antrags frei darüber zu bestimmen haben, ob nunmehr zum Volksbegehren übergegangen werden soll.

B. Das Volksbegehren

Wird ein Volksbegehren eingeleitet, so sollte eine Möglichkeit geschaffen werden, den ursprünglichen Antrag abzuändern, um den Ergebnissen der bisherigen Diskussion und einer eventuellen Veränderung der rechtlichen oder tatsächlichen Rahmenbedingungen Rechnung tragen zu können. Wenn der Volksinitiative ursprünglich eine noch relativ unbestimmte Vorlage zugrunde lag, könnte diese auf dieser Ebene auch noch weiter konkretisiert werden. Allerdings müssen die ursprünglichen Unterzeichner der Volksinitiative gegebenenfalls die Möglichkeit haben, diese Änderungen zu beeinflussen.[3]

1. Zum Anwendungsbereich des Verfahrens

Mit Ausnahme der bereits dargestellten[4] Einschränkungen in Bezug auf die inneren Angelegenheiten des Parlamentes und die Ausübung seiner Kontrollbefugnisse besteht grundsätzlich kein Anlass, den Anwendungsbereich des Volksbegehrens enger zu bestimmen als denjenigen der Volksinitiative. Zwar kann von den Bürgern nicht ernsthaft erwartet werden, dass sie ohne allzu große Vorbereitung sachgerecht über höchst komplexe Regelwerke entscheiden, deren allgemeine und finanzielle Auswirkungen sie allenfalls bei einer vertieften Beschäftigung mit der jeweiligen Regelungsmaterie beurteilen können. Allerdings dient das weitere Verfahren bis zum Volksentscheid gegebenenfalls dazu, ihnen die für eine sachgerechte Entscheidung erforderlichen Informationen zur Verfügung zu stellen.

Um sicherzustellen, dass die finanziellen Folgen einer Entscheidung bei der Abstimmung angemessen berücksichtigt werden, reicht es daher aus, wenn die Antragsteller dazu verpflichtet werden, im Rahmen der Begründung ihres Antrags auf diese Folgen einzuge-

---

1 Diese Frist kann während der Parlamentsferien unterbrochen werden.
2 Die Initiatoren werden dieser Fristverlängerung nur dann zustimmen, wenn im Parlament mittlerweile ein Entwurf verhandelt wird, der ihnen zumindest grundsätzlich akzeptabel erscheint.
3 So könnte etwa einer bestimmten Anzahl der Erstunterzeichner das Recht eingeräumt werden, das Landesverfassungsgericht anzurufen. Eine weitere Kontrollmöglichkeit bestünde darin, den Erstunterzeichnern das Recht einzuräumen, ihre Unterschrift nachträglich wieder zurück zu nehmen. Sollte die Zahl ingesamt eingereichter Unterschriften für die Volksinitiative infolge dessen unter das Quorum für Volksinitiative sinken, hätte sich das Verfahren erledigt.
4 Vgl. dazu oben 910

hen.¹ Nachdem es jedoch keinen empirisch gesicherten Nachweis dafür gibt, dass die Bürger selbst bei einer angemessenen Ausgestaltung der direktdemokratischen Verfahren generell unfähig wären, zumindest ebenso sachgerecht über Steuern, Abgaben und andere finanzwirksame Vorlagen zu entscheiden wie das Parlament,² muss hingegen auch auf dieser Ebene nur das Gesetz zur Feststellung des Haushaltsplans als Gegenstand eines Verfahrens ausgeschlossen bleiben.

2. Zur Organisation und Durchführung des Volksbegehrens und zum Quorum für dieses Verfahren

Die Frage, ob ein formelles Eintragungsverfahren gegenüber der freien Unterschriftensammlung vorzugswürdig ist, kann hier offen bleiben.³ Ob die Antragsteller während des gesamten Zeitraums Unterschriften sammeln dürfen – und auf diese Weise die spontane Zustimmung zu ihrem Anliegen nutzen können, oder ob sie durch ein formelles Eintragungsverfahren von dem mit der Unterschriftensammlung verbundenen organisatorischen Aufwand entlastet werden sollen, ist eine Abwägungsfrage, über die der Gesetzgeber entscheiden muss.⁴

Sofern ein formelles Eintragungsverfahren *ohne* die Möglichkeit der Briefeintragung vorgesehen wird, müssen die Antragsteller eine Möglichkeit haben, die Zahl und die Lage der Eintragungsstellen sowie die Eintragungszeiten rechtzeitig gerichtlich überprüfen zu lassen.⁵ Entscheidet sich der Gesetzgeber hingegen für eine freie Unterschriftensammlung, muss er zum einen durch angemessene Regelungen über die Kostenerstattung sicher stellen, dass die Initiatoren mit der Organisation und Durchführung des Verfahrens nicht übermäßig

---

1   Wer eine Senkung von Abgaben beantragt, müsste also zugleich offenlegen, wie die Mindereinnahmen ausgeglichen werden sollen, und in der Begründung zu einem Antrag, der auf eine Erweiterung der staatlichen Leistungen zielt, müssten konkrete Vorschläge dazu gemacht werden, wie diese Leistungen finanziert werden sollen.

2   *Kühne*, ZG 1991, S. 116, 118, spricht daher im Zusammenhang mit den Regelungen der WRV von einem „Misstrauensvotum gegenüber dem Volk", vgl. auch *von Arnim*, „Deutschland – eine Demokratie der Funktionäre", Die Zeit vom 26.6.1992; *Heußner*, Volksgesetzgebung, S. 161 ff., insbesondere S. 198 f.; *Pestalozza*, Popularvorbehalt, S. 32; *von Danwitz*, DÖV 1992, S. 601, 607.
Auf der anderen Seite ist die (angebliche) Unfähigkeit des Parlamentes, die Staatsverschuldung einzudämmen und sich das Budgetrecht als Kontrollinstrument gegenüber der Regierung zu erhalten, noch kein Indiz dafür, dass die Bürger *besser* als das Parlament dazu geeignet wären, über finanzwirksame Gesetze zu entscheiden; so aber *Degenhart*, Der Staat 1992, S. 77, 94. Vgl. dazu aber auch die ökonometrische Untersuchung von *Kirchgässner/Feld/Savioz*, passim, die einen gewissen Zusammenhang zwischen der Möglichkeit von Finanzreferenden und der ökonomischen Situation in den Schweizer Kantonen nahe legt; vgl. dazu auch *Kirchgässner*, ORDO 2001, S. 155, 163 ff.

3   Aufgrund der bisherigen Erfahrungen neigt der *Verf.* allerdings jedenfalls bei den Flächenstaaten zu einem formellen Eintragungsverfahren nach dem Vorbild Hamburgs.

4   Grundsätzlich wäre es auch vorstellbar, beide Verfahren zu kombinieren und *neben* dem formellen Eintragungsverfahren die freie Unterschriftensammlung zu gestatten.

5   Eine nachträgliche Kontrolle ist insofern nicht ausreichend, da der Nachweis, dass ein Volksbegehren aufgrund einer zu geringen Zahl von Eintragungslokalen nicht erfolgreich war, praktisch kaum erbracht werden kann und es für die Initiatoren eine unzumutbare Belastung darstellt, das gesamte Verfahren gegebenenfalls zu wiederholen; in diesem Sinne auch *Jung*, ZParl 2001, S. 33, 51 f./54 f.

belastet werden. Zum anderen muss auch in diesem Fall durch eine angemessene Veröffentlichung des Volksbegehrens und der Eintragungsmöglichkeiten auf das laufende Verfahren hingewiesen werden.

Völlig unabhängig von der Organisation der Unterschriftensammlung kommt es ganz entscheidend darauf an, dass den Initiatoren genügend Zeit bleiben muss, um für ihr Anliegen werben zu können. Wie viel Zeit zwischen der Einleitung des Volksbegehrens und dem Ende der Eintragungsfrist liegen muss, hängt wiederum maßgeblich vom Quorum für das Volksbegehren ab. Geht man davon aus, dass jede Partei, die bei einer Parlamentswahl mehr als fünf Prozent der *Abstimmenden* hinter sich bringen kann, in das Parlament einzieht und dieses zur Abstimmung über Gesetzentwürfe und sonstige Vorlagen verpflichten kann, dann erscheint es angemessen, das Quorum für das Volksbegehren auf maximal fünf Prozent der *Stimmberechtigten* festzuschreiben. In diesem Fall sollten aber drei bis vier Monate ausreichen, um die notwendigen Zahl von Unterschriften zu erreichen.[1]

Zu einer angemessenen Information über den Gegenstand des Volksbegehrens gehört auch die Aufklärung über die Initiatoren. Insbesondere sollten die Stimmberechtigten erfahren können, wer das Verfahren finanziert. Daher erscheint es angemessen, die Antragsteller zu verpflichten, nach denselben Grundsätzen, wie sie auch für die politischen Parteien gelten, auch schon vor dem Ende der Eintragungsfrist über die Herkunft und Verwendung ihrer Mittel öffentlich Rechenschaft abzulegen.

3. Zur parlamentarischen Beratung über das Volksbegehren und zum Übergang zum Volksentscheid

Auch wenn kaum zu erwarten ist, dass sich das Parlament einen Antrag zu eigen macht, wenn es diesen zuvor bereits einmal abgelehnt hatte, sollte es auch auf der Ebene des Volksbegehrens zumindest dazu berechtigt sein, sich nochmals mit dem Anliegen der Antragsteller auseinander zu setzen. Dies gilt insbesondere dann, wenn der Antrag abgeändert wurde. Wiederum entspricht es der kommunikativen Funktion der direktdemokratischen Verfahren, wenn der Volksentscheid auch auf dieser Stufe noch erledigt werden kann. Dabei müssen die Vertreter der Initiatoren letztverbindlich darüber entscheiden, ob ihrem Anliegen durch einen bestimmten Beschluss des Parlamentes hinreichend Rechnung getragen wurde.

Um zu verhindern, dass das Parlament noch vor dem Volksentscheid vollendete Tatsachen schafft und das laufende Verfahren auf diese Weise faktisch erledigt, erscheint es auf der anderen Seite geboten, seine Dispositionsbefugnis einzuschränken. Insbesondere sollte das Parlament nur dann dazu berechtigt sein, den betreffenden Gegenstand selbst zu regeln, wenn dies aus dringenden Gründen erforderlich ist oder wenn die Initiatoren des Volksbegehrens einer solchen Interimslösung ausdrücklich zustimmen.[2]

Eine solche Sperrwirkung erscheint allerdings nur dann vertretbar, wenn das Verfahren gestrafft wird und spätestens nach Ablauf eines Jahres beendet werden kann. Dies ist durch-

---

1 Diese Frist läuft ab der ablehnenden oder stillschweigenden Entscheidung durch das Parlament.
2 Auch *Schliesky*, SchlHA 1999, S. 225, 229, hält die Festschreibung einer Sperrwirkung für sinnvoll und weist auf die Möglichkeit hin, den Initiatoren ggf. einen Anspruch auf Erlass einer einstweiligen Anordnung zuzugestehen.

aus möglich. Denn zur Vorbereitung der Abstimmung und für eine ausreichende öffentliche Diskussion sollten drei bis vier Monate ausreichen. Innerhalb dieser Frist sollte aber auch das Parlament zu einer Entscheidung darüber kommen können, ob es das Verfahren – mit Zustimmung der ursprünglichen Initiatoren – doch noch erledigen will.[1]

C. Der Volksentscheid

Kommt es zum Volksentscheid, so sollte das Parlament das Recht haben, einen konkurrierenden Entwurf zur Abstimmung zu stellen. Damit die Bürger auch diesen Entwurf noch zur Kenntnis nehmen können, muss er rechtzeitig vor der Abstimmung vorgelegt werden. Grundsätzlich spricht nichts dagegen, auch den Initiatoren eine (weitere) Änderung ihres Antrags zu gestatten. Damit dies zu keiner weiteren Verzögerung des Verfahrens führt,[2] müssen solche Änderungsvorschläge allerdings bis kurz nach dem Abschluss der parlamentarischen Diskussion vorgelegt werden. Eine vollständige Inhaltskontrolle ist auf dieser Ebene nicht mehr erforderlich.[3] Allerdings kann und muss die geänderte Vorlage gegebenenfalls daraufhin überprüft werden, ob sie noch dem Grundanliegen entspricht.

Die Abstimmung sollte möglichst zeitnah auf den Abschluss der parlamentarischen Diskussion folgen. Zwar bleibt den Initiatoren des Volksbegehrens damit scheinbar wenig Zeit, um für ihr Anliegen zu werben. Tatsächlich haben sie aber schon in der Phase des parlamentarischen Beratungsverfahrens Zeit und Gelegenheit, die Bürger über ihr Anliegen zu informieren.

Selbst wenn die Staatsorgane zur Zurückhaltung verpflichtet werden, haben die Landesregierung und der Landtag in der Regel wesentlich weiter reichende Möglichkeiten, um die Bürger zu beeinflussen. Um die Chancengleichheit im Verfahren zu gewährleisten, erscheint es daher nicht nur erforderlich, den Initiatoren des Volksbegehrens eine Möglichkeit zu verschaffen, wie sie Unregelmäßigkeiten schon im Vorfeld der Abstimmung geltend machen können. Vielmehr erscheint es angemessen, ihnen darüber hinaus einen Anspruch auf Erstattung der Kosten für einen angemessenen „Abstimmungskampf" einzuräumen,[4] und ihnen auch den (möglichst kostenfreien) Zugang zu den öffentlich-rechtlichen Medien zu eröffnen.[5]

---

1 Der Umstand, dass die Gegner des Volksbegehrens keinen Einfluss auf die Entscheidung haben, ob das Verfahren erledigt wird, spielt dabei keine Rolle. Denn damit stellen sie nicht anders, als im Falle einer „normalen" Entscheidung des Landtags. Dies verkennt *Przygode*, S. 159 ff.

2 Schließlich muss gegebenenfalls überprüft werden, ob die Änderungen noch von der ursprünglichen Fassung gedeckt sind Zuständig wäre wieder insofern das Verfassungsgericht. Ein entsprechender Antrag sollte vom Landtag, der Landesregierung, einer qualifizierten Minderheit der Abgeordneten, der überstimmten Vertreter der Initiatoren oder eines bestimmten Anteils der Unterzeichner des Volksbegehrens gestellt werden können.

3 Schließlich wird auch die konkurrierende Vorlage des Parlamentes nicht mehr vor der Abstimmung durch das Verfassungsgericht überprüft.

4 Bemessungsgrundlage ist die Zahl der Stimmen, die ein Entwurf auf sich vereinigen konnte. In diesem Sinne auch *Jung*, ZRP 2000, S. 440. 442.

5 Wird es der Landesregierung oder einem anderen Staatsorgan erlaubt, die Veröffentlichung der Entwürfe mit einer eigenen Stellungnahme zu kommentieren, so müssen die Antragsteller jedenfalls das Recht bekommen, dieser Stellungnahme eine Replik hinzuzufügen.

Im Zusammenhang mit der Durchführung des Volksentscheids bleiben noch zwei weitere Fragen offen, die bisher noch nicht beantwortet worden sind: Zum einen muss noch geklärt werden, wie die Mehrheitsverhältnisse bei Volksentscheiden ermittelt werden sollen, wenn mehr als eine Vorlage zum selben Gegenstand zur Abstimmung steht. Zum anderen ist bislang offen geblieben, ob und welche Bindungswirkungen das Ergebnis eines Volksentscheides gegebenenfalls entfalten sollte.

1. Zur Ermittlung der Mehrheitsverhältnisse bei Volksentscheiden

Wie bereits dargelegt wurde, entspricht es dem demokratischen Prinzip, dass bei Volksabstimmungen grundsätzlich die Zustimmung durch eine absolute Mehrheit der Abstimmenden verlangt wird., weil die Stimmenthaltung in der Regel als Beleg dafür angesehen werden kann, dass es für den jeweiligen Stimmberechtigten nicht auf das Ergebnis der Abstimmung ankommt.[1] Reicht beim Volksentscheid aber grundsätzlich die Zustimmung durch die absolute Mehrheit der Abstimmenden für die Annahme eines Antrags aus, dann besteht keine Notwendigkeit, die Abstimmungsbeteiligung künstlich aufzublähen.[2]

Etwas anderes gilt nur bei Abstimmungen über Verfassungsänderungen, da der Vorrang der Verfassung in einem Rechtsstaat auch institutionell abgesichert werden muss.[3] Wie dies geschehen soll, liegt im Ermessen des Verfassunggebers, der etwa vorsehen kann, dass bei einem entsprechenden Volksentscheide die Zustimmung durch eine qualifizierte Mehrheit der Abstimmenden erreicht werden muss, die zugleich einem bestimmten Anteil der Stimmberechtigten entsprechen muss.[4] Dieses Beteiligungsquorum sollte aber jedenfalls nicht höher als auf 25 Prozent der Stimmberechtigten angesetzt werden, da es andernfalls nur in extremen Ausnahmefällen möglich ist, eine Verfassungsänderung im Wege des Volksentscheides durchzusetzen.

Unproblematisch ist die Feststellung der Mehrheitsverhältnisse nur dann, wenn bei der Abstimmung nur über die Annahme oder Ablehnung eines bestimmten Vorschlags entschieden werden muss. Wer hier mit „Nein" stimmt, spricht sich damit zugleich für die Beibehaltung des gegenwärtigen Rechtszustandes aus. Das Ergebnis der Abstimmung ist daher in der Regel eindeutig.[5]

Bei einer Abstimmung über mehr als einen Entwurf zum selben Gegenstand stellt sich die Lage hingegen anders dar: Zunächst ist festzuhalten, dass die Tatsache, dass ich ein Stimmberechtigter der Stimme enthält jedenfalls dann nicht mehr als Beleg für seine Indif-

---

1 Vgl. dazu oben S. 47 ff.
2 Zur Problematik der Koppelung vgl. oben S. 899.
3 Vgl. dazu oben S. 251 ff.
4 An und für sich würde es auch ausreichen, wenn bestimmte Grundprinzipien der Verfassung insgesamt der Disposition des verfassungsändernden Gesetzgebers entzogen würden, wie es z.B. durch Art. 79 III geschehen ist. Damit kann eine Aufweichung dieser Grundprinzipien jedoch nur bedingt verhindert werden.
5 Allerdings kann eine große Zahl absichtlich ungültiger Stimmzettel darauf hindeuten, dass die Bürger zwar eine Änderung des gegenwärtigen Rechtszustandes befürworten, die Vorlage des Volksbegehrens aber dennoch ablehnen.

ferenz in Bezug auf den jeweiligen Abstimmungsgegenstand gewertet werden könnte,[1] wenn er darauf beschränkt wird, sich zwischen einer der verschiedenen Vorlagen für eine Neuregelung zu entscheiden, da er unter diesen Umständen keine Möglichkeit hat, seiner Präferenz zum Ausdruck zu bringen, wenn er selbst die Beibehaltung des status quo bevorzugen sollte. Schon von daher müssen sich die Stimmberechtigten in Bezug auf jede einzelne Vorlage gesondert entscheiden können.[2] Genau dies ist aber auch deshalb geboten, weil sich die verschiedenen Entwürfe nicht unbedingt gegenseitig ausschließen müssen. Vielmehr hat die bisherige Praxis gezeigt, dass die Parlamente häufig dazu bereit waren, zumindest einige der Anregungen des Volksbegehrens aufzunehmen. In diesem Fall unterscheiden sich die Vorlage des Volksbegehrens und der konkurrierende Entwurf des Parlamentes aber nicht grundsätzlich, sondern nur graduell voneinander.[3]

Räumt man den Stimmberechtigten das Recht ein, gegebenenfalls auch mehr als einer Vorlage zuzustimmen, dann ergibt sich allerdings ein weiteres Problem, da es unter diesen Umständen durchaus vorkommen kann, dass mehr als eine der Vorlagen die Zustimmung durch eine hinreichende Mehrheit der Abstimmenden erhält.

Um die Dimension dieses Problems zu veranschaulichen, erscheint es sinnvoll, sich das parlamentarische Abstimmungsverfahren vor Augen zu führen: Stehen hier mehrere Vorlagen zum selben Gegenstand zur Debatte, so wird über diese Vorlagen nacheinander entscheiden. Dabei wird zunächst über denjenigen Entwurf abgestimmt, der am weitesten geht und daher die geringsten Erfolgschancen hat. Sobald einer der Entwürfe die erforderliche Mehrheit erhält, ist das Verfahren beendet – über die weiteren Vorlagen wird also selbst dann nicht mehr entschieden, wenn ihnen möglicherweise durch eine noch größere Mehrheit der Abgeordneten zugestimmt worden wäre. Diese Vorgehensweise ist zwar nicht völlig frei von Bedenken, da sich die „Hierarchie" der Vorschläge nicht immer eindeutig feststellen lässt.[4] In der parlamentarischen Praxis kann dieses Problem allerdings vernachlässig werden, da es für die Reihenfolge der Abstimmungen im Zweifel nur darauf ankommt, welche Fraktion einen Antrag eingebracht oder unterstützt hat: In der Praxis wird zunächst über die Anträge der Opposition abgestimmt – die erwartungsgemäß abgelehnt werden – und dann über die Vorlage der Regierung bzw. der Parlamentsmehrheit. Dieses Verfahren führt dazu, dass auch eine vergleichsweise „radikale" und daher umstrittene Vorlage durchsetzbar ist, sofern nur das notwendige aber auch hinreichende Minimum demokratischer Legitimation gewährleistet ist.

Es liegt auf der Hand, dass ein solches Verfahren schon wegen des exorbitanten Aufwands, der für die Organisation einer ganzen Serie von Abstimmungen unternommen wer-

1 Vgl. dazu oben S. 54 f.
2 Vgl. zu den Mehrheitserfordernissen auch *Sacksofsky*, NVwZ 1993, S. 235, 236.
3 Besonders deutlich war dies etwa bei den bayerischen Abstimmungen über die christliche Gemeinschaftsschule, das „Bessere Müllkonzept" oder „Mehr Demokratie" (vgl. dazu oben S. 344 ff.). Auf die Problematik hat schon *Maunz*, BayVBl. 1967, S. 303, 304, hingewiesen. *Jürgens*, S. 124, verkennt hingegen das Problem, wenn er es als „selbstverständlich" bezeichnet, dass „doppelte Ja-Abstimmungen" ausgeschlossen sind.
4 Ein Individuum kann eine Vorliebe für „radikale Lösungen" haben. Dieses Problem der so genannten „mehrgipfeligen Präferenzen" wird in der Wirtschaftstheorie als „*Arrow-Paradox*" bezeichnet. Vgl. dazu grundlegend *Arrow*, passim. Die Schwierigkeiten werden anschaulich dargestellt bei *Musgrave/Musgrave/Kullmer*, S. 117 ff.

den müsste, nicht auf die Volksgesetzgebung und die übrigen Verfahren des Volksentscheides übertragen werden kann. Selbst wenn diese praktischen Probleme überwunden werden könnten, wäre aber zu beachten, dass es hier keinen verlässlichen Anhaltspunkt dafür gibt, welche Vorlage weiter geht und daher zuerst zum Gegenstand einer Abstimmung gemacht werden könnte. Insbesondere kann nicht ohne weiteres davon ausgegangen werden, dass eine auf dem Wege des Volksbegehrens eingebrachte Vorlage in der Regel „radikaler" wäre – Vielmehr ist dies zumindest dann in der Regel nicht der Fall, wenn sich das Verfahren im Ergebnis gegen eine vom Parlament und der Regierung geplante oder bereits beschlossene Reform richtet und daher letzten Endes darauf abzielt, den status quo ante wieder herzustellen. Auch von daher erscheint es geboten, über die konkurrierenden Entwürfe gleichzeitig abzustimmen und auf diese Weise im Ergebnis eine ganze Serie von Abstimmungen in einem einzigen Vorgang zu komprimieren.

Bei einem solchen Verfahren ist das Ergebnis der Abstimmung jedoch allenfalls dann eindeutig, wenn entweder nur eine einzige oder überhaupt keine der Vorlagen die erforderliche Mehrheit erhalten sollte.[1] Erreichen hingegen mehrere Vorlagen die erforderliche Mehrheit, stellt sich hingegen die Frage, welche dieser Vorlagen nun tatsächlich angenommen sein soll.[2] Die meisten Länder, die diesen Konflikt erkannt und gelöst haben, wollen in diesem Fall darauf abstellen, auf welche der Vorlagen die meisten Stimmen entfallen sind. Auch wenn dieses Verfahren auf den ersten Blick dem demokratischen Mehrheitsprinzip entsprechen mag, zeigt ein Vergleich mit dem parlamentarischen Entscheidungsverfahren, dass die dort geltenden Regelungen hier geradezu auf den Kopf gestellt werden. Während nämlich bei Abstimmungen über mehrere konkurrierende Vorlagen zum selben Gegenstand im Parlament derjenige Entwurf angenommen ist, der als *erster* die erforderliche Mehrheit gefunden hat, würde diese Vorlage bei Volksabstimmungen gegebenenfalls durch einen anderen Entwurf verdrängt, der für einen noch größeren Teil der Abstimmenden akzeptabel ist. Dies stellt nun aber keineswegs nur ein akademisches Problem dar, sondern führt dazu, dass sich bei Volksabstimmungen tendenziell diejenigen Entwürfe durchsetzen, die es „allen Recht machen" wollen, während radikalere Vorlagen erfolglos bleiben, obwohl ihnen an sich eine hinreichende Mehrheit der Abstimmenden zugestimmt hätte. Das Volksgesetzgebungsverfahren käme dann aber kaum als Instrument zur Durchsetzung politischer Reformen in Frage.

Mehr noch: Geht man davon aus, dass den Stimmberechtigten dieses Problem bewusst sein wird, werden diese gegebenenfalls vor ein fast unauflösbares Dilemma gestellt, wenn sie mehr als eine Vorlage für akzeptabel, aber jedenfalls besser als den status quo halten sollten. Stimmen sie nämlich bei beiden Vorlagen mit „Ja", so müssen sie damit rechnen, dass sich im Ergebnis die von ihnen für weniger sinnvoll erachtete Lösung durchsetzen wird. Entscheiden sie sich hingegen dafür, nur bei derjenigen Vorlage mit „Ja" zu stimmen, die ihnen am meisten zusagt, müssen sie damit rechnen, dass keine der Vorlagen eine hinreichende Mehrheit erhält – und es daher beim status quo bleiben wird.

---

1 Im zuletzt genannten Fall bleibt es beim Status Quo.
2 Dieses Problem ist vor allem im Zusammenhang mit den Regelungen über den Bürgerentscheid auf der kommunalen Ebene in Bayern deutlich geworden. Artt. 18a BayGO, 25aBayLKrO enthalten keine ausdrückliche Bestimmung für diesen Fall. In der Praxis wird die „Stichfrage" dennoch für zulässig – und notwendig – gehalten, dazu *Deubert*, BayVBl. 1997, S. 619 f.

Eine Möglichkeit zur Lösung dieses Konfliktes besteht darin, den Abstimmenden selbst die Entscheidung an die Hand zu geben und ihnen in einer so genannten „Eventualabstimmung" zusätzlich die Frage zu stellen, welchem der Entwürfe sie den Vorzug geben würden, sofern beide die erforderliche Mehrheit erreichen sollten.[1] Das entscheidende Problem dieser Verfahrensweise besteht allerdings darin, dass die Abstimmenden nicht *gezwungen* werden können, eine solche Stichfrage auch zu beantworten. Aufgrund der bisherigen praktischen Erfahrungen erscheint es durchaus zweifelhaft, ob den Stimmberechtigten vermittelt werden kann, dass die Stimmenthaltung hier verfehlt ist.[2] Vielmehr deutet der empirische Befund darauf hin, dass den Stimmenthaltungen in Bezug auf die Stichfrage bei diesem Verfahren eine ganz entscheidende Bedeutung zukommen wird.[3]

Eine Variante der Eventualabstimmung besteht darin, den Bürgern eine „Primär-" und eine „Sekundär-Stimme" zu geben. Grundsätzlich kommt es auch hier darauf an, ob ein Entwurf die Zustimmung durch eine absolute Mehrheit der Abstimmenden erhält. Sollten mehrere Vorlagen dieses Quorum erreichen, kommt es dann darauf an, welcher Entwurf die meisten „Primär-Stimmen" erhalten hat. Auch in diesem Verfahren können die Stimmberechtigten jedoch nicht zu einer klaren Entscheidung gezwungen werden.[4] Es ist daher nicht sicher, dass das Ergebnis der Abstimmung die wahren Mehrheitsverhältnisse widerspiegelt.

Will man diese Ungewissheit nicht in Kauf nehmen und dennoch gewährleisten, dass die direktdemokratischen Verfahren auch zur Durchsetzung weit reichender Reformen genutzt werden können, dann bleibt nach alldem im Grunde nur eine einzige Möglichkeit: Erreichen bei einer Abstimmung mehrere Entwürfe zum selben Gegenstand die Zustimmung durch die absolute Mehrheit der Abstimmenden, dann ist nicht etwa derjenige Entwurf angenommen, der die *meisten* Stimmen auf sich vereinigen konnte, sondern vielmehr

---

1 Vgl. dazu *Heun*, S. 135 f. Eine entsprechende Regelung fand sich bis zur am 18.4.1998 beschlossenen Totalrevision der Verfassung in Art. 121bis Absatz 2 der Schweizerischen Bundesverfassung (sog. „System Haab"), sie gilt seither als einfaches Gesetzesrecht weiter; vgl dazu auch *Lutz/Strohmann*, S. 136 ff., zur Rechtslage in den Schweizer Kantonen, wo häufig ebenfalls das „System Haab" gilt. In Bayern wurde die Möglichkeit des Stichentscheids im Jahre 1998 ebenfalls in das LWG eingeführt, vgl. Artt. 76 III und 80 IV BayLWG.

2 Vgl. dazu *Deubert*, BayVBl. 1997, S. 619, 620 f.

3 So mussten etwa im Juni 1996 die Bürger der Stadt München über zwei auf dem Wege des Bürgerbegehrens eingebrachte Anträge entscheiden. Nach dem einen Antrag sollte der Bau eines „Tunnels für den Mittleren Ring" beschlossen werden. Nach dem anderen Antrag sollten die dafür notwendigen Mittel statt dessen für den Ausbau bestimmter „Sozialeinrichtungen" verwendet werden. Die Anträge schlossen sich offensichtlich gegenseitig aus. Dennoch fanden beide die Unterstützung durch eine Mehrheit der Abstimmenden. Obwohl der Entwurf „Sozialeinrichtungen" eine knappe Mehrheit von 2.542 Stimmen erreicht hatte, setzte sich im Stichentscheid der Entwurf „Tunnelbau" mit 3.761 Stimmen Vorsprung durch; vgl. Bay. Staatszeitung vom 28.6.1996 – der Grund ist schlicht darin zu suchen, dass ein größerer Teil der Unterstützer des Begehrens „Sozialeinrichtungen" nicht ausdrücklich Stellung zum Antrag „Mittlerer Ring" genommen hatte.

4 Zwar wäre es theoretisch möglich, auch alle solchen Stimmzettel als ungültig zu bewerten, aus denen nicht klar hervorgeht, welchem der Entwürfe der Abstimmende seine Primär- bzw. Sekundär-Stimme gegeben hat. Dies würde aber fast zwangsläufig zu einer Verfälschung des Abstimmungsergebnisses führen.

diejenige Vorlage, die das Quorum *gerade noch* erreicht hat.[1] Obwohl diese Vorgehensweise auf den ersten Blick geradezu widersinnig erscheinen mag, entspricht sie im Ergebnis dem parlamentarischen Abstimmungsverfahren, das sich lediglich insofern unterscheidet, als weitere konkurrierende Entwürfe im Parlament überhaupt nicht mehr zur Abstimmung gestellt würden, wenn eine Vorlage bereits eine hinreichende Mehrheit erhalten hat.[2]

Beim Verzicht auf qualifizierte Abstimmungsquoren ist es auch ohne weiteres möglich, den Tag der Abstimmung unabhängig vom Wahltermin zu bestimmen und auf eine Koppelung mehrerer Abstimmungen zu verschiedenen Gegenständen zu verzichten. Dies sichert letzten Endes die Qualität der Abstimmungsergebnisse, da sich unter diesen Umständen in der Regel nur solche Bürger an der Abstimmung beteiligen werden, die sich zuvor hinreichend über den Abstimmungsgegenstand informiert haben.[3]

2. Zur Bindungswirkung des Ergebnisses eines Volksentscheids

Wie bereits ausgeführt wurde, haben die unmittelbaren Entscheidungen der Bürger grundsätzlich keinen höheren Rang als vergleichbare Parlamentsbeschlüsse.[4] Verfassungs*politisch* erscheint es dennoch fragwürdig, ob dem Parlament das Recht eingeräumt werden sollte, durch einen Federstrich das Ergebnis eines langwierigen und aufwendigen Volksentscheidungsverfahrens beiseite zu wischen. Zwar liegt die Vermutung nahe, dass sich ein Parlament nur dann zu einer solchen Brüskierung der Bürger hinreißen lassen wird, wenn zwingende Gründe dies erforderlich machen. Auch kommt es dabei selbstverständlich darauf an, wie viele Stimmberechtigte sich an der Abstimmung beteiligt haben und wie groß daher die Wahrscheinlichkeit dafür ist, dass die Parlamentsmehrheit bei den nächsten Wahlen einen „Denkzettel" erhalten könnte.[5]

Genau hier zeigt sich nun aber das entscheidende Problem. Wie im ersten Teil der vorliegenden Untersuchung deutlich wurde, sollen die direktdemokratischen Verfahren den Bürgern vor allem eine Möglichkeit verschaffen, die Regierungspolitik in denjenigen Bereichen zu korrigieren, die gerade nicht wahlentscheidend sind. Ein weiterer Anwendungsfeld sind solche Angelegenheiten, bei denen eine Art „Parteienkartell" besteht. Damit wird aber deutlich, dass das Parlament bzw. die jeweilige Parlamentsmehrheit in der Regel gerade

---

1 Es bedarf allerdings keiner allzu großen Kenntnisse des politischen Alltagsbetriebes, um sich darüber klar zu werden, dass diese Lösung kaum durchsetzbar ist. Dafür müsste zunächst die zwar weit verbreitete aber unzutreffende Vorstellung überwunden werden, dass eine Entscheidung umso „besser" ist, je mehr Menschen ihr zugestimmt haben.

2 Auch *Deubert*, BayVBl. 1997, S. 619, 620, stellt die These in Frage, dass es stets darauf ankomme, welcher Entwurf die *meisten* „Ja"-Stimmen erhalten habe. Allerdings geht er davon aus, dass es sich formal stets um zwei getrennte Abstimmungen handle, so dass gegebenenfalls immer eine Stichentscheidung erforderlich ist.

3 Vgl. dazu oben S. 899.

4 Vgl. dazu oben S. 87.

5 Nur dann ist zu erwarten, dass der Gesetzgeber die hohe Legitimation der Entscheidung als Hinderungsgrund ansieht, diese wieder aufzuheben. Zu pauschal daher *P. M. Huber*, ThürVBl. 1993, S. B 4, B 11, und auch *Schmitt Glaeser*, FS Lerche, S. 315, 325, die ohne nähere Begründung davon ausgehen, dass das Parlament handlungsunfähig werden könnte.

nicht befürchten muss, für die Aufhebung bzw. Änderung einer vom Volk beschlossenen Vorlage bei den nächsten Wahlen einen Denkzettel zu erhalten. Vielmehr besteht die Gefahr, dass es sich gegebenenfalls leichtfertig über das Ergebnis eines Volksentscheids hinwegsetzen wird. Damit wäre die integrative und kommunikative Funktion der direktdemokratischen Verfahren aber in ihr Gegenteil verkehrt.

Besonders deutlich wurde diese Problematik im Zusammenhang mit der Abstimmung über die Rechtschreibreform in Schleswig-Holstein.[1] Zwar hatten die Bürger mit einer großen Mehrheit dafür gestimmt, dass in Schleswig-Holsteins Schulen zunächst weiter die alte Rechtschreibung beibehalten werden sollte.[2] Schon kurz darauf nahm der Landtag diese Änderungen jedoch wieder zurück. Unabhängig davon, ob die Bürger dies tatsächlich als Brüskierung empfunden haben, hatten sie keine Möglichkeit, den Verantwortlichen eine „Quittung" zu erteilen, da die Entscheidung von sämtlichen im Parlament vertretenen Parteien mit getragen worden war.

Eine vergleichbare Entwicklung gab es auch nach den Volksentscheiden für den Erhalt der öffentlichen Sparkassen in Sachsen[3] und gegen die Privatisierung der öffentlichen Krankenhäuser in Hamburg.[4]

Damit stellt sich aber die Frage, ob und gegebenenfalls wie ein zumindest bedingter oder befristeter Vorrang der Volksgesetzgebung verfassungsrechtlich abgesichert werden kann. Da das Parlament bei einem generellen und absoluten Vorrang der Volksgesetzgebung nach und nach alle seine Kompetenzen und damit seine Funktion als „normales" Gesetzgebungsorgan verlieren würde,[5] wollen selbst diejenigen Autoren, die dem Parlament unabhängig von einer ausdrücklichen Sperrklausel das Recht bestreiten, das Ergebnis eines Volksentscheids aufzuheben oder abzuändern, darauf abstellen, ob seit der Abstimmung

---

1 Vgl. dazu ausführlich unten S. 486 ff.; sowie *Borowski*, DÖV 2000, S. 481 ff.; *Jung*, FS Schefold, S. 145 ff.

2 Wobei festzuhalten ist, dass die auf diese Weise verabschiedete Änderung des Landesschulgesetzes aufgrund ihrer Unbestimmtheit durchaus bedenklich war. Daher bestand zumindest ein guter Grund, das Ergebnis des Volksentscheids zu korrigieren – wobei sich das Parlament allerdings auf eine Konkretisierung der Voraussetzung hätte beschränken können, unter denen auch an den schleswigholsteinischen Schulen die neue Rechtschreibung eingeführt werden muss.

3 Vgl. dazu oben S. 584 ff

4 Vgl. dazu oben S. 825 ff.

5 Zustimmen ist daher im Ergebnis auch dem *BayVfGH*, BayVBl. 1997, S. 622 ff., der es für verfassungswidrig erklärt hat, wenn das (Gemeinde-)Parlament für drei Jahre an das Ergebnis eines Bürgerentscheids gebunden wird, obwohl sich an dem Bürgerentscheid möglicherweise nur eine sehr geringe Zahl der Stimmberechtigten beteiligt hat. Das bedeutet zwar nicht, dass es generell unzulässig wäre, das Parlament an unmittelbare Entscheidungen der Bürger zu binden, allerdings muss sichergestellt sein, dass die Entscheidung von einem hinreichend großen Teil der stimmberechtigten Bürger legitimiert wurde, vgl. dazu unten S. 356.

Neuwahlen stattgefunden haben,[1] oder ob sich die maßgebliche Sach- und Rechtslage seit der Abstimmung wesentlich verändert hat.[2]

Insofern ist zunächst festzuhalten, dass aus dem für die Parlamente geltenden Diskontinuitätsprinzip keineswegs folgt, dass sich diese innerhalb einer Legislaturperiode nur ein einziges Mal mit einem bestimmten Problem befassen dürfte.[3] Zudem sind die Termine für Volksentscheide völlig unabhängig von den Wahlterminen. Daher ist es nicht zweckmäßig die Sperrwirkung eines Volksentscheids zusammen mit der laufenden Wahlperiode enden zu lassen. Vielmehr wäre es gegebenenfalls im Sinne größtmöglicher Rechtsklarheit geboten, eine konkrete Sperrfrist in der Verfassung zu verankern.[4]

Um die Handlungs- und Reaktionsfähigkeit des Parlamentes sicher zu stellen, könnte darüber hinaus vorgesehen werden, dass das Ergebnis des Volksentscheides vor Ablauf der Frist nur bei einer „wesentlichen Veränderung der tatsächlichen oder rechtlichen Umstände" abgeändert oder gar insgesamt aufgehoben werden darf. Da diese Bewertung justitiabel wäre, könnten sich die Initiatoren des ursprünglichen Volksgesetzgebungsverfahrens gegebenenfalls an das Verfassungsgericht wenden.[5]

II. Direktdemokratische Verfahren im Bund

Wie im Verlauf der bisherigen Untersuchung deutlich geworden sein sollte, haben konnten die in den Ländern vorgesehenen direktdemokratischen Verfahren unter anderem deshalb nicht entscheidend dazu beitragen, die im ersten Teil herausgearbeiteten strukturellen Defizite der repräsentativ-parlamentarischen Demokratie auszugleichen, weil die Länder nur noch in wenigen Bereichen autonom entscheiden können.[6] Darüber hinaus haben die Bürger in den meisten Ländern keine Möglichkeit, zumindest mittelbar Einfluss auf das Verhalten der jeweiligen Landesregierung auf der Ebene des Bundes zu nehmen. Damit die Verfahren der Volksinitiative, des Volksbegehrens und des Volksentscheides als Instrumente zur Verbesserung der Kommunikation zwischen den Bürgern und ihren Repräsentanten wirk-

---

1 So etwa *K. Müller*, Art. 72 SächsV, S. 353 f., der allerdings verkennt, dass eben nicht das Volk als „Inhaber der Staatsgewalt" entschieden hat. Vgl. aus der Zeit der Weimarer Republik bzw. zur Weimarer Reichsverfassung *Hartwig*, S. 61; *Jacobi*, S. 233, 256; *Thoma*, HdBDtStR § 71, S. 115, und auch *E. R. Huber*, Verfassungsgeschichte, Bd. VI, S. 432, sowie *Püttner/Kretschmer*, § 22, S. 97.

2 In diesem Sinne etwa *Bull*, NordÖR 2005, S. 99, 101; *Jung*, FS Schefold, S. 145, 162 f., und schon *W. Jellinek*, HdBDtStR § 72, S. 172, 181.

3 So aber ohne Begründung *K. Müller*, Art. 72 SächsV, S. 354; vgl. auch S. 357 f. zu Art. 74 SächsV.

4 Vgl. dazu auch *Schliesky*, SchlHA 1999, S. 225, 230.

5 Sinnvollerweise sollte man (auch) den Initiatoren des Volksgesetzgebungsverfahrens die Möglichkeit geben, einen entsprechenden Antrag zu stellen. Sie hätten es damit in der Hand, das Parlament gewähren zu lassen, wenn sich dieses auf redaktionelle oder geringfügige Änderungen beschränkt. Die Darlegungslast würde dennoch das Parlament treffen.

6 *Müller-Franken*, DÖV 2005, 489, 496, will sich überhaupt nur deshalb damit abfinden, dass es in den Ländern Regelungen über direktdemokratische Verfahren gibt, da es sich um „Staaten ohne Ernstfallrisiko" handele. Ähnlich auch *Engelken*, BayVBl. 2002, S. 289, 296 ff., der sich sogar gegen die Einführung der Volksinitiative auf Bundesebene ausspricht, da diese ein unkalkulierbares Drohpotential entfalte und daher geeignet sei, „Schäden [...] wie mit einem Volksbegehren" anzurichten.

lich zum Tragen kommen können, müssten diese Verfahren daher auch auf der Ebene des Bundes eingeführt werden.

Grundsätzlich spricht nichts dagegen, die Ergebnisse der vorliegenden Untersuchung auf die Ebene des Bundes zu übertragen. Allerdings stellt sich zum einen die Frage, ob und wie die in Art. 79 GG sogar der Disposition des verfassungsändernden Gesetzgebers entzogene grundsätzliche Mitwirkung der Länder am Gesetzgebungsverfahren im Rahmen der direktdemokratischen Verfahren berücksichtigt werden kann. Zum anderen ist es nicht ohne weiteres möglich, die Quoren für die Volksinitiative und das Volksbegehren ohne weiteres auf die Bundesebene zu übertragen, da es im Gesamtstaat durchaus Probleme geben kann, die zwar nur regional von Bedeutung sind, aber einer bundesrechtlichen Regelung bedürfen. Und schließlich ist zu berücksichtigen, dass der Bund auch für die Außenpolitik zuständig ist und sich damit die Frage stellt, ob und in wie weit auch diese dem unmittelbaren Einfluss der Bürger geöffnet werden sollte.

A. Zur Mitwirkung der Länder an der Gesetzgebung des Bundes

In Bezug auf das erste der genannten Probleme ist zunächst zu beachten, dass Art. 79 III GG weder die Mitwirkung des Bundes*rates* oder der *Landesregierungen* sicher stellt, noch verlangt, dass die Länder in jedem Fall an der Gesetzgebung des Bundes beteiligt werden müssen. Sofern die direktdemokratischen Verfahren im Allgemeinen und der Volksentscheid im Besonderen eine seltene Ausnahme bleiben, wäre es daher wohl zulässig, allein auf das Abstimmungsergebnis im Bund abzustellen.[1]

Völlig unabhängig davon, ob dies politisch klug und eine entsprechende Änderung des Grundgesetzes gegen den Willen des Bundesrates überhaupt durchsetzbar wäre, kann dem Anliegen des Art. 79 III GG bei der Ausgestaltung der direktdemokratischen Verfahren allerdings durchaus Rechnung getragen werden.[2] Sieht man von der wohl nur theoretisch vorstellbaren Möglichkeit ab, den Bundesrat im Anschluss an den Volksentscheid ganz normal am Gesetzgebungsverfahren zu beteiligen,[3] könnte die Mitwirkung der Länder insbesondere dadurch sicher gestellt werden, dass er entsprechend den für die Bundesgesetzgebung geltenden Bestimmungen an der Verabschiedung der konkurrierend zur Abstimmung gestellten Vorlage beteiligt wird. Diese Lösung des Konfliktes erscheint jedoch nur bedingt praxistauglich, da sich die Bürger gegebenenfalls zwischen drei verschiedenen Vorlagen zum selben Thema entscheiden müssten, obwohl sich diese Vorlagen möglicherweise nur in Nuancen voneinander unterscheiden.

---

1   In diesem Sinne jetzt etwa *Estel*, S. 300.
2   Auch *Hufschlag*, S. 122 f., geht davon aus, dass die Mitwirkungsbefugnisse der Länder zumindest in denjenigen Bereichen erhalten bleiben müssen, in denen Regelungen derzeit der Zustimmung des Bundesrates bedürfen.
3   Zu diesem Ergebnis hätte (wohl unbeabsichtigterweise) die Annahme der Vorschläge geführt, die das Bündnis 90/Die Grünen zur Einführung direktdemokratischer Verfahren auf der Ebene des Bundes in der 12. und 13. Legislaturperiode vorgelegt hatten, vgl. BT-Drs. 12/3826 und 13/10261.
    Im Ergebnis hätte auch nach der Annahme des Volksbegehrens ggf. ein Vermittlungsverfahren durchgeführt werden müssen, an dem nur der Bundestag und der Bundesrat beteiligt wären, nicht aber die Initiatoren des Volksbegehrens.

Eine andere Möglichkeit, einen eventuellen Konflikt zwischen dem Bundesrat und dem Bundestag aufzulösen, besteht darin, sich bei Abstimmungen über zustimmungspflichtige Gesetze am Vorbild der Schweiz zu orientieren und für die Annahme einer Vorlage nicht nur zu verlangen, dass der betreffende Entwurf nicht nur von einer hinreichenden Mehrheit der Bürger unterstützt worden ist, sondern dass dieses Quorum auch in einer hinreichenden Anzahl der Länder erreicht worden ist. Dabei bietet es sich an, auf den selben Maßstab abzustellen, der nach Art. 51 II GG für die Verteilung der Bundesratssitze gilt.

Zwar würde ein solches Verfahren im Ergebnis dazu führen, dass die in den einzelnen Ländern abgegebenen Stimmen gegebenenfalls ein unterschiedliches Gewicht hätten. Diese Abweichung vom demokratischen Grundsatz der Stimmrechtsgleichheit könnte dadurch gerechtfertigt werden, dass es darum geht, den regionalen Unterschieden zu verhelfen, die hinter dem bundesstaatlichen Aufbau der Bundesrepublik stehen.[1]

Allerdings erscheint es fraglich, ob diese „doppelte Wertung" noch als „Beteiligung der Länder" im Sinne des Art. 79 III GG betrachtet werden könnte. Zwar deuten die Erfahrung mit dem so genannten „Ständemehr" in der Schweiz darauf hin, dass mit einem solchen Verfahren den regionalen Unterschieden bei Abstimmungen auf der Ebene des Bundes durchaus Rechnung getragen werden kann. Dennoch werden eben nicht die Länder beteiligt und es ist auch nicht möglich, in den einheitlichen Abstimmungsvorgang eine besondere Entscheidung der jeweiligen Landesvölker hineinzuinterpretieren. Vielmehr wäre davon auszugehen, dass die Länder bei einer solchen Organisation des Abstimmungsverfahrens nicht am Gesetzgebungsverfahren beteiligt werden – Genau dies ist nun aber durchaus mit Art. 79 III GG vereinbar, weil diese Bestimmung eben nur die grundsätzliche Beteiligung verlangt und Ausnahmen damit zulässt. Zwar bedürfen solche Ausnahmen einer besonderen Legitimation, die jedoch nicht nur darin bestehen kann, dass es im Einzelfall keinen Anlass dafür gibt, die Länder bzw. die Landesregierungen und ihren Sachverstand einzubeziehen.[2] Vielmehr reicht das legitime Bedürfnis, den regionalen Unterschieden auch bei Volksentscheiden auf der Ebene des Bundes angemessen Rechnung zu tragen, jedenfalls so lange zur Rechtfertigung einer Ausnahme vom Grundsatz des Art. 79 II GG, wie die direktdemokratischen Verfahren eine seltene Ausnahme darstellen.

---

1 Anders hingegen *Estel*, S. 235, die davon ausgeht, dass es sich um einen Verstoß gegen die demokratische Mehrheitsregel handelt. Dies steht allerdings in einem merkwürdigen Gegensatz dazu, dass Estel zuvor ausführlich die Legitimation des bundesstaatlichen Aufbaus und der – ebenfalls kaum mit dem demokratischen Prinzip zu vereinbarenden – Mitwirkung der Länder an der Gesetzgebung des Bundes darstellt und im Anschluss an die Ablehnung des „Föderalquorums" zu dem Ergebnis kommt, dass es dann eben nur auf das Ergebnis auf der Bundesebene ankommen soll, obwohl den regionalen Unterschieden so unter keinen Umständen Rechnung getragen werden kann.

2 So aber Engelken, DÖV 2006, 550, 552 f., der sogar eine enumerative Aufzählung der Ausnahmen verlangen will und zu dem Ergebnis kommt, dass aufgrund von Art. 79 II GG keine Möglichkeit besteht, auch auf der Ebene des Bundes die Volksgesetzgebung einzuführen. Auf das Problem, dass Art. 20 II GG ausdrücklich von Abstimmungen spricht, geht Engelken hier nicht ein. An anderer Stelle (DÖV 2006, 969) wird jedoch deutlich, dass er den Begriff der Abstimmungen enger verstehen will, so dass damit nicht unbedingt die Gesetzgebung gemeint sein müsse. Dieser Schluss steht allerdings im Widerspruch zur Entstehungsgeschichte des Grundgesetzes.

B. Zu den Quoren für die Volksinitiative, das Volksbegehren und den Volksentscheid

Eine solche „Regionalisierung" der Quoren muss nicht auf den Volksentscheid beschränkt bleiben. Vielmehr wäre es durchaus möglich, auch bei den Quoren für die Volksinitiative und das Volksbegehren danach zu gewichten, ob in einer hinreichenden Anzahl der Länder eine hinreichende Anzahl von Stimmberechtigten den betreffenden Antrag durch ihre Unterschrift unterstützt haben. Um sicher zu stellen, dass auch solche Angelegenheiten zum Gegenstand der Verfahren gemacht werden können, die nur für die Bewohner einer bestimmten Region oder eines einzelnen Bundeslandes von Interesse sind, dürfte dabei allerdings nicht darauf abgestellt werden, ob dieses regionalisierte Quorum zusätzlich zu dem für das gesamte Bundesgebiet geltenden Quorum erreicht wird. Vielmehr stünden beide Quoren alternativ nebeneinander, so dass entweder im gesamten Bundesgebiet ein – relativ niedriges – Quorum erreicht werden muss, oder in einer bestimmten Anzahl von Ländern ein – relativ höheres – Quorum.

Fraglich ist allerdings, wie hoch diese Quoren liegen sollen. Während es beim Volksentscheid keinen Anlass dafür gibt, die Hürden abzusenken, da ein Beschluss, dem nicht einmal eine absolute Mehrheit der Abstimmenden zugestimmt hat, kaum demokratisch legitimiert wäre, ist in Bezug auf die Volksinitiative und das Volksbegehren zu beachten, dass es umso schwieriger wird, einen bestimmten Anteil der Stimmberechtigten zu mobilisieren, je größer die betreffende Körperschaft ist. Diese Schwierigkeiten fallen jedoch dann nicht ins Gewicht, wenn den Initiatoren der mit der Vorbereitung und Durchführung des Verfahrens verbundene organisatorische und logistische Aufwand abgenommen wird. Sofern die Unterschriften für das Volksbegehren daher im Rahmen eines formalisierten Eintragungsverfahrens gesammelt werden, besteht keine Notwendigkeit, das Quorum auf weniger als fünf Prozent der Stimmberechtigten abzusenken. Bei der Volksinitiative stellt sich die Lage hingegen anders dar: Da die Initiatoren hier die ganze Last des Verfahrens tragen, sollte das Quorum auf maximal 0,5 Prozent der Stimmberechtigten festgelegt werden.[1]

Die Frage, wie hoch die regionalisierten Quoren für die beiden Verfahren angesetzt werden sollten, lässt sich nicht auf Grundlage abstrakter Kriterien beantworten. Allerdings gibt es mindestens einen Weg, wie diese Schwierigkeiten umgangen werden können: Anstelle komplexe Berechnungen darüber anzustellen, in wie vielen Ländern welches Quorum erreicht werden muss und ob beziehungsweise wie dieses Quorum dann noch gewichtet werden muss, könnte man zumindest bei der Volksinitiative darauf abstellen, ob in mindestens einem Land das für das Volksbegehren geltende Quorum erreicht worden ist. Um sicher zu stellen, dass die Initiatoren diese Regelung nicht zum Anlass nehmen, sich ausschließlich auf ein einziges, möglichst kleines Land konzentrieren, sollte darüber hinaus vorgesehen werden, dass bundesweit mindestens das halbe Quorum erreicht werden muss: Eine Volksinitiative auf der Ebene des Bundes wäre unter diesen Voraussetzungen also dann zustande gekommen, wenn der betreffende Antrag entweder bundesweit von 0,5 Prozent der Stimmberechtigten unterstützt worden ist, oder in mindestens einem Land von mindestens 5 Prozent sowie bundesweit von 0,25 Prozent der Stimmberechtigten.

1　Geht man von etwa 600 Bundestagsabgeordneten und davon aus, dass jeder dieser Abgeordneten Anträge stellen kann, dann erscheint sogar eine weitere Absenkung auf 0,2 % denkbar.

Dieses Verfahren ließe sich grundsätzlich auch auf das Volksbegehren übertragen, wobei jedoch zu beachten ist, dass für den Volksentscheid kein qualifiziertes Quorum erreicht werden muss. Um das Verfahren praktikabel zu machen, könnte man aber eine durchschnittliche Abstimmungsbeteiligung unterstellen[1] und für die Durchführung des Volksentscheides dementsprechend verlangen, dass sich entweder bundesweit 5 Prozent der Stimmberechtigten für einen Antrag ausgesprochen haben, oder in mindestens einem Land mindestens 25 Prozent und bundesweit 2,5 Prozent.[2]

C. Zum unmittelbaren Einfluss der Bürger auf die Außenpolitik und völkerrechtliche Verträge

Damit kann zur letzten offenen Frage übergeleitet werden: Bekanntermaßen werden völkerrechtliche Verträge erst dann innerstaatlich verbindlich, wenn sie durch ein Transformationsgesetz übernommen worden sind. Ein solches Gesetz könnte auch durchaus zum Gegenstand eines Volksbegehrens oder Volksentscheids gemacht werden. Die einmal begründete völkerrechtliche Verpflichtung der Bundesrepublik Deutschland ließe sich auf diesem Wege aber allenfalls dann beseitigen oder modifizieren, wenn der betreffende völkerrechtliche Vertrag eine entsprechende Sperrklausel enthält. Dies wird jedoch nur in seltenen Ausnahmen der Fall sein.

Soll den Bürgern daher das Recht zugestanden werden, auch über die Zustimmung zu einem bereits paraphierten völkerrechtlichen Vertrag unmittelbar zu entscheiden – etwa über die Erweiterung der Europäischen Union oder über eine Übertragung von Hoheitsrechten auf zwischenstaatliche Einrichtungen – dann müssten die direktdemokratischen Verfahren auf der Ebene des Bundes so ausgestaltet werden, dass es gegebenenfalls noch vor der Verabschiedung des entsprechenden Zustimmungsgesetzes durch den Bundestag und den Bundesrat zum Volksentscheid kommen kann. Insofern sind zumindest zwei verschiedene Wege denkbar. Zum einen könnte die Möglichkeit eines fakultativen Referendumsbegehrens eingeführt werden, mit dem eine qualifizierte Minderheit des Parlamentes eine Abstimmung über den betreffenden Vertrag erzwingen kann. Zum Volksentscheid käme es dann, wenn ein hinreichender Anteil der Stimmberechtigten diesen Antrag unterstützt. Zum anderen wäre es in diesen Fällen möglich, schon der Volksinitiative eine zeitlich befristete Sperrwirkung zukommen zu lassen. In beiden Fälle wäre sicher gestellt, dass die regulären Gesetzgebungsorgane vor Abschluss des Volksentscheids keine vollendeten Tatsachen schaffen können.

Völlig unabhängig hiervon, ist in diesem Zusammenhang zu beachten, dass die Bürger die direktdemokratischen Verfahren auf der Ebene des Bundes jedenfalls dann dafür nutzen könnten, um Einfluss auf die Außenpolitik zu nehmen, wenn der Anwendungsbereich dieser

---

[1] Statt dessen könnte der Bundesgesetzgeber auch darauf abstellen, ob zuvor in einem Land ein entsprechender Volksentscheid tatsächlich erfolgreich gewesen ist. In diesem Fall müsste der Anwendungsbereich der direktdemokratischen Verfahren in den Ländern allerdings dementsprechend erweitert werden – was wiederum voraussetzen wird, dass der Bund und die Länder zuvor eine Regelung über die Verteilung der Kosten solcher Verfahren getroffen haben.

[2] Dies gilt wiederum nur dann, wenn für das Volksbegehren ein formalisiertes Eintragungsverfahren vorgesehen ist und die Möglichkeit der Briefeintragung besteht. Andernfalls müsste die Hürde niedriger angesetzt werden.

Verfahren nicht auf die Gesetzgebung beschränkt wird. Insbesondere wäre es ihnen in diesem Fall möglich, in die Rechte des Bundestages aus Art. 23 II GG einzutreten und die Bundesregierung zu einem bestimmten Verhalten auf der Ebene der Europäischen Union aufzufordern.

III. Zum Verfahren der weiteren Diskussion über eine Erweiterung der unmittelbaren Mitwirkungs- und Entscheidungsrechte der Bürger

Die vorliegende Untersuchung hat gezeigt, dass die Diskussionen über die Einführung direktdemokratischer Verfahren auf der Ebene des Bundes und über die Erweiterung der unmittelbaren Mitwirkungs- und Entscheidungsbefugnisse der Bürger in den Ländern noch lange nicht beendet sind. Schließlich waren bisher nur wenige Landesparlamente dazu bereit, den Bürgern effektive Instrumente für die unmittelbare Einflussnahme auf den Prozess der politischen Willensbildung in die Hand zu geben. Zwar erscheint diese Zurückhaltung durchaus verständlich, da von den Parlamenten daher kaum erwartet werden kann, dass sie ihre eigenen Kompetenzen beschränken. Wenn aber von den Parlamentariern keine unbefangene Diskussion über die Möglichkeiten und Grenzen der unmittelbaren Beteiligung der Bürger am Prozess der politischen Willensbildung erwartet werden kann, stellt sich die Frage, wo die Diskussion über die Zukunft der direkten Demokratie in Deutschland geführt werden soll.

Eine Möglichkeit, wie der soeben beschriebene Interessenkonflikt umgangen werden kann, besteht darin, die direktdemokratischen Verfahren zu nutzen, um eine Erweiterung der unmittelbaren Mitwirkungsrechte der Bürger durchzusetzen. Tatsächlich sind die relativ weitgehenden Regelungen in Hamburg und Nordrhein-Westfalen nicht zuletzt auf die Vorarbeiten der Volksbegehren für „Mehr Demokratie" zurückzuführen. Nichts anderes gilt für die Absenkung der Quoren in Thüringen – allerdings zeigt gerade das Beispiel Thüringens, dass entsprechende Versuche unter Umständen geradezu kontraproduktiv wirken können, weil die Möglichkeit besteht, dass das jeweilige Landesverfassungsgericht die mit Art. 79 III GG vergleichbaren „Ewigkeitsklauseln" der Landesverfassung so restriktiv auslegt, dass selbst der parlamentarische Gesetzgeber außer Stande ist, die Anregungen des Volksbegehrens aufzunehmen. Im schlimmsten Fall führt dies – wie es etwa in Bayern oder Bremen geschehen ist – dazu, dass die Diskussion über eine Weiterentwicklung der unmittelbaren Mitwirkungsrechte insgesamt zum Erliegen kommt.

Es gibt aber auch noch einen anderen Ausweg aus dem soeben beschriebenen Dilemma, nämlich die Einsetzung unabhängiger Kommissionen, die auf Grundlage der bisherigen praktischen Erfahrungen mit den direktdemokratischen Verfahren Vorschläge für eine weitere Reform dieser Verfahren ausarbeiten. Im Rahmen eines solchen Gremiums könnte einigermaßen vorurteilsfrei über die Frage diskutiert werden, ob den Bürgern ein noch weiter gehender – oder auch ganz andersartiger – unmittelbarer Einfluss auf den Prozess der politischen Willensbildung zugestanden werden sollte, um die Kommunikation zwischen den Bürgern und ihren Repräsentanten zu verbessern und auf diese Weise die Gemeinwohlbindung der politischen Entscheidungen zu gewährleisten. Sollte eine solche Kommission, deren Einsetzung durchaus im Wege eines Volksentscheides beschlossen werden könnte, zu dem Ergebnis kommen, dass es sinnvoll ist, die Hürden auf dem Weg bis zum Volksentscheid abzusenken und den Anwendungsbereich der direktdemokratischen Verfahren zu erweitern, dann würden sich aber auch die Parlamente kaum weigern, einer entsprechenden Reform ihre Zustimmung zu geben.

Bei all diesen Diskussionen sollte den Beteiligten allerdings bewusst sein, dass die Möglichkeiten – und Risiken – der unmittelbaren Beteiligung der Bürger am Prozess der politischen Willenbildung auch heute noch weitgehend im Dunkeln liegen. Zwar hat die vorliegenden Untersuchung gezeigt, dass die Einführung von Regelungen über die Volksinitiative, das Volksbegehren und den Volksentscheid weder die Stabilität der politischen Institutionen noch die Effektivität und Effizienz des politischen Prozesses ernsthaft gefährdet hat. Auf der anderen Seite sollte aber auch deutlich geworden sein, dass sich die Hoffnungen der Befürworter weiter gehender unmittelbarer Mitwirkungsmöglichkeiten bisher nicht erfüllt haben. Alles andere wäre angesichts der immer noch bestehenden Hürden auf dem Weg bis zum Volksentscheid auch verwunderlich.

Wer heute, gut neunzig Jahre nachdem das Volksbegehren und der Volksentscheid Eingang in das deutsche Verfassungsrecht gefunden haben, eine Absenkung dieser Hürden und eine Ausweitung des Anwendungsbereiches der direktdemokratischen Verfahren fordert, muss sich bewusst sein, dass niemand wirklich weiß, welche Folgen es hätte, wenn Bürger ohne exorbitanten Aufwand unmittelbar Einfluss auf politische Entscheidungen nehmen könnten, indem sie bestimmte Angelegenheiten auf die Tagesordnung setzen oder gar anstelle der Parlamente Entscheidungen treffen. Das bedeutet zwar keineswegs, dass die Forderung nach „Mehr Demokratie" – die eigentlich eine Forderung nach einer anderen Form der Demokratie beinhaltet – grundlos oder gar Ausdruck einer staatsgefährdenden Gesinnung wäre. Die Einführung effektiver direktdemokratischer Verfahren wäre dennoch ein Wagnis, bei dem allenfalls – und immerhin – das Bewusstsein zuversichtlich stimmen kann, dass bisher noch jede Ausweitung der unmittelbaren Mitwirkungsrechte der Bürger positive Wirkungen entfaltet hat.

Anhang: Übersicht über die seit 1991 durchgeführten
direktdemokratischen Verfahren

Verfahren, bei denen sich die Initiatoren im Ergebnis zumindest teilweise durchgesetzt haben, sind *kursiv* hervorgehoben. Berücksichtigt wurden Verfahren, die nach dem 1. Januar 1991 und vor dem 31. Dezember 2006 eingeleitet worden sind.

| Verfahren unter Geltung der älteren Landesverfassungen |
| Verfahren unter Geltung der neueren Landesverfassungen |

- Verfahrensstufe wurde erreicht.
- o Verfahren wurde versucht, aber das Quorum verfehlt.
- – Verfahren war geplant bzw. vorbereitet, wurde aber nicht formell eingeleitet
- ? Verfahrensausgang noch ungewiss

Land	Thema	Antrag	VI	VA	VB	VE	S.
BW	*Pfingstmontag*	*1994*	–				*338*
BW	Rechtschreibreform	1997	–				339
BW	Mehr Demokratie auf kommunaler Ebene 1	2000	•				339
BW	Mehr Demokratie auf kommunaler Ebene 2	2005	–				342
Bay	Einführung der Volksinitiative	1994	•				352
Bay	Bessere Schulen	1994	•				353
Bay	Keine Klasse über 30	1994	•				353
Bay	*Mehr Demokratie in Kreisen und Gemeinden*	*1994*	•	•		•	*354*
Bay	Gleiches Recht für Bayerns Frauen	1996	–				358
Bay	Rechtschreibreform 1	1996	–				358
Bay	*Abschaffung des Senats*	*1997*	•	•		•	*359*
Bay	Gütezeichen Gentechnikfrei	1998	•	o			360
Bay	Rechtschreibreform 2	1999	–				362
Bay	*Gegen neue AKW-Standorte*	*1999*	–				*368*
Bay	Die bessere Schulreform	1999	•	o			362
Bay	Mehr Demokratie in Bayern – Schutz des Bürgerentscheids	1999	•				362
Bay	Faire Volksrechte im Land	1999	•				362
Bay	Macht braucht Kontrolle 1	1999	•	o			366

931

Land	Thema	Antrag	VI	VA	VB	VE	S.
Bay	Macht braucht Kontrolle 2	1999	•				366
Bay	Klonverbot	2001	•	o			368
Bay	*Konnexitätsprinzip*	*2002*	•				*369*
Bay	Aus Liebe zum Wald	2004	•	o			370
Bay	Politikerbezüge/-versorgung	2005	•				*370*
Bay	Mobilfunk	2005	•	o			*371*
Bay	G9	2005	•	o			*372*
Berl	*Gastfreundliches Berlin*	*1997*	–				*778*
Berl	Transrapid	1998	•				779
Berl	Mehr Demokratie	1999	•				779
Berl	Rechtschreibreform	1999	•	o			780
Berl	*Parlamentsauflösung 1*	*2001*	•				*782*
Berl	Berliner Bankenskandal	2003	•				782
Berl	Kürzungen im Kita-Bereich	2003	o				783
Berl	Kita-, Schul- u. Studienplätze	2003	o				784
Berl	Parlamentsauflösung 2	2004	o				784
Berl	Parlamentsauflösung 3	2004	o				784
Berl	Flughafen Tempelhof	2006	?				785
Bbg	*Bildung eines Kreises Oberhavel*	*1992*	•				*534*
Bbg	*Initiative für die Uckermark*	*1992*	•				*534*
Bbg	Pro Prignitz	1992	o				534
Bbg	Kreisneugliederung	1992	•	o			535
Bbg	Kreisstadtentscheidung	1993	•				535
Bbg	Kreisstadt Finsterwalde	1993	•	o			535
Bbg	Wasserstrassenausbau 1	1994	o				536
Bbg	*Mietenüberleitung*	*1995*	•				*538*
Bbg	*Schnellbahntrasse im Finowtal*	*1995*	o				*539*
Bbg	Wasserstrassenausbau 2	1995	•	o			537

Land	Thema	Antrag	VI	VA	VB	VE	S.
Bbg	Jugend-/Jugendsozialarbeit	1995	○				539
Bbg	Musikschulen I	1996		●			540
Bbg	*Wasser- und Abwassergebühren*	*1996*		●			*541*
Bbg	Transrapid	1997		●	○		541
Bbg	Ausbau Flughafen Schönefeld	1998		●			542
Bbg	Medizinische Versorgung	1999		●			543
Bbg	*Musikschulen II*	*1999*		●	○		*544*
Bbg	KitaG	2000		●			545
Bbg	Reiten im Walde	2000		●			547
Bbg	Volksentscheide in das GG	2001		●			547
Bbg	Faire Abstimmungsrechte	2001		●			548
Bbg	Bürgerrechte	2001	–				549
Bbg	Fusion von ORB/SFB	2002	–				549
Bbg	*Pro Asyl*	*2002*	–				*549*
Bbg	Gemeindefusionen	2003		●	○		550
Bbg	Direktwahl der Landräte	2006	–				551
Brem	VB Schulgesetz 1	1996		●			743
Brem	VB Schulgesetz 2	1996		●			743
Brem	VB Schulgesetz 3	1996		●	○		743
Brem	BA Schulgesetz 1	1997	●				745
Brem	BA Schulgesetz 2	1997	●				745
Brem	BA Schulgesetz 3	1997	●				745
Brem	*Verbot der Affenforschung und Staatsziel Tierschutz*	*1997*	●				*745*
Brem	Umsetzung Staatsziel Tierschutz	1998	–				746
Brem	*Verkleinerung der Bürgerschaft*	*1998*	–				*747*
Brem	Mehr Demokratie	1998		●			747
Brem	Rechtschreibreform 1	1998		●	○		748
Brem	Rechtschreibreform 2	1999		●			749

Land	Thema	Antrag	VI	VA	VB	VE	S.
Brem	Verbot von Affenversuchen	2001	•				749
Brem	Gesundheit ist keine Ware	2004	–				750
Brem	*Reform des Wahlrechts*	*2006*		•	•	–	*751*
Hamb	Für Volksentscheide	1997		•	•	○	821
Hamb	*Für Bürgerentscheide in Bezirken*	*1997*		•	•	•	*821*
Hamb	Halloween for Holiday	1999	○				823
Hamb	Wirksame direkte Demokratie	2000	○				823
Hamb	*Sonntagsöffnung von Videotheken*	*2000*		•			*823*
Hamb	Reform des Wahlrechts	2001	–				824
Hamb	Volksgesetzgebungsreform	2001	–				824
Hamb	Sonntag ist nicht alle Tage	2002		•			824
Hamb	*Gesundheit ist keine Ware*	*2002*		•	•	•	*825*
Hamb	*Reform des Wahlrechts 2*	*2002*		•	•	•	*827*
Hamb	Bildung ist Menschenrecht	2002	•				831
Hamb	*Kita-Reform*	*2002*		•	•		*832*
Hamb	*Unser Wasser Hamburg*	*2003*		•			*833*
Hamb	Bildung ist keine Ware	2003		•			833
Hamb	Rettet den Offenen Kanal	2003	•				835
Hamb	*Rettet den Rosengarten*	*2003*		•			*836*
Hamb	VolxUni – Rettet die Bildung	2003		•			837
Hamb	*Innere Sicherheit*	*2004*		•			*838*
Hamb	*Rettet den Volksentscheid*	*2004*		•	•		*839*
Hamb	Stärkt den Volksentscheid	2005		•	•	○	839
Hess	Buß- und Bettag	1997		•	○		377
Hess	Privatisierung Uni-Kliniken	2005		?			378
MV	Soziale Grundrechte	1994	•				677
MV	Chancengleichheit der Kinder	1994	•				678
MV	Mietenüberleitung	1995	•				679

Land	Thema	Antrag	VI	VA	VB	VE	S.
MV	ÖPNV	1995	•				680
MV	Erhalt der Zahnmedizin	1997	•				681
MV	*Der Jugend eine Zukunft*	*1998*	•				*683*
MV	*Pro A 20/Rügenanbindung*	*1998*	•				*683*
MV	*Zahnmedizin Rostock*	*1998*	•				*682*
MV	*Pro A 241*	*1999*	•				*684*
MV	Rechtschreibreform	1999	•				685
MV	*Zwei-Klassen-Medizin*	*1999*	•				*685*
MV	Verkehrsinfrastruktur	2000		–			687
MV	Zukunft der Bahn in MV	2000		–			686
MV	FFH-Gebiete	2003		–			687
MV	Kita-Gesetz	2004	•				687
MV	Schulgesetz	2006			o		688
MV	Pro Jura	2006	•				688
MV	*Weltoffenes, tolerantes und friedliches MV*	*2006*	•				*689*
Nds	*Verantwortung vor Gott*	*1994*	•				*648*
Nds	*Kommunale Beitragsgerechtigkeit*	*1995*	o				*649*
Nds	Unterrichtsversorgung	1995	•				650
Nds	Jugendgemeinderäte	1996	o				650
Nds	Verkauf der Harzwasserwerke	1996	o				651
Nds	*Rettungshubschrauber*	*1996*	•				*651*
Nds	Rechtschreibreform	1997			o		651
Nds	EURO	1997			o		652
Nds	Patientenschutzstelle	1998	o				653
Nds	Gütesiegel Gentechnikfrei	1998			o		652
Nds	*Kindertagesstättengesetz*	*1999*			•		*653*
Nds	Zuwanderungsgesetz	2002			o		655
Nds	Unterrichtsausfall	2002			o		656

935

Land	Thema	Antrag	VI	VA	VB	VE	S.
Nds	Studiengebühren	2003	o				656
Nds	Lernmittelfreiheit und freie Schülerbeförderung	2004	•				656
Nds	*Verkleinerung des Landtags*	*3004*	–				*657*
Nds	Gegen die Rechtschreibreform	3004	o				657
Nds	*Wiedereinführung des Blindengeldes*	*2005*		?			*657*
NRW	*Kommunale Doppelspitze*	*1993*	–				*385*
NRW	*Mehr Demokratie*	*1999*	•				*386*
NRW	Forensik-Kliniken	2002	o				883
NRW	Gegen Studiengebühren	2002	–				883
NRW	*Jugend braucht Zukunft*	*2003*	•				*883*
NRW	*Ein Porz – Ein Wahlkreis*	*2003*	–				*884*
NRW	*Diätenreform*	*2005*	•				*885*
NRW	Videosonntag	2005	•				886
NRW	Sichere Wohnungen und Arbeitsplätze	2006	o				886
NRW	Gentechnik	2006	–				887
RP	Ja zum Bußtag	1998	•	o			388
RP	Ein neues Verfassungsmodell	2000	–				864
RP	Wahlrecht ab 16	2003	–				865
Saar	*Direktwahl*	*1994*					*390*
Saar	Universitätsgesetz	1998	–				390
Saar	Rettet die Grundschulen 1	2005	o				391
Saar	Rettet die Grundschulen 2	2005	o				391
Sac	Für Verfassungsreferendum	1992	•				579
Sac	Kreisgebietsreform	1992	•				580
Sac	Schulgesetz 1	1993	•				580
Sac	Demokratische Verfassung	1993	•	o			580
Sac	Schulgesetz 2	1994	•	o			581
Sac	Soziales Sachsen	1997	•				582

Land	Thema	Antrag	VI	VA	VB	VE	S.
Sac	Gemeindegebietsreform	1997	•				582
Sac	Rechtschreibreform	1997	o				584
Sac	*Pro Kommunale Sparkasse*	*1999*	•	•	•		*584*
Sac	Zukunft braucht Schule	2001	•	o			586
Sac	Kurze Wege für kurze Beine	2006	o				589
Sac	Courage zeigen	2006	o				589
LSA	Unsoziale Mieten	1992	•				619
LSA	Südharzautobahn	1994	•				620
LSA	Förderstufe/13. Schuljahr	1995	o				620
LSA	KiTaG 1	1999	•				621
LSA	KiTaG 2	2000	•	o			623
LSA	Kinder- und jugendfreundliches Sachsen-Anhalt	2002	•	•	o		623
LSA	Jugend braucht Zukunft	2003	o				625
LSA	Kreisstadt Lutherstadt Eisleben	2005	o				625
LSA	Bildung von Einheitsgemeinden	2006	•		?		626
SH	*Direktwahl der Bürgermeister und Landräte*	*1994*	•				*480*
SH	Landtagsverkleinerung	1994	•				481
SH	Buß- und Bettag	1995	•	•	o		482
SH	*Schankerlaubnissteuer*	*1995*	•				*484*
SH	Polizeireiterstaffel	1995	•	o			485
SH	*Rechtschreibreform*	*1997*	•	•	•		*486*
SH	Schule in Freiheit	1998	•				488
SH	*Sonntagsöffnung von Videotheken*	*2001*	•				*492*
SH	*Pflege*	*2001*	•				*492*
SH	Bildungswüste Grundschule	2002	•				493
SH	*Für die Schaffung einer gentechnikfreien Region*	*2004*	–				*494*
SH	*Gebührenfreies Studium*	*2006*	o				*494*
SH	Erhalt und den Ausbau der Autonomie der Universitäten	2006	o				494
SH	*Waldverkauf*	*2006*	–				*495*

Land	Thema	Antrag	VI	VA	VB	VE	S.
SH	Kreisgebietsänderung	2006		?			495
Thür	Für Arbeit in Thüringen	1994		○			712
Thür	Mieterbund	1994		○			713
Thür	Mehr Demokratie	2000		●	●		713
Thür	Bessere Familienpolitik	2006		●	?		716

Literaturverzeichnis

Beiträge in der wissenschaftlichen Literatur

Abromeit, Heidrun: „Nutzen und Risiken direktdemokratischer Instrumente"; in: *Offe, Claus* (Hrsg.): „Demokratisierung der Demokratie – Diagnosen und Reformvorschläge"; Frankfurt am Main et al. 2003, S. 95

Albrecht, Christoph: „Gegenvorschläge zu Volksinitiativen – Zulässigkeit, Inhalt, Verfahren"; Diss. St. Gallen 2002

Anschütz, Gerhard: „Die Verfassung des Deutschen Reichs"; 1. Auflage, Berlin 1921 (= Anschütz, RV[1]); 4. Auflage, Berlin 1933 (= Anschütz, RV[14])

Apelt, Willibalt: „Die sächsische Regierungskrise und ihre staatsrechtliche Bedeutung"; AöR 1924, S. 107

- „Geschichte der Weimarer Verfassung"; 2. Auflage, München 1964 (unveränd. Nachdruck der 1. Auflage 1946)

Arbeitsgruppe ‚Neue Verfassung der DDR' des Runden Tisches: „Entwurf einer Verfassung der Deutschen Demokratischen Republik"; Berlin 1990

Arndt, Adolf: „Die Verfassung des Freistaats Preußen", Berlin/Leipzig 1921

Arrow, Kenneth J.: „Social Choice and Individual Values"; New York 1951

Bachmann, Ulrich/Mayer, Thomas: „Direkte Demokratie in den Gemeinden"; RuP 1992, S. 145

Bachmann, Ulrich: „Verfassungsreform in Niedersachsen"; RuP 1992, S. 75

- „Grundzüge der neuen niedersächsischen Verfassung"; RuP 1993, S. 128
- „Warum enthält das Grundgesetz weder Volksbegehren noch Volksentscheid?"; in: *Heußner, Hermann K./Jung, Otmar* (Hrsg.): „Mehr direkte Demokratie wagen"; München 1999, S. 75

Badura, Peter: „Sachverständigengutachten für die Anhörung ‚Elemente Direkter Demokratie' der Gemeinsamen Verfassungskommission am 17. Juni 1992"; AU-GVK Nr. 46

Baldus, Manfred: „Eine vom deutschen Volk in freier Entscheidung beschlossene Verfassung"; KritVjschr. 1993, S. 429

Batt, Helge-Lothar: „Die Grundgesetzreform nach der deutschen Einheit"; Opladen 1996

Bauer, Hartmut: „Die Bundestreue"; Tübingen 1992

Bauer, Martin: „Direkte Demokratie und Finanzpolitik in den USA"; Diss. rer. pol. Erlangen/Nürnberg 1997

Benda, Ernst/Klein, Eckart: Verfassungsprozessrecht"; 2. Auflage, Heidelberg 2001

Benz, Arthur: „Verfassungsreform als politischer Prozess"; DÖV 1993, S. 881

Berger, Wolfgang: „Die unmittelbare Teilnahme des Volkes an staatlichen Entscheidungen durch Volksbegehren und Volksentscheid"; Diss. Freiburg, 1978

Berlit, Uwe: „Verfassunggebung in den fünf neuen Ländern – ein Zwischenbericht"; KJ 1992, S. 437

- „Soll das Volk abstimmen?"; KritVjschr. 1993, S. 318
- „Die neue niedersächsische Verfassung"; NVwZ 1994, S. 11
- „Die Reformen des Grundgesetzes nach der staatliche Einigung Deutschlands"; JöR 1996, S. 17

Besson, Michel: „Behördliche Information vor Volksabstimmungen – verfassungsrechtliche Anforderungen an die freie Willensbildung der Stimmberechtigten in Bund und Kantonen"; Bern, 2003

Bethge, Herbert: „Organstreitigkeiten des Landesverfassungsrechts"; in: *Starck, Christian/Stern, Klaus* (Hrsg.): „Landesverfassungsgerichtsbarkeit – Band 2 – Zuständigkeiten und Verfahren der Landesverfassungsgerichte"; Baden-Baden 1983, S. 17

Billerbeck, Rudolf: „Plebiszitäre Praxis in Kalifornien"; in: *Klingemann, Hans-Dieter/Luthardt, Wolfgang* (Hrsg.): „Wohlfahrtsstaat, Sozialstruktur und Verfassungsanalyse – Jürgen Fijalikowski zum 60. Geburtstag"; Opladen 1993, S. 206

Birk, Dieter/Wernsmann, Rainer: „Volksgesetzgebung über Finanzen"; DVBl 2000, S. 669

Blankart, Charles B.: „Bewirken Referendum und Volksinitiative einen Unterschied in der Politik?"; StWissStPrax 1992, S. 509

Blanke, Thomas: „Antidemokratische Effekte der verfassungsgerichtlichen Demokratietheorie"; KJ 1998, S. 452

Bleckmann, Albert: „Die Zulässigkeit des Volksentscheides nach dem Grundgesetz"; JZ 1978, S. 217

– „Vom Sinn und Zweck des Demokratieprinzips"; Berlin 1998

Blümel, Willi/Ronellenfitsch, Michael: „Die Verfassungswidrigkeit des Volksbegehrens und Volksentscheids ‚Keine Startbahn West'"; Rechtsgutachten, Speyer 1982

Blumenwitz, Dieter: „Braucht Deutschland ein neues Grundgesetz?"; ZfP 1992, S. 1

Böckenförde, Ernst-Wolfgang: „Die Teilung Deutschlands und die deutsche Staatsangehörigkeit"; in: *Barion, Hans* et al. (Hrsg.): „Epirrhosis – Festgabe für Carl Schmitt"; Band 2, Berlin 1968, S. 423

– „Mittelbare-repräsentative Demokratie als eigentliche Form der Demokratie"; in: *Müller, Georg* et al. (Hrsg.): „Staatsorganisation und Staatsfunktionen im Wandel – Festschrift für Kurt Eichenberger zum 60. Geburtstag"; Basel 1982, S. 301

– „Demokratie und Repräsentation – Zur Kritik der heutigen Demokratiediskussion"; in: – „Staat, Verfassung, Demokratie"; Frankfurt/Main 1991, S. 379 ff.

– „Das demokratische Prinzip"; in: *Isensee, Josef/Kirchhof, Paul* (Hrsg.) „Handbuch des Staatsrechts"; Band I, 3. Auflage, Heidelberg 2002, § 18

– „Demokratie als Verfassungsprinzip"; in: *Isensee, Josef/Kirchhof, Paul* (Hrsg.) „Handbuch des Staatsrechts"; Band I, 3. Auflage, Heidelberg 2002, § 22

– „Demokratische Willensbildung und Repräsentation"; in: *Isensee, Josef/Kirchhof, Paul* (Hrsg.) „Handbuch des Staatsrechts"; Band II, 2. Auflage, Heidelberg 1998, § 30 und Band III, 3. Auflage, Heidelberg 2005, § 34

Bohlander, Michael/Latour, Christian: „Zum Einfluss der politischen Parteien auf die Ernennungen zum Bundesgerichtshof"; ZRP 1997, S. 437

Bönninger, Karl: „Verfassungsdiskussion im Lande Sachsen"; LKV 1991, S. 9

Bornemann, Roland: „Anmerkung zum Beschluss des Verwaltungsgerichts Berlin vom 8. Juli 1999 – ZUM 1999, S. 953"; ZUM 1999, S. 910

Borner, Silvio/Brunetti, Aymo/Straubhaar, Thomas: „Die Schweiz im Alleingang"; Zürich 1994

Borner, Silvio: „Die direkte Demokratie: Ein schweizerischer Balanceakt zwischen direktdemokratischer Partizipation, staatlicher Handlungsfähigkeit und ‚rule of law'"; in: *ders./Rentsch, Hans* (Hrsg.): „Wieviel direkte Demokratie verträgt die Schweiz?"; Chur 1997, S. 13

Börnsen, Gerd: „Die Verfassungs- und Parlamentsreform in Schleswig-Holstein"; RuP 1991, S. 69

Borowski, Martin: „Parlamentsgesetzliche Änderungen volksbeschlossener Gesetze"; DÖV 2000, S. 481

Bösling, Thies: „Das ‚Besondere Einigungsverfahren' zwischen Hamburgischer Bürgerschaft und Initiatoren im Volksgesetzgebungsverfahren"; Berlin 2002

Bracher, Karl-Dietrich: „Die Entstehung der Weimarer Verfassung", Hannover 1963

- „Demokratie und Machtvakuum – Zum Problem des Parteienstaates in der Auflösung der Weimarer Republik"; in: *Erdmann, Karl-Dietrich/Schulze, Hagen* (Hrsg.): „Weimar – Selbstpreisgabe einer Demokratie"; Düsseldorf 1980, S. 109

Braun, Klaus: „Kommentar zur Verfassung des Landes Baden-Württemberg"; Stuttgart et al. 1984

Breunig, Werner: „Verfassunggebung in Berlin 1945-1950"; Berlin 1990 (= Diss. Heidelberg 1989)

Brockhaus-Verlag: „Brockhaus - Die Enzyklopädie"; Band 9, 20. Auflage 1997

Brunetti, Aymo: „Der ‚Status-Quo-Bias' und die bremsende Wirkung des fakultativen Referendums"; in: *Borner, Silvio/Rentsch, Hans* (Hrsg.): „Wieviel direkte Demokratie verträgt die Schweiz?"; Chur 1997, S. 167

Brunner, Christian: „Über die Teilnahme der Bürger an Verwaltungsentscheidungen"; Basel 1984

Bryde, Brun-Otto: „Ausländerwahlrecht und grundgesetzliche Demokratie"; JZ 1989, S. 257

- „Die bundesrepublikanische Volksdemokratie als Irrweg der Demokratietheorie"; StWissStPrax 1994, S. 305

- „Die Reform der Landesverfassungen"; in: *von Arnim, Hans-Herbert*: (Hrsg.) „Direkte Demokratie"; Berlin 2000, S. 147

Bugiel, Karsten: „Volkswille und repräsentative Entscheidung"; Baden-Baden 1991 (= Diss. Kiel 1990/91)

Bühler, Ottmar: „Die Reichsverfassung"; 2. Auflage, Leipzig et al., 1929

Bull, Hans Peter: „Abschied von einem Provisorium – Plädoyer für eine Verfassungsreform"; RuP 1991, S. 193

- „Die Verfassungsentwicklung in Schleswig-Holstein seit 1990"; JöR 2004, S. 489

- „Der Volksentscheid: unverbindlich und folgenlos?", NordÖR 2005, S. 99

Burmeister, Günter C.: „Verwaltungsorganisation und finanzwirksame Gesetze im Blickfeld plebiszitärer Gesetzgebungsschranken der niedersächsischen Verfassung"; Die Verwaltung 1996, S. 183

Burmeister, Joachim: „Das Petitionsrecht"; in: *Isensee, Josef/Kirchhof, Paul* (Hrsg.): „Handbuch des Staatsrechts"; Band II, 2. durchgesehene Auflage, Heidelberg 1998, § 32

Butler, David/Danney, Austin (Hrsg.): „Referendums Around the World"; Washington D.C. 1994

Cancik, Pascale: „Die Verfassungsentwicklung in Hessen"; JöR 2004, S. 271

Caplan, Bryan: „Rational Ignorance vs. Rational Irrationality"; Kyklos 2001, S. 3

- „The Logic of Collective Belief"; Rationality and Society 2003, S. 218

Capretti, Anna: „Direkte Demokratie in Italien"; in: *Heußner, Hermann K./Jung, Otmar* (Hrsg.): „Mehr direkte Demokratie wagen"; München 1999, S.123

Dach, R. Peter: „Verfassungsrechtliche Aspekte der konsultativen Volksbefragung"; ZG 1987, S. 158

Dahnke, Eckart: „Verfassungsentwürfe der neuen Länder – Eine vergleichende Betrachtung"; in: *Stern, Klaus* (Hrsg.): „Deutsche Wiedervereinigung"; Band 3, Köln/Berlin/Bonn/München 1993, S. 119

Dambeck, Martin: „Die Diskussion um direkte Demokratieelemente in den ‚neuen Bundesländern'"; RuP 1994, S. 208

Dästner, Christian: „Die Verfassung des Landes Nordrhein-Westfalen"; Köln et al., 2. Auflage 2002

Decker, Frank: „Mehr direkte Demokratie – und was noch? Wie institutionelle Innovationen aus Ostdeutschland das politische System befruchten könnten"; in: *Busse, Tanja/Dürr, Tobias* (Hrsg.): „Das neue Deutschland – die Zukunft als Chance", Berlin 2003, S. 159

- „Parlamentarische Demokratie versus Volksgesetzgebung – Der Streit um ein neues Wahlrecht in Hamburg", ZParl 2007, S. 118

Degenhart, Christoph: „Direkte Demokratie in den Ländern – Impulse für das Grundgesetz ?"; Der Staat 1992, S. 77

- „Grundzüge der neuen sächsischen Verfassung"; LKV 1993, S. 33
- „Verfassungsrecht"; in: *Stober, Rolf* (Hrsg.): „Handbuch des Sächsischen Staats- und Verwaltungsrechts"; Stuttgart et al. 1996
- „Volksgesetzgebungsverfahren auf Verfassungsänderung nach der Verfassung des Landes NRW"; in: *Neumann, Peter/von Raumer, Stefan* (Hrsg.): „Die verfassungsrechtliche Ausgestaltung der Volksgesetzgebung"; Baden-Baden 1999, S. 57
- „Volksgesetzgebungsverfahren und Verfassungsänderung nach der Verfassung des Freistaates Thüringen"; ThürVBl 2001, S. 201
- „Volksgesetzgebungsverfahren und Verfassungsänderung nach der Verfassung des Freistaates Thüringen"; in: *Neumann, Peter* (Hrsg.): „Sachunmittelbare Demokratie im Freistaat Thüringen"; Baden-Baden 2002, S. 201

Deiseroth, Dieter: „Das Volksbegehren gegen die Startbahn 18 – West. Bedingungen und Chancen plebiszitärer Verfahren in der BRD"; DuR 1982, S. 123

Deselaers, Christiane: „Der Prozess der Verfassungsgebung in den neuen Bundesländern"; in: *Neumann, Peter/Tillmanns, Reiner* (Hrsg.): „Verfassungsrechtliche Probleme bei der Konstituierung der neuen Bundesländer"; Berlin 1997 S. 25

Deubert, Michael: „Bürgerbegehren und Bürgerentscheid – Der kommunalpolitischen Weisheit letzter (Kurz-)Schluss?"; BayVBl 1996, S. 268

- „Bürgerbegehren, Bürgerentscheid und die Problematik der Stichfrage"; BayVBl. 1997, S. 619
- „Die Volksentscheide vom 8. Februar 1998 – Ein Nach-Ruf"; BayVBl. 1998, S. 716
- „Das Gesetz zur Änderung der Gemeindeordnung und der Landkreisordnung vom 26. März 1999 – Ein weiteres Kapitel der Geschichte des Bürgerentscheids im Freistaat, aber wohl nicht das letzte"; BayVBl 1999, S. 556

Deutscher Bundestag/Bundesarchiv (Hrsg.): „Der Parlamentarische Rat – Akten und Protokolle"
Band 5 – Ausschuss für Grundsatzfragen (bearbeitet von Eberhard Pikart)
Band 7 – Entwürfe zum Grundgesetz (bearbeitet von Michael Hollmann), München 1995
Band 9 – Plenum (bearbeitet von Wolfram Werner), München 1996

Dietlein, Johannes: „Die Verfassungsentwicklung in Nordrhein-Westfalen in den vergangenen 25 Jahren"; JöR 2004, S. 343

Doehring, Karl: „Allgemeine Staatslehre"; Heidelberg 1991

Dörner, Dietrich: „Die Logik des Misslingens"; Reinbek 1989

Dolzer, Rudolf (Hrsg.): „Kommentar zum Bonner Grundgesetz"; Heidelberg, Loseblattsammlung, Stand Mai 1998

Domcke, Hans: „Die bayerische Popularklage"; in: *Starck, Christian/Stern, Klaus* (Hrsg.): „Landesverfassungsgerichtsbarkeit – Band 2 – Zuständigkeiten und Verfahren der Landesverfassungsgerichte"; Baden-Baden 1983, S. 231

Downs, Anthony: „An economic theory of democracy"; New York 1957

Dreier, Horst: „Grundgesetz"
Band 1, 2. Auflage, Tübingen 2004
Band 2, 1. Auflage, Tübingen 1998
- „Das Demokratieprinzip des Grundgesetzes"; Jura 1997, S. 249
- „Landesverfassungsänderung durch quorenlosen Volksentscheid aus der Sicht des Grundgesetzes"; BayVBl. 1999, S. 513

Dreßler, Ulrich: „Direkte Demokratie in Hessen"; in: *Kost, Andreas* (Hrsg.): „Direkte Demokratie in den deutschen Ländern", Wiesbaden 2005, S. 133

Drews, Bill: „Die Verfassung des Freistaats Preußen", Halle/Berlin 1933

Dürig, Günter: „Der Grundrechtssatz von der Menschenwürde"; AöR 1956, S. 117

Eberling, Matthias: „Beschleunigung und Politik"; Frankfurt/Main et al. 1996 (= Diss. pol. Berlin 1996)

Ebsen, Ingwer: „Abstimmungen des Bundesvolkes als Verfassungsproblem"; AöR 1985, S. 2

Edinger, Michael: „Die Herausforderung der repräsentativen Demokratie in Thüringen – Hintergründe, Verlauf und Wirkungen der Kontroverse um das Volksbegehren"; in: *Schmitt, Karl* (Hrsg.): „Herausforderungen der repräsentativen Demokratie"; Baden-Baden, 2003, S. 121

Efler, Michael: „Der Kampf um Mehr Demokratie in Hamburg"; in: *Heußner, Hermann K./Jung, Otmar* (Hrsg.): „Mehr direkte Demokratie wagen"; München 1999, S. 205

Ehrhart, Christof/Sandschneider, Eberhard: „Politikverdrossenheit: Kritische Anmerkungen zur Empirie, Wahrnehmung und Interpretation abnehmender politischer Partizipation"; ZParl 1994, S. 441

Elicker, Michael: „Verbietet das Grundgesetz ein Referendum über die EU-Verfassung?"; ZRP 2004, S. 225

Engelken, Klaas: „Änderungen der Landesverfassung unter der Großen Koalition"; VBlBW. 1995, S. 217
- „Demokratische Legitimation bei Plebisziten auf staatlicher und kommunaler Ebene"; DÖV 2000, S. 881
- „Plebiszitäre Instrumente auf Bundesebene? – Volksinitiative als Einstieg in Volksbegehren und -entscheid oder als bloß petitionsähnliche Regelung?"; in: BayVBl. 2002, S. 289
- „Kann ein Volksbegehren Sperrwirkung für Gesetzgebung und Regierung haben?", DVBl. 2005, 415
- „Volksgesetzgebung auf Bundesebene und die unantastbare Ländermitwirkung nach Art. 79 Abs. 3 GG", DÖV 2006, 550
- „Rezension zu Denise Estel: ,Bundesstaatsprinzip und direkte Demokratie'", DÖV 2006, 969

Engels, Ulfert: „Der bayerische Staatshaushalt im Spannungsfeld zwischen mittelbarer und unmittelbarer Demokratie"; BayVBl. 1976, S. 201

Ennuschat, Jörg: „,Gott' und ,Grundgesetz'"; NJW 1998, S. 953

Erne, Roland: „Obligatorisches Referendum, Plebiszit und Volksbegehren – drei Typen direkter Demokratie im europäischen Vergleich": in: *Schiller, Theo* (Hrsg.): „Direkte Demokratie – Forschung und Perspektiven"; Wiesbaden 2002, S. 76

Eschenburg, Theodor: „Die improvisierte Demokratie der Weimarer Republik"; Laupheim 1951

Esser, Josef: „Vorverständnis und Methodenwahl in der Rechtsfindung"; Frankfurt/Main 1970

Estel, Denise: „Bundesstaatsprinzip und direkte Demokratie im Grundgesetz", Baden-Baden 2006

Esterbauer, Fried: „Volkswahl der Regierung?"; in: *von Arnim, Hans-Herbert*: (Hrsg.) „Direkte Demokratie"; Berlin 2000, S. 161

Evers, Tilman: „Sachverständigengutachten für die Anhörung ‚Elemente Direkter Demokratie' der Gemeinsamen Verfassungskommission am 17. Juni 1992"; AU-GVK Nr. 57a

– „Volkssouveränität im Verfahren – Zur Verfassungsdiskussion über direkte Demokratie."; APUZ 1991, B 23, S. 3

Eyermann, Erich: „Irrweg Volksinitiative"; BayVBl. 1995, S. 622

Fait, Barbara: „Demokratische Erneuerung unter dem Sternenbanner"; Düsseldorf 1998

Falter, Jürgen W./Lindenberger, Thomas/Schumann, Siegfried: „Wahlen und Abstimmungen in der Weimarer Republik"; München 1986

Falter, Jürgen W./Schumann, Siegfried: „Nichtwahl und Protestwahl"; APUZ 1993, B 11, S. 36

Feddersen, Christoph: „Verfassunggebung in den neuen Ländern: Grundrechte , Staatsziele , Plebiszite"; DÖV 1992, S. 989

Feist, Ursula: „Nichtwähler 1994"; APUZ 1994, B 51-52, S. 35

Feld, Lars P.: „Steuerwettbewerb und seine Auswirkungen auf Allokation und Distribution"; Tübingen 2000

Fessmann, Ingo: „Volksbegehren und Volksentscheid im Verhältnis zum Verbot des Art. 73 BayV"; BayVBl. 1976, S. 389

Fetzer, Max: „Das Referendum in deutschen Staatsrecht"; Stuttgart 1923

Feuchte, Paul: „Verfassungsgeschichte von Baden-Württemberg"; Stuttgart 1983

– „Verfassung des Landes Baden-Württemberg"; Stuttgart et al. 1987

Fijalikowski, Jürgen: „Neuer Konsens durch plebiszitäre Öffnung?"; in: *Randelzhofer, Albrecht/Süß, W.* (Hrsg.): „Konsens und Konflikt"; Berlin/New York 1986, S. 236

Fisahn, Andreas: „Direkte Demokratie in Bremen"; in: *Kost, Andreas* (Hrsg.): „Direkte Demokratie in den deutschen Ländern", Wiesbaden 2005, S. 98

Fischer, Hans Georg: „Bürgerbegehren und Bürgerentscheid – ein neues Element unmittelbarer Demokratie in der Kommunalverfassung von Nordrhein-Westfalen"; NWVBl. 1995, S. 366

Fischer, Heinz: „Die plebiszitäre Komponente in den Verfassungen Österreichs, der Schweiz und der Bundesrepublik Deutschland"; in: *Renger, Annemarie* (Hrsg.): „ Festschrift für Claus Arndt zum 60. Geburtstag"; Heidelberg 1987, S. 23

Fleiner, Fritz: „Institutionen des Deutschen Verwaltungsrechts", 8. Auflage, Tübingen 1928

Fleiner-Gerster, Thomas: „Allgemeine Staatslehre"; 2. Auflage, Berlin et al. 1995

Fliegauf, Harald: „Mehr Demokratie durch mehr Volksentscheid ?"; JR 1992, S. 485

– „Verfassungsgesetzgebung und Volksentscheid"; LKV 1993, S. 181

Forsthoff, Ernst: „Der totale Staat"; 2. Auflage 1934

Fraenkel, Ernst: „Die repräsentative und plebiszitäre Komponente im demokratischen Verfassungsstaat"; Tübingen 1958

– „Der Pluralismus als Strukturelement der freiheitlich-rechtsstaatlichen Demokratie"; Gutachten B für den 45. Deutschen Juristentag, München 1965, S. B 5

– „Deutschland und die westlichen Demokratien"; 3. Auflage, Stuttgart et al. 1968

- „Strukturdefekte der Demokratie und deren Überwindung"; in: *Fraenkel, Ernst/Sontheimer, Kurt*: „Zur Theorie der pluralistischen Demokratie"; Bonn 1969

Franke, Dietrich/Kneifel-Haverkamp, R.: „Die brandenburgische Landesverfassung"; JöR 1994, S. 111

Franke-Polz, Tobias: „Direkte Demokratie in Mecklenburg-Vorpommern"; in: *Kost, Andreas* (Hrsg.): „Direkte Demokratie in den deutschen Ländern", Wiesbaden 2005, S. 148

Fraude, Andreas: „Direkte Demokratie in Hamburg"; in: *Kost, Andreas* (Hrsg.): „Direkte Demokratie in den deutschen Ländern", Wiesbaden 2005, S. 113

Frey, Bruno S.: „Neubelebung: Direkte Demokratie und dynamischer Föderalismus"; in: *Borner, Silvio/Rentsch, Hans* (Hrsg.): „Wieviel direkte Demokratie verträgt die Schweiz?"; Chur 1997, S. 183

Friauf, Karl-Heinrich/Höfling, Wolfram: „Berliner Kommentar zum Grundgesetz"; Loseblattsammlung, Stand Oktober 2001

Frohn, Hansgeorg: „Anmerkung zu HessStGH DÖV 1983, S. 320"; DÖV 1983, S. 322

- „Souveränität, demokratischer Verfassungsstaat und Bonner Grundgesetz"; in: *Dreier, Horst/Hofmann, Jochen* (Hrsg.): „Parlamentarische Souveränität und technische Entwicklung"; Berlin 1986, S. 45

Fromme, Friedrich-Karl: „Von der Weimarer Verfassung zum Bonner Grundgesetz"; Diss. Tübingen 1960

Frotscher, Werner/Faber, Martina: „Der praktische Fall – Öffentliches Recht: Volksgesetzgebung und Verfassung"; JuS 1998, S. 820

Frotscher, Werner: „Die parteienstaatliche Demokratie – Krisenzeichen und Zukunftsperspektiven"; DVBl. 1985, S. 917

- „Direkte Demokratie in der Weimarer Republik"; in: *Evers, Tilman* (Hrsg.): „Direkte Demokratie in der Weimarer Republik"; Hofgeismar 1988, S. 26

Funk, Ottmar: „Grenzen unmittelbarer Demokratie - Am Beispiel der Abschaffung des Bayerischen Senates"; Diss. Erlangen-Nürnberg 1999

Gabriel, Oscar W.: „Institutionenvertrauen im vereinigten Deutschland"; APUZ 1993, B 43, S. 3

Gebhardt, Jürgen: „Direkt-demokratische Institutionen und repräsentative Demokratie im Verfassungsstaat"; APUZ 1991, B 23, S. 16

Geiger, Rudolf: „Vertrag über die Europäische Union und Vertrag zur Gründung der Europäischen Gemeinschaft"; 3. Auflage, München 2000

Geiger, Theodor: „Vorstudien zu einer Soziologie des Rechts", 4. Aufl., durchgesehen und herausgeben von Manfred Rehbinder, Berlin 1987

Geitmann, Roland: „Volksentscheide auch auf Bundesebene"; ZRP 1988, S. 126

- „Mehr Demokratie – in Bayern und auch anderswo"; Kehl 1995 (Diskussionspapier Nr. 95-7 der Fachhochschule für Öffentliche Verwaltung)
- „Volksbegehren ‚Mehr Demokratie in Baden-Württemberg'"; VBlBW. 1998, S. 441

Geller, Gregor/Kleinrahm, Kurt/Fleck, Hans-Joachim: „Die Verfassung des Landes Nordrhein-Westfalen"; 2. Auflage, Göttingen 1963

Gensior, Walter/Krieg, Volker: „Volksbegehren und Volksentscheid in Nordrhein-Westfalen"; 3. Auflage, 1978

Gern, Alfons: „Deutsches Kommunalrecht"; 2. Auflage, Baden-Baden 1997

Giacometti, Zaccharia/Fleiner, Fritz: „Schweizerisches Bundesstaatsrecht"; Neubearbeitung Zürich 1949

Giehl, Joachim: „Direkte Demokratie. Verfassungsrechtliche, verfassungshistorische und verfassungspolitische Überlegungen zu einer Einführung plebiszitärer Elemente auf Bundesebene"; Diss. München 1996

Giese, Friedrich: „Grundriss des Reichsstaatsrecht"; 5. Auflage, Bonn 1930
- „Grundgesetz für die Bundesrepublik Deutschland"
  1. Auflage, Frankfurt am Main 1949
  2. Auflage, Frankfurt am Main 1950
  4. Auflage, Frankfurt am Main 1955

ders./Volkmann, Ernst: „Die Preußische Verfassung", 2. Auflage, Berlin 1926

Glaser, Ulrich: „Direkte Demokratie als politisches Routineverfahren – Volksabstimmungen in den USA und in Kalifornien"; Erlangen 1997

Glenewinkel, Werner/Hermes, Walter: „Die neue Volksinitiative als Beitrag zu mehr Demokratie?"; in: DVP 2003, S. 434

Glum, Friedrich: „Die Grenzen der Volksgesetzgebung nach Art. 73 der Reichsverfassung"; JW 1929, S. 1099

Gmelin, Hans: „Einführung in das Reichsverfassungsrecht"; Leipzig 1929

Görres-Gesellschaft (Hrsg.): „Staatslexikon", Band 3, 7. Auflage, Freiburg et al. 1987

Grawert, Rolf: „Volksbegehren vor dem Verfassungsgerichtshof"; NWVBl. 1987, S. 2
- „Gemeinwohl – Ein Literaturbericht"; Der Staat 2003, S. 434

Greifeld, Andreas: „Volksentscheid durch Parlamente"; Berlin 1983

Gremer, Reinhard: „Das Mehrheitsprinzip im Volksentscheid zu Volksbegehren und Gegenentwurf"; BayVBl. 1999, S. 363

Grimm, Christoph/Caesar, Peter: „Verfassung für Rheinland-Pfalz"; Baden-Baden 2000

Grimm, Christoph/Hummrich, Martin: „Zum Einfluss der Landesparlamentes auf die Stimmabgabe im Bundesrat im Falle der Übertragung von Länderkompetenzen", DÖV 2005, S. 280

Grimm, Dieter/Papier, Hans-Jürgen: „Nordrhein-westfälisches Staats- und Verwaltungsrecht"; Frankfurt/Main 1986

Grimm, Dieter: „Politische Parteien"; in: *Benda, Ernst/Maihofer, Werner/Vogel, Hans-Jochen* (Hrsg.): „Handbuch des Verfassungsrechts der Bundesrepublik Deutschland"; 2. Auflage, Berlin 1994, § 14, S. 599

Gröschner, Rolf: „Unterstützungsquoren für Volksbegehren: eine Frage des Legitimationsniveaus plebiszitärer Gesetzesinitiativen"; ThürVBl 2001, S. 193

Groß, Andreas: „Die schweizerische Direkte Demokratie"; in: *Heußner, Hermann K./Jung, Otmar* (Hrsg.): „Mehr direkte Demokratie wagen"; München 1999, S. 87

Grote, Rainer: „Direkte Demokratie in den Staaten der Europäischen Union"; StWissStPrax 1996, S. 317

Grube, Andreas: „Der Bürgerantrag gemäß Artikel 68 der Verfassung des Freistaats Thüringen"; ThürVBl 1998, S. 217 und 245

Grupp, Clemens: „Werbung für Volksbegehren im Rundfunk?"; AfP 1999, S. 455

Gruß, Torsten: „Direkte Demokratie in Sachsen-Anhalt"; in: *Kost, Andreas* (Hrsg.): „Direkte Demokratie in den deutschen Ländern", Wiesbaden 2005, S. 264

Günther, Wolfgang: „Parlament und Regierung im Freistaat Oldenburg 1920-1932"; Oldenburger Jahrbuch 1983, S. 187

- „Freistaat und Land Oldenburg 1918-1946"; in: *Eckhardt, Albrecht/Schmidt, Heinrich* (Hrsg.): „Geschichte des Landes Oldenburg"; Oldenburg 1987, S. 403.

Gusy, Christoph/Müller, Andreas: „Verfassungsreform in Rheinland-Pfalz"; DÖV 1995, S. 257

- „Die verfassungsrechtliche Entwicklung in Rheinland-Pfalz von 1986-1996"; JöR 1997, S. 509

Gusy, Christoph/Wagner, Edgar: „Die verfassungsrechtliche Entwicklung in Rheinland-Pfalz von 1996-2001"; JöR 2004, S.385

Gusy, Christoph: „Weimar – die wehrlose Republik?"; Tübingen 1991

- „Das Demokratiekonzept der Weimarer Reichsverfassung"; JURA 1995, S. 226
- „Das parlamentarische Regierungssystem und der Bundesrat"; DVBl. 1997, S. 917
- „Die Weimarer Reichsverfassung"; Tübingen 1997

Häberle, Peter: „Der Entwurf der Arbeitsgruppe ‚Neue Verfassung der DDR' des Runden Tisches"; JöR 1990, S. 319

- „Die Kontroverse um die Reform des deutschen Grundgesetzes (1991/1992)"; ZfP 1992, S. 233
- „Die Verfassungsbewegung in den fünf neuen Bundesländern"; JöR 1993, S. 69
- „Die Schlussphase der Verfassungsbewegung in den neuen Bundesländern"; JöR 1995, S. 355

Häfelin, Ulrich/Haller, Walter: „Schweizerisches Bundesstaatsrecht"; 5. Aufl., Zürich 2001

Hagebölling, Lorenz: „Niedersächsische Verfassung"; Wiesbaden 1996

Hager, Gerd: „Rechtspraktische und rechtspolitische Notizen zu Bürgerbegehren. . ."; VerwArch 1993, S. 97

Hahnzog, Klaus: „Bayern als Motor für unmittelbare Demokratie"; in: *Heußner, Hermann K./Jung, Otmar* (Hrsg.): „Mehr direkte Demokratie wagen"; München 1999, S. 159

Hamm-Brücher, Hildegard: „Wege in die und Wege aus der Politik(er)verdrossenheit"; APUZ 1993, B 31, S. 3

Hammer, Felix: „Die verfassungsrechtliche Entwicklung im Land Baden-Württemberg 1987-2002"; JöR 2004, S. 97

Hartmann, Bernd J.: „Volksgesetzgebung in Ländern und Kommunen – eine Synopse der rechtlichen Grundlagen plebiszitärer Sachentscheidungen"; in: DVBl. 2001, S. 776

- „Volksgesetzgebung: Ausübung von Staatsgewalt oder Ausleben von Freiheit?", DVBl. 2006, 1269

Hartmann, Dieter-Dirk: „Volksinitiativen"; Frankfurt/Main et al. 1976

Hartwig, Werner: „Volksbegehren und Volksentscheid im deutschen und österreichischen Staatsrecht"; Berlin 1930

Hatschek, Julius: „Das Preussische Verfassungsrecht", Berlin 1924

- „Deutsches und Preußisches Staatsrecht", Band 1, Berlin 1922

ders./Kurtzig, Paul: „Deutsches und Preußisches Staatsrecht", Band 1, 2. Auflage, Berlin 1930

Haus, Wolfgang: „Berliner Verfassungsreform?"; RuP 1994, S. 10

Heckel, Martin: „Legitimation des Grundgesetzes durch das deutsche Volk"; in: *Isensee, Josef/Kirchhof, Paul* (Hrsg.): „Handbuch des Staatsrechts"; Band VIII, Heidelberg 1995, § 197

Heinrichs, Johannes: „Revolution der Demokratie"; Berlin 2003

Heitmann, Steffen: „Die neue sächsische Verfassung"; SächsVBl. 1993, S. 2

Herbst, Tobias: „Volksabstimmung ohne Grundgesetz? – Erwiderung zu Elicker, ZRP 2004, 225", ZRP 2005, S. 29

Hernekamp, Karl: „Formen und Verfahren direkter Demokratie"; Frankfurt/Main 1979 (= Diss. Hamburg 1978/79)

Herrmann, Klaus: „Fragen des Rechtswegs im Streit um das Berliner Volksbegehren"; LKV 2000, S. 104

- „Volksgesetzgebungsverfahren – verfassungstheoretische Untersuchung der Rechtsstellung der Stimmberechtigten sowie der Zuständigkeiten der Abstimmungsorgane und Abstimmungsbehörden"; Frankfurt am Main et al. 2003
- „Die außerparlamentarische Verfassungsänderung in Bayern"; BayVBl. 2004, 513

Herzog, Roman: „Verfassungsrechtliche Grundlagen des Parteienstaates"; Heidelberg 1993

Hesse, Konrad: „Grundzüge des Verfassungsrechts der Bundesrepublik Deutschland"; 20. Auflage, Heidelberg 1995

Heun, Werner: „Das Mehrheitsprinzip in der Demokratie"; Berlin 1983 (= Diss. Würzburg 1981/82)

Heußner, Hermann K./Jung, Otmar: „Einleitung"; in: *dies.* (Hrsg.): „Mehr direkte Demokratie wagen"; München 1999, S. 11

Heußner, Hermann K.: „Volksgesetzgebung in den USA und Deutschland"; Köln et al. 1994 (= Diss. Erlangen 1993)

- „Ein Jahrhundert Volksgesetzgebung in den USA"; in: *ders./Jung, Otmar* (Hrsg.): „Mehr direkte Demokratie wagen"; München 1999, S. 101

Heyen, Erich: „Das höchste Staatsorgan"; Berlin 1930

Hinds, Caroline: „Die neue Verfassung des Freistaates Sachsen"; ZRP 1993, S. 149

Hinkel, Karl-Reinhard: „Verfassung des Landes Hessen"; Wiesbaden 1998

Hobsbawm, Eric J.: „Nationen und Nationalismus"; Frankfurt 1991

Höfling, Wolfram: „Das Institut der Parlamentsauflösung in den deutschen Landesverfassungen"; DÖV 1982, S. 889

- „Demokratiewidrige Schulautonomie?"; RdJB 1997, S. 361

Hofmann, Gunter/Perger, Werner A.: „Richard von Weizsäcker im Gespräch"; Frankfurt/Main 1992

Hofmann-Hoeppel, Jochen/Weible, Marcus: „Bürgerbegehren und Bürgerentscheid – Rechtstradition und Rechtspraxis eines plebiszitären Elements unter besonderer Berücksichtigung der Rechtslage in Bayern"; BayVBl 2000, S. 577

Hohm, Karl-Heinz: „Parteiendemokratie und Volksentscheid"; DuR 1983, S. 406

Hölscheidt, Sven/Putz, Iris: „Referenden in Europa"; DÖV 2003, S 737

Hölscheidt, Sven: „Grundlagen und Entwicklung der Verfassungsberatungen in Mecklenburg-Vorpommern"; DVBl. 1991, S. 1066

Holzheid, Hildegund: „Maßgebliche Verfassungsgrundsätze bei Wahlen und bei Volksbegehren"; München 1995

Horn, Hans-Detlef: „Die Volksinitiative als Gesetzesinitiative"; BayVBl. 1995, S. 609

- „Nochmals: Die Volksinitiative als Gesetzesinitiative"; BayVBl. 1996, S. 623
- „Die Bayerische Verfassung, der Senat und der Volksentscheid"; BayVBl. 1999, S. 430
- „Anmerkung zu BayVerfGH, BayVBl. 1999, S. 719"; BayVBl. 1999, S. 727

Huba, Hermann: „Theorie der Verfassungskritik"; Berlin 1996 (= Diss. Mannheim 1995)

Huber, Ernst-Rudolf: „Deutsche Verfassungsgeschichte"
Band III, Stuttgart et al. 1963
Band VI, Stuttgart et al. 1981 (revidierter Nachdruck 1993)
Band VII, Stuttgart et al. 1984
- „Dokumente zur Deutschen Verfassungsgeschichte"; Band 3, 3. Auflage, Stuttgart 1992

Huber, Peter M./Storr, Stefan/Koch, Michael: „Volksgesetzgebung und Ewigkeitsgarantie"; in: *Neumann, Peter* (Hrsg.): „Sachunmittelbare Demokratie im Freistaat Thüringen"; Baden-Baden 2002, S. 91

Huber, Peter M.: „Gedanken zur Verfassung des Freistaates Thüringen"; ThürVBl. 1993, S. B 4
- „Der Parteienstaat als Kern des politischen Systems"; JZ 1994, S. 689
- „Die Verfassung des Freistaats Thüringen – ein Überblick"; in: *Schmitt, Karl* (Hrsg.): „Die Verfassung des Freistaats Thüringen"; Weimar/Köln/Wien 1995, S. 69
- „Volksgesetzgebung und Ewigkeitsgarantie"; Stuttgart et al. 2003
- „Entwicklung des Landesverfassungsrechts in Thüringen"; JöR 2004, S. 323

Hubrich, Eduard: „Das demokratische Verfassungsrecht des Deutschen Reichs"; Greifswald 1921

Hufschlag, Hans-Peter: „Einfügung plebiszitärer Komponenten in das Grundgesetz?"; Baden-Baden 1999 (= Diss Köln 1997/98)

Ihmels, Karl: „Anmerkung zu HessStGH, Beschluss vom 14./15.1.1982"; DÖV 1982, S. 598

Immerfall, Stefan: „Strukturwandel und Strukturschwächen der deutschen Mitgliederparteien"; APUZ 1998, B 1-2, S. 3

Initiative Demokratie Entwickeln e.V. (Hrsg.): „In neuer Verfassung"; Bonn, August 1990

Ipsen, Hans-Peter: „Hamburgs Verfassung und Verwaltung"; Hamburg 1956

Isensee, Josef: „Idee und Gestalt des Föderalismus im Grundgesetz"; in: *ders./Kirchhof, Paul* (Hrsg.) „Handbuch des Staatsrechts"; Band IV, 2. Auflage, Heidelberg 1999, § 98
- „Schlussbestimmung des Grundgesetz – Art. 146 GG"; in: *ders./Kirchhof, Paul* (Hrsg.) „Handbuch des Staatsrechts"; Band VII, Heidelberg 1993, § 166
- „Mit blauem Auge davongekommen – das Grundgesetz"; NJW 1993, S. 2583
- „Braucht die Republik einen Präsidenten?"; NJW 1994, S. 1329
- „Verfassungsreferendum mit einfacher Mehrheit – Der Volksentscheid zur Abschaffung des Bayerischen Senates als Paradigma"; Heidelberg 1999
- „Volksgesetzgebung – Vitalisierung oder Störung der parlamentarischen Demokratie?"; in: DVBl. 2001, S. 1161

Jacobi, Erwin: „Reichsverfassungsänderung"; in: *Anschütz, Gerhard et al.* (Hrsg.): „Die Reichsgerichtspraxis im deutschen Rechtsleben"; Band 1, Berlin et al. 1929, S. 240

Janssen, Albert/Winkelmann, Udo: „Die Entwicklung des niedersächsischen Verfassungs- und Verwaltungsrechts in den Jahren 1990-2002"; JöR 2004, S. 301

Jellinek, Georg: „Allgemeine Staatslehre"; 3. Auflage, 1928 (Nachdruck Bad Homburg v.d.H. 1960)

Jellinek, Walter: „Das einfache Reichsgesetz"; in: *Anschütz, Gerhard/Thoma, Richard* (Hrsg.): „Handbuch des Deutschen Staatsrechts"; Band 2, Tübingen 1932, § 72, S. 160
- „Das verfassungsändernde Reichsgesetz"; in: *Anschütz, Gerhard/Thoma, Richard* (Hrsg.): „Handbuch des Deutschen Staatsrechts"; Band 2, Tübingen 1932, § 73, S. 182

Jesse, Eckhard: „Repräsentative Demokratie"; Melle 1995
- „Mehr plebiszitäre Elemente in der Parteiendemokratie?"; in: *Rüther, Bernd* (Hrsg.): „Repräsentative oder plebiszitäre Demokratie – Eine Alternative?"; Baden-Baden 1996, S. 170

Jochum, Georg: „Materielle Anforderungen an das Entscheidungsverfahren in der Demokratie"; Berlin 1997

Jonas, Ulrich: „Mehr Mitbestimmung für Bürgerinnen und Bürger durch Einführung von Volksgesetzgebung auf Bundesebene?"; Hamburg (politolog. Diplomarbeit) 1994

Jung, Matthias/Roth, Dieter: „Kohls knappster Sieg"; APUZ 1994, B 51-52, S. 3

Jung, Otmar: „Volksbegehren und Volksentscheide während der Weimarer Republik"; in: *Evers, Tilman* (Hrsg.): „Direkte Demokratie in der Weimarer Republik"; Hofgeismar 1988, S. 37
- „Direkte Demokratie – Forschungsstand und -aufgaben"; ZParl 1990, S. 491
- „Volksgesetzgebung"; Hamburg 1990
- „Welche Regeln empfehlen sich bei der Einführung von Volksbegehren und Volksentscheid (Volksgesetzgebung) auf Bundesebene?"; in: *Stiftung Mitarbeit* (Hrsg.): „Direkte Demokratie in Deutschland"; Bonn 1991, S. 19
- „Der Volksentscheid über das Abfallrecht in Bayern am 17. Februar 1991"; ZParl 1992, S. 48
- „Kein Volksentscheid im Kalten Krieg !"; APUZ 1992, B 45, S. 16
- „Daten zu Volksentscheiden in Deutschland auf Landesebene (1946-1992)"; ZParl 1993, S. 5
- „Jüngste plebiszitäre Entwicklungstendenzen in Deutschland auf Landesebene"; JöR 1993, S. 29
- „Verfahrensprobleme der Volksgesetzgebung"; ZG 1993, S. 314
- „Volksbegehren auf Verfassungsänderung in NRW und Hessen"; KritVjschr. 1993, S. 14
- „Grundgesetz und Volksentscheid : Gründe und Reichweite der Entscheidungen des Parlamentarischen Rats gegen Formen direkter Demokratie"; Opladen 1994
- „Anmerkung zu BayVfGH BayVBl. 1995, S. 46"; BayVBl. 1995, S. 238
- „Die Landesverfassungsreferenden des Jahres 1994 – Daten und Probleme"; LKV 1995, S. 319
- „Direkte Demokratie – Forschungsstand und -aufgaben"; ZParl 1995, S. 658
- „Landesverfassungspolitik im Bundesstaat: ein listiger Umweg der Geschichte?"; ZParl 1995, S. 41
- „Plebiszit und Diktatur: die Volksabstimmungen der Nationalsozialisten"; Tübingen 1995
- „Wenn der Souverän sich räuspert... Vorwirkungen direktdemokratischer Korrekturmöglichkeiten, dargestellt an Beispielen aus Nordrhein-Westfalen, Niedersachsen und Rheinland-Pfalz"; JzStVWiss 1995, S. 107
- „Der Volksentscheid über die Einführung des kommunalen Bürgerentscheids in Bayern am 1. Oktober 1995"; JzStVWiss 1996, S. 191
- „Die Volksinitiative als qualifizierte Petition"; BayVBl. 1996, S. 618
- „Volksentscheide in der Bundesrepublik – Eine aktuelle Übersicht"; Blätter für deutsche und internationale Politik 1996, S. 567
- „Weniger Demokratie wagen?"; JR 1996, S. 1
- „Die Volksabstimmungen über die Länderfusion Berlin - Brandenburg: Was hat sich bewährt - wer ist gescheitert?"; ZParl 1997, S. 13
- „Das Finanztabu bei der Volksgesetzgebung"; NVwZ 1998, S. 372
- „Die Praxis direkter Demokratie unter den neuen Landesverfassungen"; ZG 1998, S. 295

- „Keine Erneuerung der Demokratie ‚von unten'? – Kritische Stellungnahme zu Hiltrud Naßmachers Beitrag in Heft 3/97 der ZParl"; ZParl 1998, S. 190
- „Kommuale Direktdemokratie mit Argusaugen gesehen"; BayVBl. 1998, S. 225
- „Das Quorenproblem beim Volksentscheid"; ZPol 1999, S. 863
- „50 Jahre verfassungswidrige Praxis der Volksgesetzgebung in Bayern?"; BayVBl. 1999, S. 417
- „Das Finanztabu bei der Volksgesetzgebung – Die Staatsrechtslehre und Staatspraxis der Weimarer Zeit"; Der Staat 1999, S. 41
- „Die Volksabstimmungen der Nationalsozialisten"; in: *Heußner, Hermann K./ders.* (Hrsg.): „Mehr direkte Demokratie wagen"; München 1999, S. 61
- „Siegeszug direktdemokratischer Institutionen als Ergänzung des repräsentativen Systems? Erfahrungen der 90er Jahre"; in: *v. Arnim, Hans Herbert* (Hrsg.): „Demokratie vor neuen Herausforderungen – Vorträge und Diskussionsbeiträge auf dem 1. Speyerer Demokratie-Forum vom 29. bis 31. Oktober 1997 an der Deutschen Hochschule für Verwaltungswissenschaften Speyer"; Berlin 1999, S. 103
- „Abschluss und Bilanz der jüngsten plebiszitären Entwicklung in Deutschland auf Landesebene"; JöR 2000, S. 39
- „Aktuelle Probleme der direkten Demokratie in Deutschland"; ZRP 2000, S. 440
- „Die rebellierende Vertretung"; in: *Bovenschulte, Andreas* et al. (Hrsg.): „Demokratie und Selbstverantwortung in Europa – Festschrift für Dian Schefold zum 65. Geburtstag"; Baden-Baden 2000, S. 145
- „Ein fragwürdiger Personenvergleich, wo es um die Sache geht"; ZParl 2000, S. 167
- „Direkte Demokratie nach Schweizer Art in Deutschland verfassungswidrig?"; KritVjschr. 2001, S. 24
- „Dreimal Fehlschlag – Die schwierigen Anfänge der direkten Demokratie in Berlin"; ZParl 2001, S. 33
- „Eckpunkte nicht überzeugend gesetzt"; RuP 2001, S. 51
- „Unverdient höchster Segen"; NVwZ 2002, S. 41
- „Bürgerbeteiligung und repräsentative Demokratie"; ZfP 2002, S. 267
- „Direkte Demokratie in Thüringen – der Freistaat im Ranking der Bundesländer"; in: ThürVBl. 2002, S. 269
- „Direkte Demokratie: Forschungsstand und Perspektiven"; in: *Schiller, Theo/Mittendorf, Volker* (Hrsg.): „Direkte Demokratie – Forschung und Perspektiven"; Opladen 2002, S. 22
- „Direkte Demokratie – vom Kopf auf die Füße gestellt"; LKV 2003, S. 308
- „Regieren mit dem obligatorischen Verfassungsreferendum – Wirkung, Konterstrategie, Nutzungsversuche und Umgangsweise"; in: ZParl. 2005, S. 161

Jürgens, Gunther: „Direkte Demokratie in den Bundesländern"; Stuttgart et al. 1993 (= Diss. Marburg 1993)

Jutzi, Siegfried: „Bereinigung der Verfassung für Rheinland-Pfalz"; DÖV 1988, S. 871
- „Föderale Grenzen des Befassungsrechts der Landesparlamente"; NJ 1999, S. 243
- „Verfassungsreform in Rheinland-Pfalz"; NJW 2000, S. 1295
- „Anmerkung zu SächsVerfGH, NJ 2002, 587"; NJ 2002, 588
- „Volksgesetzgebung und Verfassungsrechtsprechung"; ZG 2003, S. 273

Kaack, Heino: „Geschichte und Struktur des deutsche Parteienwesens"; Opladen 1971

Kaisenberg, Georg: „Die Volksgesetzgebung nach Reichsrecht"; ZöR 1926, S. 169

- „Die formelle Ordnung des Volksbegehrens und des Volksentscheides in Reich und Ländern"; in: *Anschütz, Gerhard/Thoma, Richard* (Hrsg.): „Handbuch des Deutschen Staatsrechts"; Band 2, Tübingen 1932, § 75, S. 204

Kampwirth, Ralph: „Bremen: Die Angst der Parteien vor dem ‚entfesselten' Volk"; in: *Heußner, Hermann K./Jung, Otmar* (Hrsg.): „Mehr direkte Demokratie wagen"; München 1999, S. 177

- „Volksentscheid und Öffentlichkeit – Anstöße zu einer kommunikativen Theorie der direkten Demokratie"; in: *Schiller, Theo* (Hrsg.): „Direkte Demokratie in Theorie und kommunaler Praxis"; Frankfurt/New York 1999, S. 17

- „Der ernüchterte Souverän – Bilanz und Perspektiven der direkten Demokratie in den 16 Bundesländern und auf Kommunalebene"; ZParl 2003, S. 657

Kanther, Wilhelm: „Die neuen Landesverfassungen im Lichte der Bundesverfassung"; Diss. Köln 1993

Karpen, Ulrich: „Kommunalwahlrecht für Ausländer"; NJW 1989, S. 1012

- „Plebiszitäre Elemente in der repräsentativen Demokratie?"; JA 1993, S. 110

ders./Bösling, Thies: „Volksgesetzgebung als Kernbestandteil der Verfassungsreform 1996"; in: *Bull, Hans-Peter* (Hrsg.): „Fünf Jahre direkte Bürgerbeteiligung in Hamburg"; Hamburg 2001, S. 68

Karrenberg, Friedrich/Schober, Theodor (Hrsg.): „Evangelisches Soziallexikon"; 7. Auflage, Stuttgart/Berlin 1980

Kaufmann, Bruno: „Sachverständigengutachten für die Anhörung ‚Elemente Direkter Demokratie' der Gemeinsamen Verfassungskommission am 17. Juni 1992"; AU-GVK Nr. 58

Keiderling, Gerhard: „Unterschriften für die Einheit", Berlinische Monatsschrift, Heft 5/1998, S. 47

Kershaw, Ian: „Hitler – 1889-1936"; Stuttgart 1998

Kertels, Jessica/Brink, Stefan: „Quod licet jovi – Volksgesetzgebung und Budgetrecht"; NVwZ 2003, S. 435

Kessler, Alexander: „Die Entstehung der Landesverfassung der Freien Hansestadt Bremen vom 21.10.1947"; Diss. Freiburg 1996

Kielmansegg, Peter Graf: „Volkssouveränität"; Stuttgart, 2. Auflage 1994

Kilian, Michael: „Die neue Verfassung des Landes Sachsen-Anhalt"; LKV 1993, S. 73

Kimminich, Otto: „Deutsche Verfassungsgeschichte"; 2. Auflage, Baden-Baden 1987

Kirchgässner, Gebhard: „Direkte Volksrechte und die Effizienz des demokratischen Staates"; in: Ordo 2001, S. 155

Kirchgässner, Gebhard/Feld, Lars P./Savioz, Marcel R: „Die direkte Demokratie"; Basel/Genf/München 1999

Kirchgässner, Gebhard/Frey Bruno S.: „Volksabstimmungen und direkte Demokratie"; in: *Klingemann, Hans-Dieter/Kaase, Max* (Hrsg.): „Wahlen und Wähler"; Opladen 1994, S. 42

Kirchhof, Paul: „Staatliche Einnahmen"; in: *Isensee, Josef/Drs.* (Hrsg.) „Handbuch des Staatsrechts"; Band IV, Heidelberg 1990, § 88

- „Der demokratische Rechtsstaat – die Staatsform der Zugehörigen"; in: *Isensee, Josef/Drs.* (Hrsg.) „Handbuch des Staatsrechts"; Band IX, Heidelberg 1997, § 221

Klages, Andreas/Paulus, Petra: „Direkte Demokratie in Deutschland"; Marburg 1996

Klein, Eckart: „Sachverständigengutachten für die Anhörung ‚Elemente Direkter Demokratie' der Gemeinsamen Verfassungskommission am 17. Juni 1992"; AU-GVK Nr. 48

Klein, Hans-Hugo: „Prinzip der Repräsentation ist unentrinnbar"; in: „Zukunft des Grundgesetzes"; Schriftenreihe der CDU/CSU-Fraktion im deutschen Bundestag, 1992, S. 41
- „Die parlamentarisch-repräsentative Demokratie des Grundgesetzes – Wie übt das Volk seine Macht aus?"; in: *Rüther, Bernd* (Hrsg.): „Repräsentative oder plebiszitäre Demokratie – Eine Alternative?"; Baden-Baden 1996, S. 33
- „Direktwahl der Ministerpräsidenten?"; in: *Ziemske, Burkhardt/Langheid, Theo/Wilms, Heinrich/Haverkate, Görg* (Hrsg.): „Staatsphilosophie und Rechtspolitik – Festschrift für Martin Kriele zum 65. Geburtstag"; München 1997, S. 573

Kliegis, Brigitte/Kliegis, Ulrich G.: „Der Volksentscheid über die Rechtschreibreform in Schleswig-Holstein 1998"; in: *Heußner, Hermann K./Jung, Otmar* (Hrsg.): „Mehr direkte Demokratie wagen"; München 1999, S. 287

Klooß, Rolf-Dieter: „Die Reform der Volksgesetzgebung 2001. Niedrigere Quoren und mehr Verfahrensflexibilität"; in: *Bull, Hans-Peter* (Hrsg.): „Fünf Jahre direkte Bürgerbeteiligung in Hamburg"; Hamburg 2001, S. 96

Kluck, Thomas: „Protestantismus und Protest in der Weimarer Republik"; Frankfurt et al. 1996

Knemeyer, Franz-Ludwig: „Bürgerbegehren und Bürgerentscheid"; BayVBl 1996, S. 545
- „Direkte Demokratie und funktionstüchtige kommunale Selbstverwaltung – Zugleich eine Besprechung des Bürgerentscheid-Urteils des Bayerischen Verfassungsgerichtshofs vom 29.8.1997"; DVBl. 1998, S. 113

Koch, Hans-Joachim: „Die Verfassungsentwicklung in Hamburg"; JöR 2004, S. 251

Koenig, Christian: „Volksabstimmung nach dem Grundgesetz auf dem Weg in die Vereinigten Staaten von Europa?"; DVBl. 1993, S. 140

Kolb, D.: „Grossprojekte als Demokratieproblem"; Diss. Zürich 1999

Koller, Heinrich: „Die Reform der Volksrechte: Differenzierende Weiterentwicklung ‚im Paket'"; in: *Borner, Silvio/Rentsch, Hans* (Hrsg.): „Wieviel direkte Demokratie verträgt die Schweiz?"; Chur 1997, S. 25

Kopp, Ferdinand O./Schenke, Wolf-Rüdiger: „VwGO – Verwaltungsgerichtsordnung"; 13. Auflage, München 2003

Korte, Heinrich/Rebe, Bernd: „Verfassung und Verwaltung des Landes Niedersachsen"; 3. Auflage, Göttingen 1997

Krafczyk, Jürgen: „Der parlamentarische Finanzvorbehalt bei der Volksgesetzgebung", Berlin 2005

Kranenpohl, Uwe: „Rousseau vs. Hamilton – Volksgesetzgebung und Verfassungsgerichtsbarkeit im Widerstreit"; in: *Schmitt, Karl* (Hrsg.): „Herausforderungen der repräsentativen Demokratie"; Baden-Baden, 2003, S. 157

Kratzer, Jakob: „Die Verfassungsurkunde des Freistaates Bayern vom 14. August 1919 mit den einschlägigen Gesetzen, dem Konkordat und den Verträgen mit den evangelischen Kirchen"; München 1925

Krause, Peter: „Verfassungsentwicklung im Saarland 1958-1979"; JöR 1980, S. 393
- „Verfassungsrechtliche Möglichkeiten unmittelbarer Demokratie"; in: *Isensee, Josef/Kirchhof, Paul* (Hrsg.) „Handbuch des Staatsrechts"; Band II, 2. durchgesehene Auflage, Heidelberg 1998, § 39 und Band III, 3. Auflage, Heidelberg 2005, § 35
- „Die Verfassungsentwicklung im Saarland seit 1980"; JöR 2004, S. 403

Krieg, Volker: „Volksgesetzgebung im Freistaat Sachsen"; ZG 1996, S. 314

Kriele, Martin: „Das demokratische Prinzip im Grundgesetz"; VVDStRL Bd. 29 (1970), S. 46

Kringe, Wolfgang: „Verfassungsgenese – Die Entstehung der Landesverfassung der Freien Hansestadt Bremen vom 21.10.1947"; Frankfurt/Main et al. 1993

Kröning, Volker: „Kernfragen der Verfassungsrevision"; ZRP 1991, S. 161

Kühne, Jörg-Detlef: „Volksgesetzgebung in Deutschland – zwischen Doktrinarismen und Legende"; ZG 1991, S. 116

Künzel, Werner: „Direkte Demokratie in Brandenburg"; in: *Kost, Andreas* (Hrsg.): „Direkte Demokratie in den deutschen Ländern", Wiesbaden 2005, S. 75

Kunzmann, Bernd/Haas, Michael/Baumann-Hesske, Harald: „Die Verfassung des Freistaats Sachsen"; 2. Auflage, Berlin 1997

Kuratorium für einen demokratisch verfassten Bund deutscher Länder: „Verfassungsentwurf"; Typoskript, Berlin im Mai 1991

Kurz, Hanns (Hrsg.): „Volkssouveränität und Staatssouveränität"; Köln 1965

Landsberg, Kurt/Goetz, Harry: „Verfassung von Berlin vom 1.9.1950"; Berlin 1951

Laut, Hans: „Die Verfassung des Freistaats Preußen, Mönchengladbach 1926

Lecheler, Helmut: „Der öffentliche Dienst"; in: *Isensee, Josef/Kirchhof, Paul* (Hrsg.) „Handbuch des Staatsrechts"; Band III, 2. durchgesehene Auflage Heidelberg 1996, § 72

Lege, Joachim: „Verfassungsänderung oder Verfassungsinterpretation?"; DÖV 2000, S. 283

Leggewie, Claus: „Die Kritik der politischen Klasse und die Bürgergesellschaft"; APUZ 1993, B 31, S. 7

Lehner, Christoph: „Volksrechte im Österreichischen Verfassungsrecht"; Diss. Zürich 2000

Leibholz, Gerhard: „Parteistaat und Repräsentative Demokratie"; DVBl. 1951, S. 1

– „Verfassungsrechtliche Stellung und innere Ordnung der Parteien"; Gutachten C für den 38. Deutschen Juristentag, Tübingen 1951, S. C 2

– „Strukturprobleme der modernen Demokratie"; 3. Auflage, Karlsruhe 1967

Lengemann, Jochen: „Landtag und Gebietsvertretung von Schwarzburg-Sondershausen 1843-1923"; Jena et al. 1998

Lerche, Peter: „Der Beitritt der DDR – Voraussetzungen, Realisierung , Wirkungen"; in: *Isensee, Josef/Kirchhof, Paul* (Hrsg.): „Handbuch des Staatsrechts"; Band VIII, Heidelberg 1995, § 194

Leunig, Sven: „Verfassungsverhandlungen in Thüringen 1991 bis 1993"; Frankfurt/Main et al. 1996

Liermann, Hans: „Das deutsche Volk als Rechtsbegriff im Reichsstaatsrecht der Gegenwart"; Berlin et al. 1927

Linck, Joachim/Jutzi, Siegfried/Hopfe, Jörg: „Die Verfassung des Freistaats Thüringen"; Stuttgart et al. 1993

Linck, Joachim: „Die vorläufige Landessatzung für das Land Thüringen"; in: *Schmitt, Karl* (Hrsg.). „Die Verfassung des Freistaats Thüringen"; Weimar/Köln/Wien 1995, S. 30

Linder, Wolf: „Schweizerische Demokratie"; Bern/Stuttgart/Wien 1999

Lindner, Franz-Joseph: „Die Koppelungsproblematik im Rahmen des Verfassungsreferendums nach Art. 75 Abs. 2 Satz 2 der Bayerischen Verfassung"; BayVBl. 1999, S. 485

Lösche, Peter: „Parteienverdrossenheit ohne Ende? Polemik gegen das Lamentieren deutscher Politiker, Journalisten, Politikwissenschaftler und Staatsrechtler"; ZParl 1995, S. 149

Löwer, Wolfgang/Menzel, Jörg: „Plebiszitäre Gesetzgebung ernst genommen – Überlegungen zu einigen Schwierigkeiten direktdemokratischer Entscheidung anlässlich NdsStGH, NdsVBl. 2002, S. 11 ff."; in: NdsVBl. 2003, S. 89

Löwer, Wolfgang/Tettinger, Peter J. (Hrsg.): „Kommentar zur Verfassung des Landes Nordrhein-Westfalen"; Stuttgart et al. 2002

Lorenzmeier, Stefan: „Völkerrechtswidrigkeit der Einführung von Studienbeiträgen und deren Auswirkung auf die deutsche Rechtsordnung", NVwZ 2006, 759

Lunau, Ralf: „Auf der Schwelle dieser Demokratie"; Stuttgart et al., 2003

Luthardt, Wolfgang: „Parlamentarische Demokratie, Formen direkter Demokratie, Partizipation"; RuP 1988, S. 240

- „Instrumente direkter Demokratie – Bereicherung der Interessenvermittlung?"; in: *Klingemann, Hans-Dieter/Luthardt, Wolfgang* (Hrsg.): „Wohlfahrtsstaat, Sozialstruktur und Verfassungsanalyse – Jürgen Fijalikowski zum 60. Geburtstag"; Opladen 1993, S. 168
- „Direkte Demokratie – Ein Vergleich in Westeuropa"; Baden-Baden 1994
- „Probleme und Perspektiven direkter Demokratie in Deutschland"; APUZ 1997, B 14, S. 13

Lutz, Dieter S.: „Nachweltpolitik und die Defizienz der Demokratie"; in: *Schlüter-Knauer, Carsten* (Hrsg.): „Die Demokratie überdenken – Festschrift für Wilfried Röhrich"; Berlin 1997, S. 467

Lutz, Georg/Strohmann, Dirk: „Wahl- und Abstimmungsrecht in den Kantonen"; Bern et al. 1998

Mahnke, Hans-Heinrich: „Die Verfassung des Landes Sachsen-Anhalt"; Berlin 1993

Mahrenholz, Ernst Gottfried: „Zur Änderung des durch Volksbegehren angenommenen Hamburgischen Wahlrechts in derselben Wahlperiode", NordÖR 2007, S. 11

Maihofer, Werner: „Abschließende Äußerungen"; in: *Benda, Ernst/ders./Vogel, Hans-Jochen* (Hrsg.): „Handbuch des Verfassungsrechts der Bundesrepublik Deutschland"; 2. Auflage, Berlin 1994

Malinka, Hartmut: „Die Verfassungsentstehung im Freistaat Sachsen"; in: *Borgmann, Klaus/Geis, Max-Emanuel et al.* (Hrsg.): „Grundgesetz und Verfassungsreform"; Stuttgart 1992, S. 75

Mann, Thomas: „Demokratieprinzip und Mitbestimmung in öffentlich-rechtlichen Unternehmen"; ZögU 1999, S. 17

- „Änderung der Landesverfassung durch Volksbegehren und Volksentscheid?"; NWVBl 2000, S. 445

Marschall, Stefan: „Wer vertritt wen? Volksentscheide und die Funktionslogik parlamentarischer Repräsentation"; ZParl 2000, S. 182

Matthiesen, Helge: „Volksgesetzgebung – eine Gefahr für die Demokratie?"; in: *Dürr, Tobias/Walter, Franz* (Hrsg.): „Solidargemeinschaft und fragmentierte Gesellschaft – Festschrift für Peter Lösche"; Opladen 1999, S. 110

Maunz, Theodor/Dürig, Günter: „Grundgesetz"; München, Loseblattsammlung, Stand Juni 2003

Maunz, Theodor/Zippelius, Reinhold: „Deutsches Staatsrecht"; 30. Auflage, München 1998

Maunz, Theodor: „Zwei Volksentscheide in rechtlicher Sicht"; BayVBl. 1967, S. 303

Maurer, Hartmut: „Plebiszitäre Elemente in der repräsentativen Demokratie"; Heidelberg 1997

Mayer, Heinz: „Verfahrensfragen der direkten Demokratie"; in: *Hengstschläger, Johannes/Köck, Herbert Franz/Korinek, Karl/Stern, Klaus/Truyol y Serra, Antonio* (Hrsg.): „Für Staat und Recht – Festschrift für Herbert Schambeck"; Berlin 1994, S. 511

Mayer, Thomas: „Direkte Demokratie als Chance für die politische Kultur"; ZRP 1993, S. 330

Meder, Theodor: „Die Verfassung des Freistaates Bayern"; 4. Auflage, Stuttgart et al. 1992

Meissner, Claus: „Gesetzgebung"; in: *Degenhardt, Christoph/Meissner, Claus* (Hrsg.): „Handbuch der Verfassung des Freistaates Sachsen"; Stuttgart et al. 1997, § 13

Menger, Christian-Friedrich: „Abgrenzung zwischen verwaltungs- und verfassungsrechtlichen Streitigkeiten"; VerwArch 1975, S. 169

Merk, Wilhelm: „Volksbegehren und Volksentscheid"; AöR 1931, S. 83

Mester, Georg: „Die Volksinitiative in Sachsen"; Frankfurt/Berlin/Bern/Bruxelles/New York/Oxford/Wien, 2003

Meyer, Gerhard: „Vom Ersten Weltkrieg bis 1985: Lübeck im Kräftefeld rasch wechselnder Verhältnisse"; in: *Graßmann, Antjekathrin* (Hrsg.): „Lübeckische Geschichte"; Lübeck 1988, S. 677

Meyer, Hans: „Art. 146 – Ein unerfüllter Verfassungsauftrag?"; in: *von Arnim, Hans-Herbert*: (Hrsg.) „Direkte Demokratie"; Berlin 2000, S. 67

Meyer, Hans/Stolleis, Michael: „Staats- und Verwaltungsrecht für Hessen"; 3. Auflage, Baden-Baden 1994

Meyer, Hubert: „Mit Recht steuern: Das Was und Wie im kommunalen Kompetenzgefüge und im Haushaltsrecht"; DÖV 2000, S. 449

Michels, Robert: „Zur Soziologie des Parteiwesens in der modernen Demokratie"; 2. Auflage, Stuttgart 1925 (Neudruck 1957)

Ministerium der Justiz Rheinland-Pfalz (Hrsg.): „Schlussbericht der Kommission zur Bereinigung der Verfassung für Rheinland-Pfalz"; Mainz 1988

Möckli, Silvano: „Direkte Demokratie – Ein Vergleich der Einrichtungen und Verfahren in der Schweiz und Kalifornien, unter Berücksichtigung von Frankreich, Italien, Dänemark, Irland, Österreich, Liechtenstein und Australien"; Stuttgart/Wien 1994

– „Direkte Demokratie in den USA"; JöR 1996, S. 565

– „Direktdemokratische Einrichtungen und Verfahren in den Mitgliedstaaten des Europarates"; ZParl 1998, S. 90

– „Sachabstimmungen machen noch keine direkte Demokratie"; in: *Schmitt, Karl* (Hrsg.): „Herausforderungen der repräsentativen Demokratie"; Baden-Baden, 2003, S. 101

Mommsen, Wilhelm (Hrsg.): „Deutsche Parteiprogramme"; 2. Auflage, München 1964

Morlok, Martin/Streit, Thilo: „Mitgliederentscheid und Mitgliederbefragung – Rechtsprobleme direkter Demokratie in den politischen Parteien"; ZRP 1996, S. 447

Morlok, Martin/Voß, Volker P.: „Grenzen der staatlichen Informationstätigkeit bei Volksentscheiden"; BayVBl. 1995, S. 513

Muckel, Stefan: „Ist ein Volksgesetzgebungsverfahren, das auf die Änderung der Landesverfassung gerichtet ist, nach der Verfassung des Landes NRW zulässig?"; in: *Neumann, Peter/von Raumer, Stefan* (Hrsg.): „Die verfassungsrechtliche Ausgestaltung der Volksgesetzgebung"; Baden-Baden 1999, S. 109

Müller, Klaus: „Verfassung des Freistaats Sachsen"; Baden-Baden 1992

Müller-Elschner, Axel: „Die Stimme des Volkes in Europa"; ZParl 1996, S. 75

Müller-Franken, Sebastian: „Plebiszitäre Demokratie und Haushaltsgewalt", Der Staat 2005, S. 19

– „Unmittelbare Demokratie und Direktiven der Verfassung", DÖV 2005, S. 489

Muhle, Stefan/Lontzek, Christoph: „Die Zulässigkeit finanzwirksamer Volksbegehren in Niedersachsen – Am Beispiel des Volskbegehrens zum Landesblindengeld"; NordÖR 2007, S. 227

Musgrave, Richard A./Musgrave, Peggy B./Kullmer, Lore: „Die öffentlichen Finanzen in Theorie und Praxis"; Band 1, 5. Auflage, Tübingen 1990

Naßmacher, Hiltrud: „Keine Erneuerung der Demokratie ‚von unten' – Zur Bedeutung direktdemokratischer Beteiligungsverfahren"; ZParl 1997, S. 445

Nawiasky, Hans: „Bayerisches Verfassungsrecht"; München 1923
- „Die Verfassung des Freistaates Bayern"; München, Loseblattsammlung Stand Juni 2003

Neumann, Franz: „Konservierung des ‚super-repräsentativen' Demokratie-Modells – Zur Arbeit der Gemeinsamen Verfassungskommission im Kontext der Verfassungsdiskussion nach der deutschen Einheit"; in: *Schlüter-Knauer, Carsten* (Hrsg.): „Die Demokratie überdenken – Festschrift für Wilfried Röhrich"; Berlin 1997, S. 191

Neumann, Heinzgeorg: „Die Verfassung der Freien Hansestadt Bremen"; Stuttgart 1996
- „Die Niedersächsische Verfassung"; 3. Auflage, Stuttgart 2000

Neumann, Peter: „Die zunehmende Bedeutung der Volksgesetzgebung im Verfassungsrecht – Das Beispiel Nordrhein-Westfalen"; in: *ders./von Raumer, Stefan* (Hrsg.): „Die verfassungsrechtliche Ausgestaltung der Volksgesetzgebung"; Baden-Baden 1999, S. 17
- „Die Reform der Volksgesetzgebung im Freistaat Thüringen"; in: *ders.* (Hrsg.): „Sachunmittelbare Demokratie im Freistaat Thüringen"; Baden-Baden 2002, S. 21
- „Die Entwicklung der Rechtsprechung zu Volksbegehren und Volksentscheid nach der Deutschen Einheit"; in: *Schiller, Theo/Mittendorf, Volker* (Hrsg.): „Direkte Demokratie – Foschung und Perspektiven"; Opladen 2002, S. 115
- „Reform der sachunmittelbaren Demokratie in der Verfassung des Landes Nordrhein-Westfalen"; NWVBl. 2003, S. 1

Niclauß, Karlheinz: „Strukturprobleme der schweizerischen Demokratie"; Polit.Vjschr. 1967, S. 126
- „Der Parlamentarische Rat und die Plebiszitären Elemente"; APUZ 1992, B 45, S. 3

Obst, Claus-Henning: „Chancen direkter Demokratie in der Bundesrepublik Deutschland"; Köln, 1986 (= Diss. Giessen 1986)
- „Zur Rezeption der ‚Lehren von Weimar' in der verfassungspolitischen Diskussion der Bundesrepublik Deutschland"; in: *Evers, Tilman* (Hrsg.): „Direkte Demokratie in der Weimarer Republik"; Hofgeismar 1988, S. 71

Oebbecke, Janbernd: „Die rechtlichen Grenzen amtlicher Einflussnahme auf Bürgerbegehren und Bürgerentscheid"; BayVBl. 1998, S. 641

Offe, Claus: „Sachverständigengutachten für die Anhörung ‚Elemente Direkter Demokratie' der Gemeinsamen Verfassungskommission am 17. Juni 1992"; AU-GVK Nr. 68
- „Politische Legitimation durch Mehrheitsentscheidung?"; in: *Guggenberger, Bernd/Offe, Claus* (Hrsg.): „An den Grenzen der Mehrheitsdemokratie"; Opladen 1984, S. 163
- „Vox Populi und die Verfassungsökonomik"; in: *Grözinger, Gerd/Panther, Stephan* (Hrsg.): „Konstitutionelle politische Ökonomie – Sind unsere gesellschaftlichen Regelsysteme in Form und guter Verfassung?"; Marburg 1999, S. 81

Oschatz, Georg-Berndt: „‚Wir sind das Volk!' Zur Volksgesetzgebung nach den Verfassungen der neuen Länder"; in: *Goydke, Jürgen et al.* (Hrsg.): „Vertrauen in den Rechtsstaat – Festschrift für Walter Remmers"; Köln 1995, S. 101

Ossenbühl, Friedrich: „Probleme der Verfassungsreform in der Bundesrepublik Deutschland"; DVBl. 1992, S. 468

Overesch, Manfred: „Professor Hitler"; in: Mitteilungen der Technischen Universität Carolo-Wilhelmina zu Braunschweig 1981, Heft II, S. 57
- „Die Einbürgerung Hitlers 1930"; in: Vierteljahrshefte für Zeitgeschichte (VfZ) 1992, S. 543

Papier, Hans-Jürgen: „Kommunalwahlrecht für Ausländer unter dem Grundgesetz"; StWissStPrax 1990, S. 202
- „Verfassungskontinuität und Verfassungsreform im Zuge der Wiedervereinigung"; in: *Kloepfer, Michael/Merten, Detlef/Papier, Hans-Jürgen/Skouris, Dimitris* (Hrsg.): „Kontinuität und Diskontinuität in der deutschen Verfassungsgeschichte"; Berlin 1994, S. 85

Paterna, Tatiana: „Volksgesetzgebung – Analyse der Verfassungsdebatte nach der Vereinigung Deutschlands"; Frankfurt/Main et al. 1995 (= Diss. Hamburg 1995)

Patzelt, Werner J.: „Das Volk und seine Vertreter: eine gestörte Beziehung"; APUZ 1994, B 11, S. 14
- „Ein latenter Verfassungskonflikt? – Die deutschen und ihr parlamentarisches Regierungssystem"; Polit. Vierteljahresschrift 1998, S. 725

Paulus, Petra: „Im Osten viel Neues? - Direktdemokratische Bilanz der ostdeutschen Verfassungsgebung"; in: *Heußner, Hermann K./Jung, Otmar* (Hrsg.): „Mehr direkte Demokratie wagen"; München 1999, S. 189

Peine, Franz-Joseph: „Volksbeschlossene Gesetze und ihre Änderung durch den parlamentarischen Gesetzgeber"; Der Staat 1977, S. 375

Pelinka, Anton: „Der Aufstieg des Plebiszitären"; in: *ders.* (Hrsg.): „EU-Referendum – Zur Praxis direkter Demokratie in Österreich", Wien 1994, S. 9

Pestalozza, Christian Graf: „Der Popularvorbehalt"; Schriftenreihe der juristischen Gesellschaft Berlin – Heft 69, Berlin 1981
- „Verfassungsprozessrecht"; 3. Auflage, München 1991
- „Die überarbeitete Verfassung von Berlin"; LKV 1995, S. 344
- „Aus dem Bayerischen Verfassungsleben 1989 bis 2002"; JöR 2004, S. 121

Pfennig, Gero/Neumann Manfred J.: „Verfassung von Berlin"; 3. Auflage, Berlin et al. 2000

Platter, Julia: „Neue Entwicklungen in der Rechtsprechung zum Haushaltsvorbehalt bei der Volksgesetzgebung", ZParl 2004, S. 496

Poetzsch-Heffter, Friedrich: „Handkommentar der Reichsverfassung"; 3. Auflage, Berlin 1928

Pollmann, Klaus Erich/Ludewig, Hans-Ulrich: „,Machtergreifung' im Freistaat Braunschweig"; in: *Hucker, Bernd Ulrich/Schubert, Ernst/Weisbrod, Bernd* (Hrsg.): „Niedersächsiche Geschichte"; Göttingen 1997, S. 548

Posselt, Christian: „Direkte Demokratie in Berlin"; in: *Kost, Andreas* (Hrsg.): „Direkte Demokratie in den deutschen Ländern", Wiesbaden 2005, S. 60

Prachtl, Rainer: „Die vorläufige Verfassung des Landes Mecklenburg-Vorpommern"; LKV 1994, S. 1

Preuß, Hugo: „Gemeinde, Staat, Reich als Gebietskörperschaften"; Berlin 1889
- „Denkschrift zum Entwurf der künftigen Reichsverfassung"; Berlin 1919
- „Deutschlands Republikanische Reichsverfassung"; 2. Auflage, Berlin 1923

Preuß, Ulrich K.: „Sachverständigengutachten für die Anhörung ‚Elemente Direkter Demokratie' der Gemeinsamen Verfassungskommission am 17. Juni 1992"; AU-GVK Nr. 53
- „Das Landesvolk als Gesetzgeber"; DVBl. 1985, S. 710
- „Plebiszite als Formen der Bürgerbeteiligung"; ZRP 1993, S. 131

Przygode, Stefan: „Die deutsche Rechtsprechung zur unmittelbaren Demokratie"; Baden-Baden 1995 (= Diss. Köln 1993)

Püttner, Günter/Kretschmer, Gerald: „Die Staatsorganisation"; 2. Auflage, München 1993

Püttner, Günter: „Bürgermitwirkung in den neuen Ländern - Einige allgemeine Aspekte"; in: *Meyer, Gerd/Riege, Gerhard/Strützel, Dieter* (Hrsg.): „Lebensweise und gesellschaftlicher Umbruch in Ostdeutschland"; Erlangen/Jena 1992, S. 192

Randelzhofer, Albrecht: „Staatsgewalt und Souveränität"; in: *Isensee, Josef/Kirchhof, Paul* (Hrsg.): „Handbuch des Staatsrechts", Band II, 3. Auflage, Heidelberg 2004, § 17

Rattinger, Hans: „Abkehr von den Parteien"; APUZ 1993, B 11, S. 24

Rehmet, Frank: „Direkte Demokratie in den deutschen Bundesländern"; in: *Schiller, Theo* (Hrsg.): „Direkte Demokratie – Forschung und Perspektiven"; Wiesbaden 2002, S. 102

Reich, Andreas: „Verfassung des Landes Sachsen-Anhalt"; Bad Honnef 1994

- „Gesetzgebung und Volksgesetzgebung"; in: *Kilian, Michael* (Hrsg.): „Verfassungshandbuch Sachsen-Anhalt"; Baden-Baden 2004, S. 203 ff.

Ridola, Paolo: „Verfassungsrechtliche Probleme und politische Erfahrungen der unmittelbaren Demokratie in Italien"; JöR 2001, S. 369

Riedel, Eibe/Söllner, Sven: „Studiengebühren im Lichte des UN-Sozialpakts"; JZ 2006, 270

Riklin, Alois: „Stimmbeteiligung in der direkten Demokratie"; in: *Badura, Peter* et al.: „Recht als Prozess und Gefüge – Festschrift für Hans Huber zum 80. Geburtstag"; Bern 1981, S. 513

Ritterbach, Manfred E.: „Repräsentative und direkte Demokratie"; Bonn 1976

Rittger, Gebhard: „Der Streit um die direkte Demokratie in der Bundesrepublik Deutschland"; Diss. Bonn 1992

Roellecke, Gerd: „Brauchen wir ein neues Grundgesetz ?"; NJW 1991, S. 2441

Rogner, Klaus Michael: „Der Verfassungsentwurf des Zentralen Runden Tisches der DDR"; Berlin 1993

Rohn, Stephan: „Verfassungsreform in Schleswig-Holstein"; NJW 1990, S. 2782

Röhrich, Wilfried: „Die repräsentative Demokratie"; Opladen 1981

Rommelfanger, Ulrich: „Das konsultative Referendum"; Berlin 1988

- „Die Verfassung des Freistaates Thüringen des Jahres 1993"; ThürVBl. 1993, S. 145/173
- „Ausarbeitung und Werdegang der Thüringer Landesverfassung"; in: *Schmitt, Karl* (Hrsg.). „Die Verfassung des Freistaats Thüringen"; Weimar/Köln/Wien 1995, S. 55

Röper, Ernst: „Parlamentarische Behandlung von Bürgeranträgen/Volksinitiativen"; ZParl 1997, S. 461

- „Befassungspflicht des Landtags bei Volksinitiativen"; in: ThürVBl. 2003, S. 154
- „Sachsen-Anhalt –Volksinitiative missachtet"; in: VR 2003, S. 368
- „Volksinitiativen und Bürgeranträge: Richtungsweisendes Urteil des OVG Bremen"; ZParl. 2005, S. 152

Roscheck, Jan: „Enthaltung und Nichtbeteiligung bei staatlichen Wahlen und Abstimmungen", Berlin 2003

Rosenberg, Arthur: „Geschichte der Weimarer Republik"; Frankfurt/Main 1961

Rosenke, Torsten: „Die Finanzbeschränkungen bei der Volksgesetzgebung in Deutschland", Baden-Baden 2006

Rösner, Ernst: „Schulpolitik durch Volksbegehren"; Weinheim/Basel 1981

Rossnagel, Alexander: „Kontrolle großtechnischer Anlagen durch Verwaltungsreferenda"; ZParl 1986, S. 587

Roth, Dieter: „Was bewegt die Wähler?"; APUZ 1994, B 11, S. 3

Rother, Bernd: „Der Freistaat Braunschweig in der Weimarer Republik (1919-1933)"; in: *Jarck, Horst-Rüdiger/Schildt, Gerhard* (Hrsg.): „Die Braunschweigische Landesgeschichte"; Braunschweig 2000, S. 945

Rüther, Günther (Hrsg.): „Repräsentative oder plebiszitäre Demokratie – eine Alternative?"; Baden-Baden 1996

Rux, Johannes: „Die Verfassungsdiskussion in den neuen Bundesländern – Vorbild für die Reform des Grundgesetzes?"; ZParl 1992, S. 291

- „Die Verfassungsentwürfe in den neuen Ländern"; NJ 1992, S. 147
- „Positive und negative Bekenntnisfreiheit in der Schule"; Der Staat 1996, S. 523
- „Lernmittelfreiheit und Sozialhilfe"; VBlBW. 1997, S. 371
- „Intertemporale Strukturprobleme der Demokratie – Die Öko-Diktatur als Ausweg?"; in: *Bertschi, Martin/Gächter, Thomas/Hurst, Robert et al.* (Hrsg.): „Demokratie und Freiheit"; Stuttgart et al. 1999, S. 301
- „Landesstaatsangehörigkeit und politische Willensbildung"; ZAR 1999, S. 177
- „Anmerkung zur Entscheidung des Bundesverfassungsgerichts vom 3. Juli 2000 – 2 BvK 3/98 – BVerfGE 102, 176"; DVBl. 2001, S. 549
- „Anmerkung zur Entscheidung des Thüringer Verfassungsgerichtshofes vom 19.9.2001 – VerfGH 4/01"; ThürVBl. 2002, S. 48
- „Die Haushaltsvorbehalte in Bezug auf die direktdemokratische Verfahren in den Verfassungen der neuen Bundesländer"; LKV 2002, S. 252
- „Direkte Demokratie in der Weimarer Republik"; KritVjschr. 2002, S. 273
- „Die pädagogische Freiheit des Lehrers"; Berlin 2002

Sachs, Michael: „Anmerkung zum Beschluss des BVerfG vom 24.3.1982"; DÖV 1982, S. 595

- „Das Staatsvolk in den Ländern"; AöR 1983, S. 68
- „Das Grundgesetz im vereinten Deutschland – endgültige Verfassung oder Dauerprovisorium?"; JuS 1991, S. 985
- „Zur Verfassung des Landes Brandenburg"; LKV 1993, S. 241
- „Rechtsprechungsübersicht – Umfang der Neutralitätspflicht des Staates bei Volksentscheiden"; JuS 1997, S. 652
- „Rechtsprechungsübersicht – Nichtzulassung eines Volksbegehrens zur Bildung eines Landes Franken"; JuS 1998, S. 754
- „Kann im Rahmen der Volksgesetzgebung in NRW bei einem auf eine Verfassungsänderung gerichteten Volksentscheid auf qualifizierte Anforderungen verzichtet werden?"; in: *Neumann, Peter/von Raumer, Stefan* (Hrsg.): „Die verfassungsrechtliche Ausgestaltung der Volksgesetzgebung"; Baden-Baden 1999, S. 135
- „Rechtsprechungsübersicht – Voraussetzungen für Zulassung eines verfassungsändernden Volksbegehrens"; JuS 2000, S. 1116
- „Rechtsprechungsübersicht – Abschaffung des Bayerischen Senats"; JuS 2000, S. 705

- „Rechtsprechungsübersicht – Verfassungsrechtliche Grenze für die Volksgesetzgebung"; JuS 2001, S. 293
- „Ewigkeitsgarantie für Grenzen der Volksgesetzgebung"; LKV 2002, S. 249
- „Grundgesetz"; 3. Auflage, München 2003

Sägesser, Thomas: „Das konstruktive Referendum"; Bern 2000

Sampels, Guido: „Bürgerpartizipation in den neuen Länderverfassungen"; Berlin 1998 (= Diss. Köln 1997)

Sarcinelli, Ulrich: „Massenmedien und Politikvermittlung – Eine Problem- und Forschungsskizze"; in: *Wittkämper, Gerhard W.* (Hrsg.): „Medien und Politik"; Darmstadt 1992, S. 37

Sartori, Giovanni: „Demokratietheorie"; Darmstadt 1992

Schaal, Diana/Habermann, Gerd: „Argumente für skeptische Zeitgenossen"; in: *Heußner, Hermann K./Jung, Otmar* (Hrsg.): „Mehr direkte Demokratie wagen"; München 1999, S. 333

Schachtschneider, Karl-Albrecht: „Gesetzgebung und Verfassungsänderung durch das Volk in Berlin"; JR 1975, S.221

Schambeck, Herbert: „Das Volksbegehren"; Tübingen 1971

Schätzel, Walter: „Staatsangehörigkeit"; in: *Neumann, Franz L./Nipperdey, Hans-Carl/Scheuner, Ulrich* (Hrsg.): „Die Grundrechte"; Band 2, Berlin 1954, S. 535

Schäuble, Wolfgang: „Das personale Element in der repräsentativen Demokratie"; in: *Klein, Eckart* (Hrsg.): „Grundrechte, soziale Ordnung und Verfassungsgerichtsbarkeit – Festschrift für Ernst Benda"; Heidelberg 1995, S. 221

Scheuch, Erwin K./Scheuch, Ute: „Cliquen, Klüngel und Karrieren : über den Verfall der politischen Parteien – eine Studie"; Reinbek 1992

Scheuner, Ulrich: „Das repräsentative Prinzip in der modernen Demokratie"; in: „Verfassungsrecht und Verfassungswirklichkeit – Festschrift für Hans Huber zum 60. Geburtstag", Bern 1961, S. 222
- „Das Mehrheitsprinzip in der Demokratie"; Opladen 1973

Schieren, Stefan: „Plebiszitäre Elemente in der parlamentarischen Demokratie. Einige theoretische Überlegungen zu den Verfahrensproblemen"; StWissStPrax 1997, S. 63

Schiffers, Reinhard: „Elemente direkter Demokratie im Weimarer Regierungssystem"; Düsseldorf 1971

Schiller, Theo: „Direkte Demokratie – eine Einführung"; Frankfurt/Main et al., 2002

Schimmer, Andreas: „‚Ihre Stimme für den Bußtag, weil Feiertage unbezahlbar sind' - Der Kampf der Nordelbischen Kirche für die Erhaltung des Buß- und Bettages"; in: *Heußner, Hermann K./Jung, Otmar* (Hrsg.): „Mehr direkte Demokratie wagen"; München 1999, S. 269

Schimpff, Volker/Rühmann, Jürgen (Hrsg.): „Die Protokolle des Verfassungs- und Rechtsausschusses zur Entstehung der Verfassung des Freistaates Sachsen"; Rheinbreitenbach 1997

Schlaich, Klaus: „Entfremdung zwischen Staat und Volk"; Evangelische Kommentare 1983, S. 481

Schlenker, Heinz: „Das Landesvolk als Gesetzgeber"; VBlBW. 1988, S. 121

Schleswig-Holsteinischer Landtag, ‚Enquete-Kommission Verfassungs- und Parlamentsreform': „Schlussbericht"; Baden-Baden 1989

Schliesky, Utz: „Die Weiterentwicklung von Bürgerbegehren und Bürgerentscheid"; ZG 1999, S. 91
- „Neue Grundlage für die unmittelbare Demokratie in Schleswig-Holstein"; SchlHA 1999, S. 225

Schmid, Gerhard: „Sachverständigengutachten für die Anhörung ‚Elemente Direkter Demokratie' der Gemeinsamen Verfassungskommission am 17. Juni 1992"; AU-GVK Nr. 44

- „Sozialstaatlichkeit, Sozialverfassung und direkte Demokratie in der Schweiz"; in: *Ruland, Franz* et al. (Hrsg.): „Verfassung, Theorie und Praxis des Sozialstaats – Festschrift für Hans F. Zacher zum 70. Geburtstag"; München 1998, S. 833

Schmid, Manfred: „Der Stand der Verfassungsberatungen im Land Thüringen"; in: *Stern, Klaus* (Hrsg.): „Deutsche Wiedervereinigung – Band 3: Zur Entstehung von Landesverfassungen in den neuen Ländern der Bundesrepublik Deutschland"; Köln et al. 1992, S. 105

Schmidt, Manfred G.: „Lehren der Schweizer Referendumsdemokratie"; in: *Offe, Claus* (Hrsg.): „Demokratisierung der Demokratie – Diagnosen und Reformvorschläge"; Frankfurt am Main et al. 2003, S. 111

Schmidt, Martin: „Die politische Debatte um eine Reform der Volksgesetzgebung 1997/1998 aus der Sicht der Hamburgischen Bürgerschaft"; in: *Bull, Hans-Peter* (Hrsg.): „Fünf Jahre direkte Bürgerbeteiligung in Hamburg"; Hamburg 2001, S. 88

Schmidt-Eichstaedt, Gerd: „Kommunale Gebietsreform in den neuen Bundesländern"; APUZ 1993, B 36, S. 3

Schmidt-Hieber, Werner/Kießwetter, Ekkehard: „Parteigeist und politischer Geist in der Justiz"; NJW 1992, S. 1790

Schmidt-Jortzig, Edzard: „Sachverständigengutachten für die Anhörung ‚Elemente Direkter Demokratie' der Gemeinsamen Verfassungskommission am 17. Juni 1992"; AU-GVK Nr. 51

Schmitt, Carl: „Volksentscheid und Volksbegehren"; Berlin et al. 1927

- „Verfassungslehre"; 1. Auflage, Berlin 1928, (Neusatz 1993)
- „Der Hüter der Verfassung"; 1. Auflage, Berlin 1931 (unveränderter Nachdruck 1985)

Schmitt Glaeser, Walter/Horn, Hans-Detlef: „Die Rechtsprechung des Bayerischen Verfassungsgerichtshofs"; BayVBl 1999, S. 391

Schmitt Glaeser, Walter: „Grenzen des Plebiszits auf kommunaler Ebene"; DÖV 1998, S. 824

Schmitt, Karl (Hrsg.): „Die Verfassung des Freistaats Thüringen"; Weimar/Köln/Wien 1995

Schneider, Hans: „Volksabstimmungen in der rechtsstaatlichen Demokratie"; in: *Bachof, Otto/Drath, Martin/Gönnenwein, Otto/Walz, Ernst* (Hrsg.): „Gedächtnisschrift für Walter Jellinek"; München 1955, S. 155

- „Die Reichsverfassung vom 11. August 1919"; in: *Isensee, Josef/Kirchhof, Paul* (Hrsg.): „Handbuch des Staatsrechts"; Band I, 2. unveränderte Auflage, Heidelberg 1995 (1. Auflage 1984), § 4

Schneider, Hans-Peter (Hrsg): „Das Grundgesetz – Dokumentation seiner Entstehung"; Band 9, Frankfurt am Main 1995

Schneider, Hans-Peter: „Die parlamentarische Opposition im Verfassungsrecht der Bundesrepublik Deutschland"; Frankfurt/Main 1972

- „Repräsentation und Partizipation des Volkes als Problem demokratischer Legitimität"; in: *Brandt, Willy/Gollwitzer, Hellmut/Henschel, Johann Friedrich* (Hrsg.): „Ein Richter, ein Bürger, ein Christ – Festschrift für Helmut Simon zum 70. Geburtstag"; Baden-Baden 1987, S. 243
- „Verfassungsrecht der Länder – Relikt oder Rezept?"; DÖV 1987, S. 749
- „Die verfassungsgebende Gewalt"; in: *Isensee, Josef/Kirchhof, Paul* (Hrsg.) „Handbuch des Staatsrechts"; Band VII, Heidelberg 1993, § 158
- „Das parlamentarische System"; in: *Benda, Ernst/Maihofer, Werner/Vogel, Hans-Jochen* (Hrsg.): „Handbuch des Verfassungsrechts der Bundesrepublik Deutschland"; 2. Auflage, Berlin 1994, § 13, S. 537

Schneider, Karl-Heinz: „Der schaumburg-lippische Landtag und seine Abgeordneten"; in: *Höing, Hubert* (Hrsg.): „Vom Ständestaat zur freiheitlich-demokratischen Republik"; Melle 1995, S. 145

Schneider, Maria-Luise: „Zur Rationalität von Volksabstimmungen – der Gentechnikkonflikt im direktdemokratischen Verfahren"; Wiesbaden 2003

Schneider, Peter: „Das Volk, von dem alle Staatsgewalt ausgeht"; in: *Stein Ekkehard* (Hrsg.): „Auf einem dritten Weg – Festschrift für Helmut Ridder zu 70. Geburtstag"; Darmstadt et al. 1989, S. 3

Schnurr, Bernhard: „Möglichkeiten der Einführung von Volksbegehren, Volksentscheid und Volksbefragung auf Bundesebene ohne Änderung des Grundgesetzes"; Diss. Konstanz 1987

Scholz, Rupert: „Neue Verfassung oder Reform des Grundgesetzes ?"; ZfA 1991, S. 683

– „Voraussetzungen und Grenzen plebiszitärer Demokratie"; in: *Willems, Ulrich* (Hrsg.): „Demokratie auf dem Prüfstand – Bürger, Staaten, Weltwirtschaft"; Opladen 2002, S. 83

Schonebohm, Friedrich Karl: „Die Volksgesetzgebung nach hessischem Verfassungsrecht"; in: *Avenarius, Hermann/Engelhardt, Hanns/Heußner, Hermann/Zezschwitz, Friedrich von* (Hrsg.): „Festschrift für Erwin Stein zum 80. Geburtstag"; Bad Homburg vor der Höhe 1983, S. 317

Schöneburg, Karl-Heinz: „Der deutsche Staat braucht eine neue Verfassung"; NJ 1992, S. 384

Schreiber, Wolfgang: „Landtag, Landtagswahlrecht, Fraktionen, Opposition"; in: *Kilian, Michael* (Hrsg.): „Verfassungshandbuch Sachsen-Anhalt"; Baden-Baden 2004, S. 152 ff.

Schröder, Meinhard: „Fünfzig Jahre Verfassungsentwicklung in Rheinland-Pfalz"; DÖV 1997, S. 309

– „Aufgaben der Bundesregierung"; in: *Isensee, Josef/Kirchhof, Paul* (Hrsg.) „Handbuch des Staatsrechts"; Band II, 2. durchgesehene Auflage, Heidelberg 1998, § 50

Schulz, Tobias: „Wie ‚rational' sind Volksentscheide?"; Bamberg 2002

Schulz-Schaeffer, Helmut: „Der demokratische Rechtsstaat als Republik, als ‚gemeinsame Sache aller'"; JZ 2003, S. 534

Schulze, Hagen: „Staat und Nation in der europäischen Geschichte"; München 1994

Schumpeter, Joseph A.: „Kapitalismus, Sozialismus und Demokratie"; 7. Auflage, Tübingen/Basel 1993

Schuppert, Gunnar Folke: „Einstweilige Anordnung und Vollstreckungsregelung"; in: Starck, Christian/Stern, Klaus: „Landesverfassungsgerichtsbarkeit – Band 2 – Zuständigkeiten und Verfahren der Landesverfassungsgerichte"; Baden-Baden 1983, S. 347

Schüren, Ulrich: „Der Volksentscheid zur Fürstenenteignung 1926"; Düsseldorf 1978

Schwarzwälder, Herbert: „Geschichte der Freien Hansestadt Bremen"; Band III, Hamburg 1983

Schweiger, Karl: „Verfassungsgerichtshof als Verfassungsgeber?"; BayVBl 2000, S. 195

– „Verfassungsgericht und Plebiszit"; BayVBl. 2002, S. 65

– „Volksbegehren und ‚Volksinitiative' – verfassungsgerichtliche Vorprüfung von Anträgen auf Zulassung"; NVwZ 2002, S. 1471

– „Weiterentwicklung der verfassungsgerichtlichen Rechtsprechung zum Plebiszit"; BayVBl. 2005, S. 321

Schwieger, Christopher: „Volksgesetzgebung in Deutschland"; Berlin 2005

Seckler, Dorothea: „‚Vertreter-Demokratie' statt Bürgermitwirkung?"; BayVBl. 1997, S. 232

Siekmann, Helmut: „Zur Verfassungsmäßigkeit einer Streichung von Art. 68 Abs. 1 Satz 4 der Verfassung für das Land Nordrhein-Westfalen"; in: *Neumann, Peter/von Raumer, Stefan* (Hrsg.): „Die verfassungsrechtliche Ausgestaltung der Volksgesetzgebung"; Baden-Baden 1999, S. 181

- „Verfassungsgemäße Volksgesetzgebung in Thüringen?"; in: *Neumann, Peter* (Hrsg.): „Sachunmittelbare Demokratie im Freistaat Thüringen"; Baden-Baden 2002, S. 201

Simon, Helmut: „Wegweisendes Verfassungsmodell aus Brandenburg"; NJ 1991, S. 427

Spitta, Theodor: „Kommentar zur Bremischen Verfassung von 1947"; Bremen 1960

Sponer, Wolf-Uwe/Haentjes, Alexander: „Die Verordnung des sächsischen Staatsministeriums der Justiz zur Durchführung des Gesetzes über Volksantrag, Volksbegehren und Volksentscheid"; LKV 1996, 150

Sponer, Wolf-Uwe: „Länderreport: Sachsen"; LKV 1999, S. 312

Stapel, Wilhelm: „Die Fiktionen der Weimarer Verfassung"; Hamburg et al. 1928

Starck, Christian: „Verfassunggebung in den neuen Ländern"; ZG 1992, S. 1

- „Verfassunggebung in Thüringen"; ThürVBl. 1992, S. 10
- „Die neue niedersächsische Verfassung von 1993"; NdsVBl. 1994, S. 1
- „Die Verfassungen der neuen deutschen Länder"; Heidelberg 1994

Steffani, Winfried: „Das magische Dreieck demokratischer Repräsentation: Volk, Wähler und Abgeordnete"; ZParl 1999, S. 772

Steinberg, Rudolf: „Standortplanung umweltbelastender Großvorhaben durch Volksbegehren und Volksentscheid?"; ZRP 1982, S. 113

- „Elemente volksunmittelbarer Demokratie im Verwaltungsstaat"; Die Verwaltung 1983, S. 465
- „Organisation und Verfahren bei der Verfassunggebung in den Neuen Bundesländern"; ZParl 1992, S. 497

Stelzenmüller, Constanze: „Direkte Demokratie in den Vereinigten Staaten von Amerika"; Baden-Baden 1994 (= Diss. Bonn 1992)

Stelzer, Manfred: „Direkt-demokratische Elemente in der österreichischen Verfassung – eine rechtsvergleichende Betrachtung"; in: *Geis, Max-Emanuel* (Hrsg.): „Staat, Kirche, Verwaltung – Festschrift für Hartmut Maurer zum 70. Geburtstag"; München 2001, S. 1019

Stern, Klaus: „Das Staatsrecht der Bundesrepublik Deutschland"
Band I, 2. Auflage, München 1984
Band II, 1. Auflage, München 1980

Stiens, Andrea: „Chancen und Grenzen der Landesverfassungen im deutschen Bundesstaat der Gegenwart"; Berlin 1997 (= Diss. Trier 1996)

Stier-Somlo, Fritz: „Das Preußische Verfassungsrecht", Bonn 1922

Stiftung Mitarbeit (Hrsg.): „Direkte Demokratie in Deutschland"; Bonn 1991

Stober, Rolf (Hrsg.): „Quellen zur Entstehungsgeschichte der Sächsischen Verfassung"; Dresden 1993

Stöffler, Dietrich: „Kann über ein Volksbegehren zur Änderung der Landesverfassung der Weg zum finanzwirksamen Volksbegehren eröffnet werden?"; ThürVBl 1999, S. 33

Stolleis, Michael: „Parteienstaatlichkeit – Krisensymptome des demokratischen Verfassungsstaates?"; VVDStRL Bd. 44 (1985), S. 7

Storost, Ulrich: „Revision des Landesverfassungsrechtes? Vorüberlegungen am Beispiel der Verfassung für Rheinland-Pfalz"; in: *Fürst, Walter/Herzog, Roman/Umbach, Dieter* (Hrsg.): „Festschrift für Wolfgang Zeidler"; Band 2, Berlin et al. 1987, S. 1199

Storr, Stefan: „Verfassunggebung in den Ländern"; Stuttgart et al. 1995 (= Diss. Jena 1994/95)

Strenge, Irene: „Plebiszite in der Weimarer Zeit"; ZRP 1994, S. 271

Strübel, Michael: „Mehr direkte Demokratie?"; APUZ 1987, B 42, S. 17,

Stuby, Gerhard: „Volksentscheid"; in: *Kröning, Volker/Pottschmidt, Günter/Preuß, Ulrich K./Rinken, Alfred* (Hrsg.): „Handbuch der Bremischen Verfassung"; Baden-Baden 1991, S. 288

Süsterhenn, Adolf /Schäfer, Hans: „Kommentar der Verfassung für Rheinland-Pfalz"; 1. Auflage, Koblenz 1950

Tannert, Carl: „Die Fehlgestalt des Volksentscheides"; Breslau 1929

Thaysen, Uwe: „Sachverständigengutachten für die Anhörung ‚Elemente Direkter Demokratie' der Gemeinsamen Verfassungskommission am 17. Juni 1992"; AU-GVK Nr. 59a

Thibaut, Bernhard: „Institutionen direkter Demokratie in Lateinamerika"; ZParl 1998, S. 107

Thiele, Burkhard/Pirsch, Jürgen/Wedemeyer, Kai: „Die Verfassung des Landes Mecklenburg-Vorpommern"; Berlin 1995

Thoma, Richard: „Recht und Praxis des Referendums im Deutschen Reich und seinen Ländern"; ZöR 1928, S. 489

- „Das Reich als Demokratie"; in: *Anschütz, Gerhard/Drs.* (Hrsg.): „Handbuch des Deutschen Staatsrechts"; Band 1, Tübingen 1929, § 16, S. 186
- „Sinn und Gestaltung des Deutschen Parlamentarismus"; ohne Ortsangabe 1929
- „Funktionen der Staatsgewalt: Grundbegriffe und Grundsätze"; in: *Anschütz, Gerhard/Drs.* (Hrsg.): „Handbuch des Deutschen Staatsrechts"; Band 2, Tübingen 1932, § 71, S. 108

Thum, Cornelius: „Bürgerbegehren und Bürgerentscheide im kommunalen Verfassungsgefüge"; BayVBl. 1997, S. 225

- „Zur Ausgestaltung des Mehrheitsprinzips in der unmittelbaren Demokratie"; BayVBl 2000, S. 33 und 74
- „Rechtsfragen der Plakatierung vor Wahlen und Abstimmungen sowie bei Volks- und Bürgerbegehren"; BayVBl. 2003, S. 417

Tiefenbach, Paul: „Mit Volksentscheiden zum sanierten Staatshaushalt"; in: Blätter für deutsche und internationale Politik 2004, S. 85

Tillmanns, Reiner: „Verfassungsänderung durch Volksgesetzgebung?"; DÖV 2000, S. 269

- „Zum Mehrheitserfordernis bei Abstimmungen über verfassungsändernde Volksentscheide"; in: NVwZ 2002, S. 54

Trautmann, Erich: „Die Verfassung des Landes Nordrhein-Westfalen"; Tübingen 1951

Trechsel, Alexander: „Institutioneller Vergleich"; in: *ders./Serdült, Uwe*: „Kaleidoskop Volksrechte – Die Institutionen der direkten Demokratie in den schweizerischen Kantonen" (1970-1996), Basel/Genf/München 1999, S. 3 ff.

- „Feuerwerk Volksrechte – Die Volksabstimmungen in den schweizerischen Kantonen 1970-1996"; Basel/Genf/München 2000

Triepel, Heinrich: „Der Weg der Gesetzgebung nach der neuen Reichsverfassung"; AöR 1920, S. 456

- „Quellensammlung zum Deutschen Staatsrecht"; 3. Auflage, Tübingen 1922
- „Das Abdrosselungsgesetz", DJZ 1926, Sp. 845

Troitzsch, Klaus G.: „Volksbegehren und Volksentscheid"; Meisenheim am Glan 1979

Umbach, Dieter C./Clemens, Thomas: „Bundesverfassungsgerichtsgesetz"; Heidelberg 1992

Unruh, Peter: „Zum Stand der Verfassungsreform in Hamburg"; DÖV 1995, S. 265

Ursprung, Tobias: „Propaganda, Interessengruppen und direkte Demokratie"; Heidelberg 1994 (= Diss oec., Basel 1993)

Vatter, Adrian: „Die Wechselbeziehungen von Konkordanz- und Direktdemokratie"; Polit. Vierteljahresschrift 1997, S. 743

Veen, Hans-Joachim: „Volksparteien – Die fortschrittlichste Organisationsform politischer Willensbildung"; ZParl 1999, S. 377

Vette, Markus: „Volksgesetzgebung in Brandenburg"; RuP 1996, S. 219

Vogel, Klaus: „Grundzüge des Finanzrechts des Grundgesetzes"; in: *Isensee, Josef/Kirchhof, Paul* (Hrsg.) „Handbuch des Staatsrechts"; Band IV, 2. Auflage, Heidelberg 1999, § 87

Vogelgesang, Klaus: „Die Verfassungsentwicklung in den neuen Bundesländern"; DÖV 1991, S. 1045

von Arnim, Hans-Herbert: „Gemeinwohl und Gruppeninteressen"; Frankfurt/Main 1976

– „Staatslehre der BRD"; München 1984

– „Die Partei, der Abgeordnete und das Geld"; Mainz 1991

– „Demokratie vor neuen Herausforderungen"; ZRP 1995, S. 340

– „Staat ohne Diener"; 2. Auflage, München 1995

– „Reformblockade der Politik?"; ZRP 1998, S. 138

– „Vom schönen Schein der Demokratie"; München 2000

– „Wer kümmert sich um das Gemeinwohl? – Auflösung der politischen Verantwortung im Parteienstaat"; ZRP 2002, S. 223

– „Die politische Durchsetzung der Kommunalverfassungsreform der neunziger Jahre"; DÖV 2002, S. 585

von Bose, Harald: „Geschichte der Verfassungsgebung"; in: *Kilian, Michael* (Hrsg.): „Verfassungshandbuch Sachsen-Anhalt"; Baden-Baden 2004, S. 93 ff.

von Brünneck, Alexander/Epting, F. Immanuel: „Politische Gestaltungsrechte und Volksabstimmungen"; in: *Simon, Helmut/Franke, Dietrich/Sachs, Michael* (Hrsg.): „Handbuch der Verfassung des Landes Brandenburg"; Stuttgart et al. 1994, § 22

von Brünneck, Alexander: „Zum Verfahren der Volksinitiative"; NJ 1995, S. 125

– „Die Verfassung des Landes Brandenburg von 1992, JÖR 2004, S. 259

von Danwitz, Thomas: „Plebiszitäre Elemente in der staatlichen Willensbildung"; DÖV 1992, S. 601

von Doemming/Füßlein/Matz: „Entstehungsgeschichte der Artikel des Grundgesetzes"; JöR 1951

von Mangoldt, Hans: „Bürgerpartizipation und neue Landesverfassung - Das Beispiel Sachsens"; in: *Meyer, Gerd/Riege, Gerhard/Strützel, Dieter* (Hrsg.): „Lebensweise und gesellschaftlicher Umbruch in Ostdeutschland"; Erlangen/Jena 1992, S. 197

– „Die Verfassung des Freistaates Sachsen"; SächsVBl. 1993, S. 25

– „Entstehung und Grundgedanken der Verfassung des Freistaates Sachsen"; Leipzig 1996

– „Die Verfassungen der neuen Bundesländer"; 2. Auflage, Berlin 1997

von Mangoldt, Hermann: „Das Bonner Grundgesetz"; 1. Auflage, Berlin/Frankfurt am Main 1953

von Mangoldt, Hermann/Klein, Friedrich: „Das Bonner Grundgesetz"
Band 6 bearbeitet von *Norbert Achterberg und Martin Schulte*, 3. Auflage, München, 1991
Band 14 bearbeitet von *Axel Freiherr von Campenhausen*, 3. Auflage, München 1991

von Mangoldt, Hermann/Klein, Friedrich/Starck, Christian (Hrsg.): „Das Bonner Grundgesetz"
Band 1, 4. Auflage, München 1999

Band 2, 4. Auflage, München 2000
Band 3, 4. Auflage, München 2001
von Mohl, Robert: „Staatsrecht, Völkerrecht und Politik"; Tübingen 1860 (unveränderter Nachdruck Graz 1962)
von Münch, Ingo (Hrsg.): „Grundgesetz-Kommentar"; Band 2, 1. Auflage, München 1976
von Münch, Ingo/Kunig, Philipp (Hrsg.): „Grundgesetz-Kommentar";
Band 2, 5. Auflage, München 2001
Band 3, 4. Auflage, München 2003
von Mutius, Albert/Friedrich, Thomas: „Verfassungsentwicklung in den neuen Bundesländern – zwischen Eigenstaatlichkeit und Homogenität"; StWissStPrax 1991, S. 243
von Mutius, Albert/Wuttke, Horst/Hübner, Peter: „Kommentar zur Landesverfassung Schleswig-Holstein"; Kiel 1995
von Staudinger, J.: „Kommentar zum Bürgerlichen Gesetzbuch"; 13. Auflage, Berlin 1995

Waechter, Kay: „Kommunalrecht"; 3. Auflage, Köln et al. 1997
Waldecker, Ludwig: „Die Verfassung des Freistaats Preußen", Berlin 1921
Waldhoff, Christian: „Finanzwirtschaftliche Entscheidungen in der Demokratie – ein Verfassungsvergleich zwischen der Schweiz und Deutschland zum Freiheitsschutz des Bürgers vor staatlicher Finanzmacht"; in: *Bertschi, Martin/Gächter, Thomas/Hurst, Robert et al.* (Hrsg.): „Demokratie und Freiheit"; Stuttgart et al. 1999, S. 181
Wassermann, Rudolf: „Die Zuschauerdemokratie"; Düsseldorf et al. 1986
- „Plebiszitäre Demokratie – ja oder nein ?"; RuP 1986, S. 125
- „Demokratiedefizite im Parteienstaat"; in: *Stein Ekkehart/Faber, Heiko* (Hrsg.): „Auf einem Dritten Weg – Festschrift für Helmut Ridder zum siebzigsten Geburtstag"; Frankfurt/Main 1989, S. 15
- „Ämterpatronage durch politische Parteien"; NJW 1999, S. 2330
Weber, Albrecht: „Direkte Demokratie im Landesverfassungsrecht"; DÖV 1985, S. 178
Weber, Max: „Wirtschaft und Gesellschaft"; 5. Auflage, Tübingen 1972
Weber, Werner: „Mittelbare und unmittelbare Demokratie"; in: *Matz, Ulrich* (Hrsg.): „Grundprobleme der Demokratie"; Darmstadt 1973, S. 245
Wefelmeier, Christian: „Repräsentation und Abgeordnetenmandat"; Stuttgart et al. 1991 (= Diss. Marburg 1990)
Wehling, Hans-Georg: „Direkte Demokratie in Baden-Württemberg"; in: *Kost, Andreas* (Hrsg.): „Direkte Demokratie in den deutschen Ländern", Wiesbaden 2005, S. 14
Wehling, Hans-Georg/Wehling, Rosemarie: „Parlamentsauflösung durch Volksabstimmung?"; ZParl 1972, S. 76
Wehner, Burkhard: „Die Katastrophen der Demokratie"; Darmstadt 1992
Wehr, Matthias: „Rechtsprobleme des Bürgerbegehrens (Art. 18a BayGO)"; BayVBl. 1996, S. 549
- „Direkte Demokratie – Von der Weimarer Verfassung zum Grundgesetz"; JuS 1998, S. 411
Weixner, Bärbel Martina: „Direkte Demokratie in den Bundesländern – verfassungsrechtlicher und empirischer Befund aus politikwissenschaftlicher Sicht"; Opladen 2002
- „Direkte Demokratie in Bayern"; in: *Kost, Andreas* (Hrsg.): „Direkte Demokratie in den deutschen Ländern", Wiesbaden 2005, S. 29

Wellkamp, Ludger: „Die Volkswahl des Bundespräsidenten"; BayVBl. 2002, S. 267

Welzel, Christian: „Politikverdrossenheit und der Wandel des Partizipationsverhaltens – Zum Nutzen direktdemokratischer Beteiligungsformen"; ZParl 1995, S. 141

Wesel, Uwe: „‚Offenbar unbegründet' – Zur Verfassungsgemäßheit des Volksbegehrens gegen den Bau der Startbahn West"; KJ 1982, S. 117

– „Frühformen des Rechts in vorstaatlichen Gesellschaften"; München 1985

– „Geschichte des Rechts"; München 1997

Wiesendahl, Elmar: „Volksparteien im Abstieg"; APUZ 1992, B 34-35, S. 3

– „Wie geht es weiter mit den Großparteien in Deutschland?"; APUZ 1998, B 1-2, S. 14

Wilke, Dieter: „Die Verfassungsentwicklung in Berlin: Vom Ende der Teilung zum Aufstieg zur Bundeshauptstadt"; JöR 2004, S. 193

Willoweit, Dietmar: „Deutsche Verfassungsgeschichte"; 4. Auflage, München 2001

Wimmer, Raimund: „Die Volksbegehren zur Novellierung des Bayerischen Gesetzes über das Erziehungs- und Unterrichtswesen"; RdJB 1995, S. 340

Winkler, Heinrich August: „Von der Revolution zur Stabilisierung – Arbeiter und Arbeiterbewegung in der Weimarer Republik 1918 bis 1924"; 2. Auflage, Berlin/Bonn 1985

– „Der Schein der Normalität – Arbeiter und Arbeiterbewegung in der Weimarer Republik 1924 bis 1930"; 2. Auflage, Berlin/Bonn 1988

– „Der Weg in die Katastrophe – Arbeiter und Arbeiterbewegung in der Weimarer Republik 1930 bis 1933"; 2. Auflage, Berlin/Bonn 1990

– „Weimar 1918-1933"; München 1993

Wirthensohn, Andreas: „Dem ‚ewigen Gespräch' ein Ende setzen: Parlamentarismuskritik am Beispiel von Carl Schmitt und Hans Herbert von Arnim – nur eine Polemik?"; ZParl 1999, S. 400

Witte, Jan H.: „Unmittelbare Gemeindedemokratie der Weimarer Republik. Verfahren und Anwendungsausmaß in den norddeutschen Ländern"; Baden-Baden 1997

Wittmayer, Leo: „Die Weimarer Reichsverfassung"; Tübingen 1922

Wittreck, Fabian: „Zur Einleitung: Verfassungsentwicklung zwischen Novemberrevolution und Gleichschaltung"; in: *ders.*: „Weimarer Landesverfassungen"; Tübingen 2004, S. 1

– „Direkte Demokratie und Verfassungsgerichtsbarkeit"; JöR 2005, S. 113

Wolff, Hans Julius: „Zum Urteil des Staatsgerichtshofes für das Deutsche Reich vom 19.12.1929 in Sachen ‚Freiheitsgesetz'"; AöR 1930, S. 411

Wollmann, Helmut: „Kommunalpolitik: Mehr (direkte) Demokratie wagen"; APUZ 1999, B 24-25, S. 13 ff.

Wolnicki, Boris: „Öffnungszeiten von Abstimmungsbüros bei Volksbegehren und Gewährleistung demokratischer Grundrechte – keine Angelegenheit für den Verwaltungsrichter?"; LKV 1997, S. 313

Würtenberger, Thomas: „Massenpetitionen aus Ausdruck politischer Diskrepanzen zwischen Repräsentanten und Repräsentierten"; in: *Evangelische Akademie Loccum* (Hrsg.): „Bürgerwille und Parteienherrschaft – für eine demokratische Aneignung von Politik"; Loccum 1989, S. 92

Zacher, Hans F.: „Plebiszitäre Elemente in der Bayerischen Verfassung: Historischer Überblick – aktuelle Probleme"; BayVBl. 1998, S. 737

Zawatka-Gerlach, Ulrich: „Volksabstimmung am 22.10.1995 über die neue Verfassung von Berlin – Einführung und Originaltext"; Berlin 1995

Ziekow, Arne: „Direkte Demokratie in Berlin – Entwicklung und Ausgestaltung eines ungeliebten Modells"; LKV 1999, S. 89

Zinn, Georg August/Stein, Erwin: „Die Verfassung des Landes Hessen"; Bad Homburg v.d.H. et al., Loseblattsammlung, Stand Oktober 1990

Zippelius, Reinhold: „Politikverdrossenheit"; ZRP 1993, S. 241

– „Allgemeine Staatslehre"; 14. Auflage, München 2003

– „Kleine deutsche Verfassungsgeschichte"; 6. Auflage, München 2002

Zolo, Danilo: „Die demokratische Fürstenherrschaft"; Göttingen 1997

Zorn, Wolfgang: „Bayerns Geschichte im 20. Jahrbundert"; München 1986

Zschoch, Diana: „Volksgesetzgebung und Haushaltsvorbehalt"; NVwZ 2003, S. 438

Beiträge in Tages- und Wochenzeitungen

Badura, Peter: „Direkte Teilhabe oder mittelbare Demokratie"; FAZ, 8.12.1991
Barzel, Rainer: „Plebiszit lädt ein zu Radikalismus, Instabilität und Unberechenbarkeit"; Die Welt, 26.10.1990
Bräutigam, Hans-Otto: „Eine moderne Auffassung freiheitlicher Demokratie"; Tsp., 23.5.1992
Burger, Hannes: „Wenn ‚das Volk' entscheidet"; Die Welt, 19.2.1991
Dettling, Warnfried: „Auf den Bürger kommt es an"; Die Zeit, 2.1.1998, S. 4
Diestel, Peter-Michael: „Moderne Verfassung"; Märkische Allgemeine, 12.6.1992
Eylmann, Horst: „Glaubwürdigkeit entscheidet"; Wochenpost, 13.2.1992
Finkelnburg, Klaus: „Eine tragfähige Grundlage für das Land Brandenburg"; Tsp., 9.6.1992
Finkenzeller, Roswin: „Bürger und Aktivbürger"; FAZ, 5.12.1994
Fromme, Friedrich Karl: „Staatsziele und Grundrechte bunt durcheinander"; FAZ, 12.6.1992
Glebke, Michael: „Dauernde Aufgabe – Thüringen hat immer noch keine Verfassung"; Die Zeit, 27.11.1992, S. 19
Hennis, Wilhelm: „Deutschland ist mehr als ein Standort"; Die Zeit, 5.12.1997, S. 6
Heuser, Uwe Jean/von Randow, Gero/Watermann, Ute: „Jetzt werden wir direkt"; Die Zeit, 8.4.1998, S. 17
Hölscheidt, Sven: „Öffentliche Diskussion findet wenig Resonanz"; Das Parlament, 16.10.1992
Holzbach, Heidrun: „Hitlers erster Sieg"; Die Zeit, 21.2.2002, S. 92
Kewenig, Wilhelm: „Brandenburg treibt ins verfassungspolitische Abseits"; Märkische Allgemeine, 27.51992
– „Ein einengendes Geflecht aus zu vielen Versprechungen"; Tsp., 19.5.1992
Krell, Detlef: „Vom Kurort auf die politische Bühne"; Das Parlament, 4.10.1991
Kriele, Martin: „Plebiszite in das Grundgesetz ?"; FAZ, 10.11.1992, S. 12
Leicht, Robert: „Einspruch!"; Die Zeit, 29.4.1998, S. 9
– „Die Parteien haben immer Recht"; Die Zeit, 13.6.2002, S. 6.
Limbach, Jutta: „Exporthit Grundgesetz"; Die Zeit, 18.2.1999, S. 10
Meier-Bergfeld, Peter: „Unter dem roten Adler die andere Republik"; Rheinischer Merkur, 27.9.1991
Priddat, Birger: „Signale aus dem schwarzen Loch"; Die Zeit, 3.6.2004, S. 13
Vogel, Hans-Jochen: „Wider das Gefühl der Ohnmacht"; Die Zeit, 2.10.1992, S. 14
von Arnim, Hans-Herbert: „Geld lässt das Gewissen schweigen"; FAZ, 28.9.1992
– „Das Münchhausenproblem der politischen Klasse"; FR, 19.2.1993, S. 12
– „Ein demokratischer Urknall"; Der Spiegel, Heft 51/ 1993, S. 35
– „Für eine legale Revolution"; Sonntag aktuell, 8.2.1998, S. 2 f.
Walter, Klaus: „Volksabstimmung über Landesverfassung"; Das Parlament, 27.5./3.6.1994, S. 10
Wiebke, Karsten: „Unsere Verfassung hat Pilotfunktion für neues Grundgesetz"; Märkische Allgemeine, 30.5.1992

Abkürzungsverzeichnis[1]

AbgH	Abgeordnetenhaus (von Berlin)
AnhV	Verfassung für Anhalt vom 18.7.1919
APUZ	Aus Politik und Zeitgeschichte (Beilage zur Wochenzeitung „Das Parlament")
AU-GVK	Arbeitsunterlage der Gemeinsamen Verfassungskommission von Bundesrat und Bundestag
BadV	Badische Verfassung vom 21.3.1919
BayV	Verfassung des Freistaats Bayern
BayV-1919	Verfassungsurkunde des Freistaates Bayern vom 14.8.1919
BbgV	Verfassung des Landes Brandenburg
BbgVAG	Brandenburgisches Gesetz über das Verfahren bei Volksinitiative, Volksbegehren und Volksentscheid
BbgVVV	Verordnung über das Verfahren bei Volksbegehren im Land Brandenburg
BerlVVAbgHG	Gesetz über Volksbegehren und Volksentscheid zur vorzeitigen Beendigung der Wahlperiode des Abgeordnetenhauses
BerlVVVG	(Berliner) Gesetz über Volksinitiative, Volksbegehren und Volksentscheid
BerlVVVO	(Berliner) Verordnung zur Durchführung des BerlVVVG
BNP	Braunschweig-Niedersächsische Partei
BremV	Landesverfassung der Freien Hansestadt Bremen
BremV-1920	Verfassung der Freien Hansestadt Bremen vom 18.5.1920
BremVBG	(Bremisches) Gesetz über das Verfahren beim Bürgerantrag
BremVEG	(Bremisches) Gesetz über das Verfahren beim Volksentscheid
BS	Bürgerschaft (Bremen und Hamburg)
BSV	Verfassung des Freistaates Braunschweig vom 6.1.1922
BVP	Bayerische Volkspartei
BW-V	Verfassung des Landes Baden-Württemberg
BW-LStO	(Baden-Württembergische) Verordnung des Innenministeriums zur Durchführung des Volksabstimmungsgesetzes (Landesstimmordnung)
BW-VAbstG	(Baden-Württembergisches) Gesetz über Volksabstimmung und Volksbegehren (Volksabstimmungsgesetz)
BZ	Berliner Zeitung
CH-BV	Bundesverfassung der Schweizerischen Eidgenossenschaft
DanzV-1920	Verfassung der Freien und Hansestadt Danzig vom 15./27.11.1920
DanzV-1922	Verfassung der Freien Stadt Danzig in der Fassung der Bekanntmachung vom 14.6.1922
DanzV-1930	Verfassung der Freien Stadt Danzig in der Fassung der Bekanntmachung vom 17.9.1930
Drs.	Drucksache
DDP	Deutsche Demokratische Partei
DNVP	Deutsch-Nationale Volkspartei
DVP	Deutsche Volkspartei

---

1 Es werden nur diejenigen Abkürzungen aufgeführt, die weder bei *Kirchner*, „Abkürzungsverzeichnis der Rechtssprache"; 3. Auflage 1983, noch in dem aktuellen Abkürzungsverzeichnis der „Neuen Juristischen Wochenschrift" genannt sind.

FAZ	Frankfurter Allgemeine Zeitung
FR	Frankfurter Rundschau
FS	Festschrift
GS	Gedächtnisschrift
GS	Gesetzessammlung
GSV	Gesetz- und Verordnungssammlung
GVK	Gemeinsame Verfassungskommission von Bundesrat und Bundestag
HambV	Verfassung der Freien und Hansestadt Hamburg
HambV-1921	Verfassung der Freien und Hansestadt Hamburg vom 7.1.1921
HambVAbstG	(Hamburgisches) Gesetz über Volksinitiative, Volksbegehren und Volksentscheid
HambVAbstGVO	(Hamburgische) Verordnung zur Durchführung des HambVAbstG
HdBBbgV	Simon/Franke/Sachs (Hrsg.): „Handbuch der Verfassung des Landes Brandenburg"; Stuttgart et al. 1994
HdBBremV	Kröning/Pottschmidt/Preuß/Rinken (Hrsg.): „Handbuch der Bremischen Verfassung"; Baden-Baden 1991
HdBDtStR	Anschütz/Thoma (Hrsg.): „Handbuch des Deutschen Staatsrechts" Bd. 1, Tübingen 1929; Bd. 2, ibid. 1932
HdBPol	Anschütz et al. (Hrsg.): „Handbuch der Politik"; 3. Aufl., Berlin et al. 1920
HdBSächsStVwR	Stober (Hrsg.), „Handbuch des sächsischen Staats- und Verwaltungsrechtes"; Stuttgart et al. 1996
HdBSächsV	Degenhart/Meissner (Hrsg.): „Handbuch der Sächsischen Verfassung"; Stuttgart et al. 1997
HdBStR	Isensee/Kirchhof (Hrsg.): „Handbuch des Staatsrechts"; Bd. 1-7, 1. Auflage, Heidelberg 1987 ff (HdBStR^1) / 2. Auflage, Heidelberg 1998 ff. (HdBStR^2) / 3. Auflage 2003 ff. (HdBStR^3)
HdBVerfR	Benda/Maihofer/Vogel (Hrsg.): „Handbuch des Verfassungsrechts"; 2. Auflage, Berlin 1994
HessV	Verfassung des Landes Hessen
HessV-1919	(Hessische) Verfassung vom 12.12.1919
HessV-1930	(Hessische) Verfassung in der Fassung des Gesetzes vom 28.3.1930
HessVAbstG	(Hessisches) Gesetz über Volksbegehren und Volksentscheid
LippeV	Verfassung des Landes Lippe vom 21.12.1920
LSA-VAbstG	Gesetz des Landes Sachsen-Anhalt über Volkinitiative, Volksbegehren und Volksentscheid
LSA-V	Verfassung des Landes Sachsen-Anhalt
LSA-VAbstVO	(Sachsen-anhaltinische) Volksabstimmungsverordnung
LübV-1920	Lübeckische Landesverfassung vom 23.5.1920
LübV-1925	Lübeckische Landesverfassung in der Fassung der Bekanntmachung vom 4.4.1925
LVerfGE	Entscheidungen der Verfassungsgerichte der Länder Berlin, Brandenburg, Hamburg, Mecklenburg-Vorpommern, Saarland, Sachsen-Anhalt, Thüringen
Märk. Allgem.	Märkische Allgemeine, Potsdam
Morgenpost	Berliner Morgenpost
MSchwV	Verfassung des Landes Mecklenburg-Schwerin vom 17.5.1920
MStrV	Landesgrundgesetz von Mecklenburg-Strelitz vom 24.5.1923
MV-V	Verfassung des Landes Mecklenburg-Vorpommern

MV-VaG	Gesetz zur Ausführung von Initiativen aus dem Volk, Volksbegehren und Volksentscheid in Mecklenburg-Vorpommern
MV-VaGDVO	Verordnung zur Durchführung des MV-VaG
ND	Neues Deutschland, Berlin
NdsV	Verfassung des Landes Niedersachsen
NdsVAbstG	Niedersächsisches Gesetz über Volkinitiative, Volksbegehren und Volksentscheid
NRW-V	Verfassung für das Land Nordrhein-Westfalen
NRW-VIVBVEG	(Nordrhein-Westfälisches) Gesetz über das Verfahren bei Volksinitiative, Volksbegehren und Volksentscheid
NRW-VVVG	(Nordrhein-Westfälisches) Gesetz über das Verfahren bei Volksbegehren und Volksentscheid
OldbV	Verfassung für den Freistaat Oldenburg vom 17.6.1919
PrV	Verfassung des Freistaates Preußen vom 30.11.1920
RegBl.	Regierungsblatt
Rhein. Merkur	Rheinischer Merkur /Christ und Welt
RP-V (E)	Bericht der Enquete-Kommission Verfassungsreform des Landtags von Rheinland-Pfalz, LT-Drs. 12/5555
RP-V	Verfassung für Rheinland-Pfalz
SaarV	Verfassung des Saarlandes
SaarVAbstG	(Saarländisches) Gesetz Nr. 1142 über Volksbegehren und Volksentscheid (Volksabstimmungsgesetz)
SaarVAbstO	(Saarländische) Volksabstimmungsordnung
SächsV	Verfassung des Freistaats Sachsen
SächsV-1920	Verfassung des Freistaates Sachsen vom 4.11.1920
SächsVVVG	Sächsisches Gesetz über Volksantrag, Volksbegehren und Volksentscheid
SächsVVVGVO	Verordnung des sächsischen Staatsministeriums der Justiz zur Durchführung des SächsVVVG
SchlHA	Schleswig-Holsteinische Anzeigen – Justizministerialblatt für Schleswig-Holstein
SchLippeV	Verfassung des Freistaats Schaumburg-Lippe vom 24.2.1922
SH-VAbstG	Schleswig-holsteinisches Gesetz über Initiativen aus dem Volk, Volksbegehren und Volksentscheid
SH-V	Verfassung des Landes Schleswig-Holstein
SH-VAbstGDVO	Schleswig-holsteinische Landesverordnung zur Durchführung des Volksabstimmungsgesetzes
Sten.Prot.	Stenographisches Protokoll
StWissStPrax	Staatswissenschaft und Staatspraxis
StZ	Stuttgarter Zeitung
SZ	Süddeutsche Zeitung, München
taz	die tageszeitung, Berlin
ThürBVVG	Thüringer Gesetz über das Verfahren bei Bürgerantrag, Volksbegehren und Volksentscheid
ThürV	Verfassung des Freistaats Thüringen
ThürV-1921	Verfassung des Landes Thüringen vom 11.3.1921
Tsp.	Tagesspiegel, Berlin
VEG	(Reichs-) Gesetz über den Volksentscheid
VvB	(Neue) Verfassung von Berlin

VvB-1950	Verfassung von Berlin in der Fassung bis zum 17. Änderungsgesetz vom 22. November 1974, GVBl. S. 2741
VvB-1974	Verfassung von Berlin in der Fassung bis zum 20. Änderungsgesetz vom 26. Februar 1981, GVBl. S. 346
VvB-1981	Verfassung von Berlin in der Fassung bis zum In-Kraft-Treten der neuen Verfassung von Berlin (VvB)
WürttV-1	Verfassungsurkunde des freien Volksstaates Württemberg vom 20.5.1919
WürttV-2	Verfassung Württembergs in der Neufassung nach Inkrafttreten der Reichsverfassung vom 25.9.1919

Schlagwortverzeichnis

Abgaben 271, 282, 446
– Abschöpfungsabgabe 283
– Kommunalabgaben 283
– Lenkungsabgaben 283, 446
– Studiengebühren 283
– Weimarer Republik 119, 132, 140
Abgeordnete
– Unabhängigkeit 78
Abgeordnetenhaus
– Auflösung 261, 374
Abschöpfungsabgabe 283
Abstimmungen
– im Sinne des Art. 20 GG 210
Akteneinsicht 533
Aktion Volksentscheid 212
Altersgrenze 764
– Berlin 764
– Brandenburg 516
– Bremen 725
– Hamburg 802
– Volksinitiative 408
Änderung
– Volksantrag 294, 421, 422
– Volksbegehren 422
– Volksentscheid 428
Anhalt 131
– Verfahrenspraxis Weimar 171
Anhörung
– Volksinitiative 412
Anregung an Landesregieru 238
Antrag
– nachträgliche Änderung 102
Arbeitsteilung, politische 69, 79, 96, 104
Art. 146 GG 233
Artikulationsfunktion 61, 83, 84, 272, 392, 891
Aufschiebende Wirkung
– Berlin 766, 771
– Brandenburg 523, 531
– Hamburg 808
– Mecklenburg-Vorpommern 667, 673
– Niedersachsen 636, 642
– Sachsen-Anhalt 611, 614
– Schleswig-Holstein 468, 473
Ausarbeitung

– Volksbegehren 118, 287, 414, 910
– Volksinitiative 910
Ausfertigung
– Volksentscheid 330, 435
Ausländerstimmrecht 253, 764
– Berlin 764
– Brandenburg 514
– Bremen 725
– Hamburg 802
Baden 131
– Verfahrenspraxis Weimar 170, 180
– Weimarer Republik 114
Baden-Württemberg
– Entstehungsgeschichte 262
– Haushaltsvorbehalt 282
– präventive Normenkontrolle 295
– Referenden 332
– Verfahrenspraxis 336
– Volksabstimmung 1951 227
– Volksabstimmung 1974 229
– Volksantrag 287
– Volksbegehren 267, 306
Bauleitpläne 731, 765, 790
Bayern
– Entstehungsgeschichte 260
– Haushaltsvorbehalt 273
– Mehrheit entscheidet 326
– präventive Normenkontrolle 295
– Referenden 332, 333
– Verfahrenspraxis 344
– Verfahrenspraxis Weimar 158, 166
– Verfassungsänderung 267
– Volksantrag 287
– Volksbegehren 267, 306
– Weimarer Republik 131
Begründung 287, 364, 414
Beihilfen 285
Bekanntmachung
– Volksbegehren 306, 422
– Volksentscheid 429
Beratung
– der Initiatoren 408, 414, 911
Berlin
– Altersgrenze 764
– Ausländerstimmrecht 764

975

- Einwohnerinitiative 764
- Entstehungsgeschichte 261, 758
- Haushaltsvorbehalt 767
- Referenden 777
- Verfahrenspraxis 374, 778
- Volksantrag 287, 770
- Volksbegehren 267, 767, 773
- Volksentscheid 775

Berlin-Brandenburg
- Volksabstimmung 1996 230

Besoldung 271, 284, 406, 413, 446
- Weimarer Republik 119, 132, 140

Bildung, politische 96, 98
Bizone 204
Brandenburg
- Akteneinsicht 533
- Altersgrenze 516
- Ausländerstimmrecht 514
- Bürgerinitiativen 533
- Entstehungsgeschichte 503
- Haushaltsvorbehalt 509
- präventive Normenkontrolle 523
- Totalrevision der Verfassung 532
- Verfahrenspraxis 534
- Volksbegehren 522
- Volksentscheid 528
- Volksinitiative 509

Braunschweig 136
- Verfahrenspraxis Weimar 167, 172

Bremen
- Altersgrenze 725
- Ausländerstimmrecht 725
- Bürgerantrag 723
- Entstehungsgeschichte 260, 720
- Haushaltsvorbehalt 724, 730
- Referenden 741
- Verfahrenspraxis 374, 743
- Verfahrenspraxis Weimar 161, 179
- Volksantrag 287, 732
- Volksbegehren 267, 727
- Volksentscheid 738
- Weimarer Republik 136

Briefeintragung 425
Budgetrecht 120, 121, 243, 274, 278
Bundesrat
- mittelbarer Einfluss auf 238, 443

Bürgerantrag
- Bremen 723
- Thüringen 696

Bürgerinitiativen 533
Buß- und Bettag 387
Danzig 143
DDR 63
Deckungsvorschlag 414, 806, 874, 911
Demagogie 62, 100
Destabilisierung 103
Diäten 284, 447
Dienstbezüge 284, 406, 413, 446
- Weimarer Republik 140

Diktatur der Mehrheit 99
Diktatur der Minderheit 97
Direkte Demokratie
- Artikulationsfunktion 61, 83, 84, 272, 392
- Destabilisierung 103
- friedliche Revolution DDR 63
- Funktion 68, 83, 182
- Grundrechtsbindung 100
- Instrument der Opposition 104, 398
- Italien 65
- Kalifornien 65
- Kommunikationsfunktion 84
- konservative Wirkung 62, 98, 114
- Korrekturfunktion 61, 84
- Motive 58
- Nationalsozialismus 196
- Qualität 101
- Schweiz 65
- USA 65
- Weimar 108
- Weimarer Republik 182

Direktwahl 39
- Reichspräsident 144, 184

Diskontinuitätsprinzip 413
Einstweilige Anordnung 331
- BVerfG 301

Eintragungsverfahren
- amtliches 306, 423
- freies 423
- Rechtsschutz 424
- und Quoren 248

Einwohnerinitiative
- Berlin 764

Enquete-Kommission Verfassungsreform 211
Entstehungsgeschichte
- Baden-Württemberg 262
- Bayern 260
- Berlin 261, 758

976

- Brandenburg 503
- Bremen 260, 720
- Grundgesetz 206, 234
- Hamburg 261, 788
- Hessen 260, 264
- Mecklenburg-Vorpommern 660
- Niedersachsen 261, 630
- Nordrhein-Westfalen 261, 867
- Rheinland-Pfalz 260, 847
- Saarland 260, 263
- Sachsen 555
- Sachsen-Anhalt 593
- Schleswig-Holstein 261, 439
- Thüringen 692
- Verfassung von Baden 191 132
- Weimarer Reichsverfassung 109

Erledigung
- Bayern 318
- Volksantrag 421
- Volksbegehren 317, 428
- Volksinitiative 413
- Weimarer Republik 124, 134, 140

Finanzfragen 140, 271, 413, 852, 877
Finanzreferendum 43
Finanzwirksamkeit 286, 389
Fraktionsdisziplin 79
Frankfurter Dokumente 205
Freie Sammlung
- Volksbegehren 423

Fristen
- Volksbegehren 315, 422, 425
- Volksentscheid 432
- Volksinitiative 409

Fünfer-Ausschuss 205
Gegenzeichnung 128, 184, 189
Gemeinsame Verfassungskommission 219
Gemeinwohl 51
- Parlamentswahlen 80
- Parteiprogramm 72
- Volksentscheid 84

Gesamtwirtschaftliches Gleichgewicht 246, 703
Gewaltenteilung 81
Gohrischer Entwurf 556
Grundgesetz
- Entstehungsgeschichte 206
Grundrechtsbindung 88, 100
Gruppenklage
- Hessen 379

Hamburg
- Altersgrenze 802
- Ausländerstimmrecht 802
- Entstehungsgeschichte 261, 788
- Haushaltsvorbehalt 804
- Präventive Normenkontrolle 808
- Verfahrenspraxis 821
- Verfahrenspraxis Weimar 158
- Volksbegehren 810
- Volksentscheid 816
- Volksinitiative 803
- Volkspetition 801
- Weimarer Republik 136

Haushalt 271
Haushaltsangelegenheiten 413
Haushaltsgesetz 413, 562, 604, 637, 668
Haushaltsplan 286, 413
- Volksinitiative 406

Haushaltsvorbehalt 243, 271, 394
- Baden-Württemberg 282
- Bayern 273
- Berlin 767
- Brandenburg 509
- Bremen 724, 730
- Budgetrecht 121, 243, 274, 278
- Disponibilität 279, 702, 731
- Freie Spitzen 245, 451
- Gesamtwirtschaftliches Gleichgewicht 246, 703
- Hamburg 804
- Hessen 286
- Homogenitätsgebot 243
- Mecklenburg-Vorpommern 663, 668
- Niedersachsen 637
- Nordrhein-Westfalen 877
- Rheinland-Pfalz 852, 856
- Saarland 286
- Sachsen 562
- Sachsen-Anhalt 604
- Schleswig-Holstein 447
- Thüringen 697, 702
- Volksbegehren 272
- Volksinitiative 445, 447
- Weimar 119, 132, 140
- Weimarer Republik 121, 133

Herrenchiemsee 201
Hessen
- Entstehungsgeschichte 260, 264
- Haushaltsvorbehalt 286

- präventive Normenkontrolle 295
- Referenden 332, 333
- Verfahrenspraxis 376
- Verfahrenspraxis Weimar 169
- Verfassungsänderung 268
- Verfassungsreferenden 378
- Volksabstimmung 1974 229
- Volksantrag 287
- Volksbegehren 267, 306
- Weimarer Republik 136

Hofgeismarer Entwurf 215
Homogenitätsgebot 242
- Altersgrenze 516
- Arbeitsfähigkeit des Parlaments 246
- Ausländerstimmrecht 253
- AusschlussHaushaltsgesetz 243
- Quoren 247, 329
- Vorrang der Verfassung 251, 329, 366

imperfektes Volksbegehren 268
Information 307, 321, 429
Instruktion der Landesregierung 238
Interesse 47
- Organisierbarkeit 75

Interessenpartei 73
Italien 65, 97
Kalifornien 65, 97
Koalitionsregierung 76
Kommission Verfassungsreform 217
Kommunalabgaben 283
Kommunikationsfunktion 61, 84, 106, 194, 259, 396, 891, 898, 908
Kompetenz
- fehlende, der Bürger 94

Kompetenzordnung
- und Anwendungsbereich de 237

Komplexität 62, 94
Konkurrenzvorlage 102, 319, 429
- Quoren 325
- Weimar 124

Koppelungsverbot 303, 364, 367
Korrekturfunktion 84, 104, 106, 392, 890, 893
Kostendeckung 414, 638, 874
Kostenerstattung 103, 437
- Volksbegehren 427, 574, 612, 646, 674, 707, 861, 863, 864, 879, 882, 914
- Volksentscheid 432, 477, 576, 616, 712, 819, 916

Kuratorium für einen demokratisch verfassten Bund deutscher Länder 216
Landeshaushalt 413, 447, 509
Landesregierung
- Bindung an Ergebnis 238

Landesverfassungen
- ältere 55
- neue 55

Landtagsauflösung 382
Lenkungsabgabe 283
Lenkungsabgaben 283, 446
Lippe 136
- Verfahrenspraxis Weimar 160, 169, 170

Lübeck 138
- Verfahrenspraxis Weimar 164

Mängel
- Volksantrag 420, 609, 641, 736, 771
- Volksbegehren 672
- Volksinitiative 412, 457, 518, 601, 666, 766, 875

Mecklenburg-Schwerin 136
- Staatsgerichtshof 142
- Verfahrenspraxis Weimar 168, 181

Mecklenburg-Strelitz 136
Mecklenburg-Vorpommern
- Entstehungsgeschichte 660
- Haushaltsvorbehalt 663, 668
- Präventive Normenkontrolle 672
- Verfahrenspraxis 677
- Volksbegehren 668
- Volksentscheid 675
- Volksinitiative 663

Mehrheit
- Bayern 326

Mitbestimmung 379
Mobilisierungskoeffizient
- Begriff 290
- Volksantrag 290, 417, 425
- Volksbegehren 315, 425
- Volksinitiative 409

Neugliederung
- Berlin-Brandenburg 230
- Bundesgebiet 206, 225, 229
- Reichsgebiet 157

Neutralitätspflicht 307, 321, 351
Niedersachsen
- Entstehungsgeschichte 261, 630
- Haushaltsvorbehalt 637

- Präventive Normenkontrolle 641
- Verfahrenspraxis 648
- Volksabstimmung 1975 229
- Volksbegehren 637
- Volksentscheid 645
- Volksinitiative 632

Nordrhein-Westfalen
- Entstehungsgeschichte 261, 867
- Haushaltsvorbehalt 877
- Präventive Normenkontrolle 875, 878
- Referenden 332, 334, 882
- Verfahrenspraxis 381, 883
- Verfassungsänderung 268
- Volksantrag 287, 877
- Volksbegehren 267, 878
- Volksentscheid 879
- Volksinitiative 872

Normenkontrolle 331
- präventive 295, 420

NSDAP 145, 153, 170, 171, 175, 178, 191, 196

Oldenburg 131
- Verfahrenspraxis Weimar 176

Opposition 81, 104, 398
Organstreit 313, 322, 424
Organtreue 90
Österreich 405
Parlament
- Behandlung einer Volksinitiative 412
- Behandlung eines Volksantrags 421
- Behandlung eines Volksbegehrens 316, 428
- Binnenorganisation 443

Parlamentarischer Rat 201, 205
Parlamentsauflösung
- plebiszitäre 161, 192
- Quoren 325, 433
- Weimarer Republik 133

Parlamentswahl
- Gemeinwohlorientierung 80
- plebiszitärer Charakter 70

Parteien 69
- innerparteiliche Demokratie 74
- Interessengruppe 74
- Manipulation 74
- Partikularinteressen 74
- Programm 73
- Weimarer Republik 110

Parteienverdrossenheit 59

Parteiprogramm
- Gemeinwohlorientierung 72

Partikularinteressen 74
Personalentscheidungen 406, 413
- Volksinitiative 444

Petition 44
plebiszitär 40
Politikverdrossenheit 59
Politische Willensbildung 45
Prävalenz der parlamentarischen Gesetzgebung 249
Präventive Normenkontrolle 295, 896
- Brandenburg 523
- Hamburg 808
- Mecklenburg-Vorpommern 672
- Niedersachsen 641
- Nordrhein-Westfalen 875, 878
- Rheinland-Pfalz 853
- Sachsen 565
- Sachsen-Anhalt 610
- Schleswig-Holstein 452
- Thüringen 705, 706
- und einstweilige Anordnung 301
- Volksantrag 295
- Volksinitiative 452

präventive Wirkungen 85, 190, 396
Preußen 136
- Verfahrenspraxis Weimar 174

Qualität 101
Quoren 41
- konkurrierende Entwürfe 325
- Parlamentsauflösung 325, 433
- prohibitive Wirkung 186, 393, 396
- Verfassungsänderung 325
- Volksantrag 416
- Volksbegehren 314
- Volksentscheid 324, 396, 432
- Volksinitiative 408
- Weimarer Republik 124, 135
- Wirkungen 893, 898

Rang 87
Rat der Volksbeauftragten 110
Räterepublik 109
Rechtschreibreform 387
Rechtsschutz
- Bayern 313
- Eintragungsverfahren 424
- Organstreitverfahren 313
- Verwaltungsrechtsweg 310

979

- Volksantrag 293, 420
- Volksbegehren 310, 424
- Volksentscheid 322, 428
- Volksinitiative 411

Rechtsvergleichung 63
Referenden 40, 42
- Baden-Württemberg 332
- Bayern 332, 333
- Berlin 777
- Bewertung 400
- Bremen 741
- fakultative 332, 436
- Hessen 332, 333
- Nordrhein-Westfalen 332, 334, 882
- obligatorische 332, 435
- Rheinland-Pfalz 335, 863
- Sachsen 579
- Verfassungsreferenden 373, 378
- Weimarer Republik 127
- Weimarer Republik (Länder) 134, 141

Reichspräsident
- Abwahl 118
- Bewertung der Direktwahl 188
- Direktwahl 117, 144
- Funktion der Direktwahl 184
- Referendum 128

Reichsrat
- Referendum 130

Repräsentative Demokratie 242
Rheinland-Pfalz
- Entstehungsgeschichte 260, 847
- Haushaltsvorbehalt 852, 856
- präventive Normenkontrolle 853
- Referenden 335, 863
- Verfahrenspraxis 387, 864
- Volksantrag 287, 856
- Volksbegehren 267, 859
- Volksentscheid 861
- Volksinitiative 852

Rücknahme
- Volksantrag 294, 421
- Volksbegehren 422
- Volksentscheid 428
- Volksinitiative 412, 455

Rundfunkstaatsvertrag 309
Rundfunkwerbung 309
Saarland
- Entstehungsgeschichte 260, 263
- Haushaltsvorbehalt 286

- präventive Normenkontrolle 295
- Verfahrenspraxis 389
- Verfassungsänderung 268
- Volksantrag 287
- Volksbegehren 267, 306

Sachsen
- Entstehungsgeschichte 555
- Haushaltsvorbehalt 562
- präventive Normenkontrolle 565
- Referenden 579
- Verfahrenspraxis 579
- Verfahrenspraxis Weimar 163, 165, 178
- Volksantrag 560
- Volksbegehren 572
- Volksentscheid 575
- Weimarer Republik 136

Sachsen-Anhalt
- Entstehungsgeschichte 593
- Haushaltsvorbehalt 604
- präventive Normenkontrolle 610
- Verfahrenspraxis 619
- Volksantrag 604
- Volksbegehren 612
- Volksentscheid 616
- Volksinitiative 597

Schaumburg-Lippe 136
- Verfahrenspraxis Weimar 167, 181

Schleswig-Holstein
- Entstehungsgeschichte 261, 439
- Haushaltsvorbehalt 447
- präventive Normenkontrolle 452
- Verfahrenspraxis 480
- Volksbegehren 462
- Volksentscheid 476
- Volksinitiative 441

Schwarzburg-Sondershausen
- Verfahrenspraxis Weimar 161

Schweiz 65, 97
Sechsmächtekonferenz 203
Selbstbestimmung 47, 72
Sperrfristen 305, 407, 415
Staatsangehörigkeit
- Länder 253

Staatsgerichtshof
- Anrufung durch Volk 142
- Gruppenklage 379

Staatshaushalt 273
Staatshaushaltsgesetz 282

Stichfrage 325
Studiengebühren 283
Systemvergleichung 63
Thüringen
– Bürgerantrag 696
– Entstehungsgeschichte 692
– Haushaltsvorbehalt 697, 702
– präventive Normenkontrolle 705, 706
– Verfahrenspraxis 712
– Verfahrenspraxis Weimar 172
– Volksantrag 703
– Volksbegehren 702
– Volksentscheid 710
– Weimarer Republik 136
Unabhängigkeit
– der Abgeordneten 78
USA 65, 97
Verfahrenspraxis
– Anhalt Weimar 171
– Baden Weimar 170, 180
– Baden-Württemberg 336
– Bayern 344
– Bayern Weimar 158, 166
– Berlin 374, 778
– Brandenburg 534
– Braunschweig Weimar 167, 172
– Bremen 374, 743
– Bremen Weimar 161, 179
– Hamburg 821
– Hamburg Weimar 158
– Hessen 376
– Hessen Weimar 169
– Lippe Weimar 160, 169, 170
– Lübeck Weimar 164
– Mecklenburg-Schwerin Weimar 168, 181
– Niedersachsen 648
– Nordrhein-Westfalen 381, 883
– Oldenburg Weimar 176
– Preußen Weimar 174
– Rheinland-Pfalz 387, 864
– Saarland 389
– Sachsen 579
– Sachsen Weimar 163, 165, 178
– Sachsen-Anhalt 619
– Schaumburg-Lippe Weimar 167, 181
– Schleswig-Holstein 480
– Schwarzburg-Sondershausen 161
– Thüringen 712

– Thüringen Weimar 172
– Verfahrenspraxis Länder W 158
– Weimarer Republik 144, 146
Verfassung
– erschwerte Abänderbarkeit 329
Verfassunggebende Versammlung
– Brandenburg 532
Verfassungsänderung
– Grenzen 928
– Grenzen - Bayer 279, 328, 363, 365
– Grenzen - Bremen 747
– Grenzen - Bund 234
– Grenzen - Rheinland-Pfalz 857
– Grenzen - Schleswig-Holstein 451
– Grenzen - Thüringen 279, 715, 928
– plebiszitäre 251, 267, 433
– Quoren 324, 325, 433
– Weimarer Republik 126
Verfassungsdurchbrechung 121
Verfassungsgericht 424
Verfassungsreferendum 205, 435
– Baden 1919 180
– Bayern 373
– Herrenchiemsee 205
– Hessen 378
Verhältniswahl 76
Versorgungsbezüge 284, 406, 413, 446
Verwaltungsaktreferendum 43
Verwaltungsrechtsweg 310, 322
Volk
– Länder 253
Volksabstimmung 39
Volksantrag 41, 287, 405
– Änderung 294, 421, 422
– Baden-Württemberg 287
– Bayern 287
– Begründung 287
– Behandlung im Parlament 421
– Behebung von Fehlern 420, 609, 641, 736, 771
– Berlin 770
– Brandenburg (Volksinitiative) 509
– Bremen 732
– Entscheidung über Zulässig 292
– Erledigung durch Übernahm 421
– Fristen 290, 417
– Hamburg (Volksinitiative) 803
– Hessen 287, 291
– Nordrhein-Westfalen 877

981

- präventive Normenkontrolle 420
- Prüfungsumfang 295
- Quoren 290, 416
- Rechtsschutz 293
- Rheinland-Pfalz 856
- Rücknahme 294, 421
- Saarland 287
- Sachsen 560
- Sachsen-Anhalt 604
- Schleswig-Holstein (Volksinitiative) 441
- Thüringen 703
- Verfahren 416
- Weimarer Republik 119
- Zulässigkeit 288, 415
- Zulässigkeitsprüfung 417

Volksbefragung 44, 240, 241
Volksbegehren 41
- Abgaben 119, 132, 140, 413
- Änderung 422
- Ausarbeitung 414
- Baden-Württemberg 306
- Bayern 306
- Begründung 287, 364
- Behandlung im Parlament 316, 428
- Behebung von Fehlern 672
- Bekanntmachung 422
- Berlin 767, 773
- Beschränkungen 272, 394
- Besoldung 119, 132, 140, 413
- Brandenburg 522
- Bremen 727
- Briefeintragung 425
- demokratische Legitimation 247
- Dienst- und Versorgungsbezüge 413
- Einleitung 422
- Eintragungsstellen 423
- Eintragungsverfahren 306, 422
- Erledigung durch Übernahm 317, 428
- Finanzfragen 140
- Freie Sammlung 423
- Frist 394
- Fristen 315, 422
- Hamburg 810
- Haushalt 132, 140, 413
- Haushaltsplan 119
- Haushaltsvorbehalt 272, 394
- Hessen 306
- imperfektes 268

- Kostenerstattung 427
- Mecklenburg-Vorpommern 668
- Niedersachsen 637
- Nordrhein-Westfalen 878
- Organstreitverfahren 424
- Österreich 405
- Personalentscheidungen 413
- Prüfung der Unterschriften 423
- Quoren 314, 393
- Rechtsschutz 310, 424
- Rheinland-Pfalz 859
- Rücknahme 422
- Saarland 306
- Sachsen 572
- Sachsen-Anhalt 612
- Schleswig-Holstein 462
- Thüringen 702
- Vertreter 414
- Volksantrag 415
- Volksinitiative 415
- Weimarer Republik 123
- Zulässigkeitsprüfung 316

Volksentscheid 41
- Änderung 428
- Ausfertigung 330
- Bekanntmachung 429
- Berlin 775
- Brandenburg 528
- Bremen 738
- Einleitung 428
- Enthaltung 325
- Fristen 430
- Funktion 185
- Hamburg 816
- Konkurrenzvorlage 319, 429
- Kostenerstattung 432
- Mecklenburg-Vorpommern 675
- Niedersachsen 645
- Nordrhein-Westfalen 879
- Normenkontrolle 331
- Organstreit 322
- Prävalenz der parlamentaris 249
- qualifizierte Quoren 433
- Quoren 324, 396, 432
- Rang 87
- Rechtsschutz 322, 331
- Rheinland-Pfalz 861
- Rücknahme 428
- Sachsen 575

- Sachsen-Anhalt 616
- Schleswig-Holstein 476
- Stichfrage 325
- Thüringen 710
- über Verfassungsänderung 251
- über Verwaltungsakte 43
- Verfassungsänderung 267
- Weimarer Republik 118, 124
- Werbung 321

Volksinitiative 44, 105, 405
- Abgaben 406, 446
- Altersgrenze 408
- Anwendungsbereich 406, 442
- Behandlung 412
- Behandlung unzulässiger Initiativen 412
- Behebung von Fehlern 412, 457, 518, 601, 666, 766, 875
- Berlin (Einwohnerinitiative) 764
- Beschränkungen 406, 445
- Besoldung 406, 446
- Brandenburg 509
- Bremen (Bürgerantrag) 723
- Diäten 447
- Dienstbezüge 406, 446
- Fristen 409
- Gegenstände 442
- Hamburg 803
- Hamburg (Volkspetition) 801
- Haushalt 406, 447
- Haushaltsvorbehalt 406, 445
- Mecklenburg-Vorpommern 663
- Niedersachsen 632
- Nordrhein-Westfalen 872
- Österreich 405
- Personalentscheidungen 406, 444
- Quoren 408
- Rheinland-Pfalz 852
- Rücknahme 412, 455
- Sachsen-Anhalt 597
- Schleswig-Holstein 441
- Sperrfrist 407
- Thüringen (Bürgerantrag) 696
- Verfahren 407
- Versorgungsbezüge 406, 446
- Vertrauenspersonen 454
- Vorlage zum Landesverfassungsgericht 411
- Weimarer Republik 405

- Zulässigkeitsprüfung 411

Volkskongress 203
Volkspartei 73
Volkspetition 405
- Hamburg 801

Wahlen
- Gemeinwohlbindung 80
- regelmäßige 80

Währungsreform 204
Waldeck-Pyrmont 137
Weimar 101, 108
- Haltung der Parteien 110

Weimarer Koalition 112
Weimarer Reichsverfassung
- Entstehungsgeschichte 109, 113
- Entwurf Preuß 113

Weimarer Republik
- Anhalt 131
- Baden 114, 131
- Bayern 131
- Braunschweig 136
- Bremen 136
- Danzig 143
- Funktion der Direkten Demo 182, 185
- Hamburg 136
- Haushaltsvorbehalt 121, 140
- Hessen 136
- Inhaltliche Beschränkungen 119
- Länder 130
- Lippe 136
- Lübeck 138
- Mecklenburg-Schwerin 136
- Mecklenburg-Strelitz 136
- Oldenburg 131
- Preußen 136
- Quoren im Reich 124
- Quoren in den Ländern 135, 139
- Referenden in den Ländern 141
- Referendum 127, 134
- Reichspräsident 116
- Sachsen 136
- Schaumburg-Lippe 136
- Thüringen 136
- Verfahrenspraxis 144
- Verfahrenspraxis Länder W 158
- Verfahrenspraxis Reich 146
- Verfassungsänderung 126
- Verfassungsdurchbrechung 121
- Volksabstimmungsgesetz 116

- Volksantrag 119
- Volksbegehren 123
- Volksentscheid 118, 124
- Waldeck-Pyrmont 137
- Württemberg 114, 131

Werbeverbot 309
Werbung
- Volksentscheid 321

Württemberg 131
- Weimarer Republik 114

Zentraler Runder Tisch 213